Mohr Siebeck Lehrbücher

Andreas Haratsch/Christian Koenig/Matthias Pechstein
Europarecht

Andreas Haratsch/Christian Koenig/
Matthias Pechstein

Europarecht

12., überarbeitete und aktualisierte Auflage

Mohr Siebeck

Andreas Haratsch: Geboren 1963; 1982–88 Studium der Rechtswissenschaft in Mainz; 1990/91 Studium an der Hochschule für Verwaltungswissenschaften in Speyer; 1992 zweites juristisches Staatsexamen; 1997 Promotion; 2003 Habilitation; ab Wintersemester 2005/06 Vertreter des Lehrstuhls Deutsches und Europäisches Verfassungs- und Verwaltungsrecht sowie Völkerrecht an der FernUniversität in Hagen; seit 2007 Univ.-Prof. und Inhaber dieses Lehrstuhls; seit 2017 Direktor des Dimitris-Tsatsos-Instituts für Europäische Verfassungswissenschaften der FernUniversität in Hagen.

Christian Koenig: Geboren 1961; 1980–85 Studium der Rechtswissenschaften in Berlin und Mainz; 1986 Master of Laws (London School of Economics); 1988 Promotion; 1991 zweites juristisches Staatsexamen; 1993 Habilitation; seit 1994 Univ.-Prof.; seit 1999 Direktor am Zentrum für Europäische Integrationsforschung (ZEI) der Universität Bonn.

Matthias Pechstein: Geboren 1958; 1979–85 Studium der Rechtswissenschaft in Mainz und Nizza; 1987 Promotion; 1989 zweites juristisches Staatsexamen; 1989–90 Referent im Bundesministerium des Inneren für europäische Medienpolitik; 1990–93 wiss. Assistent an der Universität Bayreuth; 1993–94 Richter am Verwaltungsgericht Berlin; 1994 Habilitation; seit 1995 o. Professor für Öffentliches Recht und Europarecht an der Europa-Universität Viadrina, Frankfurt/Oder.

1. Auflage 1996
2. Auflage 1998
3. Auflage 2000
4. Auflage 2003
5. Auflage 2006
6. Auflage 2009
7. Auflage 2010
8. Auflage 2012
9. Auflage 2014
10. Auflage 2016
11. Auflage 2018
12. Auflage 2020

ISBN 978-3-16-159294-2/eISBN 978-3-16-159295-9
DOI 10.1628/978-3-16-159295-9
ISSN 2568-4566 (Mohr Siebeck Lehrbuch)

Die Deutsche Nationalbibliothek verzeichnet diese Publikation in der Deutschen Nationalbibliographie; detaillierte bibliographische Daten sind im Internet über *http://dnb.dnb.de* abrufbar.

© 2020 Mohr Siebeck Tübingen. www.mohrsiebeck.com

Das Werk einschließlich aller seiner Teile ist urheberrechtlich geschützt. Jede Verwertung außerhalb der engen Grenzen des Urheberrechtsgesetzes ist ohne Zustimmung des Verlags unzulässig und strafbar. Das gilt insbesondere für die Verbreitung, Vervielfältigung, Übersetzung und die Einspeicherung und Verarbeitung in elektronischen Systemen.

Das Buch wurde von Jung Crossmedia Publishing in Lahnau gesetzt und von C. H. Beck in Nördlingen auf alterungsbeständiges Werkdruckpapier gedruckt und gebunden.

Printed in Germany.

Vorwort zur zwölften Auflage

Dieses Lehrbuch zum Europarecht richtet sich vor allem an Studierende. Wir hoffen aber auch, dem praktisch – sei es beruflich oder anderweitig – am Europarecht Interessierten beim rechtsdogmatischen und kasuistischen Zugang zur europäischen Integration behilflich zu sein. Das Lehrbuch kann sowohl als Einführung als auch zum Wiederholen des europarechtlichen Prüfungsstoffes anhand der Merksätze und Übersichten herangezogen werden. Merksätze und Prüfungsübersichten sollen als Lernkontrollen zum nochmaligen Nachlesen im betreffenden Kapitel anregen. Damit die Ausführungen immer „hart am Recht" verstanden werden, empfehlen wir nachdrücklich, parallel zur Buchlektüre die im Text zitierten Vertragsbestimmungen nachzulesen. Ebenso wichtig ist die Lektüre zumindest der Leitentscheidungen, die am Ende einzelner Abschnitte angeführt werden. Eine wertvolle Hilfe leistet dabei die von *Matthias Pechstein* kommentierte Studienauswahl von Entscheidungen des EuGH, die zeitgleich in elfter Auflage im Verlag Mohr Siebeck erscheint. Eine aktuelle Ergänzung hierzu bietet das Internetprojekt *DeLuxe* (www.rewi.europa-uni.de/deluxe), in welchem in Anlehnung an den Ansatz der Entscheidungssammlung die neuesten Urteile des Gerichtshofs didaktisch aufbereitet werden. In dieser zwölften Auflage wird in den Fußnoten bei den einschlägigen EuGH-Urteilen auf die Entscheidungssammlung in der elften Auflage hingewiesen (P Nr. xy).

Die zwölfte Auflage aktualisiert die Darstellung des Europarechts und berücksichtigt nicht zuletzt den Austritt Großbritanniens aus der Europäischen Union sowie die neue Rechtsprechung des BVerfG zur Einbeziehung der Europäischen Grundrechte-Charta in seinen Prüfungsmaßstab. Zudem ist nicht nur die Literatur auf den neuesten Stand gebracht worden, sondern es sind auch die seit der Vorauflage eingetretenen Entwicklungen in der Rechtsprechung des Gerichtshofs der Europäischen Union, der europarechtsrelevanten Rechtsprechung des Bundesverfassungsgerichts sowie im relevanten Sekundärrecht der Europäischen Union berücksichtigt worden. Hinzuweisen ist darauf, dass die amtliche Entscheidungssammlung des Gerichtshofs der Europäischen Union zum Jahr 2012 eingestellt worden ist. Alle Entscheidungen ab dem Jahr 2012 werden in diesem Lehrbuch daher mit dem sog. European Case Law Identifier (ECLI) zitiert (näher hierzu Rn. 506).

In dieser zwölften Auflage werden die Vertragsbestimmungen in der Artikelnummerierung des EU- und des AEU-Vertrags zitiert, wie sie durch den Lissabonner Vertrag eingeführt worden ist. Wird eine Vertragsbestimmung des Rechts vor dem Inkrafttreten des Lissabonner Vertrages zitiert, so erfolgt dies mit dem Hinweis „a. F.", z. B. Art. 5 EGV a. F., der nach dem Lissabonner Vertrag Art. 5 EUV entspricht, oder Art. 39 EGV a. F. für den jetzigen Art. 45 AEUV.

Für die engagierte und zuverlässige Koordination ebenso wie für die inhaltliche Mitarbeit danken wir Frau *Katharina Nolte*. Darüber hinaus gilt unser Dank für die Unterstützung bei der Überarbeitung Frau *Beatrice Wilden* – insbesondere für das 4. Kapitel, Abschnitt III. 1., 2. –, Frau *Lucyne Ghazarian*, Frau *Veronika Koch*, Frau *Beate Förtsch*, Frau *Franziska Stern*, Frau *Krisztina Mezey* und Herrn *Carl Prior*. Gleiches gilt für Frau *Charlotte Burtin*, Herrn *Onur Can Aydin*, Herrn *Szymon Kohlhepp*, Herrn *Martin Neumann*, Frau *Sophie Steinz* und Frau *Clara Pira Machel*. Großer Dank gebührt zudem Frau *Birgit Löckenhoff* für ihre unermüdliche Mithilfe im Rahmen der Organisation sowie für stets wertvolle Anregungen und Anmerkungen. Wir danken auch Herrn *Dr. Yury Safoklov*, Frau *Dr. Anke Holljesiefken*, Frau *Maja Holtfreter*, Frau *Lydia Hannawald*, Herrn *Jan Sebastian Müllner*, Frau *Jennifer Barry* sowie Herrn *Hendrik Gülland* für die unermüdliche Hilfe bei der Aktualisierung der Querverweise und des Sachverzeichnisses.

Für die gewohnt vorzügliche verlegerische Betreuung danken wir Frau *Daniela Taudt*, LL.M. Eur., vom Verlag Mohr Siebeck.

Hagen, Bonn, Frankfurt (Oder)

Andreas Haratsch
Christian Koenig
Matthias Pechstein

Das Projekt DeLuxe richtet sich an alle, die an aktuellen Entwicklungen der Rechtsprechung der Unionsgerichtsbarkeit interessiert sind, Hauptzielgruppe sind Studenten und Referendare.

Die Kenntnis der wesentlichen Entscheidungen der Unionsgerichte ist notwendige Grundvoraussetzung für jeden, der sich mit dem Europarecht beschäftigt. Mit der aktuellen Entwicklung Schritt zu halten, fällt jedoch angesichts der Dynamik der unionsgerichtlichen Rechtsprechung erfahrungsgemäß immer schwerer.

Das Projekt DeLuxe will hier Abhilfe schaffen. Aktuelle studienrelevante EuGH-Entscheidungen werden nach einem einheitlichen Muster didaktisch aufbereitet:

- **Das Wichtigste** jeder Entscheidung wird in redaktionellen Leitsätzen am Anfang zusammengefasst.
- **Vorbemerkungen** liefern die dogmatischen Hintergründe und eine kritische Würdigung zur Einordnung der Entscheidung in die Struktur des Europarechts.
- **Vertiefende Lesehinweise** in ausbildungsrelevanter Literatur ermöglichen ein weiterführendes Selbststudium.
- Der zusammenfassende **Sachverhalt** liefert den für das Verständnis der Entscheidungsgründe notwendigen tatsächlichen Hintergrund.
- Im Hauptteil werden die wichtigsten Passagen **aus den Entscheidungsgründen** im Originalwortlaut wiedergegeben.

Die gesamte Darstellung der Entscheidungen orientiert sich an dem Werk „Entscheidungen des EuGH – Kommentierte Studienauswahl", herausgegeben von Prof. Dr. M. Pechstein. Das Projekt DeLuxe versteht sich daher als stets aktuelle Ergänzung zu diesem Buch.

Viel Erfolg mit DeLuxe!

www.rewi.europa-uni.de/deluxe

Inhaltsübersicht

	Seite	Rn.
Vorwort zur zwölften Auflage	V	
Inhaltsverzeichnis	XV	
Abkürzungsverzeichnis	XXXIII	

1. Kapitel Der Begriff des Europarechts und die Entwicklung der europäischen Einigung in Europäischer Union und Europarat 1   1

   I. Zum Begriff des Europarechts 1   1

   II. Die Ursprünge der Europaidee 2   3

   III. Entwicklung des europäischen Einigungsprozesses .. 3   7
      1. Gründung, Aufbau und Krise der Europäischen Gemeinschaften 4   7
      2. Ausbau des Binnenmarktes und Anfänge der politischen Integration 6   13
      3. Einheitliche Europäische Akte 1986 und Vertiefung der Integration 7   16
      4. Maastrichter Vertrag 1992 9   20
      5. Amsterdamer Vertrag 1997 10   24
      6. Vertrag von Nizza 2001 10   26
      7. Auflösung der EGKS 2002 11   28
      8. Erweiterung der Europäischen Union 12   30
      9. Vertrag über eine Verfassung für Europa 2004 13   33
     10. Vertrag von Lissabon 2007 14   34
     11. Austritt Großbritanniens 16   40

   IV. Europarat und europäischer Menschenrechtsschutz .. 19   43
      1. Funktionsweise und Ziele des Europarates 19   43
      2. Die Europäische Menschenrechtskonvention 21   46

   V. Merksätze 24   53

	Seite	Rn.
2. Kapitel Die Europäische Union	27	54
I. Die Architektur der Europäischen Union	27	54
1. Struktur und Charakteristik des Unionsrechts	27	54
2. Die materielle Verbundsicherung durch das Kohärenzgebot	34	67
3. Die institutionelle Verbundsicherung durch den institutionellen Rahmen	35	71
4. Völkerrechtssubjektivität und völkerrechtliche Handlungsfähigkeit der Europäischen Union	36	73
5. Merksätze	42	84
II. Die Verstärkte Zusammenarbeit von Mitgliedstaaten	43	85
1. Grundregeln	43	85
2. Verfahren	44	87
3. Merksätze	46	90
III. Die EU-Vertragsänderung	46	91
1. Die unionsvertraglichen Änderungsverfahren	47	91
2. Nichtförmliche Vertragsänderungen nach allgemeinem Völkerrecht	51	100
3. Merksätze	51	101
IV. Der Beitritt zur Europäischen Union	52	102
1. Die Beitrittsvoraussetzungen	53	102
2. Das Beitrittsverfahren	54	106
3. Die Beitrittswirkung	55	108
4. Merksätze	55	109
V. Austritt, Ausschluss und Suspendierung von Mitgliedschaftsrechten	56	110
1. Der Austritt aus der Europäischen Union	57	110
2. Der Ausschluss aus der Europäischen Union	60	116
3. Die Suspendierung von Mitgliedschaftsrechten	61	117
4. Merksätze	64	126
VI. Institutionelle Struktur der Europäischen Union	65	127
1. Die Europäische Union und die Mitgliedstaaten	65	127
2. Die Unionsorgane	111	222
3. Rechtsetzungsverfahren	157	341
4. Rechtsquellen der Europäischen Union	171	379
5. Vollzug des Unionsrechts	216	474
6. Rechtsschutz vor dem Gerichtshof der Europäischen Union	221	488
7. Rechtsschutz vor den mitgliedstaatlichen Gerichten	282	620
8. Haftung der Europäischen Union	288	628

	Seite	Rn.
9. Haftung der Mitgliedstaaten für Verstöße gegen Unionsrecht	297	645
10. Haushalts- und Personalrecht	310	672

3. Kapitel Materielle Gewährleistungen des Unionsrechts . . . . 319 . . . 684

I. Die Grundrechte des Unionsrechts . . . . 319 . . . 684

1. Notwendigkeit und Entwicklung unionsrechtlichen Grundrechtsschutzes . . . . 321 . . . 684
2. Abgrenzung zu sonstigen Gewährleistungen des Unionsrechts . . . . 324 . . . 688
3. Die Europäische Grundrechte-Charta . . . . 324 . . . 689
4. Die Herleitung der Unionsgrundrechte aus allgemeinen Rechtsgrundsätzen . . . . 327 . . . 694
5. Funktionen der Unionsgrundrechte . . . . 328 . . . 695
6. Anwendungsbereich der Unionsgrundrechte . . . . 329 . . . 697
7. Der Schutzbereich der Unionsgrundrechte . . . . 342 . . . 724
8. Eingriff in Unionsgrundrechte . . . . 348 . . . 736
9. Rechtfertigung von Grundrechtseinschränkungen . . . . . . 349 . . . 738
10. Das Verhältnis zur Europäischen Menschenrechtskonvention 352 . . . 747
11. Das Verhältnis zum Recht der Vereinten Nationen . . . . . . 359 . . . 762
12. Prüfungsschema zu den Unionsgrundrechten . . . . 360 . . . 764
13. Merksätze . . . . 361 . . . 765

II. Das allgemeine Diskriminierungsverbot aus Gründen der Staatsangehörigkeit nach Art. 18 AEUV . . . . 363 . . . 766

1. Schutzbereich . . . . 365 . . . 770
2. Diskriminierung . . . . 372 . . . 783
3. Rechtfertigung . . . . 374 . . . 787
4. Prüfungsschema zum allgemeinen Diskriminierungsverbot, Art. 18 AEUV . . . . 377 . . . 790
5. Merksätze . . . . 377 . . . 791

III. Die Unionsbürgerschaft und die Unionsbürgerrechte 378 . . . 792

1. Die Unionsbürgerschaft . . . . 381 . . . 798
2. Unionsbürgerliches Freizügigkeitsrecht . . . . 388 . . . 809
3. Kommunalwahlrecht . . . . 405 . . . 831
4. Wahlrecht zum Europäischen Parlament . . . . 407 . . . 837
5. Diplomatischer und konsularischer Schutz der Unionsbürger 409 . . . 841
6. Petitions- und Beschwerderecht . . . . 411 . . . 846
7. Bürgerinitiative . . . . 414 . . . 857
8. Merksätze . . . . 415 . . . 859

	Seite	Rn.

IV. Die Grundfreiheiten des AEUV 417 860
   1. Bedeutung und Funktion der Grundfreiheiten 418 860
   2. Sekundärrechtliche Ausgestaltung des Binnenmarktes 419 862
   3. Struktur und Konvergenz der Grundfreiheiten 423 866
   4. Prüfungsschema für die Grundfreiheiten 440 892
   5. Merksätze 441 893
   6. Freiheit des Warenverkehrs 441 894
   7. Freizügigkeit der Arbeitnehmer 475 951
   8. Niederlassungsfreiheit 499 998
   9. Freiheit des Dienstleistungsverkehrs 529 1043
   10. Freiheit des Kapital- und Zahlungsverkehrs 562 1094

4. Kapitel Interne Politiken der Europäischen Union 581 1125

I. Landwirtschafts- und Fischereipolitik 581 1125

II. Raum der Freiheit, der Sicherheit und des Rechts ... 583 1130
   1. Allgemeine Bestimmungen 584 1130
   2. Grenzkontrollen, Asyl und Einwanderung 585 1134
   3. Justizielle Zusammenarbeit in Zivilsachen 593 1146
   4. Justizielle Zusammenarbeit in Strafsachen 594 1148
   5. Polizeiliche Zusammenarbeit 599 1158

III. Wettbewerbskontrolle 601 1163
   1. Wettbewerbspolitik 601 1163
   2. Unternehmensgerichtete Wettbewerbsvorschriften 609 1171
   3. Beihilfenkontrolle 665 1261
   4. Wettbewerbskontrolle im Bereich mitgliedstaatlicher Daseinsvorsorge 708 1336
   5. Kurzabriss: Vergaberecht 723 1360

IV. Rechtsangleichung im Binnenmarkt 736 1375

V. Wirtschafts- und Währungspolitik 740 1382
   1. Wirtschaftspolitik 741 1382
   2. Die Verwirklichung der Währungsunion 741 1383
   3. Die Europäische Währung 744 1388
   4. Die Euro-Gruppe 744 1389
   5. Euro-Rettungsmaßnahmen im Zeichen der Krise 745 1391
   6. Austritt und Ausschluss aus der Eurozone 765 1420
   7. Der Wechselkursmechanismus 766 1423

VI. Sozialpolitik 766 1424

	Seite	Rn.
5. Kapitel Auswärtige Politiken der Europäischen Union	773	1433
I. Die Gemeinsame Außen- und Sicherheitspolitik	773	1433
1. Grundlagen und Ziele der GASP	773	1433
2. Die Gemeinsame Sicherheits- und Verteidigungspolitik (GSVP)	776	1437
3. Die Handlungsformen der GASP	778	1442
4. Institutionen der GASP	779	1448
5. Die Finanzierung der GASP	782	1454
6. Merksätze	782	1455
II. Assoziierungspolitik	783	1456
1. Assoziierung der überseeischen Länder und Hoheitsgebiete	784	1456
2. Der Abschluss von Assoziierungsabkommen	784	1457
III. Gemeinsame Handelspolitik	787	1464
1. Die Reichweite der Außenhandelskompetenz der Europäischen Union	789	1465
2. Die Mitgliedschaft in der Welthandelsorganisation	791	1467
3. Kurzabriss: Antidumping- und Antisubventionsrecht	792	1470
4. Handelsembargos der Europäischen Union	796	1479
5. Merksätze	798	1482
IV. Sonstige Auswärtige Politiken	798	1483
1. Entwicklungszusammenarbeit	799	1483
2. Wirtschaftliche, finanzielle und technische Zusammenarbeit mit Drittländern	799	1484
3. Humanitäre Hilfe	799	1485
4. Merksätze	800	1487
Ausgewählte Literaturempfehlungen	803	
I. Lehrbücher	803	
II. Handbücher und Kommentare	804	
III. Text- und Entscheidungssammlungen	805	
IV. www-Adressen	805	
Sachverzeichnis	807	

Inhaltsverzeichnis

	Seite	Rn.
Vorwort zur zwölften Auflage	V	
Inhaltsübersicht	IX	
Abkürzungsverzeichnis	XXXIII	

1. Kapitel Der Begriff des Europarechts und die Entwicklung der europäischen Einigung in Europäischer Union und Europarat ... 1 — 1

    I. Zum Begriff des Europarechts ... 1 — 1

    II. Die Ursprünge der Europaidee ... 2 — 3

    III. Entwicklung des europäischen Einigungsprozesses ... 3 — 7
        1. Gründung, Aufbau und Krise der Europäischen Gemeinschaften ... 4 — 7
        2. Ausbau des Binnenmarktes und Anfänge der politischen Integration ... 6 — 13
        3. Einheitliche Europäische Akte 1986 und Vertiefung der Integration ... 7 — 16
        4. Maastrichter Vertrag 1992 ... 9 — 20
        5. Amsterdamer Vertrag 1997 ... 10 — 24
        6. Vertrag von Nizza 2001 ... 10 — 26
        7. Auflösung der EGKS 2002 ... 11 — 28
        8. Erweiterung der Europäischen Union ... 12 — 30
        9. Vertrag über eine Verfassung für Europa 2004 ... 13 — 33
        10. Vertrag von Lissabon 2007 ... 14 — 34
        11. Austritt Großbritanniens ... 16 — 40

    IV. Europarat und europäischer Menschenrechtsschutz ... 19 — 43
        1. Funktionsweise und Ziele des Europarates ... 19 — 43
        2. Die Europäische Menschenrechtskonvention ... 21 — 46

    V. Merksätze ... 24 — 53

	Seite	Rn.
2. Kapitel Die Europäische Union	25	54
I. Die Architektur der Europäischen Union	25	54
1. Struktur und Charakteristik des Unionsrechts	25	54
a) Von der Tempelkonstruktion zur einheitlichen Union	25	54
b) Die Union als Staatenverbund	30	58
c) Die Charakteristik des supranationalen Unionsrechts	31	60
d) Der intergouvernementale Charakter des Unionsrechts im Bereich der GASP	32	63
2. Die materielle Verbundsicherung durch das Kohärenzgebot	34	67
3. Die institutionelle Verbundsicherung durch den institutionellen Rahmen	35	71
4. Völkerrechtssubjektivität und völkerrechtliche Handlungsfähigkeit der Europäischen Union	36	73
a) Die Völkerrechtssubjektivität der Europäischen Union	36	73
b) Die Vertragsschlusskompetenzen der Europäischen Union	37	75
c) Das Vertragsschlussverfahren	40	80
d) Die Deliktsfähigkeit der Europäischen Union	41	82
e) Das Gesandtschaftsrecht der Europäischen Union	41	83
5. Merksätze	42	84
II. Die Verstärkte Zusammenarbeit von Mitgliedstaaten	43	85
1. Grundregeln	43	85
2. Verfahren	44	87
3. Merksätze	46	90
III. Die EU-Vertragsänderung	46	91
1. Die unionsvertraglichen Änderungsverfahren	47	91
a) Das ordentliche Änderungsverfahren	47	92
b) Die vereinfachten Änderungsverfahren	48	96
aa) Das vereinfachte Verfahren nach Art. 48 Abs. 6 EUV	48	96
bb) Das Brückenverfahren nach Art. 48 Abs. 7 EUV	49	97
c) Kein änderungsfester Kern des Unionsrechts	50	99
2. Nichtförmliche Vertragsänderungen nach allgemeinem Völkerrecht	51	100
3. Merksätze	51	101
IV. Der Beitritt zur Europäischen Union	52	102
1. Die Beitrittsvoraussetzungen	53	102
2. Das Beitrittsverfahren	54	106
3. Die Beitrittswirkung	55	108
4. Merksätze	55	109

	Seite	Rn.

V. Austritt, Ausschluss und Suspendierung von Mitgliedschaftsrechten 56 110
   1. Der Austritt aus der Europäischen Union 57 110
   2. Der Ausschluss aus der Europäischen Union 60 116
   3. Die Suspendierung von Mitgliedschaftsrechten 61 117
   4. Merksätze 64 126

VI. Institutionelle Struktur der Europäischen Union 65 127
   1. Die Europäische Union und die Mitgliedstaaten 65 127
      a) Verfassungsrechtliche Grundlagen der EU-Mitgliedschaft nach dem Grundgesetz 67 127
         aa) Die Öffnung der deutschen Rechtsordnung 67 128
         bb) Anforderungen an die Struktur der Europäischen Union 70 132
            (α) Effektiver Grundrechtsschutz auf Unionsebene 70 133
            (β) Die Weiterentwicklung der Demokratie auf Unionsebene 71 136
      b) Verfassungsrechtliche Grenzen des Ausbaus der Union .. 74 143
         aa) Unantastbarkeit der souveränen Staatlichkeit Deutschlands 76 147
         bb) Beachtung des föderalen Prinzips beim Ausbau der EU 76 148
         cc) Bewahrung der innerstaatlichen Demokratie 78 151
      c) Überwachung der Integrationsgrenzen durch das BVerfG 79 152
         aa) Identitätskontrolle 81 155
         bb) Ultra-vires-Kontrolle 81 158
         cc) Die Grundrechtskontrolle 83 162
         dd) Unanwendbarkeit des Rechts der Europäischen Union 84 164
         ee) Vorherige Vorlage an den Europäischen Gerichtshof 85 167
         ff) Entscheidungsmonopol des Bundesverfassungsgerichts 87 169
      d) Unionsrecht und Recht der Mitgliedstaaten 87 171
         aa) Kompetenzabgrenzung zwischen EU und Mitgliedstaaten 87 171
         bb) Prinzip der begrenzten Einzelermächtigung 89 178
         cc) Kompetenzergänzungsbestimmung und „implied powers" 92 184
         dd) Subsidiaritätsprinzip 93 187
         ee) Grundsatz der Verhältnismäßigkeit 98 198
         ff) Der Anwendungsvorrang des Unionsrechts 99 202
         gg) Das Gebot unionsrechtskonformer Auslegung und Fortbildung nationalen Rechts 104 212

	Seite	Rn.
e) Pflicht zur Unionstreue	106	215
f) Schutz- und Notstandsklauseln	107	217
g) Notbremsemechanismus	108	219
h) Merksätze	109	221
2. Die Unionsorgane	111	222
a) Überblick	113	222
b) Institutionelles Gleichgewicht	114	227
c) Europäisches Parlament	115	230
aa) Zusammensetzung und Organisation des Parlaments	115	231
bb) Aufgaben des Parlaments	122	246
cc) Beschlussfassung	125	254
d) Europäischer Rat	125	256
aa) Zusammensetzung und Organisation des Europäischen Rates	126	257
bb) Aufgaben des Europäischen Rates	127	261
cc) Beschlussfassung	128	263
e) Rat	128	265
aa) Zusammensetzung und Organisation des Rates	129	266
bb) Aufgaben des Rates	132	272
cc) Beschlussfassung	133	274
(α) Beschlussfassung mit qualifizierter Mehrheit	133	275
(β) Einstimmige Beschlussfassung	135	280
f) Europäische Kommission	136	282
aa) Zusammensetzung und Organisation der Kommission	136	283
bb) Aufgaben der Kommission	141	296
cc) Beschlussfassung	142	300
dd) Hoher Vertreter für Außen- und Sicherheitspolitik	143	301
g) Gerichtshof der Europäischen Union	145	306
aa) Gerichtshof	145	308
bb) Gericht	147	315
cc) Fachgerichte	149	320
h) Europäische Zentralbank	149	321
i) Rechnungshof	151	328
j) Institutionen der Europäischen Union	152	330
aa) Wirtschafts- und Sozialausschuss	152	331
bb) Ausschuss der Regionen	153	334
cc) Europäische Investitionsbank	155	338
k) Einrichtungen und sonstige Stellen der Europäischen Union	155	339
l) Merksätze	156	340

	Seite	Rn.
3. Rechtsetzungsverfahren	157	341
a) Ordentliches Gesetzgebungsverfahren	160	347
b) Besonderes Gesetzgebungsverfahren	162	355
aa) Anhörungsverfahren	163	358
bb) Zustimmungsverfahren	164	360
c) Der Erlass von delegierten Rechtsakten und Durchführungsrechtsakten	165	361
aa) Delegierte Rechtsakte	165	362
bb) Durchführungsrechtsakte	165	363
(α) Beratungsverfahren	167	371
(β) Prüfverfahren	168	372
d) Beschlussverfahren im Rahmen der GASP	168	375
e) Sonstige in den Verträgen vorgesehene Rechtsetzungsverfahren	169	377
f) Merksätze	170	378
4. Rechtsquellen der Europäischen Union	171	379
a) Zur Rechtsnatur des Unionsrechts	172	379
b) Primäres supranationales Unionsrecht	174	383
c) Abgeleitetes supranationales Unionsrecht	178	392
aa) Verordnungen	180	398
bb) Richtlinien	182	400
(α) Die Verbindlichkeit für die Mitgliedstaaten	182	401
(β) Unmittelbare Wirkung	185	405
(γ) Das Gebot richtlinienkonformer Auslegung und Fortbildung nationalen Rechts	190	417
cc) Beschlüsse	193	422
dd) Empfehlungen und Stellungnahmen	195	430
ee) Protokollerklärungen	196	432
ff) Austauschbarkeit der Rechtsakte	197	433
gg) Formerfordernisse und Inkrafttreten von Sekundärrecht	198	435
hh) Aufhebung	201	444
ii) Durchsetzung	202	447
d) Europäisches Gewohnheitsrecht	203	450
e) Allgemeine Rechtsgrundsätze	204	454
f) Völkergewohnheitsrecht	206	457
g) Völkerrechtliche Verträge	208	465
h) Merksätze	213	473
5. Vollzug des Unionsrechts	216	474
a) Formen des Vollzugs	217	474
b) Verwaltungsorganisation bezüglich des Vollzugs	217	476
c) Verwaltungsverfahrensrecht	218	478

	Seite	Rn.
d) Merksatz	221	487
6. Rechtsschutz vor dem Gerichtshof der Europäischen Union	221	488
a) Stellung und Aufgaben des Gerichtshofs	223	488
b) Zuständigkeitsverteilung zwischen EuGH und EuG	225	495
aa) Sachliche Zuständigkeiten des EuG	225	495
bb) Sachliche Zuständigkeiten des EuGH	226	497
cc) Verweisung bei Unzuständigkeit und Aussetzung des Verfahrens	227	499
c) Verfahrensablauf vor dem Europäischen Gerichtshof und dem Gericht	227	501
d) Die einzelnen Verfahrensarten	229	507
aa) Vertragsverletzungsverfahren	229	507
(α) Funktion der Vertragsverletzungsverfahren	229	507
(β) Zulässigkeit der Vertragsverletzungsklage	230	510
(γ) Begründetheit der Vertragsverletzungsklage	233	519
(δ) Urteilswirkungen im Vertragsverletzungsverfahren	235	524
(ε) Prüfungsschemata zu den Vertragsverletzungsverfahren	236	525
bb) Nichtigkeitsklage	238	527
(α) Funktion der Nichtigkeitsklage	238	527
(β) Zulässigkeit der Nichtigkeitsklage	239	530
(γ) Begründetheit der Nichtigkeitsklage	249	555
(δ) Urteilswirkungen im Nichtigkeitsverfahren	250	557
(ε) Prüfungsschema zur Nichtigkeitsklage	250	558
cc) Untätigkeitsklage	252	559
(α) Funktion der Untätigkeitsklage	252	559
(β) Zulässigkeit der Untätigkeitsklage	252	560
(γ) Begründetheit der Untätigkeitsklage	256	570
(δ) Urteilswirkungen im Untätigkeitsverfahren	256	571
(ε) Prüfungsschema zur Untätigkeitsklage	257	572
dd) Amtshaftungsklage	259	573
(α) Funktion der Amtshaftungsklage	259	573
(β) Zulässigkeit der Amtshaftungsklage	259	574
(γ) Begründetheit der Amtshaftungsklage	261	581
(δ) Urteilswirkungen im Amtshaftungsverfahren	261	582
(ε) Prüfungsschema zur Amtshaftungsklage	262	583
ee) Vorabentscheidungsverfahren	263	584
(α) Funktion des Vorabentscheidungsverfahrens	263	584
(β) Annahmefähigkeit der Vorlagefrage („Zulässigkeit")	264	585

	Seite	Rn.
(γ) Beantwortung der Vorlagefrage durch Urteil des EuGH	269	597
(δ) Rechtswirkungen des Vorabentscheidungsurteils	269	598
(ε) Prüfungsschema zum Vorabentscheidungsverfahren	270	599
ff) Rechtsmittelverfahren	272	600
gg) Einstweiliger Rechtsschutz	274	607
(α) Funktion des einstweiligen Rechtsschutzes	274	607
(β) Zulässigkeit eines Antrags auf einstweiligen Rechtsschutz	274	608
(γ) Begründetheit eines Antrags auf einstweiligen Rechtsschutz	275	612
(δ) Der Beschluss und seine Wirkungen	276	613
(ε) Prüfungsschema zum Antrag auf einstweiligen Rechtsschutz	276	614
hh) Sonstige Verfahren vor den Unionsgerichten	278	615
(α) Entscheidungen aufgrund einer Schiedsklausel	278	615
(β) Gutachten	278	616
(γ) Inzidentrüge	278	617
(δ) Prüfungsschema zur Inzidentrüge	279	618
e) Merksätze	280	619
7. Rechtsschutz vor den mitgliedstaatlichen Gerichten	282	620
a) Grundsatz der nationalen Verfahrensautonomie	282	620
b) Grenzen der nationalen Verfahrensautonomie	284	622
c) Merksatz	287	627
8. Haftung der Europäischen Union	288	628
a) Vertragliche Haftung	288	628
b) Außervertragliche Haftung	289	630
aa) Amtshandlung eines Unionsorgans oder -bediensteten	290	631
bb) Rechtswidrigkeit der Amtshandlung	291	633
cc) Haftung für rechtmäßiges Unionshandeln	291	634
dd) Schutznormverletzung	292	635
ee) Schaden	293	637
ff) Kausalität zwischen Amtspflichtverletzung und Schaden	294	638
gg) Verschuldensunabhängigkeit des Anspruchs	294	639
hh) Rechtsfolge	294	640
ii) Verjährung	295	641
c) Haftung der Bediensteten	296	642
d) Merksätze	297	644

	Seite	Rn.
9. Haftung der Mitgliedstaaten für Verstöße gegen Unionsrecht	298	645
a) Herleitung des Haftungsanspruchs	298	646
b) Anspruchsvoraussetzungen	299	649
aa) Mitgliedstaatlicher Verstoß gegen Unionsrecht	299	650
bb) Verleihung subjektiver Rechte	301	656
cc) Hinreichende Qualifikation des Verstoßes	302	657
(α) Hinreichende Qualifikation eines Verstoßes gegen Unionsrecht bei der Richtlinienumsetzung	304	662
(β) Hinreichende Qualifikation eines Verstoßes gegen Unionsrecht bei judikativem Unrecht	305	663
dd) Kausalität zwischen Unionsrechtsverstoß und Schaden	306	664
c) Rechtsfolge	307	666
d) Verjährung	308	669
e) Prüfungsschema für den unionsrechtlichen Staatshaftungsanspruch	308	670
f) Merksätze	310	671
10. Haushalts- und Personalrecht	310	672
a) Haushaltsrecht der Europäischen Union	311	672
aa) Einnahmen der Union	311	672
bb) Mehrjähriger Finanzrahmen	312	674
cc) Haushaltsplan	312	675
dd) Haushaltsverfahren	313	676
ee) Betrugsbekämpfung	314	680
b) Personalrecht der Europäischen Union	315	682
c) Merksätze	316	683
3. Kapitel Materielle Gewährleistungen des Unionsrechts	**319**	**684**
I. Die Grundrechte des Unionsrechts	**319**	**684**
1. Notwendigkeit und Entwicklung unionsrechtlichen Grundrechtsschutzes	321	684
2. Abgrenzung zu sonstigen Gewährleistungen des Unionsrechts	324	688
3. Die Europäische Grundrechte-Charta	324	689
4. Die Herleitung der Unionsgrundrechte aus allgemeinen Rechtsgrundsätzen	327	694
5. Funktionen der Unionsgrundrechte	328	695
6. Anwendungsbereich der Unionsgrundrechte	329	697
a) Die Bindung der Unionsorgane, -einrichtungen und sonstigen Stellen	329	698

	Seite	Rn.
b) Die Bindung der Mitgliedstaaten	330	699
aa) Die grundsätzliche Bindung bei der Durchführung von Unionsrecht	330	699
bb) Die Bindung bei vollvereinheitlichtem Unionsrecht	331	701
cc) Die Bindung bei gestaltungsoffenem Unionsrecht	332	703
dd) Die Unionsgrundrechte als Prüfungsmaßstab des BVerfG	338	717
ee) Die Vorlagepflicht des BVerfG und der letztinstanzlichen Fachgerichte nach Art. 267 Abs. 3 AEUV	340	722
c) Bindung Privater (Drittwirkung)?	341	723
7. Der Schutzbereich der Unionsgrundrechte	342	724
a) Die sachlichen Bereiche des unionsrechtlichen Grundrechtsschutzes	342	724
aa) Würde des Menschen	343	727
bb) Freiheitsrechte	344	728
cc) Gleichheitsrechte	344	729
dd) Justizielle Rechte	346	734
b) Der persönliche Schutzbereich der Unionsgrundrechte	348	735
8. Eingriff in Unionsgrundrechte	348	736
9. Rechtfertigung von Grundrechtseinschränkungen	349	738
a) Rechtfertigung von Eingriffen in Freiheitsgewährleistungen	349	739
aa) Gesetzliche Grundlage	349	739
bb) Vorliegen eines Rechtfertigungsgrundes	350	742
cc) Verhältnismäßigkeit der Grundrechtsbeschränkung	350	743
dd) Wahrung des Wesensgehalts des Grundrechts	351	744
b) Rechtfertigung von Eingriffen in Gleichheitsrechte	351	745
10. Das Verhältnis zur Europäischen Menschenrechtskonvention	352	747
a) Die Rechtslage vor dem Beitritt zur EMRK	352	747
b) Der Beitritt der Europäischen Union zur EMRK	354	750
aa) Inhalt des Entwurfs eines Beitrittsabkommens	354	751
bb) Das EuGH-Gutachten zum Entwurf eines Beitrittsabkommens	356	757
11. Das Verhältnis zum Recht der Vereinten Nationen	359	762
12. Prüfungsschema zu den Unionsgrundrechten	360	764
13. Merksätze	361	765
II. Das allgemeine Diskriminierungsverbot aus Gründen der Staatsangehörigkeit nach Art. 18 AEUV	**363**	**766**
1. Schutzbereich	365	770
a) Persönlicher Schutzbereich	365	770
b) Sachlicher Schutzbereich	366	771
aa) Anwendungsbereich des AEUV	367	772

	Seite	Rn.

	Seite	Rn.
bb) Anwendungsbereich des EUV	370	779
cc) Verselbstständigte Anwendung des Art. 18 AEUV	371	782
2. Diskriminierung	372	783
3. Rechtfertigung	374	787
4. Prüfungsschema zum allgemeinen Diskriminierungsverbot, Art. 18 AEUV	377	790
5. Merksätze	377	791
III. Die Unionsbürgerschaft und die Unionsbürgerrechte	**378**	**792**
1. Die Unionsbürgerschaft	381	798
a) Die Unionsbürgerschaft als föderales Angehörigkeitsverhältnis	381	798
b) Die Unionsbürgerschaft als subjektives Recht	383	802
c) Prüfungsschema zur Unionsbürgerschaft, Art. 20 AEUV	387	808
2. Unionsbürgerliches Freizügigkeitsrecht	388	809
a) Unmittelbare Beeinträchtigungen der Rechte auf Bewegung und Aufenthalt	390	812
aa) Schutzbereich	390	812
bb) Eingriff	393	815
cc) Rechtfertigung	394	816
b) Sonstige Beeinträchtigungen der Freizügigkeit	398	822
aa) Anwendungsbereich	398	822
bb) Beeinträchtigungen der Freizügigkeit	399	824
cc) Rechtfertigung	401	827
c) Freizügigkeitsrelevantes Sekundärrecht	402	828
d) Prüfungsschema zur unionsbürgerlichen Freizügigkeit, Art. 21 Abs. 1 AEUV	404	830
3. Kommunalwahlrecht	405	831
4. Wahlrecht zum Europäischen Parlament	407	837
5. Diplomatischer und konsularischer Schutz der Unionsbürger	409	841
6. Petitions- und Beschwerderecht	411	846
a) Petitionen zum Europäischen Parlament	411	846
b) Anrufung des Bürgerbeauftragten	412	849
c) Schriftliche Eingaben an die Organe und die beratenden Einrichtungen der Union	413	856
7. Bürgerinitiative	414	857
8. Merksätze	415	859
IV. Die Grundfreiheiten des AEUV	**417**	**860**
1. Bedeutung und Funktion der Grundfreiheiten	418	860
2. Sekundärrechtliche Ausgestaltung des Binnenmarktes	419	862
a) Funktionen des Sekundärrechts	419	862
b) Vorrangige Prüfung des Sekundärrechts	421	863

	Seite	Rn.
3. Struktur und Konvergenz der Grundfreiheiten	423	866
a) Überblick	423	866
b) Schutzbereich	423	867
c) Eingriff	425	869
aa) Verpflichtungsadressaten	425	869
bb) Diskriminierung	427	872
cc) Beschränkung	429	874
d) Rechtfertigung	432	879
e) Rechtsfolgen	438	888
4. Prüfungsschema für die Grundfreiheiten	440	892
5. Merksätze	441	893
6. Freiheit des Warenverkehrs	441	894
a) Die Zollunion	443	895
b) Verbot von Ein- und Ausfuhrbeschränkungen sowie von Maßnahmen gleicher Wirkung	445	901
aa) Schutzbereich	445	901
(α) Sachlicher Schutzbereich	445	901
(β) Persönlicher Schutzbereich	448	909
bb) Eingriff	448	910
(α) Handlung eines Verpflichtungsadressaten/Schutzpflicht	448	910
(β) Mengenmäßige Ein- und Ausfuhrbeschränkungen	450	914
(γ) Maßnahmen gleicher Wirkung	452	917
(αα) Ausgangspunkt: *Dassonville*-Formel und *Cassis*-Rechtsprechung	452	917
(ββ) Einschränkung der *Dassonville*-Formel durch die *Keck*-Formel	456	922
(γγ) Anwendung der *Keck*-Formel bei Nutzungsmodalitäten?	461	928
(δδ) Übergang zu einer Neuen Formel?	463	929
cc) Rechtfertigung	465	931
(α) Rechtfertigungsgründe nach Art. 36 AEUV	465	931
(β) Rechtfertigungsgründe nach der *Cassis*-Rechtsprechung	469	941
(γ) Rechtfertigung aus Gründen des Grundrechtsschutzes	471	946
c) Umformung der staatlichen Handelsmonopole	472	947
d) Merksätze	473	950
7. Freizügigkeit der Arbeitnehmer	475	951
a) Schutzbereich	476	952
aa) Sachlicher Schutzbereich	477	953

	Seite	Rn.
(α) Begriff des Arbeitnehmers	477	953
(β) Grenzüberschreitung	480	958
(γ) Aufenthalts- und Bewegungsrecht	481	959
(δ) Bereichsausnahme für die Beschäftigung in der öffentlichen Verwaltung	481	961
bb) Persönlicher Schutzbereich	483	963
cc) Zeitlicher Schutzbereich	484	966
b) Eingriff	485	967
aa) Handlung eines Verpflichtungsadressaten	485	967
bb) Beeinträchtigungen	486	970
(α) Diskriminierungen	486	971
(β) Beschränkungen	489	976
(γ) Einschränkungen nach den Grundsätzen der *Keck-* und der *ANETT*-Rechtsprechung?	491	981
c) Rechtfertigung	492	983
aa) Rechtfertigungsgründe nach Art. 45 Abs. 3 AEUV	492	984
bb) Rechtfertigung aus zwingenden Gründen des Allgemeininteresses	493	987
cc) Rechtfertigung unter Berufung auf Grundrechte	494	990
(α) Staatliche Schutzpflicht zugunsten privater Grundrechtsausübung	494	990
(β) Private Grundrechtsausübung	495	991
(γ) Praktische Konkordanz	496	992
dd) Rechtfertigung privater Eingriffe durch „sachliche Gründe"	496	993
ee) Schranken-Schranken	496	994
d) Maßnahmen der Union zur Herstellung der Freizügigkeit und sozialen Sicherheit	497	995
e) Merksätze	498	997
8. Niederlassungsfreiheit	499	998
a) Schutzbereich	500	999
aa) Sachlicher Schutzbereich	500	1000
(α) Der Begriff der Niederlassung	500	1000
(β) Grenzüberschreitender Bezug	502	1003
(γ) Bereichsausnahme für die Ausübung öffentlicher Gewalt	503	1004
bb) Persönlicher Schutzbereich	504	1005
(α) Natürliche Personen	504	1005
(β) Juristische Personen	505	1008
(αα) Beeinträchtigung durch den Gründungsmitgliedstaat (Wegzugskonstellation)	508	1012

	Seite	Rn.
(ββ) Beeinträchtigung durch den Aufnahmemitgliedstaat (Zuzugskonstellation)	509	1013
(γγ) Zusammenfassung	510	1015
(δδ) Grenzfälle	511	1016
(εε) Unionsrechtliche Gesellschaftsformen	514	1019
b) Eingriff	515	1023
aa) Handlung eines Verpflichtungsadressaten	515	1023
bb) Diskriminierung	516	1024
cc) Beschränkung durch unterschiedslose Maßnahmen	518	1029
c) Rechtfertigung	520	1031
aa) Rechtfertigungsgründe nach Art. 52 Abs. 1 AEUV	520	1031
bb) Ungeschriebene Rechtfertigungsgründe nach der Gebhard-Formel	522	1034
cc) Rechtfertigung aus Gründen des Grundrechtsschutzes und Rechtfertigung der Eingriffe intermediärer Gewalten	524	1036
dd) Schranken-Schranken	524	1037
d) Die sekundärrechtlichen Anerkennungs- und Koordinierungsrichtlinien	526	1039
aa) Der bisherige Ansatz: Sektorale Anerkennung und Koordinierung von Berufsqualifikationen	526	1039
bb) Der neue Ansatz: Die einheitliche Anerkennungsrichtlinie für Berufsqualifikationen	527	1040
cc) Koordinierungsrichtlinien außerhalb der Anerkennung von Berufsqualifikationen	527	1041
e) Merksätze	528	1042
9. Freiheit des Dienstleistungsverkehrs	529	1043
a) Schutzbereich	531	1044
aa) Sachlicher Schutzbereich	531	1045
(α) Begriff der Dienstleistung	531	1045
(β) Grenzüberschreitung/Modalitäten der Dienstleistungsfreiheit	536	1053
(γ) Aufenthalts- und Bewegungsrecht	538	1055
(δ) Bereichsausnahme für die Ausübung hoheitlicher Gewalt	538	1056
bb) Persönlicher Schutzbereich	539	1057
b) Eingriff	541	1061
aa) Handlung eines Verpflichtungsadressaten	541	1061
bb) Beeinträchtigungen	541	1062
(α) Diskriminierung	543	1064
(β) Beschränkung	548	1072

	Seite	Rn.
(γ) Einschränkungen nach den Grundsätzen der Keck- und der ANETT-Rechtsprechung?	550	1074
c) Rechtfertigung	552	1078
aa) Rechtfertigungsgründe nach Art. 62 i.V. m. Art. 52 Abs. 1 AEUV	552	1078
bb) Rechtfertigung aus zwingenden Gründen des Allgemeininteresses	553	1081
cc) Rechtfertigung aus Gründen des Grundrechtsschutzes und Rechtfertigung der Eingriffe intermediärer Gewalten	554	1084
dd) Schranken-Schranken	555	1085
d) Die sekundärrechtlichen Anerkennungs- und Koordinierungsrichtlinien	556	1086
aa) Anerkennung von Berufsqualifikationen	557	1087
bb) Die Dienstleistungsrichtlinie	558	1088
e) Merksätze	561	1093
10. Freiheit des Kapital- und Zahlungsverkehrs	562	1094
a) Verbot der Beschränkung des Kapital- und Zahlungsverkehrs	563	1094
aa) Schutzbereiche	563	1095
(α) Sachlicher Schutzbereich der Kapitalverkehrsfreiheit	563	1095
(β) Sachlicher Schutzbereich der Zahlungsverkehrsfreiheit	568	1103
(γ) Persönlicher, räumlicher und zeitlicher Schutzbereich der Kapital- und Zahlungsverkehrsfreiheit	569	1104
bb) Eingriff	570	1105
(α) Handlung eines Verpflichtungsadressaten	570	1105
(β) Einheitlicher Beschränkungsbegriff	570	1106
cc) Rechtfertigung	572	1109
(α) Geschriebene Rechtfertigungsgründe	572	1110
(αα) Rechtfertigungsgründe nach Art. 65 Abs. 1 lit. a AEUV	572	1110
(ββ) Rechtfertigungsgründe nach Art. 65 Abs. 1 lit. b AEUV	573	1112
(γγ) Rechtfertigungsgründe nach Art. 65 Abs. 2 AEUV	576	1116
(β) Rechtfertigung aus zwingenden Gründen des Allgemeininteresses	576	1118
(γ) Rechtfertigung aus Gründen des Grundrechtsschutzes und Rechtfertigung der Eingriffe intermediärer Gewalten	577	1121

	Seite	Rn.
dd) Die sekundärrechtliche Ausgestaltung des Kapital- und Zahlungsverkehrs	578	1122
b) Schutz- und Embargomaßnahmen	578	1123
c) Merksätze	579	1124

4. Kapitel Interne Politiken der Europäischen Union 581 1125

I. Landwirtschafts- und Fischereipolitik 581 1125

II. Raum der Freiheit, der Sicherheit und des Rechts ... 583 1130

	Seite	Rn.
1. Allgemeine Bestimmungen	584	1130
2. Grenzkontrollen, Asyl und Einwanderung	585	1134
3. Justizielle Zusammenarbeit in Zivilsachen	593	1146
4. Justizielle Zusammenarbeit in Strafsachen	594	1148
a) Grundlagen und Ziele	594	1148
b) Gegenseitige Anerkennung in Strafsachen	595	1149
c) Eurojust	597	1154
d) Europäische Staatsanwaltschaft	598	1157
5. Polizeiliche Zusammenarbeit	599	1158
a) Grundlagen und Ziele	599	1158
b) Handlungsfelder der polizeilichen Zusammenarbeit	600	1160
aa) Maßnahmen nach Art. 87 Abs. 2 AEUV	600	1160
bb) Maßnahmen nach Art. 87 Abs. 3 AEUV	601	1161
cc) Völkerrechtliche Übereinkommen nach Art. 37 EUV	601	1162

III. Wettbewerbskontrolle 601 1163

	Seite	Rn.
1. Wettbewerbspolitik	601	1163
a) Kurzüberblick	602	1163
b) Das Schutzgut „Wettbewerb"	603	1165
c) Merksätze	608	1170
2. Unternehmensgerichtete Wettbewerbsvorschriften	609	1171
a) Kartellverbot – Art. 101 AEUV	610	1171
aa) Verbot mit Legalausnahme und anschließender Kontrolle	610	1171
bb) Normadressaten des Kartellverbots	611	1174
(α) Unternehmen	611	1174
(β) Öffentliche und mit ausschließlichen oder besonderen Rechten ausgestattete Unternehmen (Art. 106 Abs. 1 AEUV)	616	1182
(γ) Mitgliedstaaten	618	1185
cc) Erfasste Verhaltensweisen	620	1187
dd) Wettbewerbsverfälschung	623	1192
ee) Spürbarkeit und Zwischenstaatlichkeit	626	1196

	Seite	Rn.
ff) Die Ausnahmevorschrift des Art. 101 Abs. 3 AEUV	627	1198
gg) Die Kommissionsbefugnisse (Kartellverfahrensverordnung 1/2003) und die zivilrechtlichen Folgen	629	1201
b) Missbrauchsaufsicht – Art. 102 AEUV	635	1209
aa) Marktbeherrschende Stellung	635	1211
(α) Marktabgrenzung	636	1212
(β) Marktbeherrschung	640	1219
bb) Missbräuchliche Ausnutzung	643	1226
c) Sektorspezifische Wettbewerbsbestimmungen	653	1244
d) Fusionskontrolle	656	1247
e) Anwendungsbereich der EU-Wettbewerbsregeln, Kollision mit mitgliedstaatlichem Wettbewerbsrecht und Zusammenarbeit der nationalen Wettbewerbsbehörden mit der Kommission	661	1255
aa) Anwendungsbereich der EU-Wettbewerbsregeln	661	1255
bb) Kollision mit mitgliedstaatlichem Wettbewerbsrecht	661	1256
cc) Zusammenarbeit der nationalen Wettbewerbsbehörden mit der Kommission	662	1258
f) Merksätze	663	1260
3. Beihilfenkontrolle	665	1261
a) Bedeutung und Struktur des EU-Beihilfenrechts	666	1261
b) Der Verbotstatbestand der Art. 107 Abs. 1, Art. 108 Abs. 3 Satz 3 AEUV	668	1265
aa) Begünstigung	669	1267
bb) Staatlich oder aus staatlichen Mitteln gewährt	677	1282
cc) Bestimmte Unternehmen oder Produktionszweige – Selektivität	682	1292
dd) Verfälschung des Wettbewerbs	689	1301
ee) Beeinträchtigung des zwischenstaatlichen Handels	690	1302
c) Ausnahmen vom Beihilfenverbot	691	1304
aa) In der Rechtsfolge gebundene Ausnahmen – Art. 107 Abs. 2 AEUV	693	1308
bb) Ausnahmen, die im Ermessen der Kommission stehen – Art. 107 Abs. 3 AEUV	694	1309
d) Verfahren der Beihilfenaufsicht	697	1317
e) Merksätze	705	1335
4. Wettbewerbskontrolle im Bereich mitgliedstaatlicher Daseinsvorsorge	708	1336
a) Die Bereichsausnahmevorschrift des Art. 106 Abs. 2 AEUV	708	1336
b) Dienstleistungen von allgemeinem wirtschaftlichen Interesse	709	1338

	Seite	Rn.
c) Betrauungsakt	712	1342
d) Verhinderung der Aufgabenerfüllung	714	1345
e) Staatliche Ausgleichszahlungen für die Erbringung von DAWI	716	1347
aa) Der Ausschluss des Beihilfentatbestandes nach den Altmark-Voraussetzungen	716	1348
bb) Das DAWI-Paket (Almunia-Paket)	717	1350
f) Die Kommissionsbefugnisse gegenüber den Adressaten der Absätze 1 und 2 des Art. 106 AEUV (Art. 106 Abs. 3 AEUV)	721	1357
g) Merksätze	722	1359
5. Kurzabriss: Vergaberecht	723	1360
a) Normgefüge des Vergaberechts	724	1360
b) Der Anwendungsbereich des Vergaberechts	725	1361
c) Die Vergabeverfahren	732	1371
d) Vergaberechtlicher Rechtsschutz	733	1372
e) Merksätze	735	1374
IV. Rechtsangleichung im Binnenmarkt	736	1375
V. Wirtschafts- und Währungspolitik	740	1382
1. Wirtschaftspolitik	741	1382
2. Die Verwirklichung der Währungsunion	741	1383
3. Die Europäische Währung	744	1388
4. Die Euro-Gruppe	744	1389
5. Euro-Rettungsmaßnahmen im Zeichen der Krise	745	1391
a) Der Stabilitäts- und Wachstumspakt	748	1392
b) Der Vertrag über Stabilität, Koordinierung und Steuerung in der Wirtschafts- und Währungsunion („Fiskalpakt") sowie Euro-Gipfel	750	1397
c) Griechenland-Soforthilfe und Europäischer Finanzstabilisierungsmechanismus (EFSM)	752	1400
aa) Griechenland-Soforthilfe	752	1400
bb) Europäischer Finanzstabilisierungsmechanismus (EFSM)	753	1401
d) Europäischer Stabilitätsmechanismus (ESM) und Art. 136 Abs. 3 AEUV	755	1405
e) Anleihekäufe durch die EZB und gemeinsame Staatsanleihen (sog. „Eurobonds")	758	1409
f) Die Europäische Bankenunion	761	1414
6. Austritt und Ausschluss aus der Eurozone	765	1420
7. Der Wechselkursmechanismus	765	1423
VI. Sozialpolitik	766	1424

	Seite	Rn.

5. Kapitel Auswärtige Politiken der Europäischen Union — 773 · 1433

I. Die Gemeinsame Außen- und Sicherheitspolitik .... 773 · 1433
  1. Grundlagen und Ziele der GASP .... 773 · 1433
  2. Die Gemeinsame Sicherheits- und Verteidigungspolitik (GSVP) .... 776 · 1437
  3. Die Handlungsformen der GASP .... 778 · 1442
  4. Institutionen der GASP .... 779 · 1448
  5. Die Finanzierung der GASP .... 782 · 1454
  6. Merksätze .... 782 · 1455

II. Assoziierungspolitik .... 783 · 1456
  1. Assoziierung der überseeischen Länder und Hoheitsgebiete 784 · 1456
  2. Der Abschluss von Assoziierungsabkommen .... 784 · 1457

III. Gemeinsame Handelspolitik .... 787 · 1464
  1. Die Reichweite der Außenhandelskompetenz der Europäischen Union .... 789 · 1465
  2. Die Mitgliedschaft in der Welthandelsorganisation ... 791 · 1467
  3. Kurzabriss: Antidumping- und Antisubventionsrecht ... 792 · 1470
    a) Definition von Dumping und Subvention .... 793 · 1472
    b) Schädigung des Marktgefüges der EU .... 793 · 1474
    c) Zollerhebung im Unionsinteresse .... 794 · 1475
    d) Umgehungsversuche .... 794 · 1476
    e) Verfahren zur Erhebung eines Antidumpingzolls .... 794 · 1477
  4. Handelsembargos der Europäischen Union .... 796 · 1479
  5. Merksätze .... 798 · 1482

IV. Sonstige Auswärtige Politiken .... 798 · 1483
  1. Entwicklungszusammenarbeit .... 799 · 1483
  2. Wirtschaftliche, finanzielle und technische Zusammenarbeit mit Drittländern .... 799 · 1484
  3. Humanitäre Hilfe .... 799 · 1485
  4. Merksätze .... 800 · 1487

Ausgewählte Literaturempfehlungen 803
  I. Lehrbücher 803
  II. Handbücher und Kommentare 804
  III. Text- und Entscheidungssammlungen 805
  IV. www-Adressen 805

Sachverzeichnis 807

Abkürzungsverzeichnis

a. A.	andere/r Ansicht
a. a. O.	am angegebenen Ort
ABl.EG	Amtsblatt der Europäischen Gemeinschaften
ABl.EU	Amtsblatt der Europäischen Union
ABl.EWG	Amtsblatt der Europäischen Wirtschaftsgemeinschaft
Abs.	Absatz
ACER	European Agency for the Cooperation of Energy Regulators
AD-GVO	Verordnung (EG) 384/96 des Rates vom 22.12.1995 über den Schutz gegen gedumpte Einfuhren aus nicht zur Europäischen Gemeinschaft gehörenden Ländern (Antidumpingverordnung)
AdR	Ausschuss der Regionen
AEUV	Vertrag über die Arbeitsweise der Europäischen Union
a. F.	alte Fassung
AfP	Zeitschrift für Medien- und Kommunikationsrecht
AG	Amtsgericht
AKP-Staaten	Staaten Afrikas, der Karibik, des Pazifiks
Alt.	Alternative
AMG	Arzneimittelgesetz
Anm.	Anmerkung
AöR	Archiv des öffentlichen Rechts
Art.	Artikel
AStV	Ausschuss der Ständigen Vertreter
ASV	Antisubventionsverordnung
Aufl.	Auflage
AuR	Arbeit und Recht (Zeitschrift)
AVR	Archiv des Völkerrechts
Az.	Aktenzeichen
BAG	Bundesarbeitsgericht
BB	Betriebs-Berater (Zeitschrift)
BayVBl.	Bayerische Verwaltungsblätter
bek. gem.	bekannt gemacht
ber.	berichtigt
Beschl.	Beschluss
BFH	Bundesfinanzhof
BGB	Bürgerliches Gesetzbuch

BGBl.	Bundesgesetzblatt
BGH	Bundesgerichtshof
BICC	Budgetary Instrument for Convergence and Competitiveness (Haushaltsinstrument für Konvergenz und Wettbewerbsfähigkeit)
BIT	Bilateral Investment Treaty
BR-Drs.	Bundesratsdrucksache
BRJ	Bundesrepublik Jugoslawien
BSE	Bovine Spongiforme Enzephalopathie („Rinderwahnsinn")
BSG	Bundessozialgericht
bspw.	beispielsweise
BT-Drs.	Bundestagsdrucksache
BT-StenBer.	Stenographische Berichte des Bundestags
Bull.BReg.	Bulletin der Bundesregierung
Bull.EU	Bulletin der Europäischen Union
BV	Besloten Vennootschap met beperkte aansprakelijkheid
BVerfG	Bundesverfassungsgericht
BVerfGE	Entscheidungen des Bundesverfassungsgerichts
BVerfGG	Bundesverfassungsgerichtsgesetz
BVerwG	Bundesverwaltungsgericht
BWGZ	Die Gemeinde (Verbandszeitschrift des Gemeindetags Baden-Württemberg)
bzw.	beziehungsweise
CB	Compliance Berater (Zeitschrift)
CDE	Cahiers de Droit Européen
CERN	Conseil Européen pour la Recherche Nucléaire
CETA	Comprehensive Economic and Trade Agreement
CETS	Council of Europe Treaty Series
CMLR	Common Market Law Review
COMECON	Council of Mutual Economic Assistance (= RGW)
COREPER	Comité des Représentants Permanents des États Membres
COSAC	Conférence des Organismes Spécialisés dans les Affaires Communautaires
CR	Computer und Recht (Zeitschrift)
DAWI	Dienstleistungen von allgemeinem wirtschaftlichen Interesse
DB	Der Betrieb (Zeitschrift)
DDR	Deutsche Demokratische Republik
ders.	derselbe
d. h.	das heißt
dies.	dieselbe/n
Die Verwaltung	Die Verwaltung (Zeitschrift)
DRiG	Deutsches Richtergesetz
Diss.	Dissertation
Dok.	Dokument
DÖV	Die Öffentliche Verwaltung (Zeitschrift)
DRiZ	Deutsche Richterzeitung
DS-GVO	Datenschutz-Grundverordnung

DVBl.	Deutsches Verwaltungsblatt
DVP	Deutsche Verwaltungspraxis (Zeitschrift)
EA	Europa-Archiv
EAD	Europäischer Auswärtiger Dienst
EAG	Europäische Atomgemeinschaft
EAGCP	Economic Advisory Group for Competition Policy
EAGFL	Europäischer Ausrichtungs- und Garantiefonds für die Landwirtschaft
EAGV	Vertrag zur Gründung der Europäischen Atomgemeinschaft
ebda.	ebenda
ECLI	European Case Law Identifier
ECLR	European Competition Law Review
ECN	European Competition Network (Europäisches Wettbewerbsnetz)
ECU	European Currency Unit
EEA	Einheitliche Europäische Akte
EFF	Europäischer Fischereifonds
EFRE	Europäischer Fonds für regionale Entwicklung
EFSF	Europäische Finanzstabilisierungsfazilität
EFSM	Europäischer Finanzstabilisierungsmechanismus
EFTA	European Free Trade Association
EG	Europäische Gemeinschaft/en
EGKS	Europäische Gemeinschaft für Kohle und Stahl
EGLF	Europäischer Garantiefonds für die Landwirtschaft
EGMR	Europäischer Gerichtshof für Menschenrechte
EGV	Vertrag zur Gründung der Europäischen Gemeinschaft
EIB	Europäische Investitionsbank
EJIL	European Journal of International Law
EKMR	Europäische Kommission für Menschenrechte
EL	Ergänzungslieferung
ELER	Europäischer Landwirtschaftsfonds für die Entwicklung des ländlichen Raums
ELJ	European Law Journal
ELR	European Law Reporter (Zeitschrift)
ELRev.	European Law Review
EMAS	Verordnung (EG) Nr. 761/2001 des Europäischen Parlaments und des Rates vom 19. März 2001 über die freiwillige Beteiligung von Organisationen an einem Gemeinschaftssystem für das Umweltmanagement und die Umweltbetriebsprüfung
EMFF	Europäischer Meeres- und Fischereifonds
EMRK	Europäische Menschenrechtskonvention
endg.	endgültig
ENKP	Europäisches Netz zur Kriminalprävention
EP	Europäisches Parlament
EPA	Europäische Polizeiakademie
EPG	Europäische Politische Gemeinschaft
EPRA	European Parliament Representation Act
EPZ	Europäische Politische Zusammenarbeit

ESF	Europäischer Sozialfonds
ESM	Europäischer Stabilitätsmechanismus
ESMFinG	Gesetz zur finanziellen Beteiligung am Europäischen Stabilitätsmechanismus (ESM-Finanzierungsgesetz)
ESMV	Vertrag zur Einrichtung eines den Europäischen Stabilitätsmechanismus
EStAL	European State Aid Law Quarterly
ESZB	Europäisches System der Zentralbanken
etc.	et cetera
EU	Europäische Union
EuG	Europäisches Gericht (erster Instanz)
EuGH	Gerichtshof der Europäischen Union
EuGH-Satzung	Protokoll über die Satzung des Gerichtshofs der Europäischen Union
EuGöD	Europäisches Gericht für den öffentlichen Dienst
EuGRZ	Europäische Grundrechte-Zeitschrift
EuHbG	Europäisches Haftbefehlsgesetz
EUMC	European Union Military Committee
EUMS	European Union Military Staff
EuR	Europarecht (Zeitschrift)
Euratom	Europäische Atomgemeinschaft
Eurodac	European Dactyloscopy; System für den Vergleich von Fingerabdrücken zum Zwecke der effektiven Anwendung des Dubliner Übereinkommens
Eurojust	Europäische Stelle für justizielle Zusammenarbeit, seit 12.12.2019 Agentur der Europäischen Union für justizielle Zusammenarbeit in Strafsachen
EUROMED	Euro-Mediterrane Partnerschaft
Europol	Europäisches Polizeiamt, seit 1.5.2017 Agentur der Europäischen Union für die Zusammenarbeit auf dem Gebiet der Strafverfolgung
EUROSUR	European Border Surveillance System
EUStA	Europäische Staatsanwaltschaft
EUV	Vertrag über die Europäische Union
EuWG	Europawahlgesetz
EuZ	Zeitschrift für Europarecht
EuZW	Europäische Zeitschrift für Wirtschaftsrecht
EV	Vertrag über eine Verfassung für Europa
EVA	Europäische Verteidigungsagentur
EVG	Europäische Verteidigungsgemeinschaft
EWG	Europäische Wirtschaftsgemeinschaft
EWGV	Vertrag zur Gründung der Europäischen Wirtschaftsgemeinschaft
EWI	Europäisches Währungsinstitut
EWIV	Europäische Wirtschaftliche Interessenvereinigung
EWR	Europäischer Wirtschaftsraum
EWS	Europäisches Währungssystem/Europäisches Wirtschafts- und Steuerrecht (Zeitschrift)
EZB	Europäische Zentralbank

f.; ff.	folgende
FamRZ	Zeitschrift für das gesamte Familienrecht
FAO	Food and Agriculture Organization
FIW	Forschungsinstitut für Wirtschaftsverfassung und Wettbewerb e.V.
FKVO	Verordnung (EG) Nr. 139/2004 des Rates vom 20. Januar 2004 über die Kontrolle von Unternehmenszusammenschlüssen („EG-Fusionskontrollverordnung")
FPÖ	Freiheitliche Partei Österreichs
FreizügG/EU	Gesetz über die allgemeine Freizügigkeit von Unionsbürgern
Frontex	Europäische Agentur für die Grenz- und Küstenwache; früher: Europäische Agentur für die operative Zusammenarbeit an den Außengrenzen der Mitgliedstaaten der Europäischen Union
FS	Festschrift
FusV	Fusionsvertrag
GA	Generalanwalt/Generalanwältin/Goltdammer's Archiv für Strafrecht
GASP	Gemeinsame Außen- und Sicherheitspolitik
GATS	General Agreement on Trade in Services
GATT	General Agreement on Tariffs and Trade
geänd.	geändert
GEAS	Gemeinsames Europäisches Asylsystem
gem.	gemäß
GeschO	Geschäftsordnung
GewArch	Gewerbe Archiv – Zeitschrift für Wirtschaftsverwaltungsrecht
GG	Grundgesetz
ggf.	gegebenenfalls
GLJ	German Law Journal
GRC	Charta der Grundrechte der Europäischen Union
GRUR Int.	Gewerblicher Rechtsschutz und Urheberrecht. Internationaler Teil (Zeitschrift)
GS	Gedächtnisschrift
GSVP	Gemeinsame Sicherheits- und Verteidigungspolitik
GWB	Gesetz gegen Wettbewerbsbeschränkungen
GZT	Gemeinsamer Zolltarif
HGB	Handelsgesetzbuch
HK-EU	K. Hailbronner/E. Klein/S. Magiera/P.-C. Müller-Graff, Handkommentar zum Vertrag über die Europäische Union (EUV/EGV), Stand: September 1999
Hrsg.	Herausgeber
Hs.	Halbsatz
ICJ	International Court of Justice
i.d.F.	in der Fassung
i.e.S.	im engeren Sinne
IGH	Internationaler Gerichtshof
IIC	International Review of Intellectual Property and Competition Law
insbes.	insbesondere

IntVG	Gesetz über die Wahrnehmung der Integrationsverantwortung des Bundestages und des Bundesrates in Angelegenheiten der Europäischen Union – Integrationsverantwortungsgesetz
IPRax	Praxis des Internationalen Privat- und Verfahrensrechts
i. S. d.	im Sinne der/des
i. S. v.	im Sinne von
i. V. m.	in Verbindung mit
IWRZ	Zeitschrift für Internationales Wirtschaftsrecht
IZWTI	Internationales Zentrum für Wissenschaftliche und Technische Information
JA	Juristische Arbeitsblätter
JEI	Jahrbuch der Europäischen Integration
JIR	Jahrbuch für Internationales Recht
JöR	Jahrbuch des Öffentlichen Rechts
Jura	Juristische Ausbildung (Zeitschrift)
JuS	Juristische Schulung (Zeitschrift)
JWT	Journal of World Trade
JZ	Juristenzeitung
Kap.	Kapitel
KFZ	Kraftfahrzeug
KMU	Kleine und Mittlere Unternehmen
KOM	Dokumente der Kommission der Europäischen Gemeinschaften
KritV	Kritische Vierteljahresschrift für Gesetzgebung und Rechtswissenschaft
lit.	litera
MDR	Monatsschrift für Deutsches Recht
Mio.	Millionen
MMR	MultiMedia und Recht (Zeitschrift)
Mrd.	Milliarden
MRM	Menschenrechtsmagazin
m. w. N.	mit weiteren Nachweisen
NATO	North Atlantic Treaty Organization
NDV	Nachrichtendienst des Deutschen Vereins für öffentliche und private Fürsorge e. V. (Zeitschrift)
neu bek. gem.	neu bekannt gemacht
NJW	Neue Juristische Wochenschrift
No.	Number, Numéro
Nr.	Nummer
NStZ	Neue Zeitschrift für Strafrecht
NuR	Natur und Recht
NVwZ	Neue Zeitschrift für Verwaltungsrecht
NWVBl.	Nordrhein-Westfälische Verwaltungsblätter
NZA	Neue Zeitschrift für Arbeitsrecht

NZBau	Neue Zeitschrift für Baurecht und Vergaberecht
NZG	Neue Zeitschrift für Gesellschaftsrecht
NZKart	Neue Zeitschrift für Kartellrecht
NZS	Neue Zeitschrift für Sozialrecht
NZWehrR	Neue Zeitschrift für Wehrrecht
o. ä.	oder ähnliche/s/r
OECD	Organization for Economic Cooperation and Development
OEEC	Organization for European Economic Cooperation
ÖJZ	Österreichische Juristenzeitung
OLAF	Office Européen De Lutte Antifraude (Europäisches Amt für Betrugsbekämpfung)
OMT	Outright Monetary Transaction
P	Pechstein, Entscheidungen des EuGH, Kommentierte Studienauswahl, 11. Auflage, 2020
PESCO	Permanent Structured Cooperation
PJZS	Polizeiliche und Justizielle Zusammenarbeit in Strafsachen
Pkw	Personenkraftwagen
PSK	Politisches und Sicherheitspolitisches Komitee
PSPP	Public Sector Purchase Programme
RabelsZ	Rabels Zeitschrift für ausländisches und internationales Privatrecht
RdA	Recht der Arbeit (Zeitschrift)
RdE	Recht der Energiewirtschaft (Zeitschrift)
RGW	Rat für gegenseitige Wirtschaftshilfe (= COMECON)
RIW	Recht der internationalen Wirtschaft
RL	Richtlinie
RMC	Revue du Marché commun et de l'Union européenne
Rn.	Randnummer/n
RNotZ	Rheinische Notarzeitschrift
Rs.	Rechtssache/n
s.	siehe
S.	Seite/n
s. a.	siehe auch
SächsVBl.	Sächsische Verwaltungsblätter
SAM	State Aid Modernisation
SCE	Societas Cooperativa Europaea
SE	Societas Europaea
SGB	Die Sozialgerichtsbarkeit (Zeitschrift)
SIEC-Test	Significant Impediment of Effective Competition
Slg.	Sammlung
SLIM	Simpler Legislation for the Internal Market
sog.	sogenannte/r/s
SPE	Societas Privata Europaea
SRB	Single Resolution Board
SRF	Single Resolution Fund

SRM	Single Resolution Mechanism
SSM	Single Supervisory Mechanism
SSNIP-Test	Small, but significant and nontransitory increase in price
SSZ	Ständige Strukturierte Zusammenarbeit
StabMechG	Gesetz zur Übernahme von Gewährleistungen im Rahmen eines europäischen Stabilisierungsmechanismus (Stabilisierungsmechanismusgesetz)
str.	streitig
StraFO	Strafverteidiger Forum (Zeitschrift)
StAZ	Das Standesamt (Zeitschrift)
SUP	Societas Unius Personae
ThürVBl.	Thüringer Verwaltungsblätter (Zeitschrift)
Tz.	Textzahl
TranspRL	Richtlinie 80/723/EWG der Kommission über die Transparenz der finanziellen Beziehungen zwischen den Mitgliedstaaten und den öffentlichen Unternehmen
TRIPs	Trade-Related Aspects of Intellectual Property Rights
u.	und
u. a.	unter anderem/und andere
UAbs.	Unterabsatz
UCLAF	Unité de Coordination de la Lutte Antifraude (Dienststelle zur Koordinierung der Betrugsbekämpfung)
UKIP	United Kingdom Independence Party
UN	United Nations
UIP-Richtlinie	Richtlinie über den freien Zugang zu Informationen über die Umwelt
UPR	Zeitschrift für Umwelt- und Planungsrecht
Urt.	Urteil
USA	United States of America
UVP	Umweltverträglichkeitsprüfung
UVPG	Gesetz über die Umweltverträglichkeitsprüfung
v.	vom/von
VA	Verwaltungsakt
verb. Rs.	verbundene Rechtssachen
VerfO	Verfahrensordnung
VerfV	Verfassungsvertrag
VerfVO	Verordnung (EG) Nr. 659/1999 des Rates vom 22. März 1999 über besondere Vorschriften für die Anwendung von Artikel 93 des EG-Vertrags
VergabeR	Zeitschrift für das gesamte Vergaberecht
Verw	Die Verwaltung (Zeitschrift)
VerwArch	Verwaltungsarchiv
VG	Verwaltungsgericht
vgl.	vergleiche
VgV	Verordnung über die Vergabe öffentlicher Aufträge
v. H.	vom Hundert

VIZ	Zeitschrift für Vermögens- und Immobilienrecht
VO	Verordnung
VOB	Verdingungsordnung für Bauleistungen
VOF	Verdingungsordnung für freiberufliche Leistungen
VOL	Verdingungsordnung für Leistungen
VR	Verwaltungsrundschau
vs.	versus
VSKS	Vertrag über Stabilität, Koordinierung und Steuerung in der Wirtschafts- und Währungsunion
VVDStRL	Veröffentlichungen der Vereinigung der Deutschen Staatsrechtslehrer
VW	Volkswagen
VwGO	Verwaltungsgerichtsordnung
VwVfG	Verwaltungsverfahrensgesetz
WEU	Westeuropäische Union
WFStG	Gesetz zur Übernahme von Gewährleistungen zum Erhalt der für die Finanzstabilität in der Währungsunion erforderlichen Zahlungsfähigkeit der Hellenischen Republik (Währungsunion-Finanzstabilitätsgesetz)
WiVerw	Wirtschaft und Verwaltung – Vierteljahresbeilage zum Gewerbearchiv (Zeitschrift)
WM	Zeitschrift für Wirtschafts- und Bankrecht
WKM	Wechselkursmechanismus
WSA	Wirtschafts- und Sozialausschuss
WTO	World Trade Organization
WuW	Wirtschaft und Wettbewerb
WVK	Wiener Vertragsrechtskonvention
WWU	Wirtschafts- und Währungsunion
www	world wide web
ZaöRV	Zeitschrift für ausländisches öffentliches Recht und Völkerrecht
ZAR	Zeitschrift für Ausländerrecht und Ausländerpolitik
z. B.	zum Beispiel
ZBJI	Zusammenarbeit in den Bereichen Justiz und Inneres
ZBR	Zeitschrift für Beamtenrecht
ZESAR	Zeitschrift für europäisches Sozial- und Arbeitsrecht
ZEuP	Zeitschrift für Europäisches Privatrecht
ZEuS	Zeitschrift für Europarechtliche Studien
ZfBR	Zeitschrift für deutsches und internationales Bau- und Vergaberecht
ZfRV	Zeitschrift für Rechtsvergleichung
ZfZ	Zeitschrift für Zölle und Verbrauchsteuern
ZG	Zeitschrift für Gesetzgebung
ZGR	Zeitschrift für Unternehmens- und Gesellschaftsrecht
ZHR	Zeitschrift für das gesamte Handels- und Wirtschaftsrecht
Ziff.	Ziffer/n
ZIP	Zeitschrift für Wirtschaftsrecht
ZJS	Zeitschrift für das Juristische Studium
ZLR	Zeitschrift für das gesamte Lebensmittelrecht

ZöR	Zeitschrift für Öffentliches Recht
ZPO	Zivilprozessordnung
ZRP	Zeitschrift für Rechtspolitik
z. T.	zum Teil
zul. ber.	zuletzt berichtigt
zul. geänd.	zuletzt geändert
ZUM	Zeitschrift für Urheber- und Medienrecht
ZUR	Zeitschrift für Umweltrecht
ZWeR	Zeitschrift für Wettbewerbsrecht
z. Zt.	zur Zeit

1. Kapitel
Der Begriff des Europarechts und die Entwicklung der europäischen Einigung in Europäischer Union und Europarat

I. Zum Begriff des Europarechts

Der Begriff des Europarechts umfasst in einem weiteren Sinn das Recht einer Vielzahl europäischer internationaler Organisationen. Dieses besteht jeweils aus der Gesamtheit von Normen, welche zum einen in den Gründungsverträgen dieser Organisationen enthalten sind (Primärrecht). Zum anderen umfasst das Europarecht auch solche Normen, die erst im Rahmen der primärrechtlichen Verfahrensregeln durch die Organe dieser Organisationen erlassen werden (Sekundärrecht).

Europäische internationale Organisationen mit eigener Völkerrechtssubjektivität sind die Europäische Union (EU) sowie die Europäische Atomgemeinschaft (EAG), deren Recht das *Europarecht im engeren Sinn* bildet. Zum *Europarecht im weiteren Sinn* gehört der Europarat mit seinem Schutzsystem der Europäischen Menschenrechtskonvention (EMRK). Auch die Europäische Freihandelsassoziation (EFTA), die am 4. Januar 1960 von sieben, damals nicht den Europäischen Gemeinschaften angehörenden Staaten – Dänemark, Großbritannien, Norwegen, Österreich, Portugal, Schweden und der Schweiz – gegründet wurde, ist zum Europarecht im weiteren Sinn zu zählen. Heute gehören der EFTA Island, Norwegen, die Schweiz und Liechtenstein an, die sich 1992 – mit Ausnahme der Schweiz – mit den Europäischen Gemeinschaften und ihren Mitgliedstaaten zum Europäischen Wirtschaftsraum (EWR) zusammengeschlossen haben. Zum weiteren Kreis der europäischen internationalen Organisationen gehören auch weniger bekannte Zusammenschlüsse, wie z. B. das Internationale Zentrum für wissenschaftliche und technische Information (IZWTI) oder das Europäische Kernforschungszentrum (CERN).

II. Die Ursprünge der Europaidee

3   Der Begriff „Europa" geht auf die griechische Sage zurück, nach der Zeus – in Gestalt eines Stiers – die phönizische Königstochter Europa auf die Insel Kreta entführte. Seit der Antike verkörpert Europa eine gemeinsame und darüber hinaus einende Ideenwelt.

4   Literarisch ist die Europaidee seit dem Mittelalter zunehmend belegbar. Ihre zentrale Grundlage ist zumeist der Gedanke der Friedenssicherung. Bereits in „De recuperatione Terre Sancte" (1305–1307) entwarf der französische Jurist *Pierre Dubois* ein europäisches Friedenssystem. Auch in der Neuzeit wirkte die Vorstellung von einem europäischen Frieden in den Werken bekannter zeitgenössischer Autoren fort[1]. Besonders *Immanuel Kant* setze sich mit dem Traktat „Zum ewigen Frieden" (1795) für eine europäische, langfristig republikanisch verfasste Föderation von Staaten ein.

5   Mit zunehmendem Nationalismus kam die Europaidee bis zum Ersten Weltkrieg ins Stocken. Wieder aufgenommen wurde sie durch *Graf Richard Coudenhove-Kalergi* in seinem Werk „Pan-Europa" (1923), in dem er sich für die Schaffung eines Bundesstaates der „Vereinigten Staaten von Europa" unter Ausschluss von Großbritannien und der Sowjetunion einsetzte. Zur Verbreitung seiner Idee gründete *Graf Coudenhove-Kalergi* die Paneuropäische Union, in der sich die Außenminister Frankreichs und Deutschlands, *Aristide Briand* und *Gustav Stresemann*, engagierten. Am 7. September 1929 legte *Briand* dem Völkerbund einen Plan für eine Europäische Föderation vor, der die Einrichtung eines Ständigen Politischen Ausschusses und eines Sekretariats vorschlug. Um die Souveränität der Staaten nicht unbotmäßig zu beeinträchtigen, sollte eine Föderation staatenbündischer Zusammenarbeit gegründet werden. Der Plan scheiterte jedoch am fehlenden Willen der anderen europäischen Staaten vor dem Hintergrund der politischen und wirtschaftlichen Krisenerscheinungen in den späten zwanziger Jahren. Darüber hinaus bestanden Bedenken, neben dem Völkerbund eine politische „Konkurrenzorganisation" zu errichten.

6   Nach den verheerenden Erfahrungen des Zweiten Weltkriegs gewann die einende Europaidee erneut schnell an Boden. In seiner Züricher Rede vom 19. September 1946 beschwor *Winston Churchill* eine „Neugründung der Europäischen Völkerfamilie" in Gestalt der „Vereinigten Staaten von Europa". Großbritannien, das seine wichtigste Rolle noch im Commonwealth sah, wollte aber zunächst im Hintergrund bleiben und die ersten Schritte anderen europäischen Staaten, vor allem Frankreich, überlassen. Geprägt durch das im Kalten Krieg hervorgerufene Sicherheitsbedürfnis war die neue westeuropäische Einigungsidee auch als Gegenreaktion auf den wirtschaftlichen und weltpolitischen Nie-

---

1 *William Penn*, An Essay towards the Present and Future Peace in Europe, 1693; *John Bellers*, Some Reasons for a European State, 1710; *Abbé de Saint Pierre*, Memoire pour rendre la paix perpétuelle en Europe, 1713; *Jean Jacques Rousseau*, Projet pour la paix perpétuelle, 1760.

dergang der ehemaligen europäischen Großmächte nach dem Zweiten Weltkrieg entworfen worden. Bald erfolgten die Gründungen der Westunion (später Westeuropäische Union, WEU) am 17. März 1948, der Organisation für Europäische Wirtschaftliche Zusammenarbeit (OEEC, später Organisation für Wirtschaftliche Zusammenarbeit und Entwicklung, OECD) am 16. April 1948, des Nordatlantikpaktes (NATO) am 4. April 1949 sowie des Europarates am 5. Mai 1949, dessen Mitgliedstaaten sich dem Rechtsschutzsystem der Europäischen Menschenrechtskonvention vom 4. November 1950 angeschlossen haben (Rn. 46).

III. Entwicklung des europäischen Einigungsprozesses

Literaturhinweise: *Calliess, Ch./Ruffert, M.:* Vom Vertrag zur EU-Verfassung?, EuGRZ 2004, S. 542; *Epiney, A./Abt, M. F./Mosters, R.:* Der Vertrag von Nizza, DVBl. 2001, S. 941; *Fischer, K. H.:* Der Europäische Verfassungsvertrag, 2004; *ders.:* Der Vertrag von Lissabon, 2. Aufl. 2010; *Frau, R.:* Ist das Brexit-Abkommen zu Recht gescheitert?, EuR 2019, S. 502; *Grewe, C.:* Beitritt der EU zur EMRK und ZP 14: Wirksame Durchsetzung einer gesamteuropäischen Grundrechteverfassung?, EuR 2012, S. 285; *Görlitz, N.:* Europäischer Verfassungsvertrag und künftige EU-Kompetenzen, DÖV 2004, S. 374; *Haratsch, A.:* Der EU-Austritt Großbritanniens und die Demokratie – bloody difficult ... brexit, Hagener Online-Beiträge zu den Europäischen Verfassungswissenschaften, DTIEV-Online Nr. 1/2018; *Hatje, A.:* Die institutionelle Reform der Europäischen Union – der Vertrag von Nizza auf dem Prüfstand, EuR 2001, S. 143; *Hatje, A./Kindt, A.:* Der Vertrag von Lissabon – Europa endlich in guter Verfassung?, NJW 2008, S. 1761; *Höreth, M./Janowski, C./Kühnhardt, L. (Hrsg.):* Die Europäische Verfassung, 2006; *Hoffmann, J.:* Europäische Union quo vadis? – Ein Beitrag zur „Debatte über die Zukunft Europas", EWS 2019, S. 69; *Kenny, M.:* Der inszenierte „Brexit": Was steckt hinter den ziellos scheinenden Verhandlungen zum EU-Austritt des Vereinigten Königreichs? EuR 2018, S. 561; *Lindner, J. F.:* Der Konvent zur Zukunft Europas – Ein Überblick über die aktuelle europäische Reformagenda, BayVBl. 2002, S. 513; *ders.:* Der Vertrag von Lissabon zur Reform der Europäischen Union, BayVBl. 2008, S. 421; *Möstl, M.:* Verfassung für Europa, 2005; *Obwexer, W.:* Das Ende der Europäischen Gemeinschaft für Kohle und Stahl, EuZW 2002, S. 517; *ders.:* Der Beitritt der EU zur EMRK: Rechtsgrundlagen, Rechtsfragen und Rechtsfolgen, EuR 2012, S. 115; *Oppermann, Th.:* Vom Nizza-Vertrag 2001 zum Europäischen Verfassungskonvent 2002/2003, DVBl. 2003, S. 1; *ders.:* Eine Verfassung für die Europäische Union – Der Entwurf des Europäischen Konvents, DVBl. 2003, S. 1165, 1234; *ders.:* Die Europäische Union von Lissabon, DVBl. 2008, S. 473; *Pache, E./Rösch, F.:* Der Vertrag von Lissabon, NVwZ 2008, S. 473; *Pache, E./Schorkopf, F.:* Der Vertrag von Nizza. Institutionelle Reform zur Vorbereitung der Erweiterung, NJW 2001, S. 1377; *Pernice, I.:* Der Vertrag von Lissabon – Ende des Verfassungsprozesses der EU?, EuZW 2008, S. 65; *Sattler, A.:* Die Entwicklung der EG vom Ende der Übergangszeit bis zur Erweiterung auf zwölf Mitgliedstaaten, JöR 36 N. F. (1987), S. 365; *Schmahl, S.:* Deutschland und die europäische Integration – Grund und Grenzen der verfassungsrechtlichen Regelung unionsbezogener Fragen, BayVBl. 2012, S. 1; *Schröder, M.:* Vertikale Kompetenzverteilung und Subsidiarität im Konventsentwurf für eine europäische Verfassung, JZ 2004, S. 8; *Schwarze, J.:* Ein pragmatischer Verfassungsentwurf – Analyse und Bewertung des vom Europäischen Verfassungskonvent vorgelegten Entwurfs eines Vertrags über eine Verfassung für Europa, EuR 2003, S. 535; *ders.:* Der Reformvertrag von Lissabon – Wesentliche Elemente des Reformvertrages, EuR 2009, Beiheft 1, S. 9; *Skouris, V.:* Brexit: Rechtliche Vorgaben für den Austritt aus der EU, EuZW 2016, S. 806; *Streinz, R.:* Der Vertrag von Amsterdam – Die institutionellen Veränderungen für die Europäische Union und die Europäische Gemeinschaft, Jura 1998, S. 57; *ders.:* Der Vertrag von Amsterdam. Einführung in die Reform des Unionsvertrags von Maastricht und Bewertung der Ergebnisse, EuZW 1998, S. 137; *Streinz, R./Ohler, Ch./Herrmann, Ch.:* Die neue Verfassung für Europa, 2005; *dies.:* Der Vertrag von Lissabon zur Reform der EU, 3. Aufl. 2010; *Thiele, A.:* Der Austritt aus der EU – Hintergründe und rechtliche Rahmenbedingungen eines „Brexit", EuR 2016, S. 281; *Weber, A.:* Vom Verfassungsvertrag zum Vertrag von Lissabon, EuZW 2008, S. 7; *Wiedmann, T.:* Der Vertrag von Nizza – Genesis einer Reform, EuR 2001, S. 185.

1. Gründung, Aufbau und Krise der Europäischen Gemeinschaften

7   Am 9. Mai 1950 stellte der französische Außenminister *Robert Schuman* den von seinem Mitarbeiter *Jean Monnet* entwickelten Plan einer zunächst funktional auf Kohle und Stahl begrenzten Gemeinschaft wirtschaftlicher Integration vor. Die „Montanunion" sollte die „erste Etappe der Europäischen Föderation" sein. Der Plan sah vor, die Gesamtheit der französisch-deutschen Produktion von Kohle und Stahl unter eine gemeinsame oberste Autorität innerhalb einer Organisation zu stellen, die der Mitwirkung anderer Staaten Europas offensteht.

8   Der *Schuman-Monnet-Plan* verband Sicherheitsgarantien für Frankreich gegenüber einem wiedererstarkenden Deutschland durch Kontrolle der Schlüsselindustrien der damaligen Zeit mit einer ausbaufähigen Integrationsordnung auf partnerschaftlicher Grundlage. Er wurde von Italien, den Benelux-Staaten und Deutschland begeistert aufgenommen, während sich Großbritannien auch wegen seiner Bindungen im Commonwealth nicht beteiligte. Bereits im Juni 1950 begannen in Paris die Verhandlungen, die am 18. April 1951 zur Unterzeichnung des Vertrags über die Gründung der Europäischen Gemeinschaft für Kohle und Stahl (EGKS) mit Sitz in Luxemburg führten. Nach Ratifikation durch die Mitgliedstaaten trat der Vertrag am 23. Juli 1952 in Kraft. *Jean Monnet* wurde erster Präsident der Hohen Behörde (Kommission). Vor dem Hintergrund der Koreakrise und der von amerikanischer Seite begrüßten Wiederbewaffnung Deutschlands legte Frankreich einen Plan für eine *Europäische Verteidigungsgemeinschaft* (EVG) vor. Die Ratifikation des EVG-Vertrags scheiterte jedoch an der Ablehnung durch die französische Nationalversammlung am 30. August 1954. Weiteren Plänen zur Gründung einer umfassenden Europäischen Politischen Gemeinschaft (EPG) war damit zunächst die Grundlage entzogen.

9   Die Erfahrungen mit der funktionierenden EGKS empfahlen zunächst eine Integrationspolitik in wirtschaftlichen Bereichen und zwar durch funktional begrenzte Gemeinschaften. Auf der Außenministerkonferenz von Messina am 1./2. Juni 1955 kam man überein, zur Ausarbeitung von Vertragsentwürfen für

einen gemeinsamen Markt und eine gemeinsame Atompolitik einen Ausschuss unter der Leitung des Belgiers *Paul-Henri Spaak* einzusetzen. In seinem Abschlussbericht vom 29. Mai 1956 legte der *Spaak*-Ausschuss dar, dass es einen Gemeinsamen Markt nur geben könne, wenn die nationalen Märkte fusioniert und eine umfassende Zollunion errichtet würden. Der Bericht enthielt bereits den Vorschlag verschiedener Stufen des Gemeinsamen Marktes, um Übergangsperioden zu ermöglichen. Darüber hinaus wurden als Gemeinschaftsorgane ein Ministerrat, eine mit eigenen Rechten ausgestattete Europäische Kommission, ein Gerichtshof und eine Parlamentarische Versammlung vorgeschlagen, welche sich aus den bereits vorhandenen Organen der EGKS rekrutieren sollten. Nach einem ähnlichen Muster sollte eine Gemeinschaft zur friedlichen Nutzung der Kernenergie gegründet werden.

Eine zwischenstaatliche Konferenz unter der Leitung *Spaaks* arbeitete auf dieser Grundlage den Vertrag zur Gründung der Europäischen Wirtschaftsgemeinschaft (EWG) und den Vertrag zur Gründung der Europäischen Atomgemeinschaft (EAG; Euratom) aus. Die Verträge wurden am 25. März 1957 in Rom unterzeichnet *(„Römische Verträge")* und traten nach Ratifikation für alle Mitgliedstaaten am 1. Januar 1958 in Kraft. Während der EGKS-Vertrag die Hohe Behörde mit den Kompetenzen eines Hauptrechtsetzungsorgans ausstattete, konstruierte der EWG-Vertrag die Kommission nach den Worten ihres ersten Präsidenten *Walter Hallstein* als „Motor, Wächter und ehrlichen Makler des Vertrags". Die Endentscheidung für verbindliche Rechtsakte lag in der EWG, der späteren EG, anders als in der EGKS grundsätzlich beim Ministerrat.

Nach dem Scheitern von EVG und EPG gewann die Auffassung an Boden, wonach eine Politische Union nur durch eine konföderale, auf Zusammenarbeit und nicht auf Supranationalität ausgerichtete Organisation verwirklicht werden könne. Die Gipfelkonferenz der sechs Mitgliedstaaten der Europäischen Gemeinschaften beauftragte im Juli 1961 eine Expertenkommission, Pläne auszuarbeiten, um „der Einigung der Völker binnen kürzester Frist einen statutarischen Charakter zu geben". Eine Arbeitsgruppe der Expertenkommission legte unter Federführung des französischen Botschafters *Fouchet* im Dezember 1961 einen Plan über die Gründung einer staatenbündischen Europäischen Union vor, welche in erster Linie intergouvernemental und nicht supranational ausgerichtet werden sollte. Der *Fouchet*-Plan sah eine gemeinsame Außen- und Verteidigungspolitik sowie die Zusammenarbeit in den Bereichen Kultur und Wissenschaft vor. In der Wirtschaftspolitik sollte eine „Annäherung, Koordinierung und Vereinheitlichung" angestrebt werden, wobei das Verhältnis zu den bestehenden Gemeinschaften EWG, EGKS sowie EAG und ihren supranationalen Kompetenzen offengelassen war. Vor allem fehlte ein Bekenntnis zum bereits erreichten supranationalen Besitzstand der drei Gemeinschaften („acquis communautaire"). 1962 scheiterten sowohl der *Fouchet*-Plan als auch entsprechende Gegenentwürfe zur Gründung einer Europäischen Union, da bereits über den Verhandlungstext keine Einigkeit erzielt werden konnte.

12　Nachdem es noch mit dem Fusionsvertrag vom 8. April 1965 gelungen war, eine einheitliche Kommission und einen einheitlichen Rat der drei Gemeinschaften zu schaffen, kam es bereits Mitte 1965 zu der schwersten Krise der Gemeinschaft. Frankreich blockierte über ein halbes Jahr durch Nichtteilnahme an den Sitzungen den Ministerrat („Politik des leeren Stuhls"). Hintergrund war Frankreichs Festhalten am Einstimmigkeitsprinzip bei der Beschlussfassung im Ministerrat. Zudem gab es starke gaullistische Bestrebungen, den Handlungsspielraum der Kommission zu beschneiden, um die Position souveräner Nationalstaaten zu stärken. Die Krise wurde nach weitgehenden Konzessionen an die französischen Vorstellungen durch den „Luxemburger Kompromiss" vom 29. Januar 1966 beigelegt. Danach soll bei Beschlüssen, die vitale Interessen eines Mitgliedstaates berühren, nach einvernehmlichen Regelungen gesucht werden, eine Mehrheitsentscheidung also ausgeschlossen sein (Rn. 279).

2. Ausbau des Binnenmarktes und Anfänge der politischen Integration

13　Mit dem Rücktritt *de Gaulles* war es möglich geworden, auf der Konferenz der Staats- und Regierungschefs in Den Haag im Dezember 1969 ein Programm über die Zukunft der Gemeinschaften zu erarbeiten. Anlass für die Programmarbeit war der bevorstehende Ablauf der zwölfjährigen Übergangsphase zum 31. Dezember 1969. Danach sollten Verhandlungen mit den beitrittswilligen Staaten aufgenommen werden. Auch eine Einigung über eine neue Finanzverfassung der Europäischen Gemeinschaften mit eigenen Gemeinschaftseinnahmen, die Schaffung einer Wirtschafts- und Währungsunion, direkte Wahlen zum Europäischen Parlament sowie über die Errichtung einer Europäischen Politischen Zusammenarbeit (EPZ) schienen nun möglich. Der von den Staats- und Regierungschefs in Auftrag gegebene, am 27. Oktober 1970 von den Außenministern verabschiedete *Davignon*- (oder Luxemburger) Bericht sprach sich richtungsweisend für eine intergouvernementale Zusammenarbeit ohne supranationale Integrationsmomente im Bereich der Außenpolitik aus. Durch eine Harmonisierung der außenpolitischen Standpunkte sollte ein gemeinsames Vorgehen ermöglicht werden.

14　Die Zielsetzungen der Haager Gipfelkonferenz von 1969 wurden im Laufe der siebziger Jahre nur zum Teil verwirklicht: So wurde eine Finanzverfassung geschaffen, nach der sich die EWG durch eigene Einnahmen aus dem Gemeinsamen Zolltarif, den Agrarabschöpfungen und aus einem Anteil am Mehrwertsteueraufkommen der Mitgliedstaaten finanzierte. 1970 wurden Beitrittsverhandlungen mit Großbritannien, Irland, Dänemark und Norwegen aufgenommen, die 1973 zum Beitritt der drei erstgenannten Staaten führten; in Norwegen scheiterte der Beitritt an einem Referendum. Weniger Erfolg war dem Plan einer Wirtschafts- und Währungsunion beschieden. Trotz verschiedener Vorstöße (*Barre*-Plan 1969, *Werner*-

Plan 1970, *Jenkins*-Initiative 1977) war eine Umsetzung wegen zu großer wirtschafts- und währungspolitischer Divergenzen zwischen den Mitgliedstaaten nicht möglich. Als kleiner Ausschnitt einer Währungsunion wurde 1978 allerdings das Europäische Währungssystem (EWS) auf Initiative von *Valéry Giscard d'Estaing* und *Helmut Schmidt* (ohne Beteiligung Großbritanniens) gegründet. Das EWS führte zu stabileren Wechselkursen zwischen den Mitgliedstaaten. Damit konnten Transaktionskosten im grenzüberschreitenden Wirtschaftsverkehr gesenkt und der Binnenmarkt währungspolitisch flankiert werden.

Die im *Davignon*-Bericht vorgeschlagene Kooperation im Bereich der Außenpolitik führte zunächst zu einer intensiveren Zusammenarbeit der Außenministerien der Mitgliedstaaten. Darüber hinaus kam es zu jährlichen Gipfelkonferenzen der Staats- und Regierungschefs, auf denen Leitlinien zur Entwicklung der Gemeinschaft verabschiedet wurden. Diese Gipfelkonferenzen wurden auf Vorschlag von *Giscard d'Estaing* seit 1974 offiziell als „Europäischer Rat der Staats- und Regierungschefs" (Europäischer Rat) bezeichnet. Dieser sollte dreimal jährlich unter Beteiligung der Außenminister und des Kommissionspräsidenten tagen. Im Jahre 1976 einigte sich der Europäische Rat über die Modalitäten einer Direktwahl zum Europäischen Parlament, welche erstmals 1979 stattfand.

3. Einheitliche Europäische Akte 1986 und Vertiefung der Integration

Nachdem die Reforminitiativen zur „Vertiefung" der Europäischen Gemeinschaften, insbesondere der *Tindemans*-Bericht (1976) sowie der Bericht der „drei Weisen" *(Biesheuvel/Dell/Marjolin)* des Europäischen Parlaments (1979), zunächst ohne praktischen Erfolg geblieben waren, brachte die *Genscher-Colombo*-Initiative über eine „Europäische Akte" den Stein im November 1981 ins Rollen. Die Initiative wurde im Juni 1983 in der „Feierlichen Deklaration zur Europäischen Union" des Europäischen Rates der Staats- und Regierungschefs als Grundlage für weitere Verhandlungen angenommen. Die Deklaration nennt als eines ihrer Ziele die „Vertiefung bestehender und die Ausarbeitung neuer politischer Zielsetzungen im Rahmen der Verträge von Paris und Rom". Ihre Schlussbestimmung sieht die Prüfung der Möglichkeiten eines Vertrags über die Europäische Union vor.

Im Juni 1985 beschloss der Europäische Rat gegen die Stimmen Dänemarks, Großbritanniens und Griechenlands, das den Gemeinschaften 1981 beigetreten war, die Einberufung einer Regierungskonferenz zur Vertragsrevision. Die Arbeiten der Regierungskonferenz mündeten nach dem Beitritt Portugals und Spaniens im Jahr 1986 schließlich in eine „*Einheitliche Europäische Akte*" (EEA), die am 17. Februar 1986 unterzeichnet wurde, aber erst am 1. Juli 1987 in Kraft trat. Die EEA „vereinheitlicht" das Bündel aus Gemeinschaftspolitiken und bisher außergemeinschaftlichen Politikbereichen (wie der Außenpolitik). Mit der EEA

wurden der Europäische Rat und die EPZ vertraglich festgeschrieben. Vor allem ging von den in der EEA enthaltenen Änderungen des EWG-Vertrags die erste grundlegende Reform der Gemeinschaft aus. Die Gemeinschaftsreform erstreckte sich im Wesentlichen auf folgende Politikbereiche:
- den europäischen Binnenmarkt, in dem der freie Verkehr von Waren und Personen, Dienstleistungen und Kapital gewährleistet ist,
- die Zusammenarbeit auf dem Gebiet der Wirtschaftspolitik,
- neue Zuständigkeiten auf den Gebieten der Forschung und Technologie sowie des Umweltschutzes,
- die Sozialpolitik,
- die wirtschaftliche Entwicklung als Gemeinschaftsziel,
- die Reform der Entscheidungs- und Rechtsetzungsverfahren zur intensiveren Zusammenarbeit der EG-Organe.

18 Mit der EEA wurde der Wille zur weiteren Vertiefung der Integration bekräftigt. Im Juni 1988 beauftragte der Europäische Rat eine Arbeitsgruppe unter dem Vorsitz des Kommissionspräsidenten *Jacques Delors* mit der Prüfung einer schrittweisen Verwirklichung der Wirtschafts- und Währungsunion. Auf der Grundlage des *Delors*-Berichts vom Juni 1989 wurde das Inkrafttreten der ersten Stufe der Währungsunion zum 1. Juli 1990 beschlossen. Von dieser Terminfestlegung ging ein erheblicher Zugzwang in Richtung einer vertraglichen Konsolidierung der weiteren Stufen der Wirtschafts- und Währungsunion aus. Bereits am 27./28. Oktober 1989 wurde der Beginn der zweiten Stufe, also der Phase zur institutionellen Vorbereitung eines Europäischen Systems der Zentralbanken, auf den 1. Januar 1994 festgelegt. In Dublin wurde dann am 25./26. Juni 1990 beschlossen, neben der Regierungskonferenz über eine Wirtschafts- und Währungsunion einen parallelen Ratsgipfel zur Gründung einer umfassenden Europäischen Union einzuberufen.

19 Bereits zu dieser Zeit stellte sich mit Blick auf den Zusammenbruch der kommunistischen Systeme des Ostblocks die Frage nach einer Osterweiterung der Gemeinschaft. Durch die deutsche Wiedervereinigung wurden die Bemühungen um eine Wirtschafts- und Währungsunion, aber auch um eine Politische Union, nicht unerheblich beschleunigt, da man sich davon eine im allseitigen Interesse liegende stärkere europäische Einbindung Deutschlands versprach. Während die Eingliederung der Gebiete der ehemaligen DDR in die Europäischen Gemeinschaften ohne eine grundlegende Änderung der Gemeinschaftsverträge lediglich durch Ausnahmeregelungen möglich war, wurde nun deutlich, dass eine Osterweiterung auch zu einem Wandel des inneren Gemeinschaftsgefüges führen würde. Daher sollten weitere Beitritte erst möglich sein, nachdem man sich über die grundlegenden Integrationsschritte geeinigt hatte. So wurden mit den mittel- und osteuropäischen Beitrittsstaaten zur Heranführung an die Europäische Union zunächst nur Assoziierungsabkommen geschlossen (sog. Europa-Abkommen). In diesem Zusammenhang ist auch die Gründung des Europäischen Wirtschaftsraums (EWR) zusammen mit den EFTA-Staaten im Jahre 1992 zu

sehen (Rn. 2, 1459). Auch der EWR wurde zunächst nur als Zwischenlösung betrachtet.

4. Maastrichter Vertrag 1992

Das in Maastricht vereinbarte Vertragswerk über die Europäische Union stellt „eine neue Stufe bei der Verwirklichung einer immer engeren Union der Völker Europas" dar (vgl. ex-Art. A Abs. 2 EUV). Es enthält einerseits Bestimmungen zur intergouvernemental ausgerichteten Gemeinsamen Außen- und Sicherheitspolitik (GASP) sowie zur Zusammenarbeit in den Bereichen Justiz und Inneres (ZBJI). Andererseits inkorporiert der EU-Vertrag grundlegende Änderungsbestimmungen der drei Gemeinschaftsverträge von EG, EAG und EGKS. Die Europäische Wirtschaftsgemeinschaft (EWG) wurde zur umfassenderen Europäischen Gemeinschaft (EG). Neben dem Kernstück der im EG-Vertrag verankerten Wirtschafts- und Währungsunion (Art. 98 bis Art. 124 EGV a. F.) wurden auch eine Unionsbürgerschaft mit aktivem und passivem Kommunalwahlrecht, das Recht zur Teilnahme an der Wahl zum Europäischen Parlament im Wohnsitzstaat sowie ein europäisches Petitionsrecht eingeführt (Art. 17 bis Art. 22 EGV a. F.). 20

Der EU-Vertrag wurde am 7. Februar 1992 in Maastricht von allen damaligen Mitgliedstaaten der Europäischen Gemeinschaften unterzeichnet, infolge von Ratifikationsverzögerungen konnte er jedoch erst am 1. November 1993 in Kraft treten. So bedurfte die Ratifikation in einigen Mitgliedstaaten aufgrund ihres Verfassungsrechts eines Referendums und/oder einer Verfassungsänderung. Nachdem in Irland und Frankreich die Bevölkerungsmehrheit für den Vertrag votierte, scheiterte eine Ratifikation Dänemarks im ersten Anlauf aufgrund des negativen Ausgangs des Referendums. Erst nach einigen Zugeständnissen seitens der übrigen Mitgliedstaaten an Dänemark, vor allem im Bereich der Wirtschafts- und Währungsunion, sprachen sich die Dänen in einer zweiten Volksabstimmung für eine Ratifikation des Maastrichter Vertrags aus. Nachdem das deutsche BVerfG schließlich am 12. Oktober 1993 die Verfassungsbeschwerden gegen das deutsche Zustimmungsgesetz zurückgewiesen hatte, konnte auch Deutschland den Vertrag ratifizieren. 21

Vor der 1996 einberufenen Regierungskonferenz zur Vertragsrevision[2] traten Finnland, Österreich und Schweden mit Wirkung zum 1. Januar 1995 der Europäischen Union bei[3]. Der Beitritt Norwegens scheiterte hingegen erneut an einem Referendum. 22

Der Europäische Rat einigte sich am 15. Dezember 1995 auf dem Madrider Gipfel auf den Namen der zukünftigen europäischen Währung. Die bislang für die europäische Rechnungseinheit verwendete Bezeichnung „ECU" (European 23

---
2 Ex-Art. N Abs. 2 EUV.
3 ABl.EG 1994 Nr. C 241, S. 6.

Currency Unit) wurde durch die Bezeichnung „Euro" für die neue gemeinsame Währung abgelöst. Im Januar 1999 wurden die Umrechnungskurse der beteiligten Währungen unwiderruflich festgelegt; die Ausgabe der neuen Geldscheine und Münzen erfolgte im Januar 2002.

5. Amsterdamer Vertrag 1997

24 Der *Vertrag von Amsterdam* wurde vom Europäischen Rat im Juni 1997 als Ergebnis der in ex-Art. N Abs. 2 EUV vorgesehenen Regierungskonferenz zur Überarbeitung des Maastrichter Vertrags als Entwurf verabschiedet und am 2. Oktober 1997 unterzeichnet[4]. Er trat am 1. Mai 1999 in Kraft, nachdem in allen Unionsstaaten gemäß ihren verfassungsrechtlichen Vorschriften die *innerstaatlichen Ratifikationsverfahren* (vgl. Art. 23 GG, Art. 59 Abs. 2 GG für die Ratifikation in Deutschland) erfolgreich abgeschlossen worden waren. In Irland und Dänemark musste dazu eine Volksabstimmung durchgeführt werden. In Frankreich war eine Verfassungsänderung erforderlich, wodurch die Ratifikation des Vertrags verzögert wurde.

25 Der Vertrag von Amsterdam enthält keine grundsätzlichen Änderungen der Maastrichter Unionsarchitektur. Allerdings erhielt die Europäische Gemeinschaft zusätzliche Kompetenzen im Bereich der Innenpolitik, indem ein neuer Titel IV in den EG-Vertrag eingefügt wurde („Visa, Asyl, Einwanderung und andere Politiken betreffend den freien Personenverkehr"). Die Vetomöglichkeiten und damit die Einflussnahme des Europäischen Parlaments in der Gemeinschaftsgesetzgebung wurden durch eine Ausweitung des Mitentscheidungsverfahrens (vgl. Art. 251 EGV a. F.) auf weitere EG-Rechtsetzungsmaterien erweitert. In einem neuen Titel VII sieht der Amsterdamer Unionsvertrag „Bestimmungen über eine verstärkte Zusammenarbeit" vor (Art. 43 bis Art. 45 EUV a. F.). Diese erlauben es einem kleineren Kreis von Unionsstaaten, aufgrund flexibler Entscheidungsmechanismen in der Integration weiter voranzuschreiten. Schließlich nahm der Amsterdamer Vertrag eine rechtsverbindliche Neunummerierung in der Artikelzählung des EU-Vertrags sowie des EG-Vertrags vor; inzwischen obsolete Übergangsvorschriften des EG-Vertrags wurden gestrichen.

6. Vertrag von Nizza 2001

26 Am 1. Februar 2003 ist der *Vertrag von Nizza* in Kraft getreten[5]. Dieser Vertrag hob das Amsterdamer Protokoll über die Organe im Hinblick auf die Erweiterung der Europäischen Union auf und nahm die Änderungen des EU- und des EG-Vertrags vor, die sich im Hinblick auf die damals anstehende Erweiterung als

---

4 ABl.EG 1997 Nr. C 340, S. 1.
5 ABl.EG 2001 Nr. C 80, S. 1; ABl.EG 2003 Nr. C 24, S. 11.

notwendig erwiesen hatten. Institutionelle Fragen standen daher bei der Vertragsgestaltung im Vordergrund. Neu geregelt wurden insbesondere die Zusammensetzung von Rat, Kommission und Parlament. Auch das gemeinschaftliche Rechtsschutzsystem durch den Europäischen Gerichtshof und das Europäische Gericht erster Instanz erfuhr eine Reform. So soll etwa das Gericht erster Instanz auch in besonderen Sachgebieten für Vorabentscheidungen zuständig sein können. Weiterhin kann der Rat mit gerichtlichen Kammern, die für bestimmte Gruppen von Klagen im ersten Rechtszug zuständig sein sollen, eine dritte Stufe der gemeinschaftlichen Gerichtsbarkeit schaffen. Auch wurde ein weiteres Mal der Anwendungsbereich des Mitentscheidungsverfahrens ausgedehnt sowie die Möglichkeiten der Entscheidung mit qualifizierter Mehrheit im Rat. Darüber hinaus wurden die Bestimmungen über die Verstärkte Zusammenarbeit ergänzt und neu gefasst. Insbesondere wurde die Möglichkeit einer Verstärkten Zusammenarbeit auch auf den Bereich der GASP ausgedehnt

Nachdem die in Irland für die Ratifikation erforderliche Volksabstimmung im Juni 2001 noch eine Ablehnung des Vertrags von Nizza erbracht hatte, hat die irische Bevölkerung in einem zweiten Referendum dem Vertrag im Oktober 2002 mehrheitlich zugestimmt. Nach der Ratifikation durch Irland und der Hinterlegung der irischen Ratifikationsurkunde ist der Vertrag von Nizza gemäß seinem Art. 12 Abs. 2 am 1. Februar 2003 in Kraft getreten[6].

7. Auflösung der EGKS 2002

Während die Verträge zur Europäischen Union (Art. 51 EUV a. F.), zur Europäischen Gemeinschaft (Art. 312 EGV a. F.) und zur Europäischen Atomgemeinschaft (Art. 208 EAGV) auf unbegrenzte Zeit gelten sollten, war der auf eine *Geltungsdauer von 50 Jahren* angelegte Gründungsvertrag der EGKS (Art. 97 EGKSV) am 23. Juli 2002 abgelaufen. Ein dem Vertrag von Nizza beigefügtes Protokoll zum EG-Vertrag über die finanziellen Folgen des Ablaufs der Geltungsdauer des EGKS-Vertrags und über die Errichtung und Verwaltung des Forschungsfonds für Kohle und Stahl[7] sieht vor, dass das gesamte Vermögen und alle Verbindlichkeiten der EGKS auf die Europäische Gemeinschaft übergehen. Das EGKS-Protokoll von Nizza bestimmt, dass der Nettowert dieses Vermögens und dieser Verbindlichkeiten als Vermögen für Forschung in Sektoren gilt, die die Kohle- und Stahlindustrie betreffen, und die Bezeichnung „EGKS in Abwicklung" erhält. Nach Abschluss der Abwicklung wird dieses Vermögen als „Vermögen des Forschungsfonds für Kohle und Stahl" bezeichnet.

Da der Vertrag von Nizza erst nach dem Ablauf der Geltungsdauer des EGKS-Vertrags in Kraft getreten ist, traf der Beschluss 2002/234/EGKS der im Rat vereinigten Vertreter der Regierungen der Mitgliedstaaten vom 27. Februar

---

6 ABl.EG 2003 Nr. C 24, S. 11.
7 ABl.EG 2001 Nr. C 80, S. 67.

2002 eine Übergangslösung⁸. Das EGKS-Vermögen, das mit Ablauf des EGKS-Vertrags an die Mitgliedstaaten zurückgefallen war, wurde danach einstweilen von der Kommission verwaltet.

8. Erweiterung der Europäischen Union

30 Bereits im Juni 1993 hatte der Europäische Rat von Kopenhagen den mittel- und osteuropäischen Nachbarstaaten einen EU-Beitritt unter bestimmten politischen und wirtschaftlichen Voraussetzungen in Aussicht gestellt. Dem Vorschlag der Europäischen Kommission in ihrer *Agenda 2000* vom 15. Juli 1997 folgend, wurden die Beitrittsverhandlungen am 31. März 1998 zunächst mit Polen, Ungarn, der Tschechischen Republik, Slowenien, Estland und Zypern aufgenommen. Der Europäische Rat beschloss im Dezember 1999, die Beitrittsverhandlungen mit Bulgarien, der Slowakei, Lettland, Litauen, Rumänien und Malta im Februar 2000 aufzunehmen. Nach Abschluss der Beitrittsverhandlungen mit zehn Staaten ist das Beitrittsabkommen am 16. April 2003 unterzeichnet worden⁹. Zum 1. Mai 2004 wurden Estland, Lettland, Litauen, Malta, Polen, die Slowakei, Slowenien, Tschechien, Ungarn und Zypern als neue Mitglieder in die Europäische Union aufgenommen. Das Beitrittsabkommen mit Bulgarien und Rumänien ist am 25. April 2005 unterzeichnet worden¹⁰. Beide Staaten sind der Europäischen Union zum 1. Januar 2007 beigetreten. Nachdem mit Kroatien im Juni 2011 die Beitrittsverhandlungen abgeschlossen waren, ist das Beitrittsabkommen am 9. Dezember 2011 unterzeichnet worden¹¹. Der Beitritt Kroatiens ist am 1. Juli 2013 erfolgt. Die Europäische Union bestand damit – bis zum Austritt Großbritanniens – aus 28 Mitgliedstaaten.

31 Mit Albanien, Bosnien und Herzegowina, der ehemaligen jugoslawischen Republik Mazedonien sowie Serbien und Montenegro einschließlich des Kosovo hat der Europäische Rat im Juni 2003 weiteren westlichen Balkanstaaten eine EU-Mitgliedschaft in Aussicht gestellt. Seit 2004 bestehen mit diesen Staaten *Europäische Partnerschaften*¹². Der Europäische Rat hat im Dezember 2005 außerdem der ehemaligen jugoslawischen Republik Mazedonien den Status eines Beitrittskandidaten zuerkannt. Im Oktober 2009 hat die Kommission die Eröffnung der Beitrittsverhandlungen mit der ehemaligen jugoslawischen Republik Maze-

---

8 ABl.EG 2002 Nr. L 79, S. 42; ber. ABl.EG 2002 Nr. L 196, S. 64.
9 ABl.EU 2003 Nr. L 236, S. 17.
10 ABl.EU 2005 Nr. L 157, S. 11.
11 ABl.EU 2012 Nr. L 112, S. 6.
12 Verordnung (EG) Nr. 533/2004, ABl.EU 2004 Nr. L 86, S. 1; vgl. auch die Beschlüsse ABl. EU 2004 Nr. L 223, S. 20; ABl.EU 2006 Nr. L 35, S. 1; ABl.EU 2008 Nr. L 80, S. 1 (Albanien); ABl.EU 2004 Nr. L 221, S. 10; ABl.EU 2006 Nr. L 35, S. 19; ABl.EU 2008 Nr. L 80, S. 18 (Bosnien und Herzegowina); ABl.EU 2004 Nr. L 222, S. 20; ABl.EU 2006 Nr. L 35, S. 57 (ehemalige jugoslawische Republik Mazedonien); ABl.EU 2004 Nr. L 227, S. 21; ABl.EU 2006 Nr. L 35, S. 32; ABl.EU 2008 Nr. L 80, S. 46 (Serbien und Montenegro einschließlich des Kosovo).

donien empfohlen, und diese Empfehlung wurde in den folgenden Jahren wiederholt. Im Februar 2019 hat sich Mazedonien in Republik Nordmazedonien umbenannt, um einen Namensstreit mit Griechenland beizulegen. Griechenland, in dessen Norden die griechische Region Makedonien liegt, hat sich im Gegenzug bereit erklärt, seinen Widerstand gegen die Aufnahme von Beitrittsverhandlungen von Nordmazedonien mit der Europäischen Union aufzugeben. Gleichwohl konnte sich der Europäische Rat im Oktober 2019 aufgrund französischen Widerstands nicht auf die Aufnahme von Beitrittsverhandlungen mit Nordmazedonien verständigen[13]. Beitrittsverhandlungen mit Montenegro haben im Juni 2013 begonnen. Seit Januar 2014 wird zudem mit Serbien verhandelt, das Ende 2009 einen Beitrittsantrag gestellt hatte. Bosnien und Herzegowina hat seinen Beitrittsantrag am 15. Februar 2016 eingereicht. Albanien hat seit Juni 2014 den Status eines Beitrittskandidaten. Wie im Fall Nordmazedoniens hat sich der Europäische Rat im Oktober 2019 aber ebenfalls nicht auf die Aufnahme von Beitrittsverhandlungen mit Albanien einigen können.

Nach schwierigen Verhandlungen hat der Europäische Rat im Dezember 1999 die Türkei in den Status eines Beitrittskandidaten erhoben. Mit der Türkei hat die EU am 3. Oktober 2005 Beitrittsverhandlungen aufgenommen und im Januar 2006 eine *Beitrittspartnerschaft* beschlossen[14]. Nach einem gescheiterten Putschversuch in der Türkei im Juni 2016 hat sich die innerstaatliche Lage im Hinblick auf rechtsstaatliche Garantien und die Menschenrechte in der Türkei dramatisch verschlechtert. Das Europäische Parlament hat mit Blick hierauf in einer Entschließung vom 6. Juli 2017 eine Aussetzung der Beitrittsverhandlungen gefordert[15]. Vor dem Hintergrund der weltweiten Finanzkrise, die Island in besonders schwerer Weise betroffen hatte, wurde auch über dessen raschen Beitritt zur Europäischen Union diskutiert. Island hatte sein EU-Beitrittsgesuch am 23. Juli 2009 in Stockholm offiziell der schwedischen Ratspräsidentschaft übergeben. Am 27. Juli 2010 waren die Beitrittsverhandlungen offiziell eröffnet worden. Nach Parlamentswahlen und einem Regierungswechsel im Jahr 2013 hat die isländische Regierung ihren Beitrittsantrag im März 2015 jedoch wieder zurückgezogen.

9. Vertrag über eine Verfassung für Europa 2004

Der Europäische Rat von Laeken hatte im Dezember 2001 in der *„Erklärung von Laeken zur Zukunft der Europäischen Union"*[16] die Einsetzung des „Konvents zur Zukunft Europas" unter dem Vorsitz des ehemaligen französischen

---

13 Schlussfolgerungen des Europäischen Rates v. 17./18.10.2019, EUCO 23/19 CO EUR 22 CONCL 7, Ziff. 5.
14 ABl.EU 2006 Nr. L 22, S. 34; ABl.EU 2008 Nr. L 51, S. 4.
15 Entschließung des Europäischen Parlaments v. 6.7.2017 zu dem Bericht 2016 der Kommission über die Türkei (2016/2308(INI)), P8_TA-PROV (2017) 0306.
16 EuGRZ 2002, S. 662.

Staatspräsidenten *Valéry Giscard d'Estaing* beschlossen und den Konvent mit der Ausarbeitung eines Entwurfs eines Europäischen Verfassungsvertrags beauftragt. Angestrebt waren dabei eine Weiterentwicklung der Europäischen Union bei gleichzeitiger Vereinfachung der Verträge, eine klarere Kompetenzabgrenzung zwischen der Europäischen Union, den Europäischen Gemeinschaften und den Mitgliedstaaten sowie eine Stärkung von Demokratie und Transparenz auf europäischer Ebene. Der Konvent diskutierte unter Beteiligung einer breiten Öffentlichkeit weitgehende Reformen und legte im Juli 2003 den daraus hervorgegangenen Entwurf eines „Vertrags über eine Verfassung für Europa" vor. Nach umfangreichen Änderungen, die das Ergebnis intensiver Verhandlungen der Regierungskonferenz darstellen, wurde der Entwurf am 29. Oktober 2004 von den Staats- und Regierungschefs der Mitgliedstaaten in Rom unterzeichnet[17]. Der Vertrag sollte, die Ratifikation durch alle Mitgliedstaaten vorausgesetzt, am 1. November 2006 in Kraft treten. Nachdem der Verfassungsvertrag in Referenden in Frankreich am 29. Mai 2005 und in den Niederlanden am 1. Juni 2005 abgelehnt worden ist, ist der Ratifikationsprozess allerdings gescheitert. Nach einer Reflexionsphase, die als Zeit für Dialog und Kommunikation genutzt werden sollte, ist die Verfassungsidee vorerst aufgegeben worden. Wesentliche Inhalte des Verfassungsvertrags sind jedoch in den am 13. Dezember 2007 unterzeichneten Reformvertrag von Lissabon übernommen worden.

10. Vertrag von Lissabon 2007

34 Nachdem absehbar war, dass der Ratifikationsprozess des Verfassungsvertrags nicht erfolgreich durchlaufen werden konnte, beschloss der Europäische Rat im Juni 2007 die Einberufung einer Regierungskonferenz und erteilte dieser ein Mandat zur Ausarbeitung eines Vertragsentwurfs für einen Reformvertrag, der an die Stelle des gescheiterten Verfassungsvertrags treten sollte. Das unter der deutschen Ratspräsidentschaft erarbeitete, sehr detaillierte Mandat beließ der Regierungskonferenz nur wenig inhaltlichen Spielraum, so dass die Staats- und Regierungschefs der Mitgliedstaaten der Europäischen Union auf ihrem Lissabonner Treffen vom 18. und 19. Oktober 2007 bereits einen entsprechenden -Vertragstext verabschieden konnten. Die Unterzeichnung des Reformvertrags erfolgte am 13. Dezember 2007 ebenfalls in Lissabon[18]. Der Reformvertrag sollte nach Ratifikation durch alle Mitgliedstaaten am 1. Januar 2009 in Kraft treten.

35 Nachdem ein erstes Referendum in Irland über eine die Ratifikation des Reformvertrags ermöglichende Verfassungsänderung am 12. Juni 2008 einen negativen Ausgang hatte, sprachen sich die Iren in einem zweiten Referendum am 2. Oktober 2009 für eine Verfassungsänderung aus. Der Europäische Rat war Irland zuvor in mehreren Punkten entgegengekommen. So wurde klargestellt,

---

17 ABl.EU 2004 Nr. C 310, S. 1.
18 ABl.EU 2007 Nr. C 306, S. 1.

dass der Reformvertrag keine Änderung in Bezug auf den Umfang und die Ausübung der Zuständigkeiten der Union im Bereich der Steuerpolitik bewirken wird, dass die Neutralitätspolitik Irlands unberührt bleiben wird und dass – nicht zuletzt mit Blick auf das irische Abtreibungsverbot – die Bestimmungen der irischen Verfassung betreffend das Recht auf Leben, die Bildung und die Familie weder von der Europäischen Grundrechte-Charta noch von den Bestimmungen über die Justiz- und Innenpolitik berührt werden. Zudem wurde der irischen Seite bestätigt, dass den Arbeitnehmerrechten künftig hohe Bedeutung beigemessen wird. Wichtigstes Zugeständnis ist sicherlich, dass Irland auch künftig ein Kommissionsmitglied stellen soll. Dies sollte dadurch erreicht werden, dass der Europäische Rat nach Inkrafttreten des Vertrags von Lissabon einen Beschluss fassen sollte, wonach weiterhin ein Staatsangehöriger jedes Mitgliedstaats der Kommission angehören wird (vgl. Rn. 286).

Deutschland hat den Vertrag am 25. September 2009 ratifiziert. Zuvor hatte das BVerfG im sogenannten *Lissabon*-Urteil[19] zwar die Vereinbarkeit des Vertrages mit dem Grundgesetz festgestellt, allerdings ebenfalls entschieden, dass das Begleitgesetz über die Ausweitung und Stärkung der Rechte des Bundestags und des Bundesrats in Angelegenheiten der Europäischen Union gegen Verfassungsrecht verstößt. Nachdem die Vorgaben des BVerfG Anfang September 2009 in neuen Begleitgesetzen umgesetzt wurden, hat der Bundespräsident die Ratifikationsurkunde am 25. September unterzeichnet. Noch am selben Tag wurde die Urkunde bei der Regierung der Italienischen Republik, dem Depositar der Union, hinterlegt. Als letzter Mitgliedstaat hat Tschechien den Vertrag von Lissabon am 3. November 2009 ratifiziert, nachdem der Europäische Rat auf seinem Gipfeltreffen am 29./30. Oktober 2009 in Brüssel eine Ausnahmeregelung beschlossen hatte, wonach die im Vertrag enthaltene Grundrechte-Charta keine Rechtsgrundlage für mögliche Klagen gegen die sogenannten *Benes*-Dekrete von 1945 ist.

Da das Scheitern des Verfassungsvertrags nicht zuletzt darauf zurückzuführen ist, dass in Teilen der Bevölkerung einiger Mitgliedstaaten Befürchtungen bestanden, die Europäische Union werde sich mit einer Verfassung, mit der Betonung eigener Symbole (Hymne, Flagge etc.), mit einem eigenen Außenminister und mit als Gesetzen bezeichneten Rechtsakten zu einem zentralistischen und quasistaatlichen Gebilde entwickeln, wurde dieses formelle Verfassungskonzept im Vertrag von Lissabon aufgegeben. Auch die Streichung der noch im Verfassungsvertrag vorhandenen ausdrücklichen Bestimmung über den Vorrang des Unionsrechts vor innerstaatlichem Recht zielt in die gleiche Richtung. Der Vertrag von Lissabon ist jedoch vielfach nur formal von der staatsähnlichen Terminologie des Verfassungsvertrags abgerückt. Materiell ist dessen Substanz im Vertrag von Lissabon weitgehend erhalten geblieben.

---

19 BVerfGE 123, 267 – *Lissabon*.

38 Der *Vertrag von Lissabon zur Änderung des Vertrags über die Europäische Union und des Vertrags zur Gründung der Europäischen Gemeinschaft* ist am 1. Dezember 2009 in Kraft getreten. Der Vertrag hat zahlreiche Änderungen des EU- und des EG-Vertrags vorgenommen. Anders als noch im Verfassungsvertrag vorgesehen, sind die Verträge jedoch nicht in einem einzigen Dokument zusammengefasst worden. Während der EU-Vertrag zwar grundlegend neu strukturiert worden ist, ist die Grundstruktur des EG-Vertrags, der in *Vertrag über die Arbeitsweise der Europäischen Union* (AEU-Vertrag) umbenannt worden ist[20], im Wesentlichen erhalten geblieben. Die bisherige Tempelkonstruktion[21], nach der der EU-Vertrag das Dach über den drei Säulen (Europäische Gemeinschaften, GASP, PJZS) gebildet hatte (Art. 1 EUV a. F.), ist aufgegeben worden. Eine einheitliche und rechtsfähige Europäische Union ist an die Stelle der aufgelösten Europäischen Gemeinschaft getreten (Art. 1 Abs. 3 Satz 3, Art. 47 EUV). Die Union ist im Rahmen ihrer Zuständigkeiten nunmehr selbst Trägerin völkerrechtlicher Rechte und Adressatin völkerrechtlicher Pflichten. Die Europäische Atomgemeinschaft bleibt neben der Europäischen Union als eigenständige supranationale Gemeinschaft erhalten.

39 Zu den wichtigsten institutionellen Neuerungen durch den Vertrag von Lissabon zählen die Einführung eines gewählten Präsidenten des Europäischen Rates (Art. 15 Abs. 2, Abs. 5 EUV), die Aufnahme des Europäischen Rates in den Kreis der Organe der Union (Art. 13 Abs. 1 EUV), die Stärkung des Europäischen Parlaments durch das Recht, den Präsidenten der Kommission zu wählen (Art. 14 Abs. 1 Satz 3 EUV), sowie die Neuordnung der Abstimmungsmechanismen im Rat der Europäischen Union (Art. 16 EUV). Weitere wesentliche Neuerungen betreffen den Grundrechtsschutz in der Union und den Beitritt der Union zur EMRK (Art. 6 Abs. 2 EUV), wobei dieser Beitritt die Kompetenzverteilung zwischen Union und Mitgliedstaaten unberührt lassen soll. Die nur geringfügig veränderte Grundrechte-Charta wird rechtlich gleichrangig neben die die Union begründenden Verträge gestellt und damit auf die Ebene von primärem Unionsrecht gehoben (Art. 6 Abs. 1 UAbs. 1 Hs. 2 EUV).

11. Austritt Großbritanniens

40 Angesichts der Wahlerfolge der europaskeptischen UK Independence Party (UKIP) und schlechter Umfragewerte für seine eigene Partei kündigte im Januar 2013 der damalige Premierminister *David Cameron* an, er werde, sofern er im Jahr 2015 wiedergewählt werde und nachdem er mit seinen europäischen Partnern über eine Reform der Europäischen Union im Sinne Großbritanniens verhandelt habe, spätestens im Jahr 2017 ein Referendum über den Verbleib seines Landes in der Europäischen Union abhalten lassen. Eine der zentralen Forderun-

---
20 Art. 2 Nr. 1 des Vertrags von Lissabon.
21 Vgl. dazu die 6. Aufl., Rn. 72 ff.

gen der britischen Regierung bei den Reformverhandlungen war es, den Zustrom von Arbeitnehmern aus anderen EU-Mitgliedstaaten zu bremsen. Das vom Europäischen Rat vom 18./19. Februar 2016 verabschiedete „New Settlement for the United Kingdom within the European Union"[22] sah diesbezüglich Änderungen des Unionssekundärrechts vor. Danach sollte ein Mitgliedstaat der Kommission und dem Rat mitteilen, wenn ein außergewöhnlich großer Zustrom von Arbeitnehmern zu verzeichnen ist, der aufgrund seines Ausmaßes wichtige Aspekte seines Systems der sozialen Sicherheit beeinträchtigt oder erhebliche und voraussichtlich anhaltende Schwierigkeiten auf seinem Arbeitsmarkt verursacht oder dazu führt, dass das ordnungsgemäße Funktionieren seiner öffentlichen Dienste übermäßigen Belastungen ausgesetzt ist. Auf Grundlage eines Kommissionsvorschlags sollte es dem Rat dann möglich sein, den betreffenden Mitgliedstaat zu ermächtigen, den Zugang von neu hinzukommenden Arbeitnehmern aus der EU zu nicht durch Beiträge finanzierten Lohnergänzungsleistungen für einen Zeitraum von bis zu insgesamt vier Jahren ab Aufnahme der Beschäftigung zu beschränken.

Trotz dieses Entgegenkommens stimmten im Referendum vom 23. Juni 2016 51,89 % der Briten für einen „Brexit", also den Austritt Großbritanniens aus der Europäischen Union. Am 29. März 2017 hat die britische Regierung das Austrittsgesuch gemäß Art. 50 Abs. 2 Satz 1 EUV dem Europäischen Rat übergeben[23]. Zugleich hat Großbritannien auch den Austritt aus der Europäischen Atomgemeinschaft gemäß Art. 106a Abs. 1 EAGV i.V. m. Art. 50 Abs. 2 Satz 2 EUV beantragt. Damit wäre der Austritt gemäß Art. 50 Abs. 3 EUV zwei Jahre nach Abgabe der Austrittserklärung, also am 29. März 2019 erfolgt.

Die seit dem 19. Juni 2017 zwischen der Union und dem Vereinigten Königreich geführten Verhandlungen über das Austrittsabkommen gemäß Art. 50 Abs. 2 Satz 2 EUV sind im November 2018 in ein Austrittsabkommen gemündet[24]. Da das Austrittsabkommen lediglich die Modalitäten des Austritts regelt, aber keine wesentlichen Aussagen über die künftigen Rechtsbeziehungen der Vertragsparteien enthält, ist ihm eine „Politische Erklärung zur Festlegung des Rahmens für die künftigen Beziehungen zwischen der Europäischen Union und dem Vereinigten Königreich" beigefügt worden[25]. Da die Ratifikation des Austrittsabkommens im britischen Unterhaus zunächst trotz mehrfacher Anläufe gescheitert war, war die Zweijahresfrist gemäß Art. 50 Abs. 3 EUV mehrfach einvernehmlich verlängert worden, zuletzt bis zum 31. Januar 2020[26], um einen

---

22 ABl.EU 2016 Nr. C 69 I, S. 1.
23 Siehe den Brief der britischen Premierministerin *Theresa May* an den Präsidenten des Europäischen Rates *Donald Tusk,* mit dem der Austritt notifiziert wird: http://www.consilium.europa.eu/media/24079/070329_uk_letter_tusk_art50.pdf.
24 ABl.EU 2019 Nr. C 66 I, S. 1.
25 ABl.EU 2019 Nr. C 66 I, S. 185.
26 Beschluss des Europäischen Rates, im Einvernehmen mit dem Vereinigten Königreich gefasst, zur Verlängerung der Frist nach Art. 50 Abs. 3 EUV v. 29.10.2019, ABl.EU 2019 Nr. L 278 I, S. 1.

ungeregelten Austritt, einen sogenannten „No-deal Brexit", zu verhindern. Als Hindernis für eine Ratifikation durch das Vereinigte Königreich erwies sich vor allem das dem Austrittsabkommen beigefügte Protokoll zu Irland/Nordirland[27]. Die dort enthaltene sogenannte „Backstop"-Regelung sollte eine offene Grenze ohne Grenzkontrollen zwischen der Republik Irland und Nordirland gewährleisten, um ein Wiederaufflammen des Nordirland-Konflikts zu verhindern. Das Protokoll sah daher vor, dass das Vereinigte Königreich und Nordirland auch nach dem Austritt aus der Europäischen Union der Europäischen Zollunion angehören sollten, bis eine endgültige Übereinkunft zwischen der Union und dem Vereinigten Königreich im Hinblick auf Nordirland getroffen sein würde. Beide Seiten sollten sich nach Kräften bemühen, eine solche Übereinkunft zu erreichen. Die britische Befürchtung war, dass mit diesem „Backstop" Großbritannien auf unbestimmte Zeit in der Zollunion „gefangen" sein könnte, was den Abschluss eigener Handelsabkommen des Vereinigten Königreichs unmöglich machen würde. Am 17. Oktober 2019 führten Nachverhandlungen zu einer Revision des Irland/Nordirland-Protokolls[28] und einer entsprechenden Anpassung des Austrittsabkommens[29]. Danach bleibt Nordirland Teil des britischen Zollgebiets. Gleichzeitig finden alle relevanten Binnenmarktregeln der Europäischen Union sowie der EU-Zollkodex in Nordirland Anwendung. Dazu notwendige Kontrollen und Erhebungen der Zölle finden allerdings nicht zwischen Irland und Nordirland statt, sondern an den Eingangspunkten der irischen Insel in Nordirland. Nachdem alle Seiten das geänderte Austrittsabkommen, das am 24. Januar 2020 unterzeichnet worden ist[30], ratifiziert haben[31], ist Großbritannien mit Ablauf des 31. Januar 2020 aus der Europäischen Union ausgeschieden. Das Austrittsabkommen ist am 1. Februar 2020 in Kraft getreten[32]. Auch nach dem Austritt gelten weite Teile des materiellen Unionsrechts für das Vereinigte Königreich gemäß Art. 126 i.V. m. Art. 127 Abs. 1 des Austrittsabkommens während eines Übergangszeitraums bis zum 31. Dezember 2020 weiter. Innerhalb dieser Frist soll ein Abkommen über die künftigen Beziehungen zwischen Großbritannien und der Union abgeschlossen werden. Ob dies gelingt, ist fraglich.

---

27 ABl.EU 2019 Nr. C 66 I, S. 85.
28 ABl.EU 2019 Nr. C 384 I, S. 92; Protokoll zu Irland/Nordirland, ABl.EU 2020 Nr. L 29, S. 102.
29 ABl.EU 2019 Nr. C 384 I, S. 1.
30 Abkommen v. 24.1.2020 über den Austritt des Vereinigten Königreichs Großbritannien und Nordirland aus der Europäischen Union und der Europäischen Atomgemeinschaft, ABl.EU 2020 Nr. L 29, S. 7.
31 Vgl. Beschluss (EU) 2020/135 des Rates v. 30.1.2020 über den Abschluss des Abkommens über den Austritt des Vereinigten Königreichs Großbritannien und Nordirland aus der Europäischen Union und der Europäischen Atomgemeinschaft, ABl.EU 2020 Nr. L 29, S. 1.
32 ABl.EU 2020 Nr. L 29, S. 189.

IV. Europarat und europäischer Menschenrechtsschutz

Literaturhinweise: *Brinkmeier, F.:* Die Entstehungsgeschichte der Europäischen Menschenrechtskonvention – Bedeutung für den europäischen Einigungsprozess, Menschen-RechtsMagazin, Themenheft „50 Jahre Europäische Menschenrechtskonvention" 2000, S. 21; *Frowein, J. Abr./Peukert, W.:* Europäische Menschenrechtskonvention, 3. Aufl. 2009; *Grabenwarter, Ch./Pabel, K.:* Europäische Menschenrechtskonvention, 6. Aufl. 2016; *Gundel, J.:* Erste Erfahrungen mit der neuen Gutachtenvorlage zum EGMR nach dem Protokoll Nr. 16 zur EMRK, EuR 2019, S. 421; *Gusy, Ch.:* Wirkungen der Rechtsprechung des Europäischen Gerichtshofes für Menschenrechte in Deutschland, JA 2009, S. 406; *Kadelbach, S.:* Der Status der Europäischen Menschenrechtskonvention im deutschen Recht, Jura 2005, S. 480; *Keller, H./Bertschi, M.:* Erfolgspotenzial des 14. Zusatzprotokolls zur EMRK, EuGRZ 2005, S. 204; *Keller, M.:* Straßburg – 50 Jahre danach: Rechtsschutzeffektivität trotz Beschwerdeflut? Wie sich der EGMR neuen Herausforderungen stellt, EuGRZ 2008, S. 359; *Klein, E.:* 50 Jahre Europarat, AVR 39 (2001), S. 121; *Krüger, H. Ch.:* Der Europarat im 21. Jahrhundert, ZEuS 1999, S. 367; *Meyer-Ladewig, J.:* Ein neuer ständiger Europäischer Gerichtshof für Menschenrechte, NJW 1995, S. 2813; *ders./Nettesheim, M./v. Raumer, S. (Hrsg.):* Europäische Menschenrechtskonvention. Handkommentar, 4. Aufl. 2017; *Papier, H.-J.:* Umsetzung und Wirkung der Entscheidungen des Europäischen Gerichtshofes für Menschenrechte aus der Perspektive der nationalen deutschen Gerichte, EuGRZ 2006, S. 1; *Partsch, K. J.:* Die Entstehung der Europäischen Menschenrechtskonvention, ZaöRV 15 (1954), S. 631; *Peters, A./Altwicker, T.:* Europäische Menschenrechtskonvention, 2. Aufl. 2012; *Polakiewicz, J.:* Der Abkommensentwurf über den Beitritt der Europäischen Union zur Europäischen Menschenrechtskonvention, EuGRZ 2013, S. 472; *Ruffert, M.:* Die Europäische Menschenrechtskonvention und innerstaatliches Recht, EuGRZ 2007, S. 245; *Schmaltz, Ch.:* Die Große Kammer des Europäischen Gerichtshofs für Menschenrechte – eine Annäherung an Abgabe- und Verweisungspraxis, EuGRZ 2012, S. 606; *Siess-Scherz, I.:* Bestandsaufnahme: Der EGMR nach der Erweiterung des Europarates, EuGRZ 2003, S. 100.

1. Funktionsweise und Ziele des Europarates

Der Europarat wurde am 5. Mai 1949 mit Sitz in Straßburg gegründet und stellt eine internationale Organisation der demokratischen Staaten Europas dar. Entstanden ist der Europarat aus den Bemühungen, den europäischen Einigungsprozess voranzutreiben und den Frieden in Europa zu sichern. Der Europarat ist eine von der Europäischen Union völlig unabhängige, intergouvernemental strukturierte Organisation. Er ist daher streng vom „Europäischen Rat" (Art. 15 EUV, Rn. 256 ff.), dem „Rat" der Europäischen Union (Art. 7 Abs. 1, Art. 16 EUV, Rn. 265 ff.) und den „im Rat vereinigten Vertretern der Regierungen der Mitgliedstaaten" (Rn. 265), allesamt Institutionen des Unionsrechts und damit des Europarechts i. e. S. (Rn. 2), zu unterscheiden. Als bislang letzte Staaten wurden Monaco am 5. Oktober 2004 und Montenegro am 11. Mai 2007 in den Europarat aufgenommen. Seitdem hat der Europarat 47 Mitglieder und umfasst die westeuropäischen Staaten sowie im Gefolge der revolutionären

Entwicklung der Jahre nach 1989 jetzt auch nahezu alle mittel- und osteuropäischen Staaten.

44 *Organe des Europarates* sind das Ministerkomitee als Organ mit vornehmlich exekutiven Funktionen und die für eine internationale Organisation innovative Institution der Beratenden Versammlung (seit 1974 „Parlamentarische Versammlung" genannt) als parlamentarisches Organ (Art. 10 Europaratssatzung). Diese Organe werden durch die ständige Institution des Sekretariats unterstützt (Art. 10, Art. 36, Art. 37 Europaratssatzung). Im Ministerkomitee ist jeder Mitgliedstaat durch einen Vertreter, meistens den jeweiligen Außenminister, repräsentiert (Art. 14 Europaratssatzung). Hier werden die für die Erfüllung der Aufgaben des Europarates notwendigen Maßnahmen beschlossen (Art. 15 Europaratssatzung). Solche Maßnahmen sind insbesondere die Empfehlung zum Abschluss von Abkommen und die Entscheidung über die weitere Aufnahme von Mitgliedern nach entsprechender Empfehlung durch die Parlamentarische Versammlung. In der Parlamentarischen Versammlung werden die Mitgliedstaaten durch eine unterschiedliche Anzahl von Vertretern repräsentiert (z. Zt. 18 Vertreter der Bundesrepublik Deutschland, Art. 26 Europaratssatzung), die sich in politischen Gruppen zusammengeschlossen haben. Sie werden aus den nationalen Parlamenten gemäß den innerstaatlichen Vorschriften bestimmt, d. h. in Deutschland durch den Bundestag aus dem Kreis der Bundestagsabgeordneten. Die Aufgabe der Parlamentarischen Versammlung besteht darin, die in die Zuständigkeit des Europarates fallenden Fragen zu diskutieren und Empfehlungen zu verabschieden (Art. 23 Europaratssatzung). In Bereichen mit spezifisch regionalem Bezug steht der Parlamentarischen Versammlung der 1994 vom Europarat gegründete Kongress der Gemeinden und Regionen Europas beratend zur Seite.

45 Die Europaratssatzung weist als wesentliches Ziel des Europarates die Herstellung einer engeren Verbindung zwischen den Mitgliedstaaten und die Förderung ihres wirtschaftlichen und sozialen Fortschritts aus (Art. 1 lit. a Europaratssatzung). Dies soll durch die Beratung von Fragen von gemeinsamem Interesse, durch den Abschluss von Abkommen sowie durch eine umfangreiche Zusammenarbeit der Staaten erzielt werden (Art. 1 lit. b Europaratssatzung). Auf dieser Grundlage bekennen sich alle Mitgliedstaaten zum Grundsatz der Vorherrschaft des Rechts und zur Anerkennung der Menschenrechte und Grundfreiheiten (Art. 3 Satz 1 Europaratssatzung). Die im Rahmen des Europarates angenommenen Konventionen sind wegen der intergouvernementalen Struktur des Europarates allerdings nicht unmittelbar bindend (zu dieser supranationalen Wirkung im Fall des Unionsrechts Rn. 60 ff.), sondern bedürfen dazu der vorherigen Zustimmung der einzelnen Mitgliedstaaten. Das Spektrum der mehr als 200 ausgearbeiteten Europaratsabkommen reicht von sozialen Themen (Europäisches Fürsorgeabkommen aus dem Jahre 1953, Europäische Sozialcharta von 1961 und Revidierte Europäische Sozialcharta von 1996), über die Freizügigkeit (Europäisches Niederlassungsabkommen von 1955) und neueren Problemen der technischen, kulturellen und medizinischen Entwicklung (Datenschutzkonven-

tion von 1981, Fernsehrechtsübereinkommen von 1989, Bioethik-Konvention von 1997, Übereinkommen über Datennetzkriminalität von 2001 und Konvention über den Zugang zu amtlichen Dokumenten von 2009) bis hin zu den Herausforderungen des internationalen Terrorismus (Europäisches Übereinkommen zur Bekämpfung des Terrorismus von 1977, Konvention zur Terrorismusprävention von 2005, Konvention über Geldwäsche, Terrorismusfinanzierung sowie Ermittlung, Beschlagnahme und Einziehung von Erträgen aus Straftaten von 2005, Übereinkommen zur Verhütung und Bekämpfung von Gewalt gegen Frauen und häuslicher Gewalt von 2011).

2. Die Europäische Menschenrechtskonvention

Zentrales Anliegen des Europarates ist die Verbesserung des Menschenrechtsschutzes (Art. 1 lit. b Europaratssatzung). Dies führte insbesondere zum Abschluss des wichtigsten im Rahmen des Europarates ausgearbeiteten Übereinkommens: der *Europäischen Konvention zum Schutze der Menschenrechte und Grundfreiheiten* (EMRK). Inzwischen erfolgt eine Aufnahme neuer Mitglieder in den Europarat nur noch, wenn sich der Beitrittskandidat zur Unterzeichnung der EMRK verpflichtet. Nach der Ratifikation der Konvention durch Monaco am 30. November 2005 zählt die EMRK 47 Vertragsstaaten. Seit ihrer Zeichnung am 4. November 1950 in Rom hat die EMRK enorm an Bedeutung gewonnen. Entgegen anfänglicher Zweifel an ihrer „Wirkmächtigkeit" konnte sie nachhaltig zur Herausbildung eines gemeineuropäischen Grundrechtsstandards beitragen. Die im Rahmen der Konventionskonkretisierung entwickelten Rechte beeinflussen zunehmend den Grundrechtsschutz in den mitgliedstaatlichen Rechtsordnungen ebenso wie den Gewährleistungsumfang der Grundrechte im Europäischen Unionsrecht (dazu Rn. 694, 747 ff.). Gerade im Hinblick auf die Osterweiterung des Konventionsraums ist die konsequente Fortschreibung der Konventionsstandards unerlässlich. Die EMRK gilt in verschiedenen Mitgliedstaaten, etwa in Österreich, im Range des Verfassungsrechts. In Deutschland gilt sie zwar nur mit Gesetzesrang, wird jedoch zunehmend auch vom BVerfG bei der Grundrechtsauslegung berücksichtigt[33]. 46

Alle Mitgliedstaaten der Europäischen Union sind Vertragsparteien der EMRK. Die Konventionsrechte können daher als Rechtserkenntnisquelle bei der Ermittlung von allgemeinen Rechtsgrundsätzen des Unionsrechts herangezogen werden. Hierauf nimmt Art. 6 Abs. 3 EUV ausdrücklich Bezug, indem er hervorhebt, dass die in der EMRK niedergelegten Grundrechte als allgemeine Rechtsgrundsätze Teil des Unionsrechts sind (dazu Rn. 456). Zudem sieht Art. 6 Abs. 2 Satz 1 EUV vor, dass die Europäische Union der EMRK beitritt. Das Protokoll Nr. 14 zur EMRK[34] hat von Seiten der Konvention die Option eines Bei- 47

---

33 BVerfGE 111, 307, 315 ff. – *Görgülü*; vgl. *Gusy*, JA 2009, S. 406, 407 m. w. N.
34 BGBl. 2006 II S. 138.

tritts der Union durch einen neuen Art. 59 Abs. 2 EMRK eröffnet. Der Beitritt zur EMRK soll durch ein Übereinkommen zwischen den Vertragsstaaten der EMRK und der Europäischen Union erfolgen. Die Verhandlungsführer beider Seiten hatten sich am 5. April 2013 auf einen Vertragsentwurf geeinigt[35], der dem Ministerkomitee des Europarates und dem Europäischen Gerichtshof zur Prüfung vorlag (vgl. dazu ausführlicher Rn. 750 ff.). Mit der im Gutachten des EuGH[36] zum Ausdruck gebrachten Ablehnung des Vertragsentwurfs scheint zumindest mittelfristig das Beitrittsvorhaben gescheitert zu sein.

48   Der große Erfolg der EMRK ist vor allem darauf zurückzuführen, dass ein durchsetzungskräftiges Rechtsschutzsystem zur Gewährleistung der Konventionsrechte installiert und im Laufe der Jahre noch fortentwickelt wurde. Eine wesentliche Verbesserung brachte zuletzt das *11. Protokoll zur EMRK* vom 11. Mai 1994[37]. Dieses fasst das bisherige schwerfällige zweistufige Prozedere einer vorrangigen Befassung der Europäischen Kommission für Menschenrechte (EKMR) mit einer Beschwerde, die im Anschluss an den Europäischen Gerichtshof für Menschenrechte (EGMR) weitergeleitet werden konnte, zu einem einheitlichen Verfahren vor dem EGMR zusammen[38]. Der neue, nunmehr ständige EGMR hat seine Arbeit am 1. November 1998 aufgenommen und führt seit dem 1. November 1999 auch die Zulässigkeitskontrolle durch (vormals Aufgabe der EKMR). Damit wird die Entwicklung hin zu einem „Europäischen Verfassungsgerichtshof" weiter beflügelt. Die Aufgabe der politischen Institution des Ministerausschusses wird auf die Kompetenz zur Überwachung der Ausführung der Urteile beschränkt. Eine Funktion im Beschwerdeverfahren kommt ihm nach Inkrafttreten des 11. Protokolls nicht mehr zu. Vor dem Gerichtshof können sowohl Staatenbeschwerden als auch Individualbeschwerden erhoben werden. Der EGMR entscheidet durch Einzelrichter, in Ausschüssen mit drei Richtern, in Kammern mit sieben Richtern oder in der Großen Kammer mit 17 Richtern (Art. 27 Abs. 1 EMRK) – je nach Komplexität der anhängigen Rechtssache. Die Zahl der Richter am EGMR entspricht derjenigen der Konventionsstaaten (Art. 20 EMRK).

49   Das *Protokoll Nr. 14*[39], das die Bundesrepublik Deutschland am 11. April 2006 ratifiziert hat und welches am 1. Juni 2010 in Kraft getreten ist, soll die Arbeit des Europäischen Gerichtshofs für Menschenrechte effektiver gestalten und den Gerichtshof insgesamt entlasten. Die Beanspruchung des Gerichtshofs ist vor allem durch den Beitritt neuer Vertragsstaaten deutlich erhöht worden. Zum 31. De-

---

35 Vgl. Draft revised agreement on the accession of the European Union to the Convention for the Protection of Human Rights and Fundamental Freedoms, Final Report of the CDDH, 47+1 (2013) 008 rev2v. 10.6.2013, S. 4; abrufbar unter: www.coe.int/t/dghl/standardsetting/hrpolicy/Accession/Working_documents_en.asp; dazu *Polakiewicz*, EuGRZ 2013, S. 472 ff.
36 EuGH, Gutachten 2/13, ECLI:EU:C:2014:2454 – *EMRK-Beitritt II* (= P Nr. 119).
37 BGBl. 1995 II S. 579.
38 Vgl. *Meyer-Ladewig/Petzold*, NJW 1999, S. 1165.
39 BGBl. 2006 II S. 138.

zember 2018 waren beim Gerichtshof insgesamt 56 350 Beschwerden anhängig[40]. Da ein Großteil der Kapazität des Gerichtshofes für die Bearbeitung von eindeutig unzulässigen sowie inhaltlich ähnlich gelagerten Beschwerden beansprucht wird, sieht das Protokoll diesbezüglich eine Reihe wichtiger Entlastungsmaßnahmen vor. So werden etwa Einzelrichter als Entscheidungskörper eingeführt, was zu einer Stärkung des Filtermechanismus des Gerichtshofes führt, indem die Zurückweisung offensichtlich unzulässiger Beschwerden durch nur einen Richter anstatt zuvor durch drei Richter in einstimmiger Entscheidung erfolgen kann. Zudem werden die Kompetenzen der Ausschüsse gestärkt, indem sie die Befugnis erhalten, durch einstimmigen Beschluss über Beschwerden vollumfänglich zu entscheiden, sofern die der Beschwerde zugrunde liegende Rechtsfrage bereits Gegenstand einer gefestigten Rechtsprechung des Gerichtshofes ist.

Am 1. August 2018 ist das *Protokoll Nr. 16*[41] in Kraft getreten, nachdem die hierfür erforderlichen zehn Ratifikationen vorgelegen hatten. Mittlerweile gilt das 16. Zusatzprotokoll für dreizehn Staaten des Europarates, nicht hingegen für Deutschland, da Deutschland das Protokoll bislang nicht unterzeichnet hat. Protokoll Nr. 16 sieht vor, dass sich die Verfassungs- und letztinstanzlichen Gerichte der Staaten in einem bei ihnen anhängigen Fall an den EGMR mit Fragen zur Auslegung der EMRK für eine Stellungnahme („advisory opinion") an den EGMR wenden können. Die Stellungnahmen des EGMR sind jedoch nicht verbindlich. Noch nicht in Kraft getreten ist das Protokoll Nr. 15 zur EMRK[42]. Das *Protokoll Nr. 15* vom 24. Juni 2013, das Deutschland unterzeichnet und ratifiziert hat[43], sieht Änderungen der EMRK selbst vor und muss, um in Kraft treten zu können, von allen 47 Vertragsparteien ratifiziert werden. Ergänzt werden soll die Präambel der Konvention um explizite Hinweise auf das Prinzip der Subsidiarität und die *„margin of appreciation"*-Doktrin des EGMR, wonach den Mitgliedstaaten ein Beurteilungsspielraum bei der Anwendung der EMRK zukommen soll. Dahinter steht die Idee, dass die Konvention bei der Sicherung der Menschenrechte nur subsidiär zur Anwendung gelangen soll und in erster Linie die Mitgliedstaaten mit der Umsetzung der EMRK betraut sind und davon auszugehen ist, dass sie die lokalen Bedürfnisse und Umstände besser kennen und in Rechnung stellen können. Zudem soll durch das Protokoll Nr. 15 die Frist zur Einreichung einer Beschwerde an den EGMR von sechs auf vier Monate verkürzt werden.

Im Einzelnen enthält die EMRK neben einem umfassenden Katalog an Abwehr- und Freiheitsrechten, vom Recht auf Leben (Art. 2) über das Folterverbot (Art. 3) bis hin zur Versammlungsfreiheit (Art. 11), verschiedene Verfahrens-

---

[40] Council of Europe (ed.), Annual Report 2018 of the European Court of Human Rights, S. 167.
[41] Protokoll Nr. 16 zur Europäischen Konvention zum Schutz der Menschenrechte und Grundfreiheiten v. 2.10.2013, CETS Nr. 214.
[42] Vgl. dazu EuGRZ 2013, S. 576.
[43] BGBl. 2014 II S. 1034.

garantien wie den Grundsatz *nulla poena sine lege* (Art. 7). In der Konventionspraxis ausgeprägt sind vor allem der Schutz der Privatsphäre, des Familienlebens und der Wohnung gemäß Art. 8 EMRK und die Kommunikationsfreiheit in Art. 10 EMRK. Dies gilt gleichermaßen für die Justizgrundrechte des Art. 6 EMRK mit dem Recht auf Zugang zu einem Gericht, der Fairness des gerichtlichen Verfahrens und dem Anspruch auf eine Entscheidung in angemessener Frist. Ergänzend sind die Zusatzprotokolle zur EMRK von Bedeutung, insbesondere Art. 1 des 1. Zusatzprotokolls[44], der das Recht auf Achtung des Eigentums gewährleistet, und Art. 1 des 6. Zusatzprotokolls[45] sowie Art. 1 des 13. Zusatzprotokolls[46], die die Abschaffung der Todesstrafe vorschreiben. Mit Art. 1 des 12. Zusatzprotokolls vom 4. November 2000, das am 1. April 2005 – allerdings nicht für die Bundesrepublik Deutschland – in Kraft getreten ist, besteht nun auch ein eigenständiges Diskriminierungsverbot, das anders als die Verbürgung in Art. 14 EMRK nicht mehr akzessorisch zu den übrigen in der EMRK gewährleisteten Rechten ist.

52 In der die Konvention konkretisierenden Rechtsprechungspraxis hat sich eine der deutschen Grundrechtsdogmatik in verschiedenen Punkten durchaus vergleichbare Prüfungsstruktur entwickelt. So umfasst die Prüfung der Freiheitsrechte die Ermittlung des Schutzbereichs, des Eingriffs, der rechtfertigenden Schrankenbestimmung und der Schranken-Schranken, insbesondere unter Berücksichtigung des Gesetzesvorbehalts und der Notwendigkeit (Verhältnismäßigkeit) des Eingriffs. Ferner hat der EGMR aus einigen Konventionsrechten auch Schutzpflichten entwickelt[47].

V. Merksätze

53 Der hier verwendete Begriff des **Europarechts im engeren Sinne** bezeichnet das Recht der Europäischen Union und der Europäischen Atomgemeinschaft. Das **Europarecht im weiteren Sinne** umfasst darüber hinaus das Recht aller europäischen internationalen Organisationen, also z. B. auch des Europarates einschließlich der Europäischen Menschenrechtskonvention.

Der **Europarat** wurde am 5. Mai 1949 mit Sitz in Straßburg gegründet und umfasst inzwischen 47 demokratische Staaten Europas. Er ist eine von der Europäischen Union völlig unabhängige, **intergouvernemental strukturierte Organisation** und streng vom „Europäischen Rat", dem „Rat der Europäischen Union" und den „im Rat vereinigten Vertretern der Regierungen der Mitgliedstaaten" zu unterscheiden.

---

44 BGBl. 1956 II S. 1880.
45 BGBl. 1988 II S. 662.
46 BGBl. 2004 II S. 983.
47 Vgl. den Fall *Guerra*, EGMR, EuGRZ 1999, S. 188.

Zentrales Anliegen des Europarates ist die **Verbesserung des Menschenrechtsschutzes.** Die wichtigste vom Europarat verabschiedete Konvention ist die **Europäische Konvention zum Schutze der Menschenrechte und Grundfreiheiten (EMRK).** Seit ihrer Unterzeichnung am 4. November 1950 trägt sie nachhaltig zur **Herausbildung eines gemeineuropäischen Grundrechtsstandards** bei.

2. Kapitel
Die Europäische Union

I. Die Architektur der Europäischen Union

Literaturhinweise: *Ambos, K./Rackow, P.:* Institutionelle Ordnung der Europäischen Union und Europäischen Gemeinschaft, Jura 2006, S. 505; *v. Bogdandy, A.:* Die Europäische Union als Supranationale Föderation, Integration 1999, S. 95; *Erlbacher, F.:* Rechtspersönlichkeit und Rechtsnachfolge, in: Hummer, W./Obwexer, W. (Hrsg.): Der Vertrag von Lissabon, 2009, S. 123; *Fischer, K. H.:* Der Vertrag von Lissabon, 2008; *Hatje, A./ Kindt, A.:* Der Vertrag von Lissabon – Europa endlich in guter Verfassung?, NJW 2008, S. 1761; *Lindner, J. F.:* Der Vertrag von Lissabon zur Reform der Europäischen Union, BayVBl. 2008, S. 421; *Nicolaysen, G.:* Die Bedeutung des Nizza-Vertrages für die Rechtsordnung – Rückblick und Perspektive, 2002; *Obwexer, W.:* Aufbau, Systematik, Struktur und tragende Grundsätze des Vertrages von Lissabon, in: Hummer, W./Obwexer, W. (Hrsg.): Der Vertrag von Lissabon, 2009, S. 95; *Oppermann, Th.:* Die Europäische Union von Lissabon, DVBl. 2008, S. 473; *Pache, E./Rösch, F.:* Der Vertrag von Lissabon, NVwZ 2008, S. 473; *Schwarze, J.:* Der Reformvertrag von Lissabon – Wesentliche Elemente des Reformvertrages, EuR 2009, Beiheft 1, S. 9; *Semrau, S.:* Die Gemeinsame Außen- und Sicherheitspolitik der Europäischen Union, 1998; *Streinz, R./Ohler, Ch./Herrmann, Ch.:* Der Vertrag von Lissabon zur Reform der EU, 3. Aufl. 2010, S. 36; *Trüe, Ch.:* Verleihung von Rechtspersönlichkeit an die Europäische Union und Verschmelzung zu einer einzigen Organisation – deklaratorisch oder konstitutiv?, Europa-Institut der Universität des Saarlandes, Nr. 357, 1997; *Tsatsos, D. Th.:* Die Europäische Unionsgrundordnung: Beiträge zum institutionellen Verständnis der Europäischen Union im Hinblick auf einen zukünftigen europäischen Verfassungsvertrag, 2002; *Weber, A.:* Vom Verfassungsvertrag zum Vertrag von Lissabon, EuZW 2008, S. 7.

1. Struktur und Charakteristik des Unionsrechts

a) Von der Tempelkonstruktion zur einheitlichen Union

Die Struktur der Europäischen Union wurde bis zum Inkrafttreten des Vertrags von Lissabon zumeist mit dem Bild einer *Tempelkonstruktion* veranschaulicht. Die Union stellte danach das verbindende Dach über drei Säulen dar, wobei die erste Säule aus den beiden Europäischen Gemeinschaften EG und EAG bestand. Die zweite Säule bildete die Gemeinsame Außen- und Sicherheitspolitik (GASP) und die dritte Säule die Polizeiliche und Justizielle Zusammenarbeit in Strafsachen (PJZS). Der bis zum Inkrafttreten des Vertrags von Lissabon am 1. Dezember 2009 geltende EU-Vertrag begründete eine spezifische Verknüpfung zwischen den beiden Europäischen Gemeinschaften als *supranationale* erste Säule, mit der Gemeinsamen Außen- und Sicherheitspolitik (GASP) sowie der Polizeilichen und Justiziellen Zusammenarbeit in Strafsachen (PJZS), den beiden *intergouvernementalen* Säulen der Union. Mit der Supranationalität der ersten Säule war gemeint, dass die Mitgliedstaaten Kompetenzen auf die Gemeinschaft als eigene Hoheitsrechtsträger übertragen hatten. Die Säulen GASP und PJZS wurden hingegen als intergouvernemental bezeichnet, weil die Mitgliedstaaten keine Kompetenzen auf eine internationale Organisation als eigenständigen Hoheitsrechtsträger übertragen hatten, sondern weiterhin Inhaber dieser Kompetenzen blieben. Sie hatten sich lediglich völkerrechtlich – durch den Unionsvertrag – zur Koordinierung der Ausübung dieser Kompetenzen verpflichtet. Die Verknüpfung der Säulen miteinander durch den EU-Vertrag a. F. verdeutlichte insbesondere Art. 1 Abs. 3 EUV a. F. Dort hieß es: „Grundlage der Union sind die Europäischen Gemeinschaften, ergänzt durch die in diesem Vertrag eingeführten Politiken und Formen der Zusammenarbeit. Aufgabe der Union ist es, die Beziehungen zwischen den Mitgliedstaaten sowie zwischen ihren Völkern kohärent und solidarisch zu gestalten." Die Union selbst besaß bei dieser Konstruktion keine Rechtspersönlichkeit[1].

55 Der Vertrag von Lissabon hat die bisherige Struktur der Europäischen Union grundlegend verändert. Auch wenn es sich beim Vertrag von Lissabon formell um eine Vertragsreform, also nicht um eine Ersetzung, sondern lediglich um eine Änderung der bestehenden Verträge handelt (Rn. 38), hat der Reformvertrag gleichwohl die *Neugründung einer rechtsfähigen Europäischen Union* vorgenommen. Somit handelt es sich, auch wenn man diesen Anschein eigentlich vermeiden wollte, um eine deutliche Zäsur. Dies wird bereits in Art. 1 EUV deutlich. Die Europäischen Gemeinschaften EG und EAG werden darin nicht mehr als Grundlage der Union benannt. Nunmehr bilden der *Vertrag über die Europäische Union* sowie der *Vertrag über die Arbeitsweise der Europäischen Union* die Grundlage der Union (Art. 1 Abs. 3 Satz 1 EUV). Bezüglich der Europäischen Gemeinschaft regelt der Vertrag, dass die neue Union als Rechtsnachfolgerin an die Stelle der EG tritt (Art. 1 Abs. 3 Satz 3 EUV). Als Rechtsnachfolgerin hat die Union alle internen und externen Rechte und Pflichten der EG übernommen. Die EG ist damit aufgelöst. Die EAG bleibt hingegen als eigenständige supranationale Gemeinschaft weiter neben der Union bestehen. Das dem Vertrag von Lissabon beigefügte *Protokoll zur Änderung des Vertrags zur Gründung der Europäischen Atomgemeinschaft*[2] sieht insoweit zahlreiche Anpassungen des EAG-Vertrags an die neuen Verträge vor.

---

1 Vgl. 6. Aufl., Rn. 79 ff.
2 ABl.EU 2007 Nr. C 306, S. 197.

Weder im EU-Vertrag noch im AEU-Vertrag wurde ausdrücklich geregelt, dass alle bislang bestehenden Außenrechtsakte (z. B. Verordnungen, Richtlinien, Entscheidungen) und Innenrechtsakte (z. B. Geschäftsordnungen, interinstitutionelle Vereinbarungen) der EG sowie alle von ihr abgeschlossenen Verträge ihre rechtliche Geltung behalten. Gleichwohl ist davon auszugehen. Die Verträge und Rechtsakte der EG werden aufgrund der Rechtsnachfolge zu Rechtsakten der nunmehr rechtsfähigen Europäischen Union. Sofern bislang im Rahmen der intergouvernementalen Unionssäulen GASP und PJZS die Unionsstaaten gemeinsam gehandelt und Rechtsakte gesetzt haben, sollen diese gemäß Art. 9 des Lissabonner Protokolls über die Übergangsbestimmungen[3] weitergelten, bis sie in Anwendung der reformierten Verträge aufgehoben, für nichtig erklärt oder geändert werden. Wegen der Überführung der bislang intergouvernemental ausgestalteten PJZS in supranationale Entscheidungsstrukturen sind für die Weitergeltung und Änderung für auf der Grundlage der bisherigen PJZS-Bestimmungen erlassenen Rechtsakte in Art. 10 des Protokolls Übergangsbestimmungen vorgesehen.

56

Seit Inkrafttreten des Vertrags von Lissabon besitzt die Union gemäß Art. 47 EUV *Rechtspersönlichkeit*. Zudem besitzt sie in jedem Mitgliedstaat die weitestgehende Rechts- und Geschäftsfähigkeit, die juristischen Personen nach dessen Rechtsvorschriften zuerkannt ist (Art. 335 AEUV). Weiterhin sieht Art. 1 Abs. 1 EUV vor, dass der Union von den Mitgliedstaaten Zuständigkeiten zur Verwirklichung ihrer gemeinsamen Ziele übertragen werden. Allerdings ist die Union nach dem Prinzip der begrenzten Einzelermächtigung (Rn. 178) nicht ermächtigt, über die ihr von den Mitgliedstaaten übertragenen Zuständigkeiten hinaus gesetzgeberisch tätig zu werden (Art. 5 Abs. 2 EUV). Dies wird durch Erklärung Nr. 24 zur Rechtspersönlichkeit der Europäischen Union[4] noch einmal besonders hervorgehoben. In den Bereichen, in denen ihr von den Mitgliedstaaten Zuständigkeiten übertragen wurden, ist die Union damit nunmehr *eigenständige Hoheitsrechtsträgerin*. Die Verlagerung von nationalen Kompetenzen auf die Unionsebene verdeutlicht den supranationalen Charakter der neuen Union. Sie geht einher mit dem weitgehenden Verzicht auf intergouvernementale Handlungsformen. So wurde die PJZS durch den Vertrag von Lissabon in den AEU-Vertrag überführt und supranationalen Entscheidungsstrukturen unterworfen (Rn. 780, 1148 ff.). Im Bereich der GASP werden der Union nunmehr auch bestimmte eigene Kompetenzen zur eigenständigen Wahrnehmung übertragen (vgl. näher Rn. 63 ff.). Gemäß Art. 24 Abs. 1 UAbs. 2 EUV bleiben insoweit besondere Entscheidungsstrukturen mit intergouvernementalem Charakter bestehen (Rn. 1455). Damit besteht künftig eine einheitliche, rechtsfähige Union, die im Rahmen ihrer Kompetenzen supranational, im Bereich der GASP jedoch intergouvernemental entscheidet. Für den supranationalen Bereich ist dabei ins-

57

---

3 ABl.EU 2007 Nr. C 306, S. 157.
4 ABl.EU 2008 Nr. C 115, S. 346.

besondere kennzeichnend, dass einzelne Mitgliedstaaten auch ohne ihre Zustimmung im Wege der Mehrheitsabstimmung verpflichtet werden können. Die neue Union stellt sich daher als „aufgeblähte" Gemeinschaft dar.

b) Die Union als Staatenverbund

58 Der EU-Vertrag enthält keine präzisere „Legaldefinition" der Europäischen Union als die Aussage des Art. 1 Abs. 3 Satz 1 EUV: „Grundlage der Union sind dieser Vertrag und der Vertrag über die Arbeitsweise der Europäischen Union." Der EU-Vertrag versteht sich als „eine neue Stufe bei der Verwirklichung einer immer engeren Union der Völker Europas" (Art. 1 Abs. 2 EUV). Die europäische Integration gründet sich danach auf zwischen den Mitgliedstaaten vertraglich vereinbarte Rechtssätze. Im Gegensatz zur staatlichen Einheitsbildung zielt das Recht der europäischen Integration nicht auf eine (innerstaatliche) Homogenität der Lebensverhältnisse, sondern auf die institutionelle Weiterentwicklung des gemeinsamen Handelns unter gleichzeitiger Absicherung der Vielfalt unterschiedlicher mitgliedstaatlicher (Verfassungs-)Kulturen. Dies wird auch dadurch verdeutlicht, dass Änderungen der Verträge, also Änderungen der Grundlagen der Union, auch in Zukunft nur nach Ratifikation durch alle Vertragsparteien in Kraft treten können (Art. 48 Abs. 4 UAbs. 2 EUV, vgl. aber auch Abs. 6 und 7, Rn. 91 ff.). Die Mitgliedstaaten sind daher weiter die „Herren der Verträge". Jeder Mitgliedstaat kann überdies im Einklang mit seinen verfassungsrechtlichen Vorschriften beschließen, aus der Europäischen Union auszutreten (Art. 50 EUV, Rn. 110 ff.).

59 Die Rechtsnatur der Europäischen Union war nach der alten Rechtslage äußerst umstritten. Das BVerfG hat die Europäische Union in seinem *Maastricht*-Urteil vom 12. Oktober 1993 als einen „Staatenverbund zur Verwirklichung einer immer engeren Union der staatlich organisierten Völker Europas" bezeichnet[5]. Im achten Leitsatz des *Maastricht*-Urteils betont das BVerfG: „Der EU-Vertrag begründet einen Staatenverbund, (...) keinen sich auf ein europäisches Staatsvolk stützenden Staat". In seinem *Lissabon*-Urteil vom 30. Juni 2009[6] hat das BVerfG an diesem Verständnis der Europäischen Union festgehalten. Der Begriff des Verbundes erfasst nach Ansicht des BVerfG eine „enge, auf Dauer angelegte Verbindung souverän bleibender Staaten, die auf vertraglicher Grundlage öffentliche Gewalt ausübt, deren Grundordnung jedoch allein der Verfügung der Mitgliedstaaten unterliegt und in der die Völker – das heißt die staatsangehörigen Bürger – der Mitgliedstaaten die Subjekte demokratischer Legitimation bleiben"[7].

---

5 BVerfGE 89, 155, 188 – *Maastricht*.
6 BVerfGE 123, 267 – *Lissabon*.
7 BVerfGE 123, 267, 348 – *Lissabon*.

c) Die Charakteristik des supranationalen Unionsrechts

Die neue Struktur der Union wirkt sich auch auf das Unionsrecht aus. Die bisherige Unterscheidung zwischen Gemeinschafts- und Unionsrecht ist durch die Schaffung einer einheitlichen und mit Rechtspersönlichkeit ausgestatteten Union hinfällig geworden. Es besteht nunmehr ein formal einheitliches Unionsrecht, das zum einen aus den beiden Verträgen einschließlich der Anhänge und Protokolle *(primäres Unionsrecht)* und zum anderen aus dem von der Union aufgrund der Verträge gesetzten Recht *(sekundäres Unionsrecht)* besteht. Das neue *primäre Unionsrecht* bilden der EU- sowie der AEU-Vertrag. Beide Verträge sind rechtlich gleichrangig und bilden gemeinsam die Grundlage der Union (vgl. Art. 1 Abs. 3 Satz 1 und 2 EUV, Art. 1 Abs. 2 AEUV). Ebenfalls zum primären Unionsrecht zählen die den Verträgen beigefügten Protokolle und Anhänge (Art. 51 EUV). Teil des primären Unionsrechts ist auch die Charta der Grundrechte der Europäischen Union, deren rechtsverbindliche Geltung Art. 6 Abs. 1 UAbs. 1 EUV anordnet und die gleichrangig neben dem EU- und dem AEU-Vertrag stehen soll (Rn. 691). Über das geschriebene primäre und sekundäre Unionsrecht hinaus gibt es auch ungeschriebenes Unionsrecht in Form allgemeiner Rechtsgrundsätze sowie seltener in Form des Gewohnheitsrechts.

60

Das sekundäre, d. h. vom Primärrecht abgeleitete und daher normhierarchisch diesem untergeordnete Unionsrecht wird von den Unionsorganen auf Grundlage der Verträge in Form von Rechtsakten erlassen. Die in den Mitgliedstaaten mit Vorrang vor nationalem Recht anwendbaren Sekundärrechtsakte der Union, hier insbesondere Verordnungen, machen für den Unionsbürger den spürbaren *supranationalen* Charakter des Unionsrechts aus. In Deutschland stellt Art. 23 Abs. 1 GG die verfassungsrechtliche Grundlage für die Zulässigkeit dieser Wirkungen dar (Rn. 127 ff.). An Bedeutung gewinnt zunehmend auch das sogenannte Tertiärrecht. Dabei handelt es sich um Recht, das auf Grundlage von Sekundärrechtsakten von Unionsorganen erlassen wird (Rn. 361 ff.).

61

Der Begriff der *Supranationalität* wird allerdings nicht einheitlich verwendet. Diese Charakterisierung wird in einem weiteren, wenig spezifischen Sinne für jede die Staaten unmittelbar verpflichtende Entscheidung internationaler Organisationen oder Gerichte gebraucht. Häufig wird von Supranationalität auch ungenau im politischen, rechtlich nicht eindeutigen Sinne gesprochen, wenn der Begriff als Synonym für eine prozesshafte Integration verwendet wird. Demgegenüber wird hier der Begriff der Supranationalität in einem engeren Sinne verwandt: zum einen mit Blick auf die besonderen Beschlussfassungsverfahren der Europäischen Union, wenn einzelne Mitgliedstaaten auch ohne ihre Zustimmung im Wege der Mehrheitsabstimmung verpflichtet werden können; zum anderen ist für die Supranationalität des Unionsrechts kennzeichnend, dass es für die Mitgliedstaaten und/oder für deren Individuen sowie Körperschaften ohne Weiteres unmittelbar verbindlich und mit Vorrang vor dem nationalen Recht anwendbar ist. Dabei durchstößt es den nationalen Souveränitätspanzer, ohne dass

62

die Mitgliedstaaten dem noch jeweils gesondert – also über die Ratifikation der Gründungsverträge hinaus – völkerrechtlich zustimmen müssten. Auch wirkt das EU-Recht in den mitgliedstaatlichen Rechtsordnungen in seiner Qualität als Unionsrecht und nicht als in nationales Recht transformiertes Recht; eine solche Transformation ist sogar unionsrechtlich unzulässig, da hiermit seine spezifischen Qualitäten verloren gehen würden. Diese Wirkungsbesonderheiten bestehen dagegen bei dem Unionsrecht im Bereich der intergouvernemental verbliebenen Gemeinsamen Außen- und Sicherheitspolitik. Insofern ist – entgegen dem ersten Anschein – von einem einheitlichen Unionsrecht trotz der eigenen Rechtspersönlichkeit der Union doch nicht die Rede. Vielmehr ist auch weiterhin von einem supranationalen und einem intergouvernementalen Unionsrecht (im Rahmen der GASP) zu sprechen. Dies gilt sowohl für das Primär- als auch für das Sekundärrecht.

d) Der intergouvernementale Charakter des Unionsrechts im Bereich der GASP

63 Der Vertrag von Lissabon hat mit der grundlegenden Umstrukturierung der Europäischen Union das bisherige Säulenmodell zwar formal aufgegeben, eine Supranationalisierung der GASP jedoch sorgsam vermieden. So sind die supranationalen Handlungsbefugnisse der Europäischen Union weitgehend im AEU-Vertrag geregelt, wohingegen der EU-Vertrag die nach wie vor intergouvernementalen Rechtsgrundlagen der GASP (Art. 21 bis Art. 46 EUV) enthält. Während die Rechtsordnung der EU im Übrigen supranational ausgestaltet ist und die Normen des Unionsrechts *Anwendungsvorrang* vor dem nationalen Recht genießen (Rn. 202 ff.), erschöpft sich das intergouvernementale Recht der GASP in seinen völkerrechtlichen, d. h. zwischenstaatlichen Bindungswirkungen. Es besitzt nämlich keine unmittelbare Anwendbarkeit und somit keinen das nationale Recht der Mitgliedstaaten verdrängenden Anwendungsvorrang. Derartige Rechtsakte bedürfen zur Bewirkung innerstaatlich verbindlicher Effekte vielmehr stets eines innerstaatlichen Umsetzungsaktes (vgl. Art. 42 Abs. 2 UAbs. 1 Satz 3 EUV). Das nationale Recht ist jedoch im Lichte dieser Sekundärrechtsakte auszulegen[8]. Aufgrund intergouvernementaler Konsensverfahren bewahren sich die Unionsstaaten weitgehende Souveränität in den für sie besonders sensiblen Bereichen der Außen- und Sicherheitspolitik, insbesondere für deren integralen Bestandteil (Art. 42 Abs. 1 Satz 1 EUV), die Gemeinsame Sicherheits- und Verteidigungspolitik. Bereits vor Inkrafttreten des Vertrags von Lissabon galt aber auch für das intergouvernementale Unionsrecht nach der Rechtsprechung des EuGH der *Grundsatz der Unionstreue,* der als „Grundsatz der loyalen Zusammenarbeit"[9] nunmehr

---

8 EuGH, Rs. C-105/03, Slg. 2005, S. I-5285, Rn. 43 ff. – *Pupino.*
9 EuGH, Rs. C-105/03, Slg. 2005, S. I-5285, Rn. 33 ff. – *Pupino.*

Niederschlag in Art. 4 Abs. 3 UAbs. 1 EUV gefunden hat und der auch den Bereich der GASP überwölbt.

Für die Beibehaltung des intergouvernementalen Charakters des GASP-Rechts trotz der formalen Aufgabe des Säulenkonzepts der Europäischen Union spricht, dass die GASP-Regelungen nicht in die Bestimmungen über die supranationalen Unionspolitiken des AEU-Vertrags eingereiht sind, sondern ihnen eine besondere Stellung im EU-Vertrag zugewiesen ist. Zudem wird im Bereich von GASP und GSVP das völkerrechtliche Einstimmigkeitsprinzip weitgehend beibehalten. Die Beschlüsse im Bereich der GASP sind für die Mitgliedstaaten zwar rechtlich verbindlich (vgl. Art. 28 Abs. 2 EUV); sie erschöpfen sich jedoch in ihrer völkerrechtlichen Verbindlichkeit. Dies wird durch Art. 24 Abs. 1 UAbs. 2 Satz 3 und Art. 31 Abs. 1 UAbs. 1 Satz 2 EUV bestätigt, wonach der Erlass von Gesetzgebungsakten – mit ihren supranationalen Wirkungen – ausdrücklich ausgeschlossen ist. Zudem hat die Regierungskonferenz beim Abschluss des Vertrags von Lissabon in zwei Erklärungen betont, dass die Bestimmungen über die GASP die bestehenden Zuständigkeiten der Mitgliedstaaten für die Formulierung und Durchführung ihrer Außenpolitik nicht berühren[10]. 64

Gleichwohl hat die Schaffung einer Rechtssubjektivität der Union durch den Vertrag von Lissabon die Rechtslage insofern verändert, als diese neue Union auch im Rahmen der GASP mit gewissen eigenen Kompetenzen ausgestattet wird. Damit sind die Mitgliedstaaten nicht mehr die alleinigen Akteure im Bereich der GASP. Sollen die neuen Unionszuständigkeiten gleichwohl – wie allgemein unterstellt – nichts an dem intergouvernementalen Charakter der GASP ändern, so bedarf die Intergouvernementalität der GASP nach Lissabon einer gewissen Neuinterpretation[11]. Insofern ist festzuhalten, dass 65

– es erstens bei der Wirkungsbeschränkung der GASP-Maßnahmen auf völkerrechtliche Verpflichtungen ohne Durchgriffswirkung, also ohne unmittelbare Anwendbarkeit und Anwendungsvorrang, bleibt,
– zweitens eigene Unionskompetenzen in der GASP bestehen,
– drittens gleichwohl keine Verdrängung der mitgliedstaatlichen Kompetenzen stattfindet, sondern nur völkerrechtlich gestuft-verbindliche inhaltliche Vorgaben getätigt werden, deren Einhaltung allerdings nur politisch, nicht justiziell kontrolliert werden kann, und
– viertens die Mitgliedstaaten durch die Konzentration der Entscheidungsbefugnisse in den von ihnen beherrschten Organen Europäischer Rat und Rat bei prinzipiellem Einstimmigkeitserfordernis die Herrschaft über das „Ob" und „Wie", also Inhalt und Dichte der Vorgaben für die nationalen Außenpolitiken, uneingeschränkt in der Hand behalten haben.

Daraus resultiert zwar in kompetenzieller Hinsicht eine Modifikation gegenüber der alten intergouvernementalen Rechtslage; in der politischen Wirklichkeit ist 66

---
10 Vgl. Erklärungen Nr. 13 u. 14 zur Gemeinsamen Außen- und Sicherheitspolitik, ABl.EU 2008 Nr. C 115, S. 343.
11 Hierzu ausführlich *Pechstein*, JZ 2010, S. 425 ff.

diese jedoch durch die mitgliedstaatliche Beherrschung der entscheidenden Organe und das Einstimmigkeitsprinzip irrelevant. In materieller Hinsicht bleibt es aufgrund der Ausschaltung von Kommission und Europäischem Parlament aus den GASP-Entscheidungsbefugnissen ohne Abstriche bei der fremdeinwirkungsfreien Selbststeuerung der Mitgliedstaaten. Auf dieser Grundlage lässt sich fraglos davon sprechen, dass die GASP auch nach dem Vertrag von Lissabon weiterhin „intergouvernemental" ist. Die Zurechnung der GASP zu den eigenen Unionspolitiken wird dadurch aber nicht in Frage gestellt. Art. 2 Abs. 4 AEUV bestätigt diesen unionseigenen Charakter der GASP noch einmal ausdrücklich.

2. Die materielle Verbundsicherung durch das Kohärenzgebot

67   Eine das supranationale und das intergouvernementale Unionsrecht umklammernde Funktion kommt in *materieller Hinsicht* dem Kohärenzgebot des Art. 7 AEUV zu, das für den Bereich der GASP in Art. 21 Abs. 3 UAbs. 2 EUV ausdrücklich wiederholt wird. Danach achtet die Europäische Union auf die Kohärenz zwischen ihrer Politik und ihren Maßnahmen in den verschiedenen Bereichen (Art. 7 AEUV), insbesondere zwischen den einzelnen Bereichen ihres auswärtigen Handelns sowie zwischen diesen und ihren übrigen Politikbereichen (Art. 21 Abs. 3 UAbs. 2 EUV). Das Kohärenzgebot verlangt sowohl von den Mitgliedstaaten bei der Politikgestaltung in der intergouvernementalen GASP und GSVP als auch von der Union, ihre einzelnen Handlungen, aber auch ihr grundsätzliches Politikverhalten in möglichst *zusammenhängender und stimmiger* Weise, also „kohärent", an den in Art. 3 EUV niedergelegten Unionszielen auszurichten. Auf diese Weise soll der Eindruck des Auftritts eines einheitlichen Akteurs sichergestellt werden.

68   Zu unterscheiden sind die innere und die äußere Kohärenz. Die *innere Kohärenz* zielt auf den Zusammenhalt in der Union im Innenverhältnis. Mit Blick auf den wirtschaftlichen, sozialen und territorialen Zusammenhalt der Europäischen Union spricht der AEU-Vertrag auch von *Kohäsion*. Hierzu ist ein eigener „Kohäsionsfonds" eingerichtet worden (Art. 177 AEUV). Die innere Kohärenz wird auch in Art. 3 Abs. 3 UAbs. 3 EUV angesprochen. Danach fördert die Union den wirtschaftlichen, sozialen und territorialen Zusammenhalt und die Solidarität zwischen den Mitgliedstaaten.

69   Die *äußere Kohärenz* soll ein gemeinsames außen-, sicherheits- und entwicklungspolitisches Auftreten gegenüber Drittstaaten und internationalen Organisationen, z. B. auf Konferenzen oder in Organen der Vereinten Nationen, gewährleisten. Dies kommt in Art. 21 Abs. 3 UAbs. 2 EUV zum Ausdruck, wonach die Union insbesondere auf die Kohärenz aller von ihr ergriffenen außenpolitischen Maßnahmen achtet. Nach Art. 24 Abs. 3 UAbs. 2 Satz 2 EUV enthalten sich die Unionsstaaten in der GASP „jeder Handlung, die den Interessen der Union zuwiderläuft oder ihrer Wirksamkeit als kohärente Kraft in den

internationalen Beziehungen schaden könnte". Verantwortliche Unionsorgane für die Herstellung dieser außenpolitischen Kohärenz sind der Rat und die Kommission, die dabei vom Hohen Vertreter der Union für Außen- und Sicherheitspolitik unterstützt werden (Art. 21 Abs. 3 UAbs. 2 Satz 2 EUV).

Neben dem in Art. 7 AEUV verankerten allgemeinen Kohärenzgebot gibt es noch besondere, im AEU-Vertrag ausformulierte Ausprägungen dieses Abstimmungsgebots. Die wichtigste hiervon ist Art. 215 AEUV, welcher der Union eine unbedingte supranationale Umsetzungsverpflichtung bei GASP-Entscheidungen über ein Handelsembargo auferlegt (Rn. 1479). Kohärenz wird hier erzielt durch die unionsrechtliche Verpflichtungswirkung einer Maßnahme im Bereich der GASP. Dabei wird in der GASP die außenpolitisch relevante Entscheidung über das „Ob" eines Embargos getroffen, die EU regelt im Rahmen der GASP-Vorgaben nach Art. 215 AEUV das „Wie" im Rahmen ihrer supranationalen ausschließlichen Außenhandelskompetenz. 70

3. Die institutionelle Verbundsicherung durch den institutionellen Rahmen

In *institutioneller Hinsicht* soll die Einheitsbildung durch das Kohärenzgebot mittels eines *institutionellen Rahmens* (Art. 13 Abs. 1 UAbs. 1 EUV) sichergestellt werden. Der Verbund der Union verlangt eine wechselseitige Abstimmung der Politiken der supranationalen Bereiche mit dem intergouvernementalen Bereich von GASP und GSVP. So sind für den institutionellen Zusammenhalt der Europäischen Union neben dem Europäischen Rat (Art. 15 Abs. 1 EUV) der Rat und die Kommission (Art. 21 Abs. 3 UAbs. 2 Satz 2 EUV) verantwortlich. Sie werden dabei unterstützt vom Hohen Vertreter der Union für Außen- und Sicherheitspolitik. Dagegen werden durch den EU-Vertrag dem Gerichtshof der Europäischen Union (Art. 24 Abs. 1 UAbs. 2 Satz 6 EUV), der Kommission (Art. 30 Abs. 1 EUV) und dem Europäischen Parlament nur wenige Befugnisse im intergouvernementalen Bereich der GASP zugewiesen (Art. 27 Abs. 3 Satz 4 EUV, Art. 36 EUV, Art. 41 Abs. 3 UAbs. 1 Satz 2 EUV). Diese sind zumeist auch ohne inhaltlich bestimmende Funktion. 71

Gemäß Art. 13 Abs. 2 Satz 1 EUV üben die Unionsorgane ihre Befugnisse nach Maßgabe der Verträge, also EUV und AEUV, aus. Soweit diese Organe auch im Rahmen der GASP tätig werden, sind die intergouvernementalen Besonderheiten dieses Rechtsbereichs zu beachten. Aufgrund der nunmehr gegebenen Rechtspersönlichkeit der Union üben die im Rahmen der GASP tätigen Unionsorgane nunmehr jedoch eigene Befugnisse aus und sind nicht mehr – wie nach der alten Rechtslage – nur im Wege der Organleihe für die Mitgliedstaaten tätig. Die Wirkungsbesonderheiten des GASP-Rechts, die vom supranationalen Unionsrecht abweichenden Rechtsetzungsverfahren und die weitestgehende Konzentration der Befugnisse auf den Rat und den Europäischen Rat (vgl. nur 72

Art. 24 Abs. 1 UAbs. 2 Satz 2 EUV: „Sie [die GASP] wird vom Europäischen Rat und vom Rat einstimmig festgelegt und durchgeführt (...)") kennzeichnen jedoch weiterhin den Sonderstatus der GASP. Das Kohärenzgebot hat daher für die gemeinsame Ausrichtung des supranationalen und des intergouvernementalen Unionsrechts sowohl materiell als auch institutionell große Bedeutung.

4. Völkerrechtssubjektivität und völkerrechtliche Handlungsfähigkeit der Europäischen Union

Literaturhinweise: *Assakkali, M.:* Die EU in der Kapstadt-Konvention – Ein Zwischenfazit, EuZW 2019, S. 813; *Bungenberg, M.:* Außenbeziehungen und Außenhandelspolitik, EuR 2009, Beiheft 1, S. 195; *Damm, C.:* Die Europäische Union im universellen Völkergewohnheitsrecht, 2016; *Dörr, O.:* Die Entwicklung der ungeschriebenen Außenkompetenzen der EG, EuZW 1996, S. 39; *Hilf, M.:* EG-Außenkompetenzen in Grenzen – Das Gutachten des EuGH zur Welthandelsorganisation, EuZW 1995, S. 7; *Hoffmeister, F.:* Die Außenvertretung der Europäischen Union im Lichte von acht Jahren Erfahrung mit dem Lissabon-Vertrag – wer ist heutzutage der europäische Außenminister?, ZEuS 2017, S. 451; *Hummer, W.:* Enge und Weite der „Treaty Making Power" der Kommission der EG nach dem EWG-Vertrag, in: GS für Eberhard Grabitz, 1995, S. 195; *Kernic, F.:* Die Außenbeziehungen der Europäischen Union, 2007; *Klein, E./Kimms, F.:* Die Kompetenz der Europäischen Gemeinschaft zum Abschluss umweltschutzrelevanter Verträge, in: Jahrbuch des Umwelt- und Technikrechts 1996, S. 53; *Kumin, A. J./Bittner, Ph.:* Die „gemischten" Abkommen zwischen der Europäischen Union und ihren Mitgliedstaaten einerseits und dritten Völkerrechtssubjekten, EuR 2012, Beiheft 2, S. 75; *Obwexer, W.:* Die Vertragsschlusskompetenzen und die vertragsschlussbefugten Organe der Europäischen Union, EuR 2012, Beiheft 2, S. 49; *Sack, J.:* Die Europäische Union in den Internationalen Organisationen, ZEuS 2001, S. 267; *Schmalenbach, K.:* Die Delegationen der Europäischen Union in Drittländern und bei internationalen Organisationen, EuR 2012, Beiheft 2, S. 205; *Schroeder, W.:* Die Europäische Union als Völkerrechtssubjekt, EuR 2012, Beiheft 2, S. 9; *Schwichtenberg, K.:* Die Kooperationsverpflichtung der Mitgliedstaaten der Europäischen Union bei Abschluss und Anwendung gemischter Verträge, 2014; *Streinz, R./Ohler, Ch./Herrmann, Ch.:* Der Vertrag von Lissabon zur Reform der EU, 3. Aufl. 2010, S. 50; *Vedder, Ch. W.:* Die auswärtige Gewalt des Europa der Neun, 1980; *ders.:* Die Außenbeziehungen der EU und die Mitgliedstaaten: Kompetenzen, gemischte Abkommen, völkerrechtliche Verantwortlichkeit und Wirkungen des Völkerrechts, EuR 2007, Beiheft 3, S. 57; *ders.:* Außenbeziehungen und Außenvertretung, in: Hummer, W./Obwexer, W. (Hrsg.): Der Vertrag von Lissabon, 2009, S. 267; *v. Arnauld, A. (Hrsg.):* Enzyklopädie Europarecht, Bd. 10, Europäische Außenbeziehungen, 2014.

a) Die Völkerrechtssubjektivität der Europäischen Union

73 Die Völkerrechtssubjektivität internationaler Organisationen ist gekennzeichnet durch deren Fähigkeit, Träger von völkerrechtlichen Rechten und Pflichten zu sein. Erst die Verleihung der Völkerrechtssubjektivität – regelmäßig durch den Gründungsvertrag – gibt einer internationalen Organisation ein rechtliches

Eigenleben. Aus der Völkerrechtssubjektivität internationaler Organisationen folgt regelmäßig ihre völkerrechtliche Handlungsfähigkeit, durch eigene Organe die Rechte und Pflichten der Organisation auf völkerrechtlicher Ebene wahrnehmen zu können. Der Europäischen Union wird seit dem Vertrag von Lissabon durch den EU-Vertrag explizit Völkerrechtssubjektivität zuerkannt (vgl. Rn. 38), wobei die ausdrückliche Normierung in Art. 47 EUV allerdings nur im Verhältnis zu den Mitgliedstaaten der Union Wirkung entfaltet. Sie ist damit *Trägerin von völkerrechtlichen Rechten und Pflichten* und jedenfalls an die Regeln des Völkergewohnheitsrechts gebunden, soweit dieses auf internationale Organisationen anwendbar ist (vgl. Rn. 38, 457).

Aufgrund der ausdrücklichen Zuerkennung von Völkerrechtssubjektivität an die Europäische Union ist sie nunmehr auch im Bereich der GASP und der GSVP (Art. 21 bis Art. 46 EUV) eine Trägerin von völkerrechtlichen Rechten und Pflichten. Der insoweit modifizierte, aber nicht aufgegebene intergouvernementale Charakter des Unionsrechts in diesem Bereich steht dem nicht entgegen (vgl. Rn. 1433)[12]. Trotz der nunmehr eigenen GASP-Befugnisse der Union – die allerdings ohne Durchgriffswirkung bleiben – sind es weiterhin die Mitgliedstaaten, welche diesen Politikbereich prägen. Die GASP bleibt daher eine vertraglich festgelegte Form der Koordinierung der Außenpolitiken der Mitgliedstaaten der Europäischen Union, wobei sich die Mitgliedstaaten durch Unionsmaßnahmen im Rat und im Europäischen Rat selbst Koordinationsvorgaben machen, ohne sich den Fremdeinwirkungen durch die anderen Unionsorgane auszusetzen. Da die außenpolitischen Kompetenzen der Mitgliedstaaten von den Koordinationskompetenzen der Union unberührt bleiben, ist der außenpolitische Auftritt der Union und ihrer Mitgliedstaaten weiterhin nicht einheitlich – es bleibt insofern bei einem oftmals vielstimmigen Durcheinander.

74

b) Die Vertragsschlusskompetenzen der Europäischen Union

Aufgrund ihrer Völkerrechtsfähigkeit besitzt die Europäische Union in den supranationalen Politikbereichen zugleich die *Fähigkeit, völkerrechtliche Verträge abzuschließen*[13]. Die Kompetenzen der Union in diesem Bereich werden von Art. 216 AEUV geregelt. Nach dieser Vorschrift kann die Union völkerrechtliche Übereinkommen zum einen dann schließen, wenn dies in den Verträgen vorgesehen ist. Damit kodifiziert die Vorschrift für den Abschluss völkerrechtlicher Verträge das Prinzip der begrenzten Einzelermächtigung (Rn. 178 ff.). Die Union darf demnach in all denjenigen Bereichen völkerrechtliche Verträge abschließen, in denen die Verträge ihr diese Kompetenz ausdrücklich zuweisen. Solche *ausdrücklichen Kompetenzen* enthalten z. B. Art. 207 AEUV für den Bereich der gemeinsamen Außenhandelspolitik, Art. 191 Abs. 4 AEUV für den Bereich der

75

---
12 *Pechstein*, JZ 2010, S. 425 ff.
13 So für die EG: EuGH, Rs. 22/70, Slg. 1971, S. 263, Rn. 13/14 – *AETR* (= P Nr. 47).

Umweltpolitik und Art. 217 AEUV für die Assoziierung mit dritten Staaten und anderen internationalen Organisationen.

76 Darüber hinaus benennt Art. 216 AEUV drei Konstellationen, in denen der Union eine *implizite Kompetenz* zum Abschluss völkerrechtlicher Verträge zusteht. So besteht eine Vertragsschlusskompetenz der Union zum einen dann, wenn der Abschluss eines völkerrechtlichen Vertrags notwendig ist, um eines der Ziele der Verträge zu verwirklichen. Weiter besteht eine Vertragsschlusskompetenz der Union, wenn sie sekundärrechtlich zum Vertragsschluss ermächtigt wurde. Insoweit kodifiziert Art. 216 AEUV die bisherige Rechtsprechung des EuGH zur „implied powers"-Lehre (Rn. 186)[14]. Danach verfügt die Union, früher die Gemeinschaft, immer dann über völkerrechtliche Handlungsfähigkeit, wenn der Vertrag ihr entsprechende Kompetenzen im Innenbereich überträgt (Parallelität zwischen Innen- und Außenkompetenzen, „AETR-Doktrin")[15] und die Union von ihrer internen Zuständigkeit bereits Gebrauch gemacht hat[16]. Solange und soweit die Union nach innen von einer Rechtsetzungskompetenz noch nicht Gebrauch gemacht hat, bleiben die Mitgliedstaaten zum Abschluss völkerrechtlicher Verträge berechtigt. Eine Vertragsschlusskompetenz der Union besteht nach der Rechtsprechung des EuGH ausnahmsweise auch dann, wenn sie zwar zuvor noch nicht intern von einer Rechtsetzungskompetenz Gebrauch gemacht hat, der Abschluss eines völkerrechtlichen Vertrags jedoch notwendig ist, um eines der Ziele der Unionsverträge zu verwirklichen[17]. Die dritte Konstellation, in welcher die Union über implizite Vertragsschlusskompetenzen verfügt, ist gegeben, wenn ein völkerrechtlicher Vertrag seinem Inhalt nach Sekundärrecht beeinträchtigen würde, falls er statt von der Union von den Mitgliedstaaten geschlossen würde[18].

77 Der Abschluss eines völkerrechtlichen Vertrags fällt in die *ausschließliche Zuständigkeit* der Union, „wenn der Abschluss einer solchen Übereinkunft in einem Gesetzgebungsakt der Union vorgesehen ist, wenn er notwendig ist, damit sie ihre interne Zuständigkeit ausüben kann, oder soweit er gemeinsame Regeln beeinträchtigen oder deren Tragweite verändern könnte" (Art. 3 Abs. 2 AEUV). Dagegen besteht lediglich eine *geteilte Zuständigkeit* gemäß Art. 2 Abs. 2 AEUV (Rn. 174 f.), wenn sich die Ermächtigung zum Abschluss eines völkerrechtlichen Vertrags aus einer Vorschrift der Verträge ergibt, die den Mitgliedstaaten aus-

---

14 *Pechstein*, Die Kodifizierung der AETR-Rechtsprechung durch den Vertrag von Lissabon, in: FS Klein, S. 619 ff.; *Streinz/Ohler/Herrmann*, Der Vertrag von Lissabon zur Reform der EU, S. 134; *Obwexer*, EuR 2012, Beiheft 2, S. 49, 56 f.
15 EuGH, Rs. 22/70, Slg. 1971, S. 263, Rn. 15/19 ff. – *AETR* (= P Nr. 47); EuGH, verb. Rs. 3, 4 u. 6/76, Slg. 1976, S. 1279, Rn. 30/31 – *Kramer* („*Biologische Schätze des Meeres*") (= P Nr. 48); EuGH, Rs. C-476/98, Slg. 2002, S. I-9855, Rn. 109 – *Kommission/Bundesrepublik Deutschland* („*Open Skies*") (= P Nr. 50).
16 EuGH, Gutachten 2/92, Slg. 1995, S. I-521, Rn. 31 – *OECD*.
17 EuGH, Gutachten 1/94, Slg. 1994, S. I-5267, Rn. 77 – *WTO/GATS/TRIPs* (= P Nr. 49); EuGH, Gutachten 2/92, Slg. 1995, S. I-521, Rn. 32 – *OECD*.
18 *Vedder*, in: Hummer/Obwexer (Hrsg.), Der Vertrag von Lissabon, 2009, S. 276.

drücklich eigene Vertragsschlusskompetenzen überlässt, oder wenn die Kompetenz in einem Rechtsakt der Union vorgesehen ist, der kein Gesetzgebungsakt (Rn. 343) ist. Im Fall der geteilten Zuständigkeit können sog. *gemischte Abkommen* geschlossen werden, bei denen neben der Union auch die Mitgliedstaaten Vertragsparteien sind.

Da auch der Beitritt zu einer internationalen Organisation durch völkerrechtlichen Vertrag erfolgt, kann die Europäische Union, sofern die Verträge ihr ausdrücklich oder implizit die Ermächtigung dazu erteilen, Mitglied anderer internationaler Organisationen sein. Zu beachten ist, dass die Europäische Union Rechtsnachfolgerin der aufgelösten Europäischen Gemeinschaft ist. Die Rechtsnachfolge in völkerrechtliche Verträge der EG – die EG war u. a. Mitglied der FAO (Food and Agriculture Organization), einer Sonderorganisation der Vereinten Nationen, und der Welthandelsorganisation (WTO) – wirkt allerdings nur vertraglich zwischen den Mitgliedstaaten der Union. Im Außenverhältnis zu Drittstaaten und sonstigen Völkerrechtssubjekten bestimmt sich die Rechtsnachfolge nach den allgemeinen Regeln des Völkerrechts, sie bedarf also der zumindest konkludenten Zustimmung der anderen Vertragsparteien.

Im Bereich der GASP kann die Union nach Art. 37 EUV Übereinkünfte mit anderen Staaten oder Internationalen Organisationen schließen. Solange die Union keine eigene Rechtspersönlichkeit besaß, war die entsprechende Bestimmung so zu verstehen, dass diese Abkommen letztlich in die Zuständigkeit der Mitgliedstaaten fielen. Mit der Schaffung einer eigenen Rechtspersönlichkeit der Union kann an der Vertragspartnerstellung der Union selbst nicht mehr gezweifelt werden. Freilich ist die Vertragsschlusskompetenz beschränkt auf den (bescheidenen) Umfang der eigenständigen GASP-Kompetenzen der Union. Die Vertragsschlusskompetenz nicht nur der Union, sondern auch der Mitgliedstaaten untereinander oder mit Drittstaaten wird allerdings durch den EuGH begrenzt[19]. Um die Einheitlichkeit und Autonomie des Unionsrechts zu wahren, müssen folgende Voraussetzungen gewahrt sein, sofern Übereinkommen die Befassung von weiteren Gerichten vorsehen: (1) Es darf keine Zuständigkeit für die Auslegung oder Anwendung des Unionsrechts über den eigenen völkerrechtlichen Regelungsbereich hinaus übertragen werden, und (2) die in den Abkommen vorgesehenen Gerichte dürfen keine Urteilssprüche erlassen können, die dazu führen, dass die Unionsorgane daran gehindert werden, gemäß dem verfassungsrechtlichen Rahmen der Union zu funktionieren[20].

---

19 EuGH, Gutachten 2/13, ECLI:EU:C:2014:2454 – *EMRK-Beitritt II* (= P Nr. 119); EuGH, Rs. C-284/16, ECLI:EU:C:2018:158 – *Achmea* (= P Nr. 58); EuGH, Gutachten 1/17, ECLI:EU:C:2019:341 – *CETA* (= P Nr. 59).
20 EuGH, Gutachten 1/17, ECLI:EU:C:2019:341, Rn. 119 – *CETA* (= P Nr. 59).

c) Das Vertragsschlussverfahren

80 Das *Vertragsschlussverfahren* bestimmt sich, sofern der AEU-Vertrag keine speziellen Vorschriften für bestimmte völkerrechtliche Verträge enthält (z. B. Art. 207 Abs. 3 und 4 AEUV für Handels- und Art. 219 AEUV für Währungsabkommen), nach Art. 218 AEUV. Die Vorschrift weist dem Rat eine zentrale Rolle zu. Er erteilt die Ermächtigung zur Aufnahme von Verhandlungen, legt Verhandlungsrichtlinien fest, genehmigt die Unterzeichnung und schließt die Übereinkünfte (Art. 218 Abs. 2 AEUV). Die Initiative für den Abschluss völkerrechtlicher Verträge liegt allerdings bei der Kommission oder, wenn sich die geplante Übereinkunft ausschließlich oder hauptsächlich auf die GASP bezieht, beim Hohen Vertreter. Diese legen dem Rat Empfehlungen vor (Art. 218 Abs. 3 Hs. 1 AEUV). Der Rat kann daraufhin einen Beschluss über die Aufnahme von Verhandlungen erlassen. Zudem hat er die Möglichkeit, den Verhandlungsführer oder den Leiter des Verhandlungsteams der Union zu benennen (Art. 218 Abs. 3 Hs. 2 AEUV). Vor dem Abschluss eines Abkommens hat eine Anhörung des Europäischen Parlaments zu erfolgen, die allein im Bereich der GASP entbehrlich ist (Art. 218 Abs. 6 UAbs. 2 lit. b AEUV). In bestimmten Fällen, außer im Bereich der GASP, ist darüber hinaus die Zustimmung des Europäischen Parlaments vorgeschrieben (Art. 218 Abs. 6 UAbs. 2 lit. a AEUV). Der Zustimmung bedürfen danach Assoziierungsabkommen, die Übereinkunft über den Beitritt der Union zur EMRK, Übereinkünfte, die einen besonderen institutionellen Rahmen schaffen, Übereinkünfte, die mit erheblichen finanziellen Folgen für die Gemeinschaft verbunden sind sowie Übereinkünfte in Bereichen, für die entweder das ordentliche Gesetzgebungsverfahren (Rn. 347 ff.) oder, wenn die Zustimmung des Europäischen Parlaments erforderlich ist, das besondere Gesetzgebungsverfahren gilt. Ob sich erhebliche finanzielle Belastungen ergeben, ist durch einen Vergleich der durch das Abkommen verursachten Ausgaben mit dem Gesamtbetrag der Unionsmittel für außenpolitische Maßnahmen zu bestimmen. Handelt es sich um ein sektorbezogenes Abkommen, z. B. um ein Fischereiabkommen, ist ergänzend auf den Gesamtbetrag der im Haushaltsplan für den betreffenden Sektor – ohne Unterscheidung nach internen und externen Maßnahmen – eingesetzten Mittel abzustellen[21].

81 Der eigentliche Vertragsschluss erfolgt durch den Rat (Art. 218 Abs. 2 AEUV). Er beschließt während des gesamten Verfahrens grundsätzlich mit qualifizierter Mehrheit. Er beschließt jedoch einstimmig, wenn die Übereinkunft einen Bereich betrifft, in dem für den Erlass eines Rechtsakts der Union Einstimmigkeit erforderlich ist, sowie bei Assoziierungsabkommen und Übereinkünften über wirtschaftliche, finanzielle und technische Zusammenarbeit mit Drittstaaten. Auch über die Übereinkunft über den Beitritt der Union zur EMRK beschließt der Rat einstimmig (Art. 218 Abs. 8 AEUV). Berührt ein völkerrechtlicher Ver-

---

21 EuGH, Rs. C-189/97, Slg. 1999, S. I-4741, Rn. 3 ff. – *Parlament/Rat*.

trag sowohl Zuständigkeiten der Union als auch der Mitgliedstaaten, werden sog. *gemischte Abkommen* geschlossen[22], bei denen neben der Union auch die Mitgliedstaaten Vertragsparteien sind (zur Bedeutung der Kompetenzverteilung für den Vertrag vgl. Rn. 171 ff.).

d) Die Deliktsfähigkeit der Europäischen Union

Eine Folge der Völkerrechtssubjektivität der Europäischen Union ist ihre *völkerrechtliche Deliktsfähigkeit*. Die Union haftet nach den Regeln des Völkergewohnheitsrechts für von ihren Organen begangene Völkerrechtsverletzungen, durch die anderen Völkerrechtssubjekten zurechenbar Schaden zugefügt worden ist *(aktive Deliktsfähigkeit)*. Es handelt sich dabei jedoch nicht um Fälle der vertraglichen oder außervertraglichen Haftung der Union (Art. 340 Abs. 1 und 2 AEUV; Rn. 628 ff.), sondern um im Völkergewohnheitsrecht begründete Ansprüche aus einem völkerrechtlichen Delikt. Die Europäische Union kann ihrerseits aber auch Opfer völkerrechtswidriger Handlungen anderer Völkerrechtssubjekte sein *(passive Deliktsfähigkeit)*. In Reaktion auf eine Verletzung ihr gegenüber bestehender völkerrechtlicher Pflichten kann die Union dabei auf das Instrumentarium des Völkergewohnheitsrechts zurückgreifen.

82

e) Das Gesandtschaftsrecht der Europäischen Union

Aus der Völkerrechtsfähigkeit der Union entspringt auch ihr *aktives und passives Gesandtschaftsrecht*. Regelungen hierzu finden sich in Art. 220 und Art. 221 AEUV. Ihr aktives Gesandtschaftsrecht nimmt die Union über sogenannte *Delegationen* wahr[23], die für die Vertretung der Union in Drittstaaten und bei internationalen Organisationen sorgen (Art. 221 Abs. 1 AEUV). Zwar sind Delegationen de jure keine Botschaften, sie werden aber de facto von den Staaten, in denen sie akkreditiert sind, als solche behandelt. Sie genießen die entsprechenden Vorrechte und Befreiungen. Die Delegationen der Union sind Teil des Europäischen Auswärtigen Dienstes (EAD; vgl. Rn. 1449) und unterstehen der Leitung des Hohen Vertreters. Sie werden in enger Zusammenarbeit mit den diplomatischen und konsularischen Vertretungen der Mitgliedstaaten tätig (Art. 221 Abs. 2 AEUV). Das passive Gesandtschaftsrecht nimmt die Union wahr, indem sie Vertretungen von Drittstaaten akkreditiert. Bei der Europäischen Union sind über 160 Vertretungen von Drittstaaten akkreditiert. In Artikel 16 des Protokolls Nr. 7 über die Vorrechte und Befreiungen der Europäischen Union wird bestimmt, dass der Mitgliedstaat, in dessen Hoheitsgebiet sich der Sitz der Union befindet, den bei der Union beglaubigten Vertretungen dritter Länder die üb-

83

---

22 Dazu *Kumin/Bittner*, EuR 2012, Beiheft 2, S. 75 ff.
23 Dazu *Schmalenbach*, EuR 2012, Beiheft 2, S. 205 ff.

lichen diplomatischen Vorrechte und Befreiungen gewährt. Die Union arbeitet nach Art. 220 AEUV auch mit den Organen der Vereinten Nationen und deren Sonderorganisationen, dem Europarat, der Organisation für Sicherheit und Zusammenarbeit in Europa (OSZE) und der Organisation für wirtschaftliche Zusammenarbeit und Entwicklung (OECD) zusammen und unterhält ferner Beziehungen zu anderen internationalen Organisationen.

5. Merksätze

84 Die **Europäische Union** ist eine durch den **Lissabonner Vertrag** neu geschaffene, rechtsfähige Integrationsgemeinschaft eigener Art. Sie ist Trägerin der ihr von den Mitgliedstaaten übertragenen Zuständigkeiten. Sie übt in diesen Bereichen eigene Hoheitsgewalt aus.

Die Europäische Union besitzt **Völkerrechtsfähigkeit,** d. h., sie ist Trägerin von völkerrechtlichen Rechten und Pflichten. Im Verhältnis zu den Mitgliedstaaten ergibt sich diese **Völkerrechtssubjektivität** aus Art. 47 EUV, im Verhältnis zu Drittstaaten und anderen internationalen Organisationen aus deren völkerrechtlicher Anerkennung der Union. Aus der Völkerrechtsfähigkeit der Europäischen Union folgen **ihre Fähigkeit, völkerrechtliche Verträge abzuschließen,** ihre **völkerrechtliche Deliktsfähigkeit** sowie ihr **Gesandtschaftsrecht.**

Das **Unionsrecht** besteht aus dem EU-Vertrag und dem AEU-Vertrag sowie der gleichrangig neben den Verträgen stehenden Europäischen Grundrechte-Charta **(primäres Unionsrecht)** und dem von den Unionsorganen erzeugten Recht **(sekundäres Unionsrecht).** Das sekundäre Unionsrecht, das in zahlreichen Fällen auch durch Mehrheitsbeschluss erlassen werden kann, ist für die Mitgliedstaaten und/oder für deren Individuen sowie Körperschaften weitgehend unmittelbar verbindlich bzw. anwendbar *(supranational).* Es hat dann Anwendungsvorrang vor nationalem Recht.

Im Bereich der GASP hat die Union seit dem Vertrag von Lissabon bestimmte eigene Kompetenzen erhalten, so dass die Mitgliedstaaten nicht mehr die alleinigen Träger der einschlägigen Kompetenzen sind. Eine Hoheitsrechtsübertragung hat jedoch insoweit – anders als in den supranationalen Politikbereichen – nicht stattgefunden. Der die Bestimmungen über die **GASP** kennzeichnende Begriff der „**Intergouvernementalität**" charakterisiert die völkerrechtliche Natur des GASP-Rechts und das Konsensverfahren in der GASP. In der GASP kann kein Mitgliedstaat gegen seinen Willen verpflichtet werden. Den Maßnahmen in der GASP fehlt die unmittelbare Anwendbarkeit in den Mitgliedstaaten sowie der Anwendungsvorrang vor nationalem Recht.

Das **Kohärenzgebot** gemäß Art. 7 AEUV und Art. 21 Abs. 3 UAbs. 2 EUV verlangt sowohl von den Mitgliedstaaten als auch von der Union, ihre einzelnen Handlungen, aber auch ihr grundsätzliches Politikverhalten in möglichst zusammenhängender und stimmiger Weise an den in Art. 3 EUV niedergelegten Unionszielen auszurichten.

In **institutioneller Hinsicht** soll die verbliebene **Verbundfunktion der Europäischen Union** durch einen **institutionellen Rahmen**, der sowohl die supranationalen Politikbereiche als auch den intergouvernementalen Politikbereich der GASP umspannt, verwirklicht werden, um die Realisierung des Kohärenzgebots sicherzustellen.

II. Die Verstärkte Zusammenarbeit von Mitgliedstaaten

Literaturhinweise: *Becker, U.:* Differenzierungen der Rechtseinheit durch „abgestufte Integration", EuR 1998, Beiheft 1, S. 29; *Buttlar, C. von:* Rechtsprobleme der „verstärkten Zusammenarbeit" nach dem Vertrag von Nizza, ZEuS 2001, S. 649; *Epiney, A./Abt, M. F./ Mosters, R.:* Der Vertrag von Nizza, DVBl. 2001, S. 941; *Hummer, W.:* Die Einrichtung der „Europäischen Staatsanwaltschaft" als bisher letzter Fall einer „verstärkten Zusammenarbeit" in der EU, ZfRV 2018, S. 4; *Jaeger, T.:* Einheitspatent – Zulässigkeit der Verstärkten Zusammenarbeit ohne Spanien und Italien, NJW 2013, S. 1998; *Martenczuk, B.:* Die differenzierte Integration nach dem Amsterdamer Vertrag, ZEuS 1998, S. 447; *Pechstein, M./ Koenig, Ch.:* Die Europäische Union, 3. Aufl. 2000, Rn. 301–302; *Streinz, R.:* Die verstärkte Zusammenarbeit: Eine realistische Form abgestufter Integration, JuS 2013, S. 892; *Thym, D.:* Flexible Integration – Garant oder Gefahr für die Einheit des Unionsrechts im Zeichen der Währungskrise?, EuR 2013, Beiheft 2, S. 23.

1. Grundregeln

Der EU-Vertrag enthält in Titel IV *allgemeine „Bestimmungen über eine Verstärkte Zusammenarbeit"*. Danach können die Mitgliedstaaten, die untereinander eine Verstärkte Zusammenarbeit im Rahmen der nicht ausschließlichen Zuständigkeit der Union begründen wollen, in den Grenzen und nach Maßgabe des Art. 20 EUV und der Art. 326 bis Art. 334 AEUV die Organe der Union in Anspruch nehmen und diese Zuständigkeiten unter Anwendung der einschlägigen Bestimmungen der Verträge ausüben. Eine Verstärkte Zusammenarbeit soll flexible Entscheidungsmechanismen für einen kleineren Kreis von Unionsstaaten gewährleisten, um diesen zu ermöglichen, in der Integration weiter voranzuschreiten, auch wenn sich nicht alle Mitgliedstaaten auf einen entsprechenden weiteren Schritt verständigen können. Aufgrund der Erweiterung der Union auf 27 Mitgliedstaaten und weiteren möglichen Beitritten (Albanien, Nordmazedonien) und der daraus resultierenden immer stärker werdenden wirtschaftlichen, politischen und kulturellen Divergenz zwischen den Mitgliedstaaten ist die Bereitstellung eines entsprechenden Instrumentariums erforderlich, um modellhafte Fortentwicklungen zu ermöglichen. Die Verstärkte Zusammenarbeit darf nur als letztes Mittel aufgenommen werden, wenn der Rat zu dem Schluss gelangt ist, dass die mit der Zusammenarbeit verfolgten Ziele von der Union in ihrer Gesamtheit nicht innerhalb eines vertretbaren Zeitraums verwirklicht werden können (Art. 20 Abs. 2 Satz 1 EUV). Maßnahmen im Rahmen einer Verstärkten Zusammenarbeit binden nur die beteiligten Staaten. Sie gelten nicht als Besitzstand, der von beitrittswilligen Staaten angenommen werden muss (Art. 20 Abs. 4 EUV). Die sich aus der Durchführung einer Verstärkten Zusammenarbeit ergebenden Ausgaben, mit Ausnahme der Verwaltungskosten der Organe, werden von den beteiligten Mitgliedstaaten getragen, sofern nicht der Rat etwas anderes beschließt (Art. 332 AEUV).

86 Eine Verstärkte Zusammenarbeit ist nur zulässig, sofern sie
– darauf ausgerichtet ist, die Ziele der Union zu fördern, ihre Interessen zu schützen und diesen zu dienen sowie ihren Integrationsprozess zu stärken (Art. 20 Abs. 1 UAbs. 2 Satz 1 EUV),
– die Verträge und das Recht der Union beachtet (Art. 326 Satz 1 AEUV),
– im Rahmen der Zuständigkeit der Union bleibt und sich nicht auf Bereiche erstreckt, die unter die ausschließliche Zuständigkeit der Union fallen (Art. 20 Abs. 1 UAbs. 1 EUV)[24],
– den Binnenmarkt und den wirtschaftlichen, sozialen und territorialen Zusammenhalt nicht beeinträchtigt (Art. 326 Satz 2 AEUV),
– keine Behinderung oder Diskriminierung des Handels zwischen den Mitgliedstaaten darstellt und die Wettbewerbsbedingungen zwischen diesen nicht verzerrt (Art. 326 Satz 3 AEUV),
– mindestens neun Mitgliedstaaten umfasst (Art. 20 Abs. 1 UAbs. 2 Satz 2 EUV),
– die Zuständigkeiten, Rechte und Pflichten der nicht an der Zusammenarbeit beteiligten Mitgliedstaaten beachtet (Art. 327 Satz 1 AEUV) und
– allen Mitgliedstaaten jederzeit offensteht (Art. 20 Abs. 1 UAbs. 2 Satz 2 EUV).
Die vielfältigen Formen differenzierter Integration werfen auch komplexe Rechtsschutzfragen auf[25].

2. Verfahren

87 Das Verfahren zur Begründung einer Verstärkten Zusammenarbeit ist in Art. 329 AEUV geregelt. Eine Verstärkte Zusammenarbeit setzt danach einen Antrag der Mitgliedstaaten, die eine solche Zusammenarbeit beabsichtigen, an die Kommission voraus, welche ihrerseits dem Rat einen entsprechenden Vorschlag vorlegen

---
24 Dazu EuGH, verb. Rs. C-274/11 u. C-295/11, ECLI:EU:C:2013:240, Rn. 16 ff. – *Spanien u. Italien/Rat.*
25 Hierzu *Pechstein*, EuR 2013, Beiheft 2, S. 71 ff.

kann. In dem Antrag müssen der Anwendungsbereich und die Ziele aufgeführt werden, die mit der Verstärkten Zusammenarbeit angestrebt werden (Art. 329 Abs. 1 UAbs. 1 AEUV). Die Ermächtigung zur Einleitung einer Verstärkten Zusammenarbeit wird vom Rat auf Vorschlag der Kommission und nach Zustimmung des Europäischen Parlaments erteilt (Art. 329 Abs. 1 UAbs. 2 AEUV). An den Beratungen des Rates können alle Mitgliedstaaten teilnehmen. Damit wird gewährleistet, dass auch die nicht beteiligten Staaten über alles informiert sind, was im Rahmen der Verstärkten Zusammenarbeit geschieht. Stimmberechtigt sind allerdings nur die an der Verstärkten Zusammenarbeit beteiligten Mitgliedstaaten (Art. 20 Abs. 3 EUV, Art. 330 Satz 1 AEUV). Der Rat erteilt die Ermächtigung zur Verstärkten Zusammenarbeit mit qualifizierter Mehrheit, die sich nach Art. 238 Abs. 3 AEUV bestimmt (Art. 330 Satz 3 AEUV). Nach Art. 331 AEUV kann sich jeder Mitgliedstaat auch später einer bereits bestehenden Verstärkten Zusammenarbeit anschließen.

Die Rechtsakte, die zur Durchführung einer Verstärkten Zusammenarbeit ergehen[26], haben die *Rechtsnatur und Wirkungsweise*, die das *Unionsrecht* den betreffenden Maßnahmen auch ansonsten zuweist. Dies bedeutet, dass sie ggf. unmittelbar anwendbar sind und dann Anwendungsvorrang vor nationalem Recht haben und mit dem Primärrecht vereinbar sein müssen. Die Besonderheit gegenüber den sonstigen Rechtsakten der Union besteht nur in ihrer *territorial auf die teilnehmenden Mitgliedstaaten beschränkten Geltung* (Art. 20 Abs. 4 EUV). Es handelt sich mithin um *sekundäres Sonderrecht*[27]. Im Verhältnis zum regulären Sekundärrecht ergeben sich allerdings beachtliche Probleme, welche die dogmatische Grundproblematik der Verstärkten Zusammenarbeit verdeutlichen. Geht man davon aus, dass der Rat, der im Rahmen einer Verstärkten Zusammenarbeit handelt, nicht identisch ist mit dem regulären Rat[28], dann können in dem Verhältnis des Sondersekundärrechts zum regulären Sekundärrecht nicht die lex-posterior- und die lex-specialis-Regel gelten[29], da die Normen von verschiedenen Normsetzern stammen. Gleichwohl wirft die Behauptung der Organdifferenz und die daraus folgende Umleitung der Zurechnung zu den an der Verstärkten Zusammenarbeit beteiligten Staaten – anstelle einer Zurechnung zu der Union selbst – die Frage auf, ob es sich bei diesen Durchführungsmaßnahmen wirklich um Unionsrecht handeln kann. An dem Willen der Vertragsstaaten, eine derartige Einbettung der Verstärkten Zusammenarbeit vorzunehmen, kann indes nicht ernstlich gezweifelt werden. Vorgeschlagen wird daher eine *Vorrangigkeit des regulären Sekundärrechts vor den Durchführungsmaßnahmen einer*

88

---

26 Zu den einzelnen Rechtsakten vgl. Martenczuk, ZEuS 1998, S. 447, 467.
27 So zutreffend *Hatje*, in: Schwarze/Becker/Hatje/Schoo (Hrsg.), EU-Kommentar, Art. 20 EUV Rn. 40.
28 So *Hatje*, in: Schwarze/Becker/Hatje/Schoo (Hrsg.), EU-Kommentar, Art. 20 EUV Rn. 34.
29 *Becker*, EuR 1998, Beiheft 1, S. 29, 53; *Hatje*, in: Schwarze/Becker/Hatje/Schoo (Hrsg.), EU-Kommentar, Art. 20 EUV Rn. 34.

Verstärkten Zusammenarbeit[30]. Dies lässt sich jedenfalls damit begründen, dass das reguläre Sekundärrecht über die primärrechtlichen Voraussetzungen der Zulässigkeit einer Verstärkten Zusammenarbeit praktisch durchgängig unangreifbar gestellt wird. Ob der Vorrang des regulären Sekundärrechts dabei als aus ihm selbst folgend oder über das Primärrecht vermittelt angesehen wird, ist im Ergebnis unerheblich.

89 Im *Bereich der GASP* sieht Art. 329 Abs. 2 AEUV einige besondere Verfahrensvoraussetzungen vor. Eine Verstärkte Zusammenarbeit in diesem Bereich setzt danach einen Antrag der beteiligten Mitgliedstaaten an den Rat voraus. Der Rat übermittelt den Antrag sodann dem Hohen Vertreter der Union für Außen- und Sicherheitspolitik sowie der Kommission, welche zur Kohärenz der beabsichtigten Verstärkten Zusammenarbeit mit der GASP bzw. mit der Politik der Union in anderen Bereichen Stellungnahmen abgeben. Ferner wird der Antrag dem Europäischen Parlament zur Unterrichtung übermittelt. Der Rat erteilt die Ermächtigung zur Verstärkten Zusammenarbeit nach Anhörung von Kommission und Hohem Vertreter sowie nach Unterrichtung des Europäischen Parlaments *einstimmig*. Die Einstimmigkeit bezieht sich dabei allein auf die Stimmen der an der Verstärkten Zusammenarbeit beteiligten Mitgliedstaaten (Art. 330 Satz 3 AEUV).

3. Merksätze

90 Bestimmungen über eine **Verstärkte Zusammenarbeit** finden sich in **Art. 20 EUV** und **Art. 326 bis Art. 334 AEUV**. Die Verstärkte Zusammenarbeit soll es einem **kleineren Kreis von Mitgliedstaaten** ermöglichen, in der Integration zunächst weiter voranzuschreiten.

Für eine Verstärkte Zusammenarbeit im Bereich der GASP sieht **Art. 329 Abs. 2 AEUV spezifische Verfahrensregelungen** vor. Eine Verstärkte Zusammenarbeit steht jedem Mitgliedstaat offen, der sich nachträglich anschließen will.

III. Die EU-Vertragsänderung

Literaturhinweise: *Franzius, C.:* Kommentierung zu Art. 48 EUV, in: Pechstein, M./Nowak, C./Häde, U. (Hrsg.): Frankfurter Kommentar zu EUV, GRC und AEUV, 2017; *Klein, E.:* Kommentierung zu Art. N EUV, in: Hailbronner, K./Klein, E./Magiera, S./Müller-Graff, P.-Ch., Handkommentar zum Vertrag über die Europäische Union (EU/EG), Loseblattausgabe, Stand: November 1998; *Kumin, A. J.:* Vertragsänderungsverfahren und Austrittsklausel, in: Hummer, W./Obwexer, W. (Hrsg.): Der Vertrag von Lissabon, 2009,

---

30 *Becker*, EuR 1998, Beiheft 1, S. 29, 53; *Hatje*, in: Schwarze/Becker/Hatje/Schoo (Hrsg.), EU-Kommentar, Art. 20 EUV Rn. 34.

S. 301; *Nettesheim, M.:* Normenhierarchien im EU-Recht, EuR 2006, S. 737; *Pechstein, M./Koenig, Ch.:* Die Europäische Union, 3. Aufl. 2000, Rn. 471–502; *Sichert, M.:* Grenzen der Revision des Primärrechts in der Europäischen Union, 2005; *Streinz, R./Ohler, Ch./ Herrmann, Ch.:* Der Vertrag von Lissabon zur Reform der EU, 3. Aufl. 2010, S. 52.

1. Die unionsvertraglichen Änderungsverfahren

Kannte das Unionsrecht bis zum Inkrafttreten des Vertrags von Lissabon nur ein einheitliches vertraglich geregeltes Verfahren zur Änderung der Verträge, auf denen die Union beruht, stehen in Art. 48 EUV nunmehr ein *ordentliches Änderungsverfahren* (Art. 48 Abs. 2 bis Abs. 5 EUV) und zwei *vereinfachte Änderungsverfahren* (Art. 48 Abs. 6 und 7 EUV) zur Verfügung. Das *ordentliche Vertragsänderungsverfahren* (Art. 48 Abs. 2 bis Abs. 5 EUV) unterteilt sich seinerseits wiederum in zwei Verfahrensvarianten. Alle Verfahren sind durch eine verstärkte Einbeziehung der Parlamente der Mitgliedstaaten und eine wichtige Rolle des Europäischen Rates – nunmehr Organ der neuen Union, Art. 13 Abs. 2 EUV – gekennzeichnet.

91

a) Das ordentliche Änderungsverfahren

Ist dem Rat ein Entwurf durch eine mitgliedstaatliche Regierung, das Europäische Parlament oder die Kommission vorgelegt worden, ist dieser dem Europäischen Rat sowie den nationalen Parlamenten zu übermitteln (Art. 48 Abs. 2 EUV). Der Europäische Rat hat nach einer Prüfung des Entwurfs und nach Anhörung des Europäischen Parlaments und der Kommission, bei institutionellen Änderungen im Währungsbereich auch nach Anhörung der EZB, mit einfacher Mehrheit zu beschließen, ob er entweder zunächst einen Konvent (Art. 48 Abs. 3 UAbs. 1 EUV) oder gleich eine Regierungskonferenz (Art. 48 Abs. 3 UAbs. 2 EUV) einberuft. Eine ablehnende Stellungnahme des Parlaments, der Kommission oder der Europäischen Zentralbank hindert nicht den Fortgang des Vertragsänderungsverfahrens. Spricht sich der Europäische Rat jedoch weder für die Einsetzung eines Konvents noch für die Einberufung einer Regierungskonferenz aus, ist das ordentliche Änderungsverfahren gescheitert.

92

Entscheidet sich der Europäische Rat für einen Konvent, besteht dieser aus Vertretern der nationalen Parlamente, der Staats- und Regierungschefs der Mitgliedstaaten, des Europäischen Parlaments und der Kommission (Art. 48 Abs. 3 UAbs. 1 Satz 1 EUV). Die Option, einen Konvent einzuberufen, besitzt der Europäische Rat freilich nur, wenn der Umfang oder die Bedeutung der ins Auge gefassten Vertragsrevision dies rechtfertigt. Der Konvent prüft die Änderungsentwürfe und legt einer im Anschluss einzuberufenden Regierungskonferenz Empfehlungen vor (Art. 48 Abs. 3 UAbs. 1 Satz 3 EUV). Er arbeitet jedoch nicht mehr selbst den Vertragsentwurf aus.

93

94 Der Europäische Rat kann aber auch beschließen, sofern es sich um keine bedeutenden Vertragsänderungen handelt, keinen Konvent einzuberufen und einen Änderungsentwurf unmittelbar einer Regierungskonferenz vorzulegen. Ein solcher Beschluss setzt jedoch zum einen die Zustimmung des Europäischen Parlaments voraus und ist zum anderen auf kleinere Vertragsrevisionen beschränkt (Art. 48 Abs. 3 UAbs. 2 EUV). Aufgabe einer Revisionskonferenz von Regierungsvertretern der Mitgliedstaaten ist es, im Rahmen zwischenstaatlicher Verhandlungen die Vertragsänderungen inhaltlich abzustimmen und zu vereinbaren. Die Regierungskonferenz ist dabei inhaltlich nicht an die Ergebnisse des Konvents gebunden und kann frei entscheiden, welche Vertragsänderungen völkerrechtlich vereinbart werden[31].

95 Vertragsänderungen treten in Kraft, nachdem sie von allen Mitgliedstaaten gemäß ihren verfassungsrechtlichen Vorschriften ratifiziert worden sind. Diese tatbestandliche Bezugnahme des Art. 48 Abs. 4 UAbs. 2 EUV auf die verfassungsrechtlichen Bestimmungen der Mitgliedstaaten stellt nicht nur eine in völkerrechtlichen Verträgen häufig verwendete allgemeine Ratifikationsklausel des Inhalts dar, dass Ratifikationen nach Maßgabe des nationalen Verfassungsrechts zu erfolgen haben. Vielmehr begründet Art. 48 Abs. 4 EUV eine echte unionsrechtliche Wirksamkeitsvoraussetzung für Vertragsänderungen. Erst nachdem die Änderungen gemäß den verfassungsrechtlichen Vorschriften innerstaatlich gebilligt worden sind, kann das in den Mitgliedstaaten jeweils zuständige Organ – nach Art. 59 Abs. 1 GG in der Bundesrepublik der Bundespräsident – die völkerrechtliche Ratifikationshandlung vornehmen. Diese erfolgt durch die Hinterlegung der Ratifikationsurkunde bei der Regierung der Italienischen Republik, dem Depositar der Europäischen Union (vgl. Art. 54 EUV).

b) Die vereinfachten Änderungsverfahren

aa) Das vereinfachte Verfahren nach Art. 48 Abs. 6 EUV

96 Änderungen des Dritten Teils des AEU-Vertrags über die internen Politikbereiche (Art. 26 bis Art. 197 AEUV) sind daneben auch in einem *vereinfachten Änderungsverfahren nach Art. 48 Abs. 6 EUV* möglich. Eine vereinfachte Vertragsänderung nach Art. 48 Abs. 6 EUV darf jedoch keine Ausweitung der Unionskompetenzen bewirken (Art. 48 Abs. 6 UAbs. 3 EUV)[32]. Im vereinfachten Verfahren kann der Europäische Rat über Änderungsvorschläge der Regierung eines Mitgliedstaates, des Europäischen Parlaments oder der Kommission einstimmig nach Anhörung des Europäischen Parlaments und der Kommission – im Währungsbereich auch nach Anhörung der EZB – beschließen. Der Än-

---

31 Vgl. BVerfGE 123, 267, 385 – *Lissabon*.
32 Zur Einfügung von Art. 136 Abs. 3 AEUV im Verfahren nach Art. 48 Abs. 6 EUV vgl. EuGH, Rs. C-370/12, ECLI:EU:C:2012:756, Rn. 45 ff. – *Pringle*.

derungsbeschluss bedarf der Zustimmung aller Mitgliedstaaten im Einklang mit ihren verfassungsrechtlichen Bestimmungen (Art. 48 Abs. 6 UAbs. 2 Satz 3 EUV), in Deutschland also eines Gesetzes nach Art. 23 Abs. 1 Satz 2 GG[33].

bb) Das Brückenverfahren nach Art. 48 Abs. 7 EUV

Im *vereinfachten Änderungsverfahren nach Art. 48 Abs. 7 EUV* (sog. *Passerelle-Regelung* oder *Brückenklausel*) kann der Europäische Rat über Verfahrensänderungen beschließen. Es kann sich dabei entweder um den Übergang von einer im AEU-Vertrag oder in Titel V EU-Vertrag vorgeschriebenen Einstimmigkeit im Rat zur qualifizierten Mehrheit handeln (Art. 48 Abs. 7 UAbs. 1 EUV) oder im Rahmen des AEU-Vertrags um den Übergang von einem besonderen zum ordentlichen Gesetzgebungsverfahren (Art. 48 Abs. 7 UAbs. 2 EUV). Das vereinfachte Verfahren nach Art. 48 Abs. 7 EUV gilt jedoch nicht für Beschlüsse mit militärischen oder verteidigungspolitischen Bezügen (Art. 48 Abs. 7 UAbs. 1 Satz 2 EUV). Nach der Rechtsprechung des BVerfG im *Lissabon*-Urteil darf eine Zustimmung des deutschen Regierungsvertreters im Europäischen Rat zu einer Vertragsänderung nach Art. 48 Abs. 7 EUV jeweils nur auf der Grundlage eines vorherigen Gesetzes gemäß Art. 23 Abs. 1 Satz 2 und ggf. Satz 3 GG[34] erfolgen. Dies soll nach Auffassung des BVerfG die vertraglich nicht vorgesehene Ratifikation der Vertragsänderung durch die nationalen Parlamente kompensieren.

97

Jede vom Europäischen Rat ausgehende Änderungsinitiative ist den nationalen Parlamenten zu übermitteln. Lehnt ein nationales Parlament eine vorgeschlagene Änderung innerhalb von sechs Monaten ab, ist die Vertragsänderung gescheitert (Art. 48 Abs. 7 UAbs. 3 EUV). Erfolgt keine Ablehnung, kann der Europäische Rat die vorgeschlagene Änderung nach Zustimmung des Europäischen Parlaments einstimmig beschließen (Art. 48 Abs. 7 UAbs. 3 Satz 3, UAbs. 4 EUV). Einer anschließenden Zustimmung der Mitgliedstaaten gemäß ihren verfassungsrechtlichen Vorschriften bedarf es nicht. Im Integrationsverantwortungsgesetz (IntVG)[35], dem deutschen Begleitgesetz zum Vertrag von Lissabon, ist geregelt, dass der Bundestag eine Änderungsinitiative nach Art. 48 Abs. 7 EUV ablehnen kann, wenn sich die Verfahrensänderung auf eine Materie bezieht, die im Schwerpunkt ausschließliche Gesetzgebungsbefugnisse des Bundes betrifft (§ 10 Abs. 1 Nr. 1 IntVG). In allen anderen Fällen sind sowohl der Bundestag als auch der Bundesrat zu einer Ablehnung befugt (§ 10 Abs. 1 Nr. 2 IntVG). Hierdurch wurden die Vorgaben des *Lissabon*-Urteils des BVerfG (Rn. 36) umgesetzt.

98

---

33 BVerfGE 123, 267, 387 – *Lissabon*.
34 BVerfGE 123, 267, 390 f. – *Lissabon*.
35 BGBl. 2009 I S. 3022.

c) Kein änderungsfester Kern des Unionsrechts

99 Eine *Hierarchisierung der Unionsrechtsordnung* dergestalt, dass bestimmte Norminhalte – in Entsprechung zu Art. 79 Abs. 3 GG – der Änderung in den Verfahren nach Art. 48 EUV nicht zugänglich wären, lässt sich weder Art. 48 EUV selbst noch einer anderen Bestimmung des Unionsrechts entnehmen. Fraglich ist in diesem Zusammenhang, wie der Ausspruch des EuGH in seinem ersten EWR-Gutachten[36] zu verstehen ist, wonach eine (implizite) „Änderung der Grundlagen der Gemeinschaft" durch Abschluss eines Assoziierungsabkommens (Art. 238 EWG) nicht möglich sei. Der Gerichtshof befand die Vertragsabschlussbefugnis nach Art. 238 EWG für nicht ausreichend, um ein EWR-Gerichtssystem zu errichten, dessen Rechtsprechung auch die EG binden sollte und damit das Rechtsprechungsmonopol des EuGH als eine der „Grundlagen der Gemeinschaft"[37] beeinträchtigt. Darüber hinaus wird das Gutachten des EuGH jedoch teilweise auch dahingehend verstanden, dass im Rechtsschutzsystem der Union sogar ein *änderungsfester Kern der Gründungsverträge* liegt, der auch im förmlichen Vertragsrevisionsverfahren nach Art. 48 EUV nicht mehr zur Disposition der Mitgliedstaaten stehe[38]. Dies bezieht sich auf folgende Formulierung des EuGH: „Aus denselben Gründen könnte eine Änderung dieser Bestimmung [Art. 164 EWG][39] in dem von der Kommission angesprochenen Sinne[40] die Unvereinbarkeit des Gerichtssystems des Abkommens mit dem Gemeinschaftsrecht nicht beseitigen"[41]. Dieses Verständnis des ersten EWR-Gutachtens ist allerdings *nicht zwingend*[42]. Aufgrund von Richterrecht kann eine mit Art. 79 Abs. 3 GG vergleichbare Unantastbarkeitsgarantie – ohne entsprechende Anhaltspunkte in den Gründungsverträgen – gewiss nicht wirksam geschaffen werden. Mit einem solchen Unterfangen würde der Gerichtshof sich auch übernehmen. Soweit dagegen außerhalb dieser Judikatur ein für die Unionsstaaten unveränderbarer Kern des Unionsrechts im Sinne gemeinsamer Strukturprinzipien angenommen wird[43], beruht dieser nicht auf dem Unionsrecht, sondern wird hiervon als durch die natio-

---

36 EuGH, Gutachten 1/91, Slg. 1991, S. I-6079 – *EWR I*.
37 EuGH, Gutachten 1/91, Slg. 1991, S. I-6079, Rn. 71 – *EWR I*.
38 *Da Cruz Vilaca/Picarra*, CDE 1993, S. 26; *Gialdino*, CMLR 1995, S. 1089, 1110; *Klein*, in: HK-EU, Art. N EUV Rn. 15: „(...) ein zentraler Angriff auf die Rechtsstellung der Mitgliedstaaten als Herren der Verträge"; *Reinisch*, ÖJZ 1992, S. 321, 325.
39 Anm. der Verfasser.
40 *Klein*, in: HK-EU, Art. N EUV Rn. 15, bezieht dies auf Art. 236 EWG.
41 EuGH, Gutachten 1/91, Slg. 1991, S. I-6079, Rn. 72 – *EWR I*.
42 Aufgrund der völlig unsystematischen Beantwortung der von der Kommission gestellten Fragen durch den EuGH lässt sich diese Passage auch als auf die dritte und nicht auf die vierte Frage bezogen (Slg. 1991, S. I-6094) interpretieren. In diesem Falle wäre ihr eine so weitgehende Bedeutung nicht beizumessen. Ablehnend auch *Herrnfeld*, in: Schwarze/Becker/Hatje/Schoo (Hrsg.), EU-Kommentar, Art. 48 EUV Rn. 13; *Heintzen*, EuR 1994, S. 35, 38.
43 So z. B. *Everling*, FS Bernhardt, S. 1161, 1170; *Herdegen*, FS Everling, S. 447, 458 ff.; *Vedder*, EuR 1999, Beiheft 1, S. 7, 38; dazu auch *Herrnfeld*, in: Schwarze/Becker/Hatje/Schoo (Hrsg.), EU-Kommentar, Art. 48 EUV Rn. 14.

nalen Verfassungsordnungen vorgegeben anerkannt[44]. Auch Art. 2 EUV weist diesen Strukturprinzipien keinen Rang zu, der sie Art. 48 EUV entziehen würde, sondern fordert von den Unionsstaaten lediglich ihre Aufrechterhaltung[45].

2. Nichtförmliche Vertragsänderungen nach allgemeinem Völkerrecht

Vom förmlichen Vertragsrevisionsverfahren nach Art. 48 EUV ist die nichtförmliche Vertragsänderung nach allgemeinen völkerrechtlichen Grundsätzen zu unterscheiden. Danach haben die Staaten das Recht, einen Vertrag jederzeit im Konsens auch formfrei wieder zu ändern und können sich insbesondere von zunächst vereinbarten Änderungsmodalitäten wieder lösen. Die in Art. 48 EUV vorgeschriebenen Verfahren stellen keine Kodifikation von „ius cogens" (Art. 53 WVK) des allgemeinen Völkerrechts dar. Auch fehlen Anhaltspunkte dafür, dass die Mitgliedstaaten einvernehmlich ihre völkerrechtliche Kapazität, Übereinkünfte an Art. 48 EUV vorbei zu treffen, dinglich aufgeben wollten. Die Staaten besitzen weiterhin die Fähigkeit, wirksame völkerrechtliche Änderungsverträge auch jenseits des in Art. 48 EUV vorgeschriebenen Verfahrens abzuschließen. Solche Vertragsänderungen sind trotz ihrer Unionsrechtswidrigkeit gleichwohl völkerrechtlich wirksam.

100

3. Merksätze

Änderungen der Verträge sind im Rahmen der in **Art. 48 EUV** geregelten Verfahren zulässig. Art. 48 EUV stellt **ein ordentliches** und **zwei vereinfachte** Vertragsänderungsverfahren zur Verfügung.

101

Vertragsänderungen müssen nach dem **ordentlichen Verfahren** folgende **Verfahrensschritte** durchlaufen:

(1) Die Regierung eines Mitgliedstaates, das Europäische Parlament oder die Kommission legt dem Rat einen **Änderungsentwurf** vor, der dem Europäischen Rat und den mitgliedstaatlichen Parlamenten zuzuleiten ist,

(2) der Europäische Rat kann nach **Anhörung** des Europäischen Parlaments, der Kommission bzw. der Europäischen Zentralbank entweder

 (a) einen **Konvent** einberufen, der die Entwürfe prüft und einer Regierungskonferenz Empfehlungen vorlegt, oder

 (b) ohne Einberufung eines Konvents den Entwurf unmittelbar einer **Regierungskonferenz** vorlegen,

---

44 *Bieber*, RMC 1993, S. 343, 348.
45 Offengelassen von *Herdegen*, FS Everling, S. 447, 459 f.

(3) die von der Regierungskonferenz vereinbarten Änderungen werden von allen Unionsstaaten **gemäß ihren verfassungsrechtlichen Vorschriften ratifiziert** und

(4) alle Unionsstaaten hinterlegen ihre **Ratifikationsurkunden** bei der Regierung der Italienischen Republik.

Im vereinfachten **Verfahren nach Art. 48 Abs. 6 EUV** beschließt der Europäische Rat selbst über Vertragsänderungen betreffend die im Dritten Teil des AEU-Vertrags geregelten internen Politikbereiche, ohne dass eine Regierungskonferenz einberufen werden muss. Der Änderungsbeschluss des Europäischen Rates tritt allerdings erst in Kraft, nachdem alle Mitgliedstaaten im Einklang mit ihren verfassungsrechtlichen Bestimmungen zugestimmt haben. In Deutschland bedarf es hierzu eines Gesetzes gemäß Art. 23 Abs. 1 Satz 2 GG.

Im vereinfachten **Brückenverfahren nach Art. 48 Abs. 7 EUV** kann der Europäische Rat mit Zustimmung des Europäischen Parlaments bestimmte Verfahrensänderungen beschließen. Die Zustimmung des deutschen Vertreters im Europäischen Rat zu einer Vertragsänderung darf nach der Rechtsprechung des BVerfG nur auf der Grundlage eines Gesetzes gemäß Art. 23 Abs. 1 Satz 2 GG erfolgen. Eine positive Zustimmung der nationalen Parlamente wird dabei nicht vorausgesetzt, jedoch besitzt jedes mitgliedstaatliche Parlament ein Veto-Recht.

Unter **Verstoß gegen Art. 48 EUV** vereinbarte **Vertragsänderungen** sind trotz ihrer **Unionsrechtswidrigkeit** gleichwohl **völkerrechtlich wirksam**.

IV. Der Beitritt zur Europäischen Union

Literaturhinweise: *Bergmann, J.:* Die Osterweiterung der Europäischen Union, ZRP 2001, S. 18; *Geißler, T.:* Rechtsstaatliche Probleme bei der EU-Erweiterung. Erfahrungen aus dem EU-Beitritt Bulgariens und Rumäniens – 10 Thesen zu künftigen Erweiterungen, ZRP 2013, S. 205; *Hatje, A.:* Grenzen der Flexibilität einer erweiterten Europäischen Union, EuR 2005, S. 148; *Hölscheidt, S.:* Voraussetzungen der Osterweiterung der EU, JA 2001, S. 85; *Kolb, A.:* Die Staaten Mittel- und Osteuropas auf dem Weg in die Europäische Union, DVP 2002, S. 135; *Langenfeld, Ch.:* Erweiterung ad infinitum? – Zur Flexibilität der Europäischen Union, ZRP 2005, S. 73; *Lazowski, A.:* And then they were twenty-seven – A legal appraisal of the Sixth Accession Treaty, CMLR 2007, S. 401; *Pechstein, M.:* Osterweiterung und Zukunftsperspektiven der Europäischen Union, ZfRV 1996, S. 108; *Pechstein, M./Koenig, Ch.:* Die Europäische Union, 3. Aufl. 2000, Rn. 412–456; *Preston, Ch.:* Enlargement and Integration in the European Union, 1997, S. 10; *Priebe, R.:* Beitrittsperspektive und Verfassungsreform in den Ländern des westlichen Balkans, EuR 2008, S. 301; *Radlgruber, E./Terle, C.:* Sezession in einem Mitgliedstaat der EU – Analyse der unionsrechtlichen Auswirkungen am Beispiel Schottlands, ZfRV 2014, S. 148; *Šarčevič, E.:* EU-Erweiterung nach Art. 49 EUV: Ermessensentscheidung und Beitrittsrecht, EuR 2002, S. 461; *Streinz, R./Ohler, Ch./Herrmann, Ch.:* Der Vertrag von Lissabon zur Reform der EU, 3. Aufl. 2010, S. 47.

1. Die Beitrittsvoraussetzungen

Nach Art. 49 Abs. 1 EUV steht die Europäische Union allen europäischen Staaten offen, welche die in Art. 2 EUV genannten Werte achten und – dies ist neu – sich für ihre Förderung einsetzen. Die in Art. 2 Satz 1 EUV genannten Werte, auf die sich die Union gründet, sind die Achtung der Menschenwürde, Freiheit, Demokratie, Gleichheit, Rechtsstaatlichkeit und die Wahrung der Menschenrechte einschließlich der Rechte der Personen, die Minderheiten angehören. Art. 2 Satz 2 EUV postuliert, dass diese Werte allen Mitgliedstaaten in einer Gesellschaft gemeinsam sind, die sich durch Pluralismus, Nichtdiskriminierung, Toleranz, Gerechtigkeit, Solidarität und die Gleichheit von Frauen und Männern auszeichnet.

Nur ein europäischer Staat, der diese Grundsätze achtet, kann in die Union aufgenommen werden. Der Europäische Rat von Kopenhagen vom 21./22. Juni 1993 hat – unter Betonung der vorausgesetzten Aufnahmefähigkeit der EU – die Kriterien zusammengefasst, welche die Beitrittskandidaten vor ihrem Beitritt erfüllen müssen[46]. Die sog. „Kopenhagener Kriterien" – nunmehr in Art. 49 Abs. 1 Satz 4 EUV ausdrücklich primärrechtlich verankert – lauten:
(1) Geographisches Kriterium: europäischer Staat
(2) Politische Kriterien:
    (a) rechtsstaatliche Ordnung
    (b) demokratische Ordnung
    (c) Schutz der Grund- und Menschenrechte
    (d) Schutz der Minderheiten
(3) Wirtschaftliche Kriterien:
    (a) funktionsfähige Marktwirtschaft
    (b) Fähigkeit, dem Wettbewerbsdruck und den Marktkräften innerhalb der Union standzuhalten
(4) Sonstige aus der Mitgliedschaft erwachsende Verpflichtungen:
    (a) Übernahme der Ziele der politischen Union sowie der Wirtschafts- und Währungsunion
    (b) Übernahme des „gemeinsamen Besitzstandes" der EU („acquis communautaire")
    (c) Kapazität von Verwaltung und Justiz zur Anwendung des gemeinsamen Besitzstandes.

Die „Kopenhagener Kriterien" werden im Rahmen des Beitrittsverfahrens berücksichtigt (Art. 49 Abs. 1 Satz 4 EUV). Liegen die Voraussetzungen seitens des Bewerberstaates sowie dessen Beitrittsgesuch vor, so besteht dennoch *kein Anspruch*, in die Union aufgenommen zu werden. Vielmehr verfügen der Rat und die Unionsstaaten über einen Beurteilungs- und Ermessensspielraum.

Auch nach dem Inkrafttreten des Vertrags von Lissabon bleibt es bei dem Grundsatz, dass ein gesonderter Beitritt allein zur Europäischen Atomgemein-

---
46 Bull.BReg. 1993, S. 629, 632.

schaft oder allein zur Europäischen Union nicht möglich ist. Art. 106a Abs. 1 EAGV sieht vor, dass die Beitrittsklausel des Art. 49 EUV auch für den EAG-Vertrag gelten soll. Ein Beitritt zur Europäischen Union bedeutet damit immer zugleich einen Beitritt zur Europäischen Atomgemeinschaft.

2. Das Beitrittsverfahren

106 Das Beitrittsverfahren lässt sich grob in zwei Schritte einteilen:
(1) Nach Unterrichtung des Europäischen Parlaments sowie der nationalen Parlamente ist durch den Rat eine Entscheidung über das *„Ob"* der *Aufnahme* zu treffen. Er fasst nach Anhörung der Kommission sowie der von der Mehrheit seiner Mitglieder getragenen Zustimmung des Europäischen Parlaments einen entsprechenden einstimmigen Beschluss (Art. 49 Abs. 1 Satz 3 Hs. 2 EUV).
(2) Die Unionsstaaten befinden auf einer zweiten Stufe über das *„Wie" der Aufnahme,* indem sie in einem völkerrechtlichen Vertrag die Aufnahmebedingungen und die notwendig werdenden Vertragsanpassungen regeln. Dieses Beitrittsabkommen bedarf der Ratifikation durch alle Mitgliedstaaten sowie durch den beitretenden Staat gemäß ihren verfassungsrechtlichen Vorschriften (Art. 49 Abs. 2 Satz 2 EUV).

107 Im Einzelnen werden in der Beitrittspraxis folgende Verfahrensabschnitte durchlaufen:
(1) Innerstaatliche Entscheidung des Beitrittskandidaten,
(2) Formulierung des Beitrittsantrags durch den beitrittswilligen Staat,
(3) Zustellung des Beitrittsantrags an den Rat,
(4) Übermittlung des Beitrittsantrags durch den Rat an die Kommission zur Stellungnahme und zur Kenntnisnahme an das Europäische Parlament und an die nationalen Parlamente,
(5) Analyse der politischen, rechtlichen und wirtschaftlichen Situation des beitrittswilligen Staats und Ausarbeitung der Stellungnahme in der Kommission,
(6) Annahmebeschluss über diese Stellungnahme in der Kommission,
(7) Ratsbeschluss über die Stellungnahme der Kommission und über die Einleitung der Beitrittsverhandlungen,
(8) Eröffnung der Beitrittskonferenz mit dem/den Kandidaten,
(9) Beitrittsverhandlungen,
(10) Abschlussprotokoll über die Verhandlungen,
(11) Annahme des Verhandlungsergebnisses durch den Europäischen Rat,
(12) Zustimmung des Europäischen Parlaments,
(13) Ratifikation des Beitrittsvertrags durch den/die Beitrittskandidaten,
(14) Ratifikation des Beitrittsvertrags durch die Unionsstaaten und schließlich
(15) das Inkrafttreten des Beitrittsvertrags.

3. Die Beitrittswirkung

Durch den Beitritt wird der beitretende Staat Adressat der gleichen unionsrechtlichen Rechte und Pflichten wie die bisherigen Unionsstaaten. Zu den wichtigsten Verpflichtungen gehört die Übernahme des „gemeinschaftlichen – jetzt unionalen – Besitzstandes". Die Kommission hat diesen sog. „acquis communautaire" wie folgt zusammengefasst: „Mit seiner Mitgliedschaft in den Gemeinschaften akzeptiert der antragstellende Staat vorbehaltlos die Verträge und ihre politischen Zielsetzungen, die seit Inkrafttreten der Verträge gefassten Beschlüsse jeglicher Art sowie die hinsichtlich des Ausbaus und der Stärkung der Gemeinschaften getroffenen Optionen"[47]. Soweit keine Übergangsregelungen im Beitrittsabkommen vereinbart sind, gilt diese Übernahme mit sofortiger Wirkung.

4. Merksätze

Für einen **Beitritt zur Europäischen Union** gelten folgende materiell-rechtlichen Voraussetzungen (Art. 49 EUV):

Es muss sich um einen **europäischen Staat** mit einer **rechtsstaatlichen und demokratischen Ordnung** handeln, der einen effektiven **Grundrechts- und Minderheitenschutz** gewährleistet. Dieser Staat muss über eine **funktionsfähige Marktwirtschaft** verfügen sowie über die Fähigkeit, dem **Wettbewerbsdruck** und den Marktkräften **innerhalb der Union standzuhalten**. Er muss die **Ziele der politischen Union** und der **Wirtschafts- und Währungsunion** sowie den gesamten „gemeinsamen Besitzstand" der EU („acquis communautaire") übernehmen. Seine Verwaltung und Justiz müssen über die **Kapazität zur Anwendung des gemeinsamen Besitzstandes** verfügen.

Das **Beitrittsverfahren** besteht aus zwei Stufen:

(1) Zunächst fasst der **Rat** nach Anhörung der **Kommission** und Zustimmung des **Europäischen Parlaments** einen entsprechenden einstimmigen Beschluss (Art. 49 Abs. 1 Satz 3 Hs. 2 EUV).

(2) In Beitrittsverhandlungen wird anschließend das **Beitrittsabkommen** mit dem beitretenden Staat geschlossen, das der **Ratifikation durch alle Mitgliedstaaten** und den beitretenden Staat gemäß ihren verfassungsrechtlichen Vorschriften bedarf (Art. 49 Abs. 2 Satz 2 EUV).

---

[47] ABl.EG 1972 Nr. L 73, S. 3.

V. Austritt, Ausschluss und Suspendierung von Mitgliedschaftsrechten

Literaturhinweise: *Adamovich, L.:* Juristische Aspekte der „Sanktionen" der EU-14 und des „Weisenberichtes", EuGRZ 2001, S. 89; *Brauneck, J.:* Rettet die EU den Rechtsstaat in Polen?, NVwZ 2018, S. 1423; *Doehring, K.:* Einseitiger Austritt aus der Europäischen Gemeinschaft, in: FS für Hartmut Schiedermair, 2001, S. 695; *Frau, R.:* Ist das Brexit-Abkommen zu Recht gescheitert?, EuR 2019, S. 502; *ders.:* Das Brexit-Abkommen und Europarecht, 2019; *Götting, F.:* Die Beendigung der Mitgliedschaft in der Europäischen Union, 2000; *Hanschel, D.:* Der Rechtsrahmen für den Beitritt, Austritt und Ausschluss zu bzw. aus der Europäischen Union und Währungsunion. Hochzeit und Scheidung à la Lissabon, NVwZ 2012, S. 995; *Hau, A.:* Sanktionen und Vorfeldmaßnahmen zur Absicherung der europäischen Grundwerte, 2002; *Heber, C.:* Die Kompetenzverteilung im Rahmen der Austrittsverhandlungen nach Art. 50 EUV unter besonderer Berücksichtigung bestehenden Sekundärrechts, EuR 2017, S. 581; *Huber, P. M.:* Europäische Verfassungs- und Rechtsstaatlichkeit in Bedrängnis Zur Entwicklung der Verfassungsgerichtsbarkeit in Europa, Der Staat 56 (2017), S. 389; *Hummer, W./Obwexer, W.:* Die Wahrung der „Verfassungsgrundsätze" der EU. Rechtsfragen der „EU-Sanktionen" gegen Österreich, EuZW 2000, S. 485; *Kadelbach, S. (Hrsg.):* Brexit – And What It Means, 2019; *Kumin, A. J.:* Vertragsänderungsverfahren und Austrittsklausel, in: Hummer, W./Obwexer, W. (Hrsg.), Der Vertrag von Lissabon, 2009, S. 301; *Pechstein, M./Koenig, Ch.:* Die Europäische Union, 3. Aufl. 2000, Rn. 457–470; *Prinz v. Sachsen Gessaphe, K. A./García Blesa, J. J./Szuka, N. (Hrsg.):* Legal Implications of Brexit, 2018; *Schiffauer, P.:* Ein Anker von Rechtsstaatlichkeit in der Europäischen Union durch den Verbund der Verfassungs- und Obersten Gerichte, EuGRZ 2019, S. 549; *Schmahl, S.:* Die Reaktionen auf den Einzug der Freiheitlichen Partei Österreichs in das österreichische Regierungskabinett – eine europa- und völkerrechtliche Analyse, EuR 2000, S. 819; *Schorkopf, F.:* Homogenität in der Europäischen Union – Ausgestaltung und Gewährleistung durch Art. 6 Abs. 1 und Art. 7 EUV, 2000; *ders.:* Verletzt Österreich die Homogenität in der Europäischen Union? – Zur Zulässigkeit der „bilateralen" Sanktionen gegen Österreich, DVBl. 2000, S. 1036; *ders.:* Die Maßnahmen der XIV EU-Mitgliedstaaten gegen Österreich, 2002; *ders.:* Europäischer Konstitutionalismus oder die normative Behauptung des „European way of life". Potenziale der neueren Werterechtsprechung des EuGH, NJW 2019, S. 3418; *Schwarze, J.:* Das allgemeine Völkerrecht in den innergemeinschaftlichen Rechtsbeziehungen, EuR 1983, S. 1; *Skouris, V.:* Brexit: Rechtliche Vorgaben für den Austritt aus der EU, EuZW 2016, S. 806; *Stein, T.:* Die rechtlichen Reaktionsmöglichkeiten der Europäischen Union bei schwerwiegender und anhaltender Verletzung der demokratischen und rechtsstaatlichen Grundsätze in einem Mitgliedstaat, in: Liber amicorum Günther Jaenicke, 1998, S. 871; *Streinz, R./Ohler, Ch./Herrmann, Ch.:* Der Vertrag von Lissabon zur Reform der EU, 3. Aufl. 2010, S. 48; *Thiele, A.:* Der Austritt aus der EU – Hintergründe und rechtliche Rahmenbedingungen eines „Brexit", EuR 2016, S. 281; *ders.:* Exit vom Brexit? Zur Möglichkeit einer einseitigen Rücknahme der notifizierten Austrittsabsicht nach Art. 50 II EUV – zugleich Anmerkung zum Urteil des EuGH v. 10.12.2018 – C-621/18, EuR 2019, S. 263.

V. Austritt, Ausschluss und Suspendierung von Mitgliedschaftsrechten

1. Der Austritt aus der Europäischen Union

Die Aufnahme von insgesamt zwölf neuen Mitgliedstaaten in den Jahren 2004 und 2007 hat die Integrationsfähigkeit der Europäischen Union vor eine bislang nicht gekannte Herausforderung gestellt. In einigen Beitrittsstaaten herrschte auch Unsicherheit über das Bestehen breiter politischer Unterstützung für einen Beitritt zur Europäischen Union. Vor allem um den neuen EU-Staaten ihren Entschluss zum Beitritt zu erleichtern, erschien es daher opportun, mit einer Austrittsklausel in dem während der Beitrittsverhandlungen erarbeiteten Verfassungsvertrag die Möglichkeit eines „Notausgangs" zu schaffen[48]. Diese Austrittsklausel ist in Art. 50 EUV geltendes Recht geworden. Sie kann allerdings zu einer veränderten Einstellung der Mitgliedstaaten zur europäischen Integration führen. Das ausdrückliche Austrittsrecht mag bei künftigen Integrationsschritten zu einer gewissen Flexibilität führen, da einem Mitgliedstaat, der eine weitere Vertiefung der Europäischen Union nicht mittragen möchte, ein Austritt nahegelegt werden könnte. Negative Auswirkungen auf die Zusammenarbeit der Mitgliedstaaten untereinander sowie der Mitgliedstaaten mit der Europäischen Union können nicht ausgeschlossen werden. Das materiell voraussetzungslose Austrittsrecht eröffnet jedem Mitgliedstaat die Möglichkeit, sich aus der Union zurückzuziehen, sollte die Europäische Union eine Politik verfolgen, die ein Mitgliedstaat möglicherweise aufgrund kurzfristiger innenpolitischer Erwägungen nicht mitzutragen bereit ist. Ein Austritt bietet damit die Möglichkeit einer rückschreitend abgestuften Integration. Indem ein Mitgliedstaat aus der Union austritt, an einigen Unionspolitiken aber etwa im Wege der Assoziierung weiterhin teilnimmt, kann es faktisch zu einer – an sich nicht gewünschten – Teilmitgliedschaft in der Europäischen Union kommen[49].

110

Das *Austrittsrecht* eines Mitgliedstaates wird in Art. 50 EUV geregelt. Jeder Mitgliedstaat soll danach im Einklang mit seinen Verfassungsvorschriften beschließen können, aus der Union auszutreten. Seine Austrittsabsicht soll ein Staat nach Art. 50 Abs. 2 EUV dem Europäischen Rat mitteilen. Ein Mitgliedstaat ist nach der Rechtsprechung des EuGH berechtigt, seinen Beschluss, aus der Union auszutreten, rückgängig zu machen und die Austrittsmitteilung zurückzunehmen, solange ein Austrittsabkommen zwischen ihm und der Europäischen Union nicht in Kraft getreten ist oder, falls kein solches Abkommen geschlossen wurde, solange die in Art. 50 Abs. 3 EUV vorgesehene Frist von zwei Jahren, die gegebenenfalls im Einklang mit dieser Bestimmung verlängert werden kann, nicht abgelaufen ist[50]. Die Rücknahme der Mitteilung der Austrittsabsicht muss schriftlich an den Europäischen Rat gerichtet werden und eindeutig und unbedingt sein[51]. Der Auffassung von Kommission und Rat, die Rücknahme der

111

---

48 *Oppermann*, DVBl. 2003, S. 1234, 1242.
49 *Bruha/Nowak*, AVR 42 (2004), S. 1, 24.
50 EuGH, Rs. C-621/18, ECLI:EU:C:2018:999, Rn. 69 – *Wightman u. a.* (= P Nr. 4).
51 EuGH, Rs. C-621/18, ECLI:EU:C:2018:999, Rn. 74 – *Wightman u. a.* (= P Nr. 4).

Mitteilung sei von einer einstimmigen Zustimmung des Europäischen Rates abhängig, um zu verhindern, dass ein austrittswilliger Staat mit einer Rücknahme und einer anschließenden erneuten Austrittsmitteilung die Zweijahresfrist des Art. 50 Abs. 3 EUV beliebig einseitig verlängern könne und zudem mit einer Androhung der Rücknahme Druck auf die Unionsorgane in den Austrittsverhandlungen ausüben könne, vermochte sich der EuGH nicht anzuschließen. Vielmehr handele es sich um ein einseitiges souveränes Austrittsrecht. Daher sei auch die Rücknahme der Austrittsmitteilung eine souveräne Entscheidung dieses Staates[52].

112 Hat ein Mitgliedstaat seine Austrittsabsicht mitgeteilt, handelt die Union auf der Grundlage von Leitlinien des Europäischen Rates ein Austrittsabkommen mit dem austrittswilligen Staat aus, in welchem die Einzelheiten des Austritts geregelt werden. Der Rahmen für die künftigen Beziehungen dieses Staates zur Union sollen dabei berücksichtigt werden. Es ist vorgesehen, dass der Rat dieses Abkommen im Namen der Union abschließt[53]. Er beschließt dabei mit qualifizierter Mehrheit nach Zustimmung des Europäischen Parlaments. Jeder Mitgliedstaat verfügt im Rat über eine Stimme. Da der Beschluss des Rates nicht auf Vorschlag der Kommission erfolgt, gilt als qualifizierte Mehrheit eine Mehrheit von mindestens 72 % derjenigen Mitglieder, die die beteiligten Mitgliedstaaten vertreten, sofern die betreffenden Mitgliedstaaten zusammen mindestens 65 % der Bevölkerung der beteiligten Mitgliedstaaten ausmachen (Art. 50 Abs. 4 UAbs. 2 EUV i.V.m. Art. 238 Abs. 3 lit. b AEUV). Der austretende Staat soll im Austrittsverfahren jedoch weder an den Beratungen noch an den Beschlussfassungen des Rates teilnehmen (Art. 50 Abs. 4 EUV). Die qualifizierte Mehrheit berechnet sich daher ohne die jeweiligen Anteile des austretenden Staates.

113 Art. 50 Abs. 3 EUV regelt, dass die Verträge auf den betroffenen Staat ab dem Zeitpunkt des Inkrafttretens des Austrittsabkommens oder, sofern kein Abkommen zustande kommt, zwei Jahre nach der Mitteilung der Austrittsabsicht an den Europäischen Rat keine Anwendung mehr finden. Diese Zweijahresfrist kann einvernehmlich verlängert werden. Möglich ist auch, dass das Austrittsabkommen vorsieht, dass Teile des Unionsrechts auf den ausgetretenen Staat weiter Anwendung finden sollen[54]. Die Bestimmung des Art. 50 Abs. 3 EUV verdeutlicht, dass es sich um ein einseitiges Austrittsrecht handelt, das weder von der Zustimmung der übrigen Mitgliedstaaten noch vom Abschluss eines

---

52 EuGH, Rs. C-621/18, ECLI:EU:C:2018:999, Rn. 59 – *Wightman u. a.* (= P Nr. 4).
53 Vgl. im Fall des Austritts Großbritanniens den Beschluss (EU) 2019/274 des Rates v. 11.1.2019 über die Unterzeichnung des Abkommens über den Austritt des Vereinigten Königreichs Großbritannien und Nordirland aus der Europäischen Union und der Europäischen Atomgemeinschaft im Namen der Europäischen Union und der Europäischen Atomgemeinschaft, ABl.EU 2019 Nr. L 47 I, S. 1.
54 So gilt für Großbritannien gemäß Art. 126 des Austrittsabkommens ein Übergangszeitraum bis zum 31. Dezember 2020, während dem weite Teile des materiellen Unionsrechts für und in Großbritannien weiter gelten (vgl. Art. 127 Abs. 1 des Austrittsabkommens).

V. Austritt, Ausschluss und Suspendierung von Mitgliedschaftsrechten

Austrittsabkommens abhängig ist[55]. Ein Austritt schließt einen erneuten Beitritt nicht aus (Art. 50 Abs. 5 EUV). Eine Wartezeit ist dabei nicht zu beachten. Es bestehen allerdings auch keine Erleichterungen gegenüber anderen Staaten, da das gewöhnliche Beitrittsverfahren nach Art. 49 EUV (Rn. 102 ff.) zu durchlaufen ist.

Als erster und bislang einziger Mitgliedstaat hat Großbritannien seinen Austritt aus der Europäischen Union erklärt. Die Notifikation des Austrittswunsches gemäß Art. 50 Abs. 2 Satz 1 EUV ist dem Präsidenten des Europäischen Rates am 29. März 2017 übermittelt worden[56]. Zugleich hat Großbritannien auch den Austritt aus der Europäischen Atomgemeinschaft gemäß Art. 106a Abs. 1 EAGV i. V. m. Art. 50 Abs. 2 Satz 2 EUV beantragt. Die Verhandlungen über das Austrittsabkommen zwischen der Europäischen Union und dem Vereinigten Königreich, die am 19. Juni 2017 begonnen hatten, mündeten im November 2018 in ein Austrittsabkommen[57], dessen Ratifikation im britischen Unterhaus allerdings trotz mehrfacher Versuche zunächst gescheitert war. Um einen ungeregelten „No-deal Brexit" zu verhindern, musste die Zweijahresfrist gemäß Art. 50 Abs. 3 EUV mehrfach einvernehmlich verlängert werden[58], zuletzt bis zum 31. Januar 2020[59]. Grund für die im Unterhaus zunächst gescheiterte Ratifikation war vor allem die im Protokoll zu Irland/Nordirland[60], das dem Austrittsabkommen beigefügt ist, enthaltene sogenannte „Backstop"-Regelung. Sie soll eine offene Grenze ohne Grenzkontrollen zwischen der Republik Irland und Nordirland sicherstellen, um ein Wiederaufflammen des Nordirland-Konflikts zu verhindern. Das Protokoll sah zunächst vor, dass das Vereinigte Königreich und Nordirland auch nach dem Austritt aus der Europäischen Union der Europäischen Zollunion angehören sollten, bis eine endgültige Übereinkunft zwischen der Union und dem Vereinigten Königreich im Hinblick auf Nordirland getroffen sein würde. Beide Seiten sollten sich nach Kräften bemühen, eine solche Übereinkunft zu erreichen. Da Großbritannien befürchtete, dieser „Back-

114

---

55 *Haratsch*, Titel IX: Zugehörigkeit zur Union, in: Höreth/Janowski/Kühnhardt (Hrsg.), Die Europäische Verfassung. Analyse und Bewertung ihrer Strukturentscheidungen, 2005, S. 271, 282; *Zeh*, ZEuS 2004, S. 173, 199 f.
56 Vgl. den Brief der britischen Premierministerin Theresa May an den Präsidenten des Europäischen Rates Donald Tusk, http://www.consilium.europa.eu/media/24079/070329_uk_letter_tusk_art50.pdf.
57 ABl.EU 2019 Nr. C 66 I, S. 1.
58 Vgl. den Beschluss (EU) 2019/476 des Europäischen Rates, im Einvernehmen mit dem Vereinigten Königreich gefasst, v. 22.3.2019 zur Verlängerung der Frist nach Art. 50 Abs. 3 EUV, ABl.EU 2019 Nr. L 80 I, S. 1, sowie den Beschluss (EU) 2019/584 des Europäischen Rates, im Einvernehmen mit dem Vereinigten Königreich gefasst, v. 11.4.2019 zur Verlängerung der Frist nach Art. 50 Abs. EUV. ABl.EU 2019 Nr. L 101, S. 1.
59 Beschluss des Europäischen Rates, im Einvernehmen mit dem Vereinigten Königreich gefasst, zur Verlängerung der Frist nach Art. 50 Abs. 3 EUV v. 29.10.2019, ABl.EU 2019 Nr. L 278 I, S. 1.
60 ABl.EU 2019 Nr. C 66 I, S. 85.

stop" würde Großbritannien auf unbestimmte Zeit in der Zollunion „gefangen halten", was den Abschluss eigener Handelsabkommen des Vereinigten Königreichs unmöglich machen würde, kam es zu Nachverhandlungen. Sie führten am 17. Oktober 2019 zu einer Revision des Irland/Nordirland-Protokolls[61] und einer entsprechenden Anpassung des Austrittsabkommens[62]. Das revidierte Protokoll sieht vor, dass Nordirland Teil des britischen Zollgebiets ist. Gleichzeitig sollen bis zu einer endgültigen Regelung alle relevanten Binnenmarktregeln der Europäischen Union sowie der EU-Zollkodex in Nordirland Anwendung finden. Dazu notwendige Grenzkontrollen und Zollerhebungen sollen nicht zwischen Irland und Nordirland stattfinden, sondern an den Eingangspunkten der irischen Insel in Nordirland.

115 Großbritannien hatte in den Verhandlungen zunächst angestrebt, im Austrittsabkommen auch die künftigen Beziehungen des Landes zur Europäischen Union zu regeln. Die Europäische Union stand hingegen auf dem Standpunkt, diese Regelungen seien einem zweiten Abkommen vorbehalten. Dieses sei dann, sofern von den Regelungen auch bei den Mitgliedstaaten verbliebene Kompetenzen berührt seien, als sogenanntes gemischtes Abkommen (Rn. 466) zu schließen. In diesem Fall wären neben Großbritannien und der Europäischen Union auch die verbliebenen 27 Mitgliedstaaten der Union Vertragsparteien eines solchen Abkommens. Für diese Sicht spricht, dass das Austrittsabkommen gemäß Art. 50 Abs. 2 Satz 2 EUV nur den „Rahmen für die künftigen Beziehungen dieses Staates zur Union berücksichtigt", diese Beziehungen aber selbst nicht regelt. Da das ausgehandelte Austrittsabkommen lediglich die Modalitäten des Austritts regelt, aber keine wesentlichen Aussagen über die künftigen Rechtsbeziehungen der Vertragsparteien enthält, ist ihm aber immerhin eine „Politische Erklärung zur Festlegung des Rahmens für die künftigen Beziehungen zwischen der Europäischen Union und dem Vereinigten Königreich" beigefügt worden[63]. Auch nach dem Austritt Großbritanniens mit Ablauf des 31. Januar 2020 gelten weite Teile des materiellen Unionsrechts für das Vereinigte Königreich gemäß Art. 126 i.V.m. Art. 127 Abs. 1 des Austrittsabkommens während eines Übergangszeitraums bis zum 31. Dezember 2020 weiter. Ob es gelingt, innerhalb dieser Frist ein Abkommen über die künftigen Beziehungen zwischen Großbritannien und der Union abzuschließen, ist fraglich.

2. Der Ausschluss aus der Europäischen Union

116 Ein *Ausschluss eines Mitgliedstaates gegen dessen Willen* im Wege der Vertragsrevision gemäß Art. 48 EUV ist nicht möglich, da eine Vertragsänderung die Zustimmung aller Mitgliedstaaten voraussetzt. Im Falle von beharrlichen und

---

61 ABl.EU 2019 Nr. C 384 I, S. 92.
62 ABl.EU 2019 Nr. C 384 I, S. 1.
63 ABl.EU 2019 Nr. C 66 I, S. 185.

außergewöhnlich schwerwiegenden Vertragsverletzungen eines Mitgliedstaates kann als *ultima ratio* ein Rückgriff auf das in Art. 60 Abs. 2 WVK vorgesehene Instrumentarium in Betracht kommen. Danach ermächtigt die erhebliche Verletzung eines mehrseitigen Vertrags die übrigen Vertragsparteien zur Suspendierung oder Beendigung des Vertrags im Verhältnis zur vertragsbrüchigen Partei. Zuvor sind jedoch die Unionsstaaten bzw. die Kommission auf die Einleitung eines Vertragsverletzungsverfahrens vor dem EuGH verwiesen (Art. 258, Art. 259 AEUV). Zu beachten ist auch, dass Art. 7 EUV, der eine spezielle Suspendierungsregel enthält, in seinem Anwendungsbereich den Rückgriff auf Sanktionen gemäß der Wiener Vertragsrechtskonvention ausschließt (Rn. 120).

3. Die Suspendierung von Mitgliedschaftsrechten

Nach Art. 7 EUV kann der Rat eine Suspendierung von Mitgliedschaftsrechten gegen einen Unionsstaat beschließen, der entgegen seinen Grundpflichten gemäß Art. 2 EUV schwerwiegend und anhaltend das Rechtsstaats- oder das Demokratieprinzip verletzt oder der die zum Schutz der Grund- und Menschenrechte erforderlichen Verfahren nicht gewährleistet. Das Verfahren ist mehrstufig aufgebaut und wird ergänzt durch das sogenannte „Rechtsstaatsverfahren", das eine Lücke im Vorfeld des Verfahrens nach Art. 7 EUV schließen soll. Dieses Rechtsstaatsverfahren beruht auf dem *EU-Rahmen zur Stärkung des Rechtsstaatsprinzips,* der von der Kommission am 11. März 2014 beschlossen worden ist[64]. Das Verfahren kann zur Anwendung gelangen, wenn ein Mitgliedstaat Maßnahmen ergreift oder Umstände toleriert, die aller Wahrscheinlichkeit nach die Integrität, Stabilität oder das ordnungsgemäße Funktionieren der Organe und der auf nationaler Ebene zum Schutz des Rechtsstaats vorgesehenen Sicherheitsvorkehrungen systematisch beeinträchtigen. Besteht eine derartige Lage, kommt ein dreistufiges Verfahren zur Anwendung. Erstens erfolgt zunächst eine Sachstandsanalyse der Kommission. Stellt die Kommission fest, dass es objektive Hinweise auf eine systematische Gefährdung der Rechtsstaatlichkeit gibt, spricht die Kommission zweitens eine Empfehlung an den Mitgliedstaat aus. In einem dritten Schritt überprüft die Kommission in einem Follow-up-Verfahren, welche Maßnahmen der betroffene Mitgliedstaat ergriffen hat. Kommt der Mitgliedstaat der Empfehlung der Kommission innerhalb einer gesetzten Frist nicht nach, prüft die Kommission die Möglichkeit, ein Verfahren nach Art. 7 EUV einzuleiten. Im Januar 2016 ist erstmals ein solches Rechtsstaatsverfahren auf der Grundlage des EU-Rahmens eingeleitet worden. Es richtet sich wegen der umstrittenen Justizreform an den Mitgliedstaat Polen. Da die von der Kommission angeprangerten Rechtsstaatsverstöße nicht abgestellt worden sind, hat die Kommission im

117

---

[64] Mitteilung der Kommission an das Europäische Parlament und den Rat v. 11.3.2014, COM (2014) 158 endg.

Dezember 2017 die Durchführung eines Suspendierungsverfahrens nach Art. 7 EUV gegen Polen beantragt[65].

118 In einer Mitteilung vom 17. Juli 2019[66] hat die Kommission angekündigt, ihr Monitoring der Entwicklungen in den Mitgliedstaaten im Hinblick auf die Rechtsstaatlichkeit zu vertiefen. Hierzu soll ein *Zyklus zur Überprüfung der Rechtsstaatlichkeit* eingeführt werden, in dem die Situation in allen Mitgliedstaaten regelmäßig überprüft werden soll. Zudem beabsichtigt die Kommission die Veröffentlichung eines jährlichen Berichts über die Rechtsstaatlichkeit, in dem die Lage in den Mitgliedstaaten zusammengefasst wird.

119 Art. 7 Abs. 1 EUV, dessen Regelung vor dem Hintergrund des Einfrierens der jeweils bilateralen Beziehungen zwischen 14 Unionsstaaten und Österreich im Jahr 2000 wegen der Beteiligung der rechtskonservativen FPÖ an der österreichischen Regierung[67] durch den Vertrag von Nizza in den EU-Vertrag eingefügt worden ist, sieht *Vorfeldmaßnahmen* vor dem eigentlichen Suspendierungsverfahren vor. Danach kann auf begründeten Vorschlag eines Drittels der Mitgliedstaaten, des Europäischen Parlaments oder der Kommission der Rat mit einer 4/5-Mehrheit seiner Mitglieder nach Zustimmung des Europäischen Parlaments feststellen, dass die eindeutige Gefahr einer schwerwiegenden Verletzung von in Art. 2 EUV genannten Grundsätzen durch einen Mitgliedstaat besteht, und an diesen Mitgliedstaat geeignete Empfehlungen richten. Der Rat hört den betroffenen Mitgliedstaat an, bevor er eine solche Feststellung trifft. Die erst durch den Vertrag von Nizza eingefügte Möglichkeit, im Rahmen von Vorfeldmaßnahmen unabhängige Persönlichkeiten zu beauftragen, einen Bericht über die Lage in einem Mitgliedstaat vorzulegen, ist durch den Vertrag von Lissabon wieder gestrichen worden.

120 Das eigentliche Suspendierungsverfahren nach Art. 7 EUV ist zweistufig aufgebaut:

(1) Zunächst kann der *Europäische Rat* auf Vorschlag eines Drittels der Mitgliedstaaten oder der Kommission nach Zustimmung des Europäischen Parlaments und nach Anhörung der Regierung des betroffenen Mitgliedstaates *einstimmig feststellen*, dass eine *schwerwiegende und anhaltende Verletzung* der in Art. 2 EUV genannten Grundsätze vorliegt (Art. 7 Abs. 2 EUV).

(2) Anschließend kann der *Rat mit qualifizierter Mehrheit* beschließen, bestimmte *mitgliedstaatliche Rechte, einschließlich der Stimmrechte im Rat*,

---

65 Reasoned proposal in accordance with Article 7 (1) of the Treaty on European Union regarding the rule of law in Poland – Proposal for a Council decision on the determination of a clear risk of a serious breach by the Republic of Poland of the rule of law, COM (2017) 835 final v. 20.12.2017.
66 Mitteilung der Kommission v. 17.7.2019 an das Europäische Parlament, den Europäischen Rat, den Rat, den Europäischen Wirtschafts- und Sozialausschuss und den Ausschuss der Regionen. Die Stärkung der Rechtsstaatlichkeit in der Union Ein Konzept für das weitere Vorgehen, COM(2019) 343 final.
67 Vgl. dazu eingehend *Schmahl*, EuR 2000, S. 819; *Schorkopf*, DVBl. 2000, S. 1036; *Adamovich*, EuGRZ 2001, S. 89.

V. Austritt, Ausschluss und Suspendierung von Mitgliedschaftsrechten 63

auszusetzen (Art. 7 Abs. 3 UAbs. 1 Satz 1 EUV). Der Entzug der Stimmrechte im Rat wird von Art. 106a Abs. 1 EAGV auf die Europäische Atomgemeinschaft erstreckt.

Am 20. Dezember 2017 hat die Kommission erstmals einen Vorschlag zur Einleitung eines Suspendierungsverfahrens gegen Polen vorgelegt, da Polen mit seiner durchgreifenden Justizreform nach Auffassung der Kommission das Rechtsstaatsprinzip schwerwiegend und anhaltend verletzt[68].

Die Abstimmungsmodalitäten im Rahmen des Suspendierungsverfahrens sind in Art. 354 AEUV geregelt. Danach wird die Stimme des betroffenen Mitgliedstaates bei der Beschlussfassung ebenso wenig berücksichtigt wie die Bevölkerung des betroffenen Mitgliedstaates bei der Ermittlung, ob die Schwelle von 65 % der Unionsbevölkerung erreicht wird. Auch Stimmenthaltungen durch andere Unionsstaaten verhindern eine einstimmige Beschlussfassung nicht (Art. 354 Abs. 1 AEUV). Die in Art. 7 Abs. 3 und 4 EUV geforderte qualifizierte Mehrheit bestimmt sich nach Art. 238 Abs. 3 lit. b AEUV. Beschlüsse des Europäischen Parlaments werden mit der Mehrheit von zwei Dritteln der abgegebenen Stimmen und mit der Mehrheit seiner Mitglieder gefasst. Für Beschlüsse nach dem Erlass eines Suspendierungsbeschlusses sieht Art. 354 Abs. 3 AEUV besondere Bestimmungen vor.

121

Materiell-rechtlich setzt Art. 7 EUV eine schwerwiegende und dauerhafte Verletzung eines der in Art. 2 EUV genannten Homogenitätsgrundsätze durch einen Mitgliedstaat voraus. Die geforderte Schwere der Verletzung ist anzunehmen, wenn die Verwirklichung eines in Art. 2 EUV genannten Grundsatzes in seinem Kern- oder Wesensgehalt in Frage gestellt wird. Da eine anhaltende Verletzung gefordert wird, vermag eine einmalige oder kurzfristige Verletzung eines der Grundsätze kein Suspendierungsverfahren auszulösen.

122

Der Rat ist bei seiner Suspendierungsentscheidung an den Grundsatz der Verhältnismäßigkeit gebunden. Zudem sind die möglichen Auswirkungen eines Suspendierungsbeschlusses auf die Rechte und Pflichten natürlicher und juristischer Personen zu berücksichtigen (Art. 7 Abs. 3 UAbs. 1 Satz 2 EUV). Der Rat kann nach Art. 7 Abs. 4 EUV zu einem späteren Zeitpunkt mit qualifizierter Mehrheit beschließen, die getroffenen Sanktionsmaßnahmen abzuändern oder aufzuheben, wenn in der Lage, die zur Verhängung dieser Maßnahmen geführt hat, Änderungen eingetreten sind.

123

Die Mitgliedstaaten haben die Möglichkeit, gegen die im Suspendierungsverfahren ergangenen Beschlüsse Rechtsschutz vor dem EuGH in Anspruch zu nehmen. Die Zuständigkeit des EuGH ist gemäß Art. 269 AEUV jedoch auf die Überwachung der Einhaltung der *„Verfahrensbestimmungen"* des *Suspendierungsverfahrens gemäß Art. 7 EUV* beschränkt. Nicht überprüfbar sind danach

124

---

[68] Reasoned proposal in accordance with Article 7 (1) of the Treaty on European Union regarding the rule of law in Poland – Proposal for a Council decision on the determination of a clear risk of a serious breach by the Republic of Poland of the rule of law, COM(2017) 835 final v. 20.12.2017.

die materiellen Voraussetzungen einer Suspendierungsentscheidung, d. h., ob eine schwerwiegende und anhaltende Verletzung von in Art. 2 EUV genannten Grundsätzen vorliegt.

125 Neben dem Suspendierungsverfahren nach Art. 7 EUV besteht die Möglichkeit, die Verletzung von rechtsstaatlichen Garantien auch im Wege eines Vertragsverletzungsverfahrens gemäß Art. 258, Art. 259 AEUV durch den EuGH überprüfen zu lassen. Voraussetzung dafür ist freilich ein konkreter Verstoß gegen Bestimmungen des Unionsrechts. Ein Vertragsverletzungsverfahren kann nicht auf eine Verletzung von Art. 2 EUV und der darin genannten Werte gestützt werden. Dies ist nur im Verfahren nach Art. 7 EUV möglich. Ansonsten könnten über Vertragsverletzungsverfahren die verfahrensmäßigen Voraussetzungen des Suspendierungsverfahrens umgangen werden. Die bislang von der Kommission angestrengten Vertragsverletzungsverfahren haben sich daher vor allem auf eine Verletzung von Art. 19 Abs. 1 EUV und der darin enthaltenen Garantie effektiven Rechtsschutzes gestützt[69].

4. Merksätze

126 Der Austritt eines Mitgliedstaats aus der Union ist in Art. 50 EUV geregelt. Es handelt sich dabei um ein **materiell voraussetzungsloses einseitiges Austrittsrecht**.

Im Anwendungsbereich des speziellen Suspendierungsverfahrens gemäß Art. 7 EUV ist ein **Ausschluss eines Unionsstaates bei beharrlichen und außergewöhnlich schwerwiegenden Vertragsverletzungen** nach allgemeinen völkerrechtlichen Grundsätzen ausgeschlossen.

Nach **Art. 7 EUV** kann der Rat eine **Suspendierung von Mitgliedschaftsrechten** gegen einen Unionsstaat beschließen, der entgegen seinen Grundpflichten gemäß Art. 2 EUV schwerwiegend und anhaltend das Rechtsstaats- oder das Demokratieprinzip verletzt oder der die zum Schutz der Grund- und Menschenrechte erforderlichen Verfahren nicht gewährleistet (Art. 7 Abs. 2 und 3 EUV). Zusätzlich hat der Rat die Möglichkeit, sog. **Vorfeldmaßnahmen** zu treffen, d. h., er kann bei Vorliegen einer **eindeutigen Verletzungsgefahr** geeignete Empfehlungen an den Mitgliedstaat richten (Art. 7 Abs. 1 EUV).

---

69 Vgl. etwa EuGH, Rs. C-64/16, ECLI:EU:C:2018:117 – *Associação Sindical dos Juízes Portugueses* (= P Nr. 5); EuGH, Rs. C-619/18, ECLI:EU:C:2019:531 – *Kommission/Polen* (= P Nr. 6).

VI. Institutionelle Struktur der Europäischen Union

1. Die Europäische Union und die Mitgliedstaaten

Literaturhinweise: Verhältnis Unionsrecht – nationales Recht: *Alter, K. J.:* Establishing the Supremacy of European Law, 2001; *Breuer, R.:* Die Sackgasse des neuen Europaartikels (Art. 23 GG), NVwZ 1994, S. 417; *Calliess, Ch.:* 70 Jahre Grundgesetz und europäische Integration: „Take back control" oder „Mehr Demokratie wagen"?, NVwZ 2019, S. 684; *Classen, C. D.:* Europäische Integration und demokratische Legitimation, AöR 119 (1994), S. 238; *ders.:* Legitime Stärkung des Bundestages oder verfassungsrechtliches Prokrustesbett?, JZ 2009, S. 881; *Frenz, W.:* Unanwendbares Europarecht nach Maßgabe des BVerfG?, EWS 2009, S. 297; *Gärditz, K. F./Hillgruber, Ch.:* Volkssouveränität und Demokratie ernst genommen – Zum Lissabon-Urteil des BVerfG, JZ 2009, S. 872; *Gentzsch, M.:* Gerichtliche Kontrolle geldpolitischer Entscheidungen der EZB am Beispiel des Public Sector Purchase Programme, EuR 2019, S. 279; *Giegerich, T.:* Zwischen Europafreundlichkeit und Europaskepsis – Kritischer Überblick über die bundesverfassungsgerichtliche Rechtsprechung zur europäischen Integration, ZEuS 2016, S. 3; *Grimm, D.:* Braucht Europa eine Verfassung?, JZ 1995, S. 581; *Häde, U.:* Grenzen bundesverfassungsgerichtlicher Ultra-Vires- und Identitätskontrolle, in: Pechstein, M. (Hrsg.), Integrationsverantwortung, 2012, S. 163; *Haratsch, A.:* Lissabon in Karlsruhe, ZJS 2010, S. 122; *ders.:* Das Integrationsstaatsprinzip des Grundgesetzes, in: FS für Eckart Klein, 2013, S. 79; *Haratsch, A./Dietze, Ch.:* The Primacy Matter – National vs. European Law, in: Kösler, A./Zimmek, M. (Hrsg.), Elements of Regional Integration. A Multidimensional Approach, 2008, S. 183; *Isensee, J.:* Vorrang des Europarechts und deutsche Verfassungsvorbehalte – offener Dissens, in: FS für Klaus Stern, 1997, S. 1239; *Johann, C./Karpenstein, U.:* Der Honeywell-Beschluss – Staatshaftung für unanwendbare Gesetze?, NJW 2010, S. 3405; *Kadelbach, S.:* Vorrang und Verfassung: Das Recht der Europäischen Union im innerstaatlichen Bereich, in: FS für Manfred Zuleeg, 2005, S. 219; *Karpenstein, U.:* Der Vertrag von Amsterdam im Lichte der Maastricht-Entscheidung des BVerfG, DVBl. 1998, S. 942; *Kischel, U.:* Der unabdingbare grundrechtliche Mindeststandard in der Europäischen Union. Zur Auslegung des Art. 23 Abs. 1 Satz 1 GG, Der Staat 39 (2000), S. 523; *Klein, E.:* Der Verfassungsstaat als Glied einer europäischen Gemeinschaft, VVDStRL 50 (1991), S. 56; *Kluth, W.:* Die demokratische Legitimation der Europäischen Union, 1995; *Kremer, C.:* Gemeinschaftsrechtliche Grenzen der Rechtskraft, EuR 2007, S. 470; *Lecheler, H.:* Zum Bananenmarkt-Beschluss des BVerfG, NJW 2000, 3124, JuS 2001, S. 120; *Lenz, C. O.:* Zur Verfassungsidentität des Grundgesetzes oder: unterschiedliche Auffassungen zur Antwort des EuGH an das BVerfG, EWS 2019, S. 254; *Limbach, J.:* Die Kooperation der Gerichte in der zukünftigen europäischen Grundrechtsarchitektur, EuGRZ 2000, S. 417; *Mortelmans, K.:* The Principle of Loyalty to the Community (Article 5 EC) and the Obligations of the Community Institutions, Maastricht Journal of European and Comparative Law 5 (1998), S. 67; *Nettesheim, M.:* Die Bananenmarkt-Entscheidung des BVerfG: Europarecht und nationaler Mindestgrundrechtsstandard, Jura 2001, S. 686; *ders.:* Ein Individualrecht auf Staatlichkeit? Die Lissabon-Entscheidung des BVerfG, NJW 2009, S. 2867; *ders.:* „Integrationsverantwortung" – Verfassungsrechtliche Verklammerung politischer Räume, in: Pechstein, M. (Hrsg.): Integrationsverantwortung, 2012, S. 11; *Nicolaysen, G./Nowak, C.:* Teilrückzug des BVerfG aus der Kontrolle der Rechtmäßigkeit gemeinschaftlicher Rechtsakte: Neuere Entwicklungen und Perspektiven, NJW 2001, S. 1233; *Ossen-*

bühl, F.: Maastricht und das Grundgesetz – eine verfassungsrechtliche Wende?, DVBl. 1993, S. 629; *Pache, E.:* Das Ende der europäischen Integration?, EuGRZ 2009, S. 285; *Pechstein, M.:* Amsterdamer Vertrag und Grundgesetz, DÖV 1998, S. 569; *Pötters, S./ Traut, J.:* Die ultra-vires-Kontrolle des BVerfG nach „Honeywell" – Neues zum Kooperationsverhältnis von BVerfG und EuGH?, EuR 2011, S. 580; *Rennert, K.:* Bestandskraft rechtswidriger Verwaltungsakte und Gemeinschaftsrecht, DVBl. 2007, S. 400; *Rudolf, W.:* Die Mitwirkung der Länder bei der Willensbildung in Europa, in: Dörr, D./Dreher, M. (Hrsg.), Europa als Rechtsgemeinschaft, 1997, S. 33; *Sauer, H.:* Europas Richter Hand in Hand? – Das Kooperationsverhältnis zwischen BVerfG und EuGH nach Honeywell, EuZW 2011, S. 94; *ders.:* „Solange" geht in Altersteilzeit – Der unbedingte Vorrang der Menschenwürde vor dem Unionsrecht, NJW 2016, S. 1134; *Schmalenbach, K.:* Der neue Europaartikel 23 des Grundgesetzes im Lichte der Arbeit der Gemeinsamen Verfassungskommission, 1996; *Scholz, R.:* Europäische Union und deutscher Bundesstaat, NVwZ 1993, S. 817; *Schröder, M.:* Das BVerfG als Hüter des Staates im Prozess der europäischen Integration, DVBl. 1994, S. 316; *Schwarze, J.:* Ist das Grundgesetz ein Hindernis auf dem Weg nach Europa?, JZ 1999, S. 637; *Tomuschat, Ch.:* Die Europäische Union unter der Aufsicht des BVerfG, EuGRZ 1993, S. 489; *ders.:* The Ruling of the German Constitutional Court on the Treaty of Lisbon, GLJ 10 (2009), S. 1259; *Unruh, P.:* Die Unionstreue – Anmerkungen zu einem Rechtsgrundsatz der Europäischen Union –, EuR 2002, S. 41; *van Ooyen, R. C.:* Die Staatstheorie des Bundesverfassungsgerichts und Europa, 2006. **Kompetenzabgrenzung:** *Bungenberg, M.:* Art. 235 EGV nach Maastricht, 1999; *Nicolaysen, G.:* Zur Theorie von den Implied Powers in den Europäischen Gemeinschaften, EuR 1966, S. 169; *Pechstein, M.:* Die Mitgliedstaaten der EG als „Sachwalter des gemeinsamen Interesses", 1987; *Schroeder, W.:* Zu eingebildeten und realen Gefahren durch kompetenzüberschreitende Rechtsakte der Europäischen Gemeinschaft, EuR 1999, S. 452; *Schwartz, I. E.:* Artikel 235 EG-Vertrag nach „Maastricht", in: FS für Ernst-Joachim Mestmäcker, 1996, S. 467; *Stadlmeier, S.:* Die „Implied Powers" der Europäischen Gemeinschaften, ZöR 52 (1997), S. 353; *Streinz, R.:* Die Abgrenzung der Kompetenzen zwischen der Europäischen Union und den Mitgliedstaaten unter besonderer Berücksichtigung der Regionen, BayVBl. 2001, S. 481; *Winter, G.:* Kompetenzverteilung und Legitimation in der Europäischen Mehrebenenverwaltung, EuR 2005, S. 255. **Subsidiaritätsprinzip und Verhältnismäßigkeitsgrundsatz:** *Borries, R. von:* Zum Subsidiaritätsprinzip im Recht der Europäischen Union, EuR 1994, S. 263; *Calliess, Ch.:* Der Schlüsselbegriff der „ausschließlichen Zuständigkeit" im Subsidiaritätsprinzip des Art. 3b II EGV, EuZW 1995, S. 693; *ders.:* Subsidiaritäts- und Solidaritätsprinzip in der Europäischen Union, 2. Aufl. 1999; *Hirsch, G.:* Die Auswirkungen des Subsidiaritätsprinzips auf die Rechtsetzungsbefugnis der Europäischen Gemeinschaften, 1995; *ders.:* Das Subsidiaritätsprinzip – Architekturprinzip oder Sprengsatz für die Europäische Union?, in: FS für Walter Odersky, 1996, S. 197; *ders.:* Das Verhältnismäßigkeitsprinzip im Gemeinschaftsrecht, 1997; *Jarass, H. D.:* EG-Kompetenzen und das Prinzip der Subsidiarität nach Schaffung der Europäischen Union, EuGRZ 1994, S. 209; *Lecheler, H.:* Das Subsidiaritätsprinzip, 1993; *Pache, E.:* Der Grundsatz der Verhältnismäßigkeit in der Rechtsprechung der Gerichte der Europäischen Gemeinschaften, NVwZ 1999, S. 1033; *Pechstein, M.:* Die neue Subsidiaritätsklage: Die Interessen nationaler Parlamente in der Hand des EuGH, in: ders. (Hrsg.), Integrationsverantwortung, 2012, S. 135; *Pieper, S. U.:* Subsidiarität – Ein Beitrag zur Begrenzung der Gemeinschaftskompetenzen, 1994; *Ritzer, Ch./Ruttloff, M.:* Die Kontrolle des Subsidiaritätsprinzips: Geltende Rechtslage und Reformperspektiven, EuR 2006, S. 116; *Uerpmann-Wittzack, R.:* Frühwarnsystem und Subsidiaritätsklage im deutschen Verfassungsrecht, EuGRZ 2009, S. 461; *ders./Edenharter, A.*: Subsidiaritätsklage als parlamentarisches Minderheitenrecht?, EuR 2009, S. 313.

a) Verfassungsrechtliche Grundlagen der EU-Mitgliedschaft nach dem Grundgesetz

Die Gründung internationaler Organisationen erfolgt durch den Abschluss völkerrechtlicher Verträge. Nach den Bestimmungen des Grundgesetzes vertritt der Bundespräsident den Bund völkerrechtlich und schließt Verträge mit auswärtigen Staaten (Art. 59 Abs. 1 Satz 1 und 2 GG). Die Vertragsverhandlungen delegiert der Bundespräsident grundsätzlich an die Bundesregierung. Um innerstaatlich verbindlich zu werden, bedürfen Verträge, welche die politischen Beziehungen des Bundes regeln oder sich auf Gegenstände der Gesetzgebung beziehen, eines Zustimmungsgesetzes (Art. 59 Abs. 2 Satz 1 GG). Dieses Erfordernis trifft auch den Vertrag über die Europäische Union und den Vertrag über die Arbeitsweise der Europäischen Union sowie alle Beitrittsabkommen und Änderungsverträge. Ohnehin gestattet das Grundgesetz die Übertragung von Hoheitsrechten auf zwischenstaatliche Einrichtungen und internationale Organisationen nur im Wege eines Gesetzes (Art. 23 Abs. 1 Satz 2 GG, Art. 24 Abs. 1 GG).

127

aa) Die Öffnung der deutschen Rechtsordnung

Das Grundgesetz enthält die grundsätzliche Ermächtigung, Hoheitsrechte auf zwischenstaatliche Einrichtungen zu übertragen (Art. 23 Abs. 1 GG, Art. 24 Abs. 1 GG). Diese *Integrationsgewalt* ermöglicht eine *Öffnung der nationalen Rechtsordnung,* so dass der ausschließliche Herrschaftsanspruch der Bundesrepublik Deutschland im Geltungsbereich des Grundgesetzes zurückgenommen und der unmittelbaren Geltung und Anwendbarkeit des Unionsrechts insoweit Raum gelassen wird[70]. Der den Staat umgebende „Souveränitätspanzer" wird infolge der Übertragung von Hoheitsrechten teilweise geöffnet, um das Recht der Europäischen Union in der Bundesrepublik Deutschland zur Anwendung kommen zu lassen. Art. 24 Abs. 1 GG war die verfassungsrechtliche Grundlage für die Teilnahme der Bundesrepublik Deutschland beim Abschluss der Gründungsverträge der damals drei Europäischen Gemeinschaften. Nach Abschluss des Maastrichter Vertrags über die Europäische Union und den damit einhergehenden weitreichenden Änderungen des Gemeinschaftsrechts sah man diese Integrationskompetenz des Art. 24 Abs. 1 GG jedoch als nicht mehr ausreichend an. Deshalb wurde ein neuer Art. 23 in das Grundgesetz aufgenommen[71], der ausdrücklich die Mitwirkung der Bundesrepublik Deutschland bei der Entwicklung der Europäischen Union und die Übertragung von Hoheitsrechten zu diesem Zweck erlaubt und der als speziellere Norm insoweit den allgemeinen Art. 24

128

---
70 BVerfGE 37, 271, 280 – *Solange I;* BVerfGE 73, 339, 375 – *Solange II.*
71 BGBl. 1992 I S. 2086.

Abs. 1 GG verdrängt. Eine Übertragung von Hoheitsrechten erfolgte bis zum Inkrafttreten des Vertrags von Lissabon jedoch nur in der vormals ersten Säule der Union – auf die selbstständigen Völkerrechtssubjekte EG und EAG –, nicht dagegen in den beiden intergouvernementalen Unionssäulen GASP und PJZS. Mangels Völkerrechtssubjektivität der Europäischen Union (vgl. Rn. 73 ff.) stand insoweit auch kein entsprechendes Rechtssubjekt zur Verfügung. Die Unionsstaaten waren insoweit vielmehr Kompetenzträger geblieben. Mit der Auflösung der bisherigen Säulenstruktur durch den Vertrag von Lissabon ist nunmehr auch der bislang intergouvernemental strukturierte Bereich der PJZS supranationalisiert worden und Teil einer einheitlichen und gemäß Art. 47 EUV rechtsfähigen Europäischen Union geworden, so dass Hoheitsrechte nunmehr auch auf diesem Gebiet übertragen worden sind. Lediglich im Bereich der auch nach dem Vertrag von Lissabon intergouvernemental verbliebenen GASP findet nach wie vor keine Übertragung von Hoheitsrechten auf die Europäische Union statt, so dass insoweit vorrangig Art. 59 Abs. 2 GG einschlägig ist.

129 Das deutsche Verfassungsrecht gebietet die Einhaltung bestimmter Regeln und Prinzipien bei der Übertragung von Hoheitsbefugnissen auf die Europäische Union. Art. 23 Abs. 1 Satz 2 GG ordnet an, dass eine Übertragung von Hoheitsrechten nur durch ein formelles Bundesgesetz erfolgen darf, das der Zustimmung des Bundesrates bedarf. Gemäß Art. 23 Abs. 1 Satz 3 GG gilt Art. 79 Abs. 2 GG für die Begründung der Europäischen Union sowie für Änderungen ihrer vertraglichen Grundlagen und vergleichbare Regelungen, durch die das Grundgesetz seinem Inhalt nach geändert oder ergänzt wird oder solche Änderungen oder Ergänzungen ermöglicht werden. Gesetze, durch die die Bundesrepublik Deutschland derartigen vertraglichen Regelungen innerstaatlich zustimmt, bedürfen somit wie Verfassungsänderungen einer Zweidrittelmehrheit in Bundestag und Bundesrat. Dies gilt für Übertragungsakte, die die Kompetenzen der Europäischen Union ausweiten, da dies regelmäßig einen materiellen Eingriff in die grundgesetzliche Kompetenzordnung mit sich bringt[72]. Lediglich unerhebliche, die „Geschäftsgrundlage" der Verträge nicht berührende Änderungen werden nicht von Art. 23 Abs. 1 Satz 3 GG erfasst und richten sich allein nach Art. 23 Abs. 1 Satz 2 GG[73].

130 Art. 23 Abs. 1 Satz 2 GG erlaubt nur die Übertragung hinreichend bestimmter Hoheitsrechte[74]; eine Blankettermächtigung zur Ausübung öffentlicher Gewalt darf der Europäischen Union nicht erteilt werden[75]; vielmehr muss das Integrationsprogramm hinreichend bestimmt sein[76]. Das BVerfG sieht daher das unions-

---

72 BVerfGE 58, 1, 35 f.; *Everling*, DVBl. 1993, S. 936, 943; *Sommermann*, DÖV 1994, S. 596, 601; *Fink*, DÖV 1998, S. 133, 136.
73 *Breuer*, NVwZ 1994, S. 417, 423.
74 BVerfGE 89, 155, 187 – *Maastricht*.
75 BVerfGE 123, 267, 351 – *Lissabon*; BVerfGE 142, 123, 192 – *OMT-Urteil*; BVerfG, Urt. v. 30.7.2019 – 2 BvR 1685/14, 2 BvR 2631/14, Rn. 121 – *Europäische Bankenunion*.
76 BVerfGE 123, 267, 351 – *Lissabon*.

rechtliche Prinzip der begrenzten Einzelermächtigung (Rn. 178 ff.) als Prinzip an, das sich auch aus dem deutschen Verfassungsrecht speist[77]. Zur Wahrung nicht zuletzt dieses Prinzips ist Art. 23 Abs. 1 Satz 2 GG nicht allein auf formelle Vertragsänderungen anwendbar, sondern auch auf immanente Vertragsänderungen, die kein innerstaatliches Ratifikationsverfahren vorsehen. Dies gilt nach der Rechtsprechung des BVerfG bei der künftigen Anwendung der allgemeinen Brückenklausel des Art. 48 Abs. 7 EUV (Rn. 97), die einen Übergang vom Einstimmigkeitserfordernis bei Abstimmungen im Rat hin zu Mehrheitsentscheidungen ermöglicht[78]. Daneben soll Art. 23 Abs. 1 Satz 2 GG einschlägig sein bei immanenten Kompetenzausweitungen im Bereich der Justiziellen Zusammenarbeit in Strafsachen (Art. 82 Abs. 2 UAbs. 2 lit. d; Art. 83 Abs. 1 UAbs. 3 AEUV)[79] sowie beim Gebrauchmachen von der Flexibilitätsklausel des Art. 352 AEUV (Rn. 184 ff.)[80]. Da das deutsche Gesetz über die Ausweitung und Stärkung der Rechte des Bundestages und des Bundesrates in Angelegenheiten der Europäischen Union, das sogenannte Ausweitungsgesetz, in diesen Fällen nicht den Erlass von Gesetzen nach Art. 23 Abs. 1 Satz 2 GG vorsah, wurde es vom BVerfG in seiner *Lissabon*-Entscheidung für verfassungswidrig erklärt[81]. Soweit spezielle Brückenklauseln zu hinreichend bestimmten immanenten Vertragsänderungen ermächtigen oder der AEUV sogenannte Notbremsemechanismen einzelner Mitgliedstaaten vorsieht (vgl. Art. 48 Abs. 2; Art. 82 Abs. 3; Art. 83 Abs. 3 AEUV), verlangt das BVerfG zwar kein Gesetz im Sinne von Art. 23 Abs. 1 Satz 2 GG[82], nimmt aber aufgrund der Integrationsverantwortung von Bundestag und Bundesrat[83] Weisungsrechte gegenüber dem deutschen Ratsvertreter an.

Das Integrationsverantwortungsgesetz (IntVG)[84] zeichnet diese Grundzüge der höchstrichterlichen Rechtsprechung nunmehr nach. Ob diese innerstaatliche Rückkopplung der deutschen Regierungsvertreter im Rat an ein Votum des Bundestages die Integrationsfähigkeit Deutschlands wesentlich beeinträchtigt und die europäischen Entscheidungsprozesse merklich verlangsamen wird, bleibt abzuwarten. Dass allerdings in den parlamentarischen Beteiligungsrechten, etwa bei der Ausübung der Kompetenzen nach Art. 352 AEUV, ein systemwidriger Einbruch der Legislative in den Kernbereich der exekutiven Gewalt bei der Wahrnehmung der auswärtigen Gewalt liegt, wird man bezweifeln können. Viel-

---

77 BVerfGE 123, 267, 350 – *Lissabon*.
78 BVerfGE 123, 267, 390 f., 435 – *Lissabon*.
79 BVerfGE 123, 267, 436 – *Lissabon*.
80 BVerfGE 123, 267, 436 – *Lissabon*.
81 BVerfGE 123, 267, 432 ff. – *Lissabon*.
82 BVerfGE 123, 267, 391 f. – *Lissabon*.
83 Zum Begriff der Integrationsverantwortung s. *Nettesheim*, „Integrationsverantwortung" – Verfassungsrechtliche Verklammerung politischer Räume, in: Pechstein (Hrsg.), Integrationsverantwortung, 2012, S. 11 ff.
84 Gesetz über die Wahrnehmung der Integrationsverantwortung des Bundestages und des Bundesrates in Angelegenheiten der Europäischen Union (Integrationsverantwortungsgesetz – IntVG) v. 22.9.2009, BGBl. 2009 I S. 3022.

mehr wird versucht, integrationsbedingte Verwerfungen zu korrigieren, die sich zulasten der Legislative und zugunsten der Exekutive auswirken (vgl. Rn. 185), um die innerstaatliche Gewaltbalance zwischen Bundestag und Bundesregierung teilweise wiederherzustellen.

bb) Anforderungen an die Struktur der Europäischen Union

132 Art. 23 GG bietet nur eine Rechtsgrundlage für die Mitwirkung Deutschlands an einer Europäischen Union, die demokratischen, rechtsstaatlichen, sozialen und föderativen Grundsätzen und dem Grundsatz der Subsidiarität verpflichtet ist und einen dem Grundgesetz im Wesentlichen vergleichbaren Grundrechtsschutz gewährleistet (Struktursicherungsklausel; Art. 23 Abs. 1 Satz 1 GG). Die grundgesetzlichen Vorgaben betreffen die organisatorische Struktur der Europäischen Union und deren Kompetenzausübung. Die verfassungsrechtlichen Forderungen sind zwar zwangsläufig nur auf europäischer Ebene einlösbar, Normadressat des Art. 23 Abs. 1 Satz 1 GG kann jedoch allein die deutsche Hoheitsgewalt sein[85]. Alle Verfassungsorgane, insbesondere Bundestag, Bundesrat und Bundesregierung, haben auf die Verwirklichung dieser Strukturmerkmale in der Europäischen Union hinzuwirken[86]. Die Struktursicherungsklausel ist Handlungsmaßstab der deutschen Integrationsgewalt und Rechtmäßigkeitsmaßstab für die von ihr vollzogenen Integrationsschritte[87]. Besonderes Augenmerk gilt insbesondere zwei Bereichen, zum einen dem Grundrechtsschutz auf der europäischen Ebene und zum anderen der Verwirklichung des demokratischen Prinzips in der Unionsrechtsordnung.

(α) Effektiver Grundrechtsschutz auf Unionsebene

133 Im Hinblick auf einen effektiven Grundrechtsschutz der Bürger in der Unionsrechtsordnung, in der das EU-Rechtsetzungsvolumen durch Richtlinien und Verordnungen besonders im Wirtschaftsrecht über 80% aller Regelungsmaterien erfasst, betont das BVerfG in seiner *Solange II*-Rechtsprechung seit 1986[88]: *Solange* der EuGH einen wirksamen und dem Grundgesetz im Wesentlichen entsprechenden Grundrechtsschutz gegenüber EU-Hoheitsakten wie Verordnungen, Richtlinien und Beschlüssen (Art. 288 AEUV) gewährleiste, werde das BVerfG „seine Gerichtsbarkeit über die Anwendung von abgeleitetem Gemeinschaftsrecht [jetzt: Unionsrecht], das als Rechtsgrundlage für ein Verhalten deutscher Gerichte oder Behörden im Hoheitsbereich der Bundesrepublik Deutschland in Anspruch genommen wird, nicht mehr ausüben und dieses Recht mithin

---

85 *Schmitz*, Integration in der Supranationalen Union, 2001, S. 352; *Sommermann*, DÖV 1994, S. 596, 602.
86 *Breuer*, NVwZ 1994, S. 417, 421; *Streinz*, ThürVBl. 1997, S. 73, 78.
87 *Schmalenbach*, Der neue Europaartikel 23 des Grundgesetzes, 1996, S. 62; *Schmitz*, Integration in der Supranationalen Union, 2001, S. 352.
88 BVerfGE 73, 339 – *Solange II*.

nicht mehr am Maßstab der Grundrechte des Grundgesetzes überprüfen"[89]. Im *Maastricht*-Urteil von 1993 spricht das BVerfG von einem „Kooperationsverhältnis" mit dem EuGH beim Grundrechtsschutz vor Unionsakten[90]. Zugleich hat es darin jedoch seine Zuständigkeit zur Kontrolle von Unionsakten am Maßstab des Grundgesetzes bekräftigt. In seiner Entscheidung zur EG-Bananenmarktordnung hat das BVerfG betont, dass es mit dem *Maastricht*-Urteil nicht von der Linie seiner *Solange II*-Rechtsprechung abrücken wolle[91]. Es hat allerdings die Anforderung an die Begründung entsprechender Richtervorlagen hinsichtlich des Nachweises einer Absenkung des Grundrechtsschutzes in der Rechtsprechung des EuGH (und damit wohl auch entsprechender Verfassungsbeschwerden; zur prozessualen Dimension vgl. Rn. 162 ff.) präzisiert und insoweit ein hohes Niveau vorgeschrieben.

Das Grundgesetz verlangt einen im Wesentlichen *vergleichbaren,* keinen deckungsgleichen Grundrechtsschutz auf EU-Ebene. Den verfassungsrechtlichen Erfordernissen des Art. 23 Abs. 1 Satz 1 GG ist daher genügt, „wenn die Rechtsprechung des Europäischen Gerichtshofs einen wirksamen Schutz der Grundrechte gegenüber der Hoheitsgewalt der Gemeinschaft [jetzt: Union] generell gewährleistet, der dem vom Grundgesetz als unabdingbar gebotenen Grundrechtsschutz im Wesentlichen gleich zu achten ist, zumal den Wesensgehalt der Grundrechte generell verbürgt"[92]. 134

Der zu gewährleistende Grundrechtsschutz ist unterschritten, wenn dies für den betreffenden Lebenssachverhalt und das jeweilige Grundrecht nachgewiesen werden kann[93]. Generelle Defizite, z.B. beim Schutz der Meinungsäußerungsfreiheit, können nicht mit einem gegenüber dem Grundgesetz stärkeren Schutz, etwa des Eigentums, ausgeglichen werden. Freilich darf der Grundrechtsschutz auf Unionsebene auch in Bezug auf ein konkretes Grundrecht durchaus im Einzelfall hinter dem nationalen Grundrechtsschutz zurückbleiben. Der im Wesentlichen vergleichbare Grundrechtsschutzstandard des Art. 23 Abs. 1 Satz 1 GG wird erst dann unterschritten, wenn der unionale Grundrechtsschutz in Bezug auf ein Grundrecht generell unter das unabdingbare Maß absinkt. Bloße „Ausreißer" in einem ansonsten den Kernbestand eines Grundrechts wahrenden unionalen Grundrechtsschutz reichen nicht aus. 135

(β) Die Weiterentwicklung der Demokratie auf Unionsebene

Nach der Rechtsprechung des BVerfG sind der Ausdehnung der Aufgaben und Befugnisse der Europäischen Union vom demokratischen Prinzip her Grenzen 136

---

89 BVerfGE 73, 339, 387 – *Solange II.*
90 BVerfGE 89, 155, 175 – *Maastricht.*
91 BVerfGE 102, 147, 164 – *Bananenmarktordnung.*
92 BVerfGE 102, 147, 164 – *Bananenmarktordnung.*
93 BVerfGE 102, 147, 164 – *Bananenmarktordnung:* „der jeweils als unabdingbar gebotene Grundrechtsschutz".

gesetzt⁹⁴. Das BVerfG macht im *Maastricht*-Urteil die Weiterentwicklung der Union davon abhängig, „dass die demokratischen Grundlagen der Union schritthaltend mit der Integration ausgebaut werden und auch im Fortgang dieser Integration in den Mitgliedstaaten eine lebendige Demokratie erhalten bleibt"⁹⁵. Die von der Europäischen Union ausgeübte Hoheitsgewalt muss daher in einer Weise demokratisch legitimiert sein, die den Anforderungen des Art. 23 Abs. 1 Satz 1 GG entspricht. Dabei verlangt das BVerfG keinen Gleichlauf von verfassungsrechtlichen und unionsrechtlichen Anforderungen an die demokratische Legitimation und Kontrolle. Angesichts der unterschiedlichen Verfassungstraditionen und der verschiedenen Ausprägungen, die das Demokratiegebot in den Mitgliedstaaten erfahren hat, können die Anforderungen an das Legitimationsniveau von Maßnahmen der deutschen öffentlichen Gewalt nicht ohne weiteres auf die Europäische Union übertragen werden⁹⁶.

137 Das BVerfG sieht diese Anforderungen an die demokratische Legitimation der Europäischen Union gewahrt und geht von einer dualen Legitimation der Unionsgewalt aus, die sich einerseits aus den nationalen Parlamenten der Mitgliedstaaten speist und andererseits aus der durch das Europäische Parlament vermittelten demokratischen Rückkopplung. Art. 10 Abs. 2 EUV stützt diese Sichtweise. In einem Verfassungsbeschwerdeverfahren gegen das deutsche Zustimmungsgesetz zum Maastrichter Vertragswerk wegen der dort gebilligten Stimmenponderierung bei Wahlen zum Europäischen Parlament, welche mit dem Grundsatz der Gleichheit der Wahl nicht vereinbar ist (Rn. 235 ff.), hat das BVerfG diese Linie bestätigt: „Die Ausübung ihrer hoheitlichen Befugnisse [der „Europäischen Union"] wird zuvörderst über die nationalen Parlamente der in ihr zusammengeschlossenen demokratischen Staaten von deren Staatsvölkern legitimiert. Die Gleichheit des diese Legitimation sichernden Wahlrechts wird damit durch das Wahlrecht zu den nationalen Parlamenten gewährleistet. Die Verteilung der Sitze im Europäischen Parlament nach einem sog. ponderierten Schlüssel ist ein Kompromiss (...). Die Europäische Union wird von den Mitgliedstaaten getragen, die als Staaten fortbestehen und für die völkerrechtlich der Grundsatz der formalen Gleichheit der Staaten – unabhängig von ihrer Einwohnerzahl – gilt; zugleich ist die Europäische Union aber als Staatenverbund mehr als die Summe der einzelnen Mitgliedstaaten – dem trägt die Berücksichtigung der unterschiedlichen Einwohnerzahlen der Mitgliedstaaten Rechnung"⁹⁷. In seinem *Lissabon*-Urteil hat das BVerfG diese Sicht ausdrücklich bestätigt⁹⁸.

138 Die fehlende Wahlrechtsgleichheit aufgrund fester mitgliedstaatlicher Sitzkontingente, ein fehlendes einheitliches Wahlrecht (Rn. 235) und die Unmöglichkeit,

---

94 BVerfGE 89, 155, 186 – *Maastricht*.
95 BVerfGE 89, 155, 213 – *Maastricht*.
96 BVerfG, Urt. v. 30.7.2019 – 2 BvR 1685/14, 2 BvR 2631/14, Rn. 125 – *Europäische Bankenunion*.
97 BVerfG, NJW 1995, S. 2216.
98 BVerfGE 123, 267, 373 f. – *Lissabon*.

die Wahlentscheidung der Unionsbürger zum Europäischen Parlament als eine Richtungsentscheidung für die Ausübung europäischer Hoheitsgewalt anzusehen, vereiteln eine gleiche Repräsentation aller Unionsbürger und stellen damit die Fähigkeit des Europäischen Parlaments, demokratische Legitimation zu erzeugen (Legitimationsgewalt), gegenwärtig noch in Frage. Hinzu kommen die noch mangelnde Fähigkeit der Parteien, die europäische Willensbildung der Unionsbürger zu unterstützen, sowie das unterentwickelte, nach wie vor von nationalen Verbandsinteressen geprägte, auch von den Medien bisher kaum geförderte gemeineuropäische Politikbewusstsein. In diesem Zusammenhang darf auch das Sprachenproblem für die Herausbildung eines gemeineuropäischen Politikbewusstseins breiter Bevölkerungsschichten nicht bagatellisiert werden. Demokratie legitimiert sich nämlich in den ausschließlich sprachlich vermittelten Verfahren von Wahlen und Abstimmungen. Diese Verfassungsgrundlage hat sich in der Europäischen Union noch nicht hinreichend entwickelt.

Solange die Voraussetzungen einer gemeineuropäischen politischen Willensbildung der Unionsbürger vor dem demokratischen Wahlakt, welcher der Erfolgswertgleichheit aller abgegebenen Stimmen auf der Grundlage eines einheitlichen Wahlverfahrens genügen muss, nicht erfüllt sind, kommt dem Europäischen Parlament lediglich eine unterstützende Legitimationsfunktion zu; Hauptträger demokratischer Legitimation bleiben solange die mitgliedstaatlichen Parlamente. Erschwert wird eine gemeineuropäische politische Willensbildung durch den Mangel an Transparenz der unionsrechtlichen Entscheidungsverfahren (vgl. nur Art. 294 AEUV), in denen das Europäische Parlament weniger vom Wahlauftrag der Unionsbürger als von taktischen Mehrheitsbündnissen gegenüber der Europäischen Kommission und vor allem gegenüber dem von nationalen Politikinteressen dominierten Rat geleitet wird (zur eingeschränkten Entwicklungsmöglichkeit der Rechte des Europäischen Parlaments im Rahmen des derzeitigen Organgefüges vgl. Rn. 246). 139

Bis das Europäische Parlament wirklich in politischen Mehrheiten handeln kann, die von originär europäischen Parteien – nicht nur von nationalen „Parteienablegern" – und vor allem von gleichen Wahlen demokratisch getragen werden, „sind es zuvörderst die Staatsvölker der Mitgliedstaaten, die (...) [die supranationale Hoheitsgewalt] über die nationalen Parlamente demokratisch zu legitimieren haben"[99]. Bis in der Union die Voraussetzungen eines demokratisch verfassten europäischen „Bürgerverbundes" erfüllt sind, fehlt es an einer tragfähigen Alternative, die Unionsgewalt im Unionsverbund anders als dual, d.h. durch die nationalen Parlamente und unterstützend durch das Europäische Parlament, zu legitimieren. 140

Die tragende demokratische Legitimationsfunktion der mitgliedstaatlichen Volksvertretungen kommt in Art. 10 Abs. 2 EUV zum Ausdruck, der in seinem UAbs. 1 die demokratische Legitimationsvermittlungs- und Kontrollfunktion 141

---

[99] BVerfGE 89, 155, 184 – *Maastricht*.

des Europäischen Parlaments anspricht und in seinem UAbs. 2 die entsprechende Funktion der nationalen Parlamente hervorhebt. Diese Funktion der mitgliedstaatlichen Parlamente wird auch durch das „Protokoll über die Rolle der nationalen Parlamente in der Europäischen Union" betont[100]. Darin wird – ganz im Sinne des BVerfG – anerkannt, „dass die Kontrolle der Regierungen durch die nationalen Parlamente hinsichtlich der Tätigkeiten der Europäischen Union Sache der besonderen verfassungsrechtlichen Gestaltung und Praxis jedes Mitgliedstaates ist". Im Lichte dieses Grundsatzbekenntnisses zur demokratischen Legitimationsfunktion der mitgliedstaatlichen Volksvertretungen muss auch das Ziel des Protokolls interpretiert werden, „eine stärkere Beteiligung der nationalen Parlamente an den Tätigkeiten der Europäischen Union zu fördern und ihnen bessere Möglichkeiten zu geben, sich zu Entwürfen von Gesetzgebungsakten der Europäischen Union sowie zu anderen Fragen, die für sie von besonderem Interesse sein können, zu äußern". Dazu soll eine rechtzeitige Unterrichtung der mitgliedstaatlichen Parlamente über Gesetzgebungsvorhaben der Union gemäß Art. 12 lit. a EUV sowie eine Stärkung der sog. Konferenz der Europa-Ausschüsse der nationalen Parlamente („COSAC") erfolgen (Art. 12 lit. f EUV). Innerstaatlich können die mitgliedstaatlichen Parlamente ihre Regierungsvertreter im Ministerrat daraufhin kontrollieren, ob sie die Vorschläge und Anregungen von „COSAC" zumindest berücksichtigt haben.

142 Der Vertrag von Lissabon hat die Kontrollbefugnisse der nationalen Parlamente auch unmittelbar auf die EU-Ebene ausgedehnt, indem er ihnen durch das Protokoll über die Anwendung der Grundsätze der Subsidiarität und der Verhältnismäßigkeit[101] die Möglichkeit einer *Subsidiaritätsrüge* im Gesetzgebungsverfahren der Union sowie die Möglichkeit von *Subsidiaritätsnichtigkeitsklagen* vor dem EuGH gegen Gesetzgebungsakte der Union einräumt (Rn. 194 ff.).

b) Verfassungsrechtliche Grenzen des Ausbaus der Union

143 Während auf der Ebene der Europäischen Union die Verwirklichung der wesentlichen Bauelemente moderner Verfassungsstaatlichkeit wie Demokratie, Rechtsstaatlichkeit, Grundrechtsgebundenheit und Sozialstaatlichkeit verwirklicht sein sollen (Art. 23 Abs. 1 Satz 1 GG), dürfen genau diese tragenden Strukturprinzipien innerstaatlich durch die Integration nicht beeinträchtigt werden (Art. 23 Abs. 1 Satz 3 GG). Bereits gemäß Art. 24 Abs. 1 GG war es nach der Rechtsprechung des BVerfG nicht erlaubt, im Wege der Einräumung von Hoheitsrechten für die damaligen Europäischen Gemeinschaften die Identität der Verfassungsordnung der Bundesrepublik Deutschland und die sie konstituierenden Strukturen aufzugeben[102]. Der Europa-Artikel des Grundgesetzes enthält

---

100 ABl.EU 2008 Nr. C 115, S. 203.
101 ABl.EU 2008 Nr. C 115, S. 206.
102 BVerfGE 73, 339, 375 ff. – *Solange II*.

diese Beschränkung der Integrationsgewalt auch ausdrücklich (Verfassungsbestandsklausel; Art. 23 Abs. 1 Satz 3 i. V. m. Art. 79 Abs. 3 GG). Man spricht insoweit von den *Grenzen der Integrationsgewalt*.

Während Art. 23 Abs. 1 Satz 3 i. V. m. Art. 79 Abs. 2 GG die verfassungsändernde Zweidrittelmehrheit fordert, verleiht Art. 23 Abs. 1 Satz 3 i. V. m. Art. 79 Abs. 3 GG den von Art. 20 GG absolut geschützten Staatsstrukturprinzipien (Demokratie, Bundesstaatlichkeit, Rechts- und Sozialstaatlichkeit, Gewaltenteilung) sowie der Menschenwürde (Art. 1 Abs. 1 GG) eine „Ewigkeitsgarantie". Darüber hinaus schützt Art. 79 Abs. 3 GG nach der Rechtsprechung des BVerfG auch den Grundsatz der souveränen Staatlichkeit Deutschlands vor dem Zugriff des Integrationsgesetzgebers[103]. Damit enthält Art. 79 Abs. 3 GG zugunsten der vom Grundgesetz aufgestellten Staatsstrukturprinzipien eine im europäischen Integrationsprozess nicht zu verhandelnde, also absolute Schranke beim Ausbau der Union. Inhaltliche Abweichungen der Unionsverträge von den Bestimmungen des Grundgesetzes sind somit nur insoweit möglich, als die Grundstrukturen der verfassten deutschen Staatlichkeit dadurch nicht angetastet werden. In seiner Entscheidung zum *Europäischen Haftbefehl* betont das BVerfG ausdrücklich, dass der deutsche Integrationsgesetzgeber der Europäischen Union keine Hoheitsrechte übertragen darf, mit deren Inanspruchnahme eine Berührung der von Art. 79 Abs. 3 GG geschützten Verfassungsidentität einherginge[104].

Den verfassungsrechtlichen Bedingungen der deutschen Teilnahme an einer fortschreitenden europäischen Integration trägt der EU-Vertrag Rechnung. Art. 2 Satz 1 EUV bestimmt ausdrücklich, dass die Union auf den Grundsätzen der Freiheit, der Demokratie, der Gleichheit, der Achtung der Menschenwürde und Menschenrechte sowie der Rechtsstaatlichkeit beruht. Dieses Bekenntnis räumt jedoch nicht alle Bedenken mit Blick auf die Rechtsprechung des BVerfG aus. Die in Art. 2 Satz 1 EUV eingeforderten Werte müssen als konkret gelebte Herrschaftslegitimation der Union verwirklicht werden. Es darf nicht bei einer auf dem Papier verbrieften Proklamation dieser Prinzipien bleiben.

Verfassungsrechtliche Wachsamkeit beim Ausbau der Union ist mit Blick auf Art. 79 Abs. 3 GG in mehrfacher Hinsicht geboten: Die souveräne Staatlichkeit Deutschlands (Art. 20 Abs. 2 GG) darf nicht angetastet werden. Das föderale Prinzip des Grundgesetzes (Art. 20 Abs. 1 GG) muss beachtet werden. Das unabdingbare Maß an Grundrechtsschutz der Bürger darf weder materiell-rechtlich noch in der praktischen (prozessualen) Durchsetzung (Art. 19 Abs. 4 GG) eine Aufweichung erfahren. Und das BVerfG mahnt im *Maastricht*-Urteil aus dem Jahre 1993[105] sowie im *Lissabon*-Urteil aus dem Jahre 2009 zur Beachtung des Demokratieprinzips beim Ausbau der Union als Voraussetzung für eine weitergehende Entmachtung des Bundestags durch Kompetenzübertragungen auf die EU.

---

103 BVerfGE 123, 267, 343 – *Lissabon*.
104 BVerfGE 140, 317, 336 f. – *Europäischer Haftbefehl*.
105 BVerfGE 89, 155 – *Maastricht*.

aa) Unantastbarkeit der souveränen Staatlichkeit Deutschlands

147 In seinem *Lissabon*-Urteil hat das BVerfG ausgeführt, dass das Grundgesetz die souveräne Staatlichkeit Deutschlands nicht nur voraussetze, sondern in Art. 79 Abs. 3 GG auch garantiere[106]. Zwar hänge das Grundgesetz keiner Vorstellung von einer selbstherrlichen Souveränität, sondern vielmehr von einer völkerrechtlich geordneten und gebundenen Freiheit an[107], gleichwohl ermächtige es den Integrationsgesetzgeber nicht, durch einen Eintritt in einen europäischen Bundesstaat das Selbstbestimmungsrecht des deutschen Volkes in Gestalt der völkerrechtlichen Souveränität Deutschlands aufzugeben[108]. Ein solcher endgültiger Schritt sei allein dem unmittelbar erklärten (verfassunggebenden) Willen des deutschen Volkes gemäß Art. 146 GG vorbehalten. Unter dem Grundgesetz müsse die Union auf der Grundlage von Art. 23 Abs. 1 GG daher „eine enge, auf Dauer angelegte Verbindung souverän bleibender Staaten" bleiben[109], in welcher die Mitgliedstaaten dauerhaft die „Herren der Verträge" seien[110]. Die Übertragung einer Kompetenz-Kompetenz auf die Union sei ebenso unzulässig wie eine unwiderrufliche Hoheitsrechtsübertragung[111]. Dem kann man im Grundsatz zustimmen. Wenn das BVerfG die Autonomie der Europäischen Union in diesem Zusammenhang als Sekundärraum bezeichnet, der dem politischen Primärraum der Mitgliedstaaten untergeordnet ist[112], und auf eine Stufe mit der Autonomie der innerstaatlichen (kommunalen) Selbstverwaltung stellt[113], verfehlt es das Verständnis vom Wesen der europäischen Integration allerdings deutlich. Das *Lissabon*-Urteil des BVerfG, das in diesen Passagen rückwärtsgewandt und staatszentriert wirkt, wird dem Charakter der supranationalen Europäischen Union nicht gerecht, der weit über eine gewöhnliche internationale Organisation hinausgeht.

bb) Beachtung des föderalen Prinzips beim Ausbau der EU

148 Zwar verfügen auch die (Bundes-)Länder über eine eigene, unabgeleitete Staatlichkeit[114], doch weist das Grundgesetz dem Bund die Integrationsgewalt zu und ermöglicht allein ihm die Öffnung der nationalen Rechtsordnung für das Unionsrecht (Art. 23 Abs. 1 Satz 2 GG). Konsequenterweise ist die Bundesrepublik Deutschland – nicht ihre Länder – Mitglied der Europäischen Union. Auf die innerstaatliche Kompetenzverteilung zwischen Bund und Ländern nehmen

---

106 BVerfGE 123, 267, 343 – *Lissabon*.
107 BVerfGE 123, 267, 346 – *Lissabon*.
108 BVerfGE 123, 267, 347 f. – *Lissabon*.
109 BVerfGE 123, 267, 348 – *Lissabon*.
110 BVerfGE 123, 267, 349 – *Lissabon*.
111 BVerfGE 123, 267, 349 f. – *Lissabon*.
112 BVerfGE 123, 267, 382 – *Lissabon*.
113 BVerfGE 123, 267, 349 – *Lissabon*.
114 BVerfGE 34, 9, 19 f.

die Unionsverträge keine Rücksicht[115]. Sie überlassen es jedem Mitgliedstaat, wie er seine unionsrechtlichen Verpflichtungen erfüllt. *H. P. Ipsen* hat dafür die Formel von der „Landesblindheit" des Europarechts geprägt[116]. Organisiert sich ein Mitgliedstaat als Bundesstaat und werden Aufgaben nicht nur auf der gesamtstaatlichen Ebene erfüllt, verpflichtet das im Mitgliedstaat anwendbare Unionsrecht den jeweils innerstaatlich zuständigen Kompetenzträger. Hinzu kommt, dass infolge der Mitgliedschaft der Bundesrepublik in der Union zahlreiche Entscheidungs- und Verwaltungszuständigkeiten der Länder auf die Union übergegangen sind.

Dennoch sind die Länder unionsrechtlich keineswegs irrelevant. Als Forum der Landes- und Kommunalinteressen existiert als beratende Einrichtung der Union der *Ausschuss der Regionen* (AdR), der sich aus Vertretern der regionalen und lokalen Gebietskörperschaften, also auch der Länder, zusammensetzt (Art. 305 bis Art. 307 AEUV; Rn. 334 ff.). Daneben unterhalten die Länder *eigene Vertretungen* in Brüssel, sog. Büros, um ständigen Kontakt zur Union zu halten und die eigenen Interessen unmittelbar vor Ort wahrnehmen zu können[117]. Auch das *Subsidiaritätsprinzip* (Art. 5 Abs. 3 EUV; Rn. 187 ff.) soll mit dazu beitragen, die Interessen der regionalen Gebietskörperschaften zu berücksichtigen und ihre Zuständigkeiten vor einer Aushöhlung zu bewahren. Nach Art. 23 Abs. 1 Satz 1 GG wäre zwar die Teilnahme der Bundesrepublik Deutschland an einer Europäischen Union, die auf eine systematische Kompetenzauszehrung staatlicher Untergliederungen wie der Bundesländer angelegt wäre oder abzielte, unzulässig. Dies garantiert den deutschen Bundesländern indes keine umfassende oder auch nur eindeutig zu umreißende Verschonung von Einwirkungen des Unionsrechts auf ihren Kompetenzbestand.

149

Um diesen unumgänglichen Einwirkungen zumindest prozedural zu begegnen, sieht Art. 23 Abs. 1a, 2, 4 und 5 GG die Mitwirkung des Bundesrates „in Angelegenheiten der Europäischen Union" vor. Im Zuge der Einführung der Möglichkeit der Subsidiaritätsklage gegen einen Gesetzgebungsakt der Union durch den Vertrag von Lissabon räumt Art. 23 Abs. 1a GG[118] neben dem Bundestag auch dem Bundesrat die Möglichkeit der Klageerhebung vor dem EuGH ein (Rn. 531). Gemäß Art. 23 Abs. 2 Satz 1 und Abs. 4 GG ist der Bundesrat an der Willensbildung des Bundes zu beteiligen, soweit er an einer entsprechenden innerstaatlichen Maßnahme mitzuwirken hätte oder soweit die Länder innerstaatlich zuständig wären. Sind in einem Bereich innerstaatlicher Bundeszuständigkeit Interessen der Länder berührt, berücksichtigt die Bundesregierung ge-

150

---

115 EuGH, Rs. 131/84, Slg. 1985, S. 3531, Rn. 6 – *Kommission/Italien;* EuGH, Rs. 309/84, Slg. 1986, S. 599, Rn. 17 – *Kommission/Italien;* EuGH, Rs. 49/86, Slg. 1987, S. 2995, Rn. 6 – *Kommission/Italien;* EuGH, Rs. 310/86, Slg. 1988, S. 3987, Rn. 6 – *Kommission/Italien.*
116 *Ipsen,* Als Bundesstaat in der Gemeinschaft, in: FS Hallstein, S. 248, 256.
117 § 8 des Gesetzes über die Zusammenarbeit von Bund und Ländern in Angelegenheiten der Europäischen Union v. 12.3.1993, BGBl. 1993 I S. 313.
118 BGBl. 2008 I S. 1926.

mäß Art. 23 Abs. 5 Satz 1 GG die Stellungnahme des Bundesrates. Sind im Schwerpunkt Gesetzgebungsbefugnisse der Länder, die Einrichtung ihrer Behörden oder ihre Verwaltungsverfahren betroffen, ist nach Art. 23 Abs. 5 Satz 2 GG bei der Willensbildung des Bundes insoweit die Auffassung des Bundesrates maßgeblich zu berücksichtigen. In Fällen der ausschließlichen Gesetzgebungskompetenz der Länder auf den Gebieten der schulischen Bildung, der Kultur oder des Rundfunks ist gemäß Art. 23 Abs. 6 Satz 1 GG die Wahrnehmung der Rechte, die der Bundesrepublik Deutschland als Mitgliedstaat zustehen, vom Bund auf einen vom Bundesrat benannten Vertreter der Länder zu übertragen, so dass die Bundesrepublik im Rat durch einen Landesminister vertreten wird. Während Art. 23 Abs. 6 GG die innerstaatliche Vertretungsbefugnis von Landesministern regelt, wird diese auch unionsrechtlich durch Art. 16 Abs. 2 EUV zugelassen, der nur vorschreibt, dass sich der Rat aus Vertretern im Ministerrang – nicht notwendig des Zentralstaats – zusammensetzt. Das Gesetz über die Zusammenarbeit von Bund und Ländern in Angelegenheiten der Europäischen Union vom 12. März 1993[119] regelt die Einzelheiten der Mitwirkung des Bundesrates. Diese verfassungsrechtlich gebotene Beteiligung der Bundesländer über den Bundesrat steht allerdings in einem Spannungsverhältnis zu einer effektiven Vertretung deutscher Interessen im Rat.

cc) Bewahrung der innerstaatlichen Demokratie

151 Nach der Rechtsprechung des BVerfG muss auch im Fortgang der europäischen Integration in den Mitgliedstaaten eine lebendige Demokratie erhalten bleiben[120]. Insbesondere dürfen, so das BVerfG in seinem *Maastricht*-Urteil, innerstaatliche Wahlen nicht dadurch ihrer demokratischen Legitimation beraubt werden, dass sie der Hervorbringung eines Parlaments dienen, dem kaum noch Kompetenzen zur Ausübung verblieben sind[121]. Vielmehr muss der Bundestag eigene Aufgaben und Befugnisse von substantiellem politischem Gewicht behalten oder die ihm politisch verantwortliche Bundesregierung maßgeblichen Einfluss auf die europäische Entscheidungsfindung ausüben[122]. Insbesondere darf eine Übertragung von Hoheitsrechten nicht dazu führen, die Haushaltsautonomie und das Budgetrecht des Bundestages zu untergraben[123]. In seiner *Lissabon*-Entscheidung identifiziert das BVerfG wesentliche Bereiche, in denen Deutschland ein ausreichender Raum zur politischen Gestaltung der wirtschaftlichen, kulturellen und

---

119 BGBl. 1993 I S. 313.
120 BVerfGE 89, 155, 213 – *Maastricht*.
121 BVerfGE 89, 155, 172, 182, 186, 207 ff. – *Maastricht*.
122 BVerfGE 89, 155, 207 – *Maastricht*; BVerfGE 123, 267, 356 – *Lissabon*; BVerfGE 129, 124, 168 f. – *Euro-Rettungsschirm*; BVerfG, Urt. v. 30.7.2019 – 2 BvR 1685/14, 2 BvR 2631/14, Rn. 122 – *Europäische Bankenunion*.
123 BVerfGE 129, 124, 183 ff. – *Euro-Rettungsschirm;* dazu Rn. 1403 f.; BVerfGE 142, 123, 230 ff. – *OMT-Urteil;* BVerfG, Urt. v. 30.7.2019 – 2 BvR 1685/14, 2 BvR 2631/14, Rn. 123 – *Europäische Bankenunion*.

sozialen Lebensverhältnisse auf Dauer verbleiben müsse[124]. Zu wesentlichen Bereichen demokratischer Gestaltung gehören nach Ansicht des BVerfG unter anderem die Staatsbürgerschaft, das zivile und militärische Gewaltmonopol, Einnahmen und Ausgaben einschließlich der Kreditaufnahme sowie die für die Grundrechtsverwirklichung maßgeblichen Eingriffstatbestände, vor allem bei intensiven Grundrechtseingriffen, wie dem Freiheitsentzug in der Strafrechtspflege oder bei Unterbringungsmaßnahmen. Zu diesen bedeutsamen Sachbereichen gehören auch kulturelle Fragen, wie die Verfügung über die Sprache, die Gestaltung der Familien- und Bildungsverhältnisse, die Ordnung der Meinungs-, Presse- und Versammlungsfreiheit oder der Umgang mit dem religiösen oder weltanschaulichen Bekenntnis[125]. Als besonders sensibel für die demokratische Selbstgestaltungsfähigkeit eines Verfassungsstaates gelten, so das BVerfG, Entscheidungen über das materielle und formelle Strafrecht, die Verfügung über das Gewaltmonopol polizeilich nach innen und militärisch nach außen, die fiskalischen Grundentscheidungen über Einnahmen und – gerade auch sozialpolitisch motivierte – Ausgaben der öffentlichen Hand, die sozialstaatliche Gestaltung von Lebensverhältnissen sowie kulturell besonders bedeutsame Entscheidungen, etwa im Familienrecht, Schul- und Bildungssystem oder über den Umgang mit religiösen Gemeinschaften. Eine vertiefte Begründung, warum einem demokratischen Verfassungsstaat gerade diese Bereiche im Wesentlichen vorbehalten bleiben sollen, liefert das BVerfG allerdings nicht. Allenfalls kann man einen Hinweis auf traditionelle Begründungszusammenhänge herauslesen, da es heißt, diese Bereiche seien „seit jeher" besonders sensibel. Man kann mutmaßen, dass die Identifizierung der unübertragbaren Politikbereiche auf der Überlegung beruht, die genannten Bereiche könnten bei künftigen Integrationsschritten von Hoheitsrechtsübertragungen „bedroht" sein[126].

c) Überwachung der Integrationsgrenzen durch das BVerfG

152 Über die Wahrung der Integrationsgrenzen gemäß Art. 23 Abs. 1 Satz 3 GG wacht das BVerfG. Bei der Ausübung seiner verfassungsrechtlichen Kontrolle am Maßstab des Art. 23 GG ist das BVerfG nach den Bedingungen des Grundgesetzes und des BVerfGG auf solche *Prüfungsgegenstände* verwiesen, welche sich als Ausübung *deutscher Hoheitsgewalt* darstellen: Nur solche Maßnahmen sind in ihren Entstehungs- und Gültigkeitsbedingungen den Anforderungen des Grundgesetzes unterworfen, stehen somit in der hierdurch errichteten Normenhierarchie. Damit sind alle deutschen Begründungs- und Vollzugsakte für europäisches Unionsrecht der verfassungsgerichtlichen Kontrolle zugänglich. Kontrolliert werden können daher die Zustimmungsverträge zu den EU-Gründungs- und Änderungs-

---

124 BVerfGE 123, 267, 357 f. – *Lissabon*.
125 BVerfGE 123, 267, 358 – *Lissabon*.
126 *Haratsch*, ZJS 2010, S. 122, 125.

verträgen[127], Beschlüsse über das deutsche Abstimmungsverhalten im Rat[128] sowie administrative und legislative Umsetzungsakte zu EU-Sekundärrecht.

153 Das BVerfG hat allerdings für sich die Zuständigkeit in Anspruch genommen, *EU-Rechtsakte* selbst am Maßstab des Grundgesetzes zu prüfen[129]. Dies ist trotz der Verantwortung des BVerfG für den Grundrechtsschutz in Deutschland dogmatisch schwerlich akzeptabel. In seiner jüngsten Rechtsprechung im *OMT-Urteil* ist das BVerfG allerdings wieder davon abgerückt, Unionsrechtsakte unmittelbar am Maßstab des Grundgesetzes zu überprüfen[130]. Sie können lediglich mittelbar – als Vorfrage – Gegenstand einer verfassungsgerichtlichen Prüfung sein, wenn die Unionsrechtsakte entweder Grundlage von Handlungen deutscher Staatsorgane sind oder aus der Integrationsverantwortung folgende Reaktionspflichten deutscher Verfassungsorgane auslösen. Angreifbar sind damit nur noch deutsche Hoheitsakte[131]. Im ersten Fall wendet man sich gegen Handlungen deutscher Staatsorgane zur Durchführung von Unionsrecht, im zweiten Fall gegen Unterlassungen trotz einer bestehenden Handlungspflicht. Aus der Verantwortung der deutschen Staatsorgane für die Einhaltung des Integrationsprogramms folgt deren Pflicht, auf die Aufhebung von Unionsrechtsakten hinzuwirken, die die Grenzen der deutschen Integrationsgewalt überschreiten[132].

154 Drei Prüfverfahren sind vom BVerfG zur Überwachung der Einhaltung der Integrationsgrenzen des Grundgesetzes in der Rechtsprechung entwickelt worden, die Identitätskontrolle, die Ultra-vires-Kontrolle sowie die Grundrechtskontrolle gemäß der *Solange*-Rechtsprechung. Dogmatisch weisen die Kontrollmechanismen jeweils unterschiedliche Anknüpfungspunkte auf. Die Grundrechtskontrolle nach der *Solange*-Rechtsprechung stützt sich auf die Struktursicherungsklausel des Art. 23 Abs. 1 Satz 1 GG, wonach ein im Wesentlichen vergleichbarer Grundrechtsschutz auf Unionsebene gefordert wird. Die Ultra-vires-Kontrolle knüpft an die Kompetenzübertragungsklausel des Art. 23 Abs. 1 Satz 2 GG und das darauf beruhende Zustimmungsgesetz an. Die Identitätskontrolle beruht auf der Verfassungsbestandsklausel des Art. 23 Abs. 1 Satz 3 GG. Alle drei Mechanismen laufen trotz unterschiedlicher dogmatischer Ausgangspunkte letztlich auf eine verfassungsgerichtliche Kontrolle am Maßstab der unaufgebbaren Inhalte des Grundgesetzes gemäß Art. 79 Abs. 3 GG hinaus. Diese Rechtsprechung des BVerfG ist zu begrüßen, da sie einerseits das Druckpotential auf den Europäischen Gerichtshof aufrechterhält und diesen zur Wahrung der unionalen Kompetenzgrenzen und der nationalen Verfassungsidentität anhält, und sie andererseits die einheitliche Anwendbarkeit und Durchsetzung des Unionsrechts nur in schweren Ausnahmefällen in Frage stellen könnte.

---

127 BVerfGE 73, 339, 372 – *Solange II*.
128 BVerfGE 80, 74, 79; 92, 203, 227 f.
129 BVerfGE 89, 155, 175 sowie Leitsatz 7 – *Maastricht;* BVerfGE 123, 267, 353 f. – *Lissabon*.
130 Vgl. BVerfGE 142, 123, 179 f. – *OMT-Urteil*.
131 *Sauer*, EuR 2017, S. 186, 189 f.
132 BVerfGE 134, 366, 395 f. – *OMT-Beschluss*.

aa) Identitätskontrolle

Im Rahmen der Identitätskontrolle, deren Grundzüge erstmals im *Lissabon*-Urteil entwickelt worden sind[133], prüft das BVerfG, ob die durch Art. 23 Abs. 1 Satz 3 GG i. V. m. Art. 79 Abs. 3 GG für unantastbar erklärten Grundsätze durch eine Maßnahme der Europäischen Union berührt werden[134]. Dies betrifft die Wahrung des Menschenwürdekerns der Grundrechte gemäß Art. 1 Abs. 1 GG ebenso wie die Wahrung der in Art. 20 GG niedergelegten Grundsätze.

155

Nach der Rechtsprechung des BVerfG verletzt die Ausübung von Hoheitsgewalt durch die Europäische Union, die nicht über eine hinreichende demokratische Legitimation durch das deutsche Zustimmungsgesetz und das darin niedergelegte Integrationsprogramm gedeckt ist, einerseits den durch Art. 38 Abs. 1 Satz 1 und Art. 1 Abs. 1 GG i. V. m. Art. 79 Abs. 3 GG geschützten Kern der Volkssouveränität. Denn die Bürger sind dadurch einer öffentlichen Gewalt ausgesetzt, die sie nicht legitimiert haben und auf die sie angesichts des institutionellen Gefüges der Union auch nicht wirkungsvoll Einfluss nehmen können[135]. Andererseits liegt darin zugleich eine Verletzung des Demokratieprinzips gemäß Art. 20 Abs. 1 und 2 GG i. V. m. Art. 79 Abs. 3 GG. Dies bedeutet, dass auch Ultra-vires-Akte der Europäischen Union im Rahmen einer Identitätskontrolle durch das BVerfG überprüft werden können.

156

Die Identitätskontrolle verstößt nach Ansicht des BVerfG nicht gegen den Anwendungsvorrang des Unionsrechts vor nationalem Recht, da der Anwendungsvorrang nur soweit reiche, wie das Grundgesetz und das Zustimmungsgesetz die Übertragung von Hoheitsrechten erlauben oder vorsehen[136]. Auch mit dem unionsrechtlichen Grundsatz der loyalen Zusammenarbeit gemäß Art. 4 Abs. 3 EUV sei die Identitätskontrolle vereinbar, da sie mittelbar sogar in Art. 4 Abs. 2 EUV angelegt sei, wonach die Europäische Union zur Achtung der nationalen Identität verpflichtet ist[137].

157

bb) Ultra-vires-Kontrolle

Im *Maastricht*-Urteil und im *Lissabon*-Urteil hat das BVerfG ausgeführt, dass es sich zudem eine Kontrolle darüber vorbehält, ob die Rechtsakte der Union tatsächlich noch von den jeweiligen innerstaatlichen Zustimmungsgesetzen zu den Unionsverträgen und dem darin angelegten Integrationsprogramm gedeckt sind.

158

---

133 BVerfGE 123, 267, 344, 353 f. – *Lissabon*.
134 BVerfGE 123, 267, 344, 353 f. – *Lissabon*; BVerfGE 126, 286, 302 – *Honeywell*; BVerfGE 129, 78, 100; BVerfGE 134, 366, 384 f.; BVerfGE 140, 317, 337 – *Europäischer Haftbefehl*.
135 BVerfGE 142, 123, 194 – *OMT-Urteil*; BVerfG, Urt. v. 30.7.2019 – 2 BvR 1685/14, 2 BvR 2631/14, Rn. 120 – *Europäische Bankenunion*.
136 BVerfGE 123, 267, 348 ff. – *Lissabon*; BVerfGE 126, 286, 302 – *Honeywell*; BVerfGE 129, 78, 99; BVerfGE 134, 366, 384 – *OMT-Beschluss*; BVerfGE 140, 317, 336 – *Europäischer Haftbefehl*; BVerfGE 142, 123, 187 f. – *OMT-Urteil*.
137 BVerfGE 140, 317, 337 f. – *Europäischer Haftbefehl*.

Würde sich das sekundäre Unionsrecht jenseits der konsentierten Grundlage bewegen, wären die deutschen Staatsorgane gehindert, diese Rechtsakte anzuwenden[138]. Diesen Ausführungen liegt die sog. „Brückentheorie" zugrunde[139]. Das von den Unionsorganen erlassene Recht tritt danach über die „Brücke" des deutschen Zustimmungsgesetzes gemäß Art. 23 Abs. 1 Satz 2 GG in die deutsche Rechtsordnung ein und gewinnt dadurch seinen Vorrang vor innerstaatlichem Recht. Dort, wo diese Brücke nicht trage, weil es sich um einen Ultra-vires-Akt handele, der unter Missachtung des Prinzips der begrenzten Einzelermächtigung jenseits der Unionskompetenzen erlassen worden sei, entfalte das Unionsrecht in Deutschland keine Rechtsverbindlichkeit.

159 Die Ultra-vires-Kontrolle dient der Wahrung des Demokratieprinzips. Zugrunde liegt das Recht des Einzelnen, nicht einer Hoheitsgewalt ausgesetzt zu sein, die er nicht legitimieren kann und auf die er nicht in Freiheit und Gleichheit Einfluss nehmen kann[140]. Zugleich dient die Kontrolle der Gewährleistung des Rechtsstaatsprinzips[141]. Der Grundsatz der Gesetzmäßigkeit der Verwaltung verlangt eine gültige Aufgabenzuweisung und für Eingriffe in den Rechtskreis des Einzelnen auch eine begrenzte und näher bestimmte gesetzliche Ermächtigung der Exekutive. Maßnahmen der Union, die auf Kompetenzüberschreitungen beruhen, lassen sich aber weder auf eine Aufgabenzuweisung stützen noch sind sie in der Lage, Eingriffe in die Rechtssphäre der Bürger zu rechtfertigen.

160 Die bundesverfassungsgerichtliche Ultra-vires-Kontrolle muss nach der Rechtsprechung des BVerfG „zurückhaltend und europarechtsfreundlich" erfolgen[142]. Ein Ultra-vires-Akt kann daher nur angenommen werden, wenn der Kompetenzverstoß „hinreichend qualifiziert" ist[143]. In Anlehnung an die Formulierung des Tatbestandsmerkmals der hinreichenden Qualifikation im unionsrechtlichen Haftungsrecht (vgl. Rn. 636) setzt dies voraus, dass das kompetenzwidrige Handeln der Union
(1) offensichtlich (Evidenz des Verstoßes) und
(2) für die Kompetenzverteilung zwischen der Europäischen Union und den Mitgliedstaaten von struktureller Bedeutung ist (Erheblichkeit des Verstoßes)[144].
Eine Maßnahme liegt offensichtlich außerhalb der übertragenen Kompetenzen, wenn sich eine Kompetenz – bei Anwendung allgemeiner methodischer Stan-

---

138 BVerfGE 89, 155, 188, 210 – *Maastricht;* BVerfGE 123, 267, 353 ff. – *Lissabon.*
139 Vgl. *Kirchhof,* in: Isensee/Kirchhof (Hrsg.), Handbuch des Staatsrechts, Bd. VII, 1992, § 183, Rn. 64 f.
140 BVerfGE 142, 123, 199 – *OMT-Urteil.*
141 BVerfGE 142, 123, 202 – *OMT-Urteil.*
142 BVerfGE 126, 286, 303 – *Honeywell;* BVerfGE 142, 123, 203 – *OMT-Urteil;* dazu *Häde,* Grenzen bundesverfassungsgerichtlicher Ultra-Vires- und Identitätskontrollen, in: Pechstein (Hrsg.), Integrationsverantwortung, 2012, S. 163, 168 ff.
143 BVerfGE 126, 286, 304 – *Honeywell;* BVerfGE 142, 123, 200 – *OMT-Urteil.*
144 BVerfGE 126, 286, 304 – *Honeywell;* BVerfGE 142, 123, 200 – *OMT-Urteil.*

dards[145] – unter keinem rechtlichen Gesichtspunkt begründen lässt[146]. Eine strukturell bedeutsame Verschiebung zu Lasten mitgliedstaatlicher Kompetenzen kann nach der Rechtsprechung des BVerfG nur vorliegen, wenn die Kompetenzüberschreitung ein für das Demokratieprinzip und die Volkssouveränität erhebliches Gewicht besitzt[147]. Dies ist dann anzunehmen, wenn die Inanspruchnahme der vermeintlichen Kompetenz durch die Europäische Union eine Vertragsänderung nach Art. 48 EUV erfordern würde[148].

Nach der Rechtsprechung des BVerfG im *Lissabon*-Urteil, die im *OMT*-Urteil ausdrücklich bestätigt worden ist, stehen die Ultra-vires- und die Identitätskontrolle als eigenständige Prüfverfahren nebeneinander[149]. Zwar geht das BVerfG davon aus, dass hinreichend qualifizierte Kompetenzüberschreitungen zugleich die Identität der Verfassung gemäß Art. 79 Abs. 3 GG berühren. An sich handelt es sich bei der Ultra-Vires-Kontrolle um einen speziellen Unterfall der Identitätskontrolle, der in seinem Anwendungsbereich den Rückgriff auf die allgemeine Identitätskontrolle versperren müsste. Die beiden Prüfverfahren unterscheiden sich allerdings hinsichtlich ihrer dogmatischen Herleitung. Während die Ultra-vires-Kontrolle an das Zustimmungsgesetz gemäß Art. 23 Abs. 1 Satz 2 GG anknüpft und Überschreitungen der *übertragenen Kompetenzen* sanktioniert, gründet die Identitätskontrolle auf den absoluten Grenzen der Integration gemäß Art. 23 Abs. 1 Satz 3 GG und sanktioniert Überschreitungen der *übertragbaren Kompetenzen*. Das BVerfG wendet daher beide Prüfverfahren ungeachtet ihrer inhaltlichen Überschneidung nebeneinander an[150]. 161

cc) Die Grundrechtskontrolle

Ein weiterer Kontrollmechanismus zur Wahrung der Grenzen der Integrationsgewalt ist die Grundrechtskontrolle gemäß der *Solange*-Rechtsprechung des BVerfG. Danach nimmt das BVerfG grundsätzlich für sich in Anspruch, auch Hoheitsakte der Europäischen Union am Maßstab der Grundrechte des Grundgesetzes zu überprüfen[151]. In seiner *Solange II*-Entscheidung hat das BVerfG allerdings entschieden, die Grundrechtskontrolle am Maßstab des Grundgesetzes nur unter bestimmten Voraussetzungen auszuüben. *Solange* der EuGH seinerseits einen wirksamen und dem Grundgesetz im Wesentlichen entsprechenden Grundrechtsschutz gegenüber EU-Hoheitsakten wie Verordnungen, Richtlinien und Beschlüssen (Art. 288 AEUV) gewährleiste, werde das BVerfG „seine Gerichtsbarkeit über die Anwendung von abgeleitetem Gemeinschaftsrecht [jetzt: Unionsrecht], das als Rechtsgrundlage für ein Verhalten deutscher 162

---

145 Vgl. hierzu BVerfGE 142, 123, 205 ff. – *OMT-Urteil*.
146 BVerfGE 126, 286, 308 – *Honeywell*; BVerfGE 142, 123, 200 – *OMT-Urteil*.
147 BVerfGE 142, 123, 201 f. – *OMT-Urteil*.
148 BVerfGE 146, 216, 259 f. – *PSPP-Beschluss*.
149 BVerfGE 142, 123, 203 – *OMT-Urteil*.
150 BVerfGE 142, 123, 203 – *OMT-Urteil*.
151 BVerfGE 37, 271, 280 – *Solange I*.

Gerichte oder Behörden im Hoheitsbereich der Bundesrepublik Deutschland in Anspruch genommen wird, nicht mehr ausüben und dieses Recht mithin nicht mehr am Maßstab der Grundrechte des Grundgesetzes überprüfen"[152].

163 Da der Menschenwürdekern der Grundrechte gemäß Art. 1 Abs. 1 GG i.V. m. Art. 79 Abs. 3 GG zu den Schutzgütern der Verfassungsidentität gehört, gewährleistet das BVerfG auch im Wege der Identitätskontrolle den unabdingbar gebotenen Grundrechtsschutz[153]. Die Identitätskontrolle überschneidet sich insoweit mit der Grundrechtskontrolle nach der *Solange*-Rechtsprechung des BVerfG (Rn. 155). Die *Solange*-Rechtsprechung knüpft zwar nicht an Art. 23 Abs. 1 Satz 3 GG an, sondern an Art. 23 Abs. 1 Satz 1 GG, wonach die Union einen dem Grundgesetz im Wesentlichen vergleichbaren Grundrechtsschutz gewährleisten soll. Diesem verfassungsrechtlichen Erfordernis des Art. 23 Abs. 1 Satz 1 GG ist aber nach der Rechtsprechung des BVerfG nur Genüge getan, wenn der durch den Europäischen Gerichtshof gewährleistete Grundrechtsschutz „dem vom Grundgesetz als unabdingbar gebotenen Grundrechtsschutz im Wesentlichen gleich zu achten ist, zumal den Wesensgehalt der Grundrechte generell verbürgt"[154]. Auch wenn in der *Bananenmarktordnung*-Entscheidung des BVerfG (noch) nicht auf den Menschenwürdekern der Grundrechte, sondern auf deren Wesensgehalt abgestellt wurde, kann man wohl davon ausgehen, dass das BVerfG die Prüfungsmaßstäbe mittlerweile angeglichen hat[155]. Auch die Identitätskontrolle des BVerfG dient dem vom Grundgesetz als „unabdingbar gebotenen Grundrechtsschutz"[156], wobei das Gericht eine gleichlautende Umschreibung des Schutzumfangs verwendet. Diese Beschränkung der Grundrechtskontrolle auf das nach Art. 1 Abs. 1 i.V. m. Art. 79 Abs. 3 GG unabdingbare Maß dürfte auch der Rechtsprechung des EuGH entgegenkommen, der mittlerweile akzeptiert hat, dass Mitgliedstaaten sekundäres Unionsrecht, welches dem absoluten Schutz der Menschenwürde gemäß Art. 1 GRC widerspricht, außer Anwendung lassen dürfen[157].

dd) Unanwendbarkeit des Rechts der Europäischen Union

164 Verstößt ein Akt der Europäischen Union gegen die Verfassungsidentität, gegen den unabdingbaren Grundrechtsschutz oder erweist er sich als hinreichend qualifizierte Kompetenzüberschreitung, hat er am Anwendungsvorrang des Unions-

---
152 BVerfGE 73, 339, 387 – *Solange II*.
153 BVerfGE 140, 317, 341 – *Europäischer Haftbefehl*.
154 BVerfGE 102, 147, 164 – *Bananenmarktordnung*; vgl. zuletzt BVerfG, Beschl. v. 6.11.2019 – 1 BvR 276/17, Rn. 47 – *Recht auf Vergessen II*.
155 *Streinz*, Europarecht, 11. Aufl. 2019, Rn. 241; *Classen*, EuR 2016, S. 529, 535; a. A. *Thiele*, EuR 2017, S. 367, 373, Fn. 32.
156 Vgl. die Formulierung in BVerfGE 142, 317, 341 – *Europäischer Haftbefehl*.
157 EuGH, verb. Rs. C-404/15 u. C-659/15 PPU, ECLI:EU:C:2016:198, Rn. 84 ff. – *Aranyosi u. Căldăraru* (= P Nr. 139); anders noch EuGH, Rs. C-399/11, ECLI:EU:C:2013:107, Rn. 58 ff. – *Melloni* (= P Nr. 138).

rechts nicht teil[158]. Solche Akte sind in Deutschland unanwendbar und entfalten für deutsche Staatsorgane keine Rechtswirkungen. Deutsche Verfassungsorgane, Behörden und Gerichte dürfen weder am Zustandekommen noch an Umsetzung, Vollziehung oder Operationalisierung von solchen Akten mitwirken[159].

Dieser Ansatz läuft jedoch Gefahr, mit der von den Mitgliedstaaten dem Gerichtshof der Europäischen Union gemäß Art. 19 EUV übertragenen Aufgabe zu kollidieren, für alle Mitgliedstaaten verbindlich über Gültigkeit und Anwendbarkeit von unionalen Sekundärrechtsakten zu wachen. Die Übertragung dieser Rechtsprechungsfunktion auf den EuGH nimmt die Möglichkeit einer fehlerhaften Auslegung der vertraglichen Grundlagen durch diesen Gerichtshof in Kauf. In letzter Konsequenz würde die *Maastricht-* und *Lissabon*-Rechtsprechung des BVerfG die Anwendbarkeit eines Unionsaktes von der Entscheidung der einzelnen Mitgliedstaaten abhängig machen und die Einheit des Unionsrechts, eines der tragenden Prinzipien der europäischen Integration, gefährden. 165

Nach Ansicht des BVerfG bedeutet es jedoch keinen Widerspruch zur Europarechtsfreundlichkeit des Grundgesetzes, wenn unter eng begrenzten Voraussetzungen Maßnahmen von Organen, Einrichtungen und sonstigen Stellen der Europäischen Union für in Deutschland ausnahmsweise nicht anwendbar erklärt werden[160]. Eine substantielle Gefahr für die einheitliche Anwendung des Unionsrechts ergebe sich daraus nicht, zumal die dem BVerfG vorbehaltenen Kontrollbefugnisse zurückhaltend und europarechtsfreundlich auszuüben seien[161]. 166

ee) Vorherige Vorlage an den Europäischen Gerichtshof

Vor der Qualifizierung eines EU-Rechtsaktes als mit Art. 23 GG unvereinbar und damit als unanwendbar in der Bundesrepublik Deutschland, ist in jedem Fall – auch vom BVerfG – gemäß Art. 267 AEUV der EuGH mit der Auslegung und Gültigkeitskontrolle (am Maßstab der Unionsverträge) hinsichtlich des betreffenden Rechtsakts zu befassen[162]. Da sowohl die Ultra-vires-Kontrolle als auch die Identitätskontrolle zurückhaltend und europarechtsfreundlich auszuüben sind[163], darf das BVerfG seiner Entscheidung die Unionsmaßnahme nur in der Auslegung zugrunde legen, die ihr in einem Vorabentscheidungsverfahren 167

---

158 BVerfGE, 142, 123, 207 – *OMT-Urteil*.
159 BVerfGE 73, 339, 387 – *Solange II*; BVerfGE 89, 155, 188 – *Maastricht*; BVerfGE 102, 147, 161 ff. – *Bananenmarktordnung*; BVerfGE 126, 286, 302 – *Honeywell*; BVerfGE 134, 366, 387 f. – *OMT-Beschluss*; BVerfGE 140, 317, 337 – *Europäischer Haftbefehl*; BVerfGE 146, 216, 262 – *PSPP-Beschluss*.
160 BVerfGE 89, 155, 174 f. – *Maastricht*; BVerfGE 102, 147, 162 ff. – *Bananenmarktordnung*; BVerfGE 123, 267, 354, 401 – *Lissabon*; BVerfGE 140, 317, 338 – *Europäischer Haftbefehl*; BVerfGE 142, 123, 197 – *OMT-Urteil*.
161 BVerfGE 126, 286, 303 – *Honeywell*; BVerfGE 140, 317, 339 – *Europäischer Haftbefehl*.
162 BVerfGE 126, 286, 303 f. – *Honeywell*; BVerfGE 140, 317, 339 – *Europäischer Haftbefehl*; BVerfGE 142, 123, 203 f. – *OMT-Urteil*.
163 BVerfGE 126, 286, 303 – *Honeywell*; BVerfGE 140, 317, 339 – *Europäischer Haftbefehl*.

gemäß Art. 267 Abs. 3 AEUV durch den EuGH gegeben wurde[164]. Gleiches dürfte für den *Solange*-Vorbehalt gelten. Erstmals hatte das BVerfG dem EuGH mit Beschluss vom 14. Januar 2014 eine Vorabentscheidungsfrage vorgelegt[165]. Es ging dabei um die Frage nach der Gültigkeit des sog. *OMT*-Beschlusses der EZB (vgl. dazu Rn. 1410). Nachdem der EuGH die Gültigkeit des Rechtsakts im Rahmen der unionsrechtlichen Normenhierarchie bestätigt hatte[166], stellte sich für das BVerfG die Frage nach der grundgesetzlich bedingten Unanwendbarkeitserklärung[167]. Eine weitere Vorlage an den EuGH hatte das BVerfG am 18. Juli 2017 im *PSPP*-Verfahren beschlossen[168]. Im Fokus stand die Frage, ob der Ankauf von öffentlichen Anleihen im Rahmen des Public Sector Purchase Programme (PSPP) durch die EZB und das Europäische System der Zentralbanken mit dem Europäischen Unionsrecht vereinbar ist. Der EuGH hat in Beantwortung der Vorlagefragen, eine Verletzung von Europäischem Unionsrecht verneint[169]. Die Entscheidung des BVerfG, ob – unter Zugrundelegung der Rechtsauffassung des EuGH – die Anleihekäufe nach Auffassung des BVerfG die Unionskompetenzen überschreiten und gegen das Budgetrecht des Deutschen Bundestages verstoßen, steht noch aus.

168 Das Erfordernis der Vorlage an den EuGH gilt auch angesichts der Rechtsprechung des BVerfG, wonach es aus der Sicht des deutschen Verfassungsrechts keine feste Rangfolge unter den von einem Fachgericht gegebenenfalls einzuleitenden Zwischenverfahren nach Art. 267 AEUV und Art. 100 Abs. 1 GG gibt, wenn Zweifel an der Vereinbarkeit einer Norm sowohl mit dem Europäischen Unions- als auch mit dem innerstaatlichen Verfassungsrecht bestehen[170]. Diese Rechtsprechung betrifft nur die Überprüfung der Unionsrechts- und Verfassungsmäßigkeit von innerstaatlichen Normen und beruht auf der Prämisse, dass es sich um voneinander unabhängige Rechtswidrigkeitsüberprüfungen handelt. Darum geht es in der hier relevanten Konstellation nicht. Zum einen steht nicht die Überprüfung einer innerstaatlichen, sondern einer Norm des Unionsrechts in Frage. Zum zweiten handelt es sich nicht um voneinander unabhängige Rechtswidrigkeitsüberprüfungen, da im Rahmen des Vorlageverfahrens nach Art. 100 Abs. 1 GG die Unionsrechtswidrigkeit des zu überprüfenden Sekundärrechtsakts, also die im Vorabentscheidungsverfahren vom EuGH zu klärende Frage, vom BVerfG als Vorfrage zu überprüfen ist.

---

164 BVerfGE 140, 317, 339 – *Europäischer Haftbefehl*.
165 BVerfGE 134, 366 – *OMT-Beschluss*.
166 EuGH, Rs. C-62/14, ECLI:EU:C:2015:400 – *Gauweiler u. a./Deutscher Bundestag* (= P Nr. 20).
167 Vgl. BVerfGE 142, 123 – *OMT-Urteil*.
168 BVerfGE 146, 216 – *PSPP-Beschluss*.
169 EuGH, Rs. C-493/17, ECLI:EU:C:2018:1000 – *Weiss u. a.* (= P Nr. 21).
170 BVerfGE 116, 202, 214 f.

ff) Entscheidungsmonopol des Bundesverfassungsgerichts

Die – nach Vorlage an den EuGH zu treffende – Entscheidung über die Unvereinbarkeit eines EU-Rechtsakts mit Art. 23 GG i. V. m. Art. 79 Abs. 3 GG ist dem BVerfG vorbehalten und darf nicht von der Fachgerichtsbarkeit vorgenommen werden[171], die insoweit nach Art. 100 Abs. 1 GG (konkrete Normenkontrolle) verfahren muss[172]. Gaben die Ausführungen des BVerfG im *Maastricht*-Urteil, worin für die Entscheidung über die Unanwendbarkeit entsprechender europäischer Hoheitsakte keine verfahrensrechtliche Einkleidung erwähnt war[173], noch Anlass zur Besorgnis, bezieht das *Lissabon*-Urteil jedoch insoweit ausdrücklich Stellung und behält diese Befugnis dem BVerfG vor.   169

Eine Überprüfung von EU-Rechtsakten durch das BVerfG kann aber nicht allein im Rahmen einer konkreten Normenkontrolle nach Art. 100 Abs. 1 GG erfolgen, sondern auch in anderen Verfahren, etwa einer abstrakten Normenkontrolle (Art. 93 Abs. 1 Nr. 2 GG), einem Organstreit (Art. 93 Abs. 1 Nr. 1 GG), einem Bund-Länder-Streit (Art. 93 Abs. 1 Nr. 3 GG) oder einer Verfassungsbeschwerde (Art. 93 Abs. 1 Nr. 4a GG). Denkbar sei, so das BVerfG, allerdings de lege ferenda auch die Einführung eines speziellen auf die bundesverfassungsgerichtliche Ultra-vires- und Identitätskontrolle zugeschnittenen Verfahrens[174].   170

d) Unionsrecht und Recht der Mitgliedstaaten

aa) Kompetenzabgrenzung zwischen EU und Mitgliedstaaten

Der AEU-Vertrag enthält – wie bereits zuvor der EG-Vertrag – keinen Katalog der Rechtsetzungsbefugnisse der Union. Erstmals gliedert der Vertrag jedoch die Kompetenzen der Union nach *ausschließlichen, geteilten, koordinierenden und unterstützenden Kompetenzen* (Art. 3 bis Art. 6 AEUV). Die Auflistung der Kompetenzen ist jedoch nicht abschließend. Die eigentlichen Kompetenzgrundlagen für den Erlass von Sekundärrechtsakten sind auch nach wie vor über die Verträge verstreut und lassen selbst nicht erkennen, um welche Kompetenzkategorie es sich dabei jeweils handelt.   171

Besitzt die Europäische Union eine *ausschließliche Kompetenz*, kann nur die Union gesetzgeberisch tätig werden und verbindliche Rechtsakte erlassen (Art. 2 Abs. 1 AEUV). Die Mitgliedstaaten dürfen nur tätig werden, wenn sie von der Union hierzu ermächtigt werden oder um Rechtsakte der Union durchzuführen. Über die in Art. 2 Abs. 1 AEUV ausdrücklich genannten Ausnahmen hinaus, ist ein Tätigwerden der Mitgliedstaaten in diesen für sie prinzipiell gesperrten Rege-   172

---

171 BVerfGE 123, 267, 354 – *Lissabon;* BVerfGE 140, 317, 337 – *Europäischer Haftbefehl;* BVerfGE 142, 123, 203 – *OMT-Urteil.*
172 So ausdrücklich BVerfGE 123, 267, 354 – *Lissabon.*
173 BVerfGE 89, 155, 195 – *Maastricht.*
174 BVerfGE 123, 267, 355 – *Lissabon.*

lungsbereichen nur in einem Fall des *Gesetzgebungsnotstands,* also dem Ausbleiben einer Unionsregelung trotz dringenden Regelungsbedarfs, nach der vom EuGH entwickelten Rechtsfigur der *Mitgliedstaaten als Sachwalter des gemeinsamen Interesses* zulässig[175]. Dabei müssen die Mitgliedstaaten mit der Kommission zusammenarbeiten.

173 Ausschließliche Kompetenzen besitzt die Union gemäß Art. 3 AEUV in folgenden Bereichen:
- Zollunion, Art. 3 Abs. 1 lit. a AEUV,
- Festlegung der für das Funktionieren des Binnenmarkts erforderlichen Wettbewerbsregeln, Art. 3 Abs. 1 lit. b AEUV,
- Währungspolitik für die Mitgliedstaaten, deren Währung der Euro ist, Art. 3 Abs. 1 lit. c AEUV,
- Erhaltung der biologischen Meeresschätze im Rahmen der gemeinsamen Fischereipolitik, Art. 3 Abs. 1 lit. d AEUV,
- gemeinsame Handelspolitik, Art. 3 Abs. 1 lit. e AEUV,
- Abschluss internationaler Übereinkünfte, wenn der Vertragsschluss in einem Gesetzgebungsakt der Union vorgesehen ist, wenn er notwendig ist, damit sie ihre interne Zuständigkeit ausüben kann, oder soweit er gemeinsame Regeln beeinträchtigen oder deren Tragweite verändern könnte, Art. 3 Abs. 2 AEUV.

Die Aufzählung ist jedoch nicht abschließend, da etwa die Regelung des Beamtenstatuts der Unionsbeamten gemäß Art. 336 AEUV ebenfalls eine ausschließliche Unionskompetenz darstellt.

174 Die *geteilte* Kompetenz der Union stellt gemäß Art. 4 Abs. 1 AEUV den Regelfall dar. Die Union teilt ihre Zuständigkeit mit den Mitgliedstaaten, es sei denn, es handelt sich ausdrücklich um eine ausschließliche Unionskompetenz gemäß Art. 3 AEUV oder eine Unterstützungskompetenz gemäß Art. 6 AEUV. Im Fall einer *geteilten* Kompetenz der EU gemäß Art. 2 Abs. 2 AEUV können sowohl die Union als auch die Mitgliedstaaten gesetzgeberisch tätig werden und verbindliche Rechtsakte erlassen. Die Mitgliedstaaten können jedoch nur tätig werden, sofern und soweit die Union ihre Zuständigkeit noch nicht ausgeübt hat oder nicht mehr ausübt. Der Sache nach handelt es sich hierbei weiterhin entweder um *konkurrierende* oder um *parallele* Zuständigkeiten, bei denen die materielle Vereinbarkeit die Kollisionsfrage löst.

175 In die geteilte Zuständigkeit fallen gemäß Art. 4 AEUV insbesondere:
- Binnenmarkt, Art. 4 Abs. 2 lit. a AEUV,
- Sozialpolitik hinsichtlich der im AEU-Vertrag genannten Aspekte, Art. 4 Abs. 2 lit. b AEUV,
- wirtschaftlicher, sozialer und territorialer Zusammenhalt, Art. 4 Abs. 2 lit. c AEUV,

---

175 EuGH, Rs. 804/79, Slg. 1981, S. 1045, Rn. 30 – *Kommission/Vereinigtes Königreich* („Seefischerei-Erhaltungsmaßnahmen") (= P Nr. 23); dazu näher *Pechstein,* Die Mitgliedstaaten der EG als „Sachwalter des gemeinsamen Interesses", 1987.

- Landwirtschaft und Fischerei, ausgenommen die Erhaltung der biologischen Meeresschätze, Art. 4 Abs. 2 lit. d AEUV,
- Umwelt, Art. 4 Abs. 2 lit. e AEUV,
- Verbraucherschutz, Art. 4 Abs. 2 lit. f AEUV,
- Verkehr, Art. 4 Abs. 2 lit. g AEUV,
- transeuropäische Netze, Art. 4 Abs. 2 lit. h AEUV,
- Energie, Art. 4 Abs. 2 lit. i AEUV,
- Raum der Freiheit, der Sicherheit und des Rechts, Art. 4 Abs. 2 lit. j AEUV,
- gemeinsame Sicherheitsanlagen im Bereich der öffentlichen Gesundheit hinsichtlich der im AEU-Vertrag genannten Aspekte, Art. 4 Abs. 2 lit. k AEUV,
- Programmerstellung und Durchführung in den Bereichen Forschung, technologische Entwicklung und Raumfahrt, Art. 4 Abs. 3 AEUV,
- Entwicklungszusammenarbeit und humanitäre Hilfe, Art. 4 Abs. 4 AEUV.

Koordinierende Kompetenzen besitzt die Union in den Bereichen: 176
- Wirtschaftspolitik, Art. 5 Abs. 1 UAbs. 1 AEUV,
- Beschäftigungspolitik, Art. 5 Abs. 2 AEUV,
- Sozialpolitik, Art. 5 Abs. 3 AEUV.

Kompetenzen zur *Unterstützung, Koordinierung oder Ergänzung* der Maßnahmen der Mitgliedstaaten gemäß Art. 6 AEUV besitzt die Union in folgenden Bereichen: 177
- Schutz und Verbesserung der menschlichen Gesundheit, Art. 6 Satz 2 lit. a AEUV,
- Industrie, Art. 6 Satz 2 lit. b AEUV,
- Kultur, Art. 6 Satz 2 lit. c AEUV,
- Tourismus, Art. 6 Satz 2 lit. d. AEUV,
- allgemeine und berufliche Bildung, Jugend und Sport, Art. 6 Satz 2 lit. e AEUV,
- Katastrophenschutz, Art. 6 Satz 2 lit. f AEUV,
- Verwaltungszusammenarbeit, Art. 6 Satz 2 lit. g AEUV.

bb) Prinzip der begrenzten Einzelermächtigung

Der EU-Vertrag hat eine supranationale Organisation geschaffen, deren Recht für die Mitgliedstaaten und/oder für deren Individuen sowie Körperschaften unmittelbar verbindlich und anwendbar ist. Entstanden ist jedoch kein Hoheitsträger mit Allzuständigkeit (Kompetenz-Kompetenz), sondern eine Union mit echten, aus der Beschränkung der Zuständigkeit der Mitgliedstaaten oder der Übertragung von Hoheitsrechten der Mitgliedstaaten auf die Union herrührenden Hoheitsrechten[176]. Der EU-Vertrag und der AEU-Vertrag erteilen der Union und ihren Organen daher keine generelle Befugnis zum Erlass aller Maßnahmen, die zur Verwirklichung der in den Verträgen festgelegten Ziele erforder- 178

---

176 EuGH, Rs. 6/64, Slg. 1964, S. 1251, 1269 – *Costa/ENEL* (= P Nr. 1).

lich sind. Die dargestellten Kompetenzen der Union und ihrer Organe sind vielmehr nach dem „*Prinzip der begrenzten Einzelermächtigung*"[177] auszuüben.

179 Das Prinzip der begrenzten Einzelermächtigung kommt auf zwei Ebenen zum Tragen: *Für die Union* als den Mitgliedstaaten gegenüberstehender Verband ist es in Art. 5 Abs. 1 Satz 1 und Abs. 2 EUV niedergelegt. Danach wird sie nur innerhalb der Grenzen der Zuständigkeiten tätig, die die Mitgliedstaaten ihr in den Verträgen zur Verwirklichung der darin niedergelegten Ziele übertragen haben (begrenzte *Verbands*kompetenz). Lässt sich bereits aus Art. 5 Abs. 2 EUV schlussfolgern, dass die mitgliedstaatliche Zuständigkeit die Regel, die Unionszuständigkeit die Ausnahme ist, wird dies durch Art. 4 Abs. 1 EUV ausdrücklich bestätigt. Danach verbleiben alle der Union nicht übertragenen Zuständigkeiten bei den Mitgliedstaaten. Der Inhalt des Prinzips der begrenzten Einzelermächtigung erschöpft sich allerdings nicht in der Kompetenzabgrenzung zwischen der Union und den Mitgliedstaaten. *Für die Organe* ist das Prinzip der begrenzten Einzelermächtigung in Art. 13 Abs. 2 Satz 1 EUV geregelt. Es besagt insofern, dass jedes Unionsorgan nur nach Maßgabe der ihm eigens zugewiesenen Befugnisse handelt (begrenzte *Organ*kompetenz).

180 Das Prinzip der begrenzten Einzelermächtigung legt fest, dass die Europäische Union und ihre Organe für jeden Rechtsakt einer ausdrücklichen oder zumindest im Wege der Auslegung nachweisbaren Rechtsgrundlage im EU- oder AEU-Vertrag bedürfen, um tätig zu werden. Weiterhin folgt daraus, dass die Organe der EU jedenfalls dann keine Wahlfreiheit zwischen den verschiedenen Formen von Rechtsakten haben, wenn ihnen der Gebrauch bestimmter Handlungsformen durch die jeweilige Einzelermächtigung vorgeschrieben wird (z. B. in Art. 53 Abs. 1 AEUV Richtlinien, in Art. 46 AEUV Richtlinien oder Verordnungen). Letztlich sind die EU-Organe nach dem Prinzip der begrenzten Einzelermächtigung auch nicht frei in der Wahl des von ihnen einzuschlagenden Verfahrens beim Erlass von Rechtsakten, sofern EUV oder AEUV bestimmte verfahrensrechtliche Regelungen enthalten (z. B. das Erfordernis der Einstimmigkeit oder einer qualifizierten Mehrheit oder die Erforderlichkeit der Anhörung des Europäischen Parlaments, des Wirtschafts- und Sozialausschusses oder des Ausschusses der Regionen).

181 Beruht die Zuständigkeit der Union zum Erlass einer Maßnahme auf zwei oder mehreren Vertragsbestimmungen, sind die ermächtigten Organe verpflichtet, den Rechtsakt kumulativ auf alle Ermächtigungsgrundlagen zu stützen[178]. Eine Doppel- oder Mehrfachabstützung ist jedoch nicht möglich, wenn die jeweiligen Ermächtigungsgrundlagen unterschiedliche Rechtsetzungsverfahren vorsehen[179].

---

177 „*Compétences d'attribution*"; EuGH, Gutachten 2/94, Slg. 1996, S. I-1759, Rn. 23 ff. – *EMRK-Beitritt I*; EuGH, Rs. C-376/98, Slg. 2000, S. I-8419, Rn. 83 – *Deutschland/Parlament u. Rat* („*Tabakwerberichtlinie*") (= P Nr. 168).
178 EuGH, Rs. 165/87, Slg. 1988, S. 5545, Rn. 11 – *Kommission/Rat*.
179 EuGH, Rs. C-300/89, Slg. 1991, S. I-2867, Rn. 17 ff. – *Kommission/Rat* („*Titandioxid*") (= P Nr. 167).

Die Wahl der zutreffenden Rechtsgrundlage hängt in diesen Fällen nicht von der Überzeugung des handelnden Unionsorgans ab, sondern muss sich auf objektive, gerichtlich nachprüfbare Umstände gründen[180]. Maßgeblich ist dabei auf die Zielrichtung und den Inhalt der Regelung, d. h. auf den Schwerpunkt der Maßnahme abzustellen[181].

Eine Doppel- oder Mehrfachabstützung einer Maßnahme auf Ermächtigungsgrundlagen aus dem Bereich der GASP einerseits und aus einer anderen Unionspolitik andererseits ist ausgeschlossen, da es sich im ersten Fall um intergouvernementale Akte der Unionsstaaten handelt, im zweiten Fall um supranationale Unionsrechtsakte. Zudem lassen die GASP-Bestimmungen die übrigen Politikbereiche der Union nach Art. 40 Abs. 1 EUV unberührt, was bedeutet, dass GASP-Maßnahmen nicht in den Zuständigkeitsbereich der Union übergreifen dürfen[182]. Ob eine Maßnahme ihre Rechtsgrundlage im Bereich der GASP oder in einem anderen Politikbereich findet, bestimmt sich auch hier nach dem Schwerpunkt der Maßnahme. So hat der EuGH in seiner Entscheidung zur Vorratsdatenspeicherung überprüft, ob die ergriffenen Maßnahmen überwiegend das Funktionieren des Binnenmarkts betreffen und als Richtlinie auf Art. 95 EGV a. F. (jetzt Art. 114 AEUV) zu stützen sind oder im Schwerpunkt die damals noch intergouvernemental geregelte polizeiliche oder justizielle Zusammenarbeit in Strafsachen betreffen und als Rahmenbeschluss in Art. 31 Abs. 1 lit. c EUV a. F. i. V. m. Art. 34 Abs. 2 lit. b EUV a. F. ihre Rechtsgrundlage finden. Da die Richtlinie 2006/24/EG[183] weder die Frage des Zugangs zu den Daten durch die zuständigen nationalen Strafverfolgungsbehörden noch die Frage ihrer Verwendung und ihres Austauschs regelt, sondern Harmonisierungsvorschriften über die Speicherung von Daten enthält, die bei der Bereitstellung elektronischer Kommunikationsdienste erzeugt oder verarbeitet werden, sieht der EuGH die zutreffende Ermächtigungsgrundlage in Art. 95 EGV a. F.[184].

Das Prinzip der begrenzten Einzelermächtigung zielt in seiner körperschaftsrechtlichen Dimension auf die Abgrenzung der Unionskompetenzen von den verbleibenden Kompetenzen der Mitgliedstaaten. Dieses unionsrechtliche Grundprinzip schützt die Mitgliedstaaten vor einem ungewollten Souveränitätsverlust (Art. 5 Abs. 1 und 2 EUV). Zum anderen grenzt dieses Prinzip auf organschaftlicher Ebene die Aufgabenbereiche der Unionsorgane gegeneinander ab und sichert ein „institutionelles Gleichgewicht" (Art. 13 Abs. 2 Satz 1 EUV;

---

180 EuGH, Rs. 45/86, Slg. 1987, S. 1493, Rn. 11 – *APS;* EuGH, Rs. 68/86, Slg. 1988, S. 855, Rn. 24 – *Vereinigtes Königreich/Rat;* EuGH, Rs. C-70/88, Slg. 1991, S. I-4529, Rn. 9 – *Tschernobyl II.*
181 EuGH, Rs. C-155/91, Slg. 1993, S. I-939, Rn. 19 ff. – *Kommission/Rat;* EuGH, Rs. C-42/97, Slg. 1999, S. I-869, Rn. 38 ff. – *Parlament/Rat.*
182 EuGH, Rs. C-91/05, Slg. 2008, S. I-3651, Rn. 32 f. – *Kommission/Rat;* EuGH, Rs. C-301/06, Slg. 2009, S. I-593, Rn. 83 ff., Rn. 75 ff. – *Irland/Parlament u. Rat („Vorratsdatenspeicherung").*
183 ABl.EU 2006 Nr. L 105, S. 54.
184 EuGH, Rs. C-301/06, Slg. 2009, S. I-593, Rn. 83 ff. – *Irland/Parlament u. Rat („Vorratsdatenspeicherung").*

Rn. 227 ff.). Weiterhin ermöglicht die genaue oder zumindest bestimmbare Festlegung von Kompetenzen und Handlungsformen eine effektive rechtliche Kontrolle der Tätigkeit der Unionsorgane durch den Gerichtshof der Europäischen Union. Das Prinzip der begrenzten Einzelermächtigung enthält somit Gesichtspunkte, die sich innerstaatlich in dem Begriff des „Rechtsstaatsprinzips" bündeln (Gewaltenteilung, Gesetzmäßigkeit der Verwaltung, Vorbehalt des Gesetzes). Das Rechtsstaatsprinzip lässt sich freilich nicht ohne Weiteres auf die Ebene des Unionsrechts übertragen, da der EU keine Staatsqualität zukommt. Die Europäische Union ist eine rechtsstaatlichen Grundsätzen verpflichtete Rechtsgemeinschaft. In Art. 2 EUV ist überdies ausdrücklich festgeschrieben, dass die Union auf dem Grundsatz der Rechtsstaatlichkeit beruht.

cc) Kompetenzergänzungsbestimmung und „implied powers"

184 Das Prinzip der begrenzten Einzelermächtigung gebietet, dass die Unionsorgane nur nach Maßgabe der ihnen in den Verträgen zugewiesenen Befugnisse handeln. Bei Abschluss der Verträge gingen die Vertragsparteien allerdings davon aus, dass angesichts der wirtschaftlichen Entwicklung und der Komplexität der geregelten Sachverhalte nicht alle denkbaren Fälle vorhersehbar seien, mithin die zur Verwirklichung der Unionsziele erforderlichen Befugnisse nicht abschließend geregelt werden können. Deshalb enthält Art. 352 AEUV eine *Generalklausel,* die es dem Rat mit Zustimmung des Parlaments gestattet, auch dann Rechtsakte zu erlassen, wenn die Unionsverträge hierfür keine andere konkrete Ermächtigungsnorm enthalten[185], sofern ein Tätigwerden der Union im Rahmen der in den Verträgen festgelegten Politikbereiche – mit Ausnahme der GASP (Art. 352 Abs. 4 AEUV) – erforderlich ist, um eines der Vertragsziele zu verwirklichen.

185 Art. 352 AEUV ist als Kompetenzergänzungsbestimmung anzusehen, die der Union jedoch nicht das Recht zuspricht, sich beliebig neue Rechtsetzungsbefugnisse zu verschaffen. Diese Vorschrift begründet daher *keine Kompetenz-Kompetenz.* Sie durchbricht nicht das Prinzip der begrenzten Einzelermächtigung, sondern fügt sich darin konzeptuell ein, auch wenn sich die Gefahr einer Kompetenzüberdehnung aufgrund der weit gefassten Zielvorgaben nicht bestreiten lässt[186]. Wenn der Rat mit Zustimmung des Parlaments einen Rechtsakt auf der Grundlage von Art. 352 AEUV erlässt, übt er eine ihm durch den AEU-Vertrag mit dieser Bestimmung zugewiesene Befugnis aus[187]. Insofern geht das BVerfG in seinem *Lissabon*-Urteil zwar systematisch fehl, wenn es ausführt, dass Art. 352 AEUV das Prinzip der begrenzten Einzelermächtigung lockere[188]. Gleichwohl werden hierdurch neue, nur undeutlich konturierte Möglichkeiten der Erweiterung der Rechtsetzungsmacht der Union bereitgestellt. Auch wenn

---

185 EuGH, Rs. 45/86, Slg. 1987, S. 1493, Rn. 13 – *APS.*
186 Vgl. dazu die Mahnung des BVerfG in: BVerfGE 89, 155, 194 ff. – *Maastricht.*
187 EuGH, Gutachten 2/94, Slg. 1996, S. I-1759, Rn. 29 f. – *EMRK-Beitritt I.*
188 BVerfGE 123, 267, 394 – *Lissabon.*

die Fassung, welche die Bestimmung durch den Vertrag von Lissabon erhalten hat, die Vertragsabrundungskompetenz nicht mehr nur wie Art. 308 EGV a. F. auf die Verwirklichung der Ziele des Gemeinsamen Marktes beschränkt, handelt es sich dennoch nicht um eine Blankettermächtigung[189]. Das BVerfG ist jedenfalls der Auffassung, dass die Bestimmung es nunmehr gestatte, die „Vertragsgrundlagen der Europäischen Union substantiell zu ändern, ohne dass über die mitgliedstaatlichen Exekutiven hinaus gesetzgebende Organe konstitutiv beteiligt werden müssen". Daher setzt ihre Inanspruchnahme gemäß dem *Lissabon*-Urteil verfassungsrechtlich voraus, dass der deutsche Vertreter im Rat die förmliche Zustimmung zu einem Rechtsetzungsvorschlag auf der Grundlage von Art. 352 Abs. 1 AEUV nur erklären darf, sofern er zuvor durch ein Zustimmungsgesetz gemäß Art. 23 Abs. 1 Satz 2 und 3 GG ermächtigt worden ist[190].

In seinem Anwendungsbereich verdrängt Art. 352 AEUV die *Auslegungsregel* der sog. *„implied powers"* („implizite Ermächtigung"). Mit Hilfe dieser Rechtsfigur leitet man eine Berechtigung zur Ausfüllung von Vertragslücken ab, falls andernfalls der Vertragszweck nicht erreicht werden kann. Solche „impliziten Ermächtigungen" werden als ungeschriebene Bestandteile des vertraglichen Gesamtwerks kraft teleologischer Auslegung angesehen. Ein Anwendungsgebiet der „implied powers"-Regel waren bis zum Inkrafttreten des Vertrags von Lissabon die Außenkompetenzen der Europäischen Gemeinschaft. Die EG verfügte danach nicht nur dann über Kompetenzen zum Abschluss völkerrechtlicher Verträge mit anderen Staaten oder internationalen Organisationen, wenn ihr diese im EG-Vertrag ausdrücklich zugewiesen waren, sondern auch, wenn der EG-Vertrag ihr entsprechende Kompetenzen im Innenbereich übertrug *(Parallelität zwischen Innen- und Außenkompetenzen*[191]*)*. Weitere Voraussetzung war dabei, dass die Gemeinschaft entweder intern von dieser Zuständigkeit Gebrauch gemacht hatte oder der Abschluss eines völkerrechtlichen Vertrags zur Verwirklichung der Ziele des EG-Vertrags erforderlich war[192]. Art. 3 Abs. 2 AEUV nimmt diese Rechtsprechung des EuGH nunmehr auf und entzieht der „implied powers"-Regel insoweit ihren Anwendungsbereich.

dd) Subsidiaritätsprinzip

Eine der am meisten beachteten Neuerungen, die der Maastrichter Vertrag in den früheren EG-Vertrag eingebracht hatte, war die Einführung des Subsidiaritätsprinzips. Dessen primärrechtliche Verankerung, seit Inkrafttreten des Vertrags

---

189 So aber BVerfGE 123, 267, 395 – *Lissabon*.
190 BVerfGE 123, 267, 395 – *Lissabon*.
191 EuGH, Rs. 22/70, Slg. 1971, S. 263, Rn. 23/29 – *AETR* (= P Nr. 47); EuGH, verb. Rs. 3, 4 u. 6/76, Slg. 1976, S. 1279, Rn. 30/33 – *Kramer* („Biologische Schätze des Meeres") (= P Nr. 48).
192 EuGH, Gutachten 1/94, Slg. 1994, S. I-5267, Rn. 77 – *WTO/GATS/TRIPs* (= P Nr. 49); EuGH, Gutachten 2/92, Slg. 1995, S. I-521, Rn. 31 f. – *OECD;* EuGH, Rs. C-476/98, Slg. 2002, S. I-9855, Rn. 82 – *Open Skies* (= P Nr. 50).

von Lissabon in Art. 5 Abs. 3 EUV, geht im Wesentlichen auf eine deutsche Initiative zurück, die von Großbritannien unterstützt wurde. Das *Subsidiaritätsprinzip* sieht vor, dass die Union in Bereichen, die nicht in ihre ausschließliche Zuständigkeit fallen, nur tätig wird, „sofern und soweit die Ziele der in Betracht gezogenen Maßnahmen auf Ebene der Mitgliedstaaten weder auf zentraler noch auf regionaler oder lokaler Ebene ausreichend verwirklicht werden können, sondern vielmehr wegen ihres Umfangs oder ihrer Wirkungen auf Unionsebene besser zu verwirklichen sind" („Ob" der Maßnahme). Ergänzt wird das Subsidiaritätsprinzip durch das *Prinzip der Verhältnismäßigkeit*. Danach gehen die Maßnahmen der Union nicht über das für die Erreichung der Ziele der Unionsverträge erforderliche Maß hinaus (Art. 5 Abs. 4 UAbs. 1 EUV; „Wie" der Maßnahme; Rn. 192, 198 ff.).

188 Hinter dem Subsidiaritätsprinzip steht der Gedanke, einem drohenden europäischen *Zentralismus entgegenzuwirken* und die Entscheidungsprozesse in der Union stärker zu *regionalisieren*. Das Subsidiaritätsprinzip soll kulturelle, traditionelle und historische Unterschiede erhalten helfen und nationale Identitäten und Gewohnheiten schützen. Den Mitgliedstaaten sowie ihren Untergliederungen und Gebietskörperschaften (Ländern, Regionen, Städten, Gemeinden) soll ein möglichst breiter Handlungsspielraum belassen werden. Die Neufassung des Subsidiaritätsprinzips durch den Vertrag von Lissabon betont diesen Aspekt, indem Art. 5 Abs. 3 UAbs. 1 EUV ausdrücklich ausführt, dass eine ausreichende Zielverwirklichung in den Mitgliedstaaten auch nicht auf regionaler oder lokaler Ebene möglich sein darf, um der Union ein Tätigwerden zu erlauben.

189 Das Subsidiaritätsprinzip findet nur in den Bereichen Anwendung, in denen auch der Union durch die Verträge eine Rechtsetzungskompetenz zugewiesen ist. *Keine Anwendung* findet dieses Prinzip hingegen, wenn eine Materie in die *ausschließliche Zuständigkeit* der Europäischen Union fällt (vgl. Art. 3 AEUV; Rn. 172 f.). In diesen Bereichen ist ausschließlich die Europäische Union zuständig. Den Mitgliedstaaten sind einzelstaatliche Alleingänge grundsätzlich verwehrt. Positiv ausgedrückt ist das Subsidiaritätsprinzip *anwendbar*, wenn die Europäische Union eine *geteilte Zuständigkeit* gemäß Art. 4 AEUV besitzt, d. h. sowohl die Union als auch die Mitgliedstaaten handeln dürfen (Rn. 174 f.). Die Rechtsfolge des Subsidiaritätsprinzips besteht nicht darin, dass der Union Kompetenzen genommen und diese an die Mitgliedstaaten rückübertragen werden. Vielmehr wird die Ausübung vorhandener EU-Kompetenzen konditioniert. Das Prinzip der Subsidiarität unionalen Handelns ist mithin keine Kompetenzverteilungs-, sondern eine *Kompetenzausübungsmaxime*.

190 Subsidiarität ist ein dynamisches Konzept. Danach wird die Tätigkeit der Union im Rahmen ihrer Befugnisse sowohl erweitert, wenn die Umstände dies erfordern, als auch eingeschränkt oder eingestellt, wenn sie nicht mehr gerechtfertigt ist. Zu beachten ist, dass nicht die Ausweitung oder Einschränkung der Kompetenzen der Union angesprochen wird, sondern lediglich die Ausweitung oder Beschränkung ihrer Tätigkeit im Rahmen der vorhandenen Kompetenzen.

Selbst wenn die Verträge der Union eine geteilte Zuständigkeit einräumen, darf 191
sie nach dem Subsidiaritätsprinzip nur unter zwei Voraussetzungen handeln:
(1) *Fehlende Effizienz mitgliedstaatlichen Handelns:* Die Unionsziele können durch die Mitgliedstaaten und ihre Untergliederungen „nicht ausreichend verwirklicht werden".

und

(2) *Mehrwert europäischen Handelns:* Die Unionsziele sind „wegen ihres Umfangs oder ihrer Wirkungen auf Unionsebene besser zu verwirklichen"[193].

Beide Voraussetzungen müssen *kumulativ* vorliegen. Die EU darf nicht tätig werden, wenn zwar das Handeln der Mitgliedstaaten ineffektiv, eine Unionsregelung jedoch gleichfalls ineffektiv wäre. Ebenso wenig kommt ein Handeln der Union in Betracht, wenn das gesteckte Ziel durch einzelstaatliche Maßnahmen verwirklicht werden kann und die Union dies lediglich besser erreichen würde.

Das Subsidiaritätsprinzip betrifft somit zunächst die Frage, ob die Union im 192
Rahmen nicht ausschließlicher Kompetenzen tätig werden darf. Bei genauerer Betrachtung vermischt sich aber beim Subsidiaritätsprinzip das „Ob" mit dem „Wie" der Unionsrechtsetzung. Der Grundsatz der Subsidiarität setzt nicht nur bei der Zulässigkeit des Handelns („Ob") an, sondern auch bei der Ausgestaltung der zu ergreifenden Unionsmaßnahme („Wie"). Die von Art. 5 Abs. 3 UAbs. 1 EUV geforderte Effektivität der Ziel- und Aufgabenverwirklichung hängt nämlich maßgeblich von der Art und Intensität des Unionsrechtsakts ab. Daraus resultieren Überlagerungen mit dem Grundsatz der Verhältnismäßigkeit nach Art. 5 Abs. 4 UAbs. 1 EUV, der gerade auch auf das „erforderliche Maß" abstellt. Allerdings gilt der Verhältnismäßigkeitsgrundsatz – anders als das Subsidiaritätsprinzip – sowohl für die Bereiche der geteilten als auch der ausschließlichen Zuständigkeit der EU (Rn. 198 ff.).

Das Subsidiaritätsprinzip entfaltet seine Wirkung sowohl für zukünftiges 193
Handeln der Union als auch für bereits bestehende Rechtsvorschriften. Die Kommission überprüft daher nicht nur, ob sie den Erlass eines Gesetzgebungsakts überhaupt vorschlagen soll (Art. 2 des Protokolls über die Anwendung der Grundsätze der Subsidiarität und der Verhältnismäßigkeit[194]), sondern sie überprüft auch den Bestand bereits erlassenen Sekundärrechts der Union daraufhin, ob einzelne Unionsregelungen aufrechterhalten werden können. In diesen Bereich fallen die sog. SLIM-Programme der Kommission[195].

Der Vertrag von Lissabon verfolgt einen verstärkten verfahrensmäßigen An- 194
satz zur Sicherstellung der Einhaltung des Subsidiaritätsprinzips. Das Protokoll über die Anwendung der Grundsätze der Subsidiarität und der Verhältnismäßigkeit[196] verpflichtet die Kommission bereits vor Unterbreitung eines Rechtsetzungsvorschlags zu Anhörungen (Art. 2 Subsidiaritätsprotokoll). Die Vorschläge

---

193 Vgl. EuGH, Rs. C-377/98, Slg. 2001, S. I-7079, Rn. 32 – *Biopatent-Richtlinie.*
194 ABl.EU 2008 Nr. C 115, S. 206.
195 Simpler Legislation for the Internal Market – COM(1998) 715 endg.
196 ABl.EU 2008 Nr. C 115, S. 206.

der Kommission sind mit einer Begründung zu versehen, aus der hervorgeht, dass das Prinzip der Subsidiarität eingehalten ist (Art. 5 Subsidiaritätsprotokoll). Zudem sind Rechtsetzungsvorschläge den nationalen Parlamenten zuzuleiten (Art. 4 Subsidiaritätsprotokoll). Die nationalen Parlamente verfügen seit dem Vertrag von Lissabon über ein Kontrollverfahren, das es ihnen ermöglicht, die Unvereinbarkeit eines vorgeschlagenen Gesetzgebungsakts der Union mit dem Subsidiaritätsprinzip geltend zu machen. Die *Subsidiaritätsrüge* erfolgt mittels einer begründeten Stellungnahme innerhalb von acht Wochen nach Übermittlung des Gesetzgebungsvorschlags (Art. 12 lit. b EUV i. V. m. Art. 6 des Protokolls über die Anwendung der Grundsätze der Subsidiarität und der Verhältnismäßigkeit[197]). Im Rahmen dieses Subsidiaritätsrügeverfahrens verfügt jedes nationale Parlament über zwei Stimmen, bei einem Zweikammersystem besitzt jede der beiden gesetzgebenden Kammern eine Stimme (Art. 7 Abs. 1 UAbs. 2 des Protokolls über die Anwendung der Grundsätze der Subsidiarität und der Verhältnismäßigkeit). In Deutschland steht dem Bundestag eine der beiden Stimmen zu, dem Bundesrat die andere (vgl. Rn. 197). Erreicht die Anzahl begründeter Stellungnahmen im ordentlichen Gesetzgebungsverfahren mindestens die einfache Mehrheit der den nationalen Parlamenten zustehenden Stimmen, muss der Gesetzgebungsvorschlag von der Kommission erneut auf seine Vereinbarkeit mit dem Subsidiaritätsprinzip geprüft werden. Die Kommission kann dann an ihrem Vorschlag festhalten, ihn ändern oder zurückziehen (Art. 7 Abs. 3 UAbs. 1 des Protokolls über die Anwendung der Grundsätze der Subsidiarität und der Verhältnismäßigkeit). Hält sie an ihrem Vorschlag fest, hat sie dies zu begründen. Sind im Rat 55 % seiner Mitglieder oder im Europäischen Parlament die einfache Mehrheit der Abgeordneten gleichwohl der Ansicht, dass der Vorschlag nicht mit dem Subsidiaritätsprinzip im Einklang steht, ist der Gesetzgebungsvorschlag gescheitert (Art. 7 Abs. 3 UAbs. 2 des Protokolls über die Anwendung der Grundsätze der Subsidiarität und der Verhältnismäßigkeit).

195 Nicht nur für den Bereich der Rechtsetzung, sondern auch für die Rechtsprechung des Gerichtshofs der Europäischen Union zeitigt das Subsidiaritätsprinzip Folgen, etwa bei der Auslegung der Ermächtigungsnormen der Unionsverträge und der darauf gestützten Rechtsakte der Union. Schranken werden insbesondere einer an den Vertragszielen orientierten (teleologischen) Auslegung des Unionsrechts gezogen. Eine Ausprägung dieser Auslegungsmethode ist die Suche nach der *„nützlichen Wirkung"*, dem *„effet utile"* einer Bestimmung des Unionsrechts (Rn. 493). Dabei räumt der EuGH derjenigen Auslegung den Vorzug ein, welche die Verwirklichung der Vertragsziele am meisten fördert. Diese in der Tendenz auf eine Ausweitung der Unionskompetenzen zielende Rechtsprechung des EuGH begegnet unter dem Blickwinkel des Subsidiaritätsprinzips zunehmender Kritik. Das gilt insbesondere für die Kompetenzergänzungsbestimmung des Art. 352 AEUV (Rn. 185). Diese weit gefasste Befugnisnorm

---

197 ABl.EU 2008 Nr. C 115, S. 206.

würde eine nahezu uferlose Kompetenzausweitung der Union ermöglichen, wenn man die „*effet utile*"-Regel auf sie anwendete. Art. 352 AEUV ist daher im Lichte des Subsidiaritätsprinzips eng auszulegen (Art. 352 Abs. 2 AEUV).

Die Einhaltung des Subsidiaritätsprinzips durch die Organe der Union ist justiziabel, also durch den EuGH überprüfbar[198]. Allerdings hat der Gerichtshof bislang noch keinen EU-Rechtsakt am Subsidiaritätsprinzip scheitern lassen. Er räumt vielmehr den Unionsorganen insoweit einen weiten Beurteilungsspielraum ein[199]. Um die gerichtliche Durchsetzung des Prinzips zu verstärken, hat der Vertrag von Lissabon neben der Subsidiaritätsrüge im Gesetzgebungsverfahren für die nationalen Parlamente darüber hinaus auch die Möglichkeit geschaffen, eine *Subsidiaritätsklage* in Form einer Nichtigkeitsklage gemäß Art. 263 AEUV durch ihren Mitgliedstaat zu erzwingen (Art. 8 Abs. 1 des Protokolls über die Anwendung der Grundsätze der Subsidiarität und der Verhältnismäßigkeit)[200]. Die Möglichkeit der Subsidiaritätsnichtigkeitsklage wird auch dem Ausschuss der Regionen eingeräumt, aber nur gegen Gesetzgebungsakte, bei deren Erlass seine Anhörung vertraglich vorgeschrieben ist (Art. 8 Abs. 2 des Protokolls über die Anwendung der Grundsätze der Subsidiarität und der Verhältnismäßigkeit).

196

Um innerstaatlich Bundestag und Bundesrat in die Lage zu versetzen, von den unionsrechtlich eingeräumten Möglichkeiten der Subsidiaritätsrüge und der Subsidiaritätsklage effektiv Gebrauch machen zu können, musste mit dem Inkrafttreten des Vertrags von Lissabon das nationale deutsche Recht angepasst werden. Zur Subsidiaritätsrüge sind sowohl der Bundestag als auch der Bundesrat befugt, die jeweils über eine der beiden Stimmen gemäß Art. 7 Abs. 1 UAbs. 2 des Protokolls über die Anwendung der Grundsätze der Subsidiarität und der Verhältnismäßigkeit verfügen. Durch das *Gesetz zur Änderung des Grundgesetzes* vom 8. Oktober 2008[201] ist u. a. ein neuer Abs. 1a in Art. 23 GG eingefügt worden, der Bundestag und Bundesrat ermächtigt, eine Subsidiaritätsklage vor dem EuGH im Namen der Bundesrepublik Deutschland zu erheben. Die Einzelheiten werden in § 12 des Integrationsverantwortungsgesetzes[202] geregelt. Der Bundestag ist danach verpflichtet, eine Subsidiaritätsklage auf Antrag eines Viertels seiner Mitglieder zu erheben[203]. Eine Absprache der Ministerpräsidenten der Länder sieht vor, dass künftig jedes Land den Bundesrat verpflichten kann, eine

197

---

198 EuGH, Rs. C-377/98, Slg. 2001, S. I-7079, Rn. 30 ff. – *Biopatent-Richtlinie*.
199 Die bislang ausführlichste Prüfung des Subsidiaritätsprinzips findet sich in der Rs. C-58/08, Slg. 2010, S. I-4999, Rn. 72 ff. – *Vodafone* (= P Nr. 22).
200 Dazu eingehend *Pechstein*, Die neue Subsidiaritätsklage: Die Interessen nationaler Parlamente in der Hand des EuGH, in: ders. (Hrsg.), Integrationsverantwortung, 2012, S. 135, 137 ff.
201 BGBl. 2008 I S. 1926.
202 Gesetz über die Wahrnehmung der Integrationsverantwortung des Bundestages und des Bundesrates in Angelegenheiten der Europäischen Union (Integrationsverantwortungsgesetz – IntVG) v. 22.9.2009, BGBl. 2009 I S. 3022.
203 Vgl. dazu *Uerpmann-Wittzack/Edenharter*, EuR 2009, S. 313.

Subsidiaritätsklage einzuleiten, es sei denn, ein anderes Land erklärt, seine vitalen Interessen seien berührt. Es spricht einiges dafür, dass dies eine unzulässige Umgehung der sonst für Nichtigkeitsklagen der Bundesländer geltenden Voraussetzungen des Art. 263 Abs. 4 AEUV (Rn. 528, 531) darstellt.

ee) Grundsatz der Verhältnismäßigkeit

198 Die Regelung des Art. 5 Abs. 3 EUV wird ergänzt durch die Vorschrift des Art. 5 Abs. 4 EUV, in welcher der *Grundsatz der Verhältnismäßigkeit* Ausdruck gefunden hat. Die Formulierung des Art. 5 Abs. 4 UAbs. 1 EUV beschränkt Maßnahmen der Union zwar nur auf das „für die Erreichung der Ziele der Verträge erforderliche Maß". Dies darf jedoch nicht so verstanden werden, als sei damit nur ein Teilbereich des Verhältnismäßigkeitsprinzips, die Erforderlichkeit, vertragsrechtlich anerkannt. Mit Art. 5 Abs. 4 UAbs. 1 EUV ist der Grundsatz der Verhältnismäßigkeit in der umfassenden Ausformung normiert, die er durch die Rechtsprechung des EuGH gefunden hat[204]. Der Grundsatz der Verhältnismäßigkeit gilt dabei für alle Kompetenzformen der EU, also auch bei der Ausübung ausschließlicher Kompetenzen.

199 Nach Art. 5 Abs. 4 UAbs. 1 EUV ist die Union bei der Ausübung ihrer Kompetenzen verpflichtet, nicht über das für die Erreichung der Ziele der Verträge erforderliche Maß hinauszugehen. Schon frühzeitig hat der EuGH das Verhältnismäßigkeitsprinzip als allgemeinen Grundsatz des Gemeinschaftsrechts, heute des Unionsrechts, anerkannt[205]. Danach sind Maßnahmen der Union verhältnismäßig, wenn sie zur Erreichung der zulässigerweise verfolgten Ziele *geeignet* und *erforderlich* sind. Stehen mehrere geeignete Maßnahmen zur Auswahl, so muss die Union die am wenigsten belastende Handlungsoption, d. h. den am geringsten die mitgliedstaatliche Kompetenzausübung beschränkenden Rechtsakt (z. B. Richtlinie statt Verordnung), wählen. Bewährte nationale Regelungen sowie Struktur und Funktionsweise der Rechtssysteme der Mitgliedstaaten sollen dabei weitestmöglich beachtet werden. Ferner müssen die auferlegten Belastungen in einem *angemessenen* Verhältnis zu den angestrebten Zielen stehen[206].

200 Der Grundsatz der Verhältnismäßigkeit regelt die Art und Intensität des Handelns der Union. Adressaten des Verhältnismäßigkeitsgrundsatzes sind die Union und ihre Organe. Sie wenden gemäß Art. 5 Abs. 4 UAbs. 2 EUV den Grundsatz der Verhältnismäßigkeit gemäß dem Protokoll über die Anwendung der Grundsätze der Subsidiarität und der Verhältnismäßigkeit[207] an. Aber auch die Mitgliedstaaten sind – über den Wortlaut des Art. 5 Abs. 4 UAbs. 1 EUV hinaus – an den unionsrechtlichen Grundsatz der Verhältnismäßigkeit gebunden,

---

204 *Hirsch*, Das Verhältnismäßigkeitsprinzip im Gemeinschaftsrecht, 1997, S. 10 ff.
205 EuGH, Rs. 8/55, Slg. 1956, S. 297, 311 – *Fédération Charbonnière de Belgique*.
206 EuGH, Rs. 265/87, Slg. 1989, S. 2237, Rn. 21 – *Schräder*; vgl. auch Art. 5 des Protokolls über die Anwendung der Grundsätze der Subsidiarität und der Verhältnismäßigkeit, ABl.EU 2008 Nr. C 115, S. 206.
207 ABl.EU 2008 Nr. C 115, S. 206.

sofern sie Unionsrecht vollziehen oder unionsrechtliche Grundfreiheiten beschränken[208].

Das Verhältnismäßigkeitsprinzip entfaltet Wirkung sowohl im Verhältnis zu Individuen, sofern ihre unionsrechtlichen Freiheits- oder Gleichheitsrechte durch Maßnahmen der Union oder eines Mitgliedstaates beeinträchtigt werden, als auch im Verhältnis zu den Mitgliedstaaten, deren Befugnisse weitgehend geschont werden sollen.

201

ff) Der Anwendungsvorrang des Unionsrechts

Die Frage nach dem Verhältnis zwischen dem nationalen und dem Unionsrecht stellt sich vor allem dann, wenn beide Rechtsordnungen denselben Sachverhalt regeln. Aus unionsrechtlicher Sicht ist die Rangfrage dabei von entscheidender Bedeutung, da es für die einheitliche Geltung und Anwendung des Unionsrechts in allen Mitgliedstaaten unerlässlich ist, dass es dem nationalen Recht im Rang vorgeht, d. h. sich im Kollisionsfall durchsetzt. Trotz unterschiedlicher dogmatischer Begründungen besteht daher aus unionaler wie aus mitgliedstaatlicher Sicht Einigkeit über den *Anwendungsvorrang des Unionsrechts* vor dem nationalen Recht. Ein die Nichtigkeit unionsrechtswidrigen nationalen Rechts bewirkender *Geltungsvorrang* wird auch vom EuGH nicht vertreten[209]. Hatte der gescheiterte Verfassungsvertrag den Anwendungsvorrang des primären und sekundären Unionsrechts noch ausdrücklich normiert, verzichtet der Vertrag von Lissabon auf eine derartige Regelung. Allein eine Erklärung zum Vorrang findet sich im Anhang zum Vertrag von Lissabon[210]. Danach sollen „die Verträge und das von der Union auf der Grundlage der Verträge gesetzte Recht im Einklang mit der ständigen Rechtsprechung des Gerichtshofs der Europäischen Union unter den in dieser Rechtsprechung festgelegten Bedingungen Vorrang vor dem Recht der Mitgliedstaaten haben".

202

Der *Gerichtshof* der Europäischen Union geht in seiner Rechtsprechung von einem uneingeschränkten Anwendungsvorrang des Unionsrechts vor jeglichem nationalen Recht aus. In der grundlegenden Entscheidung im Rechtsstreit „*Costa/ENEL*" hat der EuGH den Anwendungsvorrang wie folgt begründet: „Zum Unterschied von gewöhnlichen internationalen Verträgen hat der EWG-Vertrag eine eigene Rechtsordnung geschaffen, die bei seinem Inkrafttreten in die Rechtsordnungen der Mitgliedstaaten aufgenommen worden (...) ist. Denn durch die Gründung einer Gemeinschaft (...), die (...) mit echten (...) Hoheitsrechten ausgestattet ist, haben die Mitgliedstaaten, wenn auch auf einem begrenzten Gebiet, ihre Souveränitätsrechte beschränkt und einen Rechtskörper geschaffen, der

203

---

208 EuGH, Rs. 261/81, Slg. 1982, S. 3961, Rn. 12 – *Rau;* EuGH, Rs. C-288/89, Slg. 1991, S. I-4007, Rn. 15 – *Gouda.*
209 EuGH, verb. Rs. C-10/97 bis C-22/97, Slg. 1998, S. I-6307, Rn. 18 ff. – *IN.CO.GE.'90* (= P Nr. 2).
210 ABl.EU 2008 Nr. C 115, S. 344.

für ihre Angehörigen und sie selbst verbindlich ist. Diese Aufnahme der Bestimmungen des Gemeinschaftsrechts in das Recht der Mitgliedstaaten und (...) Wortlaut und Geist des Vertrags haben zur Folge, dass es den Staaten unmöglich ist, gegen eine von ihnen auf der Grundlage der Gegenseitigkeit angenommene Rechtsordnung nachträglich einseitige Maßnahmen ins Feld zu führen. Solche Maßnahmen stehen der Anwendbarkeit der Gemeinschaftsrechtsordnung daher nicht entgegen. Denn es würde eine Gefahr für die Verwirklichung der in Artikel 5 Absatz 2 aufgeführten Ziele des Vertrags (jetzt Art. 4 Abs. 3 UAbs. 3 EUV) bedeuten und (...) Diskriminierungen zur Folge haben, wenn das Gemeinschaftsrecht je nach der nachträglichen innerstaatlichen Gesetzgebung von einem Staat zum anderen verschiedene Geltung haben könnte"[211]. Diesen Anwendungsvorrang des Unionsrechts sieht der Europäische Gerichtshof durch Art. 288 AEUV bestätigt, wonach die Verordnung verbindlich und unmittelbar in jedem Mitgliedstaat gilt (Rn. 398). „Aus alledem folgt, dass dem vom Vertrag geschaffenen, somit aus einer autonomen Rechtsquelle fließenden Recht wegen dieser seiner Eigenständigkeit keine wie immer gearteten innerstaatlichen Rechtsvorschriften vorgehen können (...)"[212]. Dieser Anwendungsvorrang des Unionsrechts besteht nach der Rechtsprechung des EuGH sowohl gegenüber dem einfachgesetzlichen innerstaatlichen Recht als auch gegenüber dem Verfassungsrecht und damit auch gegenüber den vom Grundgesetz gewährleisteten Grundrechten[213].

204 Das *BVerfG* hat ebenfalls zur Rangfrage zwischen nationalem Recht und Unionsrecht Stellung bezogen. Es geht gleichfalls von einem Anwendungsvorrang des Unionsrechts aus, *begründet diesen jedoch aus dem Grundgesetz heraus*. Es handelt sich um einen „Vorrang kraft verfassungsrechtlicher Ermächtigung"[214]. Die Unionsverträge verpflichten die Mitgliedstaaten zunächst, den innerstaatlichen Anwendungsvorrang des Unionsrechts herbeizuführen. Der in den innerstaatlichen Zustimmungsgesetzen zu den Unionsverträgen liegende Rechtsanwendungsbefehl (Art. 23 Abs. 1 Satz 2 GG bzw. früher Art. 24 Abs. 1 GG jeweils i. V. m. Art. 59 Abs. 2 Satz 1 GG) erstreckt sich auf diese unionsrechtliche Verpflichtung und bewirkt erst konstitutiv den Anwendungsvorrang des Unionsrechts[215]. Die freiwillige Öffnung der innerstaatlichen Rechtsordnung für das Unionsrecht hat zur Folge, dass der „Herrschaftsanspruch der Bundesrepublik Deutschland im Geltungsbereich des Grundgesetzes zurückgenommen und der unmittelbaren Geltung und Anwendung eines Rechts aus anderer Rechtsquelle innerhalb des staatlichen Herrschaftsbereichs Raum gelassen wird"[216]. Die Be-

---

211 EuGH, Rs. 6/64, Slg. 1964, S. 1251, 1269 – *Costa/ENEL* (= P Nr. 1).
212 EuGH, Rs. 6/64, Slg. 1964, S. 1251, 1269 – *Costa/ENEL* (= P Nr. 1).
213 EuGH, Rs. 11/70, Slg. 1970, S. 1125, Rn. 3 f. – *Internationale Handelsgesellschaft;* EuGH, Rs. C-399/11, ECLI:EU:C:2013:107, Rn. 58 ff. – *Melloni* (= P Nr. 138).
214 BVerfGE 123, 267, 397 – *Lissabon*.
215 BVerfGE 73, 339, 374 f. – *Solange II;* BVerfGE 140, 317, 335 – *Europäischer Haftbefehl;* BVerfGE 142, 123, 187 – *OMT-Urteil*.
216 BVerfGE 37, 271, 280 – *Solange I*.

wahrung des eigenständigen Charakters des Unionsrechts bei Eintritt in die deutsche Rechtsordnung wird verfassungsrechtlich mit der sog. *Adoptions-* oder *Vollzugslehre*[217] als Gegensatz zur *Transformationslehre* erklärt.

Der *Anwendungsvorrang* des Unionsrechts setzt die *unmittelbare Anwendbarkeit* der einschlägigen Bestimmungen des Unionsrechts voraus, die wiederum die *unmittelbare Geltung* des Unionsrechts voraussetzt. Diese Begriffe sind mithin auseinanderzuhalten[218]. Der Begriff der *unmittelbaren Geltung* des Unionsrechts in den mitgliedstaatlichen Rechtsordnungen betrifft die Frage nach der rechtlichen Grundlage der innerstaatlichen Geltung des Unionsrechts; diese kann unter Berücksichtigung der national-verfassungsrechtlichen Vorgaben (Rn. 127 ff.) nur in der die Transformationsunbedürftigkeit des Unionsrechts – und mithin seine unmittelbare Geltung – akzeptierenden Wirkung der die Verfassungsvorgaben wahrenden Zustimmungsgesetze liegen. Die *unmittelbare Anwendbarkeit* betrifft hingegen die Frage, ob die Rechtsanwender – insbesondere die mitgliedstaatlichen Gerichte und die Verwaltung – dem Unionsrecht Rechtsfolgen entnehmen können, eine Unionsnorm mithin ohne weitere Konkretisierung im Einzelfall durch sie angewendet werden kann. Diese Eigenschaft kommt anders als die unmittelbare Geltung bei weitem nicht allen Bestimmungen des Unionsrechts zu. Weist die betreffende Norm die hierfür erforderlichen Voraussetzungen jedoch auf (dazu näher unter Rn. 389), sind nationale Behörden und Gerichte von Amts wegen verpflichtet, sie anzuwenden. Steht nationales Recht einer unmittelbar anwendbaren Unionsrechtsnorm entgegen, so führt der *Anwendungsvorrang* zu seiner Verdrängung, um das Unionsrecht uneingeschränkt zur Wirkung kommen zu lassen. Fehlen der einschlägigen Bestimmung des Unionsrechts hingegen die Voraussetzungen der unmittelbaren Anwendbarkeit, ist eine Normkollision mit nationalem Recht nicht möglich, für den Anwendungsvorrang besteht dann kein Raum. 205

Der Vorrang des Unionsrechts bewirkt zunächst, dass innerstaatliche Stellen, insbesondere die mitgliedstaatlichen Gerichte, zur Vermeidung von Normkollisionen die maßgeblichen nationalen Bestimmungen im Lichte des vorrangigen Unionsrechts auslegen müssen *(Grundsatz der unionsrechtskonformen Auslegung;* Rn. 212 ff.)[219]. Lässt eine Vorschrift des mitgliedstaatlichen Rechts mehrere Deutungen zu, ist diejenige Auslegung zu wählen, die dem Unionsrecht entspricht[220]. Der Grundsatz der unionsrechtskonformen Auslegung gilt für die gesamte Rechtsordnung des Mitgliedstaates und spart auch das Verfassungsrecht nicht aus. Die unionsrechtskonforme Auslegung nationalen Rechts findet nach den allgemeinen Auslegungsregeln ihre Grenze dort, wo Wortsinn und Bedeu- 206

---

217 Vgl. dazu näher *Schweitzer/Dederer,* Staatsrecht III, 11. Aufl. 2016, Rn. 786 ff.
218 Vgl. hierzu *Schroeder*, in: Streinz (Hrsg.), EUV/AEUV, Art. 288 AEUV Rn. 36.
219 EuGH, Rs. 14/83, Slg. 1984, S. 1891, Rn. 26 – *von Colson u. Kamann;* EuGH, Rs. C-106/89, Slg. 1990, S. I-4135, Rn. 8, 13 – *Marleasing.*
220 EuGH, Rs. 157/86, Slg. 1988, S. 673, Rn. 11 – *Murphy.*

tungsgehalt der nationalen Norm über den Rahmen dessen hinaus verändert würden, was als Auslegung noch zulässig ist[221].

207 Scheitert eine unionsrechtskonforme Auslegung einer nationalen Bestimmung, kann die Übereinstimmung des mitgliedstaatlichen Rechts mit dem unmittelbar anwendbaren EU-Recht nur noch durch ihre Nichtanwendung erreicht werden. Die Verpflichtung, eine dem Unionsrecht entgegenstehende gesetzliche oder untergesetzliche Norm des innerstaatlichen Rechts unangewendet zu lassen[222], trifft nicht allein die Gerichte, sondern auch alle Träger der Verwaltung, einschließlich der Gemeinden und sonstigen Gebietskörperschaften[223]. Da die mitgliedstaatliche Vorschrift im konkreten Fall zwar unangewendet bleiben muss, ansonsten aber in Kraft bleibt, regelt sie weiterhin die Sachverhalte ohne unionsrechtlichen Bezug. Das kann im Einzelfall zu einer Schlechterstellung der eigenen Staatsangehörigen führen, die sich mangels eines grenzüberschreitenden Bezugs nicht auf eine begünstigende Vorschrift des Unionsrechts berufen können (sog. Inländerdiskriminierung; Rn. 777). Der Vorrang des Unionsrechts hat nicht nur zur Folge, dass jede dem Unionsrecht entgegenstehende Norm des innerstaatlichen Rechts unanwendbar ist, sondern bedeutet darüber hinaus auch, dass der Erlass neuer mitgliedstaatlicher unionsrechtswidriger Normen unzulässig ist[224].

208 Eine weitere Folge des Vorrangs des Unionsrechts ist die Pflicht des innerstaatlichen Gesetzgebers, dem Unionsrecht widersprechende Bestimmungen aufzuheben. Diese Pflicht trifft den Gesetzgeber allerdings nur, sofern aufgrund der unionsrechtswidrigen Norm „Unklarheiten tatsächlicher Art bestehen, weil die betroffenen Normadressaten bezüglich der ihnen eröffneten Möglichkeiten, sich auf das Unionsrechts zu berufen, in einem Zustand der Ungewissheit gelassen werden"[225].

209 Nach der Rechtsprechung des EuGH gilt der Anwendungsvorrang des Unionsrechts im Grundsatz nur gegenüber generell-abstrakten innerstaatlichen Rechtsvorschriften. Sofern es sich dagegen um *konkret-individuelle* Verwaltungsakte handelt, bestimmen sich die Folgen eines Unionsrechtsverstoßes prinzipiell nach nationalem Verwaltungsverfahrens- und Verwaltungsprozessrecht (vgl. Rn. 482 ff. u. Rn. 620 ff.). Demzufolge ist ein unionsrechtswidriger Verwaltungsakt nach § 44 Abs. 1 VwVfG oder den gleichlautenden Bestimmungen der Bundesländer nichtig, wenn er an einem besonders schwerwiegenden Fehler leidet und dies bei verständiger Würdigung aller in Betracht kommenden Umstände

---

221 Vgl. BVerwGE 100, 238, 240; BVerwGE 106, 90, 95.
222 EuGH, Rs. 106/77, Slg. 1978, S. 629, Rn. 21/23 – *Simmenthal*.
223 EuGH, Rs. 103/88, Slg. 1989, S. 1839, Rn. 32 – *Fratelli Costanzo* (= P Nr. 7); EuGH, Rs. C-224/97, Slg. 1999, S. I-2517, Rn. 30 – *Ciola* (= P Nr. 10).
224 EuGH, Rs. 106/77, Slg. 1978, S. 629, Rn. 17/18 – *Simmenthal*.
225 EuGH, Rs. 168/85, Slg. 1986, S. 2945, Rn. 11 – *Kommission/Italien;* EuGH, Rs. 74/86, Slg. 1988, S. 2139, Rn. 10 – *Kommission/Deutschland;* EuGH, Rs. 307/89, Slg. 1991, S. I-2903, Rn. 13 – *Kommission/Frankreich;* EuGH, Rs. C-58/90, Slg. 1991, S. I-4193, Rn. 12 f. – *Kommission/Italien;* EuGH, Rs. C-185/96, Slg. 1998, S. I-6601, Rn. 32 – *Kommission/Griechenland.*

offenkundig ist[226]. Liegen diese Voraussetzungen nicht vor, ist ein unionsrechtswidriger Verwaltungsakt nach innerstaatlichem Recht aufhebbar. Wird ein Verwaltungsakt vor einem innerstaatlichen Gericht angegriffen und muss die der Verwaltungsentscheidung zugrunde liegende gesetzliche Ermächtigungsgrundlage infolge eines Unionsrechtsverstoßes unangewendet bleiben, ist der Verwaltungsakt aufgrund seiner Rechtswidrigkeit zurückzunehmen. Ein *bestandskräftig gewordener Verwaltungsakt* bleibt vom Anwendungsvorrang entgegenstehenden Unionsrechts grundsätzlich unberührt, da auch das Unionsrecht das Institut der Bestandskraft kennt. Eine erste Ausnahme von diesem Grundsatz gilt jedoch für vor dem Beitritt eines Mitgliedstaates bestandskräftig gewordene Verwaltungsentscheidungen, die sich nach dem Beitritt als unionsrechtswidrig erweisen. So muss etwa ein gegen die Dienstleistungsfreiheit verstoßendes Verbot, das vor dem Beitritt eines Mitgliedstaates durch eine bestandskräftig gewordene Verwaltungsentscheidung ausgesprochen wurde, nach dem Beitritt dieses Mitgliedstaates unangewendet bleiben[227]. Eine Rücknahmeverpflichtung für bestandskräftige unionsrechtswidrige Verwaltungsakte kann sich gemäß dem Urteil des EuGH in der Rs. *Kühne & Heitz*[228] auch dann ergeben, wenn
- die Behörde nach nationalem Recht befugt ist, diese Entscheidung zurückzunehmen,
- die Entscheidung infolge eines Urteils eines in letzter Instanz entscheidenden nationalen Gerichts bestandskräftig geworden ist,
- das Urteil des nationalen Gerichts, wie eine nach seinem Erlass ergangene Entscheidung des Gerichtshofes zeigt, auf einer unrichtigen Auslegung des Unionsrechts beruht, die erfolgt ist, ohne dass der Gerichtshof um Vorabentscheidung ersucht wurde, obwohl der Tatbestand des Art. 267 Abs. 3 AEUV erfüllt war, und
- der Betroffene sich, nachdem er Kenntnis von der besagten Entscheidung des Gerichtshofes erlangt hat, an die Verwaltungsbehörde gewandt hat.

Die *Kühne & Heitz*-Entscheidung ist vom EuGH in der Rs. *Kempter* in zwei Punkten präzisiert worden. Zum einen hat der EuGH klargestellt, dass sich der Einzelne, der sich gegen die noch nicht bestandskräftige Verwaltungsentscheidung gerichtlich gewehrt hat, dabei nicht ausdrücklich auf die Unionsrechtswidrigkeit berufen haben muss[229]. Zum anderen darf die innerstaatliche Rechtsordnung vorschreiben, dass ein Antrag auf Überprüfung und Korrektur eines bestandskräftig gewordenen Verwaltungsakts innerhalb einer angemessenen Frist gestellt werden muss[230]. In der Rs. *Papenburg*[231] hat der EuGH nunmehr auch den Widerruf eines *rechtmäßigen* begünstigenden Verwaltungsaktes (§ 49

210

---

226 BVerwG, NVwZ 2000, S. 1039.
227 EuGH, Rs. C-224/97, Slg. 1999, S. I-2517, Rn. 34 – *Ciola* (= P Nr. 10).
228 EuGH, Rs. C-453/00, Slg. 2004, S. I-837, Rn. 23 ff., 28 – *Kühne & Heitz* (= P Nr. 11).
229 EuGH, Rs. C-2/06, Slg. 2008, S. I-411, Rn. 43 – *Kempter*.
230 EuGH, Rs. C-2/06, Slg. 2008, S. I-411, Rn. 58 ff. – *Kempter*.
231 EuGH, Rs. C-226/08, Slg. 2010, S. I-131, Rn. 35 ff.; dazu Kahl, NVwZ 2011, S. 449, 453.

VwVfG) wegen Widerspruchs zu nachträglich ergangenem Richtlinienrecht gefordert. Ob sich hieraus eine eigene „Papenburg-Doktrin" ergibt oder ob das Urteil den Besonderheiten des Einzelfalls geschuldet ist, ist noch offen.

211 Nachdem der EuGH aus dem Vorrang des Unionsrechts zunächst die Konsequenz einer Pflicht zur Durchbrechung der Rechtskraft mitgliedstaatlicher unionsrechtswidriger Urteile nicht gezogen hatte[232], geht er in der Rs. *Lucchini* von einer solchen Pflicht unter bestimmten Voraussetzungen aus[233]. Die Mitgliedstaaten trifft eine Pflicht zur Durchbrechung der Rechtskraft von Gerichtsentscheidungen, wenn
– das mitgliedstaatliche Urteil offenkundig gegen eine Bestimmung des primären oder sekundären Unionsrechts verstößt[234], insbesondere wenn eine Verletzung der unionsrechtlichen Zuständigkeitsordnung anzunehmen ist[235],
– der innerstaatliche Rechtsweg seitens des betroffenen Einzelnen, nicht zwingend seitens der gegebenenfalls am Rechtsstreit beteiligten mitgliedstaatlichen Verwaltung[236], erschöpft ist[237] und wenn
– für den betroffenen Einzelnen keine Möglichkeit besteht, einen etwaigen aus der Unionsrechtswidrigkeit des Urteils resultierenden Schaden im Wege der außervertraglichen Haftung gegen den Mitgliedstaat, dessen Gericht das offenkundig unionsrechtswidrige Urteil erlassen hat, geltend zu machen[238].

gg) Das Gebot unionsrechtskonformer Auslegung und Fortbildung nationalen Rechts

212 In engem Zusammenhang mit dem Anwendungsvorrang des Unionsrechts steht das Gebot unionsrechtskonformer Rechtsfindung, das ganz allgemein besagt, dass nationales Recht so auszulegen und ggf. fortzubilden ist, dass es den unionsrechtlichen Vorgaben genügt. Während der Anwendungsvorrang des Unionsrechts der Sache nach eine Kollisionsregel für den Fall eines Widerspruchs von Unionsrecht und nationalem Recht auf der *Normenebene* darstellt, setzt das Gebot unionsrechtskonformer Rechtsfindung bereits auf der *Interpretationsebene* an und schließt die nach dem Wortsinn möglichen Auslegungen einer nationalen Norm aus, die sich als mit dem Unionsrecht unvereinbar erweisen. Der Unterschied zwischen dem Anwendungsvorrang des Unionsrechts und dem Gebot unionsrechtskonformer Rechtsfindung liegt dementsprechend bei den Rechtsfolgen der Normanwendung: Eine nationale Regelung, die unionsrechtskonform

---

232 Vgl. EuGH, Rs. C-126/97, Slg. 1999, S. I-3055, Rn. 46 – *Eco Swiss;* EuGH, Rs. C-234/04, Slg. 2006, S. I-2585, Rn. 20 f. – *Kapferer* (= P Nr. 16).
233 EuGH, Rs. C-119/05, Slg. 2007, S. I-6199, Rn. 63 – *Lucchini* (= P Nr. 17); vgl. zur Folgerechtsprechung *Schmahl/Köber,* EuZW 2010, S. 927 ff.
234 *Haratsch/Hensel,* JZ 2008, S. 144, 145.
235 EuGH, Rs. C-119/05, Slg. 2007, S. I-6199, Rn. 59 – *Lucchini* (= P Nr. 17).
236 EuGH, Rs. C-119/05, Slg. 2007, S. I-6199, Rn. 29 – *Lucchini* (= P Nr. 17).
237 *Haratsch/Hensel,* JZ 2008, S. 144, 145 f.
238 *Haratsch/Hensel,* JZ 2008, S. 144, 146.

ausgelegt oder fortgebildet werden kann, bleibt weiterhin anwendbar; „verworfen" wird nur eine unionsrechtswidrige Auslegung (interpretatorische Vorrangregel). Der Anwendungsvorrang des Unionsrechts führt hingegen dazu, dass eine dem Unionsrecht widersprechende nationale Norm nicht mehr angewendet werden darf (derogatorische Vorrangregel). Aus der Perspektive der mitgliedstaatlichen Souveränität erweist sich das Gebot unionsrechtskonformer Rechtsfindung daher als weniger einschneidend als die durch den Anwendungsvorrang des Unionsrechts bedingte Unanwendbarkeit nationalen Rechts. Im Verhältnis zum Anwendungsvorrang des Unionsrechts gebührt deshalb dem Gebot unionsrechtskonformer Rechtsfindung der Vorzug: Das nationale Gericht darf entgegenstehende nationale Normen nicht anwenden, soweit eine unionsrechtskonforme Auslegung (und Fortbildung) nicht möglich ist[239].

Als *Maßstab* für die Auslegung und Fortbildung des nationalen Rechts kommt im Grundsatz das gesamte Unionsrecht in Betracht. Der EuGH geht denn auch von einem *allgemeinen Gebot* unionsrechtskonformer Auslegung nationalen Rechts aus, das dem primären Unionsrecht immanent sei[240]. Indessen bestehen zwischen den einzelnen Spielarten der unionsrechtskonformen Auslegung gewichtige Unterschiede[241]. Das Gebot *primärrechtskonformer Auslegung und Fortbildung* nationalen Rechts ist eine Wirkungsform des Anwendungsvorrangs und findet in ihm sowie in der gebotenen Rücksichtnahme der Union und ihrer Organe auf die mitgliedstaatliche Souveränität seine Grundlage[242]; es erstreckt sich auf das gesamte mitgliedstaatliche Recht, einschließlich des Verfassungsrechts, das in den Anwendungsbereich des primären Unionsrechts fällt; soweit nationales Recht keinen Spielraum für eine primärrechtskonforme Rechtsfindung lässt, muss es unangewendet bleiben. Diese Grundsätze gelten für das Gebot *richtlinienkonformer Auslegung und Fortbildung* nationalen Rechts nur insoweit, als die den Auslegungsmaßstab bildende Richtlinienbestimmung ausnahmsweise unmittelbare Wirkung entfaltet. Dort, wo die unmittelbare Wirkung von Richtlinien nicht in Betracht kommt (Rn. 410 ff.), nehmen Richtlinien am Anwendungsvorrang des Unionsrechts nicht teil. Folgerichtig lässt sich das Gebot richtlinienkonformer Rechtsfindung insoweit weder auf den Anwendungsvorrang des Unionsrechts stützen noch hat richtlinienwidriges Recht eines Mitgliedstaates unangewendet zu bleiben (vgl. näher zur richtlinienkonformen Auslegung Rn. 404 u. 417). 213

Die verschiedenen Spielarten der unionsrechtskonformen Rechtsfindung haben allerdings im Wesentlichen dieselben *Grenzen,* die sich schon aus dem Unionsrecht ergeben. Nach der Rechtsprechung des EuGH wird die Verpflichtung der nationalen Gerichte zur unionsrechtskonformen Rechtsfindung durch die all- 214

---

239 EuGH, Rs. 157/86, Slg. 1988, S. 673, Rn. 11 – *Murphy.*
240 EuGH, verb. Rs. C-397/01 bis C-403/01, Slg. 2004, S. I-8835, Rn. 114 – *Pfeiffer* (= P Nr. 40).
241 *Riesenhuber/Domröse,* RIW 2005, S. 47, 49 m. w. N.
242 Dazu näher *Leible/Domröse,* Die primärrechtskonforme Auslegung, in: Riesenhuber (Hrsg.), Europäische Methodenlehre, 3. Aufl. 2015, § 8, Rn. 1 ff.

gemeinen Rechtsgrundsätze und insbesondere durch den Grundsatz der Rechtssicherheit und das Rückwirkungsverbot begrenzt[243]. Darüber hinaus setzt das nationale Recht dem Gebot unionsrechtskonformer Rechtsfindung Schranken. Der EuGH verlangt von den nationalen Gerichten nämlich nur, dass sie das innerstaatliche Recht „soweit wie möglich" und „unter voller Ausschöpfung des Beurteilungsspielraums, den ihnen ihr nationales Recht einräumt", in Übereinstimmung mit den Anforderungen des Unionsrechts auszulegen haben[244]. In dem Verweis auf das nationale Recht kommt zum Ausdruck, dass der Gerichtshof die in den Mitgliedstaaten anerkannten Methoden der Rechtsfindung akzeptiert, mit der Folge, dass die methodologischen Grenzen der unionsrechtskonformen Rechtsfindung von Mitgliedstaat zu Mitgliedstaat variieren. Da zu den in der deutschen Methodenlehre anerkannten Rechtsfindungsmethoden auch die Rechtsfortbildung gehört, müssen die deutschen Gerichte jedenfalls auch eine gesetzesimmanente Fortbildung des deutschen Rechts erwägen. Soweit nach deutschem Recht zulässig, ist deshalb auch eine unionsrechtskonforme Analogie oder Reduktion geboten. Ob die deutschen Gerichte zur Durchsetzung unionsrechtlicher Vorgaben darüber hinaus ggf. auch eine grundsätzlich unzulässige Rechtsfortbildung *contra legem* in Betracht zu ziehen haben, ist noch nicht abschließend geklärt[245]. Eine richtlinienkonforme Rechtsfortbildung *contra legem* ist jedenfalls nach der Rechtsprechung des EuGH weder geboten noch gestattet (Rn. 417 ff.).

e) Pflicht zur Unionstreue

215 Die Mitgliedstaaten haben alle Maßnahmen zur Erfüllung der Verpflichtungen zu treffen, die sich aus dem primären und dem sekundären Unionsrecht ergeben (Art. 4 Abs. 3 UAbs. 2 EUV). Sie sind außerdem verpflichtet, die Union bei der Erfüllung ihrer Aufgaben zu unterstützen sowie alle Maßnahmen zu unterlassen, welche die Verwirklichung der Ziele der Union gefährden könnten (Art. 4 Abs. 3 UAbs. 3 EUV). Diese unionsrechtlichen Treuepflichten gehen über die allgemeine völkerrechtliche Vertragserfüllungspflicht („pacta sunt servanda") hinaus und sind Ausdruck des allgemeinen *Grundsatzes der Unionstreue*. Diesem Grundsatz entspringt nicht nur die Verpflichtung der Mitgliedstaaten, alle geeigneten Maßnahmen zu treffen, um die Geltung und die Wirksamkeit des Unionsrechts zu gewährleisten. Die Unionstreue erlegt auch den Unionsorganen entsprechende Pflichten zur loyalen Zusammenarbeit mit den Mitgliedstaaten auf (Art. 4 Abs. 3 UAbs. 1 EUV)[246]. Diese Wirkungsrichtung der Rücksicht-

---

243 EuGH, Rs. C-212/04, Slg. 2006, S. I-6057, Rn. 110 – *Adeneler* (= P Nr. 32).
244 EuGH, Rs. 157/86, Slg. 1988, S. 673, Rn. 11 – *Murphy;* EuGH, Rs. C-165/91; Slg. 1994, S. I-4661, Rn. 34 – *van Munster.*
245 Vgl. *Leible/Domröse,* Die primärrechtskonforme Auslegung, in: Riesenhuber (Hrsg.), Europäische Methodenlehre, 3. Aufl. 2015, § 8, Rn. 59 f.
246 EuGH, Rs. 230/81, Slg. 1983, S. 255, Rn. 37 – *Luxemburg/Parlament;* EuGH, Rs. 44/84, Slg. 1986, S. 29, Rn. 38 – *Hurd;* EuGH, Rs. C-2/88 Imm., Slg. 1990, S. I-3365, Rn. 17 f. – *Zwart-*

nahmepflicht liegt auch Art. 4 Abs. 2 EUV zugrunde, wonach die Union die nationale Identität der Mitgliedstaaten achtet. Nach der Rechtsprechung des Europäischen Gerichtshofs begründet Art. 4 Abs. 3 EUV darüber hinaus auch eine Verpflichtung zur Zusammenarbeit der Mitgliedstaaten untereinander[247].

Aufgrund der Treuepflicht des Art. 4 Abs. 3 EUV kann ein nationales Gericht verpflichtet sein, einstweiligen Rechtsschutz für ein aus dem Unionsrecht entstehendes Individualrecht zu gewähren, auch wenn eine Vorschrift des nationalen Rechts den Erlass einer entsprechenden einstweiligen Anordnung verbietet[248]. Auch die Rechtsprechung des EuGH, wonach ein Mitgliedstaat für Schäden haftet, die dem Einzelnen infolge einer verspäteten, fehlerhaften oder nicht erfolgten Umsetzung einer Richtlinie der Union entstehen (Rn. 645 ff.), findet ihre Grundlage vor allem in Art. 4 Abs. 3 EUV[249]. Dem Grundsatz der Unionstreue entspringt auch die Pflicht der Mitgliedstaaten, für den Fall eines Verstoßes gegen unionsrechtliche Regelungen verhältnismäßige, aber wirksame und abschreckende Sanktionen vorzusehen. Handelt es sich um Betrügereien, die sich gegen die finanziellen Interessen der Union richten, müssen die vorgesehenen Sanktionen zudem denjenigen entsprechen, die für nach Art und Schwere gleichartige Verstöße gegen nationale Rechtsvorschriften gelten[250].

216

f) Schutz- und Notstandsklauseln

Die Erfüllung der unionsrechtlichen Verpflichtungen kann die Mitgliedstaaten im Einzelfall z. B. aus wirtschaftlichen Gründen überfordern. Der AEU-Vertrag trägt diesen möglicherweise auftretenden Schwierigkeiten Rechnung, indem er den Mitgliedstaaten auf Antrag und nach Genehmigung durch den Rat oder die Kommission in bestimmten Fällen ein Abweichen von den Bestimmungen des Unionsrechts gestattet. Solche *Schutzklauseln* finden sich vor allem im primären Unionsrecht: z. B. Art. 66 AEUV, Art. 114 Abs. 10 AEUV, Art. 191 Abs. 2 UAbs. 2 AEUV. Auch in Sekundärrechtsakten der Union können Schutzklauseln enthalten sein, z. B. in einzelnen, auf der Grundlage von Art. 40 Abs. 1 AEUV erlassenen Agrarmarktordnungen (Rn. 1125 ff.). Schutzklauseln ermöglichen freilich nur eine befristete Suspendierung von Vertragspflichten.

217

Sind vitale Interessen der Mitgliedstaaten berührt, ermöglichen *Notstandsklauseln* unter bestimmten Voraussetzungen den Mitgliedstaaten auch ohne Ermächtigung oder Genehmigung durch die Union ein Abweichen von vertraglichen Verpflichtungen. Art. 346 Abs. 1 AEUV erlaubt dies beispielsweise, wenn wesentliche Sicherheitsinteressen eines Mitgliedstaates auf dem Spiel stehen,

218

---

veld; EuGH, Rs. C-275/00, Slg. 2002, S. I-10943, Rn. 49 – *First u. Franex;* EuGH, Rs. C-339/00, Slg. 2003, S. I-11757, Rn. 71 – *Irland/Kommission.*
247 EuGH, Rs. C-251/89, Slg. 1991, S. I-2797, Rn. 57 f. – *Athanasopoulos.*
248 EuGH, Rs. C-213/89, Slg. 1990, S. I-2433, Rn. 19 ff. – *Factortame I.*
249 EuGH, verb. Rs. C-6/90 u. C-9/90, Slg. 1991, S. I-5357, Rn. 36 – *Francovich* (= P Nr. 67).
250 EuGH, Rs. C-186/98, Slg. 1999, S. I-4883, Rn. 10 ff. – *Nunes.*

Art. 347 AEUV u. a. im Falle einer schwerwiegenden innerstaatlichen Störung der öffentlichen Ordnung, im Kriegs- oder Spannungsfall. Da diese Vorschriften bestimmte Bereiche für den Fall des Notstands von vornherein dem Anwendungsbereich der Verträge entziehen, werden sie als Souveränitätsvorbehalte der Mitgliedstaaten bezeichnet. Die Kontrolle darüber, ob sich ein Mitgliedstaat missbräuchlich auf die Notstandsklauseln der Art. 346 Abs. 1 und Art. 347 AEUV beruft, übt allerdings gemäß Art. 348 Abs. 2 AEUV der Europäische Gerichtshof aus.

g) Notbremsemechanismus

219 Seit dem Inkrafttreten des Vertrags von Lissabon ist die Ausübung einzelner Zuständigkeiten der Europäischen Union mit einem sogenannten Notbremsemechanismus verknüpft (Art. 82 Abs. 3, Art. 83 Abs. 3, Art. 86 Abs. 1 UAbs. 2 und UAbs. 3, Art. 87 Abs. 3 UAbs. 2 und UAbs. 3 AEUV). So kann ein Mitglied des Rates, das der Auffassung ist, dass ein Richtlinienentwurf zur Rechtsangleichung im Bereich des Straf- oder Strafverfahrensrechts „grundlegende Aspekte seiner Strafrechtsordnung" berührt, beantragen, dass der Europäische Rat befasst wird (Art. 82 Abs. 3 UAbs. 1, Art. 83 Abs. 3 UAbs. 1 AEUV). Im Falle eines Einvernehmens innerhalb dieses Gremiums verweist der Europäische Rat den Entwurf binnen vier Monaten nach Aussetzung des Gesetzgebungsverfahrens an den Rat zurück. Sofern kein Einvernehmen erzielt wird, gelten erleichterte Bedingungen für eine Verstärkte Zusammenarbeit. Sofern mindestens neun Mitgliedstaaten eine Verstärkte Zusammenarbeit auf der Grundlage des Entwurfs begründen möchten, gilt die Ermächtigung nach Mitteilung an das Europäische Parlament, den Rat und die Kommission (Art. 20 Abs. 2 EUV; Art. 329 AEUV) als erteilt (Art. 82 Abs. 3 UAbs. 2, Art. 83 Abs. 3 UAbs. 2 AEUV). Ein leicht abgewandelter „Notbremse-Mechanismus" gilt für die Errichtung der Europäischen Staatsanwaltschaft und den Erlass von Maßnahmen, welche die operative Zusammenarbeit zwischen nationalen Polizei-, Zoll- und anderen Strafverfolgungsbehörden betreffen. Danach kann eine Gruppe von mindestens neun Mitgliedstaaten beantragen, dass der Europäische Rat mit einem Entwurf eines Gesetzgebungsakts befasst wird, sofern keine Einstimmigkeit im Rat darüber erzielt wird (Art. 86 Abs. 1 UAbs. 2 Satz 2, Art. 87 Abs. 3 UAbs. 2 Satz 1 AEUV). Soweit Art. 48 Abs. 1 AEUV die Europäische Union ermächtigt, die auf dem Gebiet der sozialen Sicherheit für die Herstellung der Freizügigkeit der Arbeitnehmer notwendigen Maßnahmen zu beschließen, besteht ebenfalls für ein Mitglied des Rates die Möglichkeit, über das Notbremseverfahren die Befassung des Europäischen Rates zu beantragen, um auf diese Weise die Aussetzung des ordentlichen Gesetzgebungsverfahrens zu erlangen (Art. 48 Abs. 2 AEUV).

220 Da sich die Ausübung dieser Notbremsekompetenzen nach Auffassung des BVerfG in ihrer Bedeutung einer Vertragsänderung nähert, verlangt sie nach

einer entsprechenden Ausübung der Integrationsverantwortung der innerstaatlichen Gesetzgebungsorgane. Nur auf diese Weise lasse sich, so das BVerfG, das grundgesetzlich notwendige Maß an demokratischer Legitimation über die mitgliedstaatlichen Parlamente gewährleisten[251]. Im Rahmen der Notbremseverfahren darf der deutsche Regierungsvertreter im Rat daher nur beantragen, den Europäischen Rat zu befassen, wenn der Bundestag ihn hierzu durch einen Beschluss angewiesen hat (§ 9 Abs. 1 IntVG)[252]. Sind im Schwerpunkt Bereiche betroffen, die innerstaatlich entweder in die Gesetzgebungskompetenz der Länder fallen oder in denen eine Bundesgesetzgebungskompetenz besteht, ein Bundesgesetz aber der Zustimmung des Bundesrates bedarf, muss der deutsche Ratsvertreter einen Antrag auch stellen, sofern ein entsprechender Beschluss des Bundesrates vorliegt (Art. 9 Abs. 2 IntVG).

h) Merksätze

Die **Integrationsgewalt des Grundgesetzes** (Art. 23 Abs. 1 GG, früher Art. 24 Abs. 1 GG) ermöglicht die Mitgliedschaft der Bundesrepublik Deutschland in der Europäischen Union. Durch die Übertragung von Hoheitsrechten nimmt die Bundesrepublik Deutschland ihren ausschließlichen Herrschaftsanspruch im Geltungsbereich des Grundgesetzes insoweit zurück und bewirkt eine **Öffnung der nationalen Rechtsordnung** für die unmittelbare Geltung und Anwendung des Europäischen Unionsrechts.

221

Das Grundgesetz garantiert die **souveräne Staatlichkeit Deutschlands.** Es ermächtigt den Integrationsgesetzgeber nicht, durch einen Eintritt in einen europäischen Bundesstaat das Selbstbestimmungsrecht des deutschen Volkes in Gestalt der völkerrechtlichen Souveränität Deutschlands aufzugeben. Ein solcher endgültiger Schritt ist allein dem unmittelbar erklärten (verfassunggebenden) Willen des deutschen Volkes vorbehalten.

Bei der weiteren Übertragung von Hoheitsbefugnissen an europäische Unionsorgane muss das **föderale Prinzip des Grundgesetzes** beachtet, müssen also die Bundesländer vor einer Aushöhlung ihrer staatlichen Kompetenzen, vor allem in der Gesetzgebung, bewahrt werden.

Der **wirksame Grundrechtsschutz** der Bürger darf weder materiell-rechtlich noch in der praktischen (prozessualen) Durchsetzung durch die europäische Integration eine Aufweichung erfahren.

Das **Demokratieprinzip des Grundgesetzes** ist zu beachten, zumal die Staatsvölker über die Zustimmung der nationalen Parlamente zu grundlegen-

---

251 BVerfGE 123, 267, 413 f. – *Lissabon*.
252 BVerfGE 123, 267, 436 – *Lissabon*.

den Integrationsschritten der Unionsordnung ihre demokratische Legitimation verleihen.

Die **fehlende Wahlgleichheit** aufgrund fester mitgliedstaatlicher Sitzkontingente im Europäischen Parlament sowie ein **fehlendes einheitliches Wahlrecht** vereiteln eine gleiche Repräsentation aller Unionsbürger und stellen damit die Fähigkeit des Europäischen Parlaments, demokratische Legitimation zu erzeugen, gegenwärtig in Frage (**noch keine ausreichende demokratische Legitimationsgewalt des Europäischen Parlaments**).

Angesichts der sog. „**Landesblindheit**" **des Unionsrechts** nehmen der EU- und der AEU-Vertrag auf die innerstaatliche Kompetenzverteilung zwischen Bund und Ländern keine Rücksicht und überlassen es jedem Mitgliedstaat, wie er seine unionsrechtlichen Verpflichtungen erfüllt. Organisiert sich ein Mitgliedstaat als Bundesstaat und werden Aufgaben nicht nur auf der gesamtstaatlichen Ebene erfüllt, wirkt das im Mitgliedstaat anwendbare Unionsrecht gegenüber dem jeweils innerstaatlich zuständigen Kompetenzträger (Bund, Länder oder Kommunen).

Die Kompetenzen der Union lassen sich nach **ausschließlichen, geteilten, koordinierenden und unterstützenden Kompetenzen** kategorisieren. Ein dem Grundgesetz vergleichbarer Kompetenzkatalog besteht in den Verträgen jedoch nicht.

Für das Handeln der Union und ihrer Organe gilt das **Prinzip der begrenzten Einzelermächtigung** („principe des compétences d'attribution"). Danach werden die Union und ihre Organe nur innerhalb der Grenzen der ihnen in den Verträgen zugewiesenen Befugnisse tätig (Art. 5 Abs. 2 EUV, Art. 13 Abs. 2 Satz 1 EUV). Die Europäische Union und ihre Organe bedürfen daher für jeden Rechtsakt einer ausdrücklichen oder zumindest im Wege der Auslegung nachweisbaren Ermächtigungsgrundlage in den Verträgen. Die Europäische Union besitzt somit **keine Kompetenz-Kompetenz**, d. h., sie kann sich keine neuen Rechtsetzungsbefugnisse selbst verschaffen.

Nach dem **Subsidiaritätsprinzip** wird die Union in Bereichen, die nicht in ihre ausschließliche Zuständigkeit fallen, nur tätig, sofern und soweit die Ziele der in Betracht gezogenen Maßnahmen auf Ebene der Mitgliedstaaten nicht ausreichend erreicht und daher wegen ihres Umfangs oder ihrer Wirkung besser auf Unionsebene verwirklicht werden können (Art. 5 Abs. 3 EUV).

Ergänzt wird das Subsidiaritätsprinzip durch den **Grundsatz der Verhältnismäßigkeit** (vgl. Art. 5 Abs. 4 EUV), wonach die Maßnahmen der Union **geeignet** und **erforderlich** zur Erreichung der Ziele der Verträge sein müssen und die auferlegten Belastungen in einem **angemessenen** Verhältnis zu den angestrebten Zielen stehen müssen.

Aufgrund des **Anwendungsvorrangs des Unionsrechts** vor nationalem Recht wird eine dem Unionsrecht widersprechende mitgliedstaatliche Norm zwar nicht nichtig, sie muss aber im konkreten Fall unangewendet bleiben und tritt hinter dem Unionsrecht zurück.

Dem **Grundsatz der Unionstreue** (Art. 4 Abs. 3 EUV) entspringt einerseits die Verpflichtung der Mitgliedstaaten, alle geeigneten Maßnahmen zu treffen, um die Geltung und die Wirksamkeit des Unionsrechts zu gewährleisten. Andererseits besteht die Pflicht der Unionsorgane zur loyalen Zusammenarbeit mit den Mitgliedstaaten.

2. Die Unionsorgane

Literaturhinweise: Allgemeines: *Haratsch, A.:* Der Grundsatz der Gewaltenteilung als rechtsordnungsübergreifender Rechtssatz – Ansätze einer einheitlichen Europäischen Rechtsordnung –, in: Demel, M. u. a. (Hrsg.), Funktionen und Kontrolle der Gewalten, 2001, S. 199; *Hummer, W.:* Das „institutionelle Gleichgewicht" als Strukturdeterminante der Europäischen Gemeinschaften, in: FS für Alfred Verdross, 1980, S. 459; *Hailbronner, K.:* Europa 1992 – Das institutionelle System der EG, JuS 1990, S. 263; *Hatje, A.:* Die institutionelle Reform der Europäischen Union – der Vertrag von Nizza auf dem Prüfstand –, EuR 2001, S. 143; *Isak, H.:* Institutionelle Ausgestaltung der Europäischen Union, in: Hummer, W./Obwexer, W. (Hrsg.), Der Vertrag von Lissabon, 2009, S. 135; *Lange, F.:* Exekutive Rechtssetzung in der Europäischen Union, JuS 2019, S. 759; *Lenaerts, K.:* Some Reflections on the Separation of Powers in the European Community, CMLR 28 (1991), S. 11; *Pache, E./Rösch, F.:* Der Vertrag von Lissabon, NVwZ 2008, S. 473; *Schwarze, J.:* Der Reformvertrag von Lissabon – Wesentliche Elemente des Reformvertrages, EuR 2009, Beiheft 1, S. 9; *Streinz, R./Ohler, Ch./Herrmann, Ch.:* Der Vertrag von Lissabon zur Reform der EU, 3. Aufl. 2010; *Voßkuhle, A./Wischmeyer, Th.:* Die Organe der Europäischen Union, JuS 2018, S. 1184; *Weber, A.:* Vom Verfassungsvertrag zum Vertrag von Lissabon, EuZW 2008, S. 7. **Europäischer Rat:** *Hellmann, V.:* Der Vertrag von Lissabon, 2009, S. 37; *Pahre, H.:* Das Recht des Europäischen Rates, 2008; *Ruffert, M.:* Institutionen, Organe und Kompetenzen – der Abschluss eines Reformprozesses als Gegenstand der Europawissenschaft, EuR 2009, Beiheft 1, S. 31. **Rat:** *Decker, A.:* Die Organe der Europäischen Gemeinschaften und der Europäischen Union, JuS 1995, S. 883, 1072; *Epping, V.:* Grundstrukturen der Europäischen Union, Jura 1995, S. 449; *Götz, V.:* Mehrheitsbeschlüsse des Rates der Europäischen Union, in: FS für Ulrich Everling, 1995, S. 339; *Hilf, M.:* Die Organisationsstruktur der Europäischen Gemeinschaften, 1982; *Mentler, M.:* Der Ausschuss der Ständigen Vertreter bei den Europäischen Gemeinschaften, 1996; *Pini, W.:* Der Ministerrat der Europäischen Union, 1996; *Streinz, R.:* Die Luxemburger Vereinbarung, 1984. **Europäische Kommission:** *Brauneck, J.:* EU-Kommission: Ist die neue Macht der Vizepräsidenten unionsrechtswidrig?, DÖV 2015, S. 904; *Dorsel, Ch.:* Aufgaben und Funktionsweise der Europäischen Kommission, RNotZ 2002, S. 43; *Klösters, A.:* Kompetenzen der EG-Kommission im innerstaatlichen Vollzug von Gemeinschaftsrecht, 1994; *Nass, K. O.:* Eine Institution im Wandel: Die Europäische Kommission, in: FS für Ernst-Joachim Mestmäcker, 1996, S. 411; *Nemitz, P. F.:* Europäische Kommission: Vom Kollegialprinzip zum Präsidialregime?, EuR 1999, S. 678; *Ott, A.:* Die Kontrollfunktion des Europäischen Parlaments gegenüber der Europäischen Kommission,

ZEuS 1999, S. 231; *Sabathil, G./Dietz, W. A./Joos, K./Kessler, B. (Hrsg.):* Das Räderwerk der Europäischen Kommission, 4. Aufl. 2006. **Europäisches Parlament:** *Boehl, H. J.:* Die Reform des europäischen und des deutschen Europawahlrechts – ein Fall des Artikels 23 I 3 GG, ZG 2019, S. 234; *Bröhmer, J.:* Das Europäische Parlament: Echtes Legislativorgan oder bloßes Hilfsorgan im legislativen Prozess?, ZEuS 1999, S. 197; *Fremuth, M. L.:* Demokratie à rebours? – Zur Einführung einer unionsrechtlichen Mindestsperrklausel für die Wahl des Europäischen Parlaments, ZRP 2018, S. 207; *Frenz, W.:* Die Verfassungskonformität der 3-Prozent-Klausel für Europawahlen, NVwZ 2013, S. 1059; *Giegerich, Th.:* Die Verflechtungsfalle des Europawahlrechts: Nationale Ratifikationen des geänderten EU-Direktwahlakts mit obligatorischer Sperrklausel und ihre rechtlichen Hürden, ZEuS 2018, S. 145; *Haratsch, A.:* Das Bundesverfassungsgericht und die Sperrklauseln bei Europawahlen – Europarechtsfreundlichkeit, Unionstreue und der kategorische Imperativ, EuGRZ 2019, S. 177; *Heintzen, M.:* Die Legitimation des Europäischen Parlaments, ZEuS 2000, S. 377; *Lehner, R.:* Die Berücksichtigung der Europawahlen bei der Nominierung des Kommissionspräsidenten nach Art. 17 VII UAbs. 1 S. 1 Hs. 2 EUV: Politikum oder Rechtspflicht? NVwZ 2015, S. 20; *Magiera, S.:* Das Europäische Parlament als Garant demokratischer Legitimation in der Europäischen Union, in: FS für Ulrich Everling, 1995, S. 789; *Meese, J.:* Das Petitionsrecht beim Europäischen Parlament und das Beschwerderecht beim Bürgerbeauftragten der Europäischen Union, 2000; *Nickel, D.:* Wahl- und Kreationsfunktionen des Europäischen Parlaments – unter besonderer Berücksichtigung der Einsetzung der Kommission, EuR 2016, S. 28; *Ott, A.:* Die Kontrollfunktion des Europäischen Parlaments gegenüber der Europäischen Kommission, ZEuS 1999, S. 231; *Ress, G.:* Das Europäische Parlament als Gesetzgeber – Der Blickpunkt der Europäischen Menschenrechtskonvention, ZEuS 1999, S. 219; *Suski, B.:* Das Europäische Parlament – Volksvertretung ohne Volk und Macht?, 1996; *Wernsmann, R.:* Verfassungsfragen der Drei-Prozent-Sperrklausel im Europawahlrecht, JZ 2014, S. 23. **Gerichtshof der Europäischen Union:** *Brandt, K.:* Der Europäische Gerichtshof (EuGH) und das Europäische Gericht erster Instanz (EuG) – Aufbau, Funktionen und Befugnisse, JuS 1994, S. 300; *Everling, U.:* Zur Begründung der Urteile des Gerichtshofs der Europäischen Gemeinschaften, EuR 1994, S. 127; *ders.:* Zur Fortbildung der Gerichtsbarkeit der Europäischen Gemeinschaften durch den Vertrag von Nizza, in: FS für Helmut Steinberger, 2002, S. 1103; *Gundel, J.:* Gemeinschaftsrichter und Generalanwälte als Akteure des Rechtsschutzes im Lichte des gemeinschaftsrechtlichen Rechtsstaatsprinzips, EuR 2008, Beiheft 3, S. 23; *Hirsch, G.:* Der Europäische Gerichtshof – Eine Ansicht von innen, MDR 1999, S. 1; *Kamann, H.-G.:* Das neue gemeinschaftliche Gerichtssystem nach dem Vertrag von Nizza – auf dem Weg zu einer europäischen Fachgerichtsbarkeit, ZEuS 2001, S. 627; *Kirschner, H./Klüpfel, K.:* Das Gericht erster Instanz der Europäischen Gemeinschaften. Aufbau, Zuständigkeiten, Verfahren, 2. Aufl. 1998; *Knauff, M.:* Integration durch Richterrecht – Zur Rolle des Europäischen Gerichtshofes im europäischen Einigungsprozess, JA 2002, S. 719; *Pechstein, M.:* EU-Prozessrecht, 4. Aufl. 2011, Rn. 80–125; *Sack, J.:* Zur künftigen europäischen Gerichtsbarkeit nach Nizza, EuZW 2001, S. 77. **Europäische Zentralbank:** *Beutel, J.:* Differenzierte Integration in der europäischen Wirtschafts- und Währungsunion, 2006; *Borries, R. von:* Die Europäische Zentralbank als Gemeinschaftsinstitution, ZEuS 1999, S. 281; *Gaitanides, C.:* Die Verfassung für Europa und das Europäische System der Zentralbanken, in: FS für Manfred Zuleeg, 2005, S. 550; *Schütz, Ch.:* Die Legitimation der Europäischen Zentralbank zur Rechtsetzung, EuR 2001, S. 291; *Weber, M.:* Das Europäische System der Zentralbanken, WM 1998, S. 1465; *Weinbörner, S.:* Die Stellung der Europäischen Zentralbank (EZB) und der nationalen Zentralbanken in der Wirtschafts-

und Währungsunion nach dem Vertrag von Maastricht, 1998; **Rechnungshof:** *Ehlermann, C.-D.:* Der Europäische Rechnungshof, 1976; *Freytag, M.:* Der Europäische Rechnungshof: Institution, Funktion und politische Wirkung, 2005; *Ries, H. O.:* Die Finanzkontrolle des Europäischen Rechnungshofs und Evaluation, DÖV 1992, S. 293. **Institutionen der Europäischen Union:** *Hasselbach, K.:* Der Ausschuss der Regionen in der Europäischen Union, 1996; *Meyer, B.:* Die europäische Investitionsbank zwischen Markt und Lenkung, 1984; *Theissen, R.:* Der Ausschuss der Regionen (Artikel 198a–c EG-Vertrag), 1996; *Vierlich-Jürcke, K.:* Der Wirtschafts- und Sozialausschuss der Europäischen Gemeinschaften, 1998; *Wiedmann, T.:* Der Ausschuss der Regionen nach dem Vertrag von Amsterdam, EuR 1999, S. 49.

a) Überblick

Eine internationale Organisation verfügt über mindestens ein Organ, das berufen ist, den korporativen Willen der Organisation zu vertreten und die Aufgaben wahrzunehmen, die der Organisation durch den Gründungsvertrag zugewiesen sind. Die Organe der Europäischen Union sind das Europäische Parlament, der Europäische Rat, der Rat, die Europäische Kommission, der Gerichtshof der Europäischen Union, die Europäische Zentralbank und der Rechnungshof (Art. 13 Abs. 1 EUV).

222

Ursprünglich hatten die drei selbstständigen Europäischen Gemeinschaften EGKS, EWG und EAG nach ihren Gründungsverträgen eigenständige Organe: Die EGKS verfügte über einen Ministerrat, eine Hohe Behörde, eine Gemeinsame Versammlung und einen Gerichtshof, die EWG und die EAG über jeweils einen Rat, eine Kommission, eine Versammlung und einen Gerichtshof. Durch das von den Mitgliedstaaten geschlossene Abkommen über gemeinsame Organe für die Europäischen Gemeinschaften vom 25. März 1957[253] wurden die drei Versammlungen der drei Europäischen Gemeinschaften zu einer einzigen Versammlung und die drei Gerichtshöfe zu einem einzigen Gerichtshof fusioniert. Entsprechendes geschah durch den Vertrag zur Einsetzung eines gemeinsamen Rates und einer gemeinsamen Kommission der Europäischen Gemeinschaften vom 8. April 1965[254]. Die drei Räte wurden zu einem Rat, die beiden Kommissionen (EWG und EAG) und die Hohe Behörde (EGKS) zu einer Kommission zusammengefasst.

223

Art. 9 Abs. 1 des Amsterdamer Revisionsvertrags hat das Fusionsabkommen und den Fusionsvertrag aufgehoben. Die wesentlichen Elemente ihrer Bestimmungen wurden jedoch in den Vertrag von Amsterdam übernommen. So sah Art. 9 Abs. 2 Satz 1 des Amsterdamer Vertrags vor, dass die dem Europäischen Parlament, dem Rat, der Kommission, dem Gerichtshof und dem Rechnungshof durch die drei – nach Auflösung der EGKS (Rn. 28 f.) nur noch zwei – Gemein-

224

---

[253] Fusionsabkommen, BGBl. 1957 II S. 1156.
[254] Fusionsvertrag, BGBl. 1965 II S. 1454.

schaftsverträge übertragenen Zuständigkeiten durch gemeinsame Organe unter den in diesen Verträgen vorgesehenen Bedingungen ausgeübt werden sollten.

225 Die Kompetenzen und das Verfahren der Organe ergeben sich nunmehr aus den Bestimmungen des EU- und des AEU-Vertrags. Dabei gilt das Prinzip der begrenzten *organschaftlichen* Einzelermächtigung (Art. 13 Abs. 2 Satz 1 EUV; Rn. 179 ff.). Organhandlungen können demnach nur rechtmäßig sein, wenn sich das betreffende Organ auf eine in den Verträgen genau festgelegte Kompetenz zu stützen vermag. Art. 13 Abs. 2 Satz 2 EUV statuiert ferner – nunmehr ausdrücklich – die Pflicht zur loyalen Zusammenarbeit der Organe.

226 Ebenso wie nach der überkommenen Struktur (vgl. Art. 3 Abs. 1 EUV a. F.) verfügt auch die neu verfasste Europäische Union nach Art. 13 Abs. 1 Satz 1 EUV über einen „institutionellen Rahmen", zu dessen Ausformung die Unionsorgane herangezogen werden. Art. 13 Abs. 1 Satz 1 EUV zufolge soll damit der Zweck verfolgt werden, den „Werten [der Union] Geltung zu verschaffen, ihre Ziele zu verfolgen, ihren Interessen, denen ihrer Bürgerinnen und Bürger und denen der Mitgliedstaaten zu dienen sowie Kohärenz, Effizienz und Kontinuität ihrer Politik und ihrer Maßnahmen sicherzustellen". Der institutionelle Rahmen umspannt einerseits die supranational ausgeformten, im AEU-Vertrag geregelten Unionspolitiken und andererseits die nach wie vor intergouvernemental ausgestaltete Gemeinsame Außen- und Sicherheitspolitik der Union, deren Bestimmungen im EU-Vertrag verblieben sind (Rn. 1433 ff.). Aufgrund der Kompetenzträgerschaft der Unionsstaaten in der GASP handeln die Unionsorgane insoweit entweder als Vertragsorgane oder im Wege der Organleihe für die Mitgliedstaaten (Rn. 72).

b) Institutionelles Gleichgewicht

227 Dem staatsrechtlichen Prinzip der Gewaltenteilung liegt der Gedanke der Begrenzung staatlicher Macht durch gegenseitige Hemmung und Kontrolle einzelner Staatsfunktionen – Gesetzgebung (Legislative), Verwaltung (Exekutive), Rechtsprechung (Judikative) – zugrunde. Doch auch die neu strukturierte Europäische Union ist nicht gewaltenteilig in diesem Sinne organisiert (vgl. auch Rn. 341 ff.).

228 Die organschaftlichen Kompetenzzuweisungen innerhalb der Union weisen die Besonderheit auf, dass Gesetzgebung und Verwaltung nicht jeweils einem einzigen Legislativ- bzw. Exekutivorgan überantwortet, sondern vielmehr auf mehrere Organe verteilt sind. So hat der Rat als (Mit-)Rechtsetzungsorgan zugleich auch exekutive Befugnisse. Die Kommission verfügt neben exekutiven Kompetenzen auch über Rechtsetzungsbefugnisse. Das Europäische Parlament besitzt neben seiner (Mit-)Rechtsetzungskompetenz bestimmte Kontrollfunktionen. Im Gerichtshof der Europäischen Union bündelt sich die rechtsprechende Gewalt der Union. Auf diese Weise schaffen EU- und AEU-Vertrag ein System

der gegenseitigen Kontrolle und des Machtgleichgewichts zwischen den Unionsorganen *("checks and balances")*.

Dieses *institutionelle Gleichgewicht* findet sein Fundament im Prinzip der begrenzten Einzelermächtigung (Art. 13 Abs. 2 Satz 1 EUV). Da die Organe und Institutionen der Union nur nach Maßgabe der Verträge handeln dürfen, sind Kompetenzverschiebungen horizontal, also zwischen den Organen, etwa im Wege der Delegation, aber auch vertikal zwischen der Union und den Mitgliedstaaten ohne Vertragsänderung nur in sehr begrenztem Umfang zulässig. So kann der Kommission etwa allein die Befugnis übertragen werden, Rechtsakte ohne Gesetzescharakter mit allgemeiner Geltung und nur zur Ergänzung oder zur Änderung bestimmter nicht wesentlicher Vorschriften eines bestimmten Gesetzgebungsaktes zu erlassen (Art. 290 Abs. 1 AEUV). Im Hinblick auf die vertikale Kompetenzverteilung bestimmt Art. 291 Abs. 1 AEUV, dass die Durchführung der verbindlichen Rechtsakte der Union primär den Mitgliedstaaten obliegt. Nur falls es einheitlicher Bedingungen für die Durchführung derartiger Rechtsakte bedarf, werden der Kommission oder – in bestimmten Fällen – dem Rat Durchführungsbefugnisse übertragen (Art. 291 Abs. 2 AEUV).

229

c) Europäisches Parlament

Die aus den drei Versammlungen der Europäischen Gemeinschaften hervorgegangene Versammlung nennt sich seit dem 21. März 1958 Europäisches Parlament. Diese Bezeichnung ist durch die Einheitliche Europäische Akte in die Gründungsverträge übernommen worden (Art. 3 und Art. 6 EEA). Das Europäische Parlament ist das einzige Unionsorgan, welches unmittelbar von den Unionsbürgern gewählt und damit legitimiert wird. Mit Inkrafttreten des Vertrags von Lissabon hat das Europäische Parlament eine wesentliche Stärkung seiner Kompetenzen und Stellung in der institutionellen Struktur der Union erfahren.

230

aa) Zusammensetzung und Organisation des Parlaments

Bis 1979 setzte sich das Europäische Parlament aus abgesandten Mitgliedern der nationalen Parlamente zusammen. Mit einem Akt der im Rat vereinigten Vertreter der Regierungen der Mitgliedstaaten (Rn. 265) vom 20. September 1976[255] wurde die Einführung allgemeiner und unmittelbarer Wahlen der Abgeordneten des Parlaments beschlossen. Seit 1979 haben neun Direktwahlen zum Europäischen Parlament stattgefunden, zuletzt im Jahr 2019. Die Dauer der Wahlperiode beträgt fünf Jahre (Art. 14 Abs. 3 EUV).

231

Seit Inkrafttreten des Lissabonner Vertrags setzt sich das Parlament jedoch nicht mehr wie bislang „aus Vertretern der Völker der in der Gemeinschaft zusammengeschlossenen Staaten" (vgl. Art. 189 Abs. 1 Satz 1 EGV a. F.) zusammen,

232

---

[255] ABl.EG 1976 Nr. L 278, S. 1.

sondern aus Vertretern der Unionsbürgerinnen und Unionsbürger. Damit soll ein Schritt hin zu einer unmittelbaren, nicht mehr über die Mitgliedstaaten und ihre Völker vermittelten demokratischen Legitimation der Union gemacht werden. Gleichwohl sind es nach wie vor die Völker der in der Union zusammengeschlossenen Mitgliedstaaten, die das Europäische Parlament in Wahlen legitimieren. Dies verdeutlicht die Sitzverteilung im Europäischen Parlament nach zuvor festgelegten mitgliedstaatlichen Kontingenten.

233 Anders als bisher ist die Sitzverteilung des Parlaments nicht mehr in einem festgelegten Schlüssel ausdrücklich in den Verträgen statuiert. Art. 14 Abs. 2 UAbs. 1 EUV legt nur noch fest, dass ein Mitgliedstaat mindestens sechs, höchstens aber 96 Sitze erhalten kann und die Maximalzahl von 750 Abgeordneten zuzüglich des Parlamentspräsidenten, also 751 nicht überschritten werden darf[256]. Durch den Beitritt Kroatiens hatte sich die Sitzzahl allerdings vorübergehend auf 766 erhöht[257]. Nach der Europawahl 2014 ist die Zahl der Abgeordneten wieder auf 751 reduziert worden. Die konkrete Anzahl der Sitze pro Mitgliedstaat wird nach dem Grundsatz der *degressiven Proportionalität* durch einstimmigen Beschluss des Europäischen Rates festgelegt (Art. 14 Abs. 2 UAbs. 2 EUV). Der Beschluss bedarf der Zustimmung des Europäischen Parlaments. Der Begriff der degressiven Proportionalität ist vom Europäischen Rat definiert worden. Danach muss das Verhältnis zwischen der Bevölkerung und der Zahl von Sitzen jedes Mitgliedstaats vor Auf- oder Abrunden auf ganze Zahlen in Abhängigkeit von seiner jeweiligen Bevölkerung variieren, sodass jedes Mitglied des Europäischen Parlaments aus einem bevölkerungsreicheren Mitgliedstaat mehr Bürger vertritt als jedes Mitglied des Europäischen Parlaments aus einem bevölkerungsärmeren Mitgliedstaat, und umgekehrt, dass je bevölkerungsreicher ein Mitgliedstaat ist, desto höher sein Anspruch auf eine große Zahl von Sitzen im Europäischen Parlament ist[258].

234 Das Parlament bestand gemäß Art. 14 Abs. 2 EUV i. V. m. Art. 3 des Beschlusses 2013/312/EU[259] und Art. 3 Abs. 2 UAbs. 1 des Beschlusses (EU) 2018/937[260] in der Wahlperiode 2019 bis 2024, solange das Vereinigte Königreich noch Mitglied der Europäischen Union war, zunächst aus 751 Abgeordneten. Die Sitzverteilung war wie folgt festgelegt: Deutschland 96 Sitze, Frankreich 74 Sitze, Ita-

---

256 Der Erklärung zur Zusammensetzung des Europäischen Parlaments zufolge wird der zusätzliche, die eigentlich vorgesehene Grenze von 750 Plätzen überschreitende Sitz im Europäischen Parlament Italien zugewiesen, s. Nr. 4 der Erklärungen zu Bestimmungen der Verträge, ABl.EU 2008 Nr. C 115, S. 337. Vgl. dazu *Pache/Rösch*, NVwZ 2008, S. 473, 476.
257 Art. 19 Abs. 1 der Beitrittsakte, ABl.EU 2012 Nr. L 112, S. 21.
258 Vgl. Art. 1 des Beschlusses (EU) 2018/937 des Europäischen Rates v. 28.6.2018 über die Zusammensetzung des Europäischen Parlaments, ABl.EU 2018 Nr. L 165 I, S. 1.
259 Beschluss 2013/312/EU des Europäischen Rates v. 28.7.2013 über die Zusammensetzung des Europäischen Parlaments, ABl.EU 2013 Nr. 181, S. 57.
260 Beschluss (EU) 2018/937 des Europäischen Rates v. 28.6.2018 über die Zusammensetzung des Europäischen Parlaments, ABl.EU 2018 Nr. L 165 I, S. 1.

lien, Vereinigtes Königreich je 73 Sitze, Spanien 54 Sitze, Polen 51 Sitze, Rumänien 32 Sitze, Niederlande 26 Sitze, Belgien, Griechenland, Portugal, Tschechien, Ungarn je 21 Sitze, Schweden 20 Sitze, Österreich 18 Sitze, Bulgarien 17 Sitze, Dänemark, Finnland, Slowakei je 13 Sitze, Irland, Kroatien, Litauen je 11 Sitze, Lettland, Slowenien je 8 Sitze, Estland, Luxemburg, Malta, Zypern je 6 Sitze.

Mit dem „Brexit" (Rn. 40 f., 114 f.) sind die 73 britischen Sitze entfallen. Ein Vorschlag, 27 dieser freiwerdenden Sitze bei den Wahlen im Jahr 2019 über transnationale Listen europaweit besetzen zu lassen, fand im Europäischen Parlament keine Mehrheit. Stattdessen wurden 27 der 73 Sitze auf die übrigen mitgliedstaatlichen Kontingente verteilt. Im Juni 2018 hat der Europäische Rat die Verteilung der Sitze auf die Mitgliedstaaten für die Wahlperiode 2019 bis 2024 nach dem Ausscheiden des Vereinigten Königreichs aus der Europäischen Union festgelegt[261]. Das Parlament besteht nach dem Austritt Großbritanniens aus der Union nur noch aus 705 Abgeordneten. Diese verteilen sich wie folgt: Deutschland 96, Frankreich 79, Italien 76, Spanien 59, Polen 52, Rumänien 33, Niederlande 29, Belgien, Griechenland, Portugal, Schweden, Tschechien, Ungarn je 21, Österreich 19, Bulgarien 17, Dänemark, Finnland, Slowakei je 14, Irland 13, Kroatien 12, Litauen 11, Lettland, Slowenien je 8, Estland 7, Luxemburg, Malta, Zypern je 6. Da Großbritannien aber an den Europawahlen 2019 noch teilgenommen hatte, gelangte die neue Sitzverteilung gemäß Art. 3 Abs. 2 UAbs. 2 des Beschlusses (EU) 2018/937 erst mit dem Wirksamwerden des Austritts Großbritanniens zur Anwendung. Die britischen Abgeordneten haben mit Ablauf des 31. Januar 2020 ihre Mandate verloren; Abgeordnete aus anderen Mitgliedstaaten, denen nach der neuen Sitzverteilung eine größere Anzahl an Sitzen zusteht, sind dann aus den Wahllisten nachgerückt.

Der demokratische Grundsatz der Gleichheit der Wahl, wonach alle Staatsbürger das Wahlrecht zu den Parlamenten in formal gleicher Weise ausüben können und die Stimmen der Wahlberechtigten beim Verhältniswahlsystem nicht nur den gleichen *Zählwert* (jede Stimme zählt „1"), sondern auch den gleichen *Erfolgswert* haben (jede Stimme hat den gleichen Einfluss auf das Wahlergebnis), ist damit auf europäischer Ebene nicht gewährleistet. Entsprechend seinem Bevölkerungsanteil in der Europäischen Union von ca. 16% (ca. 82,7 Mio. von ca. 513 Mio.) müssten in der Legislaturperiode 2019–2024 beispielsweise auf Deutschland im Europäischen Parlament 120 Sitze anstelle der tatsächlich vorhandenen 96 Sitze entfallen. Die Stimmen der in Deutschland wahlberechtigten Unionsbürger haben daher bei Wahlen zum Europäischen Parlament einen geringeren Erfolgswert als jene der Unionsbürger in anderen Mitgliedstaaten. Nimmt man die bevölkerungsmäßig exponiertesten Staaten Deutschland (ca. 82 Mio. Einwohner, 96 Abgeordnete) und Malta (ca. 475 000 Einwohner, 6 Ab-

235

---

261 Art. 3 Abs. 1 des Beschlusses (EU) 2018/937 des Europäischen Rates v. 28.6.2018 über die Zusammensetzung des Europäischen Parlaments, ABl.EU 2018 Nr. L 165 I, S. 1.

geordnete), dann hat die Stimme eines maltesischen Wählers in etwa das zwölffache Gewicht der Stimme eines deutschen Wählers[262].

236 Historisch leitet sich die Wahlrechtsgleichheit aus der politischen Gleichheit aller Staatsbürger ab; die Europäische Union kann sich aber gerade nicht auf ein „europäisches Staatsvolk" stützen[263]. Da weder der Maastrichter noch der Vertrag von Lissabon einen europäischen Staat begründen, ist auch die *Unionsbürgerschaft* (Art. 20 ff. AEUV, Rn. 792 ff.) von anderer Qualität als eine Staatsangehörigkeit. Art. 20 Abs. 1 Satz 3 AEUV bestimmt insoweit deklaratorisch: „Die Unionsbürgerschaft tritt zur nationalen Staatsbürgerschaft hinzu, ersetzt sie aber nicht." Da die Union von den Mitgliedstaaten und nicht von ihren Bürgern getragen wird, stellen auch die Wahlen zum Europäischen Parlament eine Konzession an den völkerrechtlichen Grundsatz der formalen, souveränen Gleichheit der Staaten dar. Das BVerfG hat in seinem *Lissabon*-Urteil bestätigt, dass das Europäische Parlament als „Vertretungsorgan der Völker" in seiner Zusammensetzung nicht den Anforderungen entsprechen muss, die sich auf der staatlichen Ebene aus dem gleichen politischen Wahlrecht aller Bürger ergeben[264].

237 Dementsprechend betont das BVerfG, dass „die Verteilung der Sitze im Europäischen Parlament nach einem sog. ponderierten Schlüssel (...) ein Kompromiss [ist]. (...) Zugleich ist die Europäische Union aber als Staatenverbund mehr als die Summe der einzelnen Mitgliedstaaten – dem trägt die Berücksichtigung der unterschiedlichen Einwohnerzahlen der Mitgliedstaaten Rechnung"[265]. Gleichwohl bleibt diese Relativierung des demokratischen Prinzips eine Schwachstelle der Legitimation der europäischen Hoheitsgewalt. Dies gilt besonders im Hinblick auf Art. 2 EUV: „Die Werte, *auf die sich die Union gründet,* sind Achtung der Menschenwürde, Freiheit, *Demokratie,* (...)". Da die parlamentarische Demokratie eine gleiche Repräsentation aller Wahlbürger durch gleiche Wahlen voraussetzt, müssen sich die Unionsstaaten als „Herren der Verträge" langfristig entscheiden, ob sie das demokratische Prinzip ernsthaft in der Union verwirklichen oder weiterhin die „Gleichheit der souveränen Staaten" gegen das Demokratieprinzip ins Feld führen wollen. Die gravierende Relativierung des demokratischen Prinzips durch die Verteilung der Sitze im Europäischen Parlament nach dem (noch immer) geltenden ponderierten Schlüssel verträgt sich jedenfalls kaum mit dem nach Art. 2 EUV postulierten Demokratiefundament der Union.

238 Anders als beispielsweise in der deutschen Verfassung (Art. 38 Abs. 1 Satz 1 GG) fehlt der Grundsatz der Gleichheit der Wahl in der Aufzählung der Wahlrechtsgrundsätze des Art. 14 Abs. 3 EUV. Vielmehr wird er mit der Maßgabe des Art. 14 Abs. 2 UAbs. 1 Satz 3 EUV, nach welcher „die Bürgerinnen und Bürger (...) im Europäischen Parlament *degressiv proportional* (...) vertreten [sind]",

---

262 Vgl. BVerfGE 123, 267, 373 ff. – *Lissabon.*
263 BVerfGE 89, 155, 188 – *Maastricht;* BVerfG, NJW 1995, S. 2216.
264 BVerfGE 123, 267, 368 – *Lissabon.*
265 BVerfG, NJW 1995, S. 2216.

ausdrücklich ausgeschlossen. Dem Europäischen Rat und dem Parlament wird bei der künftigen Festlegung des Verteilungsschlüssels anheimgestellt, eine vom Grundsatz der Wahlrechtsgleichheit abweichende degressiv proportionale Repräsentation herzustellen. Es handelt sich dabei um „obrigkeitlich verordnete" Repräsentationsverhältnisse zwischen den mitgliedstaatlichen Bevölkerungen.

Bis zur Schaffung eines einheitlichen europäischen Wahlverfahrens (vgl. Art. 223 Abs. 1 AEUV) gilt bei den Wahlen zum Europäischen Parlament das jeweilige Wahlrecht der Mitgliedstaaten (Art. 7 Abs. 2 Direktwahlakt)[266]. Der AEU-Vertrag enthält in Art. 223 Abs. 1 nur Vorgaben für künftige einheitliche Regelungen über das Wahlverfahren bei Europawahlen. Danach erstellt das Europäische Parlament einen Entwurf entweder über ein einheitliches Wahlverfahren oder über ein lediglich auf gemeinsamen Grundsätzen der Mitgliedstaaten beruhendes – gleichwohl je nach Mitgliedstaat unterschiedliches – Wahlverfahren. Erste Ansätze eines einheitlichen Wahlverfahrens enthält der Beschluss des Rates vom 25. Juni 2002 und 23. September 2002 zur Änderung des Direktwahlakts[267]. Danach sind die Mitglieder des Europäischen Parlaments in jedem Mitgliedstaat nach dem Verhältniswahlsystem auf der Grundlage von Listen oder von übertragbaren Einzelstimmen zu wählen (Art. 1 Abs. 1 Direktwahlakt/2002). Die Mitgliedstaaten können dabei Vorzugsstimmen auf der Grundlage von Listen nach den von ihnen festgelegten Modalitäten zulassen (Art. 1 Abs. 2 Direktwahlakt/2002). Die Mitgliedstaaten sind im Übrigen frei, das Wahlverfahren nach eigenen Regeln zu gestalten. Die innerstaatlichen Vorschriften, die gegebenenfalls den Besonderheiten in den Mitgliedstaaten Rechnung tragen können, dürfen das Verhältniswahlsystem insgesamt jedoch nicht in Frage stellen (Art. 8 Direktwahlakt/2002).

239

In Deutschland bestimmt sich das Verfahren bei Wahlen zum Europäischen Parlament nach dem Europawahlgesetz (EuWG) vom 8. März 1994[268]. Aufgrund der Unionsbürgerschaft und der dazu ergangenen Durchführungsrichtlinie vom 6. Dezember 1993[269] sind sowohl deutsche Staatsangehörige wahlberechtigt und wählbar (aktives und passives Wahlrecht) als auch die Staatsangehörigen der übrigen Mitgliedstaaten der Union (Unionsbürger), die in Deutschland einen Wohnsitz haben (Art. 22 Abs. 2 AEUV; § 6b EuWG).

240

Nach § 1 Abs. 1 EuWG werden die 96 von Deutschland entsandten Parlamentarier in allgemeiner, unmittelbarer, freier, gleicher und geheimer Wahl gewählt. Das Gebot der Wahlgleichheit beschränkt sich dabei auf die Ausfüllung des deutschen Sitzkontingentes und erstreckt sich nicht – wie in einer parlamentarischen Demokratie vorausgesetzt – auf die Gesamtheit der Parlamentssitze. Nach Art. 3 Direktwahlakt/2002 können die Mitgliedstaaten allerdings für die Sitzvergabe

241

---

266 Vgl. EuGH, Rs. C-145/04, Slg. 2006, S. I-7917, Rn. 67, 78 f. – *Spanien/Vereinigtes Königreich*.
267 ABl.EG 2002 Nr. L 283, S. 1.
268 BGBl. 1994 I S. 424; zul. geänd. BGBl. 2013 I S. 3749.
269 ABl.EG 1993 Nr. L 329, S. 34.

landesweite Schwellen von bis zu 5% der abgegebenen Stimmen festlegen. Von dieser Möglichkeit hatte der deutsche Gesetzgeber in §2 Abs. 7 EuWG Gebrauch gemacht. Hatte das BVerfG eine 5%-Sperrklausel im Zuge der ersten Direktwahl des Europaparlaments im Jahr 1979 noch für verfassungsgemäß gehalten[270], sieht es in seiner derzeitigen Rechtsprechung darin jedoch einen Verstoß gegen den Grundsatz der Gleichheit der Wahl aus Art. 3 Abs. 1 GG und den Grundsatz der Chancengleichheit der politischen Parteien gemäß Art. 21 Abs. 1 i.V. m. Art. 3 Abs. 1 GG[271]. Das Vorliegen zwingender Gründe, die eine Abweichung von der Wahlrechtsgleichheit, hier in Form der Erfolgswertgleichheit der abgegebenen Stimmen, rechtfertigen könnten, verneint das BVerfG[272]. Insbesondere die Funktionsfähigkeit des Europaparlaments sei bei einer Berücksichtigung auch kleiner Parteien bei der Sitzverteilung nicht gefährdet. Die ursprüngliche Einschätzung des deutschen Gesetzgebers habe sich insoweit als irrig erwiesen[273]. Im Europäischen Parlament waren nach der Europawahl des Jahres 2009 mehr als 160 Parteien vertreten. Hätte die 5%-Klausel in Deutschland nicht gegolten, wären weitere sieben Parteien vertreten gewesen. Diese besondere Struktur des Europaparlaments, das zudem keine Unionsregierung zu wählen habe, die auf eine fortlaufende parlamentarische Unterstützung angewiesen sei[274], sowie die erhebliche Integrationskraft der Fraktionen im Parlament[275] (vgl. Rn. 244) lassen nach Auffassung des BVerfG die Funktionsfähigkeit des Europaparlaments auch bei Wegfall der deutschen 5%-Sperrklausel weitgehend unberührt.

242 Während das BVerfG zwar bei der Zahl der im Parlament vertretenen Parteien eine europaweite Perspektive wählt, verengt es den Blick bei den Auswirkungen des Wegfalls der 5%-Sperrklausel jedoch ausdrücklich auf die nationale Ebene[276]. Da zahlreiche andere Mitgliedstaaten in ihrem jeweiligen Europawahlrecht ihrerseits Sperrklauseln kennen, hätte bei der Folgenabschätzung jedoch ebenfalls eine europaweite Gesamtbetrachtung angestellt werden müssen. Würden auch Sperrklauseln in anderen Mitgliedstaaten – in Anlehnung an die Rechtsprechung des BVerfG – fallen, könnte die Zersplitterung des Europaparlaments deutlich gravierender ausfallen und seine Funktionsfähigkeit in Frage stellen. Dies verkennt das BVerfG[277].

243 Aufgrund der Verfassungswidrigkeit der deutschen 5%-Sperrklausel hat das BVerfG §2 Abs. 7 EuWG für nichtig erklärt. Eine Neuwahl der deutschen Abgeordneten hat es gleichwohl nicht angeordnet, da der Bestandsschutz des ge-

---

270 BVerfGE 51, 222, 233.
271 BVerfGE 129, 300.
272 BVerfGE 129, 300, 320 ff.
273 BVerfGE 129, 300, 321 f.
274 BVerfGE 129, 300, 336.
275 BVerfGE 129, 300, 327.
276 BVerfGE 129, 300, 326.
277 Kritisch etwa *Haratsch*, EuGRZ 2019, S. 177 ff.

wählten Parlaments die Schwere des Wahlfehlers überwiegt. Eine Neuwahl in Deutschland hätte sich störend auf die laufende Arbeit des Europäischen Parlaments, insbesondere auf die Zusammenarbeit der Abgeordneten in den Fraktionen und Ausschüssen ausgewirkt[278]. Im Oktober 2013 hat der deutsche Gesetzgeber auf das Urteil des BVerfG reagiert und eine 3%-Sperrklausel erlassen[279]. Nachdem das BVerfG auch die 3%-Sperrklausel für verfassungswidrig erklärt hatte[280], setzen Bemühungen ein, auf europäischer Ebene eine Änderung des Direktwahlakts zu erreichen, um auf diesem Weg die Wiedereinführung einer Sperrklausel zu ermöglichen. Im Juli 2018 hat sich der Rat auf eine entsprechende Reform des Direktwahlakts geeinigt. Vorgesehen ist, dass nationale Sperrklauseln, die zwischen 2% und 5% liegen sollen, in den Mitgliedstaaten eingeführt werden müssen, die über mehr als 35 Sitze im Europäischen Parlament verfügen[281]. Die Änderung des Direktwahlakts, die sich auf Art. 223 Abs. 1 AEUV stützt, bedarf, um in Kraft zu treten, gemäß Art. 223 Abs. 1 UAbs. 2 AEUV der Zustimmung durch die Mitgliedstaaten im Einklang mit ihren jeweiligen verfassungsrechtlichen Vorschriften. Gelten soll die neue Regelung allerdings erst für die Wahl, die der ersten Wahl nach dem Inkrafttreten der Änderung folgt[282].

Im Parlament selbst haben sich die Abgeordneten, die der gleichen politischen Gruppierung angehören, zu Fraktionen zusammengeschlossen (vgl. Art. 30 bis Art. 34 der Geschäftsordnung des Europäischen Parlaments[283]). Gegenwärtig gibt es sieben Fraktionen: die Fraktion der Europäischen Volkspartei (Christdemokraten), die Fraktion der Progressiven Allianz der Sozialdemokraten im Europäischen Parlament, die Renew Europe Group, die Fraktion der Grünen/Freie Europäische Allianz, die Fraktion Identität und Demokratie, die Fraktion der Europäischen Konservativen und Reformer sowie die Konföderale Fraktion der Vereinigten Europäischen Linken/Nordische Grüne Linke. Daneben gibt es auch eine Reihe fraktionsloser Abgeordneter. Die Entscheidungen des Parlaments werden in der Regel in Ausschüssen vorbereitet, bei deren Besetzung die Fraktionen und die Mitgliedstaaten proportional berücksichtigt werden. Derzeit gibt es 20 ständige Ausschüsse (vgl. zu den Ausschüssen im Einzelnen Art. 183 bis Art. 200 GeschO EP und Anlage VII zur GeschO EP). Das Parlament hat auch das Recht, nichtständige Sonderausschüsse zu bestimmten Problemkreisen einzusetzen. Daneben kann das Parlament nichtständige Untersuchungsausschüsse einsetzen. Dies war etwa geschehen für den sog. BSE-

244

---

278 BVerfGE 129, 300, 343 ff.
279 BGBl. 2013 I S. 3749; hierzu *Wernsmann*, JZ 2014, S. 23 ff.; *Frenz*, NVwZ 2013, S. 1059 ff.
280 BVerfGE 135, 259, 280 ff.
281 Vgl. Art. 1 Nr. 2 des Beschlusses (EU, Euratom) 2018/994 des Rates v. 13.7.2018 zur Änderung dem Beschluss 76/787/EGKS, EWG, Euratom des Rates v. 20.9.1976 beigefügten Akts zur Einführung allgemeiner unmittelbarer Wahlen der Mitglieder des Europäischen Parlaments, ABl.EU 2018 L 178/1.
282 Vgl. die Neuregelung in Art. 3 Abs. 3 DWA; dazu *Haratsch*, EuGRZ 2019, S. 177, 183 ff.
283 ABl.EU 2011 Nr. L 116, S. 1.

Skandal[284]. Das Parlament wählt aus seiner Mitte einen Präsidenten und ein Präsidium (Art. 14 Abs. 4 EUV; Art. 12 bis Art. 29 GeschO EP) und wird durch einen vom Präsidium ernannten Generalsekretär unterstützt (Art. 207 GeschO EP).

245 Das Europäische Parlament hat seinen Sitz in Straßburg, wo es die monatlich stattfindenden Plenartagungen einschließlich der Haushaltstagung abhält. Zusätzliche Plenartagungen finden in Brüssel statt. Dort treten auch die Ausschüsse des Parlaments zusammen. Das Generalsekretariat des Europäischen Parlaments sowie dessen Dienststellen befinden sich – weiterhin – in Luxemburg[285]. Von der Festlegung auf zwölf monatlich stattfindende Plenartagungen (Art. 133 Abs. 3 GeschO EP) kann sich das Parlament nicht durch internen Organisationsbeschluss oder abweichende Festlegung in seiner Geschäftsordnung lösen[286].

bb) Aufgaben des Parlaments

246 Das Europäische Parlament übt die Befugnisse aus, die ihm nach dem EU- und dem AEU-Vertrag zustehen *(Prinzip der begrenzten Einzelermächtigung;* vgl. Rn. 178 ff.). Im Gegensatz zu nationalen Parlamenten hat es keine Befugnis, über seine Zuständigkeiten selbst zu entscheiden (organschaftliche Kompetenz-Kompetenz). Seine wesentliche Aufgabe liegt nach Art. 14 Abs. 1 Satz 1 EUV darin, gemeinsam mit dem Rat als Gesetzgeber der Union tätig zu werden. Auch nach dem Vertrag von Lissabon hat das Parlament – von wenigen Ausnahmen abgesehen[287] – kein Initiativrecht im Hinblick auf Gesetzgebungsakte, wie dies den nationalen Parlamenten regelmäßig zusteht. Es kann allerdings die mit einem Initiativmonopol ausgestattete Kommission unverbindlich auffordern, geeignete Vorschläge zu Fragen zu unterbreiten, die nach seiner Auffassung die Ausarbeitung eines Unionsakts zur Durchführung der Verträge erfordern (Art. 225 Satz 1 AEUV). In einer interinstitutionellen Vereinbarung sind das Parlament und die Kommission 2010 übereingekommen, dass die Kommission nach Aufforderung durch das Parlament binnen zwölf Monaten einen Gesetzesvorschlag vorlegen muss, es sei denn, sie begründet innerhalb von drei Monaten, warum sie dies nicht tut[288]. Seit dem Inkrafttreten des Vertrags von Lissabon steht dem Europäischen Parlament ein Initiativrecht im Hinblick auf Änderung der Verträge sowohl nach dem ordentlichen wie auch nach dem vereinfachten Änderungsverfahren zu (Art. 48 Abs. 2 Satz 1, Abs. 6 UAbs. 1 EUV). Eine Reihe von Vorschriften der Verträge sieht darüber hinaus vor, dass ein Rechtsakt der

---

284 ABl.EG 1996 Nr. C 239, S. 1.
285 Vgl. Art. 341 AEUV i. V. m. lit. a Protokoll Nr. 6 zum Vertrag von Lissabon über die Festlegung der Sitze der Organe und bestimmter Einrichtungen, sonstiger Stellen und Dienststellen der Europäischen Union, ABl.EU 2008 Nr. C 115, S. 265.
286 EuGH, Rs. C-345/95, Slg. 1997, S. I-5215, Rn. 13 ff. – *Frankreich/Parlament;* EuGH, verb. Rs. C-237/11 u. C-238/11, ECLI:EU:C:2012:796, Rn. 48 ff. – *Frankreich/Parlament.*
287 Vgl. etwa Art. 223 Abs. 1 AEUV.
288 ABl.EU 2010 Nr. C 341 E, S. 1.

Union erst „nach Anhörung des Europäischen Parlaments" ergehen kann (z. B. Art. 192 Abs. 2 AEUV). Nach seiner Anhörung gibt das Parlament regelmäßig eine nicht bindende Stellungnahme ab. Neben dieser obligatorischen Anhörung hat sich in der Praxis die Übung entwickelt, das Parlament auch in nicht vorgeschriebenen Fällen, also fakultativ, zu hören.

In einigen Fällen verlangt das Primärrecht jedoch nicht nur die Anhörung, sondern auch die Zustimmung des Europäischen Parlaments, so etwa beim Beitritt neuer Mitgliedstaaten (Art. 49 Abs. 1 Satz 3 EUV), bei der Assoziierung der Union mit dritten Staaten und internationalen Organisationen (Art. 217 i. V. m. Art. 218 Abs. 6 UAbs. 2 lit. a Nr. i AEUV) sowie beim Abschluss der in Art. 218 Abs. 6 UAbs. 2 lit. a AEUV genannten sonstigen Übereinkommen. 247

Bereits durch das mit dem Maastrichter Vertrag geschaffene und durch den Vertrag von Amsterdam modifizierte Mitentscheidungsverfahren (Art. 251 EGV a. F.) waren die Rechte des Parlaments bei der Rechtsetzung ausgeweitet worden. Der Vertrag von Amsterdam hatte den Anwendungsbereich des Mitentscheidungsverfahrens, in dem Rechtsakte von Rat und Parlament gemeinsam erlassen wurden, auf nahezu alle Fälle ausgedehnt, in denen der EG-Vertrag zuvor das Verfahren der Zusammenarbeit (Art. 252 EGV a. F.) vorgeschrieben hatte. Das Mitentscheidungsverfahren war somit schon vor Inkrafttreten des Vertrags von Lissabon das reguläre Rechtsetzungsverfahren der (früheren) Europäischen Gemeinschaft. Art. 289 Abs. 1 AEUV bestimmt ausdrücklich, dass das Mitentscheidungsverfahren – nunmehr allerdings in leicht modifizierter Form des *ordentlichen Gesetzgebungsverfahrens* (Art. 294 AEUV; Rn. 347 ff.) – auch künftig das Hauptrechtsetzungsverfahren der Union darstellt. In einigen Fällen sieht das primäre Unionsrecht nunmehr auch den Erlass von Gesetzgebungsakten in *besonderen Gesetzgebungsverfahren* vor (Art. 289 Abs. 2 AEUV). Dabei kann ein Gesetzgebungsakt sogar durch das Parlament unter Beteiligung des Rates erlassen werden (Art. 223 Abs. 2, Art. 226 Abs. 3, Art. 228 Abs. 4 AEUV). Eine rechtsetzende Funktion kommt dem Europäischen Parlament nach Art. 14 Abs. 1 Satz 1 EUV i. V. m. Art. 314 AEUV auch im Haushaltsbereich zu. Das Parlament legt zusammen mit dem Rat den *Jahreshaushaltsplan* der Europäischen Union fest. 248

Schon vor Inkrafttreten des Vertrags von Lissabon hatten die Befugnisse des Europäischen Parlaments ausgereicht, den Europäischen Gerichtshof für Menschenrechte in der *Matthews*-Entscheidung dazu zu bewegen, das Europäische Parlament als „gesetzgebende Körperschaft" im Sinne von Art. 3 des 1. Zusatzprotokolls zur Europäischen Menschenrechtskonvention zu charakterisieren[289]. Seit Inkrafttreten des Vertrags von Lissabon fungiert das Parlament nach Art. 14 Abs. 1 Satz 1 EUV ausdrücklich als „Gesetzgeber" gemeinsam mit dem Rat. 249

Die Einordnung des Parlaments als Mitgesetzgeber allein bedeutet jedoch nicht, dass damit eine wesentliche Stärkung seiner demokratischen Legitimation verbunden wäre. Das Maß demokratischer Legitimation des Parlaments ist viel- 250

---

[289] EGMR, EuGRZ 1999, S. 200, 203 f. – *Matthews*.

mehr abhängig von einem demokratisch ausgestalteten Wahlverfahren und der Wahlrechtsgleichheit, nicht von der vermehrten Zuweisung von Befugnissen. Auch der EGMR hat die, auch nach Inkrafttreten des Vertrags von Lissabon noch bestehende, defizitäre demokratische Legitimation des Parlaments erkannt, wenn er ausführt, sie beruhe auf „unmittelbarer allgemeiner Wahl", nicht aber auf gleicher Wahl. Vorsichtig formuliert der EGMR weiter, das Parlament sei derjenige Bestandteil in der Europäischen Gemeinschaftsstruktur, der dem Bemühen, wirksame politische Demokratie sicherzustellen, dennoch am meisten entspreche[290].

251 Die *Legitimitätsvermittlungsfunktion* für die anderen Organe und Institutionen der Europäischen Union ist im Wesentlichen bei den nationalen Parlamenten verblieben. Weder die Mitglieder des Rates noch die der Kommission werden vom Parlament gewählt. Allerdings bedarf es seit Inkrafttreten des Vertrags von Lissabon für die Benennung des Kommissionspräsidenten nicht mehr nur der Zustimmung des Europäischen Parlaments; es ist nunmehr Aufgabe des Europäischen Parlaments, auf Vorschlag des Europäischen Rates den *Präsidenten der Kommission zu wählen* (Art. 14 Abs. 1 Satz 3 und Art. 17 Abs. 7 Satz 1 EUV). Zudem bedarf es vor der Ernennung der Kommission – bestehend aus dem Präsidenten, dem Hohen Vertreter für Außen- und Sicherheitspolitik und den übrigen Mitgliedern – der Zustimmung des Europäischen Parlaments (Art. 17 Abs. 7 UAbs. 3 EUV). Vor der Ernennung der Mitglieder des Rechnungshofs (Art. 286 Abs. 2 Satz 2 AEUV) und des Direktoriums der Europäischen Zentralbank (EZB, Art. 283 Abs. 2 UAbs. 2 AEUV) ist das Parlament lediglich zu hören.

252 Daneben kommt dem Europäischen Parlament gem. Art. 14 Abs. 1 Satz 2 EUV auch eine *Kontrollfunktion* zu. Wichtigstes Instrument ist diesbezüglich die Möglichkeit eines Misstrauensvotums gegen die Kommission. Art. 234 Abs. 2 Satz 1 AEUV bestimmt, dass ein Misstrauensantrag erfolgreich ist, wenn er vom Parlament mit der Mehrheit von zwei Dritteln der abgegebenen Stimmen und mit der Mehrheit der Mitglieder des Europäischen Parlaments angenommen wird. Die Mitglieder der Kommission müssen dann geschlossen ihr Amt niederlegen, führen die laufenden Geschäfte jedoch bis zur Ernennung ihrer Nachfolger weiter. Eine Kontrolle der Tätigkeit der Kommission erfolgt auch durch das Interpellationsrecht (Fragerecht) des Europäischen Parlaments (Art. 230 Abs. 3 AEUV). Der AEU-Vertrag räumt dem Parlament weiterhin die Möglichkeit ein, nichtständige Untersuchungsausschüsse einzusetzen, die behauptete Verstöße gegen das Unionsrecht oder Missstände bei der Anwendung des Unionsrechts prüfen (Art. 226 Abs. 1 AEUV). Die Einzelheiten der Ausübung des Untersuchungsrechts des Europäischen Parlaments haben Rat, Kommission und Parlament gemäß Art. 226 Abs. 3 AEUV in einer interinstitutionellen Vereinbarung (Rn. 426) im gegenseitigen Einvernehmen beschlossen[291].

---

290 EGMR, EuGRZ 1999, S. 200, 204 – *Matthews*.
291 ABl.EG 1995 Nr. L 113, S. 1.

Zudem hat jeder Unionsbürger das Recht, eine Petition an das Europäische Parlament zu richten (Art. 24 Abs. 2 i. V. m. Art. 227 AEUV). Alle Unionsbürger sowie alle sonstigen juristischen und natürlichen Personen mit Wohnort oder satzungsmäßigem Sitz in einem Mitgliedstaat können sich mit Beschwerden auch an den Bürgerbeauftragten des Europäischen Parlaments wenden (Art. 24 Abs. 3 i. V. m. Art. 228 AEUV). Bürgerbeauftragte ist seit 2013 die Irin *Emily O'Reilly*[292]. Schließlich besitzt das Parlament auch ein vertraglich verankertes Klagerecht vor dem Gerichtshof der Europäischen Union gegen Maßnahmen von Kommission, Rat und EZB (Art. 263 Abs. 2 und Art. 265 Abs. 1 AEUV). 253

cc) Beschlussfassung

Das Parlament fasst seine Beschlüsse, soweit die Verträge nichts anderes bestimmen, mit der Mehrheit der abgegebenen Stimmen (vgl. Art. 231 Abs. 1 AEUV). Abweichende Regelungen finden sich etwa in Art. 294 Abs. 7 lit. b und lit. c AEUV und in Art. 49 Abs. 1 Satz 3 EUV, welche die absolute Mehrheit der Mitglieder (also mindestens 376 Stimmen bei einem Parlament mit 751 Sitzen bzw. 353 Stimmen bei 705 Sitzen) vorschreiben. Das Misstrauensvotum gegen die Kommission bedarf einer besonders qualifizierten Mehrheit von zwei Dritteln der abgegebenen Stimmen, die mindestens die Mehrheit der Mitglieder des Parlaments ausmachen müssen (Art. 234 Abs. 2 Satz 1 AEUV). Eine besonders qualifizierte Mehrheit ist auch im Haushaltsverfahren im Rahmen der Entscheidung nach Art. 314 Abs. 7 lit. d AEUV vorgesehen. 254

Die Abgeordneten des Europäischen Parlaments stimmen einzeln und persönlich ab, wobei sie weder an Aufträge noch an Weisungen gebunden sind (Art. 6 Abs. 1 Direktwahlakt/2002; vgl. auch Art. 2 und 164 GeschO EP). Ihre besondere Stellung wird durch Art. 7 bis Art. 9 des Protokolls über die Vorrechte und Befreiungen der Europäischen Union[293] noch verstärkt. 255

d) Europäischer Rat

Ausweislich des mit dem Vertrag von Lissabon einhergehenden weitgehenden Abbaus intergouvernementaler Strukturen ist es konsequent, dass nunmehr auch der Europäische Rat als formal eigenständiges Organ der Union fungiert (Art. 13 Abs. 1 UAbs. 2 EUV). Sowohl seine Zusammensetzung als auch sein Aufgabenbereich werden in Art. 15 EUV geregelt; Einzelheiten zu der Beschlussfassung des Europäischen Rates finden sich in Art. 235 und Art. 236 AEUV. Nicht zu verwechseln ist der Europäische Rat mit dem Rat der Union (Rn. 265 ff.). 256

---

292 ABl.EU 2013 Nr. L 193, S. 17; ABl.EU 2014 Nr. L 369, S. 70.
293 ABl.EU 2008 Nr. C 115, S. 267 f.

aa) Zusammensetzung und Organisation des Europäischen Rates

257 Nach Art. 15 Abs. 2 Satz 1 EUV besteht der Europäische Rat nun nicht mehr allein aus den Staats- und Regierungschefs der Mitgliedstaaten und dem Präsidenten der Kommission, sondern wird nach dem Vertrag von Lissabon um einen ständigen Präsidenten des Europäischen Rates erweitert. Darüber hinaus nimmt auch der Hohe Vertreter der Union für Außen- und Sicherheitspolitik (Rn. 301 ff.) an den Arbeiten teil, ohne jedoch selbst Mitglied dieses Organs zu sein. Sofern dies die Tagesordnung erfordert, können die Mitglieder des Europäischen Rates außerdem beschließen, sich jeweils von einem Minister bei einer Tagung unterstützen zu lassen. Ebenso kann sich der Kommissionspräsident von einem Kommissionsmitglied unterstützen lassen (Art. 15 Abs. 3 Satz 2 EUV). Die Einzelheiten zum Ablauf der Tagungen des Europäischen Rates hat dieser in seiner Geschäftsordnung gemäß Art. 235 Abs. 3 AEUV festgelegt[294].

258 Während die Position des Vorsitzenden des Europäischen Rates bislang – parallel zur Ratspräsidentschaft – in einem halbjährlichen Turnus rotiert hatte, wird nunmehr ein hauptamtlicher Präsident des Europäischen Rates gewählt, welcher gemäß Art. 15 Abs. 6 UAbs. 3 EUV neben dieser Funktion kein einzelstaatliches Amt ausüben darf. Seit dem 1. Dezember 2019 bekleidet *Charles Michel* das Amt des Ratspräsidenten[295]. Der Präsident des Europäischen Rates wird vom Europäischen Rat mit qualifizierter Mehrheit (vgl. Art. 235 Abs. 1 AEUV) für eine Amtszeit von zweieinhalb Jahren gewählt (Art. 15 Abs. 5 EUV). Es besteht die Möglichkeit einer einmaligen Wiederwahl. Mit der Einführung des Präsidentenamtes wird das Ziel verfolgt, eine längerfristige Planung zu ermöglichen und mehr Kontinuität und Effizienz in der Handlungsweise der Union zu schaffen. Der Ratspräsident sitzt auch vorübergehend den im Oktober 2011 neu eingeführten, zweimal jährlich stattfindenden Treffen der Euroländer vor, die der Strategieentwicklung im Hinblick auf die Wirtschafts- und Haushaltspolitik dienen sollen.

259 Der Aufgabenbereich des Präsidenten des Europäischen Rates wird hauptsächlich von Art. 15 Abs. 6 EUV umschrieben. Neben der Einberufung des Europäischen Rates (Art. 15 Abs. 3 Satz 1 Hs. 2 EUV) obliegt ihm demnach in funktionaler Hinsicht der Vorsitz bei dessen Arbeiten und, sofern die entsprechenden Befugnisse nicht bei dem Hohen Vertreter für Außen- und Sicherheitspolitik liegen, die Außenvertretung der Union in Angelegenheiten der GASP (Art. 15 Abs. 6 UAbs. 2 EUV). Infolge der umfangreichen Kompetenzen des Hohen Vertreters (vgl. Art. 18 Abs. 2 EUV) sind die Befugnisse des Präsidenten des Europäischen Rates bezüglich des letztgenannten Aufgabenbereichs allerdings nur begrenzt[296]. Inhaltlich ist es Aufgabe des Präsidenten, den Arbeiten des Euro-

---

[294] Vgl. Geschäftsordnung des Europäischen Rates v. 1.12.2009, ABl.EU 2009 Nr. L 315, S. 51.
[295] ABl.EU 2019 Nr. L 179 I, S. 1.
[296] So auch *Hatje*, NJW 2008, S. 1761, 1763; *Pache/Pösch*, NVwZ 2008, S. 473, 476; *Weber*, EuZW 2008, S. 7, 9.

päischen Rates Impulse zu geben (Art. 15 Abs. 6 UAbs. 1 lit. a EUV), zusammen mit dem Kommissionspräsidenten für die Vorbereitung und die Kontinuität der Arbeiten des Organs zu sorgen (Art. 15 Abs. 6 UAbs. 1 lit. b EUV) und darauf hinzuwirken, dass Zusammenhalt und Konsens im Europäischen Rat gefördert werden (Art. 15 Abs. 6 UAbs. 1 lit. c EUV). Im Anschluss an jede Tagung des Gremiums hat der Präsident des Europäischen Rates dem Europäischen Parlament schließlich gemäß Art. 15 Abs. 6 UAbs. 1 lit. d EUV einen Bericht über die jeweiligen Ergebnisse vorzulegen.

Wie dies bereits in der Vergangenheit jedenfalls in der Praxis üblich war, tritt der Europäische Rat gem. Art. 15 Abs. 3 Satz 1 Hs. 1 EUV zweimal halbjährlich zusammen, sog. „EU-Gipfel". Sofern es die (politische) Lage erfordert, kann der Präsident des Europäischen Rates darüber hinaus auch eine außerordentliche Tagung, einen sog. „Sondergipfel" einberufen.

bb) Aufgaben des Europäischen Rates

Zentrale Aufgabe des Europäischen Rates ist es, der Union die für ihre Entwicklung erforderlichen Impulse zu geben und die allgemeinen politischen Zielvorstellungen und Prioritäten hierfür festzulegen (Art. 15 Abs. 1 Satz 1 EUV). Damit verbleibt dem Europäischen Rat – nunmehr allerdings auch terminologisch korrekt – primär seine bisherige Rolle als politisches Leitorgan der EU.

Im Rahmen des vereinfachten Änderungsverfahrens kann dem Europäischen Rat nach Art. 48 Abs. 6 und Abs. 7 EUV zudem die Stellung eines vertragsändernden Gesetzgebers zukommen, da er im Zusammenwirken mit dem Europäischen Parlament und den Mitgliedstaaten anstelle der bisherigen Regierungskonferenz über bestimmte Änderungen des EU-Vertrags und des AEU-Vertrags entscheiden kann (vgl. Rn. 96 ff.). Im Zusammenspiel mit dem Europäischen Parlament obliegt es dem Europäischen Rat außerdem festzustellen, dass ein Mitgliedstaat die Werte, auf die sich die Union gründet (Art. 2 EUV), schwerwiegend und anhaltend verletzt (Art. 7 Abs. 2 EUV). In den Fällen der Art. 48 Abs. 2, Art. 82 Abs. 3 sowie Art. 83 Abs. 3 AEUV kommt dem Europäischen Rat ferner eine „Revisionsfunktion" zu. Danach kann ein Mitgliedstaat, welcher der Auffassung ist, dass der Entwurf einer Richtlinie auf den entsprechenden Gebieten wesentliche nationale Aspekte des jeweiligen Sachgebiets berühren würde, beantragen, dass der Europäische Rat befasst wird. Schließlich hat der Europäische Rat fundamentalen Einfluss auf die personelle Besetzung anderer Unionsorgane. Er schlägt einen Kandidaten für das Amt des Kommissionspräsidenten vor (Art. 17 Abs. 7 UAbs. 1 Satz 1 EUV), ernennt – mit Zustimmung des Kommissionspräsidenten – den Hohen Vertreter der Union für Außen- und Sicherheitspolitik (Art. 18 Abs. 1 Satz 1 EUV) und wählt und ernennt den Präsidenten, den Vizepräsidenten sowie die weiteren Mitglieder des Direktoriums der Europäischen Zentralbank (Art. 283 Abs. 2 UAbs. 2 AEUV).

cc) Beschlussfassung

263 Seine Befugnisse übt der Europäische Rat im Regelfall in Form von Beschlüssen und nicht mehr im Wege von Empfehlungen aus. Da Art. 15 Abs. 1 Satz 2 EUV gesetzgeberisches Tätigwerden des Europäischen Rates ausschließt, stellen die Beschlüsse des Europäischen Rates keine im ordentlichen Gesetzgebungsverfahren zustande gekommenen Gesetzgebungsakte dar (Art. 289 Abs. 3 AEUV). Soweit sie allerdings gegenüber Dritten Rechtswirkung entfalten, unterliegen sie der Kontrolle des Gerichtshofs der Europäischen Union (Art. 263 Abs. 1 AEUV).

264 Gemäß Art. 15 Abs. 4 EUV fasst der Europäische Rat seine Beschlüsse grundsätzlich im Konsensverfahren. Abzugrenzen ist dieses Verfahren von einem einstimmigen Beschluss. Während es für einen einstimmig zu fassenden Beschluss der positiven Zustimmung der Vertreter der Mitgliedstaaten bedarf, wobei Stimmenthaltungen eine Beschlussfassung allerdings nicht verhindern (Art. 235 Abs. 1 UAbs. 3 AEUV), wird ein im Wege des Konsensverfahrens zu fassender Beschluss bereits angenommen, wenn ausdrückliche Gegenstimmen fehlen[297]. Nötigenfalls werden die Verhandlungen so lange weitergeführt, bis kein Mitglied des Europäischen Rates mehr Einspruch erhebt[298]; förmliche Abstimmungen finden somit nicht statt. Das Konsensprinzip findet gem. Art. 15 Abs. 4 EUV allerdings nur dann Anwendung, soweit nicht in den Verträgen etwas anderes festgelegt ist. Mit qualifizierter Mehrheit entscheidet der Europäische Rat etwa darüber, wer als Kandidat für das Amt des Kommissionspräsidenten vorgeschlagen wird (Art. 17 Abs. 7 Satz 1 EUV). Ferner ernennt er mit qualifizierter Mehrheit den Hohen Vertreter der Union für Außen- und Sicherheitspolitik (Art. 18 Abs. 1 Satz 1 EUV). Entscheidet der Europäische Rat mit qualifizierter Mehrheit, gelten gemäß Art. 235 Abs. 1 UAbs. 2 Satz 1 AEUV die Bestimmungen des Art. 16 Abs. 4 EUV sowie des Art. 238 Abs. 2 AEUV, also die gleichen Regelungen wie für die Abstimmungen des Rates. Mit einfacher Mehrheit entscheidet der Europäische Rat beispielsweise in Fällen des Art. 48 Abs. 3 Satz 1 EUV, über Verfahrensfragen oder über den Erlass seiner Geschäftsordnung[299] (Art. 235 Abs. 3 AEUV). Der Präsident des Europäischen Rates und der Präsident der Kommission sind von den Abstimmungen im Europäischen Rat ausdrücklich ausgeschlossen (Art. 235 Abs. 1 UAbs. 2 Satz 2 AEUV).

e) Rat

265 Der Rat ist streng zu unterscheiden vom „Europäischen Rat" (Art. 15 EUV; Rn. 256 ff.), vom „Europarat" (Rn. 43 ff.) und von den im „Rat vereinigten Ver-

---

[297] S. nur *Heintschel v. Heinegg*, in: K. Ipsen (Hrsg.), Völkerrecht, 7. Aufl. 2018, § 13, Rn. 13.
[298] Vgl. *Streinz/Ohler/Herrmann*, Der Vertrag von Lissabon zur Reform der EU, S. 62.
[299] ABl.EU 2009 Nr. L 315, S. 51.

tretern der Regierungen der Mitgliedstaaten". Die im Rat vereinigten Vertreter der Regierungen der Mitgliedstaaten können anlässlich einer Ratstagung als Ministerkonferenz zusammentreten. Bei ihren Beschlüssen handelt es sich um völkerrechtliche Vereinbarungen zwischen den Mitgliedstaaten. Derartige Beschlüsse sind in einigen Bestimmungen des AEU-Vertrags ausdrücklich vorgesehen: z. B. Art. 253 Abs. 1; Art. 254 Abs. 2 Satz 2; Art. 341 AEUV.

aa) Zusammensetzung und Organisation des Rates

Der Rat besteht aus je einem Vertreter jedes Mitgliedstaates auf Ministerebene, der befugt sein muss, für die Regierung des Mitgliedstaates verbindlich zu handeln und das Stimmrecht auszuüben (Art. 16 Abs. 2 EUV). Die Anzahl der Ratsmitglieder entspricht somit immer der Anzahl der Mitgliedstaaten der Europäischen Union. Mit dem Austritt Großbritanniens (Rn. 40 f., 114 f.) verringert sich somit die Zahl der Ratsmitglieder. Ursprünglich setzte sich der Rat zwingend aus Mitgliedern der (Zentral-)Regierungen der Mitgliedstaaten zusammen. Aufgrund der durch den Maastrichter Vertrag bewirkten Änderung des damaligen EG-Vertrags genügt seitdem ein Vertreter auf Ministerebene, so dass die Bundesrepublik Deutschland anstelle eines Bundesministers auch einen Minister einer Landesregierung entsenden kann (Art. 23 Abs. 6 GG, Rn. 150). Gewohnheitsrechtlich können auch Staatssekretäre im Rat mit vollem Stimmrecht auftreten.

Der Rat konnte bereits nach alter Rechtslage in verschiedener Zusammensetzung in mehreren Sitzungen gleichzeitig tagen und sich dabei mit unterschiedlichen Materien parallel befassen. Wie schon im Verfassungsvertrag vorgesehen, sind nun mit dem Rat *„Allgemeine Angelegenheiten"* sowie dem Rat *„Auswärtige Angelegenheiten"* auch ausdrücklich verschiedene Ratsformationen (Art. 16 Abs. 6 EUV) eingeführt worden. Weitere Ratsformationen können durch Beschluss des Europäischen Rates festgelegt werden (Art. 16 Abs. 6 UAbs. 1 EUV i. V. m. Art. 236 lit. a AEUV). Dies zeichnet zwar die bislang geübte Praxis nach, gibt aber gleichwohl die bisherige Einheit des Organs auf. Da der Europäische Rat von seiner Kompetenz zur Festlegung weiterer Formationen noch nicht in vollständiger Weise Gebrauch gemacht hat, kommt Art. 4 des Lissabonner Protokolls Nr. 36 über die Übergangsbestimmungen[300] zur Anwendung. Danach kann der Rat „Allgemeine Angelegenheiten" bis zu einer Regelung durch den Europäischen Rat die Liste der verschiedenen Zusammensetzungen des Rates mit einfacher Mehrheit beschließen. Durch Beschluss vom 1. Dezember 2009[301] hat der Rat sich auf insgesamt zehn Ratszusammensetzungen geeinigt. Der Europäische Rat hat in der Folge lediglich zwei Formationsbezeichnungen geändert[302]. Der-

---

300 ABl.EU 2012 Nr. C 326, S. 322.
301 ABl.EU 2009 Nr. L 315, S. 46.
302 Beschluss 2010/594/EU des Europäischen Rates v. 16.9.2010 zur Änderung der Liste der Zusammensetzungen des Rates, ABl.EU 2010 Nr. L 263, S. 12.

zeit bestehen folgende Ratsformationen: 1. Allgemeine Angelegenheiten, 2. Auswärtige Angelegenheiten, 3. Wirtschaft und Finanzen (einschließlich Haushalt), 4. Justiz und Inneres (einschließlich Katastrophenschutz), 5. Beschäftigung, Sozialpolitik, Gesundheit und Verbraucherschutz, 6. Wettbewerbsfähigkeit (Binnenmarkt, Industrie, Forschung und Raumfahrt; einschließlich Tourismus), 7. Verkehr, Telekommunikation und Energie, 8. Landwirtschaft und Fischerei, 9. Umwelt und 10. Bildung, Jugend, Kultur und Sport (einschließlich audiovisueller Bereich).

268 Die im Rat vereinigten Vertreter der Regierungen der Mitgliedstaaten haben mit einem völkerrechtlichen Beschluss Brüssel als Sitz des Rates festgelegt. In den Monaten April, Juni und Oktober hält der Rat seine Tagungen jedoch in Luxemburg ab (Art. 341 AEUV i. V. m. lit. b des Protokolls über die Festlegung der Sitze der Organe und bestimmter Einrichtungen, sonstiger Stellen und Dienststellen der Europäischen Union[303]).

269 Den Vorsitz im Rat „Auswärtige Angelegenheiten" führt der Hohe Vertreter der Union für Außen- und Sicherheitspolitik (Art. 18 Abs. 3, Art. 27 Abs. 1 EUV, vgl. Rn. 301 ff.). Der Vorsitz im Rat in allen anderen Zusammensetzungen wird von den Vertretern der Mitgliedstaaten nach einem System der gleichberechtigten Rotation wahrgenommen. Die Abfolge der Mitgliedstaaten wird gemäß Art. 16 Abs. 9 EUV vom Rat im Rahmen der Bedingungen bestimmt, die der Europäische Rat auf der Grundlage von Art. 236 lit. b AEUV mit qualifizierter Mehrheit festlegt. Auf dieser Grundlage hat der Europäische Rat durch den Beschluss 2009/881/EU vom 1.12.2009[304] eine Regelung bezüglich des Vorsitzes im Rat getroffen. Danach wird der Vorsitz im Rat von zuvor festgelegten Gruppen von drei Mitgliedstaaten für einen Zeitraum von jeweils 18 Monaten wahrgenommen, mit Ausnahme des Rates in der Zusammensetzung „Auswärtige Angelegenheiten". Bei der Besetzung dieser Gruppen muss das System der gleichberechtigten Rotation ebenso berücksichtigt werden wie die Verschiedenheit der Mitgliedstaaten und das geografische Gleichgewicht innerhalb der Europäischen Union. Eine konkrete Festlegung der Reihenfolge des Vorsitzes und die Einteilung der Dreiergruppen hat der Europäische Rat nicht getroffen. Diese Entscheidungen hat er gemäß Art. 4 des Beschlusses 2009/881/EU dem Rat übertragen. Mit Beschluss vom 26. Juli 2016 hat der Rat die entsprechenden Festlegungen bis zum Ende des Jahres 2030 vorgenommen[305]. Jedes Mitglied einer Dreiergruppe hat den Ratsvorsitz für einen Zeitraum von sechs Monaten inne. Die anderen Mitglieder der jeweiligen Gruppe unterstützen den Vorsitz auf

---

303 ABl.EU 2008 Nr. C 115, S. 265.
304 Beschluss 2009/881/EU des Europäischen Rates v. 1.12.2009 über die Ausübung des Vorsitzes im Rat, ABl.EU 2009 Nr. L 315, S. 50.
305 Beschluss (EU) 2016/1316 des Rates vom 26.7.2016 zur Änderung des Beschlusses 2009/908/EU des Rates vom 1.12.2009 zur Festlegung von Maßnahmen für die Durchführung des Beschlusses des Europäischen Rates über die Ausübung des Vorsitzes im Rat und über den Vorsitz in den Vorbereitungsgremien des Rates, ABl.EU 2016 Nr. L 208, S. 42.

VI. Institutionelle Struktur der Europäischen Union **131**

Grundlage eines gemeinsamen Programms bei all seinen Aufgaben. Mit dieser Regelung wird der Arbeit des Rates mehr Kontinuität verliehen und gewährleistet, dass auch längerfristige, die Periode des Vorsitzes eines Mitgliedstaates überdauernde Projekte nach einheitlichen programmatischen Grundsätzen fortgeführt werden. Der Rat hat die Reihenfolge des Vorsitzes bis Ende 2030 wie folgt festgelegt[306]: 2020: Kroatien, Deutschland; 2021: Portugal, Slowenien; 2022: Frankreich, Tschechien; 2023: Schweden, Spanien; 2024: Belgien, Ungarn; 2025: Polen, Dänemark; 2026: Zypern, Irland; 2027: Litauen, Griechenland; 2028: Italien, Lettland; 2029: Luxemburg, Niederlande; 2030: Slowakei, Malta. Aufgrund seines bevorstehenden Austritts aus der Europäischen Union ist Großbritannien bei Festlegung des Vorsitzes nicht mehr berücksichtigt worden.

Dem Rat untersteht ein Generalsekretariat, das die Ratssitzungen vorbereitet (Art. 240 Abs. 2 AEUV; Art. 23 der Geschäftsordnung des Rates[307]). Ein Ausschuss der Ständigen Vertreter (AStV) der Regierungen der Mitgliedstaaten hat die Aufgabe, die Arbeiten des Rates vorzubereiten und die ihm übertragenen Aufträge auszuführen (Art. 16 Abs. 7 EUV, Art. 240 Abs. 1 AEUV). Die für diesen Ausschuss – neben „AStV" – häufig gebrauchte Abkürzung „COREPER" steht für die französische Bezeichnung „Comité des représentants permanents". Der AStV hat insbesondere die Aufgabe, soweit wie möglich bereits Einigkeit zwischen den Mitgliedstaaten herzustellen. Gelingt dies, so werden die entsprechenden „A-Punkte" der Tagesordnung vom Rat ohne Aussprache genehmigt. Der Rat verhandelt selbst nur noch über die im AStV strittig gebliebenen „B-Punkte"[308].

Gemäß Art. 16 Abs. 8 Satz 1 EUV tagt der Rat öffentlich, wenn er über Entwürfe zu Gesetzgebungsakten berät und abstimmt. Während sich diese Praxis zuvor (allein) aus der Geschäftsordnung des Rates ergab (vgl. Art. 8 GeschO des Rates), ist sie nunmehr eine primärrechtlich verankerte Pflicht. Damit wird dem mit dem Vertrag von Lissabon angestrebten Ziel, Handlungen und Entscheidungen der Union transparenter zu gestalten, normativ Rechnung getragen. Ratstagungen werden daher Art. 16 Abs. 8 Satz 2 EUV zufolge zweigeteilt: Ein Teil dient den öffentlich stattfindenden Beratungen über Gesetzgebungsakte der Union; der andere Teil ist den nicht die Gesetzgebung betreffenden Tätigkeiten gewidmet und findet – im Umkehrschluss – nicht öffentlich statt[309].

---

306 Beschluss 2009/908/EU; ABl.EU 2009 Nr. L 322, S. 28; geänd. durch Beschluss (EU) 2016/1316 des Rates v. 26.7.2016, ABl.EU 2016 Nr. L 208 S. 42.
307 ABl.EU 2009 Nr. L 325, S. 35.
308 Vgl. dazu *Haratsch,* in: Pechstein/Nowak/Häde (Hrsg.), Frankfurter Kommentar EUV/GRC/AEUV, Art. 240 AEUV Rn. 3 ff.
309 *Haratsch,* in: Pechstein/Nowak/Häde (Hrsg.), Frankfurter Kommentar EUV/GRC/AEUV, Art. 16 EUV Rn. 42 ff.

bb) Aufgaben des Rates

272 Der Rat ist gem. Art. 16 Abs. 1 Satz 1 EUV eines der beiden Hauptrechtsetzungsorgane der Europäischen Union. Im Regelfall ist er – gemeinsam mit dem Europäischen Parlament – zuständig für den Erlass von Verordnungen, Richtlinien und Beschlüssen. Hierdurch wirken die Mitgliedstaaten, welche die Union gegründet haben, als deren Träger dauerhaft und dominant an ihrer Fortentwicklung mit. Dergestalt wird ihre *Partizipation an der Union* verwirklicht, wohingegen ihre *Subordination unter die Union* im Anwendungsvorrang des Unionsrechts vor jedem nationalen Recht ihren Ausdruck findet (Rn. 202 ff.).

273 Zudem hat der Rat die Aufgabe, die politische Leitung und Koordination der Union zu übernehmen und so die Tätigkeit der Kommission und der Regierungen der Mitgliedstaaten aufeinander abzustimmen (Art. 16 Abs. 1 Satz 2 EUV). Mit dem Europäischen Rat und dem Rat sind somit zwei Unionsorgane formal beauftragt, politisch richtungsweisend tätig zu werden. Während der Europäische Rat indes die „allgemeinen politischen Zielvorgaben" festlegt (vgl. Art. 15 Abs. 1 Satz 1 EUV), kommt dem Rat infolge der Möglichkeit, spezielle Ausschüsse einzurichten, insbesondere eine fachspezifische Leitungs- und Koordinationskompetenz zu[310]. Konkret bestimmt etwa Art. 16 Abs. 6 UAbs. 2 Satz 1 EUV, dass der Rat als Rat „Allgemeine Angelegenheiten" für die Kohärenz der Arbeiten des Rates in seinen verschiedenen Zusammensetzungen zu sorgen hat. Als Rat „Auswärtige Angelegenheiten" hat er das auswärtige Handeln der Union entsprechend den strategischen Vorgaben des Europäischen Rates zu gestalten und für kohärentes Handeln der Union zu sorgen (Art. 16 Abs. 6 UAbs. 3 EUV). Überdies übt der Rat nach Art. 16 Abs. 1 Satz 1 EUV zusammen mit dem Europäischen Parlament Haushaltsbefugnisse aus. Eine weitere Aufgabe kommt dem Rat im Bereich der Außenbeziehungen der Union zu. Er ist insoweit zuständig für den Abschluss von Übereinkünften der Europäischen Union mit Drittländern oder internationalen Organisationen. Er erteilt die Ermächtigung zur Aufnahme von Verhandlungen, legt Verhandlungsrichtlinien fest, genehmigt die Unterzeichnung und schließt die Übereinkünfte (Art. 218 Abs. 2 AEUV). Seit dem Inkrafttreten des Vertrags von Lissabon wird die Kommission nicht mehr wie zuvor vom Rat mit qualifizierter Mehrheit ernannt. Der Rat hat nunmehr lediglich die Aufgabe, im Einvernehmen mit dem gewählten Kommissionspräsidenten, die Liste jener Persönlichkeiten anzunehmen, die er als weitere Mitglieder der Kommission vorschlägt (Art. 17 Abs. 7 UAbs. 2 Satz 1 EUV). Der Rat ernennt jedoch weiterhin die Mitglieder des Wirtschafts- und Sozialausschusses (Art. 302 Abs. 1 Satz 2 AEUV, Rn. 331 f.), des Ausschusses der Regionen (Art. 305 Abs. 3 Satz 3 AEUV; Rn. 334 ff.) und des Rechnungshofs (Art. 286 Abs. 2 Satz 2 AEUV; Rn. 328 f.). Schließlich setzt der Rat die Gehälter, Vergütungen und Ruhegehälter für den Präsidenten des Europäischen Rates, den Präsi-

---

310 Vgl. auch *Streinz/Ohler/Herrmann*, Der Vertrag von Lissabon zur Reform der EU, S. 66.

denten der Kommission, den Hohen Vertreter der Union für Außen- und Sicherheitspolitik, die Mitglieder der Kommission, die Präsidenten, die Mitglieder und die Kanzler des Gerichtshofs der EU sowie den Generalsekretär des Rates fest (Art. 243 Satz 1 AEUV).

cc) Beschlussfassung

Beschlüsse werden im Rat, soweit in den Verträgen nichts anderes festgelegt ist, mit *qualifizierter* – und nicht mehr nur mit einfacher – *Mehrheit* der Mitglieder gefasst (Art. 16 Abs. 3 EUV). Bedarf es für einen Beschluss dennoch nur der einfachen Mehrheit, beschließt der Rat mit der Mehrheit der Mitglieder (Art. 238 Abs. 1 AEUV). In einigen Fällen schreibt der Vertrag darüber hinaus ausdrücklich Einstimmigkeit vor[311]. 274

(α) Beschlussfassung mit qualifizierter Mehrheit

Wie bereits bei den Verhandlungen über den endgültigen Text des Verfassungsvertrages war auch bei den Verhandlungen über den Vertrag von Lissabon der politisch am heftigsten umstrittene Punkt in der Regierungskonferenz die *Definition der qualifizierten und doppelt qualifizierten Mehrheit* bei Abstimmungen im Rat. Der letztlich gefundene Kompromiss hatte drei zeitliche Phasen vorgesehen[312]. In der nunmehr dritten Stufe, die am 1. April 2017 begonnen hat, ist vorgeschrieben, dass jeder Mitgliedstaat über eine Stimme verfügt. Als qualifiziert gilt gemäß Art. 16 Abs. 4 UAbs. 1 EUV eine doppelte Mehrheit, also eine Mehrheit von mindestens 55 % der Mitglieder des Rates, gebildet aus mindestens 15 Mitgliedern, die zugleich zusammen mindestens 65 % der Bevölkerung der Union vertreten müssen (Art. 16 Abs. 4 UAbs. 1 EUV). Diese Regelung gilt, wie sich aus einem Umkehrschluss zu Art. 238 Abs. 2 AEUV ergibt, aber nur, wenn ein Ratsbeschluss entweder auf Vorschlag der Kommission oder des Hohen Vertreters der Union für Außen- und Sicherheitspolitik ergeht. Das Quorum von 15 Mitgliedern, die mindestens 55 % der Mitglieder des Rates ausmachen müssen, hat derzeit keine eigenständige Bedeutung mehr, da bei 27 Mitgliedstaaten das erforderliche 55 %-Quorum ohnehin erst mit der Zustimmung von 15 Ratsmitgliedern erreicht wird. 275

Ist eine Beschlussfassung mit qualifizierter Mehrheit vorgeschrieben, ergeht ein Ratsbeschluss jedoch nicht auf Vorschlag der Kommission oder des Hohen Vertreters der Union für Außen- und Sicherheitspolitik, muss eine *besonders qualifizierte Mehrheit* erreicht werden. Als besonders qualifiziert gilt gemäß Art. 238 Abs. 2 EUV eine Mehrheit von mindestens 72 % der Mitglieder des Rates, die zugleich zusammen mindestens 65 % der Bevölkerung der Union vertre- 276

---

311 Vgl. z. B. Art. 24 Abs. 1 UAbs. 2 Satz 2, Art. 31 Abs. 1 UAbs. 1 Satz 1 EUV; Art. 86 Abs. 1 UAbs. 1 Satz 2, Art. 87 Abs. 3 UAbs. 1 Satz 2, Art. 89 Satz 2; Art. 115 AEUV.
312 Vgl. dazu die Vorauflage *Haratsch/Koenig/Pechstein*, 11. Aufl. 2018, Rn. 269 ff.

ten müssen. Das 72%-Quorum wird bei 27 Mitgliedstaaten erreicht, wenn 20 Ratsmitglieder einer Beschlussvorlage zustimmen. Die bei einer doppelt qualifizierten Mehrheit erhöhten Anforderungen erklären sich damit, dass in diesen Fällen keine Vorprüfung des Rechtsaktes durch ein dem Unionsinteresse besonders verpflichtetes Organ (Kommission oder Hoher Vertreter der Union für die Außen- und Sicherheitspolitik) stattgefunden hat[313].

277 Für die Berechnung des Bevölkerungsquorums ist jeweils die im Anhang III der Geschäftsordnung des Rates zu finden Aufstellung der Bevölkerungszahlen der Mitgliedstaaten heranzuziehen[314]. Nach diesen Daten wäre es möglich, dass drei große Mitgliedstaaten, die gemeinsam mehr als 35 % der Bevölkerung der Europäischen Union repräsentieren, das Zustandekommen eines Ratsbeschlusses mit qualifizierter Mehrheit verhindern könnten. Um diese Schwelle anzuheben und damit das Blockadepotential der großen Mitgliedstaaten zu verringern, sieht Art. 16 Abs. 4 UAbs. 2 EUV vor, dass für das Erreichen einer Sperrminorität mindestens vier Ratsmitglieder erforderlich sind. Ein Beschluss kommt daher auch dann zustande, wenn drei Mitgliedstaaten, die zusammen mehr als 35 % der Gesamtbevölkerung der Union repräsentieren, nicht für einen Beschluss stimmen, obwohl in einem solchen Fall das Bevölkerungsquorum von 65 % an sich verfehlt wird.

278 Um den polnischen Widerstand gegen diese Abstimmungsregeln zu überwinden, hat die Regierungskonferenz dem Vertrag von Lissabon eine Erklärung beigefügt[315] wonach der Rat einen Beschluss über die Anwendung von Art. 16 Abs. 4 EUV und Art. 238 Abs. 2 AEUV zu fassen und anzunehmen hatte. Dieser Beschluss ist gemeinsam mit dem Vertrag von Lissabon in Kraft getreten[316]. Danach wird in Anlehnung an die Kompromisse von Luxemburg[317] und von Ioannina[318] zum Zwecke eines verstärkten Minderheitenschutzes eine Pflicht zur Neuverhandlung im Rat unter bestimmten Voraussetzungen festgeschrieben. Gemäß dem sogenannten „Ioannina-Mechanismus"[319], der inhaltlich an den

---

313 *Obwexer*, in: Streinz (Hrsg.), EUV/AEUV, Art. 238 AEUV Rn. 16.
314 Beschluss (EU, Euratom) 2019/2209 des Rates v. 16.12.2019 zur Änderung seiner Geschäftsordnung, ABl.EU 2019 Nr. L 332, S. 152.
315 Erklärung Nr. 7 zu Artikel 16 Abs. 4 des Vertrags über die Europäische Union und zu Artikel 238 Abs. 2 des Vertrags über die Arbeitsweise der Europäischen Union, ABl.EU 2008 Nr. C 115, S. 338.
316 Beschluss 2009/857/EU v. 13.12.2007 über die Anwendung des Artikels 16 Absatz 4 des Vertrags über die Europäische Union und des Artikels 238 Absatz 2 des Vertrags über die Arbeitsweise der Europäischen Union zwischen dem 1.11.2014 und dem 31.3.2017 einerseits und ab dem 1.4.2017 andererseits, ABl.EU 2009 Nr. L 314, S. 73.
317 Text abgedruckt in: EuR 1966, S. 73 ff.
318 Beschluss 94/C 105/01 des Rates v. 29.3.1994 über die Beschlussfassung mit qualifizierter Mehrheit, ABl.EG 1994 Nr. C 105, S. 1; dazu *Calliess*, S. 135.
319 Vgl. *Breier*, in: Lenz/Borchardt (Hrsg.), EU-Verträge, Art. 16 EUV Rn. 18; *Epping*, in: Vedder/Heintschel v. Heinegg (Hrsg.), Europäisches Unionsrecht, Art. 16 EUV Rn. 27; *Hix*, in: Schwarze/Becker/Hatje/Schoo (Hrsg.), EU-Kommentar, Art. 16 EUV Rn. 31; ähnlich *Calliess*, in: Calliess/Ruffert (Hrsg.), EUV/AEUV, Art. 16 EUV Rn. 20.

Kompromiss von Ioannina aus dem Jahr 1994 erinnert, hat der Rat nach Art. 2 des Beschlusses 2009/857/EU „alles in seiner Macht Stehende zu tun, um innerhalb einer angemessenen Zeit und unbeschadet der durch das Unionsrecht vorgegebenen Fristen eine zufriedenstellende Lösung" für die von den jeweiligen Mitgliedern vorgebrachten Anliegen zu finden. Eine solche Neuverhandlungspflicht besteht gemäß Art. 4 des Beschlusses 2009/857/EU, wenn Mitglieder des Rates, die mindestens 55 % der Sperrminoritätsbevölkerung von 35,1 %, also mindestens 19,3 % der Bevölkerung der Union vertreten oder die mindestens 55 % der für eine Sperrminorität erforderlichen Anzahl von Mitgliedstaaten bilden, also derzeit acht Mitgliedstaaten, die Annahme eines Rechtsakts ablehnen, der mit qualifizierter oder besonders qualifizierter Mehrheit zu fassen ist.

Mit dem „Ioannina-Mechanismus" wird der frühere sogenannte „Luxemburger Kompromiss" vom 29. Januar 1966 endgültig bedeutungslos[320]. Mit ihm hatten sich die Mitgliedstaaten über die im Vertragstext damals ausdrücklich vorgesehenen Fälle einer einstimmigen Beschlussfassung hinaus darauf geeinigt, sich in Fragen, bei denen „sehr wichtige Interessen eines oder mehrerer Partner" auf dem Spiel stehen, zu bemühen, zu Lösungen zu gelangen, die von allen Mitgliedern des Rates angenommen werden können[321]. Problematisch ist, dass für den Erlass des Beschlusses 2009/857/EU keine Rechtsgrundlage in den Verträgen zu finden ist. Teilweise wird vertreten, es handele sich um einen Rechtsakt, den der Rat aufgrund seines Selbstorganisationsrechts erlassen durfte[322]. Dagegen spricht allerdings, dass es sich um eine vom Primärrecht abweichende Regelung handelt, die sekundärrechtlich nicht rechtswirksam getroffen werden kann. 279

(β) Einstimmige Beschlussfassung

Soweit nicht Einstimmigkeit vorgeschrieben ist, kann der Rat in bestimmten Fällen auch im Rahmen der *GASP* Beschlüsse lediglich mit qualifizierter Mehrheit fassen (vgl. Art. 31 Abs. 2, Abs. 3 EUV; dazu Rn. 376). 280

Einstimmigkeit bedeutet demgegenüber die Zustimmung aller Mitglieder, wobei die Stimmenthaltung dem Zustandekommen eines Beschlusses nicht entgegensteht (Art. 238 Abs. 4 AEUV). Ein einstimmiger Beschluss käme also auch zustande, wenn allein z. B. Luxemburg dafür stimmte und alle übrigen Mitgliedstaaten sich im Rat der Stimme enthielten. In der GASP besteht unter bestimmten Umständen die besondere Möglichkeit der *konstruktiven Enthaltung* gemäß Art. 31 Abs. 1 UAbs. 2 EUV, bei der keine Bindungswirkung für den sich der Stimme enthaltenden Staat entsteht. 281

---

320 *Calliess*, in: Calliess/Ruffert (Hrsg.), EUV/AEUV, Art. 16 EUV Rn. 26; *Haratsch*, in: Pechstein/Nowak/Häde (Hrsg.), Frankfurter Kommentar EUV/GRC/AEUV, Art. 238 AEUV Rn. 30.
321 Vgl. dazu eingehend *Wedemeyer*, S. 123 ff.; *Streinz*, Die Luxemburger Vereinbarung, S. 1 ff.
322 So *Obwexer*, in: Streinz (Hrsg.), EUV/AEUV, Art. 16 EUV Rn. 51.

f) Europäische Kommission

282 Die Europäische Kommission hat ihren Sitz in Brüssel, einige Dienststellen sind jedoch in Luxemburg untergebracht (Art. 341 AEUV i. V. m. lit. c des Protokolls Nr. 6 über die Festlegung der Sitze der Organe und bestimmter Einrichtungen, sonstiger Stellen und Dienststellen der Europäischen Union[323]).

aa) Zusammensetzung und Organisation der Kommission

283 Die Kommissionsmitglieder werden aufgrund ihrer allgemeinen Befähigung und – seit dem Vertrag von Lissabon – auch aufgrund ihres Einsatzes für Europa ausgewählt. Diese Persönlichkeiten müssen zugleich volle Gewähr für ihre Unabhängigkeit bieten (Art. 17 Abs. 3 UAbs. 2 EUV). Anders als die Mitglieder des Rates sind die Kommissionsmitglieder weisungsunabhängig. Sie dürfen Weisungen von einer Regierung, einem Organ, einer Einrichtung oder jeder anderen Stelle weder einholen noch entgegennehmen (Art. 17 Abs. 3 UAbs. 3 Satz 2 EUV). Ferner haben sie jede Handlung zu unterlassen, die mit ihren Aufgaben unvereinbar ist (Art. 17 Abs. 3 UAbs. 3 Satz 3 EUV; Art. 245 Abs. 1 Satz 1 AEUV). Zugleich dürfen auch die Mitgliedstaaten ihrerseits nicht versuchen, die Kommissionsmitglieder bei der Erfüllung ihrer Aufgaben zu beeinflussen. Außerdem dürfen die Mitglieder der Kommission während ihrer Amtszeit keine andere entgeltliche oder unentgeltliche Berufstätigkeit ausüben (Art. 245 Abs. 2 Satz 1 AEUV).

284 Bis zum Inkrafttreten des Vertrags von Lissabon war vorgesehen, dass die Zahl der Kommissionsmitglieder der Anzahl der Mitgliedstaaten zu entsprechen hatte. Angesichts der gestiegenen Zahl von Mitgliedstaaten strebte der Vertrag von Lissabon an sich eine Reduzierung der Anzahl der Kommissionsmitglieder an, um die Arbeits- und Funktionsfähigkeit des Organs zu erhöhen. Ab dem 1. November 2014 sollte die Kommission daher eigentlich gemäß Art. 17 Abs. 5 UAbs. 1 EUV, einschließlich des Präsidenten und des Hohen Vertreters der Union für Außen- und Sicherheitspolitik, aus einer Anzahl von Mitgliedern bestehen, die zwei Dritteln der Zahl der Mitgliedstaaten entspricht. Bei 27 Mitgliedstaaten wären dies 18 Kommissare. Da in dieser Konstellation nicht jeder Mitgliedstaat ein Kommissionsmitglied stellt, sieht Art. 17 Abs. 5 UAbs. 2 Satz 1 EUV vor, dass die Kommissionsmitglieder unter den Staatsangehörigen der Mitgliedstaaten in einem System der strikt gleichberechtigten Rotation zwischen den Mitgliedstaaten so ausgewählt werden, dass das demografische und geografische Spektrum der Gesamtheit der Mitgliedstaaten zum Ausdruck kommt. Dieses System soll vom Europäischen Rat auf der Grundlage von Art. 244 AEUV und nach dessen inhaltlichen Vorgaben einstimmig beschlossen werden (Art. 17 Abs. 5 UAbs. 2 Satz 2 EUV). Nach Art. 244 lit. a AEUV sollten die Mitgliedstaa-

---

323 ABl.EU 2008 Nr. C 115, S. 265.

ten bei der Festlegung dieser Reihenfolge und der Dauer der Amtszeit ihrer Staatsangehörigen in der Kommission vollkommen gleichbehandelt werden. Der Grundsatz ist letztlich so umzusetzen, dass die Gesamtzahl der Mandate, welche Staatsangehörige zweier beliebiger Mitgliedstaaten innehaben, niemals um mehr als eines voneinander abweichen darf. Über den Wortlaut des Art. 17 Abs. 5 UAbs. 2 EUV hinaus verlangt Art. 244 lit. b AEUV, dass grundsätzlich jede der aufeinander folgenden Kommissionen so zusammenzusetzen ist, dass das demografische und geografische Spektrum *auf zufriedenstellende Weise* zum Ausdruck kommt.

Um der Gefahr zu begegnen, dass Mitgliedstaaten, die zeitweilig nicht in der Kommission vertreten sind, nicht ausreichend über Handlungen der Kommission informiert werden, hat die Kommission besonders zu beachten, „dass in den Beziehungen zu allen Mitgliedstaaten vollständige Transparenz gewährleistet sein muss"[324]. Dies soll dadurch gewährleistet werden, dass die Kommission enge Verbindungen zu allen Mitgliedstaaten zu unterhalten hat, unabhängig davon, ob einer ihrer Staatsangehörigen Mitglied der Kommission ist[325]. Überdies hat die Kommission alle notwendigen Maßnahmen zu ergreifen, um sicherzustellen, dass die politischen, sozialen und wirtschaftlichen Gegebenheiten in allen Mitgliedstaaten, auch in Mitgliedstaaten, die kein Kommissionsmitglied stellen, in vollem Umfang berücksichtigt werden[326]. Durch geeignete organisatorische Maßnahmen soll schließlich gewährleistet werden, dass auch der Standpunkt dieser Mitgliedstaaten Berücksichtigung findet.

285

Der Europäische Rat kann allerdings einstimmig eine Änderung der Zahl der Kommissare beschließen (Art. 17 Abs. 5 UAbs. 1 EUV). Nachdem ein erstes Referendum in Irland über eine die Ratifikation des Vertrags von Lissabon ermöglichende Verfassungsänderung am 12. Juni 2008 einen negativen Ausgang hatte, ist der Europäische Rat in der Folge Irland in mehreren Punkten entgegengekommen. Eines dieser Zugeständnisse ist, dass Irland auch künftig ein Kommissionsmitglied stellen soll. Dies soll dadurch erreicht werden, dass der Europäische Rat nach Inkrafttreten des Vertrags von Lissabon einen Beschluss gemäß Art. 17 Abs. 5 UAbs. 1 EUV fasst, wonach weiterhin ein Staatsangehöriger jedes Mitgliedstaats der Kommission angehört[327]. Einen entsprechenden Beschluss hat der Europäische Rat am 22. Mai 2013 gefasst[328]. Die Kommission besteht daher aus 27 Mitgliedern. Die Absicht, die Arbeitsfähigkeit der Kommission

286

---

324 Vgl. Erklärung Nr. 10 zu Artikel 17 des Vertrags über die Europäische Union, ABl.EU 2008 Nr. C 115, S. 342.
325 Vgl. Abs. 1 der Erklärung Nr. 10, ABl.EU 2008 Nr. C 115, S. 342.
326 Abs. 2 der Erklärung Nr. 10, ABl.EU 2008 Nr. C 115, S. 342.
327 Schlussfolgerungen des Vorsitzes des Europäischen Rates v. 11./12.12.2008, Dok. 17271/1/08, REV 1, CONCL 5, Ziff. I.2.
328 Beschluss 2013/272/EU des Europäischen Rates v. 22.5.2013 über die Anzahl der Mitglieder der Kommission, ABl.EU 2013 Nr. L 165, S. 98.

287 Die Ernennung der Kommissionsmitglieder erfolgt in einem mehrstufigen Verfahren. Während der Kandidat für das Amt des Kommissionspräsidenten zuvor vom Rat lediglich mit Zustimmung des Europäischen Parlaments benannt wurde, wird dieser seit Inkrafttreten des Vertrags von Lissabon unmittelbar vom Europäischen Parlament *gewählt* (Art. 17 Abs. 7 UAbs. 1 Satz 2 EUV). Zunächst schlägt der Europäische Rat dem Europäischen Parlament mit qualifizierter Mehrheit und nach entsprechenden Konsultationen desselben[330] die Persönlichkeit vor, die zum Kommissionspräsidenten gewählt werden soll (Art. 17 Abs. 7 UAbs. 1 Satz 1 EUV). Zu berücksichtigen ist hierbei das Ergebnis der Wahlen zum Europäischen Parlament. Sodann wählt das Europäische Parlament den Kandidaten mit der Mehrheit seiner Mitglieder. Wird diese Mehrheit nicht erreicht, schlägt der Europäische Rat binnen eines Monats einen neuen Kandidaten vor, für dessen Wahl dasselbe Verfahren angewendet wird (Art. 17 Abs. 7 UAbs. 1 Satz 3 EUV). Für den reibungslosen Ablauf der Wahl haben das Europäische Parlament und der Europäische Rat gleichermaßen zu sorgen[331]. Im Einvernehmen mit dem zuvor vom Europäischen Parlament *gewählten* – nicht nur benannten – Kommissionspräsidenten nimmt der Rat eine gemäß den Vorschlägen der einzelnen Mitgliedstaaten erstellte Liste der übrigen Kommissionsmitglieder an (Art. 17 Abs. 7 UAbs. 2 EUV). Großbritannien, das noch Mitglied der Europäischen Union war, hatte sich im November 2019 geweigert, dem Rat einen entsprechenden Vorschlag zu unterbreiten, da man nicht in der Lage sei, vor den britischen Parlamentswahlen vom 12. Dezember 2019 einen Kandidaten zu benennen. Die Kommission hatte daraufhin ein Vertragsverletzungsverfahren gemäß Art. 258 AEUV gegen Großbritannien eingeleitet[332]. Die Vorgeschlagenen stellen sich in einem nächsten Schritt, zusammen mit dem Kommissionspräsidenten und dem Hohen Vertreter für Außen- und Sicherheitspolitik, einem (Zustimmungs-)Votum des Europäischen Parlaments (Art. 17 Abs. 7 UAbs. 3 Satz 1 EUV). Das Parlament kann das Kollegium insgesamt ablehnen oder dem Vorschlag zustimmen. Erst nach der parlamentarischen Zustimmung ernennt neuerdings der Europäische Rat den Präsidenten, den Hohen Vertreter für Außen- und Sicherheitspolitik und die übrigen Mitglieder der Kommission mit qualifizierter Mehrheit (Art. 17 Abs. 7 UAbs. 3 Satz 2 EUV).

---

329 *Curtin*, Executive Power of the European Union, 2009, S. 98; *Calliess*, Die neue Europäische Union nach dem Vertrag von Lissabon, 2010, S. 143 f.; *Haratsch*, in: Pechstein/Nowak/Häde (Hrsg.), Frankfurter Kommentar EUV/GRC/AEUV, Art. 17 EUV Rn. 33.
330 Vgl. insoweit auch Erklärung Nr. 11 zu Artikel 17 Absätze 6 und 7 des Vertrags über die Europäische Union, ABl.EU 2008 Nr. C 115, S. 342.
331 Erklärung Nr. 11 zu Artikel 17 Abs. 6 und 7 des Vertrags über die Europäische Union, ABl. EU 2008 Nr. C 115, S. 342.
332 Pressemitteilung der Europäischen Kommission v. 14.11.2019, IP/19/6286.

Für ein zurückgetretenes, verstorbenes oder seines Amtes enthobenes Kommissionsmitglied wird für die verbleibende Amtszeit der Kommission vom Rat mit Zustimmung des Kommissionspräsidenten nach Anhörung des Europäischen Parlaments ein neues Mitglied derselben Staatsangehörigkeit ernannt (Art. 246 Abs. 2 AEUV). Der Rat kann allerdings auch einstimmig entscheiden, für diese Zeit keinen Nachfolger zu ernennen (Art. 246 Abs. 3 AEUV). Im Falle der Ersetzung eines ausgeschiedenen Kommissionspräsidenten ist das Ernennungsverfahren nach Art. 17 Abs. 7 UAbs. 1 EUV einzuhalten (Art. 246 Abs. 4 Satz 2 AEUV). Wird eine kollektiv zurückgetretene Kommission insgesamt für die verbleibende Amtszeit ersetzt, hat die Ernennung der gesamten Kommission, nicht nur die des Präsidenten, in entsprechender Anwendung des Art. 17 EUV zu erfolgen.

288

Die Amtszeit der Kommissionsmitglieder beträgt fünf Jahre (Art. 17 Abs. 3 UAbs. 1 EUV). Die Verlängerung der Amtsperiode von ursprünglich vier Jahren auf fünf Jahre erfolgte durch den Vertrag von Maastricht, um so die Amtszeit an die fünfjährige Wahlperiode des Parlaments zu koppeln.

289

Die Amtszeit der Mitglieder der Kommission endet entweder durch
- Ablauf der fünfjährigen Amtsperiode (Art. 17 Abs. 3 UAbs. 1 EUV i. V. m. Art. 246 Abs. 1 AEUV),
- Todesfall (Art. 246 Abs. 1 AEUV),
- freiwilligen Rücktritt, z. B. wegen Annahme eines anderen politischen Amtes im Heimatland. Möglich ist entweder der Rücktritt einzelner Kommissionsmitglieder (Art. 246 Abs. 1 AEUV) oder eine kollektive Amtsniederlegung aller Kommissare (Art. 246 Abs. 6 AEUV)[333],
- Amtsenthebung durch den EuGH (Art. 246 Abs. 1 i. V. m. Art. 247 AEUV), wenn entweder die Voraussetzungen für die Ausübung des Amtes nicht mehr erfüllt sind (z. B. Verlust der Staatsangehörigkeit eines Mitgliedstaates) oder das Kommissionsmitglied eine schwere Verfehlung begangen hat,
- erzwungenen Rücktritt infolge eines Misstrauensbeschlusses des Europäischen Parlaments (Art. 234 AEUV) oder
- erzwungenen Rücktritt, wenn der Präsident das Kommissionsmitglied dazu aufgefordert hat (Art. 17 Abs. 6 EUV).

290

Bei einem erfolgreichen Misstrauensvotum bleiben die Mitglieder der Kommission bis zur Neubesetzung im Amt und führen die laufenden Geschäfte weiter (Art. 234 Abs. 2 Satz 2, Art. 246 Abs. 6 AEUV).

291

Der Kommission steht ihr *Präsident* vor. Er ernennt aus der Mitte der Kommission die Vizepräsidenten, mit Ausnahme des Hohen Vertreters für Außen- und Sicherheitspolitik (Art. 17 Abs. 6 UAbs. 1 lit. c AEUV). Hinsichtlich der Zahl der Vizepräsidenten enthält auch die Neuregelung durch den Vertrag von Lissabon keine Festlegung. Der Präsident kann die Zahl seiner Vizepräsidenten im Rahmen seines Ermessens bestimmen. Er kann zugleich eine Rangfolge inner-

292

---

333 Vgl. Bull.EU 3–1999, S. 147 f. betreffend den Rücktritt der Kommission v. 16.3.1999.

halb des Kreises der Vizepräsidenten festlegen (vgl. Art. 3 Abs. 3 GeschO Kommission). Aufgabe der Vizepräsidenten ist es gemäß Art. 25 GeschO Kommission, den Präsidenten in einer zuvor festgelegten Reihenfolge zu vertreten. Der Präsident kann aber auch ein anderes Kommissionsmitglied mit seiner Vertretung beauftragen. Den Vizepräsidenten können durch den Präsidenten im Rahmen von dessen Organisationsgewalt auch bestimmte weitere Aufgaben zugewiesen werden. Möglich ist es, einen der Vizepräsidenten zum „Ersten Vizepräsidenten" zu bestimmen, der den Kommissionspräsidenten bei der Wahrnehmung seiner Leitungsaufgabe unterstützt[334]. Der Präsident kann ebenso festlegen, dass die Vizepräsidenten Arbeitsgruppen oder Projektteams der Kommission leiten und dabei die Arbeit einer Reihe von Kommissaren leiten und koordinieren (Art. 3 Abs. 4 GeschO Kommission). Die Aufwertung der Stellung der Vizepräsidenten muss dabei jedoch immer das Kollegialprinzip (Rn. 300) beachten. Insbesondere muss das Prinzip der gleichberechtigten Abstimmung innerhalb der Kommission gewahrt bleiben, so dass etwa Vetorechte von Vizepräsidenten zumindest in einem Spannungsverhältnis zum Kollegialprinzip stehen dürften[335].

293 Bis zum Inkrafttreten des Vertrags von Amsterdam war der Präsident „primus inter pares". Seine Leitungsfunktion bestand nur in organisatorischer Hinsicht (z. B. Einberufung der gemeinsamen Sitzungen, Festlegung der Tagesordnung). Weisungsrechte gegenüber den anderen Kommissionsmitgliedern hatte er nicht. Seit Inkrafttreten des Amsterdamer Vertrags übt die Kommission ihre Tätigkeit unter der politischen Führung ihres Präsidenten aus (Art. 248 Satz 3 AEUV). Nach Art. 17 Abs. 6 UAbs. 1 lit. a EUV legt der Kommissionspräsident die Leitlinien fest, nach denen die Kommission ihre Aufgaben ausübt. Dem Kommissionspräsidenten kommt insoweit eine politische Leitlinienbefugnis sowohl gegenüber dem Kommissionskollegium als auch gegenüber dem jeweiligen Ressortkommissar zu. Die Geschäftsordnung der Kommission weist dem Präsidenten konkretisierend die Befugnis zu, den Mitgliedern der Kommission spezielle Aufgabenbereiche zuzuweisen, in denen sie für die vorbereitenden Arbeiten der Kommission und die Durchführung ihrer Beschlüsse besonders verantwortlich sind (Art. 3 GeschO der Kommission)[336]. Um die Kohärenz, die Effizienz und das Kollegialprinzip im Rahmen ihrer Tätigkeit sicherzustellen, entscheidet der Kommissionspräsident ferner über die interne Organisation der Kommission (Art. 17 Abs. 6 UAbs. 1 lit. b EUV) und gliedert die Zuständigkeiten der Kommission, die er zwischen ihren Mitgliedern aufteilt (Art. 17 Abs. 6 EUV i. V. m. Art. 248 Satz 1 AEUV). Der Präsident nimmt auch die Vertretung der Kommission wahr und benennt die Kommissare, die ihn bei dieser Tätigkeit unterstützen (Art. 3 Abs. 5 GeschO Kommission).

---

334 Vgl. die Pressemitteilung der Kommission IP/14/984 v. 10.9.2014.
335 Vgl. dazu *Brauneck*, DÖV 2015, S. 904, 911 ff.
336 ABl.EG 2000 Nr. L 308, S. 26.

VI. Institutionelle Struktur der Europäischen Union 141

Auch wenn die Leitlinienbefugnis des Kommissionspräsidenten der Richtlinienkompetenz des deutschen Bundeskanzlers nach Art. 65 Satz 1 GG nicht entspricht, kommt dem Präsidenten wegen seines Einflusses auf die Auswahl der übrigen Kommissionsmitglieder (Rn. 287) und aufgrund seiner Zugehörigkeit zum Europäischen Rat (Rn. 257) eine herausgehobene Stellung zu. Die besondere Stellung des Kommissionspräsidenten spiegelt sich auch darin wider, dass ein Kommissar zurücktreten muss, wenn der Präsident ihn dazu auffordert (Art. 17 Abs. 6 UAbs. 2 EUV).

294

Die Bewältigung der umfangreichen Aufgaben der Kommission erfordert einen ressortmäßig gegliederten und hierarchisch organisierten Verwaltungsunterbau. Er setzt sich aus Dienststellen der Kommission zusammen, die aus mehreren Generaldirektionen bestehen, welche sich ihrerseits in Direktionen gliedern[337]. Diese wiederum bestehen aus Abteilungen. Jeder Dienststelle steht ein Kommissar als Ressortleiter vor. Daneben ist jedem Kommissar ein „Kabinett" persönlicher Mitarbeiter zugeordnet. Bei ihrer Arbeit wird die Kommission von einer Vielzahl von Ausschüssen mit beratender Funktion unterstützt.

295

bb) Aufgaben der Kommission

Die Aufgaben der Kommission sind ausdrücklich in Art. 17 Abs. 1 EUV aufgezählt. Im Vordergrund stehen zunächst die *Exekutivkompetenzen*. Vor allem im Wettbewerbsbereich (Art. 101 bis 109 AEUV) haben die Entscheidungen der Kommission weitreichende Bedeutung. So kann sie etwa Unternehmensfusionen verbieten (Rn. 1247 ff.), die mitgliedstaatliche Subventionsvergabe kontrollieren (Rn. 1261 ff.) und den Missbrauch marktbeherrschender Stellungen von Unternehmen sanktionieren (Rn. 1209 ff.). Daneben obliegt ihr die Ausübung der Befugnisse, die ihr der Rat zur Durchführung der von ihm erlassenen Vorschriften überträgt.

296

Zu ihren vornehmsten Aufgaben gehört es, über die Anwendung der Verträge sowie der von den Organen kraft der Verträge erlassenen Rechtsakte zu wachen. So kann die Kommission beispielsweise den Europäischen Gerichtshof anrufen, wenn sie der Auffassung ist, ein Mitgliedstaat habe gegen eine Verpflichtung aus den Verträgen verstoßen (Art. 258 AEUV, vgl. Rn. 507 ff.). Aufgrund dieser Kontrollfunktion wird die Kommission gemeinhin als „*Hüterin der Verträge*" charakterisiert. Sie übt ihre Kontrollfunktion allerdings ihrerseits unter der Kontrolle des Gerichtshofs der EU aus (Art. 17 Abs. 1 Satz 3 EUV).

297

Eine nicht zu unterschätzende Aufgabe kommt der Kommission im Bereich der Sekundärrechtsetzung zu. Sie besitzt nach Art. 17 Abs. 2 EUV regelmäßig ein sog. *Initiativmonopol*. Der Rat und das Europäische Parlament können in diesen Fällen Gesetzgebungsakte der Union nur beschließen, wenn die Kommis-

298

---

[337] Eine Übersicht über die Generaldirektionen findet sich auf: https://ec.europa.eu/info/departments_de.

sion zuvor einen Vorschlag diesbezüglich unterbreitet hat. Kein alleiniges Initiativrecht kommt der Kommission aber auf dem Gebiet der Justiziellen Zusammenarbeit in Strafsachen sowie der Polizeilichen Zusammenarbeit zu (vgl. Art. 76 AEUV). Ein Initiativrecht im Hinblick auf andere Rechtsakte der Union, also solche, die nicht in einem Gesetzgebungsverfahren erlassen werden, besteht nur, wenn die Verträge dies vorsehen. Neben die rechtswahrende Kontrollfunktion tritt somit die Rolle der Kommission als *„Motor der Integration"*. Die Mitwirkung am Zustandekommen von Sekundärrechtsakten erfolgt in Form von Vorschlägen, Stellungnahmen, Anhörungen oder durch Empfehlungen. Zur Abgabe unverbindlicher Empfehlungen und Stellungnahmen ist die Kommission berechtigt, soweit dies entweder in den Verträgen ausdrücklich geregelt ist (z. B. Art. 97 Satz 3 AEUV) oder sie dies für notwendig erachtet.

299 Die Kommission ist weiterhin zuständig für die Ausführung des Haushaltsplans (Art. 17 Abs. 1 Satz 4 EUV und Art. 317 Abs. 1 AEUV), die Verwaltung der Programme und die jährliche Rechnungslegung (Art. 318 AEUV) sowie für die Verwaltung der ihr angegliederten Fonds und für die jährliche Erstellung eines Gesamtberichts über die Tätigkeiten der Union (Art. 249 Abs. 2 AEUV). In ihren Zuständigkeitsbereich fällt das Aushandeln (nicht der Abschluss!) handelspolitischer und sonstiger Abkommen mit dritten Staaten und anderen internationalen Organisationen (Art. 207 Abs. 3 AEUV, Art. 218 Abs. 3 AEUV) sowie – gemeinsam mit dem Hohen Vertreter für Außen- und Sicherheitspolitik – die Leitung der von der Union unterhaltenen Außenvertretungen (Delegationen). Schließlich leitet die Kommission die jährliche und die mehrjährige Programmplanung der Union mit dem Ziel ein, interinstitutionelle Vereinbarungen zu erreichen (Art. 17 Abs. 1 Satz 7 EUV).

cc) Beschlussfassung

300 Die Beschlüsse der Kommission werden mit der einfachen Mehrheit ihrer Mitglieder gefasst (Art. 250 Abs. 1 AEUV). Sind weniger als 14 Mitglieder anwesend, ist allenfalls eine Beratung, nicht jedoch eine Beschlussfassung möglich (Art. 250 Abs. 2 AEUV i. V. m. Art. 7 GeschO Kommission). Die Kommission fasst ihre Beschlüsse grundsätzlich in gemeinschaftlicher Sitzung (Art. 4 bis Art. 11 GeschO Kommission). Möglich ist auch eine Beschlussfassung im schriftlichen Umlaufverfahren (Art. 12 GeschO Kommission) oder im Ermächtigungsverfahren (Art. 13 GeschO Kommission). Bei letzterem ermächtigt die Kommission eines oder mehrere ihrer Mitglieder, Maßnahmen im Namen der Kommission zu treffen. Diese Möglichkeit der Beschlussfassung ist auf Maßnahmen der Geschäftsordnung und der Verwaltung beschränkt, insbesondere zur Vorbereitung von Beschlüssen, die später vom Kollegium zu fassen sind. Ansonsten läge ein Verstoß gegen das Kollegialprinzip vor, wonach alle Mitglieder der Kommission für sämtliche erlassenen Entscheidungen politisch gemeinsam verantwortlich sind, die daher auch tatsächlich vom Kollegium getroffen werden müssen[338]. Schließlich kann die Kommission, unter denselben Voraussetzungen wie im Ermächtigungsverfahren, die dort genannten Maßnahmen auch an die Generaldirektoren und Dienststellenleiter delegieren (Verfahren der Befugnisübertragung, Art. 14 GeschO Kommission).

dd) Hoher Vertreter für Außen- und Sicherheitspolitik

Eine wesentliche institutionelle Änderung des Verfassungsvertrags sollte die Einführung des Amtes eines *Außenministers der Europäischen Union* sein. Er sollte als Vizepräsident der Kommission dort mit dem Bereich der Außenbeziehungen und der Koordinierung des auswärtigen Handelns betraut sein und gleichzeitig den Vorsitz im Rat „Auswärtige Angelegenheiten" führen (sog. „Doppelhut"). Diese Doppelfunktion ist auch in den Vertrag von Lissabon übernommen worden (Art. 18 Abs. 3 und Abs. 4 EUV). Verabschiedet hat man sich jedoch von der Bezeichnung *„Außenminister"*, da sie eine Quasi-Staatlichkeit der Europäischen Union suggerieren könnte. Man beließ es somit bei der nur geringfügig modifizierten Bezeichnung als „Hoher Vertreter der Union für Außen- und Sicherheitspolitik". Das Amt des Hohen Vertreters für Außen- und Sicherheitspolitik vereint somit die bislang gespaltenen Ämter des Hohen Vertreters für die Gemeinsame Außen- und Sicherheitspolitik und des Kommissars für Außenbeziehungen.

301

Der Hohe Vertreter stellt zwar formal kein eigenständiges Hauptorgan der Union dar und wird in der Aufzählung des Art. 13 Abs. 1 EUV dementsprechend auch nicht aufgeführt. Gleichwohl finden sich die zentralen normativen Vorgaben im Rahmen der Bestimmungen über die Organe (Art. 18 EUV). Nach Art. 18 Abs. 1 Satz 1 EUV wird der Hohe Vertreter für Außen- und Sicherheitspolitik vom Europäischen Rat mit qualifizierter Mehrheit und mit Zustimmung des Kommissionspräsidenten ernannt. Nach dem gleichen Verfahren kann der Europäische Rat die Amtszeit des Hohen Vertreters auch beenden. Zusammen mit dem Kommissionspräsidenten und den übrigen Kommissionsmitgliedern hat sich der Hohe Vertreter einem Zustimmungsvotum des Europäischen Parlaments zu stellen (Art. 17 Abs. 7 UAbs. 3 Satz 1 EUV). Seit dem 1. Dezember 2019 bekleidet der Spanier *Josep Borrell Fontelles* das Amt des Hohen Vertreters[339].

302

Die Aufgaben des Hohen Vertreters für Außen- und Sicherheitspolitik ergeben sich unmittelbar aus Art. 18 EUV. Danach führt er den Vorsitz im Rat „Auswärtige Angelegenheiten" (Art. 18 Abs. 3 EUV) und sorgt als einer der Vizepräsidenten der Kommission für die Kohärenz des auswärtigen Handelns der Union (Art. 18 Abs. 4 Satz 1 und Satz 2 EUV). Innerhalb der Kommission ist er

303

---

338 EuGH, Rs. 5/85, Slg. 1986, S. 2585, Rn. 30 ff. – *AKZO Chemie*; EuGH, Rs. C-137/92 P, Slg. 1994, S. I-2555, Rn. 63 ff. – *BASF*.
339 Beschluss (EU) 2019/1330 des Europäischen Rates v. 5.8.2019 zur Ernennung des Hohen Vertreters der Union für Außen- und Sicherheitspolitik, ABl.EU 2019 Nr. L 207, S. 36.

mit deren Zuständigkeiten im Bereich der Außenbeziehungen sowie mit der Koordinierung der übrigen Aspekte des auswärtigen Handelns der Union betraut (Art. 18 Abs. 4 Satz 3 EUV). Dabei unterliegt er grundsätzlich den Verfahren, die für die Arbeitsweise der Kommission gelten, soweit dies mit seinen Funktionen als Leiter der GASP und als Vorsitzender des Rats „Auswärtige Angelegenheiten" vereinbar ist (Art. 18 Abs. 4 Satz 4 EUV). In seiner Funktion als Leiter der Gemeinsamen Außen- und Sicherheitspolitik trägt er mit seinen Vorschlägen zur Festlegung dieser Politik bei und führt sie im Auftrag des Rates aus (Art. 18 Abs. 2 EUV). Die gleichen Aufgaben obliegen ihm im Bereich der Gemeinsamen Sicherheits- und Verteidigungspolitik.

304 Konkretisiert wird der Aufgabenbereich des Hohen Vertreters im Bereich der GASP durch Art. 27 EUV. Danach obliegt ihm auch die Aufgabe, die Union in den Bereichen der GASP zu vertreten, im Namen der Union den politischen Dialog mit Dritten zu führen und den Standpunkt der Union in internationalen Organisationen und auf internationalen Konferenzen zu vertreten (Art. 27 Abs. 2 EUV). Zu diesem Zweck unterrichten diejenigen Mitgliedstaaten, die in internationalen Organisationen oder auf internationalen Konferenzen vertreten sind, den Hohen Vertreter über alle Fragen von gemeinsamem Interesse (Art. 34 Abs. 2 UAbs. 1 EUV). Zur Unterstützung bei der Erfüllung seiner Aufgaben stützt sich der Hohe Vertreter auf einen Europäischen Auswärtigen Dienst (Art. 27 Abs. 3 EUV).

305 Mit der Doppelfunktion als Vorsitzender des Rates „Auswärtige Angelegenheiten" sowie als einer der Vizepräsidenten der Kommission stärkt der Hohe Vertreter einerseits die Kohärenz des außenpolitischen Handelns der Union, bewirkt aber andererseits eine problematische institutionelle Verschränkung von Rat und Kommission. Eine Schwächung der angestrebten außenpolitischen Kohärenz könnte aus dem im Vertrag von Lissabon angelegten Spannungsverhältnis zwischen dem Präsidenten des Europäischen Rates und dem Hohen Vertreter der Union ausgehen. Während der Hohe Vertreter die Gemeinsame Außen- und Sicherheitspolitik der Union leitet (Art. 18 Abs. 2 und Art. 27 EUV), nimmt der Präsident des Europäischen Rates „auf seiner Ebene" die Außenvertretung der Union in Angelegenheiten der Gemeinsamen Außen- und Sicherheitspolitik wahr (Art. 15 Abs. 6 UAbs. 2 EUV). Um diesem Spannungsverhältnis entgegenzuwirken, sieht der EU-Vertrag vor, dass der Hohe Vertreter an den Arbeiten des Europäischen Rates teilnimmt (Art. 15 Abs. 2 Satz 2 EUV). Überdies ist er verpflichtet sicherzustellen, dass die vom Europäischen Rat und vom Rat erlassenen Beschlüsse im Bereich der GASP durchgeführt werden (Art. 27 Abs. 1 EUV).

g) Gerichtshof der Europäischen Union

Der Gerichtshof der Europäischen Union ist das Rechtsprechungsorgan der Europäischen Union. Seine Aufgabe liegt in der Sicherung und Wahrung des Rechts bei der Auslegung und Anwendung der Verträge (Art. 19 Abs. 1 UAbs. 1 Satz 2 EUV). Er gewährleistet, dass das Unionsrecht einheitlich ausgelegt und angewendet wird (dazu im Einzelnen Rn. 488 ff.). Mit dem Inkrafttreten des Vertrags von Lissabon einher ging eine formelle Umbenennung des von den Verträgen bislang schlicht als „Gerichtshof" bezeichneten Rechtsprechungsorgans[340]. Der „Gerichtshof der Europäischen Union", wie er nunmehr bezeichnet wird, besteht aus mehreren Teilorganen, dem „Gerichtshof", dem „Gericht" und den „Fachgerichten" (Art. 19 Abs. 1 UAbs. 1 Satz 1 EUV). Sitz des Gerichtshofs der Europäischen Union ist Luxemburg[341].

306

Der Gerichtshof der Europäischen Union darf nicht mit dem Europäischen Gerichtshof für Menschenrechte (EGMR) mit Sitz in Straßburg verwechselt werden. Der EGMR ist das von den Vertragsstaaten der Europäischen Menschenrechtskonvention geschaffene Gericht, das die Einhaltung der Verpflichtungen aus der EMRK sicherstellen soll (vgl. Art. 19, Art. 32 ff. EMRK; Rn. 48).

307

aa) Gerichtshof

Der Gerichtshof (EuGH) als höchste Instanz besteht aus je einem Richter aus jedem Mitgliedstaat (Art. 19 Abs. 2 UAbs. 1 Satz 1 EUV). Die Richter werden von den Regierungen der Mitgliedstaaten im gegenseitigen Einvernehmen auf sechs Jahre ernannt (Art. 19 Abs. 2 UAbs. 3 Satz 2 EUV). Sie müssen jede Gewähr für Unabhängigkeit bieten und in ihrem Staat die für die höchsten richterlichen Ämter erforderlichen Voraussetzungen erfüllen oder Juristen von anerkannt hervorragender Befähigung sein (Art. 19 Abs. 2 UAbs. 3 Satz 1 EUV i. V. m. Art. 253 Abs. 1 Satz 1 AEUV). Alle drei Jahre findet eine teilweise Neubesetzung der Richterstellen statt, wobei eine Wiederernennung zulässig ist (Art. 253 Abs. 2, Abs. 4 AEUV). Die Richter wählen aus ihrer Mitte den Präsidenten des Gerichtshofs für die Dauer von drei Jahren. Dessen Wiederwahl ist ebenfalls zulässig (Art. 253 Abs. 3 AEUV). Der Präsident leitet die rechtsprechende Tätigkeit und die Verwaltung des Gerichtshofs; er führt den Vorsitz in den Sitzungen und bei den Beratungen[342].

308

Vor der Ernennung der Richter muss seit Inkrafttreten des Vertrags von Lissabon ein Ausschuss angehört werden, der eine Stellungnahme über die Eignung der Bewerber für die Ausübung des jeweiligen Amtes abzugeben hat (Art. 253

309

---
340 Kritisch zur Terminologie *Weber*, EuZW 2008, S. 7, 11.
341 Art. 341 AEUV i. V. m. lit. d des Protokolls Nr. 6 über die Festlegung der Sitze der Organe und bestimmter Einrichtungen, sonstiger Stellen und Dienststellen der Europäischen Union, ABl. EU 2008 Nr. C 115, S. 265.
342 Art. 9 VerfO-EuGH, ABl. EG 1991 Nr. L 176, S. 7.

Abs. 1 Hs. 2 i. V. m. Art. 255 AEUV). Dieser *Richternominierungsausschuss* setzt sich seinerseits aus sieben Persönlichkeiten zusammen, die entweder selbst ehemalige Mitglieder des Gerichtshofs, des Gerichts oder eines höchsten einzelstaatlichen Gerichts waren oder Juristen von anerkannt hervorragender Befähigung sind. Sie werden vom Rat auf Initiative des Präsidenten des Gerichtshofs ernannt, wobei ein Ausschussmitglied vom Europäischen Parlament vorgeschlagen wird (Art. 255 Abs. 2 AEUV). Mit der Einschaltung dieses Ausschusses soll das Auswahlverfahren für Richter und Generalanwälte dem politischen Streit zwischen den Mitgliedstaaten entzogen und objektiviert werden[343].

310 Der EuGH tagt nach Art. 251 AEUV in Kammern oder als Große Kammer, als Plenum jedoch nur, wenn die Satzung des Gerichtshofs der Europäischen Union dies vorsieht (Art. 251 Abs. 2 AEUV). Bei den Kammern wird zwischen Kammern mit drei und fünf Richtern sowie der Großen Kammer mit dreizehn Richtern unterschieden (Art. 16 der Satzung des Gerichtshofs der Europäischen Union[344]). Vor allem aus Gründen der Arbeitsentlastung des EuGH ist das Plenum zur Ausnahme, die Kammer zum Grundsatz erhoben worden.

311 Eine quasi gutachterliche Unterstützung erfahren die Richter durch *Generalanwälte* (Art. 252 Abs. 1 Satz 1 AEUV), die gegenüber dem Richterkollegium unabhängig und nur dem Unionsrecht verpflichtet sind. Ihre Ernennung, Amtsdauer und Qualifikation entsprechen jener der Richter (Art. 253 Abs. 1 AEUV). Gemäß Art. 252 Abs. 1 Satz 1 AEUV beträgt die Zahl der Generalanwälte acht. Der Rat hat allerdings von der Möglichkeit nach Art. 252 Abs. 1 Satz 2 AEUV Gebrauch gemacht und ihre Zahl auf elf erhöht[345]. Die fünf großen Mitgliedstaaten stellen ständig einen Generalanwalt, während die kleineren Mitgliedstaaten turnusmäßig in der alphabetischen Reihenfolge bei der Stellenbesetzung der übrigen sechs Generalanwälte rotieren[346]. Alle drei Jahre findet eine teilweise Neubesetzung der Generalanwaltsposten statt. Auch hier ist eine Wiederernennung zulässig (Art. 253 Abs. 2 und 4 AEUV). Die Generalanwälte gehören nicht dem *Spruchkörper* des EuGH an. Sie nehmen weder an der Urteilsberatung noch an der Beschlussfassung im Richterkollegium teil. Im deutschen Prozessrecht fehlt eine mit den Generalanwälten vergleichbare Institution.

312 Die von den Generalanwälten anzufertigenden *Schlussanträge* ähneln in ihrer Begründungsmethode eher Rechtsgutachten als (linear) ergebnisorientierten An-

---

343 *Gundel*, EuR 2008, Beiheft 3, S. 23, 24 f.
344 ABl.EG 2001 Nr. C 80, S. 53.
345 Beschluss 2013/336/EU des Rates v. 25.6.2013 zur Erhöhung der Zahl der Generalanwälte des Gerichtshofs der Europäischen Union, ABl.EU 2013 Nr. L 179, S. 92.
346 Vgl. die Gemeinsame Erklärung (95/1/EG, Euratom, EGKS) zu Artikel 31 des Beschlusses zur Anpassung der Dokumente betreffend den Beitritt neuer Mitgliedstaaten zur Europäischen Union, ABl.EG 1995 Nr. L 1, S. 221; Erklärung Nr. 38 zu Artikel 252 des Vertrags über die Arbeitsweise der Europäischen Union zur Zahl der Generalanwälte des Gerichtshofs, ABl.EU 2008 Nr. C 115, S. 350; Erklärung der Konferenz der Vertreter der Regierungen der Mitgliedstaaten zu den Auswirkungen des Austritts des Vereinigten Königreichs auf die Generalanwälte des Gerichtshofs der Europäischen Union v. 29.1.2020, XT 201018/20.

tragen. Allerdings dürfen sich die Schlussanträge nicht auf allgemeine Rechtsbetrachtungen beschränken. Vielmehr muss die Begründung gerade den konkreten Entscheidungsvorschlag tragen. Der zuständige Generalanwalt fasst am Ende der mündlichen Verhandlung den Tatbestand noch einmal zusammen (Art. 59 Abs. 1 VerfO-EuGH), trägt eine detaillierte Analyse der Rechtslage vor und schließt mit einem begründeten, konkreten Entscheidungsvorschlag. Im Ergebnis folgt der EuGH häufig den Schlussanträgen, er kann allerdings auch abweichend entscheiden.

Die Schlussanträge werden zusammen mit den Urteilen veröffentlicht. Weichen Schlussantrag und Urteil voneinander ab, so kommt dem Schlussantrag eine der „dissenting opinion" vergleichbare Rolle zu. Stimmen beide hingegen im Ergebnis überein, so können die ausführlichen, auf den konkreten Tatbestand eingehenden Schlussanträge als kommentierende Erläuterungen der häufig recht apodiktisch verfassten Urteile des EuGH herangezogen werden. Die Schlussanträge der Generalanwälte dienen vor allem der Kohärenz und Kontinuität der Rechtsprechung. In manchen Bereichen des Unionsrechts müssen rechtsdogmatische Kohärenz und Kontinuität der Kasuistik des Gerichtshofs – nicht zuletzt vor dem Hintergrund unterschiedlicher juristischer Arbeitsweisen der aus unterschiedlichen Rechtskulturen stammenden Richter – durch die Generalanwälte besonders herausgearbeitet werden. Die Generalanwälte erweisen sich in diesem Zusammenhang als beständige Hüter gemeinschaftlicher Rechtssicherheit. **313**

Die Richter und die Generalanwälte wählen für die Dauer von sechs Jahren einen Kanzler, der die allgemeine Verwaltung des EuGH unter Aufsicht des Präsidenten leitet und als oberster Urkundsbeamter fungiert (Art. 253 Abs. 5 AEUV i. V. m. Art. 10 ff. der Satzung des Gerichtshofs der Europäischen Union, Art. 18 ff. VerfO-EuGH). **314**

bb) Gericht

Aus dem bisherigen „Gericht erster Instanz", das dem EuGH bereits 1988 zur Entlastung beigeordnet wurde[347], ist durch den Vertrag von Lissabon schlicht das „Gericht" (EuG) geworden (Art. 19 Abs. 1 UAbs. 1 Satz 1 EUV). Diese Umbenennung war längst überfällig, seitdem es gemäß Art. 256 Abs. 2 AEUV für Entscheidungen über Rechtsmittel gegen Entscheidungen der Fachgerichte zuständig ist, also auch als zweite Instanz fungieren kann. Das Gericht besteht aus mindestens einem Richter je Mitgliedstaat (Art. 19 Abs. 2 UAbs. 2 Satz 1 EUV), die ebenfalls von den Regierungen der Mitgliedstaaten für sechs Jahre ernannt werden. Die genaue Zahl der Richter, die die Zahl der Mitgliedstaaten übersteigen kann, wird nach Art. 254 Abs. 1 Satz 1 AEUV in der Satzung des Gerichts- **315**

---

347 Art. 225 Abs. 1 EGV a. F. i. V. m. Art. 1 des Beschlusses des Rates 88/591 zur Errichtung eines Gerichts erster Instanz der Europäischen Gemeinschaften v. 24.10.1988, ABl.EG 1988 Nr. L 319, S. 1.

hofs der Europäischen Union festgelegt[348]. Aufgrund der gestiegenen Arbeitsbelastung des Gerichts ist die Anzahl der Richter seit 2015 in mehreren Stufen von 28 Richtern auf je zwei Richter pro Mitgliedstaat erhöht worden[349]. Dabei sind am 1. September 2016 die sieben Richter des Gerichts für den öffentlichen Dienst (EuGöD), das als eigenständiges Fachgericht aufgelöst wurde (Rn. 320), in das Gericht integriert worden.

316 Wie beim Gerichtshof ist auch vor der Ernennung der Richter des Gerichts der Richternominierungsausschuss gemäß Art. 255 Abs. 1 AEUV anzuhören. Sofern dies in der Satzung vorgesehen ist, kann das Gericht von Generalanwälten unterstützt werden (Art. 254 Abs. 1 Satz 2 AEUV). Geregelt ist dort, dass die Mitglieder des Gerichts dazu bestellt werden können, die Tätigkeit eines Generalanwalts auszuüben[350]. Im Übrigen entsprechen die Vorgaben für das Gericht jenen des Gerichtshofs. Art. 254 Abs. 6 AEUV sieht ferner vor, dass die den Gerichtshof betreffenden Bestimmungen der Verträge auch auf das Gericht Anwendung finden, soweit nicht die Satzung des Gerichtshofs der Europäischen Union Abweichendes vorsieht.

317 Die Regelungen für die Kammerbildung des Gerichts entsprechen denen für den EuGH. Art. 50 Abs. 1 der Satzung sieht die Bildung von Kammern mit drei oder fünf Richtern vor. Nach Art. 50 Abs. 2, 3 der Satzung kann durch die Verfahrensordnung des EuG jedoch festgelegt werden, dass das Gericht in bestimmten festgelegten Fällen auch als Plenum, als Einzelrichter oder in der Besetzung der Großen Kammer tagen kann.

318 Das EuG ist kein eigenständiges Organ der Union (vgl. Art. 19 Abs. 1 UAbs. 1 Satz 1 EUV). Gegenüber dem EuGH steht das EuG daher nicht in einem *inter-*, sondern in einem *intraorganschaftlichen* Verhältnis. EuGH und EuG sind mithin spruchkörperliche Diversifizierungen des einheitlichen Organs Gerichtshof der Europäischen Union mit instanzieller Zuordnung.

319 Das EuG ist im ersten Rechtszug zur Entscheidung über die ihm *enumerativ* zugewiesenen Streitsachen berufen. Diese dem Prinzip der begrenzten Einzelermächtigung unterliegende Aufgabenzuweisung erfolgt durch Art. 256 AEUV. Die sachliche Zuständigkeit des EuG beschränkt sich danach im Wesentlichen auf den Individualrechtsschutz natürlicher und juristischer Personen (Art. 256 Abs. 1 AEUV i. V. m. Art. 51 der Satzung des Gerichtshofs der Europäischen Union, näher dazu unten Rn. 495) einschließlich der im Rahmen von Individualklagen statthaften inzidenten Normenkontrolle nach Art. 277 AEUV. Das Gericht soll in besonderen in der Satzung des Gerichtshofs der Europäischen Union

---

348 Art. 48 EuGH-Satzung, ABl.EU 2010 Nr. C 83, S. 210; zul. geänd. ABl.EU 2019 Nr. L 111, S. 1.
349 Vgl. Verordnung (EU, Euratom) 2015/2422 des Europäischen Parlaments und des Rates v. 16.12.2015 zur Änderung des Protokolls Nr. 3 über die Satzung des Gerichtshofs der Europäischen Union, ABl.EU 2015 Nr. L 341, S. 14.
350 Art. 49 Abs. 1 EuGH-Satzung, ABl.EU 2010 Nr. C 83, S. 210; zul. geänd. ABl.EU 2019 Nr. L 111, S. 1.

festzulegenden Sachgebieten auch für Vorabentscheidungen nach Art. 267 AEUV zuständig sein (Art. 256 Abs. 3 AEUV). Da auch Klagen politischer Parteien, von Fraktionen des Europäischen Parlaments sowie von dessen Abgeordneten als juristische bzw. natürliche Personen der sachlichen Zuständigkeit des EuG zugewiesen sind, wird der Funktionsbereich des Individualrechtsschutzes im engeren Sinne ausnahmsweise überschritten. Vielmehr wird dem EuG insoweit eine kleine „verfassungsgerichtliche" Rolle eingeräumt. Gegen alle Endentscheidungen des EuG kann ein Rechtsmittel beim EuGH eingelegt werden.

cc) Fachgerichte

Art. 257 Abs. 1 Satz 1 AEUV bietet darüber hinaus die Möglichkeit, dass das Europäische Parlament und der Rat gemäß dem ordentlichen Gesetzgebungsverfahren dem Gericht *beigeordnete Fachgerichte* bilden können, die für Entscheidungen im ersten Rechtszug über bestimmte Kategorien von Klagen zuständig sind, die in einzelnen Sachgebieten erhoben werden. Mit Beschluss vom 2. November 2004 hatte der Rat, der nach vormaliger Rechtslage über die Errichtung derartiger Kammern zu entscheiden hatte, als erstes Fachgericht das *Gericht für den öffentlichen Dienst der Europäischen Union (EuGöD)* errichtet[351]. Mit der Vergrößerung des EuG (Rn. 315) ist das EuGöD zum 1. September 2016 aufgelöst und in das EuG integriert worden[352]. Weitere Fachgerichte in anderen Sachbereichen sind bislang nicht geschaffen worden. Durch die Einrichtung derartiger Fachgerichte sollen der Gerichtshof und das Gericht entlastet werden. Für Entscheidungen über Rechtsmittel gegen Entscheidungen der Fachgerichte ist gemäß Art. 256 Abs. 2 UAbs. 1 AEUV das EuG zuständig. Nach Art. 256 Abs. 2 UAbs. 2 AEUV kann der EuGH in Ausnahmefällen die Rechtsmittelentscheidungen des EuG noch einmal überprüfen, wenn die ernste Gefahr besteht, dass die Einheit oder Kohärenz des Unionsrechts berührt wird. Auch die Fachgerichte sind als spruchkörperliche Diversifizierungen des einheitlichen Organs „Gerichtshof der Europäischen Union" (vgl. Rn. 318) anzusehen. Auf diese Weise kann insoweit ein *dreistufiger Aufbau der Unionsgerichtsbarkeit* etabliert werden.

320

h) Europäische Zentralbank

Der Vertrag von Lissabon hebt die *Europäische Zentralbank (EZB)* erstmals in den Rang eines (Haupt-)Organs der Europäischen Union (Art. 13 Abs. 1 EUV). Mit dem Eintritt in die dritte Stufe der Wirtschafts- und Währungsunion wurde die *EZB* errichtet, die am 1. Juni 1998 ihre Tätigkeit aufgenommen hat. Die EZB

321

---

351 ABl.EU 2004 Nr. L 333, S. 7.
352 Verordnung (EU, Euratom) 2016/1192 des Europäischen Parlaments und des Rates v. 6.7.2016 über die Übertragung der Zuständigkeit für die Entscheidung im ersten Rechtszug über die Rechtsstreitigkeiten zwischen der Europäischen Union und ihren Bediensteten auf das Gericht, ABl.EU 2016 Nr. L 200, S. 137.

ist an die Stelle des Europäischen Währungsinstituts (EWI) getreten, das mit der Errichtung der EZB aufgelöst wurde. Die Hauptaufgabe des EWI, das mit Beginn der zweiten Stufe der Wirtschafts- und Währungsunion am 1. Januar 1994 errichtet worden war, lag in der Koordinierung der Geldpolitiken der Mitgliedstaaten, der Überwachung des Funktionierens des Europäischen Währungssystems (EWS; Rn. 1384) sowie der organisatorischen Vorbereitung des Eintritts in die dritte Stufe der Wirtschafts- und Währungsunion und der damit verbundenen Errichtung einer Europäischen Zentralbank. Die EZB hat ihren Sitz in Frankfurt am Main[353]. Die Einzelheiten über die Stellung der EZB in Deutschland sind im Sitzabkommen vom 18. September 1998 zwischen der Bundesregierung und der EZB geregelt[354].

322 Ungeachtet ihrer Organstellung verfügt die EZB über eine eigene Rechtspersönlichkeit (Art. 282 Abs. 3 Satz 1 AEUV). Wenngleich der EZB der institutionelle Status eines Organs zugesprochen wurde, werden die Rechtsakte der Beschlussorgane der EZB nicht der Europäischen Union zugerechnet, sondern unmittelbar der rechtsfähigen EZB selbst. Konsequenterweise haftet nun auch die EZB – abweichend von der bisherigen Rechtslage – für den durch sie oder ihre Bediensteten in Ausübung ihrer Amtstätigkeit verursachten Schaden (Art. 340 Abs. 3 i. V. m. Abs. 2 AEUV, Rn. 632).

323 Die EZB und die nationalen Zentralbanken sind im *Europäischen System der Zentralbanken (ESZB)* zu einer nichtrechtsfähigen Handlungseinheit zusammengeschlossen (Art. 282 Abs. 1 Satz 1 AEUV). Der Vertrag von Lissabon definiert erstmals den Begriff des „Eurosystems" primärrechtlich. Diese einen Teil des ESZB darstellende, aber dennoch zentrale Organisationseinheit wird nach Art. 282 Abs. 1 Satz 2 AEUV von der EZB und den nationalen Zentralbanken der Mitgliedstaaten gebildet, *deren Währung der Euro ist*. Die EZB und die letztgenannten Mitgliedstaaten betreiben auch die Währungspolitik der Union.

324 In der Ausübung ihrer Befugnisse und der Verwaltung ihrer Mittel ist die EZB unabhängig. Die Organe, Einrichtungen und sonstigen Stellen der Union sowie die Regierungen der Mitgliedstaaten haben diese Unabhängigkeit zu achten (vgl. Art. 282 Abs. 3 Satz 3 und 4 AEUV). Überdies sind weder die EZB noch die Mitglieder ihrer Beschlussorgane an Weisungen der Regierungen der Mitgliedstaaten gebunden. Vielmehr dürfen sie Weisungen von Organen, Einrichtungen oder sonstigen Stellen der Union, Regierungen der Mitgliedstaaten oder anderen Stellen nicht einholen oder entgegennehmen (Art. 130 Satz 1 AEUV). Gleiches fordert der AEU-Vertrag für die nationalen Zentralbanken (Art. 130 Satz 1 AEUV). Damit wird bekräftigt, dass die EZB ihren autonomen Status beibehält. Dies ist erforderlich, um die EZB „dem direkten Zugriff der Politik entziehen

---

353 Art. 341 AEUV i. V. m. lit. i des Protokolls Nr. 6 über die Festlegungen der Sitze der Organe und bestimmter Einrichtungen, sonstiger Stellen und Dienststellen der Europäischen Union, ABl. EU 2008 Nr. C 115, S. 265.
354 BGBl. 1998 II S. 2996.

und damit die Preisstabilität sichern"³⁵⁵ zu können. Damit kommt der EZB gegenüber den anderen Unionsorganen eine Sonderstellung zu.

Die Beschlussorgane der EZB, nämlich der *EZB-Rat* und das *EZB-Direktorium*, leiten das ESZB (Art. 129 Abs. 1 AEUV). Der EZB-Rat besteht dabei aus den Mitgliedern des EZB-Direktoriums und den Präsidenten der nationalen Zentralbanken der Mitgliedstaaten, deren Währung der Euro ist (Art. 283 Abs. 1 AEUV, Art. 10 Abs. 1 Protokoll Nr. 4 über die Satzung des Europäischen Systems der Zentralbanken und der Europäischen Zentralbank³⁵⁶); das Direktorium besteht aus dem Präsidenten, dem Vizepräsidenten und vier weiteren in Währungs- und Bankfragen anerkannten Mitgliedern. Sie werden vom Europäischen Rat auf Empfehlung des Rates mit qualifizierter Mehrheit ausgewählt und für eine Amtszeit von acht Jahren ernannt (Art. 283 Abs. 2 AEUV). Eine Wiederernennung ist nicht zulässig.

325

Solange noch nicht alle Mitgliedstaaten die Voraussetzungen für den Eintritt in die dritte Stufe der Wirtschafts- und Währungsunion erfüllen, besteht ein drittes Beschlussorgan der EZB, nämlich der *Erweiterte Rat* (Art. 141 Abs. 1 AEUV). Ihm gehören neben dem Präsidenten und dem Vizepräsidenten der EZB die Präsidenten aller nationalen Zentralbanken an, also auch der Zentralbanken der Mitgliedstaaten, die noch nicht an der Wirtschafts- und Währungsunion teilnehmen³⁵⁷.

326

Das primäre Ziel des ESZB ist, Preisstabilität zu gewährleisten. Seine grundlegenden Aufgaben bestehen in der Festlegung und Führung der Geldpolitik der Union, der Durchführung von Devisengeschäften, im Verwalten der offiziellen Währungsreserven der Mitgliedstaaten und in der Förderung des reibungslosen Funktionierens der Zahlungssysteme (Art. 127 Abs. 2 AEUV). Allein der EZB kommt die Befugnis zu, die Ausgabe der Euro-Banknoten innerhalb der Union zu genehmigen (Art. 282 Abs. 3 Satz 2, Art. 128 Abs. 1 Satz 1 AEUV). Die für die Erfüllung ihrer Aufgaben erforderlichen Maßnahmen erlässt die EZB nach Maßgabe der Art. 127 bis 133 und Art. 138 AEUV und der Satzung des ESZB und der EZB (Art. 282 Abs. 4 Satz 1 AEUV). Jene Mitgliedstaaten, deren Währung (noch) nicht der Euro ist, sowie deren Zentralbanken behalten hingegen ihre Zuständigkeiten im Währungsbereich.

327

i) Rechnungshof

Der 1975 ins Leben gerufene Rechnungshof – mit Sitz in Luxemburg (Art. 341 AEUV i. V. m. lit. e des Protokolls Nr. 6 über die Festlegung der Sitze der Organe und bestimmter Einrichtungen, sonstiger Stellen und Dienststellen der Europäischen Union³⁵⁸) – besteht aus je einem Staatsangehörigen je Mitgliedstaat

328

---

355 *Gaitanides*, in: FS Zuleeg, S. 550, 555.
356 ABl.EU 2008 Nr. C 115, S. 230.
357 Vgl. *Beutel*, Differenzierte Integration, S. 48.
358 ABl.EU 2004 Nr. C 155, S. 265.

(Art. 285 Abs. 2 Satz 1 AEUV). Die weisungsunabhängigen Mitglieder müssen in ihren Ländern Rechnungsprüfungsorganen angehören, angehört haben oder für dieses Amt besonders geeignet sein und jede Gewähr für Unabhängigkeit bieten (Art. 286 Abs. 1 AEUV). Sie werden vom Rat nach Anhörung des Europäischen Parlaments mit qualifizierter Mehrheit auf sechs Jahre ernannt. Sie können wiederernannt werden (Art. 286 Abs. 2 UAbs. 1 AEUV). Die Mitglieder des Rechnungshofs wählen für drei Jahre aus ihrer Mitte einen Präsidenten (Art. 286 Abs. 2 UAbs. 2 AEUV). Die Einzelheiten der internen Organisation des Rechnungshofs sind in seiner Geschäftsordnung festgelegt[359].

329 Der Rechnungshof nimmt als Aufgabe die Rechnungsprüfung wahr (Art. 285 Abs. 1 AEUV), d. h. er prüft die Rechnung über alle Einnahmen und Ausgaben der Union sowie der von der Union geschaffenen Einrichtungen auf Rechtmäßigkeit und Ordnungsmäßigkeit und überzeugt sich von der Wirtschaftlichkeit der Haushaltsführung. Nach Abschluss eines jeden Haushaltsjahres erstattet er einen Jahresbericht[360], der den anderen Organen der Europäischen Union vorgelegt und im Amtsblatt der Europäischen Union veröffentlicht wird (Art. 287 Abs. 4 UAbs. 1 AEUV).

j) Institutionen der Europäischen Union

330 Die Organe der Europäischen Union sind in Art. 13 Abs. 1 EUV abschließend aufgezählt. Daneben gibt es jedoch eine Reihe weiterer Institutionen der Europäischen Union. Zwei davon nennt Art. 13 Abs. 4 EUV: den Wirtschafts- und Sozialausschuss und den Ausschuss der Regionen, zwei beratende Einrichtungen, die gemeinhin als „Neben-, Hilfs- oder Sekundärorgane" qualifiziert werden und in dieser Eigenschaft das Europäische Parlament, den Rat und die Kommission unterstützen. Darüber hinaus gibt es die Europäische Investitionsbank (EIB).

aa) Wirtschafts- und Sozialausschuss

331 Der *Wirtschafts- und Sozialausschuss* (WSA), der seinen Sitz in Brüssel hat, ist eine Einrichtung der Union mit lediglich beratender Funktion (Art. 13 Abs. 4 EUV und Art. 300 Abs. 1 AEUV). Er hat daher nur geringen Einfluss auf den gemeinschaftlichen Gesetzgebungsprozess. In den in den Verträgen vorgesehenen Fällen muss der Ausschuss vom Europäischen Parlament, dem Rat oder der Kommission gehört werden. Er kann darüber hinaus gehört werden, wenn die genannten Organe dies für zweckmäßig halten. Der Ausschuss kann aber auch von sich aus Stellungnahmen abgeben, wenn er dies seinerseits für zweckmäßig erachtet (Art. 304 Abs. 1 AEUV). Nötigenfalls wird dem Ausschuss eine mindes-

---
359 ABl.EU 2010 Nr. L 103, S. 1.
360 Vgl. die Jahresberichte 2016, ABl.EU 2017 Nr. C 322, S. 1, 281.

tens einmonatige Frist zur Stellungnahme gegeben, wobei das Fehlen einer Anhörung nach Ablauf der Frist unberücksichtigt bleiben kann (Art. 304 Abs. 2 AEUV).

Der Wirtschafts- und Sozialausschuss besteht aus weisungsunabhängigen Vertretern der Organisationen der Arbeitgeber und der Arbeitnehmer sowie anderen Vertretern der Zivilgesellschaft, insbesondere aus dem sozialen und wirtschaftlichen, dem staatsbürgerlichen, dem beruflichen und dem kulturellen Bereich (Art. 300 Abs. 2 AEUV). Die Mitglieder des Ausschusses werden aus Vorschlagslisten der Mitgliedstaaten vom Rat mit qualifizierter Mehrheit nach Anhörung der Kommission auf fünf Jahre ernannt (Art. 302 Abs. 1 Satz 1 AEUV). Art. 301 Abs. 1 AEUV legt die Obergrenze der Anzahl der Ausschussmitglieder auf 350 fest. Auf der Grundlage von Art. 301 Abs. 2 AEUV hat der Rat auf Vorschlag der Kommission bestimmt, dass der Ausschuss aus 329 Mitgliedern besteht[361]. Dieser Beschluss legt auch die Größe der mitgliedstaatlichen Sitzkontingente fest. Sie orientieren in etwa – aber nicht exakt – an der Bevölkerungszahl der Mitgliedstaaten. So verfügt Deutschland derzeit über 24 Sitze, Malta über 5. Die kleinen Mitgliedstaaten sind demzufolge proportional überrepräsentiert.

332

Herkömmlich ist der Wirtschafts- und Sozialausschuss in drei etwa gleichstarke Gruppierungen gegliedert: Arbeitgeber, Arbeitnehmer und Vertreter der unabhängigen Tätigkeiten. Die Mitglieder des Ausschusses üben ihre Tätigkeit in voller Unabhängigkeit zum allgemeinen Wohl der Union aus (Art. 300 Abs. 4 AEUV). Der Ausschuss wählt aus seiner Mitte einen Präsidenten und ein Präsidium (Art. 303 Abs. 1 AEUV) und gibt sich nach Art. 303 Abs. 2 AEUV eine Geschäftsordnung[362].

333

bb) Ausschuss der Regionen

Der *Ausschuss der Regionen* (AdR), mit Sitz in Brüssel, ist ebenfalls eine Einrichtung der Europäischen Union mit lediglich beratender Funktion (Art. 13 Abs. 4 EUV und Art. 300 Abs. 1 AEUV). Der Ausschuss ist vom Europäischen Parlament, dem Rat oder der Kommission in den in den Verträgen vorgesehenen Fällen (etwa in den Bereichen Bildung, Kultur, Gesundheit, transeuropäische Netze und Regionalpolitik) zu hören. Darüber hinaus findet eine Anhörung zum einen auch dann statt, wenn die genannten Organe dies für zweckdienlich erachten, insbesondere aber in Fällen, welche die grenzüberschreitende Zusammenarbeit betreffen (Art. 307 Abs. 1 AEUV). Zum anderen erfolgt eine Anhörung im Falle der Anhörung des Wirtschafts- und Sozialausschusses. Ist der AdR der Auffassung, dass spezifische regionale Interessen berührt werden, kann er sodann eine entsprechende Stellungnahme abgeben (Art. 307 Abs. 3 AEUV).

334

---

361 Art. 1 des Beschlusses (EU) 2019/853 des Rates v. 21.5.2019 über die Zusammensetzung des Europäischen Wirtschafts- und Sozialausschusses, ABl.EU 2019 Nr. L 139, S. 15.
362 Vgl. ABl.EU 2010 Nr. L 324, S. 52.

335 Der Regionalausschuss setzt sich aus maximal 350 Vertretern (Art. 305 Abs. 1 AEUV)[363] der regionalen und lokalen Gebietskörperschaften zusammen (Länder, Landkreise, Städte, Gemeinden), die entweder ein auf Wahlen beruhendes Mandat in einer regionalen oder lokalen Gebietskörperschaft innehaben oder gegenüber einer gewählten Versammlung politisch verantwortlich sind. Die Anzahl der Mitglieder des Regionalausschusses sowie mitgliedstaatlichen Sitzkontingente, die denjenigen im Wirtschafts- und Sozialausschuss in ihrer Größe entsprechen, sind in einem auf Art. 305 Abs. 2 AEUV gestützten einstimmig gefassten Ratsbeschluss festgelegt[364]. Derzeit beträgt die Mitgliederzahl 329. Die Mitglieder des Ausschusses sowie eine gleiche Anzahl von Stellvertretern werden vom Rat auf Vorschlag der Mitgliedstaaten mit qualifizierter Mehrheit auf fünf Jahre ernannt (Art. 305 Abs. 3 Satz 1 AEUV). Die 24 deutschen Vertreter im Ausschuss verteilen sich so, dass fünf Länder durch je zwei, die übrigen elf Länder und die drei kommunalen Spitzenverbände (Städtetag, Landkreistag, Städte- und Gemeindebund) durch je einen Vertreter repräsentiert sind. Die Amtszeit eines Ausschussmitgliedes endet automatisch bei Ablauf seines innerstaatlichen Mandats, aufgrund dessen er seine Ausschussmitgliedschaft erlangt hat (Art. 305 Abs. 3 Satz 4 AEUV).

336 Der durch den Maastrichter Vertrag geschaffene Ausschuss stellt neben dem Subsidiaritätsprinzip (Art. 5 Abs. 3 EUV) und der Unionsbürgerschaft (Art. 20 bis Art. 23 AEUV) ein wesentliches Element zur Verwirklichung von mehr Bürgernähe (Art. 1 Abs. 2 EUV) und einer stärkeren Berücksichtigung regionaler und lokaler Interessen dar. Als Forum der Länder- und Kommunalinteressen wird mit ihm der „Landesblindheit" der Union (Rn. 148) entgegengesteuert. Auch wenn dahinter die vielbeschworene Idee eines „Europa der Regionen" steht, wird mit dem Regionalausschuss keineswegs eine zweite Ebene der Union institutionalisiert, zumal der Einfluss des AdR auf Gesetzgebungsprozesse der Union nur gering ist.

337 Die Mitglieder des Ausschusses sind nicht an Weisungen gebunden und üben ihre Tätigkeit in voller Unabhängigkeit zum allgemeinen Wohl der Union aus (Art. 300 Abs. 4 AEUV). Sie sind – anders als die Mitglieder des Rates, die im Rat für ihren Mitgliedstaat auftreten – nicht Vertreter ihrer Regionen oder kommunalen Gebietskörperschaften (Städte und Gemeinden). Ein Mitglied des Ausschusses der Regionen darf nicht gleichzeitig Mitglied des Europäischen Parlaments sein (Art. 305 Abs. 3 Satz 5 AEUV). Nach Art. 306 Abs. 2 AEUV gibt sich der Ausschuss eine Geschäftsordnung[365].

---

363 Infolge des Beitritts Kroatiens betrug die Höchstzahl der Mitglieder des Ausschusses vorübergehend 353; Art. 24 Abs. 2 der Beitrittsakte, ABl.EU 2012 Nr. L 112, S. 21.
364 Art. 1 des Beschlusses (EU) 2019/852 des Rates v. 21.5.2019 über die Zusammensetzung des Ausschusses der Regionen, ABl.EU 2019 Nr. L 139, S. 13.
365 ABl.EU 2010 Nr. L 6, S. 14.

cc) Europäische Investitionsbank

Von der Europäischen Zentralbank ist die *Europäische Investitionsbank* mit Sitz in Luxemburg streng zu unterscheiden. Sie ist ebenfalls eine mit eigener Rechtspersönlichkeit ausgestattete Institution des Unionsrechts (Art. 308 Abs. 1 AEUV). Mitglieder der EIB sind die Mitgliedstaaten der Europäischen Union (Art. 308 Abs. 2 AEUV). Als Finanzierungsinstitut der Union liegt ihre wesentliche Aufgabe in der Beschaffung von Geldmitteln auf dem freien Kapitalmarkt sowie der Förderung von strukturell benachteiligten Regionen (Art. 309 AEUV). Das Kapital der Bank beläuft sich – nach dem Ausscheiden Großbritanniens[366] – auf ca. 243,3 Mrd. €[367]. 338

k) Einrichtungen und sonstige Stellen der Europäischen Union

Die Organe der Europäischen Union können im Rahmen ihrer Organisationsgewalt im Wege der Rechtsetzung neue Einrichtungen und sonstige Stellen schaffen und ihnen bestimmte, rechtlich begrenzte Befugnisse übertragen[368]. Sind diese Fachbehörden mit einer eigenen Rechtspersönlichkeit ausgestattet, spricht man von „Agenturen". Als Rechtsgrundlage für die Schaffung von Einrichtungen und sonstigen Stellen kommen Art. 114 und Art. 352 AEUV in Betracht, aber auch andere materiell-rechtliche Kompetenznormen. Die einer Einrichtung oder sonstigen Stelle übertragenen Befugnisse dürfen nicht weiter reichen als die Befugnisse des übertragenden Organs, da ansonsten ein Verstoß gegen das institutionelle Gleichgewicht der Union (Rn. 227 ff.) vorliegt[369]. Zudem unterliegen Einrichtungen und sonstige Stellen denselben primärrechtlichen Bindungen wie das eigentlich verantwortliche Organ. Insbesondere darf der Rechtsschutz durch die Schaffung einer Einrichtung oder sonstigen Stelle nicht beeinträchtigt werden[370]. Hieraus ziehen Art. 263 Abs. 1 Satz 2 und Art. 265 Abs. 1 Satz 2 AEUV die Konsequenz, indem sie Klagen gegen Akte von Einrichtungen und sonstigen Stellen ausdrücklich ermöglichen, soweit sie Rechtswirkungen gegenüber Dritten erzeugen. In der Vergangenheit sind – vielfach auf der Grundlage von Art. 308 EGV a. F. (jetzt: Art. 352 AEUV) – unter anderem folgende ergänzende Einrichtungen geschaffen worden: die Europäische Umweltagentur[371], die Europäische Drogenberatungsstelle[372], die Euro- 339

---

366 Das Einlagekapital Großbritanniens in Höhe von ca. 39,2 Mrd. Euro ist diesem nach seinem Austritt aus der Union gemäß Art. 150 Abs. 4 Austrittsabkommens (ABl.EU 2020 Nr. L 29, S. 7) zurückzuerstatten.
367 Vgl. ABl.EU 2019 Nr. L 110, S. 39.
368 EuGH, Rs. 9/56, Slg. 1958, S. 9, 42 ff. – *Meroni*.
369 EuGH, Rs. 9/56, Slg. 1958, S. 9, 44 ff. – *Meroni*.
370 EuGH, Rs. 9/56, Slg. 1958, S. 9, 27 – *Meroni*.
371 ABl.EG 1990 Nr. L 120, S. 1.
372 ABl.EG 1993 Nr. L 36, S. 1.

päische Agentur für die Beurteilung von Arzneimitteln[373], die Agentur der Europäischen Union für Grundrechte[374].

I) Merksätze

340   Die **Organe der Europäischen Union** sind das **Europäische Parlament,** der **Europäische Rat,** der **Rat,** die **Europäische Kommission,** der **Gerichtshof der Europäischen Union,** die **Europäische Zentralbank** und der **Rechnungshof** (Art. 13 Abs. 1 EUV).

Die organschaftlichen Kompetenzzuweisungen innerhalb der Union weisen die Besonderheit auf, dass Gesetzgebung und Verwaltung nicht jeweils einem einzigen Legislativ- bzw. Exekutivorgan überantwortet, sondern auf mehrere Organe verteilt sind. Auf diese Weise schaffen die Verträge ein **institutionelles Gleichgewicht,** d. h. ein System der gegenseitigen Kontrolle und des Machtgleichgewichts zwischen den Unionsorganen („checks and balances").

Das **Europäische Parlament** setzt sich zusammen aus unmittelbar gewählten Abgeordneten, für die jedoch Sitzkontingente pro Mitgliedstaat bestehen bzw. festgelegt werden. Das Prinzip der Wahlrechtsgleichheit wird dabei nicht verwirklicht. Die Wahl erfolgt nach nationalen Wahlgesetzen. Beides beschränkt die demokratische Legitimation des Parlaments. Das Parlament ist ein gegenüber dem Rat gleichberechtigtes Organ im Gesetzgebungsverfahren, seine Legislativfunktion ist jedoch nicht kongruent zu jener der nationalen Parlamente.

Der **Europäische Rat** hat mit Inkrafttreten des Vertrags von Lissabon auch formal Organstatus erlangt. Er setzt sich aus den Staats- und Regierungschefs der Mitgliedstaaten, dem Präsidenten der Kommission und einem (ständigen) Präsidenten des Europäischen Rates zusammen. Der Europäische Rat ist Leitorgan der EU und legt die allgemeinen politischen Zielvorstellungen fest.

Im **Rat** sind die Regierungen der Mitgliedstaaten auf Ministerebene vertreten. Hier werden die nationalen Interessen zum Ausgleich gebracht. Unter den Voraussetzungen des Art. 23 Abs. 6 GG kann auch der Minister einer Landesregierung für die Bundesrepublik auftreten. Zusammen mit dem Europäischen Parlament kommt dem Rat primär eine Legislativfunktion zu.

Die **Europäische Kommission** ist ein von den nationalen Regierungen weisungsunabhängiges Organ. Sie hat insbesondere die Aufgabe, Rechtsakte der Union vorzubereiten (Initiativfunktion) und die Einhaltung des Unionsrechts zu überwachen („Hüterin des Unionsrechts"). Darüber hinaus besitzt

---

373 ABl.EG 1993 Nr. L 214, S. 1.
374 ABl.EU 2007 Nr. L 53, S. 1.

sie auch eigene Rechtsetzungsbefugnisse, insbesondere in ihrer Eigenschaft als Wettbewerbsbehörde.

Der **Gerichtshof der Europäischen Union** ist das Rechtsprechungsorgan der EU. Er ist gegliedert in drei Instanzen: die Fachgerichte, das Gericht und den Gerichtshof.

Die **Europäische Zentralbank** ist ebenso ein Unionsorgan wie auch der **Rechnungshof**. Gleichwohl ist die EZB eine rechtlich selbstständige und unabhängige Institution mit eigener Rechtspersönlichkeit. Die EZB und die nationalen Zentralbanken bilden zusammen das Europäische System der Zentralbanken. Das „Eurosystem" bildet die EZB zusammen mit den nationalen Zentralbanken der Mitgliedstaaten, deren Währung der Euro ist. Aufgabe des Rechnungshofs ist die Rechnungsprüfung.

Der **Wirtschafts- und Sozialausschuss** und der **Ausschuss der Regionen** sind keine Organe, sondern beratende Einrichtungen der Europäischen Union („Neben-, Hilfs- oder Sekundärorgane").

Die **Europäische Investitionsbank (EIB)** ist eine rechtlich selbstständige und unabhängige Institution des Unionsrechts mit eigener Rechtspersönlichkeit. Sie ist kein Organ der Union, sondern eine eigenständige Institution, die ihrerseits durch Organe handelt.

3. Rechtsetzungsverfahren

Literaturhinweise: *v. Achenbach, J.:* Demokratische Gesetzgebung in der Europäischen Union. Theorie und Praxis der dualen Legitimationsstruktur europäischer Hoheitsgewalt, 2014; *Bueren, E.:* Grenzen der Durchführungsrechtsetzung im Unionsrecht – Neuerungen nach Lissabon?, EuZW 2012, S. 167; *Daiber, B.:* EU-Durchführungsrechtsetzung nach Inkrafttreten der neuen Komitologie-Verordnung, EuR 2012, S. 240; *Dashwood, A.:* The Constitution of the EU after Nice: Law-making Procedures, ELRev. 2001, S. 215; *Dauses, M. A.:* Nochmals zum Europäischen Parlament: Von der „beratenden" zur „bestätigenden" Versammlung?, EuZW 1999, S. 97; *Demmke, Ch./Haibach, G.:* Die Rolle der Komitologieausschüsse bei der Durchführung des Gemeinschaftsrechts und in der Rechtsprechung des EuGH, DÖV 1997, S. 710; *Edenharter, A.:* Die Komitologie nach dem Vertrag von Lissabon: Verschiebung der Einflussmöglichkeiten zugunsten der EU-Kommission?, DÖV 2011, S. 645; *Fabricius, C.:* Das Kontrollrecht von Rat und Parlament nach der Komitologie-Durchführungsverordnung, EuZW 2014, S. 453; *Fuhrmann, M. M.:* Neues zum Komitologieverfahren, DÖV 2007, S. 464; *Giebenrath, R.:* Das Mitentscheidungsverfahren des Artikels 251 (ex-189b) EG-Vertrag zwischen Maastricht und Amsterdam, 2000; *Giersdorf, F.:* Der informelle Trilog. Das Schattengesetzgebungsverfahren der Europäischen Union, 2019; *Härtel, I.:* Handbuch Europäische Rechtsetzung, 2006; *Haibach, G.:* Komitologie nach Amsterdam – Die Übertragung von Rechtsetzungsbefugnissen im Rechtsvergleich, VerwArch 90 (1999), S. 98; *Hauschild, M.:* Das neue Komitologieverfahren. Neue Regeln für das Ausschussverfahren der EG, ZG 1999, S. 248; *Lange, F.:* Exekutive Rechtsetzung in der Europäischen Union, JuS 2019,

S. 759; *Kühner, H.:* Rechtsetzung in der Europäischen Gemeinschaft. Die Verfahren nach Art. 189 b und Art. 189 c EGV, 1997; *Mensching, Ch.:* Der neue Komitologie-Beschluss des Rates, EuZW 2000, S. 268; *Nentwich, M.:* Institutionelle und verfahrensrechtliche Neuerungen im Vertrag über die Europäische Union, EuZW 1992, S. 235; *Otto, P. Ch.:* Das Gesetzgebungsverfahren in der Europäischen Union, JA 2018, S. 447; *Ress, G.:* Das Europäische Parlament als Gesetzgeber, ZEuS 1999, S. 219; *Schmolke, K. U.:* Die Einbeziehung des Komitologieverfahrens in den *Lamfalussy*-Prozess – Zur Forderung des Europäischen Parlaments nach mehr Entscheidungsteilhabe, EuR 2006, S. 432; *Schusterschitz, G.:* Rechtsakte und Rechtsetzungsverfahren, in: Hummer, W./Obwexer, W. (Hrsg.): Der Vertrag von Lissabon, 2009, S. 209; *Sobotta, Ch.:* Transparenz in den Rechtsetzungsverfahren der EU, 2001; *Streinz, R./Ohler, Ch./Herrmann, Ch.:* Der Vertrag von Lissabon zur Reform der EU, 3. Aufl. 2010, S. 111; *Sydow, G.:* Europäische exekutive Rechtsetzung zwischen Kommission, Komitologieausschüssen, Parlament und Rat, JZ 2012, S. 157; *Türk, A.:* Das Verhältnis des Parlaments zur europäischen Exekutive im Bereich der Komitologie, in: Kadelbach, S. (Hrsg.): Europäische Integration und parlamentarische Demokratie, 2009, S. 131.

341 Kennzeichnend für die Rechtsetzungsverfahren der Europäischen Union ist das *Zusammenwirken mehrerer Organe*. Hauptrechtsetzungsorgane sind dabei der Rat und das Europäische Parlament. Beteiligt sind die Kommission, der Wirtschafts- und Sozialausschuss sowie der Ausschuss der Regionen. Aufgrund des Prinzips der begrenzten Einzelermächtigung sind die Organe der Union beim Erlass von Rechtsakten nicht frei in der Wahl des von ihnen einzuschlagenden Verfahrens.

342 Vor dem Inkrafttreten des Vertrags von Lissabon standen den Organen im Wesentlichen drei Rechtsetzungsverfahren zur Verfügung: das einfache Verfahren der Anhörung (z. B. Art. 308 EGV a. F.), das Verfahren der Zusammenarbeit (Art. 252 EGV a. F.) sowie das Verfahren der Mitentscheidung (Art. 251 EGV a. F.). Der Vertrag von Lissabon hat diese Verfahren grundlegend reformiert. Er hat zunächst den Begriff „Gesetzgebung" in die Verträge eingeführt, weshalb nunmehr zwischen Gesetzgebung und sonstiger Rechtsetzung zu unterscheiden ist. Anders als der Verfassungsvertragsentwurf sieht das geltende Recht jedoch den Rechtsakttypus „Gesetz" (= Verordnung, Art. 288 Abs. 2 AEUV; Rn. 398 ff.) nicht mehr vor.

343 Gesetzgebungsakte sind Rechtsakte, die in einem *Gesetzgebungsverfahren* angenommen werden (Art. 289 Abs. 3 AEUV). In ihnen sind auch die wesentlichen Aspekte eines Bereichs zu regeln (Art. 290 Abs. 1 UAbs. 2 Satz 2 AEUV). Der AEU-Vertrag sieht ein ordentliches sowie besondere Gesetzgebungsverfahren vor. Das ordentliche Gesetzgebungsverfahren gemäß Art. 289 Abs. 1 AEUV entspricht dabei verfahrensrechtlich weitgehend dem bisherigen Verfahren der Mitentscheidung nach Art. 251 EGV a. F. Das bisherige Verfahren der Zusammenarbeit nach Art. 252 EGV a. F. ist hingegen abgeschafft worden[375]. Die be-

---

[375] *Schusterschitz*, in: Hummer/Obwexer (Hrsg.), Der Vertrag von Lissabon, 2009, S. 209, 220.

sonderen Gesetzgebungsverfahren sind in Art. 289 Abs. 2 AEUV erwähnt. Welches Gesetzgebungsverfahren zur Anwendung gelangt, ist abhängig von der jeweiligen Norm, die zum Erlass des betreffenden Rechtsakts ermächtigt. Da Gesetzgebungsakte ihre Ermächtigungsgrundlage stets im Primärrecht haben, sind sie stets Sekundärrecht. In der Praxis wird insbesondere das ordentliche Gesetzgebungsverfahren gelegentlich durch den sog. *informellen Trilog* ergänzt[376]. Dahinter verbergen sich vertraglich nicht geregelte und daher „informelle" Treffen weniger Vertreter der Kommission, des Europäischen Parlaments und des Rates außerhalb des regulären Verfahrens und des damit verbundenen strengen organisatorischen Rahmens mit dem Ziel, bereits zu einem frühen Zeitpunkt eine Einigung zu erzielen. Auf deren Grundlage wird sodann das einschlägige Gesetzgebungsverfahren fortgesetzt. Für das Haushaltsverfahren als besonderes Gesetzgebungsverfahren ist diese Form der Entscheidungsfindung ausdrücklich in Art. 324 AEUV geregelt und damit formalisiert worden.

Neben den Gesetzgebungsverfahren existieren auch andere Rechtsetzungsverfahren, die zum Erlass von verbindlichen Rechtsakten führen können. Diese Verfahren sind in den jeweiligen Bestimmungen der Verträge gesondert geregelt. Diesen sonstigen Rechtsetzungsverfahren unterfallen delegierte Rechtsakte, Durchführungsrechtsakte, Rechtsakte im Rahmen der GASP und alle übrigen in den Verträgen vorgesehenen Rechtsakte. Rechtsakte in den anderen Rechtsetzungsverfahren können sowohl Sekundärrecht als auch Tertiärrecht sein.

Die Grundregel, nach der die Rechtsetzungsverfahren funktionieren, ist dabei in dem Zusammenspiel von Rat und Kommission zu sehen. Das Europäische Parlament ist erst sehr viel später über das Anhörungsrecht hinaus in diese Verfahren integriert worden, wodurch die Verfahren komplizierter wurden, jedoch hinsichtlich des Grundkonzepts unverändert geblieben sind. Die *Konzeption, die der Rechtsetzung in der Union zugrunde liegt,* ist folgende: Der Rat als Gremium, in dem die Mitgliedstaaten ihre nationalen Interessen ausgleichen müssen, soll erstens nicht – wie in klassischen internationalen Organisationen – durchgängig mit Einstimmigkeit entscheiden, damit nicht nur eine Einigung auf dem kleinsten gemeinsamen Nenner erfolgt. Zweitens soll er nur auf der Grundlage eines Kommissionsvorschlags entscheiden können, wobei die Kommission aufgrund ihrer Unabhängigkeit eine eigenständige, an dem von ihr definierten europäischen Gemeinwohl orientierte Regelung vorschlagen und sich nicht am kleinsten gemeinsamen Nenner der mitgliedstaatlichen Interessen ausrichten soll. Dem Rat fällt es dabei leichter, den Vorschlag anzunehmen – nämlich mit qualifizierter Mehrheit – als ihn abzuändern, dies ist ihm nur einstimmig möglich. Auf diese Weise erhält der am europäischen

---

[376] Vgl. die Gemeinsame Erklärung des Europäischen Parlaments, des Rates und der Kommission v. 13.6.2007 zu den praktischen Modalitäten des neuen Mitentscheidungsverfahrens (Artikel 251 EG-Vertrag), ABl.EU 2007 Nr. C 145, S. 5, Ziff. 7 ff.; dazu *Giersdorf*, Der informelle Trilog. Das Schattengesetzgebungsverfahren der Europäischen Union, 2019.

Gemeinwohl ausgerichtete Kommissionsvorschlag eine *Annahmeprivilegierung*. Die Initiativfunktion der Kommission ist aus diesem Grunde unentbehrlich und wird im ordentlichen Gesetzgebungsverfahren nur an zwei Stellen durchbrochen, zum einen bei Einsetzung eines Vermittlungsausschusses (Art. 293 Abs. 1 i. V. m. Art. 294 Abs. 10 und Abs. 13 AEUV: „gemeinsamer Entwurf" des Vermittlungsausschusses) und zum anderen, wenn vertraglich vorgesehen ist, dass ein Gesetzgebungsakt auf Initiative einer Gruppe von Mitgliedstaaten, auf Empfehlung der Europäischen Zentralbank oder auf Antrag des Gerichtshofs erlassen wird. Ein gleichwertiges Initiativrecht des Europäischen Parlaments ist jedenfalls ausgeschlossen. Nicht ausgeschlossen ist dabei freilich, dass der Rat aufgrund der Praxis der „Luxemburger Vereinbarung" überhaupt nicht oder doch lediglich mit Einstimmigkeit entscheidet und dadurch dieses System unterläuft. Die Berücksichtigung dieser Grundregel hilft, das komplizierte Rechtsetzungsverfahren gemäß Art. 294 AEUV zu verstehen: Immer dann, wenn der Rat gegen den Willen der Kommission entscheiden will, und sei es auch in Konformität mit den Absichten des Parlaments, muss er mit Einstimmigkeit entscheiden.

346 Dieses Grundkonzept der Rechtsetzung hat seine Wurzeln im Recht der internationalen Organisationen, denn jede internationale Organisation besitzt ein dem Rat entsprechendes Organ, in dem die Mitgliedstaaten ihre Interessen ausgleichen und die einschlägigen Maßnahmen ergreifen. Weiterentwickelt ist dies bereits durch die besondere Stellung der Kommission. Mit dem staatlichen Grundsatz der Gewaltenteilung und insbesondere dem Grundsatz der parlamentarischen Demokratie ist diese Form der Rechtsetzung jedoch trotz der Ausweitung der Rechte des Europäischen Parlaments nicht in Übereinstimmung zu bringen. Erst bei einer Fortentwicklung der Union zu eigener Staatlichkeit ist es vorstellbar, dass das Europäische Parlament – unter der Voraussetzung der Behebung seiner Legitimitätsdefizite (Rn. 235 ff.) – das dominante Legislativorgan wird, der Rat im Sinne eines Zweikammersystems zur Staatenkammer wird und die Kommission die Rolle einer parlamentarisch verantwortlichen Regierung übernimmt. Diese Entwicklung ist jedoch derzeit nicht absehbar und wurde auch nicht durch den Lissabonner Vertrag in Gang gesetzt. Die Kritik an den Defiziten der demokratischen Legitimation der Unionsrechtsetzung muss sich dieser unterschiedlichen Grundbedingungen bewusst bleiben[377].

a) Ordentliches Gesetzgebungsverfahren

347 Das durch den Vertrag von Lissabon eingeführte ordentliche Gesetzgebungsverfahren ist in Art. 294 AEUV geregelt und entspricht mit gewissen Modifikationen dem bisherigen Mitentscheidungsverfahren nach Art. 251 EGV a. F. Das

---

377 Vgl. BVerfGE 123, 267, 370 ff. – *Lissabon*.

ordentliche Gesetzgebungsverfahren wird immer dann angewendet, wenn in den Verträgen hinsichtlich der Annahme eines Rechtsakts auf dieses Verfahren Bezug genommen wird: z. B. Art. 18, Art. 19 Abs. 2, Art. 21 Abs. 2, Art. 24 Abs. 1, Art. 46, Art. 48, Art. 50 Abs. 1, Art. 52 Abs. 2, Art. 53 Abs. 1, Art. 114 Abs. 1, Art. 192 Abs. 1, 2, 3 AEUV. Das ordentliche Gesetzgebungsverfahren verschafft dem Europäischen Parlament, das hier gemeinsam mit dem Rat entscheidet, einen beträchtlichen Kompetenzzuwachs und eine Aufwertung seiner Stellung im „institutionellen Gleichgewicht" (Rn. 246 ff.). Dem Parlament kommt dabei, je nach konkretem Verfahrensablauf, ein Vetorecht zu, das nicht mehr vom Rat überstimmt werden kann.

Das ordentliche Gesetzgebungsverfahren kann bis zu *drei Lesungen* umfassen. Es gliedert sich in acht Schritte. Es beginnt in einem *ersten Schritt* mit einem Vorschlag der Kommission, der im ordentlichen Gesetzgebungsverfahren grundsätzlich das Initiativrecht zusteht. Der Vorschlag ist dem Rat und dem Europäischen Parlament zuzuleiten (Art. 294 Abs. 2 AEUV). In einem *zweiten Schritt* legt sodann das Europäische Parlament in erster Lesung seinen Standpunkt zu dem Vorschlag der Kommission fest und übermittelt ihn an den Rat (Art. 294 Abs. 3 AEUV). Es kann in diesem Standpunkt auch Änderungen vorschlagen.

348

Im *dritten Schritt* kann der Rat den Standpunkt des Parlaments billigen; dann ist der Rechtsakt in der Fassung des Standpunkts des Parlaments erlassen (Art. 294 Abs. 4 AEUV). Sofern dabei von dem Vorschlag der Kommission abgewichen wird, muss die Billigung einstimmig erfolgen (Art. 293 Abs. 1 AEUV). Billigt er den Parlamentsstandpunkt in erster Lesung nicht, übermittelt der Rat seinen Standpunkt dem Europäischen Parlament, wobei er ihm die Gründe hierfür in allen Einzelheiten darzulegen hat (Art. 294 Abs. 5 und Abs. 6 Satz 1 AEUV).

349

Es schließt sich als *vierter Schritt* die zweite Lesung im Europäischen Parlament an. Billigt das Parlament den Standpunkt des Rates binnen drei Monaten oder fasst es keinen Beschluss, ist der Rechtsakt in der Fassung des Ratsstandpunktes erlassen (Art. 294 Abs. 7 lit. a AEUV). Lehnt es den Standpunkt des Rates mit der Mehrheit seiner Mitglieder ab, so gilt der Rechtsakt als nicht erlassen (Art. 294 Abs. 7 lit. b. AEUV). Schlägt das Parlament mit der Mehrheit seiner Mitglieder Abänderungen an dem Standpunkt des Rates vor, wird die abgeänderte Fassung der Kommission und dem Rat zugeleitet. Die Kommission gibt in einem *fünften Schritt* eine Stellungnahme zu den Änderungsvorschlägen des Parlaments ab (Art. 294 Abs. 7 lit. c. AEUV).

350

In einem *sechsten Schritt* hat der Rat sodann zwei Möglichkeiten: Sofern er die Abänderungen des Europäischen Parlaments binnen drei Monaten mit qualifizierter Mehrheit billigt, ist der betreffende Rechtsakt erlassen (Art. 294 Abs. 8 lit. a AEUV). Handelt es sich dabei um Änderungsvorschläge des Parlaments, zu denen die Kommission eine ablehnende Stellungnahme abgegeben hatte, kann der Rat die Änderungen nur einstimmig beschließen (Art. 294 Abs. 9 AEUV).

351

Billigt der Rat jedoch nicht alle Änderungen des Parlaments, beruft der Präsident des Rates im Einvernehmen mit dem Präsidenten des Europäischen Parlaments binnen sechs Wochen den *Vermittlungsausschuss* (Art. 294 Abs. 8 lit. b AEUV) ein.

352 Der Vermittlungsausschuss, der aus Mitgliedern des Rates oder deren Vertretern und ebenso vielen das Parlament vertretenden Mitgliedern besteht, versucht nun in einem *siebten Schritt*, binnen sechs Wochen unter beratender Mitwirkung der Kommission (Art. 294 Abs. 11 AEUV) eine Einigung auf der Grundlage der Standpunkte des Parlaments und des Rates zu erzielen (Art. 294 Abs. 10 AEUV). Gelingt es nicht, sich auf einen gemeinsamen Entwurf zu einigen, ist der Erlass des Rechtsakts gescheitert (Art. 294 Abs. 12 AEUV).

353 Einigt man sich im Vermittlungsausschuss auf einen gemeinsamen Entwurf – der zu einem Verlust des Initiativrechts der Kommission führt (Rn. 348) –, haben Rat und Parlament im *achten Schritt* die Möglichkeit, den Rechtsakt in dritter Lesung binnen sechs Wochen in der Fassung des gemeinsamen Entwurfs zu erlassen. Im Rat bedarf es hierzu einer qualifizierten Mehrheit, im Parlament der Mehrheit der abgegebenen Stimmen (Art. 294 Abs. 13 AEUV). Lehnt eines der Organe das Ergebnis des Vermittlungsausschusses ab oder fasst eines der Organe keinen Beschluss innerhalb der Frist, ist der Rechtsakt gescheitert.

354 Eine Modifikation des ordentlichen Gesetzgebungsverfahrens ist in Art. 294 Abs. 15 AEUV i. V. m. Art. 289 Abs. 4 AEUV vorgesehen. Wird ein Gesetzgebungsakt in den in den Verträgen vorgesehenen Fällen auf Initiative einer Gruppe von Mitgliedstaaten, auf Empfehlung der Europäischen Zentralbank oder auf Antrag des Gerichtshofs erlassen, besteht das Initiativrecht der Kommission gemäß Art. 294 Abs. 2 AEUV nicht. Rat und Parlament übermitteln in erster und zweiter Lesung der Kommission jedoch ihre Standpunkte und können die Kommission während des gesamten Verfahrens um eine Stellungnahme bitten, die die Kommission aber auch von sich aus abgeben kann. Ebenso kann die Kommission, sofern sie dies für erforderlich hält, an den Arbeiten des Vermittlungsausschusses teilnehmen (Art. 294 Abs. 15 UAbs. 2 AEUV).

b) Besondere Gesetzgebungsverfahren

355 Neben das ordentliche treten gemäß Art. 289 Abs. 2 AEUV in bestimmten, in den Verträgen vorgesehenen Fällen *besondere Gesetzgebungsverfahren*. Danach erfolgt die Annahme einer Verordnung, einer Richtlinie oder eines Beschlusses durch das Europäische Parlament mit Beteiligung des Rates oder durch den Rat mit Beteiligung des Europäischen Parlaments. Im Gegensatz zum ordentlichen Gesetzgebungsverfahren gibt es keine zentrale Vorschrift, welche den Ablauf der besonderen Gesetzgebungsverfahren im Einzelnen regelt. Vielmehr trifft jede Norm, die ein besonderes Gesetzgebungsverfahren vorsieht, eigene Verfahrensregelungen.

Der Europäische Rat kann gemäß der Brückenklausel des Art. 48 Abs. 7 **356**
UAbs. 2 EUV einstimmig beschließen, den Erlass von Gesetzgebungsakten durch den Rat im ordentlichen Gesetzgebungsverfahren in Fällen zu ermöglichen, in denen der AEU-Vertrag derzeit noch ein besonderes Gesetzgebungsverfahren vorsieht. Der deutsche Regierungsvertreter darf einem solchen Beschlussvorschlag im Europäischen Rat nach den Vorgaben des BVerfG im *Lissabon*-Urteil nur zustimmen, wenn er zuvor vom Bundestag und vom Bundesrat durch ein Gesetz gemäß Art. 23 Abs. 1 Satz 2 GG dazu ermächtigt worden ist. Dies soll der Wahrung der grundgesetzlichen Integrationsverantwortung von Bundestag und Bundesrat dienen[378]. Jedes nationale Parlament hat die Möglichkeit, einem Beschlussvorschlag des Europäischen Rates gemäß Art. 48 Abs. 7 UAbs. 2 EUV binnen sechs Monaten nicht zuzustimmen. In diesem Fall darf der Überleitungsbeschluss gemäß Art. 48 Abs. 7 UAbs. 2 EUV nicht gefasst werden (Art. 48 Abs. 7 UAbs. 3 EUV).

Die jeweilige Form der Mitwirkung der Organe in einem besonderen Gesetz- **357**
gebungsverfahren ergibt sich dabei aus den Bestimmungen zu den einzelnen Politikbereichen der Verträge, die teilweise die Anhörung, teilweise die Zustimmung des jeweils anderen Organs vorsehen. Es kann innerhalb der besonderen Gesetzgebungsverfahren deshalb wie bislang zwischen *Anhörungs-* und *Zustimmungsverfahren* unterschieden werden. Zudem werden regelmäßig bestimmte Mehrheitserfordernisse festgelegt. Beim Anhörungsverfahren und beim Zustimmungsverfahren handelt es sich allerdings nur dann um besondere Gesetzgebungsverfahren, wenn dies in der jeweiligen Ermächtigungsgrundlage ausdrücklich bestimmt ist. In den übrigen Fällen kommen die Verfahren lediglich als sonstige Rechtsetzungsverfahren zur Anwendung (vgl. Art. 74, Art. 78 Abs. 3, Art. 103 Abs. 1 AEUV).

aa) Anhörungsverfahren

Im Rahmen des *Anhörungsverfahrens* beschließt der Rat nach Anhörung des Par- **358**
laments entweder einstimmig (z. B. Art. 22 Abs. 1 Satz 2, Art. 77 Abs. 3 Satz 2, Art. 87 Abs. 3 AEUV) oder mit qualifizierter Mehrheit (z. B. Art. 23 Abs. 2, Art. 182 Abs. 4 AEUV) über den zu erlassenden Rechtsakt. In einigen Fällen ist nach dem AEU-Vertrag der Erlass von Rechtsakten in einem besonderen Gesetzgebungsverfahren nur möglich nach einem vorherigen Vorschlag der Kommission (vgl. Art. 203, Art. 349 Abs. 1 Satz 2, Art. 352 Abs. 1 Satz 2 AEUV). Der Vertrag kann in einem besonderen Gesetzgebungsverfahren zusätzlich die Anhörung des Wirtschafts- und Sozialausschusses und des Ausschusses der Regionen (vgl. etwa Art. 113, Art. 115, Art. 153 Abs. 2 UAbs. 3, Art. 182 Abs. 4, Art. 192 Abs. 2 UAbs. 1 AEUV), der Europäischen Zentralbank (vgl. Art. 126 Abs. 14 UAbs. 2, Art. 127 Abs. 6 AEUV) oder der Europäischen Investitionsbank (Art. 308 Abs. 3 AEUV) vorsehen. Eine unterbliebene, vom AEU-Vertrag aber vorgeschriebene

---
378 BVerfGE 123, 267, 434 ff. – *Lissabon*.

Anhörung führt als Verletzung einer wesentlichen Formvorschrift allerdings zur Nichtigkeit des Rechtsakts[379]. Wird der Rechtsetzungsvorschlag nach der Anhörung des Parlaments abgeändert, hat grundsätzlich eine erneute Anhörung zu erfolgen. Von ihr kann nur abgesehen werden, wenn die wesentlichen Punkte der Regelung unberührt bleiben, wenn die Änderung rein technischen Charakter hat oder wenn das Parlament einen entsprechenden Änderungswunsch geäußert hat[380]. Die *Beschlussfassung des Rates* erfolgt mit der in der jeweiligen Ermächtigungsgrundlage vorgesehenen Mehrheit. Von einem Vorschlag der Kommission kann der Rat nur durch einstimmigen Beschluss abweichen (Art. 293 AEUV).

359 Um die Stellung des Europäischen Parlaments im Verfahren der Anhörung zu stärken, ist für Rechtsakte von allgemeiner Tragweite, die ins Gewicht fallende finanzielle Auswirkungen haben und deren Erlass nicht schon aufgrund früherer Rechtsakte geboten ist, ein *Konzertierungsverfahren* eingeführt worden[381]. Will in einem solchen Fall der Rat von dem Vorschlag der Kommission oder der Stellungnahme des Parlaments abweichen, wird ein Konzertierungsausschuss aus Vertretern des Rates und des Parlaments unter Teilnahme der Kommission gebildet, der in einer Vermittlerrolle versuchen soll, die gegensätzlichen Standpunkte einander anzunähern und auszugleichen.

bb) Zustimmungsverfahren

360 Beim *Zustimmungsverfahren* lassen sich im Wesentlichen zwei Grundkonstellationen unterscheiden. Zum einen kann der Rat mit Zustimmung des Europäischen Parlaments Gesetzgebungsakte erlassen (vgl. etwa Art. 19 Abs. 1, Art. 25 Abs. 2 AEUV), zum anderen kann das Europäische Parlament mit Zustimmung des Rates gesetzgeberisch tätig werden (vgl. Art. 223 Abs. 2, Art. 226 Abs. 3, Art. 228 Abs. 4 AEUV). Erlässt das Parlament einen Gesetzgebungsakt mit Zustimmung des Rates, so schreibt der AEU-Vertrag zudem entweder eine Anhörung der Kommission vor (Art. 223 Abs. 2, Art. 228 Abs. 4 AEUV) oder verlangt für das Zustandekommen eines Gesetzgebungsaktes gar deren Zustimmung (Art. 226 Abs. 3 AEUV). Im Unterschied zum ordentlichen Gesetzgebungsverfahren steht dem mit einem Zustimmungsrecht ausgestatteten Organ kein Recht auf inhaltliche Gestaltung des Gesetzgebungsaktes zu. Etwas anderes gilt nur in dem besonderen Gesetzgebungsverfahren nach Art. 314 AEUV, in welchem Rat und Parlament gemeinsam den Haushaltsplan der Europäischen Union festlegen (vgl. Rn. 248).

---

379 Art. 263 Abs. 2 AEUV; EuGH, Rs. 138/79, Slg. 1980, S. 3333, Rn. 33 – *Roquette Frères;* EuGH, Rs. 139/80, Slg. 1980, S. 3393, Rn. 34 – *Maizena.*
380 EuGH, Rs. C-65/90, Slg. 1992, S. I-4593, Rn. 16 ff. – *Parlament/Rat;* EuGH, Rs. C-280/93, Slg. 1994, S. I-4973, Rn. 38 – *Deutschland/Rat („Bananenmarktordnung")* (= P Nr. 55); EuGH, Rs. C-417/93, Slg. 1995, S. I-1185, Rn. 9 – *Parlament/Rat.*
381 ABl.EG 1975 Nr. C 89, S. 1.

c) Der Erlass von delegierten Rechtsakten und Durchführungsrechtsakten

Der Vertrag von Lissabon übernimmt eine neue Unterscheidung, die bereits Bestandteil der gescheiterten EU-Verfassung werden sollte: die Unterscheidung zwischen „delegierten Rechtsakten" (Art. 290 AEUV) und „Durchführungsrechtsakten" (Art. 291 AEUV). Ob es sich bei einem Rechtsakt um einen delegierten Rechtsakt oder einen Durchführungsrechtsakt handelt, soll sich aus dem Titel des jeweiligen Rechtsakts ergeben (Art. 290 Abs. 3, Art. 291 Abs. 4 AEUV). Da es sich in beiden Fällen um Rechtsakte handelt, die nicht im ordentlichen oder in einem besonderen Gesetzgebungsverfahren zustande gekommen sind, unterfällt der Erlass von delegierten und von Durchführungsrechtsakten den sonstigen Rechtsetzungsverfahren.

361

aa) Delegierte Rechtsakte

Gemäß Art. 290 AEUV kann der Kommission durch Gesetzgebungsakte die Befugnis übertragen werden, sog. delegierte Rechtsakte zu erlassen. Hierbei handelt es sich um Rechtsakte, in denen bestimmte Teile eines Gesetzgebungsaktes im Rahmen einer vom Gesetzgeber festgelegten Ermächtigung näher ausgeführt oder geändert werden. Es geht um Fälle, in denen der Gesetzgeber der Ansicht ist, dass die von ihm festgelegten wesentlichen Teile eines Bereichs die Annahme weiterer Rechtsakte erfordern, die er jedoch delegieren kann. Dabei sind die Grenzen für diese Befugnisübertragung sowie eine entsprechende Kontrollregelung von ihm selbst in dem Gesetzgebungsakt festzulegen. Die Delegation dient der Entlastung der Gesetzgebungsorgane der Union. Eine Delegation nach Art. 290 AEUV ist strengen Regelungen unterworfen. So muss der ermächtigende Akt Ziele, Inhalt, Geltungsbereich und Dauer der Befugnisübertragung ausdrücklich festlegen (Art. 290 Abs. 1 UAbs. 2 AEUV). Die wesentlichen Bestimmungen eines Gebietes müssen dem Gesetzgebungsakt vorbehalten bleiben[382]. Die Bedingungen, unter denen die Kompetenzübertragung erfolgt, werden zudem durch das Parlament und den Rat kontrolliert. Sie können die Kompetenzübertragung widerrufen (Art. 290 Abs. 2 lit. a. AEUV) oder bestimmen, dass ein delegierter Rechtsakt nur dann in Kraft tritt, wenn weder Rat noch Parlament in einer bestimmten Frist widersprochen haben (Art. 290 Abs. 2 lit. b. AEUV). Eine Beschlussfassung entweder durch den Rat oder das Parlament ist in beiden Fällen ausreichend.

362

bb) Durchführungsrechtsakte

Bei Durchführungsrechtsakten gemäß Art. 291 AEUV handelt es sich um Rechtsakte zur Durchführung von Gesetzgebungsakten, von anderen Rechtsakten einschließlich der delegierten Rechtsakte. Besteht ein Bedürfnis nach ein-

363

---
382 *Edenharter*, DÖV 2011, S. 645, 647.

heitlichen Bedingungen für die Durchführung der verbindlichen (Basis-)Rechtsakte der Union durch die Mitgliedstaaten, können mit diesen (Basis-)Rechtsakten Durchführungsbefugnisse an die Kommission oder – in bestimmten Sonderfällen – an den Rat übertragen („gestuftes Sekundärrechtsverhältnis") werden. Die Abgrenzung zwischen Durchführungsrechtsakten gemäß Art. 291 AEUV und delegierten Rechtsakten gemäß Art. 290 Abs. 3 AEUV kann mitunter schwierig sein, ist aber maßgeblich für das beim Erlass einzuhaltende Verfahren. Es ist davon auszugehen, dass der Kommission bei einer Befugnisübertragung nach Art. 290 Abs. 3 AEUV in erster Linie legislative Kompetenzen übertragen werden, wohingegen die Kommission beim Erlass von Durchführungsrechtsakten im Wesentlichen exekutive Befugnisse ausübt[383].

364   Die allgemeinen Regeln und Grundsätze, nach denen die Mitgliedstaaten die Wahrnehmung der Durchführungsbefugnisse durch die Kommission kontrollieren, sind in der sog. Komitologie-Verordnung[384] niedergelegt, die auf der Grundlage von Art. 291 Abs. 3 AEUV erlassen worden ist.

365   Danach können bei der Wahrnehmung von Durchführungsbefugnissen durch die Kommission im Wesentlichen *zwei Rechtsetzungsverfahren* unterschieden werden: das *Beratungsverfahren* und das *Prüfverfahren*. In beiden Verfahren wird die Kommission von einem Ausschuss unterstützt, der sich aus Vertretern der Mitgliedstaaten zusammensetzt und in dem der Vertreter der Kommission den Vorsitz führt (Art. 3 Abs. 2 Komitologie-VO).

366   Das Europäische Parlament und der Rat werden beim Erlass von Durchführungsmaßnahmen durch die Kommission beteiligt. Ist der Basisrechtsakt im ordentlichen Gesetzgebungsverfahren erlassen worden, können das Parlament oder der Rat gegenüber der Kommission zum Ausdruck bringen, dass die beabsichtigten Maßnahmen über die im Basisrechtsakt übertragenen Durchführungsbefugnisse hinausgehen (Art. 11 Komitologie-VO). Die Kommission überprüft daraufhin ihren Entwurf und unterrichtet das Parlament und den Rat darüber, ob sie beabsichtigt, den Entwurf beizubehalten, abzuändern oder zurückzuziehen.

367   Übertragen werden dürfen nur *Durchführungsbefugnisse*. Der Europäische Gerichtshof fordert, dass die wesentlichen Elemente einer Materie nach dem vom Vertrag vorgesehenen Verfahren zu regeln sind und nicht delegiert werden dürfen[385]. Als wesentlich sind dabei solche Bestimmungen anzusehen, durch welche die grundsätzliche Ausrichtung einer Unionspolitik umgesetzt wird[386]. Die übertragenen Befugnisse sind hinreichend genau zu umschreiben, die Kompetenzgrenzen der Kommission sind deutlich anzugeben[387]. Bei Maßnahmen im

---

383 Hierzu *Edenharter,* DÖV 2011, S. 645, 649 f.
384 ABl.EU 2011 Nr. L 55, S. 13.
385 EuGH, Rs. 25/70, Slg. 1970, S. 1161, Rn. 6 ff. – *Köster;* EuGH, Rs. C-104/97 P, Slg. 1999, S. I-6983, Rn. 76 – *Atlanta.*
386 EuGH, Rs. C-240/90, Slg. 1992, S. I-5383, Rn. 37 f. – *Deutschland/Kommission.*
387 EuGH, Rs. 291/86, Slg. 1988, S. 3679, Rn. 13 – *Central-Import Münster.*

wirtschaftspolitischen, insbesondere im Agrarbereich sind die an die Bestimmtheit der Ermächtigung gestellten Anforderungen reduziert, und die Verwendung unbestimmter Rechtsbegriffe in der Ermächtigungsnorm ist zulässig[388].

Welches der in der Komitologie-Verordnung geregelten Verfahren im konkreten Fall zur Anwendung gelangt, ist in dem jeweiligen die Durchführungsbefugnisse übertragenden Basisrechtsakt durch den Rat gemeinsam mit dem Europäischen Parlament festzulegen. Die Wahl des Verfahrens – die über die Möglichkeiten der Mitgliedstaaten entscheidet, der Kommission ggf. die Entscheidung wieder aus der Hand zu nehmen – steht im Ermessen des Rates und des Parlamentes, die in Art. 2 Abs. 1 der Komitologie-Verordnung für die Ausübung seines Ermessens allerdings folgende Kriterien aufgestellt haben: 368

Im *Prüfverfahren* sollen 369
– Durchführungsrechtsakte von allgemeiner Tragweite,
– Durchführungsrechtsakte in Bezug auf Programme mit wesentlichen Auswirkungen,
– Durchführungsrechte in der gemeinsamen Agrar- und Fischereipolitik,
– Durchführungsrechtsakte in Bezug auf Umwelt, Sicherheit oder den Schutz der Gesundheit oder der Sicherheit von Menschen, Tieren und Pflanzen,
– Durchführungsrechtsakte in der gemeinsamen Handelspolitik sowie
– Durchführungsrechtsakte in Bezug auf die Besteuerung (Art. 2 Abs. 2 lit. a und b Komitologie-VO)
erlassen werden.

Im *Beratungsverfahren* sollen 370
– alle übrigen Durchführungsrechtsakte sowie
– Durchführungsrechtsakte in den eigentlich dem Prüfverfahren vorbehaltenen Bereichen, wenn es hierfür hinreichende Gründe gibt (Art. 2 Abs. 3 Komitologie-VO),
erlassen werden.

(α) Beratungsverfahren

Im Beratungsverfahren (Art. 4 Komitologie-VO) wird die Kommission von einem Ausschuss unterstützt, dem der Vertreter der Kommission einen Entwurf der zu treffenden Durchführungsmaßnahme unterbreitet. Der Ausschuss gibt mit einfacher Mehrheit seiner Mitglieder zu diesem Entwurf eine unverbindliche Stellungnahme ab, die die Kommission beim Erlass ihrer Maßnahme soweit wie möglich berücksichtigt. 371

---

[388] EuGH, Rs. C-240/90, Slg. 1992, S. I-5383, Rn. 41 – *Deutschland/Kommission;* EuGH, Rs. C-159/96, Slg. 1998, S. I-7379, Rn. 41 – *Portugal/Kommission.*

(β) Prüfverfahren

372 Auch im Prüfverfahren (Art. 5 Komitologie-VO) unterstützt ein Ausschuss die Kommission. Ihm unterbreitet der Vertreter der Kommission einen Entwurf der zu treffenden Maßnahme. Hierzu gibt der Ausschuss eine Stellungnahme ab. Bei der Abstimmung im Ausschuss findet eine Wägung der Stimmen der Vertreter der Mitgliedstaaten entsprechend Art. 16 Abs. 4, 5 EUV statt. Der vorsitzende Vertreter der Kommission nimmt an der Abstimmung nicht teil. Bei einer befürwortenden Stellungnahme kann die Kommission den Durchführungsrechtsakt erlassen (Art. 5 Abs. 2 Komitologie-VO). Im Falle einer ablehnenden Stellungnahme des Ausschusses erlässt die Kommission den Durchführungsrechtsakt nicht (Art. 5 Abs. 3 Satz 1 Komitologie-VO).

373 Dies gilt nicht, wenn der Rechtsakt unverzüglich erlassen werden muss, um eine erhebliche Störung der Agrarmärkte oder eine Gefährdung der finanziellen Interessen der Union (Art. 325 AEUV) abzuwenden. In diesen Fällen darf der Rechtsakt auch bei ablehnender Stellungnahme erlassen werden (Art. 7 Abs. 1 Komitologie-VO)[389]. Der Durchführungsrechtsakt ist dann jedoch unverzüglich einem Berufungsausschuss vorzulegen (vgl. Rn. 374). Gibt dieser eine ablehnende Stellungnahme ab, ist der Durchführungsrechtsakt von der Kommission wieder aufzuheben (Art. 7 Abs. 2 Komitologie-VO).

374 Wird ein Durchführungsrechtsakt aus anderen Gründen für erforderlich gehalten, kann der Vorsitz dem Ausschuss innerhalb von zwei Monaten nach der ablehnenden Stellungnahme einen geänderten Entwurf unterbreiten oder den Entwurf innerhalb eines Monats einem Berufungsausschuss zur weiteren Beratung vorlegen (Art. 5 Abs. 3 Satz 2 Komitologie-VO). Im Berufungsausschuss sind die Mitgliedstaaten und die Kommission „auf angemessener Ebene" vertreten (Art. 3 Abs. 7 UAbs. 5 Komitologie-VO)[390]. Er tagt ebenfalls unter dem Vorsitz der Kommission (Art. 3 Abs. 7 UAbs. 4 Komitologie-VO). Gibt der Berufungsausschuss eine befürwortende Stellungnahme ab, kann die Kommission den Durchführungsrechtsakt erlassen. Bei einer ablehnenden Stellungnahme darf der Durchführungsrechtsakt nicht erlassen werden (Art. 6 Abs. 3 Komitologie-VO).

d) Beschlussverfahren im Rahmen der GASP

375 Für die GASP gelten besondere Bestimmungen und Verfahren. Der Erlass von Gesetzgebungsakten ist in diesem Bereich ausgeschlossen (Art. 24 Abs. 1 UAbs. 2 EUV). Der Rat beschließt im Rahmen der GASP grundsätzlich einstimmig (Art. 31 Abs. 1 UAbs. 1 Satz 1 EUV). Eine Stimmenthaltung verhindert das

---

[389] Zu Ausnahmen hiervon siehe Art. 5 Abs. 4 UAbs. 2 Komitologie-VO.
[390] Vgl. auch die Geschäftsordnung des Berufungsausschusses v. 29.3.2011, ABl.EU 2011 Nr. C 183, S. 13.

Zustandekommen einstimmig zu fassender Beschlüsse nicht, es sei denn, die sich der Stimme enthaltenden Mitglieder des Rats vertreten mindestens ein Drittel der Mitgliedstaaten, die wiederum mindestens ein Drittel der Unionsbevölkerung ausmachen und erklären, dass der Beschluss für sie nicht bindend sein soll. In diesem Fall kommt ein Beschluss nicht zustande („konstruktive Enthaltung", Art. 31 Abs. 1 UAbs. 2 EUV). Ein mit Stimmenthaltung zustande gekommener Beschluss bindet auch den sich enthaltenden Unionsstaat, es sei denn, dieser gibt förmlich zu Protokoll, dass er nicht zur Durchführung der beschlossenen Maßnahme verpflichtet ist (Art. 31 Abs. 1 UAbs. 2 EUV). Allein in Verfahrensfragen ist dem Rat eine Beschlussfassung mit der Mehrheit seiner Mitglieder möglich (Art. 31 Abs. 5 EUV).

Der Rat beschließt nach Art. 31 Abs. 2 EUV – außer bei Maßnahmen mit militärischen oder verteidigungspolitischen Bezügen (Art. 31 Abs. 4 EUV) – ausnahmsweise mit qualifizierter Mehrheit, wenn er auf der Grundlage eines Beschlusses des Europäischen Rates über die strategischen Interessen und Ziele der Union nach Art. 22 Abs. 1 EUV einen Beschluss erlässt, mit dem eine Aktion oder ein Standpunkt der Union festgelegt wird; wenn er auf einen Vorschlag hin, den ihm der Hohe Vertreter der Union für Außen- und Sicherheitspolitik auf spezielles Ersuchen des Europäischen Rates unterbreitet hat, das auf dessen eigene Initiative oder auf eine Initiative des Hohen Vertreters zurückgeht, einen Beschluss erlässt, mit dem eine Aktion oder ein Standpunkt der Union festgelegt wird; wenn er einen Beschluss zur Durchführung eines Beschlusses, mit dem eine Aktion oder ein Standpunkt der Union festgelegt wird, erlässt oder wenn er einen Sonderbeauftragten ernennt. Erklärt ein Unionsstaat, dass er aus *wesentlichen Gründen der nationalen Politik* einen mit qualifizierter Mehrheit zu fassenden Beschluss ablehnt, erfolgt keine Abstimmung (Art. 31 Abs. 2 UAbs. 2 Satz 1 EUV). In diesem Fall bemüht sich der Hohe Vertreter in engem Benehmen mit dem betroffenen Mitgliedstaat um eine für diesen Mitgliedstaat annehmbare Lösung (Art. 31 Abs. 2 UAbs. 2 Satz 2 EUV). Der Rat kann dann mit qualifizierter Mehrheit veranlassen, dass die Frage im Hinblick auf einen einstimmigen Beschluss an den Europäischen Rat verwiesen wird (Art. 31 Abs. 2 UAbs. 2 Satz 3 EUV). In diesem Verfahren lebt der Gedanke der Luxemburger Vereinbarung (Rn. 279) fort.

e) Sonstige in den Verträgen vorgesehene Rechtsetzungsverfahren

Neben dem ordentlichen und den besonderen Gesetzgebungsverfahren sehen die Verträge auch sonstige Rechtsetzungsverfahren vor, die zwar verbindliche Unionsrechtsakte hervorbringen, die aber nicht zum Erlass von Gesetzgebungsakten führen. Die wichtigsten dieser sonstigen in den Verträgen vorgesehenen Rechtsetzungsverfahren betreffen internationale Übereinkünfte gemäß Art. 218 AEUV, die vereinfachten Vertragsänderungsverfahren nach Art. 48 Abs. 6 und 7 EUV, den Beitritt neuer und den Austritt bisheriger Mitgliedstaaten nach Art. 49

Abs. 1, Art. 50 Abs. 2 EUV und das Verfahren der Verstärkten Zusammenarbeit nach Art. 20 Abs. 3 EUV i. V. m. Art. 329 AEUV. Diese Regelungen sehen eigene Beschlussfassungsverfahren für die beteiligten Organe vor. Teilweise entscheidet der Rat nach Zustimmung des Parlaments (z. B. im Rahmen von Beitritt oder Austritt von Mitgliedstaaten nach Art. 49, Art. 50 EUV), teilweise ist auch der Europäische Rat an der Rechtsetzung beteiligt (so bei den vereinfachten Vertragsänderungsverfahren nach Art. 48 Abs. 6 und 7 EUV).

f) Merksätze

378

Die **Rechtsetzungsverfahren** der Europäischen Union sind gekennzeichnet durch das **Zusammenwirken mehrerer Organe**. Hauptrechtsetzungsorgane sind dabei das Europäische Parlament und der Rat. Beteiligt sind die Kommission, der Wirtschafts- und Sozialausschuss sowie der Ausschuss der Regionen.

Der AEU-Vertrag unterscheidet zwischen Gesetzgebungsakten und sonstigen Rechtsakten. Für den Erlass von Gesetzgebungsakten sieht der AEU-Vertrag zwei Verfahrensarten vor: das **ordentliche Gesetzgebungsverfahren** (Art. 289 Abs. 1 AEUV, Art. 294 AEUV) und die **besonderen Gesetzgebungsverfahren** (Art. 289 Abs. 2 AEUV). Welches Verfahren zur Anwendung gelangt, ist abhängig von der jeweiligen Norm, die zum Erlass des betreffenden Rechtsakts ermächtigt.

Das **ordentliche Gesetzgebungsverfahren** gemäß Art. 294 AEUV ist zum **Regelverfahren der Unionsgesetzgebung** geworden. Rat und Parlament können hier nur gemeinsam einen Gesetzgebungsakt erlassen. Dadurch hat das Europäische Parlament eine Aufwertung seiner Stellung im „institutionellen Gleichgewicht" erfahren.

Die **besonderen Gesetzgebungsverfahren** von Rat und Parlament sind in Art. 289 Abs. 2 AEUV erwähnt. Anders als für das ordentliche Gesetzgebungsverfahren existiert keine zentrale Verfahrensvorschrift, die den Verfahrensgang der besonderen Gesetzgebungsverfahren regelt. Jede Norm, die ein besonderes Gesetzgebungsverfahren vorsieht, trifft daher eigene Verfahrensregeln.

Überträgt der Rat mit dem Europäischen Parlament der Kommission die Befugnisse zur **Durchführung eines Rechtsakts,** kommen für die Rechtsetzung der Kommission die in der **Komitologie-VO** geregelten Ausschussverfahren zur Anwendung. Rat und Parlament können im Basisrechtsakt entweder **das Beratungs- oder das Prüfverfahren** vorschreiben.

Im Rahmen der **GASP** existieren **besondere Verfahrensvorschriften**. Grundsätzlich beschließt der Rat in diesem Bereich **einstimmig**.

4. Rechtsquellen der Europäischen Union

Literaturhinweise: Allgemeines: *Hahn, O./Oberrath, J.-D.:* Die Rechtsakte der EG – eine Grundlegung, BayVBl. 1998, S. 353; *Klein, E.:* Unmittelbare Geltung, Anwendbarkeit und Wirkung von europäischem Gemeinschaftsrecht, 1988; *Lochmann, M.:* Taricco I – ein Ultra-vires-Akt? Zur Rechtsfortbildung durch den EuGH, EuR 2019, S. 61; *Magiera, S.:* Die Rechtsakte der EG-Organe, Jura 1989, S. 595. **Abgeleitetes Unionsrecht:** *Baldus, Ch.:* Horizontale Direktwirkung von Richtlinien: Auf des Luxemburger Lieferwagens Ladefläche?, GPR 2018, S. 55; *Berg, W./Nachtsheim, S.:* Die Altfahrzeug-Richtlinie und das Rückwirkungsverbot – Perspektiven und Probleme der Umsetzung ins deutsche Recht, DVBl. 2001, S. 1103; *Brenncke, M.:* Europäisierung der Methodik richtlinienkonformer Rechtsfindung, EuR 2015, S. 440; *Epiney, A.:* Unmittelbare Anwendbarkeit und objektive Wirkung von Richtlinien, DVBl. 1996, S. 409; *Ehricke, U.:* Die richtlinienkonforme Auslegung nationalen Rechts vor Ende der Umsetzungsfrist einer Richtlinie, EuZW 1999, S. 553; *Fisahn, A./Mushoff, T.:* Vorwirkung und unmittelbare Wirkung Europäischer Richtlinien, EuR 2005, S. 222; *Gauweiler, M.:* Die rechtliche Qualifikation interorganschaftlicher Absprachen im Europarecht, 1988; *Görisch, Ch.:* Einheitlichkeit und Erkennbarkeit der Vertragsgrundlage beim Erlass und bei der Änderung sekundärrechtlicher Vorschriften, EuR 2007, S. 103; *Gundel, J.:* Neue Grenzlinien für die Direktwirkung nicht umgesetzter EG-Richtlinien unter Privaten, EuZW 2001, S. 143; *Hailbronner, K.:* Staatshaftung bei säumiger Umsetzung von EG-Richtlinien, JZ 1992, S. 284; *Haratsch, A.:* Zur Dogmatik von Rücknahme und Widerruf von Rechtsakten der Europäischen Gemeinschaft, EuR 1998, S. 387; *Herresthal, C.:* Voraussetzungen und Grenzen der gemeinschaftsrechtskonformen Rechtsfortbildung, EuZW 2007, S. 396; *Jarass, H. D.:* Folgen der innerstaatlichen Wirkung von EG-Richtlinien, NJW 1991, S. 2665; *Kadelbach, S./Sobotta, Ch.:* Umsetzung von EG-Richtlinien durch rückwirkendes Gesetz?, EWS 1996, S. 11; *Klein, E.:* Objektive Wirkung von Richtlinien, in: FS für Ulrich Everling, 1995, S. 641; *Krimphove, D.:* Neues zur Geltung nicht umgesetzter europäischer Richtlinien, EuZW 2014, S. 178; *Lange, F.:* Exekutive Rechtssetzung in der Europäischen Union, JuS 2019, S. 759; *Mager, U.:* Die staatengerichtete Entscheidung als supranationale Handlungsform, EuR 2001, S. 661; *Michael, L./Payandeh, M.:* Richtlinienkonforme Rechtsfortbildung zwischen Unionsrecht und Verfassungsrecht, NJW 2015, S. 2392; *Payrhuber, M./Stelkens, U.:* „1:1-Umsetzung" von EU-Richtlinien: Rechtspflicht, rationales Politikkonzept oder (wirtschafts)politischer Populismus?, EuR 2019, S. 190; *Pechstein, M.:* Die Anerkennung der rein objektiven unmittelbaren Richtlinienwirkung, EWS 1996, S. 261; *Reimer, P.:* Richtlinienkonforme Rechtsanwendung: Spielräume und Bindungen nach mitgliedstaatlichem Recht, JZ 2015, S. 910; *Schliesky, U.:* Die Vorwirkung von gemeinschaftsrechtlichen Richtlinien, DVBl. 2003, S. 631; *Schmidt am Busch, B.:* Die besonderen Probleme bei der Umsetzung von EG-Richtlinien mit Regel-Ausnahme-Charakter, DÖV 1999, S. 581; *Schröder, M.:* Richtlinienumsetzung und Anwendungsprobleme, in: Hohloch, G. (Hrsg.), Richtlinien der EU und ihre Umsetzung in Deutschland und Frankreich, 2001, S. 113; *Sladic, J.:* Die Begründung der Rechtsakte des Sekundärrechts der EG in der Rechtsprechung des EuGH und des EuG, ZfRV 2005, S. 123; *Streinz, R./Leible, S.:* Staatshaftung wegen verspäteter Umsetzung der EG-Pauschalreise-Richtlinie, ZIP 1996, S. 1931; *Weiß, W.:* Zur Wirkung von Richtlinien vor Ablauf der Umsetzungsfrist, DVBl. 1998, S. 568; *Wunderlich, N./Pickartz, T.:* Hat die Richtlinie ausgedient? Zur Wahl der Handlungsform nach Art. 296 Abs. 1 AEUV, EuR 2014, S. 659. **Gewohnheitsrecht/Allgemeine Rechtsgrundsätze:** *Bleckmann, A.:* Zur Funktion des Gewohnheitsrechts im Europäischen Gemeinschaftsrecht, EuR 1981, S. 101; *Meessen, K. M.:* Zur Theorie allgemeiner Rechtsgrundsätze des internationalen Rechts: Der Nachweis allgemeiner Rechtsgrundsätze des Europäischen Gemeinschaftsrechts, JIR 17 (1974), S. 283; *Ostertun, D.:* Gewohnheitsrecht in der Europäischen Union, 1996; *Wuermeling, J.:* Kooperatives Gemeinschaftsrecht. Die Rechtsakte der Gesamtheit der EG-Mitgliedstaaten, 1988. **Völkerrecht:** *Aust, H. P.:* Eine völkerrechtsfreundliche Union? Grund und Grenze der Öffnung des Europarechts zum Völkerrecht, EuR 2017, S. 106; *v. Bogdandy, A./Makatsch, T.:* Kollision, Koexistenz oder Kooperation? – Zum Verhältnis von WTO-Recht und europäischem Außenwirtschaftsrecht in neueren Entscheidungen, EuZW 2000, S. 261; *Bothe, M.:* Die Stellung der Europäischen Gemeinschaften im Völkerrecht, ZaöRV 37 (1977), S. 122; *von Danwitz, T.:* Der EuGH und das Wirtschaftsvölkerrecht – ein Lehrstück zwischen Europarecht und Politik, JZ 2001, S. 721; *Epiney, A.:* Zur Stellung des Völkerrechts in der EU, EuZW 1999, S. 5; *Hobe, S./Müller-Sartori, P.:* Rechtsfragen der Einbindung der EG/EU in das Völkerrecht, JuS 2002, S. 8; *Lavranos, N.:* Die Rechtswirkungen von WTO panel reports im Europäischen Gemeinschaftsrecht sowie im deutschen Verfassungsrecht, EuR 1999, S. 289; *McDonald, K. M.:* Die (Nicht-)Umsetzung von Panel-Beschlüssen der WTO im Recht der USA und der EU, ZEuS 1998, S. 249; *Meng, W.:* Gedanken zur Frage unmittelbarer Anwendung von WTO-Recht in der EG, in: FS für Rudolf Bernhardt, 1995, S. 1063; *Pache, E./Bielitz, J.:* Das Verhältnis der EG zu den völkerrechtlichen Verträgen ihrer Mitgliedstaaten, EuR 2006, S. 316; *Repasi, R.:* Völkervertragliche Freiräume für EU-Mitgliedstaaten, EuR 2013, S. 45; *Schäfer, J.:* Die Europäische Menschenrechtskonvention als Faktor der europäischen Integration, EuR 2017, S. 80; *Schroeder, W./Selmayr, M.:* Die EG, das GATT und die Vollzugslehre, JZ 1998, S. 344; *Weber, A./Moos, F.:* Rechtswirkungen von WTO-Streitbeilegungsentscheidungen im Gemeinschaftsrecht, EuZW 1999, S. 229; *Weiß, W.:* Verfassungsanforderungen und Integrationsverantwortung bei beschließenden Vertragsorganen in Freihandelsabkommen, EuZW 2016, S. 286: *Zonnekeyn, A.:* The Status of WTO Law in the EC Legal Order, JWT 34 (2000), S. 111.

a) Zur Rechtsnatur des Unionsrechts

379 Auch nach Einräumung eigener Kompetenzen der Union für die GASP durch den Vertrag von Lissabon ist im Rahmen des Unionsrechts weiterhin zwischen intergouvernementalem Unionsrecht in der GASP und ansonsten umfassend supranationalem Unionsrecht zu unterscheiden (Rn. 60 ff.). Im Folgenden wird im Wesentlichen nur auf das supranationale Unionsrecht eingegangen (zur GASP vgl. Rn. 1433 ff.).

380 Die Frage nach der Rechtsnatur des supranationalen Unionsrechts ist umstritten[391]. Einigkeit besteht insoweit, als das Recht der Europäischen Union völkerrechtlichen Ursprungs ist, da es sich aus den allgemeinen völkerrechtlichen Rechtsquellen speist, insbesondere dem Vertragsrecht – die Gründungsverträge sind allesamt als völkerrechtliche Verträge geschlossen worden – und in eingeschränktem Maße auch dem Gewohnheitsrecht sowie den allgemeinen Rechtsgrundsätzen (vgl. Art. 38 Abs. 1 lit. a bis lit. c IGH-Statut). Nach den sog. *Traditionalisten* hat das jetzige Unions- und frühere Gemeinschaftsrecht seine

---

391 Vgl. hierzu auch die Darstellung bei *Streinz*, Europarecht, 11. Aufl. 2019, Rn. 125 ff.

Eigenschaft als Völkerrecht bewahrt, sowohl im Hinblick auf das überwiegend völkervertragsrechtlich geschaffene und geänderte primäre Unionsrecht als auch bezüglich des auf dieser Grundlage durch die Organe der Union erlassenen Sekundärrechts. Demgegenüber vertreten die sog. *Autonomisten* die Auffassung, dass sich das supranationale Unionsrecht von seinen Wurzeln gelöst habe und eine eigenständige (autonome) Rechtsordnung bilde, die sowohl Vertrags- als auch „Verfassungscharakter" aufweise. Bedeutung erlangt diese Streitfrage im Zusammenhang mit den besonderen Eigenschaften des Unionsrechts, insbesondere seiner Direktwirkung und dem Vorrang vor nationalem Recht, aber auch der Möglichkeit, verbindliche Beschlüsse gegen den Willen der Mitgliedstaaten fassen zu können (vgl. Rn. 62), die es vom „klassischen" Völkerrecht unterscheidet. Nach letzterem steht der souveräne Staat im Mittelpunkt, gegen dessen ausdrücklichen Willen keine (völkerrechtlichen) Bindungen begründet werden können. Vor diesem Hintergrund vermag die Annahme der Eigenständigkeit der Unionsrechtsordnung die genannten Besonderheiten des Unionsrechts nicht nur einfacher zu erklären. Sie weist auch die Letztentscheidung über deren Art und Umfang der EU selbst und dort vor allem dem EuGH als dem rechtsprechenden Organ zu. Betrachtet man das Unionsrecht hingegen als Völkerrecht, so gilt es, die genannten Eigenschaften aus dem Völkerrecht heraus zu erklären und sie im Zweifel als Fortentwicklungen dieser Rechtsmaterie zu begreifen. Entscheidend aber ist, dass das völkerrechtliche Verständnis die übergeordnete Rolle der Mitgliedstaaten unterstreicht und ihnen die Kompetenz zur letztverbindlichen Anerkennung der Wesensmerkmale der Unionsrechtsordnung überantwortet.

Diese Auseinandersetzung ist nicht ohne praktischen Gehalt, auch wenn sie in der täglichen Rechtsanwendung der mitgliedstaatlichen Behörden und vor allem der Gerichte kaum eine Rolle spielt. Denn die Durchgriffswirkung und der Anwendungsvorrang – nicht Geltungsvorrang (Rn. 202 ff.) – des Unionsrechts sind (mittlerweile) dem Grunde nach anerkannt. Werden diese Wirkungsweisen oder deren Reichweite jedoch in Zweifel gezogen, so kann die praktische Bedeutung der Frage nach der Rechtsnatur durchaus zum Tragen kommen. Besonders deutlich wird dies im Zusammenhang mit der Herleitung und Reichweite des Vorrangs des Unionsrechts vor nationalem Recht (vgl. Rn. 203 ff.). Aufbauend auf der Eigenständigkeit der EU-Rechtsordnung geht der Gerichtshof von einem uneingeschränkten Vorrang des supranationalen Unionsrechts vor dem nationalen Recht aus. Anders hingegen sieht dies etwa das BVerfG, das zwar ebenfalls einen Anwendungsvorrang des supranationalen Unionsrechts anerkennt, diesen aber aus der Verfassung und den Zustimmungsgesetzen zu den EU-Verträgen heraus begründet und den Vorrang auf diese Weise verfassungsrechtlich nachprüfbaren Grenzen unterwirft[392]. Darin kommt ungeachtet der zum Teil anders lautenden Formulierungen in den Urteilen ein im Grundsatz völkerrechtliches

---

[392] Andere mitgliedstaatliche Verfassungsgerichte setzen dem Unionsrecht noch engere Grenzen. So räumt etwa der polnische Verfassungsgerichtshof auf Grundlage der polnischen Verfassung dem Unionsrecht einen über den Gesetzen, aber unterhalb der Verfassung stehenden Rang

Verständnis der Unionsrechtsordnung zum Ausdruck[393]. Konsequenzen kann dies für den Fall haben, dass die durch das Zustimmungsgesetz gesetzten Grenzen durch das Unionsrecht verlassen werden, also *aus Sicht des Grundgesetzes* ein Ultra-vires-Akt vorliegt. Bisher hat das BVerfG eine solche Situation (noch) nicht festgestellt[394]. Sollte sie eintreten, dürften die deutschen Organe die betreffenden Rechtsakte der Union nach der Rechtsprechung des BVerfG nicht beachten, was zu einer Loslösung von den unionsrechtlichen Bindungen im konkreten Fall führen würde. Eine solche Rechtsfolge steht im expliziten Widerspruch zur Auffassung des EuGH, wonach die Mitgliedstaaten gegen das Unionsrecht nicht nachträglich einseitige Maßnahmen ins Feld führen können[395], zumal der EuGH die Kompetenzfrage ggf. anders beurteilt als das BVerfG.

382 Dieser Widerspruch zwischen den beiden Sichtweisen zur Vorrangfrage im Konkreten und zur Rechtsnatur im Allgemeinen lässt sich auf der Basis der geltenden Rechtslage nicht verbindlich lösen und macht zugleich die Eigentümlichkeit der europäischen Integration im Bereich der Europäischen Union aus. Die sich daraus ergebenden Spannungen im Verhältnis Mitgliedstaaten und Union bzw. mitgliedstaatliche Höchstgerichte und EuGH haben nicht selten positive Früchte getragen – etwa im Bereich der durch Anmahnungen u. a. des BVerfG veranlassten Grundrechtsjudikatur des Gerichtshofs der Europäischen Union einerseits und des im Anschluss daran deutlich zurückgenommenen Prüfungsanspruchs des BVerfG bezüglich des Grundrechtsschutzes im Rahmen des Grundgesetzes andererseits (vgl. Rn. 162 ff.). Zugleich verdeutlicht gerade dieses Beispiel, dass das Gelingen der europäischen Integration eine beiderseitige Kompromissbereitschaft erfordert.

b) Primäres supranationales Unionsrecht

383 Die Rechtsordnung der Union unterscheidet zwischen *primärem* und *abgeleitetem Unionsrecht*. Vertragliches Primärrecht wird durch die Mitgliedstaaten geschaffen, z. T. unter Mitwirkung der Organe der Union. Im Übrigen entsteht es auch durch autonome Handlungen der Organe. Der Begriff des abgeleiteten Unionsrechts bezeichnet das von den Organen der Union im Rahmen der primärrechtlichen Verfahrensregeln erlassene Recht (sog. organgeschaffenes oder

---

zu. Vgl. Urt. v. 11.5.2005 – Az. K 18/04. Eine teilweise übersetzte Fassung dieses Urteils ist in EuR 2006, S. 236 abgedruckt.
393 Vgl. hierzu ausführlich *Schroeder*, Das Gemeinschaftsrechtssystem, S. 161 ff. Vgl. auch BVerfGE 89, 155, 181 – *Maastricht*, in welcher das BVerfG nicht länger die Bezeichnung „Gemeinschaft eigener Art" verwendet, sondern den Begriff des „europäischen Staatenverbundes" bemüht.
394 BVerfGE 142, 123 und EuGH Rs. C-62/14, ECLI:EU:C:2015:400 – *Gauweiler u. a./Deutscher Bundestag* (= P Nr. 20); in der Rs. *Weiss u. a.* (EuGH Rs. C-493/17, ECLI:EU:C:2018:1000 (= P Nr. 21)) bleibt das Urteil des BVerfG noch abzuwarten.
395 EuGH, Rs. 6/64, Slg. 1964, S. 1251, 1269 – *Costa/ENEL* (= P Nr. 1).

Sekundärrecht) sowie das wiederum auf dessen Grundlage erlassene organgeschaffene Recht (sog. Tertiär- oder Durchführungsrecht; vgl. Art. 290, Art. 192 AEUV). Diese Einteilung ist nicht nur dogmatisch, sondern auch praktisch bedeutsam, weil das Primärrecht in der unionsrechtlichen Normenpyramide über dem abgeleiteten Recht steht und somit Prüfungs- und Geltungsmaßstab für dessen Rechtmäßigkeit sowie Maßstab seiner Auslegung ist (s. a. Rn. 395 f.).

Das primäre Unionsrecht entspringt unterschiedlichen Rechtsquellen. Es umfasst die Verträge der Europäischen Union (EUV, AEUV einschließlich ihrer Anhänge und Protokolle; vgl. Art. 51 EUV) sowie deren spätere Ergänzungen und Änderungen durch völkerrechtliche Verträge (vgl. Art. 31 Abs. 2 WVK). 384

Auch gewohnheitsrechtliche Rechtssätze können im Rang des Primärrechts stehen, wenn ihr Inhalt das geschriebene Primärrecht ergänzt oder ändert. Ein Beispiel hierfür ist die über den Wortlaut des Art. 16 Abs. 2 EUV hinaus anerkannte Möglichkeit, dass ein Mitgliedstaat im Rat durch einen Staatssekretär unterhalb der Ministerebene vertreten werden kann. 385

Daneben zählen auch die durch den Gerichtshof der Europäischen Union entwickelten (ungeschriebenen) allgemeinen Rechtsgrundsätze zum Primärrecht der Union. Dies sind etwa die aus dem Rechtsstaatsprinzip entwickelten Grundsätze, wie der Grundsatz der Gesetzmäßigkeit der Verwaltung und das Prinzip der Rechtssicherheit und des Vertrauensschutzes, sowie die Grundrechte (Rn. 684 ff.). Die rechtliche Gleichrangigkeit der Charta der Grundrechte mit den Verträgen ist in Art. 6 Abs. 1 Hs. 2 EUV kodifiziert. 386

Die Rechtssätze des primären Unionsrechts stehen untereinander in gleichem Rang, gleichgültig welcher Rechtsquelle sie entstammen[396]. Dies gilt insbesondere auch für das Verhältnis zwischen EUV und AEUV. Es gelten daher die allgemeinen Normenkollisionsregeln, nach denen die speziellere Norm der allgemeinen (lex specialis derogat legi generali), das später gesetzte Recht dem früher gesetzten vorgeht (lex posterior derogat legi priori). 387

Das primäre supranationale Unionsrecht hat umfassend unmittelbare Geltung, dagegen nur eingeschränkt *unmittelbare Anwendbarkeit* (vgl. Rn. 205). Aus Sicht der Rechtsanwendung lautet die entscheidende Frage daher, unter welchen Voraussetzungen die zweitgenannte Eigenschaft gegeben ist, wann also einer Norm des primären (oder abgeleiteten) Unionsrechts Rechtsfolgen für den Einzelfall entnommen werden können. Die Antwort hierauf steht in einem engen Zusammenhang mit der zentralen Rolle natürlicher und juristischer Personen als neben die Mitgliedstaaten und die Europäische Union tretende Rechtssubjekte der Unionsrechtsordnung (vgl. Rn. 62). Auch wenn mitgliedstaatliche Gerichte und Behörden von Amts wegen verpflichtet sind, unmittelbar anwendbares Unionsrecht „anzuwenden", bilden den Antrieb hierfür weniger die unmittelbare Anwendbarkeit selbst als vielmehr subjektive Rechtspositionen des Unions- 388

---

[396] Vgl. *Nettesheim*, EuR 2006, S. 737, 740; *Pechstein*, in: Streinz (Hrsg.), EUV/AEUV, Art. 48 EUV Rn. 3.

rechts, die von Einzelnen gegenüber den Verpflichteten dieser Rechtsordnung, insbesondere den Mitgliedstaaten, geltend gemacht werden. Das wohl bekannteste Beispiel hierfür sind die Grundfreiheiten (vgl. Rn. 866). Die erforderlichen Bedingungen für die Herleitung von subjektiven Rechten Einzelner aus dem Unionsrecht müssen jedoch von den Voraussetzungen für die unmittelbare Anwendbarkeit einer Norm, also der Möglichkeit der Ableitung von Rechtsfolgen für den Einzelfall, unterschieden werden. Zwar kann ohne letztere einer Bestimmung des Unionsrechts eine direkte Berechtigung oder Verpflichtung Einzelner nicht entnommen werden. Umgekehrt gibt es jedoch Vorschriften des primären (und sekundären) Rechts, die unmittelbar anwendbar sind, natürliche oder juristische Personen aber weder berechtigen noch verpflichten (dazu Rn. 390). Dies ergibt sich aus der Rechtsprechung des Gerichtshofs[397], auch wenn unmittelbare Anwendbarkeit und Berechtigung oder Verpflichtung natürlicher und juristischer Personen sehr häufig zusammenfallen.

389 Grundvoraussetzung für die unmittelbare Anwendbarkeit ist nach der Rechtsprechung des Gerichtshofs der Europäischen Union, dass die betreffende Bestimmung des Unionsrechts eine hinreichend genaue und unbedingte Verpflichtung oder Berechtigung enthält[398]. Unterliegt die Norm hingegen Bedingungen (bspw. Vorbehalt eines nationalen Umsetzungsaktes) oder räumt sie den Verpflichteten, insbesondere den Mitgliedstaaten, einen Ermessens- bzw. Gestaltungsspielraum ein, so steht dies der unmittelbaren Anwendbarkeit entgegen. Allerdings wendet der Gerichtshof diese Einschränkungen bei Bestimmungen des Primärrechts nicht sehr streng an[399]. Ob zugleich ein Recht des Einzelnen vorliegt, ist sodann eine Frage des konkreten Inhalts und somit der (weiteren) Auslegung der Norm. Aus der Rechtsprechung folgt jedenfalls, dass eine Verleihung subjektiver Rechtspositionen nicht – wie etwa im Fall der unionsbürgerlichen Freizügigkeit gemäß Art. 21 Abs. 1 AEUV (vgl. Rn. 809) – explizit erfolgen muss, sie sich mithin auch konkludent aus dem Sinn und Zweck der Norm ergeben kann. Beispielhaft sei auf das Verbot der mengenmäßigen Beschränkungen und Maßnahmen gleicher Wirkung gemäß Art. 34 AEUV hingewiesen, welches zwar ausschließlich an die Mitgliedstaaten gerichtet ist, vom EuGH aber dennoch als subjektive Rechtsposition Einzelner anerkannt wird[400]. Insgesamt kennzeichnet die Rechtsprechung des Gerichtshofs der Europäischen Union eine großzügige Annahme der Rechte Einzelner, die weit über die deutsche Schutznormtheorie hinaus geht[401].

---

397 EuGH, Rs. C-431/92, Slg. 1995, S. I-2189, Rn. 24 ff. – *Großkrotzenburg* (= P Nr. 42).
398 Vgl. bereits EuGH, Rs. 26/62, Slg. 1962, S. 3, 25 – *van Gend u. Loos* (= P Nr. 26); EuGH, Rs. 57/65, Slg. 1966, S. 257, 266 – *Alfons Lütticke;* EuGH, Rs. 33/74, Slg. 1974, S. 1299, Rn. 24/26 – *van Binsbergen* (= P Nr. 218); im Fall von Richtlinien siehe etwa EuGH, verb. Rs. C-6/90 u. C-9/90, Slg. 1991, S. I-5357, Rn. 11 – *Francovich* (= P Nr. 62).
399 So etwa zu dem unter „Beschränkungen und Bedingungen" stehenden Art. 21 Abs. 1 AEUV, vgl. EuGH, Rs. C-413/99, Slg. 2002, S. I-7091, Rn. 84 ff. – *Baumbast u. R* (= P Nr. 124).
400 EuGH, Rs. 74/76, Slg. 1977, S. 557, Rn. 13 – *Ianelli.*
401 *Beljin,* Der Staat 46 (2007), S. 489; EuGH, Rs. C-237/07, ECLI:EU:C:2008:447 – *Janecek.*

Oftmals synonym zur Bezeichnung „unmittelbare Anwendbarkeit" wird die **390** Formulierung *„unmittelbare Wirkung"* verwendet. Hinter dieser Umschreibung, die vor allem in Verbindung mit Richtlinien gebraucht wird (vgl. Rn. 405 ff.), verbirgt sich – je nach Standpunkt – eine zusätzliche Voraussetzung der unmittelbaren Anwendbarkeit oder eine Einschränkung dieser Normeigenschaft. Ungeachtet dieser terminologischen Unklarheiten geht es dabei im Kern um die Frage, in welcher personalen Konstellation einer rechtlichen Auseinandersetzung hinreichend genaues und unbedingtes supranationales Unionsrecht Rechtswirkungen entfalten kann. Unabhängig von der Rechtsquelle ist dies zunächst immer eine Frage des *Regelungsverhältnisses* der betreffenden Norm oder des Rechtsaktes des Unionsrechts. Dieses gibt Auskunft darüber, gegenüber und zwischen welchen Rechtssubjekten der Unionsrechtsordnung unmittelbar anwendbares Unionsrecht seine intendierten Rechtswirkungen zeitigt. Keiner besonderen Begründung bedarf insoweit die Bindung der Mitgliedstaaten an Primär- und Sekundärrecht der Union gegenüber der Europäischen Union. Dieses Regelungsverhältnis ist dem Unionsrecht – nicht zuletzt aufgrund seiner völkerrechtlichen Ursprünge (vgl. Rn. 379 ff.) – immanent, anders hingegen etwa seine Ausgestaltung in der Beziehung Bürger-Staat und Staat-Bürger (sog. Vertikalwirkung und umgekehrte Vertikalwirkung) sowie in der Relation Bürger-Bürger (sog. Horizontalwirkung).

Inwieweit das *primäre supranationale Unionsrecht* in diesen Konstellationen **391** Rechtswirkungen erzeugt, ist eine Frage seines Norminhalts (und damit der Auslegung durch den Gerichtshof). So verpflichtet beispielsweise die Warenverkehrsfreiheit nach Art. 34 AEUV in erster Linie die Mitgliedstaaten, Private sind dagegen ausschließlich Berechtigte (vgl. Rn. 867 ff.). Dementsprechend entfaltet Art. 34 AEUV nur im vertikalen Verhältnis Bürger gegen Mitgliedstaat Wirkung, nicht aber im horizontalen Verhältnis Bürger gegen Bürger. Zur Anwendung auch im Horizontalverhältnis gelangt hingegen etwa der Grundsatz der Entgeltgleichheit nach Art. 157 Abs. 1 AEUV (vgl. Rn. 688), soweit sich ein privater Arbeitnehmer und ein privater Arbeitgeber gegenüberstehen. Über das jeweilige Regelungsverhältnis hinaus entfalten Bestimmungen des Primärrechts – anders als im Sekundärrecht (vgl. Rn. 397) – keine Rechtswirkungen. Hierfür besteht dem Grunde nach auch kein Bedarf, da der Gerichtshof der Europäischen Union die intendierten Wirkungen der Vertragsbestimmungen für gewöhnlich weit auslegt und auf diese Weise alle aufgrund des Norminhalts maßgeblichen Relationen, die für die Verwirklichung der Bestimmung erforderlich scheinen, umfasst. Deutlich wird dies etwa am Beispiel der Arbeitnehmerfreizügigkeit nach Art. 45 AEUV, die nach der Rechtsprechung des EuGH neben den Mitgliedstaaten und der Union nicht nur die sog. intermediären Gewalten verpflichtet, sondern auch private Arbeitgeber (vgl. Rn. 967 ff.). Verzichtet der Gerichtshof wie beispielsweise im Rahmen der Warenverkehrsfreiheit nach Art. 34 AEUV auf eine Bindung Privater, so kompensiert die den Mitgliedstaaten obliegende sog. Schutzpflicht (Rn. 911 ff.) die fehlende Drittwirkung.

c) Abgeleitetes supranationales Unionsrecht

392 Das abgeleitete – sekundäre und tertiäre – supranationale Unionsrecht besteht vornehmlich aus den von den Organen der Europäischen Union auf der Grundlage des Primärrechts erlassenen Rechtsakten. Art. 288 AEUV enthält eine Aufzählung der *Rechtsakte,* die von den Organen der Union sowohl als sekundäres als auch als tertiäres Recht erlassen werden können: Verordnungen (Art. 288 Abs. 1 und 2 AEUV), Richtlinien (Art. 288 Abs. 1 und 3 AEUV), Beschlüsse (Art. 288 Abs. 1 und 4 AEUV) sowie Empfehlungen und Stellungnahmen (Art. 288 Abs. 1 und 5 AEUV). Während Verordnungen, Richtlinien und Beschlüsse verbindlichen Charakter haben, sind Empfehlungen und Stellungnahmen unverbindliche Maßnahmen, die jedoch ebenfalls Rechtscharakter haben. Außerhalb dieses Katalogs existierte bisher eine Reihe von *Rechtshandlungen eigener Art,* die unterschiedliche Bezeichnungen trugen. Der Vertrag von Lissabon hat diese sog. Rechtshandlungen eigener Art nunmehr unter dem Begriff „Beschluss" zusammengefasst. Der Beschluss tritt zum einen an die Stelle der „alten" Entscheidung – umfasst also individualgerichtete Rechtsakte –, zum anderen kann er auch (normative) Rechtshandlungen eigener Art umfassen, ist dann also nicht an bestimmte Adressaten gerichtet (vgl. Art. 288 Abs. 4 AEUV). Für die Bestimmung des Rechtscharakters der Maßnahme eines Unionsorgans ist ihre Bezeichnung nicht entscheidend. Maßgeblich sind vielmehr ihr Gegenstand und Inhalt. Es bestehen jedoch weiterhin Maßnahmen, die als „Leitlinien" oder „Mitteilungen" bezeichnet werden und die im Wesentlichen unverbindlich sind.

393 Sekundär- und Tertiärrecht kann ebenfalls gewohnheitsrechtlich begründet werden. Ob einem gewohnheitsrechtlichen Satz ein entsprechender Rang zukommt, richtet sich nach dem materiellen Inhalt der Regelung. Denkbar ist es beispielsweise, dass ein in einer Durchführungsverordnung der Europäischen Union vorgesehenes Verwaltungsverfahren ständig nicht oder anders gehandhabt wird und – bei Hinzutreten einer entsprechenden Rechtsüberzeugung – die Durchführungsverordnung gewohnheitsrechtlich außer Kraft gesetzt oder geändert wird. Einem solchen Satz des Gewohnheitsrechts wäre sekundärrechtlicher Rang zuzuweisen. Diesem ginge eine später ergangene abweichende Durchführungsverordnung jedoch vor, sodass eine verbindliche abändernde Regelung des Verwaltungsverfahrens vorläge.

394 Sekundäres und tertiäres Unionsrecht kann schließlich in Form allgemeiner Rechtsgrundsätze auftreten. So stehen die meisten Rechtssätze des allgemeinen Verwaltungsverfahrens der Europäischen Union und die allgemeinen Rechtsgrundsätze, welche die Lücken des Beamtenrechts und des übrigen Sekundärrechts ausfüllen, im Rang des sekundären Unionsrechts. Sie können demzufolge durch Rechtsakte der Organe der Europäischen Union geändert werden.

395 Das gesamte abgeleitete Unionsrecht steht im Rang unter dem Primärrecht. Kollisionen innerhalb des untereinander jeweils gleichrangigen Sekundär- bzw. Tertiärrechts lösen sich nach der lex-specialis- und der lex-posterior-Regel. In

der Praxis haben solche Fälle allerdings (bisher) keine Rolle gespielt, so dass hierzu auch keine Rechtsprechung vorliegt. Denkbar sind sie ohnehin nur, wenn die betreffenden Rechtsakte auf Grundlage der gleichen Kompetenzbestimmung und damit von den gleichen Organen erlassen werden und ihnen zugleich keine (konkludente) Abänderung oder Aufhebung der jeweils anderen Maßnahme entnommen werden kann. Die genannten Kollisionsregeln dürften dann sowohl bei gleich- als auch verschiedenartigen Rechtsakten (etwa frühere Richtlinie und spätere Verordnung) zur Anwendung gelangen. In allen anderen Fällen kann es erst gar nicht zu einer Kollision kommen. Denn aufgrund des Prinzips der begrenzten Einzelermächtigung und der Spezialität der Rechtsetzungskompetenzen wäre einer der beiden vermeintlich kollidierenden Rechtsakte wohl auf einer unzutreffenden Rechtsgrundlage erlassen und folglich unionsrechtswidrig. Anerkannt ist hingegen, dass ein Rangverhältnis innerhalb des abgeleiteten Unionsrechts bei sog. Basisrechtsakten besteht, die zum Erlass von Rechtsakten ohne Gesetzgebungscharakter als „delegierte Rechtsakte" (vgl. Art. 290 Abs. 3 AEUV) oder als Durchführungsrechtsakte (vgl. Art. 291 Abs. 2 AEUV) ermächtigen („Tertiärrechtsakte", „gestuftes Sekundärrechtsverhältnis", Rn. 361 ff.). Delegierte Rechtsakte müssen sich hier im Rahmen des ermächtigenden Basisrechtsakts halten (vgl. Art. 290 Abs. 1 UAbs. 1 AEUV)[402]. Die ordnungsgemäße Wahrnehmung von Durchführungsbefugnissen durch die Kommission wird von den Mitgliedstaaten kontrolliert (vgl. Art 291 Abs. 3 AEUV).

Die Unterscheidung zwischen „Gesetzgebungsakten" und „Rechtsakten ohne Gesetzescharakter" knüpft an die Entstehung des Rechtsaktes an. Ist er im ordentlichen oder besonderen Gesetzgebungsverfahren zustande gekommen, so stellt der Rechtsakt einen Gesetzgebungsakt dar (Art. 289 Abs. 3 AEUV). Als Rechtsakte ohne Gesetzescharakter werden demgegenüber solche Rechtsakte bezeichnet, die nicht in einem Gesetzgebungsverfahren angenommen wurden. Demzufolge setzt der Erlass eines Gesetzgebungsaktes stets die Beteiligung des Europäischen Parlaments voraus, entweder in der Form der Mitentscheidung (ordentliches Gesetzgebungsverfahren, vgl. Art. 289 Abs. 1 und Art. 294 AEUV) oder in der Form der Anhörung oder Zustimmung (besonderes Gesetzgebungsverfahren, vgl. Art. 289 Abs. 2 AEUV). Der Erlass von Gesetzgebungsakten durch die Kommission ist ausgeschlossen. Die Charakterisierung als Gesetzgebungsakt ist folglich rein formaler Natur, auch wenn ihr beispielsweise in Bezug auf den Erlass delegierter Rechtsakte durchaus materielle Kriterien zugrunde liegen. So sind gemäß Art. 290 Abs. 1 UAbs. 2 Satz 2 AEUV „die wesentlichen Aspekte eines Bereichs" stets durch den Gesetzgebungsakt selbst zu regeln. Maßgeblich für die Abgrenzung zwischen Gesetzgebungsakten und Rechtsakten ohne Gesetzgebungscharakter ist jedoch, ob in der entsprechenden Zuständig-

396

---

402 EuGH, Rs. 38/70, Slg. 1971, S. 145, Rn. 9 – *Tradax;* EuGH, Rs. 23/75, Slg. 1975, S. 1279, Rn. 10/14 ff. – *Rey Soda;* EuGH, Rs. 46/86, Slg. 1987, S. 2671, Rn. 16 ff. – *Romkes; EuGH,* Rs. C-103/96, Slg. 1997, S. I-1453, Rn. 20 – *Eridania Beghin-Say.*

keitsnorm ein Gesetzgebungsverfahren angeordnet wird oder nicht. Überdies können Gesetzgebungsakte nur auf der Grundlage des Unionsprimärrechts erlassen werden. Demzufolge *stellen Rechtsakte mit Gesetzgebungscharakter stets sekundäres Unionsrecht dar.* Die Wahl der Handlungsformen nach Art. 288 AEUV hängt jedoch *nicht* davon ab, ob sie in einem Gesetzgebungsverfahren oder einem sonstigen Rechtsetzungsverfahren erlassen werden. Folglich gibt die schlichte Bezeichnung eines Rechtsaktes als Verordnung, Richtlinie oder Beschluss keine Auskunft über dessen Charakter. Im Rahmen der GASP ist der Erlass von Gesetzgebungsakten ausgeschlossen (Art. 24 Abs. 1 UAbs. 2 Satz 3 EUV). Dies folgt aber auch schon daraus, dass keine der GASP-Bestimmungen auf eines der Gesetzgebungsverfahren verweist.

397 Wie das Primärrecht ist auch das abgeleitete Recht zwar umfassend unmittelbar geltend, aber nur eingeschränkt *unmittelbar anwendbar* (vgl. Rn. 388 ff.). Hier wie dort enthalten bei weitem nicht alle Bestimmungen hinreichend genaue und unbedingte Verpflichtungen oder Berechtigungen. Abweichungen zwischen Primär- und Sekundär-/Tertiärrecht bestehen allerdings in der Frage, wie die Rechtswirkungen unmittelbar anwendbaren abgeleiteten Rechts in den verschiedenen personalen Konstellationen einer rechtlichen Auseinandersetzung begründet oder eingeschränkt werden. Während es bei der Verordnung ebenso wie im Primärrecht allein auf das Regelungsverhältnis ankommt (vgl. Rn. 398), gehen die Wirkungen im Fall von Richtlinien und individualgerichteten Beschlüssen darüber hinaus (vgl. Rn. 405 ff. und Rn. 422 ff.). Denn anders als bei der Verordnung erschöpft sich das Regelungsverhältnis dieser beiden Rechtsakte definitionsgemäß (vgl. Art. 288 Abs. 3 und 4 AEUV) in der Relation zwischen EU und dem jeweiligen Adressaten – bei der Richtlinie ausschließlich Mitgliedstaaten, bei individualgerichteten Beschlüssen daneben auch einzelne natürliche oder juristische Personen. Der Gerichtshof der Europäischen Union hat diesen beiden Maßnahmen gleichwohl Rechtswirkungen auch für bestimmte weitere personale Konstellationen entnommen, für andere dagegen ausgeschlossen. Diese über das Regelungsverhältnis hinausgehende Ebene der unmittelbaren Anwendung von Richtlinien(-bestimmungen) und individualgerichteten Beschlüssen lässt sich mit dem Begriff des *Wirkungsverhältnisses* umschreiben. Es umfasst potentiell alle über das durch die Adressierung definierte Regelungsverhältnis eines Rechtsaktes hinausgehenden personalen Konstellationen einer rechtlichen Auseinandersetzung.

aa) Verordnungen

398 Eine Verordnung hat *allgemeine Geltung*. Sie ist in allen ihren Teilen verbindlich und gilt unmittelbar in jedem Mitgliedstaat (Art. 288 Abs. 2 AEUV). Allgemeine Geltung bedeutet, dass die Verordnung – gleich einem innerstaatlichen Gesetz – *abstrakt-generelle* Wirkung hat, weil sie „auf objektiv bestimmte Sachverhalte anwendbar ist und Rechtswirkungen für allgemein und abstrakt umrissene Per-

sonengruppen zeitigt."⁴⁰³ Verordnungen gelten grundsätzlich für die gesamte Union. Ausnahmsweise kann sich ihr Geltungsbereich auf einen oder einzelne Mitgliedstaat beschränken. Allerdings müssen dann sachliche Gründe für eine solche Beschränkung vorliegen, weil ansonsten ein Verstoß gegen den allgemeinen Gleichheitssatz (Rn. 729) anzunehmen ist. Die Verordnung ist in allen ihren Teilen verbindlich. Diese umfassende Verbindlichkeit äußert sich im Gegensatz zur Wirkung einer Richtlinie darin, dass eine Verordnung gerade auch hinsichtlich der zu ergreifenden Mittel und Formen verbindlich ist und nicht nur hinsichtlich des zu erreichenden Zieles. Darüber hinaus besitzt sie *unmittelbare Geltung* in jedem Mitgliedstaat. Die Verordnung wird deshalb mit ihrem Inkrafttreten Bestandteil der in den Mitgliedstaaten geltenden Rechtsordnungen. Die Behörden und Gerichte der Mitgliedstaaten haben eine Verordnung ex officio anzuwenden, ohne dass es dazu eines innerstaatlichen Umsetzungsakts, etwa eines Ausführungsgesetzes, bedürfte. Entgegenstehendes innerstaatliches Recht tritt dabei aufgrund des Anwendungsvorrangs des Unionsrechts zurück und bleibt außer Anwendung (Rn. 202 ff.).

Die unmittelbare Geltung einer Verordnung ist von der Frage ihrer *unmittelbaren Anwendbarkeit* zu unterscheiden. Ob Verordnungen *unmittelbar anwendbar* sind, hängt davon ab, inwieweit die Verordnungsbestimmungen klare und unbedingte Verpflichtungen begründen. Dies ist in jedem Einzelfall zu prüfen. Die Einräumung von Ermächtigungen zum Erlass von konkretisierenden Verwaltungsakten steht der Annahme der unmittelbaren Anwendbarkeit aber nicht entgegen: Die Behörde – als Rechtsanwender – wendet dann ja die Verordnung unmittelbar als Rechtsgrundlage für ihre Handlungen an. Anders hingegen ist dies im Fall der sogenannten „hinkenden Verordnung", die als Verordnung erlassen wird, aber ähnlich einer Richtlinie legislative Umsetzungsakte durch den Mitgliedstaat vorsieht und daher nicht unmittelbar anwendbar ist⁴⁰⁴. Im Übrigen können nach ständiger Rechtsprechung die Mitgliedstaaten Maßnahmen zur Durchführung einer Verordnung dann erlassen, wenn sie deren unmittelbare Anwendbarkeit nicht vereiteln, deren gemeinschaftliche Natur nicht verbergen und die Ausübung des durch die betreffende Verordnung verliehenen Ermessens innerhalb der Grenzen dieser Vorschriften konkretisieren⁴⁰⁵. Inwieweit die Verordnungen zudem Rechte oder Pflichten Einzelner enthalten, ist durch Auslegung zu ermitteln. Die personalen Konstellationen, in welchen unmittelbar anwendbare Verordnungsbestimmungen Wirkungen entfalten können, bestimmen sich ebenso wie im Primärrecht nach dem ihnen zugrunde liegenden Regelungsverhältnis (vgl. Rn. 390). Verordnungsbestimmungen können daher – je nach Norminhalt – nicht nur *vertikale Wirkung* im Bürger-Staat-Verhältnis, sondern

---

403 EuGH, Rs. 101/76, Slg. 1977, S. 797, Rn. 20/22 – *Koninklijke Scholten Honig N. V.*
404 Vgl. dazu *Gundel,* in: Pechstein/Nowak/Häde (Hrsg.), Frankfurter Kommentar EUV/GRC/AEUV, Art. 288 AEUV Rn. 15 ff.; *Ruffert,* in: Calliess/Ruffert (Hrsg.), EUV/AEUV, Art. 288 AEUV Rn. 21.
405 Vgl. EuGH, Rs. C-316/10, ECLI:EU:C:2011:863, Rn. 40 f. – *Danske Svineproducenter.*

auch *Horizontalwirkung* zwischen Bürgern entfalten. Dabei können Verordnungen etwa selbst eine Anspruchsbegründung regeln, wie etwa die Verordnung (EG) 261/2004[406], die für den Fall der Verspätung oder Annullierung eines Fluges Schadensersatzansprüche regelt. Darüber hinaus können Verordnungen auch vermittelt über das nationale Recht in Privatrechtsbeziehungen hineinwirken. Anerkanntermaßen können Verordnungen als unmittelbar anwendbare Regelungen als Gesetz i. S. v. Art. 2 EGBGB und damit auch als Verbots- (§ 134 BGB) und Schutzgesetz (§ 823 Abs. 2 BGB) zu qualifizieren sein. Darin kommt besonders deutlich zum Ausdruck, dass Verordnungen in ihrer Wirkkraft mit (innerstaatlichen) Gesetzen gleichgesetzt werden.

bb) Richtlinien

400 Eine Richtlinie ist für jeden Mitgliedstaat, an den sie gerichtet ist, hinsichtlich des zu erreichenden Zieles verbindlich, überlässt jedoch den innerstaatlichen Stellen die Wahl der Form und der Mittel (Art. 288 Abs. 3 AEUV). Eine Richtlinie richtet sich an einen, mehrere oder alle Mitgliedstaaten und ist nur für diese Adressaten und nur hinsichtlich des in ihr vorgegebenen Ziels verbindlich. Das Unionsrecht sieht hier also ein *zweistufiges Verfahren* vor. Die Unionsorgane erlassen mit der Richtlinie eine Rahmenregelung, die Mitgliedstaaten die erforderlichen Umsetzungsmaßnahmen.

(α) Die Verbindlichkeit für die Mitgliedstaaten

401 Die Mitgliedstaaten haben eine Richtlinie vollständig, genau und innerhalb der in der Richtlinie gesetzten Frist umzusetzen (vgl. Art. 4 Abs. 3 EUV). Ein Mitgliedstaat kann sich dabei nicht auf Bestimmungen, Übungen oder Umstände seiner internen Rechtsordnung berufen, um die Nichtbeachtung der in den Richtlinien aufgestellten Verpflichtungen und Fristen zu rechtfertigen[407]. Erweist sich eine Umsetzungsfrist als zu kurz, besteht für einen Mitgliedstaat nach dem Unionsrecht nur die Möglichkeit, die geeigneten Schritte auf Unionsebene zu unternehmen, um das zuständige Unionsorgan zu der notwendigen Verlängerung der Frist zu bewegen[408].

402 Nach Ablauf der Umsetzungsfrist ist eine Fristwahrung grundsätzlich nicht durch eine *rückwirkende Umsetzung* von Richtlinienbestimmungen zu erreichen. Dies folgt aus dem rechtsstaatlichen Rückwirkungsverbot, das sich aus all-

---

[406] Verordnung (EG) 261/2004 des Europäischen Parlaments und des Rates v. 11.2.2004 über eine gemeinsame Regelung für Ausgleichs- und Unterstützungsleistungen für Fluggäste im Fall der Nichtbeförderung und bei Annullierung oder großer Verspätung von Flügen und zur Aufhebung der Verordnung (EWG) 295/91, ABl.EU 2004 Nr. L 46/1.
[407] EuGH, Rs. 283/86, Slg. 1988, S. 3271, Rn. 7 – *Kommission/Belgien;* EuGH, Rs. C-240/89, Slg. 1990, S. I-4853, Rn. 6 – *Kommission/Italien.*
[408] EuGH, verb. Rs. C-178/94, C-179/94, C-188/94, C-189/94 u. C-190/94, Slg. 1996, S. I-4845, Rn. 54 – *Dillenkofer u. a. („Pauschalreiserichtlinie")* (= P Nr. 70).

gemeinen Rechtsgrundsätzen ergibt. Eine rückwirkende Umsetzung ist insbesondere bei individualbelastenden Bestimmungen verboten. Der von der Nichtumsetzung einer Richtlinie betroffene Bürger darf für die Vergangenheit auf den für ihn günstigen Fortbestand des richtlinienwidrigen Zustandes vertrauen. Nach der Rechtsprechung des Gerichtshofs der Europäischen Union ist der Einzelne vor der Umsetzung einer Richtlinie nicht in der Lage, in vollem Umfang von seinen Rechten und Pflichten aus der Richtlinie Kenntnis zu erlangen. Dieser Zustand wird erst mit der vollständigen Umsetzung beendet[409]. Bei Richtlinienbestimmungen, die den Einzelnen begünstigen, ist eine rückwirkende Umsetzung ausnahmsweise zulässig[410].

Die Mitgliedstaaten haben die *Umsetzungsformen und -mittel* zu ergreifen, welche die praktische Wirksamkeit der Richtlinie am besten gewährleisten[411]. Die Umsetzung hat unter Beachtung der Ziele der Richtlinie zu erfolgen. Hierbei billigt der EuGH den Mitgliedstaaten einen Wertungsspielraum zu[412]. Die nationale Bestimmung muss objektiv erforderlich und angemessen – also verhältnismäßig – sein, um zu gewährleisten, dass das Hauptziel der Richtlinie verwirklicht wird[413]. Die Umsetzung muss weiter den Erfordernissen der Rechtssicherheit und Rechtsklarheit genügen. Daher müssen Richtlinien durch verbindliche innerstaatliche Vorschriften umgesetzt werden, die hinreichend klar und bestimmt sind und es den Betroffenen ermöglichen, von ihren Rechten und Pflichten Kenntnis zu erlangen, um sie vor den nationalen Gerichten geltend machen zu können[414]. Eine bloße innerstaatliche Verwaltungspraxis oder eine Umsetzung durch Verwaltungsvorschriften ohne Außenwirkung gegenüber dem Bürger genügt nicht[415]. Auch eine statische oder dynamische Verweisung auf die umzusetzende Richtlinie innerhalb nationaler Rechtsvorschriften ersetzt nicht eine Umsetzung der jeweiligen Richtlinienbestimmungen in nationales Recht, die eine vollständige Anwendung der Richtlinie in hinreichend klarer und bestimmter Weise gewährleistet[416]. Der Gerichtshof fordert eine „unzweifelhaft verbindliche" Umsetzung[417]. Regelmäßig bedarf es hierfür eines *materiellen Gesetzes.* Eine Richtlinie bedarf nur dann keines weiteren Umsetzungsakts, wenn das in der Richtlinie vorgegebene Ziel innerstaatlich bereits durch entsprechende Rechtsvorschriften verwirklicht ist oder eine bereits vorhandene gesetzliche Bestimmung richtlinienkonform ausgelegt werden kann. Ein spezifisches, intentionales Umsetzungsgesetz ist daher nicht in jedem Falle geboten oder muss – we-

403

---

409 EuGH, Rs. C-208/90, Slg. 1991, S. I-4269, Rn. 21 f. – *Emmott.*
410 EuGH, Rs. 80/87, Slg. 1988, S. 1601, Rn. 15 – *Dik.*
411 EuGH, Rs. 48/75, Slg. 1976, S. 497, Rn. 69/73 – *Royer.*
412 EuGH, Rs. C-491/06, Slg. 2008, S. I-3339, Rn. 31 – *Danske Svineproducenter.*
413 EuGH, Rs. C-491/06, Slg. 2008, S. I-3339, Rn. 40 – *Danske Svineproducenter.*
414 EuGH, Rs. 291/84, Slg. 1987, S. 3483, Rn. 15 – *Kommission/Niederlande.*
415 EuGH, Rs. 361/88, Slg. 1991, S. I-2567, Rn. 20 f. – *TA-Luft* (= P Nr. 33).
416 EuGH, Rs. C-96/95, Slg. 1997, S. I-1653, Rn. 36 – *Kommission/Deutschland.*
417 EuGH, verb. Rs. C-178/94, C-179/94, C-188/94, C-189/94 u. C-190/94, Slg. 1996, S. I-4845, Rn. 48 – *Dillenkofer u. a.* („*Pauschalreiserichtlinie"*) (= P Nr. 70).

gen der Existenz „passender" älterer Normen – nicht alle Regelungen einer Richtlinie erfassen. Für den Rechtsanwender bedeutet dies freilich eine beträchtliche Unsicherheit, da nationale Normen, die nicht eigens zur Umsetzung einer Richtlinie geschaffen wurden und daher mit ihr nicht unmittelbar in Verbindung gebracht werden, ebenfalls unter den Umsetzungsauftrag einer Richtlinie fallen können und daher mit Richtlinienrecht vereinbar sein müssen. Dies gilt in gleicher Weise für nationale Normen die älter sind als die Richtlinie wie für jüngere Bestimmungen. Ob der nationale Gesetzgeber bei der Umsetzung der Richtlinie deren Vorgaben über die Mindestbestimmungen hinaus überschreitet, also eine „überschießende Umsetzung" vornimmt, fällt in den Wertungsspielraum der Mitgliedstaaten und ist demzufolge nicht zu beanstanden.

404 Vor Ablauf der Umsetzungsfrist entfalten Richtlinien *Vorwirkung*. Diese Vorwirkung folgt aus der jeweiligen Richtlinie und Art. 4 Abs. 3 EUV i. V. m. Art. 288 Abs. 3 AEUV. Sie ist im Sinne eines *Frustrationsverbots* zu verstehen, wie es auch in Art. 18 WVK verankert ist. Die Adressaten haben sich ab dem Zeitpunkt der Bekanntgabe der Richtlinie aller Maßnahmen zu enthalten, die geeignet sind, die Erreichung des in der Richtlinie vorgeschriebenen Ziels ernstlich in Frage zu stellen[418]. Sieht eine Richtlinie jedoch die Möglichkeit einer Verlängerung der Umsetzungsfrist vor, verbunden mit einer Berichtspflicht über die Umsetzungsfortschritte, so verschärft sich die Vorwirkung: In diesem Fall besteht eine materielle Annäherungsverpflichtung an die Richtlinienziele[419]. Die Annahme einer Vorwirkung im Sinne einer *Sperrwirkung* dahingehend, dass der nationale Gesetzgeber an dem Erlass jeglicher Vorschriften gehindert wäre, die der Richtlinie lediglich widersprechen, geht indes zu weit[420]. Eine richtlinienkonforme Auslegung innerstaatlichen Rechts (Rn. 417 ff.) vor Ablauf der Umsetzungsfrist ist unionsrechtlich ebenso wenig geboten. Eine andere und nach innerstaatlichem Recht zu beurteilende Frage ist hingegen die rechtliche Zulässigkeit einer solchen Auslegung durch Gerichte. Danach ist zu prüfen, ob den Gerichten bereits vor Ablauf der Umsetzungsfrist und vor der Richtlinienumsetzung durch den Gesetzgeber eine entsprechende Rechtsfortbildungskompetenz zusteht. Der BGH hat dies bejaht, insbesondere greife eine richtlinienkonforme Auslegung vor Ablauf der Umsetzungsfrist nicht in die Kompetenz des Gesetzgebers ein, solange sich die Konformität mittels Auslegung im nationalen Recht herstellen lasse und soweit dem Gesetzgeber ohnehin kein Spielraum bei der Umsetzung bleibe[421].

---

418 EuGH, Rs. C-129/96, Slg. 1997, S. I-7411, Rn. 41 ff. – *Inter-Environnement Wallonie;* EuGH, Rs. C-138/05, Slg. 2006, S. I-8339, Rn. 42 – *Stichting Zuid-Hollandse Milieufederatie;* EuGH, Rs. C-268/06, Slg. 2008, S. I-2483, Rn. 92 – *Impact.*
419 EuGH, Rs. C-144/04, Slg. 2005, S. I-9981, Rn. 67 ff. – *Mangold* (= P Nr. 30).
420 Vgl. EuGH, Rs. C-422/05, Slg. 2007, S. I-4749, Rn. 62 f. – *Kommission/Belgien („Richtlinien-Vorwirkung")* (= P Nr. 29).
421 BGHZ 138, 55, 59 ff.

(β) Unmittelbare Wirkung

Die von der Umsetzungsverpflichtung inhaltlich erfassten Vorgaben einer Richtlinie beziehen sich zumeist auf Bestimmungen abstrakt-generellen Charakters, deren Detailgenauigkeit sich vielfach von Verordnungen nicht mehr unterscheidet und den Mitgliedstaaten bei der Umsetzung oftmals keinen oder kaum Spielraum belässt, da es sich inhaltlich um genaue und unbedingte Verpflichtungen und Berechtigungen handelt. Für den Fall *fehlender oder fehlerhafter Umsetzung* nach Ablauf der Umsetzungsfrist – also *nach* erfolgloser Bemühung um eine richtlinienkonforme Auslegung des nationalen Rechts[422] – stellt sich daher die Frage nach der unmittelbaren Anwendung solcher Richtlinienbestimmungen durch mitgliedstaatliche Gerichte und Verwaltungen in nationalen Rechtsstreitigkeiten. Mit dem einer Richtlinie zugrunde liegenden Regelungsverhältnis lässt sich eine solche unmittelbare Wirkung allerdings nur schwer vereinbaren, da sich dieses – anders als bei Verordnungen – in der gegenüber den Mitgliedstaaten bestehenden Umsetzungsverpflichtung (vgl. Art. 288 Abs. 3 AEUV) erschöpft. Gleichwohl hat der Gerichtshof der Europäischen Union in seiner Rechtsprechung Wirkungsweisen der Richtlinie entwickelt, die über die Relation EU-Mitgliedstaaten hinausgehen. Um dem Regelungsverhältnis dieses Rechtsaktes dennoch Rechnung zu tragen und den in Art. 288 AEUV vorgegebenen Unterschied zur Verordnung nicht (vollständig) zu verwischen, schränkt er das Wirkungsverhältnis der Richtlinie ein und versteht die zulässigen Erweiterungen der direkten Anwendung von Richtlinienbestimmungen als Ausnahmen[423]. Der Auftrag der korrekten Umsetzung in nationales Recht bleibt trotz ausnahmsweiser unmittelbarer Wirkung erhalten.

405

Folgende drei Voraussetzungen für eine ausnahmsweise in Betracht kommende unmittelbare Wirkung lassen sich der Rechtsprechung des Gerichtshofs entnehmen:
(1) *Ablauf der Umsetzungsfrist* ohne korrekte Umsetzung,
(2) die Richtlinie muss hinsichtlich der anzuwendenden Bestimmung *inhaltlich hinreichend genau* bestimmt sein und
(3) die Richtlinie muss insoweit *unbedingt* sein, darf also den Mitgliedstaaten in Bezug auf die betreffende (an sich umsetzungsbedürftige) Vorschrift keinen Umsetzungsspielraum belassen[424].

406

An der dritten Voraussetzung kann es auch bei Vorliegen der zweiten Voraussetzung fehlen, weil den Mitgliedstaaten etwa bei der Regelung der Finanzierung bestimmter inhaltlich klar umrissener Begünstigungen ein Gestaltungsspielraum eingeräumt worden sein kann[425]. Eine *begünstigende Wirkung für Individuen*,

407

---

422 Vgl. EuGH, Rs. C-282/10, ECLI:EU:C:2012:33, Rn. 23, – *Maribel Dominguez*.
423 Vgl. dazu umfassend *Gundel*, in: Pechstein/Nowak/Häde (Hrsg.), Frankfurter Kommentar EUV/GRC/AEUV, Art. 288 AEUV Rn. 38 ff.
424 EuGH, Rs. 9/70, Slg. 1970, S. 825, Rn. 5 ff. – *Leberpfennig* (= P Nr. 43).
425 EuGH, verb. Rs. C-6/90 u. C-9/90, Slg. 1991, S. I-5357, Rn. 26 – *Francovich* (= P Nr. 67).

die früher vielfach ebenfalls als Voraussetzung der unmittelbaren Anwendbarkeit genannt wurde, ist *nur eine der möglichen Folgen* des Vorliegens der genannten Voraussetzungen. Dies ist seit der Anerkennung der sog. objektiven Richtlinienwirkung (Rn. 416) deutlich.

408 Sind diese drei Voraussetzungen erfüllt – nationale Gerichte können diese Frage im Wege des Vorabentscheidungsverfahrens (Rn. 584 ff.) durch den EuGH klären lassen –, so ist in einem nächsten Schritt zu fragen, welche personalen Konstellationen einer rechtlichen Auseinandersetzung für die unmittelbare Wirkung einer Richtlinie in Betracht kommen und welche von ihrem Wirkungsverhältnis letztlich umfasst werden. Sind die Bedingungen im konkreten Fall gegeben, so sind die betreffenden Richtlinienbestimmungen auch *von Amts wegen* seitens der nationalen Behörden und Gerichte anzuwenden und nicht erst, wenn ein Bürger sich hierauf beruft.

409 (1) Die *vertikale* unmittelbare Richtlinienwirkung betrifft das Bürger-Staat-Verhältnis. Der Bürger beruft sich auf eine ihn begünstigende, noch nicht (richtig) umgesetzte, jedoch nach den oben genannten Kriterien unmittelbar anwendbare Richtlinienbestimmung. Diese staatlicherseits zu gewährende Begünstigung ist ihm nach ständiger Rechtsprechung des EuGH von dem bei der Umsetzung säumigen Mitgliedstaat von Amts wegen zu gewähren, der somit für seine Säumnis durch seine eigenen Bürger, seine eigene Verwaltung und seine eigenen Gerichte „bestraft" wird[426]. Der EuGH hat damit im Wege richterlicher Rechtsfortbildung eine „neue Sanktionsmöglichkeit" gegenüber säumigen Mitgliedstaaten geschaffen.

410 (2) Bei der *umgekehrt vertikalen* unmittelbaren Richtlinienwirkung möchte der bei der Umsetzung säumige Mitgliedstaat gegenüber den Bürgern eine diese belastende Richtlinienbestimmung zur Anwendung bringen, etwa in Form darauf gestützter belastender Verwaltungsakte oder Strafmaßnahmen. Diese Wirkung lehnt der EuGH in ständiger Rechtsprechung ab[427], da eine derartige Wirkung den umsetzungssäumigen Staat dadurch „belohnen" würde, dass er Eingriffsermächtigungen gegenüber seinen Bürgern „geschenkt" bekäme, die er sich durch eine korrekte Umsetzung verschaffen kann bzw. muss. Der Sanktionsgedanke gegenüber dem säumigen Staat steht dieser Wirkung entgegen.

411 (3) Die *horizontale* unmittelbare Richtlinienwirkung (auch: horizontale Direkt- oder Drittwirkung) betrifft das Verhältnis zwischen Privatrechtssubjekten untereinander. Eine derartige Richtlinienwirkung ist im Privatrechtsverhältnis in zwei Varianten denkbar: Erstens kann eine Richtlinie ein subjektives Recht für ein Privatrechtssubjekt begründen, auf das es sich gegenüber einem anderen Privatrechtssubjekt unmittelbar beruft. Beispielsweise kann ein Verbraucher gegenüber dem Zahlungsanspruch eines Unternehmers ein Widerrufsrecht unmittelbar

---

426 EuGH, Rs. 148/78, Slg. 1979, S. 1629, Rn. 18/23 – *Strafverfahren gegen Ratti*.
427 EuGH, Rs. 80/86, Slg. 1987, S. 3969, Rn. 10 – *Kolpinghuis Nijmegen* (= P Nr. 36); bestätigt in der Rs. C-425/12, ECLI:EU:C:2013:829, Rn. 22 ff. – *Portgás*; vgl. hierzu *Krimphove*, EuZW 2014, S. 178 ff.

auf der Grundlage einer Richtlinie geltend machen, weil der Mitgliedstaat die Richtlinie noch nicht in innerstaatliches Recht umgesetzt hat. Diese sog. *„echte"* *oder „positive" Horizontalwirkung*, bei der das geltend gemachte subjektive Recht unmittelbar aus der Richtlinie hergeleitet wird (Richtlinie als Anspruchsgrundlage), lehnt der EuGH in ständiger Rechtsprechung zu Recht ab[428], da sie eine Belastung von Privatrechtssubjekten begründen würde, obwohl diese keinen Einfluss auf die ordnungsgemäße Umsetzung von Richtlinien haben. Adressaten der Umsetzungspflicht sind die Mitgliedstaaten (Art. 288 Abs. 3 AEUV i.V.m. Art. 4 Abs. 3 EUV und der jeweiligen Richtlinie). Die unmittelbare Wirkung von Richtlinien als Sanktion der Verletzung der mitgliedstaatlichen Umsetzungspflicht kann sich dementsprechend auch nicht gegen Privatrechtssubjekte richten. Darüber hinaus würde die Anerkennung einer horizontalen unmittelbaren Richtlinienwirkung dazu führen, dass der Union die Befugnis zuerkannt würde, mit unmittelbarer Wirkung zu Lasten der Bürger Verpflichtungen anzuordnen, obwohl sie dies nur dort darf, wo ihr die Befugnis zum Erlass von Verordnungen zugewiesen ist[429].

Abzugrenzen von der horizontalen Richtlinienwirkung sind Situationen, in denen sich formal zwei private Rechtssubjekte gegenüberstehen, jedoch tatsächlich eine Seite einem Mitgliedstaat zuzurechnen ist[430]. In einem solchen Fall liegt eine Konstellation der vertikalen Richtlinienwirkung vor. Auch hier führt der Sanktionsgedanke dazu, dass sich der Mitgliedstaat nicht in die Privatisierung oder Aufgabenverlagerung fliehen kann. Die Bewertungskriterien der Zurechenbarkeit wurden in der bisherigen Rechtsprechung des EuGH abstrakt und weit formuliert. Demnach kann eine Richtlinie gegen jede Organisation oder Einrichtung, unabhängig von ihrer Rechtsform, die mit der Erfüllung öffentlicher Aufgaben betraut ist, die dem Staat oder dessen Aufsicht unterstehen oder mit besonderen Rechten ausgestattet sind, die über diejenigen hinausgehen, die nach den Vorschriften für die Beziehungen zwischen Privatpersonen gelten, unmittelbar angewandt werden[431]. Aufgrund der vielfältig möglichen Spielarten von Aufgabenverlagerungen oder staatlicher Beteiligung an Privatunternehmen, kann die Einschätzung, ob ein „echter Privater" vorliegt, nur im Einzelfall erfolgen[432]. Dabei kann auf die aus dem Vertragsverletzungsverfahren bekannten Methoden der Zurechnung (Rn. 520, 869 f.) zurückgegriffen werden[433]. Praktisch entschei-

412

---

428 EuGH, Rs. 152/84, Slg. 1986, S. 723, Rn. 48 – *Marshall* (= P Nr. 39); *EuGH,* Rs. C-91/92, Slg. 1994, S. I-3325, Rn. 19 ff. – *Faccini Dori;* EuGH, Rs. C-397/01, Slg. 2004, S. I-8835, Rn. 108 – *Pfeiffer* (= P Nr. 40).
429 EuGH, Rs. C-91/92, Slg. 1994, S. I-3325, Rn. 24 – *Faccini Dori.*
430 EuGH, Rs. C-188/89, Slg. 1990, S. I-03313 – *Foster;* EuGH, Rs. C-413/15, ECLI:EU:C:2017:745 – *Farell II.*
431 EuGH, Rs. C-188/89, Slg. 1990, S. I-03313, Rn. 18–20 – *Foster.*
432 Kritisch dazu *Baldus,* GPR 2018, S. 55 ff.
433 *Gundel,* in: Pechstein/Nowak/Häde (Hrsg.), Frankfurter Kommentar EUV/GRC/AEUV, Art. 288 AEUV Rn. 55.

det sich hier die Frage, ob ein Anspruch direkt, durch die Berufung auf die Richtlinie selbst oder sekundär, über einen Staatshaftungsanspruch wegen fehlender Umsetzung, durchgesetzt werden kann und muss.

413 Gegen die Anerkennung der sog. *„unechten"* oder *„negativen"* Horizontalwirkung[434] sprechen die gleichen Erwägungen wie gegen die *echte Horizontalwirkung*. Diese zweite Variante der unmittelbaren Richtlinienwirkung im Privatrechtsverhältnis ist dadurch gekennzeichnet, dass ein Privatrechtssubjekt in einem zivilrechtlichen Rechtsstreit geltend macht, eine ihn belastende oder die Gegenseite begünstigende innerstaatliche Norm verstoße gegen eine Richtlinie und müsse deshalb unangewendet bleiben. So könnte etwa ein Verbraucher einwenden, der im nationalen Recht vorgesehene und gegen ihn geltend gemachte Zahlungsanspruch sei nicht vereinbar mit einer Richtlinie. Der Einwand des Verbrauchers ist insoweit nicht als Ausübung eines in der Richtlinie vorgesehenen Rechts zu verstehen, das dem nach innerstaatlichem Recht begründeten Zahlungsanspruch entgegensteht; der Einwand zielt vielmehr darauf ab, dass der nationale Richter die richtlinienwidrige innerstaatliche Norm, die den Zahlungsanspruch begründet, unangewendet lässt, so dass eine Zahlungspflicht des Verbrauchers deshalb nicht besteht, weil es an einer entsprechenden Anspruchsgrundlage fehlt. Zwar ist die mitgliedstaatliche Judikative von Unionsrechts wegen verpflichtet, nationales Recht unangewendet zu lassen, soweit es im Widerspruch zu unionsrechtlichen Vorgaben steht (Rn. 202 ff.). Die Außerachtlassung nationalen Rechts würde allerdings immer zu einer Belastung des Privatrechtssubjekts führen, das sich auf das richtlinienwidrige nationale Recht stützen kann. In der Sache unterscheidet sich dieser Fall nicht von der „echten" Horizontalwirkung, die gerade wegen der mit ihr verbundenen Belastung eines Privaten unzulässig ist[435]. Deshalb lehnt der Gerichtshof der Europäischen Union – anders als einige Generalanwälte[436] – auch die negative Horizontalwirkung zu Recht ab[437].

414 Mit dieser Rechtsprechung hat der EuGH in seinen Urteilen in Sachen *CIA Security International*[438] und in Sachen *Unilever Italia*[439] nur scheinbar gebrochen. Beide Entscheidungen betreffen die Richtlinie über ein Informationsverfahren auf dem Gebiet der Normen und technischen Vorschriften (sog. Informa-

---

434 Ebenso *Gundel*, in: Pechstein/Nowak/Häde (Hrsg.), Frankfurter Kommentar EUV/GRC/AEUV, Art. 288 AEUV Rn. 60 ff.; *Langenfeld*, DÖV 1992, S. 955, 963; *Riesenhuber/Domröse*, RIW 2005, S. 47, 53; *von Danwitz*, JZ 2007, S. 697, 703; *Schroeder*, in: Streinz (Hrsg.), EUV/AEUV, Art. 288 AEUV Rn. 101; a. A. etwa *Steindorff*, in: FS Everling, S. 1455, 1460; *Reich/Rörig*, EuZW 2002, S. 87, 88; *Wank*, RdA 2004, S. 246, 250 ff.
435 Zu weiteren Einwänden vgl. *von Danwitz*, JZ 2007, S. 697, 703.
436 Z. B. GA *Albers*, Slg. 2000, S. I-6659, Tz. 19 ff. – *Collino*; GA *Colomer*, Slg. 2004, S. I-8835, Tz. 22 ff. – *Pfeiffer*.
437 EuGH, Rs. C-397/01, Slg. 2004, S. I-8835, Rn. 108 f. – *Pfeiffer* (= P Nr. 40); vgl. auch EuGH, Rs. C-176/12, ECLI:EU:C:2014:2, Rn. 43 ff. – *Association de médiation sociale*.
438 EuGH, Rs. C-194/94, Slg. 1996, S. I-2201, Rn. 42 ff. – *CIA Security International*.
439 EuGH, Rs. C-443/98, Slg. 2000, S. I-7535, Rn. 31 ff. – *Unilever* (= P Nr. 41).

tionsrichtlinie)⁴⁴⁰. Klärungsbedürftig war die Frage, welche Rechtsfolgen ein Verstoß gegen die in Art. 8 der Richtlinie vorgesehene Pflicht der Mitgliedstaaten, jeden Entwurf einer technischen Vorschrift der Kommission mitzuteilen, sowie gegen die in Art. 9 der Richtlinie vorgesehene Pflicht der Mitgliedstaaten, den Entwurf einer technischen Vorschrift nicht vor Ablauf einer bestimmten Frist anzunehmen, für einen Rechtsstreit zwischen zwei Privaten hat. Der Gerichtshof entschied, dass der Verstoß gegen diese Richtlinienvorgaben auch in einem Rechtsstreit zwischen Privaten zur Unanwendbarkeit der technischen Vorschrift führt. Zur Rechtfertigung dieser *Ausnahme vom Verbot der Horizontalwirkung* verweist der EuGH auf die Besonderheit der streitgegenständlichen Richtlinie, die darin besteht, dass sie – anders als Richtlinien sonst – nicht auf Angleichung der mitgliedstaatlichen Rechtsordnungen gerichtet ist, sondern nur Verfahrensvorschriften für den Erlass technischer Vorschriften vorsieht; die Richtlinie begründe weder Rechte noch Pflichten für Einzelne⁴⁴¹. Diese Rechtsprechungslinie des EuGH steht damit in der Nähe der objektiven Richtlinienwirkung (Rn. 416). Es wird deutlich, dass die unmittelbare Wirkung einer Richtlinie nicht zu einer unmittelbaren Belastung eines Privaten führen darf, während bloß reflexartige Folgen der unmittelbaren Wirkung einer Richtlinie für Private hinzunehmen sind (vgl. Rn. 415). Insoweit spricht nichts dagegen, diese Rechtsprechung auch auf andere Richtlinienbestimmungen zu übertragen, die – wie die der Informationsrichtlinie – ebenfalls nicht auf die Angleichung der mitgliedstaatlichen Rechtsordnungen abzielen.

(4) Eine *drittbelastende* unmittelbare Richtlinienwirkung stellt sich als Kombination der zulässigen vertikalen und der unzulässigen umgekehrt vertikalen Wirkung dar: Ein Bürger macht eine Berechtigung aus einer Richtlinie gegenüber dem Mitgliedstaat geltend, die dieser nur durch einen hoheitlichen Eingriff gegenüber einem anderen Privaten verwirklichen kann (z. B. Nachbarschutz). Die Abgrenzung zu der horizontalen Richtlinienwirkung folgt aus der Anspruchsadressierung gegenüber dem Mitgliedstaat. Zur drittbelastenden unmittelbaren Richtlinienwirkung hat der EuGH erstmals deutlich in der Rs. *Wells* Stellung genommen⁴⁴². Im Grundsatz bleibt der Gerichtshof insoweit bei seiner ständigen Rechtsprechung, dass eine belastende unmittelbare Wirkung von Richtlinien für Privatpersonen aufgrund des Grundsatzes der Rechtssicherheit ausgeschlossen ist. Im Ergebnis akzeptiert der EuGH in dieser Entscheidung jedoch eine unmittelbare Richtlinienwirkung zuungunsten Dritter, stellt dabei aber darauf ab, ob die Verpflichtung des Staates in unmittelbarem Zusammenhang mit der Verpflichtung eines Privaten steht, oder ob die Entscheidung der staatlichen Behör-

415

---

440 Richtlinie 83/189/EWG des Rates über ein Informationsverfahren auf dem Gebiet der Normen und technischen Vorschriften, ABl.EG 1983 Nr. L 109, S. 8 (zunächst ersetzt durch Richtlinie 98/34/EG, ABl.EG 1998 Nr. L 204, S. 34, nunmehr durch Richtlinie (EU) 2015/1535, ABl. EU 2015 Nr. L 241, S. 1).
441 EuGH, Rs. C-443/98, Slg. 2000, S. I-7535, Rn. 48 f. – *Unilever* (= P Nr. 41).
442 EuGH, Rs. C-201/02, Slg. 2004, S. I-723, Rn. 54 ff. – *Wells* (= P Nr. 37).

den bloße negative Auswirkungen auf Rechte Dritter hat. Im letztgenannten Fall ist eine unmittelbare Wirkung der Richtlinie dem Gerichtshof zufolge zulässig. Daher kann sich eine Privatperson in derartigen Fällen unmittelbar auf die aus der Richtlinie fließenden Rechte auch zu Lasten eines Dritten berufen. Die wohl im Sinne eines Rechtsreflexes zu verstehenden zulässigen „bloß negativen Auswirkungen" sind von unzulässigen echten Eingriffen in subjektive Rechte abzugrenzen[443].

416 (5) Eine *objektive* unmittelbare Richtlinienwirkung liegt vor, wenn die drei Voraussetzungen der unmittelbaren Anwendbarkeit erfüllt sind, ohne dass damit eine Begünstigung oder Belastung eines Einzelnen bewirkt wird[444]. Diese Konstellation wird insbesondere bei Richtlinien im Bereich des Umwelt- und Naturschutzes relevant. Ohne das Interesse eines begünstigten Privaten muss die Verwaltung hier von sich aus auf die Problemlage aufmerksam werden. Im Bereich des subjektiven Rechtsschutzes kann diese Frage etwa hinsichtlich der Rechtmäßigkeit von Enteignungsmaßnahmen eine Rolle spielen, denen eine Planfeststellung unter Verstoß gegen eine objektiv unmittelbar anwendbare Richtlinienbestimmung – z. B. fehlende Umweltverträglichkeitsprüfung – zugrunde liegt[445].

(γ) Das Gebot richtlinienkonformer Auslegung und
Fortbildung nationalen Rechts

417 Die sich aus Art. 288 Abs. 3 AEUV ergebende Pflicht, die Richtlinienziele im nationalen Recht zu verwirklichen, erstreckt sich auf den Mitgliedstaat insgesamt, also auf alle mitgliedstaatlichen Organe[446] einschließlich der Judikative. Dementsprechend hat die mitgliedstaatliche Judikative bei der ihr nach der innerstaatlichen Kompetenzverteilung zugewiesenen Aufgabe der Rechtsfindung das nationale Recht richtlinienkonform auszulegen und ggf. fortzubilden. Diese Verpflichtung zur richtlinienkonformen Rechtsfindung, eine Spielart des Gebots unionsrechtskonformer Rechtsfindung (Rn. 212 ff.), bietet gerade dort eine Alternative zur unmittelbaren Richtlinienwirkung, wo diese – wie insbesondere im Horizontalverhältnis (Rn. 411 ff.) – nicht in Betracht kommt. Das Gebot richtlinienkonformer Rechtsfindung setzt deshalb auch nicht die unmittelbare Wirkung der Richtlinie und deren Erfordernisse der hinreichenden Bestimmtheit und Unbedingtheit voraus, es tritt vielmehr neben jene Richtlinienwirkung und ergänzt sie[447]. Im Verhältnis zueinander *gebührt dem Gebot richtlinienkonformer*

---

443 Vgl. dazu EuGH, verb. Rs. C-152/07 bis C-154/07, Slg. 2008, S. I-5959, Rn. 34 ff. – *Arcor* (= P Nr. 38); EuGH, Rs. C-508/14, ECLI:EU:C:2015:657, Rn. 47 ff. – *Český telekomunikační úřad*.
444 EuGH, Rs. C-431/92, Slg. 1995, S. I-2189, Rn. 26 – *Großkrotzenburg* (= P Nr. 42); vgl. dazu *Pechstein*, EWS 1996, S. 261 ff.
445 BVerwGE 100, 238, 241 f.
446 Vgl. ausführlich zur richtlinienkonformen Rechtsanwendung mitgliedstaatlicher Organe *Reimer*, JZ 2015, S. 910.
447 Dazu *Riesenhuber/Domröse*, RIW 2005, S. 47, 49 f.

Rechtsfindung Vorrang vor der (zulässigen) unmittelbaren Richtlinienwirkung, da die richtlinienkonforme Rechtsfindung das nationale Recht erhält und sich damit als souveränitätsschonender erweist als die unmittelbare Richtlinienwirkung, die zur Suspendierung entgegenstehenden nationalen Rechts führt.

Wie die Umsetzungspflicht des nationalen Gesetzgebers entspringt die Verpflichtung der mitgliedstaatlichen Judikative zur richtlinienkonformen Rechtsfindung den primärrechtlichen Umsetzungsgeboten (Art. 288 Abs. 3 AEUV); ganz überwiegend zieht der EuGH zusätzlich Art. 4 Abs. 3 EUV als Geltungsgrund heran[448], obwohl der Rückgriff auf diese allgemeine Loyalitätspflicht im Grundsatz unnötig ist[449]. Auf den Anwendungsvorrang des supranationalen Unionsrechts lässt sich das Gebot richtlinienkonformer Rechtsfindung – anders als die Verpflichtung zur primärrechtskonformen Auslegung und Fortbildung nationalen Rechts (vgl. Rn. 212) – nicht stützen, sofern die in Rede stehende Richtlinienbestimmung keine unmittelbare Anwendung entfaltet. Denn der Anwendungsvorrang des Unionsrechts setzt die unmittelbare Anwendbarkeit der unionsrechtlichen Norm voraus (Rn. 205).

418

Die Pflicht zur richtlinienkonformen Rechtsfindung erstreckt sich nicht nur auf das Umsetzungsrecht, sondern auf das gesamte, auch autonome mitgliedstaatliche Recht[450]. Vom Gebot der richtlinienkonformen Rechtsfindung erfasst ist deshalb auch mitgliedstaatliches Recht, das älter ist als die umzusetzende Richtlinie. Die Pflicht zur richtlinienkonformen Rechtsfindung reicht allerdings nur so weit, wie der Anwendungsbereich der jeweiligen Richtlinie reicht. Setzt der nationale Gesetzgeber eine Richtlinie überschießend um, geht er also über die Richtlinienvorgaben ohne unionsrechtlichen Umsetzungszwang hinaus, besteht insoweit für die mitgliedstaatliche Judikative von Unionsrechts wegen keine Pflicht zur richtlinienkonformen Auslegung[451]. Das kann dann dazu führen, dass eine innerstaatliche Norm, die eine Richtlinie umsetzt und zugleich über deren Vorgaben hinausgeht, unterschiedlich („gespalten") auszulegen ist, nämlich einmal richtlinienkonform (soweit die Norm in den Anwendungsbereich der Richtlinie fällt) und einmal autonom-national (soweit die Norm die Richtlinienvorgaben überschießend umsetzt).

419

Eine richtlinienkonforme Rechtsfindung ist nach der Rechtsprechung des EuGH nur soweit geboten, wie das nationale Recht einen entsprechenden Spielraum dafür belässt. Der Gerichtshof verlangt nur, das nationale Gericht müsse „im Rahmen seiner Zuständigkeit" unter voller Ausschöpfung des Beurteilungsspielraums, „den ihm sein Recht einräumt", seine Auslegung „soweit wie mög-

420

---

448 Etwa EuGH, Rs. 14/83, Slg. 1984, S. 1891, Rn. 26 – *von Colson u. Kamann.*
449 Näher dazu *Riesenhuber/Domröse,* RIW 2005, S. 47, 48 f.; *Roth,* in: Riesenhuber (Hrsg.), Europäische Methodenlehre, 3. Aufl. 2015, § 13, Rn. 3 ff.
450 EuGH, Rs. C-106/89, Slg. 1990, S. I-4135, Rn. 8 – *Marleasing;* EuGH, Rs. C-397/01, Slg. 2004, S. I-8835, Rn. 115 – *Pfeiffer* (= P Nr. 40).
451 Näher zur Problematik der überschießenden Richtlinienumsetzung *Habersack/Mayer,* in: Riesenhuber (Hrsg.), Europäische Methodenlehre, 3. Aufl. 2015, § 14.

lich" an der Richtlinie ausrichten⁴⁵². Der EuGH akzeptiert damit die *innerstaatlichen Grenzen der Rechtsfindung*, die sich vor allem aus der Kompetenzverteilung zwischen Judikative und Legislative ergeben. Zugleich verlangt der EuGH den nationalen Gerichten aber auch alle Anstrengungen zur Durchsetzung der Richtlinienziele im Wege der Rechtsfindung ab, die ihnen nach innerstaatlichem Recht möglich sind. Die nationalen Gerichte sind verpflichtet, „die gleichen Methoden anzuwenden, um das von der Richtlinie verfolgte Ziel zu erreichen", wie sie für die Anwendung autonomen nationalen Rechts bestehen⁴⁵³. Um diesem Gebot der methodischen Gleichbehandlung⁴⁵⁴ von Richtlinienrecht und nationalem Recht zu genügen, haben die deutschen Gerichte auch eine richtlinienkonforme Rechtsfortbildung in Betracht zu ziehen, soweit ihnen das auch bei der Anwendung autonomen deutschen Rechts möglich wäre. Dementsprechend kann im Einzelfall auch eine richtlinienkonforme Analogie, teleologische Extension oder Reduktion geboten sein. Eine richtlinienkonforme Rechtsfortbildung *contra legem* verlangt der Gerichtshof aber nicht⁴⁵⁵. Eine Verdrängung des nationalen Rechts entsteht jedoch trotzdem dann, wenn der EuGH einen mit dem Richtliniengebot inhaltsgleichen *primärrechtlichen* Rechtsgrundsatz, insbesondere in Form eines Unionsgrundrechts, feststellt, dessen Anwendbarkeit durch die Existenz der Richtlinie ermöglicht wird. Durch die Heranziehung einer übergeordneten, ungeschriebenen Norm wird der Grundsatz der Unzulässigkeit horizontaler Richtlinienwirkung dogmatisch gewahrt, praktisch aber durch Ausnahmen zersetzt⁴⁵⁶.Bei der richtlinienkonformen Auslegung sind somit vorrangig die nationalen Methodenregeln anzuwenden, eine gemeineuropäische Methodenlehre besteht insoweit nicht. Gleichwohl hat der EuGH punktuell vorrangig anzuwendende Methodenregeln entwickelt⁴⁵⁷.

421 Neben den innerstaatlichen Grenzen setzen auch die allgemeinen Rechtsgrundsätze des Unionsrechts, insbesondere der Grundsatz der Rechtssicherheit und das Rückwirkungsverbot sowie die Unionsgrundrechte, dem Gebot richtlinienkonformer Rechtsfindung Schranken⁴⁵⁸. Verboten ist daher z. B. eine richt-

---

452 EuGH, Rs. C-106/89, Slg. 1990, S. I-4135, Rn. 8 – *Marleasing;* EuGH, Rs. C-421/92, Slg. 1994, S. I-1657, Rn. 10 – *Habermann-Beltermann.*
453 EuGH, Rs. C-397/01, Slg. 2004, S. I-8835, Rn. 116 – *Pfeiffer* (= P Nr. 40).
454 *Riesenhuber/Domröse*, RIW 2005, S. 47, 51; *Roth,* in: Riesenhuber (Hrsg.), Europäische Methodenlehre, 3. Aufl. 2015, § 13, Rn. 30 f.
455 EuGH, Rs. C-212/04, Slg. 2006, S. I-6057, Rn. 110 – *Adeneler* (= P Nr. 32); S. a. *Riesenhuber/Domröse*, RIW 2005, S. 47, 51 f.; *Roth,* in: Riesenhuber (Hrsg.), Europäische Methodenlehre, 3. Aufl. 2015, § 13, Rn. 53; vgl. hierzu auch *Michael/Payandeh*, NJW 2015, 2392.
456 EuGH, Rs. C-555/07, Slg. 2010, S. I-365, Rn. 19 ff. – *Kücükdeveci* (= P Nr. 31); einschränkend für Bestimmungen der Grundrechte-Charta, die kein subjektives Recht gewähren aber nunmehr EuGH, Rs. C-176/12, ECLI:EU:C:2014:2, Rn. 43 ff. – *Association de médiation sociale;* Vgl. dazu kritisch *Gundel*, in Pechstein/Nowak/Häde (Hrsg.), Frankfurter Kommentar EUV/GRC/AEUV, Art. 288 AEUV Rn. 53 ff.
457 Vgl. hierzu ausführlich *Brenncke*, EuR 2015, S. 440 ff.; zu den verfassungsrechtlichen Grenzen richtlinienkonformer Rechtsfortbildung vgl. *Michael/Payandeh*, NJW 2015, S. 2392 ff.
458 EuGH, Rs. C-212/04, Slg. 2006, S. I-6057, Rn. 110 – *Adeneler* (= P Nr. 32).

linienkonforme Auslegung des nationalen Strafrechts, durch welche die strafrechtliche Verantwortlichkeit derjenigen verschärft wird, die gegen die Richtlinienbestimmungen verstoßen haben[459]. Eine entsprechende Schranke besteht für das Privatrecht nicht. Anders als die unmittelbare Horizontalwirkung, kann die richtlinienkonforme Auslegung daher auch zu einer Belastung eines Privaten führen.

cc) Beschlüsse

Ein Beschluss i. S. d. „alten" Entscheidung (Art. 249 Abs. 4 EGV a. F.) ist in all seinen Teilen für diejenigen verbindlich, die er adressiert (Art. 288 Abs. 4 AEUV). Er besitzt damit *individuelle Geltung*. Er kann an Individuen (natürliche oder juristische Personen – sog. individualgerichteter Beschluss) oder an Mitgliedstaaten (sog. staatengerichteter Beschluss) gerichtet sein und bindet diese – vergleichbar einem innerstaatlichen Verwaltungsakt[460] – individuell. Die Adressaten eines individualgerichteten Beschlusses müssen in ihm entweder ausdrücklich genannt oder zumindest individualisierbar sein. Dazu genügt es, dass die Adressaten der Zahl und der Person nach feststellbar sind. Es muss sich dabei um eine begrenzte Zahl von Personen handeln, deren Kreis im Augenblick des Erlasses feststeht und künftig nicht mehr erweitert werden kann[461]. Seine individuelle Geltung unterscheidet den individualgerichteten bzw. staatengerichteten Beschluss von der Verordnung, die an eine unbestimmte Vielzahl von Personen gerichtet ist (Rn. 398). So kann etwa ein staatengerichteter Beschluss einem einzelnen Mitgliedstaat aufgeben, eine unter Verstoß gegen Unionsrecht gewährte Beihilfe von einem Unternehmen zurückzufordern.

422

Zudem werden nach der Vertragsänderung durch den Vertrag von Lissabon Rechtsakte eigener Art vom Begriff des Beschlusses mit umfasst. Aus Art. 288 Abs. 4 AEUV ergibt sich, dass Beschlüsse nicht an einen bestimmten Adressaten gerichtet sein müssen. Demzufolge werden nicht nur individualgerichtete und staatengerichtete Beschlüsse i. S. d. „alten" Entscheidung, sondern auch die Rechtsform des „alten" Beschlusses vom Begriff „Beschluss" i. S. v. Art. 288 Abs. 4 AEUV erfasst. Demnach sind nun alle verbindlichen Rechtsakte, welche über den Katalog des Art. 249 EGV a. F. hinausgehen, als Beschluss zu bezeichnen. Nicht individualgerichtete Beschlüsse dürften regelmäßig normativen Charakter haben, sofern sie nicht lediglich Programmcharakter besitzen. Sämtliche Beschlüsse i. S. d. Art. 288 Abs. 4 AEUV sind jedoch „in allen ihren Teilen verbindlich". Im Einzelnen bedarf die Feststellung der konkreten Wirkung der Interpretation der jeweiligen Bestimmung.

423

---

[459] EuGH, Rs. C-168/95, Slg. 1996, S. I-4705, Rn. 37 – *Arcaro;* näher dazu *Hecker,* Europäisches Strafrecht, 2015, § 10, Rn. 45 ff.
[460] § 35 VwVfG.
[461] EuGH, verb. Rs. 41 bis 44/70, Slg. 1971, S. 411, Rn. 16/22 – *International Fruit Company.*

424 Im Rahmen der GASP werden zwar im Wesentlichen die bisherigen besonderen Bezeichnungen für die Rechtsakte („Leitlinien", „Standpunkte") beibehalten. Auch diese Akte ergehen jedoch nunmehr durchgängig in der Rechtsform des (nicht individualgerichteten) Beschlusses i. S. d. Art. 288 Abs. 4 AEUV (Art. 26 Abs. 1 Satz 2 EUV, Art. 28 Abs. 1 Satz 1 EUV, Art. 29 Abs. 1 Satz 1 EUV). Da hiermit jedoch sämtliche möglichen und nicht von den anderen genannten Rechtsaktformen erfassten Rechtswirkungen erzeugt werden können, kann der Beschluss auch die der GASP eigenen intergouvernementalen Wirkungen schaffen. Im Hinblick auf die Justiziabilität ist durch die Verwendung der Beschlussform in der GASP nichts präjudiziert, da insoweit Art. 275 AEUV (Rn. 491 f.) zu beachten ist.

425 Beispielhaft für die Vielzahl möglicher Wirkungen des Beschlusses zu nennen sind auch Rechtshandlungen, durch die *punktuelle Vertragsänderungen* vorgenommen werden können („autonome Vertragsänderungen"). So kann der Rat die Anzahl der Generalanwälte beim EuGH erhöhen (Art. 252 Abs. 1 AEUV). Zu nennen sind weiterhin Handlungen bei der *Aufstellung von Programmen*, bloße *Mitteilungen der Organe* sowie *Handlungen zur Regelung der Beziehungen mit Drittstaaten und internationalen Organisationen*.

426 *Akte im Rahmen der Organisationsgewalt* können ebenfalls in Form eines Beschlusses i. S. v. Art. 288 Abs. 4 AEUV erlassen werden. So besitzt jedes Organ die Befugnis, seine innere Organisation durch den Erlass einer Geschäftsordnung, Satzung, Verfahrensordnung oder eines Personalstatuts zu regeln. Möglich sind auch Organisationsakte, die das institutionelle Zusammenwirken der Unionsorgane bei der Ausübung der ihnen vertraglich zugewiesenen Befugnisse regeln (sog. *Interorgan-* oder *interinstitutionelle Vereinbarungen*). Die Erklärung von Nizza zu Artikel 10 des EG-Vertrags a. F.[462] erkennt an, dass das Europäische Parlament, der Rat und die Kommission interinstitutionelle Vereinbarungen schließen können, wenn es sich im Rahmen ihrer Verpflichtung zur loyalen Zusammenarbeit als notwendig erweist, die Anwendung der Bestimmungen des Vertrags zur Gründung der Europäischen Union zu erleichtern. Diese Vereinbarungen dürfen jedoch die Vertragsbestimmungen weder ändern noch ergänzen und dürfen nur mit Zustimmung dieser drei Organe geschlossen werden. Solche Vereinbarungen sind für die beteiligten Organe verbindlich, entfalten jedoch keine Außenwirkung gegenüber Dritten[463].

427 Beschlüsse sind in allen ihren Teilen verbindlich und besitzen *unmittelbare Geltung*. Hinsichtlich des individualgerichteten bzw. des staatengerichteten Beschlusses erschöpft sich das Regelungsverhältnis eines Beschlusses also in der Relation Europäische Union und Adressat(en). Wie bei Richtlinien (vgl. Rn. 405) stellt sich auch hier die Frage nach dem Wirkungsverhältnis dieses Rechtsaktes.

---

[462] ABl.EG 2001 Nr. C 80, S. 77. – Durch den Vertrag von Lissabon aufgehoben und im Wesentlichen enthalten in Art. 4 Abs. 3 EUV.
[463] EuGH, Rs. C-25/94, Slg. 1996, S. I-1469, Rn. 49 – *Kommission/Rat*.

Aufgeworfen wurde dieses Problem zunächst für staatengerichtete Entscheidungen alten Rechts (jetzt: staatengerichteter Beschluss) und deren Wirkung im vertikalen Verhältnis Bürger gegen Staat. Der Gerichtshof erkannte für diese Konstellation bereits sehr früh eine unmittelbare Wirkung dieser Entscheidungen an, wenn deren Inhalt unmittelbar anwendbar ist, d. h. eine hinreichend genaue und unbedingte Verpflichtung der als Adressaten bezeichneten Mitgliedstaaten enthält[464]. Eine horizontale Wirkung von staatengerichteten Beschlüssen wird dagegen – ebenso wie im Falle von Richtlinien (vgl. Rn. 411) – abgelehnt, da aus solchen mangels Adressierung Privater im Regelungsverhältnis für diese Personengruppe keinerlei direkte Verpflichtungen erwachsen können. Die Geltendmachung eines derartigen Beschlusses ist damit in einem Rechtsstreit zwischen Privaten ausgeschlossen[465].

Ob diese Einschränkung im Horizontalverhältnis auch auf individualgerichtete Beschlüsse übertragen werden kann, wurde noch nicht entschieden. Werden etwa im Kartellrecht der Europäischen Union (vgl. Rn. 1171) untersagende Kommissionsbeschlüsse an Unternehmen erlassen, so stellt sich die Frage, ob sich auch die Konkurrenten dieser Unternehmen bei Zuwiderhandlung gegen den Beschluss vor nationalen Gerichten auf ebendiese Maßnahme der Kommission berufen können. Hierfür spricht, dass der Adressat ohnehin vom Regelungsverhältnis betroffen ist, sodass die Regelungswirkung des Beschlusses nur intensiviert wird. **428**

Beschlüsse unterliegen der *Rechtmäßigkeitskontrolle durch den Gerichtshof der Europäischen Union* im Rahmen einer Gültigkeitsvorlage (Art. 267 Abs. 1 lit. b AEUV) oder im Rahmen einer Nichtigkeitsklage (Art. 263 AEUV)[466]. **429**

dd) Empfehlungen und Stellungnahmen

Empfehlungen und Stellungnahmen sind *nicht verbindlich* (Art. 288 Abs. 5 AEUV; vgl. auch Art. 292 AEUV, der nur die Rechtsgrundlage für den Erlass von Empfehlungen regelt, dem aber keine von Art. 288 Abs. 5 AEUV abweichende Wertentscheidung im Hinblick auf die Wirkkraft zu entnehmen ist). Sie legen ihren Adressaten – dies können sowohl Mitgliedstaaten als auch Individuen sein – lediglich ein bestimmtes Verhalten nahe, begründen aber keine unmittelbare rechtliche Verpflichtung. Den Adressaten steht die Beachtung des in einer Empfehlung oder Stellungnahme enthaltenen „Ratschlags" frei. **430**

Trotz ihrer Unverbindlichkeit sind Empfehlungen und Stellungnahmen keineswegs rechtlich irrelevant. Denn schon die Erstreckung der Gültigkeitskontrolle im Vorabentscheidungsverfahren auf Handlungen der Unionsorgane (Art. 267 Abs. 1 lit. b AEUV) und damit auch auf Empfehlungen und Stellung- **431**

---

[464] EuGH, Rs. 9/70, Slg. 1970, S. 825, Rn. 5 f. – *Leberpfennig* (= P Nr. 43).
[465] EuGH, Rs. C-80/06, Slg. 2007, S. I-4473, Rn. 20 f. – *Carp* (= P Nr. 44).
[466] EuGH, Rs. 22/70, Slg. 1971, S. 263, Rn. 38/42 – *AETR* (= P Nr. 47).

nahmen⁴⁶⁷ ist Zeugnis dafür, dass diese Handlungsformen für die Mitgliedstaaten nicht völlig bedeutungslos sein können. Aufgrund ihrer sich aus Art. 4 Abs. 3 EUV ergebenden Pflicht zur Unionstreue sind die Mitgliedstaaten gehalten, Empfehlungen und Stellungnahmen *zu berücksichtigen*. So haben etwa die Gerichte der Mitgliedstaaten Empfehlungen und Stellungnahmen zur Auslegung innerstaatlicher Rechtsvorschriften heranzuziehen, die zu ihrer Durchführung erlassen worden sind. Sie sind auch dann zu beachten, wenn sie verbindliche Vorschriften der Union (Verordnungen, Richtlinien, Beschlüsse) ergänzen sollen⁴⁶⁸. Soweit Empfehlungen und Stellungnahmen im innerstaatlichen Recht Wirkkraft entfalten, erscheint ihre Unkontrollierbarkeit im Rahmen einer Nichtigkeitsklage (Art. 263 Abs. 1 Satz 1 AEUV) nicht wirklich plausibel⁴⁶⁹. Zudem können Empfehlungen und Stellungnahmen Voraussetzung für Prozesshandlungen oder weitergehende Rechtshandlungen sein. So ist eine mit Gründen versehene Stellungnahme der Kommission Prozessvoraussetzung für eine Klage wegen einer Vertragsverletzung (Art. 258 Abs. 1 AEUV, Art. 259 Abs. 3 AEUV; Rn. 507 ff.).

ee) Protokollerklärungen

432 Beim Erlass eines Sekundärrechtsaktes werden oftmals vom Rat, der Kommission oder einzelnen Mitgliedstaaten Erklärungen abgegeben, die in das Protokoll der Ratssitzung aufgenommen werden. Im Gegensatz zu den – mittlerweile in nahezu sämtlichen Rechtsakten anzutreffenden – einführenden *Erwägungsgründen* sind die sog. Protokollerklärungen nicht Bestandteil des betreffenden Rechtsaktes. Der EuGH geht daher zu Recht in ständiger Rechtsprechung davon aus, dass Protokollerklärungen eines Mitgliedstaates nicht bei der Auslegung eines Rechtsaktes herangezogen werden können⁴⁷⁰. Obwohl dementsprechend auch Protokollerklärungen der Kommission ohne Bedeutung bleiben müssten⁴⁷¹, berücksichtigt der Gerichtshof sie bei der Auslegung einer Sekundärrechtsbestimmung, soweit sich das erzielte Auslegungsergebnis in den Grenzen des Wortlauts der fraglichen Bestimmung hält⁴⁷². Erklärungen des Rates misst der Gerichtshof dagegen Bedeutung insoweit bei, als der Inhalt der Erklärung in der

---

467 Die Möglichkeit der Gültigkeitskontrolle von Empfehlungen im Rahmen von Art. 267 AEUV wurde vom EuGH nunmehr bestätigt: EuGH, Rs. C-16/16 P, ECLI:EU:C:2018:79, Rn. 44 – *Belgien/Kommission* (= P Nr. 99).
468 EuGH, Rs. C-322/88, Slg. 1989, S. 4407, Rn. 18 – *Grimaldi* (= P Nr. 46); s. a. Art. 15 Abs. 1 u. Abs. 3 der Richtlinie 2002/21/EG des Europäischen Parlaments und des Rates über einen gemeinsamen Rechtsrahmen für elektronische Kommunikationsnetze und -dienste, ABl.EG 2002 Nr. L 108, S. 33.
469 Vgl. *Gundel*, in: Pechstein/Nowak/Häde (Hrsg.), Frankfurter Kommentar EUV/GRC/AEUV, Art. 288 AEUV Rn. 98; Vgl. Schlussanträge des Generalanwalts *Michal Bobek* zu Rs. C-16/16 P, ECLI:EU:C:2017:959, Rn. 80 ff. – *Belgien/Kommission*.
470 EuGH, Rs. 143/83, Slg. 1985, S. 427, Rn. 13 – *Kommission/Dänemark*; EuGH, Rs. 237/84, Slg. 1986, S. 1247, 2. Leitsatz – *Kommission/Belgien*.
471 *Pechstein*, EuR 1990, S. 249, 253.
472 EuGH, Rs. C-363/01, Slg. 2003, S. I-11893, Rn. 51 – *Bodenabfertigungsdienste*.

fraglichen Bestimmung „Ausdruck gefunden hat"[473]. Dies ist etwa für den Fall anzunehmen, dass die Protokollerklärung lediglich „der Klarstellung eines allgemeinen Begriffes [...] dient"[474].

ff) Austauschbarkeit der Rechtsakte

Schreiben die Verträge eine bestimmte Rechtsaktform, beispielsweise den Erlass einer Richtlinie, vor, kann das ermächtigte Organ wegen des *Prinzips der begrenzten Einzelermächtigung* keine andere Rechtsaktform wählen (Rn. 180). Es kann z. B. nicht anstelle einer allein zugelassenen Richtlinie eine Verordnung erlassen. Zahlreiche Vorschriften der Verträge legen die Organe der Union jedoch nicht auf eine bestimmte Art der Rechtshandlung fest. In Art. 46 Abs. 1 AEUV ist z. B. vorgesehen, dass der Rat „durch Richtlinien oder Verordnungen" handelt. Art. 91 Abs. 1 lit. d AEUV ermöglicht es dem Rat und dem Parlament, gemäß dem ordentlichen Gesetzgebungsverfahren (Art. 294 AEUV) alle „zweckdienlichen Vorschriften" zu erlassen. Art. 18 Abs. 2 AEUV ermächtigt den Rat und das Europäische Parlament, „Regelungen" zu treffen. Art. 114 Abs. 1 Satz 2 AEUV spricht von „Maßnahmen". Art. 296 Abs. 1 AEUV sieht zudem vor, dass die Wahl der Handlungsform dann in das *Ermessen* des Organs gestellt ist, wenn die Verträge den zu erlassenden Rechtsakt nicht vorgeben. Das Organ muss dann die jeweils nach Struktur und Rechtswirkung nächstliegende Handlungsform wählen, um die gestellte Aufgabe sachgerecht und zweckdienlich zu erfüllen.

433

Die Wahl des Rechtsakts unterliegt dabei dem *Grundsatz der Verhältnismäßigkeit* gemäß Art. 5 Abs. 4 EUV, Art. 296 Abs. 1 AEUV (Rn. 198 ff.). Die gewählte Handlungsform muss geeignet sein, das angestrebte Ziel zu verwirklichen oder dessen Erreichung zu fördern. Sie muss ferner erforderlich sein, es darf also keine weniger einschneidende Maßnahme in Betracht kommen, die den gleichen Erfolg zeitigt. Dies gilt sowohl im Verhältnis zu Individuen, deren Freiheitsrechte nach Möglichkeit geschont werden müssen, als auch im Verhältnis zu den Mitgliedstaaten und deren Kompetenzen. So kann der Erlass einer Richtlinie, die den Mitgliedstaaten einen Regelungsspielraum belässt, dem Erlass einer Verordnung vorzuziehen sein. Schließlich muss die gewählte Handlungsform in einem angemessenen Verhältnis zum erstrebten Handlungserfolg stehen. Die in der Praxis festzustellende zunehmende Bevorzugung der Verordnung gegenüber der Richtlinie ist mit Blick auf den die Handlungsfähigkeit der Mitgliedstaaten schonenden Verhältnismäßigkeitsgrundsatz des Art. 296 Abs. 1 AEUV problematisch[475], auch wenn damit die richtlinientypischen Umsetzungsprobleme vermieden werden.

434

---

[473] EuGH, Rs. C-368/96, Slg. 1998, S. I-7967, Rn. 26 – *Generics Ltd.*
[474] EuGH, Rs. C-368/96, Slg. 1998, S. I-7967, Rn. 26 – *Generics Ltd.*
[475] Vgl. hierzu *Wunderlich/Pickartz*, EuR 2014, S. 659 ff.

gg) Formererfordernisse und Inkrafttreten von Sekundärrecht

435 Die EU-Verträge enthalten keine Pflicht der Unionsorgane, ihre Rechtsakte zu bezeichnen, d. h. als Verordnung, Richtlinie etc. zu benennen. Ihre rechtliche Einordnung ist nicht von ihrer Bezeichnung, sondern von ihrem Inhalt abhängig[476]. In der Praxis erfolgt freilich regelmäßig eine Bezeichnung des erlassenen Rechtsakts. In einer dem Vertrag von Amsterdam beigefügten Erklärung haben die Regierungen der Mitgliedstaaten die Unionsorgane aufgefordert, Leitlinien für die redaktionelle Qualität der Rechtsakte der Union zu erstellen[477]. Parlament, Rat und Kommission sind dieser Aufforderung mit einer interinstitutionellen Vereinbarung vom 22. Dezember 1998 nachgekommen[478]. Danach sollen Rechtsakte klar, einfach, genau abgefasst werden und eine Standardstruktur aufweisen (Titel, Präambel, verfügender Teil, ggf. Anhänge).

436 Gemäß einem Beschluss des EuGH verlangt das Unionsrecht nicht, den Unionsrechtsakten eine *Rechtsbehelfsbelehrung* beizufügen[479]. Angesichts der Bindung der Union an rechtsstaatliche Grundsätze erscheint diese Entscheidung kaum nachvollziehbar. Der EuGH scheut den Schritt, eine Pflicht, individualgerichtete Beschlüsse mit einer Rechtsbehelfsbelehrung zu versehen, aus allgemeinen Rechtsgrundsätzen herzuleiten, etwa aus dem Rechtsstaatsprinzip. Dies ist umso erstaunlicher, als der EuGH selbst feststellt, dass in den meisten Mitgliedstaaten eine derartige Belehrungspflicht der Verwaltung besteht[480].

437 Art. 296 Abs. 2 AEUV schreibt vor, die Rechtsakte mit einer Begründung zu versehen und dabei auf die Vorschläge, Initiativen, Empfehlungen, Anträge oder Stellungnahmen Bezug zu nehmen. Diese *Begründungspflicht* dient zum einen der Selbstkontrolle des erlassenden Organs, in der Regel des Rates, des Europäischen Parlaments oder der Kommission. Zum anderen ermöglicht sie dem Betroffenen die rechtliche und tatsächliche Überprüfung der Maßnahme und dient damit dem effektiven Rechtsschutz[481]. Des Weiteren erleichtert die Begründungspflicht dem Europäischen Parlament die Wahrnehmung seiner politischen Kontrollfunktion. Der Umfang der Begründung ist abhängig von der Art des jeweiligen Rechtsakts und von den Umständen, unter denen er erlassen wird[482]. Sie muss klar und schlüssig sein und die Darstellung der Gründe enthalten, die das Organ zum Erlass des Rechtsakts veranlasst haben[483]. Nicht ausreichend sind schlagwortartige, allgemeine Formulierungen oder bloße Wiederholungen des

---

476 EuGH, verb. Rs. 22/60 u. 23/60, Slg. 1961, S. 389, 408 – *Elz;* Vgl. EuGH, Rs. C-16/16 P, ECLI:EU:C:2018:79 – *Belgien/Kommission* (= P Nr. 99).
477 ABl.EG 1997 Nr. C 340, S. 139.
478 ABl.EG 1999 Nr. C 73, S. 1.
479 EuGH, Rs. C-153/98 P, Slg. 1999, S. I-1451, Rn. 13 – *Guérin automobiles* (= P Nr. 45).
480 EuGH, Rs. C-154/98 P, Slg. 1999, S. I-1451, Rn. 14 – *Guérin automobiles* (= P Nr. 45).
481 EuGH, Rs. C-278/95 P, Slg. 1997, S. I-2507, Rn. 17 – *Siemens*; EuG, Rs. T-105/95, Slg. 1997, S. II-313, Rn. 66 – *WWF UK*; EuG, Rs. T-124/96, Slg. 1998, S. II-231, Rn. 53 – *Interporc I*.
482 EuGH, Rs. 167/88, Slg. 1989, S. 1653, Rn. 34 – *AGPB*.
483 EuGH, Rs. C-41/93, Slg. 1994, S. I-1829, Rn. 34 – *Frankreich/Kommission*; EuGH, Rs. C-84/94, Slg. 1996, S. I-5755, Rn. 74 – *Vereinigtes Königreich/Rat*.

Wortlauts der Rechtsgrundlage[484]. Die Begründung ist weiterhin für die Auslegung der Sekundärrechtsakte relevant, soweit es um die Feststellung der Regelungsintention des Gesetzgebers geht.

Der Erlass förmlicher sekundärrechtlicher Vorschriften bedarf gemäß dem in Art. 5 Abs. 1 EUV verankerten Grundsatz der begrenzten Einzelermächtigung einer vertraglichen *Rechtsgrundlage*. Diese muss nicht unbedingt ausdrücklich genannt werden, sie darf jedoch auch nicht im Unklaren bleiben. Es ist daher erforderlich, dass die Rechtsgrundlage anhand anderer Anhaltspunkte, etwa in den Begründungserwägungen, bestimmt werden kann[485]. Darüber hinaus folgt aus Art. 5 Abs. 1 EUV das Erfordernis der Einheitlichkeit der Rechtsgrundlage. Soweit ein Sekundärrechtsakt auf mehrere Vertragsbestimmungen als Rechtsgrundlagen gestützt werden kann, muss sich die Wahl der Rechtsgrundlage auf objektive, gerichtlich nachprüfbare Umstände gründen, zu denen insbesondere das Ziel und der Inhalt des Rechtsakts gehören[486]. Lediglich in Ausnahmefällen kann ein Sekundärrechtsakt auf verschiedene einschlägige Rechtsgrundlagen gestützt werden. Ein solcher Fall liegt vor, wenn der Rechtsakt gleichzeitig mehrere Zielsetzungen verfolgt oder mehrere Komponenten umfasst, die untrennbar miteinander verbunden sind, ohne dass die eine gegenüber der anderen nur zweitrangig und mittelbar ist[487]. Möglich ist dies überdies nur, wenn die Rechtssetzungsverfahren der beiden Ermächtigungsgrundlagen miteinander vereinbar sind[488]. 438

Das Fehlen einer Begründung oder einer Bezugnahme macht den Rechtsakt fehlerhaft und kann als *Verletzung einer wesentlichen Formvorschrift* Grund für eine Nichtigkeitsklage (Art. 263 AEUV; Rn. 527 ff.) gegen den Rechtsakt vor dem Europäischen Gerichtshof sein[489]. 439

Die im ordentlichen Gesetzgebungsverfahren (Art. 294 AEUV; Rn. 347 ff.) angenommenen Verordnungen, Richtlinien und Beschlüsse werden vom Präsidenten des Europäischen Parlaments und vom Präsidenten des Rates unterzeichnet und anschließend im *Amtsblatt der Europäischen Union* veröffentlicht (Art. 297 Abs. 1 UAbs. 1, UAbs. 3 Satz 1 AEUV). Die Veröffentlichung soll nach Möglichkeit binnen eines Monats erfolgen[490]. Auch die Verordnungen des Rates und der Kommission sowie die an alle Mitgliedstaaten gerichteten Richtlinien dieser Organe werden dort veröffentlicht (Art. 297 Abs. 2 UAbs. 2 Satz 1 AEUV). Die üb- 440

---

[484] EuGH, Rs. 248/84, Slg. 1987, S. 4013, Rn. 21 – *Deutschland/Kommission*.
[485] EuGH, Rs. 45/86, Slg. 1987, S. 1493, Rn. 7 ff. – *Kommission/Rat*.
[486] EuGH, Rs. C-94/03, Slg. 2006, S. I-1, Rn. 34 – *Kommission/Rat*.
[487] EuGH, Rs. C-336/00, Slg. 2002, S. I-7699, Rn. 31 – *Huber*; EuGH, Rs. C-94/03, Slg. 2006, S. I-1, Rn. 36 – *Kommission/Rat*. Ausführlich zur Einheitlichkeit und Erkennbarkeit der Vertragsgrundlage *Görisch*, EuR 2007, S. 103.
[488] EuGH, Rs. C-300/89, Slg. 1991, S. I-2867, Rn. 17 ff. –*Titandioxid* (= P Nr. 167); EuGH, Rs. C-338/01, Slg. 2004, S. I-4829, Rn. 57 – *Kommission/Rat*; die Vereinbarkeit bejahend: EuGH, Rs. C-94/03, Slg. 2006, S. I-1, Rn. 52 ff. – *Kommission/Rat* und EuGH, Rs. C-178/03, Slg. 2006, S. I-107, Rn. 57 – *Kommission/Parlament u. Rat*.
[489] EuGH, Rs. 248/84, Slg. 1987, S. 4013, Rn. 22 – *Deutschland/Kommission*.
[490] ABl.EG 1999 Nr. C 148, S. 1.

rigen Richtlinien und alle individualgerichteten sowie staatengerichteten Beschlüsse sind denjenigen bekannt zu geben, für die sie bestimmt sind (Art. 297 Abs. 2 UAbs. 3 AEUV). Dazu genügt es, dass die Richtlinie oder der entsprechende Beschluss dem Adressaten zugeht und dieser in die Lage versetzt wird, von ihr Kenntnis zu erlangen[491]. Auch diese Rechtsakte können im Amtsblatt veröffentlicht werden. Die Bekanntgabe kann dadurch aber nicht ersetzt werden.

441   Die im Amtsblatt der Union zu veröffentlichenden Rechtsakte treten zu dem in ihnen festgelegten Zeitpunkt in Kraft oder, falls eine solche Bestimmung fehlt, am zwanzigsten Tag nach ihrer Veröffentlichung (Art. 297 Abs. 1 UAbs. 3 Satz 2, Abs. 2 UAbs. 2 Satz 2 AEUV). Das erlassende Organ ist bei der Bestimmung des Zeitpunkts des Inkrafttretens frei. Allenfalls aus den Grundsätzen der Rechtssicherheit und des Vertrauensschutzes können sich im Einzelfall Einschränkungen ergeben, etwa wenn das sofortige Inkrafttreten „grundlos" angeordnet wird[492]. Ein Rechtsakt kann auch nicht vor seiner Veröffentlichung in Kraft treten[493]. Die Rechtsakte, die den Betroffenen bekannt zu geben sind, werden durch diese Bekanntgabe wirksam (Art. 297 Abs. 2 UAbs. 3 AEUV). Ohne Veröffentlichung im Amtsblatt der EU in der Amtssprache eines Mitgliedstaats (Beitrittsfälle) können in diesem Mitgliedstaat keine belastenden Wirkungen für Einzelne aus den Rechtsakten entstehen[494].

442   Das Amtsblatt wird vom Amt für amtliche Veröffentlichungen der Europäischen Union in Luxemburg herausgegeben. Es besteht aus zwei Teilen, dem Teil L *(Législation)*, der die veröffentlichungsbedürftigen und die übrigen nicht veröffentlichungsbedürftigen, aber verbindlichen Rechtsakte enthält, und dem Teil C *(Communications)* für sonstige Veröffentlichungen der Union (z. B. Mitteilungen der Kommission). Dabei wird das Veröffentlichungsdatum eines Rechtsakts nach dem Datum wiederlegbar vermutet, welches auf der jeweiligen Ausgabe des Amtsblatts abgedruckt ist[495].

443   Nach Art. 15 Abs. 3 AEUV haben alle Unionsbürger und alle natürlichen oder juristischen Personen mit Sitz in einem Mitgliedstaat das Recht auf Zugang zu den Dokumenten der Organe, Einrichtungen und sonstigen Stellen der Union unabhängig von der Form der für diese Dokumente verwendeten Träger. Die allgemeinen Grundsätze für die Ausübung des Zugangsrechts zu den genannten Dokumenten haben das Europäische Parlament und der Rat gemäß Art. 15 Abs. 3 UAbs. 2 AEUV in der Verordnung (EG) Nr. 1049/2001 vom 30. Mai 2001 niedergelegt[496]. Bei der Entscheidung über den Zugang zu Dokumenten ist das Geheimhaltungsinteresse gegen die Belange des den Zugang begehrenden

---

491   EuGH, Rs. 6/72, Slg. 1973, S. 215, Rn. 10 – *Continental Can.*
492   EuGH, Rs. 17/67, Slg. 1967, S. 591, 611 – *Neumann.*
493   EuGH, Rs. 98/78, Slg. 1979, S. 69, Rn. 15 – *Racke.*
494   EuGH, Rs. C-410/09, ECLI:EU:C:2011:294, Rn. 29 – *Polska Telefonia Cyfrowa.*
495   EuG, Rs. T-115/94, Slg. 1997, S. II-39, Rn. 127 – *Opel Austria.*
496   ABl.EG 2001 Nr. L 145, S. 43; vgl. dazu auch die Gemeinsame Erklärung des Parlaments, des Rates und der Kommission, ABl.EG 2001 Nr. L 173, S. 5.

Bürgers abzuwägen⁴⁹⁷. Die Ausnahmetatbestände vom Recht auf Zugang zu Dokumenten sind dabei eng auszulegen⁴⁹⁸. Ein Mitgliedstaat kann zwar die Verbreitung von Dokumenten, die er einem Unionsorgan übermittelt hat, nicht durch die Ausübung eines Vetorechts verhindern, allerdings kann er Widerspruch gegen eine Verbreitung des Dokuments einlegen⁴⁹⁹.

hh) Aufhebung

Die Aufhebung von Rechtsakten der Europäischen Union ist in den Verträgen nicht geregelt. Zuständig für die Aufhebung der von Unionsorganen erlassenen Rechtsakte ist ausschließlich die Union (Verbandskompetenz). Die Organkompetenz liegt dabei jeweils bei den Organen, die den aufzuhebenden Rechtsakt erlassen haben. Anzuwenden ist die Verfahrensart, in welcher der aufzuhebende Rechtsakt erlassen wurde. Im Hinblick auf die zu wählende Rechtsaktform ist der Unionsgesetzgeber zumindest bei abstrakt-generellen Akten mit legislativem Charakter nicht an den *actus-contarius*-Grundsatz gebunden (vgl. Rn. 395). So können beispielsweise Verordnungsbestimmungen auch durch eine Richtlinie aufgehoben werden⁵⁰⁰. 444

Besonderheiten gilt es jedoch zu beachten bei Maßnahmen, die exekutiven Charakter aufweisen. Hierzu zählen insbesondere individualgerichtete Beschlüsse nach Art. 288 Abs. 4 Satz 2 AEUV. Sind diese für den oder die Adressaten begünstigend, so stellt sich die Frage, unter welchen Voraussetzungen solche Rechtsakte zurückgenommen werden können. Die in der Rechtsprechung des Gerichtshofs hierzu auf Grundlage der Verfassungsüberlieferung der Mitgliedstaaten entwickelten allgemeinen Rechtsgrundsätze entsprechen weitgehend den in § 48 und § 49 VwVfG für Verwaltungsakte gefundenen Lösungen zum Ausgleich von Rechtssicherheit einerseits und Vertrauensschutz andererseits. Danach ist die Aufhebung eines *rechtmäßigen* Beschlusses, der dem Einzelnen ein subjektives Recht verleiht, nicht möglich, weil das schützenswerte Vertrauen des Betroffenen auf den Fortbestand der geschaffenen Rechtsstellung das Interesse der Behörde am Widerruf ihrer Entscheidung überwiegt⁵⁰¹. Handelt es sich hingegen um einen *rechtswidrigen* begünstigenden Beschluss, so ist die Aufhebung zulässig, wenn sie innerhalb einer angemessenen Frist erfolgt und im Rahmen einer Abwägung zwischen dem Unionsinteresse an der Rücknahme 445

---

497 Vgl. Art. 4 Verordnung (EG) Nr. 1049/2001, ABl. EG 2001 Nr. 145, S. 43; EuG, Rs. T-194/94, Slg. 1995, S. II-2765, Rn. 65 – *Carvel u. Guardian Newspapers*; EuG, Rs. T-20/99, Slg. 2000, S. II-3011, Rn. 39 ff. – *Denkavit*.
498 EuG, Rs. T-105/95, Slg. 1997, S. II-313, Rn. 56 – *WWF UK*; EuG, Rs. T-124/96, Slg. 1998, S. II-231, Rn. 49 – *Interporc I*; EuG, Rs. T-92/98, Slg. 1999, S. II-3521, Rn. 38 ff. – *Interporc II*.
499 EuGH, Rs. C-64/05 P, Slg. 2007, S. I-11389, Rn. 58 ff. – *Königreich Schweden/IFAW Internationaler Tierschutz-Fonds gGmbH*.
500 Vgl. etwa Art. 38 Abs. 1 Richtlinie 2004/38/EG, ABl. EU 2004 Nr. L 158, S. 77; ber. ABl. EU 2004 Nr. L 229, S. 35.
501 EuGH, verb. Rs. 7/56, 3/57 bis 7/57, Slg. 1957, S. 83, 117 ff. – *Algera*.

und dem Vertrauen des Begünstigten auf den Bestand der Regelung das Unionsinteresse überwiegt⁵⁰². Diese Grundsätze hat der Gerichtshof sodann auch auf (Durchführungs-)Verordnungen der Kommission im Bereich der Gemeinsamen Agrarpolitik übertragen, mit denen Beihilferegelungen abgeändert wurden⁵⁰³.

446 Unproblematisch ist hingegen die Aufhebung belastender Individualbeschlüsse und anderer exekutiver Maßnahmen. Diese ist nicht nur zulässig, sondern im Falle rechtswidriger Unionsrechtsakte auch geboten.

ii) Durchsetzung

447 Die EU-Verträge sehen keine unmittelbaren *Sanktionen gegenüber Mitgliedstaaten* vor, um diese zur Befolgung von Rechtsakten der Union zu zwingen. Nur ausnahmsweise eröffnet Art. 126 Abs. 11 Satz 1 AEUV dem Rat die Möglichkeit, im Falle der Nichtbefolgung bestimmter Ratsbeschlüsse im Rahmen der Wirtschafts- und Währungsunion eine Geldbuße gegenüber einem Mitgliedstaat zu verhängen. Zur Durchsetzung von Verordnungen, Richtlinien und Beschlüssen gegenüber den Mitgliedstaaten der Union steht der Kommission allerdings der Klageweg zum Gerichtshof offen (Art. 258 AEUV; Rn. 507 ff.). Daneben besteht für Individuen die Möglichkeit, vor nationalen Gerichten Klage zu erheben und sich bei Vorliegen der Voraussetzungen einer unmittelbaren Anwendbarkeit (vgl. Rn. 389) auf die *unmittelbare Wirkung* einer an den Mitgliedstaat gerichteten Richtlinie oder eines Beschlusses zu berufen. Entfaltet eine an einen Mitgliedstaat adressierte Richtlinie keine unmittelbare Wirkung, kann unter bestimmten Voraussetzungen dem Einzelnen ein unionsrechtlicher *Staatshaftungsanspruch* gegen den säumigen Mitgliedstaat zustehen, wenn ihm infolge der fehlerhaften, verspäteten oder gar nicht erfolgten Umsetzung der Richtlinie ein Schaden entstanden ist⁵⁰⁴. Dieser Anspruch ist vor den nationalen Gerichten geltend zu machen (Rn. 645 ff.). Die Aussetzung der Stimmrechte und weiterer Rechte der Mitgliedstaaten aus den EU-Verträgen gemäß Art. 7 EUV, Art. 354 AEUV kommt für derartige Rechtsverstöße nicht in Betracht (Rn. 116 ff.).

448 Art. 261 AEUV ist zu entnehmen, dass es dem Rat gestattet ist, die von ihm allein sowie mit dem Europäischen Parlament gemeinsam erlassenen Verordnungen mit *Zwangsmaßnahmen gegenüber Individuen* zu bewehren. Unter Zwangsmaßnahmen fallen Geldbußen und Zwangsgelder. Geldbuße ist die einer Person auferlegte Zahlungsverpflichtung, mit der eine Zuwiderhandlung gegen eine für sie verbindliche Rechtsvorschrift geahndet und der Wiederholung der Zuwiderhandlung vorgebeugt werden soll. Mit einem Zwangsgeld soll eine Person dazu angehalten werden, einer ihr auferlegten Verpflichtung nachzukom-

---

502 EuGH, Rs. 111/63, Slg. 1965, S. 893, 911 ff. – *Lemmerz;* EuGH, Rs. 14/81, Slg. 1982, S. 749, Rn. 10 – *Alpha Steel;* EuGH, Rs. C-90/95, Slg. 1997, S. I-1999, Rn. 35 – *de Compte.*
503 EuGH, Rs. C-248/89, Slg. 1991, S. I-2987, Rn. 17 ff. – *Cargill.*
504 Dazu *Gundel,* in: Pechstein/Nowak/Häde (Hrsg.), Frankfurter Kommentar EUV/GRC/AEUV, Art. 288 AEUV Rn. 77 ff.

men. Auf der Grundlage von Art. 103 Abs. 2 lit. a AEUV ist die Kommission im Kartellrecht ermächtigt, Verstöße gegen Unionsrecht mit Geldbußen und Zwangsgeldern zu ahnden[505].

Entscheidungen des Rates oder der Kommission, die eine Zahlungspflicht auferlegen, sind *vollstreckbare Titel*. Eine Zwangsvollstreckung gegenüber Staaten ist jedoch ausgeschlossen (Art. 299 Abs. 1 AEUV). Die Vollstreckbarkeit gegenüber Individuen setzt voraus, dass der Beschluss eine inhaltlich klare, unbedingte und endgültige Zahlungsaufforderung enthält, die den zu zahlenden Betrag nach Art (Währung), Höhe und Adressat genau bezeichnet[506]. Die Zwangsvollstreckung erfolgt nach den zivilprozessrechtlichen Vorschriften des Mitgliedstaats, in dessen Hoheitsgebiet sie stattfindet (Art. 299 Abs. 2 Satz 1 AEUV). Die Vollstreckungsklausel wird von der staatlichen Behörde erteilt, welche die Regierung des Mitgliedstaats bestimmt (Art. 299 Abs. 2 Satz 2 AEUV). In Deutschland ist dies der Bundesminister der Justiz[507]. Ausgesetzt werden kann die Zwangsvollstreckung nur durch eine Entscheidung des Gerichtshofs bzw. des Gerichts (Art. 299 Abs. 4 Satz 1 AEUV).

d) Europäisches Gewohnheitsrecht

Zum ungeschriebenen Unionsrecht zählt sowohl auf primär- als auch auf sekundär-/tertiärrechtlicher Ebene das *Europäische Gewohnheitsrecht*. Gewohnheitsrecht beruht auf einer allgemeinen und beständigen Übung *(consuetudo)* der maßgeblichen Rechtssubjekte, die dieser Übung aus der allgemeinen Überzeugung nachkommen, zu einem solchen Verhalten aufgrund eines Rechtssatzes verpflichtet zu sein *(opinio iuris sive necessitatis)*.

Nicht nur positives Handeln, sondern auch ein Unterlassen kann dabei als Ausdruck einer *allgemeinen und beständigen Übung* gewertet werden und zur Entstehung von Gewohnheitsrecht beitragen. Im Rahmen der EU kommen als handelnde, eine bestimmte Übung praktizierende Rechtssubjekte die Mitgliedstaaten und die Europäische Union selbst in Betracht. Europäisches Gewohnheitsrecht im Range primären Unionsrechts kann nicht ohne eine auf eine entsprechende Rechtsüberzeugung gestützte Praxis der Mitgliedstaaten entstehen. Denn zum einen ist eine vom Willen der Mitgliedstaaten losgelöste Änderung oder Ergänzung des Primärrechts nicht möglich. Zum anderen dürfen die Organe der Europäischen Union gemäß dem Prinzip der begrenzten Einzelermächtigung (Rn. 178 ff.) nur nach Maßgabe der Verträge, d. h. des Primärrechts, handeln. Abgeleitetes Gewohnheitsrecht kann hingegen ohne Weiteres durch eine entsprechende Übung der Organe der Union, durch Staatenpraxis oder durch

---

505 Vgl. Art. 23 u. 24 der Durchführungsverordnung, ABl.EG 2003 Nr. L 1, S. 1.
506 EuGH, verb. Rs. 41/73, 43/73 u. 44/73, Slg. 1977, S. 445, Rn. 12/16 – *Générale Sucrière u. a.*; EuGH, verb. Rs. 46/87 u. 227/88, Slg. 1989, S. 2859, Rn. 55 – *Hoechst*.
507 BGBl. 1961 II S. 50.

ein übereinstimmendes Verhalten von Union und Mitgliedstaaten entstehen, sofern es primärrechtskonform ist.

452 Eine Übung wird nicht deshalb bereits zu einem Satz des Gewohnheitsrechts, weil ihr in weitem Ausmaß Folge geleistet wird. Die Übung muss vielmehr in der Überzeugung erfolgen, dass sie einer allgemein rechtlich verbindlichen Regel entspricht. Träger der *Rechtsüberzeugung* müssen die jeweils handelnden, d. h. die Übung praktizierenden Rechtssubjekte sein. Da primärrechtliche Gewohnheitsrechtssätze allein durch eine entsprechende Praxis der Mitgliedstaaten entstehen können, ist auch nur deren Rechtsüberzeugung maßgeblich. Eine entgegenstehende *opinio iuris* der Organe der Union ist unbeachtlich, da die Mitgliedstaaten die „Herren der Verträge" sind. Dies gilt freilich nur für die Entstehung von Europäischem Gewohnheitsrecht auf primärrechtlicher Ebene.

453 Ob es auf die Rechtsüberzeugung der Mitgliedstaaten bei der Entstehung abgeleiteten Gewohnheitsrechts ankommt, ist zumindest in den Bereichen fraglich, in denen die Organe der Union auch ohne oder sogar gegen den Willen der Mitgliedstaaten durch Rechtsakt handeln können. Hier dürfte allein die zur ständigen Übung hinzutretende Rechtsüberzeugung der Unionsorgane zum Nachweis eines Gewohnheitsrechtssatzes genügen. In Bereichen, in denen die Organe der Union nicht ohne oder gegen den Willen der Mitgliedstaaten handeln können, wird man dagegen eine übereinstimmende *opinio iuris* der Organe und der Mitgliedstaaten fordern müssen.

e) Allgemeine Rechtsgrundsätze

454 Von weit größerer praktischer Bedeutung als das Gewohnheitsrecht sind die *allgemeinen Rechtsgrundsätze des Unionsrechts*. Ihre Geltung beruht auf dem Gedanken, dass die Mitgliedstaaten auch in ihren gegenseitigen Beziehungen das als Recht ansehen, was sie in ihrem innerstaatlichen Bereich übereinstimmend als Recht betrachten. Allgemeine Rechtsgrundsätze werden vom Gerichtshof der Europäischen Union im Wege *wertender Rechtsvergleichung* gewonnen, wobei die mitgliedstaatlichen Rechtsordnungen nicht Rechtsquelle, sondern lediglich Rechts*erkenntnis*quelle sind. Der Gerichtshof übernimmt nicht mitgliedstaatliche Normen in das Unionsrecht, sondern gewinnt einen originär unionsrechtlichen Rechtssatz aus der Zusammenschau und dem Vergleich der mitgliedstaatlichen Bestimmungen[508]. Die Kompetenz zur Herleitung allgemeiner Rechtsgrundsätze gründet sich auf Art. 19 Abs. 1 UAbs. 1 Satz 2 EUV, wonach der Gerichtshof die Wahrung des Rechts bei der Auslegung und Anwendung der Verträge sichert.

455 Voraussetzung für die Herleitung allgemeiner Rechtsgrundsätze innerhalb des Unionsrechts ist, dass diese Grundsätze und Prinzipien den Rechtsordnungen

---

508 *Pieper*, in: Dauses/Ludwigs (Hrsg.), Handbuch des EU-Wirtschaftsrechts, 46. EL Oktober 2019, Kap. B.I., Rn. 69.

der Mitgliedstaaten gemeinsam sind und sich in die Struktur und Ziele der Union einfügen, d. h. auf die europäische Ebene übertragbar sind[509]. Mitgliedstaatliche Regelungen, die dem *ordre public* der Union zuwiderlaufen, können nicht in die Unionsrechtsordnung transponiert werden. Der so gewonnene Rechtssatz der Union muss sich dabei nicht auf den kleinsten gemeinsamen Nenner der einzelstaatlichen Regelungen beschränken[510]. Er muss auch keineswegs in allen Punkten mit den entsprechenden innerstaatlichen Rechtssätzen übereinstimmen, weil die nationalen Regeln in den seltensten Fällen deckungsgleich sind und die Übertragung auf die Ebene des Unionsrechts Modifikationen bedingen kann. Allgemeine Rechtsgrundsätze können wegen des Prinzips der begrenzten Einzelermächtigung nur im Rahmen der Zuständigkeit der EU entwickelt werden. Vertragsrechtliche Anknüpfungspunkte für die Anerkennung allgemeiner Rechtsgrundsätze als Quelle des Unionsrechts finden sich in Art. 340 Abs. 2 AEUV („... nach den allgemeinen Rechtsgrundsätzen, die den Rechtsordnungen der Mitgliedstaaten gemeinsam sind") sowie in Art. 6 Abs. 2 EUV a. F. („... wie sie sich aus den gemeinsamen Verfassungsüberlieferungen der Mitgliedstaaten als allgemeine Grundsätze des Unionsrechts ergeben").

Nach ständiger Rechtsprechung des EuGH[511], die in Art. 6 Abs. 3 EUV ihren Niederschlag gefunden hat, gehören die *Grundrechte* zu den allgemeinen Rechtsgrundsätzen des Unionsrechts (Rn. 684 ff.). Ihre Ermittlung im Wege wertender Rechtsvergleichung wird durch den Umstand erleichtert, dass alle Mitgliedstaaten der Union die Europäische Konvention zum Schutze der Menschenrechte und Grundfreiheiten vom 4. November 1950 (EMRK; Rn. 46 ff.) ratifiziert haben. Nach Art. 6 Abs. 3 EUV sind „die Grundrechte, [...], als allgemeine Rechtsgrundsätze Teil des Unionsrechts". Zudem stehen nunmehr die Charta der Grundrechte und die Verträge rechtlich gleichrangig nebeneinander (zu den verschiedenen Ebenen des Grundrechtsschutzes in der Union vgl. Rn. 684 ff.). Daneben war bereits vor Aufnahme des Art. 5 Abs. 4 EUV in den EU-Vertrag der *Grundsatz der Verhältnismäßigkeit* als allgemeiner Rechtsgrundsatz anerkannt (Rn. 198 ff.). Der EuGH hat darüber hinaus auch weitere rechtsstaatliche Rechtsgrundsätze entwickelt wie den Grundsatz von *Treu und Glauben* (insbesondere die *Verwirkung*), den Grundsatz der *Gesetzmäßigkeit der Verwaltung*, das Prinzip der *Rechtssicherheit* und des *Vertrauensschutzes*, das *Verbot der Rückwirkung*, insbesondere von Strafgesetzen, das *Recht auf Akteneinsicht* sowie den Grundsatz der *Vertraulichkeit der Rechtsberatung*. Der AEUV sieht ausdrücklich vor, dass sich die Regelungen über die *außervertragliche Haftung* der Union nach den allgemeinen Rechtsgrundsätzen bestimmen, die den Rechtsordnungen der Mitgliedstaaten gemeinsam sind (Art. 340 Abs. 2 AEUV; Rn. 630 ff.). Auch die unionsrechtlichen Regelungen über *Rücknahme*

---

509 EuGH, Rs. 11/70, Slg. 1970, S. 1125, Rn. 4 – *Internationale Handelsgesellschaft*.
510 Vgl. EuGH, Rs. C-144/04, Slg. 2005, S. I-9981 – *Mangold* (= P Nr. 30).
511 EuGH, Rs. 11/70, Slg. 1970, S. 1125, Rn. 4 – *Internationale Handelsgesellschaft*.

und Widerruf von Unionsrechtsakten beruhen auf allgemeinen Rechtsgrundsätzen (Rn. 444 ff.). Dazu treten Fälle, in denen Lücken im Sekundärrecht der Union durch allgemeine Rechtsgrundsätze ausgefüllt werden, wie etwa im Beamtenrecht der Union.

f) Völkergewohnheitsrecht

457 Die Europäische Union ist ein durch völkerrechtlichen Vertrag gegründetes *Völkerrechtssubjekt* (Art. 47 EUV; vgl. auch Rn. 73). Aus der *Völkerrechtsfähigkeit* der Union, d. h. der Fähigkeit, Trägerin völkerrechtlicher Rechte und Pflichten zu sein, folgt ihre Bindung an die Regeln des Völkergewohnheitsrechts, soweit es sich dabei um Regeln handelt, die auf internationale Organisationen anwendbar sind. Die Union ist daher beispielsweise verpflichtet, das völkergewohnheitsrechtliche Interventionsverbot zu beachten. Die für die Union beachtlichen Regeln des Völkergewohnheitsrechts sind Bestandteil des Unionsrechts, ohne dass es dazu eines unionsrechtlichen Transformationsaktes oder Anwendungsbefehls bedürfte[512]. Obwohl das Unionsrecht als eigene (autonome) Rechtsordnung bezeichnet werden kann, handelt es sich bei dem Völkergewohnheitsrecht einerseits und dem Unionsrecht andererseits lediglich um unterschiedlich strukturierte Regeln des Völkerrechts.

458 Im *Kollisionsfall* setzt sich das primäre Unionsrecht als speziellere Regelung gegenüber dem Völkergewohnheitsrecht durch, soweit es sich nicht um zwingende Regeln des Völkerrechts handelt, die vertraglich nicht abdingbar sind (sog. *ius cogens*, wie etwa das Verbot des Völkermordes oder das Verbot des Menschenhandels). Gegenüber dem abgeleiteten Unionsrecht ist jedoch das Völkergewohnheitsrecht vorrangig, was aus einem Erst-recht-Schluss aus Art. 216 Abs. 2 AEUV folgt. Gehen nach dieser Bestimmung die von der Union geschlossenen Verträge dem abgeleiteten Unionsrecht vor, muss dies erst recht für Regeln des Völkergewohnheitsrechts gelten.

459 Im *Verhältnis der Union zu Drittstaaten und zu anderen internationalen Organisationen* gelten die Regeln des Völkergewohnheitsrechts uneingeschränkt, sofern die EU als Völkerrechtssubjekt von ihnen ausdrücklich oder implizit, etwa durch Aufnahme diplomatischer Beziehungen oder Vertragsabschluss, anerkannt worden ist (zu den Außenbeziehungen der Union vgl. Rn. 75 ff.). So muss die Union etwa die Regeln des Völkergewohnheitsrechts beachten, wenn sie eine Verordnung erlässt, mit der Handelszugeständnisse ausgesetzt werden, die durch ein von ihr mit einem Drittstaat geschlossenes Abkommen gewährt wurden[513].

460 Problematischer ist, ob auf die Regeln des Völkergewohnheitsrechts im *Verhältnis zwischen den Mitgliedstaaten untereinander* und *zwischen der Europä-*

---

512 EuGH, Rs. C-162/96, Slg. 1998, S. I-3655, Rn. 45 f. – *Racke*.
513 EuGH, Rs. C-162/96, Slg. 1998, S. I-3655, Rn. 46 – *Racke*.

ischen Union und den Mitgliedstaaten zurückgegriffen werden kann. Hier wird das Völkergewohnheitsrecht weitgehend durch das speziellere Unionsrecht verdrängt. So ist anerkannt, dass im Falle einer Vertragsverletzung der im AEUV vorgesehene spezielle Rechtsschutzmechanismus vor dem EuGH (Art. 259 AEUV) einen Rückgriff auf die Regeln des allgemeinen Völkerrechts, wie sie im Wiener Übereinkommen über das Recht der Verträge vom 23. Mai 1969 niedergelegt sind (z. B. Suspendierung der eigenen Vertragspflichten oder Beendigung des Vertrags, Art. 60 WVK), verwehrt.

Umstritten ist allerdings, ob das Völkergewohnheitsrecht dann wieder Anwendung findet, wenn der Durchsetzungsmechanismus des Unionsrechts versagt, etwa weil Urteile des EuGH nicht befolgt werden. Hier wird man den Rückgriff auf die vom Völkergewohnheitsrecht vorgesehenen Reaktionsmöglichkeiten als *ultima ratio* bejahen müssen. **461**

Im Anwendungsbereich des durch den Amsterdamer Vertrag in den EG-Vertrag a. F. eingefügten Mechanismus zur Suspendierung von EU-Mitgliedschaftsrechten (Art. 354 AEUV i. V. m. Art. 7 EUV) ist ein Rückgriff auf die vom Völkergewohnheitsrecht bereitgehaltenen Reaktionsmöglichkeiten nicht möglich. Die Regeln des Völkergewohnheitsrechts werden insoweit verdrängt. Das Unionsrecht enthält jedoch mit Art. 354 AEUV keine abschließende Regelung, weil eine Suspendierung von EU-Mitgliedschaftsrechten danach nur möglich ist, wenn ein Mitgliedstaat bestimmte vertragliche Grundpflichten verletzt (Art. 7 Abs. 1 EUV). Außerhalb des Anwendungsbereichs des Art. 354 AEUV dürfte als *ultima ratio* ein Rückgriff auf die Mechanismen der WVK möglich sein. **462**

Völkerrechtlicher Charakter kommt den *Akten der Gesamtheit der Mitgliedstaaten* zu, die sie mit Bezug auf das Unionsrecht, aber nicht auf Grundlage des Unionsrechts vornehmen. Die Mitgliedstaaten handeln dabei unter Einsatz ihrer verbliebenen Zuständigkeiten, die sie nicht auf die Union übertragen haben. Diese Rechtsakte beruhen allein auf der völkerrechtlichen Handlungsfähigkeit der Mitgliedstaaten und werden daher nicht Teil der Unionsrechtsordnung. **463**

Eine besondere Handlungsform der Gesamtheit der Mitgliedstaaten sind die *Akte der im Rat vereinigten Vertreter der Regierungen der Mitgliedstaaten* (Rn. 265). Dabei handeln die Mitglieder des Rates nicht als Unionsorgan, sondern als Konferenz der Staatenvertreter. Die Beschlüsse dieses Gremiums beruhen auf der völkerrechtlichen Handlungsfähigkeit der Mitgliedstaaten und sind somit völkerrechtlicher Herkunft. Diese sog. „uneigentlichen Ratsbeschlüsse" gehören dem Unionsrecht nur insofern an, als sie teilweise in den EU-Verträgen vorgesehen sind, z. B. in Art. 253 Abs. 1 AEUV, Art. 254 Abs. 2 AEUV und Art. 341 AEUV[514]. Handeln der Rat und die im Rat vereinigten Vertreter der Regierungen der Mitgliedstaaten gemeinsam, spricht man von *Beschlüssen nach der „gemischten Formel"*. Dabei bringen EU und Mitgliedstaaten ihre Kompetenzen **464**

---

514 *Haratsch*, in: Pechstein/Nowak/Häde (Hrsg.), Frankfurter Kommentar EUV/GRC/AEUV, Art. 16 EUV Rn. 21.

gemeinsam ein, um eine bestimmte Regelung zustande zu bringen. Aufgrund der vielfachen Erweiterung der EU-Kompetenzen hat die Bedeutung dieser Beschlüsse allerdings deutlich abgenommen.

g) Völkerrechtliche Verträge

465 Bei der Bindung der Union an völkerrechtliche Verträge ist zu unterscheiden zwischen Verträgen, deren Partei die Union selbst ist, und solchen, deren Parteien allein deren Mitgliedstaaten sind (hierzu Rn. 470 ff.). Eine völkerrechtliche Bindung der Union entsteht nur im ersten Fall. *Von der Union abgeschlossene völkerrechtliche Verträge* werden ebenso wie das Völkergewohnheitsrecht Bestandteil der Unionsrechtsordnung[515], ohne dass es dazu eines Transformationsaktes oder eines besonderen internen Rechtsanwendungsbefehls der Union bedürfte. Überwiegend wird allerdings Art. 216 Abs. 2 AEUV als Rechtsanwendungsbefehl angesehen, wonach die von der Union abgeschlossenen Abkommen für die Organe der Union und für die Mitgliedstaaten verbindlich sind[516]. Art. 216 Abs. 2 AEUV begründet jedoch keine eigenständige Verpflichtungsbeziehung zwischen den Mitgliedstaaten und einem Vertragspartner der EU; die Mitgliedstaaten werden hieraus nur im Verhältnis zur Union in die Pflicht genommen.

466 Berührt ein völkerrechtlicher Vertrag sowohl Zuständigkeiten der Europäischen Union als auch der Mitgliedstaaten, werden sog. *gemischte Abkommen (mixed agreements)* geschlossen, die neben der Union auch die Mitgliedstaaten als Vertragsparteien unterzeichnen (so z. B. das Übereinkommen zur Errichtung der Welthandelsorganisation WTO). Auch diese Verträge werden Bestandteil der Unionsrechtsordnung, wobei umstritten ist, ob dies nur für den auf Kompetenzen der Europäischen Union gestützten Anteil gilt[517]. Dabei wird gegenüber dem oder den Drittstaaten die Kompetenzabgrenzung zwischen EU und Mitgliedstaaten regelmäßig nicht in Form einer sog. *Bindungsverteilungsklausel* offengelegt. Daraus resultiert aus Vertrauensschutzgründen eine völkerrechtliche Bindung sowohl der Europäischen Union als auch der Mitgliedstaaten im gesamten Umfang des Vertrags gegenüber dem Drittstaat. Die darin liegende unionsrechtlich relevante Kompetenzüberschreitung sowohl der EU als auch der Mitgliedstaaten, die völkerrechtlich gegenüber dem Drittstaat jeweils auch für den Vertragsbestandteil einstehen müssen, für den sie im Innenverhältnis nicht zuständig sind, ist hinzunehmen, weil andernfalls der Vertrag nicht zustande käme und die Nichtigkeitsfolge vor allem den Drittstaat als Vertragspartner schädigte. Dieser kann sich daher für Erfüllungsansprüche aussuchen, an wen er sich wen-

---

515 EuGH, Rs. 181/73, Slg. 1974, S. 449, Rn. 2/6 – *Haegemann*.
516 EuG, Rs. T-115/94, Slg. 1997, S. II-39, Rn. 101 – *Opel Austria*. Vgl. dazu umfassend *Giegerich*, in: Pechstein/Nowak/Häde (Hrsg.), Frankfurter Kommentar EUV/GRC/AEUV, Art. 216 AEUV Rn. 200 ff.
517 EuGH, Rs. C-53/96, Slg. 1998, S. I-3603, Rn. 23 ff. – *Hermès* (= P Nr. 81).

det – Union oder Mitgliedstaaten –; die tatsächliche Erfüllung wird dann von dem jeweils Zuständigen geleistet.

Die völkerrechtlichen Verträge der Union stehen im *Rang* unter dem primären Unionsrecht (vgl. Art. 218 Abs. 11 AEUV). So hat der EuGH etwa den Zustimmungsbeschluss des Rates zu einem Rahmenübereinkommen über Bananen mit vier lateinamerikanischen Staaten wegen eines Verstoßes gegen primäres Unionsrecht für nichtig erklärt[518]. Die völkerrechtliche Bindung der Union bleibt davon jedoch unberührt. Sekundärem Recht gehen die völkerrechtlichen Verträge der Union hingegen vor (vgl. Art. 216 Abs. 2 AEUV). Die Unvereinbarkeit eines Rechtsakts der Organe der Union mit einem völkerrechtlichen Abkommen, an das die Europäische Union gebunden ist, führt grundsätzlich zur Ungültigkeit der Organhandlung[519]. Dies gilt allerdings dem EuGH zufolge nur dann, wenn die als Prüfungsmaßstab herangezogene Bestimmung des völkerrechtlichen Vertrags unmittelbare Wirkung entfaltet und für den Einzelnen Rechte und/oder Pflichten begründet[520]. Diese Rechtsprechung des EuGH begegnet Bedenken. Die unmittelbare Wirkung einer Bestimmung eines völkerrechtlichen Vertrags ist lediglich dafür entscheidend, ob ein Einzelner (z. B. vor dem EuGH oder vor nationalen Behörden oder Gerichten) aus einer derartigen Bestimmung Rechte herleiten kann. Hiervon die Eignung der Bestimmung als Gültigkeitsmaßstab für Sekundärrecht abhängig zu machen, ist zumindest dogmatisch nicht überzeugend. Letztlich steht hinter dieser Rechtsprechung der Wille, völkerrechtlich rechtswidrige Handelsvorteile der EU nicht umgehend durch die Nichtigkeitsfolge für den entsprechenden Sekundärrechtsakt zunichte zu machen. Verständlich ist dies allenfalls mit Blick auf die parallele Praxis bei vielen Handelspartnern der Union (Reziprozitätsgrundsatz).

467

Die Bestimmungen eines von der Union abgeschlossenen völkerrechtlichen Vertrags können *unmittelbare Wirkung* entfalten, wenn sie inhaltlich unbedingt und hinreichend bestimmt sind[521]. Den Bestimmungen des GATT sprach der EuGH aufgrund ihrer großen „Flexibilität" und „Geschmeidigkeit" die unmittelbare Wirkung ab[522]. Ebenso hat der EuGH bezüglich der WTO-Übereinkom-

468

---

518 EuGH, Rs. C-122/95, Slg. 1998, S. I-973, Rn. 82 – *Deutschland/Rat*.
519 EuGH, verb. Rs. 21 bis 24/72, Slg. 1972, S. 1219, Rn. 5/6 ff. – *International Fruit Company*.
520 EuGH, verb. Rs. 21 bis 24/72, Slg. 1972, S. 1219, Rn. 7/9 – *International Fruit Company*; EuGH, Rs. C-280/93, Slg. 1994, S. I-4973, Rn. 105 ff. – *Deutschland/Rat („Bananenmarktordnung")* (= P Nr. 55).
521 EuGH, Rs. 87/75, Slg. 1976, S. 129, Rn. 22/23 ff. – *Bresciani*; EuGH, Rs. 12/86, Slg. 1987, S. 3719, Rn. 14 – *Demirel* (= P Nr. 54); EuGH, Rs. C-162/96, Slg. 1998, S. I-3655, Rn. 31 – *Racke*; EuG, Rs. T-115/94, Slg. 1997, S. II-39, Rn. 101 – *Opel Austria*; EuGH, verb. Rs. C-300/98 u. C-392/98, Slg. 2000, S. I-11307, Rn. 42 – *Dior* (= P Nr. 57). Vgl. hierzu auch *Aust*, EuR 2016, S. 106.
522 EuGH, verb. Rs. 21 bis 24/72, Slg. 1972, S. 1219, Rn. 21 ff. – *International Fruit Company*; EuGH, verb. Rs. 267/81, 268/81 u. 269/81, Slg. 1983, S. 801, Rn. 21 ff. – *SPI u. SAMI*; EuGH, Rs. C-469/93, Slg. 1995, S. I-4533, Rn. 26 – *Chiquita Italia*.

men entschieden[523]. Jedoch kann auch eine nicht unmittelbar wirksame Bestimmung zur völkerrechtskonformen Auslegung sekundären Unionsrechts herangezogen werden[524]. Das Völkerrecht bleibt vor allem dann Prüfungsmaßstab für das Sekundärrecht, wenn es auf eine an sich nicht unmittelbare Bestimmung des völkerrechtlichen Vertrags verweist oder sie umsetzen will[525].

469 Sieht ein völkerrechtlicher Vertrag, an den die Union gebunden ist, die Errichtung von Vertragsorganen (z. B. eines Assoziationsrates) vor, sind Beschlüsse dieser Organe – wie der Vertrag selbst – integrierter Bestandteil der Unionsrechtsordnung[526] und stehen im Rang unterhalb des primären Unionsrechts, aber über den Rechtsakten der Unionsorgane. Obgleich sich das Regelungsverhältnis solcher Verträge und der darauf ergangenen Beschlüsse auf die Rechtsbeziehungen zwischen den Vertragsparteien beschränkt, vermögen sie potentiell auch im Rahmen anderer personaler Konstellationen (etwa im Verhältnis Einzelner gegenüber den Mitgliedstaaten) Wirkung zu entfalten. Insoweit handelt es sich nicht mehr um das Regelungs-, sondern das Wirkungsverhältnis (näher zu diesen Begriffen vgl. Rn. 390, 399). In Anknüpfung an die Terminologie zur Beschreibung des Wirkungsverhältnisses von Richtlinien nach Art. 288 Abs. 3 AEUV spricht der EuGH in diesem Zusammenhang von *unmittelbarer Wirkung*. Als Voraussetzung der unmittelbaren Wirkung entsprechender (Assoziationsrats-)Beschlüsse verlangt der Gerichtshof, dass sie eine klare und eindeutige Verpflichtung enthalten, deren Erfüllung nicht vom Erlass eines weiteren Akts abhängig ist. Dabei setzt die unmittelbare Wirkung eines solchen Beschlusses nicht die unmittelbare Wirkung des zugehörigen Vertrages voraus. Vielmehr stellt der Beschluss eine Konkretisierung desselben dar[527]. Die unmittelbare Wirkung führt dazu, dass sich ein Einzelner vor nationalen Behörden und Gerichten sowie vor dem EuGH oder gegenüber anderen Organen der Europäischen Union auf derartige Beschlüsse berufen kann. In diesem Fall bilden solche für die Union verbindlichen Beschlüsse den Rechtmäßigkeitsmaßstab für sekundäres Unionsrecht. Entsprechende Vertragsorgane werden zunehmend – mit zum Teil

---

523 EuGH, Rs. C-149/96, Slg. 1999, S. I-8395, Rn. 47 – *Portugal/Rat* (= P Nr. 56); EuGH, verb. Rs. C-300/98 u. 392/98, Slg. 2000, S. I-11307, Rn. 44 – *Dior* (= P Nr. 57); EuGH, Rs. C-76/00 P, Slg. 2003, S. I-79 – *Petrotub*.
524 EuGH, Rs. 70/87, Slg. 1989, S. 1781, Rn. 20 – *Fediol III*, eine Nichtigkeitsklage nach Art. 263 AEUV gegen einen Unionsrechtsakt mit dem Vorbringen, der angegriffene Rechtsakt verstoße gegen eine nicht unmittelbar anwendbare Bestimmung eines völkerrechtlichen Vertrags, führt nach der Rechtsprechung des EuGH jedoch nicht zum Erfolg, EuGH, Rs. C-280/93, Slg. 1994, S. I-4973, Rn. 109 – *Deutschland/Rat ("Bananenmarktordnung")* (= P Nr. 55).
525 EuGH, Rs. 70/87, Slg. 1989, S. 1781, Rn. 19 f. – *Fediol III; EuGH, Rs.* C-69/89, Slg. 1991, S. I-2069, Rn. 28 ff. – *Nakajima;* EuGH, Rs. C-280/93, Slg. 1994, S. I-4973, Rn. 111 – *Deutschland/Rat ("Bananenmarktordnung")* (= P Nr. 55); so auch *Bungenberg*, in: Pechstein/Nowak/Häde (Hrsg.) Frankfurter Kommentar EUV/GRC/AEUV, Art. 207 AEUV Rn. 211.
526 EuGH, Rs. 30/88, Slg. 1989, S. 3711, Rn. 13 – *Griechenland/Kommission*.
527 EuGH, Rs. C-192/89, Slg. 1990, S. I-3461, Rn. 15 – *Sevince* (= P Nr. 60); Vgl. *Giegerich,* in: Pechstein/Nowak/Häde (Hrsg.), Frankfurter Kommentar EUV/GRC/AEUV, Art. 216 Rn. 242.

VI. Institutionelle Struktur der Europäischen Union

problematischer Kompetenzausstattung – auch in Freihandelsabkommen eingesetzt[528]. Diese Grundsätze gelten überdies für Entscheidungen von Streitschlichtungsgremien *(Dispute Settlement Body, Panels, Standing Appellate Body).* Im Rahmen des WTO-Streitbeilegungsmechanismus ist zu beachten, dass der Grundsatz nur gelten kann, soweit der Union die Kompetenz zusteht, Hoheitsrechte zu übertragen, also im Rahmen des Art. 217 AEUV. Entscheidungen von vertraglich eingesetzten Organen der WTO können also keine unmittelbare Wirkung in der unionalen Rechtsordnung entfalten[529].

An *völkerrechtliche Verträge der Mitgliedstaaten* ist die Union nicht (unmittelbar) gebunden, selbst wenn ihnen alle Mitgliedstaaten angehören[530]. Eine völkerrechtliche Bindung kann in diesen Fällen nur durch einen formellen Beitritt der Union zu dem völkerrechtlichen Vertrag oder durch eine informelle Rechtsnachfolge hergestellt werden[531]. Art. 6 Abs. 2 EUV sieht beispielsweise vor, dass die Union der EMRK beitritt. Dadurch wurde der Union nicht nur die Kompetenz zum Beitritt übertragen, sondern auch eine entsprechende rechtlich verbindliche Verpflichtung begründet. Da die Mitgliedschaft allerdings nur Staaten vorbehalten war (vgl. Art. 59 Abs. 1 EMRK i. V. m. Art. 4 der Satzung des Europarates), wurde in Art. 59 EMRK ein neuer Abs. 2 eingefügt, welcher die Beitrittsmöglichkeit für die EU vorsieht. Das entsprechende Zusatzprotokoll trat am 1. Juni 2010 in Kraft. Der EuGH hat den Entwurf des Beitrittsvertrags jedoch in einem Gutachten für unvereinbar mit dem Unionsrecht erklärt[532], so dass der Beitritt der EU zur EMRK auf absehbare Zeit nicht stattfinden wird. Doch auch ohne völkerrechtliche Bindung können solche Verträge in der Rechtsordnung der Union Bedeutung erlangen. Vertragliche Verpflichtungen der Mitgliedstaaten dienen dem Gerichtshof zum einen als Rechtserkenntnisquelle für die Entwicklung von allgemeinen Rechtsgrundsätzen des Unionsrechts. Dies gilt beispielsweise für die in der EMRK niedergelegten Grundrechtsverbürgungen, unabhängig von dem eventuellen Beitritt der Union zu ihr (vgl. auch Art. 6 Abs. 1 EUV). Zum anderen besteht unter bestimmten Voraussetzungen eine noch weitergehende *unionsrechtliche,* also nur das Verhältnis zwischen EU und Mitgliedstaaten betreffende *Bindung* vor allem für sog. Altverträge aus der Zeit vor der Gründung oder dem Beitritt zur Union. Sind die in solchen Verträgen geregelten Materien durch Abschluss der Verträge oder ihre Fortentwicklung in die Zuständigkeit der Union übertragen worden, anerkennt dies der Gerichtshof als Aus-

470

---

528 Zu den vielfältigen Problemen dieses Vorgehens vgl. *Weiß,* EuZW 2016, S. 286.
529 *Giegerich,* in: Pechstein/Nowak/Häde (Hrsg.), Frankfurter Kommentar EUV/GRC/AEUV, Art. 216 Rn. 243; *Schmalenbach,* in: Calliess/Ruffert (Hrsg.), EUV/AEUV, Art. 216 Rn. 48.
530 Zu den völkervertraglichen Freiräumen der EU-Mitgliedstaaten und ihren unionsrechtlichen Grenzen vgl. *Repasi,* EuR 2013, S. 45 ff.
531 *Pache/Bielitz,* EuR 2006, S. 316, 318. Vgl. insoweit auch EuG, Rs. T-306/01, Slg. 2005, S. II-3533, Rn. 242 – *Yusuf u. Al Barakaat International Foundation.*
532 EuGH, Gutachten 2/13, ECLI:EU:C:2014:2454 – *EMRK-Beitritt II* (= P Nr. 119); vgl. hierzu etwa *Wendel,* NJW 2015, S. 921; *Breuer,* EuR 2015, S. 330.

druck des mitgliedstaatlichen Willens, die Union an die betreffenden vertraglichen Verpflichtungen der Mitgliedstaaten zu binden. Dies betraf zunächst die handels- und zollpolitischen Kompetenzen der Mitgliedstaaten, die dem Allgemeinen Zoll- und Handelsabkommen aus dem Jahre 1947 (GATT 1947) angehörten (vgl. dazu Rn. 1468). Durch die Teilnahme an den Zollverhandlungen etc. hatte die EG schließlich faktisch die Stellung einer Vertragspartei inne, so dass aus Sicht des Gerichtshofs eine Bindung der EG an die Bestimmungen des GATT bestand[533]. Mittlerweile ist die Union als Rechtsnachfolgerin der EG (Art. 1 Abs. 3 Satz 3 EUV) – neben den Mitgliedstaaten – selbst Vertragspartei des Nachfolgeabkommens GATT 1994 sowie der parallel gegründeten WTO, so dass eine unmittelbare völkervertragsrechtliche Verpflichtung besteht.

471 Von zunehmender Relevanz ist die unionsrechtliche Bindung an völkerrechtliche Verträge der Mitgliedstaaten hingegen in Bezug auf die Vereinten Nationen. Hier haben die Mitgliedstaaten – parallel mit der Einführung der GASP durch den Maastrichter Vertrag und deren Fortentwicklung (vgl. Rn. 20, 1433 ff.) – Kompetenzen im Bereich von Wirtschaftssanktionen (vgl. Art. 75 AEUV i. V. m. Art. 215 AEUV) auf die Union übertragen und damit eine Bindung an die völkerrechtlichen Verpflichtungen aus der Charta der Vereinten Nationen über den AEU-Vertrag begründet[534]. Diese Bindung gilt auch für Resolutionen des Sicherheitsrates auf Grundlage der Charta. Sie impliziert eine unionsrechtliche Beachtungs- und vor allem Erfüllungspflicht, die Resolutionen entsprechend im Unionsrecht umzusetzen, soweit der EU hierfür die Kompetenzen zustehen. In der Rechtsmittelsache *Kadi I* sah der Gerichtshof eine Zuständigkeit der EG für den Erlass einer Verordnung als gegeben an, mit welcher in Umsetzung einer Sicherheitsratsresolution Gelder und andere Finanzmittel von den Taliban und *Osama Bin Laden* nahestehenden Personen und Personengruppen eingefroren werden sollten. Zugleich folgte hieraus eine gemeinschaftsrechtliche, den aus der Resolution unmittelbar völkerrechtlich gebundenen Mitgliedstaaten gegenüber bestehende Erfüllungspflicht zum Erlass entsprechender Maßnahmen[535] (zu den grundrechtlichen Implikationen vgl. Rn. 762).

472 Die beschriebene unionsrechtliche Bindung an völkerrechtliche Verträge der Mitgliedstaaten besteht neben der Sonderbestimmung des Art. 351 AEUV für sog. *Altverträge* der Mitgliedstaaten. Art. 351 Abs. 1 AEUV normiert eine Unberührtheitsklausel, wonach Rechte und Pflichten aus mitgliedstaatlichen Verträgen, die vor Errichtung bzw. Beitritt zur Union geschlossen wurden, durch die EU-Ver-

---

533 EuGH, verb. Rs. 21 bis 24/72, Slg. 1972, S. 1219, Rn. 14/18 – *International Fruit Company*; EuGH, Rs. C-280/93, Slg. 1994, S. I-4973, Rn. 105 – *Deutschland/Rat („Bananenmarktordnung")* (= P Nr. 55).
534 EuGH, verb. Rs. C-402/05 P u. C-415/05 P, Slg. 2008, S. I-6351, Rn. 280 – *Kadi I* (= P Nr. 61); vgl. insoweit auch EuG, Rs. T-306/01, Slg. 2005, S. II-3533, Rn. 250 ff., insb. 257 – *Yusuf u. Al Barakaat International Foundation*.
535 EuGH, verb. Rs. C-402/05 P u. C-415/05 P, Slg. 2008, S. I-6351, Rn. 293 ff. – *Kadi I* (= P Nr. 61).

träge nicht beeinträchtigt werden. Aus Art. 351 Abs. 2 AEUV folgen hingegen zum einen Pflichten der betroffenen Mitgliedstaaten, ggf. bestehende Unvereinbarkeiten zwischen den EU-Verträgen und den vorher eingegangen Verpflichtungen zu beheben (etwa durch Anpassung, Kündigung, Suspendierung oder Rücktritt). Zum anderen wird diesem Absatz ein an die EU gerichtetes Gebot entnommen, die Mitgliedstaaten bei der Erfüllung ihrer Vertragsverpflichtungen, welche sie vor den darin genannten Daten begründet haben, nicht zu behindern.

h) Merksätze

Das Recht der Europäischen Union ist Teil der Völkerrechtsordnung, deren **473** Rechtsquellen das **Völkervertragsrecht**, das **Völkergewohnheitsrecht** und die **allgemeinen Rechtsgrundsätze** sind (Art. 38 Abs. 1 IGH-Statut).

Das Recht der Europäischen Union lässt sich zunächst in intergouvernementales Unionsrecht im Rahmen der GASP und ansonsten umfassend supranationales Unionsrecht einteilen. Beides lässt sich weiterhin in **primäres Unionsrecht** und **abgeleitetes (sekundäres und tertiäres) Unionsrecht** unterteilen, wobei das primäre Recht dem abgeleiteten im Rang vorgeht und somit Prüfungsmaßstab für dessen Rechtmäßigkeit und Geltung ist.

Das **primäre Unionsrecht** besteht aus den Gründungsverträgen der Europäischen Union (EUV, AEUV) einschließlich ihrer Anlagen, Anhänge und Protokolle (vgl. Art. 51 EUV) sowie deren späterer Ergänzungen und Änderungen durch völkerrechtliche Verträge und die Grundrechte-Charta. Daneben gibt es auch Gewohnheitsrecht und allgemeine Rechtsgrundsätze im Range primären Unionsrechts.

Der Begriff des **abgeleiteten Unionsrechts** bezeichnet das von den Organen der Union im Rahmen der primärrechtlichen Verfahrensregeln erlassene Recht (organgeschaffenes Recht). Im Rahmen des supranationalen Unionsrechts sind dies Verordnungen, Richtlinien oder Beschlüsse, die sowohl als Sekundärrecht als auch als Tertiärrecht erlassen werden können. Abgeleitetes Recht kann auch in Form von Gewohnheitsrecht oder allgemeinen Rechtsgrundsätzen auftreten.

Die **förmlichen supranationalen Rechtsakte**, die von den Organen der Union erlassen werden können, sind Verordnungen, Richtlinien, Beschlüsse sowie Empfehlungen und Stellungnahmen (Art. 288 AEUV).

Eine **Verordnung** hat allgemeine Geltung. Sie ist in allen ihren Teilen verbindlich und gilt unmittelbar in jedem Mitgliedstaat (Art. 288 Abs. 2 AEUV). Allgemeine Geltung bedeutet, dass die Verordnung – gleich einem innerstaatlichen Gesetz – eine unbestimmte Vielzahl von Sachverhalten für eine unbestimmte Vielzahl von Adressaten regelt (abstrakt-generelle Regelung).

Eine **Richtlinie** ist für jeden Mitgliedstaat, an den sie gerichtet ist, hinsichtlich des zu erreichenden Zieles verbindlich, überlässt jedoch den innerstaatlichen Stellen die Wahl der Form und der Mittel der Umsetzung (Art. 288 Abs. 3 AEUV). Die Mitgliedstaaten haben eine Richtlinie vollständig, genau und innerhalb der in der Richtlinie gesetzten Frist umzusetzen (vgl. Art. 4 Abs. 3 EUV). Aus den Umsetzungsgeboten folgt die Pflicht der mitgliedstaatlichen Gerichte zur **richtlinienkonformen Auslegung und Fortbildung des nationalen Rechts**.

Ausnahmsweise kann einer Richtlinie nach der Rechtsprechung des EuGH **unmittelbare Wirkung** zukommen. Dies ist dann der Fall, wenn die Richtlinie inhaltlich unbedingte und hinreichend konkrete Bestimmungen enthält und innerhalb der Umsetzungsfrist nicht oder nur unzulänglich umgesetzt ist. Die nationalen Behörden und Gerichte haben in diesem Fall die Richtlinienbestimmung von Amts wegen anzuwenden. Einzelne können sich auch ohne staatliche Umsetzungsmaßnahme nach Ablauf der Umsetzungsfrist gegenüber einem Mitgliedstaat auf eine Richtlinie berufen, wenn deren inhaltlich unbedingte und hinreichend genaue Bestimmungen vorsehen (vertikale unmittelbare Wirkung). Weiterhin zulässig ist die objektive und – eingeschränkt – die drittbelastende unmittelbare Richtlinienwirkung. Unzulässig sind die umgekehrt vertikale und die horizontale unmittelbare Richtlinienwirkung.

Ein **Beschluss** ist in allen seinen Teilen verbindlich (Art. 288 Abs. 4 AEUV). Er muss nicht an einen bestimmten Adressaten gerichtet sein. Ist dies jedoch der Fall, so können sowohl Individuen als auch Mitgliedstaaten Adressaten des Beschlusses sein. Ausnahmsweise kann ein an einen Mitgliedstaat gerichteter Beschluss unmittelbare Wirkung entfalten (sog. vertikale unmittelbare Wirkung), d. h., Einzelne können sich gegenüber diesem Mitgliedstaat auf den Beschluss berufen, wenn dieser den Mitgliedstaat verpflichtet, den Einzelnen bestimmte Rechte einzuräumen, diese auferlegte Pflicht klar und eindeutig ist, nicht von einer Bedingung abhängt und dem Mitgliedstaat keinen Ermessensspielraum zu ihrer Umsetzung lässt. Eine horizontale unmittelbare Wirkung von staatengerichteten Beschlüssen ist jedoch ausgeschlossen.

Empfehlungen und Stellungnahmen sind nicht verbindlich (Art. 288 Abs. 5 AEUV). Sie legen den Adressaten (Mitgliedstaaten oder Individuen) lediglich ein bestimmtes Verhalten nahe, begründen aber keine unmittelbare rechtliche Verpflichtung. Die Gerichte der Mitgliedstaaten haben Empfehlungen und Stellungnahmen allerdings zur Auslegung der innerstaatlichen Rechtsvorschriften heranzuziehen, die zu deren Durchführung erlassen worden sind.

Allgemeine Rechtsgrundsätze des Rechts der Europäischen Union sind Grundsätze und Prinzipien, die den Rechtsordnungen der Mitgliedstaaten gemeinsam sind und sich in Struktur und Ziele der Union einfügen, d. h. auf die europäische Ebene übertragbar sind. Sie werden im Wege wertender Rechtsvergleichung gewonnen.

Die **Regeln des Völkergewohnheitsrechts** sind Bestandteil des Unionsrechts. Im Kollisionsfall setzt sich das primäre Unionsrecht als speziellere Regelung gegenüber dem allgemeinen Völkerrecht durch. Gegenüber dem sekundären Unionsrecht ist das allgemeine Völkerrecht vorrangig.

Im **Verhältnis zwischen den Mitgliedstaaten sowie zwischen der Europäischen Union und den Mitgliedstaaten** kann auf das allgemeine Völkerrecht nur zurückgegriffen werden, wenn das Unionsrecht keine spezielleren Regelungen enthält.

Die **von der Union** abgeschlossenen **völkerrechtlichen Verträge** sind Bestandteil der Unionsrechtsordnung.

An **völkerrechtliche Verträge** der Mitgliedstaaten ist die Union nicht gebunden, selbst wenn ihnen alle Mitgliedstaaten angehören. Eine Bindung kann nur durch einen formellen Beitritt der Union zu dem völkerrechtlichen Vertrag oder durch eine informelle Rechtsnachfolge hergestellt werden. Durch ihren Beitritt zur EMRK wird die EU in Zukunft demnach an deren Regelungen gebunden sein (vgl. Art. 6 Abs. 2 EUV). Ausnahmsweise besteht aber gegenüber den Mitgliedstaaten eine Bindung an deren völkerrechtliche Verträge.

Leitentscheidungen:
EuGH, Rs. 26/62, Slg. 1963, S. 1 – *van Gend & Loos* (= P Nr. 26).
EuGH, Rs. 9/70, Slg. 1970, S. 825 – *Leberpfennig* (= P Nr. 43, 63).
EuGH, Rs. 8/81, Slg. 1982, S. 53 – *Becker* (= P Nr. 35).
EuGH, Rs. 152/84, Slg. 1986, S. 723 – *Marshall* (= P Nr. 39).
EuGH, Rs. 80/86, Slg. 1987, S. 3969 – *Kolpinghuis Nijmegen* (= P Nr. 36).
EuGH, Rs. 12/86, Slg. 1987, S. 3719 – *Demirel* (= P Nr. 54, 75).
EuGH, Rs. C-361/88, Slg. 1991, S. I-2567 – *Kommission/Deutschland; „TA-Luft"* (= P Nr. 33).
EuGH, Rs. C-280/93, Slg. 1994, S. I-4973 – *Deutschland/Rat; „Bananenmarktordnung"* (= P Nr. 55).
EuGH, Rs. C-431/92, Slg. 1995, S. I-2189 – *Kommission/Deutschland; „Großkrotzenburg"* (= P Nr. 42, 91).
EuGH, Rs. C-443/98, Slg. 2000, S. I-7535 – *Unilever* (= P Nr. 41).
EuGH, verb. Rs. C-397 bis C-403/01, Slg. 2004, S. I-8835 – *Pfeiffer* (= P Nr. 40).
EuGH, Rs. C-201/02, Slg. 2004, S. I-723 – *Wells* (= P Nr. 37).
EuGH, Rs. C-144/04, Slg. 2005, S. I-9981 – *Mangold* (= P Nr. 30).
EuGH, Rs. C-212/04, Slg. 2006, S. I-6057 – *Adeneler* (– P Nr. 32).
EuGH, Rs. C-80/06, Slg. 2007, S. I-4473 – *Carp* (= P Nr. 44).
EuGH, Rs. C-422/05, Slg. 2007, S. I-4749 – *Kommission/Belgien („Richtlinien-Vorwirkung")* (= P Nr. 29).
EuGH, verb. Rs. C-402/05 P u. C-415/05 P, Slg. 2008, S. I-6351 – *Kadi I* (= P Nr. 61).
EuGH, verb. Rs. C-152/07 bis C-154/07, Slg. 2008, S. I-5959 – *Arcor* (= P Nr. 38).
EuGH, Rs. C-176/12, ECLI:EU:C:2014:2 – *Association de médiation sociale*.

EuGH, Rs. C-413/15, ECLI:EU:C:2017:745 – *Farell II.*
EuGH, Rs. C-251/16, ECLI:EU:C:2017:881 – *Cussens u. a.*
EuGH, Rs. C-16/16 P, ECLI:EU:C:2018:79 – *Belgien/Kommission* (= P Nr. 99).

5. Vollzug des Unionsrechts

Literaturhinweise: *Bartosch, A.:* Die private Durchsetzung des gemeinschaftlichen Beihilfenverbots – Das CELF-Urteil vom 12.2.2008 und seine Auswirkungen auf Deutschland, EuZW 2008, S. 235; *von Danwitz, T.:* Verwaltungsrechtliches System und europäische Integration, 1996; *Erichsen, H.-U./Buchwald, A.:* Die Aufhebung von gemeinschaftsrechtserheblichen Einzelfallentscheidungen durch Organe der EG und deutsche Behörden, Jura 1995, S. 84; *Fastenrath, U.:* Die veränderte Stellung der Verwaltung und ihr Verhältnis zum Bürger unter dem Einfluss des Europäischen Gemeinschaftsrechts, Die Verwaltung 1998, S. 277; *Gornig, G./Trüe, C.:* Die Rechtsprechung des EuGH und des EuG zum Europäischen Verwaltungsrecht, JZ 2000, S. 395, 446 u. 501; *Haibach, G.:* Die Rechtsprechung des EuGH zu den Grundsätzen des Verwaltungsverfahrens, NVwZ 1998, S. 156; *Haratsch, A.:* Zur Dogmatik von Rücknahme und Widerruf von Rechtsakten der Europäischen Gemeinschaft, EuR 1998, S. 387; *Hill, H./Pitschas, R. (Hrsg.):* Europäisches Verwaltungsverfahrensrecht, 2004; *Huber, P. M.:* „Beihilfen" (Art. 87, 88 EGV 1999) und Vertrauensschutz im Gemeinschaftsrecht und im nationalen Verwaltungsrecht, KritV 1999, S. 359; *Kadelbach, S.:* Allgemeines Verwaltungsrecht unter europäischem Einfluß, 1999; *Kahl, W.:* Europäisches und nationales Verwaltungsorganisationsrecht, Die Verwaltung 29 (1996), S. 341; *Kanitz, R./Wendel, M.:* Gemeinschaftsrechtlich gebotene Grenzen der Bestandskraftdurchbrechung im europäisierten Verwaltungsverfahren? – Zur Frage prozessualer Vorbedingungen und zeitlicher Schranken der Überprüfungspflicht bestandskräftiger Verwaltungsakte, EuZW 2008, S. 231; *Potacs, M.:* Gemeinschaftsrecht und Bestandskraft staatlicher Verwaltungsakte, in: FS für Georg Ress, 2005, S. 729; *Pühs, W.:* Der Vollzug von Gemeinschaftsrecht, 1997; *Schmidt-Aßmann, E.:* Strukturen Europäischer Verwaltung und die Rolle des Europäischen Verwaltungsrechts, in: FS für Peter Häberle, 2004, S. 395; *ders./Schöndorf-Haubold, B. (Hrsg.):* Der Europäische Verwaltungsverbund, 2005; *Schwarze, J.:* Europäisches Verwaltungsrecht, 2. Aufl. 2005; *Sydow, G.:* Verwaltungskooperation in der EU, 2005; *Uerpmann, R.:* Mittelbare Gemeinschaftsverwaltung durch gemeinschaftsgeschaffene juristische Personen des öffentlichen Rechts, AöR 125 (2000), S. 551.

a) Formen des Vollzugs

474 Der Vollzug des supranationalen Unionsrechts obliegt ganz überwiegend den nationalen Behörden der Mitgliedstaaten, weil die EU keinen flächendeckenden eigenen Verwaltungsunterbau besitzt. Das intergouvernementale Unionsrecht der GASP ist schon mangels unmittelbarer Anwendbarkeit nicht im hier verwendeten Sinne vollzugsfähig (Rn. 63 ff.). Bei dem *indirekten (mitgliedstaatlichen) Verwaltungsvollzug* des supranationalen Unionsrechts sind zwei Varianten zu unterscheiden: der *unmittelbare indirekte Vollzug,* wenn unmittelbar anwendbares Unionsrecht vollzogen wird, und der *mittelbare indirekte Vollzug,* wenn

die nationalen Behörden nationales Umsetzungsrecht zu Unionsrecht, insbesondere zu Richtlinien, anwenden.

Der Vollzug des Unionsrechts kann aber auch in der Form des *direkten (unionsunmittelbaren) Verwaltungsvollzugs* durch die Organe der Union selbst erfolgen. Auch hier lassen sich zwei Bereiche unterscheiden: *der unionsinterne direkte Vollzug* mit der Eigenverwaltung der EU (sog. Intendanturaufgaben), wie etwa in der Personalverwaltung, und der *unionsexterne direkte Vollzug*, wobei die Union gegenüber den Mitgliedstaaten oder den Individuen verwaltend tätig wird, z. B. im Bereich des Kartellrechts und der Fusionskontrolle. 475

b) Verwaltungsorganisation bezüglich des Vollzugs

Soweit die Union im direkten, unionsunmittelbaren Vollzug ihr Recht selbst anwendet, regelt sie auch die Verwaltungsorganisation selbst. Dabei erfolgt der unionsinterne Vollzug seitens der jeweils zuständigen Organe, der unionsexterne Vollzug obliegt im Wesentlichen der Kommission. Sie erhält dabei auch Unterstützung durch die nationalen Behörden. 476

Hinsichtlich des indirekten, mitgliedstaatlichen Vollzugs ist zu beachten, dass die Union keine Kompetenz besitzt, in die Verwaltungsorganisation der Mitgliedstaaten einzugreifen. Für die Bundesrepublik Deutschland bedeutet dies, dass die Kompetenzen für den mittelbaren und unmittelbaren Vollzug von Unionsrecht sich nach den Art. 83 ff. GG – im Falle des unmittelbaren Vollzugs in analoger Anwendung[536] – richten. Dabei hat der Bund z. T. nach Art. 87 Abs. 3 GG Bundesoberbehörden errichtet. Soweit die Länder für den Vollzug zuständig sind, sind sie aufgrund des Prinzips der Bundestreue (für die neuen Länder gilt zusätzlich Art. 10 Abs. 3 Einigungsvertrag) dem Bund gegenüber verfassungsrechtlich verpflichtet, das EU-Recht ordnungsgemäß durchzuführen. Dem Bund steht bislang jedoch kein spezielles Instrumentarium zur Verfügung, um Vollzugsmängel durch die Länder rasch zu beheben, etwa in Form einer Ersatzvornahme. Im Außenverhältnis zur EU muss der Bund jedoch auch für den ordnungsgemäßen Vollzug durch die Länder geradestehen (Art. 258 AEUV, Art. 4 EUV; vgl. Rn. 520). 477

c) Verwaltungsverfahrensrecht

Das Verwaltungsverfahrensrecht der Union ist im Bereich des direkten Vollzugs erforderlich, wenn die Organe der Union verwaltend tätig werden, weil hier keine anderen Rechtsnormen zur Verfügung stehen. Demgegenüber steht im Falle des indirekten, mitgliedstaatlichen Vollzugs des Unionsrechts mit dem nationalen Verwaltungsrecht eine Rechtsordnung zur Anwendung durch die natio- 478

---

[536] *Streinz*, Europarecht, 11. Aufl. 2019, Rn. 597.

nalen Behörden bereit. Dennoch wird auch dieser Bereich vom Europäischen Verwaltungsrecht erfasst und beeinflusst.

479 Das den Vollzug des materiellen Unionsrechts regelnde EU-Recht entspringt verschiedenen *Rechtsquellen*. Einschlägige Regeln finden sich im primären wie im sekundären Unionsrecht. Das primäre Unionsrecht enthält allerdings nur wenige grundlegende verwaltungsrechtliche Vorschriften, wie etwa Art. 299 AEUV, der Bestimmungen über die Vollstreckung von Entscheidungen des Rates oder der Kommission enthält (Rn. 449). Im sekundärrechtlichen Bereich werden aufgabenspezifisch Vollzugsregelungen erlassen, meist in der Rechtsform der Verordnung, die in allen Mitgliedstaaten unmittelbar geltendes und anwendbares Recht setzt.

480 Eine umfassende Kodifikation des Verwaltungsverfahrensrechts existiert auf der Ebene der Union bislang nicht. Die notwendigen Regeln, die ansonsten das Verwaltungshandeln der Union und der Mitgliedstaaten bestimmen, werden daher im Wege wertender Rechtsvergleichung durch einen Rückgriff auf *allgemeine Rechtsgrundsätze* gewonnen. Von Bedeutung sind dabei gerade auch für den Vollzug des Unionsrechts die auf Unionsebene als allgemeine Rechtsgrundsätze geltenden Grundrechte (Rn. 684 ff.).

481 Soweit primäre oder sekundäre verwaltungsrechtliche Normen vorhanden und unmittelbar anwendbar sind, üben sie auf das Verwaltungsrecht der Mitgliedstaaten *vereinheitlichende Wirkung* aus. Im Falle der Kollision verdrängt das Unionsrecht aufgrund seines Anwendungsvorrangs entgegenstehendes nationales Recht (Rn. 202 ff.). Die Union kann sekundärrechtliche, den Vollzug des Unionsrechts regelnde Verwaltungsverfahrensrechtsbestimmungen nur erlassen, sofern und soweit die Verträge eine entsprechende Ermächtigung enthalten (Prinzip der begrenzten Einzelermächtigung; Rn. 178 ff.). Zu beachten ist dabei, dass sich das Subsidiaritätsprinzip des Art. 5 Abs. 3 EUV (Rn. 187 ff.) auch auf die Kompetenzausübung der Union hinsichtlich der Durchführung des Unionsrechts erstreckt. Für einzelne Bereiche, z. B. das Zollrecht und das Agrarrecht, bestehen umfangreiche Verwaltungsverfahrensregelungen, die dem nationalen Recht vorgehen.

482 Hinsichtlich des *Verwaltungsverfahrens* bei der Durchführung des Unionsrechts durch die Mitgliedstaaten kommen die *nationalen verwaltungsverfahrensrechtlichen Vorschriften* zur Anwendung, soweit spezifische vertrags- oder sekundärrechtliche Vorgaben fehlen. Diese nationalen Bestimmungen müssen jedoch bestimmten unionsrechtlichen, vom EuGH herausgearbeiteten Anforderungen genügen. Sowohl für den mittelbaren als auch für den unmittelbaren indirekten, mitgliedstaatlichen Vollzug lassen sich diese Anforderungen auf zwei Punkte konzentrieren:

1) Das nationale Verwaltungsverfahrensrecht darf die Verwirklichung der Regelung der Union nicht praktisch unmöglich machen oder diese übermäßig erschweren *(Effektivitätsgebot*[537]*)*;

---

[537] EuGH, verb. Rs. 205 bis 215/82, Slg. 1983, S. 2633, Rn. 22 – *Deutsche Milchkontor* (= P Nr. 8).

2) das nationale Verwaltungsverfahrensrecht darf keine Schlechterbehandlung von unionsrechtlichen Fällen im Vergleich zu gleichartigen rein nationalen Fällen ermöglichen *(Äquivalenzgebot*[538]*)*.

Das Effektivitätsgebot entfaltet dabei eine wesentlich stärkere Einwirkungskraft auf das nationale Verwaltungsverfahrensrecht als das Äquivalenzgebot, weil hiernach all diejenigen mitgliedstaatlichen Regelungen des Verwaltungsverfahrensrechts unanwendbar sind, die der effektiven Umsetzung des Unionsrechts im Weg stehen. Die dadurch bewirkte Modifikation des Verwaltungsverfahrens führt im Einzelfall dazu, dass auch bestandskräftige Verwaltungsentscheidungen von den mitgliedstaatlichen Behörden zurückzunehmen sind. Das darin zum Ausdruck kommende Spannungsverhältnis zwischen dem Grundsatz der Rechtssicherheit – der als allgemeiner Rechtsgrundsatz auch Bestandteil des Unionsrechts ist[539] – und dem Gebot zur effizienten Durchsetzung des Unionsrechts wird als Problem der *Durchbrechung der Bestandskraft* diskutiert. Es geht dabei um die Frage, unter welchen Voraussetzungen sich das Unionsrecht darüber hinwegzusetzen vermag, dass bestimmte Verwaltungsentscheidungen trotz ihrer (Unions-)Rechtswidrigkeit von den nationalen Rechtsordnungen als unanfechtbar respektiert werden. Hierbei sind zwei Konstellationen zu unterscheiden, die aufgrund der gegenläufigen Interessenlagen nach separaten Maßstäben behandelt werden müssen. Während der Adressat einer *begünstigenden* unionsrechtswidrigen Verwaltungsentscheidung diese aufrechterhalten wissen will (vgl. Rn. 485), hat der Betroffene einer *belastenden* unionsrechtswidrigen Verwaltungsentscheidung ein Interesse an ihrer Aufhebung (vgl. Rn. 484). Die Bestandskraft als Gegenpol zum Effektivitätsgebot wirkt hierbei einmal zugunsten und einmal zulasten des Einzelnen. **483**

Im Hinblick auf *belastende* Verwaltungsentscheidungen hat der EuGH im Urteil *Kühne & Heitz*[540] grundlegende Voraussetzungen für eine Durchbrechung der Bestandskraft aufgestellt. Danach ist zum einen erforderlich, dass ein Urteil eines letztinstanzlichen Gerichts unter Missachtung der Vorlagepflicht nach Art. 267 Abs. 3 AEUV zur Bestandskraft geführt hat (Erfordernis der Rechtswegerschöpfung), und zum anderen, dass sich der Kläger unmittelbar nach Kenntnis des betreffenden Urteils des Gerichtshofs, aus welchem sich nachträglich die Unionsrechtswidrigkeit erschließt, gegen die Verwaltungsentscheidung gewehrt hat. Diese Voraussetzungen konkretisierte der EuGH in der Rs. *Kempter*[541] dahingehend, dass sich der Betroffene im Rahmen des gerichtlichen Rechtsbehelfs gegen die belastende Entscheidung nicht auf das Unionsrecht berufen haben muss. In der Rs. *i-21 Germany und Arcor*[542] hatten die Kläger des Ausgangsverfahrens nicht von ihrem Recht Gebrauch gemacht, die an sie gerich- **484**

---

538 EuGH, Rs. C-231/96, Slg. 1998, S. I-4951, Rn. 19 – *Edis* (= P Nr. 15).
539 EuGH, Rs. C-453/00, Slg. 2004, S. I-837, Rn. 24 – *Kühne & Heitz* (= P Nr. 11).
540 EuGH, Rs. C-453/00, Slg. 2004, S. I-837 – *Kühne & Heitz* (= P Nr. 11).
541 EuGH, Rs. C-2/06, Slg. 2008, S. I-411, Rn. 46 – *Kempter*.
542 EuGH, Rs. C-392/04 u. C-422/04, Slg. 2006, S. I-8559 – *i-21 Deutschland u. Arcor*.

teten unionsrechtswidrigen Gebührenbescheide anzufechten, womit ein Rücknahmeanspruch nach Eintritt der Bestandskraft ausschied.

485 In der erstgenannten Konstellation geht es dagegen um die Zulässigkeit einer Durchbrechung der Bestandskraft *begünstigender* Verwaltungsentscheidungen. Ein Beispiel hierfür ist die Rücknahme unionsrechtswidriger nationaler Subventionsbescheide, die gegen das Beihilfenverbot nach Art. 107 AEUV (Rn. 1265 ff.) bzw. gegen das Durchführungsverbot nach Art. 108 Abs. 3 Satz 3 AEUV (Rn. 1317 ff.) verstoßen. Mangels entsprechender Vorschriften der Union (vgl. Art. 108 AEUV) kommt für die Rücknahme des Subventionsbescheids das jeweilige mitgliedstaatliche Recht zur Anwendung. Auf diesen Umstand weist Art. 16 Abs. 3 der Verordnung (EU) 2015/1589 des Rates ausdrücklich hin[543]. In Deutschland erfolgt die Rücknahme rechtswidriger Verwaltungsakte auf der Grundlage von § 48 VwVfG oder der entsprechenden Vorschrift des jeweiligen Landesverwaltungsverfahrensgesetzes. In der Rs. *Papenburg*[544] hat der EuGH auch die Rücknahme eines *rechtmäßigen* begünstigenden Verwaltungsaktes (§ 49 VwVfG) wegen Widerspruchs zu nachträglich ergangenem Richtlinienrecht gefordert. Ob sich hieraus eine eigene „Papenburg-Doktrin" ergibt, oder ob das Urteil den Besonderheiten des Einzelfalls geschuldet ist, ist noch offen.

486 Da das nationale Recht den Vollzug des Unionsrechts nicht praktisch unmöglich machen darf und das Unionsrecht die Rückforderung der unter Verstoß gegen Bestimmungen des Unionsrechts ausgezahlten Beihilfe verlangt, muss § 48 Abs. 4 VwVfG, der die Rücknahme des Bescheids nach Ablauf einer Ein-Jahres-Frist ausschließt, unangewendet bleiben[545]. Auch steht die Rücknahmeentscheidung in einem solchen Fall nicht im Ermessen der nationalen Behörde, wie dies § 48 Abs. 1 VwVfG vorsieht. Die Rücknahmeentscheidung wird zu einer gebundenen Entscheidung[546]. Die nationale Behörde *muss* den Bewilligungsbescheid zurücknehmen und die Subvention zurückfordern. Auch der Vertrauensschutz nach nationalem Recht bleibt weitgehend unergiebig. Wenn die Kommission durch eine Entscheidung, gegen die keine Klage erhoben worden ist, die Rückforderung zu Unrecht gezahlter Beträge anordnet, ist die nationale Behörde nicht berechtigt, eine gegenteilige Feststellung zu treffen. Die nationale Behörde muss eine rechtswidrig gewährte Beihilfe selbst dann zurückfordern, wenn sie für die Rechtswidrigkeit in einem solchen Maße verantwortlich ist, dass die Rücknahme aus der Sicht des Begünstigten als treuwidrig erscheinen mag[547]. Aus der Sicht von Kommission und Gerichtshof wird dem Subventionsempfänger die Nichteinhaltung des in Art. 108 Abs. 3 AEUV vorgesehenen Anmeldungsverfahrens und des Durchführungsverbots durch seinen Mitgliedstaat im

---

543 ABl.EU 2015 Nr. L 248, S. 9.
544 EuGH, Rs. C-226/08, Slg. 2010, S. I-131, Rn. 35 ff.; dazu *Kahl*, NVwZ 2011, S. 449, 453.
545 EuGH, Rs. C-5/89, Slg. 1990, S. I-3437, Rn. 18 f. – *Kommission/Deutschland*.
546 EuGH, Rs. C-24/95, Slg. 1997, S. I-1591, Rn. 34 – *Alcan Deutschland* (= P Nr. 269).
547 EuGH, Rs. C-24/95, Slg. 1997, S. I-1591, Rn. 43 – *Alcan Deutschland* (= P Nr. 269); vgl. dazu *Scholz*, DÖV 1998, S. 261, sowie die Gegenposition von *Winkler*, DÖV 1999, S. 148.

Wege einer Wissensfiktion zugerechnet. Demzufolge kann der Subventionsempfänger mangels mitgliedstaatlicher Einhaltung des Beihilfenkontrollverfahrens der EU auch kein berechtigtes Vertrauen in die Ordnungsmäßigkeit der Beihilfe haben. Die Kommission kann die Rückforderung einer unionsrechtswidrigen Beihilfe innerhalb einer Frist von zehn Jahren ab der Gewährung der Beihilfe anordnen (Art. 17 Verordnung (EU) 2015/1589) und hat bei dieser Entscheidung die allgemeinen Grundsätze des Unionsrechts zu berücksichtigen (Art. 16 Abs. 1 Satz 2 Verordnung (EU) 2015/1589), zu denen auch der unionsrechtliche Grundsatz des Vertrauensschutzes zählt, der allerdings in diesen Fällen ersichtlich keine Beschränkungswirkung entfaltet. Wird eine Beihilfe unter Verstoß gegen Art. 108 Abs. 3 AEUV gewährt und leitet die zuständige nationale Behörde daraufhin das unionsrechtlich gebotene Rückforderungsverfahren ein, so sind mitgliedstaatliche Gerichte nach dem Recht der Union nicht verpflichtet, die Rückforderung der Beihilfe anzuordnen, wenn die Kommission während des Verfahrens die Gewährung der Beihilfe genehmigt hat[548]. Allerdings müssen die nationalen Gerichte dem Beihilfenempfänger aufgeben, für die Dauer der Rechtswidrigkeit der gewährten Beihilfe Zinsen zu zahlen. Die europarechtlich bedingten Änderungen des Verwaltungsverfahrensrechts haben bislang im Text der VwVfG des Bundes und der Länder keinen Niederschlag gefunden – es handelt sich insoweit um eine ungeschriebene, aber vorrangige Nebenordnung.

d) Merksatz

Kommen beim mitgliedstaatlichen Vollzug des Unionsrechts die nationalen verwaltungsrechtlichen Vorschriften zur Anwendung, müssen sie den **unionsrechtlichen Geboten der Effektivität und der Äquivalenz** genügen. Das bedeutet, dass sie die Tragweite und die Wirksamkeit des Unionsrechts nicht beeinträchtigen und insbesondere dessen Vollzug nicht praktisch unmöglich machen dürfen. Auch darf keine Schlechterbehandlung im Vergleich zu gleichartigen nationalen Fällen erfolgen.

6. Rechtsschutz vor dem Gerichtshof der Europäischen Union

Literaturhinweise: *Brandt, K.:* Der Europäische Gerichtshof (EuGH) und das Europäische Gericht erster Instanz (EuG) – Aufbau, Funktionen und Befugnisse, JuS 1994, S. 300; *Braun, J.-D./Kettner, M.:* Die Absage des EuGH an eine richterrechtliche Reform des EG-Rechtsschutzsystems – „Plaumann" auf immer und ewig?, DÖV 2003, S. 58; *Calliess, Ch.:* Kohärenz und Konvergenz beim europäischen Individualrechtsschutz, NJW 2002, S. 3577; *Classen, C. D.:* Die Europäisierung der Verwaltungsgerichtsbarkeit. Eine vergleichende Untersuchung zum deutschen, französischen und europäischen Verwaltungsprozessrecht, 1995; *Colneric, N.:* Der Gerichtshof der Europäischen Gemeinschaften

---

548 EuGH, Rs. C-199/06, Slg. 2008, S. I-469, Rn. 46 ff. – *CELF* (= P Nr. 272).

als Kompetenzgericht, EuZW 2002, S. 709; *Cremer, W.:* Gemeinschaftsrecht und deutsches Verwaltungsprozessrecht – zum dezentralen Rechtsschutz gegenüber EG-Sekundärrecht, Verw 2004, S. 165; *Dauses, M. A./Henkel, B.:* Verfahrenskonkurrenzen bei gleichzeitiger Anhängigkeit verwandter Rechtssachen vor dem EuGH und dem EuG, EuZW 1999, S. 325; *Dörr, O./Mager, U.:* Rechtswahrung und Rechtsschutz nach Amsterdam – Zu den neuen Zuständigkeiten des EuGH –, AöR 125 (2000), S. 368; *Everling, U.:* Zur Fortbildung der Gerichtsbarkeit der Europäischen Gemeinschaften durch den Vertrag von Nizza, in: FS für Helmut Steinberger, 2002, S. 1103; *Görlitz, N./Kubicki, P.:* Rechtsakte „mit schwierigem Charakter" (zum bislang unterschätzten, deutlich erweiterten Rechtsschutz des Individualklägers im Rahmen des neuen Art. 263 IV AEUV), EuZW 2011, S. 248; *Hakenberg, W./Stix-Hackl, Ch.:* Handbuch zum Verfahren vor dem Europäischen Gerichtshof, 3. Aufl. 2005; *Haratsch, A.:* Effektiver Rechtsschutz auf der Grundlage ungeschriebener Kompetenzen der Europäischen Union – Der Europäische Gerichtshof auf dem Weg zu einer allgemeinen Leistungsklage, in: Müller-Graff, P.-Ch./Schmahl, S./Skouris, V. (Hrsg.), Europäisches Recht zwischen Bewährung und Wandel, FS für Dieter H. Scheuing, 2011, S. 79; *Hatje, A.:* Die institutionelle Reform der Europäischen Union – der Vertrag von Nizza auf dem Prüfstand –, EuR 2001, S. 143; *Heidig, S.:* Die Verhängung von Zwangsgeldern nach Art. 228 Abs. 2 EGV, EuR 2000, S. 782; *Henze, Th./Jahn, J.:* Die Gemeinsame Außen- und Sicherheitspolitik der EU unter der Kontrolle des EuGH, EuZW 2017, S. 506 ff.; *Hirsch, G.:* Der Europäische Gerichtshof – Eine Ansicht von innen –, MDR 1999, S. 1; *Hoffmann, J.:* Der Gerichtshof der Europäischen Union – re-organisiert, EuR 2016, S. 197; *Jarass, H. D.:* Bedeutung der EU-Rechtsschutzgewährleistung für nationale und EU-Gerichte, NJW 2011, S. 1393; *Kamann, H.-G./Weinzierl, J.:* Erledigung und Fortsetzungsfeststellung im Europäischen Prozessrecht, EuR 2016, S. 556; *Koch, M.:* Einwirkungen des Gemeinschaftsrechts auf das nationale Verfahrensrecht, EuZW 1995, S. 78; *Kottmann, M.:* Plaumanns Ende: Ein Vorschlag zu Art. 263 Abs. 4 AEUV, ZaöRV 70 (2010), S. 547; *Köngeter, M.:* Erweiterte Klageberechtigung bei Individualnichtigkeitsklagen gegen EG-Verordnungen?, NJW 2002, S. 2216; *ders.:* Die Ambivalenz effektiven Rechtsschutzes Einzelner gegen EG-Verordnungen, ZfRV 2003, S. 123; *Kühn, W. M.:* Grundzüge des neuen Eilverfahrens vor dem Gerichtshof der Europäischen Gemeinschaften im Rahmen von Vorabentscheidungsersuchen, EuZW 2008, S. 263; *Lenz, C.-O.:* Die Gerichtsbarkeit in der Europäischen Gemeinschaft nach dem Vertrag von Nizza, EuGRZ 2001, S. 433; *Lenz S./Staeglich S.:* Kein Rechtsschutz gegen EG-Verordnungen?, NVwZ 2004, S. 1421; *Nettesheim, M.:* Effektive Rechtsschutzgewährleistung im arbeitsteiligen System europäischen Rechtsschutzes, JZ 2002, S. 928; *Nowak, C.:* Europarecht nach Lissabon, 2011; *Pechstein, M.:* EU-Prozessrecht, 4. Aufl. 2011; *Pechstein, M.:* Die Justitiabilität des Unionsrechts, EuR 1999, S. 1; *Pechstein, M./Koenig, Ch.:* Die Europäische Union, 3. Aufl. 2000, Rn. 503–559; *Pescatore, P.:* Das Vorabentscheidungsverfahren nach Art. 177 EWG-Vertrag und die Zusammenarbeit zwischen dem Gerichtshof und den nationalen Gerichten, BayVBl. 1987, S. 33; *Rengeling, H.-W./Middeke, A./Gellermann, M.:* Handbuch des Rechtsschutzes in der Europäischen Union, 3. Aufl. 2014; *Röhl, H. Ch.:* Rechtsschutz gegen EG-Verordnungen, Jura 2003, S. 830; *Sack, J.:* Zur künftigen europäischen Gerichtsbarkeit nach Nizza, EuZW 2001, S. 77; *Schoch, F.:* Vorläufiger Rechtsschutz im Europäischen Gemeinschaftsrecht, Jura 2007, S. 837; *Schohe, G.:* Rechtsschutz des Einzelnen gegenüber abgeleitetem Gemeinschaftsrecht: eine schwarze Serie, EWS 2002, S. 424; *Schohe, G./Arhold, Ch.:* Betroffen und kein Klagerecht? – Zum Individualrechtsschutz gegen Eingriffsnormen der Europäischen Gemeinschaft, EWS 2002, S. 320; *Schwarze, J.:* Der Rechtsschutz Privater vor dem Europäischen Gerichtshof: Grundlagen, Entwicklungen und Perspektiven des Individualrechtsschutzes im Gemeinschaftsrecht, DVBl. 2002, S. 1297; *Thomale, C.:* Zur subjektivrechtlichen Durchsetzung der Vorlagepflicht zum EuGH im europäischen Verfassungsgerichtsverbund, EuR 2016, S. 510; *Wägenbaur, B.:* Neue Richter am EuG – aus eins mach zwei, EuZW 2015, S. 889; *Wiedmann, A.:* Zeitlos wie ungeklärt: Die Beschränkung der zeitlichen Wirkungen von Urteilen des EuGH im Vorabentscheidungsverfahren nach Art. 234 EG, EuZW 2007, S. 692; *Zuck, R./Lenz, Ch.:* Verfassungsrechtlicher Schutz gegen Europa, NJW 1997, S. 1193.

a) Stellung und Aufgaben des Gerichtshofs

Der Gerichtshof der Europäischen Union sichert die Wahrung des Rechts bei der Auslegung und Anwendung des Rechts der Europäischen Union (Art. 19 Abs. 1 UAbs. 1 Satz 2 EUV). Er ist ein *unabhängiges Organ der Rechtspflege* und kontrolliert innerhalb der ihm durch die Verträge zugewiesenen Kompetenzen die Rechtmäßigkeit des Handelns der Organe der Union und der Mitgliedstaaten, soweit es um dessen Vereinbarkeit mit dem Unionsrecht geht. Dabei interpretiert der EuGH das Unionsrecht verbindlich. Auch der EuGH ist als Unionsorgan an das Prinzip der begrenzten Einzelermächtigung gebunden (Art. 5 Abs. 1, Satz 1, Abs. 2 EUV). Dem EuGH ist ein Gericht (EuG) beigeordnet (Art. 19 Abs. 1 EUV, Art. 254, 256 AEUV). Weiterhin besteht die Möglichkeit der Errichtung von Fachgerichten (Art. 257 AEUV), wovon für Beamtenrechtsstreitigkeiten schon Gebrauch gemacht worden war (EuGöD, vgl. Rn. 320). **488**

Im Hinblick auf die strukturellen Mängel der demokratischen Legitimation und Kontrolle auf der Unionsebene (Rn. 235 ff., 345 f.) ist die vom Gerichtshof der Europäischen Union ausgeübte *Rechtskontrolle* von besonderer Bedeutung. Nicht weniger wichtig ist die Befugnis des EuGH zur *richterlichen Rechtsfortbildung,* welcher das Unionsrecht wegen seiner Lückenhaftigkeit in hohem Maße bedarf. Zu nennen ist hier die dem Gerichtshof obliegende Entwicklung der allgemeinen Rechtsgrundsätze des Unionsrechts (Rn. 454 ff.). Der richterlichen Rechtsfortbildung sind allerdings durch das Prinzip der begrenzten Einzelermächtigung und durch den Ermessens- und Gestaltungsspielraum der Rechtsetzungsorgane der Union bei der Ausgestaltung der Sekundärrechtsordnung Grenzen gesetzt. **489**

Dem Gerichtshof der Europäischen Union ist die Aufgabe der *Wahrung des Rechts* zugewiesen. Der Begriff „Recht" umfasst dabei das primäre wie das sekundäre Unionsrecht einschließlich der allgemeinen Rechtsgrundsätze des Unionsrechts, des unionsrechtlichen Gewohnheitsrechts sowie der von der Union abgeschlossenen völkerrechtlichen Verträge (zu den Rechtsquellen des Unionsrechts vgl. Rn. 379 ff.). Nicht darunter fallen hingegen Verträge zwischen einzelnen Mitgliedstaaten und dritten Staaten oder anderen internationalen Organisationen, Vereinbarungen zwischen den Mitgliedstaaten außerhalb des Geltungsbereichs des Unionsrechts (vgl. insoweit allerdings die Option des Art. 273 AEUV) sowie unverbindliche Empfehlungen und Stellungnahmen der Organe der Union. **490**

491 Ausgeschlossen von der Jurisdiktion des EuGH sind gemäß Art. 24 Abs. 1 UAbs. 2 Satz 6 EUV, Art. 275 Abs. 1 AEUV die Bestimmungen über die GASP mit den in Absatz 2 genannten Ausnahmen. Der mit Art. 275 Abs. 1 AEUV vorgesehene prinzipielle Ausschluss des EuGH von der Kontrolle der Einhaltung und Auslegung der Bestimmungen über die GASP ist ihrem fortbestehend intergouvernementalen Charakter (Rn. 63 f., 1435) geschuldet. Damit können weder die GASP-Primärrechtsbestimmungen vom EuGH ausgelegt werden noch sekundäre GASP-Maßnahmen ausgelegt oder auf ihre Primärrechtskonformität hin kontrolliert werden.

492 Absatz 2 des Art. 275 AEUV statuiert insoweit zwei bedeutsame Ausnahmen: Zum einen ist der EuGH sehr wohl zuständig für die Kontrolle der Einhaltung von Art. 40 EUV. Damit kann er auch im Wege der Nichtigkeitsklage GASP-Maßnahmen aufheben, die der Sache nach auf eine Zuständigkeit der Union nach den Art. 3 bis Art. 6 AEUV hätten gestützt werden müssen. Insoweit geht es mithin um eine Verletzung der supranationalen Kompetenzen der Union durch die Inanspruchnahme der intergouvernementalen Unionszuständigkeiten. Das Gleiche gilt für die umgekehrte Konstellation. Zum anderen sieht Art. 275 Abs. 2 AEUV die Möglichkeit von Individualnichtigkeitsklagen gegen GASP-Sanktionsmaßnahmen gegenüber natürlichen und juristischen Personen vor[549]. Diese Klagemöglichkeit ist zu trennen von der Möglichkeit, gegen unionsrechtliche Vollzugsakte zu entsprechenden GASP-Beschlüssen auf der Grundlage von Art. 215 Abs. 2 AEUV Klage erheben zu können. Art. 275 Abs. 2 AEUV erwähnt dagegen nicht das Vorabentscheidungsverfahren, das bei nationalen Umsetzungsmaßnahmen zu EU-Sanktionsmaßnahmen ebenfalls eine Kontrolle der entsprechenden Rechtsakte ermöglichen würde. Der EuGH hat insoweit jedoch in der Rs. *Rosneft*[550] ein Vorabentscheidungsersuchen bzgl. der Gültigkeit einer individualbezogene Sanktionen vorsehenden GASP-Maßnahme, die nationale Umsetzungsmaßnahmen nach sich zog, zugelassen.

493 Die Rechtswahrung ist dem Gerichtshof der Europäischen Union bei der *Auslegung und Anwendung* des Unionsrechts übertragen. Die Anwendung des Rechts besteht in der Prüfung, ob ein konkreter Sachverhalt die Tatbestandsmerkmale einer Rechtsnorm erfüllt (Subsumtion), sowie der Umsetzung und Durchsetzung des Rechts. Auslegung ist die Ermittlung des Inhalts (Tatbestand und Rechtsfolge einschließlich deren konditionaler Verknüpfung) einer Norm. Bei der Auslegung des Unionsrechts greift der Gerichtshof im Wesentlichen auf die in den Rechtsordnungen der Mitgliedstaaten üblichen Auslegungsmethoden zurück, entwickelt diese aber zu einem unionsspezifischen Interpretationskanon[551]:

---

549 Für eine lediglich inzidente Kontrolle des GASP-Beschlusses *Schöbener*, in: Pechstein/Nowak/Häde (Hrsg.), Frankfurter Kommentar EUV/GRC/AEUV, Art. 215 AEUV Rn. 26.
550 EuGH, Rs. C-72/15, ECLI:EU:C:2017:236 – *PJSC Rosneft/Her Majesty's Treasury* (= P Nr. 80). Vgl. dazu *Henze/Jahn*, EuZW 2017, S. 506 ff.
551 Zu einer *wertkonformen* Auslegung des Unionsrechts vgl. *Potacs*, EuR 2016, S. 164 ff.

- die am Wortlaut der Norm orientierte *grammatikalische* Auslegung,
- die *systematische* Auslegung, die auf den Beziehungszusammenhang innerhalb des Normensystems abstellt,
- die an Sinn und Zweck ausgerichtete *teleologische* Auslegung, wobei die Ermittlung des „*effet utile*" (nützliche Wirkung) von besonderer Bedeutung ist, sowie
- die *historische* Auslegung, welche die Entstehungsgeschichte der Norm heranzieht. Diese Auslegungsmethode spielt beim Primärrecht aufgrund der Unzugänglichkeit der Materialien und der Integrationszielsetzung keine Rolle.

EUV und AEUV sind in mehreren Sprachen abgefasst. Da der Wortlaut der Verträge in jeder dieser Sprachen gleichermaßen verbindlich ist, greift der EuGH bei der Auslegung gegebenenfalls auf einen Vergleich dieser authentischen Texte zurück. Die derzeit verbindlichen Vertragssprachen sind: Bulgarisch, Dänisch, Deutsch, Englisch, Estnisch, Finnisch, Französisch, Griechisch, Irisch, Italienisch, Kroatisch, Lettisch, Litauisch, Maltesisch, Niederländisch, Polnisch, Portugiesisch, Rumänisch, Schwedisch, Slowakisch, Slowenisch, Spanisch, Tschechisch und Ungarisch (Art. 55 EUV und Art. 358 AEUV i. V. m. Art. 55 EUV). Ob Englisch als Amtssprache nach dem Brexit wegfällt, ist derzeit noch offen. Aufgrund der vielfach verschiedenen Wortlautbedeutung in den einzelnen Sprachen kommt letztlich der systematischen und der „*effet utile*"-Auslegung die größte Bedeutung zu. 494

b) Zuständigkeitsverteilung zwischen EuGH und EuG

aa) Sachliche Zuständigkeiten des EuG

Die Zuständigkeiten des EuG erstrecken sich gemäß Art. 256 Abs. 1 UAbs. 1 AEUV i.V. m. Art. 51 EuGH-Satzung auf *alle Direktklagen natürlicher und juristischer Personen*, mit Ausnahme derjenigen Klagen, die einem Fachgericht übertragen werden, sowie auf bestimmte mitgliedstaatliche Klagen. Weiterhin ist vorgesehen, dass das EuG zudem für Vorabentscheidungen nach Art. 267 AEUV in besonderen in der Satzung festgelegten Sachgebieten zuständig sein kann (Art. 256 Abs. 3 UAbs. 1 AEUV). Bislang ist eine solche Festlegung in der Satzung noch nicht erfolgt. Im Einzelnen ist das EuG derzeit gemäß Art. 256 Abs. 1 AEUV im ersten Rechtszug zuständig für alle 495

- Klagen der Bediensteten gegen die Organe und die sonstigen Institutionen der Union (Art. 270 AEUV),
- Nichtigkeitsklagen natürlicher und juristischer Personen (Art. 263 Abs. 4 AEUV),
- Untätigkeitsklagen natürlicher und juristischer Personen (Art. 265 Abs. 3 AEUV),
- Schadensersatzklagen natürlicher und juristischer Personen wegen außervertraglicher Haftung der Union (Art. 268 AEUV),

- Schiedsklagen natürlicher und juristischer Personen (Art. 272 AEUV),
- Anträge natürlicher und juristischer Personen auf Erlass einer einstweiligen Anordnung (Art. 279 AEUV) und auf Aussetzung der Vollziehung von Maßnahmen eines Unionsorgans (Art. 278 AEUV),
- folgenden Klagen der Mitgliedstaaten: gegen Beschlüsse des Rates gemäß Art. 108 Abs. 2 UAbs. 3 AEUV; gegen Rechtsakte, die der Rat aufgrund einer Verordnung des Rates über handelspolitische Schutzmaßnahmen im Sinne von Art. 207 AEUV erlässt; gegen Handlungen des Rates, mit denen dieser gemäß Art. 291 Abs. 2 AEUV Durchführungsbefugnisse ausübt.

496 Zudem ist das EuG Rechtsmittelinstanz für Entscheidungen der nach Art. 257 AEUV gebildeten Fachgerichte (Art. 256 Abs. 2 UAbs. 1 AEUV; vgl. Rn. 606).

bb) Sachliche Zuständigkeiten des EuGH

497 Der EuGH ist für die Rechtsstreitigkeiten zuständig, die nicht dem EuG zugewiesen sind. Dies sind zunächst nahezu (vgl. Art. 51 EuGH-Satzung) alle Direktklagen der Mitgliedstaaten und Unionsorgane[552]. Neben den Untätigkeits- und Nichtigkeitsklagen gehören hierzu die Vertragsverletzungsverfahren sowie die Streitigkeiten zwischen Mitgliedstaaten aufgrund eines Schiedsvertrags (Art. 256 Abs. 1 AEUV, Art. 51 EuGH-Satzung sowie Art. 258 AEUV, Art. 259 AEUV, Art. 271 lit. a und d AEUV, Art. 273 AEUV). Schließlich ist der EuGH Rechtsmittelinstanz für Entscheidungen des EuG (Art. 256 Abs. 1 UAbs. 2 AEUV i. V. m. Art. 51 EuGH-Satzung; vgl. Rn. 600 ff.). Zudem kann der EuGH in Ausnahmefällen die Rechtsmittelentscheidungen des EuG gegen Entscheidungen der Fachgerichte überprüfen, wenn die ernste Gefahr besteht, dass die Einheit oder Kohärenz des Unionsrechts berührt wird (Art. 256 Abs. 2 UAbs. 2 AEUV).

498 Eine Erweiterung der Zuständigkeiten ist in Art. 262 AEUV vorgesehen: Danach kann der Rat dem Gerichtshof die Zuständigkeit übertragen, über Rechtsstreitigkeiten im Zusammenhang mit der Anwendung von unionsrechtlichen Titeln für den gewerblichen Rechtsschutz zu entscheiden.

cc) Verweisung bei Unzuständigkeit und Aussetzung des Verfahrens

499 Stellt das EuG fest, dass es für ein bei ihm anhängig gemachtes Verfahren nicht zuständig ist, verweist es die Rechtssache an den EuGH (Art. 54 Abs. 2 EuGH-Satzung). Dieser prüft dann *abschließend* seine Zuständigkeit und verweist gegebenenfalls den Rechtsstreit an das EuG zurück. Das EuG ist dabei stets an eine Verweisung durch den EuGH gebunden. Ein *negativer Kompetenzkonflikt* zwischen den Unionsgerichten ist durch diese Regelung ausgeschlossen.

---

552 Mit der Neufassung von Art. 51 EuGH-Satzung durch Verordnung (EU, Euratom) 2019/629 des Europäischen Parlaments und des Rates v. 17.4.2019, ABl.EU 2019 Nr. L 111, S. 1, ist dem EuGH auch richtigerweise ausdrücklich die Zuständigkeit für Handlungen und Unterlassungen des Europäischen Rates zugewiesen worden.

Sind bei dem EuGH und dem EuG Rechtssachen anhängig, die den gleichen Gegenstand haben, die gleiche Auslegungsfrage aufwerfen oder die Gültigkeit desselben Rechtsakts betreffen, so kann das EuG nach Anhörung der Parteien das Verfahren bis zum Erlass des Urteils des EuGH aussetzen. Handelt es sich um Klagen auf Nichtigerklärung desselben Rechtsakts, so kann sich das EuG ferner für nicht zuständig erklären, damit der Gerichtshof über diese Klagen entscheidet. Ebenso kann auch der EuGH das Verfahren aussetzen, so dass das Verfahren vor dem EuG weitergeführt wird (Art. 54 Abs. 3 EuGH-Satzung). 500

c) Verfahrensablauf vor dem Europäischen Gerichtshof und dem Gericht

Der Verfahrensablauf vor dem EuGH und dem EuG ist in den Verträgen nur fragmentarisch geregelt. Die übrigen Regelungen finden sich im *Protokoll über die Satzung des Gerichtshofs der Europäischen Union* (EuGH-Satzung), in der *Verfahrensordnung des Gerichtshofs* (VerfO-EuGH)[553] sowie in der *Verfahrensordnung des Gerichts* (VerfO-EuG)[554]. Die Verfahrensregeln für die beiden Gerichte sind im Wesentlichen gleich. 501

Während sich die Mitgliedstaaten und Unionsorgane durch eigene Bevollmächtigte vertreten lassen können, besteht für (andere) juristische sowie natürliche Personen Anwaltszwang (Art. 19 Abs. 1 bis 3 EuGH-Satzung). Sie müssen sich daher in allen Verfahrensstadien von einem Rechtsanwalt mit Zulassung in einem der Mitgliedstaaten oder einem Hochschullehrer vertreten lassen, der in seinem Heimatstaat die Prozessvertretungsbefugnis besitzt (Art. 19 Abs. 4 und Abs. 7 EuGH-Satzung). 502

Verfahrenssprache vor dem EuGH und dem EuG kann jede Vertragssprache (Rn. 494) sein. Die Festlegung der Verfahrenssprache bestimmt sich nach Art. 36 bis Art. 38 VerfO-EuGH oder Art. 44 bis Art. 49 VerfO-EuG. Bei Klagen gegen Unionsorgane bzw. gegen die Union legt der Kläger die Verfahrenssprache mit seiner Klageschrift fest (Art. 37 Abs. 1 VerfO-EuGH, Art. 45 VerfO-EuG). Richtet sich die Klage *vor dem EuGH* allerdings gegen einen Mitgliedstaat oder in der Rechtsmittelinstanz gegen eine natürliche oder juristische Person eines Mitgliedstaates, so ist die Amtssprache der Beklagtenseite Verfahrenssprache. Im Vorabentscheidungsverfahren bestimmt sich die Verfahrenssprache nach der Sprache des vorlegenden nationalen Gerichts (Art. 37 Abs. 3 VerfO-EuGH). 503

Das Verfahren gliedert sich in der Regel in einen schriftlichen und einen mündlichen Teil (Art. 20 Abs. 1 EuGH-Satzung). Das *schriftliche Verfahren* beginnt mit der Klageerhebung durch Einreichung einer Klageschrift. Innerhalb von zwei Monaten nach Zustellung der Klageschrift hat der Beklagte die Klage zu beantworten (Art. 124 Abs. 1 VerfO-EuGH, Art. 81 VerfO-EuG). Kla- 504

---

[553] Verfahrensordnung des Gerichtshofs v. 25.9.2012, ABl.EU 2012 Nr. L 265, S. 1, zul. geänd. ABl.EU 2019 Nr. L 111, S. 73.
[554] Verfahrensordnung des Gerichts vom 4.3.2015, ABl.EU 2015 Nr. L 105, S. 1.

geschrift und Klagebeantwortung können gegebenenfalls durch eine Erwiderung des Klägers und eine Gegenerwiderung des Beklagten ergänzt werden (Art. 126 VerfO-EuGH, Art. 83 VerfO-EuG). Das Vorabentscheidungsverfahren beginnt mit der Übermittlung der Vorlagefrage des nationalen Gerichts (Art. 23 EuGH-Satzung). Diese wird dann den Parteien, den Mitgliedstaaten und der Kommission und unter den in der Satzung näher bestimmten Voraussetzungen auch der EZB, dem Europäischen Parlament und dem Rat zugestellt. Binnen zwei Monaten nach Zustellung können die Genannten dann Schriftsätze oder Erklärungen einreichen (vgl. Art. 23 Abs. 2 EuGH-Satzung).

505 Das *mündliche Verfahren* umfasst die Verlesung des von einem Berichterstatter vorgelegten Berichts, die Anhörung der Bevollmächtigten, Beistände und Anwälte, die Schlussanträge des Generalanwalts sowie gegebenenfalls die Vernehmung von Zeugen und Sachverständigen (Art. 20 Abs. 4 EuGH-Satzung). Nach einer geheimen Beratung wird das Urteil des Gerichtshofs in öffentlicher Sitzung verkündet. Chronologisch lassen sich in den Klage- und Vorabentscheidungsverfahren somit fünf Verfahrensabschnitte unterscheiden:
– Verfahrenseinleitung (Art. 21 f. EuGH-Satzung),
– schriftliches Verfahren (Art. 20 Abs. 2 EuGH-Satzung, Art. 57 ff., 120 ff. VerfO-EuGH, Art. 76 ff. VerfO-EuG),
– mündliche Verhandlung (vor Plenum oder Kammer; Art. 20 Abs. 4 und Art. 53 EuGH-Satzung, Art. 76 ff. VerfO-EuGH, Art. 106 ff. VerfO-EuG),
– Schlussanträge des zuständigen Generalanwalts (Art. 82 VerfO-EuGH, Art. 112 VerfO-EuG)[555],
– Beratung und Verkündung des Urteils (Art. 35 EuGH-Satzung; Art. 86 ff. VerfO-EuGH, Art. 116 ff. VerfO-EuG).

506 Die Rechtssachen des EuGH werden mit dem Buchstaben „C" (Cour) gekennzeichnet, die Rechtssachen des Gerichts unter dem Buchstaben „T" (Tribunal) geführt. Bis einschließlich 2011 wurden die Entscheidungen des EuGH und des EuG in der amtlichen Entscheidungssammlung veröffentlicht, wobei den Seitenzahlen der EuGH-Entscheidungen eine „römische Eins"[556] und den Seitenzahlen der EuG-Entscheidungen eine „römische Zwei" vorangestellt wurde[557]. Die amtliche Entscheidungssammlung ist Ende 2011 eingestellt worden. Seither werden alle EuGH- und EuG-Entscheidungen nur noch im Internet veröffentlicht und mit einem Rechtsprechungsidentifikator (European Case Law Identifier, ECLI) versehen und danach zitiert[558]. Die Entscheidungen des nunmehr in das EuG

---

[555] Zu den Schlussanträgen können die Parteien – trotz ihrer Bedeutung für das Verfahren – nicht Stellung nehmen, vgl. EuGH, Rs. C-266/09, ECLI:EU:C:2010:779, Rn. 28 – *Stichting Natuur en Milieu u. a.*
[556] Z. B. EuGH, verb. Rs. C-174/98 P u. C-189/98 P, Slg. 2000, S. I-1 – *Niederlande u. van der Wal/Kommission*.
[557] Z. B. EuG, Rs. T-19/99, Slg. 2000, S. II-1 – *DKV/HABM (Companyline)*.
[558] Schlussfolgerungen des Rates mit einem Aufruf zur Einführung des European Case Law Identifier (ECLI) und eines Mindestbestands von einheitlichen Metadaten für die Rechtspre-

überführten EuGöD trugen das Kürzel „F" und wurden bereits bislang nur im Internet veröffentlicht.

d) Die einzelnen Verfahrensarten

aa) Vertragsverletzungsverfahren

(α) Funktion der Vertragsverletzungsverfahren

Der *Kommission* und den *Mitgliedstaaten* wird durch Art. 258 ff. AEUV sowie Art. 108 Abs. 2 UAbs. 2 AEUV, Art. 114 Abs. 9 AEUV, Art. 348 Abs. 2 AEUV die Möglichkeit eingeräumt, *mitgliedstaatliche Vertragsverstöße* zu rügen und der gerichtlichen Kontrolle zu unterwerfen. Eine Klagemöglichkeit natürlicher oder juristischer Personen zur Feststellung von (staatlichen) Vertragsverletzungen durch die Unionsgerichte ist in den Verträgen nicht vorgesehen. Ebenso wenig können Verletzungshandlungen Privater Gegenstand dieser Verfahren sein. In beiden Fällen sind die nationalen Gerichte zuständig. Ist privates Handeln dem betreffenden Mitgliedstaat dagegen zuzurechnen, so liegt eine eigenständige mitgliedstaatliche Vertragsverletzung vor (vgl. Rn. 910). Können private Handlungen dem betreffenden Mitgliedstaat hingegen nicht zugerechnet werden, verletzt dieser Mitgliedstaat möglicherweise eine ihm obliegende Schutzpflicht, da er die Beeinträchtigung von Grundfreiheiten durch Private nicht unterbindet. Auch diese Verletzung einer Schutzpflicht kann Gegenstand eines Vertragsverletzungsverfahrens sein⁵⁵⁹.

507

Die Unionsrechtsordnung hat mit Art. 258 und Art. 259 AEUV eine obligatorische gerichtliche Kontrolle zur Durchsetzung vertragsgemäßer Zustände geschaffen. Mit dem Vertragsverletzungsverfahren wird sowohl der Kommission als auch den Mitgliedstaaten die unionsrechtliche Kompetenz zugewiesen, vertragsbrüchige Mitgliedstaaten zur Rechenschaft zu ziehen, sie vor einem unabhängigen Gericht anzuklagen und – im Falle der Verurteilung – zur Vornahme von vertraglich gebotenen Maßnahmen auch gegen ihren Willen anzuhalten. Aus diesem Grunde scheiden Repressalien zwischen den Mitgliedstaaten aufgrund einer Verletzung des Unionsrechts durch einen von ihnen aus. Insbesondere kann deshalb auch kein Mitgliedstaat eine eigene Vertragsverletzung im Sinne einer Repressalie mit dem Hinweis auf eine Vertragsverletzung durch andere Mitgliedstaaten rechtfertigen. Die Vertragsverletzungsklage erfüllt eine ausschließlich *objektiv-rechtliche* Funktion, nämlich die der gleichförmigen Durchsetzung und Sicherstellung des Unionsrechts. Auf die Verletzung subjektiver Rechte kommt es daher im Rahmen des Vertragsverletzungsverfahrens nicht an.

508

---

chung, ABl.EU 2011 Nr. C 127, S. 1, nähere Informationen hierzu unter http://curia.europa.eu/jcms/jcms/P_126035/.
559 EuGH, Rs. C-265/95, Slg. 1997, S. I-6959, Rn. 39 ff. – *Kommission/Frankreich („Bauernproteste")* (= P Nr. 160).

509 Art. 258 AEUV regelt dabei die sog. *Aufsichtsklage* durch die Kommission, während Art. 259 AEUV Regelungen hinsichtlich der sog. *Staatenklage* beinhaltet. Beide Verfahren stehen selbstständig nebeneinander, d. h., die Kommission ist durch ein Staatenklageverfahren gemäß Art. 259 AEUV nicht gehindert, ein Aufsichtsklageverfahren gemäß Art. 258 AEUV durchzuführen. Da die Mitgliedstaaten bei Streitigkeiten untereinander zumeist versuchen, die direkte Konfrontation zu vermeiden und die Kommission zu veranlassen, ein Aufsichtsklageverfahren einzuleiten, ist die Aufsichtsklage das wesentlich praxisrelevantere Verfahren. Abweichungen im Prüfungsablauf ergeben sich hinsichtlich der aktiven Parteifähigkeit und des durchzuführenden Vorverfahrens.

(β) Zulässigkeit der Vertragsverletzungsklage

510 Der EuGH ist für Vertragsverletzungsklagen sachlich ausschließlich zuständig (vgl. Art. 256 AEUV i. V. m. Art. 51 EuGH-Satzung).

511 Die *aktive Parteifähigkeit*, also die Fähigkeit, klagende Partei eines Rechtsstreits zu sein, besitzt im Aufsichtsklageverfahren allein die Kommission als „Hüterin der Verträge" (Art. 258 Abs. 2 AEUV). Im Staatenklageverfahren hingegen sind die Mitgliedstaaten aktiv parteifähig (Art. 259 Abs. 1 AEUV). *Passiv parteifähig,* d. h. fähig, beklagte Partei eines Rechtsstreits zu sein, sind in beiden Verfahren allein die Mitgliedstaaten, denen das Verhalten ihrer staatlichen Organe (Behörden, Gerichte etc.) und ihrer Gebietskörperschaften (Länder, Kreise, Gemeinden etc.) zugerechnet wird. Verfahrensgegner sind daher weder die staatlichen Organe noch die einzelnen Gebietskörperschaften, deren Verhalten gerügt wird, sondern ausschließlich der Mitgliedstaat, dem das Verhalten zugerechnet wird.

512 Das Vertragsverletzungsverfahren verlangt vor der Klageerhebung die *Durchführung eines Vorverfahrens,* um die mit dem Vertragsverletzungsverfahren einhergehende „Anprangerung" des vertragsbrüchigen Mitgliedstaates nach Möglichkeit zu verhindern (Art. 258 Abs. 1 und 2 AEUV, Art. 259 Abs. 2 und 3 AEUV). Das Vorverfahren soll die einvernehmliche Beseitigung des beanstandeten Verhaltens unter möglichster Schonung der Souveränität der Mitgliedstaaten und die Vermeidung von gerichtlichen Auseinandersetzungen ermöglichen. Hierzu sieht das Anhörungsverfahren den Austausch der gegenseitigen Standpunkte und die Einräumung von Fristen zur Wiederherstellung eines vertragsgemäßen Zustandes vor. Neben der Souveränitätsschonung der Mitgliedstaaten kommt dem Vorverfahren die wichtige Funktion der Eingrenzung des gerichtlichen Streitgegenstandes zu: Scheitert eine einvernehmliche Streitbeilegung, so bestimmt der mit dem Mahnschreiben der Kommission festgelegte Gegenstand des Vorverfahrens den Streitgegenstand des anschließenden Gerichtsverfahrens. Beide Verfahrensabschnitte sind also über die Identität des vorgerichtlichen Verfahrensgegenstandes mit dem späteren gerichtlichen Streitgegenstand verbunden. Spätere Erweiterungen des Verfahrens- bzw. Streitgegenstandes sind unzuläs-

sig⁵⁶⁰; dagegen ist es in jedem Verfahrensstadium möglich, den Verfahrens- bzw. Streitgegenstand einzuschränken.

Das förmliche Vorverfahren im Rahmen der Aufsichtsklage nach Art. 258 Abs. 1 AEUV gliedert sich in drei Abschnitte: 513
- das Mahnschreiben der Kommission,
- die Gegendarstellung des betroffenen Mitgliedstaates und
- die begründete Stellungnahme der Kommission.

Die Zulässigkeit der Klageerhebung nach Art. 258 AEUV setzt lediglich die Zustellung eines substantiierten, d. h. die ordnungsgemäße Verteidigung des betroffenen Mitgliedstaates ermöglichenden Mahnschreibens und die abschließende Stellungnahme der Kommission voraus. Dagegen bleibt es dem Mitgliedstaat freigestellt, zu den erhobenen Vorwürfen Stellung zu nehmen. Die Gegendarstellung des Mitgliedstaates ist keine Zulässigkeitsvoraussetzung der Klage.

Das Vorverfahren im Rahmen der *Staatenklage* nach Art. 259 AEUV ist als kontradiktorisches Verfahren zwischen den beteiligten Mitgliedstaaten unter Beteiligung der Kommission ausgestaltet. Der Kommission fällt dabei die Aufgabe einer Schieds- und Pufferstelle zu. Auch dieses Anhörungsverfahren gliedert sich in drei Abschnitte: 514
- die Befassung der Kommission durch Antrag eines Mitgliedstaates,
- das kontradiktorische Verfahren vor der Kommission, das sich in einen mündlichen und einen schriftlichen Abschnitt gliedert, sowie
- die abschließende Stellungnahme der Kommission.

In einigen Bereichen sieht der AEUV Abweichungen vom regulären Vertragsverletzungsverfahren vor. So gestatten Art. 114 Abs. 9 AEUV sowie Art. 348 Abs. 2 AEUV der Kommission und den Mitgliedstaaten eine *unmittelbare* Klageerhebung ohne vorherige Durchführung des Vorverfahrens, wenn ein Mitgliedstaat die in Art. 114 AEUV, Art. 346 AEUV, Art. 347 AEUV eingeräumten Ausnahmebefugnisse missbraucht. Eine ähnliche Modifizierung des Vorverfahrens regelt Art. 108 Abs. 2 UAbs. 2 AEUV im Bereich des Beihilfenkontrollverfahrens. 515

Gegenstand des Vertragsverletzungsverfahrens ist die Behauptung der Kommission (Art. 258 Abs. 1 AEUV) oder eines Mitgliedstaates (Art. 259 Abs. 1 AEUV), ein Mitgliedstaat habe „gegen eine Verpflichtung aus den Verträgen verstoßen". Die Formulierung „aus den Verträgen" legt zwar die Vermutung nahe, dass allein das primäre Unionsrecht (EUV und AEUV) den Prüfungsmaßstab für das staatliche Verhalten bildet. Gleichwohl werden Verstöße gegen das gesamte Unionsrecht, d. h. sowohl Primär- als auch Sekundärrecht, erfasst, da sich jeder Verstoß gegen eine sekundärrechtliche Verordnung, eine Richtlinie oder einen Beschluss als Verstoß gegen Art. 288 AEUV i. V. m. Art. 4 Abs. 3 EUV, also als primärrechtliche Vertragsverletzung auffassen lässt. Zudem sind auch Verstöße gegen Bestimmungen des Völkerrechts, soweit diese im Rahmen des Unions- 516

---

560 EuGH, Rs. 309/84, Slg. 1986, S. 599, Rn. 14 – *Kommission/Italien*.

rechts anwendbar und für die Mitgliedstaaten bindend sind (Rn. 457 ff.), erfasst. Verstöße gegen intergouvernementale Beschlüsse der „im Rat vereinigten Vertreter der Regierungen der Mitgliedstaaten" (Rn. 464) hingegen unterliegen nicht dem Vertragsverletzungsverfahren, da sie im völkerrechtlichen Raum außerhalb des Unionsrechts begangen werden. Art. 275 AEUV (Rn. 491 f.) ist auch im Vertragsverletzungsverfahren zu beachten, mitgliedstaatliche Verstöße gegen GASP-Bestimmungen können mithin grundsätzlich nicht überprüft werden.

517 Der AEUV sieht für die Kommission nach Abgabe der begründeten Stellungnahme keine Frist zur Anrufung des EuGH vor. Das Entschließungsermessen der Kommission, ob sie ein Vertragsverletzungsverfahren einleitet, erstreckt sich damit auch auf den Zeitpunkt der Klageerhebung[561]. Der betroffene Mitgliedstaat kann nicht etwa darauf vertrauen, dass mit einer Klageerhebung nicht mehr zu rechnen sei, wenn der Stellungnahme der Kommission nicht binnen kurzer Zeit die Klageerhebung folgt[562]. Ausnahmsweise kommt eine Verwirkung des Klagerechts in Betracht, wenn die Kommission nach Abschluss des Vorverfahrens unangemessen lange und somit rechtsmissbräuchlich mit der Klageerhebung wartet, ohne dass ein sachlicher Grund, insbesondere die Suche nach einer diplomatischen Lösung, die Verzögerung der Klageerhebung rechtfertigt[563].

518 Sofern der Vertragsverstoß vor Ablauf der in der begründeten Stellungnahme gesetzten Frist vollständig beseitigt wurde, ist das Ziel des Verfahrens erreicht. Die Kommission muss das Verfahren mangels eines Rechtsschutzbedürfnisses einstellen. Nur in Ausnahmefällen erscheint es zulässig, das Verfahren dann doch noch weiter zu verfolgen. Die Kommission müsste hierfür wohl ein besonderes Rechtsschutzinteresse nachweisen[564]. Erfolgt die (behauptete) Beseitigung des Vertragsverstoßes jedoch erst nach Ablauf der in der Stellungnahme genannten Frist, so hat der Gerichtshof früher ein Fortbestehen des Rechtsschutzbedürfnisses unterstellt, wenn die Verurteilung des Mitgliedstaates die Grundlage für seine Haftung gegenüber einem anderen Mitgliedstaat, der Union oder Einzelnen bilden kann, Wiederholungsgefahr bestehen könnte oder die zu klärenden Rechtsfragen grundsätzliche Bedeutung haben können[565]. In seiner späteren Rechtsprechung hat der Gerichtshof jedoch klargestellt, dass maßgeblich für das Vorliegen einer Vertragsverletzung stets die Lage ist, in der sich der Mitgliedstaat bei Ablauf der in der Stellungnahme genannten Frist befand, später eingetretene

---

561 EuGH, Rs. 7/68, Slg. 1968, S. 633, 642 – *Kommission/Italien* („*Kunstschätze I*") (= P Nr. 142).
562 EuGH, Rs. C-317/92, Slg. 1994, S. I-2039, Rn. 4 – *Kommission/Deutschland*.
563 EuGH, Rs. 324/82, Slg. 1984, S. 1861, Rn. 11 – *Kommission/Belgien*.
564 So auch *Karpenstein*, in: Grabitz/Hilf/Nettesheim (Hrsg.), Das Recht der Europäischen Union, 61. EL April 2017, Art. 258 AEUV Rn. 52.
565 EuGH, Rs. 26/69, Slg. 1970, S. 565, Rn. 9/10 – *Kommission/Frankreich;* EuGH, Rs. 103/84, Slg. 1986, S. 1759, Rn. 6 f. – *Kommission/Italien;* EuGH, Rs. 240/86, Slg. 1988, S. 1835, Rn. 14, – *Kommission/Griechenland;* hierzu auch *Cremer*, in: Calliess/Ruffert (Hrsg.), EUV/AEUV, Art. 258 AEUV Rn. 31; *Karpenstein*, in: Grabitz/Hilf/Nettesheim (Hrsg.), Das Recht der Europäischen Union, 61. EL April 2017, Art. 258 AEUV Rn. 51.

Veränderungen können vom Gerichtshof nicht berücksichtigt werden[566]. Hiernach kann es auf Veränderungen nach diesem Zeitpunkt nicht mehr ankommen, so dass sich die Frage nach einem besonderen Rechtsschutzbedürfnis für Klagen trotz Abhilfe nach Fristablauf nicht mehr stellt[567]. Im Falle der Staatenklage hat der klagende Mitgliedstaat ein Rechtsbedürfnis nur dann nachzuweisen, wenn der beklagte Mitgliedstaat den ihm vorgeworfenen Vertragsverstoß vor Befassung des Gerichtshofs ausgeräumt hat.

(γ) Begründetheit der Vertragsverletzungsklage

Die Vertragsverletzungsklage ist begründet, wenn die vom Kläger behaupteten Tatsachen zutreffen, das angegriffene Verhalten dem beklagten Mitgliedstaat rechtlich zuzurechnen ist und sich hieraus ein Verstoß gegen eine Bestimmung des Unionsrechts ergibt. Entscheidungsgegenstand ist die Frage, ob der beklagte Mitgliedstaat die ihm vorgeworfene Vertragsverletzung objektiv begangen und innerhalb der gesetzten Frist nicht abgestellt hat[568]. 519

Art. 258 und Art. 259 AEUV erfassen nur den *Mitgliedstaaten zurechenbare Vertragsverstöße*. Die Zurechenbarkeit von Vertragsverletzungen durch das Verhalten mitgliedstaatlicher Organe, Institutionen und Körperschaften wird allerdings recht weit gefasst. Die Mitgliedstaaten haben aufgrund ihrer Verpflichtung zur Unionstreue (Art. 4 Abs. 3 EUV) dafür Sorge zu tragen, dass sich ihre innerstaatlichen Untergliederungen und Organe unionsrechtmäßig verhalten[569]. Zurechnungsprobleme können allerdings entstehen, wenn sich ein Mitgliedstaat zur Verwirklichung seiner Ziele privater Rechtspersonen bedient. Der Gerichtshof greift für die Beurteilung der Zurechenbarkeit des Verhaltens privater Rechtspersonen auf das Kriterium der mitgliedstaatlichen Beherrschbarkeit zurück. Dabei kann an mitgliedstaatliche Lenkungs- und Leitungsbefugnisse angeknüpft werden, wenn sich mitgliedstaatliche Körperschaften oder Anstalten des öffentlichen Rechts in einem privatrechtlichen Verband organisieren und die Beherrschbarkeit über die organschaftliche Verbandsvertretung zumindest mittelbar in mitgliedstaatlicher Hand liegt. Darüber hinaus sieht der EuGH das Zurechnungskriterium mitgliedstaatlicher Beherrschbarkeit als erfüllt an, wenn der Mitgliedstaat eine private Rechtsperson mit der Durchführung bestimmter (unionsrechtswidriger) Maßnahmen beauftragt und finanziert oder durch ein von ihm personell bestimmtes Gremium maßgeblich beeinflusst[570]. Auch ein Unter- 520

---

566 EuGH, Rs. C-47/01, Slg. 2002, S. I-8231, Rn. 15 – *Kommission/Spanien;* EuGH, Rs. C-519/03, Slg. 2005, S. I-3067, Rn. 18 – *Kommission/Luxemburg.*
567 So auch *Cremer,* in: Calliess/Ruffert (Hrsg.), EUV/AEUV, Art. 258 AEUV Rn. 31; *Karpenstein,* in: Grabitz/Hilf/Nettesheim (Hrsg.), Das Recht der Europäischen Union, 61. EL April 2017, Art. 258 AEUV Rn. 52; vgl. auch *Herrmann/Rosenfeldt,* Europäisches Prozessrecht, Rn. 191.
568 EuGH, Rs. C-118/92, Slg. 1994, S. I-1896, Rn. 7 – *Kommission/Luxemburg.*
569 EuGH, Rs. C-8/88, Slg. 1990, S. I-2355, Rn. 13 – *Kommission/Deutschland.*
570 EuGH, Rs. 249/81, Slg. 1982, S. 4005, Rn. 11 – *Buy Irish* (= P Nr. 92).

lassen kann bei bestehender unionsrechtlicher Handlungspflicht einen Vertragsverstoß begründen: So sind die Mitgliedstaaten verpflichtet, alle erforderlichen Maßnahmen zu ergreifen, um in ihrem Gebiet die Beachtung der Grundfreiheiten des AEUV sicherzustellen (vgl. Art. 4 Abs. 3 UAbs. 3 EUV). Nach der Rechtsprechung des EuGH ist eine Vertragsverletzungsklage daher begründet, wenn ein Mitgliedstaat keine ausreichenden und geeigneten Maßnahmen ergreift, um gegen Beeinträchtigungen von Grundfreiheiten einzuschreiten, deren Ursachen nicht auf den Staat zurückgehen, sondern auf Handlungen von Privatpersonen[571].

521 Eine Vertragsverletzung ist gegeben, wenn ein Mitgliedstaat durch sein Verhalten gegen eine Norm des Unionsrechts verstoßen hat. Prüfungsmaßstab des mitgliedstaatlichen Verhaltens ist nicht nur das EU-Primärrecht (EUV und AEUV), sondern auch das abgeleitete Unionsrecht sowie die einschlägigen Bestimmungen des Völkerrechts, soweit diese im Rahmen des Unionsrechts anwendbar und für die Mitgliedstaaten bindend sind (vgl. Rn. 457 ff.). Ausgeschlossen von der Überprüfung sind jedoch prinzipiell die Bestimmungen über die GASP (Art. 275 AEUV, Rn. 491 f.).

522 Erweist sich im Rahmen eines Vertragsverletzungsverfahrens das angegriffene Verhalten eines Mitgliedstaates objektiv als unionsrechtswidrig, so ist die Klage begründet. Der Mitgliedstaat kann sich demgegenüber nicht mit dem Einwand mangelnden Verschuldens exkulpieren, da sich Verschuldensfragen im Vertragsverletzungsverfahren grundsätzlich nicht stellen. Vielmehr hat der EuGH den Mitgliedstaaten alle aus den nationalen Rechtsordnungen abgeleiteten Entschuldigungsgründe, vor allem den Einwand, die Durchführung einer Unionsrechtsnorm stoße auf verfassungsrechtliche, institutionelle oder politische Hindernisse, in ständiger Rechtsprechung abgeschnitten[572]. Er kann sich auch nicht auf Vertragsverstöße anderer Mitgliedstaaten als Rechtfertigung berufen (Rn. 460). Der beklagte Mitgliedstaat kann zur Verteidigung vielmehr nur den ihm zur Last gelegten Sachverhalt bestreiten, sich mit Rechtsansichten, aufgrund derer sein Verhalten keinen Vertragsverstoß begründet, verteidigen oder einwenden, sein Verhalten sei wegen des Eingreifens *unionsrechtlicher* Rechtfertigungsgründe gerechtfertigt (etwa nach Maßgabe der *Cassis*-Formel; Rn. 941 ff.).

523 Ein Mitgliedstaat kann sich jedoch mit Erfolg darauf berufen, dass er sich an Anforderungen des einschlägigen – eine primärrechtliche Vorschrift konkretisierenden – Sekundärrechts gehalten hat, wenn die Kommission gegen ihn ausschließlich den Vorwurf einer Verletzung des fraglichen Primärrechts erhebt. In diesem Fall bestreitet die Kommission nämlich die Rechtmäßigkeit des Sekundärrechts, gegen das sie in diesem Fall eine Nichtigkeitsklage hätte erheben müssen. Der sekundärrechtskonform handelnde Mitgliedstaat kann sich insoweit auf

---

571 Z. B. Grenzblockaden durch Landwirte, vgl. EuGH, Rs. C-265/95, Slg. 1997, S. I-6959, Rn. 66 – *Kommission/Frankreich („Bauernproteste")* (= P Nr. 160).
572 EuGH, Rs. 8/70, Slg. 1970, S. 961, Rn. 8 f. – *Kommission/Italien;* EuGH, Rs. 225/86, Slg. 1988, S. 2271, Rn. 10 – *Kommission/Italien.*

eine Vermutung der Rechtmäßigkeit von Sekundärrecht stützen. Nur dann, wenn der Sekundärrechtsakt an einem derart gravierenden Fehler leidet, dass er als „Nicht-Akt" angesehen werden muss, ist die Rüge des Verstoßes gegen das Primärrecht zulässig[573]. Das Gleiche gilt umgekehrt auch für die Mitgliedstaaten: Bestreitet ein Mitgliedstaat die Rechtmäßigkeit einer Sekundärrechtsregelung, deren Verletzung ihm vorgeworfen wird, so scheidet eine entsprechende Rechtfertigung aus. Auch der Mitgliedstaat wird insoweit auf die Nichtigkeitsklage verwiesen[574].

(δ) Urteilswirkungen im Vertragsverletzungsverfahren

Ist die Vertragsverletzungsklage zulässig und begründet, so stellt der EuGH fest, dass der beklagte Mitgliedstaat gegen eine Verpflichtung aus dem Unionsrecht verstoßen hat (Art. 260 AEUV). Die Verfahren nach Art. 258 AEUV und Art. 259 AEUV sind als *Feststellungsklagen* ausgestaltet. Der EuGH ist aus diesem Grund weder befugt, die mit dem Vertragsverletzungsverfahren angegriffene Maßnahme aufzuheben noch den Mitgliedstaat förmlich zur Beseitigung des rechtswidrigen Zustands zu verurteilen. Der verurteilte Mitgliedstaat ist aber unionsrechtlich verpflichtet, die Maßnahmen zu ergreifen, die sich aus dem stattgebenden Urteil ergeben (Art. 260 Abs. 1 AEUV, Art. 4 Abs. 3 EUV). Die Union verfügt allerdings über keine Kompetenz, Zwangsvollstreckungsmaßnahmen gegen einen Mitgliedstaat einzuleiten, der sich weigert, die sich aus dem Urteil ergebenden Konsequenzen zu ziehen. Die Nichtbefolgung des Urteils stellt allerdings eine erneute Vertragsverletzung dar, die eine zweite Vertragsverletzungsklage nach sich ziehen kann (Art. 260 Abs. 2 AEUV). In dem aufgrund einer zweiten Aufsichtsklage ergehenden Urteil kann der Gerichtshof gegen den Mitgliedstaat dann die Zahlung eines Pauschalbetrags und/oder Zwangsgelds verhängen (Art. 260 Abs. 2 UAbs. 2 AEUV)[575]. Bei Verstößen bzgl. der Richtlinienumsetzung kann die Kommission die Sanktionsverhängung zugleich mit der Klageerhebung hinsichtlich dieses Rechtsverstoßes beantragen (Art. 260 Abs. 3 AEUV). In diesem Fall kommt es nicht zu einem zweiten Verfahren[576]. Dabei darf der in Art. 260 Abs. 3 AEUV enthaltene Kern zur *Mitteilungspflicht* nicht nur nach seinem zu engen Wortlaut ausgelegt werden. Damit der Mitgliedstaat nicht durch einen vergleichsweise geringen Aufwand diesen besonderen Sanktionsmechanismus aushebeln kann, muss die Umsetzungsmitteilung bestimmte Mindestanforderungen erfüllen. Um diesen Erfordernissen zu genügen,

---

573 EuGH, Rs. C-475/01, Slg. 2004, S. I-8923, Rn. 12 ff. – *Kommission/Griechenland*.
574 EuGH, Rs. C-194/01, Slg. 2004, S. I-4579, Rn. 41. – *Kommission/Österreich*; zur offenen Frage der Möglichkeit einer Inzidentrüge durch den Mitgliedstaat vgl. *Herrmann/Rosenfeldt*, Europäisches Prozessrecht, Rn. 185.
575 EuGH, Rs. C-387/97, Slg. 2000, S. I-5047, Rn. 79 ff. – *Kommission/Griechenland*; EuGH, Rs. C-304/02, Slg. 2005, S. I-6263 – *Kommission/Frankreich* (= P Nr. 96).
576 Zur Frage der Vollstreckbarkeit vgl. *Herrmann/Rosenfeldt*, Europäisches Prozessrecht, Rn. 204.

„müssen die Mitgliedstaaten für jede Bestimmung der Richtlinie angeben, welche [...] nationalen Vorschriften ihre Umsetzung sicherstellen"[577]. Insbesondere sei zweifelsfrei nachzuweisen, dass die Bestimmungen im gesamten Hoheitsgebiet umgesetzt würden. Diese Verpflichtung gilt vor allem für föderal segmentierte Staaten wie die Bundesrepublik Deutschland. Der EuGH verweist auch auf die gegebenenfalls beizufügende *Konkordanztabelle*[578].

(ε) Prüfungsschemata zu den Vertragsverletzungsverfahren

525 A. Die Aufsichtsklage der Kommission (Art. 258 AEUV)
   I. Zulässigkeit
      1. Sachliche Zuständigkeit
         ausschließliche Zuständigkeit des EuGH für Vertragsverletzungsverfahren, Art. 258 Abs. 2 AEUV
      2. Parteifähigkeit
         a. aktive Parteifähigkeit = nur Kommission (Art. 258 Abs. 1 AEUV)
         b. passive Parteifähigkeit = nur Mitgliedstaaten (Art. 258 Abs. 1 AEUV)
      3. Ordnungsgemäße Durchführung des Vorverfahrens (entbehrlich in den Fällen der Art. 114 Abs. 9 und Art. 348 Abs. 2 AEUV; modifiziert im Rahmen der Beihilfenaufsicht: Art. 108 Abs. 2 UAbs. 2 AEUV)
         a. *Mahnschreiben* der Kommission, welches folgende Angaben enthält:
            – Ankündigung über die Einleitung des formalen Vorverfahrens,
            – Mitteilung der Tatsachen, die nach Ansicht der Kommission den Vertragsverstoß begründen sowie der verletzten Bestimmungen des Unionsrechts,
            – Aufforderung, sich im Rahmen einer von der Kommission bestimmten Frist zu den Vorwürfen zu äußern.
         b. Nach Ablauf der Frist gibt die Kommission eine mit Gründen versehene *Stellungnahme* ab, in der eine zweite Frist zur Abhilfe gesetzt wird.
         c. *Nichtbefolgung* der Stellungnahme durch den Mitgliedstaat innerhalb der gesetzten (zweiten) Frist.
      4. Klagegegenstand = Behauptung der Kommission, der Mitgliedstaat habe durch ein ihm zurechenbares Verhalten gegen eine Verpflichtung aus den Verträgen verstoßen. Prüfungsmaßstab ist das gesamte Unionsrecht =
         – primäres Unionsrecht (Ausnahme GASP, Art. 275 AEUV),
         – sekundäres und tertiäres Unionsrecht (Ausnahme GASP, Art. 275 AEUV),
         – in die Unionsrechtsordnung integriertes Völkerrecht:
            (1) von der Union abgeschlossene völkerrechtliche Verträge (Art. 216 Abs. 2 AEUV);
            (2) in Bezug auf solche Verträge anzuwendende allgemeine Rechtsgrundsätze des Völkervertragsrechts;
            (3) in Bezug auf solche Verträge anzuwendendes Völkergewohnheitsrecht.
         Wichtig:
         Der Streitgegenstand der Klage (Sach- und Rechtsvortrag) darf gegenüber dem Verfahrensgegenstand des Vorverfahrens nicht erweitert werden.

---

577 EuGH, Rs. C-543/17, ECLI:EU:C:2019:573, Rn. 59 – *Kommission/Belgien*.
578 EuGH, Rs. C-543/17, ECLI:EU:C:2019:573, Rn. 59 – *Kommission/Belgien*.

5. Klageberechtigung = Überzeugung der Kommission von der Vertragsverletzung in tatsächlicher und rechtlicher Hinsicht.
6. Form und Zeitpunkt der Klageerhebung
    a. Schriftform, vgl. Art. 21 EuGH-Satzung i. V. m. Art. 38 VerfO-EuGH.
    b. keine besondere Klagefrist; Verwirkung aber denkbar, wenn Klageerhebung rechtsmissbräuchlich verzögert wird.
7. Rechtsschutzbedürfnis
    Maßgeblich für das Vorliegen einer Vertragsverletzung ist stets die Lage, in der sich der Mitgliedstaat bei Ablauf der in der Stellungnahme genannten Frist befand: Sind die gegen den Mitgliedstaat erhobenen Vorwürfe bei Klageerhebung nicht vollständig ausgeräumt, ist kein Rechtsschutzbedürfnis nachzuweisen. Wird der Vertragsverstoß innerhalb der in der begründeten Stellungnahme gesetzten Frist vollständig ausgeräumt, ist das Klageziel erreicht und die Klage mangels Rechtsschutzbedürfnisses als unzulässig abzuweisen.

II. Begründetheit und Urteilswirkungen

Die Aufsichtsklage ist begründet, wenn
1. die vom Kläger behaupteten Tatsachen zutreffen,
2. das angegriffene Verhalten dem beklagten Mitgliedstaat rechtlich zuzurechnen ist und
3. sich hieraus ein Verstoß gegen eine Bestimmung des Unionsrechts ergibt.

Gibt der EuGH der Klage der Kommission statt, so erlässt er ein Feststellungsurteil (Art. 260 Abs. 1 AEUV). Der verurteilte Mitgliedstaat ist verpflichtet, den unionsrechtswidrigen Zustand unverzüglich für die Zukunft zu beseitigen bzw. die gebotene Handlung vorzunehmen. Allerdings ist der EuGH nicht befugt, im Urteilstenor die Verpflichtung des Mitgliedstaates zum Abstellen des Vertragsverstoßes auszusprechen oder gar die angegriffene Maßnahme zu „kassieren".
Keine Vollstreckungsmöglichkeit zur Durchsetzung, aber:
– Sanktionsverfahren (Art. 260 Abs. 2 und Abs. 3 AEUV);
– unionsrechtliche Staatshaftung des Mitgliedstaates gegenüber den Geschädigten;
– grundsätzlich kein Rückgriff auf die Instrumente des allgemeinen Völkerrechts (Repressalie, Einrede des nicht erfüllten Vertrags).

B. Die Staatenklage (Art. 259 AEUV) 526

I. Zulässigkeit

1. Sachliche Zuständigkeit
    ausschließliche Zuständigkeit des EuGH für Vertragsverletzungsverfahren, Art. 259 Abs. 1 AEUV
2. Parteifähigkeit
    a. aktive Parteifähigkeit = nur Mitgliedstaaten (Art. 259 Abs. 1 AEUV)
    b. passive Parteifähigkeit = nur Mitgliedstaaten (Art. 259 Abs. 1 AEUV)
3. Ordnungsgemäße Durchführung des Vorverfahrens
    (entbehrlich in den Fällen der Art. 114 Abs. 9 und Art. 348 Abs. 2 AEUV; modifiziert im Rahmen der Beihilfenaufsicht: Art. 108 Abs. 2 UAbs. 2 AEUV)
    a. *Befassung* der Kommission mit dem behaupteten Vertragsverstoß durch einen Mitgliedstaat (Art. 259 Abs. 2 AEUV). Der Antrag muss folgende Angaben enthalten:
        – Mitteilung der Tatsachen, die nach Ansicht des Mitgliedstaates den Vertragsverstoß begründen sowie der verletzten Bestimmungen des Unionsrechts,

- Aufforderung, ein kontradiktorisches Verfahren nach Art. 259 Abs. 3 AEUV einzuleiten.
  b. Kommission gibt den beteiligten Staaten „*Gelegenheit* zu schriftlicher und mündlicher Äußerung" (Art. 259 Abs. 3 AEUV).
  c. *Klagerecht* des rügenden Mitgliedstaats
     - nach Ablauf von drei Monaten seit Eingang des einleitenden Antrags bei der Kommission (Art. 259 Abs. 4 AEUV; beachte: Klagerecht ist unabhängig von der Abgabe einer Stellungnahme der Kommission); oder
     - vor Ablauf der Dreimonatsfrist nach Abgabe einer Stellungnahme der Kommission.
4. Klagegegenstand = Behauptung des klagenden Mitgliedstaates, der beklagte Mitgliedstaat habe durch ein ihm zurechenbares Verhalten gegen eine Verpflichtung aus den Verträgen verstoßen.
   Prüfungsmaßstab ist das gesamte Unionsrecht =
   - primäres Unionsrecht (Ausnahme GASP, Art. 275 AEUV),
   - sekundäres und tertiäres Unionsrecht (Ausnahme GASP, Art. 275 AEUV),
   - in die Unionsordnung integriertes Völkerrecht:
     (1) von der Union abgeschlossene völkerrechtliche Verträge (Art. 216 Abs. 2 AEUV);
     (2) in Bezug auf solche Verträge anzuwendende allgemeine Rechtsgrundsätze des Völkervertragsrechts;
     (3) in Bezug auf solche Verträge anzuwendendes Völkergewohnheitsrecht.
   Wichtig:
   Streitgegenstand der Klage (Sach- und Rechtsvortrag) darf gegenüber dem Verfahrensgegenstand des Vorverfahrens nicht erweitert werden.
5. Klageberechtigung = Überzeugung des klagenden Mitgliedstaats von der Vertragsverletzung in tatsächlicher und rechtlicher Hinsicht.
6. Form und Zeitpunkt der Klageerhebung
   a. Schriftform, vgl. Art. 21 EuGH-Satzung i. V. m. Art. 38 VerfO-EuGH.
   b. keine besondere Klagefrist, Verwirkung aber denkbar, wenn Klageerhebung rechtsmissbräuchlich verzögert wird.
7. Rechtsschutzbedürfnis
   Sind die gegen den Mitgliedstaat erhobenen Vorwürfe bei Klageerhebung nicht vollständig ausgeräumt, ist kein Rechtsschutzbedürfnis nachzuweisen.
II. **Begründetheit und Urteilswirkungen** entsprechen denen der Vertragsverletzungsklage nach Art. 258 AEUV (dazu A. II.).

bb) Nichtigkeitsklage

(α) Funktion der Nichtigkeitsklage

Mit der Nichtigkeitsklage können Handlungen der Unionsorgane auf ihre Rechtmäßigkeit hin überprüft werden. Art. 263 AEUV fasst insgesamt drei Typen von Nichtigkeitsklagen zusammen, deren Einteilung nach Maßgabe unterschiedlicher Anforderungen an die Klageberechtigung vorgenommen wird (Rn. 539 ff.):
- die Staatennichtigkeitsklage (erhoben durch einen Mitgliedstaat) und die Organnichtigkeitsklage (erhoben durch Rat, Kommission oder Parlament) nach Art. 263 Abs. 2 AEUV,

– die vom Rechnungshof, der EZB oder dem Ausschuss der Regionen erhobene Nichtigkeitsklage nach Art. 263 Abs. 3 AEUV,
– die von einer natürlichen oder juristischen Person erhobene Individualnichtigkeitsklage nach Art. 263 Abs. 4 AEUV.

Die Abstufung der Klageberechtigungen folgt den institutionellen Funktionen der Nichtigkeitsklage. Da die sog. privilegierten Kläger nach Art. 263 Abs. 2 AEUV keine Klageberechtigung nachweisen, sie also nicht die Verletzung eigener Rechte oder Interessen geltend machen müssen, können die Mitgliedstaaten, der Rat, die Kommission sowie das Parlament[579] mit Hilfe der Nichtigkeitsklage eine *abstrakte Normenkontrolle* sekundären Unionsrechts erzwingen. Regionale Gebietskörperschaften sind dagegen nicht als Teil eines Mitgliedstaates privilegiert klagebefugt, sondern lediglich als juristische Personen i. S. d. Art. 263 Abs. 4 AEUV[580]. Erhebt der Rechnungshof, die EZB oder der Ausschuss der Regionen eine Nichtigkeitsklage, so muss sich die Klageberechtigung „auf die Wahrung ihrer Rechte" gründen. Die Nichtigkeitsklage dient zwar in diesen Fällen auch der Sicherung des institutionellen Gleichgewichts (Rn. 227 ff.), indem sie als *„konkretes" Organstreitverfahren* die Kompetenzen dieser Organe sichert. Eine „abstrakte" (objektive) Normenkontrollberechtigung – unabhängig von subjektiven Rechten bzw. Kompetenzen der Antragsteller – steht ihnen dagegen nicht zu.

528

Das Hinzutreten der subjektiven Zulässigkeitsvoraussetzungen *individueller und unmittelbarer Betroffenheit* im Rahmen der *Individualnichtigkeitsklage* nach Art. 263 Abs. 4 AEUV macht deutlich, dass die von natürlichen und juristischen Personen erhobene Nichtigkeitsklage nicht nur der objektiven Legalitätskontrolle des sekundären (organgeschaffenen) Unionsrechts, sondern vorrangig dem Rechtsschutz gegenüber den sie unmittelbar und individuell betreffenden Rechtsakten der Union dient. Das Nichtigkeitsklageverfahren ermöglicht somit einerseits eine objektive Legalitätskontrolle des sekundären Unionsrechts am Maßstab des Primärrechts, andererseits gewährleistet es den subjektiven Individualrechtsschutz gegenüber Rechtsakten der Union.

529

(β) Zulässigkeit der Nichtigkeitsklage

Sachlich zuständig für die Nichtigkeitsklagen natürlicher und juristischer Personen ist gemäß Art. 256 Abs. 1 AEUV i. V. m. Art. 51 EuGH-Satzung das EuG. Der EuGH ist hingegen zuständig für die Nichtigkeitsklagen, in denen ein Mitgliedstaat oder ein Unionsorgan als Kläger auftritt. Hinsichtlich der Klagen von

530

---

579 Das Europäische Parlament ist erst durch den Vertrag von Nizza zum privilegierten Klageberechtigten geworden und damit Mitgliedstaaten, Rat und Kommission gleichgestellt worden. Zuvor konnte es nur „zur Wahrung seiner Rechte" eine Nichtigkeitsklage anstrengen.
580 EuG, Rs. T-609/97, Slg. 1998, S. II-4051, Rn. 16 – *Regione Puglia;* EuG, verb. Rs. T-132/96 u. T-143/96, Slg. 1999, S. II-3663, Rn. 81 ff. – *Freistaat Sachsen/Kommission* (= P Nr. 105).

Mitgliedstaaten ist auch die eingeschränkte Zuständigkeit des EuG zu beachten (vgl. Rn. 495).

531 *Aktiv parteifähig* sind im Verfahren der Nichtigkeitsklage die Mitgliedstaaten, die Kommission, der Rat, das Europäische Parlament (Art. 263 Abs. 2 AEUV), der Rechnungshof, die EZB und der Ausschuss der Regionen (Art. 263 Abs. 3 AEUV) sowie jede natürliche oder juristische Person (Art. 263 Abs. 4 AEUV). Um die gerichtliche Durchsetzung des Subsidiaritätsprinzips zu verstärken, hat der Vertrag von Lissabon für die nationalen Parlamente die Möglichkeit geschaffen, eine *Subsidiaritätsklage* in Form einer Nichtigkeitsklage gemäß Art. 263 AEUV durch ihren Mitgliedstaat zu erzwingen[581] (Art. 8 Abs. 1 des Protokolls über die Anwendung der Grundsätze der Subsidiarität und der Verhältnismäßigkeit). Durch das *Gesetz zur Änderung des Grundgesetzes* vom 8. Oktober 2008[582] ist u. a. ein neuer Abs. 1a in Art. 23 GG eingefügt worden, der Bundestag und Bundesrat ermächtigt, eine Subsidiaritätsklage vor dem EuGH *im Namen der Bundesrepublik Deutschland* zu erheben; Partei des Verfahrens ist daher der Mitgliedstaat Deutschland. Die Einzelheiten werden in § 12 des Integrationsverantwortungsgesetzes[583] geregelt. Als Beklagte sind der Rat, die Kommission, das Europäische Parlament, die EZB sowie weitere Einrichtungen oder sonstige Stellen der Union *passiv parteifähig* (Art. 263 Abs. 1 AEUV).

532 Art. 263 AEUV enthält einen Katalog von mit der Nichtigkeitsklage *anfechtbaren Handlungen:* Staaten und Organe können gemäß Art. 263 Abs. 1 AEUV Nichtigkeitsklage gegen Gesetzgebungsakte sowie gegen Handlungen des Rates, der Kommission und der EZB, soweit es sich nicht um Empfehlungen oder Stellungnahmen handelt, und gegen Handlungen des Europäischen Parlaments, des Europäischen Rates sowie Einrichtungen und sonstiger Stellen der Union mit Rechtswirkungen gegenüber Dritten erheben.

533 Organ- und Staatenklagen können sich mithin gegen jede einem der in Art. 263 Abs. 1 AEUV genannten Unionsorgane oder einer Einrichtung oder sonstigen Stelle der Union zurechenbare Rechtshandlung richten, soweit es sich nicht um eine Empfehlung[584] oder eine Stellungnahme, also um einen unverbindlichen Rechtsakt handelt. Es ist jedoch ausnahmsweise möglich, gegen eine Empfehlung mit einer Nichtigkeitsklage vorzugehen, wenn die angefochtene Handlung aufgrund ihres Inhalts keine echte Empfehlung ist. Es ist jedoch ausnahmsweise möglich, gegen eine Empfehlung mit einer Nichtigkeitsklage vorzugehen, wenn die angefochtene Handlung aufgrund ihres Inhalts keine echte

---

581 Vgl. hierzu näher u. a. *Pechstein*, Die neue Subsidiaritätsklage: Die Interessen der nationalen Parlamente in der Hand des EuGH, in: ders. (Hrsg.), Integrationsverantwortung, 2012, S. 135 ff.
582 BGBl. 2008 I S. 1926.
583 Gesetz über die Wahrnehmung der Integrationsverantwortung des Bundestages und des Bundesrates in Angelegenheiten der Europäischen Union (Integrationsverantwortungsgesetz – IntVG) v. 22. 9. 2009, BGBl. 2009 I S. 3022; geänd. BGBl. 2009 I S. 3822.
584 Vgl. EuGH, Rs. C-180/96, Slg. 1998, S. I-2265, Rn. 28 – *Vereinigtes Königreich/Kommission*.

Empfehlung ist[585]. Zum Teil ist die Rechtswirkung gegenüber Dritten Voraussetzung der Anfechtbarkeit. Damit ist der Kreis der mit der Organ- bzw. Staatennichtigkeitsklage angreifbaren Handlungen nicht auf die in Art. 288 Abs. 2 bis 4 AEUV aufgeführten verbindlichen Rechtsaktformen „Verordnungen", „Richtlinien" und „Beschlüsse" (Rn. 398 ff.) beschränkt. Vielmehr werden auch sog. atypische Rechtsakte erfasst, soweit diese dazu bestimmt sind, Rechtswirkungen zu erzeugen; z. B. völkerrechtliche Abkommen der Union, wie etwa das Rahmenübereinkommen mit Ländern Mittel- und Südamerikas über die Zollkontingente für Bananen[586]. Hingegen scheiden Akte, die nicht rechtsverbindlich sind, wie z. B. bloße Absichtserklärungen und wiederholende Verfügungen, aus dem Kreis tauglicher Klagegegenstände aus[587]. Für GASP-Maßnahmen ist der Gerichtshof nur in dem von Art. 275 Abs. 2 AEUV umrissenen Umfang zuständig (Rn. 492).

Die Erhebung einer *Individualnichtigkeitsklage* ist gemäß Art. 263 Abs. 4 AEUV zulässig, wenn sie auf die Aufhebung einer Handlung zielt, **534**
(1) die an den Kläger gerichtet ist oder
(2) die, ohne an den Kläger gerichtet zu sein, ihn unmittelbar und individuell betrifft, sowie
(3) gegen Rechtsakte mit Verordnungscharakter, die ihn unmittelbar – nicht aber individuell – betreffen und keine Durchführungsmaßnahmen nach sich ziehen.

Die Neufassung der Individualnichtigkeitsklage durch den Vertrag von Lissabon soll verschiedene Probleme des alten Rechts lösen; ob dies gelungen ist, ist umstritten. Da die Rechtsaktform der Entscheidung als Einzelakt – die nach altem Recht formell oder materiell die Zulässigkeit der Individualnichtigkeitsklage prägte[588] – nach Art. 288 Abs. 4 AEUV beseitigt wurde, der Sache nach aber im Falle der Adressierung als eine Erscheinungsform des Beschlusses weiterlebt, stellt sich die Frage, in welchem Umfang der individualgerichtete Einzelakt weiterhin wie nach altem Recht für die Bestimmung des Klagegegenstandes der Individualnichtigkeitsklage entscheidend ist. Insoweit gilt: Sofern nicht die dritte Variante einschlägig ist, fasst die neue zweite Variante die zweite und dritte Alternative des alten Rechts („gegen diejenigen Entscheidungen Klage erheben, die, obwohl sie als Verordnung oder als eine an eine andere Person gerichtete Entscheidung ergangen sind, sie unmittelbar und individuell betreffen", Art. 230 Abs. 4 EGV) zusammen. Die neue zweite Variante („sie unmittelbar und individuell betreffende Handlungen") erfasst daher sowohl solche scheinbaren Nor- **535**

---

[585] Vgl. EuGH, Rs. C-16/16 P, ECLI:EU:C:2018:79, Rn. 25 ff. – *Belgien/Kommission* (= P Nr. 99).
[586] EuGH, Rs. C-122/95, Slg. 1998, S. I-973, Rn. 27 ff. – *Deutschland/Rat*.
[587] Vgl. EuG, verb. Rs. T-377/00, T-379/00, T-380/00, T-260/01 u. T-272/01, Slg. 2003, S. II-1, Rn. 74 ff. – *Philip Morris*.
[588] *Pechstein*, EU-Prozessrecht, 4. Aufl. 2011, Rn. 407 ff.

mativakte, die sich der Sache nach als gegen den Kläger gerichtete Individualrechtsakte darstellen (Scheinverordnungen und -richtlinien als „Bündel von Einzelakten" sowie Hybridakte, die Norm und Einzelakt zugleich sind[589]), als auch die an Dritte (individual-)gerichteten Beschlüsse, die den Kläger unmittelbar und individuell betreffen (dazu Rn. 542 ff.)[590]. Darüber hinaus kann nunmehr nach der neuen dritten Alternative auch gegen solche Rechtsakte mit Verordnungscharakter, die keine Durchführungsmaßnahmen erfordern, geklagt werden, die den Kläger zwar unmittelbar, nicht aber individuell betreffen. Da nur das letztere Erfordernis die Feststellung des Einzelaktes (individuelle Adressierung) im Unterschied zur Norm (generelle Adressierung) erlaubt, wird mit der neuen dritten Variante eine *Individualnichtigkeitsklage gegen echte Normen* ermöglicht, die ansonsten nur den privilegiert Klageberechtigten offensteht.

536 In den neugefassten ersten beiden Alternativen des Art. 263 Abs. 4 AEUV richtet sich die Individualnichtigkeitsklage mithin im Ergebnis weiterhin gegen einen individualgerichteten Beschluss – die Entscheidung alten Rechts im zumindest materiellen Sinn –, also einen Einzelakt, der sich durch die individuelle Adressierung von normativen Maßnahmen unterscheidet. In der ersten Alternative ist dies evident. Bei der zweiten Alternative ist der Kläger zwar nicht Adressat, aber trotzdem unmittelbar und individuell – mithin im Sinne eines Einzelakts – betroffen. Hinsichtlich der Rechtsaktform als Klagegegenstand ist jedoch in diesen beiden Varianten keine Klassifikation abstrakt vorgegeben. Klagegegenstand kann deshalb formal zunächst jeder Rechtsakt des abgeleiteten Unionsrechts sein, soweit er Rechtswirkungen entfaltet[591]. Darunter fallen sowohl adressatenunabhängige als auch an Dritte gerichtete Beschlüsse. Somit entfallen *an dieser Stelle* auch die bislang im Rahmen der zweiten Variante des Art. 230 Abs. 4 EGV a. F. existierenden diffizilen Abgrenzungsprobleme zwischen grundsätzlich nicht anfechtbaren „echten" Verordnungen auf der einen Seite sowie den anfechtbaren Scheinverordnungen bzw. den Verordnungen mit Hybridcharakter auf der anderen Seite[592]. Im Rahmen der Klageberechtigung sind diese Fragen jedoch wieder zu erörtern.

537 Gleiches gilt auch für Bestimmungen in Richtlinien, die ihrer wahren Natur nach individualadressierte Beschlüsse sind[593]. Die Rechtsprechung von EuG und EuGH hält zu Recht „verschleierte" individualadressierte Akte in Richtlinienform für möglich[594], die nunmehr auch Klagegegenstand sein können. Aufgrund

---

589 EuGH, Rs. C-309/89, Slg. 1994, S. I-1853, Rn. 18 ff. – *Codorniù* (= P Nr. 103).
590 *Pechstein/Görlitz*, in: Pechstein/Nowak/Häde (Hrsg.), Frankfurter Kommentar EUV/GRC/AEUV, Art. 263 AEUV Rn. 96 ff.
591 *Pechstein/Görlitz*, in: Pechstein/Nowak/Häde (Hrsg.), Frankfurter Kommentar EUV/GRC/AEUV, Art. 263 AEUV Rn. 62.
592 Vgl. dazu ausführlich *Pechstein*, EU-Prozessrecht, 4. Aufl. 2011, Rn. 407.
593 Vgl. *Haratsch*, EuR 1998, S. 387, 414 f.
594 EuG, Rs. T-99/94, Slg. 1994, S. II-871, Rn. 18 – *Asocarne I*; EuGH, Rs. C-10/95 P, Slg. 1995, S. I-4149, Rn. 32 – *Asocarne II;* dazu ferner *Cremer*, EWS 1999, S. 48; vgl. dazu näher *Pechstein*, EU-Prozessrecht, 4. Auf. 2011, Rn. 378 ff.

der Neufassung des Art. 263 Abs. 4 AEUV kommt es in diesem Zusammenhang nur noch auf die unmittelbare und individuelle Betroffenheit des Klägers an. Diese Frage ist jedoch im Rahmen der Klageberechtigung zu erörtern[595].

Darüber hinaus sind nunmehr auch Individualnichtigkeitsklagen gegen Rechtsakte mit Verordnungscharakter zulässig, wenn sie keine *klägerbezogenen* Durchführungsmaßnahmen – weder von Seiten der Union noch von Seiten der Mitgliedstaaten – nach sich ziehen. Dies betrifft sowohl legislative als auch administrative Durchführungsakte[596]. Durchführungsakte müssen vielmehr direkt angegriffen werden[597]. Die Norm muss daher dem Kläger unmittelbar nicht weiter konkretisierungsbedürftige Pflichten auferlegen (self-executing). In diesem Fall genügt die unmittelbare Betroffenheit (Rn. 542). Auch im Lichte des Grundrechts auf effektiven Rechtsschutz gemäß Art. 47 GRC ist nach der Rechtsprechung des Gerichtshofs eine klägerfreundlichere Auslegung der Zulässigkeitsvoraussetzung nicht erforderlich[598]. Ferner ist allein auf den *streitgegenständlichen* Teil des angegriffenen Rechtsakts abzustellen[599]. Dies ist insbesondere von Bedeutung, wenn lediglich die Teilnichtigerklärung des Rechtsaktes begehrt wird. Allerdings bedarf der Begriff der „Rechtsakte mit Verordnungscharakter" der Auslegung. Von einem Teil der Literatur wird insoweit auf den gescheiterten Verfassungsvertrag, auf dem diese Formulierung beruht, verwiesen. Dieser nahm davon alle Rechtsakte mit Gesetzescharakter aus. Zwar hat der Vertrag von Lissabon die Neuqualifikation der Rechtsakte, die der Verfassungsvertrag intendierte, nicht übernommen (Gesetz, Rahmengesetz). Übernommen worden ist jedoch die Unterscheidung zwischen Gesetzgebungsakten, die im ordentlichen oder in besonderen Gesetzgebungsverfahren ergehen, und anderen Akten (Art. 289 AEUV). Damit die erweiterte Individualklagemöglichkeit gegen Normativakte nicht über das ursprünglich vorgesehene Maß hinausgehe, sollen nach dieser Ansicht unter „Rechtsakten mit Verordnungscharakter" nur solche zu verstehen sein, die nicht als Gesetzgebungsakte, also nicht in einem Gesetzgebungsverfahren ergangen sind[600] – mithin Tertiärrechtsakte. Diese Auffassung hat auch das EuG in der Rs. T-18/10[601] vertreten. Der EuGH ist dem mit knapper Begründung in der Rechtsmittelentscheidung gefolgt[602]. Demnach ist davon auszugehen, dass der Begriff „Rechtsakt mit Verordnungscharakter" im Sinne von Art. 263 Abs. 4 dritte Variante AEUV der Rechtsprechung zufolge *alle Rechtsakte ohne Gesetzescharakter*

538

---

595 *Pechstein*, EU-Prozessrecht, 4. Aufl. 2011, Rn. 410.
596 Vgl. zu der Rechtsprechung hierzu *Rosenfeldt*, EuZW 2015, S. 174 ff.
597 Vgl. EuGH, Rs. C-274/12 P, ECLI:EU:C:2013:852, Rn. 27 ff. – *Telefónica* (= P Nr. 98).
598 EuGH, Rs. C-456/13 P, ECLI:EU:C:2015:284, Rn. 43 ff. – *T & L Sugar Ltd.*
599 Vgl. EuGH, Rs. C-274/12 P, ECLI:EU:C:2013:852, Rn. 31 – *Telefónica* (= P Nr. 98).
600 Vgl. *Streinz/Ohler/Herrmann*, Der Vertrag von Lissabon zur Reform der EU, § 13; *Thiele*, EuR 2010, S. 30, 43 ff.
601 EuG, Rs. T-18/10, Slg. 2011, S. II-5599, Rn. 38 ff. – *Inuit* (= P Nr. 97); vgl. dazu *Herrmann*, NVwZ 2011, S. 1352.
602 EuGH, Rs. C-583/11 P, ECLI:EU:C:2013:625, Rn. 57 ff. – *Inuit* (= P Nr. 97).

mit allgemeiner Geltung umfasst⁶⁰³. Diese Auslegung ist allerdings weiterhin umstritten⁶⁰⁴.

539 Art. 263 AEUV sieht in Abhängigkeit vom Kläger ein differenziertes System abgestufter *Klageberechtigungen* vor:
- Abs. 2: Mitgliedstaaten, Rat, Kommission, Parlament,
- Abs. 3: Rechnungshof, EZB, Ausschuss der Regionen,
- Abs. 4: natürliche oder juristische Personen.

540 Die Nichtigkeitsklagen setzen nur nach Art. 263 Abs. 3 und 4 AEUV eine besonders zu prüfende Klageberechtigung voraus. Mitgliedstaaten, Rat, Kommission und Parlament sind nach Art. 263 Abs. 2 AEUV privilegiert klagebefugt, d. h. sie *müssen* keine Klageberechtigung nachweisen. Rechnungshof, EZB und Ausschuss der Regionen können hingegen die Nichtigkeitsklage nur zur „Wahrung ihrer Rechte", d. h. ihrer organschaftlichen Befugnisse erheben. Natürliche und juristische Personen hingegen müssen eine „unmittelbare und individuelle" Betroffenheit durch den angegriffenen Rechtsakt nachweisen, soweit sie sich gegen einen nicht an sie – formell oder materiell – adressierten Rechtsakt wenden, bzw. nur die unmittelbare Betroffenheit, wenn sie sich gegen einen Rechtsakt mit Verordnungscharakter wenden, der keinen Durchführungsakt nach sich zieht. Mit dieser neu eingefügten Regelung wird die Konsequenz aus der *Jégo-Quéré*-Entscheidung des EuGH gezogen, der sich – entgegen dem EuG – geweigert hatte, in diesen Konstellationen das Erfordernis der „individuellen Betroffenheit" aufzuweichen⁶⁰⁵.

541 Das für die Individualnichtigkeitsklage relevante *Betroffenheitsmerkmal* nach Art. 263 Abs. 4 AEUV beantwortet die Frage, *ob* die angefochtene Maßnahme überhaupt in den Interessenkreis des Klägers eingreift. Im Gegensatz zu § 42 Abs. 2 VwGO ist dabei nicht erforderlich, dass der Kläger möglicherweise in seinen Rechten verletzt ist, sondern es genügt ein tatsächliches Interesse an der Aufhebung der gerügten Maßnahme. Die Merkmale der *unmittelbaren und individuellen* Betroffenheit dienen der für die Klageberechtigung entscheidenden Konkretisierung, *wie* sich der Rechtsakt auf den Interessenkreis des Klägers in tatsächlicher Hinsicht auswirkt.

542 *Unmittelbare Betroffenheit* liegt dabei vor, wenn der Rechtsakt selbst und nicht erst eine in seiner Folge hinzutretende Durchführungsmaßnahme in den Interessenkreis des Klägers eingreift⁶⁰⁶. Die unmittelbare Betroffenheit ist bei Beschlüssen bzw. Verordnungen dann zu bejahen, wenn zum Vollzug der in dem Rechtsakt vorgesehenen Rechtsfolge *kein weiterer nationaler Umsetzungs- oder Durchführungs(rechts)akt erforderlich* ist. Unerheblich ist insoweit, ob etwa ein

---

603 Vgl. hierzu jetzt auch insbesondere EuGH, verb. Rs. C-622/16 P bis C-624/16 P, ECLI:EU:C:2018:873, Rn. 22 ff. – *Scuola Elementare Maria Montessori/Kommission* (= P Nr. 100).
604 Vgl. etwa einerseits *Dauses*, EuZW 2014, S. 121; andererseits *Petzold*, EuZW 2014, S. 289 f. Umfassend dazu insbesondere *Leeb*, ZfRV 2014, S. 196 ff. und *dies.*, ZfRV 2015, S. 4 ff.
605 Vgl. dazu die 6. Aufl., Rn. 457 ff.
606 EuGH, Rs. 11/82, Slg. 1985, S. 207, Rn. 7 – *Piraiki-Patraiki*.

Konkurrent noch Gebrauch von der ihm zuteil gewordenen Begünstigung machen muss[607]. In diesem Fall wird von *formeller* unmittelbarer Betroffenheit gesprochen. Eine *materielle* unmittelbare Betroffenheit liegt vor, wenn ein nationaler Durchführungsakt zwar erforderlich ist, um die Betroffenheit auszulösen, dieser aber entweder aufgrund unionsrechtlicher Vorgaben zwingend ergehen muss und inhaltlich determiniert ist (agency-Situation, vgl. Beihilfe-Rückforderungsbescheid, Rn. 485 ff.) oder ohne ergehen zu müssen, von dem Mitgliedstaat mit Sicherheit vorgenommen werden wird (Auszahlung angemeldeter und genehmigter Beihilfe) oder schon ergangen ist (formell rechtswidrige Beihilfe)[608]. Daran wird deutlich, *dass die unmittelbare Betroffenheit keinesfalls mit der unmittelbaren Geltung oder der unmittelbaren Anwendbarkeit bzw. Wirkung von Sekundärrecht* (vgl. Rn. 397) *gleichgesetzt werden darf*. So ist etwa eine Verordnung immer unmittelbar geltend, bedarf sie jedoch eines nationalen Durchführungsaktes (VA), bezüglich dessen den nationalen Behörden Ermessensspielraum eingeräumt ist, fehlt es dennoch an der unmittelbaren Betroffenheit. Auch bei (Hybrid- oder Schein-)Richtlinien ist die unmittelbare Betroffenheit anhand dieser Kriterien zu bestimmen, nicht dagegen am Maßstab der ausnahmsweisen unmittelbaren Wirkung[609]. Wenn es um die neue Klagemöglichkeit gegen Rechtsakte mit Verordnungscharakter geht, die keine Durchführungsmaßnahmen nach sich ziehen, kann es nur um die Konstellation der formellen unmittelbaren Betroffenheit gehen. Andernfalls wäre das Erfordernis des Fehlens von Durchführungsmaßnahmen überflüssig, da es bereits durch das Merkmal der unmittelbaren Betroffenheit definiert wäre. Soll damit aber ein eigenständiger Bedeutungsgehalt verbunden werden, so kann sich die unmittelbare Betroffenheit hier nur auf die formelle Variante beziehen[610].

Bei der Bestimmung der *individuellen Betroffenheit* geht der EuGH grundsätzlich von folgender Formel aus: Der Kläger kann nur geltend machen, individuell betroffen zu sein, wenn die streitige Vorschrift „ihn wegen bestimmter persönlicher Eigenschaften oder besonderer, ihn aus dem Kreis aller übrigen Personen heraushebender Umstände berührt und ihn daher in ähnlicher Weise individualisiert wie den Adressaten" (einer Entscheidung alten Rechts, jetzt: eines individualadressierten Beschlusses)[611]. Diese sog. *Plaumann*-Formel legt

543

---

607 EuG, Rs. T-3/93, Slg. 1994, S. II-121, Rn. 78 – *Air France*.
608 EuG, Rs. T-380/94, Slg. 1996, S. II-2169, Rn. 46 f. – *AIUFASS u. AKT;* EuG, Rs. T-149/95, Slg. 1997, S. II-2031, Rn. 32 – *Ducros;* besonders lesenswert EuGH, verb. Rs. C-622/16 P bis C-624/16 P, ECLI:EU:C:2018:873, Rn. 40 ff. – *Scuola Elementare Maria Montessori/Kommission* (= P Nr. 100).
609 So aber unzutreffend EuG, verb. Rs. T-172/98, T-175/98 bis T-177/98, Slg. 2000, S. II-2487, Rn. 54 ff. – *Salamander;* vgl. dazu *Pechstein,* EU-Prozessrecht, 4. Aufl. 2011, Rn. 459 f.
610 Vgl. hierzu *Rosenfeldt,* EuZW 2015, S. 174 ff.; vgl. hierzu für den Fall der Einschränkung der Befugnisse nationaler Behörden durch einen Unionsrechtsakt EuG, verb. Rs. T-339/16, T-352/16 u. T-391/16, ECLI:EU:T:2018:927, Rn. 34 ff. – *Ville de Paris/Kommission.*
611 EuGH, Rs. 25/62, Slg. 1963, S. 211, 238 – *Plaumann* (= P Nr. 101); EuGH, Rs. C-309/89, Slg. 1994, S. I-1853, Rn. 20 – *Codorniù* (= P Nr. 103).

der Gerichtshof in sämtlichen Fallgestaltungen zugrunde. Das Abstellen auf die Adressatengleichheit der Betroffenheit sichert zugleich den Charakter als individualgerichteter Einzelakt (Beschluss). Diese Formel erfasst jedoch ganz unterschiedliche Fallgestaltungen.

544   Vornehmlich in Fällen, in denen der Kläger einen in Form einer Verordnung/ Richtlinie ergangenen individualgerichteten Beschluss oder einen an einen Mitgliedstaat gerichteten Beschluss[612] angreift, bejaht der Gerichtshof die Klageberechtigung natürlicher und juristischer Personen, wenn Anzahl und Identität der betroffenen Personen *bereits zum Zeitpunkt* des Rechtsakterlasses feststehen (ScheinVO/-RL; Bündel von Einzelakten). Nicht ausreichend ist hingegen, wenn Zahl oder Identität der Personen, auf welche die Maßnahme zu einem bestimmten Zeitpunkt Anwendung findet, lediglich nach Maßgabe des Tatbestandes objektiv *bestimmbar* sind[613]. Dies ist dann der Fall, der Kreis der Betroffenen rechtlich nicht abgeschlossen ist und jederzeit ein neuer Betroffener hinzutreten kann. Allein die Möglichkeit der Identifizierung der *derzeit* von dem Rechtsakt betroffenen Personen ändert daher nichts am Verordnungscharakter des Rechtsakts, solange an eine objektive Rechts- oder Sachlage angeknüpft wird[614]. Dies gilt selbst dann, wenn sich ein Rechtsakt erkennbar nur auf einen einzigen Marktteilnehmer beziehen kann[615].

545   Im Rahmen von Konkurrentenklagen, also von Klagen eines (drittbelasteten) Nichtadressaten (etwa im Beihilfen- oder Fusionskontrollrecht), greift der Gerichtshof auf besondere, die individuelle Betroffenheit ausfüllende Kriterien zurück. Insbesondere kommen dabei Informations-, Beteiligungs- und Mitwirkungsrechte des Klägers als individualisierende Kriterien in Betracht[616]. Soweit der Kläger etwa eine im Beihilfenaufsichtsverfahren nach Art. 108 Abs. 2 AEUV getroffene Kommissionsentscheidung (Rn. 1317 ff.) angreift, mit der die Rechtmäßigkeit einer nationalen Beihilfengewährung oder -regelung festgestellt wird, unterliegt die Klageberechtigung folgenden Voraussetzungen:
(1) Beteiligung des Konkurrenten im Beihilfenkontrollverfahren (z. B. durch Einreichung einer Stellungnahme), soweit dieser von der Beihilfengewährung Kenntnis nehmen konnte,
(2) Wettbewerbereigenschaft des Klägers gegenüber dem Beihilfebegünstigten und
(3) Glaubhaftmachung der spürbaren Beeinträchtigung der klägerischen Wettbewerbssituation[617].

---
612 EuGH, Rs. C-321/95 P, Slg. 1998, S. I-1651 – *Greenpeace*.
613 EuGH, Rs. 307/81, Slg. 1982, S. 3463, Rn. 11 – *Alusuisse*.
614 EuG, Rs. T-166/99, Slg. 2001, S. II-1857, Rn. 41 – *Andres de Dios*; EuGH, Rs. C-209/94 P, Slg. 1996, S. I-615, Rn. 22 ff. – *Buralux*.
615 EuGH, Rs. 231/82, Slg. 1983, S. 2559, Rn. 10 – *Spijker*.
616 Vgl. dazu ausführlich *Pechstein/Görlitz*, in: Pechstein/Nowak/Häde (Hrsg.), Frankfurter Kommentar EUV/GRC/AEUV, Art. 263 AEUV Rn. 120 ff.
617 EuG, Rs. T-398/94, Slg. 1996, S. II-477, Rn. 34 ff. – *Kahn Scheepvaart*; EuGH, Rs. C-33/14 P, ECLI:EU:C:2015:609, Rn. 97 ff. – *Mory*.

Diese Voraussetzungen greifen allerdings nur dann ein, wenn die in Frage stehende mitgliedstaatliche Maßnahme bereits ihrerseits den Kläger unmittelbar und individuell betrifft (z. B. Gewährung einer Beihilfe). Dies ist jedenfalls dann anzunehmen, wenn er sich gegen eine „individuell" – also aufgrund einer Einzelfallentscheidung tatsächlich – gewährte Beihilfe wendet. Sofern es um eine abstrakt-generelle Beihilferegelung geht, stellt eine diesbezügliche Kommissionsentscheidung ebenfalls einen Akt mit allgemeiner Geltung dar; hierfür ist potentiell auch Art. 263 Abs. 4, dritte Alternative AEUV einschlägig[618]. 546

Von der Rechtsprechung sind spezielle Kriterien entwickelt worden, um das Erfordernis der unmittelbaren und individuellen Betroffenheit nach Art. 263 Abs. 4 AEUV den Besonderheiten der Individualklagen von Gebietskörperschaften anzupassen. In seiner Entscheidung betreffend das Beihilfeverfahren zu *VW Sachsen* hat das EuG im Rahmen der unmittelbaren und individuellen Betroffenheit ein Interesse der „unterhalb der Ebene der Mitgliedstaaten angesiedelten Einheit" an der Anfechtung einer von ihr durchzuführenden Entscheidung angenommen, das von demjenigen des Mitgliedstaates, zu dem sie gehört, verschieden ist[619]. Dieses besondere Interesse gründete sich zum einen darauf, dass das klagende Bundesland die streitigen Beihilfen zum Teil aus eigenen Mitteln gewährt hatte und durch die angefochtene, die Beihilfe untersagende Kommissionsentscheidung an der Verwirklichung seiner auf autonome Befugnisse gegründeten Vorstellungen gehindert wurde. Zum anderen war die verwaltungsverfahrensmäßige Zuständigkeit der geforderten Wiedereinziehung der Beihilfen von Bedeutung. Erstmals wurde hiermit die Klageberechtigung eines deutschen Bundeslandes ausdrücklich anerkannt. Für die *individuelle* Betroffenheit einer mitgliedstaatlichen Gebietskörperschaft kommt es mithin darauf an, dass diese entweder 547

(1) in finanzieller Hinsicht an der Beihilfe beteiligt ist oder
(2) ihr Befugnisse bei der Vergabe oder
(3) Befugnisse bei der Rückforderung der Beihilfe zustehen[620].

Hinsichtlich der *unmittelbaren* Betroffenheit ist das Kriterium maßgeblich, ob dem Mitgliedstaat in Bezug auf die Umsetzung der Kommissionsentscheidung Ermessen gegenüber der betroffenen Gebietskörperschaft zukommt. Dies ist regelmäßig nicht der Fall. Diese Rechtsprechung gilt überdies ihrer Anlage nach nicht nur für die deutschen Bundesländer, sondern ist auf alle öffentlich-rechtlichen Gebietskörperschaften übertragbar, so auch für die Kommunen, soweit sie z. B. Beihilfen aus eigenen Haushaltsmitteln vergeben. 548

---

618 Vgl. hierzu EuGH, verb. Rs. C-622/16 P bis C-624/16 P, ECLI:EU:C:2018:873, Rn. 22 ff., 31 ff. – *Scuola Elementare Maria Montessori/Kommission* (= P Nr. 100).
619 EuG, verb. Rs. T-132/96 u. T-143/96, Slg. 1999, S. II-3663, Rn. 91 – *Freistaat Sachsen* (= P Nr. 105); vgl. dazu u. a. *Pechstein,* VIZ 2000, S. 388, 389.
620 Vgl. die Anm. v. *Koenig/Kühling,* JZ 2000, S. 255.

549 Interessenverbände können Individualnichtigkeitsklagen erheben, wenn sie selbst, unmittelbar und individuell betroffen sind[621] oder wenn ihre Mitglieder als Einzelne klagebefugt sind[622].

550 Art. 263 Abs. 5 AEUV regelt neu die Möglichkeit von Individualklagen gegen individualbelastende Rechtsakte von Einrichtungen und sonstigen Stellen der Union – insbesondere den vielfältigen Agenturen – in Abhängigkeit von entsprechenden Regelungen in den Gründungsakten dieser Einrichtungen[623].

551 Die Nichtigkeitsklage ist nur zulässig, wenn der Kläger die Gründe geltend macht, auf die sein Begehren gestützt ist. Der Kläger darf dabei jedoch nur einen der in Art. 263 Abs. 2 AEUV abschließend aufgeführten Nichtigkeitsgründe rügen. Diese Nichtigkeitsgründe sind:
– Unzuständigkeit,
– Verletzung wesentlicher Formvorschriften,
– Verletzung der Verträge oder einer bei deren Durchführung anzuwendenden Rechtsnorm,
– Ermessensmissbrauch.

552 Die Nichtigkeitsklage ist binnen einer Frist von zwei Monaten zu erheben, in Beamtenrechtsstreitigkeiten gilt eine Dreimonatsfrist (Art. 91 Nr. 3 Beamtenstatut). Der Lauf der *Klagefrist* kann durch folgende Ereignisse in Gang gesetzt werden (Art. 263 Abs. 6 AEUV):
– die Bekanntgabe des Rechtsakts oder
– die Mitteilung des Rechtsakts an den Kläger oder
– eine anderweitige Kenntniserlangung.

553 Da nach Auffassung des EuGH Verwaltungsentscheidungen der Unionsorgane nicht mit Rechtsbehelfsbelehrungen zu versehen sind[624], kann deren Ausbleiben nicht zu einer Verlängerung der Klagefrist führen. Die Einreichung einer den Vorschriften der Art. 21 Abs. 1 Satz 2 EuGH-Satzung sowie des Art. 38 VerfO-EuGH bzw. Art. 76 VerfO-EuG genügenden Klageschrift wahrt die Frist.

554 Das im Nichtigkeitsverfahren grundsätzlich nicht besonders nachzuweisende *Rechtsschutzbedürfnis* kann ausnahmsweise dann fraglich sein, wenn ein fehlerhafter Rechtsakt zum Zeitpunkt der Klageerhebung bereits aufgehoben oder der Mangel vollständig beseitigt ist. In diesen Fällen ist die Klageerhebung nur zulässig, wenn der Kläger trotz vollständiger Beseitigung des Rechtsaktmangels ein *spezifisches Rechtsschutzbedürfnis* nachweisen kann. In Betracht kommen dabei ähnliche Fallgruppen wie im Vertragsverletzungsverfahren (Rn. 518)[625]. Das

---

621 EuGH, verb. Rs. 67/85, 68/85 u. 70/85, Slg. 1988, S. 219, Rn. 21 ff. – *Van der Kooy;* vgl. auch EuG, Rs. T-69/96, Slg. 2001, S. II-1037, Rn. 49 – *Hamburger Hafen- u. Lagerhaus AG* (= P Nr. 104).
622 EuGH, verb. Rs. C-68/94 u. C-30/95, Slg. 1998, S. I-1375, Rn. 75 – *Frankreich u. a./Kommission*.
623 Vgl. dazu *Gundel*, EuR, 2009, S. 383 ff.
624 EuGH, Rs. C-153/98 P, Slg. 1999, S. I-1451, Rn. 13 – *Guérin automobiles* (= P Nr. 45).
625 Vgl. ausführlich zum Rechtsschutzbedürfnis bei der Nichtigkeitsklage EuGH, Rs. C-33/14 P, ECLI:EU:C:2015:609, Rn. 55 ff. – *Mory*, darin u. a. die Klarstellung, dass Rechtsschutz-

Rechtsschutzbedürfnis entfällt allerdings nicht dadurch, dass es dem beklagten Unionsorgan unmöglich ist, die Folgen seines Rechtsakts im Falle der Nichtigerklärung gemäß Art. 266 AEUV zu beseitigen.

(γ) Begründetheit der Nichtigkeitsklage

Die Nichtigkeitsklage ist begründet, wenn der angefochtene Rechtsakt des beklagten Unionsorgans nach dem Sachvortrag der Parteien mit einem der in Art. 263 Abs. 2 AEUV genannten Nichtigkeitsgründe – zumindest teilweise – behaftet ist und dieser Verstoß vom Kläger geltend gemacht oder vom Gericht ex officio aufgegriffen wird. Von Amts wegen prüfen die Gerichte der Union regelmäßig den Nichtigkeitsgrund der Unzuständigkeit und die Verletzung wesentlicher Formvorschriften, andere Nichtigkeitsgründe werden gelegentlich ebenfalls von Amts wegen geprüft[626]. Im Übrigen beschränken sich die Unionsgerichte auf die Prüfung der vorgetragenen Nichtigkeitsgründe. In Anlehnung an das französische Verwaltungsprozessrecht erschöpft sich die Begründetheitsprüfung darin festzustellen, ob die angefochtene Rechtshandlung mit einem der in Art. 263 Abs. 2 AEUV abschließend aufgezählten Nichtigkeitsgründe behaftet ist. Dagegen kommt es – anders als bei der deutschen Anfechtungsklage nach § 113 Abs. 1 Satz 1 VwGO – strukturell nicht darauf an, ob der Kläger in einem „subjektiv-öffentlichen Recht" verletzt ist. Allerdings kann im Einzelfall der Nichtigkeitsgrund der Vertragsverletzung auch in der Verletzung eines subjektiven Rechts des Klägers, etwa einer Grundfreiheit oder einem Grundrecht, bestehen.

555

Der Nichtigkeitsgrund der *Unzuständigkeit* bezieht sich sowohl auf die Verbandskompetenz der Union gegenüber den Mitgliedstaaten als auch auf die Organzuständigkeit. Eine *Verletzung wesentlicher Formvorschriften* liegt vor, wenn Verfahrens- oder Formvorschriften verletzt wurden, bei deren Beachtung ein anderes Entscheidungsergebnis möglich gewesen wäre. Der Nichtigkeitsgrund der *Vertragsverletzung* ist ein Auffangtatbestand, der alle nicht in anderen Nichtigkeitsgründen erfassten Vertragsverstöße (AEUV und EUV mit der Maßgabe des Art. 275 AEUV; Rn. 491 f.) umgreift. Ein *Ermessensmissbrauch* liegt vor, wenn ein Beurteilungs- oder Entscheidungsspielraum – auf Tatbestands- oder Rechtsfolgenseite – zu anderen als den angegebenen Zielen verwendet wird bzw. wenn damit ein vertraglich vorgesehenes Verfahren umgangen werden soll[627].

556

---

bedürfnis und unmittelbare und individuelle Betroffenheit nicht identisch sind (Rn. 62); vgl. auch *Kamann/Weinzierl*, EuR 2016, S. 569 ff.
626 Vgl. dazu umfassend *Sachs*, Die Ex-Officio-Prüfung durch die Unionsgerichte, 2008.
627 Näher zu den Nichtigkeitsgründen *Pechstein/Görlitz*, in: Pechstein/Nowak/Häde (Hrsg.), Frankfurter Kommentar EUV/GRC/AEUV, Art. 263 AEUV Rn. 172 ff.

(δ) Urteilswirkungen im Nichtigkeitsverfahren

557 Ist die Klage zulässig und begründet, so erklärt der Gerichtshof die angefochtene Handlung für nichtig und hebt sie rechtsgestaltend auf (Art. 264 Abs. 1 AEUV). Auch die nur teilweise Nichtigerklärung eines Rechtsakts ist möglich. Die Nichtigerklärung erfolgt mit allgemeiner Wirkung (erga omnes) und mit rückwirkender Kraft (ex tunc), so dass die für nichtig erklärte Rechtshandlung von Anfang an als nicht existent gilt. Jedoch kann der Gerichtshof gemäß Art. 264 Abs. 2 AEUV bei der Nichtigerklärung von Verordnungen die Wirkungen der für nichtig erklärten Rechtshandlung ganz oder teilweise aufrechterhalten. Dies gilt nach der Rechtsprechung des EuGH in entsprechender Anwendung des Art. 264 Abs. 2 AEUV auch für Beschlüsse[628] und Richtlinien[629].

(ε) Prüfungsschema zur Nichtigkeitsklage

558 **I. Zulässigkeit**
   1. Sachliche Zuständigkeit
      - EuG zuständig für Klagen von natürlichen und juristischen Personen und bestimmte Klagen der Mitgliedstaaten (Art. 256 Abs. 1 AEUV i. V. m. Art. 51 EuGH-Satzung)
      - EuGH zuständig für Organklagen und sonstige Klagen der Mitgliedstaaten
      - Fachgerichtszuständigkeit nach Art. 257 AEUV
   2. Parteifähigkeit
      a. aktive Parteifähigkeit
         - Mitgliedstaaten, Kommission, Rat, Parlament (Art. 263 Abs. 2 AEUV)
         - Rechnungshof, EZB, Ausschuss der Regionen (Art. 263 Abs. 3 AEUV)
         - natürliche und juristische Personen (Art. 263 Abs. 4 AEUV)
      b. passive Parteifähigkeit
         Rat, Kommission, Europäisches Parlament, EZB, Europäischer Rat, Einrichtungen und sonstige Stellen der Union
   3. Klagegegenstand
      a. Organklagen oder Klagen der Mitgliedstaaten
         - Verordnungen
         - Richtlinien
         - Beschlüsse
         - alle anderen Handlungen der Unionsorgane, soweit dazu bestimmt, Rechtswirkungen nach außen erzeugen; keine GASP-Maßnahmen außer nach Art. 275 Abs. 2 AEUV
      b. Individualklagen
         - an Kläger gerichtete Handlungen (Beschluss i. S. v. Art. 288 Abs. 4 Satz 2 AEUV)
         - sonstige Handlungen
         - Rechtsakte mit Verordnungscharakter (= Normativakte, die keine Gesetzgebungsakte sind), die keine Durchführungsmaßnahmen nach sich ziehen

---

[628] EuGH, Rs. C-106/96, Slg. 1998, S. I-2729, Rn. 39 – *Vereinigtes Königreich/Kommission*.
[629] EuGH, Rs. C-295/90, Slg. 1992, S. I-4193, Rn. 26 – *Parlament/Rat*.

4. Richtiger Beklagter
Die Nichtigkeitsklage ist gegen das Unionsorgan zu richten, das den streitgegenständlichen Rechtsakt erlassen hat.
5. Klageberechtigung
   a. Rat, Kommission, Parlament sowie die Mitgliedstaaten sind ohne Weiteres klageberechtigt (Art. 263 Abs. 2 AEUV).
   b. Rechnungshof, EZB und Ausschuss der Regionen sind nur klageberechtigt, wenn die Nichtigkeitsklage dem Schutz der eigenen (organschaftlichen) Befugnisse dient (Art. 263 Abs. 3 AEUV).
   c. Bei natürlichen und juristischen Personen ist zu differenzieren:
      – als Adressaten einer angefochtenen Handlung sind sie uneingeschränkt klageberechtigt (Art. 263 Abs. 4, 1. Alt. AEUV), ansonsten nur:
      – wenn sie unmittelbar und individuell durch den angegriffenen Rechtsakt betroffen sind (Art. 263 Abs. 4, 2. Alt. AEUV):
      „Betroffenheit" = Beeinträchtigung eines tatsächlichen Interesses des Klägers
      „unmittelbar" = Rechtsakt selbst und nicht erst eine in seiner Folge hinzutretende Durchführungsmaßnahme greift in den Interessenkreis des Klägers ein (formelle unmittelbare Betroffenheit), außer wenn der Durchführungsakt gewiss ist, zwingend ergehen muss (agency-Situation) oder bereits erlassen wurde (materielle unmittelbare Betroffenheit)
      „individuell" = streitige Vorschrift berührt den Kläger wegen bestimmter persönlicher Eigenschaften oder besonderer, ihn aus dem Kreis aller übrigen Personen heraushebender Umstände und individualisiert ihn daher in ähnlicher Weise wie den Adressaten einer Entscheidung (alten Rechts) (*„Plaumann"*-Formel)
      – bei Rechtsakten mit Verordnungscharakter, die keinen Durchführungsakt nach sich ziehen, genügt unmittelbare Betroffenheit (Art. 263 Abs. 4, 3. Alt. AEUV)
6. Geltendmachung eines Nichtigkeitsgrundes (Art. 263 Abs. 2 AEUV)
   Der Kläger muss das Vorliegen der von ihm behaupteten Nichtigkeitsgründe schlüssig darlegen.
7. Form der Klageerhebung
   Die Klageschrift muss den Vorschriften des Art. 21 Abs. 1 Satz 2 EuGH-Satzung sowie des Art. 38 VerfO-EuGH bzw. Art. 76 VerfO-EuG genügen.
8. Klagefrist
   Klageerhebung binnen zwei Monaten nach Bekanntgabe oder Kenntniserlangung (Art. 263 Abs. 6 AEUV)
9. Rechtsschutzbedürfnis
   Nur problematisch, wenn der fehlerhafte Rechtsakt zum Zeitpunkt der Klageerhebung bereits aufgehoben oder der Mangel vollständig beseitigt ist. Ein spezifisches Rechtsschutzbedürfnis liegt in diesen Fällen dennoch vor, wenn:
   – konkrete Wiederholungsgefahr besteht,
   – Rechtsfragen von grundlegender Bedeutung für das Funktionieren der Union betroffen sind oder
   – die Verurteilung des Unionsorgans die Grundlage für einen Amtshaftungsanspruch des Klägers gegen die Union begründen kann (Art. 340 Abs. 2 AEUV).

II. Begründetheit

Die Nichtigkeitsklage ist begründet, wenn der angefochtene Rechtsakt des beklagten Unionsorgans mit einem der in Art. 263 Abs. 2 AEUV genannten Nichtigkeitsgründe – zumindest teilweise – behaftet ist und dieser unionsrechtliche Verstoß vom Kläger geltend gemacht oder vom Gericht ex officio aufgegriffen wird. Die abschließenden Nichtigkeitsgründe sind:
- Unzuständigkeit,
- Verletzung wesentlicher Formvorschriften,
- Verletzung der Verträge oder einer bei ihrer Durchführung anzuwendenden Rechtsnorm,
- Ermessensmissbrauch.

Stellt der Gerichtshof die Fehlerhaftigkeit des angegriffenen Rechtsakts fest, so erklärt er die angefochtene Handlung rückwirkend (ex tunc) und gegenüber jedermann (erga omnes) für nichtig (Art. 264 Abs. 1 AEUV). Erklärt der EuGH eine Handlung für nichtig, so kann er gleichwohl die Rechtswirkungen des für nichtig erklärten Rechtsakts oder einzelner Bestimmungen desselben aufrechterhalten (vgl. Art. 264 Abs. 2 AEUV).

cc) Untätigkeitsklage

(α) Funktion der Untätigkeitsklage

559 Mit der Untätigkeitsklage können das Europäische Parlament, der Europäische Rat, der Rat, die Kommission, die Europäische Zentralbank oder Einrichtungen und sonstige Stellen wegen vertragswidriger Untätigkeit im Hinblick auf eine Handlung, zu deren Vornahme sie vertraglich verpflichtet sind, verklagt werden (Art. 265 Abs. 1 AEUV). Ebenso wie die Nichtigkeitsklage dient die Untätigkeitsklage sowohl der objektiven Legalitätskontrolle des organschaftlichen Verhaltens als auch dem (individuellen) Rechtsschutz gegen Vertragsverletzungen der Unionsorgane. Während die Nichtigkeitsklage das unionsrechtswidrige *Handeln* angreift, wendet sich die Untätigkeitsklage gegen die unionsrechtswidrige *Untätigkeit* eines Unionsorgans. Die unterlassene Handlung kann dabei aber nicht im Sinne eines Verpflichtungsurteils nach § 113 Abs. 5 VwGO erstritten werden, da diese Handlung nicht Streitgegenstand ist, sondern nur die hierauf bezogene Untätigkeit.

(β) Zulässigkeit der Untätigkeitsklage

560 Die *sachliche Zuständigkeit* zur Entscheidung von Untätigkeitsklagen entspricht der Zuständigkeitsverteilung im Rahmen von Nichtigkeitsklagen (vgl. Rn. 530, 495).

561 *Aktiv parteifähig* sind Mitgliedstaaten und die Organe der Union (Art. 265 Abs. 1 AEUV), also das Europäische Parlament, der Europäische Rat, der Rat, die Kommission, der Rechnungshof, die EZB (Art. 13 Abs. 2 EUV) sowie jede natürliche und juristische Person (Art. 265 Abs. 3 AEUV). *Passiv parteifähig* sind der Europäische Rat, der Rat, die Kommission, das Europäische Parlament, die EZB und Einrichtungen sowie sonstige Stellen der Union als Beklagte.

Vor der Klageerhebung ist ein *Vorverfahren* durchzuführen, in dem das betroffene Unionsorgan bzw. die Einrichtung oder sonstige Stelle zum Tätigwerden aufgefordert werden muss. Das Vorverfahren soll neben der Selbstkontrolle die einvernehmliche Beseitigung des beanstandeten Verhaltens ermöglichen und damit gerichtliche Auseinandersetzungen vermeiden. Hierzu sieht Art. 265 Abs. 2 AEUV den Austausch der gegenseitigen Standpunkte und die Einräumung von Fristen zur Herstellung eines vertragsgemäßen Zustandes vor. Daneben grenzt das Vorverfahren den späteren gerichtlichen Streitgegenstand ein: Scheitert eine einvernehmliche Streitbeilegung, so bestimmt der Gegenstand des Vorverfahrens den Streitgegenstand des anschließenden Gerichtsverfahrens. 562

Zunächst muss das Organ oder die Einrichtung bzw. sonstige Stelle in einem *Mahnschreiben* aufgefordert werden, tätig zu werden. Das Organ oder die Einrichtung bzw. sonstige Stelle hat dann zwei Monate Zeit, zu dieser Aufforderung Stellung zu nehmen (Art. 265 Abs. 2 AEUV). Nimmt das Organ oder die Einrichtung bzw. sonstige Stelle innerhalb der zweimonatigen Frist Stellung, so ist die Untätigkeitsklage unzulässig, da die Untätigkeit beendet ist. Rechtsschutz ist dann über die Erhebung einer Nichtigkeitsklage gemäß Art. 263 AEUV möglich, wenn die entsprechenden Zulässigkeitsvoraussetzungen vorliegen (vgl. Rn. 530 ff.). Eine Stellungnahme im Sinne von Art. 265 Abs. 2 Satz 2 AEUV liegt vor, wenn eine *Entscheidung in der Sache* gefasst wird, mit der sich das betreffende Organ oder die Einrichtung bzw. sonstige Stelle konkret zu der gerügten Untätigkeit und den begehrten Maßnahmen im positiven oder negativen Sinne äußert. Auch wenn das Organ oder die Einrichtung bzw. sonstige Stelle die Vornahme der verlangten Rechtshandlung endgültig ablehnt, liegt eine zur Unzulässigkeit der Untätigkeitsklage führende, da die Untätigkeit beendende, Stellungnahme vor[630]. Eine Stellungnahme i. S. v. Art. 265 Abs. 2 Satz 2 AEUV liegt jedoch nicht vor, wenn das betroffene Organ oder die Einrichtung bzw. sonstige Stelle auf die Aufforderung überhaupt nicht reagiert, da dem Schweigen grundsätzlich jeglicher Erklärungsinhalt fehlt, es sei denn, ein Sekundärrechtsakt ordnet dem Schweigen eines Organs oder einer Einrichtung bzw. sonstigen Stelle einen bestimmten Erklärungsinhalt zu[631]. Auch lediglich hinhaltende Äußerungen oder Hinweise auf späteres Tätigwerden stellen keine Stellungnahme dar. 563

Klagegegenstand ist das Unterlassen einer Beschlussfassung unter Verletzung der Verträge. Dabei ist der Begriff des „Beschlusses" i. S. v. Art. 265 Abs. 1 AEUV nicht im Sinne des Art. 288 Abs. 4 AEUV zu verstehen, sondern erfasst jeden möglichen Rechtsakt. Art. 265 AEUV fasst den Kreis der Klagegegenstände für die in den Absätzen 1, 2 und 3 genannten Klägergruppen unterschied- 564

---

630 EuG, Rs. T-32/93, Slg. 1994, S. II-1015, Rn. 22 – *Ladbroke Racing/Kommission*.
631 Z. B. Art. 10 Abs. 6 der Fusionskontrollverordnung, ABl.EG 1989 Nr. L 395, S. 1.

lich weit. Die Organ- und Staatenklage zielt nach Art. 265 Abs. 1 AEUV gegen die Unterlassung einer Beschlussfassung.

565 Natürliche und juristische Personen können sich nur dagegen wenden, dass es „ein Organ oder eine Einrichtung oder sonstige Stelle der Union (...) unterlassen hat, einen anderen Akt als eine Empfehlung oder eine Stellungnahme an sie zu richten" (Art. 265 Abs. 3 AEUV). Art. 265 AEUV gewährt den Mitgliedstaaten und Unionsorganen demnach ein umfassenderes Klagerecht als natürlichen und juristischen Personen. Die erstgenannte Klägergruppe kann das Unterlassen jeden „Beschlusses" (Begriff nicht identisch mit dem des Art. 288 Abs. 4 AEUV[632]), also insbesondere auch das einer Empfehlung oder einer Stellungnahme – sofern sie so hinreichend konkretisiert ist, dass sie Gegenstand eines Vollzugs im Sinne des Art. 266 AEUV sein kann –, die letztgenannte dem Wortlaut nach nur das Ausbleiben von an sie zu richtenden Rechtsakten rügen. Die natürliche oder juristische Person muss daher im Rahmen der Statthaftigkeit des Klagegegenstandes nachweisen, dass sie sich in der Rechtsstellung eines (potentiellen) Adressaten des Rechtsakts befindet, der begehrte Rechtsakt also individuelle Geltung entfalten würde. Maßnahmen mit allgemeiner Geltung, die zwar rechtsverbindlich, aber „weder ihrer Form noch ihrer Rechtsnatur nach an den einzelnen gerichtet sind", werden danach ausgenommen[633].

566 Es war lange Zeit umstritten, ob Individualkläger auch Beschwerde darüber führen können, dass ein Unionsorgan einen Rechtsakt gegenüber einem Dritten nicht erlassen hat und der Kläger durch diese Untätigkeit unmittelbar und individuell betroffen ist *(positive Konkurrentenklage)*. Inzwischen hat das EuG entschieden, dass eine Untätigkeitsklage in Form einer Konkurrentenklage zulässig ist, *soweit die Unterlassung einer drittgerichteten Entscheidung den Kläger unmittelbar und individuell betrifft*[634]. Dies ergibt sich aus folgender Überlegung: Im Rahmen der Nichtigkeitsklage wendet sich der Kläger gegen eine Begünstigung des Konkurrenten, die sich auf den Kläger belastend auswirkt. Diesen Zusammenhang zwischen Begünstigung und individualisierter Belastung füllt im Rahmen der Nichtigkeitsklage die Klageberechtigung aus. Im Rahmen der Untätigkeitsklage wird der Kläger gleichermaßen durch die Untätigkeit eines Unionsorgans in seinen Interessen betroffen: Die Untätigkeit der Kommission in Wettbewerbssachen führt beispielsweise dazu, dass ein Konkurrent des Klägers sein wettbewerbswidriges Verhalten fortsetzen kann oder ein Mitgliedstaat weiterhin unionsrechtswidrige Beihilfen gewährt und den Kläger dadurch in seinen Interessen beeinträchtigt. Ein Unterschied ergibt sich lediglich daraus, dass die Betroffenheit des Klägers im Rahmen der Nichtigkeitsklage aus dem Erlass

---

632 *Pechstein*, in: Pechstein/Nowak/Häde (Hrsg.), Frankfurter Kommentar EUV/GRC/AEUV, Art. 265 AEUV Rn. 38 ff.
633 EuGH, Rs. 90/78, Slg. 1979, S. 1081, Rn. 14 – *Granaria/Rat u. Kommission*.
634 EuG, Rs. T-95/96, Slg. 1998, S. II-3407, Rn. 57 ff. – *Gestevisión Telecinco* (= P Nr. 108); vgl. auch schon EuGH, Rs. C-68/95, Slg. 1996, S. I-6065, Rn. 59 – *T. Port* (= P Nr. 14); zu den Begriffen der unmittelbaren und individuellen Betroffenheit Rn. 535 ff.

eines Rechtsakts und im Rahmen der Untätigkeitsklage aus der Untätigkeit eines Unionsorgans resultiert. Die Frage, ob der Kläger gegen eine Beeinträchtigung seiner Interessen Rechtsschutz erlangen kann oder nicht, kann jedoch im Interesse eines umfassenden effektiven Rechtsschutzes nicht davon abhängen, ob ein Unionsorgan (in einer das Unionsrecht verletzenden Weise) tätig geworden ist oder (in einer das Unionsrecht verletzenden Weise) untätig geblieben ist[635]. Auch in dieser Konstellation verursacht das Verhalten eines Unionsorgans eine Beschwer des Klägers. Damit ist eine Konkurrentenklage nach Art. 265 Abs. 3 AEUV unter der genannten Voraussetzung zulässig.

Die Untätigkeitsklage setzt in den vertraglich ausdrücklich geregelten Fällen *keine* besonders zu prüfende *Klageberechtigung* voraus. Mitgliedstaaten und Unionsorgane sind nach Art. 265 Abs. 1 AEUV ohne jede weitere „Individualisierungsvoraussetzung" klageberechtigt. Das Klagerecht der natürlichen und juristischen Personen ist zwar nach Art. 265 Abs. 3 AEUV beschränkt, diese Beschränkung betrifft jedoch den Kreis der angreifbaren organschaftlichen Verhaltensweisen und ist daher im Rahmen der Statthaftigkeit des Klagegegenstandes zu erörtern. Eine gesonderte Prüfung der Klageberechtigung ist nur erforderlich, wenn eine natürliche oder juristische Person geltend macht, dass das beklagte Organ es unterlassen hat, einen Rechtsakt an einen Dritten zu richten. In diesem Fall ist zu prüfen, ob der Kläger durch diese Untätigkeit unmittelbar und individuell betroffen ist (zu dem Begriff der unmittelbaren und individuellen Betroffenheit vgl. Rn. 542 ff.).

567

Die *Form* der Klageschrift muss den Vorschriften des Art. 21 Abs. 1 Satz 2 EuGH-Satzung sowie des Art. 120 VerfO-EuGH bzw. Art. 76 VerfO-EuG genügen. Der *Klageantrag* ist in der Hauptsache auf die *Feststellung* zu richten, dass die behauptete Untätigkeit des beklagten Unionsorgans vertragswidrig ist. Hat das untätige Unionsorgan nach Ablauf der Zweimonatsfrist zur Aufforderung des Klägers (Art. 265 Abs. 2 Satz 1 AEUV) nicht Stellung genommen, so kann dieser innerhalb einer weiteren *Zweimonatsfrist* „Klage auf Feststellung dieser Vertragsverletzung erheben" (Art. 265 Abs. 2 Satz 2 AEUV). Die Zulässigkeit der Untätigkeitsklage setzt also die Beachtung von *zwei* Fristen – der Frist zur Stellungnahme und der zur Klageerhebung – voraus.

568

Der Kläger muss zudem eine Unionsrechtsverletzung als Folge der Untätigkeit im Rahmen der Zulässigkeit geltend machen, d. h. er muss die seiner Auffassung nach verletzte Handlungspflicht benennen und das von ihm behauptete Eingreifen der unionsrechtlichen Handlungspflicht schlüssig darlegen. Ob dieses Vorbringen in tatsächlicher und rechtlicher Hinsicht zutrifft, ist jedoch erst im Rahmen der Begründetheit zu untersuchen.

569

---

635 EuGH, Rs. C-68/95, Slg. 1996, S. I-6065, Rn. 59 – *T. Port* (= P Nr. 14); vgl. GA *Lamothe*, in: EuGH, Rs. 15/71, Slg. 1971, S. 797, 808 – *Mackprang*.

(γ) Begründetheit der Untätigkeitsklage

570 Die Untätigkeitsklage ist begründet, wenn das beklagte Unionsorgan oder die Einrichtung bzw. sonstige Stelle unter *Verletzung einer* sich aus dem primären oder sekundären Unionsrecht ergebenden *Handlungspflicht unterlassen hat,* „*einen Beschluss zu fassen*" (Art. 265 Abs. 1 AEUV) bzw. *einen Rechtsakt an den Kläger oder einen Dritten zu richten* (Art. 265 Abs. 3 AEUV). Hierbei ist regelmäßig nur zu prüfen, ob das Unionsorgan oder die Einrichtung bzw. sonstige Stelle die unionsrechtlich gebotene Handlung objektiv unterlassen und dadurch eine sich aus dem primären bzw. sekundären Unionsrecht bzw. den allgemeinen Rechtsgrundsätzen ergebende Handlungspflicht verletzt hat. Problematisch ist dies insbesondere dann, wenn das Unionsrecht einen Ermessensspielraum eingeräumt hat. In diesem Fall ist darauf abzustellen, ob sich im konkreten Fall eine Ermessensreduzierung ergibt, die das Unionsorgan oder die Einrichtung bzw. sonstige Stelle bei korrekter Anwendung der Unionsrechtsnorm zu einer gebundenen Entscheidung geführt hätte[636]. Der Prüfungspunkt „objektiv unterlassen" erfordert in der Regel keine besonderen Ausführungen, da bereits im Rahmen der Zulässigkeit (vgl. Rn. 564) die Untätigkeit behandelt und festgestellt worden ist.

(δ) Urteilswirkungen im Untätigkeitsverfahren

571 Ist die Untätigkeitsklage zulässig und begründet, stellt der Gerichtshof fest, dass es das beklagte Unionsorgan unter Verletzung des Vertrags unterlassen hat, die unionsrechtlich gebotene Handlung vorzunehmen. Im Gegensatz zur Nichtigkeitsklage, die als Gestaltungsklage auf die Beseitigung der angefochtenen Rechtshandlung zielt, ist die Untätigkeitsklage als *Feststellungsklage* ausgestaltet. Ein stattgebendes Untätigkeitsurteil beseitigt nicht rechtsgestaltend den vertragswidrigen Zustand, sondern trifft die Feststellung der objektiven Verletzung einer unionsrechtlichen Handlungspflicht. Die Untätigkeitsklage ist deshalb nicht mit der deutschen Leistungsklage und insbesondere nicht mit der Verpflichtungsklage nach § 42 Abs. 1 VwGO vergleichbar, bei der im Erfolgsfalle der Staat zum Erlass des begehrten Verwaltungsaktes verurteilt wird. Nach Art. 266 AEUV haben jedoch die Unionsorgane, „denen das für nichtig erklärte Handeln zur Last fällt oder deren Untätigkeit als vertragswidrig erklärt worden ist, (...) die sich aus dem Urteil des Gerichtshofs ergebenden Maßnahmen zu ergreifen."

---

[636] GA *Mischo,* in: EuGH, verb. Rs. C-302/99 P u. C-308/99 P, Slg. 2001, S. I-5603, Rn. 95 ff. – *Kommission u. Frankreich/Télévision francaise 1 SA.*

(ε) Prüfungsschema zur Untätigkeitsklage
I. Zulässigkeit 572
1. Sachliche Zuständigkeit
   – EuG zuständig für Klagen von natürlichen und juristischen Personen und für bestimmte Klagen der Mitgliedstaaten (Art. 256 Abs. 1 AEUV i. V. m. Art. 51 EuGH-Satzung)
   – EuGH zuständig für sonstige Klagen der Mitgliedstaaten, Klagen der Organe
   – Fachgerichtszuständigkeit nach Art. 257 AEUV
2. Parteifähigkeit
   a. aktive Parteifähigkeit
      – Mitgliedstaaten sowie die Unionsorgane mit Ausnahme des Gerichtshofs (Art. 265 Abs. 1 AEUV)
      – natürliche und juristische Personen (Art. 265 Abs. 3 AEUV)
   b. passive Parteifähigkeit
      – Europäischer Rat, Rat, Kommission, Europäisches Parlament, EZB, Einrichtung oder sonstige Stelle
3. Durchführung des Vorverfahrens
   a. Befassung des untätigen Organs; Befassungsschreiben muss folgende Mindestangaben enthalten:
      – Bezeichnung der Maßnahmen, welche das betreffende Organ ergreifen soll,
      – Bezeichnung der infolge der Untätigkeit verletzten – primär- oder sekundärrechtlichen – objektiven Handlungspflicht(en),
      – Hinweis auf die Klageerhebung für den Fall fortdauernder Untätigkeit.
   b. *Keine Stellungnahme* des Organs innerhalb von zwei Monaten seit Befassung
      Stellungnahme = Beschluss in der Sache, mit dem das Organ die verlangte Maßnahme eindeutig ankündigt oder ablehnt.
4. Klagegegenstand
   a. Organklagen oder Klagen der Mitgliedstaaten:
      Verletzung der Verträge oder des abgeleiteten Unionsrechts durch die Untätigkeit hinsichtlich eines Beschlusses durch ein Unionsorgan; Beschluss i. S. v. Art. 265 Abs. 1 AEUV = alle – auch rechtsunverbindliche – Maßnahmen, die sich (richterlich) hinreichend genau bestimmen lassen, so dass sie konkretisiert und Gegenstand eines Vollzugs im Sinne von Art. 266 AEUV sein können.
   b. Individualklagen (Art. 265 Abs. 3 AEUV): Nur Untätigkeit bzgl. rechtsverbindlicher, individualisierter Rechtsakte:
      – die an den Kläger adressiert sind (Beschluss i. S. v. Art. 288 Abs. 4 Satz 2 AEUV) oder
      – die an einen Dritten zu richten sind
      Wichtig:
      Der Klagegegenstand darf gegenüber dem Verfahrensgegenstand des Vorverfahrens nicht erweitert werden.
5. Richtiger Beklagter
   Die Untätigkeitsklage ist gegen das Unionsorgan bzw. im Falle des ordentlichen Gesetzgebungsverfahrens (Art. 294 AEUV) gegen die Unionsorgane (Rat und Parlament) zu richten, dem/denen die Untätigkeit vorgeworfen wird.

6. Klageberechtigung
Der Kläger ist stets klageberechtigt, soweit er einen statthaften Klagegegenstand vorträgt. Klageberechtigung ist nur im Rahmen einer Individualuntätigkeitsklage gesondert zu erörtern, die auf die Untätigkeit bzgl. eines drittgerichteten Rechtsakts zielt. In diesem Fall hat der Kläger nachzuweisen, dass er durch die Organuntätigkeit unmittelbar und individuell betroffen ist (vgl. Art. 263 Abs. 4, 2. Var. AEUV).
7. Geltendmachung einer Unionsrechtsverletzung als Folge der Organuntätigkeit oder eines Ermessensmissbrauchs
8. Form der Klageerhebung
Die Klageschrift muss den Vorschriften des Art. 21 Abs. 1 Satz 2 EuGH-Satzung sowie des Art. 38 VerfO-EuGH bzw. Art. 76 VerfO-EuG genügen.
9. Klagefrist
Klageerhebung binnen zwei Monaten nach erfolglosem Ablauf der Stellungnahmefrist (Art. 265 Abs. 2 AEUV); Fristbeginn: Zugang der Stellungnahme beim Klageberechtigten; „erfolglos" = keine positive oder negative (ablehnende) Stellungnahme des Unionsorgans in der Sache.
10. Rechtsschutzbedürfnis
Ausnahmsweise fehlt das Rechtsschutzbedürfnis des Klägers, wenn das aufgeforderte Unionsorgan *nach Ablauf der Stellungnahmefrist, aber noch vor Verkündung des Urteils* tätig geworden ist:
(1) Nimmt das Unionsorgan *vor Klageerhebung* Stellung, so weist der Gerichtshof die Klage mangels Rechtsschutzbedürfnis als unzulässig zurück.
(2) Nimmt das Unionsorgan *erst nach Rechtshängigkeit, aber vor Urteilsverkündung* Stellung, so erklärt der Gerichtshof den Rechtsstreit in der Hauptsache für erledigt.

II. Begründetheit
Die Untätigkeitsklage ist begründet, wenn das beklagte Unionsorgan unter Verletzung einer sich aus dem primären oder sekundären Unionsrecht ergebenden Handlungspflicht bzw. infolge eines Ermessensmissbrauchs unterlassen hat, „einen Beschluss zu fassen" (Art. 265 Abs. 1 AEUV) bzw. einen Rechtsakt an den Kläger oder einen Dritten zu richten (Art. 265 Abs. 3 AEUV).

III. Tenorierung und Urteilswirkungen
Die Untätigkeitsklage ist als *Feststellungsklage* ausgestaltet. Ist die Untätigkeitsklage zulässig und begründet, stellt der Gerichtshof fest, dass es das beklagte Unionsorgan unter Verletzung des Vertrags unterlassen hat, die unionsrechtlich gebotene Handlung vorzunehmen. Ein stattgebendes Untätigkeitsurteil beseitigt nicht rechtsgestaltend den vertragswidrigen Zustand oder verpflichtet das Organ zur Vornahme der Handlung, sondern trifft die Feststellung der objektiven Verletzung einer unionsrechtlichen Handlungspflicht. Nach Art. 266 AEUV haben die verurteilten Unionsorgane die sich aus dem Urteil des Gerichtshofs ergebenden Maßnahmen zu ergreifen.

dd) Amtshaftungsklage

(α) Funktion der Amtshaftungsklage

Der Einzelne kann sowohl durch *administrative* (z. B. unrichtige Zusage über Transportzuschüsse) als auch durch *normative* (z. B. Preis- und Quotenregelung für den Absatz von Zucker im Binnenmarkt durch Verordnung) Maßnahmen der Union in seinen Rechtspositionen beeinträchtigt und geschädigt werden. Der AEUV berücksichtigt die Möglichkeit solcher Beeinträchtigungen in Art. 340 Abs. 2 i. V. m. Art. 268 AEUV durch ein Haftungssystem für Schäden, die durch außervertragliches hoheitliches Handeln der Organe oder Bediensteten der Europäischen Union verursacht werden (Rn. 630 ff.). Die gerichtliche Durchsetzung von Amtshaftungsansprüchen dient also dem individuellen Rechtsschutz gegen schädigendes Unionshandeln. Die Amtshaftungsklage gleicht das immer noch partielle Fehlen eines individuellen Klagerechts gegen normative Rechtsakte im Rahmen der Nichtigkeitsklage aus (Art. 263 Abs. 4 AEUV; Rn. 534). Ist es natürlichen und juristischen Personen versagt, eine Nichtigkeitsklage gegen unionsrechtswidriges normatives Handeln zu erheben – was bei Gesetzgebungsakten und bei Durchführungsbedürftigkeit von Tertiärrechtsakten der Fall ist –, so soll ihnen zumindest Ersatz für die durch dieses Handeln verursachten Schäden zugestanden werden. Weiterhin hat der EuGH in seiner Rechtsprechung ermöglicht, dass mit der Amtshaftungsklage – über den Wortlaut hinaus – etwa auch Ansprüche aus Geschäftsführung ohne Auftrag und ungerechtfertigter Bereicherung geltend gemacht werden können[637].

573

(β) Zulässigkeit der Amtshaftungsklage

Sachlich zuständig für die Entscheidung über Amtshaftungsklagen von natürlichen und juristischen Personen ist das EuG (Art. 256 AEUV, Art. 51 EuGH-Satzung). Der EuGH ist demgegenüber zuständig für Amtshaftungsklagen von Mitgliedstaaten.

574

Aktiv parteifähig ist jede Person, die durch ein Unionsorgan oder einen Bediensteten der Union einen Schaden erlitten hat. Ob auch die Mitgliedstaaten eine Amtshaftungsklage anstrengen können, ist wegen ihrer privilegierten Klagemöglichkeiten nach Art. 263 Abs. 2 AEUV umstritten. *Passiv parteifähig* ist die Europäische Union, vertreten durch das Organ, welchem das haftungsbegründende Verhalten zuzuordnen ist, sowie durch die Kommission, welche die Union regelmäßig gerichtlich vertritt[638].

575

Die *Form der Klageschrift* muss den Vorschriften des Art. 21 Abs. 1 Satz 2 EuGH-Satzung sowie des Art. 120 VerfO-EuGH bzw. Art. 76 VerfO-EuG ge-

576

---

637 *Haratsch,* in: FS Scheuing, S. 79, 84 f.
638 EuGH, verb. Rs. 63/72 bis 69/72, Slg. 1973, S. 1229, Rn. 7 – *Werhahn Hansamühle;* EuGH, Rs. 353/88, Slg. 1989, S. 3623, Rn. 7 – *Briantex u. Di Domenico;* vgl. dazu *Schmahl,* ZEuS 1998, S. 359.

nügen. Der Klageantrag in der Hauptsache ist auf den Ersatz des von einem Organ oder Bediensteten der Union verursachten Schadens zu richten. Der Kläger kann in seiner Klageschrift auch zunächst nur die *Feststellung* der Unionshaftung *dem Grunde nach* beantragen, sofern die genaue Schadenshöhe bei Klageerhebung noch nicht feststeht, da der Schaden sich zum Beispiel noch nicht (vollständig) verwirklicht hat. Der Gerichtshof entscheidet dann in einem *Zwischenurteil* über das Bestehen des Anspruchsgrundes. Nach Bekanntwerden der tatsächlichen Schadenshöhe kann der Kläger noch vor Erlass des Zwischenurteils den Feststellungsantrag in einen Leistungsantrag umändern.

577 Art. 340 Abs. 2 AEUV sieht *keine Klagefrist* vor. Der Gerichtshof behandelte jedoch längere Zeit die in Art. 46 Abs. 1 EuGH-Satzung geregelte fünfjährige *Verjährungsfrist* des Amtshaftungsanspruchs als (von Amts wegen zu prüfende) prozessuale Sachurteilsvoraussetzung. Mittlerweile stuft der Gerichtshof die Frist nach Art. 46 EuGH-Satzung jedoch als *materiell-rechtliche Verjährungsfrist* ein und prüft sie aufgrund ihres Charakters als Einrede nicht mehr von Amts wegen[639].

578 Im Rahmen der Amtshaftungsklage kommt dem *Rechtsschutzbedürfnis* eine erhebliche prozessuale Bedeutung zu. Dem Kläger darf weder im Wege der anderen unionsrechtlichen noch der innerstaatlichen Klagemöglichkeiten ein sachgerechterer und damit vorrangiger Rechtsbehelf zur Erreichung seines Klageziels zur Verfügung stehen.

579 Die Amtshaftungsklage ist gegenüber der Nichtigkeitsklage (Art. 263 AEUV) ein eigenständiger Rechtsbehelf. Nicht erforderlich ist es daher, die schädigende Rechtshandlung des Unionsorgans vor Erhebung der Schadensersatzklage mittels einer Nichtigkeitsklage für nichtig erklären zu lassen[640]. Anders liegt dies freilich, wenn die Schadensersatzklage nur als Vorwand für die in Wirklichkeit im Wege der Naturalrestitution erstrebte Aufhebung eines Unionsrechtsakts dient, der wegen Versäumung der Klagefrist nicht mehr gerichtlich angefochten werden kann, weil er bereits rechtskräftig ist[641]. Der Kläger darf aber nur im Rahmen des Zumutbaren und Sinnvollen auf andere Rechtsbehelfe verwiesen werden[642].

580 Im Verhältnis zu den innerstaatlichen Klagemöglichkeiten ist die Schadensersatzklage vor dem EuGH subsidiär, sofern der Schaden auf einer Maßnahme eines Mitgliedstaates bei der Anwendung des Unionsrechts beruht[643]. Art. 268 AEUV weist dem Gerichtshof die Zuständigkeit für Streitsachen aus außervertraglicher Haftung der *Union* zu. Die Unionsgerichte sind daher nur zuständig, wenn über Schadensersatzforderungen zu entscheiden ist, die auf dem schädi-

---

639 EuGH, Rs. 145/83, Slg. 1985, S. 3539, Rn. 50 – *Adams*.
640 EuGH, Rs. 5/71, Slg. 1971, S. 975, Rn. 3 f. – *Zuckerfabrik Schöppenstedt* (= P Nr. 109).
641 EuGH, Rs. 543/79, Slg. 1981, S. 2669, Rn. 28 – *Birke*.
642 EuGH, Rs. C-68/95, Slg. 1996, S. I-6065, Rn. 38 – *T. Port* (= P Nr. 14).
643 EuGH, Rs. 217/81, Slg. 1982, S. 2233, Rn. 10 – *Interagra*.

genden Verhalten eines Unionsorgans beruhen, das für die Union handelt. Der Gerichtshof prüft dabei bzgl. der Zulässigkeit der Amtshaftungsklage nur die substantiierte Darlegung eines Schadens und eines Kausalzusammenhangs zwischen diesem und dem angegriffenen Unionshandeln[644]. Die durch nationale Organe beim Unionsrechtsvollzug verursachten Schäden unterliegen dagegen der mitgliedstaatlichen Gerichtsbarkeit. Die *Abgrenzung von mitgliedstaatlicher und unionaler Amtshaftung* richtet sich danach, ob der eingetretene Schaden durch ein der Union oder den Mitgliedstaaten zurechenbares Verhalten von EU- bzw. nationalen Organen verursacht worden ist. Der nationale Rechtsweg ist also grundsätzlich eröffnet, wenn der fehlerhafte Vollzug von rechtmäßigem Unionsrecht durch *nationale Organe* in Frage steht. Dieser Grundsatz gilt sowohl beim *unmittelbaren indirekten Vollzug*, wenn unmittelbar anwendbares Unionsrecht durch die nationalen Behörden vollzogen wird, als auch beim *mittelbaren indirekten Vollzug*, wenn nationales Recht vollzogen wird, welches eine Richtlinie in innerstaatliches Recht umsetzt (vgl. zu den Vollzugsformen Rn. 474 f.). Allerdings ist der nationale Rechtsweg nur dann eröffnet, wenn die schädigende innerstaatliche Vollzugsmaßnahme dem Mitgliedstaat tatsächlich zuzurechnen ist. Handelt eine nationale Behörde aufgrund einer bindenden *Weisung* eines Unionsorgans, so erfolgt die *haftungsrechtliche Zurechnung* trotz nationalen Organhandelns nicht an den betreffenden Mitgliedstaat, sondern an die Union. Erteilt ein Unionsorgan einer nationalen Behörde eine Weisung, so regelt es nämlich selbst den Einzelfall und „bedient" sich der mitgliedstaatlichen Behörde lediglich als eines „Handlungswerkzeuges" (agency-Situation).

(γ) Begründetheit der Amtshaftungsklage

Die Amtshaftungsklage ist begründet, wenn *ein Organ, die EZB oder ein Bediensteter der Union in Ausübung einer Amtstätigkeit* eine höherrangige, dem Schutz des Einzelnen dienende Rechtsnorm in qualifizierter Weise *verletzt* und dadurch *unmittelbar einen kausalen Schaden des Klägers verursacht hat* (zu den Einzelheiten der außervertraglichen Haftung vgl. Rn. 630 ff.). *Im Falle rechtmäßigen Unionshandelns* scheidet nach der Rechtsprechung des EuGH eine Haftung der Union aus[645] (vgl. Rn. 634).

581

(δ) Urteilswirkungen im Amtshaftungsverfahren

Ist die Amtshaftungsklage zulässig und begründet, so ergeht die stattgebende Sachentscheidung über eine Verurteilung zur Schadensersatzzahlung in Form eines *Leistungsurteils*. Soweit lediglich die Haftung der Union dem Grunde nach festgestellt wird, ergeht die Sachentscheidung in Form eines *Feststellungsurteils*.

582

---

644 EuG, Rs. T-184/95, Slg. 1998, S. II-667, Rn. 23 f. – *Dorsch Consult II*.
645 EuGH, verb. Rs. C-120/06 P u. C-121/06 P, Slg. 2008, S. I-6513, Rn. 141, 196, 176 – *FIAMM* (= P Nr. 114).

Im Gegensatz zum nicht vollstreckbaren Feststellungsurteil erhält der Kläger mit dem Leistungsurteil einen vollstreckbaren Titel (Art. 280 AEUV). Das Vollstreckungsverfahren richtet sich nach Art. 299 Abs. 2 bis 4 AEUV. Eine erfolgreiche Amtshaftungsklage führt nicht zur (inzidenten) Beseitigung der rechtswidrigen Handlung, die den Amtshaftungsanspruch auslöst. Vielmehr stellt der Gerichtshof die Rechtswidrigkeit im Amtshaftungsverfahren fest, ohne dass dadurch die Gültigkeit des Unionsakts mit Wirkung erga omnes berührt wird.

(ε) Prüfungsschema zur Amtshaftungsklage

583
I. Zulässigkeit
1. Sachliche Zuständigkeit
   a. EuG zuständig für Klagen von natürlichen und juristischen Personen (Art. 256 AEUV, Art. 51 EuGH-Satzung)
   b. EuGH zuständig für Klagen der Mitgliedstaaten (aber: bisher durch Rechtsprechung nicht entschieden, ob Mitgliedstaaten Amtshaftungsklage erheben können)
2. Aktive Parteifähigkeit
   a. natürliche und juristische Personen, die nach ihrem Klagevortrag einen Schaden erlitten haben
   b. Mitgliedstaaten (str. wegen der Klagemöglichkeit nach Art. 263 Abs. 2 AEUV)
3. Passive Parteifähigkeit
   Das schadensverursachende Organ ist Partei des Amtshaftungsverfahrens.
4. Ordnungsgemäße Klageerhebung
   Die Klageschrift muss den Anforderungen des Art. 21 Abs. 1 Satz 2 EuGH-Satzung sowie des Art. 57 VerfO-EuGH bzw. Art. 76 VerfO-EuG genügen.
5. Zeitpunkt der Klageerhebung
   Keine Klagefrist
6. Rechtsschutzbedürfnis
   Im Falle paralleler – innerstaatlicher und unionsgerichtlicher – Rechtswege ist der Grundsatz der Subsidiarität des unionalen gegenüber dem innerstaatlichen Rechtsschutz zu beachten:
   a. *Vor* Schadenseintritt ist der Einzelne verpflichtet, mit nationalen Rechtsbehelfen gegen den innerstaatlichen Vollzugsakt die Schadensentstehung abzuwenden.
   b. *Nach* Schadenseintritt greift das EU-Amtshaftungsverfahren *subsidiär* erst dann ein, wenn der innerstaatliche Rechtsweg gegen die mitgliedstaatliche Vollzugsmaßnahme ausgeschöpft worden ist, auf nationaler Ebene aber kein Ersatz erlangt werden konnte.

II. Begründetheit
Die Amtshaftungsklage ist begründet, wenn ein Organ oder ein Bediensteter der Union in Ausübung einer Amtstätigkeit:
1. bei *gebundenen* Entscheidungen: eine dem Schutz des Geschädigten dienende Rechtsnorm bzw. bei Entscheidungen mit *Gestaltungsspielraum:* eine höherrangige, dem Schutz des Einzelnen dienende Rechtsnorm
2. in hinreichend qualifizierter Weise verletzt und dadurch unmittelbar kausal einen Schaden des Klägers verursacht hat.

III. Tenorierung und Urteilswirkungen
Die einer Amtshaftungsklage stattgebende Entscheidung ergeht,
1. soweit die Union zur Schadensersatzleistung verurteilt wird, in Form eines nach Art. 280 i. V. m. Art. 299 Abs. 2 bis 4 AEUV vollstreckbaren Leistungsurteils,
2. soweit lediglich die Unionshaftung dem Grunde nach festgestellt wird, in Form eines nicht vollstreckbaren Feststellungsurteils.

Die Rechtswidrigkeitsfeststellung der Unionsmaßnahme wirkt nur inter partes, nicht erga omnes.

ee) Vorabentscheidungsverfahren

(α) Funktion des Vorabentscheidungsverfahrens

In einem Vorabentscheidungsverfahren gemäß Art. 267 AEUV kann durch den EuGH im Rahmen eines vor einem mitgliedstaatlichen Gericht anhängigen Rechtsstreits eine für den Ausgang dieses Rechtsstreits erhebliche Frage nach der Auslegung oder Gültigkeit des Unionsrechts geklärt werden. Sowohl die mitgliedstaatlichen Gerichte als auch der Gerichtshof wenden Unionsrecht an. Dies könnte zu divergierenden Entscheidungen führen, wäre nicht für die unionseinheitliche Auslegung und Gültigkeitsbeurteilung durch ein zentrales Unionsgericht gesorgt. Das Vorabentscheidungsverfahren soll dieser Gefahr entgegenwirken und verhindern, dass sich in einem Mitgliedstaat eine Rechtsprechung herausbildet, die mit Normen des Unionsrechts nicht in Einklang steht. Hierzu sieht Art. 267 AEUV ein Kooperationsverhältnis zwischen dem EuGH und den mitgliedstaatlichen Gerichten vor: Stoßen die mitgliedstaatlichen Gerichte bei der Prüfung entscheidungserheblicher Unionsrechtsfragen auf Schwierigkeiten, so sind sie befugt – und in bestimmten Fällen verpflichtet –, den EuGH um Klärung dieser Fragen zu ersuchen. Erst nachdem der EuGH in seinem Vorabentscheidungsurteil die unionsrechtlichen Auslegungsmaßstäbe aufgestellt hat, wendet das mitgliedstaatliche Gericht die vom EuGH ausgelegte Unionsrechtsnorm in seiner Entscheidung auf den streitgegenständlichen Sachverhalt an. Es handelt sich beim Vorabentscheidungsverfahren somit um ein *Zwischenverfahren im Rahmen des nationalen Rechtsstreits unter Einschaltung des Gerichtshofs der Europäischen Union*. Es dient zum einen der *Wahrung der Rechtseinheit*, d. h., es soll gewährleistet werden, dass das Unionsrecht von den nationalen Gerichten einheitlich ausgelegt und angewendet wird[646]. Zum anderen verstärkt das Verfahren den *Individualrechtsschutz*, denn das Vorlageverfahren bietet dem Einzelnen die Möglichkeit, das Unionsrecht vor den nationalen Gerichten durchzusetzen. Erzwingen kann der Einzelne eine Vorlage allerdings nicht. Dem Individualrechtsschutz trägt auch das neue Eilverfahren Rechnung, das für Vorabentscheidungsverfahren in den Bereichen der früheren PJZS und der

584

---

[646] EuGH, Rs. 66/80, Slg. 1981, S. 1191, Rn. 11 – *International Chemical Corporation*; vgl. auch die Hinweise des EuGH zur Vorlage von Vorabentscheidungsersuchen durch die nationalen Gerichte, ABl.EU 2009 Nr. C 297. S. 1.

Art. 77 ff. AEUV Anwendung findet (Art. 107 ff. VerfO-EuGH). Die insoweit maßgeblichen Fragen betreffen in besonderer Weise schützenswerte Individualrechte[647]. Durch den neuen Art. 267 Abs. 4 AEUV ist dies überdies bei Vorabentscheidungen über Vorlagen mitgliedstaatlicher Gerichte, die eine inhaftierte Person betreffen, nunmehr primärrechtlich verankert[648].

(β) Annahmefähigkeit der Vorlagefrage („Zulässigkeit")

585 Sachlich zuständig für die Entscheidung über Vorabentscheidungsersuchen ist zunächst der EuGH. Gemäß Art. 256 Abs. 3 AEUV besteht jedoch die Möglichkeit, dass dem EuG für besondere in der Satzung festgelegte Sachgebiete die Zuständigkeit für Vorabentscheidungsersuchen übertragen werden kann. Bislang ist eine solche Festlegung in der Satzung nicht erfolgt.

586 *Vorlagegegenstand* sind Fragen nach der Auslegung von EUV und AEUV (Art. 267 Abs. 1 lit. a AEUV) und nach der Gültigkeit und Auslegung der Handlungen der Organe, Einrichtungen und sonstigen Stellen der Union (Art. 267 Abs. 1 lit. b AEUV). Die Vorlagefragen können sich damit auf die Auslegung sämtlicher Normen des Unionsrechts beziehen, also des primären und des sekundären Unionsrechts einschließlich der allgemeinen Rechtsgrundsätze und des Unionsgewohnheitsrechts. Möglich sind auch Fragen nach der Auslegung völkerrechtlicher Abkommen der Union mit Drittstaaten oder anderen internationalen Organisationen. Unzulässig sind hingegen Fragen nach der Vereinbarkeit eines innerstaatlichen Akts mit dem Unionsrecht. Ebenfalls unzulässig sind Fragen hinsichtlich der Gültigkeit der Primärrechtsnormen (vgl. Wortlaut Art. 267 lit. a bzw. lit. b AEUV). Die Ausnahmevorschrift des Art. 275 AEUV für die GASP (Rn. 491 f.) gilt auch für das Vorabentscheidungsverfahren.

587 Art. 267 AEUV beschränkt die *Vorlageberechtigung* auf die mitgliedstaatlichen Gerichte. In einigen Mitgliedstaaten bestehen neben den Organen, die unabhängige Rechtsprechungsgewalt ausüben, Spruchkörper, deren Zugehörigkeit zu den Rechtsprechungsorganen im Sinne des unionsrechtlichen („autonomen") Gerichtsbegriffs nach Art. 267 AEUV zweifelhaft ist. Der EuGH hat daher Kriterien entwickelt, denen ein Spruchkörper genügen muss, um vorlageberechtigt zu sein. Der unionsrechtliche Gerichtsbegriff setzt danach „eine unabhängige, durch oder aufgrund eines Gesetzes eingerichtete Instanz voraus, die im Rahmen einer obligatorischen Zuständigkeit Rechtsstreitigkeiten unter Anwendung von Rechtsnormen – also nicht allein nach Billigkeit – bindend entscheidet"[649]. Hinsichtlich der *Unabhängigkeit der nationalen Gerichte* hat der Gerichtshof jüngst

---
647 Vgl. hierzu *Kühn*, EuZW 2008, S. 263.
648 Vgl. dazu und zum PPU: *Pechstein/Görlitz*, in: Pechstein/Nowak/Häde (Hrsg.), Frankfurter Kommentar EUV/GRC/AEUV, Art. 267 AEUV Rn. 107 ff.
649 Vgl. EuGH, Rs. C-393/92, Slg. 1994, S. I-1477, Rn. 21 – *Almelo;* EuGH, Rs. C-54/96, Slg. 1997, S. I-4961, Rn. 23 – *Dorsch Consult I;* EuGH, Rs. C-284/16, ECLI:EU:C:2018:158, Rn. 43 ff. – *Achmea* (= P Nr. 58).

insbesondere die Sicherung der Amtsdauer der Richter als gemäß Art. 19 Abs. 1 EUV geboten herausgearbeitet[650]. Für in ihrer Unabhängigkeit beeinträchtigte nationale Gerichte entfällt die Vorlageberechtigung. Für in ihrer Unabhängigkeit erst bedrohte Gerichte muss die Vorlageberechtigung jedoch erhalten bleiben, damit ihnen noch die Möglichkeit verbleibt, den EuGH zu ihrem aus Art. 19 Abs. 1 EUV folgenden Schutz anzurufen, sofern dies im Rahmen eines innerstaatlichen Rechtsstreits entscheidungserheblich wird[651].

Abgrenzungsschwierigkeiten hinsichtlich des Gerichtsbegriffs können sich insbesondere bei Schiedsgerichten ergeben. Obwohl private – auf Vereinbarung beruhende – Schiedsgerichte Merkmale eines Gerichts im Sinne von Art. 267 Abs. 2 AEUV aufweisen, verneint der EuGH die Vorlageberechtigung privater, nach §§ 1025 ff. ZPO gebildeter Schiedsgerichte[652], denn den Parteien steht es bei Abschluss der Schiedsvereinbarung frei, die Entscheidung auftretender Rechtsstreitigkeiten den ordentlichen Gerichten oder einem solchen (privaten) Schiedsgericht zu übertragen. Die öffentliche Gewalt ist weder an der Rechtswegentscheidung (Verfahren vor den ordentlichen Gerichten oder dem Schiedsgericht) noch am Verfahrensablauf selbst beteiligt, so dass einem nach den §§ 1025 ff. ZPO gebildeten Schiedsgericht ein ausreichendes Bindeglied zur öffentlichen Gewalt des Mitgliedstaates fehlt. Auch ein durch ein Abkommen zwischen einem Mitgliedstaat und einem privaten Investor im Rahmen eines bilateralen Investitionsschutzabkommens (BIT) eingerichtetes Schiedsgericht wurde vom EuGH mangels Eingliederung in die mitgliedstaatliche Rechtsordnung nicht als Gericht i. S. d. Art. 267 Abs. 2 AEUV angesehen[653]. Ein Gericht in diesem Sinne liegt nach der Rechtsprechung des EuGH ebenfalls nicht vor, wenn ein Amtsgericht als Handelsregistergericht tätig wird, da es in diesem Fall keine Tätigkeit ausübt, die *Rechtsprechungscharakter* hat, sondern verwaltend tätig wird[654].

588

Grundsätzlich besteht ein *Vorlagerecht* des innerstaatlichen Gerichts bei Zweifeln an der Gültigkeit oder Auslegung des Unionsrechts (Art. 267 Abs. 2 AEUV). Die vorgelegte Frage muss nach der Auffassung des vorlegenden nationalen Gerichts für den Ausgang des bei ihm anhängigen Rechtsstreits *entscheidungserheblich* sein, d. h., es muss im konkreten Fall darauf ankommen, wie das Unionsrecht auszulegen oder ob ein Rechtsakt der Union gültig ist. Allgemeine oder hypothetische Fragen sind daher nicht zulässig[655]. Der EuGH überprüft insoweit je-

589

---

650 EuGH, Rs. C-619/18, ECLI:EU:C:2019:531, Rn. 42 ff. – *Kommission/Polen* (= P Nr. 6).
651 Entsprechende Fallgestaltung in EuGH, Rs. C-64/16, ECLI:EU:C:2018:117 – *Associação Sindical dos Juízes Portugueses* (= P Nr. 5).
652 EuGH, Rs. 102/81, Slg. 1982, S. 1095, Rn. 10 – *Nordsee* (= P Nr. 82); vgl. aber positiv zu einem portugiesischen Schiedsgericht EuGH, Rs. C-555/13, ECLI:EU:C:2014:92, Rn. 17 ff. – *Merck Kanada*.
653 EuGH, Rs. C-284/16, ECLI:EU:C:2018:158, Rn. 31 ff. – *Achmea* (= P Nr. 58).
654 EuGH, Rs. C-86/00, Slg. 2001, S. I-5335, Rn. 16 – *HSB-Wohnbau*.
655 EuGH, Rs. C-83/91, Slg. 1992, S. I-4871, Rn. 25 – *Meilicke*.

doch nur das Vorliegen eines Missbrauchs des Vorabentscheidungsverfahrens⁶⁵⁶. Ob und in welchem Verfahrensstadium es einer Vorabentscheidung bedarf, steht im Ermessen des vorlageberechtigten Gerichts⁶⁵⁷. Eine Vorlagefrage kann auch im Rahmen eines Verfahrens des einstweiligen Rechtsschutzes gestellt werden⁶⁵⁸.

590 In bestimmten Fällen ist das mitgliedstaatliche Gericht nicht nur berechtigt, sondern *verpflichtet*, eine Frage dem EuGH vorzulegen. Eine *unionsrechtliche Vorlagepflicht* besteht für ein Gericht:
(1) wenn seine Entscheidung nicht mehr mit Rechtsbehelfen des innerstaatlichen Rechts angegriffen werden kann (Art. 267 Abs. 3 AEUV) oder
(2) wenn es einen EU-Sekundärrechtsakt für unwirksam hält und ihn deshalb nicht anwenden will *(Foto-Frost-Doktrin)*⁶⁵⁹ oder
(3) wenn es beabsichtigt, einen mitgliedstaatlichen Akt, der Unionsrecht vollzieht, aufzuheben, nicht anzuwenden oder auszusetzen⁶⁶⁰.
Zusätzlich bestehen in Deutschland *verfassungsrechtlich* begründete Vorlagepflichten (vgl. Rn. 167 f., 593)⁶⁶¹.

591 Letztinstanzliche Gerichte (BGH, BVerwG, BFH, BSG, BAG) sowie das BVerfG⁶⁶² sind bei entsprechenden Zweifeln stets vorlageverpflichtet. Aber auch unterinstanzliche Gerichte, deren Entscheidungen im *konkreten Fall* nicht mehr mit Rechtsmitteln angegriffen werden können (z. B. AG, wenn die Berufung gemäß § 511 Abs. 2 ZPO nicht zulässig ist), sind vorlageverpflichtet. Es gilt mithin eine *konkrete Betrachtungsweise* zur Bestimmung des letztinstanzlichen Gerichts, denn die dem Vorabentscheidungsverfahren zukommende Individualrechtsschutzfunktion, wie auch die Sicherung der einheitlichen Anwendung des Unionsrechts, gebieten eine möglichst umfassende Absicherung des unionsrechtlichen Auslegungs- und Verwerfungsmonopols des EuGH⁶⁶³.

592 Allerdings bestehen einige *Ausnahmen von der Vorlagepflicht*⁶⁶⁴. Ein mitgliedstaatliches Gericht ist selbst dann, wenn die Voraussetzungen einer Vorlage-

---

656 EuGH, Rs. C-231/89, Slg. 1990, S. I-4003, Rn. 25 – *Gmurzynska-Bscher*.
657 EuGH, Rs. 72/83, Slg. 1984, S. 2727, Rn. 10 – *Campus Oil*; EuGH, Rs. 14/86, Slg. 1987, S. 2545, Rn. 11 – *Pretore di Saló*.
658 EuGH, verb. Rs. 35/82 u. 36/82, Slg. 1982, S. 3723, Rn. 7 – *Morson u. Jhanjan*.
659 EuGH, Rs. 314/85, Slg. 1987, S. 4199, Rn. 15 ff. – *Foto-Frost* (= P Nr. 85).
660 Im Verfahren des vorläufigen Rechtsschutzes darf das nationale Gericht hierüber jedoch unter bestimmten Voraussetzungen selbst entscheiden; eine Gültigkeitsvorlage muss jedoch im Hauptverfahren erfolgen; EuGH, verb. Rs. C-143/88 u. C-92/89, Slg. 1991, S. I-415, Rn. 27 ff. – *Zuckerfabrik Süderdithmarschen* (= P Nr. 12).
661 Vgl. dazu auch *Thomale*, EuR 2016, S. 510 ff.; *Foerster*, EuR 2015, S. 601 ff.
662 Vgl. hierzu insbes. BVerfG, Beschl. v. 6.11.2019 – 1 BvR 276/17, Rn. 72 ff. – *Recht auf Vergessen II*, vgl. hierzu näher Rn. 701 f., 717 ff.; nachdem das BVerfG sich in dieser Entscheidung dazu entschlossen hat, die Grundrechte-Charta als Prüfungsmaßstab heranzuziehen, ist es insoweit selbst ggf. vorlagepflichtige letzte Instanz. Das Verhältnis zur evtl fortbestehenden zusätzlichen Letztinstanzlichkeit von Fachgerichten wird vom BVerfG an dieser Stelle thematisiert, wenn auch nicht abschließend geklärt. Die Entscheidung über die Letztinstanzlichkeit eines Gerichts steht als unionsrechtliche Fragestellung auch in der Entscheidungshoheit des EuGH.
663 EuGH, Rs. 283/81, Slg. 1982, S. 3415, Rn. 7 – *CILFIT* (= P Nr. 86).
664 Vgl. hierzu auch *Herrmann/Rosenfeldt*, Europäisches Prozessrecht, Rn. 465 ff.

pflicht erfüllt sind, nicht zur Einleitung eines Vorabentscheidungsverfahrens verpflichtet,
- wenn die aufgeworfene Frage bereits in einem gleich gelagerten Fall vorgelegt und durch den EuGH beantwortet wurde[665], oder
- wenn eine gesicherte unionsrechtliche Rechtsprechung zu dieser Frage vorliegt, durch welche die betreffende Rechtsfrage geklärt ist, selbst wenn die strittigen Fragen nicht vollkommen identisch sind und unabhängig davon, in welcher Art von Verfahren sich diese Rechtsprechung gebildet hat („acte éclairé")[666] oder
- wenn die richtige Auslegung des Unionsrechts so offensichtlich ist, dass kein Raum für vernünftige Zweifel an der Entscheidung der gestellten Frage bleibt und weder der Gerichtshof selbst noch die übrigen Gerichte der Mitgliedstaaten Zweifel an dieser Auslegung haben würden („acte claire"[667]; diese sog. C.I.L.F.I.T.-Kriterien sind aber nicht anwendbar auf Gültigkeitsfragen[668]). In einer neueren Entscheidung hat der EuGH die C.I.L.F.I.T.-Kriterien abgemildert und u. a. das bloße Vorliegen sich widersprechender Entscheidungen einzelstaatlicher Gerichte nicht für ausreichend erachtet, um eine Vorlagepflicht zu begründen. Eine Vorlagepflicht besteht aber dann, wenn auf der Unionsebene die Gefahr von Divergenzen in der Rechtsprechung entsteht; dies ist jedenfalls dann der Fall, wenn eine Vielzahl von Gerichten zu diesem Problem bereits vorgelegt haben[669].

Verletzt ein mitgliedstaatliches Gericht seine Vorlagepflicht, stellt dies eine Verletzung des AEUV dar, die im Wege des Vertragsverletzungsverfahrens von der Kommission oder von anderen Mitgliedstaaten vor dem EuGH gerügt werden kann. Inwieweit hieraus ein Haftungsanspruch folgt, ist im Einzelnen problematisch (Rn. 663). Innerstaatlich verletzt in Deutschland die willkürliche Nichtvorlage den grundgesetzlichen Anspruch auf den gesetzlichen Richter (Art. 101 Abs. 1 Satz 2 GG) – hier der EuGH – und kann im Wege der Verfassungsbeschwerde beim BVerfG angegriffen werden[670]. Von Bedeutung ist diese Rechtsschutzmöglichkeit insbesondere, da die Parteien des Ausgangsverfahrens kein unmittelbares Recht auf Anrufung des Gerichtshofs zur Durchführung des Vorabentscheidungsverfahrens haben[671].

593

---

665 EuGH, verb. Rs. 28/62 bis 30/62, Slg. 1963, S. 63, 80 – *Da Costa*.
666 EuGH, Rs. 283/81, Slg. 1982, S. 3415, Rn. 14 – *CILFIT* (= P Nr. 86).
667 EuGH, Rs. 283/81, Slg. 1982, S. 3415, Rn. 16 – *CILFIT* (= P Nr. 86); vgl. dazu *Haltern*, Europarecht, Bd. II, Rn. 288 ff.
668 EuGH, Rs. C-461/03, Slg. 2005, S. I-10513 – *Gaston Schul* (= P Nr. 88).
669 EuGH, Rs. C-160/14, ECLI:EU:C:2015:565 – *Ferreira u. a.* (= P Nr. 87). Vgl. hierzu die Anm. v. *Wendenburg*, EuZW 2016, S. 115 ff.
670 BVerfGE 73, 339, 366 f. – *Solange II*; BVerfG, NJW 2001, S. 1267; BVerfGE 135, 155, 230 f.; hierzu *Finck/Wagner*, NVwZ 2014, S. 1286 ff.
671 Vgl. EuG, verb. Rs. T-377/00, T-379/00, T-380/00, T-206/01 u. T-272/01, Slg. 2003, S. II-1, Rn. 105 – *Philip Morris*.

594 Da der EuGH ausschließlich zur Beantwortung unionsrechtlicher Fragen berechtigt ist, darf ihm nicht die Subsumtion des streitgegenständlichen Sachverhalts unter die Unionsrechtsnorm vorgelegt werden. Vielmehr muss die *Frage nach der Auslegung* des EU-Rechts *abstrakt* formuliert sein. Da dem EuGH keine Rechtsprechungskompetenz über nationales Recht der Mitgliedstaaten zukommt, er insbesondere keine Prüfung mitgliedstaatlichen Rechts am Maßstab des Unionsrechts vornehmen darf, muss die Formulierung der Vorlagefrage auf die Auslegung von Unionsrecht beschränkt werden, weshalb nicht nach der Vereinbarkeit des nationalen Rechts mit Unionsrecht gefragt werden darf. Eine mustergültig formulierte Auslegungsfrage in einem Vorlagebeschluss des BVerwG lautet: „Ist Art. 2 Abs. 4 UAbs. 1 der Verordnung (EWG) 1624/76 vom 2. Juli 1976 (…) dahin auszulegen, dass bei der Ausfuhr von in Deutschland hergestelltem Magermilchpulver nach Italien mittels Lastkraftwagen zum Zwecke der Mischfutterherstellung die zuständige Stelle von jeder LKW-Ladung eine Probe ziehen und untersuchen lassen muss, um die in der Vorschrift genannte Bescheinigung erteilen zu können?"[672]

595 Tatsächlich hält sich der EuGH im Interesse einer effektiven Handhabung des Vorlageverfahrens für befugt, ungenau formulierte Vorlagen durch Ausübung seines richterlichen Fragerechts sowie durch Auslegung der Fragen zu präzisieren[673]. Die *Gültigkeitsfrage* hingegen ist *konkret* zu formulieren, da sie auf die Rechtswirksamkeit einer bestimmten Vorschrift des sekundären Unionsrechts gerichtet ist. Eine Gültigkeitsvorlage wäre wie folgt zu formulieren: „Ist Art. 2 Abs. 4 UAbs. 1 der Verordnung (EWG) 1624/76 vom 2. Juli 1976 (…) rechtsgültig?"

596 Soweit die Klagefrist des Art. 263 Abs. 6 AEUV abgelaufen ist, tritt gegenüber dem Betroffenen Bestandskraft ein. Diese Bestandskraftwirkung könnte umgangen werden, wenn derjenige, der gegen einen entsprechenden EU-Rechtsakt Nichtigkeitsklage hätte erheben können, dies unterlässt und stattdessen zu einem Zeitpunkt nach Eintritt der Bestandskraft in einem Rechtsstreit bezüglich eines nationalen Vollzugsakts zu diesem EU-Rechtsakt die Gültigkeit dieser Unionsregelung bestreitet[674]. Legt hier das nationale Gericht dem EuGH die entsprechende Bestimmung zur Gültigkeitskontrolle vor, so droht die Umgehung der Bestandskraftwirkung. Aus diesem Grunde hat der EuGH die Annahmefähigkeit einer entsprechenden Gültigkeitsvorlage davon abhängig gemacht, dass die Partei des Ausgangsrechtsstreits vor dem nationalen Gericht, die sich auf die Ungültigkeit des Unionsrechtsakts beruft, nicht „offensichtlich" zur Erhebung einer Nichtigkeitsklage befugt war. Im Einzelnen ist es allerdings nicht einfach, den Maßstab der „Offensichtlichkeit" zu konkretisieren. Maßgeblich ist insoweit die

---

672 BVerwG, Beschl. v. 30.3.1995 Az. 3 C 21.94.
673 EuGH, Rs. 6/64, Slg. 1964, S. 1251, 1268 – *Costa/ENEL* (= P Nr. 1).
674 Ausführlich zu diesem Problem *Gröpl*, EuGRZ 1995, S. 583; *Pache*, EuZW 1994, S. 615; *Kamann/Selmayr*, NVwZ 1999, S. 1041.

Klärung der Zulässigkeitsvoraussetzungen der Nichtigkeitsklage nach Art. 263 AEUV durch die Unionsgerichte[675]. Für die neue dritte Variante des Art. 263 Abs. 4 AEUV ist diese Präklusionswirkung jedoch problematisch, da ansonsten das neu eingeräumte Klagerecht gegen bestimmte Normen durch die kurze Klagefrist wieder ausgehebelt würde: Es würde sonst auch eine Flut „vorsorglicher" Klagen gegen Tertiärrechtsnormen drohen, von denen Einzelne ggf. erst sehr viel später betroffen sein könnten. Trotzdem hat der EuGH in der Rs. C-158/14 eine entsprechende Anwendung der Präklusionswirkung auch auf diese Konstellation befürwortet[676]. Letztlich hat er den Fall allerdings anhand von Art. 263 Abs. 4, 2. Alt. AEUV gelöst.

(γ) Beantwortung der Vorlagefrage durch Urteil des EuGH

In den Entscheidungsgründen eines Urteils auf eine *Auslegungsfrage* stellt der EuGH detaillierte Auslegungskriterien auf und erläutert diese, um dem vorlegenden nationalen Gericht die Prüfung der Vereinbarkeit einer nationalen Norm mit den unionsrechtlichen Normen zu ermöglichen. Im Tenor gibt er die Auslegung der entsprechenden EU-Normen vor[677]. Die Anwendung dieser Auslegungskriterien auf den zur Entscheidung stehenden Sachverhalt obliegt allein dem vorlegenden Gericht[678]. Ist Gegenstand des Vorabentscheidungsverfahrens eine *Gültigkeitsvorlage,* überprüft der EuGH die Rechtmäßigkeit der Unionshandlung auf ihre Vereinbarkeit mit höherrangigem (primärem) Unionsrecht am Maßstab des Art. 263 Abs. 2 AEUV (Rn. 551) und stellt im Tenor des Urteils die Gültigkeit oder die Ungültigkeit des vorgelegten Rechtsakts fest.

597

(δ) Rechtswirkungen des Vorabentscheidungsurteils

Die Rechtswirkungen des Vorabentscheidungsurteils sind im AEUV nicht festgelegt. Das Vorabentscheidungsurteil erwächst in Rechtskraft und ist somit jedenfalls für das vorlegende Gericht verbindlich. Die Bindungswirkung erstreckt sich nicht nur auf das Ausgangsgericht, sondern auf sämtliche Gerichte, die in der gleichen Rechtssache zu entscheiden haben (Rechtsmittelinstanzen, Wiederaufnahmegericht). Nach ständiger Rechtsprechung sind die Gerichte jedoch befugt, den EuGH erneut anzurufen, um eine weitergehende Klärung, etwa der Reichweite oder der zeitlichen Wirkung einer Ungültigkeitserklärung, herbeizuführen[679]. Hinsichtlich der Wirkungen außerhalb des Ausgangsverfahrens ist

598

---

675 Zu den verschiedenen, z. T. komplizierten Konstellationen vgl. *Pechstein/Kubicki*, NJW 2005, S. 1825; *Pechstein/Görlitz*, in: Pechstein/Nowak/Häde (Hrsg.), Frankfurter Kommentar EUV/GRC/AEUV, Art. 267 AEUV Rn. 27 ff.
676 EuGH, Rs. C-158/14, ECLI:EU:C:2017:202, Rn. 68 ff. – *A u. a./Minister van Buitenlandse Zaken* (= P Nr. 77), mit Anm. v. *Gundel*, EuZW 2017, S. 393 f.
677 Vgl. EuGH, Rs. C-470/93, Slg. 1995, S. I-1923 – *Mars* (= P Nr. 154).
678 EuGH, Rs. 222/78, Slg. 1979, S. 1163, Rn. 10 ff. – *ICAP.*
679 EuGH, Rs. 69/85, Slg. 1986, S. 947, Rn. 15 – *Wünsche.*

zu differenzieren: Stellt der Gerichtshof die *Ungültigkeit* einer Organhandlung fest, so entfaltet das Urteil Bindungswirkungen auch außerhalb des Ausgangsverfahrens (erga omnes)[680]. Dies entspricht im Ergebnis der Nichtigerklärung nach Art. 264 AEUV. Stellt der Gerichtshof dagegen die Gültigkeit einer Organhandlung fest, so entfaltet das Urteil keine allgemeine Bindungswirkung[681], denn es ist nicht auszuschließen, dass neue, bislang nicht in die Prüfung einbezogene Gesichtspunkte zu einer anderen Beurteilung führen können und daher eine erneute Vorlage rechtfertigen bzw. erforderlich machen. *Auslegungsurteile* entfalten dagegen eine *eingeschränkte erga omnes-Wirkung*. Die mitgliedstaatlichen Gerichte sind zwar verpflichtet, das Unionsrecht in der Auslegung des EuGH anzuwenden oder aber bei Zweifeln an der Richtigkeit der Auslegung erneut vorzulegen. Allerdings sperrt die erga omnes-Urteilswirkung nicht etwa eine künftige Vorlage der gleichen Auslegungsfragen, vielmehr verbietet sie lediglich ein eigenmächtiges Abweichen von der Vorabentscheidung durch mitgliedstaatliche Gerichte. Auslegungs- und Gültigkeitsurteile wirken grundsätzlich ex tunc. Der Gerichtshof ist jedoch befugt, die Wirkungen seiner Urteile im Vorabentscheidungsverfahren für die Vergangenheit einzuschränken[682]. Diese zeitliche Beschränkung muss sich jedoch ausdrücklich aus dem Urteil ergeben[683].

(ε) Prüfungsschema zum Vorabentscheidungsverfahren

599 I. **Annahmefähigkeit der Vorlagefrage**
   1. Zuständigkeit
      Sachliche Zuständigkeit des EuGH (Art. 256 Abs. 3 AEUV i. V. m. Art. 19 Abs. 3 lit. a) EUV), solange in der Satzung noch keine Festlegung über Zuständigkeit des EuG getroffen worden ist (Art. 23 Abs. 1 EuGH-Satzung)
   2. Vorlagegegenstand
      Vorlagefrage zur
      (1) Auslegung des primären und abgeleiteten Unionsrechts (Art. 267 Abs. 1 lit. a) bzw. b) AEUV);
      (2) Gültigkeit von Handlungen der Organe, Einrichtungen oder sonstigen Stellen der Union (Art. 267 Abs. 1 lit. b) AEUV);
   3. Vorlageberechtigung mitgliedstaatlicher Gerichte
      Mitgliedstaatliches „Gericht" =
      (1) Eine unabhängige,
      (2) durch oder aufgrund eines Gesetzes eingerichtete Instanz,
      (3) die im Rahmen einer obligatorischen, nicht bloß gewillkürten Zuständigkeit

---

680 Vgl. dazu *Germelmann*, EuR 2009, S. 254 ff.; vgl. zu den Urteilswirkungen auch *Herrmann/Rosenfeldt*, Europäisches Prozessrecht, Rn. 441 ff.
681 EuGH, Rs. C-26/96, Slg. 1997, S. I-2817, Rn. 25 – *Rotexchemie.*
682 EuGH, Rs. C-228/92, Slg. 1994, S. I-1445, Rn. 19 f. – *Roquette Frères;* vgl. dazu *Wiedmann*, EuZW 2007, S. 692.
683 EuGH, Rs. 309/85, Slg. 1988, S. 355, Rn. 13 – *Barra.* Umfassend zu den zeitlichen Wirkungen von Auslegungsurteilen des EuGH *Düsterhaus*, EuR 2017, S. 30 ff.

(4) in einem Verfahren, das auf eine Entscheidung mit Rechtsprechungscharakter abzielt,
(5) bindend und unter Anwendung von Rechtsnormen entscheidet.
4. Vorlagerecht und Vorlagepflicht
   a. Vorlagerecht mitgliedstaatlicher Gerichte (Art. 267 Abs. 2 AEUV):
      – Zweifel an der Gültigkeit oder Auslegung von Unionsrecht und
      – Erheblichkeit der Vorlagefrage für die Entscheidung des Ausgangsrechtsstreits; wird generell vermutet, Ausnahmen:
         (1) wenn die Vorlagefrage offensichtlich in keinem Zusammenhang mit der Realität oder dem Gegenstand des Ausgangsverfahrens steht oder
         (2) wenn die Vorlagefrage rein hypothetischer Natur ist oder
         (3) wenn die zur Beantwortung der Vorlagefragen erforderlichen tatsächlichen oder rechtlichen Angaben unzureichend sind.
   b. Vorlagepflicht mitgliedstaatlicher Gerichte:
      (1) wenn die Entscheidung im Ausgangsverfahren nicht mehr mit Rechtsbehelfen des innerstaatlichen Rechts angegriffen werden kann (konkrete Betrachtungsweise; Art. 267 Abs. 3 AEUV) oder
      (2) wenn eine Unionshandlung wegen Zweifeln an ihrer Gültigkeit unangewendet bleiben soll *(Foto-Frost-Doktrin)* oder
      (3) wenn im Verfahren des einstweiligen Rechtsschutzes ein mitgliedstaatlicher Vollzugsakt in seiner Anwendung vorübergehend ausgesetzt werden soll (Vorlagepflicht im Hauptsacheverfahren).
   c. Ausnahmen von der Vorlagepflicht:
      (1) wenn die aufgeworfene Frage bereits in einem *gleichgelagerten Fall* vorgelegt und durch den EuGH beantwortet wurde oder
      (2) wenn eine gesicherte unionsgerichtliche *Rechtsprechung* zu dieser Frage vorliegt, durch welche die Rechtsfrage geklärt ist (acte éclairé), oder
      (3) wenn die richtige Auslegung des Unionsrechts so *offensichtlich* ist, dass kein Raum für vernünftige Zweifel an der Entscheidung der gestellten Frage bleibt und die Gerichte der übrigen Mitgliedstaaten und der EuGH keine Zweifel an dieser Auslegung haben würden (acte clair).
5. Vorlagefrage
   Die Formulierung der Vorlagefrage muss bei Auslegungsvorlagen abstrakt und ausschließlich auf die Auslegung des entscheidungserheblichen Unionsrechts bezogen sein; Fragen nach der Gültigkeit eines EU-Rechtsakts müssen konkret formuliert sein:
   – „Ist Art. X der Verordnung des Rates (…) dahin auszulegen, dass (…)" bzw.
   – „Ist Art. X der Verordnung (…) rechtsgültig".
   Die Vorlage muss alle relevanten rechtlichen und tatsächlichen Tatsachen sowie eine Erklärung enthalten, aus welchem Grund die Frage vorgelegt wird.
6. Form der Vorlage
   Keine besonderen Formerfordernisse; Art. 23 Abs. 1 EuGH-Satzung sieht lediglich Übermittlung des Aussetzungs- und Vorlagebeschlusses durch das mitgliedstaatliche Gericht an den EuGH vor.
7. Keine Bestandskraft des Sekundärrechtsakts bei Gültigkeitskontrolle (Umgehung der Frist des Art. 263 Abs. 6 AEUV): Wäre tatsächlich unterlassene Erhebung der Individualnichtigkeitsklage nach Art. 263 Abs. 4 AEUV *offensichtlich* zulässig gewesen? Wenn ja, ist die Gültigkeitsvorlage gemäß Art. 267 AEUV nach Ablauf der Nichtigkeitsklagefrist unstatthaft.

II. **Beantwortung der Vorlagefrage durch Urteil des EuGH**
1. *Auslegung* des vorgelegten Primärrechts (Art. 267 Abs. 1 lit. a) AEUV) oder der vorgelegten Unionsrechtshandlung (Art. 267 Abs. 1 lit. b) AEUV) im Urteilstenor und Vorgabe der Auslegungskriterien in den Entscheidungsgründen, um dem mitgliedstaatlichen Gericht die Vereinbarkeitsprüfung der nationalen mit der unionalen Rechtsnorm zu ermöglichen.
2. *Gültig- bzw. Ungültigerklärung* der Organhandlung im Urteilstenor und Feststellung der Vereinbarkeit bzw. Unvereinbarkeit mit höherrangigem Unionsrecht in den Entscheidungsgründen (Art. 267 Abs. 1 lit. b) AEUV).

III. **Rechtskraftwirkungen des Vorabentscheidungsurteils**
1. Für mitgliedstaatliche Gerichte:
Die Vorabentscheidung bindet das vorlegende sowie sämtliche in der gleichen Rechtssache entscheidenden (Instanz-)Gerichte in anderen Verfahren:
   (1) *Auslegungsurteile* entfalten *eingeschränkte* erga omnes-Rechtskraftwirkungen: Mitgliedstaatliche Gerichte sind verpflichtet, das Unionsrecht in der Auslegung des EuGH anzuwenden oder bei Zweifeln an der Richtigkeit der Auslegung erneut vorzulegen. Die erga omnes-Urteilswirkung sperrt nicht künftige Vorlagen, sondern verbietet lediglich eigenmächtiges Abweichen von der Vorabentscheidung durch mitgliedstaatliche Gerichte. Vor einem Abweichen ist der nationale Richter stets vorlageverpflichtet.
   (2) *Ungültigkeitsurteile* entfalten dagegen *umfassende* erga omnes-Rechtskraftwirkungen: Ungültigkeitsfeststellung schließt erneutes Vorlageverfahren aus. Nur bei Gültigkeitsentscheidung können die nationalen Gerichte bei neuen Zweifeln erneut vorlegen.
2. Für mitgliedstaatliche Verwaltungsorgane:
Vorabentscheidungen binden auch nationale Verwaltungsorgane. Diese Bindungswirkung umfasst die Pflicht, ggf. vor Tätigwerden des mitgliedstaatlichen Gesetzgebers das nationale Recht unionskonform auszulegen bzw. eine mit dem Unionsrecht unvereinbare nationale Vorschrift unangewendet zu lassen.
3. Zeitliche Wirkung:
Vorabentscheidungsurteile entfalten grundsätzlich Rückwirkung (ex tunc-Wirkung); EuGH kann jedoch die Wirkungen seiner Auslegungs- und Ungültigkeitsentscheidungen unter bestimmten Voraussetzungen ex nunc begrenzen.

ff) Rechtsmittelverfahren

600 Gegen Endentscheidungen, also gegen Urteile und Beschlüsse des EuG, die das erstinstanzliche Verfahren ganz, zumindest aber teilweise beenden, kann ein auf Rechtsfragen beschränktes Rechtsmittel zum EuGH eingelegt werden (Art. 256 Abs. 1 UAbs. 2 AEUV, Art. 56 f. EuGH-Satzung, Art. 167 ff. VerfO-EuGH). Das Rechtsmittel ist mit einem *Devolutiveffekt* ausgestattet, d. h., es hebt das Verfahren in die höhere Instanz des EuGH. Entscheidungen des EuG werden erst mit Ablauf der Rechtsmittelfrist oder mit Abschluss des Revisionsverfahrens rechtskräftig. Eine Besonderheit besteht allerdings insoweit, als das Rechtsmittel nach Art. 60 Abs. 1 EuGH-Satzung grundsätzlich *keinen Suspensiveffekt* entfaltet. Es hat keine die Vollziehung oder Vollstreckung aufschiebende Wirkung. Insofern bedarf es ggf. des einstweiligen Rechtsschutzes.

Art. 56 EuGH-Satzung regelt die Befugnis zur Einlegung eines Rechtsmittels. **601**
Zu unterscheiden sind die *privilegierten* und die *nicht-privilegierten* Rechtsmittelführer. *Uneingeschränkt* rechtsmittelbefugt sind nur die Prozessparteien, die mit ihren Anträgen ganz oder teilweise unterlegen sind. Mitgliedstaaten und Unionsorgane sind wegen ihrer „Hüterfunktion" auch in den Fällen rechtsmittelbefugt, in denen sie am erstinstanzlichen Verfahren nicht beteiligt waren. Darüber hinaus kommen auch unterstützende Streithelfer als Rechtsmittelführer in Betracht, wenn sie durch die Entscheidung des EuG „unmittelbar berührt sind" (Art. 56 Abs. 2 Satz 2 EuGH-Satzung).

Rechtsmittelfähig sind nur die *verfahrensbeendenden Entscheidungen des* **602**
EuG. Verfahrensbeendend sind auch die nach Klagerücknahme, Erledigung in der Hauptsache, Urteilsauslegung sowie die nach einer Drittwiderspruchsklage ergehenden Entscheidungen. Rechtsmittel gegen prozessleitende Verfügungen (z. B. Fristverlängerungen, Beweiserhebungen) sind nicht zulässig.

Art. 256 Abs. 1 UAbs. 2 AEUV stellt klar, dass gegen Entscheidungen des **603**
EuG (nur) „ein auf Rechtsfragen beschränktes Rechtsmittel" beim Gerichtshof nach Maßgabe der Satzung eingelegt werden kann. Art. 58 EuGH-Satzung konkretisiert den Begriff der „Rechtsfragen". Die rechtsmittelfähigen Fragen beschränken sich danach auf folgende Rügen:
(1) Unzuständigkeit (sachliche Unzuständigkeit des EuG oder Fehlen der verbandskompetenzrechtlichen Unionsgerichtsbarkeit),
(2) Verfahrensfehler, durch die Interessen des Rechtsmittelführers beeinträchtigt werden, und
(3) Verletzung des Unionsrechts durch das EuG.
Im Rechtsmittelverfahren muss der Rechtsmittelführer die beanstandeten Teile des angefochtenen Urteils und die rechtlichen Argumente, auf die sich sein Antrag stützt, genau bezeichnen[684]. Das Rechtsmittel kann den vor dem Gericht verhandelten Streitgegenstand nicht verändern (Art. 170 Abs. 1 Satz 2 VerfO-EuGH).

Die *Rechtsmittelfrist* beträgt zwei Monate und beginnt mit der Zustellung der **604**
angefochtenen Entscheidung (Art. 56 Abs. 1 Satz 2 EuGH-Satzung). Hierbei handelt es sich um eine Ausschlussfrist, die zwingend vom EuGH zu prüfen ist. Das verfristete Rechtsmittel ist als unzulässig zu verwerfen. Die *Rechtsmittelschrift* muss den formalen Anforderungen der Art. 119, 121 und 122 Abs. 1 VerfO-EuGH genügen.

Das Rechtsmittel ist begründet, wenn die angefochtene Entscheidung des EuG **605**
mit mindestens einem Rechtsfehler behaftet ist, der einen der in Art. 58 EuGH-Satzung genannten und vom Rechtmittelführer geltend gemachten Rechtsmittelgründe verwirklicht, und sich dieser Rechtsfehler zu Ungunsten des Rechtsmittelführers beschwerend ausgewirkt hat.

---

684 Vgl. EuGH, Rs. C-404/96 P, Slg. 1998, S. I-2435, Rn. 36 – *Glencore Grain.*

274 Die Europäische Union

606 Art. 256 Abs. 2 AEUV sieht vor, dass das EuG für Rechtsmittel gegen Entscheidungen der Fachgerichte (vgl. Rn. 320) zuständig ist. Gemäß Art. 256 Abs. 2 Satz 2 AEUV soll der EuGH nach Maßgabe der Satzung in Ausnahmefällen die Rechtsmittelentscheidungen des EuG überprüfen können, wenn die ernste Gefahr besteht, dass die Einheit oder Kohärenz des Unionsrechts berührt wird.

gg) Einstweiliger Rechtsschutz

(α) Funktion des einstweiligen Rechtsschutzes

607 Die im EU-Rechtsschutzsystem bereitgehaltenen Klagen und Rechtsmittel entfalten grundsätzlich keine aufschiebende Wirkung. Der Betroffene bleibt daher auch nach Klageerhebung oder Rechtsmitteleinlegung verpflichtet, die sich aus dem angefochtenen Unionsrechtsakt ergebenden Gebote oder Verbote zu befolgen. Unter dem Oberbegriff der „einstweiligen Anordnung" stellt der AEU-Vertrag zur Vermeidung irreparabler Schäden verschiedene Rechtsbehelfe des einstweiligen Rechtsschutzes zur Verfügung (Art. 278 Satz 2 AEUV, Art. 279 AEUV, Art. 299 AEUV). Diese hemmen die Durchführung einer Rechtshandlung, ohne deren Rechtswirksamkeit zu berühren. Insgesamt sind im EU-Rechtsschutzsystem drei Formen des einstweiligen Rechtsschutzes vorgesehen, deren Antragsvoraussetzungen nicht nur im AEUV selbst, sondern auch in den Verfahrensordnungen geregelt sind (Art. 160 ff. VerfO-EuGH, Art. 156 ff. VerfO-EuG, Art. 39, Art. 57 Abs. 2, Art. 60 EuGH-Satzung):
(1) *Aussetzung der Durchführung* angefochtener Handlungen (Art. 278 Satz 2 AEUV),
(2) *Erlass einstweiliger Anordnungen* (Art. 279 AEUV) sowie
(3) *Aussetzung der Zwangsvollstreckung* von Entscheidungen des Rates, der Kommission (Art. 299 Abs. 4 AEUV) und des Gerichtshofs (Art. 280 i. V. m. Art. 299 Abs. 4 AEUV).

(β) Zulässigkeit eines Antrags auf einstweiligen Rechtsschutz

608 Der Antrag auf vorläufigen Rechtsschutz ist streng *akzessorisch* und daher nur zulässig, wenn er im Zusammenhang mit einem beim Gerichtshof *anhängigen* Rechtsstreit gestellt wird (Art. 160 Abs. 1 VerfO-EuGH bzw. Art. 156 Abs. 2 VerfO-EuG). Der *Gegenstand* einstweiligen Rechtsschutzes muss im Antrag bezeichnet werden (Art. 160 Abs. 3 VerfO-EuGH, Art. 156 Abs. 4 VerfO-EuG). Stets muss zwischen dem Antragsgegenstand des einstweiligen Rechtsschutzes und dem Streitgegenstand der Hauptsache ein unmittelbarer Zusammenhang bestehen *(Konnexität;* Art. 160 Abs. 2 VerfO-EuGH, Art. 156 Abs. 2 VerfO-EuG).

609 Ein Antrag auf einstweiligen Rechtsschutz kann von allen in der Hauptsache Klageberechtigten gestellt werden. Unionsorgane (mit Ausnahme des Gerichts-

hofs) und Mitgliedstaaten sind als privilegiert Antragsberechtigte befugt, einstweilige Anordnungen sowohl zum eigenen als auch zum Schutz Dritter zu beantragen[685]. Dagegen ist das *Antragsrecht* natürlicher und juristischer Personen auf den Schutz eigener Interessen beschränkt[686]. Sie müssen geltend machen können, dass die auszusetzende Unionshandlung sie unmittelbar und individuell betrifft (Rn. 541 ff.).

Die Anordnung der Aussetzung einer Unionshandlung oder die Anordnung einer vorläufigen Maßnahme setzt ein entsprechendes *Rechtsschutzbedürfnis* des Antragstellers voraus. Der Antragsteller muss gerade die beantragte Anordnung benötigen, um sein Recht vorläufig zu sichern oder drohenden Schaden abzuwenden. Dieses Rechtsschutzbedürfnis fehlt, wenn die vorläufige Anordnung zur Wahrung der Rechtsposition des Antragstellers weder geeignet noch erforderlich ist. An der *Geeignetheit* fehlt es, wenn die einstweilige Maßnahme ihre praktische Wirkung *("effet utile")* nicht mehr entfalten kann, weil 610

(1) der angefochtene Unionsrechtsakt bereits aufgehoben wurde[687],
(2) der angefochtene Unionsrechtsakt schon vollzogen wurde[688],
(3) der Beklagte das ihm zur Last gelegte Verhalten beendet hat[689] oder
(4) sich die dem Antrag zugrunde liegenden tatsächlichen Verhältnisse verändert haben.

An der *Erforderlichkeit* fehlt es, wenn 611
(1) die Entscheidung in der Hauptsache unmittelbar bevorsteht[690] oder
(2) das Unionsorgan auf den sofortigen Vollzug der Maßnahme verzichtet[691].

(γ) Begründetheit eines Antrags auf einstweiligen Rechtsschutz

Der Antrag auf vorläufigen Rechtsschutz ist begründet, wenn der *Antragsteller glaubhaft macht,* dass die Entscheidung zur Vermeidung eines schweren und nicht wiedergutzumachenden Schadens unter Abwägung der beteiligten Rechte dringend erforderlich ist *(Dringlichkeit)* und dass die anhängige Klage – nach summarischer Prüfung – hinreichende Aussicht auf Erfolg besitzt *(Notwendigkeit)*[692]. Nach Art. 160 Abs. 3 VerfO-EuGH (Art. 156 Abs. 4 VerfO-EuG) muss der Antragsteller die Umstände anführen, aus denen sich die *Dringlichkeit* ergibt, sowie die Sach- und Rechtsgründe, die den Erlass der beantragten einstweiligen Anordnung 612

---

685 EuGH, Rs. C-195/90 P, Slg.1990, S. I-2715, Rn. 20 – *Kommission/Deutschland.*
686 EuGH, Rs. 22/75 R, Slg. 1975, S. 277, Rn. 6/8 – *Küster.*
687 EuGH, Rs. C-385/89 R, Slg. 1990, S. I-561 – *Griechenland/Kommission.*
688 EuGH, Rs. 92/78 R, Slg. 1978, S. 1129, Rn. 7 – *Simmenthal.*
689 EuGH, Rs. 48/71, Slg. 1972, S. 529, Rn. 11 – *Kommission/Italien.*
690 Abschluss des schriftlichen und mündlichen Verfahrens; EuGH, verb. Rs. 3/58 bis 18/58, 25/58 und 26/58 R, Slg. 1960, S. 471, 478 – *Barbara Erzbergbau.*
691 EuGH, Rs. 31/79 R, Slg. 1979, S. 1077, Rn. 2 – *Société des Aciéries de Montereau.*
692 Zur Begründetheit EuGH, Rs. C-180/96 R, Slg. 1996, S. I-3903, Rn. 44 – *BSE* (= P Nr. 115).

dem ersten Anschein nach rechtfertigen. Im Falle der Aussetzung einer Ermessensentscheidung greifen erhöhte Anforderungen. Allein die Glaubhaftmachung der Dringlichkeit genügt dann nicht, vielmehr muss sie unbestreitbar sein[693].

(δ) Der Beschluss und seine Wirkungen

613 Die Entscheidung über die Anordnung einer einstweiligen Maßnahme ergeht in der Form eines Beschlusses (Art. 162 Abs. 1 VerfO-EuGH, Art. 158 Abs. 1 VerfO-EuG). Ist der Antrag zulässig und begründet, so steht der Inhalt der einstweiligen Anordnung im Ermessen des Gerichtshofs. Bei Entscheidungen nach Art. 278 Satz 2 AEUV beschränkt allerdings der Aussetzungsgegenstand den Anordnungsinhalt, da nur die Vollzugsermächtigung des in der Hauptsache angefochtenen Rechtsakts vorläufig außer Kraft gesetzt wird. Im Verfahren nach Art. 279 AEUV kann der Gerichtshof hingegen jede Maßnahme anordnen, die ihm zur vorläufigen Sicherung des gebotenen Interessenausgleichs erforderlich erscheint.

(ε) Prüfungsschema zum Antrag auf einstweiligen Rechtsschutz

614 I. Zulässigkeit
  1. Sachliche Zuständigkeit
     richtet sich nach der sachlichen Zuständigkeit der Hauptsacheklage:
     – EuG zuständig für Klagen von natürlichen und juristischen Personen und bestimmte Klagen der Mitgliedstaaten (Art. 256 Abs. 1 AEUV i. V. m. Art. 51 EuGH-Satzung)
     – EuGH zuständig für Organklagen und sonstige Klagen der Mitgliedstaaten
     – Fachgerichtszuständigkeit nach Art. 257 AEUV
  2. Anhängigkeit des Hauptsacheverfahrens
     Antrag ist im Verhältnis zur Klage in der Hauptsache *akzessorisch* = Hauptsacheklage muss anhängig sein (gesonderte Antragstellung frühestens mit Klageeinreichung, Art. 21 f. EuGH-Satzung)
  3. Antragsgegenstand
     Zwischen Antragsgegenstand und Streitgegenstand der Hauptsacheklage muss ein unmittelbarer Zusammenhang bestehen *(Konnexität)*
  4. Antragsberechtigung
     a. Unionsorgane (mit Ausnahme des Gerichtshofs) und Mitgliedstaaten können einstweilige Anordnungen sowohl zum eigenen als auch zum Schutz Dritter beantragen (keine besonderen subjektiven Antragsvoraussetzungen).
     b. Natürliche und juristische Personen müssen:
        – nach Art. 278 Satz 2 AEUV substantiiert darlegen, dass die auszusetzende Unionshandlung sie unmittelbar und individuell betrifft;
        – nach Art. 279 AEUV eine unmittelbare und individuelle Gefährdung eigener Interessen oder Rechte substantiiert darlegen.

---

693 EuG, Rs. T-44/98 R, Slg. 1998, S. II-3079, Rn. 67 – *Emesa Sugar;* kritisch zum Maßstab der Dringlichkeit *Richter,* EuZW 2014, S. 416 ff.

5. Antragsform
Der Antrag ist mit besonderem, von der Klageschrift separaten Schriftsatz einzureichen (Art. 160 Abs. 4 VerfO-EuGH; Art. 156 Abs. 5 VerfO-EuG).
6. Antragsfrist
Keine Antragsfrist; wegen Akzessorietät zur Klage in der Hauptsache kann der Antrag aber frühestens mit Klageerhebung gestellt werden.
7. Rechtsschutzinteresse
Geeignetheit und Erforderlichkeit der einstweiligen Anordnung zur vorläufigen Sicherung des Rechts oder zur Abwendung drohenden Schadens:
– die Geeignetheit fehlt, wenn:
  (1) der angefochtene Unionsrechtsakt bereits aufgehoben wurde,
  (2) der angefochtene Unionsrechtsakt schon vollzogen wurde,
  (3) der Beklagte das ihm zur Last gelegte Verhalten beendet hat oder
  (4) sich die dem Antrag zugrunde liegenden tatsächlichen Verhältnisse verändert haben.
– die Erforderlichkeit fehlt, wenn:
  (1) die Entscheidung in der Hauptsache unmittelbar bevorsteht (Abschluss des schriftlichen und mündlichen Verfahrens) oder
  (2) das Organ der Union auf den sofortigen Vollzug der Maßnahme verzichtet.

II. Begründetheit

Der Antrag auf vorläufigen Rechtsschutz ist begründet, wenn der Antragsteller glaubhaft macht, dass die Anordnung zur Vermeidung eines schweren und nicht wiedergutzumachenden Schadens unter Abwägung der beteiligten Rechte dringend erforderlich ist *(Dringlichkeit) und* die anhängige Klage in der Hauptsache – nach summarischer Prüfung – eine hinreichende Aussicht auf Erfolg besitzt *(Notwendigkeit)*.

Im Falle der Aussetzung einer Ermessensentscheidung genügt allein die Glaubhaftmachung der Dringlichkeit nicht, vielmehr muss sie unbestreitbar sein.

1. Dringlichkeit
   a. Unmittelbar bevorstehender, schwerer und irreparabler Schaden
   b. Folgenabwägung, bei der zwei Interessenkonstellationen gegenüberzustellen und auszugleichen sind:
      (1) Die Folgen, die beim Antragsteller, Antragsgegner sowie gegebenenfalls bei Dritten eintreten würden, wenn eine einstweilige Anordnung nicht erginge, das Hauptsacheverfahren aber Erfolg hätte,
      gegenüber
      (2) jenen Nachteilen, die entstünden, wenn die beantragte Anordnung erginge, das Hauptsacheverfahren aber keinen Erfolg hätte.
2. Notwendigkeit
   Nach summarischer Prüfung der Erfolgsaussichten der Klage in der Hauptsache ergeht eine einstweilige Anordnung, wenn:
   a. die Hauptsacheklage offensichtlich zulässig und begründet ist,
   b. bei schwierigen Rechts- oder Tatsachenfragen die Hauptsacheklage nach dem ersten Anschein nicht unbegründet erscheint.

Dagegen ist der Antrag auf einstweiligen Rechtsschutz abzuweisen, wenn die Hauptsacheklage offensichtlich unzulässig oder unbegründet ist oder nach dem ersten Anschein unbegründet erscheint.

III. Inhalt des Anordnungsbeschlusses
1. Art. 278 Satz 2 AEUV: Aussetzungsanordnung beschränkt sich auf vorläufige Außerkraftsetzung der Vollzugsermächtigung des in der Hauptsache angefochtenen Rechtsakts.
2. Art. 279 AEUV: Jede vorläufige Sicherungs- oder Regelungsanordnung ist möglich, die zum Interessenausgleich erforderlich erscheint.
3. Anordnungen nach Art. 278 Satz 2 oder Art. 279 AEUV können zwecks Interessenausgleichs mit Auflagen und Bedingungen verknüpft werden.

hh) Sonstige Verfahren vor den Unionsgerichten

(α) Entscheidungen aufgrund einer Schiedsklausel

615 Der EuGH ist zuständig für Entscheidungen aufgrund einer *Schiedsklausel*, die in einem von der Union abgeschlossenen öffentlich-rechtlichen oder privatrechtlichen Vertrag enthalten ist (Art. 272 AEUV). Klagt eine natürliche oder juristische Person aufgrund einer solchen *Schiedsklausel*, ist das Verfahren beim EuG anhängig zu machen (Art. 256 Abs. 1 AEUV). Der EuGH ist daneben auch zuständig für alle mit den Zielen und Aufgaben der Verträge in Zusammenhang stehenden Streitigkeiten zwischen den Mitgliedstaaten, sofern diese bei ihm aufgrund eines *Schiedsvertrags* anhängig gemacht werden (Art. 273 AEUV). Auch die Zuständigkeit des EuGH im Rahmen des Fiskalpaktes (Rn. 1397) beruht auf Art. 273 AEUV.

(β) Gutachten

616 Beabsichtigt die Union, einen völkerrechtlichen Vertrag abzuschließen (Rn. 80 f.), so kann der Rat, die Kommission, das Parlament oder ein Mitgliedstaat ein *Gutachten* des Gerichtshofs über die Vereinbarkeit des geplanten Abkommens mit den Bestimmungen der Verträge einholen (Art. 218 Abs. 11 AEUV). Damit soll verhindert werden, dass die Union Verträge abschließt, die auf völkerrechtlicher Ebene verbindlich werden, welche die Union aber nur unter Verletzung des Unionsrechts erfüllen könnte. Eine *ex post*-Kontrolle entsprechender Abkommen wird dadurch aber nicht ausgeschlossen.

(γ) Inzidentrüge

617 Kommt es im Rahmen eines vor dem EuGH oder dem EuG anhängigen Rechtsstreits auf die Rechtmäßigkeit eines Rechtsaktes mit allgemeiner Geltung (Norm) an, kann jede Partei die Unanwendbarkeit dieses Rechtsakts geltend machen (Inzidentrüge, Art. 277 AEUV). Damit eröffnet der AEUV keinen eigenständigen Klageweg vor dem EuGH, sondern die Möglichkeit, die Rechtswidrigkeit einer bestandskräftigen oder für Individuen unangreifbaren (Rn. 534) Normativmaßnahme im Rahmen eines anderen bei den Unionsgerichten anhängigen Verfahrens inzident überprüfen zu lassen, sofern der Erfolg dieser Klage von der Ungültigkeit der mit der Inzidentrüge angegriffenen Norm abhängt. Sie stellt mithin eine besondere Form der Klagebegründung einer Nichtigkeitsklage dar; in anderen Verfahrensarten dürfte die Inzidentrüge nicht passen. Die Rüge ist erfolgreich, wenn ein Nichtigkeitsgrund vorliegt (Rn. 551 f.). Der Rechtsakt wird jedoch nicht für nichtig erklärt, sondern die Inzidentkontrolle hat lediglich dessen Unanwendbarkeit im konkreten Verfahren zur Folge[694].

(δ) Prüfungsschema zur Inzidentrüge

I. Zulässigkeit 618
1. Anhängigkeit eines Verfahrens vor dem Gerichtshof
   Die Inzidentrüge kann gemäß Art. 277 AEUV nur im Rahmen eines beim Gerichtshof bereits anhängigen Rechtsstreits (insb. Nichtigkeitsklage) erhoben werden; sie ist kein eigenständiges Klageverfahren.
2. Rügegegenstand
   Erfasst werden grds. nur Rechtsakte mit allgemeiner (= normativer) Geltung (gegenüber dem Rügenden), die zudem zu dem Klagegegenstand des anhängigen Rechtsstreits in einem Stufenverhältnis stehen, so dass die Rechtmäßigkeit des Klagegegenstands von dem gerügten Akt abhängt. Im Falle nicht-privilegierter Kläger können dies ausnahmsweise auch staatengerichtete Beschlüsse sein.
3. Rügeberechtigung
   a. Nicht-privilegierte Kläger (natürliche und juristische Personen) sind unstrittig rügeberechtigt. Die Inzidentrüge dient insoweit vor allem der Kompensation ihrer fehlenden direkten Klagemöglichkeit gegen normative Organhandlungen (vgl. Art. 263 Abs. 4 AEUV).
   b. Privilegierte Kläger (Art. 263 Abs. 2 und 3 AEUV) sind ungeachtet der stets bestehenden direkten Klagemöglichkeit gegen normative Organhandlungen ebenfalls rügeberechtigt.
4. Entscheidungserheblichkeit
   a. Auswirkung der Rechtswidrigkeit des gerügten Rechtsaktes bzw. einer seiner Normen auf den Klagegegenstand
   b. Kein Erfolg der Klage ohne die Rüge
5. Form der Rügeeinleitung
   Erhebung der Einrede der Rechtswidrigkeit im Zusammenhang mit den Klagegründen ausreichend, da keine eigene Klageart.

II. Begründetheit
Die Inzidentrüge ist begründet, wenn der gerügte Unionsrechtsakt bzw. einer seiner Normen mit einem der in Art. 263 Abs. 2 AEUV genannten Nichtigkeitsgründen behaftet ist.
Die abschließenden Nichtigkeitsgründe sind:
– Unzuständigkeit,
– Verletzung wesentlicher Formvorschriften,
– Verletzung der Verträge oder einer bei ihrer Durchführung anzuwendenden Rechtsnorm,
– Ermessensmissbrauch.

---

694 EuGH, verb. Rs. 15/73 bis 33/73, 52/73, 53/73, 57/73 bis 109/73, 116/73, 117/73, 123/73, 132/73 und 135/73 bis 137/73, Slg. 1974, S. 177, Rn. 36/38 – *Kortner-Schots;* vgl. zur Inzidentrüge auch *Herrmann/Rosenfeldt*, Europäisches Prozessrecht, Rn. 572 ff.

Beachte: Prüfungsumfang beschränkt auf die entscheidungserheblichen Teile des gerügten Rechtsakts.

Stellt der Gerichtshof die Fehlerhaftigkeit des angegriffenen Rechtsakts fest, so hat dieses Urteil anders als etwa bei der Nichtigkeitsklage (vgl. Art. 264 Abs. 1 AEUV) nur eine *inter partes-Wirkung* und führt lediglich zu der Nichtanwendung des Rechtsakts im konkreten Verfahren. Mithin sind die Unionsorgane auch nicht zur Aufhebung des (teilweise) nichtigen Rechtsakts verpflichtet.

e) Merksätze

619

Mit dem **Gerichtshof der Europäischen Union (EuGH)**, dem ein **Gericht (EuG)** beigeordnet ist (Art. 256 AEUV) und das auf einer dritten Ebene durch Fachgerichte ergänzt werden kann, besitzt die Union ein **unabhängiges Rechtsprechungsorgan**. Es sichert die Wahrung des Rechts bei der Anwendung und Auslegung der Verträge (Art. 19 Abs. 1 EUV), d. h., es kontrolliert innerhalb der ihm in den Verträgen zugewiesenen Kompetenzen die Rechtmäßigkeit des Handelns der Organe, Einrichtungen und sonstigen Stellen der Union und der Mitgliedstaaten, soweit es um die Vereinbarkeit mit dem Unionsrecht geht.

Der EuGH entscheidet in **Vertragsverletzungsverfahren** über Klagen der Kommission (Art. 258 AEUV) oder eines Mitgliedstaats (Art. 259 AEUV), mit denen geltend gemacht wird, ein Mitgliedstaat habe gegen eine Verpflichtung aus dem Unionsrecht verstoßen.

Im Rahmen der **Nichtigkeitsklage** können Rechtshandlungen der Unionsorgane auf ihre Rechtmäßigkeit überprüft werden. Aktiv parteifähig sind die Mitgliedstaaten, der Rat und die Kommission (Art. 263 Abs. 2 AEUV), das Europäische Parlament, die Europäische Zentralbank, der Rechnungshof und der Ausschuss der Regionen (Art. 263 Abs. 3 AEUV) sowie natürliche und juristische Personen (Art. 263 Abs. 4 AEUV). Für die Nichtigkeitsklagen natürlicher und juristischer Personen sowie für bestimmte Klagen der Mitgliedstaaten ist das EuG zuständig, ansonsten der EuGH.

Mit der **Untätigkeitsklage** können das Europäische Parlament, der Rat, die Kommission oder die Europäische Zentralbank sowie Einrichtungen und sonstige Stellen der Union wegen der Untätigkeit im Zusammenhang mit der Beschlussfassung über einen Rechtsakt, zu dessen Erlass sie vertraglich verpflichtet sind, verklagt werden (Art. 265 Abs. 1 AEUV). Klageberechtigt sind „die anderen Organe der Union" (Art. 13 Abs. 2 EUV), die Mitgliedstaaten (Art. 265 Abs. 1 AEUV) sowie natürliche und juristische Personen, sofern letztere geltend machen, ein Unionsorgan bzw. eine Einrichtung oder sonstige Stelle der Union habe es unterlassen, einen verbindlichen Rechtsakt an sie – oder im Falle der unmittelbaren und individuellen Betroffenheit des Klägers – an einen Dritten zu richten (Art. 265 Abs. 3 AEUV). Für die Untätigkeitsklagen natürlicher und juristischer Personen sowie für bestimmte Klagen der Mitgliedstaaten ist das EuG zuständig, ansonsten der EuGH.

Der EuGH ist zuständig für **Schadensersatzklagen (Amtshaftungsklagen) wegen außervertraglicher Haftung der Europäischen Union** (Art. 340 Abs. 2 AEUV), die von jeder Person erhoben werden kann, die durch ein Unionsorgan oder einen Bediensteten der Union einen Schaden erlitten hat (Art. 268 AEUV). Natürliche und juristische Personen haben ihre Klage an das EuG zu richten, sofern kein Fachgericht zuständig ist.

Im **Vorabentscheidungsverfahren** beantwortet der EuGH im Rahmen eines vor einem mitgliedstaatlichen Gericht anhängigen Rechtsstreits Vorlagefragen dieses Gerichts nach der Auslegung primären oder sekundären Unionsrechts oder der Gültigkeit von sekundärem Unionsrecht, die für den Ausgang dieses Rechtsstreits erheblich sind (Art. 267 AEUV).

Der EuGH ist zuständig für **Rechtsmittel** gegen Endentscheidungen des EuG. Das Rechtsmittel ist allerdings auf Rechtsfragen beschränkt. Es entfaltet einen Devolutiv-, jedoch keinen Suspensiveffekt. Das EuG ist Rechtsmittelinstanz für die Entscheidungen der Fachgerichte. Im Unionsrechtsschutzsystem sind drei Formen des **einstweiligen Rechtsschutzes** vorgesehen: die Aussetzung der Durchführung angefochtener Handlungen, der Erlass einstweiliger Anordnungen sowie die Aussetzung der Zwangsvollstreckung von Entscheidungen des Rates, der Kommission und des Gerichtshofs. Die genannten Rechtsbehelfe hemmen die Durchführung eines Rechtsakts, ohne dessen Rechtswirksamkeit zu berühren.

Leitentscheidungen:
EuGH, verb. Rs. 16/62 u. 17/62, Slg. 1962, S. 965 – *Fruits et Légumes*.
EuGH, verb. Rs. 28 bis 30/62, Slg. 1963, S. 63 – *Da Costa*.
EuGH, Rs. 25/62, Slg. 1963, S. 211 – *Plaumann* (= P Nr. 101).
EuGH, Rs. 5/71, Slg. 1971, S. 975 – *Zuckerfabrik Schöppenstedt* (= P Nr. 109).
EuGH, Rs. 101/78, Slg. 1979, S. 1081 – *Granaria* (= P Nr. 110).
EuGH, Rs. 283/81, Slg. 1982, S. 3415 – *CILFIT* (= P Nr. 86).
EuGH, Rs. 249/81, Slg. 1982, S. 4005 – *Buy Irish* (= P Nr. 92, 145).
EuGH, Rs. 314/85, Slg. 1987, S. 4199 – *Foto Frost* (= P Nr. 85).
EuGH, verb. Rs. C-143/88 u. C-92/89, Slg. 1991, S. I-415 – *Zuckerfabrik Süderdithmarschen* (= P Nr. 12).
EuGH, Rs. C-309/89, Slg. 1994, S. I-1853 – *Codorniù* (= P Nr. 103).
EuGH, Rs. C-180/96, Slg. 1996, S. I-3903 – *BSE* (= P Nr. 115).
EuGH, Rs. C-54/96, Slg. 1997, S. I-4961 – *Dorsch Consult I*.
EuGH, Rs. C-265/95, Slg. 1997, S. I-6959 – *Kommission/Frankreich* („Bauernproteste") (= P Nr. 160).
EuGH, Rs. C-231/95, Slg. 1998, S. I-1651 – *Greenpeace*.
EuG, Rs. T-184/95, Slg. 1998, S. II-667 – *Dorsch Consult II*.
EuG, Rs. T-69/96, Slg. 2001, S. II-1037 – *Hamburger Hafen- und Lagerhaus AG* (= P Nr. 104).

EuG, Rs. T-95/96, Slg. 1998, S. II-3407 – *Gestevisión Telecinco* (= P Nr. 108).
EuG, Rs. T-177/01, Slg. 2002, S. II-2365 – *Jégo Quéré*.
EuGH, Rs. C-50/00 P, Slg. 2002, S. I-6677 – *Unión de Pequeños Agricultores*.
EuGH, Rs. C-583/11 P, ECLI:EU:C:2013:625 – *Inuit Tapiriit Kanatami u. a./Parlament und Rat* (= P Nr. 97).
EuGH, Rs. C-72/15, ECLI:EU:C:2017:236 – *PJSC Rosneft/Her Majesty's Treasury* (= P Nr. 80).
EuGH, verb. Rs. C-622/16 P bis C-624/16 P, ECLI:EU:C:2018:873 – *Scuola Elementare Maria Montessori/Kommission* (= P Nr. 100).

7. Rechtsschutz vor den mitgliedstaatlichen Gerichten

Literaturhinweise: *Buckler, J.:* Gemeinschaftsrecht: Auslegung der Grundsätze der Äquivalenz und der Effektivität, EuZW 2019, 82; *Dörr, O.:* Grundstrukturen eines europäischen Verwaltungsprozessrechts, DVBl. 2008, S. 1401; *Götz, V.:* Europarechtliche Vorgaben für das Verwaltungsprozessrecht, DVBl. 2002, S. 1; *Heinze, C.:* Europäisches Primärrecht und Zivilprozess, EuR 2008, S. 654; *Huber, M.:* Die Europäisierung des verwaltungsgerichtlichen Rechtsschutzes, BayVBl. 2001, S. 577; *Kahl, W./Ohlendorf, L.:* Die Europäisierung des subjektiven öffentlichen Rechts, JA 2011, S. 41; *Kment, M.:* Die Stellung nationaler Unbeachtlichkeits-, Heilungs- und Präklusionsvorschriften im europäischen Recht, EuR 2006, S. 201; *Kremer, C.:* Effektuierung des europäischen Beihilferechts durch die Begrenzung der Rechtskraft, EuZW 2007, S. 726; *Schmahl, S./Köber, M.:* Durchbrechung der Rechtskraft nationaler Gerichtsentscheidungen zu Gunsten der Effektivität des Unionsrechts?, EuZW 2010, S. 927; *Schneider, A.:* Die Wiederaufnahme rechtskräftig abgeschlossener nationaler Verfahren nach EuGH-Entscheidungen, EuR 2017, S. 433; *Schoch, F.:* Die Europäisierung des Verwaltungsprozessrechts, in: Schmidt-Aßmann, E. (Hrsg.), Festgabe 50 Jahre Bundesverwaltungsgericht, 2003, S. 507; *Steinbeiß-Winkelmann, Ch.:* Europäisierung des Verwaltungsrechtsschutzes, NJW 2010, S. 1233; *Ziekow, J.:* Europa und der deutsche Verwaltungsprozess – Schlaglichter auf eine unendliche Geschichte, NVwZ 2010, S. 793.

a) Grundsatz der nationalen Verfahrensautonomie

620 Direkter Rechtsschutz des Einzelnen vor dem Europäischen Gerichtshof besteht lediglich nach Art. 263 Abs. 4 AEUV (Individualnichtigkeitsklage), nach Art. 265 Abs. 3 AEUV (Individualuntätigkeitsklage) und nach Art. 268, 340 Abs. 2 AEUV (Schadensersatzforderungen gegenüber der Union). In den weitaus meisten Streitigkeiten, die Berührungspunkte mit dem Unionsrecht aufweisen, richtet sich der gerichtliche Rechtsschutz indes nach dem mitgliedstaatlichen Prozessrecht. Die prozessuale Durchsetzung von unionsrechtlich gewährten Rechtspositionen vor den Gerichten der Mitgliedstaaten erfasst zunächst die Anwendung nationaler Rechtsakte, die der Durchführung sekundärrechtlicher Vorgaben dienen. Darüber hinaus ist das nationale Prozessrecht maßgeblich, soweit es um mitgliedstaatlich begründete Rechtsverhältnisse geht, die im Anwendungsbereich des unmittelbar anwendbaren Unionsrechts liegen. In Abhängigkeit vom Regelungs-

bzw. Wirkungsverhältnis (näher hierzu Rn. 390, 399) der einschlägigen unionsrechtlichen Vorschriften kann es sich dabei auch um Horizontalstreitigkeiten zwischen Privatpersonen handeln.

Die Verpflichtung der Mitgliedstaaten zur Gewährung gerichtlichen Rechtsschutzes bei der Anwendung von Unionsrecht ergibt sich allgemein aus ihrer Mitwirkungspflicht nach Art. 4 Abs. 3 EUV[695], die zum Teil sekundärrechtlich bekräftigt wurde[696]. Soweit der gerichtliche Rechtsschutz vor nationalen Gerichten in der Zuständigkeit der Mitgliedstaaten verblieben ist, ergeben sich für sie kompetenziell grundsätzlich keine Einschränkungen bei der Ausgestaltung des nationalen Prozessrechts, sog. *Grundsatz der nationalen Verfahrensautonomie*. Gleichwohl sieht nunmehr Art. 19 Abs. 2 EUV vor, dass die Mitgliedstaaten „die erforderlichen Rechtsbehelfe [schaffen], damit ein wirksamer Rechtsschutz in den vom Unionsrecht erfassten Bereichen gewährleistet ist." Damit sind die Mitgliedstaaten darauf verpflichtet, Rechtsschutzlücken bezüglich der Durchsetzung des Unionsrechts vor den nationalen Gerichten zu schließen. Hinsichtlich der Ausgestaltung bleibt ihnen ein Spielraum. Ergänzt wird Art. 19 Abs. 2 EUV durch das subjektive Recht auf effektiven Rechtsschutz aus Art. 47 Abs. 1 GRC, aus dem ebenfalls folgt, dass die Mitgliedstaaten bei der Umsetzung von Unionsrecht wirksame Rechtsbehelfe vorhalten müssen[697]. Weigert sich eine nationale Behörde beharrlich, einer gerichtlichen Entscheidung nachzukommen, mit der ihr aufgegeben wird, eine klare, genaue und unbedingte Verpflichtung aus dem Unionsrecht zu erfüllen, kann gemäß der Entscheidung des EuGH in der Rs. *Deutsche Umwelthilfe* aus Art. 47 Abs. 1 GRC folgen, dass das zuständige nationale Gericht Zwangshaft gegen Amtsträger der Behörde zu verhängen hat. Dies setzt jedoch voraus, dass es (1) hierfür eine hinreichende innerstaatliche Rechtsgrundlage gibt und (2) die mit der Zwangshaft verbundene Einschränkung des Rechts auf Freiheit gemäß Art. 6 GRC gerechtfertigt ist[698]. Beide kollidierenden Rechte, das Recht auf effektiven Rechtsschutz einerseits und das Recht auf Freiheit andererseits, sind dabei gegeneinander abzuwägen. Es darf insbesondere keine weniger einschneidende Maßnahme als die Zwangshaft ersichtlich sein, um eine wirksame Durchsetzung des Unionsrechts zu erreichen[699].

621

---

695 EuGH, Rs. 33/76, Slg. 1976, S. 1989, Rn. 5 – *Rewe-Zentralfinanz*.
696 Vgl. etwa Art. 23 Abs. 2 lit. b Verordnung (EG) Nr. 450/2008 zur Festlegung des Zollkodex der Union, ABl.EU 2008 Nr. L 145, S. 1, der zwar ein Recht des Einzelnen auf Einlegung eines Rechtsbehelfs statuiert, für dessen Ausgestaltung allerdings explizit auf die „*geltenden Vorschriften der Mitgliedstaaten*" verwiesen wird.
697 EuGH, Rs. C-752/18, ECLI:EU:C:2019:1114, Rn. 34 – *Deutsche Umwelthilfe* (= P Nr. 19).
698 EuGH, Rs. C-752/18, ECLI:EU:C:2019:1114, Rn. 56 – *Deutsche Umwelthilfe* (= P Nr. 19).
699 EuGH, Rs. C-752/18, ECLI:EU:C:2019:1114, Rn. 50 f. – *Deutsche Umwelthilfe* (= P Nr. 19).

b) Grenzen der nationalen Verfahrensautonomie

622 Dass die Mitgliedstaaten die ihnen verbliebenen Befugnisse allerdings unter Wahrung des Unionsrechts auszuüben haben, ist ein etablierter Topos des Unionsrechts und so muss sich auch das national ausgestaltete Verfahrensrecht – gleich welcher Gerichtsbarkeit – an den unionsrechtlichen Anforderungen messen lassen. Die Rechtsprechung des EuGH hat in diesem Bereich sukzessiv eine äußerst vielgestaltige Modifikation der nationalen Rechtsschutzsysteme bewirkt, die sich im Wesentlichen auf zwei primärrechtliche Prinzipien zurückführen lässt. Der EuGH formuliert in ständiger Rechtsprechung, die nationalen „Verfahren dürfen jedoch nicht ungünstiger gestaltet werden als bei entsprechenden Klagen, die nur innerstaatliches Recht betreffen" (sog. Äquivalenzgebot), und „sie dürfen die Ausübung der durch die Unionsrechtsordnung verliehenen Rechte nicht praktisch unmöglich machen oder übermäßig erschweren"[700] (sog. Effektivitätsgebot). Sofern eine nationale Verfahrensvorschrift im Einzelfall diesen Geboten nicht genügt und sich ein Verstoß auch nicht mit Hilfe der unionsrechtskonformen Auslegung abwenden lässt, muss die entsprechende Vorschrift unangewendet bleiben. Hinzu kommt mittlerweile als Grenze der nationalen Verfahrensautonomie der Topos des „weiten Zugangs zu Gerichten"[701].

623 Während das Äquivalenzprinzip schon aufgrund seines vergleichenden Maßstabes einen eindeutig bestimmbaren Anwendungsbereich aufweist, hat der EuGH bislang wenig dazu beigetragen, abstrakte Kriterien zu entwickeln, anhand derer beurteilt werden könnte, wann das nationale Verfahren die Durchsetzung des Unionsrechts im Sinne des Effektivitätsprinzips *übermäßig erschwert*. Aus dieser Unbestimmtheit schöpft das Effektivitätsgebot sein großes Einwirkungs- und Fortentwicklungspotential, welches in einer umfangreichen Kasuistik seinen Ausdruck gefunden hat. Das Effektivitätsgebot überwindet u. a. gerichtliche Zuständigkeitshindernisse[702], Klage- und Rügefristen[703], es erweitert die Klagebefugnis[704] und verengt die Möglichkeit der nationalen Gerichte zur Gewährung einstweiligen Rechtsschutzes gegen den Vollzug unionsrechtlicher Vorgaben[705] (siehe im Einzelnen Rn. 624 ff.).

---

700 EuGH, Rs. C-231/96, Slg. 1998, S. I-4951, Rn. 19 – *Edis* (= P Nr. 15); EuGH, Rs. C-188/95, Slg. 1997, S. I-6783, Rn. 7 – *Fantask*.
701 *Ziekow*, NVwZ 2010, S. 793 ff.; EuGH, Rs. C-115/09, Slg. 2011, S. I-3673, Rn. 46 ff. – *BUND*.
702 EuGH, Rs. C-213/89, Slg. 1990, S. I-2433 – *Factortame I;* EuGH, Rs. C-268/06, Slg. 2008, S. I-2483 – *Impact*.
703 EuGH, Rs. C-208/90, Slg. 1991, S. I-4269 – *Emmott*; EuGH, Rs. C-312/93, Slg. 1995, S. I-4599 – *Peterbroeck*.
704 EuGH, Rs. C-237/07, Slg. 2008, S. I-6221 – *Janecek*.
705 EuGH, verb. Rs. C-143/88 u. C-92/89, Slg. 1991, S. I-415 – *Zuckerfabrik Süderdithmarschen* (= P Nr. 12); EuGH, Rs. C-465/93, Slg. 1995, S. I-3761 – *Atlanta Fruchthandelsgesellschaft* (= P Nr. 13).

Allerdings stellt sich das Unionsrecht nicht blind gegenüber den verschiedenen Funktionen nationaler Verfahrensregelungen. Es erkennt etwa die Rechtskraft von Urteilen aufgrund ihrer Bedeutung zur Gewährleistung des Rechtsfriedens und der Beständigkeit rechtlicher Beziehungen sowie einer geordneten Rechtspflege grundsätzlich an[706]. Eine ausnahmsweise Durchbrechung der Rechtskraft forderte der EuGH in der Rs. *Lucchini*, einem Fall der offenkundigen Missachtung einer beihilfenrechtlichen Entscheidung der Kommission durch ein italienisches Gericht (näher hierzu Rn. 211)[707]. Der hierbei erstmals zum Einsatz gelangende Anwendungsvorrang gegenüber einer innerstaatlichen Rechtskraftvorschrift stellte ein absolutes Novum dar. Zuvor hatte der EuGH aus Respekt vor der Rechtskraft stets auf eine Durchsetzung des Unionsrechts verzichtet[708]. In der Rs. *Klausner Holz* verlangte der EuGH hingegen erneut eine Rechtskraftdurchbrechung, da er ein dem Beihilfenrecht widersprechendes Urteil nicht hinnehmen wollte, das die Prüfungskompetenz der Kommission zur Vereinbarkeit einer Beihilfe mit dem Binnenmarkt untergrub[709]. Die sich bisher nur im Sektor des Beihilfenrechts abzeichnende Notwendigkeit einer Rechtskraftdurchbrechung ist mutmaßlich auf seine herausragende Bedeutung für den Schutz des Binnenmarkts vor Wettbewerbsverzerrungen, vor allem aber auf die Intention zur Aufrechterhaltung der exklusiven Entscheidungszuständigkeit der Kommission zurückzuführen. Bei der Betroffenheit anderer Rechtsgebiete erweist sich eine Rechtskraftdurchbrechung als nicht zwingender, sondern fakultativer Natur. Allein wenn die mitgliedstaatliche Verfahrensautonomie Korrekturmöglichkeit zur Herstellung eines unionsrechtskonformen Zustands eröffnet, fordert der EuGH ihren konsequenten Gebrauch. Hierbei unterzieht der EuGH die verfahrensautonomen Mittel einer Kontrolle durch die Grundsätze der Äquivalenz und der Effektivität[710]. Darüber hinaus trägt er den nationalen Gerichten auf, zu überprüfen, ob nationale Rechtskraftvorschriften einer unionsrechtskonformen Auslegung zugänglich sind. Dabei scheint dem EuGH eine Begrenzung des Streitgegenstandsbegriffs dergestalt vorzuschweben, dass nur tatsächlich erörterte Wirksamkeitshindernisse in Rechts-

624

---

[706] EuGH, Rs. C-234/04, Slg. 2006, S. I-2585, Rn. 20 – *Kapferer* (= P Nr. 16); EuGH, Rs. C-505/14, ECLI:EU:C:2015:742 – *Klausner Holz* (= P Nr. 18).
[707] EuGH, Rs. C-119/05, Slg. 2007, S. I-6199 – *Lucchini* (= P Nr. 17); hierzu und zur Folgerechtsprechung *Schmahl/Köber*, EuZW 2010, S. 927 ff.
[708] EuGH, Rs. C-126/97, ECLI:EU:C:1999:269, Rn. 46 f. – *Eco Swiss*; EuGH, Rs. C-234/04, Slg. 2006, S. I-2585, Rn. 21 – *Kapferer* (= P Nr. 16).
[709] EuGH, Rs. C-505/14, ECLI:EU:C:2015:742, Rn. 42 ff. – *Klausner Holz* (= P Nr. 18).
[710] EuGH, Rs. C-2/08, ECLI:EU:C:2009:506, Rn. 26 ff. – *Fallimento Olimpiclub*; EuGH, Rs. C-69/14, ECLI:EU:C:2015:662, Rn. 38 f. – *Târșia*; mangels einer vergleichbaren Interessenlage fordert der Äquivalenzgrundsatz nicht die Ausweitung innerstaatlicher Wiederaufnahmegründe um unionsrechtsspezifische, wenn das innerstaatliche Verfahrensrecht Restitutionsgründe aufgrund des Widerspruchs zu einem EGMR-Urteil vorsieht, vgl. EuGH, Rs. C-234/17, ECLI:EU:C:2018:853, Rn. 48 – *XC*.

kraft erwachsen⁷¹¹. Im Falle fehlender verfahrensautonomer Mittel zur Durchsetzung des Unionsrechts gegenüber der Rechtskraft ist der EuGH bereit, die innerstaatliche Gerichtsentscheidung und damit verbunden einen unionsrechtswidrigen Zustand zu akzeptieren⁷¹². Klage- und Ausschlussfristen erachtet der EuGH grundsätzlich für zulässig⁷¹³. Nur in der Rs. *Emmott*⁷¹⁴ hielt er die Hemmung einer nationalen Frist für (damals) unionsrechtlich geboten, um die Durchsetzung von Rechten, die sich aus einer verspätet umgesetzten Richtlinie ergaben, sicherzustellen.

625   Der nach deutschem Prozessrecht auf die Geltendmachung *subjektiv-öffentlicher Rechte* beschränkte Zugang etwa zu den Verwaltungsgerichten im Sinne des § 42 Abs. 2 VwGO ist dem Unionsrecht zumindest begrifflich fremd. Für das Unionsrecht ist allein entscheidend, ob eine Vorschrift *Rechte des Einzelnen* begründet. Das Unionsrecht ist bei der Anerkennung solcher Rechte deutlich großzügiger als eine entsprechende Beurteilung nach der deutschen Schutznormtheorie⁷¹⁵. Im Falle einer Divergenz hat sich das deutsche Verwaltungsprozessrecht zu beugen, soweit davon der effektive Schutz unionsrechtlich anerkannter Rechtspositionen abhängt. Besondere Aufmerksamkeit hat in diesem Zusammenhang das Urteil *Janecek*⁷¹⁶ auf sich gezogen, in welchem der EuGH der Pflicht der Mitgliedstaaten zur Erstellung von Aktionsplänen zur Reduzierung der Feinstaubbelastung nach Art. 7 Abs. 3 der Richtlinie 96/62/EG ein Recht des Einzelnen gegenübergestellt und damit seine Durchsetzung im Wege der allgemeinen Leistungsklage ermöglicht. Für das Vorliegen einer individualschützenden unionsrechtlichen Norm genügt es mithin, dass die Norm dem Schutz von Rechtsgütern dient, die auch im Interesse des Einzelnen liegen, ohne ihn jedoch von der Allgemeinheit abzugrenzen; klagebefugt ist er dann im Falle tatsächlicher Betroffenheit. Die nach der deutschen Schutznormtheorie intendierte Einbeziehung des Einzelnen in die Schutzwirkung ist danach nicht erforderlich. Wenn dagegen Umweltgüter um ihrer selbst willen geschützt werden (Artenschutz, Ozonschicht), ist auch nach Unionsrecht kein Individualrechtsschutz zu gewähren⁷¹⁷. Eine deutliche Erweiterung der Klagemöglichkeiten von Umweltschutzverbänden hat auch die Entscheidung des EuGH zum deutschen Umwelt-

---

711 EuGH, Rs. C-119/05, Slg. 2007, S. I-6199, Rn. 59 ff. – *Lucchini* (= P Nr. 17); EuGH, Rs. C-505/14, ECLI:EU:C:2015:742, Rn. 36 – *Klausner Holz* (= P Nr. 18).
712 Etwa EuGH, Rs. C-213/13, ECLI:EU:C:2014:2067, Rn. 62 – *Impresa Pizzarotti*.
713 EuGH, Rs. 33/76, Slg. 1976, S. 1989 – *Rewe-Zentralfinanz;* EuGH, Rs. C-231/96, Slg. 1998, S. I-4951 – *Edis* (= P Nr. 15).
714 EuGH, Rs. C-208/90, Slg. 1991, S. I-4269 – *Emmott*. Im Anschluss an die Entscheidung *Emmott* stellte der EuGH mit dem Urteil *Fantask* klar, dass eine Frist für die Durchsetzung von Ansprüchen, welche auf der fehlerhaften Umsetzung bzw. Anwendung von Richtlinien beruhen, nach den bekannten Grundsätzen der Äquivalenz und Effektivität zu beurteilen ist, EuGH, Rs. C-188/95, Slg. 1997, S. I-6783, Rn. 52 – *Fantask*.
715 *Kahl/Ohlendorf,* JA 2011, S. 41 ff.; allgemein zur Schutznormtheorie *Schenke,* Verwaltungsprozessrecht, 15. Aufl. 2017, Rn. 497 ff.
716 EuGH, Rs. C-237/07, Slg. 2008, S. I-6221 – *Janecek*.
717 *Kahl/Ohlendorf,* JA 2011, S. 41, 43.

rechtsbehelfsgesetz (UmwRG) zur Folge: Hiernach sind Umweltverbände auch befugt, die Verletzung von unionsrechtlichen Umweltschutznormen geltend zu machen, die keine subjektiven Rechte begründen[718].

Nach der Rechtsprechung des EuGH sind nationale Gerichte befugt, einstweiligen Rechtsschutz zu gewähren, auch wenn dadurch der Vollzug des Unionsrechts verzögert wird. Zur Sicherung der einheitlichen und effektiven Anwendung des Unionsrechts unterwirft der EuGH die Ausübung dieser Befugnis jedoch strengen unionsrechtlichen Voraussetzungen. Hiernach darf ein nationales Gericht die Vollziehung nur aussetzen (§ 80 Abs. 5 VwGO), wenn *erhebliche Zweifel* an der Gültigkeit des dem nationalen Verwaltungsakt zugrunde liegenden Unionsrechts bestehen, die Entscheidung *dringlich* ist, dem Antragsteller ein schwerer und *nicht wiedergutzumachender Schaden* droht und wenn das Gericht das *Interesse der Union angemessen berücksichtigt*[719]. Für den Erlass einstweiliger Maßnahmen (§ 123 Abs. 1 VwGO) wurden diese Voraussetzungen in der darauf folgenden Rechtsprechung dahingehend konkretisiert, dass das nationale Gericht zudem im Hauptsacheverfahren die Gültigkeitsfrage dem EuGH nach Art. 267 AEUV vorgelegt haben muss oder vorzulegen beabsichtigt *(Gültigkeitsvorlage)* und das Interesse des Antragstellers gegenüber der Anwendung des Unionsrechts objektiv überwiegt *(Interessenabwägung)*[720].

626

c) Merksatz

> Die prozessuale Durchsetzung von unionsrechtlich gewährten Rechtspositionen vor mitgliedstaatlichen Gerichten darf erstens nicht ungünstiger ausgestaltet sein als bei entsprechenden Klagen, die nur innerstaatliches Recht betreffen (**Äquivalenzgebot**) und zweitens die Ausübung der durch die Unionsrechtsordnung verliehenen Rechte nicht praktisch unmöglich machen oder übermäßig erschweren (**Effektivitätsgebot**). Sofern eine nationale Verfahrensvorschrift im Einzelfall diesen Geboten nicht genügt und sich ein Verstoß auch nicht mit Hilfe der unionsrechtskonformen Auslegung abwenden lässt, muss die entsprechende Vorschrift unangewendet bleiben.

627

Leitentscheidungen:
EuGH, Rs. 33/76, Slg. 1976, S. 1989 – *Rewe-Zentralfinanz*.
EuGH, verb. Rs. C-143/88 u. C-92/89, Slg. 1991, S. I-415 – *Zuckerfabrik Süderdithmarschen* (= P Nr. 12).
EuGH, Rs. C-213/89, Slg. 1990, S. I-2433 – *Factortame I*.

---

718 EuGH, Rs. C-115/09, Slg. 2011, S. I-3673, Rn. 42 ff. – *BUND*; zur Ausgangslage *Steinbeiß-Winkelmann*, NJW 2010, S. 1233, 1236 f.
719 EuGH, verb. Rs. C-143/88 u. C-92/89, Slg. 1991, S. I-415, Rn. 33 – *Zuckerfabrik Süderdithmarschen* (= P Nr. 12).
720 EuGH, Rs. C-465/93, Slg. 1995, S. I-3761, Rn. 51 – *Atlanta Fruchthandelsgesellschaft* (= P Nr. 13).

EuGH, Rs. C-208/90, Slg. 1991, S. I-4269 – *Emmott*.
EuGH, Rs. C-312/93, Slg. 1995, S. I-4599 – *Peterbroeck*.
EuGH, Rs. C-465/93, Slg. 1995, S. I-3761 – *Atlanta Fruchthandelsgesellschaft* (= P Nr. 13).
EuGH, Rs. C-188/95, Slg. 1997, S. I-6783 – *Fantask*.
EuGH, Rs. C-231/96, Slg. 1998, S. I-4951 – *Edis* (= P Nr. 15).
EuGH, Rs. C-234/04, Slg. 2006, S. I-2585 – *Kapferer* (= P Nr. 16).
EuGH, Rs. C-119/05, Slg. 2007, S. I-6199 – *Lucchini* (= P Nr. 17).
EuGH, Rs. C-268/06, Slg. 2008, S. I-2483 – *Impact*.
EuGH, Rs. C-237/07, Slg. 2008, S. I-6221 – *Janecek*.
EuGH, Rs. C-160/14, ECLI:EU:C:2015:565 – *Ferreira u.a* (= P Nr. 87).
EuGH, Rs. C-505/14, ECLI:EU:C:2015:742 – *Klausner Holz* (= P Nr. 18).
EuGH, Rs. C-158/14, ECLI:EU:C:2017:202 – *A. u. a./Minister van Buitenlandse Zaken* (= P Nr. 77).
EuGH, Rs. C-72/15, ECLI:EU:C:2017:236 – *PJSC Rosneft/Her Majesty's Treasury* (= P Nr. 80).
EuGH, Rs. C-234/17, ECLI:EU:C:2018:853 – *XC*.

8. Haftung der Europäischen Union

Literaturhinweise: *Breuer, M.:* Neue Rechtsprechungsentwicklung zur außervertraglichen Haftung der Europäischen Gemeinschaft, JA 2004, S. 813; *Bülow, K.:* Haftung der Europäischen Union nach Art. 340 Abs. 2 AEUV am Beispiel der rechtswidrigen Listung eines Terrorverdächtigen, EuR 2013, S. 609; *Eder, J.:* Fischereipolitik: Keine außervertragliche Haftung der EU wegen gleichheitswidriger Sofortmaßnahme der Kommission, EuZW 2017, S. 861; *dies.:* Die Verschuldensfrage in der außervertraglichen Haftung auf Grund von Verletzungen des Unionsrechts, EuZW 2015, S. 501; *Haack,S. A.:* Luxemburg locuta, causa finita: Außervertragliche Haftung der EG für rechtmäßiges Verhalten nach Art. 288 Abs. 2 EGV (= Art. 340 Abs. 2 AEUV) ade?, EuR 2009, S. 667; *Koenig, Ch.:* Haftung der europäischen Gemeinschaft gem. Art. 288 II EG wegen rechtswidriger Kommissionsentscheidungen in Beihilfensachen, EuZW 2005, S. 202; *Pechstein, M.:* EU-Prozessrecht, 4. Aufl. 2011, Rn. 669–740; *Seitz, C.:* Schadensersatzanspruch eines Unternehmens wegen der rechtswidrigen Untersagung eines Zusammenschlusses durch die Europäische Kommission, EuZW 2007, S. 659; *Weiß, W.:* Zur Haftung der EG für die Verletzung des WTO-Rechts, EuR 2005, S. 277.

a) Vertragliche Haftung

628 Ob und in welchem Umfang die Union für Schäden haftet, die infolge von Nicht- oder Schlechterfüllung der von ihr abgeschlossenen Verträge entstehen (vertragliche Haftung), richtet sich nach dem Recht, das auf den betreffenden Vertrag anzuwenden ist (Art. 340 Abs. 1 AEUV). Gemeinsame Grundvoraussetzung ist, dass die Union, eines ihrer Organe oder eine unabhängige Institution des Unionsrechts, etwa die Europäische Investitionsbank, einen Vertrag mit einer natürlichen oder juristischen Person abgeschlossen hat. Auch ein Mitgliedstaat, eine Gebietskörperschaft (Land, Kreis, Stadt, Gemeinde), ein Drittstaat oder eine andere internationale Organisation können Vertragspartner sein. In Betracht kommen sowohl privatrechtliche als auch öffentlich-rechtliche Verträge. Völkerrechtliche Verträge begründen keine vertragliche Haftung der Union gem. Art. 340 Abs. 1 AEUV. Der Begriff der vertraglichen Haftung ist weit auszulegen. Erfasst sind nicht nur Ansprüche aus Nicht- oder Schlechterfüllung eines Vertrags, sondern auch Ansprüche aus *culpa in contrahendo* oder wegen Verletzung einer vertraglichen Sorgfaltspflicht.

Das auf den Vertrag anzuwendende Recht ergibt sich entweder aus der vertraglichen Vereinbarung selbst oder lässt sich nach den Regeln des internationalen Privatrechts ermitteln. Es kann demnach das Recht eines Mitgliedstaates, eines Drittstaates oder das Unionsrecht (allgemeine Rechtsgrundsätze des Europäischen Unionsrechts) Anwendung finden. Zuständig für Entscheidungen über Schadensersatzklagen aus Verträgen sind die nationalen Gerichte (Art. 274 AEUV)[721]. Die Zuständigkeit des Europäischen Gerichtshofs kann jedoch zwischen den Vertragspartnern durch eine Schiedsklausel begründet werden (Art. 272 AEUV)[722]. 629

b) Außervertragliche Haftung

Im Rahmen der außervertraglichen Haftung können Ansprüche gegen die Union für Schäden, die durch Unionsorgane oder -bedienstete in Ausübung ihrer Amtstätigkeit entstanden sind, geltend gemacht werden (Art. 340 Abs. 2 AEUV). Für Entscheidungen über die außervertragliche Haftung ist die ausschließliche Zuständigkeit der Unionsgerichte begründet[723]. Ob und in welchem Umfang die Union haftet, bestimmt sich nach den *allgemeinen Rechtsgrundsätzen des Unionsrechts* (Rn. 454 ff.)[724]. Dies bedeutet, dass die Voraussetzungen, unter denen die Union für von ihr begangenes Unrecht haftet, vom EuGH im Wege wertender Rechtsvergleichung aus den in den Mitgliedstaaten entwickelten Rechtsvorstellungen gewonnen werden[725]. Nach der Rechtsprechung des EuGH setzt die im Wege der Amtshaftungsklage (Rn. 573 ff.) durchsetzbare außervertragliche Haftung der Union voraus, dass infolge rechtswidrigen Handelns ihrer Organe oder Bediensteten in Ausübung ihrer Amtstätigkeit ein tatsächlicher Schaden eingetreten ist[726]. 630

---

721 EuGH, Rs. C-377/09, Slg. 2010, S. I-7751, Rn. 19 – *Hanssens-Ensch;* EuGH, Rs. C-103/11 P, ECLI:EU:C:2013:245, Rn. 59 – *Kommission/Systran u. Systran Luxembourg.*
722 EuGH, Rs. C-103/11 P, ECLI:EU:C:2013:245, Rn. 58 f. – *Kommission/Systran u. Systran Luxembourg.*
723 EuGH, Rs. C-377/09, Slg. 2010, S. I-7751, Rn. 17 – *Hanssens-Ensch;* EuGH, Rs. C-103/11 P, ECLI:EU:C:2013:245, Rn. 60 – *Kommission/Systran u. Systran Luxembourg.*
724 EuGH, Rs. C-352/98 P, Slg. 2000, S. I-5291, Rn. 39 – *Bergaderm u. Goupil* (= P Nr. 113).
725 EuGH, Rs. C-377/09, Slg. 2010, S. I-7751, Rn. 17 – *Hanssens-Ensch.*
726 EuGH, Rs. 49/79, Slg. 1980, S. 569, Rn. 10 – *Pool;* EuGH, Rs. 308/87, Slg. 1990, S. I-1203, Rn. 6 – *Grifoni.*

aa) Amtshandlung eines Unionsorgans oder -bediensteten

631 Es muss eine *Amtshandlung* vorliegen, d. h., das schadensbegründende Verhalten muss in einem inneren Zusammenhang mit den Unionsaufgaben stehen. Ein schadensbegründendes Verhalten außerhalb oder nur bei Gelegenheit der Amtstätigkeit genügt nicht[727]. Unter dem Begriff der Amtstätigkeit ist sowohl aktives Handeln als auch Unterlassen trotz einer unionsrechtlichen Handlungspflicht zu verstehen[728]. Es kann sich dabei um administrative, rechtsetzende oder rechtsprechende Tätigkeit handeln, solange ihr Außenwirkung zukommt[729]. Rein innerorganisatorische oder vorbereitende Maßnahmen können eine Haftung der Union nicht auslösen. Unter administrative Amtstätigkeit fällt der Erlass oder Nichterlass von individual gerichteten Rechtsakten (z. B. Beschlüssen) sowie tatsächliches Handeln oder Unterlassen. Normatives Handeln umfasst jede Art legislativer Tätigkeit (z. B. Erlass von Verordnungen und Richtlinien). Die Haftung für rechtsprechende Tätigkeit ist nach allgemeinen Rechtsgrundsätzen auf die Fälle einer offenkundigen Rechtsbeugung beschränkt.

632 Der Schaden muss durch die Tätigkeit der *Organe der Union* oder durch ihre Bediensteten entstanden sein. Der Begriff „Organ" darf in diesem Zusammenhang nicht so verstanden werden, dass er nur die in Art. 13 Abs. 1 Satz 2 AEUV aufgezählten Organe meint. Vielmehr erfasst er auch die unabhängigen Institutionen des Unionsrechts, wie die Europäische Investitionsbank (EIB; Rn. 338), um eine Haftungsbefreiung der Union durch die Ausgliederung bestimmter Bereiche in unabhängige Institutionen zu verhindern. Auch das Handeln dieser Einrichtungen trägt zur Verwirklichung der Ziele des Unionsvertrags bei. Daher werden auch durch diese verursachte Schäden der Union zugerechnet[730]. Aufgrund der besonderen Vorschrift des Art. 340 Abs. 3 AEUV haftet jedoch abweichend von Art. 340 Abs. 2 AEUV die Europäische Zentralbank (EZB; Rn. 321) selbst für den durch sie oder ihre Bediensteten verursachten Schaden, da die EZB regelmäßig nicht für die gesamte Union, sondern nur für die Staaten der Eurogruppe (Rn. 1389) handelt. *Bedienstete* im Sinne von Art. 340 Abs. 2 AEUV sind sowohl Beamte als auch sonstige Bedienstete der Union. Die Union haftet darüber hinaus auch für andere Personen oder Hilfsorgane, derer sie sich zur Erfüllung ihrer Aufgaben bedient[731]. Die Schaffung primären Unionsrechts kann keine außervertragliche Haftung der Union auslösen, da es sich um völker-

---

727 Z. B. Verkehrsunfall eines Bediensteten bei einer Dienstreise im privaten Pkw; EuGH, Rs. 9/69, Slg. 1969, S. 329, Rn. 5, 11 – *Sayag*.
728 EuGH, Rs. C-146/91, Slg. 1994, S. I-4199, Rn. 58 – *KYDEP;* EuG, Rs. T-113/96, Slg. 1998, S. II-125, Rn. 56 – *Dubois I*.
729 EuGH, Rs. 133/79, Slg. 1980, S. 1299, Rn. 22 – *Sucrimex*.
730 So für die EIB ausdrücklich EuGH, Rs. C-370/89, Slg. 1992, S. I-6211, Rn. 13 – *Société générale*.
731 EuGH, verb. Rs. 14, 16, 17, 20, 24, 26, 27/60 u. 1/61, Slg. 1961, S. 345, 366 – *Meroni*.

rechtliche Verträge der Mitgliedstaaten und nicht um Handlungen der Unionsorgane oder -bediensteten handelt[732].

bb) Rechtswidrigkeit der Amtshandlung

Die schädigende Amtshandlung muss, um eine Haftung der Union auszulösen, *rechtswidrig sein*[733]. Rechtswidrig ist eine Amtshandlung, wenn sie gegen eine Rechtsnorm verstößt. Rechtsetzungsakte sind ihrerseits rechtswidrig, wenn sie eine hinreichend qualifizierte Verletzung einer höherrangigen Rechtsnorm zur Folge haben. Rechtswidrig ist eine Handlung auch, wenn sie gegen für die Europäische Union verbindliches Völkerrecht verstößt. 633

cc) Haftung für rechtmäßiges Unionshandeln

Da nur die Rechtsordnungen einiger Mitgliedstaaten eine Haftung für rechtmäßiges Verhalten (sog. Aufopferungsansprüche) anerkennen, war lange Zeit unklar, ob daraus auf der Grundlage *wertender Rechtsvergleichung* ein *allgemeiner Rechtsgrundsatz* im Sinne von Art. 340 Abs. 2 AEUV abgeleitet werden kann, der eine Haftung der Union für rechtmäßiges Verhalten begründet. Mit seinem *FIAMM*-Urteil[734] beseitigte der EuGH diese Unklarheit zumindest für die rechtsetzende Tätigkeit der Union: Eine *Haftung für rechtmäßiges Handeln oder Unterlassen des Unionsgesetzgebers* ist zum derzeitigen Stand der mitgliedstaatlichen Rechtsordnungen ausgeschlossen. Der Rechtsprechung lassen sich jedoch grundlegende Voraussetzungen entnehmen, die erfüllt sein müssen, damit künftig eine Haftung der Union für rechtmäßiges (nicht legislatives) Verhalten aufgrund wertender Rechtsvergleichung angenommen werden kann. In seinem *Dorsch Consult III*-Urteil[735], in dem sich der EuGH mit der Frage der Entschädigung schwerer wirtschaftlicher Einbußen, die ein Unternehmen infolge einer nach Art. 215 AEUV rechtmäßigen Embargomaßnahme erlitt, zu befassen hatte, stellte er erstmals die Voraussetzungen einer Haftung für rechtmäßiges Unionshandeln auf: tatsächliches Vorliegen des Schadens, ursächlicher Zusammenhang zwischen Schaden und Organhandeln sowie Qualifikation des Schadens als außergewöhnlich und besonders. Diese Voraussetzungen wurden durch den EuGH in seinem *FIAMM*-Urteil bestätigt[736]. 634

---

732 EuGH, Rs. C-95/98 P, Slg. 1999, S. I-4835, Rn. 21 – *Dubois II;* EuG, verb. Rs. T-12/98 u. T-13/98, Slg. 2000, S. II-2473, Rn. 17 – *Argon.*
733 EuGH, Rs. 49/79, Slg. 1980, S. 569, Rn. 7 – *Pool;* EuG, Rs. T-1/96, Slg. 1999, S. II-1, Rn. 52 – *Böcker-Lensing.*
734 EuGH, verb. Rs. C-120/06 P u. C-121/06 P, Slg. 2008, S. I-6513, Rn. 168 ff., 176 – *FIAMM* (= P Nr. 114).
735 EuG, Rs. T-184/95, Slg. 1998, S. II-667, Rn. 59 – *Dorsch Consult II;* EuGH, Rs. C-237/98 P, Slg. 2000, S. I-4549, Rn. 53 – *Dorsch Consult III.*
736 EuGH, Rs. C-237/98 P, Slg. 2000, S. I-4549, Rn. 53 – *Dorsch Consult III;* EuGH. verb. Rs. C-120/06 P u. C-121/06 P, Slg. 2008, S. I-6513, Rn. 168 ff. – *FIAMM* (= P Nr. 114).

dd) Schutznormverletzung

635 Bei der verletzten Rechtsvorschrift muss es sich um eine Norm handeln, die bezweckt, dem Einzelnen Rechte zu verleihen und dem Schutz seiner Interessen dient[737]. Dass eine Vorschrift in erster Linie allgemeinen Interessen dient, schließt nicht aus, dass sie auch die Belange Einzelner schützt. Schutznormen sind z. B. die Grundfreiheiten, die Unionsgrundrechte, der Grundsatz der Verhältnismäßigkeit, das Gebot des Vertrauensschutzes und die besonderen Diskriminierungsverbote. Hinsichtlich des Schutznormcharakters des allgemeinen Gleichbehandlungsgebots gibt sich der EuGH nicht damit zufrieden, dass dieses abstrakt subjektive Rechte zu verleihen bezweckt, sondern fragt nach den konkreten Rechten, welche es in der streitigen Situation verleihen soll[738]. Da eine rechtswidrige Handlung nicht durch den Gleichheitssatz erwirkt werden kann[739], darf ein rechtswidriger Vorteil konsequenter Weise auch nicht durch die unionsrechtliche Haftung verwirklicht werden können[740]. Keine Schutznorm ist nach der Rechtsprechung des EuGH Art. 296 Abs. 2 AEUV, obwohl die dort vorgeschriebene Beifügung einer Begründung dem Betroffenen die rechtliche und tatsächliche Überprüfung der Maßnahme ermöglicht und damit dem effektiven Rechtsschutz dient[741]. Zuständigkeitsvorschriften dienen grundsätzlich nicht dem Schutz des Einzelnen, sondern der Beachtung des vom Vertrag vorgesehen institutionellen Gleichgewichts[742]. Deshalb reicht ein Verstoß gegen ausschließlich die institutionelle Zuständigkeit regelnde, jedoch nicht den Schutz Einzelner bezweckende Vorschriften für sich nicht aus, um eine Haftung der Union auszulösen. Anderes gilt jedoch dann, wenn eine Maßnahme neben der Missachtung der Zuständigkeitsverteilungen auch unter Missachtung einer den Einzelnen schützenden materiell-rechtlichen Vorschrift ergeht[743].

636 Im Rahmen der Amtshaftung für unionsrechtswidrige Legislativakte verlangt der EuGH, dass eine höherrangige individualschützende Rechtsnorm in *hinreichend qualifizierter Weise* verletzt ist[744]. Ein hinreichend qualifizierter Verstoß liegt vor, wenn das handelnde Organ die Grenzen seiner Befugnisse offenkundig und erheblich überschritten hat. Dies ist der Fall, wenn ein Verstoß gegen eine Norm mit besonderer Bedeutung vorliegt, der Schaden bei einer klar umrissenen und abgrenzbaren Gruppe von Personen eintritt und der Schaden über die Gren-

---

737 EuGH, Rs. C-440/07 P, Slg. 2009, S. I-6413, Rn. 160 – *Kommission/Schneider Electric.*
738 EuGH, Rs. C-350/16 P, ECLI:EU:C:2017:672, Rn. 52 ff. – *Pappalardo.*
739 EuGH, Rs. C-51/10, ECLI:EU:C:2011:139, Rn. 75 f. – *Agencja Wydawnicza Technopol/HABM.*
740 *Eder,* EuZW 2017, S. 861, 865.
741 EuGH, Rs. C-76/01 P, Slg. 2003, S. I-10091, Rn. 98 f. – *Eurocoton.*
742 EuGH, Rs. C-221/10 P, ECLI:EU:C:2012:216, Rn. 81 f. – *Artegodan/Kommission.*
743 EuGH, Rs. C-221/10 P, ECLI:EU:C:2012:216, Rn. 81 f. – *Artegodan/Kommission.*
744 EuGH, Rs. 5/71, Slg. 1971, S. 975, Rn. 11 – *Zuckerfabrik Schöppenstedt* (= P Nr. 109); EuGH, verb. Rs. C-104/89 u. C-37/90, Slg. 1992, S. I-3061, Rn. 12 – *Mulder* (= P Nr. 112); EuGH, Rs. C-221/10 P, ECLI:EU:C:2012:216, Rn. 84 – *Artegodan/Kommission.*

zen des allgemeinen wirtschaftlichen Risikos hinausgeht⁷⁴⁵. Steht dem Organ ein Gestaltungsspielraum zu, so ist von einem hinreichend qualifizierten Verstoß gegen das Unionsrecht dann auszugehen, wenn die Grenzen desselben *offenkundig* und *erheblich* überschritten wurden⁷⁴⁶. Sofern der Gestaltungsspielraum erheblich verringert bzw. auf null reduziert ist, genügt bereits jede Verletzung des Unionsrechts, um einen hinreichend qualifizierten Verstoß zu begründen⁷⁴⁷. Dies gilt sowohl für Legislativakte als auch für Einzelfallentscheidungen⁷⁴⁸. Zu berücksichtigen ist bei der Ermittlung des hinreichend qualifizierten Verstoßes neben dem Umfang des Ermessens des Unionsorgans auch die Komplexität des Sachverhalts und die Schwierigkeiten der Anwendung des Unionsrechts⁷⁴⁹. Einen Haftungsausschluss nimmt das EuG vor, sofern eine gerichtliche Entscheidung nicht von einem letztinstanzlichen Gericht erlassen wurde und gegen diese ein Rechtsmittel hätte eingelegt werden können⁷⁵⁰.

ee) Schaden

Durch die Schutznormverletzung muss ein *Schaden* entstanden sein oder unmittelbar mit hinreichender Sicherheit bevorstehen⁷⁵¹. Ein Schaden ist jeder Nachteil, den der Betroffene an seinem Vermögen oder an einem sonstigen rechtlich geschützten Gut infolge der Amtspflichtverletzung erleidet⁷⁵². Regelmäßig handelt es sich bei den geltend gemachten Schäden um Vermögensschäden. Darunter ist auch der entgangene Gewinn eines Unternehmers zu verstehen, sofern das Geschäft bereits hinreichend konkret war, d. h. die Rechtsgrundlage der Gewinnerzielung bereits vor der Verletzungshandlung gelegt worden ist. Auch immaterielle Schäden hat der EuGH in einigen Fällen als Schadensposition anerkannt, wie beispielsweise „Aufregung, Verwirrung und Ungewissheit", in welche die Betroffenen durch das unrechtmäßige Handeln eines Unionsorgans versetzt worden sind⁷⁵³. Der Schaden muss im Zeitpunkt der Klageerhebung und des Urteilserlasses noch nicht eingetreten sein. Es genügt, dass der Eintritt eines Schadens unmittelbar bevorsteht und mit hin-

637

---

745 EuGH, verb. Rs. C-104/89 u. C-37/90, Slg. 1992, S. I-3061, Rn. 12 f. – *Mulder* (= P Nr. 112); vgl. auch EuG, Rs. T-57/00, Slg. 2003, S. II-607, Rn. 65 – *Banan-Kompaniet and Skandinaviska Bananimporten;* hierzu insgesamt Pechstein, EU-Prozessrecht, 4. Aufl. 2011, Rn. 719 ff.
746 EuGH, Rs. C-352/98 P, Slg. 2000, S. I-5291, Rn. 43 – *Bergaderm u. Goupil* (= P Nr. 113); EuGH, Rs. C-282/05 P, Slg. 2007, S. I-2941, Rn. 47 – *Holcim [Deutschland]/Kommission.*
747 EuGH, Rs. C-352/98 P, Slg. 2000, S. I-5291, Rn. 44 – *Bergaderm u. Goupil* (= P Nr. 113); EuG, Rs. T-333/03, Slg. 2006, S. II-4377, Rn. 63 – *Masdar.*
748 EuGH, Rs. C-282/05 P, Slg. 2007, S. I-2941, Rn. 47 ff. – *Holcim [Deutschland]/Kommission.*
749 EuGH, Rs. C-282/05 P, Slg. 2007, S. I-2941, Rn. 51 – *Holcim [Deutschland]/Kommission.*
750 EuG, Rs. T-673/15, ECLI:EU:T:2017:337, Rn. 122 – *Guardian Europe/Europäische Union.*
751 EuGH, Rs. 44/76, Slg. 1977, S. 393, Rn. 8 – *Eier-Kontor.*
752 EuGH, verb. Rs. 63/72 bis 69/72, Slg. 1973, S. 1229, Rn. 2 – *Werhahn Hansamühle.*
753 EuGH, verb. Rs. 7/56, 3/57 bis 7/57, Slg. 1957, S. 83, 135 – *Algera;* EuG, Rs. T-203/96, Slg. 1998, S. II-4239, Rn. 108 – *Embassy Limousines & Services.*

reichender Sicherheit vorhergesehen werden kann[754]. In diesem Fall ergeht ein Feststellungsurteil.

ff) Kausalität zwischen Amtspflichtverletzung und Schaden

638 Der EuGH verlangt ferner einen *Kausalzusammenhang* zwischen der Amtspflichtverletzung und dem geltend gemachten Schaden[755]. Eine Haftung wird abgelehnt, wenn der gleiche Schaden auch ohne die rechtswidrige Handlung oder Unterlassung auf dieselbe oder ähnliche Art und Weise eingetreten wäre[756]. Die Anforderungen an die Kausalität werden ferner durch einen Adäquanzmaßstab erhöht: Kausal in diesem Sinne sind nur die Handlungen, die nach der allgemeinen Lebenserfahrung typischerweise geeignet sind, einen Schaden wie den eingetretenen zu verursachen. Das ist umgekehrt nicht der Fall, wenn der Eintritt des Schadens als Folge der Handlung völlig unwahrscheinlich war.

gg) Verschuldensunabhängigkeit des Anspruchs

639 Auf ein Verschulden kommt es nach der Rechtsprechung des EuGH nicht an. Bei der außervertraglichen Haftung handelt es sich somit um eine *verschuldensunabhängige Haftung*[757].

hh) Rechtsfolge

640 Art. 340 Abs. 2 AEUV sieht als *Rechtsfolge* den Ersatz des verursachten Schadens vor. Dies hat vorrangig durch die Wiederherstellung des ursprünglichen Zustands zu erfolgen (Naturalrestitution). Die Aufhebung eines Rechtsakts der Union kann mit der Schadensersatzklage jedoch nicht verlangt werden. Ist die Naturalrestitution nicht möglich, ist *Schadensersatz in Geld* zu leisten. Die Höhe des Schadensersatzes wird bestimmt durch einen Vergleich des tatsächlich bestehenden Zustands mit dem Zustand, der bestehen würde, wenn das schädigende Ereignis nicht eingetreten wäre (Differenzmethode)[758], was auch den entgangenen Gewinn umfasst[759]. Der Geschädigte muss sich jedoch unter dem Gesichtspunkt des Vorteilsausgleichs etwaige, infolge des rechtswidrigen Unionshandelns erlangte Vorteile anrechnen lassen[760]. Aufgrund der ihn treffenden Schadensminderungspflicht ist zudem ein hypothetisches Alternativeinkom-

---

754 EuGH, Rs. 281/84, Slg. 1987, S. 49, Rn. 14 – *Zuckerfabrik Bedburg.*
755 EuGH, Rs. 153/73, Slg. 1974, S. 675, Rn. 7 – *Holtz & Willemsen;* EuG, Rs. T-54/96, Slg. 1998, S. II-3377, Rn. 67 ff. – *Oleifici Italiani.*
756 EuG, Rs. T-572/93, Slg. 1995, S. II-2025, Rn. 65 – *Odigitria.*
757 Näheres bei *Eder,* EuZW 2015, S. 501, 502 ff.
758 EuGH, verb. Rs. 29/63, 31/63, 36/63, 39/63 bis 40/63, 50/63 u. 51/63, Slg. 1965, S. 1197, 1234 – *Société Anonyme des Laminoirs.*
759 EuGH, verb. Rs. C-104/89 u. C-37/90, Slg. 1992, S. I-3061, Rn. 29 ff. – *Mulder* (= P Nr. 112).
760 EuGH, Rs. 238/78, Slg. 1979, S. 2955, Rn. 14 – *Ireks-Arkady.*

men⁷⁶¹ in die Berechnung des Schadensumfangs einzustellen. Gleichermaßen ist das zurechenbare Mitwirken des Geschädigten an der Entstehung des Schadens zu berücksichtigen⁷⁶². Ersetzt werden auch Zinsen ab dem Tag des Urteils des Europäischen Gerichtshofs⁷⁶³, wobei der anzuwendende Zinssatz auf der Grundlage des von der EZB für die wesentlichen Refinanzierungsgeschäfte festgesetzten Zinssatzes zu berechnen ist, der während des fraglichen Zeitraums galt. Der so ermittelte Zinssatz wird um zwei Prozentpunkte erhöht⁷⁶⁴. Inhaber des Schadensersatzanspruchs ist die natürliche oder juristische Person, die den Schaden erlitten hat, wobei auch Drittstaaten als Anspruchsberechtigte in Betracht kommen. Die Schadensersatzansprüche natürlicher und juristischer Personen aus außervertraglicher Haftung sind im Wege der Klage beim *Europäischen Gericht* geltend zu machen (Art. 268 AEUV i.V. m. Art. 256 Abs. 1 AEUV; Rn. 495).

ii) Verjährung

Außervertragliche Schadensersatzansprüche gegen die Union verjähren gem. Art. 46 der Satzung des Gerichtshofs⁷⁶⁵ in fünf Jahren nach dem Eintritt des Ereignisses, das dem Schaden zugrunde lag. Der Fristlauf beginnt in dem Zeitpunkt, in dem die Voraussetzungen, von denen die Ersatzpflicht abhängt, erfüllt sind und sich der zu ersetzende Schaden konkretisiert hat⁷⁶⁶. Abzustellen ist folglich nicht auf das schadensauslösende Ereignis, sondern auf den Eintritt des Schadens selbst⁷⁶⁷. Dies ist bei individuellen Entscheidungen der Fall, wenn die Schadensfolgen der Entscheidung gegenüber der Person eintreten, an die sie gerichtet ist⁷⁶⁸. Bei Rechtsnormen hingegen, wenn die Schadensfolgen aufgrund der Geltung der Rechtsnorm eintreten⁷⁶⁹. Dies gilt nicht, sofern der Betroffene zu diesem Zeitpunkt keine Kenntnis der objektiven Kriterien, die den Anspruch begründen, erlangen konnte und deshalb keine Möglichkeit hatte, innerhalb eines angemessenen Zeitraums Klage zu erheben oder seinen Anspruch geltend zu machen⁷⁷⁰. Die Rechtswidrigkeit der Unionshandlung muss dementsprechend

641

---

761 EuGH, verb. Rs. C-104/89 u. C-37/90, Slg. 2000, S. I-203, Rn. 60 – *Mulder* (= P Nr. 112).
762 EuGH, Rs. 26/81, Slg. 1982, S. 3057, Rn. 19 ff. – *Oleifici Mediterranei*.
763 EuGH, Rs. 152/88, Slg. 1990, S. I-2477, Rn. 32 – *Sofrimport*; EuGH, verb. Rs. C-104/89 u. C-37/90, Slg. 1992, S. I-3061, Rn. 35 – *Mulder* (= P Nr. 112).
764 EuG, Rs. T-260/97, Slg. 2005, S. II-2741, Rn. 146 – *Camar*.
765 ABl.EU 2010 Nr. C 83, S. 210.
766 EuGH, Rs. C-282/05 P, Slg. 2007, S. I-2941, Rn. 29 – *Holcim [Deutschland]/Kommission*; EuGH, Rs. C-469/11 P, ECLI:EU:C:2012:705, Rn. 34 – *Evropaïki Dynamiki/Kommission*.
767 EuGH, Rs. C-460/09 P, ECLI:EU:C:2013:111, Rn. 52 – *Inalca u. Cremonini/Kommission*; EuGH, Rs. C-282/05 P, Slg. 2007, S. I-2941, Rn. 33 – *Holcim [Deutschland]/Kommission*.
768 EuGH, Rs. C-282/05 P, Slg. 2007, S. I-2941, Rn. 30 – *Holcim [Deutschland]/Kommission*; EuGH, Rs. C-469/11 P, ECLI:EU:C:2012:705, Rn. 38 – *Evropaïki Dynamiki/Kommission*; EuGH, Rs. C-460/09 P, ECLI:EU:C:2013:111, Rn. 55, 60 – *Inalca u. Cremonini/Kommission*.
769 EuGH, Rs. C-282/05 P, Slg. 2007, S. I-2941, Rn. 29 – *Holcim [Deutschland]/Kommission*.
770 EuGH, Rs. C-469/11 P, ECLI:EU:C:2012:705, Rn. 35 ff. – *Evropaïki Dynamiki/Kommission*.

nicht festgestellt worden sein[771]. Die Verjährung wird durch das Einreichen der Klageschrift[772] beim Gerichtshof oder der Geltendmachung des Anspruchs gegenüber der zuständigen Behörde unterbrochen. Im letztgenannten Fall muss innerhalb der von Art. 263 AEUV vorgesehenen Frist von zwei Monaten Klage erhoben werden[773].

c) Haftung der Bediensteten

642 Die *persönliche Haftung der Bediensteten gegenüber der Union* bestimmt sich nach den Vorschriften des Statuts der Beamten der Europäischen Gemeinschaften (Beamtenstatut) oder den Beschäftigungsbedingungen für die Bediensteten (Art. 340 Abs. 4 AEUV). Art. 22 des Beamtenstatuts bestimmt, dass Beamte zum Ersatz des Schadens herangezogen werden können, den die Union durch ihr schwerwiegendes Verschulden in Ausübung oder anlässlich der Ausübung ihres Amtes erlitten hat. Dazu zählen sowohl Schäden, die der Beamte der Union unmittelbar zugefügt hat (Eigenschäden), als auch Schäden, die der Union dadurch entstehen, dass sie von einem Dritten im Rahmen der außervertraglichen Haftung (Art. 340 Abs. 2 AEUV) für die Schadensverursachung eines Beamten in Anspruch genommen wird (Fremdschäden). Zuständig für Schadensersatzklagen der Union gegen ihre Beamten oder Bediensteten ist das Europäische Gericht (Art. 270 AEUV i.V. m. Art. 256 Abs. 1 AEUV; Rn. 495).

643 Eine *persönliche Haftung der* Bediensteten *gegenüber Dritten* besteht nicht, sofern der Bedienstete einem Dritten in Ausübung seines Amtes einen Schaden zugefügt hat. In diesem Fall haftet ausschließlich die Union gegenüber dem Dritten nach den oben dargestellten Grundsätzen der außervertraglichen Haftung (Art. 340 Abs. 2 AEUV; Rn. 630 ff.). Sie kann dann gegebenenfalls bei dem Bediensteten, der den Schaden schuldhaft verursacht hat, Regress nehmen (Art. 340 Abs. 4 AEUV). Eine persönliche Haftung der Bediensteten besteht jedoch dann, wenn die Pflichtverletzung außerhalb oder nur bei Gelegenheit der Amtstätigkeit begangen wurde. Ob und in welchem Umfang der Bedienstete in diesen Fällen zur Leistung von Schadensersatz herangezogen werden kann, richtet sich nach dem jeweiligen nationalen Recht. Zuständig für derartige Schadensersatzklagen sind die nationalen Gerichte[774].

---

771 EuGH, Rs. C-282/05 P, Slg. 2007, S. I-2941, Rn. 31 – *Holcim [Deutschland]/Kommission.*
772 EuGH, Rs. C-282/05 P, Slg. 2007, S. I-2941, Rn. 36 – *Holcim [Deutschland]/Kommission.*
773 EuGH, Rs. C-282/05 P, Slg. 2007, S. I-2941, Rn. 36 – *Holcim [Deutschland]/Kommission.*
774 Eine persönliche Haftung des Bediensteten nach dem jeweiligen mitgliedstaatlichen Recht der unerlaubten Handlung besteht nur, soweit ihn nicht Art. 12 des Protokolls über die Vorrechte und Befreiungen der Europäischen Union von der Gerichtsbarkeit ausnimmt, vgl. hierzu EuGH, Rs. 5/68, Slg. 1968, S. 590 – *Sayag u. a/Leduc u. a.*

d) Merksätze

Die Europäische Union haftet für die Schäden, die infolge einer Nicht- oder Schlechterfüllung der von ihr mit natürlichen oder juristischen Personen abgeschlossenen Verträge entstehen. Die **vertragliche Haftung der Union** bestimmt sich nach dem Recht, das auf den betreffenden Vertrag nach den Regeln des internationalen Privatrechts anzuwenden ist (Art. 340 Abs. 1 AEUV). 644

Im Rahmen der **außervertraglichen Haftung** ersetzt die Europäische Union nach allgemeinen Rechtsgrundsätzen die Schäden, die ihre Organe, Institutionen oder Bediensteten durch eine rechtswidrige Amtshandlung unter Verletzung einer den Schutz der Interessen des Einzelnen bezweckenden Rechtsnorm adäquat kausal verursachen (Art. 40 Abs. 2 AEUV).

Leitentscheidungen:
EuGH, Rs. 6/69, Slg. 1969, S. 329 – *Sayag* (= P Nr. 561).
EuGH, Rs. 5/71, Slg. 1971, S. 975 – *Zuckerfabrik Schöppenstedt* (= P Nr. 109).
EuGH, verb. Rs. 83/76 u. 94/76, 4/77, 15/77 u. 40/77, Slg. 1978, S. 1209 – *HNL*.
EuGH, Rs. 238/78, Slg. 1979, S. 2955 – *Ireks-Arkady*.
EuGH, verb. Rs. C-104/89 u. C-37/90, Slg. 1992, S. I-3061 – *Mulder* (= P Nr. 112).
EuGH, Rs. C-237/98 P, Slg. 2000, S. I-4549 – *Dorsch Consult III*.
EuGH, Rs. C-352/98 P, Slg. 2000, S. I-5291 – *Bergaderm und Goupil* (= P Nr. 113).
EuG, Rs. T-351/03, Slg. 2007, S. II-2237 – *Schneider III*.
EuGH, verb. Rs. C-120/06 P u. C-121/06 P, Slg. 2008, S. I-6513 – *FIAMM* (= P Nr. 114).
EuGH, Rs. C-282/05 P, Slg. 2007, S. I-2941 – *Holcim [Deutschland]/Kommission*.
EuGH, Rs. C-469/11 P, ECLI:EU:C:2012:705 – *Evropaïki Dynamiki/Kommission*.
EuGH, Rs. C-221/10 P, ECLI:EU:C:2012:216 – *Artegodan/Kommission*.
EuG, Rs. T-673/15, ECLI:EU:T:2017:337 – *Guardian Europe/Europäische Union*.
EuGH, Rs. C-350/16 P, ECLI:EU:C:2017:672 – *Pappalardo*.
EuGH, Rs. C-150/17 P, ECLI:EU:C:2018:1014 – *Kendrion NV*.

9. Haftung der Mitgliedstaaten für Verstöße gegen Unionsrecht

Literaturhinweise: *Dörr, C.:* Der gemeinschaftsrechtliche Staatshaftungsanspruch in der Rechtsprechung des Bundesgerichtshofs, DVBl. 2006, S. 598; *ders.:* Der unionsrechtliche Staatshaftungsanspruch in Deutschland zwanzig Jahre nach Francovich, EuZW 2012, S. 86; *Eder, J.:* Die Verschuldensfrage in der außervertraglichen Haftung auf Grund von Verletzungen des Unionsrechts, EuZW 2015, S. 501; *Guckelberger, A.:* Verjährung von Staatshaftungsansprüchen wegen Unionsrechtsverstößen, EuR 2011, S. 75; *Haratsch, A.:* Zur Haftung der Mitgliedstaaten für fehlerhafte Gerichtsurteile, JZ 2006, S. 1176; *Hellweg, J. F./Moos, M.:* Problemfelder der unionsrechtlichen Staatshaftung für judikatives Unrecht, JA 2011, S. 196; *Kirschnick, S.:* Der hinreichend qualifizierte Verstoß als Voraussetzung des unionsrechtlichen Staatshaftungsanspruchs, 2015; *Kischel, U.:* Gemeinschaftsrechtliche Staatshaftung zwischen Europarecht und nationaler Rechtsordnung, EuR 2005, S. 441; *Kling, M.:* Die Haftung der Mitgliedstaaten der EG bei Verstößen gegen das Gemeinschaftsrecht, Jura 2005, S. 298; *Koenig, Ch.*: Staatshaftung für „hinreichend qualifizierte" Gemeinschaftsrechtsverstöße im nicht oder nur teilharmonisierten Bereich und die Vorlagepflicht nach Art. 234 Abs. 3 EG, EWS 2009, S. 249; *Kokott, J./Henze, T./Sobotta, C.*: Die Pflicht zur Vorlage an den Europäischen Gerichtshof und die Folgen ihrer Verletzung, JZ 2006, S. 633; *Säuberlich, B.-P.*: Staatliche Haftung unter europäischem Einfluss – Die Pflicht zur gemeinschaftskonformen Auslegung des Amtshaftungsanspruchs bei legislativem Unrecht, EuR 2005, S. 945; *Thomale, Ch.*: Zur subjektivrechtlichen Durchsetzung der Vorlagepflicht zum EuGH im europäischen Verfassungsgerichtsverbund, EuR 2016, S. 510; *Tietjen, D.*: Die Bedeutung der deutschen Richterprivilegien im System des gemeinschaftsrechtlichen Staatshaftungsrechts – Das EuGH-Urteil Traghetti Del Mediterraneo, EWS 2007, S. 15; *de Weert, J.*: Staatshaftung eines Mitgliedstaats: Möglichkeit und Grenzen der Anwendung nationaler Verjährungsfristen, DStR 2009, S. 703; *Zantis, C.*: Das Richterspruchprivileg in nationaler und gemeinschaftsrechtlicher Hinsicht, 2010.

645 Seit der Entscheidung des Gerichtshofs im Fall *Francovich*[775] ist anerkannt, dass die Mitgliedstaaten für Schäden haften, die Einzelne dadurch erleiden, dass ein Mitgliedstaat seiner Pflicht zur Beachtung des Unionsrechts nicht nachgekommen ist.

a) Herleitung des Haftungsanspruchs

646 Unionsrechtliche Bestimmungen zur Haftung der Mitgliedstaaten aufgrund von Unionsrechtsverstößen existieren nicht. Der Grundsatz der Staatshaftung folgt nach der Rechtsprechung des EuGH aus dem Wesen der mit dem AEUV (vormals EG-Vertrag) geschaffenen Rechtsordnung[776]. Es handelt sich dabei zum einen um einen allgemeinen Rechtsgrundsatz des Unionsrechts, wonach eine rechtswidrige Handlung oder Unterlassung die Verpflichtung zum Ersatz des dadurch verursachten Schadens nach sich zieht. Diesem Grundsatz ist die Verpflichtung der öffentlichen Stellen zu entnehmen, den in Ausübung ihrer Amtstätigkeit verursachten Schaden zu ersetzen[777]. Zum anderen stützt der EuGH das von ihm im Wege richterlicher Rechtsfortbildung entwickelte Haftungsinstitut auf die sich aus Art. 4 Abs. 3 EUV ergebende Verpflichtung der Mitgliedstaaten, die volle Wirksamkeit der Normen des Unionsrechts zu sichern (*„effet utile"*) und einen effektiven Schutz der dem Einzelnen durch das Unionsrecht verliehenen Rechte zu gewährleisten[778]. Der im Unionsrecht wurzelnde Haftungsanspruch steht dabei neben möglichen Ansprüchen aus nationalem Recht[779].

---

775 EuGH, verb. Rs. C-6/90 u. C-9/90, Slg. 1991, S. I-5357 – *Francovich* (= P Nr. 62, 67).
776 EuGH, Rs. C-445/06, Slg. 2009, S. I-2119, Rn. 19 – *Danske Slagterier* (= P Nr. 73).
777 EuGH, verb. Rs. C-46/93 u. C-48/93, Slg. 1996, S. I-1029, Rn. 29 – *Brasserie du pêcheur* (= P Nr. 68).
778 EuGH, verb. Rs. C-46/93 u. C-48/93, Slg. 1996, S. I-1029, Rn. 39 – *Brasserie du pêcheur* (= P Nr. 68).
779 *Dörr*, DVBl. 2006, S. 598 ff.

Auch die konkreten Haftungsvoraussetzungen entwickelte der Gerichtshof der **647**
Europäischen Union aus allgemeinen Rechtsgrundsätzen. Da kein Grund ersichtlich ist, warum die Mitgliedstaaten für Schäden, die dem Einzelnen wegen eines Verstoßes gegen das Unionsrecht entstehen, nach anderen Grundsätzen haften sollten als die Union selbst unter vergleichbaren Umständen im Rahmen ihrer außervertraglichen Haftung, zieht der Gerichtshof die im Rahmen von Art. 340 Abs. 2 AEUV entwickelten Grundsätze (Rn. 630 ff.) entsprechend heran[780].

Der Schadensersatzanspruch findet seine Grundlage zwar unmittelbar im Unionsrecht. Ein Mitgliedstaat hat die Folgen eines von ihm verursachten Schadens jedoch „im Rahmen des nationalen Haftungsrechts" zu beheben[781]. Nach der Rechtsprechung des BGH führt die Anwendung der vom EuGH aufgestellten Grundsätze mangels einer einschlägigen innerstaatlichen Rechtsgrundlage zu einem unionsrechtlichen Schadensersatzanspruch[782], der eigenständig neben der Amtshaftung nach § 839 BGB i. V. m. Art. 34 GG zu prüfen ist[783]. **648**

b) Anspruchsvoraussetzungen

Ein Schadensersatzanspruch besteht nach der Rechtsprechung des EuGH, wenn **649**
folgende Voraussetzungen kumulativ erfüllt sind:
(1) Ein Organ oder Amtsträger eines Mitgliedstaates verstößt gegen eine primär- oder sekundärrechtliche *Norm des Unionsrechts,* welche die *Verleihung von Rechten an Einzelne bezweckt.*
(2) Der *Verstoß ist hinreichend qualifiziert.*
(3) Zwischen dem Verstoß und dem eingetretenen Schaden besteht ein unmittelbarer *Kausalzusammenhang.*

aa) Mitgliedstaatlicher Verstoß gegen Unionsrecht

Ursprünglich entwickelte der Gerichtshof das Institut der mitgliedstaatlichen **650**
Haftung am Fall der Nichtumsetzung einer Richtlinie in der *Francovich*-Entscheidung[784]. Zugrunde lag dem Fall die verspätete Umsetzung der Konkursausfallrichtlinie 80/987/EWG des Rates vom 20. Oktober 1980[785]. Diese Richtlinie sollte Arbeitnehmern einen Mindestschutz bei Zahlungsunfähigkeit des Arbeitgebers dadurch gewährleisten, dass die Mitgliedstaaten finanziell selbstständige

---
780 EuGH, verb. Rs. C-46/93 u. C-48/93, Slg. 1996, S. I-1029, Rn. 42 – *Brasserie du pêcheur* (= P Nr. 68).
781 EuGH, verb. Rs. C-6/90 u. 9/90, Slg. 1991, S. I-5357, Rn. 42 – *Francovich* (= P Nr. 67); EuGH, Rs. C-66/95, Slg. 1997, S. I-2163, Rn. 33 – *Sutton.*
782 BGHZ 134, 30, 33.
783 *Dörr,* DVBl. 2006, S. 598 ff.
784 EuGH, verb. Rs. C-6/90 u. 9/90, Slg. 1991, S. I-5357, Rn. 31 ff. – *Francovich* (= P Nr. 62).
785 ABl.EG 1980 Nr. L 283, S. 23; geänd. durch ABl.EG 1987 Nr. L 66, S. 11 u. ABl.EG 2002 Nr. L 270, S. 10; heute Richtlinie 2008/94/EG des Europäischen Parlaments und des Rates, ABl. EU 2008 Nr. L 283, S. 36.

Garantieeinrichtungen schaffen, die sicherstellen, dass die nicht erfüllten Ansprüche der Arbeitnehmer aus ihren Arbeitsverhältnissen für einen bestimmten Zeitraum befriedigt werden können. Italien hatte die Richtlinie nicht fristgerecht umgesetzt. Da die Richtlinie hinsichtlich der Person des Schuldners des Garantieanspruchs nicht hinreichend konkret war und den Mitgliedstaaten insoweit Gestaltungsspielraum beließ, schied ein Zahlungsanspruch aus der Richtlinie selbst mangels unmittelbarer Wirkung aus. Der EuGH entschied jedoch, dass ein Mitgliedstaat die Schäden zu ersetzen hat, die einem Einzelnen durch die nicht fristgerechte Umsetzung der ihn begünstigenden Konkursausfallrichtlinie entstehen[786].

651   Mittlerweile ist anerkannt, dass nicht nur die Säumnis der rechtzeitigen Richtlinienumsetzung in nationales Recht einen die Haftung des Mitgliedstaats auslösenden Verstoß gegen Unionsrecht begründet. Umfasst ist vielmehr jeglicher Verstoß gegen Primär- und Sekundärrecht der Union[787].

652   Da das Unionsrecht vom völkerrechtlichen Staatsbegriff ausgeht, wonach der Staat haftungsrechtlich als Einheit zu betrachten ist, wird nicht danach unterschieden, ob der schadensverursachende Verstoß der Legislative, der Judikative oder der Exekutive des Mitgliedstaates zuzurechnen ist[788]. Folglich sind die Mitgliedstaaten auch zum Ersatz der Schäden verpflichtet, die dem Einzelnen durch Verstöße gegen Bestimmungen des Unionsrechts entstehen, wenn der Verstoß dem innerstaatlichen Gesetzgeber zuzurechnen ist[789]. Der Umstand, dass das nationale Recht einen Anspruch auf Ersatz legislativen Unrechts ausschließt, ist unbeachtlich. Da es aus der Sicht des Unionsrechts nicht darauf ankommt, welche mitgliedstaatliche Stelle gehandelt hat, kann auch eine Maßnahme eines Bundeslandes, einer Selbstverwaltungskörperschaft oder einer sonstigen öffentlich-rechtlichen Einrichtung, wie einer Kammer oder eines Sozialversicherungsträgers, haftungsbegründend wirken[790].

653   Der mitgliedstaatliche Verstoß gegen Unionsrecht kann sowohl in einem aktiven Handeln als auch in einem Unterlassen liegen[791]. Daher kommt die Haftung eines Mitgliedstaates auch in Betracht, wenn er gegen seine Schutzpflichten verstößt[792], indem er bspw. gegen die von Privaten ausgehenden Beeinträchtigungen

---

786 EuGH, verb. Rs. C-6/90 u. 9/90, Slg. 1991, S. I-5357, Rn. 38 ff. – *Francovich* (= P Nr. 67).
787 EuGH, verb. Rs. C-46/93 u. C-48/93, Slg. 1996, S. I-1029, Rn. 23 – *Brasserie du pêcheur* (= P Nr. 68); EuGH, Rs. C-5/94, Slg. 1996, S. I-2553, Rn. 27 – *Lomas*.
788 *Kapsa*, in: Geigel (Hrsg.), Der Haftpflichtprozess, 27. Aufl. 2015, 20. Kap., Rn. 335; EuGH, Rs. C-118/00, Slg. 2001, S. I-5063, Rn. 34 f. – *Larsy*.
789 EuGH, verb. Rs. C-46/93 u. C-48/93, Slg. 1996, S. I-1029, Rn. 36 – *Brasserie du pêcheur* (= P Nr. 68).
790 EuGH, Rs. C-118/00, Slg. 2001, S. I-5063, Rn. 35 – *Larsy*.
791 EuGH, verb. Rs. C-46/93 u. C-48/93, Slg. 1996, S. I-1029, Rn. 32 – *Brasserie du pêcheur* (= P Nr. 68).
792 Vgl. EuGH, Rs. C-265/95, Slg. 1997, S. I-6959, Rn. 30 ff. – *Kommission/Frankreich* („Bauernproteste") (= P Nr. 160); EuGH, Rs. C-112/00, Slg. 2003, S. I-5659, Rn. 73 ff. – *Schmidberger* (= P Nr. 141).

der Grundfreiheiten, etwa der Freiheit des Warenverkehrs, nicht einschreitet und nicht gemäß der Verordnung (EG) 2679/98[793] unverzüglich die Kommission unterrichtet[794].

Da der Schadensersatzanspruch seine Grundlage unmittelbar im Unionsrecht findet, er aber im Rahmen des nationalen Haftungsrechts eingelöst wird, dürfen die innerstaatlich festgelegten materiellen und formellen Voraussetzungen nicht ungünstiger sein als bei ähnlichen Klagen, die nur nationales Recht betreffen (Grundsatz der Gleichwertigkeit)[795]. Kumulativ dürfen die Voraussetzungen nicht so ausgestaltet sein, dass sie es praktisch unmöglich machen oder übermäßig erschweren, Entschädigung zu erlangen (Grundsatz der Effektivität)[796]. Insbesondere darf das nationale Recht einen Schadensersatzanspruch nicht von zusätzlichen Voraussetzungen abhängig machen, die über das Merkmal des hinreichend qualifizierten Verstoßes hinausgehen[797]. Umgekehrt steht das Unionsrecht einer Haftungsauslösung unter weniger strengen Voraussetzungen des nationalen Rechts nicht entgegen[798].

654

Der Schadensersatzanspruch ist nicht davon abhängig, dass der EuGH (zuvor) einen Verstoß des betreffenden Mitgliedstaates gegen Unionsrecht festgestellt hat[799]. Der AEUV verleiht dem Einzelnen kein Klagerecht, um Maßnahmen der Mitgliedstaaten auf ihre Vereinbarkeit mit dem EU-Recht überprüfen zu lassen. Die dem Einzelnen aus dem Unionsrecht zustehenden Rechte können daher weder unter dem Vorbehalt stehen, dass die Kommission als „Hüterin der Verträge" es für zweckmäßig hält, gemäß Art. 258 AEUV gegen einen Mitgliedstaat vorzugehen, noch davon abhängen, dass der Gerichtshof – etwa in einem Vorabentscheidungsverfahren – einen Verstoß festgestellt hat[800].

655

bb) Verleihung subjektiver Rechte

Die verletzte Unionsrechtsnorm muss die Verleihung subjektiver Rechte bezwecken[801]. Subjektive Rechte können dem Einzelnen durch unmittelbar wirksame Bestimmungen des primären Unionsrechts verliehen werden. In Betracht kom-

656

---

793 Verordnung (EG) Nr. 2679/98 des Rates v. 7.12.1998 zur Beseitigung von Handelshemmnissen.
794 Vgl. auch *Koenig*, EWS 2009, S. 249, 251.
795 Vgl. auch *Dörr*, EuZW 2012, S. 86.
796 EuGH, verb. Rs. C-6/90 u. C-9/90, Slg. 1991, S. I-5357, Rn. 43 – *Francovich* (= P Nr. 67); EuGH, verb. Rs. C-46/93 u. C-48/93, Slg. 1996, S. I-1029, Rn. 67 – *Brasserie du pêcheur* (= P Nr. 68); EuGH, Rs. C-445/06, Slg. 2009, S. I-2168, Rn. 31 – *Danske Slagterier* (= P Nr. 73); EuGH, Rs. C-571/16, ECLI:EU:C:2018:807, Rn. 123 – *Kantarev*.
797 EuGH, verb. Rs. C-46/93 u. C-48/93, Slg. 1996, S. I-1029, Rn. 78 ff. – *Brasserie du pêcheur* (= P Nr. 68); EuGH, Rs. C-571/16, ECLI:EU:C:2018:807, Rn. 121 – *Kantarev*.
798 EuGH, Rs. C-571/16, ECLI:EU:C:2018:807, Rn. 121 – *Kantarev*.
799 EuGH, verb. Rs. C-46/93 u. C-48/93, Slg. 1996, S. I-1029, Rn. 95 – *Brasserie du pêcheur* (= P Nr. 68); EuGH, Rs. C-445/06, Slg. 2009, S. I-2119, Rn. 38 – *Danske Slagterier* (= P Nr. 73).
800 EuGH, verb. Rs. C-46/93 u. C-48/93, Slg. 1996, S. I-1029, Rn. 95 – *Brasserie du pêcheur* (= P Nr. 68).
801 EuGH, Rs. C-470/03, Slg. 2007, S. I-2749, Rn. 78 – *AGM-COS.MET* (= P Nr. 72).

men hier insbesondere die Grundfreiheiten[802]. Hierzu gehört auch, dass die Voraussetzungen der subjektive Rechte verleihenden Grundfreiheiten erfüllt sind, insbesondere muss der Nachweis eines zumindest potentiell grenzüberschreitenden Sachverhalts dargelegt werden[803]. Für rein innerstaatliche Sachverhalte ist der unionsrechtliche Staatshaftungsanspruch, vorbehaltlich einer nationalen Zuweisung, dementsprechend nicht anwendbar[804]. Die Verleihung subjektiver Rechte kann auch durch sekundäres Unionsrecht (Verordnungen, Richtlinien, Beschlüsse) erfolgen. Da Richtlinien nur hinsichtlich ihres ausdrücklich erklärten Ziels verbindlich sind und für ihre unmittelbare Wirkung in den Mitgliedstaaten regelmäßig einer innerstaatlichen Umsetzung bedürfen, ist erforderlich, dass erstens das durch die Richtlinie vorgeschriebene Ziel die Verleihung von Rechten an Einzelne beinhaltet und zweitens der Inhalt dieser Rechte auf der Grundlage der Richtlinie bestimmt werden kann[805].

cc) Hinreichende Qualifikation des Verstoßes

657 In Anlehnung an die Voraussetzungen der Haftung der Union im Rahmen der außervertraglichen Haftung (Art. 340 Abs. 2 AEUV; Rn. 633, 636) fordert der EuGH, dass ein hinreichend qualifizierter Verstoß gegen eine unionsrechtliche Norm vorliegt. Dies gilt vor allem im Hinblick darauf, dass die mitgliedstaatlichen Organe und Amtsträger bei der Durchführung des Unionsrechts, insbesondere bei Rechtsetzungsakten, die wirtschaftspolitische Entscheidungen erfordern, oftmals über einen weiten Handlungsspielraum verfügen. Gleich der Union sollen auch die Mitgliedstaaten nicht durch die Möglichkeit von Schadensersatzklagen behindert werden, wenn das allgemeine Interesse den Erlass von Maßnahmen gebietet, welche die Interessen Einzelner beeinträchtigen können[806].

658 Ein Verstoß gegen Unionsrecht ist *hinreichend qualifiziert,* wenn ein Mitgliedstaat die Grenzen, die seinem Ermessen beim Vollzug oder bei der Umsetzung des Unionsrechts gesetzt sind, offenkundig und erheblich überschreitet[807]. Dies ist zu bejahen, wenn die verletzte Norm in ihrer Rechtsfolge das gebotene Verhalten so eindeutig aufgibt, dass kein vernünftiger Zweifel über das erlaubte und unerlaubte mitgliedstaatliche Verhaltensspektrum mehr besteht.

659 Zu den maßgeblichen Gesichtspunkten gehören das Maß an Klarheit und Genauigkeit der verletzten Vorschrift und der Umfang des Ermessensspielraums,

---

802 EuGH, verb. Rs. C-46/93 u. C-48/93, Slg. 1996, S. I-1029, Rn. 54 – *Brasserie du pêcheur* (= P Nr. 68).
803 EuGH, Rs. C-268/15, ECLI:EU:C:2016:874, Rn. 46 ff. – *Ullens de Schooten* (= P Nr. 192).
804 EuGH, Rs. C-268/15, ECLI:EU:C:2016:874, Rn. 55 ff. – *Ullens de Schooten* (= P Nr. 192).
805 EuGH, verb. Rs. C-6/90 u. C-9/90, Slg. 1991, S. I-5357, Rn. 40 – *Francovich* (= P Nr. 67).
806 EuGH, verb. Rs. C-46/93 u. C-48/93, Slg. 1996, S. I-1029, Rn. 45 ff. – *Brasserie du pêcheur* (= P Nr. 68).
807 EuGH, verb. Rs. C-46/93 u. C-48/93, Slg. 1996, S. I-1029, Rn. 57 – *Brasserie du pêcheur* (= P Nr. 68); EuGH, Rs. C-278/05, Slg. 2007, S. I-1053, Rn. 70 ff. – *Robins*.

den die verletzte Norm den nationalen Behörden belässt[808]. Besondere Bedeutung erlangt der mitgliedstaatliche Ermessensspielraum in nichtharmonisierten Bereichen. Dort räumt der EuGH den Mitgliedstaaten bei der Festlegung des Schutzniveaus einen weiten Gestaltungsspielraum ein. Da das Überschreiten der Haftungsschwelle des hinreichend qualifizierten Verstoßes nach Maßgabe des jeweils durch die konkrete Unionsrechtsnorm dem Mitgliedstaat belassenen Ermessensspielraums zu bestimmen ist, wird in den nichtharmonisierten Bereichen diese Haftungsschwelle tendenziell höher als in den (teil-)harmonisierten Bereichen anzusetzen sein[809]. Der Ausübung des mitgliedstaatlichen Ermessens- und Gestaltungsspielraums werden dabei in der jüngeren Rechtsprechung des Gerichtshofs Grenzen anhand einer substantiellen Kohärenz- und Verhältnismäßigkeitskontrolle gesetzt. In dem Vorabentscheidungsurteil *Hartlauer* des EuGH vom 10. März 2009 qualifiziert der Gerichtshof eine österreichische Regelung über Zulassungsvoraussetzungen für selbstständige Ambulatorien für Zahnheilkunde als mit der Niederlassungsfreiheit von Gesellschaften (Art. 49 AEUV i.V. m. Art. 54 AEUV) unvereinbar[810], weil das Erfordernis einer auf den gesundheitlichen Bedarf der Bevölkerung gestützten Prüfung nur auf selbstständige Ambulatorien, nicht aber auf Gruppenpraxen angewandt wird. Hierin sieht der Gerichtshof einen Verstoß gegen das Gebot einer kohärenten und systematischen Zielverfolgung[811]. Zwar geht es in der Rs. *Hartlauer* nicht um die Staatshaftung, gleichwohl zieht der Gerichtshof dem mitgliedstaatlichen Autonomiebereich bei der Festlegung des Schutzniveaus in nichtharmonisierten Bereichen unter Anwendung seines Kohärenzkriteriums Gestaltungsgrenzen. Deren offenkundiges Überschreiten durch Systemwidersprüche und Inkohärenzen[812] kann nach den oben genannten Haftungsmaßstäben einen hinreichend qualifizierten Unionsrechtsverstoß begründen.

Zu berücksichtigen ist darüber hinaus, ob der Verstoß vorsätzlich oder nicht vorsätzlich begangen oder der Schaden vorsätzlich oder nicht vorsätzlich zugefügt wurde, die Entschuldbarkeit oder Unentschuldbarkeit eines etwaigen Rechtsirrtums sowie der Umstand, dass die Verhaltensweisen eines Unionsorgans möglicherweise dazu beigetragen haben, dass nationale Maßnahmen oder Praktiken in unionsrechtswidriger Weise unterlassen, eingeführt oder aufrechterhalten wurden[813]. Ein Verstoß ist z. B. offenkundig, wenn er trotz des Erlasses

660

---

808 Vgl. BGH, Urt. v. 18.10.2012 – Az. III ZR 197/11, NJW 2013, S. 168, Rn. 26 – *Sportwetten in Bayern*.
809 Eingehend *Koenig*, EWS 2009, S. 249, 252 f.
810 EuGH, Rs. C-169/07, Slg. 2009, S. I-1721 – *Hartlauer* (= P Nr. 203).
811 EuGH, Rs. C-169/07, Slg. 2009, S. I-1721, Rn. 55 – *Hartlauer* (= P Nr. 203); vgl. für den Bereich der nichtharmonisierten Glücksspielsektoren EuGH, Rs. C-42/07, Slg. 2009, S. I-7633, Rn. 61 – *Liga Portuguesa*.
812 Für den Glücksspielbereich eingehend *Koenig/Ciszewski*, ZfWG 2008, S. 397 ff.; *Koenig*, ZfWG 2009, S. 229 ff.
813 EuGH, verb. Rs. C-46/93 u. C-48/93, Slg. 1996, S. I-1029, Rn. 56 – *Brasserie du pêcheur* (= P Nr. 68); EuGH, Rs. C-140/97, Slg. 1999, S. I-3499, Rn. 50 – *Rechberger*.

eines Urteils des Gerichtshofs der Europäischen Union, welches einen Verstoß im konkreten Fall festgestellt hat[814], oder entgegen gefestigter einschlägiger unionsgerichtlicher Rechtsprechung fortbestanden hat[815].

661 An einem hinreichend qualifizierten Unionsrechtsverstoß fehlt es, wenn die von einem Mitgliedstaat gefundene Auslegung einer Unionsrechtsnorm vertretbar erscheint, etwa weil eine fragliche Richtlinienbestimmung ungenau ist und die angestellten Überlegungen nicht von der Hand zu weisen sind[816]. Ein Indiz hierfür kann sein, dass nahezu alle Mitgliedstaaten die gleiche Auslegung der Unionsrechtsnorm zugrunde legen[817].

(α) Hinreichende Qualifikation eines Verstoßes gegen Unionsrecht bei der Richtlinienumsetzung

662 Das Erfordernis eines hinreichend qualifizierten Verstoßes gegen eine Bestimmung des Unionsrechts gilt gleichermaßen für die nicht erfolgte oder unzulängliche Umsetzung von Richtlinien, auch wenn diese Voraussetzung in der *Francovich*-Entscheidung noch nicht explizit genannt wird[818]. Die „bloße" Verletzung des Unionsrechts kann genügen, um einen hinreichend qualifizierten Verstoß zu begründen, wenn der betreffende Mitgliedstaat über einen erheblich verringerten oder gar auf null reduzierten Ermessensspielraum verfügte[819]. Trifft daher ein Mitgliedstaat unter Verstoß gegen Art. 288 Abs. 3 AEUV innerhalb der in einer Richtlinie festgesetzten Frist keinerlei Maßnahmen, obwohl dies zur Erreichung des durch diese Richtlinie vorgeschriebenen Zieles erforderlich wäre, so überschreitet er offenkundig und erheblich die Grenzen, die der Ausübung seiner Befugnisse gesetzt sind[820]. Ein hinreichend qualifizierter Verstoß ist auch anzunehmen, wenn nur eine Richtlinienbestimmung, die den Mitgliedstaaten keinen Entscheidungsspielraum bei der Umsetzung belässt, nicht ordnungsgemäß umgesetzt worden ist, selbst wenn der Mitgliedstaat ansonsten alle übrigen Umsetzungsakte korrekt durchgeführt hat[821].

---

814 Vgl. dazu für die Feststellung, wann eine Entscheidung des EuGH auf den konkreten Fall übertragbar ist, BGH, Urt. v. 18.10.2012 – Az. III ZR 197/11, NJW 2013, S. 168, Rn. 26 – *Sportwetten in Bayern*.
815 EuGH, Rs. C-201/05, Slg. 2008, S. I-2875, Rn. 123 – *Test Claimants in the CFC and Dividend Group Litigation*.
816 EuGH, Rs. C-392/93, Slg. 1996, S. I-1631, Rn. 43 – *British Telecommunications* (= P Nr. 69).
817 EuGH, verb. Rs. C-283/94, C-291/94 u. C-292/94, Slg. 1996, S. I-5063, Rn. 51 – *Denkavit II*.
818 EuGH, verb. Rs. C-178/94, C-179/94, C-188/94, C-189/94 u. C-190/94, Slg. 1996, S. I-4845, Rn. 22 ff. – *Dillenkofer u. a.* („*Pauschalreiserichtlinie*") (= P Nr. 70); EuGH, Rs. C-66/95, Slg. 1997, S. I-2163, Rn. 32 f. – *Sutton*.
819 EuGH, Rs. C-470/03, Slg. 2007, S. I-2749, Rn. 81 – *AGM-COS.MET* (= P Nr. 72); EuGH, Rs. C-278/05, Slg. 2007, S. I-1053, Rn. 72 f. – *Robins*.
820 EuGH, verb. Rs. C-178/94, C-179/94, C-188/94, C-189/94 u. C-190/94, Slg. 1996, S. I-4845, Rn. 26 – *Dillenkofer u. a.* („*Pauschalreiserichtlinie*") (= P Nr. 70).
821 EuGH, Rs. C-140/97, Slg. 1999, S. I-3499, Rn. 51 ff. – *Rechberger*; vgl. zu durch Richtlinien festgesetzten „zielbezogenen Ergebnispflichten" *Koenig*, EWS 2009, S. 249, 250 ff. zum Urteil des BGH v. 22.1.2009 – Az. III ZR 233/07, NJW 2009, S. 2534.

(β) Hinreichende Qualifikation eines Verstoßes gegen Unionsrecht
bei judikativem Unrecht

Mit seiner Entscheidung in der Rs. *Köbler* hat der EuGH klargestellt, dass der Staatshaftungsanspruch auch bei Verletzungen von Unionsrecht durch mitgliedstaatliche Gerichte Anwendung findet (judikatives Unrecht)[822]. Aufgrund der Besonderheit der richterlichen Funktion sowie der berechtigten Belange der Rechtssicherheit haftet ein Mitgliedstaat nach der Rechtsprechung des Gerichtshofs im Falle von Verletzungen des Unionsrechts durch seine Gerichte nicht unbegrenzt[823]. Der Unabhängigkeit der Justiz und dem Grundsatz der Rechtskraft wird dadurch Rechnung getragen, dass ein hinreichend qualifizierter Verstoß nur bei einem *offenkundigen* Verstoß des mitgliedstaatlichen Gerichts gegen das geltende Unionsrecht vorliegt[824]. Bei der Entscheidung darüber, ob diese Voraussetzung erfüllt ist, muss das mit einer Schadensersatzklage befasste nationale Gericht alle Gesichtspunkte des Einzelfalls berücksichtigen, insbesondere das Maß an Klarheit und Präzision der verletzten Vorschrift, die Vorsätzlichkeit des Verstoßes, die Entschuldbarkeit des Rechtsirrtums, gegebenenfalls die Stellungnahme eines Unionsorgans sowie die Verletzung der Vorlagepflicht nach Art. 267 Abs. 3 AEUV[825]. Der Unionsrechtsverstoß kann etwa aus einer offenkundig rechtswidrigen Normauslegung, Sachverhalts- oder Beweiswürdigung resultieren[826]. Allein der Umstand, dass ein Unionsrechtsverstoß auf einer richterlichen Auslegungstätigkeit beruht, schließt die Offenkundigkeit des Verstoßes nicht aus[827]. Das Gleiche gilt für den Fall, dass ein Unionsrechtsverstoß auf einer Sachverhalts- oder Beweiswürdigung beruht[828]. Denn in allen Fällen geht es um einen wesentlichen Teil der Rechtsprechungstätigkeit. Würde man die Offenkundigkeit in den genannten Fällen generell ablehnen, würde dies dazu führen, dass der im Urteil *Köbler* angeführte Grundsatz einer Haftung der Mitgliedstaaten für offenkundige Verstöße gegen das Unionsrecht, die letztinstanzlichen nationalen Gerichten zuzurechnen sind[829], seiner praktischen Wirkung beraubt würde[830]. Kein Raum bleibt für nationale Regelungen, die strengere Anforderungen für

663

---

822 EuGH, Rs. C-224/01, Slg. 2003, S. I-10239, Rn. 33 ff. – *Köbler* (= P Nr. 71); siehe vertiefend dazu auch *Hellwig/Moos*, JA 2011, S. 196 ff.
823 EuGH, Rs. C-173/03, Slg. 2006, S. I-5177, Rn. 32 – *Traghetti Del Mediterraneo*; eingehend zur Staatshaftung für judikatives Unrecht *Zantis*, Das Richterspruchprivileg in nationaler und gemeinschaftsrechtlicher Hinsicht, 2010, sowie *Hellwig/Moos*, JA 2011, S. 196.
824 EuGH, Rs. C-224/01, Slg. 2003, S. I-10239, Rn. 53 – *Köbler* (= P Nr. 71), EuGH, Rs. C-168/15, ECLI:EU:C:2016:602, Rn. 24 – *Tomášová*.
825 EuGH, Rs. C-173/03, Slg. 2006, S. I-5177, Rn. 32 – *Traghetti Del Mediterraneo*; siehe dazu auch BVerfG, Beschl. v. 21.11.2011 – 2 BvR 516/09 u. 2 BvR 535/09, NJW 2012, S. 598 – *Pfanderhebungs- u. Rücknahmepflicht*.
826 EuGH, Rs. C-173/03, Slg. 2006, S. I-5177, Rn. 33 ff. – *Traghetti Del Mediterraneo*.
827 EuGH, Rs. C-173/03, Slg. 2006, S. I-5177, Rn. 33 ff. – *Traghetti Del Mediterraneo*.
828 EuGH, Rs. C-173/03, Slg. 2006, S. I-5177, Rn. 37 ff., 46 – *Traghetti Del Mediterraneo*.
829 Die Beschränkung der Haftung auf letztinstanzliche Gerichte findet ihre Bestätigung in EuGH, Rs. C-168/15, ECLI:EU:C:2016:602, Rn. 20, 23, 27 – *Tomášová*.
830 EuGH, Rs. C-173/03, Slg. 2006, S. I-5177, Rn. 36, 40 – *Traghetti Del Mediterraneo*.

die Haftung für fehlerhafte Gerichtsurteile aufstellen, als sie sich aus der Voraussetzung eines offensichtlichen Verstoßes gegen geltendes Unionsrecht ergeben[831]. Ein *isolierter* Verstoß gegen Art. 267 AEUV – d. h. ohne dass zugleich die im Einzelfall materiell entscheidungserhebliche Vorschrift des Unionsrechts verletzt wurde – ist zwar vorstellbar[832]. Voraussetzung hierfür wäre jedoch zum einen, dass die Vorlageverpflichtung auf Individualschutz abzielt[833], und zum anderen, dass ein Verstoß gegen die Vorlageverpflichtung für den entstandenen Schaden kausal ist. Ein solcher Nachweis dürfte kaum zu erbringen sein. Es ist daher überzeugend, dass der EuGH der Frage einer (neben die eigentliche Unionsrechtsverletzung tretenden) Verletzung der Vorlagepflicht lediglich Relevanz bei der Feststellung der hinreichenden Qualifikation des Rechtsverstoßes beimisst[834].

dd) Kausalität zwischen Unionsrechtsverstoß und Schaden

664 Zwischen dem Verstoß gegen eine Bestimmung des Unionsrechts und dem eingetretenen Schaden muss ein *unmittelbarer Kausalzusammenhang* bestehen[835]. Hier sind die im Rahmen der Haftung der Union nach Art. 340 Abs. 2 AEUV entwickelten Rechtsgrundsätze entsprechend heranzuziehen. Eine Haftung entfällt, wenn der gleiche Schaden auch ohne die fehlerhafte Handlung auf dieselbe oder ähnliche Art und Weise eingetreten wäre. Unmittelbar kausal sind nur die Handlungen, die nach der allgemeinen Lebenserfahrung typischerweise geeignet sind, einen Schaden wie den eingetretenen zu verursachen. Es ist der Maßstab der Adäquanzkausalität anzulegen[836].

665 Hinsichtlich der Berechnung des Schadens ist, ähnlich wie bei der außervertraglichen Haftung der Union, zu berücksichtigen, ob der Geschädigte sich in angemessener Form um die Verhinderung des Schadenseintritts oder um die Begrenzung des Schadensumfangs bemüht hat[837]. Insbesondere trifft ihn die Obliegenheit, rechtzeitig von **allen** zur Verfügung stehenden Rechtsschutzmöglichkeiten Gebrauch zu **machen**, sofern dies nicht zu übermäßigen Schwierigkeiten führen würde und dem **Geschädigten** zugemutet werden kann[838]. Die Einlegung eines Rechtsmittels ist bspw. nicht bereits deshalb unzumutbar, weil es mit gro-

---

831 EuGH, Rs. C-173/03, Slg. 2006, S. I-5177, Rn. 44 – *Traghetti Del Mediterraneo*.
832 Siehe dazu auch BVerfG, Beschl. v. 21.11.2011 – 2 BvR 516/09 u. 2 BvR 535/09, NJW 2012, S. 598 – *Pfanderhebungs- u. Rücknahmepflicht*.
833 Hierfür spricht sich *Thomale*, EuR 2016, S. 510, 520 aus.
834 EuGH, Rs. C-173/03, Slg. 2006, S. I-5177, Rn. 32 – *Traghetti Del Mediterraneo*; EuGH, Rs. C-224/01, Slg. 2003, S. I-10239, Rn. 55 – *Köbler* (= P Nr. 71); hierzu näher *Pechstein*, EU-Prozessrecht, 4. Aufl. 2011, Rn. 838.
835 EuGH, verb. Rs. C-46/93 u. C-48/93, Slg. 1996, S. I-1029, Rn. 65 – *Brasserie du pêcheur* (= P Nr. 68); EuGH, Rs. C-470/03, Slg. 2007, S. I-2749, Rn. 78 – *AGM-COS.MET* (= P Nr. 72).
836 Vgl. BGHZ 134, 30, 40.
837 EuGH, Rs. C-571/16, ECLI:EU:C:2018:807, Rn. 140 – *Kantarev*.
838 EuGH, Rs. C-445/06, Slg. 2009, S. I-2119, Rn. 62 f. – *Danske Slagterier* (= P Nr. 73).

ßer Wahrscheinlichkeit Anlass zu einem Vorabentscheidungsersuchen gibt[839]. Kommt der Geschädigte seiner Schadensminderungspflicht nicht nach, muss er sich sein zurechenbares Mitwirken an der Entstehung des Schadens anrechnen lassen und läuft Gefahr, den Schaden ganz oder teilweise selbst tragen zu müssen[840]. Auch muss sich der Geschädigte etwaige, infolge des rechtswidrigen staatlichen Handelns erlangte Vorteile anrechnen lassen.

c) Rechtsfolge

Nach der Rechtsprechung des EuGH muss der Umfang des Schadensersatzes dem erlittenen Schaden angemessen sein, so dass ein effektiver Schutz der Rechte des Einzelnen gewährleistet ist[841]. Eine Pflicht zur Aufhebung des Urteils der Ausgangsentscheidung, im Sinne einer Naturalrestitution, fordert das Unionsrecht nicht und überlässt den Umgang mit der vorgelagerten „unrichtigen" Gerichtsentscheidung der innerstaatlichen Rechtsordnung. Umgekehrt dürfen innerstaatliche Vorschriften nicht die Aufhebung der gerichtlichen Ausgangsentscheidung zur Voraussetzung der unionsrechtlichen Staatshaftung für judikatives Unrecht erheben, da ansonsten eine einheitliche Haftungsauslösung und die Durchsetzung des Unionsrechts in den Mitgliedstaaten von vornherein verhindert werden könnte[842]. Vorbehaltlich etwaiger Bestimmungen des Unionsrechts ist es Sache der nationalen Rechtsordnungen, die Kriterien zur Bestimmung des Anspruchsumfangs festzulegen. Sie dürfen jedoch nicht ungünstiger sein als bei entsprechenden, auf nationales Recht gestützten Ansprüchen.

666

Welcher Hoheitsträger Schuldner des Schadensersatzanspruchs ist, bestimmt sich nach innerstaatlichem Recht. Aus der Sicht des Unionsrechts ist es gleichgültig, welche innerstaatliche Stelle haftet. Ein bundesstaatlich aufgebauter Staat erfüllt seine unionsrechtlichen Verpflichtungen auch, wenn nicht der Bundesstaat, sondern ein anderer Träger von Hoheitsgewalt Schadensersatz leistet. Auch Bundesländer, Selbstverwaltungskörperschaften und öffentlich-rechtliche Einrichtungen, wie Kammern oder Sozialversicherungsträger, können daher für die Verletzung von Unionsrecht haften[843]. Allerdings kann sich ein Mitgliedstaat seiner Haftung nicht mit einem Hinweis auf die innerstaatliche Kompetenzverteilung entziehen[844].

667

---

839 EuGH, Rs. C-445/06, Slg. 2009, S. I-2119, Rn. 66 – *Danske Slagterier* (= P Nr. 73).
840 EuGH, verb. Rs. C-46/93 u. C-48/93, Slg. 1996, S. I-1029, Rn. 85 – *Brasserie du pêcheur* (= P Nr. 68).
841 EuGH, verb. Rs. C-46/93 u. C-48/93, Slg. 1996, S. I-1029, Rn. 32 – *Brasserie du pêcheur* (= P Nr. 68).
842 EuGH, Rs. C-160/14, ECLI:EU:C:2015:565, Rn. 47 ff. – *Ferreira da Silva e Brito* (= P Nr. 87).
843 EuGH, Rs. C-424/97, Slg. 2000, S. I-5123, Rn. 31 – *Haim;* EuGH, Rs. C-118/00, Slg. 2001, S. I-5063, Rn. 34 f. – *Larsy.*
844 EuGH, Rs. C-302/97, Slg. 1999, S. I-3099, Rn. 62 f. – *Konle;* EuGH, Rs. C-424/97, Slg. 2000, S. I-5123, Rn. 27 – *Haim.*

668 Hat ein Mitgliedstaat eine Richtlinie verspätet umgesetzt, kann die Wiedergutmachung des Schadens auch in einer rückwirkenden und vollständigen Anwendung der Maßnahmen zur Durchführung der Richtlinie liegen. Sind beim Geschädigten aufgrund der verspäteten Umsetzung jedoch weitere konkrete Nachteile eingetreten, die durch die bloße rückwirkende und vollständige Anwendung der Maßnahmen zur Durchführung der Richtlinie nicht beseitigt werden, bleibt der jeweilige Mitgliedstaat insoweit zu weitergehendem Schadensersatz verpflichtet[845].

d) Verjährung

669 Die Verjährungsfristen des Schadensersatzanspruchs richten sich nach nationalem Recht[846]. Das Unionsrecht verlangt nicht, dass die in der nationalen Regelung vorgesehene Verjährung während eines von der Kommission anhängig gemachten Vertragsverletzungsverfahrens gegen den Mitgliedstaat unterbrochen oder gehemmt wird[847]. Bei einem Haftungsanspruch wegen fehlerhafter Richtlinienumsetzung läuft die Verjährungsfrist bereits ab dem Zeitpunkt, in dem die ersten Schadensfolgen der fehlerhaften Umsetzung eingetreten und weitere Schadensfolgen absehbar sind, selbst wenn dieser Zeitpunkt vor der ordnungsgemäßen Umsetzung dieser Richtlinie liegt[848]. Nachdem der EuGH in seinem Urteil *Danske Slagterier*[849] auf die in Deutschland bestehende Rechtsunsicherheit hinwies, die auf Unklarheiten bezüglich der einschlägigen Verjährungsregelungen beruhte, entschied der BGH in seinem Urteil vom 4. Juni 2009, dass die Regelverjährung nach §§ 195, 199 BGB Anwendung findet[850].

e) Prüfungsschema für den unionsrechtlichen Staatshaftungsanspruch

670 **A. Beim Aufbau als genuin unionsrechtlicher Anspruch**
  I. Herleitung und Anspruchsgrundlage
  Genuin unionsrechtlicher Anspruch, hergeleitet vom Rechtsgedanken des Art. 340 Abs. 2 AEUV, dem Grundsatz der praktischen Wirksamkeit des Unionsrechts („effet utile"), dem Grundsatz der Unionstreue nach Art. 4 Abs. 3 UAbs. 2 EUV und dem Grundsatz des Schutzes der unionsrechtlich begründeten Individualrechte.

---

845 EuGH, verb. Rs. C-94/95 u. C-95/95, Slg. 1997, S. I-3969, Rn. 51 – *Bonifaci*.
846 EuGH, Rs. C-445/06, Slg. 2009, S. I-2119, Rn. 38 – *Danske Slagterier* (= P Nr. 73).
847 EuGH, Rs. C-445/06, Slg. 2009, S. I-2119, Rn. 42 ff. – *Danske Slagterier* (= P Nr. 73).
848 EuGH, Rs. C-445/06, Slg. 2009, S. I-2119, Rn. 49 – *Danske Slagterier* (= P Nr. 73).
849 EuGH, Rs. C-445/06, Slg. 2009, S. I-2119, Rn. 38 – *Danske Slagterier* (= P Nr. 73).
850 BGH, Beschl. v. 12.10.2006 – III ZR 144/05, Rn. 44 ff., EuZW 2009, S. 871 f.; umfassend dazu *Piekenbrock*, GBR 2012, S. 7.

II. **Anspruchsvoraussetzungen**
1. Verstoß eines Organs oder eines Amtsträgers eines Mitgliedstaates (Legislative/ Exekutive/Judikative) gegen eine primär- oder sekundärrechtliche Unionsnorm, welche die Verleihung *subjektiver Rechte* bezweckt.
2. Hinreichend qualifizierter Verstoß
   a. Bei Legislativ- und Administrativunrecht:
   Wenn ein Mitgliedstaat den ihm eingeräumten Ermessensspielraum beim Vollzug oder bei der Umsetzung von Unionsrecht *offenkundig und erheblich* überschritten hat.
   Indizien:
   – Maß der Klarheit und Genauigkeit der verletzten Rechtsnorm sowie Umfang des Ermessensspielraums der verletzten Norm,
   – Vorsätzlichkeit des Verstoßes bzw. der Verursachung des Schadens,
   – Entschuldbarkeit des Rechtsirrtums,
   – Stellungnahme eines Unionsorgans.
   b. Bei Judikativunrecht:
   Nur bei einem *offenkundigen* Verstoß eines mitgliedstaatlichen Gerichts gegen das geltende Unionsrecht.
   Indizien: wie oben, zusätzlich:
   – Verletzung der Vorlagepflicht nach Art. 267 Abs. 3 AEUV,
   – Offenkundig unionsrechtswidrige Normauslegung, Sachverhalts- oder Beweiswürdigung, etwa bei Verkennung der Rechtsprechung des EuGH,
   – Dem Urteil wurde eine nationale Norm zugrunde gelegt, die gegen unmittelbar anwendbares Primär- oder Sekundärrecht verstößt.
3. Unmittelbarer Kausalzusammenhang zwischen Verstoß und Schaden
III. **Rechtsfolgen**
Schadensersatzanspruch des Geschädigten; Ausgestaltung des Haftungsanspruchs nach dem nationalen Staatshaftungsrecht unter Berücksichtigung des Effektivität- und Äquivalenzgebots:
1. Haftungsumfang: angemessener Schadensersatz in Geld, Naturalrestitution (str.)
2. Kein Mitverschulden des Geschädigten, insbes. Erschöpfung des primären Rechtsschutzes
3. Anspruchsverpflichteter: der Mitgliedstaat, unabhängig von der schadensverursachenden Stelle
4. Kein Erlöschen des Anspruchs infolge verspäteter rückwirkender Umsetzung einer Richtlinie (Anspruch erlischt nur bei endgültiger Behebung des ganzen Schadens)
5. Verjährung des Anspruchs richtet sich nach nationalem Recht.

B. **Beim Aufbau nach deutschem Staatshaftungsrecht**
Zur Herleitung siehe oben; unionsrechtskonforme Modifikation des Staatshaftungsanspruchs nach § 839 BGB i. V. m. Art. 34 GG:
I. Drittbezogenheit der Amtspflicht ist außer Acht zu lassen
II. Das Verschuldenserfordernis darf nicht über die Anforderungen des hinreichend qualifizierten Verstoßes hinausgehen
III. Subsidiaritätsklausel des § 839 Abs. 1 Satz 2 BGB ist nicht anwendbar
IV. Richterprivileg nach § 839 Abs. 2 Satz 1 BGB ist nicht anwendbar.

f) Merksätze

671 Der EuGH hat aus dem allgemeinen Rechtsgrundsatz der Haftung öffentlicher Stellen für in Ausübung ihrer Amtstätigkeit verursachte Schäden, dem „*effet utile*" des Unionsrechts sowie der aus Art. 4 Abs. 3 EUV folgenden Verpflichtung der Mitgliedstaaten, die rechtswidrigen Folgen eines Verstoßes gegen das Unionsrecht zu beheben, im Wege richterlicher Rechtsfortbildung eine **Staatshaftung der Mitgliedstaaten für Verstöße gegen Normen des Unionsrechts** entwickelt.

Ein Schadensersatzanspruch besteht nach der Rechtsprechung des EuGH, wenn erstens ein Organ oder Amtsträger eines Mitgliedstaates gegen eine **Norm des Unionsrechts** verstoßen hat, welche die **Verleihung von Rechten** an Einzelne bezweckt, dieser **Verstoß** zweitens **hinreichend qualifiziert** ist und drittens ein unmittelbarer **Kausalzusammenhang** zwischen dem Verstoß und dem eingetretenen **Schaden** besteht.

Leitentscheidungen:
EuGH, verb. Rs. C-6/90 u. C-9/90, Slg. 1991, S. I-5357 – *Francovich* (= P Nr. 62, 67).
EuGH, verb. Rs. C-46/93 u. C-48/93, Slg. 1996, S. I-1029 – *Brasserie du pêcheur* (= P Nr. 68).
EuGH, Rs. C-392/93, Slg. 1996, S. I-1631 – *British Telecommunications* (= P Nr. 69).
EuGH, verb. Rs. C-178/94, C-179/94, C-188/94, C-189/94 u. C-190/94, Slg. 1996, S. I-4845 – *Dillenkofer u. a. („Pauschalreiserichtlinie")* (= P Nr. 70).
EuGH, verb. Rs. C-283/94, C-291/94 u. 292/94, Slg. 1996, S. I-5063 – *Denkavit II.*
EuGH, Rs. C-302/97, Slg. 1999, S. I-3099 – *Konle.*
EuGH, Rs. C-424/97, Slg. 2000, S. I-5123 – *Haim.*
EuGH, Rs. C-173/03, Slg. 2006, S. I-5177 – *Traghetti Del Mediterraneo.*
EuGH, Rs. C-445/06, Slg. 2009, S. I-2119 – *Danske Slagterier* (= P Nr. 73).
EuGH, Rs. C-160/14, ECLI:EU:C:2015:565 – *Ferreira da Silva e Brito* (= P Nr. 87).
EuGH, Rs. C-168/15, ECLI:EU:C:2016:602 – *Tomášová.*
EuGH, Rs. C-571/16, ECLI:EU:C:2018:807 – *Kantarev.*

10. Haushalts- und Personalrecht

Literaturhinweise: Haushaltsrecht: *Fromm, I.:* Neue supranationale Strafrechtsordnung zum Schutz der finanziellen Interessen der EG?, StraFO 2008, S. 358; *Griese, A.:* Die Finanzierung der Europäischen Union, EuR 1998, S. 462; *Häde, U.:* Die Finanzverfassung der Europäischen Gemeinschaften – ein Überblick, EuZW 1993, S. 401; *Haus, F. C.:* OLAF – Neues zur Betrugsbekämpfung in der EU, EuZW 2000, S. 745; *Hölscheidt, S./ Baldus, Ch.:* Bestandsaufnahme und Perspektiven der europäischen Finanzordnung, DÖV 1997, S. 866; *Kuhl, L./Spitzer, H.:* Das Europäische Amt für Betrugsbekämpfung (OLAF), EuR 2000, S. 671; *Mager, U.:* Das Europäische Amt für Betrugsbekämpfung (OLAF) – Rechtsgrundlagen seiner Errichtung und Grenzen seiner Befugnisse, ZEuS, 2000, S. 177; *Magiera, S.:* Zur Finanzverfassung der Europäischen Union, in: GS für Eberhard Grabitz, 1995, S. 409; *Rossi, M.:* Europäisches Parlament und Haushaltsverfassungsrecht, 1997; *Schnichels, D.*: Das Europäische Amt für Betrugsbekämpfung – quo vadis, EuZW 2018, S. 561; *Stölben, H.-P.*: Der Eigenmittelbeschluss vom 29.9.2000 in der Entwicklung des Finanzierungssystems der Europäischen Union, SächsVBl. 2002, S. 198; *Theato, D. R./Graf, R.*: Das Europäische Parlament und der Haushalt der Europäischen Gemeinschaft, 1994; *Ulrich, S.*: Kontrollen des Europäischen Amtes für Betrugsbekämpfung (OLAF) bei Wirtschaftsbeteiligten, EWS 2000, S. 137. **Personalrecht:** *Alber, S.*: Das europäische Recht und seine Auswirkungen auf den öffentlichen Dienst, ZBR 2002, S. 225; *Euler, A. M.*: Europäisches Beamtenstatut – Kommentar zum Beamtenstatut der EWG und EAG, 1966; *Lindemann, H.-H.*: Allgemeine Rechtsgrundsätze und europäischer öffentlicher Dienst, 1986; *Rogalla, D.*: Dienstrecht der Europäischen Gemeinschaften, 2. Aufl. 1992; *Oppermann, Th./Classen, C. D./Nettesheim, M.*: Europarecht, 8. Aufl. 2018, § 7; *Wilms, G.*: Die Reform des EU-Haushaltes im Lichte der Finanziellen Vorschau 2007–2013 und des Vertrages von Lissabon – neue Perspektiven für die Europäische Union, EuR 2007, S. 707.

a) Haushaltsrecht der Europäischen Union

aa) Einnahmen der Union

Der Haushalt der Union wird aus *Eigenmitteln* und sonstigen Einnahmen finanziert (Art. 311 Abs. 2 AEUV). Die Einzelheiten betreffend die Eigenmittel der Europäischen Union regeln derzeit auf der Grundlage von Art. 311 Abs. 3 AEUV der Beschluss 2014/335/EU, Euratom des Rates vom 26. Mai 2014 über das Eigenmittelsystem der Europäischen Union[851], die Verordnung (EU, Euratom) Nr. 608/2014 des Rates vom 26. Mai 2014[852] sowie die Verordnung (EU, Euratom) Nr. 609/2014 des Rates vom 26. Mai 2014[853]. Beide Verordnungen enthalten Durchführungsbestimmungen. Nach der Ratifizierung durch die Mitgliedstaaten ist der Eigenmittelbeschluss am 1. Oktober 2016 rückwirkend zum 1. Januar 2014 in Kraft getreten und ersetzt damit den alten Eigenmittelbeschluss 2007/436/EU, Euratom. Der Eigenmittelbeschluss nennt vier Einnahmequellen:

- Abschöpfungen, Prämien, Zusatz- und Ausgleichsbeträge, zusätzliche Teilbeträge und andere Abgaben,
- die Zölle des gemeinsamen Zolltarifs (GZT; Rn. 900) und andere Zölle auf den Warenverkehr mit Drittländern,
- einen bestimmten Satz der Mehrwertsteuereinnahmen der Mitgliedstaaten sowie
- einen bestimmten Abführungssatz auf den Betrag des Bruttonationaleinkommens der Mitgliedstaaten.

Im Haushaltsplan der Union für 2019 werden die Eigenmittel mit ca. 146,3 Mrd. € veranschlagt[854].

672

---
851 ABl.EU 2014 Nr. L 168, S. 105.
852 ABl.EU 2014 Nr. L 168, S. 29.
853 ABl.EU 2014 Nr. L 168, S. 39.
854 Endgültiger Erlass (EU, Euratom) 2019/333 des Gesamthaushaltsplans der Europäischen Union für das Haushaltsjahr 2019, ABl.EU 2019 Nr. L 67, S. 1, 22.

673 Die *sonstigen Einnahmen* der Union bestehen u. a. aus den Steuern, die auf die Bezüge der Unionsbediensteten erhoben werden, sowie aus Verwaltungseinnahmen, wie z. B. Geldbußen, Zwangsgeldern, Zuwendungen und Geschäftserlösen. Daneben kann die Union, gestützt auf die subsidiäre Kompetenznorm des Art. 352 AEUV, auch Kredite für bestimmte Zwecke aufnehmen, z. B. zur Investitionsförderung innerhalb der Union oder für Investitionshilfen in den mittel- und osteuropäischen Staaten. Der Gesamthaushaltsplan der EU für 2019 sieht Einnahmen in Höhe von etwa 2,8 Mio. € durch Anleihen und Darlehen vor[855].

bb) Mehrjähriger Finanzrahmen

674 Primärrechtlich verankert wurde mit dem Vertrag von Lissabon der mehrjährige Finanzrahmen, der gewährleisten soll, dass die Ausgaben der Union innerhalb der Grenzen der Eigenmittel der Union eine geordnete Entwicklung nehmen (Art. 312 Abs. 1 UAbs. 1 AEUV). Er umfasst einen Zeitplan von mindestens fünf Jahren (Art. 312 Abs. 1 UAbs. 2 AEUV) und bestimmt damit die Haushaltsdisziplin der Union mit (vgl. auch Art. 310 Abs. 4 AEUV). Im Finanzrahmen werden die jährlichen Obergrenzen der Mittel für Verpflichtungen je Ausgabenkategorie – diese entsprechen den Haupttätigkeitsbereichen der Union – und die jährliche Obergrenze der Mittel für Zahlungen festgelegt (Art. 312 Abs. 3 Satz 1 AEUV). Seine rechtliche Bedeutung liegt darin, dass er die Organe bei der Aufstellung des jährlichen Haushaltsplanes gemäß Art. 312 Abs. 1 UAbs. 3 AEUV bindet. Die Festlegung des mehrjährigen Finanzrahmens erfolgt durch eine Verordnung des Rates in einem besonderen Gesetzgebungsverfahren[856]. Der Rat beschließt dabei einstimmig und mit Zustimmung des Europäischen Parlaments (Art. 312 Abs. 2 UAbs. 1 Satz 2 AEUV)[857].

cc) Haushaltsplan

675 Alle Einnahmen und Ausgaben der Union eines Haushaltsjahres werden in einen *Haushaltsplan* eingestellt (Art. 310 Abs. 1 AEUV). Der Haushaltsplan wird in Euro ausgestellt (Art. 320 AEUV). Das *Haushaltsjahr* der Europäischen Union entspricht dem Kalenderjahr, d. h., es beginnt am 1. Januar und endet am 31. Dezember (Art. 313 AEUV). Das Unionsrecht schreibt bestimmte *Haushaltsgrundsätze* fest, die für die Aufstellung öffentlicher Haushalte allgemein üblich sind. Dazu zählen u. a. der Grundsatz der Einheit und Vollständigkeit des Haushalts (Art. 310 Abs. 1 AEUV), der Grundsatz der Jährlichkeit (Art. 310 Abs. 1 AEUV), der Grundsatz des Haushaltsausgleichs (Art. 310 Abs. 1 UAbs. 3 AEUV), der Grundsatz der Spezialität und das Bruttoprinzip. Art. 310 Abs. 2

---

855 ABl.EU 2019 Nr. L 67, S. 1, 22.
856 Vgl. die Verordnung (EU, Euratom) Nr. 1311/2013 v. 2.12.2013 zur Festlegung des mehrjährigen Finanzrahmens für die Jahre 2014–2020, ABl.EU 2013 Nr. L 347, S. 884.
857 Der Rat kann indes gemäß Art. 312 Abs. 2 UAbs. 2 AEUV einstimmig darüber beschließen, mit qualifizierter Mehrheit abzustimmen.

AEUV normiert den bislang nicht festgeschriebenen Grundsatz der Vorherigkeit. Ausdrücklich primärrechtlich geregelt wurde durch den Vertrag von Lissabon zudem, dass die Ausgaben auf der Grundlage eines verbindlichen Rechtsaktes der Union zu tätigen sind (Art. 310 Abs. 2 i. V. m. Art. 322 AEUV).

dd) Haushaltsverfahren

Das *Haushaltsverfahren* der Union stellt seit Inkrafttreten des Vertrags von Lissabon ein besonderes Gesetzgebungsverfahren dar (Art. 314 AEUV), das in diesem Fall jedoch dem ordentlichen Gesetzgebungsverfahren nachgebildet ist (vgl. Art. 294 AEUV). Das Zustandekommen des Haushaltsgesetzes ist von einer Übereinstimmung von Rat und Parlament abhängig und wurde auf der Grundlage von Art. 314 Abs. 4 lit. c AEUV durch die Möglichkeit erweitert, ein Vermittlungsverfahren durchzuführen. Durch die Einführung des Art. 314 AEUV erhalten Rat und Parlament eine im Haushaltsverfahren grundsätzlich gleichberechtigte Stellung. Die Feststellung des jährlichen Haushaltsplans erfolgt in sieben Schritten, die zeitlich streng festgelegt sind, um einen zügigen Ablauf zu gewährleisten. 676

In einem *ersten Schritt* ersucht die Kommission im Februar eines jeden Jahres alle Dienststellen, ihren Haushaltsmittelbedarf für das kommende Jahr einzuschätzen. In einem *zweiten Schritt* stellt jedes Unionsorgan bis zum 1. Juli einen Haushaltsvoranschlag für seine Ausgaben auf und leitet diesen der Kommission zu (Art. 314 Abs. 1 UAbs. 1 Satz 1 AEUV). Der *dritte Schritt* besteht darin, dass die Kommission diese Voranschläge in einem Entwurf für den Haushaltsplan zusammenfasst, der auch abweichende Voranschläge enthalten kann (Art. 314 Abs. 1 UAbs. 1 Satz 2 AEUV). Den Entwurf legt die Kommission in einem *vierten Schritt* bis spätestens zum 1. September dem Europäischen Parlament und dem Rat vor (Art. 314 Abs. 2 AEUV). 677

Als *fünfter Schritt* muss der Rat seinen Standpunkt festlegen, der unter der Nennung von Gründen dem Parlament bis zum 1. Oktober zugeleitet wird (Art. 314 Abs. 3 AEUV). Hinsichtlich des *sechsten Schrittes* ist zu differenzieren: Hat das Parlament innerhalb von 42 Tagen nach der Übermittlung den Standpunkt des Rates gebilligt, ist der Haushaltsplan nach Art. 314 Abs. 4 lit. a AEUV erlassen. Nimmt das Parlament Abänderungen zum Standpunkt des Rates an und billigt der Rat diese nicht, wird ein Vermittlungsausschuss bestehend aus Vertretern des Rates und ebenso vielen Vertretern des Parlaments einberufen, der innerhalb von 21 Tagen eine Einigung über einen gemeinsamen Entwurf erzielen soll (Art. 314 Abs. 4 lit. c und Abs. 5 AEUV). Gemäß Art. 314 Abs. 5 UAbs. 2 AEUV nimmt die Kommission an den Arbeiten des Vermittlungsausschusses teil, um eine Harmonisierung der Standpunkte beider Haushaltsorgane zu erreichen. Der gemeinsame Entwurf des Vermittlungsausschusses tritt als Haushaltsgesetz in Kraft, wenn sowohl Rat als auch Parlament das Ergebnis binnen 14 Tagen billigen, beide schweigen oder aber ein Organ schweigt und das an- 678 dere zustimmt (Art. 314 Abs. 7 lit. a AEUV). Werden sich beide Organe im Rahmen des Vermittlungsverfahrens nicht einig, kann sich das Parlament gegenüber dem Rat durchsetzen (Art. 314 Abs. 7 lit. d AEUV). Das gilt nicht nur – wie bislang – für die *nicht-obligatorischen* Ausgaben, sondern für alle Ausgaben der Europäischen Union[858]. Für diesen Fall verfügt das Parlament über die Möglichkeit, mit der Mehrheit seiner Mitglieder und drei Fünfteln der abgegebenen Stimmen in einer Frist von 14 Tagen ab dem Tag der Ablehnung durch den Rat über die von ihm beschlossenen Änderungswünsche erneut zu entscheiden. Bestätigt das Parlament die Abänderungen, tritt das neue Haushaltsgesetz auf dieser Grundlage in Kraft (Art. 314 Abs. 7 lit. d Satz 3 AEUV). Bestätigt das Parlament einzelne oder sämtliche Abänderungen nicht, tritt insoweit das Ergebnis des Vermittlungsausschusses als Haushaltsgesetz in Kraft (Art. 314 Abs. 7 lit. d Satz 2 AEUV).

679 Nun kann in einem *siebten Schritt* der Präsident des Europäischen Parlaments formell erklären, dass der Haushaltsplan endgültig erlassen ist (Art. 314 Abs. 9 AEUV). Mit dieser Erklärung entfaltet der Haushaltsplan Bindungswirkung für die Unionsorgane und die Mitgliedstaaten.

ee) Betrugsbekämpfung

680 Die Union und die Mitgliedstaaten bekämpfen gemäß Art. 325 Abs. 1 AEUV Betrügereien und sonstige gegen die finanziellen Interessen der Union gerichtete rechtswidrige Handlungen mit Maßnahmen, die abschreckend sind und in den Mitgliedstaaten sowie in den Organen, Einrichtungen und sonstigen Stellen der Union einen effektiven Schutz bewirken. Art. 325 Abs. 4 AEUV verleiht der Union die Kompetenz, die erforderlichen Maßnahmen zum Schutz der finanziellen Interessen der Union zu ergreifen[859]. Innerhalb der Kommission lag die Zuständigkeit für diese Aufgabe zunächst bei einer „Dienststelle zur Koordinierung der Betrugsbekämpfung" (UCLAF), später bei einer Task-Force „Koordinierung der Maßnahmen zur Betrugsbekämpfung". In Anbetracht der Ineffizienz der internen Betrugsbekämpfung, die im geschlossenen Rücktritt der skandalbefangenen Kommission am 16. März 1999 gipfelte, hat die Kommission durch den auf Art. 218 Abs. 2 EGV a. F. gestützten Beschluss 1999/352 vom 28. April 1999 das Europäische Amt für Betrugsbekämpfung (OLAF) als nachgeordnete Dienststelle der Kommission errichtet[860]. Durch die auf Art. 325 Abs. 4 AEUV gestützte Verordnung (EU, Euratom) Nr. 883/2013 des Europä-

---

[858] Bis zum Inkrafttreten des Vertrags von Lissabon konnte sich das Parlament gegen den Rat nur hinsichtlich der *nicht-obligatorischen* Ausgaben durchsetzen (vgl. Art. 277 EGV a. F.). Die Differenzierung zwischen *obligatorischen* und *nicht-obligatorischen* Ausgaben ist insoweit aufgegeben worden.
[859] Zur Frage, ob Art. 325 Abs. 4 AEUV der Union die Kompetenz vermittelt, strafrechtliche Normen in Form von Verordnungen zu erlassen, vgl. *Fromm*, StraFo 2008, S. 358 ff.
[860] ABl.EG 1999 Nr. L 136, S. 20; zul. geänd. ABl.EU 2015 Nr. L 333, S. 148.

ischen Parlaments und des Rates vom 11. September 2013[861] sind OLAF über den Errichtungsbeschluss der Kommission hinausgehende Befugnisse zugewiesen worden. Im Mai 2018 hat die Kommission eine Änderung der Verordnung (EU, Euratom) Nr. 883/2013 vorgeschlagen[862], die es OLAF ermöglichen soll, eng mit der Europäischen Staatsanwaltschaft (EUStA), die im Jahr 2021 ihre Tätigkeit aufnehmen soll (Rn. 1157), zusammenzuarbeiten, um die Wirksamkeit der eigenen Untersuchungen zu verbessern.

Das Amt für Betrugsbekämpfung darf Kontrollen, Untersuchungen und sonstige Maßnahmen durchführen, um gegebenenfalls den Beweis für Betrug, Korruption und sonstige rechtswidrige Handlungen zum Nachteil der finanziellen Interessen der Union zu erbringen. Zu unterscheiden sind externe und interne Untersuchungen. Externe Untersuchungen umfassen Ermittlungen in den Mitgliedstaaten und in Drittstaaten. Interne Untersuchungen sind solche innerhalb der Organe, Einrichtungen sowie Ämter und sonstigen Stellen der Union (Art. 4 der Verordnung (EU, Euratom) Nr. 883/2013). OLAF soll unter anderem in allen Organen, Ämtern und Einrichtungen ohne Voranmeldung und unverzüglich Zugang zu sämtlichen Informationen und Räumlichkeiten erhalten; es darf die Rechnungsführung kontrollieren, Kopien aller Unterlagen und Datenträger anfertigen sowie die betreffenden Quellen sicherstellen. Das Parlament, der Rat und die Kommission haben in einer interinstitutionellen Vereinbarung vom 25. Mai 1999[863] alle Organe und Einrichtungen aufgefordert, einen im Anhang der Vereinbarung beigefügten Standardbeschluss anzunehmen, um OLAF die Wahrnehmung seiner Befugnisse zu ermöglichen. Der Standardbeschluss wurde vom Rat am 25. Mai 1999[864] und von der Kommission am 2. Juni 1999[865] umgesetzt. 681

b) Personalrecht der Europäischen Union

Die Beamten und sonstigen Bediensteten der Europäischen Union sowie der Europäischen Atomgemeinschaft als eigenständige supranationale Organisationen sind zu *einer Verwaltung* zusammengefasst (Art. 9 Abs. 3 Vertrag von Amsterdam). Beamte sind Dauerbeschäftigte auf Lebenszeit. Die sonstigen Bediensteten werden auf Zeit durch Dienstverträge eingestellt. Sie sind jeweils einem bestimmten Organ zugeordnet und unterstützen es bei der Erfüllung seiner Aufgaben. Die juristische Selbstständigkeit der Europäischen Union und der Europäischen Atomgemeinschaft bleibt davon, wie seinerzeit von der Fusionierung ihrer Organe, unberührt. Das Europäische Parlament und der Rat sind ermächtigt, das 682

---

861 ABl.EU 2013 Nr. L 248, S. 1; zul. geänd. ABl.EU 2016 Nr. L 317, S. 1.
862 Vgl. COM(2018) 338 endg. v. 23.5.2018.
863 ABl.EG 1999 Nr. L 136, S. 15.
864 Beschluss 1999/394/EG, Euratom, ABl.EG 1999 Nr. L 149, S. 36.
865 Beschluss 1999/396/EG, EGKS, Euratom, ABl.EG 1999 Nr. L 149, S. 57.

Statut der Beamten der Europäischen Union und die Beschäftigungsbedingungen für die sonstigen Bediensteten zu erlassen (Art. 336 AEUV). Von dieser Ermächtigung hat der Rat mit der Verordnung Nr. 31 (EWG) 11 (EAG) vom 18. Dezember 1961[866] Gebrauch gemacht. Zusätzliche Regelungen, welche die Bediensteten betreffen, enthält das *Protokoll über die Vorrechte und Befreiungen der Europäischen Union*[867], das zum primären Unionsrecht gehört. Die Bezüge der Beamten und Bediensteten sind von nationalen Steuern freigestellt, jedoch erhebt die Europäische Union eine eigene Steuer zugunsten des Unionshaushalts[868].

c) Merksätze

683

Die Europäische Union finanziert sich aus Eigenmitteln und sonstigen Einnahmen (Art. 311 AEUV). **Eigenmittel** sind Abschöpfungen, Prämien, Zusatz- und Ausgleichsbeträge, zusätzliche Beträge und andere Abgaben, Zölle, die im Handel mit Drittstaaten erhoben werden, ein bestimmter Satz der Mehrwertsteuereinnahmen der Mitgliedstaaten sowie ein bestimmter Abführungssatz aus dem Betrag des Bruttonationaleinkommens der Mitgliedstaaten.

Die **sonstigen Einnahmen** der Union bestehen u. a. aus den Steuern, die auf die Bezüge der Unionsbediensteten erhoben werden, sowie aus Verwaltungseinnahmen, wie Geldbußen, Zwangsgeldern, Zuwendungen und Geschäftserlösen. Daneben kann die Union auch Kredite für bestimmte Zwecke aufnehmen.

Durch den **mehrjährigen Finanzrahmen** (Art. 312 AEUV) soll sichergestellt werden, dass die Ausgaben der Union innerhalb der Grenzen der Eigenmittel der Union eine geordnete Entwicklung nehmen. Er bestimmt die Haushaltsdisziplin der Union mit.

Alle Einnahmen und Ausgaben der Union eines Haushaltsjahres werden in einen **Haushaltsplan** eingestellt (Art. 310 Abs. 1 AEUV). Das **Haushaltsjahr** der Europäischen Union beginnt am 1. Januar und endet am 31. Dezember (Art. 313 Abs. 1 AEUV).

Der Haushaltsplan der Union wird vom Rat und vom Europäischen Parlament im Rahmen eines besonderen Gesetzgebungsverfahrens festgestellt (Art. 314 AEUV). Im Rahmen des **Haushaltsverfahrens** besteht eine weitgehend gleichberechtigte Stellung von Rat und Parlament.

---

866 ABl.EG 1962 Nr. 45, S. 1385, zul. geänd. ABl.EU 2018 Nr. C 451, S. 19.
867 ABl.EU 2012 Nr. C 326, S. 266.
868 Vgl. Verordnung (EWG, Euratom, EGKS) Nr. 260/68, ABl.EG 1968 Nr. L 56, S. 8; zul. geänd. ABl.EG 2002 Nr. L 264, S. 15.

Die Beamten und sonstigen Bediensteten der Europäischen Union sowie der Europäischen Atomgemeinschaft sind zu **einer Verwaltung** zusammengefasst (Art. 9 Abs. 3 Vertrag von Amsterdam). Die Bediensteten sind jeweils einem bestimmten Organ zugeordnet und unterstützen es bei der Erfüllung seiner Aufgaben. Die juristische Selbstständigkeit der Europäischen Union und der Europäischen Atomgemeinschaft bleibt davon unberührt.

3. Kapitel
Materielle Gewährleistungen des Unionsrechts

I. Die Grundrechte des Unionsrechts

Literaturhinweise: *Alber, S./Widmaier, U.:* Die EU-Charta der Grundrechte und ihre Auswirkungen auf die Rechtsprechung, EuGRZ 2000, S. 49; *Becker, U.:* Grundrechte der Arbeit in Europa – zu Funktionen, Verschränkungen und Konfliktlinien vernetzter Grundrechtsordnungen, EuR 2019, S. 469; *v. Bogdandy, A.:* Grundrechtsgemeinschaft als Integrationsziel? Grundrechte und das Wesen der Europäischen Union, JZ 2001, S. 157; *Breuer, M.:* „Wasch mir den Pelz, aber mach mich nicht nass!" Das zweite Gutachten des EuGH zum EMRK-Beitritt der Europäischen Union, EuR 2015, S. 330; *Callewaert, J.:* Die EMRK und die EU-Grundrechtecharta, Bestandsaufnahme einer Harmonisierung auf halbem Weg, EuGRZ 2003, S. 198; *Calliess, Ch.:* Die Charta der Grundrechte der Europäischen Union – Fragen der Konzeption, Kompetenz und Verbindlichkeit, EuZW 2001, S. 261; *ders.:* Europäische Gesetzgebung und nationale Grundrechte – Divergenzen in der aktuellen Rechtsprechung von EuGH und BVerfG?, JZ 2009, S. 113; *Cirkel, J.:* Die Bindungen der Mitgliedstaaten an die Gemeinschaftsgrundrechte, 2000; *Classen, C. D.:* Zuviel des Guten? Unionsrechtliche Neuakzentuierungen beim Grundrechtsschutz, JZ 2019, S. 1057; *Ehlers, D.:* Die Grundrechte des europäischen Gemeinschaftsrechts, Jura 2002, S. 468; *ders. (Hrsg.):* Europäische Grundrechte und Grundfreiheiten, 4. Aufl. 2015; *Franzius, C.:* Grundrechtsschutz in Europa. Zwischen Selbstbehauptungen und Selbstbeschränkungen der Rechtsordnungen und ihrer Gerichte, ZaöRV 75 (2015), S. 383; *Frenz, W.:* Handbuch Europarecht, Bd. 4 Europäische Grundrechte, 2009; *Fuchs, T.:* Gemeinschaftsrechtswidrige Gleich- oder Ungleichbehandlung im Rahmen von Art. 141 EG?, EuR 2008, S. 697; *Gärditz, K. F.:* Institutioneller Respekt und unabhängige Justiz, DRiZ 2019, S. 134; *Gersdorf, H.:* Funktionen der Gemeinschaftsgrundrechte im Lichte des Solange II-Beschlusses des Bundesverfassungsgerichts, AöR 119 (1994), S. 400; *Grabenwarter, Ch.:* Die Charta der Grundrechte für die Europäische Union, DVBl. 2001, S. 1; *Gragl, P.:* The Accession of the European Union to the European Convention on Human Rights, 2013, S. 27; *Haratsch, A.:* Die Bedeutung der UN-Menschenrechtspakte für die Europäische Union, MRM, Themenheft „25 Jahre Internationale Menschenrechtspakte", 2002, S. 29; *ders.:* Die Solange-Rechtsprechung des Europäischen Gerichtshofs für Menschenrechte – Das Kooperationsverhältnis zwischen EGMR und EuGH –, ZaöRV 66 (2006), S. 927; *Haratsch, A./Schiffauer, P. (Hrsg.):* Grundrechtsschutz in der Europäischen Union, 2007; *Heselhaus, S. F./Nowak, C. (Hrsg.):* Handbuch der Europäischen Grundrechte, 2006; *Hilf, M./Hörmann, S.:* Der Grundrechtsschutz von Unternehmen im europäischen Verfassungsverbund, NJW 2003, S. 1; *Hilbrandt, Ch.:* Arbeitsrechtliche Unionsgrundrechte und deren Dogmatik, NZA 2019, S. 1168; *Hilpold, P:* Im Spannungsverhältnis zwischen UN-Recht und EU-Recht – die unendliche Kadi-Saga, EWS 2011, S. 45; *Honer, M.:*

Die Geltung der EU-Grundrechte für die Mitgliedstaaten nach Art. 51 I 1 GRCh, JuS 2017, S. 409; *Jarass, H. D.:* EU-Grundrechte, 2005; *ders.:* Die Bedeutung der Unionsgrundrechte unter Privaten, ZEuP 2017, S. 310; *Jürgensen, Th./Schlünder, I.:* EG-Grundrechtsschutz gegenüber Maßnahmen der Mitgliedstaaten, AöR 121 (1996), S. 200; *Kainer, F.:* Rückkehr der unmittelbar-horizontalen Grundrechtswirkung aus Luxemburg?, NZA 2018, S. 894; *Kingreen, T.:* Die Gemeinschaftsgrundrechte, JuS 2000, S. 857; *ders.:* Die Grundrechte des Grundgesetzes im europäischen Grundrechtsföderalismus, JZ 2013, S. 801; *Kischel, U.:* Zur Dogmatik des Gleichheitssatzes in der Europäischen Union, EuGRZ 1997, S. 1; *Klein, E.:* Scheitert der Beitritt der Europäischen Union zur EMRK? – Zum Verhältnis von EuGH und EGMR –, DTIEV-Online (Hagener Online-Beiträge zu den Europäischen Verfassungswissenschaften) Nr. 2/2015; *Köhler, C./Malferrari, L.:* Um letzte und vorletzte Worte: Zum geplanten Zusammenwirken von EGMR und EuGH nach dem Beitritt der EU zur EMRK, EuZW 2011, S. 849; *Köngeter, M.:* Völkerrechtliche und innerstaatliche Probleme eines Beitritts der Europäischen Union zur EMRK, in: Bast, J./Becker, Y. (Hrsg.): 45. Assistententagung öffentliches Recht, Die Europäische Verfassung – Verfassungen in Europa, 2005, S. 230; *Kokott, J.:* Der Grundrechtsschutz im europäischen Gemeinschaftsrecht, AöR 121 (1996), S. 599; *Kugelmann, D.:* Grundrechte in Europa, 1997, S. 22; *Kühling, J.:* Grundrechte, in: v. Bogdandy, A. (Hrsg.), Europäisches Verfassungsrecht. Theoretische und dogmatische Grundzüge, 2003, S. 583; *Lindner, J. F.:* EG-Grundrechtscharta und gemeinschaftsrechtlicher Kompetenzvorbehalt – Probleme und Thesen –, DÖV 2000, S. 543; *Magiera, S.:* Die Grundrechtecharta der Europäischen Union, DÖV 2000, S. 1017; *Mehrens, Ch./Witschen, S.:* Der unionsrechtliche Urlaubsanspruch und seine Auswirkungen auf das nationale Recht – Ein Zwischenbericht, EuZA 2019, S. 326; *Meyer, J.* (Hrsg.): Kommentar zur Charta der Grundrechte der Europäischen Union, 4. Aufl. 2014; *Mörsdorf, O.:* Europäisierung des Privatrechts durch die Hintertür?, JZ 2019, S. 1066; *Obwexer, W.:* Der Beitritt der EU zur EMRK: Rechtsgrundlagen, Rechtsfragen und Rechtsfolgen, EuR 2012, S. 115, *Pernice, I.:* Eine Grundrechte-Charta für die Europäische Union, DVBl. 2000, S. 847; *Piątek, W.: W.:* Die Herabsetzung des Ruhestandalters im Lichte des Grundsatzes der richterlichen Unabhängigkeit, NJ 2019, S. 423; *Philippi, N.:* Die Charta der Grundrechte der Europäischen Union, 2002; *Polakiewicz, J.:* Der Abkommensentwurf über den Beitritt der Europäischen Union zur Europäischen Menschenrechtskonvention, EuGRZ 2013, S. 472; *Priebe, R.:* Reform der Vorratsdatenspeicherung – strenge Maßstäbe des EuGH, EuZW 2015, S. 456; *Reich, N.:* Beitritt der EU zur EMRK – Gefahr für das Verwerfungsmonopol des EuGH?, EuZW 2010, S. 641; *Rengeling, H.-W./Szczekalla, P.:* Grundrechte in der Europäischen Union, 2004; *Sauer, H.:* „Solange" geht in Altersteilzeit – Der unbedingte Vorrang der Menschenwürde vor dem Unionsrecht, NJW 2016, S. 1134; *Schilling, Th.:* Der Beitritt der EU zur EMRK – Verhandlungen und Modalitäten, Humboldt Forum Recht (HFR) 2011, S. 82; *Schmitz, Th.:* Die EU-Grundrechtecharta aus grundrechtsdogmatischer und grundrechtstheoretischer Sicht, JZ 2001, S. 833; *Scholz, R.:* Zur Europäischen Grundrechtscharta, in: FS für Hartmut Maurer, 2001, S. 993; *Schröder, M.:* Wirkungen der Grundrechtscharta in der europäischen Rechtsordnung, JZ 2002, S. 849; *Schwarze, J.:* Probleme des europäischen Grundrechtsschutzes, in: FS für Arved Deringer, 1996, S. 160; *Stein, T.:* „Gut gemeint …" – Bemerkungen zur Charta der Grundrechte der Europäischen Union, in: FS für Helmut Steinberger, 2002, S. 1425; *Szczekalla, P.:* Grundfreiheitliche Schutzpflichten – eine „neue" Funktion der Grundfreiheiten des Gemeinschaftsrechts, DVBl. 1998, S. 219; *Thym, D.:* Die Reichweite der EU-Grundrechte-Charta – Zu viel Grundrechtsschutz?, NVwZ 2013, S. 889; *Weber, A.:* Die Europäische Grundrechtscharta – auf dem Weg zu einer europäischen Verfassung, NJW 2000, S. 537; *Wendel, M.:* Der EMRK-Beitritt als Unionsrechtsverstoß. Zur völkerrechtlichen Öffnung der EU und ihren Grenzen, NJW 2015, S. 921; *Winkler, S.:* Der Europäische Gerichtshof für Menschenrechte, das Europäische Parlament und der Schutz der Konventionsgrundrechte im Europäischen Gemeinschaftsrecht, EuGRZ 2001, S. 18.

1. Notwendigkeit und Entwicklung unionsrechtlichen Grundrechtsschutzes

Im geltenden Vertragswerk genießt der unionsrechtliche Grundrechtsschutz einen hohen Stellenwert. Art. 6 EUV entwirft ein Grundrechtsregime, an dem zunächst das Nebeneinander von drei materiell weitgehend gleichlaufenden Grundrechtsquellen – der Grundrechte-Charta (GRC), der Europäischen Menschenrechtskonvention (EMRK) und den allgemeinen Rechtsgrundsätzen – ins Auge sticht. In den Gründungsverträgen der europäischen Gemeinschaften EGKS (1954), EWG und EAG (1958) wurde die Frage des Grundrechtsschutzes gegen die Hoheitsgewalt dieser supranationalen Einrichtungen hingegen mit keinem Wort angesprochen. Dieses Schweigen ist dadurch zu erklären, dass die europäische Einigung nach dem Zweiten Weltkrieg zweigleisig angelegt war. Der 1949 gegründete Europarat und die in diesem Rahmen vereinbarte (und 1953 in Kraft getretene) EMRK (vgl. Rn. 46 ff.) sollten die Aufgabe eines europäischen Grund- und Menschenrechtsschutzes erfüllen, wohingegen die europäischen Gemeinschaften auf den Bereich einer rein wirtschaftlichen Integration beschränkt sein sollten[1]. Es gab zwar Ansätze für einen gesonderten gemeinschaftsrechtlichen Grundrechtsschutz im Rahmen der Europäischen Politischen Zusammenarbeit[2], welche jedoch 1954 scheiterten (näher zur EPZ, Rn. 13, 1433).

684

Mit dem 1964 im *Costa/ENEL*-Urteil postulierten Anwendungsvorrang des Gemeinschaftsrechts (heute: Unionsrechts), welcher aus gemeinschaftsrechtlicher Perspektive auch Geltung gegenüber den mitgliedstaatlichen Verfassungen und somit auch gegenüber Grundrechten beanspruchte, erwies sich das Fehlen eines eigenständigen gemeinschaftsrechtlichen Grundrechtsschutzes als rechtsstaatlich höchst problematisch. Der rein völkerrechtliche Schutz durch die EMRK, welche in vielen Mitgliedstaaten lediglich im Rang eines einfachen Gesetzes steht (vgl. für Deutschland Art. 59 Abs. 2 GG)[3], war somit nicht in der Lage, grundrechtlichen Schutz gegenüber supranationalem Gemeinschaftsrecht

685

---

1 *Tridimas*, The General Principles of EU Law, 2. Aufl. 2007, S. 300; *Douglas-Scott*, Human Rights Law Review 2011, S. 645, 647 f.
2 Die im Rahmen der EPZ verfolgten Ansätze sollen sogar über den heutigen Integrationsstand im Bereich der Grundrechte hinausgegangen sein, *De Búrca*, The American Journal of International Law, 2011, S. 649, 651, 674.
3 Die rechtliche Bedeutung der EMRK wird dadurch aufgewertet, dass nach dem *Görgülü*-Beschluss des BVerfG deutsche Behörden und Gerichte dazu verpflichtet sind, die EMRK und die Entscheidungen des EGMR „im Rahmen methodisch vertretbarer Gesetzesauslegung" zu berücksichtigen, BVerfGE 111, 307, 323 – *Görgülü*.

zu bieten. Überdies hatte der EuGH in den Anfangsjahren der europäischen Integration wiederholt explizit geurteilt, dass das Gemeinschaftsrecht über keine grundrechtlichen Gewährleistungen verfüge[4]. Ein Agieren der supranationalen Gemeinschaften in einem grundrechtsfreien Raum war für die Mitgliedstaaten indes unter keinen Umständen hinnehmbar und so war es eine Frage der Zeit, bis ein innerstaatliches Gericht die nationalen Grundrechte gegen Rechtsakte der Gemeinschaften in Stellung bringen würde. Das Grundrechtsdefizit im Gemeinschaftsrecht drohte somit den gemeinschaftsrechtlichen Anwendungsvorrang und mit ihm die einheitliche Anwendung des Gemeinschaftsrechts in den Mitgliedstaaten in Frage zu stellen.

686 Nach einer Phase des anfänglichen Zögerns begann der EuGH erstmals im Urteil *Stauder* im Jahr 1969, aus den ungeschriebenen allgemeinen Rechtsgrundsätzen Gemeinschaftsgrundrechte abzuleiten und als Prüfungs- und Gültigkeitsmaßstab gegen Rechtsakte der Gemeinschaften anzuwenden[5]. Der Gerichtshof hatte damit den Grundstein für einen gemeinschaftsrechtlichen Grundrechtsschutz gelegt und dadurch zugleich das Postulat vom Anwendungsvorrang rechtsstaatlich legitimiert. An der daraufhin einsetzenden progressiven Judikatur auf dem Gebiet der Grundrechte waren die mitgliedstaatlichen Verfassungsgerichte, und von ihnen insbesondere das BVerfG, jedoch nicht ganz unbeteiligt[6]. Besonders hervorzuheben ist in diesem Zusammenhang das Urteil *Internationale Handelsgesellschaft*[7]. In dem Ausgangsverfahren vor dem Verwaltungsgericht Frankfurt am Main berief sich die Internationale Handelsgesellschaft darauf, dass der in einer EWG-Verordnung über bestimmte Ein- und Ausfuhrlizenzen vorgesehene Verfall einer Kaution im Falle der Nichtdurchführung eines lizenzierten Ausfuhrgeschäfts einen Verstoß gegen die Berufsfreiheit und das Eigentumsgrundrecht darstelle. Im Rahmen eines Vorabentscheidungsverfahrens prüfte der EuGH zwar die Verletzung entsprechender Gemeinschaftsgrundrechte in Gestalt allgemeiner Rechtsgrundsätze, verneinte aber im Ergebnis einen Verstoß[8]. Da das Ausgangsgericht jedoch vom Vorliegen einer Grundrechtsverletzung überzeugt war, legte es die Frage im Wege der konkreten Normenkontrolle nach Art. 100 Abs. 1 GG dem BVerfG vor. Dieses urteilte in seiner berühmten *Solange I*-Entscheidung, dass es auch Gemeinschaftsrecht an den Grundrechten des Grundgesetzes messen würde, solange es keinen adäquaten gemeinschaftsrechtlichen Grundrechtsschutz gebe: „Solange der Integrationsprozeß der Gemeinschaft nicht so weit fortgeschritten ist, daß das Gemeinschaftsrecht auch einen von einem Parlament beschlossenen und in Geltung stehenden formulierten Katalog von Grundrechten enthält, der dem Grund-

---

4 Vgl. nur EuGH, Rs. 40/59, Slg. 1960, S. 887 – *Nold*.
5 EuGH, Rs. 29/69, Slg. 1969, S. 419, Rn. 7 – *Stauder/Ulm*.
6 *Mancini*, CMLR 1989, S. 595, hebt insoweit die Rolle des deutschen sowie italienischen Verfassungsgerichts hervor.
7 EuGH, Rs. 11/70, Slg. 1970, S. 1125 – *Internationale Handelsgesellschaft*.
8 EuGH, Rs. 11/70, Slg. 1970, S. 1125, Rn. 4 ff. – *Internationale Handelsgesellschaft*.

rechtskatalog des Grundgesetzes adäquat ist, ist nach Einholung der in Art. 177 EWGV [jetzt: Art. 267 AEUV] geforderten Entscheidung des Europäischen Gerichtshofes die Vorlage eines Gerichts der Bundesrepublik Deutschland an das Bundesverfassungsgericht im Normenkontrollverfahren zulässig und geboten, wenn das Gericht die für es entscheidungserhebliche Vorschrift des Gemeinschaftsrechts in der vom Europäischen Gerichtshof gegebenen Auslegung für unanwendbar hält, weil und soweit sie mit einem der Grundrechte des Grundgesetzes kollidiert"[9]. Im konkreten Fall verneinte es aber einen Grundrechtsverstoß. Hiervon angespornt entfaltete der EuGH in den nachfolgenden Jahren das ungeschriebene gemeinschaftliche Grundrechtsregime in einer Fülle von Judikaten (vgl. Rn. 694). Im Jahre 1986 wurde das BVerfG erneut mit der Problematik einer Anwendung der Grundrechte des Grundgesetzes auf Rechtsakte der Europäischen Gemeinschaften befasst und urteilte: „Solange die Europäischen Gemeinschaften, insbesondere die Rechtsprechung des Gerichtshofs der Gemeinschaften einen wirksamen Schutz der Grundrechte gegenüber der Hoheitsgewalt der Gemeinschaften generell gewährleisten, der dem vom Grundgesetz als unabdingbar gebotenen Grundrechtsschutz im wesentlichen gleichzuachten ist, zumal den Wesensgehalt der Grundrechte generell verbürgt, wird das Bundesverfassungsgericht seine Gerichtsbarkeit über die Anwendbarkeit von abgeleitetem Gemeinschaftsrecht, das als Rechtsgrundlage für ein Verhalten deutscher Gerichte oder Behörden im Hoheitsbereich der Bundesrepublik Deutschland in Anspruch genommen wird, nicht mehr ausüben und dieses Recht mithin nicht mehr am Maßstab der Grundrechte des Grundgesetzes überprüfen; entsprechende Vorlagen nach Art. 100 Abs. 1 GG sind somit unzulässig"[10].

Abgesehen von einer lediglich deklaratorischen Erklärung des Europäischen Parlaments, des Rates und der Kommission vom 5. April 1977[11], in der sich die Unionsorgane feierlich zur Achtung der Grundrechte bekennen, sowie der Erwähnung der Grund- und Menschenrechte in der Präambel der Einheitlichen Europäischen Akte von 1987, fand die Rechtsprechung des EuGH zu den Gemeinschaftsgrundrechten in Gestalt allgemeiner Rechtsgrundsätze erstmals mit dem Vertrag von Maastricht von 1993 Anerkennung im Primärrecht (Art. 6 Abs. 2 EUV a. F.). Die schon 2000 proklamierte, aber erst im Dezember 2009 verbindlich gewordene Grundrechte-Charta (GRC) stellt hingegen den ersten geschriebenen, verbindlichen Katalog von Unionsgrundrechten dar (näher zur GRC, Rn. 689 ff.). 687

---

9 BVerfGE 37, 271, 285 – *Solange I*.
10 BVerfGE 73, 339, 387 – *Solange II*.
11 ABl.EG 1977 Nr. C 103, S. 1.

2. Abgrenzung zu sonstigen Gewährleistungen des Unionsrechts

688 Die funktionale Ausrichtung der Unionsgrundrechte auf die Bändigung der unionalen Hoheitsgewalt gegenüber dem Individuum (ausführlich hierzu Rn. 695) unterscheidet sie von solchen unionsrechtlichen Rechtspositionen, welche auf die Verwirklichung eigenständiger Integrationsziele ausgerichtet sind. Zu nennen sind hier insbesondere die Grundfreiheiten, die Unionsbürgerrechte und dort vor allem die unionsbürgerliche Freizügigkeit in Art. 21 Abs. 1 AEUV, aber auch das allgemeine Verbot der Diskriminierung aus Gründen der Staatsangehörigkeit aus Art. 18 Abs. 1 AEUV sowie der Grundsatz der Entgeltgleichheit aus Art. 157 Abs. 1 AEUV. Derartige primärrechtliche Vorschriften mögen wertungsmäßig als spezifische Ausprägungen von Unionsgrundrechten erscheinen – etwa der Grundsatz der Entgeltgleichheit nach Art. 157 Abs. 1 AEUV als Ausdruck des Diskriminierungsverbots aus Gründen des Geschlechts nach Art. 21 Abs. 1 und Art. 23 Abs. 1 GRC oder etwa die Grundfreiheiten des AEUV als Ausdruck des entsprechenden Diskriminierungsverbots aus Gründen der Staatsangehörigkeit nach Art. 21 Abs. 2 GRC (vgl. insoweit Rn. 730). Aufgrund der unterschiedlichen Zielrichtungen der Unionsgrundrechte einerseits und der genannten Rechtspositionen andererseits, sind diese Gewährleistungen jedoch streng zu unterscheiden. Diese Unterschiede manifestieren sich auf allen Prüfungsebenen (vgl. zum Prüfungsaufbau jeweils Rn. 764 und Rn. 892) und vor allem in Bezug auf die jeweiligen Verpflichtungsadressaten: Während die Unionsgrundrechte in erster Linie die Unionsorgane binden und die Mitgliedstaaten nur insoweit, als diese Unionsrecht durchführen (vgl. im Einzelnen Rn. 699), verpflichten etwa die Grundfreiheiten primär die Mitgliedstaaten und die Unionsorgane allenfalls sekundär, wobei dieser Bindungsrichtung ohnehin eine nur sehr geringe praktische Relevanz zukommt. Ihren begrifflichen Niederschlag findet die funktionale Trennung beider Gewährleistungsgruppen, wenn die Grundfreiheiten als Rechte transnationaler Integration und die Unionsgrundrechte abgrenzend als solche supranationaler Legitimation bezeichnet werden[12].

3. Die Europäische Grundrechte-Charta

689 Der Europäische Rat in Köln hatte am 3. und 4. Juni 1999 beschlossen, eine Charta der Grundrechte der Europäischen Union zu erarbeiten[13]. Nachdem der Europäische Rat von Tampere am 15./16. Oktober 1999 die Zusammensetzung und das Arbeitsverfahren des Gremiums zur Ausarbeitung der EU-Grund-

---

12 *Kingreen*, Gleichheitsgrundrechte, in: Ehlers (Hrsg.), Europäische Grundrechte und Grundfreiheiten, 4. Aufl. 2015, § 21, Rn. 1 ff.
13 Bull.BReg. 1999, S. 535.

rechte-Charta festgelegt hatte[14], nahm der Konvent unter dem Vorsitz des früheren Bundespräsidenten *Roman Herzog* im Dezember 1999 seine Arbeit auf. Auf der Grundlage des Konvent-Entwurfs proklamierten das Europäische Parlament, der Rat und die Kommission feierlich am 7. Dezember 2000 die Charta der Grundrechte der Europäischen Union[15].

Als bloße Proklamation war die Europäische Grundrechte-Charta (GRC) zunächst nicht mit rechtsverbindlicher Kraft ausgestattet. Jedoch wurde sie sowohl von der europäischen Gerichtsbarkeit[16] als auch von den Gerichten der Mitgliedstaaten[17] bei der Ermittlung des Gewährleistungsinhalts grundrechtlicher allgemeiner Rechtsgrundsätze des Unionsrechts herangezogen. Die Leistung der Grundrechte-Charta besteht darin, alle bürgerlichen, politischen, wirtschaftlichen und sozialen Rechte sowie die Unionsbürgerrechte in einem einzigen Text schriftlich zusammenzufassen. Sie trägt damit zu mehr Transparenz des Europäischen Unionsrechts bei.

690

Die Europäische Grundrechte-Charta sollte in weitgehend unveränderter Form Eingang in den Vertrag über eine Verfassung für Europa finden, welcher aufgrund ablehnender Volksabstimmungen in mehreren Mitgliedstaaten nicht in Kraft treten konnte. Die Charta hat durch den Vertrag von Lissabon (Rn. 34) in leicht modifizierter Fassung[18] als eigenständiges Dokument rechtliche Verbindlichkeit erlangt (vgl. Art. 6 Abs. 1 UAbs. 1 EUV) und tritt gleichrangig neben die die Union begründenden Verträge. Art. 6 Abs. 1 UAbs. 1 EUV öffnet die Rechtsordnung der Union insoweit für die in der Charta kodifizierten Grundrechte. Dogmatisch handelt es sich bei Art. 6 Abs. 1 UAbs. 1 EUV aber weder um eine Verweisung, wie dies zum Teil angenommen wird[19], noch um eine formelle Inkorporationsnorm, was zur Folge hätte, dass der materielle Gehalt der Charta oder die Charta selbst Bestandteil der Verträge würden. Hiergegen spricht schon der Wortlaut des Art. 6 Abs. 1 UAbs. 1 Satz 2 EUV, der bestimmt, dass die Charta im gleichen Rang wie die Verträge und damit *neben* diesen steht. Vielmehr beinhaltet Art. 6 Abs. 1 UAbs. 1 EUV zum einen eine Geltungsanordnung (Satz 1) und zum anderen eine Rangzuweisung (Satz 2). So wird zunächst mit Art. 6 Abs. 1 UAbs. 1 Satz 1 EUV die unmittelbare Verbindlichkeit der Charta für die Union angeordnet. Damit ist aber – anders als dies bei einer Verweisung oder bei einer formellen Inkorporation der Fall wäre – noch nichts über die rechtliche Stellung der Charta gesagt. Erst in einem zweiten Schritt wird die Charta sodann den Verträgen gleichgestellt und auf die Ranghöhe des Primär-

691

---

14 Bull.BReg. 1999, S. 793, 799 f.
15 ABl.EG 2000 Nr. C 364, S. 1.
16 EuGH, verb Rs. C-402/05 P u. C-415/05 P, Slg. 2008, S. I-6351, Rn. 335 – *Kadi I* (= P Nr. 61); EuG, Rs. T-77/01, Slg. 2002, S. II-81, Rn. 35 – *Territorio Histórico de Alava*; EuG, Rs. T-54/99, Slg. 2002, S. II-313, Rn. 48, 57 – *max.mobil Telekommunikation Service*; EuG, Rs. T-177/01, Slg. 2002, S. II-2365, Rn. 42, 47 – *Jégo-Quéré*.
17 VG Frankfurt, NJW 2001, S. 1295, 1296; VG Lüneburg, NJW 2001, S. 767, 769 f.
18 ABl.EU 2007 Nr. C 303, S. 1.
19 Vgl. nur *Schwarze*, EuR 2009, Beiheft 1, S. 9, 17.

rechts gehoben (Satz 2)[20]. Damit ist die nur feierlich von den Unionsorganen proklamierte Charta unmittelbar als primärrechtliche Rechtsquelle zum Schutz der Unionsgrundrechte heranzuziehen, wenngleich es sich rechtstechnisch nicht um einen Vertrag zwischen den Mitgliedstaaten handelt. Um Befürchtungen eines Kompetenzzuwachses der Union durch eine rechtsverbindliche Grundrechte-Charta entgegenzuwirken, wird sowohl in Art. 6 Abs. 1 UAbs. 2 EUV als auch in Art. 51 Abs. 2 GRC ausdrücklich bekräftigt, dass die Charta keine weiteren, über die in den Verträgen festgelegten Zuständigkeiten oder Aufgaben der Union hinaus begründet.

692 Polen und das Vereinigte Königreich haben sich in einem Protokoll[21] eine Einschränkung der Geltung der Grundrechte-Charta vorbehalten. Gemäß Art. 1 des Protokolls soll die Charta weder den EuGH noch die Gerichte Polens oder des Vereinigten Königreichs ermächtigen festzustellen, dass die Rechts- und Verwaltungsvorschriften, die Verwaltungspraxis oder Maßnahmen Polens oder des Vereinigten Königreichs nicht mit den durch die Charta bekräftigten Grundrechten, Freiheiten und Grundsätzen in Einklang stehen. Bislang bestehende Befugnisse der Gerichte, dem Anwendungsvorrang des Unionsrechts auch im Grundrechtsbereich zur Durchsetzung zu verhelfen, bleiben aber unberührt. Der polnische und britische Vorbehalt bezieht sich auch nur auf die Grundrechte-Charta selbst, nicht hingegen auf die als allgemeine Rechtsgrundsätze geltenden Grundrechte[22]. Nach der Rechtsprechung des EuGH stellt das Protokoll auch nicht die grundsätzliche Geltung der Grundrechte-Charta in Polen und Großbritannien in Frage[23].

693 Von Bedeutung für das Verständnis der einzelnen Charta-Gewährleistungen sind die sog. *Erläuterungen zur Charta der Grundrechte,* die unter der Verantwortung des Präsidiums des Charta-Konvents ausgearbeitet und im Amtsblatt der EU veröffentlicht wurden[24]. Sie enthalten etwa Hinweise auf Rechtserkenntnisquellen, die bei der Formulierung der jeweiligen Charta-Rechte Pate gestanden haben, und Erläuterungen zu den allgemeinen Bestimmungen in Titel VII der Charta. Nach Art. 6 Abs. 1 UAbs. 3 EUV sowie Art. 52 Abs. 7 GRC sind sie *bei der Auslegung der Charta gebührend zu berücksichtigen.* Der EuGH zieht diese Erläuterungen daher immer wieder bei der Auslegung von Charta-Rechten heran[25].

---

20 Zur dogmatischen Abgrenzung Bezug nehmender Rechtsnormen *Haratsch,* ZG 1999, S. 346.
21 ABl.EU 2007 Nr. C 306, S. 156.
22 *Streinz/Ohler/Herrmann,* Der Vertrag von Lissabon zur Reform der EU, S. 126 f.; a. A. *Hatje/Kindt,* NJW 2008, S. 1761, 1767.
23 EuGH verb. Rs. C-411/10 u. C-493/10, ECLI:EU:C:2011:865, Rn. 119 f. – *N.S. u. a.;* EuGH, Rs. C-619/18, ECLI:EU:C:2019:531, Rn. 53 – *Kommission/Polen* (= P Nr. 6).
24 ABl.EU 2007 Nr. C 303/17.
25 Vgl. etwa EuGH, Rs. C-284/15, ECLI:EU:C:2016:220, Rn. 33 – *ONEm u. M;* EuGH, Rs. C-230/18, ECLI:EU:C:2019:383, Rn. 53 – *PI.*

4. Die Herleitung der Unionsgrundrechte aus allgemeinen Rechtsgrundsätzen

Art. 6 Abs. 3 EUV erklärt die Grundrechte, wie sie in der *Europäischen Konvention zum Schutze der Menschenrechte und Grundfreiheiten vom 4. November 1950 (EMRK)* gewährleistet sind und wie sie sich aus den gemeinsamen Verfassungsüberlieferungen der Mitgliedstaaten ergeben, zu allgemeinen Grundsätzen des Unionsrechts. Art. 6 Abs. 3 EUV ist eine Kodifizierung der *Rechtsprechung des Gerichtshofs* zur Grundrechtsbindung der Europäischen Union. Seit 1969[26] hat der EuGH nach anfänglichem Zögern in einer langen Reihe von Urteilen seine Rechtsprechung zu den Grundrechten entwickelt. Danach gehört die Wahrung der Grundrechte zu den *allgemeinen Rechtsgrundsätzen* der Union. Den Schutz der Grundrechte hat der Gerichtshof im Wege wertender Rechtsvergleichung herausgebildet, wobei er auf gemeinsame Verfassungsüberlieferungen der Mitgliedstaaten sowie auf die EMRK-Verpflichtungen aller Mitgliedstaaten zurückgreift. Nach Art. 6 Abs. 2 EUV tritt auch die Union selbst der EMRK bei (vgl. Rn. 39, 47, 750 ff.). Dieser Beitritt schließt jedoch nicht aus, dass die Gerichte der Union Grundrechte auch aus anderen Texten entwickeln. Dies wird durch den Verweis in Art. 6 Abs. 3 EUV zum Ausdruck gebracht. Auch nach der Einbeziehung der Charta kann sich der Gerichtshof somit auf die beiden in Art. 6 Abs. 3 EUV genannten Quellen berufen, um zusätzliche Grundrechte anzuerkennen. Dies gilt etwa für das Grundrecht der allgemeinen Handlungsfreiheit, das in der Grundrechte-Charta nicht enthalten ist, aber als allgemeiner Rechtsgrundsatz Eingang in die Rechtsprechung des EuGH gefunden hat[27]. Da alle Mitgliedstaaten der Union auch dem Internationalen Pakt über bürgerliche und politische Rechte vom 19. Dezember 1966[28] angehören, zieht der EuGH bei der Ermittlung von Grundrechten als allgemeine Rechtsgrundsätze z. B. auch diesen Menschenrechtspakt der Vereinten Nationen heran[29].

694

---

26 EuGH, Rs. 29/69, Slg. 1969, S. 419, Rn. 7 – *Stauder/Ulm*.
27 Vgl. EuGH, verb. Rs. 133/85 bis 136/85, Slg. 1987, S. 2289, Rn. 19 – *Rau/BALM* (= P Nr. 90); EuGH, verb. Rs. 46/87 u. 227/88, Slg. 1989, S. 2859, Rn. 19 – *Hoechst/Kommission*; EuGH, verb. Rs. 97/87, 98/87 u. 99/87, Slg. 1989, S. 3165, Rn. 16 – *Dow Chemical Ibérica u. a./Kommission*; EuGH, Rs. C-94/00, Slg. 2002, S. I-9011, Rn. 27 – *Roquette Frères; Häfner/Strawe/Zuegg*, ZRP 2000, S. 365, 366. Zum gemeinschaftsrechtlichen Schutz der Vertragsfreiheit vgl. EuGH, Rs. 151/78, Slg. 1979, S. 1, Rn. 19 – *Sukkerfabriken Nykoebing*; EuGH, Rs. C-240/97, Slg. 1999, S. I-6571, Rn. 99 – *Spanien/Kommission; Haratsch*, Die Antidiskriminierungspolitik der EU – Neue Impulse durch Art. 13 EGV?, in: Klein (Hrsg.), Rassische Diskriminierung – Erscheinungsformen und Bekämpfungsmöglichkeiten, 2002, S. 195, 213, dort Fn. 76; *Mahlmann*, ZEuS 2002, S. 407, 419 f.
28 BGBl. 1973 II S. 1543; BGBl. 1976 II S. 1068.
29 EuGH, Rs. 374/87, Slg. 1989, S. 3283, Rn. 31 – *Orkem*; EuGH, Rs. C-249/96, Slg. 1998, S. I-621, Rn. 43 ff. – *Grant;* dazu eingehend *Haratsch*, Die Bedeutung der UN-Menschenrechtspakte für die Europäische Union, MRM, Themenheft „25 Jahre Internationale Menschenrechtspakte", 2002, S. 29, 30 ff.

5. Funktionen der Unionsgrundrechte

695 Die Unionsgrundrechte dienen in erster Linie der Abwehr unionaler Eingriffe in die Freiheit und Gleichheit der dem Unionsrecht Unterworfenen. Dies gilt auch, wenn nicht die Unionsorgane selbst handeln, sondern die auf das Unionsrecht zurückgehenden Eingriffe in die Rechte Einzelner über das Handeln der Mitgliedstaaten vermittelt werden, wie etwa im Fall des Vollzugs von Verordnungen oder der Umsetzung von Richtlinien (vgl. im Einzelnen Rn. 697 ff. zum Anwendungsbereich).

696 Die Funktion der Grundrechte erschöpft sich aber nicht in dieser Abwehrfunktion. Grundrechte sind nicht allein subjektiv-öffentliche Rechte des Einzelnen, sondern auch objektive Rechtssätze. Vom Gerichtshof der Europäischen Union noch nicht entschieden ist allerdings, ob neben die *Abwehrfunktion der Grundrechte* eine *grundrechtliche Schutzpflicht* tritt, d. h., ob die Grundrechtsadressaten (dazu Rn. 698 ff.) verpflichtet sind, schützend und fördernd der Aushöhlung von Grundrechtsgarantien vorzubeugen. Träfe sie eine solche Schutzpflicht, müssten sie gegen Verletzungen und Gefährdungen grundrechtlich geschützter Rechtsgüter durch Dritte, vor allem durch Private, einschreiten. Für das Bestehen grundrechtlicher Schutzpflichten spricht, dass der Gerichtshof bislang grundsätzlich eine (auch) objektiv-rechtliche Funktion der Unionsgrundrechte anerkannt hat. So sieht er etwa die Aufrechterhaltung eines pluralistischen Rundfunkwesens[30] und der Medienvielfalt[31] vom Grundrecht der Meinungsfreiheit geschützt und geht damit über die allein subjektiv-rechtliche Abwehrfunktion der Grundrechte hinaus. Zudem kann zur Ermittlung der Funktionen der Unionsgrundrechte die Rechtsprechung des Europäischen Gerichtshofs zu den Grundfreiheiten des AEUV herangezogen werden. Die Grundfreiheiten verbieten nicht nur staatliche (und unionale) Einschränkungen, sondern gebieten den Hoheitsträgern auch, Maßnahmen zu ergreifen, um gegen Beeinträchtigungen der Grundfreiheiten durch Privatpersonen einzuschreiten[32]. Gleiches muss für die Grundrechte des Europäischen Unionsrechts gelten. Die Grundrechte-Charta enthält neben Freiheiten und Rechten auch *Grundsätze (Art. 51 Abs. 1 Satz 2, Art. 52 Abs. 5 GRC)*, die keine Ansprüche vermitteln, sondern lediglich objektiv-rechtliche Berücksichtigungspflichten enthalten (vgl. Rn. 725, 695)[33].

---

30 EuGH, Rs. C-288/89, Slg. 1991, S. I-4007, Rn. 22 – *Gouda*.
31 EuGH, Rs. C-368/95, Slg. 1997, S. I-3689, Rn. 18 – *Familiapress*; dazu *Kühling*, EuGRZ 1997, S. 296 ff.
32 EuGH, Rs. C-265/95, Slg. 1997, S. I-6959, Rn. 30 – *Kommission/Frankreich („Bauernproteste")* (= P Nr. 160).
33 *Ehlers*, Europäische Grundrechte und Grundfreiheiten, § 14, Rn. 29.

6. Anwendungsbereich der Unionsgrundrechte

Die eingangs skizzierte Entwicklung (Rn. 684 ff.) des europäischen Grundrechtsregimes macht deutlich, dass die Unionsgrundrechte keine universelle Anwendung beanspruchen. Ihre Aufgabe beschränkt sich darauf, nur insoweit einen unionalen Grundrechtsschutz zu garantieren, wie es die einheitliche Anwendung unionsrechtlicher Vorgaben erfordert[34]. Vor dem Einstieg in die Prüfung eines Unionsgrundrechts nach Art. 6 Abs. 1 (Grundrechte-Charta) oder Abs. 3 EUV (allgemeine Rechtsgrundsätze) ist daher als Vorfrage zu klären, ob die im konkreten Fall zu überprüfende Maßnahme überhaupt im Anwendungsbereich der Unionsgrundrechte liegt (vgl. Art. 51 GRC).

697

a) Die Bindung der Unionsorgane, -einrichtungen und sonstigen Stellen

Unzweifelhaft findet die Grundrechte-Charta Anwendung auf sämtliche *Handlungen der Organe, Einrichtungen und sonstigen Stellen der Union* (Art. 51 Abs. 1 Satz 1 GRC). In dieser Funktion schließen die Unionsgrundrechte die oben erwähnte Schutzlücke, die daraus resultiert, dass die nationalen Grundrechte aufgrund des unionsrechtlichen Anwendungsvorrangs keinen Schutz gegenüber zwingenden Vorgaben des Unionsrechts bieten können. Hierzu zählen sowohl unionale Gesetzgebungsakte nach Art. 289 AEUV (z. B. Richtlinien, Verordnungen) als auch administrative Durchführungsakte der Union (z. B. kartellrechtliche Maßnahmen der Kommission[35]). Dabei wirken die Unionsgrundrechte nicht nur als Rechtmäßigkeitsmaßstab für alle Unionshandlungen, sondern sind auch bei der Auslegung des Sekundärrechts heranzuziehen. Hierbei ist allerdings zu beachten, dass eine Auslegung am Maßstab der Unionsgrundrechte nicht zu einer Anwendungsbereichserweiterung der betreffenden Organhandlung führen darf[36]. Art. 51 Abs. 2 GRC stellt dies ausdrücklich klar. Die Unionsgrundrechte sind insoweit akzessorisch zum sonstigen Unionsrecht. Erst wenn dessen Anwendung außer Zweifel steht, entfalten sie ihre Wirkung als Rechtmäßigkeits- oder Auslegungsmaßstab.

698

---

[34] Vgl. *von Papp*, Die Integrationswirkung von Grundrechten in der Europäischen Gemeinschaft, 2006, S. 43.
[35] EuGH, verb. Rs. 46/87 u. 227/88, Slg. 1989, S. 2859 – *Hoechst*.
[36] EuGH, Rs. C-40/11, ECLI:EU:C:2012:691, Rn. 78 – *Iida;* dazu *Kubicki*, DeLuxe 02/2013, abrufbar unter: www.rewi.europa-uni.de/deluxe; *Almhofer*, NVwZ 2013, S. 1134, 1135.

b) Die Bindung der Mitgliedstaaten

aa) Die grundsätzliche Bindung bei der Durchführung von Unionsrecht

699 Unklarheiten bestehen hingegen darüber, inwieweit auch *mitgliedstaatliche Handlungen* unmittelbar an den Unionsgrundrechten zu messen sind. Dass auch insoweit eine Bindung bestehen muss, ergibt sich daraus, dass es vor allem die Mitgliedstaaten sind, die Unionsrecht ausführen, indem sie etwa Richtlinien umsetzen oder Verordnungen vollziehen (Rn. 474). Hieran knüpft auch der für diese Frage in der Grundrechte-Charta einschlägige Art. 51 Abs. 1 Satz 1 GRC an, wonach die Unionsgrundrechte für die Mitgliedstaaten „ausschließlich bei der Durchführung des Rechts der Union" gelten. Im Wortlaut dieser Formulierung spiegelt sich zugleich der enge Bereich wider, in welchem die Anwendung von Unionsgrundrechten auf mitgliedstaatliche Maßnahmen in unionsrechtlichen Gestaltungsspielräumen einhellig akzeptiert wird. Nach der Leitentscheidung des Gerichtshofs in der Rs. *Wachauf* aus dem Jahre 1988 zu den Unionsgrundrechten als allgemeinen Rechtsgrundsätzen betrifft dies administrative Maßnahmen der Mitgliedstaaten zum Vollzug von Verordnungen (auch als *agency-Situation* bezeichnet)[37]. Eröffnet eine Verordnung den mitgliedstaatlichen Vollzugsbehörden einen Ermessensspielraum, so muss dieser unionsgrundrechtskonform ausgeübt werden[38]. Darüber hinaus ist anerkannt, dass die *Mitgliedstaaten im Bereich der Grundfreiheiten an die Unionsgrundrechte gebunden sind.* Zum einen wirken die Unionsgrundrechte hier als Schranken-Schranke (sog. *ERT*-Situation)[39], zum anderen aber auch als eigenständige Rechtfertigungsgründe gemäß dem *Schmidberger*-Urteil (vgl. Rn. 946)[40]. Diese beiden grundfreiheitlichen Bindungskonstellationen müssten zudem auf die unionsbürgerliche Freizügigkeit gemäß Art. 21 Abs. 1 AEUV übertragen werden können, da es sich auch bei dieser – wie bei den Grundfreiheiten – um eine primär die Mitgliedstaaten verpflichtende subjektivrechtliche Gewährleistung der Unionsbürger handelt (vgl. Rn. 809 ff.).

700 Im Rahmen des *Wachauf*-Urteils sprach der EuGH zwar noch davon, dass die Mitgliedstaaten Unionsgrundrechte ausschließlich „bei der Durchführung" von Unionsrecht zu beachten hätten[41]. Allerdings etablierte er in seiner Folgerechtsprechung die weite Formel vom *„Anwendungsbereich des Unionsrechts"*. Unter Rückgriff auf diese unpräzise Formel hat der EuGH seither die als allgemeine Rechtsgrundsätze entwickelten Unionsgrundrechte in Einzelfällen auch außerhalb der anerkannten *Wachauf*-, *ERT*- und *Schmidberger*-Konstellationen auf

---

37 EuGH, Rs. 5/88, Slg. 1989, S. 2609, Rn. 18 – *Wachauf* (= P Nr. 134).
38 EuGH, verb. Rs. C-411/10 u. C-493/10, Slg. 2011, S. I-13905 – *N.S.*
39 Zur *ERT*-Rechtsprechung vgl. EuGH, Rs. C-260/89, Slg. 1991, S. 2925. Kritisch zur *ERT*-Rechtsprechung, *Huber*, NJW 2011, S. 2385.
40 EuGH, Rs. C-112/00, Slg. 2003, S. I-5659, Rn. 65 ff. – *Schmidberger* (= P Nr. 141).
41 EuGH, Rs. 5/88, Slg. 1989, S. 2609, Rn. 19 – *Wachauf* (= P Nr. 134).

mitgliedstaatliche Maßnahmen zur Anwendung gebracht[42]. Ungeachtet des auf die *Wachauf*-Konstellation zugeschnittenen Wortlauts in Art. 51 Abs. 1 Satz 1 GRC, interpretiert der EuGH den Anwendungsbereich der GRC unter Rückgriff auf seine erwähnte weitergehende Rechtsprechung zum Anwendungsbereich der Grundrechte als allgemeine Rechtsgrundsätze und stellt dadurch einen *Gleichlauf beider Grundrechtsquellen* her[43]. Danach ist von einer „Durchführung des Unionsrechts" immer dann auszugehen, wenn die betreffende nationale Maßnahme in den Anwendungsbereich des Unionsrechts fällt[44]. Die Frage, ob eine mitgliedstaatliche Maßnahme der Durchführung des Unionsrechts dient und somit in den Anwendungsbereich der Unionsgrundrechte fällt, war Gegenstand eine ganzen Reihe von – sich teilweise widersprechenden – Entscheidungen des EuGH und des BVerfG.

bb) Die Bindung bei vollvereinheitlichtem Unionsrecht

Unproblematisch besteht eine Bindung an die Unionsgrundrechte, wenn die Mitgliedstaaten Durchführungsmaßnahmen in einem Bereich ergreifen, der unionsrechtlich vollständig vereinheitlicht ist. Das BVerfG geht in seinem *Recht auf Vergessen II*-Beschluss vom 6. November 2019 davon aus, dass in dieser Konstellation allein die Unionsgrundrechte maßgeblich sind[45]. Die Grundrechte des Grundgesetzes werden aufgrund des Anwendungsvorrangs, den das Unionsrecht genießt, durch die Unionsgrundrechte insoweit verdrängt und sind nicht anwendbar[46]. Die Nichtanwendung der deutschen Grundrechte beruht auf der Überlegung, dass das Unionsrecht in der gesamten Union gilt und einheitlich angewendet werden soll. Dabei muss auch der bei der Anwendung der Unionsregelungen zu gewährleistende Grundrechtsschutz einheitlich sein. Diesen Grundrechtsschutz gewährleistet die Europäische Grundrechte-Charta. Eine Anwendung der Grundrechte des Grundgesetzes würde die angestrebte Rechtsvereinheitlichung konterkarieren[47]. Zwingend ist diese Sicht freilich nicht, da eine Anwendung nationaler Grundrechte die einheitliche Anwendung des Unionsrechts nicht gefährden würde, sofern die nationalen Grundrechtsgarantien im konkreten Fall mit dem Grundrechtsschutz der Union parallel laufen[48].

701

---

42 Besonders umstritten ist etwa die *Mangold*-Rechtsprechung, vgl. *Kücükdeveci*, EuGH, Rs. C-555/07, Slg. 2010, S. 365 (= P Nr. 31).
43 EuGH, Rs. C-617/10, ECLI:EU:C:2013:105, Rn. 18 ff., insb. 19 – *Åkerberg Fransson* (= P Nr. 136); EuGH, Rs. C-198/13, ECLI:EU:C:2014:2055, Rn. 33 – *Julian Hernández* (= P Nr. 137).
44 EuGH, Rs. C-617/10, ECLI:EU:C:2013:105, Rn. 19 – *Åkerberg Fransson* (= P Nr. 136); EuGH, Rs. C-418/11, ECLI:EU:C:2013:588, Rn. 72 – *Texdata*.
45 BVerfG, Beschl. v. 6.11.2019 – 1 BvR 276/17, Rn. 42 – *Recht auf Vergessen II*.
46 BVerfG, Beschl. v. 6.11.2019 – 1 BvR 276/17, Rn. 42, 47 – *Recht auf Vergessen II*.
47 BVerfG, Beschl. v. 6.11.2019 – 1 BvR 276/17, Rn. 44 – *Recht auf Vergessen II*.
48 Vgl. *Haratsch*, in: Isensee/Kirchhof (Hrsg.), Handbuch des Staatsrechts, Bd. X, 3. Aufl. 2012, § 210 Rn. 39.

702 Die Abgrenzung, ob es sich um eine unionsrechtlich vollständig vereinheitlichte Regelung oder um gestaltungsoffenes Unionsrecht handelt, das den Mitgliedstaaten einen Spielraum bei der Durchführung belässt, ist durch Auslegung des jeweils anzuwendenden Unionsrechts vorzunehmen. Aus der Rechtsform allein lasse sich, so das BVerfG, keine abschließende Beurteilung ableiten, da eine Verordnung den Mitgliedstaaten durch Öffnungsklauseln Gestaltungsfreiräume eröffnen könne, wohingegen eine Richtlinie zwingende und abschließende Vorgaben machen könne[49]. Es sei daher in Bezug auf die konkrete Norm zu untersuchen, ob sie auf die Ermöglichung von Vielfalt und die Geltendmachung verschiedener Wertungen angelegt sei oder ob sie vom Ziel der gleichförmigen Rechtsanwendung getragen sei[50].

cc) Die Bindung bei gestaltungsoffenem Unionsrecht

703 Deutlich umstrittener als bei vollvereinheitlichtem Unionsrecht ist die Bindung der Mitgliedstaaten an die Unionsgrundrechte, wenn das Unionsrecht den Mitgliedstaaten bei seiner Durchführung einen *Gestaltungsspielraum* belässt, wie etwa bei der *Umsetzung von Richtlinien* (Rn. 400 ff.)[51]. Der EuGH geht insoweit von einer umfassenden Bindung der Mitgliedstaaten und ihrer Umsetzungsmaßnahmen aus, selbst wenn die fragliche Richtlinienvorschrift für die Ausfüllung des Spielraums ausdrücklich auf das mitgliedstaatliche Recht verweist (etwa: „das einzelstaatliche Recht bleibt unberührt", „nach Maßgabe des innerstaatlichen Rechts")[52].

704 Eine noch weiterreichende Bindung der Mitgliedstaaten an die Unionsgrundrechte postuliert der EuGH seit der Rs. *Åkerberg Fransson*[53]. Das dort an den Unionsgrundrechten zu prüfende nationale Recht diente weder der Umsetzung einer Richtlinie, noch fiel es in den Schutzbereich der Grundfreiheiten oder der Freizügigkeit. Für die gleichwohl angenommene Bindung an die Unionsgrundrechte ließ der EuGH das Bestehen allgemein-sachbezogener Handlungspflichten aus dem primären und sekundären Unionsrecht genügen, da das betreffende nationale Recht zumindest in objektiver Hinsicht zu deren Erfüllung einen Beitrag leistete[54]. Die mitgliedstaatliche Veranlassung bzw. Motivation für die Anwendung des betreffenden nationalen Rechts spielte dagegen keine Rolle. Allein bei rein mitgliedstaatlich geprägtem Sachverhalt kommt eine Anwendung der in der Unionsrechtsordnung garantierten Grundrechte nicht in Betracht[55].

---

49 BVerfG, Beschl. v. 6.11.2019 – 1 BvR 276/17, Rn. 79 – *Recht auf Vergessen II*.
50 BVerfG, Beschl. v. 6.11.2019 – 1 BvR 276/17, Rn. 80 – *Recht auf Vergessen II*.
51 Zum Ganzen *Calliess*, JZ 2009, S. 113.
52 Vgl. etwa EuGH, Rs. C-442/00, Slg. 2002, S. I-11915 – *Caballero;* Rs. C-465/10, Slg. 2011, S. I-14081, Rn. 63 ff. – *CCI Indre;* vgl. aber dagegen EuGH, Rs. C-400/10, Slg. 2010, S. I-8965, Rn. 52, 59 – *J.McB*.
53 EuGH, Rs. C-617/10, ECLI:EU:C:2013:105 – *Åkerberg Fransson* (= P Nr. 136).
54 Vgl. zu diesem Urteil *Kubicki*, DeLuxe 4/2013, abrufbar unter: www.rewi.europa-uni.de/deluxe; *Grimm*, JZ 2013, S. 585, 590 ff.; *Thym*, NVwZ 2013, S. 889; *Winter*, NZA 2013, S. 473.
55 EuGH, Rs. C-117/14, ECLI:EU:C:2015:60 – *Nisttahuz Poclava/Ariza Toledano*.

Nicht zuletzt durch diese Entscheidung setzt der Gerichtshof die Tendenz **705** fort, eine Bindung der Mitgliedstaaten an Unionsgrundrechte zunehmend in Bereiche auszudehnen, in denen das Unionsrecht das betreffende nationale Recht „nicht vollständig bestimmt"[56]. Da insbesondere Richtlinien zahlreiche allgemein-sachbezogene Handlungspflichten enthalten, die unterschiedliche Rechtsbereiche betreffen, unterliegt auf diesem Wege potentiell das gesamte nationale Recht der unionalen Grundrechtsbindung und zwar auch dort, wo das Unionsrecht eben keine oder kaum inhaltliche (und zwingende) Vorgaben aufstellt – sei es, weil die EU ihr übertragene Kompetenzen insoweit noch nicht ausgeübt hat, sei es, weil die betreffenden materiellen Zuständigkeiten bei den Mitgliedstaaten verblieben sind.

Konsequenzen hat diese Rechtsprechungsentwicklung insbesondere für den **706** Anwendungsbereich nationaler Grundrechte. Je umfassender die unionalen Grundrechte zum Prüfungsmaßstab für nationales Recht in Bereichen werden, die nicht durch Unionsrecht bestimmt sind und sich damit nicht mehr als mitgliedstaatlich vermittelte EU-Hoheitsgewalt verstehen lassen, desto größer wird die *Konkurrenz zu nationalen Grundrechten* und ihrer Aufgabe, die Bürger vor der (autonomen) nationalen Hoheitsgewalt zu schützen. Wohl aus diesem Grunde postuliert der EuGH neuerdings für die Fälle, in denen das betreffende Recht nicht vollständig durch das Unionsrecht bestimmt wird, eine parallele Anwendung unionaler und nationaler Grundrechte[57]. Die Anwendung letzterer stellte er dabei allerdings unter den Vorbehalt, dass hierdurch weder das Schutzniveau der Grundrechte-Charta noch der Vorrang, die Einheit und die Wirksamkeit des Unionsrechts beeinträchtigt werden dürfen[58]. Dadurch sichert sich der Gerichtshof das letzte Wort in (konkurrierenden) Grundrechtsfragen.

Diese schon zu Anfang der 90er Jahre einsetzende Tendenz in der Rechtsprechung des EuGH zur Ausweitung des unionsgrundrechtlichen Anwendungsbereichs auf mitgliedstaatliche Maßnahmen steht seit Anbeginn in der Kritik. **707** Mit Blick auf das Prinzip der begrenzten Einzelermächtigung (Art. 5 EUV) wird sie als Übergriff in den mitgliedstaatlichen Kompetenzbereich angesehen[59]. Zu den prominentesten Vertretern zählt aus deutscher Sicht das BVerfG. Bereits in Bezug auf die Richtlinienumsetzung erkennt dieses eine Bindung an die Unionsgrundrechte nur insoweit an, als eine Richtlinie den Mitgliedstaaten keine Umsetzungsspielräume belässt, der innerstaatliche Umsetzungsakt also unionsrecht-

---

56 EuGH, Rs. C-617/10, ECLI:EU:C:2013:105, Rn. 29 – *Åkerberg Fransson* (= P Nr. 136).
57 EuGH, Rs. C-617/10, ECLI:EU:C:2013:105, Rn. 29 – *Åkerberg Fransson* (= P Nr. 136). Siehe zu den Konsequenzen im Einzelnen *Kingreen*, JZ 2013, S. 801 ff.
58 EuGH, Rs. C-399/11, ECLI:EU:C:2013:107, Rn. 60 – *Melloni* (= P Nr. 138); EuGH, Rs. C-516/17, ECLI:EU:C:2019:625, Rn. 21 – *Spiegel Online;* EuGH, Rs. C-476/17, ECLI:EU:C:2019:624, Rn. 80 – *Pelham u. a.*
59 *Tridimas*, The General Principles of EU Law, 2. Aufl. 2007, S. 332, titelt etwa „Streching the scope of Community law: An ever-expanding jurisdiction?". Sehr scharfe Kritik üben *Coppel/O'Neill*, CMLR 1992, S. 669; eine interessante Auseinandersetzung mit *Coppel/O'Neills* Kritik findet sich bei *Weiler/Lockhart*, CMLR 1995, S. 51 ff. u. S. 579 ff.

lich determiniert ist⁶⁰. Die nationalen Grundrechte kommen hingegen zur Anwendung, soweit den Mitgliedstaaten ein Spielraum verblieben ist⁶¹.

708 Dass dies erst recht gilt, wenn lediglich allgemein-sachbezogene Handlungspflichten des Unionsrechts im Raum stehen, unterstreicht das BVerfG mit sehr deutlichen Worten in seinem im April 2013 ergangenen *Urteil zur Antiterrordatei*⁶². Darin wiederholt es, dass eine unionale Grundrechtsbindung nationaler Hoheitsgewalt nur angenommen werden könne, wenn letztere unionsrechtlich determiniert sei. Hieran fehle es im Hinblick auf das Gesetz zur Antiterrordatei, da ungeachtet der vielen Berührungspunkte zum Unionsrecht dieses weder die Errichtung der Antiterrordatei gebiete oder verbiete noch inhaltliche Vorgaben hierzu enthalte⁶³. Ausdrücklich in Bezug auf die Rs. *Åkerberg Fransson* stellt das BVerfG sodann fest, dass dieses Urteil nicht so verstanden werden dürfe, dass für eine Bindung der Mitgliedstaaten „jeder sachliche Bezug einer Regelung zum bloß abstrakten Anwendungsbereich des Unionsrecht oder rein tatsächliche Auswirkungen auf dieses ausreiche"⁶⁴. Denn eine solche Lesart dieser Entscheidung würde dem kooperativen Miteinander zwischen den beiden Höchstgerichten zuwiderlaufen, weil sie zur Folge hätte, dass das Urteil „offensichtlich als Ultra-vires-Akt zu beurteilen wäre oder Schutz und Durchsetzung der mitgliedstaatlichen Grundrechte in einer Weise gefährdete, dass dies die Identität der durch das Grundgesetz errichteten Verfassungsordnung in Frage stellte"⁶⁵.

709 Das BVerfG ging in der *Antiterrordatei*-Entscheidung somit – anders als der EuGH in *Åkerberg Fransson* – von einer klaren Trennung der Grundrechtssphären aus. Aus seiner Sicht markierte dabei das Merkmal der Determiniertheit nationalen Rechts durch Unionsrecht die Grenze für die Anwendung unionaler Grundrechte. Fehlt es daran, weil das Unionsrecht das in Frage stehende nationale Recht nicht durch Gebot, Verbot oder inhaltliche Vorgaben bestimmt, so gelten allein die nationalen Grundrechte als höherrangiger Rechtmäßigkeitsmaßstab für die staatliche Hoheitsgewalt. Für die vom Gerichtshof postulierte parallele Anwendung unionaler und nationaler Grundrechte für diesen, nicht vollständig durch Unionsrecht bestimmten Bereich (vgl. Rn. 706), blieb somit aus verfassungsrechtlicher Sicht kein Raum. Praktische Bedeutung konnte dieser Grundrechtskonflikt zwischen den beiden Höchstgerichten vor allem dann entfalten, wenn unionale und nationale Grundrechte im Einzelfall ein unterschiedliches Schutzniveau aufweisen und hinsichtlich der Rechtmäßigkeit der betreffenden nationalen Maßnahme jeweils zu gegenläufigen Ergebnissen gelangen⁶⁶.

---

60 BVerfGE 118, 79, 95 ff. – *Emissionshandel*.
61 Vgl. etwa BVerfGE 125, 260, 306 f. – *Vorratsdatenspeicherung*; zu Verordnungen vgl. BVerfGE 122, 1, 20 f.
62 BVerfGE 133, 277, Rn. 88–91 – *Antiterrordatei*.
63 BVerfGE 133, 277, Rn. 90 – *Antiterrordatei*.
64 BVerfGE 133, 277, Rn. 91 – *Antiterrordatei*.
65 BVerfGE 133, 277, Rn. 91 – *Antiterrordatei*.
66 S. zum grundrechtlichen Spannungsverhältnis zwischen BVerfG und EuGH *Kingreen*, JZ 2013, S. 801; *Thym*, NVwZ 2013, S. 889.

Da der EuGH wohl selbst ein gewisses Unbehagen dabei verspürt haben mag, 710
den Anwendungsbereich der Unionsgrundrechte im Urteil in der Rs. *Åkerberg Fransson* sehr weit gezogen zu haben (Rn. 704), hat er bereits im März 2014, also wenige Wochen vor den Urteil des BVerfG zur Antiterrordatei, den Begriff der „Durchführung des Rechts der Union" im Sinne von Art. 51 Abs. 1 GRC wieder enger definiert. In der *Åkerberg Fransson*-Entscheidung hatte für die Anwendbarkeit der Unionsgrundrechte ein „unmittelbarer Zusammenhang" zwischen der zu überprüfenden mitgliedstaatlichen Maßnahme und einem unionsrechtlich geregelten Sachbereich genügt[67]. Im Urteil in der Rs. *Siragusa* formuliert der EuGH die Anforderungen hingegen enger. Der Begriff der „Durchführung des Rechts der Union" gemäß Art. 51 Abs. 1 GRC verlange „einen hinreichenden Zusammenhang von einem gewissen Grad", der darüber hinaus gehe, dass die fraglichen Sachbereiche benachbart seien und der eine von ihnen mittelbare Auswirkungen auf den anderen haben könne[68]. Um festzustellen, ob eine nationale Regelung die Durchführung des Rechts der Union betrifft, ist nach Ansicht des EuGH nunmehr zu prüfen, (1) ob mit ihr eine Durchführung einer Bestimmung des Unionsrechts bezweckt wird, (2) welchen Charakter diese Regelung hat und ob mit ihr nicht andere als die unter das Unionsrecht fallenden Ziele verfolgt werden, selbst wenn sie das Unionsrecht mittelbar beeinflussen kann, sowie ferner, (3) ob es eine Regelung des Unionsrechts gibt, die für diesen Bereich spezifisch ist oder ihn beeinflussen kann[69]. Insbesondere dürfen, so der EuGH, unionsrechtliche Vorschriften in dem betreffenden Sachbereich keine Verpflichtungen der Mitgliedstaaten im Hinblick auf den fraglichen Sachbereich schaffen[70]. In der nur wenig später entschiedenen Rs. *Julian Hernández* prüft der EuGH die vom ihm selbst zuvor aufgestellten Kriterien streng und gelangt zu dem Ergebnis, dass eine spanische Maßnahme, welche die Richtlinie 2008/94/EG überschießend umsetzt und Ansprüche für Arbeitnehmer gegen den spanischen Staat schafft, die von der Richtlinie nicht vorgegeben waren, keine Maßnahme zur Durchführung des Rechts der Union im Sinne von Art. 51 Abs. 1 GRC sei und die Unionsgrundrechte mithin nicht anwendbar seien[71]. Allein der Umstand, dass eine nationale Maßnahme in einen Bereich fällt, in dem die Union über Zuständigkeiten verfügt, bringt diese Maßnahme nicht in den Anwendungsbereich des Unionsrechts und führt nicht zur Anwendbarkeit der Grundrechte-Charta[72]. Hätte der EuGH seiner Entscheidung in der Rs. *Julian Hernández* noch die frühere *Åkerberg Fransson*–Doktrin zugrunde gelegt, hätte er zu einem anderen Ergebnis gelangen müssen.

---

67 EuGH, Rs. C-617/10, ECLI:EU:C:2013:105, Rn. 26 – *Åkerberg Fransson* (= P Nr. 136).
68 EuGH, Rs. C-206/13, ECLI:EU:C:2014:126, Rn. 24 – *Siragusa*.
69 EuGH, Rs. C-206/13, ECLI:EU:C:2014:126, Rn. 25 – *Siragusa*.
70 EuGH, Rs. C-206/13, ECLI:EU:C:2014:126, Rn. 26 – *Siragusa*.
71 EuGH, Rs. C-198/13, ECLI:EU:C:2014:2055, Rn. 33 ff. – *Julian Hernández* (= P Nr. 137).
72 So ausdrücklich EuGH, Rs. C-198/13, ECLI:EU:C:2014:2055, Rn. 36 – *Julian Hernández* (= P Nr. 137).

711 Das BVerfG hat mit seinem *Recht auf Vergesssen I*-Beschluss vom 6. November 2019 eine aufsehenerregende Kehrtwende in seiner Rechtsprechung vollzogen und sich seinerseits dem EuGH angenähert. In dieser Entscheidung hat das BVerfG seine These von der Trennung der Grundrechtssphären nunmehr aufgegeben[73]. In diesem Beschluss ging es um die Frage, ob das allgemeine Persönlichkeitsrecht gemäß Art. 2 Abs. 1 i.V. m. Art. 1 Abs. 1 GG der Bereithaltung von mehr als 30 Jahre zurückliegenden Presseberichten über ein Verbrechen unter namentlicher Nennung des Täters im Onlinearchiv eines Nachrichtenmagazins entgegensteht. Zu entscheiden war unter anderem, ob die Grundrechte des Grundgesetzes überhaupt Anwendung finden können, da sich die maßgeblichen nationalen Bestimmungen des Bundesdatenschutzgesetzes über die Verarbeitung personenbezogener Daten zu journalistischen Zwecken auf das sogenannte „Medienprivileg" gemäß Art. 85 DS-GVO[74] stützen, für dessen Ausgestaltung den Mitgliedstaaten ein Gestaltungsspielraum verbleibt. Im Ausgangspunkt bleibt es auch nach der neuen Rechtsprechungslinie des BVerfG dabei, dass die nationalen Grundrechte bei der Durchführung von Unionsrecht Anwendung finden, sofern und soweit das Unionsrecht den Mitgliedstaaten Gestaltungsspielräume belässt. Setzt das Unionsrecht der mitgliedstaatlichen Gestaltung jedoch „einen hinreichend gehaltvollen Rahmen [...], der erkennbar auch unter Beachtung der Unionsgrundrechte konkretisiert werden soll", treten die Unionsgrundrechte zu den Grundrechtsgewährleistungen des Grundgesetzes hinzu[75].

712 Gleichwohl bilden auch dort, wo die Unionsgrundrechte zu denen des Grundgesetzes hinzutreten, die grundgesetzlichen Grundrechte den primären Prüfungsmaßstab des BVerfG[76]. Die Grundrechte des Grundgesetzes sind dabei im Lichte der Europäischen Grundrechte-Charta auszulegen[77]. Das BVerfG begründet die primäre Prüfung am Maßstab der grundgesetzlichen Grundrechte bei paralleler Grundrechtsgeltung damit, dass sich der Gestaltungsspielraum, den der Unionsgesetzgeber den Mitgliedstaaten belässt, auch für den Grundrechtsschutz gilt und das Unionsrecht die mitgliedstaatliche Vielgestaltigkeit des Grundrechtsschutzes respektiert[78]. Das BVerfG verweist in diesem Zusammenhang auf Art. 53 GRC, wonach keine Bestimmung der Grundrechte-Charta als eine Einschränkung oder Verletzung der Grundrechte auszulegen ist, wie sie

---

73 BVerfG, Beschl. v. 6.11.2019 – 1 BvR 16/13, Rn. 44 – *Recht auf Vergessen I*.
74 Verordnung (EU) 2016/679 des Europäischen Parlaments und des Rates v. 27.4.2016 zum Schutz natürlicher Personen bei der Verarbeitung personenbezogener Daten, zum freien Datenverkehr und zur Aufhebung der Richtlinie 95/46/EG (Datenschutz-Grundverordnung), ABl. EU 2016 Nr. L 119, S. 1, zul. ber. ABl.EU 2018 Nr. L 127, S. 2; zuvor war das Medienprivileg in Art. 9 der Richtlinie 95/46/EG des Europäischen Parlaments und des Rates v. 24.10.1995 zum Schutz natürlicher Personen bei der Verarbeitung personenbezogener Daten und zum freien Datenverkehr, ABl.EG 1995 Nr. L 281, S. 31, geregelt.
75 BVerfG, Beschl. v. 6.11.2019 – 1 BvR 16/13, Rn. 44 – *Recht auf Vergessen I*.
76 BVerfG, Beschl. v. 6.11.2019 – 1 BvR 16/13, Rn. 45 – *Recht auf Vergessen I*.
77 BVerfG, Beschl. v. 6.11.2019 – 1 BvR 16/13, Rn. 46, 60 – *Recht auf Vergessen I*.
78 BVerfG, Beschl. v. 6.11.2019 – 1 BvR 16/13, Rn. 48, 50 – *Recht auf Vergessen I*.

durch die Verfassungen der Mitgliedstaaten anerkannt werden. Dabei besteht, so das BVerfG, die widerlegliche Vermutung, dass durch eine Prüfung am Maßstab der Grundrechte des Grundgesetzes das von der Grundrechte-Charta geforderte Schutzniveau in der Regel mitgewährleistet wird. Diese Vermutung wird getragen von der „übergreifenden Verbundenheit des Grundgesetzes und der Charta in einer gemeinsamen europäischen Grundrechtstradition"[79]. Das gemeinsame Fundament bildet die EMRK, in deren Licht die Grundrechte sowohl des Grundgesetzes als auch der Europäischen Grundrechte-Charta auszulegen sind[80].

Die alleinige Heranziehung der Grundrechte des Grundgesetzes als Prüfungsmaßstab für innerstaatliches Recht, das der Durchführung gestaltungsoffenen Unionsrechts dient, gilt nach der Rechtsprechung des BVerfG allerdings nicht ausnahmslos. Eine Prüfung allein am Maßstab der deutschen Grundrechte ist dann nicht ausreichend, wenn konkrete und hinreichende Anhaltspunkte vorliegen, dass hierdurch das grundrechtliche Schutzniveau des Unionsrechts ausnahmsweise nicht gewährleistet ist[81]. Das BVerfG anerkennt zwei derartige *Ausnahmefälle,* zum einen die *grundrechtliche Einschränkung des Gestaltungsspielraums* der Mitgliedstaaten sowie zum anderen die *Unterschreitung des grundrechtlichen Schutzniveaus* der Europäischen Union durch den nationalen Grundrechtsschutz.

713

(1) Zum einen gelte die Annahme nicht uneingeschränkt, dass das auf mitgliedstaatliche Durchführung angelegte Unionsrecht – das BVerfG spricht insoweit von Fachrecht – Raum für einen auf Vielfalt gerichteten Grundrechtsschutz eröffnet. Das unionale Fachrecht könne im konkreten Fall ausnahmsweise – ungeachtet seiner Gestaltungsoffenheit – engere grundrechtliche Maßgaben enthalten und damit die Reichweite der Grundrechte des Grundgesetzes beschränken[82]. Das BVerfG fordert das Vorliegen konkreter und hinreichender Anhaltspunkte, die sich aus dem Wortlaut und dem Regelungszusammenhang des Fachrechts selbst ergeben[83]. Ein bloßer Verweis des Fachrechts auf die uneingeschränkte Geltung der Grundrechte-Charta bei der Durchführung genüge hierfür nicht.

714

(2) Zum zweiten ist, so das BVerfG, auch die Vermutung widerleglich, dass eine Prüfung am Maßstab der Grundrechte des Grundgesetzes zugleich das grundrechtliche Schutzniveau der Europäischen Union mitgewährleistet[84]. Das mitgliedstaatliche Grundrechtsschutzniveau unterschreitet dann im konkreten Fall das grundrechtliche Schutzniveau der Union. Auch in dieser Konstellation verlangt das BVerfG das Vorliegen konkreter und hinreichender Anhaltspunkte

715

---
79 BVerfG, Beschl. v. 6.11.2019 – 1 BvR 16/13, Rn. 56 – *Recht auf Vergessen I.*
80 BVerfG, Beschl. v. 6.11.2019 – 1 BvR 16/13, Rn. 58 – *Recht auf Vergessen I.*
81 BVerfG, Beschl. v. 6.11.2019 – 1 BvR 16/13, Rn. 63 – *Recht auf Vergessen I.*
82 BVerfG, Beschl. v. 6.11.2019 – 1 BvR 16/13, Rn. 64 f. – *Recht auf Vergessen I.*
83 BVerfG, Beschl. v. 6.11.2019 – 1 BvR 16/13, Rn. 68 – *Recht auf Vergessen I.*
84 BVerfG, Beschl. v. 6.11.2019 – 1 BvR 16/13, Rn. 66 – *Recht auf Vergessen I.*

für eine Unterschreitung des Grundrechtsschutzniveaus[85]. Solche Anhaltspunkte können sich aus der Rechtsprechung des EuGH ergeben, wenn erkennbar ist, dass dieser spezifische Schutzstandards zugrundelegt. Die Vermutung gilt zudem nicht, wenn und soweit sich das im Einzelfall maßgebliche Schutzniveau aus Rechten der Charta herleitet, die keine Entsprechung im Grundgesetz haben.

716 Liegen konkrete und hinreichende Anhaltspunkte entweder für eine grundrechtliche Einschränkung des Gestaltungsspielraums der Mitgliedstaaten oder für eine Unterschreitung des grundrechtlichen Schutzniveaus der Union vor, hat das BVerfG zu prüfen, ob eine Kontrolle allein am Maßstab der Grundrechte des Grundgesetzes das geforderte europäische Schutzniveau wahrt[86]. Ergibt die Prüfung, dass die deutschen Grundrechte das Schutzniveau der Europäischen Grundrechte-Charta ausnahmsweise nicht mit abdecken, sind die Rechte der Charta nach der Rechtsprechung des BVerfG insoweit in die Prüfung einzubeziehen[87], was bedeutet, dass die Charta-Grundrechte zum unmittelbaren Prüfungsmaßstab des BVerfG werden.

dd) Die Unionsgrundrechte als Prüfungsmaßstab des BVerfG

717 Die beiden *Recht auf Vergessen*-Beschlüsse des BVerfG vom 6. November 2019 haben nicht nur die bundesverfassungsgerichtliche Rechtsprechung im Hinblick auf die Anwendbarkeit der Unionsgrundrechte und ihr Verhältnis zu den deutschen Grundrechten neu justiert, sondern auch eine grundlegende Neuausrichtung der Reichweite der verfassungsgerichtlichen Kontrolle im Hinblick auf die Einhaltung der Unionsgrundrechte vorgenommen. In Verfahren vor dem BVerfG ist nunmehr – anders als zuvor – eine unmittelbare Berufung auch auf die Unionsgrundrechte möglich. Soweit die Unionsgrundrechte neben die Grundrechte des Grundgesetzes treten und eine Prüfung allein am Maßstab der deutschen Grundrechte nicht ausreichend ist, um das grundrechtliche Schutzniveau des Unionsrechts zu gewährleisten (Rn. 713 ff.), oder soweit die Grundrechte des Grundgesetzes von den Unionsgrundrechten aufgrund des Anwendungsvorrangs verdrängt werden (Rn. 202 ff.), überprüft das BVerfG nationale Maßnahmen, die der Durchführung des Unionsrechts dienen, nunmehr unmittelbar am Maßstab der Unionsgrundrechte[88]. Auch das BVerfG wird damit partiell funktional zu einem Unionsgericht. Es steht mit dieser Rechtsprechung freilich nicht allein, sondern schließt sich einer Rechtsprechungslinie an, der Verfassungsgerichte anderer Mitgliedstaaten bereits folgen[89].

---

85 BVerfG, Beschl. v. 6.11.2019 – 1 BvR 16/13, Rn. 69 – *Recht auf Vergessen I*.
86 BVerfG, Beschl. v. 6.11.2019 – 1 BvR 16/13, Rn. 70 – *Recht auf Vergessen I*.
87 BVerfG, Beschl. v. 6.11.2019 – 1 BvR 16/13, Rn. 72 – *Recht auf Vergessen I*.
88 BVerfG, Beschl. v. 6.11.2019 – 1 BvR 16/13, Rn. 72 – *Recht auf Vergessen I*; BVerfG, Beschl. v. 6.11.2019 – 1 BvR 276/17, Rn. 50 – *Recht auf Vergessen II*.
89 Vgl. die Nachweise in Rn. 50 des *Recht auf Vergessen II*-Beschlusses, BVerfG, Beschl. v. 6.11.2019 – 1 BvR 276/17.

Bislang hatte das BVerfG eine Prüfung am Maßstab der Unionsgrundrechte abgelehnt und diese den Fachgerichten sowie dem Europäischen Gerichtshof überlassen, indem es lediglich am Maßstab des Rechts auf den gesetzlichen Richter gemäß Art. 101 Abs. 1 Satz 2 GG kontrolliert hatte, ob die nationalen Fachgerichte ihrer Vorlageverpflichtung an den EuGH gemäß Art. 267 AEUV nachgekommen sind (Rn. 593). Den dadurch vermittelten mittelbaren Grundrechtsschutz hält das BVerfG vor dem Hintergrund seiner Aufgabe, gegenüber der deutschen Staatsgewalt umfassend Grundrechtsschutz zu gewähren, nicht mehr für ausreichend[90]. Die Öffnung des Grundgesetzes über Art. 23 Abs. 1 GG für das Unionsrecht erfasst auch den Grundrechtsschutz. Daher habe auch das BVerfG die Unionsgrundrechte anzuwenden und ihnen zur Durchsetzung zu verhelfen[91]. Mit der Einbeziehung der Unionsgrundrechte in den Prüfungsmaßstab des BVerfG wird eine Schutzlücke geschlossen, die einerseits aus der Verdrängung der deutschen Grundrechte durch das Unionsrecht herrührt und die andererseits auch nicht durch einen entsprechenden Grundrechtsrechtsbehelf auf Unionsebene gefüllt wird[92]. 718

Nicht ganz eindeutig ist die neue Rechtsprechung des BVerfG im Hinblick darauf, ob nur die Grundrechte der Charta in den Prüfungsmaßstab aufgenommen werden oder ob sich dies auch auf die als allgemeine Rechtsgrundsätze daneben verbürgten ungeschriebenen Grundrechte bezieht. Zwar spricht das BVerfG in beiden *Recht auf Vergessen*-Beschlüssen zumeist pauschal von den „Unionsgrundrechten", was nahelegt, dass sowohl die geschriebenen Chartarechte als auch die ungeschriebenen allgemeinen Rechtsgrundsätze umfasst sein sollen. Konkret genannt wird in beiden Entscheidungen aber nur die Grundrechte-Charta, während die Grundrechtsquelle der allgemeinen Rechtsgrundsätze keine Erwähnung findet. Gleichwohl wird man davon ausgehen müssen, dass alle Unionsgrundrechte, gleichgültig welcher Rechtsquelle sie entstammen, in den Prüfungsmaßstab des BVerfG einfließen. 719

Ausdrücklich hat das BVerfG in seiner *Recht auf Vergessen II*-Entscheidung seinen Prüfungsmaßstab nur im Verfahren der Verfassungsbeschwerde auch auf die Unionsgrundrechte erstreckt. Art. 93 Abs. 1 Nr. 4a GG stehe dem nicht entgegen, da der Wortlaut nur von der Behauptung, „in einem seiner Grundrechte verletzt" zu sein, spreche. Den intendierten umfassenden Grundrechtsschutz biete die Verfassungsbeschwerde aber nur, wenn diese Grundrechte auch die Unionsgrundrechte umfassen[93]. Gründe, warum diese Rechtsprechung nicht auch auf andere Verfahrensarten vor dem BVerfG, in denen eine Überprüfung am Maßstab von Grundrechten gefordert ist, – etwa auf Normenkontrollverfahren – übertragen werden könnte, sind nicht ersichtlich. 720

---

90 BVerfG, Beschl. v. 6. 11. 2019 – 1 BvR 276/17, Rn. 53 ff., 60, 64, 66 – *Recht auf Vergessen II*.
91 BVerfG, Beschl. v. 6. 11. 2019 – 1 BvR 276/17, Rn. 55 f., 67 – *Recht auf Vergessen II*.
92 BVerfG, Beschl. v. 6. 11. 2019 – 1 BvR 276/17, Rn. 60 f. – *Recht auf Vergessen II*.
93 BVerfG, Beschl. v. 6. 11. 2019 – 1 BvR 276/17, Rn. 58 f. – *Recht auf Vergessen II*.

721 Das BVerfG erkennt an, dass es seine Kontrolle von Maßnahmen der deutschen öffentlichen Gewalt am Maßstab der Unionsgrundrechte nur „in enger Kooperation" mit dem EuGH ausüben kann. Da dem EuGH gemäß Art. 19 Abs. 1 UAbs. 1 Satz 2 EUV die Zuständigkeit für die letztverbindliche Auslegung des Unionsrechts zukommt, ist das BVerfG als letztentscheidende Instanz bei Zweifelsfragen über die Auslegung der Unionsgrundrechte gemäß Art. 267 Abs. 3 AEUV zur Vorlage an den EuGH verpflichtet[94]. Eine Heranziehung der Unionsgrundrechte ohne vorherige Vorlage an den EuGH kommt daher nur in Betracht, wenn der EuGH deren Auslegung bereits geklärt hat oder die anzuwendenden Auslegungsgrundsätze aus sich heraus offenkundig sind, etwa auf der Grundlage einer Rechtsprechung des Europäischen Gerichtshofs für Menschenrechte, die im Einzelfall auch den Inhalt der Charta bestimmt (vgl. Art. 52 Abs. 3 GRC)[95]. Ausdrücklich betont das BVerfG, dass ein Rückgriff auf die innerstaatliche Rechtsprechung zu den deutschen Grundrechten etwaige Auslegungszweifel im Hinblick auf die Unionsgrundrechte nicht beseitigen kann[96].

ee) Die Vorlagepflicht des BVerfG und der letztinstanzlichen Fachgerichte nach Art. 267 Abs. 3 AEUV

722 Beim derzeitigen Stand der Rechtsprechung des EuGH geht das BVerfG im Hinblick auf die letztinstanzlichen Fachgerichte davon aus, dass diese – ungeachtet der Aufnahme der Unionsgrundrechte in den Prüfungsmaßstab des BVerfG – nach wie vor auch dann als letztinstanzliche Gerichte i. S. v. Art. 267 Abs. 3 AEUV zu qualifizieren sind, wenn sie ihrerseits Unionsgrundrechte anwenden und diese entscheidungserheblich sind. Hierfür spricht nach Ansicht des BVerfG die Qualifizierung der Verfassungsbeschwerde als außerordentlicher Rechtsbehelf[97]. Das BVerfG geht daher davon aus, dass die Kontrolle einer Verletzung der Vorlagepflicht am Maßstab von Art. 101 Abs. 1 Satz 2 GG auch insoweit weiterhin in Betracht kommt[98]. Ohnehin unberührt bleiben die Fälle, in denen es vor einem letztinstanzlichen Fachgericht nicht um die Auslegung der Unionsgrundrechte geht. Die Vorlagepflicht der letztinstanzlichen Fachgerichte besteht im Hinblick auf die Auslegung von entscheidungserheblichem sonstigem Unionsrecht in jedem Fall fort.

---

94 BVerfG, Beschl. v. 6.11.2019 – 1 BvR 16/13, Rn. 72 – *Recht auf Vergessen I;* BVerfG, Beschl. v. 6.11.2019 – 1 BvR 276/17, Rn. 69 – *Recht auf Vergessen II.*
95 BVerfG, Beschl. v. 6.11.2019 – 1 BvR 276/17, Rn. 70 – *Recht auf Vergessen II.*
96 BVerfG, Beschl. v. 6.11.2019 – 1 BvR 276/17, Rn. 71 – *Recht auf Vergessen II.*
97 BVerfG, Beschl. v. 6.11.2019 – 1 BvR 276/17, Rn. 73 – *Recht auf Vergessen II.*
98 BVerfG, Beschl. v. 6.11.2019 – 1 BvR 276/17, Rn. 74 – *Recht auf Vergessen II.*

c) Bindung Privater (Drittwirkung)?

Ob und in welchem Umfang auch Private an die Unionsgrundrechte gebunden sind, ist unsicher[99]. Aufgekommen ist diese Frage vor allem im Zusammenhang mit der Grundrechte-Charta. Die Annahme einer Drittwirkung im Sinne einer *unmittelbaren* Bindung Privater dürfte nach Maßgabe von Art. 51 Abs. 1 GRC, der nur die Union und die Mitgliedstaaten als Bindungsadressaten festlegt, fernliegen[100]. Darüber hinaus sind auch die Anforderungen der Charta an die Rechtfertigung von Grundrechtseingriffen nicht auf privatautonomes Verhalten zugeschnitten; insbesondere können Private – jenseits quasi-staatlicher Ausübung privatautonomer oder staatlich delegierter Befugnisse – dem erforderlichen Gesetzesvorbehalt (Art. 52 Abs. 1 GRC) nicht gerecht werden. Allerdings kommt in einzelnen Grundrechtsgewährleistungen auch eine unmittelbare Drittwirkung durchaus zum Ausdruck (z. B. Art. 5, Art. 24 Abs. 3 GRC). Ungeachtet der dogmatischen Bedenken geht der EuGH in seiner Rechtsprechung nunmehr davon aus, dass die in der Grundrechte-Charta enthaltenen sozialen Grundrechte unter bestimmten Voraussetzungen eine unmittelbare Drittwirkung entfalten[101]. So hat der EuGH in der Rs. *Bauer und Willmeroth* in einem Vorabentscheidungsverfahren aufgrund einer Vorlage durch das BAG entschieden, dass sich unmittelbar aus Art. 31 Abs. 2 GRC ein Anspruch eines Arbeitnehmers gegen einen privaten Arbeitgeber nicht nur auf bezahlten Jahresurlaub, sondern auch auf Abgeltung von nicht genommenem Urlaub ergibt, der nach der Beendigung des Arbeitsverhältnisses durch Tod des Arbeitnehmers weiterbesteht und daher im Wege der Erbfolge auf die Rechtsnachfolger des Arbeitnehmers übergehen kann. Voraussetzung für die unmittelbare Drittwirkung ist zum einen, dass das Grundrecht „zwingenden Charakter" hat[102], d. h., es darf nicht vertraglich abdingbar sein. Zum zweiten darf die grundrechtlich normierte Rechtsposition nicht von Bedingungen abhängig sein. Das bedeutet, dass es nicht erforderlich sein darf, sie durch unionsrechtliche oder mitgliedstaatliche Bestimmungen weiter zu konkretisieren[103]. Art. 51 Abs. 1 GRC, der nur eine unmittelbare Grundrechtsbindung von Einrichtungen und Stellen der Union und der Mitgliedstaaten vorsieht, steht

723

---

99 Zum Meinungsstand vgl. *Kingreen*, in: Callicss/Ruffert (Hrsg.), EUV/AEUV, Art. 51 GRC Rn. 21; *Jarass*, EU-Grundrechte, § 4, Rn. 17 ff. jeweils m. w. N.
100 Verneinend auch hinsichtlich der Frage, ob Art. 27 GRC im Rechtsstreit zwischen Privaten geltend gemacht werden kann: EuGH, Rs. C-176/12, ECLI:EU:C:2014:2, Rn. 42 ff. – *Association de médiation sociale/Union locale des syndicats CGT u. a.*
101 EuGH, verb. Rs. C-569/16 u. C-570/16, ECLI:EU:C:2018:871, Rn. 79 ff. – *Bauer u. Willmeroth* (= P Nr. 140); dazu eingehend *Classen*, JZ 2019, S. 1057, 1062 ff.; *Mörsdorf*, JZ 2019, S. 1066, 1071 ff. – Zuvor nicht ganz eindeutig EuGH, Rs. C-414/16, ECLI:EU:C:2018:257, Rn. 77 – *Egenberger*.
102 EuGH, verb. Rs. C-569/16 u. C-570/16, ECLI:EU:C:2018:871, Rn. 83, 85 – *Bauer u. Willmeroth* (= P Nr. 140).
103 EuGH, verb. Rs. C-569/16 u. C-570/16, ECLI:EU:C:2018:871, Rn. 85 – *Bauer u. Willmeroth* (= P Nr. 140).

einer unmittelbaren Drittwirkung nach Auffassung des EuGH nicht entgegen, da Art. 51 Abs. 1 GRC keine Aussage über die Grundrechtsbindung Privater treffe[104]. Offen geblieben ist, ob sich diese Grundsätze nur – wie im konkreten Fall entschieden – auf soziale Grundrechte beziehen oder ob sie auf alle Grundrechte verallgemeinerbar sind. In jedem Falle wirken die Gewährleistungen der Grundrechte-Charta auf das Verhältnis Privater vermittelt über das Gebot unionsrechtskonformer Auslegung nationalen Rechts (Rn. 212) ein: Weil Private an die mitgliedstaatliche Privatrechtsordnung gebunden sind und diese unionsrechtskonform auszulegen ist, sind auch die Chartarechte bei der Auslegung nationalen Rechts zu beachten. In der Rs. *Bauer und Willmeroth* hat das BAG unter Zugrundelegung der Vorabentscheidung des EuGH den auf die Erben übergehenden Anspruch auf Abgeltung nicht genommenen Urlaubs nicht unmittelbar auf Art. 31 Abs. 2 GRC gestützt, sondern auf § 1 und § 7 Abs. 4 BurlG in unionsrechtskonformer Auslegung[105]. Wie diese *mittelbare* Drittwirkung dogmatisch zu begründen ist, insbesondere ob die Schutzpflichtenkonzeption eine tragfähige Grundlage bietet oder ob die Charta-Rechte als Ausdruck einer europäischen Werteordnung (vgl. Art. 2 Abs. 1 EUV, Abs. 2 der Präambel der GRC) die Anwendung mitgliedstaatlichen Privatrechts beeinflussen, bedarf freilich noch der Klärung.

7. Der Schutzbereich der Unionsgrundrechte

a) Die sachlichen Bereiche des unionsrechtlichen Grundrechtsschutzes

724 Die Rechte der Europäischen Grundrechte-Charta sind in sieben Titel gegliedert. Titel I enthält unmittelbar mit der Würde des Menschen verknüpfte Rechte (Art. 1 bis Art. 5 GRC). Der zweite Titel umfasst die Freiheitsrechte des Einzelnen (Art. 6 bis Art. 19 GRC), während Titel III Gleichheitsrechte formuliert (Art. 20 bis Art. 26 GRC). Unter der Überschrift „Solidarität" fasst Titel IV, teilweise in sehr detaillierter Form, arbeits- und sozialrechtliche Bestimmungen zusammen (Art. 27 bis Art. 38 GRC). Die Bürgerrechte (z. B. aktives und passives Wahlrecht) finden sich in Titel V der Charta wieder (Art. 39 bis Art. 46 GRC). Titel VI beschließt die Aufzählung der Grundrechtsgewährleistungen mit den justiziellen Rechten (Art. 47 bis Art. 50 GRC). Der siebte und letzte Titel (Art. 51 bis Art. 54 GRC) enthält allgemeine Bestimmungen, unter anderem über den Anwendungsbereich der Charta (Art. 51 GRC) sowie eine Grundrechtsschrankenbestimmung (Art. 52 GRC).

725 Fraglich ist, inwieweit es sich bei den Verbürgungen der Grundrechte-Charta um echte subjektive Rechte handelt oder um bloße Grundsätze, gar nur Ziel-

---

104 EuGH, verb. Rs. C-569/16 u. C-570/16, ECLI:EU:C:2018:871, Rn. 85 – *Bauer u. Willmeroth* (= P Nr. 140).
105 BAG, Urt. v. 22.1.2019 – 9 AZR 45/16, NJW 2019, S. 2046, Rn. 19.

bestimmungen. Nach Art. 52 Abs. 5 GRC erreichen Bestimmungen der Charta, in welchen – in Abgrenzung zu den *Rechten* – lediglich allgemeine *Grundsätze* festgeschrieben sind, nur insoweit Verbindlichkeit, als diese Grundsätze durch Akte der Gesetzgebung und der Ausführung der Organe, Einrichtungen und sonstigen Stellen der Union sowie durch Akte der Mitgliedstaaten zur Durchführung des Rechts der Union in Ausübung ihrer jeweiligen Zuständigkeit umgesetzt werden können. Sie können gerichtlich allein bei der Auslegung dieser Akte und bei Entscheidungen über deren Rechtmäßigkeit herangezogen werden (Art. 52 Abs. 5 Satz 2 GRC)[106]. Unmittelbare Ansprüche auf den Erlass positiver Maßnahmen durch die Unionsorgane oder die Behörden der Mitgliedstaaten werden durch sie indes nicht begründet[107]. Relevant ist dies etwa für die in Kapitel IV enthaltenen Bestimmungen über die „Solidarität". Dieses Kapitel enthält – in Anlehnung an einzelne Bestimmungen der Europäischen Sozialcharta – Gewährleistungen wirtschaftlicher und sozialer Art, wie etwa das Recht auf Zugang zu einem unentgeltlichen Arbeitsvermittlungsdienst (Art. 29 GRC), das Recht auf gesunde, sichere und würdige Arbeitsbedingungen sowie auf eine Begrenzung der Höchstarbeitszeit, wöchentliche Ruhezeiten und bezahlten Jahresurlaub (Art. 31 GRC). Allein einzelne Artikel der Charta enthalten zugleich auch „Elemente eines Rechts" (so z. B. Art. 33 und Art. 34 GRC)[108].

Im Einzelnen ergeben sich aus der Grundrechte-Charta sowie aus der Rechtsprechung des Gerichtshofs der Europäischen Union folgende Grundrechtsverbürgungen: 726

aa) Würde des Menschen

In seiner Rechtsprechung hat der Gerichtshof die *Menschenwürde* (Art. 1 GRC) in seinem Urteil zur Biopatent-Richtlinie erstmals ausdrücklich erwähnt[109], nachdem er allerdings bereits früher die Würde des Menschen bei der Ermittlung des Schutzbereichs anderer Grundrechte herangezogen hatte[110]. Der Titel I der GRC umfasst des Weiteren den Schutz des Lebens (Art. 2 GRC), der körperlichen Unversehrtheit (Art. 3 GRC), das Verbot der Folter und von erniedrigender Behandlung (Art. 4 GRC)[111] sowie das Sklaverei- und Zwangsarbeitsverbot (Art. 5 GRC). 727

---

106 Siehe allgemein hierzu *Frenz*, Handbuch Europarecht, Bd. 4, Europäische Grundrechte, Rn. 677 ff.
107 Erläuterungen zur Charta der Grundrechte, ABl.EU 2007 Nr. C 303, S. 35; vgl. *Pache/Rösch*, EuZW 2008, S. 519, 520; *Krebber*, in: Calliess/Ruffert (Hrsg.), EUV/AEUV, Art. 27 GRC Rn. 1 ff.; *Grabenwarter*, DVBl. 2001, S. 1, 9 f.
108 Vgl. die Erläuterungen zur Charta der Grundrechte, ABl.EU 2007 Nr. C 303, S. 35.
109 EuGH, Rs. C-377/98, Slg. 2001, S. I-7079, Rn. 70, 77 – *Biopatent-Richtlinie;* ebenso EuGH, Rs. C-36/02, Slg. 2004, S. I-9609, Rn. 34 – *Omega („Laserdrome")* (= P Nr. 222); auch EuGH, Rs. C-34/10, Slg. 2011, S. I-9821, Rn. 32 ff. – *Brüstle*.
110 EuGH, Rs. C-13/94, Slg. 1996, S. I-2143, Rn. 22 – *P./S.*
111 Den engen Bezug dieses Grundrechts betont EuGH, verb. Rs. C-404/15 u. C-659/15 PPU, ECLI:EU:C:2016:198, Rn. 84 ff. – *Aranyosi u. Căldăraru* (= P Nr. 139).

bb) Freiheitsrechte

728 Unter dem Titel II, Freiheitsrechte, werden die den Schutz der Person erfassenden Grundrechte kodifiziert. Diese entsprechen weitestgehend den aus der bisherigen Rechtsprechung des EuGH entwickelten Grundrechten. Genannt seien beispielhaft der Schutz der Privatsphäre[112] (Art. 7 GRC), die Gewährleistung der Institutionen Ehe und Familie[113] (Art. 9 GRC), die Religionsfreiheit[114] (Art. 10 GRC), die Meinungsäußerungs- und Informationsfreiheit[115] (Art. 11 GRC) sowie die Berufs- und unternehmerische Freiheit[116] (Art. 15, 16 GRC). Dem Schutzbereich des Eigentumsrechts unterfallen sowohl das Sacheigentum[117] (Art. 17 Abs. 1 GRC) als auch das geistige Eigentum (Art. 17 Abs. 2 GRC), d. h. Urheberrechte, gewerbliche Schutzrechte und Markenrechte[118].

cc) Gleichheitsrechte

729 Art. 20 GRC enthält die Aussage, dass alle Menschen vor dem Gesetz gleich sind. Dieser allgemeine Gleichheitssatz wurde bereits vor Verbindlichkeit der GRC vom Europäischen Gerichtshof in seiner Rechtsprechung als allgemeiner Grundsatz des Unionsrechts berücksichtigt[119]. Danach sind alle Personen vor unionalen und mitgliedstaatlichen Rechtsnormen gleich. Gemäß dem allgemeinen Gleichheitssatz dürfen im Wesentlichen gleiche Sachverhalte nicht unter-

---

112 EuGH, Rs. C-62/90, Slg. 1992, S. I-2575, Rn. 23 – *Kommission/Deutschland;* EuGH, Rs. C-404/92 P, Slg. 1994, S. I-4737, Rn. 17 – *X/Kommission;* EuGH, verb. Rs. 46/87 u. 227/88, Slg. 1989, S. 2859, Rn. 17 – *Hoechst/Kommission.*
113 EuGH, Rs. C-249/96, Slg. 1998, S. I-621, Rn. 32 ff. – *Grant;* EuGH, verb. Rs. C-122/99 P u. C-125/99 P, Slg. 2001, S. I-4319, Rn. 34 – *Deutschland u. Schweden/Rat;* EuGH, Rs. 249/86, Slg. 1989, S. 1263, Rn. 11 ff. – *Wanderarbeitnehmer.*
114 EuGH, Rs. 130/75, Slg. 1976, S. 1589, Rn. 12,19 – *Prais.*
115 EuGH, verb. Rs. 43/82 u. 63/82, Slg. 1984, S. 19, Rn. 33 f. – *VBVB u. VBBB;* EuGH, Rs. C-353/89, Slg. 1991, S. I-4069, Rn. 30 f. – *Kommission/Niederlande* (= P Nr. 94); EuGH, Rs. C-368/95, Slg. 1997, S. I-3689, Rn. 18, 26 – *Familiapress;* EuGH, Rs. C-159/90, Slg. 1991, S. I-4685, Rn. 31 – *Society for the Protection of Unborn Children Ireland;* EuGH, Rs. 155/73, Slg. 1974, S. 409, Rn. 6 – *Sacchi* (= P Nr. 209).
116 EuGH, Rs. 4/73, Slg. 1974, S. 491 Rn. 14 – *Nold/Kommission;* EuGH, Rs. 44/79, Slg. 1979, S. 3727, Rn. 32 f. – *Hauer;* EuGH, Rs. 234/85, Slg. 1986, S. 2897, Rn. 8 – *Keller;* EuGH, Rs. 222/86, Slg. 1987, S. 4097, Rn. 14 – *Unectef/Heylens;* EuGH, verb. Rs. C-132/91, C-138/91 u. C-139/91, Slg. 1992, S. I-6577, Rn. 32 – *Katsikas;* EuGH, Rs. 280/93, Slg. 1994, S. I-4973, Rn. 78 – *Deutschland/Rat („Bananenmarktordnung")* (= P Nr. 55); EuGH, Rs. C-306/93, Slg. 1994, S. I-5555, Rn. 25 – *SMW Winzersekt.*
117 EuGH, Rs. 44/79, Slg. 1979, S. 3727, Rn. 17 ff. – *Hauer;* EuGH, Rs. C-280/93, Slg. 1994, S. I-4973, Rn. 77 f. – *Deutschland/Rat („Bananenmarktordnung")* (= P Nr. 55); zum Problem einer Enteignung durch Unionsrecht vgl. *Pechstein,* Enteignung durch Unionsrecht, in: Peine/Wolff (Hrsg.), Nachdenken über Eigentum. FS v. Brünneck, S. 198 ff.
118 EuGH, Rs. C-200/96, Slg. 1998, S. I-1953, Rn. 21 – *Metronome Musik/Music Point.*
119 EuGH, Rs. 1/72, Slg. 1972, S. 457, Rn. 20/22 – *Frilli;* EuGH, verb. Rs. 117/76 u. 16/77, Slg. 1977, S. 1753, Rn. 7 – *Ruckdeschel;* EuGH, verb. Rs. 201/85 u. 202/85, Slg. 1986, S. 3477, Rn. 9 – *Klensch;* EuGH, Rs. C-292/97, Slg. 2000, S. I-2737, Rn. 39 – *Karlsson.*

schiedlich, im Wesentlichen unterschiedliche Sachverhalte nicht gleichbehandelt werden[120].

Als speziellere Ausprägungen des allgemeinen Gleichheitssatzes enthält das Unionsrecht ein allgemeines Diskriminierungsverbot aus Gründen der Staatsangehörigkeit (Art. 18 Abs. 1 AEUV; vgl. Rn. 766 ff. und Art. 21 Abs. 2 GRC) und eine Reihe spezieller Gleichheitssätze und Diskriminierungsverbote: z. B. Art. 157 Abs. 1 AEUV, Art. 40 Abs. 2 UAbs. 2 AEUV, Art. 45 Abs. 2 AEUV, Art. 49 Abs. 2 AEUV, Art. 57 Abs. 3 AEUV. In seiner Rechtsprechung hat der EuGH anerkannt, dass das Verbot der Diskriminierung aus Gründen des Alters primärrechtliche Geltung als allgemeiner Rechtsgrundsatz besitzt[121]. Dieses spezielle Diskriminierungsverbot ist nunmehr in Art. 21 Abs. 1 GRC enthalten[122], der die Diskriminierung u. a. wegen des Geschlechts, der Religion, einer Behinderung, des Alters und der sexuellen Ausrichtung verbietet. Diese besonderen Regelungen gehen dem allgemeinen Gleichheitssatz aufgrund ihrer Spezialität in der Anwendung vor. In den Artikeln 23 bis 26 GRC werden die Gleichheit von Frauen und Männern sowie die Rechte von Kindern, älteren Menschen und Menschen mit Behinderung noch einmal gesondert hervorgehoben.

730

Eine durch den Vertrag von Amsterdam in das Primärrecht aufgenommene Bestimmung ermächtigt den Rat, im Rahmen der Zuständigkeiten der Union geeignete Vorkehrungen zu treffen, um Diskriminierungen aus Gründen des Geschlechts, der Rasse, der ethnischen Herkunft, der Religion oder der Weltanschauung, einer Behinderung[123], des Alters oder der sexuellen Ausrichtung zu bekämpfen (jetzt Art. 19 Abs. 1 AEUV). Bei den auf dieser Ermächtigung basierenden Rechtsakten handelt es sich um sekundärrechtliche Konkretisierungen des auf der Ebene des Primärrechts angesiedelten allgemeinen Gleichheitssatzes oder (teilweise) spezieller Diskriminierungsverbote. Sie können diesen höherrangigen Gleichheitssätzen insoweit nicht als speziellere Regelungen vorgehen, insbesondere können sie deren innerstaatliche Geltung nicht vom Ablauf einer Umsetzungsfrist abhängig machen, sondern deren Regelungsgehalt lediglich näher ausgestalten. Die auf Art. 19 Abs. 1 AEUV gestützten Maßnahmen sind allerdings durch die Rechtsanwender – vor allem nationale Gerichte und Verwaltungen – vorrangig anzuwenden.

731

Auf der Grundlage von Art. 19 Abs. 1 AEUV hat der Rat am 29. Juni 2000 die Richtlinie 2000/43/EG zur Anwendung des Gleichbehandlungsgrundsatzes

732

---

120 EuGH, Rs. C-80/94, Slg. 1995, S. I-2493, Rn. 17 – *Wielockx;* EuGH, Rs. C-107/94, Slg. 1996, S. I-3089, Rn. 40 – *Asscher.*
121 EuGH, Rs. C-144/04, Slg. 2005, S. I-9981, Rn. 75 – *Mangold* (= P Nr. 30); dazu *Streinz,* RdA 2007, S. 165; *Colneric,* NZA-Beilage 2008, Heft 2, S. 66, 70 ff.; zum Ermessensspielraum der Mitgliedstaaten bei der Festsetzung von Altersgrenzen s. EuGH, Rs. C-411/05, Slg. 2007, S. I-8531, Rn. 68 – *Palacios de la Villa;* dazu *Temming,* NZA 2007, S. 1193; vgl. auch EuGH, Rs. C-555/07, Slg. 2010, S. I-365, Rn. 21 – *Kücükdeveci* (= P Nr. 31).
122 Dazu EuGH, Rs. C-190/16, ECLI:EU:C:2017:513, Rn. 27 ff. – *Fries.*
123 Dazu EuGH, Rs. C-13/05, Slg. 2006, S. I-6467, Rn. 35 ff. – *Chacón Navas;* dazu näher *Domröse,* NZA 2006, S. 1320.

ohne Unterschied der Rasse oder der ethnischen Herkunft erlassen[124]. Die Richtlinie gilt im Rahmen der auf die Union übertragenen Zuständigkeiten für alle Personen in öffentlichen und privaten Bereichen in Bezug auf die Bedingungen für den Zugang zu unselbstständiger und selbstständiger Erwerbstätigkeit, den Zugang zu allen Formen und allen Ebenen der Berufsberatung, der Berufsausbildung und -weiterbildung, in Bezug auf die Beschäftigungs- und Arbeitsbedingungen, die Mitgliedschaft und Mitwirkung in einer Arbeitnehmer- oder Arbeitgeberorganisation, den Sozialschutz, die sozialen Vergünstigungen, die Bildung und für den Zugang zu und die Versorgung mit Gütern und Dienstleistungen. Ausgenommen aus dem Anwendungsbereich der Richtlinie sind jedoch die unterschiedliche Behandlung aus Gründen der Staatsangehörigkeit sowie Vorschriften und Bedingungen für die Einreise, den Aufenthalt und die Behandlung von Angehörigen dritter Staaten oder staatenloser Personen. Ebenfalls auf Art. 19 Abs. 1 AEUV gestützt ist die Richtlinie 2000/78/EG zur Festlegung eines allgemeinen Rahmens für die Verwirklichung der Gleichbehandlung in Beschäftigung und Beruf[125].

733 Der Vertrag von Nizza hat die Kompetenznorm des Art. 19 Abs. 1 AEUV um eine weitere Rechtsetzungsermächtigung ergänzt. Gemäß Art. 19 Abs. 2 AEUV kann der Rat gemeinsam mit dem Parlament Fördermaßnahmen zur Unterstützung mitgliedstaatlicher Maßnahmen treffen, wobei allerdings jegliche Harmonisierung von nationalen Rechts- und Verwaltungsvorschriften ausgeschlossen ist.

dd) Justizielle Rechte

734 Daneben hat der Gerichtshof auch eine Reihe von Verfahrensgrundrechten entwickelt. Dazu zählen etwa das Recht auf effektiven Rechtsschutz[126], Art. 47 Abs. 1 GRC, das Recht auf rechtliches Gehör[127], das Recht auf ein faires Verfahren vor einem unabhängigen Gericht[128], Art. 47 Abs. 2 GRC, das Recht auf Rechtsschutz innerhalb angemessener Frist[129], die Vertraulichkeit des Briefverkehrs zwischen Anwalt und Mandant[130], das Verbot der Rückwirkung von Straf-

---

124 ABl.EG 2000 Nr. L 180, S. 22.
125 ABl.EG 2000 Nr. L 303, S. 16; vgl. dazu EuGH, Rs. C-144/04, Slg. 2005, S. I-9981 – *Mangold* (= P Nr. 30).
126 EuGH, Rs. 222/84, Slg. 1986, S. 1651, Rn. 16 ff. – *Johnston*; EuGH, Rs. 222/86, Slg. 1987, S. 4097, Rn. 15 – *Unectef/Heylens*.
127 EuGH, Rs. 85/76, Slg. 1979, S. 461, Rn. 9 – *Hoffmann-La Roche*; EuGH, Rs. 136/79, Slg. 1980, S. 2033, Rn. 21 – *National Panasonic*; EuGH, Rs. 234/84, Slg. 1986, S. 2263, Rn. 27 – *Belgien/Kommission*.
128 EuGH, Rs. 98/79, Slg. 1980, S. 691, Rn. 21 f. – *Pecastaing*; EuGH, Rs. C-64/16, ECLI:EU:C:2018:117, Rn. 41 ff. – *Associação Sindical dos Juízes Portugueses* (= P Nr. 5); EuGH, Rs. C-216/18 PPU, ECLI:EU:C:2018:586, Rn. 62 ff. – *LM*; EuGH, Rs. C-619/18, ECLI:EU:C:2019:531, Rn. 57 – *Kommission/Polen* (= P Nr. 6).
129 EuGH, Rs. C-185/95 P, Slg. 1998, S. I-8417, Rn. 26 ff. – *Baustahlgewebe*.
130 EuGH, Rs. 155/79, Slg. 1982, S. 1575, Rn. 19 – *AM & S*.

gesetzen¹³¹, Art. 49 Abs. 1 GRC, das Verbot der Doppelbestrafung (ne bis in idem)¹³², Art. 50 GRC, sowie der Grundsatz der Gesetzmäßigkeit im Zusammenhang mit Straftaten und Strafen (nullum crimen, nulla poena sine lege)¹³³. Besondere Bedeutung haben in jüngster Zeit sowohl das Recht auf effektiven Rechtsschutz gemäß Art. 47 Abs. 1 GRC als auch die Gewährleistung eines fairen Verfahrens vor einem unabhängigen Gericht gemäß Art. 47 Abs. 2 GRC erlangt. Das Recht auf effektiven Rechtsschutz gemäß Art. 47 Abs. 1 GRC verpflichtet die Mitgliedstaaten unter anderem dazu, zur Umsetzung des Unionsrechts wirksame Rechtsbehelfe zur Verfügung zu stellen. Nationale Vorschriften, die zu einer Situation führen, in der das Urteil eines Gerichts wirkungslos bleibt, ohne dass es über die Mittel verfügt, seinem Urteil Geltung zu verschaffen, stellen einen Eingriff in das in Art. 47 Abs. 1 GRC verankerte Recht dar¹³⁴. Weigert sich eine nationale Behörde beharrlich, einer gerichtlichen Entscheidung nachzukommen, mit der ihr aufgegeben wird, eine klare, genaue und unbedingte Verpflichtung aus dem Unionsrecht zu erfüllen, kann aus Art. 47 Abs. 1 GRC folgen, dass das zuständige nationale Gericht Zwangshaft gegen Amtsträger der Behörde zu verhängen hat. Dies setzt jedoch voraus, dass es (1) hierfür eine hinreichende innerstaatliche Rechtsgrundlage gibt und (2) der mit der Zwangshaft verbundene Eingriff in das Recht auf Freiheit gemäß Art. 6 GRC gerechtfertigt ist¹³⁵. Beide kollidierenden Rechte, das Recht auf effektiven Rechtsschutz einerseits und das Recht auf Freiheit andererseits, sind dabei gegeneinander abzuwägen. Insbesondere darf es keine weniger einschneidende Maßnahme als die Zwangshaft geben, um eine wirksame Durchsetzung des Unionsrechts zu erreichen¹³⁶. Die Garantie eines fairen Verfahrens vor einem unabhängigen Gericht gemäß Art. 47 Abs. 2 GRC war Gegenstand mehrerer Verfahren, in denen die Frage der Unabhängigkeit mitgliedstaatlicher Gerichte zu klären war. Die richterliche Unabhängigkeit sieht der EuGH organisatorisch nur gewährleistet, wenn die Einrichtung ihre richterlichen Funktionen in völliger Autonomie ausübt, ohne mit irgendeiner Stelle hierarchisch verbunden oder ihr untergeordnet zu sein und ohne von irgendeiner Stelle Anordnungen oder Anweisungen zu erhalten, und dass sie auf diese Weise vor Interventionen oder Druck von außen geschützt ist, die die Unabhängigkeit des Urteils ihrer Mitglieder gefährden und deren Entscheidungen beeinflussen könnten¹³⁷. Vor dem Hintergrund dieser

---

131 EuGH, Rs. 63/83, Slg. 1984, S. 2689, Rn. 22 – *Regina/Kirk;* EuGH, Rs. 331/88, Slg. 1990, S. I-4023, Rn. 42 – *Fedesa.*
132 EuGH, Rs. 7/72, Slg. 1972, S. 1281, Rn. 2 ff. – *Boehringer;* EuGH, verb. Rs. C-187/01 u. C-385/01, Slg. 2003, S. I-1345, Rn. 38 ff. – *Gözütok.*
133 EuGH, Rs. C-303/05, Slg. 2007, S. I-3633, Rn. 49 f. – *Advocaten voor de Wereld.*
134 EuGH, Rs. C-752/18, ECLI:EU:C:2019:1114, Rn. 35 – *Deutsche Umwelthilfe* (= P Nr. 19).
135 EuGH, Rs. C-752/18, ECLI:EU:C:2019:1114, Rn. 56 – *Deutsche Umwelthilfe* (= P Nr. 19).
136 EuGH, Rs. C-752/18, ECLI:EU:C:2019:1114, Rn. 50 f. – *Deutsche Umwelthilfe* (= P Nr. 19).
137 EuGH, Rs. C-64/16, ECLI:EU:C:2018:117, Rn. 44 – *Associação Sindical dos Juízes Portugueses* (= P Nr. 5); EuGH, Rs. C-216/18 PPU, ECLI:EU:C:2018:586, Rn. 63 – *LM;* EuGH, verb. Rs. C-585/18, C-624/18 u. C-625/18, ECLI:EU:C:2019:982, Rn. 121 – *A.K.*

Rechtsprechung ist derzeit ein Vorabentscheidungsverfahren vor dem EuGH anhängig, welches u. a. die Frage der Unabhängigkeit deutscher Gerichte zum Gegenstand hat. Die vorlegende 6. Kammer des VG Wiesbaden bezweifelt ihre Unabhängigkeit, da das Gerichtswesen bei den jeweiligen Justizministerien des Bundes und der Länder ressortiert[138]. Zu berücksichtigen ist in diesem Zusammenhang auch Art. 41 GRC, der zwar nicht im Titel VI unter den justiziellen Rechten angesiedelt ist, aber im Rahmen des durch ihn gewährleisteten Rechts auf eine gute Verwaltung in Art. 41 Abs. 2 GRC auch Elemente des Rechts auf ein faires Verfahren wie Gewährung rechtlichen Gehörs, Akteneinsicht und eine Begründungspflicht enthält[139].

b) Der persönliche Schutzbereich der Unionsgrundrechte

735 *Träger der Unionsgrundrechte* sind alle Staatsangehörigen der Mitgliedstaaten und juristische Personen mit Sitz in einem Mitgliedstaat. Einen entsprechenden Grundrechtsschutz genießen auch natürliche und juristische Personen aus Drittstaaten, sofern sie wie Unionsangehörige vom Unionsrecht betroffen werden. Eine Grundrechtsträgerschaft juristischer Personen kommt allerdings nur in Betracht, soweit ihnen die Unionsgrundrechte ihrem Charakter nach zustehen können.

8. Eingriff in Unionsgrundrechte

736 Ein Grundrechtseingriff ist die Verkürzung eines Grundrechts durch einen Grundrechtsadressaten. Zu diesen zählen nach Art. 51 Abs. 1 Satz 1 GRC in erster Linie die Organe, Einrichtungen und sonstigen Stellen der Union. Darüber hinaus sind auch die Mitgliedstaaten gebunden, soweit sie Unionsrecht durchführen, ihre Maßnahmen also in den Anwendungsbereich des Unionsrechts fallen (vgl. hierzu Rn. 697 ff.).

737 Die Unionsgerichte haben bislang noch nicht ausdrücklich dazu Stellung genommen, ob lediglich unmittelbare Grundrechtsbeeinträchtigungen als Eingriffe anzusehen sind oder ob auch bloß mittelbare Grundrechtsbeeinträchtigungen Eingriffe darstellen, die die Notwendigkeit einer Rechtfertigung auslösen. Der Europäische Gerichtshof scheint jedoch von einem weiten Eingriffsbegriff auszugehen, der auch mittelbare Auswirkungen hoheitlicher Maßnahmen auf die grundrechtlich geschützten Güter erfasst[140].

---

138 VG Wiesbaden, Beschl. v. 28.3.2019, 6 K 1016/15.WI, BeckRS 2019, 5206.
139 S. zum Verhältnis der Vorschriften zueinander *Frenz*, Handbuch Europarecht, Bd. 4, 2009, Rn. 4612 ff.
140 Vgl. etwa EuGH, Rs. C-84/95, Slg. 1996, S. I-3953, Rn. 22 f. – *Bosphorus*.

9. Rechtfertigung von Grundrechtseinschränkungen

Die Unionsgrundrechte sind, mit Ausnahme der Menschenwürde, die absoluten Schutz genießt[141], nicht schrankenlos gewährleistet. Eingriffe in die grundrechtlich geschützten Bereiche bedürfen allerdings der Rechtfertigung. Die Grundrechte müssen im Hinblick auf die soziale Funktion der geschützten Rechtsgüter und Tätigkeiten gesehen werden[142], daher sind Einschränkungen nach der Rechtsprechung des EuGH[143] unter bestimmten Voraussetzungen zulässig.

738

a) Rechtfertigung von Eingriffen in Freiheitsgewährleistungen

aa) Gesetzliche Grundlage

Eingriffe der öffentlichen Gewalt in die Grundrechte bedürfen einer „Rechtsgrundlage", sie müssen „gesetzlich vorgesehen" sein[144]. Auch die Grundrechte-Charta fordert in ihrem Art. 52 Abs. 1 Satz 1, dass jede Einschränkung der Ausübung eines der in der Grundrechte-Charta anerkannten Rechte gesetzlich vorgesehen sein muss.

739

Als Rechtsgrundlage für einen Grundrechtseingriff kann entweder *Unionsrecht* oder *mitgliedstaatliches Recht* dienen. Unionsrecht kommt als Eingriffsermächtigung allerdings nur in Betracht, sofern es unmittelbar anwendbar ist und nicht erst durch nationales Recht umgesetzt oder konkretisiert werden muss[145]. Dies gilt sowohl für unmittelbar anwendbares primäres wie sekundäres Unionsrecht. Da eine *Verordnung* gemäß Art. 288 Abs. 2 AEUV in allen ihren Teilen verbindlich ist und unmittelbar in jedem Mitgliedstaat gilt, ist sie ein materielles Gesetz[146] und entspricht den unionsrechtlichen Anforderungen an eine gesetzliche Grundlage für einen Grundrechtseingriff[147].

740

Eine *Richtlinie* kommt, da sie an die Mitgliedstaaten adressiert ist und mitgliedstaatlicher Umsetzungsmaßnahmen bedarf, als Rechtsgrundlage eines individualgerichteten Eingriffs nicht in Betracht[148]. Rechtsgrundlage für Grundrechtseingriffe bilden bei Richtlinien, die individuelle Belastungen vorsehen,

741

---

141 EuGH, verb. Rs. C-404/15 u. C-659/15 PPU, ECLI:EU:C:2016:198, Rn. 85 f. – *Aranyosi u. Căldăraru* (= P Nr. 139).
142 EuGH, Rs. 4/73, Slg. 1974, S. 491, Rn. 14 – *Nold/Kommission*.
143 EuGH, Rs. 44/79, Slg. 1979, S. 3727, Rn. 22 f. – *Hauer*; EuGH, Rs. 265/87, Slg. 1989, S. 2237, Rn. 15 – *Schräder*; EuGH, Rs. C-280/93, Slg. 1994, S. I-4973, Rn. 78 – *Deutschland/Rat* („*Bananenmarktordnung*") (= P Nr. 55); vgl. auch Art. 52 Abs. 1 GRC.
144 EuGH, verb. Rs. 46/87 u. 227/88, Slg. 1989, S. 2859, Rn. 19 – *Hoechst/Kommission*; EuGH, Rs. 85/87, Slg. 1989, S. 3137, Rn. 30 – *Dow Benelux u. a./Kommission*; EuGH, verb. Rs. 97/87, 98/87 u. 99/87, Slg. 1989, S. 3165, Rn. 16 – *Dow Chemical Ibérica u. a./Kommission*.
145 *Ennuschat*, JuS 1998, S. 905, 906.
146 *Grams*, Zur Gesetzgebung der Europäischen Union, 1998, S. 68.
147 *Royla/Lackhoff*, DVBl. 1998, S. 1116, 1118.
148 *Triantafyllou*, Vom Vertrags- zum Gesetzesvorbehalt, 1996, S. 91; *Royla/Lackhoff*, DVBl. 1998, S. 1116, 1119.

allerdings mitgliedstaatliche Normen, die der Umsetzung unionaler Richtlinien dienen[149].

bb) Vorliegen eines Rechtfertigungsgrundes

742 Neben der gesetzlichen Eingriffsgrundlage ist das Vorliegen eines rechtfertigenden Grundes erforderlich. Der Grundrechtseingriff muss, um gerechtfertigt sein zu können, nach der Rechtsprechung des EuGH dem Allgemeinwohl dienende Ziele verfolgen[150]. Zu diesen Rechtfertigungsgründen zählen neben dem Verbraucherschutz[151] und dem Schutz eines funktionierenden Wettbewerbs[152] auch die Grundfreiheiten, deren Ausübung im Einzelfall mit einem unionsrechtlich gewährleisteten Grundrecht kollidieren kann. So kann die Wahrnehmung des Grundrechts der Versammlungsfreiheit einen Eingriff etwa in die Freiheit des grenzüberschreitenden Warenverkehrs bewirken[153]. Überwiegt dabei das Interesse an der Gewährleistung der gemeinschaftlichen Warenverkehrsfreiheit, ist ein Eingriff in das Grundrecht der Versammlungsfreiheit gerechtfertigt. Auch Grundrechte Dritter können zu einer Grundrechtsbeschränkung führen. Solche Kollisionen von verschiedenen Unionsgrundrechten sind nach dem Grundsatz der praktischen Konkordanz aufzulösen. Im Wege eines schonenden Ausgleichs sollen dabei nach Möglichkeit beide kollidierenden Grundrechte zu optimaler Wirkung gelangen[154].

cc) Verhältnismäßigkeit der Grundrechtsbeschränkung

743 Jede Einschränkung eines Grundrechts muss dem Grundsatz der Verhältnismäßigkeit entsprechen[155]. Gemäß Art. 52 Abs. 1 Satz 2 GRC ist die Grundrechtsbeeinträchtigung mit den dem Allgemeinwohl dienenden Zielen abzuwägen. Wenn der EuGH in seiner Rechtsprechung nicht immer alle Komponenten des Verhältnismäßigkeitsgrundsatzes (Geeignetheit, Erforderlichkeit, Angemessenheit) ausdrücklich anspricht, sondern sich auf die im konkreten Fall problematischen Fragen beschränkt, ist dies nicht zu beanstanden. Insgesamt ist jedoch eine

---

149 *Ennuschat*, JuS 1998, S. 905, 906; vgl. auch EuGH, Rs. C-201/02, Slg. 2004, S. I-723, Rn. 54 ff. – *Wells* (= P Nr. 37).
150 Vgl. EuGH, Rs. 4/73, Slg. 1974, S. 491, Rn. 14 – *Nold/Kommission;* EuGH, Rs. 44/79, Slg. 1979, S. 3727, Rn. 22 f. – *Hauer;* EuGH, Rs. 265/87, Slg. 1989, S. 2237, Rn. 15 – *Schräder;* EuGH, Rs. C-280/93, Slg. 1994, S. I-4973, Rn. 78 – *Deutschland/Rat („Bananenmarktordnung")* (= P Nr. 55).
151 EuGH, Rs. 234/85, Slg. 1986, S. 2897, Rn. 14 – *Keller.*
152 EuGH, verb. Rs. 46/87 u. 227/88, Slg. 1989, S. 2859, Rn. 25 f. – *Hoechst/Kommission.*
153 Vgl. EuGH, Rs. C-112/00, Slg. 2003, S. I-5659, Rn. 65 ff. – *Schmidberger* (= P Nr. 141), wobei dabei jedoch das Interesse am Schutz des Grundrechts der Versammlungsfreiheit das Interesse an einem reibungslosen grenzüberschreitenden Warenverkehr überwog.
154 Zum Begriff der „praktischen Konkordanz" in der deutschen Grundrechtsdogmatik vgl. *Hesse,* Grundzüge des Verfassungsrechts der Bundesrepublik Deutschland, 1995, Rn. 317 ff.
155 EuGH, Rs. 5/88, Slg. 1989, S. 2609, Rn. 18 – *Wachauf* (= P Nr. 134); EuGH, Rs. C-280/93, Slg. 1994, S. I-4973, Rn. 90 ff. – *Deutschland/Rat („Bananenmarktordnung")* (= P Nr. 55).

im Vergleich zu deutschen Maßstäben zurückhaltendere Verhältnismäßigkeitsprüfung der Unionsgerichte zu konstatieren.

dd) Wahrung des Wesensgehalts des Grundrechts

Ein Eingriff ist unzulässig, sofern der Wesensgehalt des betreffenden Grundrechts angetastet wird (Art. 52 Abs. 1 Satz 1 GRC)[156]. Damit gehen die Charta sowie der EuGH in seiner Rechtsprechung offenkundig von einem unantastbaren Grundrechtskern aus, ohne diesen allerdings näher zu umreißen. Legt man einen generell-abstrakten Wesensgehaltsbegriff zugrunde, d. h. kann im Einzelfall ein Rechtsgut durch einen Eingriff zulässigerweise vollständig beseitigt werden, reicht die Wesensgehaltsgarantie als Schranken-Schranke nicht weiter als der Grundsatz der Verhältnismäßigkeit[157].

744

b) Rechtfertigung von Eingriffen in Gleichheitsrechte

Der allgemeine Gleichheitssatz und dessen speziellere Ausprägungen enthalten keine absoluten, sondern nur relative Differenzierungsverbote. Eine Differenzierung kann objektiv gerechtfertigt sein[158]. Es ist daher in jedem Fall zu prüfen, ob für die getroffene Differenzierung ein rechtfertigender sachlicher Grund besteht[159]. Die Anforderungen an eine Rechtfertigung sind umso strenger, je mehr das Differenzierungskriterium den Menschen in vorgegebenen, unbeeinflussbaren Merkmalen betrifft (z. B. Geschlecht, Alter). Der Rechtfertigungsmaßstab hängt damit weniger vom angewendeten Gleichheitssatz ab, als vielmehr von der Art des Diskriminierungsmerkmals[160].

745

Im Übrigen sind an Eingriffe in Gleichheitsgewährleistungen die gleichen Anforderungen zu stellen wie an Eingriffe in Freiheitsrechte. Auch hier muss eine gesetzliche Grundlage gegeben sein und darf der Wesensgehalt des Gleichheitsrechts nicht angetastet werden. Umstritten ist, ob eine Differenzierung nur gerechtfertigt ist, wenn sie sich als verhältnismäßig erweist. In der Rechtsprechung des Gerichtshofs finden sich vereinzelt Ansätze für eine Verhältnismäßigkeitsprüfung[161].

746

---

156 EuGH, Rs. 265/87, Slg. 1989, S. 2237, Rn. 15 – *Schräder*; EuGH, Rs. C-280/93, Slg. 1994, S. I-4973, Rn. 78 – *Deutschland/Rat* („*Bananenmarktordnung*") (= P Nr. 55); EuGH, Rs. C-293/97, Slg. 1999, S. I-2603, Rn. 54 – *Standley u. a.*
157 Vgl. *Rengeling/Szczekalla*, Grundrechte in der Europäischen Union, 2004, Rn. 449.
158 EuGH, verb. Rs. 117/76 u. 16/77, Slg. 1977, S. 1753, Rn. 8 – *Ruckdeschel*; EuGH, Rs. C-150/94, Slg. 1998, S. I-7235, Rn. 97 – *Vereinigtes Königreich/Rat*.
159 EuGH, Rs. 147/79, Slg. 1980, S. 3005, Rn. 7 – *Hochstrass*; EuGH, Rs. C-398/92, Slg. 1994, S. I-467, Rn. 17 – *Mund & Fester*.
160 *Kischel*, EuGRZ 1997, S. 1, 5 f.
161 Vgl. EuGH, Rs. 222/84, Slg. 1986, S. 1651, Rn. 38 – *Johnston*; EuGH, Rs. 245/81, Slg. 1982, S. 2745, Rn. 13 – *Edeka*.

10. Das Verhältnis zur Europäischen Menschenrechtskonvention

a) Die Rechtslage vor dem Beitritt zur EMRK

747 Bereits vor ihrem Beitritt zur EMRK ist die Europäische Union an deren materiellen Grundrechtsgehalte als allgemeine Rechtsgrundsätze gebunden, da alle Mitgliedstaaten der EMRK angehören (vgl. Art. 6 Abs. 3 EUV). Ein Beitritt der Europäischen Gemeinschaft zur EMRK war vor Inkrafttreten des Vertrags von Lissabon nach der Rechtsprechung des EuGH nicht möglich, da es der Gemeinschaft gemäß dem Prinzip der begrenzten Einzelermächtigung an der Zuständigkeit für einen solchen Schritt fehlte. Art. 308 EGV a. F. bot keine ausreichende Ermächtigungsgrundlage, da ein Beitritt zu einer strukturellen Änderung des Gemeinschaftssystems geführt hätte, die nur im Wege der Vertragsänderung möglich gewesen wäre[162]. Der EuGH befürchtete in diesem Zusammenhang eine Relativierung seines Rechtsprechungsmonopols nach Art. 220 EGV a. F. (jetzt Art. 19 Abs. 1 EUV), wenn der Europäische Gerichtshof für Menschenrechte (EGMR) aufgrund der EMRK auch über EG-Hoheitsakte judizieren könnte.

748 Der Europäische Gerichtshof für Menschenrechte (EGMR), der zur Überwachung der Einhaltung der Verpflichtungen aus der EMRK und ihren Zusatzprotokollen berufen ist (Rn. 48), lehnte bislang, da die Europäische Gemeinschaft nicht Vertragspartei war, eine Überprüfung der Rechtsakte der EG am Maßstab der Europäischen Menschenrechtskonvention ab[163]. Da es jedoch nach der Rechtsprechung des EGMR mit Sinn und Zweck der EMRK nicht vereinbar wäre, wenn die Vertragsstaaten durch die Übertragung bestimmter Tätigkeitsbereiche auf eine internationale (supranationale) Organisation in diesen Bereichen von ihrer Verantwortung zum Schutz der in der Menschenrechtskonvention niedergelegten Rechte befreit wären[164], überprüfte der EGMR mittelbar über die Mitgliedstaaten das gesamte primäre Gemeinschaftsrecht, etwa den EG-Vertrag, und andere völkerrechtliche Vereinbarungen der Mitgliedstaaten, etwa den Direktwahlakt, auf ihre Konformität mit der EMRK.

749 Das sekundäre Unionsrecht unterliegt aber vor dem Beitritt der EU zur EMRK zumindest der mittelbaren Kontrolle durch den EGMR[165]. Anlass zu einer Überprüfung der EMRK-Konformität einer Entscheidung der Europäischen Kommission hätte der Fall *DSR-Senator Lines* bieten können. Mit Entscheidung vom 16. September 1998 hatte die Kommission sechzehn Linienschifffahrtsunternehmen, darunter die DSR-Senator Lines GmbH, wegen eines

---

162 EuGH, Gutachten 2/94, Slg. 1996, S. I-1759, Rn. 23 ff. – *EMRK-Beitritt I*. Art. I-9 Abs. 2 EVV sah allerdings einen Beitritt der EU zur EMRK vor; vgl. dazu *Köngeter*, Völkerrechtliche und innerstaatliche Probleme eines Beitritts der Europäischen Union zur EMRK, 2005.
163 EGMR, EuGRZ 1999, S. 200, 201 – *Matthews*.
164 EGMR, EuGRZ 1999, S. 207, 212 – *Waite u. Kennedy*.
165 *Lenz*, Anm. zu EGMR, Urt. v. 18.2.1999, Nr. 24833/94, EuZW 1999, S. 311, 312 f.

I. Die Grundrechte des Unionsrechts 353

Verstoßes gegen Wettbewerbsvorschriften des EG-Vertrags mit einer Geldbuße belegt. DSR-Senator Lines war zur Zahlung einer Geldbuße in Höhe von 13 750 000,– € verpflichtet worden. Mit Beschluss vom 21. Juli 1999 hatte der Präsident des Gerichts erster Instanz der Europäischen Gemeinschaften den Antrag von DSR-Senator Lines auf Aussetzung des Vollzugs der streitigen Entscheidung zurückgewiesen[166]. Das gegen diesen Beschluss eingelegte Rechtsmittel zum EuGH war durch Beschluss des Präsidenten des Gerichtshofes vom 14. Dezember 1999 zurückgewiesen worden[167]. Die betroffene Gesellschaft hatte hiergegen Beschwerde gegen die damals 15 Mitgliedstaaten der Europäischen Gemeinschaft zum Europäischen Gerichtshof für Menschenrechte eingelegt mit der Behauptung, sie sei in ihrem Recht auf ein faires Verfahren, auf einen wirksamen Zugang zu einem Gericht sowie in der Unschuldsvermutung unter Verstoß gegen Art. 6 EMRK verletzt[168]. Nachdem die Europäische Kommission der beschwerdeführenden Gesellschaft zugesichert hatte, die Vollstreckung der Geldbuße solange nicht weiter zu betreiben, bis der EGMR entschieden haben würde, und nachdem das Europäische Gericht erster Instanz mit Urteil vom 30. September 2003 in der Hauptsache die Auferlegung der Geldbuße seitens der Kommission für nichtig erklärt hatte[169], hat der EGMR mit Entscheidung vom 10. März 2004 die Beschwerde von DSR-Senator Lines für unzulässig erklärt[170]. Ob der EGMR die Mitgliedstaaten der Europäischen Union auch für sekundäres Unionsrecht, das nicht mit der EMRK in Einklang steht, für verantwortlich halten und einen EMRK-Verstoß feststellen würde, ist somit vorerst offen geblieben. In seiner *Solange*-Rechtsprechung im Fall *Bosphorus Airways* hat der EGMR zwar grundsätzlich daran festgehalten, dass die Mitgliedstaaten auch nach einer Übertragung von Hoheitsrechten auf die Europäische Union für die Gewährleistung der EMRK-Grundrechte verantwortlich sind[171]. Der EGMR schränkt seine eigene Jurisdiktionsgewalt jedoch mittels eines „Solange-Vorbehalts" ein. Bei Maßnahmen der Mitgliedstaaten der Europäischen Union, die in Umsetzung unionsrechtlicher Verpflichtungen erfolgen, welche den Mitgliedstaaten keine Gestaltungsspielräume lassen, besteht nach Auffassung des EGMR eine Vermutung, dass Grundrechtseingriffe der Mitgliedstaaten gerechtfertigt sind, solange die Europäische Union über einen Grundrechtsschutz verfügt, der im Hinblick auf seine verfahrensmäßige Ausgestaltung und das materielle Schutzniveau dem durch die EMRK gewährleisteten Grundrechtsschutz zumindest gleichwertig ist[172]. Diese Vermutung kann jedoch widerlegt werden, wenn im konkreten Ein-

---

166 EuG, Rs. T-191/98 R, Slg. 1999, S. II-2531 – *DSR-Senator Lines/Kommission*.
167 EuGH, Rs. C-364/99 P (R), Slg. 1999, S. I-8733 – *DSR-Senator Lines/Kommission*.
168 EGMR, EuGRZ 2000, S. 334 – *Senator Lines*.
169 EuG, verb. Rs. T-191/98, T-212/98 bis T-214/98, Slg. 2003, S. II-3275 – *Atlantic Container Line AB u. a./Kommission*.
170 EGMR, EuGRZ 2004, S. 279 – *Senator Lines*.
171 EGMR, Beschwerde-Nr. 45036/98, Rn. 154, NJW 2006, S. 197 – *Bosphorus Airways*.
172 EGMR, Beschwerde-Nr. 45036/98, Rn. 155, NJW 2006, S. 197 – *Bosphorus Airways*.

zelfall anzunehmen ist, dass der Schutz der Konventionsrechte durch die Europäische Union offensichtlich ungenügend war[173].

b) Der Beitritt der Europäischen Union zur EMRK

750 Art. 6 Abs. 2 EUV stellt klar, dass die Europäische Union der Europäischen Menschenrechtskonvention (EMRK; Rn. 47) beitreten soll. Der Union wird damit die Kompetenz für den Beitritt übertragen, welcher zu einer verbindlichen Verpflichtung für die Union wird[174]. Ein Beitritt der Union zur EMRK setzte eine Änderung der EMRK voraus, da ein Beitritt zuvor an die Mitgliedschaft im Europarat geknüpft war, welche wiederum gemäß Art. 4 der Satzung des Europarates Staaten vorbehalten ist. Durch das Protokoll Nr. 14 zur EMRK vom 13. Mai 2004[175], das am 1. Juni 2010 in Kraft getreten ist, ist die entsprechende Öffnung zugunsten der Europäischen Union erfolgt. Deren Beitritt zur EMRK wird nunmehr durch Art. 59 Abs. 2 EMRK ausdrücklich ermöglicht. Dieser Beitritt hat nach dem Protokoll zu Art. 6 Abs. 2 EUV über den Beitritt der Union zur EMRK[176] durch ein Übereinkommen zwischen den Vertragsstaaten der EMRK und der Europäischen Union zu erfolgen. Die Beitrittsverhandlungen mündeten am 5. April 2013 in einen Vertragsentwurf[177], der dem Europäischen Gerichtshof gemäß Art. 218 Abs. 11 AEUV zur Prüfung vorgelegt wurde und zu dem er am 18. Dezember 2014 ein Gutachten erstattet hat (vgl. hierzu Rn. 757).

aa) Inhalt des Entwurfs eines Beitrittsabkommens

751 Der Entwurf sieht vor, dass die EU der EMRK, dem Protokoll Nr. 1 sowie dem Protokoll Nr. 6 zur EMRK (vgl. Rn. 51) beitritt (Art. 1 Abs. 1 des Entwurfs). Den übrigen Zusatzprotokollen zur EMRK kann die Union später beitreten (Art. 1 Abs. 2 des Entwurfs).

752 Nach dem EMRK-Beitritt der Union werden die Akte, Maßnahmen und Unterlassungen der Unionsorgane und -einrichtungen dem Maßstab der EMRK und damit auch der Kontrolle durch den EGMR unmittelbar unterliegen (Art. 1 Abs. 3 Satz 1 des Entwurfs). Dies betrifft auch die Urteile des EuGH, da diese zu den Handlungen der Union zählen. Klargestellt wird aber auch, dass die EMRK oder ihre Protokolle die Union nicht dazu verpflichten, Maßnahmen jenseits

---

173 EGMR, Beschwerde-Nr. 45036/98, Rn. 156, NJW 2006, S. 197 – *Bosphorus Airways;* dazu *Haratsch,* ZaöRV 66 (2006), S. 927 ff.
174 *Streinz/Ohler/Herrmann,* Der Vertrag von Lissabon zur Reform der EU, S. 155.
175 Abrufbar unter: http://conventions.coe.int/Treaty/GER/Treaties/Html/194.htm.
176 ABl.EU 2010 Nr. C 83, S. 273.
177 Vgl. Draft revised agreement on the accession of the European Union to the Convention for the Protection of Human Rights and Fundamental Freedoms, Final Report of the CDDH, 47+1 (2013) 008 rev 2 v. 10.6.2013, S. 4; abrufbar unter: www.coe.int/t/dghl/standardsetting/hrpolicy/Accession/Working_documents_en.asp; dazu *Polakiewicz,* EuGRZ 2013, S. 472 ff.

ihrer Kompetenzen zu ergreifen (Art. 1 Abs. 3 Satz 2 des Entwurfs.). Vor dem Hintergrund der nur begrenzten Zuständigkeiten der Union enthält der Entwurf des Beitrittsabkommens auch Regelungen, die Verantwortlichkeit von Union und Mitgliedstaaten für Konventionsverletzungen voneinander abgrenzen. So soll eine Maßnahme eines Mitgliedstaates immer diesem zugerechnet werden, auch wenn es sich dabei um eine Maßnahme zur Umsetzung oder Durchführung von Unionsrecht handelt (Art. 1 Abs. 4 Satz 1 des Entwurfs)[178].

Nach ihrem Beitritt wird die Europäische Union gemäß Art. 22 EMRK einen der Richter des Europäischen Gerichtshofs für Menschenrechte (EGMR) stellen. Um die Europäische Union, die nicht Mitglied des Europarats ist, den übrigen Vertragsparteien der EMRK gleichzustellen, sieht der Entwurf des Beitrittsabkommens vor, dass eine Delegation des Europäischen Parlaments stimmberechtigt an der Wahl der Richter des EGMR durch die Parlamentarische Versammlung des Europarates (vgl. Rn. 44) teilnimmt (Art. 6 Abs. 1 des Entwurfs). Außerdem wird die Europäische Union stimmberechtigt an den Sitzungen des Ministerkomitees des Europarates (vgl. Rn. 44) teilnehmen, wenn das Ministerkomitee Entscheidungen auf der Grundlage der EMRK trifft (Art. 7 Abs. 2 des Entwurfs). Dies gilt insbesondere für die Überwachung des Vollzugs von Urteilen des EGMR (Art. 46 Abs. 2 EMRK) sowie der Bedingungen von gütlichen Einigungen (Art. 39 Abs. 4 EMRK) durch das Ministerkomitee[179].

Besonderheiten sind für Verfahren vor dem EGMR vorgesehen. Wird eine Beschwerde vor dem EGMR gegen einen oder mehrere Mitgliedstaaten der Union gerichtet, wird die Europäische Union Mitbeschwerdegegnerin („co-respondent"), wenn der Vorwurf einer Konventionsverletzung die Frage der Vereinbarkeit einer Bestimmung des Europäischen Unionsrechts mit der Konvention aufwirft, insbesondere wenn die vorgeworfene Konventionsverletzung durch eine Nichtanwendung von Unionsrecht hätte vermieden werden können (Art. 3 Abs. 2 des Entwurfs). Umgekehrt werden auch die Unionsstaaten Mitbeschwerdegegner, wenn in einer gegen die Europäische Union gerichteten Beschwerde die vorgeworfene Konventionsverletzung die Frage der Vereinbarkeit einer Unionsrechtsbestimmung mit der Konvention aufwirft (Art. 3 Abs. 3 des Entwurfs). Der Status eines Mitbeschwerdegegners wird durch den EGMR entweder auf Antrag der betreffenden Vertragspartei oder auf Einladung des EGMR zuerkannt (Art. 3 Abs. 3 des Entwurfs). Weiterhin ist vorgesehen, dass der Beschwerde- und der Mitbeschwerdegegner für eine festgestellte Konventionsverletzung gemeinsam verantwortlich sind, sofern der EGMR nicht ausdrücklich entscheidet, dass nur einer von beiden alleine verantwortlich ist (Art. 3 Abs. 7 des Entwurfs).

Heftig gerungen wurde in den Beitrittsverhandlungen über die Frage, ob und wie der Gerichtshof der Europäischen Union in gegen einen Mitgliedstaat ge-

---

[178] Dazu eingehend *Polakiewicz*, EuGRZ 2013, S. 472, 475 f.
[179] Vgl. *Polakiewicz*, EuGRZ 2013, S. 472, 479 ff.

richteten Verfahren vorab einzubeziehen ist, wenn er zuvor seinerseits noch keine Gelegenheit hatte, über die Rechtmäßigkeit eines Sekundärrechtsakts der Union oder über die Auslegung einer Primärrechtsnorm, die die Grundlage der angegriffenen mitgliedstaatlichen Maßnahme bildet, im Wege der Vorabentscheidung gemäß Art. 267 AEUV zu entscheiden. Das Beitrittsabkommen sieht nunmehr in Art. 3 Abs. 6 Satz 1 vor, dass in Verfahren gegen Mitgliedstaaten, in denen die Europäische Union Mitbeschwerdegegner ist, dem Gerichtshof der Europäischen Union Gelegenheit zu einer Stellungnahme zu geben ist[180]. Die Europäische Union ihrerseits ist aufgefordert, diese Stellungnahmen durch den EuGH möglichst rasch zu ermöglichen, um längere Verfahrensverzögerungen vor dem EGMR zu vermeiden (Art. 3 Abs. 6 Satz 2 des Entwurfs). Die Stellungnahme des EuGH in einem solchen Vorabbefassungsverfahren ist für den EGMR nicht bindend (Art. 3 Abs. 6 Satz 3 des Entwurfs). Die Vorabbefassung des EuGH dient der Sicherstellung der Subsidiarität des EMRK-Grundrechtsschutzes, der erst dann einsetzen darf, wenn der innerstaatliche Rechtsweg erschöpft ist (vgl. Art. 35 Abs. 1 EMRK). In den mitgliedstaatlichen Rechtsschutz einbezogen ist auch das Vorabentscheidungsverfahren vor dem EuGH. Da jedoch kein unionsrechtliches Verfahren existiert, mit dem die Gerichte der Mitgliedstaaten zu einer Vorlage an den EuGH gezwungen werden können, ist nicht in jedem Fall sichergestellt, dass der EuGH vor einer Beschwerde an den EGMR Gelegenheit hatte, zu den unionsrechtlichen Fragen Stellung zu nehmen.

756 Da es sich bei diesem Vorabbefassungsverfahren nicht um ein Vorabentscheidungsverfahren gemäß Art. 267 AEUV handelt, ist dieses Verfahren im Unionsrecht bislang nicht vorgesehen. Der EuGH bedarf jedoch aufgrund des Prinzips der begrenzten Einzelermächtigung einer Ermächtigungsnorm für sein Handeln. Eine ausdrückliche Änderung der Unionsverträge ist zu diesem Zweck nicht geplant. Dem Gerichtshof der Europäischen Union können aber auch durch ein mit Drittstaaten geschlossenes internationales Abkommen neue Zuständigkeiten zugewiesen werden, sofern dadurch nicht die Aufgabe des Gerichtshofs, wie sie im EU-Vertrag und im AEU-Vertrag ausgestaltet ist, verfälscht wird[181]. Das Beitrittsabkommen zur EMRK stellt ein solches Abkommen dar, das dem EuGH neue Zuständigkeiten zuweist.

bb) Das EuGH-Gutachten zum Entwurf eines Beitrittsabkommens

757 Zu dem Entwurf hat der EuGH mit Datum vom 18. Dezember 2014 ein Gutachten erstattet gemäß Art. 218 Abs. 11 AEUV[182], in dem er die Unvereinbarkeit des geplanten Abkommens mit dem Primärrecht (Art. 6 Abs. 2 EUV und Protokoll

---

180 Dazu *Polakiewicz*, EuGRZ 2013, S. 472, 478 f.
181 Vgl. EuGH, Gutachten 1/92, Slg. 1992, S. I-2821, Rn. 32 – *EWR-Abkommen*; EuGH, Gutachten 1/09, Slg. 2011, S. I-1137, Rn. 75 – *Einheitliches europäisches Patentgerichtssystem* (= P Nr. 118).
182 EuGH (Plenum), Gutachten 2/13, ECLI:EU:C:2014:2454 – *EMRK-Beitritt II* (= P Nr. 119).

Nr. 8 zu Art. 6 Abs. 2 EUV) feststellt. Dagegen waren die 24 am Verfahren beteiligten Mitgliedstaaten, das Europäische Parlament, der Rat der EU, die Kommission und die Generalanwältin *Kokott* von der grundsätzlichen Vereinbarkeit ausgegangen. Im Wesentlichen stützt der EuGH seine Argumentation auf die Autonomie des Unionsrechts[183] und die Nichtstaatlichkeit der Union[184]. Er zieht hieraus zudem die Konsequenz, dass die im Beitrittsübereinkommensentwurf vorgesehene Kontrolle nicht dazu führen dürfe, „dass der Union und ihren Organen bei der Ausübung ihrer internen Zuständigkeiten eine bestimmte Auslegung der Regeln des Unionsrechts verbindlich vorgegeben werde"[185]. Insbesondere sollen die Feststellungen des Gerichtshofs zum materiellen Anwendungsbereich des Unionsrechts, namentlich zur Klärung der Frage, ob ein Mitgliedstaat die Grundrechte der Union beachten muss, vom EGMR nicht in Frage gestellt werden können[186]. Der EuGH wünscht sich insoweit eine Regelung im Beitrittsübereinkommen, die sein Entscheidungsmonopol in diesen Fragen manifestiert. Den in Art. 6 Abs. 2 EUV enthaltenen und in Protokoll Nr. 8 konkretisierten grundsätzlichen Befehl zum Beitritt der EU zur EMRK auf der anderen Seite scheint der EuGH dagegen konsequent zu ignorieren[187].

758 Zudem stehe das geplante Abkommen nicht im Einklang mit Art. 344 AEUV, da keine Möglichkeit geschaffen werde, die Mitgliedstaaten vom Gebrauch der Staatenbeschwerde (Art. 33 EMRK) abzuhalten[188]. Nach Art. 344 AEUV sind die Mitgliedstaaten verpflichtet, Streitigkeiten über die Auslegung und Anwendung der Verträge nur nach deren Maßgabe zu regeln. Da mit dem Beitritt die EMRK aber zum Bestandteil des Unionsrechts werde, sei der Gerichtshof „für jeden Rechtsstreit zwischen den Mitgliedstaaten sowie zwischen ihnen und der Union wegen der Beachtung der EMRK ausschließlich zuständig"[189]. Nach dem Beitrittsübereinkommen aber ist es gerade nicht ausgeschlossen, dass auch der EGMR mit Rechtsstreitigkeiten zwischen den Mitgliedstaaten oder zwischen ihnen und der Union befasst wird.

759 Dass das Beitrittsübereinkommen auch hinsichtlich des vorgesehenen Mitbeschwerdegegner-Mechanismus (Rn. 754) nicht den Anforderungen der besonderen Merkmale des Unionsrechts genügt, begründet der EuGH damit, dass die

---

183 EuGH (Plenum), Gutachten 2/13, ECLI:EU:C:2014:2454, Rn. 153 ff., insbes. 164, 156, 193 – *EMRK-Beitritt II* (= P Nr. 119).
184 EuGH (Plenum), Gutachten 2/13, ECLI:EU:C:2014:2454, Rn. 156 – *EMRK-Beitritt II* (= P Nr. 119).
185 EuGH (Plenum), Gutachten 2/13, ECLI:EU:C:2014:2454, Rn. 184 – *EMRK-Beitritt II* (= P Nr. 119).
186 EuGH (Plenum), Gutachten 2/13, ECLI:EU:C:2014:2454, Rn. 186 – *EMRK-Beitritt II* (= P Nr. 119).
187 *Klein*, DTIEV-Online 2015, Nr. 2, S. 14 f.
188 EuGH (Plenum), Gutachten 2/13, ECLI:EU:C:2014:2454, Rn. 201–214 – *EMRK-Beitritt II* (= P Nr. 119).
189 EuGH (Plenum), Gutachten 2/13, ECLI:EU:C:2014:2454, Rn. 204 – *EMRK-Beitritt II* (= P Nr. 119).

verbindliche Plausibilitätsentscheidung des EGMR nach Art. 3 Abs. 3 des Entwurfs geeignet sei, in die Verteilung der Zuständigkeiten zwischen der Union und ihren Mitgliedstaaten einzugreifen[190]. Vor allem verstoße die Möglichkeit des EGMR, nach Art. 3 Abs. 7 des Übereinkommensentwurfes über die Ausnahme von der Grundregel der gemeinsamen Verantwortlichkeit von Beschwerde- und Mitbeschwerdegegner verbindlich zu entscheiden, gegen die ausschließliche Zuständigkeit des EuGH in Fragen der Haftungsverteilung[191].

760 Weiterhin bemängelt der EuGH das Verfahren der Vorabbefassung des Gerichtshofs (s. dazu Rn. 755 f.), da nicht sichergestellt werden könne, dass einzig die Auslegung des EuGH in Bezug auf das Unionsrecht sich letztlich durchsetze[192]. Letztlich stellt der EuGH einen Verstoß gegen die besonderen Merkmale des Unionsrechts in Bezug auf die Regelung der gerichtlichen Kontrolle der Handlungen, Aktionen oder Unterlassungen der Union im Bereich der GASP fest[193]. Diese dürfe nicht „ausschließlich einem außerhalb des institutionellen und gerichtlichen Rahmens der Union stehenden internationalen Gericht übertragen werden"[194].

761 Da Art. 218 Abs. 11 Satz 2 AEUV vorsieht, dass im Falle eines ablehnenden Gutachtens des EuGH die geplante Übereinkunft nur in Kraft treten kann, sofern sie oder die Verträge abgeändert werden, dürfte der Beitritt der EU zur EMRK zumindest auf einige Jahre hinausgeschoben worden sein. Jedenfalls werden Änderungen des Entwurfs eines Beitrittsübereinkommens nach den Vorgaben des EuGH für den EGMR wohl nicht leicht zu akzeptieren sein, da sie fordern, einen Vorrang der Entscheidungen des EuGH vor denen des EGMR festzulegen. Möglicherweise ist der Beitritt damit zumindest mittelfristig sogar als gescheitert zu erklären. Auf Seiten der Europäischen Union bemühen sich die Kommission sowie die Arbeitsgruppe des Rates „Grundrechte, Bürgerrechte und Freizügigkeit" (Working Party on „Fundamental Rights, Citizens' Rights and Free Movement of Persons", FREMP) um Lösungsansätze. Die Gespräche zwischen Vertretern der Europäischen Union und des Europarates haben bislang aber noch keinen entscheidenden Durchbruch erzielt[195].

---

190 EuGH (Plenum), Gutachten 2/13, ECLI:EU:C:2014:2454, Rn. 218–225 – *EMRK-Beitritt II* (= P Nr. 119).
191 Zur Kritik an dieser Argumentation siehe *Klein*, DTIEV-Online 2015, Nr. 2, S. 11 ff.
192 EuGH (Plenum), Gutachten 2/13, ECLI:EU:C:2014:2454, Rn. 236–248 – *EMRK-Beitritt II* (= P Nr. 119).
193 EuGH (Plenum), Gutachten 2/13, ECLI:EU:C:2014:2454, Rn. 249–258 – *EMRK-Beitritt II* (= P Nr. 119).
194 EuGH (Plenum), Gutachten 2/13, ECLI:EU:C:2014:2454, Rn. 256 – *EMRK-Beitritt II* (= P Nr. 119).
195 Vgl. BT-Drs. 19/10461 v. 24.5.2019, S. 10.

11. Das Verhältnis zum Recht der Vereinten Nationen

Nicht am Maßstab der Unionsgrundrechte überprüft werden Beschlüsse des Sicherheitsrates der Vereinten Nationen[196]. Einer umfassenden Grundrechtsprüfung unterliegen jedoch Unionsrechtsakte, die völkerrechtlich determiniert sind und der Umsetzung von Sicherheitsratsbeschlüssen dienen. Dies betrifft etwa die Resolutionen mit Finanzsanktionen gegen Privatpersonen oder private Organisationen, die im Verdacht stehen, als Terroristen tätig zu sein oder terroristische Handlungen zu unterstützen. Anders als zuvor das EuG in der Rs. *Yusuf*, das in einer Überprüfung des Unionsrechtsakts noch eine nach seiner Auffassung unzulässige inzidente Überprüfung des umzusetzenden Sicherheitsratsbeschlusses gesehen und lediglich eine Überprüfung am Maßstab von völkerrechtlichem *ius cogens* für möglich gehalten hatte[197], nimmt der EuGH in der Rechtsmittelsache *Kadi I* eine umfassende Grundrechtskontrolle vor[198]. Die mit der unionsrechtlichen Umsetzung einer Sicherheitsratsresolution verfolgten Ziele der Wahrung des Weltfriedens und der internationalen Sicherheit können dabei zwar als Rechtfertigungsgründe gelten. Eingriffe in Unionsgrundrechte müssen sich jedoch in jedem Fall als verhältnismäßig erweisen[199]. Diese EuGH-Rechtsprechung setzt die Mitgliedstaaten der Europäischen Union der Gefahr aus, ihren völkerrechtlichen Verpflichtungen aus Resolutionen des Sicherheitsrats der Vereinten Nationen nicht nachkommen zu können. Zugleich wird damit jedoch Druck auf die Vereinten Nationen ausgeübt, die Resolutionen des Sicherheitsrats sowie die Verfahren zu ihrem Erlass grundrechtskonform auszugestalten, um so eine effektive Befolgung der Resolutionen zu erreichen.

762

In der Rs. *Kadi II* hat das Gericht im September 2010 Zweifel an der Rechtsprechung des Gerichtshofs zum Ausdruck gebracht, ist jedoch vor einem erneuten Rechtsprechungsumschwung zurückgeschreckt[200]. Immerhin hat das Gericht die Rechtsprechung des EuGH durch einen Solange-Vorbehalt relativiert. Danach findet eine grundsätzlich umfassende Prüfung statt, solange die vom Sanktionsausschuss des Sicherheitsrats der Vereinten Nationen geschaffenen Überprüfungsverfahren offenkundig nicht die Garantien eines wirksamen gerichtlichen Rechtsschutzes bieten[201]. Es bleibt abzuwarten, ob der EuGH in einem erneuten Rechtsmittelverfahren diesen Solange-Vorbehalt, der zudem auf eine Evidenzkontrolle beschränkt scheint, aufrechterhalten wird. Immerhin ist der Sicher-

763

---

[196] EuGH, verb. Rs. C-402/05 P u. C-415/05 P, Slg. 2008, S. I-6351, Rn. 286 f., 326 – *Kadi I* (= P Nr. 61).
[197] EuG, Rs. T-306/01, Slg. 2005, S. II-3533, Rn. 272 – *Yusuf*.
[198] EuGH, verb. Rs. C-402/05 P u. C-415/05 P, Slg. 2008, S. I-6351, Rn. 326 – *Kadi I* (= P Nr. 61); vgl. dazu *Deja/Frau*, Jura 2008, S. 609.
[199] EuGH, verb. Rs. C-402/05 P u. C-415/05 P, Slg. 2008, S. I-6351, Rn. 360 ff. – *Kadi I* (= P Nr. 61).
[200] EuG, Rs. T-85/09, EuGRZ 2011, S. 48, Rn. 115 ff., 123 – *Kadi II*.
[201] EuG, Rs. T-85/09, EuGRZ 2011, S. 48, Rn. 126 f. – *Kadi II*.

heitsrat der Vereinten Nationen mit der Schaffung einer unabhängigen Ombudsperson einen ersten Schritt hin zu einer unabhängigen Kontrolle von Sanktionsmaßnahmen gegangen, auch wenn die Ombudsperson nicht über eigene Entscheidungsbefugnisse verfügt[202].

12. Prüfungsschema zu den Unionsgrundrechten

764 Trotz des normativen Nebeneinanders verschiedener (konzeptionell inhaltsgleicher) unionsgrundrechtlicher Rechtsquellen (namentlich der GRC, der grundrechtlichen allgemeinen Rechtsgrundsätze und demnächst der EMRK nach Art. 6 Abs. 2 EUV), dient die GRC auch in der Rechtsprechung des EuGH als zentraler normativer Anknüpfungspunkt. Nur in besonderen Konstellationen dürfte ein ausdrücklicher Rückgriff auf die allgemeinen Rechtsgrundsätze oder die EMRK erforderlich werden – etwa wenn es aufgrund des britisch-polnischen Protokolls auf einen über die GRC hinausgehenden Gehalt der allgemeinen Rechtsgrundsätze ankommt oder wenn auf eine spezielle Rechtsprechungslinie des EGMR zurückgegriffen werden soll.

    I. **Anwendbarkeit, Art. 51 Abs. 1 GRC**
       1. Handlungen der Organe, Einrichtungen und sonstige Stellen der Union oder
       2. Handlungen der Mitgliedstaaten
          „*bei der Durchführung des Rechts der Union*" = im Anwendungsbereich des Unionsrechts
          a. Umsetzung oder Vollziehung des sekundären Unionsrechts *(Wachauf)*
          b. Beschränkung von unionsrechtlichen Freiheiten *(ERT, Schmidtberger)*
          c. Bestehen allgemeiner unionaler Handlungspflichten *(Åkerberg Fransson)* – str.
    II. **Schutzbereich des Grundrechts**
       1. Abgrenzung von Grundsätzen i. S. v. Art. 51 Abs. 1 Satz 2, 52 Abs. 5 GRC
       2. Sachlicher Schutzbereich
          – Ausprägungen der Menschenwürde (Art. 1–5 GRC)
          – Freiheitsrechte (Art. 6–19 GRC)
          – Gleichheitsrechte (Art. 20–26 GRC)
          – Justizielle Grundrechte (Art. 47–50 GRC)
          – weitere Grundrechte und ungeschriebene Grundrechte
       3. Persönlicher Schutzbereich
          a. natürliche Personen: grds. nur Unionsbürger; z. T. auch Drittstaatsangehörige – je nach Grundrecht
          b. juristische Personen: grds. nur juristische Personen mit Sitz in einem Mitgliedstaat, soweit die geltend gemachten Grundrechte ihrem Wesen nach auf diese anwendbar sind
    III. **Eingriff**
       1. Bei Freiheitsrechten:
          – Die Verkürzung eines Grundrechts durch einen Grundrechtsadressaten

---
202 Vgl. S/RES/1904 v. 17. 12. 2009 sowie S/RES/1989 v. 17. 6. 2011.

2. Bei Gleichheitsrechten:
   – Ungleichbehandlung im Wesentlichen gleicher Sachverhalte (bei speziellen Diskriminierungsverboten ist zwischen unmittelbaren und mittelbaren Diskriminierungen zu unterscheiden)
   – oder Gleichbehandlung im Wesentlichen ungleicher Sachverhalte
IV. Rechtfertigung
   1. Bei Eingriffen in Freiheitsrechte:
      a. Gesetzliche Grundlage (nationales Recht oder unmittelbar anwendbares Unionsrecht)
      b. Rechtfertigungsgrund
         – Ziele des Allgemeinwohls
         – EU-Grundfreiheiten
      c. Verhältnismäßigkeit (Art. 52 Abs. 1 Satz 2 GRC)
      d. Wahrung des Wesensgehalts des Grundrechts (Art. 52 Abs. 1 Satz 1 GRC)
   2. Bei Eingriffen in Gleichheitsrechte:
      a. gesetzliche Grundlage (nationales Recht oder unmittelbar anwendbares Unionsrecht)
      b. Rechtfertigungsgrund: sachliche Gründe
      c. Verhältnismäßigkeit (str.)

13. Merksätze

Die Wahrung der **Grundrechte** gehört zu den **allgemeinen Rechtsgrundsätzen** der Union. Bei der Ermittlung der Grundrechte greift der Europäische Gerichtshof im Wege wertender Rechtsvergleichung auf gemeinsame Verfassungsüberlieferungen der Mitgliedstaaten sowie auf die EMRK-Verpflichtungen aller Mitgliedstaaten und der Union selbst zurück.

Die **Charta der Grundrechte der Europäischen Union** vom 7. Dezember 2000 ist durch die Regelung in Art. 6 Abs. 1 EUV **rechtlich verbindlich geworden.**

Die **Mitgliedstaaten der EU** sind als Vertragsstaaten der EMRK auch nach einer Übertragung von Hoheitsrechten auf die Europäische Union für die **Gewährleistung** der in der **EMRK** niedergelegten **Grundrechte** in den übertragenen Bereichen weiterhin verantwortlich.

Die Unionsgrundrechte verpflichten in erster Linie die **Unionsorgane und -einrichtungen. Mitgliedstaaten** sind nach Art. 51 Abs. 1 Satz 1 GRC nur insoweit gebunden, als sie Unionsrecht „durchführen". Das ist nach der Rechtsprechung des Gerichtshofs immer dann der Fall, wenn die nationale Maßnahme in den **Anwendungsbereich des Unionsrechts** fällt.

Die Unionsgrundrechte sind **nicht schrankenlos gewährleistet.** Eingriffe in grundrechtlich geschützte Bereiche können gerechtfertigt sein, sofern ein **Eingriff gesetzlich vorgesehen** ist, die Beschränkung **dem Allgemeinwohl dienende Ziele verfolgt,** sich als **verhältnismäßig** erweist und den **Wesensgehalt** des betreffenden Grundrechts nicht antastet.

362 Materielle Gewährleistungen des Unionsrechts

> Sowohl der **allgemeine Gleichheitssatz** als auch dessen speziellere Ausprägungen enthalten ein relatives Differenzierungsverbot. Eine **Rechtfertigung einer Ungleichbehandlung** ist möglich, wenn für die vorgenommene Differenzierung ein **sachlicher Grund** besteht.

Leitentscheidungen:
EuGH, Rs. 29/69, Slg. 1969, S. 419 – *Stauder/Ulm.*
EuGH, Rs. 4/73, Slg. 1974, S. 491 – *Nold/Kommission.*
EuGH, verb. Rs. 117/76 u. 16/77, Slg. 1977, S. 1753 – *Ruckdeschel.*
EuGH, Rs. 44/79, Slg. 1979, S. 3727 – *Hauer.*
EuGH, Rs. 147/79, Slg. 1980, S. 3005 – *Hochstrass.*
EuGH, Rs. 293/83, Slg. 1985, S. 593 – *Gravier.*
EuGH, Rs. 186/87, Slg. 1989, S. 195 – *Cowan.*
EuGH, Rs. 5/88, Slg. 1989, S. 2609 – *Wachauf* (= P Nr. 134).
EuGH, verb. Rs. 46/87 u. 227/88, Slg. 1989, S. 2859 – *Hoechst/Kommission.*
EuGH, Rs. C-260/89, Slg. 1991, S. I-2925 – *ERT.*
EuGH, Rs. C-159/90, Slg. 1991, S. I-4685 – *Society for the Protection of Unborn Children Ireland.*
EuGH, Rs. C-398/92, Slg. 1994, S. I-467 – *Mund & Fester.*
EuGH, Rs. C-280/93, Slg. 1994, S. I-4973 – *Deutschland/Rat („Bananenmarktordnung")* (= P Nr. 55).
EuGH, Rs. C-80/94, Slg. 1995, S. I-2493 – *Wielockx.*
EuGH, Rs. C-107/94, Slg. 1996, S. I-3089 – *Asscher.*
EuGH, Rs. C-29/95, Slg. 1997, S. I-285 – *Pastoors.*
EuGH, Rs. C-85/96, Slg. 1998, S. I-2691 – *Martínez Sala.*
EuG, Rs. T-54/99, Slg. 2002, S. II-313 – *max.mobil Telekommunikation Service.*
EuGH, Rs. C-94/00, Slg. 2002, S. I-9011 – *Roquette Frères.*
EuGH, Rs. C-112/00, Slg. 2003, S. I-5659 – *Schmidberger* (= P Nr. 141).
EuGH, Rs. C-36/02, Slg. 2004, S. I-9609 – *Omega („Laserdrome")* (= P Nr. 222).
EuGH, Rs. C-144/04, Slg. 2005, S. I-9981 – *Mangold* (= P Nr. 30).
EuGH, Rs. C-13/05, Slg. 2006, S. I-6467 – *Chacón Navas.*
EuGH, verb. Rs. C-402/05 P u. C-415/05 P, Slg. 2008, S. I-6351 – *Kadi I* (= P Nr. 61).
EuG, Rs. T-85/09, Slg. 2010, S. II-5177 – *Kadi II.*
EuGH, Gutachten 1/09, Slg. 2011, S. I-1137 – *Einheitliches europäisches Patentgerichtssystem* (= P Nr. 118).
EuGH, Rs. C-617/10, ECLI:EU:C:2013:105 – *Åkerberg Fransson* (= P Nr. 136).
EuGH, Rs. C-399/11, ECLI:EU:C:2013:107 – *Melloni* (= P Nr. 138).
EuGH, Rs. C-206/13, ECLI:EU:C:2014:126 – *Siragusa.*
EuGH, Rs. C-198/13, ECLI:EU:C:2014:2055 – *Julian Hernández* (= P Nr. 137).
EuGH, Gutachten 2/13, ECLI:EU:C:2014:2454 – *EMRK-Beitritt II* (= P Nr. 119).
EuGH, verb. Rs. C-404/15 u. C-659/15 PPU, ECLI:EU:C:2016:198 – *Aranyosi u. Căldăraru* (= P Nr. 139).
EuGH, verb. Rs. C-569/16 u. C-570/16, ECLI:EU:C:2018:871 – *Bauer u. Willmeroth* (= P Nr. 140).
EuGH, Rs. C-64/16, ECLI:EU:C:2018:117 – *Associação Sindical dos Juízes Portugueses* (= P Nr. 5).

II. Das allgemeine Diskriminierungsverbot aus Gründen der Staatsangehörigkeit nach Art. 18 AEUV

Literaturhinweise: *Armbrecht, S.:* Ausbildungsförderung für Studenten – Gleicher Zugang für Unionsbürger?, ZEuS 2005, S. 175; *Bode, S.:* Von der Freizügigkeit zur sozialen Gleichstellung aller Unionsbürger?, EuZW 2003, S. 552; *v. Bogdandy, A./Bitter, S.:* Unionsbürgerschaft und Diskriminierungsverbot. Zur wechselseitigen Beschleunigung der Schwungräder unionaler Grundrechtsjudikatur, in: FS für Manfred Zuleeg, 2005, S. 309; *Devetzi, S./Schreiber, F.:* Diskriminierungsfreier Zugang zu Sozialleistungen – nur noch nach Maßgabe der Unionsbürger-Richtlinie?, ZESAR 2016, S. 15; *Devetzi, S.:* Die „Verbindung" zu einem (Sozial-)Staat: Wann ist der Bund stark genug?, EuR 2014, S. 638; *Dutta, A.:* Namenstourismus in Europa, FamRZ 2016, S. 1213; *Epiney, A.:* Umgekehrte Diskriminierungen, 1995; *Frenz, W.:* Die Studierendenfreizügigkeit in Europa, JA 2007, S. 4; *Fuchs, T.:* Das Gleichbehandlungsverbot im Unionsrecht, 2015; *Görlitz, N.:* Struktur und Bedeutung der Rechtsfigur der mittelbaren Diskriminierung im System der Grundfreiheiten, 2005; *Gundel, J.:* Die Inländerdiskriminierung zwischen Verfassungs- und Europarecht: Neue Ansätze in der deutschen Rechtsprechung, DVBl. 2007, S. 269; *Kingreen, T.:* Verbot der Diskriminierung aus Gründen der Staatsangehörigkeit, in: Ehlers, D. (Hrsg.), Europäische Grundrechte und Grundfreiheiten, 4. Aufl. 2015, S. 504; *Kischel, U.:* Zur Dogmatik des Gleichheitssatzes in der Europäischen Union, EuGRZ 1997, S. 1; *Kubicki, P.:* Die subjektiv-rechtliche Komponente der Unionsbürgerschaft, EuR 2006, S. 489; *Reich, N.:* Herkunftsprinzip oder Diskriminierung als Maßstab für Studentenfreizügigkeit?, EuZW 2009, S. 637; *Rossi, M.:* Das Diskriminierungsverbot nach Art. 12 EGV, EuR 2000, S. 197; *Schreiber, F.:* Bereichsspezifische Begrenzung des sozialen Gehalts der Unionsbürgerschaft oder „Rückkehr zum Marktbürger"?, NZS 2016, S. 847; *Schweitzer, M.:* Art. 12 EGV – Auf dem Weg zum „allgemeinen" Gleichheitssatz?, in: FS für Walter Rudolf, 2001, S. 189; *Wallrabenstein, A.:* Die Gleichheit der Freiheit, ZESAR 2016, S. 349.

Das nunmehr in Art. 18 Abs. 1 AEUV (Art. 12 EGV a. F.) enthaltene allgemeine Verbot der Diskriminierung aus Gründen der Staatsangehörigkeit gehörte nach alter Rechtslage ausweislich seiner systematischen Stellung zu den Grundsätzen des EG-Vertrags. Durch den Vertrag von Lissabon hat diese Bestimmung zwar ihre vertraglich hervorgehobene Position eingebüßt. Sie wurde nicht im EU-Vertrag, sondern zusammen mit der Unionsbürgerschaft im zweiten Teil des AEUV verortet. Dessen ungeachtet bleibt das im Anwendungsbereich der Verträge geltende Verbot der Diskriminierung aus Gründen der Staatsangehörigkeit weiterhin ein *Grundprinzip des Unionsrechts*[203], welches in zahlreichen Vorschriften, insbesondere den Grundfreiheiten, eine besondere Ausprägung erfahren hat. Diese *unmittelbar anwendbare Bestimmung* gebietet anders formuliert eine Gleichbehandlung von EU-Ausländern mit Inländern in allen unionsrechtlich geregelten Situationen und stellt damit eine Grundvoraussetzung nicht nur für das Funktionieren des Binnenmarktes (Art. 3 Abs. 3 Satz 1 EUV, Art. 26 Abs. 2 AEUV), sondern auch für die Verwirklichung eines Europas der (Unions-)Bür-

766

---

203 EuGH, Rs. C-115/08, Slg. 2009, S. I-10265, Rn. 89 – *EEZ*, allerdings noch in Bezug auf die alte Rechtslage.

ger auf. Als ungeschriebener allgemeiner Grundsatz gilt das Verbot der Diskriminierung aus Gründen der Staatsangehörigkeit auch im Anwendungsbereich des rechtlich selbstständigen EAG-Vertrages (vgl. Rn. 55)[204].

767 In seiner Struktur stellt Art. 18 Abs. 1 AEUV eine besondere Ausformung des allgemeinen Gleichheitssatzes (vgl. Rn. 729 f.) insoweit dar[205], als er sich lediglich auf Ungleichbehandlungen bezieht, die *aus Gründen der Staatsangehörigkeit* erfolgen und nur *zwischen In- und EU-Ausländern* unterscheiden. Diskriminierungen aus anderen Gründen oder zwischen EU-Ausländern und Drittstaatsangehörigen[206] werden dagegen nicht erfasst. Ausweislich seines Wortlauts gilt Art. 18 Abs. 1 AEUV jedoch nur unbeschadet besonderer Vorschriften der beiden Unionsverträge. Hierzu zählen zunächst die ausdrücklichen Diskriminierungsverbote der Personenverkehrsfreiheiten (Art. 45 Abs. 2 AEUV, Art. 49 Abs. 2 AEUV, Art. 57 Abs. 3 AEUV)[207]. Nach der Rechtsprechung des Gerichtshofs gilt der Vorrang auch für die Kapitalverkehrsfreiheit (Art. 63 Abs. 1 AEUV)[208] (vgl. Rn. 1106). In jüngerer Rechtsprechung stellt der EuGH klar, dass auch Art. 34 i. V. m. Art. 36 AEUV in Bezug auf Art. 18 AEUV ein spezielleres Diskriminierungsverbot nach der Staatsangehörigkeit enthält[209].

768 Art. 18 Abs. 1 AEUV verpflichtet in erster Linie die Mitgliedstaaten der Union. Darüber hinaus entfaltet das allgemeine Diskriminierungsverbot – wie auch die Personenverkehrsfreiheiten – Drittwirkung im Bereich der privatautonomen Rechtsetzung. In der Rs. *Ferlini* prüfte der Gerichtshof diskriminierende Gebührensätze für Krankenhausdienstleistungen am Maßstab des Art. 18 Abs. 1 AEUV, die von einem Verband luxemburgischer Krankenhäuser einseitig und einheitlich festgelegt wurden[210]. Ob darüber hinaus eine weitergehende Bindung Privater wie etwa bei der Arbeitnehmerfreizügigkeit (vgl. Rn. 870) in Betracht kommt, erscheint zweifelhaft. Rechtsprechung liegt hierzu bisher nicht vor. Insoweit sei angemerkt, dass die verschiedenen auf bestimmte private Rechtsverhältnisse zielenden Antidiskriminierungsrichtlinien der Union zwar einen breiten Katalog von Tabukriterien vorsehen (Rasse, ethnische Herkunft, Geschlecht,

---

204 EuGH, Rs. C-115/08, Slg. 2009, S. I-10265, Rn. 90 f. – *EEZ.*
205 EuGH, Rs. 147/79, Slg. 1980, S. 3005, Rn. 7 – *Hochstrass.*
206 EuGH, Rs. C-291/09, Slg. 2011, S. I-2685, Rn. 20 – *Guarnieri;* vgl. auch EuGH, verb. Rs. C-22/08 u. C-23/08, Slg. 2009, S. I-4585, Rn. 52 – *Vatsouras,* wonach eine mögliche Schlechterstellung von EU-Ausländern im Verhältnis zu Drittstaatsangehörigen nicht von Art. 18 Abs. 1 AEUV erfasst wird.
207 EuGH, Rs. C-179/90, Slg. 1991, S. I-5889, Rn. 11 f. – *Porto di Genova;* EuGH, Rs. C-420/15, ECLI:EU:C:2017:408, Rn. 16 – *U.*
208 EuGH, Rs. C-222/04, Slg. 2006, S. I-289, Rn. 99 – *Cassa di Risparmio di Firenze;* EuGH, Rs. C-583/14, ECLI:EU:C:2015:737, Rn. 24 – *Nagy.*
209 EuGH, Rs. C-296/15, ECLI:EU:C:2017:431, Rn. 65 – *Medisanus* (= P Nr. 149); vgl. zu diesem Urteil *Aydin/Bittig/Kühn,* DeLuxe 01/2019, abrufbar unter: https://www.rewi.europa-uni.de/de/lehrstuhl/or/europarecht/deluxe/archiv_2019/index.html; bestätigt in: EuGH, Rs. C-591/17, ECLI:EU:C:2019:504, Rn. 40 – *Pkw-Maut.*
210 EuGH, Rs. C-411/98, Slg. 2000, S. I-8081, Rn. 50 – *Ferlini.*

Religion, Weltanschauung, Behinderung, Alter, sexuelle Ausrichtung)[211], ein privatrechtliches Diskriminierungsverbot aus Gründen der *Staatsangehörigkeit* zählt jedoch *nicht* dazu. Schließlich ist das Diskriminierungsverbot aus Gründen der Staatsangehörigkeit nach Art. 18 Abs. 1 AEUV auch an die Europäische Union, ihre Organe und Einrichtungen adressiert, die es insbesondere bei der Sekundärrechtsetzung zu beachten haben[212].

Art. 18 Abs. 2 AEUV enthält eine *Rechtsetzungskompetenz* für den Rat zum Erlass sekundärrechtlicher Regelungen, mit denen das Verbot der Diskriminierung aus Gründen der Staatsangehörigkeit näher ausgestaltet werden kann[213]. Hiervon wurde etwa mit Erlass der sog. *Freizügigkeitsrichtlinie* im Jahr 2004 (vgl. hierzu auch Rn. 829)[214] Gebrauch gemacht. Die Vorschrift in Art. 24 der Richtlinie konkretisiert den in Art. 18 Abs. 1 AEUV geregelten Grundsatz. Zum einen bewirkt sie eine Erweiterung, indem das Inländergleichbehandlungsgebot auf drittstaatsangehörige Familienangehörige von Unionsbürgern erstreckt wird (Art. 24 Abs. 1 Satz 2). Zum anderen formuliert sie eine spezielle Einschränkung, wonach die Mitgliedstaaten nicht verpflichtet sind, bestimmten freizügigkeitsberechtigten Personengruppen während der ersten drei Monate des Aufenthalts Sozialhilfe und insbesondere Studierenden Studienbeihilfen zu gewähren. Während derartigen Konkretisierungen in der bisherigen Rechtsprechung regelmäßig im Rahmen der Anwendung von Art. 18 Abs. 1 AEUV Rechnung getragen wurde, wendet der EuGH in seiner jüngeren Rechtsprechung ausschließlich das sekundärrechtliche Diskriminierungsverbot an[215] (vgl. auch Rn. 811) und stellt dadurch sicher, dass die Ausgestaltungsbefugnis des Unionsgesetzgebers nicht unterlaufen wird (vgl. allgemein zum Verhältnis von Primär- und Sekundärrecht Rn. 863 ff.).

769

1. Schutzbereich

a) Persönlicher Schutzbereich

Dem Wortlaut des Art. 18 Abs. 1 AEUV lässt sich der *persönliche Schutzbereich* des Diskriminierungsverbots nicht entnehmen. Aus der Rechtsprechung des Gerichtshofs folgt jedoch, dass die in dieser Bestimmung enthaltene und an die Mitgliedstaaten sowie die Union gerichtete Verpflichtung zugleich auch ein Recht

770

---

211 Insb. Richtlinie 2000/43/EG, ABl.EU 2000 Nr. L 180, S. 22; Richtlinie 2000/78/EG, ABl. EU 2000 Nr. L 303, S. 16; Richtlinie 2004/113/EG, ABl.EU 2004 Nr. L 373, S. 37; Richtlinie 2006/54/EG, ABl.EU 2006 Nr. L 204, S. 23; vgl. auch COM(2008) 426.
212 Vgl. EuGH, verb. Rs. C-22/08 u. C-23/08, Slg. 2009, S. I-4585, Rn. 33 ff. – *Vatsouras*.
213 Vgl. hierzu *v. Bogdandy,* in: Grabitz/Hilf/Nettesheim (Hrsg.), Das Recht der Europäischen Union, 66. EL, September 2019, Art. 18 AEUV Rn. 61 ff.
214 Richtlinie 2004/38/EG, ABl.EU 2004 Nr. L 158, S. 77; geänd. ABl.EU 2011 Nr. L 141, S. 1.
215 EuGH, Rs. C-67/14, ECLI:EU:C:2015:597 – *Alimanovic;* EuGH, Rs. C-299/14, ECLI: EU:C:2015:366 – *Garcia-Nieto.* Vgl. hierzu auch *Devetzi/Schreiber,* ZESAR 2016, S. 15; *Wallrabenstein,* ZESAR 2016, S. 349.

des Einzelnen normiert[216]. Zu den Berechtigten gehören daher jedenfalls die Staatsangehörigen der Mitgliedstaaten und somit alle Unionsbürger (vgl. Art. 20 Abs. 1 Satz 2 AEUV)[217]. Das *zusätzliche* Vorliegen einer *Drittstaatsangehörigkeit* (Doppel- oder Mehrstaatler) steht dem nicht entgegen[218]. Personen, die dagegen nur über eine Drittstaatsangehörigkeit verfügen, sind *nicht* vom persönlichen Schutzbereich des Diskriminierungsverbots umfasst[219]. Zwar fehlt anders als bei einigen Grundfreiheiten eine ausdrückliche Beschränkung auf die Angehörigen der Mitgliedstaaten (vgl. Art. 45 Abs. 2, Art. 49 Abs. 1 und Art. 56 Abs. 1 AEUV). Art. 18 Abs. 1 AEUV zielt jedoch nicht allgemein auf eine Gleichstellung von In- und Ausländern. Dessen Funktion erschließt sich vielmehr im Zusammenhang mit der Unionsbürgerschaft einerseits und dem Binnenmarkt andererseits. Den Unionsbürgerstatus versteht der Gerichtshof als grundlegenden Status der Angehörigen der Mitgliedstaaten im Verhältnis zur EU[220]. Nach Art. 20 Abs. 1 Satz 2 AEUV ist die Unionsbürgerschaft aber eine grundsätzlich von der mitgliedstaatlichen Staatsangehörigkeit abgeleitete Eigenschaft (näher Rn. 798 ff.). Als eines der grundlegenden Vertragsziele gebietet der Binnenmarkt einen freien Personenverkehr lediglich zwischen den Mitgliedstaaten der EU. Art. 18 Abs. 1 AEUV verlangt eine Inländergleichbehandlung folglich *nur* für die Staatsangehörigen der Mitgliedstaaten, nicht aber für Drittstaatsangehörige[221]. Schließlich ist anerkannt, dass sich auch juristische Personen unter den Voraussetzungen des Art. 54 AEUV (vgl. Rn. 1008) auf Art. 18 Abs. 1 AEUV berufen können[222].

b) Sachlicher Schutzbereich

771 Mit dem Vertrag von Lissabon wird der sachliche Schutzbereich des allgemeinen Diskriminierungsverbots erweitert. Nach alter Rechtslage verwies der Wortlaut dieser grundlegenden Gewährleistung ausschließlich auf den Anwendungsbereich des EG-Vertrags (vgl. Art. 12 Abs. 1 EGV a. F.). Infolge der Auflösung der Säulenstruktur und der rechtlichen Gleichstellung des inhaltlich weitgehend an die Stelle des EG-Vertrags tretenden AEUV mit dem EU-Vertrag (vgl. Art. 1 Abs. 3 EUV) erstreckt sich der Anwendungsbereich des Art. 18 Abs. 1 AEUV nunmehr folgerichtig auf den AEUV *und* den EUV. Um dieser neuen Entwick-

---

216 Vgl. *Holoubek,* in: Schwarze/Becker/Hatje/Schoo (Hrsg.), EU-Kommentar, Art. 18 AEUV Rn. 31.
217 EuGH, Rs. C-85/96, Slg. 1998, S. I-2691, Rn. 62 – *Martínez Sala.*
218 Vgl. EuGH, Rs. C-369/90, Slg. 1992, S. I-4239, Rn. 10 – *Micheletti,* für die Niederlassungsfreiheit.
219 Ebda.
220 Vgl. EuGH, Rs. C-184/99, Slg. 2001, S. I-6193, Rn. 31 – *Grzelczyk* (= P Nr. 122).
221 Vgl. *Holoubek,* in: Schwarze/Becker/Hatje/Schoo (Hrsg.), EU-Kommentar, Art. 18 AEUV Rn. 36 ff.
222 *Kingreen,* in: Ehlers (Hrsg.), Europäische Grundrechte und Grundfreiheiten, § 13, Rn. 4.

lung Rechnung zu tragen, werden die Anwendungsbereiche der beiden Verträge im Folgenden getrennt dargestellt. Dies erscheint auch deshalb sinnvoll, weil jeweils andere Bezugspunkte der aus dem Diskriminierungsverbot folgenden Gewährleistungen im Fokus stehen. Während im Hinblick auf den AEUV allein fraglich ist, in welchem Umfang mitgliedstaatliches Recht am Maßstab des Art. 18 Abs. 1 AEUV zu prüfen ist – das auf Grundlage des AEUV ergangene Sekundärrecht unterfällt dem Diskriminierungsverbot umfassend –, gilt es in Bezug auf den Anwendungsbereich des EUV zunächst zu klären, inwieweit die dort geregelten materiellen Bereiche überhaupt dem Zugriff des Art. 18 Abs. 1 AEUV unterliegen. Um den Anwendungsbereich der Verträge zu eröffnen, ist grundsätzlich eine zweite Norm des Unionsrechts erforderlich.

aa) Anwendungsbereich des AEUV

Das Merkmal des EG-vertraglichen Anwendungsbereichs wurde durch den Gerichtshof früher sehr weit ausgelegt. Danach durfte der betreffende mitgliedstaatliche Sachverhalt lediglich *„nicht außerhalb des Gemeinschaftsrechts"*[223] stehen. Maßgeblich waren insoweit verschiedene, durch den EuGH in Anlehnung an den materiellen Gehalt des (am 1. Dezember 2009 mit Inkrafttreten des Vertrags von Lissabon zum „AEUV" geänderten) EG-Vertrags entwickelte Anknüpfungspunkte, zu denen neben den der damaligen EG eingeräumten Rechtsetzungskompetenzen die Grundfreiheiten und in letzter Zeit vor allem die unionsbürgerliche Freizügigkeit gehörten. Der Vertrag von Lissabon hat mit Ausnahme der Einbeziehung der ehedem intergouvernementalen PJZS in den AEUV insoweit weder zu nennenswerten Erweiterungen noch Einschränkungen geführt, so dass an die bisherige Rechtsprechung angeknüpft werden kann.

772

Für das Vorliegen einer ehemals gemeinschafts- und nun *unionsrechtlich geregelten Situation* genügt danach beispielsweise, dass der einschlägige Sachverhalt zumindest punktuell im Zusammenhang mit einer im AEUV geregelten Materie, wie z. B. dem Bildungswesen (Art. 165 AEUV, Art. 166 AEUV), steht, auf eine unmittelbare Anwendbarkeit der betreffenden Vertragsartikel kommt es nicht an. Hiervon ausgehend bezog der Gerichtshof bereits 1985 in der Rs. *Gravier* Regelungen über Einschreibe- und Studiengebühren und somit Aspekte in den Anwendungsbereich des damaligen EG-Vertrags mit ein, die den Zugang zum Studium betreffen[224].

773

Einen weiteren Anknüpfungspunkt stellen die *Grundfreiheiten* dar. Wirken sich mitgliedstaatliche Vorschriften, die an sich keinen spezifischen Bezug zum grundfreiheitlich geschützten Verhalten aufweisen, in bestimmten Situationen *mittelbar* auf die Wahrnehmung einer Grundfreiheit aus, werden sie nach der Rechtsprechung des Gerichtshofs vom Anwendungsbereich der Verträge und

774

---

223 EuGH, Rs. 293/83, Slg. 1985, S. 593, Rn. 19 – *Gravier.*
224 EuGH, Rs. 293/83, Slg. 1985, S. 593, Rn. 16 ff. – *Gravier;* bestätigt in EuGH, Rs. C-147/03, Slg. 2005, S. I-5969, Rn. 32 ff. – *Kommission/Österreich.*

damit von Art. 18 Abs. 1 AEUV erfasst[225]. Dies gilt beispielsweise für eine mitgliedstaatliche Regelung, welche die Leistung einer Prozesskostensicherheit nur durch Ausländer vorsieht[226]. Obwohl sich eine solche Vorschrift nicht auf die Ausübung einer wirtschaftlichen Tätigkeit bezieht, erschwert sie den Zugang zu innerstaatlichen Gerichten auch für EU-ausländische Berechtigte der Grundfreiheiten.

775 In der jüngeren Rechtsprechung bildet hingegen das *unionsbürgerliche Freizügigkeitsrecht* (Art. 21 Abs. 1 AEUV, vgl. Rn. 809 ff.) den praktisch wichtigsten und die übrigen Konstellationen weitgehend ersetzenden Anknüpfungspunkt für die Eröffnung des Anwendungsbereichs des AEUV[227]. Ähnlich wie bei der über die Grundfreiheiten erfolgenden Anknüpfung werden alle mitgliedstaatlichen Regelungen erfasst, die sich auf die rechtmäßige Wahrnehmung der unionsbürgerlichen Freizügigkeit nachteilig *auswirken* (können). Einen solchen Zusammenhang hat der EuGH erstmals in der Rs. *Grzelczyk* festgestellt, in der es um die Gewährung von Sozialhilfe ging[228]. Diese Leistung wurde einem EU-ausländischen Studierenden lediglich aufgrund seiner Staatsangehörigkeit vorenthalten. Für die Eröffnung des Anwendungsbereichs ließ der Gerichtshof allein die Inanspruchnahme der unionsbürgerlichen Freizügigkeit genügen. Auf das sich hierauf auswirkende Sozialrecht und etwaige Unionskompetenzen in diesem Bereich kam es dagegen nicht an. Im Ergebnis konnte sich der Studierende für die Gewährung von Sozialhilfe auf Art. 18 Abs. 1 AEUV berufen. Das Unionsrecht schafft auf diese Weise zwar keinen Anspruch auf Schaffung oder Ausbau von Sozialsystemen, begründet aber nunmehr auch unabhängig von der Ausübung einer wirtschaftlichen Tätigkeit *derivative Teilhaberechte,* also Rechte auf diskriminierungsfreie Teilhabe an staatlich zur Verfügung gestellten Gütern.

776 Über die Anknüpfung an die unionsbürgerliche Freizügigkeit wurden seitdem auch Regelungen etwa über das Namensrecht[229], die Studienausbildungsförderung in Abkehr von der bis dahin geltenden Rechtsprechung[230], Vorschriften über die Erteilung von Autobahnvignetten an behinderte Personen[231] und nationales Umsetzungsrecht eines Rahmenbeschlusses im Rahmen der PJZS[232] (dazu sogleich Rn. 779) oder auch Regelungen über die Auslieferung an Drittstaaten[233]

---

225 Vgl. EuGH, verb. Rs. C-92/92 u. C-326/92, Slg. 1993, S. I-5145, Rn. 27 – *Phil Collins;* EuGH, Rs. C-43/95, Slg. 1996, S. I-4661, Rn. 15 – *Data Delecta.*
226 EuGH, Rs. C-323/95, Slg. 1997, S. I-1711, Rn. 14 ff. – *Hayes* (= P Nr. 121); EuGH, Rs. C-291/09, Slg. 2011, S. I-2685, Rn. 16 ff. – *Guarnieri.*
227 *Kubicki,* EuR 2006, S. 489, 499 ff.
228 EuGH, Rs. C-184/99, Slg. 2001, S. I-6193, Rn. 30 ff. – *Grzelczyk* (= P Nr. 122).
229 EuGH, Rs. C-148/02, Slg. 2003, S. I-11613, Rn. 24 f. – *Garcia Avello* (= P Nr. 123).
230 EuGH, Rs. C-209/03, Slg. 2005, S. I-2119, Rn. 33 ff., 48 – *Bidar;* EuGH, Rs. C-158/07, Slg. 2008, S. I-8507, Rn. 41 – *Förster.*
231 EuGH, Rs. C-103/08, Slg. 2009, S. I-9117, Rn. 23 ff. – *Gottwald.*
232 EuGH, Rs. C-123/08, Slg. 2009, S. I-9621, Rn. 42 ff. – *Wolzenburg.*
233 EuGH, Rs. C-182/15, ECLI:EU:C:2016:630, Rn. 25 ff. – *Petruhhin;* EuGH, Rs. C-191/16, ECLI:EU:C:2018:222 – *Pisciotti;* EuGH, Rs. C-247/17, ECLI:EU:C:2018:898 – *Raugevicies.*

von Art. 18 Abs. 1 AEUV erfasst. Indem allein auf die Wahrnehmung der unionsbürgerlichen Freizügigkeit für die Bestimmung des vertraglichen Anwendungsbereichs abgestellt wird, können dem Grunde nach alle Sachbereiche nationalen Rechts einbezogen werden, mit denen ein Unionsbürger im Rahmen der Ausübung seines Bewegungs- und Aufenthaltsrechts in Berührung kommen kann. Handelt es sich dabei um Regelungsgegenstände, die in der Zuständigkeit der Mitgliedstaaten verblieben sind, so geht die durch den EuGH vorgenommene Auslegung des sachlichen Schutzbereichs über die der EU eingeräumten Rechtsetzungskompetenzen hinaus und begrenzt die gesetzlichen Gestaltungsspielräume der Mitgliedstaaten. Insbesondere im Hinblick auf die Bereiche der Sozial- und Bildungspolitik begegnet diese Rechtsprechung erheblicher Kritik[234]. Unionsrechtlich sind der über Art. 21 Abs. 1 AEUV begründeten Ausweitung des Anwendungsbereichs nur insoweit Grenzen gesetzt, als die Inanspruchnahme der unionsbürgerlichen Freizügigkeit selbst rechtmäßig durch die Mitgliedstaaten beschränkt werden kann (etwa im Zusammenhang mit dem Vorbehalt sozialer Absicherung, vgl. Rn. 817, 819)[235]. Wird bspw. das aus Art. 21 Abs. 1 AEUV folgende Aufenthaltsrecht einem ausländischen Unionsbürger in Übereinstimmung mit dem Unionsrecht entzogen oder ist es mangels ausreichender Existenzmittel als nicht mehr rechtmäßig anzusehen, so kann über diesen Anknüpfungspunkt die Eröffnung des vertraglichen Anwendungsbereichs nicht mehr begründet werden[236]. In allen anderen Fällen verbleibt dem betreffenden Mitgliedstaat nur noch die Ebene der Rechtfertigung, um Ungleichbehandlungen aus Gründen der Staatsangehörigkeit zu legitimieren.

Angesichts der thematischen Breite des AEUV und der insgesamt sehr weiten Auslegung des sachlichen Schutzbereichs wird der Bereich der allein im nationalen Recht angesiedelten Sachverhalte, die außerhalb des Unionsrechts stehen und auf die Art. 18 Abs. 1 AEUV – oder die spezielleren Diskriminierungsverbote der Grundfreiheiten – keine Anwendung finden, stetig kleiner. Dazu zählen jedenfalls rein innerstaatliche Sachverhalte, die keinen grenzüberschreitenden Bezug aufweisen. Darunter fällt auch die sog. *Inländerdiskriminierung* („*umgekehrte Diskriminierung*", „*discrimination à rebours*"), bei der ein Mitgliedstaat seine eigenen Staatsangehörigen im Vergleich zu EU-Ausländern schlechterstellt. Eine solche Schlechterstellung entsteht, wenn nationale Vorschriften aufgrund einer Unvereinbarkeit mit dem Unionsrecht – regelmäßig den grundfreiheitlichen Beschränkungsverboten – nicht auf grenzüberschreitende Sachverhalte und damit auf EU-Ausländer angewandt werden dürfen. Wegen des unions-

777

---

234 Z. B. *Sander*, DVBl. 2005, S. 1014; *Hailbronner*, NJW 2004, S. 2185; *Bode*, EuZW 2003, S. 552.
235 EuGH, Rs. C-456/02, Slg. 2004, S. I-7573, Rn. 45 – *Trojani*.
236 Vgl. EuGH, Rs. C-140/12, ECLI:EU:C:2013:565, Rn. 44 f. – *Brey*. In Klausurbearbeitungen kann es deshalb erforderlich sein, im Rahmen der Erörterung eines Verstoßes gegen Art. 18 Abs. 1 AEUV implizit die Voraussetzungen für die rechtmäßige Inanspruchnahme der unionsbürgerlichen Freizügigkeit zu prüfen. Vgl. dazu *Pechstein/Kubicki*, Jura 2008, S. 871.

rechtlichen Anwendungsvorrangs (vgl. Rn. 202 ff.) können diese Bestimmungen jedoch für Inländer weiter gelten und so zu einer stärkeren Reglementierung für diesen Personenkreis führen. Gegen eine solche Benachteiligung können sich Inländer ggf. auf nationale Gleichbehandlungsvorschriften berufen, sofern diese eine solche Inländerdiskriminierung erfassen. Im Hinblick auf Art. 3 Abs. 1 GG ist dies allerdings sehr umstritten[237].

778 Von rein internen, nicht in den sachlichen Schutzbereich fallenden Sachverhalten sind solche Konstellationen zu unterscheiden, in denen sich Inländer in einer unionsrechtlich geregelten Situation befinden, etwa weil sie von einer Grundfreiheit oder der unionsbürgerlichen Freizügigkeit Gebrauch machen wollen, Gebrauch gemacht haben oder nach der Wahrnehmung dieser Rechte wieder in ihren Heimatstaat zurückkehren. Entstehen dieser Personengruppe durch Regelungen ihres eigenen Mitgliedstaates aus diesen Gründen Nachteile, so können sie sich unter Berufung auf Unionsrecht gegen ihren Herkunftsstaat wenden. Ein grenzüberschreitender Bezug ist in solchen Fällen gegeben und der vertragliche Anwendungsbereich somit eröffnet. Eine Diskriminierung aus Gründen der Staatsangehörigkeit liegt in diesen Fällen aber regelmäßig *nicht* vor (vgl. Rn. 786, 822 ff.).

bb) Anwendungsbereich des EUV

779 Nach alter Rechtslage war eine direkte Anwendung des allgemeinen Diskriminierungsverbots auf die bis zum Lissabonner Vertrag intergouvernemental ausgestalteten Politikbereiche der zweiten und dritten Säule – GASP und PJZS – aufgrund der Begrenzung des Anwendungsbereichs des Art. 12 EGV a. F. auf den EG-Vertrag äußerst problematisch. Allerdings ermöglichte der EuGH auf Grundlage des Gemeinschaftsrechts mit Hilfe der Anknüpfung über die unionsbürgerliche Freizügigkeit einen begrenzten indirekten Zugriff auf PJZS-Maßnahmen. In der Rs. *Wolzenburg* prüfte der Gerichtshof die nationale, allerdings insoweit im Ermessen des Mitgliedstaates stehende Umsetzung eines PJZS-Rahmenbeschlusses am Maßstab des allgemeinen Diskriminierungsverbots[238].

780 Nach der Einbeziehung der PJZS in den AEUV stellt sich diese Problematik im Wesentlichen nur noch für die weiterhin im EU-Vertrag geregelte GASP. Andere, für eine Anwendung des Art. 18 Abs. 1 AEUV relevante inhaltliche Materien enthält der EU-Vertrag nicht. Nach Art. 24 Abs. 1 UAbs. 2 Satz 1 EUV gelten für die GASP „besondere Bestimmungen und Verfahren". Art. 40 EUV enthält ferner eine allein auf die GASP bezogene, aber nunmehr in beide Richtungen wirkende Unberührtheitsklausel, wonach die Durchführung der GASP einerseits und der Politikbereiche des AEUV andererseits die auf Grundlage des

---

237 Vgl. insgesamt zur Problematik, *Epiney*, in: Calliess/Ruffert (Hrsg.), EUV/AEUV, Art. 18 AEUV Rn. 27 ff. m.w. N.
238 EuGH, Rs. C-123/08, Slg. 2009, S. I-9621, Rn. 42 ff. – *Wolzenburg*.

jeweils anderen Vertrags bestehenden Verfahren und Organbefugnisse unberührt lassen.

Ob aus dem hierdurch begründeten Sonderstatus der GASP indes eine Bereichsausnahme in Bezug auf die Anwendung des Art. 18 Abs. 1 AEUV folgt, ist zweifelhaft, gerichtlich jedoch noch nicht geklärt. Dagegen spricht zunächst, dass es sich bei dem allgemeinen Diskriminierungsverbot um eine grundlegende materielle Gewährleistung des Unionsrechts handelt, deren Geltung von Organbefugnissen unabhängig ist. Es wäre ein dem Kohärenzgebot nach Art. 21 Abs. 3 UAbs. 2 Satz 1 EUV zuwiderlaufender Wertungswiderspruch, wenn Organhandlungen auf Grundlage des AEUV Art. 18 Abs. 1 AEUV umfassend unterlägen, GASP-Rechtsakte hingegen nicht. Zudem würde ein solches Verständnis die Erweiterung des sachlichen Schutzbereichs des allgemeinen Diskriminierungsverbots auf den EUV leerlaufen lassen. Ist hiernach von einer Anwendung des Art. 18 Abs. 1 AEUV auf GASP-Maßnahmen auszugehen, so gilt dies erst recht auch für ggf. erforderliches nationales Umsetzungsrecht ungeachtet des mitgliedstaatlichen Umsetzungsspielraums. Zu klären verbleibt insoweit nur die Frage nach der Justiziabilität entsprechender Verstöße. Hier gilt es, die nach Art. 24 Abs. 1 UAbs. 2 Satz 6 EUV sowie Art. 275 AEUV beschränkten Kompetenzen des EuGH in Bezug auf die GASP zu beachten (vgl. Rn. 491 f.).

781

cc) Verselbstständigte Anwendung des Art. 18 AEUV

Nach diesen Grundsätzen bedarf es immer einer anderen Norm des AEUV oder EUV, um den Schutzbereich des Art. 18 AEUV zu eröffnen. Von dieser Regel scheint der EuGH mit der *Pkw-Maut*-Entscheidung abzuweichen[239]. So gelangt er zur diskriminierenden Wirkung der einschlägigen deutschen Regelung, ohne eine andere Unionsrechtsnorm heranzuziehen[240]. Bei der ohnehin schon weiten Anwendung des Art. 18 AEUV ist dessen Verselbstständigung höchst problematisch. Schließlich sind nach dem klaren Wortlaut Diskriminierungen nach der Staatsangehörigkeit nur im Anwendungsbereich der Verträge verboten. Problemlos hätte der EuGH bei der Regelung zur *Pkw-Maut* auf Art. 21 AEUV abstellen können, weil jene Regelung erst mit der Benutzung deutscher Autobahnen greifen sollte. Die Benutzung setzt bei EU-Ausländern naturgemäß den Grenzübertritt voraus, der den Anwendungsbereich des Art. 21 AEUV eröffnet.

782

---

[239] EuGH, Rs. C-591/17, ECLI:EU:C:2019:504, Rn. 39 ff. – *Pkw-Maut.*
[240] EuGH, Rs. C-591/17, ECLI:EU:C:2019:504, Rn. 42 – *Pkw-Maut.*

2. Diskriminierung

783 Als besondere Ausprägung des allgemeinen Gleichheitssatzes verbietet das Diskriminierungsverbot vorrangig die *Ungleichbehandlung vergleichbarer Sachverhalte* aufgrund der Staatsangehörigkeit und erfasst insoweit nur solche Regelungen, die in ihrem Tatbestand eine dementsprechende Unterscheidung nach Personengruppen vornehmen. Liegt einer Maßnahme dagegen keinerlei tatbestandliche Unterscheidung nach Personengruppen zugrunde, so kann nach der Rechtsprechung des EuGH eine Ungleichbehandlung nicht allein aus Unterschieden zwischen den verschiedenen Rechtsordnungen begründet werden[241]. Anders gewendet, die Maßnahme eines Mitgliedstaates wird nicht dadurch zur Ungleichbehandlung aus Gründen der Staatsangehörigkeit, weil das Recht eines anderen Mitgliedstaates entsprechende Sachverhalte weniger streng reguliert. Die Vergleichbarkeit der beiden miteinander in Bezug gesetzten Sachverhaltsgruppen erfordert stets, dass beide Sachverhaltsgruppen der Rechtsetzungshoheit des entsprechenden Verpflichtungsadressaten unterstehen (vgl. auch Rn. 873).

784 Hiervon zu unterscheiden ist die *Gleichbehandlung nicht vergleichbarer Sachverhalte*, die der EuGH ebenfalls als vom Diskriminierungsverbot des Art. 18 Abs. 1 AEUV erfasst ansieht[242]. Zu den sich hieraus ergebenden Abgrenzungsfragen etwa mit Blick auf die Zuordnung des Verbots der versteckten Diskriminierung und die Unterscheidung vom insbesondere unterschiedslosen, also gleichbehandelnde Maßnahmen erfassenden Beschränkungsverbot hat der Gerichtshof bisher zwar nicht Stellung genommen. In der Sache ist seine Rechtsprechung zur „zweiseitigen" Gesamtkonzeption des Diskriminierungsverbots aus Gründen der Staatsangehörigkeit jedoch so zu verstehen, dass sich das Ungleichbehandlungsverbot gegen eine (offene oder versteckte) Differenzierung aus Gründen der Staatsangehörigkeit richtet, während sich das Gleichbehandlungsverbot gerade gegen eine unzureichende Differenzierung unter dem Gesichtspunkt der Staatsangehörigkeit wendet[243]. Einen diskriminierungsrechtlich relevanten Differenzierungsmangel sah der Gerichtshof in der Rs. *Garcia Avello* in Zusammenhang mit dem belgischen und spanischen Namensrecht sowie der Situation von belgischen und belgisch-spanischen Staatsangehörigen als gegeben an[244]. Nach belgischem Recht bestand für die zweite Personengruppe nämlich keine Möglichkeit, den Nachnamen gemäß der spanischen Tradition aus dem Nachnamen des Vaters und der Mutter zusammenzusetzen. Aufgrund der damit verbundenen Probleme für die betroffenen Personen betrachtete der EuGH die Anwendung belgischen Namensrechts auf im Inland lebende belgisch-spanische Staatsbürger als eine gegen das Diskriminierungsverbot verstoßende Gleichbehandlung von belgischen und belgisch-spanischen Staatsangehörigen. Allge-

---

241 EuGH, Rs. C-137/00, Slg. 2003, S. I-7975, Rn. 124 – *National Farmers' Union.*
242 EuGH, Rs. C-148/02, Slg. 2003, S. I-11613, Rn. 31 – *Garcia Avello* (= P Nr. 123).
243 *Fuchs,* Das Gleichbehandlungsverbot im Unionsrecht, 2015, S. 168.
244 EuGH, Rs. C-148/02, Slg. 2003, S. I-11613, Rn. 34 ff. – *Garcia Avello* (= P Nr. 123).

mein ist zum „zweiseitigen" Diskriminierungsverbot jedoch festzustellen, dass das darin enthaltene *Verbot einer Gleichbehandlung nicht vergleichbarer Sachverhalte* gegenüber dem Verbot der Ungleichbehandlung vergleichbarer Sachverhalte in der Praxis eine *untergeordnete Rolle* spielt.

Ausweislich seines Wortlautes verbietet Art. 18 Abs. 1 AEUV in seinem Anwendungsbereich *jede* Diskriminierung aus Gründen der Staatsangehörigkeit. Im Fall der Ungleichbehandlung vergleichbarer Sachverhalte werden in der Rechtsprechung des EuGH in dieser Hinsicht *offene* (unmittelbare, direkte) und *versteckte* (mittelbare, indirekte) *Diskriminierungen* unterschieden. Die erstgenannte Fallgruppe liegt regelmäßig vor, wenn eine für EU-Ausländer benachteiligende Regelung in ihrem Tatbestand explizit an das verbotene Merkmal der Staatsangehörigkeit anknüpft[245]. Von einer versteckten Diskriminierung ist dagegen dann auszugehen, wenn die Anwendung anderer Unterscheidungsmerkmale als dem der Staatsangehörigkeit tatsächlich zum gleichen Ergebnis führt[246]. Mit dieser Kategorie sollen Versuche der Mitgliedstaaten vereitelt werden, das Diskriminierungsverbot durch die Wahl anderer Kriterien zu umgehen. Die herrschende Lehre versteht die Rechtsprechung des Gerichtshofs dahingehend, dass es bei offenen Diskriminierungen allein auf das *verbotsauslösende Merkmal der Staatsangehörigkeit* ankommt und bei versteckten Diskriminierungen auf die durch die Anwendung eines scheinbar neutralen Merkmals bewirkte *überwiegende negative Betroffenheit von EU-Ausländern*[247]. Danach liegt eine offene Diskriminierung beispielsweise vor, wenn eine zivilprozessuale Vorschrift die Notwendigkeit einer Prozesskostensicherheit nur für Angehörige anderer (Mitglied-)Staaten vorsieht, nicht aber für Inländer[248]. Die Benachteiligung einer juristischen Person aufgrund ihres EU-ausländischen Gesellschaftssitzes stellt ebenfalls eine offene Diskriminierung (aus Gründen der Staatszugehörigkeit) dar. Dementsprechend hat das BVerfG klargestellt, dass sich die Grundrechtsberechtigung *inländischer* juristischer Personen (Art. 19 Abs. 3 GG) auch auf *EU-ausländische* juristische Personen erstreckt[249]. Gleiches muss hinsichtlich der Deutschen-Grundrechte des Grundgesetzes gelten. Das BVerfG erreicht dieses Ergebnis jedoch nicht über eine formale Erstreckung des Schutzbereiches dieser Grundrechte auf EU-Ausländer, sondern wendet Art. 2 Abs. 1 GG an[250], der in solchen Konstellationen im Wege einer unionsrechtskonformen Aus-

---

245 EuGH, Rs. C-323/95, Slg. 1997, S. I-1711, Rn. 19 – *Hayes* (= P Nr. 121); EuGH, Rs. C-122/96, Slg. 1997, S. I-5325, Rn. 26 – *Saldanha;* vgl. auch EuGH, Rs. C-398/92, Slg. 1994, S. I-467, Rn. 16 – *Mund & Fester.*
246 EuGH, Rs. 22/80, Slg. 1980, S. 3427, Rn. 9 – *Boussac Saint-Frères;* EuGH, Rs. C-209/03, Slg. 2005, S. I-2119, Rn. 51 – *Bidar;* EuGH, Rs. C-591/17, ECLI:EU:C:2019:504, Rn. 42 – *Österreich/Niederlande.*
247 *Streinz,* in: Streinz (Hrsg.), EUV/AEUV, Art. 18 AEUV Rn. 53 ff. m. w. N.
248 EuGH, Rs. C-323/95, Slg. 1997, S. I-1711, Rn. 19 – *Hayes* (= P Nr. 121). Vgl. *Streinz,* in: Streinz (Hrsg.), EUV/AEUV, Art. 18 AEUV Rn. 53.
249 BVerfGE 129, 78, 94 ff.
250 BVerfG, Urt. v. 4.11.2010 – 1 BvR 3389/08, NVwZ 2011, S. 486, Rn. 51.

legung dem EU-Ausländer denselben Schutz gewährleisten soll wie er dem Deutschen aufgrund des Deutschen-Grundrechts zukäme[251]. Eine versteckte Diskriminierung ist nach Auffassung der herrschenden Lehre dagegen etwa anzunehmen, wenn die Gewährung von Ausbildungsförderung für das Studium an den Nachweis eines vor Aufnahme des Studiums bestehenden Wohnsitzes geknüpft wird[252]. Eine solche Differenzierung sei an sich in formaler Hinsicht neutral, wirke sich aber faktisch überwiegend zum Nachteil EU-ausländischer Studierender aus, da diese, anders als inländische Studieninteressenten, vor Aufnahme des Studiums regelmäßig keinen innerstaatlichen Wohnsitz nachweisen können[253].

786 Weder eine offene noch eine versteckte Diskriminierung aufgrund der Staatsangehörigkeit liegt dagegen vor, wenn der Herkunftsmitgliedstaat seine eigenen Staatsangehörigen in einer grenzüberschreitenden Situation benachteiligt. Zwar ist in solchen Fällen der Anwendungsbereich der Verträge eröffnet (Rn. 778). Der im Zusammenhang mit der Ausübung unionsrechtlicher Rechtspositionen entstehenden Benachteiligung der eigenen Staatsangehörigen liegt jedoch regelmäßig *keine Unterscheidung zwischen EU-Ausländern und Inländern* zugrunde. Der Herkunftsstaat unterscheidet in diesen Fällen vielmehr nur zwischen Inländern, die eine Grundfreiheit oder die unionsbürgerliche Freizügigkeit wahrgenommen haben, und solchen, die im Inland verblieben sind (sog. Diskriminierung grenzüberschreitender Sachverhalte; vgl. Rn. 824). Eine solche Ungleichbehandlung beruht nicht auf dem Merkmal der Staatsangehörigkeit, so dass Art. 18 Abs. 1 AEUV keine Anwendung findet. Diese Konstellationen werden jedoch von dem Beschränkungsverbot der Grundfreiheiten (vgl. Rn. 874 ff., 976 ff., 1029 f., 1072 f., 1106 ff.) oder der unionsbürgerlichen Freizügigkeit nach Art. 21 Abs. 1 AEUV erfasst (vgl. Rn. 809 ff.).

3. Rechtfertigung

787 Allein die Feststellung einer Diskriminierung im Anwendungsbereich der Verträge begründet jedoch noch keinen Verstoß gegen Art. 18 Abs. 1 AEUV. Anders als im Bereich der Grundfreiheiten (vgl. Rn. 879) ergeben sich Rechtfertigungsgründe zwar weder aus dem Wortlaut des Diskriminierungsverbots noch aus dem systematischen Zusammenhang. Dennoch prüft der EuGH in ständiger Rechtsprechung, ob eine Diskriminierung *„auf objektiven, von der Staatsangehörigkeit des Betroffenen unabhängigen Erwägungen beruht und in einem*

---

251 BVerfG, Beschl. v. 4.11.2015 – 2 BvR 282/13 u. 2 BvQ 56/12, NJW 2016, S. 1436, Rn. 10 ff. Vgl. hierzu auch *Ruffert*, JuS 2016, S. 1044; vgl. auch EuGH, Rs. C-191/16, ECLI:EU: C:2018:222, Rn. 36 f. – *Pisciotti*.
252 Vgl. EuGH, Rs. C-209/03, Slg. 2005, S. I-2119, Rn. 52 f. – *Bidar*.
253 Vgl. zum Wohnsitzerfordernis auch EuGH, Rs. C-103/08, Slg. 2009, S. I-9117, Rn. 28 – *Gottwald*.

angemessenen Verhältnis zu dem Zweck steht, der mit den nationalen Rechtsvorschriften verfolgt wird"[254].

Eine solche „Rechtfertigungsprüfung" erfolgt regelmäßig im Fall versteckter Diskriminierungen, weitaus seltener dagegen bei offenen Diskriminierungen. Daraus wird zum Teil der Schluss gezogen, dass Art. 18 Abs. 1 AEUV bei Vorliegen einer offenen Diskriminierung ein *absolutes* Diskriminierungsverbot enthalte, während bei versteckten Diskriminierungen lediglich ein *relatives* Diskriminierungsverbot vorliege[255]. Zur Begründung für diese Unterscheidung wird auf das Fehlen expliziter Rechtfertigungsgründe sowie den Wortlaut des Art. 18 Abs. 1 AEUV verwiesen, wonach „jede" Diskriminierung verboten sei. Diese Gründe lassen sich jedoch sowohl für die offene als auch für die versteckte Diskriminierung ins Feld führen. Versteht man diese „Rechtfertigungsprüfung" hingegen als Bestandteil eines einheitlichen, aber im Hinblick auf die Prüfungsebenen in zwei Teile zerfallenden Diskriminierungstatbestandes, so stellt sich die Frage nach dem Vorliegen objektiver Erwägungen folgerichtig bei beiden Fallgruppen. In dogmatischer Hinsicht wären die vom EuGH als „Rechtfertigungsgründe" bezeichneten objektiven Erwägungen dann als alternative Differenzierungsziele (Gesetzeszwecke) anzusehen, so dass eine offene oder versteckte Unterscheidung zwischen In- und EU-Ausländern bei Vorbringen entsprechender Gründe nicht auf die Staatsangehörigkeit zurückzuführen wäre[256]. Eine solche Lösung entspricht auch dem Sinn und Zweck des Art. 18 Abs. 1 AEUV, wonach nur Diskriminierungen *aus Gründen* der Staatsangehörigkeit untersagt sind. An diesen Gründen kann es aber nicht nur bei einer versteckten, sondern auch im Fall einer ausdrücklich an das Unterscheidungsmerkmal der Staatsangehörigkeit anknüpfenden Ungleichbehandlung fehlen. Dass sich offene Diskriminierungen anders als versteckte bei weitem schwieriger auf andere als staatsangehörigkeitsspezifische Erwägungen zurückführen lassen, mag eine Erklärung für die nur wenigen Urteile des Gerichtshofs sein, in denen eine solche Prüfung überhaupt vorgenommen wurde[257].

Diese Überlegungen sprechen für ein einheitliches Vorgehen im Rahmen des Art. 18 Abs. 1 AEUV. Ausgehend von der oben zitierten Formulierung des EuGH (Rn. 787) ist daher sowohl bei offenen als auch bei versteckten Diskriminierungen in einem ersten Schritt zu prüfen, ob die festgestellte Ungleichbehandlung auf objektiven Erwägungen beruht, die nicht auf staatsangehörigkeitsspezifische Gründe zurückgeführt werden können. Die in einem zweiten Schritt vorzunehmende Abwägung bezieht sich dann auf das Verhältnis zwischen dem Differenzierungsmerkmal und den der Ungleichbehandlung zugrunde liegenden objektiven Erwägungen. In dem oben genannten Beispiel einer zivilprozessualen

---

254 Vgl. EuGH, Rs. C-209/03, Slg. 2005, S. I-2119, Rn. 52 f. – *Bidar.*
255 Vgl. Darstellung *Kingreen*, in: Ehlers (Hrsg.), Europäische Grundrechte und Grundfreiheiten, § 13, Rn. 25 m.w. N.
256 So mit überzeugender Begründung *Görlitz*, Mittelbare Diskriminierung, S. 138 ff.
257 Vgl. *Epiney*, in: Calliess/Ruffert (Hrsg.), EUV/AEUV, Art. 18 AEUV Rn. 37.

Vorschrift über Prozesskostensicherheit (vgl. Rn. 785) wurde deren alleinige Anwendung auf Angehörige anderer Staaten mit den Risiken einer Urteilsvollstreckung im Ausland begründet[258]. Der Gerichtshof erkannte diesen Umstand dem Grunde nach als objektive Erwägung an. Das Unterscheidungsmerkmal der Staatsangehörigkeit wurde jedoch als ungeeignet angesehen, da es einerseits im Ausland wohnende Staatsangehörige von dem Erfordernis einer Prozesskostensicherheit ausschließt und andererseits auch für im Inland lebende Ausländer gilt. Im Ergebnis lag daher ein Verstoß gegen Art. 18 Abs. 1 AEUV vor, da sich das Unterscheidungsmerkmal der Staatsangehörigkeit nicht auf die geltend gemachte objektive Erwägung zurückführen ließ. Im Fall der oben beschriebenen versteckten Diskriminierung im Zusammenhang mit der Gewährung einer Ausbildungsförderung (vgl. Rn. 785) wurde die Voraussetzung eines vor Aufnahme des Studiums bestehenden Wohnsitzes mit der Notwendigkeit erklärt, dass Studierende einen gewissen Integrationsgrad in die Gesellschaft des leistungsgewährenden Staates nachweisen müssen[259]. Vor dem Hintergrund einer in Teilen steuerlich finanzierten Ausbildungsförderung akzeptierte der EuGH diese Erwägungen als unabhängig von der Staatsangehörigkeit bestehend und sah auch das Merkmal des Wohnsitzes in diesem Zusammenhang als geeignet an[260]. In Bezug auf die Dauer des Aufenthalts in einem anderen Mitgliedstaat als Nachweis der hinreichenden Integration erkannte der Gerichtshof in der Entscheidung *Förster* – in Anknüpfung an die Voraussetzungen für ein Daueraufenthaltsrecht nach der Freizügigkeitsrichtlinie[261] – einen Zeitraum von fünf Jahren als zulässig an[262]. Begründet der Mitgliedstaat eine Quotenregelung zulasten nichtansässiger Studierender beim Zugang zu medizinischen Studiengängen mit einer Gefährdung der öffentlichen Gesundheit (Mangel an medizinischem Personal), so verlangt der EuGH von den zuständigen mitgliedstaatlichen Stellen, dass sie anhand konkreter Untersuchungen das Bestehen einer tatsächlichen Gefährdung nachweisen[263].

---

258 EuGH, Rs. C-323/95, Slg. 1997, S. I-1711, Rn. 20 ff. – *Hayes* (= P Nr. 121).
259 EuGH, Rs. C-209/03, Slg. 2005, S. I-2119, Rn. 52 f. – *Bidar*. Zur Anwendung dieses Rechtfertigungsgrundes in einer anderen Konstellation vgl. EuGH, Rs. C-103/08, Slg. 2009, S. I-9117, Rn. 31 ff. – *Gottwald*. Allgemein zum Kriterium einer hinreichenden Integration in den Aufnahmemitgliedstaat *Devetzi*, EuR 2014, S. 638 ff.
260 EuGH, Rs. C-209/03, Slg. 2005, S. I-2119, Rn. 56 ff. – *Bidar*. Im Ergebnis lag dennoch ein Verstoß gegen Art. 18 Abs. 1 AEUV (Art. 12 EGV a. F.) vor, da die betreffende Regelung zusätzlich ein von EU-ausländischen Studierenden faktisch nicht zu erfüllendes Ansässigkeitserfordernis vorsah, vgl. Rn. 58.
261 Richtlinie 2004/38/EG, ABl.EU 2004 Nr. L 158, S. 77, geänd. ABl.EU 2011 Nr. L 141, S. 1. Vgl. dazu Rn. 829.
262 EuGH, Rs. C-158/07, Slg. 2008, S. I-8507, Rn. 54 f. – *Förster*.
263 EuGH, Rs. C-73/08, Slg. 2010, S. I-2735, Rn. 55 ff. – *Bressol* (= P Nr. 120).

4. Prüfungsschema zum allgemeinen Diskriminierungsverbot, Art. 18 AEUV

I. Anwendbarkeit
„*unbeschadet besonderer Bestimmungen*" = Vorrang der spezielleren Diskriminierungsverbote, insbes. Grundfreiheiten oder Sekundärrecht (Subsidiarität von Art. 18 Abs. 1 AEUV)

II. Schutzbereich von Art. 18 Abs. 1 AEUV
1. Sachlicher Schutzbereich
„*im Anwendungsbereich der Verträge*" = Sachverhalt mit Unionsrechtsbezug, z. B. über Grundfreiheiten, die Freizügigkeit nach Art. 21 Abs. 1 AEUV sowie die besonderen Politiken der EU; GASP-Maßnahmen (str.)
2. Persönlicher Schutzbereich
Unionsbürger i. S. d. Art. 20 Abs. 1 Satz 2 AEUV

III. Diskriminierung aus Gründen der Staatsangehörigkeit
1. Offene Diskriminierung
= wenn die Maßnahme explizit an das verbotene Merkmal der Staatsangehörigkeit anknüpft
2. Versteckte Diskriminierung
= wenn die Maßnahme an ein neutrales Kriterium anknüpft, sich aber wie eine offene Diskriminierung auswirkt, Indiz: überwiegende negative Betroffenheit von EU-Ausländern
3. Diskriminierung durch Gleichbehandlung

IV. Rechtfertigung
1. Objektive, von der Staatsangehörigkeit des Betroffenen unabhängige Erwägungen *und*
2. Schranken-Schranken: Verhältnismäßigkeitsgrundsatz.

5. Merksätze

Als besondere Ausprägung des allgemeinen Gleichheitssatzes verbietet das **Diskriminierungsverbot im Anwendungsbereich der Verträge** alle Benachteiligungen **aus Gründen der Staatsangehörigkeit** (Art. 18 Abs. 1 AEUV).

Der **Anwendungsbereich der Verträge** erfährt in der Rechtsprechung des EuGH eine **sehr weite Auslegung** und bezieht u. a. **in Anknüpfung an die unionsbürgerliche Freizügigkeit** (Art. 21 Abs. 1 AEUV) alle Sachbereiche ein, mit denen ein Unionsbürger im Rahmen der Ausübung seines Aufenthalts- und Bewegungsrechts in Berührung kommen kann.

Das Verbot in Art. 18 Abs. 1 AEUV erfasst sowohl eine im Tatbestand der betreffenden Regelung angelegte **Ungleichbehandlung vergleichbarer Sachverhalte** aus Gründen der Staatsangehörigkeit als auch eine **Gleichbehandlung ungleicher Sachverhalte**.

> Bei der tatbestandlichen Ungleichbehandlung vergleichbarer Sachverhalte aus Gründen der Staatsangehörigkeit wird zwischen **offenen und versteckten Diskriminierungen** unterschieden.
>
> Ein Verstoß gegen Art. 18 Abs. 1 AEUV liegt nicht vor, wenn die Ungleich- oder Gleichbehandlung auf **objektiven, von der Staatsangehörigkeit unabhängigen Erwägungen** beruht und in einem **angemessenen Verhältnis zu dem mit der nationalen Bestimmung verfolgten Zweck** steht.

Leitentscheidungen:
EuGH, Rs. 147/79, Slg. 1980, S. 3005 – *Hochstrass.*
EuGH, Rs. 293/83, Slg. 1985, S. 593 – *Gravier.*
EuGH, Rs. 186/87, Slg. 1989, S. 195 – *Cowan.*
EuGH, Rs. C-92/92, Slg. 1993, S. I-5145 – *Phil Collins.*
EuGH, Rs. C-398/92, Slg. 1994, S. I-467 – *Mund & Fester.*
EuGH, Rs. C-323/95, Slg. 1997, S. I-1711 – *Hayes* (= P Nr. 121).
EuGH, Rs. C-85/96, Slg. 1998, S. I-2691 – *Martínez Sala.*
EuGH, Rs. C-274/96, Slg. 1998, S. I-7637 – *Bickel und Franz.*
EuGH, Rs. C-184/99, Slg. 2001, S. I-6193 – *Grzelczyk* (= P Nr. 122).
EuGH, Rs. C-148/02, Slg. 2003, S. I-11613 – *Garcia Avello* (= P Nr. 123).
EuGH, Rs. C-209/03, Slg. 2005, S. I-2119 – *Bidar.*
EuGH, Rs. C-147/03, Slg. 2005, S. I-5969 – *Kommission/Österreich.*
EuGH, Rs. C-158/07, Slg. 2008, S. I-8507 – *Förster.*
EuGH, Rs. C-73/08, Slg. 2010, S. I-2735 – *Bressol* (= P Nr. 120).
EuGH, Rs. C-67/14, ECLI:EU:C:2015:597 – *Alimanovic.*
EuGH, Rs. C-296/15, ECLI:EU:C:2017:431 – *Medisanus* (= P Nr. 149).
EuGH, Rs. C-591/17, ECLI:EU:C:2019:504 – *Pkw-Maut.*

III. Die Unionsbürgerschaft und die Unionsbürgerrechte

Literaturhinweise: *Almhofer, M.:* Zum Aufenthaltsrecht Drittstaatsangehöriger zwei Jahre post Zambrano, NVwZ 2013, S. 1134; *Aust, H. P.:* Von Unionsbürgern und anderen Wählern – Der Europäische Gerichtshof und das Wahlrecht zum Europäischen Parlament, ZEuS 2008, S. 253; *Braun Binder, N./Vegh, A.:* Revidierte Verordnung zur Europäischen Bürgerinitiative: Lehren aus Erfahrungen?, EuR 2019, S. 302; *Calliess, Ch.:* Der Unionsbürger: Status, Dogmatik und Dynamik, EuR 2007, Beiheft 1, S. 7; *D'Alfonso Masarié, E.:* Kein Wahlrecht für nichtdeutsche Unionsbürger bei den bayerischen und pfälzischen Bezirkswahlen? Eine vermeidbare Sackgasse, BayVBl. 2019, S. 253; *Domröse, R./Kubicki, P.:* Das unionsbürgerliche Freizügigkeitsrecht und der Zugang zu sozialen Leistungen des Herkunftsstaates, EuR 2008, S. 873; *Fischer, H. G.:* Kommunalwahlrecht für Unionsbürger, NVwZ 1995, S. 455; *Frenz, W.:* Reichweite des unionsrechtlichen Aufenthaltsrechts nach den Urteilen Zambrano und McCarthy, ZAR 2011, S. 221; *ders.:* Die Studierendenfreizügigkeit in Europa, JA 2007, S. 4; *ders.:* Das europäische Freizügigkeitsrecht als umfassendes Gleichstellungsrecht?, ZESAR 2011, S. 307; *Frenz, W./Kühl, A.:* Die Freizügigkeitsrichtlinie und ihre defizitäre Umsetzung ins deutsche Recht, ZESAR 2007, S. 315; *Grzeszick, B.:* Nationale Staatsangehörigkeit und europäische Unionsbürgerschaft, ZRP

2015, S. 42; *Gundel, J.:* Möglichkeiten und Grenzen der Europäischen Bürgerinitiative, DÖV 2018, S. 585; *Haas, J.:* Der Ombudsmann als Institution des Europäischen Verwaltungsrechts, 2012; *Hailbronner, K.:* Staatsangehörigkeit und Unionsrecht, StAZ 2011, S. 1; *Hailbronner, K./Thym, D.:* Ruiz Zambrano – Die Entdeckung des Kernbereichs der Unionsbürgerschaft, NJW 2011, S. 2008; *Haratsch, A.:* Wahlrechte – Aktives und passives Europawahlrecht, in: Heselhaus, S. F./Nowak, C. (Hrsg.), Handbuch der Europäischen Grundrechte, 2006, § 47; *Heselhaus, S. F.:* Die Ausgestaltung der Europäischen Bürgerinitiative – Eine vertane Chance?, EuZ 2013, S. 4; *Hieber, T.:* Die Europäische Bürgerinitiative nach dem Vertrag von Lissabon, 2014; *Hipold, P.:* Die verkaufte Unionsbürgerschaft, NJW 2014, S. 1071; *ders.:* Die Unionsbürgerschaft – Entwicklung und Probleme, EuR 2015, S. 133; *Hölscheidt, S.:* Die Ausgestaltung des Petitionsrechts in der EU-Grundrechtecharta, EuR 2002, S. 440; *Kadelbach, S.:* Unionsbürgerrechte, in: Ehlers, D. (Hrsg.), Europäische Grundrechte und Grundfreiheiten, 4. Aufl. 2015, S. 797; *Kahl, W.:* Unionsbürgerstatus und nationale Staatsangehörigkeit – Souveränität unter unionsrechtlichem Vorbehalt, Jura 2011, S. 364; *Kaufmann, M.:* Kommunales Unionsbürgerwahlrecht und demokratischer Staatsaufbau, ZG 1998, S. 25; *Kotalakidis, N.:* Von der nationalen Staatsangehörigkeit zur Unionsbürgerschaft. Die Person und das Gemeinwesen, 2000; *Kubicki, P.:* Die subjektiv-rechtliche Komponente der Unionsbürgerschaft, EuR 2006, S. 489; *Nettesheim, M.:* Der „Kernbereich" der Unionsbürgerschaft – vom Schutz der Mobilität zur Gewährleistung eines Lebensumfelds, JZ 2011, S. 1030; *Obwexer, W.:* Das Freizügigkeitsrecht als elementares und persönliches Recht der Unionsbürger, EuR 2015, Beiheft 1, S. 51; *Pieroth, B./Schmülling, M.:* Die Umsetzung der Richtlinie des Rates zum Kommunalwahlrecht der Unionsbürger in den deutschen Ländern, DVBl. 1998, S. 365; *Rebhan, R.:* Zugang der Unionsbürger zu Sozialleistungen, EuR 2015, Beiheft 1, S. 95; *Scheuing, D. H.:* Freizügigkeit als Unionsbürgerrecht, EuR 2003, S. 744; *Schönberger, C.:* Unionsbürger – Europas föderale Bürgerschaft in vergleichender Sicht, 2005; *Schrapper, L.:* Die Richtlinie 94/80/EG zum aktiven und passiven Kommunalwahlrecht für Unionsbürger, DVBl. 1995, S. 1167; *Strempel, R.:* Ombudsmann für Europa – Zu Institution und Funktion des europäischen Bürgerbeauftragten, DÖV 1996, S. 241; *Szczekalla, P.:* Die Pflicht der Gemeinschaft und der Mitgliedstaaten zum diplomatischen und konsularischen Schutz, EuR 1999, S. 325; *Thym, D.:* Die Rückkehr des „Marktbürgers" – Zum Ausschluss nichterwerbstätiger EU-Bürger von Hartz IV-Leistungen, NJW 2015, S. 130; *ders.:* Unionsbürgerfreiheit und Aufenthaltsrecht, ZAR 2014, S. 220; *Tiedemann, M.:* Die sekundärrechtliche Ausgestaltung der europäischen Bürgerinitiative durch die Verordnung (EU) Nr. 211/2011, NVwZ 2012, S. 80; *Vitzthum, N.:* Die Entdeckung der Heimat der Unionsbürger, EuR 2011, S. 550; *Wollenschläger, F.:* Grundfreiheit ohne Markt, 2007.

Die Idee, Angehörigen der Mitgliedstaaten *auf europäischer Ebene* über die wirtschaftlichen Gewährleistungen hinaus auch *umfassendere Bürgerrechte* einzuräumen, bestand seit den Anfängen der Europäischen Gemeinschaften[264]. Ihre Verwirklichung wurde erst mit der Einführung einer Unionsbürgerschaft durch den Vertrag von Maastricht ins Werk gesetzt. Obwohl die Unionsbürgerschaft begrifflich an die Europäische Union anknüpft, wurde ursprünglich eine Regelung im EG-Vertrag vorgesehen (Art. 17 bis 22 EGV a. F.), um sie an den beson-

---

[264] Vgl. zur Entwicklung insgesamt *Hipold*, EuR 2015, S. 133; *Kadelbach*, in: Ehlers, Europäische Grundrechte und Grundfreiheiten, § 26, Rn. 4 ff.

deren Wirkungen des damaligen Gemeinschaftsrechts (vgl. Rn. 54, 60 ff.) teilnehmen zu lassen. Auf diese Weise unterlag die Unionsbürgerschaft von Anbeginn der uneingeschränkten Jurisdiktion des EuGH (vgl. Rn. 488 ff.). Der Vertrag von Lissabon hat – abgesehen von redaktionellen Überarbeitungen – hieran dem Grunde nach nichts geändert. Nunmehr finden sich die einschlägigen Vertragsartikel im zweiten Teil des AEUV in Art. 20 bis 25 AEUV. Im Gegensatz zur alten Rechtslage wurde die ausdrückliche Inbezugnahme der Unionsbürgerschaft in der Zielbestimmung des Art. 2 Abs. 1 Spiegelstrich 3 EUV a. F. aufgegeben (vgl. Art. 3 EUV). Erwähnt wird sie im EUV in der Lissabonner Fassung jedoch an anderer Stelle, allerdings ein wenig beiläufig in Art. 9 Satz 2 und 3 EUV im Titel II über die demokratischen Grundsätze, zusammen mit dem Grundsatz der Gleichheit der Bürgerinnen und Bürger.

793 Die mit der Einführung der Unionsbürgerschaft zugleich verankerten *Bürgerrechte* sind teils politischer (Kommunal- und Wahlrecht zum Europäischen Parlament, Art. 22 Abs. 1 und 2 AEUV, sowie das Petitions-, Beschwerde- und Korrespondenzrecht[265], Art. 24 AEUV) und teils allgemeiner Natur (unionsbürgerliches Freizügigkeitsrecht, Art. 21 AEUV, und Recht auf diplomatischen und konsularischen Schutz, Art. 23 AEUV). Mit Ausnahme des Art. 24 AEUV, der sich an die EU-Organe richtet, verpflichten die Unionsbürgerrechte allein die Mitgliedstaaten. Die mit ihrer Einführung erhoffte identifikationsstiftende Wirkung gegenüber der Europäischen Union können diese Gewährleistungen somit nur bedingt entfalten, prägen sie doch in überwiegendem Maße eben nur das Verhältnis des Unionsbürgers „zwischen" den Mitgliedstaaten im Falle seiner Grenzüberschreitung, nicht aber gegenüber der Union. Dieses ist jedoch weniger eine Unzulänglichkeit der Unionsbürgerschaft und ihrer Rechte als vielmehr der damit verbundenen Erwartungen. Eine Einräumung von (weitreichenden) Rechtspositionen gegenüber der Europäischen Union hätte nämlich zu einer Überlagerung und damit zugleich Entwertung der mitgliedstaatlichen Staatsangehörigkeitsverhältnisse führen können (vgl. aber Rn. 807). So aber ergänzt die Unionsbürgerschaft diese Relation, indem sie vornehmlich die grenzüberschreitenden Rechtsbeziehungen der Unionsbürger gegenüber den Mitgliedstaaten ausfüllt.

794 Nach dem Vertragswortlaut in Art. 20 Abs. 2 Satz 1 und 2 AEUV ist der Katalog der Unionsbürgerrechte nicht auf die Gewährleistungen der Art. 21 bis 24 AEUV beschränkt, sondern umfasst alle in den Verträgen vorgesehenen und bereits bestehenden subjektiven Rechte, also auch die Unionsgrundrechte, das allgemeine Diskriminierungsverbot und die Grundfreiheiten, die jeweils als eigenständige subjektive Gewährleistungen zu betrachten sind und daher gesondert an anderer Stelle behandelt werden (vgl. jeweils Rn. 684 ff., Rn. 766 ff. u. Rn. 860 ff.).

---

265 Das Korrespondenzrecht wurde erst durch den Amsterdamer Vertrag eingeführt.

Besondere *Bürgerpflichten*, wie sie der Wortlaut des Art. 20 Abs. 2 Satz 1 AEUV nahelegt, sind mit der Unionsbürgerschaft dagegen nicht verknüpft. In einem allgemeineren Sinne lassen sich darunter jedoch alle aus den Verträgen unmittelbar folgenden Verpflichtungen für Staatsangehörige der Mitgliedstaaten verstehen wie etwa im Bereich der Drittwirkung der Grundfreiheiten (vgl. Rn. 870), der Grundrechte-Charta[266] oder im Fall des Art. 157 AEUV (Grundsatz der Entgeltgleichheit, vgl. Rn. 688).

795

Die Unionsbürgerrechte der Art. 21 bis 24 AEUV finden sich auch in der *Charta der Grundrechte der Europäischen Union* (vgl. Titel V, Art. 39 und 40, 44 bis 46 GRC; zur Charta allgemein vgl. Rn. 689 ff.). Art. 52 Abs. 2 GRC bestimmt jedoch für den Fall einer parallelen Regelung in den Verträgen und in der Charta, dass die Ausübung dieser Rechte im Rahmen der in den Verträgen festgelegten Bedingungen und Grenzen zu erfolgen hat. Hieraus folgt eine umfassende Spezialität der im AEUV geregelten Unionsbürgerrechte[267]. Nicht zuletzt aus diesem Grund bestehen erhebliche Zweifel an der Sinnhaftigkeit einer doppelten Regelung, zumal die Einführung einer verbindlichen Grundrechte-Charta angesichts der gefestigten Grundrechtsjudikatur vor allem mit der Erhöhung der Rechtssicherheit und Transparenz begründet wurde[268]. Hieran mangelte es in Bezug auf die vertraglich ausdrücklich verankerten Unionsbürgerrechte im Gegensatz zu den als ungeschriebene allgemeine Rechtsgrundsätze entwickelten Grundrechten (vgl. Rn. 694) jedoch nicht.

796

Eine zukünftige Erweiterung der spezifisch mit der Unionsbürgerschaft verknüpften Rechte ermöglicht die *Evolutivklausel* des Art. 25 Abs. 2 AEUV ohne förmliches Vertragsänderungsverfahren. Allerdings bedarf es hierfür eines einstimmigen Ratsbeschlusses und einer Zustimmung des Europäischen Parlaments. Das Inkrafttreten der hierdurch eingeführten Bestimmungen erfordert sodann noch die Zustimmung der Mitgliedstaaten im Einklang mit ihren jeweiligen verfassungsrechtlichen Vorschriften, die nach deutschem Recht in Gestalt eines Gesetzes nach Art. 23 Abs. 1 GG zu erfolgen hat (vgl. § 3 Abs. 2 IntVG).

797

1. Die Unionsbürgerschaft

a) Die Unionsbürgerschaft als föderales Angehörigkeitsverhältnis

Die Bürgerrechte der Art. 21 bis 24 AEUV knüpfen tatbestandlich ausdrücklich an die Unionsbürgerschaft an. Nach Art. 20 Abs. 1 Satz 2 AEUV ist Unionsbürger, wer die Staatsangehörigkeit eines Mitgliedstaates besitzt. Nach Satz 3 dieser

798

---

[266] EuGH, verb. Rs. C-569/16 u. C-570/16 ECLI:EU:C:2018:871, Rn. 85 – *Bauer u. Willmeroth* (= P Nr. 140).
[267] Vgl. *Kingreen*, in: Calliess/Ruffert (Hrsg.), EUV/AEUV, Art. 52 GRC Rn. 3, 11.
[268] Vgl. *Nicolaysen*, in: Heselhaus/Nowak (Hrsg.), Handbuch der Europäischen Grundrechte, § 1, Rn. 73.

Bestimmung tritt die Unionsbürgerschaft zur nationalen Staatsbürgerschaft hinzu, ersetzt sie aber nicht. Weitergehende Aussagen zum Wesen und zur Funktion der Unionsbürgerschaft enthält der AEUV nicht. Die Deutung dieser Punkte bleibt somit vor allem der Rechtsprechung und auch dem Schrifttum überlassen. Von besonderem Interesse sind sie mit Blick auf das Verhältnis der Unionsbürgerschaft zur nationalen *Staatsangehörigkeit*.

799 Vergleicht man beide, so stellt man schnell wesentliche Unterschiede fest[269]. Bereits aus dem Wortlaut des Art. 20 Abs. 1 AEUV ergibt sich die konstitutive Bindung der Unionsbürgerschaft an die Staatsangehörigkeit. Bei der Unionsbürgerschaft handelt es sich demnach – anders als bei der nationalen Staatsangehörigkeit – nicht um ein originäres, sondern um ein *abgeleitetes Angehörigkeitsverhältnis*. Auch der Umfang der Unionsbürgerrechte, selbst unter Einschluss der wirtschaftlichen und grundrechtlichen Gewährleistungen, vermag nicht eine der Staatsangehörigkeit vergleichbar enge Rechts- und Pflichtenbindung zu begründen. Schließlich ist die EU kein Staat (Rn. 58 f.) und die Unionsbürgerschaft daher auch *keine europäische Staatsangehörigkeit*.

800 Will man die Unionsbürgerschaft jedoch positiv beschreiben, bedarf es mehr als nur der Feststellung der unzweifelhaft bestehenden Unterschiede zur nationalen Staatsangehörigkeit. Weiterführend ist in diesem Zusammenhang ein historisch aber auch gegenwärtig vergleichender Blick auf die Angehörigkeitsverhältnisse von Bundesstaaten[270]. Kennzeichnend für diese war und ist zum einen ein komplementäres Nebeneinander von glied- und bundesstaatlicher Angehörigkeit, wobei regelmäßig die bundesstaatliche Angehörigkeit aus der gliedstaatlichen folgt. Zum anderen zielen die durch die bundesstaatliche Angehörigkeit vermittelten Rechte vor allem auf die Rechtsstellung der Bundesangehörigen in jeweils anderen Gliedstaaten ab[271]. Die Europäische Union selbst ist zwar kein Bundesstaat und die Mitgliedstaaten sind keine Gliedstaaten. Der Charakter der Europäischen Union als Verbund von (Mitglied-)Staaten (Rn. 58 f.), die zunehmende Dichte der rechtlichen Verflechtungen zwischen der unionalen und der mitgliedstaatlichen Ebene und die überwiegend die Rechtsstellung der Unionsbürger gegenüber den Mitgliedstaaten schützenden Unionsbürgerrechte sprechen aber dafür, auch die *Unionsbürgerschaft als föderales Angehörigkeitsverhältnis* zu verstehen. Dieses ersetzt nicht das in der Staatsangehörigkeit zum Ausdruck kommende Band zwischen dem Einzelnen und seinem Mitgliedstaat, sondern ergänzt es in Bezug auf die unionale Ebene in notwendiger Weise[272].

---

[269] Vgl. etwa *Hatje*, in: Schwarze/Becker/Hatje/Schoo (Hrsg.), EU-Kommentar, Art. 20 AEUV Rn. 7 ff.
[270] So insbesondere *Schönberger*, Unionsbürger – Europas föderale Bürgerschaft in vergleichender Sicht, 2005.
[271] Siehe hierzu die Analyse bei *Schönberger*, Unionsbürger – Europas föderale Bürgerschaft in vergleichender Sicht, 2005, S. 60 ff. und S. 128 ff.
[272] *Schönberger*, Unionsbürger – Europas föderale Bürgerschaft in vergleichender Sicht, 2005, S. 272 ff.

III. Die Unionsbürgerschaft und die Unionsbürgerrechte

Die Hervorhebung des Verhältnisses zwischen den Angehörigen der Mitgliedstaaten und der Union liegt auch dem Verständnis der Unionsbürgerschaft von Seiten des Gerichtshofs zugrunde. Seit der Entscheidung *Grzelczyk* betont der EuGH in ständiger Rechtsprechung, dass der „Unionsbürgerstatus dazu bestimmt [ist], der grundlegende Status der Angehörigen der Mitgliedstaaten zu sein"[273]. Die der Unionsbürgerschaft damit beigemessene Bedeutung für das Unionsrecht spiegelt sich vor allem bei einer den Rechtskreis von Unionsbürgern erweiternden Auslegung verschiedener spezifischer und unspezifischer Unionsbürgerrechte wider[274]. Exemplarisch hierfür ist die Rechtsprechung zur unionsbürgerlichen Freizügigkeit nach Art. 21 Abs. 1 AEUV sowohl im Zusammenhang mit dem allgemeinen Diskriminierungsverbot aus Gründen der Staatsangehörigkeit (vgl. Rn. 775 f.) als auch als eigenständiger Prüfungsmaßstab für mitgliedstaatliche Maßnahmen, die das Aufenthalts- und Bewegungsrecht nur mittelbar berühren (vgl. Rn. 822 ff.).

801

b) Die Unionsbürgerschaft als subjektives Recht

In neueren Entscheidungen ist der Gerichtshof dazu übergegangen, auch den Unionsbürgerstatus selbst materiell-rechtlich aufzuwerten. In der Rs. *Rottmann* prüfte er die Entziehung der deutschen Staatsangehörigkeit an Art. 20 Abs. 1 AEUV, da in deren Folge dem betroffenen Unionsbürger die Staatenlosigkeit und damit auch der Entzug der Unionsbürgerschaft sowie der daran geknüpften Rechte drohte[275]. Im Ergebnis befand der EuGH die Entziehung als verhältnismäßig, da der Erwerb der Staatsangehörigkeit durch Täuschung erschlichen wurde. Der Schutz der in der Staatsangehörigkeit zum Ausdruck kommenden besonderen Verbundenheit und Loyalität sei insoweit ein im Allgemeininteresse liegender Grund[276]. Hieraus folgt für das Verhältnis der Unionsbürgerschaft zur mitgliedstaatlichen Staatsangehörigkeit, dass zumindest die zur Staatenlosigkeit führende Entziehung der letztgenannten unionsrechtlichen Grenzen unterliegt.

802

Einen Schritt weiter ist der EuGH in der Rs. *Zambrano* gegangen[277]. Gegenstand dieser Entscheidung war das Aufenthalts- und Arbeitsrecht eines drittstaatsangehörigen Vaters zweier unionsbürgerlicher Kinder. Diese Rechte wurden dem Vater von dem Mitgliedstaat, dessen Staatsangehörigkeit seine Kinder besaßen und in dem sich die Familie aufhielt, aus ausländerrechtlichen Gründen

803

---

273 EuGH, Rs. C-184/99, Slg. 2001, S. I-6193, Rn. 31 – *Grzelczyk* (= P Nr. 122); zuletzt in EuGH, Rs. C-221/17, ECLI:EU:C:2019:189, Rn. 31 – *Tjebbes*.
274 Für die Arbeitnehmerfreizügigkeit vgl. EuGH, Rs. C-138/02, Slg. 2004, S. I-2703, Rn. 60 ff. – *Collins*; EuGH, Rs. C-258/04, Slg. 2005, S. I-8275, Rn. 21 f. – *Ioannidis*.
275 EuGH, Rs. C-135/08, Slg. 2010, S. I-1449, Rn. 42 u. 46 – *Rottmann* (= P Nr. 129).
276 EuGH, Rs. C-135/08, Slg. 2010, S. I-1449, Rn. 51 – *Rottmann* (= P Nr. 129); bestätigt in EuGH, Rs. C-221/17, ECLI:EU:C:2019:189, Rn. 33 – *Tjebbes*.
277 EuGH, Rs. C-34/09, Slg. 2011, S. I-1177 – *Zambrano* (= P Nr. 130).

verweigert. Obwohl in tatsächlicher Hinsicht keine grenzüberschreitende Konstellation vorlag, prüfte der Gerichtshof den Sachverhalt am Maßstab des Unionsbürgerstatus der Kinder gemäß Art. 20 Abs. 1 AEUV und stellte fest, dass die Vorenthaltung der genannten Rechte dazu führe, dass den unionsbürgerlichen Kindern der „tatsächliche Genuss des Kernbestands der Rechte, die ihnen der Unionsbürgerstatus verleiht, verwehr[t] würde"[278]. Denn für diesen Fall nahm der EuGH an, dass die Kinder zusammen mit ihrem die Familie unterhaltenden Vater sowie der ebenfalls drittstaatsangehörigen Mutter gezwungen wären, die Europäische Union zu verlassen und so daran gehindert würden, ihre Unionsbürgerrechte tatsächlich in Anspruch zu nehmen. In der Konsequenz bedeutet dies, dass in der besonderen Situation der betroffenen Kinder aus deren Unionsbürgerschaft ein Anspruch auf (Voll-)Integration ihres drittstaatsangehörigen Elternteils folgt.

804   Betrachtet man die Umstände in der Rs. *Zambrano* und *Rottmann*[279] zusammen, so geht es in der Sache um die Abwehr mitgliedstaatlicher Maßnahmen, die den Unionsbürgerstatus rechtlich oder tatsächlich entwerten. Entscheidend für die Reichweite und das Verständnis dieser neuen Rechtsprechung ist die Frage, wann eine solche Statusbeeinträchtigung in Gestalt eines Eingriffs in den *Kernbestand der Unionsbürgerrechte* angenommen werden kann. Dass die Anforderungen an eine rechtliche und insbesondere an eine tatsächliche Entwertung sehr hoch sind, hat der Gerichtshof in mehreren Folgeentscheidungen bekräftigt[280]. Diese Urteile betrafen überwiegend unterschiedliche Konstellationen der Zusammenführung drittstaatsangehöriger Personen mit ihren unionsbürgerlichen Familienmitgliedern im EU-Heimatstaat der letztgenannten. Im Gegensatz zur Rs. *Zambrano* standen die betroffenen Unionsbürger hier nach Ansicht des Gerichtshofs jedoch nicht in einem solchen Abhängigkeitsverhältnis zu den Drittstaatsangehörigen, dass sie im Fall einer Aufenthaltsverweigerung für die letztgenannten tatsächlich gezwungen gewesen wären, „nicht nur das Gebiet des Mitgliedstaates, dem [sie] angehör[en], zu verlassen, sondern das Gebiet der Union als Ganzes"[281]. Notwendig hierfür ist nach EuGH jeweils eine ausreichende rechtliche, finanzielle oder affektive Sorge der Drittstaatsangehörigen

---

278 EuGH, Rs. C-34/09, Slg. 2011, S. I-1177, Rn. 45 – *Zambrano* (= P Nr. 130).
279 Dass auch diesem Urteil ein solcher Kernbestandsverstoß zugrunde lag, ergibt sich aus dem Rückverweis auf diese Entscheidung in EuGH, Rs. C-34/09, Slg. 2011, S. I-1177, Rn. 42 – *Zambrano* (= P Nr. 130).
280 EuGH, Rs. C-434/09, Slg. 2011, S. I-3375, Rn. 50 – *McCarthy*; EuGH, Rs. C-256/11, Slg. 2011, S. I-11315, Rn. 64 ff. – *Dereci u. a.*; EuGH, Rs. C-40/11, ECLI:EU:C:2012:691, Rn. 71 – *Iida*; EuGH, Rs. C-87/12, ECLI:EU:C:2013:291, Rn. 36 ff. – *Ymeraga*; EuGH, verb. Rs. C-356/11 u. C-357/11, ECLI:EU:C:2012:776, Rn. 45 ff. – *O. u. S.* (= P Nr. 131); EuGH, Rs. C-82/16, ECLI:EU:C:2018:308, Rn. 47 ff. – *K.A. u. a.*
281 EuGH, Rs. C-256/11, Slg. 2011, S. I-11315, Rn. 66 – *Dereci u. a.*; vgl. auch EuGH, Rs. C-434/09, Slg. 2011, S. I-3375, Rn. 50 – *McCarthy*; EuGH, Rs. C-87/12, ECLI:EU:C:2013:291, Rn. 36 – *Ymeraga*; EuGH, verb. Rs. C-356/11 u. C-357/11, ECLI:EU:C:2012:776, Rn. 47 – *O. u. S.* (= P Nr. 131); EuGH, Rs. C-82/16, ECLI:EU:C:2018:308, Rn. 47 ff. – *K.A. u. a.*

über ihre familienangehörigen Unionsbürger[282]. Ohne diese entstehe nicht ein tatsächlicher Ausreisezwang für den Unionsbürger, der letztlich dazu führt, dass es ihm de facto unmöglich wird, den Kernbestand der Rechte, die ihm der Unionsbürgerstatus verleiht, in Anspruch nehmen zu können[283]. Entsprechend verneinte der Gerichtshof jeweils das Vorliegen eines Kernbestandsverstoßes. In der Rs. *K.A. u. a.*, welche die Familienzusammenführung von Drittstaatsangehörigen mit Unionsbürgern in Belgien betrifft, bestätigt und präzisiert der Gerichtshof die bisherige Rechtsprechungslinie. Danach sei es nicht mit Art. 20 AEUV vereinbar, wenn ein Antrag auf Familienzusammenführung deshalb nicht bearbeitet werde, weil ein Einreiseverbot für den Drittstaatsangehörigen bestehe. Vielmehr müsse das Bestehen eines Abhängigkeitsverhältnisses von minderjährigen Unionsbürgern unter Berücksichtigung des Kindeswohls und sämtlicher Umstände des Einzelfalls geprüft werden (Alter des Kindes, seine Entwicklung, der Grad seiner affektiven Bindung an die Elternteile und das Risiko einer Trennung für sein inneres Gleichgewicht)[284]. Der Gerichtshof führt weiter aus, dass im Gegensatz zu Minderjährigen ein Erwachsener grundsätzlich in der Lage sei ein vom Familienangehörigen unabhängiges Leben zu führen und nur in Ausnahmefällen unter außergewöhnlichen Umständen ein Abhängigkeitsverhältnis angenommen werden könne[285]. Eine Präzisierung hinsichtlich dieser Umstände bleibt abzuwarten.

Ungeachtet des engen Anwendungsbereichs schließt der EuGH mit dieser neuen Rechtsprechungslinie eine kleine, aber gleichwohl bestehende Lücke im bisherigen Rechtsschutz auf Grundlage der Unionsbürgerrechte, insbesondere der Freizügigkeit nach Art. 21 Abs. 1 AEUV (vgl. hierzu Rn. 809 ff.). Diese entfaltet ihre Schutzwirkungen nach ständiger Rechtsprechung – ebenso wie die Grundfreiheiten und das allgemeine Diskriminierungsverbot aus Gründen der Staatsangehörigkeit – nämlich nur in grenzüberschreitenden Sachverhalten, die in den Rs. *Rottmann* und *Zambrano* nicht gegeben waren. Der in diesen Entscheidungen gleichwohl bestehende „unionsrechtliche Bezug", der diese Fälle von rein innerstaatlichen, nicht am Maßstab des EU-Rechts zu prüfenden Sachverhalten unterscheidet, liegt in der tatsächlichen bzw. rechtlichen Entwertung des Unionsbürgerstatus. Zugleich folgt hieraus, in welchem Konkurrenzverhältnis Unionsbürgerschaft und Unionsbürgerrechte, insbesondere das Freizügigkeitsrecht nach Art. 21 AEUV, in Bezug auf den Rechtsschutz stehen: Nimmt

805

---

282 EuGH, verb. Rs. C-356/11 u. C-357/11, ECLI:EU:C:2012:776, Rn. 56 – *O. u. S.* (= P Nr. 131). Vgl. dazu im Einzelnen *Almhofer*, NVwZ 2013, S. 1134, 1135 f.
283 EuGH, Rs. C-256/11, Slg. 2011, S. I-11315, Rn. 66 – *Dereci u. a.*; vgl. auch EuGH, Rs. C-434/09, Slg. 2011, S. I-3375, Rn. 50 – *McCarthy*; EuGH, Rs. C-87/12, ECLI:EU:C:2013:291, Rn. 36 – *Ymeraga*; EuGH, verb. Rs. C-356/11 u. C-357/11, ECLI:EU:C:2012:776, Rn. 46 – *O. u. S.* (= P Nr. 131).
284 Diese Kriterien finden sich in EuGH, Rs. C-133/15, ECLI:EU:C:2017:354, Rn. 71 – *Chavez-Vilchez u. a.*; bestätigt in EuGH, Rs. C-82/16, ECLI:EU:C:2018:308, Rn. 76 – *K.A. u. a.*
285 EuGH, Rs. C-82/16, ECLI:EU:C:2018:308, Rn. 76 – *K.A. u. a.*

die betroffene Person ihre Unionsbürgerrechte, etwa die Freizügigkeit, in Anspruch und entsteht hierdurch ein grenzüberschreitender Sachverhalt, so sind nachteilige Maßnahmen allein am Maßstab des betreffenden Unionsbürgerrechts bzw. seiner sekundärrechtlichen Ausgestaltung (vgl. hierzu Rn. 812, 829) zu messen[286]. Ist das nicht der Fall, so gewährt der Unionsbürgerstatus subjektiven Rechtsschutz, soweit dessen rechtliche oder tatsächliche Entwertung droht[287]. Im letzten Fall folgt hieraus zusätzlich eine Begünstigung der drittstaatsangehörigen Familienmitglieder in Gestalt abgeleiteter Rechte auf Aufenthalt und ggf. auch Aufnahme einer Beschäftigung[288].

806 Die darin liegende Erweiterung des subjektiven Rechtsschutzes der Unionsbürger ist jedoch sowohl in rechtsdogmatischer Hinsicht als auch aus der Perspektive des deutschen Verfassungsrechts nicht unproblematisch. Ersteres wird zunächst an der Rs. *Rottmann* deutlich. Der von der mitgliedstaatlichen Staatsangehörigkeit abgeleitete Unionsbürgerstatus wird dort für den Fall der Entziehung der Staatsangehörigkeit *umgekehrt* und zum unionsrechtlichen Prüfungsmaßstab für die Rechtmäßigkeit der staatlichen Maßnahme erhoben, obgleich sich ein solches Stufenverhältnis und ein subjektivrechtlicher Gehalt des Unionsbürgerstatus gerade nicht aus dem Vertragswortlaut entnehmen lassen. Eine dogmatisch stringente Begründung für diese Fortentwicklung der Unionsbürgerschaft bleibt der EuGH aber schuldig. Sie auf die Loyalitätsverpflichtung des Art. 4 Abs. 3 EUV und ein daraus folgendes Gebot der Mitgliedstaaten zur Beachtung der Unionsbürgerschaft bei staatsangehörigkeitsrelevanten Maßnahmen zu stützen, ist ein erwägenswerter Ansatz[289]. Ob hierauf auch die Rs. *Zambrano* gestützt werden kann, erscheint allerdings fraglich. Nach dieser Entscheidung folgt aus der Unionsbürgerschaft gegenüber dem eigenen Mitgliedstaat nicht nur ein Abwehrrecht, sondern ein nach nationalem Recht gerade nicht gegebener Anspruch auf (Voll-)Integration der drittstaatsangehörigen Familienmitglieder.

807 An diese dogmatischen Fragen knüpfen auch die sich aus dieser Rechtsprechung ergebenden verfassungsrechtlichen Probleme. Zwar sieht auch das BVerfG in der Unionsbürgerschaft „ein zwischen den Staatsangehörigen der Mitgliedstaaten […] auf Dauer angelegtes rechtliches Band […], das zwar nicht eine der gemeinsamen Zugehörigkeit zu einem Staat vergleichbare Dichte besitzt, dem bestehenden Maß existentieller Gemeinsamkeit jedoch einen rechtlich verbindlichen Ausdruck verleiht"[290]. Es betrachtet den Unionsbürgerstatus und die damit verbundene Rechtsentwicklung aber vor dem Hintergrund der grundgesetzlichen Grenzen der fortschreitenden europäischen Integration[291]. Diese sieht das BVerfG vornehmlich im Demokratieprinzip angelegt, aus welchem es

---

[286] Vgl. EuGH, Rs. C-87/12, ECLI:EU:C:2013:291, Rn. 36 – *Ymeraga*.
[287] Siehe hierzu auch *Nettesheim*, JZ 2011, S. 1030, S. 1033 ff.
[288] Zur aufenthaltsrechtlichen Komponente siehe *Almhofer*, NVwZ 2013, S. 1134 ff.
[289] So der Vorschlag von *Kahl*, Jura 2011, S. 364, 369 f.
[290] BVerfGE 89, 155, 184 – *Maastricht*.
[291] Zuletzt in BVerfGE 123, 267, 404 ff. – *Lissabon*.

u. a. ableitet, dass allein das deutsche Volk Legitimationssubjekt der grundgesetzlich verfassten deutschen Staatsgewalt sei. Die Schaffung eines neuen, europäischen Legitimationssubjektes der Staatsgewalt sei nur auf Grundlage einer neuen Verfassung möglich. Bis dahin sei der Staatsangehörigkeitsstatus als Ausdruck der Zugehörigkeit zum deutschen Staatsvolk primärer Natur. Und das aus den deutschen Staatsangehörigen bestehende Staatsvolk bewahre seine Existenz so lange, „wie die *Unionsbürgerschaft die Staatsangehörigkeit der Mitgliedstaaten nicht ersetzt oder überlagert.* Der abgeleitete Status der Unionsbürgerschaft und die Wahrung der mitgliedstaatlichen Staatsangehörigkeit bilden die Grenze für die in Art. 25 Abs. 2 AEUV angelegte Entwicklung der Unionsbürgerrechte und für die Rechtsprechung des Gerichtshofs"[292]. Diese im *Lissabon*-Urteil aufgestellten Grenzen sah das BVerfG zum damaligen Zeitpunkt nicht als verletzt an. Betrachtet man die erst danach entschiedenen Rs. *Rottmann* und *Zambrano* in diesem Lichte, so ist eine Ersetzung mitgliedstaatlicher Staatsangehörigkeiten fernliegend. Es drängt sich jedoch die Frage auf, ob darin nicht der erste Ansatz einer Überlagerung erblickt werden kann.

c) Prüfungsschema zur Unionsbürgerschaft, Art. 20 AEUV

I. Anwendbarkeit von Art. 20 AEUV
 1. Unmittelbare Anwendbarkeit
 2. Vorrang der sich aus den Grundfreiheiten, Art. 18 AEUV und Art. 21 AEUV ergebenden Aufenthalts-, Bewegungs- und sonstigen Unionsbürgerrechte
 3. Vorrangige Anwendung der Bestimmungen der Freizügigkeitsrichtlinie und der Familienzusammenführungsrichtlinie
II. Schutzbereich
 1. Sachlicher Schutzbereich
  Schutz des Kernbestands der Rechte, die der Unionsbürgerstatus verleiht, der ggf. Aufenthaltsrecht und Arbeitserlaubnis für Drittstaatsangehörige vermitteln kann, soweit der geschützte Unionsbürger auf den Drittstaatsangehörigen angewiesen ist
 2. Persönlicher Schutzbereich
  Unionsbürger
III. Eingriff
 Maßnahme des Herkunftsstaates des Unionsbürgers, welche dazu führt, dass dem Unionsbürger der rechtliche oder tatsächliche Genuss des Kernbestands der Rechte aus dem Unionsbürgerstatus verwehrt wird.
IV. Rechtfertigung
 1. Gründe des Allgemeininteresses
 2. Schranken-Schranken
  a. EU-Grundrechte (soweit anwendbar)
  b. Verhältnismäßigkeitsgrundsatz

---

[292] BVerfGE 123, 267, 405 – *Lissabon.*

2. Unionsbürgerliches Freizügigkeitsrecht

809 Art. 21 Abs. 1 AEUV gibt jedem Unionsbürger das Recht, sich im Hoheitsgebiet der Mitgliedstaaten frei zu bewegen und aufzuhalten (vgl. auch Art. 45 Abs. 1 GRC). Diese Bestimmung ist trotz des im Wortlaut enthaltenen Vorbehalts der aus dem Unionsrecht folgenden Beschränkungen und Bedingungen *unmittelbar anwendbar*[293]. Die Voraussetzungen und Grenzen des allgemeinen Freizügigkeitsrechts unterliegen jedoch der Ausgestaltung durch den Unionsgesetzgeber, der von dieser Ermächtigung durch Erlass der sog. *Freizügigkeitsrichtlinie* aus dem Jahre 2004 Gebrauch gemacht hat[294]. Vor Einführung der Vorschriften über die Unionsbürgerschaft bestand ein Recht auf freie Bewegung und Aufenthalt nur in Verbindung mit den wirtschaftsbezogenen Grundfreiheiten[295] oder auf Grundlage des Sekundärrechts in Form der vor Inkrafttreten des Maastrichter Vertrags erlassenen nichtwirtschaftsbezogenen drei Aufenthaltsrichtlinien[296]. Mit Art. 21 Abs. 1 AEUV ist somit erstmals ein von der Ausübung einer wirtschaftlichen Aktivität unabhängiges Freizügigkeitsrecht primärrechtlich verankert[297]. Gegenüber den personenbezogenen Grundfreiheiten und den daraus folgenden Bewegungs- und Aufenthaltsrechten tritt Art. 21 Abs. 1 AEUV als subsidiär zurück. Dies gilt auch dann, wenn sich der Aufenthaltszweck nicht allein in der grundfreiheitlich geschützten und tatsächlich ausgeübten Betätigung erschöpft, sondern zugleich auch nicht wirtschaftlichen Zielen dient wie etwa einer Hochschulausbildung[298]. Grund für die Subsidiarität ist, dass die allein an die Ausübung einer abhängigen oder selbstständigen Erwerbstätigkeit anknüpfenden grundfreiheitlichen Aufenthaltsrechte im Übrigen voraussetzungslos gewährleistet sind (vgl. zur Arbeitnehmerfreizügigkeit Rn. 995 f.; zu den Besonderheiten im Fall der Arbeitssuche vgl. Rn. 960). Das in Art. 21 Abs. 1 AEUV verankerte Aufenthaltsrecht hat der Unionsgesetzgeber in der Freizügigkeitsrichtlinie hingegen einem sog. Vorbehalt sozialer Absicherung unterworfen (vgl. Rn. 817, 829). Rechtspraktische Konsequenzen hat die daraus folgende Unterscheidung der Freizügigkeitsregime für erwerbstätige und nicht erwerbstätige

---

293 EuGH, Rs. C-413/99, Slg. 2002, S. I-7091, Rn. 84 – *Baumbast u. R* (= P Nr. 124); EuGH, Rs. C-200/02, Slg. 2004, S. I-9925, Rn. 42 ff. – *Zhu u. Chen* (= P Nr. 125).
294 Richtlinie 2004/38/EG, ABl.EU 2004 Nr. L 158, S. 77; geänd. ABl.EU 2011 Nr. L 141, S. 1.
295 Vgl. zur Freizügigkeit der Arbeitnehmer Art. 45 Abs. 3 lit. b bis d AEUV; zur Niederlassungsfreiheit Art. 49 AEUV und zur Dienstleistungsfreiheit Art. 57 Abs. 3 AEUV.
296 Richtlinie 93/96/EWG, ABl.EG 1993 Nr. L 317, S. 59 (für Studierende); Richtlinie 90/365/ EWG, ABl.EG 1990 Nr. L 180, S. 28 (für den Erwerbsleben ausgeschiedene Arbeitnehmer und Erwerbstätige); Richtlinie 90/364/EWG, ABl.EG 1990 Nr. L 180, S. 26 (für sonstige Personen). Zum 30.4.2006 wurden diese Rechtsakte durch die Richtlinie 2004/38/EG, ABl.EU 2004 Nr. L 158, S. 77; geänd. ABl.EU 2011 Nr. L 141, S. 1, ersetzt – sog. Freizügigkeitsrichtlinie, vgl. Rn. 829.
297 Vgl. zur historischen Entwicklung des Freizügigkeitsrechts im heutigen Unionsrecht insgesamt *Scheuing*, EuR 2003, S. 744, 746 ff.; aus neuerer Perspektive *Obwexer*, EuR 2015, Beiheft 1, S. 51 ff.
298 EuGH, Rs. C-46/12, ECLI:EU:C:2013:97, Rn. 35 ff. – *L.N.*

Unionsbürger insbesondere für Fragen des Zugangs der letztgenannten Gruppe zu sozialen Leistungen im Aufnahmestaat (vgl. Rn. 775 f., 829)[299].

Im Vergleich zu den übrigen Unionsbürgerrechten der Art. 22 bis 24 AEUV überwiegt die Bedeutung der unionsbürgerlichen Freizügigkeit in der Rechtsprechung deutlich. Dabei sind drei verschiedene Konstellationen zu unterscheiden[300]: Geht es um die in Art. 21 Abs. 1 AEUV ausdrücklich enthaltenen *Rechte auf Bewegung und Aufenthalt*, richtet sich die unionsbürgerliche Freizügigkeit sowohl gegen beschränkende Maßnahmen des Aufnahme- als auch des Herkunftsstaates. So werden etwa eine Verweigerung des Aufenthaltsrechts[301] oder ein Verbot der Ausreise[302] unmittelbar an Art. 21 Abs. 1 AEUV gemessen (vgl. zu dieser Konstellation sogleich Rn. 812 ff.). Sind dagegen *Rechte anlässlich eines Aufenthalts* in einem anderen Mitgliedstaat betroffen, unterscheidet die Rechtsprechung danach, ob der Vorenthaltung dieser Rechtspositionen eine Diskriminierung aus Gründen der Staatsangehörigkeit oder eine von der Staatsangehörigkeit des betreffenden Unionsbürgers unabhängige Beeinträchtigung zugrunde liegt. Im ersten Fall gelangt als Prüfungsmaßstab allein das allgemeine Verbot der Diskriminierung aus Gründen der Staatsangehörigkeit gemäß Art. 18 Abs. 1 AEUV zur Anwendung. Art. 21 Abs. 1 AEUV dient insoweit lediglich als Anknüpfungspunkt für die Eröffnung des vertraglichen Anwendungsbereichs im Sinne des Art. 18 Abs. 1 AEUV (vgl. zu dieser Konstellation Rn. 775 f.). Solche Fallgestaltungen betreffen ausschließlich das Verhältnis von EU-ausländischen Unionsbürgern zum jeweiligen Aufenthaltsmitgliedstaat. Eine Prüfung der Beeinträchtigung nur am Maßstab der unionsbürgerlichen Freizügigkeit erfolgt hingegen im zweiten Fall, in welchem die freizügigkeitsrelevanten Beeinträchtigungen unabhängig von der Staatsangehörigkeit des Unionsbürgers eintreten (vgl. zu dieser Konstellation Rn. 822 ff.). In tatsächlicher Hinsicht stehen hier überwiegend Regelungen des jeweiligen Herkunftsstaates im Vordergrund, bei denen an die Wahrnehmung der Freizügigkeit Nachteile geknüpft werden, etwa der Verlust von bestimmten Sozialleistungen durch Wohnsitznahme in einem anderen Mitgliedstaat[303]. Erfasst werden von dieser Konstellation jedoch auch Fallgestaltungen, in denen die Freizügigkeit EU-ausländischer Unionsbürger durch nicht nach Art. 18 Abs. 1 AEUV diskriminierende Maßnahmen des (ehemaligen) Aufenthaltsstaates beeinträchtigt wird[304]. Konsequenz dieser differenzierenden Rechtsprechung ist nicht nur eine Inkongruenz der unionsrechtlichen Prüfungsmaßstäbe bei Rechten anlässlich des Aufenthalts – je nachdem ob es sich um eine Diskriminierung aus Gründen der Staatsangehörigkeit oder eine sonstige Be-

---
299 *Thym*, NJW 2015, S. 130 ff.; *Rebhan*, EuR 2015, Beiheft 1, S. 95, 101 ff.
300 *Domröse/Kubicki*, EuR 2008, S. 873; *Kubicki*, EuR 2006, S. 489.
301 Bspw. EuGH, Rs. C-413/99, Slg. 2002, S. I-7091, Rn. 91 ff. – *Baumbast u. R* (= P Nr. 124).
302 EuGH, Rs. C-33/07, Slg. 2008, S. I-5157, Rn. 15 ff. – *Jipa*.
303 EuGH, Rs. C-499/06, Slg. 2008, S. I-3993, Rn. 47 – *Nerkowska*.
304 EuGH, Rs. C-221/07, Slg. 2008, S. I-9029, Rn. 11, 48 – *Zablocka-Weyhermüller*; EuGH, Rs. C-544/07, Slg. 2009, S. I-3389, Rn. 55, 87 – *Rüffler*.

einträchtigung handelt. Unterschiede bestehen auch in Bezug auf die Prüfung der unionsbürgerlichen Freizügigkeit als alleinigem Prüfungsmaßstab für unmittelbare Beeinträchtigungen der Rechte auf Bewegung und Aufenthalt einerseits und von darüber hinausgehenden Maßnahmen im Zusammenhang mit der Wahrnehmung der Freizügigkeit andererseits. Dies gilt es bei Falllösungen zu beachten[305] und wird auch den nachfolgenden Ausführungen zugrunde gelegt.

811 Hinzuweisen ist schließlich noch auf eine neuere Rechtsprechungsentwicklung. In einigen Entscheidungen ist der EuGH dazu übergegangen, Fragen des Bestehens bzw. Nichtbestehens eines auf Art. 21 Abs. 1 AEUV gestützten Aufenthaltsrechts nicht mehr am Maßstab der primärrechtlichen Vertragsvorschrift zu prüfen, sondern unmittelbar im Rahmen der es ausgestaltenden Freizügigkeitsrichtlinie (vgl. auch Rn. 769)[306]. Die einschlägigen Urteile betreffen bisher jedoch nur Konstellationen, in denen es um das Zusammenspiel von Aufenthaltsrecht und dem Diskriminierungsverbot aus Gründen der Staatsangehörigkeit ging. Im Ergebnis dürfte dies allerdings keine Auswirkungen haben. Die sekundärrechtlichen Konkretisierungen des Art. 21 Abs. 1 AEUV wurden in der Sache auch bisher schon berücksichtigt, nur erfolgte dies inzident bei der Prüfung der primärrechtlichen Vorschrift. An dieser (formalen) Vorgehensweise, welche die primärrechtliche Gewährleistung in den Vordergrund stellt, wird im Folgenden festgehalten.

a) Unmittelbare Beeinträchtigungen der Rechte auf Bewegung und Aufenthalt

aa) Schutzbereich

812 Im Rahmen des *sachlichen Schutzbereichs* geht es in dieser Konstellation allein um das Aufenthalts- und das Bewegungsrecht der Unionsbürger. Von praktischer Bedeutung wird ersteres vornehmlich bei ausländerrechtlichen Maßnahmen des Aufnahmestaates[307]. Hierbei sind die speziellen Regelungen in der bereits erwähnten Freizügigkeitsrichtlinie zu beachten (vgl. Rn. 817, 829)[308]. In geringerem Umfang finden sich dort auch konkretisierende Vorschriften zum Bewegungsrecht, welches auf primärrechtlicher Ebene das Recht auf Ein- und Ausreise, die Reisefreiheit in andere Mitgliedstaaten sowie alle damit unmittelbar in Zusammenhang stehenden Aspekte umfasst.

813 Der *persönliche Schutzbereich* des Art. 21 Abs. 1 AEUV erfasst ausschließlich Unionsbürger und damit nur Staatsangehörige der Mitgliedstaaten. Diese kön-

---

305 Instruktiv hierzu *Pechstein/Kubicki*, Jura 2008, S. 871.
306 Vgl. EuGH, Rs. C-140/12, ECLI:EU:C:2013:565, Rn. 44 ff. – *Brey;* EuGH, Rs. C-333/13, ECLI:EU:C:2014:2358, Rn. 69 ff. – *Dano;* EuGH, Rs. C-67/14, ECLI:EU:C:2015:597, Rn. 49 ff. – *Alimanovic.*
307 EuGH, Rs. C-413/99, Slg. 2002, S. I-7091, Rn. 84 ff. – *Baumbast u. R* (= P Nr. 124).
308 Richtlinie 2004/38/EG, ABl.EU 2004 Nr. L 158, S. 77, geänd. ABl.EU 2011 Nr. L 141, S. 1.

nen sich auf das Freizügigkeitsrecht auch dann berufen, wenn sie sich in staatlicher Amtsträgereigenschaft in einen anderen Mitgliedstaat begeben wollen[309]. Vom Schutzbereich ausgeschlossen sind nach dem Wortlaut hingegen Drittstaatsangehörige. Lediglich als Familienangehörige von Unionsbürgern steht ihnen ein sekundärrechtlich verbürgtes Bewegungs- und Aufenthaltsrecht nach der sog. Freizügigkeitsrichtlinie (vgl. Rn. 829)[310] zu. Erstmalig hat der EuGH in der Entscheidung *Zhu und Chen* hiervon eine Ausnahme gemacht und den persönlichen Schutzbereich des Art. 21 Abs. 1 AEUV auch auf Drittstaatsangehörige erweitert[311]. Gegenstand dieser Rechtssache war das Aufenthaltsrecht einer drittstaatsangehörigen Mutter einer minderjährigen Unionsbürgerin. Da die Mutter als Familienangehörige für den Unterhalt ihres aufenthaltsberechtigten Kindes sorgte, scheiterte eine direkte Berufung auf das einschlägige Sekundärrecht, welches insoweit nur die umgekehrte Situation einer materiellen Unterstützung der Familienangehörigen durch den Unionsbürger vorsieht. Um die praktische Wirksamkeit des primärrechtlich gewährleisteten Aufenthaltsrechts des Kindes zu sichern, hat der EuGH auch der drittstaatsangehörigen Mutter ein auf Art. 21 Abs. 1 AEUV gestütztes Aufenthaltsrecht zuerkannt. Hieraus folgt, dass es sich dabei um eine akzessorische Rechtsposition handelt, die jeweils aus dem Aufenthaltsrecht des Unionsbürgers abgeleitet wird[312].

In jüngerer Rechtsprechung hat der Gerichtshof in der Rs. *Lounes*[313] darüber hinaus in einer weiteren Konstellation Drittstaatsangehörigen, die Familienangehörige eines Unionsbürgers sind, ein auf Art. 21 Abs. 1 AEUV gestütztes Aufenthaltsrecht zuerkannt: Es ging um den Ehepartner einer Unionsbürgerin, die von ihrem Freizügigkeitsrecht dadurch Gebrauch gemacht hatte, dass sie sich seit vielen Jahren in einem anderen als dem Mitgliedstaat, dessen Staatsangehörigkeit sie ursprünglich ausschließlich besaß, aufhielt und schließlich zusätzlich zu ihrer ursprünglichen Staatsangehörigkeit die Staatsangehörigkeit des Aufnahmestaates erwarb. Nachdem sie sich viele Jahre im Aufnahmemitgliedstaat aufgehalten hatte, heiratete sie einen Drittstaatsangehörigen, mit dem sie sich weiterhin im Aufnahmemitgliedstaat aufhielt und dem dort selbst kein eigenes Aufenthaltsrecht zustand. Ihr drittstaatsangehöriger Ehepartner kann sich insoweit zur Herleitung eines abgeleiteten Aufenthaltsrechts nicht auf die Frei-

814

---

309 Vgl. EuGH, Rs. C-364/10, ECLI:EU:C:2012:630, Rn. 40 ff. – *Ungarn/Slowakei*. Allerdings unterliegt das Freizügigkeitsrecht in diesem Fall besonderen, aus dem Völkerrecht folgenden Beschränkungen. Siehe dazu *Obwexer*, EuR 2015, Beiheft 1, S. 51, 74 ff.
310 Richtlinie 2004/38/EG, ABl.EU 2004 Nr. L 158, S. 77, geänd. ABl.EU 2011 Nr. L 141, S. 1.
311 EuGH, Rs. C-200/02, Slg. 2004, S. I-9925, Rn. 42 ff. – *Zhu u. Chen* (= P Nr. 125). Vgl. dazu Art. 7 Abs. 2 lit. b der Richtlinie 2004/38/EG, ABl.EU 2004 Nr. L 158, S. 77, geänd. ABl.EU 2011 Nr. L 141, S. 1.
312 Vgl. EuGH, Rs. C-40/11, ECLI:EU:C:2012:691, Rn. 67 ff. – *Iida*; EuGH, Rs. C-133/15, ECLI:EU:C:2017:354, Rn. 62 ff. – *Chavez-Vilchez u. a.*
313 EuGH, Rs. C-165/16, ECLI:EU:C:2017:862 – *Lounes* (= P Nr. 126). Siehe hierzu auch *Lehner*, http://verfassungsblog.de/eu-auslaender-bleiben-trotz-einbuergerung-der-eugh-macht-es-moeglich/(23.11.2017).

zügigkeitsrichtlinie berufen; ein solches ergebe sich demgegenüber – so der Gerichtshof – unmittelbar aus Art. 21 Abs. 1 AEUV, „wobei die Voraussetzungen hierfür nicht strenger sein dürfen als diejenigen, die die Richtlinie 2004/38/EG für einen Drittstaatsangehörigen vorsieht, der Familienangehöriger eines Unionsbürgers ist, der sein Recht auf Freizügigkeit ausgeübt hat, indem er sich in einem anderen Mitgliedstaat niedergelassen hat als dem, dessen Staatsangehörigkeit er besitzt"[314]. Eine Reihe weiterer Fälle betraf Unionsbürger, die nach Ausübung ihres Freizügigkeitsrechts in ihren Herkunftsmitgliedstaat zurückkehren. Dabei wurde in unterschiedlichen Konstellationen ein abgeleitetes Aufenthaltsrecht für Drittstaatsangehörige entsprechend Art. 21 AEUV gegenüber dem Herkunftsstaat des Unionsbürgers geltend gemacht. Die Rechtsprechung zu *Lounes* wurde dabei dahingehend konkretisiert, dass den Rückkehrern ein abgeleitetes Aufenthaltsrecht gewährt wird, wenn diese unter Beachtung der Richtlinie 2004/38/EG in einem anderen Mitgliedstaat ein Familienleben entwickelt oder gefestigt haben. Dabei dürfen die Voraussetzungen für die Gewährung dieses abgeleiteten Aufenthaltsrechts grundsätzlich nicht strenger sein als diejenigen, die die Richtlinie 2004/38/EG für die Gewährung eines solchen Aufenthaltsrechts an einen Drittstaatsangehörigen vorsieht, der Familienangehöriger eines Unionsbürgers ist, der sein Recht auf Freizügigkeit ausgeübt hat, indem er sich in einem anderen Mitgliedstaat niedergelassen hat als dem, dessen Staatsangehörigkeit er besitzt[315]. In der Rs. *Coman* betraf dies die Rückkehr eines Unionsbürgers in seinen Herkunftsmitgliedstaat nach rechtmäßiger Eheschließung mit seinem gleichgeschlechtlichen drittstaatsangehörigen Partner in einem Mitgliedstaat, dessen Staatsangehörigkeit der Unionsbürger nicht besaß. Der Herkunftsstaat des Unionsbürgers hatte bei deren Rückkehr die Eheschließung, welche die Voraussetzungen der Richtlinie 2004/38/EG erfüllte, ebenfalls zu akzeptieren, obwohl der Herkunftsstaat die gleichgeschlechtliche Ehe nicht vorsah[316]. Zwei weitere Konstellationen betrafen den Familiennachzug: In der Rs. *Banger* gewährte der EuGH ein abgeleitetes Aufenthaltsrecht für einen Unionsbürger, der unter Beachtung der Richtlinie 2004/38/EG mit seinem Lebenspartner eine ordnungsgemäß bescheinigte dauerhafte Beziehung eingegangen ist[317]. Art. 21 AEUV kam entsprechend zur Anwendung, da der Unionsbürger in seinen Herkunftsstaat zurückkehrte und der Drittstaatangehörige nachziehen wollte[318]. Abgelehnt hat der EuGH den Nachzug eines Drittstaatangehörigen in der Rs. *Deha Altiner*, wo sich die Einreise des Drittstaatsangehörigen nicht „in

---

314 EuGH, Rs. C-165/16, ECLI:EU:C:2017:862, Rn. 62 – *Lounes* (= P Nr. 126); EuGH, Rs. C-673/16, ECLI:EU:C:2018:385, Rn. 25 – *Coman*; EuGH, Rs. C-89/17, ECLI:EU: C:2018:570, Rn. 29 – *Banger*.
315 EuGH, Rs. C-673/16, ECLI:EU:C:2018:385, Rn. 24 f. – *Coman*; EuGH, Rs. C-89/17, ECLI:EU:C:2018:570, Rn. 29 – *Banger*; EuGH, Rs. C-230/17, ECLI:EU:C:2018:497, Rn. 27 – *Deha Altiner*.
316 EuGH, Rs. C-673/16, ECLI:EU:C:2018:385 – *Coman*.
317 EuGH, Rs. C-89/17, ECLI:EU:C:2018:570, Rn. 30 – *Banger*.
318 EuGH, Rs. C-89/17, ECLI:EU:C:2018:570, Rn. 31–35 – *Banger*.

der natürlichen Verlängerung" zu der Rückkehr des Unionbürgers in den Herkunftsmitgliedstaat gestaltete. Das im Aufnahmestaat entwickelte oder gefestigte Familienleben konnte das Paar nicht nachweisen[319].

bb) Eingriff

Geht es allein um die Rechte auf Bewegung oder Aufenthalt, kommt es für den Eingriff nur darauf an, ob eine dieser beiden Gewährleistungen des Art. 21 Abs. 1 AEUV beeinträchtigt wird. Eine den Grundfreiheiten vergleichbare Unterscheidung zwischen Diskriminierungen oder unterschiedslosen Beschränkungen (vgl. Rn. 872 f.) ist für diese Konstellation nicht von Bedeutung[320]. Im Falle des Aufenthaltsrechts werden Eingriffe regelmäßig in Form von Verweigerungen oder Entziehungen von auf Art. 21 Abs. 1 AEUV gestützten Aufenthaltserlaubnissen vorliegen[321]. In Betracht kommen auch die bloße Feststellung, dass ein Aufenthaltsrecht nicht (mehr) besteht[322] oder aufenthaltsbeendende Maßnahmen wie etwa die Ausweisung eines Unionsbürgers[323] bzw. in bestimmten Konstellationen auch die eines Familienangehörigen eines Unionsbürgers[324]. Beim Bewegungsrecht ist dagegen eine Vielzahl von Eingriffen denkbar, von der Behinderung der Ein- und Ausreise durch Personenkontrollen wie in der Rs. *Wijsenbeek*[325] bis hin zu Ein- oder Ausreiseverweigerungen wie in der Rs. *Jipa*[326]. Eine mittelbare oder rein hypothetische Beeinträchtigung genügt jedoch nicht, wie in der Entscheidung *Kremzow* deutlich wird. Dort ging es um die Frage, ob die Verhängung einer Freiheitsstrafe zu einer Beeinträchtigung der unionsbürgerlichen Freizügigkeit führen könne[327]. Der EuGH bejahte diese Möglichkeit grundsätzlich, sah aber eine rein hypothetische Aussicht auf Ausübung des Bewegungsrechts als nicht ausreichend an.

815

---

319 EuGH, Rs. C-230/17, ECLI:EU:C:2018:497, Rn. 35 – *Deha Altiner*; für eine detaillierte Darstellung s. *Epiney;* NVwZ 2019, S. 921 ff.; *Berlit*, NVwZ Extra 4/2019, S. 17–19.
320 *Kubicki*, EuR 2006, S. 489, 494 f.
321 EuGH, Rs. C-413/99, Slg. 2002, S. I-7091, Rn. 76 ff. – *Baumbast u. R* (= P Nr. 124); EuGH, Rs. C-200/02, Slg. 2004, S. I-9925, Rn. 14 ff. – *Zhu u. Chen* (= P Nr. 125).
322 Derartige Feststellungen werden vor allem im Zusammenhang mit Fragen des Zugangs zu sozialen Leistungen relevant, wenn inzident im Rahmen des Gleichbehandlungsgebots geprüft wird, ob ein rechtmäßiger Aufenthalt nach Art. 21 Abs. 1 AEUV bzw. der Freizügigkeitsrichtlinie vorliegt, so etwa in EuGH, Rs. C-140/12, ECLI:EU:C:2013:565, Rn. 44 ff. – *Brey;* EuGH, Rs. C-333/13, ECLI:EU:C:2014:2358, Rn. 69 ff. – *Dano.* Siehe dazu auch oben Rn. 755 f.
323 EuGH, verb. Rs. C-482/01 u. C-493/01, Slg. 2004, S. I-5257, Rn. 32 ff., 53 ff. – *Orfanopoulos*.
324 Vgl. zum Ehegatten einer Unionsbürgerin: EuGH, Rs. C-165/16, ECLI:EU:C:2017:862 – *Lounes* (= P Nr. 126).
325 EuGH, Rs. C-378/97, Slg. 1999, S. I-6207, Rn. 24 ff. – *Wijsenbeek.*
326 EuGH, Rs. C-33/07, Slg. 2008, S. I-5157, Rn. 15 ff. – *Jipa;* EuGH, Rs. C-249/11, ECLI:EU:C:2012:608, Rn. 30 ff. – *Byankov.*
327 EuGH, Rs. C-299/95, Slg. 1997, S. I-2629, Rn. 16 – *Kremzow.*

cc) Rechtfertigung

816 Bei der Rechtfertigung von mitgliedstaatlichen Eingriffen in die Rechte auf Bewegung und Aufenthalt entfaltet der in Art. 21 Abs. 1 AEUV enthaltene Schrankenvorbehalt seine Bedeutung, ohne dass dabei in der Rechtsprechung des EuGH zwischen *„Beschränkungen und Bedingungen"* näher unterschieden wird. Der Vorbehalt bezieht sich zunächst auf die bereits bestehenden Beschränkungen der Personenverkehrsfreiheiten aus Gründen der öffentlichen Sicherheit, Ordnung und Gesundheit (vgl. Art. 45 Abs. 3 AEUV, Art. 52 Abs. 1 und Art. 62 AEUV; Rn. 984 ff., 1031 ff. u. 1078 ff.), deren Anwendungsvoraussetzungen in Anknüpfung an die einschlägige Rechtsprechung in der Freizügigkeitsrichtlinie (Rn. 829) näher konkretisiert wurden[328].

817 Neben diesen allgemein geltenden primärrechtlichen Rechtfertigungsgründen erfasst der Schrankenvorbehalt weitere, spezifische Beschränkungen des unionsbürgerlichen Freizügigkeitsrechts. Insbesondere diese, nur sekundärrechtlich geregelten Restriktionen machen deutlich, dass das Aufenthaltsrecht nicht erwerbstätiger Unionsbürger aus Art. 21 Abs. 1 AEUV – anders als die aus den Grundfreiheiten folgenden Aufenthaltsrechte – nicht uneingeschränkt besteht[329]. Angesprochen ist damit der sog. *Vorbehalt sozialer Absicherung*[330]. Nach der Freizügigkeitsrichtlinie (Rn. 829) unterliegt das über drei Monate hinausgehende Aufenthaltsrecht der Verpflichtung, den Nachweis einer alle Risiken im Aufnahmestaat abdeckenden Krankenversicherung und ausreichender Existenzmittel für den Lebensunterhalt zu erbringen. Entfallen oder fehlen diese Voraussetzungen, so ist der Aufenthalt nach Unionsrecht unrechtmäßig und der betreffende Aufnahmemitgliedstaat kann unter Beachtung unionsrechtlicher Grenzen aufenthaltsverweigernde oder -beendende Maßnahmen ergreifen; eine automatisch erfolgende Ausweisung ist nach der Rechtsprechung des EuGH jedoch ausgeschlossen (siehe Rn. 819)[331]. Ob auch der Herkunftsstaat die Ausreise der eigenen Staatsangehörigen aufgrund fehlender sozialer Absicherung verweigern darf, erscheint dagegen fraglich[332]. Die einschlägigen Regelungen der Freizügigkeitsrichtlinie beziehen sich insoweit nur auf das Aufenthaltsrecht und sind damit allein an den Mitgliedstaat gerichtet, in welchem sich der Unionsbürger begeben will.

---

328 Siehe Art. 27 ff. der Freizügigkeitsrichtlinie 2004/38/EG, Rn. 829. Zur Anwendung dieser Konkretisierungen in der Rechtsprechung, vgl. EuGH, verb. Rs. C-482/01 u. C-493/01, Slg. 2004, S. I-5257, Rn. 46 ff. – *Orfanopoulos;* EuGH, Rs. C-249/11, ECLI:EU:C:2012:608, Rn. 35 ff. – *Byankov.*
329 Vgl. EuGH, Rs. C-140/12, ECLI:EU:C:2013:565, Rn. 46 – *Brey.*
330 EuGH, Rs. C-413/99, Slg. 2002, S. I-7091, Rn. 87 ff. – *Baumbast u. R* (= P Nr. 124). Vgl. auch Art. 7 Abs. 1 lit. b u. c der Freizügigkeitsrichtlinie 2004/38/EG, Rn. 829.
331 EuGH, Rs. C-184/99, Slg. 2001, S. I-6193, Rn. 43 – *Grzelczyk* (= P Nr. 122); EuGH, Rs. C-456/02, Slg. 2004, S. I-7573, Rn. 45 – *Trojani.*
332 Dazu *Domröse/Kubicki,* EuR 2008, S. 873, 879.

III. Die Unionsbürgerschaft und die Unionsbürgerrechte

Über die sich aus dem Primär- und Sekundärrecht ergebenden Beschränkungen hinaus, hat der EuGH unter Verweis auf die Erwägungsgründe der früheren drei Aufenthaltsrichtlinien, wonach das Freizügigkeitsrecht „die öffentlichen Finanzen des Aufnahmestaates nicht über Gebühr belasten" darf, einen *ungeschriebenen allgemeinen Rechtfertigungsgrund* für Eingriffe in die Rechte auf Bewegung und Aufenthalt hergeleitet. Danach können die Mitgliedstaaten diese Rechte auch zur Wahrung ihrer berechtigten Interessen einschränken[333]. Vergleichbar der Rechtfertigung durch zwingende Gründe des Allgemeinwohls im Rahmen der Grundfreiheiten (vgl. Rn. 879, 943), handelt es sich hierbei um einen offenen Katalog von (Schutz-)Aspekten, der den Mitgliedstaaten einen durch den EuGH kontrollierbaren Einschränkungsspielraum der Rechte auf Bewegung und Aufenthalt eröffnet. Denkbar wäre eine Rechtfertigung aus Gründen des Allgemeininteresses und des Schutzes der nationalen Identität (Art. 4 Abs. 2 EUV). Diese wurde von der rumänischen Regierung in der Rs. *Coman* aufgeführt, allerdings vom EuGH abgelehnt, da nicht das Institut der Ehe beeinträchtigt werde, sondern nur eine Pflicht zur Anerkennung im Ausland geschlossener Ehen bestehe[334]. 818

Die genannten Beschränkungen des Freizügigkeitsrechts gemäß Art. 21 Abs. 1 AEUV sind allerdings nur zulässig, sofern sie mit den allgemeinen Grundsätzen des Unionsrechts, insbesondere mit dem *Grundsatz der Verhältnismäßigkeit* vereinbar sind[335]. Hohe Anforderungen folgen hieraus für mitgliedstaatliche Maßnahmen, die gegenüber Unionsbürgern aus Gründen der öffentlichen Ordnung, Sicherheit und Gesundheit gestützt werden[336]. Gleiches gilt grundsätzlich auch hinsichtlich der rechtlichen Maßstäbe in Fällen, in denen es an einer sozialen Absicherung fehlt. So ist die Beendigung des Aufenthaltsrechts allein wegen einer nicht umfassenden Krankenversicherung[337] oder des Fehlens ausreichender Existenzmittel unverhältnismäßig. Der Aufnahmemitgliedstaat muss nach der Rechtsprechung des EuGH alle Umstände des Einzelfalls berücksichtigen, wie z. B. die Dauer und den Umfang der finanziellen Schwierigkeiten oder die Verantwortung des Unionsbürgers für diese Situation[338]. Unklar ist allerdings weiterhin, wie eine (beabsichtigte) Inanspruchnahme sozialer Leistungen im Aufenthaltsstaat im Hinblick auf das Bestehen des Aufenthaltsrechts zu beurteilen ist. Da hierin eine Bestätigung für das Fehlen ausreichender Existenzmittel gesehen werden kann, stellt sich die Frage, ob dies zum Wegfall des Aufenthaltsrechts führt. Einer derart pauschalen Betrachtungsweise ist der EuGH in einer neueren 819

---
333 EuGH, Rs. C-413/99, Slg. 2002, S. I-7091, Rn. 90 – *Baumbast u. R* (= P Nr. 124); EuGH, Rs. C-200/02, Slg. 2004, S. I-9925, Rn. 32 – *Zhu u. Chen* (= P Nr. 125).
334 EuGH, Rs. C-673/16, ECLI:EU:C:2018:385, Rn. 42 f. – *Coman*.
335 EuGH, Rs. C-413/99, Slg. 2002, S. I-7091, Rn. 91, 94 – *Baumbast u. R* (= P Nr. 124).
336 Vgl. EuGH, Rs. C-33/07, Slg. 2008, S. I-5157, Rn. 29 – *Jipa*. Siehe zu Anforderungen in Bezug auf Ausweisungen auch die in Art. 27 ff. Freizügigkeitsrichtlinie kodifizierten Rechtsprechungsvorgaben.
337 EuGH, Rs. C-413/99, Slg. 2002, S. I-7091, Rn. 93 – *Baumbast u. R* (= P Nr. 124).
338 EuGH, Rs. C-184/99, Slg. 2001, S. I-6193, Rn. 44 f. – *Grzelczyk* (= P Nr. 122).

Entscheidung ausdrücklich entgegengetreten[339]. Insbesondere die Freizügigkeitsrichtlinie (Rn. 829) anerkenne eine bestimmte finanzielle Solidarität der Staatsangehörigen des Aufnahmemitgliedstaates mit denen anderer Mitgliedstaaten[340]. Daher sei nur eine *unangemessene Inanspruchnahme von Sozialhilfeleistungen* des Aufenthaltsstaates unzulässig und könne eine Beendigung des Aufenthaltsrechts begründen bzw. zu seiner Rechtswidrigkeit führen[341].

820   Offen ist hierbei, ob sich die Prüfung einer unangemessenen Inanspruchnahme auf die individuelle Situation des betreffenden Unionsbürgers beschränkt oder ob – zusätzlich – eine systembezogene Untersuchung zu erfolgen hat. Letzteres formulierte der Gerichtshof erstmals in der Rs. *Brey* und forderte eine Prüfung der Belastung, die dem nationalen Sozialhilfesystem in seiner Gesamtheit aus der Gewährung einer solchen Leistung nach Maßgabe der individuellen Umstände, die für die Lage des Betroffenen kennzeichnend sind, konkret entsteht[342]. In diesem Zusammenhang könne auch eine (statistische) Gesamtbetrachtung des Verhältnisses in- und entsprechender EU-ausländischer Leistungsbezieher erforderlich sein[343]. Das anschließend ergangene Urteil *Dano,* das den Zugang nicht erwerbstätiger Unionsbürger zu Leistungen der Grundsicherung nach dem Sozialgesetzbuch II (SGB II – „Hartz IV") betraf, weckt jedoch Zweifel, ob der Gerichtshof an diesem Element der Einzelfallprüfung, welches bei der Rechtsanwendung erhebliche praktische Probleme aufwirft[344], festhalten will. In seinen auf das Aufenthaltsrecht bezogenen Ausführungen erwähnte der EuGH die systembezogene Untersuchung nicht und betonte allein die „konkrete Prüfung der wirtschaftlichen Situation jedes Betroffenen"[345]. Zur Bedeutung des Vorbehalts ausreichender Existenzmittel als Voraussetzung des Aufenthaltsrechts stellte der Gerichtshof in diesem Zusammenhang zudem fest, dass nicht erwerbstätige Unionsbürger hierdurch daran gehindert werden sollen, „das System der sozialen Sicherheit des Aufnahmestaates zur Bestreitung ihres Lebensunterhalts in Anspruch zu nehmen"[346]. In der Sache ging es um eine von ihrer Schwester im Aufnahmestaat mit Naturalien versorgte Unionsbürgerin ohne Schulabschluss, die keinen Beruf erlernt hatte, weder in ihrem Herkunfts- noch im Aufnahmestaat erwerbstätig gewesen war und sich in letzterem trotz Arbeitsfähigkeit auch nicht um Arbeit bemüht hatte[347]. Das aus der Perspektive des Frei-

---

339 EuGH, Rs. C-140/12, ECLI:EU:C:2013:565, Rn. 63 f., 75 f. – *Brey.*
340 EuGH, Rs. C-140/12, ECLI:EU:C:2013:565, Rn. 72 – *Brey;* vgl. bereits vorher EuGH, Rs. C-184/99, Slg. 2001, S. I-6193, Rn. 44 – *Grzelczyk* (= P Nr. 122).
341 Vgl. EuGH, Rs. C-140/12, ECLI:EU:C:2013:565, Rn. 44 f., 63, 75 – *Brey;* vgl. auch EuGH, Rs. C-67/14, ECLI:EU:C:2015:597, Rn. 59 – *Alimanovic.*
342 So EuGH, Rs. C-140/12, ECLI:EU:C:2013:565, Rn. 64 – *Brey.*
343 Vgl. EuGH, Rs. C-140/12, ECLI:EU:C:2013:565, Rn. 78 – *Brey.*
344 Siehe hierzu *Rebhan,* EuR 2015, Beiheft 1, S. 95, 108 ff.
345 EuGH, Rs. C-333/13, ECLI:EU:C:2014:2358, Rn. 73 ff., 80 – *Dano.* Siehe dazu auch *Thym,* NJW 2015, S. 130, 132.
346 EuGH, Rs. C-333/13, ECLI:EU:C:2014:2358, Rn. 76 – *Dano.*
347 EuGH, Rs. C-333/13, ECLI:EU:C:2014:2358, Rn. 37, 39 – *Dano.*

zügigkeitsrechts restriktive Urteilsverständnis zum Vorbehalt ausreichender Existenzmittel und der unangemessenen Belastung der Sozialsysteme bestätigt der EuGH in den nachfolgenden Entscheidungen *Alimanovic*[348], *García-Nieto*[349] und *Kommission/Vereinigtes Königreich*[350]. In diesen Entscheidungen wurde nicht erwerbstätigen bzw. nicht mehr vom Tatbestand der Erwerbstätigkeit umfassten Personen der Anspruch auf Sozialleistungen verwehrt. Am Erfordernis einer Einzelfallprüfung scheint der EuGH zwar grundsätzlich weiterhin festzuhalten, allerdings verzichtet er darauf, wenn es sich um eine Person handelt, die zuvor einer Erwerbstätigkeit nachgegangen ist, da die Richtlinie 2004/38/EG ein abgestuftes System für die Aufrechterhaltung der Erwerbsträgereigenschaft geschaffen hat[351]. Dabei greift die Richtlinie verschiedene Faktoren auf, die die persönlichen Umstände der die Sozialleistung beantragenden Person berücksichtigen, wobei insbesondere auf die Dauer der Ausübung einer Erwerbstätigkeit abgestellt wird[352]. Die Differenzierung bei zuvor erwerbstätigen Personen steht im Einklang mit dem Grundsatz der Verhältnismäßigkeit und macht dadurch eine Einzelfallprüfung entbehrlich[353]. Zugleich stellt der EuGH die Geeignetheit einer Einzelfallprüfung zur Feststellung einer „unangemessenen Inanspruchnahme" nationaler Sozialhilfesysteme im Sinne von Art. 14 Abs. 1 Richtlinie 2004/38/EG insgesamt in Frage, da ein einzelner Antrag allein niemals eine ernsthafte Belastung des sozialen Sicherheitssystems bewirken könne, vielmehr könnte erst nach der Aufsummierung sämtlicher gestellter Einzelanträge eine Bewertung erfolgen[354]. Ob der EuGH, trotz Zweifeln an der Geeignetheit der Einzelfallprüfung, weiter an ihr festhält und die Frage, ob über Konstellationen hinaus, in denen ersichtlich keine Erwerbstätigkeit vorlag und auch nicht erstrebt wird, Raum für ihre Verwendung verbleibt, ist abzuwarten.

Zu den allgemeinen Grundsätzen des Unionsrechts gehören auch die *EU-Grundrechte* (Rn. 684 ff.). In Anlehnung an die Rechtsprechung des EuGH zu den Grundfreiheiten, wonach die von den Mitgliedstaaten geltend gemachten geschriebenen oder ungeschriebenen Rechtfertigungsgründe ihrerseits im Lichte der Unionsgrundrechte ausgelegt werden und mit diesen vereinbar sein müssen (vgl. Rn. 696 f., 880), stellt sich auch im Rahmen des Art. 21 Abs. 1 AEUV die Frage nach einer Anwendung der EU-Grundrechte als sog. Schranken-Schranke. Auf eine einschlägige Rechtsprechung des Gerichtshofs kann diesbezüglich

821

---

348 EuGH, Rs. C-67/14, ECLI:EU:C:2015:597, Rn. 63 – *Alimanovic*.
349 EuGH, Rs. C-299/14, ECLI:EU:C:2016:114, Rn. 53 – *García-Nieto*.
350 EuGH, Rs. C-308/14, ECLI:EU:C:2016:436, Rn. 86 – *Kommission/Vereinigtes Königreich*.
351 EuGH, Rs. C-67/14, ECLI:EU:C:2015:597, Rn. 59 – *Alimanovic*; dies soll auch für arbeitssuchende Personen gelten, die zuvor nicht erwerbstätig im Aufnahmemitgliedstaat waren EuGH, Rs. C-299/14, ECLI:EU:C:2016:114, Rn. 47 f. – *García-Nieto*.
352 EuGH, Rs. C-67/14, ECLI:EU:C:2015:597, Rn. 60 – *Alimanovic*; bestätigend EuGH, Rs. C-299/14, ECLI:EU:C:2016:114, Rn. 49 – *García-Nieto*.
353 EuGH, Rs. C-67/14, ECLI:EU:C:2015:597, Rn. 61 – *Alimanovic*.
354 EuGH, Rs. C-67/14, ECLI:EU:C:2015:597, Rn. 62 – *Alimanovic*; so auch EuGH, Rs. C-299/14, ECLI:EU:C:2016:114, Rn. 50 – *García-Nieto*.

(noch) nicht verwiesen werden. Für eine Übertragung dieser Konstruktion auf die Rechtfertigung mitgliedstaatlicher Eingriffe in die unionsbürgerliche Freizügigkeit spricht die mit den Grundfreiheiten vergleichbare Konstellation: Beeinträchtigungen EU-vertraglich gewährleisteter Rechte des Einzelnen – sei es der Grundfreiheiten oder Art. 21 Abs. 1 AEUV – müssen auch mit dem Unionsrecht im Übrigen vereinbar sein. Und hierzu zählen vor allem die EU-Grundrechte.

b) Sonstige Beeinträchtigungen der Freizügigkeit

aa) Anwendungsbereich

822 Stehen sonstige Beeinträchtigungen der Freizügigkeit im Raum, empfiehlt es sich, nicht vom Schutz-, sondern vom Anwendungsbereich des Art. 21 Abs. 1 AEUV zu sprechen. Denn die sich aus der Rechtsprechung des Gerichtshofs ergebende Regelungsintention der unionsbürgerlichen Freizügigkeit zielt in diesen Fällen weniger auf eine ausschließlich abwehrrechtliche Funktion zum Schutz des Aufenthalts- und des Bewegungsrechts, als vielmehr auf die Gewährleistung einer an sich ungehinderten Wahrnehmung der Freizügigkeit für alle Unionsbürger. Relevant ist diese Schutzrichtung dem Grunde nach für alle Regelungsbereiche des nationalen Rechts, insbesondere wenn diese In- und Auslandssachverhalte einem unterschiedlichen Rechtsregime unterwerfen, wie dies etwa häufig im Sozial- oder auch im Steuerrecht der Fall ist. Ergeben sich daraus Behinderungen für die ungehinderte Wahrnehmung des Freizügigkeitsrechts, die strukturell keine Diskriminierungen aus Gründen der Staatsangehörigkeit im Sinne von Art. 18 Abs. 1 AEUV darstellen, so verbleibt als Prüfungsmaßstab für derartige Konstellationen außerhalb des von den Grundfreiheiten abgedeckten Bereichs der wirtschaftlichen Betätigung allein die unionsbürgerliche Freizügigkeit. Diese erfasst sowohl die in der Praxis zahlreicheren Fälle der Behinderungen eigener Staatsangehöriger bei Wahrnehmung der Freizügigkeit, als auch die bisher selteneren Beeinträchtigungen, die zwar EU-Ausländer betreffen, aber gerade nicht an deren Staatsangehörigkeit anknüpfen[355].

823 In den einschlägigen Urteilen wird in diesem Zusammenhang geprüft, ob der betreffende Bereich des nationalen Rechts in den (sachlichen) Anwendungsbereich des Unionsrechts fällt. Das ist dann der Fall, wenn er sich auf die Freizügigkeit auswirkt bzw. auswirken kann[356]. Diese Verknüpfung überträgt der Gerichtshof aus seiner Rechtsprechung zu Art. 18 Abs. 1 AEUV, in welcher Art. 21 Abs. 1 AEUV zur Eröffnung der vertraglichen Anwendungsbereiche herangezogen wird (vgl. Rn. 775 f.). Der sachliche Anwendungsbereich des

---

355 EuGH, Rs. C-221/07, Slg. 2008, S. I-9029, Rn. 11, 48 – *Zablocka-Weyhermüller*.
356 Vgl. etwa EuGH, verb. Rs. C-11/06 u. C-12/06, Slg. 2007, S. I-9161, Rn. 23 – *Morgan* (Auslandsausbildungsförderung) (= P Nr. 128); EuGH, Rs. C-499/06, Slg. 2008, S. I-3993, Rn. 23 ff., insb. Rn. 26 f. – *Nerkowska* (Invaliditätsrente).

Art. 21 Abs. 1 AEUV erfasst danach – ebenso wie der Anwendungsbereich der Verträge als Voraussetzung für die Anwendung des Art. 18 Abs. 1 AEUV – alle Bereiche des nationalen Rechts, die sich auf die Wahrnehmung der Freizügigkeit auswirken können. Nach der bisherigen Rechtsprechung des Gerichtshofs sind etwa Vorschriften über die steuerliche Abzugsfähigkeit von Schulgeld[357] oder Beiträgen zur Krankenversicherung[358], über die unterschiedliche Besteuerung nicht Gebietsansässiger[359], den Zugang zur Arbeitslosenhilfe[360], die Entschädigung für zivile Kriegsopfer[361], das Namensrecht[362], über die Hinterbliebenenversorgung von Kriegerwitwen[363] oder den Zugang zu staatlichen Leistungen für einen Schwerbehinderten[364] erfasst. Ausgenommen bleiben somit nur rein innerstaatliche Sachverhalte. Diese kennzeichnen sich im Kontext der Unionsbürgerschaft und der Freizügigkeit nach Art. 21 Abs. 1 AEUV dadurch, dass letztere in tatsächlicher Hinsicht weder in Anspruch genommen wurde und auch nicht genommen werden soll, sowie durch das Fehlen eines Kernbestandsverstoßes im Hinblick auf den Unionsbürgerstatus (vgl. Rn. 802 ff.).

bb) Beeinträchtigungen der Freizügigkeit

Besonderheiten ergeben sich in dieser Konstellation der Anwendung von Art. 21 Abs. 1 AEUV auch im Zusammenhang mit der Frage nach den erfassten Beeinträchtigungen. Da es nicht um das Bewegungs- und Aufenthaltsrecht geht, sondern um Behinderungen, die aus Anlass der Wahrnehmung dieser Rechte erfolgen, unterscheidet der Gerichtshof – wohl in Anlehnung an die Grundfreiheiten – nach der Struktur der jeweils im Raum stehenden mitgliedstaatlichen Maßnahme[365]. Erfasst werden von Art. 21 Abs. 1 AEUV jedenfalls *Diskriminierungen grenzüberschreitender Sachverhalte* (vgl. Rn. 786). Hierunter werden solche Sachverhalte verstanden, in denen das nationale Recht Unionsbürger, welche die Freizügigkeit ausgeübt haben oder ausüben (wollen), in einer vergleichbaren Situation schlechterstellt als solche Bürger, die diese Rechte nicht wahrgenommen haben. So etwa in der Rs. *D'Hoop*, in der es um eine für die Eingliederung in den Arbeitsmarkt bestimmte Sozialleistung ging, die einer Unionsbürgerin vorenthalten wurde, weil sie ihr Abitur in einem anderen Mitgliedstaat absolviert hatte[366].

824

---
357 EuGH, Rs. C-76/05, Slg. 2007, S. I-6849, Rn. 87 ff. – *Schwarz u. Gootjes-Schwarz*.
358 EuGH, Rs. C-544/07, Slg. 2009, S. I-3389, Rn. 55, 87 – *Rüffler*.
359 EuGH, Rs. C-520/04, Slg. 2006, S. I-10685, Rn. 19 ff. – *Turpeinen*.
360 EuGH, Rs. C-406/04, Slg. 2006, S. I-6947, Rn. 39 – *De Cuyper*.
361 EuGH, Rs. C-192/02, Slg. 2006, S. I-10451, Rn. 20 ff. – *Tas-Hagen-Tas*.
362 EuGH, Rs. C-353/06, Slg. 2008, S. I-7639, Rn. 15 ff. – *Grunkin u. Paul*; EuGH, Rs. C-208/09, Slg. 2010, S. I-13693, Rn. 37 ff. – *Sayn-Wittgenstein*; EuGH, Rs. C-391/09, Slg. 2011, S. I-3787, Rn. 62 ff. – *Runeviè-Vardyn u. Wardyn*; EuGH, Rs. C-438/14, ECLI:EU:C:2016:401, Rn. 35 ff. – *Bogendorff von Wolffersdorff*.
363 EuGH, Rs. C-221/07, Slg. 2008, S. I-9029, Rn. 11, 48 – *Zablocka-Weyhermüller*.
364 EuGH, Rs. C-679/16, ECLI:EU:C:2018, Rn. 53 ff. – *A*.
365 *Domröse/Kubicki*, EuR 2008, S. 873, 880 ff.
366 EuGH, Rs. C-224/98, Slg. 2002, S. I-6191, Rn. 33 ff. – *D'Hoop* (= P Nr. 127).

Ein anderes Beispiel lag der Entscheidung *Pusa* zugrunde. Nach finnischem Zwangsvollstreckungsrecht war bei der Berechnung von Pfändungsfreigrenzen nur die im Inland erhobene Steuer zu berücksichtigen, nicht dagegen eine ausländische Steuerverbindlichkeit[367]. Betroffen hiervon waren gepfändete Rentenzahlungen an einen in Spanien lebenden Finnen, der dort auf die Rente Einkommensteuern zu zahlen hatte. In der Rs. *Rüffler* ging es hingegen um eine Regelung des polnischen Rechts über die steuerliche Behandlung von Pflichtbeiträgen an Krankenkassen[368]. Während Zahlungen an den polnischen Versicherungsträger von der Einkommensteuer abgezogen werden konnten, war dies für Zahlungen an ausländische Träger nicht vorgesehen. Hiergegen wandte sich ein in Polen lebender Deutscher mit Erfolg unter Berufung auf Art. 21 Abs. 1 AEUV.

825 Darüber hinaus scheint der Gerichtshof Art. 21 Abs. 1 AEUV ein von gleichheitsrechtlichen Erwägungen losgelöstes *Beschränkungsverbot* zugrunde zu legen. Bei diesem kommt es zum einen darauf an, ob die strittige Regelung geeignet ist, von der Wahrnehmung der unionsbürgerlichen Freizügigkeit abzuhalten[369]. Eine solche Eignung bestand bspw. bei der inzwischen geänderten Regelung des § 5 Abs. 2 Nr. 3 BAföG, wonach Ausbildungsförderung für ein Studium im Ausland nur dann gewährt wurde, wenn sie der Fortsetzung einer mindestens ein Jahr lang im Inland besuchten Ausbildung diente. Aufgrund der dadurch bewirkten zusätzlichen Kosten und Verzögerungen für das Auslandsstudium sah der Gerichtshof diese Bestimmung in der Entscheidung *Morgan* als Beschränkung der Freizügigkeit an[370]. Haben die betroffenen Personen dagegen bereits von der Freizügigkeit Gebrauch gemacht, so prüft der EuGH zum anderen, ob die streitgegenständliche Regelung Unionsbürger allein wegen der Wahrnehmung der Freizügigkeit beeinträchtigt[371]. Eine solche Beeinträchtigung stellte der Gerichtshof etwa in der Rs. *Grunkin und Paul* bezüglich des deutschen Namensrechts fest. Dieses sah die Eintragung eines Doppelnamens für Kinder deutscher Eltern, die unterschiedliche Namen führen, nicht vor. Für einen in Dänemark geborenen und dort lebenden Deutschen, der dort rechtmäßig mit einem Doppelnamen in das Personenstandsregister eingetragen wurde, führte diese Rechtslage zu erheblichen Problemen, da im deutschen Pass nur ein Name eingetragen werden konnte. Am Maßstab des Beschränkungsverbots wurden ferner inländische Wohnsitzerfordernisse etwa im Zusammenhang mit der Leistung

---

367 EuGH, Rs. C-224/02, Slg. 2004, S. I-5763, Rn. 18 ff. – *Pusa*.
368 EuGH, Rs. C-544/07, Slg. 2009, S. I-3389, Rn. 55, 87 – *Rüffler*.
369 EuGH, verb. Rs. C-11/06 u. C-12/06, Slg. 2007, S. I-9161, Rn. 31 – *Morgan* (= P Nr. 128); EuGH, Rs. C-499/06, Slg. 2008, S. I-3993, Rn. 31 – *Nerkowska*; EuGH, verb. Rs. C-523/11 u. C-585/11, ECLI:EU:C:2013:524, Rn. 32 – *Prinz u. Seeberger* (wenngleich die Terminologie hier uneinheitlich ist); EuGH, Rs. C-359/13, ECLI:EU:C:2015:118, Rn. 23 – *Martens*; EuGH, Rs. C-679/16, ECLI:EU:C:2018:601, Rn. 58 – *A*.
370 EuGH, verb. Rs. C-11/06 u. C-12/06, Slg. 2007, S. I-9161, Rn. 30 – *Morgan* (= P Nr. 128). Vgl. zu einer anderen BAföG-Bestimmung EuGH, verb. Rs. C-523/11 u. C-585/11, ECLI:EU:C:2013:524, Rn. 27 ff. – *Prinz u. Seeberger*.
371 EuGH, Rs. C-353/06, Slg. 2008, S. I-7639, Rn. 21 ff. – *Grunkin u. Paul*.

von Arbeitslosenhilfe³⁷², von Invaliditätsrente³⁷³ oder mit Entschädigungszahlungen für zivile Kriegsopfer³⁷⁴ geprüft.

Unklar bleibt jedoch zum einen, wann welcher Gewährleistungsgehalt des Art. 21 Abs. 1 AEUV zur Anwendung gelangt, zumal auch Diskriminierungen aus Gründen der Grenzüberschreitung geeignet sind, von der Wahrnehmung der Freizügigkeit abzuhalten. Zum anderen lässt sich der Rechtsprechung nicht entnehmen, welche Reichweite dem freizügigkeitsimmanenten Beschränkungsverbot zukommt³⁷⁵. In den einschlägigen Urteilsausführungen finden sich weder zu der einen noch zu der anderen Frage Hinweise. In Bezug auf die Unterscheidung der beiden Beeinträchtigungskategorien kann nur vermutet werden, dass der Gerichtshof im Falle der Anwendung des Beschränkungsverbots von einer fehlenden Diskriminierung grenzüberschreitender Sachverhalte ausgeht, wenngleich die von ihm als Beschränkung erfassten Sachverhalte teilweise durchaus Anlass bieten, eine Diskriminierung wegen der Grenzüberschreitung anzunehmen. Bedeutung hat diese Unterscheidung für die sich aus einem Verstoß gegen Art. 21 Abs. 1 AEUV ergebenden Rechtsfolgen. Im Falle einer nicht gerechtfertigten Beschränkung ist die nationale Vorschrift lediglich unanwendbar, bei einer Ungleichbehandlung aus Gründen der Grenzüberschreitung folgt aus Art. 21 Abs. 1 AEUV darüber hinaus ein Anspruch auf Gleichbehandlung mit dem Inlandssachverhalt³⁷⁶.

826

cc) Rechtfertigung

Die Unterscheidung zweier Beschränkungskategorien setzt sich in terminologischer Hinsicht auch auf der Ebene der Rechtfertigung fort. Während der Gerichtshof im Fall einer Ungleichbehandlung eine Rechtfertigung aus „*objektiven Erwägungen*"³⁷⁷ zulässt, spricht er bei Einschlägigkeit des Beschränkungsverbots von „*Erwägungen des Allgemeininteresses*"³⁷⁸. Ob mit dieser Differenzierung inhaltliche Unterschiede verbunden sind, erscheint nach der bisherigen Rechtsprechung zweifelhaft, denn in beiden Fällen versteckt sich hinter den Formulierungen ein offener, auch die öffentliche Ordnung umfassender³⁷⁹ Katalog an Rechtfer-

827

---

372 EuGH, Rs. C-406/04, Slg. 2006, S. I-6947, Rn. 39 – *De Cuyper*.
373 EuGH, Rs. C-499/06, Slg. 2008, S. I-3993, Rn. 23 ff. – *Nerkowska*.
374 EuGH, Rs. C-192/02, Slg. 2006, S. I-10451, Rn. 31 – *Tas-Hagen-Tas*.
375 Zu diesen Fragen siehe *Domröse/Kubicki*, EuR 2008, S. 873, 882 f.
376 *Domröse/Kubicki*, EuR 2008, S. 873, 888 f.
377 EuGH, Rs. C-76/05, Slg. 2007, S. I-6849, Rn. 94 – *Schwarz u. Gootjes-Schwarz*; EuGH, Rs. C-520/04, Slg. 2006, S. I-10685, Rn. 32 – *Turpeinen*; EuGH, Rs. C-224/02, Slg. 2004, S. I-5763, Rn. 20 – *Pusa*.
378 EuGH, verb. Rs. C-11/06 u. C-12/06, Slg. 2007, S. I-9161, Rn. 41 – *Morgan* (= P Nr. 128); EuGH, Rs. C-406/04, Slg. 2006, S. I-6947, Rn. 40 – *De Cuyper*; EuGH, verb. Rs. C-523/11 u. C-585/11, ECLI:EU:C:2013:524, Rn. 33 – *Prinz u. Seeberger*; EuGH, Rs. C-679/16, ECLI:EU:C:2018, Rn. 58 – *A*.
379 EuGH, Rs. C-208/09, ECLI:EU:C:2010:806, Rn. 81, 83 ff. – *Sayn-Wittgenstein*. In dieser nicht alltäglichen Rechtssache ging es um die Aberkennung eines durch Adoption erworbenen Adelstitels nach dem österreichischen Adelsaufhebungsgesetz, welches in Österreich Verfassungsrang genoss. Die Berufung hierauf von Seiten der Österreichischen Regierung sah der Ge-

tigungsgründen[380]. Zu den gerade in Fällen der Vorenthaltung sozialer Geldleistungen häufiger vorgetragenen Erwägungen zählt das Erfordernis der Integration in die Gesellschaft des leistungsgewährenden Staates[381]. In anderen Konstellationen wird ein inländisches Wohnsitzerfordernis (zusätzlich) mit der Notwendigkeit einer effektiven Kontrolle der Anspruchsvoraussetzungen begründet[382]. Regelmäßig scheitern diese und andere Gründe jedoch an dem Grundsatz der Verhältnismäßigkeit[383], der anschließend – wie auch bei der Rechtfertigung von Eingriffen in die Rechte auf Bewegung und Aufenthalt (vgl. Rn. 819) – zu prüfen ist. Ob auch Unionsgrundrechte als Schranken-Schranke zu beachten sind, wurde bisher noch nicht entschieden. Die oben vorgetragenen Argumente (vgl. Rn. 821) sprechen auch in diesem Zusammenhang für deren Berücksichtigung.

c) Freizügigkeitsrelevantes Sekundärrecht

828 Art. 21 Abs. 2 und 3 AEUV enthalten Rechtsgrundlagen zum Erlass sekundärrechtlicher Maßnahmen, mit denen die Ausübung des Bewegungs- und Aufenthaltsrechts erleichtert wird. Beide Zuständigkeitsvorschriften stehen jedoch unter dem Vorbehalt, dass die Verträge hierfür keine anderweitigen Befugnisse vorsehen. Inhaltlich enthält Art. 21 Abs. 2 AEUV eine nicht weiter spezifizierte und somit allgemeine Ermächtigungsgrundlage für freizügigkeitsliberalisierende Maßnahmen, bei welcher das ordentliche Gesetzgebungsverfahren nach Art. 293 AEUV zur Anwendung gelangt. Die in Art. 21 Abs. 3 AEUV enthaltene Rechtsetzungskompetenz wurde dagegen mit dem Vertrag von Lissabon neu eingefügt. Sie ermöglicht den Erlass von Rechtsakten, die die soziale Sicherheit oder den sozialen Schutz betreffen. Derartige Maßnahmen sowie solche betreffend Pässe, Personalausweise, Aufenthaltstitel oder diesen gleichgestellte Dokumente waren im Zusammenhang mit der unionsbürgerlichen Freizügigkeit nach alter Rechtslage gemäß ex-Art. 18 Abs. 3 EGV noch ausdrücklich ausgeschlossen. Nunmehr können sie auf Unionsebene getroffen werden. Allerdings sieht

---

richtshof als Berufung auf die öffentliche Ordnung an. Vgl. in einer sehr ähnlichen Sachverhaltskonstellation EuGH, Rs. C-438/14, ECLI:EU:C:2016:401, Rn. 67 ff. – *Bogendorff von Wolffersdorff*, wo der EuGH auch eine Berufung auf Gründe der öffentlichen Ordnung zur Rechtfertigung einer Beschränkung von Art. 21 AEUV bestätigt.

380 Vgl. etwa die vorgebrachten Gründe in EuGH, verb. Rs. C-11/06 u. C-12/06, Slg. 2007, S. I-9161, Rn. 34 ff. – *Morgan* (= P Nr. 128); EuGH, Rs. C-520/04, Slg. 2006, S. I-10685, Rn. 34 – *Turpeinen*.

381 EuGH, Rs. C-499/06, Slg. 2008, S. I-3993, Rn. 35 – *Nerkowska*; EuGH, Rs. C-192/02, Slg. 2006, S. I-10451, Rn. 34 ff. – *Tas-Hagen-Tas*; EuGH, verb. Rs. C-523/11 u. C-585/11, ECLI:EU:C:2013:524, Rn. 34 ff. – *Prinz u. Seeberger*; EuGH, Rs. C-359/13, ECLI:EU:C:2015:118, Rn. 36 ff. – *Martens*.

382 EuGH, Rs. C-499/06, Slg. 2008, S. I-3993, Rn. 36 – *Nerkowska*; EuGH, Rs. C-406/04, Slg. 2006, S. I-6947, Rn. 41 – *De Cuyper*.

383 Anders dagegen in EuGH, Rs. C-406/04, Slg. 2006, S. I-6947, Rn. 42 ff. – *De Cuyper*. In dieser Entscheidung wurde das Wohnsitzerfordernis als gerechtfertigt angesehen.

Art. 21 Abs. 3 AEUV im Gegensatz zu Abs. 2 vor, dass Rechtsakte im Bereich der sozialen Sicherheit und des sozialen Schutzes für den von Art. 21 Abs. 1 AEUV erfassten Kreis von Unionsbürgern in einem besonderen Gesetzgebungsverfahren (vgl. Art. 289 Abs. 2 AEUV) zu erlassen sind. In diesem Fall hat der Rat einstimmig zu beschließen, wohingegen das Europäische Parlament lediglich angehört werden muss.

Unter anderem auf Grundlage von Art. 21 Abs. 2 AEUV erging die bereits mehrfach erwähnte Freizügigkeitsrichtlinie[384]. Mit dieser wurde nicht nur die bis dahin bestehende Vielzahl freizügigkeitsrelevanter Maßnahmen in einem Rechtsakt zusammengeführt[385]. Neben der dadurch bewirkten Vereinheitlichung und Vereinfachung der Materie weist die Freizügigkeitsrichtlinie insbesondere in Bezug auf das Aufenthaltsrecht sogar eine Fortentwicklung gegenüber dem bisherigen Rechtszustand auf[386]. So unterliegt ein Aufenthalt bis zu drei Monaten mit Ausnahme einer Ausweispflicht keinerlei materiellen Voraussetzungen (vgl. Art. 6). Bei darüber hinausgehenden Aufenthalten unterscheidet die Richtlinie zwischen erwerbstätigen und sonstigen (wirtschaftlich nicht tätigen) Personen (vgl. Art. 7). Letztere, zu denen auch Studierende zählen, müssen über ausreichende Existenzmittel und über einen umfassenden Krankenversicherungsschutz im Aufnahmemitgliedstaat verfügen (sog. Vorbehalt sozialer Absicherung). Damit im Zusammenhang steht ein Gebot der Inländergleichbehandlung, welches jedoch bei nicht-erwerbstätigen Personen Ausnahmen für Sozialhilfe und Studienbeihilfen vorsieht (vgl. Art. 24)[387]. Uneingeschränkt gilt dieses Gebot allerdings bei Vorliegen eines Daueraufenthaltsrechts (vgl. Art. 16). Ein solches setzt einen ununterbrochenen fünfjährigen rechtmäßigen Aufenthalt voraus und ist sonach an keine Voraussetzungen, insbesondere nicht an das Vorhandensein von Existenzmitteln oder Krankenversicherungsschutz gebunden[388]. Mit dem Erwerb des Daueraufenthaltsrechts tritt somit eine – sekundärrechtliche angeordnete – umfassende Gleichstellung mit Inländern ein. Vom Regelungsbereich der Freizügigkeitsrichtlinie werden ferner die Familienangehörigen des jeweiligen Unionsbürgers erfasst. Dazu zählen – neben Ehegatten und Verwand-

829

---

384 Richtlinie 2004/38/EG, ABl.EU 2004 Nr. L 158, S. 77, geänd. ABl.EU 2011 Nr. L 141, S. 1. In Deutschland wurde die Richtlinie im Gesetz über die allgemeine Freizügigkeit von Unionsbürgern (Freizügigkeitsgesetz/EU) v. 30.7.2004, BGBl. 2004 I S. 1950, 1986, zul. geänd. durch Art. 6 des Gesetzes v. 20.7.2017, BGBl. 2017 I S. 2780, umgesetzt. Kritisch zur Umsetzung *Frenz/Kühl*, ZESAR 2007, S. 315, 323 ff.
385 Neben den drei Aufenthaltsrichtlinien betrifft dies v. a. auch die freizügigkeitsrelevanten Richtlinien und Verordnungsbestimmungen im Bereich der Grundfreiheiten. Eine Auflistung der aufgehobenen Maßnahmen enthält Art. 38 Richtlinie 2004/38/EG, ABl.EU 2004 Nr. L 158, S. 77, geänd. ABl.EU 2011 Nr. L 141, S. 1.
386 Einzelheiten hierzu bei *Frenz/Kühl*, ZESAR 2007, S. 315 ff.
387 Zum Spannungsverhältnis von Aufenthaltsmaßnahmen und sozialrechtlichen Leistungsansprüchen unter der Freizügigkeitsrichtlinie *Schönberger*, ZAR 2006, S. 226, 230 f.
388 Zur Frage der Berücksichtigung von Zeiten, die vor dem Umsetzungsdatum der Richtlinie zurückgelegt wurden, vgl. EuGH, Rs. C-162/09, Slg. 2010, S. I-9217 – *Lassal*; EuGH, Rs. C-325/09, Slg. 2011, S. I-6387 – *Dias*.

ten in gerader Linie – erstmals auch eingetragene Lebenspartner (vgl. Art. 2 Nr. 2 b). Darüber hinaus regelt die Freizügigkeitsrichtlinie schließlich die Beschränkungen des Einreise- und Aufenthaltsrechts aus Gründen der öffentlichen Ordnung, Sicherheit und Gesundheit (Art. 27 bis 33).

d) Prüfungsschema zur unionsbürgerlichen Freizügigkeit, Art. 21 Abs. 1 AEUV

830 A. Im Falle *unmittelbarer* Beeinträchtigungen der Rechte auf Bewegung und Aufenthalt
   I. Anwendbarkeit
      1. Unmittelbare Anwendbarkeit
      2. Vorrang der aus den Grundfreiheiten folgenden Aufenthaltsrechte
      3. Vorrangige Anwendung der Bestimmungen der Freizügigkeitsrichtlinie als sekundärrechtliche Ausgestaltung der Freizügigkeit beachten – ggf. nur bzgl. einzelner Prüfungsebenen (s. u.)
   II. Schutzbereich von Art. 21 Abs. 1 AEUV
      1. Sachlicher Schutzbereich
         – Recht zum Aufenthalt in einem anderen Mitgliedstaat
         – Recht auf Bewegung (Ein-, Aus- und Rückreise)
      2. Persönlicher Schutzbereich
         Grds. nur Unionsbürger, ausnahmsweise Drittstaatsangehörige (abgeleitete Rechte)
   III. Eingriff
      Unmittelbare Beeinträchtigung des Rechts auf Aufenthalt durch Aufenthaltsstaat (z. B. Verweigerung des Aufenthaltsrechts) und des Rechts auf Bewegung durch Herkunfts- oder Zielstaat (z. B. Ein- und Ausreiseverbote)
   IV. Rechtfertigung
      1. Schrankenvorbehalt des Art. 21 Abs. 1 AEUV: Gründe der öffentlichen Sicherheit, Ordnung und Gesundheit (größtenteils konkretisiert durch Freizügigkeitsrichtlinie)
      2. Sekundärrechtliche Schranken, insbes. Vorbehalt sozialer Absicherung (vgl. Freizügigkeitsrichtlinie)
      3. Ungeschriebene Rechtfertigungsgründe zur Wahrung der berechtigten Interessen des Staates
      4. Schranken-Schranken
         a. EU-Grundrechte
         b. Verhältnismäßigkeitsgrundsatz

B. Im Falle *mittelbarer* Beeinträchtigung der Wahrnehmung der Freizügigkeit
   I. Anwendbarkeit
      1. Unmittelbare Anwendbarkeit
      2. Grenzüberschreitender Sachverhalt – Abgrenzung zu Beeinträchtigungen der Unionsbürgerschaft durch Eingriffe in den Kernbestand des Unionsbürgerstatus
      3. Abgrenzung zu Art. 18 Abs. 1 AEUV bei Rechten anlässlich eines Aufenthalts in einem anderen Mitgliedstaat – Diskriminierung aus Gründen der Staatsangehörigkeit durch den Aufenthaltsstaat

II. Anwendungsbereich von Art. 21 Abs. 1 AEUV
1. Sachlicher Anwendungsbereich
 = wenn sich die nationale Maßnahme konkret auf die rechtmäßige Ausübung der Freizügigkeit auswirkt oder auswirken kann (z. B. Vorenthaltung von Auslandsstudienförderung oder anderer sozialer Leistungen wegen Wohnsitz im EU-Ausland); ggf. inzidente Prüfung, ob die Voraussetzungen eines rechtmäßigen Aufenthalts vorliegen, siehe Schema A.
2. Persönlicher Schutzbereich
 Grds. nur Unionsbürger, ausnahmsweise Drittstaatsangehörige (abgeleitete Rechte)
III. Eingriff
1. Mittelbare Beeinträchtigungen der Freizügigkeit vor allem durch Herkunftsstaat, in Einzelfällen aber auch durch Aufenthaltsstaat möglich (Abgrenzung zu Art. 18 AEUV, s. o.)
2. Eingriff in Gestalt von:
 a. Diskriminierung grenzüberschreitender Sachverhalte (str.)
 = Ungleichbehandlung aus Gründen der Ausübung der Freizügigkeit
 b. Beschränkung (str.)
 = Nationale Maßnahme ist geeignet, von der Wahrnehmung der unionsbürgerlichen Freizügigkeit abzuhalten bzw. die Ausübung der Freizügigkeit weniger attraktiv zu machen.
IV. Rechtfertigung
1. Bei Ungleichbehandlung: Objektive Erwägungen
2. Bei Beschränkungen: Objektive Erwägungen des Allgemeininteresses
3. Schranken-Schranken
 a. EU-Grundrechte
 b. Verhältnismäßigkeitsgrundsatz

3. Kommunalwahlrecht

Art. 22 Abs. 1 Satz 1 AEUV verleiht jedem Unionsbürger mit Wohnsitz in einem Mitgliedstaat, dessen Staatsangehörigkeit er nicht besitzt, das *aktive Wahlrecht* (Wahlberechtigung) und das *passive Wahlrecht* (Wählbarkeit) bei Kommunalwahlen in seinem Wohnsitzstaat zu denselben Bedingungen wie den Angehörigen des betreffenden Staates (vgl. auch Art. 40 GRC). Der AEU-Vertrag gebietet somit die wahlrechtliche Gleichbehandlung von ausländischen Unionsbürgern mit den eigenen Staatsangchörigen bei Kommunalwahlen[389]. 831

Mit der Richtlinie 94/80/EG des Rates vom 19. Dezember 1994[390] hat der Rat hierzu *Durchführungsbestimmungen* erlassen (Art. 22 Abs. 1 Satz 2 AEUV). Die Richtlinie ihrerseits enthält eine Umsetzungsfrist bis zum 1. Januar 1996. Erst seit Ablauf dieser Frist begründet das Unionsrecht für den einzelnen Unionsbürger 832

---

[389] *Haratsch*, in: Heselhaus/Nowak (Hrsg.), Handbuch der Europäischen Grundrechte, 2006, § 47, Rn. 54; *Heselhaus*, in: Pechstein/Nowak/Häde (Hrsg.), Frankfurter Kommentar EUV/GRC/AEUV, Art. 22 AEUV Rn. 8.
[390] ABl.EG 1994 Nr. L 368, S. 38; zul. geänd. ABl.EU 2013 Nr. L 158, S. 231.

einen einklagbaren Rechtsanspruch auf Teilnahme an Kommunalwahlen. Die konkrete innerstaatliche Umsetzung der Richtlinie obliegt in der Bundesrepublik Deutschland den Ländern, die dieser Pflicht, teilweise unter Änderung ihrer Landesverfassungen, nachgekommen sind.

833 Kommunalwahlen sind die allgemeinen, unmittelbaren Wahlen, die darauf abzielen, die Mitglieder der Vertretungskörperschaft (z. B. Stadtrat) und gegebenenfalls den Leiter (z. B. Oberbürgermeister) und die Mitglieder des Exekutivorgans einer lokalen Gebietskörperschaft zu bestimmen, die für die Verwaltung örtlicher Angelegenheiten unter eigener Verantwortung zuständig sind (Art. 2 Abs. 1 lit. a und b Richtlinie 94/80/EG). In Deutschland betrifft dies vor allem Wahlen in kreisfreien Städten, Stadtkreisen, Kreisen und Gemeinden.

834 Das Kommunalwahlrecht von Staatsangehörigen aus anderen Mitgliedstaaten der Union steht in einem Spannungsverhältnis zu der dem – tradierten – *Demokratieprinzip* innewohnenden *Souveränität des jeweiligen Staatsvolkes*. Art. 20 Abs. 2 Satz 1 GG bestimmt, dass alle Staatsgewalt vom deutschen Volk ausgeht[391]. Da gemäß dem Homogenitätsgebot des Art. 28 Abs. 1 Satz 1 und 2 GG die verfassungsmäßige Ordnung in den Ländern und damit auch in den Kommunen den Grundsätzen des demokratischen Rechtsstaates entsprechen muss, hat auch die von den Ländern und in den Ländern, d. h. von Kreisen, Städten und Gemeinden, ausgeübte Hoheitsgewalt vom Volk auszugehen[392]. Das Kommunalwahlrecht der Unionsbürger ermöglicht nun aber auch den Angehörigen der übrigen Mitgliedstaaten der Union, die nicht dem deutschen Staatsvolk angehören, die Beteiligung an der Ausübung demokratisch legitimierter Hoheitsgewalt in Deutschland. Um dieses Spannungsverhältnis zu lösen, musste vor Inkrafttreten der Bestimmungen über die Unionsbürgerschaft das Grundgesetz geändert werden. Art. 28 Abs. 1 Satz 3 GG bestimmt nunmehr, dass bei Wahlen in Kreisen und Gemeinden auch Personen, welche die Staatsangehörigkeit eines Mitgliedstaates der EU besitzen, nach Maßgabe des Rechts der Europäischen Gemeinschaft (jetzt: Union) wahlberechtigt und wählbar sind. Damit wird das Demokratieprinzip in der kommunalen Selbstverwaltung zugunsten nichtdeutscher Unionsbürger geöffnet.

835 In diesem Zusammenhang stellt sich die Frage, in welcher Weise die Einfügung von Art. 28 Abs. 1 Satz 3 GG in das Grundgesetz mit Art. 79 Abs. 3 GG in Einklang gebracht werden kann[393]. Art. 79 Abs. 3 GG gilt auch für die Übertragung von Hoheitsrechten auf die Europäische Union (Art. 23 Abs. 1 Satz 3 GG). Danach gehören die in Art. 20 GG niedergelegten Grundsätze und damit auch das Demokratieprinzip zu den unabänderlichen Essentialia der verfassten deutschen Staatlichkeit. In der Beteiligung von ausländischen Unionsbürgern an der kommunalen Selbstverwaltung in Deutschland liegt eine Öffnung des Demokratie-

---

391 BVerfGE 83, 37, 50 f. – *Ausländerwahlrecht*.
392 BVerfGE 83, 37, 53 – *Ausländerwahlrecht*.
393 *Haratsch*, in: Heselhaus/Nowak (Hrsg.), Handbuch der Europäischen Grundrechte, 2006, § 47, Rn. 19.

prinzips zugunsten neuer Legitimationssubjekte, nämlich nichtdeutscher Unionsbürger, die der Logik der vom Grundgesetz selbst befürworteten EU-Integration entspricht und nach der allgemeinen Rechtsprechung des BVerfG zu Art. 79 Abs. 3 GG mit dem Grundgesetz vereinbar ist[394]. Während die aktive und passive Wahlbeteiligung von ausländischen Unionsbürgern an der *kommunalen Selbstverwaltung* – „in Angelegenheiten der örtlichen Gemeinschaft" (Art. 28 Abs. 2 Satz 1 GG) – von der Integrationsgewalt des *verfassungsändernden* (deutschen) Gesetzgebers gedeckt ist, wäre ein entsprechendes aktives und passives Wahlrecht auf *staatlicher* Länder- oder Bundesebene gegenwärtig nicht möglich. Hierfür müsste die exklusive Legitimationsanknüpfung von Art. 20 Abs. 2 Satz 1 GG an das deutsche Volk aufgegeben werden; dies würde an die Unantastbarkeitsgrenze des Art. 79 Abs. 3 GG stoßen und – wegen der Abweichung vom tradierten Staatsvolkkonzept – zugleich die Staatlichkeit der Bundesrepublik Deutschland verändern.

Da sich die Europäische Union zudem zur *Achtung der nationalen Identität der Mitgliedstaaten* verpflichtet hat (Art. 4 Abs. 2 Satz 1 EUV), müssen bei der Ausformung des kommunalen Wahlrechts die jeweiligen Wahlrechtsordnungen der Mitgliedstaaten berücksichtigt werden, die aus unterschiedlichen politischen und wahlrechtlichen Traditionen hervorgegangen sind. Ein „Überstülpen" einer einheitlichen, europäischen Kommunalwahlrechtsordnung kommt daher nicht in Betracht. Im Gegenteil ermöglicht Art. 22 Abs. 1 Satz 2 AEUV *Ausnahmeregelungen*, wenn diese aufgrund besonderer Probleme eines Mitgliedstaates gerechtfertigt sind. So bestehen Ausnahmeregelungen für Staaten mit einem besonders hohen Ausländeranteil. Luxemburg mit einem Anteil von über 20% an ausländischen Unionsbürgern kann beispielsweise die Ausübung des aktiven und des passiven Wahlrechts an weitere Kriterien knüpfen, wie an das Erfordernis, dass ein Wahlberechtigter seit einer bestimmten Mindestzeit seinen Wohnsitz in diesem Staat hat (Art. 12 Abs. 1 Richtlinie 94/80/EG). Die Ausnahmen dürfen jedoch nicht zu einem völligen Ausschluss ausländischer Unionsbürger vom Wahlrecht führen.

836

4. Wahlrecht zum Europäischen Parlament

Art. 22 Abs. 2 Satz 1 AEUV erkennt jedem Unionsbürger in seinem Wohnsitzstaat, dessen Staatsangehöriger er nicht ist, bei Wahlen zum Europäischen Parlament das *aktive und passive Wahlrecht* zu, und zwar zu denselben Bedingungen, die für die Angehörigen des betreffenden Mitgliedstaates gelten (vgl. auch Art. 39 GRC). Das hat zur Folge, dass ausländische Unionsbürger mit darüber entscheiden, welche Abgeordneten ein Mitgliedstaat im Rahmen des ihm zu-

837

---

[394] BVerfGE 83, 37, 59 – *Ausländerwahlrecht;* vgl. BVerfGE 30, 1, 29: „systemimmanente Modifikation" eines allgemeinen Verfassungsprinzips.

gewiesenen Sitzkontingents (Rn. 234) in das Europäische Parlament entsendet[395]. Das nationale Mandat der europäischen Abgeordneten wird dadurch jedoch keineswegs in ein europäisches Mandat umgewandelt. Ebenso wenig wird damit ein „europäisches Volk" konstituiert.

838 Das aktive und passive Wahlrecht steht nach Art. 22 Abs. 2 Satz 1 AEUV jedem Unionsbürger zu, der seinen Wohnsitz in einem Mitgliedstaat hat. Das Wahlrecht der Staatsangehörigen eines Mitgliedstaats in ihrem jeweiligen Heimatstaat ist weder in Art. 22 Abs. 2 Satz 1 AEUV, in Art. 223 AEUV noch in Art. 14 Abs. 3 EUV ausdrücklich geregelt. Es wird von diesen Bestimmungen jedoch erkennbar vorausgesetzt[396]. Die konkrete Bestimmung des Kreises der wahlberechtigten Unionsbürger bleibt gemäß Art. 8 Abs. 1 des Direktwahlakts (vgl. Rn. 239) im Einzelnen den Mitgliedstaaten überlassen. Nach der Rechtsprechung des EuGH steht es den Mitgliedstaaten dabei frei, das Wahlrecht auch auf eigene Staatsangehörige auszudehnen, die in einem Drittstaat oder in einem der überseeischen Länder und Hoheitsgebiete im Sinne von Art. 355 Abs. 2 AEUV ansässig sind[397]. Erkennt ein Mitgliedstaat eigenen Staatsangehörigen mit Wohnsitz jenseits des räumlichen Geltungsbereichs des AEU-Vertrags das Wahlrecht zu, gilt insoweit der unionsrechtliche Grundsatz der Gleichbehandlung. Einzelne Gruppen im Ausland ansässiger eigener Staatsangehöriger dürfen dann nicht ohne sachlichen Grund vom Europawahlrecht ausgenommen werden[398].

839 Bedenken unterliegt jedoch die Rechtsprechung des EuGH, insoweit er den Mitgliedstaaten das Recht zugesteht, das aktive und passive Wahlrecht auch Personen zuzuerkennen, die keine Unionsbürger sind[399]. Im konkreten Fall ermöglicht der EuGH in der Rs. *Spanien/Vereinigtes Königreich* aus dem Jahr 2006 vor dem Hintergrund der *Matthews*-Entscheidung des Europäischen Gerichtshofs für Menschenrechte (Rn. 244) den Einwohnern von Gibraltar, einer britischen Kolonie, die Teilnahme an den Wahlen zum Europäischen Parlament auf der Grundlage des britischen European Parliament Representation Act (EPRA) aus dem Jahr 2003. Dabei qualifiziert der EuGH die Einwohner Gibraltars – anders als zuvor der EGMR – nicht als Staatsangehörige des Vereinigten Königreichs und damit nicht als Unionsbürger[400]. Gleichwohl hält er die durch einen Mitgliedstaat vorgenommene Ausweitung des Wahlrechts auf Nicht-Unionsbürger für zulässig, sofern zwischen diesen Nicht-Unionsbürgern und dem betreffenden Mitgliedstaat eine „enge Verbindung" („close link") bestehe[401]. Kriterien,

---

395 *Haratsch,* in: Heselhaus/Nowak (Hrsg.), Handbuch der Europäischen Grundrechte, 2006, § 47, Rn. 9.
396 *Haratsch,* in: Heselhaus/Nowak (Hrsg.), Handbuch der Europäischen Grundrechte, 2006, § 47, Rn. 8.
397 EuGH, Rs. C-300/04, Slg. 2006, S. I-8055, Rn. 29, 61 – *Eman u. Sevinger.*
398 EuGH, Rs. C-300/04, Slg. 2006, S. I-8055, Rn. 61 – *Eman u. Sevinger.*
399 So EuGH, Rs. C-145/04, Slg. 2006, S. I-7917, Rn. 78 ff. – *Spanien/Vereinigtes Königreich;* dazu *Aust,* ZEuS 2008, S. 253.
400 EuGH, Rs. C-145/04, Slg. 2006, S. I-7917, Rn. 14 ff., 77 ff. – *Spanien/Vereinigtes Königreich.*
401 EuGH, Rs. C-145/04, Slg. 2006, S. I-7917, Rn. 78 – *Spanien/Vereinigtes Königreich.*

wann eine solch enge Verbindung anzunehmen ist, entwickelt der EuGH nicht. Mit dieser Entscheidung stößt der Gerichtshof letztlich das Tor zu einem Ausländerwahlrecht bei Europaparlamentswahlen auf und verändert in bedenklicher Weise die demokratischen Grundlagen der Europäischen Union. Legitimationssubjekte der Unionsgrundordnung sind nicht mehr ausschließlich die in der Europäischen Union zusammengeschlossenen Völker, sondern in engen, nicht näher definierten Grenzen auch Drittstaatsangehörige. Die Folgerungen dieser Rechtsprechung für die übrigen Mitgliedstaaten der Europäischen Union sind dabei unklar. In der Konsequenz der Dogmatik der Unionsbürgerschaft läge es jedenfalls, dass die anderen Mitgliedstaaten Nicht-Unionsbürgern, denen ein Mitgliedstaat das Wahlrecht zum Europaparlament einseitig eingeräumt hat, in entsprechender Anwendung des Diskriminierungsverbots des Art. 22 Abs. 2 Satz 1 AEUV das aktive und passive Wahlrecht ebenfalls zugestehen müssten, sofern diese wahlberechtigten Nicht-Unionsbürger ihren Wohnsitz in einem dieser anderen Mitgliedstaaten nehmen[402]. Dabei stellt sich für Deutschland die Frage, ob dieses unionsrechtlich vermittelte Ausländerwahlrecht nicht die Grenzen des Art. 23 Abs. 1 Satz 3 GG i. V. m. Art. 79 Abs. 3 GG berührt.

Das Wahlrecht der ausländischen Unionsbürger, nunmehr als Individualrecht ausgestaltet, steht unter dem Vorbehalt einer sekundärrechtlichen *Durchführungsregelung* des Rates (Art. 22 Abs. 2 Satz 1 und 2 AEUV). Mit dem Erlass der Richtlinie 93/109/EG über die Ausübung des Wahlrechts bei den Wahlen zum Europaparlament vom 6. Dezember 1993[403] hat der Rat entsprechende Regelungen getroffen. Darin werden Voraussetzungen, Einschränkungen und Ausnahmen des Wahlrechts geregelt. Auch hier existieren wiederum Sonderregelungen für Mitgliedstaaten mit einem besonders hohen Anteil von Unionsbürgern aus anderen Mitgliedstaaten. Dabei entsprechen die Tatbestandsvoraussetzungen solcher Sonderregelungen denen für das Kommunalwahlrecht (Rn. 821 ff.). Daneben trifft die Richtlinie mit der Einführung eines Informations- und Datenaustauschsystems zwischen den Mitgliedstaaten Vorkehrungen, um eine doppelte Ausübung des Wahlrechts zu verhindern. Tatsächlich ist der Informationsaustausch zwischen den EU-Staaten aber unzureichend, so dass doppelte Stimmabgaben durchaus möglich sind.

5. Diplomatischer und konsularischer Schutz der Unionsbürger

Die Mitgliedstaaten gewähren im Hoheitsgebiet dritter Staaten jedem Unionsbürger unter denselben Bedingungen wie den eigenen Staatsangehörigen diplomatischen und konsularischen Schutz, falls dessen Heimatstaat in dem dritten Staat nicht vertreten ist (Art. 23 Abs. 1 AEUV; Art. 46 GRC). Der einzelne

---

402 Dies übersehend EuGH, Rs. C-145/04, Slg. 2006, S. I-7917, Rn. 77 – *Spanien/Vereinigtes Königreich*.
403 ABl.EG 1993 Nr. L 329, S. 34; zul. geänd. ABl.EU 2013 Nr. L 26, S. 27.

Unionsbürger soll danach grundsätzlich berechtigt sein, im Falle einer völkerrechtswidrigen Behandlung im Drittstaat bei den Vertretungen der übrigen Mitgliedstaaten *diplomatischen Schutz* zu suchen. *Konsularischer Schutz* dient demgegenüber der rechtlichen, sozialen und wirtschaftlichen Unterstützung von Unionsbürgern in Drittstaaten, etwa durch rechtlichen Beistand, Gewährung von Auskünften, durch Beratung oder Fürsorgemaßnahmen. Die Einzelheiten der konsularischen Schutzgewährung hat der Rat durch die Richtlinie (EU) 2015/637 vom 20. April 2015 geregelt[404], die bis zum 1. Mai 2018 von den Mitgliedstaaten umzusetzen war[405]. Der konsularische Schutz umfasst danach Hilfe bei Todesfällen, bei schweren Unfällen oder Erkrankungen, Hilfe bei Festnahme oder Haft, Hilfe für Opfer von Straftaten und Hilfeleistungen für Unionsbürger in Not sowie ihre Rückführung[406].

842 Nach den Bestimmungen des AEU-Vertrags setzt die Gewährung diplomatischen und konsularischen Schutzes durch einen anderen Mitgliedstaat der Union voraus, dass der Heimatstaat des betroffenen Unionsbürgers in dem Drittstaat nicht vertreten ist. Nach Art. 6 des Beschlusses vom 19. Dezember 1995 kann ein Unionsbürger die Hilfe anderer Mitgliedstaaten aber auch dann in Anspruch nehmen, wenn die Vertretung des Heimatstaates in einem konkreten Fall effektiv nicht in Lage ist, Schutz zu gewähren[407].

843 Das Recht auf diplomatischen und konsularischen Schutz steht den Staatsangehörigen der Mitgliedstaaten und damit natürlichen Personen zu. Aber auch juristische Personen (Vereine, Gesellschaften, Körperschaften etc.), die ihren Hauptsitz in einem Mitgliedstaat haben, können diesen Schutz in Anspruch nehmen. Das Völkerrecht unterscheidet bei der Gewährung diplomatischen und konsularischen Schutzes nicht zwischen natürlichen und juristischen Personen. Es ist nicht ersichtlich, dass das Unionsrecht den Adressatenkreis enger ziehen wollte.

844 Da das allgemeine Völkerrecht jedem Staat das Recht einräumt, seine eigenen Staatsangehörigen, nicht jedoch Angehörige fremder Staaten im und gegenüber dem Aufenthaltsstaat auf friedliche Weise zu schützen[408], bedarf es vertraglicher Vereinbarungen mit Drittstaaten, um eine insoweit von völkerrechtlichen Grundsätzen abweichende Schutzregelung zu ermöglichen. Der AEU-Vertrag sieht daher vor, dass die Mitgliedstaaten die notwendigen Vorkehrungen treffen und die für diesen Schutz erforderlichen internationalen Verhandlungen einleiten (Art. 23 Abs. 2 AEUV). Ohne die zumindest konkludente Zustimmung des je-

---

404 Richtlinie (EU) 2015/637 des Rates v. 20.4.2015 über Koordinierungs- und Kooperationsmaßnahmen zur Erleichterung des konsularischen Schutzes von nicht vertretenen Unionsbürgern in Drittländern und zur Aufhebung des Beschlusses 95/553/EG, ABl.EU 2015 Nr. L 106, S. 1.
405 Deutschland hat die Richtlinie durch eine Änderung des Konsulargesetzes umgesetzt, vgl. BGBl 2018 I S. 478.
406 Art. 9 Richtlinie (EU) 2015/637.
407 Vgl. auch die 8. Begründungserwägung der Richtlinie (EU) 2015/637.
408 ICJ Reports 1955, S. 15, 23 – *Nottebohm*.

weiligen Drittstaates kann einem Unionsbürger diplomatischer oder konsularischer Schutz durch einen anderen Mitgliedstaat nicht zuteilwerden.

Vorbehaltlich der mit Drittstaaten abzuschließenden Vereinbarungen über die Ausübung diplomatischen und konsularischen Schutzes entsteht für die Mitgliedstaaten der Union aus Art. 23 AEUV eine personale völkerrechtliche Verantwortung für alle Unionsbürger. Die Einhaltung dieser in Art. 23 Abs. 1 AEUV niedergelegten Schutzpflicht kann vor dem EuGH im Wege eines Vertragsverletzungsverfahrens (Art. 258 AEUV; Rn. 507 ff.) oder vor nationalen Gerichten, welche die entsprechende Frage dem Europäischen Gerichtshof vorlegen (Art. 267 AEUV; Rn. 584 ff.), überprüft werden. 845

6. Petitions- und Beschwerderecht

a) Petitionen zum Europäischen Parlament

Jeder Unionsbürger hat das Recht, in Angelegenheiten, die in die Tätigkeitsbereiche der Union fallen und die ihn unmittelbar betreffen, *Petitionen an das Europäische Parlament* zu richten (Art. 24 Abs. 2 AEUV i. V. m. Art. 227 AEUV; Art. 44 GRC). Dieses Petitionsrecht, das zuvor lediglich in der Geschäftsordnung des Europäischen Parlaments enthalten war, hat mit dem Maastrichter Vertrag Eingang in das primäre Unionsrecht gefunden. Das Recht, eine Petition an das Europäische Parlament zu richten, umfasst zugleich das Recht des Petenten auf eine Antwort in der Sache. Abhilfe wird das Parlament dagegen nur in den allerwenigsten Fällen selbst schaffen können, da es wegen des Prinzips der begrenzten Einzelermächtigung (Art. 13 Abs. 2 EUV, Art. 14 Abs. 2 EUV; Rn. 178) nur im Rahmen der ihm durch den AEU-Vertrag zugewiesenen Befugnisse nach den Verfahren, Bedingungen und Zielen, die in den Verträgen festgelegt sind, handeln kann. Das Parlament verfügt hinsichtlich der weiteren Behandlung dieser Petition über ein weites politisches Ermessen. Eine entsprechende Entscheidung unterliegt daher keiner gerichtlichen Nachprüfung[409]. 846

Während Art. 24 Abs. 2 AEUV nur Unionsbürgern – unabhängig vom Ort ihres Wohnsitzes – ein Petitionsrecht zugesteht, berechtigt Art. 227 AEUV auch ausländische natürliche oder juristische Personen, die ihren Wohnsitz oder satzungsmäßigen Sitz in einem Mitgliedstaat der Union haben, Petitionen an das Europäische Parlament zu richten (vgl. auch Art. 44 GRC). 847

Die Angelegenheit, in der sich ein Unionsbürger an das Parlament wendet, muss in die *Tätigkeitsbereiche der Union* fallen. Da an den Tätigkeitsbereich der Union angeknüpft wird, kann sich eine Petition nicht nur gegen Handlungen von Organen der Union richten, sondern auch gegen das Handeln eines Mitgliedstaates, der im Bereich einer Unionszuständigkeit tätig geworden ist. 848

---
[409] EuGH, Rs. C-261/13 P, ECLI:EU:C:2014:2423, Rn. 13 ff. – *Schönberger/Europäisches Parlament*.

b) Anrufung des Bürgerbeauftragten

849 Das Amt des *Bürgerbeauftragten* ist durch den Maastrichter Vertrag eingeführt worden. Jeder Unionsbürger kann sich mit *Beschwerden* über Missstände bei der Tätigkeit der Organe oder Institutionen der Union an den Bürgerbeauftragten wenden (Art. 24 Abs. 3 AEUV i. V. m. Art. 228 AEUV; Art. 43 GRC). Art. 24 Abs. 3 AEUV nennt nur die Unionsbürger als beschwerdeberechtigte Personen. Gemäß Art. 228 Abs. 1 AEUV sind jedoch darüber hinaus alle natürlichen Personen ohne Rücksicht auf ihre Staatsangehörigkeit mit Wohnsitz und alle juristischen Personen mit satzungsmäßigem Sitz in einem Mitgliedstaat beschwerdebefugt (vgl. auch Art. 43 GRC).

850 Mit Beschluss 94/262/EGKS, EG, Euratom vom 9. März 1994 hat das Europäische Parlament die konkreten Einzelheiten der Amtsausübung des Bürgerbeauftragten geregelt[410]. Durchführungsbestimmungen hat der Bürgerbeauftragte am 20. Juli 2016 beschlossen[411]. Danach muss die Beschwerde binnen zwei Jahren seit dem Bekanntwerden des fraglichen Sachverhalts eingereicht werden. Die Beschwerde kann als formloses Schreiben in einer der Sprachen der Mitgliedstaaten unter Angabe der Anschrift und der Identität des Beschwerdeführers eingereicht werden. Die Einlegung einer Beschwerde kann auch entweder mittels eines Beschwerdeformulars oder online erfolgen[412]. Die Beschwerde ist zu begründen.

851 Der Bürgerbeauftragte ist berechtigt, von sich aus oder aufgrund von Beschwerden, die ihm unmittelbar oder über ein Mitglied des Europäischen Parlaments zugehen, Untersuchungen durchzuführen (Art. 228 Abs. 1 UAbs. 2 AEUV). Er besitzt dabei einen weiten Beurteilungs- und Ermessensspielraum, ob und in welchem Umfang er Untersuchungen durchführt. In Sachverhalten, die bereits Gegenstand eines Gerichtsverfahrens sind oder waren, ist ihm ein Tätigwerden allerdings untersagt (Art. 228 Abs. 1 UAbs. 2 Satz 1 AEUV).

852 Ein Missstand ist anzunehmen, wenn unionsrechtliche Vorschriften nicht oder fehlerhaft angewendet werden. Darunter fallen auch Unregelmäßigkeiten oder Versäumnisse in der Verwaltung, Machtmissbrauch, Fahrlässigkeit, rechtswidrige Verfahren, Unfairness, vermeidbare Verzögerungen, unzureichende Unterrichtung oder das Vorenthalten von Informationen[413]. Ausgenommen von diesem Beschwerderecht ist allerdings die Tätigkeit des Gerichtshofs der Europäischen Union, sofern er in Ausübung seiner Rechtsprechungsbefugnisse handelt (Art. 228 Abs. 1 AEUV). Möglich bleiben freilich Eingaben, die sich auf un-

---

410 ABl.EG 1994 Nr. L 113, S. 15; zul. geänd. ABl.EG 2008 Nr. L 189, S. 25.
411 Beschluss des Europäischen Bürgerbeauftragten zur Annahme von Durchführungsbestimmungen, ABl.EU 2016 Nr. C 321, S. 1.
412 Vgl. Art. 2.1. der Durchführungsbestimmungen des Europäischen Bürgerbeauftragten, ABl.EU 2016 Nr. C 321, S. 1.
413 Vgl. die Mitteilung des Europäischen Parlaments: Wie man eine Beschwerde an den Europäischen Bürgerbeauftragten richtet, ABl.EG 1996 Nr. C 157, S. 1.

gebührliches Verhalten der Geschäftsstelle oder eines Richters gegenüber dem Bürger beziehen.

Stellt der Bürgerbeauftragte einen Missstand fest, befasst er das betreffende Unionsorgan, die Einrichtung oder die sonstige Stelle mit der Sache, das innerhalb von drei Monaten eine Stellungnahme abzugeben hat (Art. 228 Abs. 1 UAbs. 2 Satz 2 AEUV). Anschließend legt der Bürgerbeauftragte dem Europäischen Parlament und dem betroffenen Organ, der Einrichtung oder der sonstigen Stelle seinen Bericht vor (Art. 228 Abs. 1 UAbs. 2 Satz 3 AEUV) und unterrichtet den Beschwerdeführer über das Untersuchungsergebnis (Art. 228 Abs. 1 UAbs. 2 Satz 4 AEUV).

853

Der Bürgerbeauftragte wird vom Europäischen Parlament für die Dauer der Wahlperiode gewählt (Art. 228 Abs. 2 UAbs. 1 AEUV). Er ist dem Parlament zur jährlichen Unterrichtung über seine Untersuchungsergebnisse verpflichtet (Art. 228 Abs. 1 UAbs. 3 AEUV; vgl. den Jahresbericht des Europäischen Bürgerbeauftragten 2012, Rn. 855). Er ist bei der Ausübung seines Amtes unabhängig und nicht an Weisungen gebunden (Art. 228 Abs. 3 Satz 1 AEUV) und darf keiner anderen entgeltlichen oder unentgeltlichen Berufstätigkeit nachgehen (Art. 228 Abs. 3 Satz 3 AEUV).

854

Im Jahr 2018 gingen 2180 Beschwerden bei der Bürgerbeauftragten ein, von denen 1300 nicht in seine Zuständigkeit fielen. In 482 Fällen wurden Untersuchungen eingeleitet. Darüber hinaus nahm die Bürgerbeauftragte 8 Untersuchungen aus eigener Initiative auf. Insgesamt schloss der Bürgerbeauftragte im Jahr 2018 545 Untersuchungen ab. Die meisten Untersuchungen, nämlich 285, betrafen die Kommission (58,2 %), 43 Beschwerden richteten sich gegen EU-Agenturen (8,8 %), 30 gegen das Europäische Parlament (6,1 %), 23 gegen das Europäische Amt für Personalauswahl (4,7 %), 23 gegen den Europäischen Auswärtigen Dienst (4,7 %), 16 gegen die Europäische Investitionsbank (3,3 %). 14 Untersuchungen betrafen das Europäische Amt für Betrugsbekämpfung (2,8 %) sowie 56 gegen Sonstige (11,4 %)[414].

855

c) Schriftliche Eingaben an die Organe und die beratenden Einrichtungen der Union

Der Vertrag von Amsterdam hat die Rechte der Unionsbürger um das Recht erweitert, sich schriftlich in einer der Sprachen der Mitgliedstaaten an jedes Organ oder an jede Einrichtung der Union zu wenden. Der Unionsbürger hat danach einen Anspruch auf eine Antwort in derselben Sprache (Art. 24 Abs. 4 AEUV). Nach der Grundrechte-Charta der Europäischen Union sollen nicht nur Unionsbürger, sondern alle Personen, also auch Staatsangehörige von Drittstaaten, in den Genuss dieses Rechts kommen (Art. 41 Abs. 4 GRC). In einer dem Ver-

856

---

414 Vgl. den Jahresbericht des Europäischen Bürgerbeauftragten 2018, im Internet abrufbar unter https://www.ombudsman.europa.eu/de/annual/de/113728.

trag von Nizza beigefügten Erklärung zu Art. 21 Abs. 3 EGV a. F. fordern die Mitgliedstaaten die Organe und Einrichtungen der Union auf, dafür Sorge zu tragen, dass jede schriftliche Eingabe eines Unionsbürgers innerhalb einer vertretbaren Frist beantwortet wird[415].

7. Bürgerinitiative

857   Die Aufzählung der Unionsbürgerrechte in Art. 20 Abs. 2 UAbs. 1 AEUV („unter anderem") ist nicht abschließend. Hinzu treten können weitere in den Verträgen vorgesehene Rechte. Ein solches weiteres Unionsbürgerrecht ist durch den Vertrag von Lissabon normiert worden, indem er – wie schon der Verfassungsvertrag – als Element der direkten Demokratie die Möglichkeit der Durchführung einer Bürgerinitiative auf europäischer Ebene vorsieht. Gemäß Art. 11 Abs. 4 EUV können Unionsbürger, deren Anzahl mindestens eine Million beträgt und bei denen es sich um Staatsangehörige aus einer erheblichen Anzahl von Mitgliedstaaten handeln muss, die Initiative ergreifen und die Europäische Kommission auffordern, im Rahmen ihrer Befugnisse geeignete Vorschläge zu Themen zu unterbreiten, zu denen es nach Ansicht jener Bürgerinnen und Bürger eines Rechtsakts der Union bedarf, um die Verträge umzusetzen. Eine Initiative ist nach der Rechtsprechung des EuG auch dann auf einen „Rechtsakt" gerichtet, wenn die Änderung oder Aufhebung eines geltenden Rechtsakts begehrt wird[416]. Die Bürgerinitiative ist dabei auf Gegenstände im Rahmen der Zuständigkeit der Kommission begrenzt und bedarf der sekundärrechtlichen Ausgestaltung gemäß Art. 11 Abs. 4 UAbs. 2 EUV i. V. m. Art. 24 Abs. 1 AEUV.

858   Mit der Verordnung (EU) 2019/788 vom 17. April 2019, die am 1. Januar 2020 in Kraft getreten ist, haben das Europäische Parlament und der Rat das Verfahren und die Bedingungen der Bürgerinitiative durch einen Rechtsakt festgelegt. Die Verordnung ersetzt die frühere Regelung der Verordnung 211/2011 vom 16. Februar 2011[417] und zielt darauf ab, die Europäische Bürgerinitiative für Organisatoren und Teilnehmer zugänglicher, unbürokratischer und leichter handhabbar zu machen, als dies gemäß der Vorgängerregelung der Fall war. Danach müssen die Initiatoren zunächst eine Organisatorengruppe bilden, die aus mindestens sieben natürlichen Personen besteht, die in mindestens sieben verschiedenen Mitgliedstaaten ansässig sind (Art. 5 Abs. 1 Verordnung (EU) 2019/788), um die geplante Bürgerinitiative von der Kommission registrieren zu lassen (Art. 6 Abs. 2 Verordnung (EU) 2019/788). Wird eine Registrierung abgelehnt, ist die Kommission verpflichtet, die Organisatoren über die Ablehnungsgründe sowie mögliche Rechtsbehelfe zu unterrichten (Art. 6 Abs. 7 Verordnung (EU) 2019/788). Wird die Initiative registriert, können die Organisatoren binnen eines Zeitraums von

---

415 ABl.EG 2001 Nr. C 80, S. 77.
416 EuG, Rs. T-754/14, ECLI:EU:T:2017:323, Rn. 42 – *Efler u. a./Kommission*.
417 ABl.EU 2011 Nr. L 65, S. 1; zul. geänd. ABl.EU 2013 Nr. L 247, S. 11.

höchstens zwölf Monaten die erforderliche Anzahl der Unterstützungsbekundungen in Papierform oder elektronisch über ein Online-Sammelsystem sammeln (Art. 8, Art. 9 Verordnung (EU) 2019/788). Eine Initiative ist gültig, wenn sie von mindestens einer Million Bürger aus mindestens einem Viertel der Mitgliedstaaten unterstützt wird und in mindestens einem Viertel der Mitgliedstaaten die Anzahl der Unterzeichner zum Zeitpunkt der Registrierung mindestens die Anzahl der im jeweiligen Mitgliedstaat gewählten Abgeordneten des Europäischen Parlaments multipliziert mit der Gesamtzahl der Parlamentsmitglieder entspricht (Art. 3 Abs. 1 Verordnung (EU) 2019/788). Die Unterstützungsbekundungen werden von den Mitgliedstaaten auf ihre Gültigkeit hin überprüft (Art. 12 Abs. 1 Verordnung (EU) 2019/788). Organisatoren wie Unterzeichner müssen zwei Voraussetzungen erfüllen, um eine Bürgerinitiative unterstützen zu können: Sie müssen Unionsbürger sein und das erforderliche Alter haben, das zum aktiven Wahlrecht bei den Wahlen zum Europäischen Parlament berechtigt (Art. 2 Abs. 1, Art. 5 Abs. 2 Verordnung (EU) 2019/788). Sind die Unterstützungsbekundungen gültig, stellen die Mitgliedstaaten den Organisatoren eine entsprechende Bescheinigung aus, die diese bei der Kommission einreichen (Art. 12 Abs. 5, Art. 13 Verordnung (EU) 2019/788). Nach Eingang der Bürgerinitiative hat die Organisatorengruppe innerhalb von drei Monaten die Möglichkeit, die Initiative in einer vom Europäischen Parlament veranstalteten öffentlichen Anhörung vorzustellen. Das Europäische Parlament bewertet dann, inwieweit es die Initiative politisch unterstützen wird (Art. 14 Abs. 2, 3 Verordnung (EU) 2019/788). Spätestens sechs Monate nach Eingang einer gültigen Initiative legt die Kommission in einer Mitteilung ihre rechtlichen und politischen Schlussfolgerungen zu der Initiative sowie ihr weiteres Vorgehen bzw. den Verzicht auf ein weiteres Vorgehen und die jeweiligen Gründe dar (Art. 15 Abs. 2 Verordnung (EU) 2019/788).

8. Merksätze

Die **Unionsbürgerschaft** umfasst einen Katalog von politischen und sonstigen (Bürger-)Rechten, die für die Staatsangehörigen der Mitgliedstaaten im AEU-Vertrag gewährleistet und unter der Bezeichnung Unionsbürgerschaft begrifflich zusammengefasst werden.

Unionsbürger ist, wer die **Staatsangehörigkeit eines Mitgliedstaates** der Europäischen Union besitzt (Art. 20 Abs. 1 Satz 2 AEUV). Die Unionsbürgerschaft tritt zur nationalen Staatsbürgerschaft hinzu, ersetzt sie aber nicht (Art. 20 Abs. 1 Satz 3 AEUV).

Jeder Unionsbürger hat im Hoheitsgebiet der Mitgliedstaaten der Europäischen Union das **Recht auf freie Bewegung und freien Aufenthalt** (Art. 21 Abs. 1 AEUV). Diese Gewährleistungen schützen zum einen gegen unmittelbar die Bewegung und den Aufenthalt beschränkende Maßnahmen des Aufenthalts- und des Herkunftsstaates des Unionsbürgers.

859

Art. 21 Abs. 1 AEUV vermittelt zum anderen Rechte (nur) gegenüber dem Herkunftsstaat des Unionsbürgers anlässlich eines Aufenthalts in einem anderen Mitgliedstaat. Die unionsbürgerliche Freizügigkeit enthält insoweit ein **Verbot der Diskriminierung** aus Gründen der Grenzüberschreitung und ein darüber hinausgehendes, von gleichheitsrechtlichen Erwägungen losgelöstes **Beschränkungsverbot.**

Jeder Unionsbürger mit Wohnsitz in einem Mitgliedstaat, dessen Staatsangehöriger er nicht ist, besitzt das **Kommunalwahlrecht** zu denselben Bedingungen wie die Angehörigen dieses Staates (Art. 22 Abs. 1 AEUV).

Jeder **Unionsbürger** besitzt in seinem Wohnsitzstaat, dessen Staatsangehöriger er nicht ist, das **Europawahlrecht** zu denselben Bedingungen, die für die Angehörigen des betreffenden Mitgliedstaates gelten (Art. 22 Abs. 2 AEUV). Nach der Rechtsprechung des EuGH können Mitgliedstaaten **Personen, die keine Unionsbürger sind,** die aber eine enge Verbindung zu einem Mitgliedstaat aufweisen, das Europawahlrecht einräumen.

Die Mitgliedstaaten gewähren im Hoheitsgebiet dritter Staaten jedem Unionsbürger unter denselben Bedingungen wie den eigenen Staatsangehörigen **diplomatischen und konsularischen Schutz,** falls dessen Heimatstaat in dem dritten Staat nicht vertreten ist (Art. 23 Abs. 1 AEUV). Diplomatischer Schutz bedeutet, dass jeder Unionsbürger berechtigt ist, im Falle einer völkerrechtswidrigen Behandlung im Drittstaat bei den Vertretungen der übrigen Mitgliedstaaten Schutz zu suchen. Konsularischer Schutz dient der rechtlichen, sozialen und wirtschaftlichen Unterstützung von Unionsbürgern in Drittstaaten.

Jeder Unionsbürger hat das Recht, in Angelegenheiten, die in die Tätigkeitsbereiche der Union fallen und die ihn unmittelbar betreffen, **Petitionen an das Europäische Parlament** zu richten (Art. 24 Abs. 2 AEUV i. V. m. Art. 227 AEUV), sowie sich wegen Missständen bei der Tätigkeit der Organe oder Institutionen der Union mit **Beschwerden an den Bürgerbeauftragten** zu wenden (Art. 24 Abs. 3 AEUV i. V. m. Art. 228 AEUV).

Die Unionsbürgerschaft umfasst das Recht, **schriftliche Eingaben** in einer der Sprachen der Mitgliedstaaten an jedes Organ oder an die beratenden Einrichtungen der Union zu richten und eine Antwort in derselben Sprache zu erhalten (Art. 24 Abs. 4 AEUV).

Unionsbürger können im Rahmen einer **Europäischen Bürgerinitiative** die Kommission unverbindlich auffordern, zu politischen Themen geeignete Regelungsvorschläge zu unterbreiten. Die Aufforderung unterliegt allerdings einem Quorum von mindestens einer Million Unionsbürgern, die aus einem Viertel der Mitgliedstaaten stammen müssen (Art. 11 Abs. 4 EUV i. V. m. Art. 3 Abs. 1 Verordnung (EU) 2019/788).

Leitentscheidungen:
EuGH, Rs. C-274/96, Slg. 1998, S. I-7637 – *Bickel u. Franz.*
EuGH, Rs. C-192/99, Slg. 2001, S. I-1237 – *Kaur.*
EuGH, Rs. C-184/99, Slg. 2001, S. I-6193 – *Grzelczyk* (= P Nr. 122).
EuGH, Rs. C-224/98, Slg. 2002, S. I-6191 – *D'Hoop* (= P Nr. 127).
EuGH, Rs. C-413/99, Slg. 2002, S. I-7091 – *Baumbast und R* (= P Nr. 124).
EuGH, Rs. C-224/02, Slg. 2004, S. I-5763 – *Pusa.*
EuGH, Rs. C-200/02, Slg. 2004, S. I-9925 – *Zhu u. Chen* (= P Nr. 125).
EuGH, Rs. C-209/03, Slg. 2005, S. I-2119 – *Bidar.*
EuGH, Rs. C-403/03, Slg. 2005, S. I-6421 – *Schempp.*
EuGH, Rs. C-406/04, Slg. 2006, S. I-6497 – *De Cuyper.*
EuGH, Rs. C-145/04, Slg. 2006, S. I-7917 – *Spanien/Vereinigtes Königreich.*
EuGH, Rs. C-300/04, Slg. 2006, S. I-8055 – *Eman u. Sevinger.*
EuGH, verb. Rs. C-11/06 u. C-12/06, Slg. 2007, S. I-9161 – *Morgan* (= P Nr. 128).
EuGH, Rs. C-33/07, Slg. 2008, S. I-5157 – *Jipa.*
EuGH, Rs. C-353/06, Slg. 2008, S. I-7639 – *Grunkin u. Paul.*
EuGH, Rs. C-158/07, Slg. 2008, S. I-8507 – *Förster.*
EuGH, Rs. C-135/08, Slg. 2010, S. I-1449 – *Rottmann* (= P Nr. 129).
EuGH, Rs. C-34/09, Slg. 2011, S. I-1177 – *Zambrano* (= P Nr. 130).
EuGH, Rs. C-256/11, Slg. 2011, S. I-11315 – *Dereci u. a.*
EuGH, verb. Rs. C-356/11 u. C-357/11, ECLI:EU:C:2012:776 – *O. und S.* (= P Nr. 131).
EuGH, Rs. C-140/12, ECLI:EU:C:2013:565 – *Brey.*
EuGH, Rs. C-333/13, ECLI:EU:C:2014:2358 – *Dano.*
EuGH, Rs. C-67/14, ECLI:EU:C:2015:597 – *Alimanovic.*
EuGH, Rs. C-165/16, ECLI:EU:C:2017:862 – *Lounes* (= P Nr. 126).
EuGH, Rs. C-82/16, ECLI:EU:C:2018:308 – *K.A. u. a.*
EuGH, Rs. C-673/16, ECLI:EU:C:2018:385 – *Coman.*
EuGH, Rs. C-230/17, ECLI:EU:C:2018:497 – *Deha Altiner.*
EuGH, Rs. C-89/17, ECLI:EU:C:2018:570 – *Banger.*
EuGH, Rs. C-221/17, ECLI:EU:C:2019:189 – *Tjebbes.*
EuG, Rs. T-754/14, ECLI:EU:T:2017:323 – *Efler u. a./Kommission.*

IV. Die Grundfreiheiten des AEUV

Literaturhinweise: *Albin, W./Valentin, F.:* Dassonville oder doch Keck – zwei anstehende Urteile des EuGH zur Anwendung des Art. 28 EG auf Verwendungsbeschränkungen, EWS 2007, S. 533; *Birkemeyer, C.:* Die unmittelbare Drittwirkung der Grundfreiheiten, EuR 2010, S. 662; *Brigola, A.:* Der Grundsatz der Verhältnismäßigkeit im Gefüge der EU-Grundfreiheiten – Steuerungsmittel oder Risikofaktor?, EuZW 2017, S. 406; *Classen, C. D.:* Auf dem Weg zu einer einheitlichen Dogmatik der EG-Grundfreiheiten?, EWS 1995, S. 97; *Cremer, W.:* Die Grundfreiheiten des Europäischen Unionsrechts, Jura 2015, S. 39; *Croon-Gestefeld, J.:* Umgekehrte Diskriminierungen nach dem Unionsrecht – Unterschiedliche Konzepte im Umgang mit einem gemeinsamen Problem, EuR 2016, S. 56; *Dietz, S./Streinz, T.:* Das Marktzugangskriterium in der Dogmatik der Grundfreiheiten, EuR 2015, S. 50; *Eberhartinger, M.:* Konvergenz und Neustrukturierung der Grundfreiheiten, EWS 1997, S. 43; *Ehlers, D.:* Allgemeine Lehren der Grundfreiheiten, in: ders.

(Hrsg.), Europäische Grundrechte und Grundfreiheiten, 4. Aufl. 2015, S. 239; *Epiney, A.:* Umgekehrte Diskriminierungen, 1995; *Frenz, W.:* Grundfreiheiten und Grundrechte, EuR 2002, S. 603; *Fuchs, T.:* Das Gleichbehandlungsverbot im Unionsrecht, 2015; *Görlitz, N.:* Struktur und Bedeutung der Rechtsfigur der mittelbaren Diskriminierung im System der Grundfreiheiten, 2005; *Holst, J.:* Konvergenz der Grundfreiheiten durch das Marktzugangskriterium?, EuR 2017, S. 633; *Jarass, H. D.:* Die Grundfreiheiten als Grundgleichheiten – Systematische Überlegungen zur Qualifikation und Rechtfertigung von Beschränkungen der Grundfreiheiten, in: FS für Ulrich Everling, 1995, S. 593; *ders.:* Elemente einer Dogmatik der Grundfreiheiten, EuR 1995, S. 202; *ders.:* Elemente einer Dogmatik der Grundfreiheiten II, EuR 2000, S. 705; *Kahl, W./Schwind, M.:* Europäische Grundrechte und Grundfreiheiten – Grundbausteine einer Interaktionslehre, EuR 2014, S. 170; *Kainer, F./Herzog, L.:* Der Marktausgang im Konzept der Grundfreiheiten, EuR 2018, S. 405; *Kingreen, T.:* Grundfreiheiten, in: v. Bogdandy, A./Bast, J. (Hrsg.), Europäisches Verfassungsrecht, 2. Aufl. 2009, S. 705; *Lippert, A.:* Der grenzüberschreitende Sachverhalt – Der Yeti des Europarechts, ZEuS 2014, S. 273; *Ludwigs, M./Weidermann, S.:* Drittwirkung der Europäischen Grundfreiheiten – Von der Divergenz zur Konvergenz?, Jura 2014, S. 152; *Mojzesowicz, K.:* Möglichkeiten und Grenzen einer einheitlichen Dogmatik der Grundfreiheiten, 2001; *Müller-Graff, P.-C.:* Die horizontale Direktwirkung der Grundfreiheiten, EuR 2014, S. 3; *Pießkalla, M.:* Unmittelbare Drittwirkung der Grundfreiheiten des EG-Vertrags bei Boykottaufrufen durch Gewerkschaften, NZA 2007, S. 1144; *Riese, Ch./Noll, P.:* Europarechtliche und verfassungsrechtliche Aspekte der Inländerdiskriminierung, NVwZ 2007, S. 516; *Rosenfeldt, H./Würdemann, A.:* Schöpfer des Binnenmarktes im Käfig der Verträge – Die grundfreiheitliche Bindung des EU-Gesetzgebers, EuR 2016, S. 453; *Schiff, A.:* Sekundär- vor Primärrecht?, EuZW 2015, S. 899; *Steinberg, Ph.:* Zur Konvergenz der Grundfreiheiten auf der Tatbestands- und Rechtfertigungsebene, EuGRZ 2002, S. 13; *Streinz, R.:* Konvergenz der Grundfreiheiten. Aufgabe der Differenzierungen des EG-Vertrags und der Unterscheidung zwischen unterschiedlichen und unterschiedslosen Maßnahmen? Zu Tendenzen der Rechtsprechung des EuGH, in: FS für Walter Rudolf, 2001, S. 199; *Streinz, R./Kruis, T.:* Unionsrechtliche Vorgaben und mitgliedstaatliche Gestaltungsspielräume im Bereich des Glücksspiels, NJW 2010, S. 3745; *Wollenschläger, F.:* Anwendbarkeit der EU-Grundrechte im Rahmen einer Beschränkung von Grundfreiheiten, EuZW 2014, S. 577.

1. Bedeutung und Funktion der Grundfreiheiten

860 Die ursprünglich als Europäische Wirtschaftsgemeinschaft gegründete, später zur Europäischen Gemeinschaft gewordene jetzige Union (Rn. 55) war und ist weiterhin stark auf die wirtschaftliche Integration ihrer Mitgliedstaaten ausgerichtet. Eines der vorrangigen Ziele der Union ist, innerhalb der Mitgliedstaaten eine in hohem Maße wettbewerbsfähige soziale Marktwirtschaft, die auf Vollbeschäftigung und sozialen Fortschritt abzielt, zu sichern (Art. 3 Abs. 3 EUV). Dies soll durch die Errichtung eines Binnenmarktes in Gestalt eines einheitlichen Wirtschaftsraumes erreicht werden, in dem Personen, Waren, Dienstleistungen und Kapital frei zirkulieren können (Art. 3 Abs. 3 UAbs. 1 Satz 1 EUV, Art. 26 Abs. 2 AEUV). Der Binnenmarkt wird daher durch die Grundfreiheiten definiert. Der Begriff der Grundfreiheiten kommt allerdings im Vertrag selbst nicht

vor; er ist daher untechnischer Art. Zunächst ist er zwingend vom gleichlautenden Begriff in der EMRK zu unterscheiden, der klassische Grund*rechte* meint. Im Unionsrecht werden damit hingegen die in den Art. 28 bis Art. 66 AEUV getroffenen Regelungen zur *Sicherstellung transnationaler Marktzugangs- und -ausgangs-Berechtigungen*[418] bezeichnet.

Nach der „Binnenmarktphilosophie" bewegen sich die Produktionsfaktoren (Arbeit, Real- und Geldkapital) zu denjenigen mitgliedstaatlichen Standorten, an denen die Produktionskosten am geringsten sind (optimale Ressourcen-Allokation). So entsteht ein *Wettbewerb zwischen den Mitgliedstaaten und ihren regionalen Standorten* um die Produktionsansiedlung. Um einem „Sozialdumping" entgegenzuwirken, bedarf dieser Standortwettbewerb einer supranationalen Sozialflankierung durch die Union (Rn. 1424 ff.). Die Resultate des Wirtschaftsprozesses (Waren, Dienstleistungen) sollen in einem unionsweiten Produktwettbewerb stehen und derart für die Verbraucher Angebotsausweitung und Kostenvorteile ermöglichen. Aufgrund idealerweise EU-weit einheitlichen bzw. wechselseitig als gleichwertig anerkannten Fertigungs- und Vertriebsbedingungen können durch hohe Stückzahlen gleichartiger Erzeugnisse die Stückkosten und damit der Preis der Produkte sinken. 861

2. Sekundärrechtliche Ausgestaltung des Binnenmarktes

a) Funktionen des Sekundärrechts

Die Anwendung der Grundfreiheiten führt grundsätzlich nur zu einer Aussage darüber, ob die Maßnahme eines Verpflichtungsadressaten – zumeist ein mitgliedstaatliches Gesetz oder eine administrative Einzelmaßnahme – mit den Grundfreiheiten vereinbar ist oder nicht. Im Falle der Nichtvereinbarkeit folgt aus dem Anwendungsvorrang des Unionsrechts die Nichtanwendbarkeit der fraglichen Maßnahme (vgl. Rn. 888 ff.). Die Bedeutung der Grundfreiheiten liegt demzufolge in der Beseitigung von Binnenmarkthemmnissen. Da ihnen eine positiv-gestaltende Steuerungskraft hingegen grundsätzlich fehlt[419], wird ihr Beitrag zur Errichtung des Binnenmarktes auch als *negative Integration* bezeichnet[420]. Durch die bloße Eliminierung bestimmter Handelshemmnisse ist die vollständige Verwirklichung des Binnenmarktes nicht zu erreichen, hierfür bedarf es vielmehr ergänzender Rechtsetzung. Derartige den Binnenmarkt ausgestaltende 862

---

418 So zutreffend *Müller-Graff*, in: Pechstein/Nowak/Häde (Hrsg.), Frankfurter Kommentar EUV/GRC/AEUV, Art. 3 EUV Rn. 32.
419 Anders die Rs. *Vlassopoulou*, in welcher der EuGH aus der Niederlassungsfreiheit eine positive Pflicht ableitet, derzufolge die Behörden eines Mitgliedstaates bei der Entscheidung über die Berufszulassung eines Unionsangehörigen die Gleichwertigkeit der im Herkunftsland erworbenen Berufsqualifikation zu prüfen haben, EuGH, Rs. C-340/89, Slg. 1991, S. I-2357 – *Vlassopoulou* (= P Nr. 199).
420 Näher hierzu *Kingreen*, in: Calliess/Ruffert (Hrsg.), EUV/AEUV, Art. 36 AEUV Rn. 2 ff.

Unionsrechtsakte bestehen in kaum mehr zu überblickender Zahl. Sie sind von zwei übergeordneten Zielstellungen geprägt, die in der Regel bei der Rechtsetzung zusammentreffen. Zum einen sollen fortbestehende *Hindernisse für den Binnenmarkt beseitigt* werden. In dieser Funktion trägt eine sekundärrechtliche Ausgestaltung dem Umstand Rechnung, dass die Grundfreiheiten – u. a. aufgrund der Anwendung von Rechtfertigungsbestimmungen (vgl. Rn. 879 ff.) oder ihres eingeschränkten Kreises Berechtigter (vgl. Rn. 868) und Verpflichteter (vgl. Rn. 869 ff.) – in ihrer Reichweite begrenzt sind. Da eine punktuelle Korrektur dieser primärrechtlichen Defizite mit Blick auf die Komplexität und Dynamik der Rechtsprechung des EuGH zu den Grundfreiheiten allerdings kaum zu leisten wäre, enthalten viele Sekundärrechtsakte im Bereich des Binnenmarktes neben einzelnen konstitutiven Gewährleistungen auch deklaratorische Bekräftigungen des bereits primärrechtlich durch die Grundfreiheiten garantierten Rechtsbestandes, ohne dass sich immer eindeutig zwischen ihnen unterscheiden ließe (vgl. beispielsweise für den Bereich der Arbeitnehmerfreizügigkeit Rn. 965, für die Dienstleistungsfreiheit Rn. 1088 ff.). Zum anderen geht es bei der Sekundärrechtsetzung darum, unionsweit *einheitliche Wettbewerbsbedingungen herzustellen,* wodurch sich nicht nur der über die Anwendung der Grundfreiheiten eingeleitete Standortwettbewerb der mitgliedstaatlichen Rechtsordnungen (sog. „race to the bottom"-Problematik) reduzieren, sondern zudem die verzerrenden Effekte der Inländerdiskriminierung (vgl. Rn. 875) beseitigen lassen. Darüber hinaus bewirkt eine Angleichung der nationalen Rechtsvorschriften, dass die wirtschaftliche Betätigung eines Unternehmens in verschiedenen Mitgliedstaaten übersichtlicher und damit kostengünstiger wird. Eine getrennte Realisierung der vorstehenden Ziele – Beseitigung fortbestehender Hindernisse für den Binnenmarkt und Herstellung einheitlicher Wettbewerbsbedingungen – ist häufig nicht möglich. Kommt es etwa zur Beschränkung einer Grundfreiheit durch mitgliedstaatliche Maßnahmen, die aufgrund der Verfolgung legitimer Staatsaufgaben gerechtfertigt sind (z. B. ein Zulassungserfordernis für gesundheitsgefährdende Produkte), ist eine Beseitigung der sich daraus für den Binnenmarkt ergebenden Hindernisse nur dadurch zu erreichen, dass unionsweit einheitliche Regelungen geschaffen werden, durch welche den berechtigten Interessen der Mitgliedstaaten Genüge getan wird (z. B. sekundärrechtliche Vorschriften über die Produktsicherheit). Rechtstechnisch wird dieser Ansatz regelmäßig durch eine Pflicht zur gegenseitigen Anerkennung in Verbindung mit der Vorgabe materieller Mindeststandards erreicht (vgl. beispielsweise für den Bereich der Art. 56, 63 AEUV Rn. 1039 ff., 1122). Inwieweit grundfreiheitskonkretisierendes Sekundärrecht auch reine Inlandssachverhalte regeln darf, ist im Einzelnen umstritten[421]; die Grundfreiheiten erfassen in jedem Falle nur grenzüberschreitende Konstellationen.

---

421 Vgl. hierzu m.w. N. *Schiff,* EuZW 2015, S. 899.

b) Vorrangige Prüfung des Sekundärrechts

Die Maßnahme eines grundfreiheitlichen Verpflichtungsadressaten ist vorrangig an einschlägigem Sekundärrecht zu überprüfen. Diese *vorrangige Prüfung des Sekundärrechts* ergibt sich aus dem in den Verträgen festgelegten Kompetenzgefüge[422]. Wie nicht zuletzt die entsprechenden Zuständigkeitsvorschriften im AEUV belegen (u. a. Art. 114 Abs. 1 AEUV), sind die Grundfreiheiten auf positive Ausgestaltung durch den Unionsgesetzgeber angelegt. Sofern die Unionsorgane von ihrer Ausgestaltungskompetenz Gebrauch gemacht haben, darf diese Entscheidung nicht durch einen Rückgriff auf die (sehr auslegungsfähigen) Grundfreiheiten umgangen werden. Ferner dient es der Rechtssicherheit, wenn sich die Normunterworfenen auf die im Sekundärrecht detailliert ausformulierten Vorgaben verlassen können. Ob und inwieweit eine sekundärrechtliche Vorschrift einen Rekurs auf die Grundfreiheiten im Einzelfall ausschließt, ist durch Auslegung des betreffenden Rechtsaktes zu ermitteln. Dementsprechend betont der EuGH in ständiger Rechtsprechung, dass eine nationale Maßnahme im Anwendungsbereich einer *abschließenden* Harmonisierung nicht gesondert an den Grundfreiheiten zu messen ist[423]. Für das hiernach vorrangig zu prüfende Sekundärrecht ist zu beachten, dass ein Rechtsverstoß ausschließlich aus den in dem betreffenden Rechtsakt vorgesehenen Gründen gerechtfertigt werden kann[424], was insbesondere einen Rückgriff auf die grundfreiheitliche Rechtfertigungskategorie zwingender Gemeinwohlgründe ausschließt. Umgekehrt sind somit die Grundfreiheiten anzuwenden, soweit die zu überprüfende nationale Maßnahme außerhalb des Regelungsbereichs des Sekundärrechtsaktes liegt[425], etwa weil es sich lediglich um eine Mindestharmonisierung handelt[426]. Die *vorrangige Anwendung des Sekundärrechts aufgrund seiner Detailschärfe ändert aber nichts an der normativen Vor- bzw. Höherrangigkeit des Primärrechts*, mit dem das Sekundärrecht stets vereinbar sein muss.

863

In bestimmten Konstellationen scheidet eine eigenständige Prüfung des Sekundärrechtsaktes allerdings bereits deshalb aus, weil die zu überprüfende nationale Maßnahme den sekundärrechtlichen Regelungsgegenstand nur indirekt berührt. Den im Sekundärrecht zum Ausdruck kommenden Wertungsentscheidungen des Unionsgesetzgebers muss selbstverständlich auch in diesen Fällen Geltung verschafft werden, wenngleich hierfür ausschließlich ihre *Berücksichti-*

864

---

422 Vgl. auch *Kingreen*, in: Calliess/Ruffert (Hrsg.), EUV/AEUV, Art. 36 AEUV Rn. 18, der in diesem Zusammenhang vom „Anwendungsvorrang des Sekundärrechts" spricht.
423 M.w.N. EuGH, Rs. C-470/03, Slg. 2007, S. I-2749, Rn. 50 – *AGM-COS.MET* (= P Nr. 72); EuGH, Rs. C-322/01, Slg. 2003, S. I-14887, Rn. 64 – *Doc Morris I* (= P Nr. 156).
424 EuGH, Rs. C-445/06, Slg. 2009, S. 2119, Rn. 25 f. – *Danske Slagterier* (= P Nr. 73). Darüber hinaus kommen lediglich die speziellen Schutzklauseln gemäß Art. 114 Abs. 4–10 AEUV in Betracht.
425 EuGH, Rs. C-158/96, Slg. 1998, S. I-1931, Rn. 27 f. – *Kohll* (= P Nr. 223, 226); EuGH, Rs. C-255/09, Sgl. 2011, S. I-10547, Rn. 70 f. – *Kommission/Portugal*.
426 EuGH, Rs. C-205/07, Slg. 2008, S. I-9947, Rn. 33 ff. – *Santurel* (= P Nr. 151).

gung im Rahmen der Grundfreiheitsprüfung in Betracht kommt[427]. Dies soll kurz anhand eines Ausschnitts des Urteils in der Rs. *Kohll* veranschaulicht werden. Hierin wurde der EuGH in einem Vorabentscheidungsverfahren angerufen, die Binnenmarktkonformität einer luxemburgischen Vorschrift zu prüfen, nach der die Kosten einer (nicht dringenden) zahnmedizinischen Behandlung im EU-Ausland nicht erstattet werden, wenn der Versicherte keine vorherige Genehmigung seiner Krankenversicherung eingeholt hat. Dieser Genehmigungsvorbehalt wurde von der luxemburgischen Regierung als erforderlich angesehen, um die Qualität der ärztlichen Leistungen im Einzelfall zu überprüfen und damit den Gesundheitsschutz zu gewährleisten[428]. Da keine sekundärrechtliche Vorschrift existiert, die direkte Vorgaben hinsichtlich der Kostenerstattung für den speziell zu entscheidenden Fall enthält, rekurrierte der EuGH zutreffend auf die Dienstleistungsfreiheit nach Art. 56 AEUV. Auf der Ebene der Rechtfertigung kam es dann aber indirekt auf Vorschriften des Sekundärrechts an. Hier wies der EuGH darauf hin, dass in anderen Mitgliedstaaten niedergelassene Zahnärzte u. a. aufgrund der „Richtlinie über die gegenseitige Anerkennung der Diplome, Prüfungszeugnisse und sonstigen Befähigungsnachweise des Zahnarztes ..." als ebenso qualifiziert angesehen werden müssen wie im Inland niedergelassene, und dass der Genehmigungsvorbehalt folglich nicht unter Berufung auf Gründe des Gesundheitsschutzes nach Art. 62, 52 Abs. 1 AEUV gerechtfertigt werden kann[429].

865   Wie die dargestellte Rechtsprechung verdeutlicht, sind prüfungstechnisch unterschiedliche Ansätze in Betracht zu ziehen, um den materiellen Vorrang des Sekundärrechts zu sichern. Die Abgrenzung der verschiedenen Ansätze kann im Einzelfall durchaus Schwierigkeiten bereiten, zumal auch die Rechtsprechung kein klares Bild in dieser Frage liefert. Neben der erwähnten *ausschließlichen Anwendung einer abschließenden Harmonisierung* und der *Anwendung der Grundfreiheiten unter Berücksichtigung sekundärrechtlicher Vorgaben*, geht der EuGH in zahlreichen Urteilen auch von einer *parallelen Anwendbarkeit der einschlägigen Grundfreiheit und der sie konkretisierenden Sekundärrechtsnorm* aus[430]. Ungeachtet dieser prüfungstechnischen Unklarheiten basiert die Rechtsprechung aber auf der klaren materiellen Maxime, dass die im Sekundärrecht getroffenen Wertungsentscheidungen des Unionsgesetzgebers beachtet werden müssen. *Sekundärrechtliche Regelungen können dabei auf allen drei Stufen des unter Rn. 892 vorgeschlagenen Prüfungsschemas einschlägig sein:* Sie können den

---

427 EuGH, Rs. C-279/93, Slg. 1995, S. I-225, Rn. 43 ff. – *Schumacker* (= P Nr. 177); anschaulich auch die Schlussanträge der GA *Trstenjak* zu EuGH, Rs. C-205/07, Slg. 2008, S. I-9947, Rn. 38 – *Santurel* (= P Nr. 151).
428 EuGH, Rs. C-158/96, Slg. 1998, S. I-1931, Rn. 43 – *Kohll* (= P Nr. 223, 226).
429 EuGH, Rs. C-158/96, Slg. 1998, S. I-1931, Rn. 47 ff. – *Kohll* (= P Nr. 223, 226).
430 EuGH, verb. Rs. C-482/01 u. C-493/01, Slg. 2004, S. I-5257, Rn. 58 ff., 90 ff. – *Orfanopoulos*; EuGH, Rs. C-445/06, Slg. 2009, S. 2119, Rn. 18 ff. – *Danske Slagterier* (= P Nr. 73), vgl. hierzu auch die Schlussanträge der GA *Trstenjak* EuGH, Rs. C-445/06, Slg. 2009, S. 2119, Rn. 82 – *Danske Slagterier* (= P Nr. 73).

Schutzbereich konkretisieren, sie können selbst einen Eingriff darstellen – wenn die Union also die Grundfreiheiten verletzt – und sie können auf der Rechtfertigungsebene bestimmte Rechtfertigungsgründe „wegharmonisieren". Zur Entschärfung dieser Schwierigkeiten enthalten europarechtliche Klausuren regelmäßig einen Hinweis, wie mit einschlägigem Sekundärrecht umzugehen ist. So ist mitunter bereits in der Aufgabenstellung eine konkrete Reihenfolge festgelegt, in welcher die im Sachverhalt aufgeworfenen Vorlagefragen nach Art. 267 AEUV zu beantworten sind. Zu denken ist auch an einen Hinweis, wonach die Grundfreiheiten „unter Berücksichtigung" des einschlägigen Sekundärrechts zu prüfen sind. Nicht selten wird im Bearbeitervermerk eine Anwendung von Sekundärrecht auch vollständig ausgeschlossen, womit sich sämtliche Abgrenzungsfragen erübrigen.

3. Struktur und Konvergenz der Grundfreiheiten

a) Überblick

Trotz unterschiedlicher Ausformulierung im AEUV hat sich in der Rechtsprechung des Gerichtshofs der Europäischen Union eine gewisse *Konvergenz der Grundfreiheiten* herauskristallisiert. Zu den wichtigsten Gemeinsamkeiten gehört zunächst die *unmittelbare Anwendbarkeit* der Bestimmungen über die Grundfreiheiten. Hieraus folgen für nationale Behörden und Gerichte von Amts wegen zu wahrende Rechte – und bei unmittelbarer Drittwirkung (Rn. 870) auch Verpflichtungen – der Einzelnen. Diese haben *Anwendungsvorrang* vor nationalem Recht (Rn. 202 ff.). Gleichwohl bleiben trotz vielfältiger struktureller Parallelen zwischen den einzelnen Grundfreiheiten auch wichtige Unterschiede in der Ausformung bestimmter Wirkungsdimensionen, die es zu beachten gilt und auf die bei der Darstellung der einzelnen Grundfreiheiten eingegangen wird. Ungeachtet dessen ergibt sich eine einheitliche Struktur der Grundfreiheiten, die sich für die Fallprüfung anbietet und die der folgenden Darstellung zugrunde gelegt wird. Diese Struktur ermöglicht auch ein *einheitliches Prüfungsschema* für die Grundfreiheiten (Rn. 892).

866

b) Schutzbereich

Unter Beachtung des ggf. einschlägigen Sekundärrechts ist bei der Prüfung einer Grundfreiheit zunächst der jeweilige *Schutzbereich* der Grundfreiheit aufzubereiten. Dabei ist zuerst der *sachliche Schutzbereich* zu prüfen, der sich auf die thematische Einschlägigkeit der einzelnen Grundfreiheit (Warenverkehr, Dienstleistungen etc.) und ihre Abgrenzung zu anderen Grundfreiheiten bezieht. Mitunter zieht der EuGH zur Auslegung des Schutzbereichs einer Grundfreiheit sekundärrechtliche Definitionen heran (bspw. zur Bestimmung des Begriffs

867

Kapitalverkehr, vgl. Rn. 1095). Der sachliche Schutzbereich wird zum Teil auf bestimmte Umfeldaspekte, insbesondere auf die Werbung für die jeweils grundfreiheitlich geschützte Tätigkeit/Sache, erweitert. Auf diese Weise werden auch nationale Werbebeschränkungen potentiell als Eingriffe in den Schutzbereich angesehen, obwohl der Grenzübertritt des eigentlich grundfreiheitlich geschützten Gutes – z. B. Waren – unbehindert bleibt. Bereits dem Wortlaut der Grundfreiheiten lässt sich entnehmen, dass diese nur die Liberalisierung der zwischenstaatlichen Verkehrsströme zur Optimierung des unionsweiten Wirtschaftsprozesses verwirklichen helfen wollen, nicht aber rein innerstaatliche Vorgänge erfassen. Zum Ausdruck kommt dies in dem Erfordernis eines sog. *grenzüberschreitenden Bezugs,* den die grundfreiheitlich geschützte Wirtschaftstätigkeit aufzuweisen hat. Welcher Art dieser Bezug sein muss, ergibt sich aus der jeweiligen Grundfreiheit (vgl. Rn. 908, 958, 1003, 1053, 1096). Maßgeblich für die Frage, ob ein solcher grenzüberschreitender Bezug im konkreten Fall vorliegt und die betreffende Grundfreiheit damit zur Anwendung gelangen kann, ist entweder der tatsächliche Sachverhalt eines nationalen Rechtsstreits (mit welchem der Gerichtshof im Wege eines Auslegungsersuchens nach Art. 267 AEUV befasst werden kann, vgl. Rn. 584 ff.) oder eine zumeist nationale Maßnahme, die etwa im Rahmen eines Vertragsverletzungsverfahrens nach Art. 258 AEUV (vgl. Rn. 507 ff.) auf ihre Vereinbarkeit mit Grundfreiheiten überprüft wird. Wie konkret der grenzüberschreitende Bezug eines tatsächlichen Sachverhalts im ersten Fall sein muss, lässt sich der Rechtsprechung des Gerichtshofs nicht mit Bestimmtheit entnehmen. Abgelehnt wird die Anwendung aber, wenn eine nur hypothetische Aussicht auf Ausübung der jeweiligen Grundfreiheit besteht[431]. Im zweiten Fall ist hingegen entscheidend, ob die betroffene nationale Maßnahme zumindest auch grundfreiheitlich geschützte und damit grenzüberschreitende Vorgänge regelt oder sich auf diese auswirkt. Einzelne Grundfreiheiten weisen spezifische Ausnahmeregelungen auf (Art. 45 Abs. 4, Art. 51, Art. 62 i. V. m. Art. 61 AEUV), welche die Anwendbarkeit der Grundfreiheit für bestimmte Bereiche ausschließen (Bereichsausnahmen).

868   Der *persönliche Schutzbereich* betrifft die Definition der aus den Grundfreiheiten Berechtigten. Dies sind stets alle Staatsangehörigen der Mitgliedstaaten, bei einzelnen Grundfreiheiten aber auch Drittstaatsangehörige sowie juristische Personen (vgl. Art. 54 AEUV, Rn. 1008). Der *räumliche Schutzbereich* regelt die territoriale Dimension der Anwendbarkeit der Grundfreiheiten, die in einzelnen Fallkonstellationen auch über das Staatsgebiet der Mitgliedstaaten hinausreichen kann[432]. Der *zeitliche Schutzbereich* betrifft Fragen, die besonders im Zusammenhang mit Beitritten neuer Mitgliedstaaten und Übergangsregelungen von Bedeutung sind. Die beiden letztgenannten Aspekte sind nur dann zu prüfen, wenn

---

431 EuGH, Rs. C-299/95, Slg. 1997, S. I-2637, Rn. 16 – *Kremzow.*
432 Arbeitnehmerfreizügigkeit für Beschäftigung in Botschaft eines Mitgliedstaates in Drittstaat, EuGH, Rs. C-214/94, Slg. 1996, S. I-2253, Rn. 14 – *Ingrid Boukhalfa/Deutschland.*

der Sachverhalt hierzu Veranlassung bietet, die beiden erstgenannten Aspekte des Schutzbereichs sind dagegen bei jeder Falllösung anzusprechen.

c) Eingriff

aa) Verpflichtungsadressaten

Auf der zweiten Stufe ist das Vorliegen eines *Eingriffs* zu prüfen. Dabei ist zunächst festzustellen, ob die Handlung eines aus der Grundfreiheit Verpflichteten vorliegt. *Verpflichtungsadressaten der Grundfreiheiten* sind *primär die Mitgliedstaaten*, die mit ihren Regelungen die meisten Hindernisse für den Marktzugang oder -ausgang der geschützten Güter schaffen. Die Grundfreiheiten binden aber ebenso die *Unionsorgane* bei der Sekundärrechtsetzung, d. h., auch insoweit darf keine künstliche Marktaufspaltung organisiert werden[433]. Der EuGH räumt den Unionsorganen insofern aber einen beträchtlichen Gestaltungsspielraum ein[434]. Die Mitgliedstaaten müssen sich das Verhalten aller Staatsorgane und innerstaatlichen Untergliederungen (Bundesländer, Kommunen) zurechnen lassen. Auch die Äußerungen eines Beamten außerhalb seines Zuständigkeitsbereichs sind dem Staat zurechenbar, sofern sie mit „Amtsautorität" getätigt wurden, d. h., dass aufgrund ihrer Form und der Umstände bei den Empfängern der Äußerung der Eindruck entsteht, dass es sich um offizielle staatliche Verlautbarungen und nicht um die private Meinung des Beamten handelt[435]. Allgemein ist im Unionsrecht anerkannt, dass sich ein Mitgliedstaat seiner staatsgerichteten Verpflichtungen nicht dadurch entledigen kann, dass er in privatrechtlicher Rechtsform agiert (keine Flucht ins Privatrecht)[436]. Diese erweiterte Bindung lässt sich auch aus der Pflicht der Mitgliedstaaten zur Unionstreue nach Art. 4 Abs. 3 UAbs. 2 EUV ableiten. Hinsichtlich gemischtwirtschaftlicher Unternehmen, die nur zum Teil durch die öffentliche Hand gehalten werden, ist nach der Rechtsprechung entscheidend, ob der Staat „die Geschäftsführung dieses Unternehmens tatsächlich [...] kontrollieren" und einen „bestimmenden Einfluss" ausüben kann[437]. Dem Staat wird auch das Verhalten echter Privater zugerechnet, wenn er auf deren Verhalten steuernden Einfluss nimmt[438]. Aus den Grundfreiheiten entspringen darüber hinaus *Schutzpflichten*, denen zufolge die Mitgliedstaaten die Berechtigten aus den Grundfreiheiten gegen Eingriffe durch andere Private aktiv verteidi-

869

---

433 Hierzu ausführlich *Rosenfeldt/Würdemann*, EuR 2016, S. 453 ff.
434 Nachweise bei *Rosenfeldt/Würdemann*, EuR 2016, S. 455 f.
435 EuGH, Rs. C-470/03, Slg. 2007, S. I-2749, Rn. 66 – *AGM-COS.MET* (= P Nr. 72).
436 EuGH, Rs. 249/81, Slg. 1982, S. 4005, Rn. 23 ff. – *Buy Irish* (= P Nr. 92, 145); EuGH, Rs. C-302/88, Slg. 1990, S. I-4625, Rn. 16 – *Hennen Olie*; EuGH, Rs. C-188/89, Slg. 1990, S. I-3313, Rn. 20 – *British Gas plc;* EuGH, Rs. C-324/98, Slg. 2000, S. I-10745, Rn. 60 – *Telaustria*; EuGH, Rs. C-325/00, Slg. 2002, S. I-9977, Rn. 17 ff. – *CMA Gütezeichen*; EuGH, Rs. C-543/08, Slg. 2010, S. I-11241, Rn. 48 ff. – *Kommission/Portugal*.
437 EuGH, Rs. C-91/08, Slg. 2010, S. I-2815, Rn. 49 ff. – *Wall*.
438 EuGH, Rs. 249/81, Slg. 1982, S. 4005, Rn. 23 ff. – *Buy Irish* (= P Nr. 92, 145).

gen müssen. Folglich kann auch ein diesbezügliches pflichtwidriges Unterlassen des Staates einen Eingriff in die Grundfreiheiten darstellen. Diese vom EuGH an einem Fall aus dem Bereich der Warenverkehrsfreiheit (Art. 34 AEUV) herausgebildete Rechtsprechung[439] ist auf die übrigen Freiheiten grundsätzlich übertragbar. Noch nicht entschieden hat der Gerichtshof die Frage, ob es für hoheitliche Eingriffe in die Grundfreiheiten einer gesetzlichen Ermächtigung bedarf. In der deutschen Literatur wird dies unter Berufung auf das Rechtsstaatsprinzip zum Teil gefordert[440]. Dies ist allerdings in Bezug auf andere mitgliedstaatliche Rechtsordnungen ggf. problematisch.

870   Darüber hinaus hat der EuGH insbesondere solche privaten Einrichtungen als Verpflichtete der Grundfreiheiten angesehen, die über eine besondere kollektive Macht der Marktzugangs- oder -ausgangskontrolle verfügen, wie namentlich Verbände, die aufgrund ihrer rechtlichen Autonomie kollektive Regelungen im Arbeits- und Dienstleistungsbereich treffen können (sog. *intermediäre Gewalten)*[441]. Insoweit entfalten die Grundfreiheiten eine *unmittelbare Drittwirkung*. Mit der *DVGW*-Entscheidung[442] hat der EuGH diese Rechtsprechungslinie zur Inpflichtnahme intermediärer Gewalten auch im Rahmen der Warenverkehrsfreiheit zur Anwendung gebracht (vgl. Rn. 910). Für die Arbeitnehmerfreizügigkeit hat der EuGH überdies eine weitergehende unmittelbare Drittwirkung zwischen *jedweden* Privaten festgestellt, die als Arbeitgeber und Arbeitnehmer an einem Arbeitsverhältnis beteiligt sind. Im Fall *Angonese* hat der EuGH formuliert, die Regeln über die Arbeitnehmerfreizügigkeit seien auf „alle Verträge zwischen Privatpersonen"[443] (Arbeitsverträge) anwendbar. *Insoweit* dürfte sich die Schutzpflichtenkonstruktion im Bereich der Arbeitnehmerfreizügigkeit nur noch auf die allgemeine Ausgestaltung des Arbeitsrechts durch die Mitgliedstaaten und auf Störungen durch nicht am Arbeitsverhältnis beteiligte Dritte beziehen. Auch *Gewerkschaften* als eine besondere Form intermediärer Gewalten, die sich hinsichtlich der Inanspruchnahme von Rechten des kollektiven Arbeitskampfes (Streikrecht) auch auf Unionsgrundrechte stützen können (Art. 28 GRC), können gerade insoweit auch Adressaten von grundfreiheitsrechtlich getragenen Unterlassungsansprüchen der von Streiks in der Niederlassungsfreiheit oder der Dienstleistungsfreiheit gestörten Unternehmen sein[444]. Auf andere Grundfreiheiten könnte dieser Ansatz u. U. übertragen werden (z. B. Störung der Warenverkehrsfreiheit durch Streiks im Transportgewerbe).

---

439 EuGH, Rs. C-265/95, Slg. 1997, S. I-6959 – *Kommission/Frankreich* („*Bauernproteste*") (= P Nr. 160).
440 So *Ehlers*, in: ders., Europäische Grundrechte und Grundfreiheiten, § 7, Rn. 109.
441 EuGH, Rs. 36/74, Slg. 1974, S. 1405, Rn. 16/19 ff. – *Walrave* (= P Nr. 175); EuGH, Rs. C-415/93, Slg. 1995, S. I-4921, Rn. 68 ff. – *Bosman* (= P Nr. 178).
442 EuGH, Rs. C-171/11, ECLI:EU:C:2012:453 – *DVGW* (= P Nr. 146).
443 EuGH, Rs. C-281/98, Slg. 2000, S. I-4139, Rn. 34 – *Angonese* (= P Nr. 176).
444 EuGH, Rs. C-438/05, Slg. 2007, S. I-10779, Rn. 39 ff. – *Viking* (= P Nr. 196); vgl. dazu *Pießkalla*, NZA 2007, S. 1144.

Bei der Struktur des Eingriffs ist zunächst danach zu unterscheiden, ob es sich 871
um Maßnahmen handelt, welche die Ausübung der jeweiligen Grundfreiheit im
Ziel- bzw. Bestimmungsstaat behindern oder um solche, bei denen die Behinderung aus dem Herkunftsstaat heraus erfolgt. Mit Ausnahme der Warenverkehrsfreiheit (vgl. Art. 35 AEUV) zielt der Wortlaut der Grundfreiheiten vor allem auf die erstgenannte Konstellation, die zudem weitaus häufiger anzutreffen ist. Nach der Rechtsprechung des EuGH schützen die Grundfreiheiten jedoch sämtlich auch vor Maßnahmen des Herkunftsstaates (Rn. 877)[445]. Im Einzelnen weisen die Grundfreiheiten insoweit aber unterschiedliche Ausgestaltungen auf.

bb) Diskriminierung

Im Falle von Maßnahmen, welche die Ausübung der jeweiligen Grundfreiheit im 872
Bestimmungsstaat behindern, kann ein Eingriff die Struktur einer *Diskriminierung nach der Staatsangehörigkeit* oder einer *nichtdiskriminierend wirkenden Beschränkung* haben. Dem *Diskriminierungsverbot* liegt das *Inländergleichbehandlungsgebot* zugrunde, das in Art. 18 AEUV seinen allgemeinen Ausdruck (Rn. 766 ff.) und in *sämtlichen* Grundfreiheiten eine spezielle und gegenüber Art. 18 AEUV vorrangige Ausgestaltung gefunden hat. Damit wird sichergestellt, dass keine Schlechterbehandlung von EU-Ausländern im Vergleich zu Inländern stattfindet. Eine Diskriminierung ist dabei *offen,* wenn die eingreifende nationale Norm das unionsrechtlich verbotene Merkmal (Tabukriterium) – dies ist regelmäßig, aber nicht ausschließlich, die Staatsangehörigkeit – als ausschlaggebendes Tatbestandsmerkmal für das Eingreifen benachteiligender Rechtsfolgen anführt. Ergibt sich die Schlechterstellung der EU-Ausländer oder der grenzüberschreitenden Sachverhalte aus der Wahl eines anderen, als solchen nicht verbotenen Kriteriums für die Differenzierung zwischen Personengruppen – etwa Wohnsitz, Sprachkenntnisse o. ä. –, wobei die überwiegend negative Betroffenheit von EU-Ausländern diese Schlechterstellung belegt, spricht man von einer *versteckten* oder *mittelbaren* Diskriminierung nach der Staatsangehörigkeit. Es handelt sich mithin objektiv um eine Umgehung[446] der Wahl des Tabukriteriums durch eine andere Tatbestandsfassung der nationalen Norm, da es darauf ankommt, ob das Ergebnis der nationalen Differenzierung anhand eines neutralen Kriteriums demjenigen entspricht, das sich auch bei der Wahl des verbotenen Kriteriums ergeben hätte. Die versteckte Diskriminierung ist dabei aber keine „mildere" Variante der Diskriminierung, sondern nur eine tatbestandlich anders gefasste Erscheinungsform. In der Sache ist von einem *einheitlichen Diskriminierungsverbot in zwei Erscheinungsformen* zu sprechen. Dies hat Kon-

---

445 EuGH, Rs. C-415/93, Slg. 1998, S. I-4921, Rn. 96 – *Bosman* (= P Nr. 178); EuGH, Rs. C-109/04, Slg. 2005, S. I-2421, Rn. 25 – *Kranemann* (= P Nr. 180); EuGH, Rs. C-19/92, Slg. 1993, S. I-1663, Rn. 15 f. – *Kraus* (= P Nr. 200).
446 Zur Struktur der versteckten Diskriminierung vgl. Görlitz, Mittelbare Diskriminierungen, S. 67.

sequenzen bei der Rechtfertigung (Rn. 879). Das Diskriminierungsverbot sichert durch die Gleichbehandlung am Maßstab des innerstaatlichen Rechts das sog. *Bestimmungslandprinzip:* Die Regelungen des Zielstaats gelten für alle Personen und Produkte etc. unabhängig von ihrer Herkunft. Dieses Prinzip schützt EU-Ausländer und EU-ausländische Produkte jedoch nicht vor vielfach hohen Hürden, da sie zusätzlich zu den Anforderungen ihres Herkunftsstaates auch noch die Bedingungen des Zielstaats erfüllen müssen. Hier setzt zum einen eine vielgestaltige sekundärrechtliche Harmonisierung mitgliedstaatlicher Regelungen an, welche diese Hindernisse beseitigt.

873 Eine Diskriminierung setzt stets die *Vergleichbarkeit* der miteinander in Bezug gesetzten, ungleich behandelten Personen-/Sachverhaltsgruppen voraus. Diese Vergleichbarkeit ist abhängig von der Zielrichtung der Maßnahme und im Einzelnen oft schwer zu bestimmen[447]. Die Vergleichbarkeit setzt in jedem Fall voraus, dass beide Personen-/Sachverhaltsgruppen der Rechtsetzungshoheit des entsprechenden Verpflichtungsadressaten unterstehen. So handelte es sich in dem bereits erwähnten Fall *Kohll* nicht um eine (versteckte) Diskriminierung der im Ausland ansässigen Zahnärzte – im Vergleich zu den im Inland ansässigen Zahnärzten –, sondern um eine Beschränkung des aus Luxemburg stammenden Patienten. Die im Ausland ansässigen Zahnärzte unterstanden nämlich nicht der luxemburgischen Rechtsetzungsgewalt, die auf das luxemburgische Territorium beschränkt ist. Dagegen handelte es sich im Fall *Ciola*[448] um eine (versteckte) Diskriminierung der ausländischen Bootseigner, da deren im Vergleich zu Inländern erfolgte Schlechterbehandlung bei der Vergabe von Liegeplätzen auf dem Gebiet des Staates Österreich stattfand. Bei einer strukturell auch bei den Grundfreiheiten denkbaren, wenngleich nur im Rahmen der Unionsbürgerschaft festgestellten (Rn. 784), *Diskriminierung durch Gleichbehandlung* ist dagegen die *Unvergleichbarkeit* der zu Unrecht gleichbehandelten Personen-/Sachverhaltsgruppen Voraussetzung. Die Abgrenzung zum sogleich zu behandelnden Beschränkungsverbot ist unklar. Auch muss die zu vergleichende Gruppe abgrenzbar und klar zu bestimmen sein, damit überhaupt eine Diskriminierung vorliegen kann. Anschaulich kann das Urteil zum sogenannten *Reinheitsgebot für Bier*[449] herangezogen werden: Wenn § 9 BierStG a. F. abschließend die Bestandteile von *Bier* festlegt, kann dadurch nicht jeder beliebige Gegenstand benachteiligt sein, der diese Voraussetzungen nicht erfüllt. Die Vergleichsgruppe *Nicht-Bier* ist nämlich völlig unbestimmt und umfasst den Rest des Kosmos. Diesbezüglich trifft die Norm keine Regelung. Die Regelungsintention und die Regelungsbefugnis für beide Vergleichsgruppen ist jedoch Voraussetzung für das Vorliegen einer Diskriminierung. In solchen Fällen ist auf das sogleich zu behandelnde Beschränkungsverbot zurückzugreifen.

---

[447] Vgl. hierzu *Görlitz*, Mittelbare Diskriminierungen, S. 58 ff., der auf Nichtvergleichbarkeitskriterien abstellt.
[448] EuGH, Rs. C-224/97, Slg. 1999, S. I-2517, Rn. 13 ff. – *Ciola* (= P Nr. 10).
[449] EuGH, Rs. 178/84, Slg. 1987, S. 1227 – *Reinheitsgebot für Bier* (= P Nr. 166).

cc) Beschränkung

Zum anderen wird das Problem der trotz der Diskriminierungsverbote verbleibenden Hindernisse des Marktzutritts bzw. -ausgangs primärrechtlich mit dem ebenfalls aus den Grundfreiheiten abgeleiteten *Beschränkungsverbot* gelöst. Beschränkungen des Marktzutritts ergeben sich nämlich vielfach aus Regelungen, die keinerlei tatbestandliche Unterscheidung nach Personengruppen vornehmen, weder anhand von verbotenen noch nach zulässigen Kriterien, sondern bestimmte Anforderungen an Berufsqualifikationen oder Produktzusammensetzungen o. ä. für jedermann oder jedwedes Produkt etc. aufstellen. Derartige Regelungen sind als *unterschiedslose Maßnahmen* zu bezeichnen. Sie entspringen der fortbestehenden Divergenz der mitgliedstaatlichen Rechtsordnungen, soweit keine unionsrechtliche Harmonisierung stattgefunden hat. Da die Mitgliedstaaten innerstaatlich vielfachen Staatsaufgaben nachkommen müssen (z. B. Umweltschutz, Verbraucherschutz oder Steuerrecht), sind hierauf bezogene nationale Regelungen – anders als zielgerichtete Diskriminierungen nach der Staatsangehörigkeit – unionsrechtlich auch grundsätzlich legitim. Nur insoweit als diese Regelungen gewissermaßen als Kollateralschaden einen den Grenzübertritt behindernden Effekt entfalten, sind sie auf ihre Unionsrechtskonformität hin zu kontrollieren. Für unterschiedslos wirkende *Marktzugangs*behinderungen durch den Zielstaat sind derartige Beschränkungen mittlerweile durchgängig als Eingriff anerkannt. Gleichwohl handhabt der EuGH das Marktzutrittskriterium bei den verschiedenen Grundfreiheiten nicht völlig einheitlich[450]. Neben derartigen tatbestandlich unterschiedslosen Maßnahmen sind aber auch solche den Marktzutritt behindernde Regelungen als nichtdiskriminierende Beschränkungen anzusehen, die zwar eine Differenzierung beinhalten, ohne dass diese sich jedoch – offen oder versteckt – als Diskriminierung nach der Staatsangehörigkeit bzw. nach dem einschlägigen Tabukriterium darstellt. Hier fehlt es regelmäßig an der überwiegenden negativen Betroffenheit von EU-Ausländern etc. aufgrund der Differenzierung. Insofern *gibt es sowohl unterschiedslose als auch unterscheidende Beschränkungen* – keine davon stellt jedoch eine Diskriminierung nach dem jeweiligen Tabukriterium dar.

Die mittels Beschränkungsverboten zum Zwecke der Ermöglichung des Marktzutritts erforderliche Freistellung für EU-Ausländer sowie EU-ausländischer Produkte etc. von bestimmten für Inländer weiterhin geltenden nationalen Anforderungen führt damit regelmäßig zur sog. *Inländerdiskriminierung*. Diese Benachteiligung eigener Staatsangehöriger ist – auch nach der Rechtsprechung des EuGH[451] – indes kein unionsrechtliches Problem, da die Grundfreiheiten nur grenzüberschreitende Sachverhalte zu regeln beanspruchen, sondern allenfalls ein Problem des nationalen Verfassungsrechts (in Deutschland: Art. 3,

---
450 Vgl. *Holst*, EuR 2017, S. 633.
451 Vgl. *Croon-Gestefeld*, EuR 2016, S. 56, 57.

Art. 12 GG)⁴⁵². Durch harmonisierende, auch Inlandssachverhalte erfassende Sekundärrechtsetzung kann die Inländerdiskriminierung jedoch unionsrechtlich beseitigt werden. Die entsprechende Besserstellung von EU-Ausländern sowie EU-ausländischer Produkte etc. zur Ermöglichung des Marktzutritts zeigt, dass das auf unterschiedslose Maßnahmen abstellende Beschränkungsverbot ein *strukturelles aliud zum Diskriminierungsverbot* darstellt. Dem Beschränkungsverbot liegt auch ein anderes Regelungsprinzip zugrunde als es im Falle des Diskriminierungsverbots mit dem Bestimmungslandprinzip angestrebt wird: Da die Erfüllung der Anforderungen des Herkunftsstaates – vorbehaltlich der Rechtfertigung unterschiedsloser Maßnahmen – hiernach zum ausschlaggebenden und prinzipiell ausreichenden Kriterium für den Zugang zum Markt des Bestimmungsstaates wird, entspricht das Beschränkungsverbot dem sog. *Herkunftslandprinzip*.

876 Die *Dassonville*-Formel (Rn. 917 ff.) sowie die *Gebhard*-Formel (Rn. 987 ff., 1029) fassen den Tatbestand derartiger unterschiedsloser Maßnahmen außerordentlich weit, indem sie im Ergebnis jede irgendwie störende Maßnahme erfassen⁴⁵³. Dagegen schließt die für die Warenverkehrsfreiheit entwickelte *Keck*-Formel (Rn. 922 ff.; vgl. dort auch zur sog. ANETT-Formel) solche nichtdiskriminierend gefassten Maßnahmen wieder aus dem Eingriffsbegriff aus, die nicht den Marktzugang behindern, sondern erst die Art und Weise der Vermarktung im Zielstaat nach erfolgtem Marktzutritt regeln. Insoweit ist lediglich eine Gleichbehandlung mit Inlandsfällen geboten⁴⁵⁴, da eine *Besserstellung von EU-Ausländern, EU-ausländischen Produkten etc. auch nach erfolgtem Marktzutritt eine ungerechtfertigte Wettbewerbsverzerrung darstellen würde*. Der EuGH hat überdies bestimmte zu ungewisse oder zu indirekte Wirkungen auf die Grundfreiheiten nicht als Eingriff angesehen (fehlende Nähebeziehung)⁴⁵⁵.

877 Auf *Maßnahmen des Herkunftsstaates*, also auf Markt*austritts*erschwerungen, lassen sich die soeben beschriebenen Eingriffsstrukturen nicht ohne Weiteres übertragen. Erschwert ein Mitgliedstaat eigenen Staatsangehörigen den Austritt aus dem heimischen Markt oder knüpft er im Falle der Rückkehr eines Berechtigten Nachteile an den Umstand, dass eine wirtschaftliche Tätigkeit in einem anderen Mitgliedstaat ausgeübt wurde, so können diese Behinderungen jedenfalls nicht mit der Diskriminierung nach der Staatsangehörigkeit erfasst werden. Der Herkunftstaat benachteiligt hierbei nämlich nicht Ausländer im Verhältnis zu Inländern, sondern differenziert zwischen eigenen Staatsangehörigen, ohne dass

---

452 *Hammerl*, Inländerdiskriminierung, S. 161 ff.; *Epiney*, Umgekehrte Diskriminierungen, S. 434 ff.; *Riese/Noll*, NVwZ 2007, S. 516; *Albers*, JZ 2008, S. 708; *Bösch*, Jura 2009, S. 91; *Croon-Gestefeld*, EuR 2016, S. 56.
453 EuGH, Rs. 8/74, Slg. 1974, S. 837, Rn. 5 – *Dassonville* (= P Nr. 148); EuGH, Rs. C-55/94, Slg. 1995, S. I-4165, Rn. 37 – *Gebhard* (= P Nr. 198).
454 EuGH, verb. Rs. C-267/91 u. C-268/91, Slg. 1993, S. I-6097, Rn. 16 – *Keck* (= P Nr. 153).
455 EuGH, Rs. C-93/92, Slg. 1993, S. 5009, Rn. 12 – *Yamaha*; EuGH, Rs. C-190/98, Slg. 2000, S. I-493, Rn. 25 – *Graf* (= P Nr. 179).

es auf das Merkmal der Staatsangehörigkeit ankommt. Diskriminiert wird allenfalls der Grenzübertritt als solcher (Diskriminierung grenzüberschreitender Sachverhalte, Rn. 824); dies stellt jedoch kein ausdrücklich vom AEU-Vertrag statuiertes Tabukriterium dar. Lediglich das Beschränkungsverbot lässt sich daher systematisch korrekt auf grundfreiheitsbehindernde Maßnahmen des Herkunftsstaates übertragen. In der Rechtsprechung des EuGH wird diesbezüglich zwischen den einzelnen Freiheiten zum Teil stark differenziert. So werden im Fall der *Warenverkehrsfreiheit nach Art. 35 AEUV* grundsätzlich *nur spezifische Ausfuhrbeschränkungen* erfasst (Rn. 915). Die *Personenverkehrsfreiheiten* und die *Kapitalverkehrsfreiheit* beziehen dagegen *auch unterschiedslose Marktaustrittsbehinderungen* mit ein. Dort stellt sich dann ebenfalls die Frage nach einer Eingrenzung des Beschränkungsverbots anhand der *Keck*-Formel. Der Rechtsprechung lässt sich nicht eindeutig entnehmen, ob die damit bewirkte Korrektur des Eingriffsbegriffs auch bei unterschiedslosen Maßnahmen des Herkunftsstaates Anwendung finden soll[456]. Zwar bewirken Maßnahmen, die den Marktaustritt aus dem Herkunftsstaat erschweren, zugleich ein Hindernis für den Zugang zum Markt des Bestimmungsstaates. Es ist jedoch sehr fraglich, ob es auf diesen Zusammenhang ankommen kann, weil sich die *Keck*-Formel ihrem Ansatz nach lediglich auf das Territorium des Zielstaates bezieht und nur insoweit zwischen Maßnahmen des Marktzutritts und anschließender Vermarktung unterscheidet. Eine dementsprechende Differenzierung kann für die Perspektive des Herkunftsstaates schwerlich getroffen werden, da diesem die Regelungsbefugnis für die Vermarktung im Zielstaat fehlt. Zudem baut die *Keck*-Formel auf der Dichotomie von Beschränkungs- und Diskriminierungsverbot auf, für die es bei behindernden Maßnahmen des Herkunftsstaates prinzipiell keine Entsprechung gibt. Für Einzelheiten wird daher auf die jeweilige Grundfreiheit verwiesen.

Vor dem Hintergrund der Gegenüberstellung von Diskriminierungen und Beschränkungen wurde in der Literatur eine Diskussion darüber in Gang gesetzt, ob dem Beschränkungsverbot eine *freiheits- oder gleichheitsrechtliche Konzeption* zugrunde liegt[457]. Für eine freiheitsrechtliche Deutung spricht zunächst der durch die *Dassonville*-Formel geprägte weite Beschränkungsbegriff und die daran angelehnte Terminologie der Beschränkungsdogmatik (Verkürzung eines materiellen Schutzbereichs). Demgegenüber haben insbesondere das Marktzutrittskriterium der *Keck*-Rechtsprechung, aufgrund seiner In- und Ausländer vergleichenden Elemente (Rn. 927)[458], und die zu verzeichnenden Besonderhei-

878

---

456 In EuGH, Rs. C-384/93, Slg. 1995, S. I-1141, Rn. 36 ff. – *Alpine Investments* (= P Nr. 220), wird die „*Keck*-Formel" erwähnt, ohne aber einschlägig zu sein. Vgl. *Pechstein*, JZ 2005, S. 941; zu Marktaustrittserschwerungen lesenswert *Kainer/Herzog*, EuR 2018, S. 405.
457 Vgl. etwa *Ehlers,* in: ders., Europäische Grundrechte und Grundfreiheiten, § 7, Rn. 24 ff., 30 ff.; ausführlich hierzu *Fuchs*, Das Gleichbehandlungsverbot im Unionsrecht, S. 265–298.
458 S. a. *Kingreen,* in: Calliess/Ruffert (Hrsg.), EUV/AEUV, Art. 36 AEUV Rn. 66 ff.; vgl. GA *Maduro,* der für eine „Diskriminierung bei der Ausübung der Verkehrsfreiheit" als das der *Keck*-Rechtsprechung inhärente Kriterium herausgearbeitet hat, Schlussanträge des GA *Maduro* zu

ten der Eingriffsstruktur in der Austrittsdimension (vgl. Rn. 877) gleichheitsrechtlichen Deutungsversuchen Auftrieb gegeben. Auch ein Blick auf das durch die Anwendung des Beschränkungsverbotes (zumindest in der Eintrittsdimension) erzielte Ergebnis verträgt sich nicht mit einer freiheitsrechtlichen Konzeption: Die Nichtanwendung der beschränkenden mitgliedstaatlichen Regelung kommt schließlich einem Anspruch auf Ungleichbehandlung bzw. Besserstellung gegenüber nicht grenzüberschreitenden Sachverhalten gleich. Die Rechtsprechung des EuGH bietet somit Anhaltspunkte für beide Sichtweisen, wodurch die Auseinandersetzung in der Lehre fortlaufend angefacht wird. Welche rechtlichen Konsequenzen die jeweilige Deutung allerdings nach sich zieht, ist in der Diskussion bislang nicht deutlich geworden.

d) Rechtfertigung

879   Auf der *Schrankenebene* spielt die Unterscheidung zwischen Bestimmungs- und Herkunftsstaat keine Rolle. Im Falle mitgliedstaatlicher Maßnahmen greifen in beiden Konstellationen zunächst die im AEUV *ausdrücklich normierten Rechtfertigungsgründe*, z. B. in Art. 36 AEUV die öffentliche Sicherheit und Ordnung, der Gesundheitsschutz etc. Diese gelten sowohl für (offene und versteckte) Diskriminierungen nach der Staatsangehörigkeit als auch für beschränkende Regelungen. Darüber hinaus hat der EuGH in seiner Rechtsprechung zu Art. 34 AEUV *Rechtfertigungen* nach der sog. *Cassis*-Formel aufgrund *zwingender Erfordernisse des Allgemeinwohls* herausgearbeitet[459] und diese gleichermaßen auf die anderen Grundfreiheiten übertragen. Diese Rechtfertigungsmöglichkeit ist ihrer Entstehung und Anlage nach auf *Beschränkungen* (unterschiedslose und nichtdiskriminierende differenzierende Maßnahmen) bezogen, da es um die Legitimität der Differenz der mitgliedstaatlichen Rechtsordnungen und um die Grenzen der Zulässigkeit daraus folgender Marktzutritts- oder -ausgangsbehinderungen geht. Gleichwohl ist in der Literatur umstritten, ob diese Rechtfertigungsmöglichkeit auch für versteckte Diskriminierungen gilt. Entgegen früherer Unklarheiten in der Rechtsprechung hat der EuGH in jüngerer Judikatur nunmehr jedoch mehrfach klargestellt, dass eine Rechtfertigung diskriminierender Regelungen nur aufgrund der geschriebenen Rechtfertigungsgründe und nicht anhand der zwingenden Gründe des Allgemeinwohls möglich ist[460]. Wegen des materiell einheitlichen Charakters des Diskriminierungsverbots (Rn. 788) ließe sich auch die Ausweitung der Rechtfertigungsmöglichkeiten nicht auf ver-

---

EuGH, verb. Rs. C-158/04 u. C-159/04, Slg. 2005, S. I-8135, Rn. 41, 46 – „*Bake-off*" (= P Nr. 157).
459 EuGH, Rs. 120/78, Slg. 1979, S. 649, Rn. 8 – *Cassis de Dijon* (= P Nr. 165).
460 Vgl. zur Warenverkehrsfreiheit EuGH, Rs. C-296/15, ECLI:EU:C:2017:431, Rn. 80 – *Medisanus* (= P Nr. 149); zur Niederlassungs- bzw. Dienstleistungsfreiheit: EuGH, Rs. C-375/14, ECLI:EU:C:2016:60, Rn. 26 – *Laezza* (= P Nr. 207); EuGH, verb. Rs. C-344/13 u. C-367/13, ECLI:EU:C:2014:2311 – *Blanco und Fabretti* (= P Nr. 225).

steckte Diskriminierungen beschränken. Für eine Ausweitung der vertraglich ausdrücklich vorgesehenen Möglichkeiten, Diskriminierungen nach der Staatsangehörigkeit zu rechtfertigen, spricht allerdings nichts, da diese eine a priori illegitime Zielsetzung – nämlich die Diskriminierung – verfolgen. Dagegen tragen die geschriebenen Rechtfertigungsgründe der Vielfalt der innerstaatlich zu erfüllenden Staatsaufgaben nicht ausreichend Rechnung, so dass die zwingenden Gründe des Allgemeininteresses für hierauf zurückzuführende nichtdiskriminierende Maßnahmen aufgrund deren a priori legitimen Charakters – unionsrechtlich zulässige Zielsetzung – durchaus erforderlich sind. Die Abgrenzungsproblematik ist überdies weitgehend auf die dogmatisch unscharfe Fassung des Begriffs der versteckten Diskriminierung und der deshalb teilweise vorgenommenen Gleichstellung bzw. Überschneidung mit unterschiedslosen Maßnahmen zurückzuführen[461].

Als Rechtfertigungsgründe für mitgliedstaatliche Eingriffe in die Grundfreiheiten hat der EuGH weiterhin den *Schutz der Grundrechte des Unionsrechts* (Rn. 684 ff.), die im gleichen normativen Rang stehen wie die Grundfreiheiten, anerkannt[462]. Bislang kamen die Unionsgrundrechte in der Rechtsprechung des Gerichtshofs nur bei der Rechtfertigung unterschiedsloser Eingriffe zur Anwendung – aus normhierarchischen Gründen ist ihre Anwendung aber auch bei diskriminierenden Maßnahmen nicht prinzipiell auszuschließen. Die Unionsgrundrechte wirken jedoch nicht nur als *Schranken* für die Grundfreiheiten, sondern können als *Schranken-Schranken* auch die sonstigen mitgliedstaatlichen Rechtfertigungsmöglichkeiten einschränken[463]. Danach sind die von den Mitgliedstaaten geltend gemachten geschriebenen als auch ungeschriebenen Rechtfertigungsgründe im Lichte der EU-Grundrechte auszulegen[464]. Die Unionsgrundrechte entfalten dann eine gegenteilige Wirkung im Vergleich zu ihrem Ansatz als Schranken: Wird die Grundfreiheit durch die Schrankenwirkung des EU-Grundrechts begrenzt, wird ihre Wirkung dagegen verstärkt, wenn EU-Grundrechte die Rechtfertigungsmöglichkeiten für Eingriffe beschränken.

Eine weitere und für Fragen der Rechtfertigung regelmäßig weitaus wichtigere Schranken-Schranke stellt der *Grundsatz der Verhältnismäßigkeit* dar[465] – sowohl bei der Berufung auf die ungeschriebenen zwingenden Gründe des Allgemeinwohls als auch bei den geschriebenen Rechtfertigungsgründen. Die Anwendung des Verhältnismäßigkeitsgrundsatzes entscheidet darüber, ob die dem Diskriminierungs- und dem Beschränkungsverbot zugrunde liegenden Regelungsansätze des Bestimmungsland- bzw. Herkunftslandprinzips verwirklicht werden. Sind die von Seiten des jeweiligen Mitgliedstaats geltend gemachten ge-

---

461 Vgl. insoweit mit großer Klarheit *Görlitz*, Mittelbare Diskriminierungen, S. 166 ff.
462 EuGH, Rs. C-112/00, Slg. 2003, S. I-5659, Rn. 74 – *Schmidberger* (= P Nr. 141).
463 EuGH, Rs. C-260/89, Slg. 1991, S. I-2925, Rn. 43 – *ERT*; EuGH, Rs. C-390/12, ECLI:EU:C:2014:281, Rn. 35 – *Pfleger* (= P Nr. 135).
464 Vgl. hierzu *Wollenschläger*, EuZW 2014, S. 577.
465 Vgl. hierzu auch *Brigola*, EuZW 2017, S. 406.

schriebenen oder ungeschriebenen Rechtfertigungsgründe in verhältnismäßiger Weise verfolgt worden, so ist im Fall des Diskriminierungsverbots eine Benachteiligung von EU-Ausländern oder EU-ausländischen Produkten zulässig. Handelt es sich dagegen um eine gerechtfertigte Beschränkung, kann die EU-ausländische Leistung keine Freistellung von der unterschiedslosen Beeinträchtigung und damit keine Besserstellung gegenüber der inländischen Leistung verlangen – das Erfüllen der Anforderungen des Herkunftsstaates genügt somit nicht. Um insbesondere im zweitgenannten Fall zu vermeiden, dass EU-Ausländer und EU-ausländische Produkte den Anforderungen zweier Rechtsordnungen entsprechen müssen, prüft der EuGH im Rahmen der Erforderlichkeit, ob den geltend gemachten geschriebenen oder ungeschriebenen Rechtfertigungsgründen nicht bereits durch Maßnahmen des Herkunftslands ausreichend Rechnung getragen wurde. In einem solchen Fall scheitert die Verhältnismäßigkeit an der mangelnden Erforderlichkeit. Die Prüfung der Erforderlichkeit hat im Übrigen vielfach zur Beanstandung mitgliedstaatlicher Verbote geführt, da der EuGH die Information der Verbraucher (*Labelling*-Doktrin) als milderes Mittel eingestuft hat. Im Hinblick auf die Erforderlichkeit einer grundfreiheitsbeschränkenden Maßnahme ist ebenfalls zu berücksichtigen, ob dem geltend gemachten Rechtfertigungsgrund bereits durch eine bestehende sekundärrechtliche Regelung entsprochen wird. So ist es einem Mitgliedstaat beispielsweise nicht gestattet, eine Beschränkung des freien Kapitalverkehrs mit der Bekämpfung von Steuerflucht ins EU-Ausland zu begründen, wenn sich dieses Allgemeinwohlziel durch einen Informationsaustausch zwischen den Mitgliedstaaten erreichen ließe, den eine Richtlinie über gegenseitige Amtshilfe der mitgliedstaatlichen Steuerbehörden bereits ermöglicht[466]. Die Anwendung des Verhältnismäßigkeitsgrundsatzes gegenüber aus den Grundfreiheiten (ausnahmsweise) verpflichteten Privaten stellt allerdings eine grundrechtlich problematische Einschränkung der Privatautonomie dar. Prozessual ist die Aufgabenteilung zwischen dem EuGH und dem nationalen Gericht bei der Verhältnismäßigkeitskontrolle nicht eindeutig geklärt[467].

882 Die Darlegungs- und Untersuchungslast für die Rechtfertigung einer Beschränkung treffen den Mitgliedstaat, der die Beschränkung aus zwingenden Gründen des Allgemeininteresses für notwendig erachtet. Der EuGH fordert hierbei, dass „*die Rechtfertigungsgründe, die von einem Mitgliedstaat geltend gemacht werden können, von einer Untersuchung zur Zweckmäßigkeit und zur Verhältnismäßigkeit der von diesem Staat erlassenen beschränkenden Maßnahme begleitet werden müssen*"[468]. Dabei muss der Mitgliedstaat „*genaue Angaben zur Stützung seines Vorbringens machen*"[469] und „*konkrete Anhaltspunkte*" dafür liefern, dass die Beschränkung „*unabdingbar*" ist[470]. Der EuGH

---

466 EuGH, Rs. C-267/09, Slg. 2011, S. I-3197, Rn. 38 ff. – *Kommission/Portugal*.
467 Vgl. hierzu *Brigola*, EuZW 2017, S. 406, 409 f.
468 EuGH, Rs. C-42/02, Slg. 2003, S. I-13519, Rn. 25 – *Lindman*.
469 EuGH, Rs. C-147/03, Slg. 2005, S. I-5969, Rn. 63 – *Kommission/Österreich*.
470 EuGH, Rs. C-8/02, Slg. 2004, S. I-2641, Rn. 46 – *Leichtle*.

räumt den Mitgliedstaaten allerdings bei der Festlegung des Schutzniveaus einen weitreichenden Spielraum ein. Damit die Festlegung des Schutzniveaus verhältnismäßig ist, muss sie klar im Rechtfertigungsaufbau verortet werden. Hierzu sind die Begriffe Beurteilungsspielraum, Ermessensspielraum und Gestaltungsspielraum der Mitgliedstaaten im Rahmen der Rechtfertigung von Beschränkungen der Grundfreiheiten trotz ihrer in der Rechtsprechung des EuGH stark variierenden, mithin unscharfen Verwendung zu unterscheiden.

Der im nichtharmonisierten Bereich den Mitgliedstaaten zustehende *Beurteilungsspielraum* bezeichnet den Grad mitgliedstaatlicher Erkenntnis- und Einschätzungsautonomie in Bezug auf die Annahme von Gefahren-, Gefährdungs- sowie Risikolagen, die zur Rechtfertigung der Beschränkung herangezogen werden. Dagegen bezeichnet der Begriff des *Ermessensspielraums* den Grad mitgliedstaatlicher Autonomie bei der Auswahl einer verhältnismäßigen Rechtsfolge, welche eine Freiheit einzuschränken vermag. Im Rahmen eines Ermessensspielraums beschreibt die mitgliedstaatliche *Gestaltungsfreiheit* das Spektrum der vom Mitgliedstaat gestaltbaren Schutzformate. Das Schutzformat (z. B. Monopol oder Regulierung) kann durch den Mitgliedstaat grundsätzlich frei gewählt werden, nachdem dieser die von ihm angestrebten Schutzziele festgelegt hat.

883

Voraussetzung für die Ausübung der mitgliedstaatlichen Autonomie im Rahmen der Festlegung des Schutzniveaus auf der Rechtsfolgenseite, d. h. im Rahmen des Ermessens- und Gestaltungsspielraums, ist jedoch, dass der Mitgliedstaat zuvor auf der Tatbestandsseite die Gefahren-, Gefährdungs- und Risikolagen ermittelt und beurteilt hat. Hierzu muss er das folgende Beurteilungsprogramm nach der Rechtsprechung des EuGH durchlaufen haben:

884

(1) Zur Beurteilung der geltend gemachten Gefährdungen müssen die zuverlässigsten verfügbaren wissenschaftlichen Informationen und Daten erhoben und herangezogen werden[471].
(2) Auf der Grundlage dieser Informationen und Daten muss eine Risikobewertung vorgenommen und der Wahrscheinlichkeitsgrad der schädlichen Auswirkungen beurteilt werden[472].
(3) Das zur Rechtfertigung nationaler Maßnahmen beizubringende Informations- und Datenmaterial sowie die darauf aufbauende Risikobewertung müssen die behaupteten Gefährdungs- und Risikozusammenhänge tragen[473].

Je unberechenbarer die Gefährdungs- und Risikozusammenhänge nach Durchlaufen dieses Beurteilungsprogramms trotzdem bleiben, umso weiter ist der mitgliedstaatliche Beurteilungsspielraum zur Bewertung der Gefährdungen und Risiken anzusetzen. Der Mitgliedstaat darf dann nach dem Vorsorgeprinzip Schutzmaßnahmen treffen, ohne abwarten zu müssen, dass das Vorliegen und

885

---

471 EuGH, Rs. C-192/02, Slg. 2003, S. I-9693, Rn. 48 – *Kommission/Dänemark*.
472 EuGH, Rs. C-192/02, Slg. 2003, S. I-9693, Rn. 48 – *Kommission/Dänemark*.
473 EuGH, Rs. C-42/02, Slg. 2003, S. I-13519, Rn. 26 – *Lindman*; EuGH, Rs. C-346/06, Slg. 2008, S. I-1989, Rn. 42 – *Rüffert*.

die Größe der Gefährdungen klar dargelegt sind[474]. Allerdings darf die Risikobewertung nicht auf rein hypothetische Erwägungen gestützt werden[475]. Darüber hinaus muss der Mitgliedstaat zeigen, dass die Regelung tatsächlich geeignet ist, der ihr zugrunde liegenden Risikobeurteilung gerecht zu werden. In jüngerer Rechtsprechung hat der EuGH in den Rs. *DocMorris III*[476] und *Scotch Whisky Association*[477] betont, dass die Mitgliedstaaten auch hinsichtlich der Geeignetheit bzw. Erforderlichkeit einer grundfreiheitsbeeinträchtigenden Maßnahme entsprechende Untersuchungen und Daten vorlegen müssen. Die Mitgliedstaaten sind insofern beweispflichtig und können sich nicht auf das Vorbringen pauschaler Erwägungen, die keine faktische Grundlage haben, beschränken. Mit Blick auf ältere Judikate des Gerichtshofes, in denen er insofern großzügiger verfahren war, wird dies als eine „Kurskorrektur" in eine restriktivere Richtung gesehen[478].

886 Der EuGH verlangt, dass das mit der Regelung verfolgte Schutzniveau „in kohärenter und systematischer Weise"[479] erreicht wird und überprüft insoweit, ob der Mitgliedstaat dem von ihm angeführten Risiko in vergleichbaren Risikozusammenhängen mit entsprechender Konsequenz entgegentritt[480], also das angeführte Ziel auch widerspruchsfrei verfolgt. So begründete der EuGH die Unverhältnismäßigkeit des deutschen Reinheitsgebotes für Bier maßgeblich aus dem Umstand, dass die Verwendung bestimmter Zusatzstoffe bei der Herstellung von Bier unter Verweis auf den Gesundheitsschutz ausnahmslos verboten, ihre Verwendung bei der Herstellung anderer Getränke dagegen zugelassen war[481]. Eine herausragende Bedeutung kommt der unionsrechtlichen Anforderung einer *kohärenten und systematischen Zweckerreichung* im Bereich des Glücksspielrechts zu. Mitgliedstaatliche Restriktionen in Form von Genehmigungsvorbehalten und Verboten etwa für Online-Angebote und Werbung stellen für grenzüberschreitend tätige Anbieter regelmäßig einen Eingriff in die Dienstleistungs- oder Niederlassungsfreiheit dar. Im Rahmen der Rechtfertigung aus Gründen der Suchtprävention gibt der EuGH den nationalen Gerichten hinsichtlich des zugrunde zu legenden *Kohärenzprüfungsmaßstabes* in einem in tatsächlicher Hinsicht hohen Konkretisierungsgrad zu prüfen auf, ob „*die zuständigen Behörden [...] eine Politik der Angebotsausweitung betrieben*

---

474 EuGH, Rs. C-192/02, Slg. 2003, S. I-9693, Rn. 49 – *Kommission/Dänemark*.
475 EuGH, Rs. C-192/02, Slg. 2003, S. I-9693, Rn. 49 – *Kommission/Dänemark*.
476 EuGH, Rs. C-148/15, ECLI:EU:C:2016:776 – *DocMorris III*.
477 EuGH, Rs. C-333/14, ECLI:EU:C:2015:845 – *Scotch Whisky Association* (= P Nr. 163).
478 *Henssler/Kleen/Riegler*, EuZW 2017, S. 723, 727.
479 EuGH, verb. Rs. C-171/07 u. C-172/07, Slg. 2009, S. I-4171, Rn. 42 – *Doc Morris II* (= P Nr. 208); EuGH, Rs. C-169/07, Slg. 2009, S. I-1721, Rn. 55 – *Hartlauer* (= P Nr. 203); EuGH, Rs. C-243/01, Slg. 2003, S. I-13031, Rn. 67 – *Gambelli;* EuGH, Rs. C-42/07, Slg. 2009, S. I-7633, Rn. 61 – *Liga Portuguesa*.
480 Vgl. auch EuGH, Rs. C-265/06, Slg. 2008, S. I-2245, Rn. 43 f. – *Kommission/Portugal;* EuGH, Rs. 178/84, Slg. 1987, S. 1227, Rn. 49 – *Reinheitsgebot für Bier* (= P Nr. 166); EuGH, Rs. 121/85, Slg. 1986, S. 1007, Rn. 15 f. – *Conegate*.
481 EuGH, Rs. 178/84, Slg. 1987, S. 1227, Rn. 49 – *Reinheitsgebot für Bier* (= P Nr. 166).

oder duldeten"[482]. Weiterhin hat der Gerichtshof den Kohärenzprüfungsmaßstab in Bezug auf nationale Online-Verbote (zum Schutz des Monopols für Internet-Kasinospiele) dahingehend präzisiert, dass nationale Gerichte gehalten sind, „*sich im Licht insbesondere der konkreten Anwendungsmodalitäten der betreffenden restriktiven Regelung zu vergewissern, dass sie tatsächlich dem Anliegen entspricht, die Gelegenheiten zum Spiel zu verringern und die Tätigkeiten in diesem Bereich in kohärenter und systematischer Weise zu begrenzen*"[483]. Auch wenn der EuGH das Erfordernis einer kohärenten und systematischen Zweckerreichung als Aspekt der Geeignetheit im Rahmen des Verhältnismäßigkeitsgrundsatzes prüft, entspricht das an einen Normgeber gerichtete Gebot zur Verwirklichung eines sich selbst gesetzten Ziels zugleich einer Forderung des allgemeinen Gleichheitssatzes. Insoweit wäre grundsätzlich daran zu denken, die Kohärenzprüfung des EuGH als Ausdruck einer Anwendung von Art. 20 GRC auf der Ebene der Schranken-Schranke der Grundfreiheitsprüfung zu deuten[484]. Im Einzelnen ist hier vieles umstritten. Gleich wie man das Kohärenzgebot dogmatisch verortet, in der Sache sind die vom EuGH formulierten (soeben dargestellten) konkreten Kohärenzanforderungen zu beachten.

Im Falle des *Eingriffs durch Unionsorgane* gelten die genannten Rechtfertigungsmöglichkeiten entsprechend, wobei teilweise den Unionsorganen ein größerer Spielraum zugebilligt wird. Soweit bei der (bislang ausnahmsweisen) unmittelbaren Wirkung der Grundfreiheiten auch *Private Verpflichtungsadressaten* sein können, scheidet eine Rechtfertigung durch Gemeinwohlzwecke, die Private regelmäßig nicht verfolgen, zumeist aus. Weist der Zweck einer Maßnahme dagegen einen gewissen Gemeinwohlbezug auf, können sich intermediäre Gewalten auf die zwingenden Gründe des Allgemeinwohls berufen (Rn. 986, 1036); auch eine Anwendung der geschriebenen Rechtfertigungsgründe hält der Gerichtshof nicht für ausgeschlossen (Rn. 986). Handelt es sich dagegen um rein privatnützige Maßnahmen, hat der EuGH diverse *sachliche Gründe als eigenständige Rechtfertigungskategorie* anerkannt[485]. Sachlichkeit ist dabei dann gegeben, wenn die Gründe sich aus der ökonomischen Zwecksetzung der grundfreiheitlich geschützten Tätigkeit ableiten lassen und diese prinzipiell zu befördern vermögen. Möglich ist auch die Rechtfertigung eines privaten Grundfreiheitseingriffs unter Berufung auf Grundrechte. Wird eine Grundfreiheit durch die Ausübung einer grundrechtlichen Freiheit beeinträchtigt (Rn. 991 f.), ist eine umfassende Konkordanzprüfung vorzunehmen. Die kollidierenden Rechtsgüter sind gegeneinander abzuwägen, wobei nach Möglichkeit alle betroffenen Rechte zu optimaler Wirkung gebracht werden sollen.

887

---

482 EuGH, verb. Rs. C-316/07, C-409/07, C-410/07 u. C-358/08, C-359/08, C-360/08, Slg. 2010, S. I-8069, Rn. 100 – *Markus Stoß u. a. („Glücksspiel")* (= P Nr. 228).
483 EuGH, Rs. C-347/09, Slg. 2011, S. I-8185, Rn. 56 – *Dickinger & Ömer*.
484 Zum Verhältnis von allgemeinem Gleichheitssatz und Kohärenzgebot siehe die Urteilsanmerkung v. *Fuchs*, DeLuxe 02/2011, abrufbar unter: www.rewi.europa-uni.de/deluxe.
485 EuGH, Rs. C-415/93, Slg. 1995, S. I-4921, Rn. 76 – *Bosman* (= P Nr. 178).

e) Rechtsfolgen

888 Die *Rechtsfolgen eines Grundfreiheitsverstoßes,* d. h. eines nicht gerechtfertigten Eingriffs in den Schutzbereich einer Grundfreiheit, regelt das Primärrecht nicht ausdrücklich. Indes lassen sich grundfreiheitsspezifische Rechtsfolgen aus der Konzeption der Grundfreiheiten als Verbotsregelungen sowie aus ihrem Gewährleistungsgehalt heraus begründen. Dabei ist allerdings zu berücksichtigen, dass die Bestimmung der Rechtsfolgen eines Grundfreiheitsverstoßes in einem untrennbaren Zusammenhang mit seiner prozessualen Durchsetzbarkeit steht, da das Verfahrensrecht über die Festlegung des zulässigen Streitgegenstandes das Spektrum der möglichen Rechtsfolgen verengt und weithin auch bestimmt, welche Konsequenzen – insbesondere durch die Judikative – aus dem Verstoß zu ziehen sind.

889 Eine *grundfreiheitswidrige Regelung der Union* (z. B. Richtlinie) hat ihre Nichtigkeit zur Folge, die vom EuGH im Rahmen einer Nichtigkeitsklage (Art. 263 AEUV; dazu Rn. 527 ff.) oder Gültigkeitsvorlage (Art. 267 Abs. 1 lit. b AEUV; dazu Rn. 584 ff.) festzustellen ist (Art. 264 Abs. 1 AEUV; dazu Rn. 557, 598). Der Respekt vor der Rechtsetzungsprärogative des Unionsgesetzgebers gebietet allerdings die Aufrechterhaltung des Sekundärrechts so weit wie möglich. Deshalb hat der EuGH das Sekundärrecht auf seine grundfreiheitskonforme Auslegung zu überprüfen, bevor er es für nichtig erklärt[486]. Für grundfreiheitswidriges Sekundärrecht kann die Union unter weiteren Voraussetzungen schließlich auch zur Schadensersatzhaftung verpflichtet sein (Art. 268, 340 Abs. 2 AEUV; dazu Rn. 573).

890 Was Grundfreiheitsverstöße angeht, die den Mitgliedstaaten zuzurechnen sind, so ist *mitgliedstaatliches Recht* zunächst grundfreiheitskonform auszulegen und ggf. fortzubilden (s. a. Rn. 212 ff.). Ist eine grundfreiheitskonforme Anwendung des mitgliedstaatlichen Rechts nicht möglich, so ist es unangewendet zu lassen. Die Grundfreiheiten nehmen als unmittelbar anwendbare Regelungen am Anwendungsvorrang des Unionsrechts teil und verdrängen entgegenstehendes mitgliedstaatliches Recht (dazu Rn. 202 ff.). Noch weitergehend erzeugen die *grundfreiheitlichen Diskriminierungsverbote* im Zusammenspiel mit dem nationalen Recht ein *unionsrechtliches Teilhaberecht,* das die Kehrseite einer ungerechtfertigten Diskriminierung bildet, wenn mitgliedstaatliches Recht gegen ein grundfreiheitlich gewährleistetes Diskriminierungsverbot verstößt. Dem Gleichbehandlungsgebot kann nämlich für die Vergangenheit nur dadurch Rechnung getragen werden, „dass die Vergünstigungen, die die Mitglieder der begünstigten Gruppe erhalten, auf die Mitglieder der benachteiligten Gruppe erstreckt werden. In einem derartigen Fall ist das nationale Gericht gehalten, eine diskriminierende nationale Bestimmung außer Anwendung zu lassen, ohne dass

---

[486] Vgl. *Leible/Domröse,* in: Riesenhuber (Hrsg.), Europäische Methodenlehre, 3. Aufl. 2015, § 8, Rn. 25.

es ihre vorherige Aufhebung durch den Gesetzgeber beantragen oder abwarten müsste, und auf die Mitglieder der benachteiligten Gruppe eben die Regelung anzuwenden, die für die Mitglieder der anderen Gruppe gilt"[487]. Dieser sog. *Anspruch auf „Anpassung nach oben"* setzt auf der Tatbestandsseite eine Ungleichbehandlung voraus und besteht deshalb nicht, wenn mitgliedstaatliches Recht gegen ein grundfreiheitliches Beschränkungsverbot verstößt. *Das Beschränkungsverbot kann auf der Rechtsfolgenseite keine Gleichstellung gebieten*, da es nicht auf Inländergleichbehandlung abzielt (Rn. 874)[488]. Ein Verstoß gegen ein Beschränkungsverbot führt vielmehr aufgrund des Anwendungsvorrangs der Grundfreiheiten zur *Unanwendbarkeit der eingreifenden nationalen Norm*. Dies verdeutlicht, dass die Unterscheidung zwischen versteckten Diskriminierungen und Beschränkungen auch mit Rücksicht auf die unterschiedlichen Rechtsfolgen eines Verstoßes bedeutsam ist. Ein Grundfreiheitsverstoß kann schließlich auch einen unionsrechtlichen Staatshaftungsanspruch begründen (dazu Rn. 645 ff.). All jene Rechtsfolgen sind mit dem jeweils anwendbaren innerstaatlichen Verfahrensrecht durchzusetzen. Ist der Grundfreiheitsverstoß demgegenüber Gegenstand eines Vertragsverletzungsverfahrens (Art. 258, 259 AEUV; dazu Rn. 507 ff.), so erschöpft sich die Rechtsfolge in der Feststellung des Verstoßes durch den EuGH (Rn. 524); ein unionsrechtlicher Folgenbeseitigungsanspruch besteht nicht[489].

Sind auch Privatrechtssubjekte an die Grundfreiheiten gebunden (Rn. 870), so sind auch für sie die Rechtsfolgen eines Grundfreiheitsverstoßes zu bestimmen[490]. Das fällt indes ungleich schwerer, weil angesichts der Vielgestaltigkeit privater Rechtsbeziehungen den Grundfreiheiten nicht eine oder mehrere bestimmte Rechtsfolgen zu entnehmen sind. Die Grundfreiheiten lassen dementsprechend den Mitgliedstaaten „nach Maßgabe der unterschiedlichen denkbaren Sachverhalte die Freiheit der Wahl unter den verschiedenen Lösungen"[491]. Gleichwohl hat der EuGH den Grundfreiheiten die Rechtsfolgenvorgabe eines Anspruchs auf Wiedergutmachung auf der Grundlage der anwendbaren innerstaatlichen Rechtsvorschriften auf dem Gebiet der außervertraglichen Haftung entnommen[492]. In Betracht kommt hier insbesondere ein Schadensersatzanspruch gemäß § 823 Abs. 2 BGB i. V. m. der jeweils anwendbaren Grundfreiheit als Schutzgesetz[493]. Vertragsklauseln, die gegen die Grundfreiheiten versto-

891

---

487 EuGH, verb. Rs. C-231/06 bis C-233/06, Slg. 2007, S. I-5149, Rn. 39 – *Jonkman* m.w. N.
488 *Domröse/Kubicki*, EuR 2006, S. 873, 890.
489 Str., vgl. zum Streitstand *Pechstein*, in: Pechstein/Nowak/Häde (Hrsg.), Frankfurter Kommentar EUV/GRC/AEUV, Art. 258 AEUV Rn. 54, 311; *Karpenstein*, in: Grabitz/Hilf/Nettesheim (Hrsg.), Das Recht der Europäischen Union, 50. EL Mai 2013, Art. 260 AEUV Rn. 12 ff.
490 Dazu eingehend *Sponholz*, Unionsrechtliche Rechtsfolgenvorgaben bei Diskriminierungen im Privatrechtsverkehr, S. 36 ff.; *Ganten*, Die Drittwirkung der Grundfreiheiten, S. 195 ff.
491 EuGH, Rs. C-94/07, Slg. 2008, S. I-5939, Rn. 50 – *Raccanelli*.
492 Vgl. EuGH, Rs. C-94/07, Slg. 2008, S. I-5939, Rn. 51 f. – *Raccanelli*.
493 Ebenso *Riehm*, in: Langenbucher (Hrsg.), Europäisches Privat- und Wirtschaftsrecht, 3. Aufl. 2013, § 3, Rn. 47; *Fischer*, EuZW 2009, S. 208 ff.; *Ganten*, Die Drittwirkung der Grund-

ßen, wie etwa ein nachvertragliches Wettbewerbsverbot (Rn. 991), sind nach § 134 BGB nichtig, weil die unmittelbare Drittwirkung entfaltenden Grundfreiheiten im deutschen Privatrecht als Verbotsgesetze wirken[494]. Darüber hinaus sind weitere, sich aus dem mitgliedstaatlichen Privatrecht ergebende Ansprüche denkbar (z. B. Anspruch auf Vertragsabschluss, Beseitigungs- und Unterlassungsanspruch)[495], wobei jeweils zu hinterfragen ist, ob diese Ansprüche zur Durchsetzung der Vorgaben der Grundfreiheiten im Wege grundfreiheitskonformer Auslegung oder Rechtsfortbildung zu modifizieren sind.

4. Prüfungsschema für die Grundfreiheiten[496]

I. Anwendbarkeit der Grundfreiheit
   1. Unmittelbare Anwendbarkeit
   2. Vorrangige Bestimmungen des Sekundärrechts
II. Schutzbereich der Grundfreiheit
   1. Sachlicher Schutzbereich
      a. Vorliegen einer sachlich geschützten Tätigkeit; ggf. Abgrenzung der Grundfreiheiten
      b. Vorliegen eines grenzüberschreitenden Sachverhalts
      c. Keine Bereichsausnahme
   2. Persönlicher Schutzbereich (Berechtigter)
   3. Räumlicher Schutzbereich
   4. Zeitlicher Schutzbereich
III. Eingriff in den Schutzbereich
   1. Handeln (teilweise auch pflichtwidriges Unterlassen) eines Verpflichteten (Mitgliedstaaten, Unionsorgane, intermediäre Gewalten, z. T. echte Private)
   2. Unterscheidung zwischen Beeinträchtigungen des Bestimmungsstaates und solchen des Herkunftsstaates
   3. Vorliegen einer Diskriminierung
      a. Offene Diskriminierung
      b. Versteckte Diskriminierung
   4. Vorliegen einer Beschränkung des Marktzugangs oder der Marktaktivitäten durch nichtdiskriminierende Maßnahme
      a. *Dassonville*-Formel (Warenverkehrsfreiheit; die Formel erfasst aber auch Diskriminierungen), *Gebhard*-Formel (Personenverkehrsfreiheiten; die Formel erfasst nur Beschränkungen)

---

freiheiten, S. 203 ff.; a. A. OLG München, EuZW 2008, S. 773; s. a. *Schweitzer,* EuZW 2012, S. 765, 768.
494 *Palandt/Ellenberger,* BGB, 72. Aufl. 2013, § 134, Rn. 3; *Fischer,* EuZW 2009, S. 208, 210; Ganten, Die Drittwirkung der Grundfreiheiten, S. 203 ff.; a. A. OLG München, EuZW 2008, S. 773.
495 Vgl. *Sponholz,* Unionsrechtliche Rechtsfolgenvorgaben bei Diskriminierungen im Privatrechtsverkehr, S. 65 ff.; *Ganten,* Die Drittwirkung der Grundfreiheiten, S. 209 f.
496 Schema angelehnt an *Ehlers,* in: ders., Europäische Grundrechte und Grundfreiheiten, § 7, Rn. 136; in anderen Lehrbüchern werden auch zwei-, vier- oder fünfteilige Prüfungsschemata vorgeschlagen.

b. Keine Ausklammerung marktzugangsneutraler Regelungen i. S. d. *Keck*-Formel (insb. bestimmte Vertriebs- bzw. Verkaufsmodalitäten jedenfalls bei der Warenverkehrsfreiheit; ANETT-Formel;)
c. Hinreichende Nähebeziehung

IV. **Rechtfertigung des Eingriffs**
1. Geschriebene (vertragliche) Rechtfertigungsgründe (Schranken): gelten für jeden hoheitlichen Eingriff
2. Ungeschriebene Rechtfertigungsgründe (Schranken)
   a. Zwingende Gründe des Allgemeinwohls *(Cassis*-Formel, *Gebhard*-Formel): gelten für hoheitliche Beschränkungen durch nichtdiskriminierende Maßnahmen; str., ob auch für versteckte Diskriminierungen; sie gelten in bestimmten Fällen auch für Maßnahmen intermediärer Gewalten
   b. Unionsgrundrechte: gelten für hoheitliche und teilweise auch für private Eingriffe
   c. Sachliche Gründe bei Eingriffen durch Private (unmittelbare Drittwirkung)
   d. Schranken-Schranken
      aa. Unionsgrundrechte
      bb. Verhältnismäßigkeitsgrundsatz

5. Merksätze

Der **Binnenmarkt** ist durch die Freiheit des Waren-, Personen-, Dienstleistungs- sowie des Kapitalverkehrs zwischen den Mitgliedstaaten definiert (Art. 3 Abs. 3 UAbs. 1 Satz 1 EUV, Art. 26 Abs. 2 AEUV). Im Binnenmarkt bewegen sich die Produktionsfaktoren (Arbeit, Real- und Geldkapital) zu denjenigen mitgliedstaatlichen Standorten, an denen die Produktionskosten am geringsten sind.

Die Rechtsprechung des Gerichtshofs hat trotz unterschiedlicher Formulierungen der Freiheiten im AEUV eine zunehmende **Konvergenz der Grundfreiheiten** auf der Tatbestands-, Eingriffs- und Schrankenebene bewirkt. Die Grundfreiheiten weisen eine im Wesentlichen gleiche Struktur auf. Soweit die Grundfreiheiten sekundärrechtlich ausgestaltet wurden, sind die betreffenden Sekundärrechtsvorschriften vorrangig als Prüfungsmaßstab heranzuziehen.

6. Freiheit des Warenverkehrs

Literaturhinweise: *Becker, U.:* Von „Dassonville" über „Cassis" zu „Keck" – Der Begriff der Maßnahmen gleicher Wirkung in Art. 30 EGV, EuR 1994, S. 162; *Bieber, R./Epiney, A./Haag, M./Kotzur, M.:* Die Europäische Union, 12. Aufl. 2016; *Brigola, A.:* Art. 35 AEUV von Groenveld bis New Valmar – Abschied eines Fremdkörpers im Gebäude des freien Warenverkehrs, EuZW 2017, S. 5; *ders.:* Der Grundsatz der Verhältnismäßigkeit im Gefüge der EU-Grundfreiheiten – Steuerungsinstrument oder Risikofaktor?, EuZW 2017, S. 406; *ders.:* Die Preisbindung für Arzneimittel in der Falle des freien Warenverkehrs, NJW 2016, S. 3761; *ders.:* Eine Erfolgsgeschichte in sieben Jahrzehnten – Das dogmatische Gebäude des freien Warenverkehrs auf dem Fundament seiner Leading Cases, in: Heid, D./Stotz, R./Verny, A. (Hrsg.), FS für Manfred A. Dauses, 2014, S. 17; *Burgi, M.:* Mitgliedstaatliche Garantenpflichten statt unmittelbare Drittwirkung der Grundfreiheiten, EWS 1999, S. 327; *Classen, C. D.:* Verbote im Binnenmarktrecht, EuZW 2015, S. 854; *ders.:* Vorfahrt für den Marktzugang?, EuR 2009, S. 555; *ders./Bothe, A:* Die Dreistufenprüfung als neuer Baustein der warenverkehrsrechtlichen Dogmatik, EuZW 2015, S. 413; *Epiney, A.:* Freiheit des Warenverkehrs, in: Ehlers, D. (Hrsg.), Europäische Grundrechte und Grundfreiheiten, 4. Aufl. 2015, S. 315; *Everling, U.:* Die Rechtsprechung des EuGH zum freien Warenverkehr im Binnenmarkt, ZLR 1989, S. 304; *ders.:* Zum Begriff der Ware im Binnenmarkt der EG und sein Verhältnis zu den Dienstleistungen, in: FS für Hugo J. Hahn, 1997, S. 365; *Fremuth, M.:* „Cassis de Dijon" – Zu der dogmatischen Einordnung zwingender Erfordernisse, EuR 2006, S. 866; *Graser, A.:* Eine Wende im Bereich der Inländerdiskriminierung? – Zur Entscheidung des EuGH in der Rechtssache Lancry, EuR 1998, S. 571; *Haak, A./Klöck, O.:* Warenverkehrsfreiheit gebietet Zulassung nicht prüffähiger Produkte, EuZW 2010, S. 53; *Hauschild, M.:* Das neue „Frühwarnsystem" für den freien Warenverkehr in der EG, EuZW 1999, S. 236; *Kadelbach, St./Petersen, N.:* Die gemeinschaftliche Haftung für Verletzungen von Grundfreiheiten aus Anlass privaten Handelns, EuGRZ 2002, S. 213; *Kingreen, T.:* Die Struktur der Grundfreiheiten des Europäischen Gemeinschaftsrechts, 1999; *ders.:* Keine neue Frische in der Rechtsprechung zu den Grundfreiheiten: Der EuGH und das aufgebackene Brot, EWS 2006, S. 488; *Koenig, Ch./Engelmann, Ch.:* E-Commerce mit Arzneimitteln im Europäischen Binnenmarkt und die Freiheit des Warenverkehrs, ZUM 2001, S. 19; *Koenig, Ch./Sander, C.:* Bleibt der EuGH dem Keck'schen Telos treu? Überlegungen zum Verhältnis von Art. 30 zu Art. 34 EGV am Beispiel systematischer Qualitätskontrollen beihilfefähiger Agrarprodukte, EuZW 1996, S. 8; *Kühling, J.:* Staatliche Handlungspflichten zur Sicherung der Grundfreiheiten, NJW 1999, S. 403; *ders.:* Grundrechtskontrolle durch den EuGH: Kommunikationsfreiheit und Pluralismussicherung im Gemeinschaftsrecht/Das Familiapress-Urteil, EuGRZ 1997, S. 296; *Lang, J.:* Die Freiheit des Warenverkehrs – Kontinuität und Wandel in der Rechtsprechung des EuGH, 1997; *Meurer, T.:* Verpflichtung der Mitgliedstaaten zum Schutz des freien Warenverkehrs, EWS 1998, S. 196; *Mittwoch, A.-C.:* Nationale Preisbindungsregeln auf dem Prüfstand – Die Warenverkehrsfreiheit im Lichte der aktuellen DocMorris-Entscheidung, EuZW 2016, S. 936; *Ottersback, K.:* Rechtsmissbrauch bei den Grundfreiheiten des Europäischen Binnenmarktes, 2001; *Reyes y Ráfales, F. J.:* 6 Jahre „Anhänger-Rechtsprechung" zu Art. 34 Alt. 2 AEUV, DVBl. 2015, S. 268; *Schorkopf, F.:* Neuer Interventionsmechanismus der Kommission zur Gewährleistung der Warenverkehrsfreiheit, EuZW 1998, S. 237; *Schwarze, J.:* Zum Anspruch der Gemeinschaft auf polizeiliches Einschreiten der Mitgliedstaaten bei Störungen des grenzüberschreitenden Warenverkehrs durch Private, EuR 1998, S. 53; *Schmahl, S./Jung, F.:* Horizontale Drittwirkung der Warenverkehrsfreiheit?, NVwZ 2013, S. 607; *Streinz, R.:* Das Verbot des Apothekenversandhandels mit Arzneimitteln. Eine „Verkaufsmodalität" im Sinne der Keck-Rechtsprechung?, EuZW 2003, S. 37; *Szczekalla, P.:* Grundfreiheitliche Schutzpflichten – eine „neue" Funktion der Grundfreiheiten des Gemeinschaftsrechts, DVBl. 1998, S. 219; *Weyer, H.:* Freier Warenverkehr und nationale Regelungsgewalt in der Europäischen Union, 1997; *ders.:* Freier Warenverkehr, rein innerstaatliche Sachverhalte und umgekehrte Diskriminierungen, EuR 1998, S. 435.

894 Die Grundlagen der Freiheit des Warenverkehrs sind die *Zollunion* und die *Beseitigung mengenmäßiger Ein- und Ausfuhrbeschränkungen* sowie *Maßnahmen gleicher Wirkung* im Handel zwischen den Mitgliedstaaten (Art. 28 bis Art. 36 AEUV). Ergänzend sieht der AEUV die *Umformung der staatlichen Handels-*

monopole vor, um Diskriminierungen in den Absatz- und Versorgungsbedingungen zwischen den Angehörigen der Mitgliedstaaten auszuschließen (Art. 37 AEUV). In der universitären Ausbildung haben das Verbot mengenmäßiger Ein- und Ausfuhrbeschränkungen sowie Maßnahmen gleicher Wirkung zentrale Bedeutung.

a) Die Zollunion

Die *Zollunion*[497] besteht nach Art. 28 Abs. 1 AEUV aus zwei Elementen: zum einen aus dem Verbot, zwischen den Mitgliedstaaten Zölle und Abgaben gleicher Wirkung zu erheben (keine Binnenzollgrenzen), zum anderen aus der Einführung eines Gemeinsamen Zolltarifs gegenüber dritten Ländern, um Wettbewerbsverzerrungen bei der Ein- und Ausfuhr zu vermeiden. Die Union ist somit ein einheitliches Zollgebiet mit einer gemeinsamen Außenzollgrenze.

895

In der Zollunion ist die *Erhebung von Ein- und Ausfuhrzöllen sowie von Abgaben gleicher Wirkung* zwischen den Mitgliedstaaten verboten (Art. 30 AEUV). *Zölle* sind Abgaben, die ein Staat gerade wegen der Ein- oder Ausfuhr von Waren erhebt, ohne dass eine entsprechende Abgabe für gleichartige inländische Erzeugnisse besteht[498]. Eine *Abgabe gleicher Wirkung* ist eine von einem Mitgliedstaat auferlegte einseitige Abgabe, die aus anderen Mitgliedstaaten eingehende oder in andere Mitgliedstaaten versandte Waren im Vergleich zu einheimischen Waren verteuert. Dies gilt unabhängig von ihrer Bezeichnung und Art der Erhebung, selbst wenn sie nicht zugunsten des Staates erhoben wird[499]. Eine finanzielle Belastung, die gleichermaßen eingeführte und einheimische Produkte trifft, ist dann eine Abgabe gleicher Wirkung, wenn hiermit inländische Hersteller oder Händler, im Gegensatz zu ausländischen, in einer Weise gefördert werden, dass für sie die durch die Abgabe entstehende Belastung wieder ausgeglichen wird[500]. Damit sind finanzielle Belastungen *wegen* des Grenzübertritts von Waren untersagt. Es ist nicht erforderlich, dass die Abgabenerhebung zeitlich unmittelbar an den Grenzübertritt anknüpft. Eine zollgleiche Wirkung kann auch dann eintreten, wenn die Abgabe später auf der Stufe der Vermarktung oder Verarbeitung erhoben wird, soweit die Ware dann allein wegen des Überschreitens der Grenze belastet wird[501].

896

Nach der Rechtsprechung des EuGH setzt die in Art. 30 AEUV geregelte Einheitlichkeit des Zollgebiets voraus, dass auch *innerhalb der Mitgliedstaaten* keine

897

---

497 Vgl. dazu ausführlich *Haltern/Janson*, in: Pechstein/Nowak/Häde (Hrsg.), Frankfurter Kommentar EUV/GRC/AEUV, Art. 28 AEUV Rn. 19 ff.
498 EuGH, Rs. 77/72, Slg. 1973, S. 611, Rn. 12 – *Capolongo*; EuGH, verb. Rs. 2/69 u. 3/69, Slg. 1969, S. 211, Rn. 14 f. – *Diamantarbeiders*.
499 EuGH, Rs. 39/82, Slg. 1983, S. 19, Rn. 7 – *Donner*; EuGH, Rs. 133/82, Slg. 1983, S. 1669, Rn. 9 – *Kommission/Luxemburg*.
500 EuGH, Rs. 77/72, Slg. 1973, S. 611, Rn. 13 f. – *Capolongo*.
501 EuGH, Rs. 78/76, Slg. 1977, S. 595, Rn. 29 – *Steinike u. Weinlig*.

Abgaben zollgleicher Wirkung erhoben werden. Eine Abgabenerhebung für die Verbringung von Waren über innerstaatliche Regionalgrenzen ist daher unzulässig. Dies gilt sowohl für ausländische als auch für inländische Erzeugnisse[502].

898 Dennoch sind bestimmte Zahlungsverlangen weiterhin zulässig. Die wichtigsten gestatteten Abgaben sind *Steuern,* die nur aus verwaltungsökonomischen Gründen *anlässlich* des Grenzübertritts erhoben werden, da die Mitgliedstaaten weiterhin die Steuerhoheit besitzen. Erlaubt sind solche Steuern, die Bestandteil einer allgemeinen inländischen Abgabenregelung sind, die in- und ausländische Produkte nach denselben Merkmalen erfassen (Art. 110 AEUV)[503], wie z. B. die Mehrwertsteuer. Allerdings darf die Erhebung der Mehrwertsteuer bei der Einfuhr nicht zur Folge haben, dass ein eingeführtes Produkt doppelt, d. h. in beiden Staaten, und somit höher besteuert wird als inländische Waren[504]. Ein Verstoß gegen Art. 110 AEUV liegt dann vor, wenn die Steuer auf die eingeführte Ware und die Steuer auf die gleichartige inländische Ware in unterschiedlicher Weise und nach unterschiedlichen Modalitäten berechnet werden, so dass die eingeführte Ware höher belastet wird[505]. Es kommt auf die diskriminierende oder schützende Wirkung der Steuer an; das Niveau der Steuer ist insofern unerheblich[506]. Eine Verletzung des Art. 110 AEUV kommt daher auch dann nicht in Betracht, wenn inländische Abgaben auf eingeführte Erzeugnisse erhoben werden und es an einer gleichartigen oder konkurrierenden inländischen Produktion fehlt[507].

899 Im Übrigen bleiben *Gebühren* erlaubt, die ein angemessenes Entgelt für tatsächlich erbrachte Dienste darstellen[508]. Die Gebühr darf nicht höher sein als der Wert der vom Mitgliedstaat erbrachten Dienstleistung und muss eine Gegenleistung für einen individuellen und messbaren Vorteil des Importeurs darstellen[509]. Verwaltungsgebühren für Amtshandlungen, die für den Betroffenen ohne jeden Nutzen sind, dürfen nicht erhoben werden. Unzulässig sind daher Gebühren für im Allgemeininteresse durchgeführte Verwaltungstätigkeiten. So sind Entgelte für gesundheitspolizeiliche Untersuchungen bei der Ein- oder Ausfuhr, die ausschließlich der Allgemeinheit dienen, verboten[510]. Etwas anderes gilt jedoch, wenn das Unionsrecht solche Abgaben ausdrücklich zulässt[511].

900 Seit dem 1. Juli 1968 ist der *Gemeinsame Zolltarif* (GZT) der Union in Kraft. Es besteht damit eine gemeinsame Zollgrenze zu Drittländern (Art. 31 AEUV,

---

502 EuGH, verb. Rs. C-363/93, C-407/93, C-408/93, C-409/93, C-410/93 u. C-411/93, Slg. 1994, S. I-3957, Rn. 27 ff. – *Lancry u. a.;* EuGH, verb. Rs. C-485/93 u. C-486/93, Slg. 1995, S. I-2655, Rn. 15 ff. – *Simitzi.*
503 Vgl. EuGH, Rs. 77/72, Slg. 1973, S. 611, Rn. 12 – *Capolongo.*
504 EuGH, Rs. 299/86, Slg. 1988, S. 1213, Rn. 10 – *Drexl.*
505 EuGH, Rs. C-198/14, ECLI:EU:C:2015:751, Rn. 59 – *Visnapuu.*
506 EuGH, Rs. C-402/14, ECLI:EU:C:2015:830, Rn. 36 – *Viamar.*
507 EuGH, Rs. C-402/14, ECLI:EU:C:2015:830, Rn. 36 – *Viamar.*
508 EuGH, Rs. 340/87, Slg. 1989, S. 1483, Rn. 14 – *Kommission/Italien.*
509 EuGH, Rs. 24/68, Slg. 1969, S. 193, Rn. 15 f. – *Kommission/Italien* (= P Nr. 143).
510 EuGH, Rs. 314/82, Slg. 1984, S. 1543, Rn. 9 ff. – *Kommission/Belgien.*
511 EuGH, Rs. 18/87, Slg. 1988, S. 5427, Rn. 8 – *Kommission/Deutschland.*

Art. 32 AEUV). Die Mitgliedstaaten haben ihre Kompetenz für die Festlegung der Zollsätze gegenüber den Drittländern auf die Union übertragen (ausschließliche Zuständigkeit der Union, Art. 3 Abs. 1 lit. a AEUV). Der Gemeinsame Zolltarif kann vom Rat autonom (Art. 31 AEUV), im Rahmen von Handelsabkommen mit Drittstaaten (Art. 207 AEUV) oder durch Assoziierungsabkommen (Art. 217 AEUV; Rn. 1450 ff.) geändert werden.

b) Verbot von Ein- und Ausfuhrbeschränkungen sowie von Maßnahmen gleicher Wirkung

aa) Schutzbereich

(α) Sachlicher Schutzbereich

In *sachlicher* Hinsicht ist der Schutzbereich der Warenverkehrsfreiheit eröffnet, wenn Waren betroffen sind. Der *Begriff der Ware* ist im AEUV nicht definiert[512]. Eine Bestimmung des Begriffs ist jedoch erforderlich, um den Anwendungsbereich der Regelungen über die Warenverkehrsfreiheit zu umreißen und ihn von den anderen Freiheiten, vor allem von der Freiheit des Dienstleistungsverkehrs (Art. 56 ff. AEUV), aber auch der Kapitalverkehrsfreiheit (Art. 63 ff. AEUV) abzugrenzen. In Zweifelsfällen ist insoweit der Schwerpunkt der wirtschaftlichen Tätigkeit ausschlaggebend[513]. Für die Einordnung als Ware ist grundsätzlich erforderlich, dass es sich um eine körperliche Sache handelt, die einen Geldwert hat und Gegenstand von Handelsgeschäften sein kann[514]. Waren sind beispielsweise auch medizinische Erzeugnisse, wie Arzneimittel, Brillen oder auch Blut und seine Bestandteile[515]. Elektrizität, die im Rahmen eines Handelsgeschäfts von einem Mitgliedstaat in einen anderen geleitet wird, gilt trotz ihrer fehlenden sichtbaren Verkörperung als Ware[516]. Auch für die Verbringung von Abfällen von einem Mitgliedstaat in einen anderen gelten die Regelungen über die Freiheit des Warenverkehrs, wobei es nach der Rechtsprechung des EuGH auf die Wiederverwertbarkeit des Abfalls nicht ankommt[517]. Ebenso fallen elektrische, elektronische und elektromechanische Spiele unter den Warenbegriff[518]. Der Verkauf von Betäubungsmitteln wie Cannabis, der nicht unter

901

---

512 Zum Warenbegriff ausführlich *Haltern/Janson*, in: Pechstein/Nowak/Häde (Hrsg.), Frankfurter Kommentar EUV/GRC/AEUV, Art. 28 AEUV Rn. 32 ff.
513 EuGH, Rs. C-275/92, Slg. 1994, S. I-1039, Rn. 21 ff. – *Schindler* (= P Nr. 211).
514 EuGH, Rs. 7/68, Slg. 1968, S. 633, 642 – *Kunstschätze I* (= P Nr. 142); EuGH, Rs. C-2/90, Slg. 1992, S. I-4431, Rn. 26 – *Abfalltransport*.
515 EuGH, Rs. C-120/95, Slg. 1998, S. I-1831, Rn. 24 – *Decker* (= P Nr. 162); EuGH, Rs. C-296/15, ECLI:EU:C:2017:431, Rn. 54 – *Medisanus* (= P Nr. 149).
516 EuGH, Rs. C-393/92, Slg. 1994, S. I-1477, Rn. 27 f. – *Almelo*; EuGH, Rs. C-573/12, ECLI:EU:C:2014:2037 – *Ålands Vindkraft*; EuGH, Rs. C-492/14, ECLI:EU:C:2016:732 – *Essent Belgium*.
517 EuGH, Rs. C-2/90, Slg. 1992, S. I-4431, Rn. 27 f. – *Abfalltransport*.
518 EuGH, Rs. C-65/05, Slg. 2006, S. I-10341, Rn. 24 – *Kommission/Griechenland*.

den von den zuständigen Stellen streng überwachten Handel zur Verwendung für medizinische und wissenschaftliche Zwecke fällt, ist vom Schutzbereich der Warenverkehrsfreiheit ausgenommen, da er in allen Mitgliedstaaten verboten ist[519].

902 Die Freiheit des Warenverkehrs erstreckt sich einerseits auf *Waren, die aus den Mitgliedstaaten stammen*, d. h. die in einem Mitgliedstaat hergestellt worden sind oder zumindest ihre letzte wesentliche und wirtschaftlich gerechtfertigte Be- oder Verarbeitung dort erfahren haben (Unionswaren), andererseits auf *Waren aus Drittländern*, die sich in den Mitgliedstaaten *im freien Verkehr* befinden (Art. 28 Abs. 2 AEUV). Waren aus Drittstaaten gelten als im freien Verkehr befindlich, wenn für sie die in dem betreffenden Mitgliedstaat geltenden Einfuhrförmlichkeiten erfüllt und die vorgeschriebenen Zölle und Abgaben erhoben und weder ganz noch teilweise rückvergütet worden sind (Art. 29 AEUV).

903 Die Warenverkehrsfreiheit umfasst auch den Schutz sog. *Parallel- und Reimporte*. Unter *Parallelimport* versteht man den Import von im EU-Ausland hergestellten Waren, die auch im Inland hergestellt oder vom (Original-)Hersteller selbst ins Inland eingeführt werden. Ein *Reimport* liegt hingegen vor, wenn im Inland hergestellte und ins EU-Ausland exportierte Waren anschließend von dort reimportiert, also in das Herkunftsland zurückgebracht werden. Grund für die weite Verbreitung dieser Handelsgeschäfte sind die – insbesondere auf den KFZ- und Arzneimittelmärkten – stark divergierenden, bei Arzneimitteln staatlich regulierten Preise in den verschiedenen Mitgliedstaaten, die den Parallel- und Reimporteuren große Gewinne sichern.

904 Da Art. 34 AEUV allgemein die Behinderung von Einfuhren auf allen Handelsstufen und nicht nur die Diskriminierung ausländischer Waren verbietet, fallen Parallel- und Reimporte nach ständiger Rechtsprechung des EuGH in den Schutzbereich der Freiheit des Warenverkehrs und dürfen nicht ohne Rechtfertigung verhindert oder erschwert werden[520].

905 Für Reimporte kann allerdings dann etwas anderes gelten, wenn die Aus- und Einfuhr nur zu dem Zweck vorgenommen wird, eine im Inland geltende gesetzliche Regelung zu umgehen. In einem solchen Fall kann ein künstliches Handelsgeschäft vorliegen, durch das in missbräuchlicher Weise Unterschiede legitimer nationaler Regelungen ausgenutzt werden. Ob eine missbräuchliche Aus- und Wiedereinfuhr vorliegt, ist im Einzelfall zu entscheiden. Maßgeblich ist zunächst, ob der Reimport auf ein- und derselben Handelsstufe stattfindet. Ist dies der Fall – wie etwa im Urteil in der Rs. *Leclerc/Au blé vert* betreffend die französische Buchpreisbindung –, liegt die Annahme eines künstlichen Handelsgeschäfts nahe[521]. Wird die Ware allerdings von Großhändlern exportiert und sodann auf

---

519 EuGH, Rs. C-137/09, Slg. 2010, S. I-13019, Rn. 34 ff. – *Josemans („Coffeeshop")* (= P Nr. 212).
520 Siehe EuGH, Rs. 104/75, Slg. 1976, S. 613, Rn. 12 – *de Peijper;* EuGH, Rs. 229/83, Slg. 1985, S. 1, Rn. 26 – *Leclerc/Au blé vert;* EuGH, Rs. C-240/95, Slg. 1996, S. I-3176, Rn. 10 – *Schmit.*
521 EuGH, Rs. 229/83, Slg. 1985, S. 1, Rn. 27 – *Leclerc/Au blé vert.*

der Einzelhandelsebene wieder zurück importiert, kann ein Missbrauch der Warenverkehrsfreiheit ausgeschlossen werden, da Art. 34 AEUV jede Marktstufe gesondert schützt. Ein vom freien Warenverkehr erfasster Reimport liegt z. B. vor, wenn eine in einem anderen Mitgliedstaat ansässige Apotheke Arzneimittel nach Deutschland versendet, die zuvor auf der Großhandelsebene aus Deutschland exportiert wurden[522].

Wird das Vorliegen eines künstlichen Handelsgeschäfts bejaht, folgt hieraus allerdings nicht zwangsläufig die Unanwendbarkeit der Warenverkehrsfreiheit. Wenn durch die Berufung auf eine Grundfreiheit eine Situation erreicht wird, die gerade von der Grundfreiheit bezweckt wird, kann sich der handelnde Wirtschaftsteilnehmer trotz der künstlichen Ausnutzung der Unterschiede nationaler Regelungen auf die Grundfreiheiten berufen[523]. 906

Der sachliche Schutzbereich der Warenverkehrsfreiheit erstreckt sich grundsätzlich auch auf *Werbemaßnahmen* für ausländische Produkte, die durch nationale Werberegelungen behindert werden[524], selbst wenn die Zulässigkeit des Grenzübertritts der Ware dadurch nicht eingeschränkt wird. Diese Schutzbereichserstreckung ist insbesondere bei einheitlichen Marketingkonzepten für den Absatz in mehreren Mitgliedstaaten bedeutsam, da hierdurch der kostenaufwendige Diversifikationszwang unionsrechtlich kontrolliert wird. Ein Eingriff liegt allerdings nur dann vor, wenn dadurch der Marktzugang behindert wird (zur *Keck*-Formel vgl. Rn. 922 ff.). Geht es nicht um das Werberecht des aus der Warenverkehrsfreiheit Berechtigten, sondern um die selbstständige Erbringung von Werbedienstleistungen für den Inhaber der Rechte aus Art. 34 f. AEUV durch einen Dritten, ist die Dienstleistungsfreiheit einschlägig. 907

Für die Einschlägigkeit der Art. 34 und 35 AEUV ist stets eine *grenzüberschreitende Dimension des Sachverhalts* erforderlich, die allerdings großzügig beurteilt wird[525]. *Bereichsausnahmen* bzw. *Sonderregelungen* ergeben sich für die Warenverkehrsfreiheit in verschiedener Hinsicht. Für den Handel mit Waffen, Munition und Kriegsmaterial gilt die Abweichungsklausel des Art. 346 Abs. 1 lit. b AEUV. Auf landwirtschaftliche Erzeugnisse finden die Vorschriften über den freien Warenverkehr soweit Anwendung, als Art. 39 ff. AEUV nichts Abweichendes bestimmen. Für die dem EAG-Vertrag unterfallenden Waren gelten ausschließlich die Bestimmungen dieses Vertrages. 908

---

522 Vgl. EuGH, Rs. C-322/01, Slg. 2003, S. I-14887, Rn. 130 ff. – *Doc Morris I* (= P Nr. 156).
523 EuGH, Rs. C-212/97, Slg. 1999, S. I-1459, Rn. 25 ff. – *Centros* (= P Nr. 204).
524 EuGH, Rs. 286/81, Slg. 1982, S. 4575, Rn. 15 – *Oosthoek's*; vgl. hierzu *Deja*, Jura 2004, S. 807.
525 Vgl. Sachverhalt bei EuGH, verb. Rs. C-267/91 u. C-268/91, Slg. 1993, S. I-6097, Rn. 12 f. – *Keck* (= P Nr. 153).

(β) Persönlicher Schutzbereich

909 In *persönlicher* Hinsicht ist der Schutzbereich dem Wortlaut des Vertrages zufolge nicht auf Staatsangehörige der Mitgliedstaaten beschränkt. Auch der EuGH hat eine entsprechende Beschränkung bislang nicht angenommen. Sie widerspräche auch den Zielen der Warenverkehrsfreiheit, einerseits einen großen Absatzmarkt für in der EU produzierte oder verkehrsfähige Produkte mit den entsprechenden Kostenvorteilen sicherzustellen, andererseits den Verbrauchern eine breite Produktpalette und den entsprechenden Preiswettbewerb zugänglich zu machen. Auf die Staatsangehörigkeit von Produzenten, Importeuren und Exporteuren als Berechtigten aus den Art. 34 und 35 AEUV kann es daher nicht ankommen.

bb) Eingriff

(α) Handlung eines Verpflichtungsadressaten/Schutzpflicht

910 Vorrangig verpflichtet aus Art. 34 und 35 AEUV sind die Mitgliedstaaten, die für die Handlungen aller Staatsorgane und Untergliederungen einzustehen haben, unabhängig davon, ob öffentlich-rechtlich oder privatrechtlich gehandelt wird. Liegt keine staatliche Maßnahme vor, so muss die Beschränkung der Freiheit des Warenverkehrs dem Mitgliedstaat als Hoheitsträger zumindest *zurechenbar* sein. In dem Fall *Buy Irish,* in dem ein sog. Irish Goods Council zur Absatzförderung irischer Produkte als privatrechtliche Gesellschaft mit staatlichen Finanzmitteln eingerichtet wurde, stellte der Gerichtshof die Verantwortlichkeit der irischen Regierung für die Verletzung der Warenverkehrsfreiheit wie folgt fest: Ein Verstoß gegen Art. 34 AEUV liegt vor, wenn *„mit Hilfe einer Werbekampagne im nationalen Rahmen und mit der Einführung besonderer, nur für inländische Waren geltender Verfahren zum Kauf von inländischen Erzeugnissen angespornt wird, und wenn diese Aktivitäten insgesamt der Regierung zuzurechnen sind und in einer organisierten Form im ganzen Land vorgenommen werden"*[526]. Danach kann sich ein Mitgliedstaat nicht durch die Wahl privatrechtlicher Handlungs- und Organisationsformen seiner Verpflichtungen aus Art. 34 ff. AEUV entledigen. So ist auch die – durch eine private Kapitalgesellschaft organisierte, aber vom Staat veranlasste – Vergabe eines Gütezeichens mit der Angabe „Markenqualität aus deutschen Landen" dem Staat zuzurechnen[527]. Eine *unmittelbare Drittwirkung* der Art. 34 und 35 AEUV, also die Verpflichtung *echter* Privater aus diesen Bestimmungen, war der Rechtsprechung bislang nicht zu entnehmen[528]. Eine sehr beschränkte Ausnahme von dieser Linie macht der EuGH im *DVGW*-Urteil, in welchem er die Normungs-

---

526 EuGH, Rs. 249/81, Slg. 1982, S. 4005, Rn. 29 – *Buy Irish* (= P Nr. 92, 145).
527 EuGH, Rs. C-325/00, Slg. 2002, S. I-9977, Rn. 14 ff. – *CMA Gütezeichen.*
528 Vgl. *Epiney,* in: Ehlers, Europäische Grundrechte und Grundfreiheiten, § 8, Rn. 21 m.w.N.; aber EuGH, Rs. 58/80, Slg. 1981, S. 181, Rn. 17 – *Dansk Supermarked.*

und Zertifizierungstätigkeiten eines privaten Vereins der Warenverkehrsfreiheit unterstellte[529]. Die Besonderheit des Falles bestand jedoch darin, dass dem Verein aufgrund einer gesetzlichen Vermutungsregelung eine *de facto*-Regelungshoheit hinsichtlich des Markzugangs der betreffenden Produkte zukam[530]. Es dürfte sich daher auch hier um die (unproblematische) Inpflichtnahme intermediärer Gewalten handeln.

Mit einer Entscheidung aus dem Jahr 1997 hat der EuGH über die dargestellte Zurechnung privatrechtlichen Handelns hinaus eine neue Dimension der Grundfreiheiten erschlossen[531], die sich als Substitut für die bei der Warenverkehrsfreiheit weitgehend fehlende unmittelbare Drittwirkung darstellt. Aus Art. 34 AEUV ergeben sich in Verbindung mit dem Grundsatz der Unionstreue (Art. 4 Abs. 3 UAbs. 2 EUV) *Schutzpflichten der Mitgliedstaaten.* Der Grundsatz der Warenverkehrsfreiheit verbietet danach nicht nur Maßnahmen, die auf den Staat zurückzuführen sind und selbst Beschränkungen für den zwischenstaatlichen Handel errichten. Die Freiheit des Warenverkehrs erfasst auch die Fälle, in denen ein Mitgliedstaat keine Maßnahmen ergriffen hat, um gegen Beeinträchtigungen einzuschreiten, deren Ursachen nicht dem Staat zugerechnet werden können, d. h. die von Privatpersonen ausgehen. Die Mitgliedstaaten sind verpflichtet, alle erforderlichen und geeigneten Maßnahmen zu ergreifen, um in ihrem Gebiet die Beachtung dieser Grundfreiheit sicherzustellen[532]. Die Mitgliedstaaten müssen die Freiheiten des AEUV gegen Eingriffe durch Private aktiv verteidigen. Damit aktiviert der Gerichtshof die mitgliedstaatliche Garantenstellung aus Art. 4 Abs. 3 UAbs. 2 EUV zum Schutz der Warenverkehrsfreiheit anstatt auf eine umfangreiche Drittwirkung im Verhältnis zwischen Privaten zu setzen (anders bei der Arbeitnehmerfreizügigkeit, siehe Rn. 968 f.). Die Beurteilung, welche Maßnahmen am besten geeignet erscheinen, um Beeinträchtigungen des freien Warenverkehrs zu beseitigen, obliegt zunächst den Mitgliedstaaten[533]. Weigert sich ein Mitgliedstaat jedoch „offenkundig und beharrlich", ausreichende und geeignete Maßnahmen zu ergreifen, verstößt er gegen seine grundfreiheitliche Schutzpflicht[534].

Ein Verstoß gegen die Freiheit des Warenverkehrs durch Unterlassen liegt etwa vor, wenn ein Mitgliedstaat nicht gegen protestierende Landwirte vorgeht, die Lastwagen mit landwirtschaftlichen Erzeugnissen aus anderen Mitgliedstaa-

---

529 EuGH, Rs. C-171/11, ECLI:EU:C:2012:453, Rn. 17 ff. – *DVGW* (= P Nr. 146).
530 Näher zum Ganzen *Schmahl/Jung*, NVwZ 2013, S. 607.
531 EuGH, Rs. C-265/95, Slg. 1997, S. I-6959 – *Kommission/Frankreich („Bauernproteste")* (= P Nr. 160).
532 EuGH, Rs. C-265/95, Slg. 1997, S. I-6959, Rn. 32 ff. – *Kommission/Frankreich („Bauernproteste")* (= P Nr. 160).
533 EuGH, Rs. C-265/95, Slg. 1997, S. I-6959, Rn. 33 – *Kommission/Frankreich („Bauernproteste")* (= P Nr. 160).
534 EuGH, Rs. C-265/95, Slg. 1997, S. I-6959, Rn. 65 – *Kommission/Frankreich („Bauernproteste")* (= P Nr. 160).

ten plündern und in Supermärkten importiertes Obst und Gemüse ungenießbar machen[535]. Gleiches gilt für die untätige Hinnahme massiver Grenzblockaden durch Private, welche die Ein- und Ausfuhr von Waren be- oder verhindern. Fraglich ist die Beurteilung eines Nichteinschreitens gegen Straßen- oder Grenzblockaden aber dann, wenn die Blockade zu dem Zweck vorgenommen wird, auf politische oder soziale Belange aufmerksam zu machen. So weigerte sich z. B. Österreich unter Berufung auf den Schutz der Versammlungsfreiheit, gegen eine von Umweltschützern im Jahr 1998 organisierte zweitägige Blockade des Brenners vorzugehen. Anlässlich dieses Falls entschied der EuGH, dass eine solche Weigerung des Mitgliedstaates gerechtfertigt sein kann, wenn sie zum Schutz der Unionsgrundrechte der die Warenverkehrsfreiheit beeinträchtigenden Privatpersonen, insbesondere deren Versammlungsfreiheit, erforderlich ist (Rn. 946)[536].

913   Aus der staatlichen Pflicht zum Schutz der Freiheiten des AEUV entspringt ein subjektiver *Anspruch des Einzelnen auf staatliches Einschreiten gegen Grundfreiheitsverletzungen durch andere Private,* sofern eine Reduzierung des staatlichen Ermessens auf Null anzunehmen ist. Entsteht einem Einzelnen, z. B. durch die Vernichtung aus einem anderen Mitgliedstaat eingeführter Waren, ein Schaden, besteht ein Schadensersatzanspruch gegen den untätig gebliebenen Mitgliedstaat (Rn. 645 ff.)[537].

(β) Mengenmäßige Ein- und Ausfuhrbeschränkungen

914   Ein Eingriff in die Warenverkehrsfreiheit liegt vor bei *mengenmäßigen Ein- oder Ausfuhrbeschränkungen sowie Maßnahmen gleicher Wirkung* (Art. 34 AEUV, Art. 35 AEUV). Unter den Begriff der mengenmäßigen Ein- bzw. Ausfuhrbeschränkung fallen alle staatlichen Maßnahmen, welche die Ein-, Aus- oder Durchfuhr von Waren ganz oder teilweise untersagen[538]. Hierzu zählen *Verbringungsverbote,* welche die Ein- oder Ausfuhr einer Ware dauerhaft oder vorübergehend verbieten, und *Kontingentierungen,* welche die Ein- oder Ausfuhr einer Ware der Menge oder dem Wert nach begrenzen, einschließlich Nullkontingen-

---

535 EuGH, Rs. C-265/95, Slg. 1997, S. I-6959, Rn. 66 – *Kommission/Frankreich* („*Bauernproteste*") (= P Nr. 160).
536 EuGH, Rs. C-112/00, Slg. 2003, S. I-5659, Rn. 17 ff. – *Schmidberger* (= P Nr. 141); um der Union die Möglichkeit zu geben, effektiver und zügiger auf eine grundfreiheitswidrige Untätigkeit von Mitgliedstaaten im Bereich der Warenverkehrsfreiheit zu reagieren, hat der Rat – gestützt auf Art. 352 AEUV (Rn. 184 ff.) – die Verordnung (EG) Nr. 2679/98/EG v. 7.12.1998 verabschiedet (ABl.EG 1998 Nr. L 337, S. 8). Sie sieht vor, dass die Mitgliedstaaten der Kommission alle Behinderungen des freien Warenverkehrs mitteilen, woraufhin die Kommission den betreffenden Mitgliedstaat auffordern kann, innerhalb einer bestimmten Frist alle erforderlichen und angemessenen Maßnahmen zu treffen (sog. Frühwarn- und Informationssystem).
537 Vgl. Ziffer 3 der Entschließung des Rates und der im Rat vereinigten Vertreter der Regierungen der Mitgliedstaaten v. 7.12.1998 über den freien Warenverkehr, ABl.EG 1998 Nr. L 337, S. 10.
538 EuGH, Rs. 2/73, Slg. 1973, S. 865, Rn. 7 – *Geddo* (= P Nr. 147).

ten. Entsprechende mitgliedstaatliche Maßnahmen sind mittlerweile selten⁵³⁹. Gleichwohl liefert das Verbot der mengenmäßigen Ein- und Ausfuhrbeschränkungen den *Maßstab für die Maßnahmen gleicher Wirkung:* Diese müssen nämlich eine vergleichbare Wirkung besitzen, also den Marktzugang bzw. -ausgang limitieren. Sichergestellt wird dies für Art. 34 AEUV durch die *Keck*-Formel, die auf die marktzugangsbehindernde Wirkung von Maßnahmen gleicher Wirkung abstellt (Rn. 922 ff.), für Art. 35 AEUV durch eine besondere Definition der Maßnahmen gleicher Wirkung.

Dem Vertragswortlaut ist – anders als bei anderen Grundfreiheiten (vgl. z. B. Art. 45 Abs. 2 AEUV) – nicht ohne Weiteres zu entnehmen, ob im Rahmen der Warenverkehrsfreiheit ein *eigenständiges Diskriminierungsverbot* gilt. Ein Rückgriff auf Art. 18 AEUV könnte erwogen werden, um im Bereich der Warenverkehrsfreiheit Diskriminierungen nach der Staatsangehörigkeit zu erfassen. Folge dieses Rückgriffs wäre, dass Diskriminierungen durch *„objektive Erwägungen"* gerechtfertigt werden könnten und nicht am für Diskriminierungen abschließenden Katalog des Art. 36 AEUV zu messen wären. Der EuGH hat jedoch in der Rs. *Medisanus* zwischen Art. 18 und Art. 34 AEUV ein Spezialitätsverhältnis festgestellt⁵⁴⁰. Demnach verbietet Art. 34 AEUV eigenständig Diskriminierungen nach der Staatsangehörigkeit. In anderen Urteilen knüpft er jedoch beim Diskriminierungsverbot der Warenverkehrsfreiheit an die Warenherkunft an⁵⁴¹. Letzteres ist auch im AEUV verankert, da Art. 28 Abs. 2 AEUV diesen Bezugspunkt durch die Formulierung *„aus anderen Mitgliedstaaten stammenden Waren"* erfasst. Das Diskriminierungsverbot der Warenverkehrsfreiheit beinhaltet damit als bislang einzige Grundfreiheit zwei verschiedene Tabukriterien⁵⁴². Die Anerkennung eines zweiten Tabukriteriums führt regelmäßig zur Existenz hybrider Beeinträchtigungsformen: Die im Rahmen der Warenverkehrsfreiheit an das Tabukriterium der Staatsangehörigkeit anknüpfende und dadurch EU-Ausländer benachteiligende Maßnahme, benachteiligt regelmäßig überwiegend Waren aus anderen Mitgliedstaaten und umgekehrt. Dieselbe Maßnahme würde daher sowohl eine offene als auch eine versteckte Diskriminierung darstellen. Für in der EU ansässige Drittstaatsangehörige, die ebenfalls aus der Warenverkehrsfreiheit begünstigt sind, läge dagegen bei einer Diskriminierung nach der Staatsangehö-

---

539 Vgl. aber EuGH, Rs. C-170/04, Slg. 2007, S. I-4071, Rn. 30 ff. – *Rosengreen/Riksåklagaren*.
540 EuGH, Rs. C-296/15, ECLI:EU:C:2017:431, Rn. 65 – *Medisanus* (= P Nr. 149).
541 EuGH, Rs. C-456/10, ECLI:EU:C:2012:241, Rn. 34 – *ANETT* (= P Nr. 159). Eine derartige Deutung findet auch im Wortlaut des Art. 34 AEUV Rückhalt, da sich die darin erwähnte Einfuhr nur auf Auslandswaren beziehen kann und der Begriff der „Maßnahmen gleicher Wirkung" sich auf die gleiche Wirkung wie mengenmäßige *Einfuhr*beschränkungen bezieht. Nach der Herkunft der Waren differenzierende mitgliedstaatliche Regelungen sind daher diskriminierend.
542 EuGH, Rs. C-296/15, ECLI:EU:C:2017:431, Rn. 65 – *Medisanus* (= P Nr. 149); der EuGH spricht selbst von „*besondere[n] Diskriminierungsverbote[n]*" und macht den hybriden Charakter des Diskriminierungsverbots deutlich.

rigkeit (eines EU-Mitgliedstaats) eine Beschränkung vor. Die Auffassung[543], die entgegen der jüngsten Rechtsprechung des EuGH[544] versteckte Diskriminierungen auch am Maßstab der *„zwingenden Erfordernisse des Allgemeinwohls"* nach der *Cassis*-Rechtsprechung (dazu Rn. 941) zu rechtfertigen versucht, würde in Anbetracht dieser beschriebenen hybriden Beeinträchtigungsformen oft dazu führen, dass die offene Diskriminierung den strengen Maßstab des Art. 36 AEUV nicht zu überwinden vermag und verboten bleibt, während die in derselben Maßnahme enthaltene versteckte Diskriminierung durch ungeschriebene Gründe gerechtfertigt ist. Solche rechtlichen Ungereimtheiten entstehen dann nicht, wenn im Rahmen der Rechtfertigung von (offenen *und* versteckten) Diskriminierungen ausschließlich die geschriebenen Rechtfertigungsgründe des Art. 36 AEUV herangezogen werden. Für begünstigte Drittstaatsangehörige ließe sich der Rückgriff auf die ungeschriebenen Gründe dagegen nicht umgehen.

916 Ob eine solche Duplizität von Tabukriterien bei den Diskriminierungsverboten der anderen Grundfreiheiten ebenfalls vorliegen könnte, ist weder vom EuGH geklärt noch ausreichend vom Schrifttum diskutiert worden. Denkbar erschiene allenfalls die Herkunft der Dienstleistung bei der Korrespondenzdienstleistungsfreiheit (vgl. Rn. 1053) oder die Herkunft des Kapitals bei der Kapitalverkehrsfreiheit als weiteres Tabukriterium anzudenken. Diese Grundfreiheiten enthalten jedoch keinen mit Art. 28 Abs. 2 AEUV vergleichbaren Anknüpfungspunkt in den Verträgen, um ein von der Staatsan- bzw. -zugehörigkeit abweichendes Tabukriterium anzuerkennen.

(γ) Maßnahmen gleicher Wirkung

(αα) Ausgangspunkt: *Dassonville*-Formel und *Cassis*-Rechtsprechung

917 Der Schwerpunkt von Anwendung und Wirkung der Warenverkehrsfreiheit liegt auf dem Verbot von *Maßnahmen gleicher Wirkung*. Dieses Verbot gilt sowohl im Rahmen der Einfuhr (Art. 34 AEUV) als auch für die Ausfuhr von Waren (Art. 35 AEUV). Sinn des Verbots mengenmäßiger *Einfuhr*beschränkungen ist es, Handelshemmnisse für Waren aus anderen Mitgliedstaaten zu vermeiden. Der Begriff der *Maßnahme gleicher Wirkung* wird im AEUV nicht definiert. Vom Begriff der *Maßnahme* wird grundsätzlich jedes staatliche Handeln erfasst, d.h. sowohl abstrakt-generelle als auch konkret-individuelle Regelungen[545]. Problematisch ist, wann eine solche Maßnahme *„gleich"* einer Einfuhr- bzw. Ausfuhrbeschränkung *wirkt*. Erstmalig nahm der Gerichtshof in der Entschei-

---

543 Vgl. etwa *Haltern*, in: Pechstein/Nowak/Häde (Hrsg.), Frankfurter Kommentar EUV/GRC/AEUV, Art. 34 AEUV Rn. 125.
544 EuGH, Rs. C-296/15, ECLI:EU:C:2017:431, Rn. 80 – *Medisanus* (= P Nr. 149); EuGH, Rs. C-375/14, ECLI:EU:C:2016:60, Rn. 25 – *Laezza* (= P Nr. 207); EuGH, verb. Rs. C-344/13 u. C-367/13, ECLI:EU:C:2014:2311, Rn. 37 – *Blanco und Fabretti* (= P Nr. 225).
545 Vgl. *Benedict*, Sekundärzwecke im Vergaberecht, S. 209.

dung *Dassonville* eine Definition für Art. 34 AEUV vor. In dieser Rechtssache ging es um eine belgische Regelung, wonach die Einfuhr und der Verkauf von Branntwein neben einer von der belgischen Regierung zugelassenen Ursprungsbezeichnung auch der amtlichen Bescheinigung des Herkunftslandes der Waren bedurften. Die französischen Kläger des Ausgangsverfahrens beabsichtigten, „Scotch Whisky" nach Belgien einzuführen, und legten hierfür nur die Freigabe der französischen Zollbehörden vor. Außerdem wurde auf Etiketten auf das Herkunftsland (Großbritannien) verwiesen. Nach Ansicht der belgischen Behörden genügte dies nicht den nationalen Vorschriften, weil bei der Einfuhr keine Ursprungsbezeichnung der britischen Behörden vorgelegt wurde. Der Gerichtshof entschied, dass ein solches Erfordernis den freien Warenverkehr beschränke, da die von den Behörden verlangte Ursprungsbezeichnung für Importeure anderer Mitgliedstaaten schwerer zu beschaffen sei als für Importeure, die das Erzeugnis unmittelbar aus dem Ursprungsstaat einführen. Unter den Begriff der Maßnahme gleicher Wirkung wie eine Einfuhrbeschränkung fallen danach „*alle staatlichen Maßnahmen, die geeignet sind, unmittelbar oder mittelbar, tatsächlich oder potentiell den Handelsverkehr zwischen den Mitgliedstaaten zu behindern*"[546]. Diese sog. *Dassonville*-Formel wird vom EuGH bis heute in ständiger Rechtsprechung im Rahmen des Art. 34 AEUV verwendet (vgl. aber Rn. 929).

Während der Gerichtshof in der *Dassonville*-Entscheidung und der nachfolgenden Rechtsprechung zunächst allerdings nur über solche Maßnahmen zu entscheiden hatte, die allein ausländische Produkte betrafen, also nach der Warenherkunft unterschieden (Rn. 915), befasste er sich in der *Cassis*-Entscheidung mit einer mitgliedstaatlichen Regelung, die formal Inlands- und Importware gleichermaßen erfasste[547]. In dem zugrunde liegenden deutschen Ausgangsverfahren beantragte die Unternehmensgruppe Rewe bei der Bundesmonopolverwaltung für Branntwein die Genehmigung für die Einfuhr des französischen Likörs Cassis de Dijon. Dieses Getränk mit einem Alkoholgehalt von maximal 20 % war und ist in Frankreich frei erhältlich. Die Bundesmonopolverwaltung lehnte den Antrag ab, da das Getränk nicht den vom damaligen deutschen Branntweinmonopolgesetz geforderten Mindestweingeistgehalt von 32 % aufwies, der als Produktkompositionsregel unterschiedslos für Inlands- und Auslandsware galt. Die Forderung nach einem Mindestalkoholgehalt sei aus Gründen des Gesundheits- und Verbraucherschutzes gerechtfertigt. Der EuGH stellte eine Beschränkung des freien Warenverkehrs fest. Die Behinderung des Handels i. S. d. *Dassonville*-Formel ergab sich allein aus den Unterschieden zwischen den autonomen Regelungen der Mitgliedstaaten (Deutschland und Frankreich). Der Gerichtshof urteilte, dass auch solche Handelshemmnisse grundsätzlich nicht

---

[546] EuGH, Rs. 8/74, Slg. 1974, S. 837, Rn. 5 – *Dassonville* (= P Nr. 148).
[547] EuGH, Rs. 120/78, Slg. 1979, S. 649, Rn. 5 – *Cassis de Dijon* (= P Nr. 165).

hingenommen werden müssen. Etwas anderes gelte nur, „soweit diese Bestimmungen notwendig sind, um zwingenden Erfordernissen gerecht zu werden", was im konkreten Fall vom EuGH verneint wurde. Mit diesem Urteil, das seither in ständiger Rechtsprechung bestätigt wurde, führte der EuGH das sog. *beschränkte Herkunftslandprinzip* (Rn. 874 f.) ein und weitete damit den Anwendungsbereich des Art. 34 AEUV wesentlich aus. Folge dieses Prinzips ist, dass jedes in einem Mitgliedstaat rechtmäßig hergestellte und in den Verkehr gebrachte Erzeugnis grundsätzlich auf den Märkten der anderen Mitgliedstaaten zuzulassen ist (zu den durch das *Cassis*-Urteil eingeführten zusätzlichen Rechtfertigungsmöglichkeiten vgl. Rn. 941 ff.).

919 Der Grundsatz der gegenseitigen Anerkennung kommt auch dann zum Tragen, wenn im Bestimmungsland gar keine nationalen technischen Vorschriften hinsichtlich eines Produktes bestehen. Möchte ein Mitgliedstaat in einem solchen Fall ein in einem anderen Mitgliedstaat rechtmäßig in den Verkehr gebrachtes Produkt nicht zulassen, so muss eine konkrete Gefährdung durch das Produkt dargelegt werden[548]. Insofern kommt nur eine Berufung auf die Rechtfertigungsgründe des Art. 36 AEUV und die zwingenden Gründe des Allgemeinwohls in Betracht. Gleiches gilt für das Inverkehrbringen von Waren, die in einem Mitgliedstaat rechtmäßig hergestellt und in den Verkehr gebracht wurden, wenn keine unionsrechtlichen Harmonisierungsmaßnahmen bestehen. Nationale Regelungen des Einfuhrstaates, die solche Waren einer zusätzlichen Kontrolle unterwerfen, bedürfen einer unionsrechtlichen Rechtfertigung[549].

920 Die im *Dassonville*-Urteil gefundene und durch die *Cassis*-Rechtsprechung erweiterte Definition der Maßnahmen gleicher Wirkung ist sehr weit gefasst, um sämtliche möglichen Behinderungen sowie bloße Absatzhemmnisse erfassen zu können[550]. Unerheblich ist dabei der Grad der Beeinträchtigung[551]. Es genügt bereits, wenn die bloße Möglichkeit einer zukünftigen Beeinträchtigung besteht. Allerdings hat der EuGH in einzelnen Fällen die Beeinträchtigung als zu mittelbar und ungewiss eingestuft und mithin einen Eingriff verneint (fehlende Nähebeziehung)[552].

---

548 Vgl. *Haak/Klöck*, EuZW 2010, S. 53, 57. Exemplarisch: VG Stuttgart, Urt. v. 1.7.2009 – 8 K 1815/08; bestätigt durch VGH Baden-Württemberg, Urt. v. 31.5.2011 – 10 S 1857/09, DVBl. 2011, S. 1228.
549 EuGH, Rs. C-354/14, ECLI:EU:C:2015:658 – *SC Capoda Import-Export SRL*.
550 Z. B. durch Verpackungs- oder Etikettierungsvorschriften oder das deutsche Reinheitsgebot für Bier; vgl. EuGH, Rs. 178/84, Slg. 1987, S. 1227 – *Reinheitsgebot für Bier* (= P Nr. 166); auch ein Verbot der öffentlichen Einrichtung elektrischer, elektronischer und elektromechanischer Spiele fällt darunter, EuGH, Rs. C-65/05, Slg. 2006, S. I-10341, Rn. 24 – *Kommission/Griechenland*.
551 EuGH, Rs. 103/84, Slg. 1986, S. 1759, Rn. 18 – *Kommission/Italien*; EuGH, Rs. C-492/14, ECLI:EU:C:2016:732, Rn. 99 – *Essent Belgium*.
552 EuGH, Rs. C-93/92, Slg. 1993, S. I-5009, Rn. 12 – *CMC Motorradcenter*; EuGH, Rs. C-291/09, Slg. 2011, S. I-2685, Rn. 17 – *Guarnieri*.

Die Definition der *Maßnahmen gleicher Wirkung im Sinne von mengenmäßigen Ausfuhrbeschränkungen* (Art. 35 AEUV) ist, anders als die Definition der Maßnahmen gleicher Wirkung im Sinne des Art. 34 AEUV, auf ein spezifisches *Diskriminierungsverbot* beschränkt. In der Entscheidung *Groenveld* aus dem Jahre 1979 definierte der Gerichtshof die Maßnahme gleicher Wirkung im Sinne des Art. 35 AEUV dahingehend, dass sie nur solche nationalen Regelungen erfasst, *„die spezifische Beschränkungen der Ausfuhrströme bezwecken oder bewirken und damit unterschiedliche Bedingungen für den Binnenhandel eines Mitgliedstaats und für seinen Außenhandel schaffen, so dass die nationale Produktion oder der Binnenmarkt des betroffenen Staates zum Nachteil der Produktion oder des Handels anderer Mitgliedstaaten einen besonderen Vorteil erlangt"*[553]. Maßgeblich ist nach diesem Ansatz im Ausgangspunkt somit ein Vergleich zwischen dem innerstaatlichen Handel und dem grenzüberschreitenden Warenstrom. Die Übertragung der *Dassonville*-Formel dagegen hätte zur Folge gehabt, dass jedwede unterschiedslos wirkende innerstaatliche Ordnungsvorschrift für die Herstellung oder den Vertrieb von Produkten als Ausfuhrhindernis klassifiziert worden wäre, soweit im Zielstaat eine liberalere Regelung bzgl. der Herstellung oder des Vertriebs gegolten hätte. Unterschiede in den Rechtsordnungen der Mitgliedstaaten (vgl. Rn. 874, 918) wären somit auch in der Ausfuhrdimension als Ausgangspunkt für einen Eingriff in die Warenverkehrsfreiheit maßgeblich gewesen. Damit hätten weite Teile der innerstaatlichen Rechtsordnung – etwa das Immissionsschutzrecht – allein wegen der Möglichkeit, als Kostenfaktor Einfluss zu nehmen auf die wettbewerblich aussichtsreiche Ausführbarkeit von Gütern, auf dem Prüfstand des Unionsrechts hinsichtlich ihrer Verhältnismäßigkeit gestanden. Diese Last wollte der Gerichtshof wohl nicht übernehmen. Zwar begegnet diese Rechtsprechung im Schrifttum Kritik[554], der sich auch Generalanwälte angeschlossen haben[555]. Der Gerichtshof hat in der Entscheidung *Santurel* dennoch an ihr festgehalten[556]. Zu beachten ist dabei allerdings, dass die *Groenveld*-Formel nicht nur tatbestandlich zwischen Innen- und Außenhandel unterscheidende Regelungen erfasst, sondern auch unterschiedslos anwendbare Maßnahmen, sofern diese eine Ausfuhrbehinderung lediglich *„bewirken"*. Aufgrund der (relativen) Weite dieses Ansatzes war es dem EuGH möglich, in der eben erwähnten Rechtssache auch eine für In- und Auslandsgeschäfte in gleicher Weise anzuwendende Verbraucherschutzvorschrift am Maßstab des Art. 35 AEUV auf seine Rechtfertigung hin zu untersuchen[557]. An diesem Fall zeigt sich auch, dass die in der *Groenveld*-Formel zum Ausdruck

921

---

553 EuGH, Rs. 15/79, Slg. 1979, S. 3409, Rn. 7 – *Groenveld* (= P Nr. 150); s. a. EuGH, Rs. 53/76, Slg. 1977, S. 197, Rn. 8 – *Procureur de la république*.
554 Vgl. *Kingreen*, in: Calliess/Ruffert (Hrsg.), EUV/AEUV, Art. 36 AEUV Rn. 129 f. m. w. N.
555 Etwa GA *Trstenjak*, Schlussanträge zu EuGH, Rs. C-205/07, Slg. 2008, S. I-9947, Rn. 41 ff. – *Santurel* (= P Nr. 151).
556 EuGH, Rs. C-205/07, Slg. 2008, S. I-9947, Rn. 40 – *Santurel* (= P Nr. 151).
557 EuGH, Rs. C-205/07, Slg. 2008, S. I-9947, Rn. 42 ff. – *Santurel* (= P Nr. 151).

kommende Voraussetzung der Vorteilserlangung für die heimische Produktion bzw. für den Innenhandel nicht von Bedeutung ist. Die Weite dieses Ansatzes lässt sich auch anhand der Entscheidung *New Valmar*[558] illustrieren. Der Gerichtshof stufte eine Regelung der Flämischen Gemeinschaft in Belgien, nach der bestimmte Urkunden und Papiere – darunter auch Rechnungen – in der Amtssprache Niederländisch abzufassen sind und anderenfalls für nichtig erklärt werden können, als eine Maßnahme gleicher Wirkung im Sinne von Art. 35 AEUV ein. Die Regelung galt unterschiedslos für alle im entsprechenden Sprachgebiet angesiedelten Unternehmen sowohl für die innerstaatliche als auch die grenzüberschreitende Abwicklung von Handelsgeschäften. Maßgeblich stellte der Gerichtshof darauf ab, dass eine grenzüberschreitende Handelsbeeinträchtigung wahrscheinlicher ist als eine Beeinträchtigung des Binnenhandels, da ein in einem anderen Mitgliedstaat als Belgien ansässiger Vertragspartner weniger wahrscheinlich in der Lage sein wird, die niederländische Sprache zu verstehen und anzuwenden als ein in Belgien ansässiger Vertragspartner[559]. Mit diesem Urteil hat der Gerichtshof das Merkmal des „Bewirkens" einer spezifischen Beschränkung der Ausfuhrströme näher konturiert und ausgeweitet. Eine Maßnahme gleicher Wirkung wie eine mengenmäßige Ausfuhrbeschränkung muss weiterhin einen spezifischen Bezug zur Ausfuhr aufweisen. Insofern ist in der *New Valmar*-Entscheidung auch keine Abwendung des Gerichtshofs von der *Groenveld*-Formel festzustellen[560], sondern lediglich eine stärkere Akzentuierung des Merkmals des Bewirkens einer spezifischen Beschränkung der Ausfuhrströme. Allerdings wird ein Vorteil für den nationalen Binnenmarkt nicht mehr eigens geprüft. Entsprechend dem Begriff der Maßnahme gleicher Wirkung wie Einfuhrbeschränkungen (Art. 34 AEUV) beinhaltet auch der Begriff der Maßnahme gleicher Wirkung wie Ausfuhrbeschränkungen (Art. 35 AEUV) ein Diskriminierungsverbot. Das Tabukriterium ist jedoch nicht etwa die Herkunft der Ware, sondern vielmehr – als Gegenbegriff zu *Herkunft* – der Zielmarkt (inländischer oder EU-ausländischer Markt). Sollte keine offene oder versteckte Diskriminierung nach diesem Tabukriterium vorliegen, so kann eine unterschiedslose oder unterscheidende Beschränkung bestehen. Darunter fällt jede sonstige Maßnahme, die den Marktausgang für Erzeugnisse aus dem Inland in Richtung eines anderen Mitgliedstaates behindert.

(ββ) Einschränkung der *Dassonville*-Formel durch die *Keck*-Formel

922 Die durch die *Dassonville*-Formel realisierte Weite des Eingriffsbegriffs des Art. 34 AEUV führte allerdings dazu, dass der Gerichtshof immer häufiger über Regelungen zu entscheiden hatte, die sich zwar auf die geschäftliche Freiheit, nicht aber auf den zwischenstaatlichen Handel auswirkten. Mit einem Eingriff in

---
558 EuGH, Rs. C-15/15, ECLI:EU:C:2016:46 – *New Valmar* (= P Nr. 152).
559 EuGH, Rs. C-15/15, ECLI:EU:C:2016:46, Rn. 43 – *New Valmar* (= P Nr. 152).
560 So *Brigola*, EuZW 2017, S. 5.

die Warenverkehrsfreiheit sind auch rechtliche Konsequenzen verbunden[561]. Dazu gehört die Anwendbarkeit der Grundrechte-Charta nach Art. 51 Abs. 1 GRC[562] oder auch die entstehende Harmonisierungskompetenz nach Art. 114 AEUV, weil dafür die Beeinträchtigung des Binnenmarktes ausreicht[563]. Um eine unüberschaubare Ausdehnung des Anwendungsbereichs der GRC zu vermeiden und die Kompetenzreichweite der Union angemessen zu begrenzen, ist bereits auf der Eingriffsebene eine Einschränkung erforderlich. Nachdem der EuGH zunächst verschiedene uneinheitliche Ansätze zur Einschränkung ausprobiert hatte, die zunehmend zu Unsicherheit und Verwirrung führten, nahm er in der Entscheidung *Keck und Mithouard* eine ausdrückliche Änderung seiner Rechtsprechung vor. Die *Dassonville*-Formel wurde durch dieses Urteil[564] im Wege einer teleologischen Reduktion eingeschränkt. In dieser Entscheidung ging es um das französische Verbot, Waren zum Verlustpreis weiterzuverkaufen („vente à perte"). Die Kaufleute *Bernard Keck* und *Daniel Mithouard*, die diese Vorschrift missachtet hatten und deshalb strafrechtlich belangt wurden, beriefen sich darauf, dass Billigangebote den Umsatz förderten. Das Verbot, unter dem Einstandspreis zu verkaufen, beeinträchtige damit den freien Warenverkehr. Der Gerichtshof folgte dieser Argumentation nicht und entschied, dass der freie Warenverkehr nicht beschränkt werde. Nach der *Keck*-Rechtsprechung stellen solche nationalen Bestimmungen keine Behinderung des Handels zwischen den Mitgliedstaaten im Sinne der *Dassonville*-Definition dar, die nicht geeignet sind, „den Marktzugang für [ausländische] Erzeugnisse zu versperren oder stärker zu behindern, als sie dies für inländische Erzeugnisse"[565] tun. Mit Blick auf sog. „bestimmte Verkaufsmodalitäten" stellt der Gerichtshof heraus, dass sie den Marktzugang für ausländische Produkte nicht behindern, wenn sie

(1) die *Verkaufs- oder Absatzmodalitäten* von Waren regeln (z. B. das Verbot des Verkaufs unter Einkaufspreis) und
(2) für alle betroffenen Wirtschaftsteilnehmer *unterschiedslos gelten*, die ihre Tätigkeit im Inland ausüben, und
(3) den Absatz der inländischen Erzeugnisse und der Erzeugnisse aus anderen Mitgliedstaaten *rechtlich wie tatsächlich in gleicher Weise berühren.*

Die Bedeutung des *Keck*-Urteils und seine Auslegung werden bis heute kontrovers diskutiert[566]. Die Unterschiedlichkeit der Reaktionen ist in erster Linie auf die knappen Urteilsgründe zurückzuführen, die verschiedene Interpretations-

923

---

561 Haltern, in: Pechstein/Nowak/Häde (Hrsg.), Frankfurter Kommentar EUV/GRC/AEUV, Art. 34 AEUV Rn. 73 ff.
562 EuGH, Rs. C-390/12, ECLI:EU:C:2014:281, Rn. 36 – *Pfleger* (= P Nr. 135).
563 EuGH, Rs. C-33/76, ECLI:EU:C:1976:188, Rn. 5 – *Rewe/Landwirtschaftskammer für das Saarland.*
564 EuGH, verb. Rs. C-267/91 u. C-268/91, Slg. 1993, S. I-6097, Rn. 16 – *Keck* (= P Nr. 153).
565 EuGH, verb. Rs. C-267/91 u. C-268/91, Slg. 1993, S. I-6097, Rn. 17 – *Keck* (= P Nr. 153).
566 Eine überzeugende Bewertung der *Keck*-Formel bei *Haltern*, in: Pechstein/Nowak/Häde (Hrsg.), Frankfurter Kommentar EUV/GRC/AEUV, Art. 34 AEUV Rn. 101 ff.

möglichkeiten zulassen. Im Zentrum der Diskussion steht die Frage, wann die Regelung einer Verkaufsmodalität vom Anwendungsbereich des Art. 34 AEUV ausgeschlossen wird. Antworten auf diese Frage lassen sich aus der im Anschluss an das *Keck*-Urteil ergangenen Folgerechtsprechung ableiten. Nicht unter die *Keck*-Formel fallen danach jedenfalls sog. *produktbezogene Regelungen,* die alle Vorschriften über die Herstellung, die Verpackung, die Bezeichnung, die Kennzeichnung oder die Zulassung umfassen und damit die Verkehrsfähigkeit von Produkten betreffen. Solche Regelungen werden weiterhin von der *Dassonville*-Formel erfasst und als „Maßnahmen gleicher Wirkung" eingestuft[567].

924 Die Abgrenzung zwischen produktbezogenen Regeln und Regelungen über Vertriebs- und Verkaufsmodalitäten stellt sich insbesondere bei mitgliedstaatlichen Werberegeln als schwierig heraus. Sie ist danach zu treffen, ob die Regelungen ohne konkreten Produktbezug allgemein die auf dem Markt herrschenden Bedingungen festlegen oder ob sie sich unmittelbar auf das Produkt und dessen Erscheinung auswirken. Letzteres erweist sich als eine produktbezogene Maßnahme gleicher Wirkung. Wenn somit Produktregelungen diejenigen Vorschriften sind, welche die Ware selbst berühren, wie etwa ihre Bezeichnung, Form, Zusammensetzung, Aufmachung, Etikettierung und Verpackung, so sind unter den Verkaufsmodalitäten diejenigen Regelungen zu verstehen, welche die Art und Weise der Vermarktung von Erzeugnissen, also das Wer, Wo, Wann und Wie regeln. Das staatliche Verbot, eine Verpackung im Rahmen einer Werbekampagne mit einem Aufdruck „+10%" zu versehen, zwingt dementsprechend den Hersteller oder Importeur, seine Erzeugnisse je nach dem Ort des Inverkehrbringens äußerlich unterschiedlich zu gestalten, was zusätzliche Verpackungs- oder Werbekosten bedingt und daher den Handel zwischen den Mitgliedstaaten behindert[568]. Insoweit liegt daher keine „bestimmte Verkaufsmodalität" vor. Auch die Entscheidung des EuGH zu sog. „Bake-off"-Backwaren[569] zeigt deutlich die Schwierigkeit, Produktregelungen und Verkaufsmodalitäten voneinander abzugrenzen. Der EuGH prüfte die Vereinbarkeit einer griechischen Regelung, welche das Aufbacken von tiefgefrorenem Brot („Bake-off"-Verfahren) von der Innehabung einer Bäckereierlaubnis abhängig machte, am Maßstab des Art. 34 AEUV. Der EuGH stellte zunächst fest, dass die fragliche griechische Regelung vom Verbot der Maßnahmen gleicher Wirkung wie mengenmäßige Beschränkungen erfasst ist. Er prüfte sodann, ob die strittige Vorschrift eine Verkaufsmodalität darstellen könnte und somit nicht in den Anwendungsbereich des Art. 34 AEUV fällt. Dies wird kurzer Hand verneint. Der EuGH lässt vielmehr erkennen, dass er die Regelung als Produktregelung einstuft, obwohl er selbst darauf hinweist, dass die Phasen der Zubereitung bereits abgeschlossen sind. Die Tatsache, dass erst der Vorgang des Zuendebackens das Produkt genießbar

---

567 EuGH, Rs. C-315/92, Slg. 1994, S. I-317, Rn. 13 – *Clinique.*
568 EuGH, Rs. C-470/93, Slg. 1995, S. I-1923, Rn. 12 f. – *Mars* (= P Nr. 154).
569 EuGH, verb. Rs. C-158/04 u. 159/04, Slg. 2006, S. I-8135 – *Bake-off* (= P Nr. 157).

macht, hat schließlich keinen Einfluss auf die Produktzusammensetzung. Nur darauf bezogene Regelungen wurden jedoch bislang als Produktregelungen verstanden. Das Besondere des Falles liegt darin, dass das Produkt den Marktzutritt bereits geschafft hatte, was bei einer Produktregelung ansonsten ausgeschlossen ist. Nach dem Marktzutritt unterlag das Produkt auch einer Gleichbehandlung mit der entsprechenden Inlandsware, ohne dass eine auch nur tatsächliche Schlechterstellung von Auslandsprodukten erörtert worden wäre. Für eine Beanstandung der Regelung gemäß Art. 34 AEUV fehlt daher der geeignete Ansatzpunkt[570]. Der EuGH hat mit diesem Urteil im Ergebnis eine Deregulierung gefordert, für die er nicht zuständig ist.

Die unter Anwendung der *Keck*-Formel ergangenen Entscheidungen zeigen des Weiteren, dass der EuGH nicht alle nichtdiskriminierenden Verkaufsmodalitäten dem Anwendungsbereich der Warenverkehrsfreiheit entzogen hat. Vielmehr wird deutlich, dass entscheidendes Kriterium der Einfluss der Regelung auf den *Marktzugang* ist. Nur solange eine nationale Regelung über Verkaufsmodalitäten den Zugang zum Markt nicht behindert, reguliert sie den Absatz inländischer Erzeugnisse und der Erzeugnisse aus anderen Mitgliedstaaten rechtlich wie tatsächlich in gleicher Weise und entspricht damit den im *Keck*-Urteil aufgestellten Voraussetzungen. Dies ist immer dann der Fall, wenn die jeweils betroffenen eingeführten Produkte erst *nach erfolgtem Marktzugang* den im Einfuhrstaat geltenden Vermarktungsvorschriften unterworfen werden. Besonders deutlich wird dies bei den vom EuGH entschiedenen Fällen über Ladenschlusszeiten und Sonntagsverkaufsverbote[571]. Die zu beurteilenden Vorschriften beschränkten allein den geschäftlichen Aktionsradius der inländischen Vertriebshändler, wiesen aber keinen Bezug zum zwischenstaatlichen Handel auf. Ebenso betrafen auch Regelungen über ein Apothekenmonopol für Säuglingsnahrung[572] sowie ein Verkaufsmonopol für Tabak[573] ausschließlich den Weitervertrieb bereits eingeführter Produkte durch den Einzelhandel. Auch eine Standesregelung, die Apothekern die Werbung für apothekenübliche Waren außerhalb der Apotheke verbietet, behindert den Marktzugang nicht und ist daher keine Maßnahme gleicher Wirkung gem. Art. 34 AEUV[574]. Ebenso ist das Verbot einer bestimmten Vertriebsmethode dann keine Maßnahme gleicher Wirkung, wenn andere Vertriebsmethoden möglich bleiben und der Ausschluss der betreffenden Vertriebs-

925

---

570 Vgl. dazu auch kritisch *Kingreen*, EWS 2006, S. 488.
571 EuGH, verb. Rs. C-401/92 u. C-402/92, Slg. 1994, S. I-2199, Rn. 12 ff. – *Tankstation t'Heukske*; EuGH, verb. Rs. C-69/93 u. C-258/93, Slg. 1994, S. I-2355, Rn. 12 ff. – *Punto Casa u. PPV*. Bereits in den der *Keck*-Entscheidung zeitlich vorgelagerten *Sunday Trading*-Entscheidungen wurde ein Verstoß letztendlich auf der Ebene der Rechtfertigung abgelehnt, vgl. EuGH, Rs. C-145/88, Slg. 1989, S. 3851 – *Torfaen Borough Council* sowie EuGH, Rs. C-169/91, Slg. 1992, S. I-6635 – *Stoke-on-Trent*.
572 EuGH, Rs. C-391/92, Slg. 1995, S. I-1621, Rn. 21 – *Kommission/Griechenland*.
573 EuGH, Rs. C-387/93, Slg. 1995, S. I-4663, Rn. 44 – *Banchero*.
574 EuGH, Rs. C-292/92, Slg. 1993, S. I-6787, Rn. 19 ff. – *Hünermund*.

methode die Erzeugnisse aus anderen Mitgliedstaaten nicht mehr berührt als inländische Erzeugnisse[575].

926 Anders beurteilte der Gerichtshof solche Regelungen über Verkaufsmodalitäten, die den Marktzugang spezifisch behinderten. Diese Maßnahmen wurden nicht unter die Ausschlussformel des *Keck*-Urteils subsumiert, sondern weiterhin an Art. 34 und 36 AEUV gemessen. So entschied der EuGH, dass eine schwedische Regelung, nach der die Einfuhr von Alkohol nur den Inhabern einer Großhandelserlaubnis gestattet war, als Maßnahme gleicher Wirkung einzustufen sei[576]. Begründet wurde dies damit, dass die Erlaubnis aufgrund des erheblichen (Kosten-)Aufwands für ausländische Großhändler nur erschwert zu erwerben war. Die Regelung behinderte daher spezifisch den Marktzugang und betraf folglich den Absatz inländischer Erzeugnisse und der Erzeugnisse aus anderen Mitgliedstaaten *tatsächlich* nicht in gleicher Weise. Besonders deutlich zeigte sich auch in der Entscheidung *TK-Heimdienst,* dass der EuGH Regelungen über Verkaufsmodalitäten weiterhin unter Art. 34 AEUV subsumiert, wenn sie den Marktzugang beschränken[577]. Die auf dem Prüfstand stehende österreichische Regelung machte den Verkauf bestimmter Waren im Umherziehen von der Errichtung einer inländischen ortsfesten Betriebsstätte abhängig. Dieses Erfordernis behinderte für Händler aus anderen Mitgliedstaaten spezifisch den Zugang zum österreichischen Markt. Bemerkenswert ist diese Entscheidung auch insofern, als es sich bei der mit Art. 34 AEUV für unvereinbar erklärten Regelung um eine Vorschrift handelte, die den Marktzugang auf der *Einzelhandelsebene* behinderte. Dies macht deutlich, dass Art. 34 AEUV nicht nur den Marktzugang auf der Großhandelsebene, sondern vielmehr den *Zugang auf allen Marktstufen* gewährleisten soll. Dementsprechend war auch das deutsche Verbot des Versandes von Arzneimitteln (§ 43 Abs. 1 AMG a. F.) als Maßnahme gleicher Wirkung i. S. d. Art. 34 AEUV einzuordnen. Dieses Arzneimittelversandverbot, mit dem sich der EuGH im Rahmen eines Vorabentscheidungsverfahrens („Doc Morris") zu befassen hatte, behinderte spezifisch den Zugang ausländischer Versandapotheken zum Endkundenmarkt[578]. Im Hinblick auf Beschränkungen des Internetvertriebes hat der EuGH inzwischen den Grundsatz aufgestellt, dass alle Beschränkungen der online-gestützten Vermarktung für Anbieter aus anderen Mitgliedstaaten wie ein Marktzugangshindernis wirken, da diesen im Vergleich zu den inländischen Anbietern ein Vermarktungsmittel genommen wird, das für den unmittelbaren Marktzugang besonders wirksam ist[579]. Beschränkungen der

---

575 EuGH, Rs. C-441/04, Slg. 2006, S. I-2093, Rn. 23 f. – *A-Punkt Schmuckhandel*.
576 EuGH, Rs. C-189/95, Slg. 1997, S. I-5909, Rn. 69 ff. – *Franzén*.
577 EuGH, Rs. C-254/98, Slg. 2000, S. I-151, Rn. 29 – *TK-Heimdienst*.
578 EuGH, Rs. C-322/01, Slg. 2004, S. I-14887, Rn. 74 ff. – *Doc Morris I* (= P Nr. 156); vgl. *Koenig/Engelmann,* ZUM 2001, S. 19; *Koenig/Müller/Trafkowski,* EWS 2000, S. 97; *Meurer,* Vertriebsbedingungen im deutschen Apothekenrecht und die Freiheit des Warenverkehrs (Art. 28, 30), 2004.
579 EuGH, Rs. C-108/09, Slg. 2010, S. I-12213, Rn. 54 – *Ker-Optika;* EuGH, Rs. C-322/01, Slg. 2004, S. I-14887, Rn. 74 – *Doc Morris I* (= P Nr. 156).

Internetvermarktung verursachen für Anbieter aus anderen Mitgliedstaaten höhere versunkene Kosten („sunk costs") als für inländische Anbieter, da der Neuaufbau eines Vertriebsnetzes jeder Produkteinheit aus einem anderen Mitgliedstaat höhere (im Vertriebsinfrastrukturaufbau versunkene) Gemeinkosten aufbürdet als der konkurrierenden inländischen Produkteinheit in einem bereits etablierten Vertriebsnetz. Schließlich erkannte der EuGH ausdrücklich an, dass auch Werbeverbote, die grundsätzlich als Verkaufsmodalitäten einzuordnen sind, den Marktzugang spezifisch behindern und damit aus dem Anwendungsbereich der *Keck*-Formel herausfallen können[580]. Begründet wurde dies damit, dass umfassende Werbeverbote – wie das schwedische Verbot der Werbung für Alkohol im vom EuGH zu beurteilenden Fall – ausländischen Produkten, mit denen der Verbraucher zumeist weniger vertraut ist als mit inländischen Erzeugnissen, das wichtigste Mittel nehmen, um auf sich aufmerksam zu machen (Marktschließungsfunktion der Werbung).

Zusammenfassend lässt sich festhalten, dass mit der *Keck*-Formel die Warenverkehrsfreiheit nach Art. 34 AEUV im Bereich von Vertriebs- und Absatzregelungen auf den Sinngehalt eines „Marktzugangsrechts" ausländischer Waren zurückgeführt wurde. Art. 34 AEUV beinhaltet demzufolge ein Verbot der Errichtung von Marktzutrittshindernissen, allerdings ohne dabei ausländischen Produkten Sondervorteile nach erfolgtem Marktzutritt zu verschaffen. Die vorstehend erläuterten Fallgruppen verdeutlichen zudem, dass sich ein Marktzutrittshindernis für ausländische Erzeugnisse grundsätzlich nur im Vergleich zur Marktzutrittssituation inländischer Produkte begründen lässt. Wird der Marktzutritt aus- wie inländischer Produkte gleichermaßen erschwert, kann darin auf der Grundlage der *Keck*-Rechtsprechung keine Maßnahme gleicher Wirkung gesehen werden (Rn. 922). Erst durch dieses Verständnis wurde der normative Bezugspunkt der Maßnahmen *gleicher* Wirkung wieder hergestellt (*gleich* einer mengenmäßigen Einfuhrbeschränkung, vgl. Art. 34 AEUV), also gegen ausländische Produkte gerichtete Maßnahmen. **927**

(γγ) Anwendung der *Keck*-Formel bei Nutzungsmodalitäten?

Die durch ihre komplexe Kasuistik geprägte *Keck*-Folgerechtsprechung büßte im Laufe der Jahre zunehmend an Übersichtlichkeit ein, was besonders darauf zurückzuführen ist, dass sich die juristische Auseinandersetzung übermäßig auf die begriffliche Kategorie „bestimmter Verkaufsmodalitäten" in Abgrenzung zu „produktbezogenen Regelungen" versteifte. Der Marktzugang trat zwar immer wieder – insbesondere in Zweifelsfällen – als ausschlaggebendes Kriterium hervor, eine exakte Klärung seines Verhältnisses zu den die *Keck*-Diskussion domi- **928**

---

[580] EuGH, Rs. C-405/98, Slg. 2001, S. I-1795, Rn. 18 ff. – *Gourmet International Products* (= P Nr. 155); weniger klar noch EuGH, verb. Rs. C-34/95, C-35/95 u. C-36/95, Slg. 1997, S. I-3843, Rn. 42 f. – *De Agostini u. TV-Shop*.

nierenden Begrifflichkeiten blieb aber letztendlich offen. In einer noch jungen Urteilsserie sah sich der EuGH gezwungen, zu dieser grundlegenden Frage Stellung zu beziehen, da die zu beurteilenden mitgliedstaatlichen Regelungen den Charakter von *Verwendungsbeschränkungen* aufwiesen und eine Anwendung der Kategorie „bestimmter Verkaufsmodalitäten" daher schon begrifflich ausschied. Hierbei handelte es sich um ein portugiesisches Verbot des Befestigens von farbigen Folien an den Scheiben von Kraftfahrzeugen[581], eine in Schweden vorgesehene Begrenzung des zulässigen Betriebs von Wassermotorrädern auf einen kleinen Teil der schiffbaren schwedischen Gewässer[582] und ein in Italien für Krafträder geltendes Verbot, einen Anhänger mitzuführen[583]. Die von der Generalanwältin *Kokott* vorgeschlagene Ausdehnung der *Keck*-Formel auf „bestimmte Nutzungsmodalitäten"[584] griff der Gerichtshof nicht auf. Vielmehr hob er zur Feststellung einer Maßnahme gleicher Wirkung nach Art. 34 AEUV allein darauf ab, ob die betreffende Verwendungsbeschränkung „den Zugang zum Markt eines Mitgliedstaats für Erzeugnisse aus anderen Mitgliedstaaten behindert"[585]. Das Vorliegen einer Marktzugangsbehinderung stellt hiernach eine hinreichende Bedingung bei der Feststellung eines Eingriffs in die Warenverkehrsfreiheit dar, ohne dass es in irgendeiner Weise auf die Kategorie „bestimmter Verkaufsmodalitäten" ankäme. Nach diesem Verständnis sind „bestimmte Verkaufsmodalitäten" i. S. d. *Keck*-Rechtsprechung lediglich als eine – wenngleich wichtige – Fallgruppe marktzugangsneutraler Maßnahmen anzusehen. Genau besehen war dieses Verständnis von vornherein im *Keck*-Urteil angelegt[586], und durch die aktuellen Urteile zu Verwendungsbeschränkungen wird diese Linie stimmig fortgeschrieben. Die auf definitorischer Ebene zu beobachtende Kontinuität steht jedoch in auffälligem Kontrast zu der wenig überzeugenden Anwendung des Marktzutrittskriteriums. In sämtlichen Fällen begründete der EuGH das Vorliegen eines Marktzutrittshindernisses damit, dass die potentiellen inländischen Abnehmer im Wissen um die rechtlich eingeschränkte Verwendungsmöglichkeit „praktisch kein"[587] bzw. „ein geringes Interesse"[588] an dem jeweiligen Produkt haben. Zweifellos führt ein Ersticken der natürlichen Nachfrage zur Unverkäuflichkeit des betreffenden Produktes auf dem inländischen Markt und bewirkt in diesem Sinne ein Marktzutrittshindernis, allerdings für ausländische nicht mehr als für inländische Produkte. Eine unterschiedslose Verwen-

---

581 EuGH, Rs. C-265/06, Slg. 2008, S. I-2245 – *Kommission/Portugal*.
582 EuGH, Rs. C-142/05, Slg. 2009, S. I-4273 – *Mickelsson*.
583 EuGH, Rs. C-110/05, Slg. 2009, S. I-519 – *Kommission/Italien* (= P Nr. 158).
584 GA *Kokott*, in: EuGH, Rs. C-142/05, Slg. 2009, S. I-4273, Rn. 42 ff., insb. 56. – *Mickelsson*.
585 EuGH, Rs. C-110/05, Slg. 2009, S. I-519, Rn. 37 – *Kommission/Italien* (= P Nr. 158); EuGH, Rs. C-142/05, Slg. 2009, S. I-4273, Rn. 24. – *Mickelsson*.
586 EuGH, verb. Rs. C-267/91 u. C-268/91, Slg. 1993, S. I-6097, Rn. 16 f. – *Keck* (= P Nr. 153).
587 EuGH, Rs. C-265/06, Slg. 2008, S. I-2245, Rn. 33 – *Kommission/Portugal*; EuGH, Rs. C-110/05, Slg. 2009, S. I-519, Rn. 57 – *Kommission/Italien* (= P Nr. 158).
588 EuGH, Rs. C-142/05, Slg. 2009, S. I-4273, Rn. 27 – *Mickelsson*.

dungsbeschränkung – selbst ein absolutes Verwendungsverbot[589] – verschafft inländischen Erzeugnissen keinen Absatzvorteil: Es ist gleich unattraktiv, ein nutzloses aus- oder inländisches Produkt zu kaufen. Wenn der EuGH daher eine bloße Beeinträchtigung der geschäftlichen Freiheit ausländischer Hersteller und ihr Interesse an hohen Absatzzahlen zur Annahme eines Marktzutrittserschwernisses ausreichen lässt, führt das zum Leerlauf des Marktzutrittskriteriums bei der Einschränkung der uferlosen *Dassonville*-Formel (vgl. Rn. 922). Die mit der *Keck*-Formel bereits erreichte sachgerechte Rückanbindung der Maßnahmen gleicher Wirkung an Wortlaut und Telos des Art. 34 AEUV (Rn. 927) hat der EuGH für den Bereich mitgliedstaatlicher Verwendungsbeschränkungen (einstweilen) aus den Augen verloren. Das – vorbehaltlich der Rechtfertigungsmöglichkeiten – denkbare Ergebnis, dass Verwendungsbeschränkungen zwar für inländische, nicht aber für EU-ausländische Waren gelten können, überzeugt in keiner Weise, da letztere dann eine marktbeherrschende Stellung erlangen können und keine Inlandskonkurrenz zu fürchten brauchen.

(δδ) Übergang zu einer Neuen Formel?

Die Perspektive des *Keck*-Urteils ist dadurch gekennzeichnet, in negativer Abgrenzung zu beschreiben, wann keine Maßnahme gleicher Wirkung im Sinne der *Dassonville*-Formel vorliegt – nämlich im Falle von bestimmten Verkaufsmodalitäten, die unterschiedslos gelten und in- wie ausländische Waren rechtlich wie tatsächlich in gleicher Weise berühren (vgl. Rn. 917 ff.). Dementsprechend werden die *Keck*-Kriterien zumeist als tatbestandliche Ausnahme von *Dassonville* geprüft. Nicht erst mit den Urteilen zu Nutzungsmodalitäten (vgl. Rn. 922 ff.), in denen der EuGH zur Feststellung eines Eingriffs maßgeblich auf das Vorliegen eines Marktzutrittshindernisses abstellt, ist ein Perspektivwechsel hin zu einer *positiven Definition der Maßnahme gleicher Wirkung* auf der Grundlage der (zu diesem Zweck umgedrehten) *Keck*-Kriterien zu beobachten[590]. Einen interessanten Ansatz für eine solche unmittelbar *Keck*-basierte Definition der Maßnahmen gleicher Wirkung bietet das *ANETT*-Urteil[591]. Hiernach liegt eine Maßnahme gleicher Wirkung gemäß Art. 34 AEUV in folgenden drei Fällen vor:

– Maßnahmen eines Mitgliedstaates, mit denen bezweckt oder bewirkt wird, Waren aus anderen Mitgliedstaaten weniger günstig zu behandeln (Grundsatz der Nichtdiskriminierung);

929

---

589 Anders *Classen*, EuR 2009, S. 555, 556 ff.
590 Die Rechtsprechung des Gerichtshofs zusammenfassend: GA *Bot*, in: EuGH, Rs. C-333/14, ECLI:EU:C:2015:527, Rn. 49 ff. – *Scotch Whisky Association* (= P Nr. 163).
591 EuGH, Rs. C-456/10, ECLI:EU:C:2012:241 – *ANETT* (= P Nr. 159). *Cremer/Bothe* hingegen sehen bereits in der Rs. *Kommission/Italien*, Rs. C-110/05, Slg. 2009, S. I-519 (= P Nr. 158), einen Übergang des EuGH zu einer sog. „Dreistufenprüfung", vgl. EuZW 2015, S. 413, 415.

- Vorschriften über die Voraussetzungen, denen die Waren entsprechen müssen, selbst wenn diese Vorschriften unterschiedslos für alle Erzeugnisse gelten (produktbezogene Vorschriften; Grundsatz der gegenseitigen Anerkennung von Erzeugnissen, die in anderen Mitgliedstaaten rechtmäßig hergestellt und in den Verkehr gebracht wurden);
- jede sonstige Maßnahme, die den Zugang zum Markt eines Mitgliedstaates für Erzeugnisse aus anderen Mitgliedstaaten behindert[592].

930 Da hiermit lediglich die Fallgruppen zusammengefasst sind, die der EuGH in seiner *Keck*-Folgerechtsprechung entwickelt hat, ist es letztlich nicht entscheidend, welche Perspektive der EuGH seiner künftigen Rechtsprechung zugrunde legen wird. Mit dem Ansatz des *ANETT*-Urteils wird allerdings neben der *Keck*-Rechtsprechung in dogmatischer Hinsicht auch die *Dassonville*-Formel als Ausgangspunkt der Eingriffsprüfung entbehrlich[593]. Gleichwohl zieht der EuGH auch bei der Anwendung der *ANETT*-Formel die *Dassonville*-Formel als tradierten Ausgangspunkt der Eingriffsprüfung heran[594]. In der jüngeren Rechtsprechung des Gerichtshofs lässt sich im Hinblick auf die Prüfungsperspektive keine klare Linie erkennen. Anders als etwa Generalanwalt *Bot*[595], spricht sich der EuGH nicht eindeutig für einen bestimmten Prüfungsansatz aus. Vielmehr greift er einerseits gelegentlich weiterhin auf das Zusammenspiel von *Dassonville*- und *Keck*-Formel zurück, gelegentlich prüft er das Vorliegen einer Maßnahme gleicher Wirkung aber auch nur nach den Kriterien des *ANETT*-Urteils. Ungeachtet dessen wird der entscheidende Aspekt bei der Prüfung eines Eingriffs in Art. 34 AEUV weiterhin die Frage sein, ob der EuGH sein uferloses Verständnis von „Marktzutrittsbehinderungen" fortschreiben wird[596] oder ob es ihm gelingt, zu einer sachgerechten Begrenzung (zurück) zu finden. Die folgende Graphik illustriert die bis jetzt aufgestellten Grundsätze für die Prüfung des Art. 34 AEUV.

---

592 Vgl. EuGH, Rs. C-456/10, ECLI:EU:C:2012:241, Rn. 33–35 – *ANETT* (= P Nr. 159).
593 Ausführlich hierzu *Classen*, EuR 2009, S. 555, 559, und *Cremer/Bothe*, EuZW 2015, S. 413, 417, die auch Anhaltspunkte für ein Nebeneinander von alter und neuer Formel sehen, wobei im Ergebnis – insbesondere wegen der Konvergenz der Grundfreiheiten – eine Abkehr des EuGH von der *Keck*-Rechtsprechung angenommen wird.
594 EuGH, Rs. C-456/10, ECLI:EU:C:2012:241, Rn. 32 – *ANETT* (= P Nr. 159).
595 GA *Bot*, Schlussanträge zur Rs. C-333/14, ECLI:EU:C:2015:527, Rn. 49 ff. – *Scotch Whisky Association* (= P Nr. 163).
596 Vgl. hierzu *Cremer/Bothe*, EuZW 2015, S. 413, 415, die sich für eine einschränkende Auslegung der Marktzugangsfreiheit dahingehend aussprechen, dass – anders als bei *Dassonville* – potentielle Handelsbeschränkungen nicht umfasst werden sollen, um damit eine gewisse Erheblichkeitsschwelle des Eingriffs zu gewährleisten.

IV. Die Grundfreiheiten des AEUV   **465**

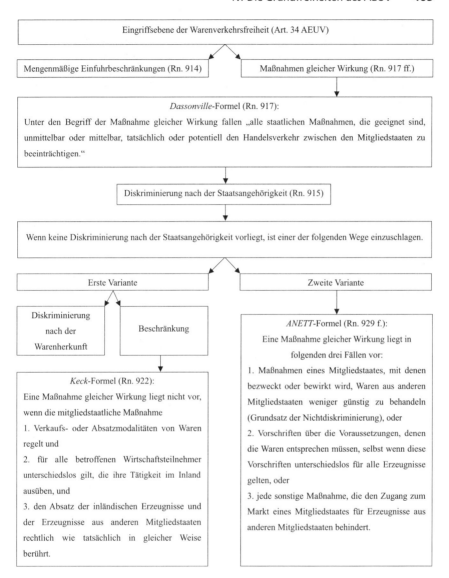

cc) Rechtfertigung

(α) Rechtfertigungsgründe nach Art. 36 AEUV

Nach Art. 36 Satz 1 AEUV können mitgliedstaatliche Regelungen, die den Handel zwischen den Mitgliedstaaten behindern, ausnahmsweise gerechtfertigt sein, wenn sie der *öffentlichen Sittlichkeit, Ordnung und Sicherheit*, dem *Schutz der Gesundheit und des Lebens von Menschen, Tieren oder Pflanzen*, dem *Schutz*

931

des nationalen Kulturguts von künstlerischem, geschichtlichem oder archäologischem Wert oder dem *Schutz des gewerblichen oder kommerziellen Eigentums* dienen. Hierbei ist es unbeachtlich, ob die innerstaatlichen Bestimmungen unterschiedslos für in- und ausländische Produkte gelten oder nur ausländische Waren erfassen. *Art. 36 AEUV gilt sowohl für nach der Warenherkunft unterscheidende und unterschiedslose staatliche Maßnahmen.*

932 Als Ausnahme vom Grundsatz der Freiheit des Warenverkehrs ist diese Bestimmung eng auszulegen[597]. Anders als die zwingenden Gründe des Allgemeinwohls im Sinne der *Cassis*-Formel – dazu sogleich – sind die in Art. 36 AEUV aufgezählten Rechtfertigungsgründe abschließend und nicht ergänzungsfähig[598].

933 Der Begriff der *öffentlichen Ordnung und Sicherheit* bezeichnet die Gesamtheit der hoheitlich festgelegten Grundregeln, die wesentliche Interessen des Staates schützen. Unter den Begriff der öffentlichen Ordnung fallen lediglich Interessen des Staates von fundamentaler Bedeutung[599], etwa die Funktionsfähigkeit seiner Organe[600] oder die Aufdeckung und Verfolgung von Straftaten[601]. Öffentliche Sicherheit umfasst sowohl die innere als auch die äußere Sicherheit eines Mitgliedstaates[602]. Bei den Begriffen „öffentliche Ordnung und Sicherheit" handelt es sich um autonome Begriffe des Unionsrechts. Die Begriffe der öffentlichen Sicherheit und Ordnung i. S. d. Art. 36 AEUV dürfen auf keinen Fall mit den gleichlautenden Begriffen des deutschen Polizeirechts verwechselt werden, da diese einen anderen Inhalt haben. Insbesondere umfasst der deutsche polizeirechtliche Begriff der öffentlichen Sicherheit auch den Schutz der gesamten nationalen Rechtsordnung – ein entsprechendes Verständnis im Rahmen des Art. 36 AEUV würde dazu führen, dass jeder normative Eingriff in die Warenverkehrsfreiheit auch automatisch gerechtfertigt wäre. Die Wahrung der öffentlichen Ordnung kann auch ein schutzpflichtwidriges Nichteingreifen eines Mitgliedstaates gegen private Behinderungen der Warenverkehrsfreiheit (Rn. 911 f.) rechtfertigen. Dies kommt allerdings nur in Betracht, wenn ein Mitgliedstaat nachweist, dass die Durchsetzung des Unionsrechts Folgen für die öffentliche Ordnung hätte, die der Mitgliedstaat mit seinen Mitteln nicht bewältigen könnte. Die bloße Befürchtung, es könne im Fall des Einschreitens, etwa gegen private Grenzblockaden, zu internen Schwierigkeiten kommen, kann ein Unterlassen eines Mitgliedstaates bei bestehender Schutzpflicht nicht rechtfertigen[603].

---

597 EuGH, Rs. 7/68, Slg. 1968, S. 633, 644 – *Kunstschätze I* (= P Nr. 142).
598 EuGH, Rs. 113/80, Slg. 1981, S. 1625, Rn. 7 – *Irish Souvenirs*.
599 *Leible/Streinz*, in: Grabitz/Hilf/Nettesheim (Hrsg.), Das Recht der Europäischen Union, 55. EL Januar 2015, Art. 36 AEUV Rn. 20.
600 EuGH, Rs. 72/83, Slg. 1984, S. 2727, Rn. 32 ff. – *Campus Oil*.
601 EuGH, Rs. C-239/90, Slg. 1991, S. I-2023, Rn. 23 – *Boscher*.
602 EuGH, Rs. C-273/97, Slg. 1999, S. I-7403, Rn. 17 – *Sirdar*.
603 EuGH, Rs. C-265/95, Slg. 1997, S. I-6959, Rn. 55 – *Kommission/Frankreich („Bauernproteste")* (= P Nr. 160); vgl. auch EuGH, Rs. C-112/00, Slg. 2003, S. I-5659, Rn. 69 ff. – *Schmidberger* (= P Nr. 141).

Unter *öffentlicher Sittlichkeit* ist der Inbegriff der Moralvorstellungen zu verstehen, die das Zusammenleben in einem bestimmten Gebiet zu einer bestimmten Zeit beherrschen. So kann ein Einfuhrverbot für unzüchtige Darstellungen, Schriften oder Gegenstände nur gerechtfertigt werden, wenn der betreffende Mitgliedstaat ernsthafte und wirksame Maßnahmen zur Verhinderung des Vertriebs entsprechender einheimischer Waren ergriffen hat[604] (näher zum Gebot der kohärenten und systematischen Zweckerreichung siehe Rn. 886). Auch der Begriff „öffentliche Sittlichkeit" ist ein autonomer Begriff des Unionsrechts. Gleichwohl kann sein Inhalt aufgrund der jeweiligen Wertvorstellungen in den Mitgliedstaaten divergieren[605].

934

Im Bereich des *Schutzes der Gesundheit und des Lebens von Menschen* ist es, soweit beim jeweiligen Stand der Forschung noch Unsicherheiten bestehen, Sache der Mitgliedstaaten zu bestimmen, auf welchem Niveau sie den Schutz der Gesundheit der Bevölkerung gewährleisten wollen und wie dieses Niveau erreicht werden soll[606]. Den Mitgliedstaaten kommt insoweit aufgrund der Möglichkeit, dass sich dieses Schutzniveau von einem Mitgliedstaat zum anderen unterscheiden kann, ein Wertungsspielraum zu[607]. Auch hier müssen die Mitgliedstaaten aber stets den Verhältnismäßigkeitsgrundsatz beachten (Rn. 881). Die Aufrechterhaltung der regelmäßigen medizinischen Versorgung der Bevölkerung eines Mitgliedstaates für wichtige medizinische Zwecke kann Behinderungen des Handelsverkehrs rechtfertigen[608]. Nicht zulässig ist hingegen die Beschränkung des Kaufs von Brillen bei einem Optiker in einem anderen Mitgliedstaat, da die Befähigung von Optikern und die Qualität medizinischer Produkte in den Mitgliedstaaten als gleichwertig anzusehen sind[609]. Zum Schutz der Gesundheit sind beispielsweise gesundheitspolizeiliche Untersuchungen gerechtfertigt. Zu berücksichtigen ist aber, dass Doppelkontrollen unverhältnismäßig sein können, wenn eine entsprechende Untersuchung bereits in einem anderen Mitgliedstaat durchgeführt worden ist[610].

935

Der *Schutz des Lebens von Tieren oder Pflanzen* rechtfertigt Maßnahmen zur Erhaltung der biologischen Vielfalt der Arten. So können z. B. Schutzgebiete ausgewiesen werden, in die keine anderen Arten eingeführt werden dürfen, um das Fortbestehen einer bestimmten Art der einheimischen Tierpopulation zu gewährleisten[611]. Auch ein Verbot der Benutzung von Wassermotorrädern auf

936

---

604 EuGH, Rs. 121/85, Slg. 1986, S. 1007, Rn. 15 ff. – *Conegate*.
605 EuGH, Rs. 34/79, Slg. 1979, S. 3795, Rn. 15 f. – *Henn u. Darby*.
606 EuGH, Rs. C-347/89, Slg. 1991, S. I-1747, Rn. 26 – *Eurim-Pharm*; EuGH, Rs. C-293/94, Slg. 1996, S. I-3159, Rn. 11 – *Brandsma*; EuGH, Rs. C-114/15, ECLI:EU:C:2016:813, Rn. 70 – *Audace*.
607 EuGH, Rs. C-198/14, ECLI:EU:C:2015:751, Rn. 118 – *Visnapuu*.
608 EuGH, Rs. C-324/93, Slg. 1995, S. I-563, Rn. 39 – *Evans Medical*.
609 EuGH, Rs. C-120/95, Slg. 1998, S. I-1831, Rn. 43 – *Decker* (= P Nr. 162).
610 EuGH, Rs. 251/78, Slg. 1979, S. 3369, Rn. 23 ff. – *Denkavit I*; EuGH, Rs. C-293/94, Slg. 1996, S. I-3159, Rn. 12 – *Brandsma*.
611 EuGH, Rs. C-67/97, Slg. 1998, S. I-8033, Rn. 33 – *Bluhme*.

bestimmten Gewässern erkennt der EuGH als geeignetes Mittel zum Schutz des Lebens von Tieren oder Pflanzen an[612].

937 Um den *Bestand an Kunstwerken oder Zeugnissen von geschichtlichem oder archäologischem Wert* zu erhalten, bestehen in den meisten Mitgliedstaaten Ausfuhrverbote oder öffentlich-rechtliche Vorkaufsrechte. Auch solche Regelungen können nach Art. 36 AEUV gerechtfertigt sein.

938 Der *Schutz des gewerblichen und kommerziellen Eigentums* umfasst insbesondere das Patent-, das Warenzeichen-, das Urheber- und das Geschmacksmusterrecht. Jedes dieser Schutzrechte hat einen *spezifischen Gegenstand*. Der Schutzrechtsinhaber erlangt insoweit ein Ausschließlichkeitsrecht (ius excludendi). Der Gerichtshof unterscheidet zwischen dem *Bestand des Rechts und der Ausübung des Rechts*. Während der Bestand des Rechts nicht in den Anwendungsbereich des AEU-Vertrages fällt, wird die Ausübung des Rechts vom Vertrag erfasst. Ein Rechtsinhaber kann die Einfuhr eines Produktes aus einem anderen Mitgliedstaat verhindern, wenn dieses ausschließliche Recht nicht erschöpft ist. Ein solches Recht ist erschöpft, wenn das betreffende Erzeugnis *von ihm selbst oder mit seiner Zustimmung* in einem anderen Mitgliedstaat rechtmäßig in den Verkehr gebracht worden ist *(Erschöpfungsgrundsatz)*. Demnach sind Einfuhrbeschränkungen zum Schutz des Markenrechts nach Erschöpfung des Rechts nicht zulässig[613]. Aufgrund des Erschöpfungsgrundsatzes können sich Originalhersteller von Arzneimitteln grundsätzlich nicht auf ihre Markenrechte berufen, wenn Parallelhändler Arzneimittel umverpacken und mit landessprachlichen Beipackzetteln versehen, um den unterschiedlichen Vermarktungsanforderungen in den einzelnen Mitgliedstaaten gerecht zu werden (zu Parallel- und Reimporten siehe Rn. 903 ff.). Ausnahmen gelten nur dann, wenn berechtigte Gründe, insbesondere eine Verschlechterung oder Veränderung des Zustands der Ware, dies rechtfertigen[614]. Der Erschöpfungsgrundsatz ist allerdings dann nicht anwendbar, wenn der Inhaber des Rechts die Waren in dem betreffenden Mitgliedstaat nicht aus freiem Willen, sondern aufgrund einer Verpflichtung des innerstaatlichen oder des Unionsrechts in Verkehr gebracht hat[615].

939 Art. 36 Satz 1 AEUV erfasst *nur Tatbestände nichtwirtschaftlicher Art*, welche die Verwirklichung der in Art. 34 und Art. 35 AEUV aufgestellten Grundsätze nicht in Frage stellen[616]. Ist eine Maßnahme aufgrund nichtwirtschaftlicher Er-

---

612 EuGH, Rs. C-142/05, Slg. 2009, S. I-4273, Rn. 33 f. – *Mickelsson*.
613 EuGH, Rs. 78/70, Slg. 1971, S. 487, Rn. 12 – *Deutsche Grammophon*; EuGH, Rs. 19/84, Slg. 1985, S. 2281, Rn. 22 – *Pharmon*; zur Möglichkeit einer konkludenten Zustimmung siehe EuGH, verb. Rs. C-414/99 bis C-416/99, Slg. 2001, S. I-8691, Rn. 35 ff. – *Levi Strauss*.
614 Zu den vom EuGH für das Umverpacken von Arzneimitteln entwickelten Kriterien siehe EuGH, Rs. 102/77, Slg. 1978, S. 1139, Rn. 14 – *Hoffmann La Roche*; EuGH, verb. Rs. C-427/93, C-429/93 u. C-436/93, Slg. 1996, S. I-3457, Rn. 79 – *Bristol Myers Squibb u. a.*; EuGH, Rs. C-143/00, Slg. 2002, S. I-3759, Rn. 28 ff. – *Boehringer Ingelheim*.
615 EuGH, verb. Rs. C-267/95 u. C-268/95, Slg. 1996, S. I-6285, Rn. 50 – *Merck*.
616 EuGH, Rs. 7/61, Slg. 1961, S. 693, 720 – *Kommission/Italien*; EuGH, Rs. C-324/93, Slg. 1995, S. I-563, Rn. 36 – *Evans Medical*.

wägungen gerechtfertigt (z. B. aus Gründen der öffentlichen Sicherheit oder des Gesundheitsschutzes), ist es unschädlich, wenn damit auch wirtschaftliche Ziele gefördert werden[617]. Allerdings muss die staatliche Maßnahme eines der in Art. 36 Satz 1 AEUV genannten Ziele auch tatsächlich verfolgen und nicht nur einen Vorwand darstellen. Ansonsten läge eine nach Art. 36 Satz 2 AEUV unzulässige „verschleierte Beschränkung" des Handels zwischen den Mitgliedstaaten vor.

Die Maßnahmen dürfen *keine willkürliche Diskriminierung und keine verschleierte Beschränkung des Handels zwischen den Mitgliedstaaten* darstellen[618]. So kann ein Einfuhrverbot pornographischer Schriften mit dem Hinweis auf die öffentliche Sittlichkeit nur gerechtfertigt sein, wenn auch entsprechende einheimische Schriften verboten sind. Dabei muss die Handelsbeschränkung *verhältnismäßig* sein (Rn. 881), d. h., sie muss geeignet und erforderlich[619] sein. Ferner muss die Beschränkung des Handels in einem angemessenen Verhältnis zum angestrebten Ziel stehen[620]. Bei diskriminierenden Maßnahmen, die grundsätzlich nach Art. 36 AEUV gerechtfertigt werden können, sind erhöhte Verhältnismäßigkeitsanforderungen zu stellen, insbesondere in Bezug auf die Erforderlichkeit einer Schlechterbehandlung ausländischer Erzeugnisse gegenüber inländischen Waren.

(β) Rechtfertigungsgründe nach der *Cassis*-Rechtsprechung

In seiner *Cassis*-Rechtsprechung (siehe bereits Rn. 879, 918) hat der EuGH *zwingende Erfordernisse des Allgemeinwohls als ungeschriebene Rechtfertigungsgründe* im Rahmen des Art. 34 AEUV anerkannt. Diese systematische Einstufung – die der folgenden Darstellung zugrunde liegt – entspricht der mittlerweile wohl überwiegenden Auffassung in der Literatur; die zwingenden Erfordernisse des Allgemeinwohls werden jedoch z. T. auch als *negative Tatbestandsmerkmale* des Art. 34 AEUV interpretiert[621]. Maßnahmen gleicher Wirkung sind nach der *Cassis*-Rechtsprechung zulässig, wenn
(1) sekundärrechtliche Regelungen fehlen,
(2) die staatlichen Regelungen unterschiedslos für in- und ausländische Waren gelten[622], d. h. sie ausländische Waren gegenüber inländischen nicht diskriminieren[623] und
(3) die mitgliedstaatlichen Maßnahmen erforderlich sind, um zwingenden Erfordernissen des Gemeinwohls, die tatsächlich gefährdet sind, gerecht zu wer-

---
617 EuGH, Rs. 72/83, Slg. 1984, S. 2727, Rn. 36 – *Campus Oil*.
618 EuGH, Rs. C-198/14, ECLI:EU:C:2015:751, Rn. 123 – *Visnapuu*.
619 Vgl. dazu u. a. EuGH, Rs. C-54/05, Slg. 2007, S. I-2473, Rn. 38 ff. – *Kommission/Finnland*.
620 EuGH, Rs. 174/82, Slg. 1983, S. 2445, Rn. 18 – *Sandoz*.
621 Vgl. dazu *Schroeder*, in: Streinz (Hrsg.), EUV/AEUV, Art. 34 AEUV Rn. 74; *Fremuth*, EuR 2006, S. 866 ff.
622 EuGH, Rs. 120/78, Slg. 1979, S. 649, Rn. 8 – *Cassis de Dijon* (= P Nr. 165).
623 EuGH, Rs. C-2/90, Slg. 1992, S. I-4431, Rn. 33 – *Abfalltransport*.

den, insbesondere einer wirksamen steuerlichen Kontrolle, der Lauterkeit des Handelsverkehrs, dem Verbraucherschutz, der Kulturpolitik, der Medienvielfalt, dem Schutz der Arbeitsumwelt oder dem Umweltschutz (nicht abschließend), wenn also ein milderes Mittel zur gleichwertigen Erreichung des legitimen Zwecks nicht verfügbar ist.

942 Diese Rechtfertigungsmöglichkeit besteht nach dem Wortlaut der *Cassis*-Formel nur für unterschiedslos anwendbare nationale Regelungen. Dabei ist nicht maßgeblich, ob eine Regelung in- und ausländische Waren formal gleichbehandelt, sondern ob ausländische Produkte gegenüber einheimischen materiell diskriminiert werden[624]. Der EuGH prüfte bislang gelegentlich auch eine Rechtfertigung aufgrund zwingender Gemeinwohlinteressen bei versteckt diskriminierenden Regelungen[625]. Insbesondere ließ der Gerichtshof die Rechtfertigung einer diskriminierenden Regelung durch Erfordernisse des Umweltschutzes zu[626]. In der Rs. *Medisanus* stellt der EuGH dagegen in großer Klarheit heraus, dass eine Rechtfertigung diskriminierender Maßnahmen allein aufgrund der geschriebenen Rechtfertigungsgründe des Art. 36 AEUV in Betracht kommt[627]. Dies gilt für Diskriminierungen nach der Staatsangehörigkeit und Warenherkunft. Die weitere Entwicklung der Rechtsprechung hierzu bleibt abzuwarten.

943 Die *offene Aufzählung der Cassis*-Rechtfertigungsgründe (wirksame steuerliche Kontrolle, Schutz der öffentlichen Gesundheit, Lauterkeit des Handelsverkehrs, Jugendschutz und Verbraucherschutz) wird in der Rechtsprechung des Europäischen Gerichtshofs um aktuelle Schutzgesichtspunkte fortwährend erweitert, soweit dem Gerichtshof die in Art. 36 AEUV ausdrücklich geregelten Rechtfertigungsgründe unzureichend erscheinen. Die ursprünglich in der *Cassis*-Formel enthaltenen zwingenden Erfordernisse des Gesundheitsschutzes prüft der EuGH mittlerweile allerdings nur noch im Rahmen von Art. 36 AEUV[628]. Rein wirtschaftliche Gründe können die Beschränkung der Warenverkehrsfreiheit nicht rechtfertigen[629].

944 Als zwingendes Erfordernis im Sinne der *Cassis*-Rechtsprechung hat der Gerichtshof auch den Umweltschutz anerkannt[630]. Daneben kommt zum Beispiel die erhebliche Gefährdung des finanziellen Gleichgewichts des Systems der so-

---

624 EuGH, Rs. C-2/90, Slg. 1992, S. I-4431, Rn. 34 – *Abfalltransport*.
625 Vgl. *Weiß*, EuZW 1999, S. 493.
626 EuGH, Rs. C-379/98, Slg. 2001, S. I-2099, Rn. 72 ff. – *PreussenElektra* (= P Nr. 144, 261); EuGH, Rs. C-2/90, Slg. 1992, S. I-4431, Rn. 29 – *Abfalltransport*; EuGH, Rs. C-573/12, ECLI:EU:C:2014:2037, Rn. 78 ff. – *Ålands Vindkraft*; vgl. dazu auch *Frenz*, DVBl 2014, S. 1125, 1126, der annimmt, dass eine Rechtfertigung gerade aufgrund der besonderen Bedeutung des Umweltschutzes aus Art. 3 Abs. 3 EUV erfolgt.
627 EuGH, Rs. C-296/15, ECLI:EU:C:2017:431, Rn. 80 – *Medisanus* (= P Nr. 149).
628 EuGH, Rs. 178/84, Slg. 1987, S. 1227, Rn. 40 – *Reinheitsgebot für Bier* (= P Nr. 166); EuGH, verb. Rs. C-1/90 u. C-176/90, Slg. 1991, S. I-4151, Rn. 13 f. – *Aragonesa de Publicidad*; EuGH, Rs. C-472/14, ECLI:EU:C:2016:171, Rn. 45 – *Canadian Oil Company Sweden*.
629 EuGH, Rs. C-120/95, Slg. 1998, S. I-1831, Rn. 39 – *Decker* (= P Nr. 162).
630 EuGH, Rs. C-2/90, Slg. 1992, S. I-4431, Rn. 22 ff. – *Abfalltransport*; EuGH, Rs. C-379/98, Slg. 2001, S. I-2099, Rn. 72 ff. – *PreussenElektra* (= P Nr. 144, 261).

zialen Sicherheit als Rechtfertigungsgrund in Betracht⁶³¹. Gleiches gilt für die Aufrechterhaltung der Medienvielfalt⁶³². Die Medienvielfalt trägt zur Wahrung des Rechts der freien Meinungsäußerung bei, das durch Art. 10 EMRK geschützt ist und zu den von der Unionsrechtsordnung geschützten Grundrechten gehört (vgl. Art. 6 EUV; Art. 11 GRC). Bei der Ermittlung der rechtfertigenden zwingenden Erfordernisse im Sinne der *Cassis*-Formel nimmt der EuGH oftmals auf die allgemeinen Rechtsgrundsätze und insbesondere die Grundrechte Bezug⁶³³. Um die Möglichkeit der Mitgliedstaaten, sich auf zwingende Gründe des Allgemeinwohls zu berufen, einzuschränken, hat die Union gerade hierauf bezogen vielfach Harmonisierungsmaßnahmen ergriffen. Liegen einschlägige Sekundärrechtsakte vor, scheidet eine entsprechende Rechtfertigungsmöglichkeit aus. Die maßgebliche Rechtsgrundlage für solche Harmonisierungsmaßnahmen ist Art. 114 AEUV (Rn. 1376 ff.).

Fehlt es an einer sekundärrechtlichen Harmonisierung, so muss eine auf die zwingenden Gemeinwohlinteressen gestützte Einschränkung der Warenverkehrsfreiheit schließlich mit dem *Grundsatz der Verhältnismäßigkeit* (Rn. 881) vereinbar sein. Das ist dann der Fall, wenn der Eingriff geeignet ist, dem mit dem Rechtfertigungsgrund vorgebrachten Ziel zu dienen, und als erforderlich und angemessen erscheint. Insbesondere im Lebensmittelbereich sind viele Einfuhrverbote daher für unzulässig erklärt worden, da eine hinreichende *Etikettierung* der Produkte im Hinblick auf ihre Zusammensetzung als gleichwertiges milderes Mittel zur Erreichung der Ziele des Verbraucherschutzes eingestuft wurde. Der EuGH geht nach seiner *Labelling*-Doktrin von dem Leitbild eines „mündigen Verbrauchers" aus, der sich anhand gegebener Informationen frei entscheiden kann⁶³⁴. 945

(γ) Rechtfertigung aus Gründen des Grundrechtsschutzes

Neben den zwingenden Gründen des Allgemeinwohls hat der EuGH in der Rs. *Schmidberger* mit dem *Schutz der unionsrechtlichen Grundrechte Dritter* einen weiteren ungeschriebenen Rechtfertigungsgrund entwickelt⁶³⁵. Diese Rechtfertigungskategorie steht in einem engen systematischen Zusammenhang mit der sog. Schutzpflicht der Mitgliedstaaten (vgl. Rn. 911 ff.) und kann zur Anwendung gelangen, wenn Beeinträchtigungen der Warenverkehrsfreiheit von Privatpersonen ausgehen. Mangels einer umfassenden Bindung Privater an Art. 34 f. AEUV (vgl. aber Rn. 910) ist der Mitgliedstaat in solchen Situationen verpflichtet, Maßnahmen zu ergreifen, um die Beachtung der Grundfreiheit in seinem Ge- 946

---

631 EuGH, Rs. C-120/95, Slg. 1998, S. I-1831, Rn. 39 – *Decker* (= P Nr. 162); EuGH, Rs. C-157/99, Slg. 2001, S. I-5473, Rn. 72 – *Smits u. Peerbooms*.
632 EuGH, Rs. 368/95, Slg. 1997, S. I-3689, Rn. 18 – *Familiapress*.
633 EuGH, Rs. 368/95, Slg. 1997, S. I-3689, Rn. 24 – *Familiapress*.
634 EuGH, Rs. 178/84, Slg. 1987, S. 1227, Rn. 35 – *Reinheitsgebot für Bier* (= P Nr. 166); *Müller-Graff*, in: v. d. Groeben/Schwarze/Hatje (Hrsg.), Europäisches Unionsrecht, Art. 36 AEUV Rn. 136 f.
635 EuGH, Rs. C-112/00, Slg. 2003, S. I-5659, Rn. 74 ff. – *Schmidberger* (= P Nr. 141).

biet sicherzustellen. Berufen sich die betroffenen Privatpersonen wie in der oben genannten Rechtssache bei der Blockade einer wichtigen zwischenstaatlichen Verkehrsverbindung jedoch auf grundrechtlich gewährleistete Freiheitsrechte wie etwa die Versammlungs- und Meinungsäußerungsfreiheit[636], so stellt sich die Frage, ob der Mitgliedstaat die Nichtvornahme von Maßnahmen zur Sicherstellung der Warenverkehrsfreiheit mit der Beachtung dieser Grundrechte rechtfertigen kann. Dies hat der EuGH in der Rs. *Schmidberger* für den Schutz von Unionsgrundrechten, die im gleichen normativen Rang stehen wie die Grundfreiheiten, bejaht. Damit erteilte der Gerichtshof zugleich dem Vorschlag des Generalanwalts eine Absage, die Rechtfertigungsmöglichkeit nach der offenen Formel der „zwingenden Gründe des Allgemeininteresses" nach der *Cassis*-Formel (vgl. Rn. 941 ff.) um das Schutzgut des nationalen Grundrechtsschutzes zu erweitern[637]. Kommt es somit zu einer Kollision von Grundfreiheit und dem (durch die Mitgliedstaaten zu gewährleistenden) Schutz von Grundrechten Dritter, ist auf die unionsrechtlichen Grundrechtsgewährleistungen abzustellen und eine umfassende Konkordanzprüfung vorzunehmen. Die betroffenen Rechtspositionen sind gegeneinander abzuwägen, wobei nach Möglichkeit alle betroffenen Rechte zu optimaler Wirkung gebracht werden sollen.

c) Umformung der staatlichen Handelsmonopole

947 Der AEUV verpflichtet die Mitgliedstaaten, ihre staatlichen Handelsmonopole derart umzuformen, dass jede Diskriminierung in den Versorgungs- und Absatzbedingungen zwischen den Angehörigen der Mitgliedstaaten ausgeschlossen ist (Art. 37 Abs. 1 UAbs. 1 AEUV). Ziel ist, die mit einem Handelsmonopol typischerweise verbundenen schädlichen Auswirkungen auf den Warenverkehr zwischen den Mitgliedstaaten zu beseitigen.

948 Ein *Monopol* liegt vor, wenn ein Marktteilnehmer alleiniger Anbieter eines bestimmten Gutes auf dem sachlich und räumlich relevanten Markt (Rn. 1212 ff.) ist. *Staatlich* ist ein Monopol, wenn eine staatliche Stelle, ein staatlich beherrschtes (öffentliches) Unternehmen oder ein staatlicherseits mit ausschließlichen Rechten betrautes (privates) Unternehmen der einzige Anbieter ist[638]. Erfasst sind damit auch Monopole, die ein Staat in Form ausschließlicher Rechte (vgl. Art. 106 Abs. 1 AEUV, Rn. 1182 f.) auf einen privaten oder öffentlichen Rechtsträger überträgt (Art. 37 Abs. 1 UAbs. 2 Satz 2 AEUV). Voraussetzung ist, dass die Ausschließlichkeitsrechte vom Staat übertragen wurden und dieser über die verliehenen Rechte nach öffentlich-rechtlichen Grundsätzen verfügen kann. Art. 37 AEUV unterfallen darüber hinaus auch Einrichtungen, durch die ein Mit-

---

636 EuGH, Rs. C-112/00, Slg. 2003, S. I-5659, Rn. 69 – *Schmidberger* (= P Nr. 141).
637 Vgl. Schlussanträge des GA *Jacobs* zu EuGH, Rs. C-112/00, Slg. 2003, S. I-5659, Rn. 95 – *Schmidberger* (= P Nr. 141).
638 EuGH, Rs. 347/88, Slg. 1990, S. I-4747, Rn. 31 – *Kommission/Griechenland*.

gliedstaat unmittelbar oder mittelbar die Einfuhr oder die Ausfuhr zwischen den Mitgliedstaaten rechtlich oder tatsächlich kontrolliert, lenkt oder merklich beeinflusst (Art. 37 Abs. 1 UAbs. 2 Satz 1 AEUV). Erfasst werden nur *Handelsmonopole*, die den Handel zwischen den Mitgliedstaaten betreffen. Somit fallen beispielsweise Finanz-, Dienstleistungs- oder Produktionsmonopole dann nicht unter diese Bestimmung, sofern sie auch keinen mittelbaren Einfluss auf den Handel zwischen den Mitgliedstaaten ausüben[639].

Umformung der staatlichen Handelsmonopole bedeutet nicht eine Abschaffung der staatlichen Unternehmung (vgl. Art. 345 AEUV), sondern die Beseitigung ihrer den Handel zwischen den Mitgliedstaaten berührenden Monopolrechte[640]. Der grenzüberschreitende Handelsverkehr mit Waren, die einem solchen Monopol bislang unterlagen, muss den Regeln des freien Warenverkehrs folgen[641]. Jede Diskriminierung in den Versorgungs- und Absatzbedingungen zwischen den Angehörigen der Mitgliedstaaten ist untersagt, so dass der Handel mit Waren aus anderen Mitgliedstaaten gegenüber dem mit einheimischen Waren weder rechtlich noch tatsächlich benachteiligt wird und der Wettbewerb zwischen den Volkswirtschaften der Mitgliedstaaten nicht verfälscht wird[642]. Von diesem Diskriminierungsverbot sind aber die Fälle nicht erfasst, in denen einheimische Erzeuger benachteiligt werden (sog. Inländerdiskriminierung; Rn. 875), etwa dadurch, dass sie ihre Waren – anders als ausländische Erzeuger – zu einem bestimmten Preis abliefern müssen[643].

949

d) Merksätze

Die Grundlagen der **Freiheit des Warenverkehrs** sind die Zollunion zwischen den Mitgliedstaaten sowie die Beseitigung mengenmäßiger Ein- und Ausfuhrbeschränkungen sowie Maßnahmen gleicher Wirkung im Handel zwischen den Mitgliedstaaten (Art. 23 bis Art. 36 AEUV).

950

Die **Zollunion** besteht aus zwei Elementen: zum einen aus dem Verbot, zwischen den Mitgliedstaaten Zölle und Abgaben gleicher Wirkung zu erheben, und zum anderen aus der Einführung eines Gemeinsamen Zolltarifs gegenüber Drittstaaten (Art. 28 Abs. 1 AEUV). **Zölle** sind Abgaben, die ein Staat **gerade wegen** der Ein- oder Ausfuhr von Waren erhebt.

Gemäß Art. 34 AEUV sind mengenmäßige Beschränkungen und Maßnahmen gleicher Wirkung verboten. Nach der *Dassonville*-Formel des EuGH er-

---

639 EuGH, Rs. 30/87, Slg. 1988, S. 2479, Rn. 10 f. – *Bodson.*
640 EuGH, Rs. C-198/14, ECLI:EU:C:2015:751, Rn. 94 – *Visnapuu.*
641 EuGH, Rs. C-387/93, Slg. 1995, S. I-4663, Rn. 27 – *Banchero;* EuGH, Rs. C-189/95, Slg. 1997, S. I-5909, Rn. 38 f. – *Franzén.*
642 EuGH, Rs. C-198/14, ECLI:EU:C:2015:751, Rn. 95 – *Visnapuu.*
643 EuGH, Rs. 119/78, Slg. 1979, S. 975, Rn. 29 f. – *Peureux.*

fasst das Verbot von **Maßnahmen gleicher Wirkung** wie mengenmäßige Einfuhrbeschränkungen (Art. 34 AEUV) **alle staatlichen Maßnahmen, die geeignet sind, tatsächlich oder auch nur potentiell, unmittelbar oder mittelbar den Handelsverkehr zwischen den Mitgliedstaaten zu behindern.**

Die *Dassonville*-Formel wird durch die *Keck*-Rechtsprechung im Wege einer teleologischen Reduktion eingeschränkt. Danach stellen solche nationalen Bestimmungen **keine Handelshemmnisse i. S. v. Marktzugangsbehinderungen** dar, welche

(1) die Verkaufs- oder Absatzmodalitäten von Waren regeln,

(2) für alle betroffenen Wirtschaftsteilnehmer unterschiedslos gelten, die ihre Tätigkeit im Inland ausüben, und

(3) den Absatz der inländischen Erzeugnisse und der Erzeugnisse aus anderen Mitgliedstaaten rechtlich wie tatsächlich in gleicher Weise berühren.

Entscheidendes Kriterium für das Eingreifen der *Keck*-Formel ist der Einfluss der entsprechenden Regelung auf den **Marktzugang.** Eine rechtlich wie tatsächlich gleiche Betroffenheit des Absatzes inländischer Erzeugnisse und der Erzeugnisse aus anderen Mitgliedstaaten liegt nur dann vor, wenn die jeweils betroffenen eingeführten Produkte erst nach erfolgtem Marktzugang den im Einfuhrstaat geltenden Vermarktungsvorschriften unterworfen werden. Beschränkt die Regelung einer Verkaufsmodalität aber spezifisch den Marktzugang ausländischer Erzeugnisse, unterfällt sie weiterhin dem Anwendungsbereich des Art. 34 AEUV.

Bei Art. 35 AEUV wird der Begriff der Maßnahmen gleicher Wirkung wie eine Ausfuhrbeschränkung dagegen grundsätzlich nicht mit der *Dassonville*-Formel definiert, sondern mit der *Groenveld*-Formel. Danach sind nur **spezifisch gegen die Ausfuhr gerichtete nationale Regelungen** als Maßnahmen gleicher Wirkung anzusehen.

Ein Mitgliedstaat kann sich nicht durch die Wahl privatrechtlicher Handlungs- und Organisationsformen seinen Verpflichtungen aus den Freiheiten des AEUV entledigen. Die **Zurechnung privatrechtlich organisierten Verhaltens an den Mitgliedstaat** setzt entweder dessen **Beherrschung** oder zumindest die **aufsichtsrechtliche Kontrolle** über das privatrechtliche Verhalten voraus. Diese Zurechnung ergibt sich aus der Pflicht der Mitgliedstaaten zur Unionstreue (Art. 4 Abs. 3 UAbs. 2 EUV).

Die Freiheit des Warenverkehrs erfasst auch die Fälle, in denen ein Mitgliedstaat keine Maßnahmen ergriffen hat, um **gegen Beeinträchtigungen einzuschreiten,** deren Ursachen nicht dem Staat zugerechnet werden können, sondern die von Privatpersonen ausgehen. Die Mitgliedstaaten sind verpflichtet, alle erforderlichen und geeigneten Maßnahmen zu ergreifen, um in ihrem Gebiet die Beachtung der Grundfreiheiten sicherzustellen. Die Mitgliedstaaten müssen danach die **Freiheiten des AEUV gegen Eingriffe durch Private aktiv verteidigen (Schutzpflicht).**

Neben den ausdrücklich geregelten Rechtfertigungsgründen nach Art. 36 Satz 1 AEUV hat der Europäische Gerichtshof in seiner *Cassis*-Rechtsprechung **ungeschriebene Rechtfertigungsgründe** anerkannt. Danach sind mitgliedstaatliche Ein- oder Ausfuhrbeschränkungen zulässig, wenn

(1) die staatlichen Regelungen **unterschiedslos** für in- und ausländische Waren gelten, und

(2) mitgliedstaatliche Ein- oder Ausfuhrbeschränkungen **erforderlich** sind, um **zwingenden Erfordernissen des Gemeinwohls** gerecht zu werden, insbesondere einer wirksamen steuerlichen Kontrolle, der Lauterkeit des Handelsverkehrs, dem Verbraucherschutz, der Kulturpolitik, der Medienvielfalt, dem Schutz der Arbeitsumwelt oder dem Umweltschutz (nicht abschließend).

Leitentscheidungen:
EuGH, Rs. 7/68, Slg. 1968, S. 633 – *Kunstschätze I* (= P Nr. 142).
EuGH, Rs. 8/74, Slg. 1974, S. 837 – *Dassonville* (= P Nr. 148).
EuGH, Rs. 120/78, Slg. 1979, S. 649 – *Cassis de Dijon* (= P Nr. 165).
EuGH, Rs. 15/79, Slg. 1979, S. 3409 – *Groenveld* (= P Nr. 150).
EuGH, Rs. 249/81, Slg. 1982, S. 4005 – *Buy Irish* (= P Nr. 92, 145).
EuGH, Rs. 178/84, Slg. 1987, S. 1227 – *Reinheitsgebot für Bier* (= P Nr. 166).
EuGH, Rs. C-2/90, Slg. 1992, S. I-4431 – *Abfalltransport*.
EuGH, verb. Rs. C-267/91 u. C-268/91, Slg. 1993, S. I-6097 – *Keck* (= P Nr. 153).
EuGH, Rs. C-470/93, Slg. 1995, S. I-1923 – *Mars* (= P Nr. 154).
EuGH, Rs. C-265/95, Slg. 1997, S. I-6959 – *Kommission/Frankreich („Bauernproteste")* (= P Nr. 160).
EuGH, Rs. C-405/98, Slg. 2001, S. I-1795 – *Gourmet International Products* (= P Nr. 155).
EuGH, Rs. C-322/01, Slg. 2004, S. I-14887 – *Doc Morris I* (= P Nr. 156).
EuGH, verb. Rs. C-171/07 u. 172/07, Slg. 2009, S. I-4171 – *Doc Morris II* (= P Nr. 208).
EuGH, verb. Rs. C-158/04 u. C-159/04, Slg. 2006, S. I-8135 – *Bake-off* (= P Nr. 157).
EuGH, Rs. C-110/05, Slg. 2009, S. I-519 – *Kommission/Italien* (= P Nr. 158).
EuGH, Rs. C-456/10, ECLI:EU:C:2012:241 – *ANETT* (= P Nr. 159).
EuGH, Rs. C-171/11, ECLI:EU:C:2012:453 – *DVGW* (= P Nr. 146).
EuGH, Rs. C-15/15, ECLI:EU:C:2016:46 – *New Valmar* (= P Nr. 152).
EuGH, Rs. C-296/15, ECLI:EU:C:2017:431 – *Medisanus* (= P Nr. 149).

7. Freizügigkeit der Arbeitnehmer

Literaturhinweise: *Battis, U./Ingold, A./Kuhnert, K.:* Zur Vereinbarkeit der „6+5"-Spielregel der FIFA mit dem Unionsrecht, EuR 2010, S. 3; *Becker, U.:* Arbeitnehmerfreizügigkeit, in: Ehlers, D. (Hrsg.), Europäische Grundrechte und Grundfreiheiten, 4. Aufl. 2015, S. 355; *Burgi, M.:* Freier Personenverkehr in Europa und nationale Verwaltung, JuS 1996, S. 958; *Dietz, S./Streinz, T.:* Das Marktzugangskriterium in der Dogmatik der Grundfreiheiten, EuR 2015, S. 50; *Fabis, H.:* Neuere Rechtsprechung des EuGH zum Zugang von EU-Ausländern zum öffentlichen Dienst (Art. 48 Abs. 4 EGV), EWS 1998, S. 371; *Fuchs, M.:* Die Beschränkung des Arbeitsmarktzugangs für Angehörige aus den EU-8-Staaten, ZESAR 2007, S. 97; *Junker, A.:* Europa und das deutsche Tarifrecht – Was bewirkt der EuGH?, ZfA 2009, S. 281; *Kluth, W.:* Die Bindung privater Wirtschaftsteilnehmer an die Grundfreiheiten des EG-Vertrages, AöR 122 (1997), S. 557; *Koenig, Ch./Steiner, U.:* Die Vereinbarkeit nachvertraglicher Wettbewerbsverbote mit der Arbeitnehmerfreizügigkeit, NJW 2002, S. 3583; *Maiß, S.:* Die Entsendung von Arbeitnehmern aus den MOE-Staaten auf Werkvertragsbasis nach der EU-Osterweiterung, 2008; *Michaelis, L. O.:* Unmittelbare Drittwirkung der Grundfreiheiten – Zum Fall Angonese, NJW 2001, S. 1841; *Nettesheim, M.:* Die europarechtlichen Grundrechte auf wirtschaftliche Mobilität (Art. 48, 52 EGV), NVwZ 1996, S. 342; *Krebber, S.:* Die arbeitsrechtliche Bedeutung der Arbeitnehmerfreizügigkeit des Unionsrechts, EuZA 2019, S. 62; *Odendahl, G.:* Arbeitnehmerfreizügigkeit, Niederlassungs- und Dienstleistungsfreiheit, JA 1996, S. 309; *Parpart, H.:* Die unmittelbare Bindung Privater an die Personenverkehrsfreiheiten im europäischen Gemeinschaftsrecht. Eine Darstellung der Arbeitnehmerfreizügigkeit, Niederlassungs- und Dienstleistungsfreiheit, 2003; *Solta, S.:* Zugang zum deutschen Arbeitsmarkt für Staatsangehörige aus den neuen Mitgliedstaaten der Europäischen Union, ZAR 2008, S. 87; *Schiek, D./Uddin, S.:* „Brexit" und das Arbeitsrecht – für deutsche Unternehmen und Beschäftigte, NZA 2019, S. 345; *Veltmann, D.:* Der Anwendungsbereich des Freizügigkeitsrechts der Arbeitnehmer gem. Art. 48 EGV (Art. 39 EGV n. F.), 2000; *Wienbracke, M.:* „Innerhalb der Union ist die Freizügigkeit der Arbeitnehmer gewährleistet" – eine aktuelle Bestandsaufnahme zu Art. 45 AEUV, EuR 2012, S. 483.

951 Die Freizügigkeit der Arbeitnehmer gewährleistet als eine der Säulen der Personenverkehrsfreiheiten (Art. 26 Abs. 2 AEUV) die Mobilität des Produktionsfaktors Arbeit. Jeder Arbeitnehmer der Mitgliedstaaten soll sich seine Existenzgrundlage dort sichern dürfen, wo ihm die Voraussetzungen am günstigsten erscheinen. Nach jahrzehntelanger Erfahrung hat sich nunmehr herauskristallisiert, dass viele Wanderarbeitnehmer ihre Familien nachholen und oft nach Beendigung ihres Arbeitsverhältnisses nicht mehr in ihren Heimatstaat zurückkehren. Die Arbeitnehmerfreizügigkeit war und ist – nunmehr flankiert von der umfassenderen unionsbürgerlichen Freizügigkeit (vgl. Rn. 809 ff.) – der Motor einer langfristigen sozialen und politischen Eingliederung von EU-Ausländern in anderen Mitgliedstaaten.

a) Schutzbereich

952 Die Arbeitnehmerfreizügigkeit gewährleistet Aufnahme und Ausübung einer *unselbstständigen Erwerbstätigkeit* in einem anderen Mitgliedstaat sowie das Recht, zu diesem Zweck in einen anderen Mitgliedstaat einzureisen (Art. 45 Abs. 3 lit. b und lit. c AEUV). Dem Arbeitnehmer bleibt die Wahl, ob er seinen Wohnsitz in den Zielstaat verlegt oder von seinem Herkunftsstaat zu seiner Arbeitsstätte pendelt. Jeder Unionsbürger hat das Recht sich um tatsächlich angebotene Stellen zu bewerben (Art. 45 Abs. 3 lit. a AEUV) sowie nach Beendi-

gung der Beschäftigung im Hoheitsgebiet seines Beschäftigungsstaates unter von der Kommission festgelegten Bedingungen zu verbleiben (Art. 45 Abs. 3 lit. d AEUV). Jede unterschiedliche Behandlung aus Gründen der Staatsangehörigkeit in Bezug auf Beschäftigung, Entlohnung und sonstige Arbeitsbedingungen wird im Rahmen der Arbeitnehmerfreizügigkeit abgeschafft (Art. 45 Abs. 2 AEUV; vgl. Rn. 971 ff.). Maßnahmen, welche die Aufnahme einer abhängigen Beschäftigung in einem anderen Mitgliedstaat behindern oder weniger attraktiv machen, ohne (offen oder versteckt) nach der Staatsangehörigkeit des Arbeitnehmers zu diskriminieren, sind ebenso untersagt (vgl. Rn. 976 ff.).

aa) Sachlicher Schutzbereich

(α) Begriff des Arbeitnehmers

Als *autonomer Begriff des Unionsrechts* ist „Arbeitnehmer" unabhängig von den mitgliedstaatlichen Rechtsordnungen nach objektiven Kriterien auszulegen[644]. *Arbeitnehmer* sind Personen, die für eine bestimmte Zeit eine unselbstständige Tätigkeit im Lohn- oder Gehaltsverhältnis ausüben. Darunter fällt jeder, der für einen anderen nach dessen Weisungen Leistungen erbringt, für die er als Gegenleistung eine Vergütung erhält[645]. Der Begriff des Arbeitnehmers ist aufgrund der Bedeutung der Grundfreiheiten weit auszulegen[646]. Sowohl Teilzeitbeschäftigungen und Beschäftigungen von nur kurzer Dauer[647] als auch nur dem Existenzminimum entsprechendes Entgelt ausschüttende Anstellungen fallen darunter[648]. Auch wenn der Grund der Einreise ein anderer ist, der Betroffene z. B. in erster Linie eine Ausbildung absolvieren möchte, fällt er trotzdem in den Schutzbereich der Arbeitnehmerfreizügigkeit, sofern er ein Arbeitnehmer im Sinne des Unionsrechts ist[649]. Lediglich Tätigkeiten von gänzlich unwesentlichem Umfang bleiben außer Betracht[650]. Der erstmals *Arbeitsuchende*, der noch kein Arbeitsverhältnis begründet hat, sondern zunächst den Zugang zum Arbeitsmarkt des Aufenthaltsstaats sucht, ist kein Arbeitnehmer im eigentlichen Sinne, unterfällt aber nach ständiger Rechtsprechung auch dem sachlichen Schutzbereich der Arbeit-

953

---

644 EuGH, Rs. 53/81, Slg. 1982, S. 1035, Rn. 11 – *Levin*.
645 EuGH, Rs. 66/85, Slg. 1986, S. 2121, Rn. 17 – *Lawrie-Blum*.
646 EuGH, Rs. 53/81, Slg. 1982, S. 1035, Rn. 13 – *Levin*; EuGH, Rs. C-413/01, Slg. 2003, S. I-13187, Rn. 23 – *Ninni-Orasche* (= P Nr. 170).
647 So ist beispielsweise eine in Österreich lebende Italienerin, die einer zeitlich befristeten abhängigen Beschäftigung für eine Dauer von zweieinhalb Monaten nachgeht, Arbeitnehmerin im Sinne von Art. 45 AEUV; EuGH, Rs. C-413/01, Slg. 2003, S. I-13187, Rn. 25, 32 – *Ninni-Orasche* (= P Nr. 170).
648 EuGH, Rs. 139/85, Slg. 1986, S. 1741, Rn. 14 – *Kempf*.
649 EuGH, Rs. C-46/12, ECLI:EU:C:2013:97, Rn. 46 ff. – *L.N.*
650 EuGH, Rs. 197/86, Slg. 1988, S. 3205, Rn. 21 – *Brown*; EuGH, Rs. C-107/94, Slg. 1996, S. I-3089, Rn. 25 – *Asscher*; EuGH, Rs. C-176/96, Slg. 2000, S. I-2681, Rn. 44 – *Lehtonen*; EuGH, Rs. C-94/07, Slg. 2008, S. I-5939, Rn. 33 – *Raccanelli*; EuGH, Rs. C-46/12, Slg. 2008, S. I-5939, Rn. 42 – *L.N.*

nehmerfreizügigkeit[651]. Er hat ebenso ein Aufenthaltsrecht (vgl. Rn. 960) und vor allem einen Anspruch auf die in Art. 45 Abs. 2 AEUV gewährleistete Gleichbehandlung (vgl. Rn. 971 ff.)[652], kann aber im Hinblick auf den Zugang zu sozialen Vergünstigungen nur solche Leistungen erhalten, die den Zugang zum Arbeitsmarkt erleichtern[653] (Rn. 820).

954 Es muss sich im Rahmen der Arbeitnehmerfreizügigkeit um eine *Tätigkeit im Wirtschaftsleben* handeln[654]. Rein soziale[655], kulturelle und sportliche Tätigkeiten ohne wirtschaftlichen Bezug sind daher nicht erfasst. Arbeitnehmer sind aber Berufssportler, die ihre sportliche Tätigkeit professionell gegen Entgelt ausüben[656] und nicht gegenüber den Veranstaltern bzw. den Vereinen als selbstständige Unternehmer auftreten. Studenten und Auszubildende erfüllen nur dann den Arbeitnehmerbegriff, wenn sie etwa als Praktikanten oder Referendare in einem abhängigen Beschäftigungsverhältnis stehen[657]. Auch eine Beschäftigung bei einer internationalen Organisation unterfällt den Bestimmungen über die Arbeitnehmerfreizügigkeit[658], sofern keine das Unionsrecht verdrängenden Sonderregelungen bestehen. Der für ein Arbeitnehmerverhältnis geforderte wirtschaftliche Bezug fehlt hingegen bei Tätigkeiten, die nur ein Mittel der Rehabilitation oder der Wiedereingliederung des Betroffenen in das Arbeitsleben darstellen[659].

955 Eine vermeintlich *sittenwidrige oder unsittliche Tätigkeit* fällt in den Anwendungsbereich der Arbeitnehmerfreizügigkeit, sofern die Tätigkeit im betreffenden Mitgliedstaat rechtmäßig ausgeübt wird[660]. So ist aus der Rechtsprechung des EuGH, der die selbstständig ausgeübte Prostitution unter den Begriff der Niederlassungsfreiheit subsumiert[661], zu schließen, dass die unselbstständig ausgeübte Prostitution von der Arbeitnehmerfreizügigkeit erfasst wird. Die Rechtsprechung des EuGH ist diesbezüglich allerdings inkonsistent. Während der Gerichtshof auf der einen Seite den Arbeitnehmerbegriff als autonomen Begriff des

---

651 Vgl. EuGH, Rs. C-138/02, Slg. 2004, S. I-2703, Rn. 57 – *Collins;* EuGH, Rs. C-258/04, Slg. 2005, S. I-8275, Rn. 21 – *Ioannidis;* EuGH verb. Rs. C-22/08 u. C-23/08, Slg. 2009, S. I-4585, Rn. 36 – *Vatsouras.*
652 EuGH, Rs. C-138/02, Slg. 2004, S. I-2703, Rn. 57 – *Collins.*
653 Vgl. EuGH, Rs. C-138/02, Slg. 2004, S. I-2703, Rn. 63 – *Collins;* EuGH, Rs. C-258/04, Slg. 2005, S. I-8275, Rn. 22 – *Ioannidis;* EuGH verb. Rs. C-22/08 u. C-23/08, Slg. 2009, S. I-4585, Rn. 37 – *Vatsouras.*
654 EuGH, Rs. 66/85, Slg. 1986, S. 2121, Rn. 20 – *Lawrie-Blum;* EuGH, Rs. C-176/96, Slg. 2000, S. I-2681, Rn. 43 – *Lehtonen.*
655 Vgl. dazu etwa EuGH, Rs. C-281/00, Slg. 2002, S. I-691, Rn. 45 – *INAIL.*
656 EuGH, Rs. C-415/93, Slg. 1995, S. I-4921, Rn. 73 ff. – *Bosman* (= P Nr. 178); EuGH, Rs. C-325/08, Slg. 2010, S. I-2177, Rn. 28 – *Olympique Lyonnais.*
657 EuGH, Rs. 66/85, Slg. 1986, S. 2121, Rn. 19 – *Lawrie-Blum;* EuGH, Rs. C-109/04, Slg. 2005, S. I-2421, Rn. 18 – *Kranemann* (= P Nr. 180).
658 EuGH, Rs. C-310/91, Slg. 1993, S. I-3011, Rn. 20 – *Schmid;* EuGH, Rs. C-411/98, Slg. 2000, S. I-8081, Rn. 42 f. – *Ferlini.*
659 EuGH, Rs. 344/87, Slg. 1989, S. 1621, Rn. 17 – *Bettray;* EuGH, Rs. C-456/02, Slg. 2004, S. I-7573, Rn. 18 – *Trojani.*
660 Vgl. EuGH, Rs. C-268/99, Slg. 2001, S. I-8615, Rn. 56 f. – *Jany.*
661 EuGH, Rs. C-268/99, Slg. 2001, S. I-8615, Rn. 50, 56 f. – *Jany.*

Unionsrechts versteht, der unabhängig von den mitgliedstaatlichen Rechtsordnungen auszulegen ist[662], führt er auf der anderen Seite aus, es sei nicht seine Sache, die Beurteilung der Gesetzgeber der Mitgliedstaaten, in denen eine angeblich unsittliche Tätigkeit rechtmäßig ausgeübt wird, durch seine eigene Beurteilung zu ersetzen[663].

Maßgeblich für die *Abgrenzung zur Niederlassungsfreiheit* sind die Kriterien des fehlenden unternehmerischen Risikos und der Fremdbestimmtheit. Anhaltspunkte für die Ausübung einer selbstständigen Tätigkeit sind die Beteiligung an Gewinn und Verlust, die freie Bestimmung der Arbeitszeit, die Weisungsfreiheit und die Auswahl der Mitarbeiter[664]. Demnach hat der EuGH etwa den alleinigen Geschäftsführer einer niederländischen Gesellschaft aufgrund seiner fehlenden Weisungsgebundenheit nicht als Arbeitnehmer i. S. v. Art. 45 Abs. 1 AEUV eingestuft[665]. Demgegenüber bejahte der EuGH die Arbeitnehmereigenschaft des Fremdgeschäftsführers einer deutschen GmbH, da dieser den Weisungen der Gesellschafterversammlung unterliege und jederzeit gegen seinen Willen abberufen werden könne[666]. Auch allein die Entlohnung eines Beschäftigten im Wege einer Ertragsbeteiligung schließt die Arbeitnehmereigenschaft noch nicht aus[667].

956

Das Kriterium der Weisungsgebundenheit der ausgeübten Tätigkeit grenzt die Freizügigkeit der Arbeitnehmer auch von der *Dienstleistungsfreiheit* ab, die gleichfalls an eine selbstständig erbrachte Leistung anknüpft (vgl. Rn. 1048). Werden Arbeitnehmer von ihrem Arbeitgeber in einen anderen Mitgliedstaat entsandt und erbringen sie dort eine ihrem Arbeitgeber obliegende Dienstleistung *(Arbeitnehmerentsendung)*, handeln sie im Verhältnis zu ihrem Arbeitgeber weisungsgebunden und unterfallen ggf. Art. 45 AEUV. Gleichwohl ist bei Störungen der Leistungserbringung nicht die Arbeitnehmerfreizügigkeit, sondern die Dienstleistungsfreiheit einschlägig, da insoweit allein das Verhältnis zwischen Dienstleistungserbringer und Dienstleistungsempfänger maßgeblich ist; die Arbeitnehmer suchen keinen Zugang zum Arbeitsmarkt des Mitgliedstaates, in dem sie tätig werden, sondern haben bereits einen Arbeitsvertrag. Solange in dem Verhältnis von Dienstleistungserbringer und Dienstleistungsempfänger keine Weisungsgebundenheit vorliegt, handelt es sich um eine selbstständige Leistung, die den Bestimmungen über die Freiheit des Dienstleistungsverkehrs folgt. Das interne Verhältnis des Dienstleistungserbringers zu seinen Angestellten ist dabei nicht entscheidend[668]. Hiervon zu unterscheiden ist die Konstellation der *Arbeitnehmerüberlassung*. Zwar handelt es sich bei der entgeltlichen

957

---

662 EuGH, Rs. 53/81, Slg. 1982, S. 1035, Rn. 11 – *Levin*.
663 EuGH, Rs. C-159/90, Slg. 1991, S. I-4685, Rn. 20 – *Grogan*; EuGH, Rs. C-275/92, Slg. 1994, S. I-1039, Rn. 32 – *Schindler* (= P Nr. 211).
664 EuGH, Rs. 3/87, Slg. 1989, S. 4459, Rn. 36 – *Agegate*.
665 EuGH, Rs. C-107/94, Slg. 1996, S. 3089, Rn. 26 – *Asscher*.
666 EuGH, Rs. C-229/14, ECLI:EU:C:2015:455, Rn. 40 – *Balkaya*. Vgl. hierzu *Forst*, EuZW 2015, S. 664.
667 EuGH, Rs. 3/87, Slg. 1989, S. 4459, Rn. 36 ff. – *Agegate*.
668 Vgl. EuGH, Rs. C-113/89, Slg. 1990, S. I-1417, Rn. 12 ff. – *Rush Portuguesa* (= P Nr. 216).

Überlassung von abhängig Beschäftigten aus der Perspektive des Verleihunternehmens um eine Dienstleistung, auf die bei grenzüberschreitender Ausübung Art. 56 ff. AEUV zur Anwendung gelangen. Anders als bei der Arbeitnehmerentsendung unterfallen die grenzüberschreitend überlassenen Arbeitnehmer jedoch den Bestimmungen über die Freizügigkeit der Arbeitnehmer, da sie durch die Überlassung zum einen (zeitlich begrenzt) Zugang zum Arbeitsmarkt eines anderen Mitgliedstaates erlangen und zum anderen das Weisungsrecht auf das entleihende Unternehmen im Empfangsstaat übergeht[669]. In der Rs. *Alpenrind II* wurde entschieden, dass (auch nachträglich erteilte) Entsendebescheinigungen, auf deren Grundlage die jeweiligen Arbeitnehmer tätig werden, für alle mitgliedstaatlichen Gerichte bindend sind[670], was insbesondere für die Entscheidung wichtig ist, in welchem Land die Arbeitnehmer sozialversichert sind.

(β) Grenzüberschreitung

958 Voraussetzung für die Anwendung der Regeln über die Freizügigkeit der Arbeitnehmer ist ein *grenzüberschreitender Anknüpfungspunkt*. Erfasst werden zunächst neben Zuzugsfällen auch Grenzgängersituationen, in denen ein Arbeitnehmer seinen Wohnsitz in seinem Herkunftsstaat behält und in seinen Beschäftigungsstaat pendelt. Eigene Staatsangehörige können sich gegenüber ihrem Heimatstaat bei rein mitgliedstaatsinternen Vorgängen nicht auf die unionsrechtlich garantierte Arbeitnehmerfreizügigkeit berufen[671]. Eine Schlechterstellung eigener Staatsangehöriger gegenüber ausländischen Arbeitnehmern ist daher nicht verboten (sog. *Inländerdiskriminierung,* Rn. 875). Allerdings darf ein Staat seine eigenen Staatsangehörigen, wenn sie sich ihm gegenüber in einer Lage befinden, die mit derjenigen der vom Freizügigkeitsrecht begünstigten Ausländer vergleichbar ist, nicht vom Genuss dieser Rechte ausschließen[672]. So darf ein Staat seinen eigenen Staatsangehörigen die Anerkennung unionsrechtlich geregelter, in einem anderen Mitgliedstaat erworbener beruflicher Qualifikationen nicht versagen[673]. Ebenso dürfen beispielsweise von einem eigenen Staatsangehörigen, der im Laufe eines Jahres seinen Wohnort von einem anderen Mitgliedstaat in den eigenen zurückverlegt, keine erhöhten Sozialversicherungsbeiträge erhoben werden[674]. Mitgliedstaatliche Regelungen, die einen Staatsangehörigen daran hindern

---

669 Vgl. EuGH, Rs. C-113/89, Slg. 1990, S. I-1417, Rn. 16 – *Rush Portuguesa* (= P Nr. 216); EuGH, verb. Rs. C-307/09 bis C-309/09, Slg. 2011, S. I-453. Rn. 30 – *Vicoplus;* EuGH, Rs. C-586/14, ECLI:EU:C:2015:405, Rn. 33 – *Martin Meat.*
670 EuGH, Rs. C-527/16, ECLI:EU:C:2018:669, Rn. 39 ff. – *Alpenrind.*
671 EuGH, Rs. C-332/90, Slg. 1992, S. I-341, Rn. 9 ff. – *Steen I* (= P Nr. 172); EuGH, Rs. C-134/95, Slg. 1997, S. I-195, Rn. 19 f. – *USSL;* EuGH, verb. Rs. C-64/96 u. C-65/96, Slg. 1997, S. I-3171, Rn. 16 – *Uecker;* EuGH, Rs. C-212/06, Slg. 2008, S. I-1683, Rn. 33 – *Gouvernement de la communauté française and Gouvernement wallon.*
672 EuGH, Rs. C-107/94, Slg. 1996, S. I-3089, Rn. 32 – *Asscher.*
673 EuGH, Rs. C-19/92, Slg. 1993, S. I-1663, Rn. 16, 32 – *Kraus* (= P Nr. 200); EuGH, Rs. C-298/14, ECLI:EU:C:2015:652, Rn. 27 – *Brouillard.*
674 EuGH, Rs. C-18/95, Slg. 1999, S. I-345, Rn. 42 – *Terhoeve.*

oder davon abhalten, seinen Heimatstaat zu verlassen, um von seinem Recht auf Freizügigkeit in einem anderen Mitgliedstaat Gebrauch zu machen, stellen ebenfalls eine Beeinträchtigung dieser Freiheit dar *(Wegzugskonstellation)*[675].

(γ) Aufenthalts- und Bewegungsrecht

Um sicherzustellen, dass jeder Unionsbürger sich eine Beschäftigung in einem anderen Mitgliedstaat suchen und dieser tatsächlich nachgehen kann, ist es unerlässlich, dass den Arbeitnehmern ein Aufenthalts- und Bewegungsrecht in den Mitgliedstaaten der Union zusteht. Dieses ergibt sich unmittelbar aus Art. 45 Abs. 1, Abs. 3 lit. b, lit. c und lit. d AEUV. Die Ausgestaltung dieses Rechts erfolgt durch die Richtlinie 2004/38/EG über das Recht der Unionsbürger und ihrer Familienangehörigen, sich im Hoheitsgebiet der Mitgliedstaaten frei zu bewegen und aufzuhalten[676]. Diese sekundärrechtlichen Regelungen im Bereich des Freizügigkeitsrechts konkretisieren die primärrechtliche Garantie der Arbeitnehmerfreizügigkeit aus Art. 45 AEUV.

959

Das Einreise- und Aufenthaltsrecht aus Art. 45 AEUV beginnt mit der Stellensuche und endet mit Abschluss der unselbstständigen Erwerbstätigkeit[677]. Obgleich insbesondere das *Aufenthaltsrecht zur Arbeitssuche* nicht ausdrücklich in Art. 45 Abs. 3 lit. a bis d AEUV erwähnt wird, folgt es unmittelbar aus der Arbeitnehmerfreizügigkeit[678]. Wie lange sich ein Unionsbürger zur Arbeitssuche in einem anderen Mitgliedstaat aufhalten darf, ist nicht ausdrücklich festgelegt. Der EuGH hält einen Zeitraum von sechs Monaten für angemessen, wenn der Arbeitssuchende nicht nachweisen kann, dass er weiterhin mit begründeter Aussicht auf Erfolg Arbeit sucht[679]. Der Suchende hat nach Ablauf dieser Frist kein Aufenthalts- und Gleichbehandlungsrecht aus der Arbeitnehmerfreizügigkeit mehr (vgl. dazu Rn. 953), kann sich jedoch weiterhin auf die Freizügigkeit aus Art. 21 Abs. 1 AEUV – gegebenenfalls in Verbindung mit Art. 18 Abs. 1 AEUV – berufen, sofern diese keinen Beschränkungen im Einzelfall unterliegt (Rn. 775 ff., 817, 819)[680].

960

(δ) Bereichsausnahme für die Beschäftigung in der öffentlichen Verwaltung

Die Bestimmungen über die Arbeitnehmerfreizügigkeit sind *nicht anwendbar auf die Beschäftigung in der öffentlichen Verwaltung* (Art. 45 Abs. 4 AEUV). Eine Beschäftigung in diesem Ausnahmebereich ist nicht schon dann gegeben, wenn sie

961

---

675 EuGH, Rs. C-415/93, Slg. 1995, S. I-4921, Rn. 96 – *Bosman* (= P Nr. 178); EuGH, Rs. C-325/08, Slg. 2010, S. I-2177, Rn. 33 f. – *Olympique Lyonnais*.
676 ABl.EU 2004 Nr. L 158, S. 77.
677 EuGH, Rs. C-292/89, Slg. 1991, S. I-745, Rn. 13 – *Antonissen*.
678 EuGH, Rs. C-292/89, Slg. 1991, S. I-745, Rn. 9 ff. – *Antonissen;* EuGH, Rs. C-344/95, Slg. 1997, S. I-1035, Rn. 15 – *Kommission/Belgien*.
679 EuGH, Rs. C-171/91, Slg. 1993, S. I-2925, Rn. 13 – *Tsiotras*.
680 EuGH, Rs. C-413/99, Slg. 2002, S. I-7091, Rn. 94 – *Baumbast u. R* (= P Nr. 124).

als solche bezeichnet wird. Unerheblich ist die Rechtsnatur des Beschäftigungsverhältnisses, d.h. ob es privatrechtlich oder öffentlich-rechtlich ausgestaltet ist[681]. Sie liegt vielmehr bei Stellen vor, die eine unmittelbare oder mittelbare Teilnahme an der Ausübung hoheitlicher Befugnisse und an der Wahrnehmung von Aufgaben mit sich bringen, die auf die Wahrung von allgemeinen Belangen des Staates oder anderer öffentlicher Körperschaften gerichtet sind und ein besonderes Treueverhältnis zum Staat erfordern[682]. Vom Geltungsbereich der Arbeitnehmerfreizügigkeit ausgenommen sind daher Tätigkeiten, die ein *Verhältnis besonderer Verbundenheit des jeweiligen Stelleninhabers zum Staat sowie die Gegenseitigkeit von Rechten und Pflichten voraussetzen, die dem Staatsangehörigkeitsband zugrunde liegen*[683]. Die Ausübung hoheitlicher Befugnisse darf jedoch nicht nur sporadisch oder ausnahmsweise Teil der in Rede stehenden Tätigkeit sein[684]. Vielmehr müssen diese Befugnisse vom Stelleninhaber tatsächlich regelmäßig ausgeübt werden und dürfen nicht nur einen sehr geringen Teil seiner Tätigkeiten ausmachen[685].

962 In diesem Sinne wird „öffentliche Verwaltung" als autonomer Begriff des Unionsrechts verstanden, der unabhängig von den mitgliedstaatlichen Rechtsordnungen auszulegen ist[686]. Damit soll verhindert werden, dass die praktische Wirksamkeit der Vertragsbestimmungen über die Arbeitnehmerfreizügigkeit durch eine Auslegung des Begriffs der „öffentlichen Verwaltung" geschmälert wird, die allein vom nationalen Recht geprägt ist[687]. Nicht in die Bereichsausnahme des Art. 45 Abs. 4 AEUV fallen beispielsweise Krankenpfleger und -schwestern, Lehrer und Fremdsprachenlektoren im Schuldienst, Studienreferendare im Vorbereitungsdienst für ein Lehramt[688], Rechtsreferendare im juristischen Vorbereitungsdienst[689] und Fachärzte[690]. Nicht anwendbar ist die Bereichsausnahme letztlich auf die gesamte Tätigkeit im Bereich der öffentlichen Daseinsvorsorge, im öffentlichen Gesundheitsdienst und im gesamten Bildungswesen[691]. Handelt der Staat privatrechtlich, kann er sich grundsätzlich nicht auf Art. 45 Abs. 4 AEUV berufen[692]. Positiv gewendet lassen sich wohl folgende Be-

---

681 EuGH, Rs. 152/73, Slg. 1974, S. 153, Rn. 5 f. – *Sotgiu*.
682 EuGH, Rs. 149/79, Slg. 1980, S. 3881, Rn. 10 – *Kommission/Belgien;* EuGH, Rs. C-290/94, Slg. 1996, S. I-3285, Rn. 2 – *Kommission/Griechenland*.
683 EuGH, Rs. 66/85, Slg. 1986, S. 2121, Rn. 27 – *Lawrie-Blum;* EuGH, Rs. C-270/13, ECLI:EU:C:2014:2185, Rn. 44 – *Haralambidis*.
684 EuGH, Rs. C-47/02, Slg. 2003, S. I-10447, Rn. 63 – *Anker*.
685 EuGH, Rs. C-270/13, ECLI:EU:C:2014:2185, Rn. 58 – *Haralambidis*. Vgl. insoweit auch *Pötters*, EuZW 2014, S. 948.
686 EuGH, Rs. 149/79, Slg. 1980, S. 3881, Rn. 12 – *Kommission/Belgien;* EuGH, Rs. C-473/93, Slg. 1996, S. I-3207, Rn. 26 – *Kommission/Luxemburg*.
687 EuGH, Rs. C-473/93, Slg. 1996, S. I-3207, Rn. 27 – *Kommission/Luxemburg*.
688 Vgl. EuGH, Rs. C-473/93, Slg. 1996, S. I-3207, Rn. 33 – *Kommission/Luxemburg*.
689 EuGH, Rs. C-109/04, Slg. 2005, S. I-2421, Rn. 19 – *Kranemann* (= P Nr. 180).
690 EuGH, Rs. C-15/96, Slg. 1998, S. I-47, Rn. 13 – *Schöning-Kougebetopoulou*.
691 Näher hierzu *Franzen*, in: Streinz (Hrsg.), EUV/AEUV, Art. 45, Rn. 151.
692 EuGH, Rs. C-283/99, Slg. 2001, S. I-4363, Rn. 25 – *Kommission/Italien*.

reiche unter Art. 45 Abs. 4 AEUV fassen: diplomatischer Dienst, Finanz- und Zollverwaltung, innere und äußere Sicherheit, Justiz, Leitungsfunktionen in obersten Bundes- und Landesbehörden.

bb) Persönlicher Schutzbereich

Die Freizügigkeit der Arbeitnehmer berechtigt grundsätzlich *Arbeitnehmer*, die Staatsangehörige eines Mitgliedstaates sind[693]. Nicht erfasst sind drittstaatsangehörige und staatenlose Arbeitnehmer. Anders als bei der Dienstleistungsfreiheit (vgl. Rn. 1057) müssen die mitgliedstaatsangehörigen Arbeitnehmer jedoch nicht innerhalb der EU ansässig sein. So gelangt beispielsweise eine Arbeitnehmerin, die deutsche Staatsangehörige ist, in der Schweiz wohnt und täglich von dort nach Frankreich zu ihrer Arbeitsstelle pendelt, in den Genuss der Rechte der Arbeitnehmerfreizügigkeit. 963

Neben Arbeitnehmern können sich auch *Arbeitgeber* auf die Arbeitnehmerfreizügigkeit berufen[694]. Das Recht der Arbeitnehmer, bei Einstellung und Beschäftigung nicht diskriminiert zu werden, kann nur dann seine volle Wirkung entfalten, wenn die Arbeitgeber ein entsprechendes Recht darauf haben, Arbeitnehmer nach Maßgabe der Bestimmungen über die Freizügigkeit einstellen zu können[695]. So kann sich ein Arbeitgeber auf Art. 45 AEUV berufen, wenn eine innerstaatliche Bestimmung es ihm verbietet, eine Person als Geschäftsführer zu bestellen, die nicht die Staatsangehörigkeit dieses Mitgliedstaates besitzt oder die in diesem Staat keinen Wohnsitz hat[696]. In der Rs. *Las* berief sich ein Arbeitgeber auf die Unanwendbarkeit eines mitgliedstaatlichen Dekrets, wonach Arbeitsverträge in der regionalen Amtssprache abzufassen waren[697]. Auch können sich unter besonderen Umständen *private Arbeitsvermittler*, die weder Arbeitnehmer noch Arbeitgeber sind, auf Art. 45 AEUV berufen, sofern dies zur effektiven Ausübung der Grundfreiheit erforderlich ist (Rn. 1048)[698]. 964

Die Rechtsstellung der *Familienangehörigen* von Arbeitnehmern ergab sich bislang aus der Verordnung 1612/68/EWG über die Freizügigkeit der Arbeitnehmer innerhalb der Gemeinschaft vom 15. Oktober 1968[699], die nunmehr durch die Verordnung 492/2011/EU über die Freizügigkeit der Arbeitnehmer innerhalb der Union vom 5. April 2011 abgelöst wurde. Bereits vor ihrer Kodifikation wurde die Verordnung 1612/68/EWG durch die Richtlinie 2004/38/EG[700], welche die bisherigen Rechtsvorschriften zur Freizügigkeit der Unionsbürger in einem einzigen Rechtsakt zusammenfasst, in Teilen ersetzt. Nach 965

---

693 EuGH, Rs. 118/75, Slg. 1976, S. 1185, Rn. 11/12 – *Watson u. Belmann*.
694 EuGH, Rs. C-202/11, ECLI:EU:C:2013:239, Rn. 18 – *Las*.
695 EuGH, Rs. C-350/96, Slg. 1998, S. I-2521, Rn. 19 ff. – *Clean Car Autoservice* (= P Nr. 173).
696 EuGH, Rs. C-350/96, Slg. 1998, S. I-2521, Rn. 27 ff. – *Clean Car Autoservice* (= P Nr. 173).
697 EuGH, Rs. C-202/11, ECLI:EU:C:2013:239 – *Las*.
698 EuGH, Rs. C-208/05, Slg. 2007, S. I-181, Rn. 24 f. – *ITC* (= P Nr. 174).
699 ABl.EG 1968 Nr. L 257, S. 2; ABl.EG 1992 Nr. L 245, S. 1.
700 ABl.EU 2004 Nr. L 157, S. 77, ber. ABl.EU 2004 Nr. L 229, S. 35.

Art. 2 Nr. 2 der Richtlinie 2004/38/EG genießen Ehegatten und Verwandte des Unionsbürgers und des Ehegatten in gerader absteigender Linie, die das 21. Lebensjahr noch nicht vollendet haben oder denen von diesen Unterhalt gewährt wird, sowie die Verwandten in gerader aufsteigender Linie, denen Unterhalt gewährt wird, ein sekundärrechtliches Aufenthaltsrecht. Ein Aufenthaltsrecht genießt auch, anders als nach vorheriger Rechtslage[701], ein nichtehelicher Lebenspartner, mit dem der Unionsbürger auf der Grundlage der Rechtsvorschriften eines Mitgliedstaats eine eingetragene Partnerschaft eingegangen ist, sofern nach den Rechtsvorschriften des Aufnahmemitgliedstaats die eingetragene Partnerschaft der Ehe gleichgestellt ist und die in den einschlägigen Rechtsvorschriften des Aufnahmemitgliedstaats vorgesehenen Bedingungen erfüllt sind. Dieses sekundärrechtliche Aufenthaltsrecht besteht ungeachtet der Staatsangehörigkeit, d. h., auch Angehörige von Drittstaaten und Staatenlose fallen als Familienangehörige eines Arbeitnehmers unter diese Regelung[702]. Darüber hinaus haben Familienangehörige eines Arbeitnehmers nach Art. 23 der Richtlinie 2004/38/EG das Recht, eine Erwerbstätigkeit als Arbeitnehmer oder Selbstständige auszuüben. Konstitutive Bedeutung hat diese sekundärrechtliche Berechtigung allerdings nur für drittstaatsangehörige Familienmitglieder, ebenso wie der in der Richtlinie auch für diese Personengruppe vorgesehene Anspruch auf Inländergleichbehandlung. EU-ausländische Familienangehörige können sich dagegen unmittelbar auf die entsprechenden primärrechtlichen Verbürgungen berufen.

cc) Zeitlicher Schutzbereich

966 Zunächst schützt die Freizügigkeit der Arbeitnehmer jeden, der in einem Arbeitsverhältnis steht. Der zeitliche Schutzbereich erfasst damit jedenfalls die *Dauer der unselbstständigen Erwerbstätigkeit.* Da Art. 45 Abs. 3 AEUV darüber hinaus auch den freien Zugang zu einer Beschäftigung in einem anderen Mitgliedstaat garantiert, ist ebenso die *Dauer der Stellensuche und der Bewerbung* zeitlich von der Arbeitnehmerfreizügigkeit umfasst. Nach Beendigung des Arbeitsverhältnisses besitzen Arbeitnehmer ein in der Richtlinie 2004/38/EG[703] näher ausgestaltetes Verbleiberecht nach Art. 45 Abs. 3 lit. d AEUV. Damit fällt unter bestimmten Voraussetzungen auch ein *Zeitraum nach Verlust der Arbeitnehmerstellung* in den Schutzbereich der Arbeitnehmerfreizügigkeitsgarantie. Spezielle Übergangsregelungen für die Anwendbarkeit der Bestimmungen über die Arbeitnehmerfreizügigkeit wurden im Rahmen der zurückliegenden Erweiterungen der Union im Verhältnis von Alt- und Neu-Mitgliedern vorgesehen. Die gegenüber den zum 1. Mai 2004 beigetretenen Mitgliedstaaten vereinbarten Übergangsregelungen sind bereits zum 1. Mai 2011 abgelaufen. Zum 1. Januar 2014 endeten die entsprechenden Übergangsregelungen gegenüber Bulgarien

---

701 EuGH, Rs. 59/85, Slg. 1986, S. 1283, Rn. 16 – *Reed.*
702 Vgl. EuGH, Rs. 94/84, Slg. 1985, S. 1873, Rn. 25 – *Deak.*
703 ABl.EU 2004 Nr. L 157, S. 77, geänd. ABl.EU 2011 Nr. L 141, S. 1.

und Rumänien, die seit dem 1. Januar 2007 Mitglieder der Union sind. Im Verhältnis zu dem am 1. Juli 2013 beigetretenen Kroatien gilt, dass die Übergangsregelungen zunächst zwei Jahre in Kraft sind und dann um weitere drei und daraufhin um weitere zwei Jahre verlängert werden können[704]. Deutschland hat davon seit dem 1. Juli 2015 keinen Gebrauch mehr gemacht, sodass die Arbeitnehmerfreizügigkeit uneingeschränkt gilt.

b) Eingriff

aa) Handlung eines Verpflichtungsadressaten

Der Eingriff in die Arbeitnehmerfreizügigkeit muss einem der aus Art. 45 AEUV verpflichteten Subjekte zugerechnet werden können. Die Freizügigkeit der Arbeitnehmer ist in erster Linie an die Mitgliedstaaten adressiert, wobei sowohl Maßnahmen des *Ziel- als auch des Herkunftsstaates des Arbeitnehmers* erfasst werden. Daneben besteht aber auch eine Bindung der Union und ihrer Organe.

967

Nach der Rechtsprechung des EuGH gilt Art. 45 AEUV nicht nur für staatliche Maßnahmen, sondern erstreckt sich auch auf *private Maßnahmen,* die der kollektiven Regelung unselbstständiger Arbeit dienen[705]. Unzulässig sind daher auch Freizügigkeitsbeschränkungen, die sich daraus ergeben, dass nichtstaatliche (private) Einrichtungen (z. B. Sportverbände, Arbeitnehmerverbände etc.) von ihrer Satzungsautonomie Gebrauch machen[706]. Aufgrund der Drittwirkung der Regelungen über die Arbeitnehmerfreizügigkeit für solche „*intermediären Gewalten"* greifen beispielsweise Klauseln in Satzungen von Sportverbänden, die vorsehen, dass in Fußballmeisterschaftsspielen nicht mehr als drei Spieler aus anderen Mitgliedstaaten eingesetzt werden dürfen, in die unionsrechtlich gewährleistete Freizügigkeit der Arbeitnehmer ein. Derartige Regelungen sind nach Art. 7 Abs. 4 Verordnung (EU) Nr. 492/2011 (früher Verordnung (EWG) Nr. 1612/68) nichtig, sofern sie eine Diskriminierung von Staatsangehörigen anderer Mitgliedstaaten bewirken[707]. Auch wenn Vertragsbestimmungen, die Inländer in ihrer Arbeitnehmerfreizügigkeit beschränken – wenn z. B. ein Inländer durch eine vertragliche Klausel daran gehindert wird, eine Beschäftigung im Ausland aufzunehmen –, nicht gemäß Art. 7 Abs. 4 Verordnung (EU) Nr. 492/ 2011 (früher Verordnung (EWG) Nr. 1612/68) nichtig sind, ist diese Regelung gleichwohl ein Beleg für die Wirkung der primärrechtlichen Arbeitnehmerfreizügigkeit in Privatrechtsverhältnissen.

968

In seiner Rechtsprechung hat sich der EuGH über die Bindung von intermediären Gewalten hinaus für eine umfassende *unmittelbare Drittwirkung* der Ar-

969

---

704 Vgl. Anhang V der Beitrittsakte, ABl.EU 2012 Nr. L 112, S. 6.
705 EuGH, Rs. 36/74, Slg. 1974, S. 1405, Rn. 16/19 – *Walrave* (= P Nr. 175).
706 EuGH, Rs. C-415/93, Slg. 1995, S. I-4921, Rn. 69 ff. – *Bosman* (= P Nr. 178); EuGH, Rs. C-325/08, Slg. 2010, S. I-2177, Rn. 30 – *Olympique Lyonnais*.
707 EuGH, Rs. C-15/96, Slg. 1998, S. I-47, Rn. 35 – *Schöning-Kougebetopoulou*.

beitnehmerfreizügigkeitsregelungen zwischen den am Arbeitsverhältnis beteiligten Privaten ausgesprochen. In der Rs. *Angonese*[708] hat der EuGH festgestellt, dass das Verbot der Diskriminierung aus Gründen der Staatsangehörigkeit im Rahmen der Arbeitnehmerfreizügigkeit auch unmittelbar Privatpersonen, also Arbeitgeber, verpflichtet. Der Gerichtshof erblickte im Fall *Angonese* in der Einstellungsvoraussetzung einer italienischen Bank, die einen Zweisprachigkeitsnachweis verlangte, der nur in der italienischen Provinz Bozen erlangt werden konnte, einen Verstoß gegen die Arbeitnehmerfreizügigkeit[709]. Diese unmittelbare Drittwirkung der Arbeitnehmerfreizügigkeit hat der EuGH bislang jedoch nur auf das der Arbeitnehmerfreizügigkeit immanente Diskriminierungsverbot bezogen. Offen bleibt, ob auch nichtdiskriminierende Beschränkungen (vgl. Rn. 976), die von am Arbeitsverhältnis beteiligten Privatpersonen ausgehen, unmittelbar an den Bestimmungen der Freizügigkeit der Arbeitnehmer gemessen werden müssen. Unmittelbare Adressaten der Arbeitnehmerfreizügigkeit sind nach der Rechtsprechung des EuGH allerdings nicht alle Privatpersonen, sondern nur die unmittelbar an einem Arbeitsverhältnis beteiligten Privaten.

bb) Beeinträchtigungen

970 Die Arbeitnehmerfreizügigkeit enthält sowohl ein Gebot der Inländergleichbehandlung (Art. 45 Abs. 2 AEUV) als auch ein nichtdiskriminierende Maßnahmen erfassendes Beschränkungsverbot (Rn. 976). Die Bestimmungen über die Freizügigkeit der Arbeitnehmer richten sich dabei sowohl an den Bestimmungsstaat als auch an den Herkunftsstaat des betreffenden Arbeitnehmers sowie an die Organe der Europäischen Union. Bedauerlicherweise legt der EuGH die seinen Entscheidungen zugrunde liegende Perspektive selten oder gar nicht offen, so dass die dogmatisch korrekte Einordnung des Eingriffs oftmals schwierig ist.

(α) Diskriminierungen

971 Kern des Freizügigkeitsrechts ist das *Verbot von Diskriminierungen* aufgrund der Staatsangehörigkeit. Das bedeutet, dass Unionsbürger aus anderen Mitgliedstaaten nicht schlechter behandelt werden dürfen als eigene Staatsangehörige (Art. 45 Abs. 2 AEUV). Verboten sind *tatbestandliche Ungleichbehandlungen zwischen In- und Ausländern, die auf der Staatsangehörigkeit beruhen* und die für die Personengruppe der EU-Ausländer zu einem Nachteil führen. Erfasst werden sowohl *offene Diskriminierungen,* denen ausdrücklich das verbotene Unterscheidungsmerkmal der Staatsangehörigkeit zugrunde liegt, als auch *versteckte Diskriminierungen,* die zwar an andere (neutrale) Unterscheidungskrite-

---

[708] EuGH, Rs. C-281/98, Slg. 2000, S. I-4139 – Angonese (= P Nr. 176); vgl. auch EuGH, Rs. C-94/07, Slg. 2008, S. I-5939, Rn. 46 – Raccanelli (in Bezug auf die in der Rechtsform eines privatrechtlichen Vereins organisierte Max-Planck-Gesellschaft).
[709] EuGH, Rs. C-281/98, Slg. 2000, S. I-4139, Rn. 34 – Angonese (= P Nr. 176).

rien anknüpfen, aber zu dem gleichen Ergebnis führen[710], indem die Anwendung dieser Kriterien typischerweise Ausländer besonders belastet. Es werden keine Diskriminierungen erfasst, die durch eine rechtsmissbräuchliche Ausnutzung des vermeintlich benachteiligten Arbeitnehmers erfolgen. Bewirbt sich eine Person auf eine Stelle, die sie tatsächlich gar nicht erhalten möchte, liegt beispielsweise eine rechtsmissbräuchliche Ausnutzung vor, soweit diese Person lediglich den Status eines Bewerbers haben möchte, um Entschädigung aufgrund einer Diskriminierung zu verlangen[711]. Ebenso entschied der EuGH, dass auch der Verlust über das aktive und passive Wahlrecht bei Wahlen zum Aufsichtsrat, bei einem Wechsel des Arbeitnehmers von einer inländischen Gesellschaft zur einer EU-ausländischen Tochtergesellschaft, keine Diskriminierung darstellt. Art. 45 Abs. 2 AEUV verleiht einem Arbeitnehmer nämlich nicht das Recht, sich im Aufnahmemitgliedstaat auf die Arbeitsbedingungen zu berufen, die ihm im Herkunftsmitgliedstaat nach dessen nationalen Rechtsvorschriften zustanden[712].

Die Verordnung (EU) Nr. 492/2011[713] (vgl. Rn. 995) konkretisiert das Gleichbehandlungsgebot für Arbeitnehmer, welche die Staatsangehörigkeit eines Mitgliedstaates besitzen und in einem anderen Mitgliedstaat beschäftigt sind, sowohl in Bezug auf den Zugang zur Beschäftigung (Art. 1 bis Art. 6 Verordnung (EU) Nr. 492/2011) als auch in Bezug auf die Ausübung der Beschäftigung (Art. 7 bis Art. 9 Verordnung (EU) Nr. 492/2011). Für erstmals Arbeitssuchende erstreckt sich die Gleichbehandlung jedoch nur auf den Zugang zur Beschäftigung, einschließlich darauf bezogener Sozialleistungen (vgl. Rn. 953). Im Übrigen erfasst die Gleichstellung in- und EU-ausländischer Arbeitnehmer insbesondere alle Beschäftigungs- und Arbeitsbedingungen, wie z. B. Arbeitszeit, Dauer der Beschäftigung, Entlohnung, Kündigung, berufliche Wiedereingliederung und Wiedereinstellung im Falle der Arbeitslosigkeit (Art. 7 Abs. 1 Verordnung (EU) Nr. 492/2011) sowie soziale und steuerliche Vergünstigungen (Art. 7 Abs. 2 Verordnung (EU) Nr. 492/2011). Darunter fallen alle Vergünstigungen, die inländischen Arbeitnehmern wegen ihrer Arbeitnehmereigenschaft oder einfach wegen ihres Wohnsitzes im Inland gewährt werden, wie etwa die Ausbildungsförderung[714], das Kindergeld[715] oder das Ehegattensplitting[716]. Die Ausdehnung dieser Vergünstigungen auf Arbeitnehmer aus anderen Mitgliedstaaten muss geeignet sein, die Mobilität der ausländischen Arbeitnehmer innerhalb der Union zu er-

---

710 Z. B. Herkunftsort oder Wohnsitz; EuGH, Rs. 152/73, Slg. 1974, S. 153, Rn. 11 – *Sotgiu*; EuGH, Rs. C-111/91, Slg. 1993, S. I-817, Rn. 9 f. – *Kommission/Luxemburg*.
711 EuGH, Rs. C-423/15, ECLI:EU:C:2016:604, Rn. 35 ff. – *Kratzer*.
712 EuGH, Rs. C-556/15, ECLI:EU:C:2017:494, Rn. 34 f. – *Erzberger* (= P Nr. 181).
713 Verordnung (EU) Nr. 492/2011 des Europäischen Parlaments und des Rates v. 5.4.2011 über die Freizügigkeit der Arbeitnehmer innerhalb der Union, ABl.EU 2011 Nr. L 141, S. 1.
714 EuGH, Rs. 39/86, Slg. 1988, S. 3161, Rn. 23 – *Lair* (= P Nr. 171); EuGH, Rs. C-46/12, ECLI:EU:C:2013:97, Rn. 51 – *L.N.*
715 EuGH, Rs. C-237/94, Slg. 1996, S. I-2617, Rn. 14 – *O'Flynn* (= P Nr. 183).
716 EuGH, Rs. C-87/99, Slg. 2000, S. I-3337, Rn. 20 – *Zurstrassen*.

leichtern[717]. Die Inanspruchnahme von sozialen Vergünstigungen darf der Aufnahmestaat nicht etwa von der Voraussetzung abhängig machen, dass zuvor in diesem Staat eine Berufstätigkeit von einer bestimmten Dauer ausgeübt worden ist[718]. Arbeitnehmer aus anderen Mitgliedstaaten haben auch das Recht, Berufsschulen und Umschulungszentren zu den gleichen Bedingungen wie eigene Staatsangehörige in Anspruch zu nehmen (Art. 7 Abs. 3 Verordnung (EU) Nr. 492/2011). Somit lässt eine Unterbrechung der Berufstätigkeit, um an beruflichen Weiterbildungs- oder Umschulungsmaßnahmen teilzunehmen, die aus der Arbeitnehmerfreizügigkeit fließenden Rechte nicht entfallen[719].

973 Das Diskriminierungsverbot erfasst *Maßnahmen des Ziel- oder Aufnahmestaates* des Arbeitnehmers. Macht etwa ein Mitgliedstaat die Eintragung in das Register der Zahnärztekammer und damit die Berufsausübung eines Zahnarztes davon abhängig, dass der Betreffende im Bezirk der Zahnärztekammer wohnt, stellt dies als versteckte Diskriminierung des Aufnahmestaates einen Eingriff in die Arbeitnehmerfreizügigkeit dar, da diese Residenzpflicht die in einem anderen Mitgliedstaat niedergelassenen oder wohnenden Zahnärzte daran hindert, eine zweite Zahnarztpraxis im Gebiet des ersten Staates zu gründen oder ihre Tätigkeit dort als Angestellte auszuüben[720]. Ebensowenig ist erlaubt, einen Staatsangehörigen eines Mitgliedstaates, der in einem anderen Mitgliedstaat einer Arbeitnehmertätigkeit nachgeht, bei der Erhebung direkter Steuern schlechter zu behandeln als eigene Staatsangehörige, die ihre überwiegenden Einkünfte im Inland erzielen[721]. Auch verstößt ein Mitgliedstaat gegen Art. 45 AEUV, wenn für die tarifliche Einstufung eines Arbeitnehmers im öffentlichen Dienst abgeleistete Dienstzeiten maßgeblich sind, die im öffentlichen Dienst eines anderen Mitgliedstaates zurückgelegten Dienstzeiten jedoch nicht berücksichtigt werden[722].

974 Greifen *Maßnahmen des Herkunftsstaates* eines Arbeitnehmers in dessen Freizügigkeit ein, d. h. erschwert ein Mitgliedstaat eigenen Staatsangehörigen den Austritt aus dem heimischen Arbeitsmarkt oder knüpft er im Falle der Rückkehr eines Arbeitnehmers Nachteile an den Umstand, dass eine wirtschaftliche Tätigkeit in einem anderen Mitgliedstaat ausgeübt wurde, so können diese Behinderungen jedenfalls nicht mit dem Verbot der Diskriminierung nach der Staatsangehörigkeit erfasst werden. Der Herkunftsstaat benachteiligt nämlich nicht Ausländer im Verhältnis zu Inländern, sondern differenziert zwischen eigenen Staatsangehörigen, ohne dass es auf das Merkmal der Staatsangehörigkeit ankommt. Nachteilige Folgen sind allenfalls mit dem Grenzübertritt als solchem

---

717 EuGH, Rs. 270/78, Slg. 1979, S. 2019, Rn. 22 – *Even*; EuGH, Rs. 94/84, Slg. 1985, S. 1873, Rn. 21 – *Deak*.
718 EuGH, Rs. 39/86, Slg. 1988, S. 3161, Rn. 42 – *Lair* (= P Nr. 171) und EuGH, Rs. C-619/11, ECLI.EU:C:2013:92 – *Dumont de Chasssart*.
719 EuGH, Rs. 39/86, Slg. 1988, S. 3161, Rn. 35 – *Lair* (= P Nr. 171).
720 EuGH, Rs. C-162/99, Slg. 2001, S. I-541, Rn. 20 – *Kommission/Italien*.
721 EuGH, Rs. C-279/93, Slg. 1995, S. I-225, Rn. 35 f. – *Schumacker* (= P Nr. 177).
722 EuGH, Rs. C-15/96, Slg. 1998, S. I-47, Rn. 14 ff. – *Schöning-Kougebetopoulou*; EuGH, Rs. C-187/96, Slg. 1998, S. I-1095, Rn. 23 – *Kommission/Griechenland*.

verbunden, ohne dass jedoch – offen oder versteckt – an das ausdrücklich vom Vertrag missbilligte Tabukriterium der Staatsangehörigkeit angeknüpft wird. Folglich lässt sich lediglich das Beschränkungsverbot systematisch korrekt auf grundfreiheitsbehindernde Maßnahmen des Herkunftsstaates bezüglich eigener Staatsangehöriger übertragen, nicht hingegen das Diskriminierungsverbot (vgl. Rn. 872).

Eine diskriminierende Wirkung von *Maßnahmen von Organen der Europäischen Union* dürfte in der Praxis ebenfalls kaum zu finden sein, da sekundäres Unionsrecht regelmäßig unionsweit einheitliche Geltung besitzt. Etwas anderes kann allenfalls bei nicht an alle, sondern nur an bestimmte Mitgliedstaaten adressierten Richtlinien sowie bei Entscheidungen, die nur Fälle in einem bestimmten Mitgliedstaat betreffen, in Betracht kommen.

975

(β) Beschränkungen

Der EuGH hat die Freizügigkeit der Arbeitnehmer von einem Diskriminierungsverbot zu einem *Beschränkungsverbot* weiterentwickelt. Nach der im Rahmen der Niederlassungsfreiheit entwickelten (Rn. 1029) – jedoch ausdrücklich auf alle anderen Personenverkehrsfreiheiten zu übertragenden – *Gebhard*-Formel des EuGH fallen auch nichtdiskriminierende mitgliedstaatliche Maßnahmen in den Anwendungsbereich der Arbeitnehmerfreizügigkeit, welche die Ausübung einer unselbstständigen Erwerbstätigkeit *behindern oder weniger attraktiv machen*[723].

976

Nichtdiskriminierende *Maßnahmen eines Herkunftsstaates* hat der EuGH erstmals in der Rs. *Bosman* ausdrücklich als rechtfertigungsbedürftige Eingriffe in die Freizügigkeit der Arbeitnehmer qualifiziert. Zwar lag diesem Fall ein Eingriff durch einen privaten Sportverband, also eine „intermediäre Gewalt", im Herkunftsstaat zugrunde (Rn. 870, 968), doch kann für Eingriffe, die unmittelbar durch staatliche Maßnahmen erfolgen, nichts anderes gelten. Der EuGH hat im Fall *Bosman* entschieden, dass Bestimmungen nicht mit Art. 45 AEUV vereinbar sind, nach denen ein Arbeitnehmer bei Ablauf des Arbeitsvertrags nur dann zu einem anderen Arbeitgeber eines anderen Mitgliedstaates wechseln kann, wenn dieser dem bisherigen Arbeitgeber eine Entschädigung zahlt[724]. Da derartige Regelungen für in- wie ausländische Arbeitnehmer gleichermaßen gelten und auch keine versteckte Diskriminierung nach der Staatsangehörigkeit bewirken, sie aber nach der Rechtsprechung des EuGH dennoch nicht mit den Bestimmungen der Arbeitnehmerfreizügigkeit vereinbar sind, kann dies nur so gedeutet werden,

977

---

723 EuGH, Rs. C-55/94, Slg. 1995, S. I-4165, Rn. 37 – *Gebhard* (= P Nr. 198); vgl. auch EuGH, Rs. C-190/98, Slg. 2000, S. I-493, Rn. 21 ff. – *Graf* (= P Nr. 179); *Kocher*, in: Pechstein/Nowak/Häde (Hrsg.), Frankfurter Kommentar EUV/GRC/AEUV, Art. 45 AEUV Rn. 123.
724 EuGH, Rs. C-415/93, Slg. 1995, S. I-4921, Rn. 114 – *Bosman* (= P Nr. 178); vgl. auch EuGH, Rs. C-325/08, Slg. 2010, S. I-2177, Rn. 35 – *Olympique Lyonnais* (zur Schadensersatzzahlung eines Espoir-Spielers bei Vereinswechsel nach Ende der Ausbildungszeit).

dass Art. 45 AEUV jede Behinderung der Ausübung einer unselbstständigen Tätigkeit in einem anderen Mitgliedstaat als Eingriff erfasst.

978 Auch in der Rs. *Kranemann* handelte es sich um eine nichtdiskriminierende, gleichwohl freizügigkeitsbeschränkende Maßnahme eines Herkunftsstaates. Sieht die Rechtsordnung eines Mitgliedstaates vor, dass ein Anspruch auf Erstattung von Reisekosten für die Aufnahme eines Beschäftigungsverhältnisses in einem anderen Mitgliedstaat nur in der Höhe gewährt wird, die auf den inländischen Teil der Reise entfallen, stellt dies nach der Rechtsprechung des Gerichtshofs einen Eingriff in die Freizügigkeit der Arbeitnehmer dar[725]. Dieser Fall scheint sich auf den ersten Blick nahtlos in die bisherige Rechtsprechungslinie des EuGH zu beschränkenden mitgliedstaatlichen Maßnahmen einzufügen, wirft aber bei näherer Betrachtung kritische Fragen auf. Denn anders als im Fall *Bosman* mit der Auferlegung einer Belastung, nämlich der Pflicht zur Zahlung einer Ablösesumme als Voraussetzung für einen Wechsel in einen anderen Mitgliedstaat, handelt es sich in der Rs. *Kranemann* um die Verweigerung einer Begünstigung. Die Bestimmungen über die Freizügigkeit der Arbeitnehmer dürften jedoch – selbst bei einem weiten Verständnis als umfassendes Beschränkungsverbot – einen Mitgliedstaat kaum dazu verpflichten wollen, den Wegzug eines Arbeitnehmers aus dem eigenen Staatsgebiet finanziell fördern zu müssen[726]. Zu Recht hatte der EuGH daher zuvor in einem vergleichbaren Fall die Nichtzahlung einer Kündigungsabfindung an einen Arbeitnehmer, der nach seiner Kündigung beabsichtigt hatte, eine Beschäftigung in einem anderen Mitgliedstaat aufzunehmen, nicht als Beschränkung der Arbeitnehmerfreizügigkeit gewertet[727].

979 Nichtdiskriminierende Beschränkungen der Arbeitnehmerfreizügigkeit können auch von *Maßnahmen des Zielstaates* des Arbeitnehmers in der Form von Zuzugsbehinderungen ausgehen. Dies kann Maßnahmen des Zielstaates betreffen, die geeignet sind, eine unselbstständige Beschäftigung dort zu unterbinden, zu behindern oder eine Beschäftigung im Zielstaat weniger attraktiv zu machen. Diese Behinderungen können daher rühren, dass innerstaatliche Vorschriften, die alle im Inland ansässigen Personen erfassen, auf die im Gebiet eines anderen Mitgliedstaates ansässigen Arbeitnehmer angewendet werden, die bereits den Rechtsvorschriften ihres Herkunftsstaates genügen müssen. Bei diesen *doppelbelastenden Maßnahmen* handelt es sich zwar um eine faktische Benachteiligung ausländischer Arbeitnehmer. Wegen der fehlenden tatbestandlichen Differenzierung solcher Regelungen liegt jedoch keine Diskriminierung aus Gründen der Staatsangehörigkeit vor, sondern eine sonstige Beschränkung. Neben solchen doppelbelastenden Maßnahmen können auch andere Behinderungen, z. B. ein Erfordernis einer behördlichen Erlaubnis für eine Arbeitnehmertätigkeit, erfasst werden, und zwar unabhängig davon, ob die Tätigkeit im Herkunftsstaat erlaubnispflichtig ist oder nicht. Ebenso können mitgliedstaatliche Bestimmungen, die

---

725 EuGH, Rs. C-109/04, Slg. 2005, S. I-2421, Rn. 36 – *Kranemann* (= P Nr. 180).
726 Pechstein, JZ 2005, S. 943, 943 f.
727 EuGH, Rs. C-190/98, Slg. 2000, S. I-493, Rn. 24 – *Graf* (= P Nr. 179).

einen späteren Wechsel der Arbeitsstelle innerhalb dieses Zielmitgliedstaates erschweren, eine Maßnahme darstellen, welche die Aufnahme einer Beschäftigung in diesem Mitgliedstaat für Unionsbürger aus anderen Mitgliedstaaten weniger attraktiv macht[728]. Allgemein ist zu beobachten, dass der EuGH bei Maßnahmen, die sich nicht eindeutig als Diskriminierung qualifizieren lassen, auf die Feststellung einer Beschränkung ausweicht[729].

Auch nichtdiskriminierende Beschränkungen, die von *Maßnahmen der Unionsorgane* ausgehen, können rechtfertigungsbedürftige Eingriffe in die Freizügigkeit der Arbeitnehmer darstellen.

980

(γ) Einschränkungen nach den Grundsätzen der *Keck-* und der *ANETT*-Rechtsprechung?

Auch im Rahmen der Arbeitnehmerfreizügigkeit stellt sich die Frage nach einer Eingrenzung des Beschränkungsverbots nach den Grundsätzen der *Keck-* und der *ANETT*-Rechtsprechung[730]. Die *Keck-* und *ANETT*-Rechtsprechung verengt das Spektrum verbotener, nichtdiskriminierender nationaler Beschränkungen von Grundfreiheiten auf Maßnahmen, die den Marktzugang aus anderen Mitgliedstaaten behindern, und belässt es für darüber hinausgehende Behinderungen bei einem Diskriminierungsverbot (Rn. 922 ff.). Eine Übertragung dieses Gedankens ist zumindest auf die Konstellation der Zuzugsfälle anzunehmen, dürfte jedoch für Wegzugsfälle strukturell nicht in Betracht kommen, da „Verkaufsmodalitäten" im Sinne der *Keck*-Formel stets die Vermarktungsbedingungen im Zielstaat betreffen (Rn. 877)[731]. Der EuGH hatte eine Übertragung der *Keck*-Formel auf die Arbeitnehmerfreizügigkeit in der Rs. *Bosman* erwogen, ihre Anwendung auf die zu entscheidende Wegzugskonstellation, ebenso wie in der Rs. *Graf,* jedoch nicht angenommen[732].

981

Bedeutung muss der den Eingriffstatbestand verengenden *Keck*-Formel aber für *Maßnahmen eines Zielstaates* zukommen. Zwar hat der EuGH die Anwendung der *Keck*-Einschränkung auf zielstaatliche Maßnahmen noch nicht diskutiert, doch wird in seiner Rechtsprechung deutlich, dass unterschiedslos anwend-

982

---

[728] Diesen Aspekt übersieht der EuGH bei seinen – nicht entscheidungserheblichen – Ausführungen in der Rs. *Bosman,* vgl. EuGH, Rs. C-415/93, Slg. 1995, S. I-4921, Rn. 103 – *Bosman* (= P Nr. 178).
[729] So etwa EuGH, verb. Rs. C-197/11 u. C-203/11, ECLI:EU:C:2013:288, Rn. 37 ff. – *Libert.* Es ging um das Erfordernis einer „ausreichenden Bindung" einer Person zu einer Gemeinde als Bedingung u. a. für den Erwerb von dort belegenen Immobilien, was insbesondere anhand eines dauerhaften Wohnsitzes in der Gemeinde, der Ausübung einer örtlichen Beschäftigung oder familiärer Bindungen beurteilt wurde.
[730] EuGH, verb. Rs. C-267/91 u. C-268/91, Slg. 1993, S. I-6097, Rn. 14 ff. – *Keck* (= P Nr. 153); EuGH, Rs. C-456/10, ECLI:EU:C:2012:241 – *ANETT* (= P Nr. 159).
[731] *Pechstein,* JZ 2005, S. 943.
[732] EuGH, Rs. C-415/93, Slg. 1995, S. I-4921, Rn. 102 f. – *Bosman* (= P Nr. 178); vgl. auch EuGH, Rs. C-190/98, Slg. 2000, S. I-493, Rn. 24 – *Graf* (= P Nr. 179). Siehe hierzu auch *Dietz/Streinz,* EuR 2015, S. 50, 54 f.

bare staatliche Maßnahmen nur dann Eingriffe in die Arbeitnehmerfreizügigkeit darstellen, wenn sie den Zugang zum Arbeitsmarkt eines Staates behindern[733]. Solche Zugangsbeschränkungen können strukturell nur in Regelungen des jeweiligen Zielstaates eines Arbeitnehmers bestehen, die den heimischen Arbeitsmarkt für ausländische Arbeitskräfte weniger attraktiv machen. Zugangserschwerende Maßnahmen eines Zielstaates stellen demzufolge einen Eingriff in die Arbeitnehmerfreizügigkeit dar. Eine sachgerechte Einschränkung des Eingriffstatbestandes wird dadurch insoweit bewirkt, als ein Verstoß gegen das Beschränkungsverbot ausgeschlossen werden kann, wenn der Marktzutritt aus- wie inländischer Arbeitnehmer gleichermaßen erschwert wird (Rn. 927). Hierbei ist allerdings zu beachten, dass einige aktuelle Urteile zu Art. 34 AEUV in diesem Punkt eine klare Relativierungstendenz aufweisen (Rn. 924, 928, vgl. auch Rn. 1107 f.).

c) Rechtfertigung

983 Bei der Rechtfertigung von Beeinträchtigungen der Arbeitnehmerfreizügigkeit ist zwischen geschriebenen und durch die Rechtsprechung entwickelten ungeschriebenen Rechtfertigungsgründen zu unterscheiden.

aa) Rechtfertigungsgründe nach Art. 45 Abs. 3 AEUV

984 Diskriminierende wie nichtdiskriminierende Beschränkungen der Arbeitnehmerfreizügigkeit können aus Gründen der *öffentlichen Sicherheit, Ordnung* und *Gesundheit* gerechtfertigt sein (Art. 45 Abs. 3 AEUV). Im Hinblick auf den Begriff der öffentlichen Ordnung besitzen die Mitgliedstaaten einen Beurteilungsspielraum, der allerdings an unionsrechtliche Grenzen stößt[734]. Die Ausnahme ist als Beschränkung einer elementaren Grundfreiheit eng auszulegen. Ein Eingriff aus Gründen der öffentlichen Ordnung setzt voraus, dass eine tatsächliche und hinreichend schwerwiegende Gefährdung vorliegt, die ein Grundinteresse der Gesellschaft berührt[735]. Der Begriff der öffentlichen Sicherheit umfasst sowohl die innere als auch die äußere Sicherheit eines Mitgliedstaates[736]. Eingriffe können danach gerechtfertigt sein zur Erhaltung des staatlichen Gewaltmonopols oder zum Schutz der Existenz des Mitgliedstaates sowie seiner zentralen Einrichtungen vor inneren oder äußeren Bedrohungen[737]. Für den Bereich des

---

[733] Vgl. EuGH, Rs. C-415/93, Slg. 1995, S. I-4921, Rn. 103 – *Bosman* (= P Nr. 178); EuGH, Rs. C-190/98, Slg. 2000, S. I-493, Rn. 23 – *Graf* (im Fall *Graf* allerdings ohne ausdrückliche Bezugnahme auf die *Keck*-Formel) (= P Nr. 179).
[734] EuGH, Rs. 41/74, Slg. 1974, S. 1337, Rn. 18/19 – *van Duyn;* EuGH, verb. Rs. 115/81 u. 116/81, Slg. 1982, S. 1665, Rn. 8 – *Adoui* (= P Nr. 182).
[735] EuGH, Rs. 36/75, Slg. 1975, S. 1219, Rn. 26/28 – *Rutili;* EuGH, Rs. 30/77, Slg. 1977, S. 1999, Rn. 33/35 – *Bouchereau.*
[736] Vgl. EuGH, Rs. C-367/89, Slg. 1991, S. I-4621, Rn. 22 – *Richardt.*
[737] Vgl. EuGH, Rs. 72/83, Slg. 1984, S. 2727, Rn. 34 f. – *Campus Oil.*

Gesundheitsschutzes können beispielsweise bestimmte gefährliche und ansteckende Krankheiten ein Einreiseverbot begründen.

Die Gründe, die eine Ausweisung rechtfertigen können, sind in der Richtlinie 2004/38/EG vom 29. April 2004 über das Recht der Unionsbürger und ihrer Familienangehörigen, sich im Hoheitsgebiet der Mitgliedstaaten frei zu bewegen und aufzuhalten[738], niedergelegt. Gemäß den Bestimmungen dieser – in Deutschland durch das Gesetz über die allgemeine Freizügigkeit von Unionsbürgern (FreizügG/EU) vom 30. Juli 2004[739] umgesetzten – Richtlinie genügt eine strafrechtliche Verurteilung allein nicht, um eine Ausweisung vornehmen zu dürfen. Eine Ausweisung aus Gründen der Generalprävention ist unzulässig, da ausschließlich das persönliche Verhalten des Betroffenen ausschlaggebend sein darf (Art. 27 Abs. 2 Richtlinie 2004/38/EG; § 6 Abs. 3 FreizügG/EU)[740]. 985

Bei Eingriffen nichtstaatlicher Rechtssubjekte (intermediärer Gewalten und sonstiger am Arbeitsverhältnis beteiligter Privatpersonen; vgl. Rn. 968 f.), die unmittelbare Verpflichtungsadressaten der Arbeitnehmerfreizügigkeit sind, schließt der EuGH zwar nicht von vornherein aus, dass auch sie sich zur Rechtfertigung auf die in Art. 45 Abs. 3 AEUV genannten Gründe der öffentlichen Ordnung, Sicherheit und Gesundheit berufen können[741]. Gleichwohl dürfte eine Rechtfertigung regelmäßig daran scheitern, dass privatnütziges Verhalten nicht auf die Wahrung der erfassten Gemeinwohlzwecke (etwa die Erhaltung des staatlichen Gewaltmonopols, vgl. Rn. 984) gerichtet ist. 986

bb) Rechtfertigung aus zwingenden Gründen des Allgemeininteresses

Nichtdiskriminierende Beschränkungen der Arbeitnehmerfreizügigkeit können auch gerechtfertigt sein, wenn sie aus *zwingenden Gründen des Allgemeininteresses* erfolgen[742]. Insofern überträgt der EuGH die Grundsätze der *Cassis*-Rechtsprechung (Rn. 941 ff.) mit der *Gebhard*-Formel auf alle Grundfreiheiten, also auch auf die Freizügigkeit der Arbeitnehmer. Die Anwendung dieser *Gebhard*-Formel im Rahmen der Arbeitnehmerfreizügigkeit kommt – wie im Rahmen der anderen Grundfreiheiten – allerdings nur in Betracht, sofern die geltend gemachten Rechtfertigungsgründe nicht bereits Gegenstand einer unionsrechtlichen Harmonisierung sind (vgl. Rn. 862 ff.). 987

In seiner Rechtsprechung hat der EuGH vereinzelt eine Rechtfertigung aufgrund zwingender Gemeinwohlinteressen – über den Wortlaut der *Cassis*- und der *Gebhard*-Formel hinaus – auch bei versteckt diskriminierenden mitglied- 988

---

738 ABl.EU 2004 Nr. L 158, S. 77; vgl. dazu *Hailbronner*, ZAR 2005, S. 260.
739 BGBl. 2004 I S. 1950.
740 Vgl. EuGH, Rs. C-100/01, Slg. 2002, S. I-10981, Rn. 31 – *Oteiza Olazabal*; EuGH, verb. Rs. C-482/01 u. C-493/01, Slg. 2004, S. I-5257, Rn. 66 ff. – *Orfanopoulos u. a.*
741 EuGH, Rs. C-415/93, Slg. 1995, S. I-4921, Rn. 11 – *Bosman* (= P Nr. 178).
742 So für alle Grundfreiheiten EuGH, Rs. C-55/94, Slg. 1995, S. I-4165, Rn. 37 – *Gebhard* (= P Nr. 198); ausdrücklich für die Arbeitnehmerfreizügigkeit: EuGH, Rs. C-415/93, Slg. 1995, S. I-4921, Rn. 104 – *Bosman* (= P Nr. 178).

staatlichen Regelungen geprüft (vgl. Rn. 942, 1034, 1081). Hierbei bezog sich der Gerichtshof allerdings nicht immer ausdrücklich[743] auf diese Rechtfertigungskategorie, sondern prüft mitunter, ob eine Schlechterstellung aufgrund von „objektiven Erwägungen" gerechtfertigt ist[744]. In der Sache wird damit nichts anderes als eine Rechtfertigung aufgrund zwingender Gemeinwohlinteressen vorgenommen[745]. Gegen die Annahme eines solchen Rechtfertigungsgrundes spricht, dass eine Diskriminierung – offen oder versteckt – stets einen schweren Eingriff darstellt und der Wortlaut des Art. 45 Abs. 3 AEUV eine solche Rechtfertigung nicht zulässt[746].

989 Als zwingende Erfordernisse hat der EuGH im Bereich der Arbeitnehmerfreizügigkeit beispielsweise die Wahrung der Kohärenz des Steuersystems[747] und die ordnungsgemäße Verwaltung der Universitäten[748] anerkannt. Weiterhin ist der Schutz vor einer missbräuchlichen Führung akademischer Grade ein Rechtfertigungsgrund, aufgrund dessen Eingriffe in die Freizügigkeit der Arbeitnehmer rechtmäßigerweise hinzunehmen sind[749]. Auch das Interesse eines Arbeitgebers an der Geheimhaltung von betriebs- und kundenbezogenen Informationen, um diese vor unbefugtem Zugriff durch Konkurrenten zu schützen, ist als zwingendes Erfordernis anzusehen[750]. Ziele rein wirtschaftlicher Art kommen als rechtfertigende Gründe des Allgemeininteresses jedoch nicht in Betracht.

cc) Rechtfertigung unter Berufung auf Grundrechte

(α) Staatliche Schutzpflicht zugunsten privater Grundrechtsausübung

990 Weiterhin hat der EuGH den *Schutz der unionsrechtlichen Grundrechte Dritter* (Rn. 684 ff., 880), die im gleichen normativen Rang stehen wie die Grundfreiheiten, als Rechtfertigung für Eingriffe in die Grundfreiheiten anerkannt[751]. Damit wurde eine eigenständige Rechtfertigungskategorie eröffnet und keineswegs die Rechtfertigungsmöglichkeit nach der offenen Formel der „zwingenden Gründe des Allgemeininteresses" nach der *Cassis-* und der *Gebhard*-Formel um das Schutzgut des Grundrechtsschutzes erweitert. Diese Rechtfertigungsmöglichkeit

---

743 EuGH, Rs. C-527/06, Slg. 2008, S. I-7735, Rn. 81 – *Renneberg*.
744 EuGH, Rs. C-237/94, Slg. 1996, S. I-2617, Rn. 19 – *O'Flynn* (= P Nr. 183); EuGH, Rs. C-15/96, Slg. 1998, S. I-47, Rn. 21 – *Schöning-Kougebetopoulou*; EuGH, Rs. C-350/96, Slg. 1998, S. I-2521, Rn. 31 – *Clean Car Autoservice* (= P Nr. 173).
745 *Weiß*, EuZW 1999, S. 493, 497.
746 *Kocher*, in: Pechstein/Nowak/Häde (Hrsg.), Frankfurter Kommentar EUV/GRC/AEUV, Art. 45 AEUV Rn. 102.
747 EuGH, Rs. C-204/90, Slg. 1992, S. I-249, Rn. 28 – *Bachmann*.
748 EuGH, verb. Rs. C-259/91, C-331/91 u. C-332/91, Slg. 1993, S. I-4309, Rn. 15 – *Allué*.
749 EuGH, Rs. C-19/92, Slg. 1993, S. I-1663, Rn. 35 – *Kraus* (= P Nr. 200).
750 *Koenig/Steiner*, NJW 2002, S. 3583, 3586.
751 Vgl. für die Warenverkehrsfreiheit EuGH, Rs. C-112/00, Slg. 2003, S. I-5659, Rn. 74 – *Schmidberger* (= P Nr. 141).

aus Gründen des Grundrechtsschutzes besteht für mitgliedstaatliche Maßnahmen, die – unter *Ausübung der staatlichen Schutzpflicht* zugunsten der betroffenen Grundrechte – eine ungestörte Grundrechtsausübung Privater ermöglichen wollen und zu diesem Zweck die Arbeitnehmerfreizügigkeit beschränken. Dementsprechend hat es der EuGH in der Rs. *Las,* in der es um ein belgisches Dekret, durch das die Verwendung der niederländischen Sprache in den Rechtsbeziehungen zwischen Arbeitgeber und Arbeitnehmer vorgeschrieben war, ging, einem Mitgliedstaat zugestanden, eine Politik zum Schutz und zur Förderung seiner Amtssprache zu betreiben, und ordnet dieses Anliegen dem grundrechtlichen Schutz der kulturellen und sprachlichen Vielfalt nach Art. 22 GRCh zu und nicht den zwingenden Gründen des Allgemeinwohls[752].

(β) Private Grundrechtsausübung

Die Möglichkeit einer grundrechtlichen Rechtfertigung von Eingriffen in die Arbeitnehmerfreizügigkeit besteht nicht nur für staatliche Eingriffe, sondern auch für Eingriffe, die von den *an einem Arbeitsverhältnis beteiligten Privatpersonen* ausgehen. Aufgrund der unmittelbaren Drittwirkung sind diese Privaten einerseits unmittelbare Adressaten der Arbeitnehmerfreizügigkeitsregelungen, können jedoch andererseits als Grundrechtsträger von ihren Grundrechten in einer grundfreiheitsbeeinträchtigenden Weise Gebrauch machen. Eine Rechtfertigung unter Berufung auf eine *grundrechtliche Freiheitsbetätigung* kann beispielsweise Fälle betreffen, in denen Arbeitgeber und Arbeitnehmer in Ausübung ihrer Vertragsfreiheit, ihrer Freiheit der wirtschaftlichen Betätigung bzw. – im Falle des Arbeitgebers – seines Rechts am eingerichteten und ausgeübten Gewerbebetrieb in einem Arbeitsvertrag eine Konkurrentenschutzklausel vereinbaren. Solche Klauseln können vorsehen, dass ein Arbeitnehmer nach Beendigung eines Arbeitsverhältnisses für eine bestimmte Dauer nicht in die Dienste eines mit dem bisherigen Arbeitgeber konkurrierenden Unternehmens treten darf, um die Weitergabe von Geschäftsgeheimnissen an einen Konkurrenten zu verhindern. Hierin liegt ein Eingriff in die Arbeitnehmerfreizügigkeit durch Grundrechtsausübung. Das vereinbarte nachvertragliche Wettbewerbsverbot untersagt dem Arbeitnehmer für eine bestimmte Dauer, eine Tätigkeit auch in einem anderen Mitgliedstaat aufzunehmen. Dass der betroffene Arbeitnehmer in diesen Grundfreiheitseingriff eingewilligt hat, vermag den Eingriff nicht zu rechtfertigen, da die Arbeitnehmerfreizügigkeit nicht nur individualschützende Wirkung hat, sondern auch objektivrechtlich den Schutz des Wettbewerbs bezweckt. Die Rechtfertigungsmöglichkeit unter Berufung auf eine Grundrechtsausübung besteht für Eingriffe Privater jedoch nur, sofern es sich um an einem Arbeitsverhältnis beteiligte Personen handelt, die sich auf *eigene Grundrechte* berufen. Der Schutz der Grundrechte Dritter, die nicht unmittelbare Adressaten der Arbeitnehmer-

---

752 EuGH, Rs. C-202/11, ECLI:EU:C:2013:239, Rn. 23 ff. – *Las.*

freizügigkeitsregelungen sind, bleibt hingegen staatlichen Stellen überlassen, die sich bei ihren Eingriffen auf ihre grundrechtliche Schutzpflicht berufen.

(γ) Praktische Konkordanz

992 Kollidiert die grundfreiheitliche Pflicht, die Freizügigkeit der Arbeitnehmer nicht zu behindern, mit der staatlichen Schutzpflicht zugunsten der Grundrechte oder der privaten Ausübung einer grundrechtlichen Freiheit, ist diese Kollision mittels einer umfassenden Konkordanzprüfung aufzulösen. Die betroffenen Rechtspositionen sind gegeneinander abzuwägen, wobei nach Möglichkeit alle betroffenen Rechte zu optimaler Wirkung gebracht werden sollen.

dd) Rechtfertigung privater Eingriffe durch „sachliche Gründe"

993 Bei Eingriffen intermediärer Gewalten und sonstiger am Arbeitsverhältnis beteiligter Privatpersonen (vgl. Rn. 968 f.), die ebenfalls unmittelbare Verpflichtungsadressaten der Arbeitnehmerfreizügigkeit sind, scheidet eine Rechtfertigung nach Maßgabe der geschriebenen Rechtfertigungsgründe regelmäßig aus (Rn. 986). Auch einer Anwendung der zwingenden Gründe des *Allgemein*interesses dürfte regelmäßig entgegenstehen, dass intermediäre Gewalten die *privatnützigen* Interessen ihrer Mitglieder wahrnehmen. Sofern diesen Interessen eine gewisse soziale Funktion zugesprochen werden kann (z. B. Schutz des sportlichen Wettbewerbs zwischen Fußballvereinen)[753], scheint der EuGH die fraglichen Privatinteressen zu Allgemeininteressen aufzuwerten (vgl. Rn. 1036). Auch eine Berufung auf Grundrechte kommt in Betracht (Rn. 991). Für Maßnahmen rein privatnütziger Natur hat der EuGH das Spektrum der Rechtfertigungsgründe um eine zusätzliche Kategorie erweitert. Im Fall *Angonese* zieht der EuGH beispielsweise zur möglichen Rechtfertigung eines privaten Grundfreiheitseingriffs „*sachliche Erwägungen*" (vgl. Rn. 887) heran[754].

ee) Schranken-Schranken

994 Die Einschränkungen der Arbeitnehmerfreizügigkeit müssen im Einklang mit den Unionsgrundrechten erfolgen. So kann der Ausweisung eines Arbeitnehmers aus einem Mitgliedstaat beispielsweise der Schutz des Familienlebens entgegenstehen[755]. Schließlich müssen die zu rechtfertigenden Eingriffe auch dem Grundsatz der Verhältnismäßigkeit genügen. Hinsichtlich der Verhältnismäßigkeit einer aufenthaltsbeschränkenden Maßnahme ist insbesondere zu berücksichtigen, ob der betroffene Staat bei eigenen Staatsangehörigen entsprechende Maßnahmen bereithält (Kohärenz). So kann etwa eine Ausweisung wegen Pro-

---

[753] EuGH, Rs. C-415/93, Slg. 1995, S. I-4921, Rn. 104, 106 – *Bosman* (= P Nr. 178); EuGH, Rs. C-325/08, Slg. 2010, S. I-2177, Rn. 39 – *Olympique Lyonnais*.
[754] EuGH, Rs. C-281/89, Slg. 2000, S. I-4139, Rn. 42 – *Angonese* (= P Nr. 176).
[755] EuGH, verb. Rs. C-482/01 u. C-493/01, Slg. 2004, S. I-5257, Rn. 97 f. – *Orfanopoulos*.

stitution nur erfolgen, wenn der Staat auch die Prostitution von eigenen Staatsangehörigen bekämpft[756].

d) Maßnahmen der Union zur Herstellung der Freizügigkeit und sozialen Sicherheit

Art. 46 AEUV ermächtigt die Union, die notwendigen Richtlinien und Verordnungen zur Herstellung der Freizügigkeit zu erlassen. Auf dieser Grundlage hat der Rat die Verordnung 492/2011 (vgl. Rn. 972) erlassen. Bis zum 30. April 2006 war die Richtlinie 2004/38/EG über das Recht der Unionsbürger und ihrer Familienangehörigen, sich im Hoheitsgebiet der Mitgliedstaaten frei zu bewegen und aufzuhalten[757] umzusetzen, die zwei ältere Richtlinien abgelöst hat. Auch auf Art. 46 AEUV gestützt ist die Richtlinie 2005/36/EG vom 7. September 2005 über die Anerkennung von Berufsqualifikationen[758], die in anderen Mitgliedstaaten erworben worden sind.

995

Nach Art. 48 AEUV hat die Union die Kompetenz, die Maßnahmen zu beschließen, die auf dem Gebiet der sozialen Sicherheit für die Herstellung der Freizügigkeit notwendig sind. Gemeint sind hiermit insbesondere mitgliedstaatliche Leistungen im Falle von Krankheit, Invalidität sowie Alter und Tod. Ohne flankierende Vorschriften für diesen Bereich wäre die Arbeitnehmerfreizügigkeit in der Praxis wohl weitgehend bedeutungslos geblieben, da die mitgliedstaatlichen Versicherungssysteme dem Territorialitätsprinzip unterliegen und daher etwa im Ausland erbrachte Versicherungszeiten dem Grunde nach nicht berücksichtigt werden können. Die grenzüberschreitende Verlegung des Arbeitsplatzes hätte danach bspw. zum Verlust von Leistungsansprüchen führen können. Dieser Gefahr begegnet die Verordnung (EWG) 1408/71 über die Anwendung der Systeme der sozialen Sicherheit auf Arbeitnehmer und Selbstständige sowie deren Familienangehörige, die innerhalb der Gemeinschaft zu- und abwandern, vom 14. Juni 1971[759], die ein umfangreiches Regelwerk zur Koordinierung der mitgliedstaatlichen Sozialsysteme und vor allem die Zusammenrechnung der Leistungszeiten beinhaltet. Zwischenzeitlich wurde ein neuer Rechtsakt erlassen, die Verordnung 883/2004 vom 29. April 2004 zur Koordinierung der Systeme der sozialen Sicherheit[760], der in Teilen die alte Verordnung ersetzen soll. Die Verordnung 883/2004 und die zu ihrer Durchführung ergangene Verordnung 987/2009[761] vom 16. September 2009 sind am 1. Mai 2010 in Kraft getreten.

996

---

756 EuGH, verb. Rs. 115/81 u. 116/81, Slg. 1982, S. 1665, Rn. 8 – *Adoui* (= P Nr. 182).
757 ABl.EU 2004 Nr. L 158, S. 77.
758 ABl.EU 2005 Nr. L 255, S. 22.
759 ABl.EG 1971 Nr. L 149, S. 2.
760 ABl.EU 2004 Nr. L 166, S. 1; ber. in ABl.EU 2004 Nr. L 200, S. 1.
761 ABl.EU 2009 Nr. L 284, S. 1.

e) Merksätze

997 Die **Arbeitnehmerfreizügigkeit** begründet das Recht, sich um tatsächlich angebotene Stellen in einem anderen Mitgliedstaat zu bewerben sowie das Recht zur Aufnahme und Ausübung einer unselbstständigen Erwerbstätigkeit in einem anderen Mitgliedstaat (Art. 45 Abs. 1, Abs. 2 und Abs. 3 AEUV).

Arbeitnehmer ist, wer für eine bestimmte Zeit eine unselbstständige Tätigkeit im Lohn- oder Gehaltsverhältnis ausübt. Darunter fällt jeder, der für einen anderen nach dessen Weisungen Leistungen erbringt, für die er als Gegenleistung eine Vergütung erhält.

Die Arbeitnehmerfreizügigkeit enthält sowohl ein **Gebot der Inländergleichbehandlung** in Bezug auf Beschäftigung, Entlohnung und sonstige Arbeitsbedingungen als auch **ein sonstige Maßnahmen erfassendes Beschränkungsverbot**.

Adressaten der Regelungen über die Freizügigkeit der Arbeitnehmer sind in erster Linie die **Mitgliedstaaten**, aber auch die **Organe der Europäischen Union**. Nach der Rechtsprechung des EuGH erstreckt sich Art. 45 AEUV auch auf private Maßnahmen, die der kollektiven Regelung unselbstständiger Arbeit dienen. Darüber hinaus spricht sich der EuGH für eine umfassende **Drittwirkung der Arbeitnehmerfreizügigkeitsregelungen zwischen am Arbeitsvertrag beteiligten Privaten** aus.

Nach den Grundsätzen der auf die Arbeitnehmerfreizügigkeit zu übertragenden *Keck*-Rechtsprechung des EuGH sind nichtdiskriminierende mitgliedstaatliche Bestimmungen eines Zielstaates, **die den Zugang zum Arbeitsmarkt für ausländische Arbeitnehmer nicht behindern, keine Beschränkung der Freizügigkeit der Arbeitnehmer.**

Neben den im AEUV **ausdrücklich geregelten Rechtfertigungsgründen** nach Art. 45 Abs. 3 AEUV hat der EuGH für Beschränkungen **ungeschriebene Rechtfertigungsgründe** anerkannt – die sog. **zwingenden Gründe des Allgemeininteresses.**

Eine weitere vom EuGH entwickelte ungeschriebene Rechtfertigungsmöglichkeit für mitgliedstaatliche Eingriffe in die Freizügigkeit der Arbeitnehmer ist der **Schutz der unionsrechtlichen Grundrechte Dritter.** Hierbei sind die Arbeitnehmerfreizügigkeit und die betroffenen Grundrechte im Wege praktischer Konkordanz zu einem möglichst schonenden Ausgleich zu bringen.

Die geltend gemachten Rechtfertigungsgründe müssen **im Einklang mit den Unionsgrundrechten** stehen und **dem Grundsatz der Verhältnismäßigkeit** genügen.

Leitentscheidungen:
EuGH, Rs. 152/73, Slg. 1974, S. 153 – *Sotgiu*.
EuGH, Rs. 36/74, Slg. 1974, S. 1405 – *Walrave* (= P Nr. 175).
EuGH, verb. Rs. 115/81 u. 116/81, Slg. 1982, S. 1665 – *Adoui* (= P Nr. 182).
EuGH, Rs. 66/85, Slg. 1986, S. 2121 – *Lawrie-Blum*.
EuGH, Rs. C-279/93, Slg. 1995, S. I-225 – *Schumacker* (= P Nr. 177).
EuGH, Rs. C-415/93, Slg. 1995, S. I-4921 – *Bosman* (= P Nr. 178).
EuGH, Rs. C-190/98, Slg. 2000, S. I-493 – *Graf* (= P Nr. 179).
EuGH, Rs. C-281/98, Slg. 2000, S. I-4139 – *Angonese* (= P Nr. 176).
EuGH, Rs. C-413/01, Slg. 2003, S. I-13187 – *Ninni-Orasche* (= P Nr. 170).
EuGH, Rs. C-109/04, Slg. 2005, S. I-2421 – *Kranemann* (= P Nr. 180).
EuGH, Rs. C-208/05, Slg. 2007, S. I-181 – *ITC* (= P Nr. 174).
EuGH, Rs. C-556/15, ECLI:EU:C:2017:494 – *Erzberger* (= P Nr. 181).

8. Niederlassungsfreiheit

Literaturhinweise: *Drygala, T.:* Europäische Niederlassungsfreiheit vor der Rolle rückwärts?, EuZW 2013, S. 569; *Ebke, W. F.:* Das Schicksal der Sitztheorie nach dem Centros-Urteil des EuGH, JZ 1999, S. 656; *Franz, T.:* Grenzüberschreitende Sitzverlegung und Niederlassungsfreiheit – eine systematische Betrachtung offener und geklärter Fragen, EuZW 2016, S. 930; *Forsthoff, U.:* Die Bedeutung der Rechtsprechung des EuGH zur Mobilität von Gesellschaften über das Gesellschaftsrecht hinaus, EuZW 2015, S. 248; *Freitag, R.:* Der Wettbewerb der Rechtsordnungen im internationalen Gesellschaftsrecht, EuZW 1999, S. 267; *Frenz, W./Wübbenhorst, H.:* Der juristische Vorbereitungsdienst im europäischen Anerkennungsrecht, NJW 2011, S. 2849; *Geyrhalter, V.:* Niederlassungsfreiheit contra Sitztheorie – Good-Bye „Daily Mail"?, EWS 1999, S. 201; *Görlitz, N.:* Immer noch unterschätzt: Die gemeinschaftsrechtlichen Vlassopoulou-Grundsätze, EWS 2002, S. 20; *Heinze, W.:* Die Europäische Aktiengesellschaft, ZGR 2002, S. 66; *Kindler, P.:* Niederlassungsfreiheit für Scheinauslandsgesellschaften? Die „Centros"-Entscheidung des EuGH und das internationale Privatrecht, NJW 1999, S. 1993; *Kluth, W./Rieger, F.:* Die neue EU-Berufsanerkennungsrichtlinie, EuZW 2005, S. 486; *Knaier, R./Wolff, L.:* Prozessuale und materielle Grundrechtsberechtigung für Staatsunternehmen durch die Niederlassungsfreiheit?, EWS 2017, S. 207; *Koch, H. S./Köngeter, M.:* Grenzüberschreitende Sitzverlegung von Gesellschaften innerhalb der EG – (k)ein Ende der Kontroverse?, Jura 2003, S. 692; *Koenig, Ch./Braun, J.-D./Capito, R.:* Europäischer Systemwettbewerb durch Wahl der Rechtsregeln in einem Binnenmarkt für mitgliedstaatliche Regulierungen?, EWS 1999, S. 401; *Lenze, A.:* Europäische Niederlassungsfreiheit und Prostitution, EuGRZ 2002, S. 106; *Mörsdorf, O.:* Was von Daily Mail übrig blieb – Die Wegzugsbesteuerung von EU-Gesellschaften nach dem EuGH-Urteil National Grid Indus, EuZW 2012, S. 296; *Nettesheim, M.:* Die europarechtlichen Grundrechte auf wirtschaftliche Mobilität (Art. 48, 52 EGV), NVwZ 1996, S. 342; *Ritter, T.:* Entstaatlichung der deutschen Notariatsverfassung, EuZW 2011, S. 707; *Schön, W.:* Das System der gesellschaftsrechtlichen Niederlassungsfreiheit nach VALE, ZGR 2013, S. 333; *Schulz, M./Sester, P.:* Höchstrichterliche Harmonisierung der Kollisionsregeln im europäischen Gesellschaftsrecht: Durchbruch der Gründungstheorie nach „Überseering", EWS 2002, S. 545; *Steindorff, E.:* Centros und das Recht auf die günstigste Rechtsordnung, JZ 1999, S. 1140; *Stelmaszczyk, P.:* Grenzüberschreitender Formwechsel durch isolierte Verlegung des Satzungssitzes, EuZW 2017,

S. 890; *Streinz, R.:* Zur Notwendigkeit einer vorhergehenden Auflösung der Gesellschaft bei Sitzverlegung innerhalb der EU, JuS 2018, S. 822; *Thoma, F./Leuering, D.:* Die Europäische Aktiengesellschaft – Societas Europaea, NJW 2002, S. 1449; *Tietje, Ch.:* Niederlassungsfreiheit, in: Ehlers, D. (Hrsg.), Europäische Grundrechte und Grundfreiheiten, 4. Aufl. 2015, S. 383; *Tiedtke, K./Mohr, M.:* Die Grundfreiheiten als zulässiger Maßstab für die direkten Steuern, EuZW 2008, S. 424; *Twachtmann, J.:* Die Gleichstellung ausländischer juristischer Universitätsdiplome nach § 112a Abs. 1 DRiG – eine Praxisbewertung, EuR 2016, S. 325; *Verse, D.:* Niederlassungsfreiheit und grenzüberschreitende Sitzverlegung, ZEuP 2013, S. 458; *Walden, D.:* Die Niederlassungsfreiheit, Sitztheorie und der Vorlagebeschluss des VII. Zivilsenats des BGH vom 30.3.2000, EWS 2001, S. 256.

998 Die unmittelbar anwendbare Niederlassungsfreiheit ist eine der den Binnenmarkt konstituierenden Personenverkehrsfreiheiten (Art. 26 Abs. 2 AEUV). Die Niederlassungsfreizügigkeit der *selbstständig Erwerbstätigen* soll eine freie Wahl des Unternehmensstandortes allein aufgrund ökonomischer Daten ermöglichen. Sie fördert sowohl die wirtschaftliche und soziale Mobilität als auch die wirtschaftliche Verflechtung zwischen den Mitgliedstaaten[762]. Die Niederlassungsfreiheit ist dem Grunde nach in Art. 49 Abs. 1 AEUV geregelt. Die Berechtigung juristischer Personen ergibt sich aus Art. 54 AEUV. Darüber hinaus haben die Mitgliedstaaten niederlassungsrelevante Tatbestände in zahlreichen Sekundärrechtsakten – u. a. den am Ende dieses Abschnittes dargestellten Anerkennungs- und Koordinierungsrichtlinien (Rn. 1039 ff.) – geregelt. Da in der Ausbildung die primärrechtlichen Gewährleistungen im Vordergrund stehen, liegt hierauf auch der Schwerpunkt der nachfolgenden Darstellung.

a) Schutzbereich

999 Die *Niederlassungsfreiheit* begründet das Recht zur Aufnahme und Ausübung selbstständiger Erwerbstätigkeiten sowie zur Gründung und Leitung von Unternehmen und Zweigniederlassungen in einem anderen Mitgliedstaat (Art. 49 Abs. 2 AEUV). Sie umfasst auch das Recht zu Einreise und Aufenthalt zu diesen Zwecken. Dieses Recht steht sowohl den EU-Staatsangehörigen (Art. 49 Abs. 1 AEUV) als auch denjenigen juristischen Personen zu, welche die Staatszugehörigkeit eines EU-Mitgliedstaates haben (Art. 54 Abs. 1 AEUV). Soweit Sekundärrechtsakte die Niederlassungsfreiheit natürlicher oder juristischer Personen näher ausgestaltet haben, gehen diese Art. 49, 54 AEUV vor.

aa) Sachlicher Schutzbereich

(α) Der Begriff der Niederlassung

1000 Eine Niederlassung in diesem Sinne ist die tatsächliche Ausübung einer wirtschaftlichen Tätigkeit mittels einer festen Einrichtung in einem anderen Mitglied-

---
762 EuGH, Rs. C-55/94, Slg. 1995, S. I-4165, Rn. 25 – *Gebhard* (= P Nr. 198).

staat auf unbestimmte Zeit[763]. Der Begriff der Niederlassung ist weit gefasst und impliziert die Möglichkeit für einen Unionsangehörigen, in stabiler und kontinuierlicher Weise am Wirtschaftsleben eines anderen als seines Herkunftsstaates teilzunehmen und daraus Nutzen zu ziehen[764]. Sowohl freie Berufe als auch gewerbliche Tätigkeiten werden von der Niederlassungsfreiheit erfasst. Die erforderliche rechtliche Eingliederung in das Wirtschaftsleben eines anderen Mitgliedstaates setzt jedoch nicht voraus, dass sich der selbstständig Erwerbstätige ausschließlich in diesem Mitgliedstaat niederlässt: Gleichzeitig sind Niederlassungen in anderen Mitgliedstaaten möglich[765]. Die Tätigkeit muss wirtschaftlicher Art und auf Erwerb ausgerichtet sein, wobei es unerheblich ist, ob tatsächlich Gewinne erzielt werden. Ausgenommen von der Niederlassungsfreiheit sind daher rein karitative Organisationen, soweit es sich um Gesellschaften handelt, die keinen Erwerbszweck verfolgen (Art. 54 Abs. 2 AEUV)[766].

Die Niederlassungsfreiheit unterscheidet sich von der *Arbeitnehmerfreizügigkeit* durch die Selbstständigkeit der Erwerbstätigkeit. Maßgeblich für die Abgrenzung sind die Kriterien des unternehmerischen Risikos und der Selbstbestimmtheit der Tätigkeit. Anhaltspunkte für die Ausübung einer selbstständigen Tätigkeit sind die Beteiligung an Gewinn und Verlust, die freie Bestimmung der Arbeitszeit, die Weisungsfreiheit und die Auswahl der Mitarbeiter[767]. Schwierigkeiten bei der Abgrenzung zwischen der Niederlassungs- und *Dienstleistungsfreiheit* resultieren insbesondere daraus, dass sich beide Grundfreiheiten auf dieselben (selbstständig erbrachten) wirtschaftlichen Tätigkeiten beziehen – bspw. Bau-, Handwerks- oder Beratungsleistungen. Während die Dienstleistungsfreiheit jedoch solche Vorgänge erfasst, bei denen der Erbringer sich nur vorübergehend in den anderen Mitgliedstaat begibt oder jedenfalls nicht auf dauerhaft genutzte Einrichtungen in dem Staat der Leistungserbringung zurückgreift, ist die Niederlassungsfreiheit nur dann anwendbar, wenn die Leistung unter Eingliederung des Unternehmens in das Wirtschaftsleben des Niederlassungsstaates – typischerweise durch die Einrichtung von Geschäftsräumen zum Zwecke des Kundenverkehrs[768] – erbracht wird. Maßgebliche Kriterien sind dabei die Dauer der fraglichen Tätigkeit, ihre Häufigkeit, regelmäßige Wiederkehr oder Kontinuität[769]. Damit sind es aber die konkreten Umstände der Grenzüberschreitung und ihre Rahmenbedingungen – und nicht eine bestimmte Art der Leistung –, die den Ausschlag für die tatbestandliche Abgrenzung zwischen die-

---

763 EuGH, Rs. C-221/89, Slg. 1991, S. I-3905, Rn. 20 – *Factortame II* (= P Nr. 184).
764 EuGH, Rs. C-55/94, Slg. 1995, S. I-4165, Rn. 25 – *Gebhard* (= P Nr. 198); EuGH, Rs. C-70/95, Slg. 1997, S. I-3395, Rn. 24 – *Sodemare u. a.*
765 EuGH, Rs. 107/83, Slg. 1984, S. 2971, Rn. 17 ff. – *Ordre des avocats au bureau de Paris/Klopp.*
766 EuGH, Rs. C-70/95, Slg. 1997, S. I-3395, Rn. 25 – *Sodemare.*
767 EuGH, Rs. 3/87, Slg. 1989, S. 4459, Rn. 35 ff. – *The Queen/Ministry of Agriculture.*
768 Die bloße Verwendung von Servern im Aufnahmemitgliedstaat ist hierfür nicht ausreichend, EuGH, Rs. C-347/09, Slg. 2011, S. I-8185, Rn. 33 ff. – *Dickinger & Ömer.*
769 EuGH, Rs. C 55/94, Slg. 1995, S. I-4165, Rn. 27 – *Gebhard* (= P Nr. 198).

sen Grundfreiheiten geben (vgl. Rn. 1049). Für die Bestimmung des Verhältnisses der Niederlassungs- zur *Kapitalverkehrsfreiheit* ist eine differenzierte Betrachtung erforderlich, nach der in bestimmten Fällen eine parallele Anwendung möglich, in anderen dagegen ausgeschlossen ist (näher dazu Rn. 1099 ff.).

1002 Die derart definierte dauerhafte Eingliederung in die Volkswirtschaft eines anderen Mitgliedstaates kann nach Art. 49 Abs. 1 AEUV sowohl durch Errichtung einer primären als auch einer sekundären Niederlassung erfolgen. Die *primäre Niederlassungsfreiheit* (Art. 49 Abs. 1 Satz 1 AEUV) erfasst die erstmalige Gründung einer Niederlassung in einem anderen Mitgliedstaat, den Umzug einer bestehenden Niederlassung von einem Mitgliedstaat in einen anderen sowie – speziell für juristische Personen (Rn. 1008 ff.) – grenzüberschreitende Verschmelzungen mit juristischen Personen in anderen Mitgliedstaaten, da im Verschmelzungsakt eine selbstständige wirtschaftliche Tätigkeit der verschmelzungswilligen, aus dem EU-Ausland zuziehenden juristischen Person zum Ausdruck kommt[770]. Die *sekundäre Niederlassungsfreiheit* (Art. 49 Abs. 1 Satz 2 AEUV) schützt hingegen die Errichtung einer unselbstständigen Niederlassung in einem anderen Mitgliedstaat. Da die Aufzählung sekundärer Niederlassungsformen in Art. 49 Abs. 1 Satz 2 AEUV nur beispielhaften Charakter hat und deshalb nicht abschließend ist, kommt es zur *Abgrenzung einer sekundären Niederlassung von einer primären* nicht darauf an, ob die fragliche Niederlassung einem der dort aufgeführten Typen zugeordnet werden kann. Die Abgrenzung beider Niederlassungsformen erfolgt vielmehr nach materiellen Kriterien. Eine sekundäre Niederlassung liegt vor, wenn sie in rechtlicher oder wirtschaftlicher Abhängigkeit zu einer anderen (primären) Niederlassung steht. Bei juristischen Personen kommt es dagegen nur auf die (gesellschafts-)rechtlichen Beziehungen zwischen den in Frage stehenden Niederlassungen an; der wirtschaftliche Schwerpunkt der Geschäftstätigkeit ist insoweit nicht entscheidend. Der Sitz einer juristischen Person ist daher auch in dem Fall eine primäre Niederlassung, wenn diese juristische Person ihre Geschäftstätigkeit überwiegend durch eine rechtlich abhängige Niederlassung in einem anderen Mitgliedstaat ausübt. Letztere ist daher trotz des wirtschaftlichen Schwerpunktes, der bei ihr liegt, lediglich als Zweigniederlassung einzustufen[771].

(β) Grenzüberschreitender Bezug

1003 Die Eröffnung des sachlichen Schutzbereichs erfordert auch ein grenzüberschreitendes Element. Bei rein mitgliedstaatsinternen Sachverhalten sind die Bestimmungen über die Niederlassungsfreiheit nicht anwendbar[772], der EuGH lässt allerdings bereits ein potentiell grenzüberschreitendes Interesse genügen[773]. Eine

---

770 EuGH, Rs. C-411/03, Slg. 2005, S. I-10805, Rn. 16 ff. – *Sevic* (= P Nr. 189).
771 EuGH, Rs. C-212/97, Slg. 1999, S. I-1459, Rn. 17 ff. – *Centros* (= P Nr. 204).
772 EuGH, Rs. C-134/95, Slg. 1997, S. I-195, Rn. 12 ff. – *USSL No. 47 di Biella*.
773 EuGH, verb. Rs. C-458/14 u. C-67/15, ECLI:EU:C:2016:558, Rn. 66 ff. – *Promoimpresa*.

Schlechterstellung eigener Staatsangehöriger ist im Bereich der Niederlassungsfreiheit daher möglich und zulässig (sog. Inländerdiskriminierung)[774]. Typischer Fall des grenzüberschreitenden Elements ist der in Art. 49 Abs. 1 AEUV ausdrücklich genannte Fall des Zuzugs eines Niederlassungsberechtigten in einen anderen Mitgliedstaat *(Zuzugsfreiheit)*. Dabei wird die Niederlassungsfreiheit gegenüber dem Zuzugsstaat geltend gemacht. Ein grenzüberschreitendes Element kann darüber hinaus auch dann vorliegen, wenn ein Inländer, der einen *unionsrechtlich relevanten Niederlassungssachverhalt* erfüllt, sich *seinem Heimatstaat gegenüber* auf die Niederlassungsfreiheit beruft (Rn. 877). Dies gilt etwa dann, wenn ein Inländer einen ausländischen akademischen Titel erworben hat, dessen Führung im Rahmen einer selbstständigen Tätigkeit durch seinen Heimatstaat erschwert wird *(Rückkehrkonstellation)* oder wenn die *Gründung einer sekundären Niederlassung* in einem anderen EU-Mitgliedstaat vom Heimatstaat des Niederlassungswilligen behindert wird[775]. Grundsätzlich ist der Schutzbereich der Niederlassungsfreiheit insoweit auch betroffen, wenn ein EU-Mitgliedstaat seine eigenen Staatsangehörigen daran hindert, in einen anderen Mitgliedstaat wegzuziehen *(Wegzugsfreiheit)*[776]. Im Einzelnen ist bei den Wegzugsfällen jedoch zwischen natürlichen und juristischen Personen zu unterscheiden. Während natürliche Personen sich auch gegenüber Wegzugshindernissen ihres Heimatstaates auf die Niederlassungsfreiheit berufen können, ist die Möglichkeit juristischer Personen, sich in Wegzugsfällen auf die Niederlassungsfreiheit zu berufen, nur eingeschränkt gegeben (näher dazu unter Rn. 1006, 1013 f.).

(γ) Bereichsausnahme für die Ausübung öffentlicher Gewalt

1004 Die Bestimmungen über die Niederlassungsfreiheit sind nicht anwendbar auf Tätigkeiten, die dauernd oder zeitweise mit der Ausübung öffentlicher Gewalt verbunden sind (Art. 51 AEUV). Dabei beinhalten sie für denjenigen, der sie ausübt, die Möglichkeit, dem Bürger gegenüber von Sonderrechten, Hoheitsprivilegien und Zwangsbefugnissen Gebrauch zu machen[777]. Grundsätzlich erfasst diese Ausnahmebestimmung aber nicht „ganze" Berufe, sondern nur bestimmte Tätigkeiten, nämlich diejenigen, die eine unmittelbare und spezifische Teilnahme an der Ausübung öffentlicher Gewalt darstellen[778]. Nur wenn die Berufsausübung so sehr durch die mit der Ausübung hoheitlicher Gewalt verbundenen Tätigkei-

---

774 EuGH, Rs. 20/87, Slg. 1987, S. 4879, Rn. 10 ff. – *Ministère Public/Gauchard;* EuGH, verb. Rs. C-277/91, C-318/91 u. C-319/91, Slg. 1993, S. I-6621, Rn. 41 – *Ligur Carni.*
775 Zur Rückkehrkonstellation EuGH, Rs. C-19/92, Slg. 1993, S. 1663, Rn. 14 – *Kraus* (= P Nr. 200); zur sekundären Niederlassungsfreiheit EuGH, Rs. C-446/03, Slg. 2005, S. I-10837, Rn. 30 ff. – *Marks & Spencer,* jeweils m.w. N.
776 EuGH, Rs. C-141/99, Slg. 2000, S. I-11619, Rn. 21 – *AMID;* EuGH, Rs. C-9/02, Slg. 2004, S. I-2409, Rn. 42 – *Hughes de Lasteyrie du Saillant.*
777 GA *Mayras*, in: EuGH, Rs. 2/74, Slg. 1974, S. 631, 665 – *Reyners.*
778 EuGH, Rs. 2/74, Slg. 1974, S. 631, Rn. 44/45 ff. – *Reyners;* EuGH, Rs. C-42/92, Slg. 1993, S. I-4047, Rn. 8 – *Thijssen;* EuGH, Rs. C-283/99, Slg. 2001, S. I-4363, Rn. 20 – *Kommission/Italien.*

ten gekennzeichnet ist, dass eine Abstraktion nicht möglich ist, kann die gesamte Berufsausübung unter diese Bestimmung subsumiert werden[779]. Art. 51 AEUV ist als Ausnahmevorschrift eng auszulegen und daher auf Tätigkeiten beschränkt, die zur Wahrung der Interessen eines Mitgliedstaates unbedingt erforderlich sind[780]. Bei den in Art. 51 AEUV genannten Ausnahmebegriffen handelt es sich um autonome Rechtsbegriffe des Unionsrechts, die unabhängig von den Vorgaben der mitgliedstaatlichen Rechtsordnungen auszulegen sind. Unbeachtlich ist, ob die öffentliche Gewalt durch staatliche Amtsträger oder Private (z. B. Beliehene) ausgeübt wird. In Deutschland sind von der Ausnahmebestimmung beispielsweise die Tätigkeiten der Gerichtsvollzieher erfasst. Weder der Beruf des Notars[781] noch der Beruf des Rechtsanwalts als solcher fällt demgegenüber in die Bereichsausnahme, selbst wenn sie in mitgliedstaatlichen Rechtsordnungen der Rechtspflege zugeordnet sind. Auch die Tätigkeit von Wachunternehmen oder Sicherheitsdiensten ist nicht per se als Ausübung öffentlicher Gewalt i. S. d. Art. 51 AEUV anzusehen[782]. Ebenfalls stellen Zertifizierungstätigkeiten privater Zertifizierungseinrichtungen im Baugewerbe für die Vergabe öffentlicher Aufträge keine Ausübung öffentlicher Gewalt dar[783].

bb) Persönlicher Schutzbereich

(α) Natürliche Personen

1005 Natürliche Personen müssen die *Staatsangehörigkeit eines Mitgliedstaates* besitzen, um in den persönlichen Schutzbereich der Niederlassungsfreiheit zu fallen, so dass sich z. B. eine Schweizerin, die sich in Spanien niederlässt, nicht auf die Niederlassungsfreiheit berufen kann[784]. Unschädlich ist es jedoch, wenn eine Person neben der Staatsangehörigkeit eines Mitgliedstaates auch die Staatsangehörigkeit eines Drittstaates besitzt[785]. Darauf, ob ein Staatsangehöriger eines EU-Mitgliedstaates seinen Wohnsitz im Gebiet der Union oder in einem Drittstaat hat, kommt es daneben grundsätzlich nicht an. Lediglich für die Errichtung einer sekundären Niederlassung macht Art. 49 Abs. 1 Satz 2 AEUV hiervon eine Ausnahme. Berechtigter der sekundären Niederlassungsfreiheit kann nur sein, wer neben der Staatsangehörigkeit eines Mitgliedstaates auch im Hoheitsgebiet irgendeines Mitgliedstaates ansässig ist. Damit soll sichergestellt werden, dass jede selbstständige wirtschaftliche Betätigung innerhalb der Union auch der rechtlichen Kontrolle der Mitgliedstaaten und nicht lediglich eines Drittstaates

---

779 EuGH, Rs. 2/74, Slg. 1974, S. 631, Rn. 46/47 – *Reyners*.
780 EuGH, Rs. 147/86, Slg. 1988, S. 1637, Rn. 8 – *Kommission/Griechenland*; EuGH, Rs. C-283/99, Slg. 1998, S. I-6717, Rn. 34 – *Kommission/Italien*.
781 EuGH. Rs. C-54/08, Slg. 2011, S. I-4355 – *Kommission/Deutschland* (= P Nr. 194).
782 EuGH, Rs. C-114/92, Slg. 1998, S. I-6717, Rn. 39 – *Kommission/Spanien*; EuGH, Rs. C-283/99, Slg. 2001, S. I-4363, Rn. 22 – *Kommission/Italien*.
783 EuGH, Rs. C-593/13, ECLI:EU:C:2015:399, Rn. 18 ff. – *Rina Services*.
784 EuGH, Rs. C-147/91, Slg. 1992, S. I-4097, Rn. 8 f. – *Ferrer Laderer*.
785 EuGH, Rs. C-369/90, Slg. 1992, S. I-4239, Rn. 10 ff. – *Micheletti*.

unterworfen wird⁷⁸⁶. Weder die Errichtung einer primären noch einer sekundären Niederlassung setzen hingegen voraus, dass die natürlichen Personen sich erst zum Zwecke der Niederlassung in einen anderen Mitgliedstaat begeben. Geschützt werden vielmehr auch Personen, die sich bereits als Arbeitnehmer dort aufhalten und sich währenddessen selbstständig machen⁷⁸⁷.

Für *natürliche Personen* schützt Art. 49 Abs. 1 AEUV neben der darin bereits ausdrücklich genannten *Zuzugsfreiheit* (Rn. 1003) unstreitig auch die sog. *Wegzugsfreiheit*⁷⁸⁸. Diese verbietet es den Mitgliedstaaten, ihre eigenen Staatsangehörigen am Wegzug zu behindern, wenn Ziel des Wegzuges die Verlegung einer primären Niederlassung in einen anderen Mitgliedstaat ist. Diese Konstellation ist zwar nicht vom Wortlaut des Art. 49 Abs. 1 AEUV erfasst, der nur Beschränkungen der Niederlassung in anderen Mitgliedstaaten verbietet. Die Wegzugsfreiheit ergibt sich aber aus Sinn und Zweck der Norm. Denn die in Art. 49 AEUV gewährte Zuzugsfreiheit wäre sinnentleert, wenn der Herkunftsstaat nach Belieben den Wegzug seiner Staatsangehörigen beschränken könnte. Im Extremfall könnte die Zuzugsfreiheit mangels zuzugsfähiger Personen aus anderen Mitgliedstaaten völlig leer laufen. Ein Wegzugshindernis beeinträchtigt überdies die objektiv-rechtliche „Binnenmarktphilosophie" der Grundfreiheiten, wonach diese die ökonomisch optimale Allokation der Produktionsfaktoren innerhalb der Union sichern sollen (vgl. Rn. 861).

1006

Die Familienangehörigen eines selbstständig Erwerbstätigen werden von der Niederlassungsfreiheit in Art. 49 AEUV nicht erfasst. Zu beachten ist aber die Richtlinie 2004/38/EG über das Recht der Unionsbürger und ihrer Familienangehörigen, sich im Hoheitsgebiet der Mitgliedstaaten frei zu bewegen und aufzuhalten⁷⁸⁹. Mit dieser Richtlinie wird das Aufenthaltsrecht von Unionsbürgern im Hinblick auf das Aufenthaltsrecht aus Art. 21 AEUV und den Grundfreiheiten übergreifend geordnet. Familienangehörige eines Niederlassungsberechtigten, die selbst Unionsbürger sind, haben nach Art. 2 Abs. 1 oder 2, Art. 6 Abs. 1 sowie Art. 7 Abs. 1 oder 2 dieser Richtlinie ein eigenständiges oder abgeleitetes Aufenthaltsrecht, subsidiär hierzu können sie auch das Aufenthaltsrecht aus Art. 21 AEUV geltend machen (Rn. 809 ff.). Ehegatten, Lebenspartner, Kinder und Eltern eines niederlassungsberechtigten Unionsbürgers, die selbst nicht Unionsbürger sind, haben nach Maßgabe der Art. 2 Abs. 2, Art. 6 Abs. 2 sowie Art. 7 Abs. 2 der Richtlinie 2004/38/EG weiterhin ein abgeleitetes Aufenthaltsrecht.

1007

(β) Juristische Personen

Auch juristische Personen können in den Schutzbereich der Niederlassungsfreiheit fallen. Die Vorschrift des Art. 54 Abs. 1 AEUV stellt insoweit „Gesellschaf-

1008

---

786 *Tietje*, in: Ehlers (Hrsg.), Europäische Grundrechte und Grundfreiheiten, § 10, Rn. 37.
787 EuGH, Rs. 143/87, Slg. 1988, S. 3877, Rn. 12 – *Stanton*.
788 EuGH, Rs. C-9/02, Slg. 2004, S. I-2409, Rn. 42 – *Hughes de Lasteyrie du Saillant*.
789 ABl.EU 2004 Nr. L 229, S. 35.

ten" hinsichtlich der Anwendung des Art. 49 AEUV den natürlichen Personen gleich. Wie sich aus der Formulierung „und die *sonstigen* juristischen Personen" in Art. 54 Abs. 2 AEUV ergibt, erfasst Art. 54 AEUV indes nicht nur Gesellschaften im engeren Wortsinn, sondern *sämtliche juristischen Personen des öffentlichen und privaten Rechts*. Dabei ist der *unionsrechtliche Begriff der juristischen Person* weiter auszulegen als im deutschen Recht. Auf eine Rechtspersönlichkeit kommt es nicht an. Der Begriff der juristischen Person umfasst beispielsweise auch offene Handelsgesellschaften, Kommanditgesellschaften und Gesellschaften bürgerlichen Rechts. Mangels einer Staatsangehörigkeit müssen solche juristischen Personen, um vom persönlichen Schutzbereich der Niederlassungsfreiheit erfasst zu werden, nach den Rechtsvorschriften eines Mitgliedstaates gegründet sein und ihren satzungsmäßigen Sitz, die Hauptverwaltung oder Hauptniederlassung innerhalb der Union haben (Art. 54 Abs. 1 AEUV). Dieser Anknüpfungspunkt dient – wie bei natürlichen Personen die Staatsangehörigkeit – dazu, die Zugehörigkeit zur Rechtsordnung eines EU-Mitgliedstaates zu bestimmen[790]. Juristische Personen, die nach dem Recht eines Drittstaates gegründet wurden und unter Beibehaltung ihrer Rechtspersönlichkeit den Hauptsitz in einen EU-Mitgliedstaat verlegen, fallen mithin ebenso wenig in den persönlichen Schutzbereich der Niederlassungsfreiheit wie juristische Personen, die zwar nach dem Recht eines Mitgliedstaates gegründet wurden, danach aber ihren Hauptsitz in einen Drittstaat verlegt haben.

1009 Für die Grundfreiheitsberechtigung *juristischer Personen* im Sinne von Art. 54 Abs. 2 AEUV ist es gleichgültig, ob sie von einer Privatperson oder von einer Person des öffentlichen Rechts – etwa einer Gebietskörperschaft (z. B. Bund, Länder, Gemeinden) – kontrolliert werden. Im zweitgenannten Fall handelt es sich um sog. öffentliche Unternehmen, welche sowohl privatrechtlich (z. B. GmbH, Aktiengesellschaft) als auch öffentlich-rechtlich (z. B. Anstalten, Stiftungen) organisiert sein können. Soweit ein öffentliches Unternehmen am grenzüberschreitenden Wirtschaftsleben teilnimmt (auf ein Gewinnstreben kommt es dafür nicht an)[791], kann es gegenüber sämtlichen Verpflichtungsadressaten, d. h. auch etwa gegenüber dem eigenen Mitgliedstaat, die Beachtung der Niederlassungsfreiheit einfordern. Dass öffentliche Unternehmen zugleich Verpflichtete (vgl. Rn. 869) der Grundfreiheiten sind (Konfusionsproblematik), steht ihrer Berechtigung nicht entgegen[792].

1010 Der entscheidende Prüfungsschritt im Rahmen des persönlichen Schutzbereichs der Niederlassungsfreiheit betrifft somit die Feststellung, *ob eine juristische Person nach dem Recht eines Mitgliedstaates* im Sinne des Art. 54 Abs. 1 AEUV gegründet wurde. Anders als für natürliche Personen, bei denen nur zur Feststellung ihrer Staatsangehörigkeit auf das innerstaatliche Recht zurückgegriffen werden muss (Rn. 1005), regelt das nationale Recht im Falle einer juristischen Person

---
790 EuGH, Rs. C-330/91, Slg. 1993, S. I-4017, Rn. 13 – *Commerzbank* (= P Nr. 197).
791 *Ehlers*, in: ders., Europäische Grundrechte und Grundfreiheiten, § 7, Rn. 46.
792 Siehe zum Ganzen *Weiß*, EuR 2003, S. 165, 173 ff.

zusätzlich deren Existenz. Bereits in seinem Urteil in der Rs. *Daily Mail* aus dem Jahre 1988 formuliert der EuGH in diesem Sinne treffend, Gesellschaften hätten jenseits der nationalen Rechtsordnung, die ihre Gründung und Existenz regelt, keine Realität[793]. Da niederlassungsrelevante Sachverhalte regelmäßig ein grenzüberschreitendes Element aufweisen (Rn. 1003) – etwa weil eine Gesellschaft von Staat A nach Staat B umzieht, indem sie ihren Hauptsitz verlegt –, stellt sich die Frage, welche der beteiligten mitgliedstaatlichen Rechtsordnungen die „Gründung und Existenz" einer juristischen Person regelt (sog. Gesellschaftsstatut). Das internationale Gesellschaftsrecht der einzelnen Mitgliedstaaten behandelt die Existenz einer Gesellschaft in Fällen mit Auslandsbezug nämlich ganz unterschiedlich, je nachdem, ob sie der sog. *Gründungstheorie* oder der *Sitztheorie* folgen.

Nach der *Gründungstheorie,* die beispielsweise in Großbritannien, Dänemark und den Niederlanden vorherrschend ist, sind auf eine juristische Person diejenigen Bestimmungen anzuwenden, die an dem Ort ihrer Gründung gelten, unabhängig vom Ort des Sitzes ihrer Hauptverwaltung. Sowohl der Umzug einer juristischen Person von einem Mitgliedstaat in einen anderen (primäre Niederlassung) als auch die Errichtung einer sekundären Niederlassung werden unter Zugrundelegung der Gründungstheorie vom Schutzbereich der Niederlassungsfreiheit erfasst, da die Existenz einer juristischen Person stets nach derjenigen nationalen Rechtsordnung zu beurteilen ist, nach der sie gegründet wurde. Nach der *Sitztheorie* sind auf juristische Personen hingegen diejenigen Bestimmungen anzuwenden, die am Ort ihres tatsächlichen (Verwaltungs-)Sitzes gelten. Die sekundäre Niederlassungsfreiheit können juristische Personen auch nach der Sitztheorie problemlos in Anspruch nehmen, weil der Verwaltungssitz dabei nicht verlegt wird. Wendet man die Sitztheorie hingegen auf den Fall des Umzugs einer juristischen Person (Fall der primären Niederlassung) an, so verliert diese gewissermaßen mit dem Grenzübertritt die Rechtsform ihres Gründungsstaates, denn sie kann nur nach dem Recht des Aufnahmemitgliedstaates beurteilt werden, in dem sie nunmehr ihren Hauptsitz hat. Dies kann zur völligen Inexistenz der juristischen Person im Aufnahmemitgliedstaat führen, etwa weil sie den dort geltenden Formvorschriften (Eintragung in ein Gesellschaftsregister oder ein bestimmtes Mindestkapital) nicht genügt[794]. In diesen Fällen läge folglich überhaupt keine juristische Person vor, die in den Schutzbereich der Niederlassungsfreiheit fallen könnte. Ob mit dem Verweis des Art. 54 Abs. 1 AEUV auf das nationale Recht tatsächlich ein so weit reichender Ausschluss juristischer Personen aus dem Schutzbereich der primären Niederlassungsfreiheit verbunden ist, war lange Zeit umstritten. Zum Verständnis der einschlägigen Judikatur des EuGH ist es hilfreich, zwischen Beeinträchtigungen der freien Niederlassung *durch den Aufnahmemitgliedstaat* und solchen *durch den Gründungsmitgliedstaat* zu unterscheiden.

1011

---

793 EuGH, Rs. 81/87, Slg. 1988, S. 5483, Rn. 19 – *Daily Mail* (= P Nr. 185).
794 Näher *Koch/Köngeter,* Jura 2003, S. 692, 693 f.

(αα) Beeinträchtigung durch den Gründungsmitgliedstaat
(Wegzugskonstellation)

1012 Aufgrund der bis heute gültigen Leitentscheidung des EuGH in der Rs. *Daily Mail* können sich Gesellschaften gegenüber ihrem Gründungsstaat nur eingeschränkt auf die Niederlassungsfreiheit berufen[795]. Mit der Regelung des Art. 54 Abs. 1 AEUV, wonach die Eröffnung des Schutzbereichs der Niederlassungsfreiheit von Gesellschaften die Gründung einer juristischen Person nach dem Recht ihres Gründungsstaats voraussetzt (Rn. 1010), ist klargestellt, dass eine juristische Person nach dem Recht dieses Mitgliedstaates zum Zeitpunkt des Wegzugs fortbestehen muss. Knüpft das Recht des Gründungsstaates einer juristischen Person an die Verlegung des tatsächlichen Verwaltungssitzes bestimmte Voraussetzungen, bei deren Nichterfüllung die Gesellschaft nicht unter Beibehaltung ihrer Rechtspersönlichkeit wegziehen kann, so entfällt damit zugleich eine wesentliche Voraussetzung des persönlichen Schutzbereichs der Niederlassungsfreiheit[796]. Die nationale Maßnahme ist in diesem Fall als Inhaltsbestimmung der Niederlassungsfreiheit und nicht als Beschränkung derselben anzusehen. Dementsprechend hatte der EuGH in der Entscheidung *Daily Mail* festgestellt, dass sich juristische Personen gegenüber ihrem Gründungsstaat nicht auf die Niederlassungsfreiheit berufen können sollen, weil sie „jenseits der jeweiligen nationalen Rechtsordnung, die ihre Gründung und Existenz regelt, [...] keine Realität [haben]"[797]. Diese Auffassung bekräftigte der Gerichtshof in seinem Urteil zur Rs. *Cartesio* aus dem Jahre 2008[798]. Die Kommanditgesellschaft ungarischen Rechts *Cartesio* beabsichtigte, unter Bewahrung ihrer Rechtspersönlichkeit ihren Sitz nach Italien zu verlegen. Den Umstand, dass das ungarische Recht einer solchen identitätswahrenden Sitzverlegung ins Ausland entgegenstand, wertete der EuGH in Anknüpfung an seine Feststellungen in der Rs. *Daily Mail* als „Vorfrage" der Grundfreiheitsberechtigung gemäß Art. 54 Abs. 1 AEUV und somit nicht als Verstoß gegen die Art. 49 und Art. 54 Abs. 1 AEUV[799]. Diesen Ansatz präzisierte der EuGH in der Rs. *National Grid Indus* dahingehend, dass eine Anwendung der Niederlassungsfreiheit dann nicht ausgeschlossen ist, wenn sich die Regelung des Herkunftsstaates darauf beschränkt, steuerliche Folgen an die Verlegung des Verwaltungssitzes einer Gesellschaft ins EU-Ausland zu knüpfen, ohne dass dies ihre Eigenschaft als Gesellschaften des

---

[795] EuGH, Rs. 81/87, Slg. 1988, S. 5483 – *Daily Mail* (= P Nr. 185).
[796] Vgl. EuGH, Rs. 81/87, Slg. 1988, S. 5483, Rn. 3 ff., 16, 19 ff. – *Daily Mail* (= P Nr. 185); ausdrücklich bestätigt durch EuGH, Rs. C-210/06, Slg. 2008, S. I-9641, Rn. 109 – *Cartesio* (= P Nr. 187).
[797] EuGH, Rs. 81/87, Slg. 1988, S. 5483, Rn. 19, 24 – *Daily Mail* (= P Nr. 185); nun bestätigt durch EuGH, Rs. C-210/06, Slg. 2008, S. I-9641, Rn. 104 – *Cartesio* (= P Nr. 187).
[798] EuGH, Rs. C-210/06, Slg. 2008, S. I-9641 – *Cartesio* (= P Nr. 187).
[799] EuGH, Rs. C-210/06, Slg. 2008, S. I-9641, Rn. 124 – *Cartesio* (= P Nr. 187); anders zuvor noch GA Maduro in seinen Schlussanträgen, GA *Maduro*, in: EuGH, Rs. C-210/06, Slg. 2008, S. I-9641, Rn. 35 – *Cartesio*.

fraglichen Mitgliedstaats berührt[800]. Die im konkreten Fall streitigen Vorschriften über die Schlussbesteuerung der nicht realisierten Wertzuwächse unterfielen somit den Art. 49, 54 AEUV[801]. Diese Auffassung entspricht zwar einer konsequenten Lesart des Art. 54 AEUV, weil die persönliche Berechtigung einer Gesellschaft somit nur durch ihre rechtliche Inexistenz in Frage gestellt werden kann. Zugleich führt sie zu einer gewissen Unstimmigkeit, weil sie die intensivste Form der Beeinträchtigung wegzugswilliger Gesellschaften generell von den Anforderungen der Niederlassungsfreiheit ausnimmt, weniger intensive Eingriffe hingegen einer Kontrolle unterwirft.

(ββ) Beeinträchtigung durch den Aufnahmemitgliedstaat (Zuzugskonstellation)

Wiederholt wurde der EuGH in Vorabentscheidungsersuchen mitgliedstaatlicher Gerichte mit der Frage befasst, ob die Mitgliedstaaten den Zuzug ausländischer Gesellschaften an bestimmte Anforderungen knüpfen dürfen. Von besonderem Interesse sind zunächst die Urteile *Centros*[802] und *Inspire Art*[803], die beide die *sekundäre Niederlassungsfreiheit* nach Art. 49 Abs. 1 Satz 2 AEUV betrafen. In der Rs. *Centros* ging es um eine in Großbritannien errichtete Gesellschaft britischen Rechts, die *Centros plc* (private limited company), welche allein zu dem Zweck errichtet wurde, über eine Zweigniederlassung in Dänemark tätig zu werden und dadurch das dänische Recht über die Einzahlung eines Mindestgesellschaftskapitals zu umgehen. Das dänische Recht verweigerte einer solchen ausländischen Gesellschaft die rechtliche Anerkennung und verlangte neben der Eintragung der Gesellschaft in Dänemark auch die Erfüllung weiterer Gründungsanforderungen. In seinem Urteil wies der EuGH das Umgehungsargument zurück und etablierte den Grundsatz, dass sich eine Gesellschaft auch dann auf die Niederlassungsfreiheit berufen kann, wenn sie „im ersten Mitgliedstaat nur errichtet wurde, um sich in dem zweiten Mitgliedstaat niederzulassen, in dem die Geschäftstätigkeit im Wesentlichen oder ausschließlich ausgeübt werden soll"[804]. Diese Ansicht bekräftigte der EuGH für den Parallelfall der britischen *Inspire Art plc*, die lediglich gegründet wurde, um die Vorschriften des niederländischen Gesellschaftsrechts zu umgehen, und die ihre Geschäftstätigkeit daher nahezu ausschließlich in den Niederlanden entfaltete. Die niederländischen Anforderungen an die Gründung einer Zweigniederlassung der *Inspire Art* fielen somit ebenfalls in den Anwendungsbereich der sekundären Niederlassungsfreiheit nach Art. 49 Abs. 1 Satz 2, Art. 54 Abs. 1 AEUV[805].

1013

---

800 EuGH, Rs. C-371/10, Slg. 2011, S. I-12273, Rn. 31 – *National Grid Indus* (= P Nr. 188).
801 EuGH, Rs. C-371/10, Slg. 2011, S. I-12273, Rn. 33 – *National Grid Indus* (= P Nr. 188).
802 EuGH, Rs. C-212/97, Slg. 1999, S. I-1459 – *Centros* (= P Nr. 204).
803 EuGH, Rs. C-167/01, Slg. 2003, S. I-10155 – *Inspire Art* (= P Nr. 205).
804 EuGH, Rs. C-212/97, Slg. 1999, S. I-1459, Rn. 17 – *Centros* (= P Nr. 204).
805 EuGH, Rs. C-167/01, Slg. 2003, S. I-10155, Rn. 95 ff. – *Inspire Art* (= P Nr. 205). Von dieser Linie ist der EuGH in dem Urteil *VALE*, EuGH, Rs. C-378/10, ECLI:EU:C:2012:440 – *VALE* (= P Nr. 190) nicht abgerückt, vgl. hierzu *Drygala*, EuZW 2013, S. 569.

1014 Um einen Fall der *primären Niederlassungsfreiheit* nach Art. 49 Abs. 1 Satz 1 AEUV handelte es sich in der Rs. *Überseering*[806]. In diesem Fall hatten zwei in Deutschland ansässige Unternehmer sämtliche Gesellschaftsanteile der nach niederländischem Recht gegründeten Gesellschaft *Überseering BV* (Besloten vennootschap met beperkte aansprakelijkheid) erworben. Fortan erfolgte die Geschäftsführung von Deutschland aus. Nach der Sitztheorie führte diese Verlegung des Verwaltungssitzes dazu, dass die *Überseering* ihre Rechts- und Parteifähigkeit als BV verlor. Daher konnte die *Überseering* vor deutschen Gerichten nicht klagen. Der EuGH entschied in diesem Fall, „dass es gegen die [Art. 49 und 54 AEUV] verstößt, wenn einer Gesellschaft, die nach dem Recht eines Mitgliedstaates, in dessen Hoheitsgebiet sie ihren satzungsgemäßen Sitz hat, gegründet worden ist und von der nach dem Recht eines anderen Mitgliedstaats angenommen wird, dass sie ihren tatsächlichen Verwaltungssitz dorthin verlegt hat, in diesem Mitgliedstaat die Rechtsfähigkeit und damit die Parteifähigkeit vor seinen nationalen Gerichten für das Geltendmachen von Ansprüchen aus einem Vertrag mit einer in diesem Mitgliedstaat ansässigen Gesellschaft abgesprochen wird"[807]. Der betreffende Mitgliedstaat ist „verpflichtet, die Rechts- und Parteifähigkeit zu achten, die diese Gesellschaft nach dem Recht ihres Gründungsstaates besitzt"[808].

(γγ) Zusammenfassung

1015 Zusammenfassend lässt sich festhalten, dass die dargestellte Rechtsprechung des EuGH auf einem konsequenten Verständnis von Art. 54 Abs. 1 AEUV basiert, wonach das Bestehen einer grundfreiheitsberechtigten Gesellschaft ausschließlich nach dem Recht desjenigen Mitgliedstaates zu bestimmen ist, in dem sie tatsächlich gegründet wurde. Einzig diese Auslegung wird dem aus dem Wortlaut der Norm ersichtlichen Zweck gerecht, Gesellschaften den natürlichen Personen für die Anwendung der Niederlassungsfreiheit gleichzustellen, wenn sie zum einen nach den Rechtsvorschriften eines Mitgliedstaates gegründet sind und zum anderen entweder ihren satzungsmäßigen Sitz, ihre Hauptverwaltung oder ihre Hauptniederlassung innerhalb der Union haben (Rn. 1008). Über das „Bestehen der Gesellschaft" nach dem Recht des Gründungsstaates bestanden in den Fällen *Centros, Inspire Art, Überseering* und *National Grid Indus* keine Zweifel, da ihre Existenz hiernach – ungeachtet der Verlegung des tatsächlichen Gesellschaftssitzes – unberührt blieb (zur Gründungstheorie vgl. Rn. 1011). Beschränkungen der freien Niederlassung, gleich ob durch den Gründungs- oder durch den Aufnahmestaat, fielen damit unproblematisch in den Anwendungsbereich von Art. 49, 54 AEUV. Eine Gesellschaft kann sich somit nur in dem Fall nicht auf die Niederlassungsfreiheit berufen, wenn sie – wie in *Daily Mail*

---

806 EuGH, Rs. C-208/00, Slg. 2002, S. I-9919 – *Überseering* (= P Nr. 186).
807 EuGH, Rs. C-208/00, Slg. 2002, S. I-9919, Rn. 94 – *Überseering* (= P Nr. 186).
808 EuGH, Rs. C-208/00, Slg. 2002, S. I-9919, Leitsätze – *Überseering* (= P Nr. 186).

und *Cartesio* – beabsichtigt, ihren Verwaltungssitz unter Beibehaltung der ihr (durch das Gründungsrecht) verliehenen Rechtsform ins EU-Ausland zu verlegen, das Gründungsrecht einer solchen „identitätswahrenden Sitzverlegung" im konkreten Fall jedoch entgegensteht.

(δδ) Grenzfälle

Einen Grenzfall bei der Anwendung der vorstehenden Grundsätze hatte der EuGH in der Rs. *VALE*[809] zu entscheiden, in der es um die beabsichtigte Umwandlung einer italienischen Gesellschaft in eine ungarische Rechtsform ging (sog. grenzüberschreitender Formwechsel). Hierfür wurde, nach erfolgter Löschung der „VALE Costruzioni" aus dem italienischen Handelsregister, in Ungarn die Registrierung der Gesellschaft „VALE Építési" beantragt, die als Rechtsnachfolgerin der gelöschten „VALE Costruzioni" eingetragen werden sollte. Ein Formwechsel war im ungarischen Recht nur in der Weise vorgesehen, dass bereits in Ungarn registrierte Gesellschaften von der einen in eine andere ungarische Gesellschaftsform wechseln können. Der grenzüberschreitende Formwechsel von einer ausländischen in eine inländische Gesellschaft war hingegen nicht möglich. Die Eintragung der „VALE Építési" wurde daher vom ungarischen Handelsregistergericht abgelehnt. Für die Frage der Anwendbarkeit der Niederlassungsfreiheit besteht eine grundlegende Schwierigkeit bereits darin, die maßgebliche Prüfungsperspektive zu bestimmen. Insoweit scheint es zwar naheliegend, von einem Zuzug einer ausländischen Gesellschaft nach Ungarn auszugehen und das ungarische Umwandlungsrecht somit als *Beeinträchtigung durch den Aufnahmestaat* aufzufassen[810]. Aus dieser Perspektive ergibt sich jedoch das Problem, dass die „VALE Costruzioni" zum Zeitpunkt des Eintragungsantrags in Ungarn bereits aus dem italienischen Handelsregister gelöscht war. Nach dem maßgeblichen Recht des Gründungsstaates besteht somit keine Gesellschaft im Sinne des Art. 54 AEUV, die sich im Aufnahmestaat auf die Niederlassungsfreiheit berufen könnte. Da die „VALE Costruzioni" somit als Berechtigte aus der Niederlassungsfreiheit ausscheidet, bleibt nur die Möglichkeit, stattdessen auf die in Gründung befindliche „VALE Építési" bzw. ihre Gesellschafter als Berechtigte abzustellen[811]. Dies wiederum führt dazu, dass sich der vorliegend zu bewertende gesellschaftsrechtliche Vorgang nicht länger als ein Zuzug der „VALE Costruzioni" von Italien nach Ungarn darstellt, sondern vielmehr als eine (gewöhnliche) Neugründung einer Gesellschaft in Ungarn, womit die streitigen Restriktionen des ungarischen Gesellschaftsstatuts hinsichtlich der Rechtsnachfolge nur als

1016

---

[809] EuGH, Rs. C-378/10, ECLI:EU:C:2012:440 – *VALE* (= P Nr. 190).
[810] In diesem Sinne für einen Zuzugsfall *Kindler*, EuZW 2012, S. 888, 892; *Jaensch*, EWS 2012, S. 353, 356 f.
[811] Vgl. die Schlussanträge von GA *Jääskinen* zu EuGH, Rs. C-378/10, ECLI:EU:C:2011:841, Rn. 48 ff. – *VALE* (= P Nr. 190).

Beeinträchtigung durch den Gründungsstaat der „VALE Építési" angesehen werden können[812].

1017 Insoweit stellt sich die Frage, ob der Umstand, dass das ungarische Gesellschaftsstatut nicht zuließ, eine neuzugründende Gesellschaft als Rechtsnachfolgerin einer ausländischen Gesellschaft einzutragen, möglicherweise eine „Vorfrage" im Sinne des Art. 54 AEUV darstellt, die dem Anwendungsbereich der Niederlassungsfreiheit von vornherein entzogen ist. Auch wenn sich diese Überlegung nicht ohne Weiteres von der Hand weisen lässt, kommt der EuGH letztlich zu dem Ergebnis, dass die Niederlassungsfreiheit auf die streitigen ungarischen Rechtsvorschriften anwendbar ist. Hierfür bezieht er sich insbesondere auf sein Urteil in der Rs. *Sevic Systems*[813] aus dem Jahr 2005, worin er entschieden hatte, dass der Fall einer Umwandlung durch Verschmelzung einer inländischen mit einer ausländischen Gesellschaft der Niederlassungsfreiheit unterfällt[814]. Auch wenn das Urteil *VALE* viele Fragen aufwirft, bringt es doch zum Ausdruck, dass der EuGH den in den Rs. *Daily Mail* und *Cartesio* formulierten Anwendungsausschluss offenbar auf die darin entschiedene spezielle Konstellation einer identitätswahrenden Sitzverlegung vom Gründungsstaat in einen anderen Mitgliedstaat beschränken möchte[815]. Im Ergebnis stellt der EuGH in der Rs. *VALE* fest, dass jedenfalls der generelle Ausschluss eines grenzüberschreitenden Formwechsels nicht mit Art. 49, 54 AEUV vereinbar ist, dass sich aber die Bedingungen einer solcher Umwandlung nach dem anwendbaren mitgliedstaatlichen Recht richten, für das lediglich die unionsrechtlichen Anforderungen des Äquivalenz- und Effektivitätsgrundsatzes zu beachten sind[816]. In Deutschland müssen demnach die § 1 Abs. 1, §§ 190 ff. UmwG im Lichte der Rechtsprechung des EuGH dahingehend ausgelegt werden, dass ein formwechselnder Rechtsträger auch eine Gesellschaft aus einem anderen Mitgliedstaat sein kann[817].

---

812 Diese Perspektive legt offenbar auch der EuGH seiner Prüfung zugrunde. Mit hinreichender Deutlichkeit ergibt sich dies allerdings erst aus einer Bemerkung an späterer Stelle des Urteils, und zwar im Rahmen seiner Ausführungen zum Äquivalenz- und Effektivitätsgrundsatz: „Eine grenzüberschreitende Umwandlung führt nämlich im Aufnahmemitgliedstaat unstreitig zur Gründung einer Gesellschaft nach dem Recht dieses Mitgliedstaats. Eine aufgrund einer nationalen Rechtsordnung gegründete Gesellschaft existiert aber nur vermittels der nationalen Rechtsvorschriften, die für ihre Gründung und ihre Funktionsweise maßgebend sind", EuGH, Rs. C-378/10, ECLI:EU:C:2012:440, Rn. 51 – *VALE* (= P Nr. 190). Als missverständlich ist hieran lediglich zu kritisieren, dass der EuGH fortwährend von „Aufnahmemitgliedstaat" spricht, wenngleich es sich ersichtlich nicht um die „Aufnahme" einer bereits existierenden Gesellschaft im Sinne der typischen Zuzugskonstellationen handelt, vgl. a. a. O. Rn. 30 ff.
813 EuGH, Rs. C-411/03, Slg. 2005, S. I-10805 – *Sevic* (= P Nr. 189).
814 EuGH, Rs. C-378/10, ECLI:EU:C:2012:440, Rn. 24 – *VALE* (= P Nr. 190).
815 Darüber hinaus gehen die Deutungen des Urteils im Schrifttum weit auseinander. So wird teilweise vertreten, dass *VALE* als Abkehr von *Centros* und *Inspire Art* zu lesen sei, dafür *Böttcher/Kraft*, NJW 2012, S. 2701, 2703. Überzeugend dagegen *Drygala*, EuZW 2013, S. 569 ff.
816 EuGH, Rs. C-378/10, ECLI:EU:C:2012:440, Rn. 41, 62 – *VALE* (= P Nr. 190). Siehe hierzu auch *Forsthoff*, EuZW 2015, S. 248, 251.
817 Dazu *Kainer*, in: Pechstein/Nowak/Häde (Hrsg.), Frankfurter Kommentar EUV/GRC/AEUV, Art. 54 AEUV Rn. 21 f.

Ein weiteres Urteil zum grenzüberschreitenden Formwechsel wurde in der Rs. **1018** *Polbud*[818] gefällt. Der EuGH hatte erstmals darüber zu befinden, ob die isolierte Verlegung des Satzungssitzes einer Gesellschaft in den Zuzugsstaat bei fortbestehender Ausübung der wirtschaftlichen Tätigkeit im Wegzugsstaat vom Schutzgehalt der Niederlassungsfreiheit umfasst ist. Eine polnische Regelung forderte für eine solche Satzungssitzverlegung die Löschung der Gesellschaft aus dem Handelsregister, wofür der Nachweis über die Auflösung und Liquidation der Gesellschaft notwendig war. Der Gerichtshof sah die isolierte Sitzverlegung vom Schutz der Art. 49 ff. AEUV umfasst und hielt – im Hinblick auf die Möglichkeit der Gründung von sogenannten *Briefkastengesellschaften* – eine solch extensive Anwendung der Niederlassungsfreiheit für nicht missbräuchlich[819]. Damit umfasst die Niederlassungsfreiheit nicht nur die Wahl des Standorts der wirtschaftlichen Betätigung, sondern auch die Wahl der Rechtsform; die streitige polnische Regelung war mit der Niederlassungsfreiheit nicht in Einklang zu bringen. Im Schrifttum wird die Lösung des EuGH zu Recht kritisiert[820]. Zu den Kritikpunkten gehört vor allem die fehlgehende Heranziehung der Rs. *Centros*[821]. Damit vergleicht der EuGH einen Fall der wirtschaftlichen Betätigung im Wegzugsstaat mit einem im Zuzugsstaat. Im Gegensatz zur Rs. *Polbud* war in der Rs. *Centros* für alle schutzbedürftigen Beteiligten – Minderheitsgesellschafter, Gläubiger und Arbeitnehmer – erkennbar, dass *Centros* eine ausländische Gesellschaft ist, während den zum Zeitpunkt des Formwechsels bereits beteiligten schutzbedürftigen Personen in der Rs. *Polbud* fremdes Recht mit gegebenenfalls geringeren Schutzstandards aufgezwungen wird[822]. Folgeprobleme wie die Schwächung von Minderheitsgesellschafter-, Gläubiger- und Arbeitnehmerrechten lagen der Rs. *Centros* nicht zugrunde, wodurch dieser Fall nicht als Pendant zur Rs. *Polbud* herangezogen werden kann. Außerdem hat der EuGH immer wieder betont, dass die „neu" gegründete Gesellschaft sich im Aufnahmemitgliedstaat ansiedeln und dort wirtschaftlich tätig sein muss[823]. Beide Voraussetzungen waren in der Rs. *Polbud* nicht erfüllt. Diese in weiten Teilen kritikwürdige Entscheidung öffnet Tür und Tor für sogenannte *Briefkastengesellschaften* und die Beschneidung von Beteiligtenrechten. Der europäische Gesetzgeber hat dieses Missbrauchspotenzial erkannt: In seiner letzten Sitzung vor der Wahl im Mai 2019 hat das Europäische Parlament eine neue Richtlinie[824] verabschiedet,

---

818 EuGH, Rs. C-106/16, ECLI:EU:C:2017:804 – *Polbud* (= P Nr. 191).
819 EuGH, Rs. C-106/16, ECLI:EU:C:2017:804, Rn. 40 – *Polbud* (= P Nr. 191).
820 Vgl. etwa *Stelmaszczyk*, EuZW 2017, S. 890 ff. oder *Streinz*, JuS 2018, S. 822 ff.
821 EuGH, Rs. C-106/16, ECLI:EU:C:2017:804, Rn. 38 ff., 61 – *Polbud* (= P Nr. 191).
822 *Streinz*, JuS 2018, S. 822, 824.
823 EuGH, Rs. 2/74, ECLI:EU:1974:68, Rn. 21 – *Reyners;* EuGH, Rs. C-55/94, ECLI:EU:C:1995:411, Rn. 25 – *Gebhard* (= P Nr. 198); EuGH, Rs. C-97/09, ECLI:EU:C:2010:632, Rn. 37 – *Schmelz;* EuGH, Rs. C-378/10, ECLI:EU:C:2012:440, Rn. 34 – *VALE* (= P Nr. 190).
824 Legislative Entscheidung des Europäischen Parlaments v. 18.4.2019 zum Vorschlag für eine Richtlinie des Europäischen Parlaments und des Rates zur Änderung der Richtlinie (EU) 2017/1132 im Hinblick auf grenzüberschreitende Umwandlungen, Verschmelzungen und Spal-

welche die grenzüberschreitende Umwandlung, Verschmelzung und Spaltung neu regelt. Sie sieht vor allem neue Schutzvorschriften für Minderheitsgesellschafter, Gläubiger und Arbeitnehmer vor. Ob diese sekundärrechtliche Konkretisierung den EuGH dazu bewegt, seine neuere Rechtsprechung im Rahmen der Niederlassungsfreiheit wieder an das Kriterium der örtlichen Verfestigung und wirtschaftlichen Tätigkeit im Zuzugsstaat anzubinden, bleibt abzuwarten.

(εε) Unionsrechtliche Gesellschaftsformen

1019 Um die mit der Niederlassungsfreiheit juristischer Personen verbundenen rechtlichen Schwierigkeiten wenigstens zu minimieren, sind drei unionsweit einheitliche Gesellschaftsformen eingeführt worden. Zunächst handelt es sich dabei um die Rechtsform der „Europäischen Wirtschaftlichen Interessenvereinigung" *(EWIV)*[825]. Die *EWIV* hat den Zweck, die wirtschaftliche Tätigkeit ihrer Mitglieder zu erleichtern oder zu entwickeln sowie die Ergebnisse dieser Tätigkeit zu verbessern oder zu steigern. Ihre Tätigkeit muss im Zusammenhang mit der wirtschaftlichen Tätigkeit ihrer Mitglieder stehen und darf nur eine Hilfstätigkeit hierzu bilden (Art. 3 Abs. 1 Verordnung (EWG) Nr. 2137/85). Es handelt sich bei der *EWIV* mithin nur um eine Kooperationsform zwischen verschiedenen Gesellschaften. Das Hauptproblem der identitätswahrenden Sitzverlegung kann mit der *EWIV* daher nicht gelöst werden. Abhilfe schafft diesbezüglich aber die im Oktober 2001 nach mehreren Jahrzehnten der Diskussion verabschiedete „Verordnung über das Statut der Europäischen Gesellschaft"[826], die am 8. Oktober 2004 in Kraft getreten ist (Art. 70 Verordnung (EG) Nr. 2157/2001).

1020 Sie wird durch eine Richtlinie zur Beteiligung der Arbeitnehmer[827] ergänzt. Die *Europäische Aktiengesellschaft*, die sog. *Societas Europaea (SE)*, ist eine „echte" Aktiengesellschaft mit eigener Rechtspersönlichkeit, die sich dadurch auszeichnet, dass sie nur von mehreren, dem Recht mindestens zweier verschiedener Mitgliedstaaten unterliegenden Gesellschaften i. S. d. Art. 2 Verordnung (EG) Nr. 2157/2001 gegründet werden kann. Sie kann daher nicht – wie z. B. eine deutsche Aktiengesellschaft – durch mehrere natürliche Personen eines Mitgliedstaates gegründet werden. Da die *SE* jedoch eine eigene Rechtspersönlichkeit hat, kann sie unter Wahrung ihrer Identität als *SE* innerhalb der Union ihren Sitz verlegen (Art. 8 Abs. 1 Satz 2 Verordnung (EG) Nr. 2157/2001), wobei ihr Satzungssitz und die Hauptverwaltung in demselben Mitgliedstaat liegen müssen (Art. 7 Verordnung (EG) Nr. 2157/2001).

---

tungen (COM(2018)0241 – C8–0167/2018 – 2018/0114(COD)); die förmliche Verabschiedung durch den Rat steht noch aus.
825 Verordnung (EWG) 2137/85 des Rates v. 25.7.1985, ABl.EG 1985 Nr. L 199, S. 1.
826 Verordnung (EG) 2157/2001 des Rates v. 8.10.2001, ABl.EG 2001 Nr. L 294, S. 1; näher dazu *Wagner*, EWS 2005, S. 545.
827 Richtlinie 2001/86/EG des Rates v. 8.10.2001, ABl.EG 2001 Nr. L 294, S. 22.

Mit Wirksamwerden der Verordnung (EG) Nr. 1435/2003[828] am 18. August 2006 ist die jüngste unionsrechtliche Gesellschaftsform, die *Europäische Genossenschaft (Societas Cooperativa Europaea, SCE)*, neben die *EWIV* und die *SE* getreten. Ähnlich der deutschen Genossenschaft ist der Hauptzweck einer *SCE* darauf gerichtet, den Bedarf ihrer Mitglieder zu decken oder deren wirtschaftliche oder soziale Tätigkeiten zu fördern (Art. 1 Abs. 3 Verordnung (EG) Nr. 1435/2003). Die Beteiligung der Arbeitnehmer ist in einer ergänzenden Richtlinie geregelt[829].

1021

Die Entwicklung des europäischen Gesellschaftsrechts ist damit jedoch noch nicht abgeschlossen. Am 25. Juni 2008 hat die Kommission den Vorschlag einer Verordnung über das Statut der Europäischen Privatgesellschaft *(Societas Privata Europaea, SPE)* vorgelegt, die sich v. a. durch die beschränkte Haftung ihrer Anteilseigner auszeichnet[830] – das Europäische Parlament hat den Entwurf am 10. März 2009 zwar gebilligt, die nach Art. 352 AEUV erforderliche Einstimmigkeit im Rat konnte jedoch nicht erreicht werden. Vor diesem Hintergrund hat die Kommission im Jahr 2013 eine öffentliche Konsultation durchgeführt, um die Möglichkeiten einer abgespeckten Variante der SPE in Form einer Einpersonengesellschaft zu eruieren und in deren Folge am 9. April 2014 den Vorschlag für eine Richtlinie über Gesellschaften mit beschränkter Haftung mit einem einzigen Gesellschafter *(Societas Unius Personae, SUP)* vorgelegt. Nach diesen Plänen soll die SUP von einer natürlichen oder juristischen Person gegründet werden können, mit Rechtspersönlichkeit und einem Mindeststammkapital in Höhe von einem Euro ausgestattet sein und muss ihren satzungsmäßigen Sitz sowie ihre Hauptverwaltung oder ihre Hauptniederlassung in der Union haben[831].

1022

b) Eingriff

aa) Handlung eines Verpflichtungsadressaten

Ein Eingriff setzt voraus, dass die fragliche Handlung einem Verpflichteten der Niederlassungsfreiheit zugerechnet werden kann. Verpflichtete der Niederlassungsfreiheit sind in erster Linie die Mitgliedstaaten, so dass jede mitgliedstaatliche Handlung als Eingriff in Betracht kommt. Daneben besteht auch eine Bindung der Union selbst. Der EuGH hat eine solche Konstellation bislang allerdings nicht entschieden. Schließlich stellt sich auch im Rahmen der Niederlassungsfreiheit die Frage nach der Bindung Privater an diese Grundfreiheit. Eine unmittelbare Bindung, wie sie im Rahmen der Arbeitnehmerfreiheit besteht (Rn. 969), scheidet aus, da die spezifische Gefährdungslage für die Arbeitneh-

1023

---

828 Verordnung (EG) Nr. 1435/2003 des Rates v. 22.7.2003, ABl.EU 2003 Nr. L 207, S. 1.
829 Richtlinie 2003/72/EG des Rates v. 22.7.2003, ABl.EU 2003 Nr. L 207, S. 25.
830 COM (2008) 396 endg. v. 25.6.2008.
831 Vgl. zur SUP ausführlich *Kalss/Klampfl*, in: Dauses/Ludwigs (Hrsg.), Handbuch des EU-Wirtschaftsrechts, 43. EL Oktober 2017, Kap. E. III., Rn. 475 ff.

merfreizügigkeit durch Private auf die Niederlassungsfreiheit u. a. wegen des Mangels eines spezifischen Vertragspartners nicht übertragbar ist. Aus dogmatischer Sicht käme allerdings eine Übertragung der im Rahmen der Warenverkehrsfreiheit entwickelten Schutzpflichtenkonstruktion in Betracht (Rn. 911)[832]. Die Ausgangslage ist insofern vergleichbar, als die Niederlassungsfreiheit ebenso wie der Handelsverkehr zwischen den Mitgliedstaaten auch dadurch beeinträchtigt werden kann, dass es ein Mitgliedstaat unterlässt, Behinderungen der freien Niederlassung von natürlichen und juristischen Personen aus anderen Mitgliedstaaten, die von Privaten ausgehen, zu unterbinden. Der EuGH hat die Schutzpflichtenkonstruktion indes bislang nicht auf die Niederlassungsfreiheit übertragen. Bei der Niederlassungsfreiheit ist nach der Rechtsprechung vielmehr auf das in den Entscheidungen *Walrave*[833] sowie *Bosman*[834] zur Arbeitnehmerfreizügigkeit entwickelte Konzept der *intermediären Gewalten* zurückzugreifen (Rn. 968). Eine Bindung Privater an die Niederlassungsfreiheit liegt dieser Konstruktion zufolge dann vor, wenn ein Privater – typischerweise ein Verband – aufgrund einer ihm eingeräumten rechtlichen Autonomie Regelungen erlassen kann, welche in kollektiver – und damit funktional staatsähnlicher – Weise selbstständige Tätigkeiten regeln[835]. Mit dem Urteil *Viking*[836] weitet der EuGH seine Rechtsprechung dahin aus, dass er auch Gewerkschaften bei der Durchführung eines Arbeitskampfes und damit in Ausübung einer grundrechtlich geschützten Funktion als Verpflichtete der Niederlassungsfreiheit einstuft, obwohl den klassischen Formen der kollektiven Auseinandersetzung – wie Streiks und Boykottaufrufen – der Charakter einer verbandsinternen Regelung fehlt.

bb) Diskriminierung

1024 Die Niederlassungsfreiheit umfasst zunächst das Gebot, EU-Ausländer im Vergleich zu Inländern gleich zu behandeln. In Konkretisierung des allgemeinen Diskriminierungsverbots aus Gründen der Staatsangehörigkeit (Art. 18 Abs. 1 AEUV) besitzen die Begünstigten das Recht, nach den Bestimmungen des Aufnahmestaates für seine eigenen Staatsangehörigen eine selbstständige Erwerbstätigkeit aufzunehmen und auszuüben sowie Unternehmen zu gründen und zu leiten (Art. 49 Abs. 2 AEUV). Eine Diskriminierung liegt nach ständiger Rechtsprechung dann vor, wenn unterschiedliche Vorschriften auf gleichartige Situationen angewandt werden oder wenn dieselbe Vorschrift auf unterschiedliche Situationen angewandt wird[837]. Hinsichtlich der Diskriminierung ist zwischen sog.

---

832 EuGH, Rs. C-265/95, Slg. 1997, S. I-6959, Rn. 31 ff., 56 ff. – *Kommission/Frankreich („Bauernproteste")* (= P Nr. 160).
833 EuGH, Rs. 36/74, Slg. 1974, S. 1405, Rn. 16/19 – *Walrave* (= P Nr. 175).
834 EuGH, Rs. C-415/93, Slg. 1995, S. I-4921, Rn. 82 – *Bosman* (= P Nr. 178).
835 EuGH, Rs. C-309/99, Slg. 2002, S. I-1577, Rn. 120 – *Wouters* (= P Nr. 195, 239).
836 EuGH, Rs. C-438/05, Slg. 2007, S. I-10779, Rn. 90 – *Viking* (= P Nr. 196).
837 EuGH, Rs. C-80/94, Slg. 1995, S. I-2493, Rn. 17 – *Wielockx*; EuGH, Rs. C-107/94, Slg. 1996, S. I-3089, Rn. 40 – *Asscher*.

offenen Diskriminierungen und sog. versteckten Diskriminierungen zu unterscheiden (Rn. 872).

Offene Diskriminierungen knüpfen ausdrücklich an das Merkmal der fremden Staatsangehörigkeit an. EU-ausländische Unternehmer dürfen nicht strengeren Anforderungen unterworfen werden als inländische Unternehmer[838]. Demnach stellt ein Staatsangehörigkeitserfordernis für den Zugang zu einem bestimmten Beruf eine offene Diskriminierung aus Gründen der Staatsangehörigkeit dar[839]. In Bezug auf juristische Personen, die sich auf die Bestimmungen der Niederlassungsfreiheit berufen können, dürfen Regelungen nicht danach differenzieren, ob sich der Hauptsitz (i. S. v. Sitz der Hauptverwaltung) im Inland oder in einem anderen Mitgliedstaat befindet[840]. Daher stellt es einen Verstoß gegen das Diskriminierungsverbot dar, wenn eine nationale Vorschrift gebietsfremde Muttergesellschaften mit einer Steuer auf – von ihren im Inland ansässigen Tochtergesellschaften ausgezahlten – Dividenden belastet, von der gebietsansässige Muttergesellschaften fast vollständig befreit sind[841].

1025

Das Diskriminierungsverbot erfasst auch Umstände, die sich nicht unmittelbar auf die Erwerbstätigkeit, sondern auf *Begleitumstände des Niederlassungsvorgangs* auswirken und die von einer Niederlassung abschrecken können. Erfasst sind daher bereits alle Regelungen, welche die Aufnahme und Ausübung der Tätigkeit unmittelbar oder nur mittelbar beeinflussen, wie etwa im Hinblick auf die Anmietung von Räumen zur beruflichen Nutzung[842]. Ungleichbehandlungen bei der Sozialversicherung des Geschäftsführers einer Gesellschaft, deren Sitz sich in einem anderen Mitgliedstaat befindet[843], beim Erwerb oder der Veräußerung von Immobilien[844] oder bei der Vergabe von Sozialwohnungen[845] können daher gegen die Niederlassungsfreiheit verstoßen. Ebenso sind Regelungen in Bezug auf die Registrierung von Schiffen[846] und die Verkehrszulassung von Flugzeugen[847] den Bestimmungen über die Niederlassungsfreiheit unterworfen, sofern es sich um Verkehrsmittel handelt, die der Ausübung einer unter die Niederlassungsfreiheit fallenden wirtschaftlichen Tätigkeit zu dienen bestimmt sind.

1026

Im Einzelnen noch nicht hinreichend trennscharf konturiert ist allerdings die Abgrenzung dieser Diskriminierungen, welche die Niederlassungsfreiheit unmittelbar betreffen und daher nach Art. 49 AEUV zu beurteilen sind, von jenen, welche in den Schutzbereich der Niederlassungsfreiheit nicht eingreifen, weil sie

1027

---

838 EuGH, Rs. C-162/99, Slg. 2001, S. I-541, Rn. 34 – *Kommission/Italien.*
839 EuGH. Rs. C-54/08, Slg. 2011, S. I-4355, Rn. 117 – *Kommission/Deutschland* (= P Nr. 194).
840 EuGH, Rs. C-101/94, Slg. 1996, S. I-2691, Rn. 8 ff. – *Kommission/Italien;* EuGH, Rs. C-203/98, Slg. 1999, S. I-4899, Rn. 15 – *Kommission/Belgien.*
841 EuGH, Rs. C-170/05, Slg. 2006, S. I-11949, Rn. 39 – *Denkavit Internationaal BV.*
842 EuGH, Rs. 197/84, Slg. 1985, S. 1819, Rn. 16 – *Steinhauser.*
843 EuGH, Rs. 79/85, Slg. 1986, S. 2375, Rn. 19 – *Segers.*
844 EuGH, Rs. C-1/93, Slg. 1994, S. I-1137, Rn. 23 – *Halliburton Services.*
845 EuGH, Rs. 63/86, Slg. 1988, S. 29, Rn. 20 – *Kommission/Italien.*
846 EuGH, Rs. C-221/89, Slg. 1991, S. I-3905, Rn. 30 – *Factortame II* (= P Nr. 184).
847 EuGH, Rs. C-203/98, Slg. 1999, S. I-4899, Rn. 12 – *Kommission/Italien.*

als zu fernliegend angesehen werden (Rn. 876). Letztere können wegen ihres Bezuges zur Niederlassungsfreiheit nichtsdestoweniger in den Anwendungsbereich des Unionsrechts fallen und damit im Sinne einer akzessorischen Freiheitssicherung von Art. 18 AEUV erfasst werden (Rn. 774).

1028 *Versteckte Diskriminierungen* sind solche, die aus differenzierenden Bestimmungen resultieren, welche nicht ausdrücklich an das Merkmal der Staatsangehörigkeit anknüpfen, die aber regelmäßig von Ausländern nicht erfüllt werden[848]. Typischer Fall sind Regelungen, die für die Erteilung einer Genehmigung einen Wohnsitz im Inland fordern[849]. Da jedoch auch versteckte Diskriminierungen im Sinne des Art. 49 AEUV lediglich bei einer Diskriminierung von In- und EU-Ausländern vorliegen, ist die Feststellung einer bloßen Ungleichbehandlung aufgrund eines typischen Merkmals wie des Sitzes lediglich ein Indiz für die Bejahung einer Diskriminierung. Eine Ungleichbehandlung ist nur dann als Diskriminierung von EU-Ausländern zu qualifizieren, wenn „unterschiedliche Vorschriften auf gleichartige Situationen angewandt werden oder wenn dieselbe Vorschrift auf unterschiedliche Situationen angewandt wird"[850]. So stellt beispielsweise eine Ungleichbehandlung bei der Bemessung und Erhebung direkter Steuern aufgrund eines Wohn- oder Geschäftssitzes im EU-Ausland in der Regel keine Diskriminierung dar, weil sich Nicht-Gebietsansässige in steuerrechtlicher Hinsicht nicht in der gleichen Situation befinden wie Inländer[851]. Außerhalb dieses speziellen Problemfeldes der zwischenstaatlichen Aufteilung der Steuerhoheit kommt der Vergleichbarkeitsebene im Rahmen der Rechtsprechung zu den grundfreiheitlichen Diskriminierungsverboten dagegen eine praktisch sehr geringe Bedeutung zu. Neben der Vergleichbarkeit prüft der EuGH in der Sache überdies, ob eine festgestellte Ungleichbehandlung vergleichbarer Sachverhalte tatbestandlich auf einen sachlichen oder einen zwingenden Grund wie bspw. die Kohärenz der nationalen Steuersysteme gestützt werden kann[852]. Soweit dies der Fall ist, liegt ebenfalls keine versteckte Diskriminierung vor. Da diese Prüfung in der Rechtsprechung jedoch regelmäßig als Rechtfertigungsprüfung bezeichnet wird, ist deren dogmatische Zuordnung zum Eingriffsbegriff nicht evident (näher hierzu Rn. 1034).

cc) Beschränkung durch unterschiedslose Maßnahmen

1029 Die Niederlassungsfreiheit erschöpft sich nicht in einem Diskriminierungsverbot, sondern hat sich in der Rechtsprechung des Europäischen Gerichtshofs zu

---

[848] EuGH, Rs. C-107/94, Slg. 1996, S. I-3089, Rn. 38, 49 – *Asscher*.
[849] EuGH, Rs. C-203/98, Slg. 1999, S. I-4899, Rn. 13, 15 – *Kommission/Belgien*.
[850] EuGH, Rs. C-80/94, Slg. 1995, S. I-2493, Rn. 17 – *Wielockx*.
[851] EuGH, Rs. C-279/93, Slg. 1995, S. I-255, Rn. 31–34 – *Schumacker* (= P Nr. 177); vgl. für eine Ausnahme von dieser Regel aber auch EuGH, Rs. C-311/97, Slg. 1999, S. I-2651, Rn. 27–31 – *Royal Bank of Scotland plc*.
[852] EuGH, Rs. C-80/94, Slg. 1995, S. I-2493, Rn. 23 – *Wielockx*; *Görlitz*, Mittelbare Diskriminierungen, S. 246 ff.

einem *Beschränkungsverbot* weiterentwickelt. Nach der sog. *Gebhard*-Formel fallen auch nicht nach der Staatsangehörigkeit diskriminierende mitgliedstaatliche Maßnahmen in den Anwendungsbereich der Niederlassungsfreiheit, welche die Ausübung einer selbstständigen Erwerbstätigkeit *behindern oder weniger attraktiv machen*[853]. Diesbezüglich weist die Niederlassungsfreiheit eine Konvergenz mit der dogmatischen Struktur der anderen Personenverkehrsfreiheiten auf (Rn. 976 ff., 1072 ff.). So prüfte der EuGH in der Rs. *Mac Queen* die Vereinbarkeit einer belgischen Berufsregelung, die – wie der Gerichtshof ausdrücklich feststellte – „unabhängig von der Staatsangehörigkeit und vom Wohnstaat derjenigen gilt, an die es [das Verbot] gerichtet ist"[854]. Auch Maßnahmen des Herkunftsstaates eines Niederlassungswilligen, die zwischen rein innerstaatlichen Sachverhalten und solchen mit Auslandsbezug differenzieren (Diskriminierung grenzüberschreitender Sachverhalte, Rn. 877), sind als unterschiedslose Beschränkungen anzusehen. Die Ungleichbehandlung in diesen Konstellationen beruht nicht auf der Staatsangehörigkeit. Daher werden sie nicht vom Diskriminierungs-, sondern vom Beschränkungsverbot erfasst. Dies betrifft beispielsweise die Rückkehr- und die Wegzugsfälle (vgl. Rn. 1003). Demgemäß handelt es sich bei einer Regelung, nach der die Verluste einer inländischen Gesellschaft aus einer Unternehmensbeteiligung nur deshalb steuerlich nicht abzugsfähig sind, weil das fragliche Tochterunternehmen im EU-Ausland ansässig ist, um eine Beschränkung der Niederlassungsfreiheit[855].

Vom EuGH lange Zeit nicht ausdrücklich entschieden war die Frage, ob die Konvergenz der Grundfreiheiten so weit reicht, dass auch das der *Keck*-Entscheidung (Rn. 922 ff.) und dem *ANETT*-Urteil (Rn. 929 f.) zugrunde liegende Erfordernis einer Marktzugangsbehinderung im Rahmen der *Gebhard*-Formel Berücksichtigung finden muss. Zwar hat er Ladenschlusszeiten, die aus dem Blickwinkel des Warenverkehrs als marktzugangsneutrale Verkaufsmodalitäten im Sinne der *Keck*-Rechtsprechung einzuordnen sind[856], aus dem Eingriffsbegriff der Niederlassungsfreiheit ausgeschlossen. Dies hat der Gerichtshof jedoch nicht mit der *Keck*-Formel begründet, sondern damit, dass deren beschränkende Wirkung auf die Niederlassungsfreiheit „zu ungewiss und zu mittelbar" sei[857]. Er hat damit also die hinreichende Nähebeziehung verneint (Rn. 876). Insbesondere in den vergangenen Jahren ist der Gerichtshof jedoch dazu übergegangen, den beschränkenden Charakter mitgliedstaatlicher Regelungen damit zu begründen, dass sie ausländischen Unternehmern und Unternehmen den Zugang zum inlän-

1030

---

853 EuGH, Rs. C-55/94, Slg. 1995, S. I-4165, Rn. 37 – *Gebhard* (= P Nr. 198); EuGH, Rs. C-186/12, ECLI:EU:C:2013:412, Rn. 33 – *Impacto Azul*.
854 EuGH, Rs. C-108/96, Slg. 2001, S. I-837, Rn. 27 – *Mac Queen u. a.*
855 EuGH, Rs. C-347/04, Slg. 2007, S. I-2647, Rn. 36 – *Rewe Zentralfinanz*.
856 EuGH, verb. Rs. C-69/93 u. C-258/93, Slg. 1994, S. I-2355, Rn. 12 f. – *Punto Casa u. PPV*.
857 EuGH, verb. Rs. C-418/93 bis C-421/93, C-460/93, C-461/93, C-462/93, C-464/93, C-9/94, C-10/94, C-11/94, C-14/94, C-15/94, C-23/94, C-24/94 u. C-332/94, Slg. 1996, S. I-2975, Rn. 32 – *Semeraro Casa Uno*.

dischen Markt erschweren[858]. So sah er etwa ein Verbot der Verzinsung von Sichteinlagen als Zugangshindernis für ausländische Kreditinstitute an, weil ihnen damit „eine der insoweit wirksamsten Methoden" verwehrt wurde, um auf dem Markt „Fuß zu fassen"[859]. Die darin zu sehende Übertragung des maßgeblichen *Keck*-Kriteriums auf die Niederlassungsfreiheit ist grundsätzlich zu begrüßen. Allgemein sind die Grundfreiheiten nicht darauf gerichtet, einen ausländischen Marktteilnehmer vor einer bloßen Beeinträchtigung seiner geschäftlichen Freiheit zu schützen. Sie gewährleisten lediglich, dass sein Zugang zum inländischen Markt rechtlich und tatsächlich nicht stärker behindert wird als für inländische Leistungen. Insbesondere die mit der Errichtung einer Niederlassung notwendig verbundene dauerhafte Eingliederung in die Rechtsordnung des Aufnahmestaates (Rn. 1001) spricht dagegen, jede staatliche Maßnahme, welche die Errichtung einer Niederlassung bloß behindert oder weniger attraktiv macht, ohne jedoch die Errichtung als solche in Frage zu stellen oder eine Diskriminierung zu bewirken, als Eingriff zu qualifizieren. In der Rechtsprechung des Gerichtshofs wird jedoch nicht immer deutlich, weshalb bestimmte mitgliedstaatliche Anforderungen (z. B. ein Genehmigungserfordernis für die Eröffnung eines großen Einzelhandelsunternehmens[860]) speziell den Marktzutritt ausländischer Unternehmer berühren und somit über eine bloße Beeinträchtigung ihrer geschäftlichen Freiheit hinausgehen. Soweit eine klare Abgrenzung hier nicht mehr gelingt, verliert das Marktzutrittskriterium seine ihm ursprünglich zugedachte begrenzende Funktion und würde letztlich verzichtbar. Ähnliche Zweifel an der unionsgerichtlichen Handhabung des Marktzugangskriteriums bestehen auch bei einigen anderen Grundfreiheiten (Rn. 924, 928 vgl. auch Rn. 1107 f.).

c) Rechtfertigung

aa) Rechtfertigungsgründe nach Art. 52 Abs. 1 AEUV

1031 Diskriminierende wie nichtdiskriminierende Einschränkungen der Niederlassungsfreiheit können nach Art. 52 Abs. 1 AEUV aus Gründen der öffentlichen Ordnung, Sicherheit oder Gesundheit gerechtfertigt sein. Zwar spricht der Wortlaut der Bestimmung („Sonderregelungen für Ausländer") für eine Anwendung allein auf offen diskriminierende Maßnahmen. Können danach jedoch offen diskriminierende Einschränkungen der Niederlassungsfreiheit gerechtfertigt sein, muss dies erst recht für versteckte Diskriminierungen und Maßnahmen nichtdiskriminierenden Charakters gelten, die der EuGH daher auch an den in Art. 52

---

858 EuGH, Rs. C-400/08, Slg. 2011, S. I-1915, Rn. 64 – *Kommission/Spanien;* EuGH, Rs. C-442/02, Slg. 2004, S. I-8961, Rn. 14 – *CaixaBank France;* EuGH, Rs. C-169/07, Slg. 2009, S. I-1721, Rn. 38 – *Hartlauer* (= P Nr. 203).
859 EuGH, Rs. C-442/02, Slg. 2004, S. I-8961, Rn. 14 – *CaixaBank France.*
860 EuGH, Rs. C-400/08, Slg. 2011, S. I-1915, Rn. 64 – *Kommission/Spanien.*

Abs. 1 AEUV genannten Rechtfertigungsgründen überprüft[861]. Die Rechtfertigungstatbestände sind als Beschränkung einer elementaren Grundfreiheit eng auszulegen. Die Vorschrift soll den Mitgliedstaaten die Möglichkeit verschaffen, solchen Personen die Einreise oder den Aufenthalt im Staatsgebiet zu verwehren, deren Einreise oder Aufenthalt in diesem Staatsgebiet für sich allein genommen eine Gefahr für eines der genannten Rechtsgüter darstellt. Sie dient nicht dazu, ganze Wirtschaftsbereiche vom Grundsatz der Niederlassungsfreiheit auszuklammern[862]. Zudem kommt eine Rechtfertigung nur in Betracht, wenn die Beschränkung den Grundsatz der Verhältnismäßigkeit beachtet[863].

Ein Rückgriff auf den Begriff der *öffentlichen Ordnung* setzt voraus, dass eine tatsächliche und hinreichend schwere Gefährdung besteht, die ein Grundinteresse der Gesellschaft berührt[864]; die öffentliche Sicherheit umfasst sowohl die innere als auch die äußere Sicherheit. Bei beiden Begriffen besitzen die Mitgliedstaaten einen Beurteilungsspielraum, der allerdings an unionsrechtliche Grenzen stößt: Zwar können gegenüber Staatsangehörigen anderer Mitgliedstaaten Maßnahmen ergriffen werden, die der betreffende Mitgliedstaat bei seinen eigenen Staatsangehörigen nicht anwenden kann, da sie nicht die Befugnis haben, diese aus dem nationalen Hoheitsgebiet zu entfernen. Gleichwohl darf diese Befugnis nicht so ausgeübt werden, dass gegenüber Staatsangehörigen anderer Mitgliedstaaten ein willkürlicher Unterschied gemacht wird[865]. Das Schutzgut der *öffentlichen Gesundheit* erlaubt nationale Maßnahmen zur Sicherung der allgemeinen Gesundheitslage. 1032

Die Rechtfertigungsgründe des Art. 52 Abs. 1 AEUV sind sekundärrechtlich durch die Richtlinie 2004/38/EG über das Recht der Unionsbürger und ihrer Familienangehörigen, sich im Hoheitsgebiet der Mitgliedstaaten frei zu bewegen und aufzuhalten (Rn. 1007)[866], konkretisiert worden. Die sekundärrechtlichen Konkretisierungen sind im Verhältnis zu Art. 52 Abs. 1 AEUV vorrangig zu prüfen (Rn. 863). Bei Maßnahmen der öffentlichen Ordnung oder Sicherheit darf danach allein das persönliche Verhalten der betreffenden Person ausschlaggebend sein (Art. 27 Abs. 2 Richtlinie 2004/38/EG). Eine strafrechtliche Verurteilung allein genügt nicht, um eine Ausweisung zu rechtfertigen (Art. 27 Abs. 2 UAbs. 1 Satz 2 Richtlinie 2004/38/EG). Vielmehr muss durch den Aufenthalt einer Person die Aufrechterhaltung der öffentlichen Ordnung gefährdet sein, generalpräventive Überlegungen haben dabei keinen Raum[867]. Hinsichtlich der 1033

---

861 EuGH, verb. Rs. C-34/95, C-35/95 u. C-36/95, Slg. 1997, S. I-3843, Rn. 48 ff. – *De Agostini u. TV-Shop*; EuGH, Rs. C-108/96, Slg. 2001, S. I-837, Rn. 28 – *Mac Queen u. a.*
862 EuGH, Rs. C-114/97, Slg. 1998, S. I-6717, Rn. 29 – *Kommission/Spanien* (= P Nr. 202).
863 EuGH, Rs. C-101/94, Slg. 1996, S. I-2691, Rn. 26 – *Kommission/Italien*.
864 EuGH, Rs. 30/77, Slg. 1977, S. 1999, Rn. 33/35 – *Bouchereau*; EuGH, verb. Rs. 115/81 u. 116/81, Slg. 1982, S. 1665, Rn. 8 – *Adoui* (= P Nr. 182).
865 EuGH, verb.Rs. 115/81 u. 116/81, Slg. 1982, S. 1665, Rn. 7 – *Adoui* (= P Nr. 182).
866 ABl.EU 2004 Nr. L 229, S. 35.
867 EuGH, Rs. 36/75, Slg. 1975, S. 1219, Rn. 29/31 – *Rutili*; EuGH, Rs. 67/74, Slg. 1975, S. 297, Rn. 6 f. – *Bonsignore*.

Verhältnismäßigkeit einer aufenthaltsbeschränkenden Maßnahme ist insbesondere zu berücksichtigen, ob der betroffene Staat bei eigenen Staatsangehörigen entsprechende Maßnahmen bereithält: So kann etwa eine Ausweisung wegen Prostitution nur erfolgen, wenn der Staat auch die Prostitution von eigenen Staatsangehörigen bekämpft[868]. Art. 29 Richtlinie 2004/38/EG bestimmt zudem, dass nur bestimmte übertragbare Krankheiten „mit epidemischem Potenzial" Beschränkungen der Freizügigkeit Niederlassungsberechtigter rechtfertigen können. Daher ist der unbestimmte Rechtsbegriff der *öffentlichen Gesundheit* in Art. 52 Abs. 1 AEUV im Wesentlichen durch diese Richtlinie ausgefüllt.

bb) Ungeschriebene Rechtfertigungsgründe nach der Gebhard-Formel

1034 Nichtdiskriminierende Beschränkungen der Niederlassungsfreiheit sind zulässig, wenn sie aus zwingenden Gründen des Allgemeininteresses erfolgen und der Grundsatz der Verhältnismäßigkeit gewahrt ist[869]. Insofern überträgt der Europäische Gerichtshof die Grundsätze der *Cassis*-Rechtsprechung (Rn. 941 ff.) auf die Niederlassungsfreiheit. Im Rahmen der Niederlassungsfreiheit geht der EuGH dazu über, auch von ihm als Ungleichbehandlungen eingestufte Maßnahmen daraufhin zu überprüfen, ob sie durch zwingende Gründe des öffentlichen Interesses gerechtfertigt sind[870], obwohl der Wortlaut der *Cassis*-Formel allein auf nichtdiskriminierende Maßnahmen abstellt[871]. Mit dieser Rechtsprechung scheint die Trennlinie zwischen den geschriebenen und den ungeschriebenen Rechtfertigungsgründen verwischt zu werden und eine nebeneinander stehende und gleichberechtigte Prüfung beider Kategorien von Rechtfertigungsgründen (Art. 52 AEUV und die zwingenden Gründe des Allgemeininteresses) verbunden zu sein[872]. Da jedoch nicht jede niederlassungsrelevante Ungleichbehandlung eine Diskriminierung nach der Staatsangehörigkeit darstellt (Rn. 1028), kann diese Rechtsprechung auch so verstanden werden, dass der EuGH in der Sache überhaupt keine Rechtfertigungsprüfung vornimmt, sondern lediglich untersucht, ob sachliche Gründe für die Ungleichbehandlung vorliegen und daher keine verbotene Anknüpfung an das Tabukriterium der Staatsangehörigkeit vorliegt, sondern eine Ungleichbehandlung aufgrund eines anderen, nicht verbote-

---

868 EuGH, verb. Rs. 115/81 u. 116/81, Slg. 1982, S. 1665, Rn. 8 f. – *Adoui* (= P Nr. 182).
869 EuGH, Rs. C-55/94, Slg. 1995, S. I-4165, Rn. 37 – *Gebhard* (= P Nr. 198); EuGH, Rs. C-212/97, Slg. 1999, S. I-1459, Rn. 34 – *Centros* (= P Nr. 204); EuGH, Rs. C-108/96, Slg. 2001, S. I-837, Rn. 28 – *Mac Quen u. a.*
870 EuGH, Rs. C-250/95, Slg. 1997, S. I-2471, Rn. 26 – *Futura Participations u. Singer;* EuGH, Rs. C-307/97, Slg. 1999, S. I-6161, Rn. 39, 51 – *Saint-Gobain.*
871 Vgl. *Weiß,* EuZW 1999, S. 493.
872 EuGH, Rs. C-264/96, Slg. 1998, S. I-4695, Rn. 28 – *ICI* (= P Nr. 206); EuGH, Rs. C-307/97, Slg. 1999, S. I-6161, Rn. 51 – *Saint-Gobain;* diese dogmatische Inkonsequenz scheint der EuGH wieder korrigieren zu wollen, indem er mittlerweile bekräftigt, dass Diskriminierungen im Bereich der Niederlassungsfreiheit nur durch die geschriebenen Rechtfertigungsgründe zu rechtfertigen sind, vgl. EuGH, Rs. C-375/14, ECLI:EU:C:2016:60, Rn. 26, 31 – *Laezza* (= P Nr. 207).

nen Differenzierungskriteriums erfolgt[873]. Die uneinheitliche Terminologie des EuGH ist in dieser Beziehung allerdings kritikwürdig.

Wie für alle anderen Grundfreiheiten gilt auch im Rahmen der Niederlassungsfreiheit, dass grundsätzlich sämtliche Gemeinwohlinteressen als Rechtfertigungstatbestände in Betracht kommen, bei denen es sich nicht um rein wirtschaftliche Erwägungen handelt[874], wie etwa der Schutz etablierter Anbieter vor Konkurrenz. So stellen beispielsweise der Schutz der Öffentlichkeit vor irreführender oder missbräuchlicher Führung akademischer Titel[875], der Gläubigerschutz[876], die Kohärenz des nationalen Steuersystems[877], ausgewogene Aufteilung der Besteuerungsbefugnis zwischen den Mitgliedstaaten nach dem Territorialitätsprinzip[878], die Wirksamkeit der Steueraufsicht[879] sowie die Regelung beruflicher Qualifikationen[880] Allgemeininteressen dar, aufgrund derer die Niederlassungsfreiheit beschränkt werden kann[881]. Dadurch soll in erster Linie den Mitgliedstaaten ermöglicht werden, ihre notwendigen Staatsaufgaben zu erfüllen (Rn. 879). Bei der konkreten Entscheidung über ein niederlassungsrechtlich zu achtendes Interesse des Allgemeinwohls ist allerdings die Struktur der Niederlassungsfreiheit als eine auf rechtliche und wirtschaftliche Vollintegration gerichtete Grundfreiheit zu beachten. Diejenigen Interessen, welche im Einzelfall im Rahmen der Niederlassungsfreiheit als Rechtfertigungsgründe Anwendung finden, können sich daher von denen der übrigen Grundfreiheiten unterscheiden. Daher könnte beispielsweise die nach deutschem Recht für die Ausübung bestimmter handwerklicher Tätigkeiten bestehende Voraussetzung der gebührenpflichtigen Eintragung in die Handwerksrolle im Rahmen der Niederlassungsfreiheit gerechtfertigt sein, weil sich der Niederlassende dauerhaft in die Rechtsordnung des Zuzugsstaates eingliedert. Dies gilt jedoch nicht notwendig auch für einen Dienstleistungserbringer, da dieser sich gerade nicht dauerhaft in die fremde Volkwirtschaft integrieren will[882].

1035

---

873 Vgl. hierzu *Görlitz*, Mittelbare Diskriminierungen, S. 58 ff.
874 EuGH, Rs. C-400/08, Slg. 2011, S. I-1915, Rn. 98 – *Kommission/Spanien*.
875 EuGH, Rs. C-19/92, Slg. 1993, S. I-1663, Rn. 28 – *Kraus* (= P Nr. 200).
876 EuGH, Rs. C-212/97, Slg. 1999, S. I-1459, Rn. 32 – *Centros* (= P Nr. 204); EuGH, Rs. C-167/01, Slg. 2003, S. I-10155, Rn. 132 – *Inspire Art* (= P Nr. 205).
877 EuGH, Rs. C-264/96, Slg. 1998, S. I-4695, Rn. 29 – *ICI* (= P Nr. 206); EuGH, verb. Rs. C-39/13, C-40/13 u. C-41/13, ECLI:EU:C:2014:1758, Rn. 33 – *Inspecteur van de Belastingdienst*; EuGH, Rs. C-386/14, ECLI:EU:C:2015:524, Rn. 30 ff. – *Groupe Steria*.
878 EuGH, Rs. C-371/10, Slg. 2011, S. I-12273, Rn. 46 – *National Grid Indus* (= P Nr. 188); EuGH, Rs. C-48/13, ECLI:EU:C:2014:2087, Rn. 27 ff. – *Nordea Bank Danmark*; EuGH, Rs. C-386/14, ECLI:EU:C:2015:524, Rn. 24 ff. – *Groupe Steria*.
879 EuGH, Rs. C-250/95, Slg. 1997, S. I-2471, Rn. 31 – *Futura Participations u. Singer*.
880 EuGH, Rs. C-55/94, Slg. 1995, S. I-4165, Rn. 35 – *Gebhard* (= P Nr. 198); EuGH, Rs. C-340/89, Slg. 1991, S. I-2357, Rn. 9 – *Vlassopoulou* (= P Nr. 199).
881 Zu weiteren anerkannten Rechtfertigungsgründen *Kainer*, in: Pechstein/Nowak/Häde (Hrsg.), Frankfurter Kommentar EUV/GRC/AEUV, Art. 49 AEUV Rn. 79.
882 EuGH, Rs. C-58/98, Slg. 2000, S. I-7919, Rn. 45 – *Corsten* (= P Nr. 224).

cc) Rechtfertigung aus Gründen des Grundrechtsschutzes und Rechtfertigung der Eingriffe intermediärer Gewalten

1036 Da von einer Verpflichtung der Mitgliedstaaten auszugehen ist, Beeinträchtigungen der Niederlassungsfreiheit zu unterbinden, welche von Privaten ausgehen (sog. Schutzpflichtenkonstruktion, Rn. 1023), stellt sich die Frage, ob solche *Eingriffe auch durch die Unionsgrundrechte gerechtfertigt* werden können (Rn. 946; vgl. für die Arbeitnehmerfreizügigkeit Rn. 990 ff.). Anders als bei der Warenverkehrsfreiheit hat der EuGH diese Frage im Rahmen der Niederlassungsfreiheit zwar noch nicht ausdrücklich entschieden[883]. Wegen der vergleichbaren Sachlage sind die im Rahmen der Warenverkehrsfreiheit entwickelten Grundsätze jedoch auch auf die Niederlassungsfreiheit zu übertragen. Da sowohl die Niederlassungsfreiheit als auch die Unionsgrundrechte dem Primärrecht zuzurechnen sind, erfolgt die Rechtfertigungsprüfung in diesem Falle durch eine umfassende Gegenüberstellung der betroffenen Rechtsgüter und deren Abwägung miteinander (Rn. 946, 992)[884]. Überdies können Private auch unmittelbar an die Niederlassungsfreiheit gebunden sein, wenn sie als intermediäre Gewalt einzustufen sind (z. B. Verbände und Gewerkschaften, vgl. Rn. 1023). Bei der Bestimmung des anzuwendenden Rechtfertigungsmaßstabes gilt es zu beachten, dass intermediäre Gewalten typischerweise die Interessen ihrer Mitglieder wahrnehmen. Die Rechtfertigungskategorie der „sachlichen Erwägungen" trägt dem privatnützigen Charakter der verfolgten Zwecke Rechnung (Rn. 986). Es ist daher wohl mit der „Bündelung" dieser Individualinteressen zu erklären, dass der Gerichtshof in der Rs. *Viking* einer Gewerkschaft zugesteht, sich zur Durchführung eines Arbeitskampfes auf den Arbeitnehmerschutz als einem *zwingenden Grund des Allgemeininteresses*[885] zu berufen (vgl. Rn. 986). Auch eine Berufung auf das *unionsgrundrechtliche Streikrecht* der Gewerkschaft hält er nicht für ausgeschlossen[886]. Eine Anwendung der auf den staatlichen Aufgabenbereich zugeschnittenen Rechtfertigungsgründe nach Art. 52 Abs. 1 AEUV dürfte demgegenüber grundsätzlich ausscheiden.

dd) Schranken-Schranken

1037 Als Schranken-Schranken eines Eingriffs müssen auch im Rahmen der Niederlassungsfreiheit der Grundsatz der *Verhältnismäßigkeit und die EU-Grundrechte* beachtet werden. Besondere Fragen wirft die Verhältnismäßigkeit von Eingriffen in die Niederlassungsfreiheit juristischer Personen auf. Da die Gründung einer juristischen Person in einem anderen Mitgliedstaat auch dann von Art. 49, 54 AEUV erfasst wird, wenn diese Gründung einzig zu dem Zweck er-

---

[883] Vgl. für die Warenverkehrsfreiheit EuGH, Rs. C-112/00, Slg. 2003, S. I-5659, Rn. 74 – *Schmidberger* (= P Nr. 141).
[884] EuGH, Rs. C-112/00, Slg. 2003, S. I-5659, Rn. 81 – *Schmidberger* (= P Nr. 141).
[885] EuGH, Rs. C-438/05, Slg. 2007, S. I-10779, Rn. 77, 90 – *Viking* (= P Nr. 196).
[886] EuGH, Rs. C-438/05, Slg. 2007, S. I-10779, Rn. 77 – *Viking* (= P Nr. 196).

folgt, die strengeren gesellschaftsrechtlichen Vorschriften des Mitgliedstaates zu umgehen, in welchem die Geschäftsinteressen der Gesellschaft liegen[887], können die Mitgliedstaaten es nicht verhindern, dass eine solche Gesellschaft, welche nach dem Recht eines anderen Mitgliedstaates gegründet wurde, auf ihrem Staatsgebiet durch die Errichtung von Zweigniederlassungen oder durch Umzug tätig wird. Grundsätzlich nicht ausgeschlossen ist allerdings, dass die Mitgliedstaaten in solch einer Situation Regelungen zum Gläubigerschutz oder zum Schutz der Lauterkeit des Handelsverkehrs erlassen. An die Verhältnismäßigkeit solcher Beschränkungen sind jedoch hohe Anforderungen zu stellen. Die ausländischen Gesellschaften sind nämlich regelmäßig als solche erkennbar, so dass zusätzliche Maßnahmen, wie etwa das Erfordernis einer bestimmten Mindestkapitalisierung, zum Schutz der Gläubiger nicht erforderlich sind[888]. Denn diese können problemlos erkennen, dass sie es mit einer Gesellschaft ausländischen Rechts zu tun haben und ihr Verhalten darauf einstellen.

Des Weiteren hat die Rechtsprechung für die Fallgruppe der *Diplomanerkennungen* spezifische Ausformungen des Verhältnismäßigkeitsgrundsatzes entwickelt. Macht das mitgliedstaatliche Recht die Zulassung zu einem Beruf von bestimmten nationalen Diplomen oder beruflichen Qualifikationen abhängig, so ist die Anwendung dieser Regelungen nur erforderlich, wenn sich die mit dem Diplom oder der beruflichen Qualifikation bescheinigten Fachkenntnisse nicht aus Abschlüssen oder sonstigen Befähigungsnachweisen ergeben, die der Niederlassungsberechtigte in seinem Heimatstaat erlangt hat[889]. Die Mitgliedstaaten müssen daher gleichwertige Diplome berücksichtigen und gegebenenfalls eine vergleichende Prüfung der in ihren nationalen Vorschriften geforderten Kenntnisse und Qualifikationen und derjenigen des Betroffenen vornehmen[890]. Mit Blick auf den Anwaltsberufs darf ein Mitgliedstaat hierbei die objektiven Unterschiede zwischen den nationalen Rechtsordnungen berücksichtigen[891], woran die Feststellung einer Gleichwertigkeit juristischer Diplome regelmäßig scheitern dürfte. In diesem Fall muss der Niederlassungswillige nachweisen, dass er über die verlangten Kenntnisse und Fähigkeiten verfügt, etwa weil er sie anderweitig erworben hat. Dies hat der EuGH im Urteil *Morgenbesser* speziell mit Blick auf die in Italien vorgeschriebene praktische Ausbildungszeit als Voraussetzung für die Rechtsanwaltszulassung bekräftigt[892]. Infolge des *Morgenbesser*-Urteils wurde das DRiG (Deutsches Richtergesetz) im Jahre 2006 angepasst[893]. Der neue

1038

---

887 EuGH, Rs. C-212/97, Slg. 1999, S. I-1459, Rn. 39 – *Centros* (= P Nr. 204).
888 EuGH, Rs. C-167/01, Slg. 2003, S. I-10155, Rn. 135 – *Inspire Art* (= P Nr. 205).
889 EuGH, Rs. C-55/94, Slg. 1995, S. I-4165, Rn. 35 ff. – *Gebhard* (= P Nr. 198).
890 EuGH, Rs. C-55/94, Slg. 1995, S. I-4165, Rn. 38 – *Gebhard* (= P Nr. 198).
891 EuGH, Rs. C-340/89, Slg. 1991, S. I-2357, Rn. 18 – *Vlassopoulou* (= P Nr. 199); EuGH, Rs. C-313/01, Slg. 2003, S. I-13467, Rn. 69 – *Morgenbesser* (= P Nr. 201). Interessant ist insoweit auch die Entscheidung *Pesla* hinsichtlich der Parallelproblematik im Bereich der Arbeitnehmerfreizügigkeit, EuGH, Rs. C-345/08, Slg. 2009, S. I-11677 – *Pesla*
892 EuGH, Rs. C-313/01, Slg. 2003, S. I-13467, Rn. 70 – *Morgenbesser* (= P Nr. 201).
893 BGBl. 2006 I S. 3416.

§ 112a DRiG regelt seither die Gleichwertigkeitsprüfung hinsichtlich vorgelegter Nachweise und eröffnet dem Bewerber im Falle fehlender Gleichwertigkeit die Möglichkeit einer schriftlichen Eignungsprüfung für die Zulassung zum juristischen Vorbereitungsdienst der Bundesländer[894]. Für zahlreiche Diplome gibt es mittlerweile sekundärrechtliche Anerkennungs- und Koordinierungsrichtlinien (vgl. Rn. 1039 ff.); soweit diese nicht anwendbar sind, bleibt es bei der aus dem Verhältnismäßigkeitsgrundsatz folgenden Verpflichtung zur Durchführung einer Gleichwertigkeitsprüfung[895].

d) Die sekundärrechtlichen Anerkennungs- und Koordinierungsrichtlinien

aa) Der bisherige Ansatz: Sektorale Anerkennung und Koordinierung von Berufsqualifikationen

1039 Um die Aufnahme und Ausübung selbstständiger Tätigkeiten zu erleichtern, hatte der Rat für zahlreiche Sektoren Richtlinien erlassen, welche die gegenseitige Anerkennung von Diplomen, Prüfungszeugnissen und sonstigen Befähigungsnachweisen vorschreiben (Art. 53 Abs. 1 AEUV). Zu nennen sind etwa die Richtlinie 85/384/EWG des Rates vom 10. Juni 1985 für die gegenseitige Anerkennung der Diplome, Prüfungszeugnisse und sonstigen Befähigungsnachweise auf dem Gebiet der Architektur[896] sowie die Richtlinie 93/16/EWG des Rates vom 5. April 1993 zur Regelung der Freizügigkeit für Ärzte und zur gegenseitigen Anerkennung ihrer Diplome, Prüfungszeugnisse und sonstigen Befähigungsnachweise[897]. Für Bereiche ohne spezielle Einzelregelungen galten die Richtlinie 89/48/EWG des Rates vom 21. Dezember 1988 über eine allgemeine Regelung zur Anerkennung der Hochschuldiplome, die mindestens eine dreijährige Berufsausbildung abschließen[898], sowie die Richtlinie 92/51/EWG des Rates vom 18. Juni 1992 über eine zweite allgemeine Regelung zur Anerkennung beruflicher Befähigungsnachweise[899]. Ergänzt wurden diese Regelungen durch die Richtlinie 99/42/EG des Europäischen Parlaments und des Rates vom 7. Juni 1999 über ein Verfahren zur Anerkennung der Befähigungsnachweise für die unter die Liberalisierungs- und Übergangsrichtlinien fallenden Berufstätigkeiten[900].

---

894 Vgl. hierzu ausführlich *Twachtmann*, EuR 2016, S. 325.
895 EuGH, Rs. C-31/00, Slg. 2002, S. I-663, Rn. 21 ff. – *Dreessen*.
896 ABl.EG 1985 Nr. L 223, S. 15.
897 ABl.EG 1993 Nr. L 165, S. 1.
898 ABl.EG 1989 Nr. L 19, S. 16.
899 ABl.EG 1992 Nr. L 209, S. 25; zul. geänd. ABl.EG 1997 Nr. L 184, S. 31.
900 ABl.EG 1999 Nr. L 201, S. 77.

bb) Der neue Ansatz: Die einheitliche Anerkennungsrichtlinie für Berufsqualifikationen

Fast alle bestehenden sektoralen Anerkennungsrichtlinien[901] wurden jedoch ab 20. Oktober 2007 durch die Richtlinie 2005/36/EG des Europäischen Parlaments und des Rates über die Anerkennung von Berufsqualifikationen[902] ersetzt. Bis zu diesem Zeitpunkt mussten die Mitgliedstaaten diese Richtlinie in innerstaatliches Recht umgesetzt haben. Diese Richtlinie regelt erstmals sektorübergreifend die Anerkennung von Berufsqualifikationen. Titel III der Richtlinie führt hierzu drei unterschiedliche Arten der Anerkennung von Berufsqualifikationen zum Zwecke der Errichtung einer Niederlassung ein. Zunächst ist eine *automatische Anerkennung* für diejenigen Berufe vorgegeben, deren Qualifikationen bereits harmonisiert sind (Art. 21 ff. Richtlinie 2005/36/EG). In diese Gruppe fallen die Berufe, welche bislang von den Sektorenrichtlinien erfasst werden (Ärzte, Krankenschwestern etc.). Eine inhaltliche Veränderung bringt die Richtlinie 2005/36/EG insoweit also nicht mit sich. Eine weitere Gruppe von Berufsqualifikationen regelt die Richtlinie durch die gegenseitige *Anerkennung von Berufserfahrung* (Art. 16 ff. Richtlinie 2005/36/EG). Diese Gruppe erfasst zahlreiche Berufe im Handwerk, in Industrie und Handel sowie in weiten Teilen des Dienstleistungssektors. Schließlich gilt für alle Berufe, die nicht von einer dieser beiden speziellen Anerkennungsregelungen erfasst werden, sowie – in einigen besonderen Fällen – für Niederlassungswillige, welche zwar unter diese fallen, aber deren Voraussetzungen nicht erfüllen, als Auffangregelung eine *allgemeine Anerkennungspflicht* (Art. 10 ff. Richtlinie 2005/36/EG). Hierzu müssen nationale Qualifikationen einem von fünf in der Richtlinie geschaffenen allgemeinen Qualifikationsniveaus zugeordnet und dementsprechend von allen Mitgliedstaaten anerkannt werden.

1040

cc) Koordinierungsrichtlinien außerhalb der Anerkennung von Berufsqualifikationen

Auch über die Anerkennung von Berufsqualifikationen hinaus kann die Union zur Koordinierung der Rechts- und Verwaltungsvorschriften der Mitgliedstaaten Koordinierungsrichtlinien über die Aufnahme und Ausübung selbstständiger Tätigkeiten erlassen (Art. 53 Abs. 2 AEUV). Die auf dieser Grundlage zahlreich ergangenen Richtlinien behandeln meist sowohl die Niederlassungs- als auch die Dienstleistungsfreiheit[903].

1041

---

901 Eine Ausnahme bildet bspw. die Richtlinie 1998/5/EG des Europäischen Parlaments und des Rates zur Erleichterung der ständigen Ausübung des Rechtsanwaltsberufs in einem anderen Mitgliedstaat als dem, in dem die Qualifikation erworben wurde, ABl.EG 1998 Nr. L 77, S. 37, die weiterhin in Kraft bleibt.
902 ABl.EU 2005 Nr. L 255, S. 22.
903 Vgl. die Aufstellung bei *Müller-Graff*, in: Streinz (Hrsg.), EUV/AEUV, Art. 53 AEUV Rn. 17 ff.

e) Merksätze

1042 Die **Niederlassungsfreiheit** begründet das Recht zur Aufnahme und Ausübung selbstständiger Erwerbstätigkeiten sowie zur Gründung und Leitung von Unternehmen in einem anderen Mitgliedstaat (Art. 49 Abs. 2 AEUV).

Auch **juristische Personen** können sich **auf die Niederlassungsfreiheit** berufen (Art. 54 AEUV). Ob eine solche vorliegt, richtet sich ausschließlich nach dem Recht desjenigen Mitgliedstaates, in dem die juristische Person gegründet wurde. Das EU-Recht gewährt daher jedenfalls die **Zuzugs-, aber nur eingeschränkt die Wegzugsfreiheit.**

In die Niederlassungsfreiheit kann sowohl durch **offene und versteckte Diskriminierungen nach der Staatsangehörigkeit** als auch durch **unterschiedslose Maßnahmen** eingegriffen werden. **Nicht jede Ungleichbehandlung** ist eine Diskriminierung nach der Staatsangehörigkeit; es kommt darauf an, ob die Ungleichbehandlung gerade auf die **Staatsangehörigkeit** zurückgeführt werden kann.

Nach den Grundsätzen der auf die Niederlassungsfreiheit zu übertragenden *Keck*-Rechtsprechung des EuGH sind mitgliedstaatliche Bestimmungen **keine Beschränkung der Niederlassungsfreiheit,** die den Marktzugang des sich Niederlassenden nicht behindern.

Die Niederlassungsfreiheit entfaltet grundsätzlich **keine unmittelbare Drittwirkung.** Ausnahmsweise sind Private daran gebunden, wenn sie befugt sind, selbstständige Tätigkeiten in kollektiver Weise zu regeln („**intermediäre Gewalten**"). Die Erfassung der Fälle, in denen ein Mitgliedstaat keine Maßnahmen ergriffen hat, um **gegen Beeinträchtigungen einzuschreiten,** deren Ursachen nicht dem Staat zugerechnet werden können, sondern **die von Privatpersonen ausgehen,** ist sachgerecht. Die Mitgliedstaaten müssen die **Freiheiten des AEUV gegen Eingriffe durch Private aktiv verteidigen.**

Neben den im AEUV ausdrücklich geregelten Rechtfertigungsgründen nach Art. 52 Abs. 1 AEUV hat der Europäische Gerichtshof **ungeschriebene** Rechtfertigungsgründe anerkannt – die sog. **zwingenden Gründe des Allgemeininteresses.**

Zur **Erleichterung der Aufnahme und Ausübung selbstständiger Tätigkeiten** wurde eine sektorübergreifende Richtlinie erlassen, welche die **gegenseitige Anerkennung von Diplomen, Prüfungszeugnissen, sonstigen Befähigungsnachweisen** und erworbener **Berufserfahrung** vorschreibt.

Leitentscheidungen:
EuGH, Rs. 2/74, Slg. 1974, S. 631 – *Reyners*.
EuGH, Rs. 81/87, Slg. 1988, S. 5483 – *Daily Mail* (= P Nr. 185).
EuGH, Rs. C-340/89, Slg. 1991, S. I-2357 – *Vlassopoulou* (= P Nr. 199).

EuGH, Rs. C-55/94, Slg. 1995, S. I-4165 – *Gebhard* (= P Nr. 198).
EuGH, Rs. C-212/97, Slg. 1999, S. I-1459 – *Centros* (= P Nr. 204).
EuGH, Rs. C-208/00, Slg. 2002, S. I-9919 – *Überseering* (= P Nr. 186).
EuGH, Rs. C-167/01, Slg. 2003, S. I-10155 – *Inspire Art* (= P Nr. 205).
EuGH, Rs. C-411/03, Slg. 2005, S. I-10805 – *Sevic* (= P Nr. 189).
EuGH, Rs. C-438/05, Slg. 2007, S. I-10779 – *Viking* (= P Nr. 196).
EuGH, Rs. C-210/06, Slg. 2008, S. I-9641 – *Cartesio* (= P Nr. 187).
EuGH, Rs. C-378/10, ECLI:EU:C:2012:440 – *VALE* (= P Nr. 190).
EuGH, Rs. C-375/14, ECLI:EU:C:2016:60 – *Laezza* (= P Nr. 207).
EuGH, Rs. C-106/16, ECLI:EU:C:2017:804 – *Polbud* (= P Nr. 191).

9. Freiheit des Dienstleistungsverkehrs

Literaturhinweise: *Albath, L./Giesler, M.:* Das Herkunftslandprinzip in der Dienstleistungsrichtlinie – eine Kodifizierung der Rechtsprechung?, EuZW 2006, S. 38; *Bieback, K.-J.:* Etablierung eines gemeinsamen Marktes für Krankenbehandlung durch den EuGH, NZS 2001, S. 561; *Blanke, H.-J.:* Zur Verbandskompetenz und Staatsaufsicht anlässlich der Verortung des „Einheitlichen Ansprechpartners" bei den Wirtschaftskammern, WiVerw 2008, S. 191; *Calliess, Ch./Korte, S.:* Dienstleistungsrecht in der EU, 2011; *dies.:* Die Dienstleistungsrichtlinie und ihre Umsetzung in Deutschland, EuR 2009, Beiheft 2, S. 65; *Frenz, W.:* Menschenwürde und Dienstleistungsfreiheit, NVwZ 2005, S. 48; *Gotthardt J.-E./Ost F.:* Grenzüberschreitende Hilfeleistung in Steuersachen ohne physische Präsenz im Inland, EuZW 2016, S. 191; *Görlitz, N.:* Struktur und Bedeutung der Rechtsfigur der mittelbaren Diskriminierung im System der Grundfreiheiten, 2005, S. 266; *Günnewicht, A./Tiedge, A.:* Aufsicht über die Erbringung von Dienstleistungen: Ein neuer Rechtsrahmen nach der Dienstleistungsrichtlinie, WiVerw 2008, S. 212; *Hartmann, B.:* Kohärenz im Glücksspielrecht: vertikal – horizontal – intersektoral?, EuZW 2014, S. 814; *Hatje, A.:* Die Dienstleistungsrichtlinie – Auf der Suche nach dem liberalen Mehrwert, NJW 2007, S. 2357; *Henssler, M./Kilian, M.:* Die Ausübung hoheitlicher Gewalt im Sinne des Artikel 45 EG, EuR 2005, S. 192; *Kluth, W./Rieger, F.:* Die neue Berufsanerkennungsrichtlinie – Regelungsgehalt und Auswirkungen für Berufsangehörige und Berufsorganisationen, EuZW 2005, S. 486; *Kocher, E.:* Die Tariftreueerklärung vor dem EuGH, DB 2008, S. 1042; *Korte, S.:* Was bleibt vom herkömmlichen Verständnis der Dienstleistungsfreiheit?, EWS 2007, S. 246; *Krajewski, M.:* Anforderungen der Dienstleistungsrichtlinie an Genehmigungsregelungen und ihre Umsetzung im deutschen Recht, NVwZ 2009, S. 929; *Leible, S.* (Hrsg.): Die Umsetzung der Dienstleistungsrichtlinie – Chancen und Risiken für Deutschland, 2008; *Michl, W:* Neuregelung des Glücksspielrechts, EuZW 2014, S. 628; *Pache, E.:* Dienstleistungsfreiheit, in: Ehlers, D. (Hrsg.), Europäische Grundrechte und Grundfreiheiten, 4. Aufl. 2015, S. 417; *Pechstein, M./Kubicki, P.:* Dienstleistungsfreiheit im Baugewerbe für polnische Handwerker, EuZW 2004, S. 167; *Postel, D.:* Glücksspiel im europäischen Binnenmarkt nach „Gambelli" und „Placanica" und vor „Winner Wetten", EuR 2007, S. 317; *Möstl, M.:* Wirtschaftsüberwachung von Dienstleistungen im Binnenmarkt, DÖV 2006, S. 281; *Rolshoven, M.:* „Beschränkungen" des freien Dienstleistungsverkehrs, 2002; *Schlachter, M./Ohler, C.* (Hrsg.), Europäische Dienstleistungsrichtlinie, 2008; *Schorkopf, F.:* Wahrhaftigkeit im Recht der Grundfreiheiten – Zu Maßstab und Rechtsfolgen der Glücksspielurteile des Europäischen Gerichtshofs, DÖV 2011, S. 260; *Schöne, F.-J.:* Dienstleistungsfreiheit in der EG und deutsche Wirtschaftsaufsicht, 1989; *Schliesky, U./Luch, A.*

D./Schulz, S. E.: Überlegungen zum Anwendungsbereich der Dienstleistungsrichtlinie, WiVerw 2008, S. 151; *Schönleitner, U.:* Das neue Gesetz zur Umsetzung der Dienstleistungsrichtlinie in der GewO, GewArch 2009, S. 384; *Stober, R.:* Die Bedeutung der Dienstleistungsrichtlinie (DLR) für das Wirtschaftsverwaltungsrecht, WiVerw 2008, S. 139; *Völker, S.:* Passive Dienstleistungsfreiheit im Europäischen Gemeinschaftsrecht, 1990; *Waldhoff, Ch.:* Notarvorbehalt im Grundstücksverkehr europarechtskonform, EuZW 2017, S. 382; *Wichmann, J.:* Dienstleistungsfreiheit und grenzüberschreitende Entsendung von Arbeitnehmern, 1998; *Wienbracke, M.:* Keine Dienstleistungsfreiheit für Dienstleistungen zwischen Gibraltar und Vereinigtem Königreich, EuZW 2017, S. 650; *Ziekow, J.:* Die Umsetzung der Dienstleistungsrichtlinie im Verwaltungsverfahrensrecht, WiVerw 2008, S. 176.

1043 Die *unmittelbar anwendbare* Freiheit des Dienstleistungsverkehrs (Art. 56 bis Art. 62 AEUV) erfasst den zwischenstaatlichen Austausch von Dienstleistungen. Ursprünglich wurde diese Grundfreiheit als Auffangtatbestand begriffen, der die vorübergehende Ausübung selbstständiger Tätigkeiten in einem anderen Mitgliedstaat ermöglichen sollte, ohne dort über eine dauerhafte Niederlassung verfügen zu müssen (vgl. Art. 57 Abs. 3 AEUV). Die darin liegende Parallele zur Niederlassungsfreiheit kommt rechtssystematisch dadurch zum Ausdruck, dass durch den Verweis in Art. 62 AEUV die Vorschriften der Art. 51 bis Art. 54 AEUV auch auf die Dienstleistungsfreiheit Anwendung finden. Die wachsende Bedeutung des „tertiären Sektors" hat jedoch zu einer deutlichen Aufwertung der Freiheit des Dienstleistungsverkehrs geführt, die ihren Ausdruck in einer vielschichtigen Rechtsprechung des EuGH gefunden hat. So erfassen die Art. 56 ff. AEUV heute weitere, über die ursprüngliche Konzeption hinausgehende Dienstleistungsmodalitäten und vervollständigen auf diese Weise den Schutz wirtschaftlicher Austauschvorgänge im Binnenmarkt (Art. 3 Abs. 3 UAbs. 1 Satz 1 EUV, Art. 26 Abs. 2 AEUV). Zusätzlich hat die Union auf sekundärrechtlicher Ebene eine Vielzahl von Rechtsakten erlassen, in welchen die Dienstleistungsfreiheit teils bereichsspezifisch und teils in allgemeiner Weise ausgestaltet wird (Rn. 1086 ff.). Einen vorläufigen Höhepunkt dieser Rechtsetzungstätigkeit stellt die sog. Dienstleistungsrichtlinie dar (Rn. 1088 ff.), welche teilweise über den primärrechtlichen Gehalt der Art. 56 f. AEUV hinausgeht und diesen auch in der Rechtsanwendung in Teilen verdrängt (Rn. 1091 ff.). Ein vertraglicher Ausschluss der primärrechtlichen Dienstleistungsfreiheit galt bereits vorher für den Transport- und Verkehrssektor (Art. 58 Abs. 1 AEUV). Der AEUV enthält insoweit speziellere Regelungen über die Verkehrspolitik (Art. 90 bis Art. 100 AEUV). Dieser Ausschluss gilt auch für Verkehrsvermittlungsdienste wie Uber, weil der Vermittlungsdienst mit einer Verkehrsdienstleistung untrennbar verbunden ist[904]. Auf Grundlage von Art. 91 Abs. 1 AEUV sind jedoch zahlreiche Rechtsakte erlassen worden, die für weite Bereiche sowohl des internationalen Verkehrs (lit. a) als auch der Kabotage (lit. b) die Dienstleistungsfreiheit sekundärrechtlich verwirklichen[905].

---

904 EuGH, Rs. C-434/15, ECLI:C:EU:2017:981, Rn. 46 – *Asociación Profesional Elite Taxi.*
905 Vgl. die Übersicht bei *Martinez,* in: Calliess/Ruffert (Hrsg.), EUV/AEUV, Art. 91 AEUV Rn. 11 ff., 64 ff.

a) Schutzbereich

Die Dienstleistungsfreiheit gewährt zunächst dem Dienstleistungserbringer das Recht, eine Dienstleistung über die Grenze hinweg in einem anderen Mitgliedstaat zu erbringen, ohne dort über eine dauerhafte Niederlassung verfügen zu müssen. Diese Schutzrichtung der Dienstleistungsfreiheit umfasst neben dem vorübergehenden Ortswechsel des Dienstleistungserbringers auch die alleinige Grenzüberschreitung der Dienstleistung. Ergänzt wird die Dienstleistungsfreiheit durch das im Wortlaut der Art. 56 f. AEUV nicht vorgesehene Recht der Dienstleistungsempfänger, grenzüberschreitend erbrachte Dienstleistungen in Empfang zu nehmen und sich darüber hinaus zwecks Inanspruchnahme einer Dienstleistung in einen anderen Mitgliedstaat zu begeben[906].

1044

aa) Sachlicher Schutzbereich

(α) Begriff der Dienstleistung

Die Art. 56 ff. AEUV enthalten keine präzise Definition des unionsrechtlichen Begriffs der „Dienstleistung". Art. 57 Abs. 1 und Abs. 2 AEUV kann lediglich entnommen werden, dass Dienstleistungen insbesondere gewerbliche, kaufmännische, handwerkliche und freiberufliche Tätigkeiten sind, für die in der Regel ein Entgelt erbracht wird und die nicht bereits dem freien Waren-, Kapital- oder Personenverkehr unterliegen. Auf Grundlage dieser vertraglichen Vorgabe für das Verhältnis zu den übrigen Grundfreiheiten einerseits sowie der übrigen Anhaltspunkte in Art. 57 AEUV andererseits haben sich in der Rechtsprechung des EuGH mehrere Begriffsmerkmale herausgebildet, die für das Vorliegen einer Dienstleistung im Sinne der Art. 56 f. AEUV konstituierend sind.

1045

Zunächst muss es sich gemäß Art. 57 Abs. 1 AEUV um eine *Leistung* handeln, *die in der Regel gegen Entgelt erbracht wird*. Unter Entgelt ist dabei eine wirtschaftliche Gegenleistung zu verstehen[907]. Diese Voraussetzung liegt letztlich auch allen anderen Grundfreiheiten zugrunde und bringt zum Ausdruck, dass es sich um Tätigkeiten handeln muss, die zum Wirtschaftsleben gehören. Die Gegenleistung darf daher nicht völlig außer Verhältnis zum wirtschaftlichen Wert der Dienstleistung stehen. Da es ausreicht, dass die Leistungserbringung nur üblicherweise entgeltlich erfolgt, kann eine konkrete, im Einzelfall unentgeltliche Tätigkeit durchaus den Dienstleistungsbegriff erfüllen. Das Entgelt muss zudem nicht notwendig vom Leistungsempfänger, sondern kann auch von einem Dritten erbracht werden[908]. Mit dieser Begründung hat der EuGH u. a. entschieden, dass medizinische Tätigkeiten sowie andere, im Rahmen einer gesetzlichen Krankenversicherung erbrachte Leistungen auch dann als Dienstleistungen anzusehen

1046

---

906 EuGH, verb. Rs. 286/82 u. 26/83, Slg. 1984, S. 377, Rn. 16 – *Luisi u. Carbone* (= P Nr. 210, 230).
907 EuGH, Rs. 263/86, Slg. 1988, S. 5365, Rn. 15 ff. – *Humbel.*
908 EuGH, Rs. 352/85, Slg. 1988, S. 2085, Rn. 16 – *Bond van Adverteerders.*

sind, wenn das Krankenversicherungssystem – wie in Deutschland – sog. „Sachleistungen" vorsieht, d. h., wenn die Bezahlung durch den Versicherungsträger, nicht aber unmittelbar durch denjenigen erfolgt, dem die Leistung zugutekommt (Versicherter)[909]. Auch das unentgeltliche Zurverfügungstellen eines lokalen Funknetzwerkes mit Internetzugang kann somit als entgeltliche Leistung qualifiziert werden, wenn sie u. a. zu Werbezwecken für von ihm verkauften Gütern dient[910]. An der fehlenden Entgeltlichkeit scheitert hingegen die Qualifizierung staatlicher Ausbildungsleistungen als Dienstleistungen, da sie in der Regel unentgeltlich erbracht werden. Werden dagegen Einschreibgebühren oder ähnliche Abgaben erhoben, so stehen diese jedenfalls außer Verhältnis zum wirtschaftlichen Wert der Ausbildungsleistung. Studierende können sich daher nicht als Dienstleistungsempfänger auf die Freiheit des Dienstleistungsverkehrs berufen[911]. Etwas anderes gilt allerdings für den Unterricht an privaten bzw. auf Gewinnerzielung ausgerichteten Bildungseinrichtungen[912].

1047 Die Leistung selbst muss ferner *nicht-körperlicher Art* sein und darf sich nicht auf die Herstellung einer Ware im Sinne der Art. 28 ff. AEUV beschränken[913]. Dieses Erfordernis ergibt sich aus der Abgrenzung zur Warenverkehrsfreiheit, welche die Verbringung von körperlichen Gegenständen über eine Grenze erfasst. Abgrenzungsprobleme entstehen insbesondere dann, wenn die grenzüberschreitend erbrachte Dienstleistung mit der Lieferung einer Ware verbunden ist. Lassen sich beide Aspekte trennen, ist eine jeweilige Zuordnung zu den entsprechenden Grundfreiheiten vorzunehmen. So hat der Gerichtshof entschieden, dass eine grenzüberschreitende Ausstrahlung von Fernsehsendungen den Bestimmungen über die Dienstleistungsfreiheit unterliegt, der Handel mit den hierzu erforderlichen Gegenständen wie Tonträgern, Filmen und sonstigen Erzeugnissen aber der Warenverkehrsfreiheit zuzuordnen ist[914]. Ist eine solche Trennung nicht möglich, weil beide Gesichtspunkte unlösbar miteinander verbunden sind, so kommt es auf den Schwerpunkt der Tätigkeit an. Im Fall der grenzüberschreitenden Ausspielung einer Lotterie hat der EuGH das Verbringen körperlicher Gegenstände wie Formulare, Werbebroschüren und Lotterielose in einen anderen Mitgliedstaat als im Verhältnis zur Lotterie untergeordnet angesehen und daher den Bestimmungen über die Freiheit des Dienstleistungsverkehrs unterstellt[915]. Bei der Abgrenzung ist auch zu beachten, ob die an den

---

909 EuGH, Rs. C-157/99, Slg. 2001, S. I-5473, Rn. 53 ff. – *Smits u. Peerbooms*.
910 EuGH, Rs. C-484/14, ECLI:EU:C:2016:689, Rn. 37 ff. – *McFadden/Sony*. Zwar ging es vorliegend um die Auslegung des „Dienstes der Informationsgesellschaft". Dieser entspricht jedoch der Dienstleistung i. S. d. Art. 57 AEUV, vgl. Rn. 37.
911 EuGH, Rs. 263/86, Slg. 1988, S. 5365, Rn. 18 ff. – *Humbel*. Studierenden steht jedoch ggf. eine Berufung auf Art. 18 AEUV i. V. m. Art. 21 AEUV offen, vgl. Rn. 788 ff.
912 EuGH, Rs. C-109/92, Slg. 1993, S. I-6447, Rn. 17 – *Wirth*.
913 EuGH, Rs. 18/84, Slg. 1985, S. 1339, Rn. 12 – *Kommission/Frankreich*; EuGH, Rs. 60–61/84, Slg. 1985, S. 2605, Rn. 10 – *Cinéthèque*.
914 EuGH, Rs. 155/73, Slg. 1974, S. 409, Rn. 6 ff. – *Sacchi* (= P Nr. 209).
915 EuGH, Rs. C-275/92, Slg. 1994, S. I-1039, Rn. 21 ff. – *Schindler* (= P Nr. 211).

Grundfreiheiten zu messende Regelung eine Anforderung aufstellt, die sich auf die Ware oder den Handel mit Waren bezieht. Nur Letzteres stellt eine Dienstleistung dar[916].

Des Weiteren muss es sich um eine *selbstständig* erbrachte Leistung handeln. In diesem Merkmal kommt die Abgrenzung zur Arbeitnehmerfreizügigkeit zum Ausdruck. Werden Leistungen gegen Entgelt im Rahmen eines Weisungsverhältnisses erbracht (vgl. Rn. 956 f.), kommt allein Art. 45 AEUV zur Anwendung. Zu einer nur scheinbaren Überschneidung kann es im Fall der *Entsendung von Arbeitnehmern* kommen. Erbringen Beschäftigte eines Dienstleistungserbringers in einem anderen Mitgliedstaat eine diesem obliegende Dienstleistung, so handeln sie dabei im Verhältnis zu ihrem Arbeitgeber zwar weisungsgebunden. Für die Dienstleistungsfreiheit kommt es auf das Verhältnis zwischen dem Dienstleistungserbringer und seinen Angestellten aber nicht an. Entscheidend für die Frage der Selbstständigkeit ist auch in diesen Fällen allein das Verhältnis zwischen Dienstleistungserbringer und Dienstleistungsempfänger[917]. Solange in diesem Verhältnis keine Weisungsgebundenheit vorliegt, handelt es sich um eine selbstständige Leistung. Gleiches gilt dem Grunde nach auch für die grenzüberschreitende *Arbeitnehmerüberlassung*. Im Verhältnis zwischen dem verleihenden und dem entleihenden Unternehmen liegt ebenfalls eine selbstständige (Dienst-) Leistung vor. Diese beschränkt sich jedoch auf die bloße grenzüberschreitende Überlassung der Arbeitskräfte als alleinige Leistungspflicht[918]. Die Arbeitnehmerfreizügigkeit kommt hingegen in Bezug auf den Leiharbeitnehmer bzw. die von ihm ausgeübte Tätigkeit zur Anwendung (vgl. Rn. 957). Beide Grundfreiheiten weisen damit einen anderen Bezugspunkt auf, zu einer parallelen Anwendung auf ein und denselben Sachverhalt kommt es somit nicht. Von diesem Grundsatz hat der Gerichtshof in der Entscheidung *ITC* eine Ausnahme für den Fall der *Arbeitsvermittlung* gemacht. Eine Regelung des deutschen Arbeitsförderungsrechts, die eine Erstattung von privaten Vermittlungsentgelten durch die Bundesagentur für Arbeit nur für Vermittlungen innerhalb Deutschlands vorsah, wurde sowohl am Maßstab der Arbeitnehmer- als auch an der Dienstleistungsfreiheit gemessen[919]. Um die mit der Arbeitnehmerentsendung gegebenenfalls verbundenen Lücken im Sozialversicherungssystem zu schließen, kann der Sitzstaat der Arbeitnehmer nach der Verordnung (EWG) Nr. 1408/71[920] Bescheinigungen ausstellen. Darin erklärt der ausstellende Mitgliedstaat, dass der Betroffene im eigenen System der sozialen Sicherheit integriert ist. Solche Bescheinigungen sind vom Aufnahmestaat nach Art. 4 Abs. 3 EUV anzuerken-

1048

---

916 EuGH, verb. Rs. C-360/15 u. C-31/16, ECLI:EU:C:2018:44, Rn. 90 f. – *X*.
917 Vgl. EuGH, Rs. C-113/89, Slg. 1990, S. I-1417, Rn. 12 ff. – *Rush Portuguesa* (= P Nr. 216).
918 EuGH, Rs. C-586/13, ECLI:EU:C:2015:405, Rn. 33 ff. – *Martin Meat*.
919 EuGH, Rs. C-208/05, Slg. 2007, S. I-181, Rn. 19 ff. und 54 ff. – *ITC* (= P Nr. 174).
920 Verordnung (EWG) Nr. 1408/71 des Rates v. 17.6.1971 zur Anwendung der Systeme der sozialen Sicherheit auf Arbeitnehmer und deren Familien, die innerhalb der Gemeinschaft zu- und abwandern, ABl.EG 1971 Nr. L 149, S. 2.

nen[921]. Auf der anderen Seite verpflichtet Art. 4 Abs. 3 EUV den ausstellenden Mitgliedstaat die Bescheinigungen auf deren Richtigkeit zu überprüfen[922]. Bei bestehenden Meinungsverschiedenheiten müssen die im Unionsrecht vorgesehenen Streitbeilegungsmechanismen beachtet und unter Umständen ein Vertragsverletzungsverfahren eingeleitet werden[923].

1049 Besondere Bedeutung für den sachlichen Schutzbereich der Dienstleistungsfreiheit kommt ferner einem zeitlichen Moment zu – allerdings nur in Fällen, in denen der Dienstleistungserbringer oder der -empfänger die Grenze überschreitet (vgl. Rn. 1053). Im ersten Fall bedarf es der Abgrenzung zur Niederlassungsfreiheit, die in sachlicher Hinsicht ebenfalls selbstständige Tätigkeiten erfasst. Sie manifestiert sich im Merkmal der *vorübergehenden Leistungserbringung,* da die Ausübung einer selbstständigen Tätigkeit im Rahmen der Niederlassungsfreiheit eine stabile und kontinuierliche Teilnahme am Wirtschaftsverkehr eines anderen Mitgliedstaates voraussetzt (vgl. Rn. 1000). Gemäß der Rechtsprechung des Gerichtshofs bemisst sich der vorübergehende Charakter einer Dienstleistung jedoch nicht allein nach der Dauer der fraglichen Tätigkeit, sondern auch nach ihrer Häufigkeit, regelmäßigen Wiederkehr oder Kontinuität. Die im Einzelfall sehr problematische Abgrenzung wird zusätzlich dadurch erschwert, dass der vorübergehende Charakter der Tätigkeit auch dann noch vorliegt, wenn die Leistung – z. B. umfangreiche Verputzarbeiten – über einen längeren Zeitraum, bei Großbauprojekten sogar bis hin zu mehreren Jahren, erbracht wird[924]. Auch schließt die Ausstattung mit einer gewissen Infrastruktur (z. B. Büro, Praxis oder Kanzlei), soweit sie für die Erbringung der Leistung erforderlich ist, die Annahme einer nur vorübergehenden Leistung nicht schlechthin aus[925]. Nimmt ein EU-ausländischer Bürger seinen Hauptaufenthaltsort in einem anderen Mitgliedstaat und dort Dienstleistungen in Anspruch, so wird dies ebenfalls nicht von den Art. 56 ff. AEUV erfasst[926]. Erforderlich ist insoweit ein nur *vorübergehender Aufenthalt in einem anderen Mitgliedstaat zwecks Inanspruchnahme einer Dienstleistung.* Handelt es sich hingegen um einen dauerhaften Aufenthalt in einem anderen Mitgliedstaat, besteht die Möglichkeit einer Anwendung von Art. 18 Abs. 1 AEUV, ggf. in Verbindung mit Art. 21 Abs. 1 AEUV (vgl. Rn. 775). Keinerlei Bedeutung hat das zeitliche Moment dagegen für Fälle, in denen nur die Dienstleistung die Grenze überschreitet (Rn. 1053).

1050 Im Hinblick auf die *Abgrenzung zur Kapitalverkehrsfreiheit* fehlt es an einem bestimmten, den Begriff der Dienstleistung konstituierenden Merkmal. Art. 58 Abs. 2 AEUV ordnet lediglich den Gleichlauf der Liberalisierung der mit dem Kapitalverkehr verbundenen Dienstleistungen der Banken und Versicherungen mit

---

921 EuGH, Rs. C-359/16, ECLI:EU:C:2018:63, Rn. 38 – *Altun u. a.*
922 EuGH, Rs. C-359/16, ECLI:EU:C:2018:63, Rn. 37 – *Altun u. a.*
923 EuGH, Rs. C-359/16, ECLI:EU:C:2018:63, Rn. 45 – *Altun u. a.*
924 EuGH, Rs. C-215/01, Slg. 2003, S. I-14847, Rn. 30 – *Schnitzer* (= P Nr. 213).
925 EuGH, Rs. C-55/94, Slg. 1995, S. I-4165, Rn. 27 – *Gebhard* (= P Nr. 198).
926 EuGH, Rs. C-70/95, Slg. 1997, S. I-3395, Rn. 36 ff., 38 – *Sodemare.*

der Liberalisierung des Kapitalverkehrs an. Daran lässt sich erkennen, dass die Bestimmungen über die Dienstleistungsfreiheit auf die Tätigkeit von Banken und Versicherungen grundsätzlich Anwendung finden[927]. In der Praxis kommt es gerade in diesen Bereichen oftmals zu einer Überschneidung der Schutzbereiche (vgl. Rn. 1098). Mit Blick auf den Wortlaut des Art. 57 Abs. 1 AEUV, wonach eine Dienstleistung nur dann vorliegt, wenn die entgeltliche Leistung nicht den Schutzbereichen der anderen Grundfreiheiten unterliegt, ließe sich insoweit an einen pauschalen Vorrang der Kapitalverkehrsfreiheit denken. Diesem Verständnis hat der Gerichtshof in der Entscheidung *Fidium Finanz* indes eine klare Absage erteilt[928]. Art. 57 Abs. 1 AEUV stellt danach nur eine Auffangregelung dar, wonach wirtschaftliche Tätigkeiten, die von keiner anderen Grundfreiheit erfasst werden, in den Schutzbereich der Dienstleistungsfreiheit fallen sollen. Weist ein Sachverhalt dagegen sowohl Elemente einer Dienstleistung als auch eines Kapitaltransfers auf, wie dies insbesondere bei Finanzdienstleistungen der Fall ist, so entscheidet der Schwerpunkt des konkreten Einzelfalls, welche Grundfreiheit als Prüfungsmaßstab herangezogen wird. Nicht entnehmen lässt sich dem Urteil allerdings, nach welchen abstrakten Kriterien der Schwerpunkt zu ermitteln ist. Erschwerend kommt hinzu, dass der EuGH in diesem Urteil ausdrücklich darauf hinweist, dass bei einer gleichen Gewichtung beider Sachverhaltselemente eine parallele Anwendung beider Grundfreiheiten in Betracht kommt. Damit kann das Verhältnis und die Abgrenzung von Dienstleistungs- und Kapitalverkehrsfreiheit im Einzelfall durchaus problematisch sein. Im konkreten Fall allerdings sah der Gerichtshof den Schwerpunkt bei der Dienstleistungsfreiheit. In Frage stand eine Bestimmung des deutschen Rechts, wonach die Ausübung von Finanzdienstleistungen einer Erlaubnispflicht unterliegt. Mangels Vorliegen einer solchen Erlaubnis wurde einem schweizerischen Institut die über das Internet erfolgende Vergabe von Krediten in Deutschland untersagt. In dem daraufhin angestrengten Rechtsstreit berief sich das Institut auf die auch drittstaatsangehörige Unternehmen berechtigende Kapitalverkehrsfreiheit. Da die Erlaubnispflicht jedoch bereits den Zugang zum Finanzdienstleistungsmarkt an sich erschwert, maß der Gerichtshof diese Bestimmung an der Dienstleistungsfreiheit, die beschränkende Wirkung für den durch die Kreditvergabe bewirkten Kapitaltransfer sei hingegen nur eine zwangsläufige Folge dessen[929]. Auch die unterschiedliche Besteuerung der von gebietsfremden Banken gezahlten Zinsen auf Spareinlagen ist aus diesen Gründen vom Schutzbereich der Dienstleistungsfreiheit umfasst[930].

---

927 EuGH, Rs. C-484/93, Slg. 1995, S. I-3955, Rn. 11 – *Svensson u. Gustavsson*; EuGH, Rs. C-118/96, Slg. 1998, S. I-1897, Rn. 22 – *Safir*.
928 EuGH, Rs. C-452/04, Slg. 2006, S. I-9521, Rn. 27 ff., 32 – *Fidium Finanz* (= P Nr. 214).
929 EuGH, Rs. C-452/04, Slg. 2006, S. I-9521, Rn. 44 ff., 49 – *Fidium Finanz* (= P Nr. 214). In der Konsequenz konnte sich das Unternehmen mangels Einschlägigkeit des persönlichen Schutzbereichs nicht auf die Dienstleistungsfreiheit berufen und die Erlaubnispflicht nicht am Maßstab des Unionsrechts prüfen lassen.
930 EuGH, Rs. C-580/15, ECLI:EU:C:2017:429, Rn. 25 – *Van der Weegen u. a.*

1051 Fasst man die einzelnen Merkmale zusammen, so liegt eine Dienstleistung im Sinne der Art. 56 ff. AEUV vor, wenn es sich um *eine selbstständige Leistung nicht-körperlicher Art* handelt, *die in der Regel gegen Entgelt erbracht wird*. Außer in den Fällen, in denen nur die Dienstleistung die Grenze überschreitet, darf *der Dienstleistungserbringer bzw. -empfänger sich nur vorübergehend in einen anderen Mitgliedstaat begeben*. Diese Definition umfasst eine Vielzahl an wirtschaftlichen Aktivitäten wie beispielsweise Maklerdienste, Arztleistungen und Reiseführungen. Von der Werbung als Dienstleistung ist die Werbung für die eigene Dienstleistung zu unterscheiden, die jedoch als oftmals notwendiger Bestandteil der Dienstleistungserbringung von dem sachlichen Anwendungsbereich der Dienstleistungsfreiheit mit umfasst wird[931].

1052 Ausgenommen sind nach der Rechtsprechung des Europäischen Gerichtshofs allein solche Tätigkeiten, die wegen ihrer Schädlichkeit in allen Mitgliedstaaten verboten sind. Hiervon zu unterscheiden sind Leistungen, die aufgrund ethischer, religiöser, moralischer oder gesellschaftlicher Gründe lediglich in einigen oder einzelnen Mitgliedstaaten einer strengen Kontrolle unterliegen oder gänzlich untersagt sind, wie z. B. die Vornahme von Schwangerschaftsabbrüchen[932] oder das Veranstalten von Glücksspielen[933]. Insoweit hat der EuGH entschieden, dass es nicht Sache des Gerichtshofs sei, die Beurteilung einer solchen Tätigkeit durch den nationalen Gesetzgeber durch seine eigene zu ersetzen[934]. Allerdings dürfe eine unterschiedliche Beurteilung bestimmter Tätigkeiten in einzelnen Mitgliedstaaten nicht dazu führen, dass solchen Leistungen die Eigenschaft als Dienstleistung in einem Mitgliedstaat abgesprochen, in einem anderen zuteil wird. Dies würde der einheitlichen Anwendung des Unionsrechts in den Mitgliedstaaten eklatant zuwiderlaufen. Der Begriff der Dienstleistung ist ein unionsrechtlicher und als solcher einheitlich zu bestimmen und auszulegen. Mitgliedstaatliche Wertvorstellungen können aber im Rahmen der Rechtfertigung eine Rolle spielen (vgl. Rn. 1079, 1082)[935].

(β) Grenzüberschreitung/Modalitäten der Dienstleistungsfreiheit

1053 Wie die anderen Grundfreiheiten knüpft auch die Dienstleistungsfreiheit an das Vorliegen eines grenzüberschreitenden Moments an. Hierbei lassen sich verschiedene Konstellationen unterscheiden, die zudem die einzelnen (typisierten)

---

931 EuGH, Rs. C-384/93, Slg. 1995, S. I-1141, Rn. 28 – *Alpine Investments* (= P Nr. 220).
932 EuGH, Rs. C-159/90, Slg. 1991, S. I-4685, Rn. 16 ff. – *Society for the Protection of Unborn Children Ireland*.
933 EuGH, Rs. C-275/92, Slg. 1994, S. I-1039, Rn. 31 f. – *Schindler* (= P Nr. 211). Nach neuer Rechtsprechung wendet der Gerichtshof die Dienstleistungsfreiheit ohne Weiteres auf Glücksspiele an, vgl. EuGH, Rs. C-243/01, Slg. 2003, S. I-13031, Rn. 52 ff. – *Gambelli*; EuGH, Rs. C-46/08, Slg. 2010, S. I-8149, Rn. 40 – *Carmen Media*.
934 EuGH, Rs. C-275/92, Slg. 1994, S. I-1039, Rn. 32 – *Schindler* (= P Nr. 211).
935 EuGH, Rs. C-243/01, Slg. 2003, S. I-13076, Rn. 63 – *Gambelli*.

Modalitäten der von Art. 56 ff. AEUV erfassten wirtschaftlichen Gewährleistungen widerspiegeln:
(1) Die Grenzüberschreitung kann im Grenzübertritt des Dienstleistungserbringers in das Land des Empfängers liegen *(aktive Dienstleistungsfreiheit;* der einzige vertraglich geregelte Fall).
(2) Durch die Rechtsprechung des EuGH ist aber anerkannt, dass auch die *passive Dienstleistungsfreiheit* (= der Dienstleistungsempfänger begibt sich in das Land des Leistungserbringers) unionsrechtlich geschützt ist[936]. Hierunter fallen z. B. Beherbergungen, Kuraufenthalte oder Arztbesuche im Ausland[937].
(3) Möglich ist auch die bloße Grenzüberschreitung der Dienstleistung selbst (personenunabhängige Dienstleistungsfreiheit). Solche sog. *Korrespondenzdienstleistungen* sind etwa Banken- und Versicherungsdienste[938], die grundsätzlich auch den Bestimmungen über den Dienstleistungsverkehr unterstellt sind (vgl. Art. 58 Abs. 2 AEUV), die Ausstrahlung von Rundfunk- und Fernsehsendungen[939] oder grenzüberschreitend durchgeführtes Glücksspiel[940]. Die Bedeutung der Korrespondenzdienstleistungen wächst mit der technischen Entwicklung im Bereich der Telekommunikation, insbesondere aufgrund der Digitaltechnologien.
(4) Der Freiheit des Dienstleistungsverkehrs unterfallen auch sog. *auslandsbedingte* Dienstleistungen, bei denen sich sowohl der Dienstleistungsempfänger als auch der Dienstleistungserbringer in einen dritten Mitgliedstaat begeben, in dem die Leistung erbracht wird[941], oder bei denen sich nur der Dienstleistende im Auftrag des anderen in einen dritten Mitgliedstaat zwecks Erbringung der Dienstleistung begibt.

Die genannten vier Modalitäten der Dienstleistungsfreiheit stehen in der Praxis im Vordergrund, sie sind jedoch nicht abschließend. In der Entscheidung *ITC* sah der Gerichtshof das Vorliegen eines grenzüberschreitenden Moments beispielsweise auch für den Fall als gegeben an, dass ein in Deutschland ansässiger privater Arbeitsvermittler einen deutschen Arbeitnehmer in einen anderen Mitgliedstaat vermittelte[942]. Auch in der Rs. *Admiral Casinos* nahm der EuGH einen grenzüberschreitenden Sachverhalt an. Hierbei ging es um eine Unterlassungsklage der in Österreich ansässigen Admiral Casinos gegen österreichische Unternehmer, die,

---

936 EuGH, verb. Rs. 286/82 u. 26/83, Slg. 1984, S. 377, Rn. 10 – *Luisi u. Carbone* (= P Nr. 210, 230); EuGH, Rs. 186/87, Slg. 1989, S. 195, Rn. 15 – *Cowan*.
937 EuGH, Rs. C-158/96, Slg. 1998, S. I-1931, Rn. 29 – *Kohll* (= P Nr. 223, 226).
938 EuGH, Rs. C-384/93, Slg. 1995, S. I-1141, Rn. 1 ff. – *Alpine Investments* (= P Nr. 220).
939 EuGH, Rs. 155/73, Slg. 1974, S. 409, Rn. 6 – *Sacchi* (= P Nr. 209); für Kabelfernsehen EuGH, Rs. 52/79, Slg. 1980, S. 833, Rn. 8 – *Debauve*.
940 EuGH, Rs. C-243/01, Slg. 2003, S. I-13076, Rn. 52 ff. – *Gambelli*.
941 Z.B. mitreisender Fremdenführer, EuGH, Rs. C-154/89, Slg. 1991, S. I-659, Rn. 9 ff. – *Kommission/Frankreich;* EuGH, Rs. C-180/89, Slg. 1991, S. I-709, Rn. 7 ff. – *Kommission/Italien;* EuGH, Rs. C-198/89, Slg. 1991, S. I-727, Rn. 9 – *Kommission/Griechenland* (= P Nr. 215).
942 EuGH, Rs. C-208/05, Slg. 2007, S. I-181, Rn. 19 ff. u. 54 ff. – *ITC* (= P Nr. 174).

ohne eine erforderliche Bewilligung, Glücksspielautomaten aufgestellt hatten. Der EuGH bejahte hier den transnationalen Bezug, da es sich bei den Betreibern der Glücksspielautomaten um Gesellschaften mit Sitz in einem anderen Mitgliedstaat handelte[943]. Ein die Anwendung der Dienstleistungsfreiheit ausschließender rein innerstaatlicher Sachverhalt liegt nur dann vor, wenn kein wesentliches Element einer Betätigung über die Grenzen eines Mitgliedstaates hinausweist[944].

(γ) Aufenthalts- und Bewegungsrecht

1055 Als notwendige Ergänzung des Rechts auf Erbringung und Empfang grenzüberschreitender Dienstleistungen gewähren die Art. 56 ff. AEUV ein damit verbundenes vorübergehendes Aufenthalts- und Bewegungsrecht. Für den Fall der aktiven Dienstleistungsfreiheit folgt dies indirekt bereits aus dem Wortlaut des Art. 57 Abs. 3 AEUV. Für die durch den Dienstleistungserbringer entsandten Arbeitskräfte sowie für den Dienstleistungsempfänger im Fall der passiven Dienstleistungsfreiheit folgt ein primärrechtlich begründetes Aufenthalts- und Bewegungsrecht aus der Rechtsprechung des Gerichtshofs[945]. Die Ausgestaltung dieser Rechte im Einzelnen ergibt sich weitgehend aus der sog. Freizügigkeitsrichtlinie 2004/38/EG[946] (vgl. auch Rn. 829).

(δ) Bereichsausnahme für die Ausübung hoheitlicher Gewalt

1056 Über die Verweisung in Art. 62 AEUV gilt die im Rahmen der Niederlassungsfreiheit geltende Bereichsausnahme für die Ausübung hoheitlicher Gewalt nach Art. 51 Abs. 1 AEUV auch für die Dienstleistungsfreiheit. Insoweit kann auf die entsprechenden Ausführungen verwiesen werden (vgl. Rn. 1004). So finden die Vorschriften der Art. 56 ff. AEUV beispielsweise keine Anwendung auf die technische Überwachung von Kraftfahrzeugen i. S. d. mitgliedstaatlichen Straßenverkehrsordnungen durch in anderen Mitgliedstaaten niedergelassene Werkstätten (Fall der passiven Dienstleistungsfreiheit)[947]. Unter die Bereichsausnahme fällt hingegen nicht die bloße Beurkundungstätigkeit von Notaren, sodass diese an den Art. 56 ff. AEUV zu messen ist[948].

---

943 EuGH, Rs. C-464/15, ECLI:EU:C:2016:500, Rn. 18 ff. – *Admiral Casinos Entertainment*.
944 EuGH, Rs. 52/79, Slg. 1980, S. 833, Rn. 9 – *Debauve*; EuGH, Rs. C-134/95, Slg. 1997, S. I-195, Rn. 19 ff. – *Di Biella*.
945 EuGH, Rs. C-113/89, Slg. 1990, S. I-1417, Rn. 12 – *Rush Portuguesa* (entsandte Arbeitnehmer) (= P Nr. 216); EuGH, Rs. C-348/96, Slg. 1999, S. I-11, Rn. 16 – *Calfa* (Touristen als Dienstleistungsempfänger) (= P Nr. 221); EuGH, Rs. C-342/15, ECLI:EU:C:2017:196, Rn. 34 f. – *Piringer*.
946 Richtlinie 2004/38/EG, ABl.EU 2004 Nr. L 158, S. 77; geänd. ABl.EU 2011 Nr. L 141, S. 1.
947 EuGH, Rs. C-55/93, Slg. 1994, S. I-4837, Rn. 16 – *Van Schaik*.
948 EuGH, Rs. C-342/15, ECLI:EU:C:2017:196, Rn. 54 f. – *Piringer*.

bb) Persönlicher Schutzbereich

Auf die Dienstleistungsfreiheit – sei es als Erbringer oder als Empfänger von Dienstleistungen – können sich alle natürlichen Personen berufen, welche die Staatsangehörigkeit eines Mitgliedstaates besitzen. Darüber hinaus müssen Mitgliedstaatsangehörige – anders als bei der (primären) Niederlassungsfreiheit und der Arbeitnehmerfreizügigkeit (vgl. Rn. 1005 u. 963) – auch *in der EU ansässig* sein. Natürliche Personen, die zwar die Staatsangehörigkeit eines Mitgliedstaates besitzen, nicht aber im Geltungsbereich des AEUV ansässig sind, können sich daher nach überwiegender Ansicht nicht auf die Dienstleistungsfreiheit berufen. 1057

Den natürlichen Personen sind über Art. 62 i. V. m. Art. 54 AEUV juristische Personen gleichgestellt. Sie müssen nach den Vorschriften eines Mitgliedstaates gegründet worden sein und ihren satzungsmäßigen Sitz, ihre Hauptverwaltung oder ihre Hauptniederlassung innerhalb der Union haben (vgl. Rn. 1008). Das Merkmal der Ansässigkeit ist bei einer juristischen Person erfüllt, wenn eine tatsächliche und dauerhafte Verbindung der Tätigkeit der Gesellschaft mit der Wirtschaft und der Rechtsordnung eines Staates besteht. 1058

Drittstaatsangehörige fallen dagegen nicht in den persönlichen Schutzbereich der Dienstleistungsfreiheit. Von der nach Art. 56 Abs. 2 AEUV bestehenden Möglichkeit, den persönlichen Schutzbereich der Vorschriften über den freien Dienstleistungsverkehr um diesen Personenkreis sekundärrechtlich zu erweitern, hat der Rat bisher keinen Gebrauch gemacht. Dies gilt jedoch nicht in Fällen, in denen ein Drittstaatsangehöriger lediglich Dienstleistungen für einen Berechtigten vermittelt. So entschied der EuGH in der Rs. *Ince,* dass die Drittstaatsangehörigkeit der Angeklagten der Anwendbarkeit der Dienstleistungsfreiheit nicht entgegensteht, solange sie lediglich Sportwetten für einen im europäischen Ausland ansässigen Glücksspielanbieter vermittelt. Die Beschränkungen, die dem Drittstaatsangehörigen im Rahmen seiner Vermittlungstätigkeit auferlegt werden, fallen dann in den Anwendungsbereich der Dienstleistungsfreiheit[949]. Hiervon zu unterscheiden ist die Frage, ob die Bestimmungen über die Dienstleistungsfreiheit generell Anwendung finden, wenn eine der am Austausch einer grenzüberschreitenden Dienstleistung beteiligten Personen Staatsangehörige eines Drittstaates ist. Nach der herrschenden Lehre soll dies jedenfalls dann zu bejahen sein, wenn im Fall der aktiven Dienstleistungsfreiheit der Dienstleistungserbringer und im Fall der passiven Dienstleistungsfreiheit der Dienstleistungsempfänger die Staatsangehörigkeit eines Mitgliedstaates aufweist[950]. Dies trägt insbesondere dem Interesse der Mitgliedstaaten an der aufenthaltsrechtlichen Dimension des Vorgangs Rechnung: Für Unionsbürger wird das Aufenthaltsrecht reziprok gewährleistet. Für eine Anwendung der Vorschriften über den Dienstleistungsverkehr bei Beteiligung (nur) eines Drittstaatsangehörigen spricht auch, dass die Frage des jeweiligen Vertragspartners oftmals nur vom Zu- 1059

---

949 EuGH, Rs. C-336/14, ECLI:EU:C:2016:72, Rn. 41 ff. – *Ince.*
950 Vgl. *Pache,* in: Ehlers (Hrsg.), Europäische Grundrechte und Grundfreiheiten, § 11, Rn. 20.

fall abhängt und dass dessen stationärer Aufenthalt in einem Mitgliedstaat im Hinblick auf diesen kein aufenthaltsrechtliches Problem aufwirft. Den berechtigten Dienstleistungserbringer oder -empfänger in einem solchen Fall von der Anwendung der Art. 56 ff. AEUV auszunehmen, würde die Effektivität dieser Grundfreiheit beeinträchtigen[951]. Die Berufung auf diese Vorschriften bleibt jedoch auch in diesen Fällen allein den in der Union ansässigen Mitgliedstaatsangehörigen vorbehalten.

1060 Eine weitere im Zusammenhang mit dem persönlichen Anwendungsbereich stehende Frage betrifft die Beschäftigten von Dienstleistungsunternehmen. Vor allem bei gewerblichen oder handwerklichen Tätigkeiten werden grenzüberschreitende Dienstleistungen nicht durch den Unternehmer selbst, sondern durch dessen Arbeitnehmer erbracht. Eine solche Entsendung von Beschäftigten ist von der Dienstleistungsfreiheit erfasst (vgl. Rn. 1048) und zwar unabhängig von deren Staatsangehörigkeit. So können auch Angehörige von Drittstaaten, etwa marokkanische Arbeitnehmer eines belgischen Unternehmens, das Dienstleistungen in Frankreich erbringt, den Art. 56 ff. AEUV unterfallen[952]. Die Berufung auf die Dienstleistungsfreiheit steht jedoch wiederum nur dem mitgliedstaatlichen Unternehmer als natürlicher oder juristischer Person zu. In der sog. Entsenderichtlinie 96/71/EG hat diese Form der Dienstleistungserbringung eine besondere, dem Schutz der entsandten Arbeitnehmer dienende sekundärrechtliche Ausgestaltung erfahren[953]. Danach muss das entsendende Unternehmen die in der Richtlinie 96/71/EG aufgelisteten Arbeits- und Beschäftigungsbedingungen (u. a. Höchstarbeitszeiten und Mindestlohnsätze) des jeweiligen Zielstaates in Bezug auf seine entsandten Arbeitnehmer einhalten. Von vornherein nicht anwendbar ist die Entsenderichtlinie, wenn Arbeitnehmer Leistungen in ihrem Wohnsitzmitgliedstaat erbringen[954]. Im Kontext eines vergaberechtlichen Rechtsstreits, der folglich nur nach Maßgabe der primärrechtlichen Garantie der Dienstleistungsfreiheit zu beurteilen war, entschied der Gerichtshof, dass eine mitgliedstaatliche Rechtsvorschrift, die die Vergabe eines öffentlichen Auftrags von der Verpflichtung zur Zahlung eines Mindestlohns abhängig macht, nicht mit Art. 56 AEUV vereinbar ist, wenn ein Bieter beabsichtigt, den Auftrag durch eine ausschließliche Inanspruchnahme von Arbeitnehmern auszuführen, die bei einem nachgeordneten Unternehmen in einem anderen Mitgliedstaat beschäftigt sind[955].

---

[951] Vgl. *Randelzhofer/Forsthoff,* in: Grabitz/Hilf/Nettesheim (Hrsg.), Das Recht der Europäischen Union, 61. EL April 2017, Art. 56/57 AEUV Rn. 22 ff.
[952] EuGH, Rs. C-43/93, Slg. 1994, S. I-3803, Rn. 18 ff. – *Vander Elst.*
[953] ABl.EG 1997 Nr. L 18, S. 1.
[954] Ausdrücklich bestätigt durch EuGH, Rs. C-549/13, ECLI:EU:C:2014:2235, Rn. 24 ff. – *Bundesdruckerei.*
[955] EuGH, Rs. C-549/13, ECLI:EU:C:2014:2235, Rn. 24 ff. – *Bundesdruckerei.* Vgl. auch *Knauff,* EuZW 2014, S. 944.

b) Eingriff

aa) Handlung eines Verpflichtungsadressaten

Der Eingriff in die Dienstleistungsfreiheit muss einem der aus Art. 56 ff. AEUV verpflichteten Subjekte zugerechnet werden können. In dieser Hinsicht bestehen weitgehende Parallelen zur Niederlassungsfreiheit, so dass auf die dortigen Ausführungen verwiesen werden kann (vgl. Rn. 1023). Verpflichtet sind in erster Linie die Mitgliedstaaten, wobei sowohl Maßnahmen des *Bestimmungs- als auch des Herkunftsstaates des Dienstleistungserbringers und -empfängers* erfasst werden[956]. Daneben besteht aber auch eine Bindung der Union und ihrer Organe. Eine Verpflichtung Privater ist nach der Rechtsprechung auf die sog. intermediären Gewalten beschränkt. Dazu zählen etwa berufsständische Vertretungen wie Rechtsanwaltskammern[957], Sportverbände[958] und auch Gewerkschaften[959]. Über eine darüber hinausgehende Bindung Privater hat der Gerichtshof bisher nicht entschieden (vgl. Rn. 969). Die als Substitut der unmittelbaren Verpflichtung Privater im Rahmen der Warenverkehrsfreiheit entwickelte Schutzpflichtenkonstruktion (Rn. 911 ff.) ließe sich auch auf die Dienstleistungsfreiheit übertragen, über einen entsprechenden Fall wurde bisher allerdings noch nicht geurteilt.

1061

bb) Beeinträchtigungen

Die Dienstleistungsfreiheit enthält sowohl ein Gebot der Inländergleichbehandlung (vgl. Art. 57 Abs. 3 AEUV; Rn. 1050 ff.) als auch ein sonstige Maßnahmen erfassendes Beschränkungsverbot (Rn. 1072 ff.). Die Feststellung einer aus Gründen der Staatsangehörigkeit erfolgenden Diskriminierung und insbesondere die für die Bestimmung des einschlägigen Rechtfertigungsmaßstabs maßgebliche Abgrenzung zu in sonstiger Weise beschränkenden Maßnahmen bereiten im Fall der Dienstleistungsfreiheit aus mehreren Gründen Schwierigkeiten: Zum einen schützt die Freiheit des Dienstleistungsverkehrs nicht nur den Dienstleistungserbringer, sondern auch den Dienstleistungsempfänger und damit beide Seiten des zwischenstaatlichen Dienstleistungsaustauschs (Rn. 1044)[960]. Des Weiteren richtet sich die Dienstleistungsfreiheit an den Bestimmungs- und an den Herkunftsstaat und zwar sowohl den des Erbringers als auch den des Empfängers der Dienstleistung (Rn. 1061). Schließlich erfasst diese Grundfreiheit unter-

1062

---

956 EuGH, Rs. C-18/93, Slg. 1994, S. I-1783, Rn. 30 – *Corsica Ferries Italia* (Herkunftsstaat des Dienstleistungserbringers); EuGH, Rs. C-158/96, Slg. 1998, S. I-1931, Rn. 34 f. – *Kohll* (Herkunftsstaat des Dienstleistungsempfängers) (= P Nr. 223, 226).
957 EuGH, Rs. C-309/99, Slg. 2002, S. I-1577, Rn. 120 – *Wouters* (= P Nr. 195, 239).
958 EuGH, verb. Rs. C-51/96 u. C-191/97, Slg. 2000, S. I-2549, Rn. 47 – *Deliège* (= P Nr. 217).
959 EuGH, Rs. C-341/05, Slg. 2007, S. I-11767, Rn. 96 ff. – *Laval un Partneri*.
960 Dies betont der EuGH auch regelmäßig, vgl. etwa EuGH, Rs. C-157/99, Slg. 2001, S. I-5473, Rn. 69 – *Smits u. Peerbooms*.

schiedliche Modalitäten des grenzüberschreitenden Dienstleistungsverkehrs (Rn. 1053). Daraus ergeben sich verschiedene Anknüpfungspunkte für die Einordnung einer die Dienstleistungsfreiheit beeinträchtigenden Maßnahme als diskriminierend oder sonstig beschränkend für den Dienstleistungserbringer oder -empfänger. Der EuGH legt die seinen Entscheidungen zugrunde liegende Perspektive, vor allem im Hinblick auf den einschlägigen Rechtfertigungsmaßstab, jedoch selten, meistens aber gar nicht offen[961], so dass die Urteile im Schrifttum unterschiedlich interpretiert werden. Die teilweise sehr komplizierte Rechtsprechung des Gerichtshofs lässt sich nach der hier vertretenen und sogleich darzustellenden Ansicht am besten nachvollziehen, indem man zunächst berücksichtigt, dass Diskriminierungen aus Gründen der Staatsangehörigkeit nur Maßnahmen des Bestimmungsstaates zugrunde liegen können, nicht aber solchen des jeweiligen Herkunftsstaates (vgl. Rn. 786). In sonstiger Weise beschränkende Eingriffe können dagegen sowohl durch den Bestimmungs- als auch den Herkunftsstaat getroffen werden. Für die sich anschließende Frage, welche Perspektive – die des Dienstleistungserbringers oder die des -empfängers – für die Festlegung von Bestimmungs- und Herkunftsstaat maßgeblich ist, empfiehlt es sich, sodann nach der Modalität der Dienstleistungsfreiheit zu unterscheiden (vgl. im Einzelnen Rn. 1064 ff.)[962].

1063 Steht die Beeinträchtigung und ihre Qualifizierung fest, so stellt sich ferner die Frage, ob sie sowohl durch den Dienstleistungsempfänger als auch durch den Dienstleistungserbringer (gerichtlich) geltend gemacht werden kann. In der Praxis wird zwar regelmäßig derjenige dagegen vorgehen, dessen dienstleistungsrelevantes Verhalten unmittelbar betroffen ist. Bei der aktiven Dienstleistungsfreiheit wird es der Dienstleistungserbringer sein, bei der passiven Dienstleistungsfreiheit dagegen der Dienstleistungsempfänger – unabhängig davon, ob es sich um Beeinträchtigungen durch den Bestimmungsstaat oder um solche durch den Herkunftsstaat des einen oder des anderen handelt. Denkbar ist jedoch, dass auch die jeweils andere Seite die Beeinträchtigung ebenfalls (gerichtlich) geltend macht. Dies sei kurz am Beispiel der Rs. *Kohll* (vgl. auch Rn. 1071) verdeutlicht. In dieser Konstellation der passiven Dienstleistungsfreiheit wurde die Kostenerstattung für medizinische Dienstleistungen im Ausland für inländische Versicherte von dem vorherigen Einholen einer Genehmigung abhängig gemacht. Diese Maßnahme beeinträchtigte sowohl den Dienstleistungsempfänger als auch den -erbringer. Ist der betreffende Dienstleistungsaustausch in ausreichendem Maße konkretisiert (etwa durch Vertragsverhandlungen o. ä.) und nicht lediglich hypothetischer Natur, ist vor dem Hintergrund einer effektiven Durchsetzung

---

961 Vgl. beispielsweise EuGH, Rs. C-55/98, Slg. 1999, S. I-7641, Rn. 18 ff. – *Vestergaard*. In dieser Rechtssache ging es um eine steuerliche Regelung, welche die Abschreibung bestimmter ausländischer Dienstleistungen im Vergleich zu inländischen Angeboten erschwerte. Der Gerichtshof lässt hier offen, auf welchen Personenkreis es letztlich ankommt, welche Kategorie der Beeinträchtigung vorliegt und welcher Rechtfertigungsmaßstab zur Anwendung gelangt.
962 Vgl. auch *Rolshoven*, „Beschränkungen" des Dienstleistungsverkehrs, 2002, S. 121 ff.

des Unionsrechts eine gerichtliche Geltendmachung durch beide Seiten zu befürworten. Allerdings können hierbei (u. a. prozessuale) Folgeprobleme auftreten, wenn in diesem Fall der Dienstleistungserbringer im Staat des Dienstleistungsempfängers Klage erhebt, ohne Adressat der grundfreiheitsbeeinträchtigenden Maßnahme (Genehmigungserfordernis) zu sein. Über die Möglichkeit des Dienstleistungserbringers, sich auf die passive Dienstleistungsfreiheit des (potentiellen) Leistungsempfängers zu berufen, entschied der EuGH in der Rs. *HIT*. Einem slowenischen Glücksspielbetrieb wurde das Bewerben seiner in Slowenien ansässigen Spielbanken von den österreichischen Behörden nicht gestattet, was der EuGH als eine Behinderung österreichischer Verbraucher beim Zugang zu den Spielbanken in Slowenien und somit als Eingriff wertete, gegen den sich auch der Dienstleistungserbringer wenden könne[963].

(α) Diskriminierung

Als Konkretisierung des Diskriminierungsverbots des Art. 18 Abs. 1 AEUV beinhaltet die Freiheit des Dienstleistungsverkehrs ein Verbot aller *tatbestandlichen Ungleichbehandlungen zwischen In- und Ausländern, die auf der Staatsangehörigkeit beruhen* und für die Personengruppe der EU-Ausländer zu Nachteilen führen (vgl. Rn. 783 ff.). Erfasst werden sowohl *offene Diskriminierungen,* denen ausdrücklich das verbotene Unterscheidungsmerkmal der Staatsangehörigkeit zugrunde liegt[964], als auch *versteckte Diskriminierungen,* die zwar an andere (neutrale) Unterscheidungskriterien anknüpfen, aber zu dem gleichen Ergebnis führen[965]. Das Diskriminierungsverbot richtet sich dabei nicht nur gegen solche Maßnahmen, die eine spezifische Beeinträchtigung der Erbringung oder des Empfangs (zwischenstaatlicher) Dienstleistung darstellen, sondern erfasst darüber hinaus grundsätzlich auch Regelungen, die sich nachteilig auf das Umfeld des Dienstleistungsaustauschs auswirken und daher geeignet sind, mittelbaren Einfluss auf diese Grundfreiheit auszuüben (bspw. Behinderungen des Immobilienerwerbs)[966].

1064

Das Inländergleichbehandlungsgebot kommt dem Wortlaut des Art. 57 Abs. 3 AEUV folgend zunächst *im Rahmen der aktiven Dienstleistungsfreiheit* zur Anwendung, wenn es sich um eine (tatbestandlich unterscheidende) Beeinträchtigung handelt, die dem *Bestimmungsstaat,* in dem der EU-ausländische Dienstleistende seine Leistung erbringt, zuzurechnen ist[967]. Die damit einhergehende Beschränkung des inländischen Dienstleistungsempfängers untermauert dabei die im Ergebnis behindernde Wirkung der mitgliedstaatlichen Regelung, hat

1065

---
963 EuGH, Rs. C-176/11, ECLI:EU:C:2012:454, Rn. 18 – *HIT*.
964 EuGH, verb. Rs. 62/81 u. 63/81, Slg. 1982, S. 223, Rn. 8 – *Seco*.
965 Vgl. z. B. EuGH, Rs. C-388/01, Slg. 2003, S. I-721, Rn. 13 – *Dogenpalast*.
966 Vgl. etwa EuGH, Rs. 305/87, Slg. 1989, S. 1461, Rn. 21 ff. – *Kommission/Griechenland*.
967 Die Ausführungen zur aktiven Dienstleistungsfreiheit gelten sinngemäß auch für die sog. auslandsbedingten Dienstleistungen, bei denen sich beide – Erbringer und Empfänger – in einen anderen Mitgliedstaat begeben (Rn. 1030).

aber keinen Einfluss auf die Einordnung der Maßnahme[968]. Eine offene Diskriminierung hat der Gerichtshof beispielsweise im Zusammenhang mit einer spanischen Regelung festgestellt, die einen Staatsangehörigkeitsvorbehalt für die Ausübung privater Sicherheitsdienste vorsah[969]. Eine versteckte Diskriminierung nahm der Gerichtshof etwa bei einer Regelung eines für allgemeinverbindlich erklärten Tarifvertrags an, nach der die Unterschreitung des darin festgelegten Mindestlohns durch Abschluss eines Firmentarifvertrags nur für inländische Unternehmen möglich war, nicht dagegen für im Ausland ansässige[970].

1066 Das *Ansässigkeits- bzw. Niederlassungserfordernis* stellt in der Rechtsprechung zu den Grundfreiheiten ein klassisches Merkmal für die Annahme einer versteckten Diskriminierung EU-ausländischer Staatsangehöriger dar[971]. Im Rahmen der Dienstleistungsfreiheit kommen diesem Merkmal zwei weitere Funktionen zu. Zum Teil wird es als typisierte Beschränkung dieser Grundfreiheit angesehen[972]. In den entsprechenden Urteilen prüft der EuGH dann keine darauf beruhende (versteckte) Unterscheidung nach der Staatsangehörigkeit, sondern allein die Frage, ob ein Ansässigkeitserfordernis im Zusammenhang mit der ausgeübten Tätigkeit aus Gründen der berufsständischen Überwachung zwingend erforderlich ist[973]. So verfuhr der EuGH auch in der Rs. *KBC Finance*, in der auf eine im Ausland ansässige Bank eine im Gegensatz zu gebietsansässigen Banken ungünstigere Besteuerungstechnik aus Gründen der effektiven Steuerbeitreibung angewandt wurde. Auch hier nahm der EuGH eine bloße Beschränkung des freien Dienstleistungsverkehrs an, obgleich das Vorgehen mit der gebietsfremden Ansässigkeit begründet wurde[974]. An die Zulässigkeit eines solchen Erfordernisses werden hohe Anforderungen gestellt, da eine solche Voraussetzung bei ihrer Unionsrechtsmäßigkeit zugleich die Negation der Dienstleistungsfreiheit bedeutet. Im Ergebnis legt der Gerichtshof in diesen Fällen somit ein Beschränkungsverbot zugrunde[975]. Handelt es sich dagegen nicht um Fragen der Berufsüber-

---

968 Vgl. etwa EuGH, Rs. C-381/93, Slg. 1994, S. I-5145, Rn. 14 ff. – *Kommission/Frankreich*, und in gleicher Weise auch für die übrigen Modalitäten der Dienstleistungsfreiheit, EuGH, Rs. C-76/90, Slg. 1991, S. I-4239, Rn. 14 – *Säger* (Korrespondenzdienstleistung) (= P Nr. 219); EuGH, Rs. C-158/96, Slg. 1998, S. I-1931, Rn. 35 – *Kohll* (passive Dienstleistungsfreiheit) (= P Nr. 223, 226).
969 EuGH, Rs. C-114/97, Slg. 1998, S. I-6717, Rn. 31 f. – *Kommission/Spanien* (= P Nr. 202). Weitere Beispiele aus der Rechtsprechung bei *Görlitz*, Mittelbare Diskriminierungen, S. 269 f.
970 EuGH, Rs. C-164/99, Slg. 2002, S. I-787, Rn. 34 – *Portugaia Construçoes*. Weitere Beispiele aus der Rechtsprechung bei *Rolshoven*, „Beschränkungen" des Dienstleistungsverkehrs, 2002, S. 152 ff.
971 Vgl. *Pache*, in: Ehlers (Hrsg.), Europäische Grundrechte und Grundfreiheiten, § 11, Rn. 55.
972 Vgl. bereits EuGH, Rs. 33/74, Slg. 1974, S. 1299, Rn. 10/12 – *van Binsbergen* (= P Nr. 218).
973 EuGH, Rs. 33/74, Slg. 1974, S. 1299, Rn. 10/12 – *van Binsbergen* (Ansässigkeit eines Rechtsanwalts im Inland) (= P Nr. 218); EuGH, Rs. 205/84, Slg. 1986, S. 3755, Rn. 28 ff. – *Kommission/Deutschland* (inländische Niederlassung einer ausländischen Versicherung).
974 EuGH, Rs. C-18/15 ECLI:EU:C:2016:549, Rn. 21 – *Brisal und KBC Finance Ireland*.
975 EuGH, Rs. C-131/01, Slg. 2003, S. I-1659, Rn. 42 ff. – *Kommission/Italien* (Ansässigkeit eines Patentanwalts im Inland).

wachung, so wird das Merkmal der Ansässigkeit in der Rechtsprechung überwiegend als Ausdruck einer (versteckten) Diskriminierung angesehen[976].

Daneben behandelt der Gerichtshof das Merkmal der Ansässigkeit bzw. Niederlassung im Fall der *Ungleichbehandlung juristischer Personen* als ein neben die Staatsangehörigkeit natürlicher Personen tretendes, eigenständiges Unterscheidungsmerkmal[977]. Hierdurch trägt der EuGH einerseits den Unterschieden in der Zuordnung natürlicher und juristischer Personen zu einem Staat Rechnung (Staats*an*- und -*zu*gehörigkeit, vgl. auch Rn. 1008) und berücksichtigt andererseits, dass Dienstleistungserbringer oftmals in Gestalt einer juristischen Person organisiert sind. Eine Anknüpfung an die Ansässigkeit bzw. Niederlassung im Fall einer juristischen Person stellt demnach grundsätzlich eine offene Diskriminierung dar[978].

1067

Handelt es sich bei der *aktiven Dienstleistungsfreiheit* dagegen um eine beeinträchtigende *Maßnahme des Herkunftsstaates des Dienstleistungserbringers,* so legt der Gerichtshof grundsätzlich kein Inländergleichbehandlungsgebot zugrunde. In diesen Konstellationen kommt es nämlich zu keiner Differenzierung zwischen in- und ausländischen Dienstleistungs*erbringern* mit einer benachteiligenden Wirkung für die letztgenannte Personengruppe. Lediglich die Erbringung der Dienstleistung in einem anderen Mitgliedstaat wird im Verhältnis zur Erbringung im Inland erschwert[979]. Zwar ließe sich in diesen Konstellationen angesichts der Bevorzugung des inländischen Dienstleistungsmarktes an eine Ungleichbehandlung in- und ausländischer Dienstleistungs*empfänger* denken. Der EuGH greift diese Perspektive in den einschlägigen Konstellationen jedoch nicht auf. Grund dafür mag der Umstand sein, dass der Gerichtshof eine Ungleichbehandlung nach der Staatsangehörigkeit nur insoweit berücksichtigt, als beide behandelten Personengruppen derselben Hoheitsgewalt unterliegen[980]. Dies trifft aber für das Vergleichspaar der in- und ausländischen Dienstleistungsempfänger im Fall der aktiven Dienstleistungsfreiheit und einer Maßnahme des Herkunftsstaates gerade nicht zu. In der Bevorzugung des inländischen Dienstleistungsmarktes liegt demzufolge keine Ungleichbehandlung nach der Staatsangehörig-

1068

---

976 EuGH, Rs. C-360/89, Slg. 1992, S. I-3401, Rn. 11 – *Kommission/Italien* (Bevorzugung ansässiger Unternehmen bei Vergabe öffentlicher Bauaufträge). Vgl. hierzu insgesamt *Görlitz,* Mittelbare Diskriminierungen, S. 270 ff.
977 Vgl. die Formulierung in EuGH, Rs. C-288/89, Slg. 1991, S. I-4007, Rn. 10 – *Gouda* und EuGH, Rs. C-17/92, Slg. 1993, S. I-2239, Rn. 13 – *Fedicine*: „die Beseitigung jeder Diskriminierung gegenüber dem Dienstleistenden aufgrund seiner Staatsangehörigkeit oder des Umstandes, dass er in einem anderen als dem Mitgliedstaat niedergelassen ist, in dem die Dienstleistung zu erbringen ist".
978 So auch *Görlitz,* Mittelbare Diskriminierungen, S. 267, dort Fn. 1112.
979 EuGH, Rs. C-381/93, Slg. 1994, S. I-5145, Rn. 17 f. – *Kommission/Frankreich* (höhere Hafengebühren für zwischenstaatlichen Passagierverkehr).
980 Dieser Grundgedanke kommt auch in EuGH, Rs. C-379/92, Slg. 1994, S. I-3453, Rn. 43 ff. – *Peralta,* zum Ausdruck (Verbot der Einleitung schädlicher Stoffe außerhalb der Hoheitsgewässer nur für inländische Schiffe), auch wenn dort kein greifbarer Nachteil für EU-ausländische Dienstleistungsempfänger bestand.

keit der Empfänger (oder Erbringer), sondern eine Differenzierung danach, ob der Dienstleistende die Binnenmarktgrenze überschreitet oder nicht (sog. Diskriminierung grenzüberschreitender Sachverhalte, vgl. Rn. 877, 824). In diesen Fällen greift jedoch das Beschränkungsverbot (Rn. 1073) und damit zugleich auch der oftmals in der Sache notwendigerweise erweiterte Rechtfertigungsmaßstab (Rn. 1081 ff.).

1069 Eine dem Vorgehen bei der aktiven Dienstleistungsfreiheit entsprechende Herangehensweise legt der Gerichtshof auch bei der *Korrespondenzdienstleistung* (Rn. 1053) zugrunde. Bei *Regelungen des Bestimmungsstaates* kommt bei unterscheidenden Maßnahmen ebenfalls das Inländergleichbehandlungsgebot zur Anwendung. Zwar erfolgt in dieser Modalität der Dienstleistungsfreiheit keine Grenzüberschreitung des Dienstleistungserbringers, sondern nur der Dienstleistung[981]. Ungleichbehandlungen der Dienstleistungserbringer nach der Staatsangehörigkeit erfasst der EuGH in diesen Fällen jedoch regelmäßig über eine Anknüpfung an die Herkunft der auf dem Hoheitsgebiet des Bestimmungsstaates erbrachten Dienstleistung[982]. So nahm der Gerichtshof eine Diskriminierung beispielsweise im Fall einer niederländischen Regelung an, welche die Ausstrahlung speziell für das niederländische Publikum bestimmter Werbesendungen für im Ausland niedergelassene ausländische Fernsehveranstalter ausschloss, für inländische Sendeanstalten dagegen zuließ[983]. Handelt es sich um *Maßnahmen des Herkunftsstaates* des Dienstleistungserbringers, so kommt das Diskriminierungsverbot nach der Staatsangehörigkeit in den Entscheidungen des EuGH aus den oben genannten Gründen (Rn. 1068) ebenfalls nicht zur Anwendung. Beeinträchtigungen der Dienstleistungsfreiheit in diesen Konstellationen werden durch das Beschränkungsverbot erfasst[984].

1070 Anders als bei den eben genannten Modalitäten steht bei der *passiven Dienstleistungsfreiheit* der Dienstleistungsempfänger im Vordergrund. Bei der Anwen-

---

981 Vgl. EuGH, Rs. C-42/02, Slg. 2003, S. I-13519, Rn. 19 – *Lindman* (Teilnahme an einer im Ausland veranstalteten Lotterie).
982 Vgl. insbesondere die Entscheidung des EuGH, Rs. C-17/92, Slg. 1993, S. I-2239, Rn. 14 ff., 16 – *Fedicine*, in der es um eine Bevorzugung inländischer gegenüber ausländischer Filmproduzenten anhand einer Regelung über die Vergabe von Synchronisationslizenzen ging. Im Zusammenhang mit dem Rechtfertigungsmaßstab umschrieb der Gerichtshof diese Diskriminierung als eine, „die auf Dienstleistung nicht ohne Rücksicht auf deren Ursprung unterschiedslos anwendbar" ist. Hieraus wird im Schrifttum fälschlicherweise der Schluss gezogen, dass die Herkunft der Dienstleistung ein eigenständiges Unterscheidungsmerkmal darstellt. Vgl. *Randelzhofer/Forsthoff*, in: Grabitz/Hilf/Nettesheim (Hrsg.), Das Recht der Europäischen Union, 61. EL April 2017, Art. 56/57 AEUV Rn. 84. Ebenso wohl *Gundel*, Jura 2001, S. 79, 80.
983 EuGH, Rs. 352/85, Slg. 1988, S. 2085, Rn. 22 ff. – *Bond van Adverteerders*. Da Fernsehveranstalter als juristische Personen organisiert sind, handelte es sich bei der vorliegenden Anknüpfung an die Ansässigkeit um einen Fall der offenen Diskriminierung. Vgl. auch EuGH, Rs. C-42/02, Slg. 2003, S. I-13519, Rn. 21 – *Lindman* (steuerliche Diskriminierung EU-ausländischer Lotterien).
984 Vgl. EuGH, Rs. C-384/93, Slg. 1995, S. I-1141, Rn. 26 ff. – *Alpine Investments* (Verbot unangemeldeter telefonischer Kontaktaufnahme mit potentiellen Kunden von Finanzdienstleistungen, sog. „cold calling") (= P Nr. 220).

dung des Diskriminierungsverbots unterscheidet der Gerichtshof jedoch auch hier zwischen *Maßnahmen des Bestimmungsstaates,* in dem der Empfänger die Dienstleistung in Anspruch nimmt und solchen des Herkunftsstaates. Eine (offene oder versteckte) Ungleichbehandlung in- und ausländischer Dienstleistungsempfänger aus Gründen der Staatsangehörigkeit findet sich nur in der erstgenannten Konstellation. Eine offene Diskriminierung lag beispielsweise Vorzugstarifen für den Besuch italienischer Museen, die italienischen Staatsangehörigen vorbehalten wurde, zugrunde[985]. In einer österreichischen Regelung, wonach bei der Vermietung von Bootsliegeplätzen nur ein begrenztes Kontingent für Personen mit ausländischem Wohnsitz vorgesehen war, sah der Gerichtshof eine versteckte Diskriminierung[986]. Eine Unterscheidung aufgrund des Kriteriums des Wohnsitzes[987] wirke sich nämlich hauptsächlich zum Nachteil EU-ausländischer Staatsangehöriger aus. Bei der Qualifizierung solcher Maßnahmen als (offen oder versteckt) diskriminierend bleibt es auch dann, wenn nicht der Dienstleistungsempfänger, sondern der -erbringer sie geltend macht, obwohl der Eingriff aus seiner Perspektive nicht unterscheidend, sondern beschränkend wirkt.

Geht die beeinträchtigende Maßnahme dagegen von dem *Herkunftsstaat des* **1071** *Dienstleistungsempfängers* aus, so legt der Gerichtshof regelmäßig kein Inländergleichbehandlungsgebot zugrunde[988]. Wie in den zuvor beschriebenen Modalitäten der Art. 56 ff. AEUV (Rn. 1068 f.) ist dieses Vorgehen konsequent. Eine zum Nachteil der EU-ausländischen Dienstleistungs*empfänger* führende Ungleichbehandlung liegt nicht vor. Da der im EU-Ausland ansässige Dienstleistungs*erbringer* nicht von der Hoheitsgewalt des Herkunftsstaates erfasst wird, lässt der Gerichtshof einen Vergleich mit inländischen Dienstleistenden unberücksichtigt. So ging es beispielsweise in der Entscheidung *Kohll* um die Inanspruchnahme von im Ausland erbrachten medizinischen Dienstleistungen[989]. Die dabei anfallenden Kosten wurden von der inländischen Krankenversicherung nur dann erstattet, wenn vorher eine Genehmigung eingeholt worden war. Ein solches Erfordernis war für Behandlungen im Inland nicht vorgesehen. Zwar ließe sich in Anknüpfung an das neutrale

---

985 EuGH, Rs. C-388/01, Slg. 2003, S. I-721, Rn. 15, 18 – *Dogenpalast.*
986 EuGH, Rs. C-224/97, Slg. 1999, S. I-2517, Rn. 13 f. – *Ciola* (= P Nr. 10). Der in den beiden vorgenannten Urteilen zum Teil erfolgende zusätzliche Rückgriff auf Art. 18 Abs. 1 AEUV lässt sich damit erklären, dass der Wortlaut der Art. 56 ff. AEUV eine Inländergleichbehandlung in Bezug auf die Dienstleistungs*empfänger* nicht vorsieht. Vgl. EuGH, Rs. C-388/01, Slg. 2003, S. I-721, Rn. 28 – *Dogenpalast;* EuGH, Rs. C-45/93, Slg. 1994, S. I-911, Rn. 4 ff., 10 – *Kommission/Spanien;* einschränkender dagegen EuGH, Rs. 186/87, Slg. 1989, S. 195, Rn. 14 ff., 20 – *Cowan.*
987 Vgl. auch EuGH, Rs. C-509/12, ECLI:EU:C:2014:54 – *IPTM* zu einer portugiesischen Regelung, nach der für den Erwerb eines Sportschifferscheins für den Seeverkehr ein Wohnsitz im Inland erforderlich war.
988 EuGH, Rs. C-157/99, Slg. 2001, S. I-5473, Rn. 60 ff., 69 – *Smits u. Peerbooms;* EuGH, Rs. C-385/99, Slg. 2003, S. I-4509, Rn. 44 – *Müller-Frauré u. van Riet.* Vgl. auch EuGH, verb. Rs. 286/82 u. 26/83, Slg. 1984, S. 377, Rn. 16 – *Luisi u. Carbone* (= P Nr. 210, 230).
989 EuGH, Rs. C-158/96, Slg. 1998, S. I-1931 – *Kohll* (= P Nr. 223, 226).

Merkmal des Ortes der Leistungserbringung an eine tatbestandliche Unterscheidung zu Lasten ausländischer Ärzte denken[990]. Der EuGH stellte jedoch darauf ab, dass das Genehmigungserfordernis den Dienstleistungsempfänger von der Inanspruchnahme der im Ausland angebotenen Dienstleistung abhält[991]. Auf diese Weise werde die Leistung von Diensten zwischen den Mitgliedstaaten im Vergleich zur Leistung von Diensten im Inland erschwert, ohne dass darin eine Ungleichbehandlung nach der Staatsangehörigkeit liegt[992]. Die Regelung unterfällt daher dem Beschränkungsverbot und wird anschließend konsequent (auch) an den zwingenden Gründen des Allgemeinwohls geprüft (hierzu Rn. 1081).

(β) Beschränkung

1072 Die Art. 56 ff. AEUV enthalten ferner ein Beschränkungsverbot. Dieses erfasst im Fall der aktiven und der Korrespondenz-Dienstleistungsfreiheit zunächst alle nichtdiskriminierenden – für In- und Ausländer unterschiedslos geltenden – Maßnahmen des jeweiligen *Bestimmungsstaates,* die in anderer Weise geeignet sind, die Tätigkeit des Dienstleistungserbringers zu unterbinden oder zu behindern[993] und die grenzüberschreitende *Erbringung von Dienstleistungen* weniger attraktiv zu machen[994]. Diese Behinderungen können daher rühren, dass innerstaatliche Vorschriften, die alle im Inland ansässigen Personen erfassen, auf die im Gebiet eines anderen Mitgliedstaates ansässigen Erbringer von Dienstleistungen angewendet werden, die bereits den Rechtsvorschriften ihres Herkunftsstaates genügen müssen[995]. Bei diesen sog. doppelbelastenden Maßnahmen liegt zwar eine faktische Benachteiligung ausländischer Dienstleistungserbringer vor. Aufgrund der fehlenden tatbestandlichen Differenzierung solcher Regelungen handelt es sich jedoch nicht um Diskriminierungen nach der Staatsangehörigkeit, sondern um sonstige Beschränkungen[996]. Neben doppelbelastenden Maßnahmen werden aber auch an-

---

990 Auf diese Perspektive wird im Schrifttum überwiegend abgestellt, so z. B. *Müller-Graff,* in: Streinz (Hrsg.), EUV/AEUV, Art. 56 AEUV Rn. 80, Fn. 383. Die ausländischen Ärzte unterliegen jedoch nicht der Regelungsgewalt des eingreifenden Staates und scheiden damit als Vergleichsgruppe für eine diskriminierende Verschiedenbehandlung aus, vgl. Rn. 1045 ff.; vgl. insoweit auch die unklaren Ausführungen in EuGH, Rs. C-55/98, Slg. 1999, S. I-7641, Rn. 18 ff. – *Vestergaard.*
991 EuGH, Rs. C-158/96, Slg. 1998, S. I-1931, Rn. 33 ff. – *Kohll* (= P Nr. 223, 226).
992 So z. B. *Rolshoven,* „Beschränkungen" des Dienstleistungsverkehrs, 2002, S. 281 f.
993 EuGH, Rs. C-76/90, Slg. 1991, S. I-4221, Rn. 12 ff. – *Säger* (= P Nr. 219); EuGH, Rs. C-43/93, Slg. 1994, S. I-3803, Rn. 14 – *Vander Elst;* EuGH, Rs. C-398/95, Slg. 1997, S. I-3091, Rn. 16 – *SETTG.*
994 EuGH, Rs. C-3/95, Slg. 1996, S. I-6511, Rn. 25 – *Reisebüro Broede;* EuGH, verb. Rs. C-369/96 u. C-376/96, Slg. 1999, S. I-8453, Rn. 33 – *Arblade u. a.*
995 EuGH, verb. Rs. C-34/95, C-35/95 u. C-36/95, Slg. 1997, S. I-3843, Rn. 51 – *De Agostini u. TV-Shop;* EuGH, Rs. C-272/94, Slg. 1996, S. I-1905, Rn. 14 f. – *Guiot.*
996 So *Görlitz,* Mittelbare Diskriminierungen, S. 274 ff. m.w. N. aus der Rechtsprechung. Teilweise werden solche Maßnahmen aufgrund ihrer Wirkung aber auch als versteckte Diskriminierungen angesehen, vgl. die Nachweise bei *Mojzesowicz,* Möglichkeiten und Grenzen einer einheitlichen Dogmatik der Grundfreiheiten, S. 60 f.

dere Behinderungen wie etwa das Erfordernis einer behördlichen Erlaubnis für eine Dienstleistung erfasst – unabhängig davon, ob die Tätigkeit im Herkunftsstaat erlaubnispflichtig ist oder nicht[997]. So sah der Gerichtshof auch in dem Verbot der geschäftsmäßigen Hilfeleistung in Steuersachen für im Ausland ansässige Dienstleister, die zu diesem Zwecke nicht physisch die Grenze überschreiten, eine rechtfertigungsbedürftige Beschränkung des freien Dienstleistungsverkehrs[998]. Auch einen Zuständigkeitsvorbehalt für Notare und Gerichte zur Schaffung und Übertragung von Eigentum an Grundstücken wertete der EuGH jüngst als Beschränkung des freien Dienstleistungsverkehrs durch den Herkunftsstaat des Dienstleistungsempfängers, da dieser die Anerkennung einer Beglaubigung einer Unterschrift eines im EU-Ausland ansässigen Rechtsanwalts nicht erlaubt[999]. Weitere Beispiele für unterschiedslose Beeinträchtigungen sind Qualifikationsanforderungen[1000], Melde-[1001] oder Registrierungspflichten[1002]. Fälle unterschiedsloser Beschränkungen durch den Bestimmungsstaat des *Dienstleistungsempfängers* sind bisher nicht entschieden worden. Keine Anwendung findet das Beschränkungsverbot auf Maßnahmen, die eine nur geringfügige (finanzielle oder sonstige) Behinderung darstellen[1003].

Unabhängig von der Modalität der Dienstleistungsfreiheit kommt das Beschränkungsverbot auch bei Maßnahmen des *Herkunftsstaates* des Dienstleistungserbringers oder des -empfängers zur Anwendung. Erfasst werden zunächst solche Regelungen, die eine Bevorzugung des inländischen Dienstleistungsmarktes zur Folge haben und damit jedenfalls in ihrem Tatbestand eine – nicht auf der Staatsangehörigkeit beruhende – Unterscheidung treffen (Diskriminierung grenzüberschreitender Sachverhalte, Rn. 824, 877). Ein solches Beschränkungsverbot wurde im Fall der Erhebung unterschiedlicher Hafengebühren für den zwischenstaatlichen und den inländischen Passagierschiffsverkehr angenommen[1004]. Des Weiteren unterfallen dem Beschränkungsverbot auch solche Maßnahmen des Herkunftsstaates, die keine Unterscheidung nach Personengruppen treffen und

1073

---

997 EuGH, Rs. C-206/98, Slg. 2000, S. I-1221, Rn. 34 – *Kommission/Belgien* (Private Sicherheitsdienste).
998 EuGH, Rs. C-342/14, ECLI:EU:C:2015:827, Rn. 49 ff. – *X-Steuerberatungsgesellschaft*.
999 EuGH, Rs. C-342/15, ECLI:EU:C:2017:196, Rn. 50 ff. – *Piringer*.
1000 EuGH, Rs. C-76/90, Slg. 1991, S. I-4221, Rn. 14 – *Säger* (= P Nr. 219).
1001 EuGH, Rs. C-577/10, ECLI:EU:C:2012:814, Rn. 38 ff. – *Kommission/Belgien*. Eine Besonderheit bestand darin, dass die fragliche Meldepflicht nur für im Ausland ansässige Dienstleister galt. Der EuGH sah darin jedoch eine Ungleichbehandlung nicht vergleichbarer Sachverhalte und ordnete die Meldepflicht als nichtdiskriminierende Beschränkung ein, a. a. O. Rn. 46 ff.
1002 EuGH, Rs. C-58/98, Slg. 2000, S. I-7919, Rn. 34 – *Corsten* (Eintragung in die Handwerksrolle) (= P Nr. 224); EuGH, Rs. C-131/01, Slg. 2003, S. I-1659, Rn. 27 – *Kommission/Italien* (Verzeichnis von Patentanwälten).
1003 EuGH, Rs. C-134/03, Slg. 2005, S. I-1167, Rn. 38 – *Viacom Outdoor* (Kommunale Abgabe auf Plakatdienstleistungen).
1004 EuGH, Rs. C-381/93, Slg. 1994, S. I-5145, Rn. 17 – *Kommission/Frankreich*. Vgl. auch EuGH, Rs. C-158/96, Slg. 1998, S. I-1931, Rn. 33 ff. – *Kohll* (= P Nr. 223, 226).

denen eine spezifische Grenzübertrittsbehinderung nicht zugrunde liegt[1005]. So kann ein inländisches Verbot der Werbung für Alkohol eine Beschränkung der Dienstleistungsfreiheit darstellen, weil es das Recht der im Geltungsbereich des Verbots niedergelassenen Presseunternehmen beschränkt, möglichen Inserenten, die in anderen Mitgliedstaaten niedergelassen sind, Anzeigenraum in ihren Veröffentlichungen anzubieten. Angesichts des internationalen Charakters des Marktes für Alkohol werde hierdurch – so der EuGH – der grenzüberschreitende Verkehr in besonderer Weise beeinträchtigt[1006].

(γ) Einschränkungen nach den Grundsätzen der *Keck*- und der *ANETT*-Rechtsprechung?

1074 Wie bei den anderen Grundfreiheiten stellt sich auch bei der Dienstleistungsfreiheit die Frage nach einer mit den Grundsätzen der *Keck*- und der *ANETT*-Rechtsprechung[1007] vergleichbaren Einschränkung des Beschränkungsverbots. Die *Keck*- und *ANETT*-Rechtsprechung verengt das Spektrum verbotener, nichtdiskriminierender nationaler Beschränkungen von Grundfreiheiten auf Maßnahmen, die den *Marktzugang aus anderen Mitgliedstaaten* stärker als für vergleichbare inländische Sachverhalte behindern und belässt es für darüber hinausgehende Behinderungen bei einem Diskriminierungsverbot (Rn. 922 ff.). Eine Übertragung dieses Gedankens erscheint jedenfalls für Fälle der aktiven und der Korrespondenz-Dienstleistungsfreiheit sinnvoll, soweit die (vorübergehende) Erbringung von Dienstleistungen auf dem Gebiet eines anderen Mitgliedstaates betroffen ist. Auch hier kommt es maßgeblich darauf an, dass dem Dienstleistungserbringer bzw. seiner Dienstleistung überhaupt die Möglichkeit eröffnet wird, in Konkurrenz zu inländischen Dienstleistungserbringern bzw. deren Dienstleistungen zu treten. Hierfür spricht auch der Wortlaut des Art. 57 Abs. 3 AEUV, dessen Inländergleichbehandlungsgebot sich dahingehend verstehen lässt, dass es sich auf Regelungen bezieht, die nach erfolgtem Marktzutritt greifen. Angesichts der bisher fehlenden Relevanz von unterschiedslosen Zugangsbehinderungen für Dienstleistungs*empfänger* erscheint es dagegen fraglich, ob es einer solchen Konstruktion für die passive Dienstleistungsfreiheit bedarf.

1075 Unabhängig davon hat der Gerichtshof in den genannten Konstellationen bisher *nicht* explizit auf die *Keck*-Formel zurückgegriffen. In der Entscheidung *Mobistar* lehnte der Gerichtshof eine Beeinträchtigung der Dienstleistungsfreiheit durch die Erhebung einer Abgabe auf Mobilfunkanlagen ab, weil diese Abgaben unterschiedslos von allen Eigentümern entsprechender Anlagen erhoben wurden

---

1005 EuGH, Rs. C-384/93, Slg. 1995, S. I-1141, Rn. 30 ff., 35 – *Alpine Investments* (= P Nr. 220).
1006 EuGH, Rs. C-405/98, Slg. 2001, S. I-1795, Rn. 39 – *Gourmet International Products* (= P Nr. 155); im Ergebnis konnte die den grenzüberschreitenden Verkehr beschränkende Regel allerdings aus Gründen des Gesundheitsschutzes gerechtfertigt werden.
1007 EuGH, verb. Rs. C-267/91 u. C-268/91, Slg. 1993, S. I-6097, Rn. 14 ff. – *Keck* (= P Nr. 153); EuGH, Rs. C-456/10, ECLI:EU:C:2012:241 – *ANETT* (= P Nr. 159).

und ausländische Mobilfunkbetreiber durch die Maßnahme weder in tatsächlicher noch in rechtlicher Hinsicht stärker belastet wurden als inländische Betreiber[1008]. Diese Formulierungen sprechen zwar für eine deutliche Parallele zur *Keck*-Formel. Allerdings verweist der Gerichtshof nicht auf diese Rechtsprechung und nimmt auch keine der Unterscheidung zwischen „Verkaufs-" und „Produktmodalitäten" entsprechende Differenzierung vor.

Es erscheint daher bemerkenswert, dass der EuGH in einem Fall der *Austrittsbehinderung* auf die Grundsätze der *Keck*-Rechtsprechung rekurrierte. In der Entscheidung *Alpine Investments* ging es um ein Verbot des sog. „cold calling", bei dem ein Unternehmen potentiellen Kapitalanlegern unangemeldet telefonisch seine Dienstleistungen anbietet[1009]. Dieses Verbot verhängte der Herkunftsstaat des Dienstleistungserbringers und zwar auch bezüglich der Einwerbung ausländischer Kunden. Der Gerichtshof wies zunächst darauf hin, dass es sich anders als in der *Keck*-Entscheidung um eine Maßnahme des Herkunftsstaates handelt. Sodann stellt der EuGH jedoch fest, dass ein Verbot des „cold calling" unmittelbar den Zugang des Dienstleistungserbringers zum Dienstleistungsmarkt anderer Mitgliedstaaten beeinflusst und aus diesem Grunde den Dienstleistungsverkehr behindert[1010]. Es bleibt daher offen, ob der Gerichtshof damit eine Übertragung der *Keck*-Formel auf Austrittshindernisse vornimmt oder diese letztlich verwirft. Gegen eine solche Konstruktion spricht, dass die für die *Keck*-Formel typische Abgrenzung zwischen Marktzutritt und anschließender Vermarktung auf die Austrittskonstellation nur schwer übertragbar ist[1011] (Rn. 877).

1076

Zusammenfassend lässt sich festhalten, dass eine Übertragung der *Keck*- und *ANETT*-Grundsätze lediglich für die Fälle sinnvoll erscheint, in denen es um Maßnahmen des Bestimmungsstaates (in den Fällen der aktiven und der Korrespondenz-Dienstleistungsfreiheit) geht, nicht dagegen um Regelungen, die dem Herkunftsstaat des Dienstleistungserbringers zuzurechnen sind. Danach liegt kein Eingriff in die Dienstleistungsfreiheit vor, wenn der Marktzutritt aus- wie inländischer Dienstleistungen gleichermaßen erschwert wird (Rn. 927). Bei der Auslegung des Marktzugangskriteriums ist allerdings zu beachten, dass der EuGH in seiner Rechtsprechung zu Art. 34 AEUV im Allgemeinen eher geringe Anforderungen an das Vorliegen eines Marktzutrittshindernisses stellt, womit man von einer Übertragung der *Keck*-Rechtsprechung auf die Dienstleistungsfreiheit keinen allzu großen Effekt hinsichtlich der Begrenzung des Eingriffsbegriffs erwarten sollte (Rn. 924, 928, vgl. auch Rn. 1030, 1107 f.). Der EuGH tendiert dazu, den notwendigen Gestaltungsspielraum der Mitgliedstaaten im Zweifel erst auf der Ebene der Rechtfertigung zu berücksichtigen.

1077

1008 EuGH, verb. Rs. C-544/03 u. 545/03, Slg. 2005, S. I-7723, Rn. 32 f. – *Mobistar SA u. Belgacom Mobile*.
1009 EuGH, Rs. C-384/93, Slg. 1995, S. I-1141, Rn. 21 ff. – *Alpine Investments* (= P Nr. 220).
1010 EuGH, Rs. C-384/93, Slg. 1995, S. I-1141, Rn. 38 – *Alpine Investments* (= P Nr. 220).
1011 Vgl. hierzu insgesamt *Randelzhofer/Forsthoff*, in: Grabitz/Hilf/Nettesheim (Hrsg.), Das Recht der Europäischen Union, 61. EL April 2017, Art. 56/57 AEUV Rn. 103 ff.

c) Rechtfertigung

aa) Rechtfertigungsgründe nach Art. 62 i. V. m. Art. 52 Abs. 1 AEUV

1078 Über die Verweisung des Art. 62 AEUV kommen die in Art. 52 Abs. 1 AEUV vorgesehenen geschriebenen Rechtfertigungsgründe der öffentlichen Ordnung, Sicherheit und Gesundheit auch im Rahmen der Dienstleistungsfreiheit sowohl für diskriminierende als auch in sonstiger Weise beschränkende Maßnahmen zur Anwendung[1012], so dass die entsprechenden Ausführungen zur Niederlassungsfreiheit hier in gleicher Weise gelten (Rn. 1032 ff.).

1079 Eine Besonderheit der Dienstleistungsfreiheit ergibt sich aus dem Umstand, dass ein Mitgliedstaat sich auf Gründe der öffentlichen Ordnung nicht nur gegenüber Personen, sondern auch im Zusammenhang mit einer Dienstleistung selbst berufen kann. In der Rs. *Omega* ging es um ein durch deutsche Behörden verhängtes Verbot gewerblich veranstalteter Spiele, in denen mit Laserpistolen das Töten von Menschen simuliert wurde[1013]. Unter Berufung auf eine dadurch bewirkte Verletzung der grundgesetzlich geschützten Menschenwürde wurde das Betreiben solcher Spielabläufe – obwohl in anderen Mitgliedstaaten erlaubt – untersagt. Der Gerichtshof sah darin eine zulässige und verhältnismäßige Konkretisierung des Begriffs der öffentlichen Ordnung und betonte, dass den nationalen Behörden aufgrund der unterschiedlichen Wertvorstellungen in den Mitgliedstaaten ein gewisser, den Grenzen des Unionsrechts unterliegender Spielraum zukommt. In diesem Zusammenhang stellt der *Schutz nationaler Grundrechte* ein die öffentliche Ordnung ausfüllendes berechtigtes Interesse dar, soweit es sich wie bei der Menschenwürde um ein Grundrecht handelt, das auch im Unionsrecht anerkannt ist. In Abweichung von der Rs. *Schmidberger* zur Warenverkehrsfreiheit (Rn. 946) gestattet der EuGH bei der inhaltlichen Bestimmung des Rechtfertigungsgrundes der öffentlichen Ordnung somit ein Abstellen auf nationale Grundrechte.

1080 Auch der Schutz der öffentlichen Gesundheit hat im Rahmen der Dienstleistungsfreiheit eine besondere Konkretisierung erfahren. Im Zusammenhang mit der Inanspruchnahme medizinischer Dienstleistungen im EU-Ausland hat der EuGH festgestellt, dass Gründe des Gesundheitsschutzes entsprechende Behinderungen nicht rechtfertigen. Aufgrund der gegenseitigen Anerkennung von Diplomen, Prüfungszeugnissen und sonstigen Befähigungsnachweisen[1014] sind die in anderen Mitgliedstaaten niedergelassenen Ärzte als ebenso qualifiziert anzusehen wie einheimische[1015]. Im Bereich der ärztlichen Versorgung kann der freie

---

1012 EuGH, Rs. C-429/02, Slg. 2004, S. I-6613, Rn. 32 ff. – *Bacardi France* (Fernsehwerbeverbot für Alkohol). Für eine Begrenzung auf diskriminierende Maßnahmen *Pache*, in: Ehlers, Europäische Grundrechte und Grundfreiheiten, § 11, Rn. 91.
1013 EuGH, Rs. C-36/02, Slg. 2004, S. I-9609, Rn. 31 ff. – *Omega* („*Laserdrome*") (= P Nr. 222).
1014 Richtlinie 93/16/EWG, ABl.EG 1993 Nr. L 165, S. 1; Richtlinie 78/686/EWG, ABl.EG 1978 Nr. L 233, S. 1.
1015 EuGH, Rs. C-158/96, Slg. 1998, S. I-1931, Rn. 48 – *Kohll* (= P Nr. 223, 226).

Dienstleistungsverkehr nur eingeschränkt werden, soweit die Erhaltung eines bestimmten Umfangs der medizinischen Versorgung oder eines bestimmten Niveaus der Heilkunde im Inland für die Gesundheit der Bevölkerung erforderlich ist[1016]. Das Erfordernis einer vorherigen Genehmigung für die Erstattung der Kosten einer ambulanten ärztlichen Behandlung in einem anderen Mietgliedstaat genügt diesen Anforderungen jedoch nicht[1017]. Etwas anderes gilt für die Erstattung von Kosten, die bei Krankenhausaufenthalten in einem anderen Mitgliedstaat entstanden sind. Hier kann ein System vorheriger Genehmigungen für die Sicherstellung einer ausgewogenen Krankenhausversorgung und dessen finanzieller Stabilität erforderlich und damit gerechtfertigt sein[1018].

bb) Rechtfertigung aus zwingenden Gründen des Allgemeininteresses

Vergleichbar den im Rahmen der sog. *Cassis*-Rechtsprechung des EuGH entwickelten Grundsätzen (Rn. 941 ff.) können die Mitgliedstaaten die Dienstleistungsfreiheit auch aufgrund ungeschriebener zwingender Gründe des Allgemeininteresses zulässigerweise beschränken[1019]. Diese Rechtfertigungsmöglichkeit setzt allerdings voraus, dass die geltend gemachten Interessen nicht bereits Gegenstand einer unionsrechtlichen Harmonisierung sind. Ferner dürfen nur solche Maßnahmen an den zwingenden Gründen des Allgemeininteresses gemessen werden, die insoweit unterschiedslos Anwendung finden, als sie nichtdiskriminierend für In- und EU-Ausländer gelten[1020]. Mangels Unterscheidung nach der Staatsangehörigkeit werden daher auch Maßnahmen des Herkunftsstaates des Dienstleistungserbringers oder -empfängers erfasst, die eine Bevorzugung des inländischen Dienstleistungsmarktes (Rn. 1068 f.) bzw. eine Benachteiligung der EU-ausländischen Dienstleistungsanbieter bewirken (Rn. 1071). Der EuGH fragt vereinzelt aber auch bei versteckt (nach der Staatsangehörigkeit) diskriminierenden mitgliedstaatlichen Maßnahmen danach, ob eine Rechtfertigung aufgrund zwingender Gemeinwohlinteressen möglich ist[1021]. So hat der EuGH im Fall von Vorzugstarifen für den Besuch von Museen, die an einen inländischen Wohnsitz geknüpft waren, diese Grundsätze angewendet, im konkreten Fall eine Rechtfertigung allerdings verneint[1022]. Wie im Rahmen der anderen Grundfreiheiten (vgl. Rn. 988, 1034) lässt sich also auch hier nicht immer eine stringente Rechtsprechungslinie ausmachen.

1081

1016 EuGH, Rs. C-158/96, Slg. 1998, S. I-1931, Rn. 51 – *Kohll* (= P Nr. 223, 226); EuGH, Rs. C-385/99, Slg. 2003, S. I-4509, Rn. 67 – *Müller-Fauré u. von Riet*.
1017 EuGH, Rs. C-158/96, Slg. 1998, S. I-1931, Rn. 52 – *Kohll* (= P Nr. 223, 226).
1018 EuGH, Rs. C-157/99, Slg. 2001, S. I-5473, Rn. 76 ff. – *Smits u. Peerbooms*.
1019 EuGH, Rs. 33/74, Slg. 1974, S. 1299, Rn. 10 ff. – *van Binsbergen* (= P Nr. 218); verb. Rs. 110/78 u. 111/78, Slg. 1979, S. 35, Rn. 28 – *van Wesemael u. a.*; EuGH, Rs. 279/80, Slg. 1981, S. 3305, Rn. 18 – *Webb*; EuGH, Rs. C-288/89, Slg. 1991, S. I-4007, Rn. 23 – *Gouda*.
1020 EuGH, Rs. C-224/97, Slg. 1999, S. I-2517, Rn. 16 – *Ciola* (= P Nr. 10); EuGH, Rs. C-577/10, ECLI:EU:C:2012:814, Rn. 46 ff. – *Kommission/Belgien*.
1021 Vgl. *Weiß*, EuZW 1999, S. 493.
1022 EuGH, Rs. C-388/01, Slg. 2003, S. I-721, Rn. 14, 21 f. – *Dogenpalast*.

1082 Als schützenswerte Allgemeininteressen wurden bisher u. a. der Verbraucher- und Gläubigerschutz, die Lauterkeit des Handelsverkehrs, der Schutz des geistigen Eigentums, kulturpolitische Belange, die wirksame steuerliche Kontrolle und das Funktionieren der Rechtspflege anerkannt[1023]. Dem Schutz der Dienstleistungsempfänger dienende Berufs- und Standesregeln können daher durchaus zulässig sein[1024]. So stellt das Ziel, die Qualität der durchgeführten handwerklichen Arbeiten zu sichern und deren Abnehmer vor Schäden zu bewahren, einen zwingenden Grund des Allgemeininteresses dar, der eine Beschränkung der Dienstleistungsfreiheit rechtfertigen kann[1025]. Auch die Wahrung des Gleichgewichts des Systems der Sozial- und Krankenversicherung in einem Mitgliedstaat kann einen zwingenden Grund des Allgemeininteresses darstellen[1026]. Des Weiteren können etwa die Programmqualität und Pluralität des Rundfunks[1027] oder die Sicherheit des Straßenverkehrs[1028] als zwingende Gründe zur Rechtfertigung herangezogen werden. In Fällen der Entsendung von Arbeitnehmern zwecks Erbringung einer Dienstleistung (Rn. 1048, 1060) wird auch der Schutz der Arbeitnehmer als ungeschriebener Rechtfertigungsgrund anerkannt[1029]. Im Zusammenhang mit mitgliedstaatlichen Regulierungen des Glücksspiels kommt schließlich eine Berufung auf den Schutz der Sozialordnung vor den sittlichen und finanziell schädlichen Folgen für den Einzelnen in Betracht (Betrugs- und Suchtprävention)[1030].

1083 Allerdings können nur Ziele nichtwirtschaftlicher Art als Gründe des Allgemeininteresses eine Beschneidung der Dienstleistungsfreiheit rechtfertigen[1031]. Die Wahrung des Arbeitsfriedens kommt daher als Rechtfertigungsgrund nicht in Betracht, wenn ein Tarifkonflikt beendet wird, um negative Auswirkungen auf einen Wirtschaftszweig zu verhindern[1032].

cc) Rechtfertigung aus Gründen des Grundrechtsschutzes und Rechtfertigung der Eingriffe intermediärer Gewalten

1084 Auch bei der Dienstleistungsfreiheit ist eine Rechtfertigung aus Gründen des Schutzes von Unionsgrundrechten denkbar. Diese im Rahmen der Warenver-

---

1023 Vgl. die Übersicht bei *Rolshoven,* „Beeinträchtigungen" des Dienstleistungsverkehrs, 2002, S. 251 f.
1024 EuGH, Rs. 292/86, Slg. 1988, S. 111, Rn. 14 ff. – *Gullung.*
1025 EuGH, Rs. C-58/98, Slg. 2000, S. I-7919, Rn. 38 – *Corsten* (= P Nr. 224).
1026 EuGH, Rs. C-158/96, Slg. 1998, S. I-1931, Rn. 41 – *Kohll* (= P Nr. 223, 226).
1027 EuGH, Rs. C-23/93, Slg. 1994, S. I-4795, Rn. 18 – *TV10.*
1028 EuGH, Rs. C-55/93, Slg. 1994, S. I-4837, Rn. 19 – *Van Schaik.*
1029 EuGH, Rs. C-165/98, Slg. 2001, S. I-2189, Rn. 27 – *Mazzoleni u. ISA.*
1030 EuGH, Rs. C-243/01, Slg. 2003, S. I-13076, Rn. 63, 67 – *Gambelli;* EuGH, Rs. C-46/08, Slg. 2010, S. I-8149, Rn. 55 – *Carmen Media;* EuGH, verb. Rs. C-186/11 u. C-209/11, ECLI:EU:C:2013:33, Rn. 23 ff. – *Stanleybet International u. a.;* EuGH, Rs. C-156/13, ECLI:EU:C:2014:1756, Rn. 23 – *Digibet Ltd;* EuGH, Rs. C-49/16, ECLI:EU:C:2017:491, Rn. 39 – *Unibet International.*
1031 EuGH, Rs. C-158/96, Slg. 1998, S. I-1931, Rn. 41 – *Kohll* (= P Nr. 223, 226); EuGH, Rs. C-224/97, Slg. 1999, S. I-2517, Rn. 16 – *Ciola* (= P Nr. 10).
1032 EuGH, Rs. C-398/95, Slg. 1997, S. I-3091, Rn. 23 – *SETTG.*

kehrsfreiheit entwickelte Kategorie ungeschriebener Rechtfertigungsgründe (vgl. Rn. 946) ergänzt vor allem die sog. Schutzpflichtenkonstruktion (Rn. 911 f., 1023). Zwar fehlt es bisher an einer ausdrücklichen Entscheidung des EuGH im Rahmen der Art. 56 ff. AEUV sowohl zu dieser Konstellation als auch zum Grundrechtsschutz als eigenständigem Rechtfertigungsgrund. Angesichts der vergleichbaren Sachlage ließen sich beide Aspekte aber auch auf die Dienstleistungsfreiheit übertragen. Beruhen die Eingriffe in die Freiheit des Dienstleistungsverkehrs dagegen auf Maßnahmen sog. intermediärer Gewalten (Rn. 958, 1023), ist aufgrund der privatnützigen Motive entsprechender Subjekte (z. B. Sportverbände) eine Berufung auf die Gemeinwohlerwägungen der Art. 62 i. V. m. Art. 52 Abs. 1 AEUV in der Regel nicht möglich. Wie auch im Rahmen der Arbeitnehmerfreizügigkeit (Rn. 986) und der Niederlassungsfreiheit (Rn. 1036) kommt in solchen Fällen zuvörderst eine Rechtfertigung am Maßstab der auf Private zugeschnittenen und daher weiter gefassten „sachlichen Gründe" oder auch der Grundrechtsausübung in Betracht, bei entsprechender Interessenlage ggf. überdies am Maßstab zwingender Gründe des Allgemeinwohls.

dd) Schranken-Schranken

Die geltend gemachten Rechtfertigungsgründe müssen schließlich im Einklang mit den Unionsgrundrechten (Rn. 684 ff.) stehen[1033] und vor allem dem Grundsatz der Verhältnismäßigkeit genügen[1034], wobei der Gerichtshof einschränkende mitgliedstaatliche Maßnahmen insbesondere im Glücksspielbereich im Rahmen der Geeignetheitskontrolle[1035] auf eine kohärente und systematische Zweckerreichung überprüft (allgemein Rn. 991)[1036]. Bei der Anwendung des Verhältnismäßigkeitsgrundsatzes im Rahmen der Art. 56 f. AEUV ist darüber hinaus zu berücksichtigen, dass der Dienstleistungserbringer und die von ihm erbrachte Dienstleistung regelmäßig bereits den Anforderungen der Rechtsordnung des Herkunftsstaates entsprechen. Im Rahmen der Erforderlichkeit ist daher zu beachten, ob dem geltend gemachten Rechtfertigungsgrund nicht bereits durch Maßnahmen in dem Mitgliedstaat, in dem der Dienstleistungserbringer ansässig ist, Rechnung getragen wurde. So müssen im Fall eines im Bestimmungsstaat vorgesehenen Genehmigungsverfahrens Nachweise und andere Voraussetzungen berücksichtigt werden, die der Dienstleistungserbringer im Zusammenhang mit

1085

[1033] EuGH, Rs. C-60/00, Slg. 2002, S. I-6279, Rn. 40 f. – *Carpenter* (Ausweisung der drittstaatsangehörigen Ehefrau eines Dienstleistungsempfängers).
[1034] EuGH, Rs. C-398/95, Slg. 1997, S. I-3091, Rn. 21 – *SETTG*.
[1035] EuGH, verb. Rs. C-186/11 u. C-209/11, ECLI:EU:C:2013:33, Rn. 27 – *Stanleybet International u. a.*; EuGH, Rs. C-156/13, ECLI:EU:C:2014:1756, Rn. 26 – *Digibet Ltd.*
[1036] EuGH, Rs. C-46/08, Slg. 2010, S. I-8149, Rn. 55, 67 ff. – *Carmen Media*; EuGH, Rs. C-390/12, ECLI:EU:C:2014:281, Rn. 43 ff. – *Pfleger* (= P Nr. 135); EuGH, Rs. C-156/13, ECLI:EU:C:2014:1756, Rn. 27 ff. – *Digibet Ltd.*; ausführlich zur Kohärenzprüfung als Schranken-Schranke im Glücksspielrecht *Hartmann*, EuZW 2014, S. 814.

seiner Tätigkeit schon im Herkunftsstaat erbracht hat[1037]. Sehen die nationalen Vorschriften eine solche Möglichkeit nicht vor, so liegt bereits darin ein Verstoß gegen den Verhältnismäßigkeitsgrundsatz[1038]. Auch das Bestehen einer entsprechenden Verwaltungspraxis genügt insoweit nicht. Eine weitere Besonderheit in der Anwendung der Schranken-Schranke der Verhältnismäßigkeit im Rahmen der Dienstleistungsfreiheit liegt darin, dass dem nur vorübergehend in einem anderen Mitgliedstaat tätigen Dienstleistungserbringer nicht alle Anforderungen entgegengehalten werden dürfen, die im Fall einer (auf Dauer angelegten) Niederlassung zu erfüllen sind[1039]. Dies gilt umso mehr, wenn nur die in einem anderen Mitgliedstaat rechtmäßig erbrachte Dienstleistung die Grenze überschreitet[1040]. Gerade im Bereich des Glücksspiels wird den Mitgliedstaaten ein weiter Spielraum hinsichtlich des Schutzniveaus der Verbraucher zugesprochen. Insoweit ist oftmals eine behördliche Erlaubnis für die Ausübung und das Anbieten der Dienstleistung erforderlich. In seiner jüngeren Judikatur überprüft der Gerichtshof die Unionsrechtskonformität dieser Konzession nicht nur hinsichtlich ihrer Verhältnismäßigkeit, sondern misst sie insbesondere auch an dem aus dem Gleichbehandlungsgrundsatz und dem Grundsatz der Nichtdiskriminierung folgenden Transparenzgebot[1041]. Dies soll die Auswahlverfahren offenlegen und dient dazu, das den nationalen Behörden eingeräumte Ermessen zu begrenzen, um Missbrauch und Willkür seitens der Vergabestelle zu unterbinden[1042].

d) Die sekundärrechtlichen Anerkennungs- und Koordinierungsrichtlinien

1086 Um die Aufnahme und Ausübung einer Tätigkeit zu erleichtern, können Rat und Parlament gemäß dem ordentlichen Gesetzgebungsverfahren auch im Bereich der Dienstleistungsfreiheit Richtlinien zur gegenseitigen Anerkennung der Diplome, Prüfungszeugnisse und sonstigen Befähigungsnachweise sowie zur Koordinierung mitgliedstaatlicher Rechts- und Verwaltungsvorschriften über die Aufnahme und Ausübung selbstständiger Tätigkeiten erlassen (Art. 62 i.V. m. Art. 53 Abs. 1 AEUV; vgl. Rn. 1039 ff., 1087). Die auf dieser Grundlage zahlreich ergangenen Richtlinien behandeln überwiegend sowohl die Niederlassungs- als

---

1037 EuGH, Rs. 279/80, Slg. 1981, S. 3305, Rn. 20 – *Webb*.
1038 EuGH, Rs. C-189/03, Slg. 2004, S. I-9289, Rn. 18 – *Private Sicherheitsdienste* (= P Nr. 227); EuGH, Rs. C-439/99, Slg. 2002, S. I-305, Rn. 27 f. – *Kommission/Italien* (Anforderungen an Messeveranstalter).
1039 EuGH, Rs. C-58/98, Slg. 2000, S. I-7919, Rn. 43 – *Corsten* (Pflicht zur Eintragung in die Handwerksrolle) (= P Nr. 224).
1040 EuGH, Rs. C-76/90, Slg. 1991, S. I-4239, Rn. 13 – *Säger* (EDV-gestützte Überwachung von Patentnutzungen) (= P Nr. 219).
1041 EuGH, Rs. C-336/14, ECLI:EU:C:2016:72, Rn. 55 – *Ince*.
1042 EuGH, verb. Rs. C-186/11 u. C-209/11, ECLI:EU:C:2013:33, Rn. 47 – *Stanleybet International u. a.;* EuGH, Rs. C-49/16, ECLI:EU:C:2017:491, Rn. 46 – *Unibet International*.

auch die Dienstleistungsfreiheit[1043]. Von besonderer Bedeutung für die Dienstleistungsfreiheit sind dabei die Berufsanerkennungs- (Rn. 1087) und die sog. Dienstleistungsrichtlinie (Rn. 1088 ff.) Soweit durch diese und andere Rechtsakte eine unionsweite Harmonisierung erfolgt, wird hierdurch den Mitgliedstaaten grundsätzlich die Möglichkeit genommen, sich in dem harmonisierten Bereich auf abweichende nationale Standards und die damit verfolgten zwingenden Gründe des Allgemeininteresses zu berufen[1044]. Umgekehrt können die Mitgliedstaaten die Erfüllung der sekundärrechtlich vorgegebenen Standards einfordern, ohne dass dies eine Beeinträchtigung der primärrechtlichen Dienstleistungsfreiheit darstellt[1045].

aa) Anerkennung von Berufsqualifikationen

Die Anerkennung von Berufsqualifikationen regelt auch im Bereich der Dienstleistungsfreiheit die bereits bei der Niederlassungsfreiheit behandelte (Rn. 1040) Richtlinie 2005/36/EG vom 7. September 2005 über die Anerkennung von Berufsqualifikationen[1046]. In Abweichung von der früher geltenden Rechtslage führt dieser Rechtsakt für grenzüberschreitend tätig werdende Dienstleistungserbringer – vorbehaltlich bestehender Sonderregelungen[1047] – ein eingeschränktes Herkunftslandprinzip ein. Danach dürfen die Mitgliedstaaten die Dienstleistungserbringung grundsätzlich nicht aus Gründen der Berufsqualifikation einschränken, sofern der Dienstleistungserbringer denselben Beruf rechtmäßig im Staat seiner Niederlassung (= Herkunftsstaat) ausübt (vgl. Art. 5 Abs. 1, Art. 6 Richtlinie 2005/36/EG). Dies beschränkt sich jedoch ausdrücklich auf Fälle des physischen Grenzübertritts der aktiven Dienstleistungsfreiheit[1048]. Anders als bei der Niederlassungsfreiheit (Rn. 1026) ist ein Verfahren zur Durchführung einer gegenseitigen Anerkennung der Befähigungsnachweise nun nicht mehr erforderlich. Allerdings können die Mitgliedstaaten dem Dienstleistungserbringer eine Meldepflicht (verbunden mit dem Nachweis bestimmter Dokumente, vgl. Art. 7 Abs. 1 u. 2 Richtlinie 2005/36/EG) sowie Informationsverpflichtungen gegenüber Dienstleistungsempfängern auferlegen (vgl. im Einzelnen Art. 9 Richtlinie 2005/36/EG). Im Übrigen unterliegt der Dienstleistungserbringer bei der Ausübung seiner Tätigkeit im Bestimmungsstaat den Berufsregeln sowie den Disziplinarbestimmungen, die dort in unmittelbarem Zusammenhang mit

1087

1043 Eine Übersicht über diese Rechtsakte findet sich bei *Schlag*, in: Schwarze/Becker/Hatje/Schoo (Hrsg.), EU-Kommentar, Art. 53 AEUV Rn. 29 ff.
1044 Vgl. EuGH, Rs. C-58/98, Slg. 2000, S. I-7919, Rn. 35 – *Corsten* (= P Nr. 224).
1045 Vgl. beispielsweise Art. 3 der sog. Entsenderichtlinie (ABl.EG 1997 Nr. L 18, S. 1).
1046 ABl.EU 2005 Nr. L 255, S. 22. Die Dienstleistungsfreiheit wird in Titel II, Art. 5 bis 9 geregelt.
1047 Eine solche stellt die Richtlinie 77/249/EWG v. 22.3.1977 zur Erleichterung der tatsächlichen Ausübung des freien Dienstleistungsverkehrs der Rechtsanwälte, ABl.EG 1977 Nr. L 78, S. 17, dar.
1048 EuGH, Rs. C-342/14, ECLI:EU:C:2015:827, Rn. 35 – *X-Steuerberatungsgesellschaft*.

der entsprechenden Berufsqualifikation stehen (vgl. Art. 5 Abs. 3 Richtlinie 2005/36/EG)[1049].

bb) Die Dienstleistungsrichtlinie

1088 Von besonderer Bedeutung für die sekundärrechtliche Ausgestaltung der Dienstleistungsfreiheit die im Dezember 2006 erlassene Richtlinie 2006/123/EG über Dienstleistungen im Binnenmarkt – die sog. *Dienstleistungsrichtlinie*[1050]. Dieser bis Ende 2009 umzusetzte Rechtsakt[1051] verfolgt das Ziel, die weiterhin bestehenden zahlreichen Behinderungen vornehmlich des grenzüberschreitenden Austauschs von Dienstleistungen zu überwinden und auf diese Weise die ungenutzten wirtschaftlichen Wachstumspotentiale des gesamten sog. tertiären oder Dienstleistungssektors in der Union zu nutzen[1052]. Neben der Liberalisierung der unter die Dienstleistungsfreiheit fallenden Sachverhalte (Kap. IV, Art. 16 bis 21 Richtlinie 2006/123/EG, vgl. Rn. 1090 ff.) enthält die Richtlinie Vorschriften zur Beseitigung von Hindernissen für die Niederlassungsfreiheit von Dienstleistungserbringern (Kap. III, Art. 9 bis 15 Richtlinie 2006/123/EG) sowie Vorgaben zur Verwaltungsvereinfachung (Kap. II, Art. 5 bis 8 Richtlinie 2006/123/EG, insb. die Einführung sog. einheitlicher Ansprechpartner) und zur mitgliedstaatlichen Verwaltungszusammenarbeit (Kap. VI, Art. 28 bis 36 Richtlinie 2006/123/EG; vgl. auch §§ 8a ff., 71a ff. VwVfG). Ergänzt werden diese Bereiche durch eine (Mindest-)Harmonisierung qualitativer Anforderungen an Dienstleistungen etwa im Bereich der Informationspflichten und der Berufshaftpflicht (Kap. V, Art. 22 bis 27 Richtlinie 2006/123/EG).

1089 Der wirtschaftspolitische Anspruch der Dienstleistungsrichtlinie wird durch deren weiten sachlichen Anwendungsbereich unterstrichen. Im Gegensatz zu bisherigen Koordinierungsmaßnahmen verfolgt diese Richtlinie einen *horizontalen Ansatz*. Erfasst werden grundsätzlich alle Dienstleistungen, die von einem in der Union niedergelassenen Dienstleistungserbringer angeboten werden (Kap. I, Art. 2 Abs. 1 Richtlinie 2006/123/EG). In Bezug auf den Dienstleistungsbegriff

---

1049 Vgl. hierzu insgesamt *Kluth/Rieger*, EuZW 2005, S. 486.
1050 Richtlinie 2006/123/EG über Dienstleistungen im Binnenmarkt, ABl.EU 2006 Nr. L 376, S. 36. Dazu im Einzelnen *Schlachter/Ohler (Hrsg.)*, Europäische Dienstleistungsrichtlinie.
1051 Vgl. allg. zur Umsetzung der Dienstleistungsrichtlinie *Calliess/Korte*, EuR 2009, Beiheft 2, S. 65 ff. Gesetzliche Änderung zog dieser Rechtsakt vor allem im Gewerbe- und im Verwaltungsverfahrensrecht nach sich. Dazu ebenfalls *Calliess/Korte*, Dienstleistungsrecht in der EU, § 7, S. 405 ff.
1052 Begleitet wurde der mehrere Jahre dauernde Rechtsetzungsprozess von einer kontroversen Diskussion nicht nur in der Wissenschaft, sondern auch in der europäischen Öffentlichkeit, vgl. hierzu die Nachweise bei *Hatje*, NJW 2007, S. 2357; *Korte*, EWS 2007, S. 246. Stein des Anstoßes war in erster Linie das dem Kommissionsentwurf zugrunde liegende und sehr weitreichende Herkunftslandprinzip als zentraler Regelungsansatz für die Liberalisierung der Dienstleistungsfreiheit, siehe hierzu *Streinz/Leible*, in: Schlachter/Ohler (Hrsg.), Europäische Dienstleistungsrichtlinie, Einleitung, Rn. 39. Letztlich konnte sich die Kommission hiermit nicht durchsetzen, die verbindlich gewordene Fassung wurde insoweit deutlich abgeschwächt.

verweist die Richtlinie auf die Definition des Art. 57 Abs. 1 AEUV (Kap. I, Art. 4 Nr. 1 Richtlinie 2006/123/EG) und verankert so den primärrechtlichen Inhalt auf sekundärrechtlicher Ebene. Da die Richtlinie diesen Begriff jedoch nicht nur dem Dienstleistungs-, sondern auch dem Kapitel über die Niederlassungsfreiheit (sowie allen anderen) zugrunde legt, ist er losgelöst von den dienstleistungsspezifischen Modalitäten der Grenzüberschreitung (vgl. Rn. 1053 f.) zu verstehen und umfasst im Wesentlichen alle selbstständigen Leistungen unkörperlicher Art, die in der Regel gegen Entgelt erbracht werden und nicht den Bestimmungen über die Warenverkehrs- und Kapitalverkehrsfreiheit unterliegen. Die auf Primärrechtsebene bekannte Abgrenzung der Grundfreiheiten lässt sich jedoch nicht auf diese Richtlinie übertragen. Selbst wenn nach einer umfassenden Einzelfallprüfung eine andere Grundfreiheit im Schwerpunkt überwiegen würde und damit primärrechtlich anwendbar wäre, bleibt unabhängig davon – um die praktische Wirksamkeit der Richtlinie und auch Rechtssicherheit bei komplexen Sachverhalten zu gewährleisten – die Richtlinie anwendbar[1053]. Allerdings sieht die Richtlinie selbst zahlreiche Ausnahmen vom Anwendungsbereich vor (vgl. Kap. I, Art. 2 Abs. 2 lit. a bis l Richtlinie 2006/123/EG), etwa für nicht-wirtschaftliche Dienstleistungen von allgemeinem Interesse, Finanzdienstleistungen, Verkehrsdienstleistungen, Glücksspiele und weitere Bereiche. Hinzu kommen die allein für das Kapitel über die Dienstleistungsfreiheit geltenden Ausnahmen (bspw. für einige Bereiche des Post- und Elektrizitätssektors oder die Arbeitnehmerentsendung im Sinne der Entsenderichtlinie, im Einzelnen siehe Kap. IV, Art. 17 Nr. 1 bis 15 Richtlinie 2006/123/EG). Außerhalb dieser Bereichsausnahmen gilt, dass sonstige auf Dienstleistungen im Sinne der Richtlinie anwendbare Sekundärrechtsakte (wie etwa die Berufsanerkennungsrichtlinie, Rn. 1026) der Dienstleistungsrichtlinie nicht per se vorgehen, sondern nur insoweit, als sie speziellere Bestimmungen enthalten (Kap. I, Art. 3 Abs. 1 Richtlinie 2006/123/EG).

1090 Die besondere Bedeutung der Dienstleistungsrichtlinie für die Dienstleistungsfreiheit ergibt sich aus den teilweise über den primärrechtlichen Gehalt der Art. 56 f. AEUV hinausgehenden sekundärrechtlichen Gewährleistungen, die im Anwendungsbereich der Richtlinie nunmehr vorrangig als Prüfungsmaßstab für nationales Recht zur Anwendung gelangen werden (vgl. Rn. 863 f.). Ausgehend von dem horizontalen Ansatz der Dienstleistungsrichtlinie wird es daher in Teilbereichen zu einer weitgehenden Überlagerung der Grundfreiheit durch die im Vertikalverhältnis unmittelbar wirkenden Bestimmungen (vgl. Rn. 411) der Art. 16, 19 f. Richtlinie 2006/123/EG kommen[1054].

1091 Hiervon betroffen sind vornehmlich die Modalitäten der aktiven Dienstleistungsfreiheit und die Korrespondenzdienstleistung – in der Richtlinie als *Rechte der Dienstleistungserbringer* einheitlich geregelt (Kap. IV, Art. 16 Richtlinie 2006/123/EG), allerdings nur soweit es sich um Maßnahmen des jeweiligen Be-

---

1053 EuGH, verb. Rs. C-360/15 u. C-31/16, ECLI:EU:C:2018:44, Rn. 92 ff. – *X*.
1054 Vgl. hierzu *Calliess/Korte*, Dienstleistungsrecht in der EU, § 8, Rn. 2; *Herresthal*, in: Schlachter/Ohler (Hrsg.), Europäische Dienstleistungsrichtlinie, Art. 19, Rn. 57.

stimmungsstaates handelt. Die gegen den Niederlassungs- bzw. Herkunftsstaat des Dienstleistungserbringers gerichtete Schutzrichtung der Dienstleistungsfreiheit wird in Bezug auf dessen Rechte von der Richtlinie nicht ausdrücklich aufgegriffen. Insoweit scheint es bei den primärrechtlichen Vorgaben zu bleiben. Die Anforderungen des Bestimmungsstaates an die Aufnahme und Ausübung einer Dienstleistungstätigkeit unterwirft die Dienstleistungsrichtlinie hingegen explizit erheblich strengeren Prüfungsmaßstäben, als sie sich aus dem Primärrecht ergeben. Dies betrifft zum einen den wohl gänzlichen Ausschluss einer Rechtfertigung für offen und versteckt diskriminierende Maßnahmen (Art. 16 Abs. 1 UAbs. 3 lit. a) Richtlinie 2006/123/EG)[1055] und zum anderen die ausdrückliche Reduktion der für unterschiedslose Beschränkungen zulässigen Rechtfertigungsgründe auf die öffentliche Ordnung, Sicherheit, Gesundheit und den Schutz der Umwelt (Art. 16 Abs. 1 UAbs. 3 lit. b) Richtlinie 2006/123/EG). Eine Berufung auf andere Allgemeinwohlgründe ist somit ausgeschlossen[1056].

1092 Inwieweit diese Reduktionen auch für die gesondert geregelten Vorgaben für die *Rechte des Dienstleistungsempfängers* gelten (Kap. IV, Art. 19 und 20 Richtlinie 2006/123/EG), ist umstritten, eine ausdrückliche Regelung findet sich insoweit nicht[1057]. Anders als bei den Rechten des Dienstleistungserbringers findet das Verbot, an den Dienstleistungsempfänger keine Anforderungen zu stellen, welche die Inanspruchnahme einer Dienstleistung eines in einem anderen Mitgliedstaat niedergelassenen Dienstleistungserbringers beschränken, sowohl gegenüber dem Bestimmungs- als auch dem Herkunftsstaat des Dienstleistungsempfängers Anwendung (Art. 19 Richtlinie 2006/123/EG)[1058]. Ebenfalls in Abweichung von den die Rechte des Dienstleistungserbringers schützenden Vorschriften sieht die Richtlinie neben dem Beschränkungsverbot ein nach hier vertretener Auffassung relatives, d. h. Rechtfertigungen aus objektiven Erwägungen zugängliches Diskriminierungsverbot aus Gründen der Staatsangehörigkeit vor (Art. 20 Richtlinie 2006/123/EG). Dieses kann jedoch in dogmatisch richtiger Weise nur gegenüber dem Bestimmungsstaat Wirkung entfalten (vgl. Rn. 786). Angesichts dessen scheint in Bezug auf die den Dienstleistungsempfänger betreffenden Gewährleistungen der Dienstleistungsrichtlinie lediglich eine Kodifizierung der primärrechtlichen Vorgaben erfolgt zu sein. Neben den hier angedeuteten Unklarheiten bezüglich der Dienstleistungsfreiheit besteht in Bezug auf Inhalt und Wirkungen der Dienstleistungsrichtlinie noch eine Vielzahl weiterer Fragen, die sowohl Praxis als auch Rechtswissenschaft über Jahre hinweg intensiv beschäftigen werden.

1055 Vgl. zu dieser teils umstrittenen Frage sowie zur Vereinbarkeit dieses Ausschlusses mit Primärrecht *Calliess/Korte*, Dienstleistungsrecht in der EU, § 6, Rn. 52 f.
1056 *Schmidt-Kessel*, in: Schlachter/Ohler (Hrsg.), Europäische Dienstleistungsrichtlinie, Art. 16, Rn. 42 f.
1057 Dies betrifft insbesondere die Frage nach der Rechtfertigung diskriminierender Maßnahmen, vgl. *Herresthal*, in: Schlachter/Ohler (Hrsg.), Europäische Dienstleistungsrichtlinie, Art. 20, Rn. 11; *Calliess/Korte*, Dienstleistungsrecht in der EU, § 6, Rn. 144.
1058 *Herresthal*, in: Schlachter/Ohler (Hrsg.), Europäische Dienstleistungsrichtlinie, Art. 19, Rn. 21.

e) Merksätze

Die **Dienstleistungsfreiheit** umfasst sowohl das **Recht des Dienstleistenden**, eine Dienstleistung über die Grenze hinweg in einem anderen Mitgliedstaat zu erbringen, ohne dort über eine dauerhafte Niederlassung verfügen zu müssen, als auch das **Recht des Dienstleistungsempfängers**, sich zwecks Inanspruchnahme einer Dienstleistung in einen anderen Mitgliedstaat begeben zu dürfen.

Unter den Begriff der Dienstleistung fallen **alle selbstständigen Leistungen nicht-körperlicher Art, die in der Regel gegen Entgelt erbracht werden.** Außer in den Fällen, in denen nur die Dienstleistung die Grenze überschreitet, **darf sich der Dienstleistungserbringer bzw. der -empfänger nur vorübergehend in einen anderen Mitgliedstaat begeben.**

Die Dienstleistungsfreiheit umfasst **mehrere Modalitäten:**

(1) Bei der **aktiven Dienstleistungsfreiheit** überschreitet der Dienstleistungserbringer die Grenze zum Land des Dienstleistungsempfängers.

(2) Im Rahmen der **passiven Dienstleistungsfreiheit** begibt sich der Dienstleistungsempfänger in das Land des Dienstleistungserbringers.

(3) Bei der **personenunabhängigen Dienstleistungsfreiheit** überschreitet nur die Dienstleistung selbst (z. B. über TV-Kabelnetze) die Grenze.

(4) Bei **auslandsbedingten Dienstleistungen** begeben sich entweder sowohl der Dienstleistungsempfänger als auch der -erbringer in einen dritten Mitgliedstaat, in dem die Leistung erbracht wird, oder nur der Dienstleistende im Auftrag des Empfängers.

Die Dienstleistungsfreiheit enthält sowohl ein **Gebot der Inländergleichbehandlung** als auch **ein sonstige Maßnahmen erfassendes Beschränkungsverbot.** Für die Feststellung einer Diskriminierung und für die Bestimmung des einschlägigen Rechtfertigungsmaßstabs sind die möglichen Sachverhaltskonstellationen **einerseits nach der Modalität der Dienstleistungsfreiheit** und **andererseits danach zu unterscheiden,** ob der **Eingriff vom Bestimmungs- oder Herkunftsstaat des Dienstleistungserbringers bzw. -empfängers** ausgeht. Das Gebot der Inländergleichbehandlung kann danach nur bei Maßnahmen des Bestimmungsstaates des Dienstleistungserbringers oder -empfängers greifen. Im Übrigen ist von einem Beschränkungsverbot auszugehen.

Eine Übertragung der *Keck*-Rechtsprechung des EuGH kommt lediglich für Maßnahmen des Bestimmungsstaates (im Fall der aktiven und Korrespondenz-Dienstleistungsfreiheit) in Betracht. Danach sind solche mitgliedstaatlichen Bestimmungen **keine Beschränkung der Freiheit des Dienstleistungsverkehrs,** die den **Marktzugang für ausländische Dienstleistungen nicht behindern.**

Neben den im AEUV **ausdrücklich geregelten Rechtfertigungsgründen nach Art. 62 i. V. m. Art. 52 Abs. 1 AEUV** hat der EuGH für nicht nach der Staatsangehörigkeit unterscheidende Maßnahmen **ungeschriebene Rechtfertigungsgründe** anerkannt – die sog. **zwingenden Gründe des Allgemeininteresses.**

Die geltend gemachten Rechtfertigungsgründe müssen schließlich **im Einklang mit den Unionsgrundrechten stehen** und vor allem **dem Grundsatz der Verhältnismäßigkeit genügen.**

Im Anwendungsbereich der **Dienstleistungsrichtlinie** wird der **primärrechtliche Gewährleistungsgehalt der Dienstleistungsfreiheit** durch die sekundärrechtlichen Vorgaben dieses Rechtsaktes teilweise **verdrängt.** Dies gilt v. a. **bei der aktiven Dienstleistungsfreiheit** und der **Korrespondenzdienstleistung** für das absolute, **einer Rechtfertigung nicht mehr zugängliche Diskriminierungsverbot aus Gründen der Staatsangehörigkeit** und die **Eingrenzung der Rechtfertigungsgründe** bei **unterschiedsloser Beschränkung auf die öffentliche Ordnung, Sicherheit, Gesundheit und den Schutz der Umwelt.**

Leitentscheidungen:
EuGH, Rs. 155/73, Slg. 1974, S. 409 – *Sacchi* (= P Nr. 209).
EuGH, verb. Rs. 286/82 u. 26/83, Slg. 1984, S. 377 – *Luisi u. Carbone* (= P Nr. 210, 230).
EuGH, Rs. C-275/92, Slg. 1994, S. I-1039 – *Schindler* (= P Nr. 211).
EuGH, Rs. C-384/93, Slg. 1995, S. I-1141 – *Alpine Investments* (= P Nr. 220).
EuGH, Rs. C-55/94, Slg. 1995, S. I-4165 – *Gebhard* (= P Nr. 198).
EuGH, Rs. C-158/96, Slg. 1998, S. I-1931 – *Kohll* (= P Nr. 223, 226).
EuGH, Rs. C-224/97, Slg. 1999, S. I-2517 – *Ciola* (= P Nr. 10).
EuGH, Rs. C-58/98, Slg. 2000, S. I-7919 – *Corsten* (= P Nr. 224).
EuGH, Rs. C-215/01, Slg. 2003, S. I-14847 – *Schnitzer* (= P Nr. 213).
EuGH, Rs. C-36/02, Slg. 2004, S. I-9609 – *Omega („Laserdrome")* (= P Nr. 222).
EuGH, Rs. C-452/04, Slg. 2006, S. I-9521 – *Fidium Finanz* (= P Nr. 214).
EuGH, Rs. C-208/05, Slg. 2007, S. I-181 – *ITC* (= P Nr. 174).
EuGH, Rs. C-49/16, ECLI:EU:C:2017:491 – *Unibet International.*

10. Freiheit des Kapital- und Zahlungsverkehrs

Literaturhinweise: *Bachlechner, M.:* Liegenschaftserwerb und Kapitalverkehrsfreiheit, ZEuS 1998, S. 519; *Dopsch, J./Wutscher, C.:* Beschränkungen der Kapital- und Zahlungsverkehrsfreiheit am Beispiel der Maßnahmen im Rahmen der Zypernkrise, EuZW 2014, S. 729; *Fischer, A.:* Die Kapitalverkehrsfreiheit in der Rechtsprechung des EuGH, ZEuS 2000, S. 391; *Flynn, L.:* Coming of Age: The Free Movement of Capital Case Law, CMLR 39 (2002), S. 773; *Freitag, R.:* Mitgliedstaatliche Beschränkungen des Kapitalverkehrs und Europäisches Gemeinschaftsrecht, EWS 1997, S. 186; *Frenz, W.:* Goldene Aktien nach der 3. Portugal-Entscheidung, EWS 2011, S. 125; *Germelmann, C.:* Konkurrenz von Grundfreiheiten und Missbrauch von Gemeinschaftsrecht – Zum Verhältnis von Kapitalverkehrs- und Niederlassungsfreiheit in der neueren Rechtsprechung, EuZW 2008,

S. 596. *Glöckner, J.:* Grundverkehrsbeschränkungen und Europarecht. Zugleich ein Beitrag zum Anwendungsbereich der Kapitalverkehrsfreiheit, EuR 2000, S. 592; *Gosch, D./ Schönfeld, J.:* Kapitalverkehrsfreiheit und Drittstaaten – Ein (vorläufiger) Zwischenstand, IStR 2015, 755; *Haferkamp, U.:* Die Kapitalverkehrsfreiheit im System der Grundfreiheiten des EG-Vertrags, 2003; *Honrath, A.:* Umfang und Grenzen der Freiheit des Kapitalverkehrs, 1998; *Kokott, J./Ost, H.:* Europäische Grundfreiheiten und nationales Steuerrecht, EuZW 2011, S. 496; *Mörwald F./Nreka, K.:* Die Reichweite der Kapitalverkehrsfreiheit in Drittstaatenfällen – Bestandsaufnahme der neuen EuGH-Rechtsprechung zur Dividendenbesteuerung, EWS 2014, S. 76; *Müller, J.:* Kapitalverkehrsfreiheit in der Europäischen Union, 2000; *Pechstein, M./Köngeter, M.:* Auslandsinvestition mit Hindernissen, Jura 2006, S. 148; *Rohde, A.:* Freier Kapitalverkehr in der Europäischen Gemeinschaft, 1999; *Ruge, R.:* Goldene Aktien und EG-Recht, EuZW 2002, S. 421; *Stefánsson, S.:* Die Kapitalverkehrsfreiheit in der Europäischen Union und im Europäischen Wirtschaftsraum, EuR 2016, S. 706; *Unger, S.:* Anm. zu EuGH, Rs. C-47/12 (Kronos Inc./Finanzamt Leverkusen), EuZW 2015, S. 67; *v. Wilmowsky, P.:* Freiheit des Kapital- und Zahlungsverkehrs, in: Ehlers, D. (Hrsg.), Europäische Grundrechte und Grundfreiheiten, 4. Aufl. 2015, S. 470.

a) Verbot der Beschränkung des Kapital- und Zahlungsverkehrs

Die unmittelbar anwendbaren *Freiheiten des Kapital- und Zahlungsverkehrs* gelten sowohl zwischen den Mitgliedstaaten als auch zwischen den Mitgliedstaaten und dritten Ländern (Art. 63 AEUV). Die freie Verkehrsfähigkeit des vorhandenen Kapitals ist für eine auf marktwirtschaftlichen Grundsätzen beruhende Entwicklung des Wirtschaftsverkehrs innerhalb der Union unabdingbar. Die Freiheit des Zahlungsverkehrs ist eine notwendige Ergänzung der Waren- und der Personenverkehrsfreiheiten, denn sie sichert, dass auch die grenzüberschreitende Erbringung der Gegenleistung für gelieferte Waren oder erbrachte Leistungen unionsrechtlich garantiert ist. Sie ist ein notwendiges Korrelat dieser Grundfreiheiten.

1094

aa) Schutzbereiche

(α) Sachlicher Schutzbereich der Kapitalverkehrsfreiheit

Der AEUV enthält keine Definition des Begriffs „Kapitalverkehr"; auch der EuGH hat bislang keine Definition vorgenommen. Zur Konkretisierung greift er vielmehr auf die Nomenklatur für den Kapitalverkehr im Anhang der Richtlinie 88/361/EWG[1059] zurück[1060]. Dort sind enumerativ verschiedene Transaktionen aufgeführt, die unter die Kapitalverkehrsfreiheit fallen. Diese Aufzählung hat

1095

1059 ABl.EG 1988 Nr. L 178, S. 5.
1060 EuGH, verb. Rs. 286/82 u. 26/83, Slg. 1984, S. 377, Rn. 20 – *Luisi u. Carbone* (= P Nr. 210, 230); EuGH, Rs. C-222/97, Slg. 1999, S. I-1661, Rn. 21 – *Trummer*; EuGH, Rs. C-112/05, Slg. 2007, S. I-8995, Rn. 18 – *VW-Gesetz*; EuGH, Rs. C-560/13, ECLI:EU:C:2015:347, Rn. 23 – *Finanzamt Ulm/Wagner-Raith*.

für die Definition des Begriffs des Kapitalverkehrs indes nur Hinweischarakter und ist nicht abschließend[1061].

1096 Als Substrat dieser enumerativen Aufzählung lässt sich Kapitalverkehr als *einseitige Wertübertragung* in Form von Sachkapital (z. B. Immobilien, Unternehmensbeteiligungen) oder in Form von Geldkapital (z. B. gesetzlichen Zahlungsmitteln, Wertpapieren, Krediten) zwischen zwei Staaten definieren, die regelmäßig zugleich eine Vermögensanlage darstellt. Da sich das Kriterium der Einseitigkeit nicht auf den Wertsaldo des Austauschvertrages zwischen Käufer und Verkäufer, sondern auf die Zahlungsbilanz zwischen den Staaten bezieht, deren Staatsangehörige Käufer und Verkäufer sind, wird auch der *Immobilienerwerb* durch einen Gebietsfremden von den Bestimmungen über die Kapitalverkehrsfreiheit erfasst[1062]. Insoweit kommt es folglich nicht auf die Gegenseitigkeit des Kaufvertrages zwischen diesen beiden an. Im Verhältnis der beteiligten Staaten zueinander stellt ein Immobilienkauf stets eine einseitige Wertübertragung dar, weil die Immobilie nicht von einem Staat in den anderen transferiert werden kann und somit stets im Vermögen desjenigen Staates erhalten bleibt, in dem sie belegen ist. Damit wird der in der Kaufpreiszahlung liegende Kapitalzufluss nicht durch den Abfluss eines gleichwertigen Vermögenswertes kompensiert und ist insoweit als einseitige Wertübertragung zu sehen. Eine Besonderheit weist insoweit das Urteil *Mattner* auf, in welchem der EuGH das Erfordernis einer *grenzüberschreitenden* Wertübertragung aufspaltet in einerseits das Erfordernis einer *Grenzüberschreitung* und andererseits das einer *Wertübertragung*. Dementsprechend sah er die Übertragung eines in Deutschland belegenen Grundstücks zwischen zwei in den Niederlanden ansässigen Deutschen als von der Kapitalverkehrsfreiheit geschützt an und überprüfte die deutsche Schenkungsteuer am Maßstab der Art. 63 ff. AEUV[1063]. In Anlehnung an die anerkannten Modalitäten der Grenzüberschreitung bei der Dienstleistungsfreiheit ließe sich von „auslandsbedingtem Kapitalverkehr" sprechen (vgl. Rn. 1053), deren grundfreiheitliche Erfassung im Einklang steht mit der allgemeinen Ausrichtung der Grundfreiheiten auf den Schutz des Wirtschaftsverkehrs in grenzüberschreitenden Zusammenhängen.

1097 Weitere typische Fälle von Kapitalverkehr sind ferner *Direktinvestitionen* in Form der Beteiligung an einem Unternehmen durch Erwerb von Aktien und der Erwerb von Wertpapieren auf dem Kapitalmarkt[1064]. Auch der sog. *Kapitalverkehr mit persönlichem Charakter* (Schenkungen, Erbschaften, Kapitaltransfer

---

1061 EuGH, Rs. C-222/97, Slg. 1999, S. I-1661, Rn. 21 – *Trummer;* EuGH, Rs. C-464/98, Slg. 2001, S. I-173, Rn. 5 – *Stefan.*
1062 EuGH, Rs. C-423/98, Slg. 2000, S. I-5965, Rn. 14 – *Albore.*
1063 EuGH, Rs. C-510/08, Slg. 2010, S. I-3553, Rn. 19 ff. – *Mattner.* Anders noch EuGH, Rs. C-513/03, Slg. 2006, S. I-1957, Rn. 50 – *van der Heijden.*
1064 EuGH, Rs. C-503/99, Slg. 2002, S. I-4809, Rn. 38 – *Kommission/Belgien („Goldene Aktien III")* (= P Nr. 235); EuGH, Rs. C-112/05, Slg. 2007, S. I-8995, Rn. 18 – *VW-Gesetz;* EuGH, verb. Rs. C-105/12 bis C-107/12, ECLI:EU:C:2013:677, Rn. 40 – *Staat der Nederlanden/Essent NV u. a.*

von Arbeitnehmern während ihres Aufenthalts in einem anderen Mitgliedstaat etc.) wird vom Schutzbereich der Kapitalverkehrsfreiheit erfasst. Der Transfer von Banknoten unterfällt dann nicht den Regeln über den Kapitalverkehr, wenn er der Erfüllung einer Zahlungsverpflichtung dient, die einer Transaktion auf dem Gebiet des Waren- oder Dienstleistungsverkehrs entspringt[1065]; insoweit ist die Zahlungsverkehrsfreiheit einschlägig.

Der Schutzbereich der Kapitalverkehrsfreiheit überschneidet sich vielfach mit dem anderer Grundfreiheiten, was die Frage nach dem Verhältnis dieser zu jenen aufwirft. Der Abgrenzung kommt insbesondere in Sachverhalten mit Drittstaatenbezug eine überragende Bedeutung zu, da die Angehörigen letzterer sich ausschließlich auf die Kapital- und Zahlungsverkehrsfreiheit berufen können. Überschneidungen mit der *Warenverkehrsfreiheit* ergeben sich hinsichtlich körperlicher Sachen, die sowohl Gegenstand eines Handelsgeschäfts sein können als auch ein eigenständiges Vermögensrecht verkörpern können (Wertpapiere, Geld). Steht deren Eigenschaft als Gegenstand eines Handelsgeschäfts im Vordergrund, so ist auf ihren Transfer die Warenverkehrsfreiheit anzuwenden. Umgekehrt ist der Schutzbereich der Kapital- bzw. Zahlungsverkehrsfreiheit eröffnet, wenn der in der Sache verkörperte Vermögenswert dem Transfer seinen wirtschaftlichen Sinn gibt. Demnach fällt beispielsweise die Übertragung von Münzen in den Schutzbereich des Art. 63 AEUV, wenn es sich bei diesen um gesetzliche Zahlungsmittel handelt. Der Schutzbereich der Warenverkehrsfreiheit ist wiederum eröffnet, wenn die Münzen kein gesetzliches Zahlungsmittel (mehr) sind, sondern als Sammlerobjekte mit rein numismatischem Wert gehandelt und transferiert werden[1066].

1098

Kapitalverkehr und *Niederlassungsfreiheit* haben hingegen zahlreiche Berührungspunkte[1067]. So sind mit der Errichtung einer Niederlassung regelmäßig Investitionen in die Niederlassung, also einseitige Wertübertragungen, verbunden (etwa ein Grundstückserwerb). Ebenso scheinen Kapitalbewegungen im Rahmen grenzüberschreitender Unternehmensstrukturen – z. B. Dividendenausschüttungen oder Darlehensgewährungen zwischen Mutter- und Tochtergesellschaft – den Schutzbereich beider Grundfreiheiten zu berühren. Die teilweise Überschneidung der Niederlassungs- und Kapitalverkehrsfreiheit findet zwar in Art. 49 Abs. 2 AEUV und Art. 65 Abs. 2 AEUV eine gewisse normative Bestätigung. Allerdings lässt sich dem Wortlaut der Vorschriften nicht eindeutig entneh-

1099

1065 EuGH, verb. Rs. 286/82 u. 26/83, Slg. 1984, S. 377, Rn. 22 – *Luisi u. Carbone* (= P Nr. 210, 230).
1066 Ohne zu differenzieren, ob nun der Schutzbereich der Kapital- oder der Zahlungsverkehrsfreiheit eröffnet ist EuGH, Rs. 7/78, Slg. 1978, S. I-2247, Rn. 27 ff. – *Thompson* (= P Nr. 229).
1067 Vgl. EuGH, Rs. C-446/04, ECLI:EU:C:2006:774, Rn. 36 – *Test Claimants in the FII Group Litigation/Commissioners of Inland Revenue*; EuGH, verb. Rs. C-436/08 u. C-437/08, ECLI:EU:C:2011:61, Rn. 33 – *Haribo Lakritzen Hans Riegel BetriebsgmbH/Österreichische Salinen AG*.

men, ob durch sie eine parallele Anwendung der Kapitalverkehrs- und Niederlassungsfreiheit ausgeschlossen werden sollte (Art. 49 Abs. 2 AEUV, „Vorbehaltlich [...]") oder ob ihnen ein in besonderer Weise verschränktes Anwendungsverhältnis zugedacht war (Art. 65 Abs. 2 AEUV, „[...] berührt nicht die Anwendbarkeit von Beschränkungen [...]").

1100 Die Rechtsprechung ließ in dieser Frage kein einheitliches Konkurrenzverständnis erkennen[1068]. In zahlreichen Urteilen gelangte der EuGH zu der Feststellung, dass mit der Annahme eines Verstoßes gegen die eine Grundfreiheit, die jeweils andere nicht mehr „geprüft zu werden braucht"[1069]. Nach diesem Muster beschränkt sich der EuGH etwa in seinen Urteilen zu sog. *Goldenen Aktien*[1070] zumeist auf eine Prüfung der Kapitalverkehrsfreiheit[1071]. Obwohl die einschlägigen Urteile mit Blick auf die Konkurrenzproblematik nur bedingt aussagekräftig waren[1072], wurden sie in der Literatur verbreitet als Nachweis einer vermeintlichen Positionierung des EuGH angeführt – in den Augen der einen[1073] belegten sie die gerichtliche Anerkennung einer parallelen Anwendbarkeit der Art. 49 und 63 AEUV, in denen der anderen[1074] belegten sie den Vorrang der Kapitalverkehrsfreiheit[1075]. Mittlerweile lässt sich allerdings eine Entwicklung der Rechtsprechung dahingehend feststellen, dass der EuGH anhand einer differenzierten Schwerpunktbetrachtung des der Entscheidung zugrundeliegenden Sach-

---

1068 Vgl. hierzu auch *Germelmann*, EuZW 2008, S. 596.
1069 EuGH, Rs. C-302/97, Slg. 1999, S. I-3099, Rn. 55 – *Konle*; EuGH, Rs. C-367/98, Slg. 2002, S. I-4731, Rn. 56 – *Kommission/Portugal* („*Goldene Aktien I*"); EuGH, Rs. C-483/99, Slg. 2002, S. I-4781, Rn. 56 – *Kommission/Frankreich* („*Goldene Aktien II*") (= P Nr. 234); EuGH, Rs. C-463/00, Slg. 2003, S. I-4581, Rn. 86 – *Kommission/Spanien* („*Goldene Aktien IV*") (= P Nr. 231); EuGH, Rs. C-98/01, Slg. 2003, S. I-4641, Rn. 52 – *Kommission/Vereinigtes Königreich* („*Goldene Aktien V*"); EuGH, Rs. C-235/17, ECLI:EU:C:2019:432, Rn. 53 – *Kommission/Ungarn* (*Usufruits sur terres agricoles*).
1070 Bei Goldenen Aktien handelt es sich um Sonderrechte in Bezug auf oftmals zuvor privatisierte Unternehmen, die sich der Staat durch Gesetz oder Satzungsänderung vorbehält.
1071 Siehe aber EuGH, Rs. C-543/08, Slg. 2010, S. I-11241, Rn. 41 – *Kommission/Portugal*; EuGH, Rs. C-244/11, ECLI:EU:C:2012:694, Rn. 19 ff. – *Kommission/Griechenland*.
1072 Es ist den prozessualen Besonderheiten des Vertragsverletzungsverfahrens geschuldet, dass den Entscheidungen des EuGH zu den sog. Goldenen Aktien für Konkurrenzfragen regelmäßig nur geringe Aussagekraft zukommt. Schließlich ist eine Abgrenzung zwischen verschiedenen Grundfreiheiten immer nur mit Blick auf einen konkreten Einzelfall möglich, den es bei der abstrakten Beurteilung eines nationalen Gesetzes im Rahmen eines Verfahrens nach Art. 258 f. AEUV aber naturgemäß nicht gibt. Soweit daher nach dem Inhalt der mitgliedstaatlichen Regelung sowohl Portfolioinvestitionen als auch unternehmerisch motivierte Investitionen erfasst werden, kann weder Art. 49 AEUV noch Art. 63 AEUV ausgeschlossen werden, vgl. EuGH, Rs. C-543/08, Slg. 2010, S. I-11241, Rn. 41 ff. – *Kommission/Portugal*.
1073 So etwa *Rees/Ukrow*, in: Grabitz/Hilf/Nettesheim (Hrsg.), Das Recht der Europäischen Union, 66. EL Februar 2019, Art. 63 AEUV Rn. 319; *Bröhmer*, in: Calliess/Ruffert (Hrsg.), EUV/AEUV, Art. 63 AEUV Rn. 35; *Wojcik*, in: v. d. Groeben/Schwarze/Hatje (Hrsg.), Europäisches Unionsrecht, Art. 63 AEUV Rn. 65.
1074 So etwa *Kiemel*, in: v. d. Groeben/Schwarze (Hrsg.), Art. 56 EGV Rn. 20.
1075 Für eine differenzierte Abgrenzung nach dem jeweiligen Schwerpunkt im konkreten Fall *Bröhmer*, in: Calliess/Ruffert (Hrsg.), EUV/AEUV, Art. 63 AEUV Rn. 35.

verhalts, die Einschlägigkeit der jeweiligen Grundfreiheit festlegt[1076]. Für den Bereich sog. Direktinvestitionen bringt der EuGH konsequentermaßen nur die jeweils im Schwerpunkt betroffene Grundfreiheit zur Anwendung. Führt die grenzüberschreitende Investition zur Möglichkeit der Ausübung unternehmerischen Einflusses – was bereits bei einer 20–25 %-igen Beteiligung der Fall ist –, so ist allein der Schutzbereich der Niederlassungsfreiheit eröffnet[1077]. Handelt es sich hingegen um sog. Portfolioinvestitionen, die ausschließlich der Geldanlage dienen, ist der Schutzbereich der Kapitalverkehrsfreiheit betroffen[1078]. Ist nach dieser Abgrenzung ausschließlich Art. 49 AEUV anzuwenden, führt dies für Fälle mit Drittstaatsbezug zur Versagung des grundfreiheitlichen Schutzes[1079].

Als besonders problematisch stellen sich indes solche mitgliedstaatlichen Regelungen dar, die sowohl Kontroll- als auch Portfolioinvestitionen betreffen können. Insoweit stellt der Gerichtshof grundsätzlich auf die „tatsächlichen Gegebenheiten des konkreten Falls" ab[1080]. Ist jedoch mangels Eröffnung des persönlichen Schutzbereiches die Niederlassungsfreiheit bei Vorliegen einer Kontrollbeteiligung nicht anwendbar, so kommt es hingegen nicht konkret auf die Höhe der Beteiligung an[1081]. In diesem Falle ist es für die Einschlägigkeit der Kapitalverkehrsfreiheit ausreichend, dass die mitgliedstaatliche Vorschrift abstrakt auf Portfolioinvestitionen anwendbar ist. Mit dieser Rechtsprechungslinie gewährleistet der EuGH zwar einen weitgehenden Grundfreiheitsschutz; in systematischer Hinsicht unterliegt dieses Vorgehen jedoch durchaus kritischer Betrachtung[1082]. Mögliches Folgeszenario dieser Rechtsprechung wäre nämlich, dass z. B. der „Kapitalerwerb" eines in Deutschland ansässigen Unternehmens i. H. v. 20 % durch ein französisches Unternehmen, als durch die Niederlassungsfreiheit geschützt bewertet wird, wohingegen ein entsprechender Vorgang durch ein in einem Drittstaat ansässiges Unternehmen den Schutzbereich der Kapitalverkehrsfreiheit eröffnet. Hinzuweisen ist allerdings darauf, dass die im Rahmen der Abgrenzung auftretenden systematischen Unregelmäßigkeiten insoweit Stringenz aufweisen, als dass der EuGH sein Bestreben, die Schutzbereichseröff-

1101

1076 *Bröhmer*, in: Calliess/Ruffert (Hrsg.), EUV/AEUV, Art. 63 AEUV Rn. 35; *Wojcik*, in: v. d. Groeben/Schwarze/Hatje (Hrsg.), Europäisches Unionsrecht, Art. 63 AEUV Rn. 65; *Gramlich*, in: Pechstein/Nowak/Häde (Hrsg.), Frankfurter Kommentar EUV/GRC/AEUV, Art. 63 AEUV Rn. 36.
1077 Zu einer 20 %-Schwelle, vgl. EuGH, Rs. C-244/11, ECLI:EU:C:2012:694, Rn. 19 ff. – *Kommission/Griechenland*. Zu einer 25 %-Schwelle, vgl. EuGH, Rs. C-31/11, ECLI:EU:C:2012:481, Rn. 25 ff. – *Scheunemann*.
1078 EuGH, Rs. C-35/98, Slg. 2000, S. I-4071, Rn. 26 f. – *Verkooijen*.
1079 EuGH, Rs. C-31/11, ECLI:EU:C:2012:481, Rn. 25 ff. – *Scheunemann*.
1080 EuGH, Rs. C-35/11, ECLI:EU:C:2012:707, Rn. 94 – *Test Claimants in the FII Group Litigation*; Für eine parallele Anwendbarkeit im Bereich des Beteiligungserwerbs: *Gramlich*, in: Pechstein/Nowak/Häde (Hrsg.), Frankfurter Kommentar EUV/GRC/AEUV, Art. 63 AEUV Rn. 36.
1081 EuGH, Rs. C-47/12, ECLI:EU:C:2014:2200, Rn. 41 f. – *Kronos*.
1082 Vgl. etwa *Unger*, EuZW 2015, S. 67; *Wojcik*, in: v. d. Groeben/Schwarze/Hatje (Hrsg.), Europäisches Unionsrecht, Art. 63 AEUV Rn. 66.

nung der übrigen Grundfreiheiten über die Brücke der kapitalverkehrsfreiheitlichen Drittstaatenwirkung – praktisch „durch die Hintertür", zu verhindern, offen darlegt[1083]. Angesichts der unterschiedlichen Schutzrichtungen – die Eröffnung des EU-Finanzmarkts für drittstaatliche Investitionen und damit einhergehende Förderung des Produktionsfaktors Kapital[1084] (Kapitalverkehr) einerseits und die Verwirklichung des europäischen Binnenmarkts (Niederlassungsfreiheit) andererseits, kann die unterschiedliche rechtliche Bewertung eines augenscheinlich – bis auf den drittstaatlichen Charakter – gleichgelagerten Sachverhalts auch nicht verwundern[1085].

1102 Schließlich ist auch das Verhältnis der Kapitalverkehrsfreiheit zur *Dienstleistungsfreiheit* nicht eindeutig. In tatsächlicher Hinsicht weisen zahlreiche Wirtschaftsvorgänge sowohl Elemente einer Dienstleistung als auch eines Kapitaltransfers auf, so z.B. die sog. Finanzdienstleistungen der Banken und Versicherer. Eine normative Anerkennung hat dieser Befund insoweit in der Regelung des Art. 57 Abs. 1 AEUV gefunden, als die Dienstleistungsfreiheit danach nur einschlägig ist, soweit nicht die Kapitalverkehrsfreiheit anwendbar ist. Mit der Entscheidung *Fidium Finanz*[1086] stellt der EuGH jedoch klar, dass Art. 57 Abs. 1 AEUV keine Abgrenzungsregel darstellt, welche im Falle der Einschlägigkeit verschiedener Grundfreiheiten eine prinzipielle Nachrangigkeit der Dienstleistungsfreiheit anordnet[1087]. Fällt ein einheitlicher Lebenssachverhalt in den Schutzbereich mehrerer Grundfreiheiten, so ist vielmehr zu prüfen, ob sich ein wirtschaftlicher Schwerpunkt ermitteln lässt. Ist dies der Fall, erfolgt die Prüfung anhand derjenigen Grundfreiheit, in deren sachlichen Schutzbereich dieser Schwerpunkt fällt. Insoweit überprüft der EuGH eine mitgliedstaatliche Regelung ausschließlich am Maßstab von Art. 63 Abs. 1 AEUV, sofern eine hiervon ausgehende Beeinträchtigung einer anderen Grundfreiheit (typischerweise der Dienstleistungs- oder der Niederlassungsfreiheit) nur „die unvermeidliche Folge einer eventuellen Beschränkung des freien Kapitalverkehrs" darstellt[1088].

(β) Sachlicher Schutzbereich der Zahlungsverkehrsfreiheit

1103 Eine spezielle Ausprägung des Kapitalverkehrs stellt der *Zahlungsverkehr* dar, der in Art. 63 Abs. 2 AEUV gesondert geregelt ist. Zahlungsverkehr ist die grenzüberschreitende Übertragung von Zahlungsmitteln (Banknoten, Wechseln,

---

1083 EuGH, Rs. C-35/11, ECLI:EU:C:2012:707, Rn. 100 – *Test Claimants in the FII Group Litigation/Commissioners of Inland Revenue;* EuGH, Rs. C-47/12, ECLI:EU:C:2014:2200, Rn. 53 – *Kronos.*
1084 *Bröhmer,* in: Calliess/Ruffert (Hrsg.), EUV/AEUV, Art. 63 AEUV Rn. 4.
1085 Vgl. auch *Germelmann,* EuZW 2008, S. 596 ff.
1086 EuGH, Rs. C-452/04, Slg. 2006, S. I-9521, Rn. 31 ff. – *Fidium Finanz* (= P Nr. 214).
1087 Der bislang in der Literatur verbreiteten Auffassung, die Dienstleistungsfreiheit sei gegenüber der Kapitalverkehrsfreiheit subsidiär, erteilt der EuGH mit dem Urteil *Fidium Finanz* eine Absage.
1088 EuGH, verb. Rs. C-197/11 u. C-203/11, ECLI:EU:C:2013:288, Rn. 62 – *Libert;* EuGH, Rs. C-182/08, Slg. 2009, S. I-8591, Rn. 51 – *Glaxo Wellcome.*

Schecks, Akkreditiven), die *um einer Gegenleistung willen* (Warenlieferung, Dienstleistung) erbracht wird. Grund für die tatbestandliche Abgrenzung des Zahlungsverkehrs in einer Spezialvorschrift sind zunächst die zwischen Kapitalverkehr im Allgemeinen und dem Zahlungsverkehr im Speziellen differenzierenden Schrankenregelungen der Art. 64 und 66 AEUV. Die Freiheit des Zahlungsverkehrs ist überdies als *eigenständige Grundfreiheit* zu qualifizieren[1089]. Gegen eine solche Kategorisierung spricht zwar, dass die Zahlungsverkehrsfreiheit im Kern ein unerlässliches Korrelat des freien Waren-, Personen- und Dienstleistungs- sowie Kapitalverkehrs ist[1090], da ansonsten die in diesen Austauschverhältnissen erzielten Erträge nicht transferiert werden könnten[1091]. Der Schutzbereich der Zahlungsverkehrsfreiheit geht jedoch über diese Annexfunktion zugunsten der übrigen Grundfreiheiten hinaus. Ausweislich des Wortlauts des Art. 63 Abs. 2 AEUV umfasst er auch den Zahlungsverkehr mit Drittstaaten. Daher fallen beispielsweise auch Vergütungen für Leistungen oder Warenlieferungen aus Drittstaaten, die nicht von einer der Grundfreiheiten erfasst werden, in den Schutzbereich der Zahlungsverkehrsfreiheit.

(γ) Persönlicher, räumlicher und zeitlicher Schutzbereich
der Kapital- und Zahlungsverkehrsfreiheit

Kapital- und Zahlungsverkehrsfreiheit sind keine Personenverkehrsfreiheiten. Wie die Warenverkehrsfreiheit schützt auch Art. 63 AEUV nicht lediglich Staatsangehörige der Mitgliedstaaten vor Eingriffen in den sachlichen Schutzbereich (Rn. 909). Der persönliche Schutzbereich der Kapital- und der Zahlungsverkehrsfreiheit ist daher nicht auf diese beschränkt, so dass sich jede natürliche oder juristische Person (vgl. Rn. 867, 1008) unabhängig von ihrer Staatsangehörigkeit darauf berufen kann. Auch der räumliche Schutzbereich weicht von den Regelungen aller übrigen Grundfreiheiten ab. Entsprechend dem Wortlaut des Art. 63 AEUV wird nicht nur der Kapitalverkehr zwischen den Mitgliedstaaten geschützt, sondern darüber hinaus auch der *zwischen den Mitgliedstaaten und Drittstaaten*. Für drittstaatsangehörige Wirtschaftsteilnehmer rücken damit Fragen der Abgrenzung des Art. 63 AEUV zu anderen Grundfreiheiten in den Mittelpunkt des Interesses (vgl. Rn. 1099 f.). Hinsichtlich des zeitlichen Schutzbereichs ergeben sich indes keine Besonderheiten.

1104

1089 So auch *Wojcik*, in: v. d. Groeben/Schwarze/Hatje (Hrsg.), Europäisches Unionsrecht, Art. 63 AEUV Rn. 5.
1090 EuGH, verb. Rs. C-163/94, C-165/94 u. C-250/94, Slg. 1995, S. I-4821, Rn. 17 – *Sanz de Lera* (= P Nr. 233).
1091 EuGH, Rs. C-412/97, Slg. 1999, S. I-3845, Rn. 17 – *ED*.

bb) Eingriff

(α) Handlung eines Verpflichtungsadressaten

1105 Die Kapital- wie auch die Zahlungsverkehrsfreiheit richten sich primär an die Mitgliedstaaten; daneben sind auch die Organe der Union daran gebunden[1092]. Ob und in welcher dogmatischen Konstellation Handlungen Privater, welche die beiden Grundfreiheiten materiell beeinträchtigen, auch formell als Eingriff erfasst werden, ist von der Rechtsprechung bislang nicht entschieden. Die Gleichartigkeit der zugrunde liegenden Sachprobleme spricht indes für eine Übertragung sowohl der Schutzpflichtenkonstruktion (Rn. 911) als auch der Figur der „intermediären Gewalten" (Rn. 958) auf die Kapital- wie auch auf die Zahlungsverkehrsfreiheit. Ein Mitgliedstaat ist daher z. B. verpflichtet, Ausschreitungen gegen ausländisches Anlagevermögen (z. B. Immobilien) zu unterbinden, um zu verhindern, dass in einem Mitgliedstaat oder einer Region ein Klima entsteht, das geeignet ist, den Zufluss von ausländischem Kapital oder den Abfluss von inländischem Kapital zu behindern.

(β) Einheitlicher Beschränkungsbegriff

1106 Art. 63 AEUV bestimmt sowohl für den Kapital- als auch für den Zahlungsverkehr, dass alle Beschränkungen zwischen den Mitgliedstaaten sowie zwischen den Mitgliedstaaten und dritten Ländern verboten sind. Anders als die Personenverkehrsfreiheiten und als die Dienstleistungsfreiheit knüpft der Eingriffsbegriff damit nicht an eine Diskriminierung nach einem Tabukriterium – etwa der Kapitalherkunft oder der Staatsangehörigkeit der Finanzmarktteilnehmer – an. Wie die Warenverkehrsfreiheit (Rn. 915) enthalten also weder die Kapital- noch die Zahlungsverkehrsfreiheit ein eigenständiges Diskriminierungsverbot, sondern ein weit gefasstes *einheitliches spezifisches Beschränkungsverbot*, welches sowohl Ungleichbehandlungen der Finanzmarktteilnehmer aus Gründen der Staatsangehörigkeit[1093] als auch alle übrigen, unterschiedslosen Maßnahmen erfasst[1094]. Der EuGH äußert sich mitunter missverständlich zu dieser Frage. So begründet er die Subsidiarität des Art. 18 AEUV damit, dass „Art. 63 AEUV auf dem Gebiet des freien Kapitalverkehrs ein besonderes Diskriminierungsverbot"[1095] vorsehe. Gleichwohl scheint der Gerichtshof nicht davon auszugehen, dass diesem Diskriminierungsverbot im Rahmen der Eingriffsdogmatik zu Art. 63 AEUV eine eigenständige Bedeutung zukommt, da er im Rahmen der Prüfung eines

---

1092 Vgl. hierzu *Pechstein/Köngeter*, Jura 2006, S. 148, 151.
1093 EuGH, Rs. C-483/99, Slg. 2002, S. I-4781, Rn. 40 – *Kommission/Frankreich* („*Goldene Aktien II*") (= P Nr. 234); EuGH, Rs. C-367/98, Slg. 2002, S. I-4731, Rn. 44 – *Kommission/Portugal* („*Goldene Aktien I*").
1094 Vgl. auch *Ress/Ukrow*, in: Grabitz/Hilf/Nettesheim (Hrsg.), Das Recht der Europäischen Union, 67. EL Februar 2019, Art. 63 AEUV Rn. 158.
1095 EuGH, Rs. C-443/06, Slg. 2007, S. I-8491, Rn. 29 – *Hollmann*; EuGH, Rs. C-222/04, Slg. 2006, S. I-289, Rn. 99 – *Cassa di Risparmio di Firenze*.

Eingriffs konsequent von *Beschränkungen* spricht, wenngleich einige Fälle durchaus Anlass für die Prüfung einer Diskriminierung aus Gründen der Staatsangehörigkeit gegeben hätten[1096] – im Urteil *Hollmann* ging es etwa um eine Vorschrift, welche die Gewinne aus der Veräußerung einer im Inland belegenen Immobilie einer höheren Steuer unterwarf, sofern der Veräußerer im EU-Ausland ansässig war. Damit ist weiterhin davon auszugehen, dass Art. 63 AEUV ausschließlich ein weites Beschränkungsverbot enthält[1097]. Dies schließt jedoch nicht aus, dass mitgliedstaatliche Eingriffe sich phänomenologisch gleichwohl in unterscheidende und gleichbehandelnde einteilen lassen. In offensichtlicher Anlehnung an die *Dassonville*-Formel (Rn. 917 ff.) stellt mithin jede innerstaatliche oder unionsrechtliche Regelung, die „geeignet [ist], den freien Kapitalverkehr illusorisch zu machen"[1098], einen Eingriff dar. Auch Maßnahmen des Herkunftsstaates, die den Kapitalaustritt behindern (wie ein Genehmigungserfordernis bei grenzüberschreitenden Investitionen[1099]), werden davon erfasst. Damit ist jede Maßnahme verboten, die den Zufluss, den Abfluss oder den Durchfluss von Kapital der Form, dem Wert oder der Menge nach auf Dauer oder zeitweise behindert, begrenzt oder völlig untersagt.

Angesichts der Weite dieses Beschränkungsbegriffs und der Schutzrichtung der Freiheiten des AEUV ist auch die Anwendbarkeit der in der *Keck*-Formel zum Ausdruck kommenden Begrenzung des Eingriffsbegriffes auf die Kapitalverkehrsfreiheit zu bejahen[1100]. Die *Keck*-Formel verengt das Spektrum verbotener Beschränkungen auf Maßnahmen, die den Marktzugang aus anderen Mitgliedstaaten behindern (Rn. 922 ff.). Der EuGH fasst den Begriff der *Marktzugangsbehinderung* bei der Kapitalverkehrsfreiheit allerdings sehr weit. Darunter fallen nämlich sämtliche Maßnahmen, welche „die Situation des Erwerbers einer Beteiligung als solche" berühren und die daher geeignet sind, „Anleger aus anderen Mitgliedstaaten von solchen Investitionen abzuhalten"[1101]. Mitgliedstaatliche Regelungen, die lediglich Rahmenbedingungen für Kapitalverkehrsgeschäfte festlegen, fallen dagegen nicht unter das Beschränkungsverbot, wenn sie den Zugang zum Kapitalmarkt eines Mitgliedstaates nicht behindern. Solche Bestimmungen sind etwa Grundbuchvorschriften oder Notarpflichten im Grundstücksverkehr[1102].

1107

1096 EuGH, Rs. C-443/06, Slg. 2007, S. I-8491, Rn. 34–40 – *Hollmann;* EuGH, Rs. C-370/05, Slg. 2007, S. I-1129, Rn. 24 f. – *Festersen*, siehe hierzu Anm. v. *Pechstein,* EWS 2007, S. 471.
1097 Anders etwa GA *Kokott,* Rs. C-265/04, Slg. 2006, S. I-923, Rn. 31 – *Bouanich.*
1098 EuGH, Rs. C-483/99, Slg. 2002, S. I-4781, Rn. 41 – *Kommission/Frankreich („Goldene Aktien II")* (= P Nr. 234).
1099 EuGH, Rs. C-567/07, Slg. 2009, S. I-9021, Rn. 21 ff. – *Servatius.*
1100 EuGH, Rs. C-463/00, Slg. 2003, S. I-4581, Rn. 58 ff. – *Kommission/Spanien („Goldene Aktien IV")* (= P Nr. 231); EuGH, Rs. C-98/01, Slg. 2003, S. I-4641, Rn. 45 ff. – *Kommission/Vereinigtes Königreich („Goldene Aktien V");* EuGH, Rs. C-171/08, Slg. 2010, S. I-6817, Rn. 65 ff. – *Kommission/Portugal.* Vgl. auch *Dietz/Streinz,* EuR 2015, S. 50, 56.
1101 EuGH, Rs. C-463/00, Slg. 2003, S. I-4581, Rn. 61 – *Kommission/Spanien („Goldene Aktien IV")* (= P Nr. 231).
1102 Vgl. *Bröhmer,* in: Calliess/Ruffert (Hrsg.), EUV/AEUV, Art. 63 AEUV Rn. 75.

1108 Als kritikwürdig, wenn nicht sogar rechtsfehlerhaft, muss es daher bezeichnet werden, dass der EuGH teilweise auf die Anwendung seiner eigenen Vorgaben und damit auf eine Eingrenzung des weiten Beschränkungsverbotes verzichtet. In der Entscheidung zum *VW-Gesetz* lässt der EuGH es zur Annahme eines Eingriffs ausreichen, dass die fraglichen (unterschiedslos wirkenden) Vorschriften „das Interesse [potentieller Anleger] am Erwerb einer Kapitalbeteiligung [...] verringern"[1103], ohne sich hinreichend erkennbar mit dem Marktzugangskriterium auseinanderzusetzen[1104].

cc) Rechtfertigung

1109 Auf der Rechtfertigungsebene ist wie bei allen Grundfreiheiten danach zu unterscheiden, ob ein tatbestandlich nach der Staatsangehörigkeit ungleich behandelnder oder ein unterschiedsloser Eingriff vorliegt. Ungleich behandelnde Eingriffe können nur mit den geschriebenen Rechtfertigungsgründen der Art. 64 und 65 AEUV gerechtfertigt werden; die unterschiedslosen hingegen sowohl mit den geschriebenen Rechtfertigungsgründen als auch mit dem ungeschriebenen Rechtfertigungsgrund der zwingenden Gründe des Allgemeininteresses. Die EU-Grundrechte finden wohl auf beide Eingriffstypen Anwendung (siehe Rn. 880). Die Darstellung beschränkt sich im Folgenden auf die in Ausbildung und Examen relevanten Rechtfertigungsgründe des Art. 65 AEUV und die zwingenden Gründe des Allgemeininteresses. Art. 65 AEUV bezieht sich ausdrücklich sowohl auf die Kapital- als auch die Zahlungsverkehrsfreiheit. Auch die ungeschriebenen Rechtfertigungsgründe sind auf beide Grundfreiheiten anwendbar.

(α) Geschriebene Rechtfertigungsgründe

(αα) Rechtfertigungsgründe nach Art. 65 Abs. 1 lit. a AEUV

1110 Den Mitgliedstaaten ist es gestattet, die einschlägigen Vorschriften des Steuerrechts anzuwenden, die Steuerpflichtige mit unterschiedlichem Wohnort oder Kapitalanlageort unterschiedlich behandeln (Art. 65 Abs. 1 lit. a AEUV). Diese Rechtfertigungsmöglichkeit erfasst – entsprechend ihrem Wortlaut – nur ungleich behandelnde Maßnahmen. Art. 65 Abs. 1 lit. a AEUV trägt dem Umstand Rechnung, dass die Steuerhoheit zu den wesentlichen Grundlagen staatlicher Souveränität gehört und es der Union bisher nicht gelungen ist, insbesondere auf dem Gebiet der direkten Steuern, eine weitgehende Harmonisierung zu erreichen. Soweit keine unionsrechtlichen Regelungen vorliegen, sind die Mitgliedstaaten nicht gehindert, Steuerzahler mit unterschiedlichem Wohnsitz oder Kapitalanlageort unterschiedlich zu behandeln. Zudem verdeutlicht eine in die Schlussakte zum Maastrichter Vertrag aufgenommene Erklärung zu ex-Art. 73 d

---
1103 EuGH, Rs. C-112/05, Slg. 2007, S. I-8995, Rn. 54, 66 – *VW-Gesetz*.
1104 Zustimmend dagegen *Frenz*, EWS 2011, S. 125, 129 ff.

EGV (später Art. 58 EGV, jetzt Art. 65 AEUV), dass die Mitgliedstaaten davon ausgehen, dass unter die in Abs. 1 lit. a genannten „einschlägigen Vorschriften" im Kapital- und Zahlungsverkehr zwischen den Mitgliedstaaten nur solche fallen, die bereits Ende 1993 bestanden haben („Standstill-Klausel")[1105]. Neue Regelungen im Kapital- und Zahlungsverkehr zwischen den Mitgliedstaaten können nicht auf Art. 65 Abs. 1 lit. a AEUV gestützt werden.

Im Rahmen des Art. 65 Abs. 1 lit. a AEUV sind nur Beschränkungen zulässig, die mit den für sie geltenden *Schranken-Schranken* vereinbar sind. Sie müssen daher wie alle Grundfreiheiten dem *Grundsatz der Verhältnismäßigkeit* entsprechen (Rn. 881). Dies ist zu bejahen, wenn sie geeignet und erforderlich sind, dem mit dem Rechtfertigungsgrund vorgebrachten Ziel zu dienen, und angemessen erscheinen[1106]. Im Rahmen einer Rechtfertigung nach Art. 65 AEUV sind die Mitgliedstaaten und die Union überdies an die spezielle Schranken-Schranke des Art. 65 Abs. 3 AEUV gebunden[1107]. Eine Ungleichbehandlung darf danach *weder willkürlich diskriminierend sein noch eine verschleierte Beschränkung* der Kapital- und Zahlungsverkehrsfreiheit darstellen. Da der Rechtfertigungsgrund in Art. 65 Abs. 1 lit. a AEUV Ungleichbehandlungen nach dem Wohn- oder Kapitalanlageort ausdrücklich zulässt, kommt der Schranken-Schranke der willkürlichen Diskriminierung besondere Bedeutung zu. Eine nach dem Wohn- oder Kapitalanlageort differenzierende Maßnahme ist stets daraufhin zu überprüfen, ob eine zulässige Ungleichbehandlung nach Art. 65 Abs. 1 lit. a AEUV oder eine unzulässige willkürliche Diskriminierung nach Art. 65 Abs. 3 AEUV vorliegt. Eine verbotene willkürliche Diskriminierung liegt nicht vor, wenn die Ungleichbehandlung entweder „objektiv nicht vergleichbare Situationen betrifft" oder „durch zwingende Gründe des Allgemeininteresses" gerechtfertigt ist[1108]. Der vom Gerichtshof benutzte Begriff der Rechtfertigung ist in diesem Zusammenhang untechnisch zu verstehen, da die zwingenden Gründe des Allgemeininteresses hierbei gerade nicht als ungeschriebene Rechtfertigungsgründe, sondern als Schranken-Schranke Eingang in die Prüfung finden. Der Begriff der verschleierten Beschränkung ist in der Rechtsprechung bislang nicht konkretisiert worden. In der Sache dürfte ihr neben dem Willkürverbot und dem Grundsatz der Verhältnismäßigkeit keine eigenständige Bedeutung zukommen[1109].

1111

(ββ) Rechtfertigungsgründe nach Art. 65 Abs. 1 lit. b AEUV

Sämtliche Eingriffe können auch nach Art. 65 Abs. 1 lit. b AEUV gerechtfertigt werden. Danach sind die Mitgliedstaaten berechtigt, die unerlässlichen Maßnah-

1112

1105 ABl.EG 1992 Nr. C 191, S. 99.
1106 Vgl. EuGH, Rs. C-282/12, ECLI:EU:C:2013:629, Rn. 34–36 – *Itelcar*.
1107 EuGH, Rs. C-35/98, Slg. 2000, S. I-4071, Rn. 44 – *Verkooijen*.
1108 EuGH, Rs. C-315/02, Slg. 2004, S. I-7063, Rn. 27 – *Lenz* (= P Nr. 236); EuGH, Rs. C-171/08, ECLI:EU:C:2010:412, Rn. 69 – *Kommission/Portugal*; EuGH, Rs. C-489/13, ECLI:EU:C:2014:2210, Rn. 27 f. – *Verest u. Gerards*.
1109 Vgl. auch *Bröhmer*, in: Calliess/Ruffert (Hrsg.), EUV/AEUV, Art. 65 AEUV Rn. 53.

men zu treffen, um *Zuwiderhandlungen gegen innerstaatliche Rechts- und Verwaltungsvorschriften zu verhindern*, insbesondere auf dem Gebiet des Steuerrechts und der Aufsicht über Finanzinstitute (Art. 65 Abs. 1 lit. b, 1. Alt. AEUV). Hier dürften die in diesen Bereichen typischen Kontrollmaßnahmen, wie etwa Auskunftsrechte und Einsichtnahmerechte, in Betracht kommen, die zur Bekämpfung rechtswidriger Tätigkeiten (z. B. Steuerhinterziehung) erforderlich sind. Die Bestimmung nennt das Steuer- und das Bankenaufsichtsrecht nur beispielhaft („insbesondere"). Dies bedeutet, dass auch andere Maßnahmen erlaubt sind, soweit sie auf die Verhinderung rechtswidriger Tätigkeiten vergleichbarer Schwere, wie der Geldwäsche, des Drogenhandels und des Terrorismus, abzielen[1110]. Der Schutz allgemeiner finanzieller Interessen eines Mitgliedstaates ist kein hinreichender Rechtfertigungsgrund[1111].

1113 Die gleiche Anerkennung erfährt das Recht, *Meldeverfahren für den Kapitalverkehr zwecks administrativer oder statistischer Informationen* vorzusehen (Art. 65 Abs. 1 lit. b, 2. Alt. AEUV). Auch wenn der Wortlaut ausschließlich auf den Kapitalverkehr verweist, ist die Regelung auch entsprechend auf die Zahlungsverkehrsfreiheit anwendbar, da es sich insoweit um ein Redaktionsversehen handelt[1112]. Nicht mit dem Unionsrecht vereinbar ist jedoch eine umfassende Genehmigungspflicht, welche die Devisenausfuhr in jedem einzelnen Fall von einer Zustimmung der Verwaltung abhängig macht. Dies würde die Freiheit des Kapital- und Zahlungsverkehrs in das Ermessen der mitgliedstaatlichen Behörden stellen und die unionsrechtliche Freiheit illusorisch werden lassen[1113].

1114 Ebenfalls gerechtfertigt sind mitgliedstaatliche Maßnahmen, die aus *Gründen der öffentlichen Ordnung oder Sicherheit* erforderlich sind (Art. 65 Abs. 1 lit. b, 3. Alt. AEUV). Hier gelten die für die Parallelbestimmungen der Art. 36 Satz 1 AEUV und Art. 52 Abs. 1 AEUV angestellten Überlegungen entsprechend (Rn. 933, 1032). Gründe der öffentlichen Ordnung und Sicherheit können nur geltend gemacht werden, wenn eine tatsächliche und hinreichend schwere Gefährdung vorliegt, die ein Grundinteresse der Gesellschaft berührt[1114]. Eine mitgliedstaatliche Regelung, die dem Ziel der Sicherstellung der Energieversorgung im Krisenfall dient, kann daher als Maßnahme zum Schutz der öffentlichen

---

1110 EuGH, verb.Rs. C-358/93 u. C-416/93, Slg. 1995, S. I-361, Rn. 21 – *Bordessa u. a.*; EuGH, verb. Rs. C-163/94, C-165/94 u. C-250/94, Slg. 1995, S. I-4821, Rn. 22 – *Sanz de Lera* (= P Nr. 233).
1111 EuGH, Rs. C-367/98, Slg. 2002, S. I-4731, Rn. 52 – *Kommission/Portugal* („Goldene Aktien I").
1112 *Wojcik,* in: v. d. Groeben/Schwarze/Hatje (Hrsg.), Europäisches Unionsrecht, Art. 65 AEUV Rn. 16; *Gramlich,* in: Pechstein/Nowak/Häde (Hrsg.), Frankfurter Kommentar EUV/GRC/AEUV, Art. 65 AEUV Rn. 23.
1113 EuGH, verb. Rs. C-358/93 u. C-416/93, Slg. 1995, S. I-361, Rn. 24 f. – *Bordessa u. a.*; EuGH, Rs. C-302/97, Slg. 1999, S. I-3099, Rn. 44 – *Konle*.
1114 EuGH, Rs. C-54/99, Slg. 2000, S. I-1335, Rn. 17 – *Église de scientology*; EuGH, Rs. C-39/11, ECLI:EU:C:2012:327, Rn. 29 – *VBV – Vorsorgekasse AG*.

Sicherheit gerechtfertigt sein[1115]. Eine hinreichend schwere Gefährdung der öffentlichen Ordnung liegt etwa vor, wenn eine Ketteninsolvenz im Bankensektor aufgrund der mit ihr einhergehenden Lähmung nahezu der gesamten Finanzströme in dem betroffenen Mitgliedstaat droht, die gesellschaftliche Ordnung zu destabilisieren[1116]. Insoweit sind auch im Falle einer drohenden massiven Kapitalflucht – wie in Zypern im März 2013 – gezielte Restriktionen hinsichtlich des zulässigen Umfangs von Überweisungen und Abhebungen grundsätzlich zu rechtfertigen[1117].

Auch die in Art. 65 Abs. 1 lit. b AEUV genannten Maßnahmen unterliegen ihrerseits *Schranken-Schranken*. So sind Eingriffe nicht gerechtfertigt, die nicht dem *Grundsatz der Verhältnismäßigkeit* entsprechen (Rn. 881)[1118]. Ein mitgliedstaatliches System vorheriger behördlicher Genehmigungen, etwa beim Immobilien- und Aktienerwerb, ist wegen eines Verstoßes gegen den Grundsatz der Verhältnismäßigkeit nicht gerechtfertigt, wenn das verfolgte Ziel durch weniger restriktive Maßnahmen, wie z. B. durch eine Anmeldung, erreicht werden kann[1119]. Des Weiteren dürfen auch Maßnahmen nach Art. 65 Abs. 1 lit. b AEUV weder Mittel zur *willkürlichen Diskriminierung* noch eine *verschleierte Beschränkung* des freien Kapital- und Zahlungsverkehrs enthalten (Art. 65 Abs. 3 AEUV)[1120]. Auch wenn sich der EuGH bislang noch nicht dazu geäußert hat, unter welchen Voraussetzungen eine Maßnahme nach Art. 65 Abs. 1 lit. b AEUV den Anforderungen dieser Schranken-Schranke genügt, kann eine Parallele zu deren Bedeutung im Rahmen des Rechtfertigungsgrundes in Art. 65 Abs. 1 lit. a AEUV gezogen werden (Rn. 1111). Damit verstoßen jedenfalls solche Maßnahmen gegen die Freiheit des Kapital- und Zahlungsverkehrs, die entweder objektiv vergleichbare Situationen ungleich regeln oder mit dem Eingriff keine zwingenden Gründe des Allgemeinwohls verfolgen[1121].

1115

1115 EuGH, Rs. C-503/99, Slg. 2002, S. I-4809, Rn. 46 ff. – *Kommission/Belgien („Goldene Aktien III")* (= P Nr. 235); EuGH, Rs. C-483/99, Slg. 2002, S. I-4781, Rn. 47 ff. – *Kommission/Frankreich („Goldene Aktien II")* (= P Nr. 234).
1116 Vgl. umfassend zur Rechtfertigung von mitgliedstaatlichen Beschränkungen der Kapital- und Zahlungsverkehrsfreiheit im Rahmen der Finanzkrise *Dopsch/Wutscher*, EuZW 2014, S. 729.
1117 Die von Island im Jahr 2008 eingeführten Kapitalverkehrskontrollen unterfallen hingegen den (vom AEUV abweichenden) speziellen Schutzvorschriften nach Art. 43 EWR-Abkommen, vgl. auch EFTA-Gerichtshof, Rs. E-3/11, Slg. 2011, S. 430 – *Sigmarsson;* näher zur isländischen Bankenkrise und speziell zum *Icesave*-Urteil des EFTA-Gerichtshofs *Fuchs*, EWS 2013, S. 93.
1118 EuGH, Rs. C-54/99, Slg. 2000, S. I-1335, Rn. 18 – *Église de scientology;* EuGH, Rs. C-326/12, ECLI:EU:C:2014:2269, Rn. 49 – *Van Caster.*
1119 EuGH, Rs. C-205/99, Slg. 2001, S. I-1271, Rn. 35 – *Analir;* EuGH, Rs. C-302/97, Slg. 1999, S. I-3099, Rn. 44 ff. – *Konle;* EuGH, Rs. C-367/98, Slg. 2002, S. I-4731, Rn. 50 – *Kommission/Portugal („Goldene Aktien I").*
1120 EuGH, Rs. C-439/97, Slg. 1999, S. I-7041, Rn. 25 – *Sandoz;* EuGH, Rs. C-35/98, Slg. 2000, S. I-4071, Rn. 45 – *Verkooijen.*
1121 EuGH, Rs. C-315/02, Slg. 2004, S. I-7063, Rn. 26 – *Lenz* (= P Nr. 236).

(γγ) Rechtfertigungsgründe nach Art. 65 Abs. 2 AEUV

1116 Die Rechtfertigungsgründe der Niederlassungsfreiheit sind auch im Rahmen der Kapital- und Zahlungsverkehrsfreiheit anwendbar. Gerechtfertigt sind Eingriffe des Kapital- bzw. Zahlungsverkehrs allerdings nicht allein schon, dadurch, dass sie als mit den Verträgen vereinbare *Beschränkungen der Niederlassungsfreiheit* ergehen, sondern der Vertrag lässt diese vielmehr unberührt (Art. 65 Abs. 2 AEUV)[1122]. So wird im Anschluss an die Feststellung eines Verstoßes gegen die Kapitalverkehrsfreiheit nicht mehr geprüft, ob diese Maßnahme nach den Bestimmungen über die Niederlassungsfreiheit möglicherweise gerechtfertigt sein könnte[1123]. Angesichts der weitgehenden Konvergenz der beiden Grundfreiheiten auf der Rechtfertigungsebene erscheint diese Rechtsprechung des EuGH freilich verständlich, da eine Überprüfung der fraglichen Maßnahme am Maßstab der im Rahmen der Niederlassungsfreiheit anerkannten Rechtfertigungsgründe kaum zu einem abweichenden Ergebnis hätte führen können[1124].

1117 Auch die auf die Rechtfertigungsgründe der Niederlassungsfreiheit gestützten Eingriffe müssen verhältnismäßig sein und sich ausweislich des eindeutigen Wortlautes des Art. 65 Abs. 3 AEUV überdies an der darin geregelten speziellen Schranken-Schranke der Kapitalverkehrsfreiheit messen lassen und dürfen daher keine willkürliche Diskriminierung oder verschleierte Beschränkung des Kapital- und Zahlungsverkehrs darstellen[1125].

(β) Rechtfertigung aus zwingenden Gründen des Allgemeininteresses

1118 Mitgliedstaatliche Beschränkungen der Kapital- und Zahlungsverkehrsfreiheit können in Anlehnung an die *Cassis*-Rechtsprechung des EuGH (Rn. 941 ff.) zulässig sein, ohne dass dies ausdrücklich im AEUV vorgesehen ist, sofern sie erforderlich sind, um bestimmten zwingenden Erfordernissen des Allgemeininteresses gerecht zu werden[1126]. Eine Rechtfertigung aus *zwingenden Gründen des Allgemeininteresses* kommt auch im Rahmen der Kapital- und Zahlungsverkehrsfreiheit nur bei Maßnahmen in Betracht, „die für alle im Hoheitsgebiet des Aufnahmemitgliedstaats tätigen Personen oder Unternehmen gelten"[1127].

1119 Als zwingende Erfordernisse dürften in diesem Zusammenhang beispielsweise eine wirksame steuerliche Kontrolle, die Lauterkeit des Kapital- und Zahlungs-

---

1122 *Bröhmer*, in: Calliess/Ruffert (Hrsg.), EUV/AEUV, Art. 65 AEUV Rn. 47 f; *Gramlich*, in: Pechstein/Nowak/Häde (Hrsg.), Frankfurter Kommentar EUV/GRC/AEUV, Art. 63 AEUV Rn. 35.
1123 EuGH, Rs. C-367/98, Slg. 2002, S. I-4731, Rn. 56 – *Kommission/Portugal („Goldene Aktien I")*.
1124 *Haferkamp*, Kapitalverkehrsfreiheit, S. 198 ff.
1125 EuGH, Rs. C-35/98, Slg. 2000, S. I-4071, Rn. 45 – *Verkooijen*.
1126 EuGH, Rs. C-222/97, Slg. 1999, S. I-1661, Rn. 29 f. – *Trummer*; EuGH, Rs. C-503/99, Slg. 2002, S. I-4809, Rn. 45 – *Kommission/Belgien („Goldene Aktien III")* (= P Nr. 235).
1127 EuGH, Rs. C-302/97, Slg. 1999, S. I-3099, Rn. 40 f. – *Konle*; EuGH, Rs. C-503/99, Slg. 2002, S. I-4809, Rn. 45 – *Kommission/Belgien („Goldene Aktien III")* (= P Nr. 235).

verkehrs und der Anlegerschutz gelten[1128]. So hat der EuGH grundsätzlich anerkannt, dass eine Beschränkung der Freiheit des Kapitalverkehrs gerechtfertigt sein kann, um nachrangigen Gläubigern Gewissheit über den Betrag vorrangiger Forderungen und damit den Wert der ihnen gegebenen Sicherheit zu verschaffen. Nicht gerechtfertigt ist aus diesem Grund jedoch eine gesetzliche Verpflichtung, Hypotheken in inländischer Währung zu bestellen[1129]. Auch raumplanerische Ziele, wie die Erhaltung einer dauerhaft ansässigen Bevölkerung und einer in einigen Gebieten vom Tourismus unabhängigen Wirtschaftstätigkeit, kommen als Gemeinwohlbelange in Betracht und können Beschränkungen beim Erwerb von Immobilien rechtfertigen. In Betracht kommt auch eine Rechtfertigung von Beschränkungen, die der Erhaltung der Medienvielfalt und eines pluralistischen Rundfunksystems dienen[1130]. Im Bereich des Steuerrechts kommt insbesondere dem Rechtfertigungsgrund der *Kohärenz des Steuersystems* praktische Bedeutung zu[1131], bei dem es typischerweise darum geht, dass ein Mitgliedstaat die Gewährung einer steuerlichen Vergünstigung (etwa für Versicherungs- oder Rentenbeiträge) an eine Besteuerungsmöglichkeit damit zusammenhängender zukünftiger Einkünfte knüpft (etwa eine Besteuerung der Versicherungs- oder Rentenleistung) und zu diesem Zweck grenzüberschreitende Sachverhalte benachteiligt.

Eine Einschränkung der Freiheit des Kapital- und Zahlungsverkehrs aus zwingenden Erfordernissen ist gemäß dem *Grundsatz der Verhältnismäßigkeit* (Rn. 881) nur zulässig, wenn sie geeignet und erforderlich ist, dem mit dem Rechtfertigungsgrund vorgebrachten Ziel zu dienen, und angemessen erscheint[1132].

1120

(γ) Rechtfertigung aus Gründen des Grundrechtsschutzes
und Rechtfertigung der Eingriffe intermediärer Gewalten

Bei Eingriffen in die Kapital- und Zahlungsverkehrsfreiheit durch Unterlassen staatlicher Schutzmaßnahmen gegen Private (sog. Schutzpflichtenkonstruktion, Rn. 1105) ist auch eine Rechtfertigung aus Gründen des Schutzes von Unionsgrundrechten denkbar (vgl. Rn. 946, 990, 1036, 1084). Beruht ein Eingriff auf privatnützigen Maßnahmen sog. intermediärer Gewalten (Rn. 1105), ist eine Berufung auf die Gemeinwohlerwägungen des Art. 65 AEUV zumeist nicht möglich. Wie auch im Rahmen der Arbeitnehmerfreizügigkeit sowie der Niederlassungsfreiheit kommt in solchen Fällen eine Rechtfertigung grundsätzlich

1121

1128 *Kimms*, Die Kapitalverkehrsfreiheit im Recht der Europäischen Union, S. 185.
1129 EuGH, Rs. C-222/97, Slg. 1999, S. I-1661, Rn. 29 ff. – *Trummer*.
1130 EuGH, Rs. C-148/91, Slg. 1993, S. I-487, Rn. 15 – *Veronica*.
1131 Näher hierzu *Kokott/Ost*, EuZW 2011, S. 496, 500; vgl. auch EuGH, Rs. C-150/04, Slg. 2007, S. I-01163, Rn. 65 ff. – *Kommission/Dänemark*.
1132 EuGH, Rs. 203/80, Slg. 1981, S. 2595, Rn. 27 – *Casati*; EuGH, Rs. C-302/97, Slg. 1999, S. I-3099, Rn. 40 – *Konle*; EuGH, Rs. C-503/99, Slg. 2002, S. I-4809, Rn. 37 – *Kommission/Belgien* („*Goldene Aktien III*") (= P Nr. 235).

aufgrund „sachlicher Erwägungen" und – in Abhängigkeit von einer entsprechend erweiterten Zwecksetzung der Maßnahme – am Maßstab der zwingenden Gründe des Allgemeininteresses in Betracht (näher hierzu Rn. 986, 1036).

dd) Die sekundärrechtliche Ausgestaltung des Kapital- und Zahlungsverkehrs

1122 Die umfangreiche[1133] Sekundärrechtsetzung im Bereich der Kapital- und Zahlungsverkehrsfreiheit liegt häufig an der Schnittstelle zur Dienstleistungs- und Niederlassungsfreiheit. Sie dient zum einen dem Abbau fortbestehender Hindernisse für den grenzüberschreitenden Kapital- und Zahlungsverkehr und zum anderen der Herstellung unionsweit einheitlicher Wettbewerbsbedingungen (vgl. Rn. 862). Die Verschränkung dieser beiden Funktionen kommt etwa in der neuen Finanzmarktrichtlinie 2014/65/EU zum Ausdruck. Sie erleichtert die grenzüberschreitende Erbringung von Wertpapierdienstleistungen nach den Grundsätzen der gegenseitigen Anerkennung und der Kontrolle durch den Herkunftsmitgliedstaat. Dies funktioniert im Einzelnen so, dass Wertpapierfirmen in ihrem Herkunftsmitgliedstaat eine Zulassung für bestimmte Wertpapierdienstleistungen beantragen müssen (Art. 5 ff. Richtlinie 2014/65/EU). Beabsichtigt eine zugelassene Firma, Wertpapierdienstleistungen in einem anderen Mitgliedstaat zu erbringen, muss sie lediglich die sie beaufsichtigende nationale Behörde darüber in Kenntnis setzen. Diese übermittelt daraufhin die entsprechenden Angaben an die zuständige Behörde des Aufnahmemitgliedstaates, sog. „EU-Pass" (Art. 34 ff. Richtlinie 2014/65/EU). Darüber hinaus schreibt die Richtlinie Bedingungen für die Ausübung der Tätigkeit von Wertpapierfirmen vor, insb. Bestimmungen zum Anlegerschutz und zur Markttransparenz und -integrität (Art. 24 ff. und Art. 31 ff. Richtlinie 2014/65/EU).

b) Schutz- und Embargomaßnahmen

1123 Der AEUV enthält in Art. 66 AEUV eine Bestimmung, die den Rat zu zeitlich begrenzten Schutzmaßnahmen gegenüber Drittstaaten ermächtigt, falls Kapitalbewegungen nach oder aus dritten Ländern unter außergewöhnlichen Umständen das Funktionieren der Wirtschafts- und Währungsunion schwerwiegend stören oder zu stören drohen. Daneben ermöglicht Art. 75 AEUV Beschränkungen des Kapital- und Zahlungsverkehrs zum Zwecke der Terrorismusbekämpfung.

[1133] Vgl. die Übersicht bei *Ress/Ukrow*, in: Grabitz/Hilf/Nettesheim (Hrsg.), Das Recht der Europäischen Union, 67. EL Februar 2019, Art. 63 AEUV Rn. 338 ff.

c) Merksätze

Der AEUV enthält das **Verbot aller Beschränkungen des Kapital- und Zahlungsverkehrs** zwischen den Mitgliedstaaten sowie zwischen den Mitgliedstaaten und Drittstaaten (Art. 63 AEUV). **Kapitalverkehr** ist die einseitige Wertübertragung in Form von Sach- oder Geldkapital aus einem Mitgliedstaat in einen anderen. **Zahlungsverkehr** ist die grenzüberschreitende Übertragung von Zahlungsmitteln, die um einer Gegenleistung willen (Warenlieferung, Dienstleistung) erbracht wird.

1124

Die Schutzbereiche der **Kapitalverkehrsfreiheit einerseits und der Niederlassungs- und Dienstleistungsfreiheit** andererseits überschneiden sich teilweise.

Nach den Grundsätzen der auf die Kapitalverkehrsfreiheit zu übertragenden *Keck*-Rechtsprechung des EuGH sind mitgliedstaatliche Bestimmungen **keine Beschränkung der Freiheit des Kapitalverkehrs**, die den **Zugang zum Kapitalmarkt für ausländisches Kapital nicht behindern**.

Die Kapital- und Zahlungsverkehrsfreiheit entfaltet grundsätzlich **keine unmittelbare Drittwirkung**. Die Gleichartigkeit der zugrunde liegenden Sachprobleme spricht indes für eine Übertragung sowohl der **Schutzpflichtkonstruktion** als auch der Figur der **intermediären Gewalten** auf die Kapital- wie auch auf die Zahlungsverkehrsfreiheit.

Neben den im AEUV ausdrücklich geregelten Rechtfertigungsgründen nach Art. 65 Abs. 1 AEUV hat der Europäische Gerichtshof **ungeschriebene Rechtfertigungsgründe** anerkannt – die sog. zwingenden Gründe des Allgemeininteresses.

Leitentscheidungen:
EuGH, Rs. 203/80, Slg. 1981, S. 2595 – *Casati*.
EuGH, verb. Rs. 286/82 u. 26/83, Slg. 1984, S. 377 – *Luisi u. Carbone* (= P Nr. 210, 230).
EuGH, verb. Rs. C-163/94, C-165/94 u. C-250/94, Slg. 1995, S. I-4821 – *Sanz de Lera* (= P Nr. 233).
EuGH, Rs. C-484/93, Slg. 1995, S. I-3955 – *Svensson u. Gustavsson*.
EuGH, Rs. C-222/97, Slg. 1999, S. I-1661 – *Trummer*.
EuGH, Rs. C-302/97, Slg. 1999, S. I-3099 – *Konle*.
EuGH, Rs. C-367/98, Slg. 2002, S. I-4731 – *Kommission/Portugal* („Goldene Aktien I").
EuGH, Rs. C-483/99, Slg. 2002, S. I-4781 – *Kommission/Frankreich* („Goldene Aktien II") (= P Nr. 234).
EuGH, Rs. C-463/00, Slg. 2003, S. I-4581 – *Kommission/Spanien* („Goldene Aktien IV") (= P Nr. 231).
EuGH, Rs. C-315/02, Slg. 2004, S. I-7063 – *Lenz* (= P Nr. 236).
EuGH, Rs. C-452/04, Slg. 2006, S. I-9521 – *Fidium Finanz* (= P Nr. 214).
EuGH, Rs. C-235/17, ECLI:EU:C:2019:432 – *Kommission/Ungarn (Usufruits sur terres agricoles)*.

4. Kapitel
Interne Politiken der Europäischen Union

I. Landwirtschafts- und Fischereipolitik

Literaturhinweise: *Bieber, R.:* Landwirtschafts- und Fischereipolitik, in: Bieber, R./Epiney, A./Haag, M./Kotzur, M., Die Europäische Union, 12. Aufl. 2016, S. 543; *Borchardt, K.-D.:* Die Reform der Gemeinsamen Agrarpolitik, in: FS für Manfred Zuleeg, 2005, S. 473; *Calliess, Ch./Härtel, I./Veit, B.:* Jahrbuch des Agrarrechts, Bd. VII, 2006; *Frenz, W.:* Handbuch Europarecht VI – Institutionen und Politiken, 2011, Rn. 2465 ff.; *Gundel, J.:* Agrarpolitik versus EU-Wettbewerbsrecht: Welche Spielräume hat der Unionsgesetzgeber?, NZKart 2019, S. 302; *Härtel, I.* (Hrsg.), Handbuch des Fachanwalts Agrarrecht, 2012; *Hudault, J.:* Der landwirtschaftliche Betrieb im Rahmen der Evolution der Gemeinsamen Agrarpolitik (GAP), AuR 2007, S. 21; *Krug, S.:* Die Finanzierung der GAP im Kontext des Finanzverfassungssystems der EU, 2008; *Leidwein, A.:* Europäisches Agrarrecht, 2. Aufl. 2004; *Mögele, R.:* Die gemeinschaftliche Agrarkompetenz nach Amsterdam, ZEuS 2000, S. 79; *Oppermann, Th./Classen C. D./Nettesheim, M.:* Europarecht, 7. Aufl. 2016, S. 417; *Queisner, G.:* Das Leitbild einer umweltverträglichen Landwirtschaft in den Europäischen Verträgen, AuR 2015, S. 161; *Usher, J. A.:* EC Agricultural Law, 2. Aufl. 2001; *Turner, G./Böttger, U./Wölfle, A.:* Agrarrecht. Ein Grundriß, 3. Aufl. 2006; *Wendt, R./Elicker, M.:* Die Reform der Gemeinsamen Agrarpolitik und ihre Umsetzung in der Bundesrepublik Deutschland, DVBl. 2004, S. 665.

Die Union legt eine gemeinsame Agrar- und Fischereipolitik fest und führt sie durch (Art. 38 Abs. 1 Satz 1 AEUV). Die Landwirtschaft, die Fischerei und der Handel mit landwirtschaftlichen Erzeugnissen sind Teil des Binnenmarktes (Art. 38 Abs. 1 Satz 2 AEUV). Die Bezugnahmen auf die gemeinsame Agrarpolitik oder auf die Landwirtschaft und die Verwendung des Wortes „landwirtschaftlich" sind in dem Sinne zu verstehen, dass damit unter Berücksichtigung der besonderen Merkmale des Fischereisektors auch die Fischerei gemeint ist (Art. 38 Abs. 1 Satz 3 AEUV). Der AEU-Vertrag unterwirft landwirtschaftliche Erzeugnisse einer Sonderbehandlung. Die Vorschriften über die Errichtung oder das Funktionieren des Binnenmarktes finden auf sie nur Anwendung, soweit der Vertrag in den Bestimmungen über die Landwirtschaftspolitik (Art. 39 bis Art. 44 AEUV) nichts anderes bestimmt (Art. 38 Abs. 2 AEUV).

Ziel der gemeinsamen Agrarpolitik ist es, die Produktivität der Landwirtschaft zu steigern, der landwirtschaftlichen Bevölkerung eine angemessene Lebenshaltung zu gewährleisten, die Märkte zu stabilisieren, die Versorgung sicherzustellen sowie für die Belieferung der Verbraucher zu angemessenen Preisen Sorge zu tragen (Art. 39 Abs. 1 AEUV). Mittel zur Erreichung dieser Ziele sind eine gemeinsame Organisation der Agrarmärkte (Art. 40 Abs. 1 AEUV), Maßnahmen zur Förderung der Aus- und Fortbildung (Art. 41 lit. a AEUV), Maßnahmen zur Förderung des Verbrauchs bestimmter Erzeugnisse (Art. 41 lit. b AEUV) sowie die Kontrolle des Wettbewerbs (Art. 36 AEUV). Im Bereich der gemeinsamen Organisation der Agrarmärkte ist die Schaffung europäischer Marktordnungen für einzelne landwirtschaftliche Erzeugnisse maßgebend (Art. 40 Abs. 1 Satz 2 lit. c AEUV). Diese Marktordnungen sehen häufig eine Abnahmegarantie zu einem bestimmten Preis vor sowie wegen der meist niedrigeren Weltmarktpreise Agrarzölle für Importe aus Drittländern und Subventionen für Exporte in Drittstaaten. Europäische Marktordnungen existieren beispielsweise für Getreide, Milch, Reis, Zucker, Rindfleisch und Bananen. Die auf dem Grundsatz der Gemeinschaftspräferenz basierenden Agrarmarktordnungen sahen bis 1995 (variable) *Einfuhrabschöpfungen* vor, die einen Ausgleich zwischen den (niedrigeren) Weltmarkt- und den Gemeinschaftspreisen schaffen sollten.

1127 Im Zuge der Umsetzung des im Rahmen der GATT-Verhandlungen abgeschlossenen „Übereinkommens über die Landwirtschaft"[1] wurden die Einfuhrabschöpfungen mit der Verordnung (EG) Nr. 3290/94 des Rates vom 22. Dezember 1994[2] durch feste Agrarzölle ersetzt, die dem Gemeinsamen Zolltarif (Rn. 900) unterfallen. Abschöpfungen werden lediglich noch in Form von *Ausfuhrabschöpfungen* erhoben, die den Abfluss zu großer Warenmengen auf den Weltmarkt in den Fällen verhindern sollen, in denen der Weltmarktpreis über dem Unionspreis liegt. Zölle und Ausfuhrabschöpfungen fließen als „Eigenmittel" in den Haushalt der Union (Rn. 672).

1128 Die *Fischereipolitik* ist Teil der gemeinsamen Agrarpolitik. Grundlage der Fischereipolitik bildet die Verordnung (EU) Nr. 1380/2013 des Europäischen Parlaments und des Rates vom 11. Dezember 2013 über die Gemeinsame Fischereipolitik[3], die das Ziel verfolgt, die Fischereiressourcen nachhaltig zu bewirtschaften. Mit der Verordnung (EU) Nr. 1379/2013 vom 11. Dezember 2013 haben der Rat und das Europäische Parlament eine gemeinsame Marktorganisation für Erzeugnisse der Fischerei und der Aquakultur erlassen[4].

1129 Die Finanzierung wird gemäß der Verordnung (EU) Nr. 1306/2013 über die Finanzierung, die Verwaltung und das Kontrollsystem der Gemeinsamen Agrarpolitik[5] durch den Europäischen Garantiefonds für die Landwirtschaft (EGLF) und den Europäischen Landwirtschaftsfonds für die Entwicklung des ländlichen

---

1 ABl.EG 1994 Nr. L 336, S. 22.
2 ABl.EG 1994 Nr. L 349, S. 105.
3 ABl.EU 2013 Nr. L 354, S. 22, zul. geänd. ABl.EU 2019 Nr. L 198, S. 105.
4 ABl.EU 2013 Nr. L 354, S. 1, zul. geänd. ABl.EU 2015 Nr. L 133, S. 1.
5 ABl.EU 2013 Nr. L 347, S. 549, zul. geänd. ABl.EU 2020 Nr. L 27, S. 1.

Raums (ELER)[6] vorgenommen. Die Ausgaben für die gemeinsame Fischereipolitik trägt der Europäische Meeres- und Fischereifonds (EMFF)[7]. Die Fonds verfügen über keine eigene Rechtspersönlichkeit.

II. Raum der Freiheit, der Sicherheit und des Rechts

Literaturhinweise: *Bergmann, J.:* Das Dublin-Asylsystem, ZAR 2015, S. 81; *Beukelmann, S.:* Europäisches Strafrecht – Update, NJW-Spezial 2015, S. 248; *Brinkmann, G.:* The Immigration and Asylum Agenda, ELJ 2004, S. 182; *Böse, M.:* Strukturen und Perspektiven der strafjustiziellen Zusammenarbeit in Europa, in: Leible, S./Terhechte, J. P. (Hrsg.), Enzyklopädie des Europarechts, Bd. 3, 2014, § 36; *Cadet, F.:* Main features of the revised Brussels I Regulation, EuZW 2013, S. 218; *Esser, R./Herbold, A. L.:* Neue Wege für die justizielle Zusammenarbeit in Strafsachen, NJW 2004, S. 151; *Frenz, W.:* Handbuch Europarecht VI – Institutionen und Politiken, 2011, Rn. 2687 ff.; *Koehler, U.:* Die neue Dublin IV-Verordnung – Die Vorstellungen des Europäischen Parlaments, ZAR 2019, S. 20; *Kohler, Ch.:* Der europäische Justizraum für Zivilsachen und das Gemeinschaftskollisionsrecht, IPRax 2003, S. 401; *Lehner, R.:* Bailout in der Flüchtlingskrise: Zum Notfallumsiedlungsbeschluss des Rates der EU vom 22. 9. 2015, ZAR 2015, S. 365; *Lehnert, M.:* Frontex und operative Maßnahmen an den europäischen Außengrenzen, 2014; *Lingenthal, L.:* Eine Europäische Staatsanwaltschaft „ausgehend von Eurojust"?, ZEuS 2010, S. 79; *Lübbe, A.:* GEAS-Reform: Standardsenkung bei den Drittstaatenkonzepten?, ZAR 2018, S. 381; *Marx, R.:* Zur Vergemeinschaftung der asylrechtlichen Entscheidungsgrundlagen, ZAR 2002, S. 43; *Meyer, F.:* Das Strafrecht im Raum der Freiheit, der Sicherheit und des Rechts, EuR 2011, S. 169; *ders.:* Verfahren der strafrechtlichen Zusammenarbeit, in: Leible, S./Terhechte, J. P. (Hrsg.), Enzyklopädie des Europarechts, Bd. 3, 2014, § 37; *ders.:* Rechtsschutz im europäischen Strafrecht, in: Leible, S./Terhechte, J. P. (Hrsg.), Enzyklopädie des Europarechts, Bd. 3, 2014, § 38; *Meyer-Cabri, K.:* Justizbehörde Eurojust als Zentrum der Zusammenarbeit, DRiZ 2019, S. 122; *Müller-Graff, P.-Ch.:* Der „Raum der Freiheit, Sicherheit und des Rechts" im neuen Verfassungsvertrag für Europa, in: FS für Manfred Zuleeg, 2005, S. 605; *ders.:* Der Raum der Freiheit, der Sicherheit und des Rechts in der Lissabonner Reform, in: Schwarze, J./Hatje, A. (Hrsg.), Der Reformvertrag von Lissabon, EuR 2009, Beiheft 1, S. 105; *Satzger, H.:* Internationales und Europäisches Strafrecht, 6. Aufl. 2013; *Schmahl, S.:* Die Vergemeinschaftung der Asyl- und Flüchtlingspolitik, ZAR 2001, S. 3; *Schmälzger, Ch.:* Die Richtlinie über Mindeststandards für Opfer von Straftaten, ELR 2013, S. 15; *Schröder, O./Gerdes, L.:* Neue Europäische Grenz- und Küstenwache. Ein wichtiger Schritt für mehr Sicherheit an den EU-Außengrenzen, ZRP 2016, S. 238; *Streinz, R./Ohler, Ch./Herrmann, Ch.:* Der Vertrag von Lissabon zur Reform der EU, 3. Aufl. 2010, S. 157; *Vogel, J.:* Harmonisierung des Strafrechts in der Euro-

---

[6] Verordnung (EU) Nr. 1305/2013 des Europäischen Parlaments und des Rates v. 17.12.2013 über die Förderung der ländlichen Entwicklung durch den Europäischen Landwirtschaftsfonds für die Entwicklung des ländlichen Raums (ELER), ABl. EU 2013 Nr. L 347, S. 487, zul. geänd. ABl. EU 2019 Nr. L 53, S. 14.
[7] Verordnung (EU) Nr. 508/2014 des Europäischen Parlaments und des Rates über den Europäischen Meeres- und Fischereifonds, ABl. EU 2014 Nr. L 149, S. 1, zul. geänd. ABl. EU 2019 Nr. L 172, S. 1; zur Reform der Fischereipolitik s. *Salomon/Markus/Dross*, NuR 2013, S. 89; *Weis/Busse*, ZUR 2013, S. 10.

päischen Union, GA 2003, S. 314; *Wagner, R.:* Das neue Programm zur justiziellen Zusammenarbeit in Zivilsachen – Ein Wendepunkt?, IPRax 2014, S. 469; *Wasmeier, M./Möhlig, A. (Hrsg.):* Strafrecht der Europäischen Union, 2. Aufl. 2008; *Welte, H.-P.:* Die Zurückweisung zur Verhinderung unerlaubter Einreisen im Asylbereich – Einreiseverweigerung, ZAR 2018, S. 431; *Westphal, V.:* Das Recht von Flüchtlingen an den Küsten Europas, NVwZ 2019, S. 1329; *Zuleeg, M. (Hrsg.):* Europa als Raum der Freiheit, der Sicherheit und des Rechts, 2007.

1. Allgemeine Bestimmungen

1130   Gemäß Art. 3 Abs. 2 EUV hat es sich die Union zum Ziel gesetzt, ihren Bürgerinnen und Bürgern einen Raum der Freiheit, der Sicherheit und des Rechts ohne Binnengrenzen zu bieten. Genauere Vorschriften hierzu finden sich im Dritten Teil, Titel V (Art. 67 bis Art. 89) AEUV. Vorangestellt werden den speziellen Vorschriften zu den einzelnen Bereichen zunächst allgemeine Bestimmungen (Art. 67 bis Art. 76 AEUV).

1131   In einem Übersichtsartikel (Art. 67 AEUV) werden im Anschluss an die Grundaussage, dass die Union einen Raum der Freiheit, der Sicherheit und des Rechts bildet, die Ziele der Politiken umrissen, die die Union auf diesem Gebiet verfolgt: 1. die Gewährleistung, dass Personen an den Binnengrenzen nicht kontrolliert werden sollen, sowie die Entwicklung einer gemeinsamen Politik zu Asyl, Einwanderung und den Kontrollen an den Außengrenzen, 2. die Sicherstellung eines hohen Maßes an Sicherheit durch Maßnahmen zur Verhütung und Bekämpfung der Kriminalität sowie der polizeilichen und strafrechtlichen Zusammenarbeit sowie 3. den erleichterten Zugang zum Recht insbesondere durch die gegenseitige Anerkennung von Entscheidungen der Mitgliedstaaten in Zivilsachen. Klargestellt wird in Art. 67 Abs. 1 AEUV, dass bei der Weiterentwicklung eines gemeinsamen Raumes der Freiheit, der Sicherheit und des Rechts zukünftig vor allem der Bürger in den Mittelpunkt gestellt werden soll[8]. Danach bildet die Union einen Raum der Freiheit, der Sicherheit und des Rechts, in dem die Achtung der Grundrechte und der verschiedenen Rechtsordnungen und -traditionen der Mitgliedstaaten im Mittelpunkt steht. Eine entsprechende Verpflichtung der Mitgliedstaaten zur Achtung der Grundrechte ergibt sich zwar bereits aus Art. 6 EUV[9], die ausdrückliche Hervorhebung ist aber (gegenüber Art. 29 EUV a. F.) neu. Konkretisiert wurde dieses Ziel durch das sog. „Stockholmer Programm", wonach der Raum der Freiheit, der Sicherheit und des Rechts in erster Linie als gemeinsamer Raum des Grundrechtsschutzes zu verstehen ist, in dem der Respekt der menschlichen Person und ihrer Würde sowie der übrigen in der Grundrechte-Charta verankerten Rechte im Mittelpunkt steht. Dazu zählen die Wahrung der persönlichen Freiheitsrechte und der Privatsphäre über

---

8 Vgl. Mitteilung der Kommission an das Europäische Parlament und den Rat – Ein Raum der Freiheit, der Sicherheit und des Rechts im Dienste der Bürger, COM(2009) 262 endg.
9 *Streinz/Ohler/Herrmann,* Der Vertrag von Lissabon zur Reform der EU, S. 161.

Staatsgrenzen hinweg, z. B. durch Datenschutz, die Berücksichtigung der besonderen Bedürfnisse sozial Schwacher und die uneingeschränkte Ausübung der individuellen Rechte auch in Drittländern[10]. Das „Stockholmer Programm" endete 2014 und ist durch die „EU-Justizagenda für 2020" fortgeführt worden, welche das Ziel verfolgt, die bisherigen Errungenschaften zu konsolidieren, Gesetze und Praxis zu kodifizieren sowie Rechtsinstrumente und Politik, wenn nötig, zu ergänzen[11].

Schranken der Unionsgesetzgebung bilden neben der Charta der Grundrechte aber gemäß Art. 67 Abs. 1 AEUV auch die nationalen Rechtsordnungen und -traditionen. Die Geltendmachung obliegt den Mitgliedstaaten im Rahmen des Gesetzgebungsprozesses. Ein spezielles Vetorecht im Falle einer Unvereinbarkeit ist in den Art. 82 Abs. 3 und Art. 83 Abs. 3 AEUV vorgesehen. **1132**

Neu hinzugekommen durch den Vertrag von Lissabon sind schließlich weitere allgemeine Vorgaben zum Erlass von Maßnahmen auf dem Gebiet des Raumes der Freiheit, der Sicherheit und des Rechts. Art. 68 AEUV stellt die Möglichkeit des Rates zur Festlegung strategischer Leitlinien für die gesetzgeberische und operative Programmplanung heraus. Art. 69 AEUV betont die Stellung der nationalen Parlamente bei der Prüfung der Subsidiarität nach Maßgabe des Protokolls über die Anwendung der Grundsätze der Subsidiarität und der Verhältnismäßigkeit. Art. 70 AEUV sieht zur Förderung der Anwendung des Grundsatzes der gegenseitigen Anerkennung die Möglichkeit vor, dass der Rat auf Vorschlag der Kommission Maßnahmen zur Durchführung des bislang ohne besondere vertragliche Grundlage praktizierten Verfahrens der gegenseitigen Bewertung durch die Behörden der Mitgliedstaaten erlässt. **1133**

2. Grenzkontrollen, Asyl und Einwanderung

Die Vorschriften betreffend Grenzkontrollen, Asyl und Einwanderung finden sich in Art. 77 bis Art. 80 AEUV. Art. 77 Abs. 1 AEUV regelt den Wegfall der Personenkontrollen an den Binnengrenzen (lit. a), die Kontrollen an den Außengrenzen der Mitgliedstaaten (lit. b) sowie die schrittweise Einführung eines integrierten Grenzschutzsystems an den Außengrenzen (lit. c). Gemäß Art. 77 Abs. 2 AEUV erlassen das Europäische Parlament und der Rat Maßnahmen in den Bereichen einer gemeinsamen Politik in Bezug auf Visa und andere kurzfristige Aufenthaltstitel (lit. a), der Kontrolle beim Überschreiten der Außengrenzen (lit. b), eines einheitlichen Aufenthaltsrechts von Drittstaatsangehörigen in der Union (lit. c), der Einführung eines integrierten Grenzschutzsystems an den Au- **1134**

---

10 Vgl. Mitteilung der Kommission an das Europäische Parlament und den Rat – Ein Raum der Freiheit, der Sicherheit und des Rechts im Dienste der Bürger, COM(2009) 262 endg., Ziffer 2.
11 Mitteilung der Kommission an das Europäische Parlament, den Rat, den Europäischen Wirtschafts- und Sozialausschuss und den Ausschuss der Regionen – Die EU-Justizagenda für 2020 – Stärkung von Vertrauen, Mobilität und Wachstum in der Union, COM (2014) 144 final.

ßengrenzen (lit. d) sowie der Abschaffung von Personenkontrollen beim Überschreiten der Binnengrenzen (lit. e). Entsprechende Regelungen für das Überschreiten der Binnen- und der Außengrenzen der Union haben das Parlament und der Rat mit dem Schengener Grenzkodex geschaffen[12]. Nach Art. 77 Abs. 3 AEUV kann der Rat, soweit hierfür keine anderweitigen Befugnisse vorgesehen sind, Bestimmungen betreffend die Bereiche Pässe, Personalausweise, Aufenthaltstitel oder diesen gleichgestellte Dokumente erlassen, wenn dies zur Erleichterung der Ausübung des in Art. 20 Abs. 2 lit. a AEUV genannten Rechts, sich frei zu bewegen und aufzuhalten, erforderlich scheint. Schließlich stellt Art. 77 Abs. 4 AEUV klar, dass die Zuständigkeit der Mitgliedstaaten für die geografische Festlegung ihrer Grenzen nach dem Völkerrecht hiervon nicht berührt ist.

1135 Bereits vor Inkrafttreten des Vertrags von Lissabon hatte die Gemeinschaft zur Regelung von Maßnahmen hinsichtlich des Überschreitens der Außengrenzen – gestützt auf Art. 62 Nr. 2 lit. a und Art. 66 EGV a. F. – im Jahre 2004 die Europäische Agentur für die operative Zusammenarbeit an den Außengrenzen der Europäischen Union (Frontex) gegründet[13], die die Kooperation der Mitgliedstaaten in diesem Bereich koordiniert und sie bei der Ausbildung von Grenzschutzbeamten unterstützt hatte. Der massive Zustrom von (Bürgerkriegs-)Flüchtlingen vor allem im Jahr 2015 hat jedoch eine weitreichende Ineffektivität der Kontrolle der EU-Außengrenzen offenbart. Dies wirft die Frage auf, ob Personenkontrollen an den Binnengrenzen innerhalb der Union wieder zulässig sind. Vertreten wird, dass man den Mitgliedstaaten Binnengrenzkontrollen nicht verwehren dürfe, da sie sich der Aufgabe, die Sicherheit ihrer Bürger nach außen zu sichern, nur begeben dürften, sofern und solange die Union diese Aufgabe effektiv wahrnehmen könne. Sei dies nicht mehr der Fall, falle die Aufgabe zurück an die Mitgliedstaaten, bis eine effektive EU-Außengrenzkontrolle wieder installiert sei[14]. Im Bemühen um eine effektive Sicherung der Außengrenzen ist Frontex durch die Verordnung (EU) 2016/1624 vom 14. September 2016 in eine Europäische Agentur für die Grenz- und Küstenwache umgewandelt worden[15], die gemeinsam mit den für die Grenzverwaltung zuständigen nationalen Behörden die Europäische Grenz- und Küstenwache bildet. Die Agentur wird weiterhin „Frontex" genannt. Zu den Aufgaben der Agentur gehören neben der Unterstützung der Mitgliedstaaten die Überwachung des Schutzes der Außengrenzen mithilfe von Verbindungsbeamten in den Mitgliedstaaten, die Überwachung des Mi-

---

[12] Verordnung (EU) 2016/399 des Europäischen Parlaments und des Rates v. 9.3.2016 über einen Gemeinschaftskodex für das Überschreiten der Grenzen durch Personen (Schengener Grenzkodex), ABl.EU 2016 Nr. L 77, S. 1, zul. geänd. ABl.EU 2019 Nr. L 135, S. 27.
[13] Verordnung (EG) Nr. 2007/2004 des Rates zur Errichtung einer Europäischen Agentur für die operative Zusammenarbeit an den Außengrenzen der Mitgliedstaaten der Europäischen Union, ABl.EU 2004 Nr. L 349, S. 1.
[14] *Klein*, Rechtliche Klarstellungen zur Flüchtlingskrise, in: Depenheuer/Grabenwarter (Hrsg.), Der Staat in der Flüchtlingskrise, 2016, S. 157, 164.
[15] Verordnung (EU) 2016/1624 des Europäischen Parlaments und des Rates v. 14.9.2016 über die Europäische Grenz- und Küstenwache, ABl.EU 2016 Nr. L 251, S. 1.

grationsstroms und die Erstellung von Risikoanalysen und Schwachstellenbeurteilungen. Darüber hinaus kann die Agentur europäische Grenz- und Küstenwacheteams für gemeinsame Aktionen und Soforteinsätze zusammenstellen und entsenden. Im Hinblick auf in Drittstaaten entsandte Verbindungsbeamte ist durch die Verordnung (EU) 2019/1240 im Juni 2019 ein europäisches Netz von Verbindungsbeamten für Zuwanderungsfragen geschaffen worden[16].

Im Dezember 2013 hat das Europäische Grenzüberwachungssystem EUROSUR (European Border Surveillance System) seine Tätigkeit auf der Grundlage der Verordnung (EU) 1052/2013 vom 22. Oktober 2013[17] aufgenommen. EUROSUR soll den Informationsaustausch und die operative Zusammenarbeit zwischen den nationalen Behörden der Mitgliedstaaten sowie mit Frontex verstärken. Es stellt den nationalen Behörden und Frontex die Infrastruktur und die Instrumente zur Verfügung, die sie benötigen, um ihr Lagebewusstsein und ihre Reaktionsfähigkeit an den Außengrenzen zum Zwecke der Aufdeckung, Prävention und Bekämpfung von illegaler Einwanderung und grenzüberschreitender Kriminalität zu verbessern und einen Beitrag zur Gewährleistung des Schutzes und der Rettung des Lebens von Migranten zu leisten. Gleichwohl sind die Mitgliedstaaten aber nicht gehindert, Abkommen mit Drittstaaten über Außengrenzkontrollen abzuschließen, soweit solche ansonsten mit dem Unionsrecht vereinbar sind. Dieses Recht hatten sich die Mitgliedstaaten durch das dem Amsterdamer Vertrag beigefügte „Protokoll über die Außenbeziehungen der Mitgliedstaaten hinsichtlich des Überschreitens der Außengrenzen" vorbehalten[18], das weiterhin Geltung beansprucht.

Hinsichtlich des Überschreitens der Außengrenzen der Mitgliedstaaten wird auf „kurzfristige" Aufenthaltstitel bzw. auf ein Aufenthaltsrecht von Drittstaatsangehörigen in der Union „während eines kurzen Zeitraumes" abgestellt. Die Verordnung (EG) Nr. 810/2009 des Europäischen Parlaments und des Rates vom 13. Juli 2009 über einen Visakodex der Gemeinschaft (Visakodex)[19] regelt dementsprechend die Verfahren und Voraussetzungen für die Erteilung von Visa für die Durchreise durch das Hoheitsgebiet der Mitgliedstaaten oder für geplante Aufenthalte in diesem Gebiet von höchstens drei Monaten je Sechsmonatszeitraum. Die Verordnung hat im Sinne der Rechtsvereinfachung eine Vielzahl von visumpolitischen Rechtsakten zusammengefasst. Daneben sind nunmehr nur noch drei andere Verordnungen auf dem Gebiet der gemeinsamen Visumspolitik der Union maßgeblich: die Verordnung (EU) 2018/1806 des Rates vom 14. No-

---

16 Verordnung (EU) 2019/1240 des Europäischen Parlaments und des Rates v. 20.6.2019 zur Schaffung eines europäischen Netzes von Verbindungsbeamten für Zuwanderungsfragen, ABl. EU 2019 Nr. L 198, S. 88.
17 Verordnung (EU) 1052/2013 des Europäischen Parlaments und des Rates v. 22.10.2013 zur Errichtung eines Europäischen Grenzüberwachungssystems (EUROSUR), ABl.EU 2013 Nr. L 295, S. 11.
18 ABl.EG 1997 Nr. C 340, S. 108.
19 Vgl. Verordnung Nr. 810/2009, ABl.EU 2009 Nr. L 243, S. 1, zul. geänd. ABl.EU 2016 Nr. L 77, S. 1.

vember 2018 zur Aufstellung der Liste der Drittländer, deren Staatsangehörige beim Überschreiten der Außengrenzen im Besitz eines Visums sein müssen, sowie der Liste der Drittländer, deren Staatsangehörige von dieser Visumpflicht befreit sind[20], die Verordnung (EG) Nr. 1683/95 des Rates vom 29. Mai 1995 über eine einheitliche Visagestaltung[21] sowie die Verordnung (EG) Nr. 333/2002 des Rates vom 18. Februar 2002 über die einheitliche Gestaltung des Formblatts für die Anbringung eines Visums[22].

1138 Art. 78 AEUV umfasst die Asylpolitik sowie die Politik im Bereich des subsidiären und vorübergehenden Schutzes. Gemäß Art. 78 Abs. 1 Nr. 1 AEUV entwickelt die Union in Übereinstimmung mit dem Genfer Abkommen und dem Protokoll über die Rechtsstellung der Flüchtlinge sowie anderen einschlägigen völkerrechtlichen Verträgen eine gemeinsame Politik, mit der jedem Drittstaatsangehörigen, der internationalen Schutz benötigt, ein angemessener Status angeboten und die Einhaltung des Grundsatzes der Nicht-Zurückweisung gewährleistet werden soll. Art. 78 Abs. 2 AEUV regelt weiterhin den Erlass von Maßnahmen in Bezug auf eine gemeinsame europäische Asylregelung durch das Europäische Parlament und den Rat. Diese umfassen einen einheitlichen Asylstatus für Drittstaatsangehörige (lit. a), einen einheitlichen Schutzstatus für Drittstaatsangehörige, die keinen europäischen Asylstatus erhalten, aber internationalen Schutz benötigen (lit. b), eine gemeinsame Regelung für den vorübergehenden Schutz von Vertriebenen im Fall eines Massenzustroms (lit. c), gemeinsame Verfahren für die Gewährung und den Entzug des einheitlichen Asylstatus beziehungsweise des subsidiären Schutzstatus (lit. d); Kriterien und Verfahren zur Bestimmung des Mitgliedstaats, der für die Prüfung eines Antrags auf Asyl oder subsidiären Schutz zuständig ist (lit. e); Normen über die Aufnahmebedingungen von Personen, die Asyl oder subsidiären Schutz beantragen (lit. f) sowie Partnerschaft und Zusammenarbeit mit Drittländern zur Steuerung des Zustroms von Personen, die Asyl oder subsidiären beziehungsweise vorübergehenden Schutz beantragen (lit. g). Während Art. 63 Abs. 1 Nr. 1 und 2 EGV a. F. noch auf den Erlass von Mindestnormen beschränkt waren, ermöglichen die Kompetenztitel des Art. 78 AEUV die Schaffung eines umfassenden und einheitlichen Schutzstatus.

1139 Der Europäische Rat war bereits am 15./16. Oktober 1999 in Tampere übereingekommen, auf ein „Gemeinsames Europäisches Asylsystem" (GEAS) hinzuarbeiten, das sich auf die „uneingeschränkte und allumfassende Anwendung der Genfer Flüchtlingskonvention"[23] stützt. Auf längere Sicht soll das Unionsrecht ein gemeinsames Asylverfahren und einen unionsweit geltenden einheitlichen Status für diejenigen, denen Asyl gewährt wird, regeln[24]. Mit dem sog. „Asylpaket" vom Juni 2013 hat die Europäische Union eine Reihe neuer Regelungen

---

20 ABl.EU 2018 Nr. L 303, S. 39.
21 ABl.EG 1995 Nr. L 164, S. 1, zul. geänd. ABl.EU 2017 Nr. L 198, S. 24.
22 ABl.EU 2002 Nr. L 53, S. 4.
23 BGBl. 1953 II S. 560.
24 Bull.BReg. 1999, S. 793, 795.

erlassen. Auf der Grundlage von Art. 78 Abs. 2 lit. f AEUV sind die Richtlinie 2013/33/EU vom 26. Juni 2013 zur Festlegung von Normen für die Aufnahme von Personen, die internationalen Schutz beantragen[25], sowie die Richtlinie 2013/32/EU vom 26. Juni 2013 zu gemeinsamen Verfahren für die Zuerkennung und Aberkennung des internationalen Schutzes[26] erlassen worden. Auf Art. 78 Abs. 2 lit. d AEUV stützt sich die Verordnung (EU) 2013/604 vom 26. Juni 2013 zur Festlegung der Kriterien und Verfahren zur Bestimmung des Mitgliedstaats, der für die Prüfung eines von einem Drittstaatsangehörigen oder Staatenlosen in einem Mitgliedstaat gestellten Antrags auf internationalen Schutz zuständig ist (sog. Dublin III-Verordnung)[27]. Die Verordnung (EU) 603/2013 des Europäischen Parlamentes und des Rates vom 26. Juni 2013[28] regelt den Abgleich von Fingerabdrücken von Asylbewerbern zum Zwecke der Strafverfolgung und der Gefahrenabwehr. Das europaweite Fingerabdruck-Identifizierungssystem trägt die Bezeichnung „Eurodac". Die noch auf der Grundlage von Art. 63 Abs. 1 Nr. 2 EGV a. F. erlassene Richtlinie 2001/55/EG vom 20. Juli 2001 über Regelungen für den vorübergehenden Schutz von Vertriebenen[29], gilt hingegen weiter. Normen für die Anerkennung von Drittstaatsangehörigen oder Staatenlosen als Personen mit Anspruch auf internationalen Schutz enthält die Richtlinie 2011/95/EU vom 13. Dezember 2011[30]. Die Rückführung von sich illegal im Unionsgebiet aufhaltenden Drittstaatsangehörigen regelt die Rückführungsrichtlinie 2008/115/EG vom 16. Dezember 2008[31]. Im Zuge der aktuellen Flüchtlingskrise ist nicht nur das Schengen-, sondern auch das Dublin-System, wonach Flüchtlinge an den Außengrenzen der Union im Ersteinreisestaat um Asyl nachsuchen sollen, aufgrund mangelnder Rechtstreue der Mitgliedstaaten unter Druck geraten. In mehreren Verfahren hat der EuGH diesen Grundsatz der Zuständigkeit des Ersteinreisestaates ausdrücklich bestätigt. Dieser bleibt selbst dann für die Durchführung des Schutzverfahrens zuständig, wenn eine Situation vorliegt, in der eine außergewöhnlich hohe Zahl von Drittstaatsangehörigen, die die Einreisevoraussetzungen nicht erfüllen, durch den Ersteinreisestaat durchreisen will, um in einem anderen Mitgliedstaat internationalen Schutz zu beantragen[32]. Eine Rückführung in den Ersteinreisestaat ist nach Art. 21 Abs. 1 Dublin

---

25 ABl. EU 2013 Nr. L 180, S. 96.
26 ABl. EU 2013 Nr. L 180, S. 60.
27 Verordnung (EU) Nr. 604/2013 des Europäischen Parlaments und des Rates v. 26.6.2013 zur Festlegung der Kriterien und Verfahren zur Bestimmung des Mitgliedstaats, der für die Prüfung eines von einem Drittstaatsangehörigen oder Staatenlosen in einem Mitgliedstaat gestellten Antrags auf internationalen Schutz zuständig ist (Dublin III-Verordnung), ABl. EU 2013 Nr. L 180, S. 31, ber. ABl. EU 2017 Nr. L 49, S. 50.
28 ABl. EU 2013 Nr. L 180, S. 1.
29 ABl. EG 2001 Nr. L 212, S. 12.
30 ABl. EU 2011 Nr. L 337, S. 9, ber. ABl. EU 2017 Nr. L 167, S. 58.
31 ABl. EU 2008 Nr. L 348, S. 98.
32 EuGH, Rs. C-490/16, ECLI:EU:C:2017:585, Rn. 36 ff. – *A.S.*; EuGH, Rs. C-646/16, ECLI:EU:C:2017:586, Rn. 102 – *Jafari*.

III-Verordnung aber nur innerhalb von drei Monaten nach Stellung des Antrags auf internationalen Schutz möglich[33]. Verstreicht diese Frist, geht die Zuständigkeit vom Ersteinreisestaat auf den Aufenthaltsstaat über.

1140 Im September 2015 hat der Rat auf die starken Belastungen einiger Mitgliedstaaten aufgrund des Dublin-Systems reagiert und eine Entlastung der am stärksten betroffenen Ersteinreisestaaten Italien und Griechenland durch eine Verteilung von Flüchtlingen auf andere Mitgliedstaaten beschlossen[34]. Diese beiden Umsiedlungsbeschlüsse bedeuten eine zeitweise und partielle Aussetzung des in der Dublin III-Verordnung geregelten Systems. Klagen Ungarns und der Slowakei vor dem EuGH gegen den Umsiedlungsbeschluss (EU) 2015/1601 blieben erfolglos[35]. Ein Vorschlag für einen dauerhaften Umsiedlungsmechanismus für Krisensituationen und eine Änderung der Dublin III-Verordnung liegt vor[36]. Seine Aussichten, geltendes Recht zu werden, sind jedoch ungewiss[37].

1141 Die Einwanderungspolitik ist in Art. 79 AEUV geregelt. Art. 79 Abs. 1 AEUV bestimmt zunächst ausdrücklich die Zielsetzungen, die eine wirksame Steuerung der Migrationsströme, eine angemessene Behandlung von Drittstaatsangehörigen, die sich rechtmäßig in einem Mitgliedstaat aufhalten, sowie die Verhütung und verstärkte Bekämpfung von illegaler Einwanderung und Menschenhandel umfassen. Gemäß Abs. 2 beschließt der Rat hierzu immigrationspolitische Maßnahmen in den folgenden Bereichen: die Voraussetzungen für Einreise und Aufenthalt sowie die Verfahren zur Erteilung von Visa für langfristige Aufenthalte, einschließlich der Familienzusammenführung (lit. a)[38], Maßnahmen zur Regelung der Rechte von Drittstaatsangehörigen in den anderen Mitgliedstaaten, die sich rechtmäßig in einem Mitgliedstaat aufhalten, einschließlich der Bedingungen, unter denen sie sich in den anderen Mitgliedstaaten frei bewegen und aufhalten dürfen (lit. b), sowie Maßnahmen in den Bereichen illegaler Einwanderung und illegalen Aufenthalts einschließlich der Rückführung (lit. c)[39] sowie die Bekämpfung des Menschenhandels, insbesondere des Handels mit Frauen und Kindern (lit. d). Art. 79 Abs. 3 und 4 AEUV enthält Bestimmungen bezüglich weiterer Maßnahmen der Union auf dem Gebiet der Einwanderungspolitik. So wird der Union in Abs. 3 zunächst eine spezifische Zuständigkeit eingeräumt,

---

33 EuGH, Rs. C-670/16, ECLI:EU:C:2017:587, Rn. 74 – *Mengesteab.*
34 Beschluss (EU) 2015/1523 des Rates v. 14.9.2915 zur Einführung von vorläufigen Maßnahmen im Bereich des internationalen Schutzes zugunsten von Italien und Griechenland, ABl.EU 2015 Nr. L 239, S. 146; Beschluss (EU) 2015/1601 des Rates v. 22.9.2015 zur Einführung von vorläufigen Maßnahmen im Bereich des internationalen Schutzes zugunsten von Italien und Griechenland, ABl.EU 2015 Nr. L 248, S. 80.
35 EuGH, verb. Rs. C-643/15 u. C-647/15, ECLI:EU:C:2017:631 – *Slowakei u. Ungarn/Rat.*
36 COM(2015) 450 final.
37 Vgl. dazu auch *Lehner,* ZAR 2015, S. 365 ff.
38 Vgl. Verordnung Nr. 810/2009, ABl.EU 2009 Nr. L 243, S. 1, zul. geänd. ABl.EU 2016 Nr. L 77, S. 1; Verordnung Nr. 1030/2002, ABl.EG 2002 Nr. L 157, S. 1, zul. geänd. ABl.EU 2017 Nr. L 286, S. 9; Richtlinie 2003/86/EG, ABl.EU 2003 Nr. L 251, S. 12; Richtlinie 2003/109/EG, ABl. EU 2004 Nr. L 16, S. 44, zul. geänd. ABl.EU 2011 Nr. L 132, S. 1.
39 Vgl. Richtlinie 2002/90/EG, ABl.EG 2002 Nr. L 328, S. 17.

mit Drittländern Übereinkünfte über eine Rückübernahme von Drittstaatsangehörigen in ihr Ursprungs- oder Herkunftsland zu schließen. Darüber hinaus regelt Abs. 4 die Zuständigkeit von Europäischem Parlament und Rat, die Bemühungen der Mitgliedstaaten um die Integration der sich rechtmäßig in ihrem Hoheitsgebiet aufhaltenden Drittstaatsangehörigen zu fördern und zu unterstützen – dies jedoch unter Ausschluss jeglicher Harmonisierung der Rechtsvorschriften der Mitgliedstaaten. Schließlich legt Abs. 5 erstmals primärrechtlich fest, dass die Zuständigkeit der Mitgliedstaaten unberührt bleibt, die Zahl der Drittstaatsangehörigen festzulegen, die aus Drittländern in ihr Hoheitsgebiet einreisen dürfen, um dort als Arbeitnehmer oder Selbstständige Arbeit zu suchen. Damit bleibt der Schwerpunkt der Einwanderungspolitik der Regelung durch die Mitgliedstaaten überlassen.

Der durch den Vertrag von Lissabon aufgehobene Art. 69 EGV a. F. hatte – unter Verweisung auf das „Protokoll über die Position des Vereinigten Königreiches und Irland"[40] und das „Protokoll über die Anwendung bestimmter Aspekte des Art. 26 AEUV auf das Vereinigte Königreich und Irland"[41] sowie auf das „Protokoll über die Position Dänemarks"[42] – Sonderregelungen für das Vereinigte Königreich, Irland und Dänemark zugelassen. Diese Ausnahmen bestehen weiter, auch wenn eine entsprechende ausdrückliche Regelung nicht in den AEU-Vertrag übernommen wurde. Die zwei das Vereinigte Königreich und Irland betreffenden Protokolle nehmen die beiden Staaten von den Vorschriften des Dritten Teils Titel V des AEU-Vertrags (Titel IV EGV a. F.) aus. Beide Staaten können jedoch dem Ratspräsidenten mitteilen, dass sie sich an einer Maßnahme auf Grundlage des Dritten Teils Titel V des AEU-Vertrags beteiligen möchten. Irland hat von dieser Möglichkeit in Bezug auf einzelne Bestimmungen des Schengen-Besitzstandes Gebrauch gemacht[43]. Auch Dänemark beteiligte sich zunächst nicht an den Maßnahmen, die aufgrund des Titels IV EGV a. F. beschlossen wurden. Das Dänemark betreffende Protokoll sah jedoch keine „Opt-in-Möglichkeit" bei einzelnen Maßnahmen vor. Dagegen kann Dänemark jederzeit den übrigen Mitgliedstaaten mitteilen, von dem Protokoll insgesamt oder Teilen des Protokolls keinen Gebrauch mehr zu machen (Art. 7 des Protokolls). Nachdem im Jahr 1999 ein Übereinkommen zwischen der EG sowie Island und Norwegen über die Assoziierung dieser Staaten bei der Umsetzung, Anwendung und Entwicklung des Schengen-Besitzstandes geschlossen worden war[44], konnte der Schengen-Besitzstand auch in Dänemark, Finnland und Schweden sowie Island und Norwegen zum 25. März 2001 in Kraft gesetzt werden[45].

1142

---

40 ABl.EG 1997 Nr. C 340, S. 99.
41 Zuvor: „Protokoll über die Anwendung bestimmter Aspekte des Artikels 14 EGV auf das Vereinigte Königreich und Irland", ABl.EG 2006 Nr. C 321E, S. 196.
42 ABl.EG 1997 Nr. C 340, S. 101.
43 Vgl. ABl.EG 2002 Nr. L 64, S. 20.
44 ABl.EG 1999 Nr. L 176, S. 31.
45 ABl.EG 2000 Nr. L 309, S. 24.

1143 Von den in den Jahren 2004 beigetretenen Mitgliedstaaten wenden Estland, Lettland, Litauen, Malta, Polen, die Tschechische Republik, die Slowakei, Slowenien und Ungarn mittlerweile den Schengen-Besitzstand in vollem Umfang an, wobei die Personenkontrollen an den Land- und Seegrenzen zum 21. Dezember 2007, auf Flughäfen zum 30. März 2008 weggefallen sind[46]. Nicht einbezogen in den Schengen-Besitzstand sind Zypern, die im Jahr 2007 beigetretenen Mitgliedstaaten Bulgarien und Rumänien sowie der am 1. Juli 2013 beigetretene Mitgliedstaat Kroatien[47]. Auf der Grundlage von Assoziierungsabkommen aus den Jahren 2004[48] und 2008[49] ist der Schengen-Besitzstand am 12. Dezember 2008 auch in der Schweiz in Kraft gesetzt worden. Mit Liechtenstein ist im Jahr 2008 ebenfalls ein Assoziierungsabkommen über die Anwendung des Schengen-Besitzstandes abgeschlossen worden[50], das am 19. Dezember 2011 in Kraft getreten ist[51].

1144 Der Schengen-Besitzstand ist gemäß dem „Protokoll über den in den Rahmen der Europäischen Union einbezogenen Schengen-Besitzstand"[52] durch den Vertrag von Amsterdam vom 2. Oktober 1997 in den Rahmen der Europäischen Union einbezogen worden. Die entsprechenden Beschlüsse hatte der Rat am 20. Mai 1999 gefasst und für Teile des Schengen-Besitzstandes die Vorschriften des Titels IV EGV a. F. als Rechtsgrundlage bestimmt[53].

1145 Art. 80 AEUV legt abschließend fest, dass für die Politik der Union auf dem Gebiet Grenzkontrollen, Asyl und Einwanderung auch in finanzieller Hinsicht der Grundsatz der Solidarität und der gerechten Aufteilung der Verantwortlichkeiten unter den Mitgliedstaaten gilt. Die aufgrund dieses Kapitels erlassenen Rechtsakte sollen daher, wann immer es erforderlich ist, Maßnahmen für die Anwendung des Grundsatzes enthalten. In diesem Sinne ist die auf Art. 63 Nr. 2 lit. a und b EGV a. F. gestützte Richtlinie 2001/55/EG vom 20. Juli 2001 zu verstehen (vgl. Rn. 1139). Beim Tragen der finanziellen Belastungen soll zudem der Europäische Asyl-, Migrations- und Integrationsfonds die Mitgliedstaaten unterstützen[54].

---

46 Beschluss 2007/801/EG, ABl.EU 2007 Nr. L 323, S. 34.
47 Vgl. Art. 4 Abs. 2 der Beitrittsakte, ABl.EU 2012 Nr. L 112, S. 21.
48 ABl.EU 2004 Nr. L 370, S. 78.
49 ABl.EU 2008 Nr. L 53, S. 52.
50 ABl.EU 2008 Nr. L 83, S. 3.
51 Art. 1 des Beschlusses des Rates Nr. 2011/842/EU v. 13.12.2011, ABl.EU 2011 Nr. L 334, S. 27.
52 ABl.EG 1997 Nr. C 340, S. 93.
53 Vgl. ABl.EG 1999 Nr. L 176, S. 1, u. Nr. L 176, S. 17.
54 Verordnung (EU) Nr. 516/2014 des Europäischen Parlaments und des Rates v. 16.4.2014 zur Einrichtung des Asyl-, Migrations- und Integrationsfonds, ABl.EU 2014 Nr. L 150, S. 168, geänd. ABl.EU 2018 Nr. 328, S. 78.

3. Justizielle Zusammenarbeit in Zivilsachen

Art. 81 AEUV begründet die Unionskompetenz im Bereich der justiziellen Zusammenarbeit in Zivilsachen mit grenzüberschreitenden Bezügen. Gemäß Abs. 1 Satz 1 und 2 AEUV hat der Grundsatz der gegenseitigen Anerkennung gerichtlicher und außergerichtlicher Entscheidungen für die Zusammenarbeit eine vertragliche Verankerung erfahren, wobei die Zusammenarbeit den Erlass von Maßnahmen zur Angleichung der Rechtsvorschriften der Mitgliedstaaten in den in Art. 81 Abs. 2 AEUV genannten Bereichen umfassen kann. Für diese Zwecke und, „insbesondere" wenn dies zur Förderung des Funktionierens des Binnenmarktes erforderlich ist, enthält der zentrale Art. 81 Abs. 2 AEUV eine Kompetenz zur Rechtsangleichung. Danach erlassen das Europäische Parlament und der Rat Maßnahmen, die ein weit gefächertes Band von Zielen verfolgen sollen: die gegenseitige Anerkennung und die Vollstreckung gerichtlicher und außergerichtlicher Entscheidungen zwischen den Mitgliedstaaten (lit. a)[55]; die grenzüberschreitende Zustellung gerichtlicher und außergerichtlicher Schriftstücke (lit. b)[56]; die Vereinbarkeit der in den Mitgliedstaaten geltenden Kollisionsnormen und Vorschriften zur Vermeidung von Kompetenzkonflikten (lit. c); die Zusammenarbeit bei der Erhebung von Beweismitteln (lit. d)[57]; einen effektiven Zugang zum Recht (lit. e); die Beseitigung von Hindernissen für die reibungslose Abwicklung von Zivilverfahren, erforderlichenfalls durch Förderung der Vereinbarkeit der in den Mitgliedstaaten geltenden zivilrechtlichen Verfahrensvorschriften (lit. f); die Entwicklung von alternativen Methoden für die Beilegung von Streitigkeiten (lit. g); die Förderung der Weiterbildung von Richtern und Justizbediensteten (lit. h). Anders als dies bei Art. 65 EGV a. F. der Fall war, sind die genannten Fallgruppen abschließend[58]. Der neue, generalklauselartige Kompetenztitel bezüglich eines effektiven Zugangs zum Recht (lit. e), der in seiner Formulierung der Teilzielsetzung des gesamten Politikbereiches entspricht, läuft aufgrund der unbestimmten Fassung jedoch Gefahr, als Grundlage aller möglichen Harmonisierungsmaßnahmen mit Bezug zum Zivilrecht herangezogen zu werden und sollte deshalb eng ausgelegt werden[59]. Der Erleichterung der justiziellen Zusammenarbeit in Zivilsachen dienen das durch Ratsentscheidung errichtete Europäische Justizielle Netz für Zivil- und Handelssachen[60] sowie die vom

1146

---

[55] Sog. EuGVVO oder auch als Brüssel-Ia-VO bezeichnet, Verordnung (EU) Nr. 1215/2012, ABl.EU 2012 Nr. L 351, S. 1, zul. geänd. ABl:EU 2014 Nr. L 54, S. 1, die u. a. wesentliche Erleichterungen in der grenzüberschreitenden Vollstreckung enthält; s. *Cadet*, EuZW 2013, S. 218.
[56] Verordnung (EG) Nr. 1393/2007, ABl.EU 2007 Nr. L 324, S. 79, geänd. ABl.EU 2013 Nr. L 158, S. 1.
[57] Verordnung (EG) Nr. 1206/2001, ABl.EG 2001 Nr. L 174, S. 1, geänd. ABl.EU 2008 Nr. L 304, S. 80.
[58] *Auswärtiges Amt*, Denkschrift zum Vertrag von Lissabon v. 13.12.2007, S. 90.
[59] *Streinz/Ohler/Herrmann*, Der Vertrag von Lissabon zur Reform der EU, S. 162.
[60] Entscheidung 2001/470/EG v. 28.5.2001, ABl.EG 2001 Nr. L 174, S. 25, geänd. ABl.EU 2009 Nr. L 168, S. 35.

Rat erlassene allgemeine Rahmenregelung in diesem Bereich[61]. Mit der Verordnung (EG) Nr. 805/2004 vom 21. April 2004 hat die Gemeinschaft den europäischen Vollstreckungstitel für unbestrittene Forderungen eingeführt[62].

1147 Art. 81 Abs. 3 AEUV trifft besondere Regelungen für den Bereich des Familienrechts. Danach muss der Rat über entsprechende Maßnahmen abweichend von Abs. 2 einstimmig nach Anhörung des Europäischen Parlaments beschließen. Allerdings kann der Rat auf Vorschlag der Kommission – wiederum durch einstimmigen Beschluss nach Anhörung des Europäischen Parlaments – Aspekte des Familienrechts bestimmen, die Gegenstand von Rechtsakten sein können, die gemäß dem ordentlichen Gesetzgebungsverfahren erlassen werden. Hiergegen hat jedoch jedes nationale Parlament ein Widerspruchsrecht. Auf dieser Grundlage wurden bereits Regelungen über die Zuständigkeit und die Anerkennung und Vollstreckung von Entscheidungen in Ehesachen und in Verfahren betreffend die elterliche Verantwortung[63] sowie Regelungen zur effektiven Durchsetzung grenzüberschreitender Unterhaltsforderungen[64] getroffen.

4. Justizielle Zusammenarbeit in Strafsachen

a) Grundlagen und Ziele

1148 Die zunächst intergouvernemental ausgestaltete PJZS ist durch den Vertrag von Lissabon in supranationale Entscheidungsstrukturen überführt worden[65]. Mit den Vorschriften betreffend die justizielle Zusammenarbeit in Strafsachen (Art. 82 bis Art. 86 AEUV) werden weitreichende Kompetenzgrundlagen geschaffen, die die behördliche Zusammenarbeit zwischen den Mitgliedstaaten in den Bereichen der Prävention und der Strafverfolgung fördern sollen. Darüber hinaus ergänzt der Vertrag die politische Zielvorstellung einer effektiven mitgliedstaatlichen Behördenkooperation auf der Grundlage des Art. 83 AEUV strukturell erstmals ausdrücklich um die Schaffung eines materiellen europäischen Strafrechts[66]. Diesem Ziel ist, wenn auch gegenständlich begrenzt, die Rechtsangleichung auf den Gebieten des Strafprozessrechts (Art. 82 AEUV) verschrieben, die instrumentell durch die gegenseitige Anerkennung gerichtlicher Urteile und Entscheidungen erreicht werden soll. Aufgrund der grundrecht-

---

61 Verordnung (EG) Nr. 743/2002/EG, ABl.EG 2002 Nr. L 115, S. 1.
62 ABl.EU 2004 Nr. L 143, S. 15, zul. geänd. ABl.EU 2008 Nr. L 304, S. 80.
63 Sog. EheVO oder Brüssel IIa-VO, Verordnung (EG) Nr. 2201/2003, ABl.EU 2003 Nr. L 338, S. 1.
64 Verordnung (EG) Nr. 4/2009, ABl.EU 2009 Nr. L 7, S. 1, zul. geänd. ABl.EU 20151 Nr. L 49, S. 1.
65 Für die Weitergeltung und Änderung der auf der Grundlage der bisherigen PJZS-Bestimmungen erlassenen Rechtsakte sind in Art. 10 des Lissabonner Protokolls Übergangsbestimmungen vorgesehen; ABl.EU 2007 Nr. C 306, S. 163.
66 Zu den bislang schon einbegriffenen Kompetenzen vgl. EuGH, Rs. C-176/03, Slg. 2005, S. I-7879, Rn. 48 – *Kommission/Rat*.

lichen Bedeutsamkeit dieses Politikfeldes sehen die Art. 82 Abs. 3 AEUV und Art. 83 Abs. 3 AEUV insoweit die Möglichkeit eines sog. suspensiven Vetos der Mitgliedstaaten vor (Rn. 1152). Durch die Einführung des Art. 86 AEUV kann ferner eine Europäische Staatsanwaltschaft geschaffen werden, die zur Bekämpfung von Straftaten zum Nachteil der finanziellen Interessen der Union dienen soll (Rn. 1157)[67].

b) Gegenseitige Anerkennung in Strafsachen

Die justizielle Zusammenarbeit in Strafsachen basiert – entsprechend der justiziellen Zusammenarbeit in Zivilsachen – auf dem Grundsatz der gegenseitigen Anerkennung und umfasst für bestimmte Aspekte des Strafverfahrens (Art. 82 Abs. 2 AEUV) sowie für spezifische Kriminalitätsbereiche (Art. 83 AEUV) die Angleichung der Rechtsvorschriften der Mitgliedstaaten (Art. 82 Abs. 1 UAbs. 1 AEUV). Die Maßnahmen zur Sicherstellung der Anerkennung von gerichtlichen Urteilen und Entscheidungen in der gesamten Union ergehen nunmehr in einem ordentlichen Gesetzgebungsverfahren (Art. 82 Abs. 1 UAbs. 2 AEUV). Ferner können nach Art. 82 Abs. 1 UAbs. 2 lit. b AEUV im ordentlichen Gesetzgebungsverfahren Maßnahmen zur Verhinderung von negativen und positiven Kompetenzkonflikten zwischen den Mitgliedstaaten festgelegt werden. Das soll einerseits dazu beitragen, Kompetenzkonflikte zu vermeiden, andererseits für den Bürger einen Zuwachs an Rechtssicherheit gewährleisten[68]. Darüber hinaus kann durch Maßnahmen die Weiterbildung von Richtern, Staatsanwälten und Justizbediensteten gefördert werden sowie die Kooperation zwischen den mitgliedstaatlichen Justizbehörden im Rahmen der Strafverfolgung, des Vollzugs und der Vollstreckung von Entscheidungen erleichtert werden (Art. 82 Abs. 1 UAbs. 2 lit. c und d AEUV).

1149

Nach Art. 82 Abs. 2 UAbs. 1 AEUV können durch Richtlinien Mindestvorschriften für bestimmte Aspekte des Strafverfahrens erlassen werden. Diese Mindestvorschriften betreffen die Zulässigkeit von Beweismitteln, die Rechte des Einzelnen im Strafverfahren, die Rechte von Opfern von Straftaten[69] und, generalklauselartig, sonstige bestimmte Aspekte des Strafverfahrens, die zuvor vom Rat durch einen Beschluss bestimmt worden sind. Im letzteren Falle muss der Rat nach Art. 82 Abs. 2 lit. d AEUV diese Zuständigkeit einstimmig nach Zustimmung des Europäischen Parlaments durch einen Beschluss präzisieren. Art. 82 Abs. 2 UAbs. 3 AEUV verweist darauf, dass der Erlass der Mindestvorschriften die Mitgliedstaaten nicht daran hindert, ein höheres Schutzniveau für

1150

---

67 Siehe dazu näher *Frenz*, wistra 2010, S. 432 ff.
68 *Streinz/Ohler/Herrmann*, Der Vertrag von Lissabon zur Reform der EU, S. 163.
69 So bspw. die Richtlinie 2012/29/EU über Mindeststandards für die Rechte, die Unterstützung und den Schutz von Opfern von Straftaten sowie zur Ersetzung des Rahmenbeschlusses 2001/220/JI, ABl.EU 2012 Nr. L 315, S. 97; hierzu näher *Schmälzger*, ELR 2013, S. 13.

den Einzelnen beizubehalten oder einzuführen. Daneben können nach Art. 83 Abs. 1 AEUV für spezifische Kriminalitätsbereiche mit grenzüberschreitender Dimension Mindestvorschriften erlassen werden. Art. 83 Abs. 1 UAbs. 2 AEUV zählt als solche abschließend auf: Terrorismus, Menschenhandel und sexuelle Ausbeutung von Frauen und Kindern, illegaler Drogenhandel, illegaler Waffenhandel, Geldwäsche, Korruption, Fälschung von Zahlungsmitteln, Computerkriminalität sowie organisierte Kriminalität. Weitere Kriminalitätsbereiche, die die Kriterien des Art. 83 Abs. 1 AEUV erfüllen, können durch einen Beschluss des Rates hinzugefügt werden (UAbs. 3).

1151 Mit Art. 83 AEUV wurde die Unionskompetenz für den Erlass von Mindestvorschriften des materiellen Strafrechts in der Rechtsform der Richtlinie geschaffen[70]. Die Bestimmung begründet damit gleichermaßen eine originäre Strafrechtsetzungsgewalt der Union[71]. Gemäß Art. 83 Abs. 2 AEUV können strafrechtliche Rechtsvorschriften der Mitgliedstaaten angeglichen werden, wenn sie für die wirksame Durchführung der Politik der Union auf einem Gebiet, auf dem Harmonisierungsmaßnahmen erfolgt sind, unerlässlich sind. Auf der Grundlage dieser Annexkompetenz können durch Richtlinien – wie bei den Mindestvorschriften für bestimmte Kriminalitätsbereiche – Mindestvorschriften für Straftatbestände und Rechtsfolgen festgelegt werden, wobei die Richtlinie nach dem gleichen Verfahren wie die jeweilige Harmonisierungsmaßnahme erlassen wird, Art. 83 Abs. 2 Satz 1 AEUV. Das Initiativrecht kommt neben der Kommission auch einem Viertel der Mitgliedstaaten zu (Art. 83 Abs. 2 Satz 2 AEUV i. V. m. Art. 76 AEUV). Eine materiell-strafrechtliche Kompetenz sieht darüber hinaus Art. 325 Abs. 4 AEUV für den Fall der Bekämpfung von Betrug zulasten der Union vor[72].

1152 Für die einzelnen Mitgliedstaaten besteht bei der Festlegung von Mindestvorschriften für bestimmte Aspekte des Strafverfahrens sowie für bestimmte Kriminalitätsbereiche und für Gebiete, auf denen Harmonisierungsvorschriften festgelegt wurden, gemäß Art. 82 Abs. 3 AEUV und Art. 83 Abs. 3 AEUV die Möglichkeit eines sog. suspensiven Vetos. Auf diese Weise sollen nationale Souveränitätsvorbehalte Berücksichtigung finden. Vertritt ein Mitglied des Rates die Auffassung, dass der Entwurf einer Richtlinie grundlegende Aspekte seiner Strafrechtsordnung berühren würde, kann es beantragen, dass der Europäische Rat befasst wird. Der Europäische Rat kann den Entwurf im Falle eines Einvernehmens nach einer Aussprache an den Rat zurückverweisen (Art. 82 Abs. 3 UAbs. 1 AEUV und Art. 83 Abs. 3 UAbs. 1 AEUV). Für den Fall, dass kein Einvernehmen erreicht wird, ist nach Art. 82 Abs. 3 UAbs. 2 AEUV sowie Art. 83 Abs. 3 UAbs. 2 AEUV der Weg zu einer Verstärkten Zusammenarbeit eröffnet.

---

70 Kritisch dazu *Meyer,* EuR 2011, S. 169, 173 ff.
71 *De lege lata* wurde das bisher vom Schrifttum nicht für möglich gehalten; vgl. *Streinz/Ohler/ Herrmann,* Der Vertrag von Lissabon zur Reform der EU, S. 163 m. w. N.
72 *Streinz/Ohler/Herrmann,* Der Vertrag von Lissabon zur Reform der EU, S. 164; zum Verhältnis von Art. 83 und 325 AEUV siehe *Meyer,* EuR 2011, S. 169, 175 ff.

Darüber hinaus enthält der neu geschaffene Art. 84 AEUV eine Rechtsgrundlage für ein Tätigwerden der Union im Bereich der Kriminalprävention. Die Kompetenz fällt in die Kategorie der unterstützenden Maßnahmen im Sinne von Art. 6 AEUV, auch wenn sie dort nicht aufgezählt ist[73]. Im Rahmen dieser Kompetenz ist der vom Rat beschlossene Ausbau des bestehenden Europäischen Netzes für Kriminalprävention (ENKP) vorzunehmen[74]. Das seit 2001 bestehende Netz, zu dessen prioritären Tätigkeitsbereichen die Bekämpfung der Jugendkriminalität, der Kriminalität in den Städten und der Drogenkriminalität zählt, ermöglicht den Austausch von Informationen, unterschiedlichen Erfahrungen sowie Studien und Forschungsarbeiten im Bereich der Kriminalprävention. Es verfügt über ein Sekretariat und setzt sich aus Kontaktstellen zusammen, die von den einzelnen Mitgliedstaaten benannt werden und von denen es je Land nicht mehr als drei geben darf.

1153

c) Eurojust

Mit Beschluss vom 28. Februar 2002 hat der Rat die „Europäische Stelle für justizielle Zusammenarbeit (Eurojust)" mit Sitz in Den Haag errichtet[75]. Mit der Verordnung (EU) 2018/1727 vom 14. November 2018 haben das Europäische Parlament und der Rat eine *Agentur der Europäischen Union für justizielle Zusammenarbeit in Strafsachen* gegründet, die ebenfalls den Namen *Eurojust* trägt und die die bisherige Stelle seit dem 12. Dezember 2019 als Rechtsnachfolgerin ersetzt[76]. Eurojust ist eine Einrichtung der Europäischen Union mit eigener Rechtspersönlichkeit. Diese Einrichtung, die sich aus je einem Mitglied aus jedem Mitgliedstaat zusammensetzt[77], welches die Qualifikation eines Staatsanwalts, Richters oder Polizeibeamten aufweist, dient der Unterstützung und Verstärkung der Koordinierung und Zusammenarbeit zwischen den mitgliedstaatlichen Behörden, die für die Ermittlung und Verfolgung schwerer Kriminalität zuständig sind (vgl. Art. 85 Abs. 1 Satz 1 AEUV). Das setzt allerdings voraus, dass zwei oder mehr Mitgliedstaaten betroffen sind oder aber eine Verfolgung auf gemeinsamer Grundlage erforderlich ist.

1154

---

73 *Auswärtiges Amt,* Denkschrift zum Vertrag von Lissabon v. 13.12.2007, S. 92.
74 Beschluss 2009/902/JI des Rates v. 30.11.2009 zur Errichtung eines Europäischen Netzes für Kriminalprävention (ENKP) und zur Aufhebung des Beschlusses 2001/427/JI, ABl.EU 2009 Nr. L 321, S. 44.
75 Beschluss 2002/187/JI des Rates v. 28.2.2002 über die Errichtung von Eurojust zur Verstärkung der Bekämpfung der schweren Kriminalität, ABl.EG 2002 Nr. L 63, S. 1, zul. ber. ABl.EU 2010 Nr. L 341, S. 52.
76 Verordnung (EU) 2018/1727 des Europäischen Parlaments und des Rates vom 14.11.2018 betreffend die Agentur der Europäischen Union für justizielle Zusammenarbeit in Strafsachen (Eurojust) und zur Ersetzung und Aufhebung des Beschlusses 2002/187/JI des Rates, ABl.EU 2018 Nr. L 295, S. 138, ber. ABl.EU 2019 Nr. L 215, S. 3.
77 Vgl. Art. 7 Verordnung (EU) 2018/1727.

598 Interne Politiken der Europäischen Union

1155 Eurojust stützt sich bei seiner Tätigkeit auf die von den Behörden der Mitgliedstaaten und von Europol durchgeführten Operationen und gelieferten Informationen (vgl. dazu insgesamt Art. 85 Abs. 1 UAbs. 1 AEUV). Aufbau, Arbeitsweise und Aufgabenbereich von Eurojust werden im ordentlichen Gesetzgebungsverfahren durch Verordnungen festgelegt. Art. 85 Abs. 1 UAbs. 2 lit. a AEUV sieht insbesondere bei Straftaten zum Nachteil der finanziellen Interessen der Union ausdrücklich die Kompetenz vor, strafrechtliche Ermittlungsmaßnahmen einzuleiten sowie Vorschläge zur Einleitung von strafrechtlichen Verfolgungsmaßnahmen zu unterbreiten. Die betreffenden Ermittlungs- und Verfolgungsmaßnahmen werden durch die zuständigen Behörden durchgeführt, jedoch von Eurojust koordiniert. Nach Art. 31 EUV a. F. verfügte Eurojust bspw. über keine Kompetenz zur Durchführung eigenständiger Strafverfolgung. Mit seiner Zuständigkeitserweiterung erfährt Eurojust insoweit durch den Vertrag von Lissabon eine partielle Aufwertung[78].

1156 Eurojust arbeitet bei der Erfüllung seiner Aufgaben mit dem *Europäischen Justiziellen Netz* zusammen und stimmt sich mit diesem ab[79]. Das Europäische Justizielle Netz wird gebildet aus Kontaktstellen, die innerhalb der einzelnen Mitgliedstaaten errichtet worden sind. Mit ihrer Hilfe sollen die zwischenstaatlichen Beziehungen der Strafverfolgungsbehörden erleichtert werden.

d) Europäische Staatsanwaltschaft

1157 Neu hinzugekommen durch den Vertrag von Lissabon ist – wie bereits seit einiger Zeit von der Kommission erwogen wurde[80] – die Einrichtung einer Europäischen Staatsanwaltschaft zur Bekämpfung von Straftaten zum Nachteil der finanziellen Interessen der Union. Gemäß Art. 86 Abs. 1 AEUV kann der Rat die Europäische Staatsanwaltschaft in einem besonderen Gesetzgebungsverfahren durch Verordnung einsetzen. Er beschließt nach Anhörung des Europäischen Parlaments einstimmig; im Falle einer fehlenden Einstimmigkeit ist der Weg zu einer Verstärkten Zusammenarbeit eröffnet (Art. 86 Abs. 1 UAbs. 2 und 3 AEUV). Die Europäische Staatsanwaltschaft ist nach Art. 86 Abs. 2 AEUV – gegebenenfalls auch in Verbindung mit Europol – für die strafrechtliche Untersuchung, Verfolgung sowie Anklageerhebung bei Straftaten zum Nachteil der finanziellen Interessen der Union zuständig. In diesem Sinne nimmt sie die Aufgaben der nationalen Staatsanwaltschaft vor den zuständigen Gerichten der Mitgliedstaaten wahr (Art. 86 Abs. 2 Satz 2 AEUV). Der Katalog der Straftaten, für die sie zuständig ist, wird in der Verordnung zur Einrichtung der Europäischen Staatsanwaltschaft festgelegt, Art. 86 Abs. 2 Satz 1 i. V. m. Art. 86 Abs. 1

---

78 *Streinz/Ohler/Herrmann*, Der Vertrag von Lissabon zur Reform der EU, S. 164.
79 Beschluss 2008/976/JI des Rates v. 16.12.2008 über das Europäische Justizielle Netz, ABl. EU 2008 Nr. L 348, S. 130.
80 Vgl. *Satzger*, Internationales und Europäisches Strafrecht, S. 159.

II. Raum der Freiheit, der Sicherheit und des Rechts

AEUV. Durch Beschluss des Europäischen Rates kann die Zuständigkeit der Europäischen Staatsanwaltschaft auch auf Bereiche schwerer Kriminalität mit grenzüberschreitender Dimension ausgeweitet werden (Art. 86 Abs. 4 AEUV). Am 17. Juli 2013 hatte die Europäische Kommission die Errichtung einer Europäischen Staatsanwaltschaft vorgeschlagen[81], um eine bessere unionsweite strafrechtliche Verfolgung von Betrug am europäischen Steuerzahler zu ermöglichen. Da eine Einigung sämtlicher Mitgliedstaaten nicht erzielt werden konnte, ist die Errichtung einer Europäischen Staatsanwaltschaft (EUStA) im Wege einer Verstärkten Zusammenarbeit (Rn. 85 ff.) von 22 Mitgliedstaaten im Oktober 2017 beschlossen worden[82]. Die EUStA ist eine Einrichtung der Union mit eigener Rechtspersönlichkeit. Sie hat die Aufgabe, strafrechtliche Untersuchungen und Verfolgungen sowie Anklageerhebungen durchzuführen in Bezug auf Personen, die als Täter oder Teilnehmer Straftaten zum Nachteil der finanziellen Interessen der Union begangen haben[83]. Leiter der EUStA, die ihren Sitz in Luxemburg hat, ist der Europäische Generalstaatsanwalt. Zur ersten Europäischen Generalstaatsanwältin ist im Oktober 2019 die Rumänin *Laura Codruța Kövesi* ernannt worden[84]. Die EUStA übernimmt die ihr übertragenen Ermittlungs- und Strafverfolgungsaufgaben zu einem Zeitpunkt, der durch einen Beschluss der Kommission auf Vorschlag des Europäischen Generalstaatsanwalts festzulegen ist[85]. Voraussichtlich wird sie ihre Tätigkeit Ende 2020 aufnehmen.

5. Polizeiliche Zusammenarbeit

a) Grundlagen und Ziele

Art. 87 bis Art. 89 AEUV regeln die polizeiliche Zusammenarbeit in der Union. Danach entwickelt die Union eine polizeiliche Zusammenarbeit zwischen allen zuständigen mitgliedstaatlichen Behörden, einschließlich der Polizei, des Zolls und anderer auf die Verhütung oder die Aufdeckung von Straftaten sowie auf entsprechende Ermittlungen spezialisierter Strafverfolgungsbehörden (Art. 87 Abs. 1 AEUV). Bei der polizeilichen Zusammenarbeit ergeben sich durch den Vertrag von Lissabon zwar keine Zuständigkeitserweiterungen der Union, verfahrensrechtliche Änderungen ergeben sich indes dadurch, dass die verschiede-

---
81 Vgl. COM(2013) 534 endg. v. 17.7.2013.
82 Verordnung (EU) 2017/1939 des Rates v. 12.10.2017 zur Durchführung einer Verstärkten Zusammenarbeit zur Errichtung der Europäischen Staatsanwaltschaft (EUStA), ABl.EU 2017 Nr. L 283, S. 1.
83 Vgl. dazu die Richtlinie (EU) 2017/1371 des Europäischen Parlaments und des Rates v. 5.7.2017 über die strafrechtliche Bekämpfung von gegen die finanziellen Interessen der Union gerichtetem Betrug, ABl.EU 2017 Nr. L 198, S. 29.
84 Beschluss (EU) 2019/1798 des Europäischen Parlaments und des Rates v. 14.10.2019 zur Ernennung des Europäischen Generalstaatsanwalts der Europäischen Staatsanwaltschaft, ABl.EU 2019 Nr. L 274, S. 1.
85 Vgl. Art. 120 Abs. 2 Verordnung (EU) 2017/1939.

nen Bereiche der Zusammenarbeit unterschiedlichen Gesetzgebungsverfahren unterliegen[86].

1159 Mit Art. 88 AEUV kommt zum Ausdruck, dass auch weiterhin als rechtlich eigenständige Strafverfolgungs- und Polizeibehörde der Union das 1995 durch Vertrag zwischen den Mitgliedstaaten[87] gegründete Europäische Polizeiamt (Europol) tätig wird, das am 1. Juli 1999 seine Arbeit aufgenommen hat[88]. Dieses Europol-Übereinkommen wurde 2009 durch den Europol-Beschluss ersetzt und auf eine unionsrechtliche Grundlage gestellt[89]. Mit der Verordnung (EU) 2016/794 haben das Europäische Parlament und der Rat die *Agentur der Europäischen Union für die Zusammenarbeit auf dem Gebiet der Strafverfolgung* errichtet, die ebenfalls den Namen Europol trägt und die seit dem 1. Mai 2017 als Rechtsnachfolgerin an die Stelle des bisherigen Europäischen Polizeiamtes getreten ist[90]. Wie bislang ist Aufgabe von Europol, die Tätigkeit der Polizeibehörden und der anderen Strafverfolgungsorgane der Mitgliedstaaten zu unterstützen sowie deren Zusammenarbeit bei der Verhütung und Bekämpfung der zwei oder mehrere Mitgliedstaaten betreffenden schweren Kriminalität, des Terrorismus und der Kriminalitätsformen, die ein gemeinsames Interesse verletzen, das Gegenstand der Unionspolitik ist, zu verstärken (Art. 88 Abs. 1 AEUV). Gemäß Art. 88 Abs. 2 UAbs. 1 AEUV werden der Aufbau, die Arbeitsweise, der Tätigkeitsbereich und die Aufgaben von Europol in einem ordentlichen Gesetzgebungsverfahren vom Europäischen Parlament und dem Rat festgelegt. Europol erfährt insofern eine Aufwertung, als es nun über die Koordinierung, Organisation und Durchführung von Ermittlungen hinausgehend auch operative Maßnahmen in Absprache mit dem Mitgliedstaat oder den Mitgliedstaaten ergreifen kann, dessen oder deren Hoheitsgebiet betroffen ist (Art. 88 Abs. 3 Satz 1 AEUV).

b) Handlungsfelder der polizeilichen Zusammenarbeit

aa) Maßnahmen nach Art. 87 Abs. 2 AEUV

1160 Auf der Grundlage des Art. 87 Abs. 2 AEUV erlassen das Europäische Parlament und der Rat im ordentlichen Gesetzgebungsverfahren bestimmte Maßnahmen zur Verhütung oder Aufdeckung von Straftaten: das Einholen, Speichern, Verarbeiten, Analysieren und Austauschen sachdienlicher Informationen (Art. 87

---

86 *Streinz/Ohler/Herrmann*, Der Vertrag von Lissabon zur Reform der EU, S. 165.
87 ABl.EG 1995 Nr. C 316, S. 2, zul. geänd. ABl.EU 2005 Nr. L 110, S. 24.
88 ABl.EG 1999 Nr. L 185, S. 1.
89 Beschluss 2009/371/JI des Rates v. 6.4.2009 zur Errichtung des Europäischen Polizeiamtes (Europol), ABl.EU 2009 Nr. L 121, S. 37.
90 Verordnung (EU) 2016/794 des Europäischen Parlaments und des Rates v. 11.5.2016 über die Agentur der Europäischen Union für die Zusammenarbeit auf dem Gebiet der Strafverfolgung (Europol) und zur Ersetzung und Aufhebung der Beschlüsse 2009/371/JI, 2009/934/JI, 2009/935/JI, 2009/936/JI und 2009/968/JI des Rates, ABl.EU 2016 Nr. 135, S. 53.

Abs. 2 lit. a AEUV); die Unterstützung bei der Aus- und Weiterbildung von Personal sowie Zusammenarbeit in Bezug auf den Austausch von Personal, die Ausrüstungsgegenstände und die kriminaltechnische Forschung (Art. 87 Abs. 2 lit. b AEUV) sowie gemeinsame Ermittlungstechniken zur Aufdeckung schwerwiegender Formen der organisierten Kriminalität (Art. 87 Abs. 2 lit. c AEUV).

bb) Maßnahmen nach Art. 87 Abs. 3 AEUV

In Übereinstimmung mit dem bisherigen Recht schafft der Vertrag von Lissabon keine eigene polizeiliche Exekutive; auf operativer Ebene eröffnet der Vertrag jedoch die Möglichkeit, Maßnahmen über die Zusammenarbeit der mitgliedstaatlichen Sicherheitsbehörden zu treffen (Art. 87 Abs. 3 AEUV). Die Bestimmung legt fest, dass Maßnahmen, die die operative Zusammenarbeit zwischen den genannten Behörden betreffen, nur der Rat nach einem besonderen Gesetzgebungsverfahren erlassen kann. Der Rat entscheidet dabei einstimmig und nach Anhörung des Europäischen Parlaments. Kann ein einstimmiger Beschluss nicht erreicht werden, kann der Europäische Rat befasst werden und bei Scheitern einer Einigung eine Maßnahme auf Grundlage der Regeln über die Verstärkte Zusammenarbeit (Art. 20 Abs. 2 EUV i. V. m. Art. 329 AEUV) festgelegt werden. Dieses besondere Verfahren gilt nicht für Rechtsakte, die eine Weiterentwicklung des Schengen-Besitzstandes darstellen.

1161

cc) Völkerrechtliche Übereinkommen nach Art. 37 EUV

Im Hinblick auf die Wirkung völkerrechtlicher Verträge legt Art. 216 Abs. 2 AEUV fest, dass Übereinkommen die Organe der Union sowie ihre Mitgliedstaaten binden (Rn. 75 ff.). Diese Vorschrift findet nunmehr auch im Bereich der polizeilichen Zusammenarbeit uneingeschränkt Anwendung. Die besonderen Regelungen des Art. 24 Abs. 5 und Abs. 6 EUV a. F. sind in Art. 37 EUV entfallen. Art. 37 EUV bestimmt damit nur noch, dass die Union im Bereich der GASP mit einem oder mehreren Staaten oder internationalen Organisationen völkerrechtliche Übereinkommen schließen kann.

1162

III. Wettbewerbskontrolle

1. Wettbewerbspolitik

Literaturhinweise: *Bechtold, R./Bosch, W./Brinker, I. (Hrsg.):* EU-Kartellrecht, 3. Aufl. 2014; *Böge, U.:* Der „more economic approach" und die deutsche Wettbewerbspolitik, WuW 2004, S. 726; *Brinker, I./Scheuing, D./Stockmann, H. (Hrsg.):* Recht und Wettbewerb – FS für Rainer Bechtold zum 65. Geburtstag, 2006; *de Bronett, G.-K.:* Der „More Economic Approach" bei der Anwendung des europäischen Kartellverwaltungsrechts und Kartellstrafrechts, EWS 2013, S. 1; *Dauses, M. A./Ludwigs, M. (Hrsg.):* Handbuch des EU-Wirtschaftsrechts, 46. EL Januar 2019; *Dethmers, F./Posthuma de Boer, P.:* Ten Years On: Vertical Agreements under Article 81, ECLR 2009, S. 424; *Fuchs, A.:* Neue Entwicklungen beim Konzept der Wettbewerbsbeschränkung in Art. 81 Abs. 1 EG, ZWeR 2007, S. 369; *Hossenfelder, S./Lutz, M.:* Die neue Durchführungsverordnung zu den Artikeln 81 und 82 EG-Vertrag, WuW 2003, S. 118; *Immenga, U.:* Ökonomie und Recht in der europäischen Wettbewerbspolitik, ZWeR 2006, S. 346; *Immenga, U./Mestmäcker, E.-J.* (Hrsg.): EU-Wettbewerbsrecht, Bd. 1/Teil 1, 6. Aufl. 2019; *Koenig, Ch./Schreiber, K.:* Europäisches Wettbewerbsrecht, 2010, S. 1; *Lissel, P.:* Das neue europäische Kartellverfahrensrecht, RdE 2006, S. 47; *Mestmäcker, E.-J./Schweitzer, H.:* Europäisches Wettbewerbsrecht, 3. Aufl. 2014; *Monti, M.:* The New Shape of European Competition Policy, 2003; *Ridyard, D.:* The European Commission's Article 82 Guidelines: Some Reflections on the Economic Issues, ECLR 2009, S. 230; *Röller, L.-H.:* Using economic analysis to strengthen competition policy enforcement in Europe, in: van Bergeijk, P. A. G./Kloosterhuis, E. (Hrsg.), Modelling European Mergers: Theory, Competition Policy and Case Studies, 2005; *Schmidtchen, D.:* Effizienz als Leitbild der Wettbewerbspolitik: Für einen „more economic approach", in: Oberender, P. (Hrsg.), Effizienz und Wettbewerb, 2005, S. 9; *Schultze, J.-M./Pautke, S./Wagener, D.:* Wasserstandsmeldung aus Brüssel: Änderungsvorschläge der EU-Kommission zur Vertikal-GVO für 2010, BB 2009, S. 2266; *Schwarze, J.:* Das wirtschaftsverfassungsrechtliche Konzept des Verfassungsentwurfs des Europäischen Konvents, EuZW 2004, S. 135; *Seehafer, A.:* Die Verwendung ökonomischer Modelle in der Fusionskontrollverordnung aus juristischer Perspektive, WuW 2009, S. 728; *Soltész, U./Schilling, S.:* Europäisches Wettbewerbsrecht und Politik – ein unzertrennliches Paar?, EuZW 2016, S. 767; *Whish, R./Bailey, D.:* Competition Law, 9. Aufl. 2018; *Zäch, R.:* Freedom to Compete and the More Economic Approach – Limits Imposed by Law, IIC 2009, S. 623.

a) Kurzüberblick

Maßgebliches Ziel der Union ist die Errichtung eines Binnenmarktes[91]. Bei der Verwirklichung dieses Ziels ist die Union insbesondere der nachhaltigen Entwicklung Europas auf der Grundlage einer „in hohem Maße wettbewerbsfähige[n] soziale[n] Marktwirtschaft" verpflichtet (Art. 3 Abs. 3 EUV). Weitere Ziele, wie insbesondere der soziale Fortschritt, ein hohes Maß an Umweltschutz und die Verbesserung der Umweltqualität[92], stehen auf gleichem Rang und beeinflussen somit die Auslegung der Wettbewerbsregeln. Ausdrücklich wird der Union in Art. 3 Abs. 1 lit. b AEUV die ausschließliche Zuständigkeit für die „Festlegung der für das Funktionieren des Binnenmarkts erforderlichen Wettbewerbsregeln" übertragen. Da Wettbewerbsverfälschungen die Güterströme in der Union verzerren und dadurch die Errichtung des Binnenmarkts behindern, verpflichtet der

---

91 Hierzu sowie zum Begriff des Binnenmarkts und dem Wettbewerb als Schutzgut des Unionsrechts *Koenig/Schreiber,* Europäisches Wettbewerbsrecht, 2010, S. 1 ff.
92 Art. 3 Abs. 3 EUV. Das Ziel der Schaffung eines Systems, das den Wettbewerb innerhalb des Binnenmarkts vor Verfälschungen schützt, ist von prominenter Stelle (ex-Art. 3 Abs. 1 lit. g EG) in das „Protokoll über den Binnenmarkt und den Wettbewerb" verschoben worden. Dieses Protokoll (Nr. 27) – und damit auch das Ziel des Wettbewerbsschutzes – ist gem. Art. 51 EUV Bestandteil des Unionsprimärrechts.

AEUV die Mitgliedstaaten und die Union – im Unterschied zu der vom BVerfG für das Grundgesetz angenommenen wirtschaftspolitischen Neutralität[93] – zu einer „offenen Marktwirtschaft mit freiem Wettbewerb" (Art. 119 Abs. 1 AEUV, Art. 120 Satz 2 AEUV).

Wettbewerbsverfälschungen können zum einen durch das Verhalten der auf der Angebots- oder Nachfrageseite handelnden Wirtschaftssubjekte, den *Unternehmen* (Rn. 1173 ff.), verursacht werden: Das Instrumentarium der *unternehmensgerichteten Wettbewerbsvorschriften* reicht vom Kartellverbot (Art. 101 AEUV; Rn. 1170 ff.)[94] über das Verbot des Missbrauchs einer marktbeherrschenden Stellung (Art. 102 AEUV; Rn. 1211 ff.) bis zur EU-Fusionskontrolle (Fusionskontrollverordnung; Rn. 1247 ff.)[95]. Den Unternehmen ist es nach Art. 101 AEUV grundsätzlich verboten, den Wettbewerb durch aufeinander abgestimmte Verhaltensweisen zu beeinträchtigen. Marktbeherrschende Unternehmen dürfen nach Art. 102 AEUV diese Stellung nicht missbräuchlich, d. h., vereinfacht ausgedrückt, zum Schaden des bestehenden Restwettbewerbs, ausnutzen. Der Tatbestand dieser Verbotsnormen wird durch ein aktuelles bzw. in der Vergangenheit liegendes (unternehmerisches) Verhalten erfüllt. Die Fusionskontrolle dagegen wendet den Blick in die Zukunft: Sie steht Zusammenschlüssen von Unternehmen dann entgegen, wenn diese geeignet sind, den Wettbewerb erheblich zu beeinträchtigen. Zum anderen werden Wettbewerbsverzerrungen durch marktwidrige Interventionen der Mitgliedstaaten und ihrer Untergliederungen in die Marktabläufe hervorgerufen. Die *staatsgerichteten Wettbewerbsvorschriften* bestehen in der Kontrolle staatlicher Beihilfen (Art. 107 bis Art. 109 AEUV; Rn. 1261 ff.) sowie im Vergaberecht (Rn. 1360 ff.), welches durch Richtlinien kodifiziert ist[96].

b) Das Schutzgut „Wettbewerb"

Das EU-Wettbewerbsrecht bezweckt den Schutz des Wettbewerbs vor Beeinträchtigungen. Eine explizite Definition des Begriffs *Wettbewerb* findet sich im Unionsrecht indes nicht. Die Unionsrechtsprechung legt, auch wenn in einzelnen Entscheidungen auf das Modell des wirksamen Wettbewerbs *(workable competition)* Bezug genommen wird[97], kein konkretes wirtschaftswissenschaftliches Wettbewerbskonzept zugrunde, um den Wettbewerbsbegriff und das Schutzziel des unverfälschten Wettbewerbs im Binnenmarkt zu konkretisieren.

---

93 BVerfGE 4, 7, 17 f. – *Investitionshilfe;* BVerfGE 50, 290, 338 – *Mitbestimmung.*
94 Verordnung (EG) Nr. 1/2003 des Rates v. 16.12.2002 zur Durchführung der in den Artikeln 81 u. 82 des Vertrags niedergelegten Wettbewerbsregeln, ABl.EG 2003 Nr. L 1, S. 1.
95 Verordnung (EG) Nr. 139/2004 des Rates v. 20.1.2004 über die Kontrolle von Unternehmenszusammenschlüssen („EU-Fusionskontrollverordnung"), ABl.EU 2004 Nr. L 24, S. 1.
96 Siehe zum Ganzen auch *Koenig/Schreiber,* Europäisches Wettbewerbsrecht, 2010, S. 2.
97 EuGH, Rs. 26/76, ECLI:EU:C:1977:167, Rn. 20 – *Metro;* dazu auch *Koenig/Vogelsang et al.,* Funktionsfähiger Wettbewerb auf den Telekommunikationsmärkten. Ökonomische und juristische Perspektiven zum Umfang der Regulierung, 2002, S. 40.

Eine erste Annäherung an die Bedeutung des Begriffs Wettbewerb ist zunächst über die Funktionen und Zwecke des Wettbewerbs im Lichte der im Unionsprimärrecht verankerten Ziele und Werte zu erreichen. Zentral ist dabei das in Art. 3 Abs. 3 Satz 1 EUV aufgeführte Ziel der Union, einen Binnenmarkt zu errichten. Der europäische Binnenmarkt, der nicht mit dem relevanten Markt zu verwechseln ist, ist der durch Unionsrecht gestaltete Raum, in dem sich die Wirtschaftsteilnehmer durch Angebot und Nachfrage ohne das Hindernis von Binnengrenzen auf unzähligen relevanten Märkten wettbewerblich betätigen können. Er umfasst ein System, das den Wettbewerb vor Verfälschungen schützt[98]. Frei von sowohl staatlichen als auch privaten Beschränkungen sollen die Marktteilnehmer, geleitet von ihrer Orientierung am wirtschaftlichen Erfolg, das Marktergebnis selbst herbeiführen und herbeiführen können. Jedes am Wettbewerb beteiligte Unternehmen muss sein Verhalten autonom bestimmen und bestimmen können (sog. Selbstständigkeitspostulat, näher dazu Rn. 1189). Dabei fördern Wettbewerbsregeln die effektive Herstellung und Erhaltung der *Strukturen* des Wettbewerbs. Sie begünstigen gemeinsam mit den Grundfreiheiten des AEUV die Marktöffnung und -integration[99] und dienen damit der wirtschaftlichen Integration der EU-Mitgliedstaaten durch Errichtung und Erhaltung eines einheitlichen Binnenmarkts. Zugleich wirken sie auch der Tendenz einer staatlichen Überregulierung entgegen. Die Wettbewerbsregeln schützen aber nicht lediglich die Struktur des Marktes und damit den Wettbewerb als solchen, sondern kommen gleichzeitig den Interessen einzelner Verbraucher oder Wettbewerber zugute[100]. Die Wettbewerbsregeln unterstützen dabei auch die volkswirtschaftlich effiziente Allokation von Gütern sowie den Schutz von Verbrauchern und steigern die ökonomische Wohlfahrt.

1166 Durch die Sicherung des Wettbewerbs entstehen Vorteile, die, vereinfacht gesagt, in niedrigen Preisen, die Nachfrage in qualitativer und quantitativer Hinsicht optimal bedienenden Produkten, ausreichender Auswahl und effizientester Produktion liegen[101]. Im Gegensatz zu monopolistischen Märkten führt Wettbewerb – ausgehend von wirtschaftswissenschaftlichen Modellen der sog. Chicago School – zunächst zu bestmöglicher allokativer Effizienz. Diese ist mit Blick auf die gesamtwirtschaftliche Situation erreicht, wenn kein Individuum besser gestellt werden kann, ohne dass zugleich ein anderes schlechter gestellt wird, d.h. keine Veränderung der bestehenden Situation (mehr) denkbar ist, die einem Wirtschaftssubjekt nutzt und niemandem schadet (sog. „Pareto-Effizienz"). Ist ein solcher Zustand erreicht, so ist folglich der optimale Ausgleich geschaffen, in dem jedes Individuum die bestmögliche Effizienz erbringt und er-

---

98 „Protokoll über den Binnenmarkt und den Wettbewerb" (Protokoll Nr. 27), ABl.EU 2008 Nr. C 115, S. 309.
99 *Bechtold/Bosch/Brinker (Hrsg.)*, EU-Kartellrecht, 3. Aufl. 2014, Art. 101, Rn. 1 ff.
100 Beschluss des EuGH, verb. Rs. 41/73, 43/73 bis 48/73, 50/73, 111/73, 113/73 u. 114/73, ECLI:EU:C:1973:151, Rn. 7 – *Générale Sucrière;* EuGH, Rs. C-8/08, ECLI:EU:C:2009:343, Rn. 38 – *T-Mobile Netherlands*.
101 *Whish/Bailey*, Competition Law, 9. Aufl. 2018, S. 5.

fährt. Zudem wird durch bestmögliche produktive Effizienz gesichert, dass die notwendigen Produktionsfaktoren wie Arbeitskraft und Rohstoffe im Unternehmen ohne vermeidbare Verluste eingesetzt werden[102]. Hinzu tritt mit der dynamischen Effizienz die fortschreitende Innovation und damit die Weiterentwicklung bestehender und die Entwicklung neuer Produkte[103].

An diesen Maßstäben einer wohlfahrtsökonomischen Effizienz ist die Anwendung des Wettbewerbsrechts heute überwiegend ausgerichtet. Sie folgt einem „ökonomischeren Ansatz", in dem die Frage nach den ökonomischen Auswirkungen überwiegt[104]. Das Grundanliegen dieses Ansatzes ist es, „die Zusammenarbeit zwischen Wettbewerbern immer dann zu ermöglichen, wenn es der wirtschaftlichen Wohlfahrt dient, ohne dass der Wettbewerb dadurch gefährdet wird"[105]. Ob ein Verstoß gegen die Wettbewerbsregeln vorliegt, ist damit unter Berücksichtigung der ökonomischen Auswirkungen des untersuchten Handelns zu beurteilen und nicht mehr danach, ob dieses festgelegten (strukturellen) Verboten widerspricht. Maßgebliche Bedeutung kommt bei der Analyse mithin den Auswirkungen des untersuchten Verhaltens zu *(effect based approach)*[106]. Im Rahmen der unternehmensgerichteten Wettbewerbsregeln sind bei der Untersuchung einer Tätigkeit auf einen Verstoß gegen diese Vorschriften die Auswirkungen einerseits auf unbeteiligte Dritte, nämlich zuvörderst die Endverbraucher, und andererseits auf die Beteiligten selbst zu betrachten. Damit liegt bei der Feststellung eines Verstoßes gegen die Wettbewerbsregeln mitunter ein besonderes Augenmerk auf der Erzielung eines bestmöglichen Verbrauchernutzens, mithin auf der Frage, ob ein Handeln schädliche Auswirkungen für die Endnutzer hat[107]. Schädlich sind dabei insbesondere überhöhte Preise, ein die Nachfrage in qualitativer oder quantitativer Hinsicht nicht ausreichend bedienendes Angebot oder eine unter volkswirtschaftlichen Gesichtspunkten unerwünschte ineffiziente Produktion, die eine optimale Ressourcennutzung verhindert und damit absehbare Nachteile für die Verbraucher herbeiführt. Das Verhalten ist dabei nicht nur auf seine kurzfristigen Auswirkungen zu untersuchen, sondern es sind ebenso langfristige Effekte zu berücksichtigen. Insgesamt erfolgen daher auch die Anwendung der Vorschriften und die Subsumtion unter Einbeziehung ökonomischer Aspekte[108]. Unter dem

1167

---
102 Vgl. *Mestmäcker/Schweitzer*, Europäisches Wettbewerbsrecht, 3. Aufl. 2014, Rn. 89.
103 Insbesondere dieser Aspekt ist indes umstritten, vgl. *Whish/Bailey*, Competition Law, 9. Aufl. 2018, S. 7 f.
104 Vgl. *Whish/Bailey*, Competition Law, 9. Aufl. 2018, S. 2 f.
105 *Kommission der Europäischen Gemeinschaften*, XXX. Bericht über die Wettbewerbspolitik 2000, 2001, S. 29.
106 Jedoch verfolgt der EuGH keinen reinen *„effect based approach"*, der nur an der Konsumentenwohlfahrt orientiert ist; vgl. EuGH, Rs. C-501/06, ECLI:EU:C:2009:610, Rn. 61 ff. – *GlaxoSmithKline Services*.
107 Vgl. EuG, Rs. T-88/92, ECLI:EU:T:1996:192, Rn. 112 – *Leclerc*; EuG, Rs. T-168/01, ECLI:EU:T:2006:265, Leitsatz 10, Rn. 118 f. – *GlaxoSmithKline Services*; EuG, verb. Rs. T-213/01 u. T-214/01, ECLI:EU:T:2006:151, Leitsatz 5, Rn. 115 – *Österreichische Postsparkasse*.
108 *Körber/Schweitzer/Zimmer*, in: Immenga/Mestmäcker (Hrsg.), EU-Wettbewerbsrecht, Bd. 1/Teil 1, 6. Aufl. 2019, Einleitung, C. I. 1., Rn. 1. Die Analyse potentiell wettbewerbs-

sog. *more economic approach*[109] werden wirtschaftswissenschaftliche Bewertungsmaßstäbe stärker in die wettbewerbsrechtliche Kontrollpraxis eingebunden, wobei diese die rechtliche Auslegung nicht ersetzen[110]. Dabei geht es vor allem um eine Darlegung der Effekte wettbewerblich relevanten Handelns anhand empirischer Daten, die eine quantitative Abschätzung der Auswirkungen dieses Verhaltens auf die Wohlfahrtszielverfolgung der Union erlauben[111]. Diese Vorgehensweise spiegelt eine Praxis der Wettbewerbsaufsicht in der Union wieder, die im Sinne einer optimalen Nutzung knapper organisatorischer Ressourcen bemüht ist, sich auf die gewichtigsten Störungen des Wettbewerbsgefüges zu konzentrieren. Die Inbezugnahme wirtschaftswissenschaftlich erprobter Modelle erleichtert die Schwerpunktbildung im Entscheidungshandeln der Union und erhöht deren Nachvollziehbarkeit. Deutlich wird dieser veränderte Ansatz beispielsweise an der Diskussion um die Einzelhandelspreisbindung infolge des Paradigmenwechsels in der US-Rechtsprechung[112]: Die verbindliche Vorgabe der Weiterverkaufspreise durch die Hersteller an deren Produkte abnehmende Einzelhändler stellt im Unionsrecht einen nicht zu rechtfertigenden Verstoß gegen Art. 101 Abs. 1 AEUV dar (sog. *„Per-se-Verbot"*). Jedoch können solche Preisfestsetzungen auch Vorteile – beispielsweise durch die Förderung serviceorientierter Angebote[113], Marktzutrittserleichterungen und die Innovationsförderung[114] – mit sich bringen.

---

beschränkenden Verhaltens ist nicht auf die Analyse der Auswirkungen des Verhaltens auf die Endverbraucher beschränkt, so aber u. a. *de Bronett*, EWS 2013, S. 1 ff.

109 *Monti*, The New Shape of European Competition Policy, 2003, S. 3; weiter gehend *Schmidtchen*, Effizienz als Leitbild der Wettbewerbspolitik: Für einen *„more economic approach"*, in: Oberender, P. (Hrsg.), Effizienz und Wettbewerb, 2005; kritisch zum Begriff des „more economic approach" *Röller*, Using economic analysis to strengthen competition policy enforcement in Europe, in: van Bergeijk & Kloosterhuis (Hrsg.), Modelling European Mergers: Theory, Competition Policy and Case Studies, 2005; aus deutscher Sicht: *Immenga*, WuW 2006, S. 463; *Röller*, Der ökonomische Ansatz in der europäischen Wettbewerbspolitik, S. 37 ff.; *Schmidtchen*, WuW 2006, S. 707; siehe auch *Koenig/Schreiber*, Europäisches Wettbewerbsrecht, 2010, S. 5 ff.

110 *Kling/Thomas*, Kartellrecht, 2. Aufl. 2016, § 2 Rn. 44.

111 Siehe zu der Problematik des Fehlens einheitlicher ökonomischer Modelle: *Soltész/Schilling*, 2016, S. 767.

112 Der US Supreme Court hat sich in seiner Leegin-Entscheidung (3rd Circuit) v. 28.6.2007 (Nr. 06-480) gegen das bisherige Per-se-Verbot vertikaler Preisbindung und für eine Behandlung vertikaler Preisbindungen nach der sog. „rule of reason" ausgesprochen, wonach auch vertikale Preisbindungen in jedem Einzelfall auf ihre womöglich wettbewerbsschädlichen Auswirkungen hin zu untersuchen sind, vgl. dazu *Schultze/Pautke/Wagener*, BB 2009, S. 2266, 2267; *Schwaderer*, WuW 2008, S. 653.

113 Mindestpreisbindungen können das Angebot von Serviceleistungen vor der Kaufentscheidung wie Produktvorführungen oder eine qualitativ hochwertige Beratung durch geschultes Personal fördern. Ohne eine Mindestpreisbindung ist es möglich, dass Kunden diese Leistungen bei serviceorientierten Händlern in Anspruch nehmen, das Produkt dann aber bei einem preisorientierten Händler, der solche Serviceleistungen nicht anbietet, kaufen, siehe dazu *Schwaderer*, WuW 2008, S. 653, 655 f.

114 Die Sicherheit hinsichtlich des späteren Weiterverkaufspreises erleichtert Händlern die Entscheidung in den Markt einzutreten oder in neue Produkte zu investieren, da das Risiko kalkulierbar wird.

Auch in der Union wurde daher diskutiert[115], ob dieses ausnahmslose Verbot aufgehoben werden sollte und an dessen Stelle eine am *more economic approach* ausgerichtete Einzelfallprüfung der wirtschaftlichen Auswirkungen entsprechender Vereinbarungen im Sinne einer *rule of reason* treten sollte. Die Kommission hat sich in der Gruppenfreistellungsverordnung gegen die Abschaffung des Per-se-Verbots entschieden[116]. Allerdings besteht eine Rechtfertigungsmöglichkeit, indem Unternehmen bei sog. Preisbindungen zweiter Hand, d. h. solchen, die Preise für Endkunden festsetzen, unter bestimmten Voraussetzungen eine Effizienzeinrede gem. Art. 101 Abs. 3 AEUV erheben können[117].

Die stärkere Gewichtung wirtschaftswissenschaftlicher Argumente wirft für die Anwendung des Wettbewerbsrechts zwei Probleme auf[118]: Zum einen zeugt der dynamische Charakter fachwissenschaftlicher Diskussionen von einem unabgeschlossenen Erkenntnisprozess innerhalb der Wirtschaftswissenschaften selbst. Die Analyse wettbewerbsrechtlicher Sachverhalte mit Hilfe ökonomischer Modelle und Daten verbleibt somit nicht nur notwendig selektiv und einzelfallbezogen, sondern kann darüber hinaus auch die auf das EU-Primärrecht gestützte Legitimität institutioneller Entscheidungen, insbesondere mit Blick auf das Prinzip der begrenzten Einzelermächtigung (Art. 4 Abs. 1, Art. 5 EUV, Rn. 178 ff.), in Frage stellen. Allerdings ist davon auszugehen, dass die Kommission die ökonomische Begründung ihrer Wettbewerbskontrollentscheidungen nicht auf diese „verfassungsrechtliche" Legitimitätsprobe stellen wird. Zum anderen ist darauf zu achten, dass die normativen Annahmen der ökonomischen Wettbewerbs*theorie* nicht jene des Wettbewerbs*rechts* selbst verdrängen, damit das weit gefasste Verständnis des letzteren nicht durch die Festlegung auf oder die Bevorzugung von einer bestimmten Wettbewerbsform verengt wird. Ist also ein höheres Maß an wirtschaftswissenschaftlicher Formalisierung wettbewerbsrechtlicher Entscheidungsfindung, etwa durch mathematisch-ökonometrische Methoden, prinzipiell durchaus zu begrüßen, muss sie doch stets an den Maßstäben der Nachvollziehbarkeit und der normativen Vereinbarkeit mit geltendem Recht gemessen werden, soll sie die ihr zugedachten Funktionen größerer Trans-

---

115 Niedergeschlagen hat sich diese Diskussion u. a. in dem Entwurf der Kommission für Leitlinien zu vertikalen Beschränkungen, siehe dazu auch die der Mitteilung vorangegangene „Public consultation", abrufbar unter https://ec.europa.eu/competition/consultations/2010_horizontals/index.html.
116 Die Festsetzung des Verkaufspreises ist eine prinzipiell verbotene Kernbeschränkung nach Art. 4 lit. a der Verordnung (EU) Nr. 330/2010 der Kommission v. 20.4.2010 über die Anwendung von Art. 101 Abs. 3 AEUV auf Gruppen von vertikalen Vereinbarungen und aufeinander abgestimmten Verhaltensweisen, ABl.EU 2010 Nr. L 102, S. 1 („Vertikalgruppenfreistellungsverordnung"); vgl. etwa in diesem Sinne zu Verfahren des Bundeskartellamtes zur vertikalen Preisbindung: *Bischke/Brack*, NZG 2017, S. 92.
117 Zu der Effizienzeinrede siehe Rn. 1175 ff. Siehe auch Mitteilung der Kommission, Leitlinien für vertikale Beschränkungen v. 19.5.2010, ABl.EU 2010 Nr. C 130, S. 1, Rn. 223; *Hoffmann*, in: Dauses/Ludwigs (Hrsg.), Handbuch des EU-Wirtschaftsrechts, 46. EL Januar 2019, Kap. H.I. § 2, Rn. 301.
118 Siehe auch *Kling/Thomas*, Kartellrecht, 2. Aufl. 2016, § 2 Rn. 40 ff.

parenz und Effizienz EU-rechtskonform verwirklichen können. Der Blick auf kurzfristige Effekte darf zudem nicht zu Lasten der Berücksichtigung der langfristigen Auswirkungen eines unternehmerischen Handelns führen.

1169 Die vorgenannten Bedenken und Grenzen des *more economic approach* sind jedoch nicht auf die Rechtsanwendungsebene übertragbar. Auf der Rechtsanwendungsebene erweist sich eine Überbetonung der Diktionskraft des *more economic approach* angesichts seiner reinen Subsumtionsrelevanz in Bezug auf die wettbewerbsrechtlichen Tatbestandsmerkmale als eine Chimäre. Während eine ergebnisorientierte Wettbewerbsschutzkonzeption und die Verengung der Wettbewerbsziele auf den Schutz der Konsumentenwohlfahrt auf normativer Ebene zu anderen Auslegungsergebnissen führen können, entpuppt sich der *more economic approach* auf Rechtsanwendungsebene als rein kernjuristischer Subsumtionsvorgang.

c) Merksätze

1170 Die Union ist in ihrer Wirtschaftsverfassung einer von Wettbewerb geprägten marktwirtschaftlichen Ordnung verpflichtet. Dabei orientiert sie sich am **Leitbild eines wirksamen Wettbewerbs, der die Handlungsfreiheit der Wirtschaftssubjekte in einem von Verfälschungen freien Binnenmarkt garantiert**. Dies zu gewährleisten ist Aufgabe der Wettbewerbsvorschriften des Vertrages (Art. 101 ff. AEUV). Zu unterscheiden sind das Kartellverbot (Art. 101 AEUV), die Missbrauchsaufsicht (Art. 102 AEUV) und die Fusionskontrolle (Fusionskontrollverordnung) als **unternehmensgerichtete Wettbewerbsvorschriften** einerseits sowie die Beihilfenkontrolle (Art. 107–109 AEUV) und das Vergaberecht als **staatsgerichtete Wettbewerbsvorschriften** andererseits.

Die Wettbewerbsregeln dienen zur Erreichung des Binnenmarktziels der Union sowohl dem **Schutz der Verbraucher** als auch dem **Schutz der Marktstrukturen** und damit dem Wettbewerb selbst. Die Marktteilnehmer sollen das Marktergebnis frei von sowohl staatlichen als auch privaten Beschränkungen selbst herbeiführen können. Die Rechtsprechung zieht daher zur Analyse eines wettbewerbsrechtlich relevanten Verhaltens neben den **Auswirkungen desselben auf die Verbraucher, Wettbewerber und Marktstrukturen** auch das **Selbstständigkeitspostulat** heran, nach dem jedes im Wettbewerb stehende Unternehmen sein Verhalten autonom bestimmen können muss.

Bei der Untersuchung und Bewertung wettbewerbsrechtlich relevanten Handelns sind sowohl kurz- als auch langfristige Auswirkungen auf unbeteiligte Dritte (insbesondere die Endverbraucher) ebenso wie auf die Beteiligten selbst zu berücksichtigen. Die Tatbestände werden unter ökonomischen Aspekten *(more economic approach)* im Lichte der weiteren primärrechtlich verankerten Ziele und Grundwerte der Europäischen Union angewandt, ohne jedoch normative Anforderungen des Wettbewerbsrechts durch ökonomische Wertungen zu überspielen.

Leitentscheidungen:
EuGH, verb. Rs. 188/80 bis 190/80, ECLI:EU:C:1982:257 – *Transparenzrichtlinie.*
EuGH, Rs. C-41/90, ECLI:EU:C:1991:161 – *Höfner.*
EuGH, Rs. C-320/91, ECLI:EU:C:1993:198 – *Corbeau.*
EuGH, Rs. C-67/96, ECLI:EU:C:1999:430 – *Albany.*
EuGH, Rs. C-475/99, ECLI:EU:C:2001:577 – *Ambulanz Glöckner.*
EuGH, Rs. C-8/08. ECLI:EU:C:2009:343 – *T-Mobile Netherlands.*
EuGH, Rs. C-382/12 P, ECLI:EU:C:2014:2201 – *MasterCard.*

2. Unternehmensgerichtete Wettbewerbsvorschriften

Literaturhinweise: *Bellamy, Ch. W./Child, G. D.:* European Community Law of Competition, 8. Aufl. 2019; *Berg, W./Ostendorf, P.:* The reform of EC Merger Control: Substance and Impact of the Proposed New Procedural Rules, ECLR 2003, S. 594; *Böge, U.:* Reform der Europäischen Fusionskontrolle, WuW 2004, S. 138; *Böni, F./Wassmer, A.:* Anforderungen an Beweismittel und Beweismaß im kartellrechtlichen Verwaltungsverfahren, EWS 2017, S. 69; *Bosch, W.:* Die Entwicklung des deutschen und europäischen Kartellrechts, NJW 2019, S. 1724 und NJW 2018, S. 1731; *Braun, J.-D.:* Mitgliedstaatliche Glücksspielmonopole vs. EG-Wettbewerbsrecht, ZEuS 2005, S. 211; *de Bronett, G.-K.:* Die Kartellrechtliche Beurteilung wirtschaftlicher Verhaltensweisen von Handelsvertretern – Die „wirtschaftliche Einheit", der Passe-Partout des EU-Kartellrechts, EWS 2017, S. 61; *ders.:* Kommentar zum europäischen Kartellverfahrensrecht, 2. Aufl. 2012; *Capito, R.:* in: EMR/ZEI (Hrsg.): Media Market Definitions – Comparative Legal Analysis, 2003 und 2005, jeweils Chapter 1 EC (abrufbar unter http://ec.europa.eu/competition/sectors/media/documents/chapter_1_ec_final.pdf); *Gürer, K.:* Haften Unternehmen für Kartellverstöße von unabhängigen Dritten?, CB 2017, S. 42; *Haupt, H.:* Kollektive Marktbeherrschung in der europäischen Missbrauchs- und Fusionskontrolle, 2004; *Hausmann, H.-C.:* Das Microsoft-Urteil: Zwischen Kartellrecht und gewerblichen Schutzrechten, MMR 2008, S. 381; *Immenga, U./Mestmäcker, E.-J. (Hrsg.):* EU-Wettbewerbsrecht, Bd. 1/Teil 1, 6. Aufl. 2019; *Jaeger, W./Pohlmann, P./Rieger, H./Schroeder, D. (Hrsg.):* Frankfurter Kommentar zum Kartellrecht, 93. EL 2019; *Kjølbye, L.:* The New Commission Guidelines on the Application of Article 81(3): An Economic Approach to Article 81, ECLR 2004, S. 566; *Kling, M./Thomas, St.:* Kartellrecht, 2. Aufl. 2016; *Koenig, Ch./Bartosch, A./Braun, J.-D./Romes, M. (Hrsg.):* EC Competition and Telecommunications Law, 2. Aufl. 2009; *Koenig, Ch./Engelmann, Ch.:* Das Festbetrags-Urteil des EuGH: Endlich Klarheit über den gemeinschaftsrechtlichen Unternehmensbegriff im Bereich der Sozialversicherung?, EuZW 2004, S. 682; *Koenig, Ch./Schreiber, K.:* Europäisches Wettbewerbsrecht, 2010, S. 13 ff., 59 ff., 123 ff.; *Korah, V.:* An Introductory Guide to EC Competition Law and Practice, 9. Aufl. 2007; *Loewenheim, U./Meessen, K. M./Riesenkampff, A. (Hrsg.):* Kommentar zum Kartellrecht, Bd. 1, Europäisches Recht, 3. Aufl. 2016; *Oechsler, J.:* Der mittelbare Stellvertreter als Teil der wirtschaftlichen Einheit im europäischen Kartellrecht, NZKart 2017, S. 21; *Rosenthal, M.:* Neuordnung der Zuständigkeiten und des Verfahrens in der Europäischen Fusionskontrolle, EuZW 2004, S. 327; *Schenek, K.-M.*: Stammholzkartell: Oberlandesgericht Düsseldorf bestätigt Untersagungsverfügung des Bundeskartellamtes, BWGZ 2017, S. 299; *Triantafyllou, D.*: Der Staat als Garant der Wettbewerbsstruktur, EuZW 2014, S. 734; *Vedder, H.*: Competition Law and Environmental Protection in Europe: Towards sustainability?, 2003; *Weibrecht, A.*: Europäische Fusionskontrolle in der Rechtsprechung der Unionsgerichte, EuZW-Sonderausgabe 1/2019, S. 1; *Weitbrecht, A./Mühle, J.*: Die Entwicklung des europäischen Kartellrechts 2017, EuZW 2018, S. 181; *Whish, R./Bailey, D.*: Competition Law, 9. Aufl. 2018.

a) Kartellverbot – Art. 101 AEUV

aa) Verbot mit Legalausnahme und anschließender Kontrolle

1171 Kartelle stellen die wohl älteste Form der Wettbewerbsbeschränkung dar. Das Wesen eines Kartells besteht – vereinfacht ausgedrückt – darin, dass mehrere Unternehmen durch eine Vereinbarung ihr Verhalten auf dem relevanten Markt koordinieren, um den – nicht selten für sie mühsamen – Wettbewerb und dessen Risiken untereinander auszuschließen. Art. 101 Abs. 1 AEUV sieht daher ein Kartellverbot vor, das wettbewerbsverfälschende Vereinbarungen, Beschlüsse oder abgestimmte Verhaltensweisen von Unternehmen und Unternehmenszusammenschlüssen grundsätzlich untersagt.

1172 Da die Abstimmung des Verhaltens von Unternehmen untereinander jedoch auch zu erwünschten Effekten führen kann, ist ein wettbewerbsverfälschendes koordiniertes Verhalten im Ausnahmefall erlaubt. Wünschenswerte Effekte werden einerseits erzielt, wenn die Verhaltenskoordination gerade für den Marktzutritt eines Unternehmens notwendig ist und damit Wettbewerb überhaupt erst ermöglicht[119]. Ist dies zu bejahen, so stellt sich das analysierte Verhalten bereits als nicht tatbestandsmäßig i. S. d. Art. 101 Abs. 1 AEUV dar. Andererseits kann eine Verhaltenskoordination auch anderweitige positive Effekte bewirken, beispielsweise wenn erst die Zusammenarbeit die technische Weiterentwicklung eines Produktes ermöglicht[120]. Art. 101 Abs. 3 AEUV lässt daher Ausnahmen von dem grundsätzlichen Kartellverbot zu. Nach Art. 1 Abs. 2 Verordnung (EG) Nr. 1/2003 bedarf die Freistellung vom grundsätzlichen Kartellverbot keiner Entscheidung der Kommission, sondern tritt gesetzesunmittelbar ein, wenn die Voraussetzungen des Art. 101 Abs. 3 AEUV erfüllt sind, weshalb Art. 101 AEUV als ein *Verbot mit Legalausnahme und anschließender Kontrolle* zu lesen ist.

1173 Sind die Tatbestandsvoraussetzungen des Art. 101 Abs. 1 AEUV erfüllt, ohne dass eine Ausnahme des Art. 101 Abs. 3 AEUV vorliegt, normiert Art. 101 Abs. 2 AEUV als Rechtsfolge die *Nichtigkeit von Vereinbarungen und Beschlüs-*

---

119 EuGH, Rs. 56/65, ECLI:EU:C:1966:38 – *L. T. M./M. B. U.*; EuG, Rs. T-328/03, ECLI:EU:T:2006:116, Rn. 68 – *O2 (Germany)/Kommission*.
120 Vgl. die Verordnung (EG) Nr. 772/2004 v. 27.4.2004 über Gruppen von Technologietransfer-Vereinbarungen, ABl.EU 2004 Nr. L 123, S. 11.

sen, die gegen das Verbot des Absatzes 1 verstoßen. Die Nichtigkeit ergibt sich unmittelbar aus dem Vertrag. Es bedarf keines weiteren Vollzugsaktes der Kommission oder der nationalen Kartellbehörden. Die beteiligten Unternehmen werden mit dem Risiko der Nichtdurchsetzbarkeit der betroffenen Vereinbarungen und Beschlüsse belastet, um die wirtschaftliche Attraktivität eines Verstoßes gegen Art. 101 AEUV zu verringern. Darüber hinaus kann die Kommission gegen jedes beteiligte Unternehmen eine Geldbuße von bis zu 10 % seines letzten Jahresumsatzes verhängen (Art. 23 Abs. 2 Verordnung (EG) Nr. 1/2003), wenn der Verstoß gegen Art. 101 AEUV auf Vorsatz oder Fahrlässigkeit beruht.

bb) Normadressaten des Kartellverbots

(α) Unternehmen

Das Kartellverbot gemäß Art. 101 Abs. 1 AEUV richtet sich unmittelbar an *Unternehmen* und *Unternehmensvereinigungen*. Weder der EUV noch der AEUV enthalten eine Legaldefinition des Unternehmensbegriffs. Rechtsprechung und Schrifttum gehen von einem einheitlichen Unternehmensbegriff im gesamten EU-Wettbewerbsrecht aus, der im Grundsatz auch mit dem Unternehmensbegriff des Beihilferechts (Art. 107 AEUV, Rn. 1261 ff.) übereinstimmt. Seit der Leitentscheidung des EuGH in der Rs. *Höfner und Elser* wird der Begriff des „Unternehmens" definiert als „jede eine wirtschaftliche Tätigkeit ausübende Einheit, unabhängig von ihrer Rechtsform und der Art ihrer Finanzierung"[121], die nicht ausschließlich Verbraucher[122] oder Arbeitnehmer ist[123]. Danach ist ein funktionaler Unternehmensbegriff zugrunde zu legen[124]. 1174

Das Merkmal der *wirtschaftlichen Tätigkeit* ist funktional und damit weit zu verstehen[125]. Eine wirtschaftliche Tätigkeit ist jede Tätigkeit, die darin besteht, Güter oder Dienstleistungen auf einem bestimmten Markt *anzubieten*[126]. Das Angebot von Gütern oder Dienstleistungen auf einem bestimmten Markt ist jedenfalls dann als wirtschaftliche Tätigkeit einzuordnen, wenn die Waren oder Dienstleistungen gegen Entgelt angeboten werden. Der Begriff des Entgelts ist dabei weit auszulegen[127]. Die Absicht der Gewinnerzielung ist kein konstitutives 1175

---

121 St. Rspr. seit EuGH, Rs. C-41/90, ECLI:EU:C:1991:161, Rn. 21 – *Höfner*.
122 Vgl. *Zimmer*, in: Immenga/Mestmäcker (Hrsg.), EU-Wettbewerbsrecht, Bd. 1/Teil 1, 6. Aufl. 2019, Art. 101 AEUV Rn. 10.
123 EuGH, Rs. C-22/98, ECLI:EU:C:1999:419, Rn. 26 – *Becu*.
124 *Koenig/Schreiber*, Europäisches Wettbewerbsrecht, 2010, S. 14.
125 Zum Begriff der „wirtschaftlichen Tätigkeit" vgl. *Koenig/Schreiber*, Europäisches Wettbewerbsrecht, 2010, S. 15 ff.
126 EuGH, Rs. C-309/99, ECLI:EU:C:2002:98, Rn. 47 – *Wouters* (= P Nr. 195, 239); EuGH, Rs. C-327/12, ECLI:EU:C:2013:827, Rn. 27 – *SOA Nazionale Costruttori*.
127 Die Unionsgerichte haben den Entgeltbegriff nur für den Bereich der Anwendung der Mehrwertsteuer ausdrücklich definiert, vgl. EuGH, Rs. 235/85, ECLI:EU:C:1987:161, Rn. 14 f. – *Kommission/Niederlande;* EuGH, Rs. C-246/08, ECLI:EU:C:2009:671, Rn. 43 ff. – *Kommission/Finnland*. Im Rahmen des Kartellverbots wurde das Vorliegen eines Entgelts, wenn nicht ganz auf die Erörterung des Merkmals verzichtet wurde, ohne Weiteres vorausgesetzt, vgl. z. B.

Element für eine wirtschaftliche Tätigkeit, so dass auch gemeinnützige Akteure erfasst sein können.

1176 Ob auch die *Nachfrage* von Gütern oder Dienstleistungen auf einem bestimmten Markt eine wirtschaftliche Tätigkeit darstellt, ist in Zusammenschau mit deren späteren Verwendung zu beantworten, denn der wirtschaftliche oder nichtwirtschaftliche Charakter der späteren Verwendung des nachgefragten Erzeugnisses bestimmt nach der Rechtsprechung des EuGH und des EuG zwangsläufig den Charakter der Einkaufstätigkeit[128]. Dies bedeutet, dass die Nachfrage dann eine wirtschaftliche Tätigkeit darstellt, wenn das nachgefragte Produkt in der Folge, z. B. nach dessen Weiterverarbeitung, wiederum in wirtschaftlicher Tätigkeit auf dem Markt angeboten wird bzw. werden soll[129]. Verbraucher hingegen treten ausschließlich als Nachfrager auf und sind – als zugleich auch Schutzadressaten – keine Unternehmer.

1177 Auch Personen, die freie Berufe ausüben, können Unternehmen sein. So wurden z. B. Opernsänger[130] und italienische Zollagenten[131] als Unternehmen eingeordnet. Ohne Bedeutung für die Qualifikation als Unternehmen ist zudem, welche Organisationsform der handelnden Einheit durch das nationale Recht zugewiesen worden ist[132]. Insbesondere ist eine eigene Rechtspersönlichkeit oder die Ausgliederung aus der öffentlichen Verwaltung in Bezug auf die handelnde Einheit nicht erforderlich[133]. Der Staat selbst kann – auf der Angebots- oder Nachfrageseite auf einem bestimmten Markt – funktional als Unternehmen qualifiziert werden. Dabei ist auch kein Mindestmaß an organisatorischer Verselbstständigung notwendig.

1178 In der Ausübung von Hoheitsgewalt ist hingegen keine wirtschaftliche Tätigkeit zu sehen[134]. Wann eine solche Ausübung von Hoheitsgewalt vorliegt, ist nach unionsautonomen Kriterien zu bestimmen und eng auszulegen. Eine Ausübung von Hoheitsgewalt liegt jedenfalls in der Ausübung von Zwangsbefugnis-

---

EuGH, Rs. C-35/96, ECLI:EU:C:1998:303, Rn. 36 ff. – *Kommission/Italien;* EuGH, verb. Rs. C-180/98 bis C-184/98, ECLI:EU:C:2000:428, Rn. 75 ff. – *Pavlov u. a.;* EuGH, Rs. C-309/99, ECLI:EU:C:2002:98, Rn. 47 ff. – *Wouters* (= P Nr. 195, 239); EuG, verb. Rs. T-213/95 u. T-18/96, ECLI:EU:T:1997:157, Rn. 121 f. – *SCK u. FNK/Kommission.*

128 EuGH, Rs. C-35/96, ECLI:EU:C:1998:303, Rn. 36 – *Kommission/Italien;* EuGH, Rs. C-205/03, ECLI:EU:C:2006:453, Rn. 26 – *FENIN/Kommission* (= P Nr. 240); EuGH, Rs. C-481/07 P, ECLI:EU:C:2009:461, Rn. 102 – *Selex;* EuG, Rs. T-513/93, ECLI:EU:T:2000:91, Rn. 36 – *Consiglio Nazionale degli Spedizionieri Doganali;* EuG, Rs. T-319/99, ECLI:EU:T:2003:50, Rn. 36 – *Fenin.*

129 Näher dazu *Koenig/Engelmann,* EuZW 2004, S. 682.

130 Entscheidung der Kommission v. 26. 5. 1978, Nr. IV/29.559, ABl.EG 1978 Nr. L 157, S. 39 – *RAI/Unitel.*

131 EuG, Rs. T-513/93, ECLI:EU:T:2000:91, Rn. 39 – *Consiglio Nazionale degli Spedizionieri Doganali.*

132 EuGH, Rs. C-41/90, ECLI:EU:C:1991:161, Rn. 21 – *Höfner.*

133 EuGH, Rs. C-69/91, ECLI:EU:C:1993:853, Rn. 15 – *Decoster.*

134 EuGH, Rs. C-343/95, ECLI:EU:C:1997:160, Rn. 22 ff. – *Diego Calì & Figli.* Zur „missbräuchlichen" Wahl der hoheitlichen Handlungsform siehe *Schenek,* BWGZ 2017, S. 299.

sen. Aus diesem Grund verneinte der EuGH die Unternehmenseigenschaft im Fall *Eurocontrol*[135]. Der Gerichtshof entschied, dass die Einziehung von Gebühren durch Eurocontrol nicht von dessen hoheitlichen Befugnissen bei der Kontrolle und Überwachung des Luftraums getrennt werden könne. Diese Rechtsprechung hat der EuGH im Fall *Diego Calí & Figli* für die Überwachung des Meeresbereiches zur Bekämpfung der Umweltverschmutzung[136] und im Fall *Banchero* im Hinblick auf die Kontrolle über die Eröffnung und regionale Verteilung von Tabakläden bestätigt[137]. Sofern eine Einrichtung jedoch sonstige Tätigkeiten wahrnimmt, die sich von dem Tätigwerden als Hoheitsträger unterscheiden, sind diese Tätigkeiten gesondert auf ihren wirtschaftlichen Charakter hin zu untersuchen[138]. Insofern wird die Unternehmenseigenschaft relativ bestimmt.

Für den Bereich der sozialen Sicherungssysteme hat der EuGH entschieden, dass bestimmte Einrichtungen, die mit der *Verwaltung gesetzlicher Kranken- und Rentenversicherungssysteme* betraut sind, einen rein sozialen Zweck verfolgen und damit keine wirtschaftliche Tätigkeit ausüben, nicht als Unternehmen i. S. d. Art. 101 ff. AEUV anzusehen sind. Der EuGH hat jedoch diejenigen Sozialversicherungsträger als Unternehmen eingeordnet, die zwar ebenfalls ohne Gewinnerzielungsabsicht soziale Ziele verfolgten und deren Mitgliedschaft teilweise auch gesetzlich vorgeschrieben war, die aber ihre Beiträge selbst bestimmten und nach dem Kapitalisierungsprinzip arbeiteten[139]. Dagegen verneinte der EuGH die Unternehmenseigenschaft der Kostenträger der deutschen gesetzlichen Krankenversicherung in der Entscheidung betreffend den *AOK Bundesverband u. a.* bei der Festsetzung von Festbeträgen für Arzneimittel, da diese Tätigkeit auf dem Grundsatz der Solidarität beruhe und ohne Gewinnerzielungsabsicht erbracht werde[140]. Je nachdem, ob Sozialversicherungssysteme als Umsetzung des Solidaritätsgrundsatzes angesehen werden können und in welchem Umfang diese Systeme staatlicher Aufsicht unterliegen, kann der wirtschaftliche Charakter einer Tätigkeit ausgeschlossen sein[141]. Ausdrücklich betonte der EuGH jedoch, dass es sich nicht ausschließen lasse, „dass die Krankenkassen [...] außerhalb ihrer Aufgaben rein sozialer Art [...] Geschäftstätigkeiten ausüben, die keinen sozialen, sondern einen wirtschaftlichen Zweck haben", und in-

1179

---

135 EuGH, Rs. C-364/92, ECLI:EU:C:1994:7, Rn. 18 ff. – *SAT Fluggesellschaft* (= P Nr. 237).
136 EuGH, Rs. C-343/95, ECLI:EU:C:1997:160, Rn. 23 ff. – *Diego Calí & Figli*.
137 EuGH, Rs. C-387/93, ECLI:EU:C:1995:439, Rn. 49 – *Banchero*.
138 EuG, Rs. T-155/04, ECLI:EU:T:2006:387, Rn. 54 – *Selex*.
139 EuGH, Rs. C-244/94, ECLI:EU:C:1995:392, Rn. 14 ff. – *FFSA*. Der Begriff des Kapitalisierungsprinzips soll in der Terminologie des EuGH bedeuten, dass die von der in Frage stehenden Sozialversicherungseinrichtung gewährten Leistungen sich ausschließlich nach der Höhe der von den Leistungsempfängern gezahlten Beiträge und den Erträgen der von der Einrichtung vorgenommenen Investitionen richten (EuGH, a. a. O., Rn. 17).
140 EuGH, verb. Rs. C-264/01, C-306/01, C-354/01 u. C-355/01, ECLI:EU:C:2004:150, Rn. 51–54 – *AOK-Bundesverband u. a.* Siehe ausführlich zu dieser Entscheidung des EuGH *Koenig/Engelmann*, EuZW 2004, S. 682.
141 EuGH, Rs. C-350/07, ECLI:EU:C:2009:127, Rn. 43 – *Kattner Stahlbau*.

sofern als Unternehmen oder Unternehmensvereinigungen tätig werden[142]. Im Ergebnis zieht der EuGH damit auch im Rahmen der Einordnung der Sozialversicherungsträger als Unternehmen den funktionalen, relativen Unternehmensbegriff (Rn. 1173 ff.) heran[143]. In Ansehung dieser Rechtsprechung des EuGH handeln Sozialversicherungsträger nicht als Unternehmen[144], wenn kumulativ

(1) mit der konkret analysierten Tätigkeit ein rein sozialer Zweck ohne Gewinnerzielungsabsicht verfolgt wird,
(2) diese Leistung nach dem Solidaritätsprinzip von Gesetzes wegen unabhängig von der Höhe der Beiträge und dem versicherten Risiko erbracht wird, die Beiträge nicht selbst bestimmt werden und die Krankenkassen im Hinblick auf diese Tätigkeit nicht nach dem Kapitalisierungsprinzip arbeiten[145],
(3) das Versicherungssystem in einem hinreichenden Umfang der staatlichen Aufsicht unterliegt[146] sowie
(4) die Krankenkassen mit der Erbringung der konkreten Tätigkeit, beispielsweise im Fall von Krankenkassen mit der Erbringung der gesetzlich vorgeschriebenen Gesundheitsleistungen für ihre Mitglieder, nicht in Wettbewerb zueinander oder mit privaten Einrichtungen treten[147].

Im Ergebnis sind Sozialversicherungsträger nicht als Unternehmen im Sinne des EU-Wettbewerbsrechts einzuordnen, wenn der „Grad an Solidarität" ihr Handeln derart prägt, dass es nicht mehr als marktförmige Tätigkeit eingeordnet werden kann und eine hinreichende staatliche Aufsicht besteht[148].

1180 Ein Unternehmen i. S. d. Art. 101 ff. AEUV darf weder mit seinem *Rechtsträger* noch mit dessen *Anteilseignern* gleichgesetzt werden[149]. Vielmehr sind diese Begriffe strikt auseinander zu halten. Der Begriff des Unternehmens beschreibt allein die tatsächliche, am Markt operierende Einheit. Der Rechtsträger hingegen ist das Rechtssubjekt, dem das Unternehmen und dessen Verhalten rechtlich zuzurechnen sind, mithin der Träger der Rechte und Pflichten des Unternehmens[150]. Die

---

142 EuGH, verb. Rs. C-264/01, C-306/01, C-354/01 u. C-355/01, ECLI:EU:C:2004:150, Rn. 58 – *AOK-Bundesverband u. a.*; vgl. auch EuGH, verb. Rs. C-159/91 u. C-169/91, ECLI:EU:C:1993:63, Rn. 18 – *Poucet u. Pistre*; EuGH, Rs. C-218/00, ECLI:EU:C:2002:36, Rn. 34 ff. – *Cisal*.
143 So auch *Roth*, GRUR 2007, S. 645, 651.
144 Siehe ausführlich dazu *Roth*, GRUR 2007, S. 645, 649 ff.
145 EuGH, Rs. C-244/94, ECLI:EU:C:1995:392, Rn. 16 ff. – *FFSA*; EuGH, Rs. C-67/96, ECLI:EU:C:1999:430, Rn. 81 ff. – *Albany International BV*.
146 EuGH, Rs. C-437/09, ECLI:EU:C:2011:112, Rn. 46, 53 ff. – *AG2R*.
147 Siehe die Zusammenfassung der Rechtsprechung in EuGH, verb. Rs. C-264/01, C-306/01, C-354/01 u. C-355/01, ECLI:EU:C:2004:150, Rn. 47 ff. – *AOK-Bundesverband u. a.*
148 *Roth*, GRUR 2007, S. 645, 650; EuGH, Rs. C-437/09, ECLI:EU:C:2011:112, Rn. 31–33, 36, 38–39, Leitsatz 1 – *AG2R*.
149 Siehe hierzu auch *Koenig/Schreiber*, Europäisches Wettbewerbsrecht, 2010, S. 25 ff.
150 Vgl. zu dem Erfordernis, als Adressat eine Einheit mit Rechtspersönlichkeit zu bestimmen, EuG, verb. Rs. T-305/94 bis T-307/94, T-313/94 bis T-316/94, T-318/94, T-325/94, T-328/94, T-329/94 u. T-335/94, ECLI:EU:T:1999:80, Rn. 978 – *LVM/Kommission*.

vom Rechtsträger zu unterscheidenden Anteilseigner sind die juristischen oder natürlichen Personen, welche die Geschäfts- oder Gesellschaftsanteile an dem Rechtsträger halten. Konsequenz des unionsrechtlichen Unternehmensbegriffs ist, wie die Rs. *Akzo Nobel* verdeutlicht, dass unter Umständen mehrere juristische oder natürliche Personen in ihrer Gesamtheit als ein Unternehmen zu behandeln sind[151], wenn sie nach unionsrechtlichen Maßstäben als eine wirtschaftliche Einheit anzusehen sind, z. B., wenn unterschiedliche juristische Personen demselben Konzern angehören und ihr Marktverhalten nicht autonom voneinander bestimmen[152]. Trotz unterschiedlicher Rechtspersönlichkeit sind Vereinbarungen, Beschlüsse oder abgestimmte Verhaltensweisen zwischen diesen innerhalb eines solchen Unternehmens kein kartellrechtswidriges Verhalten. Hält der Rechtsträger eines Mutterunternehmens (nahezu) 100 % der Anteile am Tochterunternehmen, so besteht eine widerlegliche Vermutung des bestimmenden Einflusses auf das Tochterunternehmen[153]. Daraus folgt zum einen, dass der Rechtsträger des Mutterunternehmens nach dem Grundsatz der persönlichen Verantwortung für eine Zuwiderhandlung des Tochterunternehmens einzustehen hat, und damit zum anderen, dass die Kommission gegen den Rechtsträger des Mutterunternehmens vorgehen kann[154], ohne dass eine persönliche Beteiligung des Mutterunternehmens an der Zuwiderhandlung erforderlich wäre, sofern das Mutterunternehmen einen bestimmenden Einfluss auf das gegen Art. 101 f. AEUV verstoßende Tochterunternehmen ausübt. Maßgeblich ist, dass das sich wettbewerbswidrig verhaltende Unternehmen „sein Marktverhalten nicht selbständig bestimmt, sondern vor allem wegen der wirtschaftlichen und rechtlichen Bindungen zu einem anderen Unternehmen im Wesentlichen dessen Weisungen befolgt hat [...]. Der Umstand, dass eine Tochtergesellschaft eigene Rechtspersönlichkeit besitzt, schließt daher noch nicht aus, dass ihr Verhalten der Muttergesellschaft zugerechnet werden kann"[155]. Die Kommission kann die Zuwiderhandlung auch auf der Ebene der Tochtergesellschaft ahnden, die Zurechnung zur Muttergesellschaft ist nicht vorrangig[156]. Sie haften als Gesamtschuldner[157].

---

151 Vgl. EuGH, Rs. C-217/05, ECLI:EU:C:2006:784, Rn. 40 – *CEPSA;* EuGH, Rs. C-97/08 P, ECLI:EU:C:2009:536, Rn. 55 – *Akzo Nobel* (= P Nr. 238). Zur Problematik der Einordnung als Gesamt- oder Einzelunternehmen der verschiedenen Akteure auf Transaktionsplattformen siehe *Rottmann/Göhsl,* WuW 2019, S. 348 ff.
152 EuG, Rs. T-203/01, ECLI:EU:T:2003:250, Rn. 290 – *Michelin;* EuG, Rs. T-112/05, ECLI:EU:T:2007:381, Rn. 58 – *Akzo Nobel.*
153 EuGH, Rs. C-97/08 P, ECLI:EU:C:2009:536, Rn. 63 – *Akzo Nobel* (= P Nr. 238); EuGH, Rs. C-597/13, ECLI:EU:C:2015:613, Rn. 36 – *Total SA;* siehe zu den Voraussetzungen der Widerlegung EuGH, Rs. C-155/14 P, ECLI:EU:C:2016:446, Rn. 33 ff. – *Evonik.*
154 EuGH, Rs. C-97/08 P, ECLI:EU:C:2009:536, Rn. 55–60 – *Akzo Nobel* (= P Nr. 238); EuGH, Rs. C-597/13, ECLI:EU:C:2015:613, Rn. 33 – *Total SA.*
155 EuGH, verb. Rs. C-125/07 P, C-133/07 P, C-135/07 P u. C-137/07 P, ECLI:EU:C:2009:576, Rn. 80 – *Erste Group Bank;* siehe auch EuGH, Rs. C-155/14 P, ECLI:EU:C:2016:446 – *Evonik.*
156 EuGH, verb. Rs. C-125/07 P, C-133/07 P, C-135/07 P u. C-137/07 P, ECLI:EU:C:2009:576, Rn. 77, 85 – *Erste Group Bank.*
157 *De Bronett,* EWS 2017, S. 61.

1181 Art. 101 AEUV ist zudem an die Rechtsträger von Unternehmensvereinigungen adressiert. *Unternehmensvereinigungen* sind Zusammenschlüsse wirtschaftlich selbstständiger Unternehmen, also zumindest potentieller Konkurrenten, ohne Rücksicht auf die Rechtsform oder Rechtsgrundlage der Vereinigung[158]. Neben wirtschaftlichen Einheiten im gesellschaftsrechtlichen Sinne können wirtschaftliche Einheiten in eng umgrenzten Fällen auch auf vertraglicher Basis angenommen werden. So kann ein wettbewerbswidriges Verhalten des Auftragnehmers einem Auftraggeber zugerechnet werden, wenn dieser Kenntnis hatte und einen eigenen Beitrag dazu leisten will oder jener zumindest vernünftigerweise vorhersehbar war[159].

(β) Öffentliche und mit ausschließlichen oder besonderen Rechten ausgestattete Unternehmen (Art. 106 Abs. 1 AEUV)

1182 Art. 106 Abs. 1 AEUV erstreckt den Anwendungsbereich der Wettbewerbsregeln auf öffentliche und mit ausschließlichen (Monopol-) oder besonderen Rechten ausgestattete Unternehmen. Damit soll verhindert werden, dass sich die Mitgliedstaaten dieser Unternehmen bedienen, um ihre Verpflichtungen aus dem Vertrag zu umgehen. *Öffentliche Unternehmen* haben einen Rechtsträger, der von öffentlich-rechtlichen Körperschaften als Anteilseigner beherrscht wird. Dies ist der Fall, wenn der hoheitliche Unternehmensträger unmittelbar oder mittelbar einen beherrschenden Einfluss auf das Unternehmen aufgrund Eigentums, finanzieller Beteiligung, Satzung oder sonstiger Bestimmungen, welche die Tätigkeit des Unternehmens regeln, ausüben kann[160]. Mit *ausschließlichen Rechten* ist ein Unternehmen ausgestattet, wenn ihm ein Monopol durch eine staatliche Maßnahme gewährt wird (z. B. zum Einsammeln und Befördern von Briefen, zur Verwaltung von Flughäfen etc.). *Besondere Rechte* genießt ein Unternehmen, dem die Ausübung einer Dienstleistung gemeinsam mit einer begrenzten Anzahl von anderen Unternehmen vorbehalten wird.

1183 Das in Art. 106 Abs. 1 AEUV formulierte Verbot bezieht sich auf diejenigen staatlichen Maßnahmen, durch die Vertragsbestimmungen verletzt werden. Art. 18 und Art. 101 bis 109 AEUV sind dabei nur beispielhaft genannt. In Betracht kommt grundsätzlich jede staats- wie unternehmensbezogene Vorschrift des primären Unionsrechts. Ein Verstoß des Mitgliedstaates gegen Art. 102 i. V. m. Art. 106 Abs. 1 AEUV kann dabei unabhängig davon festgestellt werden, ob das Unternehmen, das von dem gewährten Recht Gebrauch macht, selbst

---

158 So bereits EuGH, Rs. 45/85, ECLI:EU:C:1987:34, Rn. 29 ff. – *Verband der Sachversicherer*.
159 EuGH, Rs. C-542/14, ECLI:EU:C:2016:578, Rn. 30 f. – *SIA;* vgl. *Oechsler*, NZKart 2017, S. 21; zur Ausweitung der Zurechnung des Verhaltens von Dritten: *Gürer*, CB 2017, S. 42.
160 Art. 2 lit. b der Transparenzrichtlinie (Richtlinie (EG) Nr. 2006/111 der Kommission v. 16.11.2006 über die Transparenz der finanziellen Beziehungen zwischen den Mitgliedstaaten und den öffentlichen Unternehmen sowie über die finanzielle Transparenz innerhalb bestimmter Unternehmen, ABl.EU 2006 Nr. L 318, S. 17).

gegen das Verbot des Missbrauchs einer marktbeherrschenden Stellung verstoßen hat[161].

Der EuGH hat festgestellt, dass die Gewährung des ausschließlichen oder besonderen Rechts i. S. v. Art. 106 Abs. 1 AEUV als solche noch keinen Verstoß gegen die EU-Verträge, insbesondere noch keinen Marktmachtmissbrauch (Art. 102 AEUV; Rn. 1211 ff.), darstellt, auch wenn dies zu einer marktbeherrschenden Stellung oder einem Monopol führt[162]. In seiner Rechtsprechung zu den gesetzlichen Monopolen hat der EuGH die unterschiedliche Beurteilung von Bestand und Begründung der ausschließlichen Rechte und deren Ausübung jedoch relativiert und die Anforderungen an die Gewährung besonderer bzw. ausschließlicher Rechte in der Folgerechtsprechung kontinuierlich verschärft. So formulierte der EuGH in der Rs. *Corbeau* betreffend das belgische Monopol für Postdienstleistungen, dass ausschließliche Rechte nur dann übertragen werden dürfen oder ein staatliches Monopol nur dann errichtet werden kann, „soweit [...] Wettbewerbsbeschränkungen oder sogar der Ausschlu[ss] jeglichen Wettbewerbs von Seiten anderer Wirtschaftsteilnehmer erforderlich sind, um die Erfüllung der den Unternehmen, die über die ausschließlichen Rechte verfügen, übertragenen besonderen Aufgabe sicherzustellen"[163]. Der Mitgliedstaat kann ausschließliche Rechte einräumen, „soweit die Erfüllung der diesem Unternehmen übertragenen besonderen Aufgabe nur durch die Einräumung solcher Rechte gewährleistet werden kann"[164]. Ein Verstoß gegen Art. 102 i. V. m. Art. 106 Abs. 1 AEUV liegt nach der EuGH-Rechtsprechung zudem vor, wenn eine Situation entsteht, welche ein missbräuchliches Verhalten zwangsläufig herbeiführt oder zumindest begünstigt[165]. So können Art. 102 i. V. m. Art. 106 Abs. 1 AEUV nach der Rechtsprechung des EuGH einer nationalen Regelung grundsätzlich entgegenstehen, welche dem Prinzip der Chancengleichheit der Wettbewerber widerspricht, da sie von dem neu auf den Markt tretenden Unternehmen eine Gebühr für den Erwerb einer Lizenz verlangt, nicht jedoch von dem öffentlichen mit marktbeherrschender Stellung[166].

1184

---

161 Anders als im Rahmen eines mitgliedstaatlichen Verstoßes gegen Art. 101 f. AEUV i. V. m. Art. 4 Abs. 3 EUV genügt bereits die Veranlassung, vgl. EuGH, Rs. C-462/99, ECLI:EU: C:2003:297, Rn. 80 – *Connect Austria;* EuGH, Rs. C-553/12 P, ECLI:EU:C:2014:2083 – *DEI.*
162 EuGH, Rs. C-41/90, ECLI:EU:C:1991:161, Rn. 29 – *Höfner;* EuGH, Rs. C-203/96, ECLI: EU:C:1998:316, Rn. 60 f. – *Dusseldorp;* EuGH, Rs. C-266/96, ECLI:EU:C:1998:306, Rn. 40 f. – *Corsica Ferries France;* EuGH, Rs. C-451/03, ECLI:EU:C:2006:208, Rn. 23 – *Servizi Ausiliari Dottori Commercialisti.*
163 EuGH, Rs. C-320/91, ECLI:EU:C:1993:198, Rn. 14 – *Corbeau.*
164 EuGH, Rs. C-438/02, ECLI:EU:C:2005:332, Rn. 47 – *Hanner.*
165 EuGH, Rs. C-41/90, ECLI:EU:C:1991:161, Rn. 31 ff. – *Höfner;* EuGH, Rs. C-327/12, ECLI:EU:C:2013:827 – *Soa Nazionale Costruttori;* siehe auch EuGH, Rs. C-163/96, ECLI: EU:C:1998:54, Rn. 29 f. – *Raso u. a.;* Triantafyllou, EuZW 2014, S. 734.
166 EuGH, Rs. C-462/99, ECLI:EU:C:2003:297, Rn. 95 – *Connect Austria;* vgl. aber auch EuGH, Rs. C-525/16, ECLI:EU:C:2018:270, Rn. 26–28 – *MEO* (= P Nr. 257), wonach eine umfassende Prüfung des Vorliegens einer Wettbewerbsbeschränkung erforderlich bleibt.

(γ) Mitgliedstaaten

1185 Aufgrund des Art. 4 Abs. 3 EUV, der die Mitgliedstaaten zur loyalen Zusammenarbeit mit der Europäischen Union verpflichtet, sind die Mitgliedstaaten auch über Art. 106 Abs. 1 AEUV hinaus zur Beachtung der Art. 101 und 102 AEUV verpflichtet[167]. Durch Gesetz oder Verordnung getroffene mitgliedstaatliche Maßnahmen sind nach Art. 101 f. AEUV i. V. m. Art. 4 Abs. 3 EUV verboten, wenn durch sie die für Unternehmen geltenden EU-Wettbewerbsregeln ausgeschaltet und damit ihrer praktischen Wirksamkeit beraubt werden können[168]. Die Mitgliedstaaten dürfen weder Zuwiderhandlungen gegen die Wettbewerbsvorschriften fördern noch ihre entsprechenden Gesetzgebungsbefugnisse auf private Wirtschaftsteilnehmer übertragen. Ein Verstoß gegen Art. 101 f. AEUV i. V. m. Art. 4 Abs. 3 EUV in Form der Förderung von Zuwiderhandlungen durch einen Mitgliedstaat liegt jedoch nur vor, wenn ein Unternehmen die Wettbewerbsvorschriften tatsächlich verletzt hat[169]. Ein Beispiel für eine nach Art. 101 f. AEUV i. V. m. Art. 4 Abs. 3 EUV verbotene Übertragung der Gesetzgebungsbefugnisse ist die umfassende Übertragung der Erstellung von Gebührenordnungen durch einen Mitgliedstaat auf Private[170], z. B. auf einen Berufsverband, dessen Angehörige die jeweilige Dienstleistung erbringen und welcher daher zuvörderst die Interessen der ihm angehörenden Wirtschaftsteilnehmer vertritt[171]. Der Mitgliedstaat überträgt in einem solchen Fall die Verantwortung für die in die Wirtschaft eingreifenden Entscheidungen in unzulässiger Weise auf private Wirtschaftsteilnehmer[172]. Keine solche Übertragung ist dagegen gegeben, wenn der Mitgliedstaat diese Befugnisse einer (von den betroffenen Wirtschaftsteilnehmern) unabhängigen Expertenkommission überantwortet oder der Mit-

---

167 Siehe hierzu auch EuGH, Rs. C-327/12, ECLI:EU:C:2013:827, Rn. 38 – *Consiglio di Stato*; Koenig/*Schreiber*, Europäisches Wettbewerbsrecht, 2010, S. 28 ff.
168 EuGH, Rs. 231/83, ECLI:EU:C:1985:29, Rn. 16 – *Cullet/Leclerc*; EuGH, Rs. C-198/01, ECLI:EU:C:2003:430, Rn. 45 – *CIF*; EuGH, verb. Rs. C-94/04 u. C-202/04, ECLI:EU:C:2006:758, Rn. 46 – *Macrino und Capodarte*; EuGH, Rs. C-446/05, ECLI:EU:C:2008:157, Rn. 19 –*Doulamis*.
169 EuGH, Rs. C-2/91, ECLI:EU:C:1993:885 – *Meng*; EuGH, Rs. C-185/91, ECLI:EU:C:1993:886 – *Reiff*; EuGH, Rs. C-245/91, ECLI:EU:C:1993:887 – *Ohra*; EuGH, Rs. C-153/93, ECLI:EU:C:1994:240 – *Delta Schiffahrts- u. Speditionsgesellschaft*.
170 EuGH, Rs. 13/77, ECLI:EU:C:1977:185 – *INNO/ATAB*; EuGH, Rs. 267/86, ECLI:EU:C:1988:427, Rn. 16 – *Van Eycke*; EuGH, Rs. C-446/05, ECLI:EU:C:2008:157, Rn. 20–22 – *Doulamis*.
171 EuGH, Rs. C-309/99, ECLI:EU:C:2002:98, Rn. 59 ff. – *Wouters* (= P Nr. 195, 239); vgl. ferner EuGH, Rs. 13/77, ECLI:EU:C:1977:185 – *INNO/ATAB*; EuGH, Rs. 267/86, ECLI:EU:C:1988:427, Rn. 16 – *Van Eycke*; EuGH, Rs. C-446/05, ECLI:EU:C:2008:157, Rn. 20–22 – *Doulamis*; verneint in EuGH, Rs. C-35/99, ECLI:EU:C:2002:97, Rn. 44 ff. – *Arduino*; EuGH, verb. Rs. C-94/04 u. C-202/04, ECLI:EU:C:2006:758, Rn. 46 ff. – *Macrino und Capodarte*, da die Berufsverbände hier lediglich unverbindliche Vorschläge ausarbeiteten.
172 So in Zusammenfassung der Rechtsprechung des EuGH Schlussanträge des GA *Bot*, Rs. C-446/05, ECLI:EU:C:2008:701, Rn. 66 – *Doulamis*.

gliedstaat sich die Letztentscheidung vorbehält[173]. Dann bleibt das entstandene Regelwerk nach der Rechtsprechung des EuGH eine – nicht dem Anwendungsbereich der Art. 101 f. AEUV i. V. m. Art. 4 Abs. 3 EUV unterliegende – staatliche Regelung, da sichergestellt wird, dass auch Allgemeininteressen beim Erlass der Gebührenordnung berücksichtigt werden[174].

Der Rechtsträger eines Unternehmens bleibt neben dem Mitgliedstaat für den Wettbewerbsrechtsverstoß verantwortlich, solange und soweit die mitgliedstaatlichen Vorgaben ihm einen *unternehmerischen Handlungsspielraum* belassen[175]. Die Anwendbarkeit der Art. 101 f. AEUV gegenüber den handelnden Rechtsträgern der Unternehmen wird nicht dadurch ausgeschlossen, dass ein wettbewerbsbeschränkendes Verhalten hoheitlich genehmigt oder ein Unternehmen durch Rechtsvorschriften dazu ermutigt wird[176]. Nach ständiger Rechtsprechung des EuGH kommt es maßgeblich darauf an, ob die nationalen Vorgaben „die Möglichkeit eines Wettbewerbs bestehen lassen, der durch selbstständige Verhaltensweisen der Unternehmen verhindert, eingeschränkt oder verfälscht werden kann"[177] und die analysierte Wettbewerbsbeschränkung somit ihre Ursache (auch) in einer selbstständigen Verhaltensweise des Unternehmens hat[178]. Dann können Unternehmen, die gegen Art. 101 AEUV verstoßen, Sanktionen auferlegt werden[179]. Dies gilt selbst dann, wenn sie keine positive Kenntnis von der Unionsrechtswidrigkeit eines nationalen Gesetzes haben, das ein wettbewerbswidriges Verhalten von Unternehmen veranlasst oder vorschreibt, da auch eine fahrlässig begangene Zuwiderhandlung genügt[180]. Andernfalls entfällt die Zurechenbarkeit des Verhaltens zum Rechtsträger des Unternehmens[181]. Die Möglichkeit, einen Verstoß gegen Art. 101 f. AEUV aufgrund fehlenden unternehmerischen Handlungsspielraums zu verneinen, wird durch den EuGH und das EuG

1186

---

[173] EuGH, Rs. C-185/91, ECLI:EU:C:1993:886, Rn. 24 – *Reiff;* EuGH, Rs. C-153/93, ECLI:EU:C:1994:240, Rn. 16–18, 23 – *Delta Schiffahrts- u. Speditionsgesellschaft;* EuGH, verb. Rs. C-140/94 bis C-142/94, ECLI:EU:C:1995:330, Rn. 18–19 – *DIP u. a.;* EuGH, Rs. C-35/96, ECLI:EU:C:1998:303, Rn. 44 – *Kommission/Italien;* EuGH, Rs. C-35/99, ECLI:EU:C:2002:97, Rn. 37, 40 – *Arduino.*
[174] EuGH, Rs. C-35/99, ECLI:EU:C:2002:97, Rn. 36 f., 40 ff. – *Arduino;* EuGH, verb. Rs. C-94/04 u. C-202/04, ECLI:EU:C:2006:758, Rn. 48 ff. – *Macrino und Capodarte.*
[175] Siehe hierzu auch *Koenig/Schreiber,* Europäisches Wettbewerbsrecht, 2010, S. 32 ff.
[176] EuGH, Rs. 231/83, ECLI:EU:C:1985:29, Rn. 17 – *Cullet/Leclerc;* EuG, Rs. T-148/89, ECLI:EU:T:1995:68, Rn. 118 – *Trefilunion.*
[177] EuGH, verb. Rs. C-359/95 P u. C-379/95 P, ECLI:EU:C:1997:531, Rn. 34 – *Ladbroke Racing.* Siehe bereits EuGH, verb. Rs. 40/73 bis 48/73, 50/73, 54/73 bis 56/73, 111/73, 113/73 u. 114/73, ECLI:EU:C:1975:174, Rn. 65 f., 71 f. – *Suiker Unie u. a.;* EuGH, Rs. C-198/01, ECLI:EU:C:2003:430, Rn. 52 – *CIF;* EuG, Rs. T-271/03, ECLI:EU:T:2008:101, Rn. 85 – *Deutsche Telekom AG.*
[178] EuGH, verb. Rs. C-359/95 P u. C-379/95 P, ECLI:EU:C:1997:531, Rn. 33 – *Ladbroke Racing;* EuG, Rs. T-513/93, ECLI:EU:T:2000:91, Rn. 58 – *Consiglio Nazionale degli Spedizionieri Doganali;* vgl. auch *Klotz,* MMR 2008, S. 389.
[179] EuGH, Rs. C-198/01, ECLI:EU:C:2003:430, Rn. 56 f. – *CIF.*
[180] EuGH, Rs. C-681/11, ECLI:EU:C:2013:404, Rn. 37 – *Schenker & Co.*
[181] *Klotz,* MMR 2008, S. 389.

indes restriktiv gehandhabt[182]. Eine Verneinung der Tatbestandsvoraussetzungen der Art. 101 f. AEUV kommt nur in Betracht, wenn die Wettbewerbsbeschränkung ihre Ursache ausschließlich in den nationalen Rechtsvorschriften bzw. in anderweitigen hoheitlichen Vorgaben hat[183]. Der EuGH hat dementsprechend einen ausreichenden unternehmerischen Handlungsspielraum beispielsweise bereits bei der Möglichkeit, Genehmigungsanträge zur Änderung von bereits durch die mitgliedstaatliche Regulierungsbehörde genehmigten Preisen zu stellen[184], bei einem geringfügigen Preisspielraum innerhalb der mitgliedstaatlichen Vorschriften[185], bei der Vorgabe der Produktionsquote ohne die Vorgabe der Verkaufspreise[186] oder bei der quotenmäßigen staatlichen Verteilung von 85 % der Erzeugung und der Festlegung der Verkaufspreise[187] bejaht. Das EuG hat einen ausreichenden Handlungsspielraum auch angenommen, wenn der Erlass einer Gebührenordnung zwar hoheitlich vorgegeben, jedoch nicht an bestimmte Gebührensätze oder -schwellen gebunden war, die bei der Erstellung der Gebührenordnung zu berücksichtigen gewesen wären[188]. Selbst bei umfänglichem Ausschluss des Preiswettbewerbs – und dessen Substitution durch hoheitliche Regulierung – kann im Hinblick auf andere Wettbewerbsfaktoren ein ausreichender wettbewerblicher Handlungsspielraum bestehen bleiben[189].

cc) Erfasste Verhaltensweisen

1187 In den Anwendungsbereich von Art. 101 AEUV fallen Vereinbarungen, Beschlüsse und abgestimmte Verhaltensweisen[190], die geeignet sind, den Handel zwischen den Mitgliedstaaten zu beeinträchtigen *(Zwischenstaatlichkeitsklausel)*. Sämtliche von Art. 101 Abs. 1 AEUV erfassten Verhaltensweisen erfassen in subjektiver Hinsicht Formen der Kollusion, die in ihrer Art übereinstimmen und sich nur in ihrer Intensität und ihren Ausdrucksformen unterscheiden[191]. Ab-

---

182 EuGH, Rs. C-198/01, ECLI:EU:C:2003:430, Rn. 67 – *CIF;* EuG, Rs. T-513/93, ECLI:EU:T:2000:91, Rn. 60 – *Consiglio Nazionale degli Spedizionieri Doganali;* EuG, Rs. T-168/01, ECLI:EU:T:2006:265, Rn. 70 – *GlaxoSmithKline Services.*
183 EuG, Rs. T-271/03, ECLI:EU:T:2008:101, Rn. 87, 89 – *Deutsche Telekom AG,* bestätigt durch EuGH, Rs. C-280/08 P, ECLI:EU:C:2010:603, Rn. 80 – *Deutsche Telekom AG;* EuGH, Rs. C-52/09, ECLI:EU:C:2011:83, Rn. 49 – *TeliaSonera Sverige* (= P Nr. 254).
184 EuGH, Rs. C-280/08 P, ECLI:EU:C:2010:603, Rn. 83–86 – *Deutsche Telekom AG.*
185 EuGH, verb. Rs. 209/78 bis 215/78 u. 218/78, ECLI:EU:C:1980:248, Rn. 133 – *van Ladewyck.*
186 EuGH, Rs. C-219/95 P, ECLI:EU:C:1997:375, Rn. 25 – *Ferriere Nord.*
187 EuGH, Rs. C-198/01, ECLI:EU:C:2003:430, Rn. 73 f. – *CIF.*
188 EuG, Rs. T-513/93, ECLI:EU:T:2000:91, Rn. 62 – *Consiglio Nazionale degli Spedizionieri Doganali.*
189 EuGH, Rs. C-198/01, ECLI:EU:C:2003:430, Rn. 68 f., 73 f. – *CIF;* vgl. auch EuGH, Rs. 26/76, ECLI:EU:C:1977:167, Rn. 21 – *Metro.*
190 EuGH, Rs. C-382/12, ECLI:EU:2014:2201, Rn. 63 – *MasterCard;* EuG, Rs. T-111/08, ECLI:EU:T:2012:260, Rn. 196 – *MasterCard;* zu den erfassten Verhaltensweisen im Einzelnen *Kling/Thomas,* Kartellrecht, 2. Aufl. 2016, § 5 Rn. 50 ff.
191 EuGH, Rs. C-8/08, ECLI:EU:C:2009:343, Rn. 23 – *T-Mobile Netherlands.*

zugrenzen sind diese verbotenen Verhaltensweisen von den für das einzelne Unternehmen risikoreichen einseitigen Verhaltensweisen, die in den Grenzen des Art. 102 AEUV grundsätzlich gestattet sind[192]. Sie sind Ausdruck der Selbstständigkeit im Wettbewerb als Entdeckungsverfahren. Die autonome Bestimmung der Unternehmenspolitik, auf die die Rechtsprechung sich unter dem Stichwort des *Selbstständigkeitspostulats* als den Grundgedanken der Wettbewerbsvorschriften im Rahmen der Analyse aller wettbewerbsrechtlichen Bestimmungen bezieht[193], ist charakteristisch für einen funktionierenden Wettbewerb. Die Wettbewerbsregeln des AEUV basieren auf dem Grundsatz, dass jedes im Wettbewerb stehende Unternehmen sein Verhalten eigenständig bestimmt. Jede Einschränkung dieser Handlungsfreiheit – beispielsweise durch Absprachen zwischen Unternehmen – führt grundsätzlich zu einem Verstoß.

Vereinbarungen liegen vor, wenn mehrere Unternehmen übereinstimmend ihren Willen zum Ausdruck bringen, sich auf dem Markt in bestimmter Weise zu verhalten. Entscheidendes Merkmal ist mithin eine Willensübereinstimmung, deren Ausdrucksform unerheblich ist, sofern sie den Willen der Parteien getreu wiedergibt[194]. Darunter fallen neben dem klassischen Fall einer *horizontalen* Abstimmung konkurrierender Hersteller, wie etwa Vereinbarungen über den Verkaufspreis eines bestimmten Produktes, auch *vertikale* Vereinbarungen zwischen einem Hersteller und dessen Vertriebspartnern[195]. Die Vereinbarung muss nach dem EuGH kein nach nationalem Recht wirksamer Vertrag sein[196]. Daher können auch sog. *gentlemen's agreements,* denen der rechtsgeschäftliche Charakter fehlt, eine Vereinbarung darstellen. Um jedoch eine Abgrenzung zur abgestimmten Verhaltensweise nicht unmöglich zu machen, sollte für die Annahme einer Vereinbarung zumindest eine faktische Bindungswirkung verlangt werden.

1188

Beschlüsse von Unternehmensvereinigungen können sowohl von Organen der Vereinigung als auch von der Mehrzahl der beteiligten Unternehmen getroffen werden. Eine rechtsverbindliche Wirkung der Maßnahme wird nicht vorausgesetzt. Vielmehr genügt es, wenn die Unternehmen mittelbar oder faktisch gebunden werden[197]. Auch eine auf mitgliedstaatlichen Gesetzen beruhende Verpflichtung einer Unternehmensvereinigung, eigenständig Regelungen in einem abgegrenzten Wirtschaftsbereich zu erlassen, schließt eine Zurechnung der erlas-

1189

---

192 EuG, Rs. T-41/96, ECLI:EU:T:2000:242, Rn. 71 f. – *Bayer.*
193 So bereits EuGH, verb. Rs. 40/73 bis 48/73, 50/73, 54/73 bis 56/73, 111/73, 113/73 u. 114/73, ECLI:EU:C:1975:174, Rn. 173, 174 – *Suiker Unie u. a.;* EuGH, Rs. 172/80, ECLI:EU: C:1981:178, Rn. 13 – *Züchner;* EuGH, Rs. C-7/95, ECLI:EU:C:1998:256, Rn. 86 – *Deere;* EuGH, Rs. C-238/05, ECLI:EU:C:2006:734, Rn. 52 – *Asnef-Equifax;* EuGH, Rs. C-8/08, ECLI:EU:C:2009:343, Rn. 32 – *T-Mobile Netherlands;* vgl. *Zimmer,* in: Immenga/Mestmäcker (Hrsg.), EU-Wettbewerbsrecht, Bd. 1/Teil 1, 6. Aufl. 2019, Art. 101 Abs. 1 AEUV Rn. 107.
194 EuG, Rs. T-41/96, ECLI:EU:T:2000:242, Rn. 69 – *Bayer.*
195 EuGH, verb. Rs. 56/64 u. 58/64, ECLI:EU:C:1966:41 – *Consten & Grundig* (= P Nr. 241).
196 EuGH, Rs. 277/87, ECLI:EU:C:1989:363, Rn. 13 – *Sandoz.*
197 *Koenig/Schreiber,* Europäisches Wettbewerbsrecht, 2010, S. 69 f.

senen Regelungen an die Unternehmensvereinigung und damit einen Verstoß gegen Art. 101 Abs. 1 AEUV nicht per se aus[198].

1190 Unter den Auffangtatbestand der *abgestimmten Verhaltensweisen* fallen alle Formen des gegen Art. 101 AEUV verstoßenden Zusammenwirkens, die nicht unmittelbar durch eine planmäßige gemeinsame Willensbildung von Unternehmen bewirkt werden[199]. Eine abgestimmte Verhaltensweise stellt eine Form der Koordinierung zwischen Unternehmen dar, die ein Element der Fühlungnahme enthält und bewusst und unter Aufgabe des Selbstständigkeitspostulats eine praktische Zusammenarbeit an die Stelle des mit Risiken verbundenen Wettbewerbs treten lässt[200]. Hinzukommen muss ein entsprechendes Marktverhalten im Sinne eines Abstimmungserfolges. Der Nachweis gestaltet sich indes oftmals schwierig, so dass die Unionsgerichte und die Kommission eher zu einer weiten Auslegung der Merkmale „Vereinbarungen" und „Beschlüsse" tendieren.

1191 Die abgestimmten Verhaltensweisen sind abzugrenzen von marktüblichen Reaktionen auf das Verhalten von Mitbewerbern. Reaktionen auf das Verhalten von Konkurrenten sind Teil eines über den Markt gesteuerten Wirtschaftsprozesses und daher gerade nicht als tatbestandsmäßiges Verhalten zu qualifizieren. Ein bloß faktisches *Parallelverhalten,* das etwa im Nachziehen bei Preiserhöhungen durch einen Mitbewerber liegen kann, ist somit noch nicht als abgestimmtes Verhalten zu bewerten, mag aber ein Indiz für ein solches darstellen, wenn es zu Wettbewerbsbedingungen führt, die nicht den normalen Marktbedingungen entsprechen[201]. Die Grenze zur abgestimmten Verhaltensweise ist überschritten, wenn das Marktverhalten von Unternehmen auf Grundlage von ein- oder mehrseitiger Information, z. B. der Ankündigung einer Preiserhöhung gegenüber Mitbewerbern, koordiniert wird. In subjektiver Hinsicht spricht für das Vorliegen einer abgestimmten Verhaltensweise, dass die Anpassung des Wettbewerbsverhaltens von Konkurrenten aufgrund der eigenen Maßnahme kraft faktischer Reaktionsverbundenheit[202] erwartet wird. Denn das Selbstständigkeitspostulat (Rn. 1189) nimmt den Unternehmen zwar nicht das Recht, sich dem festgestellten oder erwarteten Verhalten ihrer Mitbewerber mit wachem Sinn anzupassen. Es steht jedoch jeder unmittelbaren oder mittelbaren Fühlungnahme zwischen

---

198 EuGH, Rs. C-1/12, ECLI:EU:C:2013:127, Rn. 59 – *OTOC.*
199 Zu abgestimmten Verhaltensweisen aus Kommissionssicht vgl. Entscheidung der Kommission v. 20.11.2007, COMP/38.432, Az. K(2007)5469 endg. – *Videobänder;* siehe auch *Koenig/Schreiber,* Europäisches Wettbewerbsrecht, 2010, S. 70 ff.
200 Vgl. EuGH, verb. Rs. 40/73 bis 48/73, 50/73, 54/73 bis 56/73, 111/73, 113/73 u. 114/73, ECLI:EU:C:1975:174, Rn. 26 – *Suiker Unie u. a.;* EuGH, verb. Rs. 89/85, 104/85, 114/85, 116/85, 117/85, 125/85, 126/85, 127/85, 128/85 u. 129/85, ECLI:EU:C:1993:120, Rn. 63 – *Ahlström* (= P Nr. 246); EuGH, Rs. C-8/08, ECLI:EU:C:2009:343, Rn. 26 – *T-Mobile Netherlands.*
201 EuGH, Rs. 48/69, ECLI:EU:C:1972:70, Rn. 64, 67 – *ICI.*
202 Mit dem Begriff der Reaktionsverbundenheit wird das Ausmaß, in dem der Markterfolg eines Unternehmens nicht nur durch seine eigenen wettbewerbsrelevanten Aktionen und die Reaktionen der Nachfrager bestimmt wird, sondern auch von den Aktivitäten seiner Konkurrenten abhängt, umschrieben.

Unternehmen entgegen, die geeignet ist, das Marktverhalten eines gegenwärtigen oder potentiellen Mitbewerbers zu beeinflussen oder einen solchen Mitbewerber über das eigene (geplante) Verhalten ins Bild zu setzen, mithin also die Ungewissheit über das Marktgeschehen zu verringern oder zu beseitigen, wenn diese Kontakte bezwecken oder bewirken, dass Wettbewerbsbedingungen entstehen, die nicht den normalen Bedingungen dieses Marktes entsprechen[203]. Ob Kontakte zwischen Wettbewerbern Wettbewerbsbeschränkungen bezwecken, beurteilt sich demnach nach Inhalt, Gegenstand und juristischem sowie ökonomischem Kontext[204].

dd) Wettbewerbsverfälschung

Das Verhalten muss geeignet sein, den Wettbewerb zu behindern, einzuschränken oder zu verfälschen. Prüfungsgegenstand im Rahmen des Art. 101 Abs. 1 AEUV ist im Ergebnis lediglich, ob das analysierte Verhalten den Wettbewerb verfälscht. Ein solches *Verfälschen des Wettbewerbs* bildet als objektive Beeinträchtigung der Wettbewerbsbedingungen den Oberbegriff zur vollständigen Ausschaltung oder Begrenzung des Wettbewerbs. Das Merkmal wird vom EuGH definiert als das Entstehen von Wettbewerbsbedingungen, „die im Hinblick auf die Art der Waren oder erbrachten Dienstleistungen, die Bedeutung und Zahl der beteiligten Unternehmen sowie den Umfang des in Betracht kommenden Marktes nicht den normalen Bedingungen dieses Marktes entsprechen"[205]. Art. 101 Abs. 1 lit. a bis e AEUV umschreibt als Regelbeispiele einzelne als wettbewerbsverfälschend anzusehende Maßnahmen, z. B. die Festsetzung von An- oder Verkaufspreisen (Art. 101 Abs. 1 lit. a AEUV), die Einschränkung oder Kontrolle der Erzeugung, des Absatzes[206], der technischen Entwicklung oder der Investitionen (Art. 101 Abs. 1 lit. b AEUV) oder die Aufteilung von Märkten (Art. 101 Abs. 1 lit. c AEUV). Neben diesen Regelbeispielen zieht der EuGH für die Feststellung verbotener Wettbewerbsbeschränkungen die zentrale Bedeutung der wirtschaftlichen Betätigungsfreiheit der Unternehmen (Selbstständigkeitspostulat) für den Wettbewerb als Ausgangspunkt heran. Eine Verhaltenskoordinierung zwischen Unternehmen ist dann untersagt, wenn die unternehmerischen Handlungsspielräume der an der Kooperation Beteiligten beeinträchtigt werden. Um entscheiden zu können, ob eine solche Beeinträchti-

1192

---

203 Vgl. EuGH, verb. Rs. 40/73 bis 48/73, 50/73, 54/73 bis 56/73, 111/73, 113/73 u. 114/73, ECLI:EU:C:1975:174, Rn. 174 – *Suiker Unie u. a.;* EuGH, Rs. 172/80, ECLI:EU:C:1981:178, Rn. 14 – *Züchner;* EuGH, Rs. C-7/95 P, ECLI:EU:C:1998:256, Rn. 87, 90 – *Deere;* EuGH, Rs. C-194/99 P, ECLI:EU:C:2003:527, Rn. 81 – *Thyssen Stahl/Kommission;* EuGH, Rs. C-8/08, ECLI:EU:C:2009:343, Rn. 33, 35 – *T-Mobile Netherlands;* EuGH, Rs. C-74/14, ECLI:EU:C:2016:42 – *Eutras* (= P Nr. 243) zu einer Übertragung der Grundsätze auf Verhältnisse eines Internetportals – passive Duldung der Vorgehensweise des Portalbetreibers.
204 EuG, Rs. T-758/14, ECLI:EU:T:2016:737 – *Infineon Technologies/Kommission.*
205 EuGH, Rs. C-7/95 P, ECLI:EU:C:1998:256, Rn. 87 – *Deere.*
206 Zur Problematik selektiver Vertriebssysteme EuGH, Rs. 26/76, ECLI:EU:C:1977:167 – *Metro/SABA I;* EuGH, Rs. C-230/16, ECLI:EU:C:2017:941 – *Coty Germany* (= P Nr. 242).

gung vorliegt, ist in jedem Einzelfall eine Marktanalyse erforderlich, die Art und Gegenstand der betroffenen Erzeugnisse, Stellung und Bedeutung der Parteien sowie die rechtlichen und wirtschaftlichen Zusammenhänge betrachtet. So wird in der Praxis beispielsweise auf die Behinderung des Marktzugangs anderer Hersteller[207] oder die Verhinderung von Paralleleinfuhren[208] abgestellt. Auch Lizenzgebühren für nichtige Patente können eine Wettbewerbsbeschränkung darstellen, da sie die Kosten des zahlungspflichtigen Unternehmens ungerechtfertigterweise erhöhen und dadurch den Wettbewerb verzerren[209]. Die Untersuchung beschränkt sich dabei nicht auf die Beziehungen der Beteiligten untereinander, sondern schließt auch mögliche Auswirkungen auf Dritte, insbesondere Einschränkungen für Verbraucher, mit ein. Nach der Praxis von Kommission und EuGH genügt es insbesondere bei vertikalen Absprachen, Auswirkungen allein auf die Position nicht beteiligter Dritter festzustellen[210].

1193 Wohlfahrtsökonomische Erwägungen können der Annahme einer Wettbewerbsverfälschung entgegenstehen, wenn z. B. die Funktionsfähigkeit des Wettbewerbs gewisse Einschränkungen erfordert oder eine Absprache zwischen Unternehmen objektiv die einzige Möglichkeit darstellt, auf einem bestimmten Markt (mehr) Wettbewerb zu schaffen[211]. Nach der *Lehre von den Nebenabreden* ist eine konzertierende Nebenabrede dann nicht als eine Wettbewerbsbeschränkung anzusehen, wenn sie *unerlässlich* ist, um die die Erschließung oder Erhaltung des Marktes begünstigende Hauptabrede zu ermöglichen[212]. Aus der zu dieser Problematik ergangenen Rechtsprechung des EuGH wurde teilweise auf die Einführung einer *rule of reason* in das EU-Kartellrecht geschlossen. Diese im US-amerikanischen Kartellrecht geltende Regel besagt, dass bereits im

---

207 Entscheidung der Kommission v. 2.1.1973, Nr. IV/26.918, ABl.EG 1973 Nr. L 140, S. 17 – *Europäische Zuckerindustrie;* bei EuG, Rs. T-472/13, ECLI:EU:T:2016:449 – *Lundbeck* (= P Nr. 247) wies das EuG eine Klage gegen Bußgelder ab, die gegen Absprachen verhängt wurden, nach welchen für eine gewisse Zeit auf die Herstellung von Generika verzichtet werden sollte („Pay-for-delay-Vereinbarungen").
208 EuGH, Rs. 40/70, ECLI:EU:C:1971:18, Rn. 10 – *Sirena/Eda*. Beim Parallelhandel werden Produkte in bestimmten Staaten zu niedrigen Preisen aufgekauft, um in anderen Staaten mit höherem Preisniveau, in denen die gleichen Produkte vom Originalhersteller ebenfalls vertrieben werden, wieder auf den Markt gebracht zu werden. Dies führt dazu, dass die Hersteller in den Importstaaten mit den eigenen – durch Parallelhändler jedoch preisgünstiger angebotenen – Produkten konkurrieren müssen. Erfolgt eine Marktabschottung durch ein Parallelhandelsverbot auf Grundlage von Vereinbarungen zwischen Unternehmen, verstößt dies grundsätzlich gegen Art. 101 AEUV, EuGH, verb. Rs. C-468/06 bis C-478/06, ECLI:EU:C:2008:504, Rn. 65 – *Sot. Lélos kai Sia;* zum Arzneimittelsektor EuG, Rs. T-168/01, ECLI:EU:T:2006:265 – *GlaxoSmithKline Services,* bestätigt durch EuGH, verb. Rs. C-501/06 P, C-513/06 P, C-515/06 P u. C-519/06 P, ECLI:EU:C:2009:610 – *GlaxoSmithKline.*
209 EuGH, Rs. C-567/14, ECLI:EU:C:2016:526 – *Genentech.*
210 EuGH, Rs. 32/65, ECLI:EU:C:1966:42 – *Italien/Rat u. Kommission;* Entscheidung der Kommission v. 10.7.1985, Nr. IV/31.029, ABl.EG 1985 Nr. L 219, S. 35, Rn. 47 – *EATE.*
211 Vgl. EuGH, Rs. 258/78, ECLI:EU:C:1982:211, Rn. 56 ff. – *Nungesser;* EuGH, Rs. C-306/96, ECLI:EU:C:1998:173, Rn. 19 ff. – *Javico.*
212 EuGH, Rs. C-382/12 P, ECLI:EU:C:2014:2201, Rn. 89 ff. – *Mastercard.*

Rahmen der Frage nach dem Vorliegen einer grundsätzlich verbotenen Wettbewerbsbeschränkung eine Abwägung zwischen den *wettbewerblichen* Vor- und Nachteilen einer Maßnahme vorzunehmen ist. Maßnahmen, die zwar den Wettbewerb beschränken, würden danach ausnahmsweise dennoch nicht unter den Verbotstatbestand fallen, wenn ihre positiven *wettbewerblichen* Auswirkungen die negativen überwiegen. Während die Existenz einer sog. *rule of reason* im EU-Wettbewerbsrecht vom EuG ausdrücklich abgelehnt wird[213], hat es der EuGH ausdrücklich offen gelassen, ob es im EU-Wettbewerbsrecht eine solche Abwägungsregel gibt[214].

Entscheidend ist, dass der EuGH keine allgemeine *wettbewerbsbezogene* Abwägung der Vor- und Nachteile des Verbots vornimmt, sondern den Tatbestand des Art. 101 Abs. 1 AEUV durch implizite (außerökonomische) Schranken einengt. Raum für eine Bilanzierung der wettbewerblichen wie außerökonomischen Vor- und Nachteile einer solchen Maßnahme bleibt nur im Rahmen des Art. 101 Abs. 3 AEUV (Rn. 1200 ff.). Nach Art. 101 Abs. 1 AEUV ist jede wettbewerbsbeschränkende Maßnahme grundsätzlich verboten. Insgesamt nimmt der EuGH innerhalb des Absatzes 1 eher eine Erforderlichkeitsprüfung vor, die mit einer Abwägungsregel im Sinne einer *rule of reason* nichts zu tun hat und eher der im Recht des freien Warenverkehrs entwickelten *Cassis*-Formel (Rn. 941 ff.) ähnelt. Denn der EuGH verlangt im Rahmen einer Gesamtschau die Würdigung insbesondere der Wirkung und der Zielsetzung einer Maßnahme sowie eine Überprüfung, ob die wettbewerbsbeschränkende Wirkung notwendigerweise mit der Erreichung eines legitimen Ziels verbunden und verhältnismäßig ist[215]. Ist dies der Fall, so unterfällt die Maßnahme nicht dem Verbot des Art. 101 Abs. 1 AEUV.

1194

Verboten ist eine Maßnahme, vorbehaltlich ihrer Spürbarkeit (Rn. 1198), wenn sich herausstellt, dass eine Wettbewerbsbeschränkung *bezweckt oder bewirkt* wird[216]. Ein Bezwecken liegt vor, wenn ein Verhalten seiner Natur nach objektiv nicht mit dem Wettbewerbsrecht vereinbar ist[217], also ein großes Potential für negative Auswirkungen auf den Wettbewerb hat[218]. Auf eine Absicht der Beteilig-

1195

---

213 EuG, Rs. T-65/98, ECLI:EU:T:2003:281, Rn. 106 – *Van den Bergh Foods;* EuG, Rs. T-112/99, ECLI:EU:T:2001:215, Rn. 72 – *M6 u. a.*
214 EuGH, Rs. C-235/92 P, ECLI:EU:C:1999:362, Rn. 133 – *Montecatini;* ablehnend allerdings mit Verweis auf diese Entscheidung EuG, Rs. T-328/03, ECLI:EU:T:2006:116, Rn. 69 – *O2 (Germany)/Kommission;* siehe hierzu in Fortführung der *Metro*-Rechtsprechung (EuGH, Rs. 26/76, ECLI:EU:C:1977:167 – *Metro*): EuGH, Rs. C-382/12 P, ECLI:EU:C:2014:2201, Rn. 89 – *MasterCard*.
215 EuGH, Rs. C-309/99, ECLI:EU:C:2002:98, Rn. 94 f., 97 – *Wouters* (= P Nr. 195, 239); EuGH, Rs. C-519/04 P, ECLI:EU:C:2006:492, Rn. 42 – *Meca Medina*.
216 Zu diesen Begriffen im Einzelnen *Koenig/Schreiber,* Europäisches Wettbewerbsrecht, 2010, S. 86 ff.
217 EuGH, Rs. C-32/11, ECLI:EU:C:2013:160, Rn. 35 – *Allianz Hungária Biztosító u. a.*
218 Kommission, Leitlinien zur Anwendung von Art. 81 Abs. 3 EGV v. 22.4.2004, ABl.EU 2004 Nr. C 101, S. 87, Rn. 21; zu Bietergemeinschaften mit zumindest potenziellen Wettbewerbern siehe EFTA-Gerichtshof, Rs. E-3/16, NZKart 2017, S. 83 – *Ski Taxi u. a.*

ten kommt es nicht an. Ebenso wenig ist eine tatsächliche Beeinträchtigung erforderlich[219], so dass die Nichtigkeitsfolge des Art. 101 Abs. 2 AEUV selbst dann eintritt, wenn der Wettbewerb tatsächlich nicht beeinträchtigt wird. Darüber hinaus ist ein koordiniertes Verhalten erfasst, das geeignet ist, eine Wettbewerbsbeschränkung zu *bewirken*. Dies ist der Fall, wenn das koordinierte Verhalten entweder die wettbewerbliche Betätigungsfreiheit der beteiligten Unternehmen einschränkt oder aber den bestehenden Wettbewerb insbesondere zulasten anderer Wettbewerber, der Verbraucher oder der Marktstruktur schädigt. Es bedarf des Nachweises tatsächlicher Auswirkungen[220]. Eine verbotene Wettbewerbsbeschränkung kann auch dann bewirkt werden, wenn eine Maßnahme unbeabsichtigte wettbewerbsbeschränkende Auswirkungen hat.

ee) Spürbarkeit und Zwischenstaatlichkeit

1196 Nicht jede Vereinbarung oder abgestimmte Verhaltensweise, die geeignet ist, den Handel zu beeinträchtigen, ist zugleich nach Art. 101 Abs. 1 AEUV verboten. Nach der sog. „De-minimis"-Regel ist es vielmehr erforderlich, dass die Wettbewerbsbeschränkung *spürbar* ist[221]. Bei der Spürbarkeit handelt es sich um ein ungeschriebenes Tatbestandsmerkmal. Hieran fehlt es, wenn der betroffene Markt nur geringfügig beeinträchtigt wird[222]. Die Praxis stellt bei der Frage nach der Spürbarkeit entscheidend auf die Marktlage bzw. den Marktanteil ab. Die Bagatellbekanntmachung der Kommission aus dem Jahr 2004 geht davon aus, dass es bei Marktanteilen der Beteiligten von bis zu 5 % sowie einem von der Vereinbarung erfassten Jahresumsatz von maximal 40 Mio. € regelmäßig an der erforderlichen Spürbarkeit fehlt[223].

1197 Die Verhaltensweisen müssen darüber hinaus geeignet sein, den Handel *zwischen den Mitgliedstaaten* zu beeinträchtigen. Erfasst wird jede Beeinflussung der Handelsströme[224], gleich, wie die Beeinflussung geartet ist. Dabei legt der EuGH das Merkmal tendenziell weit aus. Infolgedessen ist nicht zwingend erforderlich, dass die beteiligten Unternehmen in verschiedenen Mitgliedstaaten ansässig sind. Vielmehr genügt es, wenn sie auf einem wesentlichen Teil des Bin-

---

219 EuGH, Rs. 322/81, ECLI:EU:C:1983:313, Rn. 104 – *Michelin;* für den Fall der abgestimmten Verhaltensweisen siehe EuGH, Rs. C-8/08, ECLI:EU:C:2009:343 – *T-Mobile Netherlands*. Price Signalling, also Ankündigungen von geplanten Preiserhöhungen, können aktuell auch eine abgestimmte Maßnahme sein, vgl. Beschluss der Kommission v. 7.7.2016, Nr. AT.39850, Az. K (2016)4215 – *Container Shipping*.
220 EuGH, Rs. C-32/11, ECLI:EU:C:2013:160, Rn. 34 – *Allianz Hungária Biztosító u. a.*
221 Vgl. auch die sog. De-minimis-Bekanntmachung v. 25.6.2014, ABl.EU 2014 Nr. C 291, S. 1.
222 So bereits EuGH, Rs. 5/69, ECLI:EU:C:1969:35, Rn. 7 – *Völk;* EuGH, Rs. C-172/14, ECLI:EU:C:2015:484, Rn. 48.
223 Bekanntmachung der Kommission v. 27.4.2004, Leitlinien über den Begriff der Beeinträchtigung des zwischenstaatlichen Handels in den Artikeln 81 und 82 des Vertrags, ABl.EU 2004 Nr. C 101, S. 81.
224 St. Rspr. seit EuGH, verb. Rs. 56/64 u. 58/84, ECLI:EU:C:1966:41 – *Consten und Grundig* (= P Nr. 241).

nenmarktes agieren, sodass auch eine Wettbewerbsbeschränkung, die sich lediglich auf nationale oder regionale Teilmärkte bezieht, erfasst sein kann[225].

ff) Die Ausnahmevorschrift des Art. 101 Abs. 3 AEUV

Art. 101 Abs. 3 AEUV bestimmt dem Wortlaut nach, dass das Verbot des Absatz 1 für nicht anwendbar erklärt werden kann, wenn eine Vereinbarung, ein Beschluss oder eine abgestimmte Verhaltensweise bestimmte materielle Voraussetzungen erfüllen. Entgegen dem Wortlaut ist für eine Anwendung des Art. 101 Abs. 3 AEUV jedoch keine Kommissionsentscheidung (mehr) erforderlich. Nach der EU-Kartellverfahrensverordnung Nr. 1/2003 ist eine Vereinbarung automatisch freigestellt, wenn diese die Tatbestandsmerkmale des Art. 101 Abs. 3 AEUV erfüllt (Art. 1 Abs. 2 Verordnung (EG) Nr. 1/2003). Mit der neuen Verfahrensverordnung wurde ein System der *Legalausnahme* etabliert. Die Kommission verfügt daher nicht (mehr) über ein Freistellungsmonopol. Sie ist allerdings neben den nationalen Wettbewerbsbehörden (und, im Falle eines Streits, neben den nationalen Gerichten) zur Anwendung des Art. 101 Abs. 3 AEUV ebenso befugt wie nach Art. 29 Verordnung (EG) Nr. 1/2003 zu einem Entzug des Rechtsvorteils im Einzelfall. Das Beurteilungsrisiko, ob eine bestimmte Vereinbarung die vage formulierten Kriterien des Art. 101 Abs. 3 AEUV erfüllt, liegt somit allein bei den an der Koordinierung beteiligten Unternehmen. Diese tragen auch die Beweislast für das Vorliegen der Voraussetzungen des Art. 101 Abs. 3 AEUV[226]. Ein Anspruch auf eine Positiventscheidung der Kommission besteht nicht. Eine gewisse Orientierung bieten die Leitlinien der Kommission zur Anwendung von Art. 101 Abs. 3 AEUV[227]. Die Voraussetzungen des Art. 101 Abs. 3 AEUV sind erfüllt, wenn die Koordinierung unter angemessener Beteiligung der Verbraucher am entstehenden Gewinn zu einer Verbesserung der Warenerzeugung oder -verteilung oder zur Förderung des technischen oder des wirtschaftlichen Fortschritts beiträgt. Dabei dürfen den beteiligten Unternehmen nur solche Beschränkungen auferlegt werden, die für die Verwirklichung dieser Ziele unerlässlich sind. Zudem dürfen keine Möglichkeiten eröffnet werden, für einen wesentlichen Teil der betreffenden Waren den Wettbewerb auszuschalten. Art. 101 Abs. 3 AEUV enthält damit eine Ausnahme vom Verbot wettbewerbsbeschränkender Absprachen.

Art. 101 Abs. 3 AEUV findet seine Rechtfertigung unter anderem darin, dass bestimmte Koordinierungen zwischen Unternehmen, auch wenn sie wettbewerbsbeschränkend i. S. d. Art. 101 Abs. 1 AEUV sind, Ziele verfolgen, die eine Ausnahme vom grundsätzlichen Verbot tragen. Dabei können auch außer-

---

225 Vgl. EuGH, verb. Rs. 40/73 bis 48/73, 50/73, 54/73 bis 56/73, 111/73, 113/73 u. 114/73, ECLI:EU:C:1975:174, Rn. 441, 442 ff. – *Suiker Unie u.a.*; EuGH, Rs. C-18/93, ECLI:EU:C:1994:195, Rn. 40 f. – *Corsica Ferries*.
226 EuG, Rs. T-111/08, ECLI:EU:T:2012:260, Rn. 196 – *MasterCard*.
227 Bekanntmachung der Kommission, Leitlinien zur Anwendung von Artikel 81 Abs. 3 EG, ABl.EU 2004 Nr. C 101, S. 97; dazu lehrreich *Kjølbye*, ECLR 2004, S. 566.

ökonomische Ziele Berücksichtigung finden[228], zumindest sofern es sich bei diesen Zielen um Unionsziele i. S. d. Art. 3 EUV handelt. So hat die Kommission beispielsweise die Erfordernisse des Umweltschutzes im Rahmen des Art. 101 Abs. 3 AEUV berücksichtigt und wettbewerbsbeschränkende Vereinbarungen vom Verbot des Art. 101 Abs. 1 AEUV freigestellt, wenn diese positive ökologische Effekte wie etwa die Vermeidung des Ausstoßes von Kohlendioxid aufwiesen[229]. Damit eine Wettbewerbsbeschränkung überhaupt gerechtfertigt werden kann, müssen die positiven Effekte objektiv nachweisbar sein und die Nachteile ausgleichen, d. h. diese zumindest auf- oder überwiegen[230].

1200 Eine besondere Rolle spielen die sog. Gruppenfreistellungsverordnungen[231], unter denen die Vertikalgruppenfreistellungsverordnung (Verordnung (EU) Nr. 330/2010) von besonderer Bedeutung ist. Mit diesen Verordnungen werden bestimmte Typen von Vereinbarungen (z. B. Lizenzverträge) pauschal freigestellt. Die neueren Gruppenfreistellungsverordnungen enthalten, im Gegensatz zu den detaillierten Regelungen vorangegangener Gruppenfreistellungsverordnungen, vermehrt abstrakt-generelle Regelungen und konkretisieren die vagen Maßstäbe des Art. 101 Abs. 3 AEUV auf diese Weise. Um infolge einer Gruppenfreistellungsverordnung in den Anwendungsbereich des Art. 101 Abs. 3 AEUV zu fallen, muss die zunächst i. S. d. Art. 101 Abs. 1 AEUV tatbestandsmäßige Verhaltensweise sämtliche Voraussetzungen der einschlägigen Vorschriften erfüllen – sowohl hinsichtlich der Erfüllung der Tatbestandsvoraussetzungen als auch nach dem gesamten „Gepräge" der Koordinierung[232]. Infolge des grundsätzlichen Verbots wettbewerbsbeschränkender Verhaltenskoordinierungen aus Art. 101 Abs. 1 AEUV sind die Freistellungsvoraussetzungen als Ausnahmen eng auszulegen[233]. Aus diesem Grund verbietet sich auch eine Auslegung der Vorschriften der Gruppenfreistellungsverordnungen, welche die Wirkungen der Verordnungen über das zum Schutz der mit ihnen verfolgten Interessen Erforderliche hinaus ausdehnt[234]. Unter Umständen sind die Verordnungsvorschriften daher unter teleologischen Gesichtspunkten restriktiv auszulegen. Enthält eine Vereinbarung freilich besonders gravierende Wett-

---

228 *Meessen*, in: Loewenheim/Meessen/Riesenkampff (Hrsg.), Kommentar zum Kartellrecht, Bd. 1, Europäisches Recht, 3. Aufl. 2016, Art. 101 Abs. 3, Rn. 5 ff.
229 Entscheidung der Kommission v. 24.1.1999, Nr. IV.F.1/36.718, ABl.EG 2000 Nr. L 187, S. 47, Rn. 55 ff. – *CECED*.
230 EuGH, Rs. C-382/12 P, ECLI:EU:C:2014:2201, Rn. 234 – *MasterCard*.
231 Z. Zt. sind neben der Vertikalgruppenfreistellungsverordnung u. a. folgende Verordnungen in Kraft: Verordnung (EU) Nr. 1218/2010 der Kommission v. 14.12.2010, ABl.EU 2010 Nr. L 335, S. 43 über Spezialisierungsvereinbarungen; Verordnung (EU) Nr. 1217/2010 der Kommission v. 14.12.2010, ABl.EU 2010 Nr. L 335, S. 36 für die Kooperation im Rahmen von Forschung und Entwicklung; Verordnung (EU) Nr. 316/2014 der Kommission v. 31.3.2014, ABl. EU 2014 Nr. L 93, S. 17 über Technologietransfervereinbarungen.
232 Siehe zum engen Wortlautverständnis EuGH, Rs. C-234/89, ECLI:EU:C:1991:91, Rn. 36, 39 – *Delimitis* (= P Nr. 244).
233 EuGH, Rs. C-439/09, ECLI:EU:C:2011:649, Rn. 57 – *Pierre Fabre Dermo-Cosmétique*; EuG, Rs. T-86/95, ECLI:EU:T:2002:50, Rn. 262 – *Compagnie générale maritime*.
234 EuG, Rs. T-9/92, ECLI:EU:T:1993:38, Rn. 37 – *Peugeot*.

bewerbsbeschränkungen (sog. Kernbeschränkungen, z. B. Art. 4 Verordnung (EU) Nr. 330/2010), so versagen auch die Gruppenfreistellungsverordnungen die Freistellung. Außerhalb des Anwendungsbereiches einer Gruppenfreistellung bleibt es dann bei der Anwendung von Art. 101 Abs. 1 und 3 AEUV im Einzelfall. Im Rahmen dieser Einzelfallausnahmen hat die Kommission nunmehr in ihren Leitlinien für vertikale Beschränkungen ausdrücklich festgesetzt, dass auch bei Kernbeschränkungen, dabei insbesondere Preisbindungen zweiter Hand, unter bestimmten Voraussetzungen eine Effizienzeinrede von Unternehmen möglich ist[235].

gg) Die Kommissionsbefugnisse (Kartellverfahrensverordnung 1/2003) und die zivilrechtlichen Folgen

Das Verfahren zur Anwendung der Art. 101 und 102 AEUV wird durch die Verordnung (EG) Nr. 1/2003 i. V. m. der Verordnung (EG) Nr. 773/2004[236], in Gestalt der am 6. August 2015 in Kraft getretenen Änderungsverordnung (EU) 2015/1348[237], geregelt. Es ist als ein behördliches Verfahren im öffentlichen Interesse ausgestaltet, das auf Antrag oder von Amts wegen eingeleitet wird. Sowohl die Ermittlungen als auch der Erlass eines Beschlusses erfolgen durch die Kommission, die nach dem Opportunitätsprinzip über die Verfahrenseinleitung entscheidet[238]. Dabei hat sie ihre öffentlich-rechtliche Aufgabe zu beachten, die Einhaltung der Wettbewerbsvorschriften zu überwachen. Dem förmlichen Verfahren, das auf den Erlass einer Entscheidung nach Art. 7 ff. Verordnung (EG) Nr. 1/2003 gerichtet ist, geht ein Ermittlungsverfahren zur Feststellung der Umstände voraus, anhand derer die Kommission über die Einleitung eines förmlichen Verfahrens entscheidet. Im Rahmen eines solchen Verfahrens trägt die Kommission die Beweislast, dass eine Zuwiderhandlung gegen die Wettbewerbsvorschriften vorliegt (Art. 2 Verordnung (EG) Nr. 1/2003)[239]. Darüber hinaus

1201

---

235 Die Kommission führt dazu aus: „Wenn die Unternehmen substantiiert vortragen, dass sich die zu erwartenden Effizienzgewinne aus der Aufnahme der Kernbeschränkung in die Vereinbarung ergeben und dass grundsätzlich alle Voraussetzungen des Artikels 101 Absatz 3 AEUV erfüllt sind, muss die Kommission die wahrscheinlichen negativen Auswirkungen auf den Wettbewerb würdigen, bevor sie abschließend prüft, ob die Voraussetzungen des Artikels 101 Absatz 3 AEUV erfüllt sind." (Mitteilung der Kommission, Leitlinien für vertikale Beschränkungen v. 19.5.2010, ABl.EU 2010 Nr. C 130, S. 1, Rn. 47; siehe auch Rn. 60, 223).
236 Verordnung (EG) Nr. 773/2004 der Kommission v. 7.4.2004 über die Durchführung von Verfahren auf der Grundlage der Artikel 81 und 82 EG-Vertrag durch die Kommission, ABl. EU 2004 Nr. L 123, S. 18; die Kommission hat einen Bericht über das Funktionieren und die bisherigen Erfahrungen mit der Verordnung (EG) Nr. 1/2003 veröffentlicht, Mitteilung der Kommission v. 29.4.2009, COM(2009) 206.
237 Verordnung (EU) Nr. 2015/1348 der Kommission v. 3.8.2015 zur Änderung der Verordnung (EG) Nr. 773/2004 über die Durchführung von Verfahren auf der Grundlage der Artikel 81 und 82 EG-Vertrag durch die Kommission, ABl.EU 2015 Nr. L 208, S. 3.
238 *De Bronett*, Kommentar zum europäischen Kartellverfahrensrecht, 2. Aufl. 2012, Art. 7, Rn. 4.
239 EuGH, Rs. C-286/13 P, ECLI:EU:C:2015:184, Rn. 107 – *Dole*; EuG, Rs. T-44/00, ECLI: EU:T:2004:218, Rn. 260 – *Mannesmannröhren-Werke*; zu Indizwirkungen: *Böni/Wassmer*, EWS 2017, S. 69.

muss die Kommission den ihr vorliegenden Sachverhalt dahingehend überprüfen, ob Rechtfertigungsgründe eingreifen und entsprechende Ermittlungen anstreben, wenn ein Anhaltspunkt hierfür besteht[240]. Sie hat mit den ihr zur Verfügung stehenden Mitteln zur Aufklärung des rechtserheblichen Sachverhalts beizutragen (Grundsatz der guten Verwaltung). Nur, wenn sich aus dem der Kommission vorliegenden Sachverhalt keine Rechtfertigung ergibt, liegt die Beweislast für das Vorliegen der Voraussetzungen einer Rechtfertigung bei der Partei, die sich darauf beruft.

1202 Die Verordnung (EG) Nr. 1/2003 stellt der Kommission für ihre Ermittlungen drei förmliche Ermittlungsinstrumente zur Verfügung: das Auskunftsverlangen (Art. 18), die Befragung (Art. 19) und die Nachprüfung (Art. 20, 21). Die Kommission ist damit auch zu Durchsuchungen, insbesondere in den Räumlichkeiten von Unternehmen, befugt. Aufsehen erregt hat diese Ermittlungsbefugnis in der Vergangenheit aufgrund der Verhängung einer Geldbuße durch die Kommission infolge eines „Siegelbruchs" auf Grundlage des Art. 23 Abs. 1 lit. e Verordnung (EG) Nr. 1/2003[241]. Die Ermittlungsbefugnisse dürfen nur eingesetzt werden, soweit ihr Einsatz zur Erfüllung der Aufgaben, die der Kommission durch die Verordnung übertragen wurden, erforderlich ist[242]. Das ist der Fall, wenn die hinreichende Möglichkeit eines Zusammenhangs zwischen der Ermittlungshandlung und dem Verfahrensziel besteht, d. h. die Ermittlungshandlung der Kommission für die Feststellung oder Analyse einer Zuwiderhandlung nutzen kann[243]. Dann kann die Kommission zwischen den förmlichen Ermittlungsinstrumenten unter Beachtung der Zweck- und Verhältnismäßigkeit wählen, wobei es auf die Erfordernisse einer den Besonderheiten des Einzelfalls angemessenen Untersuchung ankommt[244]. Die förmlichen Ermittlungsinstrumente dürfen jedoch nicht zur Ermittlung der Eingriffsvoraussetzungen eingesetzt werden (sog. „fishing expeditions")[245].

---

240 *De Bronett,* Kommentar zum europäischen Kartellverfahrensrecht, 2. Aufl. 2012, Art. 2, Rn. 23.
241 Entscheidung der Kommission v. 30.1.2008, COMP/B-1/39.326, ABl.EU 2008 Nr. C 240, S. 6 – *E.ON Energie AG,* bestätigt durch EuGH, Rs. C-89/11 P, ECLI:EU:C:2012:738 – *E.ON Energie.*
242 *De Bronett,* Kommentar zum europäischen Kartellverfahrensrecht, 2. Aufl. 2012, Vor Art. 17–22, Rn. 2; *Schuhmacher,* in: Grabitz/Hilf/Nettesheim (Hrsg.), Das Recht der Europäischen Union, 67. EL Juni 2019, Art. 101 AEUV Rn. 402.
243 EuGH, Rs. 374/87, ECLI:EU:C:1989:387, Rn. 15 – *Orkem/Kommission;* EuG, Rs. T-39/90, ECLI:EU:T:1991:71, Rn. 29 – *SEP/Kommission; de Bronett,* Kommentar zum europäischen Kartellverfahrensrecht, 2. Aufl. 2012, Vor Art. 17–22, Rn. 2; *Schuhmacher,* in: Grabitz/Hilf/Nettesheim (Hrsg.), Das Recht der Europäischen Union, 67. EL Juni 2019, Art. 101 AEUV Rn. 409 f.
244 EuGH, Rs. 136/79, ECLI:EU:C:1980:169, Rn. 29 – *National Panasonic/Kommission; de Bronett,* Kommentar zum europäischen Kartellverfahrensrecht, 2. Aufl. 2012, Vor Art. 17–22, Rn. 6.
245 *De Bronett,* Kommentar zum europäischen Kartellverfahrensrecht, 2. Aufl. 2012, Vor Art. 17–22, Rn. 3.

Adressaten von Auskunftsverlangen und Nachprüfungen kann die Kommission zur Duldung und aktiven Mitwirkung verpflichten, deren Erfüllung sie mit Zwangsgeldern (Art. 24 Abs. 1 lit. d und e Verordnung (EG) Nr. 1/2003) durchsetzen und deren Missachtung sie mit Bußgeldern (Art. 23 Abs. 1 Verordnung (EG) Nr. 1/2003) sanktionieren kann[246]. Ihre Grenzen finden alle Ermittlungshandlungen in den Verteidigungsrechten der Betroffenen, die nicht durch die Ermittlungen der Kommission beeinträchtigt werden dürfen[247]. Daraus folgt auch der Schutz der Vertraulichkeit der Korrespondenz zwischen einem freiberuflichen, d. h. unabhängigen, in der EU niedergelassenen Rechtsanwalt und seinem Mandanten zu Verteidigungszwecken (sog. „legal professional privilege")[248]. Dieses Anwaltsprivileg gilt jedoch nicht für Syndikusanwälte, d. h. unternehmensangehörige Anwälte[249]. 1203

Unabhängig von einem konkreten Einzelfall kann die Kommission ihre Ermittlungsbefugnisse nach der Kartellverfahrensverordnung auch im Rahmen einer Untersuchung einzelner Wirtschaftszweige und einzelner Arten von Vereinbarungen ohne einen konkreten Anfangsverdacht gegen ein bestimmtes Unternehmen anwenden (Art. 17 Verordnung (EG) Nr. 1/2003). Diese als *Sektoruntersuchung* bezeichneten Analysen führte die Kommission in der Vergangenheit z. B. im Energiesektor[250] und im Pharmasektor[251] durch. Die am 6. Mai 2015 eingeleitete Sektoruntersuchung im E-Commerce-Sektor schloss die Kommission am 10. Mai 2017 ab[252]. Die Rechtmäßigkeit einer Ermittlungshandlung bestimmt sich dabei nach der Rechtmäßigkeit des Beschlusses, den Wirtschaftszweig zu untersuchen. Dieser darf nur auf objektive Umstände gestützt werden. Aufgrund der Ergebnisse einer Untersuchung nach Art. 17 Verordnung (EG) Nr. 1/2003 kann die 1204

---

246 Im Rahmen von Auskunftsverlangen ist zwischen „einfachen Auskunftsverlangen" (Art. 18 Abs. 2 Verordnung (EG) Nr. 1/2003), die lediglich bei freiwilliger Auskunft eine Pflicht zur richtigen und vollständigen Auskunftserteilung begründen, und förmlichen, durch Entscheidung auferlegten Auskunftsverpflichtungen (Art. 18 Abs. 3 Verordnung (EG) Nr. 1/2003) zu unterscheiden. Letztere begründen eine Auskunftspflicht, die innerhalb der von der Kommission gesetzten Frist richtig, vollständig und nicht irreführend zu erfüllen ist.
247 *De Bronett,* Kommentar zum europäischen Kartellverfahrensrecht, 2. Aufl. 2012, Art. 27, Rn. 1 ff., Art. 20, Rn. 34 ff.; *Schuhmacher,* in: Grabitz/Hilf/Nettesheim (Hrsg.), Das Recht der Europäischen Union, 67. EL Juni 2019, Art. 101 AEUV Rn. 402 ff.
248 *De Bronett,* Kommentar zum europäischen Kartellverfahrensrecht, 2. Aufl. 2012, Vor Art. 17–22, Rn. 11; *Schroeder,* in: Grabitz/Hilf/Nettesheim (Hrsg.), Das Recht der Europäischen Union, 67. EL Juni 2019, Art. 101 AEUV Rn. 800.
249 EuGH, Rs. 155/79, ECLI:EU:C:1982:157 – *AM&S;* EuGH, Rs. C-53/92 P, ECLI:EU:C:1994:77 – *Hilti;* EuGH, Rs. C-550/07 P, ECLI:EU:C:2010:512 – *Akzo Nobel Chemicals.*
250 Mitteilung der Kommission v. 10.1.2007, Untersuchung der europäischen Gas- und Elektrizitätssektoren, KOM(2006) 851 endg.
251 Mitteilung der Kommission v. 8.7.2009, Zusammenfassung des Berichts über die Untersuchung des Arzneimittelsektors, KOM(2009) 351 endg.
252 Abschlussbericht über die Sektoruntersuchung zum elektronischen Handel, Bericht der Kommission v. 10.5.2017, SWD(2017) 154 final. Zusammenfassend zu den Ergebnissen *Bosch,* NJW 2018, S. 1731, 1736.

Kommission ein Kartellverfahren gegen einzelne Unternehmen bzw. Unternehmensvereinigungen einleiten.

1205 Die Verordnung (EG) Nr. 1/2003 sieht in den Art. 7 ff. vier förmliche Entscheidungsmöglichkeiten der Kommission vor: die Feststellung und Verpflichtung zur Abstellung von Zuwiderhandlungen (Art. 7), einstweilige Maßnahmen (Art. 8), Verpflichtungszusagen (Art. 9) und die Feststellung der Nichtanwendbarkeit (Art. 10). Darüber hinaus kommt bei Vorliegen der erforderlichen Voraussetzungen eine Entscheidung über den Entzug des Vorteils einer Gruppenfreistellungsverordnung nach Art. 29 Verordnung (EG) Nr. 1/2003 in Betracht. Vor Erlass einer Entscheidung sind zwingende Verfahrensschritte zur Wahrung der Rechte der Beteiligten, insbesondere des Rechts auf rechtliches Gehör, einzuhalten (z. B. die Mitteilung der Beschwerdepunkte nach Art. 27 Abs. 1 Verordnung (EG) Nr. 1/2003[253]). Daneben hat die Kommission die allgemeinen Rechtsgrundsätze des Unionsrechts zu beachten, insbesondere den Verhältnismäßigkeitsgrundsatz[254], die Unschuldsvermutung, die Beachtung der Verteidigungsrechte und das Gebot der ordnungsgemäßen Ermessensausübung. Nach Art. 7 Abs. 1 Verordnung (EG) Nr. 1/2003 kann die Kommission die beteiligten Unternehmen und Unternehmensvereinigungen verpflichten, ihr rechtswidriges Verhalten abzustellen und ggf. erforderliche Abhilfemaßnahmen verhaltensorientierter oder struktureller Art vorschreiben, um die Wirkungen der Zuwiderhandlung zu beseitigen bzw. zu neutralisieren. Solche Abhilfemaßnahmen kann die Kommission mittels Festsetzung eines Zwangsgelds (Art. 24 Abs. 1 lit. a Verordnung (EG) Nr. 1/2003) durchsetzen. Abhilfemaßnahmen struktureller Art, beispielsweise die Anordnung des Verkaufs einer Tochtergesellschaft[255], kann sie jedoch nur vorsehen, wenn in Betracht kommende verhaltensorientierte Maßnahmen weniger wirksam wären oder bei gleicher Wirksamkeit die betreffenden Unternehmen stärker belasteten. Dies bestimmt sich nach den Mitteln, die das Unternehmen zur Durchführung der Abhilfemaßnahmen einsetzen muss. Für jede Zuwiderhandlung kann die Kommission zudem eine gesonderte Geldbuße verhängen (Art. 23 Abs. 2 lit. a Verordnung (EG) Nr. 1/2003). Den Abstellungsverfügungen gleichzustellen sind für bindend erklärte Verpflichtungszusagen nach Art. 9 Verordnung (EG) Nr. 1/2003. Dabei handelt es sich um freiwillige Verpflichtungszusagen der verfahrensbeteiligten Unternehmen[256], die von der Kommission für bindend erklärt werden und damit das Kartell-

---

253 Konkretisiert in Art. 10 bis 16 der Durchführungsverordnung Nr. 773/2004, zul. geänd. durch Verordnung (EU) 2015/1348, die die Wahrung des rechtlichen Gehörs sowie die Akteneinsicht regeln; zu den zur Wahrung der Verteidigungsrechte zu stellenden Anforderungen an die Mitteilung der Beschwerdepunkte siehe EuGH, Rs. C-511/06 P, ECLI:EU:C:2009:433 – *Archer Daniels Midland*.
254 Zum unterschiedlichen Verhältnismäßigkeitsmaßstab bei Entscheidungen nach Art. 7 und nach Art. 9 Verordnung (EG) Nr. 1/2003 siehe EuGH, Rs. C-441/07 P, ECLI:EU:C:2010:377, Rn. 36–42, 61 – *Alrosa*.
255 Vgl. EuG, Rs. T-102/96, ECLI:EU:T:1999:65, Rn. 319 – *Gencor*.
256 Zur Abgrenzung der Stellung als Verfahrensbeteiligter von der eines interessierten Dritten siehe EuGH, Rs. C-441/07 P, ECLI:EU:C:2010:377, Rn. 88–91 – *Alrosa*.

verfahren ohne den Erlass einer Abstellungsverfügung und die Anordnung von Abhilfemaßnahmen nach Art. 7 Verordnung (EG) Nr. 1/2003 beenden. Im Rahmen einer Verpflichtungszusage wird nicht festgestellt, ob tatsächlich eine Zuwiderhandlung vorgelegen hat bzw. vorliegt. Die Zusage der Beendigung des möglicherweise rechtswidrigen Verhaltens allein genügt dabei nicht, weil die Unternehmen dazu bereits aufgrund von Art. 101 Abs. 1 AEUV verpflichtet sind. Im Energiesektor wurden verschiedentlich Verfahren im Wege der Verpflichtungszusage eingestellt, wobei die Kommission bisweilen strukturelle Marktveränderungen herbeiführen konnte, deren Durchsetzung im Wege des förmlichen Verfahrensabschlusses fraglich gewesen wäre[257]. Sowohl *E.ON* als auch *RWE* verpflichteten sich, Teile ihrer Energienetze zu veräußern[258]. In der Sache konnte die Kommission damit Bestandteile einer eigentumsrechtlichen Entflechtung durchsetzen, deren Realisierung ihr im Gesetzgebungsverfahren zu den neuen Energiebinnenmarktrichtlinien nicht bzw. nur teilweise gelang[259].

Neben dem dargelegten öffentlich-rechtlichen Sanktionssystem ist auch eine effektive Durchsetzung der Folgen auf dem Zivilrechtsweg (sog. „Private Enforcement") geeignet, Unternehmen von einem Verstoß gegen die Wettbewerbsregeln abzuhalten und dient ebenso der Aufrechterhaltung eines wirksamen Wettbewerbs in der Union[260]. Die zivilrechtlichen Folgen einer Zuwiderhandlung gegen Art. 101 ff. AEUV sind vor den nationalen Gerichten geltend zu machen (Art. 6 Verordnung (EG) Nr. 1/2003). Infolge der unmittelbaren Wirkung der Art. 101 und 102 AEUV[261] kommt Art. 6 Verordnung (EG) Nr. 1/2003 insoweit lediglich deklaratorische Bedeutung zu. Besondere Bedeutung erlangen zivilrechtliche Ansprüche bei der Geltendmachung von infolge eines Verstoßes gegen die Wettbewerbsvorschriften entstandenen geldwerten Schäden, deren Ersatz durch „jedermann" verlangt werden kann[262]. Die Kartellschadensersatzrichtlinie[263], die am 26. Dezember 2014 in Kraft trat, soll die private Durchsetzung von Schadensersatzansprüchen bei Verstößen gegen das EU-Kartellrecht vereinfachen. Die Ausgestaltung der Verfahrensmodalitäten liegt mangels einer Unionsregelung weiterhin in der Hand der Mitgliedstaaten. Relevante An-

---

257 Siehe zu dieser – politischen – Problematik *von Rosenberg*, ECLR 2009, S. 237.
258 Entscheidung der Kommission v. 18.3.2008, COMP/39.402 – *RWE;* Entscheidung der Kommission v. 26.11.2008, COMP/39.388 und COMP/39.389 – *E.ON.*
259 Anders als ursprünglich durch die Kommission vorgesehen, sehen die neuen Energiebinnenmarktrichtlinien (EG) Nr. 2009/72/EG und (EG) Nr. 2009/73/EG v. 13.7.2009 eine eigentumsrechtliche Entflechtung nur als alternative Option neben anderen strukturellen Maßnahmen vor.
260 EuGH, Rs. C-453/99, ECLI:EU:C:2001:465, Rn. 26 f. – *Courage u. Crehan* (= P Nr. 248).
261 EuGH, Rs. C-282/95 P, ECLI:EU:C:1997:159, Rn. 39 – *Guérin automobiles.*
262 *De Bronett*, Kommentar zum europäischen Kartellverfahrensrecht, 2. Aufl. 2012, Art. 6, Rn. 7.
263 Richtlinie (EU) Nr. 2014/104 v. 26.11.2014 des Europäischen Parlaments und des Rates über bestimmte Vorschriften für Schadensersatzklagen nach nationalem Recht wegen Zuwiderhandlungen gegen wettbewerbsrechtliche Bestimmungen der Mitgliedstaaten und der Europäischen Union, ABl.EU 2014 Nr. L 349, S. 1, im Folgenden: „Kartellschadensersatzrichtlinie".

spruchsgrundlagen im deutschen Recht sind § 33a GWB sowie § 823 Abs. 2 BGB, jeweils in Verbindung mit Art. 101 und 102 AEUV als Schutzgesetze. Maßgebliche Bedeutung kommt der Prüfung zu, ob der eingetretene Schaden in den sachlichen und persönlichen Schutzbereich der Art. 101 f. AEUV fällt. Problematisch ist insbesondere, ob Kartellanten als zugleich Rechtsverletzer[264] oder Verbraucher vom persönlichen Schutzbereich erfasst und anspruchsberechtigt sind. Die Frage nach dem Vorliegen des Schutzzweckzusammenhangs stellt sich vor allem, wenn Wettbewerber, die nicht an einem (Preis-)Kartell beteiligt sind, die durch die Kartellanten angetriebene Preiserhöhung und den für sie entstehenden Verhaltensspielraum zu ihren Gunsten ausnutzen, indem sie ebenfalls unter dem Schirm des Kartells ihre Preise erhöhen (sog. Preisschirmeffekte)[265].

1207 Passivlegitimiert ist zunächst der Rechtsträger des jeweiligen Unternehmens, das den Kartellrechtsverstoß begangen hat, nach der neueren Rechtsprechung des EuGH aber auch dessen „wirtschaftlicher Nachfolger": In dem Vorabentscheidungsverfahren *Skanska*[266] hat der EuGH den im kartellrechtlichen Bußgeldrecht entwickelten Grundsatz der *wirtschaftlichen Kontinuität* auf das Kartellschadensersatzrecht übertragen und entschieden, dass bei Fortbestehen der wirtschaftlichen Identität eine Unternehmensumstrukturierung, infolge derer der „Urheber" des Kartellrechtsverstoßes untergeht, zu einer Haftung des neuen Unternehmens führt. Dies leitete der EuGH unmittelbar aus Art. 101 AEUV ab[267]: Das EU-Wettbewerbsrecht betreffe die Tätigkeit von Unternehmen im Sinne einer wirtschaftlichen Einheit, unabhängig von ihrer Rechtsform und der Art ihrer Finanzierung, die als Urheber der Kartellrechtsverletzung auch für zivilrechtliche Schäden einzustehen haben. Als autonomer Begriff des Unionsrechts sei der Begriff des Unternehmens für die Zwecke des Kartellschadensersatzanspruchs als „[integraler] Bestandteil des Systems zur Durchsetzung"[268] ebenso auszulegen wie im Bereich des Bußgeldrechts[269]. Insbesondere im Sinne einer effektiven Um- und Durchsetzung der Wettbewerbsregeln sei es geboten, dass auch die Verantwortung für die Zuwiderhandlung auf den wirtschaftlichen Nachfolger übergeht[270].

1208 Seit Inkrafttreten der Kartellschadensersatzrichtlinie befindet sich die Schaffung einer kollektiven Klagemöglichkeit für Verbände und Gruppen zur gerichtlichen Durchsetzung von Schadensersatzforderungen infolge von Wettbewerbs-

---

264 Nach dem EuGH ist dies möglich, vgl. für den Bereich einer vertikalen Wettbewerbsbeschränkung EuGH, Rs. C-453/99, ECLI:EU:C:2001:465, Rn. 24 – *Courage u. Crehan* (= P Nr. 248).
265 Dazu EuGH, Rs. C-557/12, ECLI:EU:C:2014:1317, Rn. 28 ff., insbes. Rn. 34 – *Kone* (= P Nr. 249).
266 EuGH, Rs. C-724/17, ECLI:EU:C:2019:204 – *Skanska Industrial Solutions u. a.*
267 EuGH, Rs. C-724/17, ECLI:EU:C:2019:204, Rn. 28 – *Skanska Industrial Solutions u. a.*
268 EuGH, Rs. C-724/17, ECLI:EU:C:2019:204, Rn. 45 – *Skanska Industrial Solutions u. a.*
269 EuGH, Rs. C-724/17, ECLI:EU:C:2019:204, Rn. 47 – *Skanska Industrial Solutions u. a.*
270 EuGH, Rs. C-724/17, ECLI:EU:C:2019:204, Rn. 40 – *Skanska Industrial Solutions u. a.*

rechtsverletzungen weiterhin in der Diskussion, um die Durchsetzung bestehender Schadenersatzansprüche zu vereinfachen[271].

b) Missbrauchsaufsicht – Art. 102 AEUV

Marktbeherrschende Unternehmen haben aufgrund ihrer Marktstellung die Möglichkeit, sich gegenüber ihren Wettbewerbern, Abnehmern und letztlich gegenüber den Verbrauchern in einem nennenswerten Umfang unabhängig zu verhalten[272]. Infolge dessen kann ein marktbeherrschendes Unternehmen die Wettbewerbsbedingungen – beispielsweise durch die eigene Preisgestaltung oder eine gezielte Angebots- und Nachfragesteuerung – zu seinen Gunsten autonom beeinflussen. Art. 102 AEUV unterwirft Unternehmen in einer solchen marktbeherrschenden Stellung einer Missbrauchsaufsicht[273]. Dieser Vorschrift liegt die ökonomische Erkenntnis zugrunde, dass die selbstregulierenden Kräfte eines Marktes mit zunehmender Marktmacht einzelner Unternehmen schwinden. Art. 102 AEUV richtet sich dabei nicht marktstrukturbezogen gegen die Erlangung einer marktbeherrschenden Stellung als solche, sondern bezieht sich ausschließlich auf das Marktverhalten (Verbot der missbräuchlichen Ausnutzung). Nach der Rechtsprechung der Unionsgerichte tragen marktbeherrschende Unternehmen eine besondere Verantwortung für den auf diesem beherrschten Markt bestehenden (Rest-)Wettbewerb[274].

1209

Stellt die Kommission einen Verstoß gegen Art. 102 AEUV fest, so kann nach Art. 23 Verordnung (EG) Nr. 1/2003 eine Geldbuße gegen die beteiligten Unternehmen verhängt werden (ausführlich zu den Kommissionsbefugnissen und der Verfahrensausgestaltung sowie den zivilrechtlichen Folgen Rn. 1202 ff.). Aufgrund des rein faktischen Charakters des Missbrauchs bedarf es keiner Anordnung der Nichtigkeit.

1210

---

271 In Deutschland wird eine gebündelte Geltendmachung von Schadensersatzforderungen mitunter im Wege der Abtretung auf Grundlage von Forderungskäufen versucht, siehe LG Düsseldorf, Urt. v. 17.12.2013 – Az. 37 O 200/09 (Kart) U. Die Abtretung wurde jedoch als sittenwidrig gem. § 138 BGB Absatz 1 erklärt. Die Berufung gegen das Urteil wurde zurückgewiesen, OLG Düsseldorf, Urt. v. 18.02.2015 – Az. U (Kart) 3/14.
272 EuGH, Rs. 27/76, ECLI:EU:C:1978:22, Rn. 65 – *United Brands* („*Chiquita Bananen*") (= P Nr. 258).
273 Ausführlich zu dieser Vorschrift *Koenig/Schreiber*, Europäisches Wettbewerbsrecht, 2010, S. 123 ff.
274 EuGH, Rs. 322/81, ECLI:EU:C:1983:313, Rn. 57 – *Michelin;* EuGH, Rs. C-209/10, ECLI:EU:C:2012:172, Rn. 23 – *Post Danmark* (= P Nr. 255); EuG, Rs. T-83/91 ECLI:EU:T:1994:246, Rn. 114 – *Tetra Pak;* EuG, Rs. T-111/96, ECLI:EU:T:1998:183, Rn. 139 – *ITT Promedia;* EuG, Rs. T-228/97, ECLI:EU:T:1999:246, Rn. 112 – *Irish Sugar;* EuG, Rs. T-203/01, ECLI:EU:T:2003:250, Rn. 97 – *Michelin*.

aa) Marktbeherrschende Stellung

1211 Ebenso wie nach Art. 101 AEUV ist auch im Rahmen der Prüfung des Art. 102 AEUV von einem funktionalen Unternehmensbegriff (Rn. 1173 ff.) auszugehen. Im Gegensatz zu Art. 101 AEUV ist der persönliche Anwendungsbereich des Art. 102 AEUV auf solche Unternehmen begrenzt, die alleine oder gemeinsam mit anderen Unternehmen eine *beherrschende Stellung* auf dem Binnenmarkt oder einem wesentlichen Teil desselben innehaben. Normadressaten des Art. 102 AEUV sind zudem über Art. 4 Abs. 3 EUV und Art. 106 Abs. 1 AEUV die Mitgliedstaaten (Rn. 1186). Der Prüfung des Vorliegens einer marktbeherrschenden Stellung ist die Abgrenzung des sachlich und räumlich – sowie ggf. des zeitlich – relevanten Marktes zwingend vorgelagert[275]. Denn die hierfür u. a. erforderliche Ermittlung der Marktanteile kann erst dann erfolgen, wenn die Größe des gesamten Marktes bekannt ist. Die Beantwortung der Frage, ob ein oder mehrere Unternehmen über eine marktbeherrschende Stellung verfügen, hat daher in zwei Prüfungsschritten zu erfolgen: In einem ersten Schritt ist der sachlich, räumlich und ggf. zeitlich relevante Markt und somit der Rahmen zu bestimmen, innerhalb dessen Art. 102 AEUV im konkreten Einzelfall angewendet wird. Erst in einem zweiten Schritt sind sodann die konkreten Marktverhältnisse auf das Vorhandensein einer marktbeherrschenden Stellung eines oder mehrerer Unternehmen hin zu untersuchen.

(α) Marktabgrenzung

1212 Die Definition des relevanten Marktes[276] dient der genauen Abgrenzung desjenigen Bereiches, in dem Unternehmen als Anbieter bestimmter Produkte miteinander in Wettbewerb stehen, d. h. um Nachfrager konkurrieren. Hauptzweck der Marktdefinition ist die systematische Ermittlung der Wettbewerbskräfte, denen sich die beteiligten Unternehmen zu stellen haben. Für die Anwendung der Wettbewerbsvorschriften wird damit ermittelt, welche konkurrierenden Unternehmen tatsächlich in der Lage sind, dem Verhalten der anderen Unternehmen Schranken zu setzen und sie infolgedessen daran zu hindern, sich einem wirksamen Wettbewerbsdruck zu entziehen[277]. Im Rahmen der Bestimmung des relevanten Marktes ist zwischen der Abgrenzung des *sachlich relevanten Marktes* und der Abgrenzung des *räumlich relevanten Marktes* zu unterscheiden. In seltenen Fällen kann es notwendig sein, die *zeitliche Dimension* eines relevanten Marktes zu bestimmen, z. B. bei jahreszeitabhängigen Produkten oder Dienst-

---

275 EuGH, Rs. 27/76, ECLI:EU:C:1978:22, Rn. 10 f. – *United Brands ("Chiquita Bananen")* (= P Nr. 258).
276 Ausführlich zu den Grundsätzen und Methoden der Marktabgrenzung *Koenig/Schreiber*, Europäisches Wettbewerbsrecht, 2010, S. 38 ff.
277 Erwägungsgrund 2 der Bekanntmachung der Kommission über die Definition des relevanten Marktes, ABl.EG 1997 Nr. C 372, S. 5.

leistungen[278], aber auch bei großen Sportveranstaltungen wie den Olympischen Spielen, der Fußball-Weltmeisterschaft oder einzelnen Spielen der UEFA Champions League[279]. Die zeitliche Dimension eines Marktes ist auch in dynamischen Märkten mit kurzen Innovationszyklen von entscheidender Bedeutung (beispielsweise auf dem Endkundenmarkt für Smartphones).

Die Abgrenzung des sachlich relevanten Marktes erfolgt grundsätzlich aus der Sicht der Marktgegenseite nach dem sog. „Bedarfsmarktkonzept". Nach der Rechtsprechung des EuGH gehören zu einem sachlich relevanten Markt nur diejenigen Güter und Dienstleistungen, die aufgrund ihrer Eigenschaften der Deckung des gleichen Bedarfs dienen und aus Sicht der Marktgegenseite – also aus Sicht der Nachfrager – mit anderen Erzeugnissen wenigstens in geringem Maße austauschbar sind *(Nachfragesubstituierbarkeit)*[280]. Eine erste Abgrenzung erfolgt nach Produktmerkmalen und dem Verwendungszweck eines Produktes[281]. Für die Austauschbarkeit spielen zudem der Preis eines Produktes, die Verfügbarkeit am Markt und bestehende Verbraucherpräferenzen eine tragende Rolle[282].

1213

Im Einzelfall gestaltet sich die Abgrenzung des sachlich relevanten Marktes häufig als schwierig. Im Rahmen der differenzierteren Marktabgrenzung haben verschiedene ökonometrische Methoden Eingang in die europäische Rechtspraxis gefunden, von denen insbesondere der sog. *hypothetische Monopoltest* (sog. *SSNIP* [Small, but significant and nontransitory increase in price] *-Test)* und die Überprüfung der *Kreuzpreiselastizität* zwischen verschiedenen Produkten besonders hervorzuheben sind[283]. Beim hypothetischen Monopoltest wird geprüft, ob und in welchem Umfang eine Preiserhöhung dauerhaft um 5 bis 10% bei dem betreffenden Produkt zu einem Wechsel der Nachfrager auf ein anderes Produkt führen würde. Wird eine Änderung des Nachfrageverhaltens bejaht und ist eine hypothetische Preiserhöhung im Zuge des hiermit verbundenen Kundenrückgangs für das Unternehmen nicht lukrativ, gehören beide Produkte dem gleichen sachlich relevanten Markt an[284]. Dieser Test wird so lange unter Einbeziehung weiterer potentieller Substitute wiederholt, bis die Preiserhöhungen für die Unternehmen lukrativ werden und ein entsprechender Kundenrückgang ausbleibt[285].

1214

---

278 Die Kommission begrenzte den relevanten Markt hinsichtlich der zeitlichen Ausdehnung in einer Entscheidung auf die Dauer der Ölkrise in den 1970er Jahren, Entscheidung der Kommission v. 19.4.1977, Nr. IV/28.841, ABl.EG 1977 Nr. L 117, S. 1 – *A.B.G.*
279 *Kling/Thomas,* Kartellrecht, 2. Aufl. 2016, § 6 Rn. 41.
280 EuGH, Rs. 322/81, ECLI:EU:C:1983:313, Rn. 38 ff. – *Michelin.*
281 Bekanntmachung der Kommission über die Definition des relevanten Marktes, ABl.EG 1997 Nr. C 372, S. 5, Rn. 36.
282 *Kling/Thomas,* Kartellrecht, 2. Aufl. 2016, § 6 Rn. 23 m.w. N.
283 Entscheidung der Kommission v. 26.7.2000, COMP/M.1806, ABl.EU 2004 Nr. L 110, S. 1, Rn. 35, 60 – *AstraZeneca/Novartis.*
284 Vgl. Bekanntmachung der Kommission über die Definition des relevanten Marktes, ABl. EG 1997 Nr. C 372, S. 5, Rn. 17.
285 Ausführlich *Mäger,* Europäisches Kartellrecht, 2. Aufl. 2011, Kap. 1, Rn. 133; *Zimmer/Paul,* JZ 2008, S. 611 u. S. 673.

1215 Diese Methode setzt allerdings voraus, dass die Kaufentscheidung der Nachfrager auf dem untersuchten Markt maßgeblich von dem Preis eines Produktes abhängt. Damit verliert diese Methode ihre Abgrenzungsschärfe bei solchen Produkten und Dienstleistungen, bei denen der Preis nicht alleine die Kaufentscheidung der Nachfrager bestimmt, z. B. bei Arzneimitteln[286]. Verfälscht wird das Ergebnis auch, wenn der zugrunde gelegte Preis bereits – beispielsweise in Folge eines Missbrauchs – erhöht ist. Werden bereits überhöhte „Monopolpreise" verlangt, kann die Wechselbereitschaft der Nachfrager zu Produkten, die ihre Bedürfnisse weniger gut befriedigen, deutlich höher sein. Es erscheint dann ein hoher Grad an Substituierbarkeit, obwohl im Fall von hypothetischen, unverzerrten Wettbewerbspreisen keine Wechselbereitschaft der Nachfrage bestünde[287]. In diesem Fall muss der hypothetische Preis ermittelt werden, der bei wirksamem Wettbewerb verlangt würde[288]. Im Rahmen der Untersuchung von *Kreuzpreiselastizitäten* liegt der Blick im Gegensatz zum SSNIP-Test auf Wechselwirkungen zwischen einzelnen Produkten für den Fall der Änderung des Preises für ein Produkt. Ermittelt wird, ob für den Fall, dass der Preis für ein anderes Produkt erhöht oder gesenkt wird, auch der Preis des im Fokus stehenden Produkts geändert wird[289].

1216 Der EuGH stellt vordergründig auf die spezifischen Eigenschaften und damit auf die Verwendbarkeit eines Produktes aus Sicht der Abnehmer und weniger auf den Preis ab. So hat der EuGH etwa im Fall *United Brands* entschieden, dass der Markt für Bananen ein von dem Markt für frisches Obst hinreichend abgesonderter Markt sei, da die Eigenschaften der Banane – wie Geschmack, einfache Handhabung sowie besondere Geeignetheit für Bevölkerungsgruppen wie Kinder, Alte und Kranke – dazu führten, dass Bananen nur in einem sehr begrenzten Maße mit anderem Obst austauschbar seien[290]. Können Nachfrager eines Produktes – z. B. Verbraucher, Weiterverkäufer oder Hersteller veredelter Produkte – im Zuge von Preissteigerungen oder bei Qualitätsverlusten auf andere Produkte ausweichen, ist es dem Anbieter eines Produktes nicht möglich, seine Verkaufsbedingungen beliebig zu ändern, ohne Kunden zu verlieren. Der relevante Markt umfasst damit alle tatsächlichen Alternativangebote aus Sicht der Kunden als Nachfrager[291].

---

[286] *Morse*, Product Market Definition in the Pharmaceutical Industry, 71. Antitrust Law Journal No. 2 (2003), S. 633, 662 f.
[287] Diskutiert wird diese Problematik unter dem Stichwort der „Cellophane Fallacy", vgl. *Whish/Bailey*, Competition Law, 9. Aufl. 2018, S. 31 f.
[288] Vgl. Bekanntmachung der Kommission über die Definition des relevanten Marktes, ABl. EG 1997 Nr. C 372, S. 5, Rn. 19.
[289] Vgl. EuG, Rs. T-271/03, ECLI:EU:T:2008:101, Rn. 83, 149 – *Deutsche Telekom AG*; Bekanntmachung der Kommission über die Definition des relevanten Marktes, ABl.EG 1997 Nr. C 372, S. 5, Rn. 39, Fn. 5.
[290] EuGH, Rs. 27/76, ECLI:EU:C:1978:22, Rn. 23 ff. – *United Brands („Chiquita Bananen")* (= P Nr. 258).
[291] Vgl. Bekanntmachung der Kommission über die Definition des relevanten Marktes, ABl. EG 1997 Nr. C 372, S. 5, Rn. 13.

In manchen Fällen wird im Rahmen der Marktabgrenzung ferner das Kriterium der *Angebotssubstituierbarkeit* herangezogen. Danach ist zu prüfen, welche Anpassungsreaktionen auf Anbieterseite bei einer geringen, aber signifikanten, dauerhaften Preiserhöhung erfolgen[292]: Unter der Prämisse, dass andere potentielle Anbieter ohne unverhältnismäßigen Kostenaufwand[293] ihre Produktion auf die relevanten Erzeugnisse umstellen würden, da dies bei einer dauerhaften, geringfügigen Preiserhöhung für diese Anbieter lukrativ wäre, gehören sie dem gleichen sachlich relevanten Markt an. Die Kommission führt in ihrer Bekanntmachung über die Definition des relevanten Marktes für das Kriterium der Angebotssubstituierbarkeit ein Beispiel aus der Papierindustrie an: Für den Nachfrager ist gewöhnliches Schreibpapier zwar in der Regel nicht mit hochwertigem Papier für Kunstdrucke austauschbar. Allerdings können auf der Herstellerseite verschiedene Papierqualitäten womöglich durch bloße Änderung der Maschineneinstellung erzeugt werden. Solche *angebotsumstellungsflexiblen* Anbieter sind ebenfalls Teil des sachlich relevanten Marktes[294]. Spiegelverkehrt ist dieser Test auch für die Marktabgrenzung im Fall von Nachfragemacht (im Gegensatz zur Angebotsmacht) anwendbar: Gefragt wird in diesem Fall nach alternativen Vertriebswegen und Verkaufsstellen für ein Produkt[295].

1217

Der *räumlich relevante Markt* umfasst das Gebiet, in dem die beteiligten Unternehmen die relevanten Produkte oder Dienstleistungen anbieten, die Wettbewerbsbedingungen hinreichend homogen sind und das sich von benachbarten Gebieten durch spürbar unterschiedliche Wettbewerbsbedingungen unterscheidet[296]. Umfasst werden hiernach nur diejenigen Anbieter, die mit Blick auf die Entfernung zum Kunden auch von diesem in Anspruch genommen werden können: So werden beispielsweise hinsichtlich der Produkte des alltäglichen Bedarfs in der Regel Anbieter vor Ort in Anspruch genommen, während die Entfernung zum Anbieter bei größeren Investitionen eine geringere Bedeutung hat. Zudem wird die Bedeutung der räumlichen Marktabgrenzung durch den Online-Versandhandel zunehmend relativiert. Auch für die räumliche Marktabgrenzung kommt der Nachfrage- und Angebotssubstituierbarkeit maßgebliche Bedeutung zu[297].

1218

---

292 Bekanntmachung der Kommission über die Definition des relevanten Marktes, ABl.EG 1997 Nr. C 372, S. 5, Rn. 20 ff.; EuG, Rs. T-446/05, ECLI:EU:T:2010:165, Rn. 57, 71 – *Amann & Söhne*.
293 D. h. ohne höhere Kosten und ohne großes Risiko.
294 Vgl. Bekanntmachung der Kommission über die Definition des relevanten Marktes, ABl. EG 1997 Nr. C 372, S. 5, Rn. 22.
295 Vgl. Bekanntmachung der Kommission über die Definition des relevanten Marktes, ABl. EG 1997 Nr. C 372, S. 5, Rn. 17.
296 Bekanntmachung der Kommission über die Definition des relevanten Marktes, ABl.EG 1997 Nr. C 372, S. 5, Rn. 8.
297 Vgl. zur Relevanz der Substituierbarkeit auch im Rahmen der räumlichen Marktabgrenzung EuGH, Rs. 247/86, ECLI:EU:C:1988:469, Rn. 15–20 – *Alsatel*.

(β) Marktbeherrschung

1219 Der Tatbestand des Art. 102 AEUV setzt ferner voraus, dass ein Unternehmen auf dem ermittelten relevanten Markt eine beherrschende Stellung innehat. Ein oder mehrere Unternehmen gelten als *marktbeherrschend* i. S. d. Art. 102 AEUV, wenn sie in der Lage sind, wirksamen Wettbewerb auf dem jeweils relevanten Markt zu verhindern. Dies ist nach dem grundlegenden Urteil des EuGH in der Rs. *United Brands* dann der Fall, wenn das Unternehmen aufgrund seiner Marktstellung die Möglichkeit hat, sich seinen Wettbewerbern, Abnehmern und letztlich den Verbrauchern gegenüber in einem nennenswerten Umfang unabhängig zu verhalten[298], d. h. in seiner Verhaltensdeterminierung keine Rücksicht auf das Vorgehen und die Reaktionen dieser zu nehmen braucht[299].

1220 Ein erster maßgeblicher Anhaltspunkt für das Vorliegen von Marktmacht eines Unternehmens ist dessen Marktanteil[300]. Ein hoher Marktanteil – die Kommission geht von einem Schwellenwert von ca. 40 % aus[301] – kann regelmäßig bereits für das Vorliegen einer marktbeherrschenden Stellung ins Feld geführt werden[302], soweit die Prüfung weiterer Parameter keinen gegenteiligen Schluss nahelegt. Erreicht ein Unternehmen Marktanteile von über 70 %, kann hieraus in der Regel bereits ohne weitere Prüfung auf dessen marktbeherrschende Stellung geschlossen werden[303]. Neben den Marktanteilen sind ebenfalls das Verhältnis der Marktanteile der Wettbewerber zueinander, die Existenz von Markteintrittsschranken, die Nachfragemacht der Abnehmer sowie die Preisbestimmungsmacht eines Unternehmens oder dessen Kapitalkraft zu berücksichtigen. Denn auch ein hoher Marktanteil begründet dann in der Regel keine marktbeherrschende Stellung, wenn die Nachfragemacht der Abnehmer ausreicht, um das Verhalten des anbietenden Unternehmens zu kontrollieren[304]. Keine entscheidende Bedeutung wird der konkreten Ertragslage des Unternehmens beigemessen: Weder stehen erzielte Verluste einer marktbeherrschenden Stellung entgegen noch begründen hohe Gewinne als solche eine Vermutung

---

298 EuGH, Rs. 27/76, ECLI:EU:C:1978:22, Rn. 65 – *United Brands* („*Chiquita Bananen*") (= P Nr. 258).
299 EuGH, Rs. 85/76, ECLI:EU:C:1979:36, Rn. 38 – *Hoffmann-La Roche*.
300 EuGH, Rs. 85/76, ECLI:EU:C:1979:36, Rn. 39–41 – *Hoffmann-La Roche;* EuGH, Rs. 62/86, ECLI:EU:C:1991:286, Rn. 60 – *AKZO;* EuGH, Rs. C-457/10 P, ECLI:EU:C:2012:770, Rn. 176 – *AstraZeneca;* EuG, Rs. T-30/89, ECLI:EU:T:1991:70, Rn. 90–92 – *Hilti;* EuG, Rs. T-340/03, ECLI:EU:T:2007:22, Rn. 100 – *France Télécom*.
301 Mitteilung der Kommission, Erläuterungen zu den Prioritäten der Kommission bei der Anwendung von Artikel 82 des EG-Vertrags auf Fälle von Behinderungsmissbrauch durch marktbeherrschende Unternehmen v. 9.2.2009, ABl.EU 2009 Nr. C 45, S. 7, Rn. 14.
302 EuGH, Rs. 85/76, ECLI:EU:C:1979:36, Rn. 39 f. – *Hoffmann-La Roche*. Zum Verhältnis zwischen dem Grad der Marktbeherrschung und der Feststellung eines Missbrauchs siehe EuGH, verb. Rs. C-395/96 P u. C-396/96 P, ECLI:EU:C:2000:132, Rn. 119 – *Compagnie Maritime Belge Transports;* EuG, Rs. T-228/97, ECLI:EU:T:1999:246, Rn. 186 – *Irish Sugar*.
303 Entscheidung der Kommission v. 24.3.2004, COMP/C-3/37.792, Rn. 435 – *Microsoft*.
304 Vgl. EuG, Rs. T-228/97, ECLI:EU:T:1999:246, Rn. 98 – *Irish Sugar*.

für das Vorliegen einer marktbeherrschenden Stellung, sondern sie können vielmehr auch ein reiner Effizienzbeleg sein[305].

Art. 102 AEUV verbietet darüber hinaus die missbräuchliche Ausnutzung der marktbeherrschenden Stellung *mehrerer* Unternehmen. Unter bestimmten Voraussetzungen ist im Rahmen der Ermittlung einer marktbeherrschenden Stellung daher nicht auf einzelne Unternehmen, sondern auf die kollektive Marktmacht mehrerer Unternehmen abzustellen („joint dominance"/„collective dominance"). Eine solche kollektive Betrachtung von Unternehmen ist geboten, soweit zwischen ihnen aufgrund ihres faktisch einheitlichen – oder sogar abgestimmten – Vorgehens kein wirksamer Innenwettbewerb besteht[306]. Wenn mehrere Unternehmen *am Markt einheitlich auftreten*, sind deren Maßnahmen und Beschlüsse so geartet, dass sie gleichsam einseitige Verhaltensweisen eines einzigen marktbeherrschenden Unternehmens darstellen[307]. Zur Feststellung einer kollektiven Marktbeherrschung haben die Unionsgerichte die folgenden Voraussetzungen aufgestellt[308]: 1221

(1) Markttransparenz: Der Markt muss so transparent sein, dass jedes Mitglied des beherrschenden Oligopols das Verhalten der anderen ausfindig machen kann, um festzustellen, ob sie einheitlich vorgehen oder nicht.
(2) Koordinierungsanreiz: Es muss einen Anreiz geben, das koordinierte Verhalten auf Dauer aufrechtzuerhalten, d.h. nicht abzuweichen. Dieser Anreiz kann beispielsweise durch die Möglichkeit der anderen Mitglieder, Gegenmaßnahmen zu ergreifen, oder durch Sanktionsmechanismen geschaffen werden.
(3) Kein wirksamer Außenwettbewerb: Die Mitglieder des beherrschenden Oligopols müssen die Möglichkeit haben, sich gegenüber ihren Konkurrenten, Abnehmern und Verbrauchern im nennenswerten Umfang unabhängig zu verhalten. Die voraussichtliche Reaktion tatsächlicher und potentieller Konkurrenten, ihrer Abnehmer und der Verbraucher darf die erwarteten Ergebnisse des gemeinsamen Vorgehens nicht in Frage stellen.

Wie die Verbindung im Einzelnen geartet sein muss, ist bislang nicht abschließend geklärt[309]. Sie kann in der Verwendung von Musterlieferbedingungen liegen, die von einem gemeinsamen Handelsverband erstellt werden[310], in gegensei- 1222

---

305 Siehe zu Letzterem EuGH, Rs. 27/76, ECLI:EU:C:1978:22, Rn. 126–128 – *United Brands* („*Chiquita Bananen*") (= P Nr. 258).
306 EuGH, Rs. C-96/94, ECLI:EU:C:1995:308, Rn. 34 – *Centro servizi spediporto*.
307 EuGH, Rs. C-393/92, ECLI:EU:C:1994:171, Rn. 42 – *Almelo*; EuGH, Rs. C-96/94, ECLI:EU:C:1995:308, Rn. 33 – *Centro Servizi Spediporto;* EuGH, verb. Rs. C-395/96 P u. C-396/96 P, ECLI:EU:C:2000:132, Rn. 36 – *Compagnie Maritime Belge Transports*.
308 EuGH, verb. Rs. C-395/96 P u. C-396/96 P, ECLI:EU:C:2000:132, Rn. 35 ff. – *Compagnie Maritime Belge Transports;* EuG, Rs. T-193/02, ECLI:EU:T:2005:22, Rn. 111 – *Piau/Kommission*.
309 Vgl. *Depoortere/Motta*, The Doctrine of Collective Dominance: All Together Forever?, GCP 10/2009, S. 1, 2.
310 EuGH, Rs. C-393/92, ECLI:EU:C:1994:171, Rn. 38, 40–42 – *Almelo*.

tigem Anteilsbesitz, in gemeinsamer Geschäftsführung, in der Verfolgung einer gemeinsamen Marktstrategie oder einer gemeinsamen Absatzpolitik[311]. Unabhängig von der Art der Verbindung zwischen den Unternehmen ist der maßgebliche Faktor, wie sich das *Resultat* dieser Verbindung auswirkt, nämlich, ob mehrere Unternehmen tatsächlich als Markteinheit auftreten[312]. Problematisch ist weiterhin die Frage, ob sich eine kollektive Marktbeherrschung auch allein auf die Reaktionsverbundenheit (Rn. 1193) der Unternehmen in einem *engen Oligopol* stützen lässt, soweit jegliche nachweisbare Verbindung zwischen den Unternehmen fehlt[313]. Denn ein Parallelverhalten verschiedener Unternehmen kann auch das Resultat eines unabhängigen Agierens unter funktionierenden Wettbewerbsbedingungen sein[314].

1223 Im Rahmen der Fusionskontrolle ist von einer kollektiven Marktbeherrschung infolge einer Reaktionsverbundenheit grundsätzlich auszugehen, wenn das auf oligopolistischer Reaktionsverbundenheit beruhende Parallelverhalten von Oligopolmitgliedern *eine gewisse Stabilität* erreicht, so dass die Marktgegenseite flächendeckend auf uniforme Bedingungen stößt, wobei der EuGH auf das Erfordernis einer Verbindung zwischen den Unternehmen hinweist, die allerdings keiner expliziten Absprache bedarf, sondern auch aus der tatsächlichen Möglichkeit einheitlichen Verhaltens im Fall transparenter Marktstrukturen resultieren kann[315]. Auch unter Art. 102 AEUV wird in diesem Sinne für die Annahme einer kollektiven Marktbeherrschung eine – womöglich stillschweigende – tatsächliche Verbindung zwischen den Unternehmen erforderlich sein[316]. Die Verbindung zwischen den Unternehmen, durch welche die kollektive Marktbeherrschung begründet wird, kann zugleich eine unter Art. 101 AEUV fallende abgestimmte Verhaltensweise (Rn. 1192 ff.) begründen. Art. 101 und Art. 102 AEUV sind grundsätzlich nebeneinander anwendbar. Auch eine Freistellung nach Art. 101 Abs. 3 AEUV entfaltet aufgrund der unterschiedlichen Ausrichtungen der Art. 101 und Art. 102 AEUV in der Regel keine Sperrwirkung gegenüber der Anwendbarkeit des Art. 102 AEUV[317]. Es ist jedoch im Einzelfall zu prüfen, ob infolge der positiven Effekte das analysierte Verhalten keinen Missbrauch i. S. d. Art. 102 AEUV darstellt.

1224 Die marktbeherrschende Stellung muss auf dem Binnenmarkt oder auf einem wesentlichen Teil desselben vorliegen. Erst, nachdem der sachliche und räum-

---

311 EuGH, Rs. 30/87, ECLI:EU:C:1988:225, Rn. 28 f. – *Bodson*.
312 Schlussanträge des GA *Fennelly*, verb. Rs. C-395/96 P u. C-396/96 P, ECLI:EU:C:2000:518, Rn. 28 – *Compagnie Maritime Belge Transports*.
313 Siehe zu dieser Möglichkeit EuGH, verb. Rs. C-395/96 P u. C-396/96 P, ECLI:EU:C:2000:132, Rn. 45 – *Compagnie Maritime Belge Transports*.
314 Vgl. EuGH, verb. Rs. 89/85, 104/85, 114/85, 116/85, 117/85 u. 125/85 bis 129/85, ECLI:EU:C:1993:120, Rn. 126 – *Ahlström* (= P Nr. 246).
315 EuGH, Rs. C-413/06 P, ECLI:EU:C:2008:392, Rn. 120–123 – *Impala*.
316 Vgl. zur Übertragbarkeit der Kriterien EuG, Rs. T-228/97, ECLI:EU:T:1999:246, Rn. 46 – *Irish Sugar*.
317 EuG, Rs. T-51/89, ECLI:EU:T:1990:41, Rn. 84 f. – *Tetra Pak*.

liche Markt abgegrenzt worden ist, kann beurteilt werden, ob ein wesentlicher Teil des Binnenmarktes von der Maßnahme des Unternehmens betroffen ist. Ein *wesentlicher Teil* des Binnenmarktes ist nicht erst dann betroffen, wenn der relevante räumliche Markt die Grenzen eines Mitgliedstaates überschreitet. Schon das Staatsgebiet eines größeren Mitgliedstaates oder ein wirtschaftlich bedeutender Teil desselben (z. B. Süddeutschland) kann einen wesentlichen Teil des Binnenmarktes darstellen[318].

In den Anwendungsbereich des Art. 102 AEUV fallen nur Unternehmenshandlungen, die den Handel zwischen den Mitgliedstaaten beeinträchtigen können *(Zwischenstaatlichkeitsklausel)*. Dabei ist bereits die objektive Eignung zur mitgliedstaatlichen Handelsbeeinträchtigung ausreichend. Damit legen sowohl der EuGH als auch die Kommission dieses Kriterium ebenso wie im Rahmen des Art. 101 Abs. 1 AEUV weit aus und verzichten auf eine detaillierte Analyse der gegenwärtigen und tatsächlichen Auswirkungen eines Marktverhaltens auf den zwischenstaatlichen Handel (Rn. 1199)[319].

bb) Missbräuchliche Ausnutzung

Art. 102 AEUV sanktioniert nicht die marktbeherrschende Stellung als solche, sondern nur deren *missbräuchliche Ausnutzung*. Erfasst wird das Verhalten von einzelnen Unternehmen oder das Kollektivverhalten mehrerer Marktbeherrscher. Die erforderliche Konkretisierung des unbestimmten Begriffs der *missbräuchlichen Ausnutzung* ist zum einen durch den Gesetzgeber selbst erfolgt, zum anderen hat sich in der Kommissionspraxis und Rechtsprechung eine ausdifferenzierte Kasuistik[320] typisch missbräuchlichen Verhaltens herausgebildet[321]. Nach der Definition der Praxis sind alle Verhaltensweisen eines Unternehmens in beherrschender Stellung missbräuchlich, „[...] die die Struktur eines Marktes beeinflussen können, auf dem der Wettbewerb gerade wegen der Anwesenheit dieses Unternehmens bereits geschwächt ist, und die die Aufrechterhaltung oder Entwicklung des noch bestehenden Wettbewerbs durch Maßnahmen behindern, die von den Mitteln eines normalen Produkt- und Dienstleistungswettbewerbs

---

318 EuGH, verb. Rs. 40/73 bis 48/73, 50/73, 54/73 bis 56/73, 111/73, 113/73 u. 114/73, ECLI:EU:C:1975:174, Rn. 448 – *Suiker Unie u. a.;* EuGH, Rs. 322/81, ECLI:EU:C:1983:313, Rn. 23 ff. – *Michelin;* näher dazu *Braun,* ZEuS 2005, S. 211, 223.
319 EuGH, Rs. C-41/90, ECLI:EU:C:1991:161, Rn. 32 – *Höfner;* EuG, Rs. T-69/89, ECLI:EU:T:1991:39, Rn. 76 – *RTE/Kommission;* EuG, Rs. T-70/89, ECLI:EU:T:1991:40, Rn. 64 – *BBC/Kommission;* Entscheidung der Kommission v. 24.3.2004, COMP/C-3/37.792, Rn. 990 ff. – *Microsoft.*
320 Zu den Missbrauchsfallgruppen im Einzelnen *Koenig/Schreiber,* Europäisches Wettbewerbsrecht, 2010, S. 132 ff.
321 EuGH, Rs. 85/76, ECLI:EU:C:1979:36, Rn. 91 – *Hoffmann-LaRoche;* EuGH, Rs. 31/80, ECLI:EU:C:1980:289, Rn. 30 – *L'Oréal;* EuGH, Rs. 62/86, ECLI:EU:C:1991:286, Leitsatz 6 – *AKZO;* EuGH, Rs. C-209/10, ECLI:EU:C:2012:172, Rn. 24 – *Post Danmark* (= P Nr. 255); EuG, Rs. T-65/98, ECLI:EU:T:2003:281, Rn. 157 – *van den Bergh Foods.*

auf der Grundlage der Leistungen der Marktbürger abweichen"[322]. Im Rahmen der Regeln des Leistungswettbewerbs sind dem Marktbeherrscher die Verteidigung und der Ausbau seiner Marktposition gestattet. Ein marktbeherrschendes Unternehmen trägt jedoch eine besondere Verantwortung für die Aufrechterhaltung eines wirksamen Wettbewerbs[323]. Missbräuchlich sind demnach Verhaltensweisen, die vom normalen Produkt- und Dienstleistungswettbewerb abweichen und sich negativ auf die Wettbewerbsstruktur des Marktes auswirken. Seit dem *more economic approach* ist im Rahmen der Missbrauchsfeststellung eine stärker wirtschaftlich geprägte Analyse am Maßstab der wohlfahrtsökonomischen Effizienz der Auswirkungen einer bestimmten Verhaltensweise eines Unternehmens vorzunehmen[324]. Dieser Ansatz zielt darauf ab, eine Umgehung der wettbewerbsrechtlichen Schranken zu verhindern und eine konsistentere Behandlung der Unternehmenshandlungen durch eine folgenorientierte Untersuchung zu gewährleisten[325].

1227 Art. 102 AEUV nennt in lit. a bis d bestimmte Regelbeispiele[326]. Diese Beispielstatbestände lassen sich als spezielle Fälle der in der Literatur entwickelten Fallgruppen des Ausbeutungsmissbrauchs und des Behinderungsmissbrauchs einordnen. Ein *Ausbeutungsmissbrauch* liegt in der Ausplünderung der vor- oder nachgelagerten Wertschöpfungsstufen oder der Verbraucher, insbesondere durch eine unangemessene Preissetzung i. S. d. Art. 102 Abs. 2 lit. a AEUV. Ein *Behinderungsmissbrauch* liegt dagegen in jeder „wettbewerbswidrigen Marktverschließung"[327], d. h. – in seiner deutlichsten Ausprägung – der Verhinderung des Markteintritts eines anderen Unternehmens. Darüber hinaus unterfallen jene Praktiken dieser Fallgruppe, die sich unmittelbar gegen Wettbewerber auf demselben oder einem benachbarten Markt richten[328]. Diese Fallgruppen bieten – als insbesondere in der Literatur unternommener Ansatz zur Systematisierung – Anhaltspunkte, ohne dass es einer genauen Zuordnung eines Verhaltens be-

---

322 EuGH, Rs. 85/76, ECLI:EU:C:1979:36, Rn. 91 – *Hoffmann-LaRoche*.
323 EuGH, Rs. 322/81, ECLI:EU:C:1983:313, Rn. 57 – *Michelin*; EuG, Rs. T-83/91, ECLI:EU:T:1994:246, Rn. 114 – *Tetra Pak*; EuG, Rs. T-111/96, ECLI:EU:T:1998:183, Rn. 139 – *ITT Promedia*; EuG, Rs. T-228/97, ECLI:EU:T:1999:246, Rn. 112 – *Irish Sugar*; EuG, Rs. T-203/01, ECLI:EU:T:2003:250, Rn. 97 – *Michelin*.
324 *Gual/Hellwig/Perrot/Polo/Rey/Schmidt/Stenbacka*, An economic approach to Article 82, Report by the EAGCP, July 2005, S. 2 ff.; *Röller*, Der ökonomische Ansatz in der europäischen Wettbewerbspolitik, 2005, S. 2 ff.
325 *Gual/Hellwig/Perrot/Polo/Rey/Schmidt/Stenbacka*, An economic approach to Article 82, Report by the EAGCP, July 2005.
326 Diese Aufzählung ist nicht abschließend; siehe EuGH, Rs. 6/72, ECLI:EU:C:1973:22, Rn. 26 – *Continental Can*; EuG, Rs. T-201/04, ECLI:EU:T:2007:289, Rn. 860 – *Microsoft* (= P Nr. 253).
327 Mitteilung der Kommission, Erläuterungen zu den Prioritäten der Kommission bei der Anwendung von Artikel 82 des EG-Vertrags auf Fälle von Behinderungsmissbrauch durch marktbeherrschende Unternehmen v. 9.2.2009, ABl.EU 2009 Nr. C 45, S. 7, Rn. 19.
328 *Fuchs*, in: Immenga/Mestmäcker (Hrsg.), EU-Wettbewerbsrecht, Bd. 1/Teil 1, 6. Aufl. 2019, Art. 102 AEUV Rn. 199.

dürfte. Die Einordnung eines Verhaltens als missbräuchlich ist maßgeblich durch die Kasuistik der Rechtsprechung determiniert.

Als Form des Behinderungsmissbrauchs ist die missbräuchliche Zugangsverweigerung zu wesentlichen Infrastruktureinrichtungen (sog. *„essential facilities"*) und die Verweigerung der Nutzung geschützten geistigen Eigentums einzuordnen. Eine Zugangs- bzw. Nutzungsverweigerung kann dann missbräuchlich sein, wenn ein Unternehmen auf diesen Zugang oder diese Nutzung angewiesen ist, um auf einem horizontal benachbarten oder vertikal nachgelagerten Markt wettbewerblich tätig zu werden[329]. So stellte die Kommission im Jahr 2016 mit Deutlichkeit fest, dass ein Verstoß gegen Art. 102 AEUV wegen missbräuchlicher Ausnutzung einer marktbeherrschenden Stellung vorliegt, wenn ein Unternehmen Mitbewerbern, die in den Markt eintreten wollen und darauf angewiesen sind, dass ihnen der Zugang zu einer bestehenden Infrastruktur gewährt wird, den Zugang zu dieser Infrastruktur verweigert, da die Mitbewerber dann faktisch von diesem Markt ausgeschlossen werden[330]. Das von dieser Entscheidung betroffene Unternehmen *Altstoff Recycling Austria (ARA)* betreibt in Österreich das führende System für die Entsorgung von Haushaltsabfällen. In ihrer Bußgeldentscheidung stellte die Kommission fest, dass die Infrastruktur von *ARA* für die Sammlung von Haushaltsabfällen nicht duplizierbar ist. Aus diesem Grund waren Wettbewerber darauf angewiesen, dass ihnen der Zugang zu der bestehenden Infrastruktur gewährt wurde. Indem *ARA* über mehrere Jahre den Wettbewerbern den Zugang zu dieser Infrastruktur verwehrte, wurde der Wettbewerb beeinträchtigt[331]. In der Verpflichtungsentscheidung *ENI* hat die Kommission klargestellt, dass eine Zugangsverweigerung zu einer wesentlichen, nicht oder nur unverhältnismäßig schwer duplizierbaren Infrastruktureinrichtung auch dann missbräuchlich i. S. d. Art. 102 AEUV sein kann, wenn sie darauf beruht, dass der Inhaber der wesentlichen Einrichtung deren vorhandene Kapazitäten selbst in vollem Umfang nutzt, mithin keine freien Kapazitäten besitzt, die er Dritten zur Verfügung stellen könnte[332]: „Marktbeherrschende Inhaber einer wesentlichen Einrichtung sind in einer solchen Situation verpflichtet, alle ihnen mögliche Maßnahmen zur Beseitigung der Engpässe zu ergreifen, die durch mangelnde Kapazitäten verursacht werden, und ihr Geschäft darauf auszurichten, dass größtmögliche Kapazitäten der wesentlichen Einrichtung verfügbar sind"[333]. Sie dürfen also nicht durch die strategische Beschränkung ihrer Investitionen (d. h. von Kapazitätserweiterungen) trotz signifikanter Nachfrage von Wettbewerbern den Zugang zu einer wesentlichen Einrichtung (z. B. Erdgasfernleitungen) beschränken, um zulasten ihrer Gewinne auf dem vorgelager-

---

329 EuGH, Rs. C-7/97, ECLI:EU:C:1998:569, Rn. 38 – *Bronner.*
330 Entscheidung der Kommission v. 20.09.2016, AT.39759 – *ARA.*
331 Pressemitteilung der Kommission v. 20.9.2016, IP/16/3116 – *ARA; Weitbrecht/Mühle,* EuZW 2017, S. 165.
332 Beschluss der Kommission v. 29.9.2010, COMP/39 315, Rn. 55–60 – *ENI.*
333 Beschluss der Kommission v. 29.9.2010, COMP/39 315, Fn. 43 – *ENI.*

ten Markt (z. B. dem Gasferntransport nach Italien) Wettbewerb auf dem nachgelagerten Markt (z. B. dem Gasverkauf auf dem italienischen Markt) zu verhindern und dadurch ihre Gewinne auf dem nachgelagerten Markt zwecks Maximierung ihrer Gesamtgewinne zu sichern.

1229 Im Bereich des geistigen Eigentums besteht ein Spannungsverhältnis zwischen der Missbrauchsaufsicht und dem Recht zum Schutze geistigen Eigentums. Grundsätzlich erfüllt eine Lizenzverweigerung durch ein marktbeherrschendes Unternehmen den Missbrauchstatbestand des Art. 102 AEUV nicht. Es steht Marktbeherrschern grundsätzlich frei, ihr geistiges Eigentum kartellrechtlich uneingeschränkt zu nutzen und ihre Vertragspartner frei zu wählen[334]. Eine Liefer- oder Lizenzverweigerung kann allerdings unter „außergewöhnlichen Umständen" einen Machtmissbrauch begründen, nämlich dann, wenn kumulativ
(1) die Lizenzierung unerlässlich für den Zugang zu einem benachbarten (oder nachgelagerten) Markt ist,
(2) ihre Verweigerung jeden wirksamen Wettbewerb auf dem abgeleiteten Markt ausschließen würde und
(3) sie das Erscheinen eines neuen Produkts auf diesem Markt verhindern würde, nach dem eine potentielle Nachfrage der Verbraucher besteht. Liegen solche außergewöhnlichen Umstände vor, ist die Lizenzverweigerung missbräuchlich, wenn sie
(4) nicht ausnahmsweise objektiv gerechtfertigt ist[335].

1230 Aufgrund dessen gelangten die Kommission und das EuG unter Anwendung der einschlägigen Rechtsprechung des EuGH in den Fällen *Magill*[336], *Bronner*[337] und *IMS Health*[338] in *Microsoft I*[339] zu dem Ergebnis, dass sich *Microsoft* nicht auf Urheber- und Patentrechte sowie Geschäftsgeheimnisse zur Rechtfertigung seiner Verhaltensweise berufen kann. Der Software-Hersteller *Microsoft* enthalte konkurrierenden Herstellern von Serverbetriebssystemen für Arbeitsgruppen unzulässigerweise bestimmte Informationen über Schnittstellen vor, welche diese zur Herstellung der vollen Interoperabilität ihrer Programme mit Windows-basierten Kunden-PCs benötigten. Es sei Teil einer Strategie von *Microsoft*, unter Ausnutzung seiner überragenden Stellung auf dem Markt für PC-Betriebssysteme Wettbewerber von den Märkten für diese Serverprogramme zu verdrängen, was einen Missbrauch seiner marktbeherrschenden Stellung i. S. v. Art. 102 AEUV darstelle. Die Kommission ordnete daraufhin die Bereitstellung vollständiger und präziser Interoperabilitätsangaben für die Entwicklung von kompati-

---

334 Mitteilung der Kommission, Erläuterungen zu den Prioritäten der Kommission bei der Anwendung von Artikel 82 des EG-Vertrags auf Fälle von Behinderungsmissbrauch durch marktbeherrschende Unternehmen v. 9.2.2009, ABl.EU 2009 Nr. C 45, S. 7, Rn. 75.
335 EuGH, Rs. C-418/01, ECLI:EU:C:2004:257 – *IMS Health* (= P Nr. 251).
336 EuGH, verb. Rs. C-241/91 P u. C-242/91 P, ECLI:EU:C:1995:98 – *Magill*.
337 EuGH, Rs. C-7/97, ECLI:EU:C:1998:569 – *Bronner*.
338 EuGH, Rs. C-418/01, ECLI:EU:C:2004:257 – *IMS Health* (= P Nr. 251).
339 EuG, Rs. T-201/04, ECLI:EU:T:2007:289 – *Microsoft* (= P Nr. 253).

blen Betriebssystemen für Arbeitsgruppenserver zu akzeptablen Bedingungen, also zu angemessenen Lizenzgebühren, an.

Im Bereich des geistigen Eigentums kommt ein Marktmachtmissbrauch weiterhin dann in Betracht, wenn die Nutzung bzw. Lizenzierung für Wettbewerber unerlässlich ist und der Inhaber eines Patents, dem dieses nur unter der Bedingung zugesprochen wurde, Dritten zu FRAND-Bedingungen („fair, reasonable and non-discriminatory") Lizenzen zu erteilen, die Lizenzerteilung verweigert[340]. Dabei ist es nicht erforderlich, dass der Anspruchsteller ein neuartiges Produkt anzubieten beabsichtigt: Die Wettbewerber von *Microsoft* bieten z. B. kein neuartiges Produkt an, sondern lediglich ein ähnliches, jedoch mit der *Microsoft*-Software konkurrierendes Produkt[341]. Gestützt auf den Zweck des Art. 102 Abs. 2 lit. b AEUV genügte dem EuG eine technische Verbesserung des Produkts, die es hinsichtlich der Server-Betriebssysteme der Wettbewerber für bewiesen ansah.

1231

Die Möglichkeiten einer missbräuchlichen Ausnutzung von Marktmacht mittels der Durchsetzung und Anmeldung von Patenten konkretisierte die Kommission im Rahmen einer Sektoruntersuchung (Rn. 1205) im Arzneimittelsektor[342]. Ein potentieller Missbrauch liegt z. B. vor, wenn Nachfolgepatente angemeldet werden, um den Markteintritt von Nachahmerprodukten (sog. Generika) zu verhindern bzw. zu verzögern, wenn Rechtsstreitigkeiten geführt werden, obwohl den Originalarzneimittelherstellern die Invalidität ihrer Patente bewusst ist, oder wenn diese kurz vor Ablauf des Patentschutzes Exklusivvereinbarungen mit einzelnen Herstellern von Nachahmerprodukten schließen, die teils nachteilige Konditionen für letztere enthalten und andere Generikahersteller am Markteintritt hindern[343].

1232

Auch die Ausnutzung gesetzlicher Vorgaben kann dabei einen Verstoß gegen Art. 102 AEUV begründen. So wertete es der EuGH als einen Verstoß gegen Art. 102 AEUV, dass sich das Pharmaunternehmen *AstraZeneca* durch eine unrichtige Datumsangabe für die erste Marktzulassung seines Medikaments einen längeren Patentschutz verschaffte als dem Medikament tatsächlich zustand[344]. In der Folge war es anderen Unternehmen unmöglich, Arzneimittel mit dem patentierten Wirkstoff als Generika anzubieten und damit in Wettbewerb zu *AstraZeneca* zu treten, da die Herstellung und das Angebot von Generika als Patentrechtsverletzung verboten waren. Die Abgabe objektiv irreführender Angaben gegenüber einer Behörde, die diese dazu veranlassen (können), dem Antragsteller

1233

---

340 EuGH, Rs. C-170/13, ECLI:EU:C:2015:477, Rn. 48 ff. – *Huawei Technologies.*
341 *Weitbrecht/Mühle,* EuZW 2008, S. 551, 555.
342 Mitteilung der Kommission v. 8.7.2009, Zusammenfassung des Berichts über die Untersuchung des Arzneimittelsektors, KOM(2009) 351 endg.
343 Pressemitteilung der Kommission, v. 19.6.2013, IP/13/563 – *Lundbeck;* 5th Report on the Monitoring of Patent Settlements v. 5.12.2014, abrufbar unter: http://ec.europa.eu/competition/sectors/pharmaceuticals/inquiry/patent_settlements_report5_en.pdf.
344 EuGH, Rs. C-457/10 P, ECLI:EU:C:2012:770 – *AstraZeneca;* vgl. auch die Entscheidung der Kommission v. 15.5.2005, COMP/A-37.507/F3 – *AstraZeneca.*

ein ausschließliches Recht zu gewähren, auf das er keinen oder keinen Anspruch in diesem Umfang hat, könne nicht mehr als „Leistungswettbewerb" („competition on the merits") betrachtet werden, sondern sei missbräuchlich.

1234 Auch eine die Wettbewerber schädigende missbräuchliche Nutzung der marktbeherrschenden Stellung auf einem benachbarten Markt kann den Missbrauchstatbestand erfüllen[345], z. B. wenn ein marktbeherrschendes Unternehmen seine Marktmacht ausnutzt, um sich auf einem benachbarten Markt Vorteile zu verschaffen oder seine marktbeherrschende Stellung auf den benachbarten Markt zu verlagern (sog. *Leveraging*).

1235 Insbesondere die wettbewerbsrechtliche Untersuchung gegen das Internet-Suchportal *Google* hat Erkenntnisse geliefert, inwieweit derartige Praktiken eine missbräuchliche Ausnutzung und damit einen Verstoß gegen Art. 102 AEUV darstellen können[346]. Das bekannteste Produkt von *Google* auf dem Markt ist dessen Internet-Suchmaschine. Daneben ist *Google* seit 2004 auf dem davon getrennten Markt der Preisvergleichsdienste mit seinem Dienst *Google Shopping* (ehemals *Froogle*) aktiv. Dieses Produkt ermöglicht es Verbrauchern, Preise für Produkte jeglicher Art online zu vergleichen und sich einen Überblick über das Angebot der Händler im Internet zu verschaffen[347]. Im April 2015 übermittelte die Kommission an *Google* eine Mitteilung, worin sie beträchtliche Bedenken bezüglich des Preisvergleichsportals *Google Shopping* äußerte. Nach Auffassung der Kommission hat *Google* eine marktbeherrschende Stellung auf dem Markt für allgemeine Online-Suchdienste inne[348], wohingegen der Konzern mit Anbietern von Preisvergleichsdiensten in starker Konkurrenz stehe und daher auf diesem benachbarten Markt eine solche Stellung nicht innehabe. Die allgemeine Suchmaschine *Google* zeigt bei einem eingegebenen Suchbegriff, der gleichzeitig auch einen Zusammenhang mit einem käuflich erwerbbaren Produkt aufweisen könnte, Ergebnisse des eigenen Preisvergleichsdiensts *Google Shopping* an oberster Stelle vor den eigentlichen – nicht notwendigerweise einkaufsbezogenen – Suchergebnissen an, während im Hinblick auf konkurrierende Preisvergleichsdienste regulär ein generischer Algorithmus für die Platzierung genutzt wird, so dass diese gegenüber *Google Shopping* herabgestuft werden. Dies veranlasste den Vorwurf, dass *Google* seine marktbeherrschende Stellung gegenüber konkurrierenden Preisvergleichsdiensten durch eine systematische Bevorzugung seines eigenen Preisvergleichsdiensts – unabhängig von der Relevanz für die Suche und von Ergebnissen anderer Preisvergleichsportale – auf seinen eigenen allgemeinen Suchergebnisseiten missbraucht[349]. Die Kommission verhängte daher in ihrer

---

345 EuGH, verb. Rs. 6/73 u. 7/73, ECLI:EU:C:1974:18, Rn. 25 – *Commercial Solvents*.
346 *Huttenlauch/Lübbig*, Kartellrecht, 3. Aufl. 2016, Art. 102 AEUV Rn. 6–8.
347 Leitsätze der Pressemitteilung der Kommission v. 27.06.2017, IP/17/1784 – *Google*.
348 Zur Marktabgrenzung durch die Kommission und die Marktabgrenzung bei mehrseitigen Märkten siehe *Hoffer/Lehr*, NZKart 2019, S. 10, 13–15.
349 Pressemitteilung der Kommission v. 15.4.2015, IP/15/4780 – *Google*; *Weitbrecht/Mühle*, EuZW 2017, S. 165.

Bußgeldentscheidung vom Juni 2017 eine Rekordstrafe in Höhe von 2,42 Mrd. Euro gegen *Google* „wegen Missbrauchs seiner marktbeherrschenden Stellung als Suchmaschine durch unzulässige Vorzugsbehandlung des eigenen Preisvergleichsdiensts"[350]. Beanstandet wurde vor allem, dass *Google* seine marktbeherrschende Stellung bezüglich der allgemeinen Onlinesuche als Hebel nutze, um diese Stellung auf den getrennten Markt der Preisvergleichsdienste zu übertragen. Neben dem Bußgeld wurde verlangt, dass *Google* innerhalb einer Frist von 90 Tagen seine Geschäftspraxis hinsichtlich der Anzeige von Einkaufsmöglichkeiten und Preisvergleichen über *Google-Shopping* im Rahmen der allgemeinen Suchmaschine wettbewerbskonform ändert[351].

Eine missbräuchliche Übertragung von Marktmacht auf einen vor- oder nachgelagerten Markt kommt des Weiteren bei einer – den funktionsfähigen Wettbewerb gefährdenden – *Bündelung oder Kopplung* unterschiedlicher Produkte in Betracht[352]. In einem solchen Fall ist es nicht erforderlich, dass das betroffene Unternehmen sowohl auf dem relevanten, als auch auf dem benachbarten Markt eine beherrschende Stellung innehat[353]. So kam die Kommission im Fall *Microsoft* in ihrer Entscheidung vom 24. März 2004 zu dem Schluss, dass die Kopplung der Abspielsoftware *Windows Media Player* an das Windows-Betriebssystem einen Missbrauch der marktbeherrschenden Stellung von *Microsoft* auf dem Markt für PC-Betriebssysteme darstellt[354]. Als Konsequenz gab die Kommission dem Unternehmen auf, neben der Windows-Komplettversion, d. h. inklusive des *Media Players,* zu einem angepassten Preis auch eine vom *Media Player* entkoppelte Version des Betriebssystems anzubieten.

1236

Auch bezogen auf *Google* hat die Kommission unter anderem eine missbräuchliche Produktkopplung des Betriebssystems *Android* für mobile Endgeräte (insbesondere Smartphones und Tablets) mit einer Reihe *Google*-eigener Anwendungen und Dienste festgestellt[355]. Das Unternehmen *Google,* das die Kommission unter anderem auf dem Markt für Internetsuchdienste als marktbeherrschend ansieht, verlangt von Hardware-Herstellern mobiler Endgeräte als Bedingung für die Lizenzierung des *Play Stores,* ein Paket mit nicht löschbaren

1237

---

350 Pressemitteilung der Kommission v. 27.06.2017, IP/17/1784 – Google.
351 Pressemitteilung der Kommission v. 27.06.2017, IP/17/1784 – *Google*.
352 EuGH, Rs. C-333/94 P, ECLI:EU:C:1996:436, Rn. 36 ff. – *Tetra Pak II.*
353 EuG, Rs. T-336/07, ECLI:EU:T:2012:172, Rn. 146 – *Telefónica u. Telefónica de España/ KOM;* bestätigt durch EuGH, Rs. C-295/12 P, ECLI:EU:C:2014:2062 – *Telefónica u. Telefónica de España/KOM.*
354 Entscheidung der Kommission v. 24.3.2004, COMP/C-3/37.792, Rn. 428 ff. – *Microsoft;* im Wesentlichen bestätigt durch EuG, Rs. T-201/04, ECLI:EU:T:2007:289 – *Microsoft* (= P Nr. 253); vgl. auch die Ablehnung des Antrags von *Microsoft* im einstweiligen Rechtsschutzverfahren durch EuG, Rs. T-201/04, ECLI:EU:T:2007:289 – *Microsoft* (= P Nr. 253). Zu einem weiteren Fall missbräuchlicher Kopplung durch *Microsoft* siehe die Entscheidungen der Kommission v. 16.12.2009, COMP/39.530, ABl.EU 2010 Nr. C 36, S. 7 – *Microsoft* und v. 6.3.2013, COMP/39.530, ABl.EU 2013 Nr. C 120, S. 5 – *Microsoft* (wegen Missachtung einer Verpflichtungszusage).
355 Pressemitteilung der Kommission v. 18.7.2018, IP/18/4581 – *Google.*

Google-Apps wie die App *Google Search* und den Browser *Google Chrome* vorzuinstallieren. Der Endkunde ist auf diesen *Play Store* als gängigsten Weg zum Installieren weiterer Apps derart angewiesen, dass eine Nutzung des Endgeräts ohne den *Play Store* aus Verbrauchersicht keinen Sinn ergibt. Für die Hersteller stellt der *Play Store* damit nach Auffassung der Kommission eine unverzichtbare App dar. Die Kopplung dessen mit anderen *Google*-Anwendungen führt dazu, dass Hersteller keinen Anreiz haben, Suchmaschinen anderer Entwickler zu installieren. Außerdem bedingt das Verhalten der Nutzer, die vorinstallierte Apps in aller Regel im Weiteren nutzen, dass konkurrierende Apps nicht mehr heruntergeladen werden. Damit festige *Google* missbräuchlich seine beherrschende Stellung für Internetsuchdienste[356].

1238 Die Produktbündelung oder -kopplung kann ferner als missbräuchlich eingeordnet werden, wenn der Hersteller eines Produktes ausschließlich die Verwendung eigener Ersatzteile als zulässig anordnet, beispielsweise durch den Entzug der Garantie für das Hauptprodukt oder eine Lieferverweigerung für den Fall des Zuwiderhandelns[357]. Ein unabhängiger Hersteller von Ersatzteilen darf grundsätzlich nicht daran gehindert werden, diese für die Hauptprodukte eines anderen Herstellers anzubieten[358]. Ein Bündelrabatt, d.h. die Gewährung eines besonderen Preisnachlasses im Fall des Erwerbs mehrerer Produkte eines Herstellers, kann missbräuchlich sein, wenn er so hoch ist, dass ebenso effiziente Wettbewerber, die nur eines der Produkte anbieten, nicht mit dem rabattierten Produktbündel konkurrieren können[359].

1239 Rabattpolitiken können einen Fall des Verdrängungswettbewerbs darstellen. Die Gewährung von Rabatten durch ein marktbeherrschendes Unternehmen an seine Abnehmer ist dann missbräuchlich, wenn sie mit der Verpflichtung der Abnehmer verbunden wird, ihren gesamten Bedarf oder einen beträchtlichen Teil desselben von dem marktbeherrschenden Unternehmen zu beziehen[360]. Das marktbeherrschende Unternehmen verhindert durch die Verpflichtung im Vertikalverhältnis, dass seine Wettbewerber im Horizontalverhältnis entsprechende Produkte vertreiben oder den Markt betreten können, bzw. schränkt deren Vertriebsmöglichkeiten ein. Ein Missbrauch scheidet dabei nicht aus, wenn der Ab-

---

356 Im Frühjahr 2019 verhängte die Kommission abermals ein Bußgeld gegen *Google* wegen Missbrauchs seiner marktbeherrschenden Stellung auf dem Markt für Suchmaschinenwerbung, da *Google* es durch Klauseln in Verträgen mit Dritten verhindere, dass diese auf ihren Websites Werbung für Wettbewerber von *Google* schalten. Pressemitteilung der Kommission v. 20.3.2019, IP/19/1770 – *Google Search (AdSense)*.
357 Vgl. *Kling/Thomas*, Kartellrecht, 2. Aufl. 2016, § 6 Rn. 142.
358 EuG, Rs. T-30/89, ECLI:EU:T:1991:70, Rn. 68 – *Hilti*.
359 Mitteilung der Kommission, Erläuterungen zu den Prioritäten der Kommission bei der Anwendung von Art. 102 AEUV (ex Art. 82 des EG-Vertrags) auf Fälle von Behinderungsmissbrauch durch marktbeherrschende Unternehmen v. 9.2.2009, ABl.EU 2009 Nr. C 45, S. 7, Rn. 59.
360 EuGH, Rs. 85/76, ECLI:EU:C:1979:36, Rn. 89 – *Hoffmann-La Roche;* Entscheidung der Kommission v. 13.5.2009, COMP/C-3/37.990, Rn. 920 ff. – *Intel*.

nehmer selbst den Wunsch einer entsprechenden *Ausschließlichkeits- bzw. Exklusivvereinbarung* äußert[361]. Auch ohne eine Mindestabnahmemenge kann die Rabattgewährung missbräuchlich sein, wenn sie faktisch zu einer Marktverschließung führt bzw. jedenfalls dem Marktbeherrscher einen Ausbau seiner Marktmacht ermöglicht[362]. In dem Verfahren *Intel* erteilte der EuGH jedoch der Rechtsauffassung eine Absage, dass Treuerabatte „per se" zur Beschränkung des Wettbewerbs geeignet seien und somit eine genauere Prüfung wettbewerbsbeschränkender Effekte auf dem relevanten Markt durch das EuG bei dessen Überprüfung einer Kommissionsentscheidung entbehrlich sei. Die Auswirkungen entsprechender Treuerabatte müssen jedenfalls dann untersucht werden, wenn Anhaltspunkte dafür bestehen, dass eine Wettbewerbsbeschränkung tatsächlich gar nicht stattgefunden hat[363].

Klarstellungen in Bezug auf Rabattsysteme und -gewährungen brachte die Entscheidung in der Rechtssache *Post Danmark II*. Auslöser für die Vorlageentscheidung des EuGH war bereits zum zweiten Mal das Vertriebssystem der dänischen Post. Die *Post Danmark* gewährte ihren Kunden gestaffelte Rabatte für Direktwerbesendungen von bis zu 16 %, wenn ihre Kunden über einen Referenzzeitraum von einem Jahr eine bestimmte standardisierte Stückzahl erreichten[364]. Als sachlich und räumlich relevanter Markt wurde dabei der Markt für Massenbriefsendungen angesehen, auf welchem das Unternehmen über einen Marktanteil von ca. 95 % verfügt. Der EuGH befand, dass das von *Post Danmark* praktizierte Rabattsystem missbräuchlich ist und somit gegen Art. 102 AEUV verstößt. Handele es sich nicht um einen Mengenrabatt, so sei ein Rabattsystem als missbräuchlich einzustufen, wenn sich aufgrund einer Gesamtwürdigung aller Umstände des Einzelfalls ergibt, dass die Rabatte geeignet sind, eine wirtschaftlich nicht gerechtfertigte Verdrängungswirkung zu entfalten[365]. Bei dieser Gesamtwürdigung sind „insbesondere die Kriterien und Modalitäten der Rabattgewährung, der Umfang der beherrschenden Stellung des betreffenden Unternehmens und die besonderen Wettbewerbsbedingungen auf dem relevanten Markt"[366] zu berücksichtigen. Insbesondere eine rückwirkende Natur der Rabattgewährung, verbunden mit einem relativ langen Referenzzeitraum, sei geeignet, eine Sogwirkung zu entfalten[367], die eine Verdrängungswirkung bestärkt.

1240

---

361 EuGH, Rs. C-393/92, ECLI:EU:C:1994:171, Rn. 44 – *Almelo*.
362 Vgl. EuG, Rs. T-219/99, ECLI:EU:T:2003:343, Rn. 277 f. – *British Airways*; EuG, Rs. T-203/01, ECLI:EU:T:2003:250, Rn. 163 – *Michelin*.
363 EuGH, Rs. C-413/14 P, ECLI:EU:C:2017:632, Rn. 141 ff. – *Intel*, vgl. auch EuGH, Rs. C-525/16, ECLI:EU:C:2018:270 – *MEO* (= P Nr. 257), wo der EuGH in Rn. 28 ebenfalls das Erfordernis der Prüfung sämtlicher relevanter Umstände hervorhebt.
364 EuGH, Rs. C-23/14, ECLI:EU:C:2015:651 – *Post Danmark II* (= P Nr. 256); *Meßmer/Jägerhuber*, ZVertriebsR 2016, S. 155.
365 EuGH, Rs. C-23/14, ECLI:EU:C:2015:651, Rn. 28 ff. – *Post Danmark II* (= P Nr. 256).
366 Leitsätze des EuGH, Rs. C-23/14, ECLI:EU:C:2015:651 – *Post Danmark II* (= P Nr. 256).
367 EuGH, Rs. C-23/14, ECLI:EU:C:2015:651, Rn. 32–35 – *Post Danmark II* (= P Nr. 256).

1241 Neben Rabattpolitiken können auch andere Maßnahmen *Ausschließlichkeits- oder Exklusivbindungen* aktivieren. In Betracht kommt beispielsweise die Verpflichtung, zur Verfügung gestellte Tiefkühltruhen ausschließlich für die Lagerung von Produkten des marktbeherrschenden Unternehmens zu verwenden[368].

1242 Auch die Preissetzung eines marktbeherrschenden Unternehmens kann insbesondere in Form des Preishöhenmissbrauchs, einer Kampfpreispolitik oder in Form von Preis-Kosten-Scheren gegen Art. 102 AEUV verstoßen. Ein *Preishöhenmissbrauch* liegt vor, wenn ein marktbeherrschendes Unternehmen Preise verlangt, die es ausschließlich aufgrund seiner marktbeherrschenden Stellung durchsetzen kann und die gerade nicht in entsprechenden Kosten oder in einem besonderen finanziellen Risiko begründet sind[369]. Von *Kampfpreisen* wird gesprochen, wenn ein Unternehmen sein Produkt zu Preisen anbietet, die unter den Herstellungskosten liegen, und es somit zeitlich begrenzt Verluste oder Gewinneinbußen hinnimmt[370]. Eine solche Preissetzungsstrategie kann missbräuchlich sein, wenn sie der Verdrängung von Wettbewerbern oder der Verhinderung des Markteintritts eines neuen Wettbewerbers dient[371]. Eine *Preis-Kosten-Schere* liegt vor, wenn die Vorleistungspreise die Endkundenpreise übersteigen oder der Preisunterschied zwischen Vorleistungs- und Endkundenprodukt zu gering ist und das Verhältnis zwischen Vorleistungs- und Endkundenpreisen es verhindert, dass ein potentieller Wettbewerber des marktbeherrschenden (integrierten) Unternehmens auf dem Endkundenmarkt tätig werden kann[372]. Denn wenn die Differenz aufgrund des geringen Preisunterschieds zur Deckung der Kosten für die Erbringung der Endkundendienste nicht ausreicht, können ebenso effiziente Wettbewerber wie der Marktbeherrscher nur mit Verlust oder künstlich eingeschränkter Rentabilität auf dem Endkundenmarkt tätig werden (sog. „As Efficient Competitor Test", AEC)[373]. Da sich der Missbrauchsvorwurf gerade auf das wettbewerbsbehindernde Zusammenspiel (hoher) Vorleistungspreise und

---

368 EuG, Rs. T-65/98, ECLI:EU:T:2003:281, Rn. 160 – *Van den Bergh Foods*.
369 Vgl. EuGH, Rs. 27/76, ECLI:EU:C:1978:22, Rn. 248, 257 – *United Brands („Chiquita Bananen")* (= P Nr. 258); EuG, Rs. T-139/98, ECLI:EU:T:2001:272, Rn. 73–80 – *AAMS*.
370 Mitteilung der Kommission, Erläuterungen zu den Prioritäten der Kommission bei der Anwendung von Art. 102 AEUV (ex Art. 82 des EG-Vertrags) auf Fälle von Behinderungsmissbrauch durch marktbeherrschende Unternehmen v. 9.2.2009, ABl.EU 2009 Nr. C 45, S. 7, Rn. 63.
371 Vgl. EuG, Rs. T-83/91, ECLI:EU:T:1994:246, Rn. 151, 171 – *Tetra Pak*.
372 Siehe nur EuG, Rs. T-5/97, ECLI:EU:T:2000:278, Rn. 178 – *Industrie des poudres sphériques;* Entscheidung der Kommission v. 21.5.2003, COMP/C-1/37.451, 37 578, 37 579, ABl.EU 2003 Nr. L 263, S. 9, Rn. 102 – *Deutsche Telekom*.
373 EuGH, Rs. C-52/09, ECLI:EU:C:2011:83, Rn. 32, 33 – *TeliaSonera Sverige* (= P Nr. 254); Entscheidung der Kommission v. 21.5.2003, COMP/C-1/37.451, 37 578, 37 579, ABl.EU 2003 Nr. L 263, S. 9, Rn. 107 – *Deutsche Telekom*. Zuletzt EuGH, Rs. C-295/12 P, ECLI:EU: C:2014:2062, Rn. 194 ff. – *Telefónica u. Telefónica de España/KOM*. In Bezug auf Rabattsysteme stellte der EuGH fest, dass sich „keine Rechtspflicht herleiten [lässt], die Feststellung der Missbräuchlichkeit von Rabattsystemen marktbeherrschender Unternehmen stets auf das Kriterium des ebenso leistungsfähigen Wettbewerbers zu stützen", EuGH, Rs. C-23/14, ECLI:EU: C:2015:651, Rn. 57 – *Post Danmark II* (= P Nr. 256).

(im Vergleich dazu niedriger) Endkundenpreise bezieht, kommt es nicht darauf an, ob die Preise jeweils für sich gesehen missbräuchlich wären (keine akzessorische Missbrauchskontrolle)[374]. Entscheidend für die Annahme eines Missbrauchs ist vielmehr, dass ein beherrschendes Unternehmen durch seine Preisgestaltung die Margen seiner Wettbewerber so beschneidet, dass deren Eintritt auf den Endkundenmarkt behindert wird[375]. Eine missbräuchliche Preis-Kosten-Schere erblickten die Unionsgerichte beispielsweise in der Rechtssache *Deutsche Telekom AG*[376]. Bemerkenswert ist diese Entscheidung deshalb, da sie dem marktbeherrschenden Unternehmen, der *Deutsche Telekom AG*, die Verpflichtung auferlegt, trotz des bereits hoheitlich genehmigten Vorleistungspreises einen neuen Entgeltantrag zu stellen, um eine Preis-Kosten-Schere zu Lasten der Wettbewerber aktiv zu vermeiden[377].

Der Missbrauch einer beherrschenden Stellung ist dem Wortlaut des Art. 102 AEUV nach nicht sachlich zu rechtfertigen. Anders als die Regeltatbestände des deutschen Missbrauchsverbots in § 19 Abs. 2 GWB und insbesondere des Art. 101 Abs. 3 AEUV enthält der Wortlaut des Art. 102 AEUV keinen Ansatzpunkt für eine solche *Rechtfertigung*. Dennoch wird in der Rechtsprechungs- und Kommissionspraxis bisweilen eine Rechtfertigungsterminologie angeführt[378]. Im Ergebnis ist in Fällen einer scheinbar „sachlichen Rechtfertigung" bereits das Vorliegen eines Missbrauchs zu verneinen. Denn anders als die zunächst wertungsneutrale Tatbestandsvoraussetzung einer Verhaltenskoordinierung im Rahmen des Art. 101 AEUV beinhaltet bereits das Tatbestandsmerkmal eines „Missbrauchs" die Einstufung des analysierten Verhaltens als schädlich[379].

1243

c) Sektorspezifische Wettbewerbsbestimmungen

Die Regelungen des *allgemeinen Wettbewerbsrechts* nach Art. 101 ff. AEUV gelten unabhängig von den Gütern oder Dienstleistungen, die auf dem jeweils relevanten, einzelnen Markt angeboten werden. Begrifflich unterscheiden lassen sich hiervon Regelungen der *sektorspezifischen Regulierung,* die schon tatbestandsmäßig nur auf bestimmte Einzelmärkte (u. a. Telekommunikation, Postwesen, Energieversorgung, Bahn) Anwendung finden und an die Besonderheiten dieser

1244

---

374 EuGH, Rs. C-280/08 P, ECLI:EU:C:2010:603, Rn. 183 – *Deutsche Telekom AG;* EuGH, Rs. C-52/09, ECLI:EU:C:2011:83, Rn. 31 – *TeliaSonera Sverige* (= P Nr. 254).
375 EuGH, Rs. C-52/09, ECLI:EU:C:2011:83, Rn. 34, 67 – *TeliaSonera Sverige* (= P Nr. 254).
376 EuG, Rs. T-271/03, ECLI:EU:T:2008:101 – *Deutsche Telekom AG,* bestätigt durch EuGH, Rs. C-280/08 P, ECLI:EU:C:2010:603, Rn. 183 – *Deutsche Telekom AG.*
377 Ebenso EuGH, Rs. C-52/09, ECLI:EU:C:2011:83, Rn. 53 – *TeliaSonera Sverige* (= P Nr. 254).
378 Vgl. z. B. EuGH, Rs. 311/84, ECLI:EU:C:1985:394, Rn. 26 – *CBEM;* Mitteilung der Kommission, Erläuterungen zu den Prioritäten der Kommission bei der Anwendung von Art. 102 AEUV (ex Art. 82 des EG-Vertrags) auf Fälle von Behinderungsmissbrauch durch marktbeherrschende Unternehmen v. 9.2.2009, ABl.EU 2009 Nr. C 45, S. 7, Rn. 28.
379 Schlussanträge des GA *Jacobs,* Rs. C-53/03, ECLI:EU:C:2004:673, Rn. 72 – *Syfait.*

Märkte anknüpfen. Sowohl Art. 101 ff. AEUV als auch die Regelungen der sektorspezifischen Regulierung verfolgen das Ziel, ein System unverfälschten Wettbewerbs zu gewährleisten. Die sektorspezifische Regulierung ist daneben gleichrangig der Verwirklichung anderer Aspekte wie insbesondere der Versorgungssicherheit, Betriebssicherheit oder des Umweltschutzes verpflichtet. Während die Regelungen des allgemeinen Wettbewerbsrechts symmetrisch für alle Wirtschaftsteilnehmer gelten, knüpfen die Vorgaben der sektorspezifischen Regulierung asymmetrisch an bestimmte Eigenschaften – beispielsweise den Betrieb eines Energieversorgungsnetzes oder eines Schienennetzes[380] – an. Die Unterschiede zwischen der sektorspezifischen Regulierung einerseits und dem allgemeinen Wettbewerbsrecht andererseits zeigen sich zudem insbesondere in den sektorspezifischen ex ante-Eingriffsbefugnissen der nationalen Regulierungsbehörden im Bereich der Netzzugangs- und Netzentgeltregulierung: Ex ante eingreifende Regulierungsinstrumente schreiben von vornherein hoheitlich Methoden und Maßstäbe vor, an denen ein Verhalten auszurichten ist. Ex post eingreifende Regulierungsinstrumente überlassen die Prozesse hingegen zunächst dem Markt und überprüfen die im Markt gefundene Lösung im Nachhinein an festgelegten Maßstäben[381].

1245 Art. 102 AEUV verbietet unmittelbar[382] die missbräuchliche Ausnutzung einer marktbeherrschenden Stellung und ermächtigt die Kommission z. B. entsprechend Art. 7 Verordnung (EG) Nr. 1/2003 zum Erlass der erforderlichen Abhilfemaßnahmen verhaltensorientierter und struktureller Art[383]. Maßnahmen auf der Grundlage der Art. 101 ff. AEUV sind damit auf die Beseitigung einzelner gegen Art. 101 ff. AEUV verstoßender Verhaltensweisen gerichtet. Sie dienen nicht der aktiven Marktstrukturgestaltung für die Zukunft. So ist zwar anerkannt, dass auf der Grundlage der Art. 101 ff. AEUV auch Anordnungen getroffen werden dürfen, eine bestimmte Verhaltensweise nicht mehr fortzuführen (sog. Unterlassungsanordnungen). Anordnungen für die Zukunft, auf eine bestimmte Art und Weise tätig zu werden, dürfen dagegen nicht auf der Grundlage der Art. 101 ff. AEUV erlassen werden[384]. Die ex ante-Eingriffsbefugnisse des sektorspezifischen Regulierungsrechts bezwecken dagegen gerade (auch) eine solche aktive, zukunftsorientierte Marktgestaltung. Zudem sind sie nicht auf die bloße Einzelintervention gerichtet, sondern ermöglichen eine umfassende (prognostische) Einflussnahme auf den Sektor. Die Liberalisierung der vormals mo-

---

380 Vgl. für den Eisenbahnsektor *Micklitz/Keßler*, Kundenschutz auf den liberalisierten Märkten für Telekommunikation, Energie und Verkehr, 2006, S. 897.
381 *Kühling*, Sektorspezifische Regulierung in den Netzwirtschaften, 2004, S. 23.
382 Siehe zur unmittelbaren Wirkung des Missbrauchsverbots bereits EuGH, Rs. 66/86, ECLI: EU:C:1989:140, Rn. 32 – *Ahmed Saeed Flugreisen; Fuchs*, in: Immenga/Mestmäcker (Hrsg.), EU-Wettbewerbsrecht, Bd. 1/Teil 1, 6. Aufl. 2019, Art. 102 AEUV Rn. 2.
383 *Bechtold/Bosch/Brinker*, EU-Kartellrecht, 3. Aufl. 2014, vor Art. 7 VO 1/2003, Rn. 2–5.
384 Grundlegend dazu *Bechtold/Bosch/Brinker*, EU-Kartellrecht, 3. Aufl. 2014, Art. 7 VO 1/2003, Rn. 14.

nopolistisch geprägten Netzwirtschaftssektoren macht eine solche Gestaltung insbesondere mit Blick auf die Eröffnung umfassender Marktzutrittsmöglichkeiten erforderlich, die auf der Grundlage der Art. 101 ff. AEUV nicht hätte verwirklicht werden können. Die Regeln des allgemeinen Wettbewerbsrechts sind im Übrigen tatbestandlich so weit gefasst, dass häufig ohne eine Normkonkretisierung im Einzelfall (behördliche Verfügung) kein eindeutiger Verhaltensbefehl für den Normunterworfenen erkennbar ist. Demgegenüber sind Regeln der sektorspezifischen Regulierung von ihren Rechtsfolgen her (z. B. ex ante-Entgeltgenehmigungsvorbehalte) näher konkretisiert, so dass losgelöst von der Einzelfallentscheidung durch die dazu berufene staatliche Behörde die Steuerungswirkung der Norm schon vor dem tatbestandlichen Verhalten deutlicher einsetzt, also ex ante wirkt. Die EU-Fusionskontrolle (Rn. 1247 ff.) nimmt hier eine Zwitterstellung ein: Einerseits gilt sie für alle Wirtschaftssektoren, andererseits kommt ihr aufgrund von Genehmigungsvorbehalten und in der EU-Fusionskontrollverordnung verhältnismäßig präzise definierten Schwellenwerten eine präventive Steuerungswirkung zu, die der sektorspezifischen ex ante-Regulierung ähnelt.

Hintergrund für das Vorhandensein sektorspezifischer Regulierung ist, dass die Anwendung der allgemeinen, für grundsätzlich alle Wirtschaftssektoren geltenden Wettbewerbsbestimmungen auf traditionell monopolistisch oder in staatlicher Obhut organisierte Sektoren (u. a. Telekommunikation, Postwesen, Energieversorgung, Bahn) nicht genügt, um nach der Liberalisierung, d. h. der Zulassung von Wettbewerbern auf den vormaligen Monopolmärkten, tatsächlich wettbewerblich wirksamen Zugang zu den liberalisierten Märkten zu schaffen. Insbesondere in den leitungsgebundenen Netzwirtschaften ist es den neuen Wettbewerbern kaum möglich, die Netze zu errichten und zu unterhalten, welche die vorgelagerte physische Infrastruktur zur nachgelagerten Leistungserbringung (z. B. Sprachtelefondienst, Strom- und Gasversorgung der Endkunden, Verkehrsdienste etc.) bilden. Der eigene Leitungsbau durch einen Newcomer wäre mit erheblichen versunkenen Kosten verbunden („sunk costs": Kosten, die bei einem Marktaustritt kaum mehr durch einen Verkaufspreis aufzufangen wären), die zudem durch die Tätigkeit im Markt betriebswirtschaftlich nicht zu refinanzieren wären. Daher würde der Newcomer bzw. seine ihn vorfinanzierende Bank ohne ein besonderes Zugangsregime von einem Markteintritt und damit von der Erbringung von – auf den vorgelagerten physischen Netzen erst produzierten – nachgelagerten Dienstleistungen a priori abgeschreckt. Insbesondere im Energie- und Eisenbahnsektor ist eine Duplizierung der Netze zudem weitestgehend ökologisch nicht erstrebenswert. Werden der Netzzugang und die Netznutzung vom Ex-Monopolisten, der über flächendeckende, in Zeiten des Monopols aufgebaute Infrastrukturen verfügt, verweigert und könnte dieser verbotene Marktmachtmissbrauch (Art. 102 AEUV; Rn. 1230) erst im Rahmen der ex post ansetzenden allgemeinen Wettbewerbskontrolle sanktioniert werden, so würde der Newcomer den „Insolvenztod" erleiden, bevor ihn wettbewerbliche Gerechtigkeit erreicht. Genau hier hat das Unionsrecht durch sektorspezifische Richtlinien und Verordnungen in den Bereichen Telekommunikation[385], Gas, Strom[386], Bahn und Post[387] Vorgaben für eine ex ante eingreifende Netzzugangs-, -nutzungs- und -entgeltkontrolle durch mitgliedstaatliche Regulierungsbehörden (in Deutschland die *Bundesnetzagentur* mit Sitz in Bonn) geschaffen. Die Regulierungsbehörden sind durch sektorspezifisches Wettbewerbsrecht und die spezialgesetzlich verankerten Vorabkontrollbefugnisse ermächtigt, die Netzzugangs- und Nutzungsbedingungen ex ante zu überprüfen und die Netznutzungsentgelte konstitutiv zu genehmigen. Das sektorspezifische Wettbewerbsrecht greift mit dieser ex ante-Kontrolle in die Eigentums- und Berufsfreiheit der regulierten Unternehmen ein und bedarf daher einer besonders an dem Verhältnismäßigkeitsgebot der Erforderlichkeit zu messenden Rechtfertigung. Diese wird darin gesehen, dass die Schaffung eines wirksamen und funktionsfähigen Wettbewerbs, d. h. eines Wettbewerbs, der sich selbst – soweit möglich auch ohne sektorspezifische Regulierung – dauerhaft trägt, anders nicht erreichbar ist.

d) Fusionskontrolle

1247 Auch die Fusionskontrolle bezweckt den Schutz des Wettbewerbs im Binnenmarkt vor Verfälschungen[388]. Im Gegensatz zu Art. 101 und 102 AEUV knüpft sie nicht an vergangenes oder aktuelles wettbewerbsfeindliches Verhalten an, sondern schützt bestehende Marktstrukturen vor einer markt- und wettbewerbsfeindlichen Marktkonzentration, die nicht aus dem Markt selbst heraus entsteht, d. h. durch Unternehmenswachstum (internes Wachstum), sondern durch Unternehmenszusammenschlüsse (externes Wachstum). Sie soll gewährleisten, dass ein externer Umstrukturierungsprozess durch den Zusammenschluss von Unternehmen keine dauerhafte Schädigung des Wettbewerbs verursacht[389]. Im Rahmen der Fusionskontrolle muss deshalb aus ex ante-Sicht, d. h. auf Basis der bestehenden Marktstrukturen, eine Prognose über Veränderungen und Entwicklungen, die durch einen Zusammenschluss entstehen können, angestellt werden. Diese Prognose bildet die Basis der anschließenden Entscheidung über die Zulässigkeit der Fusion.

1248 Die primärrechtliche Rechtsgrundlage der EU-Fusionskontrolle ergibt sich nicht unmittelbar aus dem Wortlaut der Wettbewerbsregeln des Vertrags. Vereinzelt ging der EuGH auf Grundlage von Art. 101, 102 AEUV vor. Der EuGH hat

---

385 *Koenig/Bartosch/Braun*, EC Competition and Telecommunications Law, 2009; *Neumann/Koch*, Telekommunikationsrecht, 2. Aufl. 2013.
386 *Jones*, EU Energy Law, Vol. III, 4. Aufl. 2016; *Koenig/Kühling/Rasbach*, Energierecht, 4. Aufl. 2018.
387 *Groebel/Katzschmann/Koenig/Lemberg*, Postrecht, 1. Aufl. 2014.
388 Ausführlich zur Fusionskontrolle *Koenig/Schreiber*, Europäisches Wettbewerbsrecht, 2010, Kapitel 7, S. 187 ff.
389 Erwägungsgrund 5 der Verordnung (EG) Nr. 139/2004 („EG-Fusionskontrollverordnung").

in der Entscheidung *Continental Can* festgestellt, dass es einem marktbeherrschenden Unternehmen gemäß Art. 102 AEUV untersagt ist, die Mehrheit der Aktienanteile eines Wettbewerbers zu erwerben[390]. In der Entscheidung *British American Tobacco* stellte der EuGH fest, dass der Erwerb von Aktienanteilen eine durch Art. 101 AEUV verbotene wettbewerbsbeschränkende Vereinbarung darstellen kann[391]. Der Schutz des Wettbewerbs und der Konsumentenwohlfahrt durch Art. 101 und Art. 102 AEUV bliebe lückenhaft, wenn Unternehmensfusionen in ihren Auswirkungen, nicht aber in ihrer Entstehung kontrolliert werden könnten. Die durch Unternehmenszusammenschlüsse zu erwartenden Veränderungen der Marktstruktur gestatteten daher eine auf Art. 101 und Art. 102 AEUV gestützte Fusionskontrolle. Nachdem die Fusionskontrolle von der Kommission zunächst auf dieser primärrechtlichen Grundlage ausgeübt worden war, erging 1989 – gestützt auf die damaligen Art. 83 und Art. 308 EG (im Wesentlichen übernommen durch Art. 103 und Art. 352 AEUV) – die Fusionskontrollverordnung (EWG) Nr. 4064/89[392]. Mit Wirkung vom 1. Mai 2004 wurde diese durch die Fusionskontrollverordnung (EG) Nr. 139/2004 des Rates[393] ersetzt, die nunmehr eine Anmeldung von geplanten Fusionen von unionsweiter Bedeutung bei der Kommission vor deren Vollzug vorsieht. Ergänzt wird diese Verordnung durch die Durchführungsverordnung (EG) Nr. 802/2004[394], die – erlassen auf Basis von Art. 23 Abs. 1 FKVO – verfahrensrechtliche Fragen regelt.

Die Fusionskontrollverordnung (FKVO) erfasst nach Art. 1 Abs. 1 Unternehmenszusammenschlüsse von unionsweiter Bedeutung. Eine solche liegt gemäß Art. 1 Abs. 2 FKVO vor, wenn der weltweite Gesamtumsatz aller beteiligten Unternehmen mehr als 5 Mrd. € beträgt *und* ein unionsweiter Gesamtumsatz von mindestens zwei beteiligten Unternehmen jeweils mehr als 250 Mio. € beträgt. Dies gilt jedoch dann nicht, wenn die am Zusammenschluss beteiligten Unternehmen jeweils mehr als zwei Drittel ihres unionsweiten Gesamtumsatzes in ein und demselben Mitgliedstaat erzielen. Neben diesen sog. *Generalschwellen* in Art. 1 Abs. 2 sieht die Fusionskontrollverordnung in Art. 1 Abs. 3 sog. *Spezialschwellen* vor, bei deren Vorliegen auch solche Zusammenschlüsse erfasst werden, die zwar unterhalb der Schwellenwerte des Absatzes 2 liegen, aber Auswirkungen in (mindestens) drei Mitgliedstaaten haben. Das Vorliegen eines grenzüberschreitenden Zusammenschlusses ist in keinem Fall erforderlich. Dabei

1249

---

390 EuGH, Rs. 6/72, ECLI:EU:C:1973:22, Rn. 25 f. – *Continental Can.*
391 EuGH, verb. Rs. 142/84 u. 156/84, ECLI:EU:C:1987:490, Rn. 37–39 – *British American Tobacco.*
392 Ex-Verordnung (EWG) Nr. 4064/89 des Rates v. 30.12.1989 über die Kontrolle von Unternehmenszusammenschlüssen, ABl.EG 1989 Nr. L 395, S. 1.
393 Verordnung (EG) Nr. 139/2004 des Rates v. 20.1.2004 über die Kontrolle von Unternehmenszusammenschlüssen („EG-Fusionskontrollverordnung"), ABl.EU 2004 Nr. L 24, S. 1.
394 Verordnung (EG) Nr. 802/2004 der Kommission v. 7.4.2004 zur Durchführung der Verordnung (EG) Nr. 139/2004 des Rates über die Kontrolle von Unternehmenszusammenschlüssen, ABl.EG 2004 Nr. L 133, S. 1.

ist die EU-Fusionskontrolle *ratione personae* auch auf außereuropäische Unternehmen insoweit anwendbar, als deren Fusion *ratione materiae* geeignet ist, Auswirkungen auf den EU-Binnenmarkt i. S. d. Art. 26 Abs. 2 AEUV zu entfalten.

1250 Zentraler Begriff der Fusionskontrolle ist der des *Zusammenschlusses* (Art. 3 FKVO). Von einem Zusammenschluss mehrerer Unternehmen ist im Fall des Kontrollerwerbs eines Unternehmens über ein anderes Unternehmen auszugehen[395]. Ein solcher Kontrollerwerb liegt vor, wenn die begründete Verbindung zwischen mehreren Unternehmen einen bestimmenden Einfluss auf die Tätigkeit des jeweils anderen Unternehmens ermöglicht. Ein Kontrollerwerb kann auf tatsächlicher sowie rechtlicher Basis erfolgen, beispielsweise durch den Erwerb maßgeblichen Einfluss begründender Anteils- oder Vermögensrechte. Art. 3 Abs. 5 FKVO enthält eine Rückausnahme von der Legaldefinition des Zusammenschlusses in den vorangegangenen Absätzen insbesondere für den nur vorübergehenden Anteilserwerb durch Kreditinstitute oder Versicherungsgesellschaften. Nach Art. 3 Abs. 4 FKVO stellt auch die Gründung eines Gemeinschaftsunternehmens, das auf Dauer alle Funktionen einer selbstständigen wirtschaftlichen Einheit erfüllt, einen Zusammenschluss i. S. v. Art. 3 Abs. 1 lit. b FKVO dar. Umgekehrt liegt ein anmeldepflichtiger Zusammenschluss nicht vor, wenn ein Gemeinschaftsunternehmen *ohne Vollfunktionsfähigkeit* gegründet wird. Gleichfalls handelt es sich nach der Rechtsprechung des EuGH um einen Zusammenschluss, wenn sich die Kontrolle von einer alleinigen hin zu einer gemeinsamen ändert, also ein Gemeinschaftsunternehmen nur *entsteht*[396]. Die Fälle der Gründung eines Gemeinschaftsunternehmens i. S. v. Art. 3 Abs. 4 FKVO und der Entstehung eines solchen infolge einer Änderung der Kontrolle sind nach dieser Rechtsprechung folglich gleich zu behandeln.

1251 Gemäß Art. 2 Abs. 3 FKVO sind Zusammenschlüsse für mit dem Binnenmarkt unvereinbar zu erklären, wenn durch sie der wirksame Wettbewerb in einem wesentlichen Teil des Unionsgebiets *erheblich behindert* würde. Bis 2004 war ein Zusammenschluss immer dann zu versagen, wenn durch ihn eine marktbeherrschende Stellung (Rn. 1213 ff.) begründet oder verstärkt worden wäre, die zu einer erheblichen Behinderung des wirksamen Wettbewerbs geführt hätte[397]. Materieller Beurteilungsmaßstab war der sog. „Marktbeherrschungstest", der mit Erlass der Fusionskontrollverordnung (EG) Nr. 139/2004 durch den sog. *Wettbewerbsbehinderungstest* („significant impediment to effective competition" – [SIEC]-Test) ersetzt wurde. Die Begründung oder Verstärkung einer marktbeherrschenden Stellung ist im Rahmen der Überprüfung nach Art. 2 Abs. 3 FKVO weiterhin als Regelbeispiel einer Wettbewerbsbehinderung vorgesehen.

---

395 Siehe zu dieser im Einzelnen detailliert zu überprüfenden und oftmals komplexen Frage die Legaldefinition des Art. 3 FKVO sowie die Mitteilung der Kommission über den Begriff des Zusammenschlusses der Verordnung (EWG) Nr. 4064/89 des Rates über die Kontrolle von Unternehmenszusammenschlüssen, ABl.EG 1998 Nr. C 66, S. 5.
396 EuGH, Rs. C-248/16, ECLI:EU:C:2017:643 – *Austria Asphalt*.
397 Art. 2 Abs. 3 der ex-Fusionskontrollverordnung Nr. 4064/89.

Nun kann jedoch ein Zusammenschluss auch dann mit dem Binnenmarkt unvereinbar sein, wenn er zwar nicht zu einer marktbeherrschenden Stellung der fusionierten Unternehmen führt, aber eine erhebliche Minderung des Wettbewerbsdrucks auf die am Markt agierenden Unternehmen bewirkt[398]. Mit der Änderung des Art. 2 FKVO sollte ermöglicht werden, auch sog. einseitige Effekte auf Oligopolmärkten zu verhindern[399]. In Betracht kommt eine Unvereinbarkeit eines Zusammenschlusses mit dem Binnenmarkt beispielsweise, wenn – ohne eine Marktbeherrschung zu begründen – die fusionierten Unternehmen in die Lage versetzt werden, kleinere Unternehmen am Wachstum zu hindern oder den Markteintritt potentieller neuer Wettbewerber erheblich zu erschweren[400].

Das *Verfahren der Fusionskontrolle* ist detailliert geregelt. Zusammenschlüsse von unionsweiter Bedeutung sind nach Vertragsabschluss, Veröffentlichung des Übernahmeangebots oder Erwerb einer die Kontrolle begründenden Beteiligung (im Folgenden: Vertragsabschluss) bereits vor ihrem Vollzug bei der Kommission anzumelden (Art. 4 Abs. 1 UAbs. 1 FKVO). Art. 4 Abs. 1 UAbs. 2 FKVO ermöglicht eine Anmeldung auch dann, wenn die beteiligten Unternehmen der Kommission lediglich ihren Willen zum Vertragsabschluss glaubhaft gemacht haben, sofern der beabsichtigte Vertrag zu einem Zusammenschluss von unionsweiter Bedeutung führen würde. Sobald die Notifizierungsunterlagen vollständig vorliegen, muss die Kommission innerhalb enger Zeitvorgaben eine Entscheidung treffen (Art. 10 FKVO). Geschieht dies nicht, tritt eine automatische Genehmigung kraft Zeitablaufs ein (Art. 10 Abs. 6 FKVO). Bis zu diesem Zeitpunkt ordnet Art. 7 FKVO ein Vollzugsverbot an, so dass der Zusammenschluss weder vor der Anmeldung noch bis zum Zeitpunkt der Kommissionsentscheidung über dessen Zulässigkeit bzw. bis zum Ablauf der Entscheidungsfrist vollzogen werden darf („stand-still-Gebot"). Bei einem Verstoß gegen das Vollzugsverbot kann die Kommission Maßnahmen anordnen, um den Zusammenschluss rückgängig zu machen (sog. Entflechtung, Art. 8 Abs. 5 lit. a FKVO) und eine Geldbuße verhängen (Art. 14 FKVO).

1252

Wenn eine Fusion in den Anwendungsbereich der Fusionskontrollverordnung fällt, finden nationale Wettbewerbsvorschriften keine Anwendung mehr (Art. 21 Abs. 3 FKVO). Die Kommission ist gemäß Art. 21 Abs. 2 FKVO ausschließlich zuständig. Die Parteien müssen daher ihren Zusammenschluss nicht zahlreichen mitgliedstaatlichen Kartellbehörden vorlegen (Prinzip des „one-stop-shop"). Es besteht jedoch nach Art. 4 Abs. 4 und Abs. 5 FKVO die Möglichkeit, durch be-

1253

---

398 Kommission, Leitlinien zur Bewertung horizontaler Zusammenschlüsse gemäß der Ratsverordnung über die Kontrolle von Unternehmenszusammenschlüssen, ABl.EU 2004 Nr. C 31, S. 5, Rn. 24.
399 *Körber*, in: Immenga/Mestmäcker (Hrsg.), EU-Wettbewerbsrecht, 5. Aufl. 2012, Art. 2 VO 139/2004/EG, Rn. 405 f., 439 ff.
400 Kommission, Leitlinien zur Bewertung horizontaler Zusammenschlüsse gemäß der Ratsverordnung über die Kontrolle von Unternehmenszusammenschlüssen, ABl.EU 2004 Nr. C 31, S. 5, Rn. 36.

gründeten Antrag der an der Fusion beteiligten Unternehmen eine Verweisung von der Kommission an mitgliedstaatliche Behörden oder an die Kommission zu erwirken. Für den Fall der Verweisung durch die Kommission an eine mitgliedstaatliche Behörde muss nach Art. 4 Abs. 4 FKVO der Kommission mitgeteilt werden, dass der Zusammenschluss den Wettbewerb in einem Markt innerhalb eines Mitgliedstaates, der alle Merkmale eines gesonderten Marktes aufweist, erheblich beeinträchtigen könnte und deshalb ganz oder teilweise von diesem Mitgliedstaat geprüft werden sollte. Soweit der betroffene Mitgliedstaat der Verweisung nicht widerspricht, kann der gesamte Fall oder ein Teil des Falles an die zuständigen Behörden des Mitgliedstaates verwiesen und dessen Wettbewerbsrecht angewendet werden. Nach Art. 4 Abs. 5 FKVO können die Zusammenschlüsse, die keine unionsweite Bedeutung haben und in mindestens drei Mitgliedstaaten anmeldefähig sind, von der Kommission geprüft werden, vorausgesetzt, die nach ihrem Wettbewerbsrecht zuständigen Mitgliedstaaten lehnen eine solche Verweisung nicht ab. Bleibt eine solche Ablehnung durch die Mitgliedstaaten aus, wird die unionsweite Bedeutung des Zusammenschlusses vermutet. Dementsprechend bedarf es dann einer Anmeldung bei der Kommission.

1254 Das Verfahren besteht aus zwei Phasen und endet mit einer formellen Kommissionsentscheidung. In Phase Eins (Art. 6 Abs. 1 lit. a u. lit. b i. V. m. Art. 10 Abs. 1 FKVO) überprüft die Kommission – generell innerhalb von höchstens 25, maximal 35 Arbeitstagen – die Anmeldung und stellt fest, ob der angemeldete Zusammenschluss überhaupt unter die Fusionskontrollverordnung fällt. Wenn der angemeldete Zusammenschluss nicht unter die Fusionskontrollverordnung fällt, wird dies durch eine Entscheidung der Kommission festgestellt. Falls der angemeldete Zusammenschluss zwar unter die Verordnung fällt, wirksamer Wettbewerb auf dem Binnenmarkt durch diesen aber nicht erheblich behindert würde, erklärt die Kommission in ihrer Entscheidung diesen Zusammenschluss gemäß Art. 6 Abs. 1 lit. b FKVO für vereinbar mit dem Binnenmarkt. Sollten ernsthafte wettbewerbliche Bedenken bestehen, trifft die Kommission die Entscheidung, das Verfahren einzuleiten, Art. 6 Abs. 1 lit. c FKVO (Phase Zwei). In dieser zweiten Phase, die grundsätzlich 90 Arbeitstage nicht überschreiten darf, prüft die Kommission die Vereinbarkeit mit dem Binnenmarkt und kann den angemeldeten Zusammenschluss durch eine Entscheidung entweder für mit dem Binnenmarkt vereinbar (möglicherweise unter bestimmten Bedingungen und Auflagen) oder unvereinbar (Art. 6 Abs. 1 lit. c i. V. m. Art. 10 Abs. 3, Art. 8 FKVO) erklären.

e) Anwendungsbereich der EU-Wettbewerbsregeln, Kollision mit mitgliedstaatlichem Wettbewerbsrecht und Zusammenarbeit der nationalen Wettbewerbsbehörden mit der Kommission

aa) Anwendungsbereich der EU-Wettbewerbsregeln

Der *sachliche Anwendungsbereich* der EU-Wettbewerbsregeln erstreckt sich auf den gesamten Binnenmarkt und auf alle Wirtschaftsbereiche, sofern sich nicht aus den Verträgen etwas anderes ergibt. Ausgenommen vom Anwendungsbereich sind die Produktion landwirtschaftlicher Erzeugnisse und der Handel mit diesen (Art. 38 Abs. 2 i. V. m. Art. 42 AEUV), soweit dies durch einen Sekundärrechtsakt angeordnet wird[401]. Dem *territorialen Anwendungsbereich* der EU-Wettbewerbsregeln unterliegen Unternehmen mit Sitz im Geltungsbereich des Vertrags. Dies gilt ohne Rücksicht darauf, ob die tatbestandsmäßige Handlung außerhalb der Territorien der Mitgliedstaaten vorgenommen wurde. Unabhängig vom Sitz des Unternehmens werden zudem tatbestandsmäßige Handlungen innerhalb des Territoriums der Union erfasst (Territorialitätsprinzip). Außerhalb des Unionsgebiets getroffene Maßnahmen von Unternehmen, die auch ihren Sitz außerhalb des Geltungsbereichs der Unionsverträge haben, werden erfasst, sofern die potentiell tatbestandsmäßige Handlung *Auswirkungen* auf den Binnenmarkt zeitigt (sog. Auswirkungsprinzip)[402].

1255

bb) Kollision mit mitgliedstaatlichem Wettbewerbsrecht

Art. 101 und Art. 102 AEUV sind unmittelbar anwendbares Recht, das auch von den nationalen Wettbewerbsbehörden und Gerichten anzuwenden ist, sofern die untersuchte Handlung den Handel zwischen den Mitgliedstaaten in tatbestandsmäßiger Weise beeinträchtigen kann. Dies gilt gerade auch dann, wenn parallel dazu der Anwendungsbereich nationaler Wettbewerbsvorschriften eröffnet ist (Art. 3 Abs. 1 Verordnung (EG) Nr. 1/2003). Die Anwendung der nationalen Wettbewerbsvorschriften durch die mitgliedstaatlichen Behörden wird bei Sachverhalten, auf die das Unionsrecht tatbestandlich Anwendung findet, inhaltlich durch die Anwendung des Unionsrechts determiniert. Eine Abweichung im Einzelfall kann sich daraus ergeben, dass die von der Kommission erlassenen, rechtlich nicht verbindlichen Empfehlungen zwar über die Grundsätze der Gleichbehandlung und des Vertrauensschutzes von der Kommission zu beachten sind[403]. Demgegenüber wird eine nationale Wettbewerbsbehörde – auch nicht mittelbar – von einer solchen Empfehlung gebunden.

1256

Nach Art. 3 Abs. 2 Satz 1 Verordnung (EG) Nr. 1/2003 darf das mitgliedstaatliche Wettbewerbsrecht jedoch nicht zu einem gegenüber Art. 101 AEUV strenge-

1257

---

401 Zum Verhältnis des Kartellrechts zur Agrarmarktordnung EuGH, Rs. C-671/15, ECLI:EU:C:2017:860 – *APVE*.
402 EuG, Rs. T-102/96, ECLI:EU:T:1999:65, Rn. 90 – *Gencor*.
403 Vgl. EuGH, Rs. C-226/11, ECLI:EU:C:2012:795, Rn. 28 – *Expedia*.

ren Kontrollsystem bezüglich der Vereinbarungen zwischen Unternehmen, Beschlüssen von Unternehmensvereinigungen und aufeinander abgestimmten Verhaltensweisen führen, wodurch im Anwendungsbereich des Art. 101 AEUV eine unionsweite Harmonisierung herbeigeführt wird. Demnach dürfen z. B. die nach Art. 101 Abs. 3 AEUV freigestellten Vorhaben nicht nach nationalen Bestimmungen verboten werden. In Bezug auf einseitige Handlungen von Unternehmen – also insbesondere solche, die von Art. 102 AEUV erfasst sind – ist es den Mitgliedstaaten hingegen erlaubt, strengere innerstaatliche Vorschriften zu erlassen oder anzuwenden (Art. 3 Abs. 2 Satz 2 Verordnung (EG) Nr. 1/2003). Im Bereich der Kontrolle von Unternehmenszusammenschlüssen ist es nach Art. 21 Abs. 3 der Fusionskontrollverordnung den Mitgliedstaaten nicht gestattet, ihr innerstaatliches Wettbewerbsrecht auf die Zusammenschlüsse von unionsweiter Bedeutung anzuwenden (vgl. Rn. 1249).

cc) Zusammenarbeit der nationalen Wettbewerbsbehörden mit der Kommission

1258 Die Durchsetzung des Kartellrechts liegt schwerpunktmäßig bei den Mitgliedstaaten. Die Kommission konzentriert sich allein auf schwerwiegende Wettbewerbsrechtsverstöße. Sobald die Kommission, ggf. nach Konsultation der bereits mit einem Fall befassten Wettbewerbsbehörde, ein Verfahren eröffnet, entfällt nach Art. 11 Abs. 6 Satz 1 Verordnung (EG) Nr. 1/2003 die Zuständigkeit der nationalen Wettbewerbsbehörden. Zugleich findet auch die Anwendung eines Teils des nationalen Wettbewerbsrechts nicht mehr statt[404]. Nach Art. 16 Verordnung (EG) Nr. 1/2003 dürfen nationale Gerichte und Wettbewerbsbehörden keine Maßnahmen treffen, die einer Entscheidung der Kommission zuwiderlaufen.

1259 Die Durchsetzung des Kartellrechts in erster Linie durch die Mitgliedstaaten birgt indes die Gefahr einer uneinheitlichen Anwendung. Doch unterschiedliche Praktiken in den Mitgliedstaaten sollen die Aufdeckung und Bestrafung von Wettbewerbsverstößen nicht beeinflussen. Um eine kohärente Anwendung zu fördern, arbeiten die nationalen Wettbewerbsbehörden mit der Kommission in einem sog. Europäischen Wettbewerbsnetz (ECN) zusammen (vgl. Art. 11 bis Art. 14, Art. 16 Abs. 2, Art. 22, Art. 35 Verordnung (EG) Nr. 1/2003). Das Europäische Wettbewerbsnetz ist als Diskussions- und Kooperationsforum ausgestaltet[405]. Es basiert auf dem gegenseitigen Informationsaustausch. Die Aufgabenverteilung innerhalb des Netzwerks wird durch Bekanntmachungen der Kommission konkretisiert[406]. Um eine noch effektivere und einheitlichere Durchsetzung des Euro-

---

404 Vgl. EuGH, Rs. C-17/10, ECLI:EU:C:2012:72, Rn. 75 ff. – *Toshiba*.
405 *De Bronett*, Kommentar zum europäischen Kartellverfahrensrecht, 2012, Vorbemerkung zu Art. 11 bis 16, Rn. 6.
406 Bekanntmachung der Kommission über die Zusammenarbeit innerhalb des Netzes der Wettbewerbsbehörden, ABl.EU 2004 Nr. C 101, S. 43; Bekanntmachung der Kommission über die Zusammenarbeit zwischen der Kommission und den Gerichten der EU-Mitgliedstaaten bei der Anwendung der Art. 81 u. 82 EG-Vertrag, ABl.EU 2004 Nr. C 101, S. 54.

päischen Wettbewerbsrechts zu gewährleisten, wurde auch zur Sicherstellung eines reibungslosen Funktionierens des Binnenmarktes die ECN+-Richtlinie[407] erlassen. Sie enthält insbesondere Vorgaben betreffend das Verfahren und die Befugnisse zur Durchsetzung des Wettbewerbsrechts, die Sicherung der Unabhängigkeit der nationalen Wettbewerbsbehörden, Geldbußen und Kronzeugenregelungen. Die Richtlinie ist gemäß ihres Art. 34 Abs. 1 bis zum 4. Februar 2021 in nationales Recht umzusetzen.

f) Merksätze

> Das **Instrumentarium** der EU-Wettbewerbskontrolle reicht von der Beihilfenkontrolle (Art. 107 ff. AEUV) über das Kartellverbot (Art. 101 Abs. 1 AEUV) und das Verbot des Missbrauchs einer marktbeherrschenden Stellung (Art. 102 AEUV) bis hin zur Fusionskontrolle durch die Union (Fusionskontrollverordnung).
>
> Nach dem **Kartellverbot des Art. 101 Abs. 1 AEUV** sind Vereinbarungen zwischen Unternehmen, Beschlüsse von Unternehmensvereinigungen und aufeinander abgestimmte Verhaltensweisen verboten, „welche den Handel zwischen Mitgliedstaaten zu beeinträchtigen geeignet sind und eine Verhinderung, Einschränkung oder Verfälschung des Wettbewerbs innerhalb des Binnenmarktes bezwecken oder bewirken". Unter einem **Unternehmen** versteht man funktional eine Einheit, die eine wirtschaftliche Tätigkeit ausübt, unabhängig von ihrer Rechtsform und der Art der Finanzierung. Neben den – nicht abschließenden – Regelbeispielen des Art. 101 Abs. 1 lit. a bis e AEUV ist entscheidend darauf abzustellen, ob die wirtschaftliche Betätigungsfreiheit der Unternehmen beeinträchtigt wird. Nach der sog. **„De-minimis"-Regel** ist erforderlich, dass die Beeinträchtigung spürbar ist.
>
> Art. 101 Abs. 3 AEUV enthält eine **Legalausnahme** vom Verbot wettbewerbsbeschränkender Absprachen für an sich wettbewerbsbeschränkende Koordinierungen, die jedoch wünschenswerte Ziele verfolgen, also „unter angemessener Beteiligung der Verbraucher an dem entstehenden Gewinn zur Verbesserung der Warenerzeugung oder -verteilung oder zur Förderung des technischen oder wirtschaftlichen Fortschritts beitragen". Das Beurteilungsrisiko, ob eine bestimmte Vereinbarung die vage formulierten Kriterien des Art. 101 Abs. 3 AEUV erfüllt, liegt allein bei den an der Koordinierung beteiligten Unternehmen.

1260

---

[407] Richtlinie (EU) Nr. 2019/1 des Europäischen Parlaments und des Rates v. 11.12.2018 zur Stärkung der Wettbewerbsbehörden der Mitgliedstaaten im Hinblick auf eine wirksamere Durchsetzung der Wettbewerbsvorschriften und zur Gewährleistung des reibungslosen Funktionierens des Binnenmarkts, ABl.EU 2019 Nr. L 11 S. 3; siehe für einen Überblick *Ost*, NZKart 2019, S. 69.

Art. 102 AEUV unterwirft Unternehmen in marktbeherrschender Stellung einer besonderen **Missbrauchsaufsicht.** Danach ist die missbräuchliche Ausnutzung einer beherrschenden Stellung auf dem – sachlich und räumlich relevanten – Binnenmarkt oder auf einem wesentlichen Teil desselben verboten, soweit dies zu einer potentiellen Handelsbeeinträchtigung zwischen den Mitgliedstaaten führt.

Zu unterscheiden von den allgemeinen Wettbewerbsvorschriften sind solche der **sektorspezifischen Regulierung.** Die Vorgaben der sektorspezifischen Regulierung sind beschränkt auf bestimmte Wirtschaftssektoren und knüpfen **asymmetrisch** an bestimmte Eigenschaften des Adressaten wie den Infrastrukturbetrieb an. Sie gelangen dort zur Anwendung, wo die **ex post** ansetzenden, d. h. vergangenheitsgerichteten Regeln der allgemeinen Wettbewerbskontrolle, einen wirksamen Wettbewerb nicht allein herzustellen vermögen und deshalb der Ergänzung eines präventiven Instrumentariums, nämlich der **ex ante-Regulierung,** bedürfen.

Obwohl die Wettbewerbsregeln des Vertrags dies nicht ausdrücklich vorsehen, gestatten die durch Unternehmenszusammenschlüsse zu erwartenden Veränderungen der Marktstruktur eine **Fusionskontrolle.** Die Kommission übt die Fusionskontrolle auf Grundlage der Fusionskontrollverordnung aus. Die Verordnung erfasst Unternehmenszusammenschlüsse von unionsweiter Bedeutung, wobei das wichtigste Kriterium der Jahresumsatz der beteiligten Unternehmen ist. Ein solcher Unternehmenszusammenschluss ist mit dem Binnenmarkt unvereinbar, wenn durch ihn der wirksame Wettbewerb im Binnenmarkt oder in einem wesentlichen Teil desselben **erheblich behindert** würde, insbesondere durch Begründung oder Verstärkung einer beherrschenden Stellung.

Art. 101 und Art. 102 AEUV sind **unmittelbar anwendbares** Recht, das auch von den nationalen Wettbewerbsbehörden und Gerichten anzuwenden ist, sofern die untersuchte Handlung den Handel zwischen den Mitgliedstaaten in tatbestandsmäßiger Weise beeinträchtigen kann. Findet ein nationales Kartell- oder Missbrauchsverbot Anwendung, sind die Art. 101 und Art. 102 AEUV durch die mitgliedstaatlichen Behörden und Gerichte **parallel** anzuwenden. Das **mitgliedstaatliche Wettbewerbsrecht** darf dabei nicht zu einem gegenüber Art. 101 Abs. 1 und Abs. 3 AEUV strengeren Kontrollsystem bezüglich der Vereinbarungen zwischen Unternehmen, Beschlüssen von Unternehmensvereinigungen und aufeinander abgestimmten Verhaltensweisen führen (Art. 3 Abs. 2 Satz 1 Verordnung (EG) Nr. 1/2003). Demnach dürfen z. B. die nach Art. 101 Abs. 3 AEUV freigestellten Vorhaben nicht nach nationalen Bestimmungen verboten werden. Zulässig ist dagegen ein strengeres Kontrollsystem hinsichtlich einseitiger, Art. 102 AEUV unterliegender Verhaltensweisen (Art. 3 Abs. 2 Satz 2 Verordnung (EG) Nr. 1/2003).

Leitentscheidungen:
EuGH, verb. Rs. 56/64 u. 58/64, ECLI:EU:C:1966:41 – *Consten & Grundig* (= P Nr. 241).
EuGH, Rs. 14/68, ECLI:EU:C:1969:4 – *Walt Wilhelm*.
EuGH, Rs. 48/69, ECLI:EU:C:1972:70 – *ICI*.
EuGH, Rs. 6/72, ECLI:EU:C:1973:22 – *Continental Can*.
EuGH, verb. Rs. 6/73 u. 7/73, ECLI:EU:C:1974:18 – *Commercial Solvents*.
EuGH, Rs. 27/76, ECLI:EU:C:1978:22 – *United Brands („Chiquita Bananen")* (= P Nr. 258).
EuGH, Rs. 85/76, ECLI:EU:C:1979:36 – *Hoffmann-La Roche*.
EuGH, Rs. 322/81, ECLI:EU:C:1983:313 – *Michelin*.
EuG, Rs. T-51/89, ECLI:EU:T:1990:41 – *Tetra Pak*.
EuGH, Rs. C-41/90, ECLI:EU:C:1991:161 – *Höfner*.
EuGH, Rs. C-260/89, ECLI:EU:C:1991:254 – *ERT*.
EuGH, Rs. C-364/92, ECLI:EU:C:1994:7 – *SAT Fluggesellschaft* (= P Nr. 237).
EuG, Rs. T-41/96, ECLI:EU:T:2000:242 – *Bayer*.
EuGH, Rs. C-453/99, ECLI:EU:C:2001:465 – *Courage u. Crehan* (= P Nr. 248).
EuGH, Rs. C-475/99, ECLI:EU:C:2001:577 – *Ambulanz Glöckner*.
EuG, Rs. T-342/99, ECLI:EU:T:2002:146 – *Airtours* (= P Nr. 260).
EuGH, Rs. C-35/99, ECLI:EU:C:2002:97 – *Arduino*.
EuGH, Rs. C-309/99, ECLI:EU:C:2002:98 – *Wouters* (= P Nr. 195, 239).
EuG, Rs. T-201/04, ECLI:EU:T:2007:289 – *Microsoft* (= P Nr. 253).
EuGH, Rs. C-8/08, ECLI:EU:C:2009:343 – *T-Mobile Netherlands*.
EuGH, Rs. C-97/08 P, ECLI:EU:C:2009:536 – *Akzo Nobel* (= P Nr. 238).
EuGH, Rs. C-280/08 P, ECLI:EU:C:2010:603 – *Deutsche Telekom AG*.
EuGH, Rs. C-360/09, ECLI:EU:C:2011:389 – *Pfleiderer AG*.
EuGH, Rs. C-209/10, ECLI:EU:C:2012:172 – *Post Danmark* (= P Nr. 255).
EuGH, Rs. C-536/11, ECLI:EU:C:2013:366 – *Donau Chemie* (= P Nr. 250).
EuGH, Rs. C-23/14, ECLI:EU:C:2015:651 – *Post Danmark II* (= P Nr. 256).
EuGH, Rs. C-724/17, ECLI:EU:C:2019:204 – *Skanska Industrial Solutions u. a.*

3. Beihilfenkontrolle

Literaturhinweise: *Bartosch, A.:* EU-Beihilfenrecht, 2016; *Birnstiel, A./Bungenberg, M./Heinrich, H.:* Europäisches Beihilfenrecht, 2013; *v. Carnap-Bornheim, P.:* Einführung in das Europäische Beihilferecht, JuS 2013, S. 215; *Cyndecka, M. A.:* The Applicability and Application of the Market Economy Investor Principle, EStAL 2016, S. 381 ff.; *Ghazarian, L.:* Recovery of State aid, EStAL 2015, S. 228; *Giraud/Petit:* Bury Them Deep: The Court of Justice Annuls the Autogrill and Banco Santander Judgments oft the General Court, EStAL 2017, S. 314; *Heidenhain, M. (Hrsg.):* Handbuch des Europäischen Beihilfenrechts, 2003; *Jaeger, T.:* Fehlstellungen im Verhältnis von Steuer- und Beihilferecht: Ein Plädoyer für mehr Ausgewogenheit, EuZW 2012, S. 92; *Koenig, Ch./Kühling, J.:* Grundfragen des EG-Beihilfenrechts, NJW 2000, S. 1065; *Koenig, Ch./Schreiber, K.:* Europäisches Wettbewerbsrecht, 2010, S. 217 ff.; *Koenig, Ch./Wilden, B.:* Re-Communalisation – The Impact of the In-house Privilege and National Public Pricing Law on European State Aid Law, EStAL 2018, S. 264; *Meßmer, S.:* Die neue Bekanntmachung der Europäischen Kommission zum Begriff der staatlichen Beihilfe – Schluss mit der Verwirrung?, KommJur 2017, S. 1; *Soltész, U.:* Das neue europäische Beihilferecht, NJW 2014, S. 3128;

ders.: Die Entwicklung des europäischen Beihilferechts in 2015, EuZW 2016, S. 87; *ders.:* Die Entwicklung des europäischen Beihilferechts in 2016, EuZW 2017, S. 51; *ders.:* Wichtige Entwicklungen im Europäischen Beihilferecht im Jahre 2017, EuZW 2018, S. 60; *ders.:* Wichtige Entwicklungen im Europäischen Beihilferecht im Jahre 2018, EuZW 2019, S. 53; *Soltész, U./Hellstern, M.:* „Mittelbare Beihilfen" – Indirekte Begünstigungen im EU-Beihilferecht, EuZW 2013, S. 489; *Soltész U./Pflock, Th.:* Die „Wiederentdeckung" der beihilferechtlichen Zwischenstaatlichkeitsklausel – vom Schattendasein ins Scheinwerferlicht?, EuZW 2017, S. 207.

a) Bedeutung und Struktur des EU-Beihilfenrechts

1261 Im Rahmen des Wettbewerbsrechts kommt der EU-Beihilfenkontrolle nach den Art. 107 bis Art. 109 AEUV eine wesentliche Rolle zu, um den Binnenmarkt vor Wettbewerbsverfälschungen zu schützen. Der Schutz des unverfälschten Wettbewerbs innerhalb des Europäischen Binnenmarktes ist eines der Ziele der Europäischen Union (Rn. 1163). Staatliche Beihilfen können den Wettbewerb erheblich beeinträchtigen und die Wettbewerbsgleichheit zwischen den Unternehmen stören. Durch eine hoheitliche Marktintervention in Form von staatlichen Mitteln zugunsten einzelner Unternehmen kann der Wettbewerb ebenso verfälscht werden wie durch Kartelle, anti-kompetitive Fusionen oder den Missbrauch von Marktmacht. So kann beispielsweise die Marktaktivität eines ineffizienten Unternehmens durch Staatsbeihilfen künstlich aufrechterhalten werden. Zum Schutz des Europäischen Binnenmarktes, der sich durch offene Grenzen und den freien Güter-, Dienstleistungs- und Kapitalverkehr und damit durch einen innergemeinschaftlichen Wettbewerb auszeichnet, ist eine Bevorzugung nationaler Unternehmen durch Beihilfen der einzelnen Mitgliedstaaten und eine den Interessen des Binnenmarktes entgegenlaufende eigennützige Standortpolitik zu verhindern. Als wichtiger Bestandteil der nationalen Politiken (z. B. der Industrie-, Kultur-, Umwelt- und Regionalpolitik) gehören staatliche Beihilfen allerdings zum gefestigten Instrumentarium öffentlicher Regulierung der Mitgliedstaaten. Durch staatliche finanzielle Unterstützungen wurde in der jüngeren Vergangenheit insbesondere dem Verlust einer hohen Zahl von Arbeitsplätzen bei im Zuge der Finanzkrise insolvenzbedrohten Unternehmen entgegengewirkt. Ferner gewährt die Europäische Union selbst auf der Basis verschiedener Finanzierungsinstrumente Fördermittel. Werden diese direkt aus dem Unionshaushalt, d. h. nicht über die Mitgliedstaaten ausgegeben, unterfallen sie allerdings nicht dem Beihilfenregime nach Art. 107f. AEUV, auch dann nicht, wenn sie durch die Mitgliedstaaten vollzogen werden. Diese direkten EU-Förderungen sind von solchen Beihilfen abzugrenzen, die zwar aus Unionsmitteln finanziert werden, über deren Verwendung die nationalen Behörden jedoch nach eigenem Ermessen entscheiden, insbesondere in Bezug auf die Auswahl des Beihilfeempfängers[408].

---

408 Hierzu näher die Bekanntmachung zum Begriff der staatlichen Beihilfe v. 19.7.2016, ABl. EU 2016 Nr. C 262, S. 1, Rn. 60.

1262 Mit der fortschreitenden Verdichtung der Handelsbeziehungen im Binnenmarkt sowie der Liberalisierung dem Wettbewerb vormals weitgehend entzogener Märkte (z. B. Post, Telekommunikation, Energie) hat der Stellenwert des Beihilfenrechts als Kontrollmechanismus zur Herstellung gleicher Wettbewerbsbedingungen im Binnenmarkt zugenommen. Während die Kommission ihre beihilfenrechtliche Kontrolltätigkeit zunächst auf zahlreiche Politikbereiche einschließlich der Gebiete, die zuvor einer autonomen Regulierungsgewalt der Mitgliedstaaten vorbehalten schienen, ausweitete, verfolgt sie seit einigen Jahren in Anlehnung an vergleichbare Bestrebungen im Kartellrecht und in der Missbrauchsaufsicht einen dezentralisierten Kontrollansatz. Danach soll unter Zugrundelegung einer an wirtschaftlichen Effekten orientierten Ausrichtung *(more economic approach,* Rn. 1167 f.) ein Beihilfenkontrollnetzwerk geschaffen werden, wonach die Beihilfenkontrolle auf der Grundlage EU-rechtlicher Rahmenvorschriften in Zusammenarbeit zwischen den mitgliedstaatlichen Organen (Rechnungshöfe, Gerichte etc.) und der Kommission erfolgt[409]. Das Maßnahmenpaket der Kommission zur Behandlung von Beihilfen im Bereich der Daseinsvorsorge (Rn. 1350 ff.) legt diesen Ansatz zugrunde und gibt entsprechende Rahmenvorschriften vor. Ferner wurden diverse sekundärrechtliche Regelungswerke sowie unverbindliche Akte des Rates und der Kommission an den neuen ökonomisierten Ansatz angepasst. Den bislang größten Niederschlag haben die Reformbestrebungen in der „Allgemeinen Gruppenfreistellungsverordnung"[410] (Rn. 1312 ff.) gefunden. Mit der neuen Regelung sollen die bisherigen Bestimmungen der einzelnen Gruppenfreistellungen vereinfacht und durch Zusammenfassung in einer einzigen Verordnung übersichtlicher und leichter anwendbar werden. Gleichzeitig wurden neue Arten von Beihilfen von der Anmeldepflicht freigestellt. Im Rahmen eines Reformprogrammes zur Modernisierung des Beihilfenrechts aktualisierte und vereinfachte die Kommission zudem das Beihilfenrecht. Mit diesem sollte einerseits mehr Rechtssicherheit für Unternehmen und Behörden geschaffen sowie der Verwaltungsaufwand für diese reduziert werden, sodass unproblematische Maßnahmen ohne vorherige Prüfung durch die Kommission durchgeführt werden können. Andererseits dient es dazu, schnellere

---

409 Siehe zur Umsetzung des *more economic approach* auf Grundlage der sog. „State Aid Modernisation" die Internetseite der Generaldirektion Wettbewerb, im Internet abrufbar unter: http://ec.europa.eu/competition/state_aid/modernisation/index_en.html. Dazu ferner *Hancher,* EStAL 2005, S. 425, 426; *Bartosch,* RIW 2007, S. 681.
410 Verordnung (EU) Nr. 651/2014 der Kommission v. 17.6.2014 zur Feststellung der Vereinbarkeit bestimmter Gruppen von Beihilfen mit dem Binnenmarkt in Anwendung der Artikel 107 und 108 des Vertrags über die Arbeitsweise der Europäischen Union, ABl.EU 2014 Nr. L 187, S. 1, im Folgenden: „AGVO", geändert durch die Verordnung (EU) Nr. 2017/1084 der Kommission v. 14.6.2017 zur Änderung der Verordnung (EU) Nr. 651/2014 in Bezug auf Beihilfen für Hafen- und Flughafeninfrastrukturen, in Bezug auf Anmeldeschwellen für Beihilfen für Kultur und die Erhaltung des kulturellen Erbes und für Beihilfen für Sportinfrastrukturen und multifunktionale Freizeitinfrastrukturen sowie in Bezug auf regionale Betriebsbeihilferegelungen für Gebiete in äußerster Randlage und zur Änderung der Verordnung (EU) Nr. 702/2014 in Bezug auf die Berechnung der beihilfefähigen Kosten, ABl.EU 2017 Nr. L 156, S. 1.

Entscheidungen zu ermöglichen und die Ressourcen der Kommission auf solche Fälle zu lenken, die besonders starke negative Auswirkungen auf den Binnenmarkt haben[411]. Insgesamt verfolgte das Programm das übergeordnete Ziel des nachhaltigen Einsatzes öffentlicher Mittel und damit die Förderung wachstumsorientierter Maßnahmen. Dies berührt freilich die Grenzen der als Wettbewerbskontrolle ausgestalteten Ermächtigungen nach Art. 107 ff. AEUV.

1263 Das EU-Beihilfenregime enthält kein absolutes Beihilfenverbot, sondern unterstellt die staatliche Beihilfengewährung lediglich einer Kontrolle durch die Kommission nach dem in Art. 108 AEUV vorgesehenen Aufsichtsverfahren. Art. 107 Abs. 1 AEUV erklärt zwar grundsätzlich sämtliche staatliche Mittelgewährungen, welche die Tatbestandsmerkmale einer Beihilfe erfüllen (Rn. 1267 ff.), als nicht mit dem Binnenmarkt vereinbar. Von diesem Verbot sieht Art. 107 AEUV in Absatz 2 aber in der Rechtsfolge gebundene Ausnahmen vor. Absatz 3 normiert darüber hinaus Ausnahmeklauseln, die im Ermessen der Kommission stehen. Die mitgliedstaatliche Beihilfengewährung unterliegt demnach – mit Ausnahme des Gruppenfreistellungsregimes nach Maßgabe der Gruppenfreistellungsverordnungen (Rn. 1200, 1312 ff.) sowie der spezifischen Befreiungsmöglichkeiten im Bereich der Daseinsvorsorge (Rn. 1350 ff.) – einem präventiven Verbot mit Genehmigungsvorbehalt.

1264 Das allgemeine Beihilfenverbot der Art. 107 Abs. 1, 108 Abs. 3 Satz 3 AEUV steht zu den Bestimmungen in Art. 107 Abs. 2 und 3 AEUV im Verhältnis der Regel zur Ausnahme. Hieraus ergibt sich eine zweistufige Prüfung staatlicher Beihilfen: Im ersten Schritt ist die Tatbestandsmäßigkeit einer mitgliedstaatlichen Mittelgewährung an ein Unternehmen nach Art. 107 Abs. 1 AEUV zu prüfen. Liegt tatbestandlich eine Beihilfe vor, bedarf es im zweiten Schritt der Untersuchung, ob die Beihilfe unter den Voraussetzungen der Ausnahmetatbestände als mit dem Binnenmarkt vereinbar eingestuft werden kann. Fällt die Beihilfe nicht unter die Ausnahmetatbestände des Art. 107 Abs. 2 oder Abs. 3 AEUV, kann sie dennoch mit dem Binnenmarkt vereinbar sein, wenn die Voraussetzungen der Ausnahmemöglichkeit des Art. 106 Abs. 2 AEUV bzw. – in Fällen der Daseinsvorsorge – die an dieser Vorschrift orientierten spezifischen Ausnahmevoraussetzungen (Rn. 1350 ff.) vorliegen. Im letzten Fall liegt bereits tatbestandlich keine Beihilfe i. S. v. Art. 107 Abs. 1 AEUV vor.

b) Der Verbotstatbestand der Art. 107 Abs. 1, Art. 108 Abs. 3 Satz 3 AEUV

1265 Der Beihilfentatbestand des Art. 107 Abs. 1 AEUV setzt sich aus fünf konstitutiven Tatbestandsmerkmalen zusammen. Die mitgliedstaatliche Maßnahme muss *bestimmte Unternehmen oder Produktionszweige* (1) mit *staatlichen Mitteln* (2) dergestalt *begünstigen* (3), dass der *Wettbewerb verfälscht* wird oder ver-

---

411 Seinen Abschluss fand das Reformprogramm in der von der Kommission veröffentlichten Bekanntmachung zum Begriff der staatlichen Beihilfe v. 19.7.2016, ABl.EU 2016 Nr. C 262, S. 1.

fälscht zu werden droht (4) und dadurch der *zwischenstaatliche Handel beeinträchtigt* wird (5).

Eine besonders hilfreiche Orientierung für die Auslegung des Beihilfenbegriffs bietet die Bekanntmachung der Europäischen Kommission zum Begriff der staatlichen Beihilfe[412]. Darin hat sie ihr Verständnis des Beihilfenbegriffs ausführlich unter umfangreicher Bezugnahme auf die Rechtsprechung des Gerichtshofs der EU zusammenfassend dargestellt. Allerdings verfügt die Europäische Kommission über keine Auslegungsermächtigung, sodass ihre Erläuterungen in der Bekanntmachung stets unter dem Vorbehalt abweichender Unionsrechtsprechung stehen. Der Begriff der Beihilfe ist ein objektiver Primärrechtsbegriff, womit die Letztauslegungskompetenz bei dem Gerichtshof der EU liegt, vgl. Art. 19 Abs. 1 AEUV[413]. Die Anwendung durch die Europäische Kommission im konkreten Einzelfall ist gerichtlich voll überprüfbar. Gleichwohl gestehen die Unionsgerichte der Europäischen Kommission bei komplexen wirtschaftlichen Beurteilungen im Rahmen der Auslegung des Begünstigungsmerkmals einen „*Ermessensspielraum*" zu, den sie nur auf offensichtliche Beurteilungsfehler überprüfen[414]. Sie beschränken sich darauf, zu prüfen, ob „die Vorschriften über das Verfahren und die Begründung eingehalten worden sind, ob der Sachverhalt, der der getroffenen Entscheidung zugrunde gelegt wurde, zutreffend festgestellt worden ist und ob keine offensichtlich fehlerhafte Würdigung dieses Sachverhalts oder ein Ermessensmissbrauch vorliegt"[415]. Genauer wäre es, statt von einem „*Ermessensspielraum*" von einem *Beurteilungsspielraum* bei der Auslegung des Begünstigungsmerkmals zu sprechen. Das Unionsrecht differenziert indes nicht zwischen Ermessensspielräumen auf der Rechtsfolgenseite und Beurteilungsspielräumen auf der Tatbestandsebene bei der Auslegung unbestimmter Rechtsbegriffe.

1266

aa) Begünstigung

Das Beihilfenmerkmal der Begünstigung ist nach ständiger Rechtsprechung des EuGH weit auszulegen[416]. Unabhängig von ihrer Form und Ausgestaltung ist eine staatliche Maßnahme dann als Begünstigung i. S. d. Art. 107 Abs. 1 AEUV anzusehen, wenn dem Unternehmen mittel- oder unmittelbar ein wirtschaftlicher Vorteil zukommt, den es unter normalen Marktbedingungen nicht erhalten hätte, d. h., wenn es eine *Leistung ohne angemessene, d. h. marktübliche, Gegen-*

1267

---

412 Bekanntmachung zum Begriff der staatlichen Beihilfe v. 19.7.2016, ABl.EU 2016 Nr. C 262, S. 1.
413 EuGH, Rs. C-487/06 P, ECLI:EU:C:2008:757, Rn. 111 – *British Aggregates/Kommission*.
414 EuGH, Rs. C-39/94, ECLI:EU:C:1996:285, Rn. 36 – *SFEI u. a./La Poste u. a.*; EuGH, Rs. C-290/07 P, ECLI:EU:C:2010:480, Rn. 64 – *Kommission/Scott*.
415 EuGH, Rs. C-56/93, ECLI:EU:C:1996:64, Rn. 10 – *Belgien/Kommission*; EuGH, Rs. C-290/07 P, ECLI:EU:C:2010:480, Rn. 65 – *Kommission/Scott*.
416 Vgl. nur EuGH, Rs. 30/59, ECLI:EU:C:1961:2, S. 43 – *Steenkolenmijnen*; EuGH, Rs. C-403/10, ECLI:EU:C:2011:533, Rn. 73 ff. – *Mediaset*.

leistung (Kompensation) erlangt[417]. Hätte das Unternehmen denselben Vorteil dagegen auch unter „normalen Marktbedingungen" erhalten können, liegt keine Begünstigung vor[418]. Anderenfalls würde die marktwirtschaftliche Betätigung der Mitgliedstaaten gegenüber der privater Marktteilnehmer unter Verstoß gegen Art. 345 AEUV, der ein Diskriminierungsverbot enthält, benachteiligt[419]. Damit liegt eine Begünstigung unter zwei Voraussetzungen vor: Erstens muss das Unternehmen oder der Produktionszweig durch eine Leistung einen wirtschaftlichen Vorteil erhalten und zweitens darf es dafür keine oder nur eine marktunübliche Gegenleistung erbringen.

1268 Unter einer Leistung ist jeder geldwerte Vorteil für den Empfänger zu verstehen[420]. Leistungen erfolgen regelmäßig durch positive Handlungen wie im Fall des klassischen Subventionsbegriffs durch Zuführung von Geldmitteln (Geldzuführung), aber auch durch Maßnahmen, welche die Belastungen eines Unternehmens mindern[421]. Demzufolge sind z. B. Befreiungen von Soziallasten, Sondertarife oder Verschonungen wie Steuer- und Abgabenerleichterungen ebenso als Leistung anzusehen wie Investitionszulagen und die Gewährung von verlorenen Zuschüssen oder Darlehen. Auch kann die Leistung *durch Unterlassen* erfolgen, wenn etwa eine bestehende Forderung nicht in marktüblicher Weise eingetrieben wird. Nicht ausreichend ist dagegen, wenn der Staat lediglich die vage Erklärung abgibt, sich bei etwaigen künftigen Finanzproblemen als marktwirtschaftlich handelnder Kapitalgeber zu verhalten und die zu deren Überwindung erforderlichen Maßnahmen zu treffen, sofern damit noch keine feste Zusage erfolgt[422].

1269 Unerheblich für die Beurteilung des Begünstigungscharakters einer Beihilfe ist die (ordnungs-, sozial- oder umweltpolitische) Motivation für ihre Gewährung, die allenfalls auf der Rechtfertigungsebene (Art. 107 Abs. 2, 3; Art. 106 Abs. 2 AEUV) zum Tragen kommt. Ebenso ist unerheblich, ob das Unternehmen auf die Maßnahme angewiesen ist[423]. Entscheidend ist allein die *ökonomische Wir-*

---

417 Siehe zum Begünstigungsmerkmal auch *Koenig/Schreiber*, Europäisches Wettbewerbsrecht, 2010, S. 222 ff.
418 EuGH, Rs. C-131/15 P, ECLI:EU:C:2016:989, Rn. 70 – *Club Hotel Loutraki u. a./Kommission*. Darunter sind danach solche Bedingungen zu verstehen, die die Wirtschaft eines Mitgliedstaates regeln, wenn dieser nicht zugunsten bestimmter Unternehmen eingreift.
419 EuGH, Rs. C-163/99, ECLI:EU:C:2001:189, Rn. 58–59 – *Kommission/Portugal*.
420 Siehe zur Problematik eines lediglich mittelbaren wirtschaftlichen Vorteils *Heidenhain*, EuZW 2007, S. 623.
421 Vgl. EuGH, Rs. C-387/92, ECLI:EU:C:1994:100, Rn. 13 f. – *Banco Exterior de España*; EuGH, Rs. C-256/97, ECLI:EU:C:1999:332, Rn. 19 – *DM Transport*; EuGH, Rs. C-295/97, ECLI:EU:C:1999:313, Rn. 34 – *Piaggio*; EuGH, Rs. C-239/09, ECLI:EU:C:2010:778, Rn. 30 – *BVVG*; EuGH, verb. Rs. C-164/15 P u. 165/15 P, ECLI:EU:C:2016:990, Rn. 40 f. – *Kommission/Aer Lingus*; EuG, Rs. T-157/01, ECLI:EU:T:2004:76, Rn. 57 – *Danske Busvognmænd*; EuG, Rs. T-538/11, ECLI:EU:T:2015:188, Rn. 76 – *Belgien/Kommission*; EuG, Rs. T-492/15, ECLI:EU:T:2019:252, Rn. 42 – *Deutsche Lufthansa/Kommission*.
422 EuGH, Rs. C-486/15 P, ECLI:EU:C:2016:912, Rn. 142–144 – *Kommission/Frankreich und Orange*.

kung der Maßnahme, die dem Unternehmen einen geldwerten Vorteil verschafft[424]. Der Vorteilseffekt einer Beihilfe besteht regelmäßig in einer staatlich induzierten Kostensenkungs- oder Erlöserhöhungswirkung bei dem begünstigten Unternehmen, ohne dass diese Begünstigungseffekte im Markt aufgrund von Leistungen „verdient" worden sind. Der wirkungsbezogene, allein auf die Begünstigung abstellende Beihilfenbegriff erfasst nicht nur unmittelbare, sondern auch mittelbare Begünstigungen. Dies betrifft insbesondere die staatliche finanzielle Unterstützung von Unternehmen oder Verbrauchern zugunsten des Erwerbs bestimmter Produkte oder Dienstleistungen eines Unternehmens[425].

Eine Begünstigung durch die wirtschaftlich vorteilhafte Leistung (Rn. 1267) ist nur dann zu bejahen, wenn der Vorteilsgewährung *keine oder eine marktunübliche Gegenleistung (Kompensation)* gegenübersteht. Danach ist nicht nur bei einer einseitigen Vorteilsgewährung vom Vorliegen einer Beihilfe auszugehen, sondern auch dann, wenn das begünstigte Unternehmen zwar eine Gegenleistung erbringt, diese aber der staatlichen Leistung im Wert nicht entspricht[426]. Einer synallagmatischen Verknüpfung von Leistung und Gegenleistung bedarf es hierbei nicht. 1270

Um die marktüblichen Transaktionsbedingungen zu determinieren und die Transaktionsbedingungen der staatlichen Maßnahme auf ihre Übereinstimmung zu überprüfen, ist in einem ersten Schritt zu bestimmen, welcher Art von Transaktion die Maßnahme ihrer Natur, ihrem Gegenstand und ihrem Ziel nach gleicht[427]. In einem zweiten Schritt ist zu ermitteln, welche Transaktionsbedingungen marktwirtschaftlich handelnde Wirtschaftsbeteiligte vereinbart hätten[428]. 1271

Als zentralen abstrakten Vergleichsmaßstab zur Bestimmung der Marktangemessenheit von Transaktionen ziehen sowohl die Kommission als auch der EuGH den sog. Privatinvestortest *(market economy investor*-Test oder auch *private investor*-Test) heran[429]. Der Maßstab des privaten Investors wird von der Kommission und den Unionsgerichten auf alle irgendwie gearteten Leistungen der öffentlichen Hand in unterschiedlichsten Sektoren der staatlichen Teilnahme 1272

---

423 Bekanntmachung zum Begriff der staatlichen Beihilfe v. 19.7.2016, ABl.EU 2016 Nr. C 262, S. 1, Rn. 67.
424 EuGH, Rs. 173/73, ECLI:EU:C:1974:71, Rn. 26/28 – *Italien/Kommission;* EuGH, Rs. 310/85, ECLI:EU:C:1987:96, Rn. 8 – *Deufil.*
425 EuG, Rs. T-177/07, ECLI:EU:T:2010:233 – *Mediaset SpA/Kommission.*
426 Vgl. z. B. EuG, Rs. T-14/96, ECLI:EU:T:1999:12, Rn. 71 ff. – *BAI.*
427 EuGH, Rs. C-124/10 P, ECLI:EU:C:2012:318, Rn. 86 – *EDF.*
428 Siehe zu der zweistufigen Vergleichbarkeitsanalyse: *Ghazarian,* Quersubventionen und Verbundvorteile im EU-Beihilferecht unter besonderer Berücksichtigung der beihilfenrechtlichen Zugangsregulierung und Infrastrukturförderung, S. 161 ff.
429 EuGH, Rs. C-303/88, ECLI:EU:C:1991:136, Rn. 20 ff. – *ENI-Lanerossi;* EuGH, Rs. C-305/89, ECLI:EU:C:1991:142, Rn. 19 ff. – *Alfa Romeo;* EuGH, verb. Rs. C-328/99 u. C-399/00, ECLI:EU:C:2003:252, Rn. 38 ff. – *Seleco;* EuG, verb. Rs. T-129/95, T-2/96 u. T-97/96, ECLI:EU:T:1999:7, Rn. 104 ff. – *Neue Maxhütte Stahlwerke u. Lech-Stahlwerke;* Bekanntmachung der Kommission zum Begriff der staatlichen Beihilfe v. 19.7.2016, ABl.EU 2016 Nr. C 262, S. 1, Rn. 73 ff.

am Wirtschaftsverkehr angewandt[430]. Je nach ökonomischer Wirkung der Maßnahme – die Form der Leistung ist unerheblich[431] – sind unterschiedliche Ausformungen des Tests anwendbar: So ziehen die Kommission und die Gerichte als Ausprägung des *market economy/private investor*-Tests den sog. *private vendor*- und den *private purchaser*-Test für die Bestimmung der Marktangemessenheit bei Verkaufs- oder Kaufaktivitäten der öffentlichen Hand heran[432]. Maßgeblich ist dabei, ob sich die öffentliche Hand hinsichtlich der gesamten Vertragsgestaltung und Umsetzung, insbesondere bei der Festlegung etwaiger Verkaufs- bzw. Kaufbedingungen[433], wie jeder andere (hypothetische) marktwirtschaftlich handelnde Verkäufer bzw. Käufer in der gleichen Situation verhalten hat[434]. Im Rahmen des *market economy investor*- bzw. *private investor*-Tests ist jeweils zu prüfen, ob die staatliche Kapitalzufuhr unter Bedingungen erfolgte, die für einen *hypothetischen privaten Vergleichsinvestor* (etwa eine Bank) als Kapitalgeber unter normalen marktwirtschaftlichen Voraussetzungen akzeptabel wären[435]. Dabei sind jeweils nur die Vorteile und Verpflichtungen zu berücksichtigen, die mit der Rolle des Staates als Wirtschaftsteilnehmer zusammenhängen, nicht aber solche, die an seine Rolle als Träger öffentlicher Gewalt anknüpfen[436].

1273   Maßgeblicher Zeitpunkt für die Durchführung des Tests ist der Zeitpunkt der Investitionsentscheidung *(ex ante*-Betrachtung). In die Beurteilung sind alle Umstände einzustellen, die bis zu dem Zeitpunkt der Investitionsentscheidung vorlagen[437]. Die Wahl eines falschen Zeitpunktes, an den die Kommission bei der Anwendung des *private investor*-Tests zur Bewertung der marktangemessenen Gegenleistung im Rahmen der Überprüfung anknüpft, kann zur Nichtigkeit der Entscheidung der Kommission führen, wenn durch eine Vorverlagerung des maßgeblichen Zeitpunktes relevante Informationen, die hätten Berücksichtigung finden müssen, nicht zur Beurteilungsgrundlage werden, obwohl sie dem investierenden Staat zum Zeitpunkt seiner Investitionsentscheidung vor-

---

430 Siehe dazu ausführlich *Heidenhain*, European State Aid Law, 2010, § 4, Rn. 2 ff.
431 EuGH, Rs. C-124/10 P, ECLI:EU:C:2012:318, Rn. 88 f. – *Kommission/EDF*.
432 Entscheidung der Kommission v. 8.5.2001, ABl.EG 2001 Nr. L 12, S. 33 – *BAI*.
433 Entscheidung der Kommission v. 30.4.2008, ABl.EU 2008 Nr. L 239, S. 32, Rn. 118 – *Privatisierung der Bank Burgenland;* EuGH, verb. Rs. C-214/12 P, C-215/12 P u. C-223/12 P, ECLI:EU:C:2013:682 – *Land Burgenland u. a./Kommission;* EuG, verb. Rs. T-268/08 u. T-281/08, ECLI:EU:T:2012:90, Rn. 48 – *Land Burgenland/Kommission;* siehe hierzu *Koenig*, EuZW 2012, S. 241.
434 Siehe zu der zweistufigen Vergleichbarkeitsanalyse: *Ghazarian*, Quersubventionen und Verbundvorteile im EU-Beihilferecht unter besonderer Berücksichtigung der beihilfenrechtlichen Zugangsregulierung und Infrastrukturförderung, S. 161 ff.
435 Für eine ausführliche Darstellung des „*private investor*"-Tests mit Anwendungsbeispielen siehe *Cyndecka*, EStAL 2016, S. 381 ff.
436 EuGH, Rs. C-124/10, ECLI:EU:C:2012:318, Rn. 78–80 – *Kommission/EDF* m.w. N.; EuG, Rs. T-747/15, ECLI:EU:T:2018:6 – *EDF/Kommission*. Daraus folgt, dass insbesondere politische Erwägungen außer Betracht bleiben.
437 EuGH, Rs. C-124/10, ECLI:EU:C:2012:318, Rn. 85, 105 – *Kommission/EDF*.

lagen⁴³⁸. In einem solchen Fall lässt die Kommission bei ihrer Entscheidung möglicherweise relevante Informationen außer Acht, sodass ihre Entscheidung einem *Beurteilungsfehler* unterliegt. Bei der Durchführung sind nach der Rechtsprechung des EuGH auch die Einschätzungen eines hypothetischen *long-term investors*, d. h. auch langfristige Investitionsstrategien, miteinzubeziehen⁴³⁹.

Ebenfalls zur Bestimmung von Leistung und Gegenleistung im Rahmen einer EU-beihilfenrechtlichen Begünstigung wurde der sog. *private creditor-Test* entwickelt. Dieser soll Auskunft darüber geben, wann eine Rückzahlungsmodalität bzw. ein Rückzahlungsverzicht als Begünstigung im Sinne des EU-Beihilfenrechts einzuordnen sind. Dazu wird der Staat – mangels Vergleichbarkeit mit einem privaten Investor – als öffentlicher Gläubiger der Forderung angesehen. Es wird darauf abgestellt, ob ein hypothetischer privater Gläubiger im Sinne einer bestmöglichen Durchsetzung seiner Forderungen einem Schuldner, der sich in finanziellen Schwierigkeiten befindet, dieselben Rückzahlungsmodalitäten eingeräumt hätte wie der öffentliche Gläubiger⁴⁴⁰. Die Einschätzung der Kommission, ob der Mitgliedstaat seine öffentlichen Forderungen mit der notwendigen Härte entsprechend den wirtschaftlichen Umständen effektiv durchzusetzen versucht, unterliegt dabei einer umfassenden gerichtlichen Kontrolle. Dabei steht der Kommission zwar ein Beurteilungsspielraum zu⁴⁴¹. Dieser ist jedoch eng auszulegen, da die tatbestandliche Beihilfencharakterisierung der gerichtlichen Überprüfung zugänglich sein muss⁴⁴².

1274

In ihrer Bekanntmachung zum Beihilfenbegriff fasst die Europäische Kommission die vorgenannten Vergleichsmaßstäbe zu dem Kriterium des marktwirtschaftlich handelnden Wirtschaftsbeteiligten zusammen. Da die Tests nur unterschiedliche hypothetische Marktakteure beschreiben und sie Ausformungen des Prinzips sind, dass eine staatliche Maßnahme dann keinen Begünstigungseffekt hat, wenn die Leistung unter marktüblichen Bedingungen gewährt wurde, der Mitgliedstaat also wie ein marktwirtschaftlich handelnder Wirtschaftsbeteiligter tätig war, erscheint diese Terminologie sinnvoll. Hinzu kommt, dass die Bezeich-

1275

---

438 EuGH, Rs. C-486/15 P, ECLI:EU:C:2016:912, bes. Rn. 140–144 – *Kommission/Frankreich und Orange*. Die Kommission legte ihrer Entscheidung öffentliche Bekanntmachungen der französischen Behörde vom Juli 2002 zugrunde. Derweil kam es erst im Dezember 2002 zu einem konkret umrissenen, festen Angebot. Dadurch seien ihr wesentliche Umstände im Zeitraum von Juli bis Dezember 2002 entgangen, die in die Beurteilung hätten miteinfließen müssen.
439 EuGH, Rs. C-305/89, ECLI:EU:C:1991:142, Rn. 20 – *Alfa Romeo*; EuGH, verb. Rs. C-328/99 u. C-399/00, ECLI:EU:C:2003:252, Rn. 44 – *Seleco*; EuG, verb. Rs. T-129/95, T-2/96 u. T-97/96, ECLI:EU:T:1999:7, Rn. 109 – *Neue Maxhütte Stahlwerke u. Lech-Stahlwerke*; EuG, Rs. T-296/97, ECLI:EU:T:2000:289, Rn. 84 – *Alitalia*.
440 Siehe hierzu EuGH, Rs. C-342/96, ECLI:EU:C:1999:210, Rn. 46 – *Tubacex*; EuGH, Rs. C-276/02, ECLI:EU:C:2004:521, Rn. 31 ff. – *GEA*; EuG, Rs. T-36/99, ECLI:EU:T:2004:312, Rn. 149 ff. – *Lenzing*; EuG, Rs. T-152/99, ECLI:EU:T:2002:188, Rn. 166 – *HAMSA*; vgl. auch *Soltész/Makowski*, EuZW 2003, S. 73.
441 EuGH, Rs. C-290/07 P, ECLI:EU:C:2010:480, Rn. 64 ff. – *Kommission/Scott SA*.
442 EuG, Rs. T-1/08, ECLI:EU:T:2015:653 – *Buczek Automotive/Kommission*.

nung als *private investor*-Test historisch bedingt ist: Der EuGH hat den *private investor*-Test als ersten Vergleichsmaßstab entwickelt[443].

1276 Im konkreten Einzelfall vereinfacht sich die konkrete Analyse des Begünstigungscharakters einer staatlichen Mittelzufuhr, wenn *transaktionsspezifische Marktdaten* vorliegen. Sie gestatten einen Vergleich der Transaktionsbedingungen mit den Bedingungen, die zwischen privaten Wirtschaftsteilnehmern vereinbart werden, z. B. beim Verkauf von börsennotierten Aktien oder Konsumgütern. Erfolgt eine Transaktion durch eine öffentliche Stelle zu gleichen Bedingungen wie die Transaktionen privater Marktakteure *(pari passu)*, ist das Verhältnis von Leistung und Gegenleistung als marktüblich einzustufen.

1277 Darüber hinaus sind von der Kommission und dem EuGH unterschiedliche Methoden entwickelt worden, welche die Erfassung und Bewertung eines nachprüfbaren und adäquaten Leistungs-/Gegenleistungsverhältnisses mit Hilfe formaler Kriterien gewährleisten sollen[444]. Ferner hat die Europäische Kommission eine Reihe von Mitteilungen und Arbeitspapieren für spezielle Formen der staatlichen Beteiligung am Wirtschaftsverkehr veröffentlicht. Zu nennen sind hier insbesondere die „Bürgschaftsmitteilung"[445], welche trotz fehlender Rechtsnormqualität eine wichtige Orientierungshilfe zur EU-beihilfenrechtskonformen Gestaltung der entsprechenden Rechtsgeschäfte bietet, sowie das als Arbeitspapier von der Kommission veröffentlichte Analyseraster für die beihilfenrechtliche Beurteilung der Infrastrukturfinanzierung[446].

1278 Wenn aufgrund komplexer Vertragsstrukturen bei der Beteiligung der öffentlichen Hand die Marktangemessenheit von Leistung und Gegenleistung nicht ohne Weiteres anhand von Vergleichsmärkten bestimmt werden kann, bevorzugen die Kommission und der EuGH als Instrument zur Bestimmung einer adäquaten Gegenleistung im Rahmen der EU-Beihilfenkontrolle das sog. *Bietverfahren*[447], das nicht mit den vergaberechtlichen Verfahren zu verwechseln ist.

---

443 Eingängig hierzu: Bekanntmachung der Kommission zum Begriff der staatlichen Beihilfe v. 19.7.2016, ABl.EU 2016 Nr. C 262, S. 1, Rn. 73 ff.
444 Dazu zählen insbes. folgende Methoden: *Benchmarking* – Die Marktkonformität wird an einem Referenzwert (sog. „*Benchmark*") gemessen. Ermittelt wird dieser Wert anhand der Bedingungen, zu denen eine vergleichbare Transaktion von privaten Wirtschaftsteilnehmern vorgenommen wurde. *Internal Rate of Return (IRR)* oder *NET Present Value (NPV)* – Dabei wird die Marktkonformität mittels Heranziehung des internen Zinsfußes oder Barwertes überprüft. Die Methode ist besonders geeignet im Rahmen von Investitionen. Insgesamt wird verglichen, ob die Kapitalrendite mit der erwarteten, marktüblichen Rendite übereinstimmt, wobei jeweils eine Spanne möglicher Werte in Betracht kommt.
445 Mitteilung der Kommission über die Anwendung der Artikel 87 und 88 des EG-Vertrags auf staatliche Beihilfen in Form von Haftungsverpflichtungen und Bürgschaften, ABl.EU 2008 Nr. C 155, S. 10.
446 Analytical Grids on the application of State aid rules to the financing of infrastructure projects der Kommission v. 2016 – 2017, abrufbar unter: http://ec.europa.eu/competition/state_aid/modernisation/notice_aid_en.html.
447 EuGH, Rs. C-390/98, ECLI:EU:C:2001:456, Rn. 77 – *Banks;* EuGH, Rs. C-280/00, ECLI:EU:C:2003:415, Rn. 93 – *Altmark Trans* (= P Nr. 264); EuG, Rs. T-14/96, ECLI:EU:T:1999:12 – *BAI;* Entscheidung der Kommission v. 2.10.2002, Dok. C (2002) 3578, Rn. 79 m. w. N. – *Lon-*

Einen wichtigen Anwendungsbereich für das beihilfenrechtliche Bietverfahren stellt die Infrastrukturförderung dar. Großvolumige Infrastrukturprojekte werden zunehmend im Rahmen von Kooperationen zwischen öffentlichen und privaten Investoren, insbesondere in Form von Public Private Partnerships, verwirklicht. In derartigen Konstellationen stellt sich jeweils die Frage, wie der *private investor,* soweit er von der öffentlichen Hand unterstützt wird, in das Vorhaben eingebunden werden kann, ohne dass ein Verstoß gegen das EU-Beihilfenrecht vorliegt. Das offene Ausschreibungsverfahren stellt dabei häufig ein geeignetes Instrument zum Ausschluss des Beihilfentatbestandes dar, wenn bei seiner Ausgestaltung und Durchführung der *Grundsatz der Wettbewerbsoffenheit,* das *Transparenzgebot* und das *Diskriminierungsverbot* berücksichtigt werden[448], sodass durch die Beteiligung aller potentiellen Bieter ein transparenter Markt mit authentischer Wettbewerbssituation geschaffen wird, der die Bestimmung der angemessenen Gegenleistung erlaubt[449]. Demgegenüber vermag eine Vereinbarung einer Gegenleistung in Übereinstimmung mit den Bestimmungen des öffentlichen Preisrechts aufgrund von Selbstkosten im Rahmen öffentlicher Aufträge insbesondere wegen der Berechnungsweise des Selbstkostenpreises eine Begünstigung nicht auszuschließen[450]. Zu beachten ist allerdings, dass auch die Ausschreibung eines öffentlichen Auftrags oder einer öffentlichen Leistung nicht in jedem Fall das Vorliegen einer Begünstigung ausschließt[451]. Die Vergabe einer Beihilfe durch eine Ausschreibung, d. h. zur Ermittlung des Beihilfeempfängers, stellt kein Instrument zur Ermittlung der marktkonformen Transaktionsbedingungen dar, sondern ein Instrument zur Minimierung der Beihilfe[452].

Die Durchführung eines EU-beihilfenrechtlichen Bietverfahrens ist zur Bestimmung der Marktangemessenheit der Gegenleistung aufgrund der Schaffung einer realen Wettbewerbssituation zwar grundsätzlich vorzugswürdig. Sie kann aber zum einen aus tatsächlichen oder rechtlichen Gründen ausscheiden, z. B.

---

don Underground; zur Problematik der Veräußerung kommunaler Grundstücke siehe *Jasper/ Seidel,* NZBau 2008, S. 427, 428.
448 Eingängig zur Ermittlung der marktüblichen Transaktionsbedingungen im Wege eines wettbewerblichen, transparenten, diskriminierungs- und bedingungsfreien Ausschreibungsverfahrens: Bekanntmachung der Kommission zum Begriff der staatlichen Beihilfe v. 19.7.2016, ABl.EU 2016 Nr. C 262, S. 1, Rn. 73 ff.
449 Vgl. z. B. Entscheidung der Kommission v. 2.10.2002, Dok. C (2002) 3578, Rn. 79 m.w. N. – *London Underground;* ausführlich dazu: Bekanntmachung der Kommission zum Begriff der staatlichen Beihilfe v. 19.7.2016, ABl.EU 2016 Nr. C 262, S. 1, Rn. 89–96.
450 *Koenig/Wilden,* EStAL 2018, S. 264, 270–272.
451 So auch Mitteilung der Kommission — Leitlinien der EU für die Anwendung der Vorschriften über staatliche Beihilfen im Zusammenhang mit dem schnellen Breitbandausbau, ABl. EU 2013 Nr. C 25, S. 1, Rn. 12.
452 So auch die Kommission in Mitteilung der Kommission — Leitlinien der EU für die Anwendung der Vorschriften über staatliche Beihilfen im Zusammenhang mit dem schnellen Breitbandausbau, ABl.EU 2013 Nr. C 25, S. 1, Rn. 11 f.; *Ghazarian,* Quersubventionen und Verbundvorteile im EU-Beihilferecht unter besonderer Berücksichtigung der beihilfenrechtlichen Zugangsregulierung und Infrastrukturförderung, S. 47.

aufgrund von Nebenbedingungen, die nur von bestimmten Unternehmen erfüllt werden können[453], oder aber nicht geeignet sein, einen Vorteil auszuschließen, wenn etwa politische Gründe einen Mitgliedstaat zur Mittelvergabe veranlassen. Zum anderen ist die Durchführung eines Bietverfahrens nicht zwingend, da der EuGH den Nachweis der Marktangemessenheit einer Gegenleistung durch jede zur Ermittlung der marktüblichen Gegenleistung, also des tatsächlichen Marktwerts, konkret geeignete Methode zulässt[454].

1280   Als Alternative zum Bietverfahren bietet sich zur Bestimmung der Angemessenheit des Leistungs-/Gegenleistungsverhältnisses die Erstellung eines objektiven Wertgutachtens durch unabhängige Sachverständige an[455]. Der EuGH hat in seinem *BVVG*-Urteil[456] entschieden, dass derartige Wertgutachten im Hinblick auf etwaige Begünstigungswirkungen eine umfassende Bewertung des jeweils geförderten Projektes unter Berücksichtigung sämtlicher Leistungsebenen und Beteiligungskonstellationen[457] und unter gleichzeitiger Einpreisung aller Leistungs-/Gegenleistungselemente vornehmen müssen, verbunden mit einem Aktualisierungsmechanismus, der eine möglichst genaue Annäherung an den tatsächlichen, gegenwärtigen Marktwert ermöglicht[458]. Wurden die Bedingungen aber bereits im Wege eines Bietverfahrens ermittelt, so verbietet sich ein Rückgriff auf Gutachten oder andere Methoden, um die Marktkonformität nachzuweisen[459].

1281   Eine gesonderte Bewertung des Leistungs-/Gegenleistungsverhältnisses ist im Hinblick auf staatliche Ausgleichsleistungen vorzunehmen, die im Gegenzug für die Auferlegung gemeinwirtschaftlicher Verpflichtungen (Leistungen der

---

453 Z.B. im Fall, dass der künftige Investor eine auf dem zum Verkauf stehenden Grundstück befindliche öffentliche Einrichtung an anderer Stelle wiedererrichten und an die öffentliche Hand zu marktüblichen Mietzinsen überlassen soll. Siehe dazu auch *Koenig/Kühling*, NVwZ 2003, S. 779; *Koenig/Paul*, EWS 2008, S. 113.
454 EuGH, Rs. C-239/09, ECLI:EU:C:2010:778, Rn. 39 – *BVVG*.
455 Entscheidung der Kommission v. 21.6.2000, ABl.EG 2000 Nr. L 318, S. 62, Rn. 103 – *CDA Thüringen*; Entscheidung der Kommission v. 13.2.2001, ABl.EG 2001 Nr. L 186, S. 43, Rn. 56 ff. – *SCI*; Entscheidung der Kommission v. 12.7.2000, ABl.EG 2002 Nr. L 12, S. 1 – *Scott Paper SA/Kimberly-Clark*; siehe dazu EuG, Rs. T-366/00, ECLI:EU:T:2007:99, Rn. 134 – *Scott SA*; EuG, Rs. T-369/00, ECLI:EU:T:2007:100 – *Département du Loiret*; Entscheidung der Kommission v. 5.6.2002, ABl.EG 2003 Nr. L 14, S. 56, Rn. 79 – *Koninklijke Schelde Groep*.
456 EuGH, Rs. C-239/09, ECLI:EU:C:2010:778 – *BVVG*.
457 Zur speziellen Problematik der EU-beihilfenrechtskonformen Beteiligung privater Gesellschaften an gemischt öffentlich-privaten Gemeinschaftsunternehmen *Koenig*, EuZW 2006, S. 203. Siehe zu Veräußerungen von Unternehmensbeteiligungen im Eigentum der öffentlichen Hand *Prieß/Gabriel*, NZBau 2007, S. 617.
458 Ein Aktualisierungsmechanismus ist z.B. im Hinblick auf die Bestimmung des Verkehrswertes von Grundstücken erforderlich: Dieser bemisst sich auf Basis von Bodenrichtwerten, welche nur alle zwei Jahre aktualisiert werden. Aufgrund ihrer Vergangenheitsbezogenheit wird erst nach erfolgter Anpassung durch jenen der aktuelle und damit der tatsächliche Marktwert im Zeitpunkt der Beihilfengewährung wiedergegeben. Vgl. EuGH, Rs. 239/09, ECLI:EU:C: 2010:778, Rn. 35, 43 – *BVVG*.
459 Vgl. EuGH, verb. Rs. C-214/12, C-215/12 u. C-223/12, ECLI:EU:C:2013:682, Rn. 94 f. – *Land Burgenland/Kommission*.

Daseinsvorsorge, siehe Rn. 1336 ff.) gewährt werden. Maßgebend für die Beurteilung derartiger Fallkonstellationen und für deren rechtsdogmatische Behandlung ist das Urteil des EuGH in der Rs. *Altmark Trans*[460], in dem der EuGH ein ausdifferenziertes Prüfungsschema zum Begünstigungscharakter von Ausgleichszahlungen für Allgemeinwohlverpflichtungen entwickelte. Sind dessen Voraussetzungen erfüllt, so sind die Begünstigungswirkung einer solchen Ausgleichszahlung und damit der Beihilfen*tatbestand* nicht gegeben (eingehend dazu Rn. 1348 f.).

bb) Staatlich oder aus staatlichen Mitteln gewährt

Die Beihilfe muss *staatlich oder aus staatlichen Mitteln* gewährt sein, d. h. der Staatshaushalt muss belastet werden. Eine Belastung kann dabei entweder in einer tatsächlichen Übertragung staatlicher Mittel oder in einem Verzicht auf staatliche Einnahmen bestehen[461]. Es macht keinen Unterschied, ob die Mittel vom Mitgliedstaat selbst oder von den in die Mitgliedstaaten eingegliederten *Körperschaften* gewährt werden. In Deutschland gilt dies insbesondere für die Länder[462] und die Kommunen ebenso wie für sonstige öffentliche Stellen, z. B. öffentliche Banken und Anstalten oder Stiftungen[463]. Adressat der Beihilfenaufsicht sowie der Anmeldebefugnis bleibt stets die höchste mitgliedstaatliche Stelle, in Deutschland die Bundesregierung und als Ressort das Bundeswirtschaftsministerium, im Verkehrssektor das Bundesverkehrsministerium.

1282

Aus der Unterscheidung zwischen *staatlich* und *aus staatlichen Mitteln* wird deutlich, dass nicht nur die unmittelbar vom Staat gewährten Begünstigungen in den Anwendungsbereich des Art. 107 Abs. 1 AEUV fallen. Einzubeziehen sind ebenfalls Beihilfen, „die über eine *vom Staat benannte oder errichtete öffentliche oder private Einrichtung* gewährt werden"[464]. Ohne eine Zurechnung in diesen Fällen könnten sich die Mitgliedstaaten ansonsten durch eine Ausgliederung der die Unternehmen begünstigenden Einheiten aus der unmittelbaren Staatsverwaltung dem Anwendungsbereich des Art. 107 Abs. 1 AEUV entziehen. Dabei ist die Gruppe der staatlich benannten Einrichtungen weit zu fassen. So hat das EuG in der Rs. *Air France*[465] entschieden, dass die Zurechnung an den jeweiligen

1283

---

460 EuGH, Rs. C-280/00, ECLI:EU:C:2003:415 – *Altmark Trans* (= P Nr. 264).
461 EuGH, Rs. C-200/97, ECLI:EU:C:1998:579, Rn. 42 f. – *Ecotrade*. Im Urteil *Eventech* (Rn. 1273) lehnte der EuGH jedoch eine Belastung des Staatshaushaltes durch die Befreiung des zur Nutzung berechtigten Unternehmens von einer Bußgeldpflicht ab, die für eine unbefugte Benutzung erhoben wurde: Wenn das begünstigte Unternehmen zur Benutzung berechtigt sei, bestehe keine Bußgeldpflicht und der Staat verzichte nicht auf Bußgeldeinnahmen; EuGH, Rs. C-518/13, ECLI:EU:C:2015:9, Rn. 36 f., 40 – *Eventech/The Parking Adjudicator*.
462 EuG, Rs. T-492/15, ECLI:EU:T:2019:252, Rn. 39 – *Deutsche Lufthansa/Kommission*.
463 EuGH, Rs. 248/84, ECLI:EU:C:1987:437, Rn. 17 – *Deutschland/Kommission*.
464 Staatlich benannte Einrichtung; vgl. EuGH, verb. Rs. C-52/97 bis C-54/97, ECLI:EU:C:1998:209, Rn. 13 – *Viscido u. a.*
465 EuG, Rs. T-358/94, ECLI:EU:T:1996:194 – *Air France*.

Mitgliedstaat auch dann zu erfolgen hat, wenn eine durch Gesetz geschaffene öffentliche Einrichtung mit Sonderaufgaben (Etablissement public spécial) eine Begünstigung gewährt. Als hinreichend staatliche Beeinflussung können dementsprechend auch der bloße hoheitliche Gründungsakt der Einrichtung und die gesetzliche Festlegung der Aufgaben der Einrichtung genügen. Unerheblich ist dabei, ob die Einrichtung selbst rechtlich unabhängig gegenüber staatlichen Instanzen ist. Eine Mittelvergabe durch ein öffentliches Unternehmen genügt jedoch für sich alleine nicht, um eine Zurechenbarkeit an den Staat zu bejahen[466]. Eine Beihilfe i. S. d. Art. 107 Abs. 1 AEUV liegt vielmehr nur dann vor, wenn die Beihilfe zum einen mittelbar oder unmittelbar aus staatlichen Mitteln gewährt wird *und* zum anderen dem Staat zuzurechnen ist[467]. Entscheidend für die staatliche Zurechenbarkeit einer Mittelgewährung ist erstens, ob die fraglichen Mittel ständig unter staatlicher Kontrolle und somit den zuständigen Behörden zur Verfügung standen, und zweitens, ob die Behörden zugleich in irgendeiner Weise am Erlass der Beihilfemaßnahme beteiligt waren, ohne diese konkret angewiesen haben zu müssen[468]. Der Staat muss die Verfügungsgewalt innehaben[469].

1284 Allein die Möglichkeit, ein öffentliches Unternehmen zu kontrollieren und einen bestimmenden Einfluss auf dessen Tätigkeiten auszuüben, reicht dazu nicht aus. Denn aus dieser Möglichkeit kann nicht ohne Weiteres geschlossen werden, dass diese Kontrolle in einem konkreten Fall tatsächlich von dem Mitgliedstaat ausgeübt wurde[470]. Um jedoch zu verhindern, dass Beihilfen aufgrund von Beweisschwierigkeiten nicht verfolgt werden können, die auf der engen und intransparenten Beziehung zwischen Staat und öffentlichen Unternehmen beruhen, leitete der EuGH in der Rs. *Stardust Marine* die Beteiligung mitgliedstaatlicher Behörden am Erlass einer Beihilfemaßnahme aus einem Komplex von einzelfallabhängigen *Indizien* ab, wie z. B. der Intensität der behördlichen Aufsicht über die Unternehmensführung des Beihilfegebers[471]. Abgestellt werden kann auf „jedes Indiz von Bedeutung, das im konkreten Fall entweder auf eine Beteiligung der Behörden oder auf die Unwahrscheinlichkeit einer fehlenden Beteiligung am Erlass einer Maßnahme, wobei auch deren Umfang, ihr Inhalt oder ihre Bedingungen zu berücksichtigen sind, oder auf das Fehlen einer Beteiligung

---

466 Vgl. EuGH, Rs. C-482/99, ECLI:EU:C:2002:294, Rn. 51, 52 – *Stardust Marine*.
467 EuGH, Rs. C-482/99, ECLI:EU:C:2002:294, Rn. 24 – *Stardust Marine*.
468 EuGH, Rs. C-482/99, ECLI:EU:C:2002:294, Rn. 37, 52, 53 – *Stardust Marine*; EuGH, Rs. C-472/15 P, ECLI:EU:C:2017:885, Rn. 34 – *SACE/Kommission*; EuGH, Rs. C-405/16 P, ECLI:EU:C:2019:268, Rn. 57, 72 ff. – *Deutschland/Kommission*; EuG, Rs. T-358/94, ECLI:EU:T:1996:194, Rn. 55 ff. – *Air France*; vgl. umfassend Heidenhain, European State Aid Law, 2010, § 4, Rn. 32 ff.
469 EuGH, Rs. C-405/16 P, ECLI:EU:C:2019:268, Rn. 57, 72 ff. – *Deutschland/Kommission*.
470 EuGH, Rs. C-242/13, ECLI:EU:C:2014:2224, Rn. 31 – *Commerz Nederland NV/Havenbedrijf Rotterdam NV*.
471 EuGH, Rs. C-482/99, ECLI:EU:C:2002:294, Rn. 55 f. – *Stardust Marine*; EuGH, Rs. C-242/13, ECLI:EU:C:2014:2224, Rn. 32 – *Commerz Nederland NV/Havenbedrijf Rotterdam NV*; EuGH, Rs. C-472/15 P, ECLI:EU:C:2017:885, Rn. 29 – *SACE/Kommission*.

der Behörden am Erlass dieser Maßnahme hinweist"[472]. In jedem Fall ist eine Einzelfallprüfung erforderlich[473]. Derweil sind die Anforderungen an die Indizienprüfung in der Praxis gering[474]. Selbst eine in der Vergangenheit liegende Garantieabgabe einer Bank, die zum Zeitpunkt der rechtsförmlichen Abgabe der Garantie bereits voll privatisiert war, kann dem Staat zugerechnet werden, wenn sie zu einem früheren Zeitpunkt, an dem die Bank die Garantie rechtlich unverbindlich in Aussicht gestellt hatte, noch nicht vollständig privatisiert war und vom Staat kontrolliert wurde[475].

Das zweite Merkmal der staatlichen Kontrolle über die beihilfengewährende Einrichtung und damit auch über deren Mittel bejaht der EuGH, wenn die öffentliche Hand über die beihilfengewährende Stelle unmittelbar oder mittelbar einen beherrschenden Einfluss i. S. d. Art. 2 lit. b der Transparenzrichtlinie[476] ausüben kann[477]. Die Transparenzrichtlinie kann den primärrechtlichen Beihilfenbegriff zwar nicht begrenzen oder erweitern, wird aber gemeinhin als Konkretisierung herangezogen.

1285

An einer staatlichen Kontrolle kann es fehlen, wenn die Mittel nicht solche des öffentlichen Unternehmens sind, sondern das Unternehmen lediglich als „Instrument für die Erhebung und Verwendung" privater Mittel fungiert[478]. Aus diesem Grund verneinte der EuGH in der Rs. *Pearle* den Beihilfencharakter von Satzungen, die ein öffentlich-rechtlicher Berufsverband (HBA) erließ, um eine zugunsten seiner Mitglieder organisierte und von ihnen beschlossene Werbekampagne durch bei diesen Mitgliedern erhobene und für die Finanzierung dieser Kampagne zweckgebundene Mittel zu finanzieren. Auch kann die Kontrolle und damit die Staatlichkeit der Mittel ausgeschlossen sein, wenn der Mitgliedstaat zwar die Erhebung von Zwangsbeiträgen regelt, aber über die Verwendung und Verteilung der Mittel keine Kontrolle ausübt und sie nie in den Staatshaushalt fließen, sondern allein zwischen privaten Unternehmen ausgetauscht werden.

1286

Ein solcher Umstand veranlasste den EuGH, die Linie seiner Rechtsprechung in Bezug auf private Ablagen- und Umlagesysteme fortsetzend[479], das Vorliegen

1287

---

472 EuGH, Rs. C-242/13, ECLI:EU:C:2014:2224, Rn. 33 – *Commerz Nederland NV/Havenbedrijf Rotterdam NV*.
473 EuGH, Rs. C-242/13, ECLI:EU:C:2014:2224 – *Commerz Nederland NV/Havenbedrijf Rotterdam NV*.
474 Zu der *de facto* Vermutung der Zurechenbarkeit: *Ghazarian*, EStAL 2015, S. 174.
475 EuG, Rs. T-384/08, ECLI:EU:T:2013:541 – *Elliniki Nafpigokataskevastiki u. a./Kommission*; zu dem Begünstigungscharakter von staatlichen Garantien siehe EuGH, Rs. C-438/16 P, ECLI:EU:C:2018:737 – *Kommission/Frankreich und IFP Énergies nouvelles*.
476 Richtlinie (EG) Nr. 2006/111 der Kommission v. 17.11.2006 über die Transparenz der finanziellen Beziehungen zwischen den Mitgliedstaaten und den öffentlichen Unternehmen sowie über die finanzielle Transparenz innerhalb bestimmter Unternehmen, ABl.EU 2006 Nr. L 318, S. 17.
477 EuGH, Rs. C-482/99, ECLI:EU:C:2002:294, Rn. 34, 38 – *Stardust Marine*.
478 EuGH, Rs. C-345/02, ECLI:EU:C:2004:448, Rn. 37 – *Pearle*.
479 EuGH, Rs. C-379/98, ECLI:EU:C:2001:160 – *PreussenElektra* (= P Nr. 144, 261); vgl. hierzu *Koenig/Kühling*, ZUM 2001, S. 537.

einer staatlichen Kontrolle im Sinne einer Verfügungsgewalt in Bezug auf die EEG-Umlage nach dem EEG 2012[480] zu verneinen[481]. Bereits in seinem Urteil *PreussenElektra* entschied der EuGH, dass allein die Tatsache, dass die Pflicht privater Elektrizitätsversorgungsunternehmen zur Abnahme von Strom aus erneuerbaren Energiequellen zu festgelegten Mindestpreisen auf einem Gesetz beruhe und bestimmten Unternehmen wirtschaftliche Vorteile gewähre, der Regelung nicht den Charakter einer staatlichen Beihilfe i. S. v. Art. 107 Abs. 1 AEUV verleihe, weil diese Verpflichtung nicht zu einer unmittelbaren oder mittelbaren Übertragung staatlicher Mittel auf die Unternehmen, die diesen Strom erzeugen, führe[482]. Ebenso beruht die Förderung nach dem EEG 2012 zwar auf einer gesetzlichen Grundlage. Da das EEG 2012 aber weder die Energieversorger dazu verpflichte, die aufgrund der EEG-Umlage gezahlten Zwangsbeiträge an den Letztverbraucher weiterzugeben, was de facto geschah, sodass die EEG-Umlage nicht mit einer Abgabe als vom Letztverbraucher zu tragende Belastung vergleichbar sei[483], noch der Staat über die Gelder verfügen oder eine anderweitige Verwendung beschließen könne[484], handele es sich mangels staatlicher Kontrolle nicht um staatliche Mittel. Der Staat kontrolliere den Vollzug des EEG, nicht aber die erwirtschafteten Gelder[485].

1288 Eine Zurechnung zum Staat kann hingegen angenommen werden, wenn Zwangsbeiträge z. B. durch Gesetz vom Staat festgelegt und ihr Verwendungszweck oder ihre Verteilung staatlich kontrolliert werden[486]. Sie sind dann als staatliche Mittel zu qualifizieren[487]. In seinem Urteil in der Rs. *Essent Netwerk* nahm der EuGH eine staatliche Kontrolle an, weil die staatlich beherrschte Gesellschaft über keine Möglichkeit verfügte, das Aufkommen der privaten Mittel, d. h. des Tarifaufschlags, den private Elektrizitätskunden zahlten, für andere als die im Gesetz vorgesehenen Zwecke zu verwenden, und sie bei ihrer Aufgabe kontrolliert wurde. Die Kontrolle bestand darin, dass sie verpflichtet war, die Abrechnung der eingenommenen und abgeführten Beträge durch einen Wirtschaftsprüfer bestätigen zu lassen. Die Rechtsprechung verdeutlicht, dass es mithin letztlich auf die konkrete Ausgestaltung einer Regelung im Einzelfall ankommt.

---

480 Gesetz zur Neuregelung des Rechtsrahmens für die Förderung der Stromerzeugung aus erneuerbaren Energien (EEG), BGBl. 2011 I S. 1634.
481 EuGH, Rs. C-405/16 P, ECLI:EU:C:2019:268 – *Deutschland/Kommission*.
482 EuGH, Rs. C-379/98, ECLI:EU:C:2001:160, Rn. 59, 61, 66 – *PreussenElektra* (= P Nr. 144, 261).
483 EuGH, Rs. C-405/16 P, ECLI:EU:C:2019:268, Rn. 61 ff. – *Deutschland/Kommission*.
484 EuGH, Rs. C-405/16 P, ECLI:EU:C:2019:268, Rn. 72 ff. – *Deutschland/Kommission*.
485 EuGH, Rs. C-405/16 P, ECLI:EU:C:2019:268, Rn. 80 – *Deutschland/Kommission*.
486 Vgl. EuGH, Rs. C-206/06, ECLI:EU:C:2008:413, Rn. 69 f. – *Essent Netwerk Noord BV*; EuGH, Rs. C-262/12, ECLI:EU:C:2013:851, Rn. 25 ff. – *Vent De Colère/Fédération nationale*; Entscheidung der Kommission v. 4.7.2006, Beihilfe Nr. N 317A/2006, ABl.EU 2006 Nr. C 221, S. 6, Rn. 54–60 – *Wienstrom*; konkretisierend auch EuGH, Rs. C-677/11, ECLI:EU:C:2013: 348, Rn. 35 ff. – *Doux Élevage SNC*.
487 EuGH, Rs. C-206/06, ECLI:EU:C:2008:413, Rn. 69 f. – *Essent Netwerk Noord BV*.

Auch Maßnahmen, die sowohl durch Beiträge des Staates, als auch durch private Beiträge finanziert werden, können staatliche Beihilfen sein, da es nicht auf die ursprüngliche Herkunft der Mittel ankommt, sondern auf den Umfang der Beteiligung der öffentlichen Stellen bei der Festlegung der streitigen Maßnahmen und ihrer Finanzierungsmodalitäten[488]. Der Staat muss jedoch auf die Ressourcen kontrollierenden Einfluss nehmen können[489]. Allerdings kann eine Abgabe nur dann als Bestandteil einer Beihilfenmaßnahme betrachtet werden, wenn zwischen der Abgabe und der Beihilfe nach der einschlägigen nationalen Regelung notwendigerweise ein zwingender Verwendungszusammenhang in dem Sinne besteht, dass das Aufkommen aus der parafiskalischen Abgabe zwingend für die Finanzierung der Beihilfe verwendet wird. Nur wenn ein solcher Zusammenhang besteht, beeinflusst das Abgabenaufkommen unmittelbar den Umfang der Beihilfe und folglich die Beurteilung ihrer Vereinbarkeit mit dem Binnenmarkt[490]. 1289

Dem wirtschaftlichen Vorteil muss nicht zwingend ein verringerter Posten im Staatshaushalt gegenüberstehen. Der EuGH ließ im Zusammenhang mit Kreditzusagen bereits das Bestehen eines hinreichend konkreten Risikos für den Eintritt einer künftigen zusätzlichen Belastung für den Staat ausreichen, wenn ein Zusammenhang zwischen dem Vorteil und dem Risiko besteht[491]. Sofern es sich jedoch um Bürgschaften oder Garantieübernahmen handelt, liegt eine *tatsächliche* Belastung des Staatshaushalts bereits in der fehlenden marktüblichen Gegenleistung, also in der nicht geleisteten Bürgschafts- oder Garantieprämie[492]. Auf eine potentielle Haushaltsbelastung durch das im Zeitpunkt der Bürgschafts- oder Garantieübernahme bereits bestehende Risiko des Eintritts des Bürgschafts- oder Garantiefalls und der damit verbundenen Inanspruchnahme der staatlichen Sicherheit kommt es daher nicht an. 1290

Der beihilfenrelevante „Vorteil" und die „Bindung staatlicher Mittel" bzw. die „Belastung des Staatshaushalts" müssen nicht im Sinne einer „Stoffgleichheit" miteinander verknüpft sein. Der EuGH fordert insoweit nicht, dass die Belastung des Staatshaushalts dem Vorteil entsprechen oder ihm gleichwertig sein muss, sondern fordert lediglich einen „hinreichend engen Zusammenhang" zwischen dem einem Unternehmen gewährten Vorteil einerseits und der Belastung 1291

---

488 EuG, Rs. T-139/09, ECLI:EU:T:2012:496, Rn. 63 f. – *Frankreich/Kommission*.
489 EuGH, Rs. C-206/06, ECLI:EU:C:2008:413, Rn. 70 – *Essent Network Noord*.
490 EuGH, verb. Rs. C-128/03 u. C-129/03, ECLI:EU:2005:224, Rn. 45 – *AEM SpA u. AEM Torino SpA*, mit Verweis auf EuGH, Rs. C-174/02, ECLI:EU:C:2005:10, Rn. 26 – *Streekgewest Westelijk Noord-Brabant*; EuGH, Rs. C-175/02, ECLI:EU:C:2005:11, Rn. 15 – *Pape*.
491 EuGH, verb. Rs. C-399/10 P u. C-401/10 P, ECLI:EU:C:2013:175, Rn. 106 ff. – *Bouygues*; vgl. auch EuGH, Rs. C-200/97, ECLI:EU:C:1998:579, Rn. 41 – *Ecotrade*.
492 *Soltész*, EuZW 2014, S. 91; vgl. i. d. S. die Bürgschaftsmitteilung der Kommission, ABl.EU 2008 Nr. C 155, S. 10; vgl. auch EuGH, Rs. C-200/97, ECLI:EU:C:1998:579, Rn. 42 f. – *Ecotrade*. Der EuGH stellte fest, dass der Staat zusätzlich belastet wird, indem er als Begünstigender zugleich Hauptgläubiger ist und somit Vollstreckungsmaßnahmen und Rückzahlungen zu seinen Gunsten verzögern kann.

des Staatshaushalts oder einem hinreichend konkreten wirtschaftlichen Risiko für eine solche Belastung andererseits[493].

cc) Bestimmte Unternehmen oder Produktionszweige – Selektivität

1292   Mit dem Binnenmarkt unvereinbar sind nur Beihilfen, die auf die *Begünstigung bestimmter Unternehmen oder Produktionszweige* gerichtet sind. Mit der Tatbestandsalternative des Produktionszweiges sollen Beihilfen erfasst werden, die einer ganzen Branche zugutekommen (z. B. der Textil- oder der Filmindustrie). Das Tatbestandsmerkmal der Begünstigung und das der Bestimmtheit sind eng aufeinander bezogen und werden in der Praxis der Kommission nicht immer klar voneinander getrennt. Wichtig wird dies im Rahmen der Beweislast: Während die Kommission die Bestimmtheit zu beweisen hat, muss der Mitgliedstaat das Fehlen einer Begünstigung nachweisen. Bei der Analyse der Begünstigung bestimmter Unternehmen ist wie im Rahmen des Kartellrechts und des Art. 106 AEUV ein funktionaler Unternehmensbegriff (Rn. 1173 ff.) als autonomer Begriff des Unionsrechts zugrunde zu legen. Kommission und Rechtsprechung haben den Umfang des Tatbestandsmerkmals in den letzten Jahren stetig ausgeweitet[494].

1293   Der Begriff des Unternehmens umfasst nach ständiger Praxis der Unionsorgane sämtliche Einheiten, die wirtschaftliche Tätigkeiten (auf der Angebotsseite eines Marktes) ausüben, unabhängig von ihrer Rechtsform und der Art ihrer Finanzierung[495]. Eine wirtschaftliche Tätigkeit ist jede Tätigkeit, die darin besteht, Güter oder Dienstleistungen auf einem bestimmten Markt anzubieten[496]. Ein solcher Markt besteht dann, wenn die Tätigkeit üblicherweise gegen Entgelt oder mit Gewinnerzielungsabsicht erbracht wird[497]. So fallen beispielsweise auch gemeinnützige Vereine, die primär soziale oder ökologische Interessen verfolgen, unter den Unternehmensbegriff, wenn sie als Nebentätigkeit Dienstleistungen auf einem bestimmten Markt anbieten[498], ohne dabei notwendigerweise selbst eine Gewinnerzielung mit der angebotenen Dienstleistung oder den angebotenen Gütern zu beabsichtigen. Auch ein Monopolunternehmen, das auf der Angebotsseite eines relevanten Marktes tätig ist, wird als Unternehmen qualifiziert.

---

493 EuGH, verb. Rs. C-399/10 P u. C-401/10 P, ECLI:EU:C:2013:175, Rn. 109 ff. – *Bouygues.*
494 Soltész, EuZW 2014, S. 89.
495 EuGH, Rs. C-237/04, ECLI:EU:C:2006:197, Rn. 28 – *Enirisorse;* EuGH, Rs. C-222/04, ECLI:EU:C:2006:8, Rn. 107 – *Cassa di Risparmio di Firenze;* EuG, verb. Rs. T-443/08 u. T-455/08, ECLI:EU:T:2011:117, Rn. 87 – *Flughafen Leipzig/Halle* m. w. N.; EuG, Rs. T-347/09, ECLI:EU:T:2013:418, Rn. 26 – *Deutschland/Kommission.*
496 EuGH, Rs. C-222/04, ECLI:EU:C:2006:8, Rn. 108 – *Cassa di Risparmio di Firenze;* EuGH, Rs. C-237/04, ECLI:EU:C:2006:197, Rn. 29 – *Enirisorse;* EuG, verb. Rs. T-443/08 u. T-455/08, ECLI:EU:T:2011:117, Rn. 88 – *Flughafen Leipzig/Halle* m. w. N.
497 EFTA-Gerichtshof, Rs. E-5/07, Rn. 81 – *Private Barnehagers Landsforbund/EFTA Surveillance Authority;* Entscheidung der Kommission v. 1.10.2003, Beihilfe Nr. N 37/2003, KOM (2003)3371 endg., ABl.EU 2003 Nr. C 271, S. 47 – *BBC Digital Curriculum.*
498 EuG, Rs. T-347/09, ECLI:EU:T:2013:418 – *Deutschland/Kommission.*

Dabei kommt es nicht darauf an, ob das fragliche Produkt oder die fragliche Dienstleistung auch von privaten Anbietern (in einem angrenzenden Bundesland oder Mitgliedstaat) angeboten wird, mit denen der staatliche Monopolist konkurriert[499]. Anderenfalls könnten die Mitgliedstaaten durch die Monopolisierung eines Marktes den Anwendungsbereich der Wettbewerbsvorschriften einschränken. Keine wirtschaftliche Tätigkeit stellen dagegen Tätigkeiten dar, die an die Ausübung hoheitlicher Befugnisse anknüpfen[500]. Hierfür müssen sie unmittelbar mit der hoheitlichen Aufgabenerfüllung verbunden sein, wie zum Beispiel Tätigkeiten des Zolls, der Polizei oder der Flugsicherung.

Eine Besonderheit ist bei vertikalen Marktstrukturen zu berücksichtigen. Zwar stellt die Errichtung von Infrastrukturen an sich keine wirtschaftliche Tätigkeit dar. Aber mit dem Grundsatzurteil des EuGH in der Rs. *Flughafen Leipzig/Halle*[501] wurde die Kommissionspraxis bestätigt, wonach die Errichtung einer Infrastruktur, die kommerziell betrieben wird, aufgrund der untrennbaren Verbindung mit der nachgelagerten Betreibertätigkeit eine wirtschaftliche Tätigkeit darstellt[502]. Dass der Betrieb einer Infrastruktur gegen Entgelt eine wirtschaftliche Tätigkeit darstellt, hatte der EuGH bereits in seinem *Aéroports de Paris*-Urteil entschieden[503]. Es findet eine Vertikalbetrachtung statt, die zu einer Qualifizierung der Tätigkeiten auf vorgelagerten Marktstufen als wirtschaftliche Tätigkeiten führen kann[504]. Auf allen Marktebenen muss sichergestellt sein, dass öffentliche Fördermittel nicht verlagert oder durch marktunübliche Transaktionen an Unternehmen weitergegeben werden.

1294

Übt eine Einrichtung mehrere Tätigkeiten aus, ist der wirtschaftliche oder nichtwirtschaftliche Charakter jeder Tätigkeit gesondert festzustellen[505]. Ist die

1295

---

499 EuG, Rs. T-309/12, ECLI:EU:T:2014:676, Rn. 68 ff. – *Zweckverband Tierkörperbeseitigung u. a./Kommission*.
500 EuGH, Rs. C-49/07, ECLI:EU:C:2008:376, Rn. 24 – *MOTOE*; EuG, verb. Rs. T-443/08 u. T-455/08, ECLI:EU:T:2011:117, Rn. 98 – *Flughafen Leipzig/Halle*.
501 EuG, verb. Rs. T-443/08 u. T-455/08, ECLI:EU:T:2011:117, Rn. 93, 94 – *Flughafen Leipzig/Halle*; bestätigt durch EuGH, Rs. C-288/11 P, ECLI:EU:C:2012:821, Rn. 39–52 – *Flughafen Leipzig/Halle* (= P Nr. 265).
502 EuG, verb. Rs. T-443/08 u. T-455/08, ECLI:EU:T:2011:117, Rn. 95, 96 – *Flughafen Leipzig/Halle*. Entgegen der früheren Annahme, dass öffentliche Infrastrukturfinanzierungen nicht in den Anwendungsbereich des Art. 107 Abs. 1 AEUV fallen, da der Bau und Betrieb einer Infrastruktur eine staatliche Maßnahme und somit keine wirtschaftliche Tätigkeit darstelle, bestätigte das Gericht erster Instanz in dem Urteil *Flughafen Leipzip/Halle* bzgl. des Baus einer kommerziell betriebenen Start- und Landebahn, dass der Bau einer kommerziell genutzten Infrastruktur eine wirtschaftliche Tätigkeit darstellt, sodass auch öffentliche Infrastrukturfinanzierungen von Art. 107 Abs. 1 AEUV erfasst sein können: EuG, verb. Rs. T-443/08 u. T-455/08, ECLI:EU:T:2011:117, Rn. 40–44, 47 – *Flughafen Leipzig/Halle*.
503 EuGH, Rs. C-82/01 P, ECLI:EU:C:2002:617 – *Aéroports de Paris*.
504 *Ghazarian*, Quersubventionen und Verbundvorteile im EU-Beihilferecht unter besonderer Berücksichtigung der beihilfenrechtlichen Zugangsregulierung und Infrastrukturförderung, S. 226 f.
505 EuGH, Rs. C-49/07, ECLI:EU:C:2008:376, Rn. 25 – *MOTOE*; EuG, verb. Rs. T-443/08 u. T-455/08, ECLI:EU:T:2011:117, Rn. 98 – *Flughafen Leipzig/Halle*.

wirtschaftliche Tätigkeit keine reine Nebentätigkeit, so ist die gesamte Einrichtung, die funktionale Einheit, als Unternehmen im EU-wettbewerbsrechtlichen Sinne anzusehen. Ein praktisches Beispiel bieten Forschungseinrichtungen[506], die häufig für wirtschaftliche und nichtwirtschaftliche Tätigkeiten genutzt werden. Allgemein als nichtwirtschaftliche Tätigkeiten qualifiziert die Kommission primäre Tätigkeiten (insbes. Forschungstätigkeiten) sowie Tätigkeiten des Wissenstransfers, sofern die daraus resultierenden Gewinne in primäre Tätigkeiten reinvestiert werden. Die Vermietung von Ausrüstung oder Laboratorien an Unternehmen oder die Erfüllung privater Forschungsaufträge stellen demgegenüber eine wirtschaftliche Tätigkeit dar. Ist die Tätigkeit fast ausschließlich nichtwirtschaftlich geprägt und stellt die wirtschaftliche Tätigkeit eine reine Nebentätigkeit[507] dar, so fällt eine Finanzierung jener aus dem Anwendungsbereich des Beihilfentatbestandes heraus[508]. Ist die wirtschaftliche Tätigkeit nicht nur eine reine Nebentätigkeit, erfolgt eine getrennte Betrachtung nur bei getrennter Buchführung *(funktionale Entflechtung)*[509]. Durch die funktionale Entflechtung kann die nichtwirtschaftliche Tätigkeit von der wirtschaftlichen Tätigkeit abgegrenzt werden. Eine Einrichtung kann damit im Hinblick auf eine von ihr ausgeübte Tätigkeit Unternehmen im Sinne des Beihilfenrechts sein, im Hinblick auf eine andere dagegen kein geeignetes Begünstigungsobjekt darstellen. Eine öffentliche Finanzierung fällt nur insoweit unter die Beihilfenvorschriften, als sie die wirtschaftliche Tätigkeit fördert bzw. deren Kosten deckt. Notwendig ist allerdings, dass die wirtschaftliche und nichtwirtschaftliche Tätigkeit sowie ihre Kosten klar voneinander getrennt werden können, um Quersubventionierungen auszuschließen. Den Nachweis über die konkrete Zuordnung muss das Unternehmen durch eine entsprechende getrennte Buchführung im Jahresabschluss erbringen[510].

---

506 Liegen die entsprechenden Voraussetzungen vor, werden Investitionsbeihilfen für Forschungsinfrastrukturen nach Art. 26 AGVO freigestellt. Eine Übersicht über die gegenwärtige Praxis bietet der Analyserahmen der Kommission zur Anwendung des Beihilfenrechts auf die öffentliche Finanzierung von Infrastrukturprojekten v. 2016 – 2017, abrufbar unter http://ec.europa.eu/competition/state_aid/modernisation/notice_aid_en.html.
507 Das ist anzunehmen, wenn die wirtschaftliche Tätigkeit mit dem Betrieb jener unmittelbar zusammenhängt und dazu erforderlich ist oder mit der sonst fast ausschließlichen nichtwirtschaftlichen Tätigkeit untrennbar verbunden ist.
508 Unionsrahmen für staatliche Beihilfen zur Förderung von Forschung, Entwicklung und Innovation, ABl.EU 2014 Nr. C 198, S. 1, Rn. 19–23. Ferner liegt nach Auffassung der Kommission keine staatliche Beihilfe vor, wenn der Gesamtbetrag der öffentlichen Finanzierung und die dadurch erlangten Vorteile an die Endempfänger weitergegeben wurden, jene also nur als „Vermittler" auftreten (ebenda).
509 Zur Funktion als Entflechtungsinstrument *Ghazarian*, Quersubventionen und Verbundvorteile im EU-Beihilferecht unter besonderer Berücksichtigung der beihilfenrechtlichen Zugangsregulierung und Infrastrukturförderung, S. 255; vgl. Unionsrahmen für staatliche Beihilfen zur Förderung von Forschung, Entwicklung und Innovation, ABl.EU 2014 Nr. C 198, S. 1, Rn. 18; s. a. Erwägungsgrund 49 AGVO.
510 Unionsrahmen für staatliche Beihilfen zur Förderung von Forschung, Entwicklung und Innovation, ABl.EU 2014 Nr. C 198, S. 1, Rn. 19; Bekanntmachung der Kommission zum Begriff der staatlichen Beihilfe v. 19.7.2016, ABl.EU 2016 Nr. C 262, S. 1, Rn. 206: Darin erhebt die

Das *Kriterium der Bestimmtheit (Selektivität)*[511] ist das entscheidende Tatbestandsmerkmal, um staatliche Fördermaßnahmen, die unterschiedslos der gesamten Wirtschaft zugutekommen (wirtschaftspolitische Maßnahmen), aus dem unionsrechtlichen Beihilfenbegriff auszunehmen. Die Selektivität kann sich zum einen aus den rechtlichen Kriterien für die Gewährung einer Maßnahme ergeben *(de jure*-Selektivität), beispielsweise indem Mittel solchen Unternehmen vorbehalten bleiben, die eine bestimmte Rechtsform haben[512] oder sich in Schwierigkeiten befinden[513]. Zum anderen können von Mitgliedstaaten auferlegte Bedingungen oder Hindernisse die Selektivität begründen, indem sie Unternehmen, denen *prima facie* eine Maßnahme offensteht, von deren Inanspruchnahme abhalten *(de-facto*-Selektivität), z. B. durch eine Anknüpfung an ihr (Entscheidungs-) Verhalten[514]. Außerdem ist die Selektivität im Rahmen der Beurteilung staatlicher Regelungen zu bejahen, wenn nach deren Konzeption oder durch ihre tatsächliche Anwendung bestimmte Unternehmen bevorteilt werden *können*. Demnach liegt eine selektive Maßnahme auch dann vor, wenn die staatliche Stelle bei der Vergabe der Mittel, die potentiell jedem Unternehmen zugutekommen können, über einen *Ermessensspielraum* verfügt und die Möglichkeit besteht, diesen auch unter Heranziehung systemfremder Aspekte zugunsten bestimmter Unternehmen oder Produktionszweige auszuüben[515]. Eine Ausnahme ist nur dann gegeben, „wenn die zuständigen Behörden bei ihrer Entscheidung [...] nur über ein Ermessen verfügen, das durch objektive Kriterien, die dem mit der betreffenden Regelung geschaffenen System nicht fremd sind, begrenzt ist"[516].

1296

Kommission die getrennte Buchführung zum allgemeinen Grundsatz. S. a. *Ghazarian*, Quersubventionen und Verbundvorteile im EU-Beihilferecht unter besonderer Berücksichtigung der beihilfenrechtlichen Zugangsregulierung und Infrastrukturförderung, S. 252 ff., sowie *Honoré*, EStAL 2017, S. 190 f.
511 Zum Erfordernis der Selektivität mit Anwendungsbeispielen *Koenig/Schreiber*, Europäisches Wettbewerbsrecht, 2010, S. 233 ff.
512 EuGH, verb. Rs. C-78/08 bis C-80/08, ECLI:EU:C:2011:550, Rn. 52 – *Paint Graphos u. a.*
513 EuG, Rs. T-287/11, ECLI:EU:C:2016:60, Rn. 129 ff. – *Heitkamp Bauholding/Kommission.*
514 EuGH, verb. Rs. C-20/15 P u. C-21/15 P, ECLI:EU:C:2016:981, insbes. Rn. 86 – *Kommission/World Duty Free Group*, mit Anm. v. *Giraud/Petit*, EStAL 2017, S. 310. Der EuGH bestätigte den Befund der Kommission, dass eine Steuerbegünstigung, die nur national ansässigen Unternehmen zugutekam, die in ausländische Kapitalgesellschaften investierten, nicht aber solchen, die nur auf nationaler Ebene agierten, das Kriterium der Selektivität erfüllte, da die Regelung Unternehmen in vergleichbarer tatsächlicher und rechtlicher Lage unterschiedlich behandelte.
515 EuGH, Rs. C-6/12, ECLI:EU:C:2013:525, Rn. 30 – *P Oy*; s. a. Entscheidung der Kommission v. 21.4.1999, ABl.EG 2000 Nr. L 297, S. 13, Rn. 26 ff. – *Technolease*; zum Fall einer Ermessensausübung im Ausschreibungsverfahren vgl. Entscheidung der Kommission v. 6.6.2001, ABl. EG 2001 Nr. L 263, S. 28, Rn. 51 – *Regionale Wagniskapitalfonds*. Ein Ermessensspielraum kann sich auch schon aus dem Fehlen einer genauen und allgemein anerkannten Definition ergeben, sodass es sich hierbei nach der Terminologie der deutschen Verwaltungsrechtsdogmatik um einen Beurteilungsspielraum handelt; Entscheidung der Kommission v. 11.7.2001, ABl.EG 2003 Nr. L 17, S. 1, Rn. 69. Siehe zum Ganzen auch *Hancher/Ottervanger/Slot*, EC State Aid, 2006, Rn. 2-028.
516 EuGH, Rs. C-6/12, ECLI:EU:C:2013:525, Rn. 26 – *P Oy*.

1297 An der Selektivität einer Maßnahme fehlt es, wenn die Kriterien für die Zuweisung eines Vorteils *ex ante* transparent festgelegt sind und die Maßnahme allen Unternehmen *diskriminierungsfrei* zu gleichen Bedingungen zur Verfügung steht, die sich *im Hinblick auf das Ziel* der Maßnahme in einer rechtlich und tatsächlich vergleichbaren Lage befinden. Den Aspekt der Diskriminierungsfreiheit rückt der EuGH bei der Beurteilung der Selektivität zunehmend in den Fokus[517], was vor allem im Zusammenhang mit Entscheidungen betreffend die Regulierung des Zugangs zu öffentlichen Infrastrukturen und Ressourcen deutlich wird[518]. In der Rs. *Eventech*[519] urteilte der EuGH, dass der bevorzugte Zugang zu einer nicht wirtschaftlich betriebenen Infrastruktur unter den vorgenannten Voraussetzungen keine Beihilfe, sondern nur eine Regulierungsmaßnahme darstellt[520]. Gegenstand des Verfahrens war eine Regelung, die es Londoner Taxis *(black cabs)* gestattete, die Busspur zu befahren, ohne eine Gebühr entrichten zu müssen (sog. *„Busspurprivileg"*), während dies den Funkmietwagen unter einer Androhung von Bußgeld verboten war. Entscheidend war in dem vorliegenden Fall, dass das Zuweisungskriterium, d. h. die ausschließliche Gewährung des Nutzungsrechts an die *black cabs*, zum Zwecke der Schaffung eines sicheren und effizienten Beförderungssystems erforderlich war. In Bezug auf die Erforderlichkeit hob der EuGH hervor, dass die Mitgliedstaaten einen weiten Ermessensspielraum genießen[521]. Hinsichtlich der Vergleichbarkeit verwies er darauf, dass der rechtliche Status beider Beförderungsmittel aufgrund der die *black cabs* betreffenden rechtlichen Verpflichtungen derart unterschiedlich sei, dass sie sich nicht in einer rechtlich und tatsächlich vergleichbaren Lage befänden. Somit sei das Zuweisungskriterium nicht diskriminierend und nicht geeignet, den *black cabs* durch den bevorzugten Zugang einen selektiven wirtschaftlichen Vorteil zu gewähren[522].

---

517 Vgl. EuGH, Rs. C-518/13, ECLI:EU:C:2015:9 – *Eventech/The Parking Adjudicator;* EuGH, verb. Rs. C-20/15 P u. C-21/15 P, ECLI:EU:C:2016:981 – *Kommission/World Duty Free Group; Szudoczky*, EStAL 2016, S. 357, 363 ff.; *Giraud/Petit*, EStAL 2017, S. 314.
518 Siehe dazu *Ghazarian*, Quersubventionen und Verbundvorteile im EU-Beihilferecht unter besonderer Berücksichtigung der beihilfenrechtlichen Zugangsregulierung und Infrastrukturförderung, S. 236 ff.
519 EuGH, Rs. C-518/13, ECLI:EU:C:2015:9 – *Eventech/The Parking Adjudicator*. Die Besonderheit des Urteils liegt in der Zuweisung eines ausschließlichen Nutzungsrechts an ein Unternehmen ohne einen direkten Transfer staatlicher Mittel. Teilweise wird daher die Anwendung des Beihilfenrechts in diesem Zusammenhang kritisch betrachtet, vgl. *Ølykke*, EStAL 2017, S. 164, 179 f., der in der Herangehensweise des EuGH eine Parallele zur Prüfung der Grundfreiheiten erkannt und kritisiert, dass der EuGH vielmehr auf den Zweck der Regelung abstelle als auf deren Wirkung. Auch *Szudoczky*, EStAL 2016, S. 357 ff., beobachtet eine Annäherung zwischen einer Prüfung der Grundfreiheiten einer- und beihilfenrechtlichen Prüfung andererseits mit durchaus positiverem Konnotat.
520 EuGH, Rs. C-518/13, ECLI:EU:C:2015:9, Rn. 49 – *Eventech/The Parking Adjudicator*.
521 EuGH, Rs. C-518/13, ECLI:EU:C:2015:9, Rn. 49 – *Eventech/The Parking Adjudicator*.
522 EuGH, Rs. C-518/13, ECLI:EU:C:2015:9, Rn. 54–61 – *Eventech/The Parking Adjudicator*. Im Übrigen lehnte der EuGH auch die Verwendung staatlicher Mittel ab, indem er klarstellte, dass Geldbußen keine staatliche Einnahmequelle seien. Daher bewirke es keine Belastung

Eine Maßnahme ist auch nicht schon allein deshalb selektiv, weil ein öffentliches Unternehmen (Nutzungs-)Bedingungen für die von ihm angebotenen Waren und Dienstleistungen festlegt. In der Rs. *Kommission/Hansestadt Lübeck*[523], welche die Entgeltordnung des Flughafens Lübeck betraf, argumentierte die Kommission, dass eine durch ein öffentliches Unternehmen festgelegte Entgeltordnung stets selektiv sei, da sie nur für eine bestimmte Infrastruktur, hier den Flughafen Lübeck, gelte. Schließlich würden deren günstigere Bedingungen nur in Bezug auf den Flughafen Lübeck gelten und kämen nicht Fluggesellschaften zugute, die konkurrierende Flughäfen anflögen. In seinem Urteil folgte der EuGH der Argumentation der Kommission nicht. Eine solche Bewertung träfe nur zu, wenn eine allgemeine Entgeltordnung für alle Flughäfen bestünde, welche Flugzeuge bevorzuge, die den Flughafen Lübeck anfliegen[524]. Ansonsten befänden sich die Fluggesellschaften nicht in einer vergleichbaren Lage. Damit bestätigt der EuGH seine Rechtsprechung, wonach die Entgeltordnung *ex ante* transparent ausgestaltet sein und allen Wirtschaftsteilnehmern in vergleichbarer rechtlicher und tatsächlicher Lage diskriminierungsfrei zur Verfügung stehen muss[525]. 1298

Im Zusammenhang mit Besteuerungsregelungen muss unterschieden werden zwischen beihilfenrelevanten und nicht beihilfenrelevanten steuerlichen Differenzierungen[526]. Beihilfenrechtlich nicht relevant sind solche differenzierenden Belastungsverteilungen, die sich lediglich aus dem steuerlichen System und dessen innerer Logik ergeben, auch wenn diese Wettbewerbsverzerrungen hervorrufen können[527]. In der Praxis erfolgt zur Abgrenzung eine differenzierte, mehrstufige Systemimmanenzprüfung[528]. Eine steuerliche Differenzierung ist demnach aus beihilfenrechtlicher Perspektive gerechtfertigt[529], wenn sich diese unmittelbar aus den Grund- oder Leitprinzipien des Steuersystems oder systemimmanenten Mechanismen ergibt[530]. Im Laufe der Zeit hat sich sowohl die Kommissionspraxis als auch die Rechtsprechung des EuGH weiterentwickelt und ausdifferenziert[531]. Die Prüfung der Systemimmanenz einer steuerrechtlichen 1299

---

für den Staatshaushalt, wenn gegen die *black cabs* keine Geldbuße im Falle des Befahrens der Busspur verhängt werde (Rn. 33–44).
523 EuGH, Rs. C-524/14 P, ECLI:EU:C:2016:971 – *Kommission/Hansestadt Lübeck* (= P Nr. 263).
524 EuGH, Rs. C-524/14 P, ECLI:EU:C:2016:971, Rn. 59 – *Kommission/Hansestadt Lübeck* (= P Nr. 263).
525 EuGH, Rs. C-524/14 P, ECLI:EU:C:2016:971, Rn. 47–50, 53–64 – *Kommission/Hansestadt Lübeck* (= P Nr. 263).
526 *Jaeger*, in: MüKoBeihilfenR, 2. Aufl. 2018, Teil 7, Steuerliche Maßnahmen, Rn. 4 f.
527 *Jaeger*, EuZW 2012, S. 92.
528 Kritisch zur derzeitigen Praxis *Jaeger*, EuZW 2012, S. 92, 96 ff.
529 Zur Klarstellung: Die Systemimmanenzprüfung erfolgt nicht auf Rechtfertigungsebene, sondern auf Tatbestandsebene.
530 Bekanntmachung der Kommission zum Begriff der staatlichen Beihilfe v. 19.7.2016, ABl. EU 2016 Nr. C 262, S. 1, Rn. 138.
531 EuGH, verb. Rs. C-78/08 bis C-80/08, ECLI:EU:C:2011:550, Rn. 49 – *Paint Graphos*; EuGH verb. Rs. C-20/15 P u. C-21/15 P, ECLI:EU:C:2016:981, Rn. 57 – *Kommission/World*

Vorschrift kann demnach in mehrere Schritte eingeteilt werden[532]: In einem *ersten* Schritt müssen das materielle Bezugssystem, z. B. das Mehrwertsteuersystem, (gegebenenfalls zuvor ein territoriales Bezugssystem[533]) bestimmt und anhand dessen die allgemeinen Regeln bzw. die steuerlogischen Prinzipien des Bezugssystems ermittelt werden[534]. Sodann muss in einem *zweiten* Schritt geprüft werden, ob die zu untersuchende steuerrechtliche Regelung von dem Bezugssystem insofern abweicht, als dass zwischen Unternehmen differenziert wird, die sich nach den ermittelten Prinzipien in einer vergleichbaren Sach- und Rechtslage befinden[535]. Sollte dies der Fall sein, so ist die Maßnahme *prima facie* selektiv. In einem *dritten* Schritt wird mithilfe der zuvor ermittelten steuerlogischen Prinzipien überprüft, ob diese Abweichung aufgrund der immanenten, steuerlogischen Prinzipien des Bezugssystems oder aufgrund dessen Natur oder inneren Aufbaus gerechtfertigt ist[536]. Externe Gründe außerhalb des Bezugssystems können hingegen nur im Rahmen einer Prüfung der Vereinbarkeit mit dem Binnenmarkt nach Maßgabe des Art. 107 Abs. 3 AEUV Berücksichtigung finden[537]. Die Rechtsprechung war insofern allerdings nicht immer eindeutig[538] und auch in der Literatur wird vereinzelt für eine Möglichkeit der Rechtfertigung durch externe Gründe auf dieser Stufe plädiert[539] mit der Folge, dass in diesen Fällen bereits tatbestandlich keine Beihilfe mangels Selektivität vorläge. Im Rahmen der Prüfung ist zu beachten, dass Art. 107 Abs. 1 AEUV die praktische Wirkung einer Maßnahme berücksichtigt, nicht jedoch ihre Gründe oder Ziele. So kann sich bereits aus der Ausgestaltung des Bezugssystems wegen seiner praktischen Wirkung eine Selektivität ergeben und es muss geprüft werden, ob die Kriterien

---

Duty Free Group; siehe zum Überblick *Giraud/Petit,* EStAL 2017, S. 311 f., sowie die Bekanntmachung der Kommission zum Begriff der staatlichen Beihilfe v. 19.7.2016, ABl.EU 2016 Nr. C 262, S. 1, Rn. 128 ff.
532 Eingehende Durchführung des „Dreistufentests" in EuG, Rs. T-314/15, ECLI:EU:T:2017:903, Rn. 52 ff. – *Griechenland/Kommission.*
533 Dieser Prüfungspunkt spielt gerade bei Regionalbeihilfen eine wichtige Rolle. Siehe EuGH, Rs. C-88/03, ECLI:EU:C:2006:511, Rn. 56 ff. – *Portugal/Kommission (Azoren).*
534 Elemente eines steuerlichen Bezugssystems stellen vor allem die Steuerbemessungsgrundlage, die Steuerpflichtigkeit, der Steuerbestand und die Steuersätze dar.
535 In dem Urteil *Kommission/World Duty Free Group* (EuGH, verb. Rs. C-20/15 P u. C-21/15 P, ECLI:EU:C:2016:981) machte der EuGH erstmals deutlich, dass es dabei letztlich um die Prüfung einer Diskriminierung geht (Rn. 71).
536 Rechtfertigend können z. B. sein: der Grundsatz der Steuerneutralität, die Notwendigkeit der Bekämpfung von Betrug und Steuerhinterziehung, die Notwendigkeit zur Beachtung bes. Rechnungslegungsvorschriften.
537 EuGH, Rs. C-88/03, ECLI:EU:C:2006:511, Rn. 81 – *Portugal/Kommission (Azoren);* EuGH, Rs. C-487/06 P, ECLI:EU:C:2008:757, Rn. 92 – *British Aggregates/Kommission.*
538 Vgl. EuGH, Rs. C-143/99, ECLI:EU:C:2001:250, Rn. 49–53 – *Adria-Wien Pipeline und Wietersdorfer & Peggauer Zementwerke.* Der Gerichtshof impliziert die Möglichkeit einer Rechtfertigung durch externe Gründe, indem er diese anprüft, zu dem Schluss kommend, dass das Unterscheidungskriterium „weder durch [das] Wesen noch durch […] allgemeine Zwecke gerechtfertigt [ist]". Implizit auch in EuGH, Rs. C-75/97, ECLI:EU:C:1999:311, Rn. 33–39 – *Belgien/Kommission.*
539 *Szudoczky,* EStAL 2016, S. 357, 373–374, 380.

des Bezugssystems kohärent und willkürfrei ausgestaltet wurden. In Bezug auf eine Steuerreform in Gibraltar stellte der EuGH fest, dass das Bezugssystem zwar auf allgemeinen Kriterien beruhte, praktisch aber zwischen Unternehmen differenzierte, die sich in einer vergleichbaren Lage befanden, sodass Offshore-Unternehmen ein selektiver Vorteil zukam. Dies war keine zufällige, immanente Folge des Bezugssystems, sondern folgte aus dem Umstand, dass das Bezugssystem bewusst so ausgestaltet war, dass keine Bemessungsgrundlage für jene bestand[540]. Die vorgenannten Grundsätze gelten entsprechend für Maßnahmen, durch die Belastungen, die ein Unternehmen normalerweise zu tragen hätte, verringert werden, beispielsweise für Abweichungen vom System der Sozialabgaben[541].

dd) Verfälschung des Wettbewerbs

Eine Beihilfe ist nach Art. 107 Abs. 1 AEUV nur dann mit dem Binnenmarkt unvereinbar, wenn sie den Wettbewerb verfälscht bzw. zu verfälschen droht. Der Begriff der *Wettbewerbsverfälschung* ist weit zu verstehen. In der Praxis werden keine hohen Anforderungen an dieses Kriterium gestellt[542].

Für die Prüfung, ob eine Wettbewerbsverfälschung vorliegt, ist dennoch grundsätzlich eine Marktabgrenzung zu fordern[543]. Die Marktabgrenzung dient der Feststellung, welcher Markt für die Betrachtung maßgeblich ist und ob eine Beeinträchtigung dieses Marktes möglich ist. Letztlich wird dadurch das Bezugsobjekt für die weitere Beurteilung des Vorliegens einer Wettbewerbsverfälschung konkretisiert. Eine Wettbewerbsverfälschung liegt vor, wenn die Beihilfe – tatsächlich oder potentiell – in ein bestehendes oder möglicherweise zur Entstehung kommendes Wettbewerbsverhältnis zwischen Unternehmen oder Produktionszweigen eingreift und dadurch die Marktbedingungen zugunsten eines Wettbewerbers verändert werden[544]. Während es somit keines Nachweises einer tatsächlichen Auswirkung auf den Wettbewerb bedarf, ist für die Annahme einer Wettbewerbsverfälschung dennoch erforderlich, dass Unternehmen oder Produktionszweige einen wirtschaftlichen Vorteil erhalten, den sie unter marktkonformen Voraussetzungen nicht erhalten würden, und dass dadurch die Marktbedingungen für die Wettbewerber verändert werden[545]. Dabei ist der Vorteil nicht allein im Sinne eines Kostenvorteils zu verstehen. Jede Verbesserung der Marktposition ist ausreichend, sodass die Wettbewerbssituation vor und nach

---
540 EuGH, verb. Rs. C-106/09 u. C-107/09, ECLI:EU:2011:732, Rn. 101–106 – *P.*
541 EuGH, Rs. 173/73, ECLI:EU:C:1974:71, Rn. 29, 32 f. – *Italien/Kommission.*
542 EuGH, Rs. C-409/00, ECLI:EU:C:2003:92, Rn. 74 – *Spanien/Kommission*; Bekanntmachung der Kommission zum Begriff der staatlichen Beihilfe im Sinne des Artikels 107 AEUV, ABl.EU 2016 Nr. C 262, S. 1, Rn. 185 ff.; *Koenig/Förtsch*, in: Streinz (Hrsg.), EUV/AEUV, 3. Aufl. 2018, Art. 107 AEUV Rn. 103.
543 *Koenig/Förtsch*, in: Streinz (Hrsg.), EUV/AEUV, 3. Aufl. 2018, Art. 107 AEUV Rn. 107.
544 *Koenig/Förtsch*, in: Streinz (Hrsg.), EUV/AEUV, 3. Aufl. 2018, Art. 107 AEUV Rn. 101.
545 EuGH, Rs. 730/79, ECLI:EU:C:1980:209, Rn. 11 – *Philip Morris.*

dem fraglichen Eingriff zu vergleichen ist. Auf die Spürbarkeit einer festgestellten Wettbewerbsverfälschung kommt es dabei – oberhalb des von der Kommission in der Verordnung für „De-minimis"-Beihilfen[546] festgelegten Schwellenwertes von gegenwärtig 200 000 € in drei Steuerjahren (Art. 3 Abs. 2 der De-minimis-VO, Rn. 1196, 1352) – nicht an[547]. Trotz der Postulierung des *more economic approach* mit dem Ziel, auch die Beihilfenkontrolle durch Heranziehung ökonomisch fundierter Methoden und Kriterien stärker an den Wettbewerbsauswirkungen der Beihilfe zu orientieren, hat sich bislang keine durch Marktanalysen substantiierte einzelfallbezogene Prüfung dieses Tatbestandsmerkmals etabliert[548].

ee) Beeinträchtigung des zwischenstaatlichen Handels

1302 Zudem erfordert der Tatbestand des Art. 107 Abs. 1 AEUV eine *Beeinträchtigung des Handels zwischen den Mitgliedstaaten (Zwischenstaatlichkeitsklausel)*. Eine Beeinträchtigung des zwischenstaatlichen Handels kann bereits dann bejaht werden, wenn durch den einem Unternehmen gewährten Vorteil zukünftige Auswirkungen auf den zwischenstaatlichen Handel als möglich erscheinen, sofern die Möglichkeit nicht nur rein hypothetischer Natur ist. Eine diesbezügliche Vermutung ist bereits durch die Stärkung der Stellung des beihilfenbegünstigten Unternehmens im unionsinternen Markt begründet[549]. Geringfügige Beihilfen, die unterhalb der von der Kommission durch Verordnung festgelegten Schwellenwerte liegen (sog. „De-minimis"-Beihilfen, gegenwärtig 200 000 € innerhalb von drei Steuerjahren; Art. 3 Abs. 2 der De-minimis-VO[550]), erfüllen die Zwischenstaatlichkeitsklausel nicht.

1303 Auswirkungen auf den zwischenstaatlichen Handel können im Übrigen regelmäßig nur dann ausgeschlossen werden, wenn es sich um rein lokale Wirtschaftstätigkeiten handelt, die für Kunden oder Investoren aus anderen Mitgliedstaaten kaum von Interesse sind oder ein örtlich begrenztes Publikum haben. So hat die Kommission im Fall der deutschen Schwimmbadförderung „*Freizeitbad Dorsten*" festgestellt, dass dieses angesichts seines begrenzten Einzugsbereiches rein lokale Infrastrukturdienstleistungen anbietet und folglich kein grenzüberschrei-

---

546 Verordnung (EU) Nr. 1407/2013 der Kommission über die Anwendung der Artikel 107 und 108 AEUV auf De-minimis-Beihilfen, ABl.EU 2013 Nr. L 352, S. 1.
547 Ständige Rspr., EuGH, Rs. 142/87, ECLI:EU:C:1990:125, Rn. 43 – *Belgien/Kommission („Tubemeuse")*; EuGH, verb. Rs. C-278/92 bis C-280/92, ECLI:EU:C:1994:325, Rn. 42 – *Spanien/Kommission*; EuGH, Rs. C-280/00, ECLI:EU:C:2003:415, Rn. 81 – *Altmark Trans* (= P Nr. 264).
548 Kritisch *Koenig/Förtsch*, in: Streinz (Hrsg.), EUV/AEUV, 3. Aufl. 2018, Art. 107 AEUV Rn. 106.
549 EuGH, verb. Rs. C-197/11 u. C-203/11, ECLI:EU:2013:288, Rn. 77 – *Libert u. a.* m.w. N.; EuGH, Rs. C-518/13, ECLI:EU:C:2015:9, Rn. 66 – *Eventech/The Parking Adjudicator*.
550 Verordnung (EU) Nr. 1407/2013 der Kommission v. 18.12.2013 über die Anwendung der Artikel 107 und 108 des Vertrags über die Arbeitsweise der Europäischen Union auf De-minimis-Beihilfen (De-minimis-VO), ABl.EU 2013 Nr. L 352, S. 1.

tender Wettbewerb verschiedener Anbieter besteht, sodass keine verbotene Beihilfe vorliege[551]. Dagegen hat der EuGH in der Rs. *Altmark Trans* betont, dass die Subventionierung von nur örtlich tätigen Unternehmen die Chancen des Marktzugangs der Konkurrenten aus anderen Mitgliedstaaten im Einzelfall verringern könne und mithin weder der regionale Charakter noch die Höhe einer Beihilfe eine Handelsbeeinträchtigung zwingend ausschließe[552]. In der Gesamtbetrachtung wurde das Kriterium in der Vergangenheit extensiv ausgelegt und seine Filterfunktion zunehmend in den Hintergrund gerückt, sodass vereinzelt von einem „Schattendasein"[553] die Rede war. In der jüngeren Entscheidungspraxis rückte die Kommission das Kriterium derweil zumindest für lokale staatliche Fördermaßnahmen wieder stärker in den Mittelpunkt[554] und entzieht damit insbesondere solche lokalen, als „unbedeutend" eingestufte Fördermaßnahmen zunehmend der Beihilfenkontrolle[555]. Scheitern bestimmte geringfügige Begünstigungen nicht auf dieser Ebene, so sind sie ggf. nach den Art. 13 ff. sowie Art. 56 AGVO als regionale Beihilfen und Investitionsbeihilfen für lokale Infrastrukturen freigestellt.

c) Ausnahmen vom Beihilfenverbot

Eine tatbestandliche Beihilfe kann gemäß Art. 107 Abs. 2 AEUV oder Art. 107 Abs. 3 AEUV mit dem Binnenmarkt vereinbar (kompatibel) sein und nicht dem Beihilfenverbot des Art. 107 Abs. 1, Art. 108 Abs. 3 Satz 3 AEUV unterfallen. Erfüllt eine Beihilfenmaßnahme die Voraussetzungen des Art. 107 Abs. 2 AEUV, ist sie *ipso iure* mit dem Binnenmarkt vereinbar. Demgegenüber bedarf eine Rechtfertigung nach Art. 107 Abs. 3 AEUV einer Genehmigung durch die Europäische Kommission, die bei der Anwendung des Art. 107 Abs. 3 AEUV über einen weiten Ermessensspielraum verfügt. Aufgrund der restriktiven Auslegung des Art. 107 Abs. 2 AEUV ist die Genehmigung nach Art. 107 Abs. 3 AEUV in der Praxis der Regelfall. 1304

In ihrem Aktionsplan „Staatliche Beihilfen 2005–2009" hatte die Europäische Kommission angekündigt, auf der Kompatibilitätsebene einen stärker wirtschaftsorientierten Ansatz bei der Beihilfenkontrolle verfolgen zu wollen *(more* 1305

---

551 Entscheidung der Kommission v. 12.1.2001, Beihilfe Nr. 258/00 – *Freizeitbad Dorsten.*
552 EuGH, Rs. C-280/00, ECLI:EU:C:2003:415, Rn. 77 – *Altmark Trans* (= P Nr. 264); s. a. EuGH, Rs. C-75/97, ECLI:EU:C:1999:311, Rn. 49 – *Maribel;* EuG, Rs. T-55/99, ECLI:EU: T:2000:
223, Rn. 86 – *CETM.*
553 *Soltész/Pflock,* EuZW 2017, S. 207.
554 Ein Kurzüberblick über die entschiedenen Fälle findet sich in der Pressemitteilung der Kommission, IP/15/4889v. 29.4.2015, abrufbar unter: http://europa.eu/rapid/press-release_ IP-15-4889_de.htm. Bekanntmachung der Kommission zum Begriff der staatlichen Beihilfe v. 19.7.2016, ABl.EU 2016 Nr. C 262, S. 1, Rn. 196–198.
555 Eingehend dazu *Soltész/Pflock,* EuZW 2017, S. 207; *Herrmann,* KommJur 2016, S. 201.

economic approach, Rn. 1167 f.)⁵⁵⁶. Von zentraler Bedeutung für die Beurteilung der Vereinbarkeit einer Beihilfe mit dem Binnenmarkt sei eine Analyse des Marktversagens, d. h. der pareto-effizienten Allokation von Ressourcen. Eine genaue Feststellung des Marktversagens erleichtere die Prüfung, ob staatliche Beihilfen berechtigt und vertretbar sind, ob sie das am besten geeignete Mittel sind und wie sie einzusetzen sind, um das angestrebte Ziel zu erreichen, ohne Wettbewerb und Handel in einem Maß zu verfälschen, das dem gemeinsamen Interesse zuwiderläuft⁵⁵⁷.

1306 Die Reformbemühungen mündeten schließlich in der weiteren Differenzierung der Abwägungsprüfung („balancing-test") und einer stärkeren Berücksichtigung des Marktversagens in den ermessensbindenden Leitlinien und Unionsrahmen der Europäischen Kommission *(soft law)* und der Allgemeinen Gruppenfreistellungsverordnung (Rn. 1312 ff.). Auch wurde die Eignung der Beihilfe als Instrument zur Erreichung des Ziels als Prüfungspunkt der Abwägungsprüfung aufgenommen. Um ferner die Kriterien der im Sinne des stärker wirtschaftsorientierten Ansatzes modifizierten Abwägungsprüfung transparenter zu machen (Rn. 1309 ff.), veröffentlichte die Europäische Kommission nach Abschluss einer am 11. Juni 2009 endenden Konsultationsphase ein unverbindliches Arbeitspapier mit dem Titel „Allgemeine Grundsätze für eine ökonomisch ausgerichtete Prüfung der Vereinbarkeit staatlicher Beihilfen nach Artikel 87 Absatz 3 EG-Vertrag"⁵⁵⁸. Darin fasste sie ihre allgemeinen Analysegrundsätze abstrakt zusammen.

1307 Während der sog. *more economic approach* im Bereich der anderen Wettbewerbsvorschriften zu einer Verschiebung der Schutzziele auf normativer Ebene geführt hätte, wäre der EuGH der Wettbewerbskonzeption der Europäischen Kommission gefolgt, waren die Reformbemühungen im Beihilfenrecht von Beginn nicht auf die Beihilfentatbestandsebene gerichtet, sondern auf die normative Auslegung der Ziele von gemeinschaftlichem Interesse auf der Rechtfertigungsebene des Art. 107 Abs. 3 AEUV. Die ergebnisorientierte Wettbewerbsschutzkonzeption, die dem sog. *more economic approach* zugrunde liegt, und die daraus folgende Einengung der Schutzziele der Wettbewerbsvorschriften auf Effizienzziele und die Steigerung der Konsumentenwohlfahrt, hätte auf Tatbestandsebene der Art. 101 und 102 AEUV zu anderen Auslegungsergebnissen führen können. Demgegenüber entpuppt sich der *more economic approach* auf der Rechtfertigungsebene des Art. 107 Abs. 3 AEUV als rein kernjuristischer Subsumtionsvorgang. Zwar führte der Ansatz im Beihilfenrecht zu einer verstärkten Implementierung des Marktversagens als legitimes Ziel, auf dessen Er-

---

556 Aktionsplan staatliche Beihilfen – Weniger und besser ausgerichtete staatliche Beihilfen – Roadmap zur Reform des Beihilferechts 2005–2009 (Konsultationspapier){SEK(2005) 795}, KOM(2005)107 endg.
557 *Ibid,* Rn. 23.
558 Allgemeine Grundsätze für eine ökonomisch ausgerichtete Prüfung der Vereinbarkeit staatlicher Beihilfen nach Artikel 87 Absatz 3 EG-Vertrag: http://ec.europa.eu/competition/state_aid/reform/economic_assessment_de.pdf.

reichung eine Beihilfenmaßnahme gerichtet sein darf, und damit zu einer leichten, normativen Verschiebung auf der Ebene des Art. 107 Abs. 3 AEUV hin zu Effizienzzielen. Zu fundamentalen Abweichungen führten die Reformbemühungen aber auf normativer Ebene nicht[559]. Der stärker wirtschaftswissenschaftlich orientierte Ansatz wirkte sich im Beihilfenrecht in erster Linie auf der Rechtsanwendungsebene aus. Seit Verkündung des Aktionsplans der Europäischen Kommission wird der Anreizeffekt einer Beihilfe nicht mehr nur qualitativ und temporal, sondern auch zum Teil quantitativ geprüft[560]. Ferner wurden in der Beschlusspraxis teilweise die potentiellen Wettbewerbsverfälschungen auf vor- und nachgelagerten sowie auf benachbarten Märkten detaillierter geprüft[561]. Die genauere Prüfung potentieller Wettbewerbsverfälschungen und gegebenenfalls die Heranziehung quantitativer Methoden dient indes lediglich der substantiierteren Ermittlung des Tatsachenstoffes, auf dessen Grundlage die juristische Abwägungsprüfung schließlich erfolgt. Bezeichnend ist in diesem Zusammenhang, dass die Europäische Kommission in ihrer im Jahre 2012 veröffentlichten Mitteilung zur Modernisierung des EU-Beihilfenrechts (State Aid Modernisation – SAM) den im übrigen Wettbewerbsrecht hoch umstrittenen *more economic approach* nicht mehr explizit aufgreift[562].

aa) In der Rechtsfolge gebundene Ausnahmen – Art. 107 Abs. 2 AEUV

Die *in der Rechtsfolge gebundene Ausnahmen des Art. 107 Abs. 2 AEUV* sind in der Anwendungspraxis der Kommission angesichts einer einschränkenden Auslegung nur von geringer Bedeutung. Sie stellen einen eng umrissenen Bereich dar, in dem aufgrund besonderer sozialer Umstände oder außergewöhnlicher Schadensereignisse Beihilfen, die dem Nachteilsausgleich dienen, ausnahmsweise mit dem Binnenmarkt vereinbar sind[563]. Beihilfen sozialer Art an einzelne Verbraucher (Art. 107 Abs. 2 lit. a AEUV), Beihilfen bei außergewöhnlichen Ereignissen und Naturkatastrophen (Art. 107 Abs. 2 lit. b AEUV) sowie Beihilfen zum Ausgleich der durch die Teilung Deutschlands verursachten wirtschaftlichen Nachteile (Art. 107 Abs. 2 lit. c AEUV) sind per se mit dem Binnenmarkt vereinbar, d. h. es findet keine Abwägung zwischen dem Beihilfenzweck und dem Ausmaß der Wettbewerbsverfälschung bzw. Handelsbeeinträchtigung statt, sofern die Tatbestandsvoraussetzungen der in der Rechtsfolge gebundenen Ausnahme vor-

1308

---

559 *Heithecker, J,.* in: Birnstiel, A./Bungenberg, M./Heinrich, H., Europäisches Beihilfenrecht, 2013, 3. Teil, Art. 107 Abs. 3 AEUV Rn. 1520.
560 *Heithecker, J.,* in: Birnstiel, A./Bungenberg, M./Heinrich, H., Europäisches Beihilfenrecht, 2013, 3. Teil, Art. 107 Abs. 3 AEUV Rn. 1520.
561 Positiventscheidung der Kommission v. 15.5.2013, Nr. SA.33728, KOM(2013)2740 endg., ABl.EU 2014 Nr. L 153, S. 32; vgl. Eröffnungsbeschluss der Kommission v. 21.3.2012, KOM (2012)1731 endg., sowie Positiventscheidung der Kommission v. 2.5.2013, Nr., SA.33618, KOM(2013)2362 endg.
562 Mitteilung der Europäischen Kommission v. 8.5.2012, KOM(2012) 209 endg.
563 Siehe hierzu auch *Koenig/Schreiber*, Europäisches Wettbewerbsrecht, 2010, S. 24 ff.

liegen. Nach der sog. Teilungsklausel des Art. 107 Abs. 2 lit. c AEUV sind nur solche Beihilfen zulässig, die eine *schadensbeseitigende Funktion* aufweisen. Da lediglich derartige Nachteile ausgleichsfähig sind, die durch die physische Teilung Deutschlands selbst bedingt sind, bedarf es einer *engen Kausalitätsbeziehung* zwischen dem wirtschaftlichen Nachteil und der physisch-geographischen Teilung. Im Urteil *VW-Sachsen* hat das EuG die restriktive Praxis der Kommission bestätigt, die ein direktes Kausalitätsverhältnis zwischen dem wirtschaftlichen Nachteil und der ehemaligen, physisch wirkenden Demarkationslinie verlangt[564]. Auch der EuGH billigte diese enge Interpretation[565]. Maßgeblich sind nur die durch die physische Demarkation verursachten Unterbrechungen von Infrastrukturen, der vollständige Verlust des Absatzgebietes oder erhöhte Mobilitätshürden.

bb) Ausnahmen, die im Ermessen der Kommission stehen – Art. 107 Abs. 3 AEUV

1309 Im Gegensatz zu den Ausnahmetatbeständen des Absatzes 2 ist der Kommission im Rahmen der Ausnahmetatbestände des Art. 107 Abs. 3 AEUV ein *Ermessensspielraum* bei der Genehmigung der Beihilfen eingeräumt. Das heißt, dass nicht jede Beihilfe, die unter Absatz 3 fällt, ipso iure mit dem Binnenmarkt vereinbar ist, sondern erst nach einer positiven Ermessensentscheidung der Kommission zu einer unionsrechtskonformen Beihilfe wird. Unter die Ermessenstatbestände fallen sowohl nationale Beihilfenregelungen als auch Einzelbeihilfen und sog. Ad-hoc-Beihilfen, d. h. Einzelbeihilfen, die außerhalb einer Beihilfenregelung gewährt werden. Dies betrifft regionale Beihilfen für erheblich unterentwickelte Gebiete (Art. 107 Abs. 3 lit. a AEUV) und für wichtige Vorhaben von gemeinsamem europäischen Interesse oder zur Behebung einer beträchtlichen Störung im Wirtschaftsleben eines Mitgliedstaats (Art. 107 Abs. 3 lit. b AEUV), nach Art. 107 Abs. 3 lit. c AEUV sektorale („gewisse Wirtschaftszweige") und regionale Beihilfen („gewisse Wirtschaftsgebiete") sowie die Kulturförderung (Art. 107 Abs. 3 lit. d AEUV). Bei der Anwendung der Kann-Bestimmungen, die in der Kontrollpraxis eine wichtige Rolle spielen, verfügt die Kommission über ein weites Ermessen[566].

1310 Abstrakt prüft die Europäische Kommission die Kompatibilität einer Beihilfe anhand der folgenden Abwägungsprüfung („balancing-test"):
1. Dient die Beihilfemaßnahme einem klar definierten Ziel von gemeinsamem Interesse?

---

[564] EuG, verb. Rs. T-132/96 u. T-143/96, ECLI:EU:T:1999:326, Rn. 12 ff. – *VW Sachsen;* mit Anm. v. *Koenig/Kühling,* JZ 2000, S. 255.
[565] EuGH, Rs. C-156/98, ECLI:EU:C:2000:467, Rn. 4 ff. – *Deutschland/Kommission.*
[566] EuGH, Rs. 301/87, ECLI:EU:C:1990:67, Rn. 49 – *Boussac;* EuGH, Rs. 303/88, ECLI:EU:C:1991:136, Rn. 34 – *ENI Lanerossi;* EuGH, Rs. C-355/95 P, ECLI:EU:C:1997:241, Rn. 26 – *Textilwerke Deggendorf;* EuG, Rs. T-109/01, ECLI:EU:T:2004:4, Rn. 90 – *Fleuren Compost.*

2. Ist die geplante Beihilfemaßnahme zielführend ausgestaltet, d. h. dient sie der Beseitigung des Marktversagens oder anderen Zielen?
   i. Ist die Beihilfemaßnahme ein geeignetes Instrument, um das betreffende Ziel zu erreichen?
   ii. Hat die Beihilfemaßnahme einen Anreizeffekt, d. h. veranlasst sie den Beihilfeempfänger zu einer Verhaltensänderung?
   iii. Ist die Beihilfemaßnahme angemessen, d. h. könnte dieselbe Verhaltensänderung mit einer geringeren Beihilfe erreicht werden?
3. Sind die Wettbewerbsverzerrungen und die Handelsbeeinträchtigungen so gering, dass die Gesamtbilanz positiv ausfällt?

Um trotz des Ermessens der Kommission einen gewissen Grad an Vorhersehbarkeit und Transparenz zu wahren, hat die Kommission die Abwägungsvorgänge für die meisten Bereiche in Form von *Leitlinien, Unionsrahmen* und *Gruppenfreistellungsverordnungen* typisiert[567] und abstrakt geregelt. Leitlinien und Unionsrahmen sind von Mitteilungen abzugrenzen. Mitteilungen beziehen sich grundsätzlich auf den Grundtatbestand des Art. 107 Abs. 1 AEUV, während Leitlinien und Unionsrahmen auf die Ermessenstatbestände des Art. 107 Abs. 3 AEUV abzielen. Die Leitlinien und Unionsrahmen werden üblicherweise in Vorschriften zu horizontalen, regionalen und sektoralen Beihilfen unterteilt. *Regionale* Beihilfen sind solche, die sich auf bestimmte geografische Gebiete beziehen. *Sektorale* Beihilfen beziehen sich dagegen auf bestimmte Wirtschaftszweige. *Horizontale* Beihilfen stellen auf ein von bestimmten Regionen oder Sektoren unabhängiges Kriterium ab, wie beispielsweise den Umweltschutz, können aber gleichwohl regionale oder sektorenspezifische Differenzierungen vorsehen. Obschon Leitlinien und Unionsrahmen der Europäischen Kommission keine normative Wirkung entfalten, bindet sich die Europäische Kommission durch die Verlautbarungen bei der Ausübung ihres Ermessensspielraums selbst („Selbstbindung der Verwaltung")[568]. Aufgrund des allgemeinen Rechtsgrundsatzes der Gleichbehandlung und des Vertrauensschutzes kann die Kommission von den in Leitlinien und Unionsrahmen geäußerten Rechtsmeinungen nicht willkürlich abweichen und nur bei sachlicher Rechtfertigung ihre Verwaltungspraxis ändern[569].

Dagegen stellt die Allgemeine Gruppenfreistellungsverordnung („AGVO") eine Verordnung i. S. d. Art. 288 Abs. 2 AEUV dar. Sie wurde von der Europäischen Kommission auf Grundlage der Verordnung (EU) Nr. 733/2013[570] des

1311

1312

---

[567] Eine Zusammenstellung der relevanten Wettbewerbsregeln für staatliche Beihilfen ist abrufbar unter: http://ec.europa.eu/competition/state_aid/legislation/compilation/index_de.html; zur Verbindlichkeit solcher Kommissionsakte siehe *Koenig/Schreiber,* Europäisches Wettbewerbsrecht, 2010, S. 24 ff.
[568] EuGH, Rs. C-189/02 P, ECLI:EU:C:2005:408, Rn. 211 – *Dansk Rørindustri u. a./Kommission.*
[569] EuG, Rs. T-671/14, ECLI:EU:T:2017:599, Rn. 43 – *Bayerische Motoren Werke/Kommission* m.w. N.
[570] Verordnung (EU) Nr. 733/2013 des Rates v. 22.7.2013 zur Änderung der Verordnung (EG) Nr. 994/98 über die Anwendung der Artikel 92 und 93 des Vertrags zur Gründung der Europä-

Rates, einer nach Art. 109 AEUV verabschiedeten Ermächtigungsverordnung, erlassen[571]. In der AGVO hat die Europäische Kommission im Juli 2014 die bis dahin einzelnen Gruppenfreistellungsverordnungen, in die jeweils einzelne Leitlinien und Unionsrahmen eingeflossen waren, zusammengeführt. Der AGVO kommt nicht, wie den Leitlinien, eine bloße ermessensbindende Wirkung zu, sondern sie entfaltet unmittelbar Geltung in den Mitgliedstaaten. Die Kommission kann die AGVO folglich nicht im Wege einer bloßen Änderung der Ermessensausübung modifizieren. Vielmehr muss sie dazu den Verordnungstext gemäß dem in der Ermächtigungsverordnung vorgesehenen Normerlassverfahren abändern.

1313 Aufgrund des Verordnungscharakters sind die nationalen Verwaltungsbehörden und Gerichte zur Anwendung der Freistellungsverordnung verpflichtet, ohne dass es einer besonderen Umsetzung bedarf. Die beihilfengewährenden Stellen können auf der Grundlage der AGVO Beihilfenregelungen erlassen und Beihilfen vergeben, ohne das Notifizierungsverfahren nach Art. 108 Abs. 3 Satz 1 AEUV durchlaufen zu müssen. Erfüllt eine Beihilfenregelung die Freistellungskriterien, ist sie von der Notifizierungspflicht des Art. 108 Abs. 3 Satz 1 AEUV ausgenommen und mit dem Binnenmarkt vereinbar. Zudem können Konkurrenten eines Beihilfeempfängers die nationalen Gerichte unmittelbar anrufen, um die Beihilfenvergabe am Maßstab der Freistellungsverordnung prüfen zu lassen.

1314 Die AGVO stellt sektorübergreifend eine Vielzahl unterschiedlicher Beihilfengruppen von der Notifizierungs- und Genehmigungspflicht frei. In Kapitel 1 der AGVO befinden sich allgemeine Bestimmungen zu dem Anwendungsbereich, den Freistellungsvoraussetzungen, den Anmeldeschwellen, den beihilfefähigen Kosten, der Beihilfenintensität, der Kumulierung von Beihilfen, den Veröffentlichungs- und Informationspflichten und Begriffsbestimmungen. Der Anwendungsbereich der AGVO ist in Art. 1 geregelt. Art. 1 Nr. 1 AGVO zählt die freistellungsfähigen Beihilfengruppen enumerativ auf. Art. 1 Nr. 2–5 nimmt wiederum bestimmte Einzelbeihilfen oder Beihilfenregelungen aus. Die Ausschlusstatbestände knüpfen teilweise an die Höhe der Beihilfe an (Art. 1 Nr. 2 lit. c, Schwellenwert 150 Mio.), teilweise an die Sektoren und Beihilfenarten (z. B. Art. 1 Nr. 2 und 3) und teilweise an Gründe in der Person des Beihilfeempfängers und den Schutz der Grundfreiheiten (z. B. Art. 1 Nr. 4 und 5) an. Mit der zum 1. Juli 2014 in Kraft getretenen Reform der AGVO wurde der Anwendungs-

---

ischen Gemeinschaft auf bestimmte Gruppen horizontaler Beihilfen, ABl.EU 2013 Nr. L 204, S. 11, ersetzt durch Verordnung (EU) Nr. 2015/1588 des Rates v. 13.7.2015 über die Anwendung der Artikel 107 und 108 des Vertrags über die Arbeitsweise der Europäischen Union auf bestimmte Gruppen horizontaler Beihilfen, ABl.EU 2015 Nr. L 248, S. 1.

571 Verordnung (EU) Nr. 651/2014 der Kommission v. 17.6.2014 zur Feststellung der Vereinbarkeit bestimmter Gruppen von Beihilfen mit dem Binnenmarkt in Anwendung der Artikel 107 und 108 des Vertrags über die Arbeitsweise der Europäischen Union, ABl.EU 2014 Nr. L 187, S. 1.

bereich der AGVO bereits erheblich ausgeweitet und mit der Änderungsverordnung vom 17. Mai 2017[572] abermals erweitert. Die AGVO umfasst nun erstmals auch bestimmte Fördermaßnahmen für Häfen und Flughäfen[573].

Kapitel 2 „Monitoring" der AGVO enthält allgemeine Vorgaben zu mitgliedstaatlichen Berichterstattungs- und Dokumentationspflichten, die für alle Freistellungen gelten. Sie sollen ein Monitoring durch die Europäische Kommission ermöglichen. Insbesondere muss der Mitgliedstaat gemäß der Art. 9 und 11 AGVO binnen 20 Arbeitstagen nach Erlass einer Beihilfenregelung oder einer Einzelbeihilfe, die der Freistellungsverordnung unterfällt, der Kommission eine Kurzbeschreibung der Maßnahme übermitteln, die im Amtsblatt der Europäischen Union veröffentlicht wird. Kapitel 3 sieht Bestimmungen für bestimmte Beihilfegruppen vor bzw. die spezifischen Anforderungen an z. B. eine Regionalbeihilfe oder eine Beihilfe für eine Sportinfrastruktur. 1315

Erfüllt die mitgliedstaatliche Maßnahme eine der Voraussetzungen der Kapitel I-III nicht, darf die Kommission nach Art. 10 AGVO, nachdem sie dem Mitgliedstaat Gelegenheit zur Stellungnahme gegeben hat, einen Beschluss erlassen, demzufolge alle oder einige der künftigen Beihilfenmaßnahmen des betreffenden Mitgliedstaats, die ansonsten die Voraussetzungen dieser Verordnung erfüllen würden, nach Art. 108 Abs. 3 Satz 1 AEUV bei der Kommission anzumelden sind. 1316

d) Verfahren der Beihilfenaufsicht

Für die Beihilfenkontrolle ist nach den Art. 107 und 108 AEUV die Europäische Kommission originär zuständig. Eine Ausnahme enthält Art. 108 Abs. 2 UAbs. 3 AEUV, wonach der Rat Beihilfen in außergewöhnlichen Umständen per Beschluss als vereinbar mit dem Binnenmarkt erklären darf. Nach Art. 108 Abs. 3 Satz 1 AEUV sind die Mitgliedstaaten verpflichtet, jede beabsichtigte Einführung oder Umgestaltung einer Beihilfe bei der Europäischen Kommission zu notifizieren, d. h. der Kommission vorab zu melden (Notifizierungsgebot), sofern die Maßnahme nicht – insbesondere nach der AGVO – von der Notifizierung freigestellt ist. Bis zu dem Abschluss des Beihilfeprüfverfahrens darf die Maßnahme gemäß Art. 108 Abs. 3 Satz 3 AEUV nicht durchgeführt werden *(Durchführungsverbot oder auch Stand-Still-Gebot).* 1317

---

572 Verordnung (EU) Nr. 2017/1084 der Kommission v. 14.6.2017 zur Änderung der Verordnung (EU) Nr. 651/2014 in Bezug auf Beihilfen für Hafen- und Flughafeninfrastrukturen, in Bezug auf Anmeldeschwellen für Beihilfen für Kultur und die Erhaltung des kulturellen Erbes und für Beihilfen für Sportinfrastrukturen und multifunktionale Freizeitinfrastrukturen sowie in Bezug auf regionale Betriebsbeihilferegelungen für Gebiete in äußerster Randlage und zur Änderung der Verordnung (EU) Nr. 702/2014 in Bezug auf die Berechnung der beihilfefähigen Kosten, ABl.EU 2017 Nr. L 156, S. 1.
573 Art. 1 Abs. 1 lit. m, n AGVO.

1318   Das Verfahren der Beihilfenaufsicht ist in Art. 108 AEUV geregelt und wird in der *Beihilfeverfahrensverordnung* (VerfVO) der Kommission konkretisiert[574]. Während Art. 108 AEUV das Verfahren nur in Grundzügen regelt, enthält die VerfVO eine Präzisierung und Ergänzung der einzelnen Verfahren und Verfahrensschritte. Sie nimmt insbesondere die tatsächliche verfahrensrechtliche Praxis auf und sorgt damit für ein höheres Maß an Transparenz und Rechtssicherheit im Beihilfenverfahren. Art. 108 AEUV und die VerfVO unterscheiden zwischen bestehenden Beihilfenregelungen (Art. 108 Abs. 1 AEUV) sowie neuen Beihilfen, die von den Mitgliedstaaten notifiziert werden müssen. Die VerfVO enthält zudem für rechtswidrige Beihilfen, d. h. Beihilfen, die ohne Notifizierung eingeführt wurden, sowie für genehmigte Beihilfen, die missbräuchlich angewendet werden, spezielle Verfahrensvorschriften.

1319   Der Begriff der *neuen Beihilfe* wird in der VerfVO in Art. 1 lit. c negativ abgegrenzt: Neue Beihilfen sind alle Beihilfenregelungen und Einzelbeihilfen, die keine bestehenden Beihilfen sind, einschließlich Änderungen bestehender Beihilfen. Wird eine neue Beihilfe entgegen dem *Durchführungsverbot* des Art. 108 Abs. 3 Satz 3 AEUV eingeführt, stellt sie eine formell rechtswidrige Beihilfe dar (Art. 1 lit. f VerfVO). Auf solche kann die Kommission mit den Instrumentarien der Art. 12 ff. VerfVO reagieren. Eine *missbräuchliche Anwendung* von Beihilfen liegt dann vor, wenn die Beihilfe unter Verstoß gegen einen Vereinbarkeitsbeschluss im Vorverfahren, gegen einen Positivbeschluss oder gegen einen mit Bedingungen und Auflagen versehenen Beschluss (Art. 4 Abs. 3, Art. 9 Abs. 3 und Abs. 4 VerfVO) verwendet wird.

1320   Unter den Begriff der *bestehenden Beihilfe* fallen nach Art. 1 lit. b VerfVO Beihilfen, die bereits vor Inkrafttreten der Unionsverträge vorlagen, Beihilfen, die von der Kommission oder vom Rat genehmigt wurden, Beihilfen, die durch Fristablauf (Art. 4 Abs. 6 VerfVO) oder durch Verjährung als genehmigt gelten (Art. 17 VerfVO) und Maßnahmen, die nach ihrer Gewährung aufgrund der Entwicklung des Binnenmarktes zu Beihilfen wurden, ohne dass sie Änderungen durch den Mitgliedstaat erfahren haben. Bestehende Beihilfenregelungen sind nicht zu notifizieren, sondern nach Art. 108 Abs. 1 AEUV und Art. 21 bis Art. 23 VerfVO der fortlaufenden Überprüfung durch die Kommission unterworfen. Im Rahmen dieses Verfahrens prüft sie, ob eine Maßnahme nicht oder nicht mehr mit dem Binnenmarkt vereinbar ist. Sie schlägt ggf. zweckdienliche Maßnahmen vor, um eine Vereinbarkeit herzustellen.

1321   Als bilaterales Verfahren ist die Beihilfenkontrolle vorrangig ein Verfahren zwischen Kommission und Mitgliedstaat. Der Mitgliedstaat hat aus Art. 108

---

574 Verordnung (EU) Nr. 2015/1589 des Rates v. 13.7.2015 über besondere Vorschriften für die Anwendung von Artikel 108 des Vertrags über die Arbeitsweise der Europäischen Union, ABl. EU 2015 Nr. L 248, S. 9; Verordnung (EG) Nr. 271/2008 der Kommission v. 30.1.2008 zur Änderung der Verordnung (EG) Nr. 794/2004 zur Durchführung der Verordnung (EG) Nr. 659/1999 des Rates über besondere Vorschriften für die Anwendung von Artikel 93 des EG-Vertrags, ABl.EU 2008 Nr. L 82, S. 1.

Abs. 2 AEUV ein originäres Beteiligungsrecht. Ebenso sind die Beschlüsse der Kommission im Beihilfenverfahren stets an die Mitgliedstaaten gerichtet; nur diese selbst sind anmeldebefugt. Dies gilt auch dann, wenn die Beihilfen nicht vom Mitgliedstaat, sondern von dessen Gebietskörperschaften oder eigens eingerichteten Stellen vergeben werden. Diese Stellen genießen aber lediglich die Verfahrensrechte der sonstigen Beteiligten (insbesondere der Begünstigten sowie der Konkurrenzunternehmen), denen nur im förmlichen Hauptprüfverfahren das Recht zur Abgabe von Stellungnahmen sowie Informationsrechte eingeräumt sind. Nach geltender Rechtsprechung fehlen insbesondere den begünstigten Unternehmen in einem Beihilfenverfahren mangels vollwertiger Parteistellung[575] entscheidende prozessuale Rechte wie Akteneinsicht oder Zugang zum Beschlusstext, soweit die Kommission darlegen kann, dass die Offenlegung von Dokumenten den Untersuchungszweck gefährdet[576] oder dass die Preisgabe der vertraulichen Zahlen den geschäftlichen Interessen der betroffenen Unternehmen schadet und damit gegen die Transparenzverordnung[577] verstößt[578].

Nach der Anmeldung einer Beihilfe bei der Kommission leitet diese unverzüglich ein *Vorprüfungsverfahren* ein, welches eine erste Meinungsbildung über die Vereinbarkeit einer Maßnahme mit dem Binnenmarkt ermöglicht. Stellt die Kommission nach dieser vorläufigen Prüfung fest, dass die angemeldete Maßnahme keinen Anlass zu Bedenken gibt, beschließt sie entweder, dass keine Beihilfe vorliegt (Art. 4 Abs. 2 VerfVO) oder dass die analysierte Beihilfe mit dem Binnenmarkt vereinbar ist (Art. 4 Abs. 3 VerfVO). Hat die Kommission im Rahmen einer Zwei-Monats-Frist ab Eingang der Notifizierung keinen Beschluss erlassen, so gilt die Beihilfe infolge des Fristablaufs ohne Weiteres als genehmigt (Art. 4 Abs. 6 Satz 1 VerfVO). Dies gilt jedoch nicht hinsichtlich „rechtswidriger Beihilfen" i. S. v. Art. 1 lit. f VerfVO. Nach einem Verstoß gegen das Durchführungsverbot kann der Mitgliedstaat somit nicht mehr in den Genuss der Genehmigungsfiktion gelangen (Art. 15 Abs. 2 VerfVO).

Stellt die Kommission dagegen nach Durchführung des Vorprüfungsverfahrens fest, dass die angemeldete Maßnahme Anlass zu Bedenken gibt, hat sie nach Art. 108 Abs. 3 Satz 2 AEUV unverzüglich das *förmliche Prüfverfahren*[579] einzuleiten. Ein Ermessen bezüglich der Einleitung des förmlichen Prüfverfahrens hat die Europäische Kommission bei ernsthaften Schwierigkeiten bezüglich der

---

575 EuG, verb. Rs. T-267/08 u. T-279/08, ECLI:EU:T:2011:209, Rn. 70 ff. – *Région Nord-Pas-de-Calais/Kommission*.
576 EuG, verb. Rs. T-494/08 bis T-500/08 u. T-509/08, ECLI:EU:T:2010:511, Rn. 70 ff. – *Ryanair/Kommission*.
577 Verordnung (EG) Nr. 1049/2001 des Europäischen Parlaments und des Rates v. 30.5.2001 über den Zugang der Öffentlichkeit zu Dokumenten des Europäischen Parlaments, des Rates und der Kommission, ABl.EG 2001 Nr. L 145, S. 43.
578 *Soltész*, EuZW 2012, S. 174, 177; EuG, verb. Rs. T-109/05 u. T-444/05, ECLI:EU:T:2011:235, Rn. 130 ff. – *Navigazione Libera del Golfo Srl/Kommission*.
579 Siehe zum förmlichen Prüfverfahren auch *Koenig/Schreiber*, Europäisches Wettbewerbsrecht, 2010, S. 254 f.

Beurteilung der Vereinbarkeit der Maßnahme mit dem Binnenmarkt (Kompatibilität) nicht[580]. Die Befugnis zur abschließenden Entscheidung über die Kompatibilität am Ende des Vorprüfverfahrens beschränkt sich auf Maßnahmen, die keine ernsthaften Schwierigkeiten aufwerfen. Jedoch hat sie hinsichtlich der Beurteilung, ob ernsthafte Schwierigkeiten vorliegen, einen Beurteilungsspielraum („Ermessensspielraum")[581].

1324 Die Europäische Kommission eröffnet das förmliche Prüfverfahren durch den Erlass eines Eröffnungsbeschlusses, der gemäß Art. 6 Abs. 1 VerfVO eine Zusammenfassung der wesentlichen Sach- und Rechtsfragen einschließlich einer vorläufigen Würdigung des Beihilfencharakters sowie Ausführungen zu den Bedenken hinsichtlich der Kompatibilität enthalten muss. Im Eröffnungsbeschluss fordert die Europäische Kommission die Mitgliedstaaten und die übrigen Beteiligten zudem unter Fristsetzung – die Frist beträgt üblicherweise nicht länger als einen Monat – zu einer Stellungnahme auf.

1325 Abgeschlossen wird das förmliche Prüfverfahren entweder durch einen Positiv- oder einen Negativbeschluss: Kommt die Kommission zu dem Schluss, dass keine tatbestandsmäßige Beihilfe vorliegt (Art. 9 Abs. 2 VerfVO) oder dass zwar eine Beihilfe vorliegt, diese aber mit dem Binnenmarkt vereinbar ist, so erlässt sie einen *Positivbeschluss,* der allerdings mit Bedingungen oder Auflagen versehen werden kann. Von der ihr gemäß Art. 9 Abs. 4 VerfVO eingeräumten Möglichkeit, „einen Positivbeschluss mit Bedingungen und Auflagen [zu] verbinden", hat die Kommission insbesondere im Rahmen von Hilfszahlungen an Unternehmen durch die Mitgliedstaaten während der Finanzkrise Gebrauch gemacht[582].

1326 Kommt die Kommission hingegen zu dem Ergebnis, dass die Beihilfe mit dem Binnenmarkt unvereinbar ist, so erlässt sie einen *Negativbeschluss* (Art. 9 Abs. 4 VerfVO), mit dem zugleich ausgesprochen wird, dass die geplante Beihilfe nicht gewährt werden darf und dass bereits gewährte Beihilfen nebst Zinsen zurückzufordern sind *(Rückforderungsbeschluss).* Hinsichtlich des *zeitlichen Verlaufs* des Prüfverfahrens setzt Art. 9 Abs. 6 Satz 2 VerfVO eine „weiche" Frist: Danach sollte ein Beschluss möglichst innerhalb von 18 Monaten ergehen. Nach Ablauf der Frist kann der betreffende Mitgliedstaat verlangen, dass die Kommission binnen zwei Monaten einen Beschluss auf der Grundlage der ihr zur Verfügung stehenden Informationen erlässt. Diese Fristen gelten wiederum nicht für den Fall, dass eine Beihilfe unter Verstoß gegen die Anmeldepflicht und/oder das Durchführungsverbot gewährt wurde.

1327 Die Rückforderung von Beihilfen und die Rechtsfolgen eines Verstoßes gegen das Durchführungsverbot richten sich – dem in Art. 5 EUV verankerten Prinzip der begrenzten Einzelermächtigung entsprechend – nach nationalem Recht. Ins-

---

580 EuG, Rs. T-671/14, ECLI:EU:T:2017:599, Rn. 37 – *Bayerische Motoren Werke/Kommission.*
581 EuG, Rs. T-671/14, ECLI:EU:T:2017:599, Rn. 38 – *Bayerische Motoren Werke/Kommission.*
582 Vgl. hierzu *Soltész,* EuZW 2012, S. 174, 176.

besondere den nationalen Gerichten und der Europäischen Kommission fallen in der Beihilfenkontrolle einander ergänzende, aber unterschiedliche Rollen zu[583]: „Während für die Beurteilung der Vereinbarkeit von Beihilfemaßnahmen mit dem Binnenmarkt ausschließlich die Kommission zuständig ist, die dabei der Kontrolle der Unionsgerichte unterliegt, wachen die nationalen Gerichte bis zur endgültigen Entscheidung der Kommission über die Wahrung der Rechte der Einzelnen bei eventuellen Verstößen der staatlichen Behörden gegen das in Art. 108 Abs. 3 AEUV aufgestellte Verbot"[584]. Ein Verstoß gegen das Durchführungsverbot kann nach deutschem Recht weitreichende Folgen für die betroffenen Unternehmen haben.

Bei dem unmittelbar anwendbaren unionsrechtlichen Durchführungsverbot des Art. 108 Abs. 3 Satz 3 AEUV handelt es sich um ein einseitig verpflichtendes *Verbotsgesetz* i. S. d. § 134 BGB, dessen Verletzung grundsätzlich zur (ex tunc) Gesamtnichtigkeit des zur Gewährung der Beihilfe abgeschlossenen Vertrages führt. Zumindest für Kaufverträge eine Abkehr von der Gesamtnichtigkeitsrechtsfolge andeutend hat der BGH in einem *obiter dictum* ausgeführt, dass sich die durch einen zu niedrigen Kaufpreis hervorgerufene Wettbewerbsverzerrung außer durch eine Rückabwicklung des Geschäfts auch durch eine Anpassung des Kaufpreises erreichen ließe, wobei für die Kaufpreisdifferenz Zinsen ab dem tatsächlichen Vollzug des Kaufvertrags, regelmäßig also ab der Übergabe der Kaufsache, zu leisten seien. Der BGH begründete eine mögliche Teilnichtigkeit damit, dass „sich das Durchführungsverbot nach Wortlaut und systematischer Stellung eindeutig allein an die Mitgliedstaaten als Beihilfegeber und damit nur an eine Vertragspartei richtet. Bei solchen einseitigen Verboten kommt die in § 134 BGB vorgesehene Rechtsfolge nur in Betracht, wenn dem Verbot ein Zweck zugrunde liegt, der gleichwohl die Nichtigkeit des ganzen Rechtsgeschäfts erfordert (...)"[585]. Im Ergebnis stellte der BGH indes fest, dass der Kaufvertrag, dessen zu niedrige Kaufpreisabrede ein Beihilfenelement enthielt und für deren Ersetzung die Parteien keine wirksame Ersetzungsvereinbarung geschlossen hatten, wegen des Fehlens der essentialia negotii gesamtnichtig ist[586].

Aufgrund der Verweisung des § 59 Abs. 1 VwVfG auf die Nichtigkeitsregeln des BGB sind demnach auch beihilfengewährende öffentlich-rechtliche Verträge (§ 54 VwVfG), die gegen das unionsrechtliche Durchführungsverbot verstoßen, gem. § 59 Abs. 1 VwVfG i. V. m. § 134 BGB ex tunc nichtig[587]. Im Fall der Beihilfengewährung durch Verwaltungsakt erfolgt die Rückforderung formell rechtswidriger Beihilfen in zwei Schritten: Da der Verstoß gegen das unionsrechtliche

---

583 EuGH, Rs. C-284/12, ECLI:EU:C:2013:755, Rn. 27 – *Deutsche Lufthansa* m.w. N. (= P Nr. 273).
584 EuGH, Rs. C-284/12, ECLI:EU:C:2013:755, Rn. 28 – *Deutsche Lufthansa* (= P Nr. 273).
585 BGH, EuZW 2013, S. 753, Rn. 45.
586 BGH, Urt. v. 5.12.2012 – I ZR 92/11, Rn. 45 – *CEPS-Pipeline*.
587 BVerwG, Urt. v. 26.10.2016 – Az. 10 C 3/15; OVG Berlin-Brandenburg, Urt. v. 18.2.2015 – Az. OVG 6 B 24.14 – *Kletterhalle*.

Durchführungsverbot nach der Rechtsprechung des BVerwG keinen besonders schwerwiegenden Fehler i. S. d. § 44 Abs. 1 VwVfG und damit keinen Nichtigkeitsgrund im Sinne dieser Vorschrift darstellt[588], ist zunächst der Verwaltungsakt durch die Behörde nach dem unionsrechtsfreundlich auszulegenden § 48 VwVfG oder durch ein Gericht (§ 113 Abs. 1 Satz 1 VwGO) aufzuheben. Erst danach kann die gewährte Beihilfe nach § 49a VwVfG zurückgefordert werden. Während der Dauer seiner Wirksamkeit stellt der Verwaltungsakt nämlich einen selbstständigen Rechtsgrund für die Beihilfe dar, sodass zunächst kein Rückforderungsanspruch für die Behörde besteht[589]. Allerdings können die Anfechtungsklage gegen den beihilfengewährenden Verwaltungsakt und die Klage auf Rückforderung der auf seiner Grundlage gewährten Beihilfe nach § 113 Abs. 4 VwGO in einem Prozess miteinander verbunden werden[590].

1330 Unabhängig von der Frage des Nichtigkeitsumfangs des die Beihilfe gewährenden Vertrages ist die logische Folge bei Feststellung der Unvereinbarkeit einer Beihilfe mit dem Binnenmarkt stets deren *Rückforderung*[591]. Hierdurch soll die Wiederherstellung des Zustandes vor der Beihilfengewährung *(status quo ante)* erreicht werden[592]. Herauszugeben ist der Vorteil, den der Begünstigte durch die staatliche Maßnahme erlangt hat. Nicht herauszugeben sind dagegen wirtschaftliche Gewinne, auch wenn sie durch Ausnutzung der Begünstigung erlangt wurden[593]. Das bedeutet im Umkehrschluss, dass es nicht darauf ankommt, ob ein wirtschaftlicher Vorteil tatsächlich gezogen wurde. So betonte der EuGH im Fall *Kommission/Aer Lingus,* in dem es um die Rückforderung einer rechtswidrigen Beihilfe in Form einer Herabsenkung der Fluggaststeuer zugunsten der Fluggesellschaften ging, dass der zurückzugewährende Vorteil schlicht darin bestand, dass die Fluggesellschaften einen geringeren Betrag entrichten mussten als bei Anwendung des Standardsteuersatzes, und nicht darin, einen wettbewerbsfähigeren Preis anbieten zu können als ihre Wettbewerber – eine Möglichkeit, die in dem Fall nicht ausgenutzt wurde[594].

1331 Die in der Praxis bedeutsame Rückforderung materiell rechtswidriger Beihilfen ist der Kommission in Art. 16 VerfVO zwingend vorgeschrieben. Die Rückforderung formell rechtswidriger, d. h. unter Verstoß gegen das Durchführungs-

---

588 BVerwGE 138, 322, Rn. 16 – *Zweckverband Tierkörperbeseitigung.*
589 BVerwGE 138, 322, Rn. 15 – *Zweckverband Tierkörperbeseitigung.*
590 BVerwGE 138, 322, Rn. 20 – *Zweckverband Tierkörperbeseitigung.*
591 EuGH, Rs. C-277/00, ECLI:EU:C:2004:238, Rn. 74 – *SMI; Koenig/Hentschel,* NZBau 2006, S. 289; *Cranshaw,* WM 2008, S. 338; *Vögler,* NVwZ 2007, S. 294; *Kreße,* EuZW 2008, S. 394; Zur Rückforderung siehe die Bekanntmachung der Kommission über die Rückforderung rechtswidriger und mit dem Binnenmarkt unvereinbarer staatlicher Beihilfen, ABl.EU 2019 Nr. C 247, S. 1.
592 Siehe z. B. EuGH, verb. Rs. C-164/15 P u. C-165/15 P, ECLI:EU:C:2016:990, Rn. 89 f. – *Kommission/Aer Lingus;* zum Ganzen *Ghazarian,* EStAL 2016, S. 228.
593 EuGH, verb. Rs. C-164/15 P u. C-165/15 P, ECLI:EU:C:2016:990, Rn. 92 – *Kommission/ Aer Lingus.*
594 EuGH, verb. Rs. C-164/15 P u. C-165/15 P, ECLI:EU:C:2016:990, Rn. 97–102 – *Kommission/Aer Lingus.*

verbot des Art. 108 Abs. 3 Satz 3 AEUV gewährter Beihilfen kann dagegen nicht nur durch die Kommission, sondern nach den Urteilen des BGH in den Rs. *Flughafen Lübeck*[595] und *Flughafen Frankfurt-Hahn*[596] auch durch von der Beihilfe betroffene Dritte, z. B. durch Wettbewerber des Beihilfeempfängers, vom Beihilfengeber verlangt werden (sog. *"Private Enforcement"*). Privatrechtlich hat der von der Beihilfe betroffene Dritte einen Anspruch gegen den Beihilfengeber auf Auskunft, Beseitigung (d. h. verzinste Rückforderung) und Unterlassung der Beeinträchtigung (der Beihilfe) sowie auf Schadensersatz aus § 9 Satz 1, § 8 Abs. 1, 3, 3a, Nr. 4 UWG und aus §§ 1004, 823 Abs. 2 BGB jeweils i. V. m. Art. 108 Abs. 3 Satz 3 AEUV[597]. Vor den Verwaltungsgerichten kann er wegen der unmittelbaren Anwendbarkeit des Art. 108 Abs. 3 Satz 3 AEUV Ansprüche gegen den Beihilfengeber auf verzinste Rückforderung der Beihilfe *(Rechtswidrigkeitszinsen)* und, wenn es sich ausnahmsweise um eine vom Beihilfeempfänger „erzwungene" Beihilfe handelt, auch Ansprüche gegen diesen geltend machen[598]. Dies gilt ungeachtet der Vereinbarkeit der Beihilfe mit dem Binnenmarkt, d. h. ungeachtet ihrer materiellen Rechtmäßigkeit, und unbeschadet des Rechts des Mitgliedstaats, die Beihilfe später erneut zu gewähren[599].

Nationale Gerichte dürfen allerdings nur dann entscheiden, dass keine tatbestandliche Beihilfe vorliegt, wenn die Kommission im förmlichen Eröffnungsbeschluss noch nicht festgestellt hat, dass die geprüfte Maßnahme eine staatliche Beihilfe darstellen könnte[600]. Eine materielle Bindungswirkung kommt der vorläufigen tatbestandlichen Qualifizierung des Beihilfencharakters der Maßnahme im Eröffnungsbeschluss jedoch nicht zu. Nach der das Urteil des EuGH in der Rs. *Lufthansa/Flughafen Frankfurt-Hahn GmbH* konkretisierenden Folgerechtsprechung verlangt das Unionsrecht lediglich die Annahme eines Abweichungsverbots in Bezug auf den Eröffnungsbeschluss[601]. Zweifelt das nationale Gericht an der Beihilfentatbestandsmäßigkeit, so muss es die Europäische Kommission konsultieren oder ein Vorabentscheidungsersuchen an den EuGH richten[602]. Gegen eine materielle Bindungswirkung sprechen vor allem Bedenken wegen einer möglichen Beschneidung prozessualer Rechte des Beihilfeempfängers[603]. So könn- 1332

---
595 BGH, Urt. v. 10.2.2011 – Az. I ZR 213/08, BB 2010, S. 1033 – *Flughafen Lübeck*.
596 BGHZ 188, 326 – *Flughafen Frankfurt-Hahn*.
597 BGH, Urt. v. 10.2.20122 – Az. I ZR 213/08, BB 2010, S. 1033 – *Flughafen Lübeck*; BGHZ 188, 326 – *Flughafen Frankfurt-Hahn*.
598 BVerwGE 138, 322, Rn. 13 – *Zweckverband Tierkörperbeseitigung*.
599 BGH, Urt. v. 10.2.2011 – Az. I ZR 213/08, BB 2010, S. 1033, Rn. 26, 36 – *Flughafen Lübeck*; BGHZ 188, 326, Rn. 30 – *Flughafen Frankfurt-Hahn*; BVerwGE 138, 322, Rn. 13 – *Zweckverband Tierkörperbeseitigung*.
600 EuGH, Rs. C-284/12, ECLI:EU:C:2013:755, Rn. 34 – *Deutsche Lufthansa* (= P Nr. 273).
601 *Dorn*, EWS 2016, S. 323; siehe zu der Folgerechtsprechung des BGH *Ghazarian*, RIW 2017, S. 390.
602 BGH, Urt. v. 9.2.2017 – Az. I ZR 91/15, EuZW 2017, S. 312.
603 *Arnold*, EWS 2011, S. 209, 215; *Sóltesz*, EuR 2012, S. 60, 63 ff.; *Ghazarian*, EStAL 2014, S. 108; *Koenig*, EWS 2014, S. 1; *Traupel/Jennert*, EWS 2014, S. 1 ff.; a. A. *Martin-Ehlers*, EuZW 2014, S. 243 ff.

ten beispielsweise das Recht auf ein faires gerichtliches Verfahren (Art. 6 Abs. 1 EMRK) und der Grundsatz des effektiven gerichtlichen Rechtsschutzes (Art. 47 EU-Grundrechte-Charta) verletzt werden, da dem Beihilfeempfänger keine Anhörungsrechte vor Eröffnung des Hauptprüfverfahrens (durch den förmlichen Eröffnungsbeschluss) gewährt werden und die Anfechtung des Beschlusses über die Eröffnung des förmlichen Prüfverfahrens keine aufschiebende Wirkung entfaltet (Art. 278 Satz 1 AEUV)[604].

1333 Die Umsetzung der Rückforderung ist grundsätzlich den betroffenen Mitgliedstaaten überlassen (mitgliedstaatliche Verfahrensautonomie). Allerdings darf die effektive Durchsetzung des Unionsrechts nicht übermäßig erschwert werden *(Effektivitätsgrundsatz,* sog. *„effet utile")* oder ungünstiger ausgestaltet sein als die Durchsetzung von Rechten, die auf rein nationalem Recht beruhen *(Äquivalenzgrundsatz).* Daher sind nationale Regelungen, die sich z. B. auf den Vertrauensschutz stützen, unionsrechtskonform auszulegen. Rückforderungsschuldner ist der Rechtsträger des Unternehmens[605]. Im Falle eines Unternehmensverkaufs[606] kann der Rückforderungsschuldner wechseln, wenn eine wirtschaftliche Kontinuität zwischen dem bisherigen Beihilfeempfänger und dem erwerbenden Unternehmen besteht[607]. Dann können auch vom neuen Rechtsträger des Unternehmens Beihilfen zurückgefordert werden, die das verkaufte Unternehmen vor seinem Verkauf erhalten hat. Zu unterscheiden ist zwischen Anteils- und Vermögenskäufen *(share deal* versus *asset deal),* wobei jeweils die bereits angesprochene Notwendigkeit der strikten Unterscheidung zwischen dem Unternehmen, seinem Rechtsträger sowie seinen Anteilseignern (Rn. 1180) zu beachten ist. Da bei Anteilskäufen sowohl das Unternehmen, als auch dessen Rechtsträger identisch bleiben und nur die Anteilsinhaber wechseln, sind Rückforderungsansprüche regelmäßig gegen den gleichbleibenden Rechtsträger zu richten. Beim Vermögens(ver)kauf wechselt hingegen der Rechtsträger. Eine Heranziehung des Vermögenserwerbers kommt nach der Rechtsprechung des EuGH jedoch nur dann in Betracht, wenn die Vermögensübernahme entweder zu keinem marktgerechten Preis erfolgte oder die Transaktion objektiv einer Umgehung der Rückzahlungspflicht diente[608].

---

604 *Arnold,* EWS 2011, S. 209, 215; *Sóltesz,* EuR 2012, S. 60, 63 ff.; *Ghazarian,* EStAL 2014, S. 108; *Koenig,* EWS 2014, S. 1; *Traupel/Jennert,* EWS 2014, S. 1 ff.; a. A. *Martin-Ehlers,* EuZW 2014, S. 243 ff.
605 EuGH, Rs. C-277/00, ECLI:EU:C:2004:238, Rn. 75, 86 – *SMI.*
606 Hierzu schon EuGH, Rs. C-305/89, ECLI:EU:C:1991:142 – *Alfa Romeo;* EuGH, Rs. C-390/98, ECLI:EU:C:2001:456 – *Banks;* EuGH, verb. Rs. C-329/99 u. C-399/00, ECLI: EU:C:2003:252 – *Seleco;* EuGH, Rs. C-277/00, ECLI:EU:C:2004:238, Rn. 86 – *SMI.*
607 EuG, verb. Rs. T-415/05, Rs. T-416/05 u. T-423/05, ECLI:EU:CT:2008:181, Rn. 104 – *Olympiakes.*
608 EuGH, verb. Rs. C-328/99 u. C-399/00, ECLI:EU:C:2003:252 – *Seleco;* EuGH, Rs. C-277/00, ECLI:EU:C:2004:238, Rn. 86 – *SMI;* EuG, Rs. T-324/00, ECLI:EU:T:2008:413, Rn. 93–111 – *CDA Datenträger Albrechts GmbH;* EuG, verb. Rs. T-415/05, T-416/05 u. T-423/05, ECLI:EU:T:2010:386, Rn. 148 – *Griechenland/Kommission.*

Zu beachten ist der nur eingeschränkt bestehende *Vertrauensschutz* bezüglich der Rückzahlungspflicht formell und/oder materiell rechtswidriger Beihilfen. Maßgeblich ist hierbei die *Alcan*-Rechtsprechung des EuGH sowie die Rechtsprechung des BVerwG und des BVerfG[609]. Danach ist das Bestehen von Vertrauensschutz zugunsten eines EU-beihilfenrechtswidrig begünstigten Unternehmens grundsätzlich abzulehnen, wenn eine Beihilfe entgegen dem Durchführungsverbot des Art. 108 Abs. 3 Satz 3 AEUV gewährt wurde. Nach Auffassung des EuGH ist es einem Unternehmen zuzumuten, sich über die ordnungsgemäße Einhaltung des beihilfenrechtlichen Verwaltungsverfahrens zu vergewissern[610]. Diese Rechtsprechung erklärt sich vor allem mit dem Grundsatz des unionsrechtlichen *„effet utile"* und wurde durch das Urteil des EuGH in der Rs. *Kahla*[611] ausdrücklich bestätigt: Zwar handele es sich bei dem Grundsatz des Vertrauensschutzes um eines der Grundprinzipien der Union, auf den sich jeder berufen könne, bei dem die Unionsverwaltung durch klare und nicht an Bedingungen geknüpfte Zusicherungen begründete Erwartungen geweckt habe[612]. Wurde das Vertrauen des Beihilfeempfängers in Ordnungsmäßigkeit und Bestand der rechtswidrigen Beihilfe dagegen nicht durch *Unions*organe (mit)verursacht, ist es nicht schutzwürdig. Der Vertrauensschutz gilt nämlich grundsätzlich nur hinsichtlich der Handlungen und Entscheidungen der Unionsorgane. Keine begründeten Erwartungen wecken daher Entscheidungen nationaler Gerichte[613].

1334

e) Merksätze

> Das EU-Beihilfenkontrollregime enthält in den Art. 107 und 108 AEUV kein absolutes Beihilfenverbot, sondern unterstellt die staatliche Beihilfengewährung einer **Kontrolle durch die Kommission.** Die mitgliedstaatliche Beihilfengewährung unterliegt regelmäßig (Ausnahme: Freistellungsverordnungen) einem **präventiven Durchführungsverbot mit Genehmigungsvorbehalt.** Nach dem **Stand-Still-Gebot** des Art. 108 Abs. 3 Satz 3 AEUV dürfen neue Beihilfen vor der Überprüfung und Genehmigung durch die Kommission grundsätzlich nicht eingeführt werden. Unionsrechtswidrige Beihilfen sind vom Beihilfeempfänger zurückzugewähren.

1335

---

609 BVerwGE 106, 328; BVerfGE 89, 155; EuGH, Rs. 94/87, ECLI:EU:C:1989:46 – *Kommission/Deutschland („Alcan I");* EuGH, Rs. C-24/95, ECLI:EU:C:1997:163 – *Alcan Deutschland („Alcan II")* (= P Nr. 269).
610 Siehe ausführlich zur Rückforderungsproblematik *Heidenhain,* Handbuch des Europäischen Beihilfenrechts, 2003, § 51, Rn. 6 ff.
611 EuGH, Rs. C-537/08 P, ECLI:EU:C:2010:769 – *Kahla* (bestätigt EuG, Rs. T-20/03, ECLI:EU:T:2008:395 – *Kahla*).
612 EuGH, Rs. C-537/08 P, ECLI:EU:C:2010:769, Rn. 63 – *Kahla.*
613 EuG, Rs. T-309/12, ECLI:EU:T:2014:676, Rn. 235 ff. – *Zweckverband Tierkörperbeseitigung u. a./Kommission.*

Unabhängig von ihrer konkreten Form und Ausgestaltung ist eine staatliche Maßnahme dann als beihilfenrechtsrelevante **Begünstigung** i. S. d. Art. 107 Abs. 1 AEUV anzusehen, wenn das Unternehmen eine Leistung oder einen sonstigen **geldwerten Vorteil ohne angemessene, d. h. marktübliche Gegenleistung** (Kompensation) erlangt. Begünstigungen erfolgen regelmäßig durch positive Handlungen, wie im Fall des klassischen Subventionsbegriffs durch Zuführung von Geldmitteln, aber auch durch Maßnahmen, welche die Belastungen eines Unternehmens mindern. Als abstrakter Vergleichsmaßstab zur Beurteilung einer Begünstigung dient der *„private investor"*-Test (bzw. dessen spezielle Ausformungen wie der *„private vendor"*-Test). Im Bereich der Daseinsvorsorge liegt keine beihilfenrechtsrelevante Begünstigung und damit keine Beihilfe i. S. d. Art. 107 Abs. 1 AEUV vor, wenn die vom EuGH in der Rs. *Altmark Trans* entwickelten *Altmark*-Kriterien erfüllt sind.

In den Anwendungsbereich des Art. 107 Abs. 1 AEUV fallen nicht nur unmittelbar vom Staat gewährte Beihilfen, sondern auch solche Begünstigungen, die über sog. **„staatlich benannte Einrichtungen"** gewährt werden. Die Gruppe der staatlich benannten Einrichtungen ist dabei grundsätzlich weit zu fassen. Die Mittelvergabe erfüllt den Tatbestand des Art. 107 Abs. 1 AEUV nach der *Stardust Marine*-Rechtsprechung des EuGH jedoch nur, wenn die **gewährten Mittel vom Mitgliedstaat kontrolliert** werden, d. h. die beihilfegewährende Stelle i. S. v. Art. 2 lit. b der Transparenzrichtlinie staatlich beherrscht wird, **und die den Mittelgeber kontrollierende staatliche Behörde in irgendeiner Weise am Erlass der Beihilfemaßnahme beteiligt** war, ohne diese konkret angewiesen haben zu müssen.

Mit dem Binnenmarkt unvereinbar sind nur Beihilfen, die **bestimmte Unternehmen oder Produktionszweige** begünstigen. Aus dem unionsrechtlichen Beihilfenbegriff scheiden damit staatliche Fördermaßnahmen aus, die unterschiedslos der gesamten Wirtschaft zugutekommen, wie z. B. die Förderung der Errichtung öffentlicher Infrastrukturen. Werden Private an der Realisierung von Infrastrukturprojekten beteiligt oder wird eine Infrastruktur wirtschaftlich betrieben, muss zum Ausschluss einer beihilfenrechtsrelevanten Begünstigung auf allen Leistungsebenen sichergestellt sein, dass die beteiligten Unternehmen die öffentlichen Fördermittel nicht in Form von marktunüblichen Renditen abschöpfen können.

Vom generellen Beihilfenverbot sieht Art. 107 Abs. 2 AEUV **in der Rechtsfolge gebundene Ausnahmen** für schadensbeseitigende und nachteilsausgleichende Beihilfen vor. Art. 107 Abs. 3 AEUV normiert darüber hinaus **Ausnahmeklauseln in Form von Ermessenstatbeständen.** Die Ausnahmeklauseln des Art. 107 Abs. 3 AEUV werden ihrerseits durch ermessenssteuernde Leitlinien und Unionsrahmen sowie durch die Allgemeine Gruppenfreistellungsverordnung ausgefüllt.

Die Kommission hat auf der Grundlage von Art. 109 AEUV eine „**Allgemeine Gruppenfreistellungsverordnung**" erlassen, u. a. betreffend Beihilfen zugunsten kleiner und mittlerer Unternehmen (KMU), Forschungs-, Entwicklungs- und Innovationsbeihilfen, Ausbildungs- und Beschäftigungsbeihilfen, Risikokapitalbeihilfen sowie Umweltschutzbeihilfen. Die beihilfengewährenden Stellen können auf der Grundlage der Allgemeinen Gruppenfreistellungsverordnung Beihilfenregelungen erlassen und Beihilfen vergeben, ohne das Notifizierungsverfahren nach Art. 108 Abs. 3 AEUV durchlaufen zu müssen. Erfüllt eine Beihilfenregelung die Freistellungskriterien, ist sie **von der Notifizierungspflicht des Art. 108 Abs. 3 Satz 1 AEUV ausgenommen,** soweit alle denkbaren Einzelbeihilfen, die nach dieser Regelung gewährt werden können, sämtliche Voraussetzungen der Freistellungsverordnung erfüllen. Im Bereich der Daseinsvorsorge sieht das Maßnahmenpaket der Kommission weitere Befreiungsmöglichkeiten vor.

Leitentscheidungen:
EuGH, Rs. 730/79, ECLI:EU:C:1980:209 – *Philip Morris.*
EuG, Rs. T-358/94, ECLI:EU:T:1996:194 – *Air France.*
EuGH, Rs. C-24/95, ECLI:EU:C:1997:163 – *Alcan Deutschland* (= P Nr. 269).
EuGH, verb. Rs. C-52/97 bis C-54/97, ECLI:EU:C:1998:209 – *Viscido.*
EuGH, Rs. C-256/97, ECLI:EU:C:1999:332 – *DM Transport.*
EuG, Rs. T-129/95, ECLI:EU:T:1999:7 – *Neue Maxhütte Stahlwerke.*
EuGH, Rs. C-379/98, ECLI:EU:C:2001:160 – *PreussenElektra* (= P Nr. 144, 261).
EuGH, Rs. C-482/99, ECLI:EU:C:2002:294 – *Stardust Marine.*
EuGH, Rs. C-280/00, ECLI:EU:C:2003:415 – *Altmark Trans* (= P Nr. 264).
EuGH, verb. Rs. C-328/99 u. C-399/00, ECLI:EU:C:2003:252 – *Seleco.*
EuGH, Rs. C-345/02, ECLI:EU:C:2004:448 – *Pearle.*
EuGH, Rs. C-277/00, ECLI:EU:C:2004:238 – *SMI.*
EuGH, Rs. C-119/05, ECLI:EU:C:2007:434 – *Lucchini* (= P Nr. 17).
EuGH, Rs. C-199/06, ECLI:EU:C:2008:79 – *CELF* (= P Nr. 272).
EuGH, Rs. C-384/07, ECLI:EU:C:2008:747 – *Wienstrom.*
EuGH, Rs. C-288/11 P, ECLI:EU:C:2012:821 – *Flughafen Leipzig/Halle* (= P Nr. 265).
EuGH, Rs. 284/12, ECLI:EU:C:2013:755 – *Deutsche Lufthansa* (= P Nr. 273).
EuGH, Rs. C-518/13, ECLI:EU:C:2015:9 – *Eventech/The Parking Adjudicator.*
EuGH, Rs. C-131/15 P, ECLI:EU:C:2016:289 – *Club Hotel Loutraki u. a./Kommission.*
EuGH, Rs. C-486/15 P, ECLI:EU:C:2016:912 – *Kommission/Frankreich und Orange.*
EuGH, Rs. C-524/14 P, ECLI:EU:C:2016:971 – *Kommission/Hansestadt Lübeck* (= P Nr. 263).
EuGH, verb. Rs. C-20/15 P u. C-21/15 P, ECLI:EU:C:2016:981 – *Kommission/World Duty Free.*
EuGH, verb. Rs. C-164/15 P u. C-165/15 P, ECLI:EU:C:2016:990 – *Kommission/Aer Lingus.*
EuG, Rs. T-671/14, ECLI:EU:T:2017:599 – *Bayerische Motoren Werke/Kommission.*
EuGH, Rs. C-405/16 P, ECLI:EU:C:2019:268 – *Deutschland/Kommission.*

4. Wettbewerbskontrolle im Bereich mitgliedstaatlicher Daseinsvorsorge

Literaturhinweise: *Aumont, L./Kaelble, H.*: Die Vergabe von Dienstleistungen von allgemeinem wirtschaftlichen Interesse an Private, NZBau 2006, S. 280; *Bauer, S.*: Die mitgliedstaatliche Finanzierung von Aufgaben der Daseinsvorsorge und das Beihilfeverbot des EG-Vertrages, 2008; *Burgi, M.*: Die Handlungsformkategorie des Betrauungsakts im EU-Beihilferecht, EuZW 2017, S. 90; *Calliess, Ch./Ruffert, M. (Hrsg.)*: EUV/AEUV, 5. Aufl. 2016; *Grabitz, E./Hilf, M./Nettesheim M. (Hrsg.)*: Das Recht der Europäischen Union, 67. EL Juni 2019; *v.d. Groeben, H./Schwarze, J./Hatje, A. (Hrsg.)*: Europäisches Unionsrecht, 7. Aufl. 2015; *Immenga, U./Mestmäcker, E.-J. (Hrsg.)*: EU-Wettbewerbsrecht, Bd. 1/Teil 1, 6. Aufl. 2019; *Kämmerer, J. A.*: Strategien zur Daseinsvorsorge – Dienste im allgemeinen Interesse nach der „Altmark"-Entscheidung des EuGH, NVwZ 2004, S. 28; *Koenig, Ch./Schreiber, K.*: Europäisches Wettbewerbsrecht, 2010, S. 153; *Panetta, O.*: Daseinsvorsorge zwischen Beihilfe- und Vergaberecht, 2007; *Sonder, N./Bühner, A.*: Die neuen Regelungen des EU-Beihilfenrechts über Dienstleistungen von allgemeinem wirtschaftlichen Interesse („Almunia"-Paket), BayVBl. 2013, S. 296; *Streinz, R. (Hrsg.)*: EUV/AEUV, 3. Aufl. 2018; *Wernicke, S.*: Die gewandelte Bedeutung des Art. 106 AEUV: Aus den Apokryphen zum Kanon der Wirtschaftsverfassung, EuZW 2015, S. 281; *Wernsmann R./Loscher T.*: Dienstleistungen von allgemeinem wirtschaftlichem Interesse im EU-Beihilfenrecht, NVwZ 2014, S. 976.

a) Die Bereichsausnahmevorschrift des Art. 106 Abs. 2 AEUV

1336   Art. 106 Abs. 2 AEUV ermöglicht es den Mitgliedstaaten durch Betrauung eines Unternehmens mit bestimmten Dienstleistungen von allgemeinem wirtschaftlichen Interesse (DAWI), die Tätigkeit dieser Unternehmen der Anwendung des Primärrechts sowie der Wettbewerbsvorschriften zu entziehen[614]. Die Tatbestandsalternative des „Unternehmens mit dem Charakter eines Finanzmonopols" spielt faktisch keine Rolle mehr. In Deutschland galt als Finanzmonopol i. S. d. Art. 105 und 106 AEUV nur noch das Branntweinmonopol[615], das jedoch mit Wirkung zum 31. Dezember 2018 aufgelöst wurde[616]. Die Möglichkeit der Betrauung soll den Mitgliedstaaten einen Weg eröffnen, die mitgliedstaatlichen wirtschaftspolitischen Ziele neben der Schaffung eines Systems unverfälschten Wettbewerbs zu verwirklichen[617]. Die sachgebietsübergreifende Ausnahmeklau-

---

614 Siehe zur Ausnahmevorschrift des Art. 106 Abs. 2 AEUV auch *Koenig/Schreiber*, Europäisches Wettbewerbsrecht, 2010, S. 153 ff.; zur Entwicklung auch *Ehricke*, EuZW 1993, S. 211, 214; *Koenig/Haratsch*, ZUM 2004, S. 122 ff.
615 *Koenig/Paul*, in: Streinz (Hrsg.), EUV/AEUV, 3. Aufl. 2018, Art. 106 AEUV Rn. 74 m. w. N.
616 Gesetz zur Auflösung der Bundesmonopolverwaltung für Branntwein und zur Änderung weiterer Gesetze v. 10.3.2017, BGBl. 2017 I S. 420.
617 *Jung*, in: Calliess/Ruffert (Hrsg.), EUV/AEUV, 5. Aufl. 2016, Art. 106 AEUV Rn. 34; Zur unveränderten Fortgeltung dieses Ziels nach dem Inkrafttreten des Lissabon-Vertrags siehe Art. 4 Abs. 3 S. 1 EUV i. V. m. dem Protokoll Nr. 27 über den Binnenmarkt und den Wettbewerb (ABl.EU 2010 Nr. C 83, S. 309); EuGH, Rs. C-52/09, ECLI:EU:C:2011:83, Rn. 20 – Telia-Sonera Sverige (= P Nr. 254).

sel findet allerdings erst dann Anwendung, nachdem die im Vertrag vorgesehenen sachgebietsspezifischen Ausnahmebestimmungen ausgeschöpft worden sind (insbesondere Art. 36, Art. 51 und Art. 52 AEUV[618]). Liegen diese Ausnahmeklauseln vor, ist ein Abweichen von den Vertragsbestimmungen nicht erforderlich.

Auffällig ist, dass der Wortlaut des Art. 106 Abs. 2 AEUV nur Unternehmen und nicht die ebenfalls durch das Beihilfenverbot betroffenen Mitgliedstaaten nennt. Dies ist jedoch darauf zurückzuführen, dass Art. 106 Abs. 2 Satz 1 AEUV die Ausnahme aus der Perspektive des Profitierenden formuliert. Unternehmen profitieren bei einem Abweichen von den unternehmensbezogenen Vorschriften ebenso wie bei einer Befreiung des Mitgliedstaates von den staatsgerichteten Bestimmungen, insbesondere von den Beihilfenbestimmungen der Art. 107 und 108 AEUV. Sie erlangen in beiden Konstellationen einen erweiterten unternehmerischen Handlungsspielraum. Im Übrigen ist in teleologischer Hinsicht nicht ersichtlich, warum ein Abweichen von staatsgerichteten Wettbewerbsbestimmungen nicht möglich sein soll, obwohl gerade die durch Beihilfen geförderte Sicherstellung der Sonderaufgaben von besonderer Bedeutung ist. Folgerichtig wenden Rechtsprechung[619] und Kommission[620] Art. 106 Abs. 2 Satz 1 AEUV auch auf staatsgerichtete Wettbewerbsnormen wie das Beihilfenregime an. Damit kann sich auch der Mitgliedstaat zur Rechtfertigung des Abweichens von Vertragsbestimmungen auf Art. 106 Abs. 2 AEUV berufen[621]. 1337

b) Dienstleistungen von allgemeinem wirtschaftlichen Interesse

Voraussetzung für die Anwendbarkeit des Art. 106 Abs. 2 AEUV ist zunächst, dass ein *Unternehmen* (Rn. 1174 ff.) Dienstleistungen von allgemeinem wirtschaftlichen Interesse[622] erbringt. Dabei wird der *Dienstleistungs*begriff weit verstanden[623]. Er geht deutlich über die in Art. 57 AEUV verwandte Dienstleis- 1338

---

618 *Tüllmann*, ZEuS 2008, S. 469 ff.
619 EuGH, Rs. C-205/03 P, ECLI:EU:C:2006:453, Rn. 25 – *FENIN/Kommission* (= P Nr. 240); EuG, Rs. T-289/03, ECLI:EU:T:2008:29, Rn. 163 – *BUPA-Ireland*; EuG, Rs. T-274/01, ECLI:EU:T:2004:266, Rn. 129 ff. – *Valmont Nederland*.
620 Entscheidung der Kommission v. 20.10.2004, 2005/351/EG, ABl. EU 2005 Nr. L 110, S. 56, Rn. 59 ff. – *Intermediación Aérea*; Entscheidung der Kommission v. 24.2.1999, ABl. EG 1999 Nr. C 238, S. 3, Beihilfe Nr. NN 70/98-Deutschland, S. 8 mit S. 6 f. – *Kinderkanal u. Phoenix*.
621 Dazu ausführlich *Schweitzer/Mestmäcker*, in: Immenga/Mestmäcker (Hrsg.), EU-Wettbewerbsrecht, Bd. 1/Teil 1, 6. Aufl. 2019, Art. 106 Abs. 2 AEUV Rn. 50 ff.
622 Zum Begriff der „Dienstleistung von allgemeinem wirtschaftlichem Interesse" *Klotz*, in: v. d. Groeben/Schwarze/Hatje (Hrsg.), Europäisches Unionsrecht, 7. Aufl. 2015, Art. 106 AEUV Rn. 64 ff.
623 *Schweitzer/Mestmäcker*, in: Immenga/Mestmäcker (Hrsg.), EU-Wettbewerbsrecht, Bd. 1/Teil 1, 6. Aufl. 2019, Art. 106 Abs. 2 AEUV Rn. 76. Zu Daseinsvorsorgebeihilfen im Infrastrukturbereich siehe *Karpenstein/Schiller*, ZHR 2008, S. 81 ff.; *Tüllmann*, ZEuS 2008, S. 469 ff.

tungskonzeption hinaus, die anders als Art. 106 Abs. 2 AEUV Warenleistungen ausdrücklich ausnimmt[624]. Im Ergebnis ist jedes marktbezogene Tätigwerden von Unternehmen erfasst. Aus dem Wortlaut des Art. 106 Abs. 2 Satz 1 AEUV sowie aus der Systematik des EU-Wettbewerbsrechts und der Binnenmarktfreiheiten folgt zudem, dass Voraussetzung für die Anwendbarkeit des Art. 106 Abs. 2 Satz 1 AEUV das Vorliegen einer *wirtschaftsbezogenen Tätigkeit* ist. Insbesondere die Unternehmensdefinition setzt ein marktbezogenes Handeln voraus, sodass im Fall des mangelnden wirtschaftlichen Charakters der Tätigkeit bereits die Unternehmensqualität (Rn. 1175) entfällt und folglich keine Konflikte mit den Wettbewerbsregeln und wirtschaftsbezogenen Regeln der EU-Verträge in Betracht kommen.

1339 Da aber nur wenige Tätigkeiten tatsächlich keinen wirtschaftlichen Charakter aufweisen, ist regelmäßig umgekehrt auch bei karitativer, fürsorgerischer, sozialer und kultureller Zweckerfüllung im Falle der Erbringung auf einem Markt von einer unternehmerischen Betätigung und damit von der Anwendbarkeit des Art. 106 Abs. 2 Satz 1 AEUV auszugehen (Rn. 1293 ff.). Bei Art. 106 Abs. 2 Satz 1 AEUV geht es stets um die Befreiung einer wirtschaftlichen Betätigung von den Wettbewerbsregeln aufgrund außerökonomischer Ziele. So stellt beispielsweise die Gewährleistung einer flächendeckenden Versorgung einen außerökonomischen Zweck dar, der allerdings angesichts der zur Aufgabenerfüllung erforderlichen unternehmerischen Betätigung in einem wirtschaftlichen Kontext, d. h. auf einem relevanten Markt, erfolgt und insoweit ein allgemeines wirtschaftliches Interesse begründet[625].

1340 Eine Dienstleistung liegt im *allgemeinen wirtschaftlichen Interesse,* wenn sie im Interesse der Allgemeinheit erbracht und daher von den Mitgliedstaaten mit besonderen Gemeinwohlverpflichtungen verbunden wird[626]. Für die Qualifizierung der Aufgabenerfüllung als DAWI „[...] muss an ihr ein allgemeines wirtschaftliches Interesse bestehen, das gegenüber dem Interesse an anderen Tätigkeiten des Wirtschaftslebens spezifische Merkmale aufweist [...]"[627]. An einem allgemeinen Charakter fehlt es, wenn die Dienstleistung Privat- oder Partikularinteressen dient[628]. Ein besonderes Interesse der Europäischen Union ist hin-

---

624 *Klotz,* in: v. d. Groeben/Schwarze/Hatje (Hrsg.), Europäisches Unionsrecht, 7. Aufl. 2015, Art. 106 AEUV Rn. 64; *Jung,* in: Calliess/Ruffert (Hrsg.), EUV/AEUV, 5. Aufl. 2016, Art. 106 AEUV Rn. 36; *Kühling,* in: Streinz (Hrsg.), EUV/AEUV, 3. Aufl. 2018, Art. 106 AEUV Rn. 48.
625 Vgl. EuGH, Rs. 155/73, ECLI:EU:C:1975:40, Rn. 14 – *Sacchi* (= P Nr. 209); ebenso EuG, verb. Rs. T-528/93, T-542/93, T-543/93 u. T-546/93, ECLI:EU:T:1996:99, Rn. 116 – *Métropole télévision u. a.*
626 So die Definition der Kommission, Mitteilung zu den Leistungen der Daseinsvorsorge in Europa („Daseinsvorsorgemitteilung"), ABl.EG 2001 Nr. C 17, S. 4, Rn. 14.
627 EuG, Rs. T-309/12, ECLI:EU:T:2014:676, Rn. 106 – *Zweckverband Tierkörperbeseitigung/Kommission.*
628 EuGH, Rs. 127/73, ECLI:EU:C:1974:25, Rn. 23 – *BRT II.*

III. Wettbewerbskontrolle

gegen nicht erforderlich, sodass das Interesse einer Gemeinde oder der Bevölkerung eines Teils eines Mitgliedstaates genügt[629]. Beispielsweise hat der EuGH anerkannt, dass Aufgaben bei der Abwicklung des Flussverkehrs über einen Hafen[630] und bei der Forschung und Entwicklung in Bezug auf landwirtschaftliche Erzeugnisse[631] im allgemeinen wirtschaftlichen Interesse liegen. Auch die Tätigkeit von öffentlich-rechtlichen Rundfunkanstalten hat der EuGH als DAWI eingeordnet[632]. Ferner weisen nach der Rechtsprechung des EuG in der Rs. *Métropole Télévision* jedenfalls „Dienstleistungen [...] zugunsten sämtlicher Nutzer im gesamten Hoheitsgebiet des betreffenden Mitgliedstaats, ohne Rücksicht auf Sonderfälle und auf die Wirtschaftlichkeit jedes einzelnen Vorgangs", ein allgemeines wirtschaftliches Interesse auf (sog. Universaldienste)[633]. Auch wenn es sich bei dem Gesamtbegriff der DAWI um einen autonomen Begriff der Unionsrechtsordnung handelt[634], kommt den Mitgliedstaaten ein weiter Beurteilungsspielraum bei der Definition des allgemeinen wirtschaftlichen Interesses der Leistungserbringung zu[635]. Die Entscheidung der Mitgliedstaaten kann von den Gemeinschaftsorganen nur auf „offenkundige Fehler" überprüft werden[636]. Der Mitgliedstaat muss aber beweisen, dass der Aufgabe ein universaler und obligato-

---

629 *Klotz*, in: v. d. Groeben/Schwarze/Hatje (Hrsg.), Europäisches Unionsrecht, 7. Aufl. 2015, Art. 106 AEUV Rn. 66; *Wernicke*, in: Grabitz/Hilf/Nettesheim (Hrsg.), Das Recht der Europäischen Union, 67. EL Juni 2019, Art. 106 AEUV Rn. 43 ff.
630 EuGH, Rs. 10/71, ECLI:EU:C:1971:85, Rn. 8, 12 – *Staatsanwaltschaft Luxemburg*.
631 EuGH, Rs. 258/78, ECLI:EU:C:1982:211, Rn. 9 – *Nungesser*.
632 EuGH, Rs. 155/73, ECLI:EU:C:1974:40, Rn. 15 – *Sacchi* (= P Nr. 209).
633 EuG, verb. Rs. T-528/93, T-542/93, T-543/93 u. T-546/93, ECLI:EU:T:1996:99, Rn. 116 – *Métropole Télévision*.
634 Vgl. dazu EuGH, Rs. C-41/83, ECLI:EU:C:1985:120, Rn. 30 – *Italien/Kommission;* EuG, Rs. T-260/94, Slg. 1997, S. II-997, Rn. 135 – *Air Inter/Kommission; Schindler*, CMLR 1970, S. 57, 70 f.; *Jung*, in: Calliess/Ruffert (Hrsg.), EUV/AEUV, 5. Aufl. 2016, Art. 106 AEUV Rn. 37; *Wernicke*, in: Grabitz/Hilf/Nettesheim (Hrsg.), Das Recht der Europäischen Union, 67. EL Juni 2019, Art. 106 AEUV Rn. 37.
635 Bei der Festlegung der Dienstleistung als DAWI haben die Mitgliedstaaten einen weiten Ermessensspielraum, vgl. Mitteilung der Kommission an das Europäische Parlament, den Rat, den Europäischen Wirtschafts- und Sozialausschuss und den Ausschuss der Regionen. Weißbuch zu Dienstleistungen von allgemeinem Interesse v. 12.5.2004, KOM (2004) 374 endg., Punkt 2; Mitteilung der Kommission über die Anwendung der Beihilfevorschriften der Europäischen Union auf Ausgleichsleistungen für die Erbringung von Dienstleistungen von allgemeinem wirtschaftlichem Interesse v. 11.1.2012, ABl.EU 2012 Nr. C 8, S. 2, Rn. 46.
636 EuG, Rs. T-289/03, ECLI:EU:T:2008:29, Rn. 166–169, 172 – *BUPA- Ireland;* Europäische Kommission, Leistungen der Daseinsvorsorge in Europa, 2000, 20.9.2000, KOM (2000) 580 endg., Rn. 22; Beschluss der Kommission v. 20.12.2011 über die Anwendung von Artikel 106 Absatz 2 des Vertrags über die Arbeitsweise der Europäischen Union auf staatliche Beihilfen in Form von Ausgleichsleistungen zugunsten bestimmter Unternehmen, die mit der Erbringung von Dienstleistungen von allgemeinem wirtschaftlichem Interesse betraut sind, (Freistellungsbeschluss), ABl.EU 2012 Nr. L 7, S. 3, 8. Begründungserwägung; Mitteilung der Kommission, Rahmen der Europäischen Union für staatliche Beihilfen in Form von Ausgleichsleistungen für die Erbringung öffentlicher Dienstleistungen (2011) (nachfolgend: „Unionsrahmen für öffentliche Dienstleistungen [2011]"), ABl.EU 2012 Nr. C 8, S. 15, Rn. 13.

rischer Charakter zukommt und dass diese dem betreffenden Unternehmen per Hoheitsakt übertragen wurde[637].

1341 Die vorgenannte Auslegung des DAWI-Begriffs entspricht der systematischen Auslegung von Art. 106 Abs. 2 Satz 1 AEUV vor dem Hintergrund des Art. 14 AEUV, der die besondere Bedeutung der DAWI hervorhebt. Der in Art. 14 AEUV verwendete Rechtsbegriff der *Dienste von allgemeinem wirtschaftlichen Interesse* fasst die mitgliedstaatliche Verantwortung für die Daseinsvorsorge *(service public)* zusammen. Hierunter fallen Dienste wie die Wasserver- und -entsorgung, Verkehrsdienste, Gesundheitssysteme (insbesondere die Sicherstellung einer ausreichend vorhandenen Zahl von Krankenhäusern[638] sowie von Krankentransport- und Rettungsdienstleistungen), postalische Universaldienste[639], Abfallbewirtschaftung und -entsorgung, Aufgaben des Umweltschutzes, sozialer Wohnungsbau[640] etc. Allen Mitgliedstaaten obliegt die regulatorische Gewährleistung – dies bedeutet nicht notwendigerweise die staatliche bzw. öffentliche Eigenerbringung – einer flächendeckenden und angemessenen Versorgung mit DAWI. Während Art. 36 der Grundrechte-Charta (Rn. 689 ff.) den Zugang der Unionsbürger zu Daseinsvorsorgediensten als subjektives Teilhaberecht postuliert, begründet Art. 14 AEUV selbst kein subjektives Recht, weder als derivatives Teilhaberecht des Verbrauchers noch als Abwehrrecht der betroffenen Unternehmen. Der Norm kommt angesichts ihrer Unbestimmtheit auch keine unmittelbare Anwendbarkeit zu. Die Wettbewerbsvorschriften und die Daseinsvorsorge werden vielfach zu stark in einem Spannungsverhältnis gesehen. In den meisten Konstellationen ist aber eine *Daseinsvorsorge durch bzw. im Wettbewerb* möglich[641]. So wird die wettbewerbsrechtliche Vereinbarkeit von Ausgleichszahlungen für die Erbringung von Diensten von allgemeinem wirtschaftlichen Interesse heute auf der Grundlage ausdifferenzierter (beihilfenrechtlicher) Voraussetzungen gewährleistet, die im Folgenden (vgl. Rn. 1350 ff.) behandelt werden.

c) Betrauungsakt

1342 Weitere Voraussetzung einer Rechtfertigung nach Art. 106 Abs. 2 AEUV ist die *Betrauung* des begünstigten Unternehmens mit der DAWI nach Maßgabe einer konkreten Aufgabendefinition[642]. Der Grund des Erfordernisses eines hoheitlichen Betrauungsaktes besteht *ratione materiae et personae* in der Gewährleistung einer effektiven Kontrollmöglichkeit durch die Kommission auf der Basis von Art. 106 Abs. 3 AEUV (Rn. 1357 f.). Art. 106 Abs. 3 AEUV stattet nämlich

---

637 EuG, Rs. T-289/03, ECLI:EU:T:2008:29, Rn. 166–169, 172 – *BUPA-Ireland*.
638 *Becker*, NZS 2007, S. 169; *Koenig/Paul*, EuZW 2008, S. 359.
639 *Frenz*, EWS 2007, S. 211.
640 Siehe dazu ausführlich *Bartosch*, EuZW 2007, S. 559.
641 *Koenig*, EuZW 2001, S. 481.
642 Zum Betrauungsakt mit Anwendungsbeispielen *Koenig/Schreiber*, Europäisches Wettbewerbsrecht, 2010, S. 161 ff.

die Kommission mit Sonderbefugnissen aus, um die Sicherung der Art. 106 Abs. 1 und 2 AEUV zu gewährleisten. Damit kommt ihr neben der Überwachungsfunktion[643] eine Gestaltungsfunktion zu[644]. Die Überwachungstätigkeit der Kommission erstreckt sich sowohl auf die Mitgliedstaaten als auch auf die in Art. 106 AEUV bezeichneten Unternehmen. Ausdifferenziertere Anforderungen ergeben sich aus dem „DAWI-Paket" im Bereich der DAWI-Ausnahme von den Vorgaben des Beihilfenrechts (Rn. 1350 ff.).

Der Betrauungsakt muss ein Hoheitsakt des Mitgliedstaates sein, der bestimmte Gemeinwohlverpflichtungen festlegt. Dessen Form kann von den Mitgliedstaaten frei gewählt werden. Erfolgen kann eine solche Betrauung beispielsweise durch Gesetz, Konzession[645] oder einen sonstigen Akt der öffentlichen Gewalt[646]. Eine bloß faktische Überantwortung ist indes nicht hinreichend. Aus dem Betrauungsakt muss insbesondere Folgendes eindeutig hervorgehen:

(a) Art und Dauer der Gemeinwohlverpflichtung,
(b) die beauftragten Unternehmen und der geographische Geltungsbereich,
(c) Art und Dauer der dem Unternehmen gegebenenfalls gewährten ausschließlichen oder besonderen Rechte,
(d) die Parameter für die Berechnung, Überwachung und etwaige Änderungen der Ausgleichszahlungen[647]. Allein die Betrauung mit einer öffentlichen Aufgabe begründet noch keinen Anspruch auf einen Ausgleich[648]. Die Parameter, anhand derer der Ausgleich berechnet wird, müssen objektiv und transparent aufgestellt werden.

1343

Eine Betrauung kann beispielsweise auch durch einen in den Parametern konditionierten Regulierungsakt erfolgen, d. h. durch die hoheitliche Auferlegung einer Universaldienstverpflichtung zu einem behördlich genehmigten Entgelt. Im Rahmen der Umsatzsteuerbefreiung von Postuniversaldienstleistungen kann nur durch einen solchen Regulierungsakt gewährleistet werden, dass die Ausgleichseffekte vollständig bei dem Universaldienstkunden ankommen und nicht

1344

---

643 EuGH, verb. Rs. 188/80 bis 190/80, ECLI:EU:C:1982:257, Rn. 12 – *Frankreich u. a./Kommission*.
644 *Wernicke*, in: Grabitz/Hilf/Nettesheim (Hrsg.), Das Recht der Europäischen Union, 67. EL Juni 2019, Art. 106 AEUV Rn. 79.
645 EuGH, Rs. C-159/94, ECLI:EU:C:1997:501, Rn. 65 f. – *Kommission/Frankreich*.
646 *Klotz*, in: v. d. Groeben/Schwarze/Hatje (Hrsg.), Europäisches Unionsrecht, 7. Aufl. 2015, Art. 106 AEUV Rn. 71.
647 Beschluss der Kommission v. 20.12.2011 über die Anwendung von Artikel 106 Absatz 2 des Vertrags über die Arbeitsweise der Europäischen Union auf staatliche Beihilfen in Form von Ausgleichsleistungen zugunsten bestimmter Unternehmen, die mit der Erbringung von Dienstleistungen von allgemeinem wirtschaftlichem Interesse betraut sind (Freistellungsbeschluss), ABl.EU 2012 Nr. L 7, S. 3, Art. 4 S. 2 Nr. a) – d); Mitteilung der Kommission, Unionsrahmen für öffentliche Dienstleistungen 2011, ABl.EU 2012 Nr. C 8, S. 15, Rn. 16; indirekt durch EuGH, Rs. C-280/00, ECLI:EU:C:2003:415 – *Altmark Trans* (= P Nr. 264); EuG, Rs. T-289/03, ECLI:EU:T:2008:29, Rn. 172 – *BUPA-Ireland*.
648 Zuletzt EuG, Rs. T-219/14, ECLI:EU:T:2017:266, Rn. 121 – *Regione autonoma della Sardegna/Kommission*.

von dem befreiten Unternehmen wettbewerbswidrig ausgenutzt werden. Der EuGH hat in der Rs. *TNT Post UK* dargelegt, dass Selbstverpflichtungen, die nicht in das Verfahren der hoheitlichen Betrauung zur Auferlegung von Universaldienstleistungen eingerahmt sind, hingegen keine Betrauung i. S. d. Art. 106 Abs. 2 AEUV darstellen können[649].

d) Verhinderung der Aufgabenerfüllung

1345 Eine Ausnahme nach Art. 106 Abs. 2 AEUV setzt im Hinblick auf das mit einer DAWI betraute Unternehmen voraus, dass die Erfüllung der jeweils zugewiesenen Aufgabe durch die Anwendung des Unionsrechts rechtlich oder tatsächlich *verhindert* würde. Nach dem gewöhnlichen Wortsinn wie auch dem Ausnahmecharakter des Art. 106 Abs. 2 AEUV wäre eine Verhinderung der Aufgabenerfüllung nur dann anzunehmen, wenn die Anwendung des Unionsrechts gänzlich zur Unmöglichkeit der Erfüllung der betreffenden Aufgabe führen würde[650]. Dadurch würde aber zum einen der mitgliedstaatliche Gestaltungsspielraum erheblich in Frage gestellt. Zum anderen widerspricht eine derartige Auslegung in Bezug auf Dienstleistungen von allgemeinem wirtschaftlichen Interesse der in Art. 14 AEUV getroffenen positiven Entscheidung für gemeinwohlorientierte Dienste, da deren primärrechtlich gefordertes Funktionieren im Fall einer erheblichen Behinderung nicht mehr gegeben ist. Der EuGH bejaht daher in seiner Rechtsprechung das Merkmal der Verhinderung bereits im Fall einer bloßen Gefährdung der Aufgabenerfüllung[651]. Eine solche sei schon dann gegeben, wenn andernfalls eine Leistungserbringung zu wirtschaftlich tragbaren Bedingungen nicht möglich wäre[652]. Nicht erforderlich ist es für die Anwendbarkeit der Vertragsbestimmungen, dass das Überleben des gesamten Unternehmens gefährdet ist[653]. Letztlich verliert der Begriff der Verhinderung durch diese Interpretation des EuGH seine begrenzende Funktion und entfaltet keine Wirkungen[654]. Zum Teil

---

649 Vgl. zur Frage der Selbstverpflichtung als Betrauung im Rahmen der Umsatzsteuerbefreiung von Postdienstleistungen EuGH, Rs. C-357/07, ECLI:EU:C:2009:7, Rn. 49 – *TNT Post UK Ltd/The Commissioners for Her Majesty's Revenue and Customs*. Die deutsche Übersetzung scheint bei vordergründiger Betrachtung eine Selbstverpflichtung ausreichen zu lassen, ist insoweit jedoch missverständlich, vgl. dazu *Koenig/Busch*, EWS 2009, S. 510 ff.
650 *Knauff*, in: Loewenheim/Meessen/Riesenkampff/Kersting/Meyer-Lindemann, Kartellrecht, 3. Aufl. 2016, Art. 106 AEUV, Rn. 78; *Emmerich/Hoffmann*, in: Dauses/Ludwigs (Hrsg.), Handbuch des EU-Wirtschaftsrechts, 43. EL Oktober 2017, Kap. H.II. Rn. 178.
651 EuGH, Rs. C-157/94, ECLI:EU:C:1997:499, Rn. 52 – *Kommission/Niederlande;* EuGH, Rs. C-159/94, ECLI:EU:C:1997:501, Rn. 59 – *Frankreich/Kommission;* EuGH, verb. Rs. C-115/97 bis C-115/97, ECLI:EU:C:1999:434, Rn. 107 – *Brentjens*.
652 EuGH, Rs. C-320/91, ECLI:EU:C:1993:198, Rn. 16 – *Corbeau;* EuGH, Rs. C-475/99, ECLI:EU:C:2001:577, Rn. 61 – *Ambulanz Glöckner;* siehe zum Verhinderungserfordernis auch *Koenig/Schreiber*, Europäisches Wettbewerbsrecht, 2010, S. 165 ff.
653 EuGH, Rs. C-159/94, ECLI:EU:C:1997:501, Rn. 59, 95 – *Frankreich/Kommission*.
654 *Knauff*, in: Loewenheim/Meessen/Riesenkampff/Kersting/Meyer-Lindemann, Kartellrecht, 3. Aufl. 2016, Art. 106 AEUV Rn. 79.

wird in der Literatur deshalb gefordert, dass aus dieser Rechtsprechung des EuGH kein verallgemeinerbarer Rückschluss für die Bestimmung des Verhinderungsbegriffs gezogen werden sollte[655]. Art. 106 Abs. 2 Satz 1 AEUV verwende den Begriff „verhindern". Es sei deshalb im Ergebnis nicht ausreichend, wenn die Vertragsvorschriften die Erfüllung der übertragenen besonderen Aufgabe bloß erschweren oder behindern. Vielmehr sei in objektiver Hinsicht zu prüfen, ob die Aufgabenerfüllung unter Einhaltung der Vertragsvorschriften möglich sei[656].

Nach Bejahung des Verhinderungskriteriums ist gem. Art. 106 Abs. 2 Satz 2 AEUV festzustellen, dass die *Entwicklung des Handelsverkehrs* nicht entgegen den Interessen der Union beeinträchtigt wird. Diese Beeinträchtigung ist nicht gleichbedeutend mit der Zwischenstaatlichkeitsklausel in Art. 101 Abs. 1 und Art. 102 AEUV (Rn. 1197, 1225)[657]. Da die Beeinträchtigung des Handels zwischen den Mitgliedstaaten bereits Anwendungsvoraussetzung für die Wettbewerbsregeln des AEUV ist, muss der Begriff in Art. 106 Abs. 2 Satz 2 AEUV darüber hinausgehen. Art. 106 Abs. 2 AEUV verfolgt einen globalen Ansatz. „Beeinträchtigung der Entwicklung des Handelsverkehrs" bedeutet, dass der freie Wirtschaftsverkehr innerhalb der Union insgesamt und nicht nur hinsichtlich einzelner Produkte nachteilig beeinflusst wird[658]. Weiter hat die Kommission bei jeder Ausnahme von den Vertrags- und insbesondere den Wettbewerbsvorschriften zu untersuchen, ob der Grundsatz der *Verhältnismäßigkeit* gewahrt ist[659]. Bei der Prüfung jenes Grundsatzes ist eine ökonomische Analyse vorzunehmen, die insbesondere eine Abwägung zwischen den Kosten des Universaldienstes und den Kosten der Beibehaltung des ausschließlichen Rechts einbezieht[660]. Im Hinblick auf Art. 107 AEUV folgt, dass im Fall der Gewährung eines Ausgleichs der Vorteil des begünstigten Unternehmens nicht über die durch die Erfüllung der Gemeinwohlpflichten bedingten Nettomehrkosten (Rn. 1348) hinausgehen darf[661].

1346

---

655 *Schweitzer/Mestmäcker*, in: Immenga/Mestmäcker (Hrsg.), EU-Wettbewerbsrecht, Bd. 1/ Teil 1, 6. Aufl. 2019, Art. 106 Abs. 2 AEUV Rn. 90.
656 So *Badura*, ZRG 1997, S. 291, 302; *Klotz*, in: v. d. Groeben/Schwarze/Hatje (Hrsg.), Europäisches Unionsrecht, 7. Aufl. 2015, Art. 106 AEUV Rn. 78 (vgl. die französische und englische Fassung von Art. 106 Abs. 2 AEUV „*faire échec*" bzw „*obstruct the performance*").
657 Ebenso im Ergebnis *Jung*, in: Calliess/Ruffert (Hrsg.), EUV/AEUV, 5. Aufl. 2016, Art. 106 AEUV Rn. 55; *Wernicke*, in: Grabitz/Hilf/Nettesheim (Hrsg.), Das Recht der Europäischen Union, 67. EL Juni 2019, Art. 106 AEUV Rn. 67.
658 *Jung*, in: Calliess/Ruffert (Hrsg.), EUV/AEUV, 5. Aufl. 2016, Art. 106 AEUV Rn. 55 m. w. N.
659 Vgl. hierzu *Buendia Sierra*, in: Faull/Nikpay (Hrsg.), The EU Law of Competition, 2014, Rn. 6, 169 ff.; *Wernicke*, in: Grabitz/Hilf/Nettesheim (Hrsg.), Das Recht der Europäichsen Union, 67. EL Juni 2019, Art. 106 AEUV Rn. 44.
660 EuG, Rs. T-260/94, ECLI:EU:T:1997:89 – *Air Inter*.
661 EuGH, Rs. C-53/00, ECLI:EU:C:2001:627, Rn. 32 – *Ferring*; Schlussanträge des GA *Alber* zu EuGH, Rs. C-340/99, ECLI:EU:C:2001:74, Rn. 101 ff. – *TNT Traco*.

e) Staatliche Ausgleichszahlungen für die Erbringung von DAWI

1347 Den Grundstein des DAWI-Maßnahmenpaketes der Europäischen Kommission bildete die Leitentscheidung *Altmark Trans* des EuGH aus dem Jahr 2003[662]. In diesem Urteil entwickelte der EuGH erstmals formale und allgemeingültige Vorgaben, bei deren Vorliegen eine staatliche Ausgleichszahlung für die Erbringung einer DAWI keine Begünstigung im Sinne von Art. 107 Abs. 1 AEUV darstellt. Erfüllt eine staatliche Ausgleichszahlung für die Erbringung einer DAWI die *Altmark-Trans*-Kriterien nicht, erfüllt sie zwar den Beihilfentatbestand des Art. 107 Abs. 1 AEUV, wenn die weiteren Tatbestandsmerkmale des Art. 107 Abs. 1 AEUV – was regelmäßig der Fall ist – gegeben sind. Es kommt aber zum einen eine Freistellung nach Art. 106 Abs. 2 AEUV und zum anderen eine Vereinbarkeitserklärung nach Art. 107 Abs. 3 AEUV in Betracht. Auf die primärrechtlichen Regelungen wird in der Praxis jedoch kaum mehr zurückgegriffen. Mit dem Ziel, größere Rechtssicherheit bei der Finanzierung von DAWI und diesbezüglich eine bessere Kontrollmöglichkeit für die Kommission zu schaffen, hat die Europäische Kommission sowohl die Voraussetzungen für einen Freistellungsbeschluss auf Grundlage von Art. 106 Abs. 2 AEUV, als auch die Voraussetzungen, unter denen eine beihilfentatbestandsmäßige Ausgleichsleistung nach Art. 107 Abs. 3 AEUV mit dem Binnenmarkt vereinbar ist, in ihrem DAWI-Paket konkretisiert (Rn. 1350 ff.).

aa) Der Ausschluss des Beihilfentatbestandes nach den Altmark-Voraussetzungen

1348 Bevor auf die vier Instrumente des DAWI-Pakets eingegangen wird, werden im Folgenden die vier *kumulativen* Voraussetzungen des *Altmark Trans*-Urteil[663] des EuGH dargestellt:
(1) Das begünstigte Unternehmen muss mit der Erfüllung klar definierter gemeinwirtschaftlicher Verpflichtungen betraut sein (Rn. 1338 ff.).
(2) Der Betrauungsakt muss einen Ausgleich vorsehen (Rn. 1342 ff.).
(3) Der Ausgleich darf nicht über die *Nettomehrkosten*, d. h. über das hinausgehen, was erforderlich ist, um die Kosten der Erfüllung der gemeinwirtschaftlichen Verpflichtungen unter Berücksichtigung der dabei erzielten Einnahmen und eines angemessenen Gewinns ganz oder teilweise zu decken. Bei der Bestimmung der Angemessenheit der Kompensation ist eine angemessene Rendite auf das eingesetzte Kapital berücksichtigungsfähig. Die Kompensation berechnet sich im Wege der Addition des Zinssatzes einer hinsicht-

---

[662] EuGH, Rs. C-280/00, ECLI:EU:C:2003:415, Rn. 83 f. – *Altmark Trans* (= P Nr. 264); siehe dazu *Bauer*, EuZW 2006, S. 7; *Knauff*, EuZW 2006, S. 79; *Fehling/Niehnus*, DÖV 2008, S. 662; *Tödtmann/Schauer*, NVwZ 2008, S. 1.
[663] EuGH, Rs. C-280/00, ECLI:EU:C:2003:415 – *Altmark Trans* (= P Nr. 264); siehe dazu *Bauer*, EuZW 2006, S. 7; *Knauff*, EuZW 2006, S. 79; *Fehling/Niehnus*, DÖV 2008, S. 662; *Tödtmann/Schauer*, NVwZ 2008, S. 1.

lich der Kapitalbindungszeit vergleichbaren, aber risikolosen Bundesanleihe und des für die Erbringung der jeweiligen Dienstleistung maßgeblichen Risikoaufschlags (auf der Grundlage des kalkulierten Risikos, dass die Kosten der Dienstleistungserbringung einschließlich der damit einhergehenden Kapitalbindung nicht amortisiert werden). Anschließend sind von den Kosten der Leistungsbereitstellung die dabei erzielten Einnahmen abzuziehen *(Nettokosten)*. Demgegenüber hat die Berechnung der *Mehr*kosten nach dem Grundsatz einer marktorientierten Differenzhypothese zu erfolgen. Danach werden nur die „zusätzlichen Kosten"[664] für diejenigen Dienste in Ansatz gebracht, die ohne eine Ausgleichszahlung an den öffentlich Betrauten gar nicht oder nicht in der gebotenen Menge oder Qualität auf dem Markt (freiwillig) von dem Betrauten angeboten werden. Die mit dem Betrauungsakt verbundene Ausgleichszahlung muss sich darauf beschränken, das Angebot eines Dienstes durch das betraute Unternehmen erst hervorzubringen.

(4) Wenn die Wahl des Unternehmens, das mit der Erfüllung gemeinwirtschaftlicher Verpflichtungen betraut werden soll, im konkreten Fall nicht im Rahmen eines Verfahrens zur Vergabe öffentlicher Aufträge (Rn. 1363 ff.) erfolgt, ist die Höhe des erforderlichen Ausgleichs auf der Grundlage einer Vergleichsmarktanalyse (Benchmarking) der Kosten zu bestimmen, die ein durchschnittliches, gut geführtes Unternehmen bei der Erfüllung der betreffenden Verpflichtungen hätte.

Ist mindestens eines dieser vier *Altmark*-Kriterien nicht erfüllt, ist vom Vorliegen einer beihilfenrechtsrelevanten Begünstigung und – sofern die anderen Tatbestandsmerkmale erfüllt sind – von einer Beihilfe i. S. v. Art. 107 Abs. 1 AEUV auszugehen. Das gilt insbesondere, wenn dem Unternehmen ein weites Ermessen im Hinblick auf die Gegenleistung für die Erbringung der Dienste eingeräumt wird, ohne dass eine Ausgleichsleistung vorgesehen ist, sodass jenes seine Preise an seine finanzielle und wirtschaftliche Situation anpassen kann[665].

bb) Das DAWI-Paket (Almunia-Paket)

In Folge der *Altmark*-Rechtsprechung hat die Kommission 2005 zuerst das sogenannte *Monti-Paket* – benannt nach dem damaligen Wettbewerbskommissar *Mario Monti* – erlassen. In diesem Maßnahmenpaket zeigte die Kommission auf, unter welchen Voraussetzungen sie die Bereichsausnahme des Art. 106 Abs. 2 AEUV als gegeben ansieht[666]. Dieses Dokument der Kommission wurde im Jahr 2011 durch das hier in Rede stehende *DAWI-Paket* (Almunia-Paket)[667] – be-

---

[664] EuGH, Rs. C-53/00, ECLI:EU:C:2001:627, Rn. 29 – *Ferring;* EuGH, Rs. C-280/00, ECLI:EU:C:2003:415, Rn. 86 f. – *Altmark Trans* (= P Nr. 264).
[665] EuG, Rs. T-219/14, ECLI:EU:T:2017:266, Rn. 107 – *Regione autonoma della Sardegna/Kommission*.
[666] *Haubner*, EuZW 2013, S. 816.
[667] Alle Dokumente des DAWI-Pakets zusammengefasst im Internet abrufbar unter http://ec.europa.eu/services_general_intcrest/sgei_guide_de.html.

nannt nach dem Wettbewerbskommissar *Joaquin Almunia* – abgelöst. Das DAWI-Paket geht über das Monti-Paket hinaus und erläutert wichtige Grundsätze für staatliche Beihilfen[668]. Zusätzliche, hilfreiche aber unverbindliche Erläuterungen gibt der DAWI-Leitfaden[669]. Das DAWI-Paket umfasst nunmehr vier Instrumente, die für alle Behörden (auf nationaler, regionaler und lokaler Ebene) gelten, die Ausgleichsleistungen für die Erbringung von DAWI gewähren[670]:

(1) Die Mitteilung der Kommission über die Anwendung der Beihilfevorschriften der Europäischen Union auf Ausgleichsleistungen für die Erbringung von Dienstleistungen von allgemeinem wirtschaftlichem Interesse[671] *(DAWI-Mitteilung).*

(2) Die Verordnung der Kommission über die Anwendung der Artikel 107 und 108 des Vertrags über die Arbeitsweise der Europäischen Union auf De-minimis-Beihilfen an Unternehmen, die Dienstleistungen von allgemeinem wirtschaftlichem Interesse erbringen[672] *(De-Minimis-Verordnung für DAWI).*

(3) Den Beschluss der Kommission über die Anwendung von Artikel 106 Abs. 2 des Vertrags über die Arbeitsweise der Europäischen Union auf staatliche Beihilfen in Form von Ausgleichsleistungen zugunsten bestimmter Unternehmen, die mit der Erbringung von Dienstleistungen von allgemeinem wirtschaftlichem Interesse betraut sind[673] *(DAWI-Beschluss).*

(4) Den Rahmen der Europäischen Union für staatliche Beihilfen in Form von Ausgleichsleistungen für die Erbringung öffentlicher Dienstleistungen[674] *(DAWI-Rahmen).*

1351 Die *DAWI-Mitteilung* gibt in einem einzigen Dokument einen umfassenden und praktischen Überblick über die für DAWI relevanten Begriffe und erläutert deren wichtigste Aspekte. Sie fasst die einschlägige Rechtsprechung der EU-Ge-

---

668 Siehe Kommission, Pressemitteilung, IP/11/1571 v. 20.12.2011.
669 Leitfaden zur Anwendung der Vorschriften der Europäischen Union über staatliche Beihilfen, öffentliche Aufträge und den Binnenmarkt auf Dienstleistungen von allgemeinem wirtschaftlichem Interesse und insbesondere auf Sozialdienstleistungen von allgemeinem Interesse (DAWI-Leitfaden), SWD (2013) 53 final/2, Nr. 15.
670 DAWI-Leitfaden, Nr. 14.
671 Mitteilung der Kommission über die Anwendung der Beihilfevorschriften der Europäischen Union auf Ausgleichsleistungen für die Erbringung von Dienstleistungen von allgemeinem wirtschaftlichem Interesse, ABl.EU 2012 Nr. C 8, S. 4.
672 Verordnung (EU) Nr. 360/2012 der Kommission über die Anwendung der Artikel 107 und 108 des Vertrags über die Arbeitsweise der Europäischen Union auf De-minimis-Beihilfen an Unternehmen, die Dienstleistungen von allgemeinem wirtschaftlichem Interesse erbringen v. 25.4.2012, ABl.EU 2012 Nr. L 114, S. 8.
673 Beschluss der Kommission v. 20.12.2011 über die Anwendung von Artikel 106 Absatz 2 des Vertrags über die Arbeitsweise der Europäischen Union auf staatliche Beihilfen in Form von Ausgleichsleistungen zugunsten bestimmter Unternehmen, die mit der Erbringung von Dienstleistungen von allgemeinem wirtschaftlichem Interesse betraut sind, ABl.EU 2012 Nr. L 7, S. 3.
674 Mitteilung der Kommission — Rahmen der Europäischen Union für staatliche Beihilfen in Form von Ausgleichsleistungen für die Erbringung öffentlicher Dienstleistungen (2011), ABl. EU 2012 Nr. C 8, S. 15.

III. Wettbewerbskontrolle 719

richte und die Beschlusspraxis der Kommission in diesem Bereich zusammen. Sie soll den nationalen, regionalen und lokalen Behörden sowie den Erbringern öffentlicher Dienstleistungen die Anwendung der Beihilfevorschriften erleichtern. Schlüsselbegriffe wie die wirtschaftliche Tätigkeit, Beeinträchtigung des Handels und DAWI sowie der Zusammenhang zwischen den Beihilfevorschriften und den Vorschriften über das öffentliche Auftragswesen werden darin erläutert.

Die in den Anwendungsbereich der *De-minimis-Verordnung für DAWI* fallenden Beihilfen gelten als Maßnahmen, die nicht alle Tatbestandsmerkmale des Art. 107 Abs. 1 AEUV erfüllen, und sind daher *a priori* von der Anmeldepflicht nach Art. 108 Abs. 3 AEUV befreit (Art. 2). Die Verordnung gilt allerdings nur für sog. „transparente Beihilfen", deren Bruttosubventionsäquivalent im Voraus genau berechnet werden kann (Art. 2 Abs. 4). Voraussetzung ist allerdings, dass der Gesamtbetrag der dem Unternehmen gewährten Beihilfen 500 000 € in drei Steuerjahren nicht überschreitet (Art. 2 Abs. 2). Des Weiteren enthalten die Absätze 5 bis 8 des Artikels 2 Aufteilungs- und Kumulierungsregelungen, die verhindern sollen, dass die in den verschiedenen Unionsrechtsakten vorgesehenen Beihilfehöchstintensitäten umgangen werden. Das Kumulierungsverbot gilt sogar für solche Ausgleichsleistungen, die nach den *Altmark*-Kriterien den Beihilfetatbestand nicht erfüllen (Art. 2 Abs. 8). **1352**

Durch den *DAWI-Beschluss* (Art. 1 und 2) werden auf Grundlage von Art. 106 Abs. 2 AEUV Beihilfen zugunsten bestimmter Dienstleistungserbringer von der Notifizierungspflicht (Art. 108 Abs. 3 Satz 1 AEUV) ausgenommen. Mit dem Ziel, größere Rechtssicherheit bei der Finanzierung von DAWI und diesbezüglich eine bessere Kontrollmöglichkeit für die Kommission zu schaffen, wurden durch das DAWI-Paket die Anforderungen an den Betrauungsakt in Anlehnung an die *Altmark Trans*-Entscheidung weiter präzisiert. Anders als beim Ausschluss des Beihilfentatbestandes nach der *Altmark*-Rechtsprechung kann im Rahmen der Rechtfertigungslösung auf Grundlage des Art. 106 Abs. 2 AEUV auf die vierte *Altmark*-Voraussetzung verzichtet werden. Danach müssen zur *Rechtfertigung* einer Beihilfenmaßnahme im Wesentlichen die ersten drei *Altmark*-Voraussetzungen (Rn. 1348 f.) erfüllt sein. Damit wird eine Teilkonvergenz der *Altmark*-Tatbestands- und der Rechtfertigungslösung nach Art. 106 Abs. 2 AEUV bewirkt. **1353**

Der *DAWI-Beschluss* gilt gegenwärtig z. B. für Ausgleichsleistungen von nicht mehr als 15 Mio. € pro Jahr für die Erbringung von DAWI mit Ausnahme der Bereiche Verkehr und Verkehrsinfrastruktur (Art. 2 Abs. 1 lit. a). Zwar hat der neue Freistellungsbeschluss den Umfang der Ausgleichszahlungen von vormals 30 Mio. € pro Jahr auf weniger als 15 Mio. € pro Jahr begrenzt, allerdings werden im Gegenzug bestimmte soziale Dienstleistungen (z. B. Nebendienstleistungen der medizinischen Versorgung, Gesundheitspflege, Langzeitpflege, Kinderbetreuung, Maßnahmen zur Wiedereingliederung in den Arbeitsmarkt, Betreuung und soziale Einbindung schwacher Bevölkerungsgruppen) auch ohne diese Begrenzung freigestellt. Neu ist die Bestimmung des Art. 2 Abs. 2, wonach der **1354**

Freistellungsbeschluss nur dann Anwendung findet, wenn der Betrauungszeitraum für die Erbringung der Dienstleistung von allgemeinem wirtschaftlichen Interesse auf maximal zehn Jahre beschränkt ist oder eine erhebliche Investition seitens des Dienstleistungserbringers erforderlich ist, die im Einklang mit allgemein anerkannten Rechnungslegungsgrundsätzen über den gesamten (längeren) Zeitraum der Betrauung abgeschrieben werden muss.

1355 Im *DAWI-Rahmen* sind die strengeren Voraussetzungen festgelegt, unter denen Ausgleichsleistungen für gemeinwirtschaftliche Verpflichtungen, die nicht die Voraussetzungen einer Freistellung nach dem *DAWI-Beschluss* erfüllen, nach Art. 106 Abs. 2 AEUV mit dem Binnenmarkt vereinbar sind[675]. Diese Maßnahmen sind nicht vom Notifizierungsgebot entbunden und werden einer Einzelfallprüfung durch die Kommission unterworfen, da sie die typisierten Kompatibilitätsvoraussetzungen des DAWI-Beschlusses nicht erfüllen und womöglich den Wettbewerb unangemessen verfälschen (Rn. 1317 ff.).

1356 Weiter sind nach Ziffer 2.5 des *DAWI-Rahmens* Beihilfen nur bei Einhaltung der Bestimmungen der Transparenzrichtlinie[676] nach Art. 106 Abs. 2 AEUV mit dem Binnenmarkt vereinbar. Zweck dieser Bestimmung ist es, mehr Transparenz zu schaffen und die Verhältnismäßigkeit des Ausgleichs wirksamer zu gewährleisten. Die Richtlinie sieht Transparenzpflichten vor, die sich auf die Offenlegung der Finanzströme zwischen öffentlicher Hand und öffentlichen Unternehmen sowie zwischen letztgenannten untereinander beziehen (Art. 1 Abs. 1 TranspRL). Die Umsetzung der Transparenzrichtlinie[677] gebietet die Einführung einer nach Geschäftsbereichen getrennten Buchführung (Art. 1 Abs. 2 TranspRL) zur Kontrolle von Quersubventionierungen in allen Unternehmen, denen besondere oder ausschließliche Rechte gewährt werden oder die mit DAWI betraut sind. Auf diese Weise können die Nettomehrkosten der DAWI leichter qualifiziert werden. Durch die Integration der Transparenzrichtlinie in die Vereinbarkeitsprüfung nach dem *DAWI-Rahmen* wird allerdings der Anwendungsbereich dieser Richtlinie nicht ausgeweitet[678].

---

675 DAWI-Leitfaden, Nr. 18.
676 Richtlinie (EG) Nr. 2006/111 der Kommission über die Transparenz der finanziellen Beziehungen zwischen den Mitgliedstaaten und den öffentlichen Unternehmen sowie über die finanzielle Transparenz innerhalb bestimmter Unternehmen v. 16.11.2006, ABl.EU 2006 Nr. L 318, S. 17, Neufassung der Richtlinie (EWG) Nr. 80/723 der Kommission v. 25.6.1980 über die Transparenz der finanziellen Beziehungen zwischen den Mitgliedstaaten und den öffentlichen Unternehmen, ABl.EG 1980 Nr. L 195, S. 35; zur alten Fassung EuGH in verb. Rs. 188/80 bis 190/80, ECLI:EU:C:1982:257, Rn. 4 ff. – *Frankreich u. a./Kommission*.
677 In Deutschland umgesetzt durch das Transparenzrichtlinien-Gesetz, BGBl. 2001 I S. 2141, sowie das Gesetz zur Änderung des Transparenzrichtlinien-Gesetzes, BGBl. 2006 I S. 3364.
678 DAWI-Leitfaden, Nr. 167.

f) Die Kommissionsbefugnisse gegenüber den Adressaten der Absätze 1 und 2 des Art. 106 AEUV (Art. 106 Abs. 3 AEUV)

Art. 106 Abs. 3 AEUV stattet die Kommission mit Sonderbefugnissen aus, um die Beachtung des Art. 106 Abs. 1 und Abs. 2 AEUV zu gewährleisten. Diese nimmt die Kommission im Wege der sekundärrechtlichen Konkretisierung der primärrechtlichen Bestimmungen der Absätze 1 und 2 wahr. Dabei kann sie Beschlüsse (Art. 288 Abs. 4 AEUV, vormals „Entscheidungen") sowie Richtlinien in eigener Zuständigkeit an die Mitgliedstaaten richten und insoweit gesetzgeberisch tätig werden[679]. Die Kontrollfunktion der Kommission bezieht sich primär auf das Verhalten der Mitgliedstaaten. Allerdings wird von Art. 106 Abs. 1 AEUV die mitgliedstaatliche Einflussnahme auf das Unternehmensverhalten in Bezug auf die Pflichten aus Art. 101 und Art. 102 AEUV erfasst. Dadurch erstreckt sich die Kontrollfunktion mittelbar auch auf die Betätigung der Unternehmen.

1357

Mit ihrer Rechtsetzungskompetenz zum Erlass von Richtlinien i. S. d. Art. 288 Abs. 3 AEUV reichen die Befugnisse der Kommission im Anwendungsbereich des Art. 106 Abs. 1 und Abs. 2 AEUV wesentlich weiter als im sonstigen Gesetzgebungsverfahren. Dort ist sie auf ihre Beteiligungsmöglichkeiten nach Art. 293 ff. AEUV beschränkt. Die Wahl zwischen den Handlungsformen „Richtlinie" und „Beschluss" ist in der bisherigen Kommissionspraxis vor allem von der Auswahl des Adressatenkreises abhängig: Richtet sich das Tätigwerden gegen einzelne Verstöße in einem bzw. in mehreren Mitgliedstaaten, verwendet die Kommission den Beschluss als Handlungsmittel, während sie außerhalb dieser Befugnisnorm auf die Durchführung in der Regel langwieriger Vertragsverletzungsverfahren (Art. 258 AEUV) angewiesen ist. Sollen dagegen sämtliche Mitgliedstaaten adressiert werden, greift die Kommission auf die Richtlinie zurück. Die mit der Richtlinienbefugnis erfolgende Übernahme von Kompetenzen, die in den übrigen Politikbereichen dem Rat bzw. dem Parlament zustehen, ist von Art. 106 Abs. 3 AEUV gedeckt[680]. Neben den Liberalisierungsrichtlinien zur Entmonopolisierung, z. B. in der Telekommunikationswirtschaft, hat die Kommission vor allem mit der Transparenzrichtlinie von ihrer Richtlinienbefugnis nach Art. 106 Abs. 3 AEUV Gebrauch gemacht[681]. Diese Richtlinie verpflichtet zur Offenlegung der Finanzbeziehungen (z. B. möglicher Beihilfen, Rn. 1356) zwischen den Mitgliedstaaten und ihren öffentlichen Unternehmen. Die Trans-

1358

---

679 *Schweitzer/Mestmäcker*, in: Immenga/Mestmäcker (Hrsg.), EU-Wettbewerbsrecht, Bd. 1/ Teil 1, 6. Aufl. 2019, Art. 106 Abs. 3 AEUV Rn. 1.
680 EuGH, Rs. 202/88, ECLI:EU:C:1992:120, Rn. 23 ff. – *Frankreich/Kommission*.
681 Zur Zuständigkeit der Kommission zum Erlass der Richtlinie EuGH in verb. Rs. 188/80 bis 190/80, ECLI:EU:C:1982:257, Rn. 4 ff. – *Frankreich u. a./Kommission* in Bezug auf die alte Fassung (Richtlinie (EWG) Nr. 80/723 der Kommission v. 25.6.1980 über die Transparenz der finanziellen Beziehungen zwischen den Mitgliedstaaten und den öffentlichen Unternehmen, ABl.EG 1980 Nr. L 195, S. 35).

parenzrichtlinie sieht darüber hinaus eine *Separierungspflicht* vor, die in Deutschland im Transparenzrichtlinien-Gesetz[682] umgesetzt worden ist. Diese Pflicht zur getrennten Buchführung innerhalb eines Unternehmens besteht zwischen privilegierten Sonderbereichen einerseits, d. h. Unternehmensbereichen der öffentlichen Aufgabenerfüllung, in denen Wettbewerbsbeschränkungen nach Art. 106 Abs. 2 AEUV gerechtfertigt sind (vgl. Rn. 1336 ff.), und Wettbewerbsbereichen andererseits.

g) Merksätze

1359 Den Mitgliedstaaten obliegt die regulatorische Gewährleistung einer **flächendeckenden Daseinsvorsorge**, d. h. von „Diensten von allgemeinem wirtschaftlichem Interesse" (Art. 14 AEUV). Die Kommission definiert diesen Begriff als „marktbezogene Tätigkeiten, die im Interesse der Allgemeinheit erbracht und daher von den Mitgliedstaaten mit besonderen Gemeinwohlverpflichtungen verbunden werden". Dabei ist die Daseinsvorsorge insbesondere auch im Wettbewerb möglich.

Art. 106 Abs. 2 AEUV ermöglicht es, von der **Anwendung der Vertragsvorschriften** abzuweichen. Voraussetzung hierfür ist, dass einem Unternehmen die Erfüllung von **Dienstleistungen von allgemeinem wirtschaftlichen Interesse** übertragen worden ist. Erforderlich ist hierfür ein **hoheitlicher Betrauungsakt**, der die maßgeblichen Konditionen festlegt. Kumulativ muss eine Anwendung der Vertragsvorschriften, insbesondere der EU-Wettbewerbsregeln, die Aufgabenerfüllung **verhindern**. Zugleich darf das Abweichen von den Vertragsbestimmungen die **Entwicklung des Handelsverkehrs** nicht in einem dem Unionsinteresse zuwiderlaufenden Ausmaß beeinträchtigen und muss **verhältnismäßig** sein.

Mitgliedstaatliche Ausgleichsleistungen für Daseinsvorsorgedienste fallen nach dem *Altmark*-Urteil des EuGH beim kumulativen Vorliegen von vier bestimmten Voraussetzungen nicht unter den Beihilfentatbestand. Ist eine der Voraussetzungen nicht erfüllt, ist eine Begünstigung im Sinne von Art. 107 Abs. 1 AEUV nicht ausgeschlossen. Die Kommission prüft dann eine etwaige Rechtfertigung der Beihilfenmaßnahme auf der Grundlage von **Art. 106 Abs. 2 AEUV bzw. dem konkretisierenden *DAWI*-Beschluss**. Liegen die speziellen Voraussetzungen des DAWI-Beschlusses zu Art. 106 Abs. 2 AEUV vor, kann ausnahmsweise auf eine Notifizierung verzichtet werden.

Der DAWI-Beschluss ist eines der nunmehr **vier Instrumente des DAWI-Pakets**, das außerdem die DAWI-Mitteilung, die De-Minimis-Verordnung für DAWI und den DAWI-Rahmen enthält. Erfüllt eine staatliche Aus-

---

682 BGBl. 2001 I S. 2141.

gleichszahlung für die Erbringung einer DAWI die Voraussetzungen des DAWI-Beschlusses nicht und sind die weiteren Tatbestandsvoraussetzungen des Art. 107 Abs. 1 AEUV erfüllt, ist die Maßnahme zu notifizieren und ihre Durchführung bedarf der Genehmigung der Europäischen Kommission. Die Kompatibilitätsvoraussetzungen einer Maßnahme, die weder die *Altmark-Trans*-Kriterien noch die des DAWI-Beschlusses erfüllt, bewertet die Europäische Kommission nach den strengeren Kompatibilitätsvoraussetzungen des DAWI-Rahmens.

Auf Grundlage des Art. 106 Abs. 3 AEUV achtet die **Kommission** auf die Einhaltung des Art. 106 Abs. 1 und Abs. 2 AEUV. Ihr stehen dabei als Handlungsinstrumente der Richtlinien- und Beschlusserlass zu.

Leitentscheidungen:
EuGH, Rs. C-320/91, ECLI:EU:C:1993:198 – *Corbeau*.
EuGH, Rs. C-53/00, ECLI:EU:C:2001:253 – *Ferring*.
EuGH, Rs. C-280/00, ECLI:EU:C:2003:415 – *Altmark Trans* (= P Nr. 264).
EuG, Rs. T-266/02, ECLI:EU:T:2008:235 – *Deutsche Post*.
EuGH, Rs. C-399/08 P, ECLI:EU:C:2010:481 – *Deutsche Post*.
EuGH, Rs. C-284/12, ECLI:EU:C:2013:755 – *Deutsche Lufthansa* (= P Nr. 273).
EuGH, Rs. C-446/14, ECLI:EU:C:2016:97 – *Deutschland/Kommission*.

5. Kurzabriss: Vergaberecht

Literaturhinweise: *Arlt, A.:* Die Umsetzung der Vergabekoordinierungsrichtlinien in Deutschland, VergabeR 2007, S. 280; *Bechtold, R./Bosch, W.:* Kartellgesetz: Gesetz gegen Wettbewerbsbeschränkungen, Kommentar, 9. Aufl. 2018; *Burgi, M.:* Vergaberecht, Systematische Darstellung für Praxis und Ausbildung, 2. Aufl. 2018; *Burgi, M./Dreher, M.* (Hrsg.), Beck'scher Vergaberechtskommentar, Bd. 1, GWB, 3. Aufl. 2017; *Byok, J.:* Die Entwicklung des Vergaberechts seit 2006, NJW 2008, S. 559; *Dabringhausen, G.:* Die europäische Neuregelung der Inhouse-Geschäfte – Fortschritt oder Flop?, VergabeR 2014, S. 512; *Dageförde, A.:* Einführung in das Vergaberecht, 2. Aufl. 2013; *Egger, A.:* Europäisches Vergaberecht, 2008; *Geitel, O. M.:* EuGH präzisiert Anforderungen an interkommunale Kooperationen – Unanwendbarkeit der Gesetze über die kommunale Gemeinschaftsarbeit?, NVwZ 2013, S. 765; *Heckmann, C.:* Einführung in das Vergaberecht, VR 2009, S. 5; *Kulartz, H.-P./Kus, A./Portz, N./Prieß, H.-J.* (Hrsg.): Kommentar zum GWB-Vergaberecht, 4. Aufl. 2016; *Hertwig, S.:* Praxis der öffentlichen Auftragsvergabe: Systematik, Verfahren, Rechtsschutz, 6. Aufl. 2016; *Koenig, Ch./Wetzel, J.:* Die EuGH-Rechtsprechung zur Inhouse-Vergabe öffentlicher Aufträge und ihre neueren Entwicklungen, IR 2006, S. 248; *Koenig, Ch./Schreiber, K.:* Europäisches Wettbewerbsrecht, 2010, S. 261; *Müller-Wrede, M.* (Hrsg.): Kompendium des Vergaberechts, 2. Aufl. 2013; *Neun, A./Otting, O.:* Die EU-Vergaberechtsreform 2014, EuZW 2014, S. 446; *Ziekow, J.:* Inhouse-Geschäft und öffentlich-öffentliche Kooperationen: Neues vom europäischen Vergaberecht?, NZBau 2012, S. 258.

a) Normgefüge des Vergaberechts

1360 Das Vergaberecht regelt die Vorgehensweise öffentlicher Auftraggeber bei der Beschaffung von Dienstleistungen, Bauleistungen oder Lieferungen. Die meisten und wichtigsten Regelungsgehalte des europäischen Vergaberechts sind in mehreren Richtlinien enthalten, die nach Art. 288 Abs. 3 AEUV jeweils durch die Mitgliedstaaten umgesetzt werden müssen. Dadurch erfolgt eine Harmonisierung auf Unionsebene, welche die innerstaatlichen Märkte für die Beschaffung von Waren, Bau- und Dienstleistungen durch öffentliche Auftraggeber für den Wettbewerb öffnet und zur Fortentwicklung der Marktfreiheiten und des kontinuierlichen Ausbaus des Binnenmarktes beiträgt. Ab Anfang der 2010er Jahre hat die Europäische Union eine grundlegende Modernisierung des Vergaberechts ausgearbeitet, die in der Veröffentlichung von drei neuen Vergaberechtsrichtlinien am 28. März 2014 mündete[683]. Bei den Richtlinien handelt es sich um die (allgemeine) öffentliche Auftragsvergaberichtlinie[684], die Sektorenrichtlinie[685] und die Konzessionsrichtlinie[686]. Zur Umsetzung der drei neuen vergaberechtlichen EU-Richtlinien wurde am 17. Februar 2016 im Bundesgesetzblatt das Gesetz zur Modernisierung des Vergaberechts (VergRModG) veröffentlicht[687]. Mit diesem Gesetz wurden die EU-Richtlinien fristgerecht zum 18. April 2016 im Gesetz gegen Wettbewerbsbeschränkungen (GWB) umgesetzt. Die Auftragsvergaberichtlinie und die Sektorenrichtlinie lösen die beiden bisherigen materiellen Vergaberechtsrichtlinien für „klassische" öffentliche Auftragsvergabe und für sektorentätigkeitsbezogene Vergaben ab. Diese wurden mit Wirkung zum 18. April 2016 aufgehoben[688]. Es traten somit eine neue Vergabe[689]- und Sektorenverordnung[690] in Kraft. Die durch Um-

---

683 Siehe vertiefend: *Burgi*, Vergaberecht, 2018, § 3, Rn. 43 ff.
684 Richtlinie 2014/24/EU des Parlaments und des Rates über die öffentliche Auftragsvergabe und zur Aufhebung der Richtlinie (EG) Nr. 2004/18 v. 26.2.2014, ABl.EU 2014 Nr. L 94, S. 65; zul. geänd. durch Art. 1 Delegierte Verordnung (EU) 2017/2365 vom 18.12.2017, ABl.EU 2017 Nr. L 337, S. 19.
685 Richtlinie 2014/25/EU des Parlaments und des Rates über die Vergabe von Aufträgen durch Auftraggeber im Bereich der Wasser-, Energie- und Verkehrsversorgung sowie der Postdienste und zur Aufhebung der Richtlinie 2004/17/EG v. 26.2.2014, ABl.EU 2014 Nr. L 94, S. 243; zul. geänd. durch Delegierte Verordnung (EU) 2017/2364 der Kommission vom 18.12.2017, ABl. EU 2017 Nr. L 337, S. 17.
686 Richtlinie 2014/23/EU des Parlaments und des Rates über die Konzessionsvergabe v. 26.2.2014, ABl.EU 2014 Nr. L 94, S. 1; zul. geänd. durch Delegierte Verordnung (EU) 2017/2366 der Kommission vom 18.12.2017, ABl.EU 2017 Nr. L 337, S. 21.Siehe dazu insgesamt: *Jaeger*, NZBau 2014, S. 259 ff.; *Neun/Otting*, EuZW 2014, S. 446 ff.; *Ziekow*, NZBau 2015, S. 258 ff.
687 BGBl. 2016 I S. 203 ff.
688 Art. 91 der Auftragsvergaberichtlinie; Art. 107 der Sektorenrichtlinie.
689 Verordnung über die Vergabe öffentlicher Aufträge, Art. 1 der Verordnung zur Modernisierung des Vergaberechts vom 12.4.2016, BGBl. 2016 I S. 624; zul. geänd. durch Gesetz vom 18.7.2017, BGBl. 2017 I S. 2745.
690 Verordnung über die Vergabe von öffentlichen Aufträgen im Bereich des Verkehrs, der Trinkwasserversorgung und der Energieversorgung, Art. 2 der Verordnung zur Modernisierung

setzung der Konzessionsrichtlinie eingeführte Konzessionsvergabeverordnung[691] (KonzVgV) bewirkt erstmals eine geschlossene Kodifikation für den Bereich der Konzessionsvergabe. Unverändert durch die Vergaberechtsreform bleiben jedoch die Richtlinien (EG) Nr. 2009/81 über die Auftragsvergabe in den Bereichen Verteidigung und Sicherheit[692], die Rechtsmittelrichtlinie (EWG) Nr. 89/665 für klassische Auftragsvergabe[693] sowie die Richtlinie (EWG) Nr. 92/13 für die Sektorenauftragsvergaben[694].

b) Der Anwendungsbereich des Vergaberechts

Unterfällt eine beabsichtigte öffentliche Auftragsvergabe dem in den §§ 97 ff. GWB auf der Grundlage der EU-Vergaberichtlinien definierten Anwendungsbereich, ist ein europaweites Vergabeverfahren im Sinne des GWB, der VgV und den Vorgaben der einschlägigen Vergabeverordnungen durchzuführen. Um diese Rechtsfolge auszulösen, müssen folgende drei Voraussetzungen kumulativ vorliegen: Erstens muss der beauftragende Vertragspartner als *öffentlicher Auftraggeber* (§ 99 GWB) tätig werden. Zweitens muss die Vertragsbeziehung als *öffentlicher Auftrag* (§§ 103, 104 GWB) qualifiziert werden und drittens darf keiner der zahlreichen *Ausnahmetatbestände* des GWB eingreifen.

1361

Der persönliche Anwendungsbereich des EU-Vergaberechts ist eröffnet, wenn die Auftragsvergabe durch einen *öffentlichen Auftraggeber* i. S. d. § 99 GWB erfolgt. § 99 GWB dient der Umsetzung der Art. 2 Abs. 1 Nr. 1 und 4 und Art. 13 der Auftragsvergaberichtlinie[695], deren Formulierungen weitgehend wortlautgleich übernommen worden sind. Bei der Bestimmung der Auftraggebereigenschaft kommt es grundsätzlich auf den Zeitpunkt der Zuschlagserteilung an[696]. § 99 Nr. 1 GWB liegt eine institutionelle Betrachtung zugrunde. Er ist in der Gestalt der „Gebietskörperschaft" (Bund, Länder, Kommunen, d. h. Gemeinden und Kreise) und somit der klassischen und zahlenmäßig bis heute dominierenden Auftraggeber konstituiert[697]. Von großer praktischer Bedeutung ist der sog. funktionale Auftraggeberbegriff nach § 99 Nr. 2 GWB. Durch ihn werden zahlreiche, sehr unterschiedliche Stellen (öffentliche Unternehmen, Universitäten, Kammern etc.) wegen der besonderen Staatsgebundenheit ihrer Funktionen, und damit unabhängig von einer institutionellen Zurechnung zu Bund, Ländern oder Kom-

1362

---

des Vergaberechts vom 12.4.2016, BGBl. 2016 I S. 624, 657; zul. geänd. durch Gesetz v. 18.7.2017, BGBl. 2017 I S. 2745.
691 Verordnung über die Vergabe von Konzessionen, Art. 3 der Verordnung zur Modernisierung des Vergaberechts vom 14.4.2016, BGBl. 2016 I S. 624, 683; zul. geänd. durch Gesetz v. 18.7.2017, BGBl. 2017 I S. 2745.
692 ABl.EU 2009 Nr. L 216, S. 76.
693 ABl.EG 1989 Nr. L 395, S. 33.
694 ABl.EG 1992 Nr. L 76, S. 14.
695 Vgl. auch Art. 3 f. der Sektorenrichtlinie.
696 Näher hierzu und zu den Sonderfällen: *Ziekow*, VergabeR 2010, S. 861, 864 f.
697 *Burgi*, Vergaberecht, 2018, § 8, Rn. 3.

munen, zu öffentlichen Auftraggebern bestimmt. Dies geschieht von Unionsrechts wegen und überwindet die traditionell unterschiedlichen Zuordnungen dieser Stellen zum Staat oder zur Wirtschaft in den einzelnen Mitgliedstaaten[698]. Infolge des funktionalen Auftraggeberbegriffs kann sich der Staat im Rahmen seiner Organisationshoheit dem Vergaberecht nicht durch Verwendung einer privaten Rechtsform entziehen. Vielmehr ist für die Qualifizierung als öffentlicher Auftraggeber entscheidend, ob die auf dem Markt auftretende Einheit staatliche Funktionen wahrnimmt bzw. öffentlich finanziert oder kontrolliert wird. Die erforderliche Staatsgebundenheit in Form einer überwiegend staatlichen Finanzierung hat der EuGH beispielsweise für die gesetzliche Krankenversicherung in Deutschland bejaht, da die Tätigkeit der Krankenkassen hauptsächlich durch Mitgliedsbeiträge finanziert wird, die aufgrund öffentlich-rechtlicher Vorschriften zwangsweise eingezogen und ohne spezifische Gegenleistung gezahlt werden, da die Beitragshöhe ausschließlich nach der Leistungsfähigkeit des jeweiligen Versicherten bemessen wird und da der Spielraum der Krankenkassen zur Festsetzung des Beitragssatzes gesetzlich determiniert ist[699]. Entsprechendes muss auch für die gesetzliche Rentenversicherung, die gesetzliche Unfallversicherung und die soziale Pflegeversicherung gelten, deren Beitragssätze vom Gesetzgeber festgelegt werden[700]. Die Verbände dieser funktionalen Auftraggeber fallen unter den Auftraggeberbegriff nach § 99 Nr. 3 GWB[701]. Schließlich macht § 99 Nr. 4 GWB die Empfänger von Subventionen, mit denen bestimmte Vorhaben (z. B. die Errichtung von Krankenhäusern oder Schulgebäuden) finanziert werden, zu öffentlichen Auftraggebern[702].

1363 Der sachliche Anwendungsbereich[703] wird zunächst durch § 103 GWB bestimmt, welcher der Umsetzung des Art. 1 Abs. 2 der Auftragsvergaberichtlinie dient. Gemäß § 103 Abs. 1 GWB sind *öffentliche Aufträge* „entgeltliche Verträge", wobei gleichgültig ist, ob sie nach den allgemein hierfür geltenden Grundsätzen dem Privatrecht oder dem Öffentlichen Recht zuzuordnen sind[704]. Das Vorliegen eines Vertrages ist damit zwingende Voraussetzung. So entschied der EuGH mit seinem Urteil vom 12. Dezember 2016 in der Rs. *Remondis,* dass die interkommunale Aufgabenübertragung an einen öffentlich-rechtlichen Zweckverband keinen öffentlichen Auftrag darstellt und somit nicht dem euro-

---

698 *Burgi,* Vergaberecht, 2018, § 8, Rn. 4, 7 ff.
699 Vgl. EuGH, Rs. C-300/07, ECLI:EU:C:2009:358, Rn. 53–56 – *Hans & Christophorus Oymanns u. a.*
700 *Wagner/Raddatz,* NZBau 2010, S. 731, 732.
701 *Burgi,* Vergaberecht, 2018, § 8, Rn. 4.
702 Näher hierzu: *Mayen,* NZBau 2009, S. 98 ff. und EuGH, Rs. C-115/12, ECLI:EU:C:2013:596 – *Club les Boucaniers,* hinsichtlich Freizeiteinrichtungen.
703 Zum sachlichen Anwendungsbereich des EU-Vergaberechts: *Koenig/Schreiber,* Europäisches Wettbewerbsrecht, 2010, S. 270 ff., 286 ff.; zu den Grenzen des Vergaberechts: *Pietzcker,* NVwZ 2007, S. 1225 ff.
704 Unumstritten seit EuGH, Rs. C-399/98, ECLI:EU:C:2001:401, Rn. 73 – *Teatro alla Biococca;* weiterführend *Burgi,* NZBau 2002, S. 57 ff.

päischen Vergaberecht unterliegt, da Gründung und Übertragung auf einem Satzungsbeschluss beruhten und nicht auf einem Vertrag oder einer Verwaltungsvereinbarung[705]. Weiterhin fallen in den Anwendungsbereich des Vergaberechts nur diejenigen Verteilungsentscheidungen, mit denen zugleich ein Beschaffungszweck verfolgt wird. Daher ist die Veräußerung von Grundstücken und Gesellschaftsanteilen kein öffentlicher Auftrag i. S. d. § 103 Abs. 1 GWB[706]. Erhebliche Schwierigkeiten bereitet in der Praxis bis heute die Beurteilung von Vertragsgestaltungen im Zusammenhang mit städtebaulichen Verträgen gem. §§ 11 und 12 BauGB sowie mit Erschließungsverträgen. Eine zumindest vorläufige Klärung strebte der EuGH mit seinem Urteil vom 25. März 2010 in der Rs. *Helmut Müller*[707] an. Seither steht fest, dass eine infrage stehende Bauleistung zumindest dem öffentlichen Auftraggeber unmittelbar wirtschaftlich zugutekommen und der Vertrag insbesondere eine einklagbare Verpflichtung zur Erbringung der Bauleistung enthalten muss, während ein Handeln im Rahmen bloßer städtebaulicher Regelungszuständigkeiten allein nicht genügt, wenn die öffentliche Hand die Bauleistung nicht definiert oder zumindest einen entscheidenden Einfluss auf ihre Konzeption ausüben kann[708]. Das sich explizit aus § 103 Abs. 1 GWB ergebende Erfordernis der Entgeltlichkeit umfasst jede geldwerte Leistung des Auftragnehmers. Daran fehlt es bei der Vergabe von Bau- und Dienstleistungskonzessionen, die gerade dadurch gekennzeichnet sind, dass die Gegenleistung stattdessen im Recht zur Nutzung eines Bauwerks (Baukonzession) oder im Recht zur Verwirklichung einer Dienstleistung (Dienstleistungskonzession) besteht (vgl. § 105 Abs. 1 GWB). Während bis April 2016 die Baukonzession nur teilweise und die Dienstleistungskonzession überhaupt nicht vom EU-Vergaberecht erfasst waren, unterfallen sie mittlerweile dessen Vorgaben, sodass das Merkmal der Entgeltlichkeit nicht mehr über die Anwendbarkeit des Vergaberechts als solches, sondern nur noch über das Eingreifen des einen oder des anderen Vergaberegimes entscheidet[709].

1364 In § 103 GWB sind die Lieferaufträge (Abs. 2), die Bauaufträge (Abs. 3) sowie die Dienstleistungsaufträge (Abs. 4) jeweils gesondert definiert. Die Zuordnung eines einzelnen öffentlichen Auftrags zu einer dieser drei Leistungsarten ist wichtig, weil daran teilweise unterschiedliche Rechtsfolgen anknüpfen. So sind die Schwellenwerte (§ 106 Abs. 2 Nr. 1 GWB i. V. m. Art. 4 der Auftragsvergaberichtlinie) sehr unterschiedlich, je nachdem, um welchen Auftrag es sich handelt[710]. In der Praxis kam es in der Vergangenheit vielfach zu Überschneidungen, beispiels-

---

[705] EuGH, Rs. C-51/15, ECLI:EU:C:2016:985 – *Remondis*.
[706] *Hertwig*, NZBau 2011, S. 9 ff.
[707] EuGH, Rs. C-451/08, ECLI:EU:C:2010:168, Rn. 49 ff. – *Helmut Müller*; mit Anm. v. *Gratz*, NZBau 2010, S. 293 ff. Zur Beurteilung der einschlägigen Rechtsfragen ab diesem Zeitpunkt: *Otting*, VergabeR 2013, S. 343 ff.; *Losch*, VergabeR 2013, S. 839 ff.
[708] *Burgi*, Vergaberecht, 2018, § 10, Rn. 4.
[709] *Burgi*, Vergaberecht, 2018, § 10, Rn. 5.
[710] *Burgi*, Vergaberecht, 2018, § 10, Rn. 6.

weise bei dem Verkauf von Geschäftsanteilen, die überhaupt keinen öffentlichen Auftrag darstellen, verbunden mit der Vergabe von Dienstleistungen und/oder Bauleistungen. Hierzu hat der EuGH in seinem Urteil *Loutraki und Aktor*[711] entschieden, dass nur der als öffentlicher Auftrag zu beurteilende Teilgegenstand dem Vergaberecht unterfällt. Wenn die Erbringung von Bauleistungen allerdings mit der Erbringung von Liefer- und/oder Dienstleistungen einhergeht, hängt die Rechtsfolge von der Bestimmung des Hauptgegenstandes des Vertrages ab[712]. Diese Konstellationen wurden nun in dem durch das Vergaberechtsmodernisierungsgesetz neu geschaffenen § 110 GWB übersichtlich geregelt[713].

1365 Das in deutsches Recht umgesetzte EU-Vergaberecht findet nur oberhalb unionsrechtlich vorgegebener Schwellenwerte Anwendung. Die jeweiligen *Schwellenwerte* ergeben sich aus Art. 4 der Auftragsvergaberichtlinie, Art. 15 der Sektorenrichtlinie, Art. 8 der Richtlinie 2009/81/EG und Art. 8 der Konzessionsrichtlinie in der jeweils geltenden Fassung (§ 106 Abs. 2 Nr. 1–4 GWB). Gegenwärtig betragen die wichtigsten Schwellenwerte 5,186 Mio. € bei Bauleistungen und 134 000 € bei Liefer- und Dienstleistungsaufträgen der obersten und oberen Bundesbehörden. Die Schwellenwerte werden im Turnus von zwei Jahren von der Kommission an die völkerrechtlichen Vorgaben der WTO angepasst[714]. Unterhalb der Schwellenwerte sind Vorschriften des nationalen Haushaltsrechts einschlägig. Dabei sind ebenso wie bei der Vergabe von Dienstleistungen und sog. nachrangigen Dienstleistungen die Grundfreiheiten, das Diskriminierungsverbot sowie das Gleichbehandlungs- und das Transparenzgebot als Vorgaben des EU-Primärrechts zu beachten[715]. Die Einhaltung dieser Grundsätze erfordert auch im Rahmen von Unterschwellenvergaben eine grenzüberschreitende Bekanntmachung von Aufträgen, die für den Binnenmarkt relevant sind. Immer dann, wenn ein bereits bestehender Auftrag (typischerweise ein Dienstleistungsauftrag) während der Vertragslaufzeit verändert werden soll, stellt sich für den Auftrag-

---

711 EuGH, verb. Rs. C-145/08 u. C-149/08, ECLI:EU:C:2010:247 – *Loutraki und Aktor;* mit Anm. v. *Losch,* VergabeR 2010, S. 919 ff.
712 Vgl. EuGH, Rs. C-306/08, ECLI:EU:C:2011:347 – *PAI und LRAU Valencia,* mit Anm. v. *Gartz,* NZBau 2011, S. 431 ff.; vertiefend: *Klar,* NVwZ 2014, S. 185 ff.
713 § 110 Abs. 1 GWB dient der Umsetzung von Art. 3 Abs. 1 UAbs. 1 und Abs. 2 UAbs. 1 der Auftragsvergaberichtlinie sowie von Art. 5 Abs. 1 UAbs. 1 und Abs. 2 UAbs. 1 der Sektorenrichtlinie und Art. 20 Abs. 1 UAbs. 1 der Richtlinie Konzessionsrichtlinie.
714 Vgl. zuletzt: Delegierte Verordnung (EU) Nr. 2015/2170 der Kommission v. 24.11.2015 zur Änderung der Richtlinie (EU) Nr. 2014/24 des Europäischen Parlaments und des Rates im Hinblick auf die Schwellenwerte für Auftragsvergabeverfahren, ABl.EU 2015 Nr. L 307, S. 5, sowie die Verordnung (EU) Nr. 2015/2340 der Kommission v. 15.12.2015 zur Änderung der Richtlinie (EG) Nr. 2009/81 des Europäischen Parlaments und des Rates im Hinblick auf die Schwellenwerte für Auftragsvergabeverfahren, ABl.EU 2015 Nr. L 307, S. 14; *Kau,* in: Beck'scher-Vergaberechtskommentar, Bd. 1, 3. Aufl. 2017, § 106 GWB Rn. 13 f.
715 EuG, Rs. T-258/06, ECLI:EU:T:2010:214 – *Deutschland/Kommission;* Mitteilung der Kommission zu Auslegungsfragen „in Bezug auf das Gemeinschaftsrecht, das für die Vergabe öffentlicher Aufträge gilt, die nicht oder nur teilweise unter die Vergaberichtlinien fallen", ABl. EU 2006 Nr. C 179, S. 2.

geber und für potentielle neue Interessenten die Frage, ob die geplante Auftragsänderung einem neuen Auftrag gleichkommt und mithin ausgeschrieben werden muss[716]. § 132 GWB enthält erstmals eine Bestimmung zu Auftragsänderungen während der Vertragslaufzeit. Bislang hatte die Rechtsprechung des EuGH Grundsätze zur Auftragsänderung entwickelt[717].

Der praktisch bedeutendste *Ausnahmetatbestand* betreffend die sog. öffentlich-öffentliche Zusammenarbeit wurde nun erstmals durch das Vergaberechtsmodernisierungsgesetz in § 108 GWB kodifiziert. Die „Allgemeinen Ausnahmen", die für sämtliche Auftragsvergaben und Konzessionsvergaben gelten, finden sich in § 107 GWB[718]. Besondere Ausnahmen, die mithin nur für die Vergabe von Aufträgen außerhalb des Sektoren- oder Verteidigungsbereichs sowie außerhalb der Konzessionsvergabe gelten, sind in den §§ 116, 117 GWB geregelt. Das GWB und die Auftragsvergaberichtlinie unterscheiden zwischen der Zusammenarbeit auf horizontaler und auf vertikaler Ebene. Für die Formen der vertikalen Zusammenarbeit hat sich der Begriff *Inhouse-Vergabe* eingebürgert, während im Hinblick auf die horizontale Zusammenarbeit von *interkommunaler Zusammenarbeit* die Rede ist[719]. 1366

Kaum eine andere Fragestellung hat den EuGH in den vergangenen Jahren so häufig beschäftigt wie die Einbeziehung bzw. Herausnahme des Einkaufs bei verwaltungsbeherrschten, also vertikal nachgeordneten Unternehmen (Inhouse-Vergabe). Beginnend mit dem Urteil *Teckal*[720] sind dabei zwei Kriterien entwickelt und entfaltet worden, die als weitgehend unumstritten gelten und von jedem Vergaberechtler im Schlaf wiedergegeben werden können, nämlich das Kriterium der „Kontrolle wie über eine eigene Dienststelle" sowie das „Wesentlichkeitskriterium"[721]. Das Kontrollkriterium verlangt, dass der Auftraggeber die Möglichkeit hat, sowohl auf die strategischen Ziele als auch auf die wichtigen Entscheidungen dieser Einrichtung ausschlaggebenden Einfluss zu nehmen, insbesondere auf solche über die Beteiligung an Kapital- und Leitungsorganen[722]. Das Wesentlichkeitskriterium ist erfüllt, sofern jede andere Tätigkeit des Auftragnehmers nur nebensächlich ist[723]. Überdies hat der EuGH Miss- 1367

---

716 Zur Vertiefung: *Burgi*, Vergaberecht, 2018, § 10, Rn. 10 ff.
717 *Gröning* bezeichnet diesen Paradigmenwechsel in: NZBau 2015, S. 690 ff., als „Loslassen" der europäischen Institutionen bei der „Korsettierung" der Auftraggeber.
718 Zur Anwendbarkeit des § 107 Abs. 1 Nr. 4 GWB auf Rettungsdienstleistungen unter Berücksichtigung der Richtlinie 2014/24/EU, siehe: EuGH, Rs. C-465/17, ECLI:EU:C:2019: 234 – *Falck Rettungsdienste und Falck*.
719 *Burgi*, Vergaberecht, 2018, § 11, Rn. 5 ff.
720 EuGH, Rs. C-107/98, ECLI:EU:C:1999:562, Rn. 50 – *Teckal*.
721 *Burgi*, NZBau 2012, S. 604; siehe zur In-House-Problematik auch *Koenig/Schreiber*, Europäisches Wettbewerbsrecht, 2010, S. 278 ff.
722 EuGH, Rs. C-458/03, ECLI:EU:C:2005:605 – *Parking Brixen*; EuGH, Rs. C-324/07, ECLI:EU:C:2008:621 – *Coditel Brabant*; EuGH, verb. Rs. C-182/11 bis C-183/11, ECLI:EU: C:2012:494 – *Econord SpA*.
723 EuGH, Rs. C-340/04, ECLI:EU:C:2006:308 – *Carbotermo*; EuGH, Rs. C-295/05, ECLI: EU:C:2007:227 – *Asemof/Tragsa*.

brauchsversuchen einen Riegel vorgeschoben, sowohl in zeitlicher (nachfolgende Einbeziehung von Fremdkapital)[724], als auch in auftragsgegenständlicher Hinsicht[725]. Hinsichtlich des Wesentlichkeitskriteriums findet sich in § 108 Abs. 1 Nr. 2 GWB (mit näherer Konkretisierung in Abs. 7) eine deutlich sichtbare Veränderung gegenüber der bisherigen Rechtslage, die eine Tätigkeitsschwelle von 90 % vorsah. Die neu gesetzte Tätigkeitsschwelle von mehr als 80 %, auf die sich der Richtliniengeber erst nach längerem Verhandeln verständigte[726], dürfte sich als *Erweiterung des Inhouse-Privilegs* darstellen[727]. § 108 Abs. 1 Nr. 2 GWB könnte aber auch zu einer erneuten Rechtsunsicherheit beigetragen haben. Seit dem Beschluss des OLG Hamburg vom 14. Dezember 2010[728] stand fest, dass Umsätze, die die juristische Person bei Privatkunden erzielt (beispielsweise ein städtisches Stromunternehmen gegenüber den Privathaushalten in der Stadt), bei der Prüfung des Wesentlichkeitskriteriums nicht zugerechnet werden können. In § 108 Abs. 1 Nr. 2 GWB heißt es hingegen, dass ein „unschädliches" Fremdgeschäft auch dann möglich ist, wenn es in der „Ausführung von Aufgaben ... [besteht], mit denen die juristische Person von dem öffentlichen Auftraggeber betraut wurde". Das praktisch wichtigste Beispiel hierfür besteht darin, dass ein kommunales Stromunternehmen vergaberechtsfrei die städtischen Gebäude mit Strom beliefern möchte, obwohl es 40 % seiner gesamten Stromumsätze mit Haushalten oder Industrieunternehmen in jener Gemeinde erwirtschaftet[729]. Aufgrund der seit einigen Jahren veränderten Regelungskonzeption des insoweit maßgeblichen EnWG könnte in Fällen dieser Art die Inhouse-Ausnahme wegen Nichterfüllung des Wesentlichkeitskriteriums nicht in Betracht kommen. Das Merkmal „betraut wurde" muss mithin ebenso verstanden werden wie bei Art. 106 Abs. 2 AEUV[730]. Der Ausschluss von privater Kapitalbeteiligung knüpft an die mit der Entscheidung *Stadt Halle*[731] begründete Judikatur des Gerichtshofs an, wonach eine auch nur minderheitliche Beteiligung Privater an der beauftragten Einrichtung die Annahme eines Inhouse-Geschäfts ausschließe. Maßgeblich für die Sichtweise des EuGH ist, dass Private andere Interessen verfolgen und im Fall einer Direktvergabe zudem einen ungerechtfertigten Vorteil gegenüber ihren Wettbewerbern erlan-

---

724 So im Urteil EuGH, Rs. C-458/03, ECLI:EU:C:2005:605, Rn. 67 – *Parking Brixen*.
725 So im Urteil EuGH, Rs. C-215/09, ECLI:EU:C:2006:80, Rn. 32 ff. – *Oulun kaupunki*.
726 Der Kommissionsvorschlag der klassischen Vergaberechtsrichtlinie KOM(2011)856 endg. hatte eine Schwelle von 90 % zugrunde gelegt, ein Kompromisspapier des Rates v. 2. 10. 2012, Nr. 14418/12 schlug 85 % vor. Erst das Kompromisspapier des Rates v. 30. 11. 2012, Nr. 16725/1/12 führte zu einer Verständigung auf die 80 %-Schwelle.
727 So auch die Einschätzung von *Ziekow*, NZBau 2015, S. 259; *Krönke*, NVwZ 2016, S. 571.
728 OLG Hamburg, Beschl. v. 14.12.2010 – Az. 1 Verg 5/10; VergabeR 2011, S. 614 ff. mit Anm. v. *Steinert/Kohler;* vgl. ferner *Schröder*, NVwZ 2011, S. 776 ff.; detailliert zur Zurechenbarkeit von Drittumsätzen: *Tomerius*, VergabeR 2015, S. 373 ff.
729 *Burgi*, Vergaberecht, 2018, § 11, Rn. 19.
730 *Burgi*, Vergaberecht, 2018, § 11, Rn. 19.
731 EuGH, Rs. C-26/03, ECLI:EU:C:2005:5 – *Stadt Halle*.

gen⁷³². Gemäß des neu geschaffenen § 108 Abs. 1 Nr. 3 GWB sind nunmehr in Übereinstimmung mit den Richtlinien und in Abweichung von dem Urteil *Stadt Halle* darüber hinaus unter bestimmten Voraussetzungen bestehende Kapitalbeteiligungen unschädlich. Der Annahme eines Inhouse-Geschäfts steht nur eine „direkte" private Kapitalbeteiligung entgegen.

Während die Inhouse-Vergabe bereits seit *Teckal* auch in der Praxis allgemein anerkannt war, herrschte lange Zeit große Unsicherheit darüber, ob auch die Zusammenarbeit zwischen Verwaltungsträgern, also auf horizontaler Ebene, einen Ausnahmetatbestand erfüllen kann⁷³³. Der EuGH hat hierzu in dem Urteil *Stadtreinigung Hamburg*⁷³⁴ eine buchstäblich bahnbrechende Entscheidung getroffen. Normiert sind die Anforderungen an die interkommunale Zusammenarbeit zwischen öffentlichen Auftraggebern in § 108 Abs. 6 GWB. Sie erfolgt nicht wie in § 108 Abs. 4 GWB institutionell durch die gemeinsame Gründung eines öffentlichen Unternehmens, sondern vollzieht sich auf vertraglicher Grundlage. Ihr Kennzeichen ist die Gleichordnung und nicht die hierarchische Steuerung nachgeordneter Unternehmen, weshalb sie keine Variante der Inhouse-Vergabe ist. Die horizontale Zusammenarbeit dient regelmäßig der *Verwaltungsökonomie*, denn sie sorgt für eine sachgerechte Allokation und Nutzung der Ressourcen⁷³⁵.

1368

Unter welchen Voraussetzungen die Zusammenarbeit öffentlicher Stellen und die damit verbundene Übertragung von Aufgaben vergaberechtsfrei sind, beurteilt sich hingegen nicht danach in welchem Umfang der Zweckverband neben seinen satzungsmäßigen Aufgaben auch auf dem Markt tätig ist. Die Anforderungen an vergabefreie Inhousegeschäfte oder interkommunale Kooperationen gelten für die Aufgabenwahrnehmung durch Zweckverbände (oder die Kommunen selbst) nicht.

1369

Eine Kompetenzübertragung zwischen öffentlichen Stellen hat, um einen vergaberechtsfreien Vorgang darzustellen, vielmehr den durch den EuGH festgelegten konkreten Erfordernissen⁷³⁶ zu genügen. Zunächst muss die empfangende Einrichtung nicht nur die Zuständigkeit, sondern auch die damit einhergehenden *Befugnisse* erhalten (1). Dies verlangt eine gewisse selbstständige Organisation der erforderlichen Aufgaben durch den neuen Zuständigkeitsinhaber, als auch die eigenständige Schaffung eines rechtlichen Rahmens. Ferner bedarf es einer

1370

---

732 EuGH, Rs. C-26/03, ECLI:EU:C:2005:5, Rn. 49 f. – *Stadt Halle;* EuGH, Rs. C-29/04, ECLI:EU:C:2005:247, Rn. 46 ff. – *Stadt Mödling;* EuGH, Rs. C-410/04, ECLI:EU:C:2006:27, Rn. 30 – *ANAV;* EuGH, Rs. C-337/05, ECLI:EU:C:2008:203, Rn. 38 – *Agusta;* EuGH, Rs. C-573/07, ECLI:EU:C:2009:532, Rn. 46 – *Sea;* EuGH, Rs. C-196/08, ECLI:EU:C:2009:628, Rn. 56 – *Acoset;* EuGH, Rs. C-574/12, ECLI:EU:C:2014:2004, Rn. 36 ff. – *Centro Hospitalar.*
733 Dazu *Burgi,* Vergaberecht, 2018, § 11, Rn. 34 f.
734 EuGH, Rs. C-480/06, ECLI:EU:C:2009:357 – *Kommission/Deutschland* mit Anm. v. *Steiff,* NZBau 2009, S. 528 ff. und *Pielow,* EuZW 2009, S. 531 ff.
735 *Gurlit,* in: Beckscher-Vergaberechtskommentar, Bd. 1, 3. Aufl. 2017, § 108 GWB Rn. 34.
736 So der EuGH, Rs. C-51/15, ECLI:EU:C:2016:985 – *Remondis,* in welcher er die Voraussetzungen, in Fortführung seiner Piepenbrock-Rechtsprechung (EuGH, Rs. C-386/11, ECLI:EU:C:2013:385 – *Piepenbrock Dienstleistungen GmbH & Co. KG*) präzisiert.

finanziellen Unabhängigkeit dieser neuen Einrichtung (2), sodass die Letztverantwortung für die Aufgabenwahrnehmung bei ihm und nicht bei der ursprünglich zuständigen Stelle liegt. Hierfür ist es notwendig, dass die ursprünglich zuständige Stelle ihre Hauptverantwortung aufgibt, wobei eine vollständige Aufgabe der Einflussmöglichkeiten nicht verlangt wird, diese ihr vielmehr zugebilligt werden kann. Letztlich stellt der EuGH mit diesen Kriterien die Ausschreibungsfreiheit der Gründung eines Zweckverbands fest[737], sofern dem Zweckverband eine gewisse Autonomie verbleibt.

c) Die Vergabeverfahren

1371   Ist der Anwendungsbereich des Vergaberechts eröffnet, sind für die Vergabe öffentlicher Aufträge vier unterschiedliche Verfahrensarten vorgesehen: das Offene Verfahren, das Nichtoffene Verfahren, das Verhandlungsverfahren und der wettbewerbliche Dialog[738]. Das *Offene Verfahren* wendet sich an einen unbeschränkten Bieterkreis, das *Nichtoffene Verfahren,* das *Verhandlungsverfahren* und der *wettbewerbliche Dialog* sind hingegen nur auf einen beschränkten, zuvor ausgewählten Bieterkreis ausgerichtet. Das deutsche Vergaberecht hatte bislang (in § 101 Abs. 7 Satz 1 GWB a. F.) den Vorrang des offenen Verfahrens gegenüber allen anderen Verfahrensarten angeordnet und ist damit über die europarechtlichen Anforderungen hinausgegangen. An den Einsatz des Verhandlungsverfahrens und des wettbewerblichen Dialoges als Verfahrensarten wurden strenge Anforderungen gestellt, die einen wesentlichen Grund für die insoweit doch vergleichsweise geringen Verfahrenszahlen bildeten. Ein weiterer Grund mag in der stark zersplitterten Auftraggeberlandschaft liegen, weil insbesondere kleine öffentliche Auftraggeber den größeren Aufwand und die größere Fehlerträchtigkeit der Verfahren mit Verhandlungselementen scheuen[739]. Die GWB-Novelle von 2016 trägt nun den insoweit veränderten europarechtlichen Vorgaben Rechnung, indem sie explizit den Vorrang des Offenen Verfahrens gegenüber dem Nichtoffenen Verfahren aufgibt (vgl. § 119 Abs. 2 Satz 1 GWB). Die Entscheidung für eine dieser beiden Verfahrensarten liegt damit im Ermessen des öffentlichen Auftraggebers[740]. Die ordnungsgemäße Durchführung der jeweiligen Vergabeverfahren unterliegt unterschiedlichen Anforderungen, die in den Verdingungsordnungen im Einzelnen festgeschrieben sind[741].

---

737 Diese Entscheidung deckt sich letztlich auch mit dem Wortlaut des Art. 1 Abs. 6 der Vergabekoordinierungsrichtlinie 2014/24/EU, welchen der deutsche Gesetzgeber jedoch nicht in das deutsche Vergaberecht übernommen hat.
738 Zur Grundstruktur der Verfahrensarten *Koenig/Schreiber,* Europäisches Wettbewerbsrecht, 2010, S. 290 ff.
739 *Burgi,* Vergaberecht, 2018, § 13, Rn. 19.
740 *Burgi,* Vergaberecht, 2018, § 13, Rn. 19.
741 In § 15 VgV, § 3b Abs. 1 VOB/A-EU für das Offene Verfahren, in § 16 VgV, § 3b Abs. 2 VOB/A-EU für das Nichtoffene Verfahren, in § 17 VgV, § 3b Abs. 3 VOB/A-EU für das Ver-

d) Vergaberechtlicher Rechtsschutz

Der Primärrechtsschutz zielt darauf ab, einem Interessenten zu dem angestrebten Auftrag zu verhelfen bzw. die Auftragsvergabe an einen Konkurrenten zu verhindern. Gemäß § 97 Abs. 6 GWB besitzen die Bieter zwar nicht ein Recht darauf, den Auftrag zu erhalten, wohl aber das Recht, dass in einem vollständigen Vergabeverfahren über die Erteilung des Auftrags entschieden wird. Im Mittelpunkt steht das *Nachprüfungsverfahren* nach den §§ 155 ff. GWB (bis zur Reform 2016: §§ 102 ff. GWB a. F.). Beim Sekundärrechtsschutz geht es nicht mehr um den Auftrag selbst, sondern um eine finanzielle Kompensation für einen zu Unrecht nicht erlangten Auftrag[742]. Die letzte Reform im Rechtsschutz auf EU-Ebene ist durch die Rechtsmittelrichtlinie (EG) Nr. 2007/66[743] bewirkt worden. Die Reform aus dem Jahr 2014 hat den Rechtsschutz unberührt gelassen. Der deutsche Gesetzgeber hat aber bei der Gelegenheit der Umsetzung der Richtlinie im Jahr 2016 einzelne Anpassungen an die neuere Rechtsprechung vorgenommen, v. a. bei der sog. Rügeobliegenheit[744]. Fehlerhafte Vergabeverfahren oder fehlerhafte Direktvergaben (sog. *de-facto-Vergaben*), die subjektive Bieterrechte verletzen, können somit im Fall von Vergaben oberhalb der Schwellenwerte im Wege des Primärrechtsschutzes auf Antrag von Unternehmen, die Interesse an einem Auftrag haben, in einem förmlichen Nachprüfungsverfahren (§ 155 GWB) vor den Vergabekammern des Bundes oder der Länder (§§ 156 ff. GWB) überprüft werden[745]. Die Vergabekammer kann das Vergabeverfahren aussetzen (§ 169 GWB), ein wirksam erteilter Zuschlag kann jedoch nicht aufgehoben werden (§ 168 Abs. 2 Satz 1 GWB). Gegen die Entscheidung der Vergabekammer ist die sofortige Beschwerde (§§ 171 ff. GWB) bei dem für den Sitz der Vergabekammer zuständigen Oberlandesgericht (§ 171 Abs. 3 Satz 1 GWB) statthaft. Darüber hinaus ist in § 180 GWB eine besondere Schadensersatzpflicht des Auftrag-

1372

---

handlungsverfahren und in den § 18 VgV, § 3b Abs. 4 VOB/A-EU für den wettbewerblichen Dialog.
742 *Burgi*, Vergaberecht, 2018, § 20, Rn. 1.
743 Richtlinie (EG) Nr. 2007/66 des Europäischen Parlaments und des Rates v. 11.12.2007 zur Änderung der Richtlinien 89/665/EWG und 92/13/EWG des Rates im Hinblick auf die Verbesserung der Wirksamkeit der Nachprüfungsverfahren bezüglich der Vergabe öffentlicher Aufträge, ABl.EU 2007 Nr. L 335, S. 31.
744 *Burgi*, Vergaberecht, 2018, § 20, Rn. 3, 40 f.
745 Der Rechtsschutz oberhalb der Schwellenwerte beruht auf den sog. Rechtsmittelrichtlinien, Richtlinie (EWG) Nr. 89/665 des Rates v. 21.12.1989 zur Koordinierung der Rechts- und Verwaltungsvorschriften für die Anwendung der Nachprüfungsverfahren im Rahmen der Vergabe öffentlicher Liefer- und Bauaufträge, ABl.EG 1992 Nr. L 395, S. 93, und Richtlinie (EWG) Nr. 92/13 des Rates v. 25.2.1992 zur Koordinierung der Rechts- und Verwaltungsvorschriften für die Anwendung der Gemeinschaftsvorschriften über die Auftragsvergabe durch Auftraggeber im Bereich der Wasser-, Energie- und Verkehrsversorgung sowie im Telekommunikationssektor, ABl.EG 1992 Nr. L 76, S. 14, sowie die zu ihrer Überarbeitung erlassene Richtlinie (EG) Nr. 2007/66.

gebers geregelt, welcher bei fehlerhafter Durchführung des Vergabeverfahrens den Vertrauensschaden zu ersetzen hat.

1373 Die Vergabe von Aufträgen unterhalb der Schwellenwerte unterfällt zwar nicht den Vergaberichtlinien. Allerdings sind die primärrechtlichen Anforderungen des Unionsrechts sowie das Transparenzgebot und das Diskriminierungsverbot zu beachten. Da der Einzelne nach der Rechtsprechung des EuGH effektiven gerichtlichen Schutz seiner sich aus dem Unionsrecht ergebenden Rechte in Anspruch nehmen können muss[746], muss auch ein effektiver Rechtsschutz gegen fehlerhafte Vergaben von Aufträgen unterhalb der Schwellenwerte bestehen, die den Einzelnen in seinen subjektiven Rechten, z.B. dem Recht auf eine nichtdiskriminierende Vergabe, verletzen[747]. Mangels besonderer Rechtsvorschriften über den Primärrechtsschutz im Fall fehlerhafter Vergaben unterhalb der Schwellenwerte sind Unterlassungs-[748] und Schadensersatzansprüche unterlegener Bieter daher nach den allgemeinen Vorschriften[749] vor den Zivilgerichten[750] geltend zu machen. Um einen wirksamen Primärrechtsschutz zu gewährleisten, kann das Gericht vor Erteilung eines Zuschlags eine einstweilige Anordnung über die aufschiebende Wirkung des Verfahrens bis zur Entscheidung nach mündlicher Verhandlung treffen, auch wenn diese Möglichkeit im Gesetz nicht vorgesehen ist[751]. Ein entgegen einer solchen Verfügung erteilter Zuschlag ist jedoch grundsätzlich wirksam. Nur bei Verstößen gegen § 134 BGB oder § 138 BGB kann der Zuschlag nichtig sein. Dadurch wird der Primärrechtsschutz des unterlegenen Bieters faktisch stark eingeschränkt. Denn der Bieter erfährt in der Regel erst nach Zuschlagserteilung von seiner Nichtberücksichtigung. Während bei Auftragsvergaben oberhalb der Schwellenwerte die Verletzung der Informations- und Wartepflicht durch den öffentlichen Auftraggeber nach § 134 GWB mit der anfänglichen Unwirksamkeit des Vertrages sanktioniert ist (§ 135 Abs. 1 Nr. 1 GWB), wenn dieser Verstoß in einem zuvor durchgeführten Nachprü-

---

746 EuGH, Rs. C-50/00, ECLI:EU:C:2002:462, Rn. 39 – *Unión de Pequeños Agricultores* m.w.N.
747 Ziffer 2.3.3. der Mitteilung der Kommission zu Auslegungsfragen „in Bezug auf das Gemeinschaftsrecht, das für die Vergabe öffentlicher Aufträge gilt, die nicht oder nur teilweise unter die Vergaberichtlinien fallen", ABl.EU 2006 Nr. C 179, S. 2.
748 Das Bestehen von Unterlassungsansprüchen ist allerdings sehr umstritten; dafür z.B. OLG Düsseldorf, Urt. v. 13.1.2010 – Az. 27 U 1/09, BauR 2010, S. 960. Das BVerfG hält es allerdings für verfassungskonform, den Primärrechtsschutz auf Auftragsvergaben oberhalb der Schwellenwerte zu beschränken, BVerfGE 116, 135; BVerfG, Beschl. v. 27.2.2008 – 1 BvR 437/08, BauR 2009, S. 294.
749 Als Anspruchsgrundlagen kommen in Betracht § 241 Abs. 2, § 311 Abs. 2, § 823 Abs. 2 BGB, § 1 UWG oder §§ 33f. GWB vorbehaltlich der Erfüllung ihrer Voraussetzungen. Die §§ 33 f. GWB finden Anwendung, sobald ein Verstoß gegen Art. 101 oder Art. 102 AEUV oder gegen die in Teil 1 – Wettbewerbsbeschränkungen – des GWB niedergelegten Verbote vorliegt, ggf. i.V. m. § 186 GWB.
750 BVerwGE 129, 9.
751 OLG Düsseldorf, Urt. v. 13.1.2010 – Az. I-27 U 1/09, NZBau 2010, S. 328.

fungsverfahren festgestellt worden ist[752], besteht im Unterschwellenbereich keine Pflicht der Vergabestelle, den unterlegenen Bieter vorab über den drohenden Zuschlag zu informieren[753].

e) Merksätze

> Das Vergaberecht regelt die Vorgehensweise öffentlicher Auftraggeber bei der **Beschaffung von Dienstleistungen, Bauleistungen oder Lieferungen.** Unterfällt eine beabsichtigte öffentliche Auftragsvergabe dem in den §§ 97 ff. GWB auf der Grundlage der EU-Vergaberichtlinien definierten Anwendungsbereich, ist ein europaweites Vergabeverfahren durchzuführen.
>
> Das in deutsches Recht umgesetzte EU-Vergaberecht findet aber nur oberhalb unionsrechtlich vorgegebener **Schwellenwerte** Anwendung.
>
> Der praktisch bedeutendste Ausnahmetatbestand betrifft die sog. **öffentlich-öffentliche Zusammenarbeit,** der nun erstmals durch das Vergaberechtsmodernisierungsgesetz in § 108 GWB kodifiziert wurde. Das GWB unterscheidet zwischen der Zusammenarbeit auf **horizontaler** und auf **vertikaler** Ebene. Für die Formen der vertikalen Zusammenarbeit hat sich der Begriff „**Inhouse-Vergabe**" eingebürgert, während im Hinblick auf die horizontale Zusammenarbeit von „**interkommunaler Zusammenarbeit**" die Rede ist.
>
> Innerhalb des vergaberechtlichen Rechtsschutzes zielt der **Primärrechtsschutz** darauf ab, einem Interessenten zu dem angestrebten Auftrag zu verhelfen bzw. die Auftragsvergabe an einen Konkurrenten zu verhindern. Beim **Sekundärrechtsschutz** geht es nicht mehr um den Auftrag selbst, sondern um eine finanzielle Kompensation für einen zu Unrecht nicht erlangten Auftrag.

1374

Leitentscheidungen:
EuGH, Rs. 31/87, ECLI:EU:C:1988:422 – *Beentjes.*
EuGH, Rs. C-360/96, ECLI:EU:C:1998:71 – *Gemeente Arnhem/BFI Holding.*
EuGH, Rs. C-107/98, ECLI:EU:C:1999:562 – *Teckal.*
EuGH, Rs. C-324/98, ECLI:EU:C:2000:669 – *Telaustria.*
EuGH, Rs. C-26/03, ECLI:EU:C:2005:5 – *Stadt Halle.*
EuGH, Rs. C-458/03, ECLI:EU:C:2005:605 – *Parking Brixen.*
EuGH, Rs. C-337/06, ECLI:EU:C:2007:786 – *Bayerischer Rundfunk u. a.*
EuGH, Rs. C-324/07, ECLI:EU:C:2008:621 – *Coditel Brabant.*
EuGH, Rs. C-300/07, ECLI:EU:C:2009:358 – *Hans & Christophorus Oymanns u. a.*
EuGH, Rs. C-480/06, ECLI:EU:C:2009:357 – *Kommission/Deutschland.*
EuGH, Rs. C-51/15, ECLI:EU:C:2016:985 – *Remondis.*
EuGH, Rs. C-465/17, ECLI:EU:C:2019:234 – *Falck Rettungsdienste und Falck.*

---

752 Zu dieser „schwebenden Unwirksamkeit" *Dreher/Hoffmann,* NZBau 2010, S. 201 ff.
753 BVerfGE 116, 135.

IV. Rechtsangleichung im Binnenmarkt

Literaturhinweise: *Calliess, Ch.:* Nach dem „Tabakwerbung-Urteil" des EuGH: Binnenmarkt und gemeinschaftsrechtliche Kompetenzverfassung im neuen Licht, Jura 2001, S. 311; *Helmig, E.:* Die neuen Richtlinien zum europäischen Verbraucherkaufrecht, IWRZ 2019, S. 200; *Frenz, W.:* Handbuch Europarecht VI – Institutionen und Politiken, 2011, Rn. 3334 ff.; *ders./Ehlenz, Ch.:* Rechtsangleichung über Art. 114 AEUV und Grenzen gem. Art. 5 EUV nach Lissabon, EuZW 2011, S. 623; *Klamert, J.:* Altes und Neues zur Harmonisierung im Binnenmarkt, EuZW 2015, S. 265; *Koenig, Ch./Kühling, J.:* Der Streit um die neue Tabakproduktrichtlinie, EWS 2002, S. 12; *Lampert, S.:* Perspektiven der Rechtsangleichung auf dem Gebiet der direkten Steuern in der Europäischen Union, EuZW 2013, S. 493; *Ludwigs, M.:* Verwirklichung des Binnenmarkts durch ein „Gemeinsames Europäisches Kaufrecht"?, EuZW 2012, S. 608; *Möstl, M.:* Grenzen der Rechtsangleichung im europäischen Binnenmarkt, EuR 2002, S. 318; *Nolte, G.:* Die Kompetenzgrundlage der Europäischen Gemeinschaft zum Erlass eines Tabakwerbeverbots, NJW 2000, S. 1144; *Nowak, C.:* Binnenmarktziel und Wirtschaftsverfassung der Europäischen Union vor und nach dem Reformvertrag von Lissabon, EuR 2009, S. 129; *Pache, E.:* Die räumlichen Grenzen der Binnenmarktharmonisierung – Anmerkungen zur Tabakproduktrichtlinie der EG, in: FS 600 Jahre Würzburger Juristenfakultät, 2002, S. 143; *Payrhuber, M./Stelkens, U.:* „1:1-Umsetzung" von EU-Richtlinien: Rechtspflicht, rationales Politikkonzept oder (wirtschafts)politischer Populismus? – zugleich zu Unterschieden zwischen Rechtsangleichungs- und Deregulierungsrichtlinien, EuR 2019, S. 190; *Schroeder, W.:* Die Sicherung eines hohen Schutzniveaus für Gesundheits-, Umwelt- und Verbraucherschutz im europäischen Binnenmarkt, DVBl. 2002, S. 213; *Schulze, R.:* Die Digitale-Inhalte-Richtlinie – Innovation und Kontinuität im europäischen Vertragsrecht, ZEuP 2019, S. 695; *Schwartz, I. E.:* Rechtsangleichung und Rechtswettbewerb im Binnenmarkt – zum europäischen Modell, EuR 2007, S. 194; *Staudenmayer, D.:* Die Richtlinien zu den digitalen Verträgen, ZEuP 2019, S. 663; *ders.:* Kauf von Waren mit digitalen Elementen – Die Richtlinie zum Warenkauf, NJW 2019, S. 2889; *Stein, T.:* Ohne Rechtsgrundlage: Die Tabakwerbeverbotsrichtlinie der EG, ZLR 1998, S. 209; *Tamm, M./Tonner, K.:* Vom Scheitern des Gemeinsamen Europäischen Kaufrechts im Rahmen des digitalen Binnenmarkts, EWS 2015, S. 241.

1375 Durch den Vertrag von Lissabon ist es zu keinen grundlegenden Änderungen auf dem Gebiet der Rechtsangleichung im Binnenmarkt gekommen. Hervorzuheben sind insoweit allein die Ersetzung des Begriffs des Gemeinsamen Marktes durch den Begriff des „Binnenmarktes", die Änderung der Reihenfolge der Art. 94 und 95 EGV a. F. durch Art. 114 und 115 AEUV sowie die Einführung einer Ermächtigung zum Erlass von Maßnahmen zur Schaffung europäischer Rechtstitel über einen einheitlichen Schutz der Rechte des geistigen Eigentums in Art. 118 AEUV. Diese zurückhaltende Reform erstaunt vor allem angesichts der unterschiedlichen Reformüberlegungen im Hinblick auf die binnenmarktbezogenen Harmonisierungskompetenzen, die vor dem Inkrafttreten des Vertrages von Lissabon existierten, sowie angesichts der erheblichen Kritik, die der EuGH insbesondere mit seinem zweiten *Tabak*-Urteil von 12. Dezember 2006 hervorgerufen hat[754].

---

[754] *Nowak,* EuR 2009, S. 129, 169.

IV. Rechtsangleichung im Binnenmarkt

Der Vertrag über die Arbeitsweise der Europäischen Union verpflichtet die Union, nach Maßgabe der einschlägigen Vorschriften der Verträge den europäischen *Binnenmarkt* zu verwirklichen bzw. dessen Funktionieren zu gewährleisten (Art. 26 AEUV). Der Binnenmarkt umfasst gemäß Art. 26 Abs. 2 AEUV einen Raum ohne Binnengrenzen, in dem der freie Verkehr von Waren, Personen, Dienstleistungen und Kapital gemäß den Bestimmungen der Verträge gewährleistet ist. Kompetenzgrundlagen für die *Harmonisierung* sind Art. 114 und Art. 115 AEUV[755].

1376

Eines der wichtigsten Instrumente zur Verwirklichung des Binnenmarktkonzeptes ist die Möglichkeit der Union, Maßnahmen zur Angleichung der Rechts- und Verwaltungsvorschriften der Mitgliedstaaten zu ergreifen, welche die Errichtung und das Funktionieren des Binnenmarktes zum Gegenstand haben (Art. 114 Abs. 1 Satz 2 AEUV). Art. 114 AEUV enthält damit eine gegenüber Art. 115 AEUV speziellere Regelung, die diese Vorschrift insoweit verdrängt. Der Grund für die Schaffung dieser Bestimmung war das Bedürfnis, in bestimmten Bereichen auch eine Rechtsangleichung mit qualifizierter Mehrheit (jetzt: im Wege des ordentlichen Gesetzgebungsverfahrens) durchführen zu können. Als Mittel der Rechtsangleichung stehen der Union – anders als im Falle des Art. 115 AEUV – alle Handlungsformen des Unionsrechts zur Verfügung, also nicht nur Richtlinien, sondern auch Verordnungen. Diese Maßnahmen müssen sich auch nicht zwingend an Mitgliedstaaten richten, es kann sich dabei auch um an Einzelne gerichtete Maßnahmen handeln[756].

1377

Der AEU-Vertrag erlaubt jedoch – als Preis für die Einführung der Entscheidung mit qualifizierter Mehrheit – auf den Gebieten der öffentlichen Sicherheit oder Ordnung (Art. 36 AEUV), der Arbeitsumwelt sowie des Umweltschutzes (nicht jedoch für sonstige zwingende Allgemeinwohlgründe im Sinne der *Cassis*-Formel, Rn. 879) nationale Alleingänge der Mitgliedstaaten zur Optimierung des Schutzniveaus (Art. 114 Abs. 4 AEUV). Die entsprechenden, notwendig oberhalb des Harmonisierungsniveaus liegenden nationalen Bestimmungen sind gemäß Art. 114 Abs. 4 AEUV zu notifizieren und werden von der Kommission nach Art. 114 Abs. 6 AEUV genehmigt. Dabei kann es sich sowohl um den Fortbestand alter als auch die Einführung neuer Maßnahmen handeln. Um sich auf die opting-out-Klausel berufen zu können, muss ein Mitgliedstaat auch nicht gegen die betreffende Unionsmaßnahme gestimmt haben. Bei einer gegen die vermeintlich missbräuchliche Inanspruchnahme der opting-out-Klausel gerichteten Aufsichtsklage (Art. 258 AEUV) oder einer entsprechenden Staatenklage (Art. 259 AEUV) entfällt das Vorverfahren („unmittelbar", Art. 114 Abs. 9 AEUV; Rn. 515).

1378

---

755 Dazu *Klamert*, EuZW 2015, S. 265 ff.
756 EuGH, Rs. C-270/12, ECLI:EU:C:2014:18, Rn. 106 ff. – *Vereinigtes Königreich/Rat u. Parlament („Verbot von Leerverkäufen")*.

1379 Art. 114 AEUV verleiht der Union keine allgemeine Kompetenz zur Regelung des Binnenmarktes[757]. Maßnahmen dürfen nur dann auf Art. 114 AEUV gestützt werden, wenn sie die Voraussetzungen für die Errichtung und das Funktionieren des Binnenmarktes verbessern[758]. Nach der Rechtsprechung des Gerichtshofes sind Maßnahmen, „durch die die nationalen Rechtsvorschriften über die Produktionsbedingungen in einem bestimmten Wirtschaftssektor zur Beseitigung der Wettbewerbsverzerrungen in diesem Sektor angeglichen werden sollen, geeignet (...), zur Verwirklichung des Binnenmarktes beizutragen"[759]. Ein Freiverkehrshindernis muss dabei nicht etwa mit – den durch Rechtsangleichung zu behebenden – Wettbewerbsverzerrungen verbunden sein[760]. Vielmehr stehen Freiverkehrshindernis und (drohende) Wettbewerbsverzerrung in einem Alternativverhältnis zueinander[761]. Die bloße Feststellung von Unterschieden zwischen den mitgliedstaatlichen Vorschriften oder eine abstrakte Gefahr von Beeinträchtigungen der Grundfreiheiten oder Wettbewerbsverzerrungen reichen für eine Heranziehung von Art. 114 AEUV nicht aus. Vielmehr müssen tatsächliche Hemmnisse oder *spürbare*[762] Wettbewerbsverzerrungen bestehen, die durch eine Rechtsangleichung beseitigt werden sollen[763]. Das Spürbarkeitskriterium wird nach dem neuen „more economic approach" in der Wettbewerbskontrolle durch die Kommission paradigmatisch insbesondere anhand der Effekte auf die Verbraucher dekliniert. Vor diesem Hintergrund kann, auch wenn dem

---

[757] EuGH, Rs. C-376/95, Slg. 2000, S. I-8419, Rn. 83 – *Deutschland/Parlament u. Rat* – zu Art. 95 EGV a. F.
[758] Dazu und zum Verhältnis von Art. 114 AEUV zu Art. 5 EUV siehe *Frenz/Ehlenz*, EuZW 2011, S. 623, 624 ff.
[759] EuGH, Rs. C-300/89, Slg. 1991, S. I-2867, Rn. 23 – *Kommission/Rat („Titandioxid")* (= P Nr. 167) – zu Art. 95 EGV a. F.
[760] Gegenteiliges ergibt sich auch nicht aus der Entscheidung des EuGH zur Tabakwerberichtlinie. Zwar verwendet der EuGH dort die Konjunktion „sowie", doch erklärt sich dies bereits daraus, dass der Gemeinschaftsgesetzgeber beide Ziele in den Erwägungsgründen aufgeführt hatte und dementsprechend auch zu prüfen war, ob die inhaltliche Ausgestaltung der Richtlinie ihnen Rechnung trägt; vgl. EuGH, Rs. C-376/98, Slg. 2000, S. I-8419, Rn. 95 – *Deutschland/Parlament und Rat („Tabakwerberichtlinie")* (= P Nr. 168): „Es ist demnach zu prüfen, ob die Richtlinie tatsächlich zur Beseitigung von Hemmnissen des freien Warenverkehrs und der Dienstleistungsfreiheit *sowie* von Wettbewerbsverzerrungen beiträgt".
[761] In EuGH, Rs. C-491/01, Slg. 2002, S. I-11453, Rn. 60 – *British American Tobacco* (= P Nr. 169), wird dieses Alternativverhältnis deutlich herausgearbeitet, denn eine auf Art. 95 EGV gestützte Maßnahme müsse „zur Beseitigung von Hemmnissen für den freien Waren- oder Dienstleistungsverkehr *oder* aber von Wettbewerbsverzerrungen beitragen".
[762] Die (Gefahr einer) Wettbewerbsverfälschung muss nach Art. 114 AEUV *spürbar* sein. Ein Verzicht auf das Spürbarkeitskriterium würde zu einer nahezu allumfassenden und dem Prinzip der begrenzten Ermächtigung zuwiderlaufenden Unionszuständigkeit führen; EuGH, Rs. C-300/89, Slg. 1991, S. I-2867, Rn. 23 – *Kommission/Rat („Titandioxid")* (= P Nr. 167); EuGH, Rs. C-376/98, Slg. 2000, S. I-8419, Rn. 107 – *Deutschland/Parlament u. Rat („Tabakwerberichtlinie")* (= P Nr. 168) – zu Art. 95 EGV a. F.
[763] EuGH, Rs. C-376/98, Slg. 2000, S. I-8419, Rn. 83 f. – *Deutschland/Parlament u. Rat („Tabakwerberichtlinie")* (= P Nr. 168); EuGH, Rs. C-491/01, Slg. 2002, S. I-11453, Rn. 60 f. – *British American Tobacco* (= P Nr. 169) – zu Art. 95 EGV a. F.

Verbraucher- und dem Gesundheitsschutz im Rahmen von Art. 114 AEUV Rechnung zu tragen ist, Art. 114 AEUV nur solchen Maßnahmen als Rechtsgrundlage dienen, welche die Marktbedingungen nicht nur nebenbei harmonisieren, sondern schwerpunktmäßig darauf abzielen, den Anbietern die binnenmarktweite Vermarktung ihrer Lebensmittel zu ermöglichen oder den Verbrauchern die binnenmarktweite Nachfrage zu erleichtern[764]. Zudem darf ein Harmonisierungsverbot wie das für Fördermaßnahmen, die den Schutz der menschlichen Gesundheit zum Ziel haben (Art. 168 Abs. 5 AEUV), nicht durch eine Berufung auf Art. 114 AEUV als Rechtsgrundlage umgangen werden[765]. Dies bedeutet jedoch nicht, dass die Heranziehung von Art. 114 AEUV ausgeschlossen ist, wenn dem Gesundheitsschutz bei den zu treffenden Entscheidungen maßgebende Bedeutung zukommt[766]. Aufgrund der Subsidiarität des Art. 114 AEUV (Abs. 1) gegenüber spezielleren Rechtsangleichungskompetenzen sowie der Ausnahmebestimmung des Absatzes 2 findet Art. 114 AEUV vorrangig auf die Warenverkehrsfreiheit Anwendung.

Art. 115 AEUV ermöglicht den Erlass von Angleichungsrichtlinien in einem besonderen Gesetzgebungsverfahren durch den Rat einstimmig und nach Anhörung des Europäischen Parlamentes. Da Richtlinien den Mitgliedstaaten lediglich ein zu erreichendes Ziel verbindlich vorgeben, ihnen jedoch die Wahl der Form und der Mittel der Umsetzung anheimstellen (Rn. 401 ff.), ist *Rechtsangleichung nicht mit Rechtsvereinheitlichung gleichzusetzen*. Eine Rechtsvereinheitlichung könnte nur durch Verordnungen erfolgen, die in allen Teilen verbindlich sind und in den Mitgliedstaaten unmittelbar geltendes Recht setzen, für deren Erlass Art. 115 AEUV jedoch keine Rechtsgrundlage bietet. Soweit sachgebietsbezogene Vorschriften der Union die Befugnis zur Rechtsangleichung einräumen, tritt Art. 115 AEUV hinter diese spezielleren Bestimmungen zurück: z. B. Art. 40 AEUV, Art. 50 Abs. 1 AEUV, Art. 50 Abs. 2 lit. g AEUV, Art. 52 Abs. 2 AEUV, Art. 53 Abs. 1 AEUV. Seit Mitte der 80er-Jahre setzte die Gemeinschaft bzw. setzt die Union flankierend verstärkt auf das Konzept der gegenseitigen Anerkennung nationaler Regelungen.

1380

Art. 118 Satz 1 AEUV begründet eine spezielle Rechtsgrundlage zur Schaffung europäischer Rechtstitel über einen einheitlichen Schutz der Rechte des geistigen Eigentums sowie zur Einführung von zentralisierten Zulassungs-, Koordinierungs- und Kontrollregelungen auf Unionsebene. Hierfür gilt das ordentliche Gesetzgebungsverfahren mit qualifizierter Mehrheit im Rat. Nach Satz 2 und 3 werden die Sprachenregelungen für die europäischen Rechtstitel weiterhin einstimmig durch den Rat nach Anhörung des Parlamentes festgelegt. Art. 118

1381

---

[764] EuGH, Rs. C-192/94, Slg. 1996, S. I-1281, Rn. 19 – *El Corte Inglés* – zu Art. 95 EGV a. F.
[765] EuGH, Rs. C-376/98, Slg. 2000, S. I-8419, Rn. 76 ff. – *Deutschland/Parlament u. Rat („Tabakwerberichtlinie")* (= P Nr. 168) – zu Art. 95 EGV a. F.
[766] EuGH, Rs. C-491/01, Slg. 2002, S. I-11453, Rn. 62 – *British American Tobacco* (= P Nr. 169) – zu Art. 95 EGV a. F.; vgl. Art. 114 Abs. 3 AEUV, Art. 168 Abs. 1 UAbs. 1 AEUV.

AEUV diente etwa als Rechtsgrundlage für die Verordnungen zur Schaffung eines Europäischen Einheitspatents[767].

V. Wirtschafts- und Währungspolitik

Literaturhinweise: *Amtenbrink, F./de Haan, J.:* The European Central Bank: An Independent Specialized Organization of Community Law – A Comment, CMLR 2002, S. 65; *Bark, F.:* Das gemeinschaftsrechtliche Defizitverfahren, 2004; *Bauerschmidt, J.:* Finanzstabilität als Ziel der Bankenunion, ZHR 183 (2019), S. 476; *Borries, R. von:* Die Europäische Zentralbank als Gemeinschaftsinstitution, ZEuS 1999, S. 281; *Broemel, R.:* Unionsrechtlicher Rahmen währungspolitischer Maßnahmen des ESZB, ZG 2019, S. 276; *Calliess, Ch.:* Finanzkrisen als Herausforderung der internationalen, europäischen und nationalen Rechtsetzung, in: Berliner Online-Beiträge zum Europarecht, Nr. 72, 2011, S. 1; *Cremer, W.:* Auf dem Weg zu einer Europäischen Wirtschaftsregierung?, EuR 2016, S. 256; *Endler, J.:* Europäische Zentralbank und Preisstabilität, 1998; *Gruson, M.:* Die Einführung des Euro und DM-Auslandsanleihen, WM 1998, S. 1474; *Gaitanides, Ch.:* Die Verfassung für Europa und das Europäische System der Zentralbanken, FS für Manfred Zuleeg, 2005, S. 550; *Häde, U.:* Die Wirtschafts- und Währungsunion im Vertrag von Lissabon, EuR 2009, S. 200; *ders.:* Der EuGH und die Haushaltsdisziplin – Das Urteil vom 13.7.2004 zum Verfahren bei einem übermäßigen Defizit, EuR 2004, S. 750; *ders.:* Die Finanzordnung der Europäischen Union, in: Hatje, A./Müller-Graff, P.-C. (Hrsg.), Europäisches Organisations- und Verfassungsrecht (Enzyklopädie Europarecht Band 1), 2014, § 14, S. 796; *Hahn, H. J.:* Der Stabilitätspakt für die Europäische Währungsunion, JZ 1997, S. 1133; *Hellermann, J.:* Die Europäische Wirtschafts- und Währungsunion als Stabilitätsgemeinschaft und der nationale Stabilitätspakt in der bundesstaatlichen Solidargemeinschaft, EuR 2000, S. 24; *Hufeld, U.:* Das Recht der Europäischen Währungsunion, in: Müller-Graff, P.-C. (Hrsg.), Europäisches Wirtschaftsordnungsrecht (Enzyklopädie Europarecht, Bd. 4), 2014, § 22, S. 1301; *Kilb, W.:* Rechtsgrundlagen des Euro, JuS 1999, S. 10; *Laschat, E.-M.:* Das Europäische System der Zentralbanken und die Europäische Zentralbank, europa-blätter 2002, S. 2; *Pilz, S.:* Ein Schatzamt für die Eurozone? Überlegungen zu den Vorschlägen des Europäischen Parlaments und der Kommission zu einer Reform der Wirtschaftsunion, EuZW 2017, S. 637; *Rijn, T. von:* Die Rolle der Gemeinschaftsinstitutionen während der Krise, EuZW 2009, S. 193; *Schorkopf, F.:* Die Einführung des Euro: der europäische und deutsche Rechtsrahmen, NJW 2001, S. 3734; *Selmayr, M.:* Die Europäische Währungsunion zwischen Politik und Recht, EuZW 1998, S. 101; *ders.:* Die Wirtschafts- und Währungsunion als Rechtsgemeinschaft, AöR 124 (1999), S. 357; *Siekmann, H. (Hrsg.):* Kommentar zur Europäischen Währungsunion, 2013;

---

[767] Verordnung (EU) Nr. 1257/2012 des Europäischen Parlaments und des Rates v. 17.12.2012 über die Umsetzung der Verstärkten Zusammenarbeit im Bereich der Schaffung des einheitlichen Patentschutzes, ABl.EU 2012 Nr. L 361, S. 1, und Verordnung (EU) Nr. 1260/2012 des Europäischen Parlaments und des Rates v. 17.12.2012 über die Umsetzung der Verstärkten Zusammenarbeit im Bereich der Schaffung des einheitlichen Patentschutzes im Hinblick auf die anzuwendenden Übersetzungsregelungen, ABl.EU 2012 Nr. L 361, S. 89; s. dazu EuGH, Rs. C-146/13, ECLI:EU:C:2015:298 – *Spanien/Parlament u. Rat („Einheitspatent")*; EuGH, Rs. C-147/13, ECLI:EU:C:2015:299 – *Spanien/Rat;* dazu *Arntz,* EuZW 2015, S. 544 ff.; *Tilman,* GRUR 2015, S. 527 ff.

Stern, K.: Die Konvergenzkriterien des Vertrags von Maastricht und ihre Umsetzung in der bundesstaatlichen Finanzverfassung, in: FS für Ulrich Everling, 1995, S. 1469; *Wagner, N. B.:* Von der Deutschen Mark zum Euro, NJW 2001, S. 3743; *Weinbörner, S.:* Die Stellung der Europäischen Zentralbank (EZB) und der nationalen Zentralbanken in der Wirtschafts- und Währungsunion nach dem Vertrag von Maastricht, 1998; *Weiß, W.:* Kompetenzverteilung in der Währungspolitik und Außenvertretung des Euro, EuR 2002, S. 165.

1. Wirtschaftspolitik

Gemäß Art. 3 Abs. 4 EUV errichtet die Union eine Wirtschafts- und Währungsunion, deren Währung der Euro ist. Hierzu verfolgt sie eine *Wirtschaftspolitik*, die auf einer engen Koordinierung der Wirtschaftspolitik der Mitgliedstaaten und dem Binnenmarkt beruht und dem Grundsatz einer offenen Marktwirtschaft mit freiem Wettbewerb verpflichtet ist (Art. 119 Abs. 1 AEUV). Die Mitgliedstaaten richten daher ihre Wirtschaftspolitik so aus, dass sie im Rahmen der vom Rat beschlossenen Grundzüge der Wirtschaftspolitik (Art. 121 Abs. 2 AEUV) zur Verwirklichung der Ziele der Union beitragen (Art. 120 Satz 1 AEUV). Der Rat hat am 14. Juli 2015 die Empfehlung (EU) 2015/1184 zu den Grundzügen der Wirtschaftspolitik der Mitgliedstaaten und der Europäischen Union[768] verabschiedet. Durch den Vertrag von Lissabon ist es insbesondere zu einer Stärkung der Position der Kommission gekommen, indem ihr ein Frühwarnrecht eingeräumt wurde: Gemäß Art. 121 Abs. 4 Satz 1 AEUV kann sie eine Verwarnung an einen Mitgliedstaat schicken, dessen Wirtschaftspolitik nicht mit den vorher festgelegten Grundzügen vereinbar ist oder die das Funktionieren der Wirtschafts- und Währungsunion beeinträchtigen könnte; die Zuständigkeit für Empfehlungen an den betreffenden Mitgliedstaat liegt gemäß Satz 2 jedoch beim Rat, der auf Empfehlung der Kommission handelt. Bei Bestehen oder Drohen eines übermäßigen Defizits kann die Kommission gemäß Art. 126 Abs. 5 AEUV einem Mitgliedstaat zudem eine Stellungnahme vorlegen, worüber sie den Rat unterrichtet[769].

1382

2. Die Verwirklichung der Währungsunion

Ausgehend vom „*Delors*-Bericht" aus dem Jahre 1989[770] hatte der Europäische Rat in Madrid 1989 den Eintritt in die *erste Stufe* einer europäischen *Wirtschafts- und Währungsunion* (WWU) zum 1. Juli 1990 beschlossen. Deren wesentliches Ziel war es, eine größere Konvergenz der volkswirtschaftlichen Ergebnisse durch

1383

---
768 ABl.EU 2015 Nr. L 192, S. 27.
769 Weiterführend zu den Änderungen durch den Vertrag von Lissabon: *Häde*, EuR 2009, S. 200.
770 EA 1989, S. D 283.

verstärkte Koordinierung der Wirtschafts- und Währungspolitik zu erreichen. Der Maastrichter Vertrag hatte Regelungen in den EG-Vertrag aufgenommen (Art. 105 bis Art. 124 EGV a. F.; jetzt: Art. 127 bis Art. 133 AEUV), welche die weitere stufenweise Verwirklichung der WWU mit einer einheitlichen europäischen Währung vorsehen und Beginn und Ausgestaltung der weiteren Stufen regeln.

1384 Im Rahmen der zweiten Stufe der Verwirklichung der WWU, die am 1. Januar 1994 begonnen hatte (Art. 116 Abs. 1 EGV a. F.), waren die Hauptziele die Koordinierung der Geldpolitiken der Mitgliedstaaten, die Überwachung des Funktionierens des Europäischen Währungssystems (EWS; Rn. 14) sowie die organisatorische Vorbereitung des Eintritts in die dritte Stufe der Wirtschafts- und Währungsunion und der damit verbundenen Errichtung einer Europäischen Zentralbank (EZB; Rn. 321 ff., Art. 117 Abs. 2 und 3 EGV a. F.). Die Zentralbanken der Mitgliedstaaten blieben in dieser Zeit in geld- und währungspolitischen Angelegenheiten uneingeschränkt entscheidungsbefugt.

1385 Gemäß Art. 121 Abs. 4 EGV a. F. sind die Staaten, die die Voraussetzungen für die Einführung einer gemeinsamen Währung erfüllt hatten, am 1. Januar 1999 in die *dritte Stufe* der WWU eingetreten. Mit der Verordnung (EG) 974/98 vom 3. Mai 1998 über die Einführung des Euro[771] hat der Rat, dem die Entscheidung über die teilnehmenden Mitgliedstaaten oblag[772], aufgrund der vier Konvergenzkriterien des Art. 140 Abs. 1 AEUV i. V. m. dem Protokoll über die Konvergenzkriterien[773] den Eintritt in die dritte Stufe der WWU am 1. Januar 1999 mit folgenden elf Staaten beschlossen: Belgien, Deutschland, Finnland, Frankreich, Irland, Italien, Luxemburg, Niederlande, Österreich, Portugal und Spanien. Griechenland kam am 1. Januar 2001 hinzu[774]. Von den später beigetretenen EU-Mitgliedern haben mit Slowenien, Malta, Zypern, der Slowakei, Estland, Lettland und Litauen sieben weitere Staaten die Konvergenzkriterien erfüllt. Die Euro-Einführung ist in Slowenien zum 1. Januar 2007[775], in Malta[776] und Zypern[777] zum 1. Januar 2008, in der Slowakei zum 1. Januar 2009[778], in Estland

---

771 ABl.EG 1998 Nr. L 139, S. 1.
772 Das BVerfG bestritt in seinem *Maastricht*-Urteil den Eintrittsautomatismus und verlangte für die Teilnahme Deutschlands an der dritten Stufe der WWU „eine weitere, parlamentarisch zu beeinflussende Zustimmung der Bundesregierung" (BVerfGE 89, 155, 204). Vor diesem Hintergrund haben der Bundestag am 23.4.1998, BT-StenBer. 13/230, S. 21114, und der Bundesrat am 24.4.1998, BR-Drs. 300/98, der Teilnahme Deutschlands an der Währungsunion zugestimmt.
773 BGBl. 1992 II S. 1309.
774 Zunächst hatte Griechenland die Konvergenzkriterien verfehlt, so dass seine Teilnahme an der dritten Stufe zum 1.1.1999 nicht in Betracht kam. Nach einer vermeintlichen Besserung der Lage Griechenlands – infolge geschönter Defizitdaten – hatte der Rat beschlossen, den Euro in Griechenland zwei Jahre später als Währung einzuführen (ABl.EG 2000 Nr. L 167, S. 19).
775 Entscheidung 2006/495 des Rates v. 11.7.2006, ABl.EU 2006 Nr. L 195, S. 25.
776 Entscheidung 2007/504 des Rates v. 10.7.2007, ABl.EU 2007 Nr. L 186, S. 32.
777 Entscheidung 2007/503 des Rates v. 10.7.2007, ABl.EU 2007 Nr. L 186, S. 29.
778 Entscheidung 2008/608 des Rates v. 8.7.2008, ABl.EU 2008 Nr. L 195, S. 24.

zum 1. Januar 2011[779], in Lettland zum 1. Januar 2014[780] sowie in Litauen zum 1. Januar 2015[781] erfolgt. Den Ratsentscheidungen über die Festlegung der Teilnehmerstaaten an der dritten Stufe der WWU lagen die vier Konvergenzkriterien zugrunde[782]: (1) Anhaltende Preisstabilität, (2) Kein übermäßiges Haushaltsdefizit, (3) Währungsstabilität bei der EWS-Teilnahme, (4) Konvergenz der Zinssätze.

In den neunzehn teilnehmenden Mitgliedstaaten soll nach den betreffenden Maßstäben ein hoher Grad an dauerhafter Konvergenz erreicht sein, wohingegen andere Mitgliedstaaten, wie beispielsweise Schweden, die Konvergenzkriterien (noch) nicht erfüllen. Dänemark[783] und Großbritannien[784] hatten sich in Protokollen die Entscheidung über den Eintritt in die dritte Stufe der WWU vorbehalten. Beide Staaten haben ihre Nichtteilnahme an der dritten Stufe dem Rat notifiziert und ihre Option zur Nichtteilnahme wahrgenommen. 1386

Die Koordinierung der Geldpolitiken der Mitgliedstaaten sowie die Überwachung des Funktionierens des Europäischen Währungssystems wird mit Eintritt in die dritte Stufe von einem unabhängigen Europäischen System der Zentralbanken (ESZB) durchgeführt, das aus der Europäischen Zentralbank (EZB) sowie den Zentralbanken der Mitgliedstaaten besteht (Art. 129 Abs. 1 AEUV). Die EZB hat am 1. Juni 1998 ihre Tätigkeit aufgenommen. Im Zuge der Anpassung des Grundgesetzes an das ESZB wurde Art. 88 GG ergänzt[785], der vorsieht, dass die Aufgaben und Befugnisse der Bundesbank der EZB übertragen werden können. Das Bundesbankgesetz bestimmt nach seiner Anpassung durch das Änderungsgesetz vom 22. Dezember 1997[786] in seinem § 3 nun, dass die Bundesbank mit dem Eintritt Deutschlands in die Währungsunion integraler Bestandteil des Europäischen Systems der Zentralbanken ist. Erst mit dem Vertrag von Lissabon hat die EZB den uneingeschränkten Status als Organ der Union erhalten (Art. 13 Abs. 1 UAbs. 2, 6. Gedankenstrich EUV; vgl. Rn. 321 ff.), obwohl sie schon bisher Funktionen eines Organs wahrgenommen hatte[787]. Zudem verfügt die EZB nunmehr als einziges Organ über eine eigene Rechtspersönlichkeit (Art. 282 Abs. 3 Satz 1 AEUV). Weder die in Art. 282 Abs. 3 AEUV festgeschriebene Unabhängigkeit noch das vorrangige Ziel der Preisstabilität (Art. 282 Abs. 2 AEUV) wird hierdurch berührt. Neu ist zudem die Aufnahme des in der Praxis bereits geläufigen Begriffs des Eurosystems in die Verträge (Art. 282 Abs. 1 Satz 2 AEUV). 1387

---

779 Entscheidung 2010/4167 des Rates v. 13.7.2010, ABl.EU 2010 Nr. L 196, S. 24.
780 Beschluss 2013/387/EU des Rates v. 9.7.2013, ABl.EU 2013 Nr. L 195, S. 24.
781 Beschluss 2014/509/EU des Rates v. 23.7.2014, ABl.EU 2014 Nr. L 228, S. 29.
782 BGBl. 1992 II S. 1309.
783 Vgl. BGBl. 1992 II S. 1313.
784 Vgl. BGBl. 1992 II S. 1312.
785 BGBl. 1992 I S. 2086, 2087.
786 BGBl. 1997 I S. 3274.
787 Dennoch ist die Verleihung des Organ-Status zumindest protokollarisch eine wesentliche Änderung, s. dazu genauer *Häde*, EuR 2009, S. 200, 210 ff.

3. Die Europäische Währung

1388 Gemäß Art. 3 Abs. 1 lit. c AEUV ist die Währung der Mitgliedstaaten der Euro. Mit Wirkung zum 1. Januar 1999, dem ersten Tag der dritten Stufe der WWU, hatte der Rat durch die Verordnung (EG) 2866/98[788] auf der Grundlage eines einstimmigen Beschlusses der Mitgliedstaaten, für die keine Ausnahmeregelung gilt – in denen der Euro noch nicht eingeführt wurde –, die unwiderruflichen Umrechnungskurse ihrer Währungen festgelegt sowie die unwiderruflichen festen Kurse, zu denen diese Währungen durch den Euro ersetzt werden[789]. Das Fürstentum Monaco[790], der Staat Vatikanstadt[791] sowie San Marino[792] haben auf der Grundlage von Währungsvereinbarungen mit der Europäischen Gemeinschaft gemäß Art. 111 Abs. 3 EGV a. F. (jetzt: Art. 219 Abs. 3 AEUV) den Euro als offizielle Währung eingeführt[793].

4. Die Euro-Gruppe

1389 Während im Vertrag von Maastricht – insoweit weitgehend unverändert durch die Verträge von Amsterdam und Nizza – ein Schwerpunkt auf den Bestimmungen zur Einführung des Euro lag, sind durch den Vertrag von Lissabon Vorschriften über die Befugnisse der Euro-Gruppe in den Vordergrund gerückt (Art. 136 bis Art. 138 AEUV)[794]. Die Gruppe, der die Mitgliedstaaten angehören, deren Währung der Euro ist, bestand zwar auch bislang schon, jedoch ohne primärrechtliche Regelung. Sie tagt – wie schon bisher – informell; der Vorsitzende wird für zweieinhalb Jahre gewählt (Art. 137 AEUV i. V. m. Art. 1 und 2 des Protokolls betreffend die Euro-Gruppe). Mit den Regelungen der Art. 136 ff. AEUV erhalten die Euro-Mitgliedstaaten aber stärker als bisher die Befugnis, die sie selbst betreffenden Fragen zu regeln. Dies betrifft insbesondere die verstärkte Koordinierung und Überwachung ihrer Haushaltsdisziplin sowie die Ausarbeitung von „Grundzügen der Wirtschaftspolitik"[795], die allerdings mit den für die

---

788 ABl.EG 1998 Nr. L 359, S. 1, zul. geänd. ABl.EU 2014 Nr. L 233, S. 21.
789 Die zunächst für Griechenland bestehende Ausnahmeregelung hat der Rat zum 1.1.2001 aufgehoben (ABl.EG 2000 Nr. L 167, S. 19) und durch die Verordnung 1478/2000 (ABl.EG 2000 Nr. L 167, S. 1) den Umrechnungskurs für die griechische Währung festgesetzt.
790 ABl.EG 1999 Nr. L 30, S. 1; ABl.EG 2002 Nr. L 142, S. 59.
791 ABl.EG 1999 Nr. L 35, S. 35; ABl.EG 2001 Nr. C 299, S. 1. Vgl. auch den Standpunkt der EG hinsichtlich der Neuverhandlung der Währungsvereinbarung u. a. im Hinblick auf die Umsetzung gemeinschaftlicher Rechtsvorschriften zur Verhinderung von Geldwäsche, Betrug und Fälschung von Bargeld sowie zur Bestimmung einer Obergrenze zur Ausgabe von Euro-Münzen der Vatikanstadt (ABl.EU 2009 Nr. L 321, S. 6).
792 ABl.EG 1999 Nr. L 30, S. 33; ABl.EG 2001 Nr. C 209, S. 1.
793 Im Kosovo und in Montenegro wird der Euro ohne Währungsvereinbarung mit der EU unilateral als Zahlungsmittel genutzt.
794 S. dazu auch: *Auswärtiges Amt,* Denkschrift zum Vertrag von Lissabon v. 13.12.2007, S. 144.
795 Vgl. die Empfehlung des Rates v. 9.4.2019 zur Wirtschaftspolitik des Euro-Währungsgebiets, ABl.EU 2019 Nr. C 136, S. 1.

Union insgesamt geltenden vereinbar sein müssen (Art. 136 Abs. 1 lit. a und b AEUV), die Festlegung von Standpunkten zu den Fragen, die von besonderer Bedeutung für die Wirtschafts- und Währungsunion sind, sowie die Sicherstellung einer einheitlichen Vertretung bei den internationalen Einrichtungen und Konferenzen im Finanzbereich (Art. 138 Abs. 1 und 2 AEUV). Zwar liegt die formelle Entscheidungsbefugnis für Rechtsakte der Union nach Art. 136 ff. AEUV weiterhin beim Rat. In den genannten Angelegenheiten haben aber nur diejenigen Staaten ein Stimmrecht, die der Euro-Gruppe angehören (Art. 136 Abs. 2 und Art. 138 Abs. 3 AEUV). Die nicht der Euro-Gruppe angehörenden Mitgliedstaaten, die als solche Mitgliedstaaten bezeichnet werden, „für die eine Ausnahmeregelung gilt", sind von bestimmten Beschlussfassungen ausgeschlossen (Art. 139 AEUV). Die Euro-Gruppe ist trotz gewisser Ähnlichkeiten streng von dem durch Art. 12 VSKS geschaffenen „Euro-Gipfel" zu unterscheiden (vgl. Rn. 1399).

Geplant ist derzeit, innerhalb des EU-Haushalts ein eigenes Teilbudget der Eurostaaten zu schaffen mit der Bezeichnung „Haushaltsinstrument für Konvergenz und Wettbewerbsfähigkeit" (Budgetary Instrument for Convergence and Competitiveness, BICC). An diesem Haushaltsinstrument sollen sich die Staaten des Euro-Währungsgebiets beteiligen. Es soll aber auf freiwilliger Basis auch Mitgliedstaaten offenstehen, die am Wechselkursmechanismus II teilnehmen[796]. Die Europäische Kommission hat im Juli 2019 einen Vorschlag für eine Verordnung des Europäischen Parlaments und des Rates einen Steuerungsrahmen für das Haushaltsinstrument für Konvergenz und Wettbewerbsfähigkeit für das Euro-Währungsgebiet vorgelegt[797]. Das Haushaltsinstrument soll die Koordinierung der Wirtschaftspolitik im Euro-Währungsgebiet verstärken und gleichzeitig strukturelle Reformen und öffentliche Investitionen fördern, die den Herausforderungen des Euro-Währungsgebiets insgesamt gerecht werden und so zu seiner wirtschaftlichen und sozialen Konvergenz beitragen.

1390

5. Euro-Rettungsmaßnahmen im Zeichen der Krise

Literaturhinweise: *Antpöhler, C.:* Emergenz der europäischen Wirtschaftsregierung – Das Six Pack als Zeichen supranationaler Leistungsfähigkeit, ZaöRV 72 (2012), S. 353; *Bast, J./ Rödl, F.:* Jenseits der Koordinierung? Zu den Grenzen der EU-Verträge für eine Europäische Wirtschaftsregierung, EuGRZ 2012, S. 269; *Bark, F./Gilles, A.:* Der ESM in der Praxis: Rechtsgrundlagen und Funktionsweise, EuZW 2013, S. 367; *Calliess, Ch.:* Perspektiven des Euro zwischen Solidarität und Recht – Eine rechtliche Analyse der Griechenlandhilfe und des Rettungsschirms, ZEuS 2011, S. 213; *ders.:* Der Kampf um den Euro: Eine „Angelegenheit der Europäischen Union" zwischen Regierung, Parlament und Volk, NVwZ 2012, S. 1; *ders.:* Der ESM zwischen Luxemburg und Karlsruhe, NVwZ 2013, S. 97; *ders.:* Die Reform der Wirtschafts- und Währungsunion als Herausforderung für

---

796 Vgl. die Erklärung des Eurogipfels v. 14.12.2018, EURO 503/18.
797 Vgl. COM(2019) 354 endg.

die Integrationsarchitektur der EU, DÖV 2013, S. 785; *ders./Schoenfleisch, Ch.*: Auf dem Weg in die europäische „Fiskalunion"? – Europa- und verfassungsrechtliche Fragen einer Reform der Wirtschafts- und Währungsunion im Kontext des Fiskalvertrages, JZ 2012, S. 477; *dies.*: Die Bankenunion, der ESM und die Rekapitalisierung von Banken, JZ 2015, S. 113; *Craig, P.*: The Stability, Coordination and Governance Treaty: Principle, Politics and Pragmatism, European Law Review 37 (2012), S. 231; *Faßbender, K.*: Der europäische „Stabilisierungsmechanismus" im Lichte von Unionsrecht und deutschem Verfassungsrecht, NVwZ 2010, S. 799; *Fischer-Lescano, A./Oberndorfer, L.*: Fiskalvertrag und Unionsrecht Unionsrechtliche Grenzen völkervertraglicher Fiskalregulierung und Organleihe, NJW 2013, S. 9; *Forsthoff, U.*: Fünf Jahre ESM – Entwicklungsperspektiven, EuZW 2018, S. 108; *Frenz, W.*: Handbuch Europarecht VI, 2011, Rn. 3556 ff.; *ders./Ehlenz, Ch.*: Der Euro ist gefährdet: Hilfsmöglichkeiten bei drohendem Staatsbankrott?, EWS 2010, S. 65; *Häde, U.*: Haushaltsdisziplin und Solidarität im Zeichen der Finanzkrise, EuZW 2009, S. 399; *ders.*: Art. 136 AEUV – eine neue Generalklausel für die Wirtschafts- und Währungsunion?, JZ 2011, S. 333; *Heide, F.*: Quo vadis Ultra-vires? – Das abschließende Urteil des Bundesverfassungsgerichts in Sachen OMT-Programm, EuZW 2016, S. 479; *Hentschelmann, K.*: Finanzhilfen im Lichte der No Bailout-Klausel – Eigenverantwortung und Solidarität in der Währungsunion, EuR 2011, S. 282; *Herrmann, Ch.*: Griechische Tragödie – der währungsverfassungsrechtliche Rahmen für die Rettung, den Austritt oder den Ausschluss von überschuldeten Staaten aus der Eurozone, EuZW 2010, S. 413; *ders.*: Staatsbankrott in der EU: Versagen, Bewährung oder Chance der Europäischen Wirtschaftsverfassung?, in: v. Lewinski, K. (Hrsg.), Staatsbankrott als Rechtsfrage, 2011, S. 29; *Herrmann, Ch./Dornacher, C.*: Grünes Licht vom EuGH für EZB-Staatsanleihenkäufer – ein Lob der Sachlichkeit!, EuZW 2015, S. 579; *Heß, J.*: Finanzielle Unterstützung von EU-Mitgliedstaaten in einer Finanz- und Wirtschaftskrise und die Vereinbarkeit mit EU-Recht, ZJS 2010, S. 473; *ders.*: Der Europäische Stabilitätsmechanismus: Eine Analyse der Regelungen und ihrer Vereinbarkeit mit Europarecht, ZJS 2011, S. 207; *Kämmerer, J. A.*: Bahn frei der Bankenunion? Die neuen Aufsichtsbefugnisse der EZB im Lichte der EU-Kompetenzordnung, NVwZ 2013, S. 830; *Kettgen, A.*: Finanzkrise und Europäische Finanzstabilisierungsfazilität, 2011; *Kirchhof, P.*: Deutschland im Schuldensog, 2012; *Knopp, L.*: Griechenland-Nothilfe auf dem verfassungsrechtlichen Prüfstand, NJW 2010, S. 1777.; *Kube, H./Reimer, E.*: Die Sicherung der Europäischen Wirtschafts- und Währungsunion – Rückkehr in die Bahnen des Rechts, ZG 2011, S. 332; *Kube, H.*: Rechtsfragen der völkervertraglichen Euro-Rettung, WM 2012, S. 245; *Lammers, L.*: Die Politik der EZB an den Grenzen ihres Mandats? Zur Vereinbarkeit unkonventioneller Maßnahmen mit dem europäischen Recht, EuZW 2015, S. 212; *v. Lewinski, K.*: Öffentlichrechtliche Insolvenz und Staatsbankrott, 2011, S. 438; *Lorz, R. A./Sauer, H.*: Ersatzunionsrecht und Grundgesetz, DÖV 2012, S. 573; *Louis, J.*: The no-bailout clause and rescue packages, CMLR 2010, S. 971; *Ludewig, M.*: Beendigungstatbestände als notwendige und dynamische Elemente der Mitgliedschaft in internationalen Organisationen unter besonderer Berücksichtigung von Art. 50 EUV, 2015; *Manger-Nestler, C./Böttner, R.*: Der Europäische Währungsfonds nach den Plänen der Kommission, ZaöRV 79 (2019), S. 43; *Meyer, D.* (Hrsg.): Die Zukunft der Währungsunion: Chancen und Risiken des Euros, 2012; *ders.*: Rechtliche Möglichkeiten eines Ausscheidens aus dem Euro und die Rückübertragung der Währungssouveränität, EuR 2013, S. 334; *Möllers, T. M. J./Zeitler, F.-C.* (Hrsg.): Europa als Rechtsgemeinschaft: Währungsunion und Schuldenkrise, 2013; *Nitze, K.*: Finanzhilfen für Euro-Staaten in der Krise, 2015, *Pache, E./Schwarz, K.-A.* (Hrsg.): Grundlagen, aktuelle Entwicklungen und Perspektiven der Europäischen Währungsunion, 2012;

Peters, K.:, Die geplante europäische Bankenunion – eine kritische Würdigung, WM 2014, S. 396; *Piecha, S.:* Griechenland-Soforthilfe und Euro-Rettungsschirm, ZJS 2011, S. 544; *ders.:* Die Europäische Gemeinschaftsanleihe – Vorbild für EFSF, ESM und Euro-Bonds?, EuZW 2012, S. 532; *ders.:* Die Rettungsmaßnahmen zugunsten zahlungsunfähiger EU-Mitgliedstaaten, 2016; *Pilz, S./Dittmann, H.:* Die Europäische Wirtschafts- und Währungsunion am Scheideweg – Essentialia eines ständigen robusten Krisenmechanismus, DÖV 2011, S. 438; *dies.:* Perspektiven des Stabilitäts- und Wachstumspaktes – Rechtliche und ökonomische Implikationen des Reformpakets „Economic Governance", ZEuS 2012, S. 53; *Rathke, H.:* Von der Stabilitäts- zur Stabilisierungsunion: Der neue Art. 136 Abs. 3 AEUV, DÖV 2011, S. 753; *ders.:* „Umgekehrte Abstimmung" in der Fiskalunion: neue Stabilitätskultur oder halbautomatischer Vertragsbruch?, DÖV 2012, S. 751; *Sander, F.:* BVerfG, EuGH und EZB im OMT-Verfahren – Wer bietet der Notenbank die Stirn?, EuZW 2016, S. 614; *Schalast, Ch.:* Der Ultra-vires-II-Vorlagebeschluss des Bundesverfassungsgerichts: Auf dem Weg zu einer europäischen Verfassungskrise?, BB 2017, S. 2690; *Sikora, P.:* PSPP auf dem Prüfstand – Das Weiss-Urteil des EuGH, EWS 2019, S. 139; *Simon, S.:* „Whatever it takes": Selbsterfüllende Prophezeiung am Rande des Unionsrechts?, EuR 2015, S. 107; *Thym, D.:* Einheit in Vielfalt: Binnendifferenzierung in der EU-Integration, in: Hatje, A./Müller-Graff, P.-C. (Hrsg.), Europäisches Organisations- und Verfassungsrecht (Enzyklopädie Europarecht Band 1), 2014, § 5, S. 259; *Weber, A.:* Europa- und völkerrechtliche Elemente der Gewährleistung von Haushaltsdisziplin in der Währungsunion, EuR 2013, S. 375; *Wojcik, K.-P./Ceyssens, J.:* Der einheitliche EU-Bankenabwicklungsmechanismus: Vollendung der Bankenunion, Schutz des Steuerzahlers EuZW 2014, S. 893.

1391 Die exorbitante Staatsverschuldung einer Reihe von Mitgliedstaaten der Eurozone ist durch die Finanzmarktkrise der Jahre 2008/09 und die milliardenschweren Rettungspakete zugunsten von Banken nochmals erheblich angewachsen und offenbar geworden. Um die Zahlungsunfähigkeit von Eurostaaten in der seit 2010 anhaltenden akuten Staatsschuldenkrise zu verhindern, sind seither verschiedene Rettungspakete für zahlungsschwache Teilnehmerstaaten des Euro (insbesondere für die sog. „PIIGS"[798]) beschlossen worden. Zudem wurde im Zuge der Reformmaßnahmen auch die Grundarchitektur der Wirtschafts- und Währungsunion modifiziert. So ist der Stabilitäts- und Wachstumspakt durch das „Sechserpaket" („six pack") neu geregelt worden und durch eine präventive Komponente („Zweierpaket", auch „two pack") ergänzt worden. Ferner wurde zur Vermeidung künftiger Staatsschuldenkrisen der Fiskalpakt beschlossen. Um künftigen Schieflagen von Banken entgegenzuwirken und zur Ermöglichung frühzeitiger Interventionen im Krisenfalle, wurde schließlich eine „Bankenunion" (Rn. 1414 ff.) konzipiert.

---

[798] Portugal, Italien, Irland, Griechenland und Spanien; Zypern ist nunmehr ebenfalls betroffen.

a) Der Stabilitäts- und Wachstumspakt

1392 Die Einhaltung der Konvergenzkriterien nach dem Maastrichter Vertrag ist auch nach dem Eintritt in die dritte Stufe der WWU eine stete Rechtspflicht der Mitgliedstaaten. Dies gilt insbesondere für die Vermeidung übermäßiger öffentlicher Defizite (Art. 126 Abs. 1 AEUV). Daher hat der Europäische Rat auf seinem Amsterdamer Gipfel am 17. Juni 1997 einen Stabilitäts- und Wachstumspakt beschlossen, dessen Bedeutung durch die Erklärung 30 der Schlussakte des Vertrags von Lissabon zum AEUV hervorgehoben wird. Der Pakt zielt auf eine gesunde öffentliche Finanzlage in den Mitgliedstaaten, Preisstabilität und ein nachhaltiges Wirtschaftswachstum. Der Stabilitäts- und Wachstumspakt bestand bis zu den durch die Staatsschuldenkrise angestoßenen Reformen aus drei Rechtsakten: (1) der Entschließung des Europäischen Rates über den Stabilitäts- und Wachstumspakt vom 17. Juni 1997[799], (2) der Verordnung (EG) Nr. 1466/97 des Rates vom 7. Juli 1997 über den Ausbau der haushaltspolitischen Überwachung und der Überwachung und Koordinierung der Wirtschaftspolitiken[800] sowie (3) der Verordnung (EG) Nr. 1467/97 des Rates vom 7. Juli 1997 über die Beschleunigung und Klärung des Verfahrens bei einem übermäßigen Defizit[801].

1393 Nach der Reform durch die als „Sechserpaket" sowie als „Zweierpaket" bezeichneten Rechtsakte blieb lediglich die Entschließung über den Stabilitäts- und Wachstumspakt unverändert. Darüber hinaus besteht die Stabilitätsarchitektur des Euro nunmehr zum einen aus folgenden Rechtsakten, die dem „Sechserpaket" entstammen:

(1) Verordnung (EG) Nr. 1466/97 des Rates vom 7. Juli 1997 über den Ausbau der haushaltspolitischen Überwachung und der Überwachung und Koordinierung der Wirtschaftspolitiken in der durch die Verordnung (EU) Nr. 1175/2011[802] reformierten Fassung,
(2) Verordnung (EG) Nr. 1467/97 des Rates vom 7. Juli 1997 über die Beschleunigung und Klärung des Verfahrens bei einem übermäßigen Defizit in der durch die Verordnung (EU) Nr. 1177/2011[803] reformierten Fassung,
(3) Richtlinie 2011/85/EU[804] des Rates vom 8. November 2011 über die Anforderungen an die haushaltspolitischen Rahmen der Mitgliedstaaten,
(4) Verordnung (EU) Nr. 1173/2011[805] des Rates vom 16. November 2011 über die wirksame Durchsetzung der haushaltspolitischen Überwachung im Euro-Währungsgebiet,

---

[799] ABl.EG 1997 Nr. C 236, S. 1.
[800] ABl.EG 1997 Nr. L 209, S. 1, zul. geänd. ABl.EU 2011 Nr. 306, S. 12.
[801] ABl.EG 1997 Nr. L 209, S. 6, zul. geänd. ABl.EU 2011 Nr. 306, S. 33.
[802] ABl.EU 2011 Nr. L 306, S. 12.
[803] ABl.EU 2011 Nr. L 306, S. 33.
[804] ABl.EU 2011 Nr. L 306, S. 41.
[805] ABl.EU 2011 Nr. L 306, S. 72.

(5) Verordnung (EU) Nr. 1174/2011[806] des Rates vom 16. November 2011 über Durchsetzungsmaßnahmen zur Korrektur übermäßiger makroökonomischer Ungleichgewichte im Euro-Währungsgebiet sowie
(6) Verordnung (EU) Nr. 1176/2011[807] des Rates vom 16. November 2011 über die Vermeidung und Korrektur makroökonomischer Ungleichgewichte.

Zum anderen sind seit dem 30. Mai 2013 zwei weitere Verordnungen aus dem sog. „Zweierpaket" in Kraft, die die Stabilitätsarchitektur der Währungsunion noch vervollkommnen sollen:
(1) Verordnung (EU) Nr. 472/2013[808] des Europäischen Parlaments und des Rates vom 21. Mai 2013 über den Ausbau der wirtschafts- und haushaltspolitischen Überwachung von Mitgliedstaaten im Euro-Währungsgebiet, die von gravierenden Schwierigkeiten in Bezug auf ihre finanzielle Stabilität betroffen oder bedroht sind sowie die
(2) Verordnung (EU) Nr. 473/2013[809] des Europäischen Parlaments und des Rates vom 21. Mai 2013 über gemeinsame Bestimmungen für die Überwachung und Bewertung der Übersichten über die Haushaltsplanung und für die Gewährleistung der Korrektur übermäßiger Defizite der Mitgliedstaaten im Euro-Währungsgebiet.

1394

Im Rahmen des Stabilitäts- und Wachstumspaktes sind die Mitgliedstaaten, die den Euro einführen, zur Vorlage sog. „Stabilitätsprogramme" verpflichtet, mit denen die dauerhafte Einhaltung der Konvergenzkriterien des Art. 140 AEUV sichergestellt werden soll. Da auch diejenigen Mitgliedstaaten, welche die einheitliche Währung zunächst nicht einführen, weiterhin zu einer Politik verpflichtet sind, die auf einen hohen Grad an dauerhafter Konvergenz abzielt, müssen sie sog. „Konvergenzprogramme" vorlegen, wobei für Großbritannien und Dänemark Sonderregelungen gelten. Der Rat überwacht die Umsetzung der Stabilitäts- und Konvergenzprogramme. Aufweichungen des Wachstums- und Stabilitätspaktes sehen jedoch die Verordnungen (EG) Nr. 1466/97/EG und (EG) Nr. 1467/97/EG des Rates vom Juni 2005 vor[810]. Danach kann ein Verfehlen des Defizitkriteriums durch einen Mitgliedstaat unter bestimmten Voraussetzungen, etwa bei Vorliegen von Sonderbelastungen, hingenommen werden. Eine solche Sonderbelastung sieht die Europäische Kommission als gegeben, wenn Mitgliedstaaten aufgrund der derzeitigen Finanzkrise und der gleichzeitig auftretenden Rezession Konjunkturprogramme beschließen und deshalb die Konvergenzkri-

1395

---

806 ABl.EU 2011 Nr. L 306, S. 8.
807 ABl.EU 2011 Nr. L 306, S. 25.
808 ABl.EU 2013 Nr. L 140, S. 1.
809 ABl.EU 2013 Nr. L 140, S. 11.
810 Vgl. Verordnung (EG) Nr. 1055/2005 des Rates v. 27.6.2005 zur Änderung der Verordnung (EG) Nr. 1466/97 über den Ausbau der haushaltspolitischen Überwachung und der Überwachung und Koordinierung der Wirtschaftspolitiken, ABl.EU 2005 Nr. L 174, S. 1, sowie die Verordnung (EG) Nr. 1056/2005 des Rates v. 27.6.2005 zur Änderung der Verordnung (EG) Nr. 1467/97 über die Beschleunigung und Klärung des Verfahrens bei einem übermäßigen Defizit, ABl.EU 2005 Nr. L 174, S. 5.

terien nicht einhalten[811]. Diese Mitgliedstaaten müssen dann in Zeiten wirtschaftlicher Erholung Abhilfe schaffen. Eine Handhabe, Euro-Staaten, die gegen die Konvergenzkriterien massiv und dauerhaft verstoßen, aus der Euro-Gruppe auszuschließen, bietet das Unionsrecht allerdings derzeit nicht (dazu Rn. 1420).

1396 Durch die oben erwähnten acht Rechtsakte wurde sowohl die präventive als auch die repressive Komponente der Stabilitätsarchitektur der Wirtschafts- und Währungsunion umfassend reformiert und ergänzt[812]. Durch das nunmehr eingeführte „Europäische Semester" wird die haushaltspolitische Überwachung dahingehend vorverlagert, als dass die Haushaltspläne der Mitgliedstaaten vor Beschlussfassung auf nationaler Ebene auf ihre Vereinbarkeit mit den europäischen Vorgaben hin überprüft werden können. Neu ist außerdem, dass Staaten, die aus der EFSF und dem ESM Hilfen erhalten haben oder erhalten werden, sowie Mitgliedstaaten, gegen die Defizitverfahren bereits eröffnet sind, verstärkt überwacht werden können. Auch wurden mit den Gesetzgebungspaketen sog. „quasi-automatische" Sanktionen eingeführt. Hierfür findet jetzt das Verfahren der „umgekehrten Abstimmung" statt, d. h., dass eine Sanktion als beschlossen gilt, sofern sie nicht von einer Mehrheit im Rat abgelehnt wurde[813].

b) Der Vertrag über Stabilität, Koordinierung und Steuerung in der Wirtschafts- und Währungsunion („Fiskalpakt") sowie Euro-Gipfel

1397 Mit Unterzeichnung des Vertrags über Stabilität, Koordinierung und Steuerung in der Wirtschafts- und Währungsunion (VSKS, gemeinhin als „Fiskalpakt" bezeichnet) am 2. März 2012[814] sollten die Vorgaben des Gipfels vom 8./9. Dezember 2011[815] umgesetzt werden. Bei dem VSKS handelt es sich um unionsrechtsergänzendes „Ersatzunionsrecht"[816]. Dadurch verpflichten sich die Vertragsstaaten[817] insbesondere zum Erlass sog. Schuldenbremsen, vorzugsweise mit Verfassungsrang oder gleichwertig verbindlicher und dauerhafter Art (Art. 3 VSKS). Über die ordnungsgemäße Implementierung dieser Vorgaben wacht gemäß Art. 8 VSKS der Europäische Gerichtshof, der hierbei nach Art. 273 AEUV

---

811 Mitteilung der Kommission an den Europäischen Rat v. 26.11.2008 über ein Europäisches Konjunkturprogramm, COM(2008) 800, S. 9.
812 Dazu eingehend *Antpöhler*, ZaöRV 72 (2012), S. 353, 362 ff.; *Calliess*, DÖV 2013, S. 785, 787 ff.; *Pilz/Dittmann*, ZEuS 2012, S. 53 ff.
813 Kritisch dazu *Rathke*, DÖV 2012, S. 751 ff.
814 BGBl. 2012 II S. 1006.
815 S. dazu die Erklärung der Staats- und Regierungschefs des Euro-Währungsgebiets v. 9.12.2011, S. 3.
816 So *Lorz/Sauer*, DÖV 2012, S. 573, 575; die Terminologie hierfür ist freilich unterschiedlich, *Thym*, EuR 2013, Beiheft 2, S. 23, 31 spricht von „Satellitenverträgen"; eingehend dazu *ders.*, in: Hatje/Müller-Graff (Hrsg.), Enzyklopädie Europarecht, Bd. 1, 2014, S. 259 ff.; *Piecha*, Die Rettungsmaßnahmen zugunsten zahlungsunfähiger EU-Mitgliedstaaten, 2016, S. 84 ff.
817 Dies sind mit Ausnahme des Vereinigten Königreichs, Tschechiens sowie des am 1. Juli 2013 beigetretenen Kroatiens sämtliche Mitgliedstaaten der Europäischen Union.

als Schiedsgericht tätig wird[818]. Ein weiteres Hauptanliegen des VSKS ist die Stärkung der wirtschaftspolitischen Koordinierung sowie des reibungslosen Funktionierens des Euro-Währungsgebietes (Art. 9–11 VSKS), wobei hierzu im Wesentlichen auf die verstärkte Inanspruchnahme der bereits im Unionsrecht vorhandenen Mechanismen (Art. 121, 126, 136 AEUV) sowie der Verstärkten Zusammenarbeit (Art. 20 EUV, Art. 326 ff. AEUV) verwiesen wird. In Verbindung mit den Reformen des Stabilitäts- und Wachstumspaktes sowie den Rechtsakten des „Sechser-" und „Zweierpakets" stellt dies einen enormen Schritt zur präventiven und korrektiven Fortentwicklung der Europäischen Wirtschafts- und Währungsarchitektur dar. Gleichwohl sind teilweise Disparitäten mit diesen Rechtsakten nicht von der Hand zu weisen. Im Zweifel muss jedoch dem ranghöheren Unionsrecht der Vorzug gegeben werden. Dafür spricht letztlich auch die Kollisionsregel des Art. 2 VSKS[819].

Das BVerfG hat den VSKS in seinen *ESM/Fiskalpakt*-Entscheidungen für verfassungsgemäß erklärt[820]. Ein Verstoß gegen Art. 38 Abs. 1, Art. 20 Abs. 1 und Abs. 2 i.V. m. Art. 79 Abs. 3 GG sei danach nicht zu erkennen, da sich der Regelungsgehalt des VSKS weitgehend mit den verfassungsrechtlichen Vorgaben sowie den primär- und sekundärrechtlichen Vorgaben decke und den Unionsorganen keine Befugnisse verleihe, die die haushaltspolitische Gesamtverantwortung berührten oder die Bundesrepublik Deutschland dauerhaft zu einer bestimmten Wirtschaftspolitik zwängen. Dieser Entscheidung ist dem Grunde nach zuzustimmen. Der VSKS stärkt die Haushaltsdisziplin durch völkerrechtlichen Vertrag auf quasi-unionaler Ebene und verbessert die Steuerung und Koordinierung von haushaltspolitischen Richtungsentscheidungen innerhalb der Währungsunion durch Kooperation ohne das Budgetrecht des Bundestages zu beschränken.

1398

Eine besondere institutionelle Neuerung stellt die Einrichtung des sog. „Euro-Gipfels" durch Art. 12 VSKS dar. Dieser ist von den Tagungen der „Euro-Gruppe", wie sie in Art. 137 AEUV i.V. m. dem Protokoll betreffend die Euro-Gruppe rudimentär normiert sind, streng zu unterscheiden. Der Euro-Gipfel wird bei Bedarf, jedoch mindestens zweimal jährlich, einberufen, um weitere, die Steuerung des Euro-Währungsgebietes betreffende Fragen sowie strategische Orientierungen für die Wirtschaftspolitik und größere Konvergenz im Euro-Währungsgebiet zu erörtern[821]. Teilnehmer des Euro-Gipfels sind die Staats- und Regierungschefs von Staaten, deren Währung der Euro ist, sowie

1399

---

818 Zur praktischen Umsetzung der Klageeinreichung vgl. das Unterzeichnungsprotokoll zum VSKS, BGBl. 2012 II S. 1018 f.
819 Dazu kritisch *Fischer-Lescano/Oberndorfer*, NJW 2013, S. 9, 13.
820 BVerfGE 132, 195, 278 ff. – *ESM/Fiskalpakt I*; BVerfGE 135, 317, 432 f. – *ESM/Fiskalpakt II*.
821 Näheres wird durch die „Regeln für die Organisation der Arbeiten des Euro-Gipfels" bestimmt, abrufbar unter: http://www.consilium.europa.eu/de/documents-publications/publications/2013/pdf/QC3013400DEC_web_pdf/(zuletzt: 28.10.2015).

der Präsident der Europäischen Kommission. Auch wird der Präsident der Europäischen Zentralbank zur Teilnahme am Euro-Gipfel geladen. Der Präsident des Europäischen Parlaments kann darüber hinaus angehört werden. Die Staats- und Regierungschefs der Vertragsparteien, deren Währung nicht der Euro ist, nehmen zudem an den Beratungen des Euro-Gipfels teil, wenn sie die Wettbewerbsfähigkeit oder Fragen der allgemeinen Architektur des Euroraums betreffen und dies sachgerecht erscheint. Dem Euro-Gipfel steht ein Präsident vor, der von den Staats- und Regierungschefs des Euro-Währungsgebietes mit einfacher Mehrheit ernannt wird und der die Vorbereitung sowie Kontinuität des Euro-Gipfels sicherstellen soll. Seine Amtszeit und der Zeitpunkt seiner Ernennung gleichen dem des Präsidenten des Europäischen Rates. Konsequenterweise ist derzeit Ratspräsident *Charles Michel* auch Präsident des Euro-Gipfels[822]. Dies stellt eine enorme faktische Stärkung der Stellung des Ratspräsidenten dar. Mit der Einrichtung des Euro-Gipfels wird eine bislang in der Praxis schon bestehende, spezielle Formation des Europäischen Rates nunmehr in Rechtsnormen verstetigt. In Abgrenzung zur Euro-Gruppe, in der die zuständigen Minister tagen, kann statuiert werden, dass der Euro-Gipfel für strategische und grundlegende Fragen auf völkerrechtlicher Ebene zuständig ist, während die Euro-Gruppe auf Unionsebene eher technische und ausführende Fragen berät, vergleichbar etwa dem Verhältnis von Europäischem Rat zum Rat[823]. Dies wird letztlich auch durch den Vertragswortlaut in Art. 12 Abs. 4 S, 2 VSKS gestützt, wonach die Euro-Gruppe das mit den Vor- und Nachbereitungen der Tagungen des Euro-Gipfels betraute Gremium darstellt. Zu diesem Zweck kann daher auch der Präsident der Euro-Gruppe zur Teilnahme an den Tagungen des Euro-Gipfels eingeladen werden.

c) Griechenland-Soforthilfe und Europäischer Finanzstabilisierungsmechanismus (EFSM)

aa) Griechenland-Soforthilfe

1400 Die sog. „Griechenland-Soforthilfe" wurde im April 2010 verabschiedet[824]. Sie besteht aus bilateralen Vereinbarungen der Euro-Teilnehmerstaaten, Finanzhilfen für das hoch verschuldete Griechenland zu gewähren. Die Nichtauslösungsklausel (sog. „bailout-Verbot") des Art. 125 Abs. 1 Satz 2 AEUV verbietet zwar die Haftung der Mitgliedstaaten für Verbindlichkeiten anderer. Allerdings findet diese Nichtauslösungsklausel dabei keine unmittelbare Anwendung, da es sich

---

822 S. die Schlussfolgerungen der außerordentlichen Tagung des Europäischen Rates v. 30.6.–2.7.2019, EUCO 18/19, CO EUR 17, CONCL 6, Ziff. 2.
823 *Antpöhler*, ZaöRV 72 (2012), S. 353, 378; ebenso *Piecha*, Die Rettungsmaßnahmen zugunsten zahlungsunfähiger EU-Mitgliedstaaten, 2016, S. 98.
824 Statement on the support to Greece by the Euro area Members States, 11.4.2010.

nicht um eine Hilfsverpflichtung nach Unionsrecht, sondern um freiwillige Hilfen durch bilaterale Vereinbarungen von Staaten der Eurozone mit Griechenland handelt[825]. Freilich könnte man aus Art. 125 AEUV auch eine Sperrwirkung des Unionsrechts gegenüber bilateralen Vereinbarungen herleiten, da ansonsten jedes Verbot durch freiwillige Vereinbarungen von Staaten auf völkerrechtlicher Ebene und damit außerhalb des Unionsrechts umgangen werden könnte (vgl. Rn. 1402). Innerstaatlich erfolgte die Umsetzung in Deutschland durch das Währungsunion-Finanzstabilitätsgesetz (WFStG)[826], durch das die Bundesregierung zur Kreditgewährung ermächtigt wurde. Die dagegen gerichtete Verfassungsbeschwerde wurde vom BVerfG im *Euro-Rettungsschirm*-Urteil vom 7. September 2011 im Wesentlichen als unbegründet verworfen[827].

bb) Europäischer Finanzstabilisierungsmechanismus (EFSM)

Im Anschluss an die Griechenland-Soforthilfe wurde der bis zum 31. Juni 2013 befristete Europäische Finanzstabilisierungsmechanismus (EFSM) errichtet. Er bestand im Wesentlichen aus drei Komponenten: koordinierte Hilfen der EU, des Internationalen Währungsfonds (IWF) sowie Krediten der Euro-Teilnehmerstaaten. Diese wurden durch eine Zweckgesellschaft nach luxemburgischem Recht, die Europäische Finanzstabilisierungsfazilität (EFSF), abgewickelt. 1401

Als Grundlage der EU-Hilfen wurde die Verordnung 407/2010/EU[828] verabschiedet. Gestützt wird die Verordnung auf Art. 122 Abs. 2 Satz 1 AEUV, welche finanziellen Beistand der Union in Form von Bürgschaften und Krediten erlaubt, wenn ein Mitgliedstaat aufgrund von Naturkatastrophen oder außergewöhnlichen Ereignissen, die sich seiner Kontrolle entziehen, von Schwierigkeiten betroffen oder von gravierenden Schwierigkeiten ernsthaft bedroht ist. Im Verhältnis zur Nichtauslösungsklausel aus Art. 125 Abs. 1 Satz 1 AEUV suspendiert Art. 122 Abs. 2 AEUV als Rechtfertigungsgrund vom Verbot des Haftungsausschlusses. Art. 125 Abs. 1 AEUV verbietet keine freiwilligen Finanzhilfen zugunsten zahlungsunfähiger Mitgliedstaaten. Er stellt somit ein Haftungs-, jedoch kein Hilfsverbot dar[829]. Insbesondere vor dem Hintergrund des in Art. 3 Abs. 3 UAbs. 3 EUV normierten Grundsatzes der Förderung des wirtschaftlichen Zusammenhalts und der Solidarität zwischen den Mitgliedstaaten sowie vor dem unionalen Loyalitätsgrundsatz aus Art. 4 Abs. 3 UAbs. 1 EUV sind Kredithilfen zur kurzfristigen Herstellung der Zahlungsfähigkeit eines Mit- 1402

---

[825] Vgl. dazu *Calliess*, in: Berliner Online-Beiträge zum Europarecht, Nr. 72, 2011, S. 1, 36.
[826] BGBl. 2010 I S. 537.
[827] BVerfGE 129, 124 – *Euro-Rettungsschirm*; s. dazu *Piecha*, ZJS 2011, S. 544; *Calliess*, NVwZ 2012, S. 1, 4.
[828] ABl.EU 2010, Nr. L 118, S. 118; ber. ABl.EU 2012, Nr. L 188, S. 19.
[829] A. A. bspw. *Faßbender*, NVwZ 2010, S. 799, 800 f.; *Hentschelmann*, EuR 2011, S. 282, 291; *Piecha*, Die Rettungsmaßnahmen zugunsten zahlungsunfähiger EU-Mitgliedstaaten, 2016, S. 205 f., ähnlich *Nitze*, Finanzhilfen für Euro-Staaten in der Krise, 2015, S. 62 ff.

gliedstaates sogar geboten[830]. Ferner spricht die Systematik des AEU-Vertrages gegen die Unionsrechtswidrigkeit von EU-Finanzhilfen. Die Art. 143, 144 AEUV erlauben es der Union, Maßnahmen zu erlassen, um finanziellen Beistand zu leisten, falls EU-Mitgliedstaaten, deren Währung (noch) nicht der Euro ist, sich in Zahlungsbilanzschwierigkeiten bzw. plötzlichen Zahlungsbilanzkrisen befinden. Wenn Finanzhilfen also schon für Mitgliedstaaten, die nicht Bestandteil des Euroraums sind, erlaubt werden, so können sie für die betroffenen Teilnehmerstaaten des Euro erst recht nicht verboten sein. Sobald Finanzhilfen allerdings ihren freiwilligen Charakter verlieren, so verstoßen sie gegen die Nichtauslösungsklausel des Art. 125 Abs. 1 AEUV und sind primärrechtswidrig[831].

1403 Die innerstaatliche Umsetzung der nationalen Beiträge zur EFSF erfolgte durch das Euro-Stabilisierungsmechanismus-Gesetz (StabMechG) vom 22. Mai 2010[832]. Das BVerfG hat in seinem *Euro-Rettungsschirm*-Urteil das StabMechG als verfassungsgemäß eingestuft[833]. Insbesondere erkennt das BVerfG keine nach Art. 20 Abs. 1 und 2, Art. 38 Abs. 1 i.V. m. Art. 79 Abs. 3 GG unzulässige Aushöhlung der Haushaltsautonomie des Bundestages, indem völkerrechtliche Verpflichtungen eingegangen werden, die zu unverhältnismäßigen finanziellen Verpflichtungen der Bundesrepublik Deutschland führen würden[834]. Klargestellt hat das BVerfG auch, dass es keinen unumkehrbaren Automatismus bei der Auszahlung von Finanzhilfen geben darf, der das Budgetrecht des Bundestags untergraben würde[835]. Vielmehr ist vor jeder Auszahlung von Finanzhilfen eine vorherige Zustimmung des Bundestages einzuholen, wobei nach Auffassung des BVerfG die Zustimmung des zuständigen Haushaltsausschusses des Bundestages ausreicht[836]. § 1 Abs. 4 Satz 1 StabMechG ist insoweit verfassungskonform auszulegen.

1404 Das daraufhin erstmalig reformierte StabMechG[837] sah in § 3 Abs. 3 Satz 1 vor, dass in Fällen besonderer Eilbedürftigkeit oder Vertraulichkeit die Beteiligungsrechte des Bundestages durch ein Sondergremium (sog. „9er-Gremium"[838]) ausgeübt werden können, in dem die Mitgliederzahl die kleinstmögliche ist, bei der

---

830 Ähnlich der EuGH, Rs. C-370/12, ECLI:EU:C:2012:756, Rn. 148 ff. – *Pringle* in Bezug auf den ESM.
831 Im Ergebnis ebenso *Calliess*, ZEuS 2011, S. 213, 247; *Häde*, EuZW 2009, S. 399, 402; zu einer möglichen Rechtfertigung *Piecha*, Die Rettungsmaßnahmen zugunsten zahlungsunfähiger EU-Mitgliedstaaten, 2016, S. 219 ff.
832 BGBl. 2010 I S. 627.
833 BVerfGE 129, 124 – *Euro-Rettungsschirm*.
834 BVerfGE 129, 124, 183 – *Euro-Rettungsschirm*.
835 BVerfGE 129, 124, 184 – *Euro-Rettungsschirm*.
836 BVerfGE 129, 124, 185 f. – *Euro-Rettungsschirm*.
837 BGBl. 2011 I S. 1992.
838 Wegen der veränderten politischen Konstellation in der 18. Legislaturperiode bestand das Gremium sogar aus lediglich sieben Abgeordneten, vgl. BT-Drs. 18/378; BT-Drs. 18/4167; s. auch http://www.bundestag.de/bundestag/ausschuesse18/a08/a08_sta/mitglieder/261456 (letzter Aufruf: 28.10.2015).

jede Fraktion zumindest ein Mitglied benennen kann und die Mehrheitsverhältnisse des Bundestages gewahrt werden. Die Unterdelegation dieser Beteiligungsrechte auf dieses Sondergremium wurde mittels einer einstweiligen Anordnung vom BVerfG[839] allerdings vorläufig ausgesetzt. Bis zur Hauptsacheentscheidung des BVerfG[840] mussten die Beteiligungsrechte des Bundestages in Bezug auf die EFSF durch das Plenum des Bundestages ausgeübt werden, um den Anforderungen des Art. 38 Abs. 1 Satz 2 GG zu genügen[841]. In der Hauptsacheentscheidung stellte das BVerfG sodann fest, dass die Regelvermutung der Vertraulichkeit, wie sie in § 3 Abs. 3 StabMechG (a. F.) normiert war, gegen Art. 38 Abs. 1 Satz 2 GG verstoße[842]. Es dürfe nur in eng begrenzten Ausnahmefällen eine Unterdelegation auf ein solches Sondergremium stattfinden, was in dem Fall bedeute, dass dies nur zulässig ist, wenn es um den Ankauf von Staatsanleihen auf dem Sekundärmarkt gehe[843]. Ferner müsse das Sondergremium dem Grundsatz der Spiegelbildlichkeit folgen und die Kräfteverhältnisse im Parlament unter Berücksichtigung der Stärke der Fraktionen wiedergeben[844]. Daraufhin wurde das StabMechG ein zweites Mal reformiert[845] um die Vorgaben des BVerfG mit den neugefassten §§ 3, 4, 5 umzusetzen. Das entsprechende Beteiligungsgesetz zum ESM (ESMFinG[846]) ähnelt, unter Berücksichtigung der Besonderheiten dieses Rettungsinstrumentes, dem StabMechG in wesentlichen Teilen.

d) Europäischer Stabilitätsmechanismus (ESM) und Art. 136 Abs. 3 AEUV

Am 25. März 2011 hat der Rat einen unbefristeten Rettungsmechanismus, den sog. Europäischen Stabilitätsmechanismus (ESM) verabschiedet[847]. Der in Form eines völkerrechtlichen Vertrages am 2. Februar 2012 unterzeichnete ESM-Vertrag[848] ist am 27. September 2012, nach der Entscheidung über die einstweilige Anordnung durch das BVerfG[849], in Kraft getreten[850]. Der dadurch als internationale Organisation gegründete ESM (Art. 1 Abs. 1 ESMV) wurde am 8. Oktober 2012, nach einiger Parallellaufzeit mit der EFSF, konstituiert und löste letztgenannte in ihrer Funktion als Stabilisierungseinrichtung für den Euroraum ab

---

839 BVerfGE 129, 284 ff.
840 BVerfGE 130, 318 ff. – *Sondergremium*.
841 BVerfGE 129, 284, 299.
842 BVerfGE 130, 318, 363 f. – *Sondergremium*.
843 BVerfGE 130, 318, 363 f. – *Sondergremium*.
844 BVerfGE 130, 318, 364 f. – *Sondergremium*.
845 BGBl. 2012 I, S. 1166.
846 BGBl. 2012 I S. 1918.
847 Schlussfolgerungen des Europäischen Rates, EUCO 10/11, CO EUR 6, CONCL 3, S. 11.
848 BGBl. 2012 II S. 982; zum 13.3.2014 ist Lettland beigetreten, BGBl. 2014 II S. 296; zum 3.2.2015 ist Litauen beigetreten, BGBl. 2015 II S. 327.
849 BVerfGE 132, 195 ff. – *ESM/Fiskalpakt I*.
850 Bekanntmachung über das Inkrafttreten des Vertrags zur Einrichtung des Europäischen Stabilitätsmechanismus (ESM) v. 1.10.2012, BGBl. 2012 II S. 1086.

dem 1. Juli 2013 endgültig ab (vgl. Art. 39 ff. ESMV). Der ESM verfügt über ein Stammkapital von 700 Mrd. € (Art. 8 Abs. 1 ESMV). Die Möglichkeiten seines Tätigwerdens und das dazugehörige Verfahren sind in den Art. 12 ff. ESMV geregelt (bspw. Finanzhilfen, Darlehen oder Primärmarkt-Unterstützungsfazilitäten)[851]. Die Gewährung von Hilfen aus dem ESM ist hierbei an den Beitritt zum Fiskalpakt (Rn. 1397 ff.) gebunden (Erwägungsgrund Nr. 5 des ESM-Vertrages). Im vereinfachten Vertragsänderungsverfahren nach Art. 48 Abs. 6 EUV wurde mit Wirkung zum 1. Mai 2013 in Art. 136 AEUV ein neuer Abs. 3 eingefügt, der es den Mitgliedstaaten erlaubt, einen dauerhaften Stabilitätsmechanismus aufgrund eines völkerrechtlichen Vertrages zu errichten[852]. Diese neue Norm normiert eine Ausnahme von der Nichtauslösungsklausel des Art. 125 Abs. 1 AEUV[853].

1406 Sowohl das BVerfG als auch der Europäische Gerichtshof hatten bezüglich des ESM schon Gelegenheiten zur Stellungnahme. In Deutschland darf die Ratifikation dieser Vertragsänderung die Grenzen des Art. 23 Abs. 1 Satz 3 i. V. m. Art. 79 Abs. 3 GG nicht überschreiten (vgl. Rn. 835)[854]. Das BVerfG hat in Sachen *ESM/Fiskalpakt*[855] im Rahmen einer einstweiligen Anordnung die Unterzeichnung der durch Bundestag und Bundesrat bereits jeweils verabschiedeten Zustimmungsgesetze durch den Bundespräsidenten unter bestimmten Voraussetzungen gebilligt. Im Grundsatz knüpft das BVerfG an seine im Urteil zum *Euro-Rettungsschirm* entwickelten Grundsätze an, d. h., es muss eine hinreichende Entscheidungsbefugnis des Bundestages verbleiben, die gewährleistet, dass die Haushaltsautonomie in einem System intergouvernementalen Regierens beim Bundestag verbleibt[856]. Durch die Beteiligung Deutschlands am ESM sei kein Verstoß gegen Art. 38 Abs. 1, Art. 20 Abs. 1 und Abs. 2 i. V. m. Art. 79 Abs. 3 GG zu erkennen, insbesondere soll die haushaltspolitische Gesamtverantwortung des Bundestages dadurch nicht unterlaufen werden[857]. Allerdings sind nach Auffassung des BVerfG Normen, die insbesondere die Höhe der Zahlungsverpflichtungen sowie die Informations- und Beteiligungsrechte des Bundestages betreffen, namentlich Art. 8 Abs. 5 Satz 1, Art. 32 Abs. 5, Art. 34 und Art. 35 Abs. 1 ESMV, auch in einer Weise auslegbar, dass sie die haushaltspoliti-

---

851 Zur Funktionsweise des ESM s. *Bark/Gilles*, EuZW 2013, S. 367 ff.; eingehend *Piecha*, Die Rettungsmaßnahmen zugunsten zahlungsunfähiger EU-Mitgliedstaaten, 2016, S. 53 ff.; zur Rekapitalisierung von Banken durch den ESM *Calliess/Schoenfleisch*, JZ 2015, S. 113, 114 ff.
852 Beschluss des Europäischen Rates (2011/199/EU) zur Änderung des Artikels 136 des Vertrags über die Arbeitsweise der Europäischen Union hinsichtlich eines Stabilitätsmechanismus für die Mitgliedstaaten, deren Währung der Euro ist, ABl.EU 2011 Nr. L 91, S. 1; s. dazu *Häde*, JZ 2011, S. 333; *Calliess*, NVwZ 2012, S. 1; *ders.*, in: Berliner Online-Beiträge zum Europarecht, Nr. 72, 2011, S. 1, 38 ff.
853 *Kube/Reimer*, ZG 2011, S. 332, 339; *Lorz/Sauer*, DÖV 2012, S. 573, 574; *Rathke*, DÖV 2011, S. 753, 759; *Vogel*, EWS 2013, S. 45, 46; s. auch BVerfGE 132, 195, 249 – *ESM/Fiskalpakt I*.
854 Kritisch dazu *Piecha*, ZJS 2011, S. 544, 549.
855 BVerfGE 132, 195 ff. – *ESM/Fiskalpakt I*.
856 BVerfGE 132, 195, 238 ff. – *ESM/Fiskalpakt I*.
857 BVerfGE 132, 195, 251 ff. – *ESM/Fiskalpakt I*.

sche Gesamtverantwortung bzw. die Informationsrechte des Bundestages konterkarieren können. Um solchen Verstößen vorzubeugen, musste aufgrund dieser Entscheidung des BVerfG bei der Ratifikation des ESMV völkerrechtlich abgesichert werden, dass eine solche Auslegung nicht vorgenommen wird[858]. Dies ist am 27. September 2012 durch eine auf Vorschlag Deutschlands formulierte, gemeinsame Erklärung von Vertretern aller ESM-Vertragsstaaten sowie durch eine einseitige Erklärung Deutschlands bei Hinterlegung der Ratifikationsurkunde geschehen[859]. Das BVerfG hat hierzu ausgeführt, dass dieser Vorbehalt zur Sicherstellung der Haushaltsautonomie des Bundestags sowie der Begrenzung der Haftungssumme ausreiche[860]. Damit jedoch kein automatischer Bürgschafts- und Leistungsautomatismus in Gang gesetzt wird, der der Kontrolle des Bundestages entzogen ist, dürfe das Stimmrecht der Bundesrepublik Deutschland keinesfalls der Gefahr unterworfen werden, nach Art. 4 Abs. 8 ESMV ausgesetzt zu werden[861]. Eine rechtzeitige Leistung der Einlagen in den ESM ist daher durch den Bundestag sicherzustellen[862].

Der Europäische Gerichtshof hat in seinem Urteil in der Rs. *Pringle*[863] den Beschluss zur Einfügung des Art. 136 Abs. 3 AEUV sowie den ESM-Vertrag als mit dem primären Unionsrecht vereinbar gebilligt. Im Wesentlichen führt der Gerichtshof aus, der Beschluss 2011/199/EU zur Einfügung des Art. 136 Abs. 3 AEUV verstoße nicht gegen die in den Verträgen festgelegte Kompetenzordnung, da es sich hierbei um Wirtschaftspolitik handele und ein bereits zulässiges Handeln der Mitgliedstaaten lediglich bestätigt werde[864]. Ferner lägen die Voraussetzungen des vereinfachten Änderungsverfahrens gemäß Art. 48 Abs. 6 EUV vor, indem die Änderung sich lediglich auf den Dritten Teil des AEU-Vertrages beziehe[865]. Letztlich liegt nach Auffassung des Gerichtshofs auch kein Verstoß gegen die Nichtauslösungsklausel des Art. 125 Abs. 1 AEUV vor. Zur Begründung rekurriert der Gerichtshof insbesondere auf den Zweck dieser Norm. Sie solle den Anreiz für eine solide Haushaltspolitik bieten, indem die Mitgliedstaaten bei ihrer Verschuldung der Marktlogik unterworfen seien[866]. Solange die an die Finanzhilfen geknüpften Auflagen (vgl. Art. 12 ff. ESMV) geeignet seien, einen Anreiz für solide Haushaltspolitik zu bieten, wird der Zweck des Art. 125 Abs. 1 AEUV nicht unterlaufen[867]. Diese Entscheidung war zu erwarten, gleichwohl sind u.a. die Ergebnisorientierung der Argumentation, die Ein-

1407

---

858 BVerfGE 132, 195, 257, 260 – *ESM/Fiskalpakt I,* kritisch *Lepsius,* EuZW 2012, S. 761 f.
859 Bekanntmachung über das Inkrafttreten des Vertrags zur Einrichtung des Europäischen Stabilitätsmechanismus (ESM) v. 1.10.2012, BGBl. 2012 II S. 1086.
860 BVerfGE 135, 317. 421 ff. – *ESM/Fiskalpakt II.*
861 BVerfGE 135, 317, 413 ff. – *ESM/Fiskalpakt II.*
862 BVerfGE 135, 317, 413 ff. – *ESM/Fiskalpakt II.*
863 EuGH, Rs. C-370/12, ECLI:EU:C:2012:756 – *Pringle.*
864 EuGH, Rs. C-370/12, ECLI:EU:C:2012:756, Rn. 71 ff. – *Pringle.*
865 EuGH, Rs. C-370/12, ECLI:EU:C:2012:756, Rn. 70 – *Pringle.*
866 EuGH, Rs. C-370/12, ECLI:EU:C:2012:756, Rn. 135 – *Pringle.*
867 EuGH, Rs. C-370/12, ECLI:EU:C:2012:756, Rn. 135 f. – *Pringle.*

ordnung des ESM als wirtschaftspolitische Maßnahme oder die Bewertung des Art. 136 Abs. 3 AEUV als rein deklaratorisch durchaus nicht unumstritten[868]. Sicher ist aber, dass auch die umgestaltete Währungsunion eine Stabilitätsgemeinschaft bleibt, die als Teil der Rechtsgemeinschaft der gerichtlichen Kontrolle unterliegt[869].

1408 Im Dezember 2017 hat die Europäische Kommission einen Vorschlag unterbreitet, den zwischenstaatlich organisierten ESM in das Europäische Unionsrecht zu überführen und in einen Europäischen Währungsfonds (EWF) umzuwandeln[870]. Rechtsgrundlage für die Errichtung des Europäischen Währungsfonds soll die Kompetenzergänzungsbestimmung des Art. 352 AEUV (Rn. 185) sein. Der Währungsfonds, der den ESM ersetzen soll, soll nach Vorstellung der Kommission erweiterte Zuständigkeiten besitzen. Anders als derzeit im Rahmen des ESM, der dem Einstimmigkeitsprinzip folgt, sollen Entscheidungen mit einer verstärkten qualifizierten Mehrheit möglich sein. Das bedeutet, dass einzelne Mitgliedstaaten bei der Beschlussfassung überstimmt werden können. Zudem wären die nationalen Parlamente auf eine ex-post-Kontrolle beschränkt. Es ist daher zweifelhaft, ob eine derartige Konstruktion des Europäischen Währungsfonds mit den Vorgaben der Rechtsprechung des BVerfG aus dem *ESM/Fiskalpakt II*-Urteil vereinbar wäre.

e) Anleihekäufe durch die EZB und gemeinsame Staatsanleihen (sog. „Eurobonds")

1409 Die Europäische Zentralbank hat im Zuge der Euro-Stabilisierungsmaßnahmen auf dem Sekundärmarkt Staatsanleihen von finanziell angeschlagenen Teilnehmerstaaten des Euroraums gekauft, um deren Finanzierung auf dem Kapitalmarkt sicherzustellen[871]. Am 6. September 2013 hat die EZB dies durch die Ankündigung des „Outright Monetary Transaction" (OMT) Programms präzisiert, indem sie bekanntgab, unbegrenzt Staatsanleihen von Euro-Krisenstaaten am Primärmarkt aufzukaufen[872]. Die Voraussetzung für einen solchen Anleihenerwerb ist jedoch, dass mit dem betroffenen Staat ein makroökonomisches Anpassungsprogramm nach den Maßgaben der EFSF bzw. des ESM vereinbart wurde oder zumindest ein vorsorgliches Programm (sog. Enhanced Conditions

---

868 Bspw. *Nettesheim*, NJW 2013, S. 14, 16; *Piecha*, Die Rettungsmaßnahmen zugunsten zahlungsunfähiger EU-Mitgliedstaaten, 2016, S. 203; *Weiß/Haberkamm*, EuZW 2013, S. 95, 97 f.
869 *Calliess*, NVwZ 2013, S. 97, 105.
870 Vorschlag v. 6.12.2017 für eine Verordnung des Rates über die Einrichtung des Europäischen Währungsfonds, COM(2017) 827 endg.
871 Beschluss der Europäischen Zentralbank v. 14.5.2010 zur Einführung eines Programms für die Wertpapiermärkte (EZB/2010/5), ABl.EU 2010, Nr. L 124, S. 8.
872 Pressemitteilung der EZB v. 6.9.2012; abrufbar unter: http://www.ecb.eu/press/pr/date/2012/html/pr120906_1.en.html; dazu *Simon*, EuR 2015, S. 107 ff.

Credit Line) vorliegt. Art. 123 Abs. 1 AEUV verbietet ausdrücklich lediglich den unmittelbaren Ankauf von Schuldtiteln durch die EZB.

Der OMT-Beschluss der EZB ist vor dem BVerfG mit dem Vorbringen angegriffen worden, es handele sich um einen sog. Ultra-vires-Akt (dazu Rn. 158 ff.). Um dem EuGH vorab Gelegenheit zu geben, zur Gültigkeit des Beschlusses Stellung zu nehmen, hatte das BVerfG ihm diese Frage in einem Vorabentscheidungsverfahren gemäß Art. 267 AEUV (Rn. 584 ff.) vorgelegt[873]. Der EuGH hat in seinem Urteil in der Rs. *Gauweiler u. a./Deutscher Bundestag*[874] keinen Verstoß gegen Unionsrecht angenommen. Die EZB habe durch die Ankündigung des OMT-Programms nicht ihre Kompetenz überschritten, da es sich nicht um Wirtschafts-, sondern um Währungspolitik handle, für die die Union nach Art. 3 Abs. 1 lit. c AEUV ausschließlich zuständig ist[875]. Das Programm verfolge das Ziel, eine ordnungsgemäße geldpolitische Transmission sowie eine einheitliche Geldpolitik zu gewährleisten[876]. Dass diese Geldpolitik mittelbare Auswirkungen auf die Wirtschaftspolitik habe, sei nicht maßgeblich[877]. Der EZB stehe bei der Einschätzung zur Wirksamkeit der Maßnahme wegen ihrer technischen Natur und ihrer Komplexität ein weites Ermessen zu, welches hier nicht missbraucht worden sei, da die Maßnahme nicht offensichtlich ungeeignet sei, um die hohen Zinsaufschläge für Staatsanleihen einiger Mitgliedstaaten zu senken[878]. Es liege überdies kein Verstoß gegen das in Art. 123 Abs. 1 AEUV normierte Verbot monetärer Staatsfinanzierung vor, da der durch das Programm avisierte Erwerb von Staatsanleihen auf dem Sekundärmarkt aufgrund seiner engen Begrenzungen nicht dem Normzweck widerstrebe, den Mitgliedstaaten Anreize zu solider Haushaltspolitik zu geben[879]. Nach Auffassung des EuGH sind Anleihekäufe unionsrechtskonform, wenn (1) die Ankäufe nicht angekündigt werden, (2) das Volumen der Ankäufe im Voraus begrenzt ist, (3) zwischen der Emission eines Schuldtitels und seinem Ankauf eine im Voraus festgelegte Mindestfrist liegt, die verhindert, dass die Emissionsbedingungen verfälscht werden, (4) nur Schuldtitel von Mitgliedstaaten erworben werden, die einen ihre Finanzierung ermöglichenden Zugang zum Anleihenmarkt haben, (5) die erworbenen Schuldtitel nur ausnahmsweise bis zur Endfälligkeit gehalten

---

[873] BVerfGE 134, 366 – *OMT-Beschluss;* dazu etwa *Gött,* EuR 2014, S. 514 ff.; *Mayer,* EuR 2014, S. 473 ff.
[874] EuGH, Rs. C-62/14, ECLI:EU:C:2015:400 – *Gauweiler u. a./Deutscher Bundestag* (= P Nr. 20).
[875] EuGH, Rs. C-62/14, ECLI:EU:C:2015:400, Rn. 35 ff. – *Gauweiler u. a./Deutscher Bundestag* (= P Nr. 20).
[876] EuGH, Rs. C-62/14, ECLI:EU:C:2015:400, Rn. 46 ff. – *Gauweiler u. a./Deutscher Bundestag* (= P Nr. 20).
[877] EuGH, Rs. C-62/14, ECLI:EU:C:2015:400, Rn. 51 f. – *Gauweiler u. a./Deutscher Bundestag* (= P Nr. 20).
[878] EuGH, Rs. C-62/14, ECLI:EU:C:2015:400, Rn. 68 ff. – *Gauweiler u. a./Deutscher Bundestag* (= P Nr. 20); ähnlich schon *Lammers,* EuZW 2015, S. 212, 217 f.
[879] EuGH, Rs. C-62/14, ECLI:EU:C:2015:400, Rn. 93 ff. – *Gauweiler u. a./Deutscher Bundestag* (= P Nr. 20).

werden und (6) die Ankäufe begrenzt oder eingestellt werden und erworbene Schuldtitel wieder dem Markt zugeführt werden, wenn eine Fortsetzung der Intervention nicht erforderlich ist[880].

1411 Das BVerfG sieht unter Zugrundelegung der Auslegung des EuGH im *OMT*-Beschluss und den zu seiner Durchführung ergriffenen Maßnahmen – trotz Bedenken – keine Ultra-vires-Akte[881]. Es kritisiert allerdings zum einen die weitgehend ungeprüfte Hinnahme behaupteter Zielsetzungen von Unionsmaßnahmen durch den EuGH, die der Bedeutung des Prinzips der begrenzten Einzelermächtigung nicht hinreichend Rechnung trage[882]. Zum anderen bemängelt es, dass der EuGH nicht hinreichend deutlich gemacht habe, dass das währungspolitische Mandat der EZB restriktiv ausgelegt werden müsse, da die EZB aufgrund ihrer Unabhängigkeit parlamentarischer Einflussnahme und Kontrolle weitgehend entzogen sei[883]. Trotz dieser Bedenken bewegen sich die fraglichen Maßnahmen nach Auffassung des BVerfG jedoch nicht offensichtlich außerhalb des Kompetenzbereichs der EZB, so dass die Voraussetzungen für die Annahme von Ultra-vires-Akten (vgl. Rn. 152 ff.) nicht vorliegen[884]. Das *OMT*-Programm in der Auslegung des EuGH berge kein verfassungsrechtlich relevantes Risiko für das Budgetrecht des Bundestags[885]. Sollten die vom EuGH aufgestellten Kriterien für den Ankauf von Staatsanleihen (Rn. 1381) jedoch künftig nicht beachtet werden, würde es sich bei diesen Anleihekäufen um Ultra-vires-Akte handeln und die Bundesregierung und der Bundestag wären verpflichtet, dagegen mit allen geeigneten Mitteln vorzugehen und geeignete Vorkehrungen für die Begrenzung der innerstaatlichen Auswirkungen zu treffen[886].

1412 Mit dem *Public Sector Purchase Programme (PSPP)* hat die EZB im Jahr 2015 beschlossen, die Wertpapierankäufe um ein Programm zum Ankauf von Wertpapieren des öffentlichen Sektors an den Sekundärmärkten zu erweitern[887]. Im Rahmen dieses Programms werden die Anleihekäufe angekündigt. Dies hatte das BVerfG dazu bewogen, ein Verfassungsbeschwerdeverfahren auszusetzen, mit dem die EZB-Beschlüsse im Rahmen dieses Programms sowie das Unterlassen der Bundesregierung, dagegen vorzugehen, angegriffen werden. Es hatte dem EuGH am 18. Juli 2017 Fragen nach der Vereinbarkeit des PSPP mit dem Unionsrecht vorgelegt. Das BVerfG befürchtet, es könnte sich bei den EZB-Beschlüssen um Ultra-vires-Akte handeln, die zugleich die Verfassungsidentität

---

880 EuGH, Rs. C-62/14, ECLI:EU:C:2015:400, Rn. 106 ff. – *Gauweiler u. a./Deutscher Bundestag* (= P Nr. 20).
881 BVerfGE 142, 123, 214 – *OMT-Urteil*.
882 BVerfGE 142, 123, 218 f. – *OMT-Urteil*.
883 BVerfGE 142, 123, 220 f. – *OMT-Urteil*.
884 BVerfGE 142, 123, 221 – *OMT-Urteil*.
885 BVerfGE 142, 123, 233 – *OMT-Urteil*.
886 BVerfGE 142, 123, 229 f. – *OMT-Urteil*.
887 Beschluss (EU) 2015/774 der Europäischen Zentralbank v. 4.3.2015 über ein Programm zum Ankauf von Wertpapieren des öffentlichen Sektors an den Sekundärmärkten (EZB/2015/10), ABl.EU 2015 Nr. L 121, S. 20.

Deutschlands, konkret die Budgethoheit des Bundestags, beeinträchtigen[888]. Mit Urteil vom 11. Dezember 2018 hat der EuGH die vorgelegten Fragen des BVerfG beantwortet[889]. Wie im Fall des *OMT*-Programms geht der EuGH auch beim *PSPP* davon aus, dass das ESZB seine Kompetenzen nicht überschritten hat. Das Programm diene der Sicherung der Preisstabilität, hier insbesondere der Bekämpfung einer Deflationsgefahr, und stelle daher eine Maßnahme im Rahmen der Währungspolitik dar[890]. Dieses Ziel werde auch in verhältnismäßiger Weise verfolgt[891]. Zudem ist nach Auffassung des EuGH im Ankauf von Wertpapieren des öffentlichen Sektors auf dem Sekundärmarkt kein Verstoß gegen das in Art. 123 Abs. 1 AEUV normierte Verbot monetärer Staatsfinanzierung zu sehen. Der EuGH wendet hier die in der Rs. *Gauweiler u. a./Deutscher Bundestag* aufgestellten Kriterien[892] an, wobei er ausführt, dass bereits die bloße Möglichkeit, sämtliche oder einen Teil der erworbenen Anleihen wieder zu verkaufen, genüge, einen Anreiz für eine gesunde Haushaltspolitik der Mitgliedstaaten aufrechtzuerhalten[893]. Die abschließende Entscheidung des BVerfG im *PSPP*-Verfahren steht derzeit noch aus.

Diskutiert wird teilweise auch die Einführung von gemeinsamen Staatsanleihen der Euro-Staaten (sog. „Eurobonds"), um den hochverschuldeten Euro-Staaten eine weitere Schuldenaufnahme zu günstigen Bedingungen zu erleichtern[894]. Das BVerfG verlangt seit seinem *Euro-Rettungsschirm*-Urteil allerdings, dass die Budgetverantwortung des Parlaments insofern gewahrt bleiben muss, als dass sie nicht durch unbestimmte haushaltspolitische Ermächtigungen auf andere Akteure übertragen werden darf[895]. Je nach Ausgestaltung könnten gemeinsame europäische Staatsanleihen diese Voraussetzung gerade nicht erfüllen[896].

1413

f) Die Europäische Bankenunion

Die im Jahr 2014 beschlossene Bankenunion soll künftigen Schieflagen von Banken vorbeugen sowie bei der Bewältigung bereits eingetretener Probleme helfen. Sie besteht aus drei Komponenten: dem sog. Single Rulebook, dem Single Supervisory Mechanism sowie dem Single Resolution Mechanism. Die erste Kom-

1414

---

888 BVerfGE 146, 216 – *PSPP-Beschluss*.
889 EuGH, Rs. C-493/17, ECLI:EU:C:2018:1000 – *Weiss u. a.* (= P Nr. 21).
890 EuGH, Rs. C-493/17, ECLI:EU:C:2018:1000, Rn. 53 ff. – *Weiss u. a.* (= P Nr. 21).
891 EuGH, Rs. C-493/17, ECLI:EU:C:2018:1000, Rn. 71 ff. – *Weiss u. a.* (= P Nr. 21).
892 EuGH, Rs. C-62/14, ECLI:EU:C:2015:400, Rn. 106 ff. – *Gauweiler u. a./Deutscher Bundestag* (= P Nr. 20).
893 EuGH, Rs. C-493/17, ECLI:EU:C:2018:1000, Rn. 150 ff. – *Weiss u. a.* (= P Nr. 21).
894 Zur Vorbildfunktion der „Europäischen Gemeinschaftsanleihe" s. *Piecha*, EuZW 2012, S. 532 ff.
895 BVerfGE 129, 124, 179 ff. – *Euro-Rettungsschirm*.
896 Vgl. *Piecha*, Die Rettungsmaßnahmen zugunsten zahlungsunfähiger EU-Mitgliedstaaten, 2016, S. 114 f.

ponente, das Einheitliche Regelwerk (Single Rulebook) enthält materiell-rechtliche Vorschriften zur Vermeidung künftiger Bankenkrisen sowie zur Bankensanierung und -abwicklung. Dadurch werden Mindestanforderungen für das Eigenkapital sowie Vorgaben und das Verfahren zur Sanierung sowie Abwicklung von Kreditinstituten festgeschrieben. Das Regelwerk besteht aus der Richtlinie 2013/36/EU[897] (sog. CRD IV-Richtlinie), der Richtlinie 2014/59/EU[898] (sog. Bankensanierungs- und Abwicklungsrichtlinie, kurz: BRRD) und der Verordnung (EU) Nr. 575/2013[899] (sog. CRR-Verordnung). Ferner bilden delegierte Rechtsakte[900], Durchführungsrechtsakte[901] sowie technische Regulierungs- und Durchführungsstandards[902] die Grundlage des Einheitlichen Regelwerks.

1415 Als zweite Komponente der Bankenunion wurde auf institutioneller Ebene eine Einheitliche Bankenaufsicht (Single Supervisory Mechanism, SSM) unter dem Dach der EZB eingerichtet. Die EZB beaufsichtigt damit seit dem 4. November 2014 im Wesentlichen systemrelevante Banken im Euro-Währungsgebiet. Mitgliedstaaten, deren Währung nicht der Euro ist, können sich diesem Aufsichtsmechanismus anschließen. Gestützt wird die Verordnung (EU) Nr. 1024/2013[903], die der EZB die entsprechenden Kompetenzen überträgt, auf Art. 127 Abs. 6 AEUV (dazu Rn. 1417)[904].

1416 Die dritte Komponente der Bankenunion ist der für die von der EZB beaufsichtigten Kreditinstitute zuständige Einheitliche Bankenabwicklungsmechanismus (Single Resolution Mechanism, SRM)[905]. Er beruht auf einer komplexen Struktur von rechtlichen Grundlagen. Mit der auf Grundlage von Art. 114

---

897 ABl.EU 2013 Nr. L 176, S. 338.
898 ABl.EU 2014 Nr. L 173, S. 190.
899 ABl.EU 2013 Nr. L 176, S. 1.
900 Delegierte Verordnung (EU) Nr. 2015/61 der Kommission v. 10.10.2014 zur Ergänzung der Verordnung (EU) Nr. 575/2013 in Bezug auf die Liquiditätsdeckungsanforderung an Kreditinstitute, ABl.EU 2015 Nr. L 11, S. 1; delegierte Verordnung (EU) 2015/62 der Kommission v. 10.10.2014 zur Änderung der Verordnung (EU) Nr. 575/2013 des Europäischen Parlaments und des Rates im Hinblick auf die Verschuldungsquote, ABl.EU 2015 Nr. L 11, S. 37; delegierte Verordnung (EU) Nr. 2015/63 der Kommission v. 21.10.2014 zur Ergänzung der Richtlinie 2014/59/EU des Europäischen Parlaments und des Rates v. 15.5.2014 im Hinblick auf im Voraus erhobene Beiträge zu Abwicklungsfinanzierungsmechanismen, ABl.EU 2015 Nr. L 11, S. 44.
901 Durchführungsverordnung (EU) Nr. 591/2014 der Kommission v. 3.6.2014 zur Verlängerung der in der Verordnung (EU) Nr. 575/2013 und der Verordnung (EU) Nr. 648/2012 des Europäischen Parlaments und des Rates vorgesehenen Übergangszeiträume in Bezug auf die Eigenmittelanforderungen für Risikopositionen gegenüber zentralen Gegenparteien, ABl.EU 2014 Nr. L 165, S. 31.
902 Übersicht unter: http://ec.europa.eu/finance/bank/regcapital/acts/rts/index_de.htm sowie http://ec.europa.eu/finance/bank/regcapital/acts/its/index_de. (letzter Aufruf: 22.11.2019).
903 ABl.EU 2013 Nr. L 287, S. 63; daneben noch Verordnung (EU) Nr. 1022/2013 zur Änderung der Verordnung (EU) Nr. 1093/2010, ABl.EU 2013 Nr. L 287, S. 5.
904 Für unzureichend halten diese Rechtsgrundlage etwa *Herdegen*, Europarecht, 21. Aufl. 2019, § 23, Rn. 61; *Piecha*, Die Rettungsmaßnahmen zugunsten zahlungsunfähiger EU-Mitgliedstaaten, 2016, S. 112 m.w. N.; a. A. *Kämmerer*, NVwZ 2013, S. 830, 832 ff.; *Selmayr*, in: v. d. Groeben/Schwarze/Hatje (Hrsg.), Europäisches Unionsrecht, Art. 127 AEUV Rn. 55.
905 Dazu im Einzelnen *Peters*, WM 2014, S. 396 ff.; *Wojcik/Ceyssens*, EuZW 2014, S. 893 ff.

Abs. 1 AEUV geschaffenen Verordnung (EU) Nr. 806/2014[906] (sog. SRM-Verordnung) wird ein Einheitlicher Abwicklungsfonds (Single Resolution Fund, SRF) errichtet[907]. Dieser ermöglicht die Abwicklung von Banken nach Entscheidung des in Form einer Unionsagentur geschaffenen Abwicklungsausschusses (Single Resolution Board, SRB)[908]. Der Abwicklungsmechanismus fußt auf der Richtlinie 2014/59/EU[909] sowie der delegierten Verordnung (EU) Nr. 2015/63 zur Vereinheitlichung nationaler Bankenabwicklungsmechanismen[910]. Kreditinstitute sollen in jeweils auf nationalem Recht beruhende nationale Abwicklungsfonds einzahlen. Die nationalen Abwicklungsfonds reichen ihre Mittel dann auf Basis eines völkerrechtlichen Übereinkommens[911] an den seit 1. Januar 2016 installierten Einheitlichen Abwicklungsfonds weiter. Das Abwicklungsverfahren ist als gestuftes Vorgehen konzipiert (sog. Haftungskaskade) und schließt damit nicht betroffene Steuerzahler und den Staat von der Haftung aus. Zuerst haften Anteilseigner und Gläubiger der Banken für Verluste (sog. bail-in), sodann haftet der Abwicklungsfonds. Ist eine Sanierung nicht mehr möglich und muss ein Kreditinstitut abgewickelt werden, so werden Spareinlagen aufgrund von nationalen Rechtsnormen, die der Umsetzung der Richtlinie 2014/49/EU über Einlagensicherungssysteme[912] dienen, bis zu einer Höhe von 100 000 € pro Einleger und Bank geschützt. Vorgeschlagen ist derzeit eine „Gemeinsame Letztsicherung des ESM für den einheitlichen Abwicklungsfonds" („Common Backstop")[913]. Es soll sich um eine Sicherung aus den Mitteln des ESM handeln, die im Fall der Abwicklung einer Bank in Anspruch zu nehmen ist, wenn die im SRF verfügbaren Mittel nicht ausreichen. Die im Rahmen der Letztsicherung zur Verfügung gestellten Mittel sollen später durch den Bankensektor wieder erstattet werden.

Die Mitwirkung der Bundesregierung und des Bundestages an der Errichtung der Europäischen Bankenunion war Gegenstand von Verfassungsbeschwerden. Die Beschwerdeführer hatten geltend gemacht, die SSM-Verordnung (EU) Nr. 1024/2013 sowie die SRM-Verordnung (EU) Nr. 806/2014 seien Ultra-vires-Akte und verstießen zudem gegen den gemäß Art. 23 Abs. 1 Satz 3 i. V. m. Art. 79 Abs. 3 GG unantastbaren Kern der Verfassungsidentität. Das BVerfG hat – ohne vorherige Vorlage an den EuGH – die Verfassungsbeschwerden im Juli 2019 als unbegründet zurückgewiesen[914]. Im Hinblick auf die SSM-Verordnung gelangt das BVerfG zur Ansicht, dass sie sich rechtmäßigerweise auf Art. 127 Abs. 6

---

906 ABl.EU 2014 Nr. L 225, S. 1.
907 Art. 67 Abs. 1 der Verordnung (EU) Nr. 806/2014; ausführlich dazu *Calliess/Schoenfleisch*, JZ 2015, S. 113, 119 ff. m. w. N.
908 Vgl. nur Art. 42 Abs. 1 der Verordnung (EU) Nr. 806/2014.
909 ABl.EU 2014 Nr. L 173, S. 190.
910 ABl.EU 2015 Nr. L 11, S. 44.
911 BGBl. 2014 II S. 1299.
912 ABl.EU 2014 Nr. L 173, S. 149.
913 Vgl. die Erklärung des Euro-Gipfels vom 14.12.2018, EURO 503/18.
914 BVerfG, Urt. v. 30.7.2019 – 2 BvR 1685/14, 2 BvR 2631/14 – *Europäische Bankenunion*.

AEUV stützen könne, da nur „besondere Aufgaben" der Bankenaufsicht, also konkrete und umgrenzte Aufgaben, auf die EZB übertragen werden und keine vollständige Übertragung der Bankenaufsicht erfolgt ist[915]. Den nationalen Aufsichtsbehörden verbleibt nach Auffassung des BVerfG ein gewichtiger Teil der Aufgaben und Befugnisse im Bereich der Bankenaufsicht, insbesondere über weniger bedeutende Kreditinstitute sowie etwa im Hinblick auf Geldwäsche und Terrorismusfinanzierung[916]. Die Errichtung eines Überwachungsausschusses (Supervisory Board) durch Art. 26 Abs. 1 der SSM-Verordnung verstößt nach Auffassung des BVerfG nicht gegen Art. 129 Abs. 1 und Art. 141 Abs. 1 AEUV, welche die Errichtung von drei Beschlussorganen der EZB vorsehen. Die Errichtung weiterer Organisationseinheiten seit dadurch keineswegs ausgeschlossen[917]. Auch eine Verletzung des unantastbaren Identitätskern des Grundgesetzes vermochte das BVerfG nicht erkennen, da die erforderliche demokratische Rückbindung vorhanden sei[918].

1418 Im Hinblick auf die SRM-Verordnung (EU) Nr. 806/2014 geht das BVerfG zwar davon aus, dass die Errichtung des einheitlichen Abwicklungsausschusses (Single Resolution Board, SRB) nicht von der Rechtsgrundlage des Art. 114 Abs. 1 AEUV gedeckt sei, da die Kompetenz zur Rechtsangleichung im Binnenmarkt an sich nicht zur Errichtung von Vollzugsagenturen ermächtige[919]. Es handelt sich nach Ansicht des BVerfG aber nicht um eine offensichtliche Kompetenzüberschreitung (vgl. Rn. 158 ff.), so dass eine Ultra-vires-Kontrolle erfolglos bleibt[920]. Da zudem ein Mindestmaß an politischer Verantwortbarkeit gewährleistet sei, erkennt das BVerfG auch keine Verletzung der Verfassungsidentität im Rahmen einer Identitätskontrolle[921].

1419 Eine Vorlage an den EuGH im Wege eines Vorabentscheidungsverfahrens gemäß Art. 267 AEUV hat das BVerfG abgelehnt, da die Auslegung der einschlägigen Normen des Unionsrechts so klar und eindeutig sei, dass keine Zweifel geblieben seien. Angesichts der überaus detaillierten und umfangreichen Auslegungsarbeit, die das BVerfG in seiner Entscheidung leistet, dürfte diese Einschätzung freilich Zweifeln unterliegen.

---

915 BVerfG, Urt. v. 30.7.2019 – 2 BvR 1685/14, 2 BvR 2631/14, Rn. 158 ff. – *Europäische Bankenunion*.
916 BVerfG, Urt. v. 30.7.2019 – 2 BvR 1685/14, 2 BvR 2631/14, Rn. 179 ff – *Europäische Bankenunion*.
917 BVerfG, Urt. v. 30.7.2019 – 2 BvR 1685/14, 2 BvR 2631/14, Rn. 198 – *Europäische Bankenunion*.
918 BVerfG, Urt. v. 30.7.2019 – 2 BvR 1685/14, 2 BvR 2631/14, Rn. 203 ff – *Europäische Bankenunion*.
919 BVerfG, Urt. v. 30.7.2019 – 2 BvR 1685/14, 2 BvR 2631/14, Rn. 240 ff – *Europäische Bankenunion*.
920 BVerfG, Urt. v. 30.7.2019 – 2 BvR 1685/14, 2 BvR 2631/14, Rn. 246 ff – *Europäische Bankenunion*.
921 BVerfG, Urt. v. 30.7.2019 – 2 BvR 1685/14, 2 BvR 2631/14, Rn. 266 ff – *Europäische Bankenunion*.

6. Austritt und Ausschluss aus der Eurozone

Für einen (auch zeitweiligen) Austritt aus der Eurozone, der für besonders hoch verschuldete Euro-Staaten diskutiert wird, besteht auf den ersten Blick keine unionsrechtliche Grundlage[922]. In Betracht ziehen könnte man allerdings die seit dem Vertrag von Lissabon enthaltene generelle Austrittsregelung des Art. 50 EUV, die einen Austritt aus der Union insgesamt ermöglicht (vgl. Rn. 109 ff.). Eine direkte Anwendung dieser Bestimmung auf einen Austritt eines Staates aus dem Euroraum scheidet aus. Jedoch könnte man im Wege eines Erst-recht-Schlusses an eine entsprechende Anwendung denken. Ungeachtet ökonomischer oder politischer Folgen müsste ein Austritt aus dem Euroraum erst recht möglich sein, wenn schon ein Austritt aus der gesamten Europäischen Union nach Art. 50 EUV möglich ist[923]. Darüber hinaus besteht freilich die Möglichkeit, den Austritt aus der Eurozone im Wege der Vertragsänderung nach Art. 48 EUV explizit zu ermöglichen.

1420

Ferner könnte man einen Austritt nach allgemeinen völkerrechtlichen Regelungen konstruieren. Da eine ausdrückliche Euro-Austrittsregelung unionsrechtlich nicht existiert, könnten hier insbesondere die Regelungen der Wiener Vertragsrechtskonvention (WVK) Anwendung finden. Bei manipulierten Konjunkturdaten, die den Beitritt zum Euroraum erst ermöglicht haben, könnte man die Ungültigkeit des Vertrages wegen Betrugs nach Art. 49 WVK annehmen. Ferner ist eine Beendigung durch einvernehmliche Entscheidung der Euro-Teilnehmerstaaten mit dem Austrittskandidaten nach Art. 54 WVK in Betracht zu ziehen. Darüber hinaus könnte Art. 56 WVK Anwendung finden. Er bestimmt, dass eine Kündigung eines völkerrechtlichen Vertrages auch möglich sein muss, wenn eine Kündigungsmöglichkeit nicht vorgesehen ist. Da der Stabilitäts- und Wachstumspakt Regeln für seine Verletzung enthält, ist Art. 60 WVK (Verletzung eines völkerrechtlichen Vertrages) nicht anwendbar. Allerdings erscheint es möglich, Art. 61 WVK als Kündigungsnorm in Betracht zu ziehen, wenn sich im Nachhinein herausstellt, dass die Erfüllung der Maastrichter Stabilitätskriterien nachträglich unmöglich erscheint. Ebenso ist Art. 62 WVK anwendbar, wenn grundlegende Änderungen der Umstände nachgewiesen werden.

1421

Ein Ausschluss aus dem Euroraum gegen den Willen eines Mitgliedstaates erscheint derzeit nicht möglich. Die spezielleren Regelungen des Unionsrechts (insb. Art. 126 AEUV, Art. 7 EUV) sperren insoweit die Anwendbarkeit der allgemeinen völkerrechtlichen Regelungen (Art. 60, Art. 62 WVK)[924].

1422

---

922 Zu dieser Problematik s. *Ludewig*, Beendigungstatbestände als notwendige und dynamische Elemente der Mitgliedschaft in internationalen Organisationen unter besonderer Berücksichtigung von Art. 50 EUV, 2015, S. 261 ff.; *Meyer*, EuR 2013, S. 334 ff.
923 Ablehnend *Herdegen*, Europarecht, 21. Aufl. 2019, § 23, Rn. 56. Das BVerfG postuliert als actus contrarius die Möglichkeit, aus der Währungsunion auszuscheiden, BVerfGE 89, 155, 204 – *Maastricht*.
924 *Herrmann*, EuZW 2010, S. 413, 417.

7. Der Wechselkursmechanismus

1423 Da nicht alle Mitgliedstaaten die einheitliche europäische Währung eingeführt haben, ist nach einer Entschließung des Europäischen Rates vom 16. Juni 1997[925] mit Beginn der dritten Stufe der WWU ein Wechselkursmechanismus (WKM 2) eingeführt worden, der das Europäische Währungssystem (EWS) abgelöst hat. Für die Währung jedes Mitgliedstaates, der nicht dem Euro-Währungsgebiet angehört, aber am Wechselkursmechanismus teilnimmt, wird ein Leitkurs gegenüber dem Euro festgelegt. Weicht der Kurs einer Währung um mehr als 15 Prozent (Standardbandbreite) von diesem Leitkurs ab, werden die EZB und die Zentralbanken der Mitgliedstaaten intervenieren. Dieser Wechselkursmechanismus soll es den nicht dem Euro-Währungsgebiet angehörenden Mitgliedstaaten erleichtern, die gemeinsame Währung zu einem späteren Zeitpunkt einzuführen. Die Teilnahme am Wechselkursmechanismus ist für die nicht dem Euro-Währungsgebiet angehörenden Mitgliedstaaten freiwillig. Im Abkommen vom 16. März 2006 zwischen der EZB und den nationalen Zentralbanken der nicht dem Euro-Währungsgebiet angehörenden Mitgliedstaaten sind weitere Einzelheiten und Durchführungsbestimmungen über das Funktionieren des WKM 2 festgelegt[926].

VI. Sozialpolitik

Literaturhinweise: *Bergmann, J. M.:* Grundstrukturen der Europäischen Gemeinschaft und Grundzüge des gemeinschaftlichen Sozialrechts, SGb 1998, S. 449; *Dietze, Ch.:* Das Projekt Europa in der Dialektik von freiem Markt und sozialer Gerechtigkeit, 2009; *Eichenhofer, E.:* Sozialrecht der Europäischen Union, 6. Aufl. 2015; *ders.:* Sozialer Schutz unter den Bedingungen der Globalisierung, 2009; *ders.:* Soziales Europa, VSSR 2014, S. 29; *ders.:* Sozialrechtliche Perspektiven europäischer Integration angesichts der Globalisierung, in: Masuch, P./Spellbrink, W./Becker, U./Leibfried, S. (Hrsg.), Grundlagen und Herausforderungen des Sozialstaats – Denkschrift 60 Jahre Bundessozialgericht, 2014, S. 517; *Epiney, A./Freiermuth Abt, M.:* Das Recht der Gleichstellung von Mann und Frau in der EU, 2003; *Frenz, W.:* Handbuch Europarecht VI – Institutionen und Politiken, 2011, Rn. 3825 ff.; *ders.:* Soziale Grundlagen in EUV und AEUV, NZS 2011, S. 81; *Görlitz, N.:* Die Beschränkung der Wehrpflicht auf Männer und europarechtliche Diskriminierungsverbote, DÖV 2002, S. 607; *Haverkate, G./Huster, S.:* Europäisches Sozialrecht, 1999; *Kahil, B.:* Europäisches Sozialrecht und Subsidiarität, 1996; *Knoll, L./Lochner, D.:* Diskriminierung durch Quote?, DB 2014, S. 495; *Novak, M.:* EG-Grundfreiheiten und Europäisches Sozialrecht, EuZW 1998, S. 366; *Ringler, J.:* Die Europäische Sozialunion, 1997; *Sachs, M.:* Frauenquoten wieder vor dem EuGH, RdA 1998, S. 129; *ders.:* Frauen an die Front? Die deutsche Wehrverfassung nach dem Spruch des EuGH in Sachen Tanja

---

925 ABl.EG 1997 Nr. C 236, S. 5.
926 ABl.EU 2006 Nr. C 73, S. 21; geänd. durch Abkommen v. 22.1.2020, ABl.EU 2020 Nr. C 32 I, S. 1.

Kreil, NWVBl. 2000, S. 405; *Schlachter, M./Heinig, H. M.* (Hrsg.): Europäisches Arbeits- und Sozialrecht (Enzyklopädie Europarecht, Bd. 7), 2016; *Seifert, A.*: Bedeutung des Arbeitsrechts bei der Entstehung der Europäischen Gemeinschaften, AuR 2015, S. G9; *Stein, T.*: Über Amazonen, Europa und das Grundgesetz, in: FS für Hartmut Schiedermair, 2001, S. 737; *Stöbener, P. S./Böhm, A.*: Kompetenzen ohne Grenzen – Der Vorschlag der EU-Kommission zur Frauenquote für Aufsichtsräte, EuZW 2013, S. 371; *Spilker, B.*: Der Vertrag von Lissabon und das soziale Europa, NDV 2011, S. 53; *Waltermann, R.*: Einführung in das Europäische Sozialrecht, JuS 1997, S. 7.

Der AEU-Vertrag beschreibt als Aufgabe der Mitgliedstaaten die Förderung der Beschäftigung, die Verbesserung und Angleichung der Lebens- und Arbeitsbedingungen der Arbeitskräfte, einen angemessenen sozialen Schutz und die Bekämpfung von Ausgrenzungen (Art. 151 Abs. 1 AEUV). Unter den gemeinsamen Werten und Prinzipien werden seit dem Vertrag von Lissabon die Gleichheit, die Solidarität und die Gleichheit von Männern und Frauen ausdrücklich erwähnt (Art. 2 EUV). Anerkannt wird nunmehr, dass die Sozialpolitik in geteilter Zuständigkeit von Union und Mitgliedstaaten wahrgenommen wird (Art. 4 Abs. 2 AEUV). Zudem wurden durch den Vertrag von Lissabon Querschnittsklauseln eingeführt, die die EU-Organe verpflichten, bei allen Maßnahmen der EU der Förderung eines hohen Beschäftigungsniveaus, dem sozialen Schutz und der Bekämpfung sozialer Ausgrenzung (soziale Querschnittsklausel, Art. 9 AEUV) sowie der Bekämpfung jedweder Diskriminierung (Diskriminierungsklausel, Art. 10 AEUV) Rechnung zu tragen[927]. Schließlich wurde auch im Sozialbereich die Methode der offenen Koordinierung eingeführt, wonach die Kommission in enger Verbindung mit den Mitgliedstaaten in Bezug auf national oder international zu behandelnde soziale Fragen in Gestalt von Untersuchungen, Stellungnahmen und der Durchführung von Konsultationen die Initiative ergreift, um Leitlinien und Indikatoren festzulegen und den Austausch bewährter Verfahren durchzuführen (Art. 156 Satz 2 AEUV). Das Kapitel über die Sozialpolitik im engeren Sinne (Art. 136 bis Art. 148 EGV a. F.) wurde hingegen nahezu unverändert übernommen (Art. 151 bis Art. 161 AEUV).

Zur Verwirklichung der im AEU-Vertrag formulierten sozialpolitischen Ziele (Art. 151 Abs. 1 AEUV) unterstützt und ergänzt die Union die Tätigkeit der Mitgliedstaaten in folgenden Bereichen (Art. 153 Abs. 1 AEUV): Verbesserung der Arbeitsumwelt zum Schutz der Gesundheit und Sicherheit der Arbeitnehmer (lit. a), Arbeitsbedingungen (lit. b), soziale Sicherheit und sozialer Schutz der Arbeitnehmer (lit. c), Schutz der Arbeitnehmer bei Beendigung des Arbeitsvertrags (lit. d), Unterrichtung und Anhörung der Arbeitnehmer (lit. e), Vertretung und kollektive Wahrnehmung der Arbeitnehmer- und Arbeitgeberinteressen (lit. f), Beschäftigungsbedingungen der Staatsangehörigen dritter Länder, die sich im Gebiet der Union aufhalten (lit. g), berufliche Eingliederung der aus dem Arbeitsmarkt ausgegrenzten Personen (lit. h), Chancengleichheit von Männern und

---
927 S. dazu *Frenz*, NZS 2011, S. 81, 85 ff.

Frauen auf dem Arbeitsmarkt und deren Gleichbehandlung am Arbeitsplatz (lit. i), Bekämpfung der sozialen Ausgrenzung (lit. j) und Modernisierung der Systeme des sozialen Schutzes (lit. k). Im Bereich der Sozialpolitik können das Europäische Parlament und der Rat unter Ausschluss jeglicher Harmonisierung nationaler Rechts- und Verwaltungsvorschriften Maßnahmen erlassen, die dazu dienen, die Zusammenarbeit zwischen den Mitgliedstaaten durch Initiativen zu fördern, die die Verbesserung des Wissensstandes, die Entwicklung des Austauschs von Informationen und bewährten Verfahren, die Förderung innovativer Ansätze und die Bewertung von Erfahrungen zum Ziel haben (Art. 153 Abs. 2 lit. a AEUV). Daneben können das Parlament und der Rat Richtlinien erlassen, die schrittweise anzuwendende Mindestvoraussetzungen enthalten (Art. 153 Abs. 2 lit. b AEUV), wobei es den Mitgliedstaaten unbenommen bleibt, ein strengeres Schutzniveau vorzusehen[928]. Bei allen Maßnahmen ist der Vielfalt der einzelstaatlichen Gepflogenheiten sowie der Notwendigkeit, die Wettbewerbsfähigkeit der Wirtschaft der Union zu erhalten, Rechnung zu tragen (Art. 151 Abs. 2 AEUV). Die Kommission hat die Aufgabe, die Anhörung der Sozialpartner auf Unionsebene (Art. 154 AEUV) sowie die Zusammenarbeit zwischen den Mitgliedstaaten im Bereich der Sozialpolitik zu fördern (Art. 156 AEUV).

1426 Konkret enthält der AEU-Vertrag die Verpflichtung der Mitgliedstaaten, den Grundsatz des gleichen Entgelts für Männer und Frauen bei gleicher oder gleichwertiger Arbeit durchzusetzen (Art. 157 Abs. 1 AEUV)[929], Art. 157 Abs. 1 AEUV setzt keine rechtliche Zugehörigkeit des Arbeitnehmers zu einem Mitgliedstaat über die Staatsangehörigkeit, den Gesellschafts- oder Wohnsitz voraus und enthält damit ein „echtes EU-Menschenrecht"[930]. Dieser Bestimmung wird wegen ihres Schutzzwecks eine horizontale Wirkung (Drittwirkung) zuerkannt, auch bedarf es – anders als bei den Grundfreiheiten – keines grenzüberschreitenden Aspekts. Dies bedeutet, dass sich der Einzelne auch gegenüber seinem privaten Arbeitgeber und auch bei einem reinen Inlandssachverhalt auf diesen Grundsatz berufen kann[931].

1427 Maßnahmen zur Gewährleistung des Grundsatzes der Chancengleichheit und der Gleichbehandlung von Männern und Frauen in Arbeits- und Beschäftigungsfragen beschließen das Europäische Parlament und der Rat im ordentlichen Gesetzgebungsverfahren auf der Grundlage von Art. 157 Abs. 3 AEUV. Art. 157 Abs. 1 AEUV wird durch die Richtlinie 2006/54/EG zur Verwirklichung des

---

928 EuGH, Rs. C-84/94, Slg. 1996, S. I-5755, Rn. 42 – *Vereinigtes Königreich/Rat* – zu Art. 137 Abs. 2 EGV a. F.
929 Hierzu s. *Tillmanns*, in: Henssler/Willemsen/Kalb (Hrsg.), Arbeitsrecht Kommentar, 8. Aufl. 2018, Art. 157 AEUV Rn. 1 ff.
930 Ausführlich zum Diskriminierungsschutz *Kocher*, in: Schlachter/Heinig (Hrsg.), Europäisches Arbeits- und Sozialrecht (Enzyklopädie Europarecht, Bd. 7), 2016, S. 219 ff. sowie *Huster/Kießling*, in: Schlachter/Heinig (Hrsg.), Europäisches Arbeits- und Sozialrecht (Enzyklopädie Europarecht, Bd. 7), 2016, S. 293 ff.
931 EuGH, Rs. 43/75, Slg. 1976, S. 455, Rn. 38/39 – *Defrenne II* (= P Nr. 3) – zu Art. 141 Abs. 1 EGV a. F.

Grundsatzes der Chancengleichheit und Gleichbehandlung von Männern und Frauen in Arbeits- und Beschäftigungsfragen[932] ergänzt. Die Europäische Kommission hat zudem zur Verbesserung der Chancengleichheit und Gleichbehandlung von Männern und Frauen am 14. November 2012 eine auf Art. 157 Abs. 3 AEUV zu stützende Richtlinie zur Gewährleistung einer ausgewogeneren Vertretung von Frauen und Männern unter den nicht geschäftsführenden Direktoren bzw. Aufsichtsratsmitgliedern börsennotierter Gesellschaften und über damit zusammenhängende Maßnahmen vorgeschlagen, welche eine Frauenquote von 40 % in den Führungsgremien der in den Anwendungsbereich der Richtlinie fallenden Unternehmen vorschreiben würde[933]. Aufgrund des Widerstands aus einigen Mitgliedstaaten ist es allerdings bislang nicht zum Erlass einer solchen Richtlinie gekommen.

Die Richtlinie 2006/54/EG verbietet es nach der Rechtsprechung des EuGH, bei gleicher Qualifikation weibliche Stellenbewerberinnen gegenüber ihren männlichen Konkurrenten aufgrund einer „Frauenquote" zu bevorzugen, die ihnen bei Ernennungen oder Beförderungen absolut und unbedingt den Vorrang einräumt[934]. Zulässig ist jedoch eine Quotenregelung mit einer „Öffnungsklausel", nach der Frauen nicht vorrangig befördert werden müssen, sofern für die Person eines männlichen Mitbewerbers sprechende Gründe überwiegen[935]. Art. 157 Abs. 4 AEUV, der dem nachträglich eingeführten Art. 141 Abs. 4 EGV a. F. entspricht, auf den Art. 3 der Richtlinie 2006/54/EG ausdrücklich verweist, könnte diese Rechtsprechung jedoch relativieren. 1428

Die Richtlinie 2006/54/EG ist auch auf öffentlich-rechtliche Dienstverhältnisse und damit auf die Beschäftigung in mitgliedstaatlichen Polizeieinheiten und Streitkräften anwendbar. Nach Art. 14 Abs. 2 der Richtlinie können die Mitgliedstaaten im Hinblick auf den Zugang zur Beschäftigung einschließlich der zu diesem Zweck erfolgenden Berufsbildung vorsehen, dass eine Ungleichbehandlung wegen eines geschlechtsbezogenen Merkmals keine Diskriminierung darstellt, wenn das betreffende Merkmal aufgrund der Art einer bestimmten beruflichen Tätigkeit oder der Bedingungen ihrer Ausübung eine „wesentliche und entscheidende berufliche Anforderung" darstellt. Voraussetzung ist, dass es sich um einen rechtmäßigen Zweck und eine angemessene Anforderung handelt. Dies gilt etwa für bestimmte Tätigkeiten bei der Polizei bei schweren inneren Unruhen[936] oder für den Dienst in speziellen militärischen 1429

---

[932] ABl.EU 2006 Nr. L 204, S. 23; daneben existiert noch die auf Art. 157 Abs. 3 AEUV gestützte Richtlinie 2010/41/EU zur Verwirklichung des Grundsatzes der Gleichbehandlung von Männern und Frauen, die eine selbständige Erwerbstätigkeit ausüben, ABl.EU 2010 Nr. L 180, S. 1.
[933] COM(2012) 614 endg.; s. dazu *Stöbener/Böhm*, EuZW 2013, S. 371; *Knoll/Lochner*, DB 2014, S. 495.
[934] EuGH, Rs. C-450/93, Slg. 1995, S. I-3051, Rn. 22 ff. – *Kalanke*.
[935] EuGH, Rs. C-409/95, Slg. 1997, S. I-6363, Rn. 33 – *Marschall*; EuGH, Rs. C-158/97, Slg. 2000, S. I-1875, Rn. 38 – *Badeck*.
[936] EuGH, Rs. 222/84, Slg. 1986, S. 1651, Rn. 36 f. – *Johnston*.

Kampfeinheiten⁹³⁷. Nicht gerechtfertigt ist jedoch der vollständige Ausschluss von Frauen vom Dienst mit der Waffe für nahezu alle militärischen Verwendungen⁹³⁸. In der Rs. *Dory*⁹³⁹ hat der Europäische Gerichtshof im Jahr 2003 entschieden, dass die damals allein Männer betreffende deutsche Wehrpflicht auf der Grundlage von Art. 12a Abs. 1 GG nicht in Widerspruch zum Gemeinschaftsrecht steht. Die Entscheidung über die Organisation der eigenen Streitkräfte fällt in die ausschließliche Zuständigkeit der Mitgliedstaaten. Das Unionsrecht ist insoweit nicht anwendbar. Unvermeidbare Konsequenzen der Entscheidung eines Mitgliedstaates betreffend die militärische Organisation, etwa in Form einer Verzögerung der beruflichen Laufbahn wehrpflichtiger Männer, sind daher hinzunehmen⁹⁴⁰.

1430   Art. 157 Abs. 1 AEUV und das einschlägige sekundäre Unionsrecht schützen nicht nur vor offenen Diskriminierungen, sondern erfassen auch versteckte Diskriminierungen, die vorliegen, wenn eine Regelung zwar keine ausdrückliche Differenzierung nach dem Geschlecht vornimmt, anhand einer anderen Differenzierung jedoch tatsächlich wesentlich mehr Frauen als Männer (oder umgekehrt) trifft und benachteiligt⁹⁴¹. Daher ist eine Regelung unionsrechtswidrig, die Teilzeitbeschäftigte gegenüber Vollzeitbeschäftigten dadurch benachteiligt, dass die Beschäftigungszeiten Teilzeitbeschäftigter bei der Berechnung der Dienstzeit in geringerem Umfang berücksichtigt werden und dadurch Teilzeitbeschäftigte erst später befördert werden können. Zwar findet hier keine Anknüpfung an das Geschlecht der Beschäftigten statt, da jedoch 87 % der Teilzeitbeschäftigten der betreffenden Dienststelle Frauen waren, sah der EuGH darin eine versteckte Diskriminierung⁹⁴². Differenzierungen zwischen verschiedenen Arbeitnehmerkategorien können jedoch durch objektive Faktoren gerechtfertigt sein, die mit einer Diskriminierung aufgrund des Geschlechts nichts zu tun haben⁹⁴³ (Rn. 766 ff.). Eine Rechtfertigung ist nur möglich, wenn die Ungleichbehandlung mit dem Grundsatz der Verhältnismäßigkeit vereinbar ist⁹⁴⁴.

1431   Neben dem eingangs erwähnten Art. 2 EUV, der die Gleichheit von Männern und Frauen ausdrücklich festlegt, eröffnet Art. 19 AEUV dem Rat die Möglichkeit, mit Zustimmung des Europäischen Parlaments Vorkehrungen zu treffen,

---

937 EuGH, Rs. C-273/97, Slg. 1999, S. I-7403, Rn. 30 f. – *Sirdar*.
938 EuGH, Rs. C-285/98, Slg. 2000, S. I-69, Rn. 31 – *Kreil*.
939 EuGH, Rs. C-186/01, Slg. 2003, S. I-2479 – *Dory*.
940 EuGH, Rs. C-186/01, Slg. 2003, S. I-2479, Rn. 39 ff. – *Dory*.
941 EuGH, Rs. C-343/92, Slg. 1994, S. I-571, Rn. 33 – *Roks;* EuGH, Rs. C-444/93, Slg. 1995, S. I-4741, Rn. 24 – *Megner u. Scheffel;* EuGH, Rs. C-300/06, Slg. 2007, S. I-10573, Rn. 25 – *Voß/Land Berlin* – zu Art. 141 Abs. 1 EGV a. F.; zur Uferlosigkeit des vom EuGH in der Entscheidung *Voß/Land Berlin* vertretenen Ansatzes bei der Ermittlung einer versteckten Diskriminierung, siehe *Fuchs*, EuR 2008, S. 697.
942 EuGH, Rs. C-1/95, Slg. 1997, S. I-5253, Rn. 30 ff. – *Gerster*.
943 EuGH, Rs. 170/84, Slg. 1986, S. 1607, Rn. 30 f. – *Bilka;* EuGH, Rs. C-1/95, Slg. 1997, S. I-5253, Rn. 34 ff. – *Gerster;* EuGH, Rs. C-79/99, Slg. 2000, S. I-10997, Rn. 44 f. – *Schnorbus*.
944 EuGH, Rs. C-444/93, Slg. 1995, S. I-4741, Rn. 24 – *Megner u. Scheffel*.

um u. a. Diskriminierungen aus Gründen des Geschlechts und der sexuellen Ausrichtung zu bekämpfen. Auf der Grundlage der entsprechenden Vorschrift des Art. 13 EGV a. F. hatte der Rat etwa die Richtlinie 2000/78/EG zur Festlegung eines allgemeinen Rahmens für die Verwirklichung der Gleichbehandlung in Beschäftigung und Beruf erlassen[945]. Unter Bezugnahme auf diese Richtlinie entschied der EuGH in der Rs. *Römer,* dass niedrigere Zusatzversorgungsbezüge für Menschen, die in einer gleichgeschlechtlichen Lebenspartnerschaft als für diejenigen, die in einer verschiedengeschlechtlichen Ehe leben, eine Diskriminierung aufgrund des Geschlechts darstellen und Art. 1 i.V. m. Art. 2, Art. 3 Abs. 1 lit. c) der Richtlinie 2000/78/EG einer entsprechenden nationalen Regelung daher entgegenstehen[946].

Eine herausragende Bedeutung für die europäische Sozialpolitik ist dem Europäischen Sozialfonds (ESF)[947] beizumessen. Er hat die Aufgabe, die berufliche Verwendbarkeit und die örtliche und berufliche Mobilität der Arbeitskräfte zu fördern sowie die Anpassung an industrielle Strukturwandlungsprozesse durch berufliche Bildung und Umschulung zu erleichtern (Art. 162 AEUV). Der ESF ist eine unselbstständige, von der Kommission verwaltete Einrichtung.

1432

---

945 ABl.EG 2000 Nr. L 303, S. 16.
946 EuGH, Rs. 147/08, Slg. 2011, S. I-3591, Rn. 37 ff – *Römer.*
947 Verordnung (EU) Nr. 1304/2013 des Europäischen Parlaments und des Rates v. 17.12.2013 über den Europäischen Sozialfonds und zur Aufhebung der Verordnung (EG) Nr. 1081/2006 des Rates, ABl.EU 2013, Nr. L 347, S. 470, zul. geänd. ABl.EU 2018 Nr. L 193, S. 1.

# 5. Kapitel
Auswärtige Politiken der Europäischen Union

I. Die Gemeinsame Außen- und Sicherheitspolitik

Literaturhinweise: *Algieri, F.:* Die Gemeinsame Außen- und Sicherheitspolitik der EU, Wien 2010; *Dehousse, F.:* After Amsterdam: A Report on the Common Foreign and Security Policy of the European Union, EJIL 9 (1998), S. 525; *Epping, V.:* Rechtliche Rahmenbedingungen der Gemeinsamen Außen- und Sicherheitspolitik der Europäischen Union, NZWehrR 2002, S. 90; *Frenz, W.:* Die neue GASP, ZaöRV 70 (2010), S. 487; *Friesen, B.:* Der Fall „ECOWAS" nach dem Vertrag von Lissabon: zur Abgrenzung zwischen Entwicklungszusammenarbeit und GASP nach der neuen Rechtslage, ZEuS 2012, S. 101; *Hoffmeister, F.:* Die Außenvertretung der Europäischen Union im Lichte von acht Jahren Erfahrung mit dem Lissabon-Vertrag – wer ist heutzutage der europäische Außenminister?, ZEuS 2017, S. 451; *Kugelmann, D.:* Gemeinsame Außen- und Sicherheitspolitik, EuR 1998, Beiheft 2, S. 99; *Labuhn, W.:* Auf dem Weg zur Europäischen Verteidigungsunion – der PESCO-Prozess in der EU, GSZ 2019, S. 66; *Münch, L.:* Die gemeinsame Aktion als Mittel der Gemeinsamen Außen- und Sicherheitspolitik, 1997; *Pechstein, M./Koenig, Ch.:* Die Europäische Union, 3. Aufl. 2000, Rn. 256–344; *Pechstein, M.:* Die Intergouvernementalität der GASP nach Lissabon, JZ 2010, S. 425; *Regelsberger, E.:* Die Gemeinsame Außen- und Sicherheitspolitik der EU (GASP), 2004; *Sattler, S.:* Einführung in das Sanktionsrecht, JuS 2019, S. 18; *Scheffel, N.:* Auf dem Weg zu einer europäischen Verteidigungsunion. Die Ständige Strukturierte Zusammenarbeit (PESCO) als Motor?, NVwZ 2018, S. 1347; *Sichel, C.:* Die Gründung des Europäischen Auswärtigen Dienstes als EU-Organ – gleichzeitig eine kleine Ordnung der EU-Verwaltungsorganisation, EuR 2011, S. 447; *Streinz, R./Ohler, Ch./Herrmann, Ch.:* Der Vertrag von Lissabon zur Reform der EU, 3. Aufl. 2010, S. 136–147; *Vedder, Ch.:* Außenbeziehungen und Außenvertretung, in: Hummer, W./Obwexer, W. (Hrsg.).: Der Vertrag von Lissabon, 1. Aufl. 2009, S. 278–281.

1. Grundlagen und Ziele der GASP

Die Gemeinsame Außen- und Sicherheitspolitik (GASP) knüpft an die bereits mit der Einheitlichen Europäischen Akte von 1986 *völkervertragsrechtlich* eingeführte – und schon vorher praktizierte – *Europäische Politische Zusammenarbeit* in der Außen- und Sicherheitspolitik (EPZ, Rn. 13) an. Sie ist unter Titel V des EU-Vertrags geregelt. Dort finden sich in Kapitel 1 zunächst allgemeine Bestimmungen über das auswärtige Handeln der Union. Gemäß Art. 21

1433

Abs. 1 EUV lässt sich die Union bei ihrem Handeln auf internationaler Ebene von den Grundsätzen leiten, die für ihre eigene Entstehung, Entwicklung und Erweiterung maßgebend waren und denen sie auch weltweit zur stärkerer Geltung verhelfen will: Demokratie, Rechtsstaatlichkeit, die universelle Gültigkeit und Unteilbarkeit der Menschenrechte und Grundfreiheiten, die Achtung der Menschenwürde, der Grundsatz der Gleichheit und der Grundsatz der Solidarität sowie die Grundsätze der Charta der Vereinten Nationen und des Völkerrechts. In Art. 21 Abs. 2 EUV werden diese Grundsätze und Ziele konkretisiert. Das auswärtige Handeln der Union zielt danach auf:

- die Wahrung der gemeinsamen Werte, der grundlegenden Interessen, der Unabhängigkeit und der Unversehrtheit der Union,
- die Förderung und Festigung von Demokratie, Rechtsstaatlichkeit, Menschenrechten und der Grundsätze des Völkerrechts,
- die Erhaltung des Friedens, die Verhütung von Konflikten und die Stärkung der internationalen Sicherheit nach Maßgabe der Ziele und Grundsätze der Charta der Vereinten Nationen sowie der Prinzipien der Schlussakte von Helsinki und der Ziele der Charta von Paris; einschließlich derjenigen, die die Außengrenzen betreffen,
- die Förderung einer nachhaltigen Entwicklung in Bezug auf Wirtschaft, Gesellschaft und Umwelt in den Entwicklungsländern, mit dem vorrangigen Ziel, die Armut zu bekämpfen,
- die Integration aller Länder in die Weltwirtschaft, unter anderem auch durch den schrittweisen Abbau internationaler Handelshemmnisse,
- die Entwicklung von internationalen Maßnahmen zur Erhaltung und Verbesserung der Qualität der Umwelt und der nachhaltigen Bewirtschaftung der weltweiten natürlichen Ressourcen, um eine nachhaltige Entwicklung sicherzustellen,
- die Unterstützung von Völkern, Ländern und Regionen, die von Naturkatastrophen oder von vom Menschen verursachten Katastrophen betroffen sind, sowie
- die Förderung einer Weltordnung, die auf einer verstärkten multilateralen Zusammenarbeit und einer verantwortungsvollen Weltordnungspolitik beruht.

1434 Bei der Ausarbeitung und Umsetzung ihres auswärtigen Handelns achtet die Union auf die Kohärenz zwischen den einzelnen Bereichen ihres auswärtigen Handelns sowie zwischen diesen und den übrigen Politikbereichen. Der Rat und die Kommission, die vom Hohen Vertreter der Union für Außen- und Sicherheitspolitik unterstützt werden, stellen diese Kohärenz sicher und arbeiten zu diesem Zweck zusammen (Art. 21 Abs. 3 UAbs. 2 EUV).

1435 Die GASP umfasst gemäß Art. 24 Abs. 1 EUV sämtliche Bereiche der Außen- und Sicherheitspolitik der Union, einschließlich einer Gemeinsamen Sicherheits- und Verteidigungspolitik (GSVP; Rn. 1405). Sie beruht gemäß Art. 23 EUV auf den Grundsätzen des Kapitels 1, verfolgt die darin genannten Ziele und steht mit den allgemeinen Bestimmungen jenes Kapitels im Einklang. Durch den Vertrag von Lissabon ist die GASP – anders als die PJZS (Rn. 1125) – nicht den supranationalen Entscheidungsstrukturen unterworfen worden. Vielmehr gelten für sie auch weiterhin besondere Bestimmungen und Verfahren (Art. 24 Abs. 1 UAbs. 2 EUV). So wird die GASP vom Europäischen Rat und vom Rat *einstimmig* festgelegt und durchgeführt, soweit in den Verträgen nichts anderes vorgesehen ist. Ferner ist der Erlass von Gesetzgebungsakten im Bereich der GASP ausgeschlossen (Art. 31 Abs. 1 UAbs. 1 EUV). Zudem gilt die Jurisdiktionsgewalt des EuGH grundsätzlich nicht für die GASP und die GSVP (Art. 24 Abs. 1 UAbs. 2 Satz 6 EUV, Rn. 487). Schließlich formuliert Art. 24 Abs. 3 EUV bestimmte Loyalitäts- und Solidaritätsverpflichtungen der Mitgliedstaaten. Die GASP ist damit der letzte *intergouvernemental* geprägte Politikbereich der Union[1] (vgl. dazu näher Rn. 62 ff.).

Im Rahmen der GASP kommt zunächst dem Europäischen Rat (Art. 15 EUV) die Leitungsfunktion zu. Er bestimmt die strategischen Interessen der Union, legt die Ziele sowie die allgemeinen Leitlinien der GASP einschließlich Fragen mit verteidigungspolitischen Bezügen fest und erlässt die insoweit erforderlichen Beschlüsse (Art. 26 Abs. 1 UAbs. 1 EUV). Auf der Basis der Leitvorgaben des Europäischen Rates werden die für die Festlegung und Durchführung der GASP erforderlichen Beschlüsse vom Rat der Europäischen Union als Rat „Auswärtige Angelegenheiten" gefasst (Art. 16 Abs. 6 UAbs. 3, Art. 26 Abs. 2 EUV). Der Vorsitz im Rat „Auswärtige Angelegenheiten" wird vom Hohen Vertreter eingenommen (Art. 18 Abs. 3 EUV). Der Hohe Vertreter leitet die GASP sowie die GSVP und führt sie im Auftrag des Rates durch (Art. 18 Abs. 2 EUV). Er muss das Europäische Parlament „zu den wichtigsten Aspekten und den grundlegenden Weichenstellungen" beider Bereiche anhören. Das Europäische Parlament kann sich mit Anfragen an den Rat und den Hohen Vertreter wenden oder Empfehlungen aussprechen (Art. 36 EUV). Art. 30 Abs. 1 EUV legt das Initiativ- und Vorschlagsrecht für Beschlüsse des Rates im Rahmen der GASP fest. Die Kommission hat nur ein eingeschränktes und vom Hohen Vertreter abhängiges Recht, während die Mitgliedstaaten und der Hohe Vertreter mit einem eigenständigen Recht ausgestattet sind. Die Beschlüsse werden vom Europäischen Rat und vom Rat grundsätzlich einstimmig gefasst. Art. 31 EUV sieht allerdings Ausnahmen vom Erfordernis der Einstimmigkeit, die Möglichkeit der Blockade und die Passerelle[2] vor (zur Beschlussfassung im Rahmen der GASP siehe Rn. 372 f.).

1436

---

1 *Pechstein*, JZ 2010, S. 425 ff.
2 Unter „Passerelle" versteht man die in Art. 31 Abs. 3 EUV geregelte Möglichkeit, dass der Rat einstimmig einen Beschluss erlassen kann, wonach bestimmte, eigentlich einstimmig zu treffende Entscheidungen mit qualifizierter Mehrheit beschlossen werden können.

2. Die Gemeinsame Sicherheits- und Verteidigungspolitik (GSVP)

1437 Die Gemeinsame Sicherheits- und Verteidigungspolitik (GSVP) ist in Art. 42 bis 46 EUV geregelt. Sie ist *integraler Bestandteil der GASP*. Die GSVP soll der Union eine auf zivile und militärische Mittel gestützte Operationsfähigkeit sichern (Art. 42 Abs. 1 EUV). Sie umfasst die schrittweise Festlegung einer gemeinsamen Verteidigungspolitik, die zu einer gemeinsamen Verteidigung führt, sobald der Europäische Rat dies beschließt und die Mitgliedstaaten diesen Beschluss gemäß ihren verfassungsrechtlichen Vorschriften ratifizieren (Art. 42 Abs. 2 UAbs. 1 EUV). Art. 42 Abs. 7 EUV normiert darüber hinaus eine mitgliedstaatliche Beistandspflicht im Falle eines bewaffneten Angriffs auf das Hoheitsgebiet eines Mitgliedstaates.

1438 Nach Art. 42 Abs. 1 EUV kann die Union außerhalb ihrer Grenzen Missionen zur Friedenssicherung, Konfliktverhütung und Wahrung der internationalen Sicherheit im Einklang mit der Satzung der Vereinten Nationen entsenden. Die Missionen umfassen gemeinsame Abrüstungsmaßnahmen, humanitäre Aufgaben und Rettungseinsätze, Aufgaben der militärischen Beratung und Unterstützung, Aufgaben der Konfliktverhütung und der Erhaltung des Friedens sowie Kampfeinsätze im Rahmen der Krisenbewältigung einschließlich Frieden schaffender Maßnahmen und Operationen zur Stabilisierung der Lage nach Konflikten. Missionen können ferner auf die Bekämpfung des Terrorismus und die Unterstützung von Drittländern bei der Bekämpfung des Terrorismus in ihrem Hoheitsgebiet zielen (Art. 43 Abs. 1 EUV). Darin finden sich die 1992 vom Ministerrat der Westeuropäischen Union (WEU) festgelegten sog. *„Petersberger Aufgaben"*[3] wieder. Die Mitgliedstaaten stellen dafür ihre zivilen und militärischen Fähigkeiten zur Verfügung (Art. 42 Abs. 3 UAbs. 1 Satz 1 EUV). Diese zu verbessern, ist Aufgabe der Europäischen Verteidigungsagentur (EVA) (Rn. 1420). Die Mitgliedstaaten können ihren Verpflichtungen auch durch die Bereitstellung multinationaler Verbände nachkommen (Art. 42 Abs. 3 UAbs. 1 Satz 2 EUV). Der Rat kann auch eine Gruppe von Mitgliedstaaten mit Missionen nach Art. 42 Abs. 1 EUV beauftragen (Art. 42 Abs. 5 EUV). Unter bestimmten Voraussetzungen begründen Mitgliedstaaten im militärischen Bereich eine Ständige Strukturierte Zusammenarbeit (Art. 42 Abs. 6 EUV, Protokoll Nr. 10 über die Ständige Strukturierte Zusammenarbeit nach Art. 42 EUV[4]). Die Teilnehmer an der Ständigen Strukturierten Zusammenarbeit müssen dabei auf der Grundlage des 10. Protokolls besondere Verpflichtungen hinsichtlich ihrer militärischen Fähigkeiten eingehen und sich an den wesentlichen gemeinsamen europäischen Rüstungsprogrammen sowie der EVA beteiligen.

1439 Der Europäische Rat von Helsinki hat am 10./11. Dezember 1999 die Aufstellung schneller Eingreiftruppen beschlossen. Danach müssen die Mitgliedstaaten

---

[3] Bull.BReg. 1992, S. 649, 652.
[4] ABl.EU 2010 Nr. C 83, S. 275 ff.

im Rahmen der freiwilligen Zusammenarbeit bei unionsgeführten Operationen in der Lage sein, innerhalb von 60 Tagen Streitkräfte im Umfang von 50 000 bis 60 000 Soldaten, die imstande sind, den Petersberger Aufgaben gerecht zu werden, zu verlegen und dafür zu sorgen, dass diese Kräfte für mindestens ein Jahr im Einsatz gehalten werden können (sog. Helsinki Headline Goal). Im Rahmen dieser EU-Eingreiftruppe werden seit 2005 besonders mobile EU-Kampfgruppen (sog. Battle Groups) von 1.500 bis 2.000 Soldaten organisiert, die erforderlichenfalls in fünf bis zehn Tagen verfügbar sein sollen und 30 bis 120 Tage aktiv einsetzbar sein sollen[5]. Seit dem 1. Januar 2007 sind zwei dieser Gefechtsverbände in ständiger Bereitschaft.

Die Rechtsstellung der EU-Truppen regelt das von den Außen- und Verteidigungsministern der Europäischen Union unterzeichnete *EU-Truppenstatut* vom 17. November 2003[6]. Das Statut enthält alle notwendigen Regelungen für den Fall, dass zukünftig Hauptquartiere und Truppen sowie deren Personal und Material im Rahmen der Vorbereitung und Durchführung von Maßnahmen zur Konfliktverhütung und Krisenbewältigung oder für Übungen durch das Gebiet eines anderen Mitgliedstaats bewegt oder vorübergehend dorthin verlegt werden sollen.

1440

Am 13. November 2017 haben sich 23 Mitgliedstaaten der Union auf eine Ständige Strukturierte Zusammenarbeit (SSZ; engl.: Permanent Structured Cooperation – PESCO) im Bereich der europäischen Verteidigungspolitik gemäß Art. 42 Abs. 6 und Art. 46 EUV geeinigt und ihre Absicht dem Rat und dem Hohen Vertreter für Außen- und Sicherheitspolitik gemäß Art. 46 Abs. 1 EUV mitgeteilt. Am 7. Dezember 2017 haben zwei weitere Mitgliedstaaten, Irland und Portugal, ihre Entscheidung mitgeteilt, sich der Ständigen Strukturierten Zusammenarbeit anzuschließen[7]. Neben dem austretenden Großbritannien nehmen somit allein Dänemark und Malta nicht teil. Die Ständige Strukturierte Zusammenarbeit, die allen anderen Mitgliedstaaten zur Teilnahme offensteht, ist durch den Beschluss (GASP) 2017/2315 des Rates vom 11. Dezember 2017 begründet worden[8]. PESCO bildet einen ständigen Rahmen für eine für eine engere Zusammenarbeit der beteiligten Mitgliedstaaten im Bereich der Verteidigung. Ermöglicht wird, Verteidigungsfähigkeiten gemeinsam zu entwickeln, in gemeinsame Projekte zu investieren oder die operative Einsatzbereitschaft zu verbessern und den Beitrag der Streitkräfte auszuweiten. Der Unterschied zwischen dieser Ständigen Strukturierten Zusammenarbeit und anderen Formen der Kooperation be-

1441

---

5 Vgl. zum Ganzen *Schweitzer/Hummer/Obwexer*, Europarecht, Rn. 247 ff.
6 ABl.EU 2003 Nr. C 321, S. 6.
7 Mitteilung zur Ständigen Strukturierten Zusammenarbeit (Permanent Structured Cooperation – PESCO) an den Rat und die hohe Vertreterin der Union für Außen- und Sicherheitspolitik, ABl.EU 2017 Nr. L 331, S. 65.
8 Beschluss (GASP) 2017/2315 des Rates v. 11.12.2017 über die Begründung der Ständigen Strukturierten Zusammenarbeit (PESCO) und über die Liste der daran teilnehmenden Mitgliedstaaten, ABl.EU 2017 Nr. L 331, S. 57.

steht in der Verbindlichkeit der von den teilnehmenden Mitgliedstaaten im Rahmen von PESCO eingegangenen Verpflichtungen. Mit Beschluss (GASP) 2018/340 vom 6. März 2018 hat der Rat eine Liste mit 34 Projekten und den jeweils an diesen Projekten teilnehmenden Staaten beschlossen, die im Rahmen der Ständigen Strukturierten Zusammenarbeit auszuarbeiten sind[9]. Die Projekte reichen von einem Europäischen Sanitätskommando bis zu einem Europäischen Netz für militärische Weltraumlageerfassung. Gemeinsame Vorschriften für die Steuerung dieser Projekte hat der Rat im Juni 2018 erlassen[10].

3. Die Handlungsformen der GASP

1442 Der Europäische Rat „bestimmt die strategischen Interessen der Union und legt die Ziele und die *allgemeinen Leitlinien* der Gemeinsamen Außen- und Sicherheitspolitik fest" (Art. 26 Abs. 1 UAbs. 1 Satz 1 EUV). Auf der Grundlage der allgemeinen Leitlinien und strategischen Vorgaben des Europäischen Rates gestaltet der Rat die Gemeinsame Außen- und Sicherheitspolitik der Union (Art. 26 Abs. 2 UAbs. 1 EUV).

1443 Nach Art. 29 Satz 1 EUV kann der Rat *Standpunkte der Union* durch Beschluss festlegen. Darin wird das Konzept der Union für eine bestimmte Frage geographischer oder thematischer Art bestimmt. Standpunkte dienen vor allem der Koordinierung der mitgliedstaatlichen Außenpolitiken und sind ein Mittel zur Durchführung der vom Europäischen Rat beschlossenen gemeinsamen Strategien. Nach Art. 29 Satz 2 EUV tragen die Mitgliedstaaten dafür Sorge, dass ihre einzelstaatliche Politik mit den Standpunkten der Union im Einklang steht. Insoweit sind diese auch als Ausrichtungsvorgaben verbindlich. Standpunkte der Union werden von den Mitgliedstaaten insbesondere zwecks Abstimmung ihres Verhaltens in internationalen Organisationen und auf internationalen Konferenzen getroffen (Art. 34 Abs. 1 EUV). Dort werden die Unionsstandpunkte vom Hohen Vertreter für Außen- und Sicherheitspolitik vertreten (Art. 27 Abs. 2 Satz 2 EUV). Auch zwischen den einzelnen diplomatischen und konsularischen Vertretungen der Unionsstaaten und den Delegationen der Kommission in Drittstaaten, auf internationalen Konferenzen sowie bei internationalen Organisationen findet eine Abstimmung statt (Art. 35 EUV). Wenn, wie im UN-Sicherheitsrat, nur einzelne Unionsstaaten – bisher nur Großbritannien und Frankreich – ständige Mitglieder sind, so trifft diese Staaten die Pflicht, dort auch die Unionsstandpunkte angemessen zu vertreten (Art. 34 Abs. 1 UAbs. 2 EUV).

---

9 Beschluss (GASP) 2018/340 des Rates v. 6.3.2018 zur Festlegung der Liste der im Rahmen der SSZ auszuarbeitenden Projekte, ABl.EU 2018 Nr. L 65, S. 24, geänd. ABl.EU 2018 Nr. L 294, S. 18.
10 Beschluss (GASP) 2018/909 des Rates zur Festlegung gemeinsamer Vorschriften für die Steuerung von SSZ-Projekten, ABl.EU 2018 Nr. L 161, S. 37.

Der Rat kann gemäß Art. 28 Abs. 1 UAbs. 1 EUV, Art. 25 lit. b i) EUV *Beschlüsse über Aktionen der Union* fassen, wenn eine internationale Situation ein operatives Vorgehen der Union verlangt. Tritt eine Änderung der Umstände mit erheblichen Auswirkungen auf eine Angelegenheit ein, die Gegenstand einer Aktion ist, so überprüft der Rat die Grundsätze und Ziele der Aktion und trifft die erforderlichen Beschlüsse (Art. 28 Abs. 1 UAbs. 2 EUV). Beschlüsse über Aktionen der Union sind für die Mitgliedstaaten bei ihren Stellungnahmen und ihrem Vorgehen bindend (Art. 28 Abs. 2 EUV). Nur „bei zwingender Notwendigkeit" aufgrund einer überraschenden Entwicklung der Lage und mangels eines Ratsbeschlusses dürfen die Mitgliedstaaten erforderliche, von den Vorgaben eines Beschlusses über eine Aktion abweichende Sofortmaßnahmen ergreifen, die aber mit den allgemeinen Zielen der Aktion in Einklang stehen müssen (Art. 28 Abs. 4 Satz 1 EUV). Ergreift ein Mitgliedstaat eine solche Sofortmaßnahme, muss er den Rat sofort darüber unterrichten (Art. 28 Abs. 4 Satz 2 EUV). Ein Mitgliedstaat muss den Rat auch dann anrufen, wenn er bei der Durchführung eines Beschlusses von Schwierigkeiten erfährt (Art. 28 Abs. 5 EUV).

1444

Art. 32 Abs. 1 EUV verlangt bei jeder außen- und sicherheitspolitischen Frage von allgemeiner Bedeutung eine *gegenseitige Unterrichtung und Abstimmung zwischen den Mitgliedstaaten* im Europäischen Rat und im Rat, um ein *gemeinsames Vorgehen* festzulegen. Da nur außen- und sicherheitspolitische Fragen von allgemeiner Bedeutung, nicht aber alle Aspekte der Außen- und Sicherheitspolitik erfasst werden, greift die Unterrichtungs- und Abstimmungsverpflichtung noch nicht ein, wenn nur einzelne Mitgliedstaaten an der Angelegenheit interessiert sind.

1445

Das im Unionsvertrag nicht ausdrücklich genannte, aber gleichwohl am häufigsten angewandte Instrument der GASP ist die *gemeinsame Erklärung*. Mit diesem flexiblen Instrument kann sehr schnell auf Ereignisse in allen Teilen der Welt reagiert und der Standpunkt der Vertragsstaaten der Europäischen Union zum Ausdruck gebracht werden. Eine gemeinsame Erklärung ist rechtlich nicht bindend, sondern dient der politischen Orientierung.

1446

Art. 37 EUV ermächtigt die Union im sachlichen Anwendungsbereich der GASP zum *Abschluss völkerrechtlicher Übereinkünfte* mit Drittstaaten oder internationalen Organisationen (vgl. Rn. 1138).

1447

4. Institutionen der GASP

Nach Art. 18 Abs. 2 EUV steht die GASP unter der Leitung des Hohen Vertreters, welcher vom Europäischen Rat mit qualifizierter Mehrheit und mit Zustimmung des Präsidenten der Kommission ernannt wird (Art. 18 Abs. 1 EUV). Der Hohe Vertreter führt den Vorsitz im Rat „Auswärtige Angelegenheiten" (Art. 18 Abs. 3, Art. 27 Abs. 1 EUV). Gleichzeitig ist er nach Art. 18 Abs. 4 EUV einer der Vizepräsidenten der Kommission (sog. „Doppelhut"). Gemeinsam mit dem Prä-

1448

sidenten der Kommission und den anderen Kommissionsmitgliedern hat er sich einem Zustimmungsvotum des Europäischen Parlaments zu stellen (Art. 17 Abs. 7 UAbs. 3 Satz 1 EUV). Nimmt das Europäische Parlament einen Misstrauensantrag gegen die Kommission an, muss der Hohe Vertreter sein im Rahmen der Kommission ausgeübtes Amt niederlegen (Art. 17 Abs. 8 EUV). Mit seiner Doppelfunktion stärkt der Hohe Vertreter einerseits die Kohärenz des außenpolitischen Handelns, bewirkt aber andererseits eine problematische institutionelle Verschränkung von Rat und Kommission. Eine Schwächung der angestrebten außenpolitischen Kohärenz könnte aus dem im Vertrag von Lissabon angelegten Spannungsverhältnis zwischen dem Präsidenten des Europäischen Rates und dem Hohen Vertreter der Union ausgehen. Während der Hohe Vertreter die GASP leitet und die Union in diesem Bereich gegenüber Drittstaaten, in internationalen Organisationen und auf Konferenzen vertritt (Art. 27 Abs. 2 EUV), nimmt der Präsident des Europäischen Rates „auf seiner Ebene" die Außenvertretung der Union in Angelegenheiten der Gemeinsamen Außen- und Sicherheitspolitik wahr (Art. 15 Abs. 6 UAbs. 2 EUV). Darüber hinaus ist die Kommission für die übrigen Aspekte der Außenbeziehungen zuständig. Seit dem 1. Dezember 2019 bekleidet der Spanier *Josep Borrell Fontelles* das Amt des Hohen Vertreters[11].

1449 Art. 27 Abs. 3 EUV sieht die Einrichtung eines Europäischen Auswärtigen Dienstes (EAD) vor, der dem Hohen Vertreter unterstellt ist und diesen bei der Erfüllung seiner Aufgaben unterstützt. Der EAD wurde als ein Dienst eigener Art („sui generis") konzipiert und nimmt funktional eine von der Kommission und vom Ratssekretariat getrennte Stellung ein. Die Organisation und die Arbeitsweise des EAD sind durch Ratsbeschluss vom 26. Juli 2010 geregelt (Art. 27 Abs. 3 Satz 3 EUV)[12]. Der EAD hat am 1. Dezember 2010 seine Arbeit aufgenommen. Er arbeitet mit den diplomatischen Diensten der Mitgliedstaaten zusammen und sein Personal umfasst Beamte aus den einschlägigen Abteilungen des Generalsekretariats des Rates und der Kommission sowie abgeordnetes Personal der nationalen diplomatischen Dienste (Art. 27 Abs. 3 Satz 2 EUV).

1450 Ein vom Rat eingesetztes *Politisches und Sicherheitspolitisches Komitee* (PSK)[13] verfolgt gemäß Art. 38 Abs. 1 EUV die internationale Lage in den Bereichen der GASP und trägt durch Stellungnahmen zur Festlegung der Politiken bei. Das PSK überwacht – unbeschadet der Zuständigkeiten des Hohen Vertreters – die Durchführung vereinbarter Politiken und nimmt unter der Verantwortung des Rates und des Hohen Vertreters die politische Kontrolle und strategische Lei-

---

11 Beschluss (EU) 2019/1330 des Europäischen Rates v. 5.8.2019 zur Ernennung des Hohen Vertreters der Union für Außen- und Sicherheitspolitik, ABl.EU 2019 Nr. L 207, S. 36.
12 Beschluss 2010/427/EU des Rates v. 26.7.2010 über die Organisation und die Arbeitsweise des Europäischen Auswärtigen Dienstes, ABl.EU 2010 Nr. L 201, S. 30.
13 Beschluss 2001/78/GASP des Rates v. 22.1.2001 zur Einsetzung des Politischen und Sicherheitspolitischen Komitees, ABl.EG 2001 Nr. L 27, S. 1.

tung von militärischen Operationen zur Krisenbewältigung wahr (Art. 38 Abs. 2 EUV).

Der vom Rat eingesetzte *Militärausschuss der Europäischen Union* (EUMC)[14], der aus den Generalstabschefs der Mitgliedstaaten besteht, ist für die militärische Beratung des PSK zuständig und gibt diesem gegenüber Empfehlungen ab. Der EUMC überwacht die ordnungsgemäße Durchführung militärischer Aktionen. Der gleichfalls vom Rat eingesetzte *Militärstab der Europäischen Union* (EUMS)[15] besteht aus Militärpersonal, das von den Mitgliedstaaten in das Generalsekretariat des Rates abgeordnet wird[16]. Der EUMS unterstützt den EUMC und befasst sich mit der Frühwarnung, der Lagebeurteilung und der strategischen Planung im Hinblick auf die Petersberger Aufgaben. Der Militärstab nimmt somit Aufgaben wahr, die zuvor in den Zuständigkeitsbereich der durch eine Erklärung im Anhang zum Vertrag von Amsterdam[17] geschaffenen *Strategieplanungs- und Frühwarneinheit* gefallen waren. Mit einem Beschluss vom 8. Juni 2017 hat der Rat einen militärischen Planungs- und Durchführungsstabs (MPCC) innerhalb des EUMS eingerichtet[18]. Der MPCC übernimmt den Befehl über die militärischen EU-Missionen ohne Exekutivbefugnisse und ist für die operative Planung und Durchführung (Aufwuchs, Verlegung, Unterhaltung sowie Rückführung von Einsatzkräften der Union) verantwortlich.

1451

Die 2004 durch eine Gemeinsame Aktion[19] gegründete *Europäische Verteidigungsagentur* (EVA) mit Sitz in Brüssel hat ihre Rechtsgrundlage nunmehr in Art. 42 Abs. 3 UAbs. 2 EUV sowie im Beschluss (GASP) 2015/1835 des Rates vom 12. Oktober 2015[20]. Sie verfügt über eine eigene Rechtspersönlichkeit. Die Agentur steht unter der Aufsicht des Rates, arbeitet unter der Leitung des Hohen Vertreters und steht allen Mitgliedstaaten, die durch diese Gemeinsame Aktion gebunden sind, zur Beteiligung offen. Sie hat den Auftrag, den Rat und die Mitgliedstaaten in ihren Bemühungen um die Verbesserung der Verteidigungsfähigkeiten der Union im Bereich der Krisenbewältigung und die GSVP dauerhaft zu unterstützen. Dieser Auftrag der Agentur lässt allerdings die Zuständigkeiten der Mitgliedstaaten in Verteidigungsangelegenheiten unberührt. Zu ihren Aufgaben gehören u. a. die Ermittlung des künftigen quantitativen und qualitativen Bedarfs

1452

---

14 Beschluss 2001/79/GASP des Rates v. 22.1.2001 zur Einsetzung des Militärausschusses der Europäischen Union, ABl.EG 2001 Nr. L 27, S. 4.
15 Beschluss 2001/80/GASP des Rates v. 22.1.2001 zur Einsetzung des Militärstabs der Europäischen Union, ABl.EG 2001 Nr. L 27, S. 7; zul. geänd. ABl.EU 2008 Nr. L 102, S. 25.
16 Beschluss (EU) 2015/1027 des Rates v. 23.6.2015 über die Regelung für zum Generalsekretariat des Rates abgeordnete nationale Sachverständige und zur Aufhebung des Beschlusses 2007/829/EG, ABl.EU 2015 Nr. L 163, S. 40.
17 ABl.EG 1997 Nr. C 340, S. 132.
18 Beschluss (GASP) 2017/971 des Rates v. 8.6.2017 zur Festlegung der Planungs- und Durchführungsmodalitäten für militärische GSVP-Missionen der EU ohne Exekutivbefugnisse, ABl. EU 2017 Nr. L 146, S. 133.
19 ABl.EU 2004 Nr. L 245, S. 17.
20 Beschluss (GASP) 2015/1835 des Rates v. 12.10.2015 über die Rechtsstellung, den Sitz und die Funktionsweise der Europäischen Verteidigungsagentur, ABl.EU 2015 Nr. L 266, S. 55.

der Union an Einsatzkräften und Ausrüstung, die Förderung und Koordinierung der Harmonisierung des militärischen Bedarfs, die Förderung und Verbesserung der Europäischen Rüstungszusammenarbeit sowie die Verbesserung der Effektivität der Europäischen Verteidigungsforschung und -technologie (Art. 42 Abs. 3 UAbs. 2 EUV). Um die Effizienz und Wettbewerbsfähigkeit der europäischen Verteidigungsindustrie zu steigern, Kooperationsmaßnahmen und grenzüberschreitende Zusammenarbeit von Rechtsträgern aus der gesamten Union zu fördern, soll ein *Europäischer Verteidigungsfonds* gegründet werden, der 2021 seine Arbeit aufnehmen soll[21].

1453   Art. 33 EUV ermächtigt den Rat, auf Vorschlag des Hohen Vertreters *Sonderbeauftragte für besondere politische Aufgaben* zu ernennen. Der Sonderbeauftragte übt sein Mandat unter der Verantwortung des Hohen Vertreters aus.

5. Die Finanzierung der GASP

1454   Die Finanzierung der GASP ist in Art. 41 EUV geregelt. Danach ist zwischen *Verwaltungsausgaben* und *operativen Ausgaben* zu unterscheiden. Die *Verwaltungsausgaben* (Art. 41 Abs. 1 EUV), die den in der GASP handelnden Organen aus der Durchführung der GASP entstehen, gehen zu Lasten des Haushalts der Union. Die *operativen Ausgaben* (Art. 41 Abs. 2 EUV) gehen ebenfalls zu Lasten des Haushalts der Union, es sei denn, der Rat beschließt einstimmig etwas anderes. Nur operative „Ausgaben aufgrund von Maßnahmen mit militärischen oder verteidigungspolitischen Bezügen" im Rahmen der GASP sind von vornherein von der Haushaltsfinanzierung nach Art. 41 Abs. 2 UAbs. 1 EUV ausgeschlossen. Vom Rat werden zudem per Beschluss besondere Verfahren festgelegt, die einen schnellen Zugriff auf die Haushaltsmittel der Union gewährleisten sollen (Art. 41 Abs. 3 UAbs. 1 EUV). Dadurch soll die Sofortfinanzierung von Initiativen im Rahmen der GASP, insbesondere von Tätigkeiten zur Vorbereitung einer Mission nach Art. 42 Abs. 1 und Art. 43 EUV sichergestellt werden. Sofern diese Tätigkeiten nicht zulasten des Unionshaushalts gehen, werden sie aus einem mitgliedstaatlichen Anschubfonds finanziert (Art. 41 Abs. 3 UAbs. 2 EUV).

6. Merksätze

1455   Die **GASP** ist ein **intergouvernemental** geprägter Politikbereich der Union mit besonderen Bestimmungen und Verfahren (Art. 24 Abs. 1 UAbs. 2 EUV).

Der **Europäische Rat** „bestimmt die **strategischen Interessen der Union** und legt die **Ziele** und die **allgemeinen Leitlinien der Gemeinsamen Außen- und Sicherheitspolitik** fest" (Art. 26 Abs. 1 UAbs. 1 EUV).

---

21 Vorschlag für eine Verordnung des Europäischen Parlaments und des Rates zur Einrichtung des Europäischen Verteidigungsfonds v. 13.6.2018, COM(2018) 476 endg.

Auf der Grundlage der rechtsverbindlichen allgemeinen Leitlinien des Europäischen Rates darf der **Rat** der Europäischen Union als Rat „Auswärtige Angelegenheiten" die für die GASP erforderlichen Beschlüsse fassen (Art. 16 Abs. 6 UAbs. 3, Art. 26 Abs. 2 EUV).

Nach Art. 18 Abs. 2 EUV steht die GASP unter der Leitung des **Hohen Vertreters der Union für Außen- und Sicherheitspolitik.** Der Hohe Vertreter führt den Vorsitz im Rat „Auswärtige Angelegenheiten" (Art. 18 Abs. 3, Art. 27 Abs. 1 EUV). Gleichzeitig ist er nach Art. 18 Abs. 4 EUV einer der Vizepräsidenten der Kommission (sog. „Doppelhut"). Er wird von dem Europäischen Auswärtigen Dienst (EAD) unterstützt (Art. 27 Abs. 3 EUV).

Die **GSVP ist integraler Bestandteil der GASP.** Sie soll der Union eine auf zivile und militärische Mittel gestützte Operationsfähigkeit sichern und umfasst die schrittweise Festlegung einer gemeinsamen Verteidigungspolitik, die zu einer gemeinsamen Verteidigung führt, sobald der Europäische Rat dies beschließt und die Mitgliedstaaten diesen Beschluss gemäß ihren verfassungsrechtlichen Vorschriften ratifizieren (Art. 42 Abs. 2 UAbs. 1 EUV).

Die **Verwaltungsausgaben,** die den im Rahmen der GASP handelnden Organen entstehen, werden aus dem Haushalt der Europäischen Union finanziert (Art. 41 Abs. 1 EUV). Für **operative Ausgaben** gilt dies gleichfalls, es sei denn, der Rat beschließt einstimmig etwas anderes (Art. 41 Abs. 2 EUV), oder es handelt sich um Maßnahmen der GASP mit militärischen oder verteidigungspolitischen Bezügen.

II. Assoziierungspolitik

Literaturhinweise: *Arts, K.:* ACP-EU Relations in a New Era, CMLR 2003, S. 95; *Arnold, R./Meindl, E.:* Die Entwicklungspolitik der EU, in: Dauses, M. A./Ludwigs, M. (Hrsg.): Handbuch des EU-Wirtschaftsrechts, 43. EL Oktober 2017, Kap. K.I.7.; *Bartelt, S.:* The legislative architecture of EU external assistance and development cooperation, EuR 2008, Beiheft 2, S. 9; *Dann, Ph.:* Programm- und Prozesssteuerung im europäischen Entwicklungsverwaltungsrecht, EuR 2008, Beiheft 2, S. 107; *Hilpold, P.:* Konditionalität in den Beziehungen zwischen der EU und den AKP-Staaten: Menschenrechte, Demokratie, Rechtsstaatlichkeit und verantwortungsvolle Regierungsführung, ZEuS 2002, S. 239; *Krajewski, M.:* Wettbewerbsvorschriften in regionalen Handelsabkommen am Beispiel des EG-CARIFORUM-Wirtschaftspartnerschaftsabkommens, EWS 2010, S. 161; *Kreis, C./Schmid, E.:* Bosman und kein Ende? – Zur Vereinbarkeit von Ausländerklauseln mit dem AKP-EG-Partnerschaftsabkommen, NZA 2003, S. 1013; *Martenczuk, B.:* Die Kooperation der Europäischen Union mit Entwicklungsländern und Drittstaaten und der Vertrag von Lissabon, EuR 2008, Beiheft 2, S. 36; *Nowak, C.:* Multilaterale und bilaterale Elemente der EU-Assoziations-, Partnerschafts- und Nachbarschaftspolitik, EuR 2010, S. 746; *Pippan, Ch.:* Die Förderung der Menschenrechte und der Demokratie als Aufgabe der Entwicklungszusammenarbeit der Europäischen Gemeinschaft, 2002; *Schubert, J.:* Die Handelskooperation zwischen der Europäischen Union und den AKP-Staaten und deren Vereinbarkeit mit der GATT, 2012; *Slezak, M.:* Rechtliche Grundlagen und Entwicklung der Assoziation EWR – Türkei, ZESAR 2013, S. 53; *Vranes, E.:* Gemischte Abkommen und die Zuständigkeit des EuGH – Grundfragen und neuere Entwicklungen in den Außenbeziehungen, EuR 2009, S. 44; *Zimmermann, A.:* Die neuen Wirtschaftspartnerschaftsabkommen der EU: WTO-Konformität versus Entwicklungsorientierung?, EuZW 2009, S. 1.

1. Assoziierung der überseeischen Länder und Hoheitsgebiete

1456 Der AEU-Vertrag enthält in Art. 198 bis Art. 204 AEUV Regelungen für eine *Assoziierung der außereuropäischen Länder und Hoheitsgebiete,* die mit den Mitgliedstaaten besondere Beziehungen unterhalten, ohne dass zu diesem Zweck eigens völkerrechtliche Verträge geschlossen werden müssen (konstitutionelle Assoziierung). Es handelt sich dabei um die von den Mitgliedstaaten abhängigen Überseegebiete, meist ehemalige Kolonien. Dazu zählen u. a. Neukaledonien, Französisch-Polynesien, die Niederländischen Antillen, die Kaimaninseln und die Falklandinseln, aber auch Grönland (Anhang II zum AEUV; Art. 204 AEUV). Unter Assoziierung versteht der AEU-Vertrag besondere und privilegierte Beziehungen zwischen der Union und einem Drittstaat unterhalb einer Vollmitgliedschaft. Ziel der Assoziierung ist die Förderung der wirtschaftlichen und sozialen Entwicklung dieser Länder und Hoheitsgebiete sowie die Herstellung enger Wirtschaftsbeziehungen zwischen ihnen und der Union (Art. 198 Abs. 2 AEUV). Sie begründet eine beschränkte Anwendbarkeit der Regeln des AEU-Vertrags auf die Beziehungen zwischen den Mitgliedstaaten und diesen Gebieten.

2. Der Abschluss von Assoziierungsabkommen

1457 Daneben bietet Art. 217 AEUV eine Rechtsgrundlage für den Abschluss von *Assoziierungsabkommen* mit anderen Staaten oder internationalen Organisationen (vertragliche Assoziierung). Solche Abkommen sind Rahmenverträge, die neben gegenseitigen Rechten und Pflichten ein gemeinsames Vorgehen und besondere Verfahren, d. h. die Einrichtung gemeinsamer Organe[22], vorsehen. Art. 217 AEUV ermöglicht der Union damit, im Rahmen der Vertragsziele und nach Maßgabe des erreichten Integrationsstandes, völkerrechtliche Bindungen über den handelspolitischen Bereich nach Art. 207 AEUV hinaus einzugehen. In der Praxis werden nahezu alle Assoziierungsabkommen als gemischte Verträge unter Beteiligung der Mitgliedstaaten abgeschlossen, da sie Zuständigkeitsbereiche sowohl der Union als auch der Mitgliedstaaten berühren.

1458 In der Praxis lassen sich mehrere Kategorien von Assoziierungsabkommen unterscheiden. Wird ein Abkommen mit dem Ziel geschlossen, einen späteren

---

22 EuGH, Rs. 12/86, Slg. 1987, S. 3719, Rn. 9 f. – *Demirel* (= P Nr. 54).

Beitritt des Drittstaates vorzubereiten, spricht man von einer „*Beitrittsassoziierung*". Hierzu zählen etwa das mit der Türkei abgeschlossene Assoziierungsabkommen aus dem Jahr 1963[23], die mit ihr vereinbarte Beitrittspartnerschaft[24] sowie die im Rahmen des Stabilisierungs- und Assoziierungsprozesses (SAP) für die Staaten Albanien[25], Bosnien und Herzegowina[26] sowie Serbien[27] und Montenegro[28] seit 2004 geschlossenen Europäischen Partnerschaften und die Beitrittspartnerschaft mit der ehemaligen jugoslawischen Republik Nordmazedonien (2008)[29].

Möglich ist auch eine „*Freihandelsassoziierung*", welche die Erleichterung des Wirtschaftsverkehrs mit Drittstaaten zum Gegenstand hat. In diese Gruppe gehört beispielsweise der *Vertrag über den Europäischen Wirtschaftsraum (EWR)* vom 2. Mai 1992[30] mit den EFTA-Staaten Norwegen, Island und Liechtenstein. Lediglich die Schweiz ist – obwohl ebenfalls Mitglied der EFTA – dem EWR ferngeblieben. Der EWR bildet eine vertiefte Freihandelszone, in der zahlreiche Bestimmungen des Unionsrechts gelten. So finden innerhalb des EWR weitgehend die Grundfreiheiten und das Wettbewerbsrecht des AEU-Vertrags Anwendung. Die EWR-Staaten sind so auf völkervertraglicher Grundlage – allerdings ohne die Fortentwicklung des Unionsrechts mit beeinflussen zu können – bis zu einem gewissen Grad in die Unionsrechtsordnung einbezogen. Im Jahr 2014 wurden zudem Abkommen mit Georgien[31], der Republik Moldau[32] und der Ukraine[33] abgeschlossen, die im Kern eine politische Assoziierung und wirtschaftliche Integration ohne Beitrittsperspektive vorsehen.

Ist das Ziel eines Assoziierungsabkommens die Förderung der wirtschaftlichen Entwicklung der Partnerstaaten, spricht man von einer „*Entwicklungs-*

---

23 ABl.EG 1964 Nr. L 217, S. 3687.
24 ABl.EG 2001 Nr. L 85, S. 13; vgl. auch das Rahmenabkommen zwischen der EG und der Türkei, ABl.EG 2002 Nr. L 61, S. 27 sowie den Beschluss des Rates über die Grundsätze, Prioritäten und Bedingungen der Beitrittspartnerschaft, ABl.EU 2008 Nr. L 51, S. 4.
25 Beschluss 2008/210/EG des Rates v. 18.2.2008 über die Grundsätze, Prioritäten und Bedingungen der Europäischen Partnerschaft mit Albanien, ABl.EU 2008 Nr. L 80, S. 1.
26 Beschluss 2008/211/EG des Rates v. 18.2.2008 über die Grundsätze, Prioritäten und Bedingungen der Europäischen Partnerschaft mit Bosnien und Herzegowina, ABl.EU 2008 Nr. L 80, S. 18.
27 Stabilisierungs- und Assoziierungsabkommen zwischen den Europäischen Gemeinschaften und ihren Mitgliedstaaten einerseits und der Republik Serbien andererseits v. 29.4.2008, ABl. EU 2008 Nr. L 278, S. 16.
28 Beschluss 2007/49/EG des Rates v. 22.1.2007 über die Grundsätze, Prioritäten und Bedingungen der Europäischen Partnerschaft mit Montenegro, ABl.EU 2007 Nr. L 20, S. 16.
29 Beschluss 2008/212/EG des Rates v. 18.2.2008 über die Grundsätze, Prioritäten und Bedingungen der Beitrittspartnerschaft mit der ehemaligen jugoslawischen Republik Mazedonien, ABl.EU 2008 Nr. L 80, S. 32.
30 BGBl. 1993 II S. 2266.
31 ABl.EU 2014 Nr. L 261, S. 4.
32 ABl.EU 2014 Nr. L 260, S. 4.
33 ABl.EU 2014 Nr. L 161, S. 3.

assoziierung"[34]. Beispiele für eine solche Form der Assoziierung sind die am 13. Juli 2008 auf dem Pariser Gipfeltreffen der Staats- und Regierungschefs gegründete *Union für das Mittelmeer*[35] sowie das für einen Zeitraum von 20 Jahren geschlossene *Abkommen von Cotonou, Benin,* vom 23. Juni 2000[36].

1461 Die Union für das Mittelmeer soll den seit 1995 bestehenden „Barcelona-Prozess" (Euro-Mediterrane Partnerschaft, EUROMED) fortsetzen und intensivieren. Es ist das Ziel, im Rahmen der multilateralen Partnerschaft die politische und wirtschaftliche Entwicklung der Mittelmeerregion zu fördern und die bestehenden bilateralen Europa-Mittelmeer-Abkommen zu ergänzen, um eine Region der Stabilität, des gemeinsamen Wohlstands und der Sicherheit zu schaffen. Neben den Mitgliedstaaten der EU umfasst die „Mittelmeerunion" 16 Staaten des Mittelmeerraums aus Europa, dem Nahen Osten und Nordafrika. Der Schwerpunkt ihrer Arbeit liegt auf regionalen und transnationalen Projekten. So widmet sich die Mittelmeerunion u. a. Energie-, Mittelstands- und Bildungsfragen, dem gemeinsamen Katastrophenschutz, der Säuberung des Mittelmeers und der Einrichtung transnationaler Verkehrswege. Für die Zusammenarbeit wurden ein Sekretariat und ein „Mittelmeerrat" eingerichtet[37].

1462 Das Cotonou-Abkommen, das zwischen der EU (als Rechtsnachfolgerin der EG) und ihren Mitgliedstaaten einerseits und 79 Mitgliedern der Gruppe der Staaten in Afrika, im Karibischen und Pazifischen Raum (sog. AKP-Staaten) andererseits besteht, ist, nachdem es in Teilen bereits ab dem 2. August 2000 vorläufig Anwendung gefunden hatte, am 1. April 2003 in Kraft getreten. Es ist an die Stelle der vier *Abkommen von Lomé* getreten, die seit Mitte der siebziger Jahre die Grundlage für die Assoziierung der AKP-Staaten mit der Gemeinschaft gebildet hatten[38]. Das Abkommen von Cotonou hat den schrittweisen Abbau von Handelshemmnissen zwischen den Vertragspartnern zum Ziel. Neben der handelspolitischen Komponente besitzt es auch eine politische Dimension, da sich die Vertragsparteien zu einer verantwortungsvollen Staatsführung („good governance") im Sinne von Demokratie, Rechtsstaatlichkeit und Achtung der Menschenrechte bekennen. Gemeinsame Organe des Cotonou-Abkommens sind der AKP-EU Ministerrat, der AKP-EU Botschafterausschuss und die Paritätische Parlamentarische Versammlung (Art. 14 des Cotonou-Abkommens). Art. 95 Abs. 3 des Cotonou-Abkommens sieht alle fünf Jahre die Möglichkeit einer Revision des Abkommens vor. Dies soll die Anpassung der vertraglichen Bestimmungen an aktuelle politische Entwicklungen gewährleisten. Nach 2005 kam es im Juni 2010 zu einer zweiten Überarbeitung durch das vom AKP-EU Minister-

---

34 Vgl. dazu *Arnold/Meindl*, in: Dauses/Ludwigs (Hrsg.), Handbuch des EU-Wirtschaftsrechts, 48. EL Juli 20197, Kap. K.I., Rn. 122 ff.
35 S. zur Kooperation zwischen der EU und den Mittelmeerstaaten Mitteilung der Kommission v. 20.5.2008, Barcelona-Prozess: Union für das Mittelmeer COM(2008) 319.
36 ABl.EG 2000 Nr. L 317, S. 3.
37 S. ergänzend zur Union für das Mittelmeer: *Nowak*, EuR 2010, S. 754 f.
38 Vgl. dazu *Becker,* Die Partnerschaft von Lomé, 1979.

rat geschlossene Abkommen von Ouagadougou[39], Burkina Faso, das sich insbesondere einer Verbesserung der Entwicklungszusammenarbeit sowie der regionalen Integration in den AKP-Staaten widmet.

Bis Ende 2007 sollten mit den AKP-Staaten neue (bilaterale) „Wirtschaftspartnerschaftsabkommen" abgeschlossen werden (Art. 37 des Cotonou-Abkommens), die an die Stelle der für einen Übergangszeitraum konzipierten Handelsbestimmungen des Cotonou-Abkommens treten sollten, da das bisherige Abkommen durch WTO-konforme Regelungen ersetzt werden muss. Die Verhandlungen sind bislang jedoch nur teilweise abgeschlossen, da die meisten AKP-Staaten die fraglichen Abkommen für ihre wirtschaftliche Entwicklung eher als hinderlich denn als förderlich ansehen. Bislang haben daher nur die karibischen Staaten und die afrikanischen Staaten Mauritius, Madagaskar, Seychellen und Simbabwe ein endgültiges Wirtschaftspartnerschaftsabkommen unterzeichnet, während insbesondere die übrigen afrikanischen Staaten entweder nur allein auf den Warenverkehr beschränkte Interimsabkommen oder aber überhaupt keine Abkommen dieser Art abgeschlossen haben[40].

III. Gemeinsame Handelspolitik

Literaturhinweise: *Brauneck, J.*: Abgetrennte EU-Handelsabkommen ohne Beteiligung der Mitgliedstaaten?, EuZW 2018, S. 796; *ders.*: Kann ein neuer EU-Multilateralismus das WTO-Recht bestimmen?, EuZW 2019, S. 397; *Bungenberg, M.*: Außenbeziehungen und Außenhandelspolitik, in: Schwarze, J./Hatje, A. (Hrsg.), Der Reformvertrag von Lissabon, EuR 2009, Beiheft 1, S. 195; *Bungenberg, M./Herrmann, Ch. (Hrsg.)*: Die gemeinsame Handelspolitik der europäischen Union nach Lissabon, Baden-Baden 2011; *Dürr, R.*: Das Handelsembargo im Gemeinschaftsrecht, 1994; *Frenz, W.*: Gemeinsame Handelspolitik nach Lissabon, EWS 2010, S. 454; *Geurts, M./Leif, S.*: Rechtsfragen der Embargo-Maßnahmen durch die EU am Beispiel des Konflikts mit der Russischen Föderation, RIW 2015, S. 32; *Grzeszick, B.*: Völkervertragsrecht in der parlamentarischen Demokratie, NVwZ 2016, S. 1753; *Gundel., J.*: Das CETA-Gutachten des EuGH: Neue Grenzen des Unionsrechts für die Unterwerfung unter „fremde Richter"?, EWS 2019, S. 181; *Habermann, L./Pietzsch, H.*: Individualrechtsschutz im EG-Antidumpingrecht, 2004; *Herrmann, Ch.*: Vom misslungenen Versuch der Neufassung der gemeinsamen Handelspolitik durch den Vertrag von Nizza, EuZW 2001, S. 269; *ders.*: Die Gemeinsame Handelspolitik, in: Streinz, R./Ohler, Ch./Herrmann, Ch. (Hrsg.), Der Vertrag von Lissabon zur Reform der EU, 3. Aufl. 2010, S. 149–154; *Herrnfeld, H.-H.*: Rechtsgrundlage für „smart sanctions" zur Bekämpfung des Terrorismus – Anmerkungen zum Urteil des Gerichtshofs in der Rs. C-130/10, Europäisches Parlament/Rat, v. 19.7.2012, EuR 2013, S. 87; *Hoffmeister, F.*: Aktuelle Rechtsfragen in der Praxis der europäischen Außenhandelspolitik, ZEuS 2013, S. 385; *Holterhus, T. P.*: Eilanträge in Sachen CETA – Europäische Außenhandelspolitik im Mehrebenengeflecht von Verfassungs-, Unions- und Völkerrecht, EuZW 2016, S. 896; *Kau, M.*: Die EU-Wirtschaftssanktionen gegen Russland im Licht der WTO-Regeln,

---

39 ABl.EU 2010 Nr. L 287, S. 3.
40 S. dazu *Zimmermann*, EuZW 2009, S. 1.

EuZW 2017, S. 293; *Kempen, B./Schiffbauer, B.:* Die vorläufige Anwendung völkerrechtlicher Verträge im internationalen Mehrebenensystem, ZaöRV 77 (2017), S. 95; *Koopmann, G.:* Handelspolitik in der Europäischen Gemeinschaft, 2004; *Krajewski, M.:* Normative Grundlagen der EU-Außenwirtschaftsbeziehungen: Verbindlich, umsetzbar und angewandt?, EuR 2016, S. 235; *Krenzler, H. G./Pitasch, Ch.:* Fortschritt oder Stagnation? – Die gemeinsame Handelspolitik nach Nizza, EuR 2001, S. 442; *Lütticken, F.:* Die europäische Handelspolitik in GATT/WTO, 2006; *Mayer, F. C.:* Die Mitwirkung deutscher Gesetzgebungsorgane an der EU-Handelspolitik: europarechtliche und verfassungsrechtliche Erfordernisse, ZEuS 2016, S. 391; *Mehle, B./Mehle, V.:* Die notwendige Einhaltung von EU-Embargoregelungen durch Unternehmen mit Sitz in Drittstaaten, RIW 2015, S. 397; *Müller, W.:* Stand und Perspektiven des EG-Antidumpingrechts, EWS 2000, S. 195; *Müller-Ibold, T./Herrmann, Ch.:* Die Entwicklung des europäischen Außenwirtschaftsrechts, EuZW 2018, S. 749; *Nettesheim, M.:* Das CETA-Urteil des BVerfG: eine verpasste Chance?, NJW 2016, S. 3567; *ders.:* Umfassende Freihandelsabkommen und Grundgesetz – Verfassungsrechtliche Grundlagen der Zustimmung zu CETA, 2017; *Nowrot, K./Tietje, Ch.:* CETA an der Leine des Bundesverfassungsgerichts: Zum schmalen Grat zwischen Ultra-vires-Kontrolle und Ultra-vires-Handel, EuR 2017, S. 137; *Ohler, Ch.:* Gemeinschaftsrechtlicher Rechtsschutz gegen personengerichtete Sanktionen des UN-Sicherheitsrats, EuZW 2008, S. 630; *Pitschas, R.:* Der Handel mit Dienstleistungen, in: Hermann, Ch./Krenzler, H. G./Streinz, R. (Hrsg.), Die Außenwirtschaftspolitik der Europäischen Union nach dem Verfassungsvertrag, 2006, S. 99; *Prieß, H.-J./Arend, K.:* Präferenzielle Relativität von Freihandelsabkommen – das kritische Beispiel des EU-Südkorea-Abkommens, ZfZ 2012, S. 137; *Ress, H.-K.:* Das Handelsembargo, 2000; *Schmid, H. et al.:* Antidumping- und Antisubventionsrecht, in: Dauses, M. A./Ludwigs, M. (Hrsg.): Handbuch des EU-Wirtschaftsrechts, 43. EL Oktober 2017, Kap. K.II.; *Scholz, T.:* Die „Antiterrorliste" des Sicherheitsrats der Vereinten Nationen, NVwZ 2009, S. 287; *Steinbach, A.:* Kompetenzkonflikte bei der Änderung gemischter Abkommen durch die EG und ihre Mitgliedstaaten – Konsequenz aus der parallelen Mitgliedschaft in internationalen Organisationen, EuZW 2007, S. 109; *Tamblé, Ph.:* Zur Rechtmäßigkeit von EU-Sanktionen – insbesondere gegen juristische Personen, EuR 2016, S. 666; *Taraschka, K.:* Die Kompetenzen der EG im Bereich der Handelspolitik, 2001; *Walter, K.:* Das neue Iranembargo der Europäischen Union – Neuerungen und Auswirkungen, RIW 2011, S. 281; *Wenig, H.:* The European Community's Anti-dumping System: Salient Features, JWT 2005, S. 787; *Wenig, H./Müller, W.:* Ex geneva lux? Europäisches Antidumpingrecht im Lichte der Spruchpraxis des WTO-Streitbeilegungssystems, EWS 2003, S. 498 u. 544.

1464 Während der Bereich der gemeinsamen Handelspolitik im EG-Vertrag noch isoliert in dessen Art. 131 und Art. 133 geregelt war, erfolgte mit Inkrafttreten des AEU-Vertrages systematisch eine Einordnung der entsprechenden Vorschriften (Art. 206 und Art. 207 AEUV) in das Kapitel über „Das auswärtige Handeln der Union" (Art. 205 ff. AEUV). In diesem Kapitel ist mit Ausnahme der Gemeinsamen Außen- und Sicherheitspolitik (s. dazu Rn. 1401 ff.) sowie der gemeinsamen Verteidigungspolitik (Rn. 1405 ff.) und Art. 8 EUV, der die Nachbarschaftspolitik betrifft, das gesamte auswärtige Handeln der Union geregelt. Gemäß Art. 207 Abs. 1 AEUV wird die gemeinsame Handelspolitik nach einheitlichen Grundsätzen gestaltet, und zwar im Rahmen der Grundsätze und Ziele des auswärtigen Handelns der Union (Art. 205 AEUV). Die Schaffung einer Zollunion (Rn. 874 ff.) soll nicht zu einer Abschottung des Binnenmarkts nach außen führen. Die gemeinsame Handelspolitik der Union wird vielmehr von dem Grundsatz geleitet, einen vernünftigen Ausgleich zwischen den handelspolitischen Interessen und Zielen der Union und den Interessen des Welthandels zu schaffen. Die Union bekennt sich dabei prinzipiell zu einer liberalen Außenhandelspolitik (Art. 206 AEUV). Neu eingeführt in den Zielkatalog des Art. 206 AEUV wurde durch den Vertrag von Lissabon das Ziel der Beseitigung von nichttarifären („anderen") Schranken des internationalen Handelsverkehrs sowie die Beseitigung von Beschränkungen bei den ausländischen Direktinvestitionen[41]. Künftig kann gemäß Art. 207 Abs. 2 AEUV durch Verordnung nach dem ordentlichen Gesetzgebungsverfahren der Rahmen für die Umsetzung der Gemeinsamen Handelspolitik festgelegt werden.

1. Die Reichweite der Außenhandelskompetenz der Europäischen Union

Wichtigste Kompetenznorm im Bereich der Handelspolitik ist Art. 207 AEUV. Diese Bestimmung ermöglicht der Europäischen Union zunächst den *Abschluss von Handelsabkommen mit Drittstaaten und anderen internationalen Organisationen*. Es handelt sich dabei gemäß Art. 3 Abs. 1 lit. e AEUV um eine *ausschließliche Unionskompetenz,* d. h., die Mitgliedstaaten sind nicht befugt, in dem von Art. 207 AEUV erfassten Politikbereich eigene Handelsabkommen abzuschließen[42]. In die Vertragsschlusskompetenz der Union nach Art. 207 AEUV fallen alle Maßnahmen, die den Handelsverkehr – also den Warenaustausch – mit dritten Staaten regeln, sowie alle Maßnahmen, deren Hauptzweck in der Beeinflussung der Handelsströme oder des Handelsvolumens liegt. Die Gemeinsame Handelspolitik umfasst insbesondere die Änderung von Zollsätzen, den Abschluss von Zoll- und Handelsabkommen, die den Handel mit Waren und Dienstleistungen betreffen, die Handelsaspekte des geistigen Eigentums, die ausländischen Direktinvestitionen, die Vereinheitlichung der Liberalisierungsmaßnahmen, die Ausfuhrpolitik sowie handelspolitische Schutzmaßnahmen (Art. 207 Abs. 1 AEUV). Diese Aufzählung der Gegenstände der Handelspolitik ist jedoch nicht abschließend, d. h., die Union ist nicht auf die in Art. 207 Abs. 1 AEUV genannten Instrumente der Handelspolitik beschränkt. Der Europäische Gerichtshof bejaht eine dynamische Auslegung der Außenhandelskompetenz der Union und begründet dies zum einen mit der stetigen Weiterentwicklung des Welthandels. Zum anderen würde eine eigenständige Handelspolitik der Mit-

1465

---

[41] Zu den damit verbundenen weitreichenden Veränderungen vgl. *Bungenberg,* in: Schwarze/Hatje (Hrsg.), Der Reformvertrag von Lissabon, EuR 2009, Beiheft 1, S. 195, 207 ff.
[42] Zur Kompetenzverteilung vor Inkrafttreten des Art. 3 Abs. 1 AEUV s. EuGH, Gutachten 1/94, Slg. 1994, S. I-5267, Rn. 34 – *WTO/GATS/TRIPs* (= P Nr. 49); EuGH, Gutachten 1/03, Slg. 2006, S. I-1145 – *Lugano-Übereinkommen.*

gliedstaaten der Union in außerhalb der Unionskompetenz liegenden Gebieten zu unterschiedlichen Standards führen und damit auch Störungen des Handels innerhalb der Union heraufbeschwören[43].

1466 Betrifft ein Abkommen mit Drittstaaten Gegenstände, die nicht vollständig in den handelspolitischen Kompetenzbereich der Union fallen, sondern auch in den Kompetenzbereich der Mitgliedstaaten, werden „gemischte Abkommen" unter Beteiligung sowohl der Union als auch der Mitgliedstaaten abgeschlossen. Der Handel mit Dienstleistungen fällt allerdings nach Art. 207 Abs. 4 AEUV grundsätzlich mit in die Unionskompetenz (Rn. 165 ff.). Zudem ist mit der Ausweitung der ausdrücklich festgelegten ausschließlichen Zuständigkeit der Europäischen Union gemäß Art. 3 Abs. 1 lit. e AEUV auf den Handel mit Dienstleistungen, auf Handelsaspekte des geistigen Eigentums sowie auf ausländische Direktinvestitionen der Anwendungsbereich der „gemischten Abkommen" erheblich kleiner geworden[44]. Zu beachten ist allerdings, dass sich die Zuständigkeit der Union nur auf Direktinvestitionen bezieht. Umfasst ein Handelsabkommen nicht allein ausländische Direktinvestitionen, sondern auch andere Investitionen, sogenannte Portfolioinvestitionen, handelt es sich um eine zwischen Union und Mitgliedstaaten geteilte Zuständigkeit[45]. Es handelt sich ebenfalls um eine geteilte Zuständigkeit, wenn ein Handelsabkommen Streitbeilegungsregelungen beinhaltet, die Streitigkeiten zwischen Investoren und Mitgliedstaaten betreffen und solche Streitigkeiten der gerichtlichen Zuständigkeit der Mitgliedstaaten entziehen[46]. Auch beim europäisch-kanadischen Wirtschafts- und Handelsabkommen CETA (Comprehensive Economic and Trade Agreement)[47] handelt es sich um ein gemischtes Abkommen, das sowohl von der Europäischen Union als auch von den Mitgliedstaaten abgeschlossen wird. Der Rat hat am 28. Oktober 2016 gemäß Art. 218 Abs. 5 AEUV die vorläufige Anwendung des unterzeichneten, aber noch im Ratifikationsprozess befindlichen Abkommens beschlossen[48]. In einem Gutachtenverfahren gemäß Art. 218 Abs. 11 AEUV hat der Europäische Gerichtshof im April 2019 die Vereinbarkeit des CETA mit dem Europäischen Unionsrecht festgestellt[49]. Gegen das Abkommen und den Beschluss über die vorläufige Anwendung sind jedoch auch Verfassungsbeschwerden und eine Or-

---

43 EuGH, Gutachten 1/78, Slg. 1979, S. I-2871, Rn. 41 ff. – *Internationales Naturkautschuk-Übereinkommen.*
44 *Bungenberg,* in: Schwarze/Hatje (Hrsg.), Der Reformvertrag von Lissabon, EuR 2009, Beiheft 1, S. 195, 204 f.
45 EuGH, Gutachten 2/15, ECLI:EU:C:2017:376, Rn. 83 ff. – *Freihandelsabkommen EU-Singapur* (= P Nr. 51).
46 EuGH, Gutachten 2/15, ECLI:EU:C:2017:376, Rn. 290 ff. – *Freihandelsabkommen EU-Singapur* (= P Nr. 51).
47 ABl.EU 2017 Nr. L 11, S. 23.
48 Beschluss (EU) 2017/38 des Rates v. 28.10.2016 über die vorläufige Anwendung des umfassenden Wirtschafts- und Handelsabkommens (CETA) zwischen Kanada einerseits und der Europäischen Union und ihren Mitgliedstaaten andererseits, ABl.EU 2017 Nr. L 11, S. 1080.
49 EuGH, Gutachten 1/17, ECLI:EU:C:2019:341 – *CETA* (= P Nr. 59).

ganstreitverfahren vor dem BVerfG erhoben worden, da hierin Ultra-vires-Akte und Verletzungen der Verfassungsidentität wegen Missachtung von Rechten des Bundestags gesehen werden. Ein Antrag auf Erlass einer einstweiligen Anordnung gegen die vorläufige Anwendung des Abkommens ist vor dem BVerfG gescheitert[50]. Die Entscheidung in der Hauptsache steht noch aus.

2. Die Mitgliedschaft in der Welthandelsorganisation

Auf der Grundlage des Art. 207 AEUV ist die Europäische Union – neben ihren Mitgliedstaaten – Mitglied der Welthandelsorganisation (WTO)[51]. Die seit dem Vertrag von Lissabon rechtsfähige Union ist Rechtsnachfolgerin der Europäischen Gemeinschaft. Im Außenverhältnis gegenüber Drittstaaten und anderen internationalen Organisationen bedarf die Rechtsnachfolge allerdings einer zumindest konkludenten Anerkennung. Die bestehende parallele Mitgliedschaft der Mitgliedstaaten neben der Union selbst erweist sich nach Inkrafttreten des Art. 3 AEUV, der die ausschließliche Zuständigkeit der Union auf allen Regelungsgebieten des WTO-Rechts vorsieht (insbesondere sind dies Warenhandel, Dienstleistungen und Schutz des geistigen Eigentums sowie zukünftig möglicherweise Handel und Wettbewerb, Handel und Investitionen sowie Transparenz im öffentlichen Beschaffungswesen), jedoch als problematisch. Kommt es zu einem Abschluss der zur Zeit stockenden Doha-Runde, in der seit dem Jahr 2001 Regierungsvertreter der WTO-Vertragsparteien nach Lösungen für verbesserte Chancen der Entwicklungsländer im Welthandel suchen, wäre nunmehr allein die Union zur Unterzeichnung der entsprechenden Verträge zuständig. In diesem Fall sind jedoch die Konsequenzen für die Mitgliedschaft der Mitgliedstaaten in der WTO unklar[52].

1467

Dem Übereinkommen zur Errichtung der WTO sind eine Reihe multilateraler Abkommen im Anhang beigefügt, deren Vertragspartei die Union ebenfalls ist. Zu nennen ist vor allem das Allgemeine Zoll- und Handelsabkommen (GATT 1994)[53]. Es wiederholt weitgehend die Regelungen des GATT aus dem Jahr 1947, dem die Europäische Gemeinschaft allerdings nicht förmlich beigetreten war. Da die Gemeinschaft jedoch in die handels- und zollpolitischen Kompetenzen ihrer Mitgliedstaaten, die dem GATT 1947 angehörten, hineingewachsen war, hatte sie faktisch die Stellung einer Vertragspartei inne[54]. Ergänzt wird das neue GATT-Regime u. a. durch das Allgemeine Übereinkommen über den Handel mit Dienst-

1468

---

50 BVerfGE 143, 65 – *CETA*; vgl. dazu *Nowrot/Tietje*, EuR 2017, S. 137 ff.; *Holterhus*, EuZW 2016, S. 896 ff.; *Nettesheim*, NJW 2016, S. 3567 ff.; *Kempen/Schiffbauer*, ZaöRV 77 (2017), S. 95 ff.; *Grzeszick*, NVwZ 2016, S. 1753 ff.; *Mayer*, ZEuS 2016, S. 391 ff.
51 ABl.EG 1994 Nr. L 336, S. 1.
52 Dazu ausführlich: *Bungenberg*, EuR 2009, Beiheft 1, S. 205 f.
53 ABl.EG 1994 Nr. L 336, S. 11.
54 EuGH, verb. Rs. 21/72 bis 24/72, Slg. 1972, S. 1219, Rn. 14/18 – *International Fruit Company*.

leistungen (GATS)⁵⁵ und das Übereinkommen über handelsbezogene Aspekte der Rechte des geistigen Eigentums (TRIPs)⁵⁶. Das neue GATT-System verfügt durch die WTO über eine institutionelle Struktur, die auch einen obligatorischen Streitbeilegungsmechanismus umfasst. Umstritten sind die Rechtswirkungen von WTO-Streitbeilegungsentscheidungen im Unionsrecht (dazu Rn. 464 f.).

1469 Gemäß Art. 207 Abs. 4 UAbs. 2 AEUV beschließt der Rat einstimmig über den Abschluss eines Abkommens über den Dienstleistungsverkehr, über Handelsaspekte des geistigen Eigentums sowie über ausländische Direktinvestitionen, wenn die Abkommen Bestimmungen enthalten, bei denen für die Annahme interner Vorschriften Einstimmigkeit erforderlich ist. Dasselbe gilt gemäß Art. 207 Abs. 4 UAbs. 3 lit. a AEUV für den Bereich des Handels mit kulturellen und audiovisuellen Dienstleistungen, wenn diese Abkommen die kulturelle und sprachliche Vielfalt in der Union beeinträchtigen können, sowie gemäß UAbs. 3 lit. b für den Handel mit Dienstleistungen des Sozial-, Bildungs- und Gesundheitssektors, wenn diese Abkommen die einzelstaatliche Organisation dieser Dienstleistungen ernsthaft stören und die Verantwortlichkeit der Mitgliedstaaten für ihre Erbringung beeinträchtigen könnten.

3. Kurzabriss: Antidumping- und Antisubventionsrecht

1470 Eine Verfälschung des Marktgefüges in der EU kann sich auch daraus ergeben, dass aus Nichtmitgliedstaaten sog. gedumpte oder subventionierte Waren in die Union eingeführt werden. Zum Schutz der Industrie der EU vor derartigen Handelspraktiken haben das Europäische Parlament und der Rat auf der Grundlage der Bestimmungen über die gemeinsame Handelspolitik der Union (Art. 207 AEUV) eine Antisubventionsverordnung (ASV)⁵⁷ und – in enger Anlehnung an die Bestimmungen des WTO-Antidumpingübereinkommens – eine Antidumpingverordnung (AD-GVO)⁵⁸ erlassen. Die Verordnungen ermächtigen die Kommission und den Rat dazu, auf gedumpte Waren einen Antidumpingzoll bzw. auf subventionierte Waren einen Ausgleichszoll zu erheben. Sie gelten für die Einfuhr aller Arten von Waren aus allen Ländern, die nicht der EU angehören (Art. 1 Abs. 1 AD-GVO, Art. 1 ASV). Dienstleistungen unterliegen dagegen weder der Dumping- noch der Subventionskontrolle.

1471 Ein Antidumping- oder Ausgleichszoll kann erhoben werden, wenn kumulativ folgende Voraussetzungen erfüllt sind (Art. 9 Abs. 4 AD-GVO, Art. 15

---

55 ABl.EG 1994 Nr. L 336, S. 191.
56 ABl.EG 1994 Nr. L 336, S. 214.
57 Verordnung (EU) Nr. 2016/1037 des Europäischen Parlaments und des Rates v. 8.6.2016 über den Schutz gegen subventionierte Einfuhren aus nicht zur Europäischen Union gehörenden Ländern, ABl.EU 2016 Nr. L 176, S. 55.
58 Verordnung (EU) Nr. 2016/1036 des Europäischen Parlaments und des Rates v. 8.6.2016 über den Schutz gegen gedumpte Einfuhren aus nicht zur Europäischen Union gehörenden Ländern, ABl.EU 2016 Nr. L 176, S. 21.

Abs. 1 ASV): Neben der Einfuhr einer gedumpten oder subventionierten Ware aus einem EU-Nichtmitgliedstaat in den EU-Binnenmarkt (a.), die zu einer Schädigung des EU-Marktgefüges führt (b.), muss die Auferlegung eines Zolls im Unionsinteresse liegen (c.).

a) Definition von Dumping und Subvention

Eine Ware gilt gem. Art. 1 Abs. 2, Art. 2 Abs. 1 AD-GVO als gedumpt, wenn ihr Ausfuhrpreis in die Union niedriger ist als der Preis, der für die zum Verbrauch im Ausfuhrland bestimmte gleichartige (Art. 1 Abs. 4 AD-GVO) Ware im Handelsverkehr des Ausfuhrlandes von unabhängigen Abnehmern gezahlt wurde oder zu zahlen ist (sog. „Normalwert"). Lässt sich der Normalwert nicht durch den Inlandspreis im Ausfuhrland ermitteln, wird auf eine rechnerische Ermittlung (Art. 2 Abs. 3 Hs. 2, 1. Alt. AD-GVO) bzw. auf den Ausfuhrpreis in ein anderes Drittland (Art. 2 Abs. 3 Hs. 2, 2. Alt. AD-GVO) zurückgegriffen. Bei Einfuhren aus Ländern ohne Marktwirtschaft wird der Normalwert nach den in Art. 2 Abs. 7 AD-GVO genannten Methoden ermittelt (Rückgriff auf ein Vergleichsdrittland mit Marktwirtschaftsstatus). Aus der Differenz zwischen Ausfuhrpreis und Normalwert ergibt sich die Dumpingmarge, deren Höhe der Antidumpingzoll nicht übersteigen darf (Art. 9 Abs. 4 AD-GVO).

1472

Eine Ware wird subventioniert, wenn das Ursprungs- oder Ausfuhrland eine direkte finanzielle Zuwendung oder einen anderen Vorteil in Form jeglicher Einkommens- oder Preisstützung für die Herstellung, die Produktion, die Ausfuhr oder die Beförderung einer Ware gewährt (Art. 3 ASV).

1473

b) Schädigung des Marktgefüges der EU

Voraussetzung für die Auferlegung eines Zolls ist, dass er sich gegen eine gedumpte oder subventionierte Ware aus einem Drittland richtet, die eine Schädigung des Marktgefüges der EU kausal verursacht (Art. 1 Abs. 1, 9 Abs. 4 AD-GVO, Art. 1 Abs. 1, 15 Abs. 1 ASV). Die gedumpte Ware muss aus einem Nichtmitgliedstaat in den „zollrechtlich freien Verkehr" der EU eingeführt werden, d. h. dort endgültig verbleiben und in den Wirtschaftskreislauf der EU eintreten. Hierdurch muss eine Schädigung der Industrie oder des Handels in der Union verursacht werden, d. h. eine Verzerrung oder Verschlechterung der wirtschaftlichen Situation des betroffenen Sektors. Dies erfordert die Ermittlung des Gesamtvolumens der gedumpten Einfuhren, ihrer Auswirkungen auf die Preise gleichartiger Waren auf dem Binnenmarkt und der Auswirkungen dieser Einfuhren auf den betroffenen Wirtschaftszweig oder Sektor der Union (Art. 3 Abs. 2 AD-GVO, Art. 8 Abs. 1 ASV). Den Unionsorganen kommt bei dieser Prüfung ein weiter Beurteilungs- und Ermessensspielraum zu.

1474

c) Zollerhebung im Unionsinteresse

1475 Die Beseitigung der Einführung von gedumpten oder subventionierten Waren muss im Unionsinteresse liegen, d. h. nicht nur im Interesse Einzelner (Art. 21 AD-GVO, Art. 31 ASV). Entscheidende Bedeutung kommt insofern der (Wieder-)Herstellung eines fairen Wettbewerbs zu. Die Einfuhr günstiger Waren aus Drittländern soll nicht verhindert werden, wenn der Preisunterschied zwischen diesen Waren und entsprechenden in der EU hergestellten Waren auf Effizienzvorteilen o. ä. beruht. Unlauter ist entsprechend Art. VI des Allgemeinen Zoll- und Handelsabkommens (General Agreement on Tariffs and Trade 1994 – GATT) eine Preisdiskriminierung beispielsweise dann, wenn die Ware unterhalb der Produktionskosten, insbesondere unterhalb der variablen Kosten, in der EU angeboten wird. Die Feststellung des Unionsinteresses erfolgt unter Bewertung aller Interessen, insbesondere der des EU-inländischen Wirtschaftszweigs, der Verwender und der Verbraucher (Art. 21 Abs. 1 AD-GVO, Art. 31 Abs. 1 ASV). Auch hier kommt den Unionsorganen im Rahmen der Beurteilung ein weiter Beurteilungs- und Ermessensspielraum zu, da es sich um komplexe wirtschaftliche Sachverhalte handelt. Sind die übrigen Voraussetzungen erfüllt, müssen in der Regel zwingende Gründe vorliegen, damit von der Auferlegung von Antidumping- oder Ausgleichszöllen abgesehen wird.

d) Umgehungsversuche

1476 Geltende Antidumping- und Ausgleichzölle können auf die Einfuhr von Waren aus Drittländern, die von EU-Zollmaßnahmen bereits betroffen waren, aber nunmehr geringfügig verändert wurden, ausgeweitet werden, wenn so eine Umgehung der geltenden Zölle stattfindet (Art. 13 Abs. 1 AD-GVO, Art. 23 Abs. 1 ASV).

e) Verfahren zur Erhebung eines Antidumpingzolls

1477 Das Verfahren, das zur Erhebung eines Antidumping- oder Ausgleichszolls führen kann, wird regelmäßig durch einen schriftlichen Antrag eingeleitet (Art. 5 Abs. 1 AD-GVO, Art. 10 Abs. 1 ASV). Unter besonderen Umständen ist auch die Einleitung von Amts wegen möglich (Art. 5 Abs. 6 AD-GVO, Art. 10 Abs. 8 ASV). Der Antrag kann von einer natürlichen oder juristischen Person oder einer Vereinigung ohne Rechtspersönlichkeit, die im Namen eines Wirtschaftszweigs der Union handelt, gestellt werden (Art. 5 Abs. 1 AD-GVO, Art. 10 Abs. 1 ASV). Er ist an die Kommission bzw. einen Mitgliedstaat, der ihn dann an die Kommission weiterleitet, zu richten. Der Antrag muss Beweise für das Vorliegen von Dumping oder einer Subvention und für eine Schädigung eines Wirtschaftszweigs der Union sowie für einen ursächlichen Zusammenhang zwischen den angeblich gedumpten oder subventionierten Einfuhren und der angeblichen

Schädigung enthalten (Art. 5 Abs. 2 AD-GVO, Art. 10 Abs. 2 ASV). Die Kommission überprüft dann im Rahmen ihrer Möglichkeiten die Richtigkeit und Stichhaltigkeit der dem Antrag beigefügten Beweise, um festzustellen, ob diese für die Einleitung einer Untersuchung ausreichend sind (Art. 5 Abs. 3 AD-GVO, Art. 10 Abs. 3 ASV). Ist dies nicht der Fall, wird der Antrag zurückgewiesen. Stellt sich heraus, dass genügend Beweise vorliegen, so eröffnet die Kommission ein Verfahren und veröffentlicht eine entsprechende Bekanntmachung im Amtsblatt der Europäischen Union (Art. 5 Abs. 9 AD-GVO, Art. 10 Abs. 11 ASV), sofern der Antrag von in der EU ansässigen Herstellern unterstützt wird, die mindestens 25 % der Gesamtproduktion der betroffenen Ware auf sich vereinigen (Art. 5 Abs. 4 AD-GVO, Art. 10 Abs. 6 ASV). In dieser Bekanntmachung werden auch „interessierte Parteien" aufgefordert, sich zu melden, um ihren Standpunkt darzulegen (Art. 5 Abs. 10 AD-GVO, Art. 10 Abs. 12 ASV). Im Rahmen des Verfahrens wird untersucht, ob ein Dumping bzw. eine Subventionierung und eine Schädigung vorliegen (Art. 6 Abs. 1 AD-GVO, Art. 11 Abs. 1 ASV). Im Laufe des Verfahrens ist die Kommission befugt, vorläufige Zölle zu erheben, wenn dies im Unionsinteresse erforderlich ist (Art. 7 Abs. 1 AD-GVO, Art. 12 Abs. 1 ASV). Ergibt sich am Ende der Untersuchung, dass Schutzmaßnahmen nicht erforderlich sind, wird das Verfahren eingestellt (Art. 9 Abs. 2 AD-GVO, Art. 14 Abs. 2 ASV). Gelangt die Kommission hingegen zu dem Schluss, dass ein Dumping bzw. eine Subventionierung und eine dadurch verursachte Schädigung vorliegen und dass ein Eingreifen im Unionsinteresse erforderlich ist, so setzt sie einen Antidumping- bzw. Ausgleichszoll durch Verordnung fest (Art. 9 Abs. 4 AD-GVO, Art. 15 Abs. 1 ASV). Eine Antidumping- oder Ausgleichsmaßnahme bleibt nur so lange und in dem Umfang in Kraft, wie dies notwendig ist, um die schädigende Wirkung unwirksam zu machen (Art. 11 Abs. 1 AD-GVO, Art. 17 ASV). Vorbehaltlich einer Überprüfung und der Notwendigkeit ihrer Aufrechterhaltung tritt eine endgültige Maßnahme fünf Jahre nach ihrer Einführung oder fünf Jahre nach ihrer letzten Überprüfung außer Kraft (Art. 11 Abs. 2 AD-GVO, Art. 18 Abs. 1 ASV).

Gegen die Entscheidung der Kommission, das Verfahren oder die Untersuchung einzustellen, sowie gegen Verordnungen, die (vorläufige) Zölle festsetzen (Art. 7 Abs. 3 AD-GVO, Art. 12 Abs. 2 ASV bzw. Art. 9 Abs. 4 AD-GVO, Art. 15 Abs. 1 ASV), kann – bei Vorliegen der Zulässigkeitsvoraussetzungen (Rn. 526 ff.) – Nichtigkeitsklage gemäß Art. 263 AEUV erhoben werden. Problematisch ist dabei insbesondere, ob der Kläger geltend machen kann, von der Entscheidung bzw. der Verordnung unmittelbar und individuell betroffen zu sein (vgl. zu diesen Merkmalen Rn. 530 ff.). Als individuell betroffen sind beispielsweise solche Wirtschaftsteilnehmer anzusehen, die einem Wirtschaftsverband angehören, in dessen Namen ein Vorschlag zur Einführung eines Antidumpingzolls vorgelegt wurde, der durch eine Entscheidung der Kommission nicht angenommen wurde. Eine Nichtigkeitsklage richtet sich dann gegen die ablehnende Entscheidung der Kommission.

1478

4. Handelsembargos der Europäischen Union

1479 Seit der durch den Vertrag von Maastricht vorgenommenen Änderung des Gemeinschaftsvertrags besaß die EG und besitzt in deren Nachfolge die Union die ausdrückliche Kompetenz, Wirtschaftssanktionen und Embargomaßnahmen gegenüber Drittstaaten zu ergreifen (Art. 301 EGV a. F., Art. 215 AEUV)[59]. Art. 215 AEUV liegt ein zweistufiges Verfahren zugrunde: Einigen sich die Mitgliedstaaten im Rat im Rahmen der Gemeinsamen Außen- und Sicherheitspolitik (GASP) in diesbezüglichen Beschlüssen (Titel V Kapitel 2 EUV; vgl. Rn. 372 ff.) darauf, die Wirtschaftsbeziehungen zu einem oder mehreren dritten Staaten auszusetzen, einzuschränken oder vollständig einzustellen (außenpolitische Entscheidung über das „Ob" und ggf. Rahmen für das „Wie"), trifft der Rat auf gemeinsamen Vorschlag des Hohen Vertreters der Union für Außen- und Sicherheitspolitik und der Kommission die erforderlichen Sofortmaßnahmen auf der Grundlage von Art. 215 AEUV (Umsetzung, „Wie"). Ein weitergehender Rückgriff auf Art. 207 AEUV ist ausgeschlossen. Sowohl auf der Grundlage von Art. 301 EGV a. F.[60] als auch von Art. 215 AEUV[61] sind eine Reihe von Maßnahmen beschlossen worden. Auch für Embargomaßnahmen ist die Union – wie für den Bereich der übrigen Außenhandelspolitik – ausschließlich zuständig. Die Mitgliedstaaten sind ohne unionsrechtliche Ermächtigung nicht mehr befugt, außenpolitisch motivierte Wirtschaftssanktionen zu ergreifen. Bei der gerichtlichen Kontrolle von Embargobeschlüssen der Union kann der vorausliegende GASP-Akt nicht auf seine Rechtmäßigkeit hin überprüft werden.

1480 Sollen Sanktionsmaßnahmen ergriffen werden, die der Verhütung und Bekämpfung des Terrorismus dienen und die Verwaltungsmaßnahmen in Bezug auf Kapitalbewegungen und Zahlungen beinhalten, ist nicht Art. 215 AEUV die richtige Rechtsgrundlage. Vielmehr sind solche Maßnahmen auf Art. 75 Abs. 2 AEUV zu stützen[62]. Art. 75 Abs. 2 AEUV ist dabei jedoch keineswegs lex specialis zu Art. 215 AEUV. Beide Vorschriften haben unterschiedliche Anwendungs-

---

59 Vgl. zur Rechtslage und Praxis vor dem Vertrag vom Maastricht die 9. Aufl., Rn. 1372.
60 Vgl. z. B. die Verordnung (EG) Nr. 2471/1994 des Rates v. 10.10.1994 zur weiteren Einschränkung der Wirtschafts- und Finanzbeziehungen zwischen der Europäischen Gemeinschaft und den von den bosnisch-serbischen Streitkräften kontrollierten Gebieten der Republik Bosnien-Herzegowina, ABl.EG 1994 Nr. L 226, S. 1, sowie die Verordnung (EG) Nr. 2111/1999 des Rates v. 4.10.1999 betreffend das Verbot des Verkaufs und der Lieferung von Erdöl und bestimmten Erdölerzeugnissen an bestimmte Gebiete der Bundesrepublik Jugoslawien (BRJ), ABl. EG 1999 Nr. L 258, S. 12.
61 Vgl. z. B. die Verordnung (EU) Nr. 833/2014 des Rates v. 31.7.2014, ABl.EU 2014 Nr. L 229, S. 1 ff., Verordnung (EU) Nr. 960/2014 des Rates v. 8.9.2014, ABl.EU 2014 Nr. L 271, S. 3 ff., Verordnung (EU) Nr. 1290/2014 des Rates v. 4.12.2014, ABl.EU 2014 Nr. L 349, S. 20 ff., mit denen diverse Einschränkungen der Wirtschafts- und Finanzbeziehungen zwischen der Europäischen Union und Russland aufgrund der sogenannten „Ukraine-Krise" getroffen wurden.
62 EuGH, Rs. C-130/10, ECLI:EU:C:2012:472, Rn. 54 – *Parlament/Rat*; dazu *Herrnfeld*, EuR 2013, S. 87 ff.

bereiche und stehen komplementär nebeneinander⁶³. Auch für Sanktionen im Bereich des Kapital- und Zahlungsverkehrs ist das zweistufige Verfahren vorgesehen, d. h., es muss gemäß Art. 75 Abs. 1 AEUV vorab durch den Erlass eines Rahmens für Verwaltungsmaßnahmen in Bezug auf Kapitalbewegungen und Zahlungen durch das Europäische Parlament und den Rat eine Entscheidung über das „Ob" des Vorgehens der Union getroffen worden sein.

Auf Art. 60 und Art. 301 EGV a. F. konnten auch bislang schon selektive Sanktionsmaßnahmen gestützt werden, die nicht unmittelbar Drittstaaten betreffen, sondern sich gezielt gegen Einzelpersonen oder private Organisationen richten (z. B. Einfrieren von Bankkonten, sog. „smart sanctions"⁶⁴). Dies setzte voraus, dass diese Personen oder Organisationen, zumeist mit einem terroristischen Hintergrund, einen hinreichenden Bezug zu einem Drittstaat hatten. Dieser Bezug bestand, wenn Personen oder Organisationen einen Teil des Hoheitsgebiets eines Staates effektiv physisch kontrollierten, wenn sie mit den Machthabern verbündet waren oder wenn sie unmittelbar oder mittelbar von ihnen kontrolliert wurden⁶⁵. Bestand kein hinreichender Bezug zu einem Drittstaat, etwa weil das dort früher einmal ausgeübte Regime nicht mehr existierte, boten Art. 60 und Art. 301 EGV a. F. allein keine ausreichende Rechtsgrundlage für wirtschaftliche und finanzielle Sanktionsmaßnahmen gegen Einzelpersonen, denn Maßnahmen zur Förderung der internationalen Sicherheit gehörten nicht zu den Zielen des EG-Vertrages, sondern des EU-Vertrages a. F. (Art. 11 EUV a. F.). Nach Ansicht des EuG war die Umsetzung einer derartigen Maßnahme im Rahmen des EG-Rechts dennoch möglich. Art. 60, 301 und 308 EGV a. F. böten gemeinsam eine ausreichende Grundlage hierfür, weil eine Bezugnahme auf das entsprechende Ziel des EU-Vertrages a. F. unter Hinzuziehung des Kohärenzgebots möglich sei⁶⁶. Demgegenüber hielt der EuGH ein solches Vorgehen für unzulässig⁶⁷. Der Gerichtshof zog zwar dieselbe Rechtsgrundlage heran wie das EuG, jedoch mit einer anderen Begründung. Der Zweck einer derartigen Maßnahme ließe sich demnach den Zielen des EG-Vertrages im Sinne des Art. 308 EGV a. F. zuordnen. Dies ergebe sich aus den Art. 60, 301 EGV a. F. und bestehe in dem sich daraus ergebenden Auftrag, den Erlass von wirtschaftlichen Restriktionen, die auf einem GASP-Beschluss basieren, durch die wirksame Nutzung eines gemeinschaftsrechtlichen Instruments zu ermöglichen⁶⁸. Diese Auslegung des EuGH wurde nunmehr durch die Änderungen des Lissabon-Vertrages bestätigt, da in Art. 75

---

63 EuGH, Rs. C-130/10, ECLI:EU:C:2012:472, Rn. 66 – *Parlament/Rat*.
64 S. dazu *Hörmann*, EuR 2007, S. 120.
65 EuG, Rs. T-306/01, Slg. 2005, S. II-3533, Rn. 112 ff. – *Yusuf*.
66 EuG, Rs. T-306/01, Slg. 2005, S. II-3533, Rn. 125 ff. – *Yusuf*.
67 Dies wäre auf eine Ausweitung der Kompetenzen der EG hinausgelaufen; vgl. EuGH, verb. Rs. C-402/05 P u. C-415/05 P, Slg. 2008, S. I-6351, Rn. 198 – *Kadi I* (= P Nr. 61).
68 EuGH, verb. Rs. C-402/05 P u. C-415/05 P, Slg. 2008, S. I-6351, Rn. 218 ff. – *Kadi I* (= P Nr. 61).

Abs. 2 und Art. 215 Abs. 2 AEUV ausdrückliche Sanktionskompetenzen gegenüber Einzelpersonen vorgesehen ist.

5. Merksätze

1482

Unter **Assoziierung** versteht der AEU-Vertrag die Unterhaltung besonderer und privilegierter Beziehungen zwischen der Union und einem Drittstaat unterhalb einer Vollmitgliedschaft. Der AEU-Vertrag sieht die Assoziierung der außereuropäischen Länder und Hoheitsgebiete, die mit den Mitgliedstaaten besondere Beziehungen unterhalten, vor (Art. 198 AEUV) und ermöglicht der Union, mit Drittstaaten und anderen internationalen Organisationen Assoziierungsabkommen zu schließen (Art. 217 AEUV).

Art. 207 AEUV ermächtigt die Europäische Union zum **Abschluss von Handelsabkommen** mit Drittstaaten und anderen internationalen Organisationen. Es handelt sich dabei um eine **ausschließliche Unionskompetenz** (Art. 3 Abs. 1 lit. e AEUV).

Einigen sich die Mitgliedstaaten im Rat im Rahmen der GASP in diesbezüglichen Beschlüssen (Art. 23 ff. EUV) darauf, die Wirtschaftsbeziehungen zu einem oder mehreren dritten Staaten auszusetzen, einzuschränken oder vollständig einzustellen, ergreift der Rat die erforderlichen **Wirtschaftssanktionen** auf der Grundlage von Art. 75 oder Art. 215 AEUV.

Leitentscheidungen:
EuGH, verb. Rs. 21 bis 24/72, Slg. 1972, S. 1219 – *International Fruit Company.*
EuGH, Gutachten 1/78, Slg. 1979, S. 2871 – *Internationales Naturkautschuk-Übereinkommen.*
EuGH, Rs. 250/85, Slg. 1988, S. 5683 – *Brother.*
EuGH, verb. Rs. 277/85 u. 300/85, Slg. 1988, S. 5731 – *Canon.*
EuGH, Rs. C-175/87, Slg. 1992, S. I-1409 – *Matsushita.*
EuGH, Rs. C-179/87, Slg. 1992, S. I-1635 – *Sharp.*
EuGH, Gutachten 1/94, Slg. 1994, S. I-5267 – *WTO/GATS/TRIPs* (= P Nr. 49).
EuG, Rs. T-306/01, Slg. 2005, S. II-3533 – *Yusuf.*
EuGH, Gutachten 1/03, Slg. 2006, S. I-1145 – *Lugano-Übereinkommen.*
EuGH, verb. Rs. C-402/05 P u. C-415/05 P, Slg. 2008, S. I-6351 – *Kadi I* (= P Nr. 61).
EuGH, Rs. C-130/10, ECLI:EU:C:2012:472 – *Parlament/Rat.*

IV. Sonstige Auswärtige Politiken

Literaturhinweise: *Martenczuk, B.:* Die Kooperation der Europäischen Union mit Entwicklungsländern und Drittstaaten und der Vertrag von Lissabon, EuR 2008, Beiheft 2, S. 36.

IV. Sonstige Auswärtige Politiken

1. Entwicklungszusammenarbeit

Die Politik der Union auf dem Gebiet der *Entwicklungszusammenarbeit* wird gemäß Art. 208 Abs. 1 UAbs. 1 AEUV im Rahmen der Grundsätze und Ziele des auswärtigen Handelns der Union (Rn. 1401 f.) durchgeführt. Hauptziel der Unionspolitik im Bereich Entwicklungszusammenarbeit ist die Bekämpfung und auf längere Sicht die Beseitigung der Armut (Art. 208 Abs. 1 UAbs. 2 Satz 1 AEUV). Die Politik der Union und die Politik der Mitgliedstaaten auf diesem Gebiet sollen sich ergänzen und gegenseitig verstärken (Art. 208 Abs. 1 UAbs. 1 Satz 2 AEUV). Union und Mitgliedstaaten sind daher angehalten, ihre Politiken auf dem Gebiet der Entwicklungszusammenarbeit zu koordinieren und ihre Hilfsprogramme aufeinander abzustimmen. Dies gilt auch für das Handeln innerhalb von internationalen Organisationen und auf internationalen Konferenzen (Art. 210 Abs. 1 AEUV). Die Europäische Investitionsbank (Rn. 335) trägt zur Durchführung der vom Europäischen Parlament und vom Rat erlassenen Entwicklungshilfeprogramme der Union bei (Art. 209 Abs. 3 AEUV). Die Ziele der Entwicklungspolitik der Union sind bei allen Maßnahmen der Union in anderen Politikbereichen zu berücksichtigen. (Querschnittsklausel des Art. 208 Abs. 1 UAbs. 2 Satz 2 AEUV).

1483

2. Wirtschaftliche, finanzielle und technische Zusammenarbeit mit Drittländern

Die durch den Vertrag von Nizza in den EG-Vertrag eingeführten Bestimmungen über die *wirtschaftliche, finanzielle und technische Zusammenarbeit mit Drittländern* (Art. 181 a EGV a. F.) wurden in Art. 212 AEUV überführt. Danach führt die Union mit Drittländern, die keine Entwicklungsländer sind, Maßnahmen der wirtschaftlichen, finanziellen und technischen Zusammenarbeit durch, die insbesondere finanzielle Unterstützung einschließen. Die Maßnahmen aufgrund dieser Bestimmung sollen die Maßnahmen der Mitgliedstaaten ergänzen und im Einklang mit der Entwicklungspolitik der Union stehen (Art. 212 Abs. 1 AEUV). Auf Vorschlag der Kommission kann der Rat, wenn aufgrund der Lage in einem Drittland umgehend finanzielle Hilfe notwendig ist, die insoweit erforderlichen Beschlüsse erlassen (Art. 213 AEUV).

1484

3. Humanitäre Hilfe

Rechtsgrundlage der humanitären Hilfe der Union ist Art. 214 AEUV. Danach bilden die Grundsätze und Ziele des auswärtigen Handelns der Union (Rn. 1401 f.) den Rahmen für die Maßnahmen der Union in diesem Bereich. Die Maßnahmen der humanitären Hilfe dienen dazu, Einwohnern von Drittländern, die von Naturkatastrophen oder von vom Menschen verursachten Katastrophen

1485

betroffen sind, gezielt Hilfe, Rettung und Schutz zu bringen, damit die aus diesen Notständen resultierenden humanitären Bedürfnisse gedeckt werden können (Art. 214 Abs. 1 Satz 2 AEUV). Sie müssen im Einklang mit den Grundsätzen des Völkerrechts sowie den Grundsätzen der Unparteilichkeit, der Neutralität und der Nichtdiskriminierung durchgeführt werden (Art. 214 Abs. 2 AEUV). Die Maßnahmen der Union und die Maßnahmen der Mitgliedstaaten sollen sich ergänzen und gegenseitig verstärken. Die Union hat dafür Sorge zu tragen, dass ihre Maßnahmen der humanitären Hilfe mit den Maßnahmen der internationalen Organisationen abgestimmt werden (Art. 214 Abs. 7 AEUV).

1486 Art. 214 Abs. 5 AEUV sieht die Schaffung eines Europäischen Freiwilligenkorps für humanitäre Hilfe (EFK) vor. Das EFK soll einen Rahmen für gemeinsame Beiträge junger Europäer zu den Maßnahmen der humanitären Hilfe bilden. Die Rechtsstellung und die Einzelheiten der Arbeitsweise des EFK sind vom Europäischen Parlament und vom Rat durch Verordnung festgelegt worden[69]. Konkretisiert werden die Regelungen durch eine Durchführungsverordnung der Kommission[70].

4. Merksätze

1487 Die Unionspolitik im Bereich Entwicklungszusammenarbeit zielt auf die **Bekämpfung und auf längere Sicht die Beseitigung der Armut** (Art. 208 Abs. 1 UAbs. 2 Satz 1 AEUV).

Die Ziele der Entwicklungspolitik der Union sind bei allen Maßnahmen der Union in anderen Politikbereichen zu berücksichtigen (**Querschnittsklausel** des Art. 208 Abs. 1 UAbs. 2 Satz 2 AEUV).

Die Union führt mit Drittländern, die keine Entwicklungsländer sind, Maßnahmen der wirtschaftlichen, finanziellen und technischen Zusammenarbeit durch, die insbesondere **finanzielle Unterstützung** einschließen (Art. 212 Abs. 1 AEUV).

Die Maßnahmen der humanitären Hilfe dienen dazu, Einwohnern von Drittländern, die von Naturkatastrophen oder von vom Menschen verursachte Katastrophen betroffen sind, gezielt **Hilfe, Rettung und Schutz** zu bringen, damit die aus diesen Notständen resultierenden humanitären Bedürfnisse gedeckt werden können (Art. 214 Abs. 1 Satz 2 AEUV).

---

69 Verordnung (EU) Nr. 375/2014 des Europäischen Parlaments und des Rates v. 3.4.2014 zur Einrichtung des Europäischen Freiwilligenkorps für humanitäre Hilfe, ABl.EU 2014 Nr. L 122, S. 1.
70 Durchführungsverordnung (EU) Nr. 1244/2014 der Kommission v. 20.11.2014 mit Durchführungsbestimmungen zur Verordnung (EU) Nr. 375/2014 des Europäischen Parlaments und des Rates zur Einrichtung des Europäischen Freiwilligenkorps für humanitäre Hilfe, ABl.EU 2014 Nr. L 334, S. 52.

Maßnahmen im Bereich Entwicklungsarbeit, im Bereich der wirtschaftlichen, finanziellen und technischen Zusammenarbeit sowie auf dem Gebiet der humanitären Hilfe werden vom Europäischen Parlament und dem Rat gemäß dem **ordentlichen Gesetzgebungsverfahren** erlassen (Art. 209 Abs. 1, Art. 212 Abs. 2, Art. 214 Abs. 3 AEUV). Die Union darf in diesen Bereichen auch **völkerrechtliche Übereinkommen** schließen (Art. 209 Abs. 2, Art. 212 Abs. 3, Art. 214 Abs. 4 AEUV).

Ausgewählte Literaturempfehlungen

I. Lehrbücher

Bieber, R./Epiney, A./Haag, M./Kotzur, M.: Die Europäische Union. Europarecht und Politik, 13. Aufl., Baden-Baden 2018.
Bleckmann, A.: Europarecht, 6. Aufl., Köln/Berlin/Bonn/München 1997.
Borchardt, K.-D.: Die rechtlichen Grundlagen der Europäischen Union, 6. Aufl., Stuttgart 2015.
Calliess, Ch.: Staatsrecht III. Bezüge zum Völker- und Europarecht, 2. Aufl., München 2018.
Dederer, H./Schweitzer, M.: Staatsrecht III. Staatsrecht, Völkerrecht, Europarecht, 11. Aufl., Heidelberg 2016.
Dittert, D.: Europarecht, 5. Aufl., München 2017.
Doerfert, C.: Europarecht: Die Grundlagen der Europäischen Union mit ihren politischen und wirtschaftlichen Bezügen, 5. Aufl., München 2012.
Ehlers, D. (Hrsg.): Europäische Grundrechte und Grundfreiheiten, 4. Aufl., Berlin 2015.
Ehlers, D. (Hrsg.): European Fundamental Rights and Freedoms, Berlin 2011.
Fastenrath, U./Groh, Th.: Europarecht, 4. Aufl., Stuttgart 2016.
Fetzer, Th./Fischer, K.: Europarecht, 12. Aufl., Heidelberg 2019.
Fischer, P./Köck, H. F./Karollus, M. M.: Europarecht, 4. Aufl., Wien 2003.
Frenz, W.: Europarecht, 2. Aufl., Heidelberg 2015.
Hailbronner, K./Jochum G.: Europarecht II. Binnenmarkt und Marktfreiheiten, Köln 2006.
Hakenberg, W.: Europarecht, 8. Aufl., München 2018.
Haltern, U.: Europarecht. Dogmatik im Kontext, 2 Bde., 3. Aufl., Tübingen 2017.
Hartley, T.: The Foundations European Union Law, 8. Aufl., Oxford 2014.
Herdegen, M.: Europarecht, 21. Aufl., München 2019.
Hobe, S.: Europarecht, 10. Aufl., München 2020.
Huber, P. M.: Recht der Europäischen Integration, 2. Aufl., München 2002.
Ipsen, H. P.: Europäisches Gemeinschaftsrecht, Tübingen 1972.
Jochum, G.: Europarecht I. Grundlagen und Organe, 3. Aufl., Stuttgart 2018.
Koenig, Ch./Kühling, J./Ritter, N.: EG-Beihilfenrecht, 2. Aufl., Frankfurt am Main 2005.
Lecheler, H.: Einführung in das Europarecht, 2. Aufl., München 2003.
Nicolaysen, G.: Europarecht I – Die Europäische Integrationsverfassung, 2. Aufl., Baden-Baden 2002.
ders.: Europarecht II – Das Wirtschaftsrecht im Binnenmarkt, 1. Aufl., Baden-Baden 1996.
Oppermann, Th./Classen, C. D./Nettesheim, M.: Europarecht, 8. Aufl., München 2018.
Paulus, A.: Staatsrecht III mit Bezügen zum Völkerrecht und Europarecht, München 2010.
Pechstein, M.: EU-Prozessrecht, 4. Aufl., Tübingen 2011.

Pechstein, M./Koenig, Ch.: Die Europäische Union, 3. Aufl., Tübingen 2000.
Rengeling, H.-W./Szczekalla, P.: Grundrechte in der Europäischen Union, Köln/Berlin/München 2004.
Sauer, H.: Staatsrecht III. Auswärtige Gewalt, Bezüge des Grundgesetzes zu Völker- und Europarecht, 5. Aufl., München 2018.
Schroeder, W.: Grundkurs Europarecht, 6. Aufl. München 2019.
Schweitzer, M./Hummer, W./Obwexer, W.: Europarecht. Das Recht der Europäischen Union, Wien 2007.
Streinz, R.: Europarecht, 11. Aufl., Heidelberg 2019.
Will, M.: Europarecht, München 2013.

II. Handbücher und Kommentare

Blanke, H.-J./Mangiameli, S. (Hrsg.): The Treaty on European Union (TEU). A Commentary, Heidelberg 2013.
Calliess, Ch./Ruffert, M. (Hrsg.): EUV/AEUV. Das Verfassungsrecht der Europäischen Union mit Europäischer Grundrechtecharta, 5. Aufl., München 2016; zitiert: Calliess/Ruffert.
Dauses, M.A./Ludwigs, M. (Hrsg.): Handbuch des EU-Wirtschaftsrechts, Loseblatt, Stand: Juni 2019, München.
Ehlermann, C.-D./Bieber, R./Haag, M. (Hrsg.): Handbuch des Europäischen Rechts, Loseblatt, Stand: Oktober 2019, Baden-Baden (früher Handbuch für Europäische Wirtschaft); teilweise kommentierte Textsammlung.
Frenz, W.: Handbuch Europarecht, 6 Bde., Heidelberg, Bd. 1: 2. Aufl. 2012, Bd. 2: 2. Aufl. 2015, Bd. 3: 1. Aufl. 2007; Bd. 4: 1. Aufl. 2009, Bd. 5: 1. Aufl. 2010, Bd. 6: 1. Aufl. 2010.
Grabitz, E./Hilf, M./Nettesheim, M. (Hrsg.): Das Recht der Europäischen Union, Loseblatt, Stand: Oktober 2019, München; zitiert: Grabitz/Hilf/Nettesheim.
Geiger, R./Khan, D.-E./Kotzur, M.: Kommentar zum EUV/AEUV, 6. Aufl., München 2017.
Groeben, H. von der/Schwarze, J/Hatje, A. (Hrsg.): Europäisches Unionsrecht, 4 Bde., 7. Aufl., Baden-Baden 2015; zitiert: v. d. Groeben/Schwarze/Hatje.
Hailbronner, K./Klein, E./Magiera, S./Müller-Graff, P.-Ch.: Handkommentar zum Vertrag über die Europäische Union (EUV/EGV), Loseblatt, Stand: September 1999, Köln/Berlin/Bonn/München; zitiert: HK-EU.
Hailbronner, K./Wilms, H. (Hrsg.): Recht der Europäischen Union. Kommentar, Loseblatt, Stand: Januar 2010, Stuttgart.
Hatje, A./Müller-Graff, P.-Ch. (Hrsg.): Enzyklopädie des Europarechts, 10 Bde., Baden-Baden, 2012–2015.
Heidenhain, M. (Hrsg.): Handbuch des Europäischen Beihilfenrechts, München 2003.
Heselhaus, S. F./Nowak, C. (Hrsg.): Handbuch der Europäischen Grundrechte, 2. Auflage, München 2020.
Hunnings, N. M. (Hrsg.): Encyclopedia of European Union Law, 9 Bde., Loseblatt, Stand: November 2019, London.
Lenz, C. O./Borchardt, K.-D. (Hrsg.): EU-Verträge. Kommentar, 6. Aufl., Köln 2012.
Lenz, C. O. (Hrsg.): EG-Handbuch. Recht im Binnenmarkt, 2. Aufl., Herne/Berlin 1994.
Pechstein, M./Nowak, C./Häde, U. (Hrsg.): Frankfurter Kommentar zu EUV, GRC und AEUV, 4 Bde., Tübingen 2017.

Riesenhuber, K. (Hrsg.): Europäische Methodenlehre, 3. Aufl., München/Boston 2015.
Schöbener, B. (Hrsg.): Europarecht. Lexikon zentraler Begriffe und Themen, Heidelberg 2019.
Schwarze, J./Becker, U./Hatje, A./Schoo, J. (Hrsg.): EU-Kommentar, 4. Aufl., Baden-Baden 2019; zitiert: Schwarze/Becker/Hatje/Schoo.
Streinz, R. (Hrsg.): EUV/AEUV, 3. Aufl., München 2018; zitiert: Streinz.
Vedder, Ch./Heintschel von Heinegg, W. (Hrsg.): Europäisches Unionsrecht. EUV/AEUV/Grundrechte-Charta. Handkommentar, 2. Aufl., Baden-Baden 2018.

III. Text- und Entscheidungssammlungen

Bieber, R./Knapp, W.: Recht der Europäischen Union, 2. Aufl., Baden-Baden 2010.
Hummer, W./Vedder, Ch./Lorenzmeier, S.: Europarecht in Fällen, 7. Aufl., Baden-Baden 2020.
Fischer, K. H.: Der Europäische Verfassungsvertrag. Texte und Kommentar, Baden-Baden 2004.
Fischer, K. H.: Der Vertrag von Lissabon. Text und Kommentar zum Europäischen Reformvertrag, 2. Aufl., Baden-Baden 2010.
Pechstein, M.: Entscheidungen des EuGH. Studienauswahl, 11. Aufl., Tübingen 2020.
Pechstein, M./Domröse, R. (Hrsg.): Europarecht. Textsammlung, 3. Aufl., Tübingen 2018.
Pieper, S. U./Schollmeier, A./Krimphove, D.: Europarecht – Ein Casebook, 2. Aufl., Köln/Berlin/Bonn/München 2000.
Sartorius II: Internationale Verträge – Europarecht, Loseblatt, München, Stand: November 2019.
Streinz, R./Ohler, Ch./Herrmann, Ch.: Der Vertrag von Lissabon zur Reform der EU. Einführung mit Synopse, 3. Aufl., München 2010.
Terhechte, J. P.: Europarecht (EUV/AEUV/GrCH) – European Law (TEU/TFEU/CFREU) – Droit Européen (TUE/TFUE/CDFEU), Baden-Baden, 2012.

IV. www-Adressen

Europäische Union	https://europa.eu/european-union/index_de
– Europäischer Rat	https://www.consilium.europa.eu/de/european-council/
– Europäische Kommission	https://ec.europa.eu/info/index_de
– Rat	https://www.consilium.europa.eu/council-eu/
– Europäisches Parlament	https://www.europarl.europa.eu/
– Gerichtshof der Europäischen Union	https://curia.europa.eu/ (alle Entscheidungen und Schlussanträge sind hier – schon unmittelbar nach der Verkündung – abrufbar)
– Europäischer Rechnungshof	https://www.eca.europa.eu/

- Wirtschafts- und Sozialausschuss https://www.eesc.europa.eu/
- Ausschuss der Regionen https://www.cor.europa.eu/
- Europäische Zentralbank https://www.ecb.europa.eu/
- Europäische Investitionsbank https://www.eib.org/de/
- Eur-Lex – Das Recht der https://eur-lex.europa.eu/
  Europäischen Union
- Europäischer Stabilitätsmechanismus https://www.esm.europa.eu/

Europarat https://www.coe.int/
- Europäischer Gerichtshof für https://www.coe.int/en/web/portal/
  Menschenrechte gerichtshof-fur-menschenrechte

Sachverzeichnis

Die Nachweise beziehen sich auf die Randnummern.

3%-Sperrklausel im Europawahlrecht, s. Rechtsprechung des BVerfG
5%-Sperrklausel im Europawahlrecht, s. Rechtsprechung des BVerfG

Abkommen 30, 41 f., 77, 586, 616, 1423
– Assoziierungsabkommen 19, 75, 80 f., 900, 1143, 1457 ff., 1482
– Beitrittsabkommen 30, 106, 108 f., 127, 751 ff.
– Europa-Abkommen 19
– gemischte Abkommen 77, 81, 466, 1457, 1466
– Handelsabkommen 470, 900, 1465, 1468, 1475
– Lomé-Abkommen 1462
– Vertrag über den Europäischen Wirtschaftsraum (EWR) 2, 19, 1459
– von Cotonou 1460, **1462 f.**
Alimanovic 769, 811, 819 f.
Änderungen der Unionsverträge, s. Vertragsänderung
Änderungen durch den Amsterdamer Vertrag 24 f., 224, 248, 293, 435, 462, 682, 731, 856, 1136, 1144, 1389, 1392, 1451
– Ausdehnung des Anwendungsbereichs des Mitentscheidungsverfahrens 25
– Einrichtung einer Strategieplanungs- und Frühwarneinheit 1451
– Erweiterung der Gemeinschaftskompetenz in der Visapolitik 25
Änderungen durch den Vertrag von Lissabon **34 ff.**, 54 ff., 73 f., 84, 91 ff., 98, 105, 110 f., 119, 128, 141 f., 150, 185 ff., 196 f., 202, 219, 230 ff., 236, 246, 248 ff., 256 ff., 273, 275, 278, 286 ff., 301 ff., 306, 309, 315, 321 ff., 340, 344, 346 f., 361,
379, 392, 396, 423, 448, 531, 535, 674 ff., 691, 747, 766, 771 f., 779, 792, 828, 857, 1133 f., 1142, 1148, 1155, 1157 f., 1171, 1338 f., 1375, 1382, 1387 ff., 1424, 1435, 1448, 1464, 1466, 1481
Änderungen durch den Vertrag von Nizza 26 f., 119, 528, 733, 1484
– gerichtliche Kammern 26, s. auch Fachgerichte
– Verfahren der Mitentscheidung 26
– Verstärkte Zusammenarbeit 26
– Zuständigkeitsverteilung zwischen EuGH und EuG 26, **315**
Angebotssubstituierbarkeit 1217 ff.
Äquivalenzgebot 482 f., 622, 627
Agenda 2000 30
Agentur der EU für Grundrechte 339
Agrarpolitik, s. Landwirtschaftspolitik
Air France 1283
Åkerberg Fransson 704, 708 f.
AKP-Staaten 1462 f.
Akte der im Rat vereinigten Vertreter der Regierungen der Mitgliedstaaten 464
– Beschlüsse nach der „gemischten Formel" 464
– „uneigentliche Ratsbeschlüsse" 464
Aktionsplan „Staatliche Beihilfen" 1305
Akzo Nobel 1180
Alcan 1334
Allgemeine Rechtsgrundsätze des Unionsrechts 421, **454 f.**, 489 f., 690, 1205
– Grundrechte 480, **684 ff.**
Allgemeiner Gleichheitssatz 635, **729 ff.**, 745
Allgemeines Diskriminierungsverbot Art. 18 AEUV 730, **766 ff.**, 779, 781, 790, 794 805, s. auch Diskriminierungsverbot
– Adressaten 768

- allgemeiner Gleichheitssatz s. dort
- Anwendungsbereich des AEU-Vertrags 772
- Anwendungsbereich des EAG-Vertrags 766
- Anwendungsbereich des EU-Vertrags 779 ff.
- Beschränkungsverbot 767
- Binnenmarkt 766, 770
- Diskriminierung **766 ff.**
- Diskriminierung grenzüberschreitender Sachverhalte 826
- Drittstaatsangehörige 770
- Drittwirkung 723
- Freizügigkeitsrecht der Unionsbürger 775
- Gleichbehandlung ungleicher Sachverhalte 729
- Grundfreiheiten 770 f., 774 f., 777, s. auch dort
- Inländerdiskriminierung 777, s. auch dort
- Inländergleichbehandlung 769 f., s. auch dort
- offene Diskriminierung 785
- persönlicher Schutzbereich 770
- Rechtfertigung 787 ff.
- Rechtsetzungskompetenzen 772, 776
- sachlicher Schutzbereich 771
- Sozialrecht 775
- Subsidiarität 790
- Teilhaberechte 775
- Ungleichbehandlung vergleichbarer Sachverhalte 783 ff.
- unmittelbare Anwendbarkeit 773
- Verhältnis zum allgemeinen Gleichheitssatz 783
- versteckte Diskriminierung 785 f., 788

Alpine Investments 1076
Altmark Trans 1281, 1303, 1347, **1348 ff.**, s. auch Daseinsvorsorge
- Ausschluss des Beihilfentatbestandes 1264 f., 1295
- Beihilfentatbestand 1348
- Betrauung 1336, **1342 ff.**, 1348, 1353 f.
- Nettomehrkostenausgleich 1346, 1348, 1356
- Benchmarking 1348
- Verhältnis zu Art. 106 Abs. 2 AEUV 1350
- Freistellungsentscheidung 1354 f.
- Transparenzrichtlinie 1356, 1358

Amtsblatt der Europäischen Union 329, 440, 1315, 1447
Amtshaftungsklage 573 ff.
- Begründetheit 581
- Form der Klageschrift 576
- Frist 577
- Funktion 573
- Parteifähigkeit 575
- Prüfungsschema 583
- Rechtsschutzbedürfnis 578
- Urteilswirkung 582
- Verhältnis zur Nichtigkeitsklage 579
- Vorrang des primären Rechtsschutzes 578
- Zulässigkeit 574 ff.
- Zuständigkeit, sachliche 574

Angonese 870, 969, 993
ANETT 876, 929, 981, 1030, 1074, 1077
Antidumpingrecht 1470 ff.
Antitrust-Recht 1193
Anwendungsbereich des AEU-Vertrags **772 ff.**, 938
Anwendungsbereich des EAG-Vertrags 766
Anwendungsbereich des EU-Vertrags **779 ff.**
Anwendungsvorrang des Unionsrechts 202 ff., 272, 381, 418, 692, 862, 890
- Adoptions- oder Vollzugslehre 204
- gegenüber den Grundrechten des Grundgesetzes 203
- Inländerdiskriminierung 207
- kein Geltungsvorrang 202
- Pflicht zur Aufhebung unionsrechtswidriger Bestimmungen 208
- Pflicht zur Durchbrechung der Rechtskraft mitgliedstaatlicher unionsrechtswidriger Urteile 211
- Rücknahmeverpflichtung für bestandskräftige, unionsrechtswidrige Verwaltungsakte 209 f.
- Transformationslehre 204
- Transformationsunbedürftigkeit des Unionsrechts 205

- unionsrechtskonforme Auslegung 206 f.
- unmittelbare Anwendbarkeit des Unionsrechts 205

AOK Bundesverband 1179
Äquivalenzgebot 482 f., 622
Arbeitnehmerfreizügigkeit 870, **951 ff.**, 1023, 1057
- Abgrenzung zur Dienstleistungsfreiheit 957
- Abgrenzung zur Niederlassungsfreiheit 956
- Adressaten 967 f.
- Arbeitgeber 957, 964
- Arbeitnehmerbegriff 953 ff.
- Arbeitnehmerüberlassung 957
- Aufenthalts- und Bewegungsrecht 959 f.
- Ausweisung 985
- Begünstigte 963 ff.
- Bereichsausnahme 961 f.
- Berufssportler 954
- Beschränkungsverbot 976
- Diskriminierungsverbot 976
- Drittwirkung 969
- Familienangehörige 965
- *Gebhard*-Formel 976
- grenzüberschreitender Anknüpfungspunkt 958
- Inländerdiskriminierung 958
- *Keck*-Formel 981 f.
- Rechtfertigung von Eingriffen 983 ff.
- Schranken 984
- Schranken-Schranken 994
- Schutzbereich 952 ff.
- sittenwidrige Tätigkeit 955
- soziale Vergünstigungen 972
- Verhältnis zu den Grundrechten 990 ff.

Architektur der Europäischen Union 54 ff.
Art. 18 Abs. 1 AEUV s. Allgemeines Diskriminierungsverbot Art. 18 AEUV
Assoziierung mit der Europäischen Union 19, **1456 ff.**
- Abkommen 19, **1457 ff.**
- Begriff 1456
- Beitrittsassoziierung 1458
- Entwicklungsassoziierung 1460
- Europa-Abkommen 19
- Freihandelsassoziierung 1459
- konstitutionelle Assoziierung 1456

AstraZeneca 1214
Asylpolitik 1138
- Eurodac 1139
- Gemeinsames Europäisches Asylsystem (GEAS) 1139
- Umsiedlungsbeschlüsse 1140

Aufenthaltsrecht, Bewegungsrecht s. Bewegungs- und Aufenthaltsrecht
Auftrag, Aufträge 273, 303, 1348, **1360 f.**, **1363 ff.**, 1436
Auftraggeber 1361 ff.
Auftragsvergabe 1360 f.
Auftragsvergaberichtlinie 1360 ff.
Ausbeutungsmissbrauch 1227
Außenbeziehungen der Europäischen Union 71 ff., 82, **1399 ff.**
- Assoziierung 1456
- Außenvertretungen 259, 299, 305, 1448
- Beitritt zu internationalen Organisationen 78
- gemischte Abkommen 77, 81, 466, 1457, 1466
- Gesandtschaftsrecht 83
- Handelspolitik 173, **1464 ff.**
- Vertragsschlusskompetenzen 75 ff.
- Vertragsschlussverfahren 80 f.
- Völkerrechtsfähigkeit 75, 83
- Währungsabkommen 80

Außenminister der EU, s. Hoher Vertreter für Außen- und Sicherheitspolitik 304 ff.
Außenpolitik der Union 15, 1443
Auslegung
- Absicherung des unionsrechtlichen Auslegungs- und Verwerfungsmonopols des EuGH 596
- „effet utile" 195, 493 f., 610, 646, 1333 f.
- enge 932
- fehlerhafte 165
- gemeinschaftsrechtskonforme nationalen Rechts, s. unionsrechtskonforme nationalen Rechts
- grundfreiheitskonforme Auslegung 889 f.
- implied powers 186
- teleologische 195
- unionsrechtskonforme nationalen Rechts 206, **212 ff.**
- unionsrechtliche Norm 657

Ausnahmeklauseln 1263, 1336
Ausnahmetatbestände 443, 1264, 1309 ff.
Ausschluss aus der Europäischen Union 116
Ausschreibungsverfahren 1276, 1371 ff., s. auch Vergaberecht, Vergabeverfahren
Ausschuss der Regionen 149, 196, 330, **334 ff.**, 341, 527 ff., 539 ff.
Austritt aus der EU 40 f., **111 ff.**, 126, 275
– Austrittsabkommen 41, 112 ff.
– Austrittsrecht 112 f.
– Brexit 40 ff., 234, 275 f.
Auswirkungsprinzip 1255

Backstop 42, 114, s. auch Brexit
Bananenmarktordnung, s. Rechtsprechung des BVerfG
Banchero 1178
Bankenaufsicht, s. Wirtschafts- und Währungsunion
Bankenunion, s. Wirtschafts- und Währungsunion
Barcelona-Prozess 1461
Baukonzession 1363
Bauleistungen 1360, 1363 f.
Beeinträchtigung
– des zwischenstaatlichen Handels 911, 1192, 1198, 1302 f., s. auch Handelsbeeinträchtigung
– von Grundfreiheiten durch Private 507, 520, 653, 695, 911, 946, **950**, 990, 1033, **1042**
– Wettbewerb 545, 1192 f., s. auch Wettbewerbsverfälschung
Begünstigung 406 ff., 566, 1266, **1267 ff.**, 1292, 1303, 1330, 1347, 1349
Behinderungsmissbrauch 1227 f.
Beihilfen 422, 445, 485 f., 515, 542, 545 ff., 566, 624 f., 1164, 1174, **1261 ff.**, 1337, **1348 ff.**
– Abgaben- und Umlagesysteme 1287 f.
– Ad-hoc-Beihilfen 1309
– Allgemeine Gruppenfreistellungsverordnung 1262, 1306, 1312
– Aufsichtsverfahren 545, 1263
– Ausnahmeklauseln, beihilfenrechtliche 1304 ff., 1308 ff., 1336 ff.

– Begriff 1266 ff.
– Beihilfenaufsicht 540 f., 545, 1317 ff.
– Beihilfenempfänger 486, 1278, 1313 f., 1331 ff.
– Beihilfenkontrolle 1261 ff., **1317 ff.**
– Beihilfenrecht 1261 ff.
– Beihilfenregelungen 1309, **1313 ff.**
– Beihilfenrückforderungsentscheidung 486, 542, 1326 ff.
– Beihilfentatbestand **1265 ff.**, 1347, 1348 ff.
– Beihilfenverbot 485, 1263 f., **1265 ff.**, 1304 ff., 1337
– Beihilfenverfahren 1317 ff.
– Belastungsminderungen 1290 f.
– bestehende Beihilfe 1320
– Bindungswirkung/Abweichungsverbot 1332
– „de minimis"-Beihilfenäquivalent 1352
– Durchführungsverbot 1317, 1319, 1328, 1331, 1334 f.
– Einzelbeihilfen 1309, 1314 f., 1319
– Finanz- und Wirtschaftskrise 1261, 1325
– funktionale Entflechtung nichtwirtschaftlicher Tätigkeit 1295
– genehmigte Beihilfen 542, 1318
– gerichtliche Überprüfbarkeit/Prüfdichte 1266
– horizontale Beihilfen 1311
– Infrastrukturförderung 1277 f.
– Legalausnahme 1308
– Leistungs-/Gegenleistungsverhältnis 1277, 1280 f.
– „market economy investor" 1272 ff.
– Marktanalyse 1192, 1301, 1348
– Marktbedingungen 1191, 1267, 1301
– Marktversagen 1305 ff.
– Maßnahmenpaket der Kommission 1262, 1342, 1347, **1350 ff.**
– mittelbare Begünstigung 1269, 1283 ff.
– neue Beihilfe 1319
– Notifizierungspflicht 1313 f., 1323 f., 1353, 1355
– Notifizierungsverfahren 486, 1313, 1316, **1317 ff.**
– „private investor" 1272 ff.
– rechtswidrige Beihilfen 486, 542, 566, 1318 f., 1322, **1329 ff.**, 1334

- regionale Beihilfen 1303, 1309, **1311**
- Rückforderung 1326 f., 1329 ff.
- sektorale Beihilfen 1311
- Selektivität 1296 ff.
- Spürbarkeit 545, **1196 f.**, 1301
- staatliche Beihilfen 1261 ff., **1287 ff.**, 1305, 1332, 1350
- Steuerbeihilfen 1299
- Stillhalteverpflichtung 1317, 1319, 1328, 1331, 1334 f.
- Verfahrensverordnung 1318 ff., 1331
- Vertrauensschutz, eingeschränkter 486, 1333 f.
- Wertgutachten 1280
- Wettbewerbsverfälschung 1261, **1301 ff.**, 1308
- wirtschaftliche Kontinuität 1333

Beitritt 14, 17, 19, 22, 30 ff., **102 ff.**, 109
- Acquis communautaire 103, 108
- Balkanstaaten 31
- Beitrittsabkommen 30, **109**
- Beitrittsassoziierung 1458
- Beitrittspartnerschaften 31, 1458
- Beitrittsverfahren 104, **106 f.**, 113
- Beitrittsvoraussetzungen 102 ff.
- Beitrittswirkung 108
- Dänemark 14
- Finnland 22
- Griechenland 17
- Großbritannien 14
- Irland 14
- Island 32
- Kein Beitrittsanspruch 104
- Abschaffung der bisherigen Säulenstruktur 38
- Kopenhagener Kriterien für Beitritt 104
- Kroatien 30
- Norwegen 14, 22
- Österreich 22
- Osterweiterung 19, **30 ff.**
- Schweden 22
- Serbien 31
- Türkei 32
- Übergangsregelungen im Beitrittsabkommen 108
- Übernahme des unionalen Besitzstandes 108

Belastungsminderung 1290 f.

Beschluss 29, 254 ff., 263 ff., 274 ff., **422 ff.**, 450, 1358, 1388, 1437
- Aufhebung belastender Individualbeschlüsse 446
- Beihilfenrückforderungsbeschluss 424, 1326 ff.
- Beschlüsse nach der „gemischten Formel" 464
- Durchsetzung 447
- GASP 429
- individualgerichteter Beschluss 422, 440
- individuelle Geltung 422
- Rechtshandlungen eigener Art 392
- staatengerichteter Beschluss 422, 440
- unmittelbare Geltung 423
- unmittelbare Anwendbarkeit 427
- unmittelbare Wirkung 427

Beschränkungsverbot 767, 777, 786, **825 ff.**, 874 ff., 890, 970, 974, **976 ff.**, 981 f., 1029 f., 1062, 1066, 1068 f., 1071, **1072 ff.**, 1092, **1106 ff.**, s. auch Diskriminierungsverbot, s. auch Grundfreiheiten

Besonderes Gesetzgebungsverfahren 396

Bestimmte Verkaufsmodalitäten 922

Bestimmtheit 367, 417, 1292, 1296

Bestimmungslandprinzip 872, 875, 881

Betrugsbekämpfung 680 f.
- UCLAF 680
- OLAF 680 f.

Bewegungs- und Aufenthaltsrecht **755 ff.**, 791 ff., s. auch Freizügigkeitsrecht der Unionsbürger

Binnenmarkt 13 f., 17, 86, 172, 770 f., 860 ff., **893**, 1163, 1165, **1260**, 1360, **1375 ff.**, **1382 ff.**, 1464, s. auch Gemeinsamer Markt
- als Grundlage der Rechtsangleichung der Mitgliedstaaten **1375 ff.**
- *Cassis*-Rechtsprechung 941 ff., 945
- Aufzählung der *Cassis*-Rechtfertigungsgründe 943, s. auch dort
- dogmatische Unschärfe der Rechtsfigur der versteckten Diskriminierung 942
- Grundsatz der Verhältnismäßigkeit 945
- hinreichende Etikettierung 945
- keine Rechtfertigung durch rein wirtschaftliche Gründe 940
- Konvergenz der Schranken 942

- Leitbild eines „mündigen Verbrauchers" 945
- negative Tatbestandsmerkmale des Art. 34 AEUV 941
- Rechtfertigungsmöglichkeit nur für unterschiedslos anwendbare nationale Regelungen 942
- ungeschriebene Rechtfertigungsgründe 942
- zwingende Erfordernisse des Allgemeinwohls 942

Biopatent-Richtlinie 727
Bosman 977 f., 981, 1023
Brexit 40 ff., 114 f., s. auch Austritt aus der EU
Brey 820
Bronner 1229
British American Tobacco 1248
Bündelung 1236, 1238
Bürgerbeauftragter 849 ff.
Bürgerinitiative 857 f.
Bundesnetzagentur 1246, 1288
BVVG 1280

Cartesio 1012, 1015, 1017
Cassis de Dijon, Cassis-Rechtsprechung, *Cassis*-Formel 522, 879, **917 ff.**, 932, **941 ff.**, **987 ff.**, **1034 ff.**, **1081 ff.**, **1118 ff.**, 1194, 1378
- Aufzählung der *Cassis*-Rechtfertigungsgründe 943
- dogmatische Unschärfe der Rechtsfigur der versteckten Diskriminierung 942
- Grundsatz der Verhältnismäßigkeit 945
- hinreichende Etikettierung 945
- keine Rechtfertigung durch rein wirtschaftliche Gründe 943
- Konvergenz der Schranken 942
- Leitbild eines „mündigen Verbrauchers" 945
- negative Tatbestandsmerkmale des Art. 34 AEUV 941
- Rechtfertigungsmöglichkeit nur für unterschiedslos anwendbare nationale Regelungen 942
- ungeschriebene Rechtfertigungsgründe 942

- zwingende Erfordernisse des Allgemeinwohls 942

CELF/SIDE 486
Centros 1013, 1015
CETA 1466, s. auch Handelsabkommen
Charta der Grundrechte der Europäischen Union 35 f., 39, 60, 84, **689 ff.**, 739, 765, 796, 856, 1131, 1332, 1341
CIA Security International 414
Connect Austria 1183
Consten & Grundig 1187
Continental Can 1248
Corbeau 1345
Costa/ENEL 203, 685

Daily Mail 1010, 1012, 1015 f.
Danske Slagterier 669
Daseinsvorsorge 962, **1262 ff.**, 1281, **1336 ff.**
- *Altmark-Trans*-Rechtsprechung 1281, 1303, 1347, **1348 ff.**
- Art. 14 AEUV: Kein subjektives Recht 1341
- Art. 14 AEUV: Keine unmittelbare Geltung 1341
- Bedeutung 1341
- Beihilfenrecht 1262 ff.
- Definition 1341
- Dienste von allgemeinem wirtschaftlichen Interesse 1338 ff., s. auch dort
- Gemeinwohlverpflichtung 1340, 1343 f.
- Gewährleistung durch die Mitgliedstaaten 1340, 1343 f.
- Rechtfertigung von staatlichen Ausgleichsleistungen nach Art. 106 Abs. 2 AEUV, s. dort
- und Wettbewerb 1336 ff.
- Universaldienst 1315 f., 1319, 1321

Dassonville 876, 878, **917 ff.**, 922 ff., 929 f., 1106, s. auch Verbot von Ein- und Ausfuhrbeschränkungen sowie von Maßnahmen gleicher Wirkung
Davignon- oder Luxemburger-Bericht 13, 15
DAWI 1336
DAWI-Paket 1342, 1347, **1350 ff.**
Delegationen der EU 83, 299, 1443

Sachverzeichnis

Delegation 229, 362, 1404
„De-minimis" 1196, 1291 f., 1350, 1352
– Beihilfen 1301 f., 1350, 1352
– Kartellrecht 1196
Demokratie in der europäischen
Integration 136 ff.
– Fähigkeit des Europäischen Parlaments, demokratische Legitimation zu erzeugen 137
– Grundsatz der Gleichheit der Wahl 137
– Konferenz der Europa-Ausschüsse der nationalen Parlamente („COSAC") 146
– Voraussetzungen einer gemeineuropäischen politischen Willensbildung 139
Deutsche Demokratische Republik 19
Deutsche Telekom AG 1186
Delors-Bericht 18, 1383
D'Hoop 824
Diego Cali & Figli 1178
Dienstleistungen 17, 732, 860 ff., 957, **1043 ff., 1057 ff.,** 1086 ff., 1096 ff., 1182 ff., 1293, 1336 ff., 1360 ff., 1466 ff., s. auch Dienstleistungsfreiheit
Dienstleistungen von allgemeinem wirtschaftlichen Interesse 1336 ff., 1347 ff.
Dienstleistungsfreiheit **1043 ff., 1093,** 1103 ff., **1124**
– Abgrenzung zur Arbeitnehmerfreizügigkeit 1048
– Abgrenzung zur Kapitalverkehrsfreiheit 1050, 1124
– Abgrenzung zur Niederlassungsfreiheit 1049
– Abgrenzung zur Warenverkehrsfreiheit 1047
– aktive Dienstleistungsfreiheit 1053, 1055, 1059, 1063, 1065, 1068 f., 1072, 1074
– Anerkennungs- und Koordinierungsrichtlinien 1086 ff.
– Ansässigkeits- bzw. Niederlassungserfordernis 1066
– Arbeitnehmerüberlassung 1048
– Aufenthalts- und Bewegungsrecht 1055
– Beeinträchtigungen 1062 f.
– Begriff der Dienstleistung 1045 ff.
– Bereichsausnahme für die Ausübung hoheitlicher Gewalt 1056
– Berufsqualifikationen 1087
– Beschäftigte von Dienstleistungsunternehmen 1048
– Beschränkung 1072 f.
– Beschränkungsverbot 1062, 1066, 1068, 1072, **1093**
– Binnenmarkt 1043
– Dienstleistungsempfänger 1044, 1046 ff., 1050, 1052, 1054, 1056, 1058 ff., 1064 ff.
– Dienstleistungserbringer 1044, 1048 f., 1051, 1053 ff., 1059 ff., 1067 ff.
– Dienstleistungsmodalitäten 1043
– Diskriminierung 1064 ff.
– Diskriminierung grenzüberschreitender Sachverhalte 1068, 1073
– Drittstaatsangehörige 1050, 1054
– Eingriff 1061 ff.
– Entgelt 1046
– Entsendung von Arbeitnehmern 1048, 1060
– Grundrechtsschutz 1084
– Grundsatz der Verhältnismäßigkeit 1085
– Inländergleichbehandlung 1062, 1065, 1068, 1071, 1074, 1093
– intermediäre Gewalten 1061, 1084
– juristische Personen 1058, 1060, 1067
– kein Inländergleichbehandlungsgebot 1067
– *Keck*-Rechtsprechung 1074 ff., 1093, 1124
– Korrespondenzdienstleistungen 1053, 1059, 1090
– Leistungsempfänger 1046
– Modalitäten der Dienstleistungsfreiheit 1053 f., 1059, **1093**
– offene Diskriminierung 1064, 1065, 1067, 1070
– öffentliche Gesundheit 1078
– öffentliche Ordnung 1051 f.
– öffentliche Ordnung, Sicherheit und Gesundheit 1051
– Parallele zur Niederlassungsfreiheit 1043
– passive Dienstleistungsfreiheit 1053, 1055, 1056, 1059, 1063, 1070, 1074, 1093
– persönlicher Schutzbereich 1057 ff.
– Recht der Dienstleistungsempfänger 1044
– Rechtfertigung 1078 ff.

- Rechtfertigung aus Gründen des Grundrechtsschutzes 1084
- Rechtfertigung aus zwingenden Gründen des Allgemeininteresses 1081 ff.
- Rechtfertigung der Eingriffe intermediärer Gewalten 1084
- Rechtfertigungsgründe nach Art. 62 i. V. m. Art. 52 Abs. 1 AEUV 1078 ff.
- Rechtfertigungsmaßstab 1062
- sachlicher Schutzbereich 1045 ff.
- Schranken-Schranken 1085
- Schutz nationaler Grundrechte 1117
- Schutzpflichten 1061, 1122
- Subsidiarität der Dienstleistungsfreiheit 1050
- Unionsgrundrechte 1085
- unmittelbare Anwendbarkeit 1043
- Verpflichtungsadressaten 1061
- versteckte Diskriminierung 1064 f., 1081
- vertraglich vorgegebene Subsidiarität 1045

Dienstleistungskonzession 1363
Dienstleistungsrichtlinie 1088 ff.
- Anwendungsbereich 1089
- Begriff der Dienstleistung 1089
- Herkunftslandprinzip 1088

Direktinvestitionen 1097, 1100, 1464 ff.
Diskriminierungsverbot 688, **766 ff.**, **791**, 810, 822, **859**, **872**, 875, 878, 915, 961, 1024 ff., 1049, 1062 ff., 1074, 1090, 1106, 1278, 1365, 1373
- allgemeines Diskriminierungsverbot Art. 18 AEUV 688, **766 ff.**, **791**, 810, **822**, **872**, s. auch dort
- Anwendungsbereich des AEU-Vertrags 772 ff., 783, **791**, 824 f.
- Anwendungsbereich des EU-Vertrags 779 ff.
- Anwendungsvorrang 777
- Beschränkungsverbot 767, 776 783 ff., 815, 827, 859, 874 f., 877 f., 881, 941 f., 971, 974, 976 ff., 997, 1029, 1062 f., 1066, 1069 f., 1072 f., 1093, 1106 f., s. auch dort
- besondere Ausformungen des allgemeinen Gleichheitssatzes 730, 767, 783

- Bewegungs- und Aufenthaltsrecht 776, s. auch dort
- Binnenmarkt 766, 770
- Dienstleistungsfreiheit 1064 ff.
- derivative Teilhaberechte 775
- Diskriminierung grenzüberschreitender Sachverhalte 783, 786, 824, 867, 872, 877
- Diskriminierung aufgrund von, nach Staatsangehörigkeit 766 ff., 768, 778, 783 ff., 791, 810, 822, 831, 872 ff., 915, 952, 969, 971, 974, 997, 1024 ff., 1042, 1062 ff., 1093, 1106
- Drittstaatsangehörigkeit 769
- Drittwirkung 768
- Europäische Union, ihre Organe und Einrichtungen 768
- Gleichbehandlung nicht vergleichbarer Sachverhalte 784
- Gleichbehandlung von EU-Ausländern mit Inländern, s. dort
- Grundfreiheiten 766, 770, 772, 774 f., 860 ff., 892 f., 911, 929 f., 964, 981 ff., 1007, 1035, 1045 ff., 1074 ff., 1094, 1098 ff., 1109, 1365, 1379, 1433, 1459, s. auch die einzelnen Grundfreiheiten
- Inländerdiskriminierung, s. dort
- Inländergleichbehandlung, s. dort
- Mitgliedstaaten 768
- Niederlassungsfreiheit 1024, 1029 ff., s. auch dort
- offene Diskriminierung **785 f.**, **798 f.**, 971, 1024, 1064 ff.
- persönlicher Schutzbereich, s. Grundfreiheiten
- Rechtfertigung 787 ff.
- sachlicher Schutzbereich, s. Grundfreiheiten
- unbeschadet besonderer Vorschriften der Unionsverträge 767
- Ungleichbehandlung vergleichbarer Sachverhalte **783 ff.**, 1028
- unionsbürgerliches Diskriminierungsverbot 785, 810, **815 ff.**, **859**
- unionsbürgerliche Freizügigkeit 772, 775 ff., 786, **791**, s. auch dort
- unmittelbare Anwendbarkeit 766, 773

- versteckte Diskriminierung **785 ff.**, 791, 872 f., 878, 942, 950, 952, 971, 973 ff., 988, 1025, 1028, 1030, 1042, 1064 ff., 1081, 1090, 1431
Doha-Runde 1467
Doppel- oder Mehrfachabstützung von EU-Rechtsakten 181 f.
Dory 1429
Drittstaatsangehörige 767, 769, 813, 839, 856, 867, 963, 965, 1005, **1057 ff.**
Dumping 1470 ff.
Durchführungsverbot 485 f., 1319 ff., 1322, 1326 ff.
DVGW 870, 910

EAD, s. Europäischer Auswärtiger Dienst
ECLI 506
Effektivitätsgebot 482 f., 622 f.
„effet utile" (nützliche Wirkung) **195**, **493 f.**, 610, 646, 1333 f.
EFSF, s. Wirtschafts- und Währungsunion
EFSM, s. Wirtschafts- und Währungsunion
Eingriff in ein Grundrecht 736 ff.
Eingriff in eine Grundfreiheit **867**, 910 ff., 967 ff., 1023 ff., 1061 ff., 1105 ff.
- Arbeitnehmerfreizügigkeit 967 ff.
- Dienstleistungsfreiheit 1061 ff.
- Kapitalverkehrsfreiheit 1105 ff.
- Niederlassungsfreiheit 1023 ff.
- Warenverkehrsfreiheit 910 ff.
- Zahlungsverkehrsfreiheit 1105 ff.
Einheitliche Europäische Akte (EEA) 17 f., 230
Einheitlicher institutioneller Rahmen, s. Europäische Union, s. Institutioneller Rahmen
Einnahmen der EU 672 ff.
- Eigenmittel, Eigenmittelbeschluss 672, **675**
- sonstige 673, **683**
Einrichtungen der EU 324, 328, **341**, 443, 531 f., 550, 558 f., 561, 586, 599, 619, 680 f., 725, 736
Einstweiliger Rechtsschutz **607 ff.**, 619
- Antrag, Akzessorietät 608
- Antrag, Begründetheit 612
- Antrag, Konnexität 608
- Antrag, Zulässigkeit 608 ff.

- Antragsrecht, Voraussetzungen 609
- Beschluss 613
- Beschlusswirkungen 613
- Dringlichkeit 612
- „Einstweilige Anordnung" 607
- Erforderlichkeit 610
- Funktion 607
- Geeignetheit 610
- Notwendigkeit 612
- Prüfungsschema 614
- Rechtsschutzbedürfnis 610
- summarische Prüfung 612
Einzelhandelspreisbindung 905, 1167, 1200
Empfehlungen und Stellungnahmen **430 f.**, 450
- Unverbindlichkeit 430
Emmott 624
EMRK-Beitritt II 757 ff.
ENI 1228
Entflechtung
- eigentumsrechtliche 1306
- funktionale 1295
Entwicklungszusammenarbeit 1483
Embargomaßnahmen s. auch Handelsembargo
- Kapital- und Zahlungsverkehr 1123
Ermessen 104, 292, 368, 389, 433, 486, 489, 517, 542, 548, 51, 556, 570, 589, 612 f., 636, 658 f., 662, 699, 779, 846, 851, 882, 913, 1085, 1113, 1205, 1261, 1263, 1266, 1296 ff., 1304, 1306, 1309, 1323, 1344, 1349, 1371, 1410, 1474
- Ermessensreduzierung 570, 913
- Ermessensspielraum 104, 473, 542, 570, 658 ff., 699, 851, 882 f., 1266, 1296 f., 1304, 1309 ff., 1323, 1474 f.
- Ermessenstatbestände 1309, 1311
Erschöpfungsgrundsatz 938
ERT 699 f.
ESM, s. Wirtschafts- und Währungsunion
ESM/Fiskalpakt, siehe Rechtsprechung des BVerfG
Essential Facility 1228
Essent Netwerk 1288
EU-Grundrechte, s. Grundrechte
EU-Rahmen 119, 1306, 1311, 1350, 1355 f.
Euratom, s. Europäische Atomgemeinschaft

Eurobonds, s. Wirtschafts- und Währungsunion
Eurocontrol 1178
Euro-Gipfel, s. Wirtschafts- und Währungsunion
Eurojust 1154 ff.
Europäische Agentur für die Beurteilung von Arzneimitteln 339
Europäische Agentur für die Grenz- und Küstenwache (Frontex) 1135 f.
Europäische Agentur für die operative Zusammenarbeit an den Außengrenzen der Europäischen Union (Frontex) 1135 f.
Europäische Atomgemeinschaft (EAG, Euratom) 2, 10 f., 20, 38, 41, 54, 105, 114, 120, 223, 682
Europäische Drogenberatungsstelle 339
Europäische Freihandelsassoziation (EFTA) 2, 19, **1459**
Europäische Gemeinschaft (EG) **7 ff.**, 20 f., 25, 28, 38, 223, 686, 747 f., 1467 f.
– Auflösung durch Vertrag von Lissabon 55
– Europäische Wirtschaftsgemeinschaft (EWG) 20
Europäische Gemeinschaft für Kohle und Stahl (EGKS, Montanunion) 2, **7 ff.**, 20 f., 28 f., 223 f., 684
– Auflösung 28 f.
– Hohe Behörde 10
– Ministerrat 10
– Protokoll von Nizza über die finanziellen Folgen des Ablaufs der Geltungsdauer des EGKS-Vertrags (EGKS-Protokoll) 28
Europäische Grundrechteagentur 339
Europäische Investitionsbank (EIB) 330, **338**, 358, 628, 632, 1483
Europäische Kommission, s. Kommission
Europäische Kommission für Menschenrechte (EKMR) 48
Europäische Menschenrechtskonvention (EMRK) 2, 7, **46 ff.**, **51**, 307, 684 f., **747 ff.**, 750
– 1. Zusatzprotokoll 51, 258, 730
– 6. Zusatzprotokoll 49
– 11. Zusatzprotokoll 48
– 12. Zusatzprotokoll 51
– 13. Zusatzprotokoll 51
– 14. Zusatzprotokoll 49
– 15. Zusatzprotokoll 50
– 16. Zusatzprotokoll 50
– allgemeine Rechtsgrundsätze des Unionsrechts 694
– Beitritt der Union 39, 81, 470, 747, **750 ff.**
– Bindung der Union an die EMRK 747
– Protokoll Nr. 14 bis 47, 49
– Rang 46
Europäische Politische Gemeinschaft (EPG) 8, 11
Europäische Politische Zusammenarbeit (EPZ) 13, **17**, 684, 1433
Europäische Sicherheits- und Verteidigungspolitik (ESVP), s. Gemeinsame Sicherheits- und Verteidigungspolitik (GSVP)
Europäische Umweltagentur 339
Europäische Union (EU) 2, 5, 11, **16**, 18 ff., **21**, 26, 30 ff., 33, 34 ff., **53 ff.**, 71 f., 80, **82**, **127 ff.**
– Agenturen 339, 550, 681, 855, 1135 f., 1416, 1438, 1452
– Änderung des EU-Vertrags **91 ff.**, 100
– Beachtung des föderalen Prinzips beim Ausbau der EU 148 ff.
– Begriff der Europäischen Union 53
– Brückentheorie 158
– Einrichtungen und sonstige Stellen 324, 329, **339**, 443, 531 f., 550, 558, 561, 586, 599, 619, 680 f., 725, 736
– Europäische Union und Mitgliedstaaten 127 ff.
– Ewigkeitsgarantie des Art. 79 Abs. 3 GG 143 f., 146 ff., 154 ff., 161 ff., 169, 835, 839, 1398, 1403, 1406
– Ewigkeitsgarantie als absolute Schranke beim Ausbau von Union 144
– Grenzen der Integrationsgewalt 143, 153, 162
– Gründung 20
– Institutionelle Grundlagen der Europäischen Union 127 ff.
– Institutioneller Rahmen **71 ff.**, 84, 226

Sachverzeichnis

- Integrationsgewalt **128,**132, 143, 148, 153, 162, **835**
- Kompetenzübertragungsklausel 154
- Kontrollbefugnis des BVerfG 152 f.
- Kooperationsverhältnis des BVerfG mit dem EuGH 133
- Landesblindheit des EG-Rechts 148, 221, 336
- Mitwirkung des Bundesrates in Angelegenheiten der Europäischen Union 150
- Öffnung der nationalen Rechtsordnung 128
- Rechtssubjektivität gemäß Vertrag von Lissabon 73 f.
- Solange II-Rechtsprechung des BVerfG 133, 162 f.
- Souveränitätspanzer 60, 128
- Subsidiaritätsprinzip 186 ff.
- Struktursicherungsklausel (Art. 23 Abs. 1 Satz 1 GG) 132, 154
- Supranationale erste Säule der Union 54, 63 f., **129**
- Supranationaler Charakter des Unionsrechts 61 f.
- Supranationalität 61
- Übertragung von Hoheitsrechten auf zwischenstaatliche Einrichtungen und internationale Organisationen 127 f.
- Unionsorgane 227 ff.
- Verfassungsbestandsklausel (Art. 23 Abs. 1 Satz 3 GG) 143, 154
- Verfassungsrechtliche Grenzen des Ausbaus der Union 143 ff.
- Verfassungsrechtliche Grundlagen der EU-Mitgliedschaft nach dem Grundgesetz 127 ff.
- Wirksamer Grundrechtsschutz als verfassungsrechtliche Teilnahmevoraussetzung 133 ff.
- Zustimmungsgesetz 21, 127, 137, 152, 158, 185, 204 ff., 381

Europäische Verteidigungsagentur 1438, 1452

Europäische Verteidigungsgemeinschaft (EVG) 8, 11

Europäische Wirtschaftliche Interessenvereinigung (EWIV) 1019

Europäische Wirtschaftsgemeinschaft (EWG), s. Europäische Gemeinschaft

Europäische Zentralbank (EZB) 90, 94, **321 ff.**, 504, 527 f., 531 f., 539 f., 581, 632, 640, 1381, 1387, 1409 ff., 1415 f., 1423, s. auch Wirtschafts- und Währungsunion (WWU)
- Organstellung 321
- Sitz 321

Europäischer Auswärtiger Dienst 83, 304, 855, **1449**

Europäischer Flüchtlingsfonds 1145

Europäischer Garantiefonds für die Landwirtschaft (EGLF) 1129

Europäischer Gerichtshof (EuGH) 26, 71, 134, 163, 167 f., 203, **222 ff.**, **306 ff.**, 454, 488 ff., s. auch Gericht (EuG), s. auch Fachgerichte
- Abgrenzung zum Europäischen Gerichtshof für Menschenrechte 307
- Abgrenzung zum Gericht 306
- Fachgerichte 306, 315, **320**, 488, 495 f., 606
- Generalanwälte 309, **311 ff.**, 316, 425, 505
- gerichtliche Kammern 26, 320
- Große Kammer 310, 317
- Kanzler 273, 314
- Neubesetzung der Richterstellen 309, 316
- Plenum 310, 317, 505
- Rechtsschutz vor dem EuGH, s. dort
- richterliche Rechtsfortbildung 489, 646
- Schlussanträge der Generalanwälte 312 f., 505
- Sitz 306
- Stellung und Aufgaben des Gerichtshofs 488 ff.
- Wiederernennung der Richter 308
- Zuständigkeit im Rahmen der GASP 1435
- Zuständigkeitsverteilung zwischen EuGH und EuG 495 ff.

Europäischer Gerichtshof für Menschenrechte (EGMR) 46, **47**, **747 ff.**
- *DSR Senator Lines* 749
- *Matthews* 249, 839

Europäischer Landwirtschaftsfonds für
  die Entwicklung des ländlichen Raums
  (ELER) 1129
Europäischer Meeres- und Fischereifonds
  (EMFF) 1129
Europäischer Rat 15, 17 ff., 30 ff., 34 ff.,
  92 ff., 97 f., 120, 219, **256 ff.**, 287 f., 302,
  356, 377, 561, 689, 1138, 1152, 1161,
  1383, 1392, 1417 ff., 1442
– Abgrenzung vom Europarat 43
– Abgrenzung zum Rat der Europäischen
  Union 265
– Bezeichnung 15
– Einstimmigkeitsprinzip 264
– Leitlinien der GASP 424, 1436, 1472
– Organqualität 39
– Präsident 39
– Vorsitz 258
– Zusammensetzung 257 ff.
Europäischer Sozialfonds (ESF) 1432
Europäischer Stabilitätsmechanismus
  (ESM) 1396, 1404, **1405 ff.**, 1410
Europäischer Wirtschaftsraum (EWR) 2,
  19, 1459
Europäisches Einheitspatent 1381
Europäisches Gericht, s. Gericht (EuG)
Europäisches Gericht erster Instanz,
  s. Gericht (EuG)
Europäisches Gesetz 37
Europäisches Grenzüberwachungssystem
  (EUROSUR) 1136
Europäisches Parlament 15, 39, **230 ff.**
– demokratische Legitimation 138, 250
– Direktwahl 15
– Wahlrechtsgleichheit 138, 236, 238, 241,
  250
Europäisches Semester 1396
Europäisches System der Zentralbanken
  18, **323 ff.**, 1387
Europäisches Währungssystem (EWS) 14,
  321, 1384 f., 1423, s. auch Wirtschafts-
  und Währungsunion (WWU)
Europäisches Wettbewerbsnetz 1259
Europaidee 3 ff.
Europarat 2, 6, **43 ff.**, 51, s. auch Euro-
  päische Menschenrechtskonvention
  (EMRK)
– Aufgaben 44

– Beratende Versammlung 44
– Kongress der Gemeinden und Regionen
  44
– Ministerkomitee 44
– Parlamentarische Versammlung 44
– Sekretariat 44
Europarecht 1 f., **51**, s. auch Unionsrecht
– im engeren Sinne 2, **51**
– im weiteren Sinne 2, **51**
– primäres 1
– sekundäres 1
Europol 1155, 1157, **1159**
Euro-Rettungsschirm 1400 ff.
Euro-Rettungsschirm, s. Rechtsprechung
  des BVerfG
Evidenzkontrolle 763
Exklusivvereinbarung 1233, 1239

Fachgerichte 306, 315, **320**, 488, 495 f., 606
Ferlini 768
Fidium Finanz AG 1050, 1102
FIAMM 634
Finanzkrise, s. Staatsschuldenkrise
Fischereipolitik 368, **1125 ff.**, 1128
Fiskalpakt 615, 1391, **1397**, 1405
Flughafen Leipzig/Halle 1294
Fördermittel 1261, 1294
Förderungen 1261
Fonds 28, 68, 299, 1129, 1267, 1432, 1454
– Europäischer Flüchtlingsfonds 1145
– Europäischer Garantiefonds für die
  Landwirtschaft (EGLF) 1129
– Europäischer Landwirtschaftsfonds für
  die Entwicklung des ländlichen Raums
  (ELER) 1129
– Europäischer Meeres- und
  Fischereifonds (EMFF) 1129
– Europäischer Sozialfonds (ESF) 1432
– Kohäsionsfonds 68
Forschung und technologische Entwick-
  lung 17
Fouchet-Plan 11
Freihandelsabkommen, s. Handels-
  abkommen
Freiheit des Dienstleistungsverkehrs,
  s. Dienstleistungsfreiheit
Freiheit des Warenverkehrs, s. Waren-
  verkehrsfreiheit

Freistellung nach Art. 101 Abs. 3 AEUV 1167, 1172 ff., **1198 ff.**, 1223, 1243, 1256
Freistellungsentscheidung der Kommission 1201 ff.
Freistellungsverordnungen, s. Gruppenfreistellungsverordnungen
Freizeitbad Dorsten 1303
Freizügigkeitsrecht der Unionsbürger 772, 775 f., 778 f., 781, **809 ff.**, 971
- Aufenthaltsrichtlinien 809, 818
- Aufenthalts- und Bewegungsrecht 809 ff.
- Diskriminierung aus Gründen der Staatsangehörigkeit **779 f.**, 785
- Diskriminierung grenzüberschreitender Sachverhalte 824
- Drittstaatsangehörige 813
- Eingriff 815
- EU-Grundrechte 821
- Familienangehörige 813
- Grundfreiheiten 786, 809, 815, 817
- Grundsatz der Verhältnismäßigkeit 819
- persönlicher Schutzbereich 813
- Rechtfertigung 816 ff.
- sachlicher Schutzbereich 812
- Sekundärrecht 815, 816 ff., 828 ff.
- Subsidiarität 809
- unmittelbare Anwendbarkeit 809
- Vorbehalt sozialer Absicherung 817 ff.
- Wahrung berechtigter Interessen 818
Fusionsabkommen 224
Fusionskontrolle 475, 1164, 1223, **1247 ff.**
- Fusionskontrollverfahren 1252
- Fusionskontrollverordnung 1164, 1245, **1248 ff.**, 1256
- „more economic approach" 1167 ff., 1226, 1262, 1301, 1305, 1307, 1379
- „one-stop-shop" 1253
- Schwellenwerte/Umsatzschwellenwerte/ Generalschwellen/Spezialschwellen 1220, 1245, 1249
- „significant impediment of effective competition" 1251
- unionsweite Bedeutung 1248 f., 1252 f., 1256
- Unternehmenszusammenschlüsse 1171, 1247 f., 1256
Fusionsvertrag 12, 224, s. auch Organe der Union, s. auch Fusionsabkommen

Garcia Avello 784
GATT, s. General Agreement on Tariffs and Trade
Gauweiler u. a./Deutscher Bundestag 1410
Gebhard, *Gebhard*-Formel 876, 976, 987 f., 990, 1029 f., 1034
Gegenleistung 899, 953, 1046, 1094, 1103, 1267, 1270, 1273 f., 1276 ff., 1290, 1349, 1363
Geldbuße 447, 673, 683, 749, 1173, 1202, 1205, 1210 1228, 1235, 1239
Gemeinsame Außen- und Sicherheitspolitik (GASP) 20, 26, 38, 53, 56 f., **63 ff.**, 74, 80, **84,** 89, 128, 183, 184, 226, 259, 280 ff., 303 ff., 344, 375, 378, 379 f., 396, 424, 471, 473, 492, 516, 521, 533, 586, 779, 1162, **1433 ff.**, 1455
- Abschluss völkerrechtlicher Verträge in Angelegenheiten der GASP 74
- allgemeine Leitlinien 1442
- Beschlussverfahren des Rates 375 f.
- Einstimmigkeitsgrundsatz 1435
- Europäische Verteidigungsagentur 1438, 1452
- Finanzierung 1454
- gemeinsame Aktionen 1464
- Gemeinsame Sicherheits- und Verteidigungspolitik (GSVP) 1437 ff.
- gemeinsame Strategien des Europäischen Rates 1451
- Handeln des Europäischen Rates 1434, **1442, 1455**
- Handelsembargo 1479 ff.
- Hoher Vertreter für die GASP 1448
- Justiziabilität 424, 491 f.
- Leitlinien des Europäischen Rates 1436
- Militärausschuss der EU 1452
- Militärstab der EU 1452
- Politisches und Sicherheitspolitisches Komitee 1451
- Rechtsschutz 491 f.
- Sonderbeauftragte 1453
- Standpunkte 13, 304, 375 ff., **1443, 1455**
- Unterrichtung und Abstimmung 89, 1445
- Ziele 1433 ff.
Gemeinsame Handelspolitik 75, 173, 1375, **1464 ff.**

Gemeinsame Sicherheits- und Verteidigungspolitik (GSVP) 1437 ff.
- EU-Eingreiftruppe 1439
- EU-Kampfgruppen 1439
- Europäische Verteidigungsagentur 1438, 1452
- EU-Truppenstatut 1440
- Ständige Strukturierte Zusammenarbeit (PESCO) 1441

Gemeinsamer Markt 9, 178, s. auch Binnenmarkt

Gemeinsamer Zolltarif (GZT) 14, 672, 895, 900, 1127

Gemeinwohlverpflichtungen 1281, 1340, 1343

Genehmigungen 217 ff., 864 ff., 918 ff., 1028, 1063, 1071, 1080, 1085, 1106, 1113, 1115, 1186, 1245, 1252, 1263, 1304, 1309, 1314, 1322, 1347

Genehmigungsvorbehalt 864, 886, 1245, 1263

General Agreement on Tariffs and Trade (GATT) 468, 470, 1127, 1468, 1475

Generaldirektion 295

Generalklausel des Art. 352 AEUV 184 ff.

Genscher-Colombo-Initiative 16

Gericht (EuG) 306, **315 ff., 488, 495 f.**, 500, **501 ff.**, 530, s. auch EuGH
- Kammern 317
- keine obligatorischen Generalanwälte 315
- Verhältnis zum EuGH 315
- Zuständigkeitsverteilung zwischen EuGH und EuG 495 ff.

Gericht erster Instanz der Europäischen Gemeinschaften, s. Gericht (EuG)

Gesamtnichtigkeit 1328

Gesetzesfolgenabschätzung 1167

Gesetzgebungsakte 396

Gewinnerzielung 637, 1046, 1293
- Absicht der 1177, 1179, 1293

Gläubiger 1035, 1037, 1082, 1119, 1274
- öffentlicher 1274
- privater 1274

Gleichbehandlung von EU-Ausländern mit Inländern 766 ff., 826, s. auch Ungleichbehandlung von EU-Ausländern mit Inländern

Gleichheitssatz, Art. 18 Abs. 1 AEUV 766 ff., s. auch Allgemeines Diskriminierungsverbot Art. 18 AEUV

Google Shopping 1235

Gravier 773

Griechenland-Soforthilfe, s. Wirtschafts- und Währungsunion

Gründungstheorie, s. Niederlassungsfreiheit

Grundfreiheiten des AEU-Vertrags 766, 770, 772, 774 f., 775 f., **860 ff.**, 892, 911, 964, 981 ff., 1007, 1035, 1045 ff., 1074 ff., **1093**, 1098 ff., zu den einzelnen Grundfreiheiten s. auch dort
- abschließende Harmonisierung 863
- Arbeitnehmerfreizügigkeit 952 ff., s. auch dort
- Bedeutung und Funktion der Grundfreiheiten 860 f.
- Beschränkungsverbot **776, 783 ff.**, 815, **874 f.**, 881, 914, 941, 970, 974, **976**, 978, 981, **997**, 1029 f., 1062, 1066, **1068 ff.**, 1093, 1106 ff., s. auch dort
- Bestimmungslandprinzip 872
- Beurteilungsspielraum 882 ff.
- Binnenmarktphilosophie 861, 1006
- Diskriminierungsverbot **766 ff.**, 790, 810, 822, **859**, 872, 915, 964, 1024 ff., 1049, 1062 ff., 1074, 1090 ff., 1106, 1278, 1365, 1373, s. auch Diskriminierungsverbot
- Drittwirkung 866, 870
- Eingriff 867 f., 910 ff., 967 ff., 1019 ff., 1061 ff., 1105 ff.
- Ermessensspielraum 882
- Errichtung eines Binnenmarktes 860
- fehlende Nähebeziehung 876
- Freiheit des Dienstleistungsverkehrs 1020 ff., s. auch Dienstleistungsfreiheit
- Freiheit des Warenverkehrs 894 ff., s. auch Warenverkehrsfreiheit
- Gebot der kohärenten und systematischen Zweckerreichung 886
- grenzüberschreitender Bezug 867 f.
- grundfreiheitsrelevantes Sekundärrecht 887
- Grundsatz der Verhältnismäßigkeit 881 f., 921, 935, 939, 945, 994, 997, 1032,

1034, 1037 f., 1085 f., 1093, 1111, 1115, 1120, s. auch dort
- Herkunftslandprinzip 875
- Inländerdiskriminierung 862, s. auch dort
- Inländergleichbehandlungsgebot 872, s. auch dort
- intermediäre Gewalten 870
- juristische Personen als Berechtigte **1008 ff.**
- Kapitalverkehrsfreiheit 1094 ff., s. auch dort
- *Keck*-Formel 876 ff., 907, 914 f., 921, 922 ff., 928 ff., 941 f., 950, 981 ff., 997, 1030, 1041, 1074 ff., 1093, 1107, s. auch dort
- Konkordanzprüfung 887, 946, 992
- Konkretisierung des Schutzbereichs durch Verordnungen 876
- Konsequenzgebot 886
- Konvergenz der Grundfreiheiten **866 ff.**, 893, 942, 1029, 1116
- Marktzugang 922, 927
- Maßnahmen des Herkunftsstaates 871
- Maßnahmen, die den Marktaustritt im Herkunftsstaat erschweren 871
- mittelbare Diskriminierung 872
- negative Integration 862
- Niederlassungsfreiheit 998 ff., s. auch dort
- Nutzungsmodalitäten 928
- persönlicher Schutzbereich **867 f.**, 909, 963 f., 1005 ff., 1057 ff., 1104
- private Verpflichtungsadressaten 887
- Prüfungsschema 892
- „race to the bottom"-Problematik 862
- räumlicher Schutzbereich **867 f.**, 1104
- Rechtfertigung bei Eingriff **862 f., 872 ff.**, 915, 931 ff., 983 ff., 1031 ff., 1078 ff., 1109 ff.
- Rechtfertigungen nach der sog. *Cassis*-Formel, s. dort
- Rechtsfolgen eines Grundfreiheitsverstoßes, s. dort
- rein innerstaatlicher Sachverhalt 867 f.
- sachliche Gründe als neue Rechtfertigungskategorie 887
- sachlicher Schutzbereich 774, **867 f.**, 901 ff., 953 ff., 1000 ff., 1045 ff., 1095 ff., 1103 ff.

- Schranken, Schrankenebene **879 ff.**, 893, 942, **983 ff.**
- Schranken-Schranken 881 f., 883, 994 f., 1037 f., 1085, 1111, 1115, 1117
- Schutzbereich der Grundfreiheiten 770, **867 f.**, 892, 901 ff., 952 ff., 999 ff., 1044 ff., 1095 ff., 1103 ff.
- Schutzpflichten 869
- Sozialdumping 861
- Struktur der Grundfreiheiten **866 ff.**, 893, 1029, 1112
- Struktur des Eingriffs 871
- Unionsgrundrechte als Schranken für die Grundfreiheiten, als Schranken-Schranken 882
- unmittelbare Drittwirkung 870
- unterschiedslos wirkende Beschränkung 872 f., 1072, 1074
- unterschiedslos wirkende Marktzugangsbehinderung 874 ff., 1074
- unterschiedslos wirkende Maßnahme 874, 915, 921, 1029
- Verhältnis von Primärrecht und Sekundärrecht 862, 887
- Verhältnis zu den Grundrechten **990 ff.**
- Verordnungen 887
- Verpflichtungsadressaten der Grundfreiheiten 869
- Verwendungsbeschränkungen 928
- Vorrang des Sekundärrechts 863
- Warenverkehrsfreiheit 894 ff., s. auch dort
- Zahlungsverkehrsfreiheit 1094 ff., s. auch dort
- zeitlicher Schutzbereich **867 f.**, 966 ff., 1104
- Zurechnung 869

Grundrechte 39, 695 ff., 990 ff., 997, 1079, 1084 ff., **1106**
- Abwehrrechte 695
- Achtung der Privatsphäre 728
- Adressaten 695, **736 f.**
- allgemeine Handlungsfreiheit 694
- allgemeiner Gleichheitssatz 729 ff.
- als allgemeine Rechtsgrundsätze 694
- als objektive Rechtssätze 695
- Beeinträchtigung durch Private 695
- Berufsfreiheit 728

- Charta der Grundrechte der Europäischen Union 35, 37, 39, 61, 684, **689 ff.**
- Drittwirkung 723
- Eigentumsrecht 728
- Eingriff 736 ff.
- EU-Grundrechte 674, 684, **986 f.**
- Freiheit der wirtschaftlichen Betätigung 728
- Meinungsäußerungsfreiheit 728
- Recht auf effektiven Rechtsschutz 734
- Recht auf fairen Prozess 734
- Recht auf rechtliches Gehör 734
- Recht auf Rechtsschutz innerhalb angemessener Frist 734
- Rechtfertigung von Eingriffen in die Grundrechte 738 ff.
- Religionsfreiheit 728
- Rolle der EMRK 39, 694, **747 ff.**
- Schranken 738
- Schutz der Ehe 728
- Schutz der Familie 728
- Schutzpflicht 695
- Träger 735
- Unverletzlichkeit der Wohnung 51
- Verbot der Doppelbestrafung 734
- Verbot der Rückwirkung von Strafgesetzen 734
- Verfahrensgrundrechte 734
- Verhältnis zu den Grundfreiheiten 688, **990 ff.**
- Vertraulichkeit des Briefverkehrs zwischen Anwalt und Mandant 734
- Wahrung als Aufgabe der Union 694
- Wesensgehalt 744
- Würde des Menschen 727

Grundsatz der Verhältnismäßigkeit 51, 123, 142, 187, 192 ff., **198 ff.**, 221, 403, 434, 456, 531, 635, **743**, 746, 818, 827, 881 f., 935, 945, 994, **997**, 1031, 1034, 1037 f., 1085, **1091**, 1115, 1120, 1133, 1205, 1246, 1344, 1346, 1430
- Adressaten des Grundsatzes 200
- Diplomanerkennung 1038
- Einschränkung von Grundfreiheiten, Schranken-Schranken **872 f.**, 941, 994, **997**, 1031, 1034, 1037 ff., 1085, 1093, 1111, 1115, 1120

- Einschränkung von Grundrechten 743
- Genehmigungserfordernisse 1063, 1071
- Gläubigerschutz 1035, 1037, 1082
- Kohärenzgebot 886
- Verhältnismäßigkeit von Ungleichbehandlungen 738 f.
- Willkürverbot 1111, 1117
- Wirkung des Grundsatzes 201

Grunkin und Paul 825
Gruppenfreistellungsregime 1263
Gruppenfreistellungsverordnung 1167, **1200 f.**, 1205, 1262 f., 1306, **1311 f.**
- Beihilfen 1262 f., 1306, **1311 f.**
- Kartellrecht **1200 f.**, 1205

Grzelczyk 775, 801

Haftung der Union 573 ff., **628 ff.**
- Adäquanzkausalität 638
- Amtshaftungsklage 630 ff.
- Amtshandlung 631
- Amtstätigkeit, administrative 631
- Ansprüche 628
- Aufopferungsansprüche 634
- außervertragliche **630 ff.**
- Bedienstete, Haftung 632, **642 f.**
- bei Vertragsschluss 628
- Eigenschäden 642
- entgangener Gewinn 640
- Ermessensspielraum 646
- Fremdschäden 642
- für rechtmäßiges Unionshandeln 634
- für rechtsetzende Tätigkeit 631, **636**
- für rechtsprechende Tätigkeit 631
- Gestaltungsspielraum 636
- Kausalität 638
- Mitwirkung des Geschädigten, zurechenbare 640
- Naturalrestitution 640
- Nicht-/Schlechterfüllung 628
- Organe der Union 632
- Recht, auf Verträge anzuwendendes 628
- Rechtsfolge 640 ff.
- Rechtsnorm, höherrangige individualschützende 636
- Rechtswidrigkeit 633
- Schaden 637
- Schadensersatz 640
- Schiedsklausel 629

- Schutznormen, Schutznormverletzung 635
- Sonderopfer 634
- Sorgfaltspflichtverletzung 628
- unionsrechtswidrige Normativakte 636
- vertragliche **628 f.**, 644
- Verletzung einer Rechtsnorm 636
- Vermögensschaden 637
- Verschuldensunabhängigkeit 639
- Zinsen 640

Haftung der Mitgliedstaaten **645 ff.**, 671
- Adäquanzkausalität 664
- Auslegung einer Unionsrechtsnorm 661
- Ermessensüberschreitung 658
- für rechtsetzende Tätigkeit 652, 662
- für rechtsprechende Tätigkeit 652
- Haftungsanspruch, Herleitung 646 ff.
- Haftungsinstitut, unionsrechtliches 648
- Haftungsvoraussetzungen 649
- Herleitung 646 ff.
- Haftungsinstitut, unionsrechtliches 648
- haftungsrechtliche Einheit des Mitgliedstaats 652
- Handlungsspielraum, mitgliedstaatlicher 647
- Kausalzusammenhang 664
- Nichtbeachtung von unionsrechtlichen Bestimmungen 652
- Nichtumsetzung einer Richtlinie 650, 652
- richterliche Rechtsfortbildung 646
- Rechtsfolge 666 ff.
- Schadensersatzanspruch, Grundlage 648
- Schadensersatzanspruch, Art und Umfang 656 ff.
- Schadensersatzanspruch, Schuldner 667
- Schadensersatzanspruch, Voraussetzungen 647, **654 f.**
- Schadensminderungspflicht 665
- Schutzpflichtverletzung 653
- Staatshaftungsanspruch, Haftungsanspruch 652, **656 ff.**
- subjektive Rechte, Verleihung 656
- Verschuldensunabhängigkeit 654
- Verstoß durch mitgliedstaatliche Gerichte 652
- Verstoß gegen Unionsrecht 650 ff., 653, 662
- Verstoß, hinreichende Qualifikation 657 ff.
- Voraussetzungen 647, **649 ff.**

Handelsabkommen 470, 900, 1465 f., 1468, 1475
- CETA 1466

Handelsbeeinträchtigung 914 ff., 939 f., 1192 ff., **1302 f.**, 1346

Handelsembargo 1479 ff.

Handelspolitik 1464 ff., s. auch Gemeinsame Handelspolitik

Handwerksrolle 1035

Hartlauer 659

Haushaltsplan 675
- Ausgaben, (nicht-)obligatorische 678
- Haushaltsjahr 675
- Haushaltsgrundsätze 675

Haushaltsrecht der EU 672 ff.
- Eigenmittel **672**
- Haushaltsinstrument für Konvergenz und Wettbewerbsfähigkeit 1390
- mehrjähriger Finanzrahmen 674

Haushaltsverfahren 676 ff.

Herkunftslandprinzip **872**, 881, 918, 1040, 1087, 1088

Hierarchisierung der Unionsrechtsordnung 99

Hinreichende Etikettierung der Produkte s. *Cassis*

HIT 1063

Höfner und Elser 1174

Hoheitsgewalt 84, 132, 134, 136, 138, 140, 152, 156, 159, 237, 667, 684, 686, 706, 708 f., 834, 1068, 1071, 1178

Hoher Vertreter für Außen- und Sicherheitspolitik 301 ff., 1448 ff.

Honeywell, s. Rechtsprechung des BVerfG

Hypothetischer Monopoltest 1214

i-21 Germany und Arcor 484

Identitätskontrolle des BVerfG 154, **155 ff.**, 161, 163, 167, 170, 1412, 1466

Immobilienerwerb 1027, 1051, 1064, 1096, 1105, 1113, 1115, 1119
- Einseitigkeit 1096
- Genehmigungserfordernis 1113
- Kapitalverkehr 997, **1124**
- Raumplanung 1119

„implied powers"-Lehre 76, 186, s. auch Kompetenzen
IMS Health 1229
Infrastruktur 926, 1049, 1228, 1231 f., 1246, 1277 f., 1294, 1297 f., 1303, 1308, 1354
– Infrastrukturförderung 1278
Inländerdiskriminierung 207, 777, 862, 875, 949, 958, 1003, s. auch Diskriminierungsverbot
Inländergleichbehandlung 729 f., 872, 965, 970, 1062, 1065, 1068 ff., 1074, s. auch Gleichbehandlung von EU-Ausländern mit Inländern, s. auch Inländerdiskriminierung
Institutioneller Rahmen der EU **71 ff.**, 84, 226
Institutionen der Europäischen Union 330 ff.
– Ausschuss der Regionen 334 ff.
– Europäische Investitionsbank 338, 1483
– Europäische Zentralbank **321 ff.**, 1384, 1387
– Europäisches System der Zentralbanken 18, **323 ff.**, 1387
– Neben-, Hilfs- oder Sekundärorgane 330
– Wirtschafts- und Sozialausschuss 331 ff.
Intel 1235, 1239
Intergouvernementalität **52, 54 ff.**, 71
Interkommunale Zusammenarbeit 1366, 1368
Internationale Handelsgesellschaft 686
Internationales Zentrum für wissenschaftliche und technische Information (IZWTI) 2
Inspire Art 1013, 1015
ITC 1048, 1054

Janecek 625
Jipa 815
Joint dominance, s. kollektive Marktmacht
Justizielle Zusammenarbeit in Strafsachen 1148 ff.
– Änderungen durch den Vertrag von Lissabon 1148
– Annäherung der Strafvorschriften 1150
– Einstimmigkeitsgrundsatz 1130, 1161
– Eurojust 1154 ff.

– Europäische Staatsanwaltschaft 219, 1148, **1157**
– Europäisches Netz für Kriminalprävention (ENKP) 1153
– Europol 1155, 1157, **1159**
– grenzüberschreitende Verbrechensbekämpfung 1149
– Ziele 1148 ff.
Justizielle Zusammenarbeit in Zivilsachen 1146 f.

Kadi I 471, 762
Kadi II 763
Kahla 1334
Kampfpreispolitik 1242
Kapitalverkehrsfreiheit 767, 878, 901, 1050, 1089, 1094 ff., **1113**, 1116 f., 1122 f., **1124**
– Abgrenzung zur Dienstleistungsfreiheit 1102
– Abgrenzung zur Niederlassungsfreiheit 1099, 1116
– Abgrenzung zur Warenverkehrsfreiheit 1096
– Begriff des Kapitalverkehrs 1095 f.
– Beschränkungsverbot, einheitliches 1106
– Direktinvestitionen 1096
– Eingriff 1105 ff.
– Geldkapital 1096
– Grundrechte als Rechtfertigung 1121
– Immobilienerwerb 1096, 1105, 1115
– intermediäre Gewalten 1105, 1121
– *Keck*-Formel 1107
– Maßnahmen gegen Zuwiderhandlungen 1112
– Meldeverfahren für den Kapitalverkehr 1113
– öffentliche Sicherheit und Ordnung 1114
– persönlicher Schutzbereich 1104
– räumlicher Schutzbereich 1104
– Rechtfertigungsgründe 1109 ff.
– Rechtfertigungsgründe der Niederlassungsfreiheit 1116
– Sachkapital 1096 f.
– sachlicher Schutzbereich 1095 ff.
– Schranken-Schranken 1111, 1115, 1117, 1120
– Schutzpflicht 1105, 1121

- Steuerhoheit der Mitgliedstaaten 1110
- Ungleichbehandlung nach Wohn- oder Kapitalanlageort 1110
- Verhältnismäßigkeitsgrundsatz 1111, 1115, 1117, 1120
- Verpflichtungsadressaten 1105
- willkürliche Diskriminierung 1111, 1115
- Zahlungsbilanz 1096
- zwingende Gründe des Allgemeininteresses 1111, **1118 ff.**

Kartellbehörden 1173, 1198, 1253, 1256 f., s. auch Wettbewerbsbehörden

Kartelle 1171

Kartellrecht 428, 448, 475, **1171 ff.**, 1229, 1235, 1253, 1256 f., 1261 f., 1292

Kartellverbot 1164, **1171 ff.**
- Anwendungsbereich 1255
- Abgestimmte Verhaltensweisen 1164, 1171, 1187, 1260
- Bagatellbekanntmachung 1197
- Beschlüsse von Unternehmensvereinigungen 1174, 1179, 1181, 1189
- Beweislastverteilung 1201
- Einzelhandelspreisbindung 1167
- Erfasste Verhaltensweisen 1187 ff.
- Faktische Reaktionsverbundenheit 1191
- Faktisches Parallelverhalten 1191
- Freistellung nach Art. 101 Abs. 3 AEUV 1198 ff., 1256
- Freistellungsentscheidung 1172, 1205, 1223
- Geldbuße 1173
- Gentlemen's agreements 1187
- Gewinnerzielung, Absicht der 1177, 1179
- Gruppenfreistellungsverordnungen 1200 f.
- Handelsbeeinträchtigung 1192 ff.
- Handlungsspielraum 1186
- Hoheitsgewalt 1178
- Kartelle 1171
- Kartellverfahrensverordnung 1187, 1201 ff.
- Kernbeschränkungen 1193, 1200
- kollektive Klagemöglichkeit 1208
- Kommissionsbefugnisse 1201 ff.
- Koordinierung zwischen Unternehmen 1190
- Krankenkassen, gesetzliche 1179
- Legalausnahme **1171 ff.**, 1198
- Leitlinien 1198
- Lizenzvertrag 1200
- Marktanalyse 1192
- Marktbedingungen 1191, 1222 f., 1301
- Marktübliche Reaktionen 1191
- Marktverhalten 1191
- Marktzugang, Behinderung 1192
- Mitgliedstaaten als Adressaten 1185
- Paralleleinfuhren, Verhinderung von 1192
- Rule of reason 1167, 1193 f.
- Schadensersatzanspruch 1206
- „Schwarze Klauseln" 1200
- Sektorenuntersuchung 1204
- Sicherungssysteme, soziale 1179 ff.
- Spürbarkeit, „De-minimis"-Regel 1196 ff.
- Strukturelle Abhilfemaßnahmen 1205
- Unternehmen 1174 ff.
- Unternehmen, Organisationsform 1177
- Unternehmen, Rechtsträger 1180
- Unternehmen, Anteilseigner 1180
- Unternehmensbegriff 1174, 1179, 1181
- Verhaltenskoordinierung 1192
- Vereinbarungen 1182, 1187, 1190, 1193
- Verfahrensverordnung 1198, 1201 ff.
- Verpflichtungszusagen 1204
- Verteidigungsrechte der Betroffenen 1203, 1205
- Wettbewerbsbeschränkung 1133, 1147, 1150, 1152 f.
- Wettbewerbsverfälschung 1192 ff.
- Wettbewerbsvorschriften 1164, **1170**
- „Weiße Klauseln" 1200
- Wirtschaftliche Tätigkeit 1174
- Ziele, außerökonomische 1199
- Zwischenstaatlichkeitsklausel 1225

Kartellverfahrensverordnung 1198, **1201 ff.**

Keck, Keck-Formel 876 ff., 892, 907, 914 f., 922 ff., 929, 950, 981 f., 1030, 1042, 1074 ff., 1093, 1106, 1109
- bestimmte Verkaufsmodalitäten 922
- Dienstleistungsfreiheit 1074 ff.

- Einfluss der Regelung auf den Marktzugang 925
- Ladenschlusszeiten 925
- Markterschließungsfunktion der Werbung 926
- Niederlassungsfreiheit 1029 f.
- produktbezogene Regelungen 923
- Sonntagsverkaufsverbote 925
- Verkaufsmodalitäten, die den Marktzugang spezifisch behindern 926
- Zugang auf allen Marktstufen 926

Kempter 210, 484

Klammerfunktion der Europäischen Union 67 ff.

Kohärenz 67 ff., 886
- Äußere Kohärenz 69
- Innere Kohärenz 68
- Kohäsion 68
- Materielle Verbundsicherung durch das Kohärenzgebot 67 ff.
- Spezielle Kohärenzregelungen 70
- Unbedingte Umsetzungsverpflichtung bei GASP-Entscheidungen über ein Handelsembargo 70

Kohll 864, 873, 1063, 1071

Kollektive Marktbeherrschung 1221 ff.

Kollektive Marktmacht (auch joint dominance/collective dominance) 1221

Komitologie **361 ff.**, 378
- Beratungsverfahren 370 f.
- Durchführungsbefugnisse 367
- gestuftes Sekundärrechtsverhältnis 363, 395
- Komitologie-Verordnung 364 ff.
- Prüfverfahren 369, 372 ff.

Kommission 36, 39, **282 ff.**
- als „Hüterin der Verträge" 297
- als „Motor der Integration" 298
- Amtszeit der Mitglieder 284 ff., 289
- Aufgaben der Kommission 296 ff.
- Ausführung des Haushaltsplans 299
- Beschlussfassung 300
- Ernennung der Mitglieder 287 f.
- Erstellung des Gesamtberichts über die Tätigkeiten der Europäischen Union 299
- Generaldirektionen 295
- gleichberechtigte Rotation 286
- Initiativmonopol 298
- Mitgliederzahl 284 ff.
- Präsident 284 f.
- Unabhängigkeit der Mitglieder 283
- Verwaltungsunterbau 295
- Zusammensetzung und Organisation 283 ff.

Kommunalwahlrecht 20, 793, **831 ff.**
- aktives Wahlrecht 20, 835 f.
- Demokratieprinzip des Grundgesetzes 835
- Durchführungsbestimmungen **832 f.**, 836
- passives Wahlrecht 20, 835 f.
- Vereinbarkeit mit dem Grundgesetz 835
- wahlrechtliche Gleichbehandlung 831
- Wahlrechtssystem 833

Kompensation 1267, 1270, 1348, 1372

Kompetenzen der Union 39, **171 ff.**, 1465
- ausschließliche Zuständigkeiten **172 f.**, 1465
- begrenzte Verbandskompetenz 179
- Gesetzgebungsnotstand 172
- geteilte Zuständigkeiten 174 f.
- in den Politikbereichen, s. Politiken der Union
- Kompetenzabgrenzung zwischen EU und Mitgliedstaaten 171 ff.
- Kompetenz-Kompetenz 178, 185
- konkurrierende Zuständigkeiten 171
- Konzept der ausschließlichen und konkurrierenden Kompetenzen 171
- Mitgliedstaaten als Sachwalter des gemeinsamen Interesses 172
- parallele Kompetenz 174
- Parallelität von Innen- und Außenkompetenz 75, 186
- Prinzip der begrenzten Einzelermächtigung 178 ff.
- Rahmen- und Beitragskompetenzen 177
- Verbandskompetenz 179
- zum Abschluss völkerrechtlicher Verträge **75 ff.**, 1465
- zur Rechtsangleichung 1375 ff.

Konkurrentenklage, s. Nichtigkeitsklage und Untätigkeitsklage

Kontrolle durch die Kommission 1258, 1317 ff., 1357 ff.

Konzessionsrichtlinie 1360

Kostensenkungswirkung 1269
Köbler 663
Kranemann 978
Krankenkassen, gesetzliche 824, 1179, 1362
Krise, s. Staatsschuldenkrise
Kulturförderung 1309
Kühne & Heitz 209 f., 484

Landwirtschaftspolitik 1125 ff.
– Abschöpfungen 1126 f.
– Agrarzölle 1126
– Ausfuhrabschöpfung 1127
– Einfuhrabschöpfung 1126
– Europäische Marktordnung 1126
– Europäischer Garantiefonds für die Landwirtschaft (EGFL) 1129
– Europäischer Landwirtschaftsfonds für die Entwicklung des ländlichen Raums (ELER) 1129
– Gemeinschaftspräferenz 1126
– Übereinkommen über die Landwirtschaft 1126
– Ziele 1125
Las 964, 990
Legalausnahme 1171 ff., 1198 ff., 1263, 1308 ff., s. auch Beihilfen
Leistung 643, 774 f., 825, 881, 953, 957, 996, 1001, 1046 ff., 1051 ff., 1065, 1071, 1093 f., 1103 f., 1179, 1226 f., 1267, 1363 ff.
Leistungs-/Gegenleistungsverhältnis 1277, 1280 f., s. auch Beihilfen
Leitbild eines „mündigen Verbrauchers" 945
Leitlinien 15, 112, 293 f., 392, 424, 435, 1133, 1193, 1198, **1200**, **1306**, 1311, 1436, 1442
– des Europäischen Rates 1436, 1442
– der Kommission 1193, 1198, 1200, 1306, 1311 f.
Lieferungen 1103, 1360
Lieferverweigerung 1238
Lissabonner Vertrag, s. Vertrag von Lissabon
Lizenzvertrag 1200
„long-term investor" 1273
Lucchini 211, 624

Luxemburger Kompromiss 12, **279**, 345, 376, s. auch „Politik des leeren Stuhls"
Luxemburger Vereinbarung, s. Luxemburger Kompromiss

Maastrichter Vertrag, s. Vertrag von Maastricht
Maastricht-Urteil, s. Rechtsprechung des BVerfG
Magill 1229
„market economy investor" 1272, s. auch Beihilfen
Markt, gemeinsamer, s. Binnenmarkt
Marktabgrenzung 1212 ff.
Marktanalyse 1192, 1300, 1348, s. auch Beihilfen, Kartellverbot
Marktbedingungen 1191, 1267, 1301, s. auch Beihilfen, Kartellverbot
Marktbeherrschende Stellung eines Unternehmens 296, 928, 1104, 1184, 1209, **1211 ff.**
– Angebotssubstituierbarkeit 1217 f.
– Bedarfsmarktkonzept 1213
– Effizienz 1220
– Innenwettbewerb 1220
– Kollektive Marktbeherrschung 1221 ff.
– Kollektive Marktmacht (joint dominance/collective dominance) 1221
– Marktanteil 1212
– Marktbeherrschende(s) Unternehmen 1219, 1221
– Markteintrittsschranken 1220
– Nachfragesubstituierbarkeit 1213
– Oligopol 1221 ff.
– Parallelverhalten 1191, 1222 f.
– Räumlich relevanter Markt 1212
– Sachlich relevanter Markt 1212
– Wesentlicher Teil des Binnenmarktes 1224
– Wettbewerbsbedingungen 1218
Marktdefinition 1212 ff.
Markterschließungsfunktion der Werbung 926
Marktfreiheiten 1338, 1360
Marktmacht 1209, **1220 f.**, 1231, 1236, 1261, s. auch Missbrauch einer marktbeherrschenden Stellung, s. auch Missbrauchsaufsicht

Marktübliche Reaktionen 1191, s. auch
  Kartellverbot
Marktverhalten 1191, s. auch Kartellverbot
Marktversagen 1305 ff., s. auch Beihilfen
Marktwert 1279 f.
Marktwirtschaft 103, 860, 1094, 1163,
  1267 f., 1271 f., 1275
Marktzugang, Marktzugangsbehinderung
  874 ff., 892, 907, 914, **922 ff.**, 966, 981,
  997, 1030, 1040, 1074, 1078, 1107 f., 1192
Maßnahmen gleicher Wirkung 917 ff.,
  s. auch Verbot von Ein- und Ausfuhr-
  beschränkungen sowie von Maßnahmen
  gleicher Wirkung
- *Dassonville*-Formel 921
- *Groenveld*-Formel 921
- spezifische gegen die Ausfuhr gerichtete
  diskriminierende Maßnahmen 921
Maßnahmenpaket der Kommission 1262,
  1342, 1347 f., **1350 ff.**, s. auch Beihilfen
Métropole Télévision 1340
Microsoft 1229 f.
Ministerrat, s. Rat der Europäischen Union
Missbrauchsaufsicht **1209 ff.**, 1262
Missbrauch einer marktbeherrschenden
  Stellung 1164, **1226 ff.**
- Anwendungsbereich 1255
- Ausbeutungsmissbrauch 1227
- Behinderungsmissbrauch 1227
- Beweislastverteilung 1201
- Bündelung 1226, 1236 ff.
- „essential facility" 1228
- Exklusivvereinbarung 1233, 1239
- Freistellung 1226
- *Google* 1235 f., 1237
- Handlungsspielraum 1186
- Kampfpreispolitik 1242
- kollektive Klagemöglichkeit 1208
- Kommissionsbefugnisse 1201 ff.
- Kopplung 1236 ff.
- Lieferverweigerung 1238
- Marktbeherrschende Stellung 1211 ff.
- Marktdefinition 1212 ff.
- Marktmacht 1220
- Missbrauchstatbestand 1220
- Mitgliedstaaten als Adressaten 1185
- „more economic approach" 1204
- Oligopol 1226

- Parallelverhalten 1222 f.
- Patente 1192, 1238, 1231
- *Post Danmark II* 1240
- Preishöhenmissbrauch 1242
- Preis-Kosten-Schere 1242
- Rabattgewährung 1238 ff.
- Rechtfertigung 1243
- Schadensersatzanspruch 1206
- Sektorenuntersuchung 1233
- Selbstständigkeitspostulat 1165, 1187 ff.
- SSNIP-Test 1214 f.
- Strukturelle Abhilfemaßnahmen 1205
- Verpflichtungszusagen 1205
- Verteidigungsrechte der Betroffenen
  1203, 1205
- *Windows Media Player* 1236
- Zugangsverweigerung 1228, 1231 f.
Mitentscheidungsverfahren 25 f., 248,
  342 ff., 396, 816
Mittelmeer-Union 1460 f.
Montanunion, s. Europäische Gemein-
  schaft für Kohle und Stahl (EGKS)
Morgan 825
„more economic approach" 1167, 1169,
  1226, 1262, 1300, 1305, 1307, 1379
- Aktionsplan „Staatliche Beihilfen" 1305
- Netzwerk der Kommission mit
  nationalen Wettbewerbsbehörden 1258

National Grid Indus 1012, 1015
Netzwerk der Kommission mit nationalen
  Wettbewerbsbehörden 1258
Nichtigkeit 202, 358, 495 ff., 1173, 1195,
  1273, 1328 ff., 1373
Nichtigkeitsklage 142, 196, 427, 439, 492,
  495 ff., **527 ff.**, 557 ff., 573, 579, 596, 620,
  889, 1478
- Begründetheit 555 ff.
- Funktion 527 ff.
- Gegenstand der Klage **535 f.**, 543
- Individualnichtigkeitsklage 527 ff.,
  534 ff.
- Individualnichtigkeitsklage von
  Gebietskörperschaften 547
- individuelle Betroffenheit 541
- Klageberechtigung 512 ff., 539
- Klagefrist 552 f.
- Konkurrentenklage 545 f.

– Parteifähigkeit 531
– *Plaumann*-Formel 543
– Prüfungsschema 558
– Rechtsschutzbedürfnis, spezifisches 554
– Subsidiaritätsklage 531
– unmittelbare Betroffenheit 542
– Urteilswirkungen 557
– Zulässigkeit 530 ff.
Niederlassungsfreiheit **998 ff.**, 1043 f., 1049, 1078, 1084, 1087, 1088 f., 1093, 1116 f., 1121 f.
– Abgrenzung zu anderen Grundfreiheiten 1001, 1099
– Anerkennungs- und Koordinierungsrichtlinien 1039 ff.
– Ausweisung 1033
– Begriff 1000
– Bereichsausnahme für die Ausübung öffentlicher Gewalt 1004
– Beschränkung durch unterschiedslose Maßnahmen 1029 ff., 1034
– Diplomanerkennung 1038 ff.
– Diskriminierung grenzüberschreitender Sachverhalte 1029
– Diskriminierung nach der Staatsangehörigkeit 1024
– Eingriff 1023 ff.
– Eingriff des Herkunftsstaates 1029, 1037
– Eintragung in die Handwerksrolle 1035
– Familienangehörige 1007
– Gläubigerschutz 1037
– grenzüberschreitender Bezug 1010
– Grundrechte 1036 f.
– Gründungstheorie 1010 f.
– Inländerdiskriminierung 1003
– intermediäre Gewalten 1023, 1036
– juristische Personen als Berechtigte 1008 ff.
– *Keck*-Formel 1030 f., s. auch dort
– Marktzugangsbehinderungen 1030
– natürliche Personen als Berechtigte 1006 ff.
– offene Diskriminierung 1025 f., 1031
– öffentliche Gesundheit 1032
– öffentliche Ordnung 1031
– öffentliche Sicherheit 1032
– persönlicher Schutzbereich 1005 ff.

– primäre 1002
– Rechtfertigungsgründe 1031 ff.
– sachlicher Schutzbereich 1002 ff.
– Schranken-Schranken 1037 f.
– Schutzpflicht 1023, 1036
– sekundäre 1002
– Sitztheorie 1011
– ungeschriebene Rechtfertigungsgründe 1034 f.
– Verhältnismäßigkeitsgrundsatz 1037 f.
– Verpflichtungsadressaten 1023
– versteckte Diskriminierung 1028
– Wegzugsfreiheit 1003 ff., 1006
– Zuzugsfreiheit 1003, 1006
– zwingende Gründe des Allgemeininteresses 1035
Nordatlantikpakt (NATO) 6
Notbremsemechanismus 130, **219 f.**
Notifizierungspflicht 1313 f., 1323 f., 1353, 1355, s. auch Beihilfen
Notifizierungsverfahren 486, 1313, 1316, **1317 ff.**, s. auch Beihilfen

öffentliche Infrastrukturen 1297
öffentliche Unternehmen, s. Unternehmen, öffentliche
öffentlich-öffentliche Zusammenarbeit 1366
Oligopol 1221 ff., 1251, s. auch Marktbeherrschende Stellung eines Unternehmens, s. auch Missbrauch einer marktbeherrschenden Stellung, s. auch Unternehmen mit besonderen oder ausschließlichen Rechten
Omega 1079
OMT, s. Rechtsprechung des BVerfG
„one-stop-shop" 1253
Ordentliches Gesetzgebungsverfahren 396
Organe der Union 12, **222 ff.**
– Abkommen über gemeinsame Organe für die Europäischen Gemeinschaften 222
– Fusion 12
– Fusionsabkommen 224
– Fusionsvertrag 224
– Gerichtshof, s. dort
– Gewaltenteilung 227, 346
– Institutionelles Gleichgewicht 227 ff.

830 Sachverzeichnis

- Institutionen der Europäischen Union, s. dort
- Kommission, s. dort
- Kompetenzverschiebungen 229
- Organleihe 71 ff.
- Parlament, s. dort
- Rat der Europäischen Union, s. dort
- Rechnungshof, s. dort

Organisation für Europäische Wirtschaftliche Zusammenarbeit (OEEC) 6
Organisation für Wirtschaftliche Zusammenarbeit und Entwicklung (OECD) 6
Osterweiterung der EU 19, 30 ff., s. auch Beitritt
- Beitrittspartnerschaften 31 f., 1458
- Europa-Abkommen 19

Outright Monetary Transaction (OMT) 167, 1409 ff.

Pan-Europa 5
Paralleleinfuhren, Verhinderung von 1192, s. auch Kartellverbot
Parallelimport 903
Parallelverhalten 1191, 1222 f.
„Pareto-Effizienz" 1166, 1305
Parlament 230 ff.
- 3%-Sperrklausel im Europawahlgesetz 243
- 5%-Sperrklausel im Europawahlgesetz 241 ff.
- Aufgaben 246 ff.
- Beschlussfassung 254 f.
- Bürgerbeauftragter des Europäischen Parlaments 253, 849 ff.
- Europawahlgesetz 240 ff.
- Fraktionen im Parlament 244
- Geltung des jeweiligen Wahlrechts der Mitgliedstaaten 239
- gleicher Erfolgswert 235
- gleicher Zählwert 235
- Grundsatz der Gleichheit der Wahl 238 ff.
- kein Initiativrecht 246
- Misstrauensvotum gegen die Kommission 252, 254
- als „Mitgesetzgeber" 250
- Mitentscheidungsverfahren, s. dort

- nichtständige Untersuchungsausschüsse 252
- obligatorische Anhörung 246
- Petitionsrecht eines jeden Unionsbürgers 20, 253, 793, **846 ff.**
- Sitz 245
- Sitzkontingente 240
- ständige Ausschüsse 244
- Verhältniswahlsystem 235
- Zusammensetzung und Organisation 231 ff.

Patente 938, 1192, 1229, 1231 f., 1381
- Europäisches Einheitspatent 1381

Pearle 1286

Personalrecht der EU 682 f.
- Beamte 682
- Statut der Beamten 682
- Protokoll, Vorrechte und Befreiungen 682
- Verwaltung 682

Petersberger Aufgaben 1438 f., 1451
Pflicht zur Unionstreue 63, **215 ff.**, 221, 431, 520, 869, 911
Plaumann-Formel, s. Nichtigkeitsklage
„Politik des leeren Stuhls" 12, s. auch Luxemburger Kompromiss
Politiken der Union 1125 ff.
- Agrarpolitik 1125 ff.
- Entwicklungszusammenarbeit 1483
- Fischereipolitik 1125, **1128 f.**
- Forschung und technologische Entwicklung 17
- Handelspolitik 173, **1464 ff.**
- Landwirtschaftspolitik 1125 ff.
- Rechtsangleichung 1375 ff.
- Sozialpolitik 17, **1424 ff.**
- Währungspolitik 1383 ff., s. auch Wirtschafts- und Währungsunion (WWU)
- Wirtschaftspolitik 17, **1382**

Politische Union 11, 19
Polizeiliche und justizielle Zusammenarbeit in Strafsachen (PJZS) 38, 54, 56 f., 128, 584, 771, 776, 779 f., 1148 f., 1435
Polizeiliche Zusammenarbeit 1158 ff.
- Handlungsfelder 1160 f.
- Maßnahmen nach Art. 87 Abs. 2 AEUV 1160

– Maßnahmen nach Art. 87 Abs. 3 AEUV 1161
– Rahmenbeschluss 776, 779
– sonstige Beschlüsse des Rates 1160 f.
– völkerrechtliche Übereinkommen nach Art. 37 EUV 1162
– Ziele 1056 ff.
– Zuständigkeit in Europol-Angelegenheiten 1159
Post Danmark II 1240
Praktische Konkordanz 742, 778
Preishöhenmissbrauch 1242
Preis-Kosten-Schere 1242
PreussenElektra 1245 ff.
Primäres Unionsrecht 60, 383 ff., 467, 516, 521, 525, 651
Pringle 1407
Prinzip der begrenzten Einzelermächtigung (compétences d'attribution) 57, 75, 130, 158, **178 ff.**, 184 f., **225**, 229, 246, 319, 341, 395, 433, 438, 451, **481 f.**, 747, 756, 846, 1168, 1327, 1411
– allgemeine Rechtsgrundsätze 455
– begrenzte Organkompetenz 179
– begrenzte Verbandskompetenz 179
– Doppelabstützung 181 f.
– Gewohnheitsrecht 266
– „implied powers"-Regel 76, 184
– institutionelles Gleichgewicht 183
– Kompetenzergänzungsbestimmung (Art. 352 AEUV) 130, **184 ff.**, 195, 339
– Mehrfachabstützung 181 f.
– Rechtsetzungsverfahren 341 ff.
– richterliche Rechtsfortbildung 489
– Vertragsschlusskompetenz 75 ff., 1466
„Private creditor"-Test 1274
„Private purchaser"-Test 1272
„Private vendor"-Test 1272
Produktionszweige 1265, 1267, **1292 ff.**
Protokolle 48 ff., 60, 107, 141, 384, 473, 748, 750
– über die Anwendung bestimmter Aspekte des Art. 26 AEUV auf das Vereinigte Königreich und Irland 1142
– Protokoll über die Anwendung der Grundsätze der Subsidiarität und der Verhältnismäßigkeit 142, 194, 200

– über die Außenbeziehungen der Mitgliedstaaten hinsichtlich des Überschreitens der Außengrenzen 1136
– über die Organe im Hinblick auf die Erweiterung der Europäischen Union 26
– über die Position Dänemarks 1142
– über die Position des Vereinigten Königreichs und Irland 1142
– von Nizza über die Erweiterung der Europäischen Union 286
– Zusatzprotokolle 51, 249, 470, 748
Prozessuale Aspekte der Kontrolle durch das BVerfG am Maßstab des Art. 23 GG 152 ff., 169 f.
– Prüfungsgegenstände der Kontrolle durch das BVerfG 152 ff.
– Verantwortung des BVerfG für den Grundrechtsschutz in Deutschland 153
Prüfungsschema für die Grundfreiheiten 892
Prüfungsschema zum einstweiligen Rechtsschutz 617
Prüfungsschema zum Vorabentscheidungsverfahren 617
Prüfungsschema zur Amtshaftungsklage 586
Prüfungsschema zur Nichtigkeitsklage 558
Prüfungsschema zur Untätigkeitsklage 572
Prüfungsschemata zu den Vertragsverletzungsverfahren 525 f.
Public Private Partnerships 1278

Querschnittsklausel 1424, 1483
– Entwicklungszusammenarbeit 1483
– Gleichstellung von Männern und Frauen 1424

Rabattgewährung 1238 ff.
Rat, s. Rat der Europäischen Union
Rat der Europäischen Gemeinschaften, s. Rat der Europäischen Union
Rat der Europäischen Union 39, **84, 265 ff.**, 855, 1456
– Abgrenzung zu den im „Rat vereinigten Vertretern der Regierungen der Mitgliedstaaten" 265
– Abgrenzung zum Europäischen Rat 246, 265

- Aufgaben des Rats 272 f.
- Ausschuss der Ständigen Vertreter (AStV) 270
- Beschlussfassung 274 ff.
- COREPER 270
- Fachministerräte 267
- Generalsekretariat 270
- Hauptrechtsetzungsorgan 272
- Luxemburger Vereinbarung 12, 279
- Rat „Allgemeine Angelegenheiten" 267
- Rat „Auswärtige Angelegenheiten" 267
- Ratsformationen 267
- Reihenfolge des Vorsitzes 269
- Sitz 268
- Staatssekretäre im Rat 266
- Vertreter auf Ministerebene 266
- Zusammensetzung und Organisation 266 ff.

Raum der Freiheit, der Sicherheit und des Rechts 1143 ff.

Reaktionsverbundenheit 1191, 1222 f.

Rechnungshof 222, 224, **328 f.**, 527 f., 531, 539 f., 561

Recht auf Vergessen I, s. Rechtsprechung des BVerfG

Recht auf Vergessen II, s. Rechtsprechung des BVerfG

Rechtfertigung eines Eingriffs in eine Grundfreiheit 879 ff.
- Arbeitnehmerfreizügigkeit 983 ff.
- Dienstleistungsfreiheit 1078 ff.
- Kapitalverkehrsfreiheit 1109 ff.
- Niederlassungsfreiheit 1031 ff.
- Rechtfertigungsgründe nach Art. 36 AEUV, s. dort
- Warenverkehrsfreiheit 931 ff.
- Zahlungsverkehrsfreiheit 1109 ff.

Rechtfertigung von staatlichen Ausgleichsleistungen nach Art. 106 Abs. 2 AEUV 1336 ff., s. auch Daseinsvorsorge
- Betrauung 1342 ff.
- Verhinderungserfordernis 1345 f.
- Verhältnismäßigkeit 1344, 1346
- Nettomehrkosten 1346, 1348, 1356

Rechtfertigungsgründe nach Art. 36 AEUV 931 ff.
- abschließend und nicht ergänzungsfähig 932
- Bestand und Ausübung des Rechts 938
- enge Auslegung 932
- Erschöpfungsgrundsatz 938
- keine willkürliche Diskriminierung 940
- öffentliche Sicherheit und Ordnung 933
- öffentliche Sittlichkeit 934
- Schutz des gewerblichen und kommerziellen Eigentums 938
- Schutz der Gesundheit und des Lebens von Menschen 935
- Schutz des Lebens von Tieren oder Pflanzen 936
- Tatbestände nichtwirtschaftlicher Art 939
- Verhältnismäßigkeit 940

Rechtsakte nach dem AEU-Vertrag **392 ff.**, 450
- Akte der im Rat vereinigten Vertreter der Regierungen der Mitgliedstaaten, s. dort
- Amtsblatt der Europäischen Union 440 ff.
- Austauschbarkeit der Rechtsakte 433 f.
- Begründungspflicht 437
- Beschlüsse, s. dort
- Durchsetzung 447 ff.
- Empfehlungen und Stellungnahmen, s. dort
- Entscheidungen, s. Beschlüsse
- Formerfordernisse von Sekundärrecht 435 ff.
- Inkrafttreten von Sekundärrecht 435 ff.
- Rechtsbehelfsbelehrung 432
- Rechtshandlungen eigener Art, s. dort
- Richtlinien, s. dort
- Verordnungen, s. dort
- Völkerrechtliche Verträge, s. dort
- Widerruf und Rücknahme 444 ff.
- Zwangsmaßnahmen gegenüber Individuen 448

Rechtsakte ohne Gesetzgebungscharakter 395 f.

Rechtsangleichung 1375 ff.

Rechtsetzungsverfahren **341 ff.**, 380
- delegierte Rechtsakte 362 f.
- Durchführungsrechtsakte 363 ff.
- gemeinsamer Entwurf 365
- Grundregel 345

– Grundsatz der Gewaltenteilung 227, 346
– Hauptrechtsetzungsverfahren 248
– informeller Trilog 343
– Initiativfunktion der Kommission 345
– Komitologie 364 ff., **378**, s. auch dort
– Kommissionsvorschlag 345
– Konzertierungsverfahren 359
– Luxemburger Vereinbarung 12, 279, 345, 376, s. auch Luxemburger Kompromiss
– Notbremsemechanismus 130, **219 f.**
– ordentliches Gesetzgebungsverfahren 347 ff.
– Verfahren der Anhörung 358 ff.
– Verfahren der Mitentscheidung, s. ordentliches Gesetzgebungsverfahren
– Verfahren der Zustimmung 360 ff.
– Vermittlungsausschuss 345
– Vetorecht des Parlaments 347
– Zweikammersystem 346
Rechtsfolgen eines Grundfreiheitsverstoßes 888 ff.
– grundfreiheitskonforme Auslegung 889 f.
– Anwendungsvorrang 890
– Anspruch auf „Anpassung nach oben" 890
Rechtsfortbildung
– richterliche 489
– unionsrechtskonforme nationalen Rechts 212 ff.
Rechtshandlungen eigener Art 423 ff.
– Akte im Rahmen der Organisationsgewalt 426
– autonome Vertragsänderungen 425
– Interorgan- oder interinstitutionelle Vereinbarungen 426
Rechtsmittelrichtlinie 1372, s. auch Vergaberecht
Rechtsmittelverfahren 600 ff.
– Befugnis zur Einlegung eines Rechtsmittels 601
– Einheit, Kohärenz des Unionsrechts 606
– Devolutiveffekt 600
– „Rechtsfragen", rechtsmittelfähige Fragen 603
– Rechtsmittelfrist 603
– Suspensiveffekt, fehlender 600

Rechtsprechung des BVerfG 21, 36, 46, 59, 97 f., 130, 133 f., 136 f., 141, 143 ff., 151, **152 ff.**, 169 f., 185, 204, 220, 236 f., 241 ff., 356, 381 f., 591, 593, 686, 707 f., 785, 807, 835, 1163, 1334, 1398, 1400, 1403 ff., 1410 ff., 1466
– 3 %-Sperrklausel im Europawahlrecht 243
– 5 %-Sperrklausel im Europawahlrecht 241 ff.
– *Bananenmarktordnung*-Beschluss 133, 163
– *CETA* 1466
– *ESM/Fiskalpakt I* 1398, 1405 f.
– *ESM/Fiskalpakt II* 1408
– *Europäische Bankenunion* 1417 ff.
– *Europäischer Haftbefehl* 144
– *Euro-Rettungsschirm*-Urteil 1400, 1403, 1406, 1413
– *Honeywell*-Urteil 160
– *Identitätskontrolle* 154, **155 ff.**, 161, 163, 167, 170
– *Lissabon*-Urteil 36, 59, 97 f., 130, 137, 137, 146 f., 151, **155 ff.**, 158, 161, 165, 169, 185, 236, 356, 807
– *Maastricht*-Urteil 21, 59, 133, 136, 146, 151, **158 f.**, 165, 169
– *OMT*-Beschluss 167, 1411
– *OMT*-Urteil 161, 1411
– *PSPP*-Beschluss 167, 1412
– *Recht auf Vergessen I* 711 ff., 717 ff.
– *Recht auf Vergessen II* 701 f., 717 ff.
– *Solange*-Rechtsprechung 133, 154, **162 ff.**, 167, 686
– *Sondergremium* 1404
– *Ultra-vires-Kontrolle* 154, 156, **158 ff.**, 167, 170, 708, 1410 ff., 1466
Rechtsquellen der Europäischen Union **379 ff.**, 450, 473, 479, 490
– autonome Rechtsordnung 380
– Drittwirkung des Primärrechts 391
– eingeschränkt unmittelbare Anwendbarkeit des Primärrechts 391 ff.
– Empfehlungen und Stellungnahmen, s. dort
– Entscheidung, s. Beschluss
– gewohnheitsrechtliche Rechtssätze **380**, 393, **450 ff.**

- Horizontalwirkung des Primärrechts 391
- „lex posterior derogat legi priori" 387
- „lex specialis derogat legi generali" 387
- objektive Wirkung des Primärrechts 390
- primäres Unionsrecht 368 ff., s. auch dort
- Rechtsakte eigener Art, s. dort
- Rechtsnatur des Unionsrechts 379 ff.
- Richtlinie, s. dort
- sekundäres Unionsrecht 392 ff., s. auch dort
- Supranationalität 379
- ungeschriebene allgemeine Rechtsgrundsätze 386, 394, **454 ff.**
- unmittelbare Geltung des Primärrechts 391
- „Verfassungscharakter" 380
- Verordnung, s. dort
- Vertikalwirkung des Primärrechts 390
- Völkerrecht, allgemeines, s. dort

Rechtsschutz vor dem EuGH und dem EuG 488 ff.
- Aussetzung des Verfahrens 499 f.
- Stellung und Aufgaben des Gerichtshofs 488 ff.
- Verfahrensablauf vor dem EuGH und EuG 501 ff.
- Verfahrensarten, s. dort
- Verfahrenssprache 503
- Verweisung bei Unzuständigkeit 499 f.
- Zuständigkeitsverteilung zwischen EuGH und EuG 495 ff.

Rechtsstaatsprinzip 119, 159, 183, 386, 436
- EU-Rahmen zur Stärkung des Rechtsstaatsprinzips 119

Rechtsstaatsverfahren 119
Rechtssubjektivität 65, 74
Reimport, s. Verbot von Ein- und Ausfuhrbeschränkungen sowie von Maßnahmen gleicher Wirkung
Rettungsschirm, s. Euro-Rettungsschirm
Rettungsmaßnahmen, s. Euro-Rettungsschirm
Richtlinie 56, 80, 133, 180, 182, 182, **400 ff.**, 450, 469, **473**, 474, 520, 533, 537, 542, 544, 624, 650 ff., 1246, 1285, 1356 ff.,
1360 ff., 1364 ff., 1373 f., 1377, 1380, 1414, 1425, 1427 ff.
- Anerkennungs- und Koordinierungs- 998, 1039, **1040 ff.**
- Dienstleistungsrichtlinie, s. dort
- drittbelastende unmittelbare Wirkung 415
- Frustrationsverbot 404
- Gleichbehandlungsrichtlinie 972 f.
- horizontale unmittelbare Wirkung 411
- keine rückwirkende Umsetzung 402
- Umsetzungsformen und -mittel 403
- negative Horizontalwirkung 413
- Nichtumsetzung einer Richtlinie 402 f., 409, 411, **473**, 624, 653, 662, 725, 740, 985
- objektive unmittelbare Wirkung 416
- richtlinienkonforme Auslegung 416, **417 ff.**
- Transparenzrichtlinie, s. dort
- umgekehrt vertikale unmittelbare Wirkung 410
- Umsetzungsfrist 401 f.
- unmittelbare Anwendbarkeit 388, 405
- unmittelbare Wirkung 390, **405 ff.**
- Verbindlichkeit für die Mitgliedstaaten 401 ff.
- Vergaberichtlinien 1360 ff., 1373
- vertikale unmittelbare Wirkung 409
- Vorwirkung 404

Römische Verträge 10
Rottmann 802, 804 ff.
Rückforderung 486, 542, 547, 1326, 1329 ff.
Rücknahmeverpflichtung für bestandskräftige, unionsrechtswidrige Verwaltungsakte 192
Rule of Reason 1167, 1193 f., s. auch Kartellverbot

Schadensersatzanspruch
- gegen die Union, s. Haftung der Union
- gegen einen Mitgliedstaat, s. Haftung der Mitgliedstaaten

Schengen-Besitzstand 1142 ff., 1161
- Dänemark 1142
- Einbeziehung in den Rahmen der Europäischen Union 1144

– Estland 1143
– Finnland 1142
– Großbritannien 1142
– Irland 1142
– Island 1142
– Lettland 1143
– Liechtenstein 1143
– Litauen 1143
– Malta 1143
– Norwegen 1142
– Polen 1143
– Schweden 1142
– Schweiz 1143
– Slowakei 1143
– Slowenien 1143
– Tschechische Republik 1143
– Ungarn 1143
Schengener Abkommen 1142 ff.
Schmidberger 699 f., 946, 1079
Schuldenkrise, s. Staatsschuldenkrise
Schuman-Monnet-Plan 8
Schutz geistigen Eigentums 728, 1082, 1229, 1233, 1375, 1381, 1467 ff.
Schutz- und Notstandsklauseln 217 ff.
– Störung der öffentlichen Ordnung 218
– Kriegs- oder Spannungsfall 218
Schwellenwerte 1220, 1246, 1249, 1314, 1364 f., 1372 f.
Sechserpaket, s. Stabilitäts- und Wachstumspakt
Sektorenauftragsvergaben 1360
Sektorenrichtlinie 1016 f., 1360
Sektorenuntersuchung 1204, 1233
Sekundäres EU-Sonderrecht 88
Sekundäres Unionsrecht 58, **84**, 394, 396, 467, 469, **473**, 651, 656, 740, 749, 809, 975
– allgemeine Rechtsgrundsätze 394
– Beschlüsse, s. dort
– gestuftes Sekundärrechtsverhältnis 363, 395
– Gewohnheitsrecht 393
– Kollisionen 395
– Richtlinien, s. dort
– unmittelbare Anwendbarkeit 397
– Verordnungen, s. dort
Sevic Systems 1017
Sicherungssysteme, soziale 996, 1046, 1179

SIEC-Test 1251
Siegelbruchverfahren 1202
Single Resolution Mechanism (SRM), s. Wirtschafts- und Währungsunion
Single Supervisory Mechanism (SSM), s. Wirtschafts- und Währungsunion
Sitztheorie 992 ff., s. auch Niederlassungsfreiheit
Skanska Industrial Solutions u. a. 1207
SMI 1281
Societas Europaea (SE) 1000 f.
Societas Privata Europaea (SPE) 1000 f.
Societas Unius Personae (SUP) 1022
Solange I, s. Rechtsprechung des BVerfG
Solange II, s. Rechtsprechung des BVerfG
Solange-Vorbehalt 167, 749, 763
Sonstige Stellen der EU 324, **339**, 443, 531 f., 550, 558 f., 561, 586, 599, 619, 680 f., 725, 736
Sozialpolitik 17, 175 f., 267, **1424 ff.**
– Europäischer Sozialfonds (ESF) 1432
– Gleichbehandlung von Männern und Frauen **1425 ff.**
– Frauenquote 1428
Spaak-Bericht 9
Spürbarkeit 545, **1196 f.**, 1301, 1379, s. auch Beihilfen, Kartellverbot
SRM, s. Wirtschafts- und Währungsunion
SSM, s. Wirtschafts- und Währungsunion
Staatenverbund 58 f., 137, 237
Staatlich 59, 775, 903, 1269, 1282 ff.
– aus staatlichen Mitteln 1282 ff., s. auch Beihilfen
Stabilitäts- und Wachstumspakt 1392 ff.
– Europäisches Semester 1396
– Konvergenzprogramme 1395
– Sechserpaket 1391, 1393, 1397
– six pack 1391
– Stabilitätsprogramme 1395
– two pack 1391
– Zweierpaket 1391, 1393 f., 1397
Stadt Halle 1367
Stadtreinigung Hamburg 1368
Ständige Strukturierte Zusammenarbeit (PESCO) 1441
Stand-Still-Gebot 1252, 1317
Stardust Marine 1283 f.
Stauder 686

Stoffgleichheit 1291
Subsidiaritätsprinzip 187 ff.
- ausschließliche Zuständigkeit der EU 189
- „effet utile" als Auslegungsmethode 195
- keine Kompetenzverteilungsmaxime 189
- Kompetenzausübungsmaxime 189
- geteilte Zuständigkeit der EU 189, 191
- Protokoll über die Anwendung der Grundsätze der Subsidiarität und der Verhältnismäßigkeit 194
- SLIM-Programm der Kommission 193
- Subsidiaritätsrüge 193, **196 f.**
- Subsidiaritätsklage 150, **196 f.**, 531
sunk costs, s. versunkene Kosten
Supranationalität 54, 62
Suspendierung von Mitgliedschaftsrechten 116, **120 ff.**, 126
- Aussetzung von Rechten eines Mitgliedstaates 120
- Auswirkungen auf Rechte und Pflichten natürlicher und juristischer Personen 1123
- der Stimmrechte im Rat 120
- „Fall Österreich" 117, 119
- „Fall Polen" 114, 117, 119 f.
- mitgliedstaatliches Klagerecht nach Art. 269 AEUV 124
- Rechtmäßigkeit der Suspendierung 124
- Rechtsstaatsverfahren 117, 119
- schwerwiegende und anhaltende Verletzung von in Art. 2 EUV genannten Grundsätzen 120, 122
- Vorfeldmaßnahmen 117, 119
Suspendierungsverfahren 120 ff., 126
Symbole der EU 37

Teckal 1367 f.
Teilnichtigkeit 538, 1328
Tempelkonstruktion 38, 54
T-Mobile Netherlands 1170, 1195
TNT Post UK 1344
Transeuropäische Netze 175, 334
Transformationslehre, s. Anwendungsvorrang
Transformationsunbedürftigkeit des Unionsrechts, s. Anwendungsvorrang

Transparenz 33, 139, 285, 691, 796, 1122, 1196, 1271, 1311, 1318, 1356
Transparenzgebot 1085, 1278, 1365, 1373
Transparenzrichtlinie 1285, 1356, 1358
Transparenzverordnung 1321
Trilog, informeller 343

Überseering 1014 f.
Ultra-vires-Akt 156, **158 ff.**, 708, 1410 ff., 1466
Ultra-vires-Kontrolle des BVerfG 154, **158 ff.**, 167
Umformung der staatlichen Handelsmonopole 992 ff.
Umweltpolitik 75
Ungleichbehandlung von EU-Ausländern mit Inländern 766 ff., 775, 777, 785 ff., 822, 872, 875 f., 881, 971, 1024, 1028, 1064, s. auch Diskriminierungsverbot
Unilever Italia 414
Unionsbürgerliche Freizügigkeit 772, **775 f., 809 ff.**, s. auch Bewegungs- und Aufenthaltsrecht, s. auch Freizügigkeitsrecht der Unionsbürger
Unionsbürgerliches Diskriminierungsverbot 786, 810, **825 ff.**
Unionsbürgerschaft 20, **792 ff.**, 859
- aktives Wahlrecht 831, 835 f., 837 ff.
- allgemeines Diskriminierungsverbot 688, 730, **766 ff.**, 794, 801, 805, 810 f., s. auch dort
- Anrufung des Bürgerbeauftragten 849 ff.
- Art. 18 Abs. 1 AEUV 766 ff.
- Art. 21 Abs. 1 AEUV 809 ff.
- Art. 79 Abs. 3 GG 835
- Aufenthaltsrichtlinien 809, 818
- Bewegungs- und Aufenthaltsrecht 809 ff.
- Bürgerbeauftragter 849 ff.
- Bürgerinitiative 857
- Bürgerpflichten 795
- Bürgerrechte 792 ff.
- Charta der Grundrechte der Europäischen Union 796
- Demokratieprinzip 834
- diplomatischer und konsularischer Schutz der Unionsbürger 841 ff.
- Diskriminierung grenzüberschreitender Sachverhalte 824

Sachverzeichnis

- Drittstaatsangehöriger 813
- Durchführungsbestimmungen 832
- EU-Grundrechte 684 ff., 821
- Europawahlrecht 837 ff.
- europäische Staatsbürgerschaft 236, 798 ff.
- Evolutivklausel 797
- Familienangehöriger 813
- Freizügigkeits- und Aufenthaltsrecht der Unionsbürger 801, **809 ff.**, 951, s. auch dort
- Freizügigkeitsrichtlinie 829
- Gleichheitssatz, Art. 18 AEUV 829
- Grundfreiheiten 798 ff., 809, 815, 818, 821 f.
- Grundrechtscharta 796
- Grundsatz der Verhältnismäßigkeit 819
- Kommunalwahlrecht 831 ff.
- nationale Bestimmungen 822 ff.
- passives Wahlrecht 240, 831, 835 f., 837 ff.
- persönlicher Schutzbereich 813
- Petitions- und Beschwerderecht 846 ff.
- Petitionen zum Europäischen Parlament 846 ff.
- Recht auf schriftliche Eingaben 856
- Rechtfertigung 816 ff.
- schriftliche Eingaben an Unionsorgane und -einrichtungen 856
- Staatsangehörigkeit 798 ff.
- Staatsbürgerschaft, europäische 798 ff.
- subsidiär 809
- unionsbürgerliche Freizügigkeit 809 ff.
- Unionsbürgerstatus 770, 801, **810**
- unmittelbare Anwendbarkeit 809
- Vorbehalt sozialer Absicherung 817, 819, 829
- Wahlrecht zum Europäischen Parlament 837 ff.
- wahlrechtliche Gleichbehandlung 833
- Wahlrechtsordnungen 836
- Wahrung berechtigter Interessen 818
- Zugangsrecht zu Dokumenten 443

Unionsorgane, s. Organe der Union
Unionsrecht 54 ff.
- Unionsprimärrecht 60
- Unionssekundärrecht 60
- Anwendungsvorrang 61
- Innerstaatlicher Umsetzungsakt 63
- Grundsatz der Unionstreue 63, 215 f., 221
- Gleichrangigkeit der Verträge 60

Unionsrecht und Recht der Mitgliedstaaten 171 ff., 473, s. auch Anwendungsvorrang des Unionsrechts
Unionsrechtliches Suspendierungsverfahren, s. Suspendierungsverfahren
United Brands 1216, 1219
Unmittelbare Anwendbarkeit des Unionsrechts 63, 84, 202, 205, **388 ff.**, s. auch Anwendungsvorrang des Unionsrechts
Unmittelbare Geltung des Unionsrechts 205, **221, 388**
Unmittelbare Drittwirkung 871, 910 f., 969, **1042, 1124**
Unmittelbare Wirkung 213, 390, 405 f.
Untätigkeitsklage 559 ff.
- Begründetheit 570
- Form und Frist 568
- Funktion 559
- Klageberechtigung 567
- Klagegegenstand 564
- Konkurrentenklage 566
- Parteifähigkeit 561
- Prüfungsschema 572
- Urteilswirkung 571
- Vorverfahren 562 f.
- Zulässigkeit 560 ff.

Unternehmen 948, 998, 1164, 1171 ff., **1174 ff.**, 1182 ff., 1211 ff., 1219 ff., 1247 ff., 1292 ff.
- Anteilseigner 1022, 1180, 1182, 1333, 1416
- Grundsatz der Solidarität 1179
- Kapitalisierungsprinzip 1179
- marktbeherrschende 245, 1164, 1183, 1209, **1211 ff.**
- öffentliche 1009, 1182 f., 1283 f., 1298, 1356, 1362, 1368
- Organisationsform 1177
- Rechtsträger 1164, 1180 ff., 1186, 1333
- Unternehmensbegriff **1174 ff.**, 1179 f., 1211, 1292 f.

Unternehmen mit besonderen oder ausschließlichen Rechten **1182**, 1343, 1356

Unternehmen, die mit Dienstleistungen von allgemeinem wirtschaftlichen Interesse betraut worden sind 1336 ff., s. auch Daseinsvorsorge
- Betrauungsakt 1342 ff.
- Dienstleistungen von allgemeinem wirtschaftlichen Interesse 1336 ff., 1347 ff.
- Verhältnismäßigkeit 1344, 1346
- Verhinderungserfordernis 1345 f.

Unternehmenseinheit, Auswirkungsprinzip

Unternehmenszusammenschlüsse (auch Zusammenschlüsse) 1171, **1247 ff.**

Unterschiedslos wirkende Marktzugangsbehinderungen 874 ff., 1074

Unterschiedslose Beschränkungen 815, 830, 1029, 1072, 1074

Unterschiedslose Maßnahmen 775, 874 f., 879, 892, 915, 921, 1028 f., **1042**

VALE 1016 f.

Vent de Colère 1288

Verbot von Ein- und Ausfuhrbeschränkungen sowie von Maßnahmen gleicher Wirkung 898 ff., s. auch Warenverkehrsfreiheit

Verbotsgesetz 891, 1328

Verdingungsordnung 1371

Vereinbarungen 265, 426, 490, 748, 802, 1171 ff., 1187, 1196, 1198 ff., 1239, 1248, 1256
- abgestimmte Verhaltensweisen 1164, **1171, 1187 ff.**, 1195 f., 1198, 1200, 1223, 1226, 1229, 1256
- Beschlüsse von Unternehmensvereinigungen 1189, 1256 f.
- Exklusivvereinbarung 1233, 1239
- Gentlemen's agreements 1187
- horizontale 1187
- interinstitutionelle 56, 246, 252, 299, 426, 435, 681
- im Sinne des Art. 101 AEUV 1187 ff., 1195 f., 1198, 1257
- Interorgan-, interinstitutionelle 56, 246, 252, 299, 426, 435, 681
- Kartellverbot 1164, 1171 ff.
- mit Drittstaaten 844 f.
- mitgliedstaatliche 265, 490, 748
- Nichtigkeit 891, 1173, 1195
- vertikale 1187
- Währungsvereinbarungen 1388
- wettbewerbsverfälschende 1171 f.

Vereinigtes Institut für Kernforschung (CERN) 2

Vereinte Nationen (UN) 69, 78, 83, 471, 694, **762 f.**, 1433, 1438

Verfahrensarten vor dem EuGH und dem EuG 507 ff.
- Amtshaftungsklage 573 ff.
- Einstweiliger Rechtsschutz 607 ff.
- Nichtigkeitsklage 527 ff.
- Rechtsmittelverfahren 600 ff.
- Untätigkeitsklage 559 ff.
- Vertragsverletzungsverfahren 507 ff.
- Vorabentscheidungsverfahren 584 ff.

Verfahrensautonomie 620 ff.
- Äquivalenzgebot 622
- Effektivitätsgebot 622

Verfahrensordnung 317, 426, 501, 607

Verfahrensverordnung 1172, 1198, 1201 ff., 1318

Verfahren vor den Unionsgerichten, sonstige 615 ff.
- Gutachten des Gerichtshofs 616
- Inzidentrüge 617
- Rechtsakt, Unanwendbarkeit im Verfahren 617
- Schiedsklausel 615
- Schiedsvertrag 615

Verfassungsvertrag, s. Vertrag über eine Verfassung für Europa

Vergabemodernisierungsgesetz **1360**, 1364, 1366

Vergaberecht 1164, 1278, **1360 ff.**

Vergaberechtsregime 1360 ff.

Vergaberichtlinie 1360 f., 1373

Vergabeverfahren 1371 f.

Vergabeverordnung 1361

Vergleichsinvestor 1272

Verhältnismäßigkeit, s. Grundsatz der Verhältnismäßigkeit

Verhaltenskoordinierung 1172, 1192, 1200, 1243

Verhandlungsverfahren 1312 ff., s. auch Vergabeverfahren

Verordnungen 56, 61, 133, 180, 272, 355, 392 ff., 398 f., 405, 422, 431, 440, 473
– Abgrenzung zum Beschluss 422
– Aufhebung 444 ff.
– allgemeine Geltung 398
– Durchsetzung 447 ff.
– Horizontalwirkung 398
– „Scheinverordnung" 536, 543
– Unanwendbarkeit 619
– unmittelbare Geltung 398
– vertikale Wirkung 398
– zur Konkretisierung von Grundfreiheiten 867
Verpflichtungszusagen 1205, 1238
Verstärkte Zusammenarbeit 25 f., **85 ff.**, 219, 377, 1152, 1157, 1161, 1397
– Grundregeln der Verstärkten Zusammenarbeit von Mitgliedstaaten 85 ff.
– Rechtsakte, die zur Durchführung einer Verstärkten Zusammenarbeit ergehen 88
– Verstärkte Zusammenarbeit als letztes Mittel 85
– Verstärkte Zusammenarbeit im Bereich der GASP 89
– Zulässigkeit der Verstärkten Zusammenarbeit 86
Versunkene Kosten 926, 1246
Vertragsänderungen 33, 38 f., 55, 58, **91 ff.**, 116, 229
– änderungsfester Kern des Unionsrechts 99
– autonome Vertragsänderungen 425
– Brückenverfahren, s. vereinfachtes Änderungsverfahren nach Art. 48 Abs. 7 EUV
– nach allgemeinem Völkerrecht 100
– ordentliches Änderungsverfahren **92 ff.**, 101, 246
– vereinfachtes Änderungsverfahren nach Art. 48 Abs. 6 EUV 91, **96**, 101, 246, 262, 377
– vereinfachtes Änderungsverfahren nach Art. 48 Abs. 7 EUV 97 f., 101, 130, 246, 262, 356, 377
Vertrag über eine Verfassung für Europa 33
Vertrag von Amsterdam 24 f., 224, 247 f., 292 f., 435, 462, 682, **673**, 731, 856, 1134, 1144, 1389, 1451

Vertrag von Lissabon **34 ff.**, 54 ff., 63 ff., 73, 91, 98, 105, 119, 128, 142, 150, 185 ff., 194, 196 f., 202, 219, 230 ff., 236, 246, 248 ff., 256 f., 273, 275, 279, 286 ff., 301 ff., 306, 309, 315, 320 ff., 340, 342, 346 f., 361, 379, 392, 396, 423, 448, 531, 535, 674 ff., 747, 766, 771 f., 779, 791, 857, 1135 f., 1142, 1148, 1155, 1157 f., 1375, 1382, 1387, 1389, 1392, 1420, 1423 f., 1435, 1448, 1464, 1467, 1481
– Inkrafttreten 36, 38
– Ratifikation 35 f.
– Rechtspersönlichkeit 39
– Völkerrechtsfähigkeit 80 f.
Vertrag von Maastricht **20 ff.**, 128, 137, 187, 248, 266, 290, 336, 471, 792, 809, 846, 857, 1110, 1383, 1389, 1392, 1421, 1479
– Inkrafttreten 21, 792
Vertrag von Nizza **26 ff.**, 119, 426, 733, 856, 1389, 1484
– Inkrafttreten 27
– Protokoll über die finanziellen Folgen des Ablaufs der Geltungsdauer des EGKS-Vertrags (EGKS-Protokoll) 28
– Ratifikation 27
Vertragsschlusskompetenz 75 ff., 1465
Vertragsverletzungsverfahren 116, 497, **507 ff.**, 554, 593, **609**, 666, 845, 867, 890, 1358
– Begründetheit 519 ff.
– Funktion 507 ff.
– Gegenstand des Verfahrens 507
– Parteifähigkeit 511
– Prüfungsschema 525 f.
– Rechtsschutzbedürfnis 518
– Urteilswirkung 524
– Vorverfahren 512 ff.
– Zulässigkeit 510 f.
Viking 1023, 1036
Völkerbund 5
Völkergewohnheitsrecht 73, 82, **457 ff.**
Völkerrechtliche Verträge der Union 75 ff., 84, 380, 384, **465 ff.**, 473, 526, 632, 1447, 1456
– Bestandteil der Unionsrechtsordnung 465 f.
– gemischte Abkommen 77, 81, 466, 1457, 1466

- Rang 467
- unmittelbare Wirkung 468
- völkerrechtliche Verträge der Mitgliedstaaten 511 ff.

Völkerrechtsfähigkeit 2, **74**, 83, **84**, 457 ff.
- Europäische Atomgemeinschaft 2
- Europäische Union 2, 74
- Gesandtschaftsrecht 83, 84
- Internationale Organisationen 2, 73, 127, 457
- völkerrechtliche Deliktsfähigkeit 82, **84**

Völkerrechtssubjektivität, s. Völkerrechtsfähigkeit

Vollzug des Unionsrechts 474 ff.
- Äquivalenzgebot 482 f., 622 f., **627**
- Effektivitätsgebot 482 f., 622 f., **627**
- Formen des Vollzugs 474 f.
- Vertrauensschutz bei Rücknahmeentscheidung 486
- Verwaltungsorganisation 476 f.
- Verwaltungsverfahrensrecht 478 ff.

Vorabentscheidungsverfahren **584 ff.**, 599, 619
- Absicherung des unionsrechtlichen Auslegungs- und Verwerfungsmonopols des EuGH 591
- als Zwischenverfahren 167 f., 584
- Ausnahmen von der Vorlagepflicht 592, 599
- Formulierung der Vorlagefrage 594, 599
- Funktion 584
- Prüfungsschema 599
- Rechtswirkungen des Vorabentscheidungsurteils 598
- Vorlageberechtigung 588 f., 599
- Vorlagegegenstand 586, 599
- Vorlagepflicht 589, 593, 599
- „Zulässigkeit" 583 ff.
- Zuständigkeit, sachliche 583

Vorbefassungsverfahren 755 f.

Vorrang des Sekundärrechts 863

Vorrang des Unionsrechts, s. Anwendungsvorrang des Unionsrechts

VW-Gesetz 1108

VW Sachsen 547

Wachauf 699 f.

Wahlrechtsgleichheit 138, 235 ff.

Währungsunion, s. Wirtschafts- und Währungsunion

Warenverkehrsfreiheit 391, 742, 767, 869, 871, 877, **894 ff.**, 901 ff., 909, 910 ff., 914, 927, 929, 943, 945, 949, **950**
- Aufzählung der *Cassis*-Rechtfertigungsgründe 952
- Begriff der Ware 901
- beschränktes Herkunftslandprinzip 918
- bestimmte Verkaufsmodalitäten 922
- *Cassis*-Entscheidung 918
- *Dassonville*-Formel 918, 921, s. auch dort
- Diversifikationszwang 907
- eigenständiges Diskriminierungsverbot 915
- Einfluss der Regelung auf den Marktzugang 925
- Eingriff 910 ff.
- Erschöpfungsgrundsatz 938
- fehlende Nähebeziehung 920
- grenzüberschreitende Dimension des Sachverhalts 908
- *Groenveld*-Formel 901, 950
- Handlung eines Verpflichtungsadressaten/Schutzpflicht 910 ff.
- hinreichende Etikettierung 945
- *Keck*-Formel 922 ff., s. auch dort
- keine Rechtfertigung durch rein wirtschaftliche Gründe 939
- keine willkürliche Diskriminierung 940
- Konkordanzprüfung 946
- Kontingentierungen 914
- Konvergenz der Schranken 942
- künstliches Handelsgeschäft 905 f.
- Ladenschlusszeiten 925
- Leitbild eines „mündigen Verbrauchers" 945
- Markterschließungsfunktion der Werbung 926
- Maßnahmen gleicher Wirkung 917 ff.
- mengenmäßige Ein- und Ausfuhrbeschränkungen 914 f.
- negative Tatbestandsmerkmale des Art. 34 AEUV 941
- öffentliche Sicherheit und Ordnung 933
- öffentliche Sittlichkeit 934

- Parallelimport 903
- persönlicher Schutzbereich 909
- produktbezogene Regelungen 920
- Rechtfertigung 931 ff.
- Rechtfertigung aus Gründen des Grundrechtsschutzes 946
- Rechtfertigungsgründe nach Art. 36 AEUV 931 ff.
- Rechtfertigungsgründe nach der *Cassis*-Rechtsprechung 941 ff.
- Rechtfertigungsmöglichkeit nur für unterschiedslos anwendbare nationale Regelungen 942
- Reimport 903
- Sachlicher Schutzbereich 901 ff.
- Schutz des gewerblichen und kommerziellen Eigentums 938
- Schutz der Gesundheit und des Lebens von Menschen 935
- Schutz des Lebens von Tieren oder Pflanzen 936
- Schutzpflichten der Mitgliedstaaten 911, 946
- Schwerpunkt der wirtschaftlichen Tätigkeit 901
- Sonntagsverkaufsverbote 925
- spezifische gegen die Ausfuhr gerichtete diskriminierende Maßnahmen 921
- spezifisches Beschränkungsverbot 915
- staatliche Maßnahme 910
- subjektiver Anspruch des Einzelnen auf staatliches Einschreiten gegen Grundfreiheitsverletzungen durch andere Private 913
- Tatbestände nichtwirtschaftlicher Art 939
- Umformung der staatlichen Handelsmonopole 947 ff.
- ungeschriebene Rechtfertigungsgründe 941
- Unionswaren 902
- unmittelbare Drittwirkung 910
- Unterlassen 912
- Verbot von Ein- und Ausfuhrbeschränkungen sowie von Maßnahmen gleicher Wirkung 859 ff.
- Verbringungsverbote 914
- Verhältnismäßigkeit 940
- Verkaufsmodalitäten, die den Marktzugang spezifisch behindern 926
- Verstoß gegen die Freiheit des Warenverkehrs durch Unterlassen 912
- Waren aus Drittländern, die sich in den Mitgliedstaaten im freien Verkehr befinden 902
- Warenherkunft als Tabukriterium 915
- Werbemaßnahmen 907
- Zollunion 895 ff.
- Zugang auf allen Marktstufen 926
- Zurechenbarkeit der Beschränkung der Freiheit des Warenverkehrs 910
- zwingende Erfordernisse des Allgemeinwohls 941

Welthandelsorganisation (WTO) 78, 466, **1467 ff.**
Wertgutachten 1255, s. auch Beihilfen
Wesentlicher Teil des Binnenmarktes 1224
Westeuropäische Union (WEU) 6, 1438
Westunion, s. Westeuropäische Union (WEU)
Wettbewerb 739, 861, **893**, 1159 f., **1165 ff.**, 1171 ff., 1209 ff., 1244 ff., 1247 ff., 1255 ff., 1261 ff., 1336 ff., 1360, 1371, 1379, 1459
- wettbewerblicher Dialog 1371
Wettbewerbsbedingungen 86, 862, 1122, 1191 f., 1209, 1218, 1222, 1240, 1262
Wettbewerbsbehörden (auch Kartellbehörden) 296, 1173, 1198, 1253, 125 ff., 1257
Wettbewerbsbeschränkungen 1171, 1186, **1191 ff.**, 1358, 1360
Wettbewerbsoffenheit 1278
Wettbewerbspolitik 1163 ff.
Wettbewerbsrecht 173, 296, 749, **1163 ff.**, 1171 ff., 1261 ff., 1336 ff., 1360 ff.
- sektorspezifisches 1244 ff.
Wettbewerbsbeeinträchtigung, auch -verfälschung, -verzerrung 876, 895, 1164, 1171, 1186, **1191 ff.**, 1310, 1328, 1358, 1360, 1379
Wiedervereinigung Deutschlands 19
Willkürverbot 1111
Windows Media Player 1236, s. auch Missbrauch einer marktbeherrschenden Stellung

Wirksamer Wettbewerb 1165, 1206, 1212, 1219, 1226, 1229, 1251, 1254, s. auch Marktbeherrschende Stellung eines Unternehmens
Wirtschaftliche Tätigkeit 774 f., 877, 901, 974, 1000 ff., 1019, 1026, 1102, 1293 ff., 1351
Wirtschaftspolitik 11, 17, **1382**, 1389, 1392 f., 1398 f., 1407, 1410
Wirtschaftssanktionen, s. Handelsembargo
Wirtschafts- und Sozialausschuss 179, 273, 330, **331 ff.**, 340, 341, 361, **378**
Wirtschafts- und Währungsunion (WWU) 13 f., 18 f., 20 f., 103, 321, 326, 447, 1123, **1382 ff.**
- Ablösung des EWI durch die EZB 1387
- Ausschluss aus der Eurozone 1422
- Austritt aus der Eurozone 1420 f.
- bail-in 1416
- bailout-Verbot, s. Nichtauslösungsklausel
- Bankenaufsicht 1415
- Bankenunion 1414 ff.
- Dänemark 1386
- Defizitverfahren 1392
- ECU 23
- einstweilige Anordnung 1404
- *ESM/Fiskalpakt* 1398, 1406, 1410
- Euro 23, 323, 1382, **1385**, 1388
- Eurobonds 1413
- Euro-Gipfel 1389, 1399
- Europäische Zentralbank (EZB) 90, 94, **321 ff.**, 504, 527 f., 531 f., 539 f., 581, 632, 640, 1381, 1384, 1387, 1409 ff., 1415 f., 1423
- Europäische Finanzstabilisierungsfazilität (EFSF) 1401, 1403
- Europäischer Finanzstabilisierungsmechanismus (EFSM) 1401 ff.
- Europäischer Stabilitätsmechanismus (ESM) 1396, 1404, **1405 ff.**, 1410
- Europäisches System der Zentralbanken (ESZB) 18, **323 ff.**, 1387
- Europäisches Währungsinstitut (EWI) 321

- Europäisches Währungssystem (EWS) 14, 321, **1384 f.**, 1423
- *Euro-Rettungsschirm* 1400, 1403, 1406, 1413
- Euro-Rettungsschirm, vorübergehender 1401 ff.
- Euro-Rettungsschirm, unbefristeter 1405
- Fiskalpakt 615, 1391, **1397**, 1405
- *Gauweiler* 167, **1410**
- Griechenland-Soforthilfe 1400
- Großbritannien 1386
- Haftungskaskade 1416
- Konvergenzkriterien **1385 f.**, 1392 f.
- Konvergenzprogramme 1395
- Monaco 1388
- Nichtauslösungsklausel (bailout-Verbot) 1400, 1402
- Outright Monetary Transaction (OMT) 1410 f.
- Public Sector Purchase Programme (PSPP) 167, 1412
- PIIGS 1391
- San Marino 1388
- Sechserpaket, s. Stabilitäts- und Wachstumspakt
- Single Resolution Mechanism (SRM) 1416
- Single Rulebook 1414
- Single Supervisory Mechanism (SSM) 1415
- six pack, s. Stabilitäts- und Wachstumspakt
- Staatsanleihen 1410 ff.
- Stabilitäts- und Wachstumspakt 1392 ff.
- Stabilitätsprogramme 1395
- Stufen der WWU 1281 ff.
- two pack, s. Stabilitäts- und Wachstumspakt
- übermäßiges Defizit 1392
- Umrechnungskurse 23, 1388
- Vatikanstadt 1388
- Währungsabkommen 80
- Wechselkursmechanismus (WKM 2) 1423
- Zweierpaket, s. Stabilitäts- und Wachstumspakt

Wolzenburg 779

workable competition, s. wirksamer Wettbewerb
Wouters 1194

Yusuf 742

Zambrano 803 ff.
Zhu und Chen 813
Zahlungsverkehrsfreiheit **1094 ff.**, 1480
- Beschränkungsverbot, einheitliches 1106
- Eingriff 1105 ff.
- Grundrechte als Rechtfertigung 1121
- intermediäre Gewalten 1105, 1121
- Maßnahmen gegen Zuwiderhandlungen 1112
- Meldeverfahren für den Zahlungsverkehr 1113
- öffentliche Sicherheit und Ordnung 1114
- persönlicher Schutzbereich 1104
- räumlicher Schutzbereich 1104
- Rechtfertigungsgründe 1109 ff.
- Rechtfertigungsgründe der Niederlassungsfreiheit 1116
- sachlicher Schutzbereich 1103
- Schranken-Schranken 1111, 1115, 1117, 1120
- Schutzpflicht 1105, 1121
- Sekundärrecht 1122
- Steuerhoheit der Mitgliedstaaten 1110
- Ungleichbehandlung nach Wohn- oder Kapitalanlageort 1110
- Verhältnismäßigkeitsgrundsatz 1111, 1115, 1117, 1120
- Verpflichtungsadressaten 1105
- willkürliche Diskriminierung 1111
- zwingende Gründe des Allgemeininteresses 1111, **1118 ff.**

Ziele, außerökonomische 1199, 1339
Zollunion 9, 173, 894, **895 ff.**, 1375, 1464
- Abgabe gleicher Wirkung 896
- bestimmte Zahlungsverlangen weiterhin zulässig 897
- Gebühren 899
- Gemeinsamer Zolltarif (GZT) 672, 900
- innerhalb der Mitgliedstaaten keine Abgaben zollgleicher Wirkung 897
- Steuern 898
- Zölle 896
Zugangsverweigerung 1228, 1231 f.
Zurechenbarkeit 82, 520, 533, 580, 640, 665, 869, 910, 1186, 1283 f.
Zusammenarbeit in den Bereichen Justiz und Inneres (ZBJI) 20, 54, 1134, 1148, s. auch justizielle Zusammenarbeit in Strafsachen, s. auch polizeiliche Zusammenarbeit, s. auch Schengener Abkommen
Zusammenarbeit mit Drittländern, wirtschaftliche, finanzielle und technische 1438
Zusammenschlüsse (auch Unternehmenszusammenschlüsse) 1164, 1171, 1181, **1247 ff.**
Zwangsmaßnahmen gegenüber Individuen 448
Zweierpaket, s. Stabilitäts- und Wachstumspakt
Zweiter Weltkrieg 6
Zwischenstaatlicher Handel 894, 911, 922, 924 f., 931, 948 f., 1187, 1192, 1196, 1225, 1256, 1265, 1302, s. auch Handelsbeeinträchtigung, s. auch Handelspolitik
Zwischenstaatlichkeitsklausel 1187, 1225, 1302, 1346